LAR

DICCIONARIO POCKET

ESPAÑOL INGLÉS

INGLÉS ESPAÑOL

Dirección general
Publishing manager
Janice McNeillie

Dirección de la obra
Project management
José A. Gálvez

Redacción
Editors
Joaquín Blasco   Talia Bugel   Victoria Ordóñez Diví

Informática
Data management
Jane Creevy   Sandra Gonçalves   Aurélie Prissette

Preimpresión
Prepress
Clair Cameron   Sharon McTeir

Redacción de la primera edición
Editors of the first edition
Françoise Dubois-Charlier
Lois Grossman
David A. Jost
Grisel Lozano-Garcini
David R. Pritchard
Diane Traynor Senerth
Ida Calero Fernández
Hélène Houssemaine-Florent
Craig A. Lapine
Fernando A. Pfanni
J. Mauricio Sola
David Weeks

NI UNA FOTOCOPIA MÁS

ISBN 970-22-1019-4
978-970-22-1019-1

PRIMERA EDICIÓN — 20 ª reimpresión

Impreso en México — Printed in Mexico

Índice
Contents

Prefacio

El diccionario Pocket Larousse es la herramienta de trabajo ideal en una amplia gama de circunstancias, desde el aprendizaje de idiomas en la escuela y en casa hasta el uso diario en la oficina. El uso del inglés y su ortografía son los correspondientes al inglés de los Estados Unidos, mientras que las variaciones británicas aparecen claramente identificadas. El castellano representado en este diccionario incluye las diversas formas y acepciones que pueden encontrarse en el habla de Latinoamérica.

El vocabulario que presentamos en esta obra es el más práctico y moderno que se pueda encontrar hoy en día, incluyendo términos como **banda ancha**, **parque eólico**, y **teletrabajador**.

Los diferentes significados de una palabra están identificados por sinónimos y etiquetas, con distinciones tipográficas claras, que permite que el usuario encuentre rápidamente el equivalente preciso del significado que está buscando. Los modismos, frases y ejemplos abundan en esta obra, ofreciendo al lector una ayuda valiosa en el uso idiomático de ambas lenguas.

Preface

The Larousse Pocket dictionary is a reliable and user-friendly tool for use in all language situations. It provides accurate and up-to-date information on written and spoken Spanish and English as they are used today. The English usage and spelling is that of the United States, with British variants clearly marked, while the Spanish represents both "pan-Hispanic" usage and the diverse special forms and senses found throughout Latin America.

The vocabulary in this dictionary has been selected for its practicality and up-to-dateness, including such terms as **broadband**, **wind farm**, and **teleworker**.

The various meanings of a word are identified by synonyms and labels, with clear typographical distinctions observed throughout the entry, enabling the user to quickly locate a precise equivalent for the particular sense that is needed. Idioms, phrases, and example sentences have been kept in generous numbers, offering invaluable help in the idiomatic use of both languages.

Guía para el uso de este diccionario

Vocablos Se ha indicado la partición silábica de todos los vocablos. Las palabras cuya ortografía es idéntica pero cuyos significados son diferentes se incluyen de forma separada, acompañadas de un índice sobrescrito (**like**[1], **like**[2]).

Fonética En el sistema usado para la pronunciación de los vocablos los acentos tónicos (′) y la indicación de una sílaba no acentuada (-) aparecen a continuación de la sílaba que modifican: **generosity** (jen′ə-rŏs′ĭ-tē). En esta obra hemos utilizado estos símbolos no sólo para indicar la acentuación sino también para reemplazar las sílabas que se repiten en las palabras derivadas. Por ejemplo, dada la pronunciación del vocablo **humid** (hyo͞o′mĭd), hemos abreviado la pronunciación de **humidifier** de esta forma: (-′ə-fī′ər), en donde (-) reemplaza a la sílaba no acentuada (hyo͞o-). De haberse escrito en su totalidad, **humidifier** se transcribiría (hyo͞o-mĭd′ə-fī′ər). La sílaba o la combinación de sílabas que se pronuncia igual que el vocablo que las precede han sido abreviadas con el símbolo (:). En el caso del vocablo **humidify** (:ə-fī), el símbolo (:) reemplaza a (-′) de la palabra que antecede. De haberse transcrito en su totalidad, **humidify** se transcribiría (hyo͞o-mĭd′ə-fī).

Variantes Las variaciones ortográficas de un vocablo aparecen entre paréntesis o separadas por una barra en negrita (**adz(e)**; **con•vey•er/or**). Los cambios en el silabeo se indican con claridad (**con•vert•er/•tor**), así como el cambio en la pronunciación de una variante (véase **coupe/•pé**). No ofrecemos, en cambio, la pronunciación de las variaciones en los casos de adjetivos con terminación **-ic/i•cal** (-ĭk/ĭ-kəl) o sustantivos con terminación **-ence/en•cy** o **-ance/an•cy** (-əns/ən-sē) ya que se consideran variaciones regulares.

Formas irregulares Cuando el vocablo inglés tiene una irregularidad, ésta se indica en letra negrita. Las formas comparativas y superlativas de los adjetivos se muestran de la siguiente manera: 1) **big** *adj.* (**-gg-**), para indicar **bigger**, **biggest**; 2) **happy** *adj.* (**-i-**), para indicar **happier**, **happiest**; 3) **ample** *adj.* (**-er**, **-est**), para indicar **ampler**, **amplest**. No hemos indicado la irregularidad de los adjetivos de una sola sílaba que terminan en consonante (como **hard**, **low**) ya que usualmente forman su comparativo y superlativo agregándosele **-er** y **-est**. La información referente a la formación de plurales irregulares aparece en corchetes (**knife** (*pl.* **-ves**)).

En cuanto a los verbos, las formas irregulares del pretérito y del participio pasado se indican de la siguiente forma: **sing** *intr.* (**sang**, **sung**) – el gerundio se incluye solamente en los casos en que se repite la última consonante. Nótese que cuando el pretérito y el participio pasado coinciden en la forma, la forma irregular aparece solamente una vez: **make** *tr.* (**made**). En otros casos indicamos solamente la irregularidad ortográfica, evitando así la repetición: 1) **step** *intr.* (**-pp-**), para indicar **stepped**, **stepped**, **stepping**; 2) **hew** *tr.* (**-ed**, **-ed** OR **-n**), para indicar **hewed**, **hewed** OR **hewn**; 3) **mimic** *tr.* (**-ck-**), par indicar **mimicked**, **mimicked**, **mimicking**. Los verbos cuya terminación *y* cambia por *i* se consideran regulares y no aparecen en el artículo (**try**, **tried**, **tried**, **trying**).

Organización de los artículos Los equivalentes del vocablo y sus sinónimos aparecen en letra redonda y están separados por una coma. Las diferentes acepciones del vocablo aparecen separadas por un punto y coma. Las distintas acepciones de la palabra se han diferenciado por medio de (i) un sinónimo o frase escrita en el idioma del vocablo, entre paréntesis, o (ii) un rótulo impreso en letras versales (ECON, QUÍM). Estas convenciones no han sido utilizadas cuando el primer equivalente del vocablo es de uso muy frecuente o cuando su traducción es un cognado directo.

Los rótulos se usan frecuentemente para indicar el uso apropiado del vocablo (*fam*, *jer*) o para circunscribir su uso a un país determinado (EU, GB). Los ejemplos aparecen entre corchetes angulares, inmediatamente después de la acepción que ilustran. Nótese que el vocablo inglés se abrevia cuando aparece en el ejemplo exactamente como cuando encabeza el artículo.

Guide to the dictionary

Entry words All entry words are divided into syllables. Words that are identical in spelling but constitute separate entries are entered with superscript numbers (**haber**[1], **haber**[2]).

Inflected entry words Nouns and adjectives that inflect for gender are entered under the masculine form. The feminine ending is separated from the masculine form by a comma (**ca•í•do, a**). When the feminine form contains a syllable break that is different from the masculine, the break is indicated (**cal•cu•la•dor, •ra**), as is any change in the written accent (**ca•be•zón, o•na**).

Variants Variant spellings of an entry word are indicated with parentheses or with a bold slash (**fe•mi•n(e)i•dad**). Syllable breaks and gender differences are fully shown (**gla•dí•o•lo/dio•lo**; **ba•rran•co** *m.*/**ca** *f.*; **gen•ti•li•dad** *f.*/**lis•mo** *m.*). The form to the left of the slash always represents a complete word, though an inflected feminine ending after the slash applies to both the entry word and its variant (**gaz•mo•ñe•ro/ño, a**). When the inflected ending applies only to the main entry and not to the variant, it is placed before the slash (**gor•je•a•dor, •ra/je•an•te**).

Cross-references When a variant form of an entry word does not occur close enough to the main entry to be combined in a single entry, a cross-reference is given (**sicología** *f.* = **psicología**). Feminine nouns that are semantically related to a masculine form are treated under the masculine entry. When a feminine noun falls more than five lines aways from its masculine entry in alphabetical order, a cross-reference is given (**justa** *f.* ▻ **justo, a**).

Irregular verbs All irregular verbs are referenced to the Spanish verbs with a section number (**dar** [20]). The number corresponds to the appropriate model verb in the table. Common irregular verb forms are entered in the dictionary along with cross-references to their infinitives (**estuviera, vo** ▻ **estar**).

Organization of entries Equivalents of the entry word are given in roman type. Synonymous equivalents are separated by commas. Different senses are separated by semicolons. The various senses of an entry word are distinguished by either of two features: (i) a synonym or a phrase in the language of the entry word, given within square brackets, or (ii) a field label printed in small capital letters (CHEM, ECON). When the first equivalent of an entry word is the most frequent translation or an obvious cognate, no discrimination is given for that sense.

Labels are also used to indicate levels of appropriate usage (*coll, sl*) or restriction to a geographic region (AMER, MEX). Regional meanings are placed after all other senses for a particular part of speech and are grouped by general region first, then specific countries. Idioms, phrases and plural forms are preceded by a square following the sense to which they apply. Note that when the entry word is used within the entry with no change in spelling, it is replaced with the symbol ∼.

Abreviaturas/Abbreviations

abbr.	abbreviation
abr.	abreviatura
ACC	accounting
ACOUS	acoustics
ACÚS	acústica
adj.	adjective/adjetivo
adv.	adverb/adverbio
AER	aeronautics/aeronáutica
AGR	agriculture/agricultura
ANAT	anatomy/anatomía
ant	antiguo
ANTHR	anthropology
ANTROP	antropología
arch	archaic
ARCHEOL	archeology
ARCHIT	architecture
ARM	arms/armas
ARQ	arquitectura
ARQUEOL	arqueología
art.	article/artículo
ARTE	bellas artes
ARTIL	artillery
ARTS	fine arts
ASTROL	astrology/astrología
ASTRON	astronomy/astronomía
ASTRONAUT	astronautical
ASTRONÁUT	astronáutica
AUTO	automobile/ automovilismo
aux.	auxiliary/auxiliary
AVIA	aviation/aviación
BIBL	Bible
BÍBL	bíblico
BIOCHEM	biochemistry
BIOL	biology/biología
BIOQUÍM	bioquímica
BKB	bookbinding
BOT	botany/botánica
CARP	carpentry/carpintería
CERAM	ceramics
CERÁM	cerámica
cf.	consulte/compare
CHEM	chemistry
CIENC FIC	ciencia ficción
CIENT	científico
CINEM	cinema/cinematografía
CIR	cirugía
coll	colloquial
COM	commerce/comercio
comp.	comparative/comparativo
COMPUT	computers/computadoras
conj.	conjunction/conjunción
CONSTR	construction/construcción
contr.	contraction/contracción
COST	costura
CRIMIN	criminology/criminología
CUL	culinary/culinario
def.	definite/definido
dem.	demonstrative/ demostrativo
DENT	dentistry
DEP	deportes
DER	derecho
derog	derogatory
despec	despectivo
dial	dialect/dialecto
DIB	dibujo
DIPL	diplomacy/diplomacia
ECOL	ecology/ecología
ECON	economics/economía
EDUC	education/educación
ELEC	electricity/electricidad
ELECTRON	electronics
ELECTRÓN	electrónica
ENGIN	engineering
ENTOM	entomology/entomología
EQUIT	equitation/equitación
ESCULT	escultura
ESGR	esgrima
esp.	especially/especialmente
eufem	eufemismo
euph	euphemism
f.	feminine/femenino
fam	familiar
FARM	farmacia
F.C.	ferrocarril
fig	figurative/figurado
FILOS	filosofía
FIN	finance/finanzas
FÍS	física
FISIOL	fisiología
FONÉT	fonética
FOR	forense
FORT	fortificación
FOTOG	fotografía
GEOF	geofísica
GEOG	geography/geografía
GEOL	geology/geología
GEOM	geometry/geometría
GEOPH	geophysics
GRAM	grammar/gramática
HER	heraldry/heráldica
HIST	history/historia
HORT	horticulture/horticultura
hum	humorous/humorístico
ICHTH	ichthyology
ICT	ictiología
IMPR	imprenta
indef.	indefinite/indefinido
INDUS	industry/industria
ING	ingeniería
interj.	interjection/interjección
interrog.	interrogative/interrogativo
intr.	intransitive/intransitivo

Abreviaturas/Abbreviations

inv.	invariable
irón	irónico
jer	jerga
JEWEL	jewelry
JOURN	journalism
JOY	joyería
LAW	law
LIT	literature/literatura
LOG	logic
LÓG	lógica
m.	masculine/masculino
MACH	machinery
MAQ	maquinaria
MARIT	maritime
MARÍT	marítimo
MAS	masonry
MAT	matemáticas
MATH	mathematics
MEC	mecánica
MECH	mechanics
MED	medicine/medicina
METAL	metallurgy/metalurgia
METEOROL	meteorology/ meteorología
MIL	military/militar
MIN	mineralogy/mineralogía
MITOL	mitología
MUS	music
MÚS	música
MYTH	mythology
NUMIS	numismatics/numismática
ODONT	odontología
OFTAL	oftalmología
OPHTHAL	ophthalmology
OPT	optics
ÓPT	óptica
ORNIT	ornitología
ORNITH	ornithology
p.	past/pasado
PAINT	painting
PALEON	paleontology/paleontología
part.	participle/participio
PERIOD	periodismo
pers.	person, personal/personal
PHARM	pharmaceutics
PHILOS	philosophy
PHONET	phonetics
PHOTOG	photography
PHYS	physics
PHYSIOL	physiology
PINT	pintura
pl.	plural/plural
POET	poetry, poetic
POÉT	poética
POL	politics/política
pos.	posesivo
poss.	possessive
prep.	preposition/preposición
pres.	present/presente
pret.	preterite/pretérito
PRINT	printing
pron.	pronoun/pronombre
PSIC	psicología
PSYCH	psychology
QUÍM	química
RAD	radio
RAIL	railway
reflex.	reflexive/reflexivo
reg	regional
rel.	relative/relativo
RELIG	religion/religión
RET	retórica
RHET	rhetoric
s.	sustantivo
SCI	science
SCULP	sculpture
SEW	sewing
sing., sg.	singular
sl	slang
SOCIOL	sociology/sociología
SPORT	sports
subj.	subjunctive/subjuntivo
superl.	superlative/superlativo
SURG	surgery
SURV	surveying
TAUR	bullfighting/tauromaquia
TEAT	teatro
TEC	tecnología
TECH	technical
TEJ	tejeduría
TEL	telecomunicaciones
TELEC	telecommunications
TELEV	television/televisión
TEN	teneduría de libros
TEO	teología
TEX	textiles
THEAT	theatre
THEOL	theology
TIP	tipografía
TOP	topography/topografía
tr.	transitive/transitivo
v.	verbo
var.	variant/variante
VET	veterinary/veterinaria
ZOOL	zoology/zoología

Rótulos geográficos/Geographic labels

AMER	America/América
ANDES	Andes
ARG	Argentina
BOL	Bolivia
C AMER	Central America/América Central
CARIB	Caribbean/Caribe
CHILE	Chile
COL	Colombia
C RICA	Costa Rica
C SUR	Cono Sur
CUBA	Cuba
DOM REP	Dominican Republic/República Dominicana
ECUAD	Ecuador
EU	Estados Unidos
GB	Great Britain/Gran Bretaña
GUAT	Guatemala
HOND	Honduras
MEX	Mexico/México
NIC	Nicaragua
PAN	Panama/Panamá
PAR	Paraguay
PERU	Peru/Perú
P RICO	Puerto Rico
RP	River Plate/Río de la Plata
SALV	El Salvador
S AMER	South America/Sudamérica
SP	Spain/España
URUG	Uruguay
US	United States
VEN	Venezuela

Guía para la pronunciación inglesa

Símbolo	Ejemplo inglés	Ejemplo español	Sonido aproximado
ă	p**a**t	–	entre la *a* y la *e*
ā	p**ay**, m**a**te	r**ey**	
âr	c**are**, h**air**	–	parecido a *ea* en brea (con la *r*)
ä	f**a**ther	a**ñ**o	
b	**b**i**b**	**b**oca	
ch	**ch**ur**ch**	**ch**ico	
d	**d**ee**d**, mille**d**	**d**ar	
e	p**e**t, f**ea**ther	**e**l	
ē	b**ee**, m**e**, p**ie**ce	m**i**l	
f	**f**i**f**e, **ph**ase, rou**gh**	**f**ama	
g	**g**a**g**	**g**ato	
h	**h**at	**j**oya	
hw	**wh**ich	**ju**ez	
ĭ	p**i**t	–	entre la *i* y la *e*
ī	p**ie**, b**y**	**ai**re	
îr	p**ier**, d**ear**, m**ere**	–	entre *ía* en *dia* e *íe* en *fíe* (con la *r*)
j	**j**u**dge**	–	entre la *y* inicial y la *ch*
k	**k**i**ck**	**c**asa	
kw	**qu**ick	**cu**an	
l	**l**id, need**le**	**l**uz	
m	**m**u**m**	**m**uy	
n	**n**o, sudde**n**	**n**o	
ng	thi**ng**	i**ng**lés	
ŏ	p**o**t, sw**a**t	l**a**	
ō	t**oe**, g**o**, b**oa**t	s**o**l**o**	
ô	c**augh**t, p**aw**, f**o**r	c**o**rre	
oi	n**oi**se, b**oy**	**oi**go	
o͝o	t**oo**k	–	parecido a la *u* en *yogur*, más breve
o͞o	b**oo**t, s**ui**t	**u**no	
ou	**ou**t, c**ow**	**au**to	
p	**p**o**p**	**p**an	
r	**r**oa**r**	–	una *ere* con la lengua curvada hacia atrás
s	**s**au**c**e	**s**apo	
sh	**sh**ip, di**sh**	–	una *che* sauvizada, más como la *ese*
t	**t**igh**t**, stoppe**d**	**t**u	
th	**th**in, pa**th**	–	parecido a la *ce* de Castilla
th	**th**is, ba**th**e	ca**d**a	
ŭ	c**u**t, r**ou**gh	–	parecido a una *o* que tira a la *a*
yo͞o	**u**se, f**ew**	c**iu**dad	
ûr	**ur**ge, t**er**m, f**ir**m	–	parecido a una *e* que tira a la *o* (con la *r*)
v	**v**al**v**e	–	una *efe* sonora
w	**w**ith	c**u**al	
y	**y**es	**y**o	
z	**z**ebra, **x**ylem	mi**s**mo	
zh	vi**s**ion, plea**s**ure	–	parecido a la *ll* de Argentina
ə	**a**bout, it**e**m, ed**i**ble	–	parecido a una *e* muy breve que tira a la *i*

Spanish pronunciation guide

Letter	Spanish example	English example	Description
a	p**a**t**a**	f**a**ther	
b	**b**oca	**b**i**b**	At the beginning of a word
	ca**b**o	–	Between vowels, closer to *v*
c	**c**al**c**o	**c**at	Before *a, o, u*, like *k*
	cedro	**c**edar	Before *e, i* like *s*; in much of Spain pronounced like *th* of *thick*
ch	**ch**iste	**ch**urch	
d	**d**ar	**d**ie	At the beginning of a word
	ca**d**a	–	Between vowels, like *th* of *rather*
e	l**e**che	caf**é**	
f	**f**ácil	**f**at	
g	**g**ente	–	Before *e, i* like *h* of *ha!*
	guerra	**g**uide	With *u* before *e*, a hard *g*
	gato	**g**ot	Before *a, o, u*, a hard *g*
h	**h**onor	–	Always silent
i	s**i**lla	mach**i**ne	
j	**j**ugo	–	Like *h* of *hat*
k	**k**ilo	**k**ite	
l	**l**isto	**l**ist	
ll	**ll**ama	–	In Spain, like *lli* of *million*; elsewhere, like Spanish consonant *y* (see below)
m	**m**a**m**á	**m**u**m**	
n	**n**o**n**a	**n**o**n**e	
ñ	a**ñ**o	–	Like *ny* of *canyon*
o	s**o**l**o**	s**o**	
p	**p**a**p**a	**p**i**p**e	
q	**qu**ita	rac**qu**et	
r	ca**r**o	d**r**agon	
rr	ca**rr**o	–	Strongly trilled
s	**s**o**s**o	**s**a**ss**	
t	**t**on**t**o	**t**igh**t**	
u	l**u**to	l**u**te	
	ag**ü**ero	an**gu**ish	
v	**v**ino	–	Identical to initial Spanish *b*
	la**v**a	–	Identical to intervocalic Spanish *b*
w	**w**at	–	Pronounced either like English *v* or *w*
x	é**x**ito	e**x**it	Exception: in “México” *x* is like Spanish *j*
	mi**x**to	–	Before a consonant may be pronounced *s*
y	y	–	Like *i* of *machine*
	yeso	**y**es	In River Plate, like *s* of *vision*
z	**z**ona	–	Like *s* in *sass*; in much of Spain, like *th* of *thick*

Verbos irregulares del inglés

Infinitivo	Pretérito	Participio pasivo
arise	arose	arisen
awake	awoke	awoken
be	was, were	been
bear	bore	born(e)
beat	beat	beaten
become	became	become
begin	began	begun
bend	bent	bent
beseech	besought	besought
bet	bet (*also* betted)	bet (*also* betted)
bid	bid (*also* bade)	bid (*also* bidden)
bind	bound	bound
bite	bit	bitten
bleed	bled	bled
blow	blew	blown
break	broke	broken
breed	bred	bred
bring	brought	brought
build	built	built
burn	burnt (*also* burned)	burnt (*also* burned)
burst	burst	burst
buy	bought	bought
can	could	-
cast	cast	cast
catch	caught	caught
choose	chose	chosen
cling	clung	clung
come	came	come
cost	cost	cost
creep	crept	crept
cut	cut	cut
deal	dealt	dealt
dig	dug	dug
do	did	done
draw	drew	drawn
dream	dreamed (*also* dreamt)	dreamed (*also* dreamt)
drink	drank	drunk
drive	drove	driven
dwell	dwelt	dwelt
eat	ate	eaten
fall	fell	fallen
feed	fed	fed

Infinitivo	Pretérito	Participio pasivo
feel	felt	felt
fight	fought	fought
find	found	found
flee	fled	fled
fling	flung	flung
fly	flew	flown
forbid	forbade	forbidden
forget	forgot	forgotten
forsake	forsook	forsaken
freeze	froze	frozen
get	got	gotten (*GB* got)
give	gave	given
go	went	gone
grind	ground	ground
grow	grew	grown
hang	hung (*also* hanged)	hung (*also* hanged)
have	had	had
hear	heard	heard
hide	hid	hidden
hit	hit	hit
hold	held	held
hurt	hurt	hurt
keep	kept	kept
kneel	knelt (*also* kneeled)	knelt (*also* kneeled)
know	knew	known
lay	laid	laid
lead	led	led
lean	leant (*also* leaned)	leant (*also* leaned)
leap	leapt (*also* leaped)	leapt (*also* leaped)
learn	learnt (*also* learned)	learnt (*also* learned)
leave	left	left
lend	lent	lent
let	let	let
lie	lay	lain
light	lit (*also* lighted)	lit (*also* lighted)
lose	lost	lost
make	made	made
may	might	-
mean	meant	meant
meet	met	met
mistake	mistook	mistaken
mow	mowed	mown (*also* mowed)

Infinitivo	Pretérito	Participio pasivo
pay	paid	paid
put	put	put
quit	quit (*also* quitted)	quit (*also* quitted)
read	read	read
rend	rent	rent
rid	rid	rid
ride	rode	ridden
ring	rang	rung
rise	rose	risen
run	ran	run
saw	sawed	sawn
say	said	said
see	saw	seen
seek	sought	sought
sell	sold	sold
send	sent	sent
set	set	set
shake	shook	shaken
shall	should	-
shear	sheared	shorn (*also* sheared)
shed	shed	shed
shine	shone	shone
shoot	shot	shot
show	showed	shown
shrink	shrank	shrunk
shut	shut	shut
sing	sang	sung
sink	sank	sunk
sit	sat	sat
slay	slew	slain
sleep	slept	slept
slide	slid	slid
sling	slung	slung
slit	slit	slit
smell	smelt (*also* smelled)	smelt (*also* smelled)
sow	sowed	sown (*also* sowed)
speak	spoke	spoken
speed	sped (*also* speeded)	sped (*also* speeded)
spell	spelt (*also* spelled)	spelt (*also* spelled)
spend	spent	spent
spill	spilt (*also* spilled)	spilt (*also* spilled)
spin	spun	spun

Infinitivo	Pretérito	Participio pasivo
spit	spat	spat
split	split	split
spoil	spoiled (*also* spoilt)	spoiled (*also* spoilt)
spread	spread	spread
spring	sprang	sprung
stand	stood	stood
steal	stole	stolen
stick	stuck	stuck
sting	stung	stung
stink	stank	stunk
stride	strode	stridden
strike	struck	struck (*also* stricken)
strive	strove	striven
swear	swore	sworn
sweep	swept	swept
swell	swelled	swollen (*also* swelled)
swim	swam	swum
swing	swung	swung
take	took	taken
teach	taught	taught
tear	tore	torn
tell	told	told
think	thought	thought
throw	threw	thrown
thrust	thrust	thrust
tread	trod	trodden
wake	woke (*also* waked)	woken (*also* waked)
wear	wore	worn
weave	wove (*also* weaved)	woven (*also* weaved)
wed	wedded	wedded
weep	wept	wept
win	won	won
wind	wound	wound
wring	wrung	wrung
write	wrote	written

Spanish verbs

The following table presents model conjugations for all regular and irregular Spanish verbs. These models include only those tenses in which an irregular conjugation occurs. All irregular forms are printed in bold type.

[1] REGULAR VERB CONJUGATIONS

-AR verbs: AMAR		-ER verbs: VENDER		-IR verbs: PARTIR	
		Present			
AM	-o	VEND	-o	PART	-o
	-as		-es		-es
	-a		-e		-e
	-amos		-emos		-imos
	-áis		-éis		-ís
	-an		-en		-en
		Imperfect			
AM	-aba	VEND	-ía	PART	-ía
	-abas		-ías		-ías
	-aba		-ía		-ía
	-ábamos		-íamos		-íamos
	-abais		-íais		-íais
	-aban		-ían		-ían
		Preterit			
AM	-é	VEND	-í	PART	-í
	-aste		-iste		-iste
	-ó		-ió		-ió
	-amos		-imos		-imos
	-asteis		-isteis		-isteis
	-aron		-ieron		-ieron
		Present Subjunctive			
AM	-e	VEND	-a	PART	-a
	-es		-as		-as
	-e		-a		-a
	-emos		-amos		-amos
	-éis		-áis		-áis
	-en		-an		-an
		Imperfect Subjunctive			
AM	-ara/ase	VEND	-iera/iese	PART	-iera/iese
	-aras/ases		-ieras/ieses		-ieras/ieses
	-ara/ase		-iera/iese		-iera/iese
	-áramos/ásemos		-iéramos/iésemos		-iéramos/iésemos
	-arais/aseis		-ierais/ieseis		-ierais/ieseis
	-aran/asen		-ieran/iesen		-ieran/iesen
		Future/Conditional			
AMAR	-é/ía	VENDER	-é/ía	PARTIR	-é/ía
	-ás/ías		-ás/ías		-ás/ías
	-á/ía		-á/ía		-á/ía
	-emos/íais		-emos/íamos		-emos/íamos
	-éis/íais		-éis/íais		-éis/íais
	-án/ían		-án/ían		-án/ían
		Imperative			
ama/amad			vende/vended		parte/partid
		Present Participle			
amando			vendiendo		partiendo
		Past Participle			
amado			vendido		partido

[2] ADQUIRIR
Pres. **adquiero** adquirimos
adquieres adquirís
adquiere **adquieren**
Pres. Subj. **adquiera** adquiramos
adquieras adquiráis
adquiera **adquieran**

[3] AGORAR
Pres. **agüero** agoramos
agüeras agoráis
agüera **agüeran**
Pres. Subj. **agüere** agoremos
agüeres agoréis
agüere **agüeren**

[4] ALZAR
Pret. **alcé**, alzaste, etc.
Pres. Subj. **alce**, etc.

[5] ANDAR
Pret. **anduve** **anduvimos**
anduviste **anduvisteis**
anduvo **anduvieron**
Imp. Subj. **anduviera/iese**, etc.

[6] ARCAIZAR
Pres. **arcaízo** arcaizamos
arcaízas arcaizáis
arcaíza **arcaízan**
Pret. **arcaicé**, arcaizaste, etc.
Pres. Subj. **arcaíce** **arcaicemos**
arcaíces **arcaicéis**
arcaíce **arcaícen**

[7] ARGÜIR
Pres. **arguyo** argüimos
arguyes argüís
arguye **arguyen**
Pret. argüí argüimos
argüiste argüisteis
arguyó **arguyeron**
Pres. Subj. **arguya**, etc.
Imp. Subj. **arguyera/iese**, etc.
Pres. Part. **arguyendo**

[8] ASIR
Pres. **asgo**, ases, etc.
Pres. Subj. **asga**, etc.

[9] AVERGONZAR
Pres. **avergüenzo** avergonzamos
avergüenzas avergonzáis
avergüenza **avergüenzan**
Pret. **avergoncé**, avergonzaste, etc.
Pres. Subj. **avergüence** **avergoncemos**
avergüences **avergoncéis**
avergüence **avergüencen**

[10] AVERIGUAR
Pret. **averigüé**, averiguaste, etc.
Pres. Subj. **averigüe**, etc.

[11] BENDECIR like DECIR in all forms except Fut./Cond.:
bendeciré/bendeciría, etc.

[12] BRUÑIR
Pret. bruñí bruñimos
bruñiste bruñisteis
bruñó **bruñeron**
Imp. Subj. **bruñera/ese**, etc.
Pres. Part. **bruñendo**

[13] BULLIR
Pret. bullí bullimos
bulliste bullisteis
bulló **bulleron**
Imp. Subj. **bullera/ese**, etc.
Pres. Part. **bullendo**

[14] CABER
Pres. **quepo**, cabes, etc.
Pret. **cupe** **cupimos**
cupiste **cupisteis**
cupo **cupieron**
Pres. Subj. **quepa**, etc.
Imp. Subj. **cupiera/iese**, etc.
Fut./Cond. **cabré/cabría**, etc.

[15] CAER
Pres. **caigo**, caes, etc.
Pret. caí **caímos**
caíste **caísteis**
cayó **cayeron**
Pres. Subj. **caiga**, etc.
Imp. Subj. **cayera/ese**, etc.
Pres. Part. **cayendo**
Past Part. **caído**

[16] COLGAR
Pres. **cuelgo** colgamos
cuelgas colgáis
cuelga **cuelgan**
Pret. **colgué**, colgaste, etc.
Pres. Subj. **cuelgue** **colguemos**
cuelgues **colguéis**
cuelgua **cuelguen**

[17] CONOCER
Pres. **conozco**, conoces, etc.
Pres. Subj. **conozca**, etc.

[18] CONSTRUIR
Pres. **construyo** construimos
construyes construís
construye **construyen**
Pret. construí construimos
construiste construisteis
construyó **construyeron**
Pres. Subj. **construya**, etc.
Imp. Subj. **construyera/ese**, etc.
Pres. Part. **construyendo**

[19] CONTAR
Pres. **cuento** contamos
cuentas contáis
cuenta **cuentan**
Pres. Subj. **cuente** contemos
cuentes contéis
cuente **cuenten**

[20] DAR
Pres. **doy**, das, etc.
Pret. **di** **dimos**
diste **disteis**
dio **dieron**
Pres. Subj. **dé** demos
des deis
dé den
Imp. Subj. **diera/iese**, etc

[21] DECIR

Pres.	**digo**	decimos
	dices	decís
	dice	**dicen**
Pres. Subj.	**diga**, etc.	
Imp. Subj.	**dijera/ese**, etc.	
Fut./Cond.	**diré/diría**, etc.	
Imperative	**di**, decid	
Pres. Part.	**diciendo**	
Past Part.	**dicho**	

[22] DEDUCIR

Pres.	**deduzco**, deduces, etc.	
Pret.	**deduje**	**dedujimos**
	dedujiste	**dedujisteis**
	dedujo	**dedujeron**
Pres. Subj.	**deduzca**, etc.	
Imp. Subj.	**dedujera/ese**, etc.	

[23] DELINQUIR

Pres.	**delinco**, delinques, etc.	
Pres. Subj.	**delinca**, etc.	

[24] DESOSAR

Pres.	**deshueso**	desosamos
	deshuesas	desosáis
	deshuesa	**deshuesan**
Pres. Subj.	**deshuese**	desosemos
	deshueses	desoséis
	deshuese	**deshuesen**

[25] DISCERNIR

Pres.	**discierno**	discernimos
	disciernes	discernís
	discierne	**disciernen**
Pres. Subj.	**discierna**	discernamos
	disciernas	discernáis
	discierna	**disciernan**

[26] DISTINGUIR

Pres.	**distingo**, distingues, etc.	
Pres. Subj.	**distinga**, etc.	

[27] DORMIR

Pres.	**duermo**	dormimos
	duermes	dormís
	duerme	**duermen**
Pret.	dormí	dormimos
	dormiste	dormisteis
	durmió	**durmieron**
Pres. Subj.	**duerma**	**durmamos**
	duermas	**durmáis**
	duerma	**duerman**
Imp. Subj.	**durmiera/iese**, etc.	
Pres. Part.	**durmiendo**	

[28] EMPELLER

Pret.	empellí	empellimos
	empelliste	empellisteis
	empelló	**empelleron**
Imp. Subj.	**empellera/ese**, etc.	
Pres. Part.	**empellendo**	

[29] EMPEZAR

Pres.	**empiezo**	empezamos
	emiezas	empezáis
	empieza	**empiezan**
Pret.	**empecé**,	empezaste, etc.
Pres. Subj.	**empiece**	**empecemos**
	empieces	**empecéis**
	empiece	**empiecen**

[30] ENVIAR

Pres.	**envío**	enviamos
	envías	enviáis
	envía	**envían**
Pres. Subj.	**envíe**	enviemos
	envíes	enviéis
	envíe	**envíen**

[31] ERGUIR

Pres.	**irgo***	erguimos
	irgues*	erguís
	irgue*	**irguen***

*[alternate forms: **yergo**, etc.]

Pret.	erguí	erguimos
	erguiste	erguisteis
	irguió	**irguieron**
Pres. Subj.	**irga/yerga**, etc.	
Imp. Subj.	**irguiera/iese**, etc.	
Pres. Part.	**irguiendo**	

[32] ERIGIR

Pres.	**erijo**, eriges, etc.	
Pres. Subj.	**erija**, etc.	

[33] ERRAR

Pres.	**yerro**	erramos
	yerras	erráis
	yerra	**yerran**
Pres. Subj.	**yerre**	erremos
	yerres	erréis
	yerre	**yerren**

[34] ESCOGER

Pres.	**escojo**, escoges, etc.	
Pres. Subj.	**escoja**, etc.	

[35] ESPARCIR

Pres.	**esparzo**, esparces, etc.	
Pres. Subj.	**esparza**, etc.	

[36] ESTAR

Pres.	**estoy**	estamos
	estás	estáis
	está	**están**
Pret.	**estuve**	**estuvimos**
	estuviste	**estuvisteis**
	estuvo	**estuvieron**
Pres. Subj.	**esté**	estemos
	estés	estéis
	esté	**estén**
Imp. Subj.	**estuviera/iese**, etc.	

[37] FORZAR

Pres.	**fuerzo**	forzamos
	fuerzas	forzáis
	fuerza	**fuerzan**
Pret.	**forcé**, forzaste, etc.	
Pres. Subj.	**fuerce**	**forcemos**
	fuerces	**forcéis**
	fuerce	**fuercen**

[38] GARANTIR [defective]

Pres.	–	garantimos
	–	garantís
	–	–
Pres. Subj.	–	

Imperative -, garantid

[39] HABER

Pres.	**he**	**hemos**
	has	habéis
	ha	**han**
Pret.	**hube**	**hubimos**
	hubiste	**hubisteis**
	hubo	**hubieron**
Pres. Subj.	**haya**, etc.	
Imp. Subj.	**hubiera/iese**, etc.	
Fut./Cond.	**habré/habría**, etc.	
Imperative	**hé**, habed	

[40] HACER

Pres.	**hago**, haces, etc.	
Pret.	**hice**	**hicimos**
	hiciste	**hicisteis**
	hizo	**hicieron**
Pres. Subj.	**haga**, etc.	
Imp. Subj.	**hiciera/iese**, etc.	
Fut./Cond.	**haré/haría**, etc.	
Imperative	**haz**, haced	
Past Part.	**hecho**	

[41] IR

Pres.	**voy**	**vamos**
	vas	**vais**
	va	**van**
Imperfect	**iba**, etc.	
Pret.	**fui**	**fuimos**
	fuiste	**fuisteis**
	fue	**fueron**
Imp. Subj.	**fuera/ese**, etc.	
Imperative	**ve**, id	
Pres. Part.	**yendo**	

[42] JUGAR

Pres.	**juego**	jugamos
	juegas	jugáis
	juega	**juegan**
Pret.	**jugué**, jugaste, etc.	
Pres. Subj.	**juegue**	**juguemos**
	juegues	**juguéis**
	juegue	**jueguen**

[43] LEER

Pret.	leí	**leímos**
	leíste	**leísteis**
	leyó	**leyeron**
Imp. Subj.	**leyera/ese**, etc.	
Pres. Part.	**leyendo**	

[44] LUCIR

Pres.	**luzco**, luces, etc.	
Pres. Subj.	**luzca**, etc.	

[45] OÍR

Pres.	**oigo**	**oímos**
	oyes	oís
	oye	**oyen**
Pret.	oí	**oímos**
	oíste	**oísteis**
	oyó	**oyeron**
Pres. Subj.	**oiga**, etc.	
Imp. Subj.	**oyera/ese**, etc.	
Pres. Part.	**oyendo**	
Past Part.	**oído**	

[46] OLER

Pres.	**huelo**	olemos
	hueles	oléis
	huele	**huelen**
Pres. Subj.	**huela**	olamos
	huelas	oláis
	huela	**huelan**

[47] PAGAR

Pret.	**pagué**, pagaste, etc.	
Pres. Subj.	**pague**, etc.	

[48] PEDIR

Pres.	**pido**	pedimos
	pides	pedís
	pide	**piden**
Pret.	pedí	pedimos
	pediste	pedisteis
	pidió	**pidieron**
Pres. Subj.	**pida**, etc.	
Imp. Subj.	**pidiera/iese**, etc.	
Pres. Part.	**pidiendo**	

[49] PENSAR

Pres.	**pienso**	pensamos
	piensas	pensáis
	piensa	**piensan**
Pres. Subj.	**piense**	pensemos
	pienses	penséis
	piense	**piensen**

[50] PERDER

Pres.	**pierdo**	perdemos
	pierdes	perdéis
	pierde	**pierden**
Pres. Subj.	**pierda**	perdamos
	pierdas	perdáis
	pierda	**pierdan**

[51] PLACER

Pres.	**plazco**, places, etc.	
Pret.	plací	placimos
	placiste	placisteis
	plació*	placieron*

*[alternate forms: **plugo**, **plugieron**]

Pres. Subj.	**plazca**, etc.	
Imp. Subj.	placiera/iese*, etc.	

*[alternate form: **plugiera/iese**]

[52] PLEGAR

Pres.	**pliego**	plegamos
	pliegas	plegáis
	pliega	**pliegan**
Pret.	**plegué**, plegaste, etc.	
Pres. Subj.	**pliegue**	**pleguemos**
	pliegues	**pleguéis**
	pliegue	**plieguen**

[53] PODER

Pres.	**puedo**	podemos
	puedes	podéis
	puede	**pueden**
Pret.	**pude**	**pudimos**
	pudiste	**pudisteis**
	pudo	**pudieron**
Pres. Subj.	**pueda**	podamos
	puedas	podáis
	pueda	**puedan**
Imp. Subj.	**pudiera/iese**, etc.	
Fut./Cond.	**podré/podría**, etc.	

Pres. Part. **pudiendo**

[54] PONER
Pres. **pongo**, pones, etc.
Pret. **puse** **pusimos**
pusiste **pusisteis**
puso **pusieron**
Pres. Subj. **ponga**, etc.
Imp. Subj. **pusiera/iese**, etc.
Fut./Cond. **pondré/pondría**, etc.
Imperative **pon**, poned
Past Part. **puesto**

[55] QUERER
Pres. **quiero** queremos
quieres queréis
quiere **quieren**
Pret. **quise** **quisimos**
quisiste **quisisteis**
quiso **quisieron**
Pres. Subj. **quiera** **queramos**
quieras queráis
quiera **quieran**
Imp. Subj. **quisiera/iese**, etc.
Fut./Cond. **querré/querría**, etc.

[56] RAER
Pres. **raigo*** raemos
raes raéis
rae raen
*[alternate form: **rayo**]
Pret. raí **raímos**
raíste **raísteis**
rayó **rayeron**
Pres. Subj. **raiga***, etc.
*[alternate form: **raya**]
Imp. Subj. **rayera/ese**, etc.
Pres. Part. **rayendo**
Past Part. **raído**

[57] REGIR
Pres. **rijo** regimos
riges regís
rige **rigen**
Pret. regí regimos
registe registeis
rigió **rigieron**
Pres. Subj. **rija**, etc.
Imp. Subj. **rigiera/iese**, etc.
Pres. Part. **rigiendo**

[58] REÍR
Pres. **río** **reímos**
ríes reís
ríe **ríen**
Pret. reí **reímos**
reíste **reísteis**
rió **rieron**
Pres. Subj. **ría**, etc.
Imp. Subj. **riera/iese**, etc.
Pres. Part. **riendo**
Past Part. **reído**

[59] REÑIR
Pres. **riño** reñimos
riñes reñís
riñe **reñen**
Pret. reñí reñimos
reñiste reñisteis
riñó **riñeron**
Pres. Subj. **riña**, etc.
Imp. Subj. **riñera/ese**, etc.
Pres. Part. **riñendo**

[60] REUNIR
Pres. **reúno** reunimos
reúnes reunís
reúne **reúnen**
Pres. Subj. **reúna** reunamos
reúnas reunáis
reúna **reúnan**

[61] ROER
Pres. roo* roemos
roes roéis
roe roen
*[alternate forms: **roigo** *or* **royo**]
Pret. roí **roímos**
roíste **roísteis**
royó **royeron**
Pres. Subj. **roa***, etc.
*[alternate forms: **roiga** *or* **roya**]
Imp. Subj. **royera/ese**, etc.
Pres. Part. **royendo**
Past Part. **roído**

[62] SABER
Pres. **sé**, sabes, etc.
Pret. **supe** **supimos**
supiste **supisteis**
supo **supieron**
Pres. Subj. **sepa**, etc.
Imp. Subj. **supiera/iese**, etc.
Fut./Cond. **sabré/sabría**, etc.

[63] SALIR
Pres. **salgo**, sales, etc.
Pres. Subj. **salga**, etc.
Fut./Cond. **saldré/saldría**, etc.
Imperative **sal**, salid

[64] SEGUIR
Pres. **sigo** seguimos
sigues seguís
sigue **siguen**
Pret. seguí seguimos
seguiste seguisteis
siguió **siguieron**
Pres. Subj. **siga**, etc.
Imp. Subj. **siguiera/iese**, etc.
Pres. Part. **siguiendo**

[65] SENTIR
Pres. **siento** sentimos
sientes sentís
siente **sienten**
Pret. sentí sentimos
sentiste sentisteis
sintió **sintieron**
Pres. Subj. **sienta** **sintamos**
sientas **sintáis**
sienta **sientan**
Imp. Subj. **sintiera/iese**, etc.
Pres. Part. **sintiendo**

[66] SER
Pres. **soy** **somos**
eres **sois**
es **son**
Imperfect **era**, etc.

Pret.	**fui**	**fuimos**
	fuiste	**fuisteis**
	fue	**fueron**
Pres. Subj.	**sea**, etc.	
Imp. Subj.	**fuera/ese**, etc	
Imperative	**sé**, sed	

[67] SITUAR

Pres.	**sitúo**	situamos
	sitúas	situáis
	sitúa	**sitúan**
Pres. Subj.	**sitúe**	situemos
	sitúes	situéis
	sitúe	**sitúen**

[68] TAÑER

Pret.	tañí	tañimos
	tañiste	tañisteis
	tañó	**tañeron**
Imp. Subj.	**tañera/ese**, etc.	
Pres. Part.	**tañendo**	

[69] TENER

Pres.	**tengo**	tenemos
	tienes	tenéis
	tiene	**tienen**
Pret.	**tuve**	**tuvimos**
	tuviste	**tuvisteis**
	tuvo	**tuvieron**
Pres. Subj.	**tenga**, etc.	
Imp. Subj.	**tuviera/iese**, etc.	
Fut./Cond.	**tendré/tendría**, etc.	
Imperative	**ten**, tened	

[70] TOCAR

Pret.	**toqué**, tocaste, etc.
Pres. Subj.	**toque**, etc.

[71] TORCER

Pres.	**tuerzo**	torcemos
	tuerces	torcéis
	tuerce	**tuercen**
Pres. Subj.	**tuerza**	**torzamos**
	tuerzas	**torzáis**
	tuerza	**tuerzan**

[72] TRAER

Pres.	**traigo**, traes, etc.	
Pret.	**traje**	**trajimos**
	trajiste	**trajisteis**
	trajo	**trajeron**
Pres. Subj.	**traiga**, etc.	
Imp. Subj.	**trajera/ese**, etc.	
Pres. Part.	**trayendo**	
Past Part.	**traído**	

[73] TROCAR

Pres.	**trueco**	trocamos
	truecas	trocáis
	trueca	**truecan**
Pret.	**troqué**, trocaste, etc.	
Pres. Subj.	**trueque**	**troquemos**
	trueques	**troquéis**
	trueque	**truequen**

[74] VALER

Pres.	**valgo**, vales, etc.
Pres. Subj.	**valga**, etc.
Fut./Cond.	**valdrá/valdría**, etc.

[75] VENCER

Pres.	**venzo**, vences, etc.
Pres. Subj.	**venza**, etc.

[76] VENIR

Pres.	**vengo**	venimos
	vienes	venís
	viene	**vienen**
Pret.	**vine**	**vinimos**
	viniste	**vinisteis**
	vino	**vinieron**
Pres. Subj.	**venga**, etc.	
Imp. Subj.	**viniera/iese**, etc.	
Fut./Cond.	**vendrá/vendría**, etc	
Imperative	**ven**, venid	
Pres. Part.	**viniendo**	

[77] VER

Pres.	**veo**, ves, etc.	
Imperfect	**veía**, etc.	
Pret.	**vi**	vimos
	viste	visteis
	vio	vieron
Pres. Subj.	**vea**, etc.	
Past Part.	**visto**	

[78] VOLVER

Pres.	**vuelvo**	volvemos
	vuelves	volvéis
	vuelve	**vuelven**
Pres. Subj.	**vuelva**	volvamos
	vuelvas	volváis
	vuelva	**vuelvan**

[79] YACER

Pres. **yazco***, yaces, etc.
*[alternate forms: **yazgo** *or* **yago**]
Pres. Subj. **yazca***, etc.
*[alternate forms: **yazga** *or* **yaga**]
Imperative **yaz** *or* yace, yaced

[80] IRREGULAR PAST PARTICIPLES

In addition to verbs already mentioned in this section, the following verbs and their compounds have irregular past participles.

abrir	**abierto**
cubrir	**cubierto**
escribir	**escrito**
freír	**frito**
imprimir	**impreso**
romper	**roto**

ESPAÑOL–INGLÉS

A

a, **A** *f.* first letter of the Spanish alphabet
a *prep.* [dirección] to, into, forward; [destino] in, at; [lugar] at, on, to; [distancia] to, up to; [hora] at, in; [método] on, in, by, with, according to; [tasa] at, per, a, by
á•ba•co *m.* abacus
a•bad *m.* abbot
a•ba•de•sa *f.* abbess
a•ba•dí•a *f.* abbey
a•ba•jo ◇ *adv.* down; [en una casa] downstairs; [posición] below, underneath ▪ **echar** ~ to demolish; POL to overthrow; **hacia** ~ downward(s) ◇ *interj.* down with ▪ **¡~ el rey!** down with the king!
a•ba•lan•zar [04] *tr.* & *reflex.* to fling, hurl (oneself)
a•ba•lo•rio *m.* glass bead(s)
a•ban•de•ra•do *m.* standard-bearer
a•ban•de•ra•mien•to *m.* registration (of a ship); POL joining a cause
a•ban•de•rar *tr.* to register (a ship); POL to join (a cause)
a•ban•de•ri•zar [04] *tr.* to divide into factions; (*reflex.*) AMER to join (a cause)
a•ban•do•na•do, a *adj.* abandoned; [descuidado] careless; [desaliñado] slovenly
a•ban•do•nar *tr.* to abandon, desert; [desertar] to leave; [renunciar] to give up; [descuidar] to neglect; (*reflex.*) [entregarse a] to abandon oneself to; [descuidarse] to become slovenly
a•ban•do•no *m.* abandonment; [descuido] neglect; [desenfrenamiento] abandon
a•ba•ni•car [70] *tr.* & *reflex.* to fan (oneself)
a•ba•ni•co *m.* fan; MARIT winch
a•ba•ra•jar *tr.* RP [parar] to block, parry (a blow); [agarrar] to catch (in flight)
a•ba•ra•tar *tr.* to reduce (prices); (*reflex.*) to become cheaper
a•bar•car [70] *tr.* [contener] to embrace, cover; [abrazar] to embrace; [divisar] to take in; AMER to stockpile
a•ba•rran•car [70] *tr.* to form ditches in; (*intr.*) to run aground; (*reflex.*) [caerse] to fall into a ditch; [atascarse] to get into a fix
a•ba•rro•ta•do, a *adj.* full, crowded
a•ba•rro•tar *tr.* [fortalecer] to bar up; [llenar] to fill up; [exceso] to overstock; AMER [acaparar] to stockpile
a•ba•rro•te ◇ *m.* bundle ◇ *pl.* AMER [comestibles] groceries; AMER [tienda] grocery store
a•ba•rro•te•rí•a *f.* C AMER hardware store
a•ba•rro•te•ro, a *m.f.* C AMER hardware storekeeper
a•bas•te•ce•dor, •ra *m.f.* supplier
a•bas•te•cer [17] *tr.* to supply, provide (**de** with)
a•bas•te•ci•mien•to *m.* [provisión] supply; [aprovisionamiento] supplying
a•bas•to ◇ *m.* supplying ▪ **dar** ~ to produce to capacity; **no dar** ~ **(a)** not to be able to keep up (with) ◇ *pl.* supplies, provisions
a•ba•ta•tar•se *reflex.* AMER to become embarrassed
a•ba•ti•ble *adj.* collapsible, folding
a•ba•ti•da•men•te *adv.* despondently
a•ba•ti•do, a *adj.* despondent
a•ba•ti•mien•to *m.* low spirits
a•ba•tir *tr.* [derribar] to knock down, demolish; [desanimar] to depress, discourage; (*reflex.*) [desanimarse] to become discouraged; [aves] to swoop
ab•di•ca•ción *f.* abdication
ab•di•car [70] *tr.* & *intr.* to abdicate
ab•do•men *m.* abdomen
ab•do•mi•nal *adj.* abdominal
ab•duc•ción *f.* abduction
ab•duc•tor ◇ *adj.* abducent ◇ *m.* abductor
a•be•cé *m.* alphabet; [rudimentos] rudiments
a•be•ce•da•rio *m.* alphabet
a•be•dul *m.* birch
a•be•ja *f.* bee
a•be•jar *m.* apiary, beehive
a•be•jo•rro *m.* bumblebee; [pesado] pest
a•be•rra•ción *f.* aberration
a•ber•tu•ra *f.* opening; [hendidura] crack, fissure; [franqueza] frankness; PHOTOG aperture
a•be•to *m.* fir
a•bier•to, a ▷ **abrir** ◇ *adj.* open; [raso] open, clear; [franco] candid; [sincero] sincere; S AMER generous
a•bi•ga•rra•do, a *adj.* variegated, multicolored
a•bi•ga•rrar *tr.* to mottle, variegate
a•bi•se•lar *tr.* to bevel
a•bis•mal *adj.* abysmal
a•bis•mar *tr.* to overwhelm, depress; (*reflex.*) to yield, give oneself up (**en** to)
a•bis•mo *m.* abyss ▪ **estar al borde del** ~ to be on the brink of disaster
ab•ju•ra•ción *f.* abjuration, renunciation
ab•ju•rar *tr.* to abjure, renounce
a•blan•da•bre•vas *m.f.inv. coll* good-for-nothing
a•blan•da•mien•to *m.* softening
a•blan•dar *tr.* to soften; [suavizar] to mollify; [mitigar] to mitigate; (*intr.*) [el viento] to calm down; [la nieve] to thaw; (*reflex.*) to soften; [calmarse] to calm down
a•blan•de *m.* AMER AUTO break-in (period)
a•blan•de•cer [17] *tr.* to soften
a•bla•ti•vo *m.* ablative
a•blu•ción *f.* ablution, washing
ab•ne•ga•ción *f.* abnegation
ab•ne•ga•do, a *adj.* unselfish
ab•ne•gar [52] *tr.* to abnegate, renounce; (*reflex.*) to deny oneself
a•bo•ca•do, a *adj.* involved, engaged (**a** in); [vino] mild, smooth
a•bo•ca•mien•to *m.* [acción] biting; [acercamiento] approaching; [reunión] meeting
a•bo•car [70] *tr.* [asir] to bite; [escanciar] to decant; [acercar] to bring near; (*intr.*) MARIT to enter a channel; (*reflex.*) [aproximarse] to approach; ARG to engage (**a** in)
a•bo•chor•na•do, a *adj.* suffocating; [avergonzado] ashamed
a•bo•chor•nar *tr.* to suffocate; [avergonzar] to embarrass; [hacer sonrojar] to make blush; (*reflex.*) [avergonzarse] to become embarrassed; [sonrojarse] to blush; AGR to parch
a•bo•fe•te•ar *tr.* to slap
a•bo•ga•cí•a *f.* law (profession)
a•bo•ga•do, a *m.f.* lawyer, attorney ▪ ~ **del diablo** devil's advocate

a•bo•gar [47] *intr.* [defender] to advocate, plead; [interceder] to intercede

a•bo•len•go *m.* ancestry, lineage; [patrimonio] patrimony

a•bo•li•ción *f.* abolition, repeal

a•bo•li•cio•nis•ta *m.f.* abolitionist

a•bo•lir [38] *tr.* to abolish, repeal

a•bo•lla•do, a *adj.* dented; AMER *coll* [sin dinero] penniless, broke

a•bo•lla•du•ra *f.* dent

a•bo•llar *tr.* to dent; (*reflex.*) to become dented

a•bol•sar•se *reflex.* [la ropa] to become baggy; [la piel] to sag

a•bom•ba•do, a *adj.* convex; AMER [aturdido] stupefied; [comida] bad, spoiled

a•bom•bar *tr.* to make convex; AMER [aturdir] to stupefy; (*reflex.*) AMER to go bad

a•bo•mi•na•ble *adj.* abominable

a•bo•mi•na•ción *f.* abomination

a•bo•mi•nar *tr.* to abominate, detest

a•bo•na•ble *adj.* payable, due

a•bo•na•do, a *m.f.* subscriber, season ticket holder; [viajero] commuter

a•bo•nar *tr.* [acreditar] to vouch for, guarantee; AGR to fertilize; [suscribir] to subscribe to; [pagar] to pay ▪ **~ a cuenta** to pay in installments; (*reflex.*) to subscribe

a•bo•ne•ro, a *m.f.* MEX hawker, street trader

a•bo•no *m.* [estiércol] fertilizer; [billete] subscription; AMER payment, installment

a•bor•dar *tr.* MARIT to board; [acercar] to approach; [emprender] to tackle (a problem); (*intr.*) MARIT to dock

a•bo•ri•gen *adj.* & *m.f.* aboriginal

a•bo•rre•cer [17] *tr.* to hate, abhor

a•bo•rre•ci•ble *adj.* hateful, abhorrent, loathsome

a•bo•rre•ci•mien•to *m.* hatred, loathing

a•bor•tar *tr.* & *intr.* to abort

a•bor•to *m.* abortion; *fig* failure; *coll* [feo] ugly person

a•bo•to•nar *tr.* & *reflex.* to button (up); (*intr.*) to bud

a•bo•ve•da•do *m.* ARCHIT vaulting

a•bo•ve•dar *tr.* to arch, vault

a•bra•ca•da•bra *m.* abracadabra

a•bra•sa•dor, •ra/san•te *adj.* burning, scorching

a•bra•sar *tr.* [quemar] to burn; [calentar] to overheat; (*intr.* & *reflex.*) to burn up

a•bra•za•de•ra *f.* [zuncho] clamp, bracket; PRINT bracket

a•bra•zar [04] *tr.* to embrace, hug; [ceñir] to clasp; [adoptar] to adopt, embrace; (*reflex.*) to embrace (each other)

a•bra•zo *m.* embrace, hug

a•bre•bo•ca *m.f.* ARG absent-minded person, featherbrain

a•bre•car•tas *m.inv.* letter opener

a•bre•la•tas *m.inv.* can opener

a•bre•va•de•ro *m.* watering hole o trough

a•bre•var *tr.* to water (livestock); [mojar] to wet, soak

a•bre•via•ción *f.* abbreviation, shortening; [de libro] abridgement

a•bre•via•do, a *adj.* [breve] brief, short; [libro] abridged, shortened

a•bre•viar *tr.* [reducir] to abbreviate; [libro] to abridge; [acelerar] to shorten, hasten

a•bre•via•tu•ra *f.* abbreviation; [compendio] compendium, résumé

a•bri•dor, •ra ◇ *adj.* opening ◇ *m.* [abrelatas] can opener; AGR grafting knife

a•bri•gar [47] *tr.* [proteger] to shelter; [cubrir] to keep warm; [sospechas] to harbor; (*reflex.*) to wrap oneself up

a•bri•go *m.* [protección] shelter, cover; [sobretodo] overcoat; MARIT harbor ▪ **al ~ de** protected by

a•bril *m.* April

a•bri•llan•tar *tr.* AMER to glaze (fruit)

a•brir [80] *tr.* to open; [desplegar] to spread out; [empezar] to open, begin; [encabezar] to lead, head; [horadar] to dig ▪ **~ el apetito** to whet the appetite; **~ la mano** to extend one's hand; **~ paso** to make way; **en un ~ y cerrar de ojos** in the twinkling of an eye; (*reflex.*) to open; [aclarar] to clear up (weather); [florecer] to blossom; [hender] to split, crack; [desviarse] to swerve ▪ **~ con** to confide in, open up to

a•bro•cha•dor *m.* [abotonador] buttonhook; S AMER stapler

a•bro•char *tr.* [con botones] to button (up); [con broches] to fasten; [zapatos] to lace, tie; S AMER to staple

a•bro•gar [47] *tr.* to abrogate, repeal

a•bro•jo *m.* thistle, caltrop

a•bru•ma•do, a *adj.* overwhelmed

a•bru•ma•dor, •ra ◇ *adj.* overwhelming, oppressive ◇ *m.f.* oppressor

a•bru•mar *tr.* to overwhelm, oppress; (*reflex.*) to become foggy

a•brup•to, a *adj.* abrupt; [escarpado] craggy, rugged

abs•ce•so *m.* abscess

ab•sen•tis•mo *m.* absenteeism

ab•so•lu•ción *f.* absolution

ab•so•lu•to, a ◇ *adj.* absolute; [sin mezcla] pure (alcohol) ▪ **en ~** absolutely not, not at all; **lo ~** the absolute ◇ *f.* [proposición] dogmatic assertion; MIL discharge

ab•sol•ver [78] *tr.* to absolve; LAW to acquit

ab•sor•ben•te *adj.* absorbent; [cautivante] absorbing

ab•sor•ber *tr.* to absorb; (*reflex.*) to become absorbed o engrossed

ab•sor•ción *f.* absorption

ab•sor•to, a ▻ **absorber** ◇ *adj.* engrossed, entranced

abs•te•mio, a ◇ *adj.* abstemious, teetotaling ◇ *m.f.* teetotaler, non-drinker

abs•ten•ción *f.* abstention

abs•te•ner•se [69] *reflex.* to abstain, refrain

abs•ti•nen•cia *f.* abstinence

abs•trac•ción *f.* abstraction; [preocupación] preoccupation

abs•trac•to, a *adj.* & *m.* abstract ▪ **en ~** in the abstract

abs•tra•er [72] *tr.* to abstract; (*reflex.*) to become withdrawn o lost in thought

abs•tra•í•do, a ▻ **abstraer** ◇ *adj.* [distraído] absorbed; [retirado] withdrawn

abs•tu•vie•ra, vo ▻ **abstenerse**

ab•suel•to, va, ve ▻ **absolver**

ab•sur•di•dad *f.* absurdity

ab•sur•do, a ◇ *adj.* absurd, ridiculous ◇ *m.* absurdity

a•bu•che•ar *tr.* to boo, hiss

a•bue•la *f.* grandmother

a•bue•lo ◇ *m.* grandfather; [viejo] old man ◇ *pl.* grandparents

a•bu•lia *f.* abulia, lack of will power
a•bul•ta•do, a *adj.* large, bulky
a•bul•ta•mien•to *m.* [aumento] increase; [hinchazón] swelling
a•bul•tar *tr.* [engrosar] to enlarge; [hinchar] to swell; (*intr.*) to be bulky
a•bun•dan•cia *f.* abundance
a•bun•dan•te *adj.* abundant, plentiful
a•bun•dar *intr.* to abound
a•bur•gue•sar•se *reflex.* to become bourgeois
a•bu•rri•do, a *adj.* [cansado] bored; [tedioso] boring, tiresome
a•bu•rri•dor, •ra *adj.* boring, tedious
a•bu•rri•mien•to *m.* boredom, tedium
a•bu•rrir *tr.* to bore; (*reflex.*) to become bored
a•bu•sa•do, a *adj* MEX astute, shrewd
a•bu•sa•dor, •ra *adj.* AMER abusive
a•bu•sar *intr.* to go too far, exceed ▪ ~ **de** to abuse, misuse
a•bu•so *m.* excess; [injusticia] injustice
ab•yec•to, a *adj.* abject, low
a•cá *adv.* here, over here ▪ ~ **y allá** here and there, everywhere; **más** ~ closer
a•ca•ba•do, a ◇ *adj.* finished; [perfecto] complete, consummate; [arruinado] ruined ◇ *m.* finish
a•ca•bar *tr.* to finish, complete; [perfeccionar] to put the finishing touches on; [pulir] to give a finish to; [consumir] to use up; (*intr.*) to end, stop; [morir] to die ▪ **¡acabáramos!** finally!, at last!; ~ **con** to put an end to, destroy; ~ **de** to have just; ~ **por** to end up; (*reflex.*) [agotarse] to be used up, be gone; **se nos ha acabado la gasolina** we're out of gas; **se me acabó el tiempo** I ran out of time; **¡se acabó!** that's the end of that!
a•ca•cia *f.* acacia
a•ca•de•mia *f.* academy
a•ca•dé•mi•co, a ◇ *adj.* academic ◇ *m.f.* academician
a•ca•e•cer [17] *intr.* to happen, occur
a•ca•e•ci•mien•to *m.* happening, occurrence
a•ca•llar *tr.* to hush, quiet; *fig* to placate
a•ca•lo•ra•do, a *adj.* heated, warm; [enardecido] heated, animated
a•ca•lo•ra•mien•to *m.* [ardor] ardor, heat; [entusiasmo] vehemence, passion
a•ca•lo•rar *tr.* to warm up; [alentar] to encourage; (*reflex.*) to heat up; [hacerse vivo] to get heated; [irritarse] to get excited
a•ca•lo•ro *m.* = **acaloramiento**
a•cam•pa•mien•to *m.* [acción] camping; [lugar] camp, encampment
a•cam•pa•na•do, a *adj.* bell-shaped
a•cam•pa•nar *tr.* to shape like a bell
a•cam•par *tr.*, *intr.* & *reflex.* to camp
a•ca•na•la•do, a *adj.* fluted, striated
a•ca•na•lar *tr.* to striate, flute
a•can•ti•la•do, a ◇ *adj.* [abrupto] steep; [escalonado] shelved ◇ *m.* cliff
a•ca•pa•ra•dor, •ra ◇ *adj.* hoarding ◇ *m.f.* [acumulador] stockpiler, hoarder; [monopolizador] monopolizer
a•ca•pa•ra•mien•to *m.* [acumulación] hoarding; [monopolio] monopoly
a•ca•pa•rar *tr.* [acumular] to stockpile, hoard; [monopolizar] to monopolize
a•cá•pi•te *m.* S AMER [párrafo] paragraph; [subtítulo] subheading
a•ca•ra•me•la•do, a *adj.* [bañado] caramelized; [color] caramel-colored; [melifluo] sweet
a•ca•ra•me•lar *tr.* to caramelize; (*reflex.*) to be o become extremely sweet
a•ca•ri•ciar *tr.* to caress; [abrigar] to cherish, hold dear
a•ca•rre•ar *tr.* [transportar] to cart, transport; [ocasionar] to occasion, cause
a•ca•rre•o *m.* cartage, transportation
a•ca•so ◇ *m.* chance, accident ◇ *adv.* perhaps, maybe ▪ **por si** ~ just in case
a•ca•ta•mien•to *m.* respect, reverence
a•ca•tar *tr.* [respetar] to respect; [obedecer] to observe, comply with
a•ca•ta•rrar•se *reflex.* to catch a cold
a•cau•da•la•do, a *adj.* wealthy, rich
a•cau•da•lar *tr.* to accumulate, amass
ac•ce•der *intr.* [consentir] to agree, consent; [al trono] to accede
ac•ce•si•ble *adj.* accessible
ac•ce•so *m.* [entrada] access, entry ▪ ~ **a Internet** COMPUT Internet access; ~ **aleatorio** COMPUT random access; ~ **directo** COMPUT direct access; ~ **remoto** COMPUT remote access; ~ **telefónico** COMPUT dial-up access; [accesibilidad] accessibility
ac•ce•so•rio, a *adj.* & *m.* accessory
ac•ci•den•ta•do, a ◇ *adj.* rough, uneven ◇ *m.f.* accident victim
ac•ci•den•tal *adj.* accidental
ac•ci•den•tar•se *reflex.* to have an accident
ac•ci•den•te *m.* accident; [del terreno] roughness, unevenness; MED fit, spell ▪ **por** ~ by chance
ac•ción *f.* action; [hecho] act, deed; [efecto] effect; [judicial] legal action, lawsuit; MIL battle; COM share (of stock); LIT & THEAT action, plot; THEAT gesture ▪ ~ **de gracias** thanksgiving; ~ **ordinaria** COM common stock
ac•cio•nar *tr.* to work, operate; (*intr.*) to gesticulate
ac•cio•nis•ta *m.f.* shareholder, stockholder
a•ce•char *tr.* to watch, spy on
a•ce•cho *m.* watching, spying
a•ce•ci•nar *tr.* to cure (meat)
a•ce•dar *tr.* to make sour
a•cé•fa•lo, a *adj.* acephalous; *fig* leaderless
a•cei•tar *tr.* to oil, lubricate
a•cei•te *m.* oil ▪ ~ **combustible** o **de quemar** fuel oil; ~ **esencial** essential oil; ~ **de hígado de bacalao** codliver oil; ~ **de ricino** castor oil; ~ **de linaza** linseed oil; ~ **de oliva** olive oil; ~ **de soja** soybean oil
a•cei•te•ro, a ◇ *f.* AMER oil cruet ◇ *adj.* oil ◇ *m.f.* oil vendor
a•cei•to•so, a *adj.* oily
a•cei•tu•na *f.* olive
a•cei•tu•na•do, a *adj.* olive-green
a•cei•tu•no, a ◇ *m.* olive tree ◇ *adj.* olive
a•ce•le•ra•ción *f.* acceleration
a•ce•le•ra•da *f.* acceleration
a•ce•le•ra•dor *m.* accelerator ▪ ~ **gráfico** COMPUT graphics accelerator; ~ **de partículas** particle accelerator; ~ **de vídeo** COMPUT video accelerator
a•ce•le•rar *tr.* to speed up; [facilitar] to expedite; (*intr.*) to hurry; [motores] to race
a•cel•ga *f.* chard

a•cen•to *m.* accent; [signo] accent mark; [tono] tone ▪ ~ **ortográfico** written accent
a•cen•tua•ción *f.* accentuation
a•cen•tua•do, a *adj.* accented
a•cen•tuar [67] *tr.* to accent; [hacer resaltar] to accentuate; (*reflex.*) to stand out
a•cep•ción *f.* meaning
a•cep•ta•ción *f.* acceptance; [aprobación] approval
a•cep•tar *tr.* to accept; [admitir] to believe in; [aprobar] to approve of
a•ce•quia *f.* irrigation ditch
a•ce•ra *f.* sidewalk
a•ce•ra•do, a *adj.* steel, steely
a•cer•bi•dad *f.* [sabor] sourness; [severidad] harshness
a•cer•bo, a *adj.* [agrio] sour; [severo] harsh
a•cer•ca de *prep.* about, concerning
a•cer•ca•mien•to *m.* approach
a•cer•car [70] *tr.* to bring near; (*reflex.*) to approach, draw near
a•ce•rí•a *f.* steel mill
a•ce•ri•co *m.* [almohada] small pillow, cushion; [alfiletero] pincushion
a•ce•ro *m.* steel; [arma] blade, sword ▪ ~ **fundido** cast steel
a•ce•ro•la *f.* BOT haw (fruit)
a•cé•rri•mo, a *adj.* staunch, stalwart
a•ce•rro•jar *tr.* to bolt, lock
a•cer•ta•do, a *adj.* correct, accurate
a•cer•tar [49] *tr.* [adivinar] to guess correctly; [encontrar] to find, hit upon; (*intr.*) [tener razón] to hit the mark, be correct; [lograr] to succeed ▪ ~ **a** to happen to; ~ **con** to come upon o across
a•cer•ti•jo *m.* riddle
a•cer•vo *m.* [montón] pile, heap; [patrimonio] common property
a•ce•ta•to *m.* acetate
a•ce•ti•le•no *m.* acetylene
a•ce•to•na *f.* acetone
a•cha•car [70] *tr.* to attribute, impute
a•cha•co•so, a *adj.* sickly, frail
a•cha•pa•rra•do, a *adj.* stocky, stubby
a•cha•que ◇ *m.* ailment, illness ◇ *pl.* C AMER morning sickness ▪ ~ **de la edad** ailments of old age
a•cha•ro•lar *tr.* to varnish, enamel
a•cha•ta•do, a *adj.* flat, flattened
a•cha•tar *tr.* to flatten, squash; (*reflex.*) to become flat
a•chi•car [70] *tr.* [disminuir] to reduce; [humillar] to humiliate; [ropa] to take in; MARIT to bail out; (*reflex.*) [disminuirse] to get smaller, shrink; [acobardarse] to shrink back
a•chi•cha•rran•te *adj.* [que quema] scorching; [bochornoso] sweltering
a•chi•cha•rrar *tr.* to scorch; (*reflex.*) [quemarse] to burn; [calentarse demasiado] to get overheated
a•chi•co•ria *f.* chicory
a•chis•pa•do, a *adj.* tipsy, slightly drunk
a•chis•par *tr. coll* to make tipsy; (*reflex.*) to get tipsy
a•cho•char•se *reflex.* to become senile
a•cho•la•do, a *adj.* AMER [mestizo] half-Indian; [avergonzado] red in the face
a•cho•lar *tr.* AMER to embarrass; (*reflex.*) [acriollarse] to adopt mestizo ways; [avergonzarse] to be ashamed
a•chu•ra *f.* AMER offal
a•chu•rar/-re•ar *tr.* AMER to gut, disembowel; *coll* [matar] to stab to death
a•cia•go, a *adj.* fateful, unlucky
a•ci•ca•la•do, a *adj.* spruced up
a•ci•ca•lar *tr.* & *reflex.* to dress or spruce up
a•ci•ca•te *m.* [espuela] spur; [incentivo] spur, incentive
a•ci•ca•te•ar *tr.* to spur, incite
a•ci•dez *f.* acidity
á•ci•do, a ◇ *adj.* acid; [agrio] sour, tart ◇ *m.* acid; *coll* LSD
a•cí•du•lo, a *adj.* acidulous, sour
a•cier•te, to ▻ **acertar**
a•cier•to *m.* [logro] good shot, hit; [éxito] success; [cordura] good sense; [habilidad] skill, dexterity, knack ▪ **con** ~ [con éxito] successfully; [con destreza] skillfully
a•cla•ma•ción *f.* acclamation, acclaim
a•cla•mar *tr.* to acclaim, hail
a•cla•ra•ción *f.* clarification, explanation
a•cla•ra•do *m.* rinse, rinsing
a•cla•rar *tr.* to clarify; [explicar] to explain; [aguar] to thin; [enjuagar] to rinse; (*intr.*) [clarear] to clear up; [amanecer] to dawn; (*reflex.*) [hacerse inteligible] to become clear; [clarear] to clear up ▪ ~ **la voz** to clear one's throat
a•cla•ra•to•rio, a *adj.* clarifying, explanatory
a•cla•re•cer [17] = **aclarar**
a•cli•ma•tar *tr.* to acclimatize, acclimate; (*reflex.*) to become acclimatized o acclimated
ac•né *f.* acne
a•co•bar•da•mien•to *m.* cowardliness
a•co•bar•dar *tr.* to intimidate; (*reflex.*) to become intimidated
a•co•dar *tr.* [apoyar] to rest; CARP to square; (*reflex.*) to lean o rest one's elbows on
a•co•ge•di•zo, a *adj.* easily adaptable
a•co•ge•dor, •ra *adj.* [cordial] welcoming; [cómodo] inviting, cozy
a•co•ger [34] *tr.* [dar bienvenida a] to welcome; [amparar] to shelter; [aceptar] to accept; (*reflex.*) [refugiarse] to take refuge ▪ ~ **a** to have recourse in, resort to
a•co•gi•da *f.* [recibimiento] reception, welcome; [amparo] shelter, refuge ▪ **tener buena** ~ to be well received
a•col•cha•do, a ◇ *adj.* padded, quilted ◇ *m.* [relleno] padding; ARG bedspread
a•col•char *tr.* [rellenar] to quilt; [muebles] to upholster
a•có•li•to *m.* RELIG acolyte; [monaguillo] altar boy; [discípulo] disciple, follower
a•co•me•ter *tr.* to attack; [intentar] to undertake; [dominar] to overcome
a•co•me•ti•da *f.* attack, assault
a•co•mo•da•do, a *adj.* [rico] well-off; [moderado] reasonable
a•co•mo•da•dor, •ra *m.f.* usher
a•co•mo•dar *tr.* [arreglar] to arrange, put in order; [adaptar] to adapt; [colocar] to accommodate; (*intr.*) to suit, be suitable; (*reflex.*) AMER to set oneself up
a•co•mo•da•ti•cio, a *adj.* [acomodadizo] accommodating, obliging; [conveniente] suitable
a•co•mo•do *m.* [empleo] job; [alojamiento] lodgings; AMER connections
a•com•pa•ña•mien•to *m.* accompaniment; [comitiva] retinue
a•com•pa•ñan•te, a ◇ *adj.* accompanying ◇ *m.f.*

companion; MUS accompanist; (*m.*) escort; (*f.*) chaperon
a•com•pa•ñar *tr.* to accompany; [escoltar] to escort; [agregar] to enclose ■ ~ **en el sentimiento** to express one's condolences; ~ **con** o **en** MUS to accompany oneself on
a•com•pa•sa•do, a *adj.* [rítmico] rhythmic; [pausado] slow-paced
a•com•pa•sar *tr.* to give rhythm to
a•com•ple•ja•do, a ◊ *adj.* suffering from a complex ◊ *m.f.* person who suffers from a complex
a•com•ple•jar *tr.* to give a complex to; (*reflex.*) to get a complex
a•con•di•cio•na•do, a *adj.* conditioned ■ **aire** ~ air conditioning; **bien/mal** ~ in good/bad condition
a•con•di•cio•na•dor *m.* conditioner ■ ~ **de aire** air conditioner
a•con•di•cio•na•mien•to *m.* conditioning
a•con•di•cio•nar *tr.* [disponer] to prepare; [reparar] to repair; [el aire] to air-condition
a•con•go•jar *tr.* to distress; (*reflex.*) to be distressed
a•con•se•ja•do, a *adj.* sensible, prudent
a•con•se•jar *tr.* to advise, counsel; (*reflex.*) ■ ~ **con** o **de** to consult with, get advice from
a•con•te•cer [17] *intr.* to happen, occur
a•con•te•ci•mien•to *m.* event, occurrence
a•co•piar *tr.* to gather, collect
a•co•pio *m.* gathering; [provisiones] stock; AMER [abundancia] abundance
a•co•pla•do *m.* AMER trailer
a•co•pla•mien•to *m.* coupling, joint
a•co•plar *tr.* [unir] to couple, join; [aparear] to mate; [conciliar] to reconcile; (*reflex.*) to mate
a•co•ra•za•do, a ◊ *adj.* [blindado] armored, armorplated; [endurecido] hardened, inured ◊ *m.* battleship
a•co•ra•zar [04] *tr.* & *reflex.* to armor (oneself)
a•cor•da•do, a *adj.* agreed (upon)
a•cor•dar [19] *tr.* [concordar] to agree; [decidir] to decide; [conciliar] to reconcile; [recordar] to remind; AMER to grant, accord; (*intr.*) to harmonize, go together; (*reflex.*) [recordar] to remember; [convenir] to agree, come to an agreement ■ **si mal no me acuerdo** if my memory serves me right
a•cor•de ◊ *adj.* [conforme] in agreement; [con armonía] harmonious ◊ *m.* chord
a•cor•de•ón *m.* accordion
a•cor•do•nar *tr.* [rodear] to cordon off, surround; [atar] to tie o lace (up)
a•co•rra•lar *tr.* [encerrar] to pen; [atrapar] to corner; [intimidar] to scare
a•cor•tar *tr.* to shorten, reduce; (*reflex.*) to become shorter
a•co•sar *tr.* [perseguir] to harass; [un caballo] to spur
a•co•so *m.* harassment ■ ~ **laboral** mobbing; ~ **sexual** sexual harassment
a•cos•ta•do, a *adj.* in bed, lying down
a•cos•tar [19] *tr.* to put to bed; MARIT to bring alongside; (*intr.*) to reach shore; (*reflex.*) to go to bed; [inclinarse] to list; MARIT to go alongside ■ ~ **con** *coll* to sleep with; ~ **con las gallinas** *coll* to go to bed early
a•cos•tum•bra•do, a *adj.* [habituado] accustomed o used to; [habitual] customary
a•cos•tum•brar *tr.* & *reflex.* to accustom (oneself); (*intr.*) to be accustomed to
a•co•ta•ción *f.* [comentario] remark; THEAT stage direction; TOP elevation mark ■ ~ **al margen** marginal note
a•co•ta•mien•to *m.* MEX [arcén] hard shoulder
a•co•tar *tr.* [amojonar] to stake out; [fijar] to set limits on; [anotar] to annotate; [notar] to remark; [admitir] to admit; TOP to indicate elevations on
a•cre[1] *m.* acre
a•cre[2] *adj.* acrid
a•cre•cen•tar [49] *tr.* [aumentar] to increase; [avanzar] to promote; (*reflex.*) to increase, grow
a•cre•di•ta•ción *f.* accreditation
a•cre•di•ta•do, a *adj.* accredited; [ilustre] reputable
a•cre•di•tar *tr.* [embajador] to accredit; [afamar] to make famous; [asegurar] to guarantee, vouch for; COM to credit; (*reflex.*) ■ ~ **de** to develop a reputation as
a•cre•e•dor, •ra ◊ *adj.* worthy, deserving ◊ *m.f.* creditor
a•cri•bi•llar *tr.* [agujerear] to riddle (**a** with); [molestar] to hound
a•crí•li•co, a *adj.* & *m.f.* acrylic
a•cro•ba•cia *f.* acrobatics
a•cró•ba•ta *m.f.* acrobat
a•crós•ti•co, a *adj.* & *m.* acrostic
ac•ta *f.* [informe] record; [minutas] minutes; [certificado] certificate ■ ~ **notarial** affidavit; **levantar un** ~ to draw up a certificate
ac•ti•nio *m.* actinium
ac•ti•tud *f.* attitude
ac•ti•va•ción *f.* activation
ac•ti•va•dor *m.* activator
ac•ti•var *tr.* to activate; [acelerar] to expedite; (*reflex.*) to become activated
ac•ti•vi•dad *f.* activity ■ **en (plena)** ~ in (full) operation
ac•ti•vis•ta *adj.* & *m.f.* activist
ac•ti•vo, a ◊ *adj.* active ◊ *m.* COM assets
ac•to *m.* act ■ ~ **seguido** immediately after; ~ **de presencia** token appearance; ~ **reflejo** reflex action; **en el** ~ at once
ac•tor, •ra ◊ *m.* actor; (*m.f.*) LAW plaintiff ■ ~ **de reparto** supporting actor; ~ **secundario** supporting actor ◊ *adj.* acting
ac•triz *f.* actress ■ ~ **de reparto** supporting actress; ~ **secundaria** supporting actress
ac•tua•ción ◊ *f.* performance; [acción] action ◊ *pl.* LAW proceedings
ac•tual *adj.* present-day, current
ac•tua•li•dad ◊ *f.* [ahora] present (time); [estado] current situation ■ **en la** ~ nowadays ◊ *pl.* news, current events
ac•tua•li•za•ción *f.* COMPUT upgrade
ac•tua•li•zar [04] *tr.* to modernize; COMPUT to upgrade
ac•tual•men•te *adv.* at present, nowadays
ac•tuar [67] *tr.* to actuate; (*intr.*) [obrar] to act; THEAT to perform ■ ~ **de** to act as
a•cua•re•la *f.* water color
a•cua•re•lis•ta *m.f.* water colorist
a•cua•rio *m.* aquarium
a•cuar•te•lar *tr.* MIL to quarter, billet
a•cuá•ti•co, a/til *adj.* aquatic
a•cua•ti•za•je *m.* AMER landing on water
a•cua•ti•zar [04] *intr.* AMER to land on water

a•cu•chi•llar *tr.* [apuñalar] to slash, cut; [herir] to knife, stab; CARP to plane, scrape
a•cu•ciar *tr.* to hasten, goad
a•cu•cli•llar•se *reflex.* to squat, crouch down
a•cu•dir *intr.* [presentarse] to go, come; [valerse] to appeal, to have recourse; [asistir] to attend, show up ▪ ~ **a** to turn to; ~ **en ayuda de** to go to the aid of
a•cue•duc•to *m.* aqueduct
a•cuer•de, do ▻ **acordar**
a•cuer•do *m.* [convenio] agreement, accord; [dictamen] opinion, ruling ▪ ~ **de paz** peace agreement; **de ~ con** in agreement o accordance with; **de** o **por común ~** of common accord; **vivir en perfecto ~** to live in absolute harmony
a•cues•te, to ▻ **acostar**
a•cu•llá *adv.* (over) there, yonder
a•cu•mu•la•ción *f.*/**mien•to** *m.* accumulation, gathering
a•cu•mu•la•dor, •ra ◇ *adj.* accumulative ◇ *m.* storage battery
a•cu•mu•lar *tr.* to accumulate, gather
a•cu•mu•la•ti•vo, a *adj.* accumulative
a•cu•nar *tr.* to rock, cradle
a•cu•ñar *tr.* [monedas] to coin, mint; [meter cuñas] to wedge, key
a•cuo•so, a *adj.* watery, aqueous
a•cu•pun•tor, •ra *m.* acupuncturist
a•cu•pun•tu•ra *f.* acupuncture
a•cu•rru•car•se [70] *reflex.* to curl up; *fig* to crouch
a•cu•sa•ción *f.* accusation, charge
a•cu•sa•do, a *adj.* & *m.f.* accused
a•cu•sa•dor, •ra ◇ *adj.* accusing ◇ *m.f.* accuser
a•cu•sar *tr.* to accuse; [denunciar] to give away; [indicar] to acknowledge; (*reflex.*) to confess
a•cu•sa•ti•vo *m.* accusative
a•cu•sa•to•rio, a *adj.* accusatory, accusing
a•cu•se *m.* acknowledgment ▪ ~ **de recibo** acknowledgment of receipt
a•cús•ti•co, a ◇ *adj.* acoustic, acoustical ◇ *f.* acoustics
a•da•gio *m.* [refrán] adage; MUS adagio
a•da•lid *m.* MIL military leader, commander; *fig* [jefe] leader, head (of a party)
a•dan *m. fig* ragamuffin, scruffy fellow ▪ **Adan** Adam; **ir en traje de Adan** to be naked
a•dap•ta•bi•li•dad *f.* adaptability
a•dap•ta•ción *f.* adaptation, adjustment
a•dap•ta•dor *m.* MECH adapter
a•dap•tar *tr.* & *reflex.* to adapt, adjust (oneself)
a•de•cua•ción *f.* fitting, adjustment
a•de•cua•do, a *adj.* [apropiado] appropriate, suitable; [suficiente] adequate, sufficient
a•de•cuar *tr.* to make suitable, adapt
a•de•fe•sio *m. coll* [persona] mess; [traje] ridiculous o gaudy outfit
a•de•lan•ta•do, a *adj.* [precoz] precocious, advanced; [reloj] fast ▪ **por ~** in advance
a•de•lan•tar *tr.* [avanzar] to move forward; [acelerar] to speed up; [anticipar] to advance; [aventajar] to surpass; AUTO to overtake, pass; [relojes] to set ahead o forward; (*intr.*) [avanzar] to advance, go forward; [relojes] to be fast; *fig* [progresar] to make progress; (*reflex.*) to get ahead ▪ ~ **a** to get ahead of
a•de•lan•te *adv.* forward, ahead ▪ **¡~!** come in!; **de aquí en ~** from now on; **más ~** farther on
a•de•lan•to *m.* [de paga] advance; [progreso] progress
a•del•ga•zar [04] *tr.* to make slim o thin; (*intr.*) to lose weight, become slim
a•de•mán ◇ *m.* gesture ▪ **en ~ de** as if about to; **hacer ~ de** to make a move to ◇ *pl.* manners
a•de•más *adv.* besides, in addition
a•den•tro ◇ *adv.* within, inside ▪ **ser de tierra ~** AMER to be from the interior ◇ *m.pl.* the innermost self
a•dep•to, a ◇ *adj.* supportive ◇ *m.f.* follower
a•de•re•zar [04] *tr.* [condimentar] to season; [adornar] to adorn; [arreglar] to prepare, get ready; TEX to treat
a•de•re•zo *m.* [condimento] seasoning; [adorno] adornment; [arreglo] preparation; TEX starch, gum
a•deu•dar *tr.* [deber] to owe; ACC & COM to debit; (*reflex.*) to get into debt
ad•he•ren•cia *f.* adherence, adhesion
ad•he•ren•te *adj.* & *m.f.* adherent
ad•he•rir [65] *tr.* to affix, stick on; (*intr.* & *reflex.*) [pegarse] to stick, adhere; [consentir] to support, adhere
ad•he•sión *f.* adhesion, adherence
ad•he•si•vo, a *adj.* & *m.* adhesive
a•di•ción *f.* addition; AMER bill, check
a•di•cio•nal *adj.* additional, added
a•di•cio•nar *tr.* to add (to)
a•dic•to, a ◇ *adj.* addicted; [dedicado] fond, attached ◇ *m.f.* addict; [partidario] follower
a•dies•tra•do, a *adj.* trained
a•dies•tra•dor, •ra *m.f.* trainer, coach
a•dies•tra•mien•to *m.* training
a•dies•trar *tr.* [instruir] to train, coach; [guiar] to guide, lead; (*reflex.*) to teach o coach oneself
a•di•ne•ra•do, a *adj.* wealthy, affluent
a•diós *interj.* & *m.* good-bye
a•di•po•so, a *adj.* adipose, fatty
a•di•ta•men•to *m.* [añadidura] addition; [accesorio] attachment ▪ **por ~** in addition
a•di•ti•vo, a *adj.* & *m.* additive
a•di•vi•na•ción *f.* prediction; [conjetura] guessing ▪ ~ **del pensamiento** mind reading
a•di•vi•na•dor, •ra *adj.* & *m.f.* diviner
a•di•vi•nan•za *f.* riddle, puzzle
a•di•vi•nar *tr.* [predecir] to predict; [conjeturar] to guess; [el pensamiento] to read; [resolver] to solve ▪ **dejar ~ algo** to hint at something
a•di•vi•no, a *m.f.* fortuneteller
ad•je•ti•var *tr.* [calificar] to qualify; [usar como adjetivo] to use as an adjective; (*reflex.*) to be used as an adjective
ad•je•ti•vo, a ◇ *adj.* adjectival ◇ *m.* adjective
ad•ju•di•ca•ción *f.* adjudication, awarding
ad•ju•di•car [70] *tr.* to award; (*reflex.*) to appropriate (for oneself)
ad•ju•di•ca•ta•rio, a *m.f.* awardee
ad•jun•tar *tr.* to attach, enclose; COMPUT to attach
ad•jun•to, a ◇ *adj.* attached, enclosed; [persona] assistant, adjunct ◇ *m.f.* associate
ad•mi•ní•cu•lo ◇ *m.* instrument, gadget ◇ *pl.* emergency equipment
ad•mi•nis•tra•ción *f.* [dirección] administration, management; [oficina] headquarters ▪ ~ **de empresas** business administration
ad•mi•nis•tra•dor, •ra ◇ *adj.* administrative ◇

m.f. administrator, manager ▪ ~ **de archivos** COMPUT file manager; ~ **de bases de datos** COMPUT database administrator; ~ **de red** COMPUT network administration; ~ **de sitio web** COMPUT webmaster; ~ **de webs** COMPUT webmaster

ad•mi•nis•trar *tr.* [dirigir] to manage; [conferir] to administer, give

ad•mi•nis•tra•ti•vo, a *adj.* administrative

ad•mi•ra•ción *f.* admiration; [sorpresa] surprise, wonder; GRAM exclamation point

ad•mi•ra•dor, •ra *m.f.* admirer

ad•mi•rar *tr.* to admire; [sorprender] to surprise, amaze; (*reflex.*) to marvel at

ad•mi•si•ble *adj.* admissible

ad•mi•sión *f.* [acción] admission; [aceptación] acceptance; ENGIN intake

ad•mi•tir *tr.* [entrada] to admit; [aceptar] to accept; [reconocer] to acknowledge; [tener cabida] to hold ▪ **admitamos que** supposing

ad•mo•ni•ción *f.* admonition, warning

ad•mo•ni•to•rio, a *adj.* warning

a•do•bar *tr.* [aderezar] to marinate; [preservar] to pickle; [pieles] to tan

a•do•be *m.* [ladrillo] adobe

a•do•bo *m.* [salsa] marinade; [de pieles] tanning

a•doc•tri•na•mien•to *m.* indoctrination

a•doc•tri•nar *tr.* to indoctrinate, instruct

a•do•le•cer [17] *intr.* to fall ill ▪ ~ **de** to suffer from, have

a•do•les•cen•cia *f.* adolescence, youth

a•do•les•cen•te *adj.* & *m.f.* adolescent, youth

a•don•de *conj.* where

a•dón•de *adv.* & *conj.* where

a•don•de•quie•ra *adv.* wherever, anywhere

a•dop•ción *f.* adoption

a•dop•tar *tr.* to adopt

a•dop•ti•vo, a *adj.* adoptive, adopted

a•do•quín *m.* paving stone; *fig* dunce, idiot

a•do•qui•na•do *m.* [pavimento] pavement; [acción] paving

a•do•qui•nar *tr.* to pave

a•do•ra•ción *f.* adoration, worship

a•do•rar *tr.* & *intr.* to adore, worship

a•dor•me•cer [17] *tr.* to put to sleep; (*reflex.*) to doze off, get sleepy

a•dor•me•ci•do, a *adj.* [soñoliento] sleepy, drowsy; [un miembro] numb, asleep

a•dor•me•ci•mien•to *m.* [acción] dozing off; [sueño] sleepiness; [modorra] drowsiness

a•dor•mi•lar•se/tar•se *reflex.* to doze, drowse

a•dor•nar *tr.* to adorn; SEW to trim; CUL to garnish; *fig* to embellish

a•dor•no *m.* adornment; SEW trimming; CUL garnish ▪ **de** ~ decorative

a•do•sar *tr.* to place o lean against; [unir] to join; AMER [agregar] to attach

ad•qui•ri•do, a *adj.* acquired ▪ **mal** ~ illgotten

ad•qui•rir [02] *tr.* to acquire, buy

ad•qui•si•ción *f.* acquisition, purchase

ad•qui•si•ti•vo, a *adj.* acquisitive, purchasing

a•dre•de *adv.* on purpose, deliberately

a•dre•na•li•na *f.* adrenaline

ads•cri•bir [80] *tr.* [atribuir] to attribute, ascribe; [designar] to assign

ads•cri(p)•to, a ▻ **adscribir** ◇ *adj.* [atribuido] ascribed; [designado] assigned

a•dua•na *f.* customs

a•dua•ne•ro, a ◇ *adj.* customs ◇ *m.* customs officer

a•du•cir [22] *tr.* to adduce, cite

a•due•ñar•se *reflex.* to take over o possession

a•du•la•ción *f.* adulation, flattery

a•du•la•dor, •ra ◇ *adj.* adulating, flattering ◇ *m.f.* adulator, flatterer

a•du•lar *tr.* to adulate, flatter

a•du•lón, o•na *coll* ◇ *adj.* fawning, flattering ◇ *m.f.* flatterer, fawner

a•dul•te•ra•ción *f.* adulteration

a•dul•te•ra•dor, •ra ◇ *adj.* adulterating ◇ *m.f.* adulterator

a•dul•te•rar *tr.* to adulterate; (*intr.*) to commit adultery

a•dul•te•rio *m.* adultery

a•dúl•te•ro, a ◇ *adj.* [infiel] adulterous; [corrompido] corrupt ◇ *m.* adulterer; (*f.*) adulteress

a•dul•to, a *adj.* & *m.f.* adult

a•dus•tez *f.* austerity, harshness

ad•ve•ne•di•zo, a ◇ *adj.* foreign, alien ◇ *m.f.* [extranjero] immigrant, foreigner; [nuevo rico] parvenu

ad•ve•ni•mien•to *m.* [llegada] advent, arrival; [accesión] accession

ad•ve•nir [76] *intr.* to come, arrive

ad•ven•tis•ta *adj.* & *m.f.* Adventist

ad•ver•bio *m.* adverb

ad•ver•sa•rio, a *m.f.* adversary, opponent

ad•ver•si•dad *f.* adversity, misfortune

ad•ver•so, a *adj.* [desfavorable] adverse, unfavorable; [opuesto] opposite

ad•ver•ten•cia *f.* [admonición] warning; [consejo] advice; [noticia] notice; [prefacio] preface, foreword

ad•ver•ti•do, a *adj.* [avisado] informed, warned; [capaz] capable, skillful

ad•ver•tir [65] *tr.* [fijar] to notice; [avisar] to warn; [aconsejar] to advise; (*intr.*) to notice

ad•vi•nie•ra, no ▻ **advenir**

ad•ya•cen•cia *f.* adjacency, contiguity

ad•ya•cen•te *adj.* adjacent

a•é•re•o, a *adj.* air, aerial; [leve] light

a•e•ro•bic *m.* aerobics

a•e•ró•bi•co, a *adj.* aerobic

a•e•ro•bús *m.* airbus

a•e•ro•di•ná•mi•co, a ◇ *adj.* aerodynamic, aerodynamical ◇ *f.* aerodynamics

a•e•ro•di•na•mis•mo *m.* aerodynamism

a•e•ró•dro•mo *m.* airdrome, aerodrome GB

a•e•ro•fo•to•gra•fí•a *f.* [técnica] aerial photography; [foto] aerial photograph

a•e•ro•ge•ne•ra•dor *m.* wind turbine

a•e•ro•gra•ma *f.* aerogram, air letter

a•e•ro•lí•ne•a *f.* airline

a•e•ro•li•to *m.* aerolite, meteorite

a•e•ro•mo•de•lis•mo *m.* airplane modeling

a•e•ro•mo•zo, a *m.f.* flight attendant; (*m.*) steward; (*f.*) stewardess

a•e•ro•nau•ta *m.f.* aeronaut

a•e•ro•náu•ti•co, a ◇ *adj.* aeronautic, aeronautical ◇ *f.* aeronautics

a•e•ro•na•ve *f.* airship

a•e•ro•pla•no *m.* airplane
a•e•ro•puer•to *m.* airport
a•e•ro•sol *m.* aerosol
a•e•ros•pa•cial *adj.* aerospace
a•e•ros•tá•ti•co, a <> *adj.* aerostatic, aerostatical <> *f.* aerostatics
a•e•ro•te•rres•tre *adj.* air-land, air-to-ground
a•fa•bi•li•dad *f.* affability, geniality
a•fa•ble *adj.* affable, genial
a•fa•ma•do, a *adj.* famous, renowned
a•fán *m.* [fervor] eagerness, zeal; [anhelo] urge, desire
a•fa•nar•se *reflex.* strive, toil
a•fa•no•so, a *adj.* [fervoroso] eager, zealous; [trabajador] hard-working, diligent; [agitado] hectic, feverish
a•fe•ar *tr.* to make ugly, deform
a•fec•ción *f.* affection
a•fec•ta•ción *f.* affectation
a•fec•ta•do, a *adj.* affected; [fingido] feigned
a•fec•tar *tr.* to affect; [impresionar] to move; [influir] to influence; [dañar] to afflict; (*reflex.*) [impresionarse] to be moved o affected
a•fec•to, a <> *adj.* [cariñoso] affectionate; [que gusta] fond (**a** of) <> *m.* affection, fondness
a•fec•tuo•si•dad *f.* affection
a•fec•tuo•so, a *adj.* affectionate, loving
a•fei•ta•do•ra *f.* electric razor o shaver
a•fei•tar *tr.* & *reflex.* to shave (oneself)
a•fei•te *m.* make-up, cosmetics
a•fel•pa•do, a <> *adj.* plush <> *m.* doormat
a•fe•mi•na•do, a *adj.* effeminate
a•fe•mi•nar *tr.* to make effeminate; (*reflex.*) to become effeminate
a•fe•rrar [49] *tr.* [asir] to grasp; [agarrar] to hook; [amarrar] to moor; (*reflex.*) to cling (**a** to); [insistir] to persist (**a** in)
a•fian•za•mien•to *m.* securing, strengthening
a•fian•zar [04] *tr.* [garantizar] to guarantee; [asegurar] to secure; (*reflex.*) [asegurarse] to steady oneself; [establecerse] to establish oneself
a•fi•ción *f.* [inclinación] inclination, liking (**a** for); [aficionados] fans, enthusiasts
a•fi•cio•na•do, a <> *adj.* fond (**a** of); [novicio] amateur <> *m.f.* [diletante] fan, enthusiast; [novicio] amateur
a•fi•cio•nar *tr.* to inspire a fondness (**a** for); (*reflex.*) to become fond (**a** of)
a•fie•brar•se *reflex.* AMER to become feverish
a•fie•rra, rro ▻ **aferrar**
a•fi•la•do, a *adj.* sharp
a•fi•la•dor, •ra <> *adj.* sharpening <> *m.* [persona] sharpener; [máquina] sharpening machine
a•fi•la•lá•pi•ces *m.inv.* pencil sharpener
a•fi•lar *tr.* to sharpen; AMER *coll* to woo; (*reflex.*) to grow o become thin
a•fi•lia•ción *f.* affiliation
a•fi•lia•do, a *m.f.* affiliate, member
a•fi•liar *tr.* to affiliate; (*reflex.*) to become affiliated, join (**a** with)
a•fín *adj.* [próximo] adjacent; [parecido] similar
a•fi•na•dor, •ra *m.f.* tuner; (*m.*) tuning key
a•fi•nar *tr.* [perfeccionar] to refine; [purificar] to refine; MUS to tune; (*intr.*) [cantar] to sing in tune; [tocar] to play in tune
a•fin•car [70] *intr.* to acquire real estate; (*reflex.*) to establish oneself
a•fi•ni•dad *f.* affinity
a•fir•ma•ción *f.* affirmation
a•fir•ma•do *m.* roadbed
a•fir•mar *tr.* [declarar] to affirm; [afianzar] to secure; (*reflex.*) to steady oneself
a•fir•ma•ti•vo, a <> *adj.* affirmative <> *f.* affirmative answer o statement
a•flic•ción *f.* affliction
a•fli•gi•do, a *adj.* distressed; [por muerte] bereaved
a•fli•gir [32] *tr.* [apenar] to cause pain; [pesar] to trouble, distress; (*reflex.*) to be troubled o distressed (**con, de, por** by)
a•flo•jar *tr.* to loosen, slacken; [entregar] to give up; (*intr.*) [disminuir] to diminish; [decaer] to grow lax, slack; (*reflex.*) to become loose o slack
a•flo•ra•mien•to *m.* emergence
a•flo•rar *intr.* [aparecer] to emerge; GEOL to outcrop
a•fluen•cia *f.* [de gente] crowding; [abundancia] affluence; [facundia] fluency; [de sangre] flow
a•fluir [18] *intr.* [manar] to flow; [acudir] to flock
a•fo•ní•a *f.* aphonia (loss of voice)
a•fó•ni•co, a, á•fo•no, a *adj.* aphonic, hoarse; PHONET voiceless, silent ■ **quedarse ~** to lose one's voice.
a•fo•rar [19] *tr.* to measure, gauge; COM to appraise, assess
a•fo•ris•mo *m.* aphorism
a•fo•ro *m.* measurement; COM appraisal
a•for•tu•na•do, a *adj.* fortunate, lucky; [feliz] happy
a•fren•ta *f.* affront
a•fren•tar *tr.* to affront
a•fro•di•sia•co, a *adj.* & *m.* aphrodisiac
a•fron•ta•mien•to *m.* confrontation
a•fron•tar *tr.* to face (up to), confront
a•fue•ra <> *adv.* out, outside; [en público] in public <> *interj.* scram!, get out of here! <> *f.pl.* outskirts
a•fue•re, ro ▻ **aforar**
a•ga•cha•da *f.* stooping, crouching
a•ga•char *tr.* to bow, bend ■ **~ las orejas** to hang one's head, be crestfallen; (*reflex.*) to crouch, squat
a•ga•lla <> *f.* ICHTH gill; BOT nutgall <> *pl. fig* guts, courage
á•ga•pe *m.* banquet
a•ga•rra•de•ra *f.* AMER handle, holder
a•ga•rra•do, a <> *adj. coll* [mezquino] stingy; [en los bailes] cheek-to-cheek <> *m.f. coll* cheapskate; (*f.*) *coll* quarrel
a•ga•rrar *tr.* [asir] to grab, grasp; *coll* [enfermedad] to get, catch; [conseguir] to get, wangle; AMER [vehículo] to take; (*intr.*) [pegarse] to take hold, stick; [arraigar] to take root ■ **~ para** s AMER to head for; (*reflex.*) [asirse] to cling, hold on; [pelearse] to grapple, come to blows
a•ga•rre *m.* grabbing; *fig* [valor] guts; AMER *coll* influence
a•ga•rro•ta•do, a *adj.* stiff, tense
a•ga•rro•tar *tr.* [estrangular] to garrote; [atar] to bind tightly; (*reflex.*) to become stiff
a•ga•sa•jar *tr.* [festejar] to entertain; [regalar] to lavish gifts on
a•ga•sa•jo *m.* [festejo] entertainment; [regalo] present
a•ga•za•par•se *reflex.* [agacharse] to squat; [esconderse] to hide out
a•gen•cia *f.* agency; [oficina] bureau ■ **~ de colocación** employment agency; **~ de contactos** dating

A

agency; ~ **de publicidad** advertising agency; ~ **de viajes** travel agency
a•gen•ciar *tr.* & *reflex.* to manage, obtain
a•gen•cio•so, a *adj.* diligent, industrious
a•gen•da *f.* notebook; COMPUT [en programa de correo] address book ▪ ~ **electrónica** COMPUT electronic personal organizer
a•gen•te *m.* agent ▪ ~ **de bolsa** stockbroker, broker; ~ **de policía** policeman; ~ **de viajes** travel agent
á•gil *adj.* agile, nimble
a•gi•li•dad *f.* agility, nimbleness
a•gi•li•tar *tr.* [hacer ágil] to render agile o nimble; AMER to activate, hasten
a•gi•li•zar [04] *tr.* to make agile o nimble
a•gio *m.* speculation
a•gi•ta•ción *f.* agitation; [alboroto] excitement
a•gi•ta•dor, •ra ◇ *adj.* agitating ◇ *m.f.* [provocador] agitator; (*m.*) stirring rod
a•gi•tar *tr.* to shake; [alborotar] to excite; (*reflex.*) to wave, flutter; [perturbarse] to be agitated; MARIT to get rough o choppy
a•glo•me•ra•ción *f.* agglomeration; [gentío] crowd
a•glo•me•ra•do *m.* agglomerate; [combustible] coal briquette
a•glo•me•rar *tr.* to agglomerate; (*reflex.*) to be amassed o heaped together; [apiñarse] to crowd
a•glu•ti•na•ción *f.* agglutination
a•glu•ti•nan•te *adj.* & *m.* agglutinant
a•glu•ti•nar *tr.* to agglutinate, bind
ag•nós•ti•co, a *adj.* & *m.f.* agnostic
a•go•bia•do, a *adj.* [cargado de espaldas] bent over, stooped; [fatigado] exhausted, weary
a•go•bian•te *adj.* [sofocante] stifling; [agotador] back-breaking
a•go•biar *tr.* [cargar] to weigh down; [cansar] to weary; [deprimir] to depress; (*reflex.*) to bend, stoop
a•go•bio *m.* [carga] burden; [fatiga] fatigue
a•gol•pa•mien•to *m.* [cúmulo] pile; [gentío] crowd, crowding
a•gol•par•se *reflex.* [apiñarse] to flock; [venirse encima] to come all at once
a•go•ní•a *f.* agony, anguish
a•gó•ni•co, a *adj.* dying; [angustiado] in agony
a•go•ni•zan•te *adj.* dying
a•go•ni•zar [04] *intr.* to be at death's door; [sufrir] to be in agony; [extinguirse] to fade
a•go•re•ro, a ◇ *m.f.* [adivino] soothsayer; [profeta] prophet of doom ◇ *adj.* ominous, foreboding
a•gos•to *m.* August; [cosecha] harvest ▪ **hacer su** ~ *fig* to feather one's nest
a•go•ta•do, a *adj.* exhausted; [libros] out-of-print; COM sold-out; AMER dead (battery)
a•go•ta•dor, •ra *adj.* exhausting, tiring
a•go•ta•mien•to *m.* [abatimiento] exhaustion; [disminución] depletion
a•go•tar *tr.* to exhaust; (*reflex.*) to be used up o depleted; [cansarse] to be exhausted; [libros] to be out of print
a•gra•cia•do, a *adj.* good-looking, attractive
a•gra•ciar *tr.* [embellecer] to embellish; [favorecer] to grace; [premiar] to award
a•gra•da•ble *adj.* agreeable, pleasant
a•gra•dar *tr.* & *intr.* to please; (*reflex.*) to like one another
a•gra•de•cer [17] *tr.* to thank; [sentir gratitud por] to be grateful for
a•gra•de•ci•do, a *adj.* & *m.f.* grateful, thankful (person) ▪ **muy** ~ much obliged
a•gra•de•ci•mien•to *m.* gratitude, thanks
a•gra•do *m.* [placer] pleasure; [gusto] taste, liking
a•gran•dar *tr.* to enlarge; [exagerar] to exaggerate; (*reflex.*) to grow larger
a•gra•rio, a *adj.* agrarian, agricultural
a•gra•va•ción *f.*/**mien•to** *m.* aggravation, worsening
a•gra•van•te ◇ *adj.* aggravating ◇ *m.* aggravating circumstance
a•gra•var *tr.* & *reflex.* to worsen
a•gra•via•dor, •ra/vian•te ◇ *adj.* insulting, offensive ◇ *m.f.* offender
a•gra•viar *tr.* to offend; [perjudicar] to harm; (*reflex.*) to take offense
a•gra•vio *m.* offense; [perjuicio] injury
a•gra•vio•so, a *adj.* insulting, offensive
a•gre•di•do, a *adj.* assaulted, attacked
a•gre•dir [38] *tr.* to attack, assault
a•gre•ga•do, a ◇ *adj.* aggregate ◇ *m.* aggregate; [añadidura] addition; P RICO day laborer ▪ ~ **militar** military attaché
a•gre•gar [47] *tr.* [añadir] to add, attach; [unir] to gather, collect; (*reflex.*) to join
a•gre•sión *f.* aggression
a•gre•si•vi•dad *f.* aggressiveness
a•gre•si•vo, a *adj.* aggressive
a•gre•sor, •ra ◇ *m.f.* aggressor ◇ *adj.* aggressive
a•gres•te *adj.* rustic; *fig* uncouth
a•griar *tr.* to (make) sour; [amargar] to embitter; [irritar] to annoy; (*reflex.*) to become sour
a•grí•co•la, a•gri•cul•tor, •ra ◇ *adj.* agricultural, farming ◇ *m.f.* agriculturist, farmer
a•gri•cul•tu•ra *f.* agriculture, farming ▪ ~ **biológica** organic farming; ~ **ecológica** organic farming; ~ **orgánica** organic farming
a•gri•dul•ce *adj.* bittersweet
a•grie•ta•mien•to *m.* cracking; GEOL crack
a•grie•tar *tr.* & *reflex.* to crack, split
a•gri•men•sor, •ra *m.f.* surveyor
a•gri•men•su•ra *f.* surveying
a•grio, a ◇ *adj.* sour; [áspero] rude, disagreeable ◇ *m.* sourness, acidity
a•gri•par•se *reflex.* ANDES & MEX to catch the flu
a•gro *m.* agriculture, farming
a•gro•in•dus•tria *f.* agribusiness
a•gro•no•mí•a *f.* agronomy, agronomics
a•gro•nó•mi•co, a *adj.* agronomical
a•gró•no•mo, a ◇ *adj.* agronomical ◇ *m.* agronomist
a•gro•pe•cua•rio, a *adj.* ▪ **la industria** ~ agriculture and livestock industry
a•gro•tu•ris•mo *m.* rural tourism
a•gru•pa•ción *f.*/**mien•to** *m.* [grupo] group; [asociación] association, union
a•gru•par *tr.* & *reflex.* to group, cluster (together)
a•gua ◇ *f.* water; [lluvia] rain; ARCHIT slope ▪ ~ **corriente** running water; ~ **de borrajas** trifle, nothing; ~ **de colonia** toilet water; ~ **destilada** distilled water; ~ **mineral** mineral water; ~ **nieve** sleet; ~ **oxigenada** hydrogen peroxide; ~ **salobre** o **salada** salt water; **cla-**

ro como el ~ crystal-clear; **con el** ~ **al cuello** in trouble; **hacer** ~ to leak; **hacerse** ~ **en la boca** to melt in one's mouth; **hacérsele** ~ **la boca** to make one's mouth water; **sin decir** ~ **va ni** ~ **viene** suddenly, unexpectedly ◇ *pl.* [reflejos] wavy pattern; [destellos] sparkle; [orina] urine ▪ ~ **abajo/arriba** downstream/upstream; **entre dos** ~ undecided

a•gua•ca•te *m.* avocado

a•gua•ce•ro *m.* downpour

a•gua•chen•to, a *adj.* AMER thin

a•gua•cil *m.* = **alguacil**

a•gua•de•ro, a ◇ *adj.* waterproof ◇ *m.* watering trough o hole

a•gua•do, a *adj.* diluted, watered-down; [abstemio] abstemious

a•gua•fies•tas *m.f.inv.* killjoy

a•gua•fuer•te *m.f.* etching (print or plate)

a•gua•ma•ri•na *f.* aquamarine

a•gua•nie•ve ◇ *f.* sleet ◇ *pl.* wagtail

a•guan•ta•dor, •ra *adj.* AMER *coll* patient

a•guan•tar *tr.* to endure, tolerate; [sostener] to hold up; [contener] to hold, retain; (*reflex.*) to control o contain oneself

a•guan•te *m.* [paciencia] tolerance; [fuerza] endurance

a•guar [10] *tr.* to water down; [malograr] to spoil, mar; (*reflex.*) to become watery; [arruinarse] to be spoiled

a•guar•dar *tr.* to wait for, await; (*intr.*) to wait

a•gua•rrás *m.* turpentine oil

a•gua•te•ro *m.* AMER water carrier

a•gu•de•za *f.* sharpness; [ingenio] wit

a•gu•di•za•ción *f.* [agravación] worsening; [aumento] intensification

a•gu•di•zar [04] *tr.* to sharpen; [empeorar] to worsen; (*reflex.*) to become serious

a•gu•do, a *adj.* sharp, pointed; [chillón] shrill; [perspicaz] keen; MUS high-pitched; GEOM & GRAM acute

a•güe•ro *m.* prediction; [señal] omen

a•gue•rri•do, a *adj.* experienced, seasoned

a•gui•jón *m.* ENTOM sting; BOT thorn; [punta] goad; [estímulo] spur

a•gui•jo•na•zo *m.* sting, prick

a•gui•jo•ne•ar *tr.* to sting; [estimular] to goad

á•gui•la *f.* eagle; [condecoración] emblem; [persona] wizard, whiz ▪ ~ **o sol** MEX heads or tails

a•gui•le•ño, a *adj.* aquiline, hook-nosed

a•gui•nal•do *m.* Christmas bonus

a•güi•ta *f.* CHILE herbal tea

a•gu•ja *f.* needle; [de sombreros] hatpin; [del reloj] hand; ARCHIT steeple ▪ ~ **de gancho** crochet hook; ~ **magnética** compass

a•gu•je•rar/re•ar *tr.* to pierce, perforate; (*reflex.*) to be pierced o perforated

a•gu•je•ro *m.* hole ▪ ~ **(en la capa) de ozono** hole in the ozone layer; ~ **negro** black hole

a•gu•je•ta ◇ *f.* [cinta] lace ◇ *pl.* MED soreness

a•guo•so, a *adj.* watery, aqueous

a•gu•sa•nar•se *reflex.* to get wormy

a•gu•za•do, a *adj.* sharpened

a•gu•zar [04] *tr.* to sharpen ▪ ~ **los dientes** o **el apetito** to whet one's appetite; ~ **el ingenio** to sharpen one's wit; ~ **las orejas** o **los oídos** to prick up one's ears

¡ah! *interj.* ah!, ha!

a•he•char *tr.* to sift, winnow

a•he•cho *m.* sifting, winnowing

a•he•rrum•brar *tr.* & *reflex.* to rust

a•hí *adv.* there ▪ ~ **no más** right over there; **de** ~ **que** hence; **por** ~ thereabouts

a•hi•ja•do, a *m.f.* godchild; (*m.*) godson; (*f.*) goddaughter

a•hi•jar *tr.* to adopt; [imputar] to attribute to

a•hi•lar *tr.* to line up; (*intr.*) to go in single file; (*reflex.*) [desmayarse] to faint; [adelgazar] to become thin; BOT to grow tall and slender

a•hin•ca•do, a *adj.* earnest, zealous

a•hin•car [70] *intr.* to urge, press; (*reflex.*) to hurry, rush

a•hín•co *m.* eagerness, zeal

a•hí•to, a *adj.* stuffed

a•ho•ga•do, a ◇ *adj.* stifling ◇ *m.f.* drowned person

a•ho•gan•te *adj.* stifling

a•ho•gar [47] *tr.* to drown; [sofocar] to choke; [oprimir] to oppress; AGR to drown, soak (plants); (*reflex.*) to drown; [sentir sofocación] to choke ▪ ~ **en un vaso de agua** to make a mountain out of a molehill

a•ho•go *m.* [en el pecho] shortness of breath; [angustia] anguish

a•hon•dar *tr.* to go deeper into; (*intr.*) to go deep

a•ho•ra ◇ *adv.* now; [pronto] soon; [hace poco] just now, a few moments ago ▪ ~ **bien** o **pues** well, now then; ~ **mismo** right now; **hasta** ~ until now; **por** ~ for the time being ◇ *conj.* now then, well then

a•hor•ca•do, a *m.f.* hanged person

a•hor•ca•jar•se *reflex.* to sit astride, straddle

a•hor•car [70] *tr.* & *reflex.* to hang (oneself)

a•ho•ri•ta *adv.* C AMER & MEX *coll* right now, this minute

a•ho•rra•dor, •ra *m.f.* economizer, saver

a•ho•rrar *tr.* to save; [evitar] to spare; (*reflex.*) to save o spare oneself

a•ho•rra•ti•vo, a *adj.* thrifty

a•ho•rro ◇ *m.* saving ◇ *pl.* savings

a•hu•cha•dor, •ra *m.f.* hoarder

a•hue•ca•do, a *adj.* hollow

a•hue•ca•mien•to *m.* hollowing-out

a•hue•car [70] *tr.* to hollow out; [mullir] to fluff up; [la voz] to make deep; (*intr.*) ▪ ~ **el ala** *coll* to beat it, split

a•hue•va•do, a *adj.* egg-shaped; ANDES & C AMER *coll* [tonto] daft

a•hu•ma•do, a ◇ *adj.* CUL smoked, cured; [con humo] smoky; [color] smoke-colored ◇ *m.* CUL smoking, curing

a•hu•mar *tr.* CUL to smoke, cure; [con humo] to fill with smoke; (*intr.*) to be smoky; (*reflex.*) [ennegrecerse] to be blackened by smoke

a•hu•yen•tar *tr.* to drive o scare away; [desechar] to dismiss; (*reflex.*) to flee, run away

ain•dia•do, a *adj.* Indian-like

ai•ra•do, a *adj.* angry, irate; [licencioso] licentious

ai•rar *tr.* to anger, annoy

air•bag *m.* AUTO airbag

ai•re *m.* air; [viento] wind; [apariencia] air, appearance; [gracia] grace; MUS air, tune; MED *coll* crick, stiff neck ▪ ~ **acondicionado** air conditioning; **al** ~ **libre** in the open air; **darse aires** to put on airs; **estar en el** ~ RAD & TELEV to be on the air; *fig* to be up in the air; **tener un** ~ **con** to resemble

ai•re•a•ción *f.* ventilation, air circulation
ai•re•a•do, a *adj.* ventilated, aired out
ai•re•ar *tr.* to ventilate, aerate; [discutir] to discuss, air out; (*reflex.*) to take in the air
ai•re•o *m.* airing, ventilation
ai•ro•si•dad *f.* grace, elegance
ai•ro•so, a *adj.* gallant
ais•la•cio•nis•ta *adj.* & *m.f.* isolationist
ais•la•do, a *adj.* isolated; [solo] alone; [apartado] remote; ELEC insulated
ais•la•dor, •ra *m.* ELEC insulator
ais•la•mien•to *m.* isolation; [retiro] seclusion; ELEC insulation
ais•lan•te *adj.* insulating
ais•lar *tr.* to isolate; [retirar] to seclude; ELEC to insulate; (*reflex.*) to withdraw
¡a•já! *interj.* [aprobación] sure!; [sorpresa] aha!
a•jar *tr.* to crumple, wrinkle; (*reflex.*) to get crumpled o wrinkled; BOT to wither
a•je•dre•cis•ta *m.f.* chess player
a•je•drez *m.* chess; [piezas] chess set
a•jen•jo *m.* absinthe
a•je•no, a *adj.* another's, someone else's; [libre] free, devoid; [impropio] inappropriate ▪ ~ **de sí** detached, aloof
a•je•tre•ar *tr.* & *reflex.* [apresurar] to rush, hurry; [fatigar] to tire
a•je•tre•o *m.* bustle, rush
a•jí *m.* (*pl* **-íes**) red o green pepper
a•jia•co *m* ANDES & CARIB chili-based stew
a•jo *m.* garlic; [diente] garlic clove
a•jon•jo•lí *m.* (*pl* **-íes**) sesame
a•juar *m.* trousseau
a•jus•ta•do, a *adj.* tight
a•jus•ta•do•res *m.pl.* COL & CUBA bra (*sg*)
a•jus•tar *tr.* to adjust, adapt; [modificar] to alter, fit; [reconciliar] to reconcile; [apretar] to tighten; [precios] to fix; [contratar] to hire; COM to settle; MECH to fit; (*intr.*) to fit; (*reflex.*) [acomodarse] to adjust, conform; [acordarse] to come to an agreement
a•jus•te *m.* adjustment; [modificación] alteration, fitting; [arreglo] arrangement; COM settlement; MECH fitting
a•jus•ti•cia•do, a *m.f.* executed criminal
a•jus•ti•cia•mien•to *m.* execution
a•jus•ti•ciar *tr.* to execute
al = a and el
a•la *f.* wing; [del sombrero] brim; [de la hélice] blade; ARCHIT eave; MARIT sail ▪ ~ **delta** hang-glider; **cortarle las alas a uno** to clip someone's wings; **dar alas a** to encourage
a•la•ban•za *f.* praise
a•la•bar *tr.* to praise, laud; (*reflex.*) to boast, brag
a•la•bas•tro *m.* alabaster
a•la•ce•na *f.* cupboard, closet
a•la•crán *m.* scorpion
a•la•do, a *adj.* winged
a•lam•bi•que *m.* still, alembic
a•lam•bra•da *f.* wire netting
a•lam•bra•do *m.* chicken wire fence
a•lam•brar *tr.* to fence in with wire
a•lam•bre *m.* wire ▪ ~ **de púas** barbed wire
a•la•me•da *f.* poplar grove; [paseo] boulevard
á•la•mo *m.* poplar
a•lar•de *m.* show, display
a•lar•de•ar *intr.* to boast, brag
a•lar•de•o *m.* boasting, bragging
a•lar•gar [47] *tr.* to lengthen; [extender] to extend, prolong; [estirar] to stretch (out); [cuerda] to play out; (*reflex.*) to get longer; *derog* to drag out
a•la•ri•do *m.* yell, howl
a•lar•ma *f.* alarm; [inquietud] anxiety ▪ ~ **aérea** air-raid warning; **dar la** ~ to sound the alarm
a•lar•ma•dor, •ra/man•te *adj.* alarming
a•lar•mar *tr.* to alarm; [asustar] to scare; (*reflex.*) to become alarmed
a•lar•mis•ta *adj.* & *m.f.* alarmist
a•la•zán, a•na *adj.* & *m.f.* sorrel, chestnut
al•ba *f.* dawn, daybreak; RELIG alb ▪ **al** ~ at dawn; **al romper el** ~ at dawn
al•ba•ce•a *m.* executor; (*f.*) executrix
al•ba•ñal *m.* sewer, drain
al•ba•ñil *m.* bricklayer, mason
al•ba•ñi•le•rí•a *f.* masonry
al•ba•ri•co•que *m.* apricot
al•be•drí•o *m.* free will; [capricho] whim, fancy
al•ber•ca *f.* [tanque] reservoir, tank; MEX swimming pool
al•ber•gar [47] *tr.* to lodge, house; [una esperanza] to cherish; [una duda] to harbor; (*intr.* & *reflex.*) to stay, take lodgings; [refugiarse] to take shelter
al•ber•gue *m.* [alojamiento] lodging; [refugio] shelter, refuge; [cubil] den, lair
al•bi•no, a *adj.* & *m.f.* albino
al•bón•di•ga *f.* meatball
al•bor *m.* whiteness; [alba] dawn
al•bo•ra•da *f.* dawn; [toque] reveille
al•bo•re•ar *intr.* to dawn
al•bor•noz *m.* [capa] burnoose; [bata] bathrobe
al•bo•ro•ta•do, a *adj.* [agitado] excited; [ruidoso] rowdy; [atolondrado] rash; [el mar] rough
al•bo•ro•ta•dor, •ra *m.f.* troublemaker; [niño] unruly child
al•bo•ro•tar *tr.* [agitar] to agitate; [incitar] to incite; [excitar] to excite; (*intr.*) to make a racket; (*reflex.*) to get excited o agitated; [el mar] to become rough
al•bo•ro•to *m.* [jaleo] uproar; [ruido] racket; [motín] riot; MEX [alegría] joy
al•bo•ro•za•do, a *adj.* jubilant, overjoyed
al•bo•ro•zar [04] *tr.* to delight; (*reflex.*) to be elated, rejoice
al•bo•ro•zo *m.* joy, jubilation
¡al•bri•cias! *interj.* great!, congratulations!
al•bur *m.* risk, hazard ▪ **jugar** o **correr un** ~ to take a risk
al•ca•cho•fa *f.* artichoke
al•ca•hue•te, a *m.f.* *coll* gossip; AMER squealer; (*m.*) pimp; (*f.*) madam
al•ca•hue•te•ar *tr.* to procure; (*intr.*) [ser alcahuete] to pimp; *coll* [chismear] to gossip; [soplar] to squeal
al•ca•hue•te•rí•a ◇ *f.* pimping ◇ *pl.* ▪ **andar con** ~ *coll* to squeal on people
al•cal•de *m.* mayor
al•cal•dí•a *f.* [cargo] mayoralty; [oficina] mayor's office
al•ca•li•no, a *adj.* alkaline
al•ca•loi•de *m.* alkaloid
al•can•ce *m.* [distancia] reach; [extensión] range, scope;

[talento] talent ■ **al ~** accessible, within reach (**de** to, of); **al ~ del oído** within earshot; **dar ~ a** to catch up with; **de gran ~** *fig* far-reaching

al•can•cí•a *f.* piggy bank

al•can•for *m.* camphor

al•can•ta•ri•lla *f.* [cloaca] sewer, drain; [en un camino] culvert

al•can•ta•ri•lla•do *m.* sewers, drains

al•can•ta•ri•llar *tr.* to lay sewers in

al•can•zar [04] *tr.* to reach (up to); [tomar] to catch; [conseguir] to attain; [comprender] to grasp; [igualar] to catch up with; AMER to pass, hand over; (*intr.*) to reach; [durar] to be sufficient o enough ■ **~ a** to manage to, be able to

al•ca•pa•rra *f.* caper

al•cau•cil *m.* RP artichoke

al•cá•zar *m.* castle, fortress

al•ce *m.* elk, moose

al•cis•ta FIN ◇ *m.f.* bull ◇ *adj.* bullish ■ **mercado ~** bull market

al•co•ba *f.* bedroom

al•co•hol *m.* alcohol

al•co•hó•li•co, a *adj.* & *m.f.* alcoholic

al•co•ho•lí•me•tro *m.* alcoholometer

al•co•ho•lis•mo *m.* alcoholism

al•co•ho•li•zar [04] *tr.* to alcoholize

al•cor•no•que *m.* cork oak; *fig* blockhead

al•cur•nia *f.* ancestry, lineage ■ **de noble ~** of noble birth

al•da•ba *f.* [picaporte] (door) knocker; [barra] crossbar, bolt; [de caballería] hitching ring

al•da•be•ar *intr.* to knock at o on the door

al•da•bo•na•zo *m.* loud knock (on a door)

al•de•a *f.* village, hamlet ■ **~ global** global village

al•de•a•no, a ◇ *adj.* village; [campesino] rustic ◇ *m.f.* peasant

¡a•le! *interj.* come on!, let's go!

a•le•a•ción *f.* alloy

a•le•ar[1] *intr.* to flap, flutter; *fig* to get better

a•le•ar[2] *tr.* to alloy

a•le•a•to•rio, a *adj.* aleatory, uncertain

a•lec•cio•nar *tr.* [enseñar] to instruct, teach; [amaestrar] to train

a•le•da•ño, a ◇ *adj.* bordering, adjoining ◇ *m.* boundary, border ◇ *pl.* outskirts

a•le•ga•ción *f.* allegation; AMER argument

a•le•gar [47] *tr.* to allege; [aseverar] to claim; (*intr.*) to argue

a•le•ga•to *m.* allegation; AMER argument

a•le•go•rí•a *f.* allegory

a•le•gó•ri•co, a *adj.* allegorical, allegoric

a•le•grar *tr.* to cheer; [avivar] to enliven; (*reflex.*) to rejoice, be happy; [achisparse] to get tipsy

a•le•gre *adj.* happy, glad; [jovial] cheerful, sunny; [brillante] lively, bright; [achispado] tipsy

a•le•grí•a *f.* happiness, joy

a•le•grón *m. coll* joy

a•le•ja•do, a *adj.* distant, remote

a•le•ja•mien•to *m.* removal, withdrawal; [enajenación] estrangement; [distancia] distance

a•le•jan•dri•no *adj.* & *m.* POET alexandrine

a•le•jar *tr.* to put farther away; [enajenar] to estrange; (*reflex.*) to move away, withdraw

a•le•la•do, a *adj.* stupefied, bewildered

a•le•lar *tr.* to stupefy, bewilder; (*reflex.*) to be stupefied o bewildered

¡a•le•lu•ya! *interj.* hallelujah!

a•len•ta•dor, •ra *adj.* encouraging

a•len•tar [49] *intr.* to breathe; (*tr.*) to encourage, inspire; (*reflex.*) to cheer up

a•ler•gia *f.* allergy

a•lér•gi•co, a ◇ *adj.* allergic ■ **ser ~ a** to be allergic to ◇ *m.f.* allergy sufferer

a•le•ro *m.* eaves

a•le•rón *m.* aileron

a•ler•ta ◇ *adv.* on the alert ■ **¡~!** watch out! ◇ *m.* alert, warning

a•ler•tar *tr.* to alert, warn

a•ler•to, a *adj.* watchful, vigilant

a•le•ta *f.* ICHTH fin; [hélice] blade; MECH leaf; ANAT & ARCHIT wing

a•le•tar•ga•mien•to *m.* lethargy

a•le•tar•gar [47] *tr.* to make drowsy

a•le•te•ar *intr.* to flutter, flap

a•le•vo•sí•a *f.* treachery, perfidy

al•fa•bé•ti•co, a *adj.* alphabetical

al•fa•be•ti•za•ción *f.* alphabetization; EDUC literacy instruction

al•fa•be•ti•zar [04] *tr.* to alphabetize; EDUC to make literate, teach literacy skills to

al•fa•be•to *m.* alphabet ■ **~ Morse** Morse code

al•fa•nu•mé•ri•co, a *adj.* alphanumeric

al•fa•re•rí•a *f.* pottery

al•fa•re•ro, a *m.f.* potter, ceramist

al•féi•zar *m.* window sill

al•fe•ñi•que *m.* sweetened almond paste; [persona] weakling

al•fé•rez *m.* second lieutenant

al•fil *m.* bishop (in chess)

al•fi•ler *m.* pin ■ **~ de gancho** AMER safety pin; **no caber un ~** *coll* to be filled to the brim; **pegado** o **prendido con alfileres** *coll* shaky

al•fi•le•te•ro *m.* pincushion

al•fom•bra *f.* carpet; [tapete] rug, mat

al•fom•bra•do *m.* carpets, carpeting

al•fom•brar *tr.* to carpet

al•fom•bri•lla *f.* [para el mouse] mouse pad

al•for•ja *f.* knapsack; [provisión] supplies

al•ga *f.* alga, seaweed

al•ga•ra•bí•a *f.* uproar, din

al•ga•rro•ba *f.* BOT [planta] vetch; [fruto] carob bean

ál•ge•bra *f.* algebra

al•ge•brai•co, a *adj.* algebraic

ál•gi•do, a *adj.* icy, cold

al•go ◇ *indef. pron.* something; [en negaciones e interrogaciones] anything; [cantidad] some ■ **~ es ~** something is better than nothing; **por ~** for some reason ◇ *adv.* somewhat, a little

al•go•dón *m.* cotton ■ **~ de azúcar** cotton candy; **~ en rama** raw cotton; **~ hidrófilo** absorbent cotton

al•go•do•nal *m.* cotton plantation o field

al•go•do•ne•ro, a ◇ *adj.* cotton ◇ *m.* cotton plant

al•go•rít•mi•co *adj.* ■ **lenguaje ~** algorithm language

al•go•rit•mo *m.* algorithm

al•gua•cil *m.* sheriff; RP dragonfly

al•guien *indef. pron.* someone, somebody; [en negaciones e interrogaciones] anyone, anybody

al•gún *adj.* some ▻ **alguno**
al•gu•no, a ◇ *adj.* some; [en negaciones e interrogaciones] any ▪ ~ **vez** sometime ◇ *indef. pron.* someone ▪ ~ **que otro** a few, one or two ◇ *pl.* some
al•ha•ja *f.* jewel, gem
al•ha•je•ra *f./o m.* AMER jewelry box
al•he•lí *m.* (*pl* **-íes**) BOT wallflower, stock
al•he•ña *f.* henna
al•hu•ce•ma *f.* lavender
a•lia•do, a ◇ *m.f.* ally ▪ **los Aliados** the Allies ◇ *adj.* allied, confederate
a•lian•za *f.* [unión] alliance; [anillo] wedding ring; BIBL covenant
a•liar [30] *tr.* to ally, join; (*reflex.*) to become allies
a•lias *adv.* & *m.* alias
a•li•ca•í•do, a *adj.* [débil] haggard; [deprimido] depressed
a•li•ca•tes *m.pl.* pliers, pincers ▪ ~ **de uñas** nail clippers
a•li•cien•te *m.* incentive
a•lie•na•ble *adj.* alienable
a•lie•na•ción *f.* alienation
a•lie•na•do, a *adj.* & *m.f.* insane, mentally deranged (person)
a•lie•nar *tr.* to alienate
a•lien•te, to ▻ **alentar**
a•lien•to *m.* breath; [valor] courage ▪ **dar** ~ **a** to encourage; **cobrar** ~ to take heart; **sin** ~ breathless
a•li•ge•rar *tr.* to lighten; [acelerar] to quicken
a•li•ma•ña *f.* pest, vermin
a•li•men•ta•ción *f.* [acción] feeding; [comida] food; [manutención] support ▪ ~ **deficiente** malnutrition
a•li•men•ta•dor *m.* COMPUT feeder ▪ ~ **de papel** paper feeder
a•li•men•tar *tr.* to feed, nourish; [mantener] to support; [fomentar] to nurture; (*reflex.*) to take nourishment ▪ ~ **con** to feed on
a•li•men•ta•rio, a *adj.* alimentary, nutritional
a•li•men•ti•cio, a *adj.* nourishing, nutritious
a•li•men•to ◇ *m.* food, nourishment ▪ **alimentos transgénicos** genetically modified foods, GM foods ◇ *pl.* alimony, support
a•li•ne•a•ción *f.* [línea] alignment; [colocación] aligning; SPORT line-up
a•li•ne•a•do, a *adj.* aligned ▪ **no** ~ POL non-aligned
a•li•ne•ar *tr.* & *reflex.* to align, line up
a•li•ñar *tr.* to straighten, tidy; CUL to season
a•li•ño *m.* tidiness; CUL seasoning
a•li•sar *tr.* to smooth; [el pelo] to slick
a•li•sios *adj.* trade ▪ **vientos** ~ trade winds
a•lis•ta•mien•to *m.* listing; MIL recruitment
a•lis•tar *tr.* to list; MIL to recruit; (*reflex.*) to enlist; AMER to get ready
a•li•te•ra•ción *f.* alliteration
a•li•viar *tr.* to alleviate, ease; [aligerar] to lighten; [acelerar] to quicken; (*reflex.*) to get better
a•li•vio *m.* alleviation, easing; [aligeramiento] lightening; [cese] relief
al•ji•be *m.* cistern
a•llá *adv.* there, over there; [en tiempo remoto] way back ▪ ~ **tú** that's your business, it's up to you; **más** ~ farther; **más** ~ **de** beyond; **por** ~ over there
a•lla•na•mien•to *m.* raid ▪ ~ **de morada** breaking and entering
a•lla•nar *tr.* [nivelar] to flatten; [invadir] to raid; [superar] to overcome
a•lle•ga•do, a ◇ *adj.* [cercano] near, close; [emparentado] related ◇ *m.f.* [pariente] relative, relation; [partidario] supporter, adherent
a•lle•gar [47] *tr.* to place near, gather; (*reflex.*) to approach
a•llen•de POET ◇ *adv.* beyond ◇ *prep.* on the other side of
a•llí *adv.* there ▪ **por** ~ [sitio] over there; [camino] that way
al•ma *f.* soul; [individuo] human being, soul; [centro] crux; TECH core; CONSTR web; ARTIL bore ▪ ~ **de Dios** *coll* good soul; ~ **mía** dearest, darling; **caérsele el** ~ **a los pies** to be disheartened; **con toda el** ~ with all one's heart; **no tener** ~ to be heartless; **partir el** ~ to break someone's heart; **tener el** ~ **en un hilo** to have one's heart in one's mouth
al•ma•cén *m.* store; [depósito] warehouse; ARTIL magazine; S AMER grocery store ▪ ~ **de datos** COMPUT data warehouse
al•ma•ce•na•je *m.* [costo] storage charge; [almacenamiento] storage ▪ ~ **frigorífico** cold storage
al•ma•ce•na•mien•to *m.* storage ▪ ~ **de datos** COMPUT data storage; ~ **masivo** COMPUT mass storage
al•ma•ce•nar *tr.* to store, warehouse; *fig* to stock up (with)
al•ma•ce•ne•ro *m.* warehouseman; S AMER grocer
al•má•ci•ga *f.* [resina] mastic; [semillero] nursery, seedbed
al•má•ci•go *m.* mastic tree; [semilla] nursery seed; [semillero] nursery, seedbed
al•ma•na•que *m.* calendar
al•ma•za•ra *f.* oil mill
al•me•ja *f.* clam
al•men•dra *f.* almond ▪ ~ **garapiñada** praline
al•men•dra•do, a ◇ *adj.* almond-shaped ◇ *m.* [pasta] almond paste; [macarrón] macaroon; (*f.*) almond milk
al•men•dro *m.* almond tree
al•mí•bar *m.* syrup
al•mi•ba•ra•do, a *adj.* syrupy
al•mi•ba•rar *tr.* to candy; *fig* to sweet-talk
al•mi•dón *m.* starch ▪ **dar** ~ to starch
al•mi•do•na•do, a ◇ *adj.* starched; *fig* smart, dapper ◇ *m.* starching
al•mi•do•nar *tr.* to starch
al•mi•ran•te *m.* admiral
al•miz•cle *m.* musk
al•mo•ha•da *f.* pillow ▪ **consultar con la** ~ to sleep on it
al•mo•ha•di•lla *f.* [cojincillo] small cushion; [para sellos] inkpad; [símbolo] pound sign; AMER pincushion
al•mo•ha•di•llar *tr.* to pad, stuff
al•mo•ha•dón *m.* cushion
al•mo•rra•nas *f.pl.* hemorrhoids, piles
al•mor•zar [37] *intr.* to eat lunch, lunch; (*tr.*) to eat for lunch, lunch on
al•muer•zo *m.* lunch
¡a•ló! *interj.* ANDES & CARIB [al teléfono] hello?
a•lo•ca•do, a *adj.* thoughtless, crazy
a•lo•car [70] *tr.* to drive crazy o insane
a•lo•cu•ción *f.* allocution, address
a•ló•ge•no, a *adj.* of a different race

a•lo•ja•mien•to *m.* lodging(s); [vivienda] housing; COMPUT hosting
a•lo•jar *tr.* to lodge; [albergar] to house; COMPUT to host; (*reflex.*) to lodge, stay
a•lo•jo *m.* AMER = **alojamiento**
a•lon•dra *f.* lark
a•lo•pa•tí•a *f.* allopathy
al•pa•ca *f.* alpaca
al•par•ga•ta *f.* rope-soled sandal
al•pi•nis•ta *m.f.* mountain climber
al•pi•no, a *adj.* alpine
al•pis•te *m.* birdseed; *fig* alcohol
al•qui•lar *tr.* to rent, lease; [personas] to hire; (*reflex.*) to be for hire ▪ **se alquila** to let, for hire
al•qui•ler *m.* [acción] renting, hiring; [renta] rent ▪ ~ **de coches** car-rental service; **de** ~ for hire, for rent
al•qui•mia *f.* alchemy
al•qui•mis•ta *m.* alchemist
al•qui•trán *m.* tar, pitch
al•qui•tra•na•do, a ◇ *adj.* tarred ◇ *m.* MARIT tarpaulin
al•qui•tra•nar *tr.* to tar, cover with tar
al•re•de•dor ◇ *adv.* [en torno] around; [cerca de] about, approximately ◇ *m.pl.* [cercanías] surroundings; [afueras] outskirts
al•ta *f.* ▻ **alto, a**
al•ta•men•te *adv.* highly, extremely
al•ta•ne•rí•a *f.* arrogance, haughtiness
al•ta•ne•ro, a *adj.* high-flying; *fig* arrogant, haughty
al•tar *m.* altar
al•ta•voz *m.* loudspeaker
al•te•ra•ción *f.* alteration; [alboroto] disturbance; [disputa] altercation; [del pulso] irregularity
al•te•ra•do, a *adj.* altered; [perturbado] upset; [enfadado] angry
al•te•rar *tr.* to alter; [perturbar] to upset; [enfadar] to annoy; (*reflex.*) to change; [perturbarse] to get upset
al•ter•ca•ción *f.*/**•do** *m.* altercation, argument
al•ter•ca•dor, •ra *adj.* & *m.f.* argumentative (person)
al•ter•car [70] *intr.* to argue, quarrel
al•ter•na•do, a *adj.* alternate
al•ter•nan•te *adj.* alternating
al•ter•nar *tr.* & *intr.* to alternate ▪ ~ **con** to mix
al•ter•na•ti•va *f.* alternative, choice ▪ **tomar una** ~ to make a decision
al•ter•na•ti•vo, a *adj.* alternating, alternate
al•ter•no, a *adj.* alternating; BOT & GEOM alternate
al•te•za *f.* Highness; [altura] height
al•ti•ba•jos *m.pl.* ups and downs
al•ti•llo *m.* [colina] hillock; S AMER [desván] attic
al•ti•me•trí•a *f.* altimetry
al•tí•me•tro *m.* altimeter
al•ti•pla•ni•cie *f.* high plateau, altiplano
al•tí•si•mo, a *adj.* very high, most high ▪ **El Altísimo** God, the Almighty
al•ti•tud *f.* altitude, height
al•ti•vez/ve•za *f.* haughtiness, pride
al•ti•vo, a *adj.* haughty, proud
al•to, a ◇ *adj.* high; [estatura] tall; [piso] upper; [voz] loud; [crecido] swollen; [ideales] lofty; [traición] high, serious; [precio] high ▪ ~ **costura** haute couture; ~ **fidelidad/frecuencia** high fidelity/frequency; ~ **horno** blast furnace; **altas horas** late hours; **en** ~ on high ◇ *m.* height, elevation; MUS alto; MIL halt, stop; AMER pile, heap ▪ **de** ~ high; **de lo** ~ from on high, from above; **hacer** ~ to stop, come to a stop ◇ *pl.* AMER upper floors; (*f.*) MED discharge; [ingreso] entry ▪ **dar de** ~ MIL to admit; MED to discharge ◇ *adv.* [arriba] up high, above; [en voz fuerte] aloud, loudly ▪ **pasar por** ~ to overlook, omit ◇ *interj.* halt!, stop! ▪ **¡~ el fuego!** cease fire!
al•to•cu•mu•lo *m.* altocumulus
al•to•par•lan•te *m.* AMER loudspeaker
al•truis•ta ◇ *adj.* altruistic ◇ *m.f.* altruist
al•tu•ra ◇ *f.* height; [altitud] altitude; [nivel] level; *fig* loftiness ▪ **estar a la** ~ **de las circunstancias** to be worthy of the occasion ◇ *pl.* the heavens ▪ **a estas** ~ at this point o stage
a•lu•bia *f.* French o kidney bean
a•lu•ci•na•ción *f.* hallucination
a•lu•ci•na•mien•to *m.* hallucination
a•lu•ci•nan•te *adj.* hallucinating; [extraordinario] extraordinary
a•lu•ci•nar *tr.* & *intr.* to hallucinate
a•lu•ci•na•to•rio, a *adj.* hallucinatory
a•lu•ci•no•gé•ni•co, a *adj.* hallucinogenic
a•lud *m.* avalanche
a•lu•di•do, a *adj.* above-mentioned, referred to
a•lu•dir *intr.* to allude, refer (**a** to)
a•lum•bra•do, a ◇ *adj.* lighted, lit ◇ *m.* lighting
a•lum•bra•mien•to *m.* lighting; [parto] childbirth
a•lum•brar *tr.* to light (up), illuminate; *fig* to enlighten, illuminate; (*intr.*) to give light; [dar a luz] to give birth
a•lu•mi•nio *m.* aluminum, aluminium GB
a•lum•na•do *m.* student body
a•lum•no, a *m.f.* pupil, student
a•lu•na•do, a *adj.* RP *coll* grouchy
a•lu•na•ra•do, a *adj.* spotted, dotted
a•lu•nar•se *reflex.* AMER [herida] to fester; RP *coll* to get grouchy
a•lu•ni•za•je *m.* lunar landing
a•lu•ni•zar [04] *intr.* to land on the moon
a•lu•sión *f.* allusion
a•lu•vión *m.* flood; [sedimento] sediment; *fig* flood
al•ver•ja *f.* vetch; AMER pea
al•ver•ji•lla *f.* sweet pea
al•za *f.* rise, increase; ARTIL backsight ▪ **en** ~ on the rise
al•za•do, a ◇ *adj.* raised, elevated; [en celo] in heat; [rebelde] mutinous ◇ *f.* height
al•za•mien•to *m.* POL uprising
al•zar [04] *tr.* to raise, lift (up); [recoger] to gather; MARIT to hoist ▪ ~ **cabeza** *coll* to get back on one's feet; ~ **el codo** *coll* to have a lot to drink; (*reflex.*) to rise, get up; POL to rebel, rise ▪ ~ **con** *coll* to make off with, steal
a•ma *f.* [señora] lady of the house, mistress; [dueña] proprietress ▪ ~ **de casa** housewife; ~ **de cría** o **de leche** wet nurse; ~ **de llaves** housekeeper
a•ma•bi•li•dad *f.* kindness
a•ma•ble *adj.* kind
a•ma•do, a *adj.* & *m.f.* beloved, dear (one)
a•ma•dri•nar *tr.* [uncir] to couple; AMER to train (horses) to follow the lead
a•ma•es•tra•dor, •ra *m.f.* trainer
a•ma•es•tra•mien•to *m.* training
a•ma•es•trar *tr.* to train

a•ma•gar [47] *tr.* [amenazar] to threaten (**a, con** to); [fingir] to feign
a•ma•go *m.* [amenaza] threat; [señal] sign; MIL mock attack
a•mai•nar *tr.* MARIT to lower; (*intr.*) to die down, let up
a•mal•ga•mar *tr.* & *reflex.* to amalgamate, mix
a•ma•man•ta•mien•to *m.* suckling, nursing
a•ma•man•tar *tr.* to suckle, nurse
a•ma•ne•cer [17] ◇ *intr.* to dawn; [despertar] to wake up, start the day ◇ *m.* dawn, daybreak ▪ **al ~** at dawn o daybreak
a•ma•ne•ci•da *f.* dawn, daybreak
a•ma•ne•ra•do, a *adj.* mannered, affected
a•ma•ne•ra•mien•to *m.* affectation
a•ma•ne•rar•se *reflex.* to become affected
a•man•sa•dor, •ra *m.f.* AMER horsebreaker; (*f.*) RP a long wait
a•man•sa•mien•to *m.* breaking, taming
a•man•sar *tr.* [un animal] to tame; [un caballo] to break; *fig* to soothe; (*reflex.*) to calm down
a•man•te ◇ *adj.* fond, loving ◇ *m.f.* lover
a•ma•nuen•se *m.f.* amanuensis
a•ma•ña•do, a *adj.* [falsificado] fixed, falsified; [diestro] clever, skillful
a•ma•ñar *tr. derog* to fix, falsify; (*reflex.*) to manage
a•ma•ño *m.* [maña] skill; [arreglo] scheme
a•ma•po•la *f.* poppy
a•mar *tr.* to love
a•mar•ga•do, a *adj.* bitter, embittered
a•mar•ga•men•te *adv.* bitterly
a•mar•gar [47] *tr. fig* to make bitter; (*intr.* & *reflex.*) to become bitter o embittered
a•mar•go, a ◇ *adj.* bitter; *fig* painful ◇ *m.* bitterness; AMER sugarless maté
a•mar•gor *m.* bitterness; *fig* pain
a•mar•gu•ra *f.* bitterness; *fig* sorrow ▪ **¡qué ~!** what a pity!
a•ma•ri•lle•ar *intr.* to yellow, turn yellow
a•ma•ri•llen•to, a *adj.* yellowish; [de tez] sallow
a•ma•ri•llo, a *adj.* & *m.* yellow
a•ma•rra•de•ro *m.* [poste] hitching post; MARIT [poste] bollard; [sitio] mooring
a•ma•rrar *tr.* to tie (up), fasten; MARIT to moor
a•ma•rre *m.* tying; MARIT mooring
a•ma•rre•te *adj.* ANDES & RP stingy
a•mar•ti•lliar *tr.* to hammer; [un arma] to cock
a•ma•sar *tr.* to knead; *fig* to amass
a•ma•si•jo *m.* CUL dough; [tarea] task; ARG *coll* thrashing, beating
a•ma•teur *adj.* & *m.f.* amateur
a•ma•tis•ta *f.* MIN amethyst
a•ma•to•rio, a *adj.* amatory, love
a•ma•zo•na *f.* MYTH Amazon; *fig* [mujer varonil] amazon; [caballista] horsewoman
a•ma•zó•ni•co, a *adj.* Amazonian
am•ba•ges *m.pl.* circumlocution ▪ **hablar sin ~** not to beat around the bush
ám•bar *m.* amber ▪ **~ gris** ambergris
am•bi•ción *f.* ambition
am•bi•cio•nar *tr.* to aspire to, strive for
am•bi•cio•so, a *adj.* & *m.f.* ambitious
am•bi•dex•tro/dies•tro, a *adj.* ambidextrous
am•bien•ta•ción *f.* atmosphere; LIT setting
am•bien•ta•lis•ta *m.* environmentalist
am•bien•tar *tr.* to liven up; LIT to set; (*reflex.*) to adjust oneself
am•bien•te ◇ *adj.* surrounding, ambient ▪ **el medio ~** the environment ◇ *m.* atmosphere; *fig* ambiance; RP room
am•bi•güe•dad *f.* ambiguity
am•bi•guo, a *adj.* ambiguous
ám•bi•to *m.* [perímetro] boundary, limit; [campo] field
am•bi•va•len•cia *f.* ambivalence
am•bos, as *adj.* & *indef. pron.* both
am•bu•lan•cia *f.* ambulance
am•bu•lan•te ◇ *adj.* traveling, itinerant ◇ *m.* AMER peddler; MEX ambulance driver
am•bu•lar *intr.* to ambulate, amble
am•bu•la•to•rio, a *adj.* ambulatory
a•me•ba *f.* amoeba
a•me•dren•tar *tr.* to scare, frighten; (*reflex.*) to become scared o frightened
a•mén ◇ *m.* amen ▪ **en un decir ~** *fig* in an instant ◇ *adv.* ▪ **~ de** besides, in addition to
a•me•na•za *f.* threat, menace
a•me•na•za•dor, •ra/zan•te *adj.* threatening
a•me•na•zar [04] *tr.* to threaten, menace; (*intr.*) to threaten, be imminent
a•me•ni•dad *f.* amenity, pleasantness
a•me•ni•zar [04] *tr.* to make pleasant; *fig* to enliven
a•me•no, a *adj.* pleasant, agreeable
a•me•ri•ca•nis•mo *m.* Spanish-American word, custom o trait
a•me•ri•ca•ni•zar [04] *tr.* to Americanize; (*reflex.*) to become Americanized
a•me•ri•ca•no, a *adj.* & *m.f.* American; (*f.*) jacket
a•me•ri•tar *tr.* AMER to deserve
a•me•tra•lla•do•ra *f.* machine gun
a•me•tra•llar *tr.* to machine-gun
a•mian•to *m.* asbestos
a•mi•ga•ble *adj.* amicable; *fig* harmonious
a•mi•gar [47] *tr.* [amistar] to bring together; [reconciliar] to reconcile; (*reflex.*) [amistarse] to become friendly; [reconciliarse] to make up
a•mi•ga•zo, a *coll* ◇ *adj.* close (friend) ◇ *m.f.* buddy, pal
a•míg•da•la *f.* tonsil, amygdala
a•mig•da•li•tis *f.inv.* tonsillitis
a•mi•go, a ◇ *m.f.* friend ▪ **~ íntimo** o **del alma** close friend, bosom buddy; **~ de lo ajeno** *coll* thief; **hacerse ~ de** to make friends with; **hacerse amigos** to become friends ◇ *adj.* friendly; *fig* fond of
a•mi•go•te *m.f. coll* great friend, pal
a•mi•guí•si•mo, a *adj.* very friendly
a•mi•la•na•do, a *adj.* intimidated
a•mi•la•nar *tr.* to frighten, intimidate; *fig* to dishearten, discourage; (*reflex.*) to become frightened o intimidated; *fig* to become disheartened o discouraged
a•mi•no•á•ci•do *m.* amino acid
a•mi•no•rar *tr.* to reduce, diminish ▪ **~ el paso** to walk more slowly
a•mis•tad ◇ *f.* friendship ▪ **trabar** o **estrechar ~** to make friends ◇ *pl.* friends, acquaintances ▪ **hacer las ~** to reconcile, make up; **romper las ~** to quarrel
a•mis•tar *tr.* to make friends with; [reconciliar] to reconcile; (*reflex.*) to become friends; [reconciliarse] to make up
a•mis•to•so, a *adj.* amicable, friendly

A

am•né•si•co, a *adj.* & *m.f.* MED amnesiac, amnesic
am•nis•tí•a *f.* amnesty
am•nis•tiar [30] *tr.* to grant amnesty to
a•mo *m.* master; [dueño] owner, proprietor
a•mo•blar [19] *tr.* = **amueblar**
a•mo•la•dor *m.* AMER grinder, sharpener
a•mo•lar [19] *tr.* to grind, sharpen; *fig* to irritate, annoy
a•mol•da•mien•to *m.* fitting; *fig* adaptation
a•mol•dar *tr.* to mold, model; *fig* to adapt, adjust; (*reflex.*) to adapt oneself
a•mo•nes•ta•ción *f.* [reprensión] reprimand; [advertencia] warning
a•mo•nes•tar *tr.* [reprender] to reprimand; [advertir] to warn
a•mo•nia•co/ní•a•co *m.* [gas] ammonia; [goma] gum resin
a•mon•to•na•mien•to *m.* [acción] heaping, piling up; [montón] accumulation; [de gente] crowding
a•mon•to•nar *tr.* [apilar] to heap o pile (up); [acumular] to accumulate, gather; [riquezas] to hoard; (*reflex.*) [apilarse] to pile up; [acumularse] to crowd (together)
a•mor ◇ *m.* love; [afecto] affection; [querido] darling, beloved ■ ~ **propio** pride; **hacer el** ~ to make love; **¡por el** ~ **de Dios!** for goodness sake!; **sin** ~ loveless ◇ *pl.* [amoríos] love affairs, romances; [requiebros] endearments ■ **de mil** ~ *coll* gladly, with pleasure
a•mo•ra•li•dad *f.* amorality
a•mo•ra•ta•do, a *adj.* purplish; AMER black-and-blue, bruised ■ ~ **de frío** blue with cold
a•mo•ra•tar *tr.* to make blue o purple; AMER to bruise; (*reflex.*) to turn blue o purple; [magullarse] to bruise, turn black-and-blue
a•mor•da•zar [04] *tr.* [persona] to gag; [perro] to muzzle; *fig* to silence, gag
a•mor•fo, a *adj.* amorphous, shapeless
a•mo•rí•o *m.* fling, love affair
a•mo•ro•so, a *adj.* loving, affectionate; [enamoradizo] amorous; AMER charming
a•mor•ta•jar *tr.* to shroud; TECH to mortise
a•mor•te•cer [17] *tr.* [golpes] to cushion; [ruidos] to muffle; [luces] to dim; [colores, música] to soften
a•mor•ti•gua•ción *f.* = **amortiguamiento**
a•mor•ti•gua•dor, •ra ◇ *adj.* [de golpes] cushioning; [de ruidos] muffling; [de luces] dimming; [de colores, música] softening ◇ *m.* AUTO [dispositivo] shock absorber; [parachoques] bumper ■ ~ **de luz** dimmer; ~ **de ruido** muffler
a•mor•ti•gua•mien•to *m.* [de golpes] cushioning; [de ruidos] muffling; [de luces] dimming; [de colores, música] toning down
a•mor•ti•guar [10] *tr.* [golpes] to absorb; [ruidos] to muffle; [luces] to dim; [colores, música] to tone down; *fig* to alleviate
a•mor•ti•za•ción *f.* LAW amortization; [de un bono] redemption; [de una deuda] repayment
a•mor•ti•zar [04] *tr.* LAW to amortize; [un bono] to redeem; [una deuda] to repay, pay off
a•mos•car•se [70] *reflex. coll* to get angry
a•mo•ti•na•do, a ◇ *adj.* rebellious; MIL mutinous ◇ *m.f.* rebel; MIL mutineer
a•mo•ti•na•mien•to *m.* uprising; MIL mutiny
a•mo•ti•nar *tr.* to incite to riot; (*reflex.*) to rebel; MIL to mutiny
am•pa•rar *tr.* to protect; [defender] to defend; (*reflex.*) to protect oneself; [acogerse] to seek protection
am•pa•ro *m.* protection; [defensa] aid
am•pe•ra•je *m.* amperage
am•pe•rí•me•tro *m.* ammeter, amperemeter
am•pe•rio *m.* ampere ■ ~ **hora** ampere-hour
am•plia•ción *f.* [extensión] extension, expansion; [de organización] enlargement; PHOTOG enlargement
am•pliar [30] *tr.* to expand; [desarrollar] to elaborate on; [aumentar] to increase; [ensanchar] to widen; PHOTOG to enlarge
am•pli•fi•ca•ción *f.* [aumento] amplification, magnification; PHOTOG enlargement
am•pli•fi•ca•dor, •ra ◇ *adj.* amplifying ◇ *m.* ELEC & RAD amplifier; [altavoz] loudspeaker
am•pli•fi•car [70] *tr.* [aumentar] to amplify; [con microscopio] to magnify; PHOTOG to enlarge
am•plio, a *adj.* [espacioso] spacious, roomy; [extenso] ample, broad; [ancho] full, wide
am•pli•tud *f.* [anchura] fullness; [extensión] extent ■ ~ **de miras** broad-mindedness; **de gran** ~ far-reaching, of large scope
am•po•lla *f.* blister; MED ampoule
am•po•lle•ta *f.* hourglass
am•pu•lo•so, a *adj.* pompous, bombastic
am•pu•ta•ción *f.* amputation
am•pu•ta•do, a *m.f.* amputee
am•pu•tar *tr.* to amputate, cut off
a•mue•blar *tr.* to furnish
a•mue•ble, blo ▷ **amueblar**
a•mu•le•to *m.* amulet, charm
a•mu•ra•lla•do, a *adj.* walled
a•mu•ra•llar *tr.* to wall, fortify with walls
a•na•bap•tis•ta *adj.* & *m.f.* Anabaptist
a•na•ca•ra•do, a *adj.* pearly, mother-of-pearl
a•na•car•do *m.* cashew
a•na•cro•nis•mo *m.* anachronism
á•na•de *m.f.* duck
a•ná•fo•ra *f.* anaphora, repetition
a•na•gra•ma *m.* anagram
a•na•les *m.pl.* annals
a•nal•fa•be•to, a *adj.* & *m.f.* illiterate
a•nal•gé•si•co, a *adj.* & *m.* analgesic
a•ná•li•sis *m.inv.* analysis ■ ~ **de orina** urine test; ~ **de sangre** blood test
a•na•lis•ta *m.f.* analyst ■ ~ **de sistemas** systems analyst; ~ **informático** computer analyst; [historiador] annalist
a•na•lí•ti•co, a ◇ *adj.* analytical ◇ *f.* analytics
a•na•li•zar [04] *tr.* to analyze, examine
a•na•lo•gí•a *f.* analogy ■ **por** ~ by analogy
a•na•ló•gi•co, a *adj.* analog
a•ná•lo•go, a *adj.* analogous, similar
a•na•ná(s) *m.* (*pl* **-na(s)es**) pineapple
a•na•quel *m.* shelf
a•na•ran•ja•do, a *adj.* & *m.* orange
a•nar•quí•a *f.* anarchy
a•nár•qui•co, a *adj.* anarchic, anarchical
a•nar•quis•ta ◇ *m.f.* anarchist ◇ *adj.* anarchistic
a•nar•qui•zar [04] *tr.* to make anarchic; (*intr.*) to propagate anarchism
a•na•te•ma *m.* anathema
a•na•te•ma•ti•zar [04] *tr.* to anathematize, excommunicate; [maldecir] to curse, condemn

a•na•to•mí•a *f.* anatomy
a•na•tó•mi•co, a *adj.* anatomic, anatomical
a•na•to•mi•zar [04] *tr.* ARTS to delineate
an•ca *f.* [grupa] croup, rump; [nalga] rump, buttock
an•char *tr.* & *intr.* to widen, broaden
an•cho, a ◇ *adj.* wide, broad; [holgado] loose, full ▪ **de** ~ wide; **estar** o **ponerse muy** ~ *coll* to boast; **quedarse tan** ~ to remain unworried ◇ *m.* width, breadth ▪ **a sus anchas** as one pleases; ~ **de banda** COMPUT bandwidth
an•cho•a *f.* anchovy
an•chu•ra *f.* width, breadth; [amplitud] fullness
an•cia•ni•dad *f.* old age
an•cia•no, a ◇ *adj.* old, elderly ◇ *m.* old o elderly man; RELIG elder; (*f.*) old o elderly woman
an•cla *f.* anchor
an•clar/co•rar *intr.* to anchor, drop o cast anchor
an•da•da *f.* [pan] thin, crisp bread; [caminata] long walk ▪ **volver a las andadas** *fig* to be up to one's old tricks
an•da•dor, •ra ◇ *adj.* [veloz] fast-walking; [andariego] wandering ◇ *m.f.* [caminante] walker (person); [andariego] wanderer ◇ *pl.* straps (to support an infant learning to walk)
an•da•du•ra *f.* [acción] walking; [manera] gait
an•da•mio *m.* scaffold; [tablado] platform
an•da•na•da *f.* MARIT broadside; [gradería] covered grandstand ▪ **soltar una** ~ *fig* to scold, reprimand
an•dan•te ◇ *adj.* walking, traveling ▪ **caballero** ~ knight errant ◇ *m.* & *adv.* MUS andante
an•dan•za *m.* [suceso] occurrence, event; [aventura] adventure ▪ **volver a las andanzas** to be up to one's old tricks
an•dar[1] [05] *intr.* to walk; [marchar] to go, move; [funcionar] to work, function; [transcurrir] to go by, elapse; [estar] to be; [sentirse] to be, feel ▪ **¡anda!** [como exhortación] get going!, move along!; [expresando admiración] no kidding!; **¡ándale!** C AMER & MEX *coll* hurry up!; ~ **con cuidado** o **con pies de plomo** to be careful, tread cautiously; ~ **de broma** to be joking; ~ **en** [envolverse] to be mixed up o engaged in; [escudriñar] to rummage through, search; [en edad] to be going on, be about; ~ **por las nubes** to be absent-minded; ~ **tras** to go after, pursue; **¿cómo andas de salud?** how is your health?; (*tr.*) to travel, go; (*reflex.*) to leave, go away ▪ ~ **en** to be mixed up in; ~ **por las ramas** to beat around the bush
an•dar[2] *m.* pace, gait ▪ **a todo** ~ at full speed
an•da•rie•go, a ◇ *adj.* wandering, roving ◇ *m.f.* wanderer, rover
an•da•ri•vel *m.* [balsa] cable ferry; [maroma] ferry cable; MARIT lifeline, safety ropes
an•dén *m.* station o railway platform; [parapeto] parapet, railing; ANDES & C AMER [acero] sidewalk; ANDES & C AMER [bancal de tierra] terrace
an•di•nis•ta *m.f.* mountain climber
an•dra•jo•so, a *adj.* tattered, ragged
an•dró•gi•no, a ◇ *adj.* androgynous, hermaphroditic ◇ *m.f.* androgyne, hermaphrodite
an•droi•de *m.* android
an•du•vie•ra, vo ▷ **andar**[1]
a•néc•do•ta *f.* anecdote
a•nec•dó•ti•co, a *adj.* anecdotal
a•ne•ga•ble *adj.* floodable, subject to flooding
a•ne•ga•di•zo, a *adj.* subject to flooding
a•ne•ga•mien•to *m.* flooding
a•ne•gar [47] *tr.* to flood, inundate; (*reflex.*) to be inundated; MARIT to sink ▪ ~ **en llanto** to dissolve into tears
a•ne•jo, a ◇ *adj.* attached, annexed ◇ *m.* annex; LIT appendix
a•né•mi•co, a *adj.* & *m.f.* anemic
a•nes•te•sia *f.* anesthesia
a•nes•te•siar *tr.* to anesthetize
a•nes•té•si•co, a *adj.* & *m.* anesthetic
a•nes•te•sis•ta *m.f.* anesthetist
a•ne•xar *tr.* to join; [documentos] to enclose
a•ne•xo, a ◇ *adj.* joined; [documento] enclosed ◇ *m.* [suplemento] annex; [apéndice] enclosure; COMPUT attachment
an•fe•ta•mi•na *f.* amphetamine
an•fi•bio, a ◇ *adj.* amphibious, amphibian ◇ *m.* ZOOL amphibian
an•fi•bo•lo•gí•a *f.* amphibology, amphiboly
an•fi•te•a•tro *m.* amphitheater
an•fi•trión, o•na *m.* host; (*f.*) hostess
án•fo•ra *f.* amphora
an•ga•ri•llas *f.pl.* [andas] stretcher; [camilla] packsaddle with panniers
án•gel *m.* angel ▪ ~ **custodio** o **de la guardia** guardian angel; **tener** ~ to have grace o charm
an•gé•li•co, a/cal *adj.* angelic, angelical
an•ge•li•to *m.* [ángel] little angel, cherub; [niño] cherub, small child
an•ge•lo•te *m.* [niño] chubby child; ICHTH angelfish
an•gli•ca•no, a *adj.* & *m.f.* Anglican
an•gli•cis•ta *m.f.* Anglicist
an•glo•fo•bia *f.* Anglophobia
an•glo•par•lan•te *adj.* English-speaking
an•glo•sa•jón, o•na *adj.* & *m.f.* Anglo-Saxon; (*m.*) [idioma] Anglo-Saxon
an•go•ra *adj.* & *m.* Angora, angora
an•gos•tar *tr., intr.* & *reflex.* to narrow
an•gos•to, a *adj.* narrow, tight
an•gos•tu•ra *f.* narrowness; [paso estrecho] narrow passage o place; MARIT narrows, strait; BOT & CUL angostura
an•gui•la *f.* eel
án•gu•lo *m.* angle; [esquina] corner, angle ▪ **de** ~ **ancho** PHOTOG wide-angle; **en** ~ at an angle
an•gu•lo•si•dad *f.* angularity
an•gu•lo•so, a *adj.* angular, sharp
an•gu•rria *f.* AMER [hambre] hunger; [avaricia] greed
an•gu•rrien•to, a *adj.* AMER [avaro] greedy; [hambriento] starved
an•gus•tia *f.* anguish
an•gus•tia•do, a *adj.* anguished
an•gus•tiar *tr.* to anguish, cause anguish; (*reflex.*) to become anguished o distressed
an•gus•tio•so, a *adj.* anguished; [penoso] distressing
an•he•lan•te *adj.* [ansioso] yearning; [jadeante] gasping, panting
an•he•lar *intr.* to yearn o long to; [jadear] to gasp, pant; (*tr.*) to yearn o long for
an•he•lo *m.* yearning, longing
an•he•lo•so, a *adj.* longing
an•hí•dri•do *m.* anhydride ▪ ~ **carbónico** carbon dioxide; ~ **nítrico** nitric oxide; ~ **sulfúrico** sulfur dioxide

a•ni•dar *intr.* to nest; [habitar] to live; (*tr.*) to shelter; (*reflex.*) to nest

a•ni•llar *tr.* [dar forma de anillo a] to shape into a ring; [sujetar] to fasten with rings

a•ni•llo *m.* ring; ZOOL & ANAT annulus, ring ▪ ~ **pastoral** bishop's ring; **caer** o **venir como** ~ **al dedo** *coll* to be just right

á•ni•ma *f.* soul, spirit; [de las armas] bore

a•ni•ma•ción *f.* [viveza] liveliness; [movimiento] animation ▪ ~ **por ordenador** computer animation

a•ni•ma•do, a *adj.* [vivo] lively; [activo] bustling; [movido] motivated; ZOOL animate; AMER better (of health)

a•ni•ma•dor, •ra ◇ *adj.* [excitador] enlivening; [alentador] inspiring ◇ *m.f.* [de ceremonias] master of ceremonies; [artista] entertainer

a•ni•mad•ver•sión *f.* animadversion

a•ni•mal ◇ *adj.* animal ◇ *m.* animal; *fig* beast

a•ni•ma•la•da *f. coll* foolish o silly thing

a•ni•ma•lu•cho *m.* ugly beast

a•ni•mar *tr.* [dar vida a] to give life to; [avivar] to enliven; [estimular] to stimulate; [alentar] to encourage; (*reflex.*) [avivarse] to become animated o lively; [atreverse] to feel encouraged ▪ ~ **a** to decide to, get in the mood to

á•ni•mo *m.* spirit; [energía] energy, vitality ▪ **¡~!** courage!; **caerse los ánimos** to lose heart; **dar** ~ **a** to encourage; **estar** o **tener ánimos para** to be in the mood to

a•ni•mo•si•dad *f.* animosity, enmity

a•ni•ña•do, a *adj.* [pueril] childlike; [infantil] childish

a•ni•ñar•se *reflex.* to be childish

a•ni•qui•la•ción *f.* annihilation, destruction

a•ni•qui•la•mien•to *m.* = **aniquilación**

a•ni•qui•lar *tr.* to annihilate, destroy; (*reflex.*) to be annihilated o destroyed

a•nís *m.* anise; [grano] aniseed; [licor] anisette

a•ni•ver•sa•rio, a *adj.* & *m.* anniversary

a•no *m.* anus

a•no•che *adv.* last night, yesterday evening

a•no•che•cer [17] ◇ *intr.* to get dark, fall (night); [llegar] to arrive at nightfall ◇ *m.* nightfall, dusk

a•no•che•ci•da *f.* nightfall, dusk

a•no•ma•lí•a *f.* anomaly

a•nó•ma•lo, a *adj.* anomalous

a•no•na•dar *tr.* to overwhelm, dishearten; (*reflex.*) to be overwhelmed o disheartened

a•no•ni•ma•to *m.* anonymity

a•nó•ni•mo, a ◇ *adj.* anonymous ◇ *m.* [anonimato] anonymity; [carta] anonymous letter

a•nor•mal *adj.* abnormal

a•nor•ma•li•dad *f.* abnormality

a•no•ta•ción *f.* [acción] noting; [nota] note

a•no•ta•dor, •ra ◇ *adj.* annotating, noting ◇ *m.f.* annotator

a•no•tar *tr.* [apuntar] to note down, make note of; [libro] to annotate

an•qui•lo•sa•mien•to *m.* MED stiffening; *fig* paralysis

an•qui•lo•sar *tr.* MED to stiffen; (*reflex.*) to become stiff; *fig* [paralizarse] to be paralyzed

án•sar *m.* goose

an•sia *f.* [inquietud] anxiety; [angustia] anguish; [anhelo] yearning

an•siar [30] *tr.* to yearn o long for

an•sie•dad *f.* anxiety

an•sio•so, a *adj.* [preocupado] anxious; [deseoso] eager

an•ta•gó•ni•co, a *adj.* antagonistic

an•ta•go•nis•ta ◇ *adj.* antagonist, antagonistic ◇ *m.f.* antagonist, rival

an•ta•ño *adv.* in days gone by

an•te[1] *m.* ZOOL elk

an•te[2] *prep.* [delante de] before, in front of; [considerando] in view of, regarding

an•te•a•no•che *adv.* the night before last

an•te•a•yer *adv.* the day before yesterday

an•te•bra•zo *m.* forearm

an•te•cá•ma•ra *f.* antechamber, anteroom

an•te•ce•den•te ◇ *adj.* preceding ◇ *m.* antecedent ◇ *pl.* background

an•te•ce•der *tr.* & *intr.* to precede, antecede

an•te•ce•sor, •ra ◇ *adj.* former ◇ *m.f.* [predecesor] predecessor; [antepasado] ancestor

an•te•di•cho, a *adj.* aforesaid, aforementioned

an•te•di•lu•via•no, a *adj.* antediluvian

an•te•la•ción *f.* ▪ **con** ~ in advance; **con** ~ **a** prior to

an•te•ma•no *adv.* ▪ **de** ~ in advance

an•te•na *f.* ZOOL antenna; RAD & TELEV antenna, aerial ▪ ~ **parabólica** satellite dish; MARIT lateen yard

an•te•no•che *adv.* = **anteanoche**

an•te•o•je•ra *f. pl.* blinders

an•te•o•jo ◇ *m.* telescope ▪ ~ **de larga vista** binoculars ◇ *pl.* AMER [gafas] eyeglasses; [anteojeras] blinders; INDUS & SPORT goggles

an•te•pa•sa•do, a ◇ *adj.* before last ◇ *m.f.* ancestor

an•te•pe•cho *m.* [baranda] rail, railing; [alféizar] window sill

an•te•pe•núl•ti•mo, a *adj.* antepenultimate

an•te•po•ner [54] *tr.* [poner delante] to place in front; *fig* to put before

an•te•pro•yec•to *m.* draft, blueprint ▪ ~ **de ley** draft bill

an•te•pues•to, ta, pu•sie•ra, pu•so ▷ **anteponer**

an•te•rior *adj.* previous, before (**a** to); ANAT & ZOOL front, fore

an•te•rio•ri•dad *f.* ▪ **con** ~ beforehand, in advance; **con** ~ **a** prior to

an•te•rior•men•te *adv.* previously, before; [con antelación] beforehand, in advance

an•tes ◇ *adj.* & *adv.* before; [antiguamente] previously, formerly; [más bien] rather, sooner ▪ ~ **de** before, prior to; ~ **de ayer** the day before yesterday; ~ **que** before; [en vez de] rather than ◇ *conj.* rather, on the contrary

an•te•sa•la *f.* anteroom ▪ **hacer** ~ to cool one's heels

an•te•úl•ti•mo, a *adj.* penultimate

an•ti•á•ci•do, a *adj.* & *m.* antacid

an•ti•a•é•re•o, a *adj.* antiaircraft

an•tia•me•ri•ca•no, a *adj.* & *m.f.* anti-American

an•tia•tó•mi•co, a *adj.* antinuclear

an•ti•bi•ó•ti•co, a *adj.* & *m.* antibiotic

an•ti•can•ce•ro•so, a *adj.* anticarcinogenic

an•ti•ci•pa•ción *f.* anticipation ▪ **con** ~ in advance

an•ti•ci•pa•da•men•te *adv.* in advance

an•ti•ci•pa•do, a *adj.* advance, advanced ▪ **por** ~ in advance

an•ti•ci•pa•dor, •ra *adj.* anticipatory

an•ti•ci•par *tr.* to advance, move forward; [prestar] to advance; S AMER to foresee, anticipate; (*reflex.*) to be o arrive early ▪ **~ a** to get ahead of

an•ti•ci•po *m.* anticipation; [dinero] advance (payment)

an•ti•cle•ri•cal *adj.* & *m.f.* anticlerical

an•ti•co•a•gu•lan•te *adj.* & *m.* anticoagulant

an•ti•com•bus•ti•ble *adj.* & *m.* noncombustible

an•ti•co•mu•nis•ta *adj.* & *m.f.* anticommunist

an•ti•con•cep•ti•vo, a *adj.* & *m.* contraceptive

an•ti•con•ge•lan•te ◇ *adj.* antifreezing ◇ *m.* antifreeze

an•ti•cua•do, a *adj.* [en desuso] antiquated; [pasado de moda] old-fashioned

an•ti•cua•rio, a ◇ *adj.* antiquarian ◇ *m.* antique dealer

an•ti•cu•cho *m.* ANDES kebab

an•ti•cuer•po *m.* antibody

an•ti•de•mo•crá•ti•co, a *adj.* undemocratic

an•ti•de•pre•si•vo, a *adj.* & *m.* antidepressant

an•ti•di•lu•via•no, a *adj.* = **antediluviano**

an•tí•do•to *m.* antidote

an•ti•e•co•nó•mi•co, a *adj.* uneconomical

an•tier *adv.* AMER *coll* the day before yesterday

an•ti•es•té•ti•co, a *adj.* unaesthetic, unsightly

an•ti•faz *m.* mask

an•ti•gás *adj.* (against) gas

an•ti•glo•ba•li•za•ción *f.* antiglobalization

an•ti•gua•lla *f. coll* relic, old-fashioned item

an•ti•gua•men•te *adv.* [antes] formerly, once; [en tiempos remotos] in ancient times

an•ti•guar [10] *intr.* to acquire seniority; (*reflex.*) to become old-fashioned

an•ti•güe•dad ◇ *f.* [vejez] old age; [época] ancient times; [en el empleo] seniority ◇ *pl.* antiques

an•ti•guo, a ◇ *adj.* [viejo] ancient, old; [anterior] former ▪ **a la ~** in the old-fashioned way ◇ *m.* old-timer ▪ **los antiguos** the ancients

an•ti•hi•gié•ni•co, a *adj.* unsanitary

an•ti•in•fla•cio•nis•ta *adj.* anti-inflationary

an•tí•lo•pe *m.* antelope

an•ti•ma•te•ria *f.* antimatter

an•ti•mo•nár•qui•co, a *adj.* antimonarchist

an•ti•mo•no•po•lio *adj.* antitrust

an•ti•na•tu•ral *adj.* unnatural

an•ti•nu•cle•ar *adj.* antinuclear

an•ti•o•xi•dan•te *adj.* antioxidant

an•ti•pa•tí•a *f.* antipathy, dislike

an•ti•pá•ti•co, a *adj.* disagreeable, unpleasant

an•ti•pa•ti•zar [04] *intr.* AMER to dislike

an•ti•pa•trió•ti•co, a *adj.* unpatriotic

an•ti•po•li•lla *m.* moth killer

an•ti•rrá•bi•co, a *adj.* antirabies, antirabic

an•ti•se•mi•ta ◇ *adj.* anti-Semitic ◇ *m.f.* anti-Semite

an•ti•se•mí•ti•co, a *adj.* anti-Semitic

an•ti•sép•ti•co, a *adj.* & *m.* antiseptic

an•ti•so•cia•ble *adj.* antisocial, unsociable

an•ti•so•cial *adj.* antisocial

an•ti•sub•ma•ri•no, a *adj.* antisubmarine

an•ti•te•rro•ris•mo *m.* antiterrorism

an•tí•te•sis *f.inv.* antithesis

an•ti•té•ti•co, a *adj.* antithetical, antithetic

an•ti•tó•xi•co, a *adj.* antitoxic

an•ti•to•xi•na *f.* antitoxin, antibody

an•ti•vi•rus *m.* antivirus system

an•to•jar•se *reflex.* [gustar] to fancy, feel like; [parecer] to seem

an•to•ji•tos *m.pl.* MEX snacks, appetizers

an•to•jo *m.* [capricho] whim; [de comida] craving; [lunar] birthmark ▪ **a su ~** as one pleases

an•to•lo•gí•a *f.* anthology ▪ **de ~** *coll* great

an•to•ló•gi•co, a *adj.* anthological

an•to•ni•mia *f.* antonymy

an•tó•ni•mo, a ◇ *m.* antonym ◇ *adj.* antonymous

an•to•no•ma•sia *f.* antonomasia

an•tor•cha *f.* torch; *fig* guide ▪ **~ a soplete** blowtorch

an•tra•ci•ta *f.* anthracite, hard coal

an•tro *m.* grotto; *fig* den, lair ▪ **~ de corrupción** den of iniquity

an•tro•pó•fa•go, a ◇ *adj.* anthropophagous ◇ *m.f.* cannibal

an•tro•po•gra•fí•a *f.* anthropography

an•tro•poi•de *adj.* & *m.* anthropoid

an•tro•po•lo•gí•a *f.* anthropology

an•tro•po•ló•gi•co, a *adj.* anthropological

an•tro•pó•lo•go, a *m.f.* anthropologist

an•tro•po•me•trí•a *f.* anthropometry

an•tro•po•mór•fi•co, a *adj.* anthropomorphic

an•tro•po•mor•fo, a *adj.* anthropomorphous

a•nual *adj.* annual, yearly

a•nua•li•dad *f.* annual payment

a•nua•rio *m.* yearbook, annual

a•nu•dar *tr.* to tie in knots; [atar] to tie together; (*reflex.*) to become stunted ▪ **~ la lengua** *fig* to become tongue-tied

a•nu•la•ción *f.* annulment, nullification ▪ **~ del juicio** LAW mistrial

a•nu•lar[1] ◇ *adj.* annular, ring-shaped ◇ *m.* ring finger

a•nu•lar[2] *tr.* to annul; [desautorizar] to remove from power

a•nun•cia•ción *f.* announcement

a•nun•cia•dor, •ra ◇ *adj.* [declarativo] announcing; [publicitario] advertising ◇ *m.f.* [persona] announcer; [empresa] advertiser

a•nun•cian•te ◇ *adj.* advertising ◇ *m.f.* advertiser

a•nun•ciar *tr.* to announce; [publicar] to advertise; [presagiar] to foreshadow

a•nun•cio *m.* announcement; [cartel] poster; [señal] sign; COM advertisement ▪ **anuncios clasificados** classified advertisements

an•ver•so *m.* obverse

an•zue•lo *m.* fishhook; *fig* lure ▪ **tragarse el ~** *coll* to swallow the bait

a•ña•di•do *m.* addition

a•ña•di•du•ra *f.* addition ▪ **de ~** for good measure; **por ~** besides

a•ña•dir *tr.* to add; [aumentar] to increase; [conferir] to lend

a•ñe•ja•mien•to *m.* aging, maturing

a•ñe•jar *tr.* & *reflex.* to age, mature

a•ñe•jo, a *adj.* aged, mature

a•ñi•cos *m.pl.* bits, pieces ▪ **hacerse ~** to break into pieces

a•ñil ◇ *m.* BOT indigo; [para lavado] bluing ◇ *adj.* indigo, blue

a•ño *m.* year ▪ **~ bisiesto** leap year; **~ económico**

fiscal year; ~ **lectivo** school year; ~ **en curso** current year; ~ **luz** light-year; **el ~ verde** *coll* never; **en el ~ de la nana** *coll* way back; **entrado en años** advanced in years; **tener ... años** to be ... years old

a•ño•ran•za *f.* nostalgia

a•ño•rar *tr.* & *intr.* to long, yearn (for)

a•o•va•do, a *adj.* oval; BOT ovate

a•o•var *intr.* to lay eggs

a•pa•bu•lla•mien•to *m.* = **apabullo**

a•pa•bu•llar *tr.* to crush, squash

a•pa•bu•llo *m. coll* crushing

a•pa•cen•ta•mien•to *m.* [acción] grazing, pasturing; [pasto] pasture, grass

a•pa•cen•tar [49] *tr.* & *reflex.* to graze, pasture

a•pa•che *m.f.* Apache; *fig* [malhechor] thug, bandit; (*m.*) MEX raincoat

a•pa•ci•ble *adj.* calm, gentle

a•pa•ci•gua•dor, •ra ◇ *adj.* appeasing, pacifying ◇ *m.f.* appeaser, pacifier

a•pa•ci•gua•mien•to *m.* appeasement, pacifying

a•pa•ci•guar [10] *tr.* [sosegar] to appease; [un dolor] to relieve; (*reflex.*) to calm down

a•pa•dri•nar *tr.* [patrocinar] to sponsor; [apoyar] to support; [a un niño] to be godfather to; [en una boda] to be best man for; [en un desafío] to act as second for

a•pa•ga•do, a *adj.* [extinguido] extinguished; [apocado] shy; *fig* dull, subdued

a•pa•gar [47] *tr.* [el fuego] to put out; [la luz] to turn out; [la cal] to slake; [el ruido] to silence; [el color] to tone down; (*reflex.*) to fade

a•pa•ga•ve•las *m.inv.* candle snuffer

a•pa•gón *m.* blackout, power failure

a•pai•sa•do, a *adj.* COMPUT landscape

a•pa•la•brar *tr.* to agree to

a•pa•lan•ca•mien•to *m.* ECON gearing, leverage

a•pa•ñar *tr.* [asir] to grasp; [apoderarse] to seize; *coll* [abrigar] to wrap up; [reparar] to repair, mend; ARG & PERU to cover up for, protect; MEX to excuse, forgive; (*reflex.*) [darse maña] to manage

a•pa•ño *m.* [acción] grasping; *coll* [remiendo] patch; [habilidad] knack; [lío] mess, trouble; [amante] lover

a•pa•ra•dor *m.* [armario] sideboard, cupboard; [taller] studio; [escaparate] window

a•pa•ra•to *m.* apparatus, device; *fig* pomp, show; ANAT & ZOOL system; MED bandage ▪ ~ **de televisión, de radio** television, radio set; **aparatos de mando** controls

a•pa•ra•to•si•dad *f.* showiness, ostentation

a•pa•ra•to•so, a *adj.* pompous, ostentatious

a•par•ca•mien•to *m.* [acción] parking; [garaje] parking lot, garage ▪ ~ **disuasorio** park and ride

a•par•car [70] *tr.* [estacionar] to park; MIL to deposit (arms)

a•par•ce•rí•a *f.* sharecropping

a•par•ce•ro, a *m.f.* sharecropper; AMER comrade

a•pa•re•ar *tr.* to match up, pair off; ZOOL to mate, breed

a•pa•re•cer [17] *intr.* & *reflex.* to appear; [mostrarse] to show up, turn up

a•pa•re•ci•do *m.* ghost, phantom

a•pa•re•ci•mien•to *m.* appearance

a•pa•re•ja•do, a *adj.* apt, fit ▪ **ir ~ con** to go hand in hand with; **traer ~** to mean, involve

a•pa•re•jar *tr.* to prepare, make ready; [los caballos] to harness; MARIT to rig; (*reflex.*) to get ready

a•pa•re•jo *m.* preparation; [arreo] harness; [poleas] derrick; MARIT rigging; PAINT priming; CONSTR bonding; AMER saddle

a•pa•ren•tar *tr.* [fingir] to pretend, feign; [parecer] to seem, look

a•pa•ren•te *adj.* [presumible] apparent, seeming; [visible] apparent, visible

a•pa•ri•ción *f.* [acción] appearance; [fantasma] apparition, specter

a•pa•rien•cia *f.* appearance ▪ **en ~** apparently; **salvar las apariencias** to keep up appearances, save face

a•par•ta•de•ro *m.* sidetrack, siding

a•par•ta•do, a ◇ *adj.* remote, isolated ◇ *m.* [casilla postal] post office box; [párrafo] paragraph, section

a•par•ta•men•to *m.* apartment, flat GB

a•par•tar *tr.* [separar] to separate; [llevar aparte] to take aside; [alejar] to put aside; (*reflex.*) to withdraw, move away

a•par•te ◇ *adv.* [por separado] apart, separate; [a un lado] aside, to one side ▪ ~ **de** besides, apart from ◇ *m.* paragraph; THEAT aside

a•par•theid *m.* apartheid

a•pa•sio•na•do, a *adj.* enthusiastic, intense

a•pa•sio•nan•te *adj.* exciting, thrilling

a•pa•sio•nar *tr.* to enthuse, excite; (*reflex.*) to become enthused o excited

a•pa•tí•a *f.* apathy, indifference

a•pá•ti•co, a *adj.* apathetic, indifferent

a•pá•tri•da ◇ *adj.* stateless, without a country ◇ *m.f.* stateless person, one without a country

a•pe•a•de•ro *m.* [poyo] mounting block; [fonda] inn; RAIL way station

a•pe•a•mien•to *m.* [de un caballo] dismounting; [de un vehículo] getting out; ARCHIT bracing; SURV surveying

a•pe•ar *tr.* [bajar] to lower; [árbol] to fell; [caballo] to fetter; [rueda] to chock; [tierras] to survey; ARCHIT to prop up; (*reflex.*) [de un caballo] to dismount; [de un vehículo] to get out of; AMER to stay, lodge

a•pe•chu•gar [47] *intr.* ▪ ~ **con** *coll* to put up with, face

a•pe•dre•ar *tr.* [lanzar] to hurl stones at; [matar] to stone to death; (*intr.*) to hail; (*reflex.*) to suffer damage from hail

a•pe•gar•se [47] *reflex.* to become attached o fond (**a** to, of)

a•pe•go *m. fig* attachment, fondness ▪ **cobrar ~ a** to become attached to o fond of

a•pe•la•ble *adj.* appealable

a•pe•la•ción *f.* LAW appeal; [recurso] recourse ▪ **interponer ~** to (file an) appeal

a•pe•lar *intr.* to appeal ▪ ~ **a** o **ante** to appeal to

a•pe•la•ti•vo, a ◇ *adj.* appellative ◇ *m.* AMER *coll* last name, surname

a•pe•lli•dar *tr.* to call, name; (*reflex.*) to be called o named

a•pe•lli•do *m.* last name, surname; [apodo] nickname ▪ ~ **de soltera** maiden name

a•pel•ma•za•do, a *adj.* compact, compressed; *fig* dull, stodgy

a•pel•ma•zar [04] *tr.* to compress, compact

a•pe•lo•to•nar *tr.* to form into balls o tufts; (*reflex.*)

[hacerse bolitas] to form balls o tufts; *fig* [apiñarse] to cluster, throng

a•pe•nar *tr.* to grieve, pain; (*reflex.*) to be grieved o pained

a•pe•nas *adv.* [casi no] scarcely, hardly; [con dificultad] hardly, with difficulty; [enseguida que] as soon as

a•pen•dec•to•mí•a *f.* appendectomy

a•pén•di•ce *m.* appendage; ANAT appendix

a•pen•di•ci•tis *f.inv.* appendicitis

a•per•ci•bir *tr.* [disponer] to make ready; [advertir] to warn; (*reflex.*) to prepare oneself

a•pe•ri•ti•vo, a ◊ *adj.* CUL appetizing; MED aperitive ◊ *m.* CUL apéritif, appetizer; MED aperitive

a•pe•ro *m.* [utensilios] equipment, gear; AGR draft animals; AMER riding gear

a•per•tu•ra *f.* [principio] opening, commencement; [de un testamento] reading; [ajedrez] opening move; POL opening

a•pe•sa•dum•brar *tr.* to grieve, distress; (*reflex.*) to be grieved o distressed (**de, por** by)

a•pes•tar *tr.* [contaminar] to infect (with the plague); *coll* [fastidiar] to annoy; (*intr.*) to stink; (*reflex.*) [ser contaminado] to be infected with the plague

a•pes•to•so, a *adj.* [fétido] stinking; *coll* [fastidioso] annoying

a•pe•te•ce•dor, •ra *adj.* appetizing, tempting

a•pe•te•cer [17] *tr.* [ansiar] to long for, crave; *fig* to desire; (*intr.*) to be appealing o attractive

a•pe•te•ci•ble *adj.* appealing, appetizing

a•pe•ten•cia *f.* [hambre] appetite; [deseo] desire

a•pe•ti•to *m.* appetite ■ **abrir/dar/despertar el ~** to whet one's appetite

a•pe•ti•to•so, a *adj.* appetizing, delicious

a•pia•dar *tr.* to move to pity; (*reflex.*) to (have) pity ■ **~ de** to take pity on

á•pi•ce *m.* [cima] apex, top, pinnacle; *fig* [nonada] iota, whit ■ **no ceder un ~** not to give an inch

a•pi•cul•tor, •ra *m.f.* beekeeper, apiculturist

a•pi•cul•tu•ra *f.* beekeeping, apiculture

a•pi•lar *tr.* to pile o heap

a•pi•ña•do, a *adj.* [cónico] conical; [apretado] crammed o packed together

a•pi•ña•mien•to *m.* [acción] crowding; [aprieto] crush

a•pi•ñar *tr.* & *reflex.* to cram, jam

a•pio *m.* celery

a•pi•so•na•do•ra *f.* [aplastadora] flattener; [de carretera] steamroller

a•pi•so•na•mien•to *m.* [acción] flattening; [de carretera] steamrolling

a•pi•so•nar *tr.* [tierra] to pack down; [carretera] to steamroller

a•pla•ca•mien•to *m.* appeasement, placation

a•pla•car [70] *tr.* to appease, placate

a•pla•na•dor, •ra ◊ *adj.* flattening ◊ *f.* steamroller

a•pla•na•mien•to *m.* leveling, flattening

a•pla•nar *tr.* [allanar] to level, flatten; *coll* [pasmar] to stun; (*reflex.*) [venirse abajo] to collapse; *fig* to lose heart

a•plas•tan•te *adj.* [agobiador] overwhelming; [cansador] exhausting

a•plas•tar *tr.* [estrujar] to crush; [vencer] to overwhelm; *coll* [apabullar] to stun; (*reflex.*) AMER [desanimarse] to become discouraged; [cansarse] to get tired

a•plau•dir *tr.* to applaud; *fig* to applaud, commend

a•plau•so *m.* [palmas] applause, clapping; *fig* applause, praise

a•pla•za•mien•to *m.* postponement

a•pla•zar [04] *tr.* [diferir] to postpone, put off; AMER to fail, flunk

a•pli•ca•ble *adj.* applicable

a•pli•ca•ción *f.* application; [adorno] appliqué; [esmero] diligence

a•pli•ca•do, a *adj.* diligent

a•pli•car [70] *tr.* [poner] to apply, put on; [designar] to assign; [usar] to use, employ; (*reflex.*) to apply oneself

a•pli•que *m.* light fixture

a•plo•ma•do, a *adj.* poised

a•plo•mo *m.* aplomb; [verticalidad] vertical alignment

a•po•ca•do, a *adj.* diffident, timid

a•po•ca•líp•ti•co, a *adj.* apocalyptic

a•po•co•par *tr.* to apocopate, elide

a•pó•co•pe *f.* apocope, elision

a•pó•cri•fo, a *adj.* apocryphal

a•po•dar *tr.* to nickname

a•po•de•ra•do, a ◊ *adj.* empowered, authorized ◊ *m.f.* [poderhabiente] attorney, proxy; [empresario] manager, agent

a•po•de•ra•mien•to *m.* [autorización] authorization; [apropiación] seizure

a•po•de•rar *tr.* to grant power of attorney to; (*reflex.*) ■ **~ de** [apropiar] to take possession of; [dominar] to overwhelm

a•po•do *m.* nickname

a•po•ge•o *m.* ASTRON apogee; *fig* height

a•po•li•llar•se *reflex.* to be moth-eaten; AMER *coll* to snooze, doze

a•po•lí•ti•co, a *adj.* & *m.f.* apolitical (person)

a•po•lo•gis•ta *m.f.* apologist, defender

a•pol•tro•nar•se *reflex.* to get lazy

a•po•rre•a•do *m.* CUBA beef stew

a•po•rre•ar *tr.* [golpear] to beat; [instrumento] to bang on; [insistir] to harp on; (*reflex.*) *fig* to break one's back

a•por•tar *intr.* MARIT to arrive; [llegar por casualidad] to arrive o end up by chance; (*tr.*) [traer] to bring; [contribuir] to contribute

a•por•te *m.* AMER contribution, donation

a•po•sen•tar *tr.* & *reflex.* to lodge

a•po•sen•to *m.* [habitación] room; [hospedaje] lodging

a•po•si•ción *f.* apposition

a•pos•tar [19] *tr.* [jugar] to wager; [colocar] to post; (*reflex.*) to position oneself

a•pos•ta•tar *intr.* to apostatize

a•pos•ti•lla *f.* marginal note, annotation

a•pós•tol *m.* apostle

a•pos•to•la•do *m.* apostolate

a•pos•tó•li•co, a *adj.* [de los apóstoles] apostolic; [del papa] papal, pontific

a•pós•tro•fe *m.* o *f.* RHET apostrophe

a•pós•tro•fo *m.* GRAM apostrophe

a•po•te•ó•si•co, a *adj.* [glorificador] deifying; [glorioso] magnificent

a•po•te•o•sis *f.inv.* apotheosis; *fig* glorification

a•po•te•ó•ti•co, a *adj.* magnificent

a•po•yar *tr.* [estribar] to lean, rest; [ayudar] to aid, support; [confirmar] to uphold; MIL to reinforce; (*intr.*) to lean, rest; (*reflex.*) to lean, rest; *fig* to rely on

a•po•yo *m.* [soporte] support; [fundamento] basis; [protección] aid
a•pre•cia•ción *f.* [valorización] appraisal; [aprecio] appreciation
a•pre•ciar *tr.* to appraise; [estimar] to appreciate; [considerar] to consider
a•pre•cia•ti•vo, a *adj.* appraising
a•pre•cio *m.* COM appraisal; [estima] esteem; MEX attention ▪ **no hacer ~ a** MEX not to pay attention to
a•pre•hen•der *tr.* [apresar] to apprehend; [confiscar] to seize; [concebir] to apprehend
a•pre•hen•sión *f.* [apresamiento] apprehension; [embargo] seizure; [comprensión] comprehension
a•pre•hen•si•vo, a *adj.* apprehensive
a•pre•mian•te *adj.* pressing, urgent
a•pre•miar *tr.* [acelerar] to press; [oprimir] to oppress; LAW to compel
a•pre•mio *m.* [urgencia] urgency; LAW judicial order
a•pren•der *tr.* to learn (**a** to)
a•pren•diz, •za *m.f.* apprentice
a•pren•di•za•je *m.* apprenticeship
a•pren•sión *f.* [miedo] apprehension; [sospecha] suspicion
a•pren•si•vo, a *adj.* apprehensive
a•pre•sar *tr.* [aprisionar] to capture; ZOOL to grasp; MARIT to capture
a•pres•tar *tr.* [preparar] to make ready; TEX to size; (*reflex.*) to prepare oneself
a•pre•su•ra•mien•to *m.* hurry, haste
a•pre•su•rar *tr.* to hurry, hasten; (*reflex.*) to hurry, make haste (**a, por** to)
a•pre•ta•do, a *adj.* [comprimido] cramped, tight; *coll* [arduo] difficult; [mezquino] stingy ▪ **estar muy ~** *coll* [problemas] to be in a jam; [dinero] to be short of money; **estar ~ de trabajo** to be up to one's neck in work
a•pre•ta•mien•to *m.* = **aprieto**
a•pre•tar [49] *tr.* [nudo] to tighten; [estrujar] to squeeze; [comprimir] to compress; [abrazar] to hug; [apremiar] to urge ▪ **~ la mano** to shake hands; **~ los dientes** to grit o clench one's teeth; (*intr.*)[los zapatos] to pinch; [la ropa] to be too tight; [empeorar] to worsen, get worse
a•pre•tón *m.* grip, squeeze ▪ **~ de manos** handshake
a•pre•tu•jar *tr.* [apretar] to squeeze; [apiñar] to cram
a•prie•te, to ▻ **apretar**
a•prie•to *m.* jam, fix ▪ **poner a alguien en un ~** to put someone on the spot
a•pri•sa *adv.* quickly, swiftly
a•pro•ba•ción *f.* approval; LAW ratification
a•pro•ba•do, a ◇ *adj.* approved ◇ *m.* passing grade
a•pro•bar [19] *tr.* [consentir] to approve of; [examen] to pass; LAW to ratify; (*intr.*) to pass an examination
a•pron•tar *tr.* [disponer] to have ready; [entregar] to deliver at once
a•pron•te *m.* RP [de caballos] trial (race); *fig* dry run
a•pro•pia•ción *f.* appropriation
a•pro•pia•do, a *adj.* appropriate, suitable
a•pro•piar *tr.* AMER FIN to earmark; (*reflex.*) to take possession (**de** of)
a•pro•ve•cha•dor, •ra ◇ *adj.* opportunistic ◇ *m.f.* opportunist
a•pro•ve•cha•mien•to *m.* use, utilization
a•pro•ve•char *intr.* to be useful; (*tr.*) to make good use of; (*reflex.*) ▪ **~ de** to take advantage of
a•pro•vi•sio•na•mien•to *m.* [acción] supplying; [provisiones] supplies
a•pro•vi•sio•nar *tr.* to supply, provision
a•pro•xi•ma•ción *f.* [proximidad] nearness; [estimación] approximation
a•pro•xi•ma•da•men•te *adv.* approximately, about
a•pro•xi•mar *tr.* to bring near; (*reflex.*) to draw near
a•prue•be, bo ▻ **aprobar**
ap•ti•tud ◇ *f.* aptitude ◇ *pl.* gift, talent
ap•to, a *adj.* [hábil] competent; [conveniente] fit
a•pues•te, to ▻ **apostar**
a•pues•to, a ◇ *adj.* elegant ◇ *f.* bet, wager
a•pu•na•do, a *adj* ▪ **estar ~** AMER to have altitude sickness
a•pun•ta•dor, •ra ◇ *adj.* observing, noting ◇ *m.f.* THEAT prompter; MIL pointer, gunner
a•pun•ta•la•mien•to *m.* propping, shoring
a•pun•ta•lar *tr.* to prop up, shore up
a•pun•tar *tr.* [arma] to aim, point; [señalar] to point to o at, indicate; [tomar nota de] to make a note of; [sugerir] to cue, clue; [insinuar] to hint at, suggest; THEAT to prompt; (*intr.*) to begin to show; (*reflex.*) to begin to turn sour
a•pun•te *m.* [nota] note, notation; THEAT prompter ▪ **llevar el ~** RP *coll* [escuchar] to pay attention; [en el galanteo] to accept someone's attentions
a•pu•ña•lar *tr.* to stab, knife ▪ **~ a alguien con la mirada** to look daggers at someone
a•pu•ñar *tr.* to seize in one's fist
a•pu•ñe•(te•)ar *tr. coll* to punch
a•pu•ra•do, a *adj.* AMER in a hurry
a•pu•rar *tr.* AMER to hurry, press; [purificar] to refine; [agotar] to use o finish up; [enfadar] to annoy; (*reflex.*) AMER to hurry
a•pu•ro *m.* hurry ▪ **estar en apuros** [dificultades] to be in a jam; [dinero] to be hard up (for money)
a•que•jar *tr.* to afflict, distress
a•quel, •lla ◇ *dem. adj.* (*pl* **-llos, -llas**) that (... over there) ◇ *pl.* those
a•quél, •lla ◇ *dem. pron.* (*pl* **-llos, -llas**) that one (over there); [el primero] the former ◇ *pl.* those
a•que•llo *neut. dem. pron.* that, that matter ▪ **~ de** that business about
a•que•ren•cia•do, a *adj.* MEX in love, enamored
a•que•ren•ciar•se *reflex.* ▪ **~ a** to become fond of o attached to
a•quí *adv.* [en este lugar] here; [ahora] now; [entonces] then, at that point ▪ **de ~ en adelante** from now on, from here on in; **por ~** [alrededor] around here; [por este lado] this way
a•quie•tar *tr.* to calm, soothe; (*reflex.*) to calm down, become calm
a•qui•la•tar *tr.* JEWEL to appraise; *fig* to appreciate
a•ra *f.* [altar] (sacrificial) altar; [piedra] altar stone; (*m.*) macaw ▪ **en aras de** for the sake of
a•rá•bi•co/go, a *adj.* ▪ **número ~** Arabic numeral
a•rác•ni•dos *m.pl.* arachnids
a•ra•da *f.* [acción] plowing; [tierra] plowed land; [labranza] farming
a•ra•do *m.* [máquina] plow; [acción] plowing
a•ran•cel *m.* tariff, duty
a•ran•de•la *f.* MECH washer; AMER frills, flounce

a•ra•ña *f.* spider; [candelabro] chandelier ■ ~ **de mar** spider crab
a•ra•ñar *tr.* [rasgar] to scratch, scrape; *coll* [recoger] to scrape together
a•ra•ña•zo *m.* scratch
a•rar *tr.* to plow
a•rau•ca•no, a *adj.* & *m.f.* Araucanian
ar•bi•tra•je *m.* arbitration; COM arbitrage
ar•bi•trar *tr.* to arbitrate; SPORT to referee, umpire; (*intr.*) to arbitrate
ar•bi•tra•rie•dad *f.* arbitrariness
ar•bi•tra•rio, a *adj.* arbitrary
ar•bi•trio *m.* [voluntad] will; [recurso] means; [juicio] judgment
ár•bi•tro *m.* arbiter, arbitrator; SPORT referee
ár•bol *m.* tree; MECH axle; MARIT mast; ARCHIT crown post ■ ~ **de levas** camshaft; ~ **motor** drive shaft
ar•bo•la•do, a ◇ *adj.* wooded ◇ *m.* grove
ar•bo•lar *tr.* MARIT to rig; [poner derecho] to set upright; (*reflex.*) to rear (a horse)
ar•bo•le•da *f.* grove, wood
ar•bo•re•to *m.* arboretum
ar•bo•ri•cul•tu•ra *f.* arboriculture
ar•bo•ri•zar [04] *tr.* to forest, plant with trees
ar•bus•to *m.* bush, shrub
ar•ca ◇ *f.* [cofre] chest ■ ~ **de agua** reservoir; ~ **de la Alianza** BIBL Ark of the Covenant; ~ **de Noé** BIBL Noah's Ark ◇ *pl.* coffers
ar•ca•buz *m.* [arma] harquebus; [arcabucero] harquebusier
ar•ca•da *f.* ARCHIT arcade; [de un puente] span; [basca] retch
ar•cai•co, a *adj.* archaic, old-fashioned
ar•ca•ís•ta *m.f.* archaist
ar•cán•gel *m.* archangel
ar•ca•no, a ◇ *adj.* arcane ◇ *m.* mystery
ar•ce *m.* maple (tree)
ar•chi•du•que *m.* archduke
ar•chi•du•que•sa *f.* archduchess
ar•chi•mi•llo•na•rio, a *m.f.* multimillionaire
ar•chi•pié•la•go *m.* archipelago
ar•chi•va•dor, •ra *m.f.* filing clerk; (*m.*) filing cabinet
ar•chi•var *tr.* [clasificar] to file; to put into a file; *fig* to shelve
ar•chi•ve•ro, a/vis•ta *m.f.* archivist
ar•chi•vo *m.* archives; [de oficina] files; COMPUT file ■ ~ **adjunto** attachment; ~ **ejecutable** executable file; ~ **oculto** hidden file; ~ **temporal** temporary file
ar•ci•lla *f.* clay ■ ~ **figulina** potter's clay
ar•ci•llo•so, a *adj.* clay-like, clayey
ar•co *m.* GEOM arc; ARCHIT & ANAT arch; ARM & MUS bow; SPORT goal ■ ~ **detector de metales** security gate; ~ **iris** rainbow; ~ **voltaico** ELEC arc lamp
ar•der *intr.* to burn; *fig* to glow, blaze ■ ~ **de** o **en** *fig* to rage o be ablaze with
ar•did *m.* ruse, scheme
ar•dien•te *adj.* [quemante] burning; [al rojo] glowing; *fig* ardent
ar•di•lla *f.* squirrel ■ ~ **listada** chipmunk
ar•di•te *m.* old Spanish coin of little value ■ **no valer un** ~ *coll* not to be worth a cent
ar•dor *m.* heat; *fig* zeal
ar•do•ro•so, a *adj.* hot; *fig* ardent
ar•duo, a *adj.* arduous, difficult

á•re•a *f.* area ■ **Área de Libre Comercio de las Américas** Free Trade Area of the Americas
a•re•na *f.* sand; [redondel] ring; [campo de batalla] battlefield ■ **arenas movedizas** quicksand
a•re•nal *m.* [terreno arenoso] sandy ground; [arena movediza] quicksand
a•re•nar *tr.* [enarenar] to cover with sand; [frotar] to sand
a•re•ne•ro, a *m.f.* [vendedor] sand merchant; (*m.*) RAIL sandbox
a•ren•ga *f.* harangue; *fig* sermon
a•ren•gar [47] *tr.* & *intr.* to harangue
a•re•ni•lla *f.* calculus; [polvo] blotting powder
a•re•nis•co, a ◇ *adj.* sandy ◇ *f.* sandstone
a•re•no•so, a *adj.* sandy
a•ren•que *m.* herring
a•re•pa *f.* CARIB & COL pancake made of maize flour
a•re•te *m.* [aro] hoop, ring; [pendiente] earring
ar•ga•ma•sa *f.* mortar, plaster
ar•gen•tar *tr.* to silver, silver-plate
ar•gen•ta•rio *m.* silversmith
ar•gén•te•o, a *adj.* [de plata] silver; *fig* silvery
ar•gén•te•rí•a *f.* gold o silver embroidery
ar•gen•ti•nis•mo *m.* Argentine word o expression
ar•go•lla *f.* ring; S AMER [anillo] wedding o engagement ring; MEX *coll* luck
ar•go•nau•ta *m.* MYTH Argonaut; ICHTH argonaut, paper nautilus
ar•got *m.* slang, jargon
ar•gu•cia *f.* subtlety
ar•güir [07] *intr.* to argue; (*tr.*) [deducir] to deduce; [probar] to prove
ar•gu•men•ta•ción *f.* [acción] arguing; [argumento] argument
ar•gu•men•ta•ti•vo, a *adj.* argumentative
ar•gu•men•tar *intr.* to argue
ar•gu•men•to *m.* [razonamiento] line of reasoning; [trama] plot; [sumario] summary
ar•gu•ya, yo, ye•ra, yó ▻ **argüir**
a•ria *f.* aria
a•ri•dez *f.* aridity, aridness
á•ri•do, a ◇ *adj.* arid, dry; *fig* dry, dull ◇ *m.pl.* dry goods
a•rie•te *m.* MIL & HIST battering ram
a•rio, a *adj.* & *m.f.* Aryan
a•ris•co, a *adj.* [desabrido] unfriendly; [salvaje] wild
a•ris•ta *f.* GEOM edge; BOT beard, awn; ARCHIT arris
a•ris•ta•do, a *adj.* BOT bearded; [con borde] with edges
a•ris•to•cra•cia *f.* aristocracy
a•ris•tó•cra•ta *m.f.* aristocrat
a•ris•to•crá•ti•co, a *adj.* [noble] aristocratic; [distinguido] distinguished
a•ris•to•té•li•co, a *adj.* & *m.f.* Aristotelian
a•rit•mé•ti•co, a ◇ *adj.* arithmetical, arithmetic ◇ *m.f.* arithmetician; (*f.*) arithmetic; [libro] arithmetic book
ar•le•quín *m.* harlequin
ar•ma ◇ *f.* weapon, arm ■ ~ **bacteriológica** bacteriological weapon; ~ **blanca** bladed weapon; **armas de destrucción masiva** weapons of mass destruction; ~ **de fuego** firearm; ~ **química** chemical weapon ◇ *pl.* [instrumentos] arms, weapons; [ejército] troops, army; *fig* [medios] means ■ **¡a las ~!** to arms!; **alzarse en ~** to rise up in arms; **parar por las ~** to shoot; **presentar ~** to present arms

ar•ma•do, a ◇ *adj.* armed; CONSTR reinforced ◇ *f.* armada, (naval) fleet
ar•ma•du•ra *f.* MIL armor; [armazón] frame, framework; ELEC armature; MUS key signature
ar•ma•men•tis•ta *adj.* arms, armaments
ar•ma•men•to *m.* [acción] armament; [armas] weapons
ar•mar *tr.* [montar] to assemble; [dar armas a] to arm; [fusil, pistola] to load; [aprestar] to prime; MARIT to equip; *fig* to create ▪ **armarla** to cause a scandal; (*reflex.*) to arm oneself; S AMER to strike it rich, get lucky
ar•ma•rio *m.* closet, wardrobe ▪ **salir del** ~ to come out of the closet
ar•ma•tos•te *m.* [algo tosco] monstrosity; [palurdo] hulk
ar•ma•zón *m.* o *f.* framework, frame
ar•me•lla *f.* eyebolt
ar•me•rí•a *f.* [museo] military museum; [tienda] gunsmith's shop; [fabricación] gunsmithing
ar•mi•ño *m.* ermine
ar•mis•ti•cio *m.* armistice
ar•mo•ní•a *f.* harmony
ar•mó•ni•ca•men•te *adv.* harmonically, harmoniously
ar•mó•ni•co, a ◇ *adj.* harmonic, harmonious ◇ *m.* harmonic; (*f.*) harmonica
ar•mo•nio *m.* harmonium
ar•mo•nio•so, a *adj.* harmonious
ar•mo•ni•za•ción *f.* MUS harmonizing; [reconciliación] reconciliation; [de colores] coordinating
ar•mo•ni•zar [04] *tr.* & *intr.* to harmonize
ar•nés ◇ *m.* armor ◇ *pl.* harness
a•ro *m.* [círculo] hoop, ring; RP earring; BOT arum ▪ **entra por el** ~ *coll* to yield unwillingly
a•ro•ma *m.* aroma, scent; [del vino] bouquet
a•ro•mar *tr.* to perfume, scent
a•ro•má•ti•co, a *adj.* aromatic
a•ro•ma•ti•za•ción *f.* perfuming, scenting
a•ro•ma•ti•za•dor *m.* AMER atomizer
a•ro•ma•ti•zan•te *adj.* perfuming
a•ro•ma•ti•zar [04] *tr.* to perfume; CUL to flavor
ar•pa *f.* harp ▪ ~ **eolia** Aeolian harp
ar•pí•a *f.* harpy; *coll* shrew, hag
ar•pi•lle•ra *f.* burlap, sackcloth
ar•pis•ta *m.f.* harpist
ar•pón *m.* harpoon; ARCHIT clamp
ar•po•nar/ne•ar *tr.* to harpoon
ar•que•ar *tr.* [curvar] to curve; MARIT to gauge; (*intr.*) AMER to audit; (*reflex.*) to curve
ar•que•o *m.* [acción] curve; MARIT gauging; COM audit
ar•que•o•lo•gí•a *f.* archaeology
ar•que•o•ló•gi•co, a *adj.* archaeological
ar•que•ó•lo•go, a *m.f.* archaeologist
ar•que•ro *m.* [soldado] archer; [tonelero] cooper; SPORT goalie
ar•que•ti•po *m.* archetype
ar•qui•dió•ce•sis *f.inv.* archdiocese
ar•qui•tec•to, a *m.f.* architect
ar•qui•tec•tó•ni•co, a *adj.* architectural
ar•qui•tec•tu•ra *f.* architecture
ar•qui•tec•tu•ral *adj.* architectural
a•rra•bal ◇ *m.* slum ◇ *pl.* outskirts
a•rra•ba•le•ro, a ◇ *m.f.* *coll* common, coarse person ◇ *adj.* *coll* coarse, common
a•rrai•gar [47] *intr.* BOT to take root; (*tr.*) AMER LAW to limit o restrict movement; (*reflex.*) BOT to take root; [establecerse] to establish oneself; [vicio, virtud] to become deeply rooted
a•rrai•go *m.* BOT rooting ▪ **tener** ~ to have a sense of belonging
a•rram•blar *tr.* [cubrir de arena] to cover with sand (receding waters); [arrastrar] to sweep away; *coll* [arrebatar] to make off with
a•rran•ca•cia•vos *m.inv.* claw (of a hammer)
a•rran•ca•da *f.* sudden start
a•rran•ca•dor, •ra ◇ *adj.* starting ◇ *m.* AUTO starter; (*f.*) AGR lifter, picker
a•rran•car [70] *tr.* [de raíz] to pull up; [con violencia] to pull out; [conseguir] to obtain, seize; (*intr.*) [salir] to get started; [provenir] to stem (**de** from); COMPUT to start up, boot up; AUTO to start (up); RAIL to pull out
a•rran•que *m.* [acción] uprooting; [toma] seizure; [principio] outset; [arrebato] outburst; [ocurrencia] witty remark; AUTO starter
a•rra•sa•do, a *adj.* satiny, satin-like
a•rra•sa•du•ra *f.* leveling, smoothing
a•rra•sar *tr.* [allanar] to level; [arruinar] to destroy; (*intr.* & *reflex.*) to clear (the sky) ▪ ~ **en** o **de lágrimas** to fill with tears
a•rras•tra•do, a ◇ *adj.* wretched ◇ *m.f.* rogue
a•rras•trar *tr.* to pull, drag; [los pies] to drag, shuffle; [atraer] to attract; COMPUT to drag; (*intr.*) to crawl; [colgar] to hang down; (*reflex.*) to crawl, grovel ▪ ~ **y soltar** COMPUT to drag and drop
a•rras•tre *m.* dragging; *fig* influence, pull
a•rra•yán *m.* myrtle
a•rre•ar *tr.* [ganado] to herd; [estimular] to urge on; [poner arreos a] to harness; AMER to steal; (*intr.*) to move along
a•rre•ba•ta•do, a *adj.* [impetuoso] impetuous; [sonrojado] flushed
a•rre•ba•ta•dor, •ra *adj.* [cautivante] charming; [excitante] exciting
a•rre•ba•tar *tr.* [arrancar] to snatch; *fig* [conmover] to move, stir; AGR to parch, dry up; (*reflex.*) *fig* [enfurecerse] to get carried away; AGR to become parched o dry; CUL to burn
a•rre•ba•to *m.* [arranque] fit; [furor] rage; [éxtasis] ecstasy
a•rre•bol *m.* [color] red glow; [afeite] rouge
a•rre•bo•lar *tr.* to make red; (*reflex.*) to turn red
a•rre•ciar *intr.* [empeorarse] to worsen; [el tiempo] to blow o rain harder
a•rre•ci•fe *m.* reef
a•rre•drar *tr.* to scare o frighten away; (*reflex.*) to be scared o frightened
a•rre•gla•do, a *adj.* orderly, neat
a•rre•glar *tr.* [ordenar] to put in order; [acomodar] to tidy up; [ajustar] to fix up; [reparar] to repair; [solucionar] to resolve; MUS to arrange; ARG & MEX to settle (a debt) ▪ **¡ya te arreglaré yo!** I'll fix you!; (*reflex.*)[conformarse] to adjust; [ataviarse] to get dressed (up) ▪ **arreglárselas** *coll* to manage
a•rre•glo *m.* [acción] arrangement; [orden] order; [convenio] understanding; [compostura] repair; MUS arrangement ▪ **con** ~ **a** in accordance with
a•rre•lla•nar•se *reflex.* to lounge
a•rre•man•ga•do, a *adj.* turned-up

a•rre•man•gar [47] *tr.* [levantar] to lift o tuck up; [las mangas] to roll up; (*reflex.*) *coll* to become determined
a•rre•me•dar *tr.* to imitate, copy
a•rre•me•ter *tr.* [atacar] to attack; *coll* [emprender] to go at
a•rre•me•ti•da *f.* [ataque] assault; [empujón] shove
a•rre•mo•li•nar•se *reflex.* [apiñarse] to crowd about; [el agua] to swirl
a•rren•da•dor, **•ra** *m.f.* [propietario] landlord; [inquilino] tenant
a•rren•da•mien•to *m.* [acción] rental; [alquiler] rent ■ ~ **financiero** leasing
a•rren•dar [49] *tr.* [alquilar] to rent; [atar] to tie up, hitch (horses)
a•rren•da•ta•rio, a ◇ *adj.* renting ◇ *m.f.* tenant
a•rre•o ◇ *m.* AMER herd, drove ◇ *pl.* harness
a•rre•pen•ti•mien•to *m.* repentance
a•rre•pen•tir•se [65] *reflex.* to repent; *fig* to regret
a•rres•ta•do, a *adj.* arrested
a•rres•tar *tr.* to arrest, place under arrest
a•rres•to *m.* [detención] arrest; [reclusión] imprisonment; [audacia] boldness
a•rriar [30] *tr.* MARIT to lower; [aflojar] to slacken
a•rri•ba *adv.* above; [en una casa] upstairs; [en lo alto] overhead ■ **¡~!** [para animar] get up!, come on!; [para vitorear] hurrah for ...!; ~ **citado** above-mentioned; **de** ~ from above; AMER *coll* free, gratis; **de** ~ **abajo** *coll* [de cabo a rabo] from top to bottom; [desde el principio al fin] from beginning to end; [completamente] from head to foot; **más** ~ higher o farther up; **para** ~ upwards, up
a•rri•bar *intr.* to arrive ■ ~ **a** to manage to
a•rri•be•ño, a AMER ◇ *adj.* highland ◇ *m.f.* highlander
a•rri•bis•ta ◇ *adj.* social-climbing ◇ *m.f.* social climber
a•rri•bo *m.* arrival
a•rrien•de, do ▻ **arrendar**
a•rrien•do *m.* [acción] renting; [precio] rent; [contrato] lease
a•rrie•ro *m.* muleteer
a•rries•ga•do, a *adj.* [peligroso] risky; [audaz] daring
a•rries•gar [47] *tr.* to risk, venture ■ ~ **el pellejo** to risk one's neck; (*reflex.*) to risk
a•rri•mar *tr.* to bring o draw near; [arrinconar] to ignore ■ ~ **el hombro** to lend a hand; (*reflex.*) to lean; [juntarse] to join together; *coll* [vivir juntos] to shack up ■ ~ **al sol que más calienta** *coll* to know which side one's bread is buttered on
a•rri•mo *m.* [sostén] support; [pared] partition
a•rrin•co•na•do, a *adj.* [apartado] distant; [desatendido] neglected
a•rrin•co•nar *tr.* [en un rincón] to put in a corner; [acorralar] to corner; [abandonar] to neglect; (*reflex.*) to withdraw
a•rris•car [70] *tr.* AMER to turn up, fold up; (*reflex.*) to dress up
a•rrit•mia *f.* lack of rhythm; MED arrhythmia
a•rro•ba *f.* at symbol
a•rro•ce•ro, a ◇ *adj.* rice ◇ *m.f.* rice grower
a•rro•di•llar *tr.* to make (someone) kneel; (*reflex.*) to kneel (down)
a•rro•gan•cia *f.* arrogance
a•rro•gan•te *adj.* arrogant
a•rro•gar [47] *tr.* [atribuir] to arrogate; [adoptar] to adopt; (*reflex.*) to arrogate to oneself
a•rro•ja•do, a *adj.* [atrevido] bold; [resuelto] resolute
a•rro•jar *tr.* to hurl, fling; [emitir] to emit; [vomitar] to throw up; COM to show; (*reflex.*) to throw o hurl oneself; [resolverse] to rush ■ ~ **sobre** to rush at, attack
a•rro•jo *m.* [atrevimiento] boldness; [resolución] resoluteness
a•rro•lla•dor, **•ra** *adj.* overwhelming
a•rro•llar *tr.* [envolver] to roll up; [llevar] to sweep o carry away; **el agua arrolla la arena** the water sweeps away the sand; [atropellar] to trample; [derrotar] to crush
a•rro•par *tr.* [cubrir] to wrap with clothes; [acostar] to tuck in (to bed); (*reflex.*) [cubrirse] to wrap up o clothe oneself; [acostarse] to tuck oneself in
a•rro•rró/ú *m.* AMER *coll* lullaby
a•rros•trar *tr.* & *reflex.* to face (up to)
a•rro•yo *m.* brook; [cuneta] gutter
a•rroz *m.* rice ■ ~ **con leche** rice pudding
a•rro•zal *m.* rice field o paddy
a•rru•ga *f.* [en la piel] wrinkle, line; [en la ropa] wrinkle, crease; GEOL ruga, fold
a•rru•ga•do, a *adj.* wrinkled
a•rru•gar [47] *tr.* [piel] to wrinkle; [ropa, papel] to crease, crumple ■ ~ **el entrecejo** to frown; (*reflex.*) to wrinkle, become wrinkled; [plegarse] to become wrinkled o creased; [apañuscarse] to become crumpled (up)
a•rrui•nar *tr.* to ruin; *fig* to destroy; (*reflex.*) to fall into ruin
a•rru•lla•dor, **•ra** *adj.* soothing
a•rru•llar *tr.* to coo; [adormecer] to lull o sing to sleep; [enamorar] to woo
a•rru•llo *m.* ORNITH cooing; MUS lullaby
a•rru•ma•co ◇ *m.* [abrazo] caress; [zalamería] flattery ◇ *pl.* endearments ■ **andar con** ~ to flatter
a•rru•mar *tr.* ANDES & VEN [desechar] to pile up
a•rrum•bar *tr.* [desechar] to cast o put aside; [arrinconar] to neglect
a•rru•me *m.* COL & VEN pile
a•rru•rruz *m.* arrowroot
ar•se•nal *m.* [astillero] shipyard; MIL arsenal; [depósito] storehouse
ar•sé•ni•co *m.* arsenic
ar•te *m.* o *f.* art; [habilidad] art, skill ■ **bellas artes** fine arts; **con** ~ skillfully, cleverly; **no tener ni** ~ **ni parte en** to have nothing to do with; **por amor al** ~ for free; **por** ~ **de magia** as if by magic
ar•te•fac•to *m.* [aparato] appliance; ARCHEOL artifact
ar•te•ria *f.* artery
ar•te•rial *adj.* arterial
ar•te•rio•scle•ro•sis *f.* arteriosclerosis
ar•te•ro, a *adj.* cunning, sly
ar•te•sa•na•do *m.* [artesanos] craftsmen; [arte] artisanship
ar•te•sa•nal *adj.* artisan, pertaining to craftsmen o artisans
ar•te•sa•ní•a *f.* [habilidad] craftsmanship; [producto] crafts
ar•te•sa•no, a *m.f.* artisan, craftsman; (*f.*) craftswoman
ar•te•sia•no, a *adj.* artesian
ár•ti•co, a *adj.* & *m.* Arctic

ar•ti•cu•la•ción *f.* ANAT & MECH joint; [pronunciación] enunciation ▪ ~ **esférica** ball-and-socket joint; ~ **giratoria** swivel joint
ar•ti•cu•la•do, a <> *adj.* articulate <> *m.* articles
ar•ti•cu•lar[1] *adj.* ANAT articular, of the joints
ar•ti•cu•lar[2] *tr.* [pronunciar] to enunciate; [dividir] to divide into articles; MECH to join
ar•tí•cu•lo <> *m.* article; [cosa] item, thing; [escrito] essay; [en un diccionario] entry; GRAM article; ANAT joint; LAW section ▪ ~ **de fondo** JOURN editorial; ~ **de primera necesidad** basic commodity <> *pl.* goods ▪ ~ **de consumo** consumer goods; ~ **de tocador** toiletries
ar•tí•fi•ce *m.f.* artisan; *fig* architect
ar•ti•fi•cial *adj.* artificial
ar•ti•fi•cia•li•dad *f.* artificiality
ar•ti•fi•cio *m.* [habilidad] ability; [aparato] device; [ardid] trick
ar•ti•fi•cio•so, a *adj.* ingenious; *fig* cunning
ar•ti•lle•rí•a *f.* artillery
ar•ti•lle•ro *m.* artillery soldier
ar•ti•lu•gio *m.* [aparato] contraption; [trampa] gimmick
ar•ti•ma•ña *f.* [trampa] trick; [astucia] cunning
ar•tis•ta *m.f.* artist; [actor, actriz] actor, actress ▪ ~ **invitado** guest artist
ar•tís•ti•co, a *adj.* artistic
ar•trí•ti•co, a *adj.* & *m.f.* arthritic
ar•tri•tis *f.* arthritis
ar•tros•co•pia *f.* arthroscopy
ar•ve•ja *f.* [algarroba] (spring) vetch, tare; AMER green pea
ar•zo•bis•po *m.* archbishop
as *m.* ace
a•sa *f.* handle ▪ **en asas** akimbo
a•sa•do *m.* [carne] roasted meat; AMER barbecued meat; [comida] cookout, barbecue
a•sa•dor *m.* [varilla] spit; [aparato] grill
a•sa•la•ria•do, a <> *adj.* salaried <> *m.f.* salaried worker
a•sa•la•riar *tr.* to set a salary for
a•sal•ta•dor, •ra/tan•te *m.f.* assailant
a•sal•tar *tr.* [atacar] to assault; [sobrevenir] to overtake
a•sal•to *m.* [ataque] assault; [fiesta] surprise party; [en el boxeo] round; [en la esgrima] bout
a•sam•ble•a *f.* [reunión] meeting; [congreso] conference
a•sam•ble•ís•ta *m.f.* member of an assembly
a•sar *tr.* to roast ▪ ~ **al horno** to bake; ~ **a la parrilla** to broil; (*reflex.*) *fig* to roast
as•cen•den•cia *f.* ancestry
as•cen•den•te <> *adj.* ascending, upward <> *m.* ASTROL ascendant
as•cen•der [50] *intr.* to rise; [de categoría] to be promoted ▪ ~ **a** to amount to, reach; (*tr.*) to promote
as•cen•dien•te <> *adj.* ascending <> *m.f.* ancestor; (*m.*) influence
as•cen•sión *f.* ascension, rise
as•cen•so *m.* [adelanto] promotion; [subida] ascent, rise
as•cen•sor *m.* elevator, lift GB ▪ ~ **de carga** freight elevator
as•cen•so•ris•ta *m.f.* elevator operator, lift attendant GB
as•ce•ta *m.f.* ascetic
as•cé•ti•co, a <> *adj.* ascetic <> *f.* asceticism
as•cien•da, do ▻ **ascender**
as•co *m.* disgust, revulsion ▪ **dar** ~ *coll* to sicken O disgust; **estar hecho un** ~ *coll* to be filthy; **ser un** ~ *coll* to be disgusting O worthless
as•cua *f.* ember ▪ **estar en ascuas** *coll* to be on edge
a•se•a•do, a *adj.* [limpio] clean; [ordenado] neat, tidy
a•se•ar *tr.* [lavar] to wash; [limpiar] to clean; [ordenar] to tidy (up); (*reflex.*) [lavarse] to wash (up); [limpiarse] to clean (up); [ordenarse] to tidy (up)
a•se•diar *tr.* [sitiar] to besiege; [importunar] to pester
a•se•dio *m.* siege
a•se•gu•ra•do, a <> *adj.* insured <> *m.f.* insured (person), policyholder
a•se•gu•ra•dor, •ra <> *adj.* insuring, assuring <> *m.* insurance company; (*m.f.*) insurance agent
a•se•gu•rar *tr.* [afirmar] to secure; [garantizar] to guarantee; [tranquilizar] to assure; COM to insure; (*reflex.*) [cerciorarse] to make sure; COM to take out insurance
a•se•me•jar *tr.* [hacer semejante] to make alike O similar; [comparar] to compare; (*reflex.*) to resemble
a•sen•ta•de•ras *f.pl. coll* behind, buttocks
a•sen•ta•do, a *adj.* [juicioso] judicious; [estable] stable
a•sen•tar [49] *tr.* [anotar] to record; [fundar] to found; [colocar] to place; [afirmar] to affirm; [aplanar] to level; COM to enter; MEX to sadden; ARG to iron; (*intr.*) to suit; (*reflex.*) [establecerse] to establish oneself; [las aves] to perch; [los líquidos] to settle; ARCHIT to settle
a•sen•ti•mien•to *m.* consent, assent
a•sen•tir [65] *intr.* to assent, agree ▪ ~ **con la cabeza** to nod (one's approval)
a•se•o *m.* [limpieza] cleanliness; [orden] neatness, tidiness
a•se•qui•ble *adj.* [accesible] accessible; [posible] feasible; [comprensible] understandable
a•ser•ción *f.* assertion, affirmation
a•se•rra•de•ro *m.* sawmill
a•se•rra•do, a <> *adj.* serrated <> *m.* sawing
a•se•rrar [49] *tr.* to saw
a•se•rrín *m.* sawdust
a•se•si•nar *tr.* to murder; POL to assassinate
a•se•si•na•to *m.* murder; POL assassination
a•se•si•no, a <> *adj.* murderous <> *m.f.* killer, murderer; POL assassin
a•se•sor, •ra <> *adj.* advising, advisory <> *m.f.* adviser, counselor
a•se•so•ra•mien•to *m.* [acción] advising; [consejo] advice
a•se•so•rar *tr.* to advise; (*reflex.*) to seek advice
a•se•so•rí•a *f.* consultant's office
a•ses•tar *tr.* [arma] to aim; [balazo] to fire; [golpe] to deal
a•se•ve•ra•ción *f.* asseveration, assertion
a•se•ve•rar *tr.* to asseverate, assert
a•se•ve•ra•ti•vo, a *adj.* assertive, affirmative
a•se•xua•do, a/xual *adj.* asexual
as•fal•ta•do, a <> *adj.* paved <> *m.* asphalt
as•fal•tar *tr.* to asphalt
as•fal•to *m.* asphalt
as•fi•xia *f.* asphyxia, suffocation
as•fi•xiar *tr.* to asphyxiate; (*reflex.*) to suffocate
as•ga, go ▻ **asir**
a•sí <> *adv.* [de esta manera] so, this way; [de esa mane-

ra] that way, like that; [tanto] so, in such a way ■ ~ ~ so-so, fair; ~ **como** as soon as; ~ **de (grande)** so (big); ~ **no más** just like that; ~ **sea** so be it; ~ **y todo** even so, just the same; **o algo** ~ or thereabouts, or something like that; **y** ~ thus, and so; **y** ~ **sucesivamente** and so on, and so forth ◇ *conj.* [en consecuencia] therefore, thus; [aunque] even if, even though ■ ~ **pues** therefore, and so ◇ *adj.* such

a•si•de•ro *m.* [asa] handle; ARG basis

a•si•dui•dad *f.* assiduousness

a•si•duo, a *adj.* [persistente] assiduous; [frecuente] frequent

a•sien•ta, te, to ▷ **asentar** ▷ **asentir**

a•sien•to *m.* seat; [silla] chair; [sitio] site; [poso] sediment; [empacho] indigestion; [trasero] behind; [estabilidad] stability; ARCHIT settling; COM entry

a•sie•rre, rro ▷ **aserrar**

a•sig•na•ción *f.* [distribución] allotment; [cita] appointment; [salario] salary

a•sig•nar *tr.* [señalar] to assign; [nombrar] to appoint

a•sig•na•tu•ra *f.* subject, course (in school) ■ **aprobar una** ~ to pass a course

a•si•lar *tr.* [albergar] to place in an asylum; [refugiar] to give shelter; POL to give political asylum; (*reflex.*) [albergarse] to enter an asylum; [refugiarse] to take refuge; POL to seek political asylum

a•si•lo *m.* asylum; [establecimiento] home; [refugio] shelter ■ ~ **de ancianos** old folks' home; ~ **de huérfanos** orphanage; ~ **de locos** insane asylum; ~ **de pobres** poorhouse; ~ **político** political asylum; **dar** ~ to shelter

a•si•mé•tri•co, a *adj.* asymmetric

a•si•mi•la•ción *f.* assimilation

a•si•mi•lar *tr.* to assimilate; (*reflex.*) to be similar

a•si•mis•mo *adj.* [igualmente] likewise, in like manner; [también] also, too

a•sín•cro•no, a *adj.* asynchronous

a•sin•tie•ra, tió ▷ **asentir**

a•sir [08] *tr.* & *intr.* to grasp; (*reflex.*) ■ ~ **de** to avail oneself of

a•sis•ten•cia *f.* [concurrencia] attendance; [ayuda] aid; MEX parlor ■ ~ **pública** AMER health clinic

a•sis•ten•cial *adj.* assisting, relief

a•sis•ten•te, a ◇ *adj.* assisting ◇ *m.f.* [ayudante] assistant; (*m.*) MIL aide ■ ~ **personal** COMPUT personal digital assistant, PDA

a•sis•tir *intr.* to attend; (*tr.*) [acompañar] to accompany; [ayudar] to aid; [cuidar] to nurse

as•ma *f.* asthma

as•má•ti•co, a *adj.* & *m.f.* asthmatic

as•na•da *f. coll* stupidity

as•no *m.* donkey; *fig* jackass

a•so•cia•ción *f.* association ■ ~ **gremial** trade union; ~ **sindical** labor union

a•so•cia•do, a ◇ *adj.* associated ◇ *m.f.* associate

a•so•ciar *tr.* [ligar] to connect; [combinar] to combine; (*reflex.*) to become partners ■ ~ **a** o **con** to join

a•so•la•dor, •ra *adj.* ravaging

a•so•lar[1] *tr.* AGR to scorch, parch

a•so•lar[2] [19] *tr.* to ravage; (*reflex.*) CHEM to settle

a•so•le•ar *tr.* to put out in the sun; (*reflex.*) [tomar el sol] to sun oneself; [tostarse] to become tanned; [sofocarse] to suffer heat suffocation

a•so•mar *intr.* to appear; (*tr.*) to show; (*reflex.*) [mostrarse] to show oneself, appear; [una ventana] to look o lean out

a•som•brar *tr.* [sorprender] to amaze, astonish; [oscurecer] to darken, make darker (colors); (*reflex.*) to be amazed o astonished

a•som•bro *m.* [sorpresa] amazement; [maravilla] marvel

a•som•bro•so, a *adj.* amazing, astonishing

a•so•mo *m.* [mirada] look; [señal] hint ■ **ni un** ~ **de** not the least bit of; **ni por** ~ no way

a•so•nan•cia *f.* POET & RHET assonance; PHONET consonance

a•so•ro•char AMER ◇ *tr.* to cause to have altitude sickness ◇ *reflex.* to get altitude sickness

as•pa *f.* [cruz] X-shaped cross; [devanadera] spool; [de molinos] blade

as•par *tr.* [hilo] to reel; [crucificar] to crucify

as•pa•vien•tar•se *reflex.* C AMER to become frightened o alarmed

as•pa•vien•to *m.* exaggerated behavior, theatricality ■ **hacer aspavientos** to make a fuss

as•pec•to *m.* aspect

as•pe•re•za *f.* [escabrosidad] ruggedness; [brusquedad] gruffness

ás•pe•ro, a *adj.* [rugoso] rough; [escabroso] rugged; [brusco] gruff

as•per•sión *f.* sprinkling ■ **sistema de** ~ **automática** (automatic) sprinkling system

as•pi•ra•ción *f.* PHYSIOL inhalation; [anhelo] aspiration; [succión] suction; PHONET aspiration

as•pi•ra•do, a *adj.* PHONET aspirated

as•pi•ra•dor, •ra ◇ *adj.* aspirating; MECH sucking ◇ *m.* MECH & MED aspirator; MECH suction pump; (*f.*) vacuum cleaner

as•pi•ran•te *m.f.* candidate

as•pi•rar *tr.* to inhale; MECH [atraer] to suck, draw in; PHONET [pronunciar] to aspirate ■ ~ **a** to aspire to

as•pi•ri•na *f.* aspirin

as•que•ar *tr.* to disgust; (*intr.*) to be disgusting

as•que•ro•si•dad *f.* [suciedad] filth; [vileza] vileness

as•que•ro•so, a *adj.* [repugnante] repulsive; [sucio] filthy

as•ta *f.* [lanza] spear; [de lanza] shaft; [de bandera] flagpole; [mango] handle; [cuerno] horn, antler ■ **a media** ~ at half-staff

as•te•ris•co *m.* asterisk

as•te•roi•de ◇ *m.* asteroid ◇ *adj.* asteroidal

as•tig•má•ti•co, a *adj.* astigmatic

as•tig•ma•tis•mo *m.* astigmatism

as•ti•lla *f.* splinter ■ **hacer astillas** to splinter

as•ti•llar *tr.* to chip, splinter

as•ti•lle•ro *m.* MARIT shipyard; COM lumberyard

as•tra•cán *m.* astrakhan, astrachan

as•trin•gen•cia *f.* astringency

as•trin•gen•te *adj.* & *m.* astringent

as•trin•gir [32] *tr.* to astringe, contract

as•tro *m.* star

as•tro•fí•si•co, a ◇ *adj.* astrophysical ◇ *m.f.* astrophysicist; (*f.*) astrophysics

as•tro•lo•gí•a *f.* astrology

as•tro•ló•gi•co, a *adj.* astrological

as•tró•lo•go, a ◇ *m.f.* astrologist ◇ *adj.* astrological

as•tro•nau•ta *m.f.* astronaut, cosmonaut

as•tro•náu•ti•ca *f.* astronautics
as•tro•na•ve *f.* spaceship, spacecraft
as•tro•no•mí•a *f.* astronomy
as•tro•nó•mi•co, a *adj.* astronomic; *fig* astronomical
as•tró•no•mo, a *m.f.* astronomer
as•tu•cia *f.* [listeza] astuteness; [ardid] trick
as•tu•to, a *adj.* [listo] astute, clever; [mañoso] crafty, shrewd
a•sue•le, lo ▻ **asolar**[2]
a•sue•to *m.* holiday ▪ **día de ~** day off, holiday
a•su•mir *tr.* to assume, take on
a•sun•ción *f.* assumption
a•sun•tar *intr.* DOM REP to pay attention; C AMER to investigate, pry
a•sun•to ◇ *m.* [tópico] topic; [tema] subject matter; [argumento] plot; *coll* [amorío] love affair ▪ **~ pendiente** unresolved matter; **el ~ es que ...** the fact is that ...; **ir al ~** to get down to business ◇ *pl.* business ▪ **tener muchos ~ entre manos** to have many matters to deal with
a•sus•ta•dizo, a *adj.* easily frightened, skittish
a•sus•tar *tr.* to frighten, scare; (*reflex.*) to be frightened o scared (**de, por, con** by)
a•ta•be *m.* pipe vent
a•ta•ca•dor, •ra/can•te ◇ *adj.* attacking, assaulting ◇ *m.f.* attacker
a•ta•ca•du•ra *f.*/**mien•to** *m.* fastening
a•ta•car [70] *tr.* to attack; [abrochar] to fasten; [criticar] to criticize; [iniciar] to start work on; ARM to pack o tamp down; CHEM to corrode
a•ta•de•ras *f.pl. coll* garters
a•ta•de•ro *m.* tie, fastener; [aro] loop
a•ta•do, a ◇ *adj.* timid ◇ *m.* [manojo] bundle; ARG cigarette pack
a•ta•du•ra *f.* [acción] tying; [cuerda] cord; [traba] restriction
a•ta•ja•da *f.* AMER SPORT catch
a•ta•jar *tr.* [detener] to intercept; [impedir] to halt; [interrumpir] to interrupt, cut off; [contener] to stop; AMER [tomar] to catch (in midair) ▪ **~ un golpe** AMER to parry a blow; (*intr.*) to take a short cut
a•ta•jo *m.* short cut ▪ **~ de teclado** COMPUT keyboard short cut
a•ta•la•ya *f.* [torre] observation tower; [altura] vantage point; (*m.*) guard
a•ta•ñer [68] *intr.* to concern, pertain
a•ta•que *m.* attack ▪ **~ aéreo** air raid
a•tar *tr.* to tie, fasten ▪ **~ cabos** to put two and two together
a•tar•de•cer [17] ◇ *intr.* to get dark ◇ *m.* late afternoon, dusk ▪ **al ~** at dusk
a•ta•re•ar *tr.* to assign work to; (*reflex.*) to busy o occupy oneself
a•tas•ca•de•ro *m.* bog; *fig* stumbling block
a•tas•ca•mien•to *m.* obstruction; *fig* obstacle
a•tas•car [70] *tr.* [obstruir] to clog; [impedir] to hamper; (*reflex.*) [estancarse] to get stuck o clogged
a•tas•co *m.* obstruction; *fig* obstacle ▪ **~ de papel** COMPUT paper jam
a•ta•úd *m.* coffin, casket
a•ta•viar [30] *tr.* to adorn, deck out
a•tá•vi•co, a *adj.* atavistic
a•ta•ví•o ◇ *m.* [adorno] decoration; [vestido] attire ◇ *pl.* finery, trappings
a•ta•vis•mo *m.* atavism
a•ta•xia *f.* ataxia, ataxy
a•te *m.* MEX quince jelly
a•te•mo•ri•zar [04] *tr.* to frighten; (*reflex.*) to be frightened (**de, por** by)
a•tem•pe•rar *tr.* [moderar] to temper; [adecuar] to adjust
a•te•na•ce•ar/zar [04] *tr.* to torture by tearing off the flesh with pincers; *fig* to torture
a•ten•ción ◇ *f.* attention ▪ **llamar la ~** [atraer] to catch the eye; [reprender] to reprimand; **prestar ~** to pay attention ◇ *pl.* courtesies
a•ten•der [50] *tr.* [hacer caso de] to pay attention to; [tener en cuenta] to keep in mind; [cuidar] to take care of; [obedecer] to heed; COM to wait on; (*intr.*) to pay attention
a•te•ne•o *m.* athenaeum
a•te•ner•se [69] *reflex.* ▪ **~ a** [adherirse a] to rely on; [sujetarse] to abide by; **no saber a qué ~** *fig* not to know which way to turn
a•ten•ta•do *m.* [crimen] crime; [ataque] attempt
a•ten•tar [49] *tr.* to attempt to commit; (*intr.*) to make an attempt
a•ten•to, a ▻ **atender** ◇ *adj.* [observador] attentive; [cortés] considerate ▪ **~ a** in view of
a•te•nua•ción *f.* attenuation
a•te•nuan•te *adj.* attenuating; LAW extenuating
a•te•nuar [67] *tr.* to attenuate; LAW to extenuate
a•te•o, a ◇ *adj.* atheistic ◇ *m.f.* atheist
a•ter•cio•pe•la•do, a *adj.* velvety
a•te•ri•do, a *adj.* numb with cold
a•te•rir•se [38] *reflex.* to be numb with cold
a•te•rra•dor, •ra *adj.* terrifying
a•te•rrar[1] [49] *tr.* [echar por tierra] to knock down; [derribar] to destroy, demolish; (*intr.*) AVIA to land; MARIT to stand inshore
a•te•rrar[2] *tr.* to terrify
a•te•rri•za•je *m.* landing ▪ **~ a ciegas** blind landing; **~ forzoso** emergency landing
a•te•rri•zar [04] *intr.* to land
a•te•rro•ri•za•dor, •ra *adj.* terrifying
a•te•rro•ri•zar [04] *tr.* to terrorize
a•te•so•rar *tr.* to store up; *fig* to possess
a•tes•ta•do, a *adj.* full to the rim
a•tes•tar[1] [49] *tr.* to stuff
a•tes•tar[2] *tr.* to attest, witness
a•tes•ti•gua•ción *f.*/**mien•to** *m.* attestation
a•tes•ti•guar [10] *tr.* to attest
a•te•za•do, a *adj.* [bronceado] suntanned; [negro] black
a•te•zar [04] *tr.* & *reflex.* to tan
a•ti•bo•rra•mien•to *m.* cramming
a•ti•bo•rrar *tr.* to cram; (*reflex.*) *coll* to stuff oneself
á•ti•co, a ◇ *adj.* HIST & LIT Attic ◇ *m.f.* HIST [persona] Attic; (*m.*) [idioma] Attic; ARCHIT attic
a•tien•da, do ▻ **atender**
a•tie•ne ▻ **atenerse**
a•tien•te, to ▻ **atentar**
a•tie•sar *tr.* to stiffen, harden
a•ties•te, to ▻ **atestar**[1]
a•ti•gra•do, a *adj.* tiger-striped
a•til•da•du•ra *f.*/**mien•to** *m.* neatness
a•ti•nar *tr.* [encontrar] to find; [acertar] to hit upon ▪ **~ a** to manage to, succeed in

a•ti•ran•tar *tr.* to make taut

a•tis•bar *tr.* to watch

a•tis•bo *m.* [acecho] watching; [indicio] glimmer

a•ti•za•dor *m.* poker (tool)

a•ti•zar [04] *tr.* [el fuego] to poke; [avivar] to arouse; *coll* [pegar] to strike

a•ti•zo•nar *tr.* [un muro] to bond; [un madero] to embed

a•tlas *m.inv.* atlas

a•tle•ta *m.f.* athlete

a•tlé•ti•co, a *adj.* athletic

at•mós•fe•ra *f.* atmosphere

at•mos•fé•ri•co, a *adj.* atmospheric

a•to•ci•nar *tr.* [un cerdo] to cut up; [tocino] to make into bacon; *coll* [asesinar] to murder

a•to•le *m.* C AMER & MEX drink made of corn meal

a•to•lla•de•ro *m.* bog; *fig* obstruction ■ **estar en un ~** to be in a fix o jam

a•to•llar *intr.* to get stuck in the mud; (*reflex.*) *coll* to be stuck in a situation

a•to•lon•dra•do, a *adj.* [precipitado] hasty, disorganized; [aturdido] bewildered

a•to•lon•dra•mien•to *m.* [precipitación] haste, disorganization; [aturdimiento] bewilderment

a•to•lon•drar *tr.* to bewilder; (*reflex.*) to be bewildered

a•tó•mi•co, a *adj.* atomic

a•to•mis•ta *m.f.* PHILOS atomist

a•to•mi•za•dor *m.* atomizer, sprayer

a•to•mi•zar [04] *tr.* to atomize, pulverize

á•to•mo *m.* atom; *fig* iota ■ **~ fisionado** split atom

a•to•nal *adj.* atonal

a•to•na•li•dad *f.* atonality, tonelessness

a•to•ní•a *f.* atony

a•tó•ni•to, a *adj.* astonished, amazed

á•to•no, a *adj.* atonic

a•ton•ta•mien•to *m.* [embrutecimiento] stupefaction; [aturdimiento] confusion

a•ton•tar *tr.* [embrutecer] to stun; [aturdir] to confuse

a•to•ra•mien•to *m.* obstruction, blockage

a•to•rar *tr.* to clog; (*reflex.*) to choke

a•tor•men•ta•dor, •ra *adj.* [que aflige] tormenting; [preocupante] worrisome

a•tor•men•tar *tr.* to torment; [torturar] to torture; (*reflex.*) to worry

a•tor•ni•llar *tr.* to screw in o on

a•to•rón *m.* MEX traffic jam

a•to•rran•te *m.* RP *coll* bum

a•tor•to•lar *tr.* *coll* to confuse; (*reflex.*) ARG to fall in love

a•to•si•ga•dor, •ra *adj.* poisonous, toxic

a•to•si•ga•mien•to *m.* poisoning; *fig* pressing

a•to•si•gar [47] *tr.* to poison; *fig* to press; (*reflex.*) to get flustered

a•tó•xi•co, a *adj.* nontoxic

a•tra•ca•de•ro *m.* pier, dock

a•tra•car [70] *tr.* [asaltar] to hold up; *coll* [hartar] to stuff; MARIT to bring alongside; (*intr.*) MARIT to dock; (*reflex.*) to stuff oneself

a•trac•ción *f.* attraction ■ **sentir ~ por** to feel attracted to

a•tra•co *m.* holdup, robbery

a•tra•cón *m.* *coll* [comida] big feed; AMER brawl

a•trac•ti•vo, a ◇ *adj.* attractive ◇ *m.* [encanto] charm; [aliciente] attraction

a•tra•er [72] *tr.* to attract

a•tra•gan•ta•mien•to *m.* choking, gagging

a•tra•gan•tar•se *reflex.* *coll* to get tonguetied ■ **~ con** to choke on

a•trai•ga, go ▻ **atraer**

a•trai•llar *tr.* to leash; *fig* to hold in check

a•trai•mien•to *m.* attraction

a•tra•je•ra, jo ▻ **atraer**

a•tran•car [70] *tr.* [cerrar] to bolt; [obstruir] to block; (*reflex.*) MEX to be stubborn

a•tran•co/que *m.* obstruction; *fig* jam

a•tra•pa•mos•cas *f.inv.* Venus's flytrap

a•tra•par *tr.* *coll* [apresar] to catch; [conseguir] to land; [engañar] to take in

a•tra•que *m.* MARIT mooring; ASTRONAUT docking, link-up; ARM packing

a•trás *adv.* back, behind; [antes] back, ago ■ **¡~!** get back!; **dar marcha ~** AUTO to back up; **ir hacia ~** to go backward

a•tra•sa•do, a *adj.* [reloj] slow; [persona] late; [cuenta] in arrears; [revista] back; [país] underdeveloped ■ **~ de noticias** behind the times

a•tra•sar *tr.* [retardar] to delay; [reloj] to set back; (*intr.*) to be slow; (*reflex.*) to be late

a•tra•so ◇ *m.* delay; [retraso] tardiness ■ **~ mental** mental retardation ◇ *pl.* arrears

a•tra•ve•sa•do, a *adj.* [bizco] cross-eyed; [confuso] incongruous; ZOOL crossbred

a•tra•ve•sar [49] *tr.* [pasar] to cross (over); [poner oblicuo] to put o lay across; [traspasar] to pierce; (*reflex.*) [obstruir] to block; [reñir] to quarrel

a•tra•yen•do ▻ **atraer**

a•tra•yen•te *adj.* attractive

a•tre•guar [10] *tr.* to grant (a truce)

a•tre•ver•se *reflex.* to dare ■ **~ a** to dare to; **~ con** o **contra** [descararse] to be disrespectful to; [retar] to take on

a•tre•vi•do, a ▻ **atreverse** ◇ *adj.* [osado] bold; [descarado] impudent ◇ *m.f.* [temerario] bold person; [caradura] insolent person

a•tre•vi•mien•to *m.* [osadía] boldness; [insolencia] rudeness

a•tri•bu•ción ◇ *f.* attribution; [función] duty ◇ *pl.* authority

a•tri•bui•ble *adj.* attributable

a•tri•buir [18] *tr.* [otorgar] to credit; [imputar] to grant; (*reflex.*) to take credit for

a•tri•bu•lar *tr.* to distress, afflict; (*reflex.*) to become distressed

a•tri•bu•ti•vo, a *adj.* attributive

a•tri•bu•to *m.* attribute; [símbolo] symbol; GRAM & LOG [predicado] predicate

a•tri•bu•ya, ye•ra, yo, yó ▻ **atribuir**

a•tril *m.* lectern

a•trin•che•rar *tr.* to surround with trenches; (*reflex.*) to entrench oneself, dig in

a•trio *m.* [patio] atrium; [andén] portico; [entrada] vestibule

a•tri•to, a *adj.* THEOL repentant

a•tro•ci•dad *f.* atrocity; *fig* enormity

a•tro•fia *f.* atrophy

a•tro•fia•do, a *adj.* atrophied, atrophic

a•tro•fiar *tr.* & *reflex.* to atrophy

a•tro•na•do, a *adj.* hasty, reckless

a•tro•na•dor, •ra *adj.* deafening
a•tro•nar [19] *tr.* [asordar] to deafen; [aturdir] to stun
a•tro•pe•lla•do, a *adj.* hasty, hurried
a•tro•pe•lla•dor, •ra ◇ *adj.* trampling ◇ *m.f.* trampler
a•tro•pe•lla•mien•to *m.* = **atropello**
a•tro•pe•llar *tr.* [pisotear] to trample (on); [derribar] to run over; [agraviar] to bully; [hacer precipitadamente] to do hurriedly, rush through; [agobiar] to overwhelm, oppress; (*reflex.*) to act hastily
a•tro•pe•llo *m.* assault; *fig* abuse
a•troz *adj.* atrocious; *fig* enormous
a•true•ne ▻ **atronar**
a•tuen•do *m.* attire
a•tu•far *tr.* to annoy; (*reflex.*) [oler mal] to smell bad; [enfadarse] to get angry
a•tún *m.* tuna (fish), tunny GB
a•tur•di•do, a *adj.* [estupefacto] stunned; [turbado] confused
a•tur•di•mien•to *m.* [choque] shock; [turbación] confusion
a•tur•dir *tr.* [atontar] to stun; [turbar] to confuse
a•tur•que•sa•do, a *adj.* turquoise (blue)
a•tu•rru•llar *tr. coll* to baffle; (*reflex.*) to become flustered
a•tu•sar *tr.* [recortar] to trim; [alisar] to slick back; (*reflex.*) *fig* to spruce up
a•tu•vie•ra, vo ▻ **atenerse**
au•da•cia *f.* audacity
au•daz ◇ *adj.* audacious ◇ *m.f.* audacious o bold person
au•di•ción *f.* [facultad] hearing; [programa] program; THEAT audition
au•dien•cia *f.* audience
au•dí•fo•no *m.* [aparato] hearing aid; [auricular] earphone
au•dio•li•bro *m.* talking book, book on tape
au•dió•me•tro *m.* audiometer
au•dio•vi•sual *adj.* audio-visual
au•di•ti•vo, a *adj.* auditive, auditory
au•di•tor, •ra *m.f.* counselor; COM auditor
au•di•to•rí•a *f.* ACC [cargo] auditorship; [oficio] auditing; LAW [cargo] office of judge advocate; [tribunal] judge advocate's court
au•di•to•rio, a *m.* [público] audience; [sala] auditorium
au•ge *m.* [apogeo] peak; COM boom; ASTRON apogee
au•gu•rar *tr.* to augur, predict
au•gu•rio *m.* augury, omen
au•gus•to, a *adj.* august
au•la *f.* classroom, lecture hall
au•lla•dor, •ra ◇ *adj.* howling ◇ *m.* ZOOL howler monkey
au•llar *intr.* to howl, wail
au•lli•do, a•ú•llo *m.* howl, wail ▪ **dar aullidos** to howl, wail
au•men•tar *tr.* to increase; OPT to magnify; PHOTOG to enlarge; RAD to amplify; [salario] to raise; (*intr.*) to increase
au•men•ta•ti•vo, a *adj.* & *m.* augmentative
au•men•to *m.* increase; OPT magnification; PHOTOG enlargement; RAD amplification; [de sueldo] raise ▪ **ir en ~** to be on the increase
aun *adv.* even ▪ **~ así** even so; **~ cuando** although, even though
a•ún *adv.* still, yet ▪ **~ no** not yet; **más ~** furthermore
au•nar *tr.* & *reflex.* to join, unite
aun•que *conj.* [si bien] although, even though; [a pesar de] even if ▪ **~ más** no matter how much
au•ra *f.* aura; [brisa] gentle breeze
áu•re•o, a *adj.* [de oro] gold; [dorado] golden
au•re•o•la *f.* RELIG halo; ASTRON aureole
au•re•o•lar *tr.* to halo; *fig* to exalt
au•rí•cu•la *f.* auricle
au•ri•cu•lar ◇ *adj.* auricular ◇ *m.* TELEC earpiece ◇ *pl.* earphones
au•rí•fe•ro, a *adj.* auriferous, gold-bearing
au•ro•ra *f.* dawn; *fig* beginning; BOT sagebrush ▪ **~ austral** southern lights; **~ boreal** northern lights
aus•cul•ta•ción *f.* auscultation
aus•cul•tar *tr.* to ausculate, diagnose by sound
au•sen•cia *f.* absence ▪ **brillar uno por su ~** to be conspicuous by one's absence
au•sen•tar *tr.* to send away; (*reflex.*) [alejarse] to leave
au•sen•te ◇ *adj.* absent; *fig* absent-minded ◇ *m.f.* absentee
au•sen•tis•mo *m.* absenteeism
aus•pi•ciar *tr.* AMER to sponsor
aus•pi•cio ◇ *m.* auspice ◇ *pl.* auspices
aus•pi•cio•so, a *adj.* AMER auspicious
aus•te•ri•dad *f.* austerity
aus•te•ro, a *adj.* austere
aus•tral *adj.* austral, southern
au•tar•quí•a *f.* autarchy, autarky
au•tár•qui•co, a *adj.* autarchic, autarkic
au•ten•ti•ca•ción *f.* authentication
au•tén•ti•ca•men•te *adv.* authentically
au•ten•ti•car [70] *tr.* to authenticate
au•ten•ti•ci•dad *f.* authenticity, genuineness
au•tén•ti•co, a *adj.* authentic, genuine
au•ten•ti•fi•ca•ción *f.* authentication
au•ten•ti•fi•car [70] *tr.* to authenticate
au•tis•ta *adj.* autistic
au•to[1] ◇ *m.* LAW judicial decree o ruling; THEAT short play ◇ *pl.* LAW case file
au•to[2] *m. coll* car, auto
au•to•ad•he•si•vo, a *adj.* self-adhesive
au•to•bio•gra•fí•a *f.* autobiography
au•to•bio•grá•fi•co, a *adj.* autobiographical
au•to•bús *m.* bus
au•to•ca•mión *m.* truck
au•to•car *m.* bus, motorcoach
au•to•cla•ve *f.* autoclave
au•to•cra•cia *f.* autocracy
au•tó•cra•ta *m.f.* autocrat
au•to•crá•ti•co, a *adj.* autocratic
au•to•crí•ti•ca *f.* self-criticism
au•tóc•to•no, a *adj.* & *m.f.* native
au•to•des•truc•ción *f.* self-destruction
au•to•de•ter•mi•na•ción *f.* self-determination
au•to•di•dac•to, a *adj.* & *m.f.* self-taught (person)
au•tó•dro•mo *m.* automobile racetrack
au•to•e•di•ción *f.* COMPUT desktop publishing, DTP
au•to•e•di•tor, •ra *m.f.* DTP operator
au•to•en•cen•di•do *m.* self-ignition
au•to•fe•cun•da•ción *f.* BOT self-fertilization
au•tó•ge•no, a *adj.* autogenous
au•to•gi•ro *m.* autogiro, autogyro

au•tó•gra•fo, a ◇ *adj.* autographic ◇ *m.* autograph
au•to•guar•da•do *m.* COMPUT autosave
au•to•in•duc•ción *f.* self-induction
au•to•ma•ción *f.* automation
au•tó•ma•ta *m.* automation; *fig* robot
au•to•má•ti•co, a ◇ *adj.* automatic ◇ *m.* [corchete] snap
au•to•ma•tis•mo *m.* automatism
au•to•ma•ti•za•ción *f.* automatization
au•to•ma•ti•zar [04] *tr.* to automate
au•to•me•di•car•se [70] *reflex.* to self-medicate
au•to•mo•tor, triz *adj.* automotive
au•to•mó•vil ◇ *adj.* self-propelled ◇ *m.* automobile, car ▪ ~ **de carreras** racing car
au•to•mo•vi•lis•mo *m.* motoring; [industria] automobile industry ▪ ~ **deportivo** car racing
au•to•mo•vi•lis•ta *m.f.* driver, motorist
au•to•mo•vi•lís•ti•co, a *adj.* automobile
au•to•no•mí•a *f.* [política] autonomy; [de celular] battery life ▪ ~ **en espera** TEL standby time; ~ **en llamada** TEL talktime
au•tó•no•mo, a ◇ *adj.* autonomous ◇ *m.f.* self-employed person, freelance
au•to•pis•ta *f.* expressway, superhighway ▪ ~ **de la información** COMPUT information superhighway
au•to•pro•pul•sa•do, a *adj.* self-propelled
au•to•pro•pul•sión *f.* self-propulsion
au•top•sia *f.* autopsy
au•tor, •ra *m.f.* author; [escritor] writer; [originador] creator; LAW perpetrator; (*f.*) authoress
au•to•ri•dad *f.* authority; [oficial] official; [experto] expert ▪ **con** ~ authoritatively
au•to•ri•ta•rio, a *adj.* [dictatorial] authoritarian; [imperioso] imperious
au•to•ri•za•ción *f.* authorization
au•to•ri•za•do, a *adj.* [digno de respeto] authoritative; [oficial] authorized
au•to•ri•zar [04] *tr.* to authorize; [dar permiso a] to permit; [legalizar] to legalize
au•to•rre•gu•la•ción *f.* self-regulation
au•to•rre•tor•no *m.* COMPUT word wrap
au•to•rre•tra•to *m.* self-portrait
au•to•ser•vi•cio *m.* self-service
au•to•stop *m.* hitchhiking ▪ **hacer** ~ to hitchhike
au•to•su•fi•cien•cia *f.* self-sufficiency
au•to•su•ges•tión *f.* self-suggestion
au•to•su•ges•tio•nar•se *reflex.* to induce in one's own thought
au•xi•liar¹ ◇ *adj.* auxiliary ◇ *m.f.* [subalterno] assistant; [maestro] assistant teacher; (*m.*) GRAM auxiliary
au•xi•liar² *tr.* to assist, aid
au•xi•lio *m.* assistance, aid ▪ **primeros auxilios** first aid
au•ya•ma *f.* CARIB & COL pumpkin
a•val *m.* COM endorsement; [garantía] guarantee ▪ **por** ~ as a guarantee
a•va•lan•cha *f.* avalanche
a•va•lar *tr.* COM to endorse; [garantizar] to be the guarantor of
a•va•lo•rar *tr.* to appraise; *fig* to encourage
a•va•luar [67] *tr.* to appraise
a•va•lú•o *m.* appraisal, valuation
a•van•ce¹ *m.* advance; COM balance sheet; MECH feed; CUBA vomit; MEX looting
a•van•ce² *m.* preview
a•van•za•do, a *adj.* advanced
a•van•zar [04] *tr.* to advance; CUBA to vomit; MEX to loot; (*intr.* & *reflex.*) to advance
a•va•ri•cia *f.* avarice, greed
a•va•ri•cio•so/rien•to, a ◇ *adj.* [tacaño] avaricious, miserly; [codicioso] greedy ◇ *m.f.* [tacaño] miser; [codicioso] greedy person
a•va•ro, a ◇ *adj.* [tacaño] miserly; [codicioso] greedy ◇ *m.f.* [tacaño] miser; [codicioso] greedy person
a•va•sa•lla•dor, •ra ◇ *adj.* subjugating ◇ *m.f.* subjugator
a•va•sa•lla•mien•to *m.* subjugation
a•va•sa•llar *tr.* to subjugate
a•va•tar *m.* COMPUT avatar
a•ve *f.* bird ▪ ~ **cantora** songbird; ~ **de corral** barnyard fowl; ~ **de paso** wanderer; ~ **de rapiña** bird of prey
a•ve•jen•tar *tr.* & *reflex.* to age prematurely
a•ve•lla•no, a ◇ *adj.* hazel ◇ *m.* hazel (tree); (*f.*) hazelnut
a•ve•ma•rí•a *f.* [oración] Hail Mary; [del rosario] small rosary bead ▪ **en un** ~ *coll* in a flash
¡A•ve Ma•rí•a! *interj.* good heavens!
a•ve•na *f.* oat, oats
a•ve•nen•cia *f.* [acuerdo] agreement; [arreglo] compromise
a•ve•ni•ble *adj.* reconciliable
a•ve•ni•do, a ◇ *adj.* ▪ **bien** ~ in agreement; **mal** ~ in disagreement ◇ *f.* [calle] avenue; [desbordamiento] flood
a•ve•ni•mien•to *m.* reconciliation
a•ve•nir [76] *tr.* to reconcile, conciliate; (*intr.*) to happen, occur; (*reflex.*) [entenderse] to come to an agreement; [armonizar] to go together
a•ven•ta•ja•do, a *adj.* [notable] outstanding; [ventajoso] advantageous
a•ven•ta•jar *tr.* [rebasar] to overtake; [estar por delante de] to be ahead of ▪ ~ **a uno en algo** to surpass someone in something
a•ven•ta•mien•to *m.* winnowing
a•ven•tar [49] *tr.* [echar al aire] to cast to the winds; to winnow (grain); CUBA & MEX AGR to dry in the sun
a•ven•tón *m.* C AMER, MEX & PERU ▪ **dar** ~ **a alguien** to give someone a lift
a•ven•tu•ra *f.* adventure; [riesgo] risk
a•ven•tu•ra•do, a *adj.* adventurous
a•ven•tu•rar *tr.* [arriesgar] to risk; [proponer] to venture; (*reflex.*) to take a risk
a•ven•tu•re•ro, a ◇ *adj.* adventurous ◇ *m.* adventurer; (*f.*) adventuress
a•ver•gon•zar [09] *tr.* to shame; (*reflex.*) to be ashamed (**de** to, **por** of)
a•ve•rí•a *f.* [daño] damage; [rotura] breakdown
a•ve•ria•do, a *adj.* [estropeado] damaged; [echado a perder] spoiled; [roto] broken
a•ve•riar [30] *tr.* [estropear] to damage; [echar a perder] to spoil; [romper] to break; (*reflex.*) [estropearse] to become damaged; [arruinarse] to spoil; [descomponerse] to break (down)
a•ve•ri•gua•ción *f.* [investigación] investigation; [verificación] verification
a•ve•ri•guar [10] *tr.* [comprobar] to ascertain; [investigar] to investigate; [verificar] to verify

A

a•ver•sión *f.* aversion ▪ **cobrar** o **coger una** ~ to develop an aversion to
a•ves•truz *m.* ostrich
a•via•ción *f.* aviation; MIL air force
a•via•dor, •ra *m.* pilot, aviator; (*f.*) pilot, aviatrix
a•ví•co•la *adj.* poultry-breeding
a•vi•cul•tor, •ra *m.f.* chicken farmer
a•vi•cul•tu•ra *f.* poultry breeding
a•vi•dez *f.* [ansia] avidity; [codicia] greed ▪ **con** ~ [ansiosamente] eagerly; [avariciosamente] greedily
á•vi•do, a *adj.* [ansioso] avid; [codicioso] greedy
a•vien•te, to ▻ **aventar**
a•vie•so, a *adj.* twisted; *fig* perverse
a•vi•na•gra•do, a *adj.* sour
a•vi•na•grar *tr.* to make sour; (*reflex.*) to turn sour; *fig* to become sour
a•vi•nie•ra, no ▻ **avenir**
a•ví•o ◇ *m.* [provisiones] provisions; AMER loan ◇ *pl.* equipment, materials ▪ ~ **de pesca** fishing tackle
a•vión *m.* airplane, plane ▪ ~ **de caza** fighter plane; ~ **de bombardeo** bomber; ~ **a chorro** o **de reacción** jet plane; **por** ~ by airmail
a•vio•ne•ta *f.* light airplane
a•vi•sar *tr.* [informar] to inform; [advertir] to warn
a•vi•so *m.* [notificación] notice; [advertencia] warning; [anuncio] advertisement; MARIT dispatch boat ▪ **estar sobre** ~ to be on the alert
a•vis•pa *f.* wasp
a•vis•pa•do, a *adj.* *coll* clever
a•vis•par *tr.* to whip; (*reflex.*) *coll* to become quick-witted
a•vis•pe•ro *m.* [panal] honeycomb; [nido] wasps' nest ▪ **meterse en un** ~ to get into a big mess
a•vis•pón *m.* hornet
a•vis•tar *tr.* to sight
a•vi•tua•lla•mien•to *m.* provisioning
a•vi•tua•llar *tr.* to provision, supply with food
a•vi•va•dor, •ra ◇ *adj.* livening, reviving ◇ *m.* ARCHIT quirk; CARP rabbet plane
a•vi•va•mien•to *m.* [animación] enlivening; [de colores] brightening; [renacimiento] revival; [de un fuego] stoking
a•vi•var *tr.* [animar] to spur on; [colores] to brighten; [un fuego] to stoke; [encender] to arouse; (*intr.* & *reflex.*) to revive, liven up
a•vi•zor, •ra ◇ *adj.* watchful ▪ **estar ojo** ~ to keep one's eyes open ◇ *m.f.* watcher
a•xi(a)l *adj.* axial, axal
a•xi•la *f.* BOT axil; ANAT armpit, axilla
a•xio•ma *m.* axiom
a•xio•má•ti•co, a *adj.* axiomatic
¡ay! ◇ *interj.* [dolor] ow!, ouch!; [aflicción] oh dear!, alas!; [admiración] oh!, wow! ▪ **¡~ de mí!** woe is me! ◇ *m.* sigh, moan
a•yer ◇ *adv.* yesterday; [en el pasado] formerly, in the past ▪ ~ **no mas** only yesterday; **de** ~ **a hoy** recently ◇ *m.* yesterday, past
a•yo, a *m.f.* tutor; (*f.*) governess
a•yu•da *f.* [auxilio] help, aid; [dinero] financial aid; [jeringa] syringe; [lavativa] enema; EDUC partial scholarship; EQUIT spur ▪ ~ **de cámara** valet; ~ **contextual** COMPUT context-sensitive help; ~ **al desarrollo** POL development aid; ~ **en línea** COMPUT on-line help; ~ **en pantalla** COMPUT on-screen help
a•yu•dan•te, a *m.f.* assistant, aide; MIL adjutant ▪ ~ **de campo** aide-de-camp
a•yu•dan•tí•a *f.* assistantship; MIL adjutancy
a•yu•dar *tr.* to help, aid ▪ ~ **a** to help to
a•yu•nar *intr.* to fast
a•yu•no, a ◇ *adj.* fasting; *fig* uninformed ▪ **en** ~ o **ayunas** [sin comer] fasting; [sin desayunar] before breakfast; [sin saber] in the dark, all at sea; **quedarse en ayunas** *fig* to be completely in the dark ◇ *m.* fast, fasting
a•yun•ta•mien•to *m.* [reunión] meeting; [corporación] city council; [edificio] city hall; [coito] sexual intercourse
a•za•ba•che *m.* MIN jet; ORNITH titmouse
a•za•da *f.* hoe
a•za•dón *m.* large hoe
a•za•do•nar *tr.* to hoe
a•za•fai•fa *f.* jujube
a•za•fa•ta *f.* AVIA stewardess; [criada] lady-in-waiting
a•za•fa•te *m.* C AMER, CARIB, MEX & PERU [bandeja] tray
a•za•frán *m.* saffron
a•za•har *f.* orange, lemon o citron blossom
a•zar *m.* [casualidad] chance; [desgracia] misfortune ▪ **al** ~ at random; **por** ~ by chance
a•za•ran•dar *tr.* to strain, sieve
a•za•ro•so, a *adj.* [arriesgado] risky; [desgraciado] unlucky
á•zi•mo *adj.* unleavened
a•zo•ga•do, a *adj.* silvered
a•zo•gar [47] *tr.* to silver; (*reflex.*) to get mercury poisoning; [inquietarse] to be restless
a•zo•gue *m.* quicksilver
a•zo•ra•mien•to *m.* [sobresalto] alarm; [turbación] fluster
a•zo•rar *tr.* [sobresaltar] to alarm; [confundir] to confuse; (*reflex.*) [sobresaltarse] to be alarmed o startled; [confundirse] to become confused o bewildered
a•zo•ta•do, a *adj.* multicolored, motley
a•zo•tai•na *f.* *coll* spanking
a•zo•ta•mien•to *m.* flogging
a•zo•tar *tr.* to flog; *fig* to beat upon
a•zo•te *m.* [látigo] whip; [golpe] lash; [zurra] spanking; [embate] beating
a•zo•te•a *f.* [tejado] terraced roof; *coll* [cabeza] head
a•zo•ti•na *f.* *coll* drubbing, thrashing
a•zú•car *m.* o *f.* sugar ▪ ~ **candi** rock candy; ~ **de caña** cane sugar; ~ **en terrones** lump sugar; ~ **en polvo** powdered sugar; ~ **moreno** o **negro** brown sugar
a•zu•ca•ra•do, a *adj.* sweet
a•zu•ca•rar *tr.* [endulzar] to sugar-coat; *coll* [suavizar] to sweeten; (*reflex.*) [almibarar] to become sugary; AMER [cristalizar] to become crystallized
a•zu•ca•re•ro, a ◇ *adj.* sugar ◇ *f.* [recipiente] sugar bowl; [fábrica] sugar factory
a•zu•ce•na *f.* white o Madonna lily
a•zu•fai•fa *f.* jujube
a•zu•fra•do, a ◇ *adj.* sulfurous; [color] sulfur-colored ◇ *m.* sulfurization
a•zu•frar *tr.* [impregnar] to sulfur; [sahumar] to fumigate with sulfur
a•zu•fre *m.* sulfur, sulphur
a•zul ◇ *adj.* blue ◇ *m.* [color] blue; [azulete] bluing ▪ ~ **celeste** sky blue; ~ **marino** navy blue; ~ **turquí** indigo
a•zu•la•do, a *adj.* bluish

a•zu•lar *tr.* to blue, dye o color blue
a•zu•le•jo *m.* [baldosa] glazed tile
a•zu•zar [04] *tr.* to set the dogs on; *fig* to stir

B

b, B *f.* second letter of the Spanish alphabet
ba•ba *f.* spittle ■ **caérsele a uno la ~** to drool; **echar ~** to drool
ba•bar•se *tr.* to dribble
ba•be•ar *intr.* to drool
ba•bel *m.f. coll* babel
ba•be•ro *m.* bib; [guardapolvos] dust cover
ba•bor *m.* port
ba•bo•se•ar *intr.* & *tr.* to drool (over)
ba•bo•se•o *m.* dribbling
ba•bo•so, a <> *adj.* drooling; *fig* mushy; C AMER foolish <> *m.f.* drooler; *fig* immature person; (*f.*) ZOOL slug
ba•bu•cha *f.* slipper ■ **a ~** ARG piggyback
ba•ca•la•o *m.* codfish ■ **cortar el ~** *coll* to be in charge
ba•cán *m.* AMER [amante] sugar daddy; RP [holgazán] loafer
ba•ca•nal *f.* orgy
ba•ca•r(r)á *m.* baccarat
ba•che *m.* pothole; AER air pocket; *fig* rough spot
ba•chi•ller *m.f.* student ready for admission into an advanced university program
ba•chi•lle•rar *tr.* to confer a bachelor's degree on; (*reflex.*) to be graduated as a bachelor
ba•chi•lle•ra•to *m.* studies which enable a student to enter an advanced university program
ba•ci•lo *m.* bacillus
ba•cín *m.* [orinal grande] large chamber pot; [de mendigo] beggar's bowl
ba•ci•ne•te *m.* [armadura] basinet (helmet); [soldado] cuirassier; ANAT pelvis
ba•ci•ni•ca/lla *f.* [de mendigo] beggar's bowl; [orinal] chamber pot
bac•te•ria *f.inv.* bacterium
bac•te•rio•lo•gí•a *f.* bacteriology
bac•te•rio•ló•gi•co, a *adj.* bacteriological
bac•te•rió•lo•go, a *m.f.* bacteriologist
bá•cu•lo *m.* [cayado] staff; *fig* [apoyo] support; [alivio] relief
ba•da•jo *m.* bell clapper; *fig* chatterbox
ba•du•la•que *adj.* & *m.* foolish (person)
ba•du•la•que•ar *intr.* S AMER [engañar] to cheat; [ser terco] to be stubborn
ba•ga•je *m.* MIL equipment; [acémila] beast of burden; [caudal] stock of knowledge; S AMER luggage
ba•ga•te•la *f.* trifle
ba•ga•zo *m.* bagasse; C AMER creep
ba•gre *m.* catfish; S AMER hag
baguette *f.* baguette
¡bah! *interj.* bah!
ba•hí•a *f.* bay
bai•la•dor, •ra <> *adj.* dancing <> *m.f.* dancer
bai•lar *intr.* to dance; [girar] to spin (tops); [retozar] to romp ■ **~ al son que tocan** *fig* to adapt to the circumstances; (*tr.*) to dance
bai•la•rín, i•na <> *adj.* dancing <> *m.f.* dancer; (*f.*) ballerina
bai•le[1] *m.* dance; THEAT ballet ■ **~ de máscaras** o **disfraces** costume o masked ball
bai•le[2] *m. arch* alderman
bai•lí•a *f.* bailiwick
bai•lon•go *m.* AMER public o village dance
bai•lo•te•ar *intr.* [bailar mucho] to dance a lot; [bailar sin esmero] to dance clumsily
bai•lo•te•o *m.* dancing about
ba•ja *f.* [disminución] drop; MIL loss; COM rebate ■ **dar de ~** to expel; MIL to discharge; **darse de ~** to drop out; **estar en ~** o **ir de ~** to lose value
ba•ja•da *f.* drop; [camino] sloped path ■ **~ de aguas** downspout
ba•ja•mar *f.* low tide
ba•jan•te *f.* AMER low tide
ba•jar *intr.* to descend; [apearse] to get off; [disminuir] to drop; (*tr.*) to lower; [llevar abajo] to bring o take down; [ir abajo] to go down; [disminuir] to lower; [inclinar] to bow; [apear] to help down; [humillar] to humble; COMPUT to download; (*reflex.*) to go down; [apearse] to get down o off; [agacharse] to bend down; COMPUT to download
ba•ja•ti•vo *m.* ANDES & RP [licor] digestive liqueur; [tisana] herbal tea
ba•je•za *f.* lowliness; [villanía] baseness ■ **~ de ánimo** timidity
ba•jial *m.* MEX & PERU lowland
ba•jí•o *m.* [banco de arena] sandbank; [terreno bajo] low-lying ground
ba•jis•ta *m.f.* bear (in stock market)
ba•jo <> *m.* [tierra] lowland; [bajío] shoal; [voz] bass; [violoncelo] cello <> *pl.* [piso] ground floor; [enaguas] underskirt; [barrio] slums <> *adv.* [abajo] below; [en voz baja] low ■ **por lo ~** secretly <> *prep.* under ■ **~ llave** under lock and key; **~ palabra** on parole; **~ pena de** under penalty of
ba•jo, a *adj.* [poco elevado] low; [de estatura] short; [inclinado] downcast; [poco vivo] pale; [sonido] low; [vulgar] vulgar; [abyecto] abject; [humilde] humble; [barato] cheap ■ **~ de ley** METAL base; **~ relieve** ARTS bas-relief
ba•jón[1] *m.* MUS bassoon
ba•jón[2] *m.* drop
ba•la *f.* [proyectil] bullet; [de cañón] cannon ball; [de carabina] shot; [fardo] bale ■ **~ fría** spent bullet; **~ perdida** stray bullet; **como una ~** *fig* like a shot
ba•la•ce•ar *tr.* AMER to shoot
ba•la•da *f.* ballad(e)
ba•la•dí *adj.* (*pl* **-íes**) trivial
ba•la•dro *m.* [grito] shout; [chillido] shriek
ba•la•drón, o•na <> *adj.* boasting <> *m.f.* braggart
ba•la•lai•ca *f.* balalaika
ba•lan•ce *m.* [vacilación] vacillation; [resultado] balance; COM balance ■ **~ comercial** balance of trade; **~ pendiente** balance due
ba•lan•ce•ar *intr.* to rock; *fig* to vacillate, waver; (*tr.*) to balance; (*reflex.*) to rock
ba•lan•ce•o *m.* rocking; AMER AUTO wheel balance
ba•lan•cín <> *m.* [contrapeso] acrobat's balancing

pole; [volante] minting mill; [columpio] seesaw; [mecedora] rocking chair ◇ *pl.* MARIT sheets

ba•lan•dra *f.* MARIT sloop

ba•lan•dro *m.* small sloop

bá•la•no, ba•la•no *m.* glans penis

ba•lan•za *f.* scales; *fig* comparison; AMER acrobat's balancing pole ■ ~ **comercial** o **mercantil** ECON balance of trade

ba•lar *intr.* to bleat

ba•las•to *m.* ballast

ba•laus•tra•da *f.* balustrade

ba•la•zo *m.* [golpe] shot; [herida] bullet wound

bal•bo•a *f.* PAN FIN balboa

bal•bu•ce•ar *intr.* = **balbucir**

bal•bu•ce•o *m.* stammering

bal•bu•cien•te *adj.* stammering

bal•bu•cir [38] *intr.* to stammer

bal•cón *m.* balcony; *fig* vantage o observation point

bal•dar *tr.* [lisiar] to cripple; [en los naipes] to trump; [molestar] to inconvenience; (*reflex.*) [lisiarse] to become crippled; *coll* [cansarse] to become exhausted

bal•de[1] *m.* pail ■ **como un ~ de agua fría** like a ton of bricks

bal•de[2] *adv.* ■ **de ~** [gratuitamente] free; [sin motivo] without reason; **en ~** in vain; **estar de ~** to be in excess

bal•de•ar *tr.* [regar] to wash down; [achicar] to bail out

bal•dí•o, a ◇ *adj.* AGR uncultivated; [vano] useless; [vagabundo] vagrant ◇ *m.* uncultivated land

bal•do•sa *f.* floor tile

ba•le•ar *tr.* AMER to shoot (at); C AMER to swindle; (*reflex.*) to shoot at one another

ba•le•o *m.* AMER shootout

ba•le•ro *m.* bullet mold; AMER cup and ball

ba•li•do *m.* bleating

ba•lín ◇ *m.* pellet ◇ *pl.* buckshot

ba•lís•ti•co, a ◇ *adj.* ballistic ◇ *f.* ballistics

ba•li•za *f.* MARIT buoy; AVIA beacon

ba•li•zar [04] *tr.* MARIT to mark with buoys

ba•lle•na *f.* whale; [de un corsé] stay

ba•lle•na•to *m.* whale calf

ba•lle•ne•ro, a ◇ *adj.* whaling ◇ *m.* whaler

ba•lles•ta *f.* crossbow; MECH spring

ba•lles•te•ra *f.* loophole for crossbows

ba•lles•te•ro *m.* crossbowman

ba•lles•ti•lla *f.* small whiffletree

ba•llet *m.* (*pl* **-s**) ballet

bal•ne•a•rio, a ◇ *adj.* bathing ◇ *m.* bathing resort; [medicinal] spa

ba•lom•pié *m.* soccer, football

ba•lón *m.* [pelota] football; [fardo] bale; [recipiente] glass flask; [globo] balloon

ba•lon•ces•to *m.* basketball

ba•lon•ma•no *m.* handball

ba•lon•vo•le•a *m.* volleyball

ba•lo•ta *f.* ballot

ba•lo•ta•je *m.* AMER balloting

bal•sa *f.* [charca] pool; [embarcación] raft; BOT balsa ■ ~ **de aceite** tranquil place

bal•sá•mi•co, a *adj.* balsamic

bál•sa•mo *m.* balsam

bal•se•ro *m.* ferryman

ba•luar•te *m.* bulwark

bam•ba•le•ar *intr.* to sway

bam•ba•li•na *f.* THEAT top curtain ■ **tras bambalinas** *fig* behind the scenes

bam•bo•le•ar *intr.* & *reflex.* to wobble

bam•bo•le•o *m.* wobble

bam•bú *m.* (*pl* **-úes**) bamboo

ba•nal *adj.* banal

ba•na•na *f.*/**no** *m.* banana

ba•na•nal/nar *m.* banana grove o plantation

ba•na•ne•ro, a *adj.* & *m.* banana (tree)

ban•ca *f.* [asiento] bench; [puesto] stall; COM banking; [juego] baccarat ■ ~ **electrónica** electronic banking; ~ **por Internet** Internet banking; ~ **telefónica** telephone banking; **hacer saltar la ~** to break the bank; **tener ~** RP to have influence

ban•ca•da *f.* [asiento] stone bench; [mesa] large table

ban•ca•rio, a *adj.* bank

ban•ca•rro•ta *f.* bankruptcy

ban•co *m.* bench; [caballete] workbench; COM bank; MAS row of bricks; MARIT bank; [cardumen] school ■ ~ **de ahorros** savings bank; ~ **de arena** sandbar; ~ **de datos** data bank; ~ **de imágenes** image bank; **Banco Interamericano de Desarrollo** Inter-American Development Bank; ~ **de liquidación** clearing house; ~ **de nieve** snowbank; ~ **de pruebas** TECH testing bench

ban•da[1] *f.* [faja] band; [cinta] ribbon; [lado] side ■ ~ **ancha** COMPUT broadband; ~ **magnética** magnetic strip; ~ **sonora** o **de sonido** soundtrack; ~ **transportadora** conveyor belt; **cerrarse en ~** *fig* to stick to one's guns

ban•da[2] *f.* MIL band; [pandilla] gang; [partido] faction; [bandada] flock; MUS band

ban•da•da *f.* [grupo] group; [de aves] flock; [de peces] school

ban•da•zo *m.* lurch (of a boat); [paseo] stroll; [tumbo] fall

ban•de•ja *f.* tray ■ ~ **de papel** COMPUT paper tray

ban•de•ra *f.* [pabellón] flag; [estandarte] banner ■ **a banderas desplegadas** openly; ~ **de parlamento** o **de paz** white flag; **con banderas desplegadas** with flying colors; **de ~** *coll* terrific; **jurar la ~** to pledge allegiance

ban•de•ri•lla *f.* TAUR banderilla; AMER swindle

ban•de•rín *m.* pennant; [soldado] infantry guide

ban•de•ro•la *f.* pennant

ban•di•da•je *m.* banditry

ban•di•do *m.* bandit; *coll* rascal

ban•do ◇ *m.* [edicto] edict; [facción] faction; [de peces] school; [de aves] flock ◇ *pl.* marriage banns

ban•do•le•ra *f.* bandoleer

ban•do•le•ris•mo *m.* banditry

ban•do•le•ro *m.* bandit

ban•do•ne•ón *m.* concertina

ban•jo *m.* banjo

ban•ner *m.* COMPUT banner

ban•que•ro *m.* banker

ban•que•ta *f.* stool; [para los pies] footstool; MIL banquette; C AMER & MEX [acera] sidewalk

ban•que•te *m.* banquet

ban•qui•llo *m.* stool; [para los pies] footstool; [del acusado] defendant's seat

ba•ña•de•ra *f.* AMER bathtub

ba•ña•do *m.* AMER swamp

ba•ña•dor, •ra ◇ *adj.* bathing ◇ *m.f.* AMER [persona] bather; [traje de baño] bathing suit

B

ba•ñar *tr.* to bathe; [sumergir] to immerse; [cubrir] to coat; [tocar] to lap; [llenar] to flood; (*reflex.*) to bathe

ba•ñe•ra *f.* bathtub ▪ ~ **de hidromasaje** jacuzzi, whirlpool bath

ba•ñe•ro *m.* bathhouse owner

ba•ñis•ta *m.f.* swimmer

ba•ño ◇ *m.* [ducha] bath; [bañera] bathtub; [cuarto de baño] bathroom; [capa] coat ▪ ~ **de María** CUL double boiler ◇ *pl.* spa

bap•tis•te•rio *m.* baptistry

ba•que•li•ta *f.* bakelite

ba•que•ta *f.* MIL ramrod; [castigo] gauntlet

ba•que•ta•zo *m.* blow with a ramrod; *coll* fall

ba•que•te•a•do, a *adj.* [endurecido] hardened; [experimentado] experienced

ba•que•te•ar *tr.* [ejercitar] to exercise; [tratar mal] to mistreat; [castigar] to force to run the gauntlet; *fig* to harass

ba•que•te•o *m.* [molestia] burden; [cansancio] exhaustion

ba•quia•no, a *adj.* & *m.f.* S AMER expert

bar[1] *m.* barroom

bar[2] *m.* PHYS bar

ba•ra•hún•da *f.* uproar

ba•ra•ja *f.* [naipes] deck (of cards); AMER playing card ▪ **entrarse en** ~ to give up; **jugar con dos barajas** to double-deal

ba•ra•jar *tr.* [los naipes] to shuffle; [mezclar] to jumble; [cifras] to juggle; (*intr.*) to fight, quarrel; (*reflex.*) to get mixed up

ba•ran•da *f.* banister; [de billar] cushion

ba•ran•di•lla *f.* banister, handrail; [balaustrada] railing

ba•ra•te•ar *tr.* to sell at a discount, sell cheap

ba•ra•ti•ja ◇ *f.* trinket, bauble ◇ *pl.* junk

ba•ra•ti•llo *m.* [mercancías] secondhand goods; [tienda] junk shop; [venta] bargain sale

ba•ra•to, a ◇ *adj.* & *adv.* cheap(ly), inexpensive(ly) ▪ **de** ~ for free, gratis ◇ *m.* bargain sale; (*f.*) [trueque] barter; *coll* MEX bargain sale; CHILE & PERU cockroach

ba•ra•ún•da *f.* = **barahúnda**

bar•ba ◇ *f.* [barbilla] chin; [pelo] beard; ORNITH wattle, gill; BOT beard ▪ **barbas de chivo** goatee; **en las barbas de uno** under one's nose; **hacer la** ~ **a** to shave, give a shave to; *fig* [adular] to flatter, fawn over; [fastidiar] to annoy, pester; **mentir por la** ~ to tell a barefaced lie ◇ *pl.* whiskers

bar•ba•co•a *f.* barbecue; AMER makeshift cot

bar•bá•ri•co, a *adj.* barbaric, barbarian

bar•ba•ri•dad *f.* barbarity; [necedad] foolish act, nonsense; *coll* an enormous amount ▪ **¡qué** ~**!** how awful!

bar•ba•rie *f.* barbarousness, barbarity

bar•ba•ris•mo *m.* barbarism

bar•ba•ri•zar [04] *tr.* to make barbarous; (*intr.*) to talk nonsense

bár•ba•ro, a ◇ *adj.* barbaric, barbarous; [temerario] bold, reckless; [inculto] barbarian; *coll* [espléndido] tremendous, terrific; [grande] huge ◇ *m.f.* barbarian

bar•be•rí•a *f.* barbershop

bar•be•ro, a *m.* barber

bar•bi•lla *f.* chin; ICHTH barb, barbel; CARP tenon, rabbet

bar•bi•tú•ri•co, a *adj.* & *m.* barbituric (acid)

bar•bu•do, a *adj.* heavily bearded

bar•bu•lla *f. coll* jabbering, chatter

bar•bu•llar *intr. coll* to jabber, chatter

bar•bu•llón, o•na ◇ *adj.* jabbering, chattering ◇ *m.f.* jabberer, chatterer

bar•ca *f.* small boat ▪ ~ **de pasaje** ferryboat

bar•ca•da *f.* [carga] boatload; [viaje] crossing

bar•ca•za *f.* launch

bar•cia *f.* chaff

bar•co *m.* boat, ship; [barranco] shallow ravine ▪ ~ **de carga** freighter; **como** ~ **sin timón** *fig* aimlessly

bar•da *f.* bard, armor for a horse; METEOROL thundercloud

ba•rio *m.* barium

ba•rí•to•no *m.* baritone

bar•lo•ven•te•ar *intr.* [navegar] to tack to windward; [vagabundear] to wander, meander

bar•lo•ven•to *m.* windward

bar•niz *m.* varnish, lacquer; [maquillaje] make-up, cosmetics; *fig* veneer, thin coat

bar•ni•za•do *m.* varnish(ing), lacquer(ing)

bar•ni•zar [04] *tr.* to varnish, lacquer

ba•ro•mé•tri•co, a *adj.* barometric

ba•ró•me•tro *m.* barometer

ba•rón *m.* baron

ba•ro•ne•sa *f.* baroness

bar•que•ar *tr.* & *intr.* to go across O about in a boat

bar•que•ro *m.* boatman; ENTOM water bug

bar•qui•lla *f.* small boat

bar•qui•llo *m.* cone

bar•quín *m.* large bellows

bar•qui•na•zo *m. coll* bump, jolt; [vuelco] rollover, roll

ba•rra *f.* bar; [barandilla] railing; [mostrador] counter, bar; [de arena] sandbar, sandbank; PRINT slash; MECH rod, lever; AMER public, spectators ▪ ~ **antivuelco** AUTO anti-roll bar; ~ **de desplazamiento** COMPUT scroll bar; ~ **espaciadora** space bar; ~ **de estado** COMPUT status bar; ~ **de herramientas** COMPUT toolbar; ~ **inclinada** forward slash; ~ **de labios** lipstick; ~ **de menús** COMPUT menu bar; ~ **de título** COMPUT title bar; ~ **laterales de protección** AUTO side impact bars; **barras paralelas** SPORT parallel bars; ~ **de protección lateral** AUTO side impact bars; **sin pararse en barras** to stop at nothing

ba•rra•bás *m.* (*pl* **-ases**) scoundrel, rascal

ba•rra•ba•sa•da *f. coll* dirty O mean trick

ba•rra•ca *f.* hut, cabin; AMER warehouse

ba•rra•cón *m.* stall, booth

ba•rra•cu•da *f.* barracuda

ba•rran•co *m.*/**ca** *f.* ravine, gorge; *fig* [obstáculo] obstacle, difficulty

ba•rran•cón *m.* gully, ravine

ba•rran•co•so, a *adj.* full of ravines

ba•rran•quis•mo *m.* canyoning

ba•rran•quis•ta *m.f.* canyoner

ba•rra•que•ro, a *m.f.* builder of a cottage; AMER warehouse owner

ba•rre•ar *tr.* [fortificar] to barricade, close (up); [barretear] to bar, fasten with bars

ba•rre•de•ro, a ◇ *adj.* dragging, sweeping ◇ *f.* street sweeper

ba•rre•dor, •ra ◇ *adj.* sweeping ◇ *m.f.* sweeper ▪ ~ **eléctrica** vacuum cleaner

ba•rre•du•ra ◇ *f.* sweeping ◇ *pl.* refuse, residue

ba•rre•na *f.* [instrumento] drill, gimlet; [barra] (drill) bit; AVIA spin ■ ~ **picada** tailspin

ba•rre•nar *tr.* MECH to drill, bore; MARIT to scuttle; *fig* [desbaratar] to foil, undermine; LAW to violate, infringe

ba•rren•de•ro, a *m.f.* street sweeper

ba•rre•ne•ro *m.* driller, borer

ba•rre•no *m.* [instrumento] large drill, auger; [agujero] bore, drill hole; MIN blasting hole

ba•rrer *tr.* to sweep; [rozar] to graze, touch lightly; (*intr.*) to sweep ■ ~ **con todo** *coll* to make a clean sweep; ~ **hacia adentro** to look out for number one

ba•rre•ra[1] *f.* barrier; *fig* obstacle, hindrance ■ ~ **de peaje** tollgate

ba•rre•ra[2] *f.* [sitio] clay pit; [alacena] crockery cupboard

ba•rria•da *f.* neighborhood, district

ba•rrial *m.* [gredal] clay pit; AMER [barrizal] bog

ba•rri•ca *f.* medium-sized barrel o cask

ba•rri•ca•da *f.* barricade, barrier

ba•rri•do, a *m.* sweep, sweeping; (*f.*) S AMER sweep, police raid

ba•rri•ga *f.* abdomen, stomach; *coll* paunch, belly; [de una vasija, pared] bulge ■ **rascarse la** ~ *coll* to twiddle one's thumbs

ba•rri•gón, o•na/gu•do, a *adj. coll* potbellied

ba•rril *m.* [tonel] barrel, keg; [jarro] jug

ba•rri•le•te *m.* AMER [cometa] kite

ba•rri•llo *m.* blackhead, pimple

ba•rrio *m.* neighborhood ■ **barrios bajos** slums; **el otro** ~ *coll* the other world

ba•rro *m.* [lodo] mud; [arcilla] clay; [vaso] earthenware vessel; [granillo] blackhead

ba•rro•co, a *adj.* baroque; [extravagante] ornate, elaborate

ba•rro•te *m.* [barra] heavy bar, rail; [sostén] rung; CARP crosspiece

ba•rrun•tar *tr.* to suspect, guess

ba•rrun•te/to *m.* [sospecha] feeling, suspicion; [indicio] sign, clue

bar•to•la ■ **a la** ~ without a care in the world, nonchalantly; **echarse a la** ~ to let oneself go

bár•tu•los *m.pl.* household goods, belongings; MECH equipment, gear

ba•ru•llo *m. coll* racket, rowdiness

ba•sa *f.* base; *fig* basis, foundation

ba•sal•to *m.* basalt

ba•sa•men•to *m.* base of a column

ba•sar *tr.* to build on a base; *fig* to base, support; (*reflex.*) to be based

bas•ca *f.* nausea, queasiness

bás•cu•la *f.* TECH bascule; [balanza] platform scale, balance

ba•se *f.* base; *fig* [fundamento] basis, foundation ■ **a** ~ **de** with; ~ **de datos** COMPUT database; ~ **imponible** tax base; **en** ~ **a** on the basis of

bá•si•co, a *adj.* basic

ba•sí•li•co, a ◇ *f.* basilica ◇ *adj.* basilic

ba•si•lis•co *m.* basilisk ■ **estar hecho un** ~ *coll* to be furious o enraged

bas•ta *f.* ▻ **basto, a**

bas•tan•te ◇ *adj.* enough, sufficient ◇ *adv.* enough, sufficiently; [muy] rather, quite

bas•tar *intr.* to suffice ■ **¡basta!** that's enough of that!; (*reflex.*) to be self-sufficient

bas•tar•de•ar *intr.* to degenerate, decline; (*tr.*) to bastardize, adulterate

bas•tar•dí•a *f.* bastardy, illegitimacy; *fig* nasty remark o trick

bas•tar•di•llo, a *adj.* & *f.* italic(s)

bas•tar•do, a ◇ *m.f.* bastard; BOT & ZOOL crossbreed, hybrid; (*m.*) ZOOL boa ◇ *adj.* bastard, illegitimate; BOT & ZOOL hybrid

bas•te•ar *tr.* SEW to baste, tack

bas•ti•dor *m.* [armazón] frame, framework; THEAT flat, wing; AUTO chassis ■ **entre bastidores** *fig* behind the scenes; THEAT off-stage

bas•ti•lla *f.* hem

bas•tión *m.* bastion

bas•to, a ◇ *adj.* coarse, rough ◇ *m.* [albarda] packsaddle; (*f.*) SEW basting, tacking

bas•tón *m.* cane, walking stick; [vara] truncheon, staff; *fig* authority, command

bas•to•na•da *f.*/**na•zo** *m.* blow with a cane

bas•to•ne•ar *tr.* to cane, beat with a stick

bas•to•ne•ra *f.* umbrella stand

ba•su•ra *f.* [desperdicio] garbage, trash; [estiércol] dung, horse manure

ba•su•ral *m.* AMER (garbage) dump

ba•su•re•ar *tr.* ARG *coll* to sling mud on

ba•su•re•ro *m.* garbage collector; [cubo] garbage o trash can; [basural] dump

ba•ta *f.* housecoat; [de trabajo] frock, smock

ba•ta•ca•zo *m.* bump, thud

ba•ta•ho•la *f. coll* rumpus, ruckus

ba•ta•lla *f.* battle ■ ~ **campal** pitched battle; **dar** o **librar** ~ to do battle; **de** ~ ordinary, everyday

ba•ta•lla•dor, •ra ◇ *adj.* battling, fighting ◇ *m.* battler, fighter

ba•ta•llar *intr.* to battle, fight; [disputar] to dispute, argue; [vacilar] to vacillate

ba•ta•llón *m.* battalion

ba•ta•ta *f.* sweet potato, yam

ba•ta•ta•zo *m.* AMER lucky shot, fluke ■ **dar** ~ [ganar los caballos] to win by an upset; [tener chiripa] to make a lucky shot

ba•te *m.* SPORT bat; CUBA busybody

ba•te•a *f.* [bandeja] wicker tray; [artesilla] deep trough; MARIT scow, punt; RAIL flatcar

ba•te•a•dor, •ra *m.f.* SPORT batter, hitter

ba•te•ar *tr.* SPORT to bat, hit

ba•te•rí•a *f.* battery; [bombardeo] battering; THEAT footlights; MUS drums, percussion ■ ~ **de cocina** kitchen utensils

ba•ti•do, a ◇ *adj.* beaten, well-trodden ◇ *m.* [acción] beating; CUL batter; [bebida] shake ■ ~ **de leche** milkshake; (*f.*) [cacería] beat, beating; [registro] search; [de policía] police raid

ba•ti•dor, •ra ◇ *adj.* beating ◇ *m.* CUL beater; MIL scout; (*f.*) AMER mixing bowl

ba•tien•te ◇ *adj.* beating ◇ *m.* CONSTR [marco] jamb; [de puerta] leaf

ba•ti•fon•do *m.* ARG rumpus, uproar

ba•tin•tín *m.* gong

ba•tir *tr.* to beat, hit; [derribar] to demolish, knock down; [martillar] to hammer; [revolver] to beat, mix; [agitar] to beat, flap; [peinar] to comb, tease; [registrar]

to scour, search; [vencer] to beat, defeat; [superar] to beat, outdo; NUMIS to mint; AMER to rinse ■ ~ **el vuelo** *fig* to scram, beat it; ~ **palmas** to clap hands; ~ **tiendas** MIL to break camp; (*intr.*) to beat violently, pound; (*reflex.*) to fight ■ ~ **en retirada** to beat a retreat
ba•tís•ca•fo *m.* bathyscaph
ba•tis•ta *f.* batiste, fine cambric
ba•tra•cio, a *adj.* & *m.* batrachian
ba•tu•que•ar *tr.* AMER to shake, shake up
ba•tu•ta *f.* MUS baton ■ **llevar la** ~ *coll* to be the boss
bau•dio *m.* baud
ba•úl *m.* trunk; [cofre] coffer, chest
bau•tis•mal *adj.* baptismal
bau•tis•mo *m.* baptism, christening; [iniciación] baptism, initiation
bau•tis•ta *m.f.* baptizer; RELIG Baptist
bau•tis•te•rio *m.* baptistry, baptistery
bau•ti•zar [04] *tr.* to baptize, christen; [nombrar] to name, call; [apodar] to nickname; [mezclar con agua] to water (down), dilute
bau•ti•zo *m.* baptism, christening
bau•xi•ta *f.* bauxite
ba•yo, a *adj.* & *m.* bay
ba•yo•ne•ta *f.* bayonet; AMER yucca
ba•zar *m.* bazaar, marketplace
ba•zo, a <> *adj.* yellowish-brown <> *m.* ANAT spleen; (*f.*) [en los naipes] trick (in cards); [oportunidad] stroke of luck ■ **meter** ~ *coll* to butt in
ba•zo•fia *f.* [sobras] leftovers, table scraps; [comida] slop, swill; [suciedad] filth, rubbish
ba•zu•ca *m.* bazooka
be *f.* letter b ■ ~ **larga** o **grande** AMER b
be•a•gle *m.* beagle
be•a•te•rí•a *f.* sanctimoniousness, false piety
be•a•ti•fi•ca•ción *f.* beatification
be•a•ti•fi•car [70] *tr.* to beatify, bless
be•a•tí•fi•co, a *adj.* beatific, beatifical
be•a•ti•tud *f.* beatitude; [alegría] bliss
be•a•to, a <> *adj.* [feliz] blissful; [beatificado] beatified; [piadoso] pious; [santurrón] prudish <> *m.f.* [religioso] lay brother o sister; [piadoso] devout person; [santurrón] prude
be•be, a *m.f.* C SUR *coll* baby
be•bé *m.* [nene] baby; *sl* babe, doll
be•be•de•ro, a <> *adj.* drinkable, potable <> *m.* watering place o trough; [de aves] birdbath; [pico de vasija] lip, spout
be•be•dor, •ra <> *adj.* drinking <> *m.f.* drinker; [borracho] heavy drinker, boozer
be•ber *tr.* to drink; [absorber] to drink in, imbibe ■ ~ **a sorbos** to sip; ~ **a tragos** to gulp (down); ~ **los vientos por** to long for; (*intr.*) to drink booze ■ ~ **como una cuba** o **esponja** to drink like a fish
be•bi•do, a <> *adj.* tipsy, drunk <> *f.* drink, beverage; [vicio] drink, drinking
be•ca *f.* [embozo] sash, hood; [colegiatura] grant, scholarship; [pensión] room and board
be•ca•rio, a *m.f.* scholarship student, fellow
be•ce•rro, a *m.* yearling bull ■ ~ **marino** ZOOL seal; ~ **de oro** golden calf; (*f.*) ZOOL yearling calf; BOT snapdragon
be•cha•mel *f.* white o béchamel sauce
be•cua•dro *m.* MUS natural sign
be•del *m.* EDUC proctor
be•go•nia *f.* begonia
béis•bol *m.* baseball
be•ju•co *m.* rattan
bel•dad *f.* beauty
be•lén *m.* crèche, nativity scene; [confusión] confusion, bedlam ■ **meterse en belenes** *coll* to get mixed up in trouble
be•li•cis•mo *m.* warmongering, militarism
be•li•cis•ta *adj.* & *m.f.* militarist(ic)
bé•li•co, a *adj.* bellicose, warlike
be•li•co•si•dad *f.* bellicosity
be•li•co•so, a *adj.* bellicose
be•li•ge•ran•cia *f.* belligerency
be•li•ge•ran•te *adj.* & *m.* belligerent
be•lio *m.* bel
be•lla•co, a <> *adj.* [astuto] sly, cunning; [pícaro] knavish, roguish <> *m.f.* rascal, rogue
be•lla•que•rí•a *f.* [astucia] slyness, cunning; [maldad] roguishness; [trampa] sly trick
be•lle•za *f.* beauty
be•llo, a *adj.* beautiful, lovely; [bueno] fine, noble ■ **bellas artes** fine arts
be•llo•ta *f.* acorn; [clavel] carnation bud; [borla] tassel, pompom
bem•ba *f.*/**bo** *m.* AMER muzzle, snout
bem•bón, o•na/bu•do, a *adj.* AMER *derog* thick-lipped
be•mol *m.* & *adj.* MUS flat
ben•ci•na *f.* benzin(e)
ben•ci•ne•ra *f.* CHILE gas station
ben•de•cir [11] *tr.* to bless; [consagrar] to consecrate; [alabar] to praise, extol; [agradecer] to bless, thank
ben•di•ción *f.* blessing; RELIG benediction ■ ~ **de la mesa** grace; **bendiciones nupciales** wedding ceremony; **echar la** ~ **a** to give one's blessing to
ben•di•ga, go, je•ra, jo ▻ **bendecir**
ben•di•to, a ▻ **bendecir** <> *adj.* [santo] holy, blessed; [dichoso] fortunate, lucky; [tonto] simple, simple-minded ■ **como el pan** ~ like hot cakes <> *m.f.* [santo] saint; [bonachón] good soul; [tonto] simpleton; (*m.*) [oración] prayer; AMER [nicho] niche
be•ne•dic•ti•no, a *adj.* & *m.f.* Benedictine
be•ne•fac•tor *m.* benefactor
be•ne•fi•cen•cia *f.* benevolence; [asistencia] welfare, public assistance
be•ne•fi•cia•do, a *m.f.* beneficiary
be•ne•fi•ciar *tr.* [mejorar] to benefit; AGR to cultivate; MIN to develop o work; [tratar] to smelt, treat; COM to sell at a discount; AMER to slaughter; (*intr.*) to be of benefit; (*reflex.*) to profit (**de** by, from)
be•ne•fi•cia•rio, a *m.f.* beneficiary ■ ~ **de cheque** COM payee; ~ **de patente** COM patentee
be•ne•fi•cio *m.* benefit, advantage; [ganancia] profit, gain; AGR cultivation; MIN working; [tratamiento] smelting, treatment; THEAT benefit (performance); RELIG benefice; AMER slaughter; C AMER processing plant, refinery ■ **a** ~ **de** for the benefit of; **no tener oficio ni** ~ to be without means
be•ne•fi•cio•so, a *adj.* beneficial
be•né•fi•co, a *adj.* [caritarivo] beneficent, charitable; [provechoso] beneficial
be•ne•mé•ri•to, a *adj.* meritorious, worthy
be•ne•plá•ci•to *m.* approval, consent
be•ne•vo•len•cia *f.* benevolence, kindness

B

be•né•vo•lo, a *adj.* benevolent, kind
be•nig•no, a *adj.* benign
ben•ja•mín *m.* baby of the family
ben•juí *m.* benzoin, benjamin
ben•zo•a•to *m.* benzoate
be•o•do, a *adj.* & *m.f.* drunk
ber•be•re•cho *m.* cockle
be•ren•je•na *f.* eggplant, aubergine GB
ber•ga•mo•ta *f.* bergamot
ber•gan•te *m. coll* scoundrel, rascal
ber•gan•tín *m.* brig
be•ri•lio *m.* beryllium
ber•ke•lio *m.* berkelium
ber•ma *f.* ANDES shoulder
ber•me•jo, a *adj.* bright red
ber•me•llón *m.* vermilion
ber•mu•da <> *f.* Bermuda grass <> *pl.* Bermuda shorts
be•rra *f.* watercress
be•rre•ar *intr.* [balar] to bleat; [gritar] to howl
be•rre•o *m.* temper tantrum, rage
be•rri•do *m.* [balido] bleat; [chillido] shriek
be•rrin•che *m. coll* rage, tantrum
be•rro *m.* watercress
be•rrue•co *m.* granite rock
ber•za *f.* cabbage
be•sar *tr.* to kiss; [rozar] to graze, touch; (*reflex.*) to kiss one another
be•so *m.* kiss; [roce] brush, glance
bes•tia <> *f.* beast, animal; (*m.f.*) *coll* [bruto] beast, brute; [imbécil] idiot, blockhead ▪ ~ **de albarda** pack animal; ~ **de carga** beast of burden <> *adj.* stupid, ignorant
bes•tia•je *m.* beasts of burden
bes•tial *adj.* bestial, beastly; *coll* [magnífico] fabulous; [enorme] gigantic
bes•tia•li•dad *f.* beastliness, bestiality; [estupidez] stupidity, foolishness; [gran cantidad] a lot ▪ **¡qué ~!** how awful!
bes•tia•li•zar [04] *tr.* to bestialize, brutalize; (*reflex.*) to become bestialized
be•su•ca•dor, •ra *coll* <> *adj.* fond of kissing <> *m.f.* kisser
be•su•car [70] *tr.* = **besuquear**
be•su•cón, o•na *adj.* & *m.f.* = **besucador**
be•su•go *m.* sea bream; *fig* [idiota] idiot, twerp
be•su•que•ar *tr. coll* to smother with kisses; (*reflex.*) to smooch
be•su•que•o *m. coll* smooching
be•ta•bel *m.* MEX beet
be•ta•rra•ga *f.* beet
be•tún *m.* shoe polish
be•tu•nar/ne•ar *tr.* CUBA & ECUAD [pulir] to shine, polish; [asfaltar] to tar, asphalt
bi•a•tó•mi•co, a *adj.* diatomic
bi•be•rón *m.* baby bottle
bi•blia *f.* bible ▪ **Biblia** Bible
bí•bli•co, a *adj.* Biblical, biblical
bi•blió•fi•lo, a *m.f.* bibliophile, booklover
bi•blio•gra•fí•a *f.* bibliography
bi•blio•grá•fi•co, a *adj.* bibliographic(al)
bi•blió•gra•fo, a *m.f.* bibliographer
bi•blio•lo•gí•a *f.* bibliology
bi•blio•te•ca *f.* library; AMER bookcase
bi•blio•te•ca•rio, a *m.f.* librarian
bi•car•bo•na•to *m.* bicarbonate ▪ ~ **de sodio** o **de sosa** bicarbonate of soda; CUL baking soda
bi•cé•fa•lo, a *adj.* bicephalic, bicephalous
bi•cen•te•na•rio *m.* bicentennial, bicentenary
bí•ceps *m.inv.* biceps
bi•cho *m.* bug, insect; [animal] beast, animal; [toro] bull; [fenómeno] freak, odd person ▪ **todo ~ viviente** *coll* everyone
bi•ci *f. coll* bike
bi•ci•cle•ta *f.* bicycle ▪ ~ **de montaña** mountain bike
bi•ci•clo *m.* velocipede
bi•co•ca *f.* trifle, trinket; [ganga] bargain
bi•co•lor *adj.* bicolor, two-tone
bi•cón•ca•vo, a *adj.* biconcave
bi•con•ve•xo, a *adj.* biconvex
bi•cro•má•ti•co, a *adj.* dichromatic, two-color
bi•cús•pi•de *adj.* bicuspid
bi•dé *m.* bidet
bi•dón *m.* large can, drum
bie•la *f.* connecting rod, pitman
bien <> *m.* good, goodness; [provecho] good, benefit ▪ **en ~ de** for the good of; **hacer (el) ~** to do good <> *pl.* property, goods ▪ ~ **dotales** dowry; ~ **gananciales** community property; ~ **inmuebles** o **raíces** real estate; ~ **muebles** chattels, personal property; ~ **patrimoniales** capital assets; ~ **relictos** estate, inheritance <> *adv.* well; [justamente] right, correctly; [con éxito] successfully; [de buena gana] willingly, readily; [sin dificultad] easily; [bastante] quite, very; [sí] okay ▪ **de ~ en mejor** better and better; **más ~** rather; **no ~** just as, as soon as; **o ~** or else, otherwise; **por ~** willingly; **pues ~** then, well now; **y ~** well then <> *adj.* well-to-do
bie•nal *adj.* & *f.* biennial
bie•na•ven•tu•ra•do, a *adj.* & *m.f.* [afortunado] fortunate, lucky (person); [inocente] simple, naive (person); RELIG blessed (person)
bie•na•ven•tu•ran•za *f.* happiness, well-being
bie•nes•tar *m.* well-being, comfort
bien•ha•bla•do, a *adj.* well-spoken, courteous
bien•he•chor, •ra <> *adj.* beneficent, beneficial <> *m.* benefactor; (*f.*) benefactress
bie•nin•ten•cio•na•do, a *adj.* & *m.f.* well-meaning (person)
bie•nio *m.* biennium
bien•ve•ni•da *f.* safe arrival; [salutación] welcome, greeting
biés *m.* bias
bi•fe *m.* AMER steak, beefsteak; RP slap
bi•fo•cal *adj.* bifocal
bif•tec *m.* (*pl* **-s**) steak, beefsteak
bi•fur•ca•ción *f.* bifurcation, branch; [de un camino] fork; [en ferrocarriles] junction
bi•fur•ca•do, a *adj.* forked, bifurcate
bi•fur•car•se [70] *reflex.* to bifurcate, branch (off); [dividirse un camino] to fork
bi•ga•mia *f.* bigamy
bí•ga•mo, a <> *adj.* bigamous <> *m.f.* bigamist
bi•ga•rra•do, a *adj.* multicolored, motley
bi•gor•nia *f.* two-beaked anvil
bi•go•te <> *m.* mustache; MIN slag tap <> *pl.* whiskers ▪ **tener ~** o **ser hombre de ~** *coll* to be firm o stern

bi•go•te•ra *f.* mustache cover; *fig* mustache (after drinking)
bi•go•tu•do, a *adj.* mustached, mustachioed
bi•gu•dí *m.* hair curler
bi•ki•ni *m.* bikini
bi•la•bia•do, a *adj.* bilabiate
bi•la•bial *adj.* & *f.* bilabial
bi•la•te•ral *adj.* bilateral
bi•liar, bi•lia•rio, a *adj.* biliary
bi•lin•güe *adj.* bilingual
bi•lio•so, a *adj.* bilious
bi•lis *f.inv.* bile ▪ **descargar la** ~ to vent one's spleen; **exaltársele a uno la** ~ to get angry
bi•llar *m.* [juego] billiards; [mesa] billiard table; [lugar] billiard room ▪ ~ **automático** o **romano** pinball; ~ **ruso** snooker
bi•lle•te *m.* ticket; [de lotería] lottery ticket; [papel moneda] bill; [carta] note, short letter
bi•lle•te•ra/ro *f.* wallet, billfold
bi•llón *m.* trillion US, billion GB
bi•llo•né•si•mo, a *adj.* & *m.* trillionth US, billionth GB
bi•lo•bu•la•do, a *adj.* bilobate
bi•lo•ca•ción *f.* bilocation
bi•men•sual *adj.* bimonthly, twice a month
bi•mes•tral *adj.* bimonthly, bimestrial
bi•mes•tre *adj.* & *m.* bimonthly (payment)
bi•me•ta•lis•mo *m.* bimetallism
bi•mo•tor *adj.* & *m.* twin-engine (plane)
bi•na•dor, •ra *m.f.* plower
bi•na•rio, a *adj.* binary
bi•no•cu•lar *adj.* binocular
bi•nó•cu•lo *m.* pince-nez
bi•no•mio *m.* binomial
bio•car•bu•ran•te *m.* biofuel
bio•com•bus•ti•ble *m.* biofuel
bio•de•gra•da•ble *adj.* biodegradable
bio•di•ná•mi•ca *f.* biodynamics
bio•di•ver•si•dad *f.* biodiversity
bio•é•ti•ca *f.* bioethics
bio•fí•si•ca *f.* biophysics
bio•gra•fí•a *f.* biography
bio•gra•fiar [30] *tr.* to write a biography of
bio•grá•fi•co, a *adj.* biographic(al)
bió•gra•fo, a *m.f.* biographer
bió•lo•gí•a *f.* biology
bio•ló•gi•co, a *adj.* biologic(al)
bió•lo•go, a *m.f.* biologist
bio•ma•sa *f.* biomass
biom•bo *m.* folding screen
bio•me•cá•ni•ca *f.* biomechanics
biop•sia *f.* biopsy
bio•quí•mi•co, a ◇ *adj.* biochemical ◇ *m.f.* biochemist; (*f.*) biochemistry
bio•rrit•mo *m.* biorhythm
bios•fe•ra *f.* biosphere
bio•tec•no•lo•gí•a *f.* biotechnology
bio•te•rro•ris•mo *m.* bioterrorism
bio•te•rro•ris•ta *m.f.* bioterrorist
bió•xi•do *m.* dioxide
bi•par•ti•dis•mo *m.* two-party system
bi•par•ti•dis•ta *adj.* bipartisan, two-party
bi•par•ti•to/do, a *adj.* bipartite
bí•pe•de/do, a *adj.* & *m.* biped
bi•pla•no *m.* AVIA biplane
bir•lar *tr.* [derribar] to kill o knock down with one blow; [robar] to steal, swipe
bi•rre•te *m.* RELIG biretta; [bonete] cap
bis *adv.* bis, again
bi•sa•bue•lo, a *m.f.* great-grandparent
bi•sa•gra *f.* hinge
bi•se•car [70] *tr.* to bisect
bi•sec•tor, triz ◇ *adj.* bisecting ◇ *f.* bisector
bi•sel *m.* bevel, beveled edge
bi•se•la•do *m.* beveling
bi•se•lar *tr.* to bevel
bi•se•ma•nal *adj.* biweekly, semiweekly
bi•se•xual *adj.* & *m.f.* bisexual
bi•sies•to *adj.* & *m.* leap (year)
bi•sí•la•bo/si•lá•bi•co, a *adj.* bisyllabic
bis•mu•to *m.* bismuth
bis•nie•to, a *m.f.* great-grandchild
bi•son•te *m.* bison
bi•so•ña•da/ñe•rí•a *f.* blunder
bi•so•ñé *m.* toupee, hairpiece
bi•so•ño, a *adj.* & *m.f.* inexperienced (person)
bis•té/tec *m.* beefsteak
bi•su•te•rí•a *f.* costume jewelry, paste
bit *m.* COMPUT bit
bi•tá•co•ra *f.* binnacle
bi•tio *m.* bit
bi•tu•mi•no•so, a *adj.* bituminous
bi•va•len•te *adj.* bivalent
bi•zan•ti•no, a ◇ *adj.* Byzantine; *fig* intricate; decadent ◇ *m.f.* Byzantine
bi•za•rrí•a *f.* [valor] bravery, courage; [generosidad] generosity, magnanimity
bi•za•rro, a *adj.* [valiente] brave, gallant; [generoso] generous, magnanimous
biz•car [70] *intr.* to squint, be cross-eyed; (*tr.*) to wink at
biz•co, a *adj.* & *m.f.* cross-eyed (person) ▪ **dejar a uno** ~ to dumbfound, flabbergast
biz•co•cho *m.* sponge cake; MARIT hardtack; CERAM bisque, biscuit
biz•ma *f.* MED poultice
biz•nie•to, a *m.* = **bisnieto**
biz•que•ar *intr. coll* to squint
biz•que•ra *f.* strabismus
blan•ca *f.* MUS half note ▪ **estar sin** ~ *coll* to be broke
blan•co, a ◇ *adj.* white; [claro] fair, light; [cobarde] yellow, chicken ▪ **más** ~ **que el papel** as white as a sheet ◇ *m.f.* white (person); [cobarde] coward, chicken; (*m.*) white; [tiro] target; [centro] center; [espacio] blank space, blank; [fin] goal, aim ▪ **calentar al** ~ to make white-hot; **dar en el** ~ to hit the nail on the head; **pasar una noche en** ~ to spend a sleepless night; **quedarse en** ~ to draw a blank
blan•cu•ra *f.*/**cor** *m.* whiteness
blan•cuz•co, a *adj.* whitish
blan•dir *tr.* to brandish, wave; (*intr.*) to quiver, shake
blan•do, a *adj.* soft; [tierno] tender; [fláccido] flabby; [amable] gentle, kind; [cobarde] cowardly ▪ ~ **de carácter** weak-willed
blan•du•ra *f.* softness; [ternura] tenderness; [flacidez] flabbiness; [amabilidad] gentleness, kindness; [cobardía] cowardice, weakness; [lisonja] flattery; [emplasto] poultice, plaster
blan•duz•co, a *adj.* softish

blan•que•a•do *m.* [acción] whitening; [encalado] whitewashing; [decoloración] bleaching
blan•que•a•dor, •ra ◇ *adj.* whitening ◇ *m.* & *f.* whitener; [cal] whitewash; [líquido] bleach
blan•que•a•du•ra *f.* = **blanqueo**
blan•que•ar *tr.* to whiten; [dar cal a] to whitewash; [lavar] to bleach (clothes); (*intr.*) to turn white or whitish
blan•que•ci•no, a *adj.* whitish
blan•que•o *m.* whitening; [encalado] whitewashing; [decoloración] bleaching ▪ ~ **de dinero** money laundering
blan•qui•llo *m.* C AMER & MEX [huevo] egg
blas•fe•mar *intr.* to blaspheme
blas•fe•mia *f.* blasphemy
blas•fe•mo, a ◇ *adj.* blasphemous ◇ *m.f.* blasphemer
bla•són *m.* heraldry; [escudo] coat of arms, escutcheon; [honor] honor, glory
bla•so•nar *tr.* to emblazon; (*intr.*) to boast
bla•so•ne•rí•a *f.* braggadocio, boasting
ble•do *m.* ▪ **no importarle un** ~ not to give a darn o hoot; **no valer un** ~ not to be worth two cents
blin•da•do, a ◇ *adj.* armored, armor-plated ◇ *m.* armored vehicle
blin•da•je *m.* armor, armor plate
blin•dar *tr.* to armor, cover with armor plate
bloc *m.* writing pad o tablet
blo•que *m.* block; [grupo] bloc, coalition; [papel] pad, notepad
blo•que•a•do, a *adj.* COMPUT frozen
blo•que•ar *tr.* MIL to blockade; [impedir] to block, obstruct; [frenar] to brake; [obstruir] to jam, block; COM to freeze (assets); COMPUT to lock; (*reflex.*) COMPUT to crash, freeze
blo•que•o *m.* MIL blockade; [obstáculo] block, obstacle; COM freeze ▪ ~ **de llamadas** TEL call barring; ~ **numérico** COMPUT numbers lock
blú•mers *m.* C AMER & CARIB knickers
blu•sa *f.* blouse
blu•són *m.* long blouse, smock
blu•yín (*m.*), **blu•yí•nes** (*m.pl.*) AMER jeans (*pl*)
bo•a *f.* ZOOL boa (constrictor); (*m.*) [adorno] boa
bo•ar•di•lla *f.* attic, garret
bo•a•to *m.* show, ostentation
bo•ba•da *f.* foolish act o remark
bo•ba•li•cón, o•na *adj.* & *m.f.* silly (person)
bo•be•ar *intr.* to do o say silly things
bo•be•ra/rí•a *f.* foolish act o remark
bo•bi•na *f.* spool, reel; SEW bobbin; ELEC coil
bo•bo, a ◇ *adj.* [tonto] silly, foolish; [cándido] gullible, naive ◇ *m.f.* [tonto] idiot, fool; (*m.*) [gracioso] clown, jester
bo•ca *f.* mouth; ZOOL pincer; GEOG mouth; *fig* entrance, opening; [persona] mouth, person; [filo] cutting edge; [sabor] flavor, bouquet (wine) ▪ **a** ~ **de costal** freely, abundantly; **a** ~ **de jarro** *fig* point-blank, at close range; **andar de** ~ **en** ~ *fig* to be the subject of gossip; ~ **abajo/arriba** face down/up; ~ **de agua** o **de riego** hydrant; ~ **de dragón** BOT snapdragon; ~ **de fuego** firearm; **buscar a uno la** ~ to draw someone out, pump someone; **¡cállate la** ~**!** *coll* be quiet!, shut up!; **no decir esta** ~ **es mía** *coll* not to open one's mouth; **quedarse con la** ~ **abierta** to be astonished o amazed
bo•ca•ca•lle *f.* intersection
bo•ca•di•llo *m.* [comida ligera] snack, tidbit; [emparedado] sandwich
bo•ca•do *m.* mouthful, bite; EQUIT bridle, bit ▪ ~ **de Adán** Adam's apple; ~ **de cardenal** choice morsel; ~ **sin hueso** *coll* cushy job
bo•ca•ja•rro *adv.* ▪ **a** ~ [a quemarropa] point-blank; [de improviso] unexpectedly
bo•ca•lla•ve *f.* keyhole
bo•ca•man•ga *f.* cuff, wristband
bo•ca•na•da *f.* swallow, swig; [de humo] puff; [de aire] gust, rush; [de gente] throng
bo•ca•za *m.f.* *coll* bigmouth, blabbermouth
bo•ce•tar *tr.* to sketch, draft
bo•ce•to *m.* sketch, draft
bo•cha *f.* wooden ball
bo•char *tr.* AMER to reject, rebuff; ARG to fail, flunk
bo•che *m.* hole in the ground; *coll* [repulsa] rebuff, slight
bo•chin•che *m.* *coll* uproar, commotion; [taberna] dive, low-class bar
bo•chin•che•ar *intr.* AMER to cause an uproar
bo•chin•che•ro, a *adj.* & *m.f.* *coll* rowdy
bo•chor•no *m.* [vergüenza] embarrassment, shame; [sonrojo] flush, blush; [calor] suffocating heat
bo•chor•no•so, a *adj.* shameful, embarrassing; [sofocante] suffocating, stifling
bo•ci•na *f.* horn; MARIT foghorn; MUS trumpet, horn; [megáfono] megaphone; [caracol] conch shell; TELEC mouthpiece
bo•ci•nar *intr.* to play a horn
bo•ci•na•zo *m.* *coll* honk, toot
bo•cio *m.* goiter
bo•cón, o•na *m.f.* AMER *coll* bigmouth, blabbermouth
bo•da *f.* wedding, marriage ▪ **bodas de Camacho** feast, banquet
bo•de•ga *f.* wine cellar; [despensa] pantry; MARIT hold; AGR granary; [taberna] tavern, bar; [depósito] warehouse; AMER grocery store
bo•de•gón *m.* *coll* cheap restaurant, dive; [taberna] tavern, bar; ARTS still life
bo•de•gue•ro, a *m.f.* keeper of a wine cellar; AMER grocer
bo•drio *m.* AMER *coll* muddle, confusion
bo•fe *m.* lung ▪ **echar los bofes** to break one's back; **ser un** ~ to be a bore
bo•fe•ta•da *f.* slap; [afrenta] insult
bo•ga *f.* rowing; [moda] fashion, vogue; (*m.f.*) [bogador] rower
bo•gar [47] *tr.* & *intr.* to row; [navegar] to sail
bo•he•mio, a *adj.* & *m.f.* bohemian
bo•hí•o *m.* AMER hut, shack
boi•co•te•ar *tr.* to boycott
boi•co•te•o *m.* boycott, boycotting
bói•ler *m.* MEX boiler
boi•na *f.* beret, cap
boi•te *f.* nightclub
boj, bo•je *m.* box tree, boxwood
bo•la *f.* ball; [canica] marble; [betún] shoe polish; [mentira] lie, fib; CHILE kite; CUBA rumor, gossip; MEX [tumulto] tumult, uproar ▪ ~ **del mundo** globe; ~ **de nieve** snowball; **dejar rodar la** ~ to let (something) ride, let things take their course; **no dar pie con** ~ to miss the mark

bo•la•da *f.* stroke, billiard shot; AMER opportunity, lucky break; [mentira] lie, fib
bo•la•zo *m.* blow with a ball; [mentira] lie, fib; ARG [disparate] silly o foolish remark ■ **de ~** hurriedly, carelessly
bo•le•a•do•ras *f.pl.* RP bolas
bo•le•ar *tr.* AMER to entangle, entrap; (*intr.*) [jugar] to play (billiards) for fun; *coll* [mentir] to fib, lie; (*reflex.*) AMER to rear and fall, roll over (horses); [ruborizarse] to get flustered; RP [tropezar] to stumble, falter
bo•le•o *m.* bowling; [sitio] bowling alley
bo•le•rí•a *f.* MEX shoeshine store
bo•le•ro, a <> *adj.* [truhán] truant; [mentiroso] lying, fibbing <> *m.f.* [novillero] truant; [mentiroso] liar, fibber; MEX [limpiabotas] shoeshine; (*m.*) MUS bolero; (*f.*) bowling alley
bo•le•ta *f.* admission ticket; MIL billet; [vale] voucher; AMER ballot
bo•le•te•rí•a *f.* AMER ticket office, box office
bo•le•te•ro, a *m.f.* AMER ticket seller
bo•le•tín *m.* bulletin; [billete] ticket
bo•le•to *m.* AMER ticket
bo•li•che *m.* [bolín] jack; [juego] bowling, ninepins; AMER *coll* [almacén] small store; [taberna] dive, cheap restaurant
bó•li•do *m.* fireball, meteorite; *fig* bullet
bo•lí•gra•fo *m.* ballpoint pen
bo•li•llo <> *m.* bobbin; MEX [panecillo] bread roll <> *pl.* S AMER drumsticks
bo•li•ta *f.* C SUR [pieza] marble ■ **jugar a las bolitas** to play marbles
bo•lí•var *m.* VEN FIN bolivar
bo•llo *m.* bun, roll; [hueco] dent; [plegado] fold, crease; [chichón] lump, bump; [lío] fuss, to-do ■ **armar un ~** *coll* to kick up a fuss
bo•lo <> *m.* [palo] pin, ninepin; [tonto] dunce, dummy; ARCHIT newel post <> *pl.* bowling, ninepins ■ **echar a rodar los ~** *coll* to stir up trouble
bol•sa *f.* [saco] sack, bag; [bolso] purse, pocketbook; ANAT pocket, sac; MIN pocket, lode; FIN stock market; *fig* wealth, money; SPORT purse, prize money ■ **aflojar la ~** *coll* to loosen the pursestrings; **~ alcista/bajista** FIN bull/bear market; **~ de comercio** commodity exchange; **~ negra** black market; **hacer bolsas** to bag, sag
bol•si•llo *m.* pocket; [dinero] purse, money
bol•sis•ta *m.f.* stockbroker; AMER pickpocket
bol•so *m.* purse, pocketbook
bol•són *m.* large purse o handbag; AMER school bag
bom•ba *f.* MIL bomb, shell; TECH pump; [sorpresa] bombshell, stunning news; AMER [mentira] lie, fib; CHILE, COL, ECUAD & VEN [surtidor de gasolina] gas station; [borrachera] drinking bout ■ **a prueba de bombas** bombproof; **~ aspirante** suction pump; **~ de mano** TECH hand pump; MIL grenade; **caer como una ~** to hit like a bombshell; **estar echando bombas** *coll* to be boiling hot; **estar en ~** AMER to be drunk; **pasarlo ~** to have a ball
bom•ba•cha(s) *f.(pl.)* RP baggy trousers
bom•bar•de•ar *tr.* to bombard, bomb
bom•bar•de•o *m.* bombardment, bombing ■ **~ en picado** dive bombing
bom•bar•de•ro, a <> *m.* [avión] bomber; [soldado] bombardier <> *adj.* bombing
bom•bar•di•no *m.* saxhorn
bom•bás•ti•co, a *adj.* bombastic
bom•ba•zo *m.* bomb explosion; [daño] damage
bom•be•ar *tr.* to bomb, shell; [sacar] to pump; [abombar] to make convex; [dar bombo a] to make a fuss over
bom•be•ro *m.* fireman, firefighter; VEN [de gasolinera] gas-pump attendant
bom•bi•lla *f.* light bulb; MARIT lantern
bom•bi•llo *m.* C AMER, COL & MEX light bulb
bom•bín *m.* *coll* bowler, derby; [inflador] bicycle pump
bom•bo, a <> *adj.* *coll* [atónito] dazed, dumbfounded; [tibio] lukewarm <> *m.* [tambor] bass drum; [músico] bass drummer; [barco] barge; [publicidad] fanfare, buildup ■ **dar ~ a** *coll* to make a fuss over
bom•bón *m.* bonbon, chocolate; *coll* [persona] gem, peach
bom•bo•ne•ra *f.* *coll* cute place, cozy cottage
bo•na•chón, o•na *adj.* & *m.f.* *coll* [bueno] good-natured (person); [crédulo] gullible (person)
bo•nan•za *f.* bonanza ■ **ir en ~** to be fortunate
bon•dad *f.* goodness, kindness ■ **tener la ~ de** to be so kind as to
bon•da•do•so, a *adj.* good, kind
bo•ne•te *m.* bonnet, cap; RELIG biretta; [dulcera] candy dish; [fortificación] bonnet
bo•ne•te•rí•a *f.* AMER notions shop
bo•nia•to *m.* sweet potato
bo•ni•fi•ca•ción *f.* improvement; [rebaja] discount, reduction
bo•ni•fi•car [70] *tr.* to improve, ameliorate; [rebajar] to discount, reduce the price of
bo•ni•to, a <> *adj.* [lindo] pretty, nice-looking; [bueno] nice <> *m.* tuna
bo•no *m.* [vale] voucher, certificate; COM [fianza] bond
bo•que•ar *intr.* [jadear] to gasp; [morirse] to be at death's door; (*tr.*) to mouth, utter
bo•que•ra *f.* sluice; MED lip sore, mouth ulcer
bo•que•rón *m.* (fresh) anchovy; large aperture o hole; [bocaza] big mouth
bo•que•te *m.* narrow entrance; [agujero] hole
bo•quia•bier•to, a *adj.* open-mouthed, gaping; [atónito] amazed, astonished
bo•qui•lla *f.* MUS mouthpiece; [del cigarrillo] cigarette holder; [filtro] filter tip; [mechero] nozzle; [de pantalones] pant leg opening
bo•ra•ci•ta *f.* boracite
bo•ra•to *m.* borate
bó•rax *m.* borax
bor•bo•llar/lle•ar *intr.* to bubble, boil; [tartamudear] to stutter, stammer
bor•bo•lle•o *m.* bubbling, boiling
bor•bo•tar/te•ar *intr.* to boil, bubble
bor•bo•te•o *m.* boiling, bubbling
bor•bo•tón *m.* boiling, bubbling
bor•da *f.* MARIT gunwale; [choza] hut, cabin
bor•da•do *m.* embroidery, embroidering
bor•da•dor, •ra *m.f.* embroiderer
bor•dar *tr.* to embroider; *fig* to embellish
bor•de *m.* border, edge; [canto] brim, rim; MARIT board, side
bor•de•ar *tr.* to border; [ir por el borde de] to skirt, go around; [aproximarse] to approach
bor•di•llo *m.* curb
bor•do *m.* MARIT board, shipboard; [bordada] tack

bor•dón *m.* [bastón] staff; [estribillo] refrain; [frase repetida] pet phrase; [guía] helping hand, guide
bo•re•al *adj.* boreal, northern
bor•go•ña *m.* Burgundy (wine)
bó•ri•co *adj.* boric
bor•la *f.* [hebras] tassel; [de polvera] powder puff
bor•lar•se *reflex.* AMER to get one's doctorate
bor•ne *m.* point, tip; ELEC terminal
bor•ne•ar *tr.* to twist, bend; [guiñar] to squint one's eyes; (*reflex.*) to warp, become warped
bo•ro *m.* boron
bo•rra *f.* [del café] coffee grounds; [sedimento] dregs; [relleno] flock, stuffing
bo•rra•che•ra *f.* [ebriedad] drunkenness; [parranda] binge, spree; [exaltación] ecstasy, exultation
bo•rra•chín *m. coll* drunkard, sot
bo•rra•cho, a ◇ *adj.* [ebrio] drunk; [alcoholizado] drunken, alcoholic; [morado] violet, purple; [de ron] rum-soaked; [dominado] blind, wild ▪ **~ como una cuba** *coll* drunk as a skunk ◇ *m.f.* drunken person; [alcohólico] drunkard, alcoholic
bo•rra•dor *m.* [escrito] rough draft; [papel] scratch pad; COM daybook; [de borrar] eraser
bo•rra•du•ra *f.* erasure, deletion
bo•rrar *tr.* to erase
bo•rras•ca *f.* [tempestad] storm, tempest; [riesgo] hazard, danger
bo•rras•co•so, a *adj.* [tempestuoso] stormy, tempestuous; [desordenado] rowdy
bo•rre•go, a *m.f.* lamb; *fig* simpleton, fool
bo•rri•ca *f.* she-ass; *fig* stupid woman
bo•rri•ca•da *f.* donkey ride; [necedad] foolish remark o act
bo•rri•co *m.* ass, donkey; [de carpintero] sawhorse; [idiota] ass, dimwit
bo•rri•que•te *m.* sawhorse
bo•rrón ◇ *m.* [mancha] ink blot, smudge; [borrador] rough draft; *fig* blemish ▪ **hacer ~ y cuenta nueva** *fig* to wipe the slate clean ◇ *pl.* jottings, scribbling
bo•rro•ne•ar *tr.* [escribir] to scribble, scrawl; [esbozar] to outline
bo•rro•si•dad *f.* blurriness, fuzziness
bo•rro•so, a *adj.* blurred, fuzzy
bos•ca•je *m.* thicket, copse; [pintura] landscape
bos•co•so, a *adj.* wooded, woody
bos•que *m.* woods, forest; *fig* confusion
bos•que•jar *tr.* to sketch, outline
bos•que•jo *m.* sketch, outline, draft
bos•ta *f.* manure
bos•te•zar [04] *intr.* to yawn
bos•te•zo *m.* yawn
bo•ta *f.* boot; [odre] wineskin; [tonel] wooden cask ▪ **estar con las botas puestas** to be ready to go; **ponerse las botas** to strike it rich
bo•ta•do, a AMER ◇ *adj.* [expulsado] fired, kicked out; [barato] cheap ◇ *m.f.* foundling
bo•ta•na *f.* MEX snack, appetizer
bo•tá•ni•co, a ◇ *adj.* botanical ◇ *m.f.* botanist; (*f.*) botany
bo•ta•nis•ta *m.f.* botanist
bo•tar *tr.* to fling, hurl; *coll* [despedir] to dismiss, fire; MARIT to turn; [lanzar al agua] to launch; AMER [tirar] to throw away; [malgastar] to waste, squander; (*intr.*) to bounce
bo•ta•ra•te *m.* [tonto] fool, idiot; AMER spendthrift, squanderer
bo•ta•va•ra *f.* gaffsail
bo•te *m.* [golpe] thrust, blow; [brinco] prance, caper; [rebote] bounce; [pote] pot, jar; [lata] tin can; [barco] rowboat ▪ **de ~ y voleo** immediately, instantly; **de ~ en ~** full, jammed
bo•te•lla *f.* bottle
bo•ti•ca *f.* pharmacy, drugstore
bo•ti•ca•rio, a *m.f.* pharmacist, druggist
bo•ti•ja *f.* earthenware jar; C AMER buried treasure ▪ **estar hecho una ~** to be very fat
bo•ti•jo *m.* earthenware jug; [persona gorda] chubby person
bo•tín[1] *m.* [bota] ankle boot, half boot
bo•tín[2] *m.* [presa] booty, spoils
bo•ti•quín *m.* medicine chest o cabinet; [estuche] first-aid kit
bo•tón *m.* button; [llamador] doorbell, buzzer; BOT bud ▪ **al ~** AMER in vain; **~ de arranque** AUTO starter; **~ ayuda** COMPUT help button; **~ del mouse** COMPUT mouse button; **~ de oro** BOT buttercup
bo•to•na•du•ra *f.* buttons, set of buttons
bo•to•nes *m.pl.* bellboy, bellhop
bo•tox *m.* botox
bo•tu•lis•mo *m.* botulism
bó•ve•da *f.* vault; [techo] dome, cupola; [cripta] crypt; [caverna] cave, cavern ▪ **~ celeste** firmament, heavens; **~ palatina** palate, roof of the mouth
bo•vi•no, a *adj.* bovine
box *m.* AMER boxing
bo•xe•a•dor *m.* boxer
bo•xe•ar *intr.* to box
bo•xe•o *m.* boxing
bo•ya *f.* buoy
bo•yar *intr.* to float, buoy
bo•zal ◇ *m.* muzzle; AMER halter, headstall; (*m.f.*) [idiota] simpleton, fool; [novato] novice ◇ *adj.* [tonto] ignorant; [novato] raw, green; [salvaje] wild, untamed
bo•zo *m.* down, fuzz (on upper lip); [boca] mouth; [cabestro] halter
bra•ce•ar *intr.* to flail one's arms; [nadar] to swim; [esforzarse] to struggle, strive
bra•ce•o *m.* waving of the arms; [natación] stroke
bra•ce•ro, a ◇ *adj.* throwing ◇ *m.* laborer, worker
bra•co, a *adj.* & *m.f.* pug-nosed (person)
bra•ga *f.* [cuerda] sling, rope; [pañal] diapers; [calzón femenino] panties
bra•ga•du•ra *f.* crotch
bra•ga•zas *m.inv.* henpecked husband
bra•gue•ro *m.* MED truss
bra•gue•ta *f.* fly (of pants)
bra•mar *intr.* to roar, bellow; *fig* to howl
bra•mi•do *m.* roar, bellow
bran•ca•da *f.* trammel net
bran•dal *m.* backstay
bran•quia *f.* branchia, gill
bra•quial *adj.* brachial, of the arm
bra•sa *f.* live o hot coal
bra•se•ro *m.* brazier
bra•sier *m.* CARIB, COL & MEX bra
bra•sil *m.* brazilwood
bra•si•le•ño, a, bra•si•le•ro, a ANDES, C SUR & VEN *adj.* & *m.f.* Brazilian

bra•va•ta *f.* [reto] dare, threat; [jactancia] boast, brag
bra•ve•ar *intr.* [jactarse] to boast, bluster; [aplaudir] to cheer, shout bravo
bra•ví•o, a ◇ *adj.* [feroz] wild, untamed; [silvestre] wild, uncultivated; [rústico] uncouth, coarse ◇ *m.* fierceness, ferocity
bra•vo, a *adj.* brave, valiant; [excelente] excellent, great; [feroz] ferocious, wild; [áspero] craggy, rugged; [valentón] boastful, swaggering; [enojado] angry, furious ▪ **¡~!** bravo!, well done!
bra•vu•cón, o•na *adj.* & *m.f.* boastful (person)
bra•vu•co•ne•ar *intr.* to boast, swagger
bra•vu•ra *f.* bravery, courage; [fiereza] fierceness, ferocity; [bravata] bluster, bravado
bra•za *f.* MARIT fathom; [modo de nadar] breaststroke
bra•za•da *f.* extension of the arms; AMER fathom ▪ **~ de espaldas** backstroke; **~ de pecho** breaststroke
bra•zal *m.* armband
bra•za•le•te *m.* bracelet
bra•zo ◇ *m.* arm; ZOOL foreleg; [de balanza] arm, crosspiece; [fuerza] power, strength ▪ **a ~ partido** [sin armas] bare-fisted; *fig* fast and furiously; **asidos** o **cogidos del ~** arm in arm ◇ *pl.* [jornaleros] hands, laborers; [valedores] backers, supporters
bre•a *f.* tar, pitch; [lienzo] tarpaulin ▪ **~ seca** rosin
bre•ba•je *m.* unpalatable concoction o brew
bre•cha *f.* MIL breach; [abertura] gap, opening; *fig* impression
bré•col *m.*/**co•les** *m.pl.* broccoli
bre•ga *f.* [pelea] fight, scrap; [trabajo] hard work, task; [burla] practical joke, trick
bre•gar [47] *intr.* [pelear] to fight, scrap; [trabajar] to toil, slave away; [esforzarse] to struggle, fight
bre•te *m.* [grillete] shackle, fetter; [aprieto] jam, tight spot; BOT betel
bre•tel *m.* C SUR strap ▪ **un vestido sin breteles** a strapless dress
bre•va *f.* [higo] early fig; [ventaja] windfall, piece of luck
bre•ve *adj.* brief, short ▪ **en ~** [pronto] shortly, soon; [con brevedad] in brief
bre•ve•dad *f.* briefness, brevity
bre•vet *m.* CHILE [de avión] pilot's license; CUBA & URUG [de automóvil] driver's license; DOM REP [de velero] sailing license
bre•via•rio *m.* breviary; [compendio] compendium, abstract
bri•bón, o•na *adj.* & *m.f.* [perezoso] lazy (person); [pícaro] roguish (person)
bri•bo•na•da *f.* roguishness
bri•bo•ne•ar *intr.* [holgazanear] to loaf, bum around; [hacer bribonadas] to play tricks
bri•da *f.* bridle ▪ **a toda ~** at full gallop; *fig* at full speed
bridge *m.* bridge; DENT bridge, bridgework
bri•ga•da *f.* brigade; [división] squad, unit; [de bestias] team, train; [de máquinas] fleet; [equipo] gang, team
bri•ga•dier *m.* brigadier general
bri•llan•te *adj.* brilliant
bri•llan•tez *f.* brilliance, brightness
bri•llan•ti•na *f.* brilliantine
bri•llar *intr.* to shine
bri•llo *m.* [lustre] brilliance, shine; [gloria] distinction, glory ▪ **dar** o **sacar ~ a** to shine, polish
bri•llo•so, a *adj.* AMER shining
brin•car [70] *intr.* to jump, leap about; [retozar] to frolic, gambol; [enfadarse] to get angry, flare up; (*tr.*) to bounce
brin•co *m.* jump, hop ▪ **en** o **de un ~** in a jiffy
brin•dar *intr.* to toast, drink a toast; (*tr.*) [ofrecer] to offer; [convidar] to invite; (*reflex.*) to offer, volunteer
brin•dis *m.* toast
brí•o *m.* strength, vigor; [garbo] grace, charm
brio•so, a *adj.* [energético] vigorous; [determinado] determined, resolute; [animoso] fiery, spirited; [garboso] graceful, charming
bri•que•ta *f.* charcoal briquette
bri•sa *f.* breeze, light wind; AGR bagasse
briz•na *f.* bit, piece
bro•ca *f.* SEW reel; MECH drill, bit
bro•ca•do, a *adj.* & *m.* brocade
bro•ce•o *m.* AMER depletion (of a mine)
bro•cha *f.* paintbrush; [de afeitar] shaving brush; [dado] loaded die
bro•cha•da *f.* brush stroke
bro•cha•zo *m.* brush stroke
bro•che ◇ *m.* clasp, hook and eye; [prendedor] brooch; AMER paper clip ▪ **~ de oro** crowning glory ◇ *pl.* AMER cuff links
bro•che•ta *f.* brochette, skewer
bró•cu•li *m.* broccoli
bro•ma *f.* joke, prank; [diversión] fun, jest ▪ **~ pesada** practical joke, prank; **gastar** o **hacer una ~ a** to play a joke on; **ni en ~** not on your life
bro•ma•to *m.* bromate
bro•me•ar *intr.* to joke, jest
bro•mis•ta ◇ *adj.* joking ◇ *m.f.* joker
bro•mo *m.* CHEM bromine; BOT brome grass
bro•mu•ro *m.* bromide
bron•ca *f.* ▻ **bronco, a**
bron•ce *m.* bronze
bron•ce•a•do, a ◇ *adj.* [color] bronze, bronze-colored; [tostado] tanned, bronzed ◇ *m.* bronzing; [piel tostada] suntan
bron•ce•ar *tr.* to bronze; [piel] to tan, suntan; (*reflex.*) to get a tan, suntan
bron•co, a ◇ *adj.* [tosco] rough, coarse; [desapacible] harsh, gruff ◇ *f.* row, quarrel ▪ **armar ~** to kick up a rumpus, start a row
bron•co•neu•mo•ní•a *f.* bronchopneumonia
bron•que•dad/ra *f.* [tosquedad] coarseness, roughness; [aspereza] harshness, gruffness
bron•quial *adj.* bronchial
bron•quio *m.* bronchus, bronchial tube
bron•quio•lo *m.* bronchiole
bron•qui•tis *f.* bronchitis
bro•quel *m.* buckler, small shield; [amparo] shield, protection
bro•que•ta *f.* brochette, skewer
bro•tar *intr.* BOT to bud, sprout; [agua] to spring, flow; [estallar] to break out, spring up; (*tr.*) BOT to sprout
bro•te *m.* bud, sprout; [estallido] outbreak, rash; [comienzo] origin, germ
bru•ces *adv.* ▪ **a** o **de ~** face down, on one's face; **caer de ~** to fall flat on one's face
bru•ja *f.* witch, sorceress ▪ **estar ~** MEX *coll* to be broke
bru•je•rí•a *f.* witchcraft, sorcery

bru•jo *m.* [adivino] sorcerer, wizard; [de una tribu] witch doctor, medicine man
brú•ju•la *f.* compass; [norma] standard, norm
bru•lo•te *m.* fire ship; AMER [palabrota] swear word; [escrito] satiric article
bru•ma *f.* fog, mist
bru•mo•so, a *adj.* foggy, misty
bru•no, a *adj.* dark-colored, black
bru•ñi•do, a <> *m.* burnishing, polishing; [brillo] shine, gloss <> *adj.* burnished, polished
bru•ñi•du•ra *f.* polishing, burnishing
bru•ñir [12] *tr.* to burnish, polish; AMER to annoy, pester; (*reflex.*) to put on make-up
brus•co, a *adj.* brusque
brus•que•dad *f.* brusqueness
bru•tal <> *adj.* brutal; [formidable] terrific, tremendous <> *m.* brute, beast
bru•ta•li•dad *f.* brutality; [incapacidad] stupidity, foolishness; [gran cantidad] loads, slew
bru•ta•li•zar [04] *tr.* to brutalize, maltreat; (*reflex.*) to be brutalized
bru•te•za *f.* brutishness, boorishness
bru•to, a <> *adj.* brutish, boorish; [necio] stupid, ignorant; [diamante] rough, uncut; [enorme] huge, enormous; COM gross <> *m.* [persona] brute; [animal] beast, animal
bu•ba *f.* pustule, small tumor
bu•bón *m.* large tumor o swelling
bu•bó•ni•co, a *adj.* bubonic
bu•cal *adj.* buccal, oral
bú•ca•ro *m.* [arcilla] fragrant clay; [botijo] clay water jug; [florero] ceramic flower vase
bu•ce•ar *intr.* to swim under water; [oficio] to work as a diver; [explorar] to delve into
bu•ce•o *m.* [natación] underwater swimming; [exploración] exploration, searching
bu•che *m.* ORNITH crop, craw; ZOOL maw; [porción] mouthful, swallow; [pliegue] sag, pucker; [estómago] belly, gut; [pecho] chest, bosom
bu•cle *m.* ringlet, curl; AVIA spin, loop
bu•có•li•co, a *adj.* & *f.* bucolic o pastoral (poem)
bu•dín *m.* pudding
buen *adj.* = **bueno**
bue•na•ven•tu•ra *f.* [suerte] good fortune, luck; [adivinación] fortune
bue•no, a <> *adj.* good; [bondadoso] kind, benevolent; [útil] fit, appropriate; [sano] well, healthy; [agradable] nice, polite; [grande] considerable, goodly; [bonachón] innocent, naive ▪ **a** o **por las buenas** willingly; **a la ~ de Dios** carelessly, any old way; **buenas noches/tardes** good night/afternoon; **buenos días** good morning; **de buenas a primeras** all of a sudden; **estar de buenas** to be in a good mood <> *adv.* all right, okay <> *m.* good
buey *m.* ox, bullock ▪ **trabajar como un ~** *coll* to work like a dog
bú•fa•lo, a *m.f.* [buey salvaje] buffalo; [bisonte] bison
bu•fan•da *f.* scarf, muffler
bu•far *intr.* [resoplar] to snort; [enojarse] to snort, puff
bu•fe•te *m.* [escritorio] writing desk o table; [despacho] lawyer's office; [clientela] lawyer's clientele, practice
bu•fi•do *m.* bellow, snort
bu•fo, a <> *adj.* comic, farcical <> *m.* clown, buffoon
bu•fón, o•na *adj.* & *m.* buffoon(ish)
bu•fo•na•da/ne•rí•a *f.* buffoonery; [sarcasmo] sarcastic joke o remark
bu•fo•ni•zar [04] *intr.* to joke, jest
bu•har•da/di•lla *f.* [ventana] dormer; [desván] attic, garret
bú•ho *m.* horned owl; [recluso] hermit
bu•ho•ne•ro *m.* peddler, hawker
bui•tre *m.* vulture
bu•je *m.* axle, box, bushing
bu•jí•a *f.* [vela] candle; [candelero] candlestick; PHYS candle, candlepower; ELEC spark plug
bu•la *f.* metal seal, bulla; RELIG papal bull
bul•bo *m.* bulb
bu•le•var *m.* boulevard
bu•li•mia *f.* bulimia
bu•lla *f.* [ruido] noise, racket; [muchedumbre] crowd, mob; [prisa] bustling, rush; AMER argument, row
bul(l)•dog *m.* bulldog
bu•lli•cio *m.* bustle, hubbub
bu•lli•cio•so, a *adj.* [animado] bustling; [alborotador] riotous, tumultuous
bu•llir [13] *intr.* to boil; [moverse] to bustle about; ZOOL to swarm; (*tr.*) to move; (*reflex.*) to budge, stir
bul•to *m.* [tamaño] bulk, size; [forma] form, shape; [fardo] package, bundle; MED swelling, lump; ARTS bust, statue; AMER briefcase, satchel ▪ **a ~** broadly; COM wholesale; **de ~** important; **escurrir el ~** to duck, dodge; **hacer ~** to take up space
bu•me•rán/ang *m.* boomerang
bu•ñue•lo *m.* fried dough, fritter; *coll* mess, bungle
bu•que *m.* ship, vessel; [casco] hull ▪ **~ almirante** flagship; **~ tanque** tanker; **~ velero** o **de vela** sailboat, sailing ship
bu•qué *m.* bouquet
bur•bu•ja *f.* bubble
bur•bu•je•ar *intr.* to bubble
bur•del <> *adj.* lustful, licentious <> *m.* brothel
bur•de•os *adj.* maroon, deep red
bur•do, a *adj.* coarse, rough
bur•gués, e•sa *adj.* & *m.f.* bourgeois
bur•gue•sí•a *f.* bourgeoisie, middle class
bu•ril *m.* burin, graver
bu•ri•lar *tr.* to engrave
bur•la *f.* [mofa] jeer, taunt; [chanza] joke, jest; [engaño] trick, hoax ▪ **de burlas** in fun, for fun; **hacer ~ de** to make fun of, mock
bur•lar *tr.* to make fun of; [frustrar] to frustrate, thwart; (*reflex.*) to make fun, joke ▪ **~ de** to make fun of, ridicule
bur•les•co, a *adj.* burlesque
bur•le•te *m.* weather stripping
bur•lón, o•na <> *adj.* jeering, joking <> *m.f.* [mofador] jeerer, mocker; [bromista] joker, jokester
bu•ró *m.* MEX bedside table
bu•ro•cra•cia *f.* bureaucracy
bu•ró•cra•ta *m.f.* bureaucrat
bu•ro•crá•ti•co, a *adj.* bureaucratic
bu•rra *f.* she-ass, jenny; *coll* [ignorante] stupid woman, dunce; [trabajadora] hard worker, slave
bu•rre•ro *m.* donkey driver
bu•rri•to *m.* C AMER & MEX burrito
bu•rro *m.* donkey, jackass; [caballete] sawhorse, sawbuck; [rueda] cogwheel; [borrico] ass, dunce ▪ **~ de carga** *coll* hard worker, drudge

bur•sá•til *adj.* stock, stock market
bus•ca *f.* search ▪ **ir en** o **a la ~ de** to go in search of
bus•ca•pié *m.* feeler, insinuation
bus•ca•piés *m.inv.* firecracker, squib
bus•car [70] *tr.* to search o look for, seek; *coll* [provocar] to provoke; (*reflex.*) ▪ **buscársela** [ingeniarse] to get by, manage; [provocar] to look for trouble
bus•ca•vi•das *m.f.inv.* [entremetido] snoop, busybody; [ambicioso] go-getter
bu•se•ta *f.* COL, C RICA, EQUAD & VEN minibus
bu•si•lis *m.inv.* [clave] crux of a matter; [dificultad] hitch, snag
bús•que•da *f.* search
bus•to *m.* ANAT chest, bust; SCULP bust
bu•ta•ca *f.* armchair, easy chair; THEAT orchestra o box seat
bu•ta•no *m.* butane
bu•ti•le•no *m.* butylene
bu•zo *m.* [persona] (deep-sea) diver; ARG [chándal] tracksuit; ARG [sudadera] sweatshirt; ARG, CHILE & PERU [de lana] sweater
bu•zón *m.* mailbox, letter box; [conducto] sluice, canal; [tapón] stopper, plug; COMPUT mailbox ▪ **~ de correo electrónico** electronic mailbox; **~ electrónico** electronic mailbox; **~ de entrada** in box; **~ de salida** out box; **~ de voz** voice mailbox
byte *m.* COMPUT byte

C

c, C *f.* third letter of the Spanish alphabet
ca•bal *adj.* [exacto] precise, fair; [completo] complete ▪ **no estar en sus cabales** *fig* not to be in one's right mind
cá•ba•la *f.* RELIG cabala
ca•bal•gar [47] *intr.* to ride horseback
ca•ba•lla *f.* mackerel
ca•ba•lla•da *f.* herd of horses; AMER asinine remark o action
ca•ba•lle•res•co *adj.* knightly; *fig* gentlemanly
ca•ba•lle•rí•a *f.* [animal] mount, steed; MIL cavalry
ca•ba•lle•ri•za *f.* stable; [criados] stablehands
ca•ba•lle•ri•zo *m.* stableman
ca•ba•lle•ro, a <> *m.* [noble] nobleman; [persona condecorada] knight; [señor] gentleman; [como cortesía] sir ▪ **armar ~ a** to knight; **~ andante** knight-errant <> *adj.* riding
ca•ba•lle•ro•si•dad *f.* gentlemanliness
ca•ba•lle•te *m.* [soporte] sawhorse; [trípode] easel; AGR ridge; ANAT bridge (of the nose)
ca•ba•lli•to *m.* pony; [juguete] hobbyhorse ▪ **~ del diablo** dragonfly; **~ de mar** sea horse
ca•ba•llo <> *m.* horse; [en ajedrez] knight; *coll* [bestia] beast; CARP sawhorse ▪ **a ~** on horseback; **a ~ de** astride; **~ de batalla** *fig* forte; **~ de carga** packhorse; **~ de carrera** racehorse; **~ de fuerza** MECH horsepower; **~ de montar** o **de silla** saddle horse; **~ de tiro** draft horse; **~ de Troya** COMPUT Trojan horse, Trojan; **~ hora** MECH horsepower-hour; **como ~ desbocado** hastily; **montar a ~** to go horseback riding <> *pl.* horsepower
ca•ba•ña *f.* hut, cabin
ca•ba•ret *m.* night club, cabaret
ca•be•ce•ar *intr.* [el caballo] to toss the head; [negar] to shake one's head; [de sueño] to nod (sleepily); AVIA & MARIT to pitch; (*tr.*) SPORT to head (a ball)
ca•be•ce•ra *f.* [lugar principal] head; **la ~ de la mesa** the head of the table; [de una cama] headboard ▪ **médico de ~** attending physician
ca•be•ci•lla *m.* ringleader
ca•be•lle•ra *f.* head of hair; ASTRON tail (of a comet)
ca•be•llo <> *m.* hair ▪ **asirse de un ~** *fig* to grasp at straws <> *pl.* hair ▪ **ponérsele a uno los ~ de punta** *coll* to make one's hair stand on end; **traer (una cosa) por los ~** *coll* to be irrelevant
ca•ber [14] *intr.* [tener lugar] to fit; [corresponder] to fall to; [ser posible] to be possible ▪ **cabe decir** one might say; **no cabe duda** there is no doubt; **no cabe más** *fig* that's the limit; **no ~ en sí** to be beside oneself; **no ~ un alfiler** to be full; **¡no me cabe en la cabeza!** it's beyond me!
ca•bes•tri•llo *m.* MED sling
ca•bes•tro *m.* halter
ca•be•za *f.* head; [cráneo] skull; [jefe] chief; [juicio] judgment; [capital] seat ▪ **a la ~ de** [delante] at the head of; [en control] in charge of; **alzar** o **levantar ~** *coll* to get back on one's feet; **doblar la ~** *coll* to give in; **~ de ajo** garlic bulb; **~ de chorlito** *coll* featherbrain; **~ de partido** POL district seat; **~ de puente** MIL bridgehead; **~ rapada** skin head; **~ de turco** *coll* scapegoat; **de la ~ de uno** of one's own invention; **estar metido de ~ con** to be head over heels in love with; **hacer ~** to lead; **írsele de la ~** to go out of one's mind; **írsele la ~** *coll* to feel dizzy; **jugarse la ~** *coll* to risk one's life; **meterse de ~ en** *coll* to plunge into; **metérsele en la ~** *coll* to take it into one's head; **pasarle a uno por la ~** *coll* to occur to one; **romperse la ~** *coll* to rack one's brains; **sentar la ~** *coll* to settle down; **subirse a la ~** to go to one's head; **tocado de la ~** *coll* touched in the head
ca•be•za•da *f.* [con la cabeza] butt; [en la cabeza] blow to the head; [inclinación] nod
ca•be•za•zo *m.* [golpe] butt; SPORT header
ca•be•zón, o•na *adj. coll* [terco] pigheaded; [cabezudo] bigheaded
ca•be•zo•ta *m.f. coll* mule
ca•be•zu•do, a *adj.* bigheaded; *fig* pigheaded
ca•bi•da *f.* [capacidad] room, capacity; [alcance] extent ▪ **tener ~ en** *fig* to have a place in
ca•bil•do *m.* town council
ca•bi•na *f.* booth; MARIT cabin; AVIA cockpit; AUTO cab; CINEM projection booth
ca•biz•ba•jo, a *adj.* crestfallen, downhearted
ca•ble *m.* cable ▪ **~ aéreo** overhead cable; **~ coaxial** coaxial cable; **~ de fibra óptica** fiber-optic cable; **~ de impresora** printer cable; **~ de remolque** towline; **~ de serie** serial cable; **~ óptico** optical cable; **~ USB** USB cable
ca•ble•a•do *m.* cabling
ca•ble•gra•ma *m.* cable, cablegram
ca•ble•o•pe•ra•dor, •ra *m.f.* cable company
ca•ble•vi•sión *f.* cable television
ca•bo *m.* end; [pedazo] stub, bit; [mango] handle; GEOG

cape; MARIT cable; MIL corporal ■ **al ~ de** at the end of; **al fin y al ~** after all; **atar cabos** to put two and two together; **dar ~ a** to put the finishing touches on; **de ~ a rabo** *coll* from start to finish; **llevar a ~** to carry out

ca•bo•ta•je *m.* COM coastal trading

ca•bra *f.* goat ■ **~ montés** mountain goat; **estar loco como una ~** to be crazy as a loon; **la ~ siempre tira al monte** a leopard never changes its spots

ca•bre•ro, a ◇ *m.f.* goatherd ◇ *adj.* RP *coll* hot-tempered

ca•brio•la *f.* [salto] jump; [voltereta] somersault

ca•brio•lé *m.* [carruaje] cabriolet; [coche] convertible

ca•bri•tas *f. pl.* CHILE popcorn

ca•bri•to *m.* kid, young goat

ca•bro, a *m.f.* CHILE *coll* kid

ca•brón *m.* goat; *sl* [cornudo] cuckold; [cretino] bastard

ca•bro•na•da *f.* *coll* dirty o nasty trick

ca•ca•hua•te *m.* C AMER & MEX peanut

ca•ca•hue•te *m.* peanut

ca•ca•o *m.* cacao; CUL cocoa

ca•ca•re•ar *intr.* to cackle; (*tr.*) *fig* to boast

ca•ca•tú•a *f.* cockatoo

ca•ce•rí•a *f.* [caza] hunting; [partida] hunting party; [animales] game bagged ■ **ir de ~** to go hunting

ca•ce•ro•la *f.* casserole, pot

ca•cha *f.* [de mango] handle plate; AMER [engaño] trick, deceit

ca•cha•da *f.* RP joke

ca•cha•lo•te *m.* sperm whale

ca•char *tr.* [astillar] to chip; [aserrar] to split; RP [burlar] to tease; [agarrar] to nab; [sorprender] to catch; [robar] to rob, steal

ca•cha•rre•ro, a *m.f.* pottery vendor

ca•cha•rro ◇ *m.* [vasija] crock; [pedazo] shard; *coll* [trasto] piece of junk; [máquina] wreck; [coche] jalopy; AMER jail, prison ◇ *pl.* [trastos] junk; [utensilios] tools

ca•cha•za *f.* [lentitud] sluggishness; [aguardiente] cheap rum

ca•cha•zu•do, a ◇ *adj.* sluggish ◇ *m.f.* slowpoke

ca•ché *f.* COMPUT cache

ca•che•ar *tr.* to search, frisk

ca•che•mi•ra *f.*/**mir** *m.* cashmere

ca•che•ta•da *f.* AMER slap

ca•che•te *m.* [mejilla] cheek; [cachetada] slap

ca•che•te•ar *tr.* AMER to slap

ca•che•tu•do, a *adj.* chubby-cheeked, plump-cheeked

ca•chi•po•rra *f.* club, bludgeon

ca•chi•po•rra•zo *m.* blow with a club

ca•chi•va•che ◇ *m.* piece of junk; *fig* good-for-nothing ◇ *pl.* *coll* [utensilios] pots and pans; [cacharros] junk

ca•cho *m.* [pedazo] piece; AMER [cuerno] horn; RP [plátanos] bunch of bananas ■ **un ~** *sl* a bit

ca•chon•de•ar•se *reflex.* *coll* ■ **~ de** to tease

ca•chon•de•o *m.* *coll* teasing

ca•chon•dez *f.* [celo] heat; [lujuria] lust

ca•chon•do, a *adj.* [en celo] in heat; [libidinoso] lustful

ca•cho•rro, a *m.f.* [perro] puppy; [de otros mamíferos] cub

ca•ci•que *m.* [indio] Indian chief; *coll* [jefe] political boss; [déspota] tyrant

ca•ci•que•ar *intr.* *coll* to boss people around

ca•co *m.* [ladrón] burglar; [cobarde] chicken

ca•co•fo•ní•a *f.* cacophony

cac•to/tus *m.* cactus

ca•cu•men *m.* *coll* acumen, astuteness

ca•da *adj.* each, every ■ **~ cual** o **uno** each one, everyone; **¿~ cuánto?** how often?; **~ vez más** more and more; **~ vez menos** less and less; **~ vez peor** worse and worse; **~ vez que** whenever

ca•dal•so *m.* [tablado] platform; [horca] gallows

ca•dá•ver *m.* corpse, cadaver

ca•da•vé•ri•co, a *adj.* cadaverous; *fig* deathly pale

ca•de•na *f.* chain ■ **~ de emisoras** network; **~ de fabricación** o **de montaje** assembly line; **~ de montañas** mountain range; **~ perpetua** life imprisonment; **reacción en ~** chain reaction

ca•den•cia *f.* cadence, rhythm

ca•de•ne•ro *m.* SURV chainman; AMER [caballo] workhorse

ca•de•ni•lla *f.* small ornamental chain

ca•de•ra *f.* hip, hip joint

ca•de•te *m.* MIL cadet

cad•mio *m.* cadmium

ca•du•car [70] *intr.* [expirar] to lapse, expire; LAW to be invalid

ca•du•ci•dad *f.* caducity

ca•du•co, a *adj.* [extinguido] lapsed, expired; LAW canceled; [senil] senile, decrepit

ca•er [15] *intr.* to fall; [de rodillas] to drop; [derrumbarse] to fall down, collapse; [el cabello, telas] to hang down; [mala fortuna] to befall; [buena fortuna] to get, receive; [los precios, intereses] to drop; [el sol] to set; [morir] to die; [comprender] to see ■ **al ~ la noche** at nightfall; **~ bien** [prenda] to suit; [persona] to make a good impression on; [alimento] to agree with; **~ de pie** to land on one's feet; **~ de plano** to fall flat; **~ en** to fall on o into; **~ de espaldas** to fall on one's back; *fig* to be stunned; **~ enfermo** o **en cama** to fall ill; **~ en gracia** to make a good impression on; **~ en la cuenta** to realize; **~ mal** [prenda] to fit poorly; [persona] to displease; [alimento] to upset one's stomach; **~ parado** *coll* to be a nuisance; **~ por su propio peso** to be self-evident; **estar al ~** to be about to arrive; (*reflex.*) to fall; [de las manos] to drop; **se me cayó el libro** I dropped the book; [cabello] to fall out; COMPUT [red] to go down ■ **~ de espaldas** to fall on one's back; *fig* to be stunned; **~ de sí mismo** to be obvious; **caérsele el alma a los pies** *coll* to become disheartened; **~ muerto** to drop dead; **~ redondo** to collapse; **no tener dónde ~ muerto** to be destitute; (*tr.*) ■ **hacer ~** to knock down

ca•fé *m.* coffee; [establecimiento] café, coffee shop; s AMER *coll* scolding ■ **~ negro** o **solo** black coffee; **~ tostado** roasted coffee

ca•fe•í•na *f.* caffeine

ca•fe•tal *m.* coffee plantation

ca•fe•ta•le•ro, a ◇ *adj.* coffee ◇ *m.* coffee grower

ca•fe•te•rí•a *f.* coffee shop, café

ca•fe•te•ro, a ◇ *adj.* coffee ◇ *m.f.* [comerciante] coffee merchant; [dueño] café owner; (*f.*) CUL coffeepot ■ **~ de filtro** percolator

ca•fe•tín *m.* small café

ca•fi•che *m.* ANDES *coll* pimp

ca•í•do, a ▻ **caer** ◇ *adj.* weak; *fig* down-hearted ■ **andar de capa ~** *coll* to suffer a setback; **~ del cielo** out of the blue; **~ de un nido** *coll* naive; **~ en desuso**

obsolete, outmoded ◇ *f.* fall, falling; [tumbo] tumble; [declive] slope; [de tela] hang; [de temperatura, precios] drop; [ruina] downfall; COMPUT crash; GEOL dip ▪ **a la ~ de la tarde** at dusk

cai•ga, go ▻ **caer**

cai•mán *m.* alligator

cai•rel *m.* [peluca] hairpiece; [fleco] fringe

ca•ja *f.* box; [de madera] chest; [ataúd] coffin; [ventanilla] cashier's window; [tambor] drum; [armazón] cabinet; ARM gun stock; ARCHIT shaft; PRINT type case; THEAT wings ▪ **~ chica** COM petty cash; **~ de ahorros** savings bank; **~ de cambios** o **velocidades** AUTO transmission; **~ de colores** paint box; **~ de conexiones** ELEC junction box; **~ de fusibles** ELEC fuse box; **~ de herramientas** toolbox; **~ de hierro** AMER safe; **~ de jubilaciones** pension fund; **~ de música** music box; **~ de reclutamiento** MIL recruiting office; **~ de seguridad** safe-deposit box; **~ de sorpresa** jack-in-the-box; **~ efectivo** COM cash on hand; **~ fuerte** safe; **~ registradora** cash register; **~ torácica** chest; **echar a alguien con cajas destempladas** *coll* to send someone packing

ca•je•ro *m.* teller, cashier ▪ **~ automático** cash machine

ca•je•ti•lla *f.* [paquete] pack; (*m.*) RP *coll* dandy

ca•jis•ta *m.f.* PRINT typesetter, compositor

ca•jón *m.* [caja grande] case; [gaveta] drawer; S AMER [ataúd] coffin ▪ **de ~** *coll* customary

ca•jue•la *f.* MEX trunk

cal *f.* MIN lime ▪ **~ apagada** slaked lime; **~ viva** quicklime

ca•la *f.* GEOG cove; [trozo] sample; BOT calla lily

ca•la•ba•za *f.* squash; *coll* [tonto] blockhead ▪ **dar calabazas a** *coll* to jilt

ca•la•bo•zo *m.* [cárcel] underground prison; [celda] jail cell

ca•la•do *m.* SEW drawnwork; MARIT depth

ca•la•dor *m.* MECH driller; AMER [sonda] probe

ca•la•fa•te•ar *tr.* to caulk

ca•la•mar *m.* squid

ca•lam•bre *m.* cramp

ca•la•mi•dad *f.* [desastre] misfortune; *coll* [persona] disgrace

ca•la•mi•to•so, a *adj.* calamitous

ca•lan•drar *tr.* to calender (paper, cloth)

ca•lan•dria *f.* ORNITH type of lark; MECH & TEX calender

ca•la•ña *f.* nature, character

ca•lar *tr.* [mojar] to drench; [penetrar] to penetrate; *coll* [descubrir] to see through; [cortar] to cut a sample of; MARIT to draw; MIL to fix, aim (weapons); RP to stare at; (*reflex.*) [mojarse] to get drenched; [ponerse] to put on ▪ **~ hasta los huesos** to get soaked to the skin

ca•la•to, a *adj.* ANDES & DOM REP [desnudo] naked

ca•la•ve•ra *f.* skull; (*m.*) reveler

cal•ca•ñal/ñar *m.* heel, heel bone

cal•car [70] *tr.* to trace; *fig* to copy

cal•cá•re•o, a *adj.* calcareous, limy

cal•ce *m.* [llanta] steel rim o tire; [cuña] wedge; GUAT, MEX & P RICO LAW footnote

cal•ce•ta *f.* knee-high sock o stocking ▪ **hacer ~** to knit

cal•ce•tín *m.* sock

cal•ci•fi•ca•ción *f.* calcification

cal•ci•fi•car [70] *tr.* to calcify

cal•ci•nar *tr.* to calcine; *fig* to burn

cal•cio *m.* calcium

cal•co *m.* tracing; *fig* copy

cal•co•ma•ní•a *f.* decal, transfer

cal•cu•la•ble *adj.* calculable

cal•cu•la•dor, •ra ◇ *f.* [máquina de calcular] calculator; [electrónica] computer ▪ **~ electrónica** computer; (*m.f.*) calculator ◇ *adj.* calculating

cal•cu•lar *tr.* [computar] to calculate; [proyectar] to estimate

cal•cu•lis•ta *m.f.* calculator, planner

cál•cu•lo *m.* [proceso] calculation; [suposición] estimate; MED stone, calculus; MATH calculus ▪ **~ biliar** MED gallstone; **~ mental** mental arithmetic; **~ renal** MED kidney stone; **obrar con mucho ~** to act shrewdly

cal•de•ar *tr.* to heat o warm (up); *fig* to enliven

cal•de•ra *f.* caldron; MECH boiler; MIN sump ▪ **~ de vapor** steam boiler

cal•de•ro *m.* small caldron

cal•de•rón *m.* large caldron; [párrafo] paragraph mark; MUS pause sign

cal•do *m.* [consomé] broth; [jugo] juice ▪ **~ de cultivo** BIOL culture medium; **hacer a uno el ~ gordo** to play into someone's hands

ca•le•fac•ción *f.* heat, heating

ca•le•fac•tor *m.* heater

ca•le•fón *m.* C SUR water heater

ca•l(e)i•dos•co•pio *m.* kaleidoscope

ca•len•da•rio *m.* calendar; [programa] schedule ▪ **~ judicial** court calendar

ca•lén•du•la *f.* calendula, pot marigold

ca•len•ta•dor, •ra ◇ *adj.* heating, warming ◇ *m.* heater; [para agua] water heater; [de cama] bed warmer

ca•len•tar [49] *tr.* to warm o heat (up); [azotar] to beat, thrash ▪ **~ al blanco** to make white-hot; **~ al rojo** to make red-hot; **~ las orejas a** *coll* [chismear] to gossip; **~ la sangre a** to make (someone's) blood boil; **~ la silla** *fig* to overstay one's welcome; (*reflex.*) to warm oneself up; ZOOL to be in heat; *coll* [alterarse] to get excited; AMER to get angry

ca•len•tu•ra *f.* fever

ca•len•tu•rien•to, a *adj.* feverish

ca•le•sa *f.* calash, calèche (light carriage)

ca•li•bra•ción *f.* calibration

ca•li•bra•dor *m.* calibrator, calipers

ca•li•brar *tr.* [medir] to gauge; [graduar] to calibrate

ca•li•bre *m.* ARM caliber; TECH [tubo] diameter; [alambre] thickness; [importancia] importance

ca•li•có *m.* calico

ca•li•dad *f.* quality; [clase] class; [capacidad] position; [índole] nature ▪ **a ~ de que** on the condition that; **en ~ de** as

cá•li•do, a *adj.* warm

ca•lien•ta•piés *m.* foot warmer

ca•lien•ta•pla•tos *m.* plate warmer, hot plate

ca•lien•te *adj.* hot; *fig* [acalorado] angry ▪ **~ de cascos** hot-tempered; **estar ~** [animal] to be in heat

ca•li•fa *m.* caliph

ca•li•fi•ca•ción *f.* [clasificación] classification; [nota] grade

ca•li•fi•ca•do, a *adj.* [capaz] qualified; [eminente] eminent; [probado] proven

ca•li•fi•ca•dor, •ra <> *adj.* examining <> *m.f.* assessor; [clasificador] classifier
ca•li•fi•car [70] *tr.* [clasificar] to classify; [dar una nota a] to grade; [tratar] to call ■ **me calificó de estúpido** she called me stupid
ca•li•fi•ca•ti•vo, a <> *adj.* qualifying <> *m.* qualifier
ca•li•for•nio *m.* californium
ca•li•gra•fí•a *f.* calligraphy
ca•lí•gra•fo, a *m.f.* calligrapher ■ ~ **perito** handwriting expert
ca•lis•te•nia *f.* calisthenics
cá•liz *m.* chalice; POET cup; BOT calyx
ca•li•zo, a <> *adj.* calcareous, limy <> *f.* limestone
ca•lla•do, a <> *adj.* [silencioso] silent; [reservado] reserved <> *f.* silence
ca•llar *intr.* to be o become silent; (*tr.*) [silenciar] to silence; [guardar secreto] to keep secret; [no mencionar] not to mention; (*reflex.*) [guardar silencio] to be quiet o silent; [quedarse callado] to keep quiet ■ **¡cállate!** be quiet!; **¡cállate la boca!** *coll* shut up!
ca•lle *f.* street ■ **echar a la** ~ *coll* to throw out of the house; **echarse a la** ~ *coll* to take to the streets; **poner en la** ~ to put out on the street
ca•lle•je•ar *intr.* to wander o walk the streets
ca•lle•je•o *m.* roaming about
ca•lle•je•ro, a *adj.* fond of wandering the streets ■ **perro** ~ stray dog
ca•lle•jón *m.* alley ■ ~ **sin salida** blind alley; *fig* deadlock
ca•llo <> *m.* corn <> *pl.* tripe
ca•llo•si•dad *f.* callosity, callus
cal•man•te <> *adj.* calming; MED sedative <> *m.* sedative
cal•mar *tr.* to soothe, calm (down); (*intr.*) to calm (down), abate; (*reflex.*) to calm down
cal•mo, a <> *adj.* calm <> *f.* [tranquilidad] calm; [serenidad] calmness; *coll* [pachorra] sluggishness ■ **con** ~ calmly; **en** ~ calm; COM in a slack period; **perder la** ~ to lose one's composure
ca•ló *m.* gypsy dialect
ca•lo•frí•o *m.* chill, shiver
ca•lor *m.* warmth, heat; [pasión] ardor; [de la batalla] thick ■ **dar** ~ **a** to encourage; **entrar en** ~ to get warm; **hacer** ~ [tiempo] to be hot o warm; **tener** ~ [persona] to be hot o warm
ca•lo•rí•a *f.* calorie
ca•lo•rí•fe•ro, a <> *adj.* heat-producing <> *m.* heater ■ ~ **de aire** air heater
ca•lo•rí•fu•go, a *adj.* heat-resistant
ca•lo•rí•me•tro *m.* calorimeter
ca•lum•nia *f.* calumny, slander
ca•lum•nia•dor, •ra <> *adj.* slanderous <> *m.f.* slanderer
ca•lum•niar *tr.* to calumniate, slander
ca•lu•ro•so, a *adj.* warm, hot; *fig* warm, enthusiastic
cal•va•rio *m.* calvary; RELIG Calvary
cal•vez/vi•cie *f.* baldness
cal•vo, a <> *adj.* bald ■ **quedarse** ~ to go bald <> *m.f.* bald person; (*f.*) bald spot
cal•za <> *f.* [cuña] wedge; *coll* [media] stocking <> *pl.* breeches
cal•za•da *f.* highway, road
cal•za•do *m.* footwear ■ **tienda de** ~ shoe store
cal•za•dor *m.* shoehorn
cal•zar [04] *tr.* to put shoes on; [poner calces] to wedge; *coll* [comprender] to grasp, understand ■ **¿qué número calza?** what size do you take?; (*reflex.*) to put on shoes
cal•zón <> *m.* [pantalones] pants, trousers; RP panties; MEX chaps ■ **a** ~ **quitado** *coll* boldly <> *pl.* pants, trousers ■ **tener bien puestos los** ~ *coll* to be quite a man
cal•zon•ci•llos *m.pl.* underwear, shorts
ca•ma *f.* bed; [armazón] bedstead; [guarida] lair; [de paja] straw bed; CUL layer ■ **caer en** ~ to fall ill; ~ **gemela** twin bed; ~ **matrimonial** double bed; **guardar** ~ o **estar en** ~ to stay in bed
ca•ma•da *f.* ZOOL litter; ORNITH brood; [capa] layer
ca•ma•fe•o *m.* cameo
ca•ma•le•ón *m.* chameleon
ca•man•du•le•ar *intr.* RP *coll* to be hypocritical, to intrigue
ca•man•du•le•ro, a RP *coll* <> *adj.* sly, cunning <> *m.f.* hypocrite
cá•ma•ra *f.* [sala] hall; [junta] chamber; AGR granary; AUTO inner tube; POL house; MARIT cabin; ARM chamber; PHOTOG camera ■ ~ **cinematográfica** movie camera; ~ **de compensación** COM clearing house; ~ **digital** digital camera; ~ **de oxígeno** oxygen tent; ~ **de televisión** television o video camera; ~ **frigorífica** cold storage chamber; ~ **lenta** slow motion; ~ **mortuoria** funeral chamber; ~ **video** video camera, camcorder; ~ **de video digital** digital video camera; ~ **web** webcam
ca•ma•ra•da *m.f.* comrade
ca•ma•ra•de•rí•a *f.* camaraderie, comradeship
ca•ma•re•ro, a *m.f.* waiter, waitress; MARIT steward, stewardess
ca•ma•ri•lla *f.* clique, coterie
ca•ma•rín *m.* RELIG niche; THEAT dressing room
ca•ma•rón *m.* shrimp, prawn
ca•ma•ro•te *m.* MARIT cabin, berth
ca•mas•tro *m.* *coll* makeshift bed; MIL cot
cam•ba•la•che *m.* *coll* [trueque] swap; RP secondhand store
cam•ba•la•che•ar *tr.* *coll* to swap, trade
cam•ba•la•che•ro, a <> *adj.* swapping, trading <> *m.f.* swapper, trader; RP owner of a secondhand store
cam•bia•ble *adj.* [que se puede alterar] changeable; [por otra cosa] exchangeable
cam•bia•dor, •ra *m.f.* moneychanger; (*m.*) CHILE & MEX RAIL switchman ■ ~ **automático** o **de discos** record changer
cam•biar *tr.* to change; [alterar] to alter; [reemplazar] to replace; [trocar] to exchange; COM to exchange, change; (*intr.*) to change; METEOROL to shift ■ ~ **de casa** to move; ~ **de color** to change color; ~ **de dueño** to change hands; ~ **de parecer** to change one's mind; ~ **de ropa** to change clothes; (*reflex.*) to change
cam•bia•ví•a *m.* RAIL switch; AMER switchman
cam•bio *m.* change; [alteración] alteration; [trueque] exchange; COM [tipo de cambio] rate of exchange; RAIL switch; AUTO transmission ■ **a** ~ **de** in exchange for; **a la primera de** ~ *coll* before you know it; ~ **automático** AUTO automatic transmission; ~ **climático** climate change; ~ **de marchas** o **velocidades** AUTO gearshift; **casa de** ~ foreign exchange office; **en** ~ [en vez de] instead; [por otra parte] on the other hand

cam•bis•ta *m.f.* moneychanger, broker; (*m.*) RP switchman

cam•bur *m.* AMER [empleo] job; AMER [empleado] clerk; VEN [plátano] banana

ca•me•lar *tr. coll* [halagar] to flatter; [enamorar] to woo; [engañar] to deceive; MEX to watch

ca•me•lia *f.* camellia

ca•me•llo *m.* camel

ca•me•llón *m.* COL & MEX median (strip)

ca•me•lo *m. coll* wooing ■ **dar ~ a** to tease

ca•me•ri•no *m.* THEAT dressing room

ca•me•ro, a *adj.* [de camas] double

ca•mi•lla *f.* MED stretcher

ca•mi•lle•ro *m.* stretcher-bearer

ca•mi•nar *intr.* to walk; [viajar] to travel; *fig* to move along ■ **~ derecho** to behave properly; (*tr.*) to walk

ca•mi•na•ta *f.* walk, hike

ca•mi•no *m.* road; [senda] path, trail; [vía] route; [viaje] trip; *fig* means ■ **abrir ~** to make way; **allanar el ~** *coll* to smooth the way; **a medio ~** halfway; **~ a** towards; **~ trillado** *fig* beaten path; **en ~** on the way; **en ~ de** *fig* on the way to; **ponerse en ~** to get started; **por buen ~** *fig* on the right track

ca•mión *m.* truck, lorry GB; MEX bus ■ **~ de bomberos** fire engine; **~ de mudanzas** moving van

ca•mio•ne•ro, a ◇ *adj.* C AMER & MEX bus ◇ *m.f.* truck driver

ca•mio•ne•ta *f.* van

ca•mi•sa *f.* shirt; [envoltura] jacket; MECH casing ■ **~ de dormir** nightshirt; **~ de fuerza** strait-jacket; **dejar sin ~ a** *coll* to leave penniless; **en mangas de ~** in shirtsleeves; **perder hasta la ~** *coll* to lose the shirt off one's back

ca•mi•se•ta *f.* T-shirt; [ropa interior] undershirt; SPORT jersey

ca•mi•so•la *f.* camisole

ca•mi•són *m.* nightgown

ca•mo•mi•la *f.* camomile, chamomile

ca•mo•rra *f. coll* squabble ■ **armar ~** to pick a fight; **buscar ~** to go looking for trouble

ca•mo•rre•ar *intr. coll* to squabble, quarrel

ca•mo•rris•ta *adj.* & *m.f.* quarrelsome (person)

ca•mo•te *m.* AMER [batata] sweet potato; *coll* [enamoramiento] infatuation ■ **tener un ~** AMER to be infatuated

cam•pa•men•to *m.* camp ■ **~ de verano** summer camp

cam•pa•na *f.* bell; RP lookout ■ **tañer** o **tocar las campanas** to ring the bells

cam•pa•na•da *f.* stroke, ring (of a bell)

cam•pa•na•rio *m.* bell tower, belfry

cam•pa•ne•ar *intr.* to ring the bells; RP [mirar] to be the lookout

cam•pa•ni•lla *f.* [campana] hand bell; [timbre] doorbell; ANAT uvula; BOT bellflower

cam•pan•te *adj.* unruffled, relaxed

cam•pa•ña *f.* plain; MIL & POL campaign; AMER countryside ■ **hacer ~** to campaign; **tienda de ~** tent

cam•pe•cha•no, a *adj. coll* good-natured

cam•pe•ón, o•na *m.f.* champion

cam•pe•o•na•to *m.* championship

cam•pe•si•na•do *m.* peasantry

cam•pe•si•no, a ◇ *adj.* rustic ◇ *m.f.* peasant

cam•pes•tre *adj.* rural

cam•pi•ña *f.* large field

cam•po *m.* country, countryside; [plantío] field; MIL & SPORT field; ANDES [lugar] room, space; C SUR [hacienda] cattle ranch ■ **a ~ traviesa** cross-country; **casa de ~** country house; **~ de batalla** battlefield; **~ de deportes** athletic field; **~ de juego** playground; **~ de tiro** firing range; **~ magnético** PHYS magnetic field; **~ petrolífero** oil field; **~ raso** open country; **~ visual** field of vision; **dar ~ a** *fig* to give ground to; **trabajo de ~** field work

cam•po•san•to *m.* cemetery, graveyard

ca•mu•fla•je *m.* camouflage

ca•mu•flar *tr.* to camouflage

can *m.* [perro] dog; [gatillo] trigger

ca•na *f.* ▻ **cano, a**

ca•nal *m.* canal; [estrecho] strait, channel; [de puerto] navigation channel; [tubo] pipe, conduit, tube; ANAT tract; ARCHIT gutter; RAD & TELEV channel; COMPUT channel ■ **~ generalista** TELEV general-interest channel; **~ de pago** TELEV subscription channel

ca•na•le•ta *f.* conduit; RP gutter

ca•na•li•za•ción *f.* canalization; TECH piping; ELEC wiring

ca•na•li•zar [04] *tr.* [territorio] to canalize; [aguas] to channel; [por tuberías] to pipe; *fig* to channel

ca•na•lla *coll m.* scoundrel; (*f.*) riffraff

ca•na•lla•da *f.* dirty trick

ca•na•lles•co, a *adj.* low, despicable

ca•na•lón *m.* gutter, drainpipe

ca•na•pé *m.* [sofá] sofa; CUL canapé

ca•nas•ta *f.* basket; [naipes] canasta

ca•nas•ti•lla *f.* [canasta pequeña] small basket; [de bebé] layette; AMER trousseau

ca•nas•to *m.* basket

can•cel *m.* [puerta] storm door; [mampara] partition

can•ce•la *f.* iron gate

can•ce•lar *tr.* to cancel; [saldar] to pay off; *fig* to wipe out

cán•cer *m.* cancer

can•ce•ró•lo•go, a *m.f.* cancer specialist

can•ce•ro•so, a *adj.* cancerous

can•cha *f.* [campo] field; [de tenis] court ■ **dar ~ a** ARG, CHILE & C RICA to give the advantage to; **estar uno en su ~** RP *coll* to be in one's element; **tener ~** RP *coll* to be experienced

can•che•ro, a ◇ *m.f.* RP expert; AMER grounds-keeper ◇ *adj.* RP expert, skilled

can•ci•ller *m.* chancellor

can•ci•lle•rí•a *f.* chancellery

can•ción *f.* song ■ **~ de cuna** lullaby

can•cio•ne•ro *m.* MUS songbook

can•cro *m.* MED cancer; BOT canker

can•da•do *m.* padlock

can•de•al ◇ *adj.* ■ **pan ~** white bread ◇ *m.* ARG, CHILE & PERU hot beverage made with cognac, milk and eggs

can•de•la *f.* [vela] candle; *coll* [lumbre] heat; [fire] light

can•de•la•bro *m.* candelabrum; ARG cactus

can•de•la•ria *f.* Candlemas; BOT great mullein

can•de•le•ro *m.* candlestick; [velón] oil lamp; MARIT stanchion ■ **estar en el ~** to be at the top

can•den•te *adj.* [incandescente] white-hot; [ardiente] burning; *fig* [cargado] charged; [grave] burning, important

can•di•da•to, a *m.f.* candidate
can•di•da•tu•ra *f.* candidacy
can•di•dez *f.* candor; *fig* naiveté
cán•di•do, a *adj.* candid; *fig* naive
can•dil *m.* oil lamp; MEX [araña] chandelier
can•di•le•ja <> *f.* oil reservoir <> *pl.* footlights
can•dom•be *m.* Uruguayan dance of African origin
can•dor *m.* candor; [ingenuidad] naiveté
can•do•ro•so, a *adj.* candid; [ingenuo] naive
ca•ne•ca *f.* COL trashcan
ca•ne•la *f.* cinnamon
ca•ne•lón *m.* [cañería] roof gutter; [carámbano] icicle; [labor] tubular braid
ca•ne•lo•nes *m.pl.* cannelloni (pasta)
ca•ne•sú *m.* [de camisa] yoke; [de vestido] bodice
can•gre•jo *m.* crab ▪ **~ de mar** crab; **~ de río** crayfish
can•gre•na *f.* = **gangrena**
can•gu•ro *m.* kangaroo
ca•ní•bal <> *adj.* cannibalistic <> *m.f.* cannibal
ca•ni•ca <> *f.* marble <> *pl.* (game of) marbles
ca•ní•cu•la *f.* dog days, midsummer heat
ca•ni•lla *f.* ANAT shinbone; [carretillo] spool; AMER [del agua] tap; MEX *fig* [fuerza] strength; AMER *coll* [pierna] skinny leg
ca•ni•lli•ta *m.* S AMER newspaper boy
ca•ni•no, a *adj.* & *m.* canine
can•je *m.* exchange, trade
can•je•a•ble *adj.* exchangeable
can•je•ar *tr.* to exchange, trade
ca•no, a <> *adj.* gray-haired; *fig* old <> *f.* [cabello] white o gray hair; AMER *coll* jail ▪ **echar una ~ al aire** to have fun <> *pl.* gray hair(s)
ca•no•a *f.* canoe; [bote] rowboat
ca•non *m.* canon
ca•nó•ni•co, a *adj.* canonical, canonic
ca•nó•ni•go *m.* canon, prebendary
ca•no•ni•za•ción *f.* canonization
ca•no•ni•zar [04] *tr.* to canonize
ca•no•ro, a *adj.* melodious ▪ **ave ~** songbird
ca•no•so, a *adj.* gray-haired
can•sa•do, a [fatigado] tired; [agotado] wornout ▪ **a las cansadas** RP after much delay
can•sa•dor, •ra *adj.* ANDES & RP [que cansa] tiring; [que aburre] tiresome, boring
can•san•cio *m.* tiredness ▪ **muerto de ~** dogtired
can•sar *tr.* to tire, make tired; [aburrir] to bore; [fastidiar] to annoy ▪ **~ la vista** to strain one's eyes; (*reflex.*) to become o get tired; (*intr.*) to be tiring; [aburrir] to be boring
can•ta•le•ta *f.* AMER nagging
can•tan•te <> *adj.* singing ▪ **llevar la voz ~** to be in charge <> *m.f.* singer, vocalist
can•tar[1] *m.* song, folk song ▪ **eso es otro ~** *coll* that's another story
can•tar[2] *tr.* & *intr.* to sing; *fig* to confess ▪ **en menos de lo que canta un gallo** *coll* in a jiffy
cán•ta•ro *m.* jug ▪ **llover a cántaros** *coll* to rain cats and dogs
can•te•ra *f.* quarry, pit
can•te•ro *m.* [pedrero] stonemason; RP flowerbed
cán•ti•co *m.* canticle; *fig* song
can•ti•dad *f.* quantity; [suma] sum
can•ti•le•na *f.* MUS cantilena; *fig* same old story
can•tim•plo•ra *f.* canteen
can•ti•na *f.* canteen; AMER saloon
can•ti•ne•la *f.* = **cantilena**
can•ti•ne•ro, a *m.f.* saloonkeeper
can•to[1] *m.* [canción] song; [arte] singing; [monótono] chant; [poema] heroic poem
can•to[2] *m.* [extremo] edge; [borde] border; [de cuchillo] blunt edge; [de un libro] front edge; [guijarro] pebble ▪ **~ rodado** boulder; **de ~** [de lado] on end, on edge; [grueso] thick
can•tor, •ra <> *adj.* singing <> *m.f.* singer
can•tu•rre•ar/rriar *intr. coll* to sing softly
cá•nu•la *f.* small reed; MED cannula
ca•nu•to *m.* tube
ca•ña *f.* reed; [de azúcar] cane; [tallo] stalk; [de una bota] leg; ANAT long bone; ZOOL shank; ARCHIT shaft of a column ▪ **~ de pescar** fishing rod; **~ dulce** sugar cane
ca•ña•da *f.* ravine; AMER stream
ca•ña•dón *m.* AMER [barranca] ravine; [arroyo profundo] deep stream
ca•ñal *m.* cane thicket
ca•ña•miel *f.* sugar-cane
cá•ña•mo *m.* hemp
ca•ña•ve•ral *m.* cane thicket; [plantación] sugar-cane plantation
ca•ñe•rí•a *f.* [tubo] pipe; [tubería] pipeline
ca•ñe•ro *m.* sugar-cane vendor
ca•ño *m.* [tubo] pipe; [albañal] sewer; MARIT narrow channel; MIN gallery
ca•ñón *m.* MIL cannon; ARM barrel; GEOG canyon, gorge; [de chimenea] flue ▪ **~ antiaéreo** antiaircraft gun; **~ antitanque** antitank gun; **~ de proyección** videoprojector
ca•ño•na•zo *m.* [tiro] cannon shot; *coll* [noticia] bombshell; SPORT shot
ca•ño•ne•ar *tr.* to cannonade, shell
ca•ño•ne•o *m.* cannonade, shelling
ca•ño•ne•ro, a *adj.* armed with cannons
ca•o•ba *f.* mahogany
ca•os *m.* chaos
ca•ó•ti•co, a *adj.* chaotic
ca•pa *f.* [manto] cape; [de pintura] coat; [cubierta] covering; GEOL layer; ZOOL coat ▪ **~ de ozono** ozone layer; **a ~ y espada** through thick and thin; **andar** o **ir de ~ caída** *coll* [decaer] to be in rough shape; [estar triste] to be depressed
ca•pa•ci•dad *f.* capacity; [espacio] room; [talento] ability; LAW capacity ▪ **~ adquisitiva** purchasing power; **~ de almacenamiento** COMPUT storage capacity; **~ de ganancia** earning power
ca•pa•ci•tar *tr.* [instruir] to train; [calificar] to qualify; [autorizar] to empower; (*reflex.*) to become qualified
ca•par *tr.* to castrate
ca•pa•ra•zón *m.* shell, carapace
ca•pa•taz *m.* foreman
ca•paz *adj.* capable
cap•cio•so, a *adj.* deceitful ▪ **pregunta ~** tricky question
ca•pe•ar *tr. coll* [engañar] to fool; [eludir] to dodge; MARIT to weather
ca•pe•llán *m.* chaplain
ca•pe•ru•za *f.* [gorro] hood; [de pluma] cap
ca•pi•cú•a *m.* reversible number, palindrome
ca•pi•lar *adj.* & *m.* capillary

ca•pi•la•ri•dad *f.* capillarity
ca•pi•lla *f.* chapel; [camarilla] clan; TECH hood ■ ~ **ardiente** funeral chapel; **estar en** ~ to be on tenterhooks
ca•pi•llo *m.* [de niño] baby bonnet; [de bautizo] baptismal cape; [del calzado] toe lining; [capullo] silk cocoon
ca•pi•ro•ta•zo *m.* fillip, flick (with a finger)
ca•pi•ro•te *m.* hood ■ **tonto de** ~ fool
ca•pi•ru•cho *m. coll* hood, cap
ca•pi•tal ◇ *adj.* capital; [esencial] vital; **de importancia** ~ of vital importance ◇ *m.* capital; [el que produce intereses] principal ■ ~ **activo** working capital; ~ **circulante** working capital; ~ **de inversión** investment capital; ~ **disponible** available funds; ~ **en giro** operating capital; ~ **fijo** fixed capital; ~ **líquido** net worth; ~ **social** capital stock; (*f.*) capital, capital city
ca•pi•ta•li•no, a ◇ *adj.* of the capital ◇ *m.f.* native o inhabitant of the capital
ca•pi•ta•lis•ta ◇ *adj.* capitalist, capitalistic ◇ *m.f.* capitalist
ca•pi•ta•li•za•ción *f.* capitalization
ca•pi•ta•li•zar [04] *tr.* to capitalize; [interés] to compound
ca•pi•tán, a•na *m.* captain; *fig* leader ■ ~ **de corbeta** lieutenant commander; ~ **de fragata** commander; (*m.f.*) SPORT team captain
ca•pi•ta•ne•ar *tr.* to captain; *fig* to command
ca•pi•ta•ní•a *f.* [cargo] captainship; [de tropas] company
ca•pi•tel *m.* capital (of a column)
ca•pi•to•lio *m.* capitol
ca•pi•tu•la•ción *f.* capitulation
ca•pi•tu•lar *intr.* to capitulate
ca•pí•tu•lo *m.* chapter; [reunión] assembly; ANAT & BOT capitulum
ca•pó *m.* AUTO hood, bonnet GB
ca•pón ◇ *adj.* castrated ◇ *m.* capon; RP castrated sheep
ca•po•ral *m.* foreman; *fig* boss
ca•po•ta *f.* [de mujer] bonnet; [de coche] hood, bonnet GB; [capa corta] short cape; AUTO folding top of a convertible
ca•po•tar *intr.* to turn over, roll over
ca•po•te *m.* cape ■ ~ **de montar** riding cape; ~ **de monte** poncho
ca•pri•cho *m.* whim; [antojo] fancy; MUS caprice ■ **tener** ~ **por** to fancy
ca•pri•cho•so, a *adj.* whimsical; [inconstante] fickle
cáp•su•la *f.* capsule; ARM cartridge shell
cap•tar *tr.* [atraer] to attract, win; [aprehender] to grasp
cap•tu•ra *f.* capture, apprehension
cap•tu•rar *tr.* to capture, apprehend
ca•pu•cha *f.* hood; PRINT circumflex accent
ca•pu•chi•no, a *adj.* & *m.f.* RELIG Capuchin
ca•pu•llo *m.* [brote] bud; [de larva] cocoon; [de bellota] cup ■ ~ **de rosa** rosebud
ca•qui *m.* BOT kaki; [tela y color] khaki
ca•ra ◇ *f.* face; [semblante] look; [superficie] surface; [frente] front; [aspecto] appearance; *coll* [descaro] nerve; GEOM plane; [anverso] heads ■ **asomar la** ~ to show one's face; **caérsele la** ~ **de vergüenza** *coll* to blush with shame; ~ **a** ~ face to face; ~ **de pascua** *coll* happy face; ~ **de pocos amigos** *coll* unfriendly face; ~ **de viernes** *coll* long face; ~ **dura** nerve, cheek; ~ **o cruz** heads or tails; **cruzar la** ~ **a** to slap; **dar** ~ **a** to face; **dar la** ~ to face the consequences; **de dos caras** two-faced; **echar** ~ **o cruz** to toss a coin; **echar en** ~ to reproach; **hacer** ~ **a** to confront; **sacar la** ~ **por** *coll* to stick up for; **saltar a la** ~ *fig* to hit the eye immediately; **tener** ~ **de** *coll* to look like; **tener** ~ **para** *coll* to have the nerve to ◇ *adv.* ■ ~ **a** o **de** ~ facing
ca•ra•be•la *f.* caravel
ca•ra•bi•na *f.* carbine
ca•ra•bi•ne•ro *m.* CHILE [policía] military policeman
ca•ra•col *m.* snail; [concha] conch; [espiral] spiral; [rizo] curl; ANAT cochlea ■ **¡caracoles!** my goodness!; **escalera de** ~ spiral staircase
ca•ra•co•la *f.* conch
ca•rác•ter *m.* character; [índole] nature; [rasgo] trait; [capacidad] capacity; [de letra] handwriting; [estilo] style; [entereza] moral character ■ ~ **de imprenta** typeface
ca•rac•te•rís•ti•co, a ◇ *adj.* characteristic ◇ *m.* THEAT character actor; (*f.*) [rasgo] characteristic; THEAT character actress; MATH characteristic; ARG telephone exchange
ca•rac•te•ri•za•do, a *adj.* distinguished
ca•rac•te•ri•za•dor, •ra *adj.* distinguishing
ca•rac•te•ri•zar [04] *tr.* to characterize; THEAT to portray (a role) expressively; (*reflex.*) to be characterized; THEAT to make up
ca•ra•cú *m.* AMER bone marrow
ca•ra•du•ra *adj.* & *m.f.* shameless (person)
¡ca•ram•ba! *interj.* [asombro] good heavens!; [enfado] damn it!
ca•rám•ba•no *m.* icicle
ca•ram•bo•la *f.* carom (in billiards); *coll* [doble resultado] killing two birds with one stone; [casualidad] chance
ca•ra•me•li•zar [04] *tr.* [bañar] to cover with caramel; [convertir] to caramelize
ca•ra•me•lo *m.* caramel; [dulce] candy
ca•ran•cho *m.* AMER carrion hawk
ca•ra•o•ta *f.* VEN bean
ca•rá•tu•la *f.* [careta] mask; AMER title page
ca•ra•va•na *f.* caravan
¡ca•ray! *interj.* damn!
car•bo•hi•dra•to *m.* carbohydrate
car•bón *m.* coal; [de leña] charcoal; [lápiz] carbon pencil; [papel] carbon (paper); ELEC carbon ■ ~ **animal** boneblack; **negro como el** ~ black as the ace of spades
car•bo•nar *tr.* to char, make into charcoal; (*reflex.*) to become carbonized o charred
car•bo•na•to *m.* carbonate
car•bon•ci•llo *m.* ARTS charcoal pencil; [carbonilla] small coal
car•bo•ne•ro, a ◇ *adj.* charcoal ◇ *m.* coal supplier; MARIT coal ship; (*f.*) [pila de leña] charcoal pile; [depósito] coal bin
car•bo•ní•fe•ro, a *adj.* & *m.* carboniferous
car•bo•ni•lla *f.* coal dust; [de la locomotora] soot; ARG charcoal pencil
car•bo•ni•zar [04] *tr.* to carbonize, char
car•bo•no *m.* carbon
car•bo•run•do *m.* carborundum
car•bun•clo *m.* MIN carbuncle
car•bún•cu•lo *m.* carbuncle, ruby

car•bu•ra•dor *m.* carburetor
car•bu•ran•te ◇ *m.* fuel ◇ *adj.* containing a hydrocarbon
car•bu•rar *tr.* to carburize; (*intr.*) *coll* to run, go
car•bu•ro *m.* carbide
car•ca•ja•da *f.* loud laughter ▪ **reír a carcajadas** to split one's sides laughing
car•ca•mán *m.* MARIT old ship; AMER pretentious person; CUBA low-class foreigner
car•ca•sa *f.* [para celular] fascia
cár•cel *f.* [prisión] jail; TECH clamp
car•ce•le•ro, a ◇ *m.f.* jailer ◇ *adj.* jail
car•ci•no•ma *f.* carcinoma, cancer
car•co•mer *tr.* to eat away, gnaw; (*reflex.*) to rot, decay
car•de•nal *m.* cardinal; *coll* [mancha] bruise
cár•de•no, a *adj.* purple
car•dia•co/dí•a•co, a ◇ *adj.* cardiac ◇ *m.f.* cardiac ▪ **ataque ~** heart attack
car•di•nal *adj.* cardinal
car•dió•gra•fo, a *m.f.* cardiologist; (*m.*) electrocardiograph
car•dio•gra•ma *m.* electrocardiogram
car•dio•lo•gí•a *f.* cardiology
car•dió•lo•go, a *m.f.* cardiologist
car•do *m.* thistle
car•du•me(n) *m.* school (of fish)
ca•re•ar *tr.* [confróntar] to bring face to face; [cotejar] to compare
ca•re•cer [17] *intr.* ▪ **~ de** to lack
ca•ren•cia *f.* lack; MED deficiency
ca•ren•te *adj.* lacking (in), devoid of
ca•re•o *m.* [confrontación] confrontation; [cotejo] comparison
ca•re•ro, a *adj.* expensive (a shopkeeper)
ca•res•tia *f.* scarcity; COM high prices ▪ **~ de la vida** high cost of living
ca•re•ta *f.* mask ▪ **~ antigás** gas mask; **quitarle a uno la ~** to unmask someone
ca•rey *m.* sea turtle; [caparazón] tortoiseshell
car•ga *f.* load; [acción] loading; [flete] cargo; [peso] burden; [obligación] duty; [responsabilidad] onus; [impuesto] tax, duty; MIL attack; [de armas] charge; ELEC charge ▪ **~ bruta** gross tonnage; **~ personal** personal obligation; **~ útil** payload; **llevar la ~ de** to be responsible for; **tomar ~** to take on cargo; **volver a la ~** to persist
car•ga•de•ro *m.* loading platform
car•ga•do, a ◇ *adj.* laden; [sabor] strong; [atmósfera] heavy; ELEC charged ▪ **~ de años** old, ancient; **~ de espaldas** round-shouldered ◇ *f.* MEX loading; RP practical joke
car•ga•men•to *m.* load, cargo
car•gan•te *adj.* tiresome, burdensome
car•gar [47] *tr.* to load; [llenar] to fill; [imputar] to ascribe; [con obligaciones] to burden; [con impuestos] to impose; *coll* [importunar] to pester; ELEC & MIL to charge; COM to debit; AMER to carry ▪ **~ la mano a** *fig* [exigir mucho] to be exacting; [apremiar] to press; **~ en cuenta** COM to charge to one's account; (*intr.*) to load; ARCHIT to rest ▪ **~ con** to carry; *fig* to shoulder; (*reflex.*) *coll* [molestarse] to become annoyed; METEOROL to become cloudy ▪ **~ de** to have a lot of; **~ de años** to be old, getting along (in years)
car•go *m.* [peso] load; [dignidad] position; [dirección] direction; [obligación] obligation; [acusación] charge; COM debit ▪ **a ~ de** in charge of; **~ de conciencia** remorse; **hacer ~ a uno de** to hold someone responsible for; **hacerse ~ de** to take charge of
car•go•se•ar *tr.* AMER to pester, bother
car•go•so, a *adj.* AMER bothersome, tiresome
car•gue•ro, a ◇ *adj.* freight ◇ *m.* MARIT freighter
ca•ria•con•te•ci•do, a *adj. coll* glum
ca•ria•do, a *adj.* decayed
ca•riar *tr.* & *reflex.* to decay
ca•ri•be *m.* ICHTH caribe, piranha
ca•ri•ca•tu•ra *f.* caricature
ca•ri•ca•tu•ris•ta *m.f.* caricaturist
ca•ri•ca•tu•ri•zar [04] *tr.* to caricature
ca•ri•cia *f.* caress ▪ **hacer caricias a** to caress
ca•ri•dad *f.* charity ▪ **¡por ~!** for pity's sake!; **la ~ bien entendida empieza por casa** charity begins at home
ca•ries *f.inv.* MED caries, decay
ca•ri•lla *f.* page, side
ca•ri•llón *m.* carillon
ca•ri•ño ◇ *m.* [afecto] affection; [amor] love; [caricia] caress; [esmero] care ▪ **sentir ~ por** o **tener ~ a** to be fond of; **tomar ~ a** to take a liking to ◇ *pl.* love (in a letter)
ca•ri•ño•so, a *adj.* affectionate, loving
ca•ris•ma *m.* charisma
ca•ris•má•ti•co, a *adj.* charismatic
ca•ri•ta•ti•vo, a *adj.* charitable
ca•riz *m. coll* prospects, outlook
car•me•li•ta ◇ *adj.* Carmelite; AMER brown ◇ *m.f.* Carmelite; (*f.*) nasturtium flower
car•me•sí *adj.* & *m.* (*pl.* **-íes**) crimson
car•mín ◇ *adj.* crimson ◇ *m.* [color] crimson; [tinta] carmine; [rosal] mallow rose ▪ **~ de labios** lipstick
car•na•da *f.* [cebo] bait; [trampa] trap, snare
car•nal *adj.* carnal; [sensual] lustful; [hermano] full
car•na•val *m.* carnival
car•ne *f.* flesh; CUL meat; BOT pulp ▪ **~ asada al horno** roast (of meat); **~ asada a la parrilla** broiled meat; **~ de carnero** mutton; **~ de cerdo** o **de puerco** pork; **~ de cordero** o **de oveja** lamb; **~ de gallina** *coll* goose bumps; **~ de ternera** veal; **~ de vaca** beef; **~ picada** chopped meat; **en ~ viva** raw; **ser ~ y uña** to be very close
car•ne•ar *tr.* AMER to slaughter
car•ne•ro *m.* sheep; [macho] ram; CUL mutton; RP scab
car•net/né *m.* (*pl* **-nés**) card
car•ni•ce•rí•a *f.* butcher shop; *fig* carnage
car•ni•ce•ro, a ◇ *adj.* [carnívoro] carnivorous; [cruel] savage ◇ *m.f.* butcher
car•ni•tas *f.pl.* MEX small pieces of braised pork
car•ní•vo•ro, a ◇ *adj.* carnivorous ◇ *m.* carnivore
car•no•so/nu•do, a *adj.* meaty
ca•ro, a ◇ *adj.* [costoso] expensive; [amado] dear ◇ *adv.* at a high price
ca•ro•ti•na *f.* carotene
ca•ro•zo *m.* stone, pit
car•pa[1] *f.* carp ▪ **~ dorada** goldfish
car•pa[2] *f.* AMER [tienda] tent; [toldo] awning
car•pe•ta *f.* [cubierta] folder; [tapete] table cover
car•pin•cho *m.* AMER ZOOL capybara
car•pin•te•rí•a *f.* [oficio] carpentry; [taller] carpenter shop

car•pin•te•ro *m.* carpenter; ORNITH woodpecker
ca•rras•pe•ar *intr.* to clear one's throat
ca•rras•pe•o *m.*/**pe•ra** *f.* hoarseness
ca•rre•ra ◇ *f.* [espacio recorrido] run; [competencia] race; [pista] racetrack; [profesión] career; [hilera] row; ARCHIT beam; MUS run ▪ **a la ~** running; **~ a pie** footrace; **~ de armamentos** MIL arms race; **~ de fondo** long-distance race; **~ de obstáculos** steeplechase; **~ de relevos** relay race ◇ *pl.* races
ca•rre•ta *f.* wagon ▪ **~ de bueyes** oxcart; **~ de mano** wheelbarrow; **andar como una ~** to go at a snail's pace
ca•rre•te *m.* [bobina] bobbin; [de la caña de pescar] reel
ca•rre•tel *m.* AMER spool
ca•rre•te•ra *f.* highway, road ▪ **~ de circunvalación** bypass; **~ de cuatro vías** four-lane highway; **~ de vía libre** expressway
ca•rre•te•ro, a *adj.* AMER road ▪ **un accidente ~** a road accident; **tráfico ~** road traffic
ca•rre•ti•lla *f.* [carro pequeño] cart; [de una rueda] wheelbarrow; [del niño] baby walker; RP jaw
ca•rri•co•che *m.* [carro cubierto] covered wagon; *derog* decrepit car, jalopy
ca•rril [surco] groove; AGR furrow; [de tránsito] lane; RAIL rail ▪ **~ americano** trail; **~ conductor** contact rail; **~ de cambio** o **de aguja** switch rail
ca•rri•llo *m.* jowl; [garrucha] pulley ▪ **comer a dos carrillos** to stuff oneself
ca•rri•to *m.* cart ▪ **~ de la compra** shopping cart
ca•rro *m.* [vehículo] cart; AMER [automóvil] car; [contenido] cartload; [de máquina] carriage; MIL tank ▪ **~ alegórico** parade float; **~ blindado** armored car; **~ de asalto** MIL heavy tank
ca•rro•ce•ría *f.* AUTO body
ca•rro•ma•to *m.* covered wagon
ca•rro•ño, a ◇ *adj.* rotten ◇ *f.* carrion; *fig* trash
ca•rro•za *f.* carriage; [de desfile] float; AMER hearse
ca•rrua•je *m.* carriage
ca•rru•sel *m.* carousel, merry-go-round
car•ta *f.* letter; [naipe] playing card; [de derechos] charter; [documento] document; [mapa] map ▪ **a ~ cabal** in every respect; **a la ~** à la carte; **~ aérea** airmail letter; **~ blanca** carte blanche; **~ de porte** COM bill of lading; **echar una ~ al correo** to mail a letter; **poner las cartas sobre la mesa** to put one's cards on the table; **tomar cartas** *coll* to intervene
car•ta•pa•cio *m.* [cuaderno] notebook; AMER portfolio
car•te•ar•se *reflex.* to write to each other
car•tel *m.* poster; FIN cartel ▪ **prohibido fijar carteles** post no bills
car•te•le•ra *f.* billboard; [de un periódico] entertainment section
cár•ter *m.* MECH casing ▪ **~ del cigüeñal** crankcase; **~ de engranajes** gearbox
car•te•ra *f.* [de hombre] wallet; [de mujer] pocketbook; [portadocumentos] briefcase; [de bolsillo] pocket flap; [ministerio] cabinet post; COM & FIN portfolio; ANDES & C SUR purse ▪ **tener en ~** to be planning
car•te•ris•ta *m.* pickpocket
car•te•ro *m.* mailman, postman
car•tí•la•go *m.* cartilage
car•ti•lla *f.* [abecedario] primer; [folleto] booklet
car•to•gra•fí•a *f.* cartography, mapmaking
car•tó•gra•fo, a *m.f.* cartographer, mapmaker
car•to•man•cia *f.* cartomancy
car•tón *m.* [papel] cardboard; [caja] cardboard box; [de cigarrillos] carton; [boceto] sketch; [de un libro] board ▪ **~ piedra** papier-mâché; **~ yeso** plasterboard
car•tu•che•ra *f.* cartridge box
car•tu•cho *m.* MIL cartridge; [cono] paper cone; [bolsa] paper bag; COMPUT cartridge ▪ **~ de dinamita** dynamite stick; **~ de fogueo** blank cartridge; **~ de tinta** ink cartridge; **~ de tóner** toner cartridge; **quemar el último ~** to play one's last card
car•tu•li•na *f.* pasteboard, fine cardboard
ca•sa *f.* house; [residencia] home; [nobleza] house; [establecimiento] firm ▪ **~ adosada** terraced house; **caérsele la ~ encima** *coll* to be overwhelmed; **~ de altos** RP multistory building; **~ de beneficencia** o **de caridad** poorhouse; **~ de citas** house of assignation; **~ de cuna** foundling home; **~ de departamentos** s AMER apartment house; **~ de empeños** pawnshop; **~ de expósitos** orphanage; **~ de la moneda** mint; **~ discográfica** record company; **~ editorial** publishing house; **~ matriz** headquarters; **~ mortuoria** funeral home; **~ pareada** semi-detached house; **como Pedro por su ~** *coll* right at home; **echar la ~ por la ventana** *coll* to go all out; **empezar la ~ por el tejado** to put the cart before the horse; **en ~** at home, in; **estar de ~** to be casually dressed; **estar fuera de ~** to be out; **sentirse como en la ~ de uno** to feel at home
ca•sa•ca *f.* dress coat
ca•sa•de•ro, a *adj.* of marrying age
ca•sa•do, a ◇ *adj.* married ▪ **recién casados** newlyweds ◇ *m.* PRINT imposition
ca•sa•mien•to *m.* marriage, wedding ▪ **~ a la fuerza** shotgun wedding
ca•sar *intr.* to marry; (*tr.*) to marry (off); PRINT to impose; (*reflex.*) to get married ▪ **~ con** to get married to; **~ en segundas nupcias** to remarry; **~ por interés** to marry for money; **~ por detrás de la iglesia** to live together; **~ por poderes** to marry by proxy; **no ~ con nadie** *coll* to maintain one's independence
cas•ca•bel *m.* small bell ▪ **poner el ~ al gato** to bell the cat, stick one's neck out; **ser alegre como un ~** to be as happy as a lark; **serpiente de ~** rattlesnake
cas•ca•dis•mo *m.* ice climbing
cas•ca•do, a ◇ *adj.* cracked; *coll* decrepit ◇ *f.* waterfall
cas•ca•jo *m.* [guijo] gravel; [nuez] nut; [trasto] rubbish; [fragmento] shard ▪ **estar hecho un ~** *coll* to be a wreck
cas•ca•nue•ces *m.inv.* nutcracker
cas•car [70] *tr.* [quebrar] to crack; *coll* [pegar] to beat; (*intr.*) *coll* to kick the bucket; (*reflex.*) to crack
cás•ca•ra *f.* shell; [de fruta] skin; [de queso, fruta] rind; [de cereal] husk
cas•ca•ri•lla ◇ *f.* [de cereal] husk; [de cacao] cacao-leaf tea; [de metal] foil; AMER quick-tempered person ◇ *adj.* AMER quick-tempered
cas•ca•rón *m.* [cáscara] thick peel o rind; [de huevo] eggshell ▪ **no haber salido aún del ~** to be inexperienced
cas•ca•rra•bias *m.f.inv.* *coll* grouch
cas•co ◇ *m.* MIL helmet; [tonel] barrel; MARIT hull; ZOOL hoof; MECH casing; *coll* (head) skull; [de sombrero] crown; [fragmento] shard ▪ **~ de buzo** diver's helmet ◇ *pl.* ▪ **ligero de ~** *coll* [persona] scatterbrained; [mujer] easy

cas•co•te *m.* rubble, debris
ca•se•rí•o *m.* [pueblo] hamlet; [cortijo] country house o estate
ca•se•ro, a ◇ *adj.* [de la casa] domestic; [de la familia] family; **una reunión ~** a family gathering; [hecho en casa] homemade; [hogareño] home-loving ■ **cocina ~** home cooking ◇ *m.f.* [dueño] owner, landlord; [administrador] caretaker; (*f.*) landlady
ca•se•rón *m. coll* large dilapidated house
ca•se•ta *f.* [casa] cottage; [casilla] booth ■ **~ de cobro** MEX tollbooth; **~ telefónica** MEX phone booth
ca•se•te *m.* o *f.* cassette, tape cartridge
ca•si *adv.* almost, nearly ■ **~ ~** *coll* very nearly; **~ nada** next to nothing; **~ nunca** hardly ever
ca•si•lla ◇ *f.* [casa pequeña] cabin; [caseta] watchman's hut; [del mercado] stall; AMER post-office box ■ **~ de correo (electrónico)** (electronic) mailbox; **~ de correo de entrada** in box; **~ de correo de salida** out box; **~ telefónica** AMER telephone booth ◇ *pl.* ■ **sacar a uno de sus ~** *coll* to infuriate; **salir uno de sus ~** *coll* to lose one's temper, fly off the handle
ca•si•lle•ro *m.* filing cabinet with pigeonholes
ca•si•no *m.* casino
ca•so *m.* case; [acontecimiento] event; [circunstancia] circumstance ■ **~ fortuito** unexpected event; LAW act of God; **~ perdido** lost cause; **el ~ es que** the fact is that; **en ~ de** in the event of; **en ~ de que** in case; **en el mejor de los casos** at best; **en el peor de los casos** at worst; **en todo ~** in any case; **en último ~** as a last resort; **hablar al ~** to speak to the question; **hacer** o **venir al ~** *coll* to be relevant; **hacer ~ a** to heed; **hacer ~ de** to pay attention to; **hacer ~ omiso de** to ignore; **no hacer** o **venir al ~** *coll* to be beside the point; **poner por ~** to take as an example; **verse en el ~ de** to be compelled to
ca•són *m.*/**so•na** *f.* large house, mansion
cas•pa *f.* dandruff
¡cás•pi•ta! *interj. coll* gosh!, holy cow!
cas•que•te *m.* MIL helmet; RELIG skullcap; [de mujer] toque; MECH cap ■ **~ glaciar** ice cap
cas•set•te *m.* o *f.* cassette
cas•ta•ña *f.* ▻ **castaño, a**
cas•ta•ña•zo *m. coll* punch, sock
cas•ta•ñe•te•ar *tr.* to play on the castanets; [los dedos] to snap; (*intr.*) to chatter
cas•ta•ñe•te•o *m.* [de las castañuelas] clacking; [de los dedos] snapping; [de los dientes] chattering
cas•ta•ño, a ◇ *adj.* chestnut, brown ◇ *m.* chestnut ■ **pasar algo de ~ obscuro** *coll* to go too far; (*f.*) BOT chestnut; [puñetazo] punch ■ **~ del Brasil** o **de Pará** Brazil nut; **sacar las castañas del fuego** *coll* to have to face the music on behalf of someone else
cas•ta•ñue•la *f.* castanet ■ **estar como unas castañuelas** *coll* to be in a jolly mood
cas•te•lla•no *m.* Spanish; [señor] lord of a castle
cas•ti•dad *f.* chastity
cas•ti•gar [47] *tr.* to punish; [mortificar] to discipline; SPORT to penalize
cas•ti•go *m.* punishment; [mortificación] self-denial; SPORT penalty ■ **levantar el ~** to withdraw the sentence o penalty
cas•ti•llo *m.* castle; MARIT forecastle ■ **~ de naipes** house of cards
cas•ti•zo, a ◇ *adj.* [verdadero] genuine; [típico] typical; LIT pure ◇ *m.f.* AMER quadroon (offspring of a mestizo and a Spaniard)
cas•to, a ◇ *adj.* chaste ◇ *f.* [de personas] lineage; [de la sociedad] caste; ZOOL breed ■ **de ~** [animales] purebred; [personas] of breeding; [auténtico] genuine; **le viene de ~** it runs in the family
cas•tor *m.* beaver
cas•tra, cas•tra•ción *f.* castration
cas•tra•do ◇ *adj.* castrated ◇ *m.* [hombre] eunuch; [caballo] gelding
cas•trar *tr.* to castrate
cas•tren•se *adj.* military
ca•sual *adj.* chance, coincidental
ca•sua•li•dad *f.* chance ■ **dar la ~ que** to just so happen that; **de ~** by chance; **por ~** by any chance
ca•sual•men•te *adv.* by chance o accident
ca•su•lla *f.* chasuble
ca•ta•clis•mo *m.* cataclysm; *fig* upheaval
ca•ta•cum•bas *f.pl.* catacombs
ca•ta•dor, •ra *m.f.* taster, sampler
ca•ta•le•jo *m.* spyglass, small telescope
ca•ta•lép•ti•co, a *adj.* & *m.f.* cataleptic
ca•tá•li•sis *f.inv.* catalysis
ca•ta•li•za•dor *m.* CHEM catalyst; AUTO catalytic converter
ca•ta•lo•ga•dor, •ra ◇ *adj.* catalog(u)ing ◇ *m.f.* catalog(u)er
ca•ta•lo•gar [47] *tr.* to catalog(ue), list
ca•tá•lo•go *m.* catalog(ue)
ca•ta•plas•ma *f.* poultice; *fig* bore
¡ca•ta•plum!/plún! *interj.* crash!, bang!
ca•ta•pul•tar *tr.* to catapult
ca•tar *tr.* to sample, taste
ca•ta•ra•ta *f.* waterfall; MED cataract ■ **las cataratas del Niágara** Niagara Falls
ca•ta•rro *m.* cold, catarrh
ca•tar•sis *f.inv.* catharsis
ca•tár•ti•co, a *adj.* cathartic
ca•tas•tro *m.* cadaster, official land register
ca•tás•tro•fe *f.* catastrophe
ca•tas•tró•fi•co, a *adj.* catastrophic
ca•te•ar *tr.* AMER [registrar] to search
ca•te•cis•mo *m.* catechism (book)
cá•te•dra *f.* [rango] professorship; [asiento] professor's chair; [aula] classroom; [asignatura] subject
ca•te•dral *f.* cathedral
ca•te•drá•ti•co *m.* university professor
ca•te•go•rí•a *f.* category; [clase] type; *fig* standing ■ **de ~** important; **de primera ~** first-rate; **de segunda ~** second-rate
ca•te•gó•ri•co, a *adj.* categorical
ca•te•que•sis *f.*/**quis•mo** *m.* catechism
ca•te•quï•zar [04] *tr.* to catechize; *fig* to convince
ca•té•ter *m.* catheter
ca•te•to *m.* leg of a right triangle
ca•tin•ga *f.* AMER foul smell, body odor
ca•ti•re, a *adj.* CARIB blond (blonde)
ca•tó•li•co, a *adj.* & *m.f.* Catholic ■ **no ser muy ~** to be o look suspicious
ca•to•li•zar [04] *tr.* to catholicize
ca•tor•ce *adj.* & *m.* fourteen(th)
ca•tre *m.* cot ■ **~ de tijera** folding canvas cot
ca•trín, •ina *m.f.* C AMER & MEX *coll* toff
cau•ce *m.* [lecho] riverbed; [acequia] ditch

cau•cho *m.* [goma] rubber; [planta] rubber plant o tree
cau•ción *f.* [precaución] caution; [advertencia] warning; [fianza] bail ▪ **bajo ~** on bail
cau•dal ◇ *adj.* ZOOL caudal; [caudaloso] carying a lot of water ◇ *m.* [riqueza] wealth; [de agua] volume; [abundancia] abundance
cau•da•lo•so, a *adj.* [río] deep; [persona] wealthy
cau•di•llo *m.* leader; AMER political boss
cau•sa *f.* cause; [motivo] reason; LAW lawsuit ▪ **a** o **por ~ de** because of
cau•sal ◇ *adj.* causative ◇ *f.* reason
cau•sa•li•dad *f.* causation; [origen] cause
cau•san•te ◇ *adj.* causative ◇ *m.f.* originator; LAW person from whom a right is derived
cau•sar *tr.* to cause; [ira] to provoke
cau•sa•ti•vo, a *adj.* causative
caus•ti•ci•dad *f.* causticity; *fig* sarcasm
cáus•ti•co, a *adj.* caustic; *fig* scathing
cau•te•la *f.* caution
cau•te•lo•so, a *adj.* cautious
cau•te•ri•za•dor, •ra ◇ *adj.* cauterizing ◇ *m.f.* cauterizer
cau•te•ri•zar [04] *tr.* to cauterize
cau•ti•van•te *adj.* captivating
cau•ti•var *tr.* [aprisionar] to capture; *fig* [interés, atención] to capture; [fascinar] to captivate
cau•ti•ve•rio *m.*/**•vi•dad** *f.* captivity
cau•ti•vo, a *adj.* & *m.f.* captive
cau•to, a *adj.* cautious
ca•var *tr.* to dig; (*intr.*) to delve into
ca•ver•na *f.* cavern, cave; MED cavity
ca•ver•no•so, a *adj.* cavernous; *fig* deep, low
ca•vial/viar *m.* caviar
ca•vi•dad *f.* cavity
ca•vi•la•ción *f.* pondering, rumination
ca•vi•lar *intr.* to ponder, ruminate
ca•ye•ra, yo ▻ **caer**
ca•yo *m.* MARIT key, islet
ca•za *f.* [cacería] hunt; [animales] game ▪ **andar** o **ir a ~ de** *coll* to be on the lookout for; **dar ~** to give chase; **dar ~ a** to hunt down; **ir de ~** to go hunting; (*m.*) AVIA fighter plane, fighter
ca•za•be *m.* AMER CUL cassava bread
ca•za•dor, •ra ◇ *adj.* hunting; ZOOL predatory ◇ *m.* hunter, huntsman ▪ **~ de alforja** o **de pieles** trapper; **~ de cabezas** head-hunter; (*f.*) [mujer] hunter, huntress; [chaqueta] hunting jacket
ca•zar [04] *tr.* to hunt; [coger] to catch; [conseguir] to land ▪ **~ al vuelo** *coll* to catch on quickly
ca•zo *m.* CUL [cucharón] ladle; [cacerola] saucepan; CARP gluepot
ca•zón *m.* dogfish, small shark
ca•zue•la *f.* casserole; [guisado] stew; THEAT gallery
ca•zu•rro, a *adj.* & *m.f.* stupid (person)
CD *m.* CD ▪ **~ interactivo** interactive CD
ce•ba•do, a ◇ *adj.* AMER ZOOL fattened ◇ *f.* BOT barley ▪ **~ perlada** pearl barley
ce•bar *tr.* [engordar] to fatten; [un fuego] to stoke; [un anzuelo] to bait; [fomentar] to fuel; ARM to prime; MECH to start up; RP to brew (maté); (*reflex.*) [excitarse] to become excited; [entregarse] to devote oneself
ce•bi•che *m.* AMER marinated raw fish
ce•bo *m.* [alimento] feed; [detonador] charge; [del anzuelo] bait; [aliciente] enticement; ARM primer
ce•bo•lla *f.* onion; [bulbo] bulb
ce•bo•lle•ta *f.* BOT chive
ce•bo•lli•no *m.* [sementero] onion seed; BOT & CUL chive(s)
ce•bra *f.* zebra
ce•bú *m.* (*pl* **-úes**) zebu, Asiatic ox
ce•ca *f.* royal mint
ce•ce•ar *intr.* to lisp
ce•ce•o *m.* lisp
ce•ci•na *f.* cured meat; ARG jerky, charqui
ce•da•zo *m.* sieve ▪ **pasar por ~** to sift
ce•der *tr.* to cede; [transferir] to transfer; SPORT to pass; (*intr.*) to cede; [rendirse] to yield, give in o **up**; [disminuirse] to abate
ce•de•rrón *m.* CD-ROM
ce•di•lla *f.* cedilla
ce•dro *m.* cedar
cé•du•la *f.* document ▪ **~ de identidad** identification card o papers
ce•gar [52] *tr.* to blind; [tapar] to clog; (*reflex.*) *fig* to be blinded
ce•ga•to, a *adj.* & *m.f.* *coll* nearsighted (person)
ce•gue•dad/ra *f.* blindness
ce•ja *f.* eyebrow; [saliente] projection; [borde] border; METEOROL cloud cover; MUS bridge ▪ **fruncir las cejas** to frown; **meterse algo entre ~ y ~** *coll* to get something into one's head
ce•jar *intr.* to back up; *fig* to slacken
ce•la•da *f.* ambush; *fig* trap
ce•la•dor, •ra ◇ *adj.* watchful, vigilant ◇ *m.f.* [en la escuela] monitor; [de prisión] guard
ce•lar *tr.* to comply with ▪ **~ por** o **sobre** to watch out for
cel•da *f.* cell
ce•le•bra•ción *f.* celebration; [aclamación] praise
ce•le•bran•te ◇ *adj.* celebrating ◇ *m.* celebrant
ce•le•brar *tr.* to celebrate; [alabar] to praise; [venerar] to venerate; [una reunión] to hold; [un acuerdo] to reach; (*reflex.*) [cumpleaños] to be o fall on; [una reunión] to take place
cé•le•bre *adj.* celebrated, famous
ce•le•bri•dad *f.* celebrity
ce•le•ri•dad *f.* speed ▪ **con toda ~** as quickly as possible
ce•les•te ◇ *adj.* sky-blue ▪ **cuerpo ~** heavenly body ◇ *m.* sky blue
ce•les•tial *adj.* heavenly
ce•les•ti•na *f.* procuress, madam
ce•li•ba•to *m.* celibacy
cé•li•be *adj.* & *m.f.* celibate
ce•lo ◇ *m.* [cuidado] diligence; [entusiasmo] zeal; [envidia] jealousy ▪ **estar en ~** to be in heat ◇ *pl.* jealousy ▪ **dar ~** to make jealous; **tener ~** to be jealous
ce•lo•fán *m.* cellophane
ce•lo•sí•a *f.* [ventana] lattice window; [enrejado] latticework
ce•lo•so, a *adj.* [con celos] jealous; [suspicaz] suspicious; [consciente] zealous
cé•lu•la *f.* cell ▪ **~ fotoeléctrica** photoelectric cell; **~ madre** stem cell
ce•lu•lar *m.* AMER cellphone
ce•lu•li•tis *f.* cellulitis
ce•lu•loi•de *m.* celluloid
ce•lu•lo•so, a ◇ *adj.* cellulous, cellular ◇ *f.* cellulose

ce•men•te•rio *m.* cemetery
ce•men•to *m.* cement; [hormigón] concrete ▪ ~ **armado** reinforced concrete
ce•na *f.* dinner, supper ▪ **la santa** o **última Cena** the Last Supper
ce•na•gal *m.* swamp
ce•nar *intr.* to have dinner o supper; (*tr.*) to have for dinner o supper
cen•ce•rre•ar *intr.* [sonar] to clang bells; *coll* [tocar mal] to play out of tune; [chirriar] to squeak
cen•ce•rro *m.* cowbell, bell
ce•ni•ce•ro *m.* ashtray
ce•ni•cien•to, a *adj.* ashen, ash-gray
ce•nit *m.* zenith
ce•ni•zo, a ◇ *adj.* ashen ◇ *m.* BOT goosefoot; [persona] jinx ▪ **tener el** ~ *coll* to have bad luck, be jinxed; (*f.*) [polvo] ash, ashes; [restos] ashes
cen•so *m.* census; [lista] roll; [arrendamiento] rental ▪ **levantar el** ~ to take a census
cen•sor *m.* censor
cen•su•ra *f.* censure; [de expresión, arte] censorship
cen•su•rar *tr.* to censor; [criticar] to criticize
cen•tau•ro *m.* centaur
cen•ta•vo, a ◇ *adj.* hundredth ◇ *m.* AMER cent
cen•te•lla *f.* [rayo] flash; [chispa] spark
cen•te•lle•an•te *adj.* sparkling
cen•te•lle•ar/llar *intr.* [fulgurar] to sparkle; [destellar] to twinkle; [chispear] to flicker
cen•te•na *f.* (one) hundred
cen•te•nar *m.* (one) hundred ▪ **a centenares** by the hundreds
cen•te•na•rio, a ◇ *adj.* [viejo] centenarian; [aniversario] centennial ◇ *m.f.* centenarian; (*m.*) centennial
cen•te•no *m.* rye
cen•té•si•mo, a ◇ *adj.* hundredth ◇ *m.* hundredth; PAN & URUG centesimo (coin)
cen•tí•gra•do, a *adj.* centigrade
cen•ti•gra•mo *m.* centigram
cen•ti•li•tro *m.* centiliter
cen•tí•me•tro *m.* centimeter
cén•ti•mo, a ◇ *adj.* hundredth ◇ *m.* cent
cen•ti•ne•la *m.f.* sentinel, sentry; *fig* lookout
cen•to•lla *f.* spider crab
cen•tra•do, a *adj.* centered; *fig* balanced
cen•tral ◇ *adj.* central ◇ *f.* [oficina] headquarters ▪ ~ **de correos** main post office
cen•tra•li•za•ción *f.* centralization
cen•tra•li•zar [04] *tr.* to centralize; (*reflex.*) to be o become centralized
cen•trar *tr.* to center; [determinar] to find the center of; [enfocar] to focus; *fig* to aim
cén•tri•co, a *adj.* central, centric
cen•tri•fu•gar [47] *tr.* to centrifuge
cen•trí•fu•go, a *adj.* centrifugal
cen•trí•pe•to, a *adj.* centripetal
cen•tro *m.* center; [medio] middle; [núcleo] core; [ciudad] downtown ▪ ~ **de atención de llamadas** call center; ~ **de atención telefónica** call center; ~ **de cálculo** computer center; ~ **comercial** shopping center; ~ **de negocios** business center; ~ **médico** clinic; ~ **de mesa** centerpiece; ~ **turístico** tourist center
cén•tu•plo, a *adj.* & *m.* hundredfold
ce•ñir [59] *tr.* [atar] to bind; [ropa] to be tight on; [abreviar] to condense; (*reflex.*) [moderarse] to limit oneself; [ajustarse] to adjust
ce•ño *m.* frown ▪ **arrugar** o **fruncir el** ~ to frown
ce•pa *f.* [tronco] stump; [de la vid] rootstalk; [vid] vine ▪ **de buena** ~ of good stock; **de pura** ~ genuine
ce•pi•llar *tr.* [limpiar] to brush; CARP to plane
ce•pi•llo *m.* brush; CARP plane ▪ ~ **de dientes** toothbrush; ~ **para el pelo** hairbrush; ~ **para el suelo** scrub brush; ~ **para las uñas** nailbrush
ce•po *m.* [rama] bough; [del reo] pillory ▪ **caer en el** ~ to fall into the trap
ce•ra *f.* wax; [de los oídos] earwax; [de lustrar] polish
ce•rá•mi•co, a ◇ *adj.* ceramic ◇ *f.* ceramics
cer•ba•ta•na *f.* blowpipe, blowgun
cer•ca ◇ *adv.* nearby, close by ▪ ~ **de** [cercano a] near, close to; [alrededor de] about; **de** ~ closely ◇ *f.* fence ▪ ~ **alambrada** wire fence; ~ **viva** hedge
cer•ca•do *m.* [huerto] garden; [valla] fence
cer•ca•ní•a ◇ *f.* nearness, proximity ◇ *pl.* outskirts
cer•ca•no, a *adj.* [próximo] close; [vecino] neighboring; *fig* impending
cer•car [70] *tr.* [con cerco] to fence in; [rodear] to surround; MIL to besiege
cer•ce•nar *tr.* [cortar] to cut; [disminuir] to cut down
cer•cio•rar *tr.* to assure; (*reflex.*) to make sure
cer•co *m.* [círculo] circle; [borde] edge; [seto] hedge; [cercado] enclosure; [de un tonel] hoop; TECH rim; MIL siege; ASTRON corona
cer•da *f.* bristle; ZOOL sow
cer•da•da *f.* *coll* dirty o lousy trick
cer•do *m.* pig ▪ **carne de** ~ pork
ce•re•al ◇ *adj.* & *m.* cereal ◇ *pl.* cereals, grain
ce•re•be•lo *m.* cerebellum
ce•re•bro *m.* brain; *fig* brains
ce•re•mo•nia *f.* ceremony; [cumplido] affected compliment ▪ **con** ~ ceremoniously
ce•re•mo•nial *adj.* & *m.* ceremonial
ce•re•mo•nio•so, a *adj.* ceremonious
ce•re•za *f.* cherry (fruit)
ce•re•zo *m.* cherry (tree)
ce•ri•lla *f.* [vela] wax taper; [fósforo] match; [de los oídos] earwax
ce•ri•llo *m.* C AMER, EQUAD & MEX match
ce•rio *m.* cerium
cer•ner [50] *tr.* to sift, sieve; *fig* to scan; (*reflex.*) *fig* to loom
ce•ro *m.* zero ▪ **ser un** ~ **a la izquierda** *coll* to be totally useless
ce•ro•te *m.* [de zapatero] cobbler's wax; *coll* [miedo] fear
cer•qui•llo *m.* tonsure; AMER bangs (*pl*)
ce•rra•do, a *adj.* closed; [nublado] overcast; [espeso] thick; RP stubborn ▪ **a puerta** ~ behind closed doors; ~ **de mollera** *coll* dense
ce•rra•du•ra *f.* lock
ce•rra•je•rí•a *f.* [oficio] locksmith's trade; [taller] locksmith shop
ce•rra•je•ro *m.* locksmith
ce•rrar [49] *tr.* to close (up), shut; [con cerrojo] to bolt; [cercar] to enclose; [paquete, abertura] to seal (up); [negocio, fábrica] to close down; [llave, canilla] to turn off; [camino, acceso] to block off; [debate, polémica] to conclude; [cuenta bancaria] to close out ▪ ~ **con llave** to lock; ~ **los oídos a** to turn a deaf ear to; ~ **los ojos** to

die; ~ **los puños** to clench one's fists; (*intr.*) to close, shut; [la noche] to fall; (*reflex.*) to close, shut; [insistir] to persist; MED to close up; METEOROL to cloud over

ce•rra•zón *f.* [de cielo] dark o overcast sky; [torpeza] denseness

ce•rro *m.* hill; ZOOL [cuello] neck; [espinazo] backbone

ce•rro•jo *m.* bolt, latch

cer•ta•men *m.* contest, competition

cer•te•ro, a *adj.* accurate, skillful

cer•te•za/ti•dum•bre *f.* certainty, certitude

cer•ti•fi•ca•ción *f.* certification; [certificado] certificate

cer•ti•fi•ca•do, a ◇ *adj.* certified; [cartas] registered ◇ *m.* certificate ▪ ~ **de acciones** COM stock certificate; ~ **de defunción** death certificate; ~ **digital** COMPUT digital certificate; ~ **de garantía** warranty certificate; ~ **médico** medical certificate; ~ **de seguridad** COMPUT security certificate

cer•ti•fi•car [70] *tr.* [verificar] to certify; [cartas] to register

ce•ru•men *m.* earwax

cer•ve•ce•rí•a *f.* [fábrica] brewery; [taberna] bar, pub

cer•ve•za *f.* beer ▪ ~ **de barril** draft beer; ~ **negra** dark beer

cer•vi•cal *adj.* cervical

cer•viz *f.* cervix ▪ **de dura** ~ stubborn; **doblar** o **bajar la** ~ to humble oneself

ce•sa•ción *f.* cessation, discontinuance

ce•san•te *adj.* & *m.f.* unemployed (person) ▪ **dejar** ~ to dismiss

ce•san•tí•a *f.* suspension; [desempleo] unemployment

ce•sar *intr.* to end, stop ▪ **sin** ~ non-stop, incessantly

ce•sá•re•a *adj.* & *f.* Caesarean section

ce•se *m.* [suspensión] cessation; [revocación] dismissal ▪ ~ **de fuego** o **de hostilidades** cease-fire

ce•sio *m.* cesium

ce•sión *f.* cession

cés•ped *m.* [prado] lawn, grass; [gallón] sod; SPORT field

ces•ta *f.* basket; [cestada] basketful; [cochecillo] wicker cart; [pala] jai alai racket; [baloncesto] basket ▪ ~ **de la compra** COMPUT shopping cart; ~ **de costura** sewing basket; ~ **para papeles** wastepaper basket

ces•to *m.* basket ▪ ~ **de** o **para papeles** wastepaper basket

ce•tá•ce•o, a *adj.* & *m.* cetacean

ce•tro *m.* scepter; RELIG staff

cha•ba•ca•ne•ar *intr.* AMER to behave in a coarse o crude way

cha•ba•ca•ne•rí•a *f.* [falta de gusto] tastelessness; [grosería] crude thing

cha•ba•ca•no, a *adj.* [sin gusto] tasteless; [grosero] crude; [mal hecho] shoddy

cha•cal *m.* jackal

cha•ca•re•ro, a *m.f.* AMER farmer, peasant; (*f.*) RP peasant dance

chá•cha•ra *f.* *coll* chatter ▪ **estar de** ~ to make small talk

cha•cha•re•ar *intr.* *coll* [charlar] to chatter

cha•co•ta *f.* [bulla] merriment, fun; [burla] ridicule, making fun ▪ **estar de** ~ to be in a joking mood; **hacer** ~ **de** to ridicule; **tomar a** ~ [burlarse de] to make fun of; [tomar a broma] to take as a joke

cha•já *m.* ARG crested screamer

chal *m.* shawl

cha•la *f.* AMER corn husk o shuck

cha•lán, a•na ◇ *adj.* horse-trading ◇ *m.f.* [comerciante] horse dealer o trader; (*m.*) AMER horse trainer; (*f.*) barge, flat-bottomed boat

cha•lar *tr.* to drive mad o crazy; (*reflex.*) to fall head over heels in love

cha•le•co *m.* vest ▪ ~ **de fuerza** AMER strait-jacket; ~ **salvavidas** life jacket

cha•let *m.* (*pl* **-s**) chalet; [de playa] beach house; [de lujo] villa ▪ ~ **pareado** semi-detached house

cha•li•na *f.* [corbata] cravat; AMER [chal] narrow shawl

cha•lo•te *m.* shallot

cha•lu•pa *f.* boat; AMER small canoe; MEX [plato] small tortilla with a raised rim to contain a filling

cha•ma•co, a *m.f.* CARIB & MEX kid

cham•ba *f.* C AMER, MEX, PERU & VEN *coll* odd job

cham•be•lán *m.* chamberlain

cham•ber•go *m.* AMER broad-brimmed soft hat

cham•be•ro, a *m.f.* MEX itinerant worker

cham•bón, o•na *coll* ◇ *adj.* clumsy ◇ *m.f.* bungler

cham•bo•na•da *f.* AMER bungle

cham•bo•ne•ar *intr.* AMER to bungle

cha•mi•zar [04] *tr.* AMER to thatch (with chamiso)

cha•mo•rro, a *adj.* shorn, clipped

cham•pán/pa•ña *m.* champagne

cham•pi•ñón *m.* mushroom, champignon

cham•pú *m.* (*pl* **-(e)s**) shampoo

cham•pu•rra•do *m.* AMER hodgepodge, mess

cha•mu•llar *intr.* AMER *sl* to talk, speak

cha•mus•car [70] *tr.* [quemar] to scorch; MEX to sell cheaply; (*reflex.*) [quemarse] to get singed o scorched

cha•mus•qui•na *f.* [acción] scorching; [riña] quarrel ▪ **oler a** ~ to smell fishy

chan•ca•do•ra *f.* AMER MIN crusher, grinder

chan•car [70] *tr.* AMER to crush, grind

chan•ce ◇ *m.* chance ◇ *adv.* MEX maybe ◇ *f.* AMER opportunity, chance

chan•ce•ar *intr.* & *reflex.* to joke

chan•cha•da *f.* AMER *coll* dirty trick; [porquería] mess

chan•cho, a ◇ *adj.* AMER dirty, filthy ◇ *m.* pig, hog ▪ **hacerse un** ~ **rengo** AMER to pretend not to notice; **quedar como** ~ AMER to let someone down; **ser como chanchos** AMER to be close friends; (*f.*) AMER sow

chan•chu•lle•ro, a *m.f.* crook, swindler

chan•chu•llo ◇ *m.* *coll* crooked deal ◇ *pl.* ▪ **andar en** ~ to be involved in swindles

chan•ci•ller *m.* = **canciller**

chan•ci•lle•rí•a *f.* chancery

chan•cle•ta *m.f.* *coll* good-for-nothing; (*f.*) [zapatilla] slipper; AMER *coll* baby girl ▪ **largar la** ~ *coll* to let one's hair down

chan•clo *m.* [zueco] clog; [zapato] galosh

chan•ga•dor *m.* ARG & BOL porter

chan•gar [47] *intr.* AMER [picholear] to do odd jobs; ARG & BOL to work as a porter

chan•go, a ◇ *adj.* CARIB & MEX playful ◇ *m.f.* CARIB & MEX [bromista] prankster; MEX youngster; (*m.*) RP youngster

chan•ta•je *m.* blackmail

chan•ta•jis•ta *m.f.* blackmailer

chan•tar *tr.* [clavar] to drive in ▪ ~ **una cosa a alguien** *coll* to tell someone something to his face

chan•ti•llí *m.* whipped cream

chan•za ◇ *f.* joke, jest ▪ **de** o **en** ~ in fun; **estar de** ~ to be joking ◇ *pl.* ▪ **entre** ~ **y veras** half in fun and half in earnest; **gastar** ~ to crack jokes

cha•pa *f.* [de metal, madera] sheet; AMER AUTO license plate; COL, CUBA & MEX [cerradura] lock ▪ ~ **de estarcir** stencil; ~ **metálica** sheet metal

cha•pa•do, a *adj.* [de metal] plated; [de madera] veneered ▪ ~ **a la antigua** old-fashioned

cha•pa•po•te *m.* asphalt

cha•par *tr.* [con metal] to plate; [con madera] to veneer; [encajar] to come out with; AMER *sl* [agarrar] to grasp; [apresar] to catch

cha•pa•rral *m.* thicket, chaparral

cha•pa•rro, a ◇ *adj.* short and thick ◇ *m.* dwarf o scrub oak; [persona] short and chubby man; MEX [niño] kid

cha•pa•rrón *m.* downpour; *fig* shower

cha•pe•ar *tr.* [con metal] to plate; [con madera] to veneer; AMER to clear (the land)

cha•pis•ta *m.* sheet-metal worker; AUTO body repairman

cha•po•te•ar *tr.* to dampen; (*intr.*) to splash

cha•po•te•o *m.* splash

cha•pu•ce•ar *tr. coll* [chafallar] to botch, bungle; MEX [engañar] to deceive

cha•pu•ce•rí•a *f. coll* sloppy job

cha•pu•ce•ro, a ◇ *adj. coll* sloppy ◇ *m.f.* careless worker

cha•pu•lín *m.* C AMER & MEX grasshopper

cha•pu•za *f. coll* botched job

cha•pu•zón *m.* dive ▪ **darse un** ~ to go for a swim

cha•qué/quet *m.* morning coat

cha•que•ta *f.* jacket ▪ ~ **de fumar** smoking jacket; ~ **salvavidas** life jacket

cha•que•ti•lla *f.* short jacket, bolero

cha•que•tón *m.* overcoat

cha•ra•da *f.* charade

cha•ra•mus•ca *f.* MEX candy twist; AMER [leña] brushwood; CUBA & P RICO noise

cha•ran•ga *f.* brass band

cha•ran•go *m.* AMER small five-stringed Andean guitar

cha•ra•pe *m.* MEX spicy fermented beverage

char•ca *f.* pond, pool

char•co *m.* puddle, pool

char•la *f.* [conversación] chat; [conferencia] talk; COMPUT chat

char•lar *intr. coll* [parlotear] to chatter; [hablar] to chat; COMPUT to chat

char•la•tán, a•na ◇ *adj.* [parlanchín] talkative; [chismoso] gossipy ◇ *m.f.* [parlanchín] chatterbox; [murmurador] gossip; [curandero] quack

char•la•ta•ne•rí•a *f.* talkativeness

char•lo•te•ar *intr. coll* to chatter

cha•rol *m.* [barniz] lacquer; [cuero] patent leather; AMER [bandeja] tray

cha•ro•la *f.* BOL, C AMER & MEX tray

char•que *m.* AMER jerky, jerked beef

char•que•ar *tr.* AMER to dry, cure

char•qui *m.* AMER jerky, jerked beef

cha•rro, a ◇ *adj.* [tosco] unsophisticated; *coll* [de mal gusto] gaudy; AMER [diestro] skilled in horsemanship; MEX [pintoresco] picturesque ◇ *m.* MEX cowboy

¡chas! *interj.* pow!, wham!

chas•ca *f.* kindling

chas•car [70] *intr.* [la madera] to crack; [la lengua] to click; (*tr.*) to crunch

chas•co *m.* [burla] trick; [decepción] disappointment

cha•sis *m.inv.* chassis

chas•que•ar[1] *tr.* [burlarse] to play a joke on; [decepcionar] to disappoint

chas•que•ar[2] *tr.* [látigo] to crack; [dedos] to snap; (*intr.*) to crackle

chas•qui *m.* AMER [mensajero] messenger; [correo] mail

chas•qui•do *m.* crack, snap

chas•qui•llas *f.pl.* CHILE bangs

chat *m.* COMPUT chat

cha•ta•rra *f.* scrap iron

cha•ta•rre•rí•a *f.* junk yard

cha•te•ar *tr.* COMPUT to chat

cha•to, a ◇ *adj.* [de nariz] flat-nosed; [la nariz] flat; [bajo] low; [llano] shallow; AMER *coll* ordinary ▪ **dejar** ~ AMER to defeat; MEX to swindle; **quedarse** ~ AMER to fail ◇ *m.* [querido] darling; [vaso] small wine glass; (*f.*) [embarcación] barge; [bacín] bedpan; AMER [carro] flatcar; *coll* [querida] darling

¡chau! *interj.* AMER bye!, ciao!

¡chau•ci•to! *interj.* AMER bye!, ciao!

chau•cha *f.* ANDES [patata] new potato; [dinero] money; RP [judía] string bean

chau•vi•nis•ta ◇ *adj.* chauvinistic ◇ *m.f.* chauvinist

cha•val, •la ◇ *adj.* young ◇ *m.* youngster; (*f.*) young girl

cha•ve•ta *f.* [clavija] key; *coll* [chiflado] nut ▪ **perder la** ~ *coll* to go off one's rocker

cha•vo, a *m.f.* MEX *coll* [chico] guy; [chica] girl

¡che! *interj.* RP hey!, listen!

che•lo ◇ *m.* cello ◇ *adj.* MEX blond

che•que *m.* check, cheque GB ▪ ~ **de viajero** traveler's check

che•que•ar *tr.* AMER [inspeccionar] to check, inspect; [cotejar] to compare; MED to give a checkup to

che•que•o *m.* AMER check; MED checkup

che•que•ra *f.*/**ro** *m.* checkbook

ché•ve•re *adj.* ANDES, C AMER, CARIB & MEX *coll* great, fantastic

chi•bo•lo *m.* AMER swelling, bump

chic *adj.* chic, stylish

chi•ca•na *f.* AMER chicanery, trickery

chi•ca•ne•ar *intr.* AMER to engage in chicanery

chi•ca•no, a *adj.* & *m.f.* Chicano, Mexican-American

chi•cha *f.* [bebida] chicha; *coll* [carne] meat ▪ **estar** ~ MEX to be pleasant o amusing

chí•cha•ro *m.* pea; *coll* bad cigar

chi•cha•rra *f.* cicada; *coll* [persona] chatterbox; SP nuisance ▪ **hablar como una** ~ to be a real chatterbox

chi•cha•rrón *m.* [cerdo] crisp pork rind; *fig* overcooked o burned food; *coll* [persona] very tanned person

chi•che ◇ *m.* AMER [persona] elegant person; [lugar] well-decorated place; ARG [juguete] toy; ARG & CHILE [alhaja] trinket, bauble; MEX [nodriza] wet nurse ◇ *adj.* C AMER easy, comfortable

chi•chón *m.* bump (on the head)

chi•cho•ne•ar *intr.* S AMER *coll* to make o play jokes

chi•cho•ta *f.* AMER bump; [legumbre] chickpea

chi•cle *m.* [de mascar] chewing gum; [gomorresina] chicle; MEX [suciedad] filth

chi•co, a ◇ *adj.* small, little ◇ *m.* boy; (*f.*) girl; [criada] maid

chi•co•ria *f.* chicory

chi•co•ta•zo *m.* AMER whiplash

chi•co•te *m.* AMER whip; MARIT end of a rope; *coll* [cigarro] cigar

chi•fla *f.* [acción] whistling; [silbato] whistle; [cuchillo] paring knife; MEX bad mood

chi•fla•do, a *adj. coll* [loco] nuts; [enamorado] in love

chi•fla•du•ra *f. coll* [locura] craziness; [silbido] whistling

chi•flar *intr.* to whistle; MEX [ave] to sing; (*tr.*) to boo; (*reflex.*) [volverse loco] to go crazy; [enamorarse] to fall in love; *coll* [gustar] to be crazy about

chi•fle *m.* [silbato] whistle; [reclamo] bird call; [para la pólvora] powder horn

chi•hua•hua *m.* chihuahua

chi•lan•go, a *adj.* MEX of/from Mexico City

chi•le *m.* AMER pepper, chili; C AMER [patraña] hoax

chi•llar *intr.* [gritar] to shriek; [chirriar] to squeak; [destacarse] to be loud; (*reflex.*) AMER to take offense

chi•lli•do *m.* [grito] shriek; [chirrido] squeak

chi•llón, o•na ◇ *adj. coll* [gritón] shrieking; [estridente] loud ◇ *m.f.* screamer

chil•po•tle *m.* MEX smoked or pickled jalapeño chili

chim•bo, a *adj.* COL & VEN *coll* [falso] counterfeit; [de mala calidad] lousy

chi•me•ne•a *f.* chimney; [hogar] fireplace, hearth; INDUS smokestack; MARIT stack ■ **caerle a uno una cosa por la** ~ *coll* to receive a windfall; ~ **de aire** air shaft

chim•pan•cé *m.* chimpanzee

chi•na *f.* ▻ **chino, a**

chi•nam•pa *f.* MEX floating garden near Mexico City

chin•char *tr.* [molestar] to pester; [causar molestia] to bother; (*reflex.*) to get upset

chin•che *f.* bedbug; [clavito] thumbtack ■ **morir como chinches** to drop like flies; (*m.f.*) *coll* boring person

chin•che•ta *f.* thumbtack

chin•chi•lla *f.* chinchilla

chin•cho•rro *m.* [red] sweep net; [bote de remos] dinghy; MEX small herd

chin•chu•do, a *adj.* RP hot-tempered

chin•chu•lín *m.* ANDES & RP piece of sheep or cow intestine, plaited and then roasted

chi•ne•la *f.* [babucha] slipper; [chanclo] clog

chin•ga *f.* AMER fee paid by gamblers; ZOOL skunk; C AMER cigar butt ■ **me dieron una** ~ MEX [paliza] they kicked the shit out of me; **es una** ~ MEX [trabajo duro] it's a bitch of a job

chin•ga•do, a *adj.* SP & MEX [estropeado] bust; MEX *coll* [jodido] fucking

chin•gar [47] *tr.* C RICA to cut the tail off of; MEX & SALV to harass; (*reflex.*) AMER [fracasar] to be a flop; SP & MEX *coll* [molestar]: ~ **a alguien** to get up someone's nose, piss someone off; SP & MEX *coll* [acostarse con] to screw, fuck

chin•go, a *adj.* AMER [corto] ill-fitting; [desnudo] without a stitch; [rabón] tailless; C AMER [mocho] blunt

chi•no, a ◇ *adj.* AMER of mixed ancestry; MEX kinky, curly ◇ *m.f.* AMER [mestizo] person of mixed ancestry; [niño] kid; [criado] servant; [cariño] honey; [campesino] peasant ■ **trabajar como un** ~ *coll* to work like a slave; (*f.*) [india] Indian woman; [sirvienta] maid; [niñera] nanny; [tejido] Chinese silk

chip *m.* COMPUT chip

chi•que•o *m.* MEX show of affection

chi•que•ro *m.* [pocilga] pigsty; TAUR bullpen

chi•qui•lín *m.* AMER *coll* small boy

chi•qui•lla•da *f.* childish act

chi•qui•llo, a ◇ *adj.* small ◇ *m.f.* child

chi•qui•tín, i•na ◇ *adj.* tiny ◇ *m.f.* tot

chi•qui•to, a ◇ *adj.* tiny ◇ *m.f.* [niño] child; (*m.*) RP ■ **esperar un** ~ *coll* to wait just a minute

chi•ri•bi•ta ◇ *f.* spark ◇ *pl.* spots before the eyes ■ **echar** ~ *coll* to be fuming

chi•ri•go•ta *f. coll* joke, quip

chi•ri•go•te•ar *intr. coll* to joke, banter

chi•ri•go•te•ro, a ◇ *adj.* joking, bantering ◇ *m.f.* joker

chi•rim•bo•lo ◇ *m. coll* gadget ◇ *pl. coll* gear

chi•ri•mo•ya *f.* cherimoya

chi•ri•mo•yo *m.* cherimoya tree

chi•ri•pa *f.* stroke of luck ■ **de** o **por** ~ *coll* by a fluke

chi•ri•pá *m.* RP gaucho's trousers

chir•lar *intr. coll* to chatter, jabber

chir•le ◇ *adj. coll* tasteless ◇ *m.* dung

chir•lo *m.* [herida] gash (on face); [cicatriz] scar

chi•ro•la *f.* AMER [moneda] coin of little value; [cárcel] slammer

chi•rre•ar *intr.* = **chirriar**

chi•rria•dor, •ra/rrian•te *adj.* [un gozne] creaking; [al freír] sizzling; [un pájaro] chirping; *coll* [una voz] shrill

chi•rriar [30] *intr.* [rechinar] to squeak; [al freír] to sizzle; [ave] to screech; *coll* [cantar] to sing out of tune

chi•rri•do *m.* [ruido] screeching; *coll* [grito] shriek; [al freír] sizzle

¡chis! *interj.* sh!, hush!

chis•ga•ra•bís *m. coll* busybody, meddler

chis•gue•te *m. coll* [trago] swig, drink; [chorro] jet, spurt; AMER BOT rubber tree

chis•mar *intr.* = **chismear**

chis•me *m.* [murmuración] gossip; *coll* [baratija] trinket

chis•me•ar *intr.* to gossip

chis•me•rí•a *f.* gossip

chis•me•ro, a ◇ *adj.* gossiping, tattling ◇ *m.f.* gossipmonger

chis•mo•gra•fí•a *f. coll* [afición] fondness for gossip; [cuento] gossiping

chis•mo•rre•ar *intr.* to gossip

chis•mo•so, a ◇ *adj.* gossipy ◇ *m.f.* gossipmonger

chis•pa ◇ *f.* [chiribita] spark; [relámpago] flash; [poquito] little bit; [de lluvia] sprinkle; [viveza] wit; *coll* [borrachera] drunkenness ■ **ser una** ~ o **tener mucha** ~ to be a live wire ◇ *pl.* ■ **dar** ~ to be bright; **echar** ~ to fume (with anger); **ni** ~ not the least bit ◇ *adj.* MEX amusing, funny

chis•par *tr.* MEX to take out; (*reflex.*) *coll* to get drunk o tipsy

chis•pa•zo *m.* spark

chis•pe•ar *intr.* [destellar] to spark; [relucir] to sparkle; [lloviznar] to drizzle; [brillar] to be brilliant; (*reflex.*) AMER to get tipsy

chis•po•rro•te•ar *intr.* to spark, crackle

chis•po•rro•te•o *m. coll* [del aceite] sizzling; [de la leña] crackling

¡chist! *interj.* sh!, hush!

chis•tar *intr.* to speak ▪ **sin ~** *coll* without a word
chis•te *m.* [cuento] joke; [prank] broma ▪ **caer en el ~** *coll* to get the joke; **~ verde** dirty o off-color joke; **dar en el ~** to guess the trouble; **hacer ~ de** to make a joke of
chis•te•ra *f.* [de pescador] fisherman's basket; [sombrero] top hat
chis•ti•do *m.* whistle
chis•to•so, a *adj.* funny
chi•ta *f.* ANAT anklebone; [juego] game of throwing stones at an upright bone ▪ **a la ~ callando** on the quiet o sly; **dar en la ~** to hit the nail on the head
chi•tar *intr.* = **chistar**
¡chi•to! *interj.* hush!, sh!
¡chi•tón! *interj. coll* hush!, quiet!
chi•va ◇ *f.* AMER [barba] goatee; C AMER [manta] blanket ◇ *pl.* MEX odds and ends
chi•var *tr. coll* [fastidiar] to annoy; [delatar] to denounce; (*reflex.*) *coll* to get annoyed
chi•va•te•o *m. coll* [delación] informing; AMER [gritería] shouting
chi•va•to, a *m.f.* ZOOL kid; *coll* [delator] informer, stool pigeon
chi•vo, a *m.f.* ZOOL kid ▪ **~ expiatorio** scapegoat
cho•can•te *adj.* [desagradable] offensive; MEX annoying
cho•car [70] *intr.* [topar] to crash; [pelear] to clash; *coll* [disgustar] to offend ▪ **~ los cinco** *coll* to shake hands; **~ de frente** to hit head on
cho•cha•per•diz *f.* woodcock
cho•che•ar/char *intr.* to be senile
cho•che•ra/chez *f.* [senilidad] senility; *coll* [admiración] fondness, doting
cho•cho, a *adj.* [caduco] senile; *coll* [lelo] doting
cho•clo *m.* [chanclo] clog; AMER [maíz] ear of corn; [carga] burden; PERU [conjunto] bunch, group; ARG [dificultad] difficulty ▪ **meter el ~** MEX to make a mistake
cho•co ◇ *m.* small cuttlefish; CHILE & PERU spaniel; AMER disabled person; AUTO brake shoe ◇ *adj.* AMER disabled
cho•co•la•te ◇ *adj.* chocolate ◇ *m.* chocolate; [bebida] hot chocolate, cocoa
cho•co•la•te•rí•a *f.* [fábrica] chocolate factory; [tienda] chocolate shop
cho•co•la•te•ro, a ◇ *m.f.* [fabricante] chocolate maker; [vendedor] chocolate seller ◇ *adj.* fond of chocolate
chó•fer, cho•fer *m.* chauffeur
cho•lo, a *adj.* & *m.f.* half-breed, mestizo
chom•ba/pa *f.* jersey, sweater
chom•pi•pe *m.* C AMER & MEX turkey
chon•go *m.* GUAT curl, lock (of hair); MEX [moño] bun, chignon; [dulce] sweet, dessert; *coll* [broma] joke; PERU [querido] darling
cho•po *m.* black poplar; *coll* [fusil] rifle, gun
chopp *m.* C SUR [cerveza] (mug of) beer
cho•que *m.* [colisión] collision; [impacto] impact; [pelea] clash; [disputa] dispute; ELEC & MED shock ▪ **~ frontal** head-on collision
cho•ri•zo *m.* sausage
chor•li•to *m.* plover; [tonto] scatterbrain
cho•ro *m.* ANDES mussel
cho•rre•ar *intr.* [fluir] to gush; [gotear] to trickle; (*tr.*) [derramar] to pour; RP to steal; (*reflex.*) to steal
cho•rro ◇ *m.* [de líquido] spout; [de luz] flood; RP *coll* thief ◇ *pl.* ▪ **a ~** abundantly; **llover a ~** to rain cats and dogs; **salir a ~** to gush out
cho•ta•ca•bras *m.pl.* nightjar, goatsucker
cho•tis *m.* schottische (dance)
cho•to, a *m.f.* [cabrito] kid; [ternero] calf
cho•za *f.* hut, shack
chu•bas•co *m.* [lluvia] downpour; [contratiempo] setback
chú•ca•ro, a *adj.* AMER [salvaje] wild; [huraño] shy
chu•ce•ar *tr.* AMER to wound with a pike o lance
chu•che•rí•a *f.* trinket
chu•cho, a *m. coll* [perro] dog; AMER [escalofrío] shivers; ARG [susto] fright; (*f.*) body odor
chu•la•da *f.* [acción] coarse action; *coll* [gracia] self-assurance; [jactancia] showing off
chu•le•ar *tr.* MEX to court, flirt with; *coll* to play a joke on; (*reflex.*) [burlarse] to make fun of, tease; *coll* [presumir] to show off
chu•le•rí•a *f. coll* wit, verve
chu•le•ta *f.* [carne] cutlet; *coll* [de estudiantes] cheat sheet, crib
chu•lo, a ◇ *adj.* [picaresco] roguish; [chulesco] showy; [descarado] impudent ◇ *m.f.* SP lower-class Madrilenian; (*m.*) [rufián] rascal; [alcahuete] pimp
chum•bar *tr.* RP to bark
chu•ño *m.* AMER potato starch
chu•pa•ci•rios *m.inv. coll* sanctimonious person
chu•pa•do, a ◇ *adj. coll* emaciated; ARG, CHILE & CUBA drunk ◇ *f.* sucking
chu•pa•dor, •ra ◇ *adj.* sucking ◇ *m.* [chupete] pacifier; [de biberón] nipple; (*m.f.*) boozer
chu•pa•me•dias *m.f.* ANDES, RP & VEN *coll* toady
chu•par *tr.* to suck; [absorber] to soak up; AMER [fumar] to smoke; *coll* [extraer] to bleed; (*intr.*) to suck; AMER [beber] to drink; (*reflex.*) to become emaciated, waste away ▪ **~ el dedo** *coll* to be naive; **~ los dedos** *coll* to lick one's fingers; **¡chúpate esa!** *coll* take that!
chu•pa•tin•tas *m.inv. coll* pencil-pusher
chu•pe *m.* ANDES & ARG stew
chu•pe•te *m.* [de niños] pacifier; [de biberón] nipple; AMER [dulce] lollipop
chu•pe•te•ar *intr.* to suck, take little licks
chu•pón, o•na ◇ *adj.* sucking ◇ *m.f.* leech; (*m.*) *coll* [beso] hickey; MIN piston, plunger; AMER [biberón] baby bottle; [chupete] pacifier; [de biberón] nipple
chu•rras•co *m.* AMER grilled o broiled steak
chu•rras•que•ar *intr.* AMER to have a barbecue
chu•rre•ro, a *m.f.* [fabricante] fritter maker; [vendedor] fritter seller
chu•rre•te *m.* stain
chu•rro, a ◇ *adj.* coarse ◇ *m.* CUL fritter; *coll* [chapuza] botch
chu•rru•lle•ro, a *adj.* & *m.f.* talkative (person)
chu•rrus•car•se [70] *reflex.* to start to burn
chu•rrus•co *m.* burnt toast
chu•rum•bel *m. coll* kid, youngster
chu•ru•mo *m. coll* juice
chus•ma *f.* [galeotes] crew of galley slaves; [gentuza] riffraff, rabble
chu•zo *m.* [bastón] stick; AMER [látigo] horsewhip; [aguijada] goad; [pica] pike
cia•nu•ro *m.* cyanide
ciá•ti•co, a ◇ *adj.* sciatic ◇ *f.* sciatica, lumbago

ci•be•li•na *f.* sable
ci•ber•ca•fé *m.* cybercafé, Internet café
ci•ber•cri•men *m.* cybercrime
ci•ber•cul•tu•ra *f.* cyberculture
ci•ber•de•li•to *m.* cybercrime
ci•ber•es•pa•cio *m.* cyberspace
ci•ber•nau•ta *m.f.* Net user
ci•ber•né•ti•ca *f.* cybernetics
ci•ber•se•xo *m.* cybersex
ci•ber•te•rro•ris•mo *m.* cyberterrorism
ci•ber•te•rro•ris•ta *m.f.* cyberterrorist
ci•ca•triz *f.* scar
ci•ca•tri•za•ción *f.* healing
ci•ca•tri•zar [04] *tr.* & *intr.* to heal
ci•ce•ro•ne *m.* guide, cicerone
cí•cli•co, a *adj.* cyclical, cyclic
ci•clis•ta ◇ *adj.* cycling, cycle ◇ *m.f.* cyclist
ci•clo *m.* cycle
ci•clo•mo•tor *m.* moped, motorbike
ci•clón *m.* cyclone ■ **entrar como un** ~ to burst in
ci•clo•tu•ris•mo *m.* bicycle touring
ci•clo•ví•a *f.* cycle lane
ci•cu•ta *f.* hemlock
cid *m. fig* brave o valiant man
cie•go, a *adj.* & *m.f.* blind (person) ■ **a ciegas** blindly; ~ **como un topo** blind as a bat; **quedar** ~ to go blind
cie•go, gue ▻ **cegar**
cie•lo ◇ *m.* sky; [atmósfera] atmosphere; [paraíso] heaven; *coll* [querido] darling ■ **a** ~ **abierto** o **raso** in the open air; **caído** o **llovido del** ~ *coll* heaven-sent; **cerrarse el** ~ to cloud up; ~ **raso** ceiling; **escupir al** ~ to spit into the wind; **venirse el** ~ **abajo** *coll* to rain cats and dogs ◇ *pl.* ■ **¡**~**!** good heavens!; **poner por los** ~ to praise to the skies
ciem•piés *m.inv.* centipede
cien *adj.* = **ciento**
cié•na•ga *f.* swamp, marsh
cien•cia *f.* science; [erudición] knowledge; [habilidad] skill ■ **ciencias económicas** economics; **ciencias empresariales** business studies; ~ **ficción** science fiction; **ciencias de la información** media studies; **ciencias políticas** political science; **ciencias de la salud** medical sciences; **a** o **de** ~ **cierta** for certain
cie•no *m.* muck
cien•tí•fi•co, a ◇ *adj.* scientific ◇ *m.f.* scientist
cien•to *adj.* & *m.* one hundred, a hundred ■ ~ **por** ~ one hundred per cent; **por** ~ per cent
cier•na, no ▻ **cerner** ▻ **cernir**
cier•ne *m.* ■ **en** ~ in blossom; *fig* just beginning
cie•rre *m.* [acción] closing; [clausura] shut down; [cremallera] zipper; JOURN deadline ■ ~ **centralizado** AUTO central locking; ~ **de cremallera** zipper; ~ **patronal** RP lockout; ~ **relámpago** zipper
cie•rre, rro ▻ **cerrar**
cier•to, a ◇ *adj.* certain; [determinado] definite; [verdadero] true; [alguno] some ◇ *adv.* certainly ■ **de** ~ certainly; **estar en lo** ~ to be right; **lo** ~ **es que** the fact is that; **por** ~ [a propósito] incidentally; [ciertamente] certainly; **por** ~ **que** of course
cier•vo *m.* deer, stag
ci•fra *f.* [número] digit; [cantidad] quantity; [total] sum (total); [clave] cipher; [monograma] monogram; [síntesis] synthesis
ci•fra•do, a ◇ *adj.* encrypted ◇ *m.* encryption
ci•frar *tr.* to encrypt ■ ~ **en** *fig* to place in
ci•ga•rra *f.* cicada
ci•ga•rre•ra *f.* cigar box o case
ci•ga•rre•rí•a *f.* AMER tobacco o smoke shop
ci•ga•rri•llo *m.* cigarette
ci•ga•rro *m.* cigar
ci•go•to *m.* zygote, fertilized egg
ci•güe•ña *f.* stork
ci•güe•ñal *m.* winch; [de motor] crankshaft
ci•lan•tro *m.* coriander
ci•lín•dri•co, a *adj.* cylindrical, cylindric
ci•lin•dro *m.* cylinder; [rodillo] roller
ci•ma *f.* [cumbre] summit; *fig* pinnacle
cím•ba•los *m.pl.* cymbals
cim•brar/bre•ar *tr.* & *intr.* to vibrate
ci•men•tar [49] *tr.* CONSTR to lay the foundation of; [afirmar] to consolidate; METAL to refine
ci•mien•to *m.* CONSTR foundation; *fig* basis ■ **echar los cimientos** to lay the foundation
ci•mi•ta•rra *f.* scimitar
cinc *m.* zinc
cin•cel *m.* chisel
cin•ce•lar *tr.* to chisel, carve (with a chisel)
cin•cha *f.* girth, cinch ■ **a revienta cinchas** [de mala gana] unwillingly; [rápido] at breakneck speed
cin•char *tr.* EQUIT to girth, cinch
cin•cho *m.* [faja] belt; [zuncho] metal hoop; [de rueda] iron rim; ARCHIT projecting rib of an arch; AMER girth
cin•co ◇ *adj.* five; [quinto] fifth ■ **las** ~ five o'clock ◇ *m.* five; [guitarra] five-string guitar; [moneda] five-cent piece ■ **estar sin un** ~ to be broke
cin•cuen•ta ◇ *adj.* fifty; [quincuagésimo] fiftieth ◇ *m.* fifty
cin•cuen•ta•vo, a *adj.* & *m.f.* fiftieth
cin•cuen•te•na•rio *m.* fiftieth anniversary
cin•cuen•te•na *f.* group of fifty
cin•cuen•tón, o•na *adj.* & *m.f.* fifty-year-old (person)
ci•ne *m.* cinema; PHOTOG & TECH cinematography; *coll* [espectáculo] movies; [teatro] movie theater ■ ~ **en casa** home cinema; ~ **de estreno** first-run movie theater; ~ **mudo** silent films; ~ **parlante** o **sonoro** talking pictures
ci•ne•as•ta *m.f.* [director] filmmaker; [productor] film producer
ci•ne•ma•sco•pe *m.* cinemascope
ci•ne•ma•te•ca *f.* film library o archive
ci•ne•ma•to•gra•fí•a *f.* cinematography
ci•ne•ma•to•gra•fiar [30] *tr.* to film, shoot
ci•ne•ma•to•grá•fi•co, a *adj.* cinematographic
ci•ne•ma•tó•gra•fo *m.* [proyector] (film) projector; [teatro] movie theater
ci•né•ti•co, a ◇ *adj.* kinetic ◇ *f.* kinetics
cín•ga•ro, a *adj.* & *m.f.* gypsy
cí•ni•co, a ◇ *adj.* cynical ◇ *m.f.* cynic
ci•nis•mo *m.* cynicism
cin•ta *f.* ribbon; [película] film ■ ~ **adhesiva** adhesive tape; ~ **digital** digital tape; ~ **digital de audio** digital audio tape; ~ **de freno** brake lining; ~ **de medir** measuring tape; ~ **de teletipo** ticker tape; ~ **magnetofónica** recording tape; ~ **métrica** tape measure; ~ **transportadora** conveyor belt; ~ **de video** videotape
cin•to *m.* [ceñidor] belt; [cintura] waist
cin•tu•ra *f.* waist, waistline ■ ~ **pelviana** pelvic girdle
cin•tu•rón *m.* belt ■ **apretarse el** ~ to tighten one's

belt; ~ **de castidad** chastity belt; ~ **de miseria** AMER slum or shanty town area round a large city; ~ **de seguridad** seat o safety belt; ~ **salvavidas** life preserver
ci•ña, ño, ñe•ra, ñó ▻ **ceñir**
ci•prés *m.* cypress
cir•cen•se *adj.* circus
cir•co *m.* circus; GEOL cirque
cir•cón *m.* zircon
cir•co•nio *m.* zirconium
cir•cui•te•rí•a *f.* circuitry
cir•cui•to *m.* circuit; [circunferencia] circumference; [de carreteras] network ▪ **corto** ~ short circuit
cir•cu•la•ción *f.* circulation; [transmisión] dissemination; [tráfico] traffic ▪ **poner en** ~ to put into circulation
cir•cu•lar[1] ◇ *adj.* circular ◇ *f.* circular, flier
cir•cu•lar[2] *intr.* & *tr.* to circulate
cir•cu•la•to•rio, a *adj.* ANAT circulatory; AUTO traffic
cír•cu•lo *m.* circle; [circunferencia] circumference ▪ ~ **vicioso** vicious circle, circular argument
cir•cun•ci•dar *tr.* to circumcise
cir•cun•ci•sión *f.* circumcision
cir•cun•dar *tr.* to surround, encircle
cir•cun•fe•ren•cia *f.* circumference
cir•cun•fle•jo, a *adj.* & *m.* circumflex
cir•cun•lo•cu•ción *f.*/**lo•quio** *m.* circumlocution
cir•cun•na•ve•ga•ción *f.* circumnavigation
cir•cuns•cri•bir [80] *tr.* to circumscribe; (*reflex.*) to restrict o limit oneself
cir•cuns•pec•ción *f.* circumspection; [prudencia] caution, prudence
cir•cuns•pec•to, a *adj.* circumspect
cir•cuns•tan•cia *f.* circumstance ▪ **en las circunstancias actuales** under the present circumstances
cir•cuns•tan•cial *adj.* circumstantial; GRAM adverbial
cir•cun•va•la•ción *f.* AUTO ring road; MIL circumvallation ▪ **líneas de** ~ RAIL loop
cir•cun•va•lar *tr.* to surround, encircle
cir•cun•vo•lu•ción *f.* circumvolution ▪ ~ **cerebral** cerebral convolution
ci•rio *m.* church candle
ci•rro *m.* cirrus; MED scirrhus (tumor)
ci•rro•sis *f.* cirrhosis
ci•rue•la *f.* plum; [pasa] prune ▪ ~ **pasa** prune
ci•rue•lo *m.* plum tree
ci•ru•gí•a *f.* surgery ▪ ~ **estética** cosmetic surgery; ~ **laparoscópica** keyhole surgery, laparoscopic surgery; ~ **mayor** major surgery; ~ **menor** minor surgery; ~ **plástica** plastic surgery
ci•ru•ja•no, a *m.f.* surgeon ▪ ~ **plástico** plastic surgeon
ci•sión *f.* incision
cis•ma *m.* schism; [discordia] discord
cis•ne *m.* swan; RP powder puff
cis•ter•na *f.* cistern, reservoir
cis•ti•tis *f.* cystitis
ci•su•ra *f.* scission, fissure
ci•ta *f.* [entrevista] appointment, meeting; [con novio, amigo] date; [referencia] quote ▪ **darse** ~ to set up a meeting o date with someone
ci•ta•ción *f.* subpoena ▪ ~ **de remate** notice of public sale
ci•tar *tr.* [convocar] to make an appointment o date with; [referirse] to cite; LAW to summon
cí•ta•ra *f.* zither, zithern
ci•to•lo•gí•a *f.* cytology
ci•to•plas•ma *m.* cytoplasm
cí•tri•co, a ◇ *adj.* citric; BOT citrus ◇ *m.pl.* citrus fruits
ciu•dad *f.* city
ciu•da•da•ní•a *f.* [derecho] citizenship; [población] citizenry
ciu•da•da•no, a ◇ *adj.* civic, city ◇ *m.f.* citizen
ciu•da•de•la *f.* citadel, fortress
cí•vi•co, a *adj.* civic
ci•vil ◇ *adj.* civil ◇ *m.f.* civilian
ci•vi•li•dad *f.* civility
ci•vi•li•za•ción *f.* civilization
ci•vi•li•za•do, a *adj.* civilized, refined
ci•vi•li•zar [04] *tr.* to civilize; (*reflex.*) to become civilized
ci•vis•mo *m.* civic-mindedness
ci•za•ña *f.* BOT (bearded) darnel; [vicio] evil; [disensión] discord ▪ **meter** o **sembrar** ~ to cause trouble
ci•za•ñar *tr.* to cause o make trouble for
cla•mar *intr.* to clamor; *fig* to demand; (*tr.*) to cry out for
cla•mor *m.* clamor, outcry
cla•mo•ro•so, a *adj.* clamorous ▪ **éxito** ~ resounding success
clan *m.* clan
clan•des•ti•no, a *adj.* clandestine
cla•ra *f.* ▻ **claro, a**
cla•ra•bo•ya *f.* skylight
cla•re•ar *tr.* & *intr.* to dawn ▪ **al** ~ **el día** at the break of dawn
cla•re•te *adj.* & *m.* claret (wine)
cla•ri•dad *f.* clarity; [luz] brightness; [nitidez] clearness ▪ **con** ~ clearly
cla•ri•fi•ca•ción *f.* clarification
cla•ri•fi•car [70] *tr.* to clarify
cla•rín *m.* clarion; [músico] trumpet player
cla•ri•ne•te *m.* clarinet; [músico] clarinetist
cla•ri•ne•tis•ta *m.f.* clarinetist
cla•ri•vi•den•cia *f.* clairvoyance
cla•ri•vi•den•te *adj.* clairvoyant
cla•ro, a ◇ *adj.* clear; [luminoso] bright; [despejado] cloudless; [cristalino] transparent; [aguado] thin; [obvio] obvious; [inteligible] intelligible; [sin ambages] straightforward ▪ **a las claras** openly; ~ **como el agua** as plain as the nose on your face ◇ *adv.* plainly ▪ **¡~!** o **¡~ que sí!** of course!, sure! ◇ *m.* [abertura] gap; [espacio] clearing ▪ ~ **de luna** moonlight; **poner** o **sacar en** ~ to clarify, explain; (*f.*) white (of egg)
cla•ros•cu•ro *m.* chiaroscuro
cla•se *f.* class; [lección] lesson; [aula] classroom ▪ ~ **business** business class; ~ **económica** economy class; ~ **turista** coach; **de** ~ of distinction; **toda** ~ **de** all kinds of
cla•si•cis•ta *adj.* & *m.f.* classicist
clá•si•co, a ◇ *adj.* classic, classical; [notable] outstanding ◇ *m.f.* [autor] classic author; [clasicista] classicist
cla•si•fi•ca•ción *f.* classification ▪ ~ **de solvencia** FIN credit rating
cla•si•fi•car [70] *tr.* to classify; [archivar] to file; (*reflex.*) SPORT to qualify
clau•di•ca•ción *f.* backing down

clau•di•car [70] *intr.* to back down
claus•tro *m.* cloister; EDUC faculty ■ ~ **materno** womb
claus•tro•fo•bia *f.* claustrophobia
cláu•su•la *f.* clause ■ ~ **absoluta** GRAM [latín] ablative absolute; [inglés] absolute construction; ~ **de nación más favorecida** most-favoured nation clause; ~ **simple** simple sentence
clau•su•ra *f.* [abadía] cloister; [estado] monastic life; [conclusión] closing ceremony; AMER [cierre] closing; EDUC commencement
clau•su•rar *tr.* [terminar] to bring to a close; [cerrar] to close, shut
cla•va•dis•ta *m.f.* C AMER & MEX diver
cla•va•do, a *adj.* [con clavos] nail-studded; [en punto] sharp, on the dot
cla•var *tr.* to nail; [hincar] to thrust, drive; *fig* [fijar] to fix O rivet on; *coll* [engañar] to cheat
cla•ve ◇ *f.* [cifra] code; [esencia] key; ARCHIT keystone; MUS clef; COMPUT password ■ ~ **de do** tenor O alto clef; ~ **de fa** bass clef; ~ **de sol** treble clef; (*m.*) clavichord ◇ *adj.* key
cla•ve•cín *m.* harpsichord
cla•vel *m.* carnation
cla•ve•te•ar *tr.* to stud
cla•vi•cém•ba•lo *m.* harpsichord
cla•vi•cor•dio *m.* clavichord
cla•ví•cu•la *f.* clavicle, collarbone
cla•vi•ja *f.* [clavo] peg, pin; CARP peg, dowel; ELEC plug; MUS peg ■ **ajustarle** O **apretarle a uno las clavijas** *coll* to put the screws on O to someone
cla•vo *m.* nail; BOT clove; RP [mercadería] white elephant; [perjuicio] nasty business ■ **dar en el** ~ *coll* to hit the nail on the head
cle•men•cia *f.* clemency
clep•to•ma•ní•a *f.* kleptomania
clep•tó•ma•no, a *adj.* & *m.f.* kleptomaniac
clé•ri•go *m.* clergyman
cle•ro *m.* clergy
clic *m.* COMPUT click
cli•car *intr.* COMPUT to click
cli•ché *m.* cliché; PRINT [plancha] cliché, (stereotype) plate; [negativo] negative
clien•te *m.f.* COM client, customer; DENT & MED patient; LAW client
clien•te•la *f.* COM customers, clientele; DENT & MED practice, patients; LAW clients
cli•ma *m.* climate; *fig* atmosphere
cli•má•ti•co, a *adj.* climatic
cli•ma•ti•za•ción *f.* air conditioning
cli•ma•ti•za•dor *m.* AUTO climate control system
cli•ma•ti•zar [04] *tr.* to air-condition
clí•max *m.inv.* climax
clí•ni•co, a ◇ *adj.* clinical ◇ *m.* clinician; (*f.*) private hospital
clip *m.* [sujetapapeles] paper clip; [aro] earring
clí•per *m.* AVIA & MARIT clipper
cli•sé *m.* ▻ **cliché**
clí•to•ris *m.* clitoris
clo•a•ca *f.* sewer
clon *m.* clone
clo•ra•to *m.* chlorate
clor•hi•dra•to *m.* hydrochloride
clor•hí•dri•co, a *adj.* hydrochloric
cló•ri•co, a *adj.* chloric
clo•ro *m.* chlorine
clo•ro•fi•la *f.* chlorophyll
clo•ro•flu•o•ro•car•bo•no *m.* chlorofluorocarbon
clo•ro•for•mo *m.* chloroform
clo•ru•ro *m.* chloride
cló•set *m.* (*pl* **closets**) AMER fitted cupboard
club *m.* (*pl* **-(e)s**) club
clue•co, a ◇ *adj.* broody; *coll* [decrépito] feeble ◇ *f.* brooder
clue•que ▻ **clocar**
co•ac•ción *f.* coercion; LAW duress
co•ac•cio•nar *tr.* to coerce
co•a•cre•e•dor, •ra *m.f.* joint creditor
co•a•cu•sa•do, a *m.f.* codefendant
co•ad•yu•var *tr.* & *intr.* to help
co•a•gen•te *m.f.* coagent
co•a•gu•la•dor, •ra *adj.* coagulant, coagulative
co•a•gu•lan•te *adj.* coagulating, coagulative
co•a•gu•lar *tr.* & *reflex.* to coagulate; [leche] to curdle
co•á•gu•lo *m.* clot; [de leche] curd
co•a•li•ción *f.* coalition
co•ar•ta•da *f.* alibi ■ **presentar una** ~ to provide an alibi
co•ar•tar *tr.* to hinder
co•au•tor, •ra *m.f.* co-author
co•a•xial *adj.* coaxial
co•bal•to *m.* cobalt
co•bar•de ◇ *adj.* cowardly ◇ *m.f.* coward
co•bar•dí•a *f.* cowardice, cowardliness
co•ber•ti•zo *m.* [protección] shelter; [barraca] shed; [cochera] garage
co•ber•tor *m.* [colcha] bedspread; [de plumas] comforter; [manta] blanket
co•ber•tu•ra *f.* cover, covering
co•bi•ja *f.* [cubierta] cover, covering; [teja] ridge tile; ORNITH covert; AMER blanket; MEX [chal] short shawl, wrap
co•bi•jar *tr.* to cover (up); *fig* to harbor
co•bra *f.* cobra
co•bra•dor, •ra *m.f.* [recaudador] bill O tax collector; [perro] retriever
co•bran•za *f.* collection; [recuperación] retrieval; [de un cheque] cashing; [pago] payment
co•brar *tr.* [recibir] to collect; [recuperar] to retrieve; [precios] to charge; [un cheque] to cash ■ ~ **afecto** O **cariño a** to take a liking to; ~ **ánimo** to take heart; ~ **fama de** to get a reputation for being; ~ **fuerza** to gather strength; ~ **valor** to muster courage; (*reflex.*) to recoup one's losses
co•bre *m.* copper; MUS brass instrument; AMER cent ■ **quedarse sin un** ~ to be broke
co•bri•zo, a *adj.* copper, copper-colored
co•bro *m.* collection, collecting; [de un cheque] cashing ■ ~ **a la entrega** collect on delivery; **presentar al** ~ to present for cashing
co•ca *f.* coca; PHARM cocaine
co•ca•í•na *f.* cocaine
coc•ción *f.* cooking; [hervor] boiling; [en un horno] baking
cóc•cix *m.inv.* coccyx
co•ce•ar *intr.* to kick
co•cer [71] *tr.* to cook; [hervir] to boil; [en un horno] to bake; (*intr.*) [hervir] to boil; [fermentar] to ferment
co•che *m.* [carruaje] carriage; [automóvil] car ■ ~ **blin-**

dado armored car; ~ **cama** sleeper, sleeping car; ~ **comedor** dining car; ~ **de alquiler** [taxi] taxi, cab; [alquilado] rental car; ~ **de carreras** sports car; ~ **fúnebre** hearse

co•che•ra *f.* garage

co•che•ro *m.* coachman

co•chi•na•da/ne•rí•a ◇ *f. coll* [suciedad] dirt, filth; [palabra] dirty word; [acto] dirty trick ◇ *pl.* ■ **decir** ~ to use foul language

co•chi•ni•llo *m.* piglet, suckling pig

co•chi•no, a ◇ *m.f.* pig; *coll* [persona] swine ◇ *adj.* [sucio] filthy; *coll* [ruin] rotten

co•cien•te *m.* quotient

co•ci•mien•to *m.* cooking; [al horno] baking; [de hierbas] medicinal extraction

co•ci•na *f.* [cuarto] kitchen; [aparato] stove, range; [estilo] cuisine ■ **de** ~ kitchen

co•ci•nar *tr.* & *intr.* to cook

co•ci•ne•ro, a *m.f.* cook, chef

co•co *m.* coconut; *coll* [cabeza] noggin

co•co•dri•lo *m.* crocodile

co•co•ro•có *m.* cock-a-doodle-doo

co•co•tal *m.* coconut grove

co•co•te•ro *m.* coconut palm

cóc•tel *m.* [bebida] cocktail; [reunión] cocktail party

coc•te•le•ra *f.* cocktail shaker

co•da *f.* coda

co•da•zo ◇ *m.* jab, poke (with one's elbow) ■ **dar un** ~ to jab ◇ *pl.* ■ **abrirse paso a** ~ to elbow one's way through

co•de•ar *intr.* to elbow; (*reflex.*) *coll* to rub elbows with

co•de•ci•sión *f.* codecision

co•de•í•na *f.* codeine

co•de•ra *f.* elbow patch

co•deu•dor, •ra *m.f.* codebtor, joint debtor

có•di•ce *m.* codex, manuscript

co•di•cia *f.* [avaricia] greed; [envidia] envy; *fig* thirst

co•di•ciar *tr.* to covet, desire

co•di•cio•so, a *adj.* & *m.f.* greedy (person) ■ **ser** ~ **de** to covet

co•di•fi•ca•ción *f.* encoding; LAW codification

co•di•fi•ca•dor, •ra ◇ *adj.* codifying ◇ *m.f.* codifier

co•di•fi•car [70] *tr.* to encode; LAW to codify

có•di•go *m.* code ■ ~ **de acceso** COMPUT access code; ~ **de edificación** building code; ~ **de leyes** legal code; ~ **fiscal** tax code; ~ **fuente** COMPUT source code; ~ **máquina** COMPUT machine code; ~ **postal** zip code

co•do ◇ *m.* elbow; *fig* bend ■ **alzar** o **empinar el** ~ to have a lot to drink; ~ **con** ~ neck and neck ◇ *pl.* ■ **hablar por los** ~ to be a chatterbox

co•e•fi•cien•te *adj.* & *m.* coefficient

co•er•ción *f.* coercion

co•er•ci•ti•vo, a *adj.* coercive, restrictive

co•e•tá•ne•o, a *adj.* & *m.f.* contemporary

co•e•xis•ten•cia *f.* coexistence

co•e•xis•ten•te *adj.* coexistent

co•e•xis•tir *intr.* to coexist

co•fia *f.* [red] hair net; [gorro] bonnet

co•fra•de *m.f.* member

co•fra•dí•a *f.* [de hombres] brotherhood; [de mujeres] sisterhood; [gremio] guild

co•fre *m.* [arca] chest; [caja] box

co•ger [34] *tr.* [tomar] to take; [recoger] to gather up; [apresar] to capture; [ocupar] to take up; [absorber] to absorb; [alcanzar] to catch up with; [encontrar] to find; [sorprender] to catch by surprise; [enfermedad] to catch; [entender] to understand; MEX, RP & VEN *coll* [tener relaciones sexuales con] to screw, fuck

co•gi•do *m.* SEW pleat, fold

cog•na•do, a *m.f.* cognate

cog•ni•ción *f.* cognition

cog•nos•ci•ti•vo, a *adj.* cognitive

co•go•llo *m.* heart (of vegetables)

co•go•te *m.* back of the neck ■ **tieso de** ~ arrogant

co•go•tu•do, a *m.f.* & *adj.* AMER *coll* [rico] wealthy o influential (person); [orgulloso] arrogant (person)

co•ha•bi•tar *intr.* to live together, cohabit

co•he•cho *m.* bribe, bribery

co•he•ren•cia *f.* coherence; PHYS cohesion

co•he•ren•te *adj.* coherent

co•he•sión *f.* cohesion

co•he•si•vo, a *adj.* cohesive

co•he•te *m.* rocket ■ **al** ~ ARG & BOL *coll* in vain; ~ **balístico** ballistic missile; ~ **de señales** flare; **salir como un** ~ *coll* to be off like a shot

co•hi•bi•ción *f.* inhibition

co•hi•bir *tr.* [inhibir] to inhibit; [desasosegar] to make uneasy; (*reflex.*) to be o feel inhibited

co•hor•te *f.* cohort

coi•ma *f.* AMER bribe, payola

co•in•ci•den•cia *f.* coincidence

co•in•ci•den•te *adj.* coincidental, coincident

co•in•ci•dir *intr.* to coincide; [concordar] to agree

co•in•qui•li•no, a *m.f.* joint tenant

coi•to *m.* coitus, sexual intercourse

co•je•ar *intr.* to limp; [una mesa] to wobble

co•je•ra *f.* limp, lameness

co•jín *m.* cushion

co•ji•ne•te ◇ *m.* small cushion; RAIL socket; MECH bearing; PRINT roller clamp ■ ~ **de bolas** ball bearing ◇ *pl.* MEX & VEN *coll* saddlebags

co•jo, a ◇ *adj.* [tullido] crippled; [un mueble] wobbly ■ **no ser** ~ **ni manco** *coll* to be all there ◇ *m.f.* cripple

co•ju•de•ar *tr.* ANDES *fam* [hacer tonterías] to piss about, muck about; [engañar] to trick

co•ju•dez *f.* ANDES *coll* ■ **¡que** ~**!** [acto] what a goddamn stupid thing to do!; [dicho] what a goddamn stupid thing to say!

co•ju•do, a *adj.* ANDES *muy fam* goddamn stupid

col *f.* cabbage ■ ~ **de Bruselas** Brussels sprout

co•la[1] *f.* tail; [de vestido] train; [fila] queue; [parte final] rear; AMER *coll* [nalgas] fanny ■ **a la** ~ last; ~ **de caballo** BOT horsetail; [pelo] ponytail; **hacer** ~ to line up; **piano de** ~ grand piano; **tener** o **traer** ~ to have serious consequences

co•la[2] *f.* glue, gum ■ **eso no pega ni con** ~ *coll* that's nonsense

co•la•bo•ra•ción *f.* collaboration

co•la•bo•ra•cio•nis•ta *m.f.* collaborationist

co•la•bo•ra•dor, •ra ◇ *adj.* [cooperador] collaborating; LIT contributing ◇ *m.f.* [cooperador] collaborator; LIT contributor

co•la•bo•rar *intr.* to collaborate; LIT to contribute

co•la•ción *f.* [merienda] snack; RELIG collation ■ **sacar** o **traer a** ~ to bring up

co•la•da *f.* [blanqueo] whitening; [cañada] cattle trail; METAL tap (on a furnace)
co•la•de•ro *m.* [cedazo] strainer; [camino] narrow trail; [examen] lenient examination
co•la•do, a *adj.* cast ■ **hierro ~** cast iron
co•la•dor *m.* strainer; RELIG collator
co•lap•so *m.* collapse ■ **~ nervioso** nervous breakdown
co•lar [19] *tr.* to strain; [blanquear] to bleach; *coll* to pass o foist (off); METAL to cast; (*intr.*) to squeeze through; (*reflex.*) to sneak in
co•la•te•ral *adj.* & *m.f.* collateral
col•cha *f.* bedspread
col•chón *m.* mattress ■ **~ de aire** air cushion; **~ de muelles** spring mattress; **~ de plumas** feather bed
col•cho•ne•ta *f.* light mattress
co•le•a•da *f.* flick (of the tail); [de un perro] wag (of the tail)
co•lec•ción *f.* collection; LIT anthology
co•lec•cio•na•dor, •ra *m.f.* collector
co•lec•cio•nar *tr.* to collect
co•lec•cio•nis•ta *m.f.* collector
co•lec•ta *f.* collection
co•lec•tar *tr.* to collect
co•lec•ti•vi•dad *f.* community
co•lec•ti•vis•ta <> *adj.* collectivistic <> *m.f.* collectivist
co•lec•ti•vi•za•ción *f.* collectivization
co•lec•ti•vo, a <> *adj.* collective; [mutuo] joint <> *m.* GRAM collective (noun); ARG, BOL & PERU small bus
co•lec•tor *m.* collector ■ **~ de aceite** AUTO drip pan
co•le•ga *m.* colleague, associate
co•le•gia•do, a *adj.* collegiate
co•le•gial *adj.* school
co•le•gial, •la *m.f.* schoolboy, schoolgirl
co•le•gio *m.* [primario] elementary school; [secundario] high school; [asociación] college, association ■ **~ de abogados** bar association; **~ electoral** electoral college; **~ de internos** boarding school; **~ de párvulos** nursery school
co•le•op•te•ro <> *adj.* coleopteral <> *m.* coleopteran
có•le•ra *f.* choler; *fig* anger ■ **dar ~** to infuriate; **descargar la ~ en** to vent one's anger on; **montar en ~** to get angry; (*m.*) MED cholera
co•lé•ri•co, a <> *adj.* suffering from cholera; *fig* choleric, irascible <> *m.f.* cholera patient; *fig* irascible person
co•les•te•rol *m.*/**ri•na** *f.* cholesterol
co•le•ta *f.* [pelo] pigtail; *fig* [adición escrita] postscript; AMER [lona] coarse canvas
co•le•ta•zo *m.* blow with the tail; AUTO sway
col•ga•do, a *adj.* let down ■ **dejar ~ a** to let down
col•ga•jo *m.* [jirón] tatter; [racimo] bunch
col•gan•te <> *adj.* hanging ■ **puente ~** suspension bridge <> *m.* pendant
col•gar [16] *tr.* to hang (up); [adornar] to drape with hangings; [reprobar] to flunk ■ **~ los hábitos** to give up the cloth; *fig* to give up an action or profession; (*intr.*) to hang; [caer] to hang down
co•li•brí *m.* (*pl* **-íes**) hummingbird
có•li•co, a <> *adj.* colonic <> *m.* colic
co•li•flor *f.* cauliflower
co•li•lla *f.* cigarette butt
co•li•na *f.* hill
co•lin•dan•te *adj.* adjacent, adjoining
co•lin•dar *intr.* to be adjacent, adjoin
co•li•rio *m.* eyedrops, eyewash
co•li•se•o *m.* coliseum, colosseum
co•li•sión *f.* collision; *fig* conflict
co•li•tis *f.* colitis, colonitis
co•lla <> *adj.* BOL Andean; ARG Bolivian <> *m.f.* BOL inhabitant of the Andean plateau; ARG Bolivian
co•lla•do *m.* [cerro] hill; [entre montañas] mountain pass
co•llar *m.* [adorno] necklace; [cadena] chain; [de animal] collar; MECH ring, collar; ORNITH & ZOOL collar, ruff
co•lla•rín *m.* [collar] small collar; RELIG collar
col•ma•do, a <> *adj.* [lleno] full, filled; [cucharada] heaping <> *m.* [café] café; [almacén] grocery store
col•mar *tr.* [llenar] to fill (up), fill to the brim; *fig* to shower; [satisfacer] to fulfill, satisfy ■ **¡eso colma la medida!** that's the last straw!
col•me•na *f.* beehive, hive
col•me•nar *m.* apiary
col•mi•llo <> *m.* canine tooth, eyetooth; [del elefante] tusk; [del perro] fang <> *pl.* ■ **enseñar los ~** *coll* to show one's teeth
col•mo *m.* [exceso] overflow; [cumbre] height; [límite] limit ■ **para ~ de desgracias** to make matters worse
co•lo•ca•ción *f.* [acción] placing; [lugar] place; [empleo] position
co•lo•car [70] *tr.* to place, position; [dinero] to invest
co•lo•fón *m.* colophon
co•lo•fo•nia *f.* rosin
co•loi•dal/de•o, a *adj.* colloidal
co•loi•de *m.* colloid
co•lon *m.* ANAT colon
co•lón *m.* C RICA & SALV FIN colon
co•lo•nia *f.* colony; [perfume] cologne; MEX [barrio] district ■ **~ penitenciaria** prison camp; **~ proletaria** MEX shanty town, slum area
co•lo•nial *adj.* colonial
co•lo•nia•lis•ta *adj.* & *m.f.* colonialist
co•lo•ni•za•ción *f.* colonization
co•lo•ni•za•dor, •ra <> *adj.* colonizing, settling <> *m.f.* colonizer, settler
co•lo•ni•zar [04] *tr.* to colonize, settle
co•lo•no *m.* settler; AGR tenant farmer
co•lo•quio *m.* [conversación] talk; [conferencia] seminar
co•lor <> *m.* color; [colorante] tint; [aspecto] aspect ■ **a ~** in color; **~ elemental** primary color; **~ firme** fast color; **~ vivo** bright color; **de ~** colored; **mudar de ~** *coll* [sonrojarse] to blush; [palidecer] to turn pale; **subido de ~** off-color; **ver las cosas de ~ de rosa** *coll* to see things through rose-colored glasses <> *pl.* ■ **ponerse de mil ~** *coll* to flush
co•lo•ra•ción *f.* coloring ■ **~ defensiva** BIOL protective markings
co•lo•ra•do, a <> *adj.* [que tiene color] colored; [rojizo] red, reddish ■ **ponerse ~** to blush <> *m.* red
co•lo•ran•te <> *adj.* coloring <> *m.* colorant
co•lo•rar *tr.* [dar color a] to color; [teñir] to dye; [pintar] to paint
co•lo•re•ar *tr.* [dar color a] to color; (*intr.*) to turn red
co•lo•re•te *m.* rouge
co•lo•ri•do *m.* [acción] coloring; [colores] coloration; [color] color; *fig* style

co•lo•rin•che *m.* RP gaudy combination of colors
co•lo•sal *adj.* colossal
co•lo•so *m.* [estatua] colossus; [gigante] giant
co•lum•na *f.* column, pillar ■ ~ **de dirección** AUTO steering column; ~ **vertebral** spine, spinal column
co•lum•na•ta *f.* colonnade
co•lum•nis•ta *m.f.* columnist
co•lum•piar *tr.* to swing; (*reflex.*) [mecerse] to swing; *coll* [contonearse] to sway
co•lum•pio *m.* swing
co•ma[1] *f.* comma ■ ~ **flotante** COMPUT floating point; **sin faltar una** ~ in the minutest detail
co•ma[2] *m.* coma
co•ma•dre *f.* godmother; [relación] mother of the child (in relation to the godmother); [partera] midwife; C AMER & MEX [amiga] friend
co•ma•dre•ar *intr. coll* to gossip
co•ma•dre•ja *f.* weasel; ARG opossum
co•ma•dro•na *f.* midwife
co•man•dan•cia *f.* [grado] command; [distrito] district; [edificio] headquarters
co•man•dan•te *m.* commanding officer; [grado] major ■ ~ **de armas** commandant; ~ **de barco** commander; ~ **en jefe** o **general** commander-in-chief
co•man•dar *tr.* MIL to command, lead
co•man•di•ta *f.* ■ **sociedad en** ~ silent partnership
co•man•di•ta•rio, a COM ◇ *adj.* silent ◇ *m.f.* silent partner
co•man•do *m.* MIL commando; [mando] command; TECH control ■ ~ **a distancia** remote control
co•mar•ca *f.* region, district
co•ma•to•so, a *adj.* comatose
com•ba *f.* ▻ **combo, a**
com•ba•du•ra *f.* bending, curving
com•bar *tr.* & *reflex.* [encorvar] to bend, curve; [alabear] to warp
com•ba•te *m.* combat; *fig* conflict; SPORT contest ■ ~ **naval** naval o sea battle; ~ **nulo** draw; **fuera de** ~ out of action; **ganar por fuera de** ~ SPORT to win by a knockout
com•ba•tien•te ◇ *adj.* fighting ◇ *m.* combatant, fighter; MIL soldier
com•ba•tir *intr.* to battle; (*tr.*) [luchar contra] to fight; [acometer] to attack; [impugnar] to oppose; *fig* to beat upon; (*reflex.*) to fight, struggle
com•ba•ti•vo, a *adj.* combative
com•bi•na•ción *f.* combination; [prenda] slip; [plan] plan; CHEM compound; RAIL connection; MATH permutation
com•bi•na•do *m.* RP [radiograma] radiogram; CHEM compound
com•bi•nar *tr.* to combine; [arreglar] to work out ■ ~ **ideas** to work out ideas; (*reflex.*) to combine
com•bo, a ◇ *adj.* bent, curved ◇ *m.* [asiento] stand on which wine casks are placed; ARG & CHILE [martilla] sledge hammer; CHILE [puñetazo] punch, blow; (*f.*) [convexidad] bend, curve; [alabeo] warp; [juego y cuerda] skipping rope
com•bus•ti•ble ◇ *adj.* combustible ◇ *m.* fuel
com•bus•tión *f.* combustion
co•me•de•ro *m.* [recipiente] feeding trough; [lugar] manger
co•me•dia *f.* comedy; [obra] play; [edificio] theater; [fingimiento] farce ■ ~ **de capa y espada** cloak-and-dagger play; ~ **de costumbres** comedy of manners; ~ **en un acto** one-act play; **hacer la** ~ *coll* to pretend
co•me•dian•te, a *m.* (comic) actor; (*f.*) (comic) actress; (*m.f.*) *coll* hypocrite
co•me•di•do, a *adj.* [cortés] courteous; [reservado] reserved; S AMER obliging
co•me•dir•se [48] *reflex.* to restrain oneself
co•me•dor, •ra ◇ *adj.* gluttonous ◇ *m.f.* big eater; (*m.*) [cuarto] dining room; [muebles] dining room suite ■ **coche** ~ dining car
co•men•da•dor *m.* knight commander
co•men•da•do•ra *f.* mother superior
co•men•sal *m.f.* mealtime companion
co•men•ta•dor, •ra *m.f.* commentator
co•men•tar *tr.* to comment on
co•men•ta•rio ◇ *m.* commentary ■ **sin** ~ no comment ◇ *pl.* [memorias históricas] commentaries, historical memoirs; [chismes] gossip
co•men•ta•ris•ta *m.f.* commentator
co•men•zar [29] *tr.* & *intr.* to begin, start ■ ~ **a** to begin to; ~ **con** to begin with; ~ **por** to begin with o by
co•mer *tr.* to eat; [roer] to corrode; [consumir] to consume; [en los juegos] to take (a piece in chess or checkers) ■ **sin comerlo ni beberlo** *coll* without having had anything to do with it; (*intr.*) to eat ■ ~ **y callar** *coll* beggars can't be choosers; **dar de** ~ to feed; **ser de buen** ~ *coll* to have a healthy appetite; **tener qué** ~ to have enough to live on; (*reflex.*) to eat up; **me lo comí todo** I ate it all up; [disipar] to squander; [pasar] to skip over
co•mer•cial ◇ *adj.* commercial, business ■ **centro** ~ shopping center ◇ *m.* AMER commercial, advertisement
co•mer•cia•li•za•ción *f.* commercialization
co•mer•cia•li•zar [04] *tr.* to commercialize
co•mer•cian•te *m.f.* merchant; (*m.*) businessman, shopkeeper; (*f.*) businesswoman ■ ~ **al por mayor** wholesaler; ~ **al por menor** retailer
co•mer•ciar *intr.* to trade, deal
co•mer•cio *m.* [negocio] business; [tienda] store ■ ~ **electrónico** e-commerce ; ~ **exterior** foreign trade; ~ **interior** domestic trade; ~ **justo** fair trade
co•mes•ti•ble ◇ *adj.* edible ◇ *m.* foodstuff ◇ *pl.* groceries
co•me•ta *m.* comet; (*f.*) [juguete] kite
co•me•ter *tr.* [un crimen] to commit; [un error] to make
co•me•ti•do *m.* assignment
co•me•zón *f.* itch
co•mi•ble *adj. coll* edible
co•mi•ci•dad *f.* comedy, humor
co•mi•cio *m.* elections
có•mi•co, a ◇ *adj.* comical, funny ◇ *m.* comic actor; (*f.*) comic actress
co•mi•da *f.* [alimento] food; [almuerzo, cena] meal; [almuerzo] lunch ■ ~ **basura** junk food; ~ **chatarra** MEX junk food; ~ **rápida** fast food
co•mi•di•lla *f. coll* talk
co•mi•do, a *adj.* fed, having eaten ■ ~ **de gusanos** worm-eaten; ~ **y bebido** *coll* supported, kept; **estar** ~ to have eaten; **sin haberlo** ~ **ni bebido** for no apparent reason
co•mien•ce, zo ▻ **comenzar**
co•mien•zo *m.* beginning, start; [de enfermedad] onset ■ **al** ~ at first; **dar** ~ to begin, start

co•mi•llas *f.pl.* quotation marks ▪ **abrir/cerrar** ~ to open/close quotation marks; **entre** ~ in quotes
co•mi•lón, o•na ◇ *adj.* gluttonous ◇ *m.f.* glutton; (*f.*) *coll* feast, spread ▪ **darse una** ~ to have a feast
co•mi•no *m.* cumin ▪ **no importarle a uno un** ~ *coll* not to give a damn about; **no valer un** ~ *coll* to be worthless
co•mi•sa•rí•a *f.*/**ria•to** *m.* [cargo] commissariat; [oficina] office of a commissioner; AMER police station
co•mi•sa•rio *m.* commissioner
co•mi•sión *f.* commission; [encargo] assignment ▪ **a** ~ on a commission basis; **Comisión Europea** European Commission; ~ **mixta** joint committee; ~ **permanente** standing committee; ~ **planificadora** planning board
co•mi•sio•na•do, a ◇ *adj.* commissioned, authorized ◇ *m.f.* [comisario] commissioner; FIN & POL committee O board member
co•mi•sio•nar *tr.* to commission, authorize
co•mi•sio•nis•ta *m.f.* COM commission merchant
co•mi•su•ra *f.* corner (of mouth, eyes)
co•mi•té *m.* committee ▪ ~ **de empresa** works council
co•mi•ti•va *f.* retinue, party ▪ ~ **fúnebre** funeral procession
co•mo ◇ *adv.* [lo mismo que] as; [de tal modo] like; [en calidad de] as, in the capacity of; [casi] about, approximately; [según] as ▪ ~ **quiera que** no matter how; ~ **sea** one way or the other ◇ *conj.* [puesto que] as, since; [si] if; [así que] as; [por ejemplo] such as, like ▪ **así** ~ as soon as; ~ **que** as if; ~ **quien dice** so to speak; ~ **si** as if; **hacer** ~ **si** to pretend
có•mo *adv.* [en qué condiciones] how; [por qué] why, how come ▪ **¿a** ~**?** how much?; **¡**~ **no!** of course!
có•mo•da *f.* chest of drawers
có•mo•da•men•te *adv.* [confortablemente] comfortably; [convenientemente] conveniently
co•mo•di•dad ◇ *f.* [confort] comfortableness; [conveniencia] convenience; [ventaja] advantage ◇ *pl.* comforts
co•mo•dín *m.* AMER comfort lover; [naipes] joker; COMPUT wild card
có•mo•do, a *adj.* [confortable] comfortable; [útil] convenient
co•mo•do•ro *m.* commodore
co•mo•quie•ra *adv.* anyway, anyhow
com•pac•tar *tr.* to compact, compress
com•pac•to, a *adj.* [apretado] compact; [denso] tight
com•pa•de•cer [17] *tr.* & *reflex.* to sympathize (with), feel sorry (for)
com•pa•dre *m.* godfather; [relación] father of the child (in relation to the godfather); *coll* pal
com•pa•dre•ar *intr.* [ser amigos] to be friends; RP *coll* [jactarse] to brag
com•pa•gi•na•ción *f.* [ordenamiento] arranging, putting in order; PRINT page make-up
com•pa•gi•na•dor, •ra *m.f.* PRINT pager; [ordenador] arranger
com•pa•gi•nar *tr.* [arreglar] to put in order; [acordar] to agree; PRINT to make up; (*reflex.*) to be compatible
com•pa•ñe•ris•mo *m.* camaraderie
com•pa•ñe•ro, a *m.f.* companion; [colega] colleague; [de una pareja] mate ▪ ~ **de armas** comrade in arms; ~ **de clase** classmate; ~ **de colegio** schoolmate; ~ **de cuarto** roommate; ~ **de trabajo** fellow worker; ~ **de viaje** traveling companion
com•pa•ñí•a *f.* company ▪ ~ **anónima** stock company; ~ **comanditaria** silent partnership; ~ **de seguros** insurance company; ~ **tenedora** holding company; **hacer** ~ **a alguien** to keep someone company
com•pa•ra•ción *f.* comparison; LIT simile ▪ **en** ~ **con** in comparison with O to; **sin** ~ beyond comparison
com•pa•rar *tr.* [relacionar] to compare; [cotejar] to collate, check
com•pa•ra•ti•vo, a *adj.* & *m.* comparative
com•pa•re•cen•cia *f.* LAW appearance ▪ **orden de** ~ summons
com•pa•re•cer [17] *intr.* LAW to appear
com•pa•re•cien•te *m.f.* LAW person appearing
com•par•sa *m.f.* THEAT extra; (*f.*) THEAT chorus; [banda] masquerade
com•par•ti•m(i)en•to *m.* [division] division; [departamento] compartment ▪ ~ **estanco** watertight compartment
com•par•tir *tr.* [repartir] to divide (up); [participar] to share
com•pás *m.* MATH compass, compasses; MARIT compass; MUS [ritmo] rhythm; [unidad métrica] measure ▪ **al** ~ **de** in step with; ~ **binario** MUS double time; **fuera de** ~ out of step; **llevar al** ~ MUS to keep time; **perder el** ~ MUS to lose the beat
com•pa•sión *f.* compassion, pity ▪ **¡por** ~**!** for pity's sake!; **sin** ~ merciless; **tener** ~ **de** to feel sorry for
com•pa•si•vo, a *adj.* compassionate
com•pa•ti•ble *adj.* compatible
com•pa•ti•bi•li•dad *f.* compatibility
com•pa•trio•ta *m.f.* compatriot
com•pe•ler *tr.* to compel, force
com•pen•diar *tr.* to summarize, abridge
com•pen•dio *m.* summary, abridgment
com•pe•ne•tra•ción *f.* [afinidad] mutual understanding; CHEM interpenetration
com•pe•ne•trar•se *reflex.* [tener afinidad] to understand each other; CHEM to interpenetrate
com•pen•sa•ción *f.* compensation; LAW recompense, redress ▪ **en** ~ in exchange O return
com•pen•sa•dor, •ra ◇ *adj.* compensating, compensatory ◇ *m.* compensator (pendulum)
com•pen•sar *tr.* to compensate; [recompensar] to indemnify
com•pen•sa•to•rio, a *adj.* compensatory
com•pe•ten•cia *f.* competition; [rivalidad] rivalry; [incumbencia] responsibility; [aptitud] competence; [campo] field; **no es de mi** ~ it's outside my field; LAW jurisdiction ▪ **hacer la** ~ **a** to compete with O against
com•pe•ten•te *adj.* [adecuado] suitable; [apto] competent; LAW competent
com•pe•ter *intr.* ▪ ~ **a** to be up to, be the responsibility of; ~ **a** to be under the jurisdiction of
com•pe•ti•ción *f.* competition; [rivalidad] rivalry
com•pe•ti•dor, •ra ◇ *adj.* competing, rival ◇ *m.f.* competitor
com•pe•tir [48] *intr.* [contender] to compete; [igualar] to be on a par
com•pe•ti•ti•vo, a *adj.* competitive
com•pi•la•ción *f.* compilation
com•pi•la•dor, •ra ◇ *adj.* compiling ◇ *m.f.* compiler

com•pi•lar *tr.* to compile
com•pin•che *m.f. coll* pal, chum; [cómplice] accomplice
com•pi•ta, to, tie•ra, tió ▻ **competir**
com•pla•cen•cia *f.* complacency; [tolerancia] tolerance
com•pla•cer [51] *tr.* to please, gratify; (*reflex.*) ▪ ~ **en** o **de** to delight in, take pleasure in
com•pla•ci•do, a *adj.* satisfied, content ▪ ~ **de sí** self-satisfied
com•pla•cien•te *adj.* [satisfecho] satisfied; [obsequioso] complaisant
com•ple•ji•dad *f.* complexity
com•ple•jo, a ◇ *adj.* [complicado] complex, complicated; GRAM complex; MATH compound ◇ *m.* INDUS & PSYCH complex ▪ ~ **turístico** tourist complex; ~ **vitamínico** vitamin complex
com•ple•men•tar *tr.* & *reflex.* to complement (each other)
com•ple•men•ta•rio, a *adj.* complementary
com•ple•men•to *m.* complement; GRAM object
com•ple•tar *tr.* to complete; [acabar] to finish
com•ple•to, a *adj.* complete; [acabado] finished; [lleno] full ▪ **por** ~ completely
com•ple•xión *f.* constitution
com•pli•ca•ción *f.* complication
com•pli•ca•do, a *adj.* complicated; [intricado] complex; *fig* difficult
com•pli•car [70] *tr.* to complicate; [embrollar] to entangle; (*reflex.*) to become complicated; [embrollarse] to become involved
cóm•pli•ce *m.f.* accomplice
com•plot *m.* plot; [intriga] scheme
com•plo•tar *intr.* to plot, conspire
com•po•nen•te *adj.* & *m.* component
com•po•ner [54] *tr.* to compose; [reparar] to fix; [adornar] to decorate; [reconciliar] to reconcile; [arreglar] to arrange; *coll* [calmar] to settle; S AMER MED to set (bones); (*intr.*) to compose; (*reflex.*) to be composed o made up (**de** of); [calmarse] to compose oneself ▪ **componérselas** *coll* to fend for oneself
com•pon•ga, go ▻ **componer**
com•por•ta•mien•to *m.* behavior, conduct
com•por•tar *tr.* to entail; (*reflex.*) to behave ▪ ~ **mal** to misbehave
com•po•si•ción *f.* composition ▪ **hacer** ~ **de lugar** to size up the situation
com•po•si•tor, •ra *m.f.* MUS composer; PRINT compositor
com•pos•tu•ra *f.* [reparación] repair; [aseo] neatness; [decoro] decorum; [calma] composure ▪ **en** ~ under repair; **guardar la** ~ to show restraint
com•po•ta *f.* compote, stewed fruit
com•po•te•ra *f.* compote bowl o dish
com•pra ◇ *f.* [acción] purchasing; [adquisición] purchase ▪ ~ **al contado** cash purchase; ~ **a plazos** credit purchase ◇ *pl.* ▪ **hacer** ~ to shop; **ir de** ~ to go shopping
com•pra•dor, •ra ◇ *adj.* purchasing ◇ *m.f.* [adquiridor] purchaser; [cliente] customer
com•prar *tr.* to buy, purchase; [sobornar] to bribe ▪ ~ **al contado** to pay cash for; ~ **al por mayor** to buy wholesale; ~ **al por menor** to purchase at retail; ~ **a plazos** o **fiado** to buy on credit
com•pra•ven•ta *f.* buying and selling ▪ **boleto de** ~ purchase and sale agreement
com•pren•de•dor, •ra *adj.* understanding
com•pren•der *tr.* to understand; [contener] to include
com•pren•si•ble *adj.* comprehensible
com•pren•sión *f.* understanding
com•pren•si•vo, a *adj.* comprehensive
com•pre•sa *f.* [para herida] compress; [para menstruación] sanitary napkin ▪ ~ **fría** cold pack
com•pre•si•ble *adj.* compressible
com•pre•sión *f.* compression; GRAM syneresis
com•pre•so, a ▻ **comprimir**
com•pre•sor, •ra ◇ *adj.* compressing, compressive ◇ *m.* MECH compressor
com•pri•mi•do, a ◇ *adj.* compressed; *fig* repressed ◇ *m.* tablet, pill
com•pri•mir *tr.* to compress; *fig* to repress
com•pro•ba•ción *f.* [verificación] verification; [prueba] proof
com•pro•ban•te *m.* proof; COM voucher ▪ ~ **de venta** sales slip
com•pro•bar [19] *tr.* [cotejar] to check; [verificar] to verify
com•pro•me•te•dor, •ra *adj.* compromising
com•pro•me•ter *tr.* [poner en peligro] to endanger; [poner en apuros] to compromise; [la salud] to impair; [obligar] to oblige; (*reflex.*) [obligarse] to commit oneself; [ponerse en peligro] to compromise oneself; [novios] to get engaged ▪ ~ **a** to undertake to
com•pro•me•ti•do, a *adj.* [envuelto] implicated; [embarazoso] compromising; [escritor] committed; [novios] engaged; [ocupado] tied up
com•pro•mi•so *m.* [obligación] obligation; [apuro] jam; [convenio] agreement; [novios] engagement ▪ **sin** ~ without obligation
com•prue•be, bo ▻ **comprobar**
com•puer•ta *f.* [esclusa] floodgate; [puerta] hatch
com•pues•to, a ▻ **componer** ◇ *adj.* compound; [arreglado] decked out; [mesurado] calm ◇ *m.* compound, composite
com•pul•sar *tr.* LAW to compare
com•pul•sión *f.* LAW compulsion, duress
com•pun•ción *f.* compunction, remorse
com•pun•gir [32] *tr.* to move to compunction; (*reflex.*) to feel compunction ▪ ~ **por** to grieve at
com•pu•sie•ra, so ▻ **componer**
com•pu•ta•ción *f.* computation, calculation
com•pu•ta•do•ra *f.* computer ▪ ~ **compatible** compatible computer; ~ **multimedia** multimedia computer; ~ **personal** personal computer; ~ **portátil** laptop computer
com•pu•tar *tr.* to compute, calculate
com•pu•ta•ri•zar/te•ri•zar [04] *tr.* to computerize
cóm•pu•to *m.* computation, calculation
co•mul•gar [47] *tr.* to administer communion to; (*intr.*) to take communion; *fig* to commune
co•mún ◇ *adj.* common; [usual] customary, usual; [compartido] shared, joint; [vulgar] common, vulgar; FIN common, public ▪ **por lo** ~ commonly, generally ◇ *m.* general public o population ▪ **el** ~ **de las gentes** most people
co•mu•na *f.* commune; AMER municipality
co•mu•nal *adj.* communal
co•mu•ni•ca•ble *adj.* [transmisible] communicable; [sociable] sociable

co•mu•ni•ca•ción *f.* communication; TELEC connection ▪ **estar en ~ con** to be in touch with
co•mu•ni•ca•do *m.* communiqué ▪ **~ de prensa** press release
co•mu•ni•car [70] *tr.* to communicate; [transmitir] to transmit; [propagar] to spread; (*intr.*) [tener paso] to adjoin; [tratar] to communicate; (*reflex.*) to communicate; [tener paso] to be connected
co•mu•ni•ca•ti•vo, a *adj.* communicative
co•mu•ni•dad *f.* community
co•mu•nión *f.* communion; [comunicación] fellowship; [sacramento] (Holy) Communion
co•mu•nis•ta *m.f.* communist
co•mún•men•te *adv.* commonly, generally; [usualmente] usually
con *prep.* with; [a pesar de] in spite of, despite; [hacia] to, towards ▪ **~ ira** in anger; **~ que** so then; **~ tal (de) que** provided that; **~ todo** nevertheless
co•na•to *m.* attempt
con•ca•te•na•ción *f.* concatenation
con•ca•vi•dad *f.* [calidad] hollowness; [hueco] hollow
cón•ca•vo, a *adj.* concave, hollow
con•ce•bi•ble *adj.* conceivable, imaginable
con•ce•bir [48] *tr.* [imaginar] to imagine; [comprender] to understand; [engendrar] to conceive (of); (*intr.*) to conceive
con•ce•der *tr.* [otorgar] to grant; [admitir] to concede
con•ce•jal, •la *m.f.* (town) councilor; (*m.*) councilman; (*f.*) councilwoman
con•cen•tra•ción *f.* concentration
con•cen•tra•do, a *adj.* [centrado] centered; [condensado] concentrated
con•cen•trar *tr.* & *reflex.* to concentrate
con•cén•tri•co, a *adj.* concentric
con•cep•ción *f.* conception
con•cep•to *m.* concept; [idea] idea; [juicio] opinion ▪ **bajo ningún ~** under no circumstances; **en** o **por ~ de** as, by way of; **tener buen ~ de** o **tener en buen ~ a** to think highly of
con•cep•tual *adj.* conceptual
con•cep•tuar [67] *tr.* to consider, judge
con•cer•nien•te *adj.* concerning, regarding ▪ **en lo ~ a** as for, with regard to
con•cer•nir [25] *tr.* to concern, be pertinent to; (*intr.*) to be pertinent o related
con•cer•tar [49] *tr.* [coordinar] to arrange, coordinate; (*intr.*) to agree
con•cer•tis•ta *m.f.* concert performer, soloist
con•ce•sión *f.* concession
con•ce•sio•na•rio, a ◇ *adj.* concessionary ◇ *m.f.* concessionaire, licensee
con•cha *f.* ZOOL shell; [molusco] shellfish, mollusk; [carey] tortoise shell; ANDES & RP *coll* [vulva] cunt; VEN [de frutas] peel, rind
con•cha•bar *tr.* [unir] to join; [mezclar] to mix; AMER to hire on; (*reflex.*) *coll* to band together
con•ci•ba, bo, bie•ra, bió ▻ **concebir**
con•cien•cia *f.* conscience; [integridad] conscientiousness; [conocimiento] consciousness ▪ **a ~** conscientiously; **en ~** in good conscience o faith; **remorderle a uno la ~** to have a guilty conscience; **sin ~** unscrupulous; **tener** o **tomar ~** to be o become aware of
con•cien•zu•do, a *adj.* conscientious
con•cier•na, ne ▻ **concernir**
con•cier•te, to ▻ **concertar**
con•cier•to *m.* concert; [ajuste] agreement; MUS harmony; [obra] concerto
con•ci•lia•ble *adj.* conciliable, reconcilable
con•ci•lia•ción *f.* conciliation, reconciliation
con•ci•lia•dor, •ra *adj.* conciliatory
con•ci•liar *tr.* to conciliate, reconcile ▪ **~ el sueño** to get to sleep; (*reflex.*) to win, gain
con•ci•lia•ti•vo/to•rio, a *adj.* conciliatory
con•ci•lio *m.* council
con•ci•so, a *adj.* concise, succinct
con•ciu•da•da•no, a *m.f.* fellow citizen
cón•cla•ve, con•cla•ve *m.* conclave
con•cluir [18] *tr.* to conclude, finish; [deducir] to deduce; LAW to sum up; (*intr.*) to finish, end ▪ **~ con** o **en** to end with o in; **~ por** to end up; (*reflex.*) to finish, end
con•clu•sión *f.* conclusion, end; [deducción] deduction; [decisión] decision; LAW summary ▪ **en ~** in conclusion, finally; **llegar a una ~** to come to a conclusion
con•clu•si•vo, a *adj.* conclusive, final
con•clu•ya, yo, ye•ra, yó ▻ **concluir**
con•clu•yen•te *adj.* conclusive, decisive
con•co•mi•tan•te *adj.* concomitant
con•cor•dan•cia *f.* agreement; MUS harmony
con•cor•dar [19] *tr.* to bring into agreement; GRAM to make agree; (*intr.*) to agree
con•cor•de *adj.* in accord, in agreement
con•cor•dia *f.* [armonía] concord; [ajuste] agreement
con•cre•tar *tr.* [resumir] to summarize; [precisar] to specify; (*reflex.*) to limit o confine oneself; [tomar forma] to take shape
con•cre•ti•zar [04] *tr.* to materialize
con•cre•to, a ◇ *adj.* concrete; [definido] specific, definite ▪ **en ~** in short ◇ *m.* AMER concrete
con•cu•bi•na *f.* concubine
con•cu•bi•na•to *m.* common-law marriage
con•cuer•de, do ▻ **concordar**
con•cu•ña•do, a *m.* husband of one's sister-in-law; (*f.*) wife of one's brother-in-law
con•cu•pis•cen•cia *f.* [lascivia] concupiscence; [codicia] greed
con•cu•pis•cen•te *adj.* [lascivo] concupiscent; [avaro] greedy
con•cu•rren•cia *f.* audience, crowd; [simultaneidad] concurrence
con•cu•rren•te ◇ *adj.* [coincidente] coinciding; [presente] in attendance ◇ *m.f.* person in attendance
con•cu•rri•do, a *adj.* [animado] busy, crowded; [popular] well-attended; [frecuentado] frequented
con•cu•rrir *intr.* [convenir] to concur, agree; [converger] to converge; [presenciar] to attend; [coincidir] to coincide; [contribuir] to contribute ▪ **~ en** to agree o concur with
con•cur•san•te *m.f.* competitor, contestant
con•cur•so *m.* competition, contest ▪ **~ hípico** horse show; **fuera de ~** out of the running
con•da•do *m.* [dignidad] earldom; [territorio] county
con•de *m.* count, earl
con•de•co•ra•ción *f.* [insignia] medal; [ceremonia] award ceremony
con•de•co•rar *tr.* to decorate, award
con•de•na *f.* [juicio] sentence; [declaración] conviction;

[extensión] term ▪ ~ **condicional** suspended sentence; ~ **perpetua** life sentence; **cumplir una** ~ to serve a sentence

con•de•na•do, a ◇ *adj.* [culpable] convicted; [réprobo] reprobate ◇ *m.f.* [prisionero] convict; [réprobo] reprobate; *coll* [desgraciado] wretch

con•de•nar *tr.* [castigar] to condemn, sentence; [declarar culpable] to convict; [reprobar] to censure; [desaprobar] to disapprove of; [cerrar] to board up

con•de•na•to•rio, a *adj.* LAW condemnatory

con•den•sa•ción *f.* condensation

con•den•sa•dor, •ra ◇ *adj.* condensing ◇ *m.* condenser

con•den•sar *tr.* [reducir] to condense; [abreviar] to shorten

con•de•sa *f.* countess

con•des•cen•den•cia *f.* acquiescence

con•des•cen•der [50] *intr.* to acquiesce ▪ ~ **a** to be gracious enough to

con•des•cen•dien•te *adj.* agreeable, obliging

con•di•ción ◇ *f.* condition; [estado] state; [clase] status; [cláusula] stipulation; [calidad] capacity ▪ **a** ~ **de que** on the condition that ◇ *pl.* [aptitud] talent; [circunstancias] circumstances ▪ ~ **convenidas** COM terms agreed upon; ~ **de pago** COM terms of payment; ~ **de vida** living conditions; **estar en** ~ **de** to be fit for; **poner en** ~ to get ready; **sin** ~ unconditionally

con•di•cio•na•do, a *adj.* [acondicionado] conditioned; [condicional] conditional ▪ ~ **a** dependent upon

con•di•cio•nal *adj.* conditional

con•di•cio•nar *intr.* to agree; (*tr.*) ▪ ~ **a** to make (something) conditional on

con•di•men•tar *tr.* to season, flavor

con•di•men•to *m.* condiment, seasoning

con•dis•cí•pu•lo, a *m.f.* classmate

con•do•len•cia *f.* condolence, sympathy

con•do•mi•nio *m.* condominium

con•dón *m.* condom

con•do•na•ción *f.* [acción] pardoning; [resultado] pardon

cón•dor *m.* condor

con•duc•ción *f.* [transporte] transportation; [cañería] piping; AUTO driving; PHYS conduction

con•du•cen•te *adj.* conducive

con•du•cir [22] *tr.* [guiar] to lead; [dirigir] to manage; [llevar] to transport; AUTO to drive; (*intr.*) to lead; AUTO to drive; (*reflex.*) to conduct oneself

con•duc•ta *f.* conduct ▪ **mala** ~ misconduct

con•duc•ti•vo, a *adj.* conductive

con•duc•to *m.* conduit; ANAT duct ▪ **por** ~ **de** by means of, through; **por** ~ **regular** through regular channels

con•duc•tor, •ra ◇ *adj.* conducting; PHYS conductive ◇ *m.f.* AUTO driver; PHYS conductor

con•due•ño, a *m.f.* joint owner, co-owner

con•du•je•ra, jo, z•ca, z•co ▷ **conducir**

co•nec•tar *tr.* to connect; [acoplar] to hook up; [enchufar] to plug in; [relacionar] to put in touch with; (*reflex.*) to switch on ▪ **conectarse a Internet** to go on-line

co•nec•ti•vi•dad *f.* COMPUT connectivity

co•ne•je•ro, a *m.f.* [criador] rabbit breeder; [vendedor] rabbit seller; (*f.*) rabbit burrow

co•ne•ji•llo *m.* bunny ▪ ~ **de Indias** guinea pig

co•ne•jo *m.* rabbit

co•ne•xión *f.* connection ▪ ~ **a Internet** Internet connection

co•ne•xo, a *adj.* connected, related

con•fa•bu•la•ción *f.* plot, conspiracy

con•fa•bu•lar *tr.* to discuss; (*reflex.*) to plot

con•fec•ción *f.* [fabricación] manufacture; [ropa hecha] ready-to-wear clothing

con•fec•cio•nar *tr.* to make, manufacture

con•fe•de•ra•ción *f.* confederation; [liga] league

con•fe•de•ra•do, a ◇ *adj.* confederated, allied ◇ *m.f.* confederate, ally

con•fe•de•rar *tr.* & *reflex.* to confederate

con•fe•ren•cia *f.* conference; [discusión] discussion; [discurso] lecture ▪ ~ **episcopal** bishop's conference; ~ **de prensa** press conference; ~ **de alto nivel** summit conference

con•fe•ren•cian•te *m.f.* lecturer, speaker

con•fe•ren•ciar *intr.* to confer

con•fe•rir [65] *tr.* to confer, bestow

con•fe•sar [49] *tr.* to confess; [admitir] to admit; [proclamar] to proclaim ▪ ~ **de plano** to make a clean breast of; (*reflex.*) to confess

con•fe•sión *f.* confession; [admisión] admission; [del reo] testimony

con•fe•sor *m.* confessor

con•fia•do, a *adj.* [en sí mismo] confident; [en los demás] trusting; [crédulo] gullible

con•fian•za *f.* confidence; [seguridad] self-confidence; [familiaridad] closeness ▪ **con toda** ~ in all confidence; **de** ~ [confiable] reliable; [íntimo] close; **defraudar la** ~ **de alguien** to let someone down; **en** ~ confidentially; **tener** ~ **con alguien** to be on close terms with someone; **tratar a alguien con** ~ to treat someone informally

con•fiar [30] *intr.* to trust, feel confident; [contar con] to count on ▪ ~ **a la memoria** to commit to memory; (*tr.*) [encargar] to entrust; [un secreto] to confide; (*reflex.*) to trust, have faith

con•fi•den•cia *f.* [confianza] confidence; [secreto] secret

con•fi•den•cial *adj.* confidential

con•fi•den•cia•li•dad *f.* privacy

con•fi•den•te *m.f.* [consejero] confidant; [informante] informant; (*m.*) [canapé] love seat

con•fie•ra, ro ▷ **conferir**

con•fie•se, so ▷ **confesar**

con•fi•gu•rar *tr.* to shape, form

con•fín ◇ *adj.* bordering ◇ *m.* border ◇ *pl.* confines

con•fi•na•mien•to *m.* confinement; [destierro] exile

con•fi•nar *intr.* to border; (*tr.*) [encarcelar] to confine; [desterrar] to exile

con•fi•rie•ra, rió ▷ **conferir**

con•fir•ma•ción *f.* confirmation

con•fir•mar *tr.* to confirm; [corroborar] to endorse

con•fis•ca•ción *f.* confiscation, appropriation

con•fis•car [70] *tr.* to confiscate, appropriate

con•fi•ta•do, a *adj.* candied, sugar-coated

con•fi•tar *tr.* to candy

con•fi•te *m.* candy, sweet

con•fi•te•rí•a *f.* candy shop; AMER tearoom, café

con•fi•tu•ra *f.* confiture, preserve

con•fla•gra•ción *f.* conflagration

con•flic•ti•vo, a *adj.* conflicting

con•flic•to *m.* conflict; [lucha] struggle; [choque] clash; [apuro] quandary; [angustia] agony

con•fluen•cia *f.* confluence

con•fluir [18] *intr.* to converge

con•for•mar *tr.* [adaptar] to conform, adapt; [dar forma a] to shape, fashion; (*intr.*) to agree (**con**, **en** with, on); [satisfacer] to please; (*reflex.*) to resign oneself

con•for•me ◇ *adj.* ▪ ~ **a** consistent with; ~ **con** resigned to; ~ **en** in agreement on ◇ *adv.* as soon as ▪ ~ **a** in accordance with ◇ *m.* approval

con•for•mi•dad *f.* [concordancia] agreement; [asentimiento] consent; [resignación] resignation ▪ **de** ~ in agreement

con•for•mis•ta *adj.* & *m.f.* conformist

con•fort *m.* comfort

con•for•ta•ble *adj.* comfortable

con•for•tan•te *adj.* comforting, consoling

con•for•tar *tr.* [consolar] to console; [dar vigor a] to invigorate; [animar] to cheer

con•fra•ter•ni•dad *f.* fraternity, fellowship

con•fra•ter•ni•zar [04] *intr.* to fraternize

con•fron•ta•ción *f.* confrontation; [comparación] comparison

con•fron•tar *tr.* to confront; [comparar] to compare

con•fun•di•do, a *adj.* confused

con•fun•dir *tr.* to confuse; [desordenar] to mix up; [desconcertar] to perplex; (*reflex.*) [mezclarse] to be mixed up; [en una multitud] to mingle; [equivocarse] to get mixed up; [turbarse] to be confused O perplexed

con•fu•sa•men•te *adv.* [con turbación] confusedly; [en desorden] in confusion O disorder

con•fu•sión *f.* confusion

con•fu•so, a ▻ **confundir** ◇ *adj.* [mezclado] mixed up; [no claro] unclear; [desconcertado] perplexed

con•ga *f.* AMER MUS conga

con•ge•la•ción *f.* freezing, congealing

con•ge•la•dor *m.* freezer

con•ge•lar *tr.* to freeze; (*reflex.*) to become frozen

con•gé•ne•re *m.* fellow

con•ge•nial *adj.* congenial

con•ge•niar *intr.* to be compatible, get along

con•gé•ni•to, a *adj.* congenital

con•ges•tión *f.* congestion ▪ ~ **cerebral** stroke; ~ **pulmonar** pneumonia

con•ges•tio•nar *tr.* to congest; (*reflex.*) to become O be congested

con•glo•me•ra•ción *f.* conglomeration

con•glo•me•ra•do, a ◇ *adj.* conglomerate ◇ *m.* conglomerate; *fig* conglomeration

con•glo•me•rar *tr.* & *reflex.* to conglomerate

con•go•ja *f.* [angustia] anguish; [pena] grief

con•gra•ciar *tr.* to win over; (*reflex.*) to ingratiate oneself

con•gra•tu•la•ción *f.* congratulation

con•gra•tu•lar *tr.* to congratulate

con•gra•tu•la•to•rio, a *adj.* congratulatory

con•gre•ga•ción *f.* congregation

con•gre•gar [47] *tr.* & *reflex.* to congregate

con•gre•sal/sis•ta *m.f.* AMER congressman/woman, delegate

con•gre•so *m.* [reunión] congress, meeting; POL Congress (of the United States)

con•grio *m.* conger eel

con•gruen•cia *f.* congruity; MATH congruence

con•gruen•te *f.* fitting; MATH congruent

có•ni•co, a *adj.* conic, conical

co•ní•fe•ro, a ◇ *adj.* coniferous ◇ *f.* conifer

con•je•tu•ra *f.* conjecture, guess

con•je•tu•rar *tr.* to conjecture, guess

con•ju•ga•ción *f.* conjugation

con•ju•gar [47] *tr.* to combine; GRAM to conjugate

con•jun•ción *f.* conjunction

con•jun•ta•men•te *adv.* jointly, together

con•jun•ti•vi•tis *f.* conjunctivitis

con•jun•ti•vo, a ◇ *adj.* conjunctive ◇ *f.* ANAT conjunctiva

con•jun•to *m.* [totalidad] whole; [agregado] collection; [vestido] outfit; [de muebles] suite (of furniture); MECH unit; MUS band ▪ ~ **motriz** ARG power plant; **en** ~ altogether

con•ju•rar *tr.* [exorcizar] to exorcise; [alejar] to ward off; (*intr.* & *reflex.*) to conspire

con•ju•ro *m.* exorcism; [sortilegio] spell

con•me•mo•ra•ción *f.* commemoration

con•me•mo•rar *tr.* to commemorate, celebrate

con•me•mo•ra•ti•vo, a *adj.* commemorative

con•men•su•rar *tr.* to make commensurate

con•mi•go *pron.* with me ▪ ~ **mismo** with myself

con•mi•nar *tr.* to threaten, menace

con•mi•se•ra•ción *f.* commiseration

con•mi•se•rar•se *reflex.* to commiserate

con•mo•ción *f.* commotion; [sacudimiento] shock; [tumulto] upheaval ▪ ~ **cerebral** concussion

con•mo•ve•dor, •ra *adj.* moving, touching

con•mo•ver [78] *tr.* [emocionar] to move, touch; [sacudir] to shake; (*reflex.*) to be moved O touched

con•mu•ta•ble *adj.* commutable

con•mu•ta•ción *f.* commutation

con•mu•ta•dor *m.* AMER [centralita] switchboard

con•mu•tar *tr.* to trade; LAW to commute

con•no•ta•ción *f.* connotation

con•no•tar *tr.* to connote, imply

con•nu•bio *m.* matrimony, marriage

co•no *m.* cone

co•no•ce•dor, •ra ◇ *adj.* knowledgable, informed ◇ *m.f.* connoisseur

co•no•cer [17] *tr.* to know; [por primera vez] to meet; [reconocer] to recognize ▪ ~ **de nombre** to know by name; ~ **de vista** to know by sight; (*intr.*) ▪ ~ **de** to know about

co•no•ci•ble *adj.* knowable

co•no•ci•do, a ◇ *adj.* well-known, famous ◇ *m.f.* acquaintance

co•no•ci•mien•to *m.* knowledge; [entendimiento] understanding; MED consciousness ▪ **con** ~ **de causa** with full knowledge of the facts; ~ **de embarque** COM bill of lading; **perder el** ~ to lose consciousness; **poner en** ~ **de** to inform, notify

con•que *conj.* (and) so

con•quis•ta *f.* conquest

con•quis•ta•ble *adj.* [que se puede conquistar] conquerable; [fácil de conseguir] attainable

con•quis•ta•dor, •ra ◇ *adj.* conquering ◇ *m.f.* conqueror; *fig* Don Juan

con•quis•tar *tr.* to conquer; [conseguir] to win; [cautivar] to win over

con•sa•bi•do, a *adj.* [tradicional] usual; [muy conocido] well-known

C

con•sa•gra•ción *f.* consecration
con•sa•gra•do, a *adj.* [sagrado] consecrated; [dedicado] devoted; [confirmado] time-honored
con•sa•grar *tr.* RELIG to consecrate; [dedicar] to devote; [confirmar] to establish; (*reflex.*) [dedicarse] to devote o dedicate oneself (**a** to); [adquirir fama] to establish oneself
con•san•guí•ne•o, a ◇ *adj.* consanguineous ◇ *m.f.* blood relation
con•san•gui•ni•dad *f.* blood relationship
cons•cien•cia *f.* = **conciencia**
cons•cien•te *adj.* [enterado] aware; MED conscious; [responsable] conscientious
cons•cien•te•men•te *adv.* knowingly
cons•crip•ción *f.* AMER conscription
cons•crip•to *m.* AMER conscript, draftee
con•se•cuen•cia *f.* consequence; [deducción] deduction; [resultado] outcome ▪ **a** o **como** ~ **de** as a result o consequence of; **de** ~ of consequence o importance; **en** ~ accordingly; **por** ~ consequently, therefore; **sacar en** ~ to conclude; **traer como** ~ to result in
con•se•cuen•te *adj.* & *m.* consequent
con•se•cuen•te•men•te *adv.* consequently, therefore
con•se•cu•ti•vo, a *adj.* consecutive
con•se•guir [64] *tr.* [obtener] to obtain; [llegar a hacer] to attain; [lograr] to manage
con•se•je•ro, a *m.f.* [guía] counselor; [de un consejo] councilor ▪ ~ **delegado** chief executive officer, CEO
con•se•jo *m.* advice; POL council ▪ ~ **de guerra** court-martial; ~ **de ministros** cabinet
con•sen•so *m.* consensus
con•sen•ti•do, a *adj.* spoiled, pampered
con•sen•ti•mien•to *m.* consent
con•sen•tir [65] *tr.* [autorizar] to consent; [permitir] to allow; [mimar] to spoil, pamper; [soportar] to bear ▪ ~ **a** o **con** to be indulgent with
con•ser•je *m.* [custodio] concierge; [portero] porter
con•ser•je•rí•a *f.* concierge's office; [de un hotel] reception desk
con•ser•va *f.* [confitura] preserve; [alimentos] preserved food ▪ **conservas alimenticias** canned goods; **en** ~ canned
con•ser•va•ción *f.* conservation; [cuidado] up-keep
con•ser•va•dor, •ra ◇ *adj.* [preservativo] conserving; POL conservative; [prudente] prudent ◇ *m.f.* POL conservative; [oficio] conservator
con•ser•var *tr.* to conserve; [preservar] to preserve; [guardar] to keep; [cuidar] to keep up; [mantener] to keep; CUL to can; (*reflex.*) [permanecer] to survive; [cuidarse] to take care of oneself; [guardar para sí] to keep for oneself; CUL to keep, stay fresh
con•ser•va•to•rio, a ◇ *adj.* conservatory, preservative ◇ *m.* conservatory
con•si•de•ra•ble *adj.* considerable; [poderoso] powerful; [importante] important
con•si•de•ra•ción *f.* consideration; [atención] attention; [importancia] importance; [respeto] regard ▪ **bajo** o **en** ~ under consideration; **de** ~ considerable; **en** ~ **a** considering, in consideration of; **por** ~ out of consideration; **tomar en** ~ to take into consideration
con•si•de•ra•do, a *adj.* [respetuoso] considerate; [respetado] respected
con•si•de•rar *tr.* to consider; [reflexionar] to take into consideration; [estimar] to regard; (*reflex.*) to be considered; [a sí mismo] to consider oneself
con•sien•ta, to ▻ **consentir**
con•si•ga, go ▻ **conseguir**
con•sig•na *f.* [órdenes] orders; [slogan] watchword; [depósito] checkroom
con•sig•na•ción *f.* COM consignment; FIN [depósito] deposit
con•sig•nar *tr.* to consign; [depositar] to deposit; [citar] to note down; [asignar] to allocate
con•sig•na•to•rio *m.* COM consignee; LAW assignee
con•si•go *pron.* with him/her/them/you ▪ ~ **mismo** with himself/oneself/yourself; ~ **misma** with herself/yourself; ~ **mismos** o **mismas** with themselves/yourselves
con•si•guien•te *adj.* consequent, resulting ▪ **por** ~ consequently, therefore
con•si•guie•ra, guió ▻ **conseguir**
con•sin•tie•ra, tió ▻ **consentir**
con•sis•ten•cia *f.* consistency; [estabilidad] stability; [coherencia] coherence ▪ **sin** ~ insubstantial; CUL thin
con•sis•ten•te *adj.* consistent
con•sis•tir *intr.* to consist (**en** of, in)
con•so•la *f.* [mesa] console table; COMPUT console ▪ ~ **de juegos** games console
con•so•la•ción *f.* consolation
con•so•lar [19] *tr.* & *reflex.* to console (oneself)
con•so•li•da•ción *f.* consolidation
con•so•li•dar *tr.* to consolidate; [asegurar] to strengthen; (*reflex.*) to consolidate
con•so•mé *m.* consommé
con•so•nan•cia *f.* consonance
con•so•nan•te *adj.* & *f.* consonant
con•sor•cio *m.* consortium; [de circunstancias] conjunction
con•sor•te ◇ *m.f.* consort ◇ *pl.* LAW joint litigants
cons•pi•cuo, a *adj.* famous, eminent
cons•pi•ra•ción *f.* conspiracy
cons•pi•ra•dor, •ra *m.f.* conspirator
cons•pi•rar *intr.* to conspire
cons•tan•cia constancy; [perseverancia] perseverance; [evidencia] record; AMER proof
cons•tan•te ◇ *adj.* constant; [perseverante] persevering ◇ *f.* constant
cons•tar *intr.* [ser cierto] to be clear o evident; [quedar registrado] to be on record; [consistir] to consist (**de** of) ▪ **hacer** ~ to point out; **hacer** ~ **por escrito** to put on record; **que conste que** let it be clearly known that
cons•ta•tar *tr.* to verify, confirm
cons•te•la•ción *f.* constellation
cons•ter•na•ción *f.* consternation
cons•ter•nar *tr.* to consternate; (*reflex.*) to be dismayed
cons•ti•pa•do *m.* cold, head cold
cons•ti•par *tr.* to give a cold to; (*reflex.*) to catch a cold
cons•ti•tu•ción *f.* constitution; [composición] composition
cons•ti•tuir [18] *tr.* to constitute; [ser] to be; [establecer] to establish; (*reflex.*) to be established ▪ ~ **en** to assume the position of; ~ **en fiador de** to answer for; ~ **prisionero** to give oneself up
cons•ti•tu•ti•vo, a/yen•te *adj.* & *m.* component
cons•tre•ñi•mien•to *m.* compulsion

cons•tre•ñir [59] *tr.* [compeler] to compel; [apretar] to constrict; [estreñir] to constipate
cons•tri•ña, ñe•ra, ño, ñó ▻ **constreñir**
cons•truc•ción *f.* construction; [edificio] building ▪ ~ **de buques** shipbuilding; **en** o **en vías de** ~ under construction
cons•truc•ti•vo, a *adj.* constructive
cons•truc•tor, •ra ◇ *adj.* construction ◇ *m.f.* constructor ▪ ~ **naval** shipbuilder
cons•truir [18] *tr.* to construct, build; [fabricar] to manufacture
con•sue•gro, a *m.f.* father/mother-in-law of one's son o daughter (in relation to oneself)
con•sue•le, lo ▻ **consolar**
con•sue•lo *m.* [alivio] consolation, solace; [alegría] joy, delight ▪ **sin** ~ inconsolable
con•sue•tu•di•na•rio, a *adj.* [habitual] customary; [empedernido] confirmed
cón•sul *m.* consul ▪ ~ **general** consul general
con•su•la•do *m.* consulate
con•sul•ta *f.* consultation; [opinión] opinion, advice ▪ ~ **a domicilio** house call
con•sul•tar *intr.* to consult (with), get advice (from) ▪ ~ **con la almohada** to sleep on it; (*tr.*) to consult; [verificar] to check; [discutir] to discuss
con•sul•tor, •ra ◇ *adj.* advisory ◇ *m.* consultant
con•sul•to•rí•a *f.* consultancy ▪ ~ **fiscal** tax consultancy; ~ **jurídica** legal consultancy; ~ **medioambiental** environmental consultancy
con•sul•to•rio *m.* [oficina] office; MED doctor's office
con•su•ma•ción *f.* consummation; [fin] end
con•su•ma•do, a *adj.* consummate ▪ **hecho** ~ accomplished fact
con•su•mar *tr.* to consummate
con•su•mi•ción *f.* consumption; [bebida] drink ▪ ~ **mínima** cover charge
con•su•mi•do, a *adj.* thin, emaciated
con•su•mi•dor, •ra ◇ *adj.* consuming ◇ *m.f.* consumer
con•su•mir *tr.* to consume; [gastar] to use up; [destruir] to destroy; [malgastar] to waste; [evaporar] to evaporate; [afligir] to consume; (*reflex.*) to be consumed o used (up); [destruirse] to be destroyed; [malgastarse] to waste away; [evaporarse] to evaporate; [afligirse] to be consumed
con•su•mo *m.* consumption ▪ **bienes de** ~ consumer goods
con•ta•bi•li•dad *f.* [teneduría de libros] book-keeping; [profesión] accountancy
con•ta•bi•li•zar [04] *tr.* COM to enter, record
con•ta•ble ◇ *adj.* countable, computable; [relatable] relatable ◇ *m.f.* accountant
con•tac•to *m.* contact ▪ **lentes** o **lentillas de** ~ contact lenses; **ponerse en** ~ to get in touch
con•ta•do, a *adj.* rare ▪ **al** ~ (in) cash
con•ta•dor, •ra ◇ *adj.* counting ◇ *m.f.* [de libros] accountant; [administrador] auditor; (*m.*) [aparato] counting device; TECH meter ▪ ~ **público nacional** certified public accountant
con•ta•du•rí•a *f.* [estudio] accounting; [oficio] accountancy; [oficina] accounting office
con•ta•giar *tr.* MED to contaminate; *fig* to corrupt; (*reflex.*) MED to become infected; *fig* to become corrupt
con•ta•gio *m.* MED contagion; *fig* contamination
con•ta•gio•so, a *adj.* MED contagious; *fig* catching
con•ta•mi•na•ción *f.* contamination; [corrupción] corruption; [del aire, agua] pollution
con•ta•mi•nar *tr.* to contaminate; [aire, agua] to pollute; [corromper] to corrupt; (*reflex.*) to be contaminated; [corromperse] to be corrupted
con•tan•te *adj.* ▪ **dinero** ~ **y sonante** cash
con•tar [19] *tr.* to count (up); [referir] to tell; (*intr.*) to count ▪ ~ **con** [confiar] to count o rely on; [tener en cuenta] to take into account; **¿qué cuentas?** what's up?
con•tem•pla•ción *f.* contemplation
con•tem•plar *tr.* & *intr.* to contemplate
con•tem•po•rá•ne•o, a *adj.* & *m.f.* contemporary
con•tem•po•ri•za•ción *f.* compromise
con•tem•po•ri•zar [04] *intr.* to compromise
con•tén ▻ **contener**
con•ten•ción *f.* containment; [contienda] competition; LAW dispute
con•ten•cio•so, a *adj.* contentious
con•ten•der [50] *intr.* to contend; [competir] to compete; [disputar] to dispute
con•ten•dien•te ◇ *adj.* contending, opposing ◇ *m.f.* contender, competitor
con•te•ner [69] *tr.* to contain; [impedir] to hold back; (*reflex.*) to contain o control oneself
con•te•ni•do, a ◇ *adj.* contained, controlled ◇ *m.* content(s)
con•ten•tar *tr.* to content; (*reflex.*) to be content
con•ten•to, a ◇ *adj.* [alegre] happy, pleased; [satisfecho] satisfied, content ◇ *m.* [alegría] happiness; [satisfacción] contentment
con•tes•ta•ción *f.* answer
con•tes•ta•dor *m.* answering machine ▪ ~ **automático** answering machine
con•tes•tar *tr.* to answer; LAW to corroborate; (*intr.*) to answer
con•tex•to *m.* context
con•tien•da *f.* [pelea] battle; [disputa] argument; [competencia] contest
con•tien•da, do ▻ **contender**
con•tie•ne ▻ **contener**
con•ti•go *pron.* with you ▪ ~ **mismo** with yourself
con•ti•guo, a *adj.* contiguous, adjacent
con•ti•nen•cia *f.* continence, abstinence
con•ti•nen•te *adj.* & *m.* continent
con•tin•gen•cia *f.* contingency
con•tin•gen•te *adj.* & *m.* contingent
con•ti•nua•ción *f.* continuation; [prolongación] continuance ▪ **a** ~ next, following
con•ti•nuar [67] *tr.* to continue (on); (*intr.*) to continue, go on
con•ti•nuo, a ◇ *adj.* continuous; [constante] constant ▪ **de** ~ continually ◇ *m.* continuum ◇ *adv.* continually
con•to•ne•ar•se *reflex.* to sway one's hips
con•to•ne•o *m.* swaying of the hips
con•tor•no ◇ *m.* contour, outline; [perímetro] perimeter ◇ *pl.* surroundings
con•tor•sión *f.* contortion; [mueca] grimace
con•tor•sio•nis•ta *m.f.* contortionist
con•tra ◇ *prep.* against ▪ ~ **viento y marea** against all odds; **en** ~ **de** against ◇ *m.* con; (*f.*) ▪ **llevar la** ~

C

to oppose; **hacerle** o **llevarle la** ~ **(a alguien)** to contradict (someone)
con•tra•al•mi•ran•te *m.* MARIT rear admiral
con•tra•a•ta•que *m.* counterattack
con•tra•ban•de•ar *intr.* to smuggle
con•tra•ban•dis•ta *m.f.* smuggler
con•tra•ban•do *m.* [mercancía] contraband; [acción] smuggling
con•trac•ción *f.* contraction
con•tra•cep•ción *f.* contraception
con•tra•cep•ti•vo, a *adj.* & *m.* contraceptive
con•tra•cha•pa•do, a *adj.* & *m.* plywood
con•trac•tual *adj.* contractual
con•tra•cul•tu•ra *f.* counterculture
con•tra•de•cir [11] *tr.* to contradict; (*reflex.*) to contradict oneself
con•tra•dic•ción *f.* contradiction
con•tra•dic•to•rio, a *adj.* contradictory
con•tra•er [72] *tr.* to contract; [reducir] to shorten; [deudas] to incur; [enfermedad] to catch; [vicio] to pick up ▪ ~ **la frente** to wrinkle one's brow; ~ **matrimonio** to get married
con•tra•es•pio•na•je *m.* counterespionage
con•tra•he•cho, a *adj.* deformed, hunchbacked
con•trai•ga, go ▷ **contraer**
con•tra•in•di•ca•ción *f.* contraindication
con•tra•in•di•car [70] *tr.* to contraindicate
con•tra•je•ra, jo ▷ **contraer**
con•tral•mi•ran•te *m.* = **contraalmirante**
con•tra•lor *m.* AMER comptroller, inspector
con•tra•lo•rí•a *f.* MEX & DOM REP office controlling public spending
con•tra•ma•es•tre *m.* [en un taller] foreman; MARIT boatswain
con•tra•ma•no *adv.* ▪ **a** ~ the wrong way
con•tra•o•fen•si•va *f.* counteroffensive
con•tra•par•ti•da *f.* COM cross entry
con•tra•pe•lo *adv.* ▪ **a** ~ against the grain; *fig* contrary to normal practice
con•tra•pe•sar *tr.* to counterbalance
con•tra•pe•so *m.* counterbalance
con•tra•po•ner [54] *tr.* [oponer] to oppose; [comparar] to contrast; (*reflex.*) to set oneself against
con•tra•po•si•ción *f.* [oposición] opposition; [comparación] comparison; [contraste] contrast
con•tra•pro•du•cen•te *adj.* counterproductive
con•tra•pro•po•si•ción *f.* counterproposal
con•tra•pues•to, a ▷ **contraponer**
con•tra•pun•to *m.* counterpoint
con•tra•pu•sie•ra, so ▷ **contraponer**
con•tra•ria *f.* ▷ **contrario, a**
con•tra•riar [30] *tr.* [oponer] to oppose; [contradecir] to contradict; [enfadar] to vex
con•tra•rie•dad *f.* [obstáculo] obstacle; [desazón] annoyance; [contratiempo] setback; [percance] mishap
con•tra•rio, a ◇ *adj.* opposite; [adverso] adverse ▪ **al** ~ to the contrary; **al** ~ **de** contrary to; **por el** ~ on the contrary; **todo lo** ~ quite the opposite ◇ *m.f.* opponent, adversary; (*f.*) ▪ **llevar la** ~ *coll* to contradict
con•tra•rres•tar *tr.* to offset; [resistir] to resist
con•tra•rre•vo•lu•ción *f.* counterrevolution
con•tra•sen•ti•do *m.* [contradicción] contradiction; [disparate] absurdity
con•tra•se•ña *f.* password ▪ ~ **de salida** readmission ticket
con•tras•tar *intr.* to contrast; (*tr.*) to verify; METAL to assay and hallmark
con•tras•te *m.* contrast; [oposición] opposition; METAL [control] assay; [marcador] assayer ▪ **en** ~ **con** in contrast to; **hacer** ~ **con** to contrast to o with; **por** ~ in contrast
con•tra•tar *tr.* to contract for; [emplear] to hire
con•tra•tiem•po *m.* setback; MUS syncopation
con•tra•tis•ta *m.f.* contractor ▪ ~ **de obras** building contractor
con•tra•to *m.* contract ▪ ~ **basura** short-term contract with poor conditions; ~ **blindado** golden parachute; ~ **colectivo de trabajo** labor contract; ~ **de administración** management contract; ~ **de locación** lease; ~ **de compraventa** purchase agreement; ~ **de fideicomiso** deed of trust; ~ **de palabra** verbal contract; ~ **de prenda** collateral contract; ~ **de trabajo** employment contract; ~ **indefinido** permanent contract; ~ **matrimonial** marriage contract; ~ **temporal** temporary contract, fixed-term contract
con•tra•ven•ción *f.* contravention
con•tra•ve•nir [76] *intr.* LAW to contravene
con•tra•ven•ta•na *f.* [puertaventana] storm window; [postigo] shutter
con•tra•ven•tor, •ra ◇ *adj.* violating ◇ *m.f.* violator
con•tri•bu•ción *f.* contribution; [impuesto] tax ▪ ~ **territorial** land tax; ~ **urbana** property o real estate tax
con•tri•bui•dor, •ra ◇ *adj.* contributory, contributing ◇ *m.f.* contributor
con•tri•buir [18] *tr.* & *intr.* to contribute
con•tri•bu•yen•te ◇ *adj.* [que contribuye] contributing; [que paga impuestos] taxpaying ◇ *m.f.* [que contribuye] contributor; [que paga impuestos] taxpayer
con•tri•ción *f.* contrition, repentance
con•trin•can•te *m.* rival, opponent
con•tri•to, a *adj.* contrite, repentant
con•trol *m.* control; [inspección] inspection; [comprobación] check; [lugar] checkpoint; [examen] examination; COM audit ▪ ~ **de acceso** access control; ~ **de frontera** border checkpoint; ~ **de la natalidad** birth control; ~ **sobre sí mismo** self-control
con•tro•lar *tr.* to control; [inspeccionar] to inspect; [comprobar] to check; COM to audit
con•tro•ver•sia *f.* controversy, dispute
con•tro•ver•ti•ble *adj.* controvertible
con•tu•maz *adj.* obstinate; LAW in default ▪ **condenar por** ~ to convict by default
con•tun•den•te *adj.* overwhelming
con•tu•sión *f.* bruise, contusion
con•tu•vie•ra, vo ▷ **contener**
con•va•le•cen•cia *f.* convalescense
con•va•le•cer [17] *intr.* to convalesce
con•va•le•cien•te *adj.* & *m.f.* convalescent (patient)
con•va•li•dar *tr.* [estudios] to recognize; [asignaturas] to validate
con•ven•cer [75] *tr.* to convince; (*reflex.*) to be o become convinced
con•ven•ci•mien•to *m.* conviction
con•ven•ción *f.* convention
con•ven•drá, drí•a, ga, go ▷ **convenir**

con•ve•ni•do *adv.* agreed
con•ve•nien•cia *f.* [provecho] advantage; [comodidad] convenience ■ **ser de la ~ de uno** to be convenient for someone
con•ve•nien•te *adj.* convenient; [oportuno] suitable; [aconsejable] advisable; [provechoso] advantageous ■ **creer** o **juzgar ~** to think o see fit
con•ve•nio *m.* agreement; [pacto] pact; COM settlement ■ **~ comercial** trade agreement; **llegar a un ~** to reach an agreement
con•ve•nir [76] *intr.* [acordar] to concur; [corresponder] to be fitting; [venir bien] to suit; [ser aconsejable] to be advisable
con•ven•ti•lle•ro, a *m.f.* RP gossip, meddler
con•ven•ti•llo *m.* AMER tenement house
con•ven•to *m.* convent; [monasterio] monastery
con•ver•gen•cia *f.* convergence
con•ver•gen•te *adj.* convergent, converging
con•ver•ger/gir [34/32] *intr.* to converge; [concurrir] to concur
con•ver•sa•ción *f.* conversation ■ **cambiar de ~** to change the subject; **dar ~** to make conversation; **dirigir la ~ a uno** to address someone; **trabar ~** to strike up a conversation
con•ver•sa•dor, •ra *adj.* & *m.f.* talkative (person)
con•ver•sar *intr.* to converse, talk
con•ver•sión *f.* conversion
con•ver•ti•ble ◇ *adj.* convertible, changeable ◇ *m.* AUTO convertible
con•ver•ti•dor *m.* ELEC & METAL converter
con•ver•tir [65] *tr.* [cambiar] to change, turn; [persuadir] to convert; COM & FIN to exchange; (***reflex.***) to convert, be converted ■ **~ en** to turn into
con•ve•xo, a *adj.* convex
con•vic•ción *f.* conviction
con•vic•to, a ▷ **convencer** ◇ *adj.* convicted ◇ *m.f.* convict
con•vi•da•do, a *m.f.* guest
con•vi•dar *tr.* to invite ■ **~ a uno con** to treat someone to
con•vie•ne ▷ **convenir**
con•vier•ta, to ▷ **convertir**
con•vin•cen•te *adj.* convincing
con•vi•nie•ra, no ▷ **convenir**
con•vir•tie•ra, tió ▷ **convertir**
con•vi•te *m.* [invitación] invitation; [banquete] banquet, feast
con•vi•ven•cia *f.* living together; [coexistencia] coexistence
con•vi•vir *intr.* to live together
con•vo•ca•ción *f.* convocation
con•vo•car [70] *tr.* to convoke, summon
con•vo•ca•to•ria *f.* summons, notice
con•voy *m.* convoy; [escolta] escort; [vinagreras] cruet; [tren] train; [séquito] retinue
con•vul•sión *f.* convulsion; [trastorno] upheaval; [temblor] tremor
con•vul•sio•nar *tr.* to convulse; *fig* to agitate
con•vul•si•vo, a *adj.* convulsive ■ **tos ~** whooping cough
con•yu•gal *adj.* conjugal, connubial
cón•yu•ge ◇ *m.f.* spouse ◇ *pl.* husband and wife
co•ñac *m.* (*pl* **-s**) cognac, brandy
coo•kie *m.* COMPUT cookie
co•o•pe•ra•ción *f.* cooperation
co•o•pe•ran•te *m.f.* aid worker
co•o•pe•rar *intr.* to cooperate
co•o•pe•ra•ti•vo, a *adj.* & *f.* cooperative
co•or•de•na•da *f.* MATH coordinate
co•or•di•na•ción *f.* coordination
co•or•di•na•dor, •ra ◇ *adj.* coordinating ◇ *m.f.* coordinator
co•or•di•nar *tr.* to coordinate
co•pa *f.* glass, goblet; [contenido] glassful; [trago] drink; [de árbol] treetop; [de sombrero] crown; SPORT cup ■ **tomarse una ~** to have a drink o cocktail
co•par *tr.* [en un juego] to cover o wager (the bank); POL to win, sweep (an election)
co•par•tí•ci•pe *m.f.* copartner
co•pe•te *m.* [mechón] tuft (of hair); ZOOL forelock; ORNITH crest; [cima] summit, top ■ **de alto ~** high-class; **tener mucho ~** to be arrogant
co•pe•tín *m.* AMER *coll* drink, cocktail
co•pia *f.* copy; [duplicado] duplicate; [imagen] image; [imitación] imitation; ARTS reproduction; CINEM & PHOTOG print ■ **~ de seguridad** COMPUT backup; **~ fotostática** photostat; **sacar una ~** to make a copy
co•pia•dor, •ra ◇ *adj.* copying ◇ *m.f.* copyist; (*m.*) COM letter book; (*f.*) photocopier
co•piar *tr.* to copy; [hacer una copia] to make a copy of; [apuntar] to copy down
co•pi•lo•to *m.* copilot
co•pio•so, a *adj.* copious, abundant
co•pla ◇ *f.* [canción] ballad; [estrofa] stanza ◇ *pl. coll* verses, poetry
co•po *m.* [de nieve] snowflake; TEX [mechón] bundle (of flax) ■ **~ de algodón** cotton ball
co•pro•ce•sa•dor *m.* COMPUT coprocessor
co•pro•duc•ción *f.* coproduction
co•pro•pie•dad *f.* joint ownership
co•pro•pie•ta•rio, a *m.f.* co-owner
có•pu•la *f.* [unión] coupling; [coito] copulation; GRAM copula
co•pu•la•ti•vo, a *adj.* copulative
co•que•te•ar *intr.* to flirt
co•que•te•o *m.* flirtation
co•que•to, a ◇ *adj.* [agradable] charming; [mujer] flirtatious ◇ *f.* flirt
co•que•tón, o•na *adj. coll* [agradable] charming; [mujer] flirtatious
co•ra•je *m.* [valor] courage; [ira] anger ■ **dar ~ a** to make angry
co•ral[1] *m.* coral; (*f.*) coral snake
co•ral[2] ◇ *adj.* choral ◇ *m.* chorale
co•ra•za *f.* [armadura] cuirass; *fig* armor; ZOOL shell
co•ra•zón *m.* heart; [valor] spirit; [amor] love ■ **blando de ~** softhearted; **con el ~ en la mano** frankly, openly; **de ~** sincerely; **duro de ~** hardhearted; **encogérsele a uno el ~** to be moved with pity; **helársele a uno el ~** to be stunned; **no caberle a uno el ~ en el pecho** to be bursting (with joy); **no tener ~** to be heartless; **ojos que no ven, ~ que no siente** out of sight, out of mind
co•ra•zo•na•da *f.* [impulso] sudden impulse; [presentimiento] feeling, hunch
cor•ba•ta *f.* tie, necktie ■ **con ~** wearing a tie; **~ de lazo** bow tie
cor•cel *m.* steed, charger

cor•che•a *f.* eighth note, quaver GB ▪ **doble** ~ sixteenth note, semiquaver GB
cor•che•te *m.* [broche] hook and eye, clasp; [macho del broche] hook (of clasp); PRINT [llave] bracket; CHILE [grapa] staple
cor•che•te•ra *f.* CHILE stapler
cor•cho *m.* cork; [de la pesca] float ▪ **sacar el** ~ to uncork
¡cór•cho•lis! *interj.* good heavens!, gracious!
cor•del *m.* cord, thin rope
cor•de•ro *m.* lamb; [piel] lambskin
cor•dial ◇ *adj.* [afectuoso] cordial, warm; [reconfortante] tonic ▪ **saludos cordiales** cordially yours ◇ *m.* tonic
cor•dia•li•dad *f.* cordiality, warmth
cor•di•lle•ra *f.* mountain range
cor•di•lle•ra•no, a *adj.* & *m.f.* Andean
cór•do•ba *m.* NIC FIN cordoba
cor•dón *m.* [cuerda] cord; [cinta] cordon, braid; ANAT & ELEC cord; C SUR [de la vereda] curb ▪ **aparcar en** ~ to park end-to-end
cor•du•ra *f.* prudence, wisdom
co•re•o•gra•fí•a *f.* choreography
co•re•ó•gra•fo *m.* choreographer
co•ris•ta *m.f.* MUS chorus singer; RELIG chorister; THEAT member of the chorus
cor•na•da *f.* [golpe] butt (with a horn); [herida] goring ▪ **dar una** ~ to gore
cor•na•men•ta *f.* horns; [de ciervo] antlers
cór•ne•a *f.* cornea
cor•ne•ta *f.* bugle; [de caza] hunting horn; MIL cornet; (*m.*) bugler
cor•ne•tín *m.* cornet; [persona] cornetist; MIL bugle
cor•ni•sa *f.* cornice
cor•no *m.* horn
cor•nu•co•pia *f.* cornucopia
cor•nu•do, a ◇ *adj.* horned; *coll* cuckolded ▪ **tras** ~ **apaleado** *coll* adding insult to injury ◇ *m. coll* cuckold
co•ro *m.* chorus, choir ▪ **a** ~ in unison
co•ro•la *f.* BOT corolla
co•ro•la•rio *m.* corollary
co•ro•na *f.* crown; [de laureles] wreath; [aureola] halo; ARCHIT & ASTRON corona ▪ **ceñirse la** ~ to assume the crown o throne
co•ro•na•ción *f.* crowning, coronation
co•ro•nar *tr.* to crown; [en ajedrez] to queen
co•ro•nel *m.* colonel
co•ro•ni•lla *f.* crown ▪ **estar hasta la** ~ *coll* to be fed up
co•ro•tos *m.pl.* CARIB things, whatnots
cor•pa(n)•chón *m. coll* big o bulky body
cor•pi•ño *m.* [jubón] sleeveless bodice; RP bra, brassiere
cor•po•ra•ción *f.* corporation
cor•po•rei•dad *f.* corporeity, corporeality
cor•pó•re•o, a *adj.* [material] corporeal; [corporal] corporal
cor•pu•len•cia *f.* corpulence
cor•pús•cu•lo *m.* corpuscle
co•rral *m.* corral; [redil] pen
co•rra•lón *m.* [de animales] large corral; [de madera] lumberyard
co•rre•a *f.* [de cuero] strap; [cinturón] belt; TECH belt
co•rre•a•je *m.* straps, belts
co•rre•a•zo *m.* blow with a leather strap
co•rrec•ción *f.* [modificación] adjustment; [urbanidad] propriety ▪ ~ **de pruebas** proofreading
co•rrec•cio•nal ◇ *adj.* corrective ◇ *m.* reformatory, reform school
co•rrec•to, a ▻ **corregir** ◇ *adj.* correct
co•rrec•tor, •ra ◇ *adj.* corrective ◇ *m.f.* corrector; PRINT proofreader ▪ ~ **ortográfico** COMPUT spellchecker
co•rre•de•ra *f.* [carril] track; [de molino] upper millstone; MECH slide valve
co•rre•di•zo, a *adj.* [puerta] sliding; [nudo] slip
co•rre•dor, •ra ◇ *adj.* running ◇ *m.f.* runner; (*m.*) [pasillo] corridor; [galería] gallery; COM agent ▪ ~ **de apuestas** bookmaker; ~ **de cambios** stockbroker; ~ **de seguros** insurance agent
co•rre•gir [57] *tr.* [enmendar] to correct; [castigar] to chastise; PRINT to proofread; (*reflex.*) to mend one's ways
co•rre•la•ción *f.* correlation
co•rre•la•ti•vo, a *adj.* & *m.* correlative
co•rre•li•gio•na•rio, a *m.f. fig* colleague
co•rren•ta•da *f.* AMER strong current
co•rre•o ◇ *m.* mail; [mensajero] messenger; [buzón] mailbox; [oficina] post office ▪ **a vuelta de** ~ by return mail; ~ **aéreo** airmail; ~ **basura** junk mail; ~ **caracol** snail mail; ~ **certificado** registered mail; ~ **de voz** voice mail; ~ **electrónico** e-mail; ~ **en la web** webmail; **echar al** ~ to mail; **por** ~ by mail ◇ *pl.* [servicio] mail service; [oficina] post office
co•rrer *intr.* to run; [en una carrera] to race; [aguas] to flow; [viento] to blow; [camino] to run; [horas] to pass; [la moneda] to be valid; [rumor] to circulate ▪ **a todo** ~ at full speed; ~ **a** to hurry to; ~ **con** to be responsible for; ~ **la voz** to be said; ~ **por cuenta de** o **a cargo de** to be the responsibility of; (*tr.*) to race; [riesgo] to run; [mundo] to cover; [persona] to chase; [muebles] to move; [balanza] to tip; [cortinas] to draw; [cerrojo] to slide; [nudo] to slip; [aventuras] to meet with; AMER to throw (someone) out ▪ **correrla** *coll* to live it up; (*reflex.*)[deslizarse] to slide; [moverse] to slide over
co•rres•pon•den•cia *f.* [relación] relationship; [conformidad] agreement; [cartas] correspondence, mail
co•rres•pon•der *intr.* [ser igual a] to correspond, match; [tener proporción con] to fit o go with; [reciprocar] to return; [incumbir] to fall to; [tocar] to be one's turn to; [pertenecer] to belong; [ser la proporción] to be the share of; (*reflex.*) [escribir] to correspond; [amarse] to love each other
co•rres•pon•dien•te ◇ *adj.* corresponding ◇ *m.f.* correspondent
co•rres•pon•sal *adj.* & *m.f.* correspondent
co•rre•ta•je *m.* [oficio] brokerage; [comisión] broker's fee
co•rre•te•ar *intr.* [vagar] to wander the streets; [retozar] to frolic; (*tr.*) [perseguir] to chase; C AMER [despedir] to dismiss
co•rre•ve(i)•di•le *m.f. coll* gossipmonger
co•rri•da *f.* race, run ▪ ~ **de toros** bullfight; **dar una** ~ to make a dash; **de** ~ quickly; **en una** ~ in a flash
co•rri•do, a ◇ *adj.* [excedido] full; [consecutivo] straight; [experimentado] worldly ▪ **de** ~ [con fluidez] fluently; [rápido] quickly ◇ *m.* ballad

co•rrien•te ◇ *adj.* [que corre] running; [actual] current; [sabido] well-known; [usual] usual; [ordinario] ordinary; [moderno] up-to-date ■ **al ~** up-to-date; **poner al ~** to bring up-to-date; **tener al ~** to keep informed ◇ *f.* current; *fig* trend; **una nueva ~** a new trend ■ **~ alterna** alternating current; **~ continua** o **directa** direct current; **dejarse llevar por la ~** o **ir con la ~** to go along with the crowd; **llevarle** o **seguirle la ~ (a alguien)** to humor (someone)
co•rrien•te•men•te *adv.* [actualmente] currently; [comúnmente] usually
co•rri•ja, jo ▷ **corregir**
co•rri•llo *m.* small circle o group, clique
co•rro *m.* [de personas] circle of talkers; [espacio] ring; [en la Bolsa] ring, pit
co•rro•bo•ra•ción *f.* corroboration
co•rro•bo•rar *tr.* to corroborate
co•rro•er [61] *tr.* [carcomer] to corrode; GEOL to erode; *fig* to eat away at
co•rrom•per *tr.* to corrupt; [pervertir] to pervert; [seducir] to seduce; [sobornar] to bribe; [pudrir] to decay; (*reflex.*) [pervertirse] to become corrupt; [degenerar] to degenerate
co•rro•sión *f.* corrosion
co•rro•si•vo, a *adj.* corrosive
co•rro•ya, ye•ra, yó ▷ **corroer**
co•rrup•ción *f.* corruption
co•rrup•ti•ble *adj.* corruptible
co•rrup•to, a ▷ **corromper** ◇ *adj.* corrupt, corrupted
co•rrup•tor, •ra ◇ *adj.* corrupting ◇ *m.f.* corrupter
cor•sa•rio *m.* corsair
cor•sé *m.* corset, corselet
cor•ta•cés•ped *m.* lawnmower
cor•ta•cir•cui•tos *m.inv.* circuit breaker
cor•ta•co•rrien•te *m.* current breaker, switch
cor•ta•do, a ◇ *adj.* [estilo] disjointed; *coll* [sin palabras] speechless; AMER [sin dinero] broke ◇ *m.* coffee with milk; (*f.*) AMER cut, gash
cor•ta•dor, •ra ◇ *adj.* cutting ◇ *m.* [el que corta] cutter; [carnicero] butcher; (*f.*) cutter
cor•ta•fue•gos *m. inv.* COMPUT firewall
cor•tan•te *adj.* cutting, sharp
cor•ta•pa•pel/pe•les *m.* letter opener
cor•ta•plu•mas *m.inv.* pocketknife
cor•tar *tr.* to cut; [recortar] to trim; [carne, aves] to carve; [en porciones] to cut up; [separar] to cut off; [un árbol] to cut down, fell; [con un molde] to cut out; [atravesar] to cut through; [diluir] to dilute; [omitir] to cut out; [suspender] to discontinue; [interrumpir] to cut off; [acortar] to cut short, criticize; RP [ahorrar camino] to cut (through o across) ■ **~ por la mitad** to cut in half; (*intr.*) to cut; [el frío] to be cutting ■ **~ por lo sano** to take drastic measures; (*reflex.*) [turbarse] to become flustered; [la piel] to chap; [la leche] to curdle
cor•ta•ú•ñas *m.inv.* nail clipper
cor•te[1] *m.* [acción] cutting; [filo] (cutting) edge; SEW cutting (out); [de tela] length; [estilo] cut; TECH section ■ **~ de pelo** haircut; **~ y confección** dressmaking; **darse ~** *coll* to put on airs
cor•te[2] *f.* [residencia] (royal) court; [comitiva] retinue; AMER court of law ■ **hacer la ~ a** to court
cor•te•jar *tr.* [galantear] to woo; [halagar] to court
cor•te•jo *m.* [galanteo] courting; [séquito] entourage ■ **~ fúnebre** funeral cortege
cor•tés *adj.* courteous, polite
cor•te•sa•no, a ◇ *adj.* courtly ◇ *m.* courtier; (*f.*) courtesan
cor•te•sí•a *f.* courtesy; [galantería] charm
cor•te•za *f.* [de árbol] bark; [de fruta] peel; [del pan] crust; [de queso, tocino] rind; ANAT & BOT cortex
cor•ti•jo *m.* farm
cor•ti•na *f.* curtain; *fig* screen ■ **~ de fuego** barrage of fire; **~ de hierro** Iron Curtain
cor•to, a *adj.* short; [breve] brief; [escaso] short; [tímido] shy ■ **a la ~ o a la larga** sooner or later; **~ de vista** shortsighted; **ni ~ ni perezoso** without thinking twice; **quedarse ~** to fall short
cor•to•cir•cui•to *m.* short circuit
co•sa *f.* thing; [algo] something; [en negaciones] anything; [asunto] business ■ **como ~ tuya** as if it came from you; **como quien no quiere la ~** *coll* offhandedly; **como si tal ~** *coll* as if such a thing had never happened; **~ del otro mundo** *coll* extraordinary thing; **~ de ver** something worth seeing; **~ nunca vista** *coll* something unheard of; **cosas de la vida** ups and downs; **~ seria** serious matter; **ni ~ que lo parezca** nor anything of the kind; **no es gran ~** it's nothing great; **no hay tal ~** there's no such thing; **no sea ~ que** lest; **¿qué ~?** *coll* what did you say?
cos•co•rrón *m.* knock on the head
co•se•cha *f.* harvest; [temporada] harvest time; *fig* crop ■ **de su propia ~** of one's own invention
co•se•cha•do•ra *f.* combine
co•se•char *tr.* to harvest; [frutas, flores] to pick; (*intr.*) to harvest
co•se•no *m.* cosine
co•ser *tr.* to sew ■ **~ a puñaladas** to stab repeatedly; (*intr.*) to sew
cos•mé•ti•co, a *adj.* & *m.* cosmetic
cós•mi•co, a *adj.* cosmic
cos•mo•gra•fí•a *f.* cosmography
cos•mo•lo•gí•a *f.* cosmology
cos•mo•ló•gi•co, a *adj.* cosmological
cos•mo•nau•ta *m.f.* cosmonaut, astronaut
cos•mo•po•li•ta *adj.* & *m.f.* cosmopolitan (person)
cos•mos *m.inv.* cosmos, universe
cos•qui•llas *f.pl.* ticklishness ■ **hacer ~** to tickle; **tener ~** to be ticklish
cos•qui•lle•ar *tr.* to tickle
cos•ta ◇ *f.* [costo] cost; [orilla] shore ■ **a ~ ajena** at someone else's expense; **a ~ de** at the expense of; **a toda ~** at all costs ◇ *pl.* LAW fees, costs
cos•ta•do *m.* side; MIL flank ■ **de ~** sideways; **por los cuatro costados** through and through; **tenderse de ~** to lie on one's side
cos•tal *m.* sack ■ **ser harina de otro ~** *coll* to be another story
cos•ta•ne•ra *f.* C SUR promenade
cos•ta•ne•ro, a *adj.* coastal; [inclinado] sloping
cos•tar [19] *intr.* to cost; *fig* [ser difícil] to find it difficult to ■ **~ barato** to be cheap o inexpensive; **~ caro** to be expensive; **~ trabajo** to take a lot to; **~ un ojo de la cara** *coll* to cost a fortune; **cueste lo que cueste** at all costs
cos•te *m.* cost
cos•te•ar *tr.* to finance; MARIT to coast; (*reflex.*) RP to arrive with difficulty
cos•te•ro, a ◇ *adj.* coastal ◇ *f.* [cuesta] slope; [costa] shore; MARIT fishing season

C

cos•ti•lla ◇ *f.* ANAT rib; [chuleta] cutlet, chop; [de una silla] rung; [de un barril] stave ◇ *pl. coll* back ■ **a las ~ de** at the expense of

cos•ti•llar *m.* ribs

cos•to *m.* cost ■ **al ~** at cost; **~ de la vida** cost of living; **~ efectivo** actual cost

cos•to•so, a *adj.* [caro] costly; [grave] grievous

cos•tra *f.* crust; MED scab

cos•tum•bre *f.* custom; [hábito] habit; [práctica] practice ■ **de ~** [usual] usual; [usualmente] usually; **novela de costumbres** novel of manners; **por ~** out of habit; **tener por ~** to be in the habit of

cos•tu•ra *f.* needlework; [unión] seam; MARIT seam, splice; MED scar ■ **alta ~** haute couture, high fashion; **sin ~** seamless

cos•tu•re•ra *f.* seamstress

cos•tu•re•ro *m.* sewing basket

co•ta *f.* coat of arms ■ **~ de malla** coat of mail

co•te•jar *tr.* to compare

co•te•jo *m.* comparison

co•te•rrá•ne•o, a *adj.* of the same country o region

co•ti•dia•no, a *adj.* daily, everyday

co•ti•le•dón *m.* cotyledon, seed leaf

co•ti•llo *m.* head (of a hammer)

co•ti•llón *m.* cotillion (dance)

co•ti•za•ción *f.* COM quotation; [en la Bolsa] prize

co•ti•zar [04] *tr.* COM to quote; [valorar] to price

co•to *m.* [terreno] reserved area; [mojón] boundary marker; [población] small village in an estate ■ **~ de caza** game preserve; **poner ~ a** to put a stop to

co•to•rra *f.* [loro] parakeet; [urraca] magpie; *coll* chatterbox

co•to•rre•ar *intr. coll* to chatter, babble

co•to•rre•o *m. coll* chatter, babbling

co•tu•fa *f.* Jerusalem artichoke

coun•try *m.* ARG luxury suburban housing development

co•va•cha *f.* [cueva] small cave; AMER [vivienda] shack

co•xis *m.inv.* coccyx

co•yo•te *m.* coyote

co•yun•tu•ra *f.* ANAT joint; [oportunidad] chance; [circunstancias] circumstance

coz *f.* kick; ARM recoil ■ **dar** o **pegar coces** to kick

cra•cker *m.* COMPUT cracker

cra•ne•al/a•no, a *adj.* cranial

crá•ne•o *m.* cranium, skull

cra•so, a *adj.* crass, gross

crá•ter *m.* crater

cre•a•ción *f.* creation

cre•a•dor, •ra ◇ *adj.* creative ◇ *m.f.* creator

cre•ar *tr.* to create; [fundar] to found; [establecer] to establish; [inventar] to invent

cre•a•ti•na *f.* creatine

cre•cer [17] *intr.* to grow; [aumentar] to increase; [la luna] to wax; [un río] to swell ■ **~ como la cizaña** to grow like weeds; **dejarse ~ la barba** to grow a beard

cre•ces *f.pl.* ■ **con ~** amply

cre•ci•do, a ◇ *adj.* [grande] large; [adulto] grown ■ **estar ~** [un río] to be in flood ◇ *f.* spate

cre•cien•te ◇ *adj.* [que crece] growing; [que aumenta] increasing; [la luna] crescent ◇ *m.* HER crescent; (*f.*) [luna] crescent moon; [marea] flood tide

cre•ci•mien•to *m.* [acción] growth; [aumento] increase; [de la luna] waxing; [de un río] swelling

cre•den•cial ◇ *adj.* accrediting ◇ *f.* credential

cré•di•to *m.* [aceptación] credence; [reputación] reputation; COM credit ■ **abrir** o **dar ~ a** to give o extend credit to; **a ~** on credit

cre•do *m.* creed; [doctrina] credo

cré•du•lo, a *adj.* credulous, gullible

cre•en•cia *f.* [convicción] belief; [fe] faith

cre•er [43] *tr.* to believe; [imaginar] to think; [estimar] to consider ■ **~ a ciencia cierta** to be convinced of; **~ a pie juntillas** to believe blindly; **~ que sí** to think so; **según creo** to the best of my knowledge; **¡ya lo creo!** *coll* I should say so!; (*intr.*) to believe ■ **ver es ~** seeing is believing; (*reflex.*) to consider o regard oneself ■ **¿qué se cree?** who does he think he is?

cre•í•ble *adj.* credible, believable

cre•í•do, a ▻ **creer** ◇ *adj.* [confiado] credulous; [vanidoso] conceited

cre•ma *f.* cream; [natillas] custard; [cosmética] cold cream; [lo mejor] cream of the crop ■ **~ batida** whipped cream; **~ de afeitar** shaving cream

cre•ma•ción *f.* cremation

cre•ma•lle•ra *f.* MECH toothed bar; [cierre] zipper

cre•ma•to•rio, a *adj.* & *m.* crematory

cre•mo•so, a *adj.* creamy

cre•o•so•ta *f.* creosote

cre•pé *m.* [tela fina] crepe, crêpe; [caucho] crepe rubber

cre•pi•tar *intr.* to crackle

cre•pus•cu•lar *adj.* twilight

cre•pús•cu•lo *m.* twilight

cres•po, a *adj.* [cabello] kinky; [hoja] curly

cres•ta *f.* crest; [copete] tuft; [cima] summit ■ **~ de gallo** cockscomb; **alzar** o **levantar la ~** *coll* to show arrogance; **dar en la ~ a uno** *coll* to cut someone down to size

cre•ta *f.* chalk

cre•tá•ce•o, a *adj.* cretaceous

cre•ti•no, a ◇ *adj.* cretinous; *fig* stupid ◇ *m.f.* cretin

cre•yen•te ◇ *adj.* believing ◇ *m.f.* believer

cre•ye•ra, yó ▻ **creer**

crí•a *f.* raising; [animal] offspring; [camada] litter

cria•de•ro, a *m.* BOT nursery; ZOOL breeding place ■ **~ de ostras** oyster bed

cria•di•lla *f.* testicle (of an animal)

cria•do, a ◇ *adj.* bred, brought up ◇ *m.* servant; (*f.*) maid

cria•dor, •ra *m.f.* breeder

crian•za *f.* nurturing; ZOOL raising; [lactancia] lactation; [cortesía] manners ■ **dar ~** to bring up

criar [30] *tr.* [nutrir] to nurse; [animales] to raise; [niños] to bring up ■ **~ carnes** *coll* to put on weight; (*intr.*) to reproduce, have young; (*reflex.*) to be brought up; [crecer] to grow

cria•tu•ra *f.* [niño] infant; [cosa creada] creature

cri•ba *f.* [tamiz] sieve; [selección] screening

cri•bar *tr.* [con el tamiz] to sieve; [seleccionar] to screen out, select

cri•men *m.* crime; *fig* shame

cri•mi•nal *adj.* & *m.f.* criminal

cri•mi•na•li•dad *f.* [calidad] criminality; [índice] crime rate

cri•mi•na•lis•ta *m.f.* criminologist; [abogado] criminal lawyer

cri•mi•no•lo•gí•a *f.* criminology

cri•mi•nó•lo•go *m.* criminologist
crin *f.* horsehair
crí•o *m. coll* [de pecho] infant; [niño] kid
crio•llo, a *adj.* & *m.f.* native
crip•ta *f.* crypt
crip•to•gra•fí•a *f.* cryptography
cri•sá•li•da *f.* chrysalis, pupa
cri•san•te•mo *m.*/**ma** *f.* chrysanthemum
cri•sis *f.inv.* crisis; [escasez] shortage ■ ~ **ministerial** cabinet crisis; ~ **nerviosa** nervous breakdown; **hacer** ~ to reach crisis point
cris•ma *f. coll* head ■ **romperle la ~ a alguien** *coll* to bash in someone's head
cri•sol *m.* crucible
cris•par *tr.* ANAT to contract; *fig* to irritate; (*reflex.*) ANAT to twitch; *fig* to become irritated
cris•tal *m.* crystal; [vidrio] glass; [hoja de vidrio] pane of glass; [espejo] mirror ■ ~ **ahumado** smoked glass; ~ **de roca** rock crystal; ~ **hilado** fiber glass; ~ **inastillable** splinterproof glass; ~ **irrompible** shatterproof glass; ~ **tallado** cut glass; **de** ~ glass
cris•ta•le•rí•a *f.* glasswork(s); [tienda] crystal shop; [juego] crystal service; [objetos] glassware
cris•ta•li•no, a ◇ *adj.* [de cristal] crystalline; [diáfano] crystal clear ◇ *m.* crystalline lens
cris•ta•li•zar [04] *tr., intr.* & *reflex.* to crystallize
cris•tian•dad *f.* Christendom
cris•tia•nis•mo *m.* Christianity
cris•tia•ni•zar [04] *tr.* to convert to Christianity
cris•tia•no, a ◇ *adj.* Christian ◇ *m.f.* Christian; *coll* [español] plain Spanish; [alguien] living soul
Cris•to *m.* Christ
cri•te•rio *m.* [regla] criterion; [juicio] judgment; [opinión] opinion
cri•ti•car [70] *tr.* to criticize; [murmurar] to gossip about
crí•ti•co, a ◇ *adj.* critical; [crucial] crucial ◇ *m.f.* critic, reviewer; (*f.*) criticism; [reseña] review; [murmuración] gossip
cri•ti•cón, o•na ◇ *adj.* faultfinding ◇ *m.f.* faultfinder
cro•ar *intr.* to croak
cro•chet *m.* crochet
cro•ma•do *m.* chromium plating, chroming
cro•mar *tr.* to chrome
cro•má•ti•co, a *adj.* chromatic
cro•mo•so•ma *m.* chromosome
cro•mo•te•ra•pia *f.* color therapy
cró•ni•co, a ◇ *adj.* chronic; [inveterado] inveterate ◇ *f.* [historia] chronicle; [artículo] article
cro•nis•ta *m.f.* [historiador] chronicler; [periodista] reporter
cro•nó•gra•fo *m.* [persona] chronologist; [aparato] chronograph
cro•no•lo•gí•a *f.* chronology
cro•no•ló•gi•co, a *adj.* chronologic, chronological
cro•no•me•trar *tr.* to time with a chronometer
cro•nó•me•tro *m.* chronometer
cro•que•ta *f.* CUL croquette
cro•quis *m.inv.* sketch
crou•pier *m.f.* croupier
cru•ce *m.* [acción] crossing; [punto] intersection; RAIL crossing; BIOL crossbreeding; [híbrido] cross, hybrid ■ ~ **a nivel** grade o level crossing; ~ **de peatones** pedestrian crossing
cru•ce•ro *m.* cruise; ARCHIT transept; PRINT crossbar (of a chase)
cru•cial *adj.* crucial
cru•ci•fi•car [70] *tr.* to crucify
cru•ci•fi•jo *m.* crucifix
cru•ci•fi•xión *f.* crucifixion
cru•ci•gra•ma *m.* crossword puzzle
cru•de•za *f.* [estado] rawness; [rudeza] harshness ■ **con** ~ harshly
cru•do, a ◇ *adj.* raw; [verde] green; [amarillento] yellowish; [seda] raw; [petróleo] crude; [clima] harsh; *fig* cruel ◇ *m.* crude oil
cruel *adj.* cruel; [despiadado] merciless; [fiero] savage; [severo] severe
cruel•dad *f.* cruelty; [inhumanidad] inhumanity; [ferocidad] savagery; [severidad] severity
cruen•to, a *adj.* bloody
cru•ji•do *m.* [de hoja, tela] rustling; [de puerta] creaking; [de dientes] rattling; [de huesos] cracking
cru•jir *intr.* [hoja, tela] to rustle; [puerta, madera] to creak; [dientes] to rattle, chatter; [huesos] to crack; [grava] to crunch
crus•tá•ce•o, a *adj.* & *m.* crustacean
cruz *f.* cross; [reverso] tails; *fig* cross; PRINT dagger; MARIT crown ■ **en** ~ cross-shaped
cru•za *f.* AMER cross, crossbreed
cru•za•do, a ◇ *adj.* crossed; BIOL & ZOOL hybrid ◇ *m.* crusader; (*f.*) HIST Crusade; *fig* crusade
cru•za•mien•to *m.* [acción] crossing; [animales] crossbreeding
cru•zar [04] *tr.* to cross ■ **cruzarle a uno la cara** *fig* to slap someone across the face; (*reflex.*) to cross one another; **las líneas se cruzan** the lines cross one another; [pasarse] to pass; ~ **de brazos** to do nothing
cua•der•no *m.* notebook
cua•dra *f.* stable; [de casas] block
cua•dra•do, a *adj.* & *m.* square
cua•dra•gé•si•mo, a *adj.* & *m.* fortieth
cua•dran•gu•lar *adj.* quadrangular
cua•drán•gu•lo, a ◇ *adj.* quadrangular ◇ *m.* quadrangle
cua•dran•te *m.* MARIT & MATH quadrant; [reloj] sundial; [de reloj] face
cua•drar *tr.* to square; (*intr.*) [conformar] to square, agree; COM to balance; (*reflex.*) MIL to stand at attention; ANDES [aparcar] to park
cua•drí•cu•la *f.* grid
cua•dri•cu•lar[1] *adj.* squared
cua•dri•cu•lar[2] *tr.* to divide into squares, square (paper)
cua•drie•nio *m.* quadrennium
cua•dril *m.* [hueso] hipbone; [anca] rump
cua•dri•lá•te•ro, a *adj.* & *m.* quadrilateral
cua•dri•lla *f.* [de obreros] crew; [de malhechores] gang; [baile] quadrille; TAUR team assisting a bullfighter
cua•dri•pli•car [70] *tr.* to quadruplicate
cua•dro *m.* square; ARTS painting; [descripción] description; [espectáculo] spectacle; THEAT scene; [conjunto de oficiales] cadre; SPORT team ■ **a cuadros** checkered; ~ **al óleo** oil painting; ~ **vivo** tableau vivant; **en** ~ square
cua•drú•pe•do, a ◇ *adj.* quadrupedal ◇ *m.f.* quadruped
cuá•dru•ple *adj.* quadruple, fourfold

C

cua•dru•pli•car [70] *tr.* & *intr.* to quadruple
cuá•dru•plo, a *adj.* & *m.* quadruple
cua•ja•do, a ◇ *adj.* ▪ ~ **de** full of ◇ *f.* curd (of milk)
cua•jar *tr.* to coagulate, congeal; [leche] to curdle; [adornar] to cover; (*intr.*) *coll* [tener éxito] to turn out well; (*reflex.*) to coagulate, congeal; [leche] to curdle
cua•jo *m.* rennet ▪ **de** ~ by the roots
cual ◇ *rel. pron.* ▪ **al** ~ [persona] to whom; [cosa] to which; **cada** ~ each one, every one; **con lo** ~ whereupon, upon which; **del** ~ of which; **el** ~ [persona] who; [cosa] which; **por lo** ~ whereby, because of which ◇ *adv.* like, as ▪ ~ ... **tal** like ... like; ~ **si** as if; **quedarse tal** ~ *coll* to be cool as a cucumber
cuál ◇ *adj.* which ◇ *rel. pron.* which (one) ◇ *indef. pron.* some ◇ *adv.* how
cua•les•quier ▻ **cualquier**
cua•les•quie•ra ▻ **cualquiera**
cua•li•dad *f.* quality, characteristic
cua•li•fi•car [70] *tr.* to qualify, characterize
cua•li•ta•ti•vo, a *adj.* qualitative
cual•quier *adj.* (*pl* **cuales-**) = **cualquiera**; used before nouns
cual•quie•ra (*pl* **cuales-**) ◇ *adj.* (just) any, any ordinary ◇ *indef. pron.* any(one), anybody ▪ **un (hombre)** ~ a nobody ◇ *rel. pron.* [persona] whoever; [cosa] whatever; [nadie] nobody
cuan *adv.* as
cuán *adv.* how
cuan•do ◇ *adv.* when, since ▪ ~ **más** o **mucho** at the most; ~ **menos** at least; **de** ~ **en** ~ from time to time ◇ *conj.* when; [aunque] although, even if; [puesto que] since; [si] if ▪ **aun** ~ even though, although; ~ **no** if not, otherwise; ~ **quiera** whenever ◇ *prep.* [durante] at the time of, as; ~ **niño** as a child
cuán•do *adv.* when
cuan•tí•a *f.* [cantidad] amount; [importancia] importance
cuan•tio•so, a *adj.* [grande] large; [abundante] abundant; [numeroso] numerous
cuan•ti•ta•ti•vo, a *adj.* quantitative
cuan•to[1] *m.* quantum
cuan•to[2] ◇ *adv.* [todo lo que] as much as; [todo el tiempo que] as long as ▪ ~ **antes** as soon as possible; ~ **más** even more so; **en** ~ as soon as; **en** ~ **a** as to, as for; **por** ~ insofar as, inasmuch as ◇ *adj.* & *pron.* ▻ **cuanto, a**
cuán•to ◇ *adv.* how ▪ ¡~ **me alegro!** I'm so glad!; ¡~ **cuesta la carne!** how expensive beef is!; ¡~ **han cambiado las cosas!** how things have changed! ◇ *adj.* & *pron.* ▻ **cuánto, a**
cuan•to, a ◇ *adj.* as much as ▪ ~ **más ... (tanto) más** the more ... the more; ~ **menos** the less; **cuantos** as many; **unos cuantos** a few, some ◇ *pron.* all that, everything, as much as ▪ **unos cuantos** some, a few
cuán•to, a ◇ *adj.* how much ▪ **¿cada** ~ **tiempo?** how often?; **cuántos/cuántas** how many ◇ *pron.* how much ▪ **¿a cuántos estamos hoy?** what is today's date?; **¿**~ **cuesta ...?** how much is ...?; **cuántos/cuántas** how many
cua•ren•ta *adj.* & *m.* forty; [cuadragésimo] fortieth ▪ **cantarle las** ~ **a alguien** *coll* to give someone a piece of one's mind
cua•ren•ta•vo, a *adj.* fortieth
cua•ren•te•na *f.* [conjunto] group of forty; MED quarantine; *coll* [aislamiento] isolation
cua•ren•tón, o•na *adj.* & *m.f.* forty-year-old
cua•res•ma *f.* Lent
cuar•ta *f.* [medida] span (of the hand); ASTRON quadrant ▪ **andar de la** ~ **al pértigo** RP *coll* to live from hand to mouth
cuar•te•ar *tr.* [dividir] to quarter; [descuartizar] to cut up; [fragmentar] to crack; (*reflex.*) to crack
cuar•tel *m.* MIL barracks ▪ ~ **de bomberos** firehouse; **no dar** ~ **a** to show no mercy to; **sin** ~ merciless
cuar•to, a ◇ *adj.* fourth ◇ *m.* [habitación] room; [cantidad] fourth, quarter ▪ ~ **creciente** first quarter (of the moon); ~ **de baño** bathroom; ~ **de dormir** bedroom; ~ **de estar** living room; ~ **delantero** forequarter; ~ **menguante** third quarter (of the moon); ~ **trasero** hindquarter; ~ **y comida** room and board
cuar•zo *m.* quartz
cua•si *adv.* almost, quasi
cua•te, a AMER ◇ *adj.* [gemelo] twin; [semejante] similar, alike ◇ *m.f.* [gemelo] twin; [amigo] buddy, pal
cua•tre•re•ar *tr.* RP to steal, rustle (cattle)
cua•tre•ro, a ◇ *adj.* [de caballos] pertaining to horse thievery; [de vacas] cattle-rustling; MEX *coll* joking ◇ *m.f.* [de caballos] horse thief; AMER [de vacas] cattle rustler; MEX *coll* joker
cua•tri•lli•zo, a *m.f.* quadruplet
cua•tri•mo•tor *m.* four-engine plane
cua•tro ◇ *adj.* four; [cuarto] fourth ▪ **las** ~ four o'clock; ~ **gatos locos** *coll* a mere handful of people ◇ *m.* four; S AMER fourstring guitar ▪ **más de** ~ *coll* quite a few
cua•tro•cien•tos, as *adj.* & *m.* four hundred
cu•ba *f.* [tonel] cask; [tina] vat ▪ **beber como una** ~ *coll* to drink like a fish; **estar hecho una** ~ *coll* to be plastered
cu•be•ta *f.* [cubo] bucket; [tina] small vat; CHEM & PHOTOG tray
cú•bi•co, a *adj.* GEOM cubic; MATH cube (root)
cu•bier•to, a ▻ **cubrir** ◇ *m.* [de mesa] table setting; [abrigo] shelter; [comida] meal (at a fixed price) ▪ **a** ~ **de** under the protection of; **bajo** ~ under cover; **poner los cubiertos** to set the table; **ponerse a** ~ to take cover; (*f.*) [cobertura] cover; [sobre] envelope; [envoltura] wrapping; MARIT deck; AUTO tire
cu•bil *m.* lair, den
cu•bi•le•te *m.* [vaso] tumbler; [de dados] dicebox; [molde] mold
cu•bis•ta *adj.* & *m.f.* ARTS cubist
cú•bi•to *m.* ulna, cubitus
cu•bo *m.* cube; [balde] bucket; [tina] vat; [de rueda] hub; [estanque] millpond ▪ **a cubos** abundantly; **elevar al** ~ MATH to cube
cu•bre•ca•ma *m.* bedcover, bedspread
cu•brir [80] *tr.* to cover (up); [proteger] to protect; [esconder] to conceal; [con honores, atenciones] to shower; (*reflex.*) [ponerse ropa] to cover oneself; [protegerse] to protect oneself; COM to cover a debt
cu•ca•ra•cha *f.* cockroach
cu•cha•ra *f.* spoon; [cucharada] spoonful; TECH scoop ▪ ~ **de albañil** trowel; ~ **de postre** dessert spoon; ~ **sopera** soupspoon; **meter la** ~ *coll* to meddle
cu•cha•ra•da *f.* spoonful
cu•cha•rón *m.* [cazo] ladle; TECH scoop
cu•che•ta *f.* AMER cabin, berth
cu•chi•che•ar *intr.* to whisper

cu•chi•che•o *m.* whisper, whispering
cu•chi•lla *f.* [cuchillo] knife; [hoja] blade; [de afeitar] razor blade
cu•chi•lla•da *f.*/**zo** *m.* [golpe] stab; [herida] stab wound
cu•chi•lle•rí•a *f.* cutler's shop
cu•chi•llo *m.* knife ▪ **~ de cocina** kitchen knife; **pasar a ~** *coll* to kill
cu•chi•tril *m. coll* pigsty
cu•cli•llas *adv.* ▪ **en ~** squatting, crouching; **ponerse** o **sentarse en ~** to squat, crouch
cu•co, a ◇ *adj. coll* [bonito] cute; [astuto] crafty ◇ *m.f.* clever person; (*m.*) ENTOM caterpillar; ORNITH cuckoo; [fantasma] ghost
cu•cú *m.* cuckoo (call of the cuckoo)
cue•ce ▻ **cocer**
cue•le, lo ▻ **colar**
cuel•ga, gue ▻ **colgar**
cue•llo *m.* neck; [tira de tela] collar; BOT stalk ▪ **alargar el ~** to stretch o crane one's neck; **~ alto** turtleneck; **~ de palomita** wing collar; **~ de pico** V-neck; **~ duro** stiff collar; **~ postizo** detachable collar
cuen•ca *f.* ANAT eye socket; GEOG valley
cuen•co *m.* earthenware bowl
cuen•ta ◇ *f.* [de restaurante] check; [cálculo] calculation; [acción de contar] counting; [bolita] bead; COM account; [explicación] account; [cargo] responsibility ▪ **abonar en ~** to credit an account; **a ~** on account; **caer en la ~** *coll* to realize; **cargar en ~** to debit an account; **~ acreedora** credit account; **~ bancaria** o **de banco** bank account; **~ de correo** COMPUT mail account; **~ de correo electrónico** COMPUT e-mail account; **~ corriente** checking account; **~ de ahorros** savings account; **~ de gastos** expense account; **dar ~ de** [contar] to give an account of; *coll* [gastar] to use up; **darse ~ de** to realize; **más de la ~** too much; **perder la ~ de** to lose track of; **por ~ de** on behalf of; **por su propia ~** for oneself; **por ~ y riesgo de uno** at one's own risk; **tener en ~** to bear in mind; **tomar en ~** to take into account; **trabajar por su ~** to be self-employed ◇ *pl.* accounts ▪ **a fin de ~** in the final analysis; **ajustar ~** *coll* to settle up; **en resumidas ~** in short; **llevar las ~** to keep the books; **pedir ~ a** to call to account; **rendir ~ de** to give an account of
cuen•ta•go•tas *m.inv.* dropper, eyedropper ▪ **dar con ~** to give little by little
cuen•ta•ki•ló•me•tros *m.inv.* odometer
cuen•ta•rre•vo•lu•cio•nes *m.inv.* tachometer
cuen•te, to ▻ **contar**
cuen•te•ro, a ◇ *adj.* gossipy ◇ *m.f.* gossipmonger
cuen•tis•ta *m.f.* LIT short-story writer; *coll* [chismoso] gossipmonger
cuen•to *m.* story, tale; LIT short story; [chisme] gossip; [embuste] hoax ▪ **~ de hadas** fairy tale; **~ del tío** con game; **~ de nunca acabar** endless story; **~ de viejas** *coll* old wives' tale; **¡puro ~!** all lies!; **traer a ~** *coll* to bring up; **venir a ~** to be to the point; **vivir del ~** *coll* to live by one's wits
cuer•da ◇ *f.* [cordón] cord, string; [del reloj] watch spring; MUS string ▪ **aflojar la ~** *coll* to ease up; **andar en la ~ floja** *coll* to walk a tightrope; **bajo ~** underhandedly; **~ floja** tightrope; **dar ~ a uno** *coll* to get someone started on a topic; **dar ~ a un reloj** to wind a watch ◇ *pl.* ▪ **~ vocales** ANAT vocal cords
cuer•do, a *adj.* & *m.f.* sane, sensible (person)
cue•re•ar *tr.* AMER [desollar] to skin; RP [criticar] to slander
cue•ri•za *f.* ANDES *coll* beating, leathering
cuer•no ◇ *m.* horn ▪ **~ de la abundancia** horn of plenty; **¡vete al ~!** go to hell! ◇ *pl.* ▪ **¡~!** MEX fat chance!; **poner los ~ a** to cuckold
cue•ro *m.* [piel] hide; [de zapatos] leather; [odre] wineskin ▪ **~ cabelludo** scalp; **~ charolado** patent leather; **en cueros** naked
cuer•pe•ar *intr.* AMER to dodge
cuer•po *m.* body; [torso] torso; [figura] figure; [largo] length; [cadáver] corpse; [corpiño] bodice; [espesor] thickness; [parte] component; GEOM three-dimensional figure ▪ **a ~ de rey** like a king; **~ a ~** hand-to-hand (combat); **~ celeste** heavenly body; **~ de baile** dance company; **~ del delito** LAW corpus delicti; **~ diplomático** diplomatic corps; **dar con el ~ en la tierra** to fall down; **dar ~ a** to thicken; **de ~ entero** full-length; *fig* real, true; **estar de ~ presente** to lie in state; **ir de ~** *coll* to relieve oneself; **tomar ~** to take shape
cuer•vo *m.* crow, raven
cues•ta *f.* slope, hill ▪ **a cuestas** on one's shoulders; *fig* upon oneself; **~ abajo** downhill; **~ arriba** uphill; **hacérsele ~ arriba** *coll* to find it hard to
cues•ta, te ▻ **costar**
cues•tión *f.* [asunto] question, matter; **es una ~ de fe** it is a matter of faith; [duda] dispute ▪ **en ~ de** in the matter of
cues•tio•na•ble *adj.* questionable, debatable
cues•tio•nar *tr.* to discuss, debate
cues•tio•na•rio *m.* [encuesta] questionnaire; [examen] test questions
cue•va *f.* cave ▪ **~ de ladrones** *coll* den of thieves
cue•za, zo ▻ **cocer**
cui•co *m.* MEX *coll* cop
cui•da•do *m.* care; [cautela] caution; [miedo] concern ▪ **con ~** [con esmero] carefully; [con cautela] cautiously; **¡~!** be careful!, watch out!; **~ con** beware of; **perder ~** not to worry; **poner ~ en** to take care in; **sin ~** carelessly; **tener ~** to be careful
cui•da•dor, •ra ◇ *adj.* caretaking ◇ *m.f.* caretaker
cui•da•do•so, a *adj.* [cauteloso] careful; [atento] attentive
cui•dar *tr.* & *intr.* ▪ **~ de** to take care of; (*reflex.*) to take care of oneself ▪ **~ de** [preocuparse] to care about; [protegerse] to be careful about
cui•tla•co•che *m.* C AMER & MEX corn smut, edible fungus which grows on maize
cu•la•ta *f.* [del caballo] croup; [del arma] butt; [del cañón] breech ▪ **salir el tiro por la ~** to backfire
cu•la•ta•zo *m.* [golpe] blow with a gun butt; ARM recoil
cu•le•bra *f.* snake
cu•le•brón *m.* soap opera
cu•li•na•rio, a *adj.* culinary
cul•mi•na•ción *f.* culmination
cul•mi•nan•te *adj.* culminating
cul•mi•nar *intr.* to culminate
cul•pa *f.* blame, guilt; [falta] fault ▪ **por ~ de** through the fault of; **echar la ~ a uno** to blame someone; **tener la ~** to be to blame, be guilty
cul•pa•bi•li•dad *f.* guilt

cul•pa•ble ◇ *adj.* guilty; [acusado] accused ▪ **confesarse ~** to plead guilty; **declarar ~** to find guilty ◇ *m.f.* [reo] culprit; [acusado] accused (party)

cul•pa•do, a ◇ *adj.* guilty; [acusado] accused ◇ *m.f.* [reo] culprit; [acusado] accused (party)

cul•par *tr.* [acusar] to accuse; [censurar] to criticize

cul•ti•va•dor, •ra ◇ *adj.* cultivating ◇ *m.f.* cultivator

cul•ti•var *tr.* to cultivate; [arar] to farm; [plantar] to grow; BIOL to culture

cul•ti•vo *m.* [labor] cultivation; [cosecha] crop; BIOL culture ▪ **caldo de ~** culture medium; **~ transgénico** GM crop

cul•to, a ◇ *adj.* [civilizado] cultured; [instruido] learned ◇ *m.* [secta] cult; [homenaje] worship; [rito] ritual ▪ **rendir ~ a** [venerar] to worship; [homenajear] to pay tribute to

cul•tu•ra *f.* culture; [educación] refinement

cul•tu•ral *adj.* cultural

cum•bre *m.* summit; *fig* pinnacle

cum•ple•a•ños *m.inv.* birthday

cum•pli•do, a ◇ *adj.* [completo] complete; [perfecto] perfect; [cortés] courteous ◇ *m.* [cortesía] polite gesture; [piropo] compliment

cum•pli•dor, •ra ◇ *adj.* trustworthy, reliable ◇ *m.f.* reliable person

cum•pli•men•tar *tr.* [felicitar] to congratulate; [visitar] to pay one's respects to; [ejecutar] to carry out

cum•pli•mien•to *m.* fulfillment; [cortesía] polite gesture

cum•plir *tr.* [llevar a cabo] to carry out; [la palabra] to keep; [los años] to be; [la ley] to obey; [una condena] to serve; (*intr.*) ▪ **~ con** [promesa] to fulfill; [obligaciones] to fulfill one's obligations to; **por ~** as a formality; (*reflex.*) [realizarse] to be fulfilled; COM to fall due

cú•mu•lo *m.* pile; [nube] cumulus

cu•na *f.* [cama] cradle; [origen] stock; [lugar de nacimiento] birthplace ▪ **canción de ~** lullaby

cun•dir *intr.* [extenderse] to spread; [inflar] to expand ▪ **cunde la voz que** rumor has it that

cu•ne•ta *f.* [de un foso] ditch; [de una calle] gutter

cu•ña *f.* wedge; ANAT tarsal bone; PRINT quoin ▪ **meter ~** to sow discord; **tener ~** RP to have pull o influence

cu•ña•do, a *m.f.* brother/sister-in-law

cu•ño *m.* [troquel] die; [impresión] impression; *fig* mark ▪ **de nuevo ~** new

cuo•ta *f.* [parte] quota, share; [pago] fee, dues; MEX [peaje] toll ▪ **~ de admisión** admission fee; **~ de mercado** market share

cu•pé *m.* coupé

cu•pie•ra, po ▷ **caber**

cu•plé *m.* popular song, variety song

cu•po *m.* quota

cu•pón *m.* coupon

cú•pu•la *f.* dome, cupola

cu•ra[1] *m.* RELIG priest

cu•ra[2] *f.* [curación] cure; [apósito] dressing ▪ **no tener ~** *coll* to be incorrigible

cu•ra•ble *adj.* curable

cu•ra•ción *f.* cure, treatment

cu•ra•do, a *adj.* [endurecido] inured; [curtido] tanned ▪ **estoy ~ de espanto** nothing can shock me anymore

cu•ran•de•ro, a *m.f.* quack

cu•rar *intr.* ▪ **~ de** MED to recover from; (*tr.*) MED [sanar] to cure; [tratar] to treat; *fig* to soothe; [cueros] to tan; [madera] to season; [carnes] to cure ▪ **~ al humo** to smoke; (*reflex.*) [recobrarse] to get well; [sanarse] to heal

cu•ra•re *m.* curare

cu•ra•ti•vo, a *adj.* & *f.* curative

cur•cun•cho, a ◇ *adj.* hunchbacked ◇ *m.* hunchback

cur•da *m. coll* [persona] drunk; (*f.*) [borrachera] drunkenness ▪ **agarrarse una ~** *coll* to get drunk

cu•ria *f.* [tribunal] court; LAW bar

cu•rio *m.* curium

cu•rio•se•ar *intr.* to snoop, pry

cu•rio•si•dad *f.* curiosity; [cosa curiosa] curio

cu•rio•so, a ◇ *adj.* curious; [limpio] neat; [cuidadoso] careful; [excepcional] odd ◇ *m.f.* curious person; [entremetido] busybody

cu•ri•ta *f.* AMER Band-Aid® US

cu•rri•cu•lum vi•tae *m.* résumé

cur•sar *tr.* [estudiar] to study; [dar curso a] to attend to

cur•si *adj.* [vestido, canción] tacky; [modales, persona] affected

cur•si•le•rí•a *f* [cualidad] tackiness; [acto, comportamiento] pretentious act

cur•si•llo *m.* [curso] short course; [conferencias] series of lectures

cur•si•vo, a ◇ *adj.* cursive; PRINT italic ◇ *f.* cursive script; PRINT italics

cur•so *m.* course; FIN circulation ▪ **~ acelerado** crash course; **~ por correspondencia** correspondence course; **dar libre ~ a** to give free rein to; **en ~** under way; **tener ~ legal** to be legal tender

cur•sor *m.* COMPUT cursor

cur•ti•do ◇ *m.* tanning ◇ *pl.* tanned leather

cur•tir *tr.* [adobar] to tan; [acostumbrar] to inure; (*reflex.*) [por la intemperie] to become weather-beaten; [acostumbrarse] to become inured

cur•va *f.* curve; [recodo] curve, bend ▪ **~ cerrada** sharp curve

cur•va•do, a *adj.* curved, bent

cur•var *tr.* to curve, bend

cur•va•tu•ra *f.* [recodo] curvature; [acción] curving

cur•vi•lí•ne•o, a *adj.* curvilinear

cur•vo, a *adj.* curved, bent

cús•pi•de *f.* summit; *fig* pinnacle; ANAT & BOT cusp

cus•to•dia *f.* [vigilia] custody; [cuidado] care; [persona] custodian

cus•to•diar *tr.* [cuidar] to take care of; [vigilar] to watch over; [proteger] to protect

cus•to•dio *adj.* & *m.* guardian

cu•tá•ne•o, a *adj.* cutaneous, skin

cu•tí•cu•la *f.* cuticle

cu•tis *m.inv.* skin, complexion

cu•yo, a *rel. pron.* whose; [personas] of whom; [cosas] of which

D

d, D *f.* fourth letter of the Spanish alphabet
dac•ti•lo•gra•fí•a *f.* typewriting, typing
dac•ti•ló•gra•fo *m.f.* typist
dá•di•va *f.* present, gift
da•di•vo•so, a *adj.* generous, lavish
da•do, a ◇ *adj.* given ◇ *m.* die ▪ **correr el ~** *coll* to be in luck ◇ *pl.* dice ▪ **cargar los ~** to load the dice
da•dor, •ra ◇ *adj.* giving ◇ *m.f.* donor
da•ga *f.* dagger; AMER machete
da•gue•rro•ti•po *m.* daguerreotype
da•lia *f.* dahlia
dal•to•nis•mo *m.* color blindness
da•ma ◇ *f.* lady; [de la reina] lady-in-waiting; [manceba] mistress, concubine; [actriz] actress; [en damas] king; [en ajedrez, naipes] queen ▪ **~ de honor** maid of honor ◇ *pl.* checkers, draughts GB
da•ma•jua•na *f.* demijohn
da•mas•co *m.* damask; ANDES & RP [albaricoque] apricot
da•mi•se•la *f.* damsel; [cortesana] courtesan
dam•ni•fi•car [70] *tr.* to damage, harm
dam•ni•fi•ca•do, a ◇ *adj.* damaged, harmed ◇ *m.f.* victim
dan•ta *f.* [anta] elk; AMER [tapir]
dan•za *f.* dance; *coll* shady business deal; [riña] quarrel ▪ **andar** o **estar en la ~** *coll* to be mixed up in a shady deal; **~ de figuras** square dance
dan•za•dor, •ra ◇ *adj.* dancing ◇ *m.f.* dancer
dan•zan•te ◇ *adj.* dancing ◇ *m.f.* dancer; [estafador] hustler; [cabeza de chorlito] scatterbrain; [entremetido] busybody
dan•zar [04] *tr.* to dance; (*intr.*) [bailar] to dance; [temblar] to dance, bob up and down; *coll* [entremeterse] to get mixed up o involved
dan•za•rín, i•na *m.f.* dancer
da•ña•do, a *adj.* evil, wicked; [perjudicado] damaged
da•ñar *tr.* to damage, harm; (*reflex.*) to become damaged; [echarse a perder] to spoil, go bad
da•ñi•no, a *adj.* damaging, harmful
da•ño *m.* damage, harm ▪ **hacer ~** [doler] to hurt; [perjudicar] to harm, injure
dar [20] *tr.* to give; [conferir] to grant; [proponer] to propose, offer; [sacrificar] to give up; [repartir] to deal; [producir] to produce, bear; [soltar] to give off, emit; [propinar] to deal; **el ladrón le dio un tremendo golpe** the thief dealt him a tremendous blow; [imponer] to impose; [sonar] to strike; **el reloj dio las dos** the clock struck two; THEAT to show; [aplicar] to apply, put on; [comunicar] to express, convey ▪ **~ a conocer** to make known; **~ a luz** to give birth; *fig* to publish, print; **~ aviso** to give notice; **~ cabezadas** to nod, doze; **~ como** [considerar] to regard, consider; [producir] to produce; **~ cuenta de** to report on, account for; **~ cuerda a** to wind (clocks); *fig* [alargar] to prolong; [animar] to encourage, get (someone) started; **~ de lado** to shun, ignore; **~ diente con diente** to shiver; **~ el pésame** to express condolences; **~ el sí** to assent; **~ en cara** to reproach, scold; **~ en prenda** [prometer] to pledge; [empeñar] to hock, pawn; **~ fe** to certify; **~ fiado** COM to give credit; **~ fianza** to post bail, bail out; **~ fin a** to complete, finish; **~ frente a** to face, be facing; **darle ganas de** to feel like, have a mind to; **~ gusto a** to please, make happy; **~ la bienvenida** to welcome; **~ la casualidad que** to just so happen that; **~ la lata** *coll* to pester; **~ la razón a** to agree with, support; **~ las espaldas** to turn one's back on; **~ los buenos días** to greet, say good morning; **~ margen** to afford an opportunity; **~ muerte a** to kill; **~ pábulo a** *fig* to feed, foster; **~ palmadas** [aplaudir] to applaud, clap hands; [pegar] to spank; **~ por** to consider, regard; **~ prestado** to lend; **~ punto final** to conclude; **~ un abrazo** to hug; **~ una vuelta/paseo** to take a stroll/walk; **no ~ un bledo** *coll* not to give a hoot; (*intr.*)[tener vista de] to overlook, face; [ocurrir] to arise, occur; [sobrevenir] to come over, set in ▪ **¡dale!** *coll* [¡apúrate!] hurry up!; [¡adelante!] keep it up!; **~ con** [encontrar] to find, hit on; [encontrarse] to meet, run into; [chocar] to hit, bang; **~ de** to fall on; **~ en** [caer] to fall; [empeñarse] to be bent on; [acertar] to catch on to, get; **~ en el clavo** *fig* to hit the nail on the head; **~ igual** o **lo mismo** to be all the same; **darle por** to take it into one's head; **~ sobre** to look out on; **~ tras** to chase, pursue; (*reflex.*) to give oneself up, surrender; [suceder] to arise, occur; [dedicarse] to devote oneself; [tomar el hábito de] to take to, give in to ▪ **~ a conocer** to introduce oneself; **~ a entender** to make oneself understood; [ser evidente] to become evident o clear; **~ con** o **contra** to hit, bump against; **~ cuenta de** to realize; **dárselas de** to consider oneself, to act like; **~ las manos** o **la mano** to shake hands; **dársele a uno** to care about; **dársele bien** to be lucky; **~ por** to consider oneself; **~ prisa** to hurry; **~ tono** to put on airs
dar•do *m.* dart, arrow; *fig* cutting remark, barb
dár•se•na *f.* inner harbor, dock
da•ta *f.* date; COM data, items
da•tar *tr.* to date; COM to enter, credit; (*intr.*) to date, begin ▪ **~ de** to date from
da•ti•vo, a *adj.* & *m.* dative
da•to ◇ *m.* fact, datum; [documento] document ◇ *pl.* data, information
de *prep.* [posesión] of, -'s, -s'; [asunto] of, about, on; [contenido] of; [origen] from, according to; [distancia] from; [manera] in, with, on, as; [hora] in, at, by, from; [causa] from, with, out of, if; [comparación] than, of, in
dé ▻ **dar**
de•am•bu•lar *intr.* to wander o roam around
de•án *m.* RELIG dean
de•ba•jo *adv.* underneath, below ▪ **~ de** underneath, below; **por ~** underneath, below
de•ba•te *m.* debate, discussion
de•ba•tir *tr.* to debate, discuss; [combatir] to fight, struggle
de•be *m.* COM debit
de•ber[1] *tr.* to owe; [expresando obligación] to ought to ▪ **~ de** to be probable; (*reflex.*) to be due to
de•ber[2] ◇ *m.* duty, obligation; [faena] chore; [deuda] debt ◇ *pl.* homework
de•bi•da•men•te *adv.* properly, duly
de•bi•do, a *adj.* due; [apropiado] proper, fitting
dé•bil ◇ *adj.* weak; [marchito] faint, faded ◇ *m.f.* weakling

de•bi•li•dad *f.* weakness
de•bi•li•ta•ción *f.* debilitation
de•bi•li•tar *tr.* & *reflex.* to weaken
dé•bi•to *m.* [deuda] debt; COM debit ▪ ~ **directo** direct debit
de•but *m.* debut, opening
de•bu•tan•te ◇ *adj.* beginning ◇ *m.f.* beginner, newcomer; (*f.*) debutante
de•bu•tar *intr.* to begin; THEAT to debut
dé•ca•da *f.* decade
de•ca•den•cia *f.* decadence, decline
de•ca•den•te *adj.* & *m.f.* decadent
de•ca•er [15] *intr.* to decline, fall
de•ca•í•do, a ▷ **decaer** ◇ *adj.* [débil] weak, rundown; [deprimido] depressed, discouraged
de•cai•mien•to *m.* [decadencia] decadence, decline; [debilidad] weakness, feebleness; [desaliento] discouragement, dejection
de•ca•no *m.f.* EDUC dean; [viejo] doyen
de•can•ta•ción *f.* decanting, pouring off
de•can•tar *tr.* to decant, pour off; [engrandecer] to exaggerate, aggrandize
de•ca•pi•tar *tr.* to decapitate, behead
de•ca•tlón *m.* decathlon
de•ca•ye•ra, yó ▷ **decaer**
de•ce•na *f.* group of ten; MUS tenth
de•cen•cia *f.* decency
de•cen•te *adj.* decent
de•cep•ción *f.* deception; [desengaño] disenchantment, disappointment
de•cep•cio•nar *tr.* to disenchant, disappoint
de•cha•do *m.* model, perfect example; SEW sampler
de•ci•bel/be•lio *m.* decibel
de•ci•di•do, a *adj.* determined, resolute
de•ci•dir *tr.* to decide, resolve; [persuadir] to persuade, convince; (*intr.*) to decide; (*reflex.*) to decide, make up one's mind
de•ci•mal *adj.* & *m.* decimal
de•cí•me•tro *m.* decimeter
dé•ci•mo, a *adj.* & *m.* tenth
de•ci•moc•ta•vo, a *adj.* eighteenth
de•ci•mo•cuar•to, a *adj.* fourteenth
de•ci•mo•no•no/no•ve•no, a *adj.* nineteenth
de•ci•mo•quin•to, a *adj.* fifteenth
de•ci•mo•sép•ti•mo, a *adj.* seventeenth
de•ci•mo•sex•to, a *adj.* sixteenth
de•ci•mo•ter•ce•ro, a *adj.* thirteenth
de•cir[1] *m.* [refrán] saying; [ocurrencia] witty remark; [suposición] figure of speech
de•cir[2] [21] *tr.* to say; [relatar, divulgar] to tell; [hablar] to talk, speak; [ordenar] to tell, order; [mostrar] to show, reveal; [nombrar] to call, name ▪ **como quien dice** o **como si dijéramos** *coll* so to speak; ~ **entre** o **para sí** to say to oneself; ~ **por** ~ to talk for the sake of talking; **¡diga!** hello!; **el qué dirán** what people may say; **es** ~ that is (to say); **¡no me digas!** you don't say!, really!; **querer** ~ to mean; **según el** ~ **general** by all accounts
de•ci•sión *f.* decision; [firmeza] determination, resoluteness; [sentencia] verdict, ruling
de•ci•si•vo, a *adj.* decisive, conclusive
de•cla•mar *tr.* & *intr.* to declaim, recite
de•cla•ra•ción *f.* declaration, statement; LAW deposition, evidence; [de cartas] bid, call
de•cla•ra•da•men•te *adv.* manifestly, openly
de•cla•ran•te ◇ *adj.* declaring ◇ *m.f.* LAW declarant, witness
de•cla•rar *tr.* to declare; [en los juegos de cartas] to bid, declare; LAW to find, pronounce; (*intr.*) to declare; LAW to testify, give evidence; (*reflex.*) to declare oneself
de•cli•na•ción *f.* decline; GRAM declension; ASTRON declination
de•cli•nar *intr.* to decline; [ir hacia su fin] to wane, draw to a close; (*tr.*) to decline, refuse; GRAM to decline
de•cli•ve *m.* slope, incline; [decadencia] decadence, decline
de•co•di•fi•ca•ción *f.* decoding
de•co•di•fi•ca•dor *m.* decoder
de•co•la•je *m.* AMER take-off
de•co•lar *intr.* AMER to take off
de•co•lo•ran•te *m.* decolorant
de•co•lo•rar *tr.* to discolor, fade
de•co•mi•sar *tr.* to confiscate, seize
de•co•mi•so *m.* confiscation, seizure
de•co•ra•ción *f.* decoration; THEAT scenery
de•co•ra•do *m.* THEAT scenery, set; [acción] decoration
de•co•ra•dor, •ra ◇ *adj.* decorative, ornamental ◇ *m.f.* decorator
de•co•rar *tr.* to decorate; [memorizar] to memorize, learn by heart
de•co•ra•ti•vo, a *adj.* decorative, ornamental
de•co•ro *m.* respect, honor; [recato] decorum, propriety
de•co•ro•so, a *adj.* decorous, decent; [digno] respectable, honorable
de•cre•cer [17] *intr.* to decrease, diminish
de•cre•ci•mien•to *m.* decrease, diminution
de•cré•pi•to, a *adj.* decrepit, aged
de•cre•tar *tr.* to decree, order
de•cre•to *m.* decree, order
de•dal *m.* thimble
de•di•ca•ción *f.* dedication
de•di•ca•do *adj.* COMPUT dedicated
de•di•car [70] *tr.* & *reflex.* to dedicate (oneself)
de•di•ca•to•rio, a ◇ *adj.* dedicatory, dedicative ◇ *f.* dedication, inscription
de•di•llo *m.* little finger, pinky ▪ **al** ~ *coll* perfectly, thoroughly; **saber al** ~ to know by heart
de•do *m.* [de la mano] finger; [del pie] toe; [porción] bit, smidgen ▪ **a dos dedos de** *fig* within an inch of; **cogerse los dedos** to get caught; **chuparse los dedos** to smack one's lips; ~ **anular** ring finger; ~ **cordial** o **del corazón** middle finger; ~ **índice** index finger, forefinger; ~ **meñique** little finger, pinky; ~ **pulgar** o **gordo** [de la mano] thumb; [del pie] big toe; **morderse los dedos** to bite one's nails; *coll* [arrepentirse] to regret
de•duc•ción *f.* deduction; LOG inference
de•du•cir [22] *tr.* to deduce, conclude; [rebajar] to deduct, subtract
de•duc•ti•vo, a *adj.* deductive
de•fe•car [70] *tr.* & *intr.* to defecate
de•fec•ción *f.* defection, desertion
de•fec•ti•vo, a *adj.* defective
de•fec•to *m.* defect, flaw; [falta] absence, lack ▪ **en** ~ **de** in the absence of, for want of
de•fec•tuo•so, a *adj.* defective, faulty
de•fen•der [50] *tr.* to defend; (*intr.* & *reflex.*) to defend o protect oneself; [arreglárselas] to manage, get by

de•fen•di•do, a ◇ *adj.* defended ◇ *m.f.* LAW defendant
de•fen•sa *f.* defense ■ ~ **propia** o **legítima** self-defense
de•fen•si•vo, a ◇ *adj.* defensive ◇ *m.* defense, safeguard; (*f.*) defensive
de•fen•sor, o•ra ◇ *adj.* defending, protecting ◇ *m.f.* defender, protector; (*m.*) LAW defense counsel
de•fe•ren•cia *f.* deference
de•fe•rir [65] *intr.* to defer; (*tr.*) to refer, delegate
de•fi•cien•cia *f.* deficiency, lack
de•fi•cien•te *adj.* deficient, lacking; [defectuoso] defective, poor
dé•fi•cit *m.* (*pl* **-s**) COM deficit; *fig* [carencia] shortage, lack
de•fien•da, do ⊳ **defender**
de•fie•ra, ro ⊳ **deferir**
de•fi•ni•ción *f.* definition; [determinación] determination, decision
de•fi•ni•do, a ◇ *adj.* defined; GRAM definite ◇ *m.* definition
de•fi•nir *tr.* to define; [determinar] to determine, decide
de•fi•ni•ti•vo, a *adj.* definitive, final ■ **en definitiva** [por fin] once and for all, finally; [de verdad] really, exactly; [en resumen] in short
de•fi•rie•ra, rió ⊳ **deferir**
de•for•ma•ción *f.* deformation; RAD distortion; MECH strain; [alabeo] warp
de•for•mar *tr.* to deform; (*reflex.*) to be o become deformed
de•for•me *adj.* deformed, misshapen
de•for•mi•dad *f.* deformity
de•frau•da•ción *f.* fraud, cheating; [decepción] disappointment
de•frau•dar *tr.* to defraud, cheat; [decepcionar] to disappoint; [frustrar] to dash, thwart (hopes); [turbar] to disturb, spoil
de•fun•ción *f.* demise, death
de•ge•ne•ra•ción *f.* degeneration; [de moral] degeneracy
de•ge•ne•ra•do, a *adj.* & *m.f.* degenerate
de•ge•ne•rar *intr.* to degenerate; [perder mérito] to decline, decay
de•go•llar [19] *tr.* [guillotinar] to cut o slit the throat of; [decapitar] to behead, decapitate; [masacrar] to massacre, slaughter; [destruir] to destroy, ruin; *coll* [aburrir] to bore to death
de•gra•da•ción *f.* degradation, debasement
de•gra•dan•te *adj.* degrading, debasing
de•gra•dar *tr.* & *reflex.* to degrade o debase (oneself)
de•güe•lle, llo ⊳ **degollar**
de•güe•llo *m.* throat-cutting; [decapitación] beheading, decapitation; [matanza] massacre, slaughter ■ **entrar a** ~ to massacre; **tirar a** ~ to harm
de•gus•ta•ción *f.* tasting, sampling
dei•dad *f.* deity, divinity
dei•fi•car [70] *tr.* to deify; [ensalzar] to glorify
de•ja•dez *f.* carelessness, negligence; [desaliño] slovenliness, untidiness; [pereza] laziness
de•ja•do, a *adj.* careless, negligent; [desaliñado] slovenly, untidy; [perezoso] lazy; [deprimido] depressed, dejected
de•jar *tr.* to leave; [consentir] to let, allow; [producir] to yield, produce; [desamparar] to abandon, desert; [omitir] to leave out; [cesar] to stop, quit; [prestar] to lend, loan ■ **¡deja!** o **¡déjalo!** never mind!; ~ **caer** to drop, let go of; ~ **el paso libre** to let pass; ~ **en blanco** to leave blank; ~ **fresco a** *coll* to baffle, perplex; ~ **mal** to let down; ~ **plantado** *coll* to leave in the lurch, stand up; (*intr.*) ■ ~ **de** to stop, leave off; ~ **de existir** to die; **no** ~ **de** not to neglect to, not to fail to; (*reflex.*) [descuidarse] to let oneself go, become sloppy; [abandonarse] to give oneself up to, abandon oneself to; [permitirse] to allow oneself to be ■ ~ **caer** [caerse] to fall, flop; *coll* [insinuar] to drop a hint, insinuate; [presentarse] to drop in unexpectedly; ~ **de** to stop; ~ **decir** to let slip, let out; ~ **de rodeos** to stop beating around the bush, come to the point; ~ **llevar de** to get carried away with; ~ **ver** [aparecer] to show; [presentarse] to show up
de•jo *m.* [dejación] abandonment, relinquishment; [fin] end, termination; [acento] accent, lilt; [inflexión] drop (in voice); [gusto] aftertaste; [flojedad] neglect, indolence; *fig* aftertaste
del = **de** and **el**
de•lan•tal *m.* [sin peto] apron; [con peto] pinafore
de•lan•te *adv.* [con prioridad] in front, ahead; [enfrente] facing, opposite ■ ~ **de** in front of
de•lan•te•ro, a ◇ *adj.* front, fore ◇ *m.* [de un vestido] front; SPORT forward; (*f.*) [frente] front, front part; [ventaja] advantage, lead ■ **coger** o **tomar la** ~ to take the lead; **llevar la** ~ to lead, be in the lead ◇ *pl.* overalls
de•la•tar *tr.* to denounce, inform on; [revelar] to reveal, expose
de•le•ga•ción *f.* delegation; [cargo y oficina] office; [sucursal] branch; MEX [comisaría] police station, precinct, station house
de•le•ga•do, a ◇ *adj.* delegated ◇ *m.f.* delegate, representative
de•le•gar [47] *tr.* to delegate
de•lei•tar *tr.* to delight, please; (*reflex.*) ■ ~ **con** o **en** to take pleasure in, delight in
de•lei•te *m.* delight, pleasure
de•le•tre•ar *tr.* [pronunciar] to spell (out); *fig* [descifrar] to decipher, interpret
de•lez•na•ble *adj.* [que se rompe fácilmente] crumbly; [resbaladizo] slippery; [quebradizo] brittle, fragile; *fig* frail, weak
del•fín *m.* dolphin; [príncipe] dauphin
del•ga•do, a ◇ *adj.* [esbelto] slender, slim; [flaco] thin; [tenue] tenuous, delicate; [agudo] sharp, clever ■ **hilar** ~ *coll* to split hairs; **ponerse** ~ to lose weight ◇ *m.pl.* flanks (of animals)
de•li•be•ra•do, a *adj.* deliberate, intentional
de•li•be•rar *intr.* to deliberate, ponder; (*tr.*) to decide, resolve
de•li•ca•de•za *f.* delicacy; [discreción] tactfulness, discretion; [debilidad] weakness, frailty ■ **tener la** ~ **de** to be thoughtful enough to
de•li•ca•do, a *adj.* delicate; [difícil] difficult, delicate; [exigente] demanding, exacting; [quebradizo] fragile, delicate; [enfermizo] frail, delicate
de•li•cia *f.* delight, pleasure
de•li•cio•so, a *adj.* [agradable] delightful; [sabroso] delicious
de•li•mi•tar *tr.* to delimit

D

de•lin•ca, co ▻ **delinquir**
de•lin•cuen•cia *f.* delinquency ▪ ~ **informática** computer crime
de•lin•cuen•te *adj.* & *m.f.* delinquent
de•li•ne•ar *tr.* to delineate, outline
de•lin•quir [23] *intr.* to break the law
de•li•ran•te *adj.* delirious
de•li•rar *intr.* to be delirious; [decir tonterías] to rave, talk nonsense
de•li•rio *m.* delirium; [manía] mania, frenzy; [disparate] raving ▪ ~ **de grandeza** delusions of grandeur; **tener ~ por** to be crazy about
de•li•to *m.* offense, crime ▪ ~ **ecológico** ecological crime; ~ **electrónico** electronic crime; ~ **informático** computer crime; ~ **de mayor cuantía** felony; ~ **de menor cuantía** misdemeanor
del•ta *m.* delta
de•ma•cra•do, a *adj.* emaciated, wasted away
de•ma•go•gia *f.* demagogy, demagoguery
de•ma•gó•gi•co, a *adj.* demagogic
de•ma•go•go, a *m.f.* demagogue
de•man•da *f.* demand; [petición] appeal, request; [limosna] alms; [pregunta] question, inquiry; [empresa] enterprise; [empeño] perseverance; COM demand; [pedido] order; ELEC load; LAW [escrito] writ; [acción] lawsuit, action; THEAT call ▪ **demandas y respuestas** haggling; **ir en ~ de** to go in search of; **salir uno a la ~** to defend
de•man•da•do, a *m.f.* defendant
de•man•dan•te *m.f.* plaintiff
de•man•dar *tr.* [pedir] to request, ask for; LAW to sue, file suit against
de•mar•car [70] *tr.* to demarcate, delimit
de•más ◇ *adj.* other, rest of the ▪ **lo ~** the rest; **por ~** [en demasía] excessively, too much; [inútilmente] in vain; **por lo ~** otherwise, other than that; **todo lo ~** everything else; **y ~** etcetera, and so on; [y los otros] and the others ◇ *adv.* moreover, besides
de•ma•sí•a *f.* excess, surplus; [abuso] disregard, abuse; [insolencia] insolence, audacity ▪ **en ~** excessively
de•ma•sia•do, a ◇ *adj.* too much o many ◇ *adv.* too, too much
de•men•cia *f.* madness, insanity; MED dementia
de•men•te ◇ *adj.* insane, demented ◇ *m.f.* insane person, lunatic
de•mo•cra•cia *f.* democracy
de•mó•cra•ta ◇ *adj.* democratic ◇ *m.f.* democrat
de•mo•crá•ti•co, a *adj.* democratic
de•mo•cra•ti•zar [04] *tr.* to make democratic
de•mo•grá•fi•co, a *adj.* demographic
de•mo•le•dor, •ra ◇ *adj.* demolishing, destructive; [arruinador] devastating ◇ *m.f.* demolisher, wrecker
de•mo•ler [78] *tr.* to demolish, destroy
de•mo•li•ción *f.* demolition, destruction
de•mo•nio ◇ *m.* [diablo] demon, devil; [genio] evil spirit; *coll* [travieso] rascal, mischievous person ▪ **como el ~** like the devil, like hell; **¡que me lleve el ~!** I'll be damned! ◇ *pl.* ▪ **¿cómo ~?** how in the hell ...?; **¡~!** hell!, damn!; **de mil ~** o **todos los ~** a hell of a
de•mo•ra *f.* delay, wait
de•mo•rar *tr.* to delay, hold up; (*intr.*) to linger, stay; AMER [tardar]: **demoraron tres días en hacerlo** it took them three days to do it; **demora una hora para vestirse** it takes her one hour to get dressed; (*reflex.*) to take a long time, delay
de•mos•tra•ción *f.* demonstration; [ostentación] show, display; [prueba] proof
de•mos•trar [19] *tr.* to demonstrate, show
de•mos•tra•ti•vo, a *adj.* & *m.* demonstrative
de•mue•la, lo ▻ **demoler**
de•mues•tre, tro ▻ **demostrar**
de•ne•gar [52] *tr.* [rechazar] to refuse, reject; [negar] to deny
de•nie•go, gue ▻ **denegar**
de•ni•grar *tr.* [desacreditar] to denigrate, disparage; [injuriar] to insult
de•no•da•do, a *adj.* bold, intrepid
de•no•mi•na•ción *f.* denomination
de•no•mi•na•dor, •ra ◇ *adj.* denominating, denominative ◇ *m.f.* denominator
de•no•mi•nar *tr.* to denominate, name
de•no•tar *tr.* to denote
den•si•dad *f.* density
den•so, a *adj.* dense, thick; [sólido] heavy, solid; [oscuro] dark, black
den•ta•do, a ◇ *adj.* dentate, toothed ◇ *m.* perforation; (*f.*) AMER bite
den•ta•du•ra *f.* (set of) teeth
den•tal *adj.* dental
den•tar [49] *intr.* to teethe
den•te•lla•do, a ◇ *adj.* dentate, toothed ◇ *f.* [movimiento] snap of the jaws; [mordisco] bite; [señal] tooth mark
den•te•ra *f.* [envidia] envy, jealousy; [deseo intenso] vehement desire, longing ▪ **dar a alguien ~** [incomodar] to set someone's teeth on edge; [dar envidia] to make someone jealous
den•tí•fri•co *m.* toothpaste
den•tis•ta *m.f.* dentist
den•tis•te•rí•a *f.* ANDES, C RICA & VEN dental surgery
den•tís•ti•ca *f.* ANDES, C RICA & VEN dentistry
den•tro *adv.* inside, within; [de un edificio] inside, indoors ▪ ~ **de poco** shortly, soon; **de** o **desde ~** from (the) inside; **por ~** inwardly, (on the) inside
de•nue•do *m.* bravery, courage
de•nues•te, to ▻ **denostar**
de•nun•cia *f.* accusation, denunciation; [declaración] declaration, report
de•nun•cia•dor, •ra/cian•te ◇ *adj.* denouncing ◇ *m.f.* denouncer
de•nun•ciar *tr.* to accuse, denounce; [pronosticar] to foretell, prophesy; [declarar] to declare, announce; [indicar] to indicate, reveal; [delatar] to denounce, censure
de•pa•rar *tr.* to supply, provide
de•par•ta•men•to *m.* department, section; [distrito] province, district; [compartimiento] compartment; [piso] apartment, flat GB
de•par•tir *intr.* to talk, converse
de•pen•den•cia ◇ *f.* dependence, reliance; [parentesco] relationship, kinship; [amistad] friendship, relationship; [sucursal] branch (office); [negocio] business, agency; [empleados] employees, subordinates ◇ *pl.* accessories
de•pen•der *intr.* to depend (**de** on)
de•pen•dien•te, a ◇ *adj.* dependent, subordinate ◇ *m.f.* [empleado] employee; [de tienda] clerk, salesperson

de•pi•la•ción *f.* depilation
de•pi•lar *tr.* to depilate, remove hair from
de•plo•rar *tr.* to deplore, lament
de•po•ner [54] *tr.* [apartar] to lay o put aside; [privar] to depose; LAW to testify, provide testimony for; [bajar] to lower, bring o take down; (*intr.*) [defecar] to defecate, move the bowels; [dar. testimonio] to testify, make a deposition
de•por•ta•ción *f.* deportation
de•por•tar *tr.* to deport, exile
de•por•te *m.* sport ▪ ~ **de aventura** adventure sport; ~ **extremo** extreme sport; ~ **de invierno** winter sport; ~ **de masas** spectator sport; ~ **de riesgo** extreme sport
de•por•tis•ta ◇ *adj.* sporting, sporty; *coll* [aficionado] fond of sports ◇ *m.f.* sportsman/woman
de•por•ti•vo, a *adj.* sporting, sports; [aficionado] sportive, fond of sports
de•po•si•ción *f.* deposition; LAW deposition, testimony; PHYSIOL bowel movement
de•po•si•tar *tr.* to deposit; [encomendar] to place; (*reflex.*) to settle
de•po•si•ta•rio, a *m.f.* depositary, trustee; (*m.*) [cajero] cashier; [tesorero] treasurer
de•pó•si•to *m.* deposit; [almacén] warehouse, storehouse; [cisterna] cistern, tank; [desembolso inicial] deposit, down payment; CHEM, GEOL & MIN deposit; MIL depot, dump
de•pra•va•ción *f.* corruption, depravity; [alteración] alteration
de•pra•va•do, a ◇ *adj.* depraved, corrupted ◇ *m.f.* depraved person, degenerate
de•pra•var *tr.* to deprave, corrupt; [echar a perder] to harm, damage
de•pre•car [70] *tr.* to beg, implore
de•pre•cia•ción *f.* depreciation
de•pre•ciar *tr.* to depreciate
de•pre•dar *tr.* to plunder, pillage
de•pre•sión *f.* depression; [en superficie, terreno] hollow, depression
de•pre•si•vo, a *adj.* MED depressive; [deprimente] depressing
de•pri•men•te *adj.* depressing
de•pri•mi•do, a *adj.* depressed
de•pri•mir *tr.* to depress; (*reflex.*) to get depressed
de•pu•ra•ción *f.* depuration, purification; POL purge, purging
de•pu•ra•dor *m.* COMPUT debugger
de•pu•rar *tr.* to depurate, purify; POL to purge; COMPUT to debug
de•pu•sie•ra, so ▻ **deponer**
de•re•chis•ta *adj.* & *m.f.* rightist
de•re•cho, a ◇ *adj.* right, right-hand; **el margen** ~ the right-hand margin; [vertical] upright, erect; [recto] straight, even; AMER lucky, fortunate ▪ **a derechas** right, properly ◇ *f.* [lado derecho] right side, right-hand side; [diestra] right hand; POL right, right wing ▪ **a la** ~ to o on the right; **¡~!** MIL right face!; (*m.*) right, authority; [privilegio] right, privilege; [conjunto de leyes] law; [justicia] justice; [estudio] law ▪ **de** ~ LAW de jure, by right; ~ **consuetudinario** common law; ~ **de paso** right of way; ~ **escrito** o **positivo** statute law; ~ **mercantil** business law; ~ **penal** criminal law; **hecho y** ~ complete, full; **tener** ~ **a** to have a right to ◇ *pl.* [impuestos] duties, taxes; [honorarios] fees, charges ▪ ~ **de autor** royalties; ~ **de entrada** import duties; **hacer valer sus** ~ to exercise one's rights ◇ *adv.* straight, right; *coll* right, honestly ▪ **todo** ~ straight ahead
de•ri•va *f.* drift, deviation ▪ **ir a la** ~ to drift
de•ri•va•ción *f.* derivation; ELEC [pérdida] loss of current; [circuito] by-pass, shunt
de•ri•va•do, a ◇ *adj.* derived, derivative ◇ *m.* derivative; (*f.*) MATH derivative
de•ri•var *tr.* to derive; [dirigir] to lead, direct; (*intr.*) to derive, be derived; AVIA & MARIT to drift, go off course; (*reflex.*) to be derived o come from
der•ma•to•lo•gí•a *f.* dermatology
der•ma•tó•lo•go, a *m.f.* dermatologist
der•mis *f.* derma, dermis
der•mo•pro•tec•tor *m.* skin-protector
de•ro•ga•ción *f.* LAW derogation, repeal; [disminución] decrease, deterioration
de•ro•gar [47] *tr.* LAW to derogate, repeal; [destruir] to destroy, abolish
de•rra•ma•mien•to *m.* spilling; [rebosamiento] overflowing; [dispersión] dispersion, scattering; [despilfarro] squandering, wasting ▪ ~ **de sangre** bloodshed, spilling of blood
de•rra•mar *tr.* [verter] to spill, pour out; [sangre] to spill, shed; [lágrimas] to shed; [dispersar] to scatter, spread; [diseminar] to spread, make known; [impuestos] to apportion; (*reflex.*) to overflow, spill over
de•rra•me *m.* [derramamiento] spilling, pouring out; [de sangre] spilling, shedding; [de lágrimas] shedding; [dispersión] scattering, spreading; [diseminación] spreading, dissemination; [pérdida] leakage, waste; [rebosamiento] overflow; [declive] slope, incline ▪ ~ **cerebral** cerebral hemorrhage; ~ **sinovial** MED water on the knee
de•rre•dor *m.* periphery, circumference ▪ **al** o **en** ~ around; **por todo el** ~ all around
de•rre•tir [48] *tr.* to liquefy, dissolve; [hielo] to melt, thaw; [consumir] to squander, waste; (*reflex.*) *coll* [enamorarse] to fall madly in love; [inquietarse] to worry, fret; [impacientarse] to be impatient
de•rri•bar *tr.* to knock down; [subvertir] to overthrow, topple; MIL to shoot down; [humillar] to humiliate, prostrate; (*reflex.*) to fall to the ground
de•rri•ta, to, tie•ra, tió ▻ **derretir**
de•rro•car [70] *tr.* [despeñar] to hurl o throw down; [arruinar] to demolish, knock down; [subvertir] to oust, overthrow
de•rro•cha•dor, •ra ◇ *adj.* wasteful, squandering ◇ *m.f.* spendthrift, squanderer
de•rro•char *tr.* to squander, waste
de•rro•che *m.* squandering, waste
de•rro•ta *f.* MIL defeat, rout; [camino] route, path; MARIT ship's course, tack; [desorden] disorder, shambles
de•rro•tar *tr.* to defeat, beat; [arruinar] to ruin, spoil; [echar a perder] to waste, squander; (*reflex.*) MARIT to drift o be driven off course
de•rro•te•ro *m.* [rumbo] course, tack; [modo de obrar] course, plan of action; [tesoro] hidden o buried treasure
de•rro•tis•ta *adj.* & *m.f.* defeatist
de•rruir [18] *tr.* to knock down, demolish
de•rrum•ba•mien•to *m.* [caída] plunge, headlong

fall; [demolición] demolition; [desplome] collapse, falling down; [ruina] collapse, fall; [derrocamiento] overthrow; MIN to cave in ■ ~ **de tierra** landslide
de•rrum•bar *tr.* [despeñar] to hurl o cast down; [demoler] to knock down, demolish; (*reflex.*) [caerse] to collapse, fall; [tirarse] to throw oneself headfirst; MIN to cave in, collapse; AMER to fail
de•rrum•be/bo *m.* [despeñadero] precipice, cliff; [socavón] cave-in; [de tierra] landslide; [demolición] demolition, knocking down; [desplome] falling down, collapse
de•rru•ya, ye•ra, yo, yó ▷ **derruir**
de•sa•bo•to•nar *tr.* to unbutton, undo; (*intr.*) BOT to blossom, bloom; (*reflex.*) to come unbuttoned
de•sa•bri•gar [47] *tr.* to uncover; [quitar la ropa a] to undress; [desamparar] to deprive of shelter o protection
de•sa•bro•char *tr.* to undo, unfasten; *fig* to open, uncover; (*reflex.*) to undo o unfasten one's clothing; [confiarse] to unburden oneself, confide
de•sa•ca•tar *tr.* to show disrespect for; (*reflex.*) to behave disrespectfully
de•sa•ca•to *m.* disrespect, irreverence; LAW contempt
de•sa•cer•ta•do, a *adj.* mistaken, misguided
de•sa•cier•to *m.* error, mistake
de•sa•co•plar *tr.* to uncouple, disconnect
de•sa•cos•tum•bra•do, a *adj.* unusual, uncommon
de•sa•cos•tum•brar *tr.* & *reflex.* to break (oneself) of the habit (of)
de•sa•cre•di•ta•do, a *adj.* discredited, disgraced
de•sa•cre•di•tar *tr.* to discredit, disgrace
de•sac•ti•var *tr.* to deactivate
de•sa•cuer•do *m.* disagreement, discord; [error] error, mistake; [olvido] forgetfulness, loss of memory
de•sa•fia•dor, •ra ◊ *adj.* defying, challenging ◊ *m.f.* challenger
de•sa•fiar [30] *tr.* to challenge, dare; [competir] to oppose, compete with
de•sa•fi•nar *intr.* MUS to be out of tune; [tocar] to play out of tune; [cantar] to sing out of tune; *coll* to speak out of turn; (*reflex.*) MUS to get out of tune
de•sa•fí•o *m.* [reto] challenge, defiance; [duelo] duel; [competencia] competition, rivalry
de•sa•for•tu•na•do, a *adj.* unfortunate
de•sa•fue•ro *m.* infringement; [abuso] outrage, excess
de•sa•gra•da•ble *adj.* disagreeable
de•sa•gra•dar *tr.* to displease, offend
de•sa•gra•de•cer [17] *tr.* to be ungrateful
de•sa•gra•de•ci•do, a *adj.* & *m.f.* ungrateful (person)
de•sa•gra•do *m.* displeasure, discontent ■ **con** ~ ungraciously, reluctantly
de•sa•gra•vio *m.* compensation, amends ■ **en** ~ **de** in amends for
de•sa•guar [10] *tr.* to drain, empty of water; [malgastar] to waste, consume; (*intr.*) to empty o flow into the sea; (*reflex.*) [vomitar] to vomit; [defecar] to defecate
de•sa•güe *m.* [avenamiento] draining, drainage; [desaguadero] drain, outlet
de•sa•ho•ga•do, a *adj.* [descarado] brazen, fresh; [despejado] clear, open; [espacioso] roomy, spacious; [acomodado] relaxing, easy
de•sa•ho•gar [47] *tr.* [aliviar] to alleviate, ease; [dar rienda suelta a] to vent, give rein to; (*reflex.*) [dar rienda suelta] to let off steam; [confiarse] to confide; [descansar] to relax, take it easy; [recobrarse] to recover, feel better
de•sa•ho•go *m.* [alivio] relief, alleviation; [descanso] rest, respite; [expansión] space, room; [comodidad] comfort, ease; [descaro] impudence; [salida] outlet
de•sa•hu•ciar *tr.* [inquilino] to evict ■ ~ **a alguien** [enfermo] to give up all hope of saving someone
de•sai•rar *tr.* to reject, rebuff; [desestimar] to underestimate
de•sai•re *m.* [falta de gracia] gracelessness, lack of charm; [desprecio] slight, snub; [rechazo] rebuff
de•sa•jus•tar *tr.* to disturb, put out of order; [estropear] to spoil, upset; (*reflex.*) to go wrong, get out of order; [compromiso] to break
de•sa•jus•te *m.* [mal ajuste] maladjustment; [avería] breakdown, failure; [ruptura] breaking
de•sa•len•tar [49] *tr.* to leave breathless, put out of breath; [desanimar] to discourage, dishearten; (*reflex.*) to become discouraged o disheartened
de•sa•lien•to *m.* discouragement
de•sa•li•ni•za•do•ra *f.* desalination plant
de•sa•li•ña•do, a *adj.* [desaseado] slovenly, untidy; [descuidado] careless, neglectful
de•sa•li•ño *m.* [descompostura] slovenliness, untidiness; [descuido] carelessness, neglect
de•sal•ma•do, a *adj.* heartless, cruel
de•sa•lo•jar *tr.* [sacar] to remove, expel; [desplazar] to dislodge, displace; [abandonar] to abandon, evacuate; (*intr.*) to leave
de•sa•lo•jo *m.* removal, expulsion; [desplazamiento] dislodgment, displacement; [abandonamiento] abandonment, evacuation
de•sa•mor *m.* indifference, lack of affection; [antipatía] enmity, dislike
de•sam•pa•rar *tr.* to forsake, abandon
de•sam•pa•ro *m.* helplessness, abandonment
de•san•dar [05] *tr.* to retrace (one's steps), go back
de•san•grar *tr.* to bleed; [vaciar] to drain, empty; [empobrecer] to impoverish, bleed dry; (*reflex.*) to bleed profusely; [morir] to bleed to death
de•sa•ni•ma•do, a *adj.* downhearted, discouraged; [poco animado] dull, lifeless
de•sa•ni•mar *tr.* to discourage, depress; (*reflex.*) to become discouraged o depressed
de•sá•ni•mo *m.* discouragement, dejection
de•sa•nu•dar/ñu•dar *tr.* to untie, unknot; [desenmarañar] to straighten out, clarify
de•sa•pa•ci•ble *adj.* unpleasant, disagreeable
de•sa•pa•re•cer [17] *tr.* to make disappear, cause to vanish; (*intr.* & *reflex.*) to disappear, vanish; [disipar] to wear off
de•sa•pa•ri•ción *f.* disappearance, vanishing
de•sa•pa•sio•na•do, a *adj.* dispassionate
de•sa•pe•go *m.* indifference, estrangement; [imparcialidad] impartiality
de•sa•per•ci•bi•do, a *adj.* unprepared, unready; [inadvertido] unnoticed, unseen
de•sa•pre•ciar *tr.* to underestimate
de•sa•pren•si•vo, a *adj.* unscrupulous
de•sa•pro•ba•ción *f.* disapproval
de•sa•pro•bar [19] *tr.* to disapprove (of)

de•sa•pro•ve•char *tr.* to waste, misuse; (*intr.*) to lose ground, go backwards
de•sa•prue•be, bo ▻ **desaprobar**
de•sar•ma•do, a *adj.* [desprovisto] unarmed; [desmontado] in pieces, dismantled
de•sar•ma•dor *m.* MEX screwdriver
de•sar•mar *tr.* to disarm; [desmontar] to take apart, dismantle; [templar] to calm, appease; [encantar] to disarm, charm; (*intr.* & *reflex.*) to disarm; [desmontar] to fall apart o to pieces
de•sar•me *m.* disarmament; [desmontaje] dismantling
de•sa•rrai•ga•do, a *adj.* uprooted, rootless
de•sa•rrai•gar [47] *tr.* to uproot, dig up; [extirpar] to extirpate, eradicate; [desterrar] to banish, expel; (*reflex.*) to become uprooted
de•sa•rrai•go *m.* uprooting; [extirpación] extirpation, eradication; [destierro] banishment, expulsion
de•sa•rre•gla•do, a *adj.* untidy, disorderly; [roto] out of order, broken (down)
de•sa•rre•glar *tr.* to make untidy, mess (up); [estropear] to spoil, upset; [quebrar] to put out of order, break; (*reflex.*) to become untidy o messy; [quebrar] to get out of order, break (down)
de•sa•rre•glo *m.* untidiness, disorder; [de un mecanismo] breakdown, trouble
de•sa•rro•lla•do, a *adj.* developed
de•sa•rro•lla•dor *m.* COMPUT developer ▪ ~ **de software** software developer
de•sa•rro•llar *tr.* [deshacer] to unroll, unfold; [extender] to develop, expand; [explicar] to expound, elaborate; (*reflex.*) [deshacerse] to unroll, unfold; [extenderse] to develop, expand; [tener lugar] to take place; COMPUT to develop
de•sa•rro•llo *m.* [despliegue] unrolling, unfolding; [extensión] development, expansion; [explicación] exposition, elaboration; [de los sucesos] development, course ▪ ~ **sostenible** sustainable development
de•sar•ti•cu•lar *tr.* to dislocate, throw out of joint; [desmontar] to disassemble, take apart; (*reflex.*) to become dislocated o out of joint
de•sa•se•a•do, a *adj.* & *m.f.* [sucio] dirty (person); [desarreglado] messy (person)
de•sa•se•ar *tr.* [ensuciar] to dirty, soil; [poner en desorden] to mess up, disorder
de•sa•se•o *m.* [suciedad] dirtiness, uncleanliness; [desarreglo] untidiness, messiness
de•sa•sir [08] *tr.* to release, let go; (*reflex.*) to yield, give up
de•sa•so•ciar *tr.* to dissociate, separate
de•sa•so•sie•go *m.* uneasiness, restlessness
de•sas•tre *m.* disaster, catastrophe ▪ ~ **aéreo** air disaster; ~ **ecológico** ecological disaster
de•sas•tro•so, a *adj.* disastrous, catastrophic
de•sa•tar *tr.* to untie, undo; [soltar] to unleash, let go; [aclarar] to unravel, solve; (*reflex.*) to come untied o undone; [soltarse] to break away o loose; [hablar] to chatter, babble; [descomedirse] to be rude, let oneself go; [perder el encogimiento] to loosen up ▪ ~ **de** to get out of, rid oneself of
de•sa•tas•car [70] *tr.* to pull out of the mud; [tubería] to unblock; (*reflex.*) to get out of the mud
de•sa•ten•der [50] *tr.* [no hacer caso a] to neglect; [no prestar atención a] to ignore, disregard
de•sa•ten•to, a ◇ *adj.* inattentive; [descortés] discourteous, impolite ◇ *m.f.* impolite person
de•sa•ti•na•do, a ◇ *adj.* foolish, silly; [imprudente] rash, reckless ◇ *m.f.* fool
de•sa•ti•no *m.* nonsense, foolishness; [acción] silly o foolish act
de•sa•tran•car [70] *tr.* [la puerta] to unbar, unbolt; [desatrampar] to clear, unblock
de•sau•to•ri•za•do, a *adj.* unauthorized
de•sau•to•ri•zar [04] *tr.* to deprive of authority; [desmentir] to deny; [prohibir] to prohibit
de•sa•ve•nen•cia *f.* discord, enmity
de•sa•yu•nar *intr.* to have breakfast, breakfast; (*reflex.*) to have breakfast, breakfast; *fig* to receive the first news of; (*tr.*) to breakfast on, have for breakfast
de•sa•yu•no *m.* breakfast
de•sa•zón *f.* tastelessness, insipidity; [disgusto] annoyance, irritation; [desasosiego] anxiety, uneasiness; MED upset, discomfort
des•ban•car [70] *tr.* [en juegos] to take the bank from; *fig* to supplant, replace
des•ban•dar•se *reflex.* to disband; [dispersarse] to disperse, scatter
des•ba•ra•jus•te *m.* confusion, disorder
des•ba•ra•ta•do, a ◇ *adj.* [desordenado] wild, unruly; [roto] wrecked, broken down ◇ *m.f.* ruin, wreck; *coll* libertine, debauchee
des•ba•ra•tar *tr.* to ruin, wreck; [malgastar] to squander, waste; [estorbar] to hinder, frustrate; MECH to break, put out of order; MIL to rout, throw into confusion; (*intr.*) to talk o act wildly; (*reflex.*) to talk o act wildly; MECH to break down, fall apart
des•blo•que•ar *tr.* to unlock
des•bo•ca•do, a ◇ *adj.* [roto] chipped; [mellado] nicked, damaged; [malhablado] foul-mouthed; S AMER overflowing ◇ *m.f.* *coll* foul mouth
des•bo•ca•mien•to *m.* bolting (of a horse); [injurias] insults, abuse
des•bo•car [70] *tr.* [astillar] to chip; [mellar] to nick; (*intr.*) [dirigir a] to lead o open into; [desembocar] to flow o empty into; (*reflex.*) EQUIT to bolt, run away; [injuriar] to start to swear
des•bor•da•mien•to *m.* [inundación] overflowing, running over; [de cólera] outburst
des•bor•dar *intr.* [derramarse] to overflow, run over; [rebosar] to burst o brim with; (*reflex.*) [derramarse] to overflow, run over; [rebosar] to burst o brim with; [desmandarse] to lose one's self-control; (*tr.*) to pass, go beyond
des•ca•be•lla•do, a *adj.* wild, crazy
des•ca•be•zar [04] *tr.* [decapitar] to behead, decapitate; [desmochar] to top, cut the top of; [vencer] to get over the worst of, surmount ▪ ~ **el sueño** to take a nap, doze; (*intr.*) to abut, border on; (*reflex.*) *coll* to rack one's brains
des•ca•fei•na•do, a *adj.* & *m.* decaffeinated (coffee)
des•ca•la•bro *m.* setback, misfortune; MIL defeat
des•ca•li•fi•ca•ción *f.* disqualification; [descrédito] discredit
des•ca•li•fi•car [70] *tr.* to disqualify
des•cal•zar [04] *tr.* to take off; [quitar un calzo] to remove a wedge o block from; [socavar] to dig under, undermine; (*reflex.*) to take off shoes; [un caballo] to lose a shoe

D

des•cal•zo, a *adj.* barefoot(ed), shoeless; [pobre] destitute, poor
des•cam•pa•do, a <> *adj.* open, clear <> *m.* open field ▪ **en** ~ in the open country
des•cam•par *intr.* to clear up (weather)
des•can•ga•lla•do, a *adj. coll* AMER shabby
des•can•sa•do, a *adj.* [tranquilo] restful, tranquil; [refrescado] rested, relaxed
des•can•sar *intr.* to rest, take a rest; [calmarse] to relax; [reposar] to repose, lie down; [basarse] to be based on; [apoyarse] to rest o lean on; [yacer] to lie, rest; (*tr.*) to rest, give rest to; [ayudar] to help, aid; [apoyar] to rest o lean (something) on; (***reflex.***) to rest, take a rest ▪ ~ **en** to rely on, have trust in
des•can•so *m.* rest, repose; [alivio] relief; [periodo] break; [licencia] leave; SPORT half time; THEAT intermission; ARCHIT landing
des•ca•po•ta•ble *adj.* & *m.* convertible
des•ca•ra•do, a *adj.* & *m.f.* shameless (person)
des•car•ga *f.* unloading; ARM discharge, firing; ELEC discharge; COMPUT download
des•car•ga•ble *adj.* COMPUT downloadable
des•car•ga•de•ro *m.* pier, unloading dock
des•car•gar [47] *tr.* to unload; [disparar] to discharge, shoot; [extraer la carga de] to unload, disarm; ELEC to discharge; [golpear] to deal; [liberar] to release, free; [aliviar] to ease, relieve; [absolver] to acquit, clear; COMPUT to download; (*intr.*) to flow, empty; (***reflex.***) [dimitir] to resign, quit; [eximirse] to unburden oneself; [exonerarse] to clear oneself
des•car•go *m.* unloading; COM entry; [excusa] excuse; [dispensa] release
des•car•nar *tr.* DENT to scrape flesh from; [desmoronar] to wear o eat away; [desapegar] to disembody; (***reflex.***) to wear away, be eaten away
des•ca•ro *m.* shamelessness, brazenness
des•ca•rriar [30] *tr.* to misdirect, send the wrong way; [un animal] to separate from the herd; [apartar de la razón] to lead astray; (***reflex.***) [desviarse] to stray, get lost; [apartarse de la razón] to err, go astray
des•ca•rri•la•mien•to *m.* RAIL derailment; [descarrío] act of going astray
des•ca•rri•lar *intr.* to be derailed, jump the track; [una persona] to get off the track
des•car•tar *tr.* to discard, put aside; (***reflex.***) to discard ▪ ~ **de** to excuse oneself from
des•car•te *m.* discard; [excusa] excuse
des•cen•den•cia *f.* [hijos] descendants, offspring; [linaje] descent, origin
des•cen•der [50] *intr.* to descend, go down; [proceder] to descend o be descended from; [un líquido] to run o flow down; [de nivel] to drop, fall; [derivar] to derive o come from; (*tr.*) [bajar] to descend, go down; [bajar una cosa] to lower, bring down
des•cen•dien•te <> *adj.* descending <> *m.f.* descendant, offspring
des•cen•so *m.* descent, going down; [de nivel] fall, drop; [degradación] demotion; [decaimiento] drop, decline ▪ ~ **de aguas bravas** white water rafting; ~ **de barrancos** canyoning
des•cen•tra•do, a *adj.* off-center
des•cen•tra•li•za•ción *f.* decentralization
des•cen•trar *tr.* to put off center, uncenter; (***reflex.***) to become off center
des•ce•rra•jar *tr.* to force, break open; [descargar] to fire, discharge
des•cha•ve•ta•do, a *adj.* AMER crazy, loony
des•cien•da, do ▻ **descender**
des•ci•frar *tr.* to decipher; [con clave] to decode; [aclarar] to make out
des•co•di•fi•ca•ción *f.* decoding
des•co•di•fi•ca•dor *m.* decoder
des•co•di•fi•car [70] *tr.* to decode
des•col•gar [16] *tr.* [quitar] to take down; [bajar] to lower, let down; [teléfono] to pick up; (***reflex.***) [caer] to come o fall down; [bajarse] to climb o come down; [presentarse] to show up, drop in ▪ ~ **con** to come up with
des•co•lo•rar *tr.* to discolor; [desteñir] to fade; [blanquear] to bleach; (***reflex.***) to be discolored; [desteñirse] to become faded; [quedar blanco] to be bleached; [el pelo] to bleach
des•co•lo•ri•do, a *adj.* discolored; [pálido] pallid, colorless; [desteñido] faded; [blanqueado] whitened, bleached
des•co•lo•rir [38] *tr.* to fade, discolor
des•com•po•ner [54] *tr.* [desordenar] to disarrange, mess up; [pudrir] to decompose, cause to rot; MECH to break, put out of order; [trastornar] to upset, disturb; (***reflex.***) [corromperse] to rot, decompose; MECH to break down; [indisponerse] to feel sick; [irritarse] to become disturbed, get upset
des•com•po•si•ción *f.* decomposition, decay; [desarreglo] disorder, disarrangement
des•com•pos•tu•ra *f.* disorder, disarrangement; [desaseo] slovenliness, messiness; [descaro] impudence, rudeness; MECH breakdown
des•com•pre•sión *f.* decompression
des•com•pri•mir *tr.* to decompress
des•com•pues•to, a ▻ **descomponer** <> *adj.* decomposed, rotten; [desarreglado] slovenly, messy; MECH out of order, broken; [perturbado] upset; [descarado] impudent, rude; S AMER tipsy
des•com•pu•sie•ra, so ▻ **descomponer**
des•co•mu•nal *adj.* [enorme] enormous, huge; [extraordinario] extraordinary
des•co•mu•nal•men•te *adv.* excessively
des•con•cer•tan•te *adj.* disconcerting
des•con•cer•tar [49] *tr.* to disconcert, upset; [descomponer] to put out of order; [desordenar] to disarrange, disrupt; MED to dislocate; (***reflex.***) to be disconcerted; [descomponer] to get out of order; [desavenirse] to fall out, disagree; [descomedirse] to get off the deep end; MED to become dislocated
des•co•nec•tar *tr.* to disconnect; (***reflex.***) to become disconnected
des•con•fia•do, a *adj.* & *m.f.* distrustful, suspicious (person)
des•con•fian•za *f.* distrust, mistrust
des•con•fiar [30] *intr.* to distrust, mistrust
des•con•ge•lar *tr.* [deshelar] to thaw; [la nevera] to defrost; COM to unfreeze
des•con•ges•tio•nar *tr.* to clear
des•co•no•cer [17] *tr.* not to know; [no recordar] not to remember; [no reconocer] not to recognize; [negar] to deny, disavow; [desentenderse] to pretend not to know, ignore
des•co•no•ci•do, a <> *adj.* unknown; [desagradecido]

ungrateful; [muy cambiado] unrecognizable; [extraño] strange, unfamiliar ◇ *m.f.* [extraño] stranger; [recién llegado] newcomer

des•co•no•ci•mien•to *m.* ignorance; [despreocupación] disregard; [ingratitud] ingratitude; [olvido] forgetfulness

des•con•si•de•ra•ción *f.* thoughtlessness

des•con•si•de•ra•do, a *adj.* & *m.f.* inconsiderate, thoughtless (person)

des•con•so•la•do, a *adj.* disconsolate, sad; [el estómago] empty, starved

des•con•sue•lo *m.* grief, distress; [del estómago] empty feeling

des•con•ta•mi•nar *tr.* to decontaminate

des•con•tar [19] *tr.* [quitar] to deduct, take away; [rebajar] to disregard, discount; [dar por cierto] to take for granted, assume; COM to discount

des•con•ten•tar *tr.* to discontent, displease; (*reflex.*) to become discontented o displeased

des•con•ten•to, a ◇ *adj.* discontented, dissatisfied ◇ *m.* discontent, dissatisfaction

des•co•ra•zo•nar *tr.* to tear out the heart of; *fig* to discourage, dishearten; (*reflex.*) to lose heart, become discouraged

des•cor•char *tr.* to uncork

des•co•rrer *tr.* to run back over (ground already covered); [cortinas] to draw back, open; (*intr.* & *reflex.*) to flow

des•cor•tés *adj.* & *m.f.* discourteous, rude (person)

des•cor•te•sí•a *f.* discourtesy, rudeness

des•co•ser *tr.* SEW to unstitch, rip; (*reflex.*) SEW to come unstitched, rip ▪ **no ~ los labios** to keep one's lips sealed

des•co•si•do, a *adj.* SEW unstitched, ripped; [indiscreto] indiscreet, talkative; [desordenado] disorderly, chaotic; [excesivo] immoderate, excessive

des•co•yun•tar *tr.* MED to dislocate; *fig* to bother, annoy; (*reflex.*) MED to become dislocated

des•cré•di•to *m.* discredit, disrepute

des•cre•í•do, a ◇ *adj.* disbelieving, incredulous ◇ *m.f.* disbeliever; RELIG nonbeliever, infidel

des•cri•bir [80] *tr.* to describe; [trazar] to trace, describe

des•crip•ción *f.* description

des•cri(p)•to, a ▷ **describir**

des•cuar•ti•zar [04] *tr.* to quarter, cut up

des•cu•bier•to, a ▷ **descubrir** ◇ *adj.* uncovered, exposed; [yermo] bare, barren; [sin sombrero] bareheaded, without a hat ▪ **a ~** uncovered; COM unbacked; **al ~** COM short; *fig* openly, in the open; **estar en ~** COM to be overdrawn; *fig* to be at a loss for words; **girar en ~** COM to overdraw ◇ *m.* COM deficit, shortage

des•cu•bri•dor, •ra ◇ *adj.* discovering, exploring ◇ *m.f.* [explorador] discoverer, explorer; (*m.*) MIL scout

des•cu•bri•mien•to *m.* discovery; [revelación] disclosure, revelation

des•cu•brir [80] *tr.* to discover; [revelar] to reveal, uncover; [alcanzar a ver] to be able to see, make out; [enterarse] to find out; MIL to reconnoiter; (*reflex.*) [el sombrero] to take off o remove one's hat; [dejarse ver] to reveal oneself, show oneself

des•cuel•go, gue ▷ **descolgar**

des•cue•lle, llo ▷ **descollar**

des•cuen•te, to ▷ **descontar**

des•cuen•to *m.* discount, reduction; [acción de descontar] deduction

des•cue•rar *tr.* AMER to skin, flay; [criticar] to criticize, tear apart

des•cui•da•do, a ◇ *adj.* [negligente] careless; [desaliñado] untidy, slovenly; [desprevenido] unprepared, off guard; [abandonado] neglected, abandoned; [despreocupado] carefree, easygoing ◇ *m.f.* [negligente] careless person; [desaliñado] sloppy person, slob

des•cui•dar *tr.* [no cuidar] to neglect, forget; [distraer] to distract; [libertar] to relieve, free of an obligation; (*intr.*) not to worry; (*reflex.*) to be careless; [desaliñarse] to neglect oneself, not take care of oneself

des•cui•do *m.* carelessness, negligence; [olvido] forgetfulness; [desaliño] untidiness, slovenliness; [desatención] slip, oversight; [falta] error, mistake ▪ **al ~** nonchalantly, casually; **en un ~** AMER when least expected

des•de *prep.* from, since ▪ **~ hace** for; **no lo hemos visto ~ hace un año** we have not seen him for a year; **~ luego** of course; **~ que** since; **~ ya** AMER right now

des•de•cir [11] *intr.* ▪ **~ de** not to live up to, to fall short of; [venir a menos] to degenerate, decline; (*reflex.*) ▪ **~ de** to retract, withdraw

des•dén *m.* disdain, scorn ▪ **al ~** nonchalantly

des•de•ña•ble *adj.* despicable, contemptible

des•de•ñar *tr.* to disdain, scorn; (*reflex.*) to be disdainful ▪ **~ de** not to deign to

des•di•bu•jar•se *reflex.* to become blurred

des•di•ce ▷ **desdecir**

des•di•cha *f.* [desgracia] misfortune; [pobreza] poverty, misery ▪ **por ~** unfortunately

des•di•cha•do, a ◇ *adj.* [desgraciado] unfortunate, pitiful; [infeliz] unhappy, wretched ◇ *m.f.* wretch

des•di•ga, go, je•ra, jo ▷ **desdecir**

des•do•bla•mien•to *m.* [extensión] unfolding, spreading out; [fraccionamiento] splitting, breaking down; [aclaración] explanation, elucidation ▪ **~ de la personalidad** split personality

des•do•blar *tr.* [extender] to unfold, spread out; [separar] to split, break down

de•se•ar *tr.* to wish, desire

de•se•car [70] *tr.* to dry, desiccate; [volver insensible] to dry up, harden

de•se•char *tr.* [rechazar] to reject, decline; [renunciar] to refuse, turn down; [apartar] to cast aside, get rid of; [menospreciar] to underrate, undervalue

de•se•cho *m.* residue; [desperdicio] waste, rubbish; [lo peor] scum, dregs; [metal] scrap

de•sem•ba•lar *tr.* to unpack

de•sem•ba•ra•zar [04] *tr.* to clear, rid of obstacles; AMER to give birth to; (*reflex.*) to free oneself, get rid (of)

de•sem•bar•ca•de•ro *m.* pier, wharf

de•sem•bar•car [70] *tr.* to disembark, unload; (*intr.*) to disembark, go ashore; AMER [de autobús, tren] to get off

de•sem•bar•co *m.* landing, disembarkation; MIL landing; [escalera] landing

de•sem•bar•gar [47] *tr.* to clear, remove obstacles from

de•sem•bar•que *m.* [de mercancías] debarkation, unloading; [de pasajeros] disembarkation, landing

de•sem•bo•ca•du•ra *f.* outlet

de•sem•bo•car [70] *intr.* [río] to flow, run; [calle] to lead to, run
de•sem•bol•sar *tr.* to take out of a purse o bag; [pagar] to disburse, pay
de•sem•bol•so *m.* [pago] disbursement, payment; [gasto] expenditure, outlay
de•sem•bra•gar [47] *tr.* MECH to disengage (gears)
de•sem•bu•char *tr.* ORNITH to disgorge; *coll* [revelar] to tell, reveal
de•sem•pa•car [70] *tr.* to unpack, unwrap
de•sem•pa•cho *m.* ease, self-confidence
de•sem•pa•ñar *tr.* [un cristal] to clean, polish; [un niño] to unswaddle
de•sem•pa•que *m.* unpacking
de•sem•pa•que•tar *tr.* to unpack, unwrap
de•sem•pa•tar *tr.* to break a tie between
de•sem•pe•ñar *tr.* [joyas] to redeem; [función, misión] to fulfill, carry out; [sacar de apuros a] to get (someone) out of trouble; THEAT to play (a part); (*reflex.*) [pagar] to get oneself out of debt; [sacarse de apuro] to get oneself out of trouble
de•sem•pe•ño *m.* [de joya] redemption, redeeming; [de deudas] freeing from debt; [cumplimiento] fulfillment; THEAT performance
de•sem•ple•a•do, a *adj.* & *m.f.* unemployed (person)
de•sem•ple•o *m.* unemployment
de•sen•ca•de•na•mien•to *m.* unchaining; [de sucesos] unfolding
de•sen•ca•de•nar *tr.* to unchain, unfetter; [liberar] to free, unleash; [incitar] to start, incite; (*reflex.*) to break loose; [sucesos] to unfold
de•sen•ca•jar *tr.* MED to dislocate; [desconectar] to disconnect; [sacar] to remove, take out; (*reflex.*) to become distorted o contorted; [deshacerse] to fall apart, become disconnected
de•sen•ca•mi•nar *tr.* to lead astray, misdirect
de•sen•can•tar *tr.* to disenchant, disillusion
de•sen•can•to *m.* disenchantment
de•sen•chu•far *tr.* to unplug, disconnect
de•sen•co•ger [34] *tr.* [extender] to stretch o spread out; [desdoblar] to unfold; (*reflex.*) to come out of one's shell
de•sen•co•nar *tr.* MED to relieve the inflammation of; [desahogar] to soothe, pacify; (*reflex.*) to calm down, cool off
de•sen•fa•da•do, a *adj.* [desenvuelto] confident, self-assured; [despreocupado] carefree, uninhibited; [espacioso] spacious, ample
de•sen•fa•dar *tr.* to soothe, pacify; (*reflex.*) to calm down, cool off
de•sen•fa•do *m.* [desenvoltura] confidence, self-assurance; [facilidad] ease, naturalness
de•sen•fre•nar *tr.* to unbridle; (*reflex.*) to surrender oneself, give oneself over; [las pasiones] to break loose, be unleashed; [una tempestad] to break, burst
de•sen•fre•no *m.* wantonness, licentiousness
de•sen•fun•dar *tr.* to unsheath
de•sen•gan•char *tr.* to unhook, unfasten; [caballerías] to unhitch, unharness
de•sen•ga•ña•do, a *adj.* disillusioned
de•sen•ga•ñar *tr.* to disillusion; (*reflex.*) to become disillusioned
de•sen•ga•ño *m.* disillusionment; [comprensión] enlightenment
de•sen•gra•nar *tr.* MECH to disengage
de•sen•gra•sar *tr.* to remove the grease from; (*intr.*) [enflaquecer] to lose weight, grow slim; [variar el trabajo] to change jobs
de•sen•la•ce *m.* untying, unfastening; LIT dénouement, ending; [resultado] result, outcome
de•sen•la•zar [04] *tr.* to unfasten, untie; [resolver] to clear up, resolve; LIT to unravel; (*reflex.*) to become untied o loose; LIT to reach a dénouement
des•en•ma•ra•ñar *tr.* to untangle, unravel
des•en•mas•ca•rar *tr.* [quitar la máscara a] to unmask; [descubrir] to reveal, expose
de•se•no•jo *m.* calm, calmness (after anger)
de•sen•re•dar *tr.* to disentangle, unravel; [poner en orden] to put in order, straighten out; (*reflex.*) to extricate oneself
de•sen•re•do *m.* disentangling, disentanglement; [aclaración] putting in order, straightening out; LIT dénouement, ending
de•sen•ro•llar *tr.* to unroll, unwind
de•sen•si•bi•li•zar [04] *tr.* to desensitize
de•sen•si•llar *tr.* to unsaddle
de•sen•ta•blar *tr.* [desarreglar] to disarrange, disturb; [deshacer] to break up
de•sen•ten•der•se [50] *reflex.* to feign ignorance, pretend not to know ■ ~ **de** to take no part in, have nothing to do with
de•sen•te•rrar [49] *tr.* to unearth, dig up; *coll* to dig up, recall
de•sen•to•nar *tr.* to humiliate, humble; (*intr.*) MUS to be out of tune; *fig* to clash, not to match; (*reflex.*) to be rude o insolent
de•sen•to•no *m.* MUS dissonance; *fig* rude o insolent tone of voice
de•sen•tra•ñar *tr.* to eviscerate, disembowel; [solucionar] to get to the bottom of; (*reflex.*) to give one's all
de•sen•tu•me•cer [17] *tr.* to rid of numbness
de•sen•vai•nar *tr.* [un sable] to draw, unsheathe; [las uñas] to bare (claws); *coll* [sacar a relucir] to uncover, expose
de•sen•vol•tu•ra *f.* [confianza] naturalness, confidence; [elocuencia] eloquence, facility; [desvergüenza] forwardness, brazenness
de•sen•vol•ver [78] *tr.* to unroll, unwrap; [explicar] to develop, expand; [aclarar] to unravel, disentangle; (*reflex.*) to come unrolled o unwrapped; [desempacharse] to become self-assured; [desenredarse] to get oneself out of trouble
de•sen•vol•vi•mien•to *m.* unrolling, unwrapping; [explicación] development, expansion; [desenredo] way out, escape
de•sen•vuel•to, a ▻ **desenvolver** ◇ *adj.* [confiado] natural, confident; [elocuente] eloquent, fluent; [desvergonzado] forward, brazen
de•se•o *m.* desire, wish
de•se•o•so, a *adj.* desirous, anxious
de•se•qui•li•bra•do, a *adj.* & *m.f.* unbalanced (person)
de•se•qui•li•brar *tr.* to throw off balance; (*reflex.*) to lose one's balance; [dementarse] to become mentally unbalanced
de•se•qui•li•brio *m.* lack of equilibrium, imbalance; [de la mente] derangement
de•ser•ción *f.* desertion, abandonment; MIL desertion

de•ser•tar *tr., intr. & reflex.* to desert
de•sér•ti•co, a *adj.* [del desierto] desert; [sin habitantes] deserted, unpopulated
de•ser•tor, •ra *m.f.* deserter
de•ses•pe•ra•ción *f.* despair, desperation; [cólera] anger, exasperation
de•ses•pe•ra•do, a *adj. & m.f.* hopeless, desperate (person) ▪ **a la ~** in desperation, as a last hope
de•ses•pe•ran•te *adj.* [que impacienta] exasperating, infuriating; [descorazonador] discouraging, causing despair
de•ses•pe•ran•za *f.* despair, hopelessness
de•ses•pe•ran•zar [04] *tr.* to deprive of hope, discourage; (*intr. & reflex.*) to despair, lose hope
de•ses•pe•rar *tr.* to drive to despair, discourage; [irritar] to exasperate; (*intr. & reflex.*) to lose hope, despair
de•ses•ta•ti•za•ción *f.* AMER privatization
de•ses•ta•ti•zar *tr.* AMER to privatize, sell off
de•ses•ti•mar *tr.* to reject
des•fa•cha•ta•do, a *adj.* cheeky, insolent
des•fa•cha•tez *f.* cheek, nerve
des•fal•car [70] *tr.* to remove part of; [robar] to embezzle, defalcate
des•fal•co *m.* embezzlement, defalcation
des•fa•lle•cer [17] *tr.* to weaken, debilitate; (*intr.*) to weaken; [desmayarse] to faint, pass out
des•fa•lle•ci•do, a *adj.* faint, dizzy
des•fa•lle•ci•mien•to *m.* weakness, debilitation; MED fainting, swooning
des•fa•sa•do, a *adj.* [persona] out of touch; [libro, moda] out of date; TECH out of phase
des•fa•se *m.* gap ▪ **~ horario** jet lag
des•fa•vo•ra•ble *adj.* unfavorable, adverse
des•fa•vo•re•cer [17] *tr.* to disfavor; [oponer] to oppose, contradict
des•fi•bri•la•dor *m.* defibrillator
des•fi•gu•ra•ción *f.*/**mien•to** *m.* disfiguring, disfigurement; [de objeto] defacement; [de hecho] distortion, misrepresentation; [disfraz] disguise, camouflage
des•fi•gu•rar *tr.* [afear] to disfigure, mar; [deformar] to deform, misshape; [disfrazar] to disguise, camouflage; [desvirtuar] to distort, misrepresent; (*reflex.*) to be disfigured
des•fi•la•de•ro *m.* defile, narrow pass
des•fi•lar *intr.* to parade, march
des•fi•le *m.* march, procession; MIL parade
des•flo•ra•ción *f.*/**mien•to** *m.* deflowering
des•flo•rar *tr.* to strip the flowers from; [ajar] to tarnish, spoil; [desvirgar] to deflower
des•fo•gar [47] *tr.* to vent; [apagar] to slake; [soltar] to vent, give vent to; (*reflex.*) to vent one's anger, let off steam
des•fon•dar *tr.* to knock the bottom out of; (*reflex.*) to have the bottom fall out; [agotarse] to wear oneself out, exhaust oneself
des•frag•men•tar *tr.* COMPUT to defragment
des•ga•jar *tr.* to rip o tear off; (*reflex.*) to come o break off
des•ga•na *f.* lack of appetite; [renuencia] reluctance, unwillingness
des•ga•na•do, a *adj.* without appetite, not hungry; [sin entusiasmo] indifferent, unenthusiastic
des•ga•nar *tr.* to take away (a person's) desire o interest; (*reflex.*) to lose one's appetite; *fig* [cansarse] to get bored, lose interest
des•ga•no *m.* = **desgana**
des•ga•ñi•tar•se *reflex.* to scream loudly
des•gar•ba•do, a *adj.* awkward, ungainly
des•ga•rra•dor, •ra *adj.* bloodcurdling, heartbreaking
des•ga•rrar *tr.* to rip, tear; [expectorar] to spit, expectorate; (*reflex.*) to rip, tear; [apartarse] to break away, go off by oneself
des•gas•tar *tr.* to wear away o down; [debilitar] to weaken; (*reflex.*) [perder fuerza] to become weak o feeble; [agotarse] to wear oneself out
des•gas•te *m.* erosion; [daño] damage, wear; [debilitación] weakening, debilitation
des•glo•se *m.* breakdown; CINEM cutting, editing
des•gra•cia *f.* misfortune, adversity; [accidente] mishap, setback; [pérdida de favor] disgrace, disfavor; [desagrado] displeasure; [falta de gracia] gracelessness, clumsiness ▪ **por ~** unfortunately
des•gra•cia•da•men•te *adv.* unfortunately
des•gra•cia•do, a *adj. & m.f.* unfortunate, unlucky (person); [infeliz] unhappy (person); [desagradable] unpleasant, disagreeable (person); [sinvergüenza] wretched, despicable (person)
des•gra•ciar *tr.* to displease, annoy; [estropear] to ruin, spoil; AMER [seducir] to seduce; (*reflex.*) [perder favor] to lose favor; [estropearse] to be ruined o spoiled; [malograrse] to fail, fall through
des•gra•nar *tr.* to thresh, shell
des•gra•var *tr.* [impuestos] to deduct from one's tax bill; [eximir] to exempt from taxes o duties; [aligerar] to lighten
des•guar•ne•cer [17] *tr.* to remove the trimmings; [desarmar] to dismantle
des•ha•bi•ta•do, a *adj.* uninhabited
des•ha•bi•tar *tr.* to vacate, leave; [despoblar] to depopulate, leave without inhabitants
des•ha•bi•tuar [67] *tr. & reflex.* to break of a habit
des•ha•cer [40] *tr.* to undo; [destruir] to destroy, ruin; [desgastar] to wear out; [dividir] to cut up; [desarmar] to take apart; [disolver] to melt, dissolve; [desconcertar] to break; (*reflex.*) [descomponerse] to fall apart, break; [disolverse] to melt, dissolve; [desaparecer] to vanish, disappear; [inquietarse] to go to pieces, get worked up; [desvivirse] to go out of one's way; [extenuarse] to weaken, become weak ▪ **~ de** to get rid of; **~ en** to dissolve into
des•he•cho, a ▻ **deshacer** ◇ *adj.* undone; [cansado] tired, worn out
des•he•lar [49] *tr. & reflex.* to melt, thaw
des•he•re•da•do, a *adj. & m.f.* disinherited (person); [pobre] poor, underprivileged (person)
des•he•re•dar *tr.* to disinherit
des•hi•cie•ra, hi•ce ▻ **deshacer**
des•hi•dra•ta•ción *f.* dehydration
des•hi•dra•tar *tr.* to dehydrate; (*reflex.*) to become dehydrated
des•hie•le ▻ **deshelar**
des•hie•lo *m.* thawing, defrosting
des•hie•rre, rro ▻ **desherrar**
des•hi•la•char *tr.* to ravel, remove threads from; (*reflex.*) to fray, become frayed

D

des•hi•lar *tr.* to undo, unravel; *fig* to cut to ribbons o pieces; (*intr.*) to get o grow thin; (*reflex.*) to become frayed
des•hil•va•na•do, a *adj.* disjointed, disconnected
des•hil•va•nar *tr.* to remove tacking o basting from
des•hin•char *tr.* to reduce the swelling of; [un balón] to deflate; [la cólera] to give vent to; (*reflex.*) to go down; *coll* to be taken down a peg or two
des•hi•zo ▻ **deshacer**
des•ho•jar *tr.* to defoliate; (*reflex.*) to lose leaves
des•ho•lli•na•dor, •ra ◇ *adj.* nosy, inquisitive ◇ *m.f.* [persona que deshollina] chimney sweep; [escudriñador] busybody, snoop
des•ho•lli•nar *tr.* to sweep chimneys; [escudriñar] to scrutinize, examine closely
des•ho•nes•ti•dad *f.* dishonesty; [indecencia] indecency, impropriety
des•ho•nes•to, a *adj.* dishonest; [indecente] indecent, improper
des•ho•nor *m.* dishonor; [afrenta] insult
des•hon•ra *f.* dishonor
des•hon•rar *tr.* to dishonor, disgrace; [afrentar] to insult, affront
des•hon•ro•so, a *adj.* dishonorable
des•ho•ra *f.* inconvenient time
des•hue•sar *tr.* [carne] to debone; [fruta] to remove the pit from
des•hu•ma•ni•za•ción *f.* dehumanization
des•hu•ma•ni•zar [04] *tr.* to dehumanize
des•hu•me•de•cer [17] *tr.* & *reflex.* to dry out
de•si•dia *f.* [en el trabajo] neglect; [en el aspecto] slovenliness
de•sier•to, a ◇ *adj.* deserted, uninhabited; [desolado] desolate, bleak ◇ *m.* desert
de•sig•na•ción *f.* designation
de•sig•nar *tr.* to design, plan; [nombrar] to designate, appoint; [señalar] to point out; [fijar] to decide on, fix
de•sig•nio *m.* design, plan
de•si•gual *adj.* unequal; [quebrado] uneven; [diferente] different; [injusto] unfair, inequitable; [arduo] arduous, difficult; [inconstante] changeable, inconstant
de•si•gual•dad *f.* inequality, disparity; [aspereza] roughness, ruggedness; [inconstancia] inconstancy, changeableness
de•si•lu•sión *f.* disillusionment
de•si•lu•sio•nar *tr.* to disillusion; (*reflex.*) to become disillusioned
de•si•man•tar *tr.* to demagnetize
de•sin•fec•ción *f.* disinfection
de•sin•fec•tan•te *adj.* & *m.* disinfectant
de•sin•fec•tar *tr.* to disinfect
de•sin•fla•mar *tr.* to reduce inflammation in
de•sin•flar *tr.* to deflate, let air out of; (*reflex.*) to deflate, collapse; *coll* to lose one's nerve
de•sins•ta•lar *tr.* COMPUT to uninstall
de•sin•te•gra•ción *f.* disintegration
de•sin•te•grar *tr.* [disociar] to disintegrate, break up; PHYS to split
de•sin•te•rés *m.* unselfishness
de•sin•te•re•sa•do, a *adj.* disinterested, impartial; [generoso] altruistic, unselfish
de•sin•te•re•sar•se *reflex.* to lose interest, take no interest in
de•sin•to•xi•ca•ción *f.* detoxification
de•sin•to•xi•car [70] *intr.* to detoxify
de•sis•tir *intr.* to desist ▪ ~ **de hacer algo** to give up doing something; ~ **de un derecho** to waive a right
des•la•ve *m.* AMER landslide
des•le•al ◇ *adj.* disloyal ◇ *m.f.* traitor
des•le•al•tad *f.* disloyalty
des•le•ír [58] *tr.* to dissolve, liquefy; [un discurso] to dilute, weaken; (*reflex.*) to dissolve
des•len•gua•do, a *adj.* foul-mouthed
des•lí•a, lí•o, lie•ra, lió ▻ **desleír**
des•liar [30] *tr.* [desatar] to untie, undo; [desenvolver] to unwrap
des•li•gar [47] *tr.* [desatar] to untie, unfasten; [desenredar] to untangle, unravel; [dispensar] to dispense, administer; [absolver] to absolve, exonerate; MUS to pick; (*reflex.*) [desatarse] to become untied o unfastened; [librarse] to extricate oneself, break away
des•lin•dar *tr.* to delimit, mark the boundaries of; [aclarar] to clarify, elucidate
des•liz *m.* slip
des•li•za•mien•to *m.* [desliz] slipping, sliding ▪ ~ **de tierra** landslide
des•li•zar [04] *tr.* to slip, slide; [decir por descuido] to let slip; (*intr.*) to slide, slip; (*reflex.*) to slide, slip; [sobre el agua] to glide; [escaparse] to slip away, escape; *coll* [caerse] to slip; [meter la pata] to slip up
des•lo•mar *tr.* to break the back of; [cansar] to exhaust, wear out; (*reflex.*) to exhaust oneself, wear oneself out
des•lu•ci•do, a *adj.* [sin brillo] tarnished, dull; [sin vida] lackluster, mediocre
des•lu•cir [44] *tr.* [estropear] to spoil, ruin; [quitar el brillo a] to dull, tarnish; [desacreditar] to discredit; (*reflex.*) [perder el brillo] to become dull o tarnished; [desacreditarse] to become discredited
des•lum•bra•dor, •ra/bran•te *adj.* [brillante] dazzling, brilliant; [asombrante] overwhelming
des•lum•bra•mien•to *m.* [ceguera] dazzling, dazzle; [confusión] confusion, bewilderment
des•lum•brar *tr.* [cegar] to dazzle, blind; [confundir] to overwhelm, bewilder
des•lus•tre *m.* [falta de brillo] dullness, lack of shine; [empañadura] tarnishing, dulling; [deshonra] dishonor, disgrace
des•ma•le•zar [04] *tr.* AMER to weed
des•mán *m.* [ultraje] outrage, abuse; [desgracia] misfortune, mishap; ZOOL muskrat
des•man•da•do, a *adj.* disobedient
des•man•dar ◇ *tr.* to countermand, rescind ◇ *reflex.* to go too far, get out of hand
des•ma•no *adv.* ▪ **a** ~ out of reach
des•man•te•la•do, a *adj.* dismantled, disassembled; [mal cuidado] dilapidated, run-down
des•man•te•lar *tr.* [derribar] to knock down, dismantle; [una casa] to vacate, abandon
des•ma•ya•do, a *adj.* unconscious; [un color] dull, wan; [desanimado] discouraged, disheartened; [agotado] weak, worn-out
des•ma•yar *tr.* to make faint, cause to faint; (*intr.*) to lose heart, be discouraged; (*reflex.*) to faint, swoon
des•ma•yo *m.* [síncope] faint, swoon; [estado] unconsciousness; [desánimo] depression, downheartedness; BOT weeping willow

des•me•di•do, a *adj.* [excesivo] excessive, immoderate; [sin límite] boundless, limitless
des•me•jo•rar *tr.* to impair, damage; (*intr.* & *reflex.*) to deteriorate, get worse
des•mem•bra•ción *f.*/**mien•to** *m.* dismemberment; [división] division, breaking up
des•mem•brar *tr.* to dismember
des•me•mo•ria•do, a *adj.* & *m.f.* forgetful, absent-minded (person)
des•me•mo•riar•se *reflex.* to become forgetful, lose one's memory
des•men•tir [65] *tr.* [negar] to deny, refute; [no corresponder] to belie; (*intr.*) to deviate, go out of line; (*reflex.*) to contradict oneself
des•me•nu•zar [04] *tr.* to crumble, break into pieces; [examinar] to examine closely, scrutinize
des•me•re•cer [17] *tr.* to be unworthy o undeserving of; (*intr.*) [decaer] to deteriorate; [ser inferior] to be inferior, compare unfavorably
des•me•re•ci•mien•to *m.* demerit, unworthiness
des•me•su•ra•do, a *adj.* [desmedido] excessive, inordinate; [sin límite] boundless, limitless; [insolente] insolent, impudent
des•me•su•rar *tr.* [desordenar] to put in disorder; [descomponer] to disturb, upset; (*reflex.*) to go too far, forget oneself
des•mien•ta, to ▻ **desmentir**
des•mi•ne•ra•li•za•ción *f.* demineralization
des•min•tie•ra, tió ▻ **desmentir**
des•mol•dar *tr.* to unmold
des•mon•ta•ble ◇ *adj.* detachable ◇ *m.* tire iron
des•mon•tar *tr.* to dismantle, disassemble; [bajar] to dismount; [árboles] to fell, cut down; [terreno] to level; [arma de fuego] to uncock; (*intr.* & *reflex.*) to dismount
des•mo•ra•li•za•ción *f.* demoralization
des•mo•ra•li•za•dor, •ra ◇ *adj.* demoralizing ◇ *m.f.* demoralizer
des•mo•ra•li•zar [04] *tr.* to demoralize; [corromper] to corrupt; (*reflex.*) to become demoralized; [corromperse] to become corrupt o depraved
des•mo•ro•na•mien•to *m.* decay, crumbling
des•mo•ro•nar *tr.* to wear away, erode; (*reflex.*) to crumble, fall to pieces
des•mo•vi•li•za•ción *f.* demobilization
des•mo•vi•li•zar [04] *tr.* to demobilize
des•na•tar *tr.* to skim the cream off; [sacar lo mejor de] to take the cream o the best of
des•na•tu•ra•li•za•do, a *adj.* denaturalized; [corrompido] perverted, corrupted; [malo] cruel, unnatural; CHEM denatured
des•na•tu•ra•li•zar [04] *tr.* to denaturalize; [corromper] to pervert, corrupt; CHEM to denature; (*reflex.*) to become denaturalized
des•ni•vel *m.* unevenness; [depresión] depression, drop; [diferencia] difference, disparity
des•ni•ve•lar *tr.* to make uneven; [desequilibrar] to throw out of balance, unbalance; [una balanza] to tip, tilt
des•nu•car [70] *tr.* to break the neck of; (*reflex.*) to break one's neck
des•nu•dar *tr.* to strip, undress; [descubrir] to lay bare, uncover; ARM to bare, draw; [en el juego] to fleece, clean out ▪ ~ **un santo para vestir a otro** *coll* to rob Peter to pay Paul; (*reflex.*) to get undressed, strip ▪ ~ **de** to free o rid oneself of
des•nu•dez *f.* nudity, nakedness
des•nu•dis•ta *adj.* & *m.f.* nudist
des•nu•do, a ◇ *adj.* undressed; [en cueros] naked, nude; [despojado] stripped, bare; [pobre] dispossessed, destitute; [patente] clear, naked ▪ ~ **de** devoid of, lacking ◇ *m.* ARTS nude
des•nu•tri•ción *f.* malnutrition
de•so•be•de•cer [17] *tr.* to disobey
de•so•be•dien•cia *f.* disobedience
de•so•be•dien•te *adj.* & *m.f.* disobedient (person)
de•so•cu•pa•ción *f.* [desempleo] unemployment; [ociosidad] idleness
de•so•cu•pa•do, a ◇ *adj.* unemployed; [sitio] vacant ◇ *m.f.* [ocioso] idler; [sin empleo] unemployed person
de•so•cu•par *tr.* [una casa] to vacate, move out of; [una vasija] to empty; (*reflex.*) to leave, quit
de•so•do•ran•te ◇ *adj.* deodorizing ◇ *m.* deodorant
de•so•do•ri•zar [04] *tr.* to deodorize
de•so•ír [45] *tr.* to ignore, pay no attention to
de•so•la•ción *f.* desolation
de•so•lar [19] *tr.* to desolate; (*reflex.*) to be grieved, be distressed
de•so•llar [19] *tr.* to skin, flay; [dañar] to harm, injure; [hacer pagar mucho] to skin, fleece; [criticar] to flay, criticize; [murmurar de] to slander
de•sor•den *m.* disorder, disarray; [lío] muddle, mess; [conducta] disorderliness, unruliness; MED upset, disorder; [exceso] excess, license
de•sor•de•na•do, a *adj.* [habitación, persona] untidy, messy; [documentos, fichas] jumbled (up); [conducta] unruly, wild
de•sor•de•nar *tr.* [habitación, cajón] to mess up; [documentos, fichas] to jumble up; [pelo] to ruffle; (*reflex.*) to become disorderly; [salirse de la regla] to get out of order o out of control
de•sor•ga•ni•za•ción *f.* disorganization
de•sor•ga•ni•zar [04] *tr.* to disorganize
de•so•rien•ta•ción *f.* disorientation
de•so•rien•tar *tr.* to disorient; [confundir] to confuse; (*reflex.*) to be disoriented; [confundirse] to become confused
de•so•ye•ra, yó ▻ **desoír**
des•pa•bi•la•do, a *adj.* [despierto] alert, wide-awake; [listo] clever, sharp
des•pa•bi•la•dor *m.* candle snuffer
des•pa•bi•lar *tr.* [apagar] to snuff; [robar] to steal, pinch; [avivar] to liven up, stimulate; [malgastar] to squander; [despachar] to finish quickly; [matar] to kill, snuff out; (*reflex.*) [despertarse] to wake up; [avivarse] to liven up; CUBA to leave, disappear
des•pa•chan•te *m.* ARG clerk, employee
des•pa•char *tr.* to complete, conclude; [resolver] to resolve, settle; [enviar] to dispatch, send; [despedir] to fire, dismiss; [vender] to sell; [expedir] to expedite, hurry along; *coll* [acabar con] to polish o knock off; [matar] to kill, knock off; AMER [equipaje] to check in; (*intr.*) [darse prisa] to hurry up; [hablar] to speak one's mind; COM to do business; (*reflex.*) AMER [darse prisa] to hurry up ▪ ~ **de** to get rid of
des•pa•cho *m.* [envío] dispatch, sending; [oficina] office; [estudio] study, office; [tienda] store, shop; [venta] sale; [comunicación] dispatch, message; [resolución] effi-

D

ciency; [cédula] commission ■ **tener buen ~** to be efficient

des•pa•cio ◇ *adv.* slow, slowly; [poco a poco] little by little, gradually; AMER in a low voice, quietly ◇ *interj.* easy does it!, take it easy!

des•pam•pa•nan•te *adj. coll* astounding, stunning

des•pan•zu•rrar/chu•rrar *tr. coll* to cause to burst open

des•pa•re•jo, a *adj.* [dispar] odd; [sin alineación] not matching; [no parejo] uneven

des•par•pa•jo *m.* [desenvoltura] ease, confidence; [descaro] pertness, freshness

des•pa•rra•mar *tr.* to spread; [derramar] to spill, splash; [malgastar] to squander; (*reflex.*) to scatter, spread; [divertirse] to let one's hair down

des•pa•ta•rrar *tr.* to astonish, flabbergast; (*reflex.*) [abrirse de piernas] to open one's legs wide; [caerse] to fall with legs apart; [aturdirse] to be astonished o flabbergasted

des•pa•vo•ri•do, a *adj.* terrified, afraid

des•pa•vo•rir [38] *intr.* & *reflex.* to be terrified

des•pe•char *tr.* [enojar] to anger; [causar disgusto a] to displease, disgust; [irritar] to vex, peeve; [destetar] to wean; (*reflex.*) to become angry

des•pe•cho *m.* [ira] spite, wrath; [descontento] displeasure, disgust; [desesperación] despair, dejection ■ **a ~ de** in spite of, in defiance of; **por ~** out of spite

des•pec•ti•vo, a *adj.* disparaging, pejorative

des•pe•da•zar [04] *tr.* to break o tear to pieces; (*reflex.*) [caerse] to fall o break into pieces; [arruinarse] to be ruined, be destroyed

des•pe•di•da *f.* [adiós] good-bye, farewell; [despacho] dismissal, firing

des•pe•dir [48] *tr.* [soltar] to throw (out), eject; [decir adiós a] to say good-bye to; [despachar] to dismiss, fire; [deshacerse de] to get rid of, throw out; [emitir] to emit, give off; (*reflex.*) to say good-bye (**de** to)

des•pe•ga•ble *adj.* detachable

des•pe•gar [47] *tr.* to unstick, unglue; [separar] to detach, separate; [quitar] to remove, take off; (*intr.*) AVIA to take off; (*reflex.*) to become unstuck o unglued; [separarse] to become detached o separated; [alejarse] to grow indifferent

des•pe•gue *m.* takeoff

des•pei•nar *tr.* [pelo] to ruffle; (*reflex.*) to mess up one's hair

des•pe•ja•do, a *adj.* [listo] clever, bright; METEOROL clear, cloudless; [sin impedimento] clear, open; [espacioso] spacious, wide

des•pe•jar *tr.* to clear; [quitar] to get rid of, remove; [aclarar] to clear up, sort out; (*reflex.*) METEOROL to clear up; [espabilarse] to clear one's head; MED to go down

des•pe•lle•jar *tr.* [desollar] to skin, flay; [criticar] to flay, criticize

des•pen•sa *f.* [lugar] larder, pantry; [provisiones] provisions, supplies; [oficio] stewardship

des•pe•ña•de•ro, a ◇ *adj.* steep, precipitous ◇ *m.* precipice, cliff; [peligro] danger, risk

des•pe•ñar *tr.* to hurl, throw; (*reflex.*) [precipitarse] to hurl o throw oneself; [entregarse] to give oneself up

des•pe•pi•tar *tr.* to remove pits o seeds from; (*reflex.*) to shout, rant; [proceder descomedidamente] to act rashly, forget oneself ■ **~ por algo** to be dying for something

des•per•di•cia•do, a *adj.* wasted, squandered

des•per•di•ciar *tr.* to waste, squander; [no aprovecharse de] not to take advantage of, miss

des•per•di•cio *m.* waste, squandering; [residuo] waste, remains

des•per•di•gar [47] *tr.* to scatter, disperse; (*reflex.*) to become scattered o dispersed

des•pe•re•zar•se [04] *reflex.* to stretch

des•pe•re•zo *m.* stretching, stretch; [despertamiento] waking up, shaking off sleep

des•per•fec•to *m.* flaw, blemish; [deterioro] wear and tear

des•per•ta•dor, •ra ◇ *adj.* awakening, arousing ◇ *m.f.* alarm clock; [aviso] warning

des•per•tar [49] *tr.* to wake up, awaken; [resucitar] to revive, resuscitate; [suscitar] to awaken, revive; [excitar] to whet, excite; (*intr.*) to wake up, awaken; [ser más listo] to wise up; (*reflex.*) to wake up, awaken

des•pia•da•do, a *adj.* pitiless, merciless

des•pi•da, do, die•ra, dió ▻ **despedir**

des•pi•do *m.* dismissal, firing ■ **~ colectivo** mass redundancy; **~ forzoso** compulsory redundancy; **~ libre** dismissal without compensation

des•pier•to, a ▻ **despertar** ◇ *adj.* awake; [despabilado] alert, wide-awake; [listo] clever, sharp

des•pil•fa•rra•dor, •ra *adj.* & *m.f.* spendthrift

des•pil•fa•rrar *tr.* to squander, waste; (*reflex.*) to squander a fortune

des•pil•fa•rro *m.* waste, extravagance; [destrozo] spoiling, ruining

des•pis•ta•do, a *adj.* & *m.f.* absent-minded (person)

des•pis•tar *tr.* to lead astray; (*reflex.*) to be disoriented, lose one's bearings

des•pis•te *m.* confusion, bewilderment

des•plan•te *m.* arrogant remark o action

des•pla•za•mien•to *m.* displacement; [traslado] moving, shifting

des•pla•zar [04] *tr.* to displace; [trasladar] to move, shift

des•ple•ga•ble *adj.* COMPUT pop-up

des•ple•gar [52] *tr.* to unfold, spread out; [aclarar] to explain, unfold; [mostrar] to display, show; (*reflex.*) to unfold, spread out

des•plie•gue *m.* unfolding, spreading out; [muestra] display, show

des•plo•mar *tr.* to put o throw out of plumb; (*reflex.*) [inclinarse] to lean, get out of plumb; [caerse] to fall down, collapse; [desmayarse] to faint, collapse; ECON to plummet, drop

des•plo•me *m.* [inclinación] leaning, getting out of plumb; [caída] collapse, fall; ARCHIT overhang; [desmayo] fainting, collapsing

des•plu•mar *tr.* to pluck, remove the feathers from; *coll* to fleece, skin

des•po•bla•do *m.* wilderness

des•po•blar [19] *tr.* to depopulate; [despojar] to clear, strip; [devastar] to lay waste, ravage; (*reflex.*) to become depopulated o deserted

des•po•jar *tr.* to deprive, dispossess; [quitar] to strip; [robar] to rob; (*reflex.*) [desnudarse] to undress, strip; [renunciar] to give up, relinquish

des•po•jo ◇ *m.* depriving, dispossession; [botín] loot, plunder; [víctima] prey, victim ◇ *pl.* scrap, usable rubble; [de animales] offal; [restos mortales] remains, corpse; [sobras] left-overs ■ **~ de hierro** scrap iron

des•po•sa•do, a ◇ *adj.* newly wed; [aprisionado] handcuffed ◇ *m.f.* newlywed; [aprisionado] person in handcuffs

des•po•sar *tr.* to marry, perform a marriage ceremony for; (*reflex.*) [contraer esponsales] to get engaged; [contraer matrimonio] to marry, wed

des•po•se•er [43] *tr.* to dispossess, divest; (*reflex.*) to renounce, give up

des•po•sei•mien•to *m.* dispossession

dés•po•ta *m.f.* despot, tyrant

des•pó•ti•co, a *adj.* despotic, tyrannical

des•po•tri•car [70] *intr.* to rant, rave

des•pre•cia•ble *adj.* abject, despicable

des•pre•ciar *tr.* to disdain, look down on; [desairar] to slight, snub; (*reflex.*) to disdain, not to deign

des•pre•cia•ti•vo, a *adj.* scornful

des•pre•cio *m.* disdain, scorn; [desaire] slight, snub

des•pren•der *tr.* to unfasten, detach; [soltar] to loosen; [emitir] to emit, give off; (*reflex.*) to come undone, become detached; [ser emitido] to issue, emanate; [proceder] to be inferred, follow; MED to be detached ▪ ~ **de** to give up, part with

des•pren•di•do, a *adj.* detached, loose; [generoso] generous, unselfish; [desinteresado] disinterested, detached; MED detached

des•pren•di•mien•to *m.* detachment; [emisión] emission, release; [caída de tierra] landslide; [generosidad] generosity, largesse; [desapego] disinterest, detachment; MED detachment

des•pre•o•cu•pa•ción *f.* nonchalance; [imparcialidad] impartiality, open-mindedness; [falta de conformidad] unconventionality; [descuido] carelessness, negligence

des•pre•o•cu•pa•do, a *adj.* unconcerned, nonchalant; [imparcial] impartial, open-minded; [descuidado] untidy, sloppy; [poco convencional] unconventional

des•pre•o•cu•par•se *reflex.* to stop worrying; [descuidarse] to become negligent O careless ▪ ~ **de** [olvidarse de] to forget, neglect; [no hacer caso de] not to care about, to disregard

des•pres•ti•giar *tr.* to ruin (someone's) reputation; [desacreditar] to discredit, disparage; (*reflex.*) to lose one's prestige

des•pres•ti•gio *m.* loss of prestige

des•pre•ve•ni•do, a *adj.* unprepared, off guard

des•pro•li•jo, a *adj.* AMER [casa, cuaderno] untidy; [persona] unkempt, dishevel(l)ed

des•pro•por•ción *f.* disproportion

des•pro•por•cio•nar *tr.* to disproportion

des•pro•te•ger *tr.* COMPUT [programa] to crack

des•pue•ble, blo ▻ **despoblar**

des•pués *adv.* [más tarde] afterward, later; [entonces] next, then ▪ ~ **de (que)** after

des•pun•tar *tr.* to break off O dull the point of; MARIT to sail around, round; (*intr.*) [el día] to begin, break; [manifestar agudeza] to show wit O intelligence; [sobresalir] to excel, stand out; BOT to bud, sprout; (*reflex.*) to break its point

des•qui•cia•mien•to *m.* unhinging; [perturbación] perturbation, mental unrest; [trastorno] disturbance, disruption

des•qui•ciar *tr.* to unhinge; [desconectar] to loosen, disconnect; [descomponer] to unsettle, undermine; [quitar la confianza a] to unseat; (*reflex.*) to become unhinged; [desconectarse] to come loose, become disconnected; [descomponerse] to become unsettled; [trastornarse] to become upset

des•qui•tar *tr.* to compensate; (*reflex.*) ▪ ~ **de** [resarcirse de] to recoup, win back; [tomar satisfacción] to get even with

des•qui•te *m.* [de pérdida] recovery, recouping; [compensación] compensation, restitution; [venganza] revenge, retaliation

des•ta•ca•men•to *m.* MIL detachment, detail; [lugar] post, station

des•ta•car [70] *tr.* to emphasize, highlight; MIL to detail, assign; (*intr.*) to stand out, be outstanding; (*reflex.*) to stand out, be outstanding; [aventajarse] to break away, draw ahead

des•ta•jo *m.* [trabajo] piecework; [tarea] job, stint ▪ **a** ~ by the piece; AMER *coll* at a guess, roughly; **hablar a** ~ to chatter, talk excessively

des•ta•pa•dor *m.* AMER bottle opener

des•ta•par *tr.* to open, uncover; [una botella] to uncork, uncap; [descubrir] to reveal, discover; (*reflex.*) to show one's true colors; [desahogarse] to unburden oneself, open one's heart; [desnudarse] to take off one's clothes

des•ta•pe *m.* uncovering, revealing; [desnudo] nude

des•ta•po•nar *tr.* to unplug, unstop; [una botella] to uncork

des•tar•ta•la•do, a *adj.* ramshackle, dilapidated

des•te•char *tr.* to remove the roof from

des•te•jer *tr.* to unweave, unravel; [desbaratar] to upset, disrupt

des•te•llar *tr.* to flash; (*intr.*) to flash; [centellar] to sparkle, glitter

des•te•llo ◇ *m.* flash (of light); [centelleo] sparkle, glitter ◇ *pl.* signs, indications

des•tem•pla•do, a *adj.* immoderate, intemperate; [desigual] uneven, irregular; METAL untempered; MUS out of tune; MED irregular; [indispuesto] indisposed, feverish

des•tem•plar *tr.* to disturb the order of; [poner en infusión] to steep, infuse; METAL to untemper; MUS to put out of tune; (*reflex.*) [descomponerse] to get upset O worked up; METAL to lose temper; MUS to get out of tune; MED to have a slight fever; [el pulso] to become irregular; AMER to have one's teeth on edge

des•te•ñir [59] *tr.* & *intr.* to fade, discolor

des•ter•ni•llar•se *reflex.* to tear a cartilage ▪ ~ **de risa** to split one's sides laughing

des•te•rrar [49] *tr.* to exile, banish; (*reflex.*) to go into exile

des•te•tar *tr.* to wean; (*reflex.*) to be weaned; [deshabituarse] to break a habit

des•tiem•po *adv.* ▪ **a** ~ inopportunely

des•tie•rre, rro ▻ **desterrar**

des•tie•rro *m.* exile, banishment; [lugar apartado] remote place

des•ti•la•ción *f.* distillation, filtration

des•ti•lar *tr.* to distill; [filtrar] to filter; [exudar] to exude, ooze; (*intr.*) [gotear] to drip, trickle; [exudar] to exude, ooze

des•ti•le•rí•a *f.* distillery

des•ti•na•ción *f.* destination

des•ti•nar *tr.* to destine, intend; [asignar] to assign, appoint; [mandar] to send; COM to allot, earmark; (*reflex.*) to intend to go into

des•ti•na•ta•rio, a *m.f.* [de una carta] addressee; [de un giro] payee; COMPUT [de correo electrónico] recipient
des•ti•no *m.* destiny, fate; [destinación] destination; [empleo] job, position; [uso] use, function ■ **con ~ a** bound for
des•ti•ña, ñe•ra, ño, ñó ▻ **desteñir**
des•ti•tu•ción *f.* dismissal
des•ti•tuir [18] *tr.* [revocar] to dismiss; [privar] to deprive
des•tor•ni•lla•dor *m.* screwdriver
des•tor•ni•llar *tr.* to unscrew; (*reflex.*) to come unscrewed; [perder el juicio] to go crazy
des•tra•bar *tr.* to untie, unfetter; [desprender] to separate, disconnect
des•tren•zar [04] *tr.* to unbraid, unplait
des•tre•za *f.* skill, dexterity
des•tri•par *tr.* to gut, disembowel; [sacar lo interior de] to remove the stuffing from; [despachurrar] to crush, squash
des•tro•na•mien•to *m.* dethronement; [derrocamiento] overthrow
des•tro•nar *tr.* to dethrone; [desposeer] to overthrow, bring down
des•tron•car [70] *tr.* to cut down, fell; [interrumpir] to cut off, interrupt; [descoyuntar] to dislocate; [mutilar] to maim, mutilate; [cansar] to exhaust, tire out; [arruinar] to ruin
des•tro•zar [04] *tr.* to smash, break into pieces; [arruinar] to destroy, ruin; [estropear] to spoil, shatter; (*reflex.*) to smash, break into pieces
des•tro•zo *m.* [daño] damage; [destrucción] destruction, ruin; MIL defeat
des•truc•ción *f.* destruction
des•truc•ti•vo, a *adj.* destructive
des•truc•tor, •ra ◇ *adj.* destructive ◇ *m.f.* destructive person; (*m.*) MARIT destroyer
des•truir [18] *tr.* to destroy, ruin; [malgastar] to squander, waste; [deshacer] to shatter, dash
de•sue•le, lo ▻ **desolar**
de•sue•lle, llo ▻ **desollar**
de•su•nir *tr.* to disunite, separate; [enemistar] to cause discord; TECH to disconnect, disengage; (*reflex.*) to separate, break apart
de•su•sa•do, a *adj.* [fuera de uso] obsolete, out of date; [poco usado] uncommon, rare
de•su•sar *tr.* to stop using; (*reflex.*) to become obsolete
de•su•so *m.* disuse, obsolescence
des•vá•li•do, a *adj.* & *m.f.* needy, destitute (person)
des•va•li•jar *tr.* to rob, plunder
des•va•lo•rar *tr.* to depreciate; [una moneda] to devalue, devaluate; [despreciar] to disdain
des•va•lo•ri•za•ción *f.* depreciation; [de una moneda] devaluation
des•va•lo•ri•zar [04] *tr.* to devalue; (*reflex.*) to depreciate, lose value
des•va•lua•ción *f.* devaluation, depreciation
des•ván *m.* attic, loft
des•va•ne•cer [17] *tr.* to make vanish o disappear; [envanecer] to make vain o presumptuous; [hacer desmayar] to make dizzy; [disipar] to remove, dispel; (*reflex.*) to vanish, disappear; [envanecerse] to become vain; [evaporarse] to evaporate; [desmayarse] to become dizzy, faint
des•va•ne•ci•mien•to *m.* disappearance; [desmayo] dizziness, faintness; [evaporación] evaporation; [altanería] arrogance, haughtiness
des•va•riar [30] *intr.* to be delirious
des•va•rí•o *m.* delirium, madness; [disparate] raving, nonsense; [capricho] whim; [monstruosidad] monstrosity
des•ve•lar *tr.* to keep awake; (*reflex.*) to stay awake, go without sleep; [dedicarse] to devote o dedicate oneself ■ **~ por** to be watchful for, take great care over
des•ve•lo ◇ *m.* sleeplessness, insomnia; [esfuerzo] effort; [esmero] watchfulness, care; [devoción] devotion, dedication ◇ *pl.* trouble
des•ven•ci•jar *tr.* [aflojar] to loosen, weaken; [estropear] to ruin; [romper] to break; [agotar] to exhaust; (*reflex.*) [romperse] to break, come apart; *coll* [estar agotado] to be exhausted; MED to rupture oneself
des•ven•ta•ja *f.* disadvantage, drawback
des•ven•ta•jo•so, a *adj.* disadvantageous
des•ven•tu•ra *f.* misfortune, bad luck
des•ver•gon•za•do, a *adj.* & *m.f.* impudent, shameless (person)
des•ver•güen•za *f.* shamelessness, brazenness; [insolencia] insolence
des•ves•tir [48] *tr.* & *reflex.* to undress
des•via•ción *f.* [rodeo] detour, diversion; [de un golpe] deflection; [de una norma] deviation, departure
des•viar [30] *tr.* [extraviar] to divert, deflect; [disuadir] to dissuade; (*reflex.*) to turn off; [perder la ruta] to go off course; [mudar de dirección] to change direction; [hacer un rodeo] to take a detour; [apartarse] to deviate
des•vin•cu•lar *tr.* to separate from, break ties with; (*reflex.*) ■ **~ de** o **con** to break contact with, dissociate oneself from
des•ví•o *m.* [rodeo] detour, diversion; [desapego] indifference, coolness; [desagrado] aversion, displeasure; PHYS deviation, deflection; RAIL siding ■ **~ de llamada** TELEC call transfer
des•vir•gar [47] *tr.* to deflower
des•vir•tuar [67] *tr.* [echar a perder] to spoil, impair; (*reflex.*) to spoil, go bad
des•vis•ta, to, tie•ra, tió ▻ **desvestir**
des•vi•vir•se *reflex.* [mostrar interés] to be eager, show a great desire; [estar enamorado] to be madly in love; [esforzarse] to strive, do one's utmost; [dedicarse] to dedicate o devote oneself
de•ta•lla•da•men•te *adv.* in detail
de•ta•llar *tr.* to detail, relate in detail; [especificar] to specify, itemize; COM to sell retail
de•ta•lle *m.* detail; [gesto] gesture, kind thought
de•ta•llis•ta ◇ *adj.* retail ◇ *m.f.* COM retailer; [considerado] thoughtful person
de•tec•tar *tr.* to detect
de•tec•ti•ve *m.* detective
de•tec•tor, •ra ◇ *m.* detector ■ **~ de explosivos** explosives detector; **~ de humo(s)** smoke detector; **~ de metales** metal detector; **~ de minas** mine detector ◇ *adj.* detecting
de•tén ▻ **detener**
de•ten•ción *f.* stopping, halting; [estado] stoppage, standstill; [retraso] delay; [arresto] arrest; [prisión] detention; [cuidado] care, thoroughness
de•te•ner [69] *tr.* to stop, halt; [retrasar] to delay, detain; [arrestar] to arrest; [retener] to keep, retain; (*reflex.*) to stop; [retardarse] to linger, tarry

de•te•ni•do, a ◇ *adj.* [cuidadoso] thorough, close; [tímido] timid, fainthearted; [escaso] sparing; [preso] detained, in custody ◇ *m.f.* person under arrest
de•te•ni•mien•to *m.* = **detención**
de•ter•gen•te *adj.* & *m.* detergent
de•te•rio•rar *tr.* to deteriorate; [estropear] to damage, spoil; [desgastar] to wear (out); (*reflex.*) [dañarse] to damage, harm; [desgastarse] to wear out
de•te•rio•ro *m.* deterioration; [daño] harm, damage
de•ter•mi•na•ción *f.* [decisión] decision; [resolución] determination, resolve
de•ter•mi•na•do, a *adj.* determined, resolute; [preciso] specific, particular
de•ter•mi•nar *tr.* to determine; [convencer] to convince, decide; [fijar] to specify, fix; [causar] to cause, bring about; [distinguir] to distinguish, discern; [estipular] to stipulate, specify; (*reflex.*) to decide, make up one's mind
de•ter•mi•nis•ta ◇ *adj.* deterministic ◇ *m.f.* determinist
de•tes•ta•ble *adj.* detestable, hateful
de•tes•tar *tr.* to detest, hate
de•tie•ne ▻ **detener**
de•to•na•ción *f.* detonation, explosion; [ruido] report, blast
de•to•na•dor *m.* detonator
de•to•nan•te ◇ *adj.* detonating, explosive ◇ *m.* explosive
de•to•nar *intr.* to detonate, explode
de•trac•ción *f.* denigration, disparagement; [retiro] withdrawal
de•trac•tar *tr.* to denigrate, disparage
de•trac•tor, •ra ◇ *adj.* detracting, defamatory ◇ *m.f.* detractor, defamer
de•trás *adv.* behind ■ ~ **de** behind, in back of; **por** ~ behind one's back
de•tri•men•to *m.* detriment, damage
de•tu•vie•ra, vo ▻ **detener**
deu•da *f.* debt ■ ~ **externa** foreign debt; ~ **interna** internal debt
deu•do, a *m.f.* relative
deu•dor, •ra ◇ *adj.* debit; [que debe] indebted ◇ *m.f.* debtor
de•va•lua•ción *f.* devaluation
de•va•luar [67] *tr.* to devaluate
de•vas•ta•ción *f.* devastation
de•vas•tar *tr.* to devastate, destroy
de•ven•gar [47] *tr.* to be owed; [interés] to earn, yield
de•ve•nir [76] *intr.* [suceder] to happen, come about; [llegar a ser] to become, evolve into
de•vo•ción *f.* devotion; [piedad] devoutness, piety; [afición] affection, attachment
de•vo•lu•ción *f.* return; [restauración] restoration; COM refund
de•vol•ver [78] *tr.* to return, give back; [corresponder] to return; [restaurar] to restore; [vomitar] to throw up, vomit; COM to refund; (*reflex.*) ANDES, C AMER, CARIB & MEX to return
de•vo•rar *tr.* to devour, eat up; [disipar] to squander, waste; [arruinar] to ruin, destroy
de•vo•to, a ◇ *adj.* devout, pious; [venerable] venerable, revered; [aficionado] devoted, attached ◇ *m.f.* devout person; [aficionado] devotee, enthusiast
de•vuel•va, vo ▻ **devolver**
dex•te•ri•dad *f.* dexterity, skillfulness
dex•tro•sa *f.* dextrose
di ▻ **dar** ▻ **decir**[2]
dí•a ◇ *m.* day; [tiempo de claridad] daytime, daylight; [tiempo atmosférico] weather ■ **al** ~ per day, a day; [al corriente] up to date; **al otro** ~ on the following day, the next day; **de** ~ by day; ~ **de fiesta** holiday; ~ **entre semana** weekday; ~ **señalado** red-letter day; **hoy (en)** ~ nowadays, these days; **todo el santo** ~ all day long, all the livelong day ◇ *pl.* ■ **¡buenos** ~**!** good morning; **ocho** ~ a week; **quince** ~ two weeks, fortnight; **todos los** ~ every day, daily
dia•bé•ti•co, a *adj.* & *m.f.* diabetic
dia•blo *m.* devil, demon; [travieso] scamp, devil; [requetefeo] monster, ugly person ■ **al** ~ o **como el** ~ *coll* like the devil, a hell of a lot; **darse al** ~ to get angry; **¡diablo(s)!** *coll* wow!; **¡qué diablos!** what the hell!
dia•blu•ra *f.* prank
dia•bó•li•co, a *adj.* diabolical, devilish
diá•co•no *m.* deacon
dia•de•ma *f.* diadem, crown
diá•fa•no, a *adj.* diaphanous, transparent
dia•frag•ma *m.* diaphragm
diag•no•sis *f.* diagnosis
diag•nos•ti•car [70] *tr.* to diagnose
diag•nós•ti•co, a ◇ *adj.* diagnostic ◇ *m.* diagnosis
dia•go•nal *adj.* & *f.* diagonal
dia•gra•ma *m.* diagram
dia•léc•ti•co, a ◇ *adj.* dialectical ◇ *m.f.* dialectician; (*f.*) dialectics
dia•lec•to *m.* dialect
diá•lo•go *m.* dialogue
dia•man•te *m.* diamond
dia•man•ti•no, a *adj.* diamantine
dia•me•tral *adj.* diametric, diametrical
diá•me•tro *m.* diameter
dia•pa•són *m.* diapason, tuning fork
dia•po•si•ti•va *f.* slide, transparency
dia•ria•men•te *adv.* daily, every day
dia•rie•ro, a *m.f.* ANDES & RP newspaper seller
dia•rio, a ◇ *adj.* daily ◇ *m.* daily (paper); [relación] diary, journal; [gasto] daily expenses; COM journal, daybook ◇ *adv.* daily ■ **a** ~ daily, every day; **de** ~ [diariamente] daily, every day; [ordinario] everyday
dia•rre•a *f.* diarrhea
di•bu•jan•te ◇ *adj.* drawing, sketching ◇ *m.* drawer, sketcher; [de dibujos animados] cartoonist; TECH draftsman
di•bu•jar *tr.* to draw, sketch; [describir] to describe, depict; (*reflex.*) [delinearse] to be outlined, stand out; [aparecer] to appear
di•bu•jo ◇ *m.* drawing, sketch; [descripción] description, depiction ◇ *pl.* ■ ~ **animados** cartoons
dic•ción *f.* diction
dic•cio•na•rio *m.* dictionary
di•ce ▻ **decir**[2]
di•cha *f.* [felicidad] happiness; [suerte] good fortune ■ **a** o **por** ~ fortunately, happily
di•cha•ra•che•ro, a *coll* ◇ *adj.* [gracioso] witty, racy; [hablador] talkative ◇ *m.f.* [gracioso] joker; [hablador] chatterbox
di•cho, a ▻ **decir**[2] ◇ *adj.* said, aforementioned ■ ~ **y hecho** no sooner said than done; **¡haberlo** ~**!** you should have said so!; **mejor** ~ rather, more

accurately <> *m.* [refrán] saying, proverb; [ocurrencia] witticism, witty remark; *coll* [expresión insultante] insulting remark; LAW statement, deposition ■ ~ **de las gentes** gossip, talk <> *pl.* marriage vows
di•cho•so, a *adj.* [feliz] happy, contented; [afortunado] lucky, fortunate; *coll* [enfadoso] blasted
di•ciem•bre *m.* December
di•co•to•mí•a *f.* dichotomy
dic•ta•do <> *m.* [acción] dictation <> *pl.* dictates
dic•ta•dor *m.* dictator
dic•ta•du•ra *f.* dictatorship
dic•tá•fo•no *m.* dictaphone
dic•ta•men *m.* [juicio] opinion, judgment; [consejo] advice; [informe] report
dic•ta•mi•nar *intr.* to express an opinion
dic•tar *tr.* to dictate; [sentencia] to pronounce, pass; [inspirar] to dictate, direct; AMER [una conferencia] to give, deliver; AMER [una clase] to give, teach
di•dác•ti•co, a <> *adj.* didactic, pedagogical <> *f.* didactics
die•ci•nue•ve *adj.* & *m.* nineteen(th)
die•ci•o•cho *adj.* & *m.* eighteen(th)
die•ci•séis *adj.* & *m.* sixteen(th)
die•ci•sie•te *adj.* & *m.* seventeen(th)
dien•te *m.* tooth; ZOOL fang; [de una rueda] cog; [de una sierra] tooth; [de un tenedor] prong; BOT clove ■ **aguzarse** o **afilarse los dientes** to whet one's appetite; **dar ~ con ~** to chatter (teeth); **~ de león** dandelion; **dientes postizos** false teeth; **estar a ~** to be famished o ravenous; **hablar entre dientes** to mumble, mutter
die•ra, ron ▻ **dar**
dies•tro, a <> *adj.* deft, dexterous; [derecho] right; [astuto] shrewd, astute; right hand ■ **a ~ y siniestra** all over, right and left
die•ta *f.* diet
die•té•ti•co, a <> *adj.* dietetic, dietary <> *m.f.* dietician; (*f.*) dietetics
die•tis•ta *m.f.* AMER dietician
diez <> *adj.* ten; [décimo] tenth ■ **las ~** ten o'clock <> *m.* ten ■ **~ y** = **dieci-**
diez•mar *tr.* to decimate
diez•mo *m.* tithe
di•fa•ma•ción *f.* defamation
di•fa•mar *tr.* to defame, slander
di•fe•ren•cia *f.* difference ■ **a ~ de** unlike, in contrast to; **hacer ~ entre** to make o draw a distinction between
di•fe•ren•cia•ción *f.* differentiation
di•fe•ren•ciar *tr.* to differentiate, distinguish; [variar] to vary, change; (*intr.*) to differ, disagree; (*reflex.*) to distinguish oneself; [ser diferente] to differ, be different
di•fe•ren•te <> *adj.* different ■ **diferentes** various, several <> *adv.* differently
di•fe•rir [65] *tr.* to defer, postpone; (*intr.*) to differ, be different
di•fí•cil *adj.* difficult
di•fí•cil•men•te *adv.* with difficulty
di•fi•cul•tad *f.* difficulty, obstacle; [objeción] objection, doubt
di•fi•cul•tar *tr.* to make difficult, complicate
di•fi•cul•to•so, a *adj.* difficult; [feo] ugly, unpleasant
di•fie•ra, ro, fi•rie•ra, fi•rió ▻ **diferir**
dif•te•ria *f.* diphtheria
di•fun•dir *tr.* to diffuse; [derramar] to spread, scatter; [divulgar] to divulge, make known; [diseminar] to disseminate, propagate; (*reflex.*) to spread, be diffused
di•fun•to, a <> *adj.* deceased, dead <> *m.f.* dead person; [cadáver] corpse, cadaver
di•fu•sión *f.* diffusion; [radio] broadcasting
di•fu•so, a ▻ **difundir** <> *adj.* diffuse, wordy; [ancho] wide, extended; [vago] vague, hazy
di•fu•sor, •ra <> *adj.* diffusing <> *f.* broadcasting station
di•ga, go ▻ **decir**[2]
di•ge•rir [65] *tr.* to digest; [sufrir] to suffer, endure
di•ges•tión *f.* digestion
di•gi•ta•dor, ra *m.f.* AMER keyboarder
di•gi•tal *adj.* digital
di•gi•ta•li•za•ción *f.* digitizing
di•gi•ta•li•zar *tr.* to digitize
di•gi•tal•men•te *adv.* digitally
dí•gi•to *m.* digit
di•gi•to•pun•tu•ra *f.* acupressure
dig•nar•se *reflex.* to deign, condescend
dig•na•ta•rio *m.* dignitary
dig•ni•dad *f.* dignity; [cargo] post, rank
dig•no, a *adj.* [merecedor] worthy; [apropiado] proper, fitting; [mesurado] dignified
di•gre•sión *f.* digression, deviation
di•je <> *m.* [adorno] trinket, charm; *coll* [persona] jewel, gem <> *pl.* boasting, bravado
di•je, jo, je•ra, je•ron ▻ **decir**[2]
di•la•ción *f.* delay, delaying
di•la•pi•dar *tr.* to waste, squander
di•la•ta•ción *f.* dilation, expansion; [desahogo] serenity, calmness
di•la•tar *tr.* to dilate, expand; [retrasar] to postpone, delay; [propagar] to spread; (*reflex.*) to dilate, expand; [propagarse] to extend, stretch
di•lec•to, a *adj.* beloved, loved
di•le•ma *m.* dilemma
di•li•gen•cia *f.* diligence, care; [prisa] speed, briskness; [recado] errand, task; LAW proceeding
di•li•gen•ciar *tr.* to take the necessary steps to obtain
di•li•gen•te *adj.* diligent; [rápido] speedy, quick
di•lu•ci•dar *tr.* to elucidate, explain
di•luir [18] *tr.* to dilute; [disolver] to dissolve; [debilitar] to water down, weaken
di•lu•viar *intr.* to pour down, rain hard
di•lu•vio *m.* flood
di•men•sión *f.* dimension
di•mi•nu•ción *f.* diminution, lessening
di•mi•nuir [18] *tr.* to diminish, lessen
di•mi•nu•ti•vo, a *adj.* & *m.* diminutive
di•mi•nu•to, a *adj.* diminutive, little
di•mi•sión *f.* resignation (from office)
di•mi•tir *intr.* & *tr.* to resign, relinquish
di•mos ▻ **dar**
di•ná•mi•co, a <> *adj.* dynamic <> *f.* dynamics
di•na•mis•mo *m.* dynamism
di•na•mi•ta *f.* dynamite
di•na•mi•tar *tr.* to dynamite, blast
di•na•mo, dí•na•mo *f.* dynamo
di•nas•tí•a *f.* dynasty
di•ne•ra•da *f.*/**ral** *m.* fortune
di•ne•ro *m.* money; [caudal] wealth, fortune ■ **~ a contado** o **al contante** ready cash; **~ digital** digita

cash; ~ **electrónico** electronic cash; ~ **suelto** loose change
di•no•sau•rio *m.* dinosaur
din•tel *m.* lintel
dio ▻ **dar**
dios *m.* god ▪ **Dios** God; **Dios mediante** God willing; **¡Dios mío!** my God!, oh my!; **por Dios** for God's sake; **¡válgame Dios!** goodness gracious!
dio•sa *f.* goddess
di•o•xi•na *f.* dioxine
di•plo•ma *m.* diploma, certificate
di•plo•ma•cia *f.* diplomacy
di•plo•ma•do, a ◇ *adj.* having a diploma ◇ *m.f.* graduate
di•plo•mar *tr.* & *reflex.* to graduate
di•plo•má•ti•co, a ◇ *adj.* diplomatic ◇ *m.f.* diplomat; (*f.*) diplomacy
dip•ton•go *m.* diphthong
di•pu•ta•do, a *m.f.* delegate, representative
di•que *m.* dike, sea wall; [restricción] check, restriction ▪ ~ **de carena** o **seco** dry dock; ~ **de contención** dam
di•rá, rí•a ▻ **decir**[2]
di•rec•ción *f.* direction; [junta] board of directors, executive board; [cargo] directorship, managership; [señas] address; AUTO & TECH steering ▪ ~ **de correo electrónico** e-mail address; ~ **electrónica** [de correo] e-mail address; ~ **general** headquarters, head office; ~ **web** web address
di•rec•ti•va *f.* directive
di•rec•ti•vo, a ◇ *adj.* directing ◇ *m* director; [junta] board of directors
di•rec•to, a ◇ *adj.* direct; [derecho] straight ◇ *f.* AUTO high gear
di•rec•tor, •ra ◇ *adj.* directing ◇ *m.f.* director, manager; [de escuela] principal, headmaster; MUS conductor ▪ ~ **general** chief executive officer, CEO
di•rec•to•rio, a ◇ *adj.* directory ◇ *m.* [instrucción] manual, directory; [junta] directorate; COMPUT directory ▪ ~ **telefónico** MEX directory
di•ri•gen•te *m.f.* leader, director
di•ri•gir [32] *tr.* to direct; [administrar] to manage; [una carta] to address; [guiar] to guide; [dedicar] to dedicate; AUTO to drive, steer; MUS to conduct; CINEM & THEAT to direct; (*reflex.*) to go, make one's way; [hablar] to address, speak
dis•ca•pa•ci•ta•do, a *m.f.* disabled, handicapped
dis•car *tr.* ANDES & RP to dial
dis•cer•ni•mien•to *m.* discernment
dis•cer•nir [25] *tr.* to discern, distinguish
dis•ci•pli•na *f.* discipline; [doctrina] doctrine; [azote] whip
dis•ci•pli•nar *tr.* to discipline; [enseñar] to teach, instruct; [azotar] to whip, scourge; (*reflex.*) to discipline oneself
dis•cí•pu•lo, a *m.f.* disciple, follower; [alumno] student, pupil
disc•man *m.* discman
dis•co *m.* disk, disc; [para escuchar] record; [para el tránsito] traffic signal; SPORT discus; COMPUT diskette ▪ ~ **compacto** compact disc; ~ **duro** hard disk; ~ **grabable** writable disk; ~ **óptico** optical disk; ~ **rayado** *coll* broken record; ~ **regrabable** rewritable disk; ~ **Zip** Zip disk
dís•co•lo, a *adj.* wayward, intractable
dis•con•for•me *adj.* disagreeing, differing
dis•con•for•mi•dad *f.* difference
dis•con•ti•nuar [67] *tr.* to discontinue
dis•con•ti•nui•dad *f.* discontinuity
dis•cor•dan•cia *f.* discordance, disagreement
dis•cor•dar [19] *intr.* to differ, disagree; MUS to be out of tune o dissonant
dis•cor•dia *f.* discord, disagreement
dis•co•te•ca *f.* record collection; [salón de baile] discotheque
dis•cre•ción *f.* discretion, tact; [astucia] wisdom, shrewdness
dis•cre•pan•cia *f.* discrepancy; [desacuerdo] disagreement, dissent
dis•cre•par *intr.* to differ, disagree
dis•cre•to, a *adj.* discreet; [ingenioso] witty, clever; MATH, MED & PHYS discrete
dis•cri•mi•nar *tr.* to discriminate
dis•cuer•de, do ▻ **discordar**
dis•cul•pa *f.* [por una ofensa] apology; [excusa] excuse
dis•cul•par *tr.* to excuse, pardon; (*reflex.*) to apologize (**con** to, **de**, **por** for)
dis•cu•rrir *intr.* to roam, wander; [reflexionar] to reflect, ponder; [hablar] to speak, discourse; [fluir] to flow, run; [el tiempo] to pass; (*tr.*) to invent, think up
dis•cur•sar/se•ar *intr.* to discourse o lecture on
dis•cur•so *m.* speech, discourse; [facultad] reasoning; [transcurso] passage, course
dis•cu•sión *f.* discussion; [disputa] dispute, argument
dis•cu•ti•ble *adj.* debatable, disputable
dis•cu•tir *tr.* to discuss, debate; (*intr.*) [debatir] to discuss, talk about; [disputar] to argue
di•se•car [70] *tr.* to dissect; [conservar] to stuff, mount
di•sec•ción *f.* dissection
di•se•mi•na•ción *f.* dissemination, spreading
di•se•mi•nar *tr.* to disseminate, spread; (*reflex.*) to become disseminated, spread
di•sen•sión *f.* dissension, strife
di•sen•te•rí•a *f.* dysentery
di•sen•tir [65] *intr.* to dissent, differ
di•se•ña•dor, •ra *m.f.* designer ▪ ~ **gráfico** graphic designer; ~ **de modas** fashion designer; ~ **de páginas web** web designer
di•se•ñar *tr.* to design; [dibujar] to draw, sketch
di•se•ño *m.* design; [dibujo] drawing, sketch ▪ ~ **curricular** curriculum development ; ~ **gráfico** graphic design; ~ **de modas** fashion design
di•ser•ta•ción *f.* dissertation, discourse
di•ser•tar *intr.* to discourse, expound
dis•fraz *m.* disguise; [máscara] mask; [pretexto] pretext, excuse
dis•fra•zar [04] *tr.* & *reflex.* to disguise (oneself)
dis•fru•tar *tr.* [gozar] to enjoy; [aprovechar] to make the most of; (*intr.*) to enjoy
dis•fru•te *m.* [gozo] enjoyment; [provecho] benefit; [uso] use
dis•gus•ta•do, a *adj.* annoyed, displeased
dis•gus•tar *tr.* to annoy, displease; (*reflex.*) [molestarse] to be annoyed o displeased; [desazonarse] to fall out
dis•gus•to *m.* [desagrado] annoyance, displeasure; [contienda] quarrel, disagreement ▪ **a** ~ unwillingly
di•si•den•cia *f.* dissidence, disagreement
di•si•den•te *adj.* & *m.f.* dissident
di•si•dir *intr.* to dissent

D

di•sien•ta, to ▻ **disentir**
di•sí•mil *adj.* dissimilar, unlike
di•si•mu•la•do, a ◇ *adj.* [simulado] dissimulating, dissembling; [encubierto] concealed, hidden ◇ *m.f.* dissimulator, dissembler ■ **hacerse el ~** to act dumb, feign ignorance
di•si•mu•lar *tr.* to dissimulate, dissemble; [encubrir] to conceal, hide; [fingir] to feign, pretend; [tolerar] to tolerate, overlook; (*intr.*) to dissimulate, dissemble
di•si•mu•lo *m.* = **disimulación**
di•sin•tie•ra, tió ▻ **disentir**
di•si•pa•do, a ◇ *adj.* dissipated; [libertino] dissolute; [derrochador] wasteful ◇ *m.f.* [libertino] dissolute person; [derrochador] squanderer, wasteful person
di•si•par *tr.* to dissipate; [derrochar] to squander, waste; [una duda] to dispel; (*reflex.*) [desaparecer] to disappear, vanish; [dispersarse] to disperse, scatter
dis•lo•ca•ción *f.* dislocation
dis•lo•car [70] *tr.* & *reflex.* to dislocate
dis•mi•nu•ción *f.* decrease, decline
dis•mi•nuir [18] *tr., intr.* & *reflex.* to decrease
di•so•cia•ción *f.* dissociation, separation
di•so•ciar *tr.* & *reflex.* to dissociate (oneself)
di•so•lu•ción *f.* dissolution; [libertinaje] dissoluteness, dissipation; [ruptura] breakup; COM liquidation; CHEM solution
di•so•lu•to, a *adj.* & *m.f.* dissolute (person)
di•sol•ver [78] *tr.* to dissolve; [dispersar] to break up; [anular] to annul; COM to liquidate; (*reflex.*) to dissolve
di•so•nan•cia *f.* MUS dissonance
dis•par *adj.* unequal; [diferente] different
dis•pa•ra•dor, •ra *m.f.* shooter, firer; (*m.*) trigger; PHOTOG shutter release
dis•pa•rar *tr.* to fire, shoot; [echar] to throw, hurl; SPORT to shoot; (*intr.*) to fire, shoot; [disparatar] to act foolishly; (*reflex.*) ARM to go off; [enfurecerse] to lose one's patience; AMER [irse corriendo] to rush o dash off
dis•pa•ra•ta•do, a *adj.* absurd, nonsensical; *coll* excessive, enormous
dis•pa•ra•te ◇ *m.* absurd o silly thing; *coll* enormous amount ◇ *pl.* nonsense
dis•pa•ri•dad *f.* disparity, dissimilarity
dis•pa•ro *m.* firing, shooting; [tiro] shot; MECH release, trip
dis•pen•sar *tr.* to dispense, give out; [eximir] to exempt; [perdonar] to forgive, excuse; (*reflex.*) to excuse oneself
dis•pen•sa•rio *m.* dispensary, clinic ■ **~ de alimentos** soup kitchen
dis•pep•sia *f.* dyspepsia, indigestion
dis•per•sar *tr.* & *reflex.* to disperse, scatter; [dividir] to divide
dis•per•sión *f.* dispersion, dispersal
dis•pli•cen•cia *f.* indifference, coolness
dis•pli•cen•te *adj.* disagreeable, unpleasant; [indiferente] indifferent, cool
dis•po•ner [54] *tr.* [colocar] to arrange, place; [preparar] to prepare, get ready; [ordenar] to order; (*intr.*) ■ **~ de** [poseer] to have, have at one's disposal; [utilizar] to make use of; [deshacerse de] to dispose of; (*reflex.*) to prepare, get ready; [prepararse a morir] to prepare to die, make one's will
dis•po•ni•bi•li•dad *f.* availability
dis•po•ni•ble *adj.* available, on hand
dis•po•si•ción ◇ *f.* disposition; [posesión] disposal; [aptitud] aptitude, talent; LAW [precepto] provision; [orden] decree, order ■ **estar en ~ de** to be ready to, be in a position to; **última ~** last will and testamen[t] ◇ *pl.* measures
dis•po•si•ti•vo, a ◇ *adj.* dispositive ◇ *m.* device, mechanism; COMPUT device ■ **~ intrauterino** intrauterine device
dis•pues•to, a ▻ **disponer** ◇ *adj.* good-looking, elegant; [hábil] clever, capable ■ **bien ~** well-disposed; [saludable] well, not sick; **estar ~ a** to be prepare[d] o willing to; **estar poco ~ a** to be reluctant to; **mal ~** ill-disposed; [enfermo] ill, indisposed
dis•pu•sie•ra, so ▻ **disponer**
dis•pu•ta *f.* dispute
dis•pu•ta•ble *adj.* disputable, debatable
dis•pu•tar *tr.* to dispute; (*intr.*) to argue, quarrel; (*reflex.*) to be disputed
dis•que•te *m.* COMPUT floppy disk
dis•que•te•ra *f.* COMPUT floppy disk drive
dis•qui•si•ción *f.* digression
dis•tan•cia *f.* distance; [diferencia] difference ■ **a (la) ~** at o from a distance; **a larga ~** long-distance
dis•tan•ciar *tr.* to separate, space out; [alejar] to plac[e] at a distance; [dejar atrás] to outdistance; (*reflex.*) t[o] become separated; [enajenarse] to become estranged, drift away
dis•tan•te *adj.* distant
dis•tar *intr.* to be a certain distance from; [diferenciarse] to be different o far from
dis•te ▻ **dar**
dis•ten•der [50] *tr.* to distend; (*intr.*) to becom[e] distended
dis•tin•ción *f.* distinction; [trato] respect, deference; [claridad] distinctness ■ **a ~ de** as distinct from, i[n] contrast to
dis•tin•gui•do, a *adj.* distinguished
dis•tin•guir [26] *tr.* to distinguish; [preferir] to favo[r], show preference for; [honrar] to pay tribute to, hono[r]; (*intr.*) to distinguish, discriminate; (*reflex.*) [ser distin]to] to be distinguished, differ; [sobresalir] to distin]guish oneself, excel
dis•tin•ti•vo, a ◇ *adj.* distinctive ◇ *m.* badge, em]blem; *fig* distinguishing mark
dis•tin•to, a *adj.* different
dis•tor•sio•nar *tr.* to distort
dis•trac•ción *f.* distraction; [libertinaje] dissolutenes[s]; [error] slip, oversight; FIN embezzlement, misappro]priation
dis•tra•er [72] *tr.* to distract; [descaminar] to lea[d] astray; [entretener] to amuse, entertain; FIN to embe[z]zle, misappropriate; (*intr.*) to be entertaining; (*reflex.*) [entretenerse] to amuse oneself; [descuidarse] to b[e] distracted
dis•tra•í•do, a ▻ **distraer** ◇ *adj.* [divertido] amusing, entertaining; [desatento] inattentiv[e], absent-minded; [libertino] dissolute, libertine
dis•trai•ga, go ▻ **distraer**
dis•trai•mien•to *m.* = **distracción**
dis•tra•je•ra, jo ▻ **distraer**
dis•tri•bu•ción *f.* distribution
dis•tri•bui•dor, •ra ◇ *adj.* distributing, distributiv[e] ◇ *m.f.* distributor; (*m.*) AUTO & TELEC distributor ■ [~] **automático** vending machine

dis•tri•buir [18] *tr.* to distribute
dis•tri•to *m.* district, zone
dis•tur•bar *tr.* to disturb
dis•tur•bio *m.* disturbance, trouble
di•sua•dir *tr.* to dissuade, discourage
di•sua•sión *f.* dissuasion
di•suel•to, ta, va, vo ▷ **disolver**
dis•yun•ti•vo, a *adj.* & *f.* disjunctive
diu•ré•ti•co, a *adj.* & *m.* diuretic
diur•no *adj.* & *m.* diurnal
di•va•ga•ción *f.* digression, rambling
di•va•gar [47] *intr.* [errar] to digress, ramble; [vagar] to wander, roam
di•ván *m.* divan, couch
di•ver•gen•cia *f.* divergence
di•ver•gir [32] *intr.* to diverge, differ
di•ver•si•dad *f.* diversity
di•ver•si•fi•ca•ción *f.* diversification
di•ver•si•fi•car [70] *tr.* to diversify
di•ver•sión *f.* diversion
di•ver•so, a ◇ *adj.* diverse ◇ *pl.* several, various
di•ver•ti•do, a *adj.* amusing, entertaining
di•ver•tir [65] *tr.* [entretener] to amuse, entertain; [distraer] to divert, distract; (*reflex.*) to amuse oneself, have a good time; [distraerse] to be distracted
di•vi•den•do *m.* dividend
di•vi•dir *tr.* to divide; (*reflex.*) to divide; [separarse] to separate
di•vier•ta, to ▷ **divertir**
di•vi•ni•dad *f.* divinity; [belleza] beauty
di•vi•no, a *adj.* divine
di•vir•tie•ra, tió ▷ **divertir**
di•vi•sa *f.* emblem, insignia; COM currency
di•vi•sar *tr.* to discern, make out
di•vi•sión *f.* division
di•vi•sor, •ra ◇ *adj.* dividing ◇ *m.* divider; MATH divisor
di•vi•so•rio, a ◇ *adj.* dividing; [divisivo] divisive ◇ *f.* dividing line; GEOL divide
di•vo, a *m.f.* opera star; (*f.*) *fig* prima donna
di•vor•cia•do, a ◇ *adj.* divorced ◇ *m.* divorcé; (*f.*) divorcée
di•vor•ciar *tr.* to divorce; [separar] to separate, divide; (*reflex.*) to divorce, get divorced
di•vor•cio *m.* divorce; [separación] separation, division
di•vul•ga•ción *f.* [revelación] disclosure, revelation; [popularización] popularization
di•vul•gar [47] *tr.* to divulge, disclose; [popularizar] to popularize; (*reflex.*) to be divulged
diz•que *adv.* ANDES, CARIB & MEX apparently
do *m.* MUS do, C; *coll* supreme effort
do•bla•di•llo *m.* hem
do•bla•je *m.* CINEM dubbing
do•blar *tr.* to double; [encorvar] to bend; to turn, round; ~ **la esquina** to turn the corner; CINEM to dub; (*intr.*) to toll, ring; THEAT to double, stand in; (*reflex.*) [plegarse] to fold; [encorvarse] to double over; [ceder] to yield, give in
do•ble ◇ *adj.* double; [grueso] thick, heavy; [disimulado] two-faced ■ ~ **clic** COMPUT double click ◇ *m.* double; [pliegue] fold, crease; [toque] death knell; [copia] copy, reproduction; COM margin ■ **al** ~ doubly; (*m.f.*) double, stand-in ◇ *adv.* doubly
do•ble•gar [47] *tr.* to fold, crease; [curvar] to bend, flex; [blandir] to brandish; [hacer ceder] to force someone to give in; (*reflex.*) to fold, crease; [encorvarse] to bend, flex; [ceder] to yield, give in
do•ble•men•te *adv.* doubly; [maliciosamente] falsely, deceitfully
do•blez *m.f.* duplicity, two-facedness; (*m.*) [pliegue] fold, crease; [dobladillo] hem
do•ce ◇ *adj.* twelve; [duodécimo] twelfth ■ **las** ~ twelve o'clock ◇ *m.* twelve
do•ce•na *f.* dozen
do•cen•te *adj.* teaching, educational
dó•cil *adj.* docile; [dúctil] ductile
doc•to, a *adj.* & *m.f.* learned (person)
doc•tor, •ra *m.f.* doctor; [maestro] teacher, professor; *coll* doctor, physician
doc•to•ra•do *m.* doctorate
doc•to•rar *tr.* to confer a doctor's degree on; (*reflex.*) to get a doctor's degree
doc•tri•na *f.* doctrine, teaching; [conocimiento] knowledge, learning
doc•tri•na•rio, a *adj.* & *m.f.* doctrinaire
do•cu•men•ta•ción *f.* documentation
do•cu•men•ta•do, a *adj.* documented; [informado] well-informed, well-read
do•cu•men•tal *adj.* & *m.* documentary
do•cu•men•tar *tr.* to document; [educar] to educate; (*reflex.*) to research, investigate
do•cu•men•to *m.* [escrito] document; [testimonio] record ■ ~ **a la vista** sight bill, draft; ~ **justificativo** voucher, certificate
dog•ma *m.* dogma
dog•má•ti•co, a ◇ *adj.* dogmatic ◇ *m.f.* dogmatist; (*f.*) dogmatics
do•go, a *m.f.* bull mastiff
dó•lar *m.* dollar
do•la•ri•za•ción *f.* dollarization
do•la•ri•zar *tr.* to dollarize
do•len•cia *f.* illness, ailment
do•ler [78] *intr.* to hurt; (*reflex.*) [arrepentirse] to repent; [sentir] to regret; [compadecerse] to sympathize, be sorry; [quejarse] to complain
do•lo *m.* fraud
do•lor *m.* pain, ache; [congoja] sorrow, distress; [arrepentimiento] repentance, regret
do•lo•ri•do, a *adj.* sore, aching; [desconsolado] pained, distressed
do•lo•ro•so, a *adj.* [lastimoso] pitiful, distressing; [sensible] painful
do•ma *f.* taming
do•ma•dor, •ra *m.f.* [de fieras] tamer, trainer; [de caballos] horsebreaker, broncobuster
do•mar *tr.* to tame, domesticate; [vencer] to subdue, master
do•mes•ti•car [70] *tr.* to tame, domesticate; [vencer] to subdue, conquer; [educar] to educate, refine
do•més•ti•co, a ◇ *adj.* domestic ◇ *m.f.* domestic, household servant
do•mi•ci•liar *tr.* to domicile, establish in a residence; (*reflex.*) to settle, take up residence ■ **¿en dónde se domicilia usted?** where do you live?
do•mi•ci•lio *m.* domicile, residence ■ **adquirir** o **elegir** ~ to settle, take up residence; ~ **social** head office, corporate headquarters

do•mi•na•ción *f.* domination; [señorío] rule, dominion; MIL high ground
do•mi•na•dor, •ra ◇ *adj.* dominating; [avasallador] domineering, overbearing ◇ *m.f.* dominator; [avasallador] domineering person
do•mi•nan•te ◇ *adj.* dominant; [avasallador] domineering, overbearing ◇ *f.* dominant
do•mi•nar *tr.* to dominate; [someter] to subdue, control; [saber a fondo] to know well, master; (*intr.*) to dominate, stand out; (*reflex.*) to control o restrain oneself
do•min•go *m.* Sunday
do•mi•nio *m.* dominion, power; [superioridad] dominance, supremacy; [maestría] mastery, command; [tierra] domain, dominion; COMPUT domain
do•mi•nó *m.* dominoes
don[1] *m.* [regalo] gift, present; [gracia] gift, talent, knack ▪ **~ de acertar** o **errar** knack for doing the right o wrong thing; **~ de gentes** personal charm
don[2] *m.* Don (title of respect used before a man's first name)
do•na•ción *f.* donation, contribution; [regalo] gift, present
do•nar *tr.* to donate, give
do•na•ti•vo *m.* donation, gift
don•ce•lla *f.* maiden, young maid; [criada] maid, housemaid
don•de ◇ *adv.* where ▪ **~ no** otherwise; **en ~** in which; **por ~** whereby ◇ *prep.* S AMER to o at the house of
dón•de *adv.* where ▪ **¿a ~?** where?; **¿de ~?** from where?; **¿por ~?** why?
don•de•quie•ra *adv.* anywhere ▪ **~ que** wherever; **por ~** everywhere, all over the place
do•ña *f.* Mrs., Madam
do•ra•do, a ◇ *adj.* golden; [cubierto de oro] gilt, gilded ◇ *m.* gilding
do•rar *tr.* to gild, cover with gold; METAL to gold-plate; [paliar] to palliate, minimize; (*reflex.*) to become golden o gilded
dor•mi•lón, o•na ◇ *adj.* sleepy ◇ *m.f.* sleepy-head; (*f.*) easy chair
dor•mir [27] *intr.* to sleep; [pernoctar] to spend the night; [sosegarse] to grow calm, subside ▪ **~ de un tirón** o **a pierna suelta** to sleep soundly; (*reflex.*) to fall asleep; MARIT to heel, list ▪ **~ en los laureles** to rest on one's laurels; (*tr.*) to put to sleep ▪ **~ la mona** to sleep it off; **~ la siesta** to take a nap
dor•mi•tar *intr.* to doze, snooze
dor•mi•to•rio *m.* bedroom; [residencia] dormitory
dor•so *m.* back
dos ◇ *adj.* two; [segundo] second ▪ **las ~** two o'clock ◇ *m.* two; [naipe] deuce ▪ **cada ~ por tres** frequently; **en un ~ por tres** in a jiffy; **los** o **las ~** both
dos•cien•tos, as *adj.* & *m.* two hundred
do•si•fi•ca•ción *f.* dosage
do•si•fi•car [70] *tr.* to dose, give in doses
do•sis *f.* dose; *fig* portion, quantity
do•ta•ción *f.* endowment, bequest; [dote] dowry; MARIT crew; [personal] personnel
do•tar *tr.* to endow, provide; [novia] to give a dowry to; [testamento] to bequeath, leave; [personal] to man, staff
do•te *m.* o *f.* dowry; (*f.*) endowment; [habilidad] talent, ability
doy ▻ **dar**
do•za•vo, a *adj.* & *m.f.* twelfth
drac•ma *m.f.* FIN drachma; [peso] dram
dra•ga *f.* dredge
dra•gar [47] *tr.* to dredge, drag
dra•gón *m.* dragon; BOT snapdragon; MIL dragoon
dra•ma *m.* drama
dra•má•ti•co, a ◇ *adj.* dramatic ◇ *m.f.* dramatist, playwright; (*m.*) actor; (*f.*) [actriz] actress; [arte dramático] drama
dra•ma•ti•zar [04] *tr.* to dramatize
dra•ma•tur•gia *f.* dramaturgy, dramatic art
dra•ma•tur•go, a *m.f.* playwright, dramatist
drás•ti•co, a *adj.* drastic
dre•na•je *m.* drainage
dre•nar *tr.* to drain
dro•ga *f.* drug; [embuste] fib, lie; [trampa] trick; [molestia] nuisance; CHILE, MEX & PERU bad debt ▪ **~ de diseño** designer drug; **~ sintética** designer drug
dro•ga•dic•ción *f.* drug addiction
dro•ga•dic•to, a *m.f.* drug addict
dro•ga•do, a ◇ *adj.* drugged, doped ◇ *m.f.* drug addict; (*m.*) drugging, doping
dro•gar [47] *tr.* to drug, dope
dro•gue•rí•a *f.* drugstore, pharmacy; [comercio] drug trade
dro•me•da•rio *m.* dromedary
dua•li•dad *f.* duality
du•bi•ta•ti•vo, a *adj.* doubtful
du•ca•do *m.* dukedom; NUMIS ducat
du•cha *f.* [baño] shower; MED douche, irrigation
du•char *tr.* & *reflex.* to shower; MED to douche
du•cho, a *adj.* skillful, expert
dúc•til *adj.* ductile; *fig* pliant, docile
du•da *f.* doubt, uncertainty ▪ **no cabe** o **no hay ~** (there is) no doubt; **poner en ~** to question, doubt; **sin sombra de ~** beyond the shadow of a doubt
du•dar *tr.* to doubt, question; (*intr.*) to doubt; [vacilar] to vacillate, waver
du•do•so, a *adj.* doubtful, uncertain; [sospechoso] dubious; [vacilante] hesitant, wavering
due•la, lo ▻ **doler**
due•lo[1] *m.* duel
due•lo[2] ◇ *m.* [dolor] grief, sorrow; [luto] mourning, bereavement; [los afligidos] mourners ▪ **estar de ~** to be in mourning; **sin ~** unrestrainedly ◇ *pl.* troubles
duen•de *m.* goblin, ghost; *fig* enchanting quality, magic; TEX gold o silver cloth
due•ña *f.* owner; [ama] lady of the house; [señora] lady, matron
due•ño *m.* owner; [amo] master (of a house) ▪ **ser ~ de sí mismo** to have self-control
duer•ma, mo ▻ **dormir**
dul•ce ◇ *adj.* sweet; [dúctil] soft, ductile; [agua] fresh ◇ *m.* candy, sweet ◇ *adv.* gently, softly
dul•zu•ra *f.* sweetness; [mansedumbre] mildness, gentleness; [verbal] endearment, sweet nothing
du•na *f.* dune
dú•o *m.* duet, duo
duo•dé•ci•mo, a *adj.* & *m.* twelfth
du•plex *m.* duplex, split-level (apartment)
du•pli•ca•ción *f.* duplication, doubling
du•pli•ca•do *m.* copy, duplicate

du•pli•ca•dor, •ra ◇ *adj.* duplicating, copying; [que dobla] doubling ◇ *m.* copier, copying machine
du•pli•car [70] *tr.* to duplicate, copy; [doblar] to double
du•plo, a *adj.* & *m.* double
du•que *m.* duke
du•que•sa *f.* duchess
du•ra•ción *f.* duration
du•ra•de•ro, a *adj.* durable, lasting
du•ran•te *prep.* during
du•rar *intr.* to last, endure; [quedar] to remain
du•raz•ne•ro *m.* AMER peach tree
du•raz•no *m.* AMER peach
dú•rex *m.* MEX Sellotape®, Scotch® tape
du•re•za *f.* hardness; [fuerza] strength, toughness; [dificultad] difficulty; [severidad] severity, harshness; [obstinación] obstinacy, stubbornness; [indiferencia] indifference
dur•mien•te ◇ *adj.* asleep, sleeping; [inactivo] dormant, inactive ◇ *m.f.* sleeper; (*m.*) RAIL sleeper, crosstie; CARP girder, rafter
dur•mie•ra, mió ▻ **dormir**
du•ro, a ◇ *adj.* hard; [fuerte] tough, strong; [resistente] resistent, resilient; [cruel] callous, cruel; [obstinado] stubborn, obstinate; [áspero] harsh ■ **a duras penas** with difficulty ◇ *adv.* hard
du•ty free *m.* duty free shop

E

e, E *f.* fifth letter of the Spanish alphabet
e *conj.* and
e•ba•nis•ta *m.* cabinetmaker, woodworker
é•ba•no *m.* ebony
e•brio, a ◇ *adj.* inebriated, drunk ◇ *m.f.* drunk, drunkard
e•bu•lli•ción *f.* boiling; [efervescencia] ebullience
e•char *tr.* [arrojar] to throw, cast, toss; [expulsar] to throw out, expel; [destituir] to dismiss, fire; [desechar] to throw out o away; [derramar] to shed; [emitir] to emit, give off; [verter] to pour; [añadir] to add, put in; BOT to sprout, begin to grow; [los dientes] to cut; [tomar] to take; [aplicar] to put on, apply; [imponer] to impose, give; [condenar] to condemn, sentence; [las cartas] to deal; [apostar] to wager, gamble; [llave] to turn; [cerrojo] to shoot; [publicar] to publish, issue; [representar] to put on, present; [pronunciar] to give, deliver; [presentar] to bring, present; [conjeturar] to attribute, guess to be; [adquirir] to develop, get; ZOOL to mate, couple ■ ~ **a perder** [arruinar] to spoil, ruin; [pervertir] to corrupt; [malograr] to waste; ~ **a pique** to sink; ~ **de menos a** to miss; [descuidar] to neglect; ~ **de ver** to notice, observe; **echarla de** to pose as, pretend to be; ~ **mano a** to grab, get a hold of; ~ **suertes** to draw lots; ~ **tierra a** *fig* to hush o cover up; (*intr.*) to grow, sprout ■ ~ **a** to begin, start; [romper] to burst out; ~ **por** [una carrera] to choose, go into; [ir] to go; (*reflex.*) to throw oneself; [tenderse] to lie down, stretch out ■ ~ **a** to begin, start; **echárselas de** to pose as, pretend to be; ~ **una siesta** to take a nap
e•char•pe *m.* stole, shawl
e•cléc•ti•co, a *adj.* & *m.f.* eclectic
e•cle•siás•ti•co, a *adj.* & *m.* ecclesiastic
e•clip•sar *tr.* to eclipse; (*reflex.*) to be eclipsed; [desaparecer] to disappear, vanish
e•clip•se *m.* eclipse
e•co *m.* echo; [noticia] news; [acogida] response, reception ■ **hacerse** ~ **de** to repeat, spread; **tener** ~ to catch on, be popular
e•co•lo•gí•a *f.* ecology
e•co•ló•gi•co, a *adj.* [del medio ambiente] ecological; [alimentos] organic
e•co•no•mí•a *f.* economy; [ciencia] economics; [parsimonia] thrift, frugality; [escasez] scantiness, scarcity; [miseria] poverty, want ■ ~ **doméstica** home economics; ~ **de mercado** market economy; ~ **sumergida** black economy; **hacer economías** to economize, save
e•co•nó•mi•co, a *adj.* economic; [ahorrador] economical
e•co•no•mis•ta *m.f.* economist
e•co•no•mi•zar [04] *tr.* to economize on
e•co•sis•te•ma *m.* ecosystem
e•co•ta•sa *f.* ecotax
e•co•tu•ris•mo *m.* ecotourism
e•co•tu•ris•ta *m.f.* ecotourist
e•cua•ción *f.* equation
e•cua•dor *m.* equator
e•cuá•ni•me *adj.* even-tempered, levelheaded; [imparcial] impartial
e•cua•ni•mi•dad *f.* equanimity, levelheadedness; [imparcialidad] impartiality
e•cua•to•rial *adj.* equatorial
e•cues•tre *adj.* equestrian
e•cu•mé•ni•co, a *adj.* ecumenical, universal
e•cu•me•nis•mo *m.* ecumenism
ec•ze•ma *m.* eczema
e•dad *f.* age; [periodo] time; [época] era, epoch ■ ~ **crítica** menopause, change of life; **Edad Media** Middle Ages; ~ **viril** prime of life; **mayor de** ~ of age; **menor de** ~ underage; **¿qué** ~ **tienes?** how old are you?
e•de•cán *m.f.* MEX assistant, aide
e•di•ción *f.* publication; [conjunto de libros o periódicos] edition; [conjunto de revistas] issue ■ ~ **electrónica** electronic publishing; **segunda** ~ *coll* spitting image, carbon copy
e•dic•to *m.* edict, proclamation
e•di•fi•car [70] *tr.* to build, construct; [establecer] to establish, form; [mejorar] to edify, enlighten
e•di•fi•cio *m.* building, edifice; *fig* structure, fabric ■ ~ **inteligente** intelligent building, smart building
e•di•tar *tr.* to publish; COMPUT to edit
e•di•tor, •ra ◇ *adj.* publishing ◇ *m.f.* publisher; [redactor] editor; COMPUT editor
e•di•to•rial ◇ *adj.* publishing ◇ *m.* editorial; (*f.*) publishing house
e•du•ca•ción *f.* education, training ■ ~ **de adultos** adult education; ~ **especial** special education; ~ **vial** road safety education
e•du•ca•do, a *adj.* educated, trained; [cortés] well-mannered, polite
e•du•ca•dor, •ra *m.f.* educator ■ ~ **medioambiental** environmental educator
e•du•car [70] *tr.* to educate, teach; [criar] to raise, bring up; [desarrollar] to develop, train

e•fe•bo *m.* youth, adolescent

e•fec•ti•va•men•te *adv.* [en realidad] really, in fact; [por supuesto] indeed, certainly

e•fec•ti•vi•dad *f.* effectiveness; MIL nominal rank

e•fec•ti•vo, a ◇ *adj.* effective; [verdadero] real, actual; [permanente] permanent ◇ *m.* [dinero] (hard) cash; [número total] total number

e•fec•to ◇ *m.* effect, result; [fin] end, purpose; [impresión] impression, impact; [rotación] spin; COM commercial paper ▪ **a efectos de** for the purpose of; **con** o **en** ~ [efectivamente] in effect, in fact; [en conclusión] indeed, precisely; **dar** ~ to produce sound effects; **efectos especiales** special effects; **efectos de resultado** o **de residuo** COMPUT output; ~ **útil** MECH output; **hacer** ~ to have an effect; **llevar a** o **poner en** ~ to put into effect, implement; **surtir** ~ to have the desired effect, work; **tener** ~ [efectuarse] to take effect; [ocurrir] to take place ◇ *pl.* effects, property; [mercancía] goods, merchandise; FIN bills, securities

e•fec•tuar [67] *tr.* to effect, bring about; (*reflex.*) to take effect

e•fer•ves•cen•cia *f.* effervescence; *fig* excitement, vivacity

e•fi•ca•cia *f.* efficacy, effectiveness

e•fi•caz *adj.* efficacious, effective

e•fi•cien•cia *f.* efficiency

e•fi•cien•te *adj.* efficient, effective

e•fi•gie *f.* effigy

e•fí•me•ro, a *adj.* ephemeral

e•flu•vio *m.* effluvium; *fig* vibration, aura

e•fu•sión *f.* effusion; *fig* effusiveness, intensity

e•fu•si•vo, a *adj.* effusive

é•gi•da *f.* aegis, protection

e•go *m.* ego, the self

e•go•cén•tri•co, a *adj.* egocentric

e•go•ís•ta *adj.* & *m.f.* egoistic (person)

e•go•la•trí•a *f.* egotism

e•gre•sa•do, a *adj.* & *m.f.* AMER graduate

e•gre•sar *intr.* AMER to graduate

e•gre•so *m.* AMER graduation

¡eh! *interj.* hey!; [para confirmar] all right?, okay?

e•je *m.* axis; *fig* crux, main point; MECH & TECH shaft, axle

e•je•cu•ción *f.* execution, realization; CRIMIN execution; MUS performance, rendition

e•je•cu•ta•ble *m.* COMPUT executable file

e•je•cu•tar *tr.* to execute, carry out; CRIMIN to execute, put to death; MUS to perform, play

e•je•cu•ti•vo, a *adj.* & *m.* executive

e•je•cu•tor, •ra ◇ *adj.* executing; MUS performing ◇ *m.f.* executor ▪ ~ **de la justicia** executioner; ~ **testamentaria** executrix; ~ **testamentario** executor

e•jem•plar ◇ *adj.* exemplary ◇ *m.* example; PRINT copy; [número] number, issue; [precedente] precedent; SCI specimen ▪ ~ **de regalo** complimentary copy; **sin** ~ unprecedented, unique

e•jem•pli•fi•car [70] *tr.* to exemplify, illustrate

e•jem•plo *m.* example ▪ **dar** ~ to set an example; **por** ~ for example, for instance; **sin** ~ unprecedented

e•jer•cer [75] *tr.* to exercise; [desempeñar] to practice; (*intr.*) to be in practice, practice a profession

e•jer•ci•cio *m.* exercise; [desempeño] practice; [tarea] exercise, drill; [prueba] examination; MIL exercise, drill; POL tenure ▪ ~ **económico** fiscal year

e•jer•ci•tar *tr.* [desempeñar] to practice; [adiestrar] to train, drill; (*reflex.*) to train, drill

e•jér•ci•to *m.* MIL army; *fig* army, flock

e•jo•te *m.* C AMER & MEX green bean

el ◇ *def. art.* the ◇ *pron.* the one ▪ **el que** the one that; [él] he who

él ◇ *pron.* (*pl* **ellos**) he, him; **para él** for him/it; **tomó el lápiz y escribió con él** she took the pencil and wrote with it ▪ **de él** his; **él mismo** he himself ◇ *pl.* they, them ▪ **de ellos** theirs; **ellos mismos** they themselves

e•la•bo•rar *tr.* [fabricar] to manufacture, produce; [crear] to make, create; [labrar] to work; [preparar] to prepare, work out

e•las•ti•ci•dad *f.* elasticity; *fig* flexibility

e•lás•ti•co, a ◇ *adj.* elastic; [flexible] flexible ◇ *m.* elastic, elastic band ◇ *pl.* suspenders; (*f.*) AMER undershirt, T-shirt

e•lec•ción *f.* election; [selección] selection, choice ▪ **elecciones presidenciales** presidential election; **elecciones primarias** primary election

e•lec•to, a *adj.* & *m.f.* elect, chosen (person)

e•lec•tor, •ra ◇ *adj.* electing ◇ *m.f.* elector, voter

e•lec•to•ra•do *m.* electorate

e•lec•tri•ci•dad *f.* electricity

e•lec•tri•cis•ta ◇ *adj.* electrical ◇ *m.f.* electrician

e•léc•tri•co, a *adj.* electric(al); *fig* lightning-fast

e•lec•tri•fi•car [70] *tr.* to electrify

e•lec•tri•zan•te *adj.* electrifying

e•lec•tri•zar [04] *tr.* to electrify

e•lec•tro•car•dio•gra•ma *m.* electrocardiogram

e•lec•tro•cu•ción *f.* electrocution

e•lec•tro•cu•tar *tr.* to electrocute

e•lec•tro•en•ce•fa•lo•gra•ma *m.* electroencephalogram

e•lec•troi•mán *m.* electromagnet

e•lec•tro•mag•ne•tis•mo *m.* electromagnetism

e•lec•tro•mo•tor, •ra ◇ *adj.* electromotive ◇ *m.* electromotor

e•lec•trón *m.* electron

e•lec•tró•ni•co, a ◇ *adj.* electronic ◇ *f.* electronics

e•lec•tro•tec•nia *f.* electrical engineering

e•le•fan•te *m.* elephant

e•le•gan•cia *f.* elegance, polish

e•le•gan•te *adj.* elegant

e•le•gan•to•so, a *adj.* MEX elegant

e•le•gí•a *f.* elegy

e•le•gir [57] *tr.* to choose, select; POL to elect

e•le•men•tal *adj.* elemental; [obvio] elementary, obvious; [fundamental] fundamental, essential

e•le•men•to ◇ *m.* element; [miembro] member; ELEC cell; AMER dimwit, blockhead ◇ *pl.* rudiments, basic principles; [recursos] resources, means; [condiciones atmosféricas] elements

e•len•co *m.* THEAT company, cast

e•le•va•ción *f.* elevation; [construcción] erection, building; *fig* promotion; [enajenamiento] rapture, ecstasy; MATH raising

e•le•va•do, a *adj.* tall, high; [sublime] elevated, lofty

e•le•va•dor *m.* MEX elevator

e•le•va•do•ris•ta *m.f.* MEX elevator operator

e•le•va•mien•to *m.* = **elevación**

e•le•var *tr.* to elevate; [ennoblecer] to ennoble; MATH to raise

e•li•gie•ra, gió, ja, jo ▷ **elegir**

e•li•mi•nar *tr.* to eliminate
e•li•mi•na•to•rio, a ◇ *adj.* eliminatory ◇ *f.* SPORT preliminary, preliminary round
e•lip•se *f.* ellipse
e•lip•sis *f.* ellipsis
e•líp•ti•co, a *adj.* elliptic(al)
e•li•tis•ta *adj.* elitist
e•li•xir *m.* elixir
e•lla ◇ *pron.* she, her; **para ~** for her/it; **tomó la gorra y se fue con ~** he picked up his cap and left with it ▪ **de ~** hers; **~ misma** she herself ◇ *pl.* they, them ▪ **de ~** theirs; **~ mismas** they themselves
e•llo *pron.* it
e•llos, e•llas *pron.* ▻ **él, ella**
e•lo•cu•ción *f.* elocution
e•lo•cuen•cia *f.* eloquence
e•lo•cuen•te *adj.* eloquent
e•lo•giar *tr.* to praise
e•lo•gio *m.* praise
e•lo•te *m.* C AMER & MEX corncob, ear of maize o corn
e•lu•ci•dar *tr.* to elucidate, explain
e•lu•dir *tr.* to elude, avoid
e•lu•si•vo, a *adj.* elusive, evasive
e•ma•na•ción *f.* emanation, efflux
e•ma•nar *intr.* to emanate, flow
e•man•ci•pa•ción *f.* emancipation, liberation
e•man•ci•par *tr.* to emancipate, liberate; (*reflex.*) to become emancipated o liberated
em•ba•dur•nar *tr.* to smear, daub
em•ba•ja•da *f.* embassy; [cargo] ambassadorship; *coll* impertinent proposition
em•ba•ja•dor, •ra *m.f.* ambassador
em•ba•la•dor *m.* packer
em•ba•la•je *m.* packing, crating; [materia] packing material
em•ba•lar *tr.* to pack, crate; [acelerar] to rev; (*intr.*) to race, sprint; (*reflex.*) AUTO to rev; *fig* to be carried away
em•bal•do•sa•do *m.* tiling; [suelo] tiled floor
em•bal•do•sar *tr.* to tile
em•bal•sa•mar *tr.* to embalm; [perfumar] to perfume, scent
em•bal•sar *tr.* to dam up, dam; (*reflex.*) to be dammed up
em•bal•se *m.* dam
em•ba•ra•za•do, a ◇ *adj.* [preñado] pregnant; [molesto] troubled, bothered ◇ *f.* pregnant woman, expectant mother
em•ba•ra•zar [04] *tr.* to hinder, impede; [preñar] to impregnate, make pregnant; [molestar] to bother, embarrass; (*reflex.*) to be hindered; [preñarse] to become pregnant
em•ba•ra•zo *m.* [preñez] pregnancy; [dificultad] difficulty; [timidez] embarrassment
em•ba•ra•zo•so, a *adj.* troublesome
em•bar•ca•ción *f.* boat, vessel; [embarco] embarkation; [viaje] voyage
em•bar•ca•de•ro *m.* landing stage, pier; [muelle] wharf, dock; AMER loading platform
em•bar•car [70] *tr.* to embark; [poner a bordo] to load, ship aboard; [incluir] to involve; AMER to deceive; (*reflex.*) to embark; [enredarse] to get involved in, engage in
em•bar•co *m.* embarkation
em•bar•gar [47] *tr.* [estorbar] to impede, hamper; LAW to lay an embargo on, distrain; *fig* to overcome
em•bar•go *m.* MARIT embargo; LAW seizure, distraint; MED indigestion ▪ **sin ~** however, nevertheless
em•bar•que *m.* loading, shipment
em•ba•rrar *tr.* to splash with mud; [manchar] to stain; AMER to annoy, irritate; (*reflex.*) to become covered with mud
em•ba•te *m.* dashing, pounding; [viento] sea breeze; [acometida] sudden attack
em•bau•ca•dor, •ra ◇ *adj.* deceiving, swindling ◇ *m.f.* deceiver, swindler
em•bau•car [70] *tr.* to deceive, swindle
em•be•ber *tr.* to absorb, soak up; [empapar] to soak, wet; [contener] to contain, enclose; [ropa] to take in; (*intr.*) to shrink; (*reflex.*) to be absorbed o engrossed
em•be•le•sar *tr.* to enthrall, fascinate; (*reflex.*) to be enthralled o fascinated
em•be•le•so *m.* delight, enchantment
em•be•lle•ce•dor, •ra ◇ *adj.* beautifying, embellishing ◇ *m.* AUTO hubcap
em•be•lle•cer [17] *tr.* to beautify, embellish
em•bes•ti•da *f.* attack, onslaught
em•bes•tir [48] *tr.* & *intr.* to attack
em•blan•que•cer [17] *tr.* to whiten, bleach; (*reflex.*) to become whitened o bleached
em•ble•ma *m.* emblem, symbol
em•bo•bar *tr.* to stupefy, fascinate; (*reflex.*) to be stupefied o fascinated
em•bo•ca•du•ra *f.* MUS mouthpiece; [del caballo] bit; [desembocadura] mouth (of a river); [sabor] taste
em•bo•car [70] *tr.* to put in the mouth; [engañar] to make (someone) swallow; *coll* [engullir] to gorge, gulp down; [comenzar] to begin, undertake; (*reflex.*) to enter, go into
em•bo•chin•char *tr.* AMER to raise a ruckus
em•bo•la•dor *m.* COL boot black, shoeshine boy
em•bo•lia *f.* embolism, clot
ém•bo•lo *m.* piston
em•bol•sar *tr.* to pocket, collect
em•bo•nar *tr.* ANDES, CUBA & MEX [ajustar] to suit; [abonar] to manure; [ensamblar] to join
em•bo•rra•char *tr.* to intoxicate; [adormecer] to make drowsy; (*reflex.*) to get drunk
em•bo•rro•nar *tr.* to cover with smudges o blots; [escribir] to scribble
em•bos•ca•da *f.* ambush
em•bos•car [70] *tr.* to ambush; (*reflex.*) to ambush, lie in ambush; *coll* to find an easy way out
em•bo•tar *tr.* to blunt, dull; (*reflex.*) to become blunt o dull
em•bo•te•lla•mien•to *m.* bottling; [de la circulación] traffic jam, bottleneck
em•bo•te•llar *tr.* to bottle; [obstruir] to jam, block; [memorizar] to learn by heart, memorize
em•bra•gar [47] *tr.* to connect, engage
em•bra•gue *m.* AUTO clutch
em•bra•ve•cer [17] *tr.* to irritate, infuriate; (*intr.*) to flourish, thrive; (*reflex.*) to become irritated; [el mar] to become choppy
em•bria•ga•dor, •ra/gan•te *adj.* intoxicating
em•bria•gar [47] *tr.* to intoxicate; (*reflex.*) to get drunk
em•bria•guez *f.* intoxication

E

em•brión *m.* embryo
em•bro•llar *tr.* to confuse, embroil
em•bro•llo *m.* confusion, tangle; [embuste] trick, fraud
em•bro•ma•do, a *adj.* ANDES, CARIB & RP *coll* [complicado] tricky
em•bro•mar *tr.* [burlarse de] to make fun of, tease; [engañar] to cheat, hoodwink; ANDES, CARIB & RP [fastidiar] to annoy; ANDES, CARIB & RP [estropear máquina, objeto] to break; [fiesta, vacaciones] to spoil, to ruin; (*reflex.*) AMER to get annoyed
em•bru•jar *tr.* to bewitch, cast a spell on
em•bru•jo *m.* spell, charm
em•bru•te•cer [04] *tr.* to brutalize
em•bu•char *tr. coll* [tragar] to gulp down, wolf down; [hacer creer] to try to make (someone) swallow (something)
em•bu•do *m.* funnel; [trampa] trick, fraud
em•bus•te *m.* hoax, fraud; [mentira] lie, fib
em•bus•te•ro, a ◇ *adj.* lying, deceitful ◇ *m.f.* liar, cheat
em•bu•ti•do *m.* inlay, marquetry; CUL sausage
em•bu•tir *tr.* to stuff, cram; [taracear] to inlay; [tragar] to swallow; (*reflex.*) *coll* to stuff oneself, gorge
e•mer•gen•cia *f.* [surgimiento] emergence; [accidente] emergency
e•mer•ger [34] *intr.* to emerge
e•mi•gra•do, a *m.f.* emigrant, émigré
e•mi•gran•te ◇ *adj.* emigrating, migrating ◇ *m.f.* emigrant, émigré
e•mi•grar *intr.* to emigrate; ZOOL to migrate
e•mi•lio *m. coll* COMPUT e-mail (message)
e•mi•nen•cia *f.* eminence
e•mi•nen•te *adj.* [elevado] high, lofty; [distinguido] eminent, distinguished
e•mi•sa•rio, a *m.f.* emissary, secret agent
e•mi•sión *f.* emission; TELEC transmission, broadcast; COM issuance, issue
e•mi•sor, •ra ◇ *adj.* emitting; TELEC broadcasting; COM issuing ◇ *m.f.* issuer; TELEC [aparato] transmitter; [estación] broadcasting station
e•mi•tir *tr.* to emit, throw off; [poner en circulación] to issue; [expresar] to utter, express; (*intr.*) to broadcast, transmit
e•mo•ción *f.* emotion, feeling
e•mo•cio•nan•te *adj.* moving, thrilling
e•mo•cio•na•do, a *adj.* [conmovido] moved, touched; [perturbado] upset, distressed
e•mo•cio•nar *tr.* to move, affect; (*reflex.*) to be moved o affected
e•mo•lu•men•to *m.* emolument, wage
e•mo•ti•cón *m.* COMPUT emoticon
e•mo•ti•co•no *m.* COMPUT emoticon
e•mo•ti•vo, a *adj.* emotive, emotional
em•pa•car [70] *tr.* to pack, bale; AMER to annoy, anger; (*intr.*) to pack; (*reflex.*) to be stubborn; [turbarse] to be flustered
em•pa•char *tr.* to give indigestion to; [estorbar] to obstruct, hinder; [causar vergüenza a] to embarrass; (*reflex.*) to have indigestion
em•pa•cho *m.* indigestion; [vergüenza] embarrassment, shame
em•pa•dro•na•mien•to *m.* census
em•pa•dro•nar *tr.* to take a census of
em•pa•la•gar [47] *tr.* to cloy, surfeit; [fastidiar] to annoy, tire; (*intr.*) to be boring, be tiresome; (*reflex.*) to be annoyed (with), be tired (of)
em•pa•la•go *m.* surfeit, excess; [molestia] annoyance, irritation
em•pa•la•go•so, a ◇ *adj.* cloying, sickening; [fastidioso] annoying, tiresome ◇ *m.f.* pest, nuisance
em•pa•li•za•da *f.* MIL palisade, stockade
em•pa•li•zar [04] *tr.* MIL to palisade, stockade
em•pal•mar *tr.* [unir] to connect, join; CARP to join; PHOTOG to splice; [combinar] to link (up), combine; (*intr.* & *reflex.*) to meet, join; RAIL to connect, join ■ ~ **con** to follow
em•pal•me *m.* join, joint; RAIL & AUTO junction; PHOTOG splice
em•pa•na•do, a ◇ *adj.* CUL breaded ◇ *f.* CUL pasty
em•pa•nar *tr.* to bread
em•pa•ñar *tr.* [con pañales] to diaper, swaddle; [obscurecer] to blur, mist; [manchar] to tarnish, blemish
em•pa•par *tr.* to soak; [absorber] to absorb, soak up; (*reflex.*) to get soaked; [imbuirse] to become inspired; [de comida] to stuff oneself, gorge oneself
em•pa•pe•la•do *m.* papering, lining; [papel] wrapping o lining paper
em•pa•pe•lar *tr.* [envolver en papel] to wrap in paper; [forrar] to paper, line with paper; [paredes] to wallpaper
em•pa•que *m.* MEX [en paquetes, bolsas, cajas] packing; [en latas] canning; [en botellas] bottling
em•pa•que•tar *tr.* to pack, wrap; [muchas personas] to stuff, pack; [emperejilar] to dress up
em•pa•re•da•do, a ◇ *adj.* imprisoned, confined; [retirado] reclusive ◇ *m.f.* prisoner, captive; [ermitaño] recluse, hermit; (*m.*) sandwich
em•pa•re•jar *tr.* to match, pair (off); [poner a nivel] to (make) level, level off; (*intr.*) [alcanzar] to catch up, draw abreast; [ser pareja] to match; (*reflex.*) to form pairs, pair off
em•pa•ren•tar [49] *intr.* to become related by marriage
em•pas•tar *tr.* to cover with paste; BKB to bind; DENT to fill
em•pas•te *m.* DENT (tooth) filling; BKB bookbinding
em•pa•tar *tr.* [igualar] to tie, equal; [estorbar] to impede, hold up; AMER to couple, join; (*intr.*) to tie, be equal; (*reflex.*) to result in a tie o draw ■ **empatársela a uno** [igualarle] to be a match for someone
em•pa•te *m.* tie, draw; AMER [estorbo] obstacle, impediment; [unión] joint, connection
em•pe•ci•na•do, a *adj.* stubborn, obstinate
em•pe•ci•na•mien•to *m.* stubbornness, obstinacy
em•pe•ci•nar *tr.* to be stubborn o obstinate
em•pe•der•ni•do, a *adj.* hardhearted, insensitive; [inveterado] hardened, inveterate
em•pe•dra•do, a ◇ *adj.* dappled, spotted ◇ *m.* cobblestones
em•pe•drar [49] *tr.* to pave (with stones); [cubrir] to strew, scatter
em•pei•ne *m.* [del vientre] groin; [del pie] in-step; MED impetigo
em•pe•llón *m.* push, shove ■ **a empellones** roughly, violently
em•pe•lo•tar *tr. coll* to wrap up; (*reflex.*) [reñir] to get into a row, quarrel ■ ~ **con** o **por** AMER *coll* to fall madly in love with

em•pe•ñar *tr.* to pawn; [obligar] to oblige, compel; MIL to engage in, begin; [enredar] to embroil, involve; (*reflex.*) [entramparse] to go into debt; [insistir] to insist, persist ▪ ~ **en** to be bent on o determined to; ~ **por** o **con** to intercede o mediate on behalf of
em•pe•ño *m.* pawn, pledge; [constancia] insistence, tenacity; [protector] patron, supporter ▪ **poner** o **tomar** ~ **en** to take great pains in; **tener** ~ to be eager
em•pe•o•rar *tr.* to make worse; (*intr.* & *reflex.*) to worsen, deteriorate
em•pe•que•ñe•cer [17] *tr.* to diminish, make small; [desprestigiar] to belittle, disparage
em•pe•ra•dor *m.* emperor
em•pe•ra•triz *f.* empress
em•pe•ro *conj.* but, however
em•pe•rrar•se *reflex.* [encolerizarse] to flare up, lose one's temper; [obstinarse] to be dead set, be determined
em•pe•zar [29] *tr.* & *intr.* to begin (**a** to, **por** by) ▪ **al** ~ at the beginning o start; **para** ~ to begin with, first
em•pie•zo ▻ **empezar**
em•pi•na•do, a *adj.* very high, lofty; *fig* proud, haughty
em•pi•nar *tr.* to stand (up), set straight; [elevar] to raise, lift ▪ ~ **el codo** *coll* to drink heavily; (*reflex.*) [un caballo] to rear; [una persona] to stand on tiptoe; [una estructura] to tower
em•pí•ri•co, a ◇ *adj.* empirical ◇ *m.f.* empiricist
em•plas•tar *tr.* to plaster; [maquillar] to apply cosmetics to; [detener] to hamper, hold up; (*reflex.*) [ensuciarse] to become smeared o covered; [maquillarse] to make up
em•plas•to *m.* plaster, poultice; *coll* [persona enfermiza] weakling, sickly person
em•pla•zar [04] *tr.* to call together, convene; LAW to summon to appear in court
em•ple•a•do, a *m.f.* employee
em•ple•a•dor, •ra ◇ *adj.* employing ◇ *m.f.* employer
em•ple•ar *tr.* to employ; [invertir] to invest; (*reflex.*) to get a job, become employed ▪ **emplearsele bien a uno** to get what one deserves, get one's just deserts
em•ple•o *m.* job, occupation; [uso] use, utilization; MIL rank, position; [inversión] investment
em•plo•mar *tr.* to cover o line with lead; [precintar] to seal with lead; [diente] to fill
em•plu•mar *tr.* to feather; [castigar] to tar and feather; (*intr.*) ORNITH to fledge, grow feathers; AMER to flee, take flight
em•po•bre•cer [17] *tr.* to impoverish; (*intr.* & *reflex.*) to become poor o impoverished
em•po•bre•ci•do, a *adj.* impoverished
em•po•bre•ci•mien•to *m.* impoverishment
em•po•llar *tr.* to hatch, brood; [estudiar mucho] to bone up on; [meditar] to brood o dwell on; (*intr.*) to breed, brood; [estudiar mucho] to grind, cram
em•pol•var *tr.* to powder; [ensuciar] to cover with dust; (*reflex.*) to powder (oneself); [ensuciarse] to get dusty
em•pon•zo•ñar *tr.* to poison
em•po•rio *m.* emporium, market; [lugar famoso] capital, center; AMER department store
em•po•trar *tr.* to embed
em•pren•de•dor, •ra *adj.* enterprising
em•pren•der *tr.* to begin, set about ▪ **emprenderla con** to quarrel o wrangle with
em•pre•sa *f.* enterprise, undertaking; [sociedad] company, firm; [dirección] management; [lema] emblem, legend ▪ ~ **de trabajo temporal** temping agency; ~ **punto com** dot com company
em•pre•sa•rial *adj.* managerial, management
em•pre•sa•rio, a *m.f.* manager, director; THEAT impresario
em•prés•ti•to *m.* loan
em•puer•que, co ▻ **emporcar**
em•pu•jar *tr.* to push; [despedir] to oust; [presionar] to pressure
em•pu•je *m.* push, shove; [presión] pressure; [energía] energy, drive
em•pu•jón *m.* push, shove ▪ **a empujones** roughly, brusquely
em•pu•ña•du•ra *f.* [de espada] hilt; [de paraguas] handle; *coll* beginning of a story
em•pu•ñar *tr.* to seize, grasp
e•mu•la•ción *f.* emulation
e•mu•lar *tr.* to emulate, rival; COMPUT to emulate
e•mul•sión *f.* emulsion
en *prep.* [sitio] in, into, at, on, upon; [tiempo] in, at, as soon as; [modo] in, by, at, for, if, into
e•na•guas *f.pl.* petticoat, underskirt
e•na•je•na•ble *adj.* alienable
e•na•je•na•ción *f.* alienation; [distracción] distraction, absent-mindedness ▪ ~ **mental** madness
e•na•je•nar *tr.* to alienate; [turbar] to drive crazy, drive to distraction; (*reflex.*) to become alienated o estranged
e•nal•te•cer [17] *tr.* to extol, praise
e•na•mo•ra•di•zo, a *adj.* easily infatuated
e•na•mo•ra•do, a ◇ *adj.* in love (**de** with); [enamoradizo] easily infatuated, always falling in love ◇ *m.f.* lover
e•na•mo•ra•mien•to *m.* falling in love
e•na•mo•rar *tr.* to win the heart of; [cortejar] to court, woo; (*reflex.*) to fall in love (**de** with); [aficionarse] to become enamored (**de** of)
e•na•no, a ◇ *adj.* small, minute ◇ *m.f.* dwarf
e•nar•bo•lar *tr.* to raise, hoist; (*reflex.*) to rear up; [enfadarse] to be angry
e•nar•de•cer [17] *tr.* to ignite, set aflame; (*reflex.*) to be ignited
en•ca•be•za•do *m.* header
en•ca•be•za•mien•to *m.* [titular] caption, headline; [de una carta] heading; [registro] census list o register; [impuestos] tax roll
en•ca•be•zar [04] *tr.* to head; [registrar] to register, enroll; (*reflex.*) to agree, come to terms
en•ca•bri•tar•se *reflex.* [un caballo] to rear up; [un vehículo] to pitch upwards; *coll* to get angry
en•ca•de•na•ción/na•du•ra *f.*/**na•mien•to** *m.* enchainment; [eslabón] connection
en•ca•de•nar *tr.* to chain; [conectar] to connect, link
en•ca•jar *tr.* to fit, insert; [ajustar] to force; *coll* [engañar] to pass off; [golpe] to deal, land; (*intr.*) to fit (well); (*reflex.*) to squeeze in
en•ca•je *m.* lace; [inserción] insertion, inserting; [unión] joining, fitting; TECH inlay
en•ca•jo•nar *tr.* to box, crate; [estrechar] to squeeze in
en•ca•lar *tr.* to whitewash

E

en•ca•llar *intr.* MARIT to run aground; *fig* to founder, bog down
en•ca•lle•cer [17] *intr.* & *reflex.* to develop corns, become calloused; *fig* to harden, become callous
en•ca•lle•ci•do, a *adj.* hardened, calloused
en•ca•mi•nar *tr.* to direct, guide; (*reflex.*) to make for, set out for
en•ca•mi•sar *tr.* to put a shirt on; [enfundar] to put a cover on; [envolver] to wrap; MECH to reline
en•ca•mo•ta•do, a *adj.* AMER in love
en•ca•mo•tar•se *reflex.* AMER to fall in love
en•can•di•la•do, a *adj. coll* erect, tall
en•can•di•lar *tr.* [deslumbrar] to dazzle; [la lumbre] to stir, rake; [excitar] to kindle, excite; (*reflex.*) to light up
en•ca•ne•cer [17] *intr.* & *reflex.* to go gray; *fig* to age, grow old; [ponerse mohoso] to become moldy; (*tr.*) to age
en•can•ta•do, a *adj.* delighted, charmed; [distraído] absent-minded, distracted; [casa] haunted
en•can•ta•dor, •ra ◇ *adj.* enchanting, charming ◇ *m.f.* charmer; (*m.*) magician, sorcerer; (*f.*) sorceress
en•can•ta•mien•to *m.* enchantment; [hechizo] bewitchment, spell
en•can•tar *tr.* to enchant, charm; [hechizar] to bewitch, cast a spell on
en•can•to ◇ *m.* enchantment, bewitchment; [magia] magic ◇ *pl.* charms
en•ca•ño•nar *tr.* to channel, pipe; [apuntar] to take aim at; [encanillar] to wind on a spool o bobbin
en•ca•po•ta•do, a *adj.* overcast, cloudy
en•ca•po•tar *tr.* to cloak; (*reflex.*) [poner rostro ceñudo] to frown; [nublarse] to become cloudy o overcast
en•ca•pri•char•se *reflex.* to take it into one's head, take a fancy (**por, con** to)
en•ca•pu•char *tr.* to hood, cover with a hood
en•ca•ra•mar *tr.* [levantar] to lift, raise; [a un puesto elevado] to elevate, promote; [elogiar] to extol, praise; (*reflex.*) to climb up; AMER to blush
en•ca•rar *intr.* & *reflex.* to face, confront; (*tr.*) [apuntar] to take aim at; [confrontar] to confront, face
en•car•ce•lar *tr.* to incarcerate, imprison; CARP to clamp
en•ca•re•cer [17] *tr.* to raise the price of; [elogiar] to extol, praise; [recomendar] to recommend, urge; (*intr.* & *reflex.*) to become more expensive
en•ca•re•ci•da•men•te *adv.* earnestly
en•car•ga•do, a ◇ *adj.* in charge ◇ *m.f.* person in charge ▪ ~ **de negocios** chargé d'affaires
en•car•gar [47] *tr.* to entrust, put in charge; [pedir] to advise, recommend; [ordenar] to order, request; (*reflex.*) to take charge o responsibility
en•car•go *m.* [recado] errand, task; [trabajo] assignment, job; [empleo] post ▪ **hecho de** ~ made to order
en•ca•ri•ñar *tr.* to make fond of, endear; (*reflex.*) to become fond (**con** of)
en•car•na•ción *f.* incarnation
en•car•na•do, a ◇ *adj.* [de color de carne] flesh-colored; [colorado] red; [personificado] incarnate ◇ *m.* flesh color; [rojo] red
en•car•nar *intr.* to become incarnate; [cicatrizar] to heal, close up; [herir] to penetrate the flesh o skin; *fig* to make a great impression; (*tr.*) to personify, embody; (*reflex.*) to mix, join
en•car•ni•za•do, a *adj.* [ensangrentado] bloodshot; [sangriento] bloody; [intenso] fierce
en•car•ni•za•mien•to *m.* bloodthirstiness
en•car•ni•zar [04] *tr.* to make cruel, brutalize; (*reflex.*) [encrudecerse] to become cruel o brutal; [pelear] to fight fiercely
en•ca•rri•l(l)ar *tr.* to direct, guide; [colocar sobre rieles] to put on tracks; [dar buena orientación a] to put on the right track
en•ca•si•llar *tr.* to pigeonhole; [clasificar] to classify, class
en•cas•que•tar *tr.* to pull on, put on; [meter en la cabeza] to put into someone's head; (*reflex.*) to pull on; [obstinarse] to take it into one's head
en•cau•zar [04] *tr.* to channel, direct
en•ce•fa•li•tis *f.* encephalitis
en•ce•fa•lo•gra•ma *m.* encephalogram
en•cen•de•dor *m.* lighter
en•cen•der [50] *tr.* to light; [pegar fuego a] to ignite; [incendiar] to set on fire; [luz] to turn on; [excitar] to arouse, excite; [causar] to spark, start; (*reflex.*) to light; [incendiarse] to catch on fire; [excitarse] to get excited; [estallar] to break out; [ruborizarse] to blush
en•cen•di•do, a ◇ *adj.* lit, switched on; [hecho ascua] red, red-hot; [inflamado] inflamed, red ◇ *m.* AUTO ignition
en•ce•ra•do, a ◇ *adj.* wax-colored; [pulido] waxed, polished ◇ *m.* wax; [pizarra] blackboard; [tela] oilcloth, oilskin; MARIT tarpaulin
en•ce•ra•dor, •ra *m.f.* floor polisher o waxer
en•ce•rar *tr.* to wax, polish; (*intr.* & *reflex.*) to turn yellow, ripen
en•ce•rrar [49] *tr.* to enclose, confine; [incluir] to hold, contain; [implicar] to involve, entail; (*reflex.*) to go into seclusion
en•char•car [70] *tr.* to flood; (*reflex.*) to become flooded, become swamped; [encenagarse] to wallow
en•chi•la•da *f.* enchilada
en•chi•la•do, a *adj.* AMER seasoned with chili; [rojo] (bright) red, vermil(l)ion
en•chi•lar•se *reflex.* MEX [enfadarse] to get angry
en•chi•nar *tr.* MEX to curl
en•chi•var•se *reflex.* AMER to fly into a rage
en•chu•far *tr.* ELEC to connect, plug in; [acoplar tubos] to fit together, couple; COM to combine, merge; [ejercer influencia] to pull strings for; (*reflex.*) to land a job through connections
en•chu•fe *m.* ELEC & TECH connection; [hembra] socket; [macho] plug; *coll* [puesto] cushy job, sinecure; [relaciones] contacts, pull
en•cí•a *f.* gum
en•cí•cli•ca *f.* encyclical (letter)
en•ci•clo•pe•dia *f.* encyclop(a)edia
en•cien•da, do ▻ **encender**
en•cie•rre, rro ▻ **encerrar**
en•cie•rro *m.* [acción] shutting, closing; [recinto] enclosure; [clausura] seclusion; [retiro] retirement
en•ci•ma *adv.* [sobre] on top; [además] in addition, besides ▪ ~ **de** above; **por** ~ superficially; **por** ~ **de** in spite of
en•cin•ta *adj.* pregnant, with child
en•cin•tar *tr.* to beribbon, adorn with ribbon
en•claus•trar *tr.* to put in a cloister; [esconder] to hide, conceal
en•cla•var *tr.* CARP to nail (down); [traspasar] to pierce, transfix; [ubicar] to locate, situate; [engañar] to trick, dupe

en•cla•ve *m.* enclave
en•clen•que *adj.* & *m.f.* weak, sickly (person)
en•co•frar *tr.* to plank, timber
en•co•ger [34] *tr.* to contract, draw in; [reducir] to shrink, make smaller; (*intr.* & *reflex.*) to contract; [reducirse] to shrink, become smaller ■ ~ **de hombros** to shrug one's shoulders
en•co•gi•do, a *adj.* & *m.f.* [tímido] shy o bashful (person); [pusilánime] faint-hearted o cowardly (person)
en•co•gi•mien•to *m.* contraction, constriction; [reducción] shrinkage, diminution
en•co•ja, jo ▻ **encoger**
en•co•lar *tr.* to glue, stick
en•co•le•ri•zar [04] *tr.* to anger, enrage; (*reflex.*) to become angry o enraged
en•co•men•dar [49] *tr.* to entrust, commend; (*reflex.*) to entrust o commend oneself; [enviar recuerdos] to send one's regards
en•co•miar *tr.* to praise, extol
en•co•mien•da ◇ *f.* [encargo] commission, task; [recomendación] praise, commendation; [amparo] care, protection; AMER postal parcel o package ◇ *pl.* regards, compliments
en•co•mien•de, do ▻ **encomendar**
en•co•mio *m.* encomium, praise
en•co•nar *tr.* MED to inflame, irritate; [enfadar] to anger, irritate; (*reflex.*) MED to become inflamed o irritated; [enfadarse] to become angry o irritated
en•co•no *m.* rancor, ill will; MED inflammation
en•con•trar [19] *tr.* to find; [topar] to meet, encounter; (*intr.*) to meet; (*reflex.*) to meet; [chocar] to clash, differ; [enemistarse] to have a falling out, become enemies; [estar] to be, be located; [sentirse] to find oneself ■ ~ **con** [hallar] to find, run across; [topar] to meet, run into
en•con•trón/tro•na•zo *m.* crash, collision; [riña] quarrel, dispute
en•co•pe•tar *tr.* to raise high; (*reflex.*) to put on airs, be conceited
en•cor•var *tr.* to bend, curve; (*reflex.*) to stoop, bend down; [inclinarse] to lean toward, be partial to
en•cres•par *tr.* to curl; [erizar] to make (one's hair) stand on end; (*reflex.*) to curl; [erizarse] to stand on end; [enredarse] to become complicated; [enardecerse] to become agitated
en•crip•ta•ción *f.* encryption
en•crip•tar *tr.* to encrypt
en•cru•ci•ja•da *f.* crossroads, intersection; [emboscada] ambush, snare
en•cua•der•na•ción *f.* bookbinding; [taller] bindery
en•cua•der•na•dor, •ra *m.f.* bookbinder
en•cua•der•nar *tr.* to bind
en•cua•drar *tr.* to frame; [encajar] to fit in, insert; [rodear] to surround, enclose
en•cu•bier•to, a ▻ **encubrir** ◇ *adj.* hidden, concealed
en•cu•bri•dor, •ra *m.f.* accessory after the fact
en•cu•brir [80] *tr.* to hide, conceal; [criminal] to harbor
en•cuen•tre, tro ▻ **encontrar**
en•cuen•tro *m.* meeting, encounter; [choque] crash, collision; [oposición] clash, conflict; [hallazgo] find, discovery; SPORT match, game; ARCHIT joint ■ **salir al ~ de** [recibir] to go out to meet; [oponer] to oppose, confront
en•cues•ta *f.* investigation, inquiry; [sondeo] survey, poll ■ ~ **de opinión** opinion poll
en•cum•bra•do, a *adj.* high, lofty
en•cum•brar *tr.* to raise, lift; *fig* to exalt, honor; (*reflex.*) to put on airs, become haughty; [elevarse mucho] to tower, rise
en•cur•ti•do *m.* pickled fruit o vegetable
en•cur•tir *tr.* to pickle, preserve
en•de *adv.* ■ **por** ~ therefore, consequently
en•de•ble *adj.* weak, flimsy
en•dé•mi•co, a *adj.* endemic
en•de•mo•nia•do, a ◇ *adj.* possessed; *fig* devilish, fiendish ◇ *m.f.* person possessed
en•de•re•zar [04] *tr.* to straighten; [poner vertical] to set o stand up straight; [encaminar] to direct, guide; [enmendar] to correct, rectify; (*intr.*) to go straight to; (*reflex.*) to become straight; [ponerse vertical] to stand up straight
en•deu•dar•se *reflex.* to fall into debt, become indebted
en•dia•bla•do, a *adj.* devilish, diabolical; [feísimo] hideous, repulsive
en•di•bia *f.* endive
en•dil•gar [47] *tr. coll* to send off, dispatch; [encajar] to foist o palm off
en•dio•sar *tr.* to deify; (*reflex.*) to become vain; [enajenarse] to become preoccupied
en•do•min•gar•se [47] *reflex.* to dress up
en•do•san•te *m.f.* endorser
en•do•sar *tr.* to endorse; [encajar] to palm off
en•do•so *m.* endorsement
en•do•ve•no•so, a *adj.* intravenous
en•dul•zar [04] *tr.* to sweeten; [suavizar] to soften, ease
en•du•re•cer [17] *tr.* to harden; [robustecer] to toughen (up), make hardy; (*reflex.*) to harden; [robustecerse] to become tough o hardy; [volverse insensible] to become hardhearted o cruel
e•ne•bro *m.* juniper
e•ne•mi•go, a *m.f.* enemy, adversary; (*f.*) enmity
e•ne•mis•tad *f.* animosity, enmity
e•ne•mis•tar *tr.* to antagonize; (*reflex.*) to become enemies
e•ner•gí•a *f.* energy; [vigor] vitality, vigor; [eficacia] efficacy, effectiveness; [ánimo] spirit ■ ~ **alternativa** alternative energy source; ~ **eléctrica** electric energy; ~ **eólica** wind energy, wind power; ~ **limpia** clean energy; ~ **maremotriz** tidal energy, wave energy; ~ **nuclear** nuclear power, nuclear energy; **energías renovables** renewable forms of energy; ~ **solar** solar energy, solar power
e•nér•gi•co, a *adj.* energetic
e•ne•ro *m.* January
e•ner•va•ción *f.*/**mien•to** *m.* enervation
e•ner•var *tr.* to enervate, weaken
e•né•si•mo, a *adj.* nth, umpteenth
en•fa•da•di•zo, a *adj.* touchy, irritable
en•fa•dar *tr.* to anger, annoy; (*reflex.*) to get angry o annoyed
en•fa•do *m.* annoyance, anger
en•fa•jar *tr.* to girdle
en•fan•gar [47] *tr.* to cover with mud; (*reflex.*) [ensuciarse] to become muddy; *coll* to get involved in dirty business

én•fa•sis *m.* emphasis
en•fá•ti•co, a *adj.* emphatic
en•fer•mar *intr.* to get sick, become sick; (*tr.*) to make ill; [debilitar] to weaken
en•fer•me•dad *f.* illness, sickness ■ ~ **congénita** congenital disease; ~ **de las vacas locas** mad cow disease; ~ **de Parkinson** Parkinson's disease; ~ **de transmisión sexual** sexually transmitted disease
en•fer•me•rí•a *f.* infirmary
en•fer•me•ro, a *m.f.* nurse
en•fer•mi•zo, a *adj.* sickly, unhealthy
en•fer•mo, a *adj.* & *m.f.* sick (person)
en•fer•vo•ri•zar [04] *tr.* to enliven, enthuse; [animar] to encourage
en•fi•lar *tr.* to line up, put in line; [enhebrar] to thread, string; [apuntar] to direct, point; [seguir] to go down o along
en•fi•se•ma *m.* emphysema
en•fla•que•cer [17] *tr.* to make thin; [debilitar] to weaken, debilitate; (*intr.*) to grow thin, lose weight; [desanimarse] to weaken, lose heart
en•fo•car [70] *tr.* to focus
en•fo•que *m.* focus
en•fren•tar *tr.* to bring o put face to face; (*intr.*) to face; (*reflex.*) to confront, face
en•fren•te *adv.* facing, opposite; [delante] in front
en•fria•mien•to *m.* cooling; MED chill, cold
en•friar [30] *tr.* to cool; *coll* to kill; (*intr.*) to cool, become cold; (*reflex.*) to be cold; [contraer un catarro] to catch a cold
en•fun•dar *tr.* to put in a case, to sheathe
en•fu•re•cer [17] *tr.* to madden, infuriate; (*reflex.*) to become furious, lose one's temper
en•fu•re•ci•mien•to *m.* rage, fury
en•ga•la•nar *tr.* to adorn, decorate; [vestir] to dress up, deck out; (*reflex.*) to adorn oneself, deck oneself out
en•gan•char *tr.* to hook; [comprometer] to wheedle, persuade; MIL to enlist, recruit; (*reflex.*) to get caught o hooked up; MIL to enlist
en•gan•che *m.* [acción] hook (up); [gancho] hook; [acoplamiento] coupling; MIL enlistment, recruitment; MEX [depósito] deposit
en•ga•ña•bo•bos *m.f.inv. coll* cheat, swindler; (*m.*) fraud, swindle
en•ga•ñar *tr.* to deceive, trick; [el hambre] to ward o stave off; [pasar] to kill, while away; (*intr.*) to be deceptive o misleading; (*reflex.*) to deceive oneself; [equivocarse] to be mistaken o wrong
en•ga•ñi•f(l)a *f. coll* trick, swindle
en•ga•ño *m.* [equivocación] error, mistake; [trampa] deception, trick; [estafa] swindle, fraud
en•ga•ño•so, a *adj.* [burlador] deceiving, tricking; [deshonesto] dishonest, deceitful; [mentiroso] misleading, wrong
en•gar•ce *m.* stringing, threading; [encadenamiento] linking, joining; JEWEL setting
en•gar•zar [04] *tr.* to string, thread; [engastar] to set, mount; [rizar] to curl; [encadenar] to link, join
en•gas•ta•dor, •ra ◇ *adj.* setting ◇ *m.f.* setter, mounter
en•gas•tar *tr.* JEWEL to set, mount
en•gas•te *m.* setting, mounting
en•ga•tu•sar *tr. coll* to cajole, coax
en•gen•drar *tr.* to engender
en•gen•dro *m.* fetus; [monstruo] monster, freak
en•glo•bar *tr.* to include, comprise
en•go•la•do, a *adj.* presumptuous, arrogant
en•go•ma•do, a *adj.* gummy, gluey
en•go•mar *tr.* to glue, gum
en•go•mi•nar *tr.* to put on hair cream
en•gor•dar *tr.* to fatten; (*intr.*) to get fat; [hacerse rico] to get rich
en•gor•de *m.* fattening
en•go•rro *m.* obstacle, impediment
en•go•rro•so, a *adj.* annoying, troublesome
en•goz•nar *tr.* to hinge
en•gra•na•je *m.* MECH gear; [acción] engaging, meshing; *coll* connection, link
en•gra•nar *intr.* MECH to mesh, engage; [enlazar] to connect, link
en•gran•de•cer [17] *tr.* to augment, increase; [alabar] to laud, praise; [elevar] to enhance, heighten; [exagerar] to exaggerate; (*reflex.*) to become exalted; [elevarse] to rise, be promoted
en•gra•pa•do•ra *f.* stapler
en•gra•par *tr.* to staple, cramp
en•gra•sa•do *m.* lubrication, lubricant
en•gra•sa•dor, •ra ◇ *adj.* greasing, lubricating ◇ *m.* grease gun
en•gra•sar *tr.* to grease; [aceitar] to oil; [fertilizar] to spread with manure
en•gra•se/sa•mien•to *m.* lubrication, lubricant
en•gre•í•do, a *adj.* conceited, arrogant; AMER spoiled
en•grei•mien•to *m.* pride, haughtiness
en•gre•ír [58] *tr.* to make vain o conceited; AMER [mimar] to spoil, pamper; (*reflex.*) to become vain o conceited
en•gro•sar [19] *tr.* to make thick, thicken; [aumentar] to increase, swell; (*intr.*) to get fat, put on weight; [crecer] to grow
en•gru•do *m.* paste
en•gu•llir [13] *tr.* to gulp down, gobble
en•ha•ri•nar *tr.* to flour, coat with flour
en•he•brar *tr.* to thread, string; *fig* to link, connect
en•hies•to, a ▻ **enhestar** ◇ *adj.* upright, erect
en•ho•ra•bue•na *f.* congratulations ■ **dar la ~ a uno** to congratulate someone
e•nig•ma *m.* enigma, riddle
e•nig•má•ti•co, a *adj.* enigmatic(al)
en•ja•bo•nar *tr.* to soap, wash with soap; [adular] to soft-soap, flatter; [reprender] to scold, reprimand
en•jam•bre *m.* swarm; *fig* crowd, throng
en•jau•lar *tr.* to cage, put in a cage; [encarcelar] to jail
en•jo•yar *tr.* to adorn o set with jewels; [embellecer] to embellish, beautify
en•jua•ga•dien•tes *m. coll* mouthwash
en•jua•gar [47] *tr.* & *reflex.* to rinse
en•jua•gue/ga•to•rio *m.* rinse, rinsing water; [recipiente] washbowl, rinsing cup; [estratagema] scheme, plot
en•ju•ga•ma•nos *m.inv.* AMER towel
en•ju•gar [47] *tr.* to dry; [cancelar] to wipe out, settle; (*reflex.*) to wipe dry; [adelgazarse] to grow thin o lean
en•jui•cia•mien•to *m.* judgment, judging; [proceso] trial, prosecution; [pleito] lawsuit
en•jui•ciar *tr.* [juzgar] to judge, examine; [instruir una

causa contra] to institute legal proceedings against; [sujetar a juicio] to indict, prosecute

en•jun•dia *f.* grease, fat; [sustancia] essence, substance; [vigor] strength, vitality; [carácter] character, personality

en•ju•to, a <> *adj.* dry; [delgado] skinny, lean <> *m.pl.* [tascos] brushwood, kindling; [tapas] snacks, tidbits

en•la•ce *m.* connection, link; [casamiento] marriage, matrimony; [parentesco] tie, bond; [intermediario] intermediary, liaison; [empalme de vías] junction, crossing

en•la•dri•lla•do *m.* brick pavement

en•la•dri•llar *tr.* to pave with bricks

en•la•na•do, a *adj.* covered with wool

en•lar•dar *tr.* to lard, baste

en•la•tar *tr.* to can, put in cans

en•la•za•dor, •ra <> *adj.* linking, connective <> *m.f.* binder, connector

en•la•zar [04] *tr.* to lace, interlace; [trabar] to link, connect; [agarrar] to lasso, rope; (*intr.*) RAIL to connect; (*reflex.*) to become connected; [casarse] to marry, get married; [contraer parentesco] to become related by marriage

en•lo•da•du•ra *f.*/**mien•to** *m.* muddying

en•lo•dar *tr.* to muddy; *fig* to besmirch, stain; (*reflex.*) to become muddy

en•lo•que•ce•dor, •ra *adj.* maddening

en•lo•que•cer [17] *tr.* to drive mad o insane; [excitar] to excite, drive crazy; (*intr.* & *reflex.*) to go insane o crazy; [trastornarse] to get excited, go crazy

en•lo•que•ci•mien•to *m.* madness, insanity

en•lo•sa•do *m.* tiled floor

en•lo•sa•dor *m.* tiler, tile layer

en•lo•sar *tr.* to tile, pave with tiles

en•lo•zar [04] *tr.* AMER to coat with enamel

en•lu•ci•do, a <> *adj.* plastered <> *m.* plaster, coat of plaster

en•lu•ci•dor *m.* [de paredes] plasterer; [de metales] polisher

en•lu•cir [44] *tr.* to plaster

en•lu•ta•do, a *adj.* in mourning

en•lu•tar *tr.* [cubrir de luto] to put in mourning; [poner de luto] to bereave, sadden; [obscurecer] to darken, make gloomy; (*reflex.*) to go into mourning; [obscurecerse] to get dark o gloomy

en•ma•de•ra•do/mien•to *m.* timbering

en•ma•de•rar *tr.* to plank, timber

en•ma•le•cer•se/zar•se [17/04] *reflex.* AMER to become overgrown with weeds

en•man•tar *tr.* to cover with a blanket; (*reflex.*) to become melancholy o sad

en•ma•ra•ña•mien•to *m.* tangle, confusion

en•ma•ra•ñar *tr.* to entangle, snarl; [confundir] to muddle, confuse; (*reflex.*) to become tangled; [confundirse] to become muddled; METEOROL to become cloudy o overcast

en•ma•rar•se *reflex.* to sail the high seas

en•mar•car [70] *tr.* to frame

en•mas•ca•ra•do, a *m.f.* masked person

en•mas•ca•rar *tr.* to mask; [disfrazar] to conceal, disguise; (*reflex.*) to put on a mask

en•ma•si•llar *tr.* to putty, caulk

en•men•da•ble *adj.* amendable, rectifiable

en•men•dar [49] *tr.* to correct, amend; [resarcir] to make amends for, compensate; (*reflex.*) to mend one's ways

en•mien•da *f.* amendment; [reparo] reparation, compensation

en•mien•de, do ▻ **enmendar**

en•mo•he•cer [17] *tr.* & *reflex.* to make moldy; [metales] to rust

en•mo•he•ci•mien•to *m.* molding, mildewing; [de metales] rusting

en•mor•da•zar [04] *tr.* to gag, muzzle

en•mu•de•cer [17] *tr.* to silence, hush; (*intr.*) to be silent, keep quiet

en•mu•gre•cer/grar [17] *tr.* to soil, dirty; (*reflex.*) to become soiled o dirty

en•ne•gre•cer [17] *tr.* to blacken; [oscurecer] to darken; (*reflex.*) to turn black; [oscurecerse] to darken

en•ne•gre•ci•mien•to *m.* blackening, darkening

en•no•ble•cer [17] *tr.* to ennoble

e•no•ja•di•zo, a *adj.* quick-tempered, touchy

e•no•jar *tr.* to anger, make angry; (*reflex.*) to become angry

e•no•jo *m.* anger; [molestia] bother, annoyance

e•no•jo•so, a *adj.* bothersome, annoying

e•no•lo•gí•a *f.* oenology

e•nó•lo•go, a <> *adj.* oenological <> *m.f.* oenologist

e•nor•gu•lle•cer [17] *tr.* to make proud, fill with pride; (*reflex.*) to be proud, pride oneself

e•nor•me *adj.* enormous, huge

e•nor•me•men•te *adv.* enormously, extremely

e•nor•mi•dad *f.* enormity, hugeness

en•rai•zar [06] *intr.* to take root

en•ra•le•cer [17] *intr.* to get thin

en•ra•ma•da *f.* bower, arbor

en•ra•mar *tr.* to embower, interweave; [adornar] to decorate with branches; (*intr.*) to put out branches

en•ran•ciar *tr.* & *reflex.* to spoil

en•ra•re•cer [17] *tr.* [el aire] to thin, rarefy; [hacer escaso] to make rare o scarce; (*intr.* & *reflex.*) to become rare o scarce

en•ra•re•ci•mien•to *m.* thinning, rarefying; [escasez] scarcity

en•re•da•de•ra <> *adj.* climbing, trailing <> *f.* climbing plant, creeper

en•re•da•dor, •ra <> *adj.* gossipy <> *m.f.* gossip, busybody

en•re•dar *tr.* [atrapar] to net; [tender] to lay, set; [enmarañar] to tangle up, snarl; [enemistar] to cause trouble between; [embrollar] to complicate, confuse; [comprometer] to involve, embroil; (*intr.*) to get into mischief, cause trouble; (*reflex.*) to get tangled up, become snarled; [complicarse] to become complicated o confused; [comprometerse] to become involved; *coll* [amancebarse] to get involved, have an affair

en•re•do <> *m.* [maraña] tangle, snarl; [engaño] deceit; [lío] mess, muddle; [trama] plot <> *pl. coll* things, stuff

en•re•ja•do *m.* railings; [celosía] latticework, trellis

en•re•jar *tr.* to surround with railings; [una ventana] to put latticework on; [tablas, ladrillos] to lay crosswise

en•re•ve•sa•do, a *adj.* intricate, complicated; [travieso] mischievous, unruly

en•ri•que•cer [17] *tr.* to enrich, make wealthy; [ador-

nar] to adorn, embellish; (*intr.* & *reflex.*) to get rich, become wealthy
en•ris•trar[1] *tr.* to string
en•ris•trar[2] *tr.* [ir derecho hacia] to go straight toward; [acertar] to overcome
en•ro•je•cer [17] *tr.* [con fuego] to make red-hot; [dar color rojo a] to redden, make red; (*intr.*) to blush, turn red; (*reflex.*) [por fuego] to turn red-hot; [ponerse rojo] to redden, turn red; [ruborizarse] to blush, turn red
en•ro•je•ci•mien•to *m.* reddening, blush
en•ro•lar *tr.* to sign up, recruit
en•ro•llar *tr.* to roll o wind up; [enredar] to entangle, involve; (*reflex.*) to be rolled o wound up; *coll* to get involved
en•ron•que•cer [17] *tr.* to make hoarse; (*reflex.*) to become hoarse
en•ro•ñar *tr.* & *reflex.* to rust
en•ros•ca•du•ra *f.* coil, twist
en•ros•car [70] *tr.* to coil, twist; [atornillar] to screw in
en•ru•lar *tr.* AMER to curl
en•sa•la•da *f.* CUL salad; *fig* hodgepodge
en•sa•la•de•ra *f.* salad bowl
en•sal•mis•ta *m.f.* quack, charlatan
en•sa•lo•brar•se *reflex.* to become salty
en•sal•za•mien•to *m.* praise, exaltation
en•sal•zar [04] *tr.* to exalt, glorify
en•sam•bla•dor *m.* joiner; COMPUT assembler
en•sam•bla•du•ra *f.*/**bla•je/ble** *m.* CARP joint, connection
en•sam•blar *tr.* to join, connect
en•san•cha•mien•to *m.* expansion, extension
en•san•char *tr.* to widen, expand; [extender] to stretch, extend; (*intr.* & *reflex.*) [envanecerse] to get puffed up o conceited; [engrandecerse] to expand, broaden
en•san•che *m.* extension, expansion; [barrio nuevo] suburban development
en•san•gren•tar [49] *tr.* [manchar] to stain with blood; (*reflex.*) [mancharse] to become blood-stained; [encolerizarse] to fly into a rage, become furious
en•sa•ña•mien•to *m.* cruelty, brutality
en•sa•ñar *tr.* to enrage, infuriate; (*reflex.*) to be cruel o merciless
en•sar•tar *tr.* to string, thread; [atravesar] to run through, pierce; [tonterías] to rattle off; (*reflex.*) AMER to get stuck with
en•sa•yar *tr.* to test, try out; THEAT to rehearse, practice; [adiestrar] to train, teach; [intentar] to try o attempt; (*reflex.*) to practice, rehearse
en•sa•yis•ta *m.f.* essayist
en•sa•yo *m.* test, trial; [ejercicio] exercise, practice; [intento] attempt; LIT essay; METAL assay, assaying; THEAT rehearsal
en•se•gui•da, en se•gui•da *adv.* immediately, at once
en•se•na•da *f.* cove, inlet
en•se•ña *f.* badge, emblem
en•se•ñan•za *f.* [arte] teaching; [instrucción] training; [educación] education; [lección] lesson; RELIG doctrine, teaching
en•se•ñar *tr.* to teach; [indicar] to indicate, point out; [mostrar] to show; (*reflex.*) to accustom oneself to, get used to
en•se•ño•rear•se *reflex.* to take over, take possession
en•se•res *m.pl.* equipment, accouterments ▪ ~ **domésticos** household goods
en•si•llar *tr.* to saddle, put a saddle on
en•si•mis•ma•do, a *adj.* pensive, absorbed in thought; AMER [engreído] conceited, vain
en•si•mis•ma•mien•to *m.* pensiveness, absorption; AMER [engreimiento] conceit, vanity
en•si•mis•mar•se *reflex.* to be o become absorbed in thought; AMER [engreírse] to become conceited o vain
en•som•bre•cer [17] *tr.* to darken; [eclipsar] to overshadow, eclipse; (*reflex.*) to darken, get dark; [entristecerse] to become sad
en•so•par *tr.* [empapar] to soak, drench; [el pan] to dip, dunk; (*reflex.*) to get soaked
en•sor•de•ce•dor, •ra *adj.* deafening
en•sor•de•cer [17] *tr.* to make deaf, deafen; [amortiguar] to muffle; (*intr.*) to go o become deaf; [enmudecer] to pretend not to hear
en•sor•de•ci•mien•to *m.* deafness
en•sor•ti•jar *tr.* [rizar] to curl, put curls into; [enrollar] to coil; (*reflex.*) to become curly
en•su•ciar *tr.* to (make) dirty, soil; [estropear] to make a mess of, mess up; [desacreditar] to stain, besmirch; (*reflex.*) to become dirty o soiled; [desacreditar] to discredit oneself ▪ ~ **por dinero** to accept o take bribes
en•sue•ño *m.* dream; [fantasía] fantasy, illusion
en•ta•bla•do *m.* floor, flooring
en•ta•blar *tr.* to board (up); [empezar] to begin, start; MED to splint, put in a splint; LAW to bring, file ▪ ~ **amistad** to become friends; (*intr.*) AMER to tie, draw; (*reflex.*) to begin, start
en•ta•bli•llar *tr.* to splint, put in a splint
en•ta•llar *tr.* to carve, sculpture; [grabar] to engrave; CARP to notch, groove; SEW to tailor, adjust; (*intr.*) to fit well
en•ta•ri•ma•do *m.* parquet, parquetry
en•ta•ri•mar *tr.* to parquet
en•te *m.* entity, being; [sujeto] character; COM firm, company ▪ ~ **de razón** imaginary being; ~ **de ficción** fictional character
en•ten•de•de•ras *f.pl.* brains, intelligence
en•ten•de•dor, •ra <> *adj.* expert; [listo] clever, sharp <> *m.f.* one who understands; [experto] expert
en•ten•der [50] <> *tr.* to understand, comprehend; [creer] to believe, think; [querer] to mean, intend; (*intr.*) ▪ ~ **en** o **de** [tener aptitud] to be good at; [ocuparse] to deal with; [tener autoridad] to be in charge of; **dar a** ~ to insinuate, hint at; ~ **mal** to misunderstand; (*reflex.*) to be understood; [interpretarse] to be meant; [comprenderse a sí mismo] to understand oneself; [tener motivo] to have one's reasons; [ponerse de acuerdo] to come to an agreement; [llevarse bien] to get along; [tener relaciones amorosas] to have an affair <> *m.* opinion
en•ten•di•do, a <> *adj.* expert, informed; [inteligente] intelligent, smart ▪ **no darse por** ~ to pretend not to understand <> *m.f.* expert, connoisseur
en•ten•di•mien•to *m.* understanding, comprehension; [juicio] judgment, sense; [inteligencia] intelligence, understanding
en•te•ra•do, a *adj.* [informado] informed, aware; [bien informado] well-informed ▪ **darse por** ~ **de** to be well aware of; **estar** ~ to be informed, know
en•te•rar *tr.* [informar] to inform, make aware; AMER to

pay; CHILE to complete, make up; (*reflex.*) to find out, become aware

en•te•re•za *f.* [cualidad] integrity, uprightness; [fortaleza] fortitude; [severidad] strictness

en•te•ri•zo, a *adj.* entire, whole

en•ter•ne•ce•dor, •ra *adj.* touching, moving

en•ter•ne•cer [17] *tr.* to soften, make tender; [conmover] to touch, move; (*reflex.*) [conmoverse] to be touched o moved; [ceder] to relent

en•te•ro, a ◇ *adj.* entire, complete; [robusto] robust, healthy; [justo] just, fair; [firme] steadfast, resolute; MATH whole, integral ▪ **por ~** entirely, completely ◇ *m.* integer, whole number; FIN point; AMER payment; C SUR [de trabajo] coveralls (*pl*); [sin mangas] overalls (*pl*); [para bebé] rompers (*pl*)

en•te•rrar [49] *tr.* to bury; [clavar] to sink o drive in; [sobrevivir] to outlive, survive; (*reflex.*) to withdraw, bury oneself

en•ti•dad *f.* entity; [organización] organization; COM company, concern

en•tien•da, do ▷ **entender**

en•tie•rre, rro ▷ **enterrar**

en•tie•rro *m.* burial; [funerales] funeral; [sepulcro] tomb, grave

en•tin•ta•do *m.* inking

en•tin•tar *tr.* PRINT to ink; [teñir] to dye, tint

en•tol•dar *tr.* to put an awning over; [tapizar] to cover with a tapestry; (*reflex.*) to put on airs; METEOROL to become overcast, cloud over

en•to•mo•lo•gí•a *f.* entomology

en•to•mó•lo•go *m.f.* entomologist

en•to•na•ción *f.* intonation; [arrogancia] arrogance, conceit

en•to•nar *tr.* [cantar] to sing in tune; [dar cierto tono a] to modulate; [empezar a cantar] to intone; (*intr.*) [cantar] to sing in tune; [empezar a cantar] to intone; [armonizar] to harmonize; PAINT to match (colors); (*reflex.*) to be arrogant, put on airs

en•ton•ces *adv.* [en aquel momento] then, at that time; [en tal caso] then, in that case ▪ **desde ~** since then, from then on; **en aquel ~** o **por ~** around that time, at that time; **hasta ~** till then

en•tor•nar *tr.* to half-close, leave ajar

en•tor•no *m.* environment

en•tor•pe•cer [17] *tr.* to make torpid o slow; [embrutecer] to dull, deaden; [obstaculizar] to hamper, obstruct

en•tra•da ◇ *f.* entry, entrance; [vestíbulo] vestibule, entrance hall; [ingreso] admission; [privilegio] admittance, entrée; [billete] admission ticket; [taquilla] gate, receipts; [desembolso] deposit, down payment; COM entry; CUL entrée; MECH intake; COMPUT & ELEC input; MIL invasion, encroachment ▪ **de ~** right away, from the start; **tener ~** to be welcome ◇ *pl.* FIN income, receipts

en•tra•ma•do *m.* framework

en•tra•mar *tr.* to build a frame for

en•tram•par *tr.* to trap, snare; [engañar] to deceive, trick; [enredar] to entangle, make a mess of; [gravar con deudas] to burden with debts; (*reflex.*) *coll* to get into debt

en•tran•te *adj.* [próximo] next, coming; [nuevo] new, incoming; ARCHIT recessed

en•tra•ña ◇ *f.* entrails, innards; [esencia] core, essence; [centro] center, middle; [voluntad] will; [genio] disposition, nature ◇ *pl.* bowels, innermost part ▪ **arrancar las ~ a alguien** to break someone's heart; **dar hasta las ~** to give one's all; **sin ~** heartless, pitiless

en•tra•ña•ble *adj.* intimate, close; [querido] beloved, dear

en•tra•ñar *tr.* [enterrar] to bury deep; [llevar en sí] to carry within; [acarrear] to entail; (*reflex.*) to become deeply attached

en•trar *intr.* to enter, come in; [ser admitido] to be admitted; [ingresar] to join; [encajar] to go, fit; [desaguar] to flow; [formar parte de] to enter, be part; [ser contado] to be included o counted; [emplearse] to go, be used; [empezar] to begin, come in; [atacar] to attack, charge ▪ **~ a** to begin to; **~ en** to enter, go in; [abrazar] to take up, adopt; **no entrarle a uno** [desagradar] to dislike; [no comprender] to be unable to get; (*tr.*) [meter] to bring o put inside; [introducir] to introduce, bring in; [invadir] to invade, attack; [influir] to influence, get at; (*reflex.*) to get in, sneak in

en•tre *prep.* [en medio de dos] between; [en medio de muchos] among, amongst; [en] in; **~ paréntesis** in parentheses; **pensé ~ mí** I thought to myself ▪ **de ~** out of, from among; **~ tanto** meanwhile; **por ~** through

en•tre•a•bier•to, a ▷ **entreabrir** ◇ *adj.* half-open, ajar

en•tre•a•brir [80] *tr.* to open halfway, set ajar; (*reflex.*) to be open halfway, be ajar

en•tre•ac•to *m.* intermission, entr'acte

en•tre•ca•no, a *adj.* graying

en•tre•ca•var *tr.* to dig shallowly

en•tre•ce•jo *m.* ANAT space between the eyebrows; [ceño] frown ▪ **arrugar** o **fruncir el ~** to frown

en•tre•ce•rrar [49] *tr.* to half-close, leave ajar

en•tre•co•mi•llar *tr.* to put in quotation marks

en•tre•cor•tar *tr.* to cut into, cut partially; [interrumpir] to interrupt, cut off

en•tre•cru•za•do, a *adj.* interwoven

en•tre•cru•zar [04] *tr.* to intercross, interweave; (*reflex.*) to be intercrossed, be interwoven

en•tre•di•cho *m.* prohibition, interdiction; RELIG interdict ▪ **estar en ~** to be in question

en•tre•dós *m.* dresser, low cupboard; SEW insert, panel

en•tre•ga *f.* delivery; [rendición] handing over

en•tre•gar [47] *tr.* [dar] to hand over, to give; [pedido, paquete] to deliver; [traicionar] to betray; (*reflex.*) [rendirse] to surrender, submit; [abandonarse] to abandon oneself (**a** to)

en•tre•la•zar [04] *tr.* to interlace, interweave

en•tre•me•dias *adv.* [entre dos cosas] in between, halfway; [mientras tanto] in the meantime, meanwhile ▪ **~ de** between, among

en•tre•més[1] *m.* appetizer, hors d'oeuvre

en•tre•més[2] *m.* THEAT entr'acte, short play

en•tre•me•ter *tr.* to insert, put o place in between; (*reflex.*) [injerirse] to meddle, interfere; [una conversación] to interrupt, butt in

en•tre•me•ti•do, a ◇ *adj.* meddlesome, interfering ◇ *m.f.* meddler, busybody

en•tre•mez•clar *tr.* to intermingle

en•tre•na•dor, •ra *m.f.* trainer, coach

en•tre•na•mien•to *m.* training, coaching

en•tre•nar *tr.* & *reflex.* to train
en•tre•o•ír [45] *tr.* to half-hear, hear partially
en•tre•pier•na(s) *f.(pl.)* crotch
en•tre•pi•so *m.* mezzanine
en•tre•sa•car [70] *tr.* to pick out, select
en•tre•sue•lo *m.* mezzanine
en•tre•tan•to ◇ *adv.* meanwhile, in the meantime ◇ *m.* meantime, meanwhile
en•tre•te•cho *m.* AMER attic, loft
en•tre•te•jer *tr.* to interweave, interlace
en•tre•te•la *f.* SEW interlining
en•tre•te•lar *tr.* to interline
en•tre•ten•ción *f.* CHILE entertainment
en•tre•te•ner [69] *tr.* to entertain, amuse; [ocupar] to occupy, keep busy; [detener] to detain, delay; (*reflex.*) [detenerse] to dally, dawdle; [divertirse] to be entertained o amused
en•tre•te•ni•do, a *adj.* amusing, entertaining
en•tre•te•ni•mien•to *m.* amusement, entertainment; [detenimiento] detainment, delay
en•tre•tiem•po *m.* between-season
en•tre•tie•ne, tu•vie•ra, tu•vo ▻ **entretener**
en•tre•ver [77] *tr.* to half-see, see partially; [adivinar] to guess, surmise
en•tre•ve•rar *tr.* to intermingle, mix; (*reflex.*) C SUR to get tangled
en•tre•ve•ro *m.* confusion, jumble
en•tre•ví, vi•mos ▻ **entrever**
en•tre•vis•ta *f.* meeting, conference; JOURN interview
en•tre•vis•ta•dor, •ra *m.f.* interviewer
en•tre•vis•tar *tr.* to interview; (*reflex.*) to hold an interview o a meeting
en•tris•te•cer [17] *tr.* to sadden, grieve; (*reflex.*) to become sad o grieved
en•tro•me•ter *tr.* & *reflex.* = **entremeter**
en•trom•par•se *reflex. coll* to get drunk o intoxicated; AMER to get angry
en•tro•ni•zar [04] *tr.* to enthrone, put on the throne; [ensalzar] to revere, praise
en•tu•ba•ción *f.*/**mien•to** *m.* tubing
en•tu•bar *tr.* to tube, insert a tube in
en•tuer•to *m.* wrong, injustice
en•tu•me•cer [17] *tr.* to (make) numb; (*reflex.*) to go o become numb; [hincharse] to swell
en•tu•me•ci•mien•to *m.* numbness, torpor; [crecida] swelling, rise
en•tur•biar *tr.* to cloud; (*reflex.*) to become clouded o cloudy
en•tu•sias•mar *tr.* to enthuse; (*reflex.*) to become enthusiastic
en•tu•sias•mo *m.* enthusiasm
en•tu•sias•ta ◇ *adj.* enthusiastic ◇ *m.f.* enthusiast
e•nu•me•ra•ción *f.* enumeration
e•nu•me•rar *tr.* to enumerate
e•nun•cia•ción *f.* enunciation, declaration
e•nun•cia•do *m.* enunciation, statement
e•nun•ciar *tr.* to enunciate, express clearly
en•vai•nar *tr.* to sheathe; [envolver] to enclose
en•va•len•to•nar *tr.* to encourage, embolden; (*reflex.*) to become bold
en•va•ne•cer [17] *tr.* to make vain o conceited; (*reflex.*) to become vain o conceited
en•va•sa•dor, •ra *m.f.* packer; [embotellador] bottler; (*m.*) large funnel
en•va•sar *tr.* to pack, package; [embotellar] to bottle; [beber] to drink to excess; [apuñalar] to stab
en•va•se *m.* packing, packaging; [paquete] package; [botella] bottle
en•ve•je•cer [17] *tr.* to age, make old; (*intr.* & *reflex.*) to grow old, age
en•ve•je•ci•mien•to *m.* aging, age
en•ve•ne•nar *tr.* to poison
en•ver•ga•du•ra *f.* wingspan, wingspread; *fig* importance, significance
en•ver•gar [47] *tr.* to fasten
en•vés *m.* other side, back
en•ve•sa•do, a *adj.* showing the opposite side
en•via•do *m.* envoy
en•viar [30] *tr.* to send, dispatch; [transmitir] to convey, transmit ■ **~ a uno a pasear** o **a paseo** *coll* to send someone packing
en•vi•ciar *tr.* to corrupt, pervert; (*reflex.*) [aficionarse] to become addicted (**con, en** to); [corromperse] to become corrupt o perverted
en•vi•dia *f.* envy
en•vi•diar *tr.* to envy, be envious of
en•vi•dio•so, a *adj.* & *m.f.* envious (person)
en•vi•le•cer [17] *tr.* & *reflex.* to degrade (oneself)
en•vi•le•ci•mien•to *m.* degradation
en•ví•o *m.* sending, dispatch; [transmisión] conveyance, transmission; [paquete] package, parcel; [dinero] remittance; [mercancías] shipment, consignment
en•vi•te *m.* bet; [empujón] push, shove; [ofrecimiento] offering ■ **al primer ~** right off (the bat), from the outset o start
en•viu•dar *intr.* to be widowed
en•vol•to•rio *m.* bundle; [cubierta] wrapper
en•vol•tu•ra *f.* cover, covering
en•vol•ven•te *adj.* enveloping
en•vol•ver [78] *tr.* [cubrir] to envelop, cover; [empaquetar] to pack, bundle up; [vestir] to swaddle; [arrollar] to wind; MIL to surround; *fig* to involve, mix up; [ocultar] to enshroud; (*reflex.*) [cubrirse] to cover oneself; [complicarse] to become involved o mixed up; [amancebarse] to have an affair; [luchar] to fight
en•vuel•to, a ▻ **envolver** ◇ *f.pl.* swaddling clothes
en•vuel•va, vo ▻ **envolver**
en•ye•sar *tr.* to plaster; MED to set in plaster
en•zar•zar [04] *tr.* to cover with brambles; [malquistar] to entangle, embroil; (*reflex.*) to get caught o entangled
en•zi•ma *f.* enzyme
e•ón *m.* eon
¡e•pa! *interj.* AMER [¡hola!] hey!, hello!; [¡ea!] come on!; [¡cuidado!] whoa!
e•pi•cen•tro *m.* epicenter
é•pi•co, a *adj.* epic
e•pi•cú•re•o, a *adj.* & *m.f.* epicurean
e•pi•de•mia *f.* epidemic
e•pi•dé•mi•co, a *adj.* epidemic
e•pi•de•mio•lo•gí•a *f.* epidemiology
e•pi•dér•mi•co, a *adj.* epidermal, epidermic
e•pi•der•mis *f.inv.* epidermis, outer skin
e•pi•glo•tis *f.inv.* epiglottis
e•pí•gra•fe *m.* epigraph
e•pi•lep•sia *f.* epilepsy
e•pi•lép•ti•co, a *adj.* & *m.f.* epileptic

e•pí•lo•go *m.* epilogue; [resumen] summary, compendium
e•pis•co•pa•do *m.* episcopate
e•pi•so•dio *m.* episode
e•pis•te•mo•lo•gí•a *f.* epistemology
e•pís•to•la *f.* epistle
e•pi•ta•fio *m.* epitaph
e•pi•te•lio *m.* epithelium
e•pí•te•to *m.* epithet
e•pí•to•me *m.* epitome, summary
é•po•ca *f.* epoch, era; [periodo] time, period; GEOL age ■ **en aquella** ~ at that time; **formar** o **hacer** ~ to make history
e•pó•ni•mo, a ◇ *adj.* eponymous, eponymic ◇ *m.* eponym
e•po•pe•ya *f.* epic poem, epic
e•qui•dad *f.* equity
e•qui•dis•tan•cia *f.* equidistance
e•qui•dis•tan•te *adj.* equidistant
e•qui•lá•te•ro, a *adj.* equilateral
e•qui•li•bra•do, a *adj.* [ecuánime] stable, well-balanced; [sensato] sensible, reasonable
e•qui•li•brar *tr.* & *reflex.* to balance
e•qui•li•brio *m.* equilibrium
e•qui•li•bris•mo *m.* acrobatics; [del volatinero] tightrope walking
e•qui•li•bris•ta *m.f.* acrobat; [volatinero] tightrope walker, funambulist
e•qui•no, a *adj.* equine, horse
e•qui•noc•cio *m.* equinox
e•qui•pa•je *m.* luggage, baggage; MARIT crew
e•qui•par *tr.* to equip, outfit
e•qui•pa•ra•ble *adj.* comparable (**con** to, with)
e•qui•pa•ra•ción *f.* comparison, comparing
e•qui•pa•rar *tr.* to compare
e•qui•po *m.* [acción] equipping, outfitting; [equipamiento] equipment, gear; SPORT team; [de trabajadores] shift, crew ■ ~ **de primeros auxilios** first-aid kit
e•qui•ta•ción *f.* horse riding
e•qui•ta•ti•vo, a *adj.* equitable, fair
e•qui•va•len•cia *f.* equivalence, equivalency
e•qui•va•len•te *adj.* & *m.* equivalent
e•qui•va•ler [74] *intr.* to be equivalent, equal
e•qui•vo•ca•ción *f.* error, mistake
e•qui•vo•ca•da•men•te *adv.* mistakenly
e•qui•vo•ca•do, a *adj.* wrong, mistaken
e•qui•vo•car [70] *tr.* to mistake; (*intr.*) to equivocate, lie; (*reflex.*) to be mistaken
e•quí•vo•co, a ◇ *adj.* equivocal ◇ *m.* ambiguity; [malentendido] misunderstanding
e•ra[1] *f.* era, age; [periodo] period, time
e•ra[2] ▻ **ser**[2]
e•ra•rio *m.* treasury
er•bio *m.* erbium
e•rec•ción *f.* erection
e•rec•to, a *adj.* erect
e•re•mi•ta *m.* hermit, eremite
e•res ▻ **ser**[2]
er•go *conj.* ergo, therefore
er•go•no•mí•a *f.* ergonomics
er•go•nó•mi•co, a *adj.* ergonomic
er•gui•mien•to *m.* erection, raising up
er•guir [31] *tr.* to raise, lift up; (*reflex.*) to straighten up; [envanecerse] to become vain o conceited
e•rial *adj.* & *m.* untilled, uncultivated (land)
e•ri•gir [32] *tr.* to erect, build; [fundar] to found, establish; (*reflex.*) to set, establish oneself
e•ri•tro•po•ye•ti•na *f.* erythropoietin
e•ri•za•do, a *adj.* bristly, spiky
e•ri•zar [04] *tr.* to make stand on end, set on end; (*reflex.*) to stand on end
e•ri•zo *m.* ZOOL hedgehog; BOT burr
er•mi•ta•ño, a *m.f.* hermit; (*m.*) hermit crab
e•ro•ga•ción *f.* distribution; CHILE contribution
e•ro•gar [70] *tr.* CHILE [donar] to contribute
e•ró•ge•no, a *adj.* erogenous
e•ro•sión *f.* erosion
e•ró•ti•co, a *adj.* erotic
e•ro•tis•mo *m.* eroticism, erotism
e•rra•di•ca•ción *f.* eradication
e•rra•di•car [70] *tr.* to eradicate, root out; [descuajar] to uproot, tear up by the roots
e•rra•do, a *adj.* wrong, mistaken
e•rran•te *adj.* errant, wandering
e•rrar [33] *tr.* [no acertar] to miss; [faltar] to fail (someone); (*intr.*) [vagar] to wander, roam; [equivocarse] to be mistaken, make a mistake; (*reflex.*) to be mistaken, make a mistake
e•rra•ta *f.* erratum
e•rró•ne•o, a *adj.* erroneous, mistaken
e•rror *m.* error, mistake
e•ruc•tar *intr.* to burp, belch
e•ruc•to *m.* burp, belch
e•ru•di•ción *f.* erudition, learning
e•ru•di•to, a *adj.* & *m.f.* erudite (person)
e•rup•ción *f.* eruption
es ▻ **ser**[2]
e•sa *adj.* ▻ **ese, esa**
é•sa *pron.* ▻ **ése, ésa**
es•bel•tez *f.* slenderness, svelteness
es•bel•to, a *adj.* slender, svelte
es•bo•zar [04] *tr.* to sketch, outline
es•bo•zo *m.* sketch, outline
es•ca•be•char *tr.* to pickle, marinate
es•ca•be•che *m.* [adobo] marinade; [pescado] marinated fish salad; [tinte] hair dye
es•ca•bel *m.* [asiento] stool, small seat; [para los pies] footstool
es•ca•bro•so, a *adj.* [desigual] rough, rugged; [áspero] harsh, cruel; [atrevido] dirty, smutty
es•ca•bu•llir•se [13] *reflex.* to slip away
es•ca•fan•dra *f.*/**dro** *m.* diver's o diving suit
es•ca•la *f.* scale; [escalera de mano] ladder, stepladder; [gama] range; MARIT port of call; MIL register, list; MUS scale ■ ~ **móvil** sliding scale; **hacer** ~ MARIT to put in, call
es•ca•la•fón *m.* list
es•ca•lar *tr.* to scale, climb; [robar] to break in o into, burgle; (*intr.*) to rise, climb (by dubious means); MIL & POL to escalate
es•cal•da•du•ra *f.* scald, scalding
es•cal•dar *tr.* to scald, burn; [abrasar] to make red hot; (*reflex.*) to chafe, become chafed
es•ca•le•ra *f.* stairs, staircase; [escalerilla] ladder; [de naipes] straight ■ ~ **de caracol** winding staircase; ~ **de mano** stepladder; ~ **mecánica** o **automática** escalator
es•ca•le•ri•lla *f.* stepladder; [de naipes] series of three cards; MARIT gangway

es•cal•far *tr.* to poach
es•ca•li•na•ta *f.* flight of steps
es•ca•lo•frí•o *m.* [de miedo] shiver, shudder; [de fiebre] chill, shiver
es•ca•lón *m.* step, stair ■ **en escalones** unevenly
es•ca•lo•nar *tr.* [colocar] to space out; [horas] to stagger; AGR to terrace
es•ca•lo•pe *m.* cutlet, scallopini
es•cal•par *tr.* to scalp
es•cal•pe•lo *m.* scalpel
es•ca•ma *f.* scale
es•ca•ma•du•ra *f.* scaling
es•ca•mar *tr.* to scale
es•ca•mo•so, a *adj.* scaly
es•ca•mo•te•a•dor, •ra ◇ *adj.* conjuring ◇ *m.f.* conjurer, magician; *coll* [ladrón] thief
es•ca•mo•te•ar *tr.* to make disappear o vanish (by sleight of hand); *coll* [robar] to filch, steal; [evitar] to avoid, evade
es•cam•pa•da *f.* clear spell
es•cam•pa•do, a *adj.* clear, open
es•cam•par *tr.* & *intr.* to clear (up)
es•can•ciar *tr.* to serve, pour; (*intr.*) to drink wine
es•can•da•li•zar [04] *tr.* to scandalize, shock; (*intr.*) to make a fuss; (*reflex.*) to be shocked
es•cán•da•lo *m.* scandal; [alboroto] uproar, ruckus ■ **armar un ~** to make a scene
es•can•da•lo•so, a *adj.* scandalous, shocking; [alborotoso] noisy, uproarious
es•can•dio *m.* CHEM scandium
es•ca•ne•ar *tr.* COMPUT to scan
es•ca•ne•o *m.* COMPUT scan
es•cá•ner *m.* COMPUT scanner
es•ca•pa•da *f.* [huida] escape, flight; [aventura] escapade
es•ca•par *intr.* & *reflex.* to escape ■ **escaparse por un pelo** *coll* to have a close call
es•ca•pa•ra•te *m.* shop o display window; AMER [ropero] wardrobe, closet
es•ca•pa•to•ria *f.* escape, flight; *coll* [pretexto] excuse, pretext
es•ca•pe *m.* escape, flight; [de un reloj] escapement; AUTO exhaust (pipe)
es•ca•ra•ba•jo ◇ *m.* beetle ◇ *pl. coll* scribbles, scrawls
es•ca•ra•mu•za *f.* [combate] skirmish; [argumento] quarrel, dispute
es•car•ba•dien•tes *m.inv.* toothpick
es•car•bar *tr.* [rascar] to scrape, scratch; [los dientes] to pick; [atizar] to rake, poke; [averiguar] to poke around, investigate
es•car•ce•os *m.pl.* wanderings, ramblings ■ **~ amorosos** flirtation
es•car•cha *f.* frost
es•car•char *intr.* to become frosted; (*tr.*) to frost
es•car•la•ta *adj.* & *f.* scarlet
es•car•la•ti•na *f.* scarlet fever
es•car•men•tar [49] *tr.* to chastise, teach a lesson to; (*intr.*) to learn one's lesson
es•car•mien•to *m.* [aviso] warning, lesson; [castigo] punishment
es•car•ne•cer [17] *tr.* to ridicule, mock
es•car•nio *m.* ridicule, mocking
es•ca•ro•la *f.* escarole
es•car•pa•do, a *adj.* [pendiente] steep, sheer; [escabroso] craggy, rugged
es•car•par *tr.* to rasp, scrape
es•car•pe *m.* scarp, escarpment
es•car•pia *f.* hook
es•ca•sa•men•te *adv.* scarcely, just
es•ca•se•ar *tr.* to skimp, give sparingly; (*intr.*) to become o be scarce
es•ca•sez *f.* scarcity, lack; [mezquindad] stinginess; [pobreza] poverty, need
es•ca•so, a *adj.* scarce, limited; [mezquino] miserly, stingy; [falto] scanty, insufficient
es•ca•ti•mar *tr.* to skimp on, spare
es•ca•to•lo•gí•a *f.* eschatology; [de excrementos] scatology
es•ca•to•ló•gi•co, a *adj.* eschatological; [excrementicio] scatological
es•ce•na *f.* scene; THEAT stage; [arte dramático] theater, dramatic art ■ **poner en ~** to stage, present
es•ce•na•rio *m.* stage, scene
es•ce•ni•fi•car [70] *tr.* to stage, dramatize
es•ce•no•gra•fí•a *f.* scenery
es•ce•nó•gra•fo, a *m.f.* set designer
es•cép•ti•co, a ◇ *adj.* skeptical ◇ *m.f.* skeptic
es•cin•dir *tr.* to divide, split; (*reflex.*) to split
es•ci•sión *f.* division, split; MED excision
es•cla•re•cer [17] *tr.* to illuminate, light up; [elucidar] to clarify, elucidate; [ennoblecer] to ennoble; (*intr.*) to dawn
es•cla•vis•ta *adj.* pro-slavery
es•cla•vi•tud *f.* slavery
es•cla•vi•zar [04] *tr.* to enslave
es•cla•vo, a ◇ *adj.* enslaved ◇ *m.f.* slave; (*f.*) bracelet, bangle
es•cle•ro•sis *f.inv.* sclerosis
es•clu•sa *f.* lock, sluice; [compuerta] floodgate
es•co•ba *f.* broom
es•co•bar *tr.* to sweep
es•co•bi•lla *f.* [escoba] brush, small broom; CHILE [de dientes] toothbrush
es•co•bi•llar *tr.* AMER to brush
es•co•bi•na *f.* sawdust; [de metal] filings
es•co•cer [71] *intr.* to sting, smart; (*reflex.*) become chafed o irritated; [sentirse] to be hurt
es•co•fi•na *f.* coarse file, rasp
es•co•ger [34] *tr.* to choose, select
es•co•gi•do, a *adj.* select, choice; [elegido] chosen, selected
es•co•lar ◇ *adj.* scholastic, school ◇ *m.f.* pupil, student
es•co•la•ri•dad *f.* education, schooling
es•co•lás•ti•co, a *adj.* scholastic
es•co•lle•ra *f.* jetty, breakwater
es•co•llo *m.* reef, rock; *fig* stumbling block
es•col•ta *f.* escort
es•col•tar *tr.* to escort
es•com•brar *tr.* to sweep, clear
es•com•bro *m.* rubble, debris; MIN slag
es•con•der *tr.* & *reflex.* to hide, conceal
es•con•di•das *f.pl.* ■ **a ~** secretly, covertly
es•con•di•te *m.* hiding place; [juego] hide-and-seek
es•con•dri•jo *m.* hiding place
es•co•pe•ta *f.* shotgun, rifle
es•co•pe•ta•zo *m.* gunshot (wound); [noticia] bad news, blow

es•co•rar *tr.* MARIT to list, heel; CONSTR to shore o prop up; (*intr.* & *reflex.*) to list, heel
es•cor•bu•to *m.* scurvy
es•co•ria *f.* dregs, scum
es•co•rial *m.* slag dump
es•cor•pión *m.* scorpion
es•co•tar *tr.* to cut, trim; [sacar agua] to drain water from; [partir un gasto] to go Dutch
es•co•te *m.* neck, neckline ▪ **ir** o **pagar a ~** to go Dutch
es•co•ti•lla *f.* hatch(way)
es•co•zor *m.* smarting; [pena] grief, sorrow
es•cri•ba•ní•a *f.* notary public's position o office; [oficio de secretario] clerkship; [escritorio] writing desk; [recado de escribir] writing materials
es•cri•ba•no *m.* notary public; [secretario] clerk, secretary
es•cri•bien•te *m.f.* amanuensis, clerk
es•cri•bir [80] *tr.* & *intr.* to write ▪ **~ a máquina** to type; (*reflex.*) to write to each other, correspond; [deletrearse] to be spelled; [inscribirse] to enroll, enlist
es•cri•to, a ▻ **escribir** ◇ *adj.* written ▪ **~ a mano** handwritten; **~ a máquina** typed, typewritten ◇ *m.* document, writing ▪ **por ~** in writing
es•cri•tor, •ra *m.f.* writer
es•cri•to•rio *m.* desk; [despacho] office, study; COMPUT desktop
es•cri•tu•ra *f.* writing; [sistema de signos] script; LAW document, instrument; [contrato] indenture, deed
es•cri•tu•rar *tr.* to notarize, execute by deed; THEAT to book, sign
es•cro•to *m.* scrotum
es•crú•pu•lo *m.* scruple
es•cru•pu•lo•si•dad *f.* scrupulousness
es•cru•pu•lo•so, a *adj.* & *m.f.* scrupulous (person)
es•cru•tar *tr.* to scrutinize, examine
es•cru•ti•nio *m.* scrutiny, examination
es•cru•ti•ña•dor, •ra *m.f.* scrutinizer
es•cua•dra *f.* triangle; CARP carpenter's square; [grapa] angle iron; MIL squad, squadron
es•cua•dri•lla *f.* squadron
es•cua•drón *m.* cavalry squadron
es•cuá•li•do, a *adj.* squalid, filthy
es•cu•cha *f.* listening; RELIG chaperon(e) ▪ **estar a la ~** o **en ~** to be listening; (*m.*) night scout
es•cu•char *tr.* to listen to; (*reflex.*) to like to hear oneself talk
es•cu•dar *tr.* & *reflex.* to shield, protect (oneself)
es•cu•de•rí•a *f.* [servicio] position of a page o squire; AUTO fleet
es•cu•de•ro *m.* squire, page; [hidalgo] nobleman
es•cu•di•lla *f.* wide bowl
es•cu•do *m.* shield; [insignia] escutcheon
es•cu•dri•ña•mien•to *m.* scrutiny
es•cu•dri•ñar *tr.* to scrutinize, examine
es•cue•la *f.* school ▪ **~ de artes y oficios** trade o technical school; **~ de párvulos** kindergarten; **tener buena ~** to be well-trained o schooled
es•cue•to, a *adj.* concise, direct; [libre] free, unencumbered
es•cue•za, zo ▻ **escocer**
es•cuin•cle, a *m.f.* MEX *coll* [muchacho] nipper, kid
es•cul•pir *tr.* to sculpt, carve; [grabar] to engrave
es•cul•tor, •ra *m.f.* sculptor; (*f.*) sculptress
es•cul•tu•ra *f.* sculpture, carving
es•cul•tu•ral *adj.* sculptural
es•cu•pi•de•ra *f.* spittoon, cuspidor; AMER [orinal] urinal
es•cu•pir *tr.* to spit; *coll* [pagar] to cough up, fork over o out; [confesar] to spill, give; (*intr.*) to spit
es•cu•rre•pla•tos *m.inv.* dish rack
es•cu•rri•de•ro *m.* drainboard, draining rack; MIN drainpipe
es•cu•rri•di•zo, a *adj.* slippery
es•cu•rri•dor *m.* colander
es•cu•rrir *tr.* to drain; [hacer que chorree] to wring (out); (*intr.*) to drip, trickle; [deslizar] to slip, slide; (*reflex.*) to drain, drip; [deslizar] to slip, slide; [escapar] to slip out, escape; *coll* [equivocarse] to slip up
e•se, e•sa ◇ *adj.* (*pl* **esos, esas**) that ◇ *pl.* those
é•se, é•sa ◇ *pron.* (*pl* **ésos, ésas**) that one; [el primero] the former ◇ *pl.* those
e•sen•cia *f.* essence ▪ **quinta ~** quintessence
e•sen•cial *adj.* essential
es•fe•ra *f.* sphere; [del reloj] dial, face
es•fé•ri•co, a ◇ *adj.* spherical ◇ *m.* ball
es•fe•ro *m.* COL & ECUAD ball-point pen
es•fe•ro•grá•fi•ca *f.* ARG ball-point pen
es•fe•roi•de *m.* spheroid
es•fin•ge *f.* sphinx
es•fín•ter *m.* sphincter
es•for•za•do, a *adj.* brave, courageous
es•for•zar [37] *tr.* to strengthen; [dar ánimo a] to encourage; (*reflex.*) to strive
es•fuer•zo *m.* effort, exertion; [valor] courage, bravery; [ánimo] spirit, heart
es•fu•mar *tr.* to stump; [suavizar] to tone down, soften; (*reflex.*) to disappear, vanish
es•gri•ma *f.* fencing
es•gri•mir *tr.* to wield, brandish; [servirse de] to use, make use of; (*intr.*) to fence
es•gri•mis•ta *m.f.* fencer
es•guin•ce *m.* [regate] dodge, swerve; [gesto de desdén] frown, grimace; MED sprain, twist
es•la•bón *m.* link; [hierro] steel
es•la•bo•nar *tr.* to link; (*reflex.*) to be linked
es•lo•ra *f.* length (of a ship)
es•mal•tar *tr.* to enamel; [adornar] to embellish, adorn
es•mal•te *m.* enamel; [objeto, joya] enamelwork; [color azul] smalt, cobalt blue ▪ **~ de** o **para uñas** nail polish
es•me•ra•do, a *adj.* careful, meticulous
es•me•ral•da *f.* emerald
es•me•rar *tr.* to polish, brighten; (*reflex.*) to take great care
es•me•ril *m.* emery
es•me•ri•la•dor, •ra *m.f.* polisher
es•me•ri•lar *tr.* to polish with emery
es•me•ro *m.* extreme care, meticulousness
es•mi•rria•do, a *adj. coll* skinny, thin
es•mo•quin *m.* tuxedo
es•nob *m.f.* snob
e•so *pron.* that ▪ **a ~ de** about, around; **~ es** that's it; **~ mismo** exactly, the same; **por ~** therefore, that's why
e•só•fa•go *m.* esophagus
e•sos ▻ **ese**
é•sos ▻ **ése**
e•so•té•ri•co, a *adj.* esoteric

es•pa•cia•do *m.* spacing
es•pa•cia•dor *m.* space bar, spacer
es•pa•cial *adj.* spatial; [del espacio] space
es•pa•ciar *tr.* to space o spread out; (*reflex.*) [dilatarse] to expatiate, go on at length; [solazarse] to relax
es•pa•cio *m.* space
es•pa•cio•sa•men•te *adv.* slowly, deliberately
es•pa•cio•so, a *adj.* spacious, roomy; [lento] slow, deliberate
es•pa•da *f.* sword; [espadachín] swordsman; [naipe] spade ■ **de capa y ~** cloak-and-dagger; **entre la ~ y la pared** between the devil and the deep blue sea
es•pa•da•chín *m.* skilled swordsman; [bravucón] swashbuckler
es•pa•dín *m.* dress o ceremonial sword
es•pa•gue•ti *m.* spaghetti
es•pal•da ◇ *f.* back ■ **dar** o **volver la ~** to turn one's back ◇ *pl.* back ■ **a ~ de alguien** behind someone's back; **de ~** from behind; **tener buenas ~** to be very patient
es•pal•dar *m.* back (of a chair); [enrejado] trellis, espalier
es•pal•da•ra•zo *m.* blow o slap on the back; *fig* [apoyo] support, backing
es•pan•ta•da *f.* [huida] flight, escape; [miedo] sudden scare o fright
es•pan•ta•di•zo, a *adj.* jumpy, skittish
es•pan•ta•jo *m.* scarecrow; [persona fea] sight, fright
es•pan•ta•pá•ja•ros *m.inv.* scarecrow
es•pan•tar *tr.* to frighten, scare; (*reflex.*) to be frightened o scared
es•pan•to *m.* fright, scare; [fantasma] ghost, phantom
es•pan•to•so, a *adj.* frightening, terrifying
es•pa•ra•dra•po *m.* Band-Aid® US
es•par•ci•do, a *adj.* scattered, strewn; [alegre] merry, cheerful
es•par•cir [35] *tr.* to scatter, spread; (*reflex.*) to scatter, be scattered; [distraerse] to relax, take it easy
es•pa•rra•go *m.* asparagus
es•par•to *m.* esparto (grass)
es•pas•mo *m.* spasm
es•pas•mó•di•co, a *adj.* spasmodic
es•pá•tu•la *f.* CUL spatula; ORNITH spoonbill
es•pe•cia *f.* spice
es•pe•cial *adj.* special ■ **en ~** especially
es•pe•cia•li•dad *f.* specialty
es•pe•cia•lis•ta *adj.* & *m.f.* specialist
es•pe•cia•li•za•ción *f.* specialization
es•pe•cia•li•za•do, a *adj.* specialized
es•pe•cia•li•zar [04] *tr., intr.* & *reflex.* to specialize
es•pe•cial•men•te *adv.* especially, specially
es•pe•cie *f.* species; [tipo] type, kind; [asunto] matter, affair; [noticia] bit of news; [pretexto] pretext
es•pe•ci•fi•ca•ción *f.* specification
es•pe•ci•fi•car [70] *tr.* to specify
es•pe•ci•fi•ci•dad *f.* specificity
es•pe•cí•fi•co, a *adj.* & *m.* specific
es•pé•ci•men *m.* (*pl* **-címenes**) specimen
es•pe•cio•so, a *adj.* specious; [hermoso] beautiful, perfect
es•pec•ta•cu•lar *adj.* spectacular
es•pec•tá•cu•lo *m.* spectacle
es•pec•ta•dor, •ra ◇ *m.f.* spectator, onlooker ◇ *pl.* audience, public
es•pec•tral *adj.* spectral; [fantasmal] ghostly
es•pec•tro *m.* PHYS spectrum; [fantasma] ghost, spook; [horror] specter, horror
es•pe•cu•la•ción *f.* speculation
es•pe•cu•la•dor, •ra *m.f.* speculator
es•pe•cu•lar *tr.* to examine, inspect; [conjeturar] to speculate; (*intr.*) to speculate
es•pe•cu•la•ti•vo, a *adj.* speculative
es•pe•jis•mo/je•o *m.* mirage
es•pe•jo *m.* mirror; [modelo] model, example
es•pe•luz•nan•te *adj. coll* hair-raising
es•pe•luz•nar *tr.* to terrify; to ruffle, muss; [pelo] to make stand on end; (*reflex.*) to become ruffled o mussed; [pelo] to stand on end
es•pe•ra *f.* wait; LAW respite
es•pe•ran•za *f.* hope
es•pe•ran•zar [04] *tr.* to make hopeful
es•pe•rar *tr.* [tener esperanza de] to hope (for); [aguardar] to wait for, await; [confiar en] to expect ■ **~ en** to trust, put one's faith in; (*intr.*) to wait
es•per•ma *f.* sperm, semen
es•per•ma•to•zoi•de *m.* sperm, spermatozoon
es•per•pen•to *m. coll* [espanto] fright, sight; [desatino] absurdity, nonsense
es•pe•sar *tr.* to thicken; (*reflex.*) to grow o become thicker
es•pe•so, a *adj.* thick; [sucio] dirty, unkempt
es•pe•sor *m.* thickness; [densidad] density
es•pe•tar *tr.* CUL to skewer, spit; [atravesar] to pierce, run through; (*reflex.*) [ponerse tenso] to become serious o solemn; *coll* [asegurarse] to establish oneself
es•pí•a *m.f.* spy; (*f.*) MARIT warping, warp
es•piar [30] *tr.* to spy on; (*intr.*) to spy; MARIT to warp
es•pi•char *tr.* to prick; (*intr.*) *coll* to kick the bucket, die
es•pi•ga *f.* BOT spike, ear; CARP tenon; [clavija] peg, pin
es•pi•ga•do, a *adj.* spiky
es•pi•gar [47] *tr.* to glean; CARP to tenon, dovetail; (*reflex.*) to grow o shoot up
es•pi•gón *m.* point; [mazorca] ear (of corn); MARIT breakwater, jetty
es•pi•na *f.* thorn; [de pez] fishbone; ANAT spine, backbone; [pesar] grief, sorrow ■ **dar mala ~** to cause suspicion; **estar en espinas** to be on pins and needles
es•pi•na•ca *f.* spinach
es•pi•na•zo *m.* ANAT spine, backbone; ARCHIT keystone
es•pi•nel *m.* boulter, trotline
es•pi•ni•lla *f.* shinbone; [granillo] blackhead
es•pi•no *m.* hawthorn, thornbush
es•pi•no•so, a *adj.* thorny, spiny; [arduo] difficult, sticky
es•pio•na•je *m.* espionage, spying
es•pi•ra•ción *f.* exhalation, expiration
es•pi•ral ◇ *adj.* spiral, winding ◇ *f.* balance spring, hairspring; MED coil; (*f.*) spiral ■ **~ inflacionaria** inflationary spiral
es•pi•rar *tr.* to exhale, breathe out; [exudar] to give off, exude; (*intr.*) to exhale, breathe out
es•pi•ri•tis•ta ◇ *adj.* spiritualistic, spiritistic ◇ *m.f.* spiritualist, spiritist
es•pí•ri•tu *m.* spirit; [alma] soul; [mente] intelligence, wit ■ **exhalar el ~** to die, give up the ghost; **~ de cuerpo** esprit de corps

es•pi•ri•tual *adj.* & *m.* spiritual
es•pi•ri•tua•li•dad *f.* spirituality
es•pi•ri•tua•lis•ta <> *adj.* spiritualistic <> *m.f.* spiritualist
es•pi•ta *f.* tap, spigot; [bebedor] drunkard, boozer
es•pi•tar *tr.* to tap, put a spigot on
es•plen•den•te *adj.* shining, resplendent
es•plén•di•do, a *adj.* splendid; [generoso] generous; [resplandeciente] resplendent
es•plen•dor *m.* splendor
es•plen•do•ro•so, a *adj.* resplendent
es•po•le•ar *tr.* EQUIT to spur, prod with a spur; *fig* to incite, urge
es•po•le•o *m.* spurring
es•po•le•ta *f.* ARM fuse; ORNITH wishbone
es•po•lón *m.* spur; ZOOL fetlock; MARIT cutwater; ARCHIT buttress; MED chilblain
es•pol•vo•re•ar *tr.* to dust, sprinkle
es•pon•ja *f.* sponge ▪ **beber como una ~** *coll* to drink like a fish; **tirar** o **arrojar la ~** to throw in the towel, give up
es•pon•jar *tr.* to make spongy o fluffy; (*reflex.*) to become spongy; [envanecerse] to put on airs; *coll* [rebozar] to glow with health
es•pon•je•ar *intr.* to snoop, pry
es•pon•jo•so, a *adj.* spongy
es•pon•sa•les *m.pl.* betrothal, engagement
es•pon•ta•nei•dad *f.* spontaneity
es•pon•tá•ne•o, a *adj.* spontaneous
es•po•ra *f.* spore
es•po•rá•di•co, a *adj.* sporadic
es•po•sa <> *f.* wife, spouse <> *pl.* handcuffs
es•po•sa•do, a *adj.* = **desposado, a**
es•po•sar *tr.* to handcuff, put handcuffs on
es•po•so *m.* husband, spouse
es•pue•la *f.* spur
es•pu•ma *f.* foam; [de un líquido] froth, spume; [de jabón] lather; [desechos] scum ▪ **crecer como ~** o **la ~** *coll* to shoot up, spread like wildfire; **~ de caucho** foam rubber
es•pu•ma•de•ra *f.* skimmer
es•pu•man•te *adj.* foaming, frothing; [vino] sparkling
es•pu•mar *tr.* to skim, remove foam from; (*intr.*) to foam, froth
es•pu•ma•ra•jo *m.* foam, froth
es•pu•mo•so, a *adj.* foamy, frothy
es•pu•rio, a *adj.* spurious
es•pu•to *m.* spit, spittle
es•que•la *f.* note, short letter; [aviso] notice
es•que•lé•ti•co, a *adj.* skeletal
es•que•le•to *m.* skeleton
es•que•ma *m.* scheme, outline
es•que•má•ti•co, a *adj.* schematic
es•que•ma•ti•zar [04] *tr.* to schematize
es•quí *m.* (*pl* **-s**) ski; [deporte] skiing
es•quia•dor, •ra *m.f.* skier
esquiar [30] *intr.* to ski
es•qui•la *f.* shearing, fleecing
es•qui•lar *tr.* to shear, fleece
es•quil•mar *tr.* [empobrecer] to impoverish; *fig* to exhaust
es•qui•na *f.* corner ▪ **a la vuelta de la ~** just around the corner; **doblar la ~** [dar una vuelta] to turn the corner; AMER *fig* to die, kick the bucket; **hacer ~** to be on the corner
es•qui•na•do, a *adj.* cornered, angular
es•qui•nar *tr.* [hacer esquina con] to form a corner with; [poner en esquina] to put in a corner; [poner a mal] to set against, estrange; (*intr.*) to form a corner (with); (*reflex.*) ▪ **~ con** to quarrel with
es•qui•na•zo *m.* *coll* corner; ARG & CHILE serenade ▪ **dar ~ a alguien** *coll* to give someone the slip
es•quir•la *f.* splinter
es•qui•var *tr.* to avoid, evade; [rehusar] to shun, refuse; (*reflex.*) to withdraw, shy away
es•qui•vez *f.* coldness
es•qui•vo, a *adj.* cold, unsociable
es•qui•zo•fre•nia *f.* schizophrenia
es•qui•zo•fré•ni•co, a *adj.* & *m.f.* schizophrenic
es•ta ▻ **este, a**
és•ta ▻ **éste, a**
es•ta•ba ▻ **estar**
es•ta•bi•li•dad *f.* stability
es•ta•bi•li•zar [04] *tr.* to stabilize, make stable
es•ta•ble *adj.* stable
es•ta•ble•ce•dor, •ra <> *adj.* establishing, founding <> *m.f.* establisher, founder
es•ta•ble•cer [17] *tr.* to establish, found; [decretar] to decree, ordain; (*reflex.*) to establish oneself
es•ta•ble•ci•mien•to *m.* establishment
es•ta•blo *m.* stable
es•ta•ca *f.* stake, post; [garrote] club, cudgel; BOT cutting; CARP spike, nail
es•ta•ca•da *f.* picket fence; MIL stockade, palisade ▪ **dejar a alguien en la ~** *coll* to leave someone in the lurch; **quedar en la ~** *coll* to be defeated o beaten
es•ta•car [70] *tr.* [atar] to tie to a stake o post; [señalar] to stake out; AMER to fasten down with stakes; (*reflex.*) to freeze, stand stockstill
es•ta•ción *f.* [estado] position; [tiempo] season; RAIL & TELEC station ▪ **~ de esquí** ski resort; **~ de invierno** ski resort; **~ de metro** subway station; **~ de servicio** service station; **~ de trabajo** workstation; **~ espacial** space station
es•ta•cio•na•mien•to *m.* stationing, positioning; AUTO parking place o space
es•ta•cio•nar *tr.* to station, place; AUTO to park; (*reflex.*) to remain stationary; [colocarse] to station oneself
es•ta•cio•na•rio, a *adj.* stationary
es•ta•da/dí•a *f.* stay, stop
es•ta•dio *m.* stadium; [fase] phase, stage
es•ta•dis•ta *m.* statesman; [estadístico] statistician
es•ta•dís•ti•co, a <> *adj.* statistical <> *m.* statistician; (*f.*) statistics; [dato] statistic
es•ta•do *m.* state; [condición] condition; [calidad] status; [jerarquía] rank, grade; estate; **el cuarto ~** the fourth estate; [resumen] statement, report; MIL post, garrison ▪ **~ civil** marital status; **~ mayor** general staff
es•ta•fa *f.* swindle, hoax
es•ta•fa•dor, •ra *m.f.* swindler, crook
es•ta•far *tr.* to swindle, cheat
es•ta•fe•ta *f.* mail, post; [casa de correo] post office; DIPL diplomatic pouch
es•ta•fi•lo•co•co *m.* staphylococcus
es•ta•lac•ti•ta *f.* stalactite

es•ta•lag•mi•ta *f.* stalagmite
es•ta•llar *intr.* to burst, explode; [sobrevenir] to break out
es•ta•lli•do *m.* [explosión] explosion; ARM report; *fig* outbreak, outburst
es•tam•bre *m.* TEX worsted yarn; BOT stamen
es•tam•pa *f.* [imagen] print; [huella] track, mark; [aspecto] aspect, appearance
es•tam•pa•do, a ◇ *adj.* TEX stamped ◇ *m.* printing, engraving
es•tam•pa•do•ra *f.* COMPUT burner ■ ~ **de CD-ROM** CD-ROM burner
es•tam•par *tr.* to print, stamp; [grabar] to emboss, engrave; [dejar huella de] to leave a mark on; COMPUT [CD] to burn; *coll* [arrojar] to throw, hurl
es•tam•pi•da *f.* explosion, bang; AMER stampede
es•tam•pi•do *m.* explosion, bang
es•tam•pi•lla *f.* stamp, seal; AMER postage stamp
es•tan•car [70] *tr.* to dam up, stem; COM to monopolize; (*reflex.*) to stagnate, become stagnant; [detenerse] to come to a standstill
es•tan•cia *f.* [mansión] country house, estate; [estadía] stay; C SUR ranch, farm
es•tan•cie•ro *m.* C SUR rancher, farmer
es•tan•dar•te *m.* standard, banner
es•tan•que *m.* [charca] pond, pool; [depósito] tank, reservoir
es•tan•te ◇ *adj.* [existente] extant; [permanente] fixed ◇ *m.* shelving, shelves
es•tan•te•rí•a *f.* shelving, shelves
es•ta•ñar *tr.* to tin, plate with tin
es•ta•ño *m.* tin
es•ta•qui•lla *f.* wooden peg
es•ta•qui•llar *tr.* to peg, fasten with pegs
es•tar [36] *intr.* to be ■ **¿a cuántos estamos?** o **¿a qué estamos?** what is the date?; **¿cómo estás?** how are you?; **está bien** o **bien está** okay, all right; ~ **a** to sell at, cost; ~ **al caer** to be about to arrive; ~ **bien** [convenir] to be suitable o fitting; [gozar de buena salud] to be well o healthy; ~ **de más** to be superfluous; ~ **en** [entender] to understand; [consistir en] to depend on, lie in; ~ **en sí** to know what one is doing; ~ **mal** [no convenir] to be unsuitable o inappropriate; [padecer de mala salud] to be ill; ~ **para** [gustar] to be in the mood for; to be about to; **estamos para salir** we are about to leave; ~ **por** [favorecer] to be for, be in favor of; to be about to; ~ **por terminarlo** to be about to finish it; [quedar] to remain to be; [tener ganas] to have a mind to, be inclined to
es•tar•cir [35] *tr.* to stencil
es•ta•tal *adj.* state, of the state
es•tá•ti•co, a ◇ *adj.* static ◇ *f.* static; MECH statics
es•ta•ti•za•ción *f.* AMER nationalization
es•ta•ti•zar [18] *tr.* AMER to nationalize
es•ta•tua *f.* statue; *coll* [persona] cold fish
es•ta•tua•rio, a *adj.* & *m.f.* statuary
es•ta•tuir [18] *tr.* to establish, enact; [demostrar] to demonstrate, prove
es•ta•tu•ra *f.* stature
es•ta•tu•to *m.* [ley] statute, law; [regla] rule
es•te *m.* east
es•te, a ◇ *adj.* (*pl* **estos, -tas**) this ◇ *pl.* these
és•te, a ◇ *pron.* (*pl* **éstos, -tas**) this one; [el segundo] the latter ◇ *pl.* these

es•té ▻ **estar**
es•te•la *f.* AVIA trail; MARIT wake
es•te•lar *adj.* stellar
es•te•la•ri•dad *f.* AMER popularity
es•te•no•gra•fí•a *f.* stenography, shorthand
es•te•nó•gra•fo, a *m.f.* stenographer
es•ten•tó•re•o, a *adj.* stentorian, loud
es•te•pa *f.* steppe
es•te•ra *f.* matting
es•té•re•o *adj.* & *f.* stereo
es•te•re•o•fo•ní•a *f.* stereo
es•te•re•o•fó•ni•co, a *adj.* stereophonic, stereo
es•te•re•o•ti•par *tr.* to stereotype
es•te•re•o•tí•pi•co, a *adj.* stereotypical
es•te•re•o•ti•po *m.* stereotype
es•té•ril *adj.* sterile, infertile; [árido] barren
es•te•ri•li•dad *f.* sterility
es•te•ri•li•za•ción *f.* sterilization
es•te•ri•li•zar [04] *tr.* to sterilize
es•ter•li•na *adj.* sterling
es•ter•nón *m.* sternum, breastbone
es•te•ro *m.* estuary; AMER [pantano] marsh, swamp; AMER [charca] puddle, pool
es•ter•tor *m.* death rattle; MED stertor
es•te•ta *m.* aesthete
es•té•ti•co, a ◇ *adj.* aesthetic ◇ *m.* aesthetic, aesthete; (*f.*) aesthetics
es•te•tos•co•pio *m.* stethoscope
es•ti•ba•dor *m.* stevedore
es•ti•bar *tr.* to pack tightly, compress; MARIT to stow
es•tiér•col *m.* dung, manure
es•tig•ma ◇ *m.* stigma ◇ *pl.* RELIG stigmata
es•tig•ma•ti•zar [04] *tr.* to stigmatize, brand; *fig* to censure, reproach
es•ti•lar *intr.* & *reflex.* [usar] to be customary, be the custom; [estar de moda] to be in fashion; (*tr.*) to draw up
es•ti•le•te *m.* stylus, style; [puñal] stiletto; MED probe, stylet
es•ti•lis•ta *m.f.* stylist
es•ti•lís•ti•co, a ◇ *adj.* stylistic ◇ *f.* stylistics
es•ti•li•zar [04] *tr.* to stylize
es•ti•lo *m.* style ■ **algo por el** ~ something of the sort
es•ti•lo•grá•fi•co, a ◇ *adj.* stylographic ◇ *f.* fountain pen, stylograph
es•ti•ma *f.* esteem, respect
es•ti•ma•ble *adj.* estimable; [valioso] worthy of esteem, admirable
es•ti•ma•ción *f.* esteem, respect; COM appraisal, valuation
es•ti•ma•dor, •ra ◇ *adj.* appreciative ◇ *m.* COM appraiser
es•ti•mar *tr.* to esteem, hold in esteem; COM to estimate, appraise; [juzgar] to consider, deem; (*reflex.*) to be esteemed
es•ti•mu•lan•te ◇ *adj.* stimulating ◇ *m.* stimulant
es•ti•mu•lar *tr.* to stimulate; [aguijonear] to prod, push; [incitar] to incite, urge on
es•tí•mu•lo *m.* stimulus
es•tí•o *m.* summer
es•ti•pen•dio *m.* stipend, remuneration
es•ti•pu•lar *tr.* to stipulate
es•ti•ra•do, a *adj.* stretched; [vanidoso] pompous, haughty; [tacaño] stingy, tight

es•ti•rar *tr.* to stretch; [extender] to extend ■ ~ **la pata** *coll* to die, kick the bucket; (*reflex.*) to stretch oneself
es•ti•rón *m.* yank, tug ■ **dar un** ~ to shoot up
es•tir•pe *f.* stock, lineage; LAW heirs
es•ti•val *adj.* summer, estival
es•to *pron.* this; [asunto] this business O matter ■ **por** ~ for this reason
es•to•ca•da *f.* thrust, stab; [herida] stab wound
es•to•fa *f.* TEX brocade; *fig* class, quality
es•to•fa•do, a <> *adj.* stewed; [acolchado] quilted <> *m.* stew; [acolchadura] quilting
es•to•far *tr.* to stew
es•toi•co, a *adj.* & *m.f.* stoic
es•to•la *f.* stole
es•tó•ma•go *m.* stomach
es•to•pa *f.* [fibra] tow; [tela] burlap; MARIT oakum ■ ~ **de acero** steel wool
es•tor•bar *tr.* to obstruct, block; [dificultar] to hinder, hamper
es•tor•bo *m.* obstruction, obstacle; [dificultad] hindrance; [molestia] bother, annoyance
es•tor•nu•dar *intr.* to sneeze
es•tor•nu•do *m.* sneeze
es•tos ▻ **este, a**
és•tos ▻ **éste, a**
es•toy ▻ **estar**
es•tra•do *m.* dais; [sala] drawing room
es•tra•fa•la•rio, a *coll* <> *adj.* outlandish, bizarre; [desaliñado] slovenly <> *m.f.* eccentric
es•tra•go *m.* destruction, devastation
es•tra•gón *m.* tarragon
es•tram•bó•ti•co, a *adj.* *coll* outlandish
es•tran•gu•la•ción *f.* strangulation
es•tran•gu•la•do, a *adj.* strangled
es•tran•gu•la•dor, •ra <> *adj.* strangulating <> *m.f.* strangler; (*m.*) AUTO choke
es•tran•gu•lar *tr.* to strangle, strangulate; MECH to choke
es•tra•ta•ge•ma *f.* stratagem
es•tra•te•ga *m.f.* strategist
es•tra•te•gia *f.* strategy
es•tra•té•gi•co, a <> *adj.* strategic <> *m.f.* strategist
es•tra•ti•fi•car [70] *tr.* & *reflex.* to stratify
es•tra•to *m.* stratum; METEOROL stratus
es•tra•tos•fe•ra *f.* stratosphere
es•tra•za *f.* rag ■ **papel de** ~ brown wrapping paper
es•tre•cha•mien•to *m.* narrowing, tightening
es•tre•char *tr.* [reducir] to narrow; [apretar] to tighten; [sisar] to take in; [abrazar] to hug; [obligar] to compel ■ ~ **la brecha** to close the gap; ~ **la mano a** to shake hands with; (*reflex.*) to narrow; [apretarse] to tighten, become tight; [ceñirse] to squeeze together; [reducir gastos] to economize; [amistarse] to become close O intimate
es•tre•chez *f.* narrowness; [aprieto] bind, jam; [amistad] closeness, intimacy; [pobreza] poverty, need; [austeridad] austerity
es•tre•cho, a <> *adj.* narrow; [apretado] tight; [tacaño] stingy, mean; [íntimo] close, intimate; [rígido] rigid, severe; [limitado] narrowminded <> *m.* strait, channel
es•tre•lla *f.* star; [asterisco] asterisk ■ ~ **de mar** starfish
es•tre•lla•do, a *adj.* star-shaped; [con estrellas] starry ■ **huevos estrellados** fried eggs
es•tre•llar *tr.* to cover with stars; *coll* [romper] to smash, shatter; (*reflex.*) to become starry; *coll* [romperse] to smash, crash
es•tre•lla•to *m.* stardom
es•tre•llón *m.* MEX crash
es•tre•me•ce•dor, •ra *adj.* frightening
es•tre•me•cer [17] *tr.* to shake; (*reflex.*) to shake, tremble
es•tre•me•ci•mien•to *m.* shake, shudder; [de frío] shiver, shivering
es•tre•nar *tr.* to use O wear for the first time; [representar] to première, open; (*reflex.*) to première, debut
es•tre•nuo, a *adj.* strenuous
es•tre•ñi•do, a *adj.* constipated; *fig* stingy
es•tre•ñi•mien•to *m.* constipation
es•tre•ñir [59] *tr.* to constipate; (*reflex.*) to be O get constipated
es•tré•pi•to *m.* uproar, din
es•tre•pi•to•so, a *adj.* noisy, deafening
es•trep•to•co•co *m.* streptococcus
es•trep•to•mi•ci•na *f.* streptomycin
es•trí•a *f.* ARCHIT fluting, stria; [ranura] groove
es•tria•do, a *adj.* striated, fluted
es•triar [30] *tr.* ARCHIT to striate, flute; [hacer ranuras en] to groove; (*reflex.*) to be grooved
es•tri•bar *intr.* to rest, lie on; [fundarse] to be based, rest
es•tri•bi•llo *m.* POET refrain; MUS chorus
es•tri•bo *m.* stirrup; [de carruaje] footboard; TECH bracket, brace; GEOG spur ■ **perder los estribos** to lose one's head
es•tri•bor *m.* starboard
es•tric•ni•na *f.* strychnine
es•tric•to, a *adj.* strict
es•tri•den•cia *f.* stridence, shrillness
es•tri•den•te *adj.* strident, shrill
es•tri•ña, ño, ñe•ra, ñó ▻ **estreñir**
es•tro•fa *f.* strophe, stanza
es•tron•cio *m.* strontium
es•tro•pa•jo *m.* scourer
es•tro•pe•ar *tr.* to damage, ruin; [dañar] to hurt, injure; [maltratar] to mistreat, mishandle
es•tro•pi•cio *m.* *coll* uproar, clatter
es•truc•tu•ra *f.* structure
es•truc•tu•ra•ción *f.* construction
es•truc•tu•ral *adj.* structural
es•truc•tu•rar *tr.* to structure, construct
es•truen•do *m.* clamor, uproar
es•truen•do•so, a *adj.* clamorous, noisy
es•tru•jar *tr.* to squeeze, crush
es•tru•jón *m.* squeezing, pressing
es•tua•rio *m.* estuary
es•tu•che *m.* case, box; [vaina] sheath; [conjunto] set of instruments
es•tu•co *m.* stucco
es•tu•dian•ta•do *m.* student body, pupils
es•tu•dian•te *m.* student, pupil
es•tu•dian•til *adj.* student
es•tu•diar *tr.* & *intr.* to study
es•tu•dio *m.* study; [cuarto] study, studio
es•tu•dio•so, a *adj.* & *m.f.* studious (person)
es•tu•fa *f.* stove, heater; [invernáculo] hot-house, greenhouse; [sauna] steam room
es•tu•pe•fac•ción *f.* stupefaction

es•tu•pe•fa•cien•te <> *adj.* stupefying, astonishing; PHARM narcotic, stupefacient <> *m.* narcotic, stupefacient
es•tu•pe•fac•to, a *adj.* stupefied, astonished
es•tu•pen•do, a *adj.* stupendous, tremendous
es•tu•pi•dez *f.* stupidity, idiocy
es•tú•pi•do, a <> *adj.* stupid, dumb <> *m.f.* idiot, dumbbell
es•tu•por *m.* MED stupor, torpor; *fig* stupefaction, astonishment
es•tu•rión *m.* sturgeon
es•tu•vie•ra, vo ▻ **estar**
es•vás•ti•ca *f.* swastika
e•ta•pa *f.* phase, stage; MIL field ration
et•cé•te•ra *adv.* et cetera
é•ter *m.* ether
e•té•re•o, a *adj.* ethereal
e•ter•ni•dad *f.* eternity
e•ter•ni•zar [04] *tr.* to perpetuate; [hacer durar] to prolong indefinitely; (*reflex.*) to be everlasting o eternal; *fig* to drag on
e•ter•no, a *adj.* eternal
é•ti•co, a <> *adj.* ethical, moral <> *m.f.* moralist; (*f.*) ethics
e•ti•lo *m.* ethyl
e•ti•mo•lo•gí•a *f.* etymology
e•ti•mo•ló•gi•co, a *adj.* etymological
e•ti•mó•lo•go, a *m.f.* etymologist
e•ti•que•ta *f.* etiquette, ceremony; [rótulo] tag, label ▪ **de ~** formal
e•ti•que•tar *tr.* to label, pigeonhole
ét•ni•co, a *adj.* ethnic
et•no•ci•dio *m.* genocide
et•nó•lo•go *m.f.* ethnologist
eu•ca•lip•to *m.* eucalyptus
eu•ca•ris•tí•a *f.* Eucharist
eu•ca•rís•ti•co, a *adj.* Eucharistic
eu•fe•mis•mo *m.* euphemism
eu•fo•ria *f.* euphoria
eu•fó•ri•co, a *adj.* euphoric, jubilant
eu•nu•co *m.* eunuch
eu•ro *m.* euro
eu•ro•pio *m.* europium
eu•ro•zo•na *f.* FIN euro zone
eu•ta•na•sia *f.* euthanasia
e•va•cua•ción *f.* evacuation
e•va•cuar *tr.* to evacuate
e•va•cua•to•rio, a <> *adj.* evacuating; [purgativo] evacuant, purgative <> *m.* evacuation site; [retrete] public lavatory, rest room
e•va•dir *tr.* to evade, avoid; (*reflex.*) to escape, sneak away
e•va•lua•ción *f.* evaluation, assessment ▪ **~ de impacto ambiental** environmental impact assessment
e•va•luar [67] *tr.* to evaluate, assess
e•va•nes•cen•te *adj.* evanescent, vanishing
e•van•gé•li•co, a *adj.* evangelical
e•van•ge•lio *m.* gospel
e•van•ge•lis•ta *m.* evangelist
e•van•ge•li•zar [04] *tr.* to evangelize
e•va•po•ra•ción *f.* evaporation
e•va•po•rar *tr.* & *reflex.* to evaporate
e•va•po•ri•zar [04] *tr.* to vaporize, evaporate
e•va•sión *f.* escape; [evasiva] evasion
e•va•si•vo, a <> *adj.* evasive <> *f.* evasion
e•va•sor, •ra *adj.* evading, eluding
e•ven•to *m.* chance event, contingency
e•ven•tual *adj.* unexpected, incidental
e•ven•tual•men•te *adv.* by chance, unexpectedly; [posiblemente] possibly, perhaps
e•vic•ción *f.* eviction, dispossession
e•vi•den•cia *f.* certainty, obviousness; AMER proof, evidence
e•vi•den•ciar *tr.* [probar] to prove, demonstrate; [hacer patente] to make evident o clear
e•vi•den•te *adj.* evident, clear
e•vi•tar *tr.* to avoid
e•vo•ca•dor, •ra *adj.* evocative
e•vo•car [70] *tr.* to evoke; [invocar] to invoke
e•vo•ca•ti•vo, a *adj.* evocative
e•vo•lu•ción *f.* evolution
e•vo•lu•cio•nar *intr.* to evolve
e•vo•lu•ti•vo, a *adj.* evolutionary, evolutional
e•xa•brup•to *m.* abrupt o sharp remark
e•xa•cer•bar *tr.* to exacerbate, aggravate
e•xac•ti•tud *f.* exactitude, exactness; [puntualidad] punctuality
e•xac•to, a *adj.* exact, precise; [puntual] punctual
e•xa•ge•ra•ción *f.* exaggeration
e•xa•ge•ra•do, a *adj.* exaggerated
e•xa•ge•rar *tr.* to exaggerate
e•xá•go•no *m.* hexagon
e•xal•ta•ción *f.* exaltation; [acaloramiento] exhilaration, over-excitement
e•xal•ta•do, a <> *adj.* exalted; [sobreexcitado] over-excited, hotheaded <> *m.f.* hothead
e•xal•tar *tr.* to exalt, glorify; (*reflex.*) to get worked up
e•xa•men *m.* examination, test; [interrogación] interrogation
e•xa•mi•na•dor, •ra *m.f.* examiner
e•xa•mi•nar *tr.* to examine; (*reflex.*) to take an exam
e•xan•güe *adj.* exsanguine, bloodless; [aniquilado] weak, exhausted; [muerto] dead
e•xá•ni•me *adj.* inanimate, lifeless; [debilitado] weak, faint
e•xas•pe•ra•ción *f.* exasperation
e•xas•pe•rar *tr.* to exasperate; (*reflex.*) to become exasperated
ex•ca•va•ción *f.* excavation
ex•ca•var *tr.* to excavate, dig
ex•ce•den•te <> *adj.* excessive; [sobrante] excess, surplus <> *m.* excess, surplus
ex•ce•der *tr.* to exceed, surpass; (*reflex.*) to exceed oneself; [sobrepasarse] to go too far
ex•ce•len•cia *f.* excellence
ex•ce•len•te *adj.* excellent
ex•cel•so, a *adj.* sublime, lofty
ex•cen•tri•ci•dad *f.* eccentricity
ex•cén•tri•co, a *adj.* eccentric
ex•cep•ción *f.* exception ▪ **a** o **con ~ de** except for
ex•cep•cio•nal *adj.* exceptional
ex•cep•to *prep.* except, excepting
ex•cep•tuar [67] *tr.* to exclude, exempt; (*reflex.*) to be excluded o exempted
ex•ce•si•vo, a *adj.* excessive
ex•ce•so *m.* excess; COM surplus ▪ **~ de equipaje** excess luggage; **en ~** to excess, too much

ex•ci•sión *f.* excision
ex•ci•ta•bi•li•dad *f.* excitability
ex•ci•ta•ble *adj.* excitable
ex•ci•ta•ción *f.* excitement; BIOL excitation
ex•ci•tan•te <> *adj.* stimulating <> *m.* stimulant
ex•ci•tar *tr.* to excite; (*reflex.*) to become excited
ex•cla•ma•ción *f.* exclamation; [signo ortográfico] exclamation point
ex•cla•mar *intr.* to exclaim
ex•cla•ma•ti•vo/to•rio, a *adj.* exclamatory
ex•cluir [18] *tr.* to exclude; [expulsar] to throw out, expel
ex•clu•sión *f.* exclusion
ex•clu•si•ve *adv.* exclusively; [no incluyendo] exclusive of, not including
ex•clu•si•vo, a <> *adj.* exclusive <> *f.* [repulsa] rejection; [privilegio] exclusive O sole right
ex•clu•ya, yo, ye•ra, yó ▻ **excluir**
ex•com•ba•tien•te *adj.* & *m.f.* veteran
ex•co•mul•ga•do, a *m.f.* excommunicant
ex•co•mul•gar *tr.* to excommunicate
ex•co•mu•nión *f.* excommunication
ex•co•riar *tr.* to excoriate, chafe
ex•cre•ción *f.* excretion
ex•cre•men•to *m.* excrement
ex•cre•tar *intr.* to excrete
ex•cul•par *tr.* to exculpate, exonerate
ex•cur•sión *f.* excursion
ex•cur•sio•nis•ta *m.f.* excursionist, sightseer
ex•cu•sa *f.* excuse ▪ **a** ~ secretly
ex•cu•sa•do, a <> *adj.* exempt; [reservado] reserved, private; [inútil] unnecessary, superfluous <> *m.* toilet
ex•cu•sar *tr.* to excuse; [evitar] to avoid, prevent; [exentar] to exempt; (*reflex.*) to excuse oneself ▪ ~ **de** to refuse
e•xe•crar *tr.* to execrate
e•xé•ge•sis *f.* exegesis
e•xe•ge•ta *m.f.* exegete
e•xen•ción *f.* exemption
e•xen•tar *tr.* to exempt, excuse; (*reflex.*) to exempt oneself
e•xen•to, a ▻ **eximir** ▻ **exentar** <> *adj.* exempt, free; [descubierto] clear, unobstructed
e•xe•quias *f.pl.* funeral rites, obsequies
ex•ha•la•ción *f.* exhalation; [vapor] fumes, vapor; [estrella] shooting star; [centella] flash of lightning
ex•ha•lar *tr.* to exhale; [suspiros] to breathe; (*reflex.*) [respirar] to breathe hard; [correr] to hurry, run
ex•haus•ti•vo, a *adj.* exhaustive
ex•haus•to, a *adj.* exhausted
ex•hi•bi•ción *f.* exhibition, exhibit
ex•hi•bi•cio•nis•ta *m.f.* exhibitionist
ex•hi•bir *tr.* to exhibit, display; (*reflex.*) to show up, show oneself
ex•hor•ta•ción *f.* exhortation
ex•hor•tar *tr.* to exhort
ex•hu•mar *tr.* to exhume, disinter
e•xi•gen•cia *f.* exigency, demand
e•xi•gen•te *adj.* & *m.f.* demanding (person)
e•xi•gir [32] *tr.* to exact; [requerir] to demand, require
e•xi•l(i)a•do, a <> *adj.* exiled, in exile <> *m.f.* exile
e•xi•l(i)ar *tr.* to exile, banish; (*reflex.*) to go into exile
e•xi•lio *m.* exile, banishment
e•xi•mio, a *adj.* [distinguido] distinguished, eminent; [excelente] select, choice
e•xi•mir *tr.* to free, exempt; (*reflex.*) to excuse oneself
e•xis•ten•cia <> *f.* existence <> *pl.* stock, goods
e•xis•ten•cial *adj.* existential
e•xis•ten•cia•lis•ta *adj.* & *m.f.* existentialist
e•xis•ten•te *adj.* existent; COM in stock
e•xis•tir *intr.* to exist, be in existence
é•xi•to *m.* success; [resultado] result, outcome ▪ ~ **rotundo** huge success, hit; **tener** ~ to be successful
e•xi•to•so, a *adj.* AMER successful
é•xo•do *m.* exodus
e•xo•ne•rar *tr.* to exonerate; [despedir] to dismiss ▪ ~ **el vientre** to have a bowel movement
e•xor•bi•tan•cia *f.* exorbitance, excess
e•xor•bi•tan•te *adj.* exorbitant, excessive
e•xor•cis•ta *m.* exorcist
e•xor•ci•zar [04] *tr.* to exorcise
e•xo•ti•ci•dad/quez *f.* exoticism
e•xó•ti•co, a *adj.* exotic
e•xo•tis•mo *m.* exoticism
ex•pan•di•ble *adj.* COMPUT expandable
ex•pan•dir *tr.* & *reflex.* to expand, spread
ex•pan•sión *f.* expansion; [recreo] relaxation, recreation; [franqueza] expansiveness
ex•pan•sio•nis•ta *adj.* & *m.f.* expansionist
ex•pan•si•vo, a *adj.* expandable, expansible; [franco] open, expansive
ex•pa•tria•ción *f.* expatriation
ex•pa•triar [30] *tr.* to expatriate, banish; (*reflex.*) to go into exile; [emigrar] to emigrate
ex•pec•ta•ción *f.* expectation
ex•pec•ta•ti•vo, a <> *adj.* expectant, hopeful <> *f.* expectation, anticipation
ex•pec•to•ra•ción *f.* expectoration
ex•pec•to•ran•te *adj.* & *m.* expectorant
ex•pec•to•rar *tr.* & *intr.* to expectorate
ex•pe•di•ción *f.* expedition; [prontitud] speed, dispatch; COM shipping, shipment
ex•pe•di•cio•na•rio, a <> *adj.* expeditionary <> *m.f.* member of an expedition; [expedidor] sender
ex•pe•dien•te <> *adj.* expedient <> *m.* expedient; [archivo] file, dossier, record; LAW proceedings
ex•pe•dir [48] *tr.* [enviar] to send, ship; [despachar] to expedite, dispatch; [dictar] to issue
ex•pe•di•tar *tr.* S AMER to expedite, dispatch
ex•pe•di•ti•vo, a *adj.* expeditious
ex•pe•di•to, a *adj.* ready, free; [una vía] clear
ex•pe•ler *tr.* to expel, eject
ex•pen•de•dor, •ra <> *adj.* spending <> *m.f.* dealer, retailer; THEAT ticket agent
ex•pen•der *tr.* to expend, spend; [vender al por menor] to retail, sell
ex•pen•dio *m.* expense, outlay; AMER [tienda] store, shop; [venta al por menor] retailing
ex•pen•sas *f.pl.* expenses, costs
ex•pe•rien•cia *f.* experience; CHEM & PHYS experiment
ex•pe•ri•men•ta•ción *f.* experimentation
ex•pe•ri•men•ta•do, a *adj.* experienced
ex•pe•ri•men•tal *adj.* experimental
ex•pe•ri•men•tar *tr.* to try out, test; [sentir en sí] to experience, undergo
ex•pe•ri•men•to *m.* experiment, experimentation

ex•per•to *adj.* & *m.* expert
ex•pia•ción *f.* expiation, atonement
ex•piar [30] *tr.* to atone for, expiate
ex•pia•ti•vo, a *adj.* expiative, expiatory
ex•pia•to•rio, a *adj.* expiatory
ex•pi•ra•ción *f.* expiration
ex•pi•rar *intr.* to expire
ex•pla•na•da *f.* esplanade
ex•pla•yar *tr.* to extend, spread out; (*reflex.*) [dilatarse] to expatiate, speak at length; [divertirse] to relax, unwind; [confiarse] to confide (**a, con** in)
ex•ple•ti•vo, a *adj.* expletive
ex•pli•ca•ción *f.* explanation
ex•pli•car [70] *tr.* to explain; [exponer] to expound; [enseñar] to teach; (*reflex.*) to explain oneself; [comprender] to understand
ex•pli•ca•ti•vo, a *adj.* explanatory
ex•plí•ci•to, a *adj.* explicit
ex•plo•ra•ción *f.* exploration
ex•plo•ra•dor, •ra ◇ *adj.* exploring, exploratory ◇ *m.f.* explorer; (*m.*) boy scout
ex•plo•rar *tr.* & *intr.* to explore
ex•plo•sión *f.* explosion
ex•plo•si•vo, a *adj.* & *m.f.* explosive
ex•plo•ta•ción *f.* exploitation; [operación] running; [cultivo] cultivation
ex•plo•tar *tr.* to exploit; [operar] to run, operate; [una mina] to work; [cultivar] to cultivate; (*intr.*) to go off, explode
ex•po•nen•cial *adj.* & *f.* exponential
ex•po•nen•te ◇ *adj.* explaining, expounding ◇ *m.f.* exponent; (*m.*) MATH exponent; [ejemplo] example; AMER model, best ■ ~ **de calidad** the best in quality; **un magnífico** ~ a magnificent example
ex•po•ner [54] *tr.* to expose; [explicar] to propound, explain; [exhibir] to exhibit; [abandonar] to abandon; (*reflex.*) to expose oneself
ex•por•ta•ción *f.* exportation, exporting; [mercancías] exports; [artículo] export (item)
ex•por•ta•dor, •ra ◇ *adj.* exporting ◇ *m.f.* exporter
ex•por•tar *tr.* & *intr.* to export
ex•po•si•ción *f.* exhibition, show; [explicación] explanation; [orientación] exposure
ex•po•si•tor, •ra ◇ *adj.* expository ◇ *m.f.* exponent; [en una exposición] exhibitor
ex•pre•sa•do, a *adj.* above-mentioned
ex•pre•sa•men•te *adv.* [claramente] clearly, explicitly; [de propósito] expressly, specifically
ex•pre•sar *tr.* & *reflex.* to express (oneself)
ex•pre•sión *f.* expression
ex•pre•si•vo, a *adj.* expressive
ex•pre•so, a ▷ **expresar** ◇ *adj.* express ◇ *m.* [tren] express train; [correo] express mail
ex•pri•mi•dor *m.* squeezer, juicer
ex•pri•mir *tr.* to squeeze
ex•pro•piar *tr.* to expropriate
ex•pues•to, a ▷ **exponer** ◇ *adj.* dangerous, hazardous
ex•pul•sar *tr.* to expel, drive out
ex•pul•sión *f.* ejection, expulsion
ex•pur•gar [47] *tr.* [purificar] to purge, purify; [un libro] to expurgate
ex•pu•sie•ra, so ▷ **exponer**
ex•qui•si•tez *f.* exquisiteness
ex•qui•si•to, a *adj.* exquisite
ex•ta•siar•se [30] *reflex.* to become ecstatic
éx•ta•sis *f.inv.* ecstasy, rapture
ex•tá•ti•co, a *adj.* [arrebatado] ecstatic, enraptured; [profundo] deep, profound
ex•tem•po•rá•ne•o, a *adj.* inopportune
ex•ten•der [50] *tr.* to extend, enlarge; [desdoblar] to spread out, spread; [despachar] to draw up, issue; (*reflex.*) to stretch, extend; [dilatarse] to speak at length; [propagarse] to spread
ex•ten•sa•men•te *adv.* extensively
ex•ten•si•ble *adj.* extensible, extendible
ex•ten•sión *f.* extension; [amplitud] expanse, stretch; [dimensión] extent, size ■ **por** ~ at length, in (great) detail
ex•ten•si•vo, a *adj.* [flexible] extendible, extensible; [grande] extensive, wide; [por extensión] extended
ex•ten•so, a ▷ **extender** ◇ *adj.* extensive, ample, vast
ex•te•nua•do, a *adj.* debilitated, weakened
ex•te•nuar [67] *tr.* to debilitate, weaken
ex•te•rior ◇ *adj.* exterior, outer; [extranjero] foreign ◇ *m.* exterior, outside; [apariencia] personal appearance
ex•te•rio•ri•zar [04] *tr.* to express, externalize
ex•ter•mi•na•dor, •ra *m.f.* exterminator
ex•ter•mi•nar *tr.* to exterminate
ex•ter•mi•nio *m.* extermination
ex•ter•na•li•za•ción *f.* outsourcing
ex•ter•na•li•zar *tr.* to outsource
ex•ter•no, a ◇ *adj.* external, outward ◇ *m.f.* day school pupil
ex•tien•da, de ▷ **extender**
ex•tin•ción *f.* extinction
ex•tin•gui•ble *adj.* extinguishable
ex•tin•guir [26] *tr.* to extinguish; (*reflex.*) [apagarse] to fade, go out; [desaparecerse] to become extinct, die out
ex•tin•to, a ▷ **extinguir** ◇ *adj.* extinguished; [desaparecido] extinct
ex•tir•par *tr.* to extirpate
ex•tor•sión *f.* extortion; [molestia] harm, trouble
ex•tor•sio•na•dor, •ra *m.f.* extortioner, extortionist
ex•tor•sio•nar *tr.* to extort
ex•tra ◇ *adj.* extra ◇ *prep.* ■ ~ **de** *coll* besides, in addition to ◇ *m.f.* CINEM & THEAT extra; (*m.*) [gaje] extra, gratuity; [gasto] extra charge O expense; [comida] seconds
ex•trac•ción *f.* extraction
ex•trac•tar *tr.* to abstract, summarize
ex•trac•to *m.* extract; [compendio] summary
ex•trac•tor, •ra *m.f.* extractor
ex•tra•di•ción *f.* extradition
ex•tra•er [72] *tr.* to extract
ex•tra•li•mi•tar•se *reflex.* to overstep one's power O authority
ex•tra•net *f.* COMPUT extranet
ex•tran•je•ro, a ◇ *adj.* alien, foreign ◇ *m.f.* foreigner, alien; (*m.*) abroad
ex•tra•ñar *tr.* [sorprender] to surprise; [desterrar] to banish, exile; [privar] to estrange; AMER to miss; (*reflex.*) to be surprised O astonished
ex•tra•ño, a ◇ *adj.* [extranjero] foreign, alien; [raro]

strange, odd; [que no tiene que ver] extraneous ◊ *m.f.* foreigner
ex•tra•o•fi•cial *adj.* unofficial, nonofficial
ex•tra•or•di•na•rio, a ◊ *adj.* extraordinary; [extraño] strange, odd ◊ *m.* [correo urgente] special delivery; [periódico] special edition; [remuneración] bonus
ex•tra•po•lar *tr.* to extrapolate
ex•tra•te•rre•no, a/rres•tre *adj.* & *m.f.* extraterrestrial
ex•tra•va•gan•cia *f.* extravagance
ex•tra•va•gan•te ◊ *adj.* extravagant ◊ *m.f.* eccentric
ex•tra•ver•ti•do, a ◊ *adj.* extroverted, outgoing ◊ *m.f.* extrovert, outgoing person
ex•tra•via•do, a *adj.* [apartado] out-of-the-way; [perdido] lost, missing
ex•tra•viar [30] *tr.* [desviar] to lead astray, misguide; [perder] to misplace, lose; (*reflex.*) to get lost
ex•tra•ví•o *m.* [pérdida del camino] going astray, losing one's way; [pérdida] misplacement, loss
ex•tre•mar *tr.* to carry to an extreme; (*reflex.*) to take great pains, exert oneself to the utmost
ex•tre•ma•un•ción *f.* extreme unction
ex•tre•mi•dad ◊ *f.* [punta] end, tip; [parte extrema] extremity ◊ *pl.* extremities
ex•tre•mis•ta *adj.* & *m.f.* extremist
ex•tre•mo, a ◊ *adj.* [último] last, ultimate; [intenso] extreme, greatest, utmost; [distante] far, farthest ◊ *m.* extreme
ex•tro•ver•ti•do, a ◊ *adj.* extroverted ◊ *m.f.* extrovert
e•xu•be•ran•cia *f.* exuberance, abundance
e•xu•be•ran•te *adj.* exuberant, abundant
e•ya•cu•la•ción *f.* ejaculation
e•ya•cu•lar *tr.* to ejaculate

F

f, F *f.* sixth letter of the Spanish alphabet
fá•bri•ca *f.* factory; [fabricación] manufacture; [edificio] building, construction; [invención] fabrication
fa•bri•ca•ción *f.* manufacture; [construcción] construction ■ ~ **en serie** mass production
fa•bri•can•te *m.f.* [manufacturador] manufacturer; [dueño] factory owner
fa•bri•car [70] *tr.* to manufacture, make; [construir] to build, construct; [inventar] to fabricate, invent
fa•bril *adj.* manufacturing
fá•bu•la *f.* fable; [invención] lie, fiction; [objeto de burla] laughing-stock; [habladuría] gossip, talk
fa•bu•lo•sa•men•te *adv.* fabulously, extremely; [fingidamente] falsely
fa•bu•lo•so, a *adj.* fabled, imaginary; [extraordinario] fabulous
fac•ción *f.* faction, party; [rasgo] feature, facial feature; MIL combat, battle ■ ~ **de guardia** guard duty
fa•ce•ta *f.* facet; *fig* facet, aspect
fa•cha *f.* look, appearance ■ ~ **a** ~ face to face; **estar hecho una** ~ to look a mess o sight
fa•cha•da *f.* façade; [dimensión] frontage; [portada] title page ■ **con** ~ **a** facing; **hacer** ~ **con** o **a** to be opposite, face
fá•cil ◊ *adj.* easy; [probable] likely, probable; [dócil] easygoing; [mujer] loose, of easy virtue ◊ *adv.* easily
fa•ci•li•dad ◊ *f.* facility, ease; [oportunidad] opportunity, chance ■ **tener** ~ **de** to be apt to; **tener** ~ **para** to have a gift o an aptitude for ◊ *pl.* terms
fa•ci•li•tar *tr.* to facilitate, make easy; [proporcionar] to supply, furnish
fa•ci•ne•ro•so, a *adj.* & *m.f.* criminal, delinquent; [malévolo] wicked (person)
fac•sí•mil/i•le *m.* facsimile
fac•ti•ble *adj.* feasible, practicable
fac•tor *m.* factor; COM factor, agent
fac•to•rí•a *f.* colonial trading post; AMER plant, factory; ECUAD & PERU foundry, ironworks
fac•tu•ra *f.* making; COM invoice, bill; ARG [repostería] cakes and pastries
fac•tu•ra•ción *f.* billing, invoicing
fac•tu•rar *tr.* to invoice, bill
fa•cul•tad *f.* faculty; [virtud] gift, advantage; [derecho] power, right; [licencia] license, permission; EDUC faculty, college
fa•cul•tar *tr.* to authorize, empower
fa•cul•ta•ti•vo, a ◊ *adj.* facultative; [profesional] professional; MED medical ◊ *m.* MED physician, doctor
fa•e•na *f.* manual labor; [quehacer] task, chore; [trabajo mental] mental task; *coll* [trastada] dirty trick ■ **estar en plena** ~ to be hard at work
fai•sán *m.* pheasant
fa•ja *f.* strip, belt; [corsé] girdle, corset; [tira de papel] wrapper; AMER belt, waistband
fa•ja•du•ra *f.* banding, belting; AMER attack, beating
fa•jar *tr.* to band, belt; [vendar] to bandage, swathe; [envolver] to wrap; AMER to attack, assault; (*reflex.*) AMER to set out to do ■ ~ **con** o **a** to attack, fall on
fa•ji•na *f.* AGR shock, rick of sheaves; [leña] kindling; MIL call to quarters, taps
fa•jo *m.* bundle, sheaf; [de billetes] wad, roll; AMER shot, swig
fa•la•cia *f.* deception, deceitfulness; [error] fallacy
fa•lan•ge *f.* phalanx; MIL army, troops
fa•lan•gis•ta *adj.* & *m.f.* Falangist
fa•laz *adj.* deceitful, deceptive
fal•da ◊ *f.* skirt; [ala de sombrero] brim, flap; [de un monte] foot; [regazo] lap ◊ *pl. coll* ladies, skirts ■ **aficionado a las** ~ womanizer
fal•de•ro, a *adj.* skirt; lap ■ **hombre** ~ lady's man; **niño** o **niña** ~ mama's boy o girl; **perro** ~ lap dog
fal•dón *m.* tail; [saya] skirt; EQUIT flap, skirt
fa•len•cia *f.* C SUR shortcoming
fá•li•co, a *adj.* phallic
fa•lla *f.* ▻ **fallo, a**
fa•llar *tr.* to fail, disappoint; (*intr.*) to fail; [perder resistencia] to give way ■ **sin** ~ without fail
fa•lle•cer [17] *intr.* [morir] to die, expire; [faltar] to run out, end
fa•lle•ci•mien•to *m.* death, demise
fa•lli•do, a *adj.* unsuccessful; COM bankrupt
fa•llir *intr.* to run out, end
fa•llo, a ◊ *adj.* void, lacking a suit (in cards) ◊ *m.* [sentencia] ruling, judgment; [decisión] decision; [falta]

error, fault ▪ **tener fallos de memoria** to have lapses in one's memory; (*f.*) defect, fault; GEOG & MIN fault; AMER fault, failure
fa•lo *m.* phallus, penis
fal•se•ar *tr.* [hechos, historia] to falsify, distort; [dinero, firma] to forge; [cerradura] to pick; ARCHIT to bevel; (*intr.*) [flaquear] to sag, become weak; [torcerse] to bend, warp
fal•se•dad *f.* falseness; [hipocresía] hypocrisy; [mentira] falsehood, lie
fal•se•te *m.* [corcho] plug, bung; [puerta] small door; MUS falsetto
fal•si•fi•car [70] *tr.* to falsify; [copiar] to counterfeit, forge; CHEM to adulterate
fal•so, a ◇ *adj.* false; [erróneo] fallacious; [engañoso] deceitful, false; [falsificado] counterfeit, fake; [inexacto] inexact, inaccurate; [fingido] fake, phony ◇ *m.* reinforcement, patch ▪ **dar un paso en ~** to trip, stumble; **de** o **en ~** falsely
fal•ta *f.* lack, shortage; [ausencia] absence; [defecto] defect, flaw; [infracción] misdemeanor; [culpa] fault; [abuso] breach; [error] error, mistake ▪ **a ~ de** for lack of, for want of; **hacer ~** [faltar] to be lacking, need; [ser necesario] to be necessary, miss; **me haces ~** I miss you; **sin ~** without fail
fal•tan•te *m.* AMER deficit
fal•tar *intr.* [hacer falta] to lack, need; [no haber] to be lacking; [estar ausente] to be missing; [no acudir a] to be absent, miss; [no responder] to fail to function; [morir] to die; [fallar] to fail in; [no cumplir] to fail to keep, break; [ofender] to insult ▪ **~ mucho para** to be a long way off; **~ ... para** to be ... to; **faltan diez minutos para las ocho** it is ten minutes to eight; **~ poco para** not to be long before; **~ por** to remain to be
fa•ma *f.* fame; [reputación] reputation ▪ **es ~ que** it is rumored o reported that
fa•mé•li•co, a *adj.* starving, famished
fa•mi•lia *f.* family ▪ **venir de ~** to run in the family
fa•mi•liar ◇ *adj.* [relativo a la familia] familial, family; [llano] casual; [conocido] familiar; [corriente] colloquial, familiar ◇ *m.* relative, relation
fa•mi•lia•ri•zar [04] *tr.* & *reflex.* to familiarize (oneself)
fa•mo•so, a *adj.* famous; *coll* excellent
fa•ná•ti•co, a ◇ *adj.* fanatic(al) ◇ *m.f.* fanatic; [entusiasta] fan
fa•na•tis•mo *m.* fanaticism
fa•na•ti•zar [04] *tr.* to fanaticize
fan•dan•go *m.* fandango; *coll* row, uproar
fa•né *adj.* RP worn out
fan•fa•rria *f. coll* bragging; MUS fanfare
fan•fa•rrón, o•na ◇ *adj. coll* bragging; [presumido] flashy, showy ◇ *m.f. coll* braggart
fan•fa•rro•na•da *f.* bragging
fan•fa•rro•ne•ar *intr.* to brag
fan•fa•rro•ne•rí•a *f.* bragging
fan•go *m.* mud, mire
fan•go•so, a *adj.* muddy, miry
fan•ta•se•ar *intr.* to daydream, dream
fan•ta•sí•a *f.* fantasy ▪ **de ~** fancy
fan•ta•sio•so, a *adj. coll* conceited, vain
fan•tas•ma *m.* ghost, apparition; [visión] vision, illusion; [persona seria] stuffed shirt; (*f.*) scarecrow
fan•tas•ma•gó•ri•co, a *adj.* phantasmagoric
fan•tás•ti•co, a *adj.* fantastic
fan•to•cha•da *f.* ridiculous action
fan•to•che *m.* puppet, marionette; *coll* boastful nincompoop
fa•rán•du•la *f.* theater, show business; [compañía] troupe
fa•ran•du•le•ar *intr. coll* to boast, brag
fa•ran•du•le•ro, a ◇ *m.f.* THEAT wandering player; [trapacero] swindler ◇ *adj.* swindling
fa•ra•ón *m.* Pharaoh, pharaoh
far•do *m.* large bundle o parcel
far•fu•llar *coll tr.* to jabber, gabble; *fig* [chapucear] to do hastily; (*intr.*) to jabber, gabble
fa•ri•ná•ce•o, a *adj.* farinaceous
fa•rin•ge *f.* pharynx
fa•ri•se•o *m.* Pharisee, pharisee
far•ma•céu•ti•co, a ◇ *adj.* pharmaceutical ◇ *m.f.* pharmacist, druggist
far•ma•cia *f.* pharmacy
far•ma•co•lo•gí•a *f.* pharmacology
far•ma•co•pe•a *f.* pharmacopoeia
fa•ro *m.* [torre] lighthouse; [señal] beacon; AUTO headlight; *fig* guiding light
fa•rol *m.* [linterna] lantern; [luz pública] street lamp; [en el juego] bluff; *coll* [mentira] fib, lie
fa•ro•la *f.* [farol] streetlight, street lamp; [faro] beacon
fa•ro•le•ro, a ◇ *adj. coll* boastful, bragging ◇ *m.f. coll* braggart; [el que cuida de los faroles] lamplighter
fa•rra *f.* AMER binge, spree
fa•rre•ar *intr.* AMER to go on a binge, carouse
fa•rre•ro, a/rris•ta AMER ◇ *adj.* carousing, reveling ◇ *m.f.* carouser, reveler
far•sa *f.* farce; [compañía] company of actors; *fig* farce, sham
far•san•te, a ◇ *m.f.* comic actor, farceur; (*m.*) fake, charlatan ◇ *adj. coll* fraud, fake
far•se•ar *intr.* AMER to fool around
fas•cí•cu•lo *m.* fascicle
fas•ci•na•ción *f.* fascination
fas•ci•nan•te *adj.* fascinating
fas•ci•nar *tr.* to fascinate; [engañar] to deceive
fas•cis•ta *adj.* & *m.f.* fascist, Fascist
fa•se *f.* phase; TECH stage
fas•ti•diar *tr.* [molestar] to annoy; [cansar] to tire, bore; (*reflex.*) to get annoyed
fas•ti•dio *m.* [molestia] annoyance, bother; [repugnancia] repugnance; [aburrimiento] boredom
fas•ti•dio•so, a *adj.* [molesto] annoying, bothersome; [cargante] tiresome, tedious
fas•to, a ◇ *adj.* auspicious, happy ◇ *m.* pomp, splendor
fas•tuo•si•dad *f.* pomp, splendor
fas•t(u)o•so, a *adj.* lavish, splendid
fa•tal *adj.* fatal; [funesto] mournful, unfortunate
fa•ta•li•dad *f.* [destino] fate, destiny; [desgracia] misfortune, calamity
fa•ta•lis•ta ◇ *adj.* fatalistic ◇ *m.f.* fatalist
fa•tal•men•te *adv.* [desdichadamente] unfortunately, unhappily; [inevitablemente] fatefully, inevitably; [muy mal] wretchedly
fa•tí•di•co, a *adj.* fatidic, prophetic
fa•ti•ga ◇ *f.* fatigue; [respiración] shortness of breath ▪ **dar ~** to trouble, annoy; **~ visual** eyestrain ◇ *pl.* [dificultades] difficulties; [penas] sorrows

fa•ti•gar [47] *tr.* to fatigue; [molestar] to annoy; (*reflex.*) to get tired
fa•ti•go•so, a *adj.* fatigued, tired; [que cansa] fatiguing, tiring; *coll* [cargante] bothersome, annoying
fa•tuo, a <> *adj.* fatuous; [presumido] conceited, vain <> *m.f.* fool, fatuous person; [presumido] vain person
fau•ces *f.pl.* fauces, gullet ▪ **las ~ de la muerte** the jaws of death
fau•na *f.* fauna, animal life
faus•to, a <> *adj.* fortunate, lucky <> *m.* luxury, splendor
fa•vor *m.* favor; [amparo] protection ▪ **a ~ de** in favor of; **a ~ de la noche** under cover of darkness; **de ~** complimentary, free; **en ~ de** in favor of; **por ~** please
fa•vo•ra•ble *adj.* favorable
fa•vo•re•cer [17] *tr.* to favor, support; AMER to protect; (*reflex.*) to help one another ▪ **~ de** to avail oneself of
fa•vo•ri•tis•mo *m.* favoritism, partiality
fa•vo•ri•to, a *adj.* & *m.f.* favorite
fax *m.* fax
fa•yu•que•ro, a *m.f.* MEX *coll* smuggler
faz *f.* face; NUMIS obverse ▪ **a la ~ de** in front of
fe *f.* faith; [confianza] trust, confidence; [palabra de honor] word of honor; [documento] certificate ▪ **a buena fe** undoubtedly, doubtless; **a** o **de ~** truly; **dar ~ a** to confirm, certify; **~ de erratas** errata; **~ pública** legal authority; **hacer ~** to be sufficient proof
fe•al•dad *f.* ugliness; [torpeza] turpitude, foulness
fe•bre•ro *m.* February
fe•cal *adj.* fecal
fe•cha *f.* date; [día] day; [momento actual] now, the present ▪ **con** o **de ~ de** dated; **hasta la ~** so far, to date
fe•cha•dor *m.* date stamp; AMER [matasellos] postmark
fe•char *tr.* to date
fe•cho•rí•a *f.* misdeed, misdemeanor
fé•cu•la *f.* starch
fe•cun•da•ción *f.* fertilization ▪ **~ artificial** artificial insemination; **~ asistida** artificial insemination; **~ in vitro** in vitro fertilization
fe•cun•dar *tr.* to make fertile; [engendrar] to fertilize, fecundate
fe•cun•di•dad *f.* fecundity; *fig* fruitfulness
fe•cun•di•zar [04] *tr.* [hacer fecundo] to make fertile; [engendrar] to fertilize
fe•cun•do, a *adj.* fecund; *fig* abundant, rich
fe•de•ral *adj.* & *m.f.* federal
fe•de•ra•lis•ta *adj.* & *m.f.* federalist
fe•de•rar *tr.* & *reflex.* to federate, confederate
fe•ha•cien•te *adj.* authentic, reliable
fe•li•ci•dad <> *f.* happiness; [suerte feliz] good luck <> *pl.* [enhorabuena] congratulations; [deseos amistosos] best o warm wishes
fe•li•ci•ta•ción *f.* congratulation(s)
fe•li•ci•tar *tr.* to congratulate; (*reflex.*) to congratulate oneself; [contentarse] to be happy
fe•li•grés, e•sa *m.f.* parishioner
fe•li•gre•sí•a *f.* parish, parishioners
fe•li•no, a *adj.* & *m.* feline
fe•liz *adj.* happy; [acertado] felicitous, apt; [oportuno] lucky
fe•lo•ní•a *f.* treachery, perfidy
fel•pa *f.* TEX plush; *coll* [zurra] beating, thrashing; [represión] telling off, scolding
fel•par *tr.* to cover with plush
fel•po *m.* mat, rug
fel•po•so, a *adj.* plush, velvety
fel•pu•do, a <> *adj.* plush, velvety <> *m.* mat, rug
fe•mi•n(e)i•dad *f.* femininity
fe•me•ni•no, a *adj.* & *m.* feminine
fe•mi•nis•ta *adj.* & *m.f.* feminist
fé•mur *m.* femur, thighbone
fe•ne•cer [17] *tr.* to finish, settle; (*intr.*) [morir] to die, pass away; [acabarse] to come to an end, conclude
fé•ni•co, a *adj.* phenic, carbolic
fé•nix *f.inv.* phoenix
fe•no•bar•bi•tal *m.* phenobarbital
fe•nol *m.* phenol
fe•no•me•nal *adj.* phenomenal
fe•nó•me•no *m.* phenomenon; [monstruo] freak, monster
fe•o, a <> *adj.* ugly ▪ **dejar ~** to slight, hurt; **más ~ que Picio** as ugly as sin <> *adv.* AMER nasty, awful <> *m. coll* [desaire] insult, slight; [fealdad] ugliness
fé•re•tro *m.* [ataúd] coffin; [andas] bier
fe•ria *f.* [mercado] market; [exposición] fair; [día de fiesta] holiday
fe•ria•do, a <> *adj.* ▪ **día ~** holiday <> *m.* AMER (public) holiday
fe•rian•te <> *adj.* fair-going <> *m.f.* fairgoer; [comerciante] trader, exhibitor
fe•ri•no, a *adj.* fierce, ferocious ▪ **tos ~** whooping cough
fer•men•tar *tr.* & *intr.* to ferment
fer•men•to *m.* ferment; BIOCHEM enzyme; CUL leaven(ing)
fer•mio *m.* fermium
fe•ro•ci•dad *f.* ferocity
fe•roz *adj.* [cruel] ferocious, fierce; *coll* [tremendo] tremendous, terrible
fe•rrar [49] *tr.* to plate o trim with iron
fé•rre•o, a *adj.* iron
fe•rre•te•rí•a *f.* ironworks, foundry; [comercio] hardware store; [quincalla] hardware
fe•rre•te•ro, a *m.f.* hardware dealer
fe•rro•ca•rril *m.* railroad, railway
fe•rro•via•rio, a *adj.* & *m.f.* railroad (employee)
fér•til *adj.* fertile ▪ **~ de** o **en** abundant o rich in
fer•ti•li•dad *f.* fertility; [abundancia] abundance
fer•ti•li•zan•te <> *adj.* fertilizing <> *m.* fertilizer
fer•ti•li•zar [04] *tr.* to fertilize
fer•vien•te *adj.* fervent, fervid
fer•vor *m.* fervor
fer•vo•ro•so, a *adj.* fervent, fervid
fes•te•jar *tr.* to entertain; [celebrar] to celebrate; [galantear] to court, woo; MEX to beat, thrash
fes•te•jo *m.* entertainment, feast; [galanteo] courting, wooing; AMER celebration, party
fes•tín *m.* banquet, feast
fes•ti•val *m.* festival
fes•ti•vi•dad *f.* festivity; [día] feast o holiday
fes•ti•vo, a *adj.* festive; [agudo] witty, humorous
fe•tal *adj.* fetal
fe•ti•che *m.* fetish
fe•ti•chis•ta *adj.* & *m.f.* fetishist(ic)
fe•ti•dez *f.* fetidness, stench

fé•ti•do, a *adj.* fetid, foul-smelling
fe•to *m.* fetus
fe•ú•c(h)o, a *adj. coll* ugly
feu•dal *adj.* feudal, feudalistic
feu•do *m.* [territorio] feud, fee; [tributo] tribute, tithe; [vasallaje] vassalage, fealty
fez *m.* fez
fia•ble *adj.* reliable, dependable
fia•do, a *adj.* trusting ▪ **al ~** on credit
fia•dor, •ra *m.f.* guarantor; LAW bailsman, bailer; (*m.*) [presilla] fastener; TECH catch
fiam•bre ◇ *adj.* CUL (served) cold; *coll* [sin novedad] old, stale ▪ **estar hecho ~** *coll* to kick the bucket, drop dead ◇ *m.* cold cut; AMER *coll* boring party
fiam•bre•rí•a *f.* S AMER delicatessen
fian•za *f.* guaranty; [depósito] security, deposit; [fiador] guarantor
fiar [30] *tr.* to guaranty; [vender] to sell on credit; [confiar] to entrust; (*intr.* & *reflex.*) to trust (**de, a** in)
fias•co *m.* fiasco, failure
fi•bra *f.* fiber; [de madera] grain; [vigor] vigor, energy; MIN vein; TEX staple ▪ **~ óptica** optical fiber
fi•bro•ma *m.* fibroma
fi•bro•so, a *adj.* fibrous
fic•ción *f.* fiction
fi•cha *f.* [en los juegos] counter, chip; [dominó] domino; [disco de metal] token; [tarjeta] index card; (*m.*) AMER rogue, rascal
fi•char *tr.* to keep on an index card; [en bares, restaurantes] to keep a tab; [en fábricas] to punch in o out; [en dominó] to play; *coll* [cuidarse de] to keep tabs on
fi•che•ro *m.* file (cabinet); COMPUT file
fic•ti•cio, a *adj.* fictitious
fi•de•dig•no, a *adj.* trustworthy, reliable
fi•dei•co•mi•sa•rio, a *adj.* & *m.f.* fiduciary
fi•de•li•dad *f.* fidelity; [exactitud] exactness, accuracy
fi•de•li•za•ción *f.* building of customer loyalty
fi•de•o *m.* noodle; *coll* [persona delgada] skinny person, rail
fi•du•cia•rio, a *adj.* & *m.f.* fiduciary
fie•bre *f.* fever ▪ **tener ~** to run a fever
fiel ◇ *adj.* faithful, loyal; [exacto] exact, accurate; [honrado] honest, trustworthy; [religioso] faithful ◇ *m.* [oficial] public inspector; [aguja] needle, pointer; [clavillo] pin (of scissors)
fiel•tro *m.* felt; [sombrero] felt hat
fie•re•za *f.* [crueldad] fierceness, ferocity; [deformidad] ugliness, deformity
fie•ro, a ◇ *adj.* fierce, ferocious; [grande] enormous, huge ◇ *m.* bluff, threat ▪ **echar fieros** to bluster, make threats; (*f.*) [bestia] wild animal o beast; [persona irritada] hothead, ornery person; [persona cruel] beast, brute ▪ **ser una ~ para** to be a fiend for
fie•rre, rro ▻ **ferrar**
fie•rro AMER ◇ *m.* [marca] brand, mark; [hierro] iron; [navaja] penknife ◇ *pl.* tools
fies•ta *f.* party, celebration; [feriado] holiday; RELIG feast, holy day ▪ **aguar la ~** *coll* to spoil the fun; **hacer ~** to take a holiday; **no estar para fiestas** to be in no mood for joking; **se acabó la ~** *coll* the party's over
fi•gu•ra *f.* figure; [cara] face, countenance; [actor] character; [naipe] face card; [mudanza] figure, step; MUS note
fi•gu•ra•ble *adj.* imaginable, conceivable
fi•gu•ra•ción *f.* figuration; [idea] idea, invention
fi•gu•ra•do, a *adj.* figurative
fi•gu•ran•te, a *m.f.* THEAT extra, walk-on; *fig* supernumerary
fi•gu•rar *tr.* to represent, depict; [fingir] to feign, simulate; (*intr.*) to figure, take part; (*reflex.*) to imagine, figure ▪ **¡figúrate!** just imagine!
fi•gu•ra•ti•vo, a *adj.* figurative
fi•gu•rín ◇ *m.* fashion plate ◇ *pl.* fashion magazines
fi•ja *f.* ▻ **fijo, a**
fi•ja•ción *f.* fixing, fixation
fi•ja•dor, •ra ◇ *adj.* fixing, fixative ◇ *m.* CONSTR pointer; [para el pelo] hair spray; PHOTOG fixative
fi•ja•men•te *adv.* firmly; [atentamente] fixedly, steadfastly
fi•jar *tr.* to fix, fasten; [establecer] to establish ▪ **~ los ojos** [mirar] to stare; *coll* [morir] to die; (*reflex.*) to settle, become fixed; [atender] to pay attention ▪ **¡fíjate!** just imagine!
fi•je•za *f.* firmness, steadfastness ▪ **mirar con ~** to stare at, look at fixedly
fi•jo, a ◇ *adj.* fixed; [permanente] permanent; [estable] stable, steady; [de colores] fast, indelible ▪ **de ~** certainly, surely ◇ *m.* fixed salary; (*f.*) [bisagra] large hinge; CONSTR trowel; AMER [cosa segura] sure thing
fi•la *f.* [hilera] file; [cola] line, queue; [línea] row, tier; *coll* dislike, aversion; *sl* [rostro] face; MIL rank ▪ **alistarse en filas** to sign up, enlist; **en filas** on active duty o service
fi•la•men•to *m.* filament
fi•lan•tro•pí•a *f.* philanthropy
fi•lán•tro•po, a *m.f.* philanthropist
fi•lar•mo•ní•a *f.* love of music
fi•lar•mó•ni•co, a *adj.* & *m.f.* philharmonic
fi•la•te•lis•ta *m.f.* philatelist, stamp collector
fi•le•te *m.* CUL fillet; TECH thread
fi•lia•ción *f.* filiation; [señas personales] description
fi•lial ◇ *adj.* filial; COM subsidiary, branch ◇ *f.* COM branch (office); [subdivisión] subsidiary
fi•li•bus•te•ro *m.* filibuster
fi•li•gra•na *f.* filigree; PRINT watermark
fi•lí•pi•ca *f.* philippic, invective
fi•lis•te•o, a *adj.* & *m.f.* Philistine; (*m.*) giant, big man
film, fil•me *m.* movie, film GB
fil•mar *tr.* to film, shoot
fíl•mi•co, a *adj.* movie, film GB
fi•lo *m.* (cutting) edge; C AMER & MEX hunger ▪ **al ~ de la medianoche** at the stroke of midnight; **dar ~** o **un ~** [afilar] to sharpen; [incitar] to incite, excite; **por ~** exactly
fi•lo•lo•gí•a *f.* philology
fi•ló•lo•go, a *m.f.* philologist, philologer
fi•lón *m.* MIN vein, lode; *fig* gold mine
fi•lo•so, a *adj.* AMER sharp, sharp-edged
fi•lo•so•fal *adj.* ▪ **piedra ~** philosopher's stone
fi•lo•so•far *intr.* to philosophize
fi•lo•so•fí•a *f.* philosophy
fi•ló•so•fo, a ◇ *adj.* philosophic(al) ◇ *m.f.* philosopher
fil•tra•ción *f.* filtration
fil•tran•te *adj.* filtering
fil•trar *tr.* & *intr.* to filter; (*reflex.*) [pasar] to filter, pass through; [disminuirse] to disappear, dwindle

fil•tro *m.* filter; [bebedizo] love potion, philter
fi•lu•do, a *adj.* AMER sharp, sharp-edged
fin *m.* end; [meta] aim, end ■ **a ~ de** in order to; **a ~ de cuentas** in the final analysis; **a ~ de que** so that; **a fines de** at the end of; **al ~** at last, finally; **al ~ y al cabo** after all, when all is said and done; **dar ~ a** to finish off; **en ~** [finalmente] finally; [en resumen] in brief, in short; **~ de semana** weekend; **poner ~ a** to finish, put an end to; **por ~** finally, at last; **sin ~** endless; **un sin ~** no end
fi•na•do, a *m.f.* deceased, dead person
fi•nal ◇ *adj.* final, last ◇ *m.* [fin] end, ending; MUS finale; (*f.*) SPORT final ■ **al ~** in o at the end
fi•na•li•dad *f.* purpose, objective
fi•na•lis•ta *m.f.* finalist
fi•na•li•za•ción *f.* conclusion, finish
fi•na•li•zar [04] *tr.* to finish, conclude; (*intr.*) to (come to an) end
fi•nan•cia•ción *f.*/**mien•to** *m.* financing
fi•nan•ciar *tr.* to finance
fi•nan•cie•ro, a ◇ *adj.* financial ◇ *m.f.* financier
fi•nan•cis•ta *m.f.* AMER financier
fi•nan•zas *f.pl.* finance(s)
fin•ca *f.* property, real estate; AMER farm
fin•car [70] *intr.* to acquire property o real estate; [establecerse] to settle, get established; AMER to rest, lie; (*reflex.*) to acquire property
fi•ne•za *f.* fineness; [cortesía] courtesy, politeness; [amabilidad] kindness, affection; [regalo] gift, present
fin•gi•do, a ◇ *adj.* false, feigned ◇ *m.f.* feigner, dissembler
fin•gi•mien•to *m.* feigning, pretense
fin•gir [32] *tr.* to pretend, feign
fi•ni•qui•tar *tr.* to close, settle; [concluir] to conclude, finish; [matar] to bump off, rub out
fi•ni•to, a *adj.* finite
fi•no, a *adj.* fine; [precioso] precious; [puro] pure; [cortés] refined, elegant; [delicado] delicate; [astuto] astute, shrewd
fi•nu•ra *f.* fineness; [urbanidad] refinement, politeness; [sutileza] subtlety, delicacy
fiord, fior•do *m.* fjord, fiord
fir•ma *f.* signature; [acción] signing; COM firm, company ■ **~ en blanco** carte blanche; **~ digital** digital signature
fir•ma•men•to *m.* firmament, heavens
fir•man•te ◇ *adj.* signatory ◇ *m.f.* signer
fir•mar *tr.* & *reflex.* to sign
fir•me ◇ *adj.* firm; [constante] steadfast, staunch ■ **de ~** hard; **en ~** final, definitive; **mantenerse** o **ponerse ~** to stand firm ◇ *m.* foundation, bed ◇ *adv.* firmly, steadily
fir•me•za *f.* firmness
fi•ru•le•tes *m.pl.* AMER ornaments
fis•cal ◇ *adj.* fiscal ◇ *m.* [tesorero] treasurer; [abogado] district attorney, public prosecutor GB; [entremetido] busybody, snooper
fis•ca•li•zar [04] *tr.* [controlar] to supervise, oversee; [investigar] to investigate, inspect; [curiosear] to pry into, snoop
fis•co *m.* public treasury, exchequer GB
fis•gar [47] *tr.* to spear, harpoon; [husmear] to pry into, snoop on; (*intr.* & *reflex.*) to make fun of
fis•gón, o•na *m.f. coll* [curioso] snooper; [burlador] tease, mocker
fis•go•ne•ar *tr. coll* to snoop, pry
fí•si•co, a ◇ *adj.* physical ◇ *m.f.* [persona] physicist; (*m.*) physique, appearance; (*f.*) physics
fi•sio•lo•gí•a *f.* physiology
fi•sió•lo•go, a *m.f.* physiologist
fi•sión *f.* fission
fi•sio•te•ra•peu•ta *m.f.* physiotherapist
fi•sio•te•ra•pia *f.* physiotherapy
fi•s(i)o•no•mí•a *f.* physiognomy
fís•tu•la *f.* fistula
fi•su•ra *f.* fissure
fi•to•te•ra•pia *f.* herbal medicine
fla(c)•ci•dez *f.* flaccidity, flabbiness
flá(c)•ci•do, a *adj.* flaccid, flabby
fla•co, a ◇ *adj.* thin, lean; [sin fuerza] weak, feeble ◇ *m. fig* weak spot, weakness
fla•ge•la•ción *f.* flagellation
fla•ge•lar *tr.* to flagellate
fla•ge•lo *m.* whip, scourge
fla•gran•te *adj.* flagrant ■ **en ~ (delito)** in the act, red-handed
fla•man•te *adj.* brilliant, bright; [nuevo] brand-new, like new
fla•me•ar *intr.* [llamear] to blaze, flame; [ondear] to flap, flutter
fla•men•co, a ◇ *adj.* flamenco; [achulado] cocky; C AMER & MEX skinny ◇ *m.* [cuchillo] dagger, sheath knife; ORNITH flamingo
flan *m.* crème caramel
flan•co *m.* side, flank; MIL flank
flan•que•ar *tr.* to flank
fla•que•ar *intr.* to weaken
fla•que•za *f.* thinness, leanness; [debilidad] weakness; [fragilidad] frailty
fla•to *m.* flatus, gas; AMER melancholy ■ **tener ~** to have a stitch
fla•tu•len•cia *f.* flatulence
flau•ta *f.* flute ■ **entre pitos y flautas** what with one thing or another; **¡la gran ~!** AMER *coll* my God!; (*m.*) flautist, flutist
flau•tín *m.* piccolo
flau•tis•ta *m.f.* flautist, flutist
fle•bi•tis *f.* phlebitis
fle•cha *f.* arrow
fle•char *tr.* [el arco] to draw; [asaetear] to shoot o kill with an arrow; [enamorar] to infatuate, make a hit with
fle•cha•zo *m.* [disparo] arrow shot o wound; *coll* [amor] love at first sight
fle•co *m.* [adorno] fringe; [borde desgastado] frayed edge; [flequillo] bangs
fle•je *m.* iron band o strip
fle•ma *f.* phlegm
fle•má•ti•co, a *adj.* phlegmatic(al)
fle•qui•llo *m.* bangs
fle•tar *tr.* [alquilar] to charter; [embarcar] to load; AMER to hire, rent
fle•te *m.* [alquiler] charter fee; [carga] freight, cargo; AMER freightage; [precio de transporte] freightage; AMER [caballo] spirited horse
fle•xi•bi•li•dad *f.* flexibility
fle•xi•ble ◇ *adj.* flexible ◇ *m.* electric cord

fle•xión *f.* flexion; GRAM inflection
fle•xor, •ra *adj.* & *m.* flexor
flir•te•ar *intr.* to flirt
flir•te•o *m.* flirtation, flirting
flo•je•ar *intr.* [flaquear] to weaken; ANDES [holgazanear] to laze about o around
flo•je•dad *f.* [flaqueza] weakness, debility; [pereza] laziness, carelessness
flo•je•ra *f.* laziness, carelessness
flo•jo, a ◇ *adj.* [suelto] loose, slack; [fláccido] limp, flabby; [débil] weak; [holgazán] lazy, shiftless ◇ *m.f.* idler, loafer
flor *f.* flower; blossom, bloom; **en ~** in bloom; [frescura] bloom, prime; [piropo] compliment; [de la piel] grain ▪ **a ~ de** on the surface of, level with; **~ de lis** jacobean lily; HER fleur-de-lis; **~ y nata** the cream of the crop
flo•ra *f.* flora
flo•re•ar *tr.* to flower, decorate with flowers; [cerner] to sift; (*intr.*) to brandish a sword; *coll* [echar flores] to pay compliments; [escoger lo mejor] to pick the best
flo•re•cer [17] *intr.* to flower, bloom; [prosperar] to thrive, flourish; (*reflex.*) to become moldy
flo•re•ci•do, a *adj.* moldy
flo•re•cien•te *adj.* flowering, blooming; [próspero] thriving, prosperous
flo•re•ci•mien•to *m.* flowering
flo•re•rí•a *f.* flower o florist's shop
flo•re•ro, a ◇ *adj.* joking, jesting ◇ *m.f.* florist; (*m.*) (flower) vase
flo•res•cen•cia *f.* CHEM efflorescence; BOT florescence
flo•res•ta *f.* [bosque] wood, forest; [antología] anthology
flo•re•te ◇ *adj.* superfine ◇ *m.* foil
flo•ri•cul•tor, •ra *m.f.* floriculturist
flo•ri•cul•tu•ra *f.* floriculture
flo•ri•do, a *adj.* flowery; [escogido] choice, select
flo•ris•ta *m.f.* florist
flo•ta *f.* [de buques] fleet; [de aviones] squadron
flo•ta•ción *f.* flotation, floating
flo•ta•dor, •ra ◇ *adj.* floating, buoyant ◇ *m.* float; MARIT outrigger
flo•tan•te *adj.* floating, buoyant
flo•tar *intr.* to float
flo•te *m.* ▪ **a ~** afloat
flo•ti•lla *f.* flotilla
fluc•tua•ción *f.* fluctuation
fluc•tuan•te *adj.* fluctuating
fluc•tuar [67] *intr.* to fluctuate; [ondear] to bob, undulate; [estar en peligro] to be in danger, be at risk; [dudar] to vacillate, waver
fluen•cia *f.* [acción] stream, flow; [fuente] source, spring
flui•dez *f.* fluidity
flui•do, a ◇ *adj.* fluid; [inseguro] in flux ◇ *m.* fluid; ELEC current
fluir [18] *intr.* to flow; [brotar] to gush, stream
flu•jo *m.* flow, flux; *fig* flood, stream ▪ **~ de caja** cash flow; **~ de risa** fit of laughter; **~ de sangre** hemorrhage; **~ de vientre** diarrhea; **~ y reflujo** ebb and flow
flú•or *m.* fluorine
fluo•res•cen•te *adj.* fluorescent
fluo•ri•za•ción *f.* fluoridation
fluo•ru•ro *m.* fluoride
flu•vial *adj.* fluvial, river
flux *m.inv.* flush ▪ **estar a ~ de todo** AMER to have nothing; **hacer ~** AMER to squander everything
flu•ya, ye, yera, yó ▻ **fluir**
flu•yen•te *adj.* flowing
fo•bia *f.* phobia
fo•ca *f.* seal
fo•cal *adj.* focal
fo•co *m.* focus; [fuente] source; [reflector] spotlight; AMER [farola] street light; AMER AUTO (car) headlight; ANDES & MEX [bombilla] light bulb
fo•fo, a *adj.* flabby
fo•ga•ta *f.* bonfire
fo•gón *m.* [cocina] stove, range; [de caldera] firebox; AMER bonfire
fo•go•na•zo *m.* powder flash
fo•go•ne•ro *m.* stoker, fireman
fo•go•si•dad *f.* fire, spirit
fo•go•so, a *adj.* fiery, spirited
fól•der *m.* ANDES, C AMER & MEX [carpeta] folder
fo•lia•ción *f.* foliation
fo•liar ◇ *tr.* PRINT to foliate, number ◇ *adj.* BOT foliar
fo•lí•cu•lo *m.* follicle
fo•lio *m.* page, leaf; PRINT running head o title ▪ **de a ~** *coll* very big, huge
folk•lo•re *m.* folklore
folk•ló•ri•co, a *adj.* folk(loric); [pintoresco] picturesque, quaint
fo•lla•je *m.* foliage; [adorno] tasteless decoration; [palabrería] verbiage
fo•lle•tín *m.* serial
fo•lle•ti•nes•co, a *adj.* serial; [melodramático] melodramatic
fo•lle•to *m.* pamphlet, brochure
fo•men•tar *tr.* [calentar] to warm, incubate; [instigar] to foment, stir up; [promover] to promote, foster
fo•men•to *m.* [calor] warmth; [pábulo] fuel; [auxilio] promotion, development
fon•da *f.* [posada] inn; [restaurante] cheap restaurant; AMER tavern, bar; CHILE refreshment stand
fon•da•ble *adj.* fit for anchoring
fon•de•a•de•ro *m.* anchorage
fon•de•a•do, a *adj.* AMER rich, wealthy
fon•de•ar *tr.* to sound, fathom; [examinar] to investigate, probe; (*intr.*) to anchor, drop anchor; (*reflex.*) AMER to get rich
fon•di•llo ◇ *m.* rear (end) butt ◇ *pl.* seat of the pants
fon•do ◇ *m.* [base] bottom; [hondura] depth, bed; [parte más lejos] rear, back; [campo] ground, background; [colección] collection; [residuo] residue; [índole] character, nature; [lo principal] essence, bottom; [reserva] store, reservoir; MEX [combinación] petticoat ▪ **a ~** completely, thoroughly; **bajos fondos** scum, dregs; **dar ~** to drop anchor; **de ~** main, leading; **echar a ~** to sink; **~ ético (de inversión)** ethical (investment) fund; **Fondo Monetario Internacional** International Monetary Fund; **en ~** abreast; **irse a ~** to sink, founder; **sin ~** bottomless ◇ *pl.* funds, capital ▪ **estar con ~** to have money; **~ disponibles** ready cash
fo•ne•ma *m.* phoneme
fo•né•ti•co, a ◇ *adj.* phonetic ◇ *f.* phonetics

fo•ne•tis•ta *m.f.* phonetician, phoneticist
fó•ni•co, a *adj.* phonic
fo•no *m.* AMER *coll* phone
fo•no•grá•fi•co, a *adj.* phonographic
fo•nó•gra•fo *m.* phonograph, record player
fo•ra•ji•do, a *adj.* & *m.f.* fugitive, outlaw
fo•rá•ne•o, a *adj.* foreign, alien
fo•ras•te•ro, a <> *adj.* foreign, alien <> *m.f.* stranger, outsider
for•ce•jar/je•ar *intr.* to struggle, resist
for•ce•je•o/jo *m.* struggle, struggling
fór•ceps *m.inv.* forceps
fo•ren•se *adj.* forensic
fo•res•ta•ción *f.* (re)forestation
fo•res•tal *adj.* forest(al)
for•ja *f.* [fragua] forge; [ferrería] ironworks, foundry; [argamasa] mortar
for•ja•du•ra *f.*/**mien•to** *m.* forging
for•jar *tr.* to forge, hammer; [fabricar] to make, form; [inventar] to invent, make up; (*reflex.*) to forge; AMER to make a bundle
for•ma *f.* form; [dimensiones] shape; [silueta] figure, outline; [molde] mold, pattern; [formato] format; [manera] way, method; MEX [documento] form, questionnaire ▪ **de ~ que** so that, in such a way that; **en debida ~** in due form, duly; **formas sociales** manners, social conventions; **guardar las formas** to keep up appearances; **hacer ~** to line up
for•ma•ción *f.* formation; [educación] upbringing, training ▪ **~ ocupacional** occupational training
for•ma•do, a *adj.* formed, shaped
for•mal *adj.* formal
for•mal•de•hí•do *m.* formaldehyde
for•ma•li•dad *f.* formality
for•ma•lis•mo *m.* formalism
for•ma•li•zar [04] *tr.* to formalize; (*reflex.*) to take offense
for•mar *tr.* to form; [moldear] to shape; [criar] to bring up, rear; (*intr.*) MIL to fall in; (*reflex.*) to take form; [desarrollarse] to develop
for•ma•te•ar *tr.* COMPUT to format
for•ma•ti•vo, a *adj.* formative
for•ma•to *m.* format; [tamaño] size
for•mi•da•ble *adj.* formidable
for•món *m.* firmer chisel
fór•mu•la *f.* formula; MED prescription; CUL recipe; [expresión] formality ▪ **por ~** as a matter of form
for•mu•lar <> *tr.* to formulate <> *adj.* formulaic
for•mu•la•rio <> *m.* form <> *adj.* formulistic
for•ni•ca•ción *f.* fornication
for•ni•car [70] *intr.* to fornicate
for•ni•do, a *adj.* robust, strong
fo•ro *m.* forum; LAW court, tribunal; [profesión] bar, legal profession ▪ **~ de discusión** COMPUT discussion group
fo•rra•je *m.* forage, fodder; [fárrago] hodgepodge, mess
fo•rrar *tr.* [coser] to line; [cubrir] to cover; (*reflex.*) *coll* [enriquecerse] to get rich; [atiborrarse] to stuff oneself
fo•rro *m.* lining; [cubierta] cover, covering; MARIT sheathing; TECH liner, lining ▪ **~ polar** fleece
for•ta•le•cer [17] *tr.* to fortify
for•ta•le•ci•mien•to *m.* [acción] fortifying, strengthening; [defensas] fortifications, defenses
for•ta•le•za *f.* [vigor] strength, vigor; [virtud] fortitude; [fortín] fortress, stronghold
for•ti•fi•ca•ción *f.* fortification
for•ti•fi•can•te <> *adj.* fortifying <> *m.* tonic
for•ti•fi•car [70] *tr.* to fortify
for•tín *m.* [fuerte] small fort; [refugio] bunker
for•tui•to, a *adj.* fortuitous, chance
for•tu•na *f.* fortune; [borrasca] storm, tempest ▪ **por ~** fortunately; **probar ~** to try one's luck
fo•rún•cu•lo *m.* boil, furuncle
for•za•da•men•te *adv.* by force, forcibly
for•za•do, a <> *adj.* forced <> *m.* convict
for•zar [37] *tr.* to force; [capturar] to take by force; [violar] to rape; [obligar] to force, compel
for•zo•sa•men•te *adv.* by force, forcibly; [ineludiblemente] unavoidably, inevitably
for•zo•so, a *adj.* unavoidable, inevitable
for•zu•do, a *adj.* strong, robust
fo•sa *f.* [sepultura] grave, tomb; ANAT fossa ▪ **~ séptica** septic tank; **fosas nasales** nostrils
fos•fa•to *m.* phosphate
fos•fo•res•cen•cia *f.* phosphorescence
fos•fo•res•cen•te *adj.* phosphorescent
fós•fo•ro *m.* phosphorus; [cerilla] match
fó•sil <> *m.* fossil <> *adj.* fossil, fossilized; *coll* [antiguo] old, outdated
fo•si•li•za•ción *f.* fossilization
fo•si•li•zar•se [04] *reflex.* to fossilize
fo•so *m.* pit, ditch; THEAT pit; MIL moat, trench
fo•to *f.* photo, picture ▪ **sacar fotos** to take o snap pictures
fo•to•com•po•si•ción *f.* photocomposition, phototypesetting
fo•to•co•pia *f.* photocopy
fo•to•co•pia•do•ra *f.* photocopier
fo•to•co•piar *tr.* to photocopy
fo•to•gé•ni•co, a *adj.* photogenic
fo•to•gra•ba•do *m.* photoengraving
fo•to•gra•fí•a *f.* photography; [retrato] photograph, picture; [taller] photography studio ▪ **~ digital** digital photography
fo•to•gra•fiar [30] *tr.* to photograph
fo•to•grá•fi•co, a *adj.* photographic
fo•tó•gra•fo, a *m.f.* photographer
fo•to•me•trí•a *f.* photometry
fo•tó•me•tro *m.* photometer
fo•tón *m.* photon
fo•to•sen•si•ble *adj.* photosensitive
fo•to•sín•te•sis *f.* photosynthesis
frac *m.* (*pl* **-s** o **-ques**) tails, formal coat
fra•ca•sa•do, a <> *adj.* failed, unsuccessful <> *m.f.* failure, unsuccessful person
fra•ca•sar *intr.* to fail
fra•ca•so *m.* failure
frac•ción *f.* fraction
frac•cio•na•do•ra *f.* MEX estate agent
frac•cio•na•mien•to *m.* [división] division, breaking (into parts); MATH fractionization; CHEM fractionation; MEX [urbanización] housing estate
frac•cio•nar *tr.* to divide, break (into parts); MATH to fractionize; CHEM to fractionate
frac•tu•ra *f.* fracture, break
frac•tu•rar *tr.* to fracture, break
fra•gan•cia *f.* fragrance, perfume

F

fra•gan•te *adj.* fragrant, perfumed; [flagrante] flagrant
fra•ga•ta *f.* MARIT frigate; ORNITH frigate bird
frá•gil *adj.* fragile; [fugaz] perishable, fleeting
frag•men•tar *tr.* to fragment
frag•men•ta•rio, a *adj.* fragmentary
frag•men•to *m.* fragment; [trozo] passage, excerpt
fra•gor *m.* din, uproar
fra•go•ro•so, a *adj.* roaring, thunderous
fra•go•so, a *adj.* rough, rugged; [ruidoso] thunderous
fra•gua *f.* forge, smithy
fra•gua•do *m.* setting, hardening
fra•guar [10] *tr.* [hierro] to forge; [inventar] to plan, plot; (*intr.*) to set, harden
frai•le *m.* friar, monk
fram•bue•sa *f.* raspberry
fram•bue•so *m.* raspberry bush
fran•cio *m.* francium
fran•cis•ca•no/co, a *adj.* & *m.f.* Franciscan
fran•co, a ◇ *adj.* [sincero] frank; [liberal] generous; [desembarazado] open, clear; [exento] exempt, free ▪ ~ **de porte** postpaid ◇ *m.* FIN franc
fra•ne•la *f.* TEX flannel; AMER undershirt
fran•ja *f.* fringe, border; [banda] strip, band
fran•je•ar *tr.* to fringe, trim
fran•que•ar *tr.* [eximir] to exempt; [conceder] to grant; [desembarazar] to clear, open; [pagar el porte de] to frank; [liberar] to free, enfranchise; [atravesar] to cross, pass through; (*reflex.*) [acceder] to yield, give in; [confiar] to confide
fran•que•o *m.* [de correo] franking; [sellos] postage
fran•que•za *f.* frankness, candor; [exención] freedom, exemption; [generosidad] generosity
fran•qui•cia *f.* COM franchise; [exención] exemption ▪ ~ **postal** frank, franking privilege
fran•qui•cia•do *m.* franchisee
fra•que *m.* = **frac**
fras•co *m.* small bottle; [redoma] flask, vial; ARM powder flask
fra•se *f.* sentence, phrase ▪ ~ **hecha** set expression
fra•se•o *m.* phrasing
fra•se•o•lo•gí•a *f.* phraseology; [estilo] phrasing, style
fra•ter•nal *adj.* brotherly, fraternal
fra•ter•nal•men•te *adv.* fraternally
fra•ter•ni•dad *f.* brotherhood, fraternity
fra•ter•ni•zar [04] *intr.* to fraternize
fra•ter•no, a *adj.* fraternal
fra•tri•ci•da ◇ *adj.* fratricidal ◇ *m.f.* fratricide
fra•tri•ci•dio *m.* fratricide
frau•de *m.* fraud
frau•du•len•to, a *adj.* fraudulent
fray *m.* Fra, Brother
fra•za•da *f.* AMER blanket ▪ ~ **eléctrica** electric blanket
fre•cuen•cia *f.* frequency
fre•cuen•tar *tr.* to frequent
fre•cuen•te *adj.* frequent; [común] habitual
fre•ga•de•ro *m.* kitchen sink
fre•ga•do, a ◇ *m.* scrubbing, scouring; *coll* [enredo] mess, tangle ◇ *adj.* ANDES, MEX & VEN *coll* [obstinado] stubborn, obstinate; [persona, ser] annoying; [persona estar] stubborn, obstinate; [roto] bust
fre•ga•du•ra *f.*/**mien•to** *m.* = **fregado**
fre•gar [52] *tr.* to scour, scrub; [lavar] to wash; ANDES, MEX & VEN *coll* [molestar] to annoy, bother; ANDES, MEX & VEN *coll* [estropear] to bust; (*reflex.*) ANDES, MEX & VEN *coll* [molestarse] to become annoyed
fre•gón, o•na ◇ *adj.* AMER bothersome, annoying ◇ *m.f.* AMER pest, annoyance; (*f.*) scullery maid
frei•du•ra *f.*/**mien•to** *m.* frying
fre•ír [58] *tr.* CUL to fry; [fastidiar] to pester, annoy; AMER *coll* [matar a tiros] to kill, shoot; (*reflex.*) *coll* to be excited ▪ ~ **de calor** to be boiling hot
fre•nar *tr.* [caballo] to bridle; [vehículo] to brake, apply the brake to; [hábito, vicio] to curb, check
fre•na•zo *m.* sudden braking
fre•ne•sí *m.* (*pl* **-íes**) [delirio] frenzy
fre•né•ti•co, a *adj.* frenetic, frenzied; [colérico] mad, furious
fre•ni•llo *m.* muzzle, bridle ▪ **no tener** ~ **en la lengua** to speak one's mind
fre•no *m.* EQUIT bit; MECH brake; [obstáculo] obstacle, check ▪ **frenos ABS** ABS brakes; **tascar** o **morder el** ~ *coll* to champ at the bit
fren•te *f.* forehead, brow; [rostro] face, countenance; [cabeza] head ▪ **arrugar la** ~ to knit one's brow; ~ **a** ~ face to face; (*m.*) front; [fachada] face, façade; [anverso] obverse; MIL & METEOROL front ▪ **al** o **en** ~ in front, opposite; **al** ~ **de** at the head of, in charge of; **de** ~ resolutely, without hesitation; ~ **a** facing, opposite; **hacer** ~ **a** to face, confront
fre•sa *adj.* & *f.* strawberry
fres•co, a ◇ *adj.* cool; [nuevo] fresh; [descarado] fresh, cheeky, impudent ▪ **estar** o **quedar** ~ *coll* to fail, be disappointed; **¡qué** ~**!** what a nerve! ◇ *m.* cool, coolness; [aire] fresh air; ARTS fresco; AMER cool drink ▪ **al** ~ in the open air, in the fresh air; (*f.*) fresh air; *coll* [dicho desagradable] biting o blunt remark
fres•cor *m.* freshness, coolness
fres•cu•ra *f.* freshness, coolness; [chanza] fresh remark; [serenidad] serenity, equanimity; [descuido] coolness
freu•dia•no, a *adj.* & *m.f.* Freudian
frial•dad *f.* coldness, frigidity; [indiferencia] indifference; [falta de animación] dullness; MED frigidity, impotence; [necedad] nonsense, foolishness
frí•a•men•te *adv.* coldly, coolly; [sin gracia] dully, colorlessly
fri•ca•ti•vo, a *adj.* & *f.* fricative
fric•ción *f.* friction; [masaje] massage, rubdown
fric•cio•nar *tr.* to rub, massage
frie•ga *f.* [fricción] massage, rubdown; AMER *coll* [fastidio] bother, annoyance
frie•go, gue ▻ **fregar**
frie•ra, frió ▻ **freír**
fri•gi•dez *f.* frigidity
frí•gi•do, a *adj.* frigid
fri•go•rí•fi•co, a ◇ *adj.* refrigerator, refrigerating ◇ *m.* refrigerator; [establecimiento industrial] cold-storage plant; [cámara] locker, cold-storage room
frí•jol, fri•jol *m.* bean
frí•o, a ◇ *adj.* cold; [sin gracia] graceless, insipid ◇ *m.* cold, coldness ▪ **coger** ~ to catch a cold; **hacer** ~ to be cold; **hace mucho** ~ **hoy** it is very cold today; **tener** ~ to be cold; **tengo** ~ I am cold ◇ *pl.* AMER malaria; [helados] frozen treats
frio•len•to, a *adj.* AMER sensitive to the cold

frio•le•ro, a ◇ *adj.* sensitive to the cold ◇ *f.* trifle, bauble; *fig* a mere, only
fri•sa *f.* frieze
fri•sar *tr.* to rub; (*intr.*) to be compatible, get along (with) ■ ~ **con** o **en** to be close to, border on
fri•so *m.* frieze
fri•ta•da *f.* fried dish, fry
fri•to, a ▻ **freír** ◇ *adj.* fried ◇ *m.* fried food
fri•tu•ra *f.* fried food
fri•vo•li•dad *f.* frivolity, frivolousness
frí•vo•lo, a *adj.* frivolous
fron•da *f.*/**de** ◇ *m.* frond; [hoja] leaf, shoot ◇ *pl.* foliage, leaves
fron•do•so, a *adj.* frondose, leafy
fron•tal *adj.* frontal
fron•te•ri•zo, a *adj.* [contiguo] border, frontier; [de enfrente] facing, opposite
fron•te•ro, a ◇ *adj.* facing, opposite ◇ *m.* MIL border commander; (*f.*) border, frontier; ARCHIT façade
fron•tis•pi•cio *m.* frontispiece
fron•tón *m.* SPORT [pared] front wall of a handball court; [cancha] handball court; ARCHIT pediment, gable
fro•tar *tr.* to rub; (*reflex.*) to rub (together)
fro•te *m.* rub, rubbing
fruc•tí•fe•ro, a *adj.* fructiferous
fruc•ti•fi•car [70] *intr.* to bear o produce fruit; [producir utilidad] to be fruitful
fruc•tuo•so, a *adj.* fruitful, productive
fru•gal *adj.* frugal
fru•ga•li•dad *f.* frugality, frugalness
frui•ción *f.* fruition, enjoyment
frun•ce/ci•do *m.* gather, shirr
frun•cir [35] *tr.* SEW to gather, shirr; [los labios] to purse; [la frente] to frown, knit one's brow; [reducir] to contract, reduce
frus•tra•ción *f.* frustration
frus•tra•do, a *adj.* frustrated, thwarted; [malogrado] failed
frus•trar *tr.* to frustrate, thwart; (*reflex.*) [fracasar] to fail; [privarse] to be frustrated
fru•ta *f.* fruit; *coll* [resultado] fruit, result
fru•tal ◇ *adj.* fruit ◇ *m.* fruit tree
fru•te•rí•a *f.* fruit store o stand
fru•te•ro, a ◇ *adj.* fruit ◇ *m.f.* fruit seller o merchant; (*m.*) fruit bowl o plate
fru•ti•lla *f.* rosary bead; BOL, C SUR & ECUAD strawberry
fru•to *m.* fruit
fue ▻ **ser**[2] ▻ **ir**
fue•go *m.* fire; [llama] flame; [de cocina, fogón] ring, burner; [fósforo] light; **¿tienes ~?** do you have a light?; [ardor] heat, passion; [faro] beacon; MIL fire, discharge; MED rash ■ **a ~ lento** slowly, little by little; CUL on a low flame; **entre dos fuegos** between a rock and a hard place; **¡~!** fire!, shoot!; ~ **amigo** friendly fire; ~ **fatuo** ignis fatuus, jack-o-lantern; **fuegos artificiales** fireworks; **hacer** ~ to fire, shoot; **pegar** ~ to set on fire; **romper el** ~ to open fire
fue•lle *m.* [implemento] bellows; [frunce] pucker, gather; [chismoso] tattletale, gossip
fuen•te *f.* [manantial] spring; [aparato] fountain, water fountain; [pila] font; [plato] platter, serving dish; [cabecera] source, headwater; [origen] source, origin; COMPUT font; CARIB, CHILE, COL & MEX [de soda] café ■ **beber en buenas fuentes** to be well-informed
fue•ra *adv.* outside, out ■ **¡~!** get out!; ~ **de** outside of; [además de] besides, except for; ~ **de que** aside from the fact that; ~ **de sí** beside oneself; **por** ~ on the outside
fue•ra ▻ **ser**[2] ▻ **ir**
fue•ro ◇ *m.* jurisdiction, power; [cuerpo de leyes] code; [privilegio] privilege, exemption ◇ *pl. coll* arrogance, pride
fuer•te ◇ *adj.* strong; [fortificado] fortified; [intenso] powerful, forceful; loud; **un grito** ~ a loud shout ◇ *m.* fort, fortress; [talento] forte, strong point ◇ *adv.* hard; [en voz alta] loudly
fuer•te•men•te *adv.* hard; [en voz alta] loudly
fuer•za *f.* force, strength; [violencia] force, coercion; [poder] power ■ **a** ~ **de** by dint of; **a la** ~ o **por** ~ by force, forcibly; [forzosamente] perforce, necessarily; **a** ~ **viva** by sheer force; **es** ~ it is necessary to, one must; ~ **mayor** act of God, force majeure
fu•ga *f.* flight, escape; [ardor] ardor, impetuosity; [escape] leak, leakage; MUS fugue ■ **darse a la** ~ o **ponerse en** ~ to flee, take (to) flight
fu•ga•ci•dad *f.* fugacity, brevity
fu•gar•se [47] *reflex.* to flee, run away; [salirse] leak (out)
fu•gaz *adj.* fleeting, brief; ASTRON shooting
fu•gi•ti•vo, a *adj.* & *m.f.* fugitive
fui, fuimos, fuiste ▻ **ser**[2] ▻ **ir**
fu•la•no, a *m.f.* so-and-so
ful•gir [32] *intr.* to shine, sparkle
ful•gor *m.* brilliance, radiance
ful•gu•rar *intr.* to flash brilliantly
ful•mi•nar *tr.* [un rayo] to strike (and kill) by lightning; [hacer morir bruscamente] to strike down o dead; [arrojar] to throw, hurl; *fig* to thunder
fu•ma•da *f.* puff (of smoke)
fu•ma•dor, •ra ◇ *adj.* smoking ◇ *m.f.* smoker ■ **no** ~ nonsmoker; ~ **pasivo** passive smoker
fu•mar *intr.* & *tr.* to smoke; (*reflex.*) *coll* [malgastar] to squander; [faltar] to skip, cut; ~ **la clase** to cut class
fu•mi•ga•dor, •ra *m.f.* fumigator
fu•mi•gar [47] *tr.* to fumigate
fun•ción *f.* function; [empleo] position; THEAT show, performance
fun•cio•nal *adj.* functional, operative
fun•cio•na•li•dad *f.* functionality
fun•cio•na•mien•to *m.* functioning, operating
fun•cio•nar *intr.* to work, run
fun•cio•na•rio, a *m.f.* civil servant, official
fun•da *f.* cover, case
fun•da•ción *f.* foundation
fun•da•dor, •ra ◇ *adj.* founding ◇ *m.f.* founder
fun•da•men•tal *adj.* fundamental
fun•da•men•tar *tr.* to lay the foundations of; [basar] to base
fun•da•men•to *m.* foundation; [razón] reason, ground
fun•dar *tr.* to build, raise; [instituir] to found, establish; [apoyar] to base, rest; (*reflex.*) *fig* to be founded o based
fun•di•ción *f.* melting, smelting; [fábrica] foundry, smeltery; [hierro] cast iron
fun•dir *tr.* METAL to melt, smelt; [moldear] to cast, mold; [bombilla] to burn out; (*reflex.*) to merge, fuse; AMER to go bankrupt

fú•ne•bre *adj.* funeral
fu•ne•ral *adj.* & *m.* funeral
fu•nes•to, a *adj.* unfortunate, regrettable; [fatal] ill-fated
fun•gi•ci•da <> *adj.* fungicidal <> *m.* fungicide
fun•gir *intr.* MEX & PERU to act (as), serve (as)
fu•ni•cu•lar <> *adj.* funicular <> *m.* cable car
fur•gón *f.* [carro] van, wagon; RAIL boxcar
fur•go•ne•ta *f.* van, truck
fu•ria *f.* fury
fu•ri•bun•do, a *adj.* enraged, furious
fu•rio•sa•men•te *adv.* furiously, frantically
fu•rio•so, a *adj.* furious; [grande] tremendous
fu•ror *m.* fury, rage
fur•ti•vo, a *adj.* furtive, stealthy
fu•rún•cu•lo *m.* boil, furuncle
fu•se•la•je *m.* fuselage
fu•si•ble <> *adj.* fusible <> *m.* fuse
fu•sil *m.* rifle, gun
fu•si•la•mien•to *m.* execution by firing squad
fu•si•lar *tr.* to execute by firing squad, shoot; *coll* [plagiar] to plagiarize
fu•sión *f.* melting, fusion; COM merger
fu•sio•nar *intr.* to merge
fus•tán *m.* AMER petticoat
fus•te *m.* shaft; [importancia] importance, consequence
fus•ti•gar [47] *tr.* to whip, lash; [criticar] to censure, reprimand
fút•bol, fut•bol *m.* soccer, football GB ▪ ~ **americano** football; ~ **playa** beach soccer
fut•bo•lis•ta *m.f.* soccer player, footballer GB
fú•til *adj.* trivial, insignificant
fu•ti•li•dad *f.* triviality, insignificance
fu•tu•ris•ta *adj.* & *m.f.* futurist
fu•tu•ro, a <> *adj.* future <> *m.* future; *coll* [novio] fiancé, intended; (*f.*) *coll* [novia] fiancée, intended

G

g, G *f.* seventh letter of the Spanish alphabet
ga•ba•cho, a <> *adj. derog* French <> *m.f. derog* French person
ga•bán *m.* overcoat, topcoat
ga•bar•di•na *f.* gabardine; [sobretodo] raincoat
ga•ba•zo *m.* bagasse
ga•bi•ne•te *m.* [cuarto] study, office; [de una mujer] boudoir; [laboratorio] laboratory; POL cabinet
ga•ce•la *f.* gazelle
ga•ce•ta *f.* fazette, journal; [chismoso] gossip, gossipmonger
ga•ce•ti•lla *f.* [noticia breve] short news item; [columna de chismes] gossip column; [chismoso] gossipmonger
ga•chí *f.* (*pl* **-s**) *sl* girl, chick
ga•cho, a <> *adj.* [inclinado] bowed, bent; [flojo] drooping, floppy ▪ **a gachas** on all fours <> *m.* AMER slouch hat; (*f.*) mush, paste <> *pl.* porridge ▪ **hacerse unas ~** *coll* to get mushy
ga•fas *f.pl.inv.* (eye)glasses
ga•fe *m. coll* jinx
ga•fo, a <> *adj.* claw-handed <> *f.* [gancho] hook; [grapa] clamp
ga•gá *adj.* doting, foolish
gai•ta *f.* MUS bagpipe; [organillo] hurdygurdy; *coll* [pescuezo] neck
gai•te•ro, a <> *adj.* flamboyant, gaudy <> *m.f.* bagpiper
ga•je <> *m.* salary <> *pl.* salary, wages ▪ ~ **del oficio** occupational hazard
ga•jo *m.* [rama] branch; [racimo] bunch; [división] section; [punta] prong, tine; AMER curl
ga•la <> *f.* [vestido] full dress; [gracia] elegance; CUBA & MEX tip ▪ **hacer ~ de** o **tener a ~** to show off <> *pl.* [adornos] finery, trappings; [regalos] wedding gifts o presents
ga•lác•ti•co, a *adj.* galactic
ga•lán *m.* handsome man; [pretendiente] beau, suitor; THEAT leading man
ga•la•no, a *adj.* [bien vestido] spruce, smart; [elegante] elegant
ga•lan•te *adj.* gallant; [amatorio] flirtatious
ga•lan•te•a•dor, •ra <> *adj.* flirtatious <> *m.* gallant, flirt
ga•lan•te•ar *tr.* [cortejar] to woo, court; [coquetear] to flirt with
ga•lan•te•o *m.* [cortejo] courting; [coqueteo] flirting
ga•lan•te•rí•a *f.* gallantry; [gracia] grace, elegance; [liberalidad] generosity
ga•lá•pa•go *m.* ZOOL sea turtle; METAL ingot; EQUIT English saddle
ga•lar•dón *m.* reward
ga•lar•do•nar *tr.* to reward
ga•la•xia *f.* galaxy
ga•le•no *m. coll* doctor
ga•le•ón *m.* galleon
ga•le•o•te *m.* galley slave
ga•le•ra *f.* galley; [carro] covered wagon; [cárcel] women's prison; [sala] hospital ward
ga•le•ra•da *f.* [carga] wagonload; PRINT galley (proof)
ga•le•rí•a *f.* gallery
gal•go, a *m.f.* greyhound
gal•gue•ar *intr.* AMER to be starved
ga•li•ma•tí•as *m.inv.* gibberish, nonsense
ga•lio *m.* gallium
ga•llar•de•ar *intr.* to act with ease and grace
ga•llar•de•te *m.* streamer, pennant
ga•llar•dí•a *f.* [valentía] bravery; [elegancia] elegance
ga•llar•do, a *adj.* [valiente] brave, valiant; [elegante] elegant
ga•lle•ta *f.* CULIN cookie, biscuit GB; *coll* [bofetada] slap ▪ **colgar** o **dar la ~ a alguien** AMER to fire, dismiss someone
ga•lli•na *f.* hen, chicken; (*m.f.*) *fig* chicken, coward ▪ **como ~ en corral ajeno** *coll* like a fish out of water; ~ **ciega** blindman's buff
ga•lli•ná•ce•o, a *adj.* gallinaceous
ga•lli•ne•ro *m.* [jaula] chicken coop, henhouse; [sitio ruidoso] madhouse; THEAT top balcony
ga•lli•to *m.* [fanfarrón] braggart, showoff; [persona importante] somebody, celebrity
ga•llo *m.* ORNITH cock, rooster; [nota falsa] false note; [jefe] boss, chief; AMER [valiente] cocky person; [carro] fire engine; [serenata] serenade; [objeto de segunda ma-

no] secondhand object ▪ ~ **de pelea** gamecock, fighting cock; **tener mucho** ~ to be cocky
ga•llón *m.* lawn, turf
ga•lo•cha *f.* wooden o iron clog
ga•lón *m.* [de líquidos] gallon; [cinta] braid, galloon; MIL stripe
ga•lo•ne•ar *tr.* SEW to trim with braid
ga•lo•pan•te *adj.* galloping
ga•lo•par/pe•ar *intr.* to gallop
ga•lo•pe *m.* gallop ▪ **a** ~ **tendido** at full gallop; **ir de** ~ to gallop, go at a gallop
gal•pón *m.* AMER large shed
gal•vá•ni•co, a *adj.* galvanic
gal•va•ni•za•ción *f.* galvanization
gal•va•ni•za•do, a ◇ *adj.* galvanized ◇ *m.* galvanization
gal•va•ni•zar [04] *tr.* to galvanize
ga•ma *f.* gamut
ga•ma•da *adj.* ▪ **cruz** ~ swastika
gam•ba *f.* prawn
gam•ba•do, a *adj.* bowlegged
gam•bar•se *reflex.* AMER to become bowlegged
gam•be•ta *f.* AMER caper, prance
gam•be•te•ar *intr.* to caper, prance
ga•me•to *m.* gamete
ga•mín *m.* COL child
gam•ma *f.* gamma
ga•mo•nal *m.* ANDES, C AMER & VEN [cacique] village chief; [caudillo] cacique, local political boss
ga•mu•za *f.* chamois
ga•na ◇ *f.* [deseo] desire, longing; [apetito] appetite ▪ **darle ganas** o **darle la** ~ **de** to feel like; **de buena, mala** ~ willingly, unwillingly; **de** ~ energetically, eagerly ◇ *pl.* ▪ **con** ~ heartily; **tener** ~ **de** to want to, feel like; **sin** ~ unwillingly
ga•na•de•rí•a *f.* [ganado] cattle, livestock; [raza] breed, strain
ga•na•de•ro, a ◇ *adj.* cattle ◇ *m.f.* cattle rancher, cattleman
ga•na•do *m.* livestock, stock; AMER cattle
ga•na•dor, •ra ◇ *adj.* winning, victorious ◇ *m.f.* [el que gana] winner; [asalariado] wage earner
ga•nan•cia *f.* profit, gain
ga•nan•cial *adj.* profit, pertaining to profit
ga•nar *tr.* [lograr] to gain; [llevarse] to win, get; [sueldo, dinero] to earn, make; [triunfar] to win; [vencer] to beat, defeat; [aventajar] to surpass; [captar] to win over; [merecer] to earn, merit; [alcanzar] to reach, arrive at; (*intr.*) to earn; [mejorar] to improve, advance; (*reflex.*) ▪ ~ **la vida** to earn one's living
gan•chi•llo *m.* [horquilla] hairpin; [aguja] crochet needle; [labor] crochet
gan•cho *m.* [garfio] hook; [cayado] crook, staff; [puñetazo] hook; *coll* [timador] decoy; [rufián] pimp; [atractivo] charm, allure; AMER [para pelo] hairpin; ANDES, C AMER, MEX & VEN [percha] hanger ▪ **echar el** ~ to hook, snare
gan•dul, •la ◇ *adj. coll* lazy, shiftless ◇ *m.f. coll* loafer, good-for-nothing
gan•du•le•ar *intr.* to loaf, idle
gan•du•le•rí•a *f.* laziness
gan•ga *f.* bargain, steal
gan•glio *m.* ganglion
gan•go•si•dad *f.* nasality (of voice)
gan•go•so, a *adj.* nasal, twangy
gan•gre•na *f.* gangrene
gan•gre•nar•se *reflex.* to become gangrenous
gan•gue•ar *intr.* to speak nasally
gan•gue•o *m.* nasal tone, twang
gan•sa•da *f. coll* nonsense
gan•so, a *m.* gander; (*f.*) goose; (*m.f.*) [torpe] dummy; [rústico] bumpkin
gan•zú•a *f.* [instrumento] picklock; [ladrón] picklock, thief
ga•ra•ba•te•ar *intr.* [escribir, dibujar] to scribble; [tergiversar] to beat around the bush; (*tr.*) to scribble
ga•ra•ba•to *m.* [gancho] hook, grapple; [dibujos] scribble; *coll* [garbo] attractiveness
ga•ra•je *m.* garage
ga•ran•te ◇ *adj.* responsible ◇ *m.f.* guarantor
ga•ran•tí•a *f.* guarantee; [fianza] security, deposit ▪ ~ **in situ** on-site guarantee, on-site warranty
ga•ran•tir [38] *tr.* [asegurar] to guarantee; [preservar] to protect, defend
ga•ran•ti•zar [04] *tr.* to guarantee
ga•ra•pi•ñar *tr.* [helar] to freeze; [bañar] to sugar-coat
gar•ban•zo *m.* chickpea ▪ ~ **negro** *coll* black sheep
gar•be•ar *intr.* [fanfarronear] to swagger; [robar] to rob; (*tr.*) [robar] to steal; (*reflex.*) *coll* [arreglárselas] to manage, get by; [pasearse] to go for a walk
gar•bo *m.* [gallardía] elegance, grace; [generosidad] generosity
gar•bo•so, a *adj.* [airoso] elegant, graceful; [generoso] generous
gar•de•nia *f.* gardenia
ga•re•te *m.* ▪ **ir(se) al** ~ to drift
gar•fio *m.* grappling iron, grapple
gar•ga•je•ar *intr.* to spit
gar•ga•jo *m.* phlegm, spit
gar•gan•ta *f.* throat; [del pie] instep; [desfiladero] gorge
gar•gan•te•ar *intr.* to warble, trill
gar•gan•ti•lla *f.* necklace, choker
gár•ga•ra ◇ *f.* gargling ◇ *pl.* AMER gargle
gar•ga•ris•mo *m.* gargling; [líquido] gargle
gár•gol *m.* groove
gár•go•la *f.* gargoyle
ga•ri•ta *f.* [de centinela] sentry box; [portería] porter's office; [retrete] lavatory
ga•ri•te•ro *m.* gambler
ga•ri•to *m.* [local] gambling house; [ganancia] gambling profits
gar•lar *intr. coll* to chatter, gab
gar•li•to *m.* [de pesca] fish trap; *coll* [trampa] trap, snare
gar•na•cha *f.* judge's robe o gown
gar•nu•cho *m.* MEX rap, fillip
ga•rra ◇ *f.* claw, talon; MARIT hook; AMER [fuerza] bite, kick ▪ **caer en las garras de alguien** to fall into someone's clutches; **como una** ~ AMER very thin; **echar la** ~ to lay one's hands on ◇ *pl.* AMER tatters, rags
ga•rra•fa *f.* carafe, decanter
ga•rra•fal *adj. coll* huge, enormous
ga•rra•fón *m.* demijohn
ga•rra•pa•ta *f.* tick, mite; [caballo] nag
ga•rra•pa•to *m.* scribble, scrawl
ga•rra•pi•ñar *tr.* to grab, snatch
ga•rro•cha *f.* TAUR lance, goad; SPORT pole

ga•rrón *m.* talon, claw
ga•rro•ta•zo *m.* blow
ga•rro•te *m.* [palo] club; [tormento] garrotte; MEX brake ▪ **dar ~** to garrotte
ga•rro•te•ar *tr.* AMER to club
ga•rro•ti•llo *m.* croup
gá•rru•lo, a *adj.* [cantor] noisy, chirping; [hablador] garrulous, talkative
ga•rú•a/•ru•ja *f.* AMER drizzle, fine rain
ga•ruar [67] *intr.* AMER to drizzle
ga•ru•fa *f.* ARG *sl* spree, binge
ga•ru•fe•ar *intr.* ARG *sl* to go on a spree
gar•zo, a ◇ *adj.* blue ◇ *f.* heron
gas *m.* gas
ga•sa *f.* gauze; [de luto] crepe
ga•se•ar *tr.* [hacer gaseoso] to carbonate; [asfixiar] to gas, asphyxiate
ga•se•o•so, a ◇ *adj.* gaseous ◇ *f.* soda, lemonade GB
gas•fi•te•rí•a *f.* CHILE, ECUAD & PERU plumber's (shop)
gas•fi•te•ro, a *m.f.* CHILE, ECUAD & PERU plumber
ga•si•fi•ca•ción *f.* gasification
ga•si•fi•ca•dor *m.* gasifier
ga•si•fi•car [70] *tr.* to gasify
ga•so•duc•to *m.* gas pipeline
gas oil, ga•soil/só•le•o *m.* gas o diesel oil
ga•so•li•na *f.* gasoline, gas
ga•so•li•ne•ra *f.* [lancha] motorboat; [tienda] gas station
gas•ta•do, a *adj.* [debilitado] worn out, exhausted; [usado] worn, threadbare; [trillado] hackneyed, wornout
gas•ta•dor, •ra ◇ *adj.* spendthrift ◇ *m.f.* [derrochador] spendthrift; [prisionero] convict; (*m.*) MIL sapper
gas•tar *tr.* [dinero] to spend; [consumir] to consume, exhaust; [echar a perder] to wear out; [malgastar] to waste, squander; [llevar] to sport, wear ▪ **gastarlas** *coll* to behave, act; (*intr.*) to spend; (*reflex.*)[consumirse] to be used up, run out; [deteriorarse] to wear out; [debilitarse] to wear oneself out
gas•to *m.* [desembolso] expenditure, expense; [consumo] use, consumption; [deterioro] wear and tear ▪ **hacer el ~ de la conversación** *coll* to do all the talking
gás•tri•co, a *adj.* gastric
gas•tri•tis *f.* gastritis
gas•tro•en•te•ri•tis *f.* gastroenteritis
gas•tro•in•tes•ti•nal *adj.* gastrointestinal
gas•tro•no•mí•a *f.* gastronomy
gas•tro•nó•mi•co, a *adj.* gastronomic(al)
gas•tró•no•mo, a *m.f.* gastronome, gourmet
ga•ta *f.* ▻ **gato, a**
ga•te•ar *intr.* to crawl, walk on all fours; [trepar] to climb (trees); (*tr.*) [arañar] to scratch, claw; [robar] to swipe, steal
ga•ti•llo *m.* ARM [percusor] hammer, firing pin; [disparador] trigger; [ratero] petty thief
ga•to, a *m.* cat, tomcat; [gancho] clamp, vice; [cric] jack; *coll* [portamonedas] moneybags; *coll* [ladrón] sneak thief; [hombre astuto] fox, slyboots ▪ **buscarle tres pies al ~** to complicate matters unnecessarily; **dar ~ por liebre** *coll* to swindle, pull the wool over someone's eyes; (*f.*) cat, tabby; MEX maid ▪ **a gatas** on all fours
ga•tu•no, a *adj.* feline, catlike
gau•cha•da *f.* AMER *coll* favor
gau•ches•co, a *adj.* gaucho
gau•cho, a *adj.* & *m.* gaucho
ga•ve•ta *f.* drawer
ga•vi•lán *m.* sparrow hawk; [escritura] flourish (in penmanship); [pluma] nib
ga•vi•lla *f.* [de cereales] sheaf; [de sarmientos] bundle; [de gente] gang, band
ga•vi•lle•ro *m.* stack o row of sheaves
ga•vio•ta *f.* seagull, gull
gay *m.* gay
ga•za•pón *m.* gambling house
gaz•mo•ña•da/ñe•rí•a *f.* prudishness, priggishness
gaz•mo•ñe•ro/ño, a ◇ *adj.* prudish, priggish ◇ *m.f.* prig, prude
gaz•ná•pi•ro, a ◇ *adj.* simple-minded, dullwitted ◇ *m.f.* numbskull, dunce
gaz•na•te *m.* [garguero] throat, windpipe; [fruta de sartén] fritter
gaz•pa•cho *m.* gazpacho
géi•ser *m.* geyser
ge•la•ti•na *f.* gelatin
ge•la•ti•no•so, a *adj.* gelatinous
gé•li•do, a *adj.* gelid, icy
ge•ma *f.* gem; BOT bud, gemma
ge•me•lo, a ◇ *adj.* twin ◇ *m.f.* twin ◇ *m.pl.* [anteojos] binoculars, field glasses; [de camisa] cuff links ▪ **~ de teatro** opera glasses
ge•mi•do *m.* moan, groan
ge•mir [48] *intr.* [quejarse] to moan, groan; [aullar] to howl, wail
gen, ge•ne *m.* (*pl* **-es**) gene
gen•dar•me *m.* gendarme, policeman
gen•dar•me•rí•a *f.* gendarmerie
ge•ne•a•lo•gí•a *f.* genealogy
ge•ne•a•ló•gi•co, a *adj.* genealogical
ge•ne•ra•ción *f.* generation
ge•ne•ra•dor, •ra ◇ *adj.* generating, engendering ◇ *m.f.* generator, engenderer; (*m.*) ELEC & MECH generator; (*f.*) generatrix
ge•ne•ral ◇ *adj.* general ▪ **en ~** o **por lo ~** generally, in general ◇ *m.* general ▪ **~ de brigada** brigadier general; **~ de división** major general; **~ en jefe** commander in chief
ge•ne•ra•la•to *m.* generalship
ge•ne•ra•li•dad *f.* generality; [el mayor número] majority
ge•ne•ra•lí•si•mo *m.* generalissimo
ge•ne•ra•li•za•ción *f.* generalization; [extensión] expansion
ge•ne•ra•li•zar [04] *tr.* to generalize; [ampliar] to widen, expand
ge•ne•rar *tr.* to generate, produce
ge•ne•ra•ti•vo, a *adj.* generative
ge•ne•ra•triz *f.* GEOM generatrix; ELEC & MECH generator
ge•né•ri•ca•men•te *adv.* generically
ge•né•ri•co, a ◇ *adj.* generic ◇ *m.* generic drug
gé•ne•ro *m.* type, kind; [manera] manner, style; COM commodity; TEX fabric, material; BIOL genus; GRAM gender; ARTS & LIT genre ▪ **~ humano** humankind
ge•ne•ro•si•dad *f.* generosity
ge•ne•ro•so, a *adj.* generous; [ilustre] high-born; [excelente] excellent, fine

gé•ne•sis *f.inv.* origin, beginning
ge•né•ti•co, a ◇ *adj.* genetic ◇ *f.* genetics
ge•nial *adj.* brilliant, inspired; *coll* [agradable] genial, pleasant; [característica] typical
ge•nia•li•dad *f.* [rareza] peculiarity, trait; [obra] brilliant o inspired work
gé•ni•co, a *adj.* gene
ge•nio *m.* [carácter] temperament, disposition; [talento] genius; [deidad pagana] genius, spirit ■ **de mal ~** bad-tempered
ge•ni•tal ◇ *adj.* & *m.* genital ◇ *pl.* genitals, genitalia
ge•ni•ti•vo, a *m.* genitive
ge•ni•tor, •ra ◇ *adj.* engendering, reproductive ◇ *m.* procreator, reproducer
ge•no•ci•dio *m.* genocide
ge•no•ma *m.* genome
ge•no•te•ca *f.* gene bank
ge•no•ti•po *m.* genotype
gen•te *f.* people; [nación] nation, folk; *coll* [facción] clan, gang; [familia] family, folks; MIL troops; AMER decent folk ■ **~ baja** common people; **~ bien** well-to-do people; **¡~ de paz!** MIL friend!; **~ de trato** tradespeople; **~ menuda** *coll* kids, small fry
gen•til ◇ *adj.* RELIG gentile; [gracioso] genteel, polite; [notable] remarkable, excellent ◇ *m.f.* RELIG gentile
gen•ti•le•za *f.* [gracia] genteelness; [cortesía] courtesy; [amabilidad] kindness; [bizarría] stylishness
gen•til•hom•bre *m.* (*pl* **-tileshombres**) handsome young man; HIST gentleman-in-waiting
gen•ti•li•cio, a ◇ *adj.* national; [relativo al linaje] hereditary ◇ *m.* GRAM word indicating origin
gen•tí•o *m.* crowd, mob
gen•tu•za *f.* riffraff, rabble
ge•nu•fle•xion *f.* genuflection
ge•nui•no, a *adj.* genuine
ge•o•am•bien•tal *adj.* geo-environmental
ge•o•cén•tri•co, a *adj.* geocentric
ge•o•da *f.* geode
ge•o•fí•si•co, a ◇ *adj.* geophysical ◇ *m.f.* geophysicist; (*f.*) geophysics
ge•o•gra•fí•a *f.* geography
ge•o•grá•fi•co, a *adj.* geographic(al)
ge•ó•gra•fo, a *m.f.* geographer
ge•o•lo•gí•a *f.* geology
ge•o•ló•gi•co, a *adj.* geologic(al)
ge•ó•lo•go, a *m.f.* geologist
ge•ó•me•tra *m.f.* geometrician, geometer
ge•ó•me•trí•a *f.* geometry
ge•o•mé•tri•co, a *adj.* geometric(al); [exacto] exact, precise
ge•o•po•lí•ti•co, a ◇ *adj.* geopolitical ◇ *f.* geopolitics
ge•ra•nio *m.* geranium
ge•ren•cia *f.* [gestión] management; [cargo] managership, directorship; [oficina] manager's o director's office
ge•ren•te *m.f.* manager, director
ge•ria•tra *m.f.* geriatrician, geriatrist
ge•riá•tri•co, a *adj.* geriatric
ger•ma•ní•a *f.* slang of gypsies and thieves
ger•ma•nio *m.* germanium
ger•men *m.* germ
ger•mi•ci•da ◇ *adj.* germicidal ◇ *m.* germicide, germ killer
ger•mi•na•ción *f.* germination
ger•mi•nar *intr.* to germinate
ge•ron•to•lo•gí•a *f.* gerontology
ge•ron•tó•lo•go, a *m.f.* gerontologist
ge•run•dio *m.* GRAM [del español] present participle; [del latín] gerund
ges•ta *f.* exploits, heroic deeds
ges•ta•ción *f.* gestation
ges•tar *tr.* to gestate, carry; (*reflex.*) to develop, grow
ges•te•ar *intr.* [hacer muecas] to grimace, make faces; [hacer ademanes] to gesture, gesticulate
ges•ti•cu•la•ción *f.* [mueca] grimace, face; [ademán] gesture, gesticulation
ges•ti•cu•la•dor, •ra *adj.* [que hace muecas] grimacing; [que hace ademanes] gesturing
ges•ti•cu•lar *intr.* [hacer muecas] to grimace, make faces; [hacer ademanes] to gesture, gesticulate
ges•tión *f.* [dirección] administration, management; [trámite] step, measure; [cuasicontrato] agreement
ges•tio•nar *tr.* to take steps o measures to obtain
ges•to *m.* [expresión] look, facial expression; [mueca] grimace, face; [ademán] gesture, gesticulation ■ **estar de buen/mal ~** to be in a good/bad mood; **hacer gestos** [hacer muecas] to make faces, grimace; [hacer ademanes] to gesture, gesticulate
ges•tor, •ra ◇ *adj.* managing ◇ *m.f.* manager, administrator
géy•ser *m.* geyser
gi•ba *f.* [corcova] hump, hunch; [molestia] nuisance
gi•bar *tr.* [corcovar] to bend, curve; *coll* [molestar] to annoy
gi•bón *m.* gibbon
gi•bo•so, a *adj.* & *m.f.* hunchback(ed)
gigabyte *m.* COMPUT gigabyte
gi•gan•ta *f.* giantess; BOT sunflower
gi•gan•te ◇ *adj.* giant, gigantic ◇ *m.* giant
gi•gan•tes•co, a *adj.* gigantic, huge
gi•gan•tez *f.* gigantic size
gí•go•lo *m.* gigolo
gil, la C SUR *coll* ◇ *adj.* stupid ◇ *m.* jerk
gi•ma, mo, miera, mió ▻ **gemir**
gim•na•sia *f.* gymnastics ■ **~ sueca** calisthenics
gim•na•sio *m.* gymnasium, gym; [escuela] high o secondary school
gim•nas•ta *m.f.* gymnast
gim•nás•ti•ca *f.* = **gimnasia**
gi•mo•te•ar *intr. coll* to whine
gi•mo•te•o *m. coll* whine, whining
gi•ne•bra *f.* [bebida] gin; [juego] gin (rummy); [ruido] din, uproar; [confusión] confusion, bedlam
gi•ne•co•lo•gí•a *f.* gynecology
gi•ne•có•lo•go, a *m.f.* gynecologist
gin•gi•vi•tis *f.* gingivitis
gi•ra *f.* trip, outing
gi•ra•dis•cos *m.inv.* [tocadiscos] record player, phonograph; [plato] turntable
gi•ra•do *m.f.* COM drawee
gi•ra•dor, •ra *m.f.* drawer, one who draws money on an account
gi•ral•da *f.* weather vane, weathercock
gi•rar *intr.* [dar vueltas] to revolve, rotate; [moverse alrededor de un eje] to gyrate; [torcer] to turn, veer; [negociar] to do business; [enviar] to wire; COM to draw ■ ~

G

en **descubierto** to overdraw; (*tr.*) [rodar] to rotate, turn; COM to draw

gi•ra•sol *m.* BOT sunflower; *fig* social climber, sycophant

gi•ra•to•rio, a *adj.* turning, rotating

gi•ro *m.* [rotación] revolution, rotation; [vuelta] turn; [aspecto] turn; [frase] turn of phrase, expression; COM draft; [negocio] business, line of business ▪ **andar de mal** ~ to be in a bad way; ~ **a la vista** sight draft; ~ **en descubierto** overdraft; ~ **postal** money order

gi•ros•co•pio *m.* gyroscope, gyro

gis *m.* [tiza] chalk; *coll* slate pencil

gi•ta•ne•rí•a *f.* [reunión] band of gypsies; [adulación] wheedling, cajolery

gi•ta•nes•co, a *adj.* gypsy, gypsy-like

gi•ta•no, a ◇ *adj.* gypsy; [adulador] wheedling, cajoling; [socaliñero] sly, crafty ◇ *m.f.* gypsy

gla•cia•ción *f.* glaciation

gla•cial *adj.* glacial; [helado] icy, frozen; *fig* icy, cold

gla•ciar ◇ *m.* glacier ◇ *adj.* glacial

gla•dia•dor/tor *m.* gladiator

gla•dí•o•lo/dio•lo *m.* gladiolus

glan•de *m.* glans penis

glán•du•la *f.* gland

glan•du•lar *adj.* glandular

gla•se•a•do, a *adj.* glazed, glossy

gla•se•ar *tr.* to glaze

gla•u•co•ma *m.* glaucoma

gli•ce•ri•na *f.* glycerine, glycerol

gli•ci•na *f.* BOT wisteria; CHEM glycine

gli•col *m.* glycol

glo•bal *adj.* global; COM total

glo•ba•li•za•ción *f.* globalization

glo•ba•li•zar *vr.* to globalize

glo•bal•men•te *adv.* as a whole

glo•bo *m.* globe; [Tierra] Earth; [de goma] balloon ▪ **en** ~ as a whole; ~ **ocular** o **del ojo** eyeball; ~ **sonda** sounding balloon

glo•bu•lar *adj.* globular

glo•bu•li•na *m.* globulin

gló•bu•lo *m.* globule; ANAT corpuscle

glo•ria *f.* glory; [honor] fame, renown; [esplendor] splendor, greatness; [cielo] heaven ▪ **a** ~ heavenly, divinely; **estar en la** ~ o **en su** ~ to be in seventh heaven; **ganar la** ~ to go to heaven

glo•riar [30] *tr.* to glorify; (*reflex.*) [preciarse] to boast; [complacerse mucho] to glory (in)

glo•rie•ta *f.* plaza, square; [cenador] bower, arbor

glo•ri•fi•ca•ción *f.* glorification

glo•ri•fi•ca•dor, •ra ◇ *adj.* glorifying ◇ *m.f.* glorifier

glo•ri•fi•car [70] *tr.* to glorify, praise; (*reflex.*) to glory

glo•rio•so, a *adj.* glorious; [bendito] blessed; [vanidoso] boastful, conceited

glo•sa *f.* gloss

glo•sa•dor, •ra ◇ *adj.* glossing ◇ *m.f.* commentator, glossarist

glo•sar *tr.* to gloss; [comentar] to comment; [interpretar mal] to gloss, criticize

glo•sa•rio *m.* glossary

glo•tis *f.* glotis

glo•tón, o•na ◇ *adj.* gluttonous ◇ *m.f.* glutton

glo•to•ne•ar *intr.* to eat gluttonously

glo•to•ne•rí•a *f.* gluttony

glu•ce•mia *f.* glycemia

glu•co•sa *f.* glucose

glu•glú *m.* [del agua] gurgle; [del pavo] gobble, gobbling

glu•ten *m.* gluten

glu•ti•no•so, a *adj.* glutinous, sticky

gno•mo *m.* gnome

gnós•ti•co, a *adj.* & *m.f.* gnostic

gnu *m.* gnu

go•ber•na•ción *f.* government ▪ **Ministerio de la Gobernación** MEX Ministry of the Interior

go•ber•na•dor ◇ *adj.* governing ◇ *m.* governor

go•ber•nan•ta *f.* governess

go•ber•nan•te ◇ *adj.* ruling, governing ◇ *m.f.* ruler, leader; *coll* [pez gordo] big shot

go•ber•nar [49] *tr.* to govern; [dirigir] to control; [conducir] to steer; (*intr.*) MARIT to steer

go•bier•nis•ta *adj.* ANDES & CUBA pro-government

go•bier•no *m.* government; [oficio y duración] governorship; [edificio] governor's house; MARIT [timón] rudder; [manejo] steering, navigability ▪ ~ **de la casa** housekeeping; **servir de** ~ to serve as a guide

go•ce *m.* enjoyment, pleasure

go•fo, a *adj.* crude, ignorant

gol *m.* (*pl* -(e)s) goal ▪ **marcar** o **meter un** ~ to make o score a goal

go•la *f.* [garganta] gullet, throat; [adorno] gorget, ruff

go•le•a•da *f.* high score

go•le•a•dor, •ra *m.f.* goal scorer

go•le•ar *tr.* to score many goals against; (*intr.*) to score

go•le•ta *f.* schooner

golf *m.* golf

gol•fo, a *m.f.* urchin; (*m.*) gulf ▪ **el Golfo de México** the Gulf of Mexico bay; **el Golfo de Vizcaya** the Bay of Biscay

go•li•lla *f.* collar, ruff; ORNITH ruff; TECH pipe collar o flange

go•lle•te *m.* [cuello] throat, neck; [de una botella] bottleneck

go•lon•dri•na *f.* swallow

go•lon•dri•no *m.* ORNITH male swallow; [vagabundo] vagrant, bum; MIL deserter

go•lo•sa•men•te *adv.* eagerly, with relish

go•lo•si•na *f.* [manjar agradable] delicacy; [deseo] longing, craving; [gula] gluttony; [chuchería] trifle, frivolity

go•lo•so, a ◇ *m.f.* sweet-toothed person ◇ *adj.* [glotón] sweet-toothed; [deseoso] gluttonous; [apetitoso] appetizing, tempting

gol•pe *m.* blow, hit; **el policía le dio un** ~ the policeman dealt him a blow; [sacudida] bump; [latido] heartbeat; [explosión] gust, blast; [desgracia] blow, shock; [pestillo] spring lock; [sorpresa] surprise; [gracia] wit, wittiness; SEW pocket flap ▪ **a golpes** in fits and starts, sporadically; **al** ~ AMER instantly; **de** ~ suddenly; **de** ~ **y porrazo** hastily, hurriedly; **de un** ~ at one fell swoop; ~ **de estado** coup d'état; ~ **de fortuna** o **de suerte** stroke of luck; ~ **de gracia** coup de grâce, death blow; ~ **de mano** coup de main, sudden attack; ~ **de vista** glance, look; ~ **en vano** miss; **no dar** ~ not to do a lick of work

gol•pe•ar *tr.* & *intr.* to beat, strike

gol•pe•te•ar *tr.* to pound, pummel

gol•pi•za *f.* ECUAD & MEX beating, thrashing

go•ma *f.* [savia] gum; [caucho] rubber; [pegamento] glue; [elástico] rubber band; CUBA & C SUR [neumático] tire ■ ~ **arábiga** gum arabic; ~ **de borrar** eraser; ~ **de mascar** chewing gum; ~ **laca** shellac

go•mal *m.* AMER rubber plantation

go•me•rí•a *f.* C SUR tire centre

go•me•ro, a ◇ *adj.* rubber, gum ◇ *m.* AMER rubber tree; [productor] rubber planter; [obrero] rubber-plantation worker

go•mi•na *f.* hair cream o dressing

go•mo•si•dad *f.* gumminess, adhesiveness

go•mo•so, a ◇ *adj.* gummy; C AMER hungover ◇ *m.* fop, dandy

gó•na•da *f.* gonad

gón•do•la *f.* [barco] gondola; BOL & CHILE [autobús] bus

gon•do•le•ro *m.* gondolier

gong, gon•go *m.* gong

go•no•co•co *m.* gonococcus

go•no•rre•a *f.* gonorrhea

gor•di(n)•flón, o•na *coll* ◇ *adj.* chubby, tubby ◇ *m.f.* fatty, tub

gor•do, a ◇ *adj.* [obeso] fat, plump; [abultado] big; [graso] fatty, greasy; [grueso] thick coarse, hard; **agua** ~ hard water; [importante] important ◇ *m.f.* fat person; AMER [querido] sweetheart; AMER [como apelativo] ■ **¿cómo estás, ~?** hey, how's it going?; (*m.*) [sebo] fat, suet; [premio] first prize

gor•du•ra *f.* [grasa] fat, grease; [corpulencia] obesity, fatness

gor•go•jo *m.* [insecto] weevil; [persona] midget

gor•go•ri•tos *m.pl. coll* trills

gor•go•te•ar *intr.* to gurgle, burble

gor•go•te•o *m.* gurgling, gurgle

go•ri•la *m.* gorilla

gor•je•ar *intr.* to warble, trill; (*reflex.*) *coll* to gurgle

gor•je•o *m.* [quiebro] warble, trill; [habla de niños] gurgling

go•rra *f.* [sombrero] cap; [de bebé] (baby) bonnet ■ **pasar la** ~ to pass the hat; (*m.*) sponger, freeloader ■ **andar** o **vivir de** ~ *coll* to sponge, freeload; **de** ~ *coll* at another's expense

go•rre•ar *intr.* to freeload

go•rri•ne•rí•a *f.* [porquería] filth, dirtiness; *coll* [acción grosera] dirty trick

go•rri•no, a ◇ *m.f.* ZOOL piglet, suckling pig; *fig* pig, slovenly person ◇ *adj.* filthy

go•rrión *m.* ORNITH sparrow; AMER hummingbird

go•rro *m.* [sombrero] cap; [de niños] bonnet

go•rrón, o•na ◇ *adj.* sponging, freeloading; AMER [egoísta] selfish, greedy ◇ *m.f.* sponger, freeloader

go•rro•ne•ar *intr.* to sponge, freeload

go•rro•ne•rí•a *f.* [acción] sponging, freeloading; AMER [avaricia] selfishness, greediness

go•ta *f.* drop; MED gout; ARCHIT gutta ■ ~ **a** ~ bit by bit, little by little; **sudar la ~ gorda** *coll* to sweat blood

go•te•ar *intr.* to drip, trickle

go•te•o *m.* dripping, trickling

go•te•ra ◇ *f.* [gotas de agua] leak; [señal de agua] water mark; [cenefa] valance ◇ *pl.* aches and pains; AMER outskirts, environs

go•te•ro *m.* AMER eyedropper

go•te•rón *m.* large raindrops

gó•ti•co, a *adj.* & *m.f.* Gothic

go•zar [04] *tr.* [poseer] to have, enjoy; (*intr.*) [disfrutar] to enjoy, take pleasure in; (*reflex.*) to rejoice

goz•ne *m.* hinge

go•zo *m.* joy, pleasure

go•zo•so, a *adj.* joyful

gra•ba•ción *f.* recording ■ ~ **en cinta** tape recording

gra•ba•do *m.* [arte, obra] engraving; [ilustración] print, illustration ■ ~ **al agua fuerte** etching; ~ **en madera** woodcut

gra•ba•dor, •ra *m.f.* engraver; (*f.*) tape recorder ■ ~ **de CD** COMPUT CD recorder; ~ **de CD-RW** COMPUT CD-RW recorder

gra•bar *tr.* ARTS to engrave; [sonidos] to record, tape; [fijar] to engrave, imprint

gra•ce•jo *m.* wit, humor

gra•cia ◇ *f.* [donaire] charm, grace; [beneficio] favor, kindness; [perdón] pardon; RELIG grace; [agudeza] witty remark, joke ■ **caer de la** ~ to fall out of favor; **caer en** ~ to please, find favor; **de** ~ free, gratis; **en** ~ **a** for the sake of o benefit of; **hacer** ~ [agradar] to please; [divertir] to amuse, strike as funny; **tener** ~ to be funny ◇ *pl.* thank you, thanks ■ **dar** ~ to give thanks; ~ **a** thanks to, owing to; ~ **a Dios** thank God

grá•cil *adj.* slender, thin

gra•cio•sa•mente *adv.* [con gracia] gracefully; [de balde] gratuitously, free

gra•cio•so, a ◇ *adj.* [encantador] charming, graceful; [divertido] amusing, funny; [gratuito] free, gratis ◇ *m.f.* gracioso, clown; THEAT fool

gra•da ◇ *f.* [peldaño] step, stair; [asientos] tier ◇ *pl.* AMER atrium

gra•da•ción *f.* gradation

gra•da•do, a *adj.* stepped, with steps

gra•de•rí•a *f.*/o *m.* [gradas] tiers, rows (of seats); [escalera] (flight of) steps

gra•do *m.* [calidad] grade, quality; [nivel] degree; [fase] stage, step; [peldaño] step, stair; [título académico] degree, academic title; [clase] class, grade; MIL rank ■ **de buen/mal** ~ willingly/unwillingly; **de** ~ **en** ~ by degrees, gradually; **en alto** ~ to a high degree; **en sumo** ~ to the highest degree

gra•dua•ción *f.* graduation; [proporción de alcohol] alcoholic strength; MIL rank, grade

gra•dua•do, a ◇ *adj.* graduated ◇ *m.f.* graduate

gra•dual *adj.* gradual

gra•dual•men•te *adv.* gradually, by degrees

gra•duar [67] *tr.* [evaluar] to gauge; [dividir en grados] to graduate; EDUC to graduate, confer a degree on; (*reflex.*) to graduate

grá•fi•co, a ◇ *adj.* graphic ◇ *m.f.* graph, chart

gra•fi•to *m.* graphite

gra•fo•lo•gí•a *f.* graphology

gra•ge•a *f.* [confite] Jordan almond; [píldora] sugar-coated pill

gra•jo *m.* rook, crow; AMER body odor

gra•ma•ti•cal *adj.* grammatical

gra•má•ti•co, a ◇ *adj.* grammatical ◇ *m.f.* grammarian; (*f.*) grammar

gra•mo *m.* gram, gramme GB

gra•mó•fo•no *m.* gramophone, phonograph

gram•pa *f.* AMER staple

gran *adj.* = **grande**

gra•na *f.* [acción] seeding; [época] seeding time; [semilla] seed; [insecto] cochineal; [color] scarlet ▪ **dar** ~ to go to seed

gra•na•da *f.* ▻ **granado, a**

gra•na•de•ro *m.* grenadier

gra•na•di•lla *f.* [planta y flor] passionflower; [fruto] passion fruit

gra•na•di•no, a *m.* pomegranate flower; (*f.*) [jarabe] grenadine; TEX grenadine

gra•na•do, a ◇ *adj.* [notable] distinguished, notable; [experto] expert ▪ **lo más** ~ **de** the cream O pick of ◇ *m.* pomegranate (tree); (*f.*) BOT pomegranate (fruit); MIL grenade; ARTIL shell ▪ ~ **de mano** hand grenade; ~ **de mortero** mortar shell

gra•na•te *adj.* & *m.* garnet

gran•de ◇ *adj.* [enorme] large, big; [considerable] great; [grandioso] grand, impressive; [eminente] great, eminent ▪ **en** ~ on a grand scale ◇ *m.* Spanish grandee

gran•de•men•te *adv.* [muy bien] grandly, very well; [en extremo] extremely, greatly

gran•de•za *f.* [tamaño] size; [magnitud] bigness, largeness; [nobleza] greatness, grandeur; [dignidad] grandeeship

gran•di•lo•cuen•cia *f.* grandiloquence

gran•di•lo•cuen•te/cuo, a *adj.* grandiloquent

gran•dio•si•dad *f.* grandeur, magnificence

gran•dio•so, a *adj.* grand, magnificent

gra•ne•a•do, a *adj.* [granulado] granulated, ground; [punteado] stippled; MIL heavy, continuous ▪ **fuego** ~ heavy fire

gra•nel *m.* ▪ **a** ~ [sin envase] in bulk, loose; [abundantemente] in abundance

gra•ne•ro *m.* granary

gra•ní•ti•co, a *adj.* granitic, granite

gra•ni•to *m.* granite; MED small pimple

gra•ni•za•da *f.* [copia de granizo] hailstorm; [multitud] shower, torrent

gra•ni•za•do *m.* iced drink

gra•ni•zar [04] *intr.* to hail; *fig* to rain, shower

gra•ni•zo *m.* hail; *fig* hail, torrent

gran•ja *f.* [hacienda] farm, grange; [quinta] country house; [lechería] dairy

gran•je•ar *tr.* [conquistar] to win over, capture; (*reflex.*) to gain, win

gran•je•ro, a *m.f.* farmer

gra•no *m.* [semilla] grain, seed; [fruto] grain, cereal; [partícula] grain, particle; MED pimple; [medida de peso] grain; [de la piel] grain ▪ **ir al** ~ *coll* to get down to brass tacks

gra•no•so, a *adj.* granular, grainy

gra•nu•ja *f.* loose grapes; (*m.*) *coll* ragamuffin, street urchin

gra•nu•ja•da *f.* rascality, devilry

gra•nu•lar *adj.* granular, grainy; [granujiento] pimply

grá•nu•lo *m.* [grano] small grain, granule; [píldorilla] small pill

gra•pa *f.* [para los papeles] staple; [para la madera] clip, clamp; C SUR [bebida] grappa

gra•sien•to, a *adj.* greasy

gra•sa *f.* [en comestibles] fat; [de cerdo] lard; [suciedad] grease, grime; [lubricante] grease, oil; [grasilla] pounce ▪ ~ **de ballena** blubber ◇ *pl.* METAL slag

gra•so, a *adj.* fatty, greasy

gra•so•so, a *adj.* greasy, oily

gra•ta•men•te *adv.* [de manera grata] pleasingly; [con agrado] with pleasure; AMER gratefully

gra•ti•fi•ca•ción *f.* [recompensa] reward, recompense; [propina] tip, gratuity; S AMER gratification

gra•ti•fi•car [70] *tr.* [recompensar] to reward; [dar una propina a] to tip; [satisfacer] to gratify

gra•tis *adv.* free

gra•ti•tud *f.* gratitude

gra•to, a *adj.* [placentero] pleasing; [gratis] free, gratis; AMER grateful

gra•tui•to, a *adj.* [gratis] free (of charge); [arbitrario] gratuitous

gra•va *f.* gravel

gra•va•men *m.* [carga] burden, obligation; [impuesto] tax; LAW encumbrance

gra•var *tr.* [cargar] to burden, encumber; [exigir un impuesto] to levy, impose

gra•ve *adj.* [serio] grave, serious; [importante] important; [bajo] deep, low; [pesado] weighty, heavy

gra•ve•dad *f.* [seriedad] gravity, seriousness; [importancia] importance; PHYS gravity; [peso] weight

gra•ve•mente *adv.* [con formalidad] seriously; [de manera grave] gravely

grá•vi•do, a *adj.* pregnant

gra•vi•ta•ción *f.* gravitation

gra•vi•tar *intr.* to gravitate ▪ ~ **sobre** to be a burden to, weigh on

gra•vi•ta•to•rio, a/cio•nal *adj.* gravitational

gra•vo•so, a *adj.* [oneroso] onerous, burdensome; [costoso] costly, expensive

graz•nar *intr.* [chillar] to squawk; [cacarear] to quack; [el cuervo] to caw

graz•ni•do *m.* [chillido] squawk; [del cuervo] caw; [del pato] quack; [del ganso] cackle

gre•ga•rio, a *adj.* gregarious; [servil] servile, slavish

gre•mial ◇ *adj.* union, trade-union; HIST guild ◇ *m.* union member; HIST guildsman

gre•mio *m.* [sindicato] union, trade union; [asociación] association, society; HIST guild

gre•ña *f.* [cabellera] shock O mop of hair; [maraña] entanglement ▪ **andar a la** ~ *coll* to quarrel, squabble

gre•ñu•do, a *adj.* disheveled, unkempt

gres•ca *f.* [jaleo] uproar, hubbub; [riña] quarrel, row

grey *f.* [rebaño] flock, herd; [raza] people, nation; [fieles] congregation, flock

grial *m.* Grail

grie•ta *f.* crack, crevice; MED chap

gri•fo, a ◇ *adj.* [crespo] curly, kinky; PRINT italic; AMER [intoxicado por la marijuana] stoned, high ◇ *m.* [caño] tap, spigot; MYTH griffin, griffon; (*f.*) *coll* marijuana

gri•lla *f.* female cricket; S AMER annoyance, bother

gri•lle•te *m.* fetter, shackle

gri•llo ◇ *m.* cricket; *fig* [obstáculo] obstacle, hindrance ◇ *pl.* fetters, shackles

gri•ma *f.* annoyance, disgust ▪ **dar** ~ to grate on someone's nerves, annoy

grin•go, a ◇ *adj.* [extranjero] foreign; [norteamericano] Yankee; S AMER blond, fair-haired ◇ *m.f.* [extranjero] foreigner; [norteamericano] Yankee; S AMER blond, fair-haired person; (*m.*) *coll* gibberish

gri•pa *f.* COL & MEX flu

gri•pe *f.* flu

gris ◇ *adj.* [color] gray; [triste] dull, gloomy ◇ *m.* gray ▪ **hacer** ~ *coll* to be brisk

gri•sá•ce•o, a *adj.* grayish

grí•se•o, a *adj.* gray

gri•tar *intr.* [dar gritos] to shout, scream; [abuchear] to jeer, boo; (*tr.*) to jeer at, boo

gri•te•rí•a *f./o m.* din, uproar

gri•to *m.* [alarido] shout, scream; [clamor] outcry, clamor; ZOOL cry, call ▪ **dar gritos** to shout, scream; **el último ~** the latest craze; **poner el ~ en el cielo** *coll* to raise the roof

gri•tón, o•na *adj. coll* noisy, loud-mouthed

gro•se•lla *f.* currant ▪ **~ silvestre** gooseberry

gro•se•ra•men•te *adv.* [con descortesía] rudely; [con ignorancia] crudely, stupidly; [con indecencia] coarsely, indelicately

gro•se•rí•a *f.* [tosquedad] coarseness, roughness; [rusticidad] ignorance, stupidity; [indecencia] vulgarity; [descortesía] rudeness

gro•se•ro, a ◇ *adj.* [basto] coarse, crude; [descortés] rude; [rústico] rustic, unpolished; [craso] gross ◇ *m.* boor

gro•sor *m.* thickness

gros•so•mo•do *adv.* roughly, approximately

gro•tes•co, a *adj.* grotesque

grú•a *f.* [máquina] crane, derrick; [camión de auxilio] wrecker, tow truck

grue•so, a ◇ *adj.* [corpulento] stout, fat; [grande] big, bulky; [en grano] coarse; [de grosor] thick ◇ *m.* [espesor] thickness; [parte principal] bulk ▪ **en ~** COM in bulk, gross; (*f.*) gross (twelve dozen)

gru•lla *m.* ORNITH crane

gru•me•te *m.* cabin boy

gru•mo *m.* [de líquido] lump; [de sangre] clot; [de leche] curd; [de uvas] bunch, cluster

gru•mo•so, a *adj.* [líquido] lumpy; [sangre] clotty; [leche] curdy; [uvas] clustered

gru•ñi•do *m.* [de un cerdo] grunt; [de un perro] growl; [de una persona] grumble, grunt

gru•ñir [12] *intr.* [un cerdo] to grunt; [un perro] to growl; [refunfuñar] to grumble; [chirriar] to creak

gru•ñón, o•na *coll* ◇ *adj.* grouchy, grumpy ◇ *m.f.* grouch, grump

gru•pa *f.* rump (of a horse)

gru•po *m.* group ▪ **~ de discusión** COMPUT discussion group; **~ de noticias** COMPUT newsgroup

gru•ta *f.* grotto, cavern

gua•ba *f.* guava

gua•ca *f.* AMER [sepultura] Indian tomb; [tesoro] hidden treasure; [hucha] money box

gua•ca•mol/mo•le *m.* C AMER & MEX guacamole

gua•cha•fi•ta *f.* COL & VEN *coll* racket, uproar

gua•chi•mán *m.* AMER night watchman

gua•chi•nan•go *m.* MEX [pez] red snapper

gua•cho, a ◇ *adj.* S AMER orphaned; CHILE & PERU [desparejo] unmatched, odd (sock) ◇ *m.* [pollo] chick, baby bird ◇ *m.f.* ANDES & RP bastard; S AMER orphan, foundling

gua•co ◇ *m.* BOT guaco; ORNITH currasow ◇ *adj.* AMER harelipped

gua•da•ña *f.* scythe

gua•gua *f.* [cosa baladí] trifle, triviality; S AMER [nene] baby, infant; CARIB [autobús] bus ▪ **de ~** free, gratis

gua•ji•ro, a ◇ *adj.* AMER rustic, boorish ◇ *m.f.* peasant

gua•jo•lo•te *m.* C AMER & MEX [pavo] turkey; [tonto] fool, idiot

gual•dra•pa *f.* [cobertura] caparison, horse trappings; *coll* [guiñapo] tatter, rag

gua•na•jo *m.* CARIB turkey

gua•no *m.* guano, fertilizer; CUBA palm tree; AMER money, cash

guan•te ◇ *m.* glove ▪ **arrojar el ~** to throw down the gauntlet; **echar el ~ a** *coll* to grab, nab; **echar un ~** *coll* to pass the hat; **recoger el ~** to accept a challenge ◇ *pl.* tip

guan•te•ar *tr.* AMER to slap

guan•te•ro, a *m.f.* glover, glove maker; (*f.*) glove compartment

gua•pe•ar *intr. coll* [ser valiente] to bluster; [vestirse] to show off; AMER [fanfarronear] to brag, boast

gua•pe•tón, o•na *adj. coll* [lindo] very attractive; [animoso] brave, bold; [ostentoso] flashy

gua•pe•za *f. coll* [bizarría] boldness, daring; [ostentación] flashiness

gua•po, a ◇ *adj.* [lindo] good-looking, attractive; [ostentoso] flashy; *coll* [animoso] brave, daring ◇ *m.* [pendenciero] bully; *coll* [galán] ladies' man

gua•que•ro, a *m.f.* AMER hunter of buried treasure

gua•ra•cha *f.* CUBA & P RICO [diversión] merry-making, revelry; AMER [bulla] noise, hubbub

gua•ra•che *m.* MEX huarache, sandal

gua•ran•ga•da *f.* BOL & C SUR rude remark

gua•ran•gue•ar *intr.* BOL & C SUR to behave boorishly

gua•ran•go, a *adj.* BOL & C SUR boorish, ill-mannered; S AMER dirty, filthy

gua•ra•ní *m.* PAR FIN guarani

gua•ra•pón *m.* AMER broad-brimmed hat

guar•da *m.f.* guard, custodian; (*f.*) [tutela] custody, guardianship; [cumplimiento] observance; [de la llave] ward; [hoja de papel] endpaper, flyleaf

guar•da•ba•rre•ra *m.f.* gatekeeper

guar•da•ba•rros *m.pl.* fender, mudguard

guar•da•bos•que *m.* forest ranger, forester

guar•da•bri•sa *m.* windshield

guar•da•ca•de•na *m.* bicycle chain guard

guar•da•cos•tas *m.inv.* coastguard cutter

guar•da•es•pal•das *m.inv.* bodyguard

guar•da•fan•go *m.* AMER = **guardabarros**

guar•da•fre•nos *m.inv.* brakeman

guar•da•gu•jas *m.inv.* switchman

guar•da•me•ta *m.* goalkeeper, goalie

guar•da•pol•vo *m.* [cubierta] dust cover; [vestido] duster

guar•dar *tr.* [vigilar] to guard, watch over; [proteger] to protect; [animales] to keep, tend; [cumplir] to keep; COMPUT to save; [conservar] to save, put away ▪ **~ cama** to be confined to bed; **~ silencio** to keep quiet; (*intr.*) ▪ **¡guarda!** *coll* watch out!, look out!; (*reflex.*)[reservarse] to keep; [protegerse] to be on one's guard ▪ **~ de** to guard against

guar•da•rro•pa *m.* [cuarto] cloakroom, checkroom; [ropas] wardrobe; (*m.f.*) cloakroom attendant

guar•de•rí•a *f.* [empleo] guardship; [local] day-care center, nursery

guar•dia *f.* [tropas] guard; [defensa] defense, protection ▪ **en ~** on guard; **~ municipal** city police force; (*m.*)[centinela] guard, guardsman; [policía] policeman

guar•dián, a•na *m.f.* guardian, custodian; [vigilante] watchman

G

gua•re•cer [17] *tr.* to shelter, protec; (*reflex.*) to hide, take refuge
gua•ri•da *f.* [de animales] lair, den; [refugio] shelter, refuge; [querencia] haunt, hangout; [escondite] hideout
gua•ris•mo *m.* number, figure
guar•ne•cer [17] *tr.* [adornar] to trim, border; [proveer] to supply, provide; JEWEL to set; MIL to garrison; MAS to plaster; CUL to garnish
guar•ni•ción *f.* [adorno] trim, border; JEWEL setting; MIL garrison; CUL garnish
gua•ru•ra *m.* MEX *coll* bodyguard
gua•sa•da *f.* ARG vulgarism, coarse word
guas•ca *f.* ANDES, C AMER & CARIB whip
guas•ca•zo *m.* AMER lash
gua•se•rí•a *f.* ARG & CHILE coarseness
gua•so, a ◇ *m.f.* AMER farmer, peasant; (*f.*) *coll* [pesadez] slowness, dullness; [burla] joke, jest ◇ *adj.* AMER crude, coarse
gua•ta *f.* CHILE *coll* [barriga] belly
gua•tón, ona *adj.* CHILE *coll* potbellied
guau *m.* bow wow
gua•ya•ba *f.* BOT guava; [jalea] guava jelly
gua•ya•be•ro, a AMER ◇ *adj.* lying ◇ *m.f.* liar; (*f.*) lightweight shirt
gua•ya•bo *m.* guava
gua•yín *m.* MEX van
gu•ber•na•men•tal *adj.* governmental
gu•ber•na•ti•vo, a *adj.* governmental
güe•ro, a *adj.* MEX *coll* blond (blonde), fair-haired
gue•rra *f.* [combate] war; [ciencia] warfare ■ **dar ~ a** *coll* to give no peace to; **hacer la ~** to wage war; **Primera/Segunda Guerra Mundial** First/Second World War
gue•rre•a•dor, •ra ◇ *adj.* warring, fighting ◇ *m.f.* warrior, fighter
gue•rre•ar *intr.* [luchar] to war, fight; [resistir] to oppose, resist
gue•rre•ro, a ◇ *adj.* [que guerrea] warring, fighting; [travieso] mischievous ◇ *m.* warrior, fighter; (*f.*) MIL tunic
gue•rri•lla *f.* MIL guerrilla warfare; [partida] band of guerrillas
gue•rri•lle•ar *intr.* to wage guerrilla warfare
gue•rri•lle•ro *m.* guerrilla
güe•vón *m.* ANDES, ARG & VEN *coll* jerk
guí•a ◇ *m.f.* guide; [consejero] adviser; [director] director, leader; (*f.*) [faro] guide; [poste] guidepost; [libro] guide, directory; [manillas] handlebars; BOT leader, guide shoot; MECH guide ◇ *pl.* reins
guiar [30] *tr.* to guide, lead; [conducir] to drive
gui•ja•rro *m.* pebble
gui•llo•ti•na *f.* guillotine
gui•llo•ti•nar *tr.* to guillotine
guinche, güin•che *m.* AMER winch, hoist
guin•da *f.* sour cherry
guin•dar *tr.* [obtener] to get, land; [ahorcar] to hang; MEX [colgar] to hang high, hoist
guin•di•lla *f.* red pepper
gui•neo *m.* ANDES & C AMER banana
gui•ña•da *f.* wink
gui•ñar *tr.* to wink
gui•ño *m.* wink ■ **hacer guiños** to wink
guión *m.* [bandera] banner, standard; CINEM & THEAT script; GRAM hyphen
guio•nis•ta *m.f.* scriptwriter
guir•nal•da *f.* garland, wreath
güi•ro *m.* AMER gourd, calabash
gui•sa *f.* manner, way ■ **a ~ de** as, like
gui•sa•do *m.* stew
gui•san•te *m.* pea
gui•sar *tr.* [cocinar] to cook; [estofar] to stew; [arreglar] to arrange
gui•so *m.* [estofado] stew; [plato] cooked dish
gui•ta *f.* [cuerda] twine; *sl* [dinero] bucks
gui•ta•rra *f.* guitar
gui•ta•rre•ar *intr.* to play the guitar
gui•ta•rris•ta *m.f.* guitarist, guitar player
gu•la *f.* gluttony
gu•rí, i•sa *m.f.* ARG Indian child
gu•rru•mi•no, a ◇ *adj.* sickly, puny ◇ *m.* henpecked husband; (*f.*) *coll* uxoriousness
gu•sa•ni•llo *m.* ZOOL small worm
gu•sa•no *m.* worm; ENTOM caterpillar; COMPUT worm
gus•tar *tr.* [probar] to taste, sample; [experimentar] to test, try; (*intr.*) to like; [agradar] to please, be pleasing (to)
gus•ta•zo *m.* *coll* great pleasure o delight
gus•ti•llo *m.* aftertaste
gus•to *m.* taste; [sabor] flavor; [placer] pleasure; [capricho] whim, fancy ■ **a ~** comfortable; [a voluntad] at will; CUL to taste; **con mucho ~** with pleasure; **dar ~ a** to please, gratify; **tener el ~ de** to have the pleasure of; **tomar ~ a** to take a liking to
gus•to•sa•mente *adv.* with pleasure
gus•to•so, a *adj.* [sabroso] tasty, savory; [con placer] pleased, glad; [agradable] pleasant, agreeable

H

h, H *f.* eighth letter of the Spanish alphabet
ha, has, han ▷ **haber[2]**
ha•ba ◇ *f.* [planta] broad bean; [fruto, semilla] broad bean ◇ *pl.* ■ **en todas partes cuecen ~** *coll* it's the same all over the world
ha•ber[1] ◇ *m.* COM credit ■ **tener uno en su ~** to have to one's credit ◇ *pl.* assets, property
ha•ber[2] [39] *aux.* to have ■ **~ de** to have to, must; (*impers.*) ■ **ha** ago; **habidos y por ~** past, present and future; **hay** there is, there are; **hay que** it is necessary; **no hay de qué** don't mention it, you're welcome; **¿qué hay?** what's up?, what's happening?; **¿qué hay de nuevo?** what's new?; **todo lo habido y por ~** everything imaginable; (*tr.*) [poseer] to have; [alcanzar] to get one's hands on; [capturar] to catch; (*reflex.*) ■ **habérselas con alguien** to have it out with someone
há•bil *adj.* [capaz] capable; [diestro] skillful
ha•bi•li•dad *f.* [capacidad] capability; [ingeniosidad] skill
ha•bi•li•tar *tr.* [permitir] to enable; [preparar] to equip; COM to finance
ha•bi•ta•ble *adj.* inhabitable
ha•bi•ta•ción *f.* [cuarto] room; [domicilio] dwelling; [aposento] room; BOT & ZOOL habitat
ha•bi•tan•te *m.f.* inhabitant

ha•bi•tar *tr.* to inhabit, live in
há•bi•tat *m.* habitat
há•bi•to ◇ *m.* [costumbre] habit; RELIG habit ▪ **colgar el** ~ RELIG to give up the cloth; **tomar el** ~ RELIG [monjas] to take the veil; [sacerdotes] to take holy orders ◇ *pl.* RELIG vestments
ha•bi•tual *adj.* habitual
ha•bi•tuar [67] *tr.* to habituate; (*reflex.*) to become accustomed (to)
ha•bla *f.* [facultad] speech; [idioma] language ▪ **al** ~ in contact; **perder el** ~ o **quedarse sin** ~ to be speechless; **quitar el** ~ **a** to stop speaking to
ha•bla•do, a ◇ *adj.* spoken ◇ *f.* MEX gossip ▪ **bien** ~ well-spoken; **cine** ~ talking pictures; **mal** ~ foul-mouthed
ha•bla•dor, •ra ◇ *adj.* [que habla mucho] talkative; [chismoso] gossipy ◇ *m.f.* [charlatán] chatterbox; [chismoso] gossip; MEX boaster
ha•bla•du•rí•a *f.* [charla] chatter; [rumor] rumor; [chisme] gossip
ha•blar *intr.* to speak, talk ▪ ~ **alto** to speak loudly; ~ **a tontas y a locas** to talk through one's hat; ~ **bajo** to speak softly; ~ **bien de** to speak well of; ~ **claro** to speak frankly; ~ **como un loro** to chatter; ~ **de** to talk about; ~ **en plata** *coll* to speak clearly; ~ **entre dientes** to mumble; ~ **mal de** to speak ill of; ~ **por** to speak for; ~ **por** ~ to talk for talking's sake; ~ **por los codos** to talk a blue streak; **¡eso es** ~**!** *coll* now you're talking!; **eso es puro** ~ *coll* that's baloney!; **¡ni** ~**!** out of the question!; (*tr.*) to speak; [decir] to talk; [dar a entender] to speak of ▪ **hablarlo todo** to tell all; (*reflex.*) to speak to one another
ha•brá, bría ▻ **haber**[2]
ha•cer [40] *tr.* to make; [efectuar] to do; [formar] to form; [componer] to compose; [causar] to cause; [obligar] to force; [representar] to play the part of; [igualar] to equal; [suponer] to assume to be ▪ ~ **agua** MARIT to leak; ~ **alarde** to boast; ~ **cara** o **frente a** to face; ~ **caso de** o **a** to pay attention to; ~ **cola** to stand in line; ~ **conocer** to make known; ~ **daño** to hurt; ~ **estimación** to estimate; ~ **falta** [faltar] to be needed; [echar de menos] to be missed; ~ **fe** to testify; ~ **juego** to match; ~ **la barba** to shave; ~ **la guerra** to wage war; ~ **mofa de** to mock; ~ **pedazos** to smash; ~ **presente** to notify; ~ **recados** to run errands; ~ **saber** to let know; ~ **sombra** to cast a shadow; ~ **un milagro** to work a miracle; ~ **una apuesta** to place a bet; ~ **una maleta** to pack a suitcase; ~ **una pregunta** to ask a question; ~ **una visita** to pay a visit; ~ **una de las suyas** to be up to one's old tricks; (*intr.*) to matter, be relevant ▪ ~ **de** to serve as; (*impers.*) ▪ **desde hace** for; **hace frío** it is cold; **hace mucho** long ago; **hace poco** a little while ago; **hace tanto tiempo** so long ago; (*reflex.*)[volverse] to grow, become; [convertirse] to turn into; [aumentarse] to grow; [proveerse] to provide oneself; [acostumbrarse] to get used to ▪ ~ **atrás** to move back; ~ **a un lado** to step aside; ~ **con** to make off with; ~ **la vida** to earn one's living; **hacérsele a uno** to strike, seem
ha•cha *f.* [herramienta] ax, axe; [del toro] bull's horn ▪ **de** ~ **y tiza** tough; ~ **de armas** battle-ax; **ser un** ~ to be an ace
ha•che *f.* ▪ **llámele** ~ call it what you like (it's all the same)
ha•chís *m.* hashish
ha•cia *prep.* toward; [alrededor de] about, around ▪ ~ **abajo** downward; ~ **acá** here, this way; ~ **adelante** forward; ~ **arriba** upward; ~ **atrás** backward
ha•cien•da *f.* [finca] ranch; [fortuna] fortune; AMER livestock
ha•ci•nar *tr.* to stack, pile
ha•da *f.* fairy ▪ **cuento de hadas** fairy tale
ha•do *m.* destiny, fate
ha•ga, go ▻ **hacer**
ha•la•gar [47] *tr.* [lisonjear] to flatter; [mostrar afecto a] to show affection for; [agradar] to please; [adular] to cajole
ha•la•go *m.* [lisonja] flattery; [adulación] cajolery
ha•la•güe•ño, a *adj.* [lisonjero] flattering; [alentador] promising; [agradable] pleasing; [atractivo] attractive
ha•lar *tr.* [tirar] to pull toward oneself; MARIT to tow; (*intr.*) MARIT to pull
hal•cón *m.* falcon, hawk
hal•co•ne•rí•a *f.* falconry, hawking
hal•co•ne•ro *m.* falconer, hawker
há•li•to *m.* [aliento] breath; [vapor] vapor; POET [viento suave] gentle breeze
ha•llar *tr.* [por casualidad] to come across; [encontrar] to find; [averiguar] to find out; [notar] to note; [descubrir] to discover; (*reflex.*) [encontrarse] to be, find oneself; [estar] to be ▪ ~ **uno en todo** to have one's hand in everything; **no** ~ to feel out of place
ha•llaz•go *m.* [acción] discovery; [objeto] good find
ha•ma•ca *f.* [cama] hammock; [vehículo] palanquin; AMER swing
ham•bre *f.* hunger; [de una nación] famine; [deseo] longing ▪ ~ **canina** ravenous hunger; **matar el** ~ to stave off hunger; **morir** o **morirse de** ~ to be starving; **tener** ~ to be hungry
ham•bre•a•dor, ra *m.f.* AMER exploiter
ham•brien•to, a ◇ *adj.* [famélico] starved; [con hambre] hungry; [deseoso] longing ◇ *m.f.* starving o hungry person
ham•bur•gue•sa *f.* hamburger
ham•pa *f.* underworld
ha•rá, ría ▻ **hacer**
ha•ra•gán, a•na ◇ *adj.* lazy, idle ◇ *m.f.* loafer
ha•ra•ga•ne•ar *intr.* to be idle, loaf
ha•ra•pien•to, a *adj.* tattered
ha•ra•po *m.* [andrajo] tatter; [aguardiente] weak o inferior alcohol, rotgut
ha•ra•po•so, a *adj.* tattered
hard•ware *m.* COMPUT hardware
ha•rén *m.* harem
ha•ri•na *f.* [trigo molido] flour; [cereal molido] meal; [polvo] powder ▪ ~ **de hueso** bone meal; **ser** ~ **de otro costal** *coll* to be a horse of a different color
ha•ri•ne•ro, a ◇ *adj.* flour ◇ *m.* [persona] flour dealer; [receptáculo] flour bin
ha•ri•no•so, a *adj.* [que tiene harina] floury; [farináceo] farinaceous
har•pi•lle•ra *f.* burlap
har•tar *tr.* [atiborrar] to stuff; [satisfacer] to satisfy; [fastidiar] to annoy; [aburrir] to bore; [cansar] to tire
har•taz•go *m.* fill ▪ **darse un** ~ **de** [comer mucho] to eat one's fill of; *fig* to have had one's fill of
har•to, a ◇ *adj.* [saciado] satiated; [cansado] fed up; ANDES, C AMER, CARIB & MEX [mucho] a lot of, lots of ▪

H

tiene ~ **dinero** she has a lot of o lots of money; **de este aeropuerto salen hartos aviones** a lot of o lots of planes fly from this airport ◇ *adv.* [bastante] enough; [muy] very, really; ANDES, C AMER, CARIB & MEX *coll* [mucho] a lot, very much
har•tu•ra *f.* [hartazgo] bellyful, fill; POET [abundancia] wealth; [logro] fulfillment
has•ta ◇ *prep.* until; up to, as far as ▪ ~ **la vista** o ~ **luego** see you, so long; ~ **mañana** see you tomorrow; ~ **que** until ◇ *adv.* even; C AMER, COL, ECUAD & MEX [no antes de] ▪ **pintaremos la casa** ~ **fin de mes** we won't start painting the house until the end of the month
has•tiar [30] *tr.* [cansar] to tire; [asquear] to sicken; [fastidiar] to annoy
has•tí•o *m.* [repugnancia] repugnance; [fastidio] annoyance; [tedio] boredom
ha•to[1] *m.* [de ganado] herd; [cabaña] pastor's hut; [banda] gang; [montón] bunch
ha•to[2] *m.* everyday clothes, belongings ▪ **liar uno el** ~ *coll* to pack one's things
hay, haya ▻ **haber**[2]
haz[1] ◇ *m.* [fardo] bundle; [de leña] fagot; PHYS pencil (of light rays) ◇ *pl.* ▪ **haces de rectas** MATH pencil of lines
haz[2] *f.* [cara] countenance; [de tela] right side
haz[3] ▻ **hacer**
ha•za *f.* plot of arable land
ha•za•ña *f.* feat, exploit
haz•me•rre•ír *m. coll* laughing-stock
he[1] *adv.* lo, behold ▪ ~ **allí** there is o are; ~ **aquí** here is o are; **helo aquí** here it is
he[2] ▻ **haber**[2]
he•bi•lla *f.* buckle, clasp
he•bra *f.* [hilo] thread; [fibra] fiber; [filamento] filament; [veta] grain; *fig* thread ▪ **de una** ~ CHILE all at once, in one breath; **pegar la** ~ *coll* to strike up a conversation
he•chi•ce•rí•a *f.* [brujería] witchcraft; [hechizo] spell
he•chi•ce•ro, a ◇ *adj.* bewitching ◇ *m.* [brujo] sorcerer; [encantador] charmer; (*f.*) [bruja] sorceress; [encantadora] charmer
he•chi•zar [04] *tr.* [encantar] to bewitch; [cautivar] to charm
he•chi•zo *m.* [sortilegio] spell; [encanto] charm; [persona] charmer
he•cho, a ▻ **hacer** ◇ *adj.* [perfecto] complete; [terminado] finished; [acostumbrado] used to; [proporcionado] proportioned; [maduro] mature; [semejante a] like; [cocido] done; [ropa] ready-made ▪ ~ **y derecho** in every respect ◇ *m.* [acto] act, action; [hazaña] deed; [suceso] event; [realidad] fact; [asunto] point ▪ **a lo** ~, **pecho** let's make the best of it now; **de** ~ [en realidad] as a matter of fact; LAW de facto; ~ **consumado** fait accompli
he•chu•ra *f.* [fabricación] making; [criatura] creature; [forma] form; [forma del cuerpo] shape; [confección] workmanship
he•der [50] *intr.* [apestar] to stink; [enfadar] to annoy
he•dion•do, a *adj.* [maloliente] stinking, smelling; [repugnante] sickening; [obsceno] obscene; [molesto] annoying
he•dor *m.* stench, stink
he•ge•mo•ní•a *f.* hegemony
he•la•de•rí•a *f.* ice-cream parlor
he•la•de•ro, a *m.f.* ice-cream street vendor
he•la•do, a ◇ *adj.* [agua] frozen; [lago] frozen over; [muy frío] freezing, icy; [atónito] dumbfounded; [desdeñoso] cold, frosty ◇ *m.* ice cream; (*f.*) frost
he•la•dor, •ra ◇ *adj.* freezing ◇ *f.* ice-cream machine
he•lar [49] *tr.* [congelar] to freeze; [dejar pasmado] to dumbfound; [desanimar] to discourage; (*reflex.*) to freeze ▪ **se me heló la sangre** my blood curdled
hé•li•ce *f.* helix; AVIA propeller; ZOOL snail
he•li•cóp•te•ro *m.* helicopter
he•lio *m.* helium
he•li•puer•to *m.* heliport
he•ma•to•lo•gí•a *f.* hematology
hem•bra *f.* [mujer] woman; [animal] female; [cola de caballo] thin horse tail; BOT female plant; SEW [corchete] eye; MECH female; ELEC [enchufe] socket; [tornillo] nut; [cerradura] strike; [molde] hollow mold ▪ ~ **de cerrojo** o **pestillo** strike plate; ~ **del timón** gudgeon
he•mi•ci•clo *m.* [semicírculo] semicircle; ARCHIT hemicycle
he•mis•fe•rio *m.* hemisphere ▪ ~ **austral** southern hemisphere; ~ **boreal** northern hemisphere; ~ **cerebral** o **del cerebro** cerebral hemisphere; ~ **occidental** western hemisphere
he•mo•di•á•li•sis *f.* kidney dialysis
he•mo•fi•lia *f.* hemophilia
he•mo•fí•li•co, a ◇ *adj.* hemophilic ◇ *m.f.* hemophiliac
he•mo•glo•bi•na *f.* hemoglobin
he•mo•rra•gia *f.* hemorrhage ▪ ~ **nasal** nosebleed
he•mo•rroi•de ◇ *f.* hemorrhoid ◇ *pl.* hemorrhoids, piles
he•mos ▻ **haber**[2]
he•nal *m.* hayloft
hen•chi•mien•to *m.* [henchidura] filling; [madera] wood used to fill holes; [suelo] rough floor
hen•chir [48] *tr.* to fill; (*reflex.*) to stuff oneself
hen•der [50] *tr.* [cortar] to split; [un fluido] to cut through; [abrirse paso por] to make one's way through
hen•di•du•ra *f.* crack
hen•di•mien•to *m.* cracking
he•no *m.* hay ▪ ~ **blanco** velvet grass
he•pa•ti•tis *f.* hepatitis
hep•tá•go•no, a ◇ *adj.* heptagonal ◇ *m.* heptagon
he•rál•di•co, a ◇ *adj.* heraldic ◇ *m.f.* herald; (*f.*) heraldry
her•bá•ce•o, a *adj.* herbaceous
her•ba•rio, a ◇ *adj.* herbal ◇ *m.* [experto] herbalist; [colección] herbarium; [libro] herbal; ZOOL rumen
her•bí•vo•ro, a ◇ *adj.* herbivorous ◇ *m.* herbivore
her•bo•la•rio, a ◇ *adj. coll* mad ◇ *m.* [comerciante] herbalist; [tienda] herbalist's shop; (*m.f.*) *coll* crazy person
her•bo•so, a *adj.* herbaceous
her•cú•le•o, a *adj.* Herculean; *fig* herculean
he•re•dar *tr.* [recibir] to inherit; LAW [dar] to bequeath
he•re•de•ro, a ◇ *adj.* inheriting ▪ **príncipe** ~ crown prince ◇ *m.f.* inheritor; (*m.*) heir; (*f.*) heiress ▪ ~ **forzoso** heir apparent; ~ **legal** heir at law; **instituir** ~ o **por** ~ **a** to appoint as one's heir
he•re•di•ta•rio, a *adj.* hereditary; *fig* ancestral
he•re•je *m.f.* heretic; *fig* rascal
he•re•jí•a *f.* heresy; [insulto] insult

he•ren•cia *f.* [patrimonio] inheritance; [tradición] heritage; BIOL heredity ■ ~ **yacente** LAW unclaimed estate
he•ré•ti•co, a *adj.* heretical
he•ri•do, a ◇ *adj.* [lesionado] wounded; [ofendido] offended ◇ *m.f.* [persona herida] wounded o injured person; (*m.*) ■ **los heridos** the wounded; (*f.*) [lesión] wound; [ofensa] offense; [tormento] torment ■ ~ **contusa** contusion; **renovar la** ~ to reopen an old wound; **tocar en la** ~ to touch a sore spot
he•rir [65] *tr.* [lesionar] to wound; [hacer doler] to hurt; [ofender] to offend; [el sol] to shine on; [tañer] to pluck
her•ma•fro•di•ta ◇ *adj.* hermaphroditic ◇ *m.f.* hermaphrodite
her•ma•na *f.* ▻ **hermano, a**
her•ma•nar *tr.* [juntar] to join; [fraternizar] to treat as a brother; (*reflex.*) to be united
her•ma•nas•tro, a *m.f.* stepbrother/sister
her•man•dad *f.* [fraternidad] brotherhood; [de hermanas] sisterhood; [semejanza] likeness; [amistad] close friendship; [liga] league
her•ma•no, a *m.* brother ■ ~ **carnal** blood brother; ~ **de leche** foster brother; ~ **gemelo** twin brother; ~ **lego** lay brother; ~ **mayor** older o oldest brother; ~ **menor** younger o youngest brother; ~ **político** brother-in-law; **hermanos siameses** Siamese twins; **medio** ~ half brother; **primo** ~ first cousin; (*f.*) sister ■ ~ **gemela** twin sister; ~ **lega** lay sister; ~ **mayor** older o oldest sister; ~ **menor** younger o youngest sister; ~ **política** sister-in-law; **prima** ~ first cousin; (*m.f.*) twin, mate
her•mé•ti•co, a *adj.* [cerrado] airtight; [incomprensible] impenetrable
her•mo•so, a *adj.* [bello] beautiful; [niño] healthy; [tiempo] fine
her•mo•su•ra *f.* [belleza] beauty; [mujer] beauty, beautiful woman
her•nia *f.* hernia
hé•ro•e *m.* hero; [protagonista] main character; [semidiós] demigod
he•roi•co, a *adj.* heroic
he•ro•í•na *f.* heroine; PHARM heroin
he•ro•ís•mo *m.* heroism; [hazaña] heroic deed
her•pes *m.* o *f.pl.* herpes
he•rra•du•ra *f.* [hierro] horseshoe; [resguardo] hoof guard; ZOOL horseshoe bat ■ **mostrar las herraduras** to take to one's heels
he•rra•je *m.* hardware
he•rra•mien•ta *f.* [instrumento] tool; [conjunto de instrumentos] tools, set of tools; [dentadura] grinders, choppers; [arma] weapon ■ ~ **cortante** o **de corte** cutting tool
he•rrar [49] *tr.* [caballos] to fit with horseshoes; [ganado] to brand; [guarnecer] to trim with iron o metal
he•rre•rí•a *f.* [fábrica] foundry; [taller] blacksmith's shop; [oficio] blacksmithing
he•rre•ro *m.* blacksmith
he•rrín *m.* rust
he•rrum•brar *tr.* to rust
he•rrum•bre *f.* [orín] rust; [sabor] iron taste; BOT rust, mildew
he•rrum•bro•so, a *adj.* rusty, rusted
her•vi•de•ro *m.* boiling; [manantial] bubbling spring; [muchedumbre] swarm
her•vi•dor *m.* [utensilio] kettle; TECH heating tube o chamber
her•vir [65] *intr.* to boil; MARIT to become rough ■ ~ **a fuego lento** to simmer; ~ **de** o **en** to seethe with; [pasión] to be consumed with
her•vor *m.* boiling; [fogosidad] ardor ■ **levantar el** ~ to come to a boil; ~ **de la sangre** skin rash
her•vo•ro•so, a *adj.* [hirviente] boiling; [fogoso] ardent
he•te•ro•do•xia *f.* heterodoxy
he•te•ro•gé•ne•o, a *adj.* heterogeneous; [diferente] dissimilar
he•te•ro•se•xual *adj.* & *m.f.* heterosexual
hé•ti•co, a ◇ *adj.* MED consumptive; *fig* emaciated ◇ *m.f.* MED consumptive
he•xá•go•no, a ◇ *adj.* hexagonal ◇ *m.* hexagon
hez ◇ *f.* [de licor] sediment; *fig* scum ◇ *pl.* feces
hia•to *m.* hiatus
hi•ber•na•ción *f.* hibernation
hi•ber•nar *intr.* to hibernate
hi•bis•co *m.* hibiscus
hí•bri•do, a *adj.* & *m.f.* hybrid
hi•cie•ra, ce ▻ **hacer**
hi•dal•go, a ◇ *adj.* [noble] noble; [generoso] magnanimous ◇ *m.f.* noble
hi•dal•guez/guí•a *f.* [nobleza] nobility; [generosidad] generosity
hi•dra *f.* [pólipo] hydra; [culebra] poisonous aquatic snake; [peligro] recurring danger
hi•dra•ta•ción *f.* hydration
hi•dra•tan•te *m.* moisturizer
hi•dra•tar *tr.* to hydrate
hi•dra•to *m.* hydrate ■ ~ **amónico** ammonium hydrate; ~ **de calcio** calcium hydrate; ~ **de carbono** carbohydrate
hi•dráu•li•ca *f.* hydraulics
hí•dri•co, a *adj.* hydric; MED water
hi•dro•a•vión *m.* hydroplane
hi•dro•car•bu•ro *m.* hydrocarbon
hi•dro•ce•fa•lia *f.* hydrocephaly
hi•dro•cul•ti•vo *m.* hydroponics, aquiculture
hi•dro•e•léc•tri•co, a *adj.* hydroelectric
hi•dro•fo•bia *f.* hydrophobia
hi•dro•ge•nar *tr.* to hydrogenate
hi•dró•ge•no *m.* hydrogen
hi•dró•li•sis *f.* hydrolysis
hi•dró•me•tro *m.* hydrometer
hi•dro•pla•no *m.* MARIT hydrofoil; AVIA seaplane
hi•dro•sfe•ra *f.* hydrosphere
hi•dro•speed *m.* hydroboarding, hydrospeed
hi•dro•tec•nia *f.* hydraulic engineering
hi•dro•te•ra•pia *f.* hydrotherapy
hi•dro•ter•mal *adj.* hydrothermal
hi•dró•xi•do *m.* hydroxide
hie•dra *f.* ivy
hiel ◇ *f.* bile; *fig* bitterness ■ **echar la** ~ *coll* to sweat blood ◇ *pl.* sorrows
hie•le, lo ▻ **helar**
hie•lo *m.* ice; [frialdad] coldness ■ **estar hecho un** ~ to be freezing cold; **ser más frío que el** ~ o **ser como un pedazo de** ~ to be cold as ice
hie•na *f.* hyena
hie•ra, ro ▻ **herir**
hie•rá•ti•co, a *adj.* RELIG hieratic; *fig* solemn
hier•ba ◇ *f.* [pasto] grass; [medicinal] herb; *coll* [droga]

grass ■ ~ **mate** o **del Paraguay** maté; **mala** ~ weed; *fig* troublemaker ◇ *pl.* [pastos] pasture ■ ~ **marinas** algae; **y otras** ~ and so forth
hier•ba•bue•na *f.* mint
hie•rre, rro ▷ **herrar**
hie•rro ◇ *m.* iron; [marca] brand; [punta] iron tip; [arma] weapon ■ ~ **colado** o **fundido** cast iron; ~ **dulce** soft iron; ~ **forjado** wrought iron; ~ **galvanizado** galvanized iron ◇ *pl.* shackles
hier•va, vo ▷ **hervir**
hi•ga *f.* [amuleto] fist-shaped amulet; [gesto] nose-thumbing; [desprecio] mockery ■ **dar una** ~ **a alguien** to thumb one's nose at someone; **no dar dos higas por** not to give a damn about
hí•ga•do ◇ *m.* liver ◇ *pl. coll* guts ■ **echar los** ~ *coll* to break one's back; **hasta los** ~ *coll* with heart and soul
hi•gié•ni•co, a *adj.* hygienic
hi•go *m.* fig ■ **de higos a brevas** once in a blue moon; ~ **de tuna** prickly pear; **no dársele a uno un** ~ **de** *coll* not to care a fig about
hi•gue•ra *f.* fig tree ■ **estar en la** ~ *coll* to be in another world; ~ **chumba** o **de Indias** o **de pala** prickly pear; ~ **infernal** castor-oil plant
hi•jas•tro, a *m.f.* stepchild, stepson/daughter
hi•jo, a ◇ *m.* son; [obra] brain child; [en nombres] junior ■ **cada** ~ **de vecino** *coll* every mother's son; ~ **de su padre** his father's son; ~ **político** son-in-law; (*f.*) [niña] daughter ■ ~ **de su madre** her mother's daughter; ~ **política** daughter-in-law; (*m.f.*) [niño] child; [nativo] native; [descendiente] descendant; [querido] dear ■ ~ **adoptivo** adopted child; ~ **bastardo** o **natural** illegitimate child; ~ **de familia** minor; ~ **de la cuna** foundling; ~ **de leche** foster child ◇ *pl.* children; [descendientes] descendants
hi•jue•la *f.* [añadido] widening strip o gore; [colchón] small mattress; [acequia] small irrigation ditch; [camino] branch; [correo] rural postal service; RELIG pall; LAW schedule; [bienes] estate; BOT palm seed
hi•la ◇ *f.* [fila] line, row; [acción] spinning; [tripa delgada] thin gut ■ **a la** ~ single file; ~ **de agua** irrigation ditch ◇ *pl.* lint (for dressing wounds)
hi•la•cha *f./o m.* raveled thread
hi•la•da *f.* [hilera] row; ARCHIT course
hi•la•do *m.* [acción] spinning; [hilo] thread
hi•lan•de•rí•a *f.* [arte] spinning; [fábrica] spinning mill
hi•lar *tr.* to spin; *fig* to ponder ■ ~ **delgado** o **muy fino** *coll* to split hairs
hi•la•ran•te *adj.* hilarious, uproarious
hi•la•ri•dad *f.* hilarity
hi•le•ra ◇ *f.* [línea recta] row, file; [hilo] thread; METAL drawplate; ARCHIT ridgepole ◇ *pl.* spinneret
hi•le•ro *m.* eddy, current
hi•lo *m.* [hebra] thread; [filamento] filament; [alambre] fine wire; [tejido] linen; [filo] edge; [colgajo] bunch; ZOOL hilum; [de sangre] trickle; [de conversación] thread ■ **a** ~ uninterruptedly; **al** ~ SEW along the thread; [nervioso] on edge; **colgar de un** ~ to hang by a thread; **cortar el** ~ to interrupt; **de** ~ straight, directly; ~ **de bramante** twine; ~ **de cajas** o **de monjas** fine thread; ~ **dental** dental floss; ~ **de gallinero** chicken wire; ~ **de la vida** course of life; ~ **de perlas** string of pearls; ~ **de tierra** ELEC ground wire; **tener el alma en un** ~ to have one's heart in one's throat
hil•ván *m.* basting, tacking
hil•va•nar *tr.* to baste, tack; *coll* [hacer con prisa] to throw together; [enlazar] to coordinate
hi•men *m.* hymen
him•no *m.* hymn ■ ~ **nacional** national anthem
hin *m.* whinny, neigh
hin•ca•pié *m.* planting one's feet ■ **hacer** ~ **en** *coll* to insist on, stress
hin•car [70] *tr.* [clavar] to sink, drive (in); [apoyar] to brace, plant (against); (*reflex.*) to kneel down ■ ~ **el pico** *coll* to kick the bucket; (*reflex.*) to sink into ■ ~ **de rodillas** to kneel down
hin•cha *f. coll* hatred, enmity ■ **tener** ~ **a alguien** to have o hold a grudge against someone; (*m.*) *coll* fan, supporter
hin•cha, cho ▷ **henchir**
hin•cha•do, a ◇ *adj.* [inflado] inflated, blown up; [lleno] full, filled up; MED swollen; [vanidoso] conceited; [pomposo] pompous ◇ *f.* ■ **la** ~ *coll* the fans
hin•char *tr.* [aumentar] to swell; [inflar] to inflate, blow up; [exagerar] to exaggerate; MED to swell; (*reflex.*) MED to swell; [comer] to fill o stuff oneself; [envanecerse] to become conceited ■ ~ **las narices** *coll* to get one's dander up
hin•cha•zón *f.* MED swelling; [vanidad] conceit; [pomposidad] pomposity
hin•co *m.* post, stake
hin•cón *m.* mooring post; [mojón] marker
hi•no•jo[1] *m.* fennel
hi•no•jo[2] *m.* knee ■ **de hinojos** on one's knees, kneeling
hi•ña, ño, ñera, ñó ▷ **heñir**
hi•par *intr.* [tener hipo] to have the hiccups; [los perros] to pant; [fatigarse] to wear o tire oneself out; [gimotear] to whimper ■ ~ **por** to long o yearn to
hi•pér•bo•la *f.* GEOM hyperbola
hi•pér•bo•le *f.* RHET hyperbole
hi•per•bó•li•co, a *adj.* hyperbolic(al)
hi•per•crí•ti•co, a ◇ *adj.* hypercritical ◇ *m.f.* hypercritic, severe critic
hi•per•en•la•ce *m.* COMPUT hyperlink
hi•per•gli•ce•mia/glu•ce•mia *f.* hyperglycemia
hi•per•mer•ca•do *m.* hypermarket
hi•per•me•tro•pí•a *f.* hypermetropy, farsightedness
hi•per•sen•si•ble *adj.* hypersensitive
hi•per•ten•sión *f.* hypertension, high blood pressure
hi•per•ten•so, a *adj.* hypertensive
hi•per•ter•mia *f.* hyperthermia
hi•per•tex•to *m.* COMPUT hypertext
hi•per•ven•ti•la•ción *f.* hyperventilation
hí•pi•co, a *adj.* horse, equine ■ **concurso** ~ horse show
hi•pi•do *m.* whimper, whine
hi•pis•mo *m.* horse racing
hip•no•sis *f.* hypnosis
hip•no•te•ra•pia *f.* hypnotherapy
hip•nó•ti•co, a *adj.* & *m.* hypnotic
hip•no•tis•mo *m.* hypnotism
hip•no•ti•zar [04] *tr.* to hypnotize
hi•po *m.* hiccup; [ansia] yearning, longing; [odio] grudge, aversion ■ **quitar el** ~ *coll* to astonish; **tener** ~ to have (the) hiccups
hi•po•cen•tro *m.* hypocenter
hi•po•con•drí•a *f.* hypochondria

hi•po•con•dria•co/drí•a•co, a *adj.* & *m.f.* hypochondriac
hi•po•cre•sí•a *f.* hypocrisy
hi•pó•cri•ta <> *adj.* hypocritical <> *m.f.* hypocrite
hi•po•dér•mi•co, a *adj.* hypodermic
hi•pó•dro•mo *m.* racetrack
hi•po•gli•ce•mia/glu•ce•mia *f.* hypoglycemia
hi•po•pó•ta•mo *m.* hippopotamus
hi•po•tá•la•mo *m.* hypothalamus
hi•po•te•ca *f.* mortgage
hi•po•te•car [70] *tr.* to mortgage; [comprometer] to compromise
hi•po•ten•sión *f.* hypotension, low blood pressure
hi•po•te•nu•sa *f.* hypotenuse
hi•po•ter•mia *f.* hypothermia
hi•pó•te•sis *f.* hypothesis
hi•po•té•ti•co, a *adj.* hypothetical
hi•rien•te *adj.* [arma] cutting; [mordaz] offensive, cutting
hi•rie•ra, rió ▻ **herir**
hir•su•to, a *adj.* [peludo] hirsute, hairy; [erizado] coarse, bristly; [brusco] gruff
hir•vien•te *adj.* boiling
hir•vie•ra, vió ▻ **hervir**
his•pa•no•ha•blan•te *adj.* & *m.f.* Spanish-speaking (person), Hispanophone
his•te•rec•to•mí•a *f.* hysterectomy
his•te•ria *f.* hysteria
his•té•ri•co, a <> *adj.* [uterino] uterine; [alterado] hysteric(al) <> *m.* [histerismo] hysteria; (*m.f.*) hysteric, hysterical person
his•to•ria *f.* history; [cuento] story, tale; [chisme] gossip ■ **dejarse de historias** to get to the point; ~ **antigua** ancient history; **pasar a la** ~ *coll* to be past history
his•to•ria•do, a *adj.* ornate; ARTS storied
his•to•ria•dor, •ra *m.f.* historian
his•to•rial <> *adj.* historic, historical <> *m.* [archivo] file, dossier; [reseña personal] résumé, curriculum vitae
his•to•riar *tr.* [contar] to tell the story of; [escribir] to chronicle
his•tó•ri•co, a *adj.* historic(al)
his•to•rie•ta <> *f.* story, anecdote <> *pl.* ■ ~ **ilustradas** o **cómicas** comic strips
his•trión/io•ni•sa *m.f.* [actor] actor; [bufón] clown; [prestidigitador] juggler
his•trio•nis•mo *m.* [oficio] acting; [mundo teatral] theater world; [teatralidad] histrionics
hi•to, a <> *adj.* [inmediato] adjoining; [fijo] fixed <> *m.* [señal de límite] boundary marker; [señal de distancia] milestone; [juego] quoits; [blanco] bull's-eye, target ■ **a** ~ firmly; **dar en el** ~ to hit the nail on the head; **mirar de** ~ **en** ~ to stare at
hi•zo ▻ **hacer**
ho•ci•co *m.* ZOOL muzzle, snout; *coll* [boca] mouth; *coll* [labios] kisser; [gesto] sour face ■ **caer de hocicos** *coll* to fall flat on one's face; **dar de hocicos (contra algo)** *coll* to hit one's face (against something); **estar de hocicos** *sl* to be teed off; **meter el** ~ **en todo** *coll* to stick one's nose into everything; **poner** ~ *coll* to put on a sour face
hoc•key *m.* hockey ■ ~ **sobre hielo** ice hockey
ho•ga•ño *adv. coll* [hoy en día] these days, nowadays; [en este año] this year
ho•gar *m.* [de una chimenea] hearth, fireplace; [hoguera] bonfire; [casa] home; [vida familiar] home o family life
ho•ga•re•ño, a *adj.* home-loving, domestic
ho•ga•za *f.* [pan grande] large loaf of bread; [pan grueso] coarse bread
ho•gue•ra *f.* bonfire
ho•ja *f.* leaf; [pétalo] petal; [de papel] sheet, leaf; [lámina de metal] sheet, foil; [folio] leaf, page; [documento] sheet, form; [cuchilla] blade; [de una puerta] leaf; [de ventana] pane, sheet (of glass); [de tierra] strip of fallow land; [espada] sword; [periódico] newspaper, sheet ■ **de** ~ **perenne** evergreen; ~ **de aluminio** aluminum foil; ~ **de cálculo** COMPUT spreadsheet; ~ **de estaño** tinfoil; ~ **de lata** tin plate; ~ **de parra** fig leaf; ~ **de ruta** COM waybill; ~ **de servicios** service record; ~ **suelta** leaflet; **volver la** ~ [hojear] to turn the page; [cambiar de tema] to change the subject; [empezar nueva vida] to turn over a new leaf
ho•ja•la•ta *f.* tin plate
ho•ja•la•te•ro *m.* tinsmith
ho•jal•dre *m.f.* puff pastry
ho•ja•ras•ca *f.* [hojas secas] dead o fallen leaves; [frondosidad] excessive foliage; [cosas inútiles] rubbish
ho•je•ar *tr.* [libro, revista] to skim o leaf (through); (*intr.*) METAL to peel, flake; [susurrar] to rustle
ho•jue•la *f.* [hoja pequeña] small leaf; [masa frita] pancake; [de aceituna] pressed olive skin; [de metal] metal leaf o foil; BOT leaflet, foliole
¡ho•la! *interj.* hello!, hi!
hol•ga•do, a *adj.* [ancho] big, loose; [que vive con bienestar] comfortable, well-off
hol•gan•za *f.* [descanso] rest, leisure; [ociosidad] idleness; [placer] pleasure
hol•gar [16] *intr.* [descansar] to relax; [estar ocioso] to be idle; [estar alegre] to be happy o glad; [ser inútil] to be unnecessary; [no ajustar] to be too big ■ **huelga decir que** needless to say; **¡huelgan los comentarios!** no comment!; (*reflex.*) [divertirse] to have a good time; [alegrarse] to be pleased
hol•ga•zán, a•na <> *adj.* lazy <> *m.f.* loafer
hol•ga•za•ne•ar *intr.* to loaf, be idle
hol•ga•za•ne•rí•a *f.* laziness
hol•gu•ra *f.* [regocijo] enjoyment; [anchura] fullness; [bienestar] comfort, affluence; MECH play
ho•llar [19] *tr.* [pisar] to tread o trample (on); [humillar] to trample on, humiliate
ho•llín *m.* soot
ho•lo•caus•to *m.* [sacrificio] holocaust, burnt offering; [víctima] sacrifice, victim
ho•lo•gra•fí•a *f.* holography
ho•ló•gra•fo, a <> *m.* holograph <> *adj.* holographic
ho•lo•gra•ma *m.* hologram
hom•bra•da *f.* manly action
hom•bre *m.* man; [humanidad] man, mankind; *coll* [esposo] husband, man ■ **de** ~ **a** ~ man-to-man; **¡~!** what a surprise!, my goodness!; **¡~ al agua!** man overboard!; ~ **de bien** honorable man; ~ **de estado** statesman; ~ **de letras** scholar; ~ **del momento** man of the hour; ~ **de mar** seaman, sailor; ~ **de mundo** man of experience; ~ **de negocios** businessman; ~ **de paja** straw man, front; ~ **de palabra** man of his word; ~ **de pelo en pecho** *coll* real man; ~ **de pro** o **de provecho** worthy man; ~ **rana** frog-

H

man; **pobre** ~ wretch, poor devil; **ser muy** ~ to be a real man
hom•bre•ar[1] *intr. coll* [echárselas de hombre] to act in a manly way; [querer igualarse] to strive to equal; MEX to work in masculine occupations (said of women); (*reflex.*) to strive to equal
hom•bre•ar[2] *intr.* to push with the shoulders
hom•bre•ra *f.* shoulder pad; ARM shoulder plate; [adorno] epaulet, epaulette
hom•brí•a *f.* manliness ▪ ~ **de bien** integrity, honesty
hom•bri•llo *m.* yoke
hom•bro *m.* shoulder ▪ **a hombros** piggyback; **arrimar el** ~ *coll* [trabajar] to put one's shoulder to the wheel; [ayudar] to lend a hand; **echar el** ~ to shoulder, take on; **encogerse de hombros** to shrug; **mirar a uno por encima del** ~ to look down on someone; **sobre los hombros** on one's shoulders
hom•bru•no, **a** *adj. coll* manly, masculine
ho•me•na•je *m.* tribute; [al soberano] homage
ho•me•na•je•a•do, **a** *m.f.* guest of honor
ho•me•na•je•ar *tr.* to pay tribute to, honor
ho•me•ó•pa•ta *m.f.* homeopath
ho•me•o•pa•tí•a *f.* homeopathy
ho•mi•ci•da ◇ *adj.* homicidal, murderous ◇ *m.f.* homicide, murderer
ho•mi•ci•dio *m.* homicide
ho•mi•lí•a *f.* homily
ho•mo•fi•lia *f.* homophilia
ho•mo•fo•bia *f.* homophobia
ho•mo•fó•bi•co, **a** *adj.* homophobic
ho•mó•fo•bo, **a** *adj.* homophobe
ho•mó•ga•mo, **a** *adj.* homogamous
ho•mo•ge•nei•dad *f.* homogeneity
ho•mo•ge•nei•za•ción *f.* homogenization
ho•mo•ge•nei•zar [04] *tr.* to homogenize
ho•mo•gé•ne•o, **a** *adj.* homogeneous
ho•mo•ni•mia *f.* homonymy
ho•mó•ni•mo, **a** ◇ *adj.* homonymous ◇ *m.* homonym; (*m.* o *f.*) namesake
ho•mo•se•xual *adj.* & *m.f.* homosexual
ho•mo•se•xua•li•dad *f.* homesexuality
hon•da•men•te *adv.* [con hondura] deeply; [profundamente] deeply, profoundly
hon•do, **a** ◇ *adj.* [profundo] deep; [bajo] low; [intenso] intense; [recóndito] innermost ◇ *m.* bottom ▪ **de** ~ deep, in depth; (*f.*) sling, slingshot
hon•dón *m.* [fondo] bottom; [valle] glen; [ojo de aguja] eye
hon•do•na•da *f.* ravine, gorge
hon•du•ra ◇ *f.* depth, profundity ◇ *pl.* ▪ **meterse en** ~ to get in over one's depth
ho•nes•ti•dad *f.* [honradez] honesty; [decencia] decency; [pudor] modesty
ho•nes•to, **a** *adj.* [honrado] honest; [decente] decent; [pudoroso] modest; [razonable] reasonable
hon•go *m.* BOT mushroom; MED fungus; [sombrero] derby, bowler (hat) ▪ ~ **marino** sea anemone; ~ **yesguero** tinder fungus
ho•nor *m.* [virtud] honor; [recato] virtue; [buena reputación] (good) reputation, prestige; [celebridad] fame, glory ▪ **hacer** ~ **a** to honor; **hacer los honores a** to do justice to
ho•no•ra•ble *adj.* honorable
ho•no•ra•rio, **a** ◇ *adj.* honorary ◇ *m.* honorarium ◇ *pl.* fees, emoluments
ho•no•rí•fi•co, **a** *adj.* [que da honor] honorific; [no oficial] honorary, honorific
hon•ra ◇ *f.* [dignidad propia] honor, self-respect; [buena fama] reputation; [pudor] virtue ◇ *pl.* last respects
hon•ra•dez *f.* honesty, integrity
hon•ra•do, **a** *adj.* honest, honorable
hon•ra•dor, **•ra** ◇ *adj.* honoring ◇ *m.f.* honorer
hon•rar *tr.* to honor, respect
hon•ro•so, **a** *adj.* [que da honra] honorable; [decente] decent
ho•ra ◇ *f.* hour; [momento] time ▪ **a buena** ~ in good time, opportunely; **a la** ~ on time, punctually; **a primera** ~ first thing in the morning; **¿a qué** ~**?** at what time?, when?; **a todas horas** at all hours; **a última** ~ at the last minute; [por la noche] last thing at night; **dar** ~ to make an appointment; **dar la** ~ to strike; **de última** ~ last-minute; **en** ~ **buena** fortunately; **en** ~ **mala** unfortunately; ~ **de comer** mealtime; ~ **legal** standard time; ~ **pico** AMER rush hour; **la última** ~ death; **pedir** ~ to request an appointment; **poner en** ~ to set; **por** ~ per hour, by the hour; **¿qué** ~ **es?** what time is it? ◇ *pl.* RELIG book of hours ▪ ~ **canónicas** canonical hours; ~ **de oficina** office o business hours; ~ **extraordinarias** overtime; ~ **libres** free time; **por** ~ by the hour; **tener las** ~ **contadas** to be at death's door ◇ *adv.* now
ho•ra•dar *tr.* to drill, bore
ho•ra•do *m.* [agujero] bore o drill hole; [caverna] cavern, grotto
ho•ra•rio, **a** ◇ *adj.* hourly ◇ *m.* [mano del reloj] hour hand; RAIL schedule, timetable ▪ ~ **flexible** flexitime
hor•ca *f.* [aparato de suplicio] gallows; AGR pitchfork; [ristra] string
hor•ca•ja•das *adv.* ▪ **a** ~ astride, straddling
hor•cón *m.* [horca] pitchfork; [apoyo] forked pole supporting tree branches; AMER wooden column supporting ceiling beams
ho•ri•zon•tal *adj.* & *f.* horizontal
ho•ri•zon•te *m.* horizon
hor•ma *f.* [forma] form, mold; [de zapatero] (shoemaker's) last; [para zapatos] shoetree; [de sombrero] hat block; CONSTR dry wall ▪ **hallar la** ~ **de su zapato** to meet one's match
hor•mi•ga *f.* ant ▪ **ser una** ~ to be industrious o hardworking
hor•mi•gón *m.* concrete ▪ ~ **armado** reinforced concrete; ~ **hidráulico** hydraulic lime mortar; ~ **precomprimido** o **pretensado** prestressed concrete
hor•mi•go•ne•ra *f.* cement o concrete mixer
hor•mi•gue•ar *intr.* [sentir hormigueo] to tingle; [bullir] to teem
hor•mi•gue•o *m.* [multitud] swarm, throng; [sensación] tingling
hor•mi•gue•ro *m.* ENTOM anthill; ORNITH wryneck; *fig* hub of activity
hor•mi•gui•llo *m.* VET founder; [de personas] human chain; [picazón] tingling sensation ▪ **parecer tener** ~ *coll* to have ants in one's pants
hor•mi•gui•ta *f. coll* industrious o diligent person
hor•mo•na *f.* hormone
hor•na•da *f.* CUL batch (of baked goods); *fig* group (of people)

hor•ne•ar *intr.* & *tr.* to bake
hor•ne•ro, a *m.f.* baker
hor•ni•lla *f.* burner; ORNITH pigeonhole
hor•ni•llo *m.* [cocina] stove; MIN blasthole; MIL fougasse ▪ ~ **de atanor** athanor
hor•no *m.* oven; TECH furnace; CERAM kiln ▪ ~ **reverbero** TECH reverberatory furnace; **no está el** ~ **para bollos** *coll* the time is not right
ho•rós•co•po *m.* horoscope
hor•que•ta *f.* AGR pitchfork; [del árbol] fork; AMER fork (in a road)
hor•qui•lla *f.* AGR pitchfork; [sostén] forked stake; [del cabello] hairpin, hair clip; [de una bicicleta] fork
ho•rren•do, a *adj.* horrendous
ho•rri•ble *adj.* horrible
hó•rri•do, a *adj.* horrid
ho•rri•fi•car [70] *tr.* to horrify
ho•rrí•fi•co, a *adj.* horrific
ho•rri•pi•lan•te *adj.* hair-raising, terrifying
ho•rri•pi•lar *tr.* [horrorizar] to terrify, scare to death
ho•rror ◇ *m.* horror; [temor] terror; [repulsión] revulsion; [atrocidad] atrocity ◇ *adv. coll* terribly, an awful lot
ho•rro•ri•zar [04] *tr.* to horrify; (*reflex.*) to be horrified
ho•rro•ro•so, a *adj.* [horrible] horrible; *coll* [feo] hideous; [muy malo] terrible
hor•ta•li•za *f.* vegetable
hor•te•la•no, a ◇ *adj.* [del jardín] (of the) garden; [del huerto] (of the) orchard ◇ *m.* [jardinero] gardener; ORNITH ortolan
hor•ten•se *adj.* [del jardín] (of the) garden; [del huerto] (of the) orchard
hor•ten•sia *f.* hydrangea
hor•tí•co•la *adj.* horticultural
hor•ti•cul•tor, •ra *m.f.* horticulturist
hor•ti•cul•tu•ra *f.* horticulture
hos•co, a *adj.* [obscuro] gloomy; [moreno] dark-skinned; [áspero] gruff
hos•pe•da•je *m.* lodging; COMPUT hosting
hos•pe•dar *tr.* to lodge, put up; COMPUT to host; (*reflex.*) to lodge o stay (at)
hos•pe•de•rí•a *f.* [hotel] inn, hostel; [hospedaje] lodging; RELIG hospice
hos•pe•de•ro, a *m.f.* innkeeper
hos•pi•cio *m.* [para pobres] poorhouse; [para huérfanos] orphanage; RELIG hospice
hos•pi•tal *m.* hospital ▪ ~ **de sangre** MIL field hospital
hos•pi•ta•la•rio, a *adj.* [cordial] hospitable; [acogedor] inviting; RELIG of the Hospitalers
hos•pi•ta•li•cio, a *adj.* hospitable
hos•pi•ta•li•dad *f.* [cordialidad] hospitality; [permanencia] hospital stay
hos•pi•ta•li•za•ción *f.* hospitalization
hos•pi•ta•li•zar [04] *tr.* to hospitalize
hos•que•dad *f.* [obscuridad] gloominess; [de la piel] darkness; [aspereza] gruffness
hos•te•le•rí•a *f.* [profesión] hotel management; [industria] hotel trade o business
hos•te•le•ro, a *m.f.* innkeeper
hos•te•rí•a *f.* inn, hostel
hos•tia *f.* [sacrificio] sacrifice; RELIG wafer; *sl* [golpe] punch ▪ **darle una** ~ **a alguien** *coll* to give someone a beating
hos•ti•ga•mien•to *m.* [azotamiento] whipping; [acosamiento] harassment
hos•ti•gar [47] *tr.* [azotar] to whip; [acosar] to harass; [incitar] to urge, press
hos•til *adj.* hostile
hos•ti•li•dad ◇ *f.* hostility ◇ *pl.* hostilities, fighting ▪ **romper las** ~ MIL to begin o commence hostilities
hos•ti•li•zar [04] *tr.* to antagonize; MIL to harass
ho•tel *m.* [hostería] hotel; [casa] house, villa
ho•te•le•ro, a ◇ *adj.* hotel ◇ *m.f.* [dueño] hotelkeeper, hotel owner; [encargado] hotel manager
hoy *adv.* [en este día] today; [en el tiempo presente] nowadays ▪ **de** ~ **a mañana** at any moment; **de** o **desde** ~ **en adelante** from now on, from this day forward; ~ **(en) día** nowadays; ~ **mismo** this very day; ~ **por** ~ at the present time; **por** ~ for now, for the time being
ho•ya *f.* [hoyo] pit, hole; [sepultura] grave; [remolino] eddy; [valle] dale
ho•yar *tr.* AMER to dig holes in
ho•yo *m.* [cavidad] hole; [sepultura] grave; MED pockmark; SPORT hole
ho•yue•lo *m.* [en las mejillas] dimple; [en la barbilla] cleft; [en la garganta] depression
hoz *f.* sickle
hua•cal *m.* MEX [jaula] cage; [cajón] drawer
huas•ca *f.* ANDES, C AMER & CARIB whip
hua•so, a *m.f.* CHILE *coll* farmer, peasant
hu•bie•ra, bo ▻ **haber**[2]
hu•cha *f.* [alcancía] piggy bank; [arca] chest; [ahorros] savings
hue•co, a ◇ *adj.* [vacío] hollow; [retumbante] deep; [mullido] spongy; [vacuo] vacuous; [vano] vain ◇ *m.* [cavidad] hollow; [agujero] hole; [espacio] space; *coll* [vacante] vacancy; [vacío] gap, void; ARCHIT opening ▪ ~ **de ascensor** elevator shaft
hue•la, lo ▻ **oler**
huel•ga *f.* [paro] strike; AGR fallow ▪ **declararse en** ~ to go on strike; ~ **de brazos caídos** sit-down strike; ~ **de hambre** hunger strike; ~ **intermitente** slowdown; ~ **patronal** lockout; ~ **por solidaridad** sympathy strike
huel•go *m.* [aliento] breath; [anchura] room, space; MECH play
huel•go, gue ▻ **holgar**
huel•guis•ta *m.f.* striker, striking worker
hue•lla *f.* [del pie] footprint; [de un animal] track, print; [vestigio] trace, mark; [del escalón] tread; *fig* footstep ▪ ~ **digital** o **dactilar** fingerprint
hue•llo *m.* [camino] track; [pisada] tread, step; [del casco] sole
huér•fa•no, a ◇ *adj.* [sin padres] orphan(ed); [sin amparo] defenseless; [sin hijos] childless ▪ ~ **de** without, devoid of ◇ *m.f.* orphan
huer•ta *f.* [sembrado] large vegetable garden; [de árboles] orchard; SP [regadío] irrigated land
huer•to *m.* [jardín] vegetable garden; [de árboles] orchard
hue•sa *f.* grave
hue•so *m.* ANAT bone; BOT pit, stone; [cosa difícil] drudgery; [lo inútil] piece of junk; [persona desagradable] pain in the neck; C AMER & MEX *coll* [empleo oficial] government job; C AMER & MEX *coll* [enchufe] contacts (*pl*), influence ▪ **dar** o **tropezar en un** ~ to hit a snag; **de**

H

buen ~ lucky; **estar en los huesos** to be nothing but skin and bones; ~ **colorado** MEX northerly wind; ~ **de la alegría** funny bone; ~ **de la suerte** wishbone; ~ **duro de roer** hard nut to crack; ~ **palomo** coccyx; **la sin** ~ *coll* tongue; **meterse a** ~ **de puerco** MEX to swagger, show off; **no dejar a uno** ~ **salvo** to rake over the coals; **soltar la sin** ~ *coll* to shoot off one's mouth; **tener los huesos molidos** *coll* to be dead tired

hue•so•so, a *adj.* bony, osseous

hués•ped, a *m.f.* [invitado] guest; BIOL host; (*m.*) [invitante] host; (*f.*) [invitante] hostess

hues•te *f.* [ejército] army, troop; [partidarios] followers

hue•su•do, a *adj.* bony

hue•va *f.* roe

hue•va•da *f.* ANDES *coll* crap

hue•ve•ar [18] *intr.* AMER *coll* to muck about

hue•vo *m.* egg ■ ~ **de corral** free-range egg; ~ **duro** hard-boiled egg; ~ **escalfado** poached egg; ~ **estrellado** o **frito** fried egg; ~ **pasado por agua** soft-boiled egg; ~ **pasado tibio** ANDES soft-boiled egg; **huevos revueltos** scrambled eggs

hue•vón, ona *m.f.* ANDES, ARG & VEN *coll* jerk

hui•do, a ◇ *adj.* [fugitivo] fugitive, fleeing; [reservado] withdrawn ◇ *f.* [fuga] escape; [pretexto] pretext; EQUIT bolt

hui•llón, o•na AMER ◇ *adj.* cowardly ◇ *m.f.* coward

huir [18] *intr.* [escapar] to escape, run away; [evitar] to avoid, flee from; [alejarse] to slip away; (*reflex.*) to escape, run away; (*tr.*) to avoid, shun

hu•le *m.* [caucho] rubber; [tela] oilcloth

hu•lla *f.* coal ■ ~ **blanca** water power, hydraulic power

hu•ma•nar *tr.* to humanize; (*reflex.*) to become human; RELIG to become man (God)

hu•ma•ni•dad ◇ *f.* humanity; [género] mankind; [bondad] humaneness; *coll* [corpulencia] corpulence ◇ *pl.* humanities

hu•ma•nis•ta ◇ *m.f.* humanist ◇ *adj.* humanistic

hu•ma•ni•ta•rio, a *adj.* humanitarian

hu•ma•ni•zar [04] *tr.* to humanize; (*reflex.*) to become more human, soften

hu•ma•no, a ◇ *adj.* human; [benévolo] humane ◇ *m.* human (being)

hu•ma•re•da *f.*/**ma•zo** *m.* dense smoke

hu•me•an•te *adj.* [que humea] smoking, smoky; [que echa vapor] steaming

hu•me•ar *intr.* [echar humo] to smoke; [echar vapor] to steam; [permanecer] to smolder; [presumir] to become conceited; (*tr.*) AMER to fumigate

hu•me•dad *f.* humidity; [calidad de húmedo] dampness, moisture

hu•me•de•ce•dor *m.* humidifier

hu•me•de•cer [17] *tr.* to humidify; [mojar] to dampen, moisten; (*reflex.*) to become damp o moist

hú•me•do, a *adj.* humid; [mojado] damp, moist

hú•me•ro *m.* humerus

hu•mil•dad *f.* [virtud] humility, humbleness; [de cuna] lowliness (of birth); [acción] humble act

hu•mil•de *adj.* [sumiso] humble, meek; [bajo] humble, lowly; [de poco monto] modest

hu•mi•lla•ción *f.* humiliation

hu•mi•llan•te *adj.* humiliating

hu•mi•llar *tr.* [rebajar] to humble; [avergonzar] to humiliate; [la frente] to bow (one's head); (*reflex.*) to humble oneself

hu•mi•llo *m.* pride

hu•mi•ta *f.* ANDES & ARG paste made of mashed maize or corn kernels mixed with cheese, chili and onion, wrapped in a maize or corn husk and steamed

hu•mo ◇ *m.* [gas] smoke; [vapor] steam ■ **a** ~ **de pajas** lightly, without thinking; **echar** ~ to smoke; **hacerse** ~ to vanish into thin air ◇ *pl.* airs ■ **bajarle los** ~ **a uno** to put someone in his place; **tener muchos** ~ to put on airs

hu•mor *m.* humor; [talante] mood, humor; [agudeza] humor, wit

hu•mo•ra•do, a ◇ *adj.* ■ **bien/mal** ~ good/bad-humored ◇ *f.* [chiste] joke; [capricho] whim, fancy

hu•mo•ris•mo *m.* humor, wit

hu•mo•ris•ta ◇ *adj.* humorous ◇ *m.f.* humorist

hu•mo•rís•ti•co, a *adj.* humorous

hun•di•do, a *adj.* [sumido] sunken; [ojos] sunken, deep-set; [mejillas] hollow, sunken

hun•di•mien•to *m.* [naufragio] sinking; [derrumbe] cave-in; [ruina] ruin, collapse

hun•dir *tr.* [sumergir] to sink; [confundir] to confuse; [arruinar] to ruin; [derrotar] to defeat; [clavar] to plunge; (*reflex.*) [sumergirse] to sink; [caer] to fall down, collapse

hu•ra•cán *m.* hurricane

hu•ra•ño, a *adj.* unsociable

hur•gar [47] *tr.* [atizar] to poke, stir; [revolver] to poke o rummage around in

hur•gón *m.* poker

hur•go•ne•ar *tr.* [atizar] to poke, stir; [tirar estocadas contra] to jab at

hu•rón, o•na *m.* ferret; (*m.f.*) *coll* [curioso] snoop; [persona huraña] unsociable person

hu•ro•ne•ar *intr.* [cazar] to ferret, hunt with a ferret; *coll* [curiosear] to snoop, pry

hu•ro•ne•ra *f.* ferret hole

hur•ta•di•llas *adv.* ■ **a** ~ secretly, furtively

hur•tar *tr.* [robar] to steal, thieve; [dar de menos] to shortchange; [plagiar] to plagiarize

hur•to *m.* [robo] theft, robbery; [cosa hurtada] stolen object

hu•si•llo *m.* [tornillo] screw, worm; [desaguadero] drain, drainage canal

hus•me•a•dor, •ra ◇ *adj.* snooping, prying ◇ *m.f.* snoop

hus•me•ar *tr.* [olfatear] to scent, smell out; [indagar] to snoop, pry; (*intr.*) [oler mal] to stink, smell; [curiosear] to snoop, pry

hus•me•o *m.* [olfateo] smelling; [fisgoneo] snooping, prying

hu•so *m.* SEW & TEX spindle; MECH drum; AER fuselage ■ ~ **horario** time zone

hu•ya, yo, yera, yó ▻ **huir**

I

i, I *f.* (*pl* **íes**) ninth letter of the Spanish alphabet ▪ **poner los puntos sobre las íes** *coll* to dot the i's
i•ba ▻ **ir**
i•bis *f.inv.* ibis
i•co•no *m.* icon
i•co•no•clas•ta *adj.* & *m.f.* iconoclast
i•co•no•gra•fí•a *f.* iconography
ic•te•ri•cia *f.* jaundice
ic•tio•lo•gí•a *f.* ichthyology
ic•tió•lo•go *m.* ichthyologist
i•da *f.* ▻ **ido, a**
i•de•a *f.* idea; [concepto] concept; [noción] notion; [imagen] image, picture; [ingenio] imagination ▪ **cambiar de** ~ to change one's mind; **darle a uno la** ~ **de** to get it into one's head; **hacerse** o **metérsele a uno una** ~ **en la cabeza** *coll* to get an idea into one's head; **¡ni** ~**!** *coll* search me!; **no puedes tener** ~ you can't imagine; **tener** ~ **de** to intend to
i•de•al ◇ *adj.* ideal; [perfecto] perfect ◇ *m.* ideal ▪ **lo** ~ the perfect thing
i•de•a•lis•ta *adj.* & *m.f.* idealist
i•de•a•li•zar [04] *tr.* to idealize
i•de•ar *tr.* [concebir] to think up, plan; [inventar] to invent, design
i•dén•ti•co, a *adj.* identical
i•den•ti•dad *f.* identity
i•den•ti•fi•ca•ble *adj.* identifiable
i•den•ti•fi•car [70] *tr.* to identify; (*reflex.*) to identify (oneself) with, be identified with
i•deo•lo•gí•a *f.* ideology
i•deo•ló•gi•co, a *adj.* ideological
i•dí•li•co, a *adj.* idyllic
i•di•lio *m.* idyll
i•dio•ma *m.* language, tongue
i•dio•má•ti•co, a *adj.* idiomatic
i•dio•sin•cra•sia *f.* idiosyncrasy
i•dio•sin•crá•si•co, a *adj.* idiosyncratic
i•dio•ta ◇ *adj.* foolish, idiotic ◇ *m.f.* idiot, imbecile
i•dio•tez *f.* idiocy
i•do, a ▻ **ir** ◇ *adj. coll* [chiflado] nuts, crazy ▪ **estar** ~ *coll* to be distracted ◇ *f.* [acción] going; [viaje] trip ▪ ~ **y vuelta** round trip; **idas y venidas** comings and goings
i•dó•la•tra ◇ *adj.* idolatrous, idolizing ◇ *m.f.* idolater, idolizer
i•do•la•trar *tr.* to idolize
i•do•la•trí•a *f.* idolatry
í•do•lo *m.* idol
i•do•nei•dad *f.* [aptitud] aptitude, capacity; [conveniencia] suitability, fitness
i•dó•ne•o, a *adj.* [apto] capable, apt; [conveniente] suitable, fit
i•gle•sia *f.* church ▪ ~ **parroquial** parish church
íg•ne•o, a *adj.* igneous
ig•ni•ción *f.* ignition
ig•no•mi•nia *f.* ignominy
ig•no•mi•nio•so, a *adj.* ignominious
ig•no•ran•cia *f.* ignorance
ig•no•ran•te ◇ *adj.* [sin educación] ignorant, uneducated; [que ignora] uninformed, unaware ◇ *m.f.* ignoramus
ig•no•rar *tr.* to be ignorant of, not to know
ig•no•to, a *adj.* unknown, undiscovered
i•gual ◇ *adj.* equal; [semejante] similar, alike; [mismo] like; [parejo] even, level ▪ **darle a uno** ~ to be the same to one; **ir iguales** to be even; **ser** ~ **a** [ser lo mismo] to be the same as; [igualar] to equal; **todo me es** ~ it's all the same to me ◇ *m.* MATH equal sign; (*m.f.*) equal ▪ **al** ~ **que** just like; **de** ~ **a** ~ as an equal; ~ **que** the same as; **no tener** ~ to have no equal, be unrivaled; **sin** ~ unparalleled, unequaled
i•gua•la•dor, •ra ◇ *adj.* equalizing, leveling ◇ *m.f.* equalizer, leveler
i•gua•la•mien•to *m.* equalization
i•gua•lar *tr.* [hacer igual] to equalize, make equal; [allanar] to smooth; [juzgar igual] to consider equal, equate; [comparar] to compare; SPORT to tie; (*intr.* & *reflex.*) [ser iguales] to be equal; SPORT to be tied ▪ ~ **a** o **con** to be equal to, be the equal of
i•gual•dad *f.* equality; [semejanza] similarity, likeness; [uniformidad] evenness ▪ **en** ~ **de condiciones** on an equal basis, on equal terms
i•gua•li•ta•rio, a *adj.* & *m.f.* egalitarian
i•gual•men•te *adv.* equally; [también] also, too; [en la misma manera] the same, in the same way
i•gua•na *f.* iguana
i•ja•da *f.* [de un animal] flank; [del hombre] side; [dolor] colic, pain in the side
i•la•ción *f.* [deducción] inference; [de ideas] connectedness, cohesiveness
i•le•gal *adj.* illegal
i•le•ga•li•dad *f.* illegality
i•le•gi•ble *adj.* illegible
i•le•gi•ti•mi•dad *f.* illegitimacy
i•le•gí•ti•mo, a *adj.* illegitimate
i•le•so, a *adj.* unhurt, unscathed
i•le•tra•do, a *adj.* & *m.f.* illiterate
i•lí•ci•to, a *adj.* illicit
i•ló•gi•co, a *adj.* illogical
i•lu•mi•na•ción *f.* illumination; [alumbrado] lighting; [espiritual] enlightenment
i•lu•mi•na•do, a ◇ *adj.* [alumbrado] lit (up), illuminated; [realizado] enlightened ◇ *m.f.* [hereje] illuminist; [visionario] visionary ▪ **los iluminados** the illuminati
i•lu•mi•na•dor, •ra ◇ *adj.* illuminating, illuminative ◇ *m.f.* illuminator of a manuscript
i•lu•mi•nar *tr.* to illuminate; [alumbrar] to light; [espiritualmente] to enlighten
i•lu•sión *f.* illusion; [esperanza] hope ▪ **hacerse la** ~ **de que** to imagine that; **hacerse ilusiones de** to cherish hopes of; **tener** ~ **por** to look forward to
i•lu•sio•nar *tr.* [esperanzar] to build up (someone's) hopes; [engañar] to deceive; (*reflex.*) to have hopes (of)
i•lu•sio•nis•ta *m.f.* illusionist, magician
i•lu•so, a ◇ *adj.* deluded ◇ *m.f.* dreamer
i•lu•so•rio, a *adj.* illusory, false
i•lus•tra•ción *f.* illustration; [grabado] picture ▪ **la Ilustración** the Enlightenment
i•lus•tra•do, a ◇ *adj.* [persona] learned, erudite; [libro] illustrated ◇ *m.f.* erudite person
i•lus•tra•dor, •ra ◇ *adj.* illustrative ◇ *m.f.* illustrator

i•lus•trar *tr.* to illustrate; [aclarar] to elucidate; [instruir] to instruct, enlighten
i•lus•tra•ti•vo, a *adj.* illustrative
i•lus•tre *adj.* illustrious, distinguished
i•ma•gen *f.* image ▪ **~ fantasma** TELEV double image, ghost; **ser la ~ viva de** to be the living image of
i•ma•gi•na•ble *adj.* imaginable
i•ma•gi•na•ción *f.* imagination ▪ **dejarse llevar por la ~** to let the imagination run away with one; **pasar por la ~** to occur, cross one's mind
i•ma•gi•nar *tr.* to imagine; [inventar] to invent; [suponer] to suppose, presume; (*reflex.*) to imagine
i•ma•gi•na•rio, a *adj.* imaginary
i•ma•gi•na•ti•vo, a *adj.* imaginative
i•mán[1] *m.* RELIG imam
i•mán[2] *m.* magnet; *fig* magnetism
i•ma•nar/man•tar *tr.* to magnetize
im•bé•cil *adj.* & *m.f.* imbecile
im•be•ci•li•dad *f.* imbecility
im•bo•rra•ble *adj.* indelible
im•buir [18] *tr.* to imbue
i•mi•ta•ble *adj.* imitable
i•mi•ta•ción *f.* imitation
i•mi•ta•dor, •ra *m.f.* imitator, mimic
i•mi•tar *tr.* to imitate, mimic
im•pa•cien•cia *f.* impatience
im•pa•cien•tar *tr.* to make (someone) lose patience; (*reflex.*) to lose one's patience
im•pa•cien•te *adj.* impatient, restless
im•pac•to *m.* impact; [choque] shock; [repercusión] repercussion ▪ **~ ambiental** environmental impact
im•pal•pa•ble *adj.* impalpable
im•par *adj.* odd, uneven
im•pa•ra•ble *adj.* unstoppable
im•par•cial *adj.* impartial
im•par•cia•li•dad *f.* impartiality
im•par•tir *tr.* to grant, concede
im•pa•si•bi•li•dad *f.* impassiveness
im•pa•si•ble *adj.* impassive
im•pa•vi•dez *f.* [valor] fearlessness, courage; [impasibilidad] impassivity
im•pá•vi•do, a *adj.* [valeroso] fearless, courageous; [impasible] impassive
im•pe•ca•ble *adj.* impeccable
im•pe•di•do, a *adj.* & *m.f.* disabled (person)
im•pe•di•men•to *m.* impediment
im•pe•dir [48] *tr.* to prevent, obstruct
im•pe•ler *tr.* to impel
im•pe•ne•tra•ble *adj.* impenetrable
im•pe•ni•ten•te ◇ *adj.* confirmed, inveterate ◇ *m.f.* stubborn o intractable person
im•pen•sa•ble *adj.* unthinkable, unimaginable
im•pen•sa•do, a *adj.* unexpected, fortuitous
im•pe•ran•te *adj.* ruling, dominant
im•pe•rar *tr.* to rule, reign
im•pe•ra•ti•vo, a *adj.* & *m.* imperative ▪ **imperativos económicos** economic considerations
im•per•cep•ti•ble *adj.* imperceptible
im•per•di•ble *m.* safety pin
im•per•do•na•ble *adj.* inexcusable
im•pe•re•ce•de•ro, a *adj.* [duradero] non-perishable; [inmortal] immortal
im•per•fec•ción *f.* imperfection
im•per•fec•to, a *adj.* imperfect
im•pe•rial *adj.* imperial
im•pe•ri•cia *f.* [torpeza] unskillfulness; [incapacidad] inexperience
im•pe•rio *m.* empire; [autoridad] authority; [duración] reign
im•pe•rio•si•dad *f.* imperiousness
im•pe•rio•so, a *adj.* [autoritario] imperious, overbearing; [imperativo] imperative, urgent
im•per•mea•bi•li•dad *f.* impermeability
im•per•me•a•bi•li•zar [04] *tr.* to (make) waterproof
im•per•me•a•ble ◇ *adj.* impermeable, waterproof ◇ *m.* raincoat, mackintosh
im•per•so•nal *adj.* impersonal
im•per•té•rri•to, a *adj.* [impávido] unperturbed, unmoved; [ante peligros] fearless
im•per•ti•nen•cia *f.* impertinence
im•per•ti•nen•te ◇ *adj.* impertinent; [insolente] insolent; [molesto] meddlesome ◇ *m. pl.* lorgnette, opera glasses
im•per•tur•ba•ble *adj.* imperturbable
im•pe•tra•ción *f.* impetration; [súplica] beseeching
im•pe•trar *tr.* to impetrate; [obtener] to obtain by entreaty; [suplicar] to beseech
ím•pe•tu *m.* impetus; [violencia] violence; [energía] energy; [fogosidad] impetuosity
im•pe•tuo•si•dad *f.* [ímpetu] impetus; [violencia] violence; [fogosidad] impetuosity
im•pe•tuo•so, a *adj.* [violento] violent; [fogoso] impetuous, impulsive
im•pi•da, do, diera, dió ▻ **impedir**
im•pie•dad *f.* impiety
im•pí•o, a ◇ *adj.* impious ◇ *m.f.* infidel
im•pla•ca•ble *adj.* implacable
im•plan•ta•ción *f.* implantation; [introducción] introduction
im•plan•tar *tr.* to implant; [introducir] to introduce
im•pli•ca•ción *f.* implication; [complicidad] complicity; [consecuencia] consequence
im•pli•can•te *adj.* implicating
im•pli•car [70] *tr.* to implicate; [significar] to imply, mean; (*reflex.*) to become involved
im•plí•ci•to, a *adj.* implicit
im•plo•rar *tr.* to implore
im•pon•de•ra•ble *adj.* & *m.* imponderable
im•po•nen•te *adj.* [grandioso] imposing; *coll* [atractivo] stunning
im•po•ner [54] *tr.* [ordenar] to impose; [informar] to inform; [infundir] to inspire, instill; (*reflex.*) [ser impuesto] to be imposed on o upon; [ser necesario] to be necessary; [obligarse] to take on ▪ **~ a** to dominate
im•po•ni•ble *adj.* taxable, subject to tax
im•po•pu•lar *adj.* unpopular
im•por•ta•ción *f.* importation, importing; [bienes importados] imported goods
im•por•ta•dor, •ra ◇ *adj.* importing ◇ *m.f.* importer
im•por•tan•cia *f.* importance; [valor] significance; [autoridad] authority; [influencia] influence ▪ **darse ~** to put on airs
im•por•tan•te *adj.* important ▪ **lo ~** the most important thing
im•por•tar *intr.* to be important, matter; (*tr.*) [valer] to cost, be worth; [introducir en un país] to import; [llevar consigo] to entail

im•por•te *m.* amount, cost
im•por•tu•nar *tr.* to importune
im•por•tu•no, a *adj.* inopportune
im•po•si•bi•li•dad *f.* impossibility
im•po•si•bi•li•ta•do, a *adj.* [tullido] disabled, crippled; [impedido] prevented
im•po•si•bi•li•tar *tr.* [prevenir] to make impossible; [impedir] to prevent
im•po•si•ble ◇ *adj.* impossible; [inservible] useless; [intratable] intractable, difficult; AMER dirty, filthy ◇ *m.* impossible ▪ **hacer lo** ~ to do the impossible, do the utmost
im•po•si•ción *f.* imposition
im•pos•tor, •ra ◇ *adj.* slanderous ◇ *m.* impostor, slanderer
im•pos•tu•ra *f.* [engaño] imposture; [calumnia] slander
im•po•ten•cia *f.* impotence
im•po•ten•te *adj.* & *m.* impotent (man)
im•prac•ti•ca•ble *adj.* [irrealizable] impracticable, unfeasible; [intransitable] impassable
im•pre•ca•ción *f.* imprecation, curse
im•pre•car [70] *tr.* to imprecate, curse
im•pre•ci•sión *f.* lack of precision, inexactness
im•pre•ci•so, a *adj.* imprecise
im•preg•na•ción *f.* impregnation
im•preg•nar *tr.* to impregnate
im•pre•me•di•ta•do, a *adj.* unpremeditated
im•pren•ta *f.* [arte] printing; [establecimiento] printing house
im•pres•cin•di•ble *adj.* indispensable
im•pre•sión *f.* impression; [edición] printing; [obra] edition ▪ ~ **digital** o **dactilar** fingerprint; **tener la** ~ **de** o **que** to have the impression that
im•pre•sio•na•ble *adj.* impressionable
im•pre•sio•nan•te *adj.* impressive
im•pre•sio•nar *tr.* to make an impression on, impress; [conmover] to move, touch; (*reflex.*) to be moved
im•pre•sio•nis•ta *adj.* & *m.f.* impressionist
im•pre•so, a ▷ **imprimir** ◇ *adj.* printed ◇ *m.* leaflet
im•pre•sor, •ra *m.f.* owner of a printing house; (*m.*) printer; (*f.*) printer ▪ ~ **de chorro de tinta** inkjet printer; ~ **en color** color printer; ~ **láser** laser printer
im•pre•vi•si•ble *adj.* unpredictable
im•pre•vi•sión *f.* lack of foresight
im•pre•vis•to, a ◇ *adj.* unforeseen, unexpected ◇ *pl.* incidental expenses
im•pri•mir [80] *tr.* [reproducir] to print; [estampar] to stamp, imprint; [dejar una huella] to imprint; [transmitir] to impart
im•pro•ba•bi•li•dad *f.* improbability
im•pro•ba•ble *adj.* improbable
ím•pro•bo, a *adj.* [sin probidad] dishonest; [muy duro] arduous
im•pro•ce•den•te *adj.* [inadecuado] inappropriate; LAW irrelevant
im•pro•duc•ti•vo, a *adj.* unproductive
im•pro•pie•dad *f.* inappropriateness
im•pro•pio, a *adj.* [inadecuado] improper, inappropriate; [no exacto] incorrect; MATH improper
im•pro•vi•sa•ción *f.* improvisation
im•pro•vi•sa•do, a *adj.* [de cosas] makeshift, improvised; [de un discurso] impromptu, extemporaneous; MUS improvised
im•pro•vi•sar *tr.* to improvise; RHET to extemporize
im•pro•vi•so, a *adj.* unexpected ▪ **al** o **de** ~ unexpectedly, suddenly
im•pru•den•cia *f.* carelessness
im•pru•den•te *adj.* & *m.f.* careless (person)
im•pu•den•cia *f.* impudence
im•pú•di•co, a *adj.* & *m.f.* shameless (person)
im•pu•dor *m.* [desvergüenza] shamelessness; [falta de pudor] impudicity
im•pues•to, a ▷ **imponer** ◇ *m.* tax, duty ▪ ~ **sobre la renta** income tax; ~ **a las ventas** sales tax; ~ **de herencias** inheritance tax; ~ **adicional** ARG surtax; ~ **de aduanas** customs duty; ~ **inmobiliario** real-estate tax; ~ **sobre bienes** property tax
im•pug•na•ble *adj.* impugnable
im•pug•na•ción *f.* refutation, contradiction
im•pug•nar *tr.* to refute, impugn
im•pul•sar *tr.* to impel, drive
im•pul•sión *f.* impulsion, impulse
im•pul•si•vi•dad *f.* impulsiveness
im•pul•si•vo, a *adj.* & *m.f.* impulsive (person)
im•pul•so *m.* impulse
im•pul•sor, •ra ◇ *adj.* impelling, driving ◇ *m.f.* [fuerza] driving force; [instigador] instigator
im•pu•ne *adj.* unpunished
im•pu•ni•dad *f.* impunity
im•pu•re•za *f.* impurity
im•pu•ro, a *adj.* impure
im•pu•sie•ra, so ▷ **imponer**
im•pu•ta•ble *adj.* imputable
im•pu•ta•ción *f.* imputation, charge
im•pu•tar *tr.* [atribuir] to impute, charge with; COM [asignar] to assign
i•na•bor•da•ble *adj.* unapproachable
i•na•ca•ba•ble *adj.* interminable, endless
i•na•ca•ba•do, a *adj.* unfinished
i•nac•ce•si•ble *adj.* inaccessible
i•nac•ción *f.* inaction
i•na•cep•ta•ble *adj.* unacceptable
i•na•cos•tum•bra•do, a *adj.* unaccustomed
i•nac•ti•vi•dad *f.* inactivity
i•nac•ti•vo, a *adj.* inactive
i•na•dap•ta•ble *adj.* unadaptable
i•na•de•cua•do, a *adj.* unsuitable, inadequate
i•nad•mi•si•ble *adj.* inadmissible
i•nad•ver•ten•cia *f.* inadvertence, carelessness
i•nad•ver•ti•do, a *adj.* [sin cuidado] careless; [no advertido] unnoticed
i•na•go•ta•ble *adj.* inexhaustible, endless
i•na•guan•ta•ble *adj.* unbearable, insufferable
i•na•lám•bri•co, a *adj.* wireless
i•nal•can•za•ble *adj.* unreachable
i•nal•te•ra•ble *adj.* unalterable
i•na•mo•vi•ble *adj.* immovable, unremovable
i•na•ne *adj.* inane
i•na•ni•dad *f.* inanity
i•na•ni•ma•do, a *adj.* inanimate, lifeless
i•na•pa•ga•ble *adj.* inextinguishable
i•na•pla•za•ble *adj.* unpostponable
i•na•pli•ca•ble *adj.* inapplicable
i•na•pre•cia•ble *adj.* [inestimable] invaluable; [imperceptible] imperceptible
i•na•pro•pia•do, a *adj.* inappropriate
i•nar•ti•cu•la•do, a *adj.* inarticulate

i•na•ta•ca•ble *adj.* impregnable, unassailable
i•na•ten•to, a *adj.* unattentive
i•nau•di•to, a *adj.* [no oído] unheard-of; [extraordinario] unprecedented; [monstruoso] outrageous
i•nau•gu•ra•ción *f.* inauguration, opening
i•nau•gu•rar *tr.* to inaugurate, open
in•cal•cu•la•ble *adj.* incalculable
in•ca•li•fi•ca•ble *adj.* indescribable
in•can•des•cen•cia *f.* incandescence
in•can•des•cen•te *adj.* incandescent
in•can•sa•ble *adj.* untiring, indefatigable
in•ca•pa•ci•dad *f.* incapacity
in•ca•pa•ci•ta•do, a *adj.* incapacitated
in•ca•pa•ci•tar *tr.* to incapacitate
in•ca•paz *adj.* incapable, unable; [incompetente] incompetent; LAW incapacitated
in•cau•ta•ción *f.* seizure, confiscation
in•cau•tar•se *reflex.* to seize, confiscate
in•cau•to, a *adj.* [imprudente] incautious, unwary; [inocente] gullible, naive
in•cen•diar *tr.* to set on fire, set fire to; (*reflex.*) to catch fire
in•cen•dia•rio, a *adj.* & *m.f.* incendiary
in•cen•dio *m.* fire
in•cen•sa•rio *m.* incense vessel
in•cen•ti•vo *m.* incentive
in•cer•ti•dum•bre *f.* uncertainty, doubt
in•ce•sa•ble/san•te *adj.* incessant
in•ces•to *m.* incest
in•ces•tuo•so, a *adj.* incestuous
in•ci•den•cia *f.* [incidente] incident, occurrence; PHYS incidence
in•ci•den•tal *adj.* [incidente] incidental; [en paréntesis] parenthetical
in•ci•den•te *adj.* & *m.* incident
in•ci•dir *intr.* to fall upon, strike ▪ ~ **en un error** to fall into error; ~ **sobre** to influence
in•cien•so *m.* incense
in•cier•to, a *adj.* uncertain, doubtful
in•ci•ne•ra•ción *f.* incineration, cremation
in•ci•ne•ra•dor *m.* incinerator ▪ ~ **de residuos** waste incinerator
in•ci•ne•rar *tr.* to incinerate, cremate
in•ci•pien•te *adj.* incipient
in•ci•sión *f.* incision
in•ci•si•vo, a *adj.* cutting, incisive ▪ **diente** ~ incisor
in•ci•so *m.* article
in•ci•tar *tr.* to incite, instigate
in•ci•vil *adj.* uncivil, rude
in•ci•vi•li•dad *f.* incivility, rudeness
in•cle•men•cia *f.* inclemency
in•cle•men•te *adj.* inclement
in•cli•na•ción *f.* inclination; [del cuerpo] bowing; [pendiente] slope, slant; [tendencia] inclination
in•cli•nar *tr.* [la cabeza] to bow, lower; [torcer] to slant, tilt; [persuadir] to persuade; (*intr.*) to resemble, take after; (*reflex.*) [doblarse] to bow; [desviar] to slant, slope; [parecerse] to resemble; to take after; [estar dispuesto] to be o feel inclined
in•cluir [18] *tr.* to include; [encerrar] to enclose; [contener] to contain; [comprender] to comprise
in•clu•sión *f.* inclusion ▪ **con** ~ **de** including
in•clu•si•ve *adv.* inclusive, included
in•clu•si•vo, a *adj.* inclusive, including
in•clu•so, a ▻ **incluir** ◇ *adv.* [inclusivemente] inclusively; [aun más] even ▪ ~ **lo avisé** I even warned him
in•clu•ya, yo, yera, yó ▻ **incluir**
in•co•bra•ble *adj.* irrecoverable, uncollectable
in•cóg•ni•to, a ◇ *adj.* unknown ▪ **de** ~ incognito ◇ *m.* incognito; (*f.*) MATH unknown quantity; [misterio] question
in•co•he•ren•cia *f.* incoherence
in•co•he•ren•te *adj.* incoherent
in•co•lo•ro, a *adj.* [sin color] colorless; [sin brillo] dull
in•có•lu•me *adj.* unharmed, unscathed
in•com•bus•ti•ble *adj.* incombustible, fireproof
in•co•mes•ti•ble *adj.* inedible
in•co•mi•ble *adj.* *coll* inedible
in•co•mo•dar *tr.* to inconvenience, bother; (*reflex.*) to become angry
in•co•mo•do *m.*/**di•dad** *f.* [falta de comodidad] discomfort; [molestia] inconvenience
in•có•mo•do, a ◇ *adj.* uncomfortable, awkward ◇ *m.* discomfort, inconvenience
in•com•pa•ra•ble *adj.* incomparable
in•com•pa•ti•ble *adj.* incompatible
in•com•pe•ten•te *adj.* incompetent
in•com•ple•to, a *adj.* incomplete, unfinished
in•com•pren•si•ble *adj.* incomprehensible
in•co•mu•ni•ca•ble *adj.* incommunicable
in•co•mu•ni•ca•do, a *adj.* [aislado] isolated, cut off; CRIMIN incommunicado
in•con•ce•bi•ble *adj.* inconceivable
in•con•ci•lia•ble *adj.* irreconcilable
in•con•clu•so, a *adj.* inconclusive
in•con•di•cio•nal *adj.* unconditional
in•co•ne•xo, a *adj.* disconnected, unconnected
in•con•fe•sa•ble *adj.* unspeakable
in•con•fun•di•ble *adj.* unmistakable
in•con•gruen•cia *f.* incongruity
in•con•gruen•te *adj.* incongruous
in•con•men•su•ra•ble *adj.* [inmensurable] incommensurable; [enorme] enormous
in•cons•cien•cia *f.* [pérdida del conocimiento] unconsciousness; [irreflexión] thoughtlessness
in•cons•cien•te ◇ *adj.* [sin conocimiento] unconscious; [sin consciencia] unconscious, unaware; [irreflexivo] thoughtless ◇ *m.* unconscious
in•con•se•cuen•te *adj.* inconsistent
in•con•si•de•ra•do, a ◇ *adj.* [no considerado] inconsiderate; [atolondrado] rash ◇ *m.f.* inconsiderate person
in•con•sis•ten•cia *f.* inconsistency
in•con•sis•ten•te *adj.* inconsistent
in•con•so•la•ble *adj.* inconsolable
in•cons•tan•cia *f.* changeableness, fickleness
in•cons•tan•te *adj.* & *m.f.* fickle (person)
in•cons•ti•tu•cio•nal *adj.* unconstitutional
in•con•ta•ble *adj.* [innumerable] countless; [que no puede narrarse] unrepeatable
in•con•te•ni•ble *adj.* irrepressible
in•con•tes•ta•do, a *adj.* uncontested
in•con•ti•nen•cia *f.* incontinence
in•con•ti•nen•te *adj.* incontinent
in•con•tro•la•ble *adj.* uncontrollable
in•con•tro•ver•ti•ble *adj.* incontrovertible
in•con•ven•ci•ble *adj.* steadfast, unshakable

in•con•ve•nien•cia *f.* inconvenience; [incomodidad] discomfort; [grosería] crude remark

in•con•ve•nien•te ◇ *adj.* inconvenient; [inapropiado] inappropriate; [grosero] crude ◇ *m.* [obstáculo] obstacle; [objeción] objection; [desventaja] drawback ■ **tener ~** to mind, object

in•con•ver•ti•ble *adj.* inconvertible

in•cor•po•ra•ción *f.* incorporation

in•cor•po•ral *adj.* incorporeal

in•cor•po•rar *tr.* to incorporate; (*reflex.*) [sentarse] to sit up; [formar parte] to join ■ **~ a las filas** to join the ranks

in•cor•pó•re•o, a *adj.* incorporeal

in•co•rrec•to, a *adj.* incorrect

in•co•rre•gi•ble *adj.* incorrigible

in•co•rrup•ti•ble *adj.* incorruptible

in•co•rrup•to, a *adj.* incorrupt; [virgen] virginal

in•cre•du•li•dad *f.* incredulity

in•cré•du•lo, a ◇ *adj.* incredulous; RELIG unbelieving ◇ *m.f.* RELIG unbeliever

in•cre•í•ble *adj.* incredible, unbelievable

in•cre•men•tar *tr.* to increase, augment

in•cre•men•to *m.* increment, increase

in•cre•par *tr.* to rebuke, reprimand

in•cri•mi•na•ción *f.* incrimination

in•cri•mi•nar *tr.* to incriminate

in•crus•ta•ción *f.* incrustation; ARTS inlaying

in•crus•tar *tr.* GEOL to encrust; ARTS to inlay; (*reflex.*) to become encrusted O embedded

in•cu•ba•ción *f.* incubation

in•cu•ba•dor, •ra ◇ *adj.* incubating ◇ *f.* incubator

in•cu•bar *tr.* & *intr.* to incubate

in•cues•tio•na•ble *adj.* unquestionable

in•cul•car [70] *tr.* to inculcate

in•cul•to, a *adj.* uncultured, uneducated

in•cum•ben•cia *f.* incumbency

in•cum•bir [38] *intr.* to be of concern to

in•cu•ra•ble ◇ *adj.* incurable ◇ *m.f.* incurably ill person

in•cu•rrir *intr.* ■ **~ en** to commit, incur

in•cur•sión *f.* incursion, raid

in•da•gar [47] *tr.* to investigate, inquire into

in•da•ga•to•rio, a *adj.* investigatory

in•de•bi•do, a *adj.* [ilegal] illegal; [desconsiderado] improper

in•de•cen•cia *f.* [falta de decencia] indecency; [acto] indecent action

in•de•cen•te *adj.* indecent

in•de•ci•ble *adj.* unspeakable

in•de•ci•sión *f.* indecision

in•de•ci•so, a *adj.* [irresoluto] undecided; [incierto] indecisive

in•de•co•ro•so, a *adj.* indecorous

in•de•fen•so, a *adj.* [sin defensa] defenseless; [desamparado] helpless

in•de•fi•ni•do, a *adj.* [no definido] undefined; [indeterminado] indefinite; GRAM indefinite

in•de•le•ble *adj.* indelible

in•dem•ne *adj.* uninjured, unhurt

in•dem•ni•dad *f.* indemnity

in•dem•ni•za•ción *f.* indemnity

in•dem•ni•zar [04] *tr.* to indemnify

in•de•pen•den•cia *f.* independence

in•de•pen•dien•te ◇ *adj.* & *m.f.* independent ◇ *adv.* independently

in•de•pen•di•zar [04] *tr.* to free, liberate; (*reflex.*) to become independent

in•des•ci•fra•ble *adj.* undecipherable; *fig* impenetrable

in•des•crip•ti•ble *adj.* indescribable

in•de•sea•ble *adj.* & *m.f.* undesirable

in•des•truc•ti•ble *adj.* indestructible

in•de•ter•mi•na•ble *adj.* undeterminable

in•de•ter•mi•na•do, a *adj.* indeterminate; GRAM indefinite

in•di•ca•ción *f.* indication; [señal] sign; [sugerencia] suggestion; [señas] directions; [instrucción] direction; [observación] remark

in•di•ca•do, a *adj.* [adecuado] suitable; [aconsejado] recommended

in•di•ca•dor, •ra ◇ *adj.* indicating ◇ *m.* indicator ■ **~ de carretera** road sign

in•di•car [70] *tr.* to indicate; [mostrar] to show; [sugerir] to suggest

in•di•ca•ti•vo, a *adj.* & *m.* indicative

ín•di•ce ◇ *m.* [general] table of contents; [alfabético] index; [de biblioteca] catalogue; [indicio] indication; [coeficiente] rate; [cifra] index; [dedo] index finger ■ **~ de desempleo** unemployment; **~ de precios al consumo** consumer price index; **~ Dow Jones** Dow-Jones index; **~ Nasdaq** Nasdaq index ◇ *adj.* index

in•di•cio ◇ *m.* indication, sign ◇ *pl.* clues

in•di•fe•ren•cia *f.* indifference

in•di•fe•ren•te *adj.* indifferent

in•dí•ge•na *adj.* & *m.f.* native

in•di•gen•cia *f.* indigence

in•di•gen•te ◇ *adj.* indigent ◇ *m.* ■ **los indigentes** the poor, the needy

in•di•ges•tar *tr.* to give indigestion; (*reflex.*) [tener indigestión] to have indigestion; *coll* [no agradar] to dislike

in•di•ges•tión *f.* indigestion

in•dig•na•ción *f.* indignation

in•dig•nar *tr.* to anger, infuriate; (*reflex.*) to become indignant

in•dig•ni•dad *f.* [carácter] unworthiness; [afrenta] indignity

in•dig•no, a *adj.* [sin mérito] unworthy; [vil] despicable

ín•di•go *m.* indigo

in•di•rec•to, a ◇ *adj.* indirect ◇ *f.* hint ■ **lanzar** O **soltar** O **tirar una ~ a** *coll* to drop a hint to

in•dis•ci•pli•na•do, a *adj.* undisciplined

in•dis•cre•ción *f.* indiscretion

in•dis•cre•to, a *adj.* & *m.f.* indiscreet (person)

in•dis•cu•ti•ble *adj.* indisputable

in•dis•pen•sa•ble *adj.* indispensable

in•dis•po•ner [54] *tr.* to set against; (*reflex.*) [enfermarse] to become indisposed; [malquistarse] to fall out

in•dis•po•si•ción *f.* indisposition

in•dis•pues•to, a *adj.* indisposed

in•dis•pu•sie•ra, so ▻ **indisponer**

in•dis•pu•ta•ble *adj.* indisputable

in•dis•tin•gui•ble *adj.* indistinguishable

in•dis•tin•to, a *adj.* indistinct

in•di•vi•dual *adj.* individual; [habitación] single

in•di•vi•dua•li•dad *f.* individuality

in•di•vi•dua•lis•ta ◇ *adj.* individualistic ◇ *m.f.* individualist
in•di•vi•dua•li•zar [04] *tr.* to individualize
in•di•vi•duo, a ◇ *adj.* individual ◇ *m.* individual; [de una sociedad] member
in•di•vi•si•bi•li•dad *f.* indivisibility
in•di•vi•si•ble *adj.* indivisible
in•dó•cil *adj.* indocile, unruly
in•do•cu•men•ta•do, a ◇ *adj.* undocumented ◇ *m.f.* person without identification papers
ín•do•le *f.* [naturaleza] nature; [tipo] type
in•do•len•cia *f.* indolence
in•do•len•te ◇ *adj.* indolent ◇ *m.f.* idler
in•do•lo•ro, a *adj.* indolent, painless
in•do•ma•ble *adj.* [animal] untamable; [caballo] unbreakable; [persona] uncontrollable; [pasión, valor] indomitable
in•dó•mi•to, a *adj.* [no domado] untamed; [no domesticable] untamable; [persona] unruly; [carácter] indomitable
in•duc•ción *f.* induction
in•du•cir [22] *tr.* [llevar] to induce, lead; [deducir] to induce, infer
in•duc•ti•vo, a *adj.* inductive
in•du•da•ble *adj.* indubitable, certain
in•du•je•ra, jo ▷ **inducir**
in•dul•gen•cia *f.* indulgence
in•dul•gen•te *adj.* indulgent
in•dul•tar *tr.* [perdonar] to pardon; [exonerar] to exempt; LAW to grant amnesty
in•dul•to *m.* [perdón] pardon; [exoneración] exemption
in•du•men•ta•ria *f.* clothing, garments
in•dus•tria *f.* industry
in•dus•trial ◇ *adj.* industrial ◇ *m.* industrialist
in•dus•tria•li•zar [04] *tr.* to industrialize; (*reflex.*) to become industrialized
in•dus•trio•so, a *adj.* industrious
i•né•di•to, a *adj.* unpublished
i•ne•fa•ble *adj.* ineffable
i•ne•fi•ca•cia *f.* inefficacy
i•ne•fi•caz *adj.* ineffective, inefficacious
i•ne•lu•di•ble *adj.* inescapable
i•nep•ti•tud *f.* ineptitude
i•nep•to, a *adj.* & *m.f.* inept (person)
i•ne•quí•vo•co, a *adj.* unequivocal
i•ner•cia *f.* inertia
i•ner•te *adj.* inert
i•nes•cru•ta•ble *adj.* inscrutable
i•nes•cu•dri•ña•ble *adj.* inscrutable
i•nes•pe•ra•do, a *adj.* unexpected
i•nes•ta•bi•li•dad *f.* instability
i•nes•ta•ble *adj.* unstable
i•nes•ti•ma•ble *adj.* inestimable
i•ne•vi•ta•ble *adj.* inevitable
i•ne•xac•to, a *adj.* inexact, inaccurate
i•nex•cu•sa•ble *adj.* inexcusable
i•ne•xis•ten•te *adj.* inexistent, nonexistent
i•ne•xo•ra•ble *adj.* inexorable
i•nex•per•to, a *adj.* & *m.f.* inexperienced (person)
i•nex•pli•ca•ble *adj.* inexplicable
i•nex•plo•ra•do, a *adj.* unexplored
i•nex•pug•na•ble *adj.* [invencible] impregnable; [irreductible] unshakable
i•nex•tin•gui•ble *adj.* [que no se apaga] inextinguishable; [que no se aplaca] unquenchable; [inagotable] perpetual
i•nex•tri•ca•ble *adj.* inextricable
in•fa•li•bi•li•dad *f.* infallibility
in•fa•li•ble *adj.* [inequívoco] infallible; [inevitable] inevitable
in•fa•mar *tr.* to defame, slander
in•fa•me ◇ *adj.* infamous; [odioso] thankless; [vil] vile ◇ *m.f.* infamous person
in•fa•mia *f.* infamy
in•fan•cia *f.* infancy
in•fan•ta *f.* [niña] infant; [del rey] infanta
in•fan•te *m.* [niño] infant; [del rey] infante; MIL infantryman
in•fan•te•rí•a *f.* infantry ▪ **~ de marina** marines
in•fan•ti•ci•da ◇ *adj.* infanticidal ◇ *m.f.* infanticide
in•fan•ti•ci•dio *m.* infanticide
in•fan•til *adj.* infantile; *fig* childish
in•far•to *m.* infarct, infarction ▪ **~ (de miocardio)** heart attack
in•fa•ti•ga•ble *adj.* indefatigable, untiring
in•fa•tuar [67] *tr.* to make conceited; (*reflex.*) to become conceited
in•faus•to, a *adj.* unfortunate
in•fec•ción *f.* infection
in•fec•cio•so, a *adj.* infectious
in•fec•tar *tr.* to infect; (*reflex.*) to become infected
in•fe•cun•do, a *adj.* infecund, sterile
in•fe•li•ci•dad *f.* unhappiness
in•fe•liz ◇ *adj.* [desgraciado] unfortunate; [miserable] wretched; *coll* [bondadoso] goodhearted ◇ *m.f.* [pobre diablo] poor devil; *coll* [persona bondadosa] goodhearted person
in•fe•ren•cia *f.* inference
in•fe•rior ◇ *adj.* [de abajo] lower; [menor] inferior; [menos] less ◇ *m.* inferior
in•fe•rio•ri•dad *f.* inferiority
in•fe•rir [65] *tr.* [deducir] to infer, deduce; [ocasionar] to cause, inflict
in•fer•nal *adj.* infernal
in•fes•ta•ción *f.* infestation
in•fes•tar *tr.* to infest
in•fi•de•li•dad *f.* infidelity
in•fiel ◇ *adj.* [falto de fidelidad] unfaithful; [desleal] disloyal ◇ *m.f.* RELIG infidel
in•fie•ra, ro ▷ **inferir**
in•fier•no *m.* hell; *fig* madhouse ▪ **en el quinto ~** *coll* (out) in the boondocks
in•fil•tra•ción *f.* infiltration
in•fil•trar *tr.* & *reflex.* to infiltrate
ín•fi•mo, a *adj.* [calidad, categoría] extremely low; [precio] giveaway; [importancia] minimal
in•fi•ni•dad *f.* infinity; [cantidad] a lot ▪ **una ~ de personas** countless people
in•fi•ni•te•si•mal *adj.* infinitesimal
in•fi•ni•ti•vo, a *adj.* & *m.* GRAM infinitive
in•fi•ni•to, a ◇ *adj.* infinite ◇ *m.* infinite; MATH & PHYS infinity ◇ *adv.* ▪ **a lo ~** ad infinitum
in•fla•ción *f.* inflation
in•fla•cio•na•rio, a *adj.* inflationary
in•fla•dor *m.* air pump, inflater
in•fla•ma•ble *adj.* inflammable
in•fla•ma•ción *f.* inflammation

in•fla•mar *tr.* [encender] to set on fire; [las pasiones] to inflame; (*reflex.*) [encenderse] to catch fire; [enardecerse] to become aroused
in•fla•ma•to•rio, a *adj.* inflammatory
in•flar *tr.* to inflate; (*reflex.*) to become conceited o puffed up
in•fle•xi•ble *adj.* inflexible, rigid
in•fli•gir [32] *tr.* to inflict
in•fluen•cia *f.* influence
in•fluen•ciar *tr.* AMER to influence
in•fluen•za *f.* influenza, flu
in•fluir [18] *intr.* to have influence
in•flu•jo *m.* influence
in•flu•yen•te *adj.* influential
in•fo•a•dic•to, a *m.f.* infoaddict
in•fo•gra•fí•a *f.* computer graphics
in•for•ma•ción *f.* information; [datos] data
in•for•mal *adj.* informal; [de poco fiar] unreliable
in•for•ma•li•dad *f.* informality; [falta de seriedad] irresponsibility
in•for•mar *tr.* [comunicar] to inform; PHILOS to form; (*reflex.*) to find out
in•for•má•ti•ca *f.* computing
in•for•má•ti•co, a *adj.* computer
in•for•ma•ti•vo, a *adj.* informative
in•for•ma•ti•za•ción *f.* computerization
in•for•ma•ti•zar *tr.* to computerize
in•for•me[1] *adj.* shapeless, formless
in•for•me[2] *m.* report, piece of information
in•for•tu•na•do, a *adj.* & *m.f.* unfortunate (person)
in•for•tu•nio *m.* misfortune, bad luck
in•frac•ción *f.* infraction, transgression
in•frac•tor, •ra ◇ *adj.* transgressing ◇ *m.f.* transgressor
in•fra•es•truc•tu•ra *f.* infrastructure
in•fran•quea•ble *adj.* insurmountable
in•fra•rro•jo, a *adj.* infrared
in•fre•cuen•te *adj.* infrequent
in•frin•gir [32] *tr.* to infringe, violate
in•fruc•tí•fe•ro, a *adj.* unfruitful, unprofitable
in•fruc•tuo•so, a *adj.* fruitless, useless
in•fun•da•do, a *adj.* unfounded, groundless
in•fun•dio *m. coll* lie, false story
in•fun•dio•so, a *adj.* lying, mendacious
in•fun•dir *tr.* to instill, arouse
in•fu•sión *f.* infusion
in•ge•niar *tr.* to devise; (*reflex.*) to manage (**para** to) ▪ **ingeniárselas** to manage
in•ge•nie•rí•a *f.* engineering
in•ge•nie•ro *m.* engineer ▪ ~ **agrónomo** agronomist
in•ge•nio *m.* [habilidad] ingenuity; [talento] talent; [agudeza] wit; [de azúcar] sugar mill ▪ **afilar** o **aguzar el** ~ to sharpen one's wits
in•ge•nio•si•dad *f.* ingenuity
in•ge•nio•so, a *adj.* ingenious
in•ge•nuo, a *adj.* & *m.f.* naive (person)
in•ge•rir [65] *tr.* to ingest
in•ges•tión *f.* ingestion
in•gle *f.* groin
in•gra•ti•tud *f.* ingratitude, ungratefulness
in•gra•to, a *adj.* [desagradecido] ungrateful; [que no satisface] thankless, unrewarding
in•gre•dien•te *m.* ingredient
in•gre•sar *intr.* [entrar] to enter; [hacerse miembro] to become a member; (*tr.*) to deposit
in•gre•so ◇ *m.* [acción] entrance; [entrada] entryway; [de dinero] income ◇ *pl.* earnings
in•há•bil *adj.* [incapaz] unskillful; [inadecuado] unfit
in•ha•bi•li•dad *f.* [falta de maña] unskillfulness; [ineptitud] incompetence; [impedimento] handicap
in•ha•bi•li•tar *tr.* to disqualify
in•ha•bi•ta•ble *adj.* uninhabitable
in•ha•bi•ta•do, a *adj.* uninhabited, deserted
in•ha•lar *tr.* to inhale
in•he•ren•te *adj.* inherent
in•hi•bi•ción *f.* inhibition
in•hi•bir *tr.* to inhibit; (*reflex.*) to withdraw
in•hu•ma•ni•dad *f.* inhumanity, cruelty
in•hu•ma•no, a *adj.* inhuman, cruel
i•ni•cia•ción *f.* initiation
i•ni•cia•do, a ◇ *adj.* initiated ◇ *m.f.* initiate
i•ni•cia•dor, •ra ◇ *adj.* initiating ◇ *m.f.* initiator
i•ni•cial *adj.* & *f.* initial
i•ni•cia•li•zar *tr.* COMPUT to initialize
i•ni•ciar *tr.* to initiate; [admitir] to introduce
i•ni•cia•ti•va *f.* initiative
i•ni•cio *m.* beginning
i•ni•cuo, a *adj.* iniquitous, wicked
i•ni•gua•la•do, a *adj.* unequaled
i•ni•ma•gi•na•ble *adj.* unimaginable
i•ni•mi•ta•ble *adj.* inimitable
i•nin•te•li•gi•ble *adj.* unintelligible
i•ni•qui•dad *f.* iniquity
in•je•ren•cia *f.* interference
in•je•rir [65] *tr.* to insert; (*reflex.*) to interfere
in•jer•tar *tr.* to graft, implant
in•jer•to *m.* graft, transplant
in•ju•ria *f.* [insulto] insult; [daño] injury
in•ju•riar *tr.* [ofender] to insult; [dañar] to injure
in•ju•rio•so, a *adj.* injurious
in•jus•ti•cia *f.* injustice
in•jus•ti•fi•ca•ble *adj.* unjustifiable
in•jus•to, a *adj.* unjust
in•ma•cu•la•do, a *adj.* spotless, immaculate
in•ma•du•rez *f.* immaturity
in•ma•du•ro, a *adj.* [fruta] unripe, green; [persona] immature
in•me•dia•ción ◇ *f.* immediacy ◇ *pl.* environs
in•me•dia•to, a *adj.* next to, adjoining ▪ **de** ~ immediately, at once
in•me•mo•rial *adj.* immemorial
in•men•si•dad *f.* immensity, vastness
in•men•so, a *adj.* immense
in•men•su•ra•ble *adj.* immeasurable
in•me•re•ci•do, a *adj.* unmerited, undeserved
in•mer•sión *f.* immersion
in•mi•gra•ción *f.* immigration
in•mi•gran•te *adj.* & *m.f.* immigrant
in•mi•grar *intr.* to immigrate
in•mi•gra•to•rio, a *adj.* immigrant
in•mi•nen•cia *f.* imminence, imminency
in•mi•nen•te *adj.* imminent
in•mis•cuir [18] *tr.* to mix; (*reflex.*) to meddle, interfere
in•mo•bi•lia•rio, a *adj.* real estate
in•mo•de•ra•do, a *adj.* immoderate, excessive
in•mo•des•to, a *adj.* immodest
in•mo•la•ción *f.* immolation
in•mo•lar *tr.* & *reflex.* to immolate (oneself)

in•mo•ral *adj.* immoral
in•mo•ra•li•dad *f.* immorality
in•mor•tal *adj.* immortal
in•mor•ta•li•dad *f.* immortality
in•mor•ta•li•zar [04] *tr.* to immortalize
in•mo•vi•ble *adj.* immovable
in•mó•vil *adj.* motionless, still
in•mo•vi•li•dad *f.* immobility
in•mo•vi•li•za•ción *f.* immobilization
in•mo•vi•li•za•dor *m.* AUTO immobilizer
in•mo•vi•li•zar [04] *tr.* to immobilize; COM to tie up
in•mue•ble ◇ *adj.* ■ **bienes inmuebles** real estate ◇ *m.* building
in•mun•di•cia *f.* filth, dirt
in•mun•do, a *adj.* dirty, filthy
in•mu•ni•dad *f.* immunity
in•mu•ni•za•ción *f.* immunization
in•mu•ni•zar [04] *tr.* to immunize
in•mu•no•de•fi•cien•cia *f.* immunodeficiency
in•mu•no•de•fi•cien•te *adj.* & *m.f.* immunodeficient (person)
in•mu•no•lo•gí•a *f.* immunology
in•mu•ta•bi•li•dad *f.* immutability
in•mu•ta•ble *adj.* immutable
in•mu•tar *tr.* to change; (*reflex.*) to lose one's composure
in•na•to, a *adj.* innate
in•ne•ce•sa•rio, a *adj.* unnecessary
in•ne•ga•ble *adj.* undeniable
in•no•ble *adj.* ignoble
in•no•va•ción *f.* innovation
in•no•va•dor, •ra ◇ *adj.* innovative ◇ *m.f.* innovator
in•no•var *tr.* to innovate
in•nu•me•ra•ble *adj.* innumerable
i•no•cen•cia *f.* innocence
i•no•cen•te *adj.* & *m.f.* innocent ■ **día de los ~** April Fools' Day
i•no•cu•la•ción *f.* inoculation
i•no•cu•lar *tr.* to inoculate
i•no•cuo, a *adj.* innocuous
i•no•do•ro, a ◇ *adj.* odorless ◇ *m.* toilet
i•nol•vi•da•ble *adj.* unforgettable
i•no•pe•ra•ble *adj.* inoperable
i•no•por•tu•no, a *adj.* inopportune
i•nor•gá•ni•co, a *adj.* inorganic
i•no•xi•da•ble *adj.* rustproof ■ **acero ~** stainless steel
in•que•bran•ta•ble *adj.* unbreakable
in•quie•tan•te *adj.* disquieting, disturbing
in•quie•tar *tr.* [perturbar] to disturb; [alarmar] to alarm; (*reflex.*) to worry
in•quie•to, a *adj.* [intranquilo] restless; [desasosegado] worried, anxious
in•quie•tud *f.* [agitación] restlessness; [aprensión] uneasiness
in•qui•li•no, a *m.f.* tenant
in•qui•na *f.* animosity, dislike ■ **tenerle ~ a alguien** to hold a grudge against someone
in•qui•rir [02] *tr.* to investigate, probe
in•qui•si•ción *f.* inquisition; HIST Inquisition
in•qui•si•dor, •ra ◇ *adj.* inquisitive ◇ *m.f.* inquirer; (*m.*) HIST Inquisitor
in•qui•si•ti•vo, a *adj.* inquisitive
in•sa•cia•ble *adj.* insatiable
in•sa•lu•bre *adj.* insalubrious
in•sa•no, a *adj.* [demente] insane; [insalubre] unhealthy
in•sa•tis•fac•ción *f.* dissatisfaction
in•sa•tis•fac•to•rio, a *adj.* unsatisfactory
in•sa•tis•fe•cho, a *adj.* [no satisfecho] unsatisfied; [desilusionado] dissatisfied
ins•cri•bir [80] *tr.* [grabar] to engrave; [matricular] to register; [anotar] to record; (*reflex.*) to register, enroll
ins•crip•ción *f.* [acción] inscribing; [epígrafe] inscription; [anotación] record; [matriculación] enrollment
in•sec•ti•ci•da ◇ *adj.* insecticidal ◇ *m.* insecticide
in•sec•to *m.* insect
in•se•gu•ri•dad *f.* insecurity
in•se•gu•ro, a *adj.* insecure
in•se•mi•na•ción *f.* insemination
in•sen•sa•tez *f.* [estupidez] stupidity; [dicho] foolish remark
in•sen•sa•to, a ◇ *adj.* foolish, senseless ◇ *m.f.* fool, dolt
in•sen•si•ble *adj.* [que no siente] insensitive; [sin compasión] unfeeling; [imperceptible] imperceptible; [inconsciente] unconscious
in•se•pa•ra•ble *adj.* inseparable
in•ser•ción *f.* insertion
in•ser•tar *tr.* to insert
in•si•dia *f.* malice
in•si•dio•so, a *adj.* insidious
in•sig•ne *adj.* famous, illustrious
in•sig•nia *f.* badge, emblem
in•sig•ni•fi•can•te *adj.* insignificant
in•sin•ce•ri•dad *f.* insincerity
in•sin•ce•ro, a *adj.* insincere
in•si•nua•ción *f.* insinuation
in•si•nuar [67] *tr.* to insinuate; (*reflex.*) to ingratiate oneself
in•sí•pi•do, a *adj.* tasteless; *fig* dull
in•sis•ten•cia *f.* insistence
in•sis•ten•te *adj.* insistent
in•sis•tir *intr.* to insist (**en** on)
in•so•bor•na•ble *adj.* incorruptible
in•so•cia•ble *adj.* unsociable
in•so•la•ción *f.* sunstroke, overexposure
in•so•lar *tr.* to expose to the sun; (*reflex.*) to get sunstroke
in•so•len•cia *f.* insolence
in•so•len•te *adj.* insolent
in•só•li•to, a *adj.* unusual, uncommon
in•so•lu•ble *adj.* insoluble
in•sol•ven•te *adj.* & *m.f.* insolvent
in•som•nio *m.* insomnia, sleeplessness
in•son•da•ble *adj.* unfathomable
in•so•por•ta•ble *adj.* unbearable, intolerable
in•sos•te•ni•ble *adj.* untenable
ins•pec•ción *f.* inspection, examination
ins•pec•cio•nar *tr.* to inspect, examine
ins•pec•tor, •ra *m.f.* inspector
ins•pi•ra•ción *f.* inspiration; [de aire] inhalation
ins•pi•rar *tr.* to inhale; [sentimientos] to inspire; (*reflex.*) to be inspired (**en** by)
ins•ta•la•ción *f.* installation; [equipo] equipment ■ **~ sanitaria** plumbing
ins•ta•la•dor, •ra *m.f.* installer, fitter; COMPUT installer

ins•ta•lar *tr.* to install; (*reflex.*) to establish oneself
ins•tan•cia *f.* instance ■ **a ~ de** at the request of; **en última ~** as a final resort
ins•tan•tá•ne•o, a *adj.* instantaneous
ins•tan•te *m.* instant, moment ■ **a cada ~** constantly; **al ~** immediately
ins•tar *tr.* to urge, press; (*intr.*) to be urgent
ins•tau•ra•ción *f.* establishment
ins•tau•rar *tr.* to establish
ins•ti•ga•ción *f.* instigation
ins•ti•gar [47] *tr.* to incite
ins•ti•lar *tr.* to instill
ins•tin•ti•vo, a *adj.* instinctive
ins•tin•to *m.* instinct ■ **por ~** by instinct
ins•ti•tu•ción *f.* institution
ins•ti•tu•cio•nal *adj.* institutional
ins•ti•tu•cio•na•li•zar [04] *tr.* to institutionalize
ins•ti•tuir [18] *tr.* to institute
ins•ti•tu•to *m.* institute; [escuela] school
ins•truc•ción ◇ *f.* instruction; [enseñanza] teaching; [educación] education; [conocimiento] learning; MIL drill ◇ *pl.* directions
ins•truc•ti•vo, a *adj.* instructive
ins•truc•tor, •ra *m.f.* instructor
ins•truir [18] *tr.* to instruct, teach
ins•tru•men•ta•ción *f.* arrangement
ins•tru•men•tal ◇ *adj.* instrumental ◇ *m.* instruments
ins•tru•men•tar *tr.* to orchestrate, arrange
ins•tru•men•to *m.* instrument
ins•tru•ya, yo, yera, yó ▻ **instruir**
in•su•bor•di•na•ción *f.* insubordination
in•su•bor•di•na•do, a ◇ *adj.* insubordinate ◇ *m.f.* rebel
in•su•bor•di•nar *tr.* to incite to rebellion; (*reflex.*) to rebel
in•sus•tan•cial *adj.* [sin sustancia] insubstantial; [vacío] shallow
in•su•fi•cien•cia *f.* insufficiency; MED failure
in•su•fi•cien•te *adj.* insufficient
in•su•li•na *f.* insulin
in•sul•so, a *adj.* [sin sabor] tasteless; [soso] dull
in•sul•tan•te *adj.* insulting
in•sul•tar *tr.* to insult
in•sul•to *m.* insult
in•su•pe•ra•ble *adj.* insurmountable
in•sur•gen•te *adj.* & *m.f.* insurgent
in•su•rrec•ción *f.* insurrection
in•su•rrec•to, a ◇ *adj.* insurgent ◇ *m.f.* rebel
in•ta•cha•ble *adj.* irreproachable, stainless
in•tac•to, a *adj.* intact
in•tan•gi•ble *adj.* intangible
in•te•gra•ción *f.* integration
in•te•gra•dor, •ra ◇ *adj.* integrating ◇ *m.f.* integrator
in•te•gral *adj.* & *f.* integral
in•te•grar *tr.* [componer] to make up, compose; [hacer entrar] to integrate; MATH to integrate ■ **estar integrado por** to be composed of
in•te•gri•dad *f.* integrity
ín•te•gro, a *adj.* [entero] whole, complete; [honrado] honest, upright
in•te•lec•to *m.* intellect
in•te•lec•tual *adj.* & *m.f.* intellectual
in•te•lec•tua•li•zar [04] *intr.* to intellectualize
in•te•li•gen•cia *f.* intelligence; [comprensión] understanding; [habilidad] ability ■ **~ artificial** artificial intelligence
in•te•li•gen•te *adj.* & *m.f.* intelligent (person)
in•te•li•gi•ble *adj.* intelligible
in•tem•pe•ran•cia *f.* intemperance
in•tem•pe•ran•te *adj.* intemperate
in•tem•pe•rie *f.* bad weather ■ **a la ~** outdoors
in•tem•pes•ti•vo, a *adj.* inopportune, ill-timed
in•ten•ción *f.* intention; [voluntad] wish ■ **con ~** intentionally; **segunda ~** underhandedness; **tener malas intenciones** to be up to no good
in•ten•cio•nal *adj.* intentional
in•ten•si•dad *f.* intensity, strength
in•ten•si•fi•ca•ción *f.* intensification
in•ten•si•fi•car [70] *tr.* to intensify
in•ten•si•vo, a *adj.* intensive
in•ten•so, a *adj.* intense
in•ten•tar *tr.* to try, attempt ■ **~ hacer algo** to try to do sth; **¡inténtalo!** have a try o go!
in•ten•to *m.* [intención] intention; [tentativa] attempt
in•te•rac•ción *f.* interaction
in•te•rac•ti•vo, a *adj.* COMPUT interactive
in•ter•ca•lar *tr.* to intercalate
in•ter•cam•bia•ble *adj.* interchangeable
in•ter•cam•biar *tr.* to interchange, exchange
in•ter•cam•bio *m.* interchange, exchange
in•ter•ce•der *tr.* to intercede
in•ter•cep•tar *tr.* [detener] to intercept; [obstruir] to block; [un teléfono] to wiretap
in•ter•ce•sión *f.* intercession
in•ter•dic•ción *f.* prohibition, interdiction
in•te•rés ◇ *m.* interest ■ **devengar ~** to bear interest; **~ acumulado** accrued interest; **~ propio** self-interest; **sentir** o **tener ~ en** to be interested in; **tipo de ~** rate of interest ◇ *pl.* possessions, interest ■ **~ creados** vested interests
in•te•re•sa•do, a ◇ *adj.* [que tiene interés] interested; [guiado por el interés] selfish ◇ *m.f.* interested person o party
in•te•re•san•te *adj.* interesting
in•te•re•sar *tr.* to interest, arouse interest in; MED to afflict; (*intr.*) to be of interest; (*reflex.*) to be o become interested (**en, por** in)
in•ter•fa•ce *f.* COMPUT interface ■ **~ de usuario** user interface
in•ter•fe•ren•cia *f.* interference
in•ter•fe•rir [65] *intr.* to interfere
ín•te•rin *m.* interim, meantime
in•te•ri•no, a ◇ *adj.* [provisorio] interim; [sustituto] acting ◇ *m.f.* substitute
in•te•rior ◇ *adj.* [interno] interior, inner; [nacional] domestic, internal; [íntimo] inner, innermost ◇ *m.* [parte interna] interior, inside; [alma] heart, soul; GEOG interior
in•ter•jec•ción *f.* interjection
in•ter•li•ne•a•do *m.* PRINT leading
in•ter•lo•cu•tor, •ra *m.f.* interlocutor
in•ter•me•diar *tr.* to mediate
in•ter•me•dia•rio, a ◇ *adj.* intermediate ◇ *m.* intermediary
in•ter•me•dio, a ◇ *adj.* intermediate ◇ *m.* [intervalo] interval; THEAT intermission

in•ter•mi•na•ble *adj.* interminable
in•ter•mi•ten•cia *f.* intermittence
in•ter•mi•ten•te *adj.* intermittent
in•ter•na•ción *f.* [en hospital] hospitalization; [encerramiento] confinement
in•ter•na•cio•nal *adj.* international
in•ter•na•cio•na•li•zar [04] *tr.* to internationalize
in•ter•na•do, a ◇ *adj.* institutionalized ◇ *m.* boarding school
in•ter•nar *tr.* [hospitalizar] to hospitalize; [trasladar] to send inland; [encerrar] to confine; (*reflex.*) to penetrate
in•ter•nau•ta *m.f.* COMPUT Net user
In•ter•net *f.* Internet
in•ter•no, a ◇ *adj.* [de adentro] internal; [interior] interior, inside; [estudiante] boarding ◇ *m.f.* [alumno] boarding student; [médico] internist
in•ter•pe•la•ción *f.* appeal, plea
in•ter•pe•lar *tr.* [a un oficial] to question formally; [rogar] to plead
in•ter•po•lar *tr.* to interpolate
in•ter•po•ner [54] *tr.* to interpose; LAW to lodge o file; (*reflex.*) [intervenir] to intervene; [estorbar] to get in the way of
in•ter•pre•ta•ción *f.* interpretation ▪ **mala ~** misinterpretation
in•ter•pre•tar *tr.* to interpret; MUS to perform; THEAT to play
in•ter•pre•ta•ti•vo, a *adj.* interpretative
in•tér•pre•te *m.f.* [traductor] interpreter; [actor] actor; [cantante] singer
in•ter•pu•sie•ra, so ▻ **interponer**
in•te•rro•ga•ción *f.* interrogation; [pregunta] question; GRAM question mark
in•te•rro•ga•dor, •ra *m.f.* interrogator
in•te•rro•gan•te ◇ *adj.* interrogating ▪ **punto ~** GRAM question mark ◇ *m.f.* [pregunta] question; [incógnita] unanswered question
in•te•rro•gar [47] *tr.* to interrogate, question
in•te•rro•ga•ti•vo, a *adj.* & *m.* interrogative
in•te•rro•ga•to•rio *m.* interrogation
in•te•rrum•pir *tr.* to interrupt; [obstruir] to block, obstruct
in•te•rrup•ción *f.* interruption
in•te•rrup•tor *m.* switch; [de circuito] circuit breaker
in•ter•sec•ción *f.* intersection
in•ters•ti•cio *m.* interstice
in•ter•va•lo *m.* interval ▪ **a intervalos** at intervals, intermittently
in•ter•ven•ción *f.* [mediación] intervention, mediation; [participación] participation; [de cuentas] auditing, audit ▪ **~ quirúrgica** surgical procedure, operation
in•ter•ve•nir [76] *intr.* [participar] to participate, take part; [interceder] to mediate; [interponerse] to intervene; (*tr.*) [las cuentas] to audit; [la comunicación] to wiretap; SURG to operate on
in•tes•ti•nal *adj.* intestinal
in•tes•ti•no, a ◇ *adj.* internal ◇ *m.* intestine ▪ **~ ciego** caecum; **~ delgado** small intestine; **~ grueso** large intestine
in•ti•ma(•ción) *f.* [conminación] ultimatum; [indicio] intimation; LAW notice
in•ti•mar *tr.* [hacer saber] to make known; [mandar] to order; (*intr.*) to become friendly
in•ti•mi•da•ción *f.* intimidation
in•ti•mi•dad *f.* [amistad] close friendship; [vida privada] privacy; [cercanía] intimacy, closeness ▪ **en la ~** privately; **en la ~ de** in the privacy of
in•ti•mi•dar *tr.* to intimidate
ín•ti•mo, a ◇ *adj.* [interior] intimate, innermost; [esencial] essential; [estrecho] intimate, close; [privado] private ◇ *m.f.* intimate o close friend
in•to•ca•ble *adj.* untouchable
in•to•le•ra•ble *adj.* intolerable
in•to•xi•ca•ción *f.* intoxication
in•to•xi•car [70] *tr.* to intoxicate
in•tra•net *f.* COMPUT intranet
in•tran•qui•li•dad *f.* uneasiness
in•tran•qui•lo, a *adj.* uneasy
in•trans•cen•den•te *adj.* insignificant
in•tran•si•gen•cia *f.* intransigence
in•tran•si•gen•te *adj.* & *m.f.* intransigent
in•tran•si•ta•ble *adj.* impassable
in•tran•si•ti•vo, a *adj.* intransitive
in•tra•ta•ble *adj.* [incontrolable] unmanageable; [insociable] unsociable; [grosero] rude
in•tra•ve•no•so, a *adj.* intravenous
in•tre•pi•dez *f.* intrepidness
in•tré•pi•do, a *adj.* intrepid
in•tri•ga *f.* intrigue
in•tri•gar [47] *intr.* & *tr.* to intrigue
in•trin•ca•do, a *adj.* [complicado] intricate; [denso] dense
in•trín•se•co, a *adj.* intrinsic
in•tro•duc•ción *f.* introduction; [inserción] insertion; [prefacio] preface; [preámbulo] preamble; MUS overture
in•tro•du•cir [22] *tr.* [dar entrada a] to show (**en** into); [meter] to put in o into, stick in; [insertar] to insert; [presentar] to introduce; (*reflex.*) to enter, get in
in•tro•duc•ti•vo, a *adj.* introductory
in•tros•pec•ción *f.* introspection
in•tros•pec•ti•vo, a *adj.* introspective
in•tro•ver•ti•do, a ◇ *adj.* introverted ◇ *m.f.* introvert
in•tru•sión *f.* intrusion
in•tru•so, a ◇ *adj.* intrusive ◇ *m.f.* intruder
in•tui•ción *f.* intuition
in•tuir [18] *tr.* to intuit, sense
in•tui•ti•vo, a *adj.* intuitive
i•nun•da•ción *f.* flood
i•nun•dar *tr.* to flood
i•nu•si•ta•do, a *adj.* unusual, uncommon
i•nu•sual *adj.* unusual, uncommon
i•nú•til ◇ *adj.* [inservible] useless; [vano] vain, fruitless ◇ *m.f.* good-for-nothing
i•nu•ti•li•zar [04] *tr.* [arruinar] to destroy; [inhabilitar] to make unusable
in•va•dir *tr.* to invade
in•va•li•da•ción *f.* invalidation
in•va•li•dar *tr.* to invalidate
in•va•li•dez *f.* invalidity
in•vá•li•do, a ◇ *adj.* invalid, disabled; [nulo] invalid, null ◇ *m.f.* invalid, disabled person
in•va•ria•ble *adj.* invariable
in•va•sión *f.* invasion
in•va•sor, •ra ◇ *adj.* invading ◇ *m.f.* invader
in•ven•ci•ble *adj.* invincible
in•ven•ción *f.* invention

in•ven•tar *tr.* to invent; [forjar] to fabricate, make up
in•ven•ta•riar [30] *tr.* to inventory
in•ven•ta•rio *f.* inventory
in•ven•ti•vo, a <> *adj.* inventive <> *f.* inventiveness
in•ven•to *m.* invention; [creación] creation; [engaño] fabrication; *coll* [mentira] lie
in•ven•tor, •ra <> *adj.* inventive <> *m.f.* inventor
in•ver•na•de•ro *m.* [invernáculo] greenhouse; [para el ganado] winter pasture
in•ver•nar [49] *intr.* [pasar el invierno] to winter; ZOOL to hibernate
in•ve•ro•sí•mil *adj.* [improbable] improbable, unlikely; [increíble] unbelievable
in•ver•sión *f.* inversion; FIN investment
in•ver•sio•nis•ta *m.f.* investor
in•ver•so, a *adj.* inverse, inverted ▪ **a la ~** the opposite way
in•ver•te•bra•do, a *adj.* & *m.* invertebrate
in•ver•tir [65] *tr.* to invert; COM & FIN to invest; [tiempo] to spend time
in•ves•ti•du•ra *f.* investiture
in•ves•ti•ga•ción *f.* investigation; [estudio] research ▪ **~ y desarrollo** research and development
in•ves•ti•ga•dor, •ra <> *adj.* investigative; [que experimenta] researching <> *m.f.* investigator; [científico] researcher
in•ves•ti•gar [47] *tr.* to investigate; [estudiar] to research, study
in•ves•tir [48] *tr.* to invest, confer (on)
in•ve•te•ra•do, a *adj.* inveterate
in•vier•no *m.* winter
in•vier•ta, to ▻ **invertir**
in•vio•la•ble *adj.* inviolable
in•vir•tie•ra, tió ▻ **invertir**
in•vi•si•ble *adj.* invisible
in•vi•ta•ción *f.* invitation
in•vi•ta•do, a *m.f.* guest
in•vi•tar *tr.* to invite
in•vo•ca•ción *f.* invocation
in•vo•car [70] *tr.* to invoke
in•vo•lu•crar *tr.* to involve, implicate
in•vo•lun•ta•rio, a *adj.* involuntary
in•vul•ne•ra•ble *adj.* invulnerable
in•yec•ción *f.* injection
in•yec•tar *tr.* to inject
ion *m.* ion
ir [41] *intr.* to go; [moverse] to move; [caminar] to walk; [viajar] to travel; [dirigirse] to lead; [extenderse] to extend; [proceder] to proceed; [quedar bien] to suit, become; [apostar] to be at stake, ride ▪ **¿cómo le va?** how is it going?; **¿cómo va el asunto?** how is the matter going?; **~ a** [estar a punto de] to be about to, be going to; **voy a comer en casa** I am going to eat at home; **~ adelante** to progress, go forward; **~ de caza** to go hunting; **~ de compras** to go shopping; **~ de mal en peor** to go from bad to worse; **~ de paseo** to go for a walk; **~ de viaje** to go on a trip; **~ por** to go for, fetch; **¡vaya!** [sorpresa] you don't say!, is that so!; what a; **¡vaya memoria!** what a memory!; (*reflex.*)[partir] to go away, leave; [deslizarse] to slip; [morirse] to die ▪ **~ abajo** to topple, collapse; **~ a pique** MARIT to sink; **vámonos** let's go; **vete a saber** there's no telling
i•ra *f.* [cólera] anger; [furia] fury ▪ **llenarse de ~** to become angry
i•ras•ci•ble *adj.* irascible
ir•go, gue, guiera, guió ▻ **erguir**
i•ri•dis•cen•te *adj.* iridescent
i•ris *m.* iris; MIN noble opal ▪ **arco ~** rainbow
i•ro•ní•a *f.* irony
i•ró•ni•co, a *adj.* ironic(al)
i•rra•cio•nal *adj.* irrational
i•rra•diar *tr.* to irradiate
i•rra•zo•na•ble *adj.* absurd, ridiculous
i•rre•al *adj.* unreal
i•rrea•li•dad *f.* unreality
i•rre•ba•ti•ble *adj.* irrefutable, indisputable
i•rre•con•ci•lia•ble *adj.* irreconcilable
i•rre•fu•ta•ble *adj.* irrefutable
i•rre•gu•lar *adj.* irregular
i•rre•gu•la•ri•dad *f.* irregularity
i•rre•le•van•te *adj.* irrelevant
i•rre•pa•ra•ble *adj.* irreparable
i•rre•pri•mi•ble *adj.* irrepressible
i•rre•pro•cha•ble *adj.* irreproachable, faultless
i•rre•sis•ti•ble *adj.* irresistible
i•rre•so•lu•to, a *adj.* & *m.f.* irresolute (person)
i•rres•pe•tuo•so, a *adj.* & *m.f.* disrespectful (person)
i•rres•pon•sa•bi•li•dad *f.* irresponsibility
i•rres•pon•sa•ble *adj.* & *m.f.* irresponsible (person)
i•rre•ve•ren•cia *f.* irreverence
i•rre•ve•ren•te *adj.* & *m.f.* irreverent (person)
i•rre•ver•si•ble *adj.* irreversible
i•rre•vo•ca•ble *adj.* irrevocable
i•rri•ga•ción *f.* irrigation
i•rri•gar [47] *tr.* to irrigate
i•rri•so•rio, a *adj.* [risible] laughable; [bajo] ridiculously low
i•rri•ta•ble *adj.* irritable
i•rri•ta•ción *f.* irritation
i•rri•tan•te *adj.* irritant
i•rri•tar *tr.* to irritate
i•rrum•pir *intr.* to burst (**en** into)
i•rrup•ción *f.* [acometida] bursting o rushing into; [invasión] invasion
is•la *f.* island
is•lá•mi•co, a *adj.* Islamic
is•le•ta *f.* [isla pequeña] isle, islet; [acera] traffic island
i•só•to•po *m.* isotope
ist•mo *m.* isthmus
i•tá•li•co, a *adj.* italic ▪ **letra ~** italics
i•ti•ne•ran•cia *f.* TELEC roaming
i•ti•ne•ra•rio, a *adj.* & *m.* itinerary
iz•quier•dis•ta *adj.* & *m.f.* leftist
iz•quier•do, a <> *adj.* left <> *f.* [mano] left hand; [lado] left ▪ **a la ~** [dirección] left, to the left; [sitio] on the left; **de la ~** on the left; **la ~** POL the left o Left; **por la ~** on the left

J

j, J *f.* tenth letter of the Spanish alphabet
ja•ba•lí *m.* (*pl* **-íes**) wild boar
ja•ba•li•na[1] *f.* ZOOL wild sow
ja•ba•li•na[2] *f.* javelin
ja•bón *m.* soap ▪ **dar un ~ a** RP *coll* to frighten; **~ de afeitar** shaving soap; **~ de tocador** o **de olor** toilet soap; **~ en polvo** soap powder; **tener ~** RP *coll* to be afraid
ja•bo•na•do, a *m.* [jabonadura] soaping; [ropa] wash; (*f.*) AMER soaping
ja•bo•nar *tr.* [la ropa, el cuerpo] to wash; [la barba] to lather
ja•bon•ci•llo *m.* [jabón] bar of soap; BOT soapberry
ja•bo•ne•ro, a ◇ *adj.* soap ◇ *m.f.* soapmaker; (*f.*) soap dish
ja•bo•no•so, a *adj.* soapy
ja•ca *f.* pony, small horse
ja•cal *m.* MEX hut
já•ce•na *f.* girder, main beam
ja•cin•to *m.* BOT hyacinth; MIN zircon ▪ **~ occidental** topaz; **~ oriental** ruby
jaco *m.* [jamelgo] hack, nag; [cota] short-sleeved coat of mail
jac•tan•cia *f.* [alardeo] boast; [arrogancia] arrogance
jac•tan•cio•so, a *adj.* boastful, arrogant
jac•tar•se *reflex.* to boast (**de** about)
ja•de *m.* jade
ja•de•ar *intr.* to pant, gasp
ja•ez *m.* [arreo] harness; *derog* [carácter] ilk, sort
ja•guar *m.* jaguar
ja•guay *m.* AMER watering trough
ja•güey *m.* AMER pond
jai•ba *f.* ANDES, C AMER, CARIB & MEX crayfish
jai•bol *m.* MEX highball
ja•lar *tr. coll* [tirar] to pull; C AMER to make love to; *coll* VEN to do, perform; (*intr.*) AMER to leave
ja•le•a *f.* jelly ▪ **hacerse** o **volverse una ~** to go sweet (on)
ja•lea•dor, •ra ◇ *adj.* cheering ◇ *m.f.* cheerer
ja•le•ar *tr.* [animar] to encourage; [incitar] to urge on; AMER to pester
ja•le•o *m.* [animación] clapping and cheering; [incitación] urging; [baile] popular Andalusian dance; *coll* [tumulto] fuss, uproar ▪ **armar un ~** to kick up a fuss; **estar de ~** to have a good time
ja•lón[1] *m.* [hito] milestone; [estaca] stake
ja•lón[2] *m.* AMER *coll* [tirón] pull; [trecho] stretch, distance
ja•lo•nar *tr.* [con jalones] to stake out; [marcar] to mark
ja•más *adv.* [nunca] never; [alguna vez] ever ▪ **~ de los jamases** never ever; **nunca ~** never again; **para siempre ~** for ever and ever
jam•ba *f.* jamb
ja•mel•go *m.* nag, hack
ja•món *m.* ham ▪ **~ ahumado** smoked ham; **~ serrano** cured ham
ja•mo•na *coll* ◇ *adj.* plump ◇ *f.* buxom (middle-aged) woman ▪ **una mujer ~** a good-looking woman
jan•ga•da *f.* [armadía] float; [de árboles] logjam
ja•que[1] *m.* check ▪ **dar ~** to check; **dar ~ y mate** to checkmate; **~ mate** checkmate; **tener en ~** [amenazar] to keep in check; [hostigar] to pester
ja•que[2] *m. coll* braggart
ja•que•ca *f.* [migraña] migraine headache; *coll* [molestia] pain in the neck
ja•ra *f.* BOT rockrose; [arma] dart
ja•ra•be *m.* syrup ▪ **dar ~** to butter up; **estar hecho un ~** to go sweet on; **~ de pico** *coll* lip service; **~ para la tos** cough syrup; **~ tapatío** hat dance
ja•ra•na *f.* [alboroto] fuss, uproar; AMER [chanza] joke ▪ **andar** o **ir de ~** to carouse; **estar de ~** to live it up
ja•ra•ne•ar *intr.* [divertirse] to have a good time; AMER [chancear] to joke
ja•ra•ne•ro, a ◇ *adj.* fun-loving ◇ *m.f.* carouser
jar•ca *f.* acacia
jar•cia(s) *f.(pl.)* rigging, ropes
jar•dín *m.* garden ▪ **~ de la infancia** kindergarten
jar•di•ne•ra *f.* [para flores] flower stand o box; [que cuida un jardín] gardener
jar•di•ne•rí•a *f.* gardening
jar•di•ne•ro *m.* gardener
ja•re•ta *f.* [dobladillo] hem; MARIT cable
ja•rra *f.* [vasija] jug, pitcher; [de cerveza] mug, beer mug ▪ **de** o **en jarra(s)** with arms akimbo
ja•rre•tar *tr.* [enervar] to enervate; [quitar las fuerzas a] to weaken
ja•rre•te *m.* back of the knee; [de un animal] hock
ja•rre•te•ra *f.* [liga] garter; [orden militar] Order of the Garter
ja•rro *m.* pitcher, jug ▪ **echar un ~ de agua fría a** *coll* to throw cold water on
ja•rrón *m.* vase
jas•pe *m.* MIN jasper; [mármol] veined marble
jas•pe•ar *tr.* to marble, speckle
ja•to, a *m.f.* calf
jau•la *f.* cage; [embalaje] crate; [para niños] play-pen; MIN cage
jau•rí•a *f.* pack (of animals)
jaz•mín *m.* jasmine ▪ **~ del Cabo** gardenia
je•be *m.* alum; AMER BOT rubber plant
je•fa *f.* boss, chief
je•fa•tu•ra *f.* [dirección] management; [oficina] headquarters
je•fe *m.* [superior] boss; [gerente] manager; [líder] leader; [cabeza] head ▪ **comandante en ~** commander-in-chief; **~ de escuadra** rear admiral; **~ de estación** stationmaster; **~ de estado mayor** chief of staff; **~ de redacción** editor-in-chief; **~ de taller** foreman
je•me•que *m. coll* whine
je•mi•que•ar *intr.* CHILE to whimper, whine
jen•gi•bre *m.* ginger
je•rar•ca *m.* hierarch, high official
je•rar•quí•a *f.* hierarchy, rank
je•rár•qui•co, a *adj.* hierarchic(al)
jer•bo *m.* jerboa, mouse
je•rez *m.* sherry
jer•ga[1] *f.* [tela] coarse woolen cloth; [colchón] straw mattress; AMER saddle blanket
jer•ga[2] *f.* [jerigonza] jargon; [galimatías] gibberish
jer•gón *m.* straw mattress
je•ri•be•que *m.* [mueca] grimace; [guiño] wink

je•ri•gon•za *f.* [jerga] jargon, slang; [galimatías] gibberish

je•rin•ga *f.* syringe; AMER *coll* [molestia] nuisance ■ ~ **de engrase** grease gun

je•rin•ga•dor, •ra *coll* ◇ *adj.* irksome, annoying ◇ *m.f.* pest

je•rin•gar [47] *tr.* [inyectar] to inject; *coll* [fastidiar] to pester

je•rin•ga•zo *m.* injection

je•rin•gón, o•na *adj.* AMER annoying

je•rin•gue•ar *tr.* AMER to annoy, pester

je•rin•gui•lla *f.* small syringe; BOT mock orange

je•ro•glí•fi•co, a ◇ *adj.* hieroglyphic ◇ *m.* hieroglyph

je•ta *f.* [hocico] snout; [labios] thick lips; *coll* [cara] mug ■ **poner** ~ *coll* to make a face

je•tu•do, a *adj.* thick-lipped

ji•bia *f.* cuttlefish

jí•ca•ra *f.* C AMER, MEX & VEN calabash cup

ji•fia *f.* swordfish

jil•gue•ro *m.* goldfinch, linnet

ji•li•po•lla•da/llez *f. sl* [acción] stupid thing to do; [dicho] stupid thing to say ■ **esos son jilipolleces** that's a lot of bull; **¡qué ~!** how stupid can you get!

ji•mio, a *adj.* & *m.f.* simian

ji•ne•ta¹ *f.* ZOOL genet

ji•ne•ta² *f.* [lanza corta] short lance; [hombrera] epaulette; [que cabalga] horsewoman

ji•ne•te *m.* [cabalgador] horseman; MIL cavalryman; [caballo] thoroughbred horse

ji•ne•te•ar *intr.* to ride on horseback; (*tr.*) AMER to break in (horses)

ji•ne•te•ra *f.* CUBA *coll* prostitute

jio•te *m.* MEX rash

ji•par *intr.* AMER *coll* [hipar] to hiccup; [jadear] to pant

ji•pi•do *m.* AMER *coll* hiccup, hiccough

ji•pi•ja•pa *m.* straw hat, Panama hat

ji•ra *f.* [tira] strip; [jirón] shred; [excursión] excursion

ji•ra•fa *f.* giraffe; [del micrófono] boom

ji•rón *m.* [pedazo] shred, piece; [ropa] facing; [estandarte] pennant ■ **hacer jirones** to tear to shreds

ji•ro•na•do, a *adj.* torn, tattered

ji•to•ma•te *m.* C AMER & MEX tomato

jo•co•se•rio, a *adj.* tragicomic

jo•co•si•dad *f.* [gracia] humor, wit; [divertimiento] fun; [chiste] joke

jo•co•so, a *adj.* humorous, amusing

jo•cun•di•dad *f.* jocundity, cheerfulness

jo•cun•do, a *adj.* jocund, cheerful

jo•fai•na *f.* washbasin, washbowl

jol•go•rio *m.* merriment, fun ■ **ir** o **estar de** ~ *coll* to have a good time

jo•pe•o *m.* stroll, walk

jo•po *m.* tuft

jor•na•da *f.* [viaje] journey, trip; [día de trabajo] workday; PRINT day's print run ■ **de media** ~ part-time

jor•nal *m.* [sueldo] day's wage; [día de trabajo] workday ■ **a** ~ by the day; ~ **mínimo** minimum wage

jor•na•le•ro, a *m.f.* day laborer

jo•ro•ba *f.* [giba] hump; *coll* [molestia] nuisance

jo•ro•ba•do, a ◇ *adj.* hunchbacked ◇ *m.f.* hunchback

jo•ro•bar *tr. coll* to bother, pester

jo•ro•be•ta *f. coll* hunchback

jo•ron•go *m.* MEX [manta] blanket; [poncho] poncho

jo•rrar *tr.* to tow, haul (a net)

jo•rro *m.* dragnet

jo•ta¹ *f.* iota, bit ■ **no decir ni** ~ *coll* not to say a word; **no entender ni** ~ *coll* not to understand at all; **sin faltar una** ~ without missing a thing

jo•ta² *f.* Spanish dance and its music

jo•ta³ *f.* AMER sandal

jo•to *m.f.* MEX *coll* faggot, queer GB

jo•ven ◇ *adj.* young, youthful ◇ *m.f.* young person, youth

jo•vial *adj.* jovial, cheerful

jo•via•li•dad *f.* joviality

jo•ya ◇ *f.* [alhaja] jewel; [objeto de adorno] piece of jewelry; *fig* gem ◇ *pl.* jewelry ■ ~ **de fantasía** costume jewelry

jo•yel *m.* small jewel

jo•ye•ra *f.* jewelry box

jo•ye•ría *f.* jewelry trade o business; [tienda] jewelry store

jo•ye•ro, a *m.f.* jeweler, jeweller GB; (*m.*) [caja] jewelry box; AMER goldsmith

joy•stick *m.* COMPUT joystick

ju•bi•la•ción *f.* [retiro] retirement; [rental] pension ■ ~ **anticipada** early retirement

ju•bi•la•do, a *adj.* & *m.f.* retired (person)

ju•bi•lar¹ *adj.* jubilee

ju•bi•lar² *tr.* [pensionar] to retire; *coll* [desechar] to discard; (*reflex.*) to retire

ju•bi•le•o *m.* [aniversario] jubilee; [idas y venidas] comings and goings ■ **por** ~ once in a lifetime

jú•bi•lo *m.* jubilation, joy

ju•bi•lo•so, a *adj.* jubilant, joyful

ju•dai•co, a *adj.* Judaic, Jewish

ju•das *m.* [traidor] traitor; [muñeco de paja] effigy of Judas burnt during Holy Week

ju•dí•a *f.* ▷ **judío, a**

ju•di•ca•tu•ra *f.* [cargo] judicature; [mandato] judge's term of office; [conjunto de jueces] judiciary

ju•di•cial *adj.* judicial, juridical

ju•di•cia•rio, a *adj.* judicial

ju•dí•o, a ◇ *adj.* Jewish ◇ *m.f.* Jew; (*f.*) Jew, Jewess; BOT bean ■ ~ **blanca** haricot bean; ~ **escarlata** kidney bean

jue•go ◇ *m.* [recreo] play, game; [deporte] sport; [en tenis] game; [broma] jest; [vicio] gambling; [en naipes] hand; MECH play, slack; [de loza, cristal] set; [de muebles] set, suite; [intención] game, scheme ■ **a** ~ matching; **en** ~ in play, at stake; **hacer doble** ~ to be two-faced; **hacer** ~ to match; **hacer** ~ **de ojos** to flirt; **hacerle el** ~ [ceder la ventaja] to play into someone's hands; [cooperar] to play along with someone; **¡hagan ~!** place your bets!; ~ **de azar** o **de suerte** game of chance; ~ **de billar** billiards; ~ **de bolas** ball bearing; ~ **de computadora** computer game; ~ **de damas** checkers; ~ **de ingenio** guessing game; ~ **de manos** sleight of hand; ~ **de niños** child's play; ~ **de palabras** pun, play on words; ~ **de rol** fantasy role-playing game; ~ **limpio/sucio** fair/foul play; **poner en** ~ to put into play; **verle el** ~ to know someone's game o intentions ◇ *pl.* ■ ~ **malabares** juggling

jue•go, gue ▷ **jugar**

juer•ga *f. coll* fun ■ **ir de** ~ to live it up

juer•gue•ar•se *reflex. coll* to have a good time

J

juer•guis•ta *coll* ◇ *adj.* carousing ◇ *m.f.* carouser

jue•ves *m.inv.* Thursday ▪ **Jueves Santo** Holy Thursday

juez *m.* judge; [árbitro] arbitrator; [en los deportes] referee ▪ ~ **arbitrador** arbitrator; ~ **de apelaciones** judge of the court of appeals; ~ **de línea** SPORT linesman; ~ **de paz** justice of the peace

ju•ga•da *f.* play, move ▪ **hacer una mala** ~ to play a dirty trick

ju•ga•dor, •ra *m.f.* [en los juegos] player; [en el azar] gambler

ju•gar [42] *intr.* [divertirse] to play, cavort; [en el azar] to gamble; [hacer una jugada] to make a play; [en damas, ajedrez] to make a move ▪ ~ **a** to play; ~ **con dos barajas** to be two-faced; ~ **sucio** to play dirty; (*tr.*) to play; [apostar] to wager; [una carta] to wield; [hacer juego] to match; [tomar parte] to take part, participate; (*reflex.*) to risk ▪ ~ **el todo por el todo** to risk everything

ju•ga•rre•ta *f. coll* dirty trick

ju•glar ◇ *adj.* [de trovadores] minstrel; [chistoso] comical ◇ *m.* [trovador] troubadour; [bufón] buffoon

ju•go *m.* [zumo] juice; CUL gravy; [lo esencial] essence; PHYSIOL juice

ju•go•so, a *adj.* [lleno de jugo] juicy; *fig* substantial

ju•gue•te *m.* [de un niño] toy; [chanza] joke, jest; THEAT skit, short play; *fig* toy, plaything ▪ **de** ~ toy

ju•gue•te•ar *intr.* [divertirse] to play, cavort; [jugar] to toy

ju•gue•te•ría *f.* toy store

ju•gue•tón, o•na *adj.* playful, frisky

jui•cio *m.* judgment; [discernimiento] discernment; [opinión] opinion; [razonamiento] reason; [sentido común] common sense; [cordura] good sense; LAW [pleito] trial; [sentencia] verdict ▪ **asentar el** ~ to come to one's senses; **Día del Juicio** Judgment Day; **estar en su** ~ to be of sound mind; **estar fuera de** ~ to be out of one's mind; ~ **final** Last Judgment; **perder el** ~ to lose one's mind; **poner en tela de** ~ to call into question

jui•cio•so, a *adj.* judicious, wise

ju•le•pe *m.* [poción] julep; [naipes] a card game; *coll* [reprimenda] tongue-lashing; AMER scare, fright

ju•lio[1] *m.* July

ju•lio[2] *m.* PHYS joule

ju•mar•se *reflex.* CARIB *coll* to get drunk

ju•men•to, a *m.f.* ass, donkey; *fig* stupid person

ju•me•ra *f.* CARIB *coll* drunk, drunken spree

jun•co[1] *m.* BOT rush; [bastón] cane ▪ ~ **de Indias** rattan; ~ **florido** flowering rush; ~ **oloroso** camel grass

jun•co[2] *m.* MARIT Chinese junk

ju•nio *m.* June

ju•nior *m.* [el menor] junior; RELIG novice priest

ju•ní•pe•ro *m.* juniper; *coll* idiot, fool

jun•qui•llo *m.* [flor] jonquil; [junco de Indias] rattan; [moldura] rounded molding

jun•ta *f.* ▻ **junto, a**

jun•tar *tr.* [unir] to join; [reunir] to assemble; [dinero] to amass; [entornar] to half-close; (*reflex.*) [reunirse] to gather; [asociarse] to get together; [copular] to mate, copulate; AMER to live together

jun•to, a ◇ *adj.* [unido] united, joined; [cercano] close ◇ *adv.* together, at the same time ▪ ~ **a** close to, near; ~ **con** along with, together with; **todo** ~ at the same time, all together ◇ *f.* [de personas] board, junta; [reunión] meeting, session; [unión] union, junction; CONSTR joint, scarf; TECH gasket, washer; MARIT seam; AMER junction (of two rivers) ▪ ~ **administrativa** administrative council; ~ **cardánica** o **universal** universal joint; ~ **de educación/sanidad** board of education/health; ~ **directiva** board of directors; ~ **esférica** ball joint; ~ **militar** military junta

jun•tu•ra *f.* [punto de unión] juncture; ANAT & TECH joint

ju•ra *f.* [juramento] oath; [ceremonia] swearing in

ju•ra•do, a ◇ *adj.* sworn, under oath ◇ *m.* [tribunal] jury; [miembro del tribunal] juror; [de una competición] panel of judges

ju•ra•men•ta•do, a *adj.* sworn, under oath

ju•ra•men•tar *tr.* to swear in, put under oath; (*reflex.*) to be sworn in, take an oath

ju•ra•men•to *m.* [jura] oath; [ofensa] curse, swearword ▪ **bajo** ~ under oath; ~ **falso** perjury; ~ **hipocrático** Hippocratic oath; **prestar** ~ to take an oath; **soltar** ~ to curse; **tomar** ~ to swear in

ju•rar *tr.* [prometer] to swear; [constitución etc.] to pledge allegiance to; (*intr.*) [blasfemar] to swear, curse ▪ ~ **en falso** to commit perjury; (*reflex.*) ▪ **jurársela a uno** to have it in for someone

ju•rel *m.* saurel, jack mackerel

ju•ri•di•ci•dad *f.* lawfulness

ju•rí•di•co, a *adj.* juridical

ju•ris•con•sul•to *m.* jurist, legal expert

ju•ris•dic•ción *f.* jurisdiction ▪ **traslado de** ~ change of venue

ju•ris•dic•cio•nal *adj.* jurisdictional

ju•ris•pe•ri•cia *f.* jurisprudence

ju•ris•pe•ri•to, a *m.f.* legal expert, jurist

ju•ris•pru•den•cia *f.* jurisprudence; [precedentes] case law, legislation

ju•ris•ta *m.f.* [abogado] jurist, lawyer; [pensionado] pensioner; [dueño] one who has the right of ownership

ju•ro *m.* [derecho] right of ownership; [renta] pension

jus•ta *f.* ▻ **justo, a**

jus•ta•men•te *adv.* [con justicia] justly, fairly; [precisamente] exactly, precisely

jus•ti•cia *f.* justice; [equidad] fairness; [castigo] retribution; [castigo de muerte] execution; [policía] law, police ▪ **de** ~ justly, duly; **tomarse la** ~ **por las manos** to take the law into one's own hands

jus•ti•ciar *tr.* [ajusticiar] to execute; [condenar] to condemn

jus•ti•cie•ro, a ◇ *adj.* [justo] just, fair; [riguroso] strict, severe ◇ *m.f.* just o righteous person

jus•ti•fi•ca•ble *adj.* justifiable

jus•ti•fi•ca•ción *f.* justification; [prueba] proof, evidence

jus•ti•fi•ca•dor, •ra ◇ *adj.* justifying ◇ *m.* justification bar

jus•ti•fi•can•te ◇ *adj.* justifying ◇ *m.* voucher

jus•ti•fi•car [70] *tr.* to justify; [defender] to defend; (*reflex.*) [explicarse] to justify o explain oneself; [probar la inocencia] to prove one's innocence

jus•ti•fi•ca•ti•vo, a *adj.* justifying

jus•ti•pre•ciar *tr.* to appraise, estimate

jus•ti•pre•cio *m.* appraisal, estimate

jus•to, a ◇ *adj.* just, fair; [legítimo] justified, legitimate; [honrado] righteous, upright; [exacto] exact, pre-

cise; [apretado] tight <> *m.f.* just person; (*f.*) [torneo] joust; *fig* [competencia] contest <> *adv.* [con justicia] justly; [exactamente] exactly; [frugalmente] sparingly
ju•ve•nil *adj.* young, youthful
ju•ven•tud *f.* [edad] youth; [vigor juvenil] youthfulness ▪ **la ~** [los jóvenes] the youth
juz•ga•do *m.* [tribunal] court, tribunal; [judicatura] judicature
juz•ga•dor, •ra <> *adj.* judging <> *m.f.* judge
juz•gar [47] *tr.* to judge; [arbitrar] to pass judgment on; [considerar] to consider; [estimar] to assess ▪ **a ~ por** judging by o from; **~ mal** to misjudge

K

k, K *f.* eleventh letter of the Spanish alphabet
ka•ki *adj.* & *m.* khaki
kan *m.* khan
kan•gu•ro *m.* kangaroo
ka•ra•te *m.* karate
ke•ro•se•ne/sén *m.* AMER kerosene
ki•lo *m.* kilo, kilogram
ki•lo•bit *m.* COMPUT kilobit
ki•lo•byte *m.* COMPUT kilobyte
ki•lo•ci•clo *m.* kilocycle
ki•lo•gra•mo *m.* kilogram
ki•lo•li•tro *m.* kiloliter
ki•ló•me•tro *m.* kilometer
ki•lo•tón *m.* kiloton
ki•lo•va•tio *m.* kilowatt
kín•der *m.* ANDES & CUBA kindergarten, nursery school GB
ki•ne•si•te•ra•peu•ta *m.f.* kinesiotherapist, kinesitherapist
ki•ne•si•te•ra•pia *f.* kinesiotherapy, kinesitherapy
kirsch *m.* kirsch, cherry brandy
ki•wi *m.* kiwi
kla•xon *m.* horn
ko•a•la *m.* koala
ko•pek *m.* kopeck
krip•tón *m.* krypton

L

l, L *f.* twelfth letter of the Spanish alphabet
la¹ <> *def. art.* the ▪ **la que** the one that, the one who <> *pron.* her; **la miré** I looked at her; it; **buscó la cinta y finalmente la encontró** she looked for the ribbon and finally found it; you; **no la vi a usted en la fiesta, Ana** I didn't see you at the party, Ana
la² MUS la
la•be•rin•to *m.* labyrinth
la•bia *f. coll* eloquence ▪ **tener mucha ~** to have the gift of gab
la•bio *m.* lip; [borde] lip, rim; [órgano del habla] lip, mouth ▪ **sellar los labios** to keep one's lips sealed; **~ leporino** harelip
la•bor <> *f.* [trabajo] work; [faena] task, job; [labranza] farm work; [bordado] embroidery <> *pl.* ▪ **~ de aguja** needlework; **~ domésticas** household chores
la•bo•ra•ble *adj.* work, working
la•bo•ral *adj.* [del trabajo] labor; [técnico] technical
la•bo•rar *tr.* [trabajar] to work; [cultivar] to cultivate; [arar] to plow; (*intr.*) to scheme
la•bo•ra•to•rio *m.* laboratory
la•bo•rio•so, a *adj.* [trabajador] industrious; [penoso] arduous
la•bra•do, a <> *adj.* [forjado] wrought; [tallado] carved; [repujado] tooled; [cultivado] cultivated; [arado] plowed; [bordado] embroidered <> *m.* [campo] cultivated o tilled land; [de metales] working; [de madera, piedra] carving; [de cuero] tooling; [cultivo] tilling; [arada] plowing; [bordado] embroidery
la•bra•dor, •ra <> *adj.* farm, farming <> *m.f.* [agricultor] farmer; [arador] plowman; [campesino] peasant
la•bran•za *f.* [cultivo] farming; [hacienda] farm; [tierra] farmland
la•brar *tr.* [trabajar] to work; [metales] to work; [tallar] to carve; [cuero] to tool; [cultivar] to cultivate; [arar] to plow; [bordar] to embroider; [causar] to bring about; [edificar] to build; (*intr.*) to work
la•brie•go, a *m.f.* farm hand o worker
la•ca *f.* [resina] lac; [pintura] lacquer, shellac; [barniz] lacquer; [objeto] lacquered object; [pelo] hair spray ▪ **~ de uñas** nail polish
la•ca•yo *m.* [criado] lackey, valet; [mozo de espuelas] groom, attendant
la•ce•ar *tr.* [adornar] to trim with bows; RP to lasso
la•ce•ra•ción *f.* laceration
la•ce•rar *tr.* to lacerate; [dañar] to injure
la•ce•ria *f.* [pobreza] misery, want; [trabajo penoso] drudgery, toil
la•cio, a *adj.* [cabello] straight; [marchito] wilted; [flojo] limp
la•có•ni•co, a *adj.* laconic
la•cra *f.* [señal] scar; [defecto] blemish
la•crar *tr.* to seal with wax
la•cre <> *m.* sealing wax <> *adj.* red
la•cri•mó•ge•no, a *adj.* tear-producing ▪ **gas ~** tear gas
la•cri•mo•so, a *adj.* [que tiene lágrimas] tearful; [triste] sorrowful
lac•ta•ción *f.* nursing
lac•tan•cia *f.* lactation
lac•tan•te <> *adj.* nursing, suckling <> *m.f.* nursing infant
lac•tar *tr.* & *intr.* to nurse, suckle
lác•te•o, a *adj.* milky ▪ **Vía Láctea** Milky Way
lác•ti•co, a *adj.* lactic
lac•to•sa *f.* lactose
la•de•ar *tr.* to bend, tilt; (*reflex.*) to lean, tilt
la•de•ra *f.* slope
la•di•lla *f.* crab louse ▪ **pegarse a alguien como una ~** *coll* to stick to someone like a leech
la•di•no, a *adj.* astute
la•do *m.* side; [sitio] room; [aspecto] aspect; [camino] way; [protección] protection; MIL flank; SPORT end ▪ **al ~** near, close at hand; **al ~ de** beside, next to; **a un ~**

aside; **dar de ~ a alguien** to give someone the cold shoulder; **dejar a un ~** to leave aside; **de ~ a ~** from side to side; **echar a un ~** to cast aside; **hacerse a un ~** to get out of the way; **~ a ~** side by side; **~ débil** o **flaco** weak spot; **mirar de ~** to look sideways at; **poner a un ~** to put aside; **ponerse del ~ de** to side with; **por el ~ de** toward, in the direction of; **por otro ~** on the other hand; **por un ~** on the one hand

la•drar *intr.* to bark; *fig* to growl, snarl

la•dri•do *m.* bark

la•dri•llo *m.* brick; [azulejo] tile ▪ **es un ~** it's o he's a bore; **~ crudo** adobe

la•drón, o•na ◇ *adj.* thieving ◇ *m.f.* thief, robber ▪ **~ de corazones** *coll* lady-killer

la•dro•ne•rí•a *f.* larceny, theft

la•dron•zue•lo, a *m.f.* petty thief

la•ga•ña *f.* sleep (in the eyes)

la•gar•ta *f.* female lizard; ENTOM gypsy moth; *coll* [mujer] crafty woman

la•gar•ti•ja *f.* small lizard

la•gar•ti•jo *m.* small lizard; MEX sharp dresser

la•gar•to *m.* lizard; *coll* [hombre astuto] sly devil; AMER alligator

la•go *m.* lake

lá•gri•ma ◇ *f.* tear; *fig* drop ▪ **llorar a ~ viva** to cry one's heart out ◇ *pl.* sorrows, troubles ▪ **beberse las ~** to hold back one's tears; **deshacerse en ~** to burst into tears; **enjugarse las ~** to dry one's eyes o tears; **~ de cocodrilo** crocodile tears; **ser el paño de ~ (de alguien)** to be someone's consolation

la•gri•me•ar *intr.* [ojos] to water, tear; [persona] to cry, weep

la•gri•mo•so, a *adj.* [ojos] watery, teary; [lacrimoso] tearful

la•gu•na *f.* lagoon; [texto] hiatus; [falta] gap

lai•ca•do *m.* laity

lai•cal *adj.* lay, laical

lai•co, a *adj.* lay, laical

la•ma[1] *f.* [cieno] mud; BOT algae; [tela] (silver o gold) lamé; AMER slime

la•ma[2] *m.f.* lama

lam•ber *tr.* AMER [lamer] to lick; [adular] to fawn on, suck up to

la•me•du•ra *f.* lick, licking

la•men•ta•ble *adj.* lamentable

la•men•ta•ción *f.* lamentation

la•men•tar *tr.* [sentir] to regret, be sorry for; [llorar] to bemoan; (*reflex.*) to grieve, lament

la•men•to *m.* lament

la•men•to•so, a *adj.* plaintive, mournful

la•mer *tr.* [con la lengua] to lick; [tocar suavemente] to lap

la•me•ta•da *f.*/**zo** *m.* AMER licking, lick

la•mi•do, a ◇ *m.f.* licking ◇ *adj.* [flaco] thin and pale; [relamido] polished, finely finished

lá•mi•na *f.* [plancha] lamina, plate; PRINT engraved plate; [estampa] print

la•mi•na•ción *f.* lamination

la•mi•na•do, a ◇ *adj.* laminated ▪ **hierro ~** sheet metal ◇ *m.* lamination

la•mi•nar ◇ *adj.* laminar, laminal ◇ *tr.* to laminate

lám•pa•ra *f.* lamp; RAD & TELEV valve, tube ▪ **~ de alcohol** spirit lamp; **~ de arco** arc lamp; **~ de incandescencia** incandescent lamp; **~ de seguridad** safety lamp; **~ de soldar** blowtorch; **~ de techo** ceiling lamp; **~ fluorescente** fluorescent lamp; **~ neón** neon light

lam•pa•ri•lla *f.* [lámpara pequeña] small lamp; [que se enciende de noche] night-light

lam•pa•rón *m.* [aceite] grease spot o stain; MED scrofula; VET glanders

lam•pa•zo *m.* RP [de goma] squeegee; VEN [fregona] mop; CHILE [trapo] cloth

lam•pi•ño, a *adj.* [sin barba] beardless; [con poco vello] hairless

la•na *f.* wool; MEX *coll* [dinero] dough, bread; AMER [mentira] lie ▪ **cardarle a alguien la ~** *coll* to tell someone off; **de ~** wool, woolen; **ir por ~ y salir trasquilado** to get more than one bargained for; **~ de acero** steel wool; **~ de vidrio** glass wool

lan•ce *m.* [acontecimiento] event, occurrence; [trance] predicament; [jugada] move; [riña] quarrel, argument ▪ **~ apretado** *coll* tight spot, jam; **~ de honor** duel

lan•ce•ar *tr.* to lance

lan•ce•ro ◇ *m.* lancer ◇ *pl.* lancers (dance)

lan•ce•ta *m.* MED lancet; ANDES & CUBA [aguijón] sting

lan•cha *f.* [embarcación] boat; [piedra] stone slab ▪ **~ motora** motorboat; **~ salvavidas** lifeboat; **~ torpedera** torpedo boat

lan•char *m.* flagstone quarry

lan•che•ro *m.* boatman, ferryman

lan•chón *m.* barge

lan•da *f.* moor, heath

la•ne•ro, a ◇ *adj.* woolen ◇ *m.* [negociante] wool dealer; [almacén] wool warehouse

lan•gos•ta *f.* ENTOM locust; ZOOL lobster

lan•gos•ti•no/tín *m.* crayfish

lan•gui•de•cer [17] *intr.* to languish

lan•gui•dez *f.* [flaqueza] weakness, feebleness; [falta de energía] listlessness, lethargy

lán•gui•do, a *adj.* languid

lan•guor *m.* languor

la•no•li•na *f.* lanolin

la•no•so, a *adj.* woolly

lan•za ◇ *f.* lance, spear; [soldado] lancer ▪ **correr lanzas** to joust; **estar con la ~ en ristre** to be ready for action; **romper lanzas por** to defend, fight for ◇ *adj.* MEX crafty, deceptive

lan•za•bom•bas *m.inv.* [de trinchera] trench mortar; [de aviones] bomb release

lan•za•co•he•tes *m.inv.* rocket launcher

lan•za•da *f.* [golpe] lance thrust; [herida] lance wound

lan•za•lla•mas *m.inv.* flame thrower

lan•za•mien•to *m.* throw, throwing ▪ **~ de abastecimientos** airdrop; **~ del disco** discus throwing; **~ de un barco** launching of a ship

lan•zar [04] *tr.* [arrojar] to throw, hurl; [dardos, flechas] to shoot, fire; [un proyectil] to launch; [una bomba] to drop; [aves] to release; *coll* [vomitar] to vomit, throw up; [brotar] to put forth; [decir] to let loose, let out; [insultos] to hurl; [dar a conocer] to launch; [despojar] to dispossess; [desalojar] to evict; SPORT to throw; (*reflex.*) [arrojarse] to throw o hurl oneself; [saltar] to jump; [asaltar] to rush, attack ▪ **~ a** to launch into, embark upon

lan•za•tor•pe•dos *m.inv.* MIL torpedo tube

la•pa•ros•co•pia *f.* laparoscopy

la•pi•ce•ra *f.* C SUR ballpoint (pen), Biro®

la•pi•ce•ro *m.* [instrumento] mechanical pencil; [lápiz] pencil; ARG & PERU penholder

lá•pi•da *f.* tombstone
la•pi•dar *tr.* [matar] to stone to death; AMER to carve gems
la•pi•da•rio, a ◇ *adj.* [de las piedras preciosas] lapidary; [muy conciso] concise, succinct ▪ **frase** ~ memorable phrase ◇ *m.* lapidary
lá•piz *m.* [grafito] graphite, lead; [instrumento] pencil ▪ ~ **de color** colored pencil; ~ **de labios** lipstick; ~ **óptico** COMPUT light pen
lap•so, a *m.* [de tiempo] lapse, interval; [error] lapse, slip
lap•sus *m.* lapsus, slip ▪ ~ **cálami** slip of the pen; ~ **linguae** slip of the tongue
lap•top *m.* COMPUT laptop
la•que•ar *tr.* to lacquer, varnish
lar•do *m.* lard, animal fat
lar•ga•men•te *adv.* [con extensión] at length; *fig* generously, liberally
lar•gar [47] *tr.* [aflojar] to slacken; [soltar] to release, let go; [despedir] to fire, dismiss; [tirar] to throw, hurl; [expulsar] to throw out, expel; *coll* [decir] to let out, let fly; ~ **una palabrota** to let fly an obscenity; [una bofetada] to deal; (*reflex.*) *coll* [marcharse] to beat it, scram; [comenzar] to begin to
lar•ga•vis•tas *m. inv* BOL & C SUR binoculars (*pl*)
lar•go, a ◇ *adj.* long; [extenso] lengthy; [alto] tall; [abundante] abundant; MARIT loose, slack ▪ **a la** ~ [con el tiempo] in the long run; [poco a poco] little by little; **a lo** ~ lengthwise; [por] along; [a través] throughout; **de** ~ in formal dress; ~ **de manos** heavy-handed; **largos años** many years; ~ **y tendido** *coll* at length ◇ *m.* length; MUS largo ▪ **de** ~ long; **la piscina tiene quince pies de** ~ the pool is fifteen feet long; **pasar de** ~ [no parar] to pass by; [no hacer caso de] to ignore ◇ *interj.* get out! ▪ **¡~ de aquí!** get out of here!
lar•gor *m.* length
lar•go•ru•to/gu•cho, a *adj.* lanky
lar•guea•do, a *adj.* striped
lar•gue•za *f.* [liberalidad] largesse; [largura] length
lar•gui•ru•cho, a *adj.* lanky
lar•gu•ra *f.* length
la•rin•ge *f.* larynx
la•rin•gi•tis *f.* laryngitis
lar•va *f.* (*pl* **-vae**) larva
lar•val *adj.* larval
las ◇ *def. art.* the ◇ *pron.* them
las•ci•via *f.* lasciviousness
las•ci•vo, a *adj.* & *m.f.* lascivious (person)
lá•ser *m.* laser ▪ **rayo** ~ laser beam
la•si•tud *f.* lassitude
la•so, a *adj.* [cansado] tired, weary; [flojo] weak, languid; [sin torcer] limp
lás•ti•ma *f.* [sentimiento] pity, compassion; [cosa] pity, shame ▪ **dar** ~ to be pitiful; **es una** ~ **que** it's a shame that; **¡qué** ~**!** what a shame!; **tener** ~ **de** to feel sorry for
las•ti•ma•du•ra *f.* [daño] injury; [herida] wound
las•ti•mar *tr.* [dañar] to injure, hurt; [agraviar] to hurt, offend; (*reflex.*) to hurt o injure oneself
las•ti•me•ro, a *adj.* sad, pitiful
las•ti•mo•so, a *adj.* pitiful, deplorable
las•tre *m.* AER & MARIT ballast; *fig* dead weight, burden
la•ta *f.* [hoja de lata] tin plate; [envase] can, tin; [madero] small log; [para tejas] roof lath; AMER *coll* [persona] pest, nuisance ▪ **dar la** ~ *coll* to annoy; **¡qué** ~**!** what a nuisance!
la•ta•zo *m. coll* bore
la•te•ar *tr.* AMER *coll* to bore, bend someone's ear
la•ten•te *adj.* latent
la•te•ral *adj.* lateral, side
la•ti•do *m.* [del corazón] beat, beating; [dolor] throb, throbbing
la•tien•te *adj.* [pulso] beating; [herida] throbbing
la•ti•ga•zo *m.* [golpe] whiplash; [chasquido] whipcracking ▪ **dar latigazos a** to whip, flog; **darse un** ~ *coll* to have a snort
lá•ti•go *m.* [azote] horsewhip; *coll* ECUAD & PERU whiplash ▪ ~ **de montar** riding crop
la•ti•gue•ar *tr.* AMER to flog, whip
la•tir *intr.* [el corazón] to beat; [una herida] to throb; MEX to have an inkling o a hunch
la•ti•tud *f.* [ancho] width, breadth; [extensión] extent, scope; GEOG latitude; [libertad] freedom, latitude
la•ti•tu•di•nal *adj.* latitudinal
la•to, a *adj.* broad, wide
la•tón *m.* brass ▪ ~ **de aluminio** aluminum brass; ~ **en hojas** o **planchas** sheet brass
la•to•ne•rí•a *f.* brassworks
la•to•ne•ro *m.* brassworker
la•to•so, a *adj. coll* annoying, bothersome
la•tro•ci•nio *m.* robbery, theft
la•úd *m.* MUS lute; MARIT catboat; ZOOL striped turtle
lau•da•ble *adj.* laudable
lau•dar *tr.* to rule, render a verdict on
lau•da•to•rio, a ◇ *adj.* laudatory ◇ *f.* eulogy
lau•de *f.* tombstone
lau•do *m.* ruling, verdict
lau•rea•do, a *adj.* & *m.f.* laureate
lau•rear *tr.* [coronar] to crown with laurel; [premiar] to honor, reward
lau•rel ◇ *m.* laurel, bay ◇ *pl.* laurels, honors ▪ **dormirse en los** ~ to rest on one's laurels
láu•re•o, a *adj.* laurel
lau•ré•o•la/re•o•la *f.* [corona] laurel wreath o crown; [aureola] halo, aureola
la•va *f.* lava
la•va•ble *adj.* washable
la•va•bo *m.* [lavamanos] washbasin; [cuarto] bathroom
la•va•ca•ras *m.f.inv. coll* toady, bootlicker
la•va•co•ches *m.inv.* car washer
la•va•da *f.* washing
la•va•de•ro *m.* [lavandería] laundry; [de un río] washing place; MIN placer
la•va•do *m.* [acción] washing, wash; MED lavage; PAINT wash ▪ ~ **de cabeza** *coll* reprimand; ~ **de cerebro** brainwashing; ~ **en seco** dry cleaning
la•va•dor, •ra ◇ *adj.* washing ◇ *m.f.* [persona] washer; (*m.*) PHOTOG washer; ARM ramrod; (*f.*) [máquina] washing machine, washer; [mujer] laundress ▪ ~ **de platos** dishwasher
la•va•du•ra *f.* [acción] washing, wash; [lavazas] dishwater, dirty water
la•va•ma•nos *m.inv.* washbasin, washbowl
la•van•da *f.* lavender
la•van•de•ra *f.* washerwoman, laundrywoman
la•van•de•rí•a *f.* laundry, laundromat

L

la•van•de•ro *m.* laundryman, launderer
la•va•o•jos *m.inv.* eyecup
la•va•pla•tos *m.inv.* dishwasher
la•var *tr.* [limpiar] to wash; [purificar] to wipe away, clean; MAS to whitewash; MIN to wash ▪ ~ **el cerebro** to brainwash; (*reflex.*) to wash (oneself) ▪ ~ **las manos de** to wash one's hands of
la•va•se•co *m.* ANDES dry cleaner's
la•va•ti•va *f.* [líquido] enema; [aparato] enema bag; *coll* [molestia] nuisance
la•va•to•rio *m.* ANDES & RP washbowl, washbasin GB
la•xar *tr.* to loosen, slacken
la•xa•ti•vo, a *adj.* & *m.* laxative
la•xo, a *adj.* [flojo] loose, slack; [relajado] lax
la•ya[1] *f.* AGR spade
la•ya[2] *f.* breed, kind ▪ **eso es de otra** ~ that's a horse of a different color
la•za•da *f.* [nudo] bowknot; [lazo] lasso
la•zar [04] *tr.* to lasso, rope
la•za•ri•llo *m.* person who guides the blind
la•za•ri•no, a ◇ *adj.* leprous ◇ *m.f.* leper
lá•za•ro *m.* [pobre] ragged beggar; [leproso] leper
la•za•ro•so, a ◇ *adj.* leprous ◇ *m.f.* leper
la•zo *m.* [nudo] knot; [para animales] lasso; [cordel] lashing rope; [trampa] snare, trap; [asechanza] trap; [vínculo] bond, tie ▪ ~ **corredizo** slipknot
le *pron.* him; **la niña le siguió** the little girl followed him; you; **no le vi a usted** I didn't see you; to him, to her, to it, to you; **le dimos un regalo** we gave a present to him; for him, for her, for it, for you; **le compré una cámara** I bought a camera for her; from him, from her, from it, from you; **el gobierno le quitó la tierra** the government took his land from him
le•al *adj.* loyal, faithful ▪ **a mi** ~ **saber y entender** to the best of my knowledge
le•al•tad *f.* loyalty, fidelity
lea•sing *m.* ECON leasing
lec•ción *f.* lesson; [discurso] lecture; [capítulo] lesson, chapter; [lectura] reading ▪ **dar a uno una** ~ to teach someone a lesson
le•cha•da *f.* [de paredes] whitewash; [argamasa] mortar, grout; [papel] pulp; [emulsión] emulsion ▪ ~ **de cal** milk of lime
le•char *tr.* AMER to milk; C AMER & MEX to whitewash
le•che *f.* milk; BOT milky sap ▪ **dientes de** ~ milk teeth; ~ **desnatada** skim milk; ~ **de vaca** cow's milk; ~ **en polvo** powdered milk
le•che•rí•a *f.* [tienda] dairy store; AMER dairy farm
le•che•ro, a ◇ *adj.* [lechoso] milky; [que tiene leche] milk, dairy ◇ *f.* [vendedora] milkmaid, dairymaid; [recipiente] milk can; [jarra] milk jug; AMER [vaca] milk cow; (*m.*) milkman
le•che•rón *m.* [vasija] milk pail; [tela] flannel wrap
le•cho *m.* bed; [capa] layer; ARCHIT base; GEOL bed, layer ▪ **abandonar el** ~ to get out of bed; ~ **de roca** bedrock
le•chón *m.* [cochinillo] suckling pig; [cerdo] hog; [persona] pig, slob
le•cho•so, a ◇ *adj.* milky ◇ *m.* papaya tree; (*f.*) papaya
le•chu•ga *f.* lettuce; [cuello] ruff ▪ **como una** ~ fresh as a daisy; **fresco como una** ~ cool as a cucumber; ~ **romana** romaine lettuce
le•chu•za *f.* owl; *coll* [mujer] hag
lec•ti•vo, a *adj.* school ▪ **año** ~ school year; **día** ~ school day
lec•tor, •ra ◇ *adj.* reading ◇ *m.f.* reader
lec•tu•ra *f.* [acción] reading; [cosa leída] reading matter; PRINT pica ▪ **ser una persona de mucha** ~ to be well-read
le•er [43] *tr.* to read ▪ ~ **pruebas de imprenta** to proofread; (*intr.*) to read ▪ ~ **a primera vista** MUS to sight-read
le•ga•ción *f.* legation
le•ga•do *m.* legacy
le•ga•jo *m.* file, dossier
le•gal *adj.* legal
le•ga•li•dad *f.* legality
le•ga•lis•ta ◇ *adj.* legalistic ◇ *m.f.* legalist
le•ga•li•za•ción *f.* legalization; [validación] authentication, validation
le•ga•li•zar [04] *tr.* to legalize; [certificar] to authenticate, validate
le•gar [47] *tr.* [dejar] to leave, bequeathe; [enviar] to delegate; [transmitir] to bequeathe, hand down
le•ga•ta•rio, a *m.f.* legatee, heir ▪ ~ **universal** general legatee
le•gen•da•rio, a ◇ *adj.* legendary, fabled ◇ *m.* book of legends
le•gi•ble *adj.* legible
le•gión *f.* legion; [multitud] legion, multitude ▪ **la Legión Extranjera** the Foreign Legion
le•gio•na•rio, a ◇ *adj.* legionary ◇ *m.* legionary, legionnaire
le•gis•la•ción *f.* legislation
le•gis•la•dor, •ra ◇ *adj.* legislative ◇ *m.f.* legislator, lawmaker
le•gis•lar *intr.* to legislate
le•gis•la•ti•vo, a *adj.* legislative
le•gis•la•tu•ra *f.* legislature
le•gis•ta *m.* [experto] legist; [profesor] law professor; [estudiante] law student; [abogado] lawyer ▪ **médico** ~ AMER medical forensic expert
le•gi•ti•mar *tr.* [certificar] to legitimize; [un hijo] to make legitimate, to legitimize
le•gi•ti•mi•dad *f.* legitimacy; [autenticidad] authenticity
le•gí•ti•mo, a *adj.* legitimate; [cierto] genuine; [auténtico] real, authentic; [válido] valid
le•go, a ◇ *adj.* [seglar] lay, secular; [sin instrucción] ignorant, uninformed; [analfabeto] illiterate ▪ **ser** ~ **en** to know nothing about ◇ *m.* layman; RELIG lay brother
le•gua *f.* league ▪ **a la** ~ far away, miles away; **se ve a la** ~ you can see it a mile away
le•gum•bre *f.* legume
le•í•ble *adj.* legible, readable
le•í•do, a ▻ **leer** ◇ *adj.* well-read ◇ *f.* reading
le•ja•ní•a *f.* [distancia] distance; [paraje] distant o remote place
le•ja•no, a *adj.* distant, remote
le•jí•a *f.* [agua alcalina] lye; [detergente] bleach; *coll* [reprimenda] scolding
le•jos *adv.* far (away) ▪ **a lo** ~ in the distance, far away; **de** ~ from afar, from a distance; **desde** ~ from afar, from a distance; **ir** ~ to go too far, go a long way; ~ **de** [a gran distancia] far from, a long way from; [en lugar de] far from; **más** ~ farther, further

le•lo, a ◇ *adj.* silly, foolish ◇ *m.f.* dolt, ninny ▪ **estar ~ por** to be head over heels in love with; **quedarse ~** to be stunned
le•ma *m.* motto; LIT theme; LOG lemma
lem•pi•ra *m.* HOND FIN lempira
len•ce•rí•a *f.* [ropa blanca] lingerie; [géneros] linen goods; [tienda] lingerie shop
len•gua *f.* tongue; [idioma] language; [badajo] bell clapper; CUL tongue ▪ **buscarle a uno la ~** *coll* to pick a fight with someone; **estar con la ~ fuera** to have one's tongue hanging out; **hablar en lenguas** RELIG to speak in tongues; **írsele a uno la ~** *coll* to talk too much, run off at the mouth; **~ de víbora** *coll* backbiter, gossip; **~ de fuego** tongue of fire, flame; **~ de tierras** promontory, tongue of land; **~ franca** lingua franca; **~ materna** mother tongue, native language; **ligero de ~** indiscreet; **mala ~** backbiter, gossip; **morderse la ~** to bite one's tongue; **sacar la ~ a** to stick one's tongue out at; **tirar de la ~** to make someone talk; **trabársele a uno la ~** to become tongue-tied
len•gua•do *m.* sole, flounder
len•gua•je *m.* language, speech ▪ **~ cifrado** o **convenido** code language; **~ de signos** sign language
len•gua•raz *adj.* [bilingüe] bilingual; [deslenguado] foul-mouthed, vulgar; [hablador] talkative, garrulous
len•guaz *adj.* garrulous
len•güe•ta *f.* [lengua pequeña] small tongue; [de zapato] tongue; ANAT epiglottis; [de una balanza] pointer, needle; MUS reed; CARP tongue ▪ **ensambladura de ranura y ~** tongue-and-groove joint
le•ni•ti•vo, a ◇ *adj.* lenitive, soothing ◇ *m.* lenitive, palliative
len•te ◇ *m.* & *f.* lens ▪ **~ de aumento** magnifying glass; **~ de contacto** contact lens; **~ electrónico** electron lens; **~ telegráfico** telephoto lens ◇ *pl.* eyeglasses, spectacles
len•te•ja *f.* lentil
len•te•jue•la *f.* sequin
len•ti•lla *f.* contact lens
len•ti•tud *f.* slowness
len•to, a ◇ *adj.* [tardo] slow; MED viscous ◇ *adv.* MUS lento
le•ña *f.* [madera] firewood; *coll* [paliza] beating ▪ **echar ~ al fuego** to add fuel to the fire; **llevar ~ al monte** to carry coals to Newcastle
le•ña•dor, •ra *m.f.* woodcutter
le•ña•zo *m. coll* [garrotazo] clubbing, cudgeling; AMER [golpe] blow, wallop
le•ñe•ra *f.* woodshed
le•ño *m.* [trozo de árbol] log; [madera] wood; POET ship ▪ **dormir como un ~** *coll* to sleep like a log
le•ño•so, a *adj.* woody
le•ón *m.* lion; AMER puma ▪ **ponerse como un ~** to get furious
le•o•na *f.* lioness
le•o•na•do, a *adj.* reddish-brown, tawny
le•o•ne•ro, a ◇ *adj.* AMER rowdy, disorderly ◇ *m.* MEX place where brawls occur; *coll* [tablajero] gambler; (*m.f.*) lionkeeper; (*f.*) [jaula] lion cage; *coll* [casa de juego] gambling den; [cuarto desarreglado] messy room
le•o•ni•no, a *adj.* leonine
le•o•par•do *m.* leopard
le•o•tar•do *m.* leotard
lé•pe•ro, a *adj. coll* C AMER & MEX [vulgar] coarse, vulgar; CUBA [astuto] smart, crafty
le•po•ri•no, a *adj.* leporine ▪ **labio ~** harelip
le•pra *f.* leprosy
le•pro•so, a ◇ *adj.* leprous ◇ *m.f.* leper
ler•do, a ◇ *adj.* sluggish ◇ *m.f.* dullwitted person
les *pron.* to them, to you; **deles el libro** give the book to them; for them, for you; **quiero comprarles unos zapatos** I want to buy shoes for you; from them, from you; **les quitaron la oportunidad** they took the opportunity away from you
les•bia•na/bia *adj.* & *f.* lesbian
le•se•ras *f.pl.* CHILE *coll* nonsense, rubbish GB
le•sión *f.* lesion, injury
le•sio•na•do, a ◇ *adj.* [herido] injured, wounded; [dañado] damaged, hurt ◇ *m.* ▪ **los lesionados** the wounded
le•sio•nar *tr.* [herir] to wound, injure; [dañar] to damage; (*reflex.*) to get hurt, get injured
le•so, a *adj.* [agraviado] injured, wronged; [perturbado] perturbed; AMER silly, stupid ▪ **~ majestad** lese majesty
le•tal *adj.* lethal
le•ta•ní•a *f.* litany
le•tár•gi•co, a *adj.* lethargic
le•tar•go *m.* lethargy
le•tra ◇ *f.* letter; [modo de escribir] handwriting, writing; [sentido] letter, literal meaning; MUS lyrics, words; COM draft, bill of exchange ▪ **a la ~** to the letter, literally; **a ~ vista** at sight, on sight; **~ a la vista** sight draft; **~ bastardilla** italics; **~ de cambio** bill of exchange; **~ de imprenta** type; **~ de mano** handwriting; **~ de molde** printed letter; **~ gótica** black letter; **~ magnética** laser printing; **~ mayúscula** capital letter; **~ minúscula** lower-case letter; **~ negrilla** boldface type ◇ *pl.* letters, learning ▪ **bellas ~** belles-lettres, literature; **~ humanas** humanities; **~ sagradas** Scriptures; **primeras ~** primary schooling
le•tra•do, a ◇ *adj.* learned, educated ◇ *m.* attorney, lawyer
le•tre•ro *m.* [señal] sign; [etiqueta] label
le•tri•na *f.* latrine, privy
leu•ce•mia *f.* leukemia
leu•dar *tr.* to leaven, add yeast to
le•va *f.* MARIT weighing anchor, sailing; MIL levy, conscription; MECH [palanca] lever; [álabe] vane; [rueda] cam
le•va•di•zo, a *adj.* which can be raised ▪ **puente ~** drawbridge
le•va•du•ra *f.* [fermento] yeast; CARP sawed-off plank; [germen] germ ▪ **~ de cerveza** brewer's yeast; **~ en polvo** baking powder
le•van•ta•dor, •ra ◇ *adj.* raising, lifting ◇ *m.f.* lifter
le•van•ta•mien•to *m.* [acción] raising, lifting; [motín] uprising ▪ **~ topográfico** (land) survey
le•van•tar *tr.* [alzar] to raise, lift; [elevar] to lift up; [enderezar] to straighten up; [quitar] to remove; [construir] to raise, erect; [establecer] to found, set up; [producir] to raise; [la caza] to flush out; [mudar] to move; [prohibición, embargo] to raise, lift; [los ánimos, la voz] to raise; [acusación] to bring; [el ancla] to weigh; [campamento] to break ▪ **~ el ánimo** to cheer up; (*reflex.*)[elevarse]

L

to rise; [ponerse de pie] to stand up; [de la cama] to get out of bed; [sobresalir] to stand out; [sublevarse] to rebel; METEOROL to rise ■ ~ **con** to make off with

le•var *tr.* MARIT to weigh

le•ve *adj.* [ligero] light; [de poca importancia] slight, trivial

le•vi•ta•ción *f.* levitation

lé•xi•co, a <> *adj.* lexical <> *m.* [diccionario] dictionary, lexicon; [de un escritor] vocabulary, lexicon

le•xi•co•gra•fí•a *f.* lexicography

le•xi•có•gra•fo, a *m.f.* lexicographer

le•xi•co•lo•gí•a *f.* lexicology

ley *f.* [estatuto] law, statute; [código] law, body of laws; [regla] rule, regulation; [acto] act, bill; [en religión] Law; [norma] standard; METAL fineness ■ **al margen de la** ~ outside the law; **a toda** ~ strictly; **de buena** ~ sterling, excellent; **de mala** ~ crooked, disreputable; ~ **de prescripción** statute of limitations; ~ **de quiebras** bankruptcy law; ~ **humana** social law; ~ **no escrita** unwritten law

le•yen•da *f.* [fábula] legend, myth; [de una moneda] inscription; [texto] legend, caption

le•ye•ra, yó ▻ **leer**

lez•na *f.* awl

liar [30] *tr.* [atar] to tie, bind; [envolver] to wrap (up); [un cigarrillo] to roll; *coll* [engañar] to take in, fool; [mezclar] to mix up in ■ **liarlas** *coll* [huir] to beat it, scram; [morir] to kick the bucket; (*reflex.*)[amancebarse] to live together; [mezclarse] to be mixed up in ■ ~ **a palos** to come to blows; **liárselas** *coll* [huir] to beat it, scram; [morir] to kick the bucket

li•ba•ción *f.* libation

li•bar *tr.* [los insectos] to suck; [echar] to pour; [degustar] to taste, sip

li•be•lis•ta *m.* [de escritos satíricos] lampoonist; LAW libeler

li•be•lo *m.* [escrito satírico] lampoon; [escrito difamatorio] libel; LAW petition

li•bé•lu•la *f.* dragonfly

li•be•ra•ción *f.* liberation; [del enemigo] deliverance ■ ~ **condicional** parole

li•be•ra•dor, •ra <> *adj.* liberating <> *m.f.* liberator

li•be•ral <> *adj.* liberal; [generoso] generous; [progresista] progressive <> *m.f.* liberal

li•be•ra•li•dad *f.* liberality

li•be•ra•li•zar [04] *tr.* to liberalize

li•be•rar *tr.* [librar] to free, liberate; [de una deuda] to release, discharge; (*reflex.*) to be released o discharged

li•ber•tad <> *f.* freedom, liberty; [independencia] independence; [exención] exemption; [franqueza] openness; [derecho] right, liberty ■ **en** ~ freely; ~ **condicional** probation; ~ **de comercio** free trade; ~ **de conciencia** freedom of worship; ~ **de imprenta** o **de prensa** freedom of the press; ~ **de palabra** freedom of speech; ~ **provisional** parole; **poner en** ~ to free, set free <> *pl.* [inmunidades] rights; [maneras] liberties ■ **tomarse** ~ to take liberties

li•ber•ta•dor, •ra <> *adj.* liberating <> *m.f.* liberator

li•ber•tar *tr.* to free, liberate; [salvar] to save, deliver; [eximir] to exempt, release

li•ber•ta•rio, a *adj.* & *m.f.* libertarian

li•ber•ti•na•je *m.* libertinism

li•ber•ti•no, a *adj.* & *m.f.* libertine

li•bi•di•no•so, a *adj.* libidinous

li•bi•do *m.* libido

li•bra *f.* pound ■ ~ **carnicera** kilogram; ~ **esterlina** pound sterling

li•brar *tr.* [salvar] to free, deliver; COM to draw; [eximir] to exempt, release; [batalla, duelo] to wage ■ **¡Dios me libre!** heaven forbid!; (*reflex.*) to avoid, escape

li•bre *adj.* free; [independiente] independent; [soltero] single, unmarried; [desembarazado] clear, open; [vacante] free, unoccupied; [sin trabas] free, unrestrained; [atrevido] bold; [exento] free, exempt; [en la natación] freestyle ■ ~ **albedrío** free will; ~ **cambio** free trade; ~ **de** free from; ~ **de derechos** duty-free

li•bre•a *f.* livery, uniform

li•bre•cam•bio *m.* free trade o exchange

li•bre•pen•sa•dor, •ra <> *adj.* freethinking <> *m.f.* freethinker

li•bre•pen•sa•mien•to *m.* freethinking, free thought

li•bre•rí•a *f.* [tienda] bookstore, bookshop; [comercio] book trade; [oficio] booksellers, book dealers; [armario] bookcase, bookshelf; [biblioteca] library

li•bre•ro *m.* [vendedor] bookseller, book dealer; [armario] bookcase, bookshelf

li•bre•ta *f.* [cuaderno] notebook; [agenda] calendar, appointment book ■ ~ **de ahorros** savings book, passbook; ~ **de cheques** checkbook; ~ **de direcciones** address book

li•bre•tis•ta *m.f.* librettist

li•bre•to *m.* AMER [guión] script

li•bro *m.* book; [registro] register; MUS libretto ■ **examinar los libros** COM to audit; **hacer** ~ **nuevo** *coll* to turn over a new leaf; ~ **borrador** blotter, daily record; ~ **copiador** letter book; ~ **de asiento** o **de cuentas** account book; ~ **de caja** cashbook; ~ **electrónico** electronic book; ~ **de horas** Book of Hours; ~ **de texto** textbook; ~ **diario** journal, daybook; ~ **mayor** ledger; ~ **en rústica** paperback; **libros sagrados** Scriptures

li•ce•al <> *adj.* C SUR & VEN high school <> *m.f.* high school student

li•cen•cia *f.* license; [permiso] permission; [documento] license, permit; EDUC licentiate degree; MIL discharge ■ ~ **absoluta** discharge; ~ **por enfermedad** sick leave

li•cen•cia•do, a <> *adj.* exempted <> *m.f.* [graduado] university graduate, bachelor; *coll* [estudiante] student; AMER lawyer; (*m.*) discharged soldier

li•cen•cia•mien•to *m.* MIL discharge; EDUC graduation

li•cen•ciar *tr.* MIL to discharge; [dar permiso] to license, permit; [despedir] to dismiss, discharge; EDUC to graduate; (*reflex.*) to graduate

li•cen•cia•tu•ra *f.* [título] bachelor's degree; [acto] graduation; [estudios] degree program

li•cen•cio•so, a *adj.* licentious

li•ce•o *m.* [sociedad] lyceum; C SUR & VEN [escuela] high school

li•ci•ta•ción *f.* bid, tender

li•ci•ta•dor *m.* bidder

li•ci•tar *tr.* [ofrecer precio] to bid for o on; AMER to auction

lí•ci•to, a *adj.* licit

li•cor *m.* liquor, spirits; [cordial] liqueur, cordial

li•cua•do•ra *f.* mixer, blender

li•cuar [67] *tr.* to liquefy; METAL to liquate
li•cue•fac•ción *f.* liquefaction
lid *f.* fight ■ **en buena** ~ in a fair fight
lí•der *m.* leader, chief
li•de•ra•to/raz•go *m.* leadership
li•dia *f.* fight, battle ■ **toro de** ~ fighting bull
li•dia•dor, •ra *m.f.* [luchador] fighter, combatant; (*m.*) bullfighter
li•diar *tr.* [torear] to fight; (*intr.*) [luchar] to fight, battle; [oponerse a] to oppose, face; [contender] to struggle, contend; [soportar] to put up with
lie•bre *f.* hare; *fig* coward ■ **levantar la** ~ *coll* to spill the beans; ~ **corrida** MEX whore; **dar gato por** ~ to swindle
lien•zo *m.* [tela] linen, canvas; PAINT canvas; ARCHIT façade
lif•ting *m.* face-lift
li•ga *f.* [de medias] garter; [venda] band; [materia viscosa] birdlime; [aleación] alloy; [confederación] alliance, league; SPORT league; [mezcla] compound, mixture ■ **hacer buena/mala** ~ **con** to get along well/badly with
li•ga•ción *f.* [acción] tying, binding; [enlace] bond, union; [liga] compound, mixture
li•ga•du•ra *f.* [acción] tying, binding; [atadura] tie, bond; [traba] impediment; MED [torniquete] tourniquet; [de una vena] ligature; MUS tie, ligature
li•ga•men•to *m.* tying, binding; ANAT ligament
li•gar [47] *tr.* [atar] to tie, bind; [unir] to join, link; [obligar] to bind, commit; METAL to alloy; MUS to slur; (*intr.*) MEX [entenderse] to get along well; [tener suerte] to be lucky; (*reflex.*) to unite
li•ga•zón *f.* bond, connection
li•ge•re•za *f.* [liviandad] lightness; [rapidez] quickness, swiftness; [agilidad] agility, nimbleness; [acción irreflexiva] indiscretion
li•ge•ro, a ◇ *adj.* [leve] light; [rápido] quick, swift; [ágil] agile, nimble; [insignificante] unimportant, insignificant; [digerible] light; [tenue] light; [inconstante] fickle ■ ~ **de cascos** *coll* featherbrained, emptyheaded; ~ **de dedos** o **de manos** light-fingered; ~ **de pies** fleet-footed, quick ◇ *adv.* quickly, swiftly ■ **a la** ~ [de prisa] quickly; [sin reflexión] without much thought
lig•ni•to *m.* lignite, brown coal
lig•no•so, a *adj.* woody
li•ja ◇ *f.* [pez] dogfish; [papel] sandpaper ■ **darse** ~ AMER to put on airs ◇ *adj.* MEX & P RICO shrewd, sharp
li•ja•do•ra *f.* sander, sanding machine
li•jar *tr.* to sand, sandpaper
li•la *f.* & *adj.* lilac
li•ma[1] *m.* [fruto] lime; [limero] lime tree
li•ma[2] *f.* file ■ **comer como una** ~ to eat like a horse; ~ **para las uñas** nail file
li•ma•du•ra *f.* filing
li•mar *tr.* [desbastar] to file down; [pulir] to polish, refine; [cercenar] to pare, trim ■ ~ **asperezas** to smooth over disputes
li•ma•tón *m.* [herramienta] rasp; AMER roof beam
lim•bo *m.* THEOL limbo; ASTRON & BOT limb ■ **estar en el** ~ to be in a daze
li•mi•ta•ción *f.* limitation, limit
li•mi•ta•do, a *adj.* limited; [poco inteligente] limited, slow-witted; [pequeño] small
li•mi•tar *tr.* to limit; [delimitar] to delimit; [restringir] to restrict; [acortar] to reduce; (*intr.*) to be bounded; (*reflex.*) to limit oneself
lí•mi•te *m.* limit; [frontera] boundary ■ **fecha** ~ deadline; ~ **de elasticidad** ENGIN elastic limit; **precio** ~ final price
li•mo *m.* mud, slime
li•món *m.* [fruto] lemon; [árbol] lemon tree ■ **refresco de** ~ lemonade
li•mo•na•do, a ◇ *adj.* lemon-colored ◇ *f.* lemonade ■ ~ **purgante** citrate of magnesia; **ni chicha ni** ~ neither fish nor fowl
li•mo•nar *m.* lemon grove
li•mo•ne•ro, a *m.f.* lemon seller; (*m.*) lemon tree
li•mo•si•dad *f.* [cieno] muddiness; DENT tartar
li•mo•si•na *f.* limousine
li•mos•na *f.* charity, alms
li•mos•ne•ar *intr.* to beg
li•mos•ne•ro, a ◇ *adj.* charitable, generous ◇ *m.f.* [recolector] almoner; AMER beggar; (*f.*) alms bag o box
lim•pia *f.* [limpieza] cleaning; *coll* [trago] drink, shot; [limpiabotas] bootblack
lim•pia•bo•tas *m.inv.* shoe shiner, bootblack
lim•pia•chi•me•ne•as *m.inv.* chimney sweep
lim•pia•dor, •ra ◇ *adj.* cleaning ◇ *m.f.* cleaner; (*f.*) cleaning woman o lady
lim•pia•pa•ra•bri•sas *m.inv.* windshield wiper
lim•piar *tr.* [quitar lo sucio de] to clean, cleanse; [purificar] to clear, exonerate; [desembarazar] to clear, rid; *coll* [robar] to swipe; [ganar] to clean up; MEX to beat, whip
lím•pi•do, a *adj.* limpid
lim•pie•za *f.* [calidad] cleanliness; [acción] cleaning, cleansing; [precisión] neatness, accuracy ■ ~ **de corazón** honesty, rectitude; ~ **en seco** dry cleaning
lim•pio, a ◇ *adj.* [sin mancha] clean, spotless; [sin mezcla] pure; [cantidad] net; [exento] free, clear; [aseado] neat, tidy; [que ha perdido en el juego] clean; *coll* [sin dinero] cleaned out, broke ■ **en** ~ free and clear, net; **quedar** ~ *coll* to be broke, be cleaned out ◇ *adv.* fair ■ **poner en** ~ to make a clean copy; **quedar en** ~ to become clear; **sacar algo en** ~ to understand, get a clear idea (of)
li•na•je *m.* [familia] lineage, ancestry; [clase] kind, genre
li•na•za *f.* flaxseed, linseed ■ **aceite de** ~ linseed oil
lin•ce ◇ *m.* lynx; *fig* shrewd person ◇ *adj.* sharp
lin•char *tr.* to lynch
lin•dan•te *adj.* bordering, adjacent
lin•dar *intr.* to border (on), be adjacent (to)
lin•de *m.f.* boundary, limit
lin•de•ro, a ◇ *adj.* bordering ◇ *m.* edge, border
lin•do, a ◇ *adj.* pretty, lovely; [perfecto] perfect, exquisite ◇ *m.* *coll* [hombre presumido] showoff ◇ *adv.* RP prettily, nicely ■ **de lo** ~ much, a lot
lí•ne•a *f.* line; [ascendencia] lineage; [límite] limit, boundary; [silueta] figure, outline ■ **en toda la** ~ all along the line, completely; **estar en** ~ AMER to be slim, in shape; **guardar la** ~ to keep one's figure; ~ **ADSL** COMPUT ADSL line; ~ **aérea** airline; ~ **de agua** o **de flotación** water line; ~ **dedicada** COMPUT dedicated line; ~ **de conducta** o ~ **política** policy; ~ **de fuego** firing line; ~ **de montaje** assembly line; ~ **de partido** party line; ~ **de puntos** dotted line; ~ **de tiro** line of fire; ~ **equinoccial** equator; ~ **férrea** railway; ~ **telegráfica** telegraph line

L

li•ne•al *adj.* linear
li•ne•a•m(i)en•to *m.* lineament, contour
li•ne•a•mien•tos *m.pl.* AMER [generalidades] outline; [directrices] guidelines
li•ne•ar[1] *adj.* linear
li•ne•ar[2] *tr.* to outline, sketch
lin•fa *f.* lymph
lin•fá•ti•co, a <> *adj.* lymphatic <> *m.f.* person suffering from lymphatism
lin•go•te *m.* ingot ▪ **lingotes de oro** gold bullion
lin•güis•ta *m.f.* linguist
lin•güís•ti•co, a <> *adj.* linguistic <> *f.* linguistics
li•ni•men•to *m.* liniment
li•no *m.* [planta] flax; [tela] linen; [de vela] canvas, sailcloth; AMER flaxseed, linseed
li•nó•le•o/leum *m.* linoleum
lin•tel *m.* lintel
lin•ter•na *f.* [luz] lantern; [de bolsillo] flashlight; [lámpara] lamp, light; MECH lantern wheel o pinion
Li•nux *m.* Linux
lí•o *m.* [bulto] bundle, package; *coll* [embrollo] jam, mess ▪ **armar un ~** *coll* to make a fuss o racket; **hacerse un ~** *coll* to get into a jam o fix
lí•pi•do *m.* lipid
li•po•so•lu•ble *adj.* fat-soluble
li•po•suc•ción *f.* liposuction
li•quen *m.* lichen
li•qui•da•ción *f.* [de negocio] liquidation; [cuenta] settlement; [venta] liquidation, clearance sale
li•qui•dar *tr.* [hacer líquido] to liquefy; [vender] to sell off, liquidate; [pagar] to settle, clear; [poner fin a] to resolve; AMER *coll* [matar] to eliminate
li•qui•dez *f.* liquidity
lí•qui•do, a <> *adj.* liquid; [sin gravamen] net ▪ **dinero ~** ready cash <> *m.* liquid, fluid; COM net amount ▪ **~ imponible** taxable income
li•ra *f.* MUS lyre; FIN lira
lí•ri•co, a *adj.* lyric(al)
li•rio *m.* iris ▪ **~ blanco** white o Madonna lily; **~ de agua** calla lily; **~ del valle** lily of the valley
li•ris•mo *m.* lyricism
li•rón *m.* dormouse ▪ **dormir como un ~** to sleep like a log
li•siar *tr.* to cripple, disable
li•so, a *adj.* [parejo] smooth, even; [llano] flat; [sin labrar] plain, unadorned ▪ **~ y llano** simple, straightforward
li•son•ja *f.* flattery
li•son•jea•dor, •ra <> *adj.* flattering <> *m.f.* flatterer
li•son•je•ar *tr.* [adular] to flatter; [deleitar] to delight, please
li•son•je•ro, a <> *adj.* [que lisonjea] flattering; [agradable] pleasing, gratifying <> *m.f.* flatterer
lis•ta *f.* [enumeración] list; [de personas] roll; [recuento] roll call; [tira] strip; [raya] stripe ▪ **~ de comidas** menu; **~ de correo** COMPUT mailing list; **~ de correos** general delivery; **~ de discusión** COMPUT discussion list; **~ de embarque** passenger list; **~ negra** blacklist; **pasar ~** to call roll
lis•ta•do, a *adj.* striped
listar *tr.* COMPUT to list
lis•te•za *f.* smartness, alertness
lis•to, a *adj.* [hábil] skillful; [inteligente] smart, clever; [preparado] ready; [sagaz] shrewd ▪ **andar ~** to be careful o cautious; **¿estás ~?** are you ready?; **pasarse de ~** to be too clever for one's own good
lis•tón *m.* [cinta] ribbon; ARCHIT listel, fillet; CARP lath, cleat
li•su•ra *f.* [igualdad] smoothness, evenness; [sinceridad] sincerity, candor; PERU [atrevimiento] boldness, impudence
li•te•ra *f.* [vehículo] litter; [en tren] berth, bunk
li•te•ral *adj.* literal
li•te•ra•rio, a *adj.* literary
li•te•ra•to, a <> *adj.* well-read, erudite <> *m.f.* man o woman of letters
li•te•ra•tu•ra *f.* literature
li•ti•ga•ción *f.* litigation
li•ti•gan•te *adj.* & *m.f.* litigant
li•ti•g(i)ar *tr.* to litigate; (*intr.*) to contend, dispute
li•ti•gio *m.* lawsuit, litigation; [contienda] dispute
li•tio *m.* lithium
li•to•gra•fí•a *f.* [arte] lithography; [imagen] lithograph
li•to•gra•fiar [30] *tr.* to lithograph
li•tó•gra•fo *m.* lithographer
li•to•ral *adj.* & *m.* littoral, coast
li•tro *m.* liter
li•tur•gia *f.* liturgy
li•túr•gi•co, a *adj.* liturgical
li•via•no, a *adj.* [ligero] light; [inconstante] fickle, faithless; [de poca importancia] slight, trivial
li•vi•dez *f.* lividity, lividness
lí•vi•do, a *adj.* livid
li•ving *m.* C SUR living room
lla•ga *f.* [herida] wound, sore; [úlcera] ulcer, sore; [daño] wound, injury ▪ **poner el dedo en la ~** to touch on a sore spot
lla•gar [47] *tr.* to wound, injure
lla•ma[1] *f.* flame; *fig* flame, passion ▪ **en llamas** in flames, aflame
lla•ma[2] *f.* ZOOL llama
lla•ma•da *f.* call, calling; [de timbre] ring; [de puerta] knock; [telefónica] telephone call; [seña] reference mark; [ademán] gesture, signal; [atracción] call, lure; MEX cowardice ▪ **~ al orden** call to order; **~ en espera** TELEC call waiting; **~ de socorro** distress signal
lla•ma•do *m.* AMER call, calling; [de timbre] ring; [de puerta] knock; [telefónica] telephone call; [ademán] gesture, signal; [atracción] call, lure ▪ **~ al orden** call to order; **~ en espera** TELEC call waiting; **~ de socorro** distress signal
lla•ma•dor, •ra *m.f.* caller; (*m.*) [aldaba] door knocker; [timbre] doorbell
lla•ma•mien•to *m.* calling; [convocación] call, summons; RELIG calling, vocation
lla•mar *tr.* [dirigirse a] to call; [convocar] to call, summon; [telefonear] to call, telephone; [apellidar] to call; [nombrar] to call; [atraer] to call, attract; [suplicar] to call upon, appeal to ▪ **~ al orden** to call to order; **~ a voces** to shout; **~ por teléfono** to telephone, phone; (*intr.*) [hacer sonar un timbre] to ring a doorbell; [tocar a la puerta] to knock at the door; [por teléfono] to call, telephone ▪ **¿quién llama?** who is it?; (*reflex.*) to be called o named
lla•ma•ra•da *f.* [fuego] flare; [bochorno] flush; [arrebato] outburst
lla•ma•ti•vo, a *adj.* showy, flashy
lla•me•an•te *adj.* flaming, blazing
lla•me•ar *intr.* to flame, blaze

lla•ne•za *f.* simplicity

lla•no, a ◇ *adj.* [liso] flat, even; [sencillo] natural, simple; [claro] clear, evident; [corriente] clear, open; [simple] simple, plain ▪ **de ~** plainly, clearly ◇ *m.* GEOG plain; (*f.*) MAS trowel, float; [de papel] side; [llanura] plain

llan•ta *f.* [de una rueda] rim; AMER tire

llan•to *m.* crying, weeping

lla•nu•ra *f.* [lisura] evenness; [planicie] plain

lla•ve *f.* key; [grifo] faucet; ELEC switch; MECH wrench; [corchete] bracket; MUS clef; [en lucha libre] lock ▪ **ama de llaves** house-keeper; **bajo ~** under lock and key; **echar ~** to lock; **la ~ del éxito** the key to success; **~ de bola** o **de flotador** ball cock; **~ de paso** water valve; **~ inglesa** monkey wrench

lla•ve•ro *m.* key ring

lle•ga•da *f.* arrival; SPORT finish

lle•gar [47] *intr.* [venir] to arrive, come; [durar] to reach, last; [alcanzar] to reach, extend; **la falda le llega hasta las rodillas** the skirt reaches her knees; [ascender] to amount, come; **la cuenta llegó a quinientos pesos** the bill came to five hundred pesos; [suceder] to arrive, come; **llegó el momento de la verdad** the moment of truth arrived ▪ **~ a** [destino] to arrive at, reach; [acuerdo] to reach; [lograr] to manage to; **llegó a controlar la situación** he managed to control the situation; **~ a las manos** *coll* to come to blows; **~ a saber** to find out; **~ a ser** to become; (*reflex.*) [acercarse] to move closer, come near; [ir] to stop by

lle•nar *tr.* [ocupar] to fill (up); **llene el vaso de vino** fill the glass with wine; [formulario] to fill out; [satisfacer] to satisfy; **su explicación no me llena** his explanation does not satisfy me; [colmar] to heap; **~ de insultos a** to heap insults on; [cumplir] to fulfill, meet; **~ las condiciones del contrato** to meet the conditions of the contract; (*intr.*) ASTRON to be full; (*reflex.*) to fill up, be filled; **la sala se llenaba de gente** the room was filling up with people; *coll* [hartarse] to stuff oneself, gorge; *coll* [irritarse] to be fed up

lle•no, a ◇ *adj.* [ocupado] full, filled; [redondo] full ▪ **de ~** fully, completely; **~ de** full of, filled with ◇ *m.* THEAT full house

lle•var *tr.* [transportar] to carry, take; **le llevó flores al hospital** he took flowers to her in the hospital; [vestir] to wear; **lleva medias negras** he is wearing black socks; [traer] to carry, have; **no llevo dinero conmigo** I have no money with me; [conducir] to take, lead; **este camino te llevará a Barcelona** this road will take you to Barcelona; [vivir] to lead; **~ una vida de perros** to lead a dog's life; [encargarse de] to manage, run; **ella lleva las cuentas de la casa** she manages the household accounts; [tolerar] to endure, put up with; [cobrar] to charge; [arrancar] to tear off, sever; **la metralla le llevó la pierna** the shrapnel severed his leg; [pasar] to have spent, have been; **llevo cinco noches sin dormir** I have spent five nights without sleep; [ser mayor] to be older; **mi hermana me lleva tres años** my sister is three years older than I; MATH to carry ▪ **~ a cabo** to carry out; **~ adelante** to go ahead o forward with; **llevarla hecha** *coll* to have it all figured out; **~ la peor parte** to get the worst of it; **~ las de perder** *coll* to be on the losing end; (*intr.*) to lead; **la carretera lleva a la ciudad** the highway leads to the city; (*reflex.*) [sacar] to take away, carry off; **se llevó el premio gordo** she carried off the first prize; [robar] to take; **se llevó el dinero del banco** he took the money from the bank; [conseguir] to get; **se llevó lo que quería** he got what he wanted; **~ bien/mal** to get along well/badly

llo•rar *intr.* [derramar lágrimas] to cry, weep; [los ojos] to water, run ▪ **~ a lágrima viva** to cry one's heart out; (*tr.*) [lamentar] to mourn; [sentir mucho] to regret, bemoan

llo•ri•que•ar *intr.* to whine, whimper

llo•ri•que•o *m.* whining, whimpering

llo•ro *m.* crying, weeping

llo•rón, o•na ◇ *adj.* crying, weeping ▪ **sauce ~** weeping willow ◇ *m.f.* crybaby

llo•ro•so, a *adj.* [que ha llorado] tearful; [triste] sad, sorrowful

llo•ver [78] *intr.* to rain; *fig* to rain, shower ▪ **como llovido del cielo** unexpectedly; **~ a cántaros** o **a mares** to rain cats and dogs, rain buckets; **llueva o no** rain or shine

llo•viz•na *f.* drizzle

llo•viz•nar *intr.* to drizzle

llue•va, ve ▻ **llover**

llu•via *f.* [acción] rain, raining; [agua] rain; [cantidad] rainfall; [abundancia] shower ▪ **~ atómica** fallout

llu•vio•so, a *adj.* rainy, wet

lo ◇ *def. art.* the ... thing, the ... part; **lo mejor** the best part; how; **no puedo creer lo rico que es** I cannot believe how rich he is ▪ **lo de** the matter of, the business of; **¿y lo de vender la casa?** and the matter of selling the house?; **lo que** what, which; **no revelarán lo que les dijiste** they will not reveal what you told them; **lo que es** as to, as for ◇ *pron.* it; **no lo creo** I don't believe it; him; **lo vi** I saw him; **¿eres estudiante? no, no lo soy** are you a student? no, I am not

lo•a *f.* praise ▪ **cantar ~** o **hacer ~ de** to sing the praises of

lo•a•ble *adj.* laudable, praiseworthy

lo•ar *tr.* to praise, laud

lo•ba *f.* female wolf; [vestido] (ecclesiastical or academic) robe, gown

lo•bo[1] *m.* wolf; ICHTH loach; AMER ZOOL coyote ▪ **~ de mar** old salt, sea dog; **~ marino** seal

lo•bo[2] *m.* BOT lobe

ló•bre•go, a *adj.* [obscuro] dark, somber; [triste] sad, gloomy

lo•bre•guez *f.* darkness, obscurity

ló•bu•lo *m.* lobe, lobule

lo•cal ◇ *adj.* local ◇ *m.* [edificio] premises; [lugar] locale, site

lo•ca•li•dad *f.* [población] district, locality; [local] locale, site; THEAT [asiento] seat; [billete] ticket

lo•ca•li•zar [04] *tr.* [circunscribir] to localize; [encontrar] to locate, find

lo•ca•ta•rio, a *m.f.* tenant, lessee

lo•ce•rí•a *f.* AMER pottery shop, china shop

lo•ción *f.* lotion

lo•co, a ◇ *adj.* [demente] mad, crazy; [imprudente] crazy, reckless; [extraordinario] extraordinary, unbelievable ▪ **andar** o **volverse ~** to go mad, go crazy; **a tontas y a locas** *coll* without rhyme or reason; **como ~** like crazy, like mad; **estar ~ de** o **por** to be crazy about; **estar ~ de atar** o **de remate** *coll* to be stark raving mad; **estar ~ de contento** *coll* to be wild with joy ◇ *m.f.* [demente] madman/woman, lunatic

L

■ **cada ~ con su tema** everyone has his own ax to grind; **hacerse el ~** *coll* to play dumb; **~ rematado** *coll* raving lunatic

lo•co *m.* CHILE [molusco] false abalone

lo•co•mo•ción *f.* locomotion

lo•co•mo•tor, triz *adj.* locomotor, locomotive

lo•co•mo•to•ra *f.* locomotive

lo•cua•ci•dad *f.* loquacity

lo•cuaz *adj.* loquacious

lo•cu•ción *f.* [modo de hablar] locution, expression; GRAM phrase

lo•cu•ra *f.* madness, insanity; *fig* folly, lunacy ■ **gastar una ~** to spend a fortune; **hacer locuras** to commit follies

lo•cu•tor, •ra *m.f.* radio announcer

lo•do *m.* [barro] mud, sludge; MIN sludge ■ **arrastrar por el ~** to drag through the mud

lo•ga•rit•mo *m.* logarithm

lo•gia *f.* lodge

lo•gi•cial *m.* COMPUT software

ló•gi•co, a ◇ *adj.* logical ◇ *m.f.* logician; (*f.*) logic ■ **~ difusa** fuzzy logic

lo•gís•ti•ca ◇ *f.* MIL logistics; PHILOS symbolic logic ◇ *adj.* logistic(al)

lo•grar *tr.* [obtener] to get, obtain; [realizar] to achieve ■ **dar (algo) por logrado** to take (something) for granted; (*reflex.*) to succeed, be successful

lo•gro *m.* [éxito] success, achievement; [lucro] profit, gain; [usura] usury

lo•ma *f.* hillock, knoll

lom•briz *f.* worm, earthworm ■ **~ solitaria** tapeworm

lo•mo *m.* ANAT & CUL loin; ZOOL back; [de un libro] spine; [de un cuchillo] back ■ **pasar la mano por el ~** *coll* to pat on the back

lon•che *m.* AMER lunch

lon•che•rí•a *f.* MEX & VEN fast-food joint selling snacks

lon•ga•ni•za *f.* pork sausage

lon•ge•vi•dad *f.* longevity

lon•ge•vo, a *adj.* long-lived

lon•gi•tud *f.* [dimensión] length; GEOG longitude ■ **~ de onda** wavelength

lon•gi•tu•di•nal *adj.* longitudinal

lon•ja *f.* [tira] slice; COM [edificio] marketplace, exchange; ARCHIT porch, portico; RP leather strap

lo•or *m.* praise

lo•que•ra *f.* [jaula] padded cell; AMER madness, insanity

lo•que•rí•a *f.* AMER insane asylum

lo•que•ro *m.* asylum guard o attendant

lo•ro *m.* parrot; *coll* hag

los ◇ *def. art.* the ◇ *pron.* them

lo•sa *f.* slab, stone ■ **~ sepulcral** tombstone

lo•sar *tr.* to tile

lo•te *m.* [parte] lot, share; COM [grupo de objetos] lot; AMER [de tierra] plot (of land)

lo•te•ar *tr.* to divide into lots o shares

lo•te•o *m.* ANDES, MEX & RP parceling out, division into plots

lo•te•rí•a *f.* [juego público] lottery, raffle; [juego casero] lotto; [cosa incierta] gamble

lo•za *f.* [barro vidriado] glazed pottery; [platos] china

lo•za•ní•a *f.* [de las plantas] lushness; [salud] healthiness; [orgullo] pride, haughtiness

lo•za•no, a *adj.* [frondoso] leafy, luxuriant; [robusto] robust, vigorous

lu•bri•ca•ción *f.* lubrication

lu•bri•can•te ◇ *adj.* lubricating ◇ *m.* lubricant

lu•bri(fi)•car [70] *tr.* to lubricate

lu•ce•ro ◇ *m.* [astro] bright star; [planeta] Venus; [de un animal] white star ■ **~ del alba** morning star; **~ de la tarde** evening star ◇ *pl.* POET the eyes

lu•cha *f.* [conflicto] struggle, conflict; SPORT wrestling ■ **~ de clases** class struggle

lu•cha•dor, •ra *m.f.* fighter; SPORT wrestler

lu•char *intr.* [pelear] to fight, struggle; [disputar] to argue, quarrel; SPORT to wrestle

lu•ci•dez *f.* lucidity

lú•ci•do, a *adj.* [brillante] bright, shining; [inteligente] brilliant, intelligent

lu•cien•te *adj.* shining, brilliant

lu•ciér•na•ga *f.* glowworm, firefly

lu•ci•l(l)o *m.* tomb, sarcophagus

lu•ci•mien•to *m.* [brillo] brilliance, luster; [éxito] success, triumph

lu•cir [44] *intr.* [brillar] to shine; [distinguirse] to shine, excel; [tener apariencia] to show; AMER [parecer] to look; (*tr.*) [alardear] to show off, display; [iluminar] to illuminate, light up; (*reflex.*) [vestir bien] to dress up; [salir bien] to come out with flying colors; [distinguirse] to shine, distinguish oneself

lu•crar *tr.* to win, profit

lu•cra•ti•vo, a *adj.* lucrative

lu•cro *m.* profit, gain

lu•cu•bra•ción *f.* lucubration

lue•go ◇ *adv.* [después] then, afterward; [más tarde] later, later on; [pronto] soon ■ **desde ~** of course, naturally; **hasta ~** so long, until later; **~ de** after; **~ que** as soon as; **tan ~ como** as soon as ◇ *conj.* therefore ■ **~ ~** MEX *coll* [de vez en cuando] from time to time

lu•gar *m.* [sitio] place; [espacio] room, space; [pueblo] town, village; [puesto] position ■ **en ~ de** instead of; **en primer ~** in the first place, first; **no ha ~** LAW petition denied; **tener ~** to take place, happen

lu•ga•re•ño, a ◇ *adj.* village ◇ *m.f.* villager

lu•gar•te•nen•cia *f.* lieutenancy

lu•gar•te•nien•te *m.* lieutenant

lú•gu•bre *adj.* lugubrious

lu•jo *m.* luxury ■ **artículos de ~** luxury goods; **de ~** de luxe; **vivir en ~ asiático** to live like a king

lu•jo•so, a *adj.* luxurious

lu•ju•ria *f.* [lascivia] lust, lechery; [exceso] excess

lu•ju•rian•te *adj.* lush, luxurious

lu•ju•rio•so, a *adj.* lustful, lascivious

lum•ba•go *m.* lumbago

lum•bar *adj.* lumbar

lum•bre *f.* [luz] light; [fuego] fire; [fósforo, encendedor] light ■ **dar ~** to give (someone) a light

lum•bre•ra *f.* [cuerpo luminoso] light, luminary; [en un techo] skylight; MECH port, vent; CARP mouth (of a plane); MARIT porthole; [persona] luminary; MEX box (in a bullring)

lu•mi•na•ria ◇ *f.* RELIG altar lamp ◇ *pl.* (decorative) lights

lu•mi•nis•cen•cia/nes•cen•cia *f.* luminescence

lu•mi•nis•cen•te/nes•cen•te *adj.* luminescent

lu•mi•no•si•dad *f.* luminosity

lu•mi•no•so, a *adj.* [que despide luz] luminous; [excelente] bright, brilliant

lu•na *f.* moon; [vidrio] plate glass; [espejo] mirror; [lente] lens; [capricho] notion, wild idea ▪ **estar de buena/mala ~** to be in a good/bad mood; **estar en la ~** to be daydreaming; **~ creciente** crescent moon; **~ de miel** honey-moon; **~ llena** full moon; **~ menguante** waning moon; **~ nueva** new moon; **media ~** half moon; AMER (pastry) croissant

lu•nar[1] *m.* [de la piel] mole, beauty mark; [defecto] flaw ▪ **vestido de lunares** polka-dot dress

lu•nar[2] *adj.* lunar

lu•ná•ti•co, a *adj.* & *m.f.* lunatic

lu•nes *m.* Monday

lu•ne•ta *f.* [de anteojos] lens; THEAT orchestra seat; ARCHIT [bocateja] front tile (of roof); [bovedilla] lunette

lú•nu•la *f.* half-moon of fingernails; GEOM arc

lu•pa *f.* magnifying glass, loupe

lu•pa•nar *m.* brothel

lu•pi•no, a ◇ *adj.* lupine, wolf-like ◇ *m.* BOT lupine

lú•pu•lo *m.* hops

lus•tra•bo•tas *m.inv.* AMER shoe shiner

lus•tra•dor *m.* ANDES & RP shoeshine

lus•tra•do•ra *f.* ANDES & RP floor polisher

lus•trar *tr.* [limpiar] to polish, shine; [purificar] to lustrate, purify

lus•tre *m.* [brillo] luster, shine; [esplendor] splendor, glory; [betún] shoe polish

lus•tro•so, a *adj.* lustrous, shiny

lu•to *m.* mourning ▪ **ponerse de ~** to go into mourning

luz ◇ *f.* [claridad] light; [lámpara] light, lamp; [día] day, daylight; [guía] guiding light; ARCHIT window; AUTO light; PAINT lighting ▪ **a primera ~** at daybreak; **a todas luces** clearly, from every angle; **dar a ~** to give birth; [publicar] to publish, print; **~ de Bengala** Bengal light, sparkler; **~ de tráfico** traffic light; **sacar a ~** [revelar] to bring to light; [publicar] to bring out, publish; **salir a ~** [publicarse] to come out, publish; [descubrirse] to come to light ◇ *pl.* enlightenment, learning ▪ **corto de ~** *coll* not very bright

M

m, M *f.* thirteenth letter of the Spanish alphabet

ma•ca•bro, a *adj.* macabre

ma•ca•dam *m.* (*pl* **-s**) macadam

ma•ca•na *f.* C SUR, PERU & VEN *coll* [disparate] stupid thing; [fastidio] pain, drag; [pena] shame

ma•ca•ne•ar *intr.* C SUR *coll* [decir tonterías] to talk nonsense; [hacer tonterías] to be stupid

ma•ca•rrón ◇ *m.* macaroon ◇ *pl.* macaroni

ma•ce•ra•ción *f.*/**mien•to** *m.* maceration; *fig* mortification

ma•ce•rar *tr.* to macerate

ma•ce•ta[1] *f.* [mango] handle; [martillo] stonemason's hammer; AMER mallet

ma•ce•ta[2] *f.* flowerpot

ma•ce•te•ro *m.* flowerpot stand

ma•cha•ca *f.* [instrumento] crusher, pounder; (*m.f.*) [persona pesada] bore, boring person

ma•cha•ca•dor, •ra ◇ *adj.* crushing, pounding ◇ *m.f.* [que machaca] crusher, pounder; (*f.*) [máquina] crusher, crushing machine

ma•cha•car [70] *tr.* to crush, pound; (*intr.*) [importunar] to bother, pester; [insistir] to insist, go on about ▪ **~ en hierro frío** to bang one's head against a wall

ma•cha•cón, o•na ◇ *adj.* insistent, tiresome ◇ *m.f.* bore, pest

ma•cha•da *f.* [hato] flock of billy goats; *coll* [necedad] stupidity, foolish remark; [hombrada] manly action

ma•cha•que•o *m.* [trituración] crushing, pounding; [insistencia] insistence

ma•che•ta•zo *m.* blow with a machete

ma•che•te *m.* machete

ma•che•te•ar *tr.* [herir] to wound with a machete; [talar] to cut down with a machete

ma•che•te•ro *m.* [desmontador] cutter, clearer (of a path); [de caña] cane-cutter

ma•chi•hem•bra•do *m.* tongue and groove

ma•chi•na *f.* [grúa grande] crane, derrick; [martinete] pile driver

ma•cho[1] ◇ *adj.* male; [fuerte] strong, tough; [viril] manly, virile ◇ *m.* [animal] male; [mulo] mule; MECH pin, plug; ELEC plug; *coll* [fuerte] he-man ▪ **~ cabrío** billy goat

ma•cho[2] *m.* [mazo] sledgehammer; [banco de yunque] anvil block; [yunque] square anvil

ma•chón, o•na *m.* abutment, pilaster; (*f.*) AMER mannish woman

ma•cho•te *m.* *coll* virile man, he-man ▪ **dárselas de ~** to act like a he-man

ma•chu•car [70] *tr.* [golpear] to pound, beat; [magullar] to bruise

ma•ci•len•to, a *adj.* emaciated, lean

ma•ci•zo, a ◇ *adj.* [fuerte] strong, solid; [sin hueco] solid; [fundado] well-founded, solid ◇ *m.* [masa] mass; ARCHIT section of a wall (between two bays); GEOG & GEOL massif; [de edificios] block; [de plantas] flowerbed

ma•cro *f.* COMPUT macro

ma•cro•bió•ti•co, a ◇ *adj.* macrobiotic ◇ *f.* macrobiotics

ma•cro•cos•mo *m.* macrocosm

ma•cro•e•co•no•mí•a *f.* macroeconomics

ma•cro•mo•lé•cu•la *f.* macromolecule

má•cu•la *f.* [mancha] stain, spot; *coll* [engaño] deception, trick; ASTRON macula

ma•cu•to *m.* alms basket

ma•de•ja *f.* skein; [de pelo] mop (of hair) ▪ **enredar** o **enredarse la ~** to get complicated

ma•de•ra *f.* wood; [de construcción] timber, lumber; ZOOL horny part of a hoof ▪ **de ~** wooden, of wood; **~ flotante** driftwood; **~ fósil** lignite; **~ laminada** o **contrachapada** plywood; **tocar ~** to knock on wood

ma•de•ra•da *f.* raft, float

ma•de•ra•je *f.*/**men** *m.* wooden framework

ma•de•re•rí•a *f.* lumberyard

ma•de•re•ro, a ◇ *adj.* lumber, timber ◇ *m.* [comerciante] lumber o timber dealer; [carpintero] carpenter

ma•de•ro *m.* log, length of timber

ma•dras•tra *f.* stepmother

ma•dra•zo *m.* MEX hard blow

ma•dre *f.* mother; [matrona] matron; [cauce] riverbed; [acequia] main irrigation ditch; [causa] cause ■ **¡~ mía!** my goodness!; **~ patria** mother country, old country; **~ política** mother-in-law; **~ soltera** unwed mother; **me vale ~** MEX *coll* I couldn't give a damn; **salirse de ~** to overflow
ma•dre•per•la *f.* pearl oyster; [nácar] mother-of-pearl
ma•dre•sel•va *f.* honeysuckle
ma•dri•gue•ra *f.* [cuevecilla] burrow, hole; [cubil] den; [escondrijo] hideout, lair
ma•dri•na *f.* [de bautismo] godmother; [de boda] bridesmaid; [protectora] protectress, patroness; [yegua] lead mare
ma•dru•ga•da *f.* [amanecer] dawn; [levantada] early rising ■ **a las dos de la ~** at two o'clock in the morning; **de ~** at daybreak, very early
ma•dru•ga•dor, •ra ◇ *adj.* early-rising ◇ *m.f.* early riser
ma•dru•gar [47] *intr.* [levantarse temprano] to get up early; [ganar tiempo] to anticipate, be ahead ■ **a quien madruga, Dios le ayuda** the early bird catches the worm; (*tr.*) ARG & MEX *sl* to get the better of (someone)
ma•dru•gón, o•na ◇ *adj.* early-rising ◇ *m.* ■ **darse un ~** to get up very early
ma•du•ra•ción *f.* maturation, ripening
ma•du•ra•dor, •ra *adj.* maturing, ripening
ma•du•rar *tr.* AGR to ripen, mature; [problema] to think out, work out; [persona] to mature; (*intr.*) AGR to ripen, mature; [persona] to mature; MED to maturate, suppurate
ma•du•rez *f.* AGR ripeness; [sabiduría] sound judgment; [edad adulta] maturity
ma•du•ro, a *adj.* AGR ripe; [juicioso] wise; [entrado en años] mature; MED ripe
ma•es•tra *f.* ▻ **maestro, a**
ma•es•tran•za *f.* MIL [almacén] armory; [talleres] arsenal; [operarios] arsenal workers
ma•es•tre *m.* master
ma•es•trí•a *f.* [habilidad] mastery, skill; [título avanzado] Master's degree; [título de maestro] teaching degree
ma•es•tro, a ◇ *adj.* [perfecto] master; [principal] main, principal ◇ *m.* [profesor] teacher; [perito] expert, master; [artesano] master; EDUC master; MUS maestro; MEX [de universidad] professor ■ **~ de capilla** choirmaster; **~ de cocina** chef; **~ de escuela** schoolmaster; **~ de obras** master builder; (*f.*) [profesora] teacher, schoolmistress; [listón] guide line
ma•ga•ña *f.* trick, cunning stratagem
ma•gia *f.* magic ■ **como por arte de ~** as if by magic
má•gi•co, a ◇ *adj.* [de la magia] magic(al); [maravilloso] marvellous, amazing ◇ *f.* magic
ma•gín *m. coll* imagination, mind
ma•gis•te•rio *m.* [profesión] teaching profession; [conjunto] teaching staff
ma•gis•tra•do *m.* magistrate
ma•gis•tral *adj.* [del maestro] magisterial, imposing; [excelente] skillful, masterful
ma•gis•tra•tu•ra *f.* magistracy, magistrature
mag•na•ni•mi•dad *f.* magnanimity
mag•ná•ni•mo, a *adj.* magnanimous
mag•na•te *m.* magnate
mag•ne•sia *f.* magnesia
mag•ne•sio *m.* magnesium
mag•né•ti•co, a *adj.* magnetic
mag•ne•tis•mo *m.* magnetism
mag•ne•ti•zar [04] *tr.* to magnetize; [hipnotizar] to hypnotize, mesmerize
mag•ne•to•fó•ni•co, a *adj.* magnetic ■ **cinta ~** magnetic tape
mag•ne•tó•fo•no/to•fón *m.* tape recorder
mag•ni•fi•ca•dor, •ra *adj.* magnifying
mag•ni•fi•car [70] *tr.* [engrandecer] to magnify, exaggerate; [ensalzar] to exalt, glorify; OPT to magnify, enlarge
mag•ni•fi•cen•cia *f.* [opulencia] magnificence; [generosidad] generosity
mag•ni•fi•cen•te *adj.* magnificent
mag•ní•fi•co, a *adj.* [hermoso] magnificent, beautiful; [excelente] excellent; [generoso] generous
mag•ni•tud *f.* [tamaño] magnitude, size; [importancia] importance, order; ASTRON magnitude; MATH quantity
mag•no, a *adj.* great, grand
mag•no•lia *f.* magnolia
ma•go, a ◇ *adj.* magic, magical ■ **los Reyes Magos** the Magi ◇ *m.* [hechicero] magician, wizard; [sacerdote] magus, sage
ma•gro, a ◇ *adj.* lean, thin ◇ *m.* lean pork
ma•gu•lla•du•ra *f.*/**mien•to** *m.* bruise, contusion
ma•gu•llar *tr.* to bruise, batter
ma•gu•llón *m.* AMER bruise
mai•ce•na *f.* cornstarch
mail *m.* COMPUT e-mail
mai•ti•nes *m.pl.* matins ■ **llamar** o **tocar a ~** to call o ring to matins
ma•íz *m.* (*pl* **-íces**) corn, maize GB ■ **rosetas de ~** popcorn
mai•zal *m.* cornfield
ma•ja *f.* ▻ **majo, a**
ma•ja•da *f.* [redil] sheepfold; [estiércol] manure, dung; ARG & CHILE flock of sheep
ma•ja•de•rí•a *f.* nonsense, stupid act o remark
ma•ja•de•ro, a ◇ *adj.* silly, foolish ◇ *m.f.* silly person, fool
ma•ja•du•ra *f.* mashing, pounding
ma•jes•tad *f.* [poder] majesty, sovereignty; [grandeza] grandeur, stateliness ■ **Su Majestad** Your Majesty
ma•jes•tuo•si•dad *f.* majesty, grandeur
ma•jes•tuo•so, a *adj.* majestic, grand
ma•jo, a SP ◇ *adj.* [vistoso] flashy, showy; [bonito] pretty, attractive; [simpático] nice, sweet; [elegante] smart, well-dressed ◇ *m.* gay blade, cocky youth; (*f.*) [majadero] pestle; SP flashy young woman
mal[1] ◇ *adj.* ▻ **malo, a** ◇ *m.* [vicio] evil; [daño] damage, harm; [desgracia] misfortune; [enfermedad] illness, disease ■ **echar a ~** to scorn, despise; **hacer ~** to harm, hurt; **~ de mar** seasickness; **~ de montaña** altitude sickness; **~ de ojo** evil eye; **~ de las vacas locas** mad cow disease ; **¡~ haya!** damn!; **tomar a ~** to be offended, take offense
mal[2] *adv.* [pobremente] badly, poorly; [desacertadamente] wrongly, incorrectly; [difícilmente] hardly; **~ puedo ayudarte** I can hardly help you ■ **de ~ en peor** from bad to worse; **menos ~** just as well; **si ~ no recuerdo** if I remember correctly
ma•la•bar *m.* ■ **hacer juegos malabares** to juggle
ma•la•ba•ris•ta *m.* juggler
ma•la•ca•te *m.* [cabrestante] winch; AMER spindle
ma•la•con•se•ja•do, a *adj.* ill-advised

ma•la•cos•tum•bra•do, a *adj.* having bad habits; [malcriado] ill-bred, ill-mannered; [mimado] spoiled
ma•la•cos•tum•brar•se *reflex.* to get into bad habits
ma•la•crian•za *f.* AMER bad manners
ma•la•gra•de•ci•do, a *adj.* AMER ungrateful, unappreciative
ma•lan•dan•za *f.* misfortune, calamity
ma•lan•drín, i•na ◇ *adj.* wicked, evil ◇ *m.f.* rascal, scoundrel
ma•la•pa•ta *f. coll* bad luck; (*m.f.*) unlucky person
ma•lar ◇ *adj.* malar, cheek ◇ *m.* malar
ma•la•ria *f.* malaria
ma•la•san•gre *adj.* mean o evil-minded
ma•la•ve•ni•do, a *adj.* incompatible
ma•la•ven•tu•ra•do, a ◇ *adj.* ill-fated, unfortunate ◇ *m.f.* unfortunate person, poor soul
mal•ca•sa•do, a *adj.* [infiel] unfaithful, adulterous; [casado con persona de condición inferior] married to someone below one's station
mal•ca•sar *tr.* [ser incompatibles] to mismatch; [casar con persona de condición inferior] to marry below one's station; (*reflex.*) to be mismarried o mismatched
mal•co•mer *intr.* to eat poorly
mal•co•mi•do, a *adj.* malnourished, underfed
mal•con•si•de•ra•do, a *adj.* inconsiderate
mal•con•ten•to, a ◇ *adj.* [disgustado] discontented, unhappy; [rebelde] malcontent, rebellious ◇ *m.f.* malcontent
mal•cria•dez/de•za *f.* AMER bad manners, lack of breeding
mal•cria•do, a *adj.* spoiled, ill-bred
mal•criar [30] *tr.* to spoil, pamper
mal•dad *f.* [carácter de malo] wickedness, evil; [acto] evil act ▪ **cometer maldades** to do evil o wrong
mal•de•ci•do, a *adj.* & *m.f.* evil, wicked (person)
mal•de•cir [11] *tr.* [echar una maldición a] to curse, damn; [calumniar] to slander; [renegar de] to curse; (*intr.*) to curse
mal•di•ción ◇ *f.* curse, damnation ◇ *interj.* damn!, damnation!
mal•di•ga, o, jera, jo ▻ **maldecir**
mal•dis•pues•to, a *adj.* [de mala gana] reluctant; [enfermo] indisposed
mal•di•to, a *adj.* [desagradable] damned, lousy; **esta ~ lluvia** this damned rain; [de mal carácter] bad, wicked; THEOL damned, condemned ▪ **¡~ lo que me importa!** damned if I care!
ma•lea•bi•li•dad *f.* malleability
ma•lea•ble *adj.* malleable
ma•le•an•te ◇ *adj.* [que pervierte] vicious, corrupting; [perverso] perverse; [maligno] malicious, wicked ◇ *m.f.* crook, evildoer
ma•le•ar *tr.* [estropear] to spoil, ruin; [pervertir] to pervert, corrupt; (*reflex.*) [estropearse] to be ruined; [pervertirse] to be perverted o corrupted
ma•le•cón *m.* sea wall, dike
ma•le•di•cen•cia *f.* slander
ma•le•du•ca•do, a *adj.* bad-mannered
ma•le•fi•cen•cia *f.* maleficence, evil
ma•le•fi•cen•te *adj.* maleficent
ma•le•fi•cio *m.* spell, curse
ma•lé•fi•co, a *adj.* [dañino] maleficent, evil; [que hace maleficios] spell-casting, bewitching
ma•len•ten•di•do *m.* misunderstanding
ma•les•tar *m.* [del cuerpo] malaise, indisposition; [inquietud] malaise, uneasiness
ma•le•ta *f.* suitcase, valise ▪ **hacer la ~** to pack one's bag; (*m.*) *coll* bungler, incompetent
ma•le•te•ra *f.* ANDES trunk
ma•le•te•ro *m.* station porter; AUTO trunk
ma•le•tín *m.* small suitcase
ma•le•tón *m.* AMER hunchback, humpback
ma•le•tu•do, a *adj.* AMER hunchbacked
ma•le•vo•len•cia *f.* malevolence
ma•lé•vo•lo, a *adj.* & *m.f.* malevolent (person)
ma•le•za *f.* [hierbas] weeds; [zarzales] underbrush
mal•for•ma•ción *f.* malformation
mal•gas•ta•dor, •ra *adj.* & *m.f.* spendthrift
mal•gas•tar *tr.* to waste, misspend
mal•ha•bla•do, a *adj.* foul-mouthed, vulgar
mal•ha•da•do, a *adj.* wretched, unfortunate
mal•ha•ya *adj.* AMER *coll* damned, cursed ▪ **¡~ sea!** damn it!
mal•he•chor, •ra ◇ *adj.* evil, doing evil ◇ *m.f.* wrongdoer, evildoer
mal•he•rir [65] *tr.* to wound o injure badly
mal•hu•mor *m.* bad temper
mal•hu•mo•ra•do, a *adj.* bad-tempered
mal•hu•mo•rar *tr.* to annoy, irritate
ma•li•cia *f.* [perversidad] malice, wickedness; [disimulo] slyness, cunning; [travesura] mischievousness, naughtiness; *coll* [sospecha] suspicion
ma•li•ciar•se *reflex.* to be suspicious ▪ **algo me malicio en ese lío** there's something fishy about this business
ma•li•cio•so, a ◇ *adj.* malicious; [astuto] sly, cunning ◇ *m.f.* malicious person
ma•lig•ni•dad *f.* malignancy
ma•lig•no, a *adj.* malignant
ma•lin•ten•cio•na•do, a *adj.* & *m.f.* ill-intentioned (person)
ma•lla *f.* [de red] mesh, netting; [de armadura] mail, chain mail; AMER [traje de baño] swimsuit, bathing trunks
mal•man•da•do, a *adj.* disobedient
mal•mi•ra•do, a *adj.* disliked, disfavored
ma•lo, a ◇ *adj.* bad; [pobre] poor; [perverso] evil; [dañino] harmful; [desagradable] unpleasant, nasty; **pasamos un mal rato** we had an unpleasant time; [enfermo] sick, ill; [travieso] naughty; [nocivo] noxious; **un mal olor** a noxious odor; *coll* [malicioso] mean, malicious ▪ **a la ~** AMER by force; **a (las) malas** on bad terms; **de ~ gana** reluctantly; **de malas** [con desgracia] unlucky, out of luck; **estar de malas** to be out of luck; [con mala intención] with bad intentions; *coll* [molesto] upset, out of sorts; **hoy estoy de malas** I am out of sorts today; **lo ~ es que ...** the trouble is ...; **ponerse ~** to become sick; **por las malas** by force ◇ *m.* ▪ **el ~** the bad guy, the villain
ma•lo•gra•do, a *adj.* frustrated, abortive
ma•lo•grar *tr.* to waste, lose; ANDES [estropear] to make a mess of, to ruin; (*reflex.*) [fracasar] to fail, come to nothing; [morir prematuramente] to come to an untimely end; ANDES [estropearse - máquina] to break down; [alimento] to go off, to spoil
ma•lo•gro *m.* [fracaso] failure; [fin] untimely end
ma•lo•lien•te *adj.* smelly, foul-smelling

ma•lón *m.* AMER surprise Indian attack
mal•pa•rir *intr.* to miscarry, have a miscarriage
mal•par•to *m.* miscarriage
mal•pen•sa•do, a *adj.* & *m.f.* evil-minded o malicious (person)
mal•que•rer [55] *tr.* to bear ill will toward, dislike
mal•quis•tar *tr.* to alienate, estrange
mal•quis•to, a *adj.* disliked, unpopular
mal•sa•no, a *adj.* unhealthy
mal•so•nan•te *adj.* [que suena mal] ill-sounding, harsh; [indecente] nasty, offensive
mal•su•fri•do, a *adj.* impatient
mal•ta *f.* malt; [grano tostado] toasted grain; RP black beer
mal•tra•ta•mien•to *m.* mistreatment
mal•tra•tar *tr.* to maltreat, mistreat
mal•tra•to *m.* = **maltratamiento**
mal•tre•cho, a *adj.* damaged, battered
mal•va ◇ *f.* mallow; MEX *coll* marijuana, weed; (*m.*) [color] mauve, light violet ▪ ~ **arbórea** o **loca** o **rósea** rose mallow, hollyhock ◇ *adj.* mauve, light violet
mal•va•do, a ◇ *adj.* evil, wicked ◇ *m.f.* evildoer, wicked person
mal•ven•der *tr.* to sell at a loss, sell off cheap
mal•ver•sa•ción *f.* embezzlement
mal•ver•sa•dor, •ra ◇ *adj.* embezzling ◇ *m.f.* embezzler
mal•ver•sar *tr.* to embezzle
mal•vi•vien•te *m.f.* C SUR criminal
mal•vi•vir *intr.* to live badly
ma•ma *f.* breast; *coll* [madre] mama, mommy
ma•má *f. coll* mama, mommy ▪ ~ **grande** COL & MEX *coll* grandma
ma•ma•de•ra *f.* AMER [biberón] baby bottle; [tetina de biberón] rubber nipple
ma•ma•do, a ◇ *adj. coll* drunk, sloshed ◇ *f. coll* [acción] nursing, sucking; [cantidad de leche tomada] amount of milk that a child takes in sucking o nursing ▪ **agarrarse una** ~ ARG *coll* to get drunk
ma•mar *tr.* [chupar] to suckle, nurse; *fig* [aprender] to learn (from childhood); (*intr.*) to suck, nurse; (*reflex.*) AMER *coll* to get drunk o smashed ▪ ~ **el dedo** *coll* to let oneself be sucked in, be fooled
ma•ma•rio, a *adj.* mammary
ma•ma•rra•cha•da *f.*/**cho** *m.* [cosa fea] junk, rubbish; [idiota] fool, idiot; [sandez] stupidity, idiocy
ma•mí•fe•ro ◇ *adj.* mammalian ◇ *m.* mammal, mammalian
ma•món, o•na ◇ *adj.* unweaned, still nursing ◇ *m.f.* [bebé] unweaned baby, baby who still nurses; (*m.*) BOT shoot, sucker
ma•mo•tre•to *m.* [libro de apuntes] notebook, memo book; *coll* [legajo grueso] thick bundle of papers; [libraco] large, bulky book; AMER [armatoste] monstrosity
mam•pa•ra *f.* [cancel] movable room divider o partition; [biombo] screen
mam•po•rro *m. coll* bump (on the head)
ma•ná *m.* manna
ma•na•da *f.* [hato] flock, herd; [de lobos] pack; *coll* [banda] gang, bunch ▪ **a manadas** *coll* in droves o crowds
ma•na•de•ro, a ◇ *adj.* flowing, running ◇ *m.* [manantial] spring, source; [pastor] shepherd
ma•nan•te *adj.* flowing, running
ma•nan•tial ◇ *adj.* spring, running ◇ *m.* [fontanal] spring, source; [origen] source, origin
ma•nan•tí•o, a *adj.* flowing, running
ma•nar *tr.* & *intr.* to run o flow (**de** from)
ma•na•tí *m.* (*pl.* **-íes**) manatee, sea cow; [piel] manatee hide
ma•na•za *f.* large o hefty hand
ma•na•zas ◇ *adj.* clumsy, all thumbs ◇ *m.f.inv.* clumsy person
man•car [70] *tr.* to maim, disable
man•ca•rrón, o•na ◇ *adj.* worn-out ◇ *m.* AMER nag, worn-out horse
man•ce•ba *f.* mistress, concubine
man•ce•bo *m.* [joven] young man, youth; [soltero] bachelor, single man
man•ce•ra *f.* plow handle
man•cha *f.* stain, spot; [borrón] blot, smudge; *fig* stain, blot ▪ ~ **solar** sunspot; **sin** ~ unblemished
man•char *tr.* [ensuciar] to soil, dirty; [con manchas] to stain, spot; *fig* to soil, stain; PAINT to daub; (*reflex.*) [ensuciarse] to get dirty, become soiled; [con manchas] to become stained o spotted
man•chón *m.* [mancha grande] large spot o stain; AGR patch of thick vegetation
man•ci•lla *f.* stain, blemish
man•ci•llar *tr.* to stain, blemish
man•co, a ◇ *adj.* [de una mano] one-handed; [de un brazo] one-armed; [sin el uso de un miembro] maimed, disabled; POET halting ▪ **no ser manco** *coll* to be important, count ◇ *m.f.* [persona con una mano] one-handed person; [persona con un brazo] one-armed person; [persona sin el uso de un miembro] person with a disabled extremity
man•co•mu•nar *tr.* [unir] to unite, join; [combinar] to combine, pool; LAW to make jointly liable; (*reflex.*) to unite, join together
man•co•mu•ni•dad *f.* [asociación] association, union; [comunidad] community
man•cor•nar [19] *tr.* [derribar] to hold down by the horns; [atar] to tie together by the horns
man•cuer•nas *f. pl.* ANDES, C AMER, MEX & VEN cufflinks
man•da *f.* legacy, bequest
man•da•de•ro, a *m.f.* messenger, errand boy o girl
man•da•do *m.* [orden] order; [encargo] task, assignment; [recado] errand
man•da•más *m.inv. coll* honcho, big shot
man•da•mien•to *m.* [orden] order, command; BIBL commandment; LAW writ ▪ ~ **de arresto** o **de detención** arrest warrant; ~ **de embargo** writ of attachment
man•dar *tr.* [ordenar] to order, command; [enviar] to send; [legar] to leave, bequeath ▪ ~ **a volar** MEX *coll* to kiss off, get rid of; ~ **al otro barrio** *coll* to kill, knock off; ~ **a paseo** *coll* to send packing; (*intr.*) to be in command, be in charge ▪ **¿mande?** MEX pardon me?, come again?
man•da•ri•na *f.* mandarin orange, tangerine
man•da•ta•rio *m.* agent, mandatary ▪ **el primer** ~ the president
man•da•to *m.* [orden] order, command; [encargo] charge, trust; DIPL & POL mandate; [contrato] power of attorney ▪ ~ **jurídico** court order, injunction
man•dí•bu•la *f.* jaw, mandible ▪ **reír a** ~ **batiente** to laugh one's head off

man•dil *m.* [delantal] apron, pinafore; [bayeta] cloth for grooming horses; [red] fine-meshed fishing net; AMER [manta de caballo] horse blanket
man•di•lón *m. coll* coward, weakling
Man•din•ga *m.* AMER the devil
man•dio•ca *f.* cassava, manioc; [tapioca] tapioca
man•do *m.* [autoridad] authority, power; [dirección] command, leadership; POL term of office; MECH control ■ **entregar el ~** to hand over command; **estar al ~** to be in command; **~ doble** MECH dual control; AUTO dual drive; **tablero de mandos** instrument panel
man•do•lín *m.*/**li•na** *f.* mandolin
man•dón, o•na *adj.* & *m.f.* bossy (person)
man•dria ◇ *adj.* [cobarde] cowardly, timid; [inútil] useless, worthless ◇ *m.f.* [cobarde] coward; [necio] fool, useless person
man•dril *m.* mandrill
man•du•car [70] *tr.* & *intr. coll* to eat, chow down
ma•ne•a *f.* hobble, shackle
ma•ne•ar *tr.* to hobble
ma•ne•ci•lla *f.* [del reloj] hand; [broche] clasp; PRINT index (mark); [palanquilla] small lever
ma•ne•ja•ble *adj.* manageable
ma•ne•jar *tr.* [situación] to handle; [empresa] to run, manage; [caballo] to handle; [automóvil] to drive; (*reflex.*) [moverse] to get o move around; [comportarse] to behave; (*intr.*) AMER to drive
ma•ne•jo *m.* [uso] handling; [funcionamiento] running, operation; [dirección] handling, management; [maquinación] machination, trick; EQUIT horsemanship; [de auto] driving ■ **instrucciones de ~** directions
ma•ne•ra *f.* manner; [modo] manner, way; [tipo] type; [estilo] style ■ **a (la) ~ de** like, in the manner of; **de alguna ~** somehow, in some way; **de cualquier ~** anyhow, any old way; **de la misma ~** similarly, in the same way; **de mala ~** badly, rudely; **de ~ que** so, so that; **de ninguna ~** by no means, in no way; **de otra ~** otherwise; **de tal ~** in such a way; **de todas maneras** at any rate, anyway; **en gran ~** in large measure, greatly; **~ de ser** personality, the way one is; **~ de ver** outlook, point of view; **¡qué ~ de ...!** what a way to ...!; **sobre ~** exceedingly
man•ga *f.* sleeve; [manguera] hose; [red] tubular fishing net; [tromba de agua] waterspout; [colador] strainer; MARIT beam, breadth ■ **en mangas de camisa** in shirt sleeves; **sin mangas** sleeveless
man•ga•ne•so *m.* manganese
man•gar [47] *tr. coll* [robar] to steal, swipe; AMER [pedir] to mooch, sponge
man•go[1] *m.* handle, haft
man•go[2] *m.* mango (tree and fruit)
man•gón *m.* second-hand dealer; AMER corral; *coll* pastureland
man•go•ne•ar *intr.* [entremeterse] to meddle, pry; *coll* [mandar] to boss people about, take charge; AMER to profit by illicit means; MEX to steal
man•gos•ta *f.* mongoose
man•gue•ar *tr.* RP [pedir] to sponge, scrounge ; [ganado] to drive into a gangway
man•gue•ra *f.* [de riego] hose, garden hose; MARIT pump hose
man•gue•ro *m.* [bombero] fireman; [tabla] board for ironing sleeves; MEX mango
man•gue•ta *f.* [enema] enema; ARCHIT beam, tie; [palanca] lever; [de retrete] U-tube
man•gui•ta *f.* case, cover
man•gui•to *m.* [de piel] muff; [mangote] oversleeve; [manopla] glove; TECH sleeve, bushing
ma•ní *m.* (*pl* **-níes**) peanut
ma•ní•a *f.* [locura] mania; [capricho] craze, fad; [costumbre] habit; *coll* [tirria] dislike, aversion ■ **~ persecutoria** persecution mania o complex; **tenerle ~ a alguien** *coll* to dislike someone
ma•nia•bier•to, a *adj.* & *m.f.* generous (person)
ma•ní•a•co *adj.* & *m.f.* maniac
ma•nia•tar *tr.* to tie the hands of
ma•niá•ti•co, a ◇ *adj.* maniacal ◇ *m.f.* maniac
ma•ni•co•mio *m.* insane asylum
ma•ni•cu•ro, a *m.f.* [persona] manicurist; (*f.*) [cuidado] manicure
ma•ni•do, a *adj.* trite, hackneyed
ma•ni•fes•ta•ción *f.* demonstration
ma•ni•fes•tan•te *m.f.* demonstrator
ma•ni•fes•tar [49] *tr.* [expresar] to manifest, express; [anunciar] to show, reveal; (*intr.*) to demonstrate; (*reflex.*) to reveal oneself
ma•ni•fies•to, a ◇ *adj.* manifest, obvious ◇ *m.* manifest
ma•ni•gue•ta *f.* handle, haft
ma•ni•ja *f.* [mango] handle; [abrazadera] clamp
ma•ni•lar•go, a *adj.* [de manos largas] long-handed; *coll* [generoso] generous, openhanded; AMER [ladrón] light-fingered
ma•ni•lla *f.* [pulsera] bracelet; [manija] handle; [grillete] handcuff, manacle
ma•ni•llar *m.* handlebars (of a bicycle)
ma•nio•bra ◇ *f.* [acto] handling, operation; [artificio] maneuver, stratagem; MIL maneuver; MARIT [arte] seamanship; [aparejos] rigging, gear ◇ *pl.* MARIT & MIL maneuvers; RAIL shunting ■ **estar de ~** to be on maneuvers
ma•nio•brar *intr.* & *tr.* to maneuver
ma•ni•pu•la•ción *f.* manipulation; COM handling
ma•ni•pu•la•dor, •ra ◇ *adj.* manipulating ◇ *m.f.* manipulator; (*m.*) TELEC telegraph key
ma•ni•pu•lar *tr.* to manipulate; [manejar] to handle; COM to manage; [mercancías] to handle
ma•ni•pu•le•o *m. coll* manipulation
ma•ni•quí *m.* (*pl* **-íes**) mannequin
ma•nir *tr.* [ablandar] to age; [sobar] to knead; (*reflex.*) to become gamy
ma•ni•rro•to, a *adj.* & *m.f.* spendthrift
ma•ni•tas *m.inv.* handyman
ma•ni•to *m. coll* MEX pal, buddy
ma•ni•ve•la *f.* crank
man•jar *m.* [alimento] food; [plato] dish
ma•no[1] *f.* hand; [pata] forefoot, front paw; CUL foot, trotter; [del reloj] hand; [almirez] pestle, pounder; [capa] coat; [lado] side; **el río está a ~ izquierda** the river is on the left side; [lance] hand, round; **echar una ~ de dominó** to play a round of dominoes; [el primero a jugar] lead; **yo soy ~** I am the lead; [ayuda] hand, help ■ **a la ~** on hand, at hand; **alzar la ~ a** to raise one's hand to, threaten; **a ~** by hand; **escrito a ~** written by hand; [cerca] at hand, on hand; **a ~ armada** armed, by force; **a manos llenas** generously, openly; **bajo ~** underhandedly, secretly; **buena ~** skill, dexterity;

M

cargar la ~ to be heavyhanded; **coger a alguien con las manos en la masa** *coll* to catch someone red-handed, catch in the act; **con el corazón en la ~** straight from the heart; **con las manos vacías** empty-handed; **dar la ~ a** to shake hands with; **dar la última ~ a** to put the finishing touches on; **darse las manos** [unirse] to join hands, unite; [saludarse] to shake hands; **dar una ~ a** to lend a hand to; **dejar de la ~** to abandon; **de ~** hand; **equipaje de ~** hand luggage; **de ~ a ~** from hand to hand; **de primera ~** firsthand; **de segunda ~** secondhand; **echar ~ de** to make use of; **estrechar la ~ a** to shake hands with; **hacer lo que está en sus manos** to do everything within one's power; **hecho a ~** handmade; **imponer las manos** RELIG to lay on hands; **~ a ~** [juntos] hand in hand, jointly; [sin ventaja] even; **~ de obra** labor; **ser la ~ derecha** o **diestra** to be the right-hand man; **¡manos a la obra!** let's get to work!; **¡manos arriba!** hands up!; **meter ~ en** *coll* to interfere, butt in; **pedir la ~ a** to ask for someone's hand; **tener algo entre manos** to be working on something; **traer algo entre manos** to be involved o mixed up in something; **untar la ~ a alguien** to grease someone's palm; **venir a ~** to be convenient; **venir** o **llegar a las manos** to come to blows

ma•no² *m.* ANDES, C AMER, CARIB & MEX *coll* friend, pal

ma•no•jo *m.* [haz] bundle, bunch; [puñado] handful ▪ **a manojos** abundantly

ma•no•se•ar *tr.* to handle

man•se•dum•bre *f.* [suavidad] gentleness, mildness; [de un animal] tameness

man•sión *f.* mansion

man•so, a ◇ *adj.* [suave] gentle, mild; [domesticado] tame; CHILE [extraordinario] tremendous ◇ *m.* bellwether (of a flock)

man•ta *f.* [frazada] blanket; [para caballos] horse blanket; [mantón] shawl; *coll* [paliza] beating, drubbing; AMER [poncho] poncho; *coll* MEX [algodón] coarse cotton cloth; AMER ICHTH manta ray

man•te•ca *f.* [grasa] grease, fat; [de cerdo] lard; [de vaca] butter ▪ **como ~** soft, smooth

man•te•cón *m. coll* milksop, mollycoddle

man•te•co•so, a *adj.* buttery

man•tel *m.* [de la mesa] tablecloth; [del altar] altar cloth

man•te•le•rí•a *f.* table linen

man•te•ne•dor *m.* president (of a tournament) ▪ **~ de familia** breadwinner

man•te•nen•cia *f.* [acto] maintenance; [sostenimiento] support; [sustento] sustenance, food

man•te•ner [69] *tr.* [alimentar] to feed; [sustentar] to maintain, support; [sostener] to support, hold up; [conservar] to maintain, keep; [continuar] to maintain, keep up; [afirmar] to affirm ▪ **~ a distancia** o **a raya** to keep at a distance; **~ en buen uso** to keep in good condition; (*reflex.*)[alimentarse] to feed oneself; [sustentarse] to maintain o support oneself; [perseverar] to remain o stand firm; [permanecer] to remain, keep oneself ▪ **~ a distancia** to keep one's distance; **~ en sus trece** *coll* to stick to one's guns; **~ firme** to hold one's ground

man•te•ni•mien•to *m.* [mantenencia] maintenance; [sostenimiento] support; [sustento] sustenance, food

man•te•que•rí•a *f.* creamery, dairy

man•te•que•ro, a ◇ *m.* [persona] dairyman; [vasija] butter dish; (*f.*) [persona] dairymaid, dairy vendor; [máquina] butter churn; [vasija] butter dish ◇ *adj.* butter, of butter

man•te•qui•lla *f.* [de vaca] butter; [con azúcar] butter cream

man•te•qui•lle•ra *f.* AMER butter dish

man•tie•ne ▻ **mantener**

man•ti•lla *f.* mantilla; [de un niño] swaddling clothes; [del caballo] saddlecloth; PRINT blanket

man•to *m.* [capa] cloak, mantle; [mantilla] long mantilla; [vestidura] robe; [de la chimenea] mantel; *fig* cloak, cover; ZOOL mantle; MIN layer, stratum; MEX BOT bellflower

man•tón *m.* shawl

man•tu•vie•ra, vo ▻ **mantener**

ma•nual *adj.* & *m.* manual

ma•nu•brio *m.* TECH crank; [manija] handle; [de bicicleta] handlebars

ma•nu•fac•tu•ra *f.* [fábrica] factory; [artículo] manufactured article; [fabricación] manufacture

ma•nu•fac•tu•rar *tr.* to manufacture

ma•nu•fac•tu•re•ro, a *adj.* manufacturing

ma•nu•mi•sión *f.* manumission, emancipation

ma•nus•cri•to, a ◇ *adj.* handwritten ◇ *m.* manuscript

ma•nu•ten•ción *f.* [acción] maintenance; [conservación] conservation

man•za•na *f.* apple; [cuadra] block; [de espada] pommel

man•za•nal *m.* [huerto] apple orchard; [árbol] apple tree

man•za•nar *m.* apple orchard

man•za•ni•lla *f.* chamomile; [infusión] chamomile tea; [aceituna] manzanilla (type of small olive); [jerez] manzanilla

man•za•no *m.* apple tree

ma•ña *f.* [habilidad] skill, dexterity; [astucia] craftiness, guile; [hábito] bad habit ▪ **darse ~ para** to manage to; **más vale ~ que fuerza** brain is better than brawn; **tener ~ para** to have a knack for

ma•ña•na ◇ *f.* morning ▪ **a la ~ siguiente** the next morning; **ayer por la ~** yesterday morning; **de** o **en** o **por la ~** in the morning; **de la noche a la ~** overnight; **(muy) de ~** very early (in the morning); (*m.*) tomorrow, future ◇ *adv.* [el próximo día] tomorrow; [en el futuro] in the future ▪ **a partir de ~** starting tomorrow, as of tomorrow; **hasta ~** see you tomorrow; **~ por la ~** tomorrow morning; **pasado ~** the day after tomorrow

ma•ñe•ro, a *adj.* [astuto] clever, shrewd; RP [mañoso] hard to manage

ma•ño•so, a *adj.* [hábil] skillful; [astuto] cunning; [con malas mañas] hard to manage

ma•pa *m.* map, chart ▪ **~ de bits** COMPUT bitmap; **desaparecer del ~** to vanish from the face of the earth; **~ mudo** blank o skeleton map; **no estar en el ~** *coll* to be out of this world

ma•pa•che/chín *m.* raccoon

ma•pa•mun•di *m.* map of the world

ma•que•ar *tr.* MEX to varnish; (*reflex.*) *coll* to dress up

ma•que•ta•ción *f.* COMPUT page layout

ma•qui•la *f.* AMER [de máquinas] assembly; [de ropas] making-up

ma•qui•la•do•ra *f.* AMER assembly plant

ma•qui•lla•je *m.* [acción] making up (of one's face); [cosmético] make-up, cosmetics
ma•qui•llar *tr.* to make up (one's face), apply cosmetics to
má•qui•na *f.* [aparato] machine; [motor] engine; [locomotora] locomotive, engine; LIT & THEAT machine, deus ex machina ▪ **a toda** ~ at full speed; **hecho a** ~ machine-made; ~ **de escribir** typewriter; ~ **de lavar** washing machine; ~ **herramienta** machine tool; ~ **neumática** air pump; ~ **registradora** S AMER cash register
ma•qui•na•ción *f.* machination, plotting
ma•qui•nal *adj.* mechanical
ma•qui•nar *tr.* to plot, scheme
ma•qui•na•ria *f.* [conjunto] machinery; [mecanismo] mechanism
ma•qui•ni•lla *f.* small machine o device ▪ ~ **de afeitar** o **de seguridad** safety razor; ~ **para cortar el pelo** hair clippers
ma•qui•nis•mo *m.* mechanization; PHILOS mechanism
ma•qui•nis•ta *m.* machinist; RAIL engineer, engine driver; THEAT stagehand
mar *m.* & *f.* sea; [marejada] tide, swell; *fig* sea, flood ▪ **alta** ~ high seas; **correr a mares** to stream, flow; **hablar de la** ~ to speak of the impossible; **hacerse a la** ~ to put out to sea; **la** ~ **de** [muchos] loads of, lots of; **la** ~ **de trabajo** loads of work; [muy] very; **él es la** ~ **de tonto** he is very foolish; **llover a mares** to rain cats and dogs; ~ **agitado** o **picado** choppy sea; ~ **bravo** rough seas; ~ **de fondo** ground swell
ma•ra•cu•já *f.* AMER passion fruit
ma•ra•ña *f.* [maleza] thicket; BOT kermes oak; [enredo] tangle, mess
ma•ras•mo *m.* MED marasmus; [apatía] apathy; [estancación] stagnation, paralysis
ma•ra•tón *m.* marathon
ma•ra•vi•lla *f.* [fenómeno] wonder, marvel; [asombro] wonder, astonishment; [caléndula] marigold ▪ **a las mil maravillas** wonderfully, excellently; **a** ~ marvelously; **hacer maravillas** to work wonders; **venirle a uno de** ~ to be just what the doctor ordered
ma•ra•vi•llar *tr.* to amaze, astonish; (*reflex.*) to marvel, be amazed (**con, de** at, by)
ma•ra•vi•llo•so, a *adj.* marvelous, wonderful
mar•be•te *m.* [etiqueta] label, tag; [orilla] border, edge
mar•ca *f.* [señal] mark; [de ganadería] brand; [tipo] make, brand; **¿de qué** ~ **es su auto?** what make is your car?; [estampa] stamp; COM trademark; [medidor] measuring stick, rule; [medida] standard (size); [cicatriz] scar; SPORT mark, record; MARIT seamark; GEOG march, frontier ▪ **de** ~ excellent, outstanding; **de** ~ **mayor** high quality, first-class; ~ **de agua** watermark; ~ **blanca** COM own brand, own label; ~ **de fábrica** trademark; ~ **registrada** (registered) trademark
mar•ca•do ◇ *adj.* marked, notable ◇ *m.* marking
mar•ca•dor, •ra ◇ *adj.* marking ◇ *m.f.* [que marca] marker; [lápiz] marker, marking pen; (*m.*) [de bordado] embroidery sampler; [de herrero] blacksmith's hammer; PRINT feeder operator; SPORT scoreboard; COMPUT bookmark; AMER [rotulador] felt-tip pen; MEX [fluorescente] highlighter pen
mar•ca•pa•so(s) *m.* pacemaker
mar•car [70] *tr.* [poner marca a] to mark; [herrar] to brand; [estampillar] to stamp; [la ropa] to label; [anotar] to observe, note; [indicar] to say, indicate; **la balanza marca tres kilos** the scale indicates three kilos; [aplicar] to assign, destine; [subrayar] to mark, underline; [poner el precio a] to mark, price; [el pelo] to set; [un número de teléfono] to dial; PRINT to feed; SPORT to score ▪ ~ **el compás** MUS to keep time; ~ **el paso** MIL to mark time
mar•cha *f.* [movimiento] march, movement; [velocidad] speed, velocity; [salida] departure; [progresión] march; **la** ~ **del tiempo** the march of time; [curso] course, progress; [funcionamiento] operation, running ▪ **a toda** ~ at full speed; **dar** ~ **atrás** to go into reverse; **estar en** ~ [comenzar] to be underway; [funcionar] to be running o working; ~ **atrás** AUTO reverse; ~ **forzada** MIL forced march; ~ **fúnebre** funeral march; **poner en** ~ to start; **ponerse en** ~ to start off; **sobre la** ~ on the double
mar•chan•te, a *m.f.* [vendedor] merchant, dealer; [cliente] customer, patron
mar•char *intr.* [ir] to go; [andar] to walk; [moverse] to move, go; [funcionar] to run, work; [progresar] to go, proceed; **todo marcha bien** everything is going well; MIL to march; (*reflex.*) to go (away), leave
mar•chi•tar *tr.* [secar] to wilt; [debilitar] to debilitate, weaken; (*reflex.*) [secarse] to wilt; [debilitarse] to become weak, languish
mar•chi•to, a *adj.* wilted
mar•cho•so, a *adj.* *coll* cheerful, merry
mar•cial *adj.* martial; [militar] military ▪ **porte** ~ military bearing
mar•co *m.* [cerco] frame; FIN mark (monetary unit); [peso] mark (unit of weight); COMPUT frame; [patrón] standard; [estructura] framework; **dentro del** ~ **del pensamiento hegeliano** within the framework of Hegelian thought
ma•re•a *f.* tide; [viento] sea breeze; *fig* flood ▪ **contra viento y** ~ against all odds; ~ **alta** high tide; ~ **baja** low tide; ~ **creciente** rising tide; ~ **menguante** low tide
ma•re•a•do, a *adj.* [malo] sick; [en el mar] seasick; [bebido] drunk; [aturdido] dizzy
ma•re•ar *tr.* to navigate, sail; [fastidiar] to annoy, bother; (*reflex.*) [tener naúseas] to become nauseated; [en barcos] to become seasick; [malograrse] to become damaged
ma•re•ja•da *f.* [del mar] swell, turbulence; [agitación] agitation, ferment
ma•re•o *m.* [náusea] sickness, nausea; [en barcos] seasickness; [en vehículos] motion sickness
mar•fil *m.* ivory ▪ ~ **vegetal** ivory nut
mar•ga•ri•na *f.* margarine
mar•ga•ri•ta *f.* BOT daisy; [perla] margarite, pearl; ZOOL periwinkle ▪ **echar margaritas a los cerdos** to cast pearls before swine
mar•gen *m.* [borde] margin, border; [nota] marginal note; [amplitud] leeway, margin; **me dejaron** ~ **en mis trabajos** they gave me leeway in my work; COM margin ▪ **al** ~ [de papel] in the margin; [afuera] on the fringe; **vive al** ~ **de la sociedad** he lives on the fringe of society; **dar** ~ **para** to give occasion for, give an opportunity for; ~ **de ganancias** COM profit margin; (*f.*) bank
mar•gi•nal *adj.* marginal
mar•gi•nar *tr.* [dejar márgenes en] to marginate, leave a

M

margin on; [poner notas en] to make marginal notes on; [apartar] to leave out

ma•rí•a *f.* MEX *coll derog* migrant from country to urban areas

ma•ri•ca *m. coll derog* queer, fag

ma•ri•cas•ta•ña *f.* ■ **en tiempos de Maricastaña** in days of yore, in the olden days

ma•ri•cón *m. sl derog* [homosexual] queer, fag; [pesado] jerk

ma•ri•dar *intr.* [casar] to marry, wed; [vivir juntos] to live together; (*tr.*) to join, unite

ma•ri•do *m.* husband, spouse

ma•ri•gua•na/hua•na/jua•na *f.* marijuana

ma•ri•ma•cho *m. coll* mannish woman

ma•rim•ba *f.* [tambor] drum; AMER [tímpano] kettledrum; [xilófono] marimba, xylophone

ma•ri•na *f.* ▷ **marino, a**

ma•ri•nar *tr.* to marinate; MARIT to man

ma•ri•ne *m.* MIL marine

ma•ri•ne•rí•a *f.* [profesión] seafaring, sailoring; [tripulación] ship's crew, seamen

ma•ri•ne•ro, a ◇ *adj.* [gobernable] seaworthy; [marino] marine, sea; [marinesco] sailor, of sailors ◇ *m.* sailor, mariner ■ ~ **de agua dulce** land-lubber; (*f.*) [blusa] middy blouse, sailor top; CHILE, ECUAD & PERU marinera (folk dance)

ma•ri•no, a ◇ *adj.* marine, sea ■ **azul** ~ navy blue ◇ *m.* sailor, mariner; (*f.*) [costa] coast; [náutica] navigation, seamanship; MIL navy ■ **Infantería de Marina** Marine Corps; ~ **de guerra** navy; ~ **mercante** merchant marine

ma•rio•ne•ta *f.* marionette, puppet

ma•ri•po•sa ◇ *f.* butterfly; TECH [llave] butterfly valve; [tuerca] butterfly o wing nut; [lamparilla] night light; (*m.*) *derog* fairy, queer ◇ *adj.* SPORT butterfly

ma•ri•po•se•ar *intr.* [ser inconstante] to be fickle o capricious; [dar vueltas] to hover o flit about

ma•ri•qui•ta *f.* [coleóptero] ladybug; [hemíptero] firebug; ORNITH parakeet; (*m.*) *coll derog* sissy, pansy

ma•ris•cal *m.* marshal ■ ~ **de campo** field marshal

ma•ris•co *m.* seafood, shellfish

ma•ris•ma *f.* salt marsh

ma•ri•tal *adj.* marital

ma•rí•ti•mo, a *adj.* maritime, sea ■ **por vía** ~ by sea

mar•mi•ta *f.* pot, saucepan

már•mol *m.* marble ■ **de** ~ hardhearted, cold

mar•mo•le•rí•a *f.* [conjunto] marblework; [obra] marble; [taller] workshop, studio

mar•mó•re•o, a *adj.* marble, marmoreal

mar•mo•ta *f.* marmot; *fig* sleepyhead ■ **dormir como una** ~ to sleep like a log

ma•ro•me•ro, a *m.f.* MEX tightrope walker

mar•qués *m.* marquis

mar•que•sa *f.* [persona] marquise, marchioness; AMER [sillón] armchair, easy chair

mar•que•si•na *f.* marquee, canopy

mar•que•te•rí•a *f.* [taracea] marquetry, inlaid work; [ebanistería] cabinet work

ma•rra•na•da/ne•rí•a *f. coll* [mala pasada] dirty o rotten trick; [suciedad] filth, filthiness

ma•rra•no, a ◇ *adj.* dirty, filthy ◇ *m.* ZOOL pig, hog; *coll* [sucio] pig, slob; [canalla] swine; (*f.*) ZOOL sow; *derog* [mujer] slut; TECH axle (of a water wheel)

ma•rrar *intr.* [errar] to miss (a shot); [fallar] to fail; [desviarse] to go astray o wrong

ma•rro *m.* [juego de niños] tag; [con bolos] ninepins; [ladeo] dodge, swerve; [falta] slip, error; MEX mallet

ma•rrón ◇ *adj.* brown ◇ *m.* [color] brown; [castaña] marron glacé

ma•rru•lla/lle•rí•a *f.* coaxing, wheedling

ma•rru•lle•ro, a ◇ *adj.* conniving ◇ *m.f.* conniver, flatterer

mar•so•p(l)a *f.* porpoise

mar•su•pial *adj.* & *m.* marsupial

mar•ta *f.* pine marten ■ ~ **cebellina** ZOOL sable

mar•tes *m.* Tuesday ■ ~ **de carnaval** o **carnestolendas** RELIG Shrove Tuesday

mar•ti•llar *tr.* to hammer

mar•ti•lla•zo *m.* hard blow of a hammer

mar•ti•lle•ro *m.* AMER auctioneer

mar•ti•llo *m.* hammer; [mallo] gavel; ~ **de subastador** auctioneer's gavel; ICHTH hammerhead (shark); [establecimiento] auction house; ANAT malleus, hammer; MUS tuning hammer ■ ~ **de fragua** o ~ **pilón** MECH drop hammer; ~ **neumático** pneumatic drill

mar•tín pes•ca•dor *m.* kingfisher

mar•ti•ne•te[1] *m.* heron

mar•ti•ne•te[2] *m.* [de piano] hammer; [mazo] drop hammer; [de estacas] pile driver ■ ~ **a vapor** steam hammer; ~ **de fragua** trip hammer

már•tir *m.f.* martyr

mar•ti•rio *m.* martyrdom

mar•ti•ri•zar [04] *tr.* [hacer sufrir martirio a] to martyr, martyrize; [atormentar] to torment

mar•zo *m.* March

mas *conj.* but ■ **no lo vi,** ~ **lo escuché** I didn't see it, but I heard it

más ◇ *adv.* more; ~ **importante** more important; most; **la alumna** ~ **inteligente** the most intelligent student; longer; **durar** ~ to last longer; rather; ~ **quiero morir** I would rather die ■ **a lo** ~ at most, at the most; **a** ~ besides, in addition; **a** ~ **de** besides, in addition to; **a** ~ **no poder** as much as possible o as can be; **a** ~ **y mejor** a lot, really; **llovía a** ~ **y mejor** it was really raining; **como el que** ~ as much as anyone; **de** ~ too much, extra; **en lo** ~ **mínimo** in the slightest; **en** ~ more; **estar de** ~ to be superfluous o unnecessary; ~ **allá** further; ~ **bien** rather; ~ **de** more than; ~ **que** more than; **yo sé** ~ **que él** I know more than him; [sino] but, except; **nadie puede hacerlo** ~ **que Carlos** no one can do it except Carlos; **ni** ~ **ni menos** no more, no less; **no** ~ only, no more; **no** ~ **que** only; **por** ~ **que** no matter how much; **¿qué** ~ **da?** what difference does it make?; **sin** ~ **ni** ~ without further ado ◇ *m.* plus sign ■ **el** ~ **y el menos** the pros and the cons; **tener sus** ~ **y sus menos** *coll* to have good points and bad points ◇ *prep.* plus; **cinco** ~ **ocho son trece** five plus eight is thirteen

ma•sa *f.* mass; [volumen] volume, bulk; [cuerpo compacto] lump; **una** ~ **de arcilla** a lump of clay; [el pueblo] people, masses; [pasta] dough; ELEC ground; MAS mortar ■ **con las manos en la** ~ in the act, redhanded; **en** ~ [todos juntos] all together, en masse; [en gran escala] mass; **protesta en** ~ mass protest; ~ **atómica** atomic mass; ~ **de aire** air mass; **producción en** ~ mass production

ma•sa•crar *tr.* to massacre

ma•sa•cre *f.* massacre

ma•sa•je *m.* massage

ma•sa•jis•ta *m.* masseur; (*f.*) masseuse

mas•car [70] *tr.* [masticar] to chew; *coll* [mascullar] to mumble

más•ca•ra *f.* [careta] mask; [traje] disguise, costume; [pretexto] mask, pretense; (*m.f.*) [persona] masker, masquerader ■ **baile de máscaras** masquerade, masked ball; ~ **antigás** gas mask; ~ **de oxígeno** oxygen mask; **quitarse la** ~ to drop one's pretenses

mas•ca•ra•da *f.* [fiesta] masquerade, masked ball; [desfile] masked parade; [cosa falsa] masquerade, charade

mas•ca•rón *m.* sculpted head o face ■ ~ **de proa** MARIT figurehead

mas•co•ta *f.* mascot, pet

mas•cu•li•ni•dad *f.* masculinity

mas•cu•li•no, a ◇ *adj.* male; [propio de los hombres] masculine, manly; GRAM masculine ◇ *m.* GRAM masculine (gender)

mas•cu•llar *tr. coll* to mumble, mutter

ma•si•lla *f.* putty

ma•si•vo, a *adj.* [grande] massive; mass ■ **comunicación** ~ mass communication

ma•so•quis•ta *adj.* & *m.f.* masochist

mas•ti•car [70] *tr.* [triturar] to chew, masticate; [rumiar] to ponder over, ruminate

más•til *m.* mast; [palo] pole; [de una pluma] quill ■ ~ **totémico** totem pole

mas•tín *m.* mastiff ■ ~ **danés** Great Dane

más•ti•que *m.* mastic

mas•toi•des *adj.* & *f.inv.* mastoid

mas•tur•ba•ción *f.* masturbation

mas•tur•bar *tr.* & *reflex.* to masturbate

ma•ta *f.* [arbusto] bush, shrub; [pie de una planta] sprig, tuft; [campo de árboles] orchard, grove ■ ~ **de pelo** head of hair

ma•ta•de•ro *m.* [de ganado] slaughterhouse; *coll* [trabajo] drudgery, chore

ma•ta•dor, •ra ◇ *adj.* [que mata] killing; *coll* [penoso] killing, deadly ◇ *m.f.* [asesino] killer, murderer; (*m.*) [en naipes] trump card; TAUR bullfighter, matador

ma•tam•bre *m.* ANDES & RP [carne] flank steak; [plato] flank steak rolled with boiled egg, olives and red pepper, which is cooked and then sliced and served cold

ma•ta•mos•cas *m.inv.* fly swatter

ma•tan•za *f.* [acción] killing, slaughtering; [de personas] massacre; [de animales] slaughtering, butchering

ma•tar *tr.* to kill; [animales] to butcher, slaughter; [apagar] to put out, extinguish; ~ **el fuego** to put out the fire; [cal] to slake; [en naipes] to beat, top; [arruinar] to ruin, break; ~ **un proyecto** to ruin a project ■ **estar a** ~ **con** to be at loggerheads with; **ser un matarlas callando** to be a sly dog; (*reflex.*)[quitarse la vida] to kill oneself; to be killed; **su hijo se mató en un accidente** his son was killed in an accident; *fig* to kill oneself; (*intr.*) to kill

ma•ta•ri•fe *m.* butcher, slaughterer

ma•ta•rra•tas *m.inv.* [raticida] rat poison; *coll* [aguardiente malo] rotgut, firewater

ma•ta•sa•nos *m. coll* quack (doctor)

ma•ta•se•llar *tr.* to cancel, postmark

ma•ta•se•llos *m.inv.* [instrumento] canceller; [marca] postmark, cancellation

ma•te[1] *adj.* [sin brillo] matte; [apagado] dull

ma•te[2] *m.* checkmate, mate ■ **dar jaque** ~ to checkmate

ma•te[3] *m.* AMER BOT [planta] yerba maté; [calabaza] maté gourd; [bebida] maté; *coll* [cabeza] noodle ■ **yerba** ~ maté (tea)

ma•te•má•ti•co, a ◇ *adj.* mathematical ◇ *m.f.* mathematician; (*f.*) mathematics ◇ *pl.* mathematics

ma•te•ria *f.* matter; [material] material, substance; EDUC subject ■ **en** ~ **de** as regards, in the matter of; **entrar en** ~ to come to the point, get down to business; **índice de materias** table of contents; ~ **colorante** dyestuff; ~ **de estado** POL affair of state; ~ **gris** gray matter; ~ **prima** raw material

ma•te•rial ◇ *adj.* material; [corpóreo] physical; [materialista] materialistic ◇ *m.* [aparato] materials, equipment; [sustancia] material, substance; **hecho de buen** ~ made of good material; [ingrediente] ingredient

ma•te•ria•li•dad *f.* materiality; [apariencia] outward appearance

ma•te•ria•lis•ta ◇ *adj.* materialistic ◇ *m.f.* materialist

ma•ter•nal *adj.* maternal

M

ma•ter•ni•dad *f.* [estado] maternity; [establecimiento] maternity hospital

ma•ter•no, a *adj.* [maternal] maternal, motherly ■ **abuelo** ~ maternal grandfather; [nativo] mother, native ■ **lengua** ~ native language

ma•ti•nal *adj.* morning, matinal

ma•tiz *m.* [de color] shade, tint; [aspecto] shade, nuance

ma•ti•zar [04] *tr.* [combinar] to match, harmonize; [teñir] to tint, shade; [variar] to vary ■ ~ **la voz** to vary one's tone of voice

ma•tón *m. coll* bully

ma•to•rral *m.* [maleza] brushwood, scrub; [soto] thicket

ma•tre•ro, a ◇ *adj.* cunning, shrewd ◇ *m.* AMER bandit

ma•triar•ca•do *m.* matriarchy

ma•triar•cal *adj.* matriarchal

ma•tri•ci•dio *m.* matricide

ma•trí•cu•la *f.* [lista] register, list; [inscripción] registration, matriculation; [gente matriculada] roll; AUTO registration

ma•tri•cu•la•ción *f.* registration

ma•tri•cu•lar *tr.* & *reflex.* to register, matriculate

ma•tri•mo•nial *adj.* matrimonial

ma•tri•mo•nio *m.* [casamiento] marriage, matrimony; *coll* [marido y mujer] married couple ■ **contraer** ~ to marry; **fuera del** ~ out of wedlock; ~ **civil** civil marriage; ~ **por poderes** marriage by proxy; **partida de** ~ marriage certificate

ma•triz ◇ *f.* womb, uterus; [molde] mold, die; [tuerca] nut; MATH & MIN matrix ◇ *adj.* original ■ **casa** ~ headquarters, main office

ma•tro•na *f.* [madre de familia] matron; [partera] midwife; [encargada] matron

ma•tro•nal *adj.* matronly

ma•tu•te *m.* [acción] smuggling; [contrabando] contraband, smuggled goods

ma•tu•te•ar *intr.* to smuggle

mau•la *m.f.* swindler, cheat

mau•llar *intr.* to meow, mew

mau•lli•do/•ú•llo *m.* [voz] meow, mew; [acción] meowing, mewing

mau•so•le•o *m.* mausoleum

má•xi•ma•men•te *adv.* principally, chiefly

má•xi•me *adv.* principally, all the more

má•xi•mo, a ◇ *adj.* maximum, greatest; ~ **común divisor** greatest common denominator; highest; **el punto** ~ the highest point; greatest; **el pensador** ~ **de su tiempo** the greatest thinker of his time ◇ *m.* maximum ■ **al** ~ to the maximum; **como** ~ at the most; **hacer el** ~ to do one's utmost; (*f.*) [aforismo] maxim; [temperatura] maximum temperature

ma•yo *m.* May

ma•yó•li•ca *f.* majolica ware

ma•yo•ne•sa *f.* mayonnaise

ma•yor ◇ *adj.* [más grande] bigger, larger; **la** ~ **parte** the larger part; [el más grande] biggest, largest; [importante] greater; [el más importante] greatest; **el problema** ~ the greatest problem; [de más edad] older, elder; **mi hermano** ~ my older brother; elderly; **un señor** ~ an elderly gentleman; [el más viejo] oldest, eldest; [adulto] adult; [principal] main; **calle** ~ main street; RELIG high; **misa** ~ high mass; MUS major ■ **al por** ~ COM wholesale; **caza** ~ big game hunting; **estado** ~ MIL staff; **ser** ~ **de edad** to be an adult ◇ *m.* MIL major; [jefe] chief ◇ *pl.* elders, ancestors

ma•yo•raz•go *m.* [derecho] right of primogeniture; [herencia] estate inherited by primogeniture; [heredero] inheritor of an entailed estate; [hijo primogénito] first-born son; *coll* [primogenitura] seniority

ma•yor•do•mí•a *f.* [cargo] stewardship; [oficina] majordomo's office

ma•yor•do•mo *m.* majordomo

ma•yo•re•o *m.* AMER wholesale ■ **al** ~ wholesale

ma•yo•rí•a *f.* majority ■ **en la** ~ **de los casos** in most cases; **en su** ~ in the main; ~ **absoluta** absolute majority; ~ **de edad** legal age

ma•yo•ri•dad *f.* majority, adult age

ma•yo•ris•ta ◇ *adj.* wholesale ◇ *m.* wholesaler

ma•yús•cu•lo, a ◇ *adj.* [letra] capital; [importante] important, prominent; *coll* [grande] enormous, tremendous ◇ *f.* capital letter ■ **mayúsculas fijas** COMPUT caps lock

ma•za *f.* [arma] mace; [utensilio para machacar] mallet; [martinete] drop hammer, pile driver

ma•za•co•te *m. coll* [plato] lumpy mess; **el arroz con leche se ha hecho un** ~ the rice pudding is a lumpy mess; [obra artística fea] monstrosity

ma•za•mo•rra *f.* cornmeal mush

ma•za•pán *m.* marzipan

maz•mo•rra *f.* dungeon

ma•zo *m.* [martillo] mallet; [manojo] bunch

ma•zor•ca *f.* ear, cob (of corn)

me *pron.* me; **me vieron en el jardín** they saw me in the garden; me, to me; **dame la llave** give me the key; me, for me; **Ana me compró un regalo** Ana bought a present for me; from me; **me quitó el pañuelo** he took the handkerchief from me; myself; **me miré en el espejo** I looked at myself in the mirror

me•cá•ni•co, a ◇ *adj.* [de la mecánica] mechanical, machine-operated; [automático] automatic, machine-like ◇ *m.* [maquinista] mechanic; [chófer] driver; (*f.*) [ciencia] mechanics; [mecanismo] mechanism

me•ca•nis•mo *m.* [aparato] mechanism, working parts; [estructura] structure, workings

me•ca•ni•zar [04] *tr.* to mechanize

me•ca•no•gra•fí•a *f.* typing, typewriting

me•ca•no•gra•fiar [30] *tr.* to type

me•ca•nó•gra•fo, a *m.f.* typist

me•ce•de•ro *m.* stirrer, swizzle stick

me•ce•nas *m.inv.* patron (of the arts)

me•cer [75] *tr.* [acunar] to rock; [columpiar] to swing; [balancear] to move to and fro, sway; [agitar] to shake; (*reflex.*) to rock; ~ **en una mecedora** to rock in a rocking chair; [columpiarse] to swing; [balancearse] to move to and fro

me•cha *f.* [de lámpara] wick; [espoleta] fuse; [para encender] match; [mechón] lock; MED & SURG tent; AMER [del taladro] drill bit ■ **a toda** ~ at full speed; **aguantar la** ~ to grin and bear it

me•char *tr.* to stuff

me•che•ra *f.* shoplifter

me•che•ro *m.* [boquilla] burner, jet; ~ **de gas** gas burner; [encendedor] lighter, cigarette lighter; [canutillo] wick, holder; [del candelero] candle socket

me•chón *m.* [de pelo] lock, tuft; [de lana] tuft

me•da•lla *f.* medal; [joya] medallion ■ **el reverso de la** ~ the other side of the coin

me•da•llis•ta *m.f.* medalist

me•da•llón *m.* [medalla grande] medallion; [joya] locket

mé•da•no, me•da•no *m.* [duna] dune, sand dune; [banco de arena] sandbank

me•dia *f.* [de mujer] stocking; [de hombre] sock; [tiempo] half past; **las dos y media** half past two

me•dia•ción *f.* mediation, arbitration

me•dia•do, a *adj.* half full ■ **a mediados de** halfway through, in the middle of

me•dia•dor, •ra ◇ *adj.* mediating ◇ *m.f.* mediator

me•dia•lu•na *f.* AMER croissant

me•dia•ne•ro, a ◇ *adj.* [que está en medio] dividing; [mediador] mediating ◇ *m.f.* [intercesor] mediator; (*f.*) adjoining wall

me•dia•no, a ◇ *adj.* [regular] average, medium; *coll* [mediocre] mediocre, poor ◇ *f.* GEOM median

me•dia•no•che *f.* midnight

me•dian•te ◇ *adj.* interceding ◇ *adv.* through, by means of ■ **Dios** ~ God willing

me•diar *intr.* [llegar a la mitad] to get halfway; [estar en medio] to be in the middle; [interponerse] to intercede, come between; [transcurrir] to elapse, go by

me•di•ca•ción *f.* [tratamiento] medication, medical treatment; [medicamentos] medication, medicines

me•di•ca•men•to *m.* medicine, medicament ■ ~ **genérico** generic drug

me•di•car [70] *tr.* to medicate

me•di•cas•tro *m.* quack, medicaster

me•di•ci•na *f.* [ciencia] medicine; [medicamento] medicine, medication ■ **doctor en** ~ doctor of medicine

me•di•ci•nal *adj.* medicinal

me•di•ci•nar *tr.* to treat (with medicine), give medicine to

me•di•ción *f.* measurement, measuring

mé•di•co, a ◇ *adj.* medical ◇ *m.f.* doctor, physician ■ ~ **de cabecera** family doctor; ~ **de consulta** consulting physician; ~ **general** general practitioner

me•di•da *f.* measure, measurement; ~ **para líquidos** liquid measure; [medición] measuring, measurement;

[recipiente] measure, measuring device; [norma] standard, gauge; **todo depende de la ~ en que se juzgue** it all depends on the standard by which one judges; [proporción] proportion, degree; **me pagan a ~ de mi trabajo** they pay me in proportion to my work; [prevención] measure, step; **tomó medidas para evitar más problemas** he took steps to avoid further problems; [prudencia] measure, moderation; POET measure, meter ■ **a ~ que** as, while; **en la ~ en que** insofar as; **en menor ~** to a lesser extent; **hecho a la ~** made-to-order; **pasarse de la ~** to carry things too far; **sin ~** immoderately, in excess

me•di•dor, •ra ◇ *adj.* measuring ◇ *m.f.* [persona] measurer; (*m.*) AMER [contador] meter

me•die•val *adj.* medieval

me•dio, a ◇ *adj.* half; **tres horas y ~** three and a half hours; [mediano] middle, medium; **una persona de talla ~** a person of medium height; [central] middle, midway; **el punto ~** the midway point; [regular] average; **el español ~** the average Spaniard; MATH average, mean ■ **~ hermana** half sister; **~ hermano** half brother; **~ luna** half-moon; **~ pasaje** half fare ◇ *m.* [centro] middle, center; [ambiente] environment, medium; [medida] measure, step; **procedió adoptando los medios necesarios** he proceeded, taking the necessary measures; [médium] medium, spiritualist; [moderación] middle ground; MATH half; BIOL medium; LOG middle term; SPORT halfback ■ **de ~ a ~** [en el centro] in the middle; [completamente] completely, entirely; **de por ~** in between; **en ~ de** [en la mitad] in the middle; [sin embargo] notwithstanding; [entre tanto] in the midst of; **en ~ de todo eso logró salir bien** in the midst of all that, he managed to come out all right; **estar de por ~** [mediar] to intervene, mediate; [involucrarse] to be in the middle, be involved; **~ ambiente** environment; **meterse de por ~** o **en ~** to intervene; **por ~ de** by means of; **por todos los medios** by all means, at all costs; **quitar de en ~** to get rid of, do away with; **quitarse de en ~** to get out of the way ◇ *adv.* half, partially; **~ terminado** half finished ■ **a ~** half; **a ~ vestir** half-dressed; **a medias** halfway; **no lo reparó sino a medias** he just repaired it halfway; [no del todo] half; **dormido a medias** half asleep

me•dio•cre *adj.* mediocre

me•dio•cri•dad *f.* mediocrity

me•dio•dí•a *m.* midday, noon

me•dir [48] *tr.* to measure; [comparar] to compare; [moderar] to weigh ■ **mide sus palabras cuidadosamente** he weighs his words carefully; (*reflex.*) to be moderate, act with restraint

me•di•ta•bun•do, a *adj.* meditative, thoughtful

me•di•ta•ción *f.* meditation

me•di•tar *tr.* & *intr.* to meditate

me•di•ta•ti•vo, a *adj.* meditative

mé•dium *m.inv.* medium

me•drar *intr.* [crecer] to grow, thrive; [mejorar] to improve; [prosperar] to prosper

me•dro•so, a ◇ *adj.* fearful, timorous ◇ *m.f.* coward

me•du•la, mé•du•la *f.* marrow; BOT medulla, pith; [esencia] essence ■ **hasta la ~** to the core; **~ espinal** spinal cord; **~ ósea** bone marrow

me•du•sa *f.* jellyfish, medusa

me•ga *m.* COMPUT meg

me•ga•byte *m.* COMPUT megabyte

me•gá•fo•no *m.* megaphone

me•ga•her•cio *m.* megahertz

me•ga•lo•ma•ní•a *f.* megalomania

me•ga•ló•ma•no, a ◇ *adj.* megalomaniacal ◇ *m.f.* megalomaniac

me•ga•pí•xel *m.* COMPUT megapixel

me•ga•tón *m.* megaton

me•ji•lla *f.* cheek

me•ji•llón *m.* mussel

me•jor ◇ *adj.* [superior] better; **este coche es ~ que el otro** this car is better than the other; best; **el ~ estudiante de la clase** the best student in the class ■ **lo ~ posible** as well as possible ◇ *adv.* [comparativo] better; **ella escribe ~ que él** she writes better than he does; [antes] rather; **~ morirme que perder la honra** I would rather die than lose my honor ■ **a lo ~** maybe, perhaps; **en el ~ de los casos** at best; **~ dicho** rather, more specifically; **~ que ~** all the better, so much the better; **tanto ~** better still, so much the better

me•jo•ra *f.* [adelanto] improvement, betterment; [aumento] increase

me•jo•ra•mien•to *m.* improvement

me•jo•rar *tr.* [poner mejor] to improve, make better; [aumentar] to raise ■ **mejorando lo presente** present company excepted; (*intr.* & *reflex.*) [ponerse mejor] to improve, get better; [el tiempo] to clear up

me•jo•rí•a *f.* [mejora] improvement, betterment; [convalecencia] improvement

me•lan•co•lí•a *f.* [tristeza] melancholy, sadness; MED melancholia

me•lan•có•li•co, a *adj.* & *m.f.* melancholy (person)

me•la•za *f.* molasses

me•le•na *f.* [cabello] long hair, mop (of hair); [de león] mane

me•le•ro ◇ *m.* honey vendor ◇ *adj.* honey

me•li•fluo, a *adj.* mellifluous

me•lin•dro•so/dre•ro, a *adj.* & *m.f.* affected o fussy (person)

me•lla *f.* [abolladura] dent; [en un filo] nick, notch; [en la porcelana] chip; [hueco] gap, hole ■ **hacer ~ a** to have an effect upon, impress; **hacer ~ en** to harm

me•llar *tr.* [metal] to dent; [un filo] to nick, notch; [porcelana] to chip; [menoscabar] to harm; (*intr.*) [superficie] to become dented o chipped; [dañarse] to be harmed o injured

me•lli•zo, a *m.f.* & *adj.* twin

me•lo•co•tón *m.* [fruto] peach; [árbol] peach tree

me•lo•co•to•ne•ro *m.* peach tree

me•lo•dí•a *f.* [canto] melody, tune; [calidad] melody, melodiousness; [de teléfono celular] ringtone

me•ló•di•co, a *adj.* melodic, tuneful

me•lo•dio•so, a *adj.* melodious, tuneful

me•lo•dra•ma *m.* melodrama

me•lo•dra•má•ti•co, a *adj.* melodramatic(al)

me•lón *m.* melon; *fig* idiot, fool

me•lo•so, a *adj.* [dulce] sweet, honeyed; [suave] smooth; *fig* sweet, gentle

mem•bra•na *f.* membrane

mem•bre•sí•a *f.* AMER membership

mem•bre•te *m.* [del remitente] letterhead; [del destinatario] addressee's name and address

mem•bri•llo *m.* [árbol] quince tree; [fruta] quince; [dulce] quince jam o jelly

mem•bru•do, a *adj.* robust, muscular
me•mo•ra•ble *adj.* memorable
me•mo•rán•dum *m.* (*pl* **inv.** o **-da**) [nota] memorandum, memo; [libreta] memo book
me•mo•rar *tr.* to remember, recall
me•mo•ria ◇ *f.* memory; [recuerdo] memory, remembrance; COM [informe] financial report o statement; COMPUT memory ▪ **~ caché** COMPUT cache memory; **~ RAM** COMPUT RAM; **~ ROM** COMPUT ROM; **borrar de la ~** to forget completely; **conservar la ~ de** to remember; **de ~** by heart; **digno de ~** memorable; **en ~ de** in memory of; **falta de ~** forgetfulness; **hacer ~ de** to remember; **irse de la ~** to slip one's mind; **traer a la ~ de uno** to remind one; **venir a la ~** to come to mind ◇ *pl.* [libro] memoirs
me•mo•rial *m.* [libreta] memo book, notebook; [petición] memorial, petition; [publicación] publication, bulletin
me•mo•ri•za•ción *f.* memorization, memorizing
me•mo•ri•zar [04] *tr.* to memorize, learn by heart
men•ción *f.* mention ▪ **hacer ~ de** to make mention of, mention; **~ honorífica** honorable mention
men•cio•nar *tr.* to mention ▪ **sin ~** not to mention
men•da•ci•dad *f.* [hábito] mendacity; [mentira] lie
men•daz ◇ *adj.* mendacious, lying ◇ *m.f.* liar
men•di•can•te *adj.* & *m.f.* mendicant
men•di•gar [47] *tr.* to beg (for); (*intr.*) to beg
men•di•go, a *m.f.* beggar, mendicant
men•dru•go *m.* crust, crumb
me•ne•ar *tr.* & *reflex.* [mover] to move; [agitar] to shake, wag; [oscilar] to sway, swing
me•ne•o *m.* [movimiento] movement; [agitación] shake; [oscilación] sway, swing
me•nes•ter *m.* [falta] need, want; [ocupación] occupation ▪ **haber** o **tener ~ de** to need o want; **ser ~ que** to be necessary that
men•gua *f.* [disminución] diminution, decrease; [falta] lack; [pobreza] poverty; [descrédito] discredit, disgrace
men•gua•do, a ◇ *adj.* [disminuido] diminished, decreased; [cobarde] cowardly, timid ◇ *m.* drop stitch
men•guan•te ◇ *adj.* [que disminuye] diminishing, decreasing; ASTRON waning; MARIT ebb ◇ *m.* [disminución] diminution, decrease; ASTRON waning; MARIT ebb; [decadencia] decline, decadence ▪ **cuarto ~** last quarter (of the moon)
men•guar [10] *intr.* [disminuir] to diminish, decrease; ASTRON to wane; MARIT to ebb; [en tejido] to decrease; [declinar] to decline, go downhill; (*tr.*) [disminuir] to diminish, decrease; [velocidad] to reduce; [peso, responsabilidad] to lessen, diminish; [menoscabar] to detract from ▪ **esto no mengua en nada su fama** this in no way detracts from his reputation
me•nin•gi•tis *f.* meningitis
me•no•pau•sia *f.* menopause
me•nor ◇ *adj.* less, lesser; **de ~ importancia** of lesser importance; least; **no tengo la ~ idea** I don't have the least idea; [más joven] younger; **mi hermano ~** my younger brother; [el más joven] youngest; *coll* [más pequeño] smaller; [el más pequeño] smallest; MUS & RELIG minor ▪ **al por ~** COM retail; **~ de edad** minor, under age ◇ *m.* minor, juvenile ▪ **tribunal de menores** juvenile court
me•no•rí•a *f.* [subordinación] subordination; [edad] minority (of age)
me•no•ris•ta *m.* AMER retailer, retail dealer
me•nos ◇ *adv.* less; **ella tiene ~ dinero que él** she has less money than he; least; **Paco es el ~ listo de la clase** Paco is the least clever boy in the class; fewer; **había ~ de cincuenta personas en la reunión** there were fewer than fifty people at the meeting ▪ **al ~** at least; **a ~ que** unless; **cada vez ~** less and less; **cuanto ~ ... ~** the less ... the less; **de ~** short; **dos kilos de ~** two kilograms short; **echar a alguien de ~** to miss someone; **más o ~** more or less; **lo ~** the least; **~ de** less than; **~ de cien dólares** less than one hundred dollars; **~ que** less than; **ni más ni ~** exactly; **no ser para ~** to be no wonder, little wonder that; **por lo ~** at least; **ser lo de ~** to be the least important thing; **tener a ~** to consider it beneath oneself; **venir a ~** to decline, come down in the world ◇ *m.* minus sign ◇ *conj.* but, except ▪ **todo ~ eso** all but that ◇ *prep.* minus ▪ **quince ~ siete son ocho** fifteen minus seven is eight
me•nos•ca•bar *tr.* to damage, impair
me•nos•ca•bo *m.* [mengua] diminishing, lessening; [daño] damage; [descrédito] damage ▪ **con ~ de** to the detriment of
me•nos•pre•cia•ble *adj.* despicable, contemptible
me•nos•pre•ciar *tr.* [despreciar] to despise, scorn; [subestimar] to underestimate, underrate
me•nos•pre•cia•ti•vo, a *adj.* disdainful, contemptuous
me•nos•pre•cio *m.* [desprecio] contempt, scorn; [subestimación] underestimation, underrating; [falta de respeto] disrespect ▪ **hacer ~ de** to make light of, scoff at
men•sa•je *m.* message ▪ **~ de alerta** COMPUT alert message; **~ en clave** coded message; **~ de texto** text message; **~ SMS** SMS message
men•sa•je•rí•a *f.* messaging ▪ **~ instantánea** instant messaging
men•sa•je•ro, a *adj.* & *m.f.* messenger
men•so, a *adj.* MEX foolish, stupid
mens•trua•ción *f.* menstruation
mens•trual *adj.* menstrual
mens•tru•ar [67] *intr.* to menstruate
men•sual *adj.* monthly
men•sua•li•dad *f.* [salario] monthly wage; [pago] monthly installment
men•su•ra *f.* measure, measurement
men•su•ra•ble *adj.* mensurable, measurable
men•su•ra•dor, •ra ◇ *adj.* measuring ◇ *m.* measurer, meter
men•su•rar *tr.* to measure
men•ta *f.* mint
men•ta•do, a *adj.* famous, renowned
men•tal *adj.* mental
men•ta•li•dad *f.* mentality, mind ▪ **~ abierta** open mind
men•tar [49] *tr.* to name, mention
men•te *f.* [potencia intelectual] mind, intellect; [inteligencia] intelligence; [pensamiento] mind ▪ **tener en la ~** to have in mind; [propósito] mind, intention ▪ **tener en ~** to have in mind (to do)
men•te•ca•to, a ◇ *adj.* silly, foolish ◇ *m.f.* fool, simpleton
men•tir [65] *intr.* to lie, tell lies
men•ti•ra *f.* [falsedad] lie, falsehood; [manchita blanca] white spot (on a fingernail) ▪ **¡~!** that's a lie!; **~ ino-**

cente o **piadosa** white lie; **parece** ~ it seems unbelievable
men•ti•ro•so, a <> *adj.* lying <> *m.f.* liar
men•tol *m.* menthol
men•to•la•do, a *adj.* mentholated
men•tor *m.* mentor
me•nú *m.* menu, bill of fare; COMPUT menu ▪ ~ **de inicio** COMPUT start menu; ~ **desplegable** COMPUT drop-down menu
me•nu•de•o *m.* [repetición] frequent repetition; [venta al por menor] retail ▪ **vender al** ~ to sell retail
me•nu•do, a <> *adj.* [pequeño] small, little; [sin importancia] small, insignificant; **problemas menudos** small problems; [fino] fine; **lluvia** ~ fine rain; [irónico] fine; **¡en** ~ **lío estamos!** a fine mess we're in! ▪ **a** ~ often, frequently; **por** ~ in detail, minutely <> *m.* [moneda] loose change <> *pl.* innards; [de las reses] offal; [de las aves] giblets
me•ñi•que <> *adj.* [dedo] little; [pequeño] tiny <> *m.* little finger, pinkie
me•o•llo *m.* [médula] marrow; [seso] brain, gray matter; [inteligencia] brains
me•que•tre•fe *m. coll* jackanapes
mer•ca•chi•fle *m.* [buhonero] peddler, hawker; [comerciante] small-time merchant; *derog* [avaro] shark, money grubber
mer•ca•de•o *m.* marketing
mer•ca•de•rí•a *f.* = **mercancía**
mer•ca•do *m.* [feria] market; [sitio] marketplace ▪ **acaparar el** ~ **de** to corner the market in; ~ **alcista** FIN bull market; ~ **bajista** FIN bear market; ~ **de cambios** foreign exchange market; ~ **de valores** stock market; ~ **exterior** foreign market; ~ **interior** o **nacional** domestic market; ~ **único** single market
mer•ca•do•tec•nia *f.* marketing (research)
mer•can•cí•a *f.* [artículo] piece of merchandise, article; [existencias] merchandise, goods
mer•can•te *adj.* & *m.* merchant
mer•can•til *adj.* mercantile, commercial ▪ **derecho** ~ commercial law; **sociedad** ~ trading company
mer•car [70] *tr.* to purchase, buy
mer•ced *f.* [beneficio] gift, favor; RELIG mercy; *arch* [título] grace, worship ▪ **a la** ~ **de** at the mercy of; ~ **a** thanks to; **tenga la** ~ **de** please be so kind as
mer•ce•na•rio, a *adj.* & *m.* mercenary
mer•ce•rí•a *f.* notions shop
Mer•co•sur *m.* Mercosur
mer•cu•rio *m.* mercury
mer•cu•ro•cro•mo *m.* mercurochrome
me•re•ce•dor, •ra *adj.* worthy, deserving ▪ ~ **de confianza** trustworthy
me•re•cer [17] *tr.* [ser digno de] to deserve, be worthy of; [lograr] to earn, get ▪ ~ **la pena** to be worthwhile, be worth the trouble; (*reflex.*) to be deserving o worthy
me•re•ci•do *m.* just deserts, due; **llevar su** ~ to get one's just deserts
me•re•ci•mien•to *m.* merit, worth
me•ren•dar [49] *tr.* to snack on; (*intr.*) to have a snack
me•ren•gue *m.* meringue; RP *coll* mess
me•re•triz *f.* prostitute, whore
me•ri•dia•no, a *adj.* & *m.* meridian
me•rien•da *f.* snack
me•rien•de, do ▻ **merendar**
mé•ri•to *m.* [virtud] merit; [valor] worth, value ▪ **de** ~ of merit, notable; **hacer méritos para** to strive to be deserving of
me•ri•to•rio, a <> *adj.* meritorious <> *m.* unpaid trainee
mer•lu•za *f.* hake
mer•mar *tr.* & *intr.* to decrease, diminish
mer•me•la•da *f.* marmalade
me•ro *m.* ICHTH grouper
me•ro, a *adj.* [puro] mere, pure; MEX [verdadero] real ▪ **ser el** ~ **malo** to be wickedness itself
me•ro•dea•dor, •ra <> *adj.* marauding <> *m.f.* marauder
me•ro•de•ar *intr.* to maraud, plunder
mes *m.* [período del año] month; [sueldo] monthly salary; **cobrar el** ~ to draw one's monthly salary; *coll* [menstruo] menstruation ▪ **al** o **por** ~ by the month
me•sa *f.* [mueble] table; [junta] board, council; ~ **electoral** electoral board; GEOG meseta, plateau; JEWEL facet, face; [comida] fare, food ▪ **de** ~ table; **vino de mesa** table wine; **levantar** o **alzar la** ~ to clear the table; ~ **de noche** night table, nightstand; ~ **de operaciones** operating table; ~ **de tijera** o **de doblar** card table, folding table; **poner la** ~ to set the table
me•sa•da *f.* AMER [mensualidad] monthly payment, monthly installment; RP [para adolescentes] allowance; RP [encimera] worktop
me•se•ro, a *m.* C AMER, COL & MEX [camarero] waiter; (*f.*) [camarera] waitress
me•se•ta *f.* [de escalera] landing; GEOG plateau
me•siá•ni•co, a *adj.* messianic
me•són *m.* inn, tavern
me•so•ne•ro, a *m.f.* innkeeper; (*m.*) VEN [camarero] waiter; (*f.*) [camarera] waitress
mes•ti•zo, a <> *adj.* of mixed parentage <> *m.f.* mestizo (of white and Indian parentage)
me•su•ra *f.* moderation, restraint
me•su•ra•do, a *adj.* moderate, circumspect
me•ta *f.* [fin] goal, objective; [de carrera] finish; [guardameta] goalkeeper
me•ta•bó•li•co, a *adj.* metabolic
me•ta•bo•lis•mo *m.* metabolism
me•ta•fí•si•co, a <> *adj.* metaphysical <> *m.* metaphysician; (*f.*) metaphysics
me•tá•fo•ra *f.* metaphor
me•ta•fó•ri•co, a *adj.* metaphoric(al)
me•tal *m.* metal; [latón] brass; [calidad] nature, quality; [timbre] tone, ring ▪ ~ **blanco** nickel; ~ **de imprenta** type metal; ~ **en láminas** sheet metal
me•tá•li•co, a <> *adj.* metallic <> *m.* cash, currency
me•ta•lur•gia *f.* metallurgy
me•ta•lúr•gi•co, a <> *adj.* metallurgical <> *m.* metallurgist, metalworker
me•ta•mór•fi•co, a *adj.* GEOL metamorphic
me•ta•mor•fo•sis/mór•fo•sis *f.inv.* BIOL metamorphosis; [transformación] transformation
me•ta•no *m.* methane
me•ta•te *m.* GUAT & MEX grinding stone
me•te•ó•ri•co, a *adj.* meteoric
me•te•o•ri•to *m.* meteorite
me•te•o•ro, -té•o•ro *m.* meteor
me•te•o•ro•lo•gí•a *f.* meteorology
me•te•o•ro•lo•gis•ta/ró•lo•go, a *m.f.* meteorologist

M

me•ter *tr.* [introducir] to put in, insert; **metió el dinero en el bolsillo** she put the money in her pocket; [promover] to start, cause; ~ **enredos** to start trouble; [causar] to make; ~ **ruido** to make noise; [implicar] to involve, get into; **metió a su hermano en el negocio** he got his brother into the business; [apretar] to squeeze into, squash together; [apostar] to stake, wager; *coll* [golpe] to give, deal; SEW to take in ■ ~ **de contrabando** to smuggle in; ~ **en vereda** *coll* to bring into line; (*reflex.*) [entrar] to get into, enter; **se metieron en el coche** they got into the car; [entremeterse] to intervene, butt in; [enredarse] to get mixed up in; ~ **a** [empezar] to start; [hacerse] to set oneself up as; ~ **con** to provoke, annoy; ~ **de** AMER to become; ~ **en sí mismo** to withdraw into one's shell; ~ **en todo** to meddle

me•te•re•te *m.f.* C SUR *coll* busybody

me•te•te *m.f.* ANDES & C AMER *coll* busybody

me•ti•che *m.f.* MEX & VEN *coll* busybody

me•ti•cu•lo•so, a *adj.* meticulous

me•ti•do, a ▻ **meter** ◇ *adj.* [abundante] full; [interesado] involved; AMER meddlesome ■ ~ **en sí** withdrawn ◇ *m.f.* AMER meddler

me•ti•lo *m.* methyl

me•tó•di•co, a *adj.* methodical

mé•to•do *m.* method, technique ■ **con** ~ methodically

me•to•do•lo•gí•a *f.* methodology

me•tra•je *m.* footage, length (of a film) ■ **corto** ~ short (film); **largo** ~ full-length o feature film

me•tra•lle•ta *f.* submachine gun, tommy gun

mé•tri•co, a ◇ *adj.* metric; POET metrical ■ **cinta** ~ tape measure ◇ *f.* metrics

me•tro[1] *m.* [medida] meter, metre GB; [regla] ruler ■ ~ **cuadrado** square meter; ~ **cúbico** cubic meter

me•tro[2] *m.* = **metropolitano**

me•tró•po•li *f.* [capital] capital; [nación] metropolis

me•tro•po•li•ta•no, a ◇ *adj.* metropolitan ◇ *m.* subway, underground GB

mez•ca•li•na *f.* mescaline

mez•cla *f.* [acción] mixing; [combinación] mixture, combination; [de personas] mixture, assortment; [tejido] tweed; CONSTR mortar

mez•cla•dor, •ra ◇ *adj.* mixing, blending ◇ *m.f.* [persona] mixer; (*f.*) [máquina] mixing machine; CONSTR cement mixer

mez•cla•du•ra *f.*/**mien•to** *m.* mixture, blend

mez•clar *tr.* [unir] to mix, blend; [reunir] to mix, mingle; [desordenar] to mix up; [en naipes] to shuffle; (*reflex.*) [unirse] to mix, blend; [reunirse] to mix, mingle; [meterse] to become involved o mixed up

mez•co•lan•za *f. coll* hodgepodge, jumble

mez•quin•dad *f.* [avaricia] stinginess, miserliness; [acción tacaña] ill turn, act of meanness

mez•qui•no, a ◇ *adj.* [pobre] poor, wretched; [avaro] stingy, miserly; [miserable] petty, small; [pequeño] small, tiny ◇ *m.* MEX wart

mez•qui•ta *f.* mosque

mí *pron.* (*used after prepositions*) me; **lo compró para mí** he bought it for me ■ **me toca a mí** it's my turn; **¿(y) a mí qué?** so what?

mi, mis *adj.* my; **mis hermanas** my sisters

miau *m.* meow

mi•co *m.* mico, long-tailed monkey

mi•cro•bio *m.* microbe

mi•cro•bio•lo•gí•a *f.* microbiology

mi•cro•bús *m.* microbus, minibus

mi•cro•cir•cui•to *m.* microcircuit

mi•cro•ci•ru•gí•a *f.* microsurgery

mi•cro•cós•mi•co, a *adj.* microcosmic

mi•cro•cos•mo(s) *m.* microcosm

mi•cro•cré•di•to *m.* microcredit

mi•cro•e•co•no•mí•a *f.* microeconomics

mi•cro•e•m•pre•sa *f.* microbusiness, microenterprise

mi•cro•fi•cha *f.* microfiche

mi•cro•fil•m(e) *m.* microfilm

mi•cró•fo•no *m.* microphone ■ ~ **inalámbrico** cordless microphone

mi•cro•on•das *f.pl.* microwaves

mi•cro•or•de•na•dor *m.* microcomputer

mi•cro•pla•que•ta *f.* microchip

mi•cro•pro•ce•sa•dor *m.* microprocessor

mi•cros•có•pi•co, a *adj.* microscopic

mi•cros•co•pio *m.* microscope ■ ~ **electrónico** electron microscope

mi•da, do, diera, dió ▻ **medir**

mie•do *m.* [temor] fear, dread; [aprensión] apprehension ■ **dar** ~ **a** to frighten; **meterle** ~ **a** to frighten; **morirse de** ~ to be scared to death; **que da** o **mete** ~ frightening, fearsome; **tener** ~ to be afraid; **tener** ~ **a** o **de** to be afraid of, fear; **tener** ~ **(de) que** to be afraid that

mie•do•so, a ◇ *adj.* fearful, cowardly ◇ *m.* coward

miel *f.* honey; [jarabe] molasses; [dulzura] honey, sweetness ■ **no hay** ~ **sin hiel** every rose has a thorn; ~ **de caña** molasses; **panal de** ~ honeycomb

miem•bro *m.* member; ANAT [extremidad] member, limb; [pene] penis ■ ~ **viril** penis; ~ **vitalicio** life member

mien•ta, to ▻ **mentir**

mien•tras ◇ *adv.* ■ ~ **más** the more; ~ **más consigue más quiere** the more he gets, the more he wants; ~ **tanto** meanwhile, in the meantime ◇ *conj.* [pero] while, whereas; **mi casa es pequeña** ~ **la tuya es grande** my house is small whereas yours is large; [durante] while, as long as; ~ **la huelga duraba** while the strike lasted ■ ~ **que** while

miér•co•les *m.inv.* Wednesday ■ ~ **de ceniza** RELIG Ash Wednesday; **¡~!** AMER *coll* shoot!, darn it!

mies ◇ *f.* [cereal] grain; [tiempo de la siega] harvest time ◇ *pl.* grain fields

mi•ga *f.* [pedacito] bit, scrap; [del pan] crumb; [sustancia] substance, pith ■ **hacer buenas/malas migas con** to get along well/badly with

mi•ga•ja ◇ *f.* [del pan] crumb; [pedacito] scrap, bit ■ ~ **de pan** bread crumb ◇ *pl.* scraps

mi•gra *f.* MEX *coll arch*: **la** ~ US police border patrol

mi•gra•ción *f.* migration

mi•gra•ña *f.* migraine (headache)

mi•gra•to•rio, a *adj.* migratory

mil ◇ *adj.* thousand; [milésimo] thousandth; [muchos] thousand, countless; ~ **veces** a thousand times ■ **a las** ~ **y quinientas** at the last minute; ~ **millones** billion, milliard GB ◇ *m.* a thousand, one thousand

mi•la•gro *m.* miracle ■ **hacer milagros** to work wonders; **vivir de** ~ *coll* to be o stay alive by a miracle

mi•la•gro•so, a *adj.* miraculous

mi•le•nio *m.* millennium

mi•lé•si•mo, a *adj.* & *m.* thousandth
mi•li *f. coll* military service
mi•li•cia *f.* [profesión] military (profession); [tropa] military, soldiery; [de ciudadanos] militia; [servicio militar] military service ■ ~ **nacional** national guard
mi•li•cia•no, a ◇ *adj.* military ◇ *m.* militiaman
mi•li•co *m.* ANDES & RP *coll arch* [soldado] soldier; [policía] pig
mi•li•gra•mo *m.* milligram
mi•li•li•tro *m.* milliliter
mi•lí•me•tro *m.* millimeter
mi•li•tan•te ◇ *adj.* militant ◇ *m.f.* militant, activist
mi•li•tar[1] ◇ *adj.* military ◇ *m.* soldier ■ **los militares** the military
mi•li•tar[2] *intr.* [como soldado] to serve; [en un partido] to be active ■ ~ **en favor de** to lend support to
mi•li•ta•ri•zar [04] *tr.* to militarize
mi•lla *f.* [medida inglesa] mile; MARIT mile, nautical mile ■ ~ **náutica** nautical mile
mi•llar ◇ *m.* [conjunto de mil] thousand; **un** ~ **de hombres** a thousand men ◇ *pl.* thousands, scores ■ **a** ~ by the thousands
mi•llón *m.* million ■ **tener millones** *coll* to be a millionaire
mi•llo•na•rio, a *adj.* & *m.f.* millionaire
mil•pa *f.* C AMER & MEX cornfield
mil•piés *m.inv.* millipede
mi•mar *tr.* [acariciar] to caress, fondle; [consentir] to pamper, spoil
mim•bre *m.* [arbusto] osier; [tallo] wicker
mi•me•o•gra•fí•a *f.* [acción] mimeographing; [copia] mimeograph
mi•me•o•gra•fiar [30] *tr.* to mimeograph
mi•me•ó•gra•fo *m.* mimeograph (machine)
mí•mi•co, a ◇ *adj.* mimic, imitative ◇ *f.* THEAT mime; [imitación] imitation, mimicry
mi•mo *m.* THEAT mime; [caricia] caressing, fondling ■ **hacerle mimos a alguien** to pamper o indulge someone
mi•mo•so, a *adj.* pampered, spoiled
mi•na *f.* mine; [galería] underground passage; *fig* mine, storehouse; [de lápiz] pencil lead ■ ~ **antipersona(l)** antipersonnel mine
mi•na•dor, •ra ◇ *adj.* mining ◇ *m.* [ingeniero] mining engineer; [obrero] miner; MIL miner, sapper; MARIT minelayer
mi•nar *tr.* to mine; [debilitar] to undermine, destroy; ~ **la salud** to undermine one's health
mi•na•re•te *m.* minaret
mi•ne•ral *adj.* & *m.* mineral
mi•ne•ra•lo•gí•a *f.* mineralogy
mi•ne•ra•ló•gi•co, a *adj.* mineralogical
mi•ne•ra•lo•gis•ta *m.f.* mineralogist
mi•ne•rí•a *f.* [trabajo] mining; [minas] mines; [mineros] miners ■ ~ **de datos** COMPUT data mining
mi•ne•ro, a ◇ *adj.* mining ◇ *m.* [trabajador] miner; [propietario] mine owner
min•gi•to•rio *m.* urinal
mi•nia•tu•ra *f.* miniature
mi•nia•tu•ris•ta *m.f.* miniaturist
mi•ni•fal•da *f.* miniskirt
mi•ni•fun•dio *m.* small farm
mi•ni•mi•zar [04] *tr.* to minimize
mí•ni•mo, a ◇ *adj.* [pequeño] minimum, least; [minucioso] minute, minimal ◇ *m.* [límite inferior] minimum; METEOROL low pressure zone ■ **al** ~ o **a lo más** ~ to a minimum; **como** ~ at least, at the very least; **en lo más** ~ in the slightest; ~ **comun múltiplo** lowest common multiple; ~ **vital** subsistence income; (*f.*) MUS half note, minim; METEOROL minimum temperature
mi•nis•te•rial *adj.* ministerial
mi•nis•te•rio *m.* ministry; [cuerpo de ministros] cabinet ■ **Ministerio de Agricultura** Department of Agriculture; **Ministerio de Comercio** Department of Commerce; **Ministerio de Hacienda** Treasury Department; **Ministerio de Guerra** Defense Department; **Ministerio de Trabajo** Department of Labor; **Ministerio de Marina** Department of the Navy; **Ministerio de Relaciones Exteriores** State Department
mi•nis•trar *tr.* to hold office
mi•nis•tro *m.f.* minister ■ **Ministro de Agricultura** Secretary of Agriculture; **Ministro de Comercio** Secretary of Commerce; **Ministro de Hacienda** Secretary of the Treasury; **Ministro de Guerra** Defense Secretary; **Ministro de Marina** Secretary of the Navy; **Ministro de Relaciones Exteriores** Secretary of State; **primer** ~ prime minister
mi•no•ra•ción *f.* diminution, reduction
mi•no•rar *tr.* to diminish, reduce
mi•no•rí•a/ri•dad *f.* minority
mi•no•ris•ta ◇ *adj.* retail ◇ *m.f.* retailer
mi•no•ri•ta•rio, a ◇ *adj.* minority ◇ *m.f.* member of a minority
min•tie•ra, tió ▻ **mentir**
mi•nu•cia *f.* small thing, trifle
mi•nu•cio•so, a *adj.* thorough, minute
mi•nús•cu•lo, a ◇ *adj.* [muy pequeño] minuscule, tiny; [insignificante] insignificant ■ **letra** ~ small o lowercase letter ◇ *f.* small o lowercase letter
mi•nu•ta *f.* [borrador] rough draft; [acta] minutes, record; [nota] note, memorandum; [cuenta] lawyer's bill; [de una comida] menu, bill of fare
mi•nu•te•ro *m.* minute hand
mi•nu•to *m.* minute ■ **al** ~ at once
mí•o, a ◇ *adj.* mine; **estos libros son míos** these books are mine; of mine; **un amigo** ~ a friend of mine; my; **¡Dios ~!** my God!; [querido] my dear; **madre** ~ my dear mother ◇ *pron.* mine; **¿dónde está el ~ ?** where is mine? ■ **ésta es la** ~ *coll* this is my big chance; **lo** ~ my affair, my business; **los míos** my people, my folks
mio•pe ◇ *adj.* myopic, nearsighted ◇ *m.f.* myope, myopic person
mio•pí•a *f.* myopia, nearsightedness
mi•ra *f.* ARM & TECH sight; [intención] aim, intention ■ **con miras a** with an eye to, with a view to; **estar a la ~ de** *coll* to be on the lookout for; **poner la ~ en** to aim to, aspire to
mi•ra•do, a ◇ *adj.* [circunspecto] cautious, circumspect; regarded; **mal** ~ ill-regarded ◇ *f.* [acción] look, glance; [apariencia] look, expression ■ **echar una ~ a** to cast a glance at; ~ **fija** stare; ~ **perdida** distant look
mi•ra•dor, •ra ◇ *adj.* looking, watching ◇ *m.f.* [observador] observer, spectator; (*m.*) [balcón] balcony, terrace

mi•rar *tr.* [ver] to look at; [observar] to watch, observe; [contemplar] to gaze at; [reflexionar] to think about, consider ▪ ~ **bien** o **con buenos ojos** to look with favor on, approve of; ~ **de arriba abajo** to look up and down; ~ **de hito en hito** to stare at; ~ **de reojo** to look askance at; ~ **de soslayo** to look sideways at; ~ **mal** o **con malos ojos** to disapprove of; ~ **por** to look out for, look after; **sólo miran por sus intereses** they only look out for their own interests; to look out (of); **miraban por la ventana** they were looking out the window; ~ **por encima** to glance at, look over; ~ **por encima del hombro** to look down on; (*intr.*)[ver] to look; [observar] to watch; [dar a] to look out on, overlook; **el balcón mira a la plaza** the balcony overlooks the plaza; **¡mira!** [como advertencia] watch out!, be careful!; [como amenaza] look here!; **mire well**, let me say this; (*reflex.*) to look at oneself; **me miré en el espejo** I looked at myself in the mirror; to look at one another; **se miraban con amor** they looked at one another lovingly; ~ **unos a otros** *fig* to look at each other helplessly

mi•rí•a•da *f.* myriad

mi•ri•lla *f.* [para observar] peephole; SURV target, sight

mir•lo *m.* blackbird

mi•rón, o•na *adj.* & *m.f.* nosy o inquisitive (person)

mi•sa *f.* Mass ▪ **decir** ~ to say o celebrate Mass; ~ **de difuntos** o **de requiem** Requiem Mass; ~ **de gallo** Midnight Mass; ~ **mayor** High Mass; ~ **rezada** Low Mass

mi•sán•tro•po *m.* misanthrope

mis•ce•lá•ne•o, a <> *adj.* miscellaneous <> *f.* miscellany; MEX [tienda] small general store

mi•se•ra•ble <> *adj.* [pobre] poor, wretched; [tacaño] stingy, miserly; [lastimoso] miserable, pitiful; [despreciable] despicable, vile ▪ **¡~ de mí!** woe is me! <> *m.f.* [pobre] wretch, unfortunate person; [tacaño] miser, skinflint; [canalla] cad, scoundrel

mi•se•ria *f.* [infortunio] misery, suffering; [pobreza] poverty; [avaricia] stinginess, miserliness; *coll* [cosa pequeña] pittance ▪ **estar en la** ~ to be down and out

mi•se•ri•cor•dia *f.* mercy, compassion

mi•se•ri•cor•dio•so, a *adj.* & *m.f.* compassionate o merciful (person)

mí•se•ro, a *adj.* wretched, unfortunate

mi•sil *m.* missile

mi•sión *f.* mission

mi•sio•nal *adj.* missionary

mi•sio•ne•ro, a *adj.* & *m.f.* missionary

mi•si•va *f.* missive, letter

mis•mo, a *adj.* [idéntico] same; **leí el ~ libro** I read the same book; [exacto] very; **en ese ~ momento** at that very moment ▪ **ahora** ~ right now; **así** ~ [de esta manera] in the same way, likewise; [también] also; **lo** ~ the same thing; **por lo** ~ for that reason, for that very reason; **yo** ~ I myself

mi•so•gi•nia *f.* misogyny

mis•te•rio *m.* mystery

mis•te•rio•so, a *adj.* mysterious

mis•ti•cis•mo *m.* mysticism

mís•ti•co, a <> *adj.* mystic(al) <> *m.f.* mystic; (*f.*) mystical theology

mis•ti•fi•car [70] *tr.* to mystify, trick

mis•tu•ra *f.* mixture

mi•tad *f.* [una de dos partes] half; **la ~ de la población** half of the population; [medio] middle ▪ **a** o **en la ~ de** in the middle of; **mi cara** ~ *coll* my better half; **por la** ~ in half, in two

mí•ti•co, a *adj.* mythic(al)

mi•ti•ga•ción *f.* mitigation

mi•ti•ga•dor, •ra/gan•te <> *adj.* mitigating <> *m.f.* mitigator

mi•ti•gar [47] *tr.* to mitigate

mi•tin *m.* (*pl* **mí•ti•nes**) meeting, rally

mi•to *m.* [relato] myth; [leyenda] myth, legend

mi•to•lo•gí•a *f.* mythology

mi•to•lo•gis•ta/tó•lo•go *m.* mythologist

mi•tón *m.* mitt

mi•tra *f.* [toca de obispo] miter; [obispado] bishopric; [arzobispado] archbishopric

mix•to, a <> *adj.* [mezclado] mixed; [mestizo] of mixed race <> *m.* explosive compound

mix•tu•ra *f.* [mezcla] mixture; PHARM compound, mixture

mix•tu•rar *tr.* to mix

mne•mo•tec•nia/téc•ni•ca *f.* mnemonics

mne•mo•téc•ni•co, a *adj.* mnemonic

mo•bi•lia•rio, a <> *adj.* movable <> *m.* furniture, furnishings

mo•ca•sín *m.* moccasin

mo•ce•dad *f.* youth

mo•chi•la *f.* [de caminante] pack, knapsack; [de cazador] game bag

mo•cho, a <> *adj.* [sin punta] blunt; [sin cuernos] hornless; *coll* [pelado] shorn, cropped <> *m.* [mango] handle; [culata] stock, butt

mo•ción *f.* motion

mo•co *m.* mucus; *coll* snot ▪ **limpiarse los mocos** *coll* to wipe one's nose; **llorar a ~ tendido** *coll* to cry like a baby

mo•co•so, a <> *adj.* snotty, bratty <> *m.f.* snotty kid, brat

mo•da *f.* style, fashion ▪ **a la** ~ o **de** ~ fashionable, in fashion; **estar de** ~ to be in fashion; **pasado de** ~ out of fashion; **pasarse de** ~ to go out of fashion; **ponerse de** ~ to come into fashion; **ser la última** ~ to be the latest fashion

mo•dal <> *adj.* modal <> *m.pl.* manners, behavior

mo•da•li•dad *f.* modality, nature

mo•de•lar *tr.* [en arte] to model; [configurar] to form, shape

mo•de•lo <> *m.* model; (*m.f.*) fashion model ▪ **desfile de modelos** fashion show; ~ **a escala** scale model <> *adj.* model, exemplary

mó•dem *m.* modem ▪ ~ **cable** cable modem; ~ **fax** fax modem

mo•de•ra•ción *f.* moderation

mo•de•ra•do, a *adj.* & *m.f.* moderate

mo•de•ra•dor, •ra <> *adj.* moderating <> *m.f.* moderator; (*m.*) PHYS moderator

mo•de•rar *tr.* [templar] to moderate, regulate; [contener] contain, restrain; (*reflex.*) to contain o restrain oneself

mo•der•nis•ta <> *adj.* modernist, modernistic <> *m.f.* modernist

mo•der•ni•za•ción *f.* modernization

mo•der•ni•zar [04] *tr.* to modernize

mo•der•no, a <> *adj.* modern <> *m.f.* modern ▪ **a la moderna** o **a lo moderno** in the modern manner o fashion

mo•des•tia *f.* modesty
mo•des•to, a *adj.* & *m.f.* modest (person)
mó•di•co, a *adj.* moderate, reasonable
mo•di•fi•ca•ción *f.* modification
mo•di•fi•ca•do, a *adj.* modified ▪ **~ genéticamente** genetically modified
mo•di•fi•ca•dor, •ra ◇ *adj.* modifying ◇ *m.f.* modifier
mo•di•fi•car [70] *tr.* to modify; (*reflex.*) to change, become modified
mo•dis•mo *m.* idiom, idiomatic expression
mo•dis•ta *m.f.* dressmaker, modiste
mo•do ◇ *m.* [manera] manner, way; GRAM mood; MUS mode ▪ **a** o **al ~ de** like, in the manner of; **a mi ~** in my own way; **del mismo ~** in the same way; **de ~ que** so that; **de ningún ~** by no means; **de todos modos** at any rate, in any case; **en cierto ~** to a certain extent; **~ de ser** character, way of being ◇ *pl.* manners
mo•do•rra *f.* drowsiness, heaviness
mo•do•so, a *adj.* well-behaved, well-mannered
mo•du•la•ción *f.* modulation ▪ **~ de amplitud** RAD amplitude modulation, AM; **~ de frecuencia** RAD frequency modulation, FM
mo•du•la•dor, •ra ◇ *adj.* modulating ◇ *m.f.* modulator
mo•du•lar *tr.* & *intr.* to modulate
mó•du•lo *m.* ARCHIT module; PHYS modulus; MUS modulation ▪ **~ lunar** lunar module
mo•fa *f.* mockery, ridicule ▪ **hacer ~ de** to mock, ridicule
mo•far *intr.* & *reflex.* to mock, ridicule ▪ **mofarse de** to mock, ridicule
mo•hín *m.* grimace, face ▪ **hacer mohines** to grimace, make faces
mo•hí•no, a ◇ *adj.* [triste] sad, melancholy; [enfadado] ill-humored, sulky; (*m.*) ORNITH blue magpie; (*f.*) [enojo] anger, displeasure; [melancolía] sadness, melancholy
mo•ho *m.* [hongo] mold, mildew; [herrumbre] rust, corrosion; [desidia] laziness, indolence ▪ **criar ~** to get moldy
mo•ho•so, a *adj.* [lleno de hongos] moldy, mildewed; [herrumbroso] rusty, corroded
mo•jar *tr.* [humedecer] to wet, make wet; [empapar] to drench, soak; to dip ▪ **~ el pan en aceite** to dip the bread in oil; (*reflex.*) to get wet
mo•ji•gan•ga *f.* [fiesta de máscaras] masquerade, costume party; THEAT farce, comedy; [burla] mockery, joke
mo•ji•ga•te•rí•a *f.* [hipocresía] hypocrisy, dissimulation; [santurronería] sanctimoniousness
mo•ji•ga•to, a ◇ *adj.* [hipócrita] hypocritical; [santurrón] sanctimonious ◇ *m.f.* [hipócrita] hypocrite; [santurrón] sanctimonious person
mo•jón *m.* [de término] boundary marker; [de guía] road marker
mo•lar *adj.* & *m.* molar
mol•de *m.* mold; [forma] pattern, model; [persona ejemplar] role model; PRINT form ready for printing ▪ **de ~** fitting, opportune; **letra de ~** print; **venir de ~** o **venir como de ~** to be just what one needs
mol•dea•do *m.* molding, casting
mol•de•ar *tr.* [sacar el molde de] to mold, shape; [vaciar] to cast
mo•le *m.* MEX [salsa] thick, cooked chili sauce; [guiso] dish served in mole sauce
mo•lé•cu•la *f.* molecule
mo•le•cu•lar *adj.* molecular
mo•le•dor, •ra ◇ *adj.* grinding ◇ *m.* grinder
mo•ler [78] *tr.* [trigo] to grind, mill; [caña] to press; [cansar] to exhaust, drain; [destruir] to beat up, cream ▪ **~ a golpes** o **palos** to beat to a pulp
mo•les•tar *tr.* [fastidiar] to bother, annoy; [interrumpir] to disturb, disrupt; [causar dolor] to bother, trouble; (*reflex.*) to bother, take the trouble ▪ **no se moleste** don't bother
mo•les•tia *f.* [fastidio] bother, annoyance; [incomodidad] inconvenience, trouble; [malestar] discomfort ▪ **si no es ~** if it isn't too much trouble
mo•les•to, a *adj.* [fastidioso] bothersome, annoying; [enojado] bothered, annoyed; [incómodo] uncomfortable, awkward; [inconveniente] inconvenient, troublesome
mo•li•do, a *adj.* [aplastado] ground, milled; [derrengado] beat, worn-out
mo•lien•da *f.* [acción] grinding, milling; [molino] mill; [temporada] milling season
mo•li•ne•ro, a ◇ *adj.* milling ◇ *m.* miller, grinder
mo•li•ne•te *m.* [ventilador] ventilating fan; [juguete de papel] pinwheel
mo•li•ni•llo *m.* [para moler] mill, grinder; [para batir] whisk, beater
mo•li•no *m.* mill ▪ **~ de viento** windmill; **molinos de viento** imaginary enemies
mo•llar *adj.* soft, tender
mo•lle•ra *f.* [cráneo] crown (of the head); [fontanela] fontanelle; [seso] brains, ability ▪ **cerrado de ~** *coll* stupid
mo•lus•co *m.* mollusk
mo•men•tá•ne•o, a *adj.* momentary
mo•men•to *m.* moment; [ocasión] occasion, time ▪ **a cada ~** continually, at every instant; **a partir de este ~** from this moment (on); **al ~** immediately, at once; **de ~** at present, for the moment; **de un ~ a otro** any moment, from one minute to the next; **dentro de un ~** in a moment; **desde este ~** from this moment (on); **¡un ~!** just a minute!; **momentos después** moments later
mo•mi•fi•car [70] *tr.* to mummify; (*reflex.*) to become mummified
mo•mio, a ◇ *adj.* lean, thin; CHILE [carcamal] square, untrendy ◇ *m.* cushy job; (*f.*) mummy ▪ **estar hecho una ~** to be all skin and bones
mo•na *f.* [hembra] female monkey; *coll* [mimo] ape, mimic; [borrachera] drunkenness; MEX coward ▪ **coger** o **pillar una ~** *coll* to get loaded o plastered; **dormir la ~** *coll* to sleep it off
mo•na•cal *adj.* monastic
mo•na•da *f.* [gesto] monkey o funny face; [cosa o persona graciosa] pretty o lovely thing
mo•na•gui•llo *m.* acolyte, altar boy
mo•nar•ca *m.* monarch, sovereign
mo•nar•quí•a *f.* monarchy
mo•nár•qui•co, a ◇ *adj.* monarchic(al) ◇ *m.f.* monarchist
mo•nas•te•rio *m.* monastery
mo•nás•ti•co, a *adj.* monastic(al)
mon•da *f.* [limpieza] cleaning; [poda] pruning, trim-

ming; [peladura] peeling, skinning; [parte podada] trimmings; [parte pelada] peelings, peels

mon•da•dien•tes *m.inv.* toothpick

mon•da•dor, •ra <> *adj.* [podador] pruning, trimming; [que pela] peeling <> *m.f.* [podador] pruner, trimmer; [pelador] peeler

mon•da•du•ra *f.* [poda] pruning, trimming; [peladura] peeling; [parte podada] trimmings; [parte pelada] peelings

mon•dar *tr.* [fruta] to peel, skin; [nueces] to shell; [podar] to prune, trim

mo•ne•da *f.* coin; FIN mint; *coll* [caudal] wealth, money ▪ **acuñar ~** to mint money; **~ corriente** currency; **pagar con la misma ~** to give someone a taste of his own medicine; **~ única** single currency

mo•ne•de•ro *m.* change purse ▪ **~ electrónico** electronic purse, electronic wallet

mo•ne•rí•a *f.* [monada] cute o amusing thing; [gesto] funny o monkey face; [tontería] silliness, foolishness

mo•ne•ta•rio, a <> *adj.* monetary <> *m.* coin collection

mo•ne•ti•zar [04] *tr.* [amonedar] to mint, coin; [dar curso legal a] to monetize

mon•gó•li•co, a *adj.* & *m.f.* MED mongoloid

mon•go•lis•mo *m.* mongolism, Down's syndrome

mo•ni•tor *m.* [admonitor] monitor, adviser; [entrenador] trainer; COMPUT monitor ▪ **~ de pantalla plana** flat display

mon•ja *f.* nun; MEX round sweet bread

mon•je *m.* [fraile] monk; [solitario] recluse

mo•no, a <> *adj. coll* cute, darling <> *m.* monkey, ape; [imitador] mimic, ape; [traje] coveralls

mo•no•blo•que *m.* ARG tower block

mo•nó•cu•lo *m.* [lente] monocle; [vendaje] eye patch

mo•no•ga•mia *f.* monogamy

mo•nó•ga•mo, a *adj.* monogamous

mo•no•gra•fí•a *f.* monograph

mo•no•gra•ma *m.* monogram

mo•no•lin•güe *adj.* monolingual

mo•no•li•to *m.* monolith

mo•no•lo•gar [47] *intr.* to soliloquize

mo•nó•lo•go *m.* monologue, soliloquy

mo•no•man•do *m.* mixer tap

mo•no•pla•no *m.* monoplane

mo•no•po•lio *m.* monopoly

mo•no•po•li•zar [04] *tr.* to monopolize

mo•no•to•ní•a *f.* monotony

mo•nó•to•no, a *adj.* monotonous

mo•no•vo•lu•men *m.* people mover

mons•truo *m.* monster

mons•truo•si•dad *f.* monstrosity

mons•truo•so, a *adj.* monstrous

mon•ta *f.* [acción] mounting; [suma] sum, total ▪ **de poca ~** of no account, insignificant

mon•ta•car•gas *m.inv.* freight elevator

mon•ta•do, a <> *adj.* [que va a caballo] mounted; [caballo] saddled; [máquina] assembled; THEAT staged <> *m.* assembly

mon•ta•je *m.* assembly, installation; CINEM montage ▪ **cadena de ~** assembly line

mon•tan•te *m.* [de una armazón] upright, strut; [ventana] transom; [listón] mullion

mon•ta•ña <> *f.* mountain; *fig* mountain, heap ▪ **hacer de todo una ~** to make a mountain out of a molehill; **~ rusa** rollercoaster <> *pl.* highlands

mon•ta•ñe•ro, a *m.f.* mountaineer, mountain climber

mon•ta•ñés, e•sa <> *adj.* mountain, highland <> *m.f.* mountain dweller, highlander

mon•ta•ño•so, a *adj.* mountainous

mon•ta•pla•tos *m.inv.* dumbwaiter

mon•tar *intr.* [subir] to mount, get on; [subir a caballo] to mount a horse; [cabalgar] to ride (horseback); [alcanzar] to reach ▪ **~ a caballo** to ride horseback; **~ en** to ride; **~ en bicicleta** to ride a bicycle; **~ en cólera** to get angry; (*tr.*)[subir] to mount; **~ un caballo** to mount a horse; [valer] to mount o amount to; **sus cuentas montaron a mil dólares** his bills mounted to one thousand dollars; [armar] to assemble, set up; [establecer] to set up; **~ un negocio** to set up a business; CINEM to edit; THEAT to produce; JEWEL to set; [acoplar] to mount

mon•te *m.* [montaña] mount, mountain; [bosque] forest, woodland; *coll* [establecimiento] pawnshop; [juego de naipes] monte ▪ **~ alto** forest, woodland (with tall trees); **~ bajo** brush, brushwood

mon•te•pí•o *m.* pawnshop

mon•tés *adj.* wild, undomesticated

mon•tí•cu•lo *m.* knoll, hillock

mon•to *m.* amount, total

mon•tón *m.* [acopio] pile, heap; *coll* [mucho] heaps, lots ▪ **a montones** by the truckload; **del ~** *coll* ordinary, average; **ser del ~** *coll* to be one of the herd

mon•tu•no, a *adj.* ANDES unsociable

mon•tu•ra *f.* [cabalgadura] mount; [silla] saddle, mount; [de una máquina] assembly, installation; JEWEL setting

mo•nu•men•tal *adj.* monumental, huge

mo•nu•men•to *m.* monument

mon•zón *m.f.* monsoon

mo•ño *m.* [de mujer] bun, chignon; [lazo] bow, knot; ORNITH crest

mo•que•ar *intr.* to snivel, have a runny nose

mo•ra•do, a <> *adj.* purple, violet <> *m.* purple; (*f.*) [casa] house, dwelling; [estancia] stay, sojourn

mo•ra•dor, •ra <> *adj.* living, residing <> *m.f.* tenant, resident

mo•ral <> *adj.* moral <> *f.* [ética] morals, ethics; [ánimo] morale, spirits

mo•ra•le•ja *f.* moral

mo•ra•li•dad *f.* morality; [moraleja] moral

mo•ra•li•zar [04] *tr.* & *intr.* to moralize

mo•rar *intr.* to live, reside

mo•ra•to•ria *f.* moratorium

mor•bi•dez *f.* softness, delicateness

mór•bi•do, a *adj.* soft, delicate; MED morbid

mor•bi•li•dad/di•dad *f.* morbidity

mor•bo•si•dad *f.* morbidity, disease

mor•bo•so, a *adj.* [no sano] morbid; [enfermo] sick, diseased

mor•ci•lla *f.* CUL blood pudding o sausage; THEAT *coll* ad lib, improvisation ▪ **¡que te den ~!** *coll* take a walk!, get lost!

mor•da•ci•dad *f.* mordacity

mor•daz *adj.* [corrosivo] corrosive, mordant; [picante] burning, pungent; [punzante] biting, mordant

mor•da•za *f.* [silencio] gag; TECH clamp

mor•de•du•ra *f.* bite

mor•der [78] *tr.* to bite; [mordiscar] to nibble (at); [asir] to bite, grip; ARTS & PRINT to etch; (*intr.*) to bite

mor•di•da *f.* C AMER & MEX *coll* [soborno] bribe
mor•dien•te ◇ *adj.* mordant, biting ◇ *m.* [agua fuerte] caustic acid; [de tintorero] color fixative
mor•dis•car/que•ar [70] *tr.* to nibble (at)
mor•dis•co *m.* nibble, bite ■ **dar** o **pegar un** ~ to take a bite (of)
mo•re•no, a ◇ *adj.* [pardo] brown; [tostado] brown-skinned, dark-skinned; [pelo] brown, brunet; AMER *coll* [mulato] mulatto ◇ *m.f.* [negro] Black, Negro; [de pelo castaño] brunet, brunette; AMER [mulato] mulatto
mor•fi•na *f.* morphine
mor•fo•lo•gí•a *f.* morphology
mor•gue *f.* morgue
mo•ri•bun•do, a ◇ *adj.* moribund, dying ◇ *m.f.* dying person
mo•rir [27] *intr.* to die; [extinguirse] to die, go out; [desaparecer] to die, die out ■ ~ **ahogado** to drown; ~ **ahorcado** to be hanged; ~ **de frío** to freeze to death; ~ **de risa** to die laughing; ~ **fusilado** to be shot; (*reflex.*)[fallecer] to die; [extinguirse] to die, go out; ~ **de aburrimiento** to be bored to death; ~ **de ganas** to be dying to; ~ **por** [estar loco por] to be crazy about; [querer] to be dying to; **me muero por ir a Francia** I am dying to go to France
mo•ron•ga *f.* C AMER & MEX blood sausage
mo•ro•si•dad *f.* [lentitud] slowness; [demora] delay, lateness; [falta de actividad] inactivity
mo•ro•so, a *adj.* [lento] slow; [perezoso] lazy; [tardío] tardy; [en el pago] in arrears, delinquent
mo•rra•lla *f.* MEX [suelto] loose change
mo•rro *m.* snout, nose
mo•rru•do, a *adj.* [que tiene hocico] snouted; [que tiene labios gruesos] thick-lipped; RP brawny
mor•sa *f.* walrus
mor•se *m.* Morse code
mor•ta•ja *f.* shroud
mor•tal ◇ *adj.* mortal; *fig* dreadful, awful ◇ *m.* man, mortal
mor•ta•li•dad *f.* mortality
mor•tan•dad *f.* death toll, mortality
mor•te•ci•no, a *adj.* dying, fading
mor•te•ro *m.* mortar
mor•tí•fe•ro, a *adj.* fatal, lethal
mor•ti•fi•ca•ción *f.* mortification; *fig* annoyance
mor•ti•fi•ca•dor, •ra *adj.* mortifying
mor•ti•fi•can•te *adj.* mortifying
mor•ti•fi•car [70] *tr.* to mortify; *fig* to annoy
mor•tuo•rio, a ◇ *adj.* mortuary, funereal ◇ *m.* funeral
mos•ca *f.* fly; [cebo] fly (for fishing); *coll* [dinero] dough, bread; *coll* [persona] pest, pain in the neck ■ **aflojar** o **soltar la** ~ *coll* to fork it out o over, cough it up; **cazar moscas** *coll* to waste time; ~ **muerta** *coll* hypocrite; **no matar una** ~ not to hurt a fly; **papar moscas** to daydream; **peso** ~ light-weight; **por si las moscas** just in case; (*m.*) MEX stowaway, tramp
mos•ca•tel *adj.* muscatel
mos•que•ar *tr.* [ahuyentar moscas] to swat; [responder] to answer back (with a fresh remark); (*intr.*) MEX to travel as a tramp, stow away
mos•que•ro *m.* [trampa] flytrap; AMER swarm of flies
mos•que•te *m.* musket
mos•qui•te•ro *m.* mosquito net
mos•qui•to *m.* mosquito; [mosca pequeña] gnat, midge
mos•ta•za *f.* mustard; [mostacilla] bird shot
mos•to *m.* [zumo] must; *coll* [vino] wine
mos•tra•dor, •ra ◇ *adj.* demonstrative ◇ *m.f.* demonstrator; (*m.*) counter, table top ■ ~ **de facturación** check-in desk
mos•trar [19] *tr.* [enseñar] to show; [explicar] to demonstrate, show; [indicar] to point out; [expresar] to show, express; (*reflex.*) [darse a conocer] to show oneself o prove to be ■ **se muestra buen profesor** he shows himself to be a good professor; [aparecer] to show oneself, appear
mos•tren•co, a ◇ *adj.* ownerless; **bienes mostrencos** ownerless property ◇ *m.f. coll* [persona ruda] dolt; [persona torpe] dim-witted person
mo•te[1] *m.* [enigma] riddle; [divisa] motto; [apodo] nickname ■ **poner** ~ **a alguien** to nickname someone
mo•te[2] *m.* ANDES stewed corn
mo•tel *m.* motel
mo•tín *m.* insurrection, riot
mo•ti•va•ción *f.* motivation
mo•ti•var *tr.* [causar] to motivate, cause; [explicar] to explain; [justificar] to justify
mo•ti•vo *m.* [causa] motive, cause; MUS theme; ARTS motif ■ **bajo ningún** ~ under no circumstances; **con mayor** ~ even more so; **dar** ~ to give cause; **no ser** ~ **para** to be no reason to o for; **sin** ~ without reason
mo•to *f. coll* cycle, motorcycle
mo•to•ci•cle•ta *f.* motorcycle
mo•to•ci•clis•ta ◇ *adj.* motorcycle ◇ *m.f.* motorcyclist
mo•to•náu•ti•ca ◇ *adj.* motorboat ◇ *f.* motorboating
mo•to•na•ve *f.* motorboat, motor ship
mo•to•ne•ta *f.* AMER (motor) scooter
mo•to•ne•tis•ta *m.f.* AMER scooter rider
mo•tor, •ra ◇ *adj.* motor ◇ *m.* motor engine ■ ~ **auxiliar** booster (engine); ~ **de arranque** starter; ~ **de búsqueda** COMPUT search engine; ~ **de cilindro en V** V-engine; ~ **de cohete** rocket engine; ~ **de combustión interna** o **de explosión** internal combustion engine; ~ **de reacción** o **de chorro** jet engine; ~ **de vapor** steam engine; ~ **diesel** diesel (engine); ~ **fuera de borda** outboard motor; ~ **de inyección** fuel-injection engine
mo•to•ris•ta *m.f.* [motociclista] motorcyclist; [de automóvil] motorist
mo•to•ri•zar [04] *tr.* to motorize
mouse *m.* COMPUT mouse ■ ~ **de infrarrojos** infrared mouse; ~ **inalámbrico** wireless mouse; ~ **óptico** optical mouse
mo•ve•di•zo, a *adj.* [que se mueve] moving, shifting; [inconstante] fickle, changeable ■ **arenas movedizas** quicksand
mo•ver [78] *tr.* to move; [agitar] to move about, stir; [la cabeza] to shake; MECH to drive, power; [inducir] to induce, move; [incitar] to incite, provoke; [conmover] to excite, stir ■ ~ **a** to move to; ~ **a compasión** to move to pity; (*intr.*) ARCHIT to spring; AGR to sprout, bud; (*reflex.*) to move
mo•vi•ble *adj.* movable
mo•vi•do, a *adj.* [persona] active, lively; [mar] choppy, rough; [fotografía] fuzzy, blurry

mó•vil ◇ *adj.* [que puede moverse] mobile, movable; [inestable] unstable, variable ◇ *m.* [motivo] motive, reason; PHYS moving body; ARTS mobile
mo•vi•li•dad *f.* mobility
mo•vi•li•za•ción *f.* mobilization
mo•vi•li•zar [04] *tr.* to mobilize
mo•vi•mien•to *m.* [acción] movement, motion; [efecto] move, movement; [actividad] activity, movement; [sentimiento] feeling; MECH motion; MIL & MUS movement; COM activity ▪ **~ perpetuo** perpetual motion; **~ sísmico** earth tremor; **poner en ~** to put in motion
mo•zo, a ◇ *adj.* young ◇ *m.* [camarero] waiter; [tentemozo] prop, shore ▪ **buen ~** AMER handsome; **~ de caballos** stable boy, groom; **~ de cordel** o **de cuerda** porter; (*f.*) girl; **buena ~** AMER good-looking
mu•ca•mo, a *m.f.* ANDES & RP [en casa] maid; [en hotel] chamberperson (chambermaid)
mu•cha•cha•da *f.* AMER group of youngsters
mu•cha•cho, a *m.f.* [niño] child, youngster; *coll* [adolescente] youth, kid; (*m.*) [chico] boy; [mozo] houseboy, servant; (*f.*) [chica] girl; [moza] maid, servant
mu•che•dum•bre *f.* multitude, crowd
mu•cho, a ◇ *adj.* [abundante] much, a lot of; **~ agua** a lot of water; very; **hace ~ frío** it is very cold ◇ *pl.* many, a lot of; **muchos problemas** many problems ◇ *pron.* a lot; **¿tienes dinero? no, pero mi amiga tiene ~** do you have any money? no, but my friend has a lot ◇ *pl.* many; **muchos vinieron tarde** many came late ◇ *adv.* a lot, much; **trabajan ~** they work a lot; much; **~ después** much later; [largo tiempo] for a long time; **hace ~ que viven en Portugal** they have lived in Portugal for a long time ▪ **ni ~ menos** not by a long shot, far from it; **por ~ que** however much, no matter how much; **tener en ~** to hold in high regard, think a lot of
mu•ci•la•go/cí•la•go *m.* mucilage
mu•co•si•dad *f.* mucosity
mu•co•so, a *adj.* & *f.* mucous (membrane)
mu•cus *m.* mucus
mu•da *f.* [de ropa] change of clothing; [de plumas] molting, molt; [tiempo] molting season
mu•da•ble *adj.* [cambiable] changeable; [inconstante] inconstant, fickle
mu•dan•za *f.* [cambio] change; [traslado] move, moving; [figura de baile] figure; [inconstancia] inconstancy, fickleness ▪ **estar de ~** to be moving
mu•dar *tr.* [cambiar] to change; [trasladar] to move; ORNITH & ZOOL to molt, shed ▪ **~ de idea** o **de opinión** to change one's mind; (*reflex.*)[cambiarse] to change; [trasladarse] to move
mu•dez *f.* dumbness, muteness
mu•do, a ◇ *adj.* [que no puede hablar] mute, dumb; [silencioso] silent, mute; GRAM silent ◇ *m.f.* dumb o mute person
mue•ble ◇ *adj.* movable ◇ *m.* piece of furniture ◇ *pl.* furniture
mue•ble, blo ▷ **moblar**
mue•ble•rí•a *f.* furniture store
mue•ca *f.* face, grimace ▪ **hacer muecas** to make faces
mue•la *f.* [de molino] millstone; [de afilar] grindstone, whetstone; ANAT molar ▪ **~ de juicio** wisdom tooth
mue•la, lo ▷ **moler**
mue•lle[1] ◇ *adj.* [blando] soft, tender; [elástico] elastic, springy ◇ *m.* spring
mue•lle[2] *m.* pier, dock; RAIL loading platform
mue•ra, re ▷ **morir**
muer•da, do ▷ **morder**
muér•da•go *m.* mistletoe
muer•te *f.* death; [homicidio] murder, homicide ▪ **a ~** to the death; **un duelo a ~** a duel to the death; [implacablemente] to the death, relentlessly; **odiar a ~** to hate relentlessly; **de mala ~** *coll* crummy, lousy; **de ~** seriously, fatally; **enfermo de ~** fatally ill; **hasta la ~** until death
muer•to, a ▷ **morir** ◇ *adj.* dead; [apagado] lifeless; [marchito] faded; [cansado] exhausted ▪ **más ~ que vivo** half-dead; **~ de** dying of; **estoy ~ de sed** I am dying of thirst; **no tener dónde caerse ~** *coll* to be penniless ◇ *m.f.* [difunto] dead person; [cadáver] corpse ▪ **cargar con el ~** *coll* to be left holding the bag; **echarle el ~ a** *coll* to put the blame on; **hacerse el ~** *coll* to play possum, play dead; **los muertos** the dead
mues•li *m.* muesli
mues•tra[1] *f.* [ejemplo] sample, specimen; [señal] sign, indication; **una ~ de buena fe** an indication of good faith; [modelo] model, guide ▪ **dar muestras de** to show signs of
mues•tra[2] *f.* show, exhibition
mues•tre, tro ▷ **mostrar**
mue•va, ve ▷ **mover**
mu•gir [32] *intr.* [las vacas] to moo; [los toros] to bellow; [bramar] to roar, howl
mu•gre *f.* filth, grime
mu•grien•to, a *adj.* filthy, grimy
mu•gue•te *m.* lily of the valley
mu•jer *f.* [hembra] woman; [esposa] wife ▪ **~ de la limpieza** cleaning woman; **~ de su casa** housewife, homemaker; **~ de la vida** o **de mal vivir** prostitute
mu•je•rie•go, a *adj.* womanizing, philandering ▪ **ser un ~** to be a womanizer o ladies' man
mu•la *f.* female mule ▪ **ser una ~** to be stubborn as a mule
mu•la•to, a ◇ *adj.* [de raza mixta] mulatto; [de color moreno] dark, dark-skinned ◇ *m.f.* [persona] mulatto
mu•le•ta *f.* [para andar] crutch; [sostén] crutch, support
mu•lli•do, a ◇ *adj.* fluffy, soft ◇ *m.* stuffing, filling
mu•llir [13] *tr.* [esponjar] to fluff (up); [la tierra] to loosen
mu•lo *m.* mule; *fig* brute, beast
mul•ta *f.* fine; AUTO parking ticket
mul•tar *tr.* to fine
mul•ti•co•lor *adj.* multicolor
mul•ti•co•pis•ta *f.* duplicating machine, copier
mul•ti•me•dia *adj.* COMPUT multimedia
mul•ti•mi•llo•na•rio, a *adj.* & *m.f.* multimillionaire
mul•ti•na•cio•nal *adj.* multinational
múl•ti•ple *adj.* multiple
mul•ti•pli•ca•ción *f.* multiplication
mul•ti•pli•car [70] *tr.* & *reflex.* to multiply
mul•ti•pli•ci•dad *f.* multiplicity
mul•ti•pro•ce•sa•dor *adj.* & *m.* COMPUT multiprocessor
mul•ti•tud *f.* multitude
mul•ti•tu•di•na•rio, a *adj.* multitudinous
mun•da•nal *adj.* worldly, mundane
mun•da•no, a *adj.* [del mundo] worldly, mundane; [que mundanea] worldly-minded

mun•dial ◇ *adj.* [del mundo] world ■ **guerra** ~ world war; [universal] worldwide, universal ◇ *m.* world championship ■ ~ **de fútbol** world soccer championship
mun•do *m.* [universo] world; [tierra] earth; [género humano] world, society; [agrupación] world; **el** ~ **de las artes** the art world ■ **correr el** ~ to travel far and wide; **desde que el** ~ **es** ~ since time began; **echar al** ~ to bring into the world, bring forth; **echarse al** ~ to enter the life of prostitution; **irse al otro** ~ to pass away; **medio** ~ *coll* crowd of people, multitude; **no ser del otro** ~ *coll* to be no big deal; **tener** ~ to know one's way around; **todo el** ~ everyone, everybody; **venir al** ~ to come into the world, be born; **ver** ~ to travel, see the world
mu•ni•ción *f.* [pertrechos] ammunition, munitions; [bastimentos] provisions, rations
mu•ni•ci•pal *adj.* municipal
mu•ni•ci•pa•li•dad *f.* municipality
mu•ni•ci•pio *m.* [ayuntamiento] town, council, municipality; [pueblo] township, district
mu•ñe•ca *f.* wrist; [juguete] doll; [maniquí] mannequin; *coll* [presumida] conceited girl; [muchacha bonita] doll, pretty girl; ANDES & RP *coll* [enchufe]: **tener** ~ to have friends in high places ■ ~ **de trapo** rag doll
mu•ñe•co *m.* [juguete] doll; [marioneta] puppet
mu•ñón *m.* stump
mu•ral *adj.* & *m.* mural
mu•ra•lis•ta ◇ *adj.* mural ◇ *m.f.* muralist
mu•ra•lla *f.* wall, rampart
mur•cié•la•go *m.* bat
mu•rie•ra, rió ▻ **morir**
mur•mu•llo *m.* [ruido sordo] murmur, murmuring; [de la gente] murmur; [del agua] babbling, gurgle; [del viento] sighing, sigh; [de las hojas] rustling, rustle; [queja] grumble, complaint
mur•mu•ra•ción *f.* gossip
mur•mu•ra•dor, •ra ◇ *adj.* [murmurante] murmuring; [chismoso] gossiping ◇ *m.f.* gossip
mur•mu•rar *intr.* to murmur; [hablar quedo] to whisper; [agua] to babble, gurgle; [viento] to sigh; [hojas] to rustle; [quejar] to grumble; *coll* [chismear] to gossip
mu•ro *m.* [pared] wall; [muralla] rampart
mu•sa *f.* muse ■ **las musas** the liberal arts
mus•cu•lar *adj.* muscular
mus•cu•la•tu•ra *f.* musculature
mús•cu•lo *m.* muscle
mus•cu•lo•so, a *adj.* muscular
mu•se•o *m.* museum ■ ~ **de cera** wax museum
mus•go *m.* moss
mu•si•cal *adj.* & *m.* musical
mú•si•co, a ◇ *adj.* musical ◇ *m.f.* [instrumentista] musician; (*f.*) [arte] music; [papel] sheet music; [obra musical] musical composition ■ **irse con la** ~ **a otra parte** *coll* to take one's troubles elsewhere; ~ **de cámara** chamber music; ~ **de fondo** background music; ~ **y letra** words and music; **poner** ~ **a** to set music to, set to music
mu•si•co•lo•gí•a *f.* musicology
mu•si•có•lo•go, a *m.f.* musicologist
mu•si•tar *tr.* [susurrar] to whisper; [murmurar] to mumble, mutter
mus•lo *m.* thigh; [de pollo] drumstick, leg
mus•tiar•se *reflex.* to wither, become withered
mus•tio, a *adj.* [triste] sad, gloomy; [marchito] withered, wilted; MEX hypocritical
mu•ta•bi•li•dad *f.* mutability
mu•ta•ble *adj.* mutable
mu•ta•ción *f.* mutation
mu•ti•la•ción *f.* mutilation
mu•ti•la•do, a ◇ *adj.* mutilated; [inválido] disabled ◇ *m.f.* disabled person, cripple ■ ~ **de guerra** disabled veteran
mu•ti•lar *tr.* to mutilate; [destruir] to deface; [acortar] to cut up
mu•tual ◇ *adj.* mutual ◇ *f.* mutual benefit society
mu•tua•li•dad *f.* [calidad] mutuality; [corporación] mutual benefit society
mu•tuo, a ◇ *adj.* mutual ◇ *m.* FIN & LAW loan, mutuum
muy *adv.* very, quite; ~ **alto** very tall; greatly, quite; **estoy** ~ **satisfecho** I am quite satisfied; [demasiado] too; **ella es** ~ **joven para ocupar ese puesto** she is too young to occupy that post; quite a, very much a; **él es** ~ **hombre** he is quite a man ■ ~ **de noche** late at night; ~ **señor mío** Dear Sir; **ser** ~ **de** to be just like, be very much like; **eso es** ~ **de ella** that is just like her; **ser** ~ **de su casa** *coll* to be a homebody

N

n, N *f.* fourteenth letter of the Spanish alphabet
na•bo *m.* [planta] turnip; ARCHIT [bolo] newel, newel post; [eje] central pillar; MARIT mast
ná•car *m.* nacre, mother-of-pearl
na•cer [17] *intr.* [venir al mundo] to be born; [salir del huevo] to be hatched; [germinar] to sprout, begin to grow; [florecer] to bud, blossom; [los astros] to rise; [brotar] to rise, start to flow; [provenir] to stem o originate from; **el vicio nace de la ociosidad** vice stems from idleness; [originar] to originate, be conceived ■ **al** ~ at birth; ~ **de pie** *coll* to be born lucky; ~ **para** to be born to; **nació para cantar** he was born to sing; **volver a** ~ *coll* to have a narrow escape
na•ci•do, a ◇ *adj.* born ■ **bien** ~ well-born, well-bred; **mal** ~ ill-bred, mean; **recién** ~ newborn ◇ *m.* human being ■ **ningún** ~ nobody; **todos los nacidos** everybody
na•cien•te ◇ *adj.* [que nace] nascent; [inicial] incipient, initial; [reciente] recent, growing; **la** ~ **curiosidad** the growing curiosity; rising; **el sol** ~ the rising sun ◇ *m.* Orient, East
na•ci•mien•to *m.* birth; [de pájaros] hatching; [de ríos] source; [manantial] spring; [linaje] descent, origin; [natividad] crèche, Nativity scene ■ **dar** ~ **a** to give rise to; **de** ~ from birth; **por** ~ by birth
na•ción *f.* nation; [pueblo] country, people
na•cio•nal *adj.* national, domestic
na•cio•na•li•dad *f.* nationality, citizenship ■ **doble** ~ dual citizenship
na•cio•na•lis•ta *adj.* & *m.f.* nationalist
na•cio•na•li•za•ción *f.* [expropiación] nationalization, expropriation; [naturalización] naturalization

na•cio•na•li•zar [04] *tr.* [convertir en nacional] to nationalize; [naturalizar] to naturalize; (*reflex.*) to become naturalized
na•da ◇ *pron.* nothing, not anything; **no he visto ~** I have not seen anything ■ **antes de ~** first, before anything else; **de ~** you're welcome; **~ de** no, none; **~ de quejas** no complaints; **~ de eso** none of that, not at all; **~ menos** no less, nothing less; **ni ~** *coll* or anything; **no iré ni ~** I will not go or anything; **no es ~** it's nothing; **no hay ~ como** there is nothing like; **por ~ del mundo** not for all the world ◇ *adv.* in no way, not at all ■ **no es ~ extraño** it's not at all strange ◇ *f.* [inexistencia] nothingness, nothing; [cosa mínima] the slightest thing ■ **una ~ le hace llorar** the slightest thing makes him cry
na•da•dor, •ra ◇ *adj.* swimming ◇ *m.f.* swimmer
na•dar *intr.* to swim ■ **~ de espalda** o **de pecho** to do the backstroke o breaststroke; **~ en** to have an abundance of; **~ entre dos aguas** to sit on the fence, be undecided
na•de•rí•a *f.* insignificant thing, trifle
na•die ◇ *pron.* nobody, no one ◇ *m.* a nobody ■ **no ser ~** to be a nobody; **un don ~** a nobody, an unimportant person
naf•ta *f.* naphtha; RP gasoline
naf•ta•li•na *f.* naphthalene; *coll* [contra la polilla] mothballs
nai•pe ◇ *m.* card, playing card ■ **barajar los naipes** to shuffle the cards; **castillo de ~** house of cards ◇ *pl.* deck (of cards)
nal•ga ◇ *f.* buttock ◇ *pl.* bottom, behind
na•na *f. coll* [abuela] granny; [arrullo] lullaby; COL & MEX [niñera] nanny
nan•dro•lo•na *f.* nandrolone
na•ran•ja ◇ *f.* orange; (*m.*) orange (color) ■ **media ~** *coll* better half; **~ de ombligo** navel orange; **~ tangerina/mandarina** tangerine/mandarin orange ◇ *adj.* orange
na•ran•ja•da *f.* orangeade
na•ran•jal *m.* orange grove
na•ran•je•ro, a ◇ *adj.* orange ◇ *m.f.* [vendedor] orange seller; [cultivador] orange grower
na•ran•jo *m.* orange tree
nar•ci•sis•ta ◇ *adj.* narcissistic ◇ *m.f.* narcissist
nar•có•ti•co, a *adj.* & *m.* narcotic
nar•co•ti•zar [04] *tr.* to narcotize, drug
nar•co•tra•fi•can•te *m.* drug dealer
nar•do *m.* nard, spikenard
na•ri•gu•do, a *adj.* large-nosed
na•riz *f.* nose; [cada orificio] nostril; [olfato] sense of smell; MECH socket (of a bolt) ■ **estar hasta las narices** to have had it up to here, be fed up; **fruncir** o **torcer la ~ a** *coll* to turn one's nose up at; **meter las narices en** *coll* to interfere, stick one's nose into; **~ aguileña** aquiline nose; **~ chata** pug nose; **~ respingada** o **respingona** snub nose; **no ver más allá de las narices** *coll* not to see past one's nose; **sonarse la ~** to blow one's nose; **tener de las narices** *coll* to lead around by the nose
na•rra•ción *f.* [narrativa] narrative, account; [acción] narration
na•rra•dor, •ra ◇ *adj.* narrative ◇ *m.f.* narrator
na•rrar *tr.* to narrate, relate
na•rra•ti•vo, a ◇ *adj.* narrative ◇ *f.* [narración] narrative, account; [habilidad] narrative skill
nar•val *m.* narwhal
na•sal *adj.* & *f.* nasal
na•ta *f.* [crema] cream; [capa] skim; [lo mejor] (the) cream, (the) best; AMER [de metal] scum
na•ta•ción *f.* swimming
na•tal *adj.* [relativo al nacimiento] natal, pertaining to birth; [nativo] native ■ **ciudad ~** native city
na•ta•li•cio *adj.* & *m.* birthday
na•ta•li•dad *f.* natality, birthrate
na•ta•to•rio, a ◇ *adj.* swimming, bathing ◇ *m.* swimming pool
na•ti•llas *f.pl.* custard
Na•ti•vi•dad *f.* [Navidad] Christmas; [retablo] Nativity scene, crèche
na•ti•vo, a ◇ *adj.* [indígena] native, indigenous; [natural] innate, inborn; MIN native, pure ◇ *m.f.* native
na•to, a *adj.* born, natural ■ **él es un criminal ~** he is a born criminal
na•tu•ra *f.* nature ■ **contra ~** unnatural
na•tu•ral ◇ *adj.* natural; [nativo] native, indigenous; [innato] innate, native; [ilegítimo] illegitimate; **hijo ~** illegitimate son; MUS natural ■ **al ~** naturally, without adornment ◇ *m.f.* native
na•tu•ra•le•za *f.* nature ■ **contra la ~** against nature, unnatural; **~ muerta** still life; **por ~** by nature, naturally
na•tu•ra•li•dad *f.* naturalness
na•tu•ra•li•za•ción *f.* naturalization
na•tu•ra•li•zar [04] *tr.* [nacionalizar] to naturalize, nationalize; [aclimatar] to acclimate, adapt; (*reflex.*) to be naturalized o nationalized
nau•fra•gar [47] *intr.* MARIT to be shipwrecked; *fig* to fail, flounder
nau•fra•gio *m.* MARIT shipwreck; *fig* failure
náu•fra•go, a *adj.* & *m.f.* shipwrecked (person)
náu•se•a *f.* nausea; [repugnancia] disgust ■ **dar náuseas** to disgust, nauseate; **sentir náuseas** to feel sick
nau•se•a•bun•do, a/se•ante *adj.* nauseating, sickening
nau•se•ar *intr.* to feel sick, feel nauseous
náu•ti•co, a ◇ *adj.* nautical, maritime ■ **club ~** yacht club; **deportes náuticos** water sports ◇ *f.* navigation
na•va•ja *f.* [cortaplumas] jackknife, penknife; ZOOL razor clam ■ **~ de afeitar** razor; **~ de resorte** switchblade
na•val *adj.* naval, maritime
na•ve *f.* ship, vessel; ARCHIT nave ■ **~ aérea** airship; **~ de guerra** battleship; **~ espacial** spaceship; **quemar las naves** to burn one's bridges
na•ve•ga•ble *adj.* navigable
na•ve•ga•ción *f.* navigation, sailing; COMPUT browsing ■ **~ aérea** aerial navigation; **~ costera** coastal navigation; **~ fluvial** river navigation
navegador *m.* COMPUT browser
na•ve•gar [47] *intr.* [viajar] to travel by boat, sail; COMPUT to surf; MEX to tolerate, bear; (*tr.*) to navigate, steer
Na•vi•dad *f.* Christmas, Nativity ■ **¡Feliz Navidad!** Merry Christmas!
na•vie•ro, a ◇ *adj.* shipping ■ **compañía ~** shipping company ◇ *m.f.* ship owner
na•ví•o *m.* ship, vessel
ne•bli•na *f.* mist, fog
ne•bli•no•so, a *adj.* misty, foggy

ne•bu•lo•si•dad *f.* [bruma] cloudiness, haziness; *fig* vagueness
ne•bu•lo•so, a *adj.* [sombrío] cloudy, nebulous; [difícil de entender] hazy, vague; ASTRON nebular
ne•ce•dad *f.* foolishness, nonsense
ne•ce•sa•rio, a *adj.* necessary; [esencial] essential
ne•ce•ser *m.* [de tocador] toilet case, dressing case; [estuche] kit
ne•ce•si•dad *f.* necessity, need; [pobreza] need, poverty; [menester] jam, tight spot ■ **de ~** necessarily, by necessity; **en caso de ~** if necessary; **~ extrema** extreme need, dire straits; **por ~** out of necessity
ne•ce•si•ta•do, a ◇ *adj.* [pobre] needy, poor; [falto] in need, lacking ◇ *m.f.* needy person
ne•ce•si•tar *tr.* [hacer falta] to need, want; [requerir] to require, necessitate; [deber] to have to, need to ■ **necesitamos escribirlo** we have to write it; (*intr.*) ■ **~ de** to need, be in need of
ne•cio, a ◇ *adj.* [tonto] ignorant, foolish; [terco] stubborn, obstinate; ARG & P RICO touchy ◇ *m.f.* fool ■ **a necias** foolishly
ne•cro•fi•lia *f.* necrophilia
ne•cro•lo•gí•a *f.* necrology, obituary
ne•cro•man•cia *f.* necromancy, black magic
néc•tar *m.* nectar
nec•ta•ri•na *f.* nectarine
ne•fas•to, a *adj.* ominous, unlucky
ne•frí•ti•co, a *adj.* nephritic, renal
ne•fri•tis *f.* nephritis
ne•ga•ble *adj.* deniable, refutable
ne•ga•ción *f.* [negativa] negation, denial; [denegación] refusal; GRAM negative (particle)
ne•gar [52] *tr.* to deny; [contradecir] to deny, refute; [rehusar] to refuse; [prohibir] to prohibit, forbid; [repudiar] to disclaim, disavow; (*reflex.*) [rehusar] to refuse; [privarse] to deny oneself
ne•ga•ti•vi•dad *f.* negativity, negativeness
ne•ga•ti•vo, a ◇ *adj.* negative ◇ *m.* PHOTOG negative; (*f.*) [negación] negation, denial; [rechazo] refusal, denial
ne•gli•gé *m.* negligee
ne•gli•gen•cia *f.* [irresponsabilidad] negligence, carelessness; [descuido] neglect, disregard
ne•gli•gen•te *adj.* & *m.f.* negligent (person)
ne•go•cia•ble *adj.* negotiable
ne•go•cia•ción *f.* [acción] negotiation; [negocio] business deal, transaction
ne•go•cia•do *m.* [departamento] department, office; [negocio] business deal, transaction; [negocio ilícito] shady deal
ne•go•cia•dor, •ra ◇ *adj.* negotiating ◇ *m.f.* negotiator
ne•go•cian•te *m.f.* [comerciante] merchant, dealer; [de negocios] businessman/woman
ne•go•ciar *intr.* [tratar] to negotiate, discuss; [comerciar] to deal, do business (**con, en** in); (*tr.*) to negotiate
ne•go•cio *m.* [comercio] business, business concern; [trabajo] job, occupation; [transacción] transaction, deal; [utilidad] profit, return; [asunto] affair, concern; RP shop, store ■ **de negocios** business; **hombre de negocios** businessman; **~ electrónico** e-business; **encargado de negocios** chargé d'affaires; **~ redondo** profitable deal; **~ sucio** shady deal
ne•gri•lla *f.* PRINT boldface (type)
ne•gro, a ◇ *adj.* black; [oscuro] dark, black ■ **~ como boca de lobo** pitch-black; **pasarlas negras** *coll* to have a hard time; **poner a alguien ~** to anger someone; **ponerse ~** [enojarse] to get angry; [broncearse] to get a tan; **ver todo ~** to be pessimistic ◇ *m.f.* [persona] Black; AMER [querido] dear, darling; (*m.*) [color] black ■ **en blanco y ~** in black and white; **~ de humo** lampblack; (*f.*) MUS quarter note
ne•gru•ra *f.* blackness, darkness
ne•gruz•co, a *adj.* blackish, dark
né•me•sis *f.* nemesis
ne•ne, a *m.f. coll* [bebé] baby, infant; [querido] dear, darling
ne•nú•far *m.* water lily
ne•o•clá•si•co, a ◇ *adj.* neoclassic(al) ◇ *m.f.* neoclassicist
ne•ó•fi•to, a *m.f.* neophyte, novice
ne•o•lí•ti•co, a ◇ *adj.* neolithic ◇ *m.f.* neolith
ne•o•lo•gis•mo *m.* neologism
ne•ón *m.* neon
ne•o•na•to *m.* newborn baby
ne•po•tis•mo *m.* nepotism
ner•vio ◇ *m.* nerve; [tendón] tendon, sinew; BOT rib, vein ◇ *pl.* ■ **crisparle los ~ a alguien** to get on someone's nerves; **tener los ~ de punta** to be on edge
ner•vio•sis•mo *m.* nervousness, agitation
ner•vio•so, a *adj.* nervous; nerve; **célula ~** nerve cell ■ **ponerse ~** to get nervous
ne•ti•que•ta *f.* COMPUT netiquette
ne•to, a *adj.* [claro] pure, simple; net; **precio ~** net price
neu•má•ti•co, a ◇ *adj.* pneumatic ◇ *m.* tire ■ **~ de repuesto** spare tire
neu•mo•ní•a *f.* pneumonia ■ **~ asiática** severe acute respiratory syndrome, SARS
neu•ral•gia *f.* neuralgia
neu•ro•ci•ru•ja•no, a *m.f.* neurosurgeon
neu•ro•ci•ru•gí•a *f.* neurosurgery
neu•ro•lo•gí•a *f.* neurology
neu•ro•ló•gi•co, a *adj.* neurological
neu•ró•lo•go, a *m.f.* neurologist
neu•ro•na *f.* neuron(e)
neu•ro•sis *f.inv.* neurosis
neu•ró•ti•co, a *adj.* & *m.f.* neurotic
neu•tral *adj.* & *m.f.* neutral
neu•tra•li•dad *f.* neutrality
neu•tra•li•za•ción *f.* neutralization
neu•tra•li•zan•te ◇ *adj.* neutralizing ◇ *m.f.* neutralizer
neu•tra•li•zar [04] *tr.* to neutralize; (*reflex.*) to be neutralized
neu•tro, a ◇ *adj.* [indiferente] neutral; BIOL neuter, sexless; GRAM [género] neuter; [verbos] intransitive; CHEM & ELEC neutral ◇ *m.* GRAM neuter
neu•trón *m.* neutron
ne•va•do, a ◇ *adj.* snowy, snow-covered; *fig* snow-white ◇ *f.* snowfall
ne•var [49] *intr.* to snow; (*tr.*) to whiten, make white
ne•ve•ra *f.* refrigerator, icebox
ne•vis•ca *f.* light snowfall, snow flurry
ne•vis•car [70] *intr.* to snow lightly
ne•xo *m.* nexus, link ■ **sin ~** unrelated
ni *conj.* neither, nor; **no tomo ni fumo** I neither drink nor smoke; not even; **ni (siquiera) me hablaron** they did not even speak to me ■ **ni que** not even if

N

ni•cho *m.* [en la pared] niche, recess; [tumba] tomb, vault ■ ~ **de mercado** ECON market niche
ni•co•ti•na *f.* nicotine
ni•da•da *f.* [de huevos] nestful (of eggs); [de pájaros] brood
ni•dal *m.* [nido] nest; [huevo] nest egg; [lugar frecuentado] hangout, haunt
ni•do *m.* nest; [morada] abode, home; [guarida] den, lair; [centro] center, hotbed; **un ~ de discordias** a hotbed of controversy ■ **caerse del ~** *coll* to be extremely gullible; **patearle el ~ a** RP to pull the rug out from under
nie•bla *f.* [bruma] fog, mist; [nube] cloud
nie•go, gue ▻ **negar**
nie•to, a ◇ *m.f.* grandchild, grandson/daughter ◇ *pl.* grandchildren
nie•va ▻ **nevar**
nie•ve *f.* snow; [blancura] whiteness; CARIB & MEX [granizado] drink of flavoured crushed ice ■ **a punto de ~** stiff
ni•gro•man•cia *f.* necromancy, black magic
ni•gro•man•te *m.f.* necromancer
ni•hi•lis•ta ◇ *adj.* nihilistic ◇ *m.f.* nihilist
nim•bo *m.* [aureola] halo; METEOROL nimbus
ni•mie•dad *f.* trifle, trivial detail
ni•mio, a *adj.* trivial, insignificant
nin•fa *f.* nymph; ZOOL nymph, pupa
nin•fe•a *f.* water lily
nin•fo *m. coll* fop, dandy
nin•fó•ma•na *f.* nymphomaniac
nin•fo•ma•ní•a *f.* nymphomania
nin•gún *adj.* = **ninguno**
nin•gu•no, a ◇ *adj.* none, no, not any; **no tengo ~ opinión** I have no opinion ■ **de ~ manera** o **de ningún modo** in no way, by no means; **en ~ parte** nowhere ◇ *pron.* none, not any; **no quiero ~ de ellos** I do not want any of them; [nadie] no one, nobody
ni•ña *f.* ▻ **ni•ño, a**
ni•ñe•rí•a *f.* childish act; *fig* trifle
ni•ñe•ro, a ◇ *adj.* fond of children ◇ *f.* nursemaid, babysitter
ni•ñez *f.* [infancia] childhood; [principio] infancy, beginning
ni•ño, a ◇ *adj.* [joven] young, childlike; [impulsivo] immature, childish; [inexperto] inexperienced ◇ *m.f.* [muchacho] child; CHILE scoundrel; (*m.*) boy ■ **el Niño** METEOROL el Niño; **de ~** as a child; **desde ~** from childhood; **~ explorador** Boy Scout; **~ prodigio** child prodigy ◇ *pl.* children; (*f.*) [muchacha] girl; [del ojo] pupil (of the eye)
ní•quel *m.* nickel; AMER coin
ni•que•lar *tr.* to nickel, nickel-plate
ni•ti•dez *f.* [claridad] clarity; [de fotos] sharpness
ní•ti•do, a *adj.* [claro] clear; [de fotos] sharp
ni•tra•to *m.* nitrate ■ **~ de potasio** potassium nitrate; **~ de sodio** sodium nitrate
ní•tri•co, a *adj.* nitric
ni•tri•to *m.* nitrite
ni•tró•ge•no *m.* nitrogen
ni•tro•gli•ce•ri•na *f.* nitroglycerin
ni•vel *m.* [altura] level, height; [grado] level, standard; **~ cultural** cultural level ■ **a ~** level; **de alto ~** high-level; **~ de agua** water level; **~ de vida** standard of living; **~ del mar** sea level; **paso a ~** railroad crossing
ni•ve•lar *tr.* [igualar] to make level; SURV to survey, grade; [equilibrar] to balance
no ◇ *adv.* no; **¿puedes verlo? no** can you see it? no; not; **~ vengo** I'm not coming; non; **no intervención** nonintervention ■ **¿a que no?** *coll* do you want to bet?; **¿cómo no?** of course, why not?; **no bien** no sooner; **no más** no more, only; **no obstante** nevertheless, notwithstanding; **no sea que** in case, lest ◇ *m.* no; **un no definitivo** a definite no
no•ble ◇ *adj.* [aristocrático] noble, aristocratic; [elevado] noble, honorable ◇ *m.f.* nobleman/woman
no•ble•za *f.* [aristocracia] nobility, aristocracy; [honradez] nobleness, gentility
no•che *f.* [anochecer] night, evening; [oscuridad] darkness ■ **a primera ~** at nightfall, just after dark; **buenas noches** good evening, good night; **cerrar la ~** to become completely dark; **de la ~ a la mañana** suddenly, overnight; **de ~** [por la noche] at night; evening, night; **traje de ~** evening gown; **hacer ~** to spend the night; **esta ~** tonight; **hacerse de ~** to grow dark; **~ cerrada** dark night; **por la ~** at night
no•che•ro *m.* COL [mesilla de noche] bedside table; C SUR [vigilante] night watchman
no•ción *f.* notion, idea
no•ci•vi•dad *f.* noxiousness, harmfulness
no•ci•vo, a *adj.* noxious, harmful
noc•tám•bu•lo, a ◇ *adj.* night-wandering ◇ *m.f.* night owl
noc•tur•nal *adj.* nocturnal
noc•tur•no, a ◇ *adj.* nocturnal, nightly; [triste] sad, melancholy ◇ *m.* RELIG nocturn; MUS nocturne
no•dri•za *f.* wet nurse
nó•du•lo *m.* nodule
no•gal *m.* walnut
nó•ma•da/de ◇ *adj.* nomadic ◇ *m.f.* nomad
nom•bra•do, a *adj.* [célebre] renowned, famous; [sobredicho] aforementioned
nom•bra•mien•to *m.* [acción] naming; [nominación] nomination, appointment
nom•brar *tr.* [llamar] to name, mention by name; [nominar] to nominate, appoint
nom•bre *m.* name; GRAM noun; [renombre] name, reputation ■ **de ~** by name; in name only; **presidente de ~** president in name only; **en ~ de** in the name of, by the authority of; **no tener ~** to be unspeakable; **su conducta no tiene ~** his conduct is unspeakable; **~ artístico** stage name; LIT pen name; **~ común** o **apelativo** common noun; **~ y apellido** full name; **~ de dominio** COMPUT domain name; **~ de usuario** COMPUT user name; **poner ~ a** to name; **sin ~** nameless
no•men•cla•tu•ra *f.* nomenclature
no•me•ol•vi•des *f.inv.* forget-me-not
nó•mi•na *f.* [lista] list, roll; COM payroll
no•mi•na•ción *f.* nomination, appointment
no•mi•na•dor, •ra ◇ *adj.* nominating ◇ *m.f.* nominator
no•mi•nal *adj.* nominal, titular; COM face; **valor ~** face value; GRAM nominal, substantival
no•mi•nar *tr.* to nominate, appoint
no•mi•na•ti•vo, a ◇ *adj.* personal; GRAM nominative ◇ *m.* nominative case
non ◇ *adj.* odd, uneven ◇ *m.* MATH odd number ◇ *pl.* repeated denial

no•na•ge•na•rio/gé•si•mo, a *adj.* & *m.f.* nonagenarian

no•na•gé•si•mo, a *adj.* & *m.* ninetieth

no•no, a ◇ *adj.* ninth ◇ *m.* [noveno] ninth; RP *coll* grandpa; (*f.*) grandma

no•que•ar *tr.* SPORT to knock out

nor•des•te, no•res•te *m.* northeast

no•ria *f.* water wheel

nor•ma *f.* [modelo] norm; [regla] rule

nor•mal ◇ *adj.* normal, standard ■ **escuela ~** teacher training school ◇ *f.* GEOM perpendicular

nor•ma•li•dad *f.* normality, normalcy

nor•ma•lis•ta *m.f.* student teacher

nor•ma•li•za•ción *f.* normalization; INDUS standardization

nor•ma•li•zar [04] *tr.* to normalize; INDUS to standardize

nor•ma•ti•vo, a *adj.* normative

no•ro•es•te *m.* northwest

nor•te *m.* north; [guía] guide, lodestar

nor•te•ño, a ◇ *adj.* northern ◇ *m.f.* northerner

nór•ti•co, a *adj.* northern, northerly

nos *pron.* us; **ellos ~ vieron** they saw us; us, to us, for us, from us; **~ vendió la casa** he sold the house to us; one another, each other; **~ queremos** we love each other; ourselves; **~ estamos mirando en el espejo** we are looking at ourselves in the mirror

no•so•co•mio *m.* AMER hospital

no•so•tros, as *pron.* we; **~ lo hicimos** we did it; us, ourselves; **no es para ~** it is not for us

nos•tal•gia *f.* nostalgia, homesickness

nos•tál•gi•co, a *adj.* nostalgic, homesick

no•ta *f.* [comentario] note, observation; [apostilla] note, notation; [reparo] notice, heed; [calificación] grade, mark; MUS note ■ **dar la ~** to stand out; **de mala ~** with a bad reputation; **de ~** of note, famous; **forzar la ~** to go too far; **~ falsa** wrong note; **~ a pie de página** footnote

no•ta•ble *adj.* [apreciable] notable, noteworthy; [superior] outstanding, striking

no•ta•ción *f.* [anotación] note, annotation; ARTS & MATH notation

no•tar *tr.* [indicar] to note, point out; [observar] to notice, observe; (*reflex.*) to see, notice ■ **se nota la diferencia** one can see the difference

no•ta•rio *m.* notary, notary public

no•ti•cia ◇ *f.* news item, piece of news ◇ *pl.* news ■ **~ de última hora** the latest news

no•ti•cia•rio *m.* RAD newscast; AMER [telediario] television news; CINEM newsreel

no•ti•cie•ro, a ◇ *adj.* news ◇ *m.* news report

no•ti•cio•so, a ◇ *adj.* informed, well-informed ◇ *m.* AMER news report

no•ti•fi•ca•ción *f.* notification, notice

no•ti•fi•car [70] *tr.* to notify, inform

no•to•rie•dad *f.* [reputación] notoriety; [fama] fame, renown

no•to•rio, a *adj.* notorious, well-known

no•va•to, a *coll* ◇ *adj.* beginning ◇ *m.f.* beginner, novice

no•ve•cien•tos, as *adj.* & *m.* nine hundred

no•ve•dad *f.* [calidad de nuevo] newness; [innovación] novelty, innovation; [cambio] change; [noticia] recent event ■ **no hay ~** nothing is new; **sin ~** [nada nuevo] as usual, no change; [bien] safely, well

no•ve•do•so, a *adj.* novel, new

no•vel *adj.* new, inexperienced

no•ve•la *f.* novel ■ **~ policíaca** detective story

no•ve•les•co, a *adj.* novelesque

no•ve•lis•ta *m.f.* novelist

no•ve•no, a *adj.* & *m.* ninth; (*f.*) RELIG novena

no•ven•ta ◇ *adj.* ninety; [nonagésimo] ninetieth ◇ *m.* ninety

no•ven•ta•vo, a *adj.* & *m.* ninetieth

no•ven•tón, o•na *adj.* & *m.f.* nonagenarian

no•via *f.* ▷ **novio, a**

no•viaz•go *m.* [relaciones amorosas] courtship; [compromiso] engagement, betrothal

no•vi•cia•do *m.* novitiate

no•vi•cio, a ◇ *adj.* beginning, new ◇ *m.f.* novice; [aprendiz] beginner, apprentice

no•viem•bre *m.* November

no•vi•llo, a *m.* young bull; (*f.*) heifer, young cow

no•vio, a ◇ *m.* [amigo] boyfriend; [prometido] fiancé; [recién casado] groom ◇ *pl.* [casados] newlyweds; [prometidos] engaged couple; (*f.*) [amiga] girlfriend; [prometida] fiancée; [recién casada] bride

nu•ba•rrón *m.* large black cloud

nu•be *f.* cloud; [sombra] shadow; [multitud] swarm, multitude; [en los ojos] cloud, film; JEWEL flaw ■ **estar en las nubes** to have one's head in the clouds; **~ de lluvia** rain cloud; **por las nubes** sky-high

nu•bla•do, a *adj.* cloudy, overcast

nu•blar *tr.* to cloud, darken; (*reflex.*) to become cloudy o overcast

nu•bo•si•dad *f.* cloudiness

nu•bo•so, a *adj.* cloudy, overcast

nu•ca *f.* nape (of the neck)

nu•cle•ar *adj.* nuclear

nu•clei•co, a *adj.* nucleic

nú•cle•o *m.* nucleus; ELEC core; BOT kernel, pit; [esencial] core, essence

nu•cle•ón *m.* nucleon

nu•di•llo *m.* knuckle

nu•dis•ta *m.f.* nudist

nu•do *m.* [lazo] knot; ANAT node, lump; BOT & MARIT knot; [lazo] bond, tie; [enredo] crux, core; **el ~ de la trama** the crux of the plot ■ **~ corredizo** slipknot, noose; **~ gordiano** Gordian knot; **tener un ~ en la garganta** to have a lump in one's throat

nu•do•so, a *adj.* knotty, knotted

nue•ra *f.* daughter-in-law

nues•tro, a ◇ *adj.* our, of ours; **~ coche** our car ◇ *pron.* ours, of ours; **el ~ es rojo** ours is red ■ **los nuestros** our people, our side

nue•ve ◇ *adj.* nine; [noveno] ninth ■ **las ~** nine o'clock ◇ *m.* nine

nue•vo, a ◇ *adj.* new; [otro] new, another; **compró un ~ libro** she bought a new book ■ **de ~** again; **Nueva Mundo** New World; **Nueva Testamento** New Testament; **¿qué hay de ~?** what's new? ◇ *f.* news, tidings

nuez *f.* nut; [del nogal] walnut; ANAT Adam's apple; MUS nut ■ **~ moscada** o **de especie** nutmeg

nu•li•dad *f.* nullity; [incapacidad] inability, incompetence; [inutilidad] worthlessness; *coll* [persona] useless person

nu•lo, a *adj.* null, void; [sin mérito] useless, worthless ■ **~ y sin valor** null and void

nu•me•ra•ción *f.* numeration, numbering; [números] numbers, numerals ■ ~ **arábiga/romana** Arabic/Roman numerals

nu•me•ra•dor *m.* numerator

nu•me•ral *adj.* numeral

nu•me•rar *tr.* [foliar] to number; [contar] to count, enumerate

nu•me•ra•rio, a ◇ *adj.* numerary ◇ *m.* cash, currency

nu•mé•ri•co, a *adj.* numerical

nú•me•ro *m.* number; [signo] numeral; [ejemplar] issue, copy; [medida] size; THEAT number, act ■ ~ **de acceso** access number; ~ **arábigo** Arabic numeral; ~ **atrasado** back issue; ~ **cardinal** cardinal number; ~ **complejo** compound number; ~ **dígito** digit; ~ **entero** whole number; ~ **extraordinario** special edition o issue; ~ **fraccionario** o **quebrado** fraction; ~ **impar** odd number; ~ **ordinal** ordinal number; ~ **par** even number; ~ **primo** prime number; ~ **redondo** round number; ~ **romano** Roman numeral; ~ **uno** the best, the first; **sin** ~ countless, numberless

nu•me•ro•so, a *adj.* numerous

nu•mis•má•ti•co, a ◇ *adj.* numismatic ◇ *m.f.* numismatist; (*f.*) numismatics

nun•ca *adv.* never, not ever ■ **más que** ~ more than ever; ~ **jamás** o ~ **más** never again

nup•cial *adj.* nuptial

nup•cias *f.pl.* nuptials, wedding

nu•tria *f.* otter

nu•tri•cio, a *adj.* nutritious

nu•tri•ción *f.* nutrition

nu•tri•cio•nis•ta *m.f.* AMER dietician

nu•tri•do, a *adj.* [alimentado] nourished, fed; **bien** ~ well-fed; [abundante] large, abundant; **una concurrencia muy** ~ a large crowd

nu•tri•mien•to *m.* nourishment

nu•trir *tr.* [alimentar] to nourish, feed; [fortalecer] to nurture, strengthen

nu•tri•ti•vo, a *adj.* nutritious, nutritive

ñ, Ñ *f.* fifteenth letter of the Spanish alphabet

ña•me *m.* yam

ñan•dú *m.* American ostrich

ña•pa *f.* VEN bonus, extra ■ **de** ~ to boot, into the bargain

ña•to, a *adj.* ANDES & RP snub-nosed

ñe•que ◇ *m.* AMER strength, vigor; C AMER & MEX slap, blow ◇ *adj.* AMER strong, vigorous ■ **hombre de** ~ *coll* he-man

ñoñería, ño•ñez *f.* foolishness, simplemindedness

ño•ño, a *adj.* & *m.f.* *coll* [apocado] bashful (person); [soso] dull (person)

ño•que/qui *m.* AMER gnocchi

ñor•bo *m.* ARG, ECUAD & PERU passionflower

ñu•do *m.* *arch* knot ■ **al** ~ RP in vain

O

o, O *f.* sixteenth letter of the Spanish alphabet

o *conj.* or; **blanco o negro** black or white; either; **lo harás o de buen grado o por la fuerza** you will do it, either willingly or unwillingly ■ **o sea** that is to say

o•a•sis *m.inv.* oasis

ob•ce•ca•da•men•te *adv.* blindly

ob•ce•car [70] *tr.* to obfuscate, blind

o•be•de•cer [17] *tr.* to obey; (*intr.*) to obey ■ ~ **a** [responder a] to respond to; **esta enfermedad obedece al tratamiento** this illness responds to treatment; [deberse a] to be due to, arise from; **su ausencia obedece a varias circunstancias** his absence is due to a number of circumstances

o•be•dien•cia *f.* obedience

o•be•dien•te *adj.* obedient

o•be•lis•co *m.* obelisk

o•ber•tu•ra *f.* overture

o•be•si•dad *f.* obesity

o•be•so, a *adj.* obese

ó•bi•ce *m.* obstacle, impediment

o•bis•po *m.* bishop

ob•je•ción *f.* objection ■ **hacer** o **levantar una** ~ to object, raise an objection

ob•je•ta•ble *adj.* objectionable

ob•je•tar *tr.* to object to, raise objections to ■ **no tener nada que** ~ to have no objection o objections

ob•je•ti•var *tr.* to objectify

ob•je•ti•vi•dad *f.* objectivity

ob•je•ti•vis•mo *m.* objectivism

ob•je•ti•vo, a *adj.* & *m.* objective

ob•je•to *m.* object; [tema] subject, theme; [fin] aim; GRAM object ■ **carecer de** ~ to be useless; **con** ~ **de** in order to; **¿con qué** ~**?** to what end?; **ser** ~ **de** to be the object of; **tener por** ~ to be one's aim

o•ble•a *f.* wafer; PHARM capsule

o•bli•cuo, a *adj.* [inclinado] oblique, slanting; ANAT & GEOM oblique

o•bli•ga•ción ◇ *f.* obligation; [responsabilidad] responsibility; [deber] duty; FIN bond ■ ~ **colectiva** joint obligation; ~ **implícita** implied obligation ◇ *pl.* family obligations ■ **faltar a sus** ~ to fail in one's duties

o•bli•gar [47] *tr.* [imponer] to oblige, obligate; [compeler] to force, compel; [favorecer] to oblige, favor ■ **nos obligó con su presencia** he favored us with his presence; (*reflex.*) to obligate oneself

o•bli•ga•to•rie•dad *f.* compulsoriness

o•bli•ga•to•rio, a *adj.* obligatory, compulsory

o•blon•go, a *adj.* oblong

o•bo•e *m.* MUS oboe; [músico] oboist

o•bra *f.* work; [acto] act; **una** ~ **de misericordia** an act of mercy; [labor] workmanship, labor; [construcción] construction site ■ **de** ~ in deed; **¡manos a la** ~**!** let's get to work!; ~ **de caridad** charitable deed; ~ **maestra** masterpiece; **obras públicas** public works; **por** ~ **de** thanks to

o•brar *tr.* to work; (*intr.*) to act, proceed ■ ~ **en** to be in; **la carta obra en manos de Juan** the letter is in Juan's hands

o•bre•ro, a ◇ *adj.* working; **clase** ~ working class ■ **sindicato** ~ labor union ◇ *m.f.* [trabajador] worker; [jornalero] laborer ■ ~ **portuario** dockworker

obs•ce•ni•dad *f.* obscenity

obs•ce•no, a *adj.* obscene

obs•cu•ro, a *adj.* = **oscuro**

obs•cu•ri•dad *f.* = **oscuridad**

ob•se•quiar *tr.* [regalos] to give as a gift; [agasajar] to entertain

ob•se•quio *m.* [regalo] gift, present; [agasajo] attention, kindness ■ **deshacerse en obsequios (con alguien)** to lavish attention (on someone); **en** ~ **de** in honor of, for the sake of

ob•se•quio•so, a *adj.* [cortés] obliging, attentive; [servil] obsequious, deferential; MEX fond of giving gifts

ob•ser•va•ción *f.* observation; [nota aclaratoria] observation, explanatory note o remark; [objeción] objection ■ **en** o **bajo** ~ under observation; **hacer una** ~ to make a remark

ob•ser•va•dor, •ra ◇ *adj.* observant, observing ◇ *m.f.* observer ■ ~ **de pájaros** birdwatcher

ob•ser•van•cia *f.* observance

ob•ser•var *tr.* to observe; [cumplir] to obey; [espiar] to watch; [notar] to notice; [comentar] to remark

ob•ser•va•to•rio *m.* observatory

ob•se•sión *f.* obsession

ob•se•sio•nan•te *adj.* obsessive

ob•se•sio•nar *tr.* to obsess

ob•se•si•vo, a *adj.* obsessive

ob•se•so, a *adj.* & *m.f.* obsessive

ob•so•le•to, a *adj.* obsolete

obs•ta•cu•li•zar [04] *tr.* to obstruct, hinder

obs•tá•cu•lo *m.* obstacle ■ **carrera de obstáculos** steeplechase, obstacle course; **poner obstáculos** [impedir] to obstruct, hinder; [objetar] to object

obs•tan•te *adj.* obstructing ■ **no** ~ nevertheless, however

obs•tar *intr.* [impedir] to obstruct, hinder; [oponerse una cosa a otra] to stand in the way of

obs•té•tri•co, a *adj.* obstetric(al)

obs•ti•na•ción *f.* obstinacy

obs•ti•na•do, a *adj.* obstinate

obs•ti•nar•se *reflex.* to be o become obstinate

obs•truc•ción *f.* obstruction

obs•truc•cio•nis•ta ◇ *m.f.* obstructionist ◇ *adj.* obstructionist(ic)

obs•truir [18] *tr.* to obstruct

ob•ten•ción *f.* obtaining

ob•te•ner [69] *tr.* [conseguir] to obtain, get; [conservar] to have, keep

ob•tu•ra•dor, a ◇ *adj.* obturating, plugging ◇ *m.* [tapón] plug, stopper; PHOTOG shutter ■ ~ **de plano** focal plane shutter

ob•tu•rar *tr.* to obturate, stop up

ob•tu•so, a *adj.* obtuse

ob•tu•vie•ra, vo ▷ **obtener**

ob•viar *tr.* to obviate, prevent; (*intr.*) to stand in the way

ob•vio, a *adj.* obvious

o•ca•sión *f.* occasion; [oportunidad] opportunity; [motivo] reason, cause; [tiempo] time; **en aquella** ~ at that time; [circunstancia] circumstance; AMER bargain ■ **aprovechar una** ~ to take advantage of an opportunity; **con** ~ **de** on the occasion of; **de** ~ [de segunda mano] secondhand; [de precio reducido] bargain; **dar** ~ **a** to give rise to; **en cierta** ~ once, on a certain occasion; **en la primera** ~ at the first opportunity; **en ocasiones** sometimes

o•ca•sio•nal *adj.* occasional; [fortuito] chance

o•ca•sio•nar *tr.* [causar] to occasion, cause; [provocar] to stir up, provoke

o•ca•so *m.* [del sol] sunset, sundown; [de un astro] setting; [occidente] occident, west; [decadencia] decline

oc•ci•den•tal ◇ *adj.* western, occidental ◇ *m.f.* westerner, occidental

oc•ci•den•ta•li•za•ción *f.* westernization

oc•ci•den•ta•li•zar•se *reflex.* to become westernized

oc•ci•den•te *m.* west, occident

oc•ci•pi•tal *adj.* & *m.* occipital (bone)

o•cé•a•no *m.* ocean; *fig* ocean, sea

o•ce•a•no•gra•fí•a *f.* oceanography

o•ce•a•no•grá•fi•co, a *adj.* oceanographic

o•chen•ta *adj.* & *m.* eighty

o•chen•ta•vo, a *adj.* & *m.* eightieth

o•chen•tón, o•na *adj.* & *m.f.* *coll* octogenarian

o•cho ◇ *adj.* eight; [octavo] eighth ■ **las** ~ eight o'clock; ~ **días** a week ◇ *m.* eight

o•cho•cien•tos, as *adj.* & *m.* eight hundred

o•cio *m.* [inactividad] idleness, inactivity; [tiempo libre] leisure, free time

o•cio•si•dad *f.* idleness ■ **la** ~ **es la madre de todos los vicios** idleness is the root of all evil

o•cio•so, a ◇ *adj.* idle ◇ *m.f.* idler, loafer

o•cre *m.* ocher, ochre

oc•ta•vo, a *adj.* & *m.* eighth; (*f.*) MUS octave

oc•te•to *m.* octet

oc•to•ge•na•rio, a *adj.* & *m.f.* octogenarian

oc•to•gé•si•mo, a *adj.* & *m.* eightieth

oc•to•go•nal *adj.* octagonal

oc•tó•go•no, a ◇ *adj.* octagonal ◇ *m.* octagon

oc•tu•bre *m.* October

o•cu•lar ◇ *adj.* ocular, pertaining to the eye ◇ *m.* eyepiece, ocular

o•cu•lis•ta *m.f.* oculist

o•cul•ta•men•te *adv.* stealthily, secretly

o•cul•tar *tr.* [esconder] to hide, conceal (**de** from); [callar] to hush, silence; [disfrazar] to disguise

o•cul•tis•mo *m.* occultism

o•cul•to, a *adj.* [escondido] hidden, concealed; [sobrenatural] occult ■ **en** ~ secretly

o•cu•pa•ción *f.* occupation; [empleo] profession, trade; [trabajo] daily activities o routine

o•cu•pa•do, a *adj.* [teléfono, línea] engaged, busy; [ciudad, territorio] occupied; [seat] taken; **¿está** ~ **este asiento?** is this seat taken?

o•cu•pan•te ◇ *adj.* occupying ◇ *m.f.* occupant

o•cu•par *tr.* [apoderarse de] to occupy, take possession of; [llenar] to occupy, fill; [habitar] to occupy, live in; to hold, fill; **ocupó el puesto de ministro** he held the post of minister; [emplear] to employ, give work to; [encargar] to occupy, keep busy; C AMER & MEX [usar] to use; (*reflex.*) [emplearse] to occupy oneself; [interesarse] to concern oneself; [atender a] to attend, pay attention (**de** to)

o•cu•rren•cia *f.* [ocasión] occurrence, event; [chiste] witticism ■ **¡qué** ~**!** what a thought!; **tener ocurrencias** to be witty

o•cu•rren•te *adj.* witty, funny
o•cu•rrir *intr.* [suceder] to occur, happen; [acudir] to go to, show up for ▪ **¿qué ocurre?** what's the matter?; (*reflex.*) to occur to, strike ▪ **se me ocurrió que estaba en peligro** it occurred to me that I was in danger
o•da *f.* ode
o•da•lis•ca *f.* odalisque
o•diar *tr.* to hate, loathe
o•dio *m.* hatred, loathing
o•dio•so, a *adj.* odious
o•di•se•a *f.* odyssey
o•don•to•lo•gí•a *f.* odontology, dentistry
o•don•tó•lo•go, a *m.f.* odontologist, dentist
o•dre *m.* wineskin
o•es•te *m.* west
o•fen•der *tr.* [injuriar] to offend, insult; [dañar] to hurt, injure; (*intr.*) to be offensive; (*reflex.*) to take offense
o•fen•sa *f.* offense
o•fen•si•vo, a *adj.* & *f.* offensive
o•fer•ta *f.* [propuesta] offer, proposal; COM bid, tender ▪ ~ **en firme** firm offer; ~ **y demanda** supply and demand
o•fer•tar *tr.* to tender; AMER to offer
o•fi•cial ◇ *adj.* official ◇ *m.* [funcionario] official, officer; [obrero] skilled worker; MIL officer ▪ ~ **de guardia** officer of the watch; ~ **del día** officer of the day; ~ **mayor** chief clerk; **primer** ~ MARIT first mate
o•fi•cia•li•dad *f.* officer corps, officers; [carácter oficial] official character
o•fi•cia•lis•mo *m.* AMER **el** ~ [gobierno] the Government; [partidarios del gobierno] government supporters
o•fi•cia•lis•ta *adj.* AMER pro-government
o•fi•cia•li•zar [04] *tr.* to make official
o•fi•cian•te *m.* officiant
o•fi•ciar *tr.* RELIG to celebrate; [comunicar] to communicate officially; (*intr.*) RELIG to officiate ▪ ~ **de** to act as
o•fi•ci•na *f.* office; [de farmacia] laboratory ▪ **horas de** ~ business hours; ~ **de colocación** employment agency
o•fi•ci•nis•ta *m.f.* clerk, office worker
o•fi•cio *m.* [ocupación] labor, work; [empleo] office, post; [artesanía] trade, craft; [función] function, role; [comunicación] communiqué, official notice; RELIG office, service ▪ **artes y oficios** arts and crafts; **buenos oficios** good offices; **de** ~ [oficialmente] ex officio, officially; [de profesión] by trade; **gajes del** ~ occupational hazards; **Santo Oficio** Holy Office, Inquisition
o•fi•cio•sa•men•te *adj.* [con diligencia] diligently; [con complacencia] obligingly; [con entremetimiento] officiously
o•fi•cio•so, a *adj.* [laborioso] hard-working, diligent; [solícito] solicitous, obliging; [importuno] officious, meddlesome
o•fre•cer [17] *tr.* to offer; COM to offer, bid; RELIG to offer up, dedicate; (*reflex.*) to offer oneself, volunteer
o•fre•ci•mien•to *m.* offer, offering
o•fren•da *f.* offering, gift
o•fren•dar *tr.* to make an offering
of•tal•mo•lo•gí•a *f.* ophthalmology
of•tal•mó•lo•go *m.* ophthalmologist
o•fus•ca•ción *f.*/**mien•to** *m.* [acción] blinding, dazzling; [confusión] confusion, bewilderment
o•fus•car [70] *tr.* [cegar] to blind, dazzle; [confundir] to confuse, bewilder
o•gro *m.* ogre
¡oh! *interj.* oh!
oh•mio, ohm *m.* ohm
o•í•do ▻ **oír** ◇ *m.* [sentido] hearing, sense of hearing; ANAT ear; ~ **interno** inner ear; MUS ear; **ella tiene buen** ~ she has a good ear ▪ **abrir los oídos** to listen attentively; **aguzar el** ~ to prick up one's ears; **al** ~ confidentially; **caer en oídos sordos** to fall on deaf ears; **cerrar los oídos a** to turn a deaf ear to; **dar oídos a** [escuchar] to listen to; [dar crédito a] to believe, credit; **de** ~ by ear; **duro de** ~ hard of hearing; **prestar oídos a** to lend an ear to; **ser todo oídos** to be all ears
o•ír [45] *tr.* [escuchar] to hear; [atender] to listen to, pay attention to; [entender] to understand; [asistir] to attend ▪ ~ **bien** to listen well; ~ **hablar de** to hear about; **¡oye!** o **¡oiga!** [para llamar la atención] listen!; [para reprender] look here!
o•jal *m.* [en la ropa] buttonhole; [agujero] hole
¡o•ja•lá! *interj.* would to God!, I hope that
o•je•a•da *f.* glance, glimpse
o•je•ar *tr.* [mirar] to eye, look at; [aojar] to cast the evil eye on
o•je•ra *f.* dark circle o ring (under the eyes)
o•je•ri•za *f.* animosity, grudge
o•je•ro•so/ru•do, a *adj.* having dark circles under the eyes, haggard
o•je•te *m.* SEW eyelet, drawstring hole
o•ji•va *f.* MIL warhead
o•jo *m.* eye; [agujero] hole; ~ **de la cerradura** keyhole; [de un puente] span, arch; [malla] mesh; [atención] attention; **pon** ~ **en lo que haces** pay attention to what you are doing; [aptitud] eye; **él tiene buen** ~ he has a good eye ▪ **abrir los ojos** to be on the alert, keep one's eyes open; **a** ~ o **a** ~ **de buen cubero** roughly, by a rough estimate; **a ojos cerrados** blindly, with one's eyes closed; **a ojos vistas** visibly, openly; **cerrar los ojos** *coll* [dormir] to sleep; [morir] to die; **clavar los ojos en** to stare at; **comerse con los ojos** *coll* to devour with one's eyes; **con mucho** ~ very carefully; **costar un** ~ **de la cara** *coll* to cost an arm and a leg; **cuatro ojos** *derog* four-eyes; **dichosos los ojos que te ven** *coll* you're a sight for sore eyes; **echar un** ~ **a** to have one's eye on; **en un abrir y cerrar de ojos** *coll* in the twinkling of an eye; **írsele los ojos por** o **tras** not to be able to keep one's eyes off of; **mirar con buenos/malos ojos** to look favorably/unfavorably on; **¡mucho** ~**!** be careful!; **no pegar** ~ not to sleep a wink; **no quitar los ojos de** not to take one's eyes off of; **¡ojo!** look out!, watch out!; ~ **avizor** eagle eye; ~ **de buey** [ventana] bull's eye; MARIT porthole; ~ **de la tempestad** eye of the storm; ~ **de vidrio** glass eye; ~ **morado** black eye; ~ **por** ~ an eye for an eye; **ojos rasgados** slanted eyes; **ojos reventones** o **saltones** popping eyes, bulging eyes; **tener entre ojos** to have a grudge against
o•jo•ta *f.* AMER thong
o•la *f.* wave ▪ ~ **de frío** cold spell
o•le•a•da *f.* [embate de ola] beating of waves; [movimiento] wave, surge; **una** ~ **de gente** a surge of people [cantidad] wave, large number; **una** ~ **de protestas** a wave of protests
o•le•a•gi•no•so, a *adj.* oily, oleaginous
o•le•a•je *m.* [olas] surf, waves; [marejada] swell
ó•le•o *m.* oil ▪ **pintura al** ~ oil painting
o•le•o•duc•to *m.* oil pipeline

o•ler [46] *tr.* [olfatear] to smell; [averiguar] to smell out, uncover; [inquirir] to nose o pry into; (*intr.*) [tener olor] to smell; [parecer] to smell of o like ▪ **no ~ bien** to smell fishy

ol•fa•te•ar *tr.* [oler] to sniff; *coll* [descubrir] to get wind of; [curiosear] to pry into

ol•fa•to *m.* [sentido] sense of smell; [intuición] intuition; [instinto] instinct ▪ **tener ~ para los negocios** to have a good nose for business

ol•fa•to•rio, a *adj.* olfactory

o•li•gar•ca *m.* oligarch

o•li•gar•quí•a *f.* oligarchy

o•li•gár•qui•co, a *adj.* oligarchic

o•lim•pia•da/pí•a•da *f.* Olympic games

o•lím•pi•co, a *adj.* Olympian, Olympic ▪ **juegos olímpicos** Olympic games

o•li•va *adj.* & *f.* olive

o•li•var *m.* olive grove

o•li•va•re•ro, a *adj.* olive-growing ▪ **región ~** olive-growing region; olive; **industria ~** olive industry

o•li•vo *m.* olive tree; [color] olive

o•lla *f.* [vasija] pot, kettle; [cocido] stew ▪ **~ de presión** pressure cooker

ol•mo *m.* elm (tree) ▪ **pedir peras al ~** to ask for the moon

o•lor *m.* [sensación] smell; [perfume] smell, odor ▪ **tener ~ a** to smell of

o•lo•ro•so, a *adj.* perfumed, fragrant

ol•vi•da•di•zo, a *adj.* [desmemoriado] forgetful, absent-minded; [ingrato] ungrateful ▪ **hacerse el ~** to pretend to forget

ol•vi•da•do, a *adj.* [desconocido] forgotten; [olvidadizo] forgetful, absent-minded; [ingrato] ungrateful

ol•vi•dar *tr.* & *reflex.* [no recordar] to forget; [dejar] to leave (behind); **me olvidé los libros** I left the books behind; [omitir] to leave out o off; **olvidaron incluir su nombre en el registro** they left his name off the register; [descuidar] to neglect ▪ **olvidarse de** to forget to

ol•vi•do *m.* [desmemoria] forgetfulness; [estado] oblivion; **los planes cayeron en el ~** the plans fell into oblivion ▪ **echar al** o **en ~** to forget; **enterrar en el ~** to cast into oblivion

om•bli•go *m.* navel

o•mi•sión *f.* omission

o•mi•so, a *adj.* neglectful, careless

o•mi•tir *tr.* to omit

óm•ni•bus *m.* omnibus, bus

om•ni•po•ten•cia *f.* omnipotence

om•ni•po•ten•te *adj.* omnipotent

om•ni•sa•pien•te *adj.* omniscient

o•mó•pla•to *m.* shoulder blade

o•na•nis•mo *m.* onanism

on•ce ◇ *adj.* eleven; [undécimo] eleventh ▪ **las ~** eleven o'clock ◇ *m.* eleven

on•co•gén *m.* oncogene

on•co•lo•gí•a *f.* oncology

on•da *f.* wave ▪ **estar en la ~** *coll* to be with it

on•de•a•do, a *adj.* wavy

on•de•ar *intr.* [agua] to ripple; [ondular] to wave, flutter

on•du•la•ción *f.* [movimiento] undulation; [sinuosidad] winding; [del cabello] wave

on•du•la•do, a *adj.* wavy

on•du•lar *tr.* to wave; (*intr.*) to undulate

o•ne•ro•so, a *adj.* onerous

ó•nix *f.* onyx

o•no•más•ti•co, a *adj.* onomastic ▪ **fiesta** o **día ~** saint's day

o•no•ma•to•pe•ya *f.* onomatopoeia

o•no•ma•to•pé•yi•co, a *adj.* onomatopoeic

on•za *f.* ounce

on•za•vo *adj.* & *m.* eleventh

OPA *f.* FIN takeover bid ▪ **~ hostil** hostile takeover bid

o•pa AMER ◇ *adj.* stupid, foolish ◇ *m.f. coll* fool, dolt

o•pa•ci•dad *f.* opacity, opaqueness

o•pa•co, a *adj.* opaque

ó•pa•lo *m.* opal

op•ción *f.* option, choice

op•cio•nal *adj.* optional

ó•pe•ra *f.* opera ▪ **~ bufa** comic opera

o•pe•ra•ción *f.* operation; FIN transaction ▪ **~ cesárea** Caesarean section

o•pe•ra•dor, •ra ◇ *adj.* operating ◇ *m.f.* MECH operator; (*m.*) CINEM cameraman ▪ **~ de cable** cable company; **~ del sistema** systems operator, SYSOP; **~ turístico** tour operator

o•pe•ran•te *adj.* operating, working ▪ **capital ~** working capital

o•pe•rar *intr.* to operate; COM to deal, do business; (*tr.*) to operate on

o•pe•ra•rio, a *m.f.* worker

o•pe•ra•ti•vo, a *adj.* operative

o•pi•nar *intr.* [formar opinión] to think, have an opinion; [expresar la opinión] to express an opinion ▪ **~ en** o **sobre** to give an opinion on

o•pi•nión *f.* opinion

o•pio *m.* opium

o•pí•pa•ro, a *adj.* sumptuous, magnificent

o•po•ner [54] *tr.* [contraponer] to set up o put against; [poner enfrente] to oppose, put opposite; (*reflex.*) [objetar] to oppose, object to; [ser contrario] to be in opposition to, be contrary ▪ **sus ideas nunca se oponen a las mías** his ideas are never contrary to mine

o•por•to *m.* port (wine)

o•por•tu•na•men•te *adv.* opportunely, conveniently

o•por•tu•ni•dad *f.* [ocasión] opportunity, chance; [de una medida] appropriateness

o•por•tu•nis•ta *adj.* & *m.f.* opportunist

o•por•tu•no, a ◇ *adj.* [conveniente] opportune, timely; [apropiado] suitable, fitting; [ocurrente] witty ◇ *m.f.* witty person

o•po•si•ción *f.* opposition

o•po•si•tor, •ra *m.f.* opponent

o•pre•sión *f.* oppression ▪ **~ del pecho** tightness in the chest

o•pre•si•vo, a *adj.* oppressive

o•pre•so, a ▻ **oprimir** ◇ *adj.* oppressed

o•pre•sor, •ra ◇ *adj.* oppressive, tyrannical ◇ *m.f.* oppressor, tyrant

o•pri•mi•do, a *adj.* oppressed ▪ **tener el corazón ~** to be sick at heart

o•pri•mir *tr.* [tiranizar] to oppress, tyrannize; [apretar] to press, squeeze

o•pro•bio *m.* shame, disgrace

op•tar *tr.* to choose, select

op•ta•ti•vo, a ◇ *adj.* [facultativo] optional; GRAM optative ◇ *m.* GRAM optative

óp•ti•co, a ◇ *adj.* optical ◇ *m.* optician; (*f.*) PHYS optics
op•ti•mis•ta ◇ *adj.* optimistic ◇ *m.f.* optimist
op•ti•mi•zar *tr.* COMPUT to optimize
óp•ti•mo, a *adj.* optimal, best
op•to•me•trí•a *f.* optometry
o•pues•to, a ▻ **oponer** ◇ *adj.* [enfrente] opposite; [contrario] opposing, contrary
o•pu•len•cia *f.* opulence
o•pu•len•to, a *adj.* opulent
o•pu•sie•ra, so ▻ **oponer**
o•ra *conj.* [ahora] now; ~ **de este lado,** ~ **del otro lado** now this way, now the other way; [o bien] either; ~ **de día,** ~ **de noche** either by day or by night
o•ra•ción *f.* [discurso] speech, oration; RELIG prayer; GRAM [frase] sentence; [cláusula] clause ▪ ~ **adjetiva** adjectival clause; ~ **adverbial** adverbial clause; ~ **compuesta** o **coordinada** compound o complex sentence; ~ **sustantiva** noun clause
o•rá•cu•lo *m.* oracle
o•ra•dor, •ra *m.f.* orator
o•ral *adj.* oral
ó•ra•le *interj.* MEX *coll* [de acuerdo] right!, sure!; [¡venga!] come on!
o•ran•gu•tán *m.* orangutan
o•rar *intr.* [hablar] to speak, make a speech; [rezar] to pray
o•ra•to•rio, a ◇ *adj.* oratory, oratorical ◇ *m.* [capilla] oratory, chapel; MUS oratorio; (*f.*) oratory, rhetoric
or•be *m.* [esfera] orb, sphere; [mundo] world
ór•bi•ta *f.* orbit; [esfera] sphere, field
or•den *m.* [disposición] order; ~ **cronológico** chronological order; [sistema] method, system; [paz] order, peace; **el** ~ **público** law and order; [categoría] nature, character; **asuntos de** ~ **filosófico** matters of a philosophical nature; ARCHIT & BIOL order ▪ **de primer** ~ of the first order, first-rate; **en** ~ in order; **llamar al** ~ to call to order; ~ **de antigüedad** seniority; ~ **del día** agenda; **poner en** ~ to put in order; **por** ~ in its turn; (*f.*) order ▪ **a la** ~ **de** at the order of; **a sus órdenes** at your service; ~ **de arresto** arrest warrant; ~ **del día** MIL order of the day; ~ **de registro** search warrant; ~ **judicial** court order
or•de•na•ción *f.* [orden] arrangement; [acción] ordering, arranging; RELIG ordination
or•de•na•da *f.* ordinate
or•de•na•do, a *adj.* orderly, methodical
or•de•na•dor, •ra ◇ *adj.* ordering, arranging ◇ *m.* computer
or•de•nan•za *f.* regulation, ordinance; (*m.*) MIL orderly; [empleado] messenger
or•de•nar *tr.* [organizar] to order, put in order; [arreglar] to arrange; [mandar] to order, command; [dirigir] to direct; RELIG to ordain; AMER [solicitar] to order; (*reflex.*) RELIG to be ordained
or•de•ña•dor, •ra ◇ *adj.* milking ◇ *m.f.* milker; (*f.*) milking machine
or•de•ñar *tr.* to milk
or•di•nal *adj.* ordinal
or•di•na•riez *f. coll* vulgarity, commonness
or•di•na•rio, a *adj.* [común] ordinary, common; [inculto] coarse, uncouth; [mediocre] ordinary, mediocre; [diario] daily
o•re•ja *f.* ear; [parte lateral] flap; [asa] handle; MECH lug, flange ▪ **aguzar las orejas** to prick up one's ears; **con las orejas caídas** o **gachas** crestfallen; **mojarle la** ~ **a alguien** *coll* to pick a fight with someone
o•re•je•ra *f.* [de gorra] earflap; [de arado] moldboard
o•re•jón *m.* [fruta] dried peach half; HIST Inca nobleman
or•fa•na•to *m.* orphanage
or•fan•dad *f.* [estado de huérfano] orphanhood; [privación] abandonment
or•fe•bre *m.* goldsmith o silversmith
or•fe•bre•rí•a *f.* [arte] gold o silver work; [taller] gold o silver workshop
or•fe•li•na•to *m.* orphanage
or•gá•ni•co, a *adj.* organic
or•ga•ni•llo *m.* barrel organ, hurdy-gurdy
or•ga•nis•mo *m.* organism; [organización] organization, institution ▪ ~ **modificado genéticamente** genetically modified organism
or•ga•nis•ta *m.f.* organist
or•ga•ni•za•ción *f.* organization ▪ ~ **de ayuda humanitaria** humanitarian aid organization; ~ **no gubernamental** non-governmental organization
or•ga•ni•za•dor, •ra ◇ *adj.* organizing ◇ *m.f.* organizer ◇ *m.* COMPUT organizer ▪ ~ **personal** personal organizer
or•ga•ni•zar [04] *tr.* to organize; (*reflex.*) to be organized
ór•ga•no *m.* organ; [medio] medium, agency; [periódico] journal
or•gas•mo *m.* orgasm
or•gí•a *f.* orgy
or•gu•llo *m.* [arrogancia] arrogance, conceit; [sentimiento legítimo] pride ▪ **no caber en sí de** ~ to be bursting with pride
or•gu•llo•so, a ◇ *adj.* [que tiene orgullo] proud; [engreído] conceited, arrogant ◇ *m.f.* proud person
o•rien•ta•ción *f.* orientation; [colocación] positioning; [consejo] guidance, direction; [deporte] orienteering ▪ ~ **sexual** sexual orientation
o•rien•tal ◇ *adj.* oriental, eastern ◇ *m.f.* oriental
o•rien•tar *tr.* [colocar] to position; ~ **un cañón** to position a cannon; [un edificio] to orient, orientate; [encaminar] to guide
o•rien•te *m.* east, orient
o•ri•fi•cio *m.* orifice, opening
o•ri•gen *m.* origin; [principio] source; [linaje] birth; **de** ~ **noble** of noble birth; [cause] cause ▪ **dar** ~ **a** to give rise to; **en su** ~ originally
o•ri•gi•nal ◇ *adj.* original; [primero] first; [nuevo] new, novel; **un concepto** ~ a novel concept; [inventivo] inventive; [raro] odd, singular; [auténtico] authentic ◇ *m.* original; [manuscrito] manuscript
o•ri•gi•na•li•dad *f.* [novedad] originality, novelty; [carácter excéntrico] eccentricity
o•ri•gi•nar *tr.* & *reflex.* to originate
o•ri•gi•na•ria•men•te *adv.* originally
o•ri•gi•na•rio, a *adj.* coming o arising (**de** from)
o•ri•lla *f.* [borde] border, edge; [del mar] shore; [de un río] bank ▪ **a la** ~ o **a orillas de** by, beside; **a orillas del mar** by the seashore
o•ri•llar *tr.* [tela] to edge; [guarnecer] to trim, decorate
o•rín[1] *m.* rust
o•rín[2] *m.* urine
o•ri•na *f.*/**nes** *m.inv.* urine

o•ri•nal *m.* urinal
o•ri•nar *intr.* to urinate; (*reflex.*) to wet oneself, wet one's pants
o•riun•do, a *adj.* native ▪ **ser ~ de** to come from, be native to
or•la *f.* border; SEW fringe, trimming; HER orle
or•na•men•tal *adj.* ornamental
or•na•men•to *m.* [adorno] ornament, adornment; ARCHIT ornamentation, molding
or•ni•to•lo•gí•a *f.* ornithology
or•ni•tó•lo•go *m.f.* ornithologist
o•ro ◇ *m.* gold; [moneda] gold coin; [riqueza] wealth, riches ▪ **comprar a peso de ~** to buy dearly, pay a fortune for; **chapado de ~** goldplated; **de ~** gold, golden; **~ batido** gold leaf; **~ en barras** gold bars, bullion; **~ en polvo** gold dust; **~ negro** black gold, oil ◇ *pl.* suit in Spanish deck of cards
o•ron•do, a *adj. coll* [hinchado] puffed up, self-satisfied; [una vasija] pot-bellied
o•ro•pel *m.* tinsel
or•ques•ta *f.* orchestra
or•ques•ta•ción *f.* orchestration
or•ques•tal *adj.* orchestral
or•ques•tar *tr.* to orchestrate
or•quí•de•a *f.* orchid
or•ti•ga *f.* nettle
or•to•don•cia *f.* orthodontia
or•to•don•tis•ta ◇ *adj.* orthodontic ◇ *m.f.* orthodontist
or•to•do•xo, a *adj.* orthodox
or•to•gra•fí•a *f.* orthography
or•to•grá•fi•co, a *adj.* orthographic
or•to•pé•di•co, a ◇ *adj.* orthopedic ◇ *m.f.* orthopedist
or•to•pe•dis•ta *m.f.* orthopedist
o•ru•ga *f.* ENTOM caterpillar; AUTO caterpillar tread
o•ru•jo *m.* marc, residue (of pressed grapes)
or•zue•lo *m.* sty
os *pron.* SP you; **os vi en el museo** I saw you in the museum; you, to you; **os dieron la oportunidad de discutirlo** they gave you the opportunity to discuss it; you, for you; **os buscaba un asiento** he was looking for a seat for you; from you; **os robaron un coche** they stole a car from you; yourselves; **vosotros os laváis** you wash yourselves; each other; **vosotros os amáis** you love each other
o•sa•dí•a *f.* boldness, audacity
o•sa•do, a *adj.* bold, daring
o•sa•men•ta *f.* [conjunto de huesos] bones; [esqueleto] skeleton
o•sar *intr.* to dare
os•ci•la•ción *f.* oscillation; [balanceo] swing, swinging movement; [vacilación] vacillation, wavering
os•ci•la•dor *m.* oscillator
os•ci•lar *intr.* to oscillate; [balancearse] to swing, move back and forth; [fluctuar] to fluctuate, vary; [vacilar] to vacillate, waver
os•ci•la•to•rio, a *adj.* oscillatory
os•cu•re•cer [17] *tr.* [volver oscuro] to obscure, darken; [volver poco inteligible] to obscure, conceal; [eclipsar] to overshadow, eclipse; [el brillo] to tarnish, dim; PAINT to shade, shadow; (*intr.*) to be getting dark; (*reflex.*) [ponerse oscuro] to darken, grow dark; [nublarse] to become cloudy o overcast
os•cu•re•ci•mien•to *m.* darkening
os•cu•ri•dad *f.* [sombra] darkness; [imprecisión] obscurity, haziness; [incertidumbre] uncertainty
os•cu•ro, a *adj.* [sin luz] dark; [desconocido] obscure; **un poeta ~** an obscure poet; [negro] dark; [sombrío] gloomy; [confuso] hazy, unclear; [incierto] uncertain; [nebuloso] cloudy, overcast ▪ **a oscuras** in the dark; **hacer ~** to become dark; **~ como boca de lobo** pitch-black, pitch-dark; **quedarse a oscuras** to be left in the dark
ó•se•o, a *adj.* osseous, bony
os•mio *m.* osmium
ós•mo•sis, os•mo•sis *f.* osmosis
o•so *m.* bear ▪ **~ gris** grizzly bear
os•ten•si•ble *adj.* ostensible
os•ten•si•vo, a *adj.* ostensive
os•ten•ta•ción *f.* ostentation
os•ten•tar *tr.* [mostrar] to show; [hacer gala de] to flaunt, make a show of
os•ten•to•so, a *adj.* showy, grandiose
os•te•ó•lo•go, a *m.f.* osteologist
os•te•ó•pa•ta *m.f.* osteopath
os•te•o•pa•tí•a *f.* osteopathy
os•tra *f.* oyster
os•tra•cis•mo *m.* ostracism
o•te•ar *tr.* [desde lugar alto] to scan, survey; [escudriñar] to watch, observe
o•ti•tis *f.* otitis, inflammation of the ear
o•to•ñal *adj.* autumnal
o•to•ño *m.* autumn, fall
o•tor•ga•dor, •ra ◇ *adj.* granting ◇ *m.f.* grantor
o•tor•gar [47] *tr.* [consentir] to grant, give; LAW to execute, draw up
o•to•rri•no•la•rin•go•lo•gí•a *f.* otorhinolaryngology
o•tro, a ◇ *adj.* [distinto] other, another; **¿quieres ~ taza de café?** do you want another cup of coffee?; [igual] another; **ella es ~ María Callas** she is another Maria Callas ▪ **~ cosa** something else; **~ vez** again; **por ~ parte** on the other hand ◇ *pron.* another one; **no tengo ~** I do not have another one ▪ **¡~!** THEAT encore!; **unos a otros** each other, one another ◇ *pl.* others
o•va•ción *f.* ovation
o•va•cio•nar *tr.* to give an ovation to
o•val, o•va•la•do, a *adj.* oval
ó•va•lo *m.* oval
o•vá•ri•co *adj.* ovarian
o•va•rio *m.* ovary
o•ve•ja *f.* ewe, female sheep ▪ **~ descarriada** lost sheep
o•ve•je•ro, a ◇ *m.* shepherd; (*f.*) shepherdess ◇ *adj.* ▪ **perro ~** sheepdog
o•ver•boo•king *m.* overbooking
o•ve•rol (*pl* **overoles**) *m.* AMER [ropa - con peto] overalls (*pl*); [para bebé] rompers (*pl*)
o•vi•llar *tr.* to roll o wind; (*reflex.*) to roll o curl up
o•vi•llo *m.* [de hilo] ball; [cosa enredada] tangle, snarl ▪ **hacerse un ~** *coll* [acurrucarse] to curl up; [embrollarse] to get tangled up
o•vi•no, a *adj.* ovine, of sheep
o•ví•pa•ro, a ◇ *adj.* oviparous ◇ *m.f.* oviparous animal
ov•ni *m.* UFO, unidentified flying object

o•vu•la•ción *f.* ovulation
o•vu•lar <> *adj.* ovular <> *intr.* to ovulate
ó•vu•lo *m.* ovule
o•xi•da•ción *f.* oxidation
o•xi•dar *tr.* & *reflex.* to oxidize, rust
ó•xi•do *m.* oxide
o•xi•ge•na•do, a *adj.* oxygenated ▪ **agua** ~ hydrogen peroxide
o•xi•ge•nar *tr.* to oxygenate; (*reflex.*) to breathe fresh air
o•xí•ge•no *m.* oxygen
o•yen•te <> *adj.* hearing, listening <> *m.f.* [persona que oye] hearer, listener; EDUC auditor ▪ **los oyentes** the audience
o•ye•ra, yó ▻ **oír**
o•zo•no *m.* ozone

P

p, P seventeenth letter of the Spanish alphabet
pa•be•llón *m.* [banderal] flag, banner; [tienda de campaña] bell tent; [dosel] bed canopy; [edificio] pavilion; MARIT registration; ANAT outer ear ▪ **arriar el** ~ to lower the flag; ~ **de caza** shooting lodge
pa•bi•lo *m.* candle wick
pá•bu•lo *m.* [alimento] food, pabulum; [sustento] support, encouragement ▪ **dar** ~ **a** to encourage
pa•cer [17] *intr.* to graze
pa•cho•rra *f. coll* slowness, sluggishness
pa•cien•cia *f.* patience ▪ **acabársele** o **agotársele a uno la** ~ to lose one's patience; **armarse de** ~ to arm oneself with patience; **perder la** ~ to lose one's temper
pa•cien•te *adj.* & *m.f.* patient
pa•ci•fi•ca•ción *f.* pacification
pa•ci•fi•ca•dor, •ra <> *adj.* pacifying <> *m.f.* pacifier, peacemaker
pa•ci•fi•car [70] *tr.* to pacify; (*reflex.*) to calm down
pa•cí•fi•co, a *adj.* peaceful, pacific
pa•ci•fis•ta *adj.* & *m.f.* pacifist
pa•co, a *m.f.* ANDES & PAN *coll* cop
pa•co•ti•lla *f.* ▪ **de** ~ shoddy, junky
pac•tar *tr.* to agree to o upon; (*intr.*) to come to an agreement, make a pact ▪ ~ **con el diablo** to sell one's soul to the devil
pac•to *m.* pact, agreement
pa•de•cer [17] *tr.* [sufrir] to suffer (**de** from); [soportar] to endure, bear; [ser víctima de] to be the victim of ▪ **padece una equivocación** he is the victim of an error; (*intr.*) [sufrir] to suffer; [recibir daño] to be damaged ▪ ~ **del corazón** to have heart trouble
pa•de•ci•mien•to *m.* [sufrimiento] suffering; [enfermedad] ailment, illness
pa•dras•tro *m.* stepfather; [pellejo] hangnail
pa•dre <> *m.* father; *fig* father, creator; RELIG father, priest ▪ ~ **espiritual** confessor; **Padre Eterno** Heavenly Father; **Padre Nuestro** Lord's Prayer; ~ **político** father-in-law; **Santo Padre** RELIG Holy Father <> *pl.* parents <> *adj.* MEX *coll* terrific, tremendous
pa•dre•nues•tro *m.* Lord's Prayer, Our Father ▪ **en un** ~ *coll* in the wink of an eye
pa•dri•llo *m.* AMER sire, stallion
pa•dri•no <> *m.* [de niño] godfather; [de boda] best man; [de desafío] second; [patrocinador] sponsor <> *pl.* godparents
pa•drí•si•mo *adj.* MEX *coll* great
pa•drón *m.* [censo] census, register; [columna] memorial column o pillar; AMER sire, stallion
pa•dro•te *m.* MEX *coll* pimp
¡paf! *interj.* bang!, thud!
pa•ga *f.* [acción] payment; [sueldo] wages ▪ **buena** ~ good pay
pa•ga•de•ro, a *adj.* payable, due ▪ ~ **a la vista/entrega** payable on sight/delivery
pa•ga•do, a *adj.* ▪ ~ **de sí mismo** full of oneself
pa•ga•no, a *adj.* & *m.f.* pagan
pa•gar [47] *tr.* to pay; [recompensar] to repay; ~ **un favor** to repay a favor ▪ ~ **a crédito** o **a plazos** to pay in installments; ~ **con la misma moneda** to give (someone) a taste of their own medicine; **pagarla(s)** to pay for it; ~ **por adelantado** to pay in advance; (*intr.*) to pay
pa•ga•ré *m.* promissory note, IOU
pá•gi•na *f.* page ▪ ~ **de búsqueda** COMPUT search engine; ~ **personal** COMPUT personal home page; ~ **web** COMPUT web page
pa•gi•nar *tr.* to paginate, number the pages of
pa•go[1] *adj. coll* paid ▪ **estar** ~ to be even
pa•go[2] *m.* [entrega] payment; [recompensa] repayment, recompense ▪ ~ **por clic** COMPUT pay-per-click; ~ **por visión** TELEV pay per view
pai•la *f.* ANDES, C AMER & CARIB [sartén] frying pan; CHILE [huevos fritos] fried eggs (*pl*)
pa•ís *m.* [territorio] country, nation; [región] region, territory
pai•sa•je *m.* landscape
pai•sa•jis•ta <> *adj.* landscape <> *m.f.* landscape painter
pai•sa•no, a <> *adj.* of the same country o region <> *m.f.* [campesino] peasant; [compatriota] fellow countryman/woman
pa•ja *f.* straw; [lo desechable] deadwood, chaff; [cosa sin sustancia] rubbish; [para beber] (drinking) straw
pa•jar *m.* straw loft, barn
pa•ja•re•ra *f.* bird cage
pa•ja•re•rí•a *f.* bird shop
pá•ja•ro *m.* bird ▪ **matar dos pájaros de un tiro** *coll* to kill two birds with one stone; ~ **carpintero** woodpecker; **tener la cabeza llena de pájaros** *coll* to be a featherbrain
pa•ja•rra•co *m.* [pájaro] large ugly bird; *coll* [persona] nasty piece of work
pa•je *m.* HIST page
pa•la *f.* [herramienta] shovel, spade; [contenido] shovelful; [parte plana] blade; [del remo] blade; [del curtidor] fleshing knife; [de bisagra] leaf; [de la hélice] (propeller) blade ▪ ~ **mecánica** power shovel
pa•la•bra *f.* word; [facultad] speech; [elocuencia] eloquence; [promesa] word, promise ▪ **bajo** ~ on one's word of honor; **cogerle la** ~ **a alguien** to take someone at his word; **conceder** o **dar la** ~ **a** to give the floor to; **correr la** ~ to pass the word; **cruzar** ~ to talk, converse; **cumplir** o **mantener su** ~ **uno** to keep one's

word; **decir** o **tener la última** ~ to have the last word; **dejar a alguien con la** ~ **en la boca** to turn one's back on someone who is speaking; **de** ~ orally; **dirigir la** ~ **a** to address, speak to; **empeñar la** ~ to pledge one's word; **en dos** o **en pocas palabras** in brief; **en una** ~ in a word, in short; **faltar a su** ~ to go back on one's word; **medir uno sus palabras** to weigh one's words; **no decir** ~ not to say a word; **no tener** ~ to be unreliable; **¡~!** on my word of honor!; ~ **de honor** word of honor; ~ **de matrimonio** promise of marriage; ~ **por** ~ word for word, verbatim; **palabras mayores** strong language; **pedir la** ~ to ask for the floor; **quedarse sin palabras** to be left speechless; **quitarle a alguien la** ~ **de la boca** to take the words right out of someone's mouth; **tomar la** ~ to take the floor

pa•la•bre•rí•a *f./o m. coll* idle chatter

pa•la•bro•ta *f. coll* swearword, dirty word ▪ **decir palabrotas** to swear

pa•la•ce•te *m.* elegant house

pa•la•cie•go, a *adj.* [magnífico] palatial, magnificent; [del palacio] court, palace

pa•la•cio *m.* palace ▪ ~ **de justicia** court-house

pa•la•da *f.* shovelful

pa•la•dar *m.* [de la boca] palate, roof of the mouth; [gusto] taste

pa•la•de•ar *tr.* to savor, relish

pa•la•dín *m.* paladin; *fig* champion

pa•la•dio *m.* palladium

pa•lan•ca *f.* lever; [utensilio] crowbar; [palo] shaft, pole; *coll* [influencia] pull, influence ▪ ~ **de cambio** gearshift; ~ **del timón** rudder bar

pa•lan•ga•na *f.* washbasin

pa•lan•quín *m.* palanquin

pa•la•tal *adj.* & *f.* palatal

pal•co *m.* THEAT box

pa•len•que *m.* hitching post

pa•leo•lí•ti•co, a *adj.* & *m.* Paleolithic

pa•le•on•to•lo•gí•a *f.* paleontology

pa•le•on•tó•lo•go, a *m.f.* paleontologist

pa•le•o•zoi•co, a *adj.* & *m.* Paleozoic

pa•les•tra *f.* [lugar de lucha] palestra, gymnasium; [campo] arena ▪ **salir a la** ~ to enter the fray o the arena

pa•le•ta *f.* [pala pequeña] small shovel o spade; [del pintor] palette; [del albañil] trowel; ANAT shoulder blade; MECH [álabe] paddle (of water wheel); [de la hélice] blade; [diente] front tooth; COMPUT palette ▪ ~ **de herramientas** COMPUT tool palette; ~ **flotante** COMPUT floating palette

pa•le•ti•lla *f.* shoulder blade

pa•le•tó *m.* [abrigo] coat, greatcoat

pa•lia•ti•vo, a *adj.* & *m.* palliative

pa•li•de•cer [17] *intr.* [ponerse pálido] to turn pale, grow pale; [descolorarse] to fade

pa•li•dez *f.* paleness, pallor

pá•li•do, a *adj.* [descolorido] pale, pallid; *fig* pallid, lackluster

pa•li•llo *m.* [palito] small stick; [para agujas] knitting-needle holder; [mondadientes] tooth-pick; [de tambor] drumstick ▪ ~ **chino** chopstick

pa•li•to *m.* small stick ▪ **pisar el** ~ AMER *coll* to fall into the trap

pa•li•za *f.* beating, thrashing

pa•llar[1] *intr.* to sing improvised songs; (*tr.*) MIN to sort

pa•llar[2] *m.* [alubia] lima o butter bean; [judía] haricot bean

pal•ma ◇ *f.* [de la mano] palm; [palmera] palm (tree); [hoja] palm leaf; [victoria] victory, triumph; VET palm (of a hoof) ▪ **llevarse la** ~ to carry the day ◇ *pl.* applause ▪ **andar en** ~ to be applauded; **batir** ~ to applaud

pal•ma•do, a ◇ *adj.* [de forma de palma] palmate, palm-shaped; [ligado] webbed ◇ *f.* [golpe] slap, pat; [ruido] hand clap ▪ **dar palmadas** to clap one's hands

pal•mar[1] ◇ *adj.* ANAT palmar ◇ *m.* palm grove

pal•mar[2] *intr. coll* to die, kick the bucket

pal•me•a•do, a *adj.* [de forma de palma] palmate, palm-shaped; [ligado] webbed

pal•me•ar *intr.* [batir palmas] to clap, applaud; (*tr.*) RP to pat, slap

pal•me•ra *f.* palm tree

pal•mí•pe•do, a *adj.* & *m.* webfooted (animal)

pal•mi•to *m.* palm heart

pal•mo *m.* span, palm ▪ **crecer a palmos** to shoot up; **dejar a alguien con un** ~ **de narices** to let someone down; ~ **a** ~ little by little, inch by inch

pa•lo *m.* [vara] stick, pole; [mango] stick, handle; ~ **de escoba** broomstick; MARIT mast, spar; [golpe] hit, whack ▪ **dar de palos** to whack; **de tal** ~**, tal astilla** like father, like son; **de** ~ wooden; ~ **ensebado** AMER greased pole; ~ **mayor** mainmast; ~ **santo** lignum vitae; **palos de golf** golf clubs

pa•lo•ma *f.* dove, pigeon ▪ ~ **buchona** pouter pigeon; ~ **mensajera** horming pigeon

pa•lo•mar *m.* dovecote, pigeon loft

pa•lo•mi•lla *f.* [de graneros] grain moth; [de caballerías] back, fore-rump; [tuerca] wing o butterfly nut; [sostén] wall bracket

pa•lo•mi•ta *f.* popcorn

pa•lo•mo *m.* [macho] cock pigeon; [paloma torcaz] ring-necked dove

pal•pa•ble *adj.* palpable

pal•par *tr.* [tocar] to touch, feel; [experimentar] to appreciate; (*reflex.*) to be felt, be perceptible

pal•pi•ta•ción *f.* palpitation

pal•pi•tan•te *adj.* palpitating; *fig* burning

pal•pi•tar *intr.* [temblar] to palpitate, throb; [latir] to beat; [emocionarse] to quiver, be aflutter (with emotion); [manifestar] to throb; **en su verso palpita la emoción** his poetry throbs with emotion

pál•pi•to *m. coll* hunch, presentiment

pal•ta *f.* AMER avocado

pa•lu•dis•mo *m.* malaria

pa•lur•do, a ◇ *adj.* boorish ◇ *m.f.* boor

pam•pa *f.* pampa, plain

pam•pe•ro, a ◇ *adj.* of o from the pampas ◇ *m.f.* AMER pampero (inhabitant)

pam•pli•na *f. coll* [tontería] nonsense; [insignificancia] trifle

pan *m.* bread; [pieza] loaf of bread; **un** ~ **grande** a big loaf of bread; [masa] dough; cake; **un** ~ **de jabón** a cake of soap; [sustento] bread, food; METAL leaf, foil ▪ **a** ~ **y agua** on bread and water; **contigo** ~ **y cebolla** *coll* for better or for worse; **ganarse el** ~ to earn a living; ~ **de maíz** cornbread; ~ **fermentado** leavened bread; ~ **integral** whole-wheat bread; ~ **lactal** ARG sliced bread; **ser más bueno que el** ~ to be kindness itself; **ser** ~ **comido** *coll* to be a cinch

P

pa•na *f.* corduroy
pa•na•cea *f.* panacea
pa•na•de•rí•a *f.* bakery
pa•na•de•ro, a *m.f.* baker
pa•nal *m.* honeycomb
pa•na•má *m.* Panama hat
pa•na•me•ri•ca•no, a *adj.* Pan-American
pan•cho, a *coll* <> *adj.* calm, unruffled ▪ **quedarse tan** ~ to keep one's cool <> *m.* RP hot dog
pan•ci•to *m.* RP bread roll
pán•cre•as *m.inv.* pancreas
pan•cre•á•ti•co, a *adj.* pancreatic
pan•cro•má•ti•co, a *adj.* panchromatic
pan•da *m.* panda
pan•de•ar *intr.* & *reflex.* [la madera] to warp; [la pared] to bulge
pan•de•re•ta *f.* tambourine
pan•de•ro *m.* tambourine
pan•di•lla *f.* gang, band
pan•di•lle•ro/llis•ta *m.* member of a gang
pa•ne•ci•llo *m.* roll, bun
pa•ne•ci•to *m.* AMER roll, bun
pa•ne•gí•ri•co, a <> *adj.* panegyrical <> *m.* panegyric
pa•nel <> *m.* panel ▪ ~ **de control** COMPUT control panel <> *pl.* paneling
pa•ne•ra *f.* breadbasket
pán•fi•lo, a *adj.* [cachazudo] slow; [bobo] foolish
pan•fle•to *m.* pamphlet
pá•ni•co, a *adj.* & *m.* panic
pa•ni•zo *m.* [mijo] millet; [maíz] corn, maize
pa•no•plia *f.* panoply
pa•no•ra•ma *m.* panorama
pa•no•rá•mi•co, a *adj.* panoramic
pan•que•que *m.* AMER pancake
pan•ta•le•tas *f.pl.* C AMER, CARIB & MEX [bragas] panties
pan•ta•lla *f.* [de lámpara] lamp shade; [de hogar] fire screen; [telón] movie screen; [de radar] screen; [de cine] film ▪ **las estrellas de la** ~ film stars; [protección] shield ▪ ~ **de cristal líquido** LCD screen; ~ **plana** flat screen; ~ **táctil** touch screen; ~ **TFT** TFT screen
pan•ta•lón *m.*/**lo•nes** *m.pl.* [de hombre] trousers, pants; [de mujer] slacks ▪ **llevar los pantalones** *coll* to wear the pants in the family; ~ **corto** shorts; ~ **vaquero** jeans
pan•ta•nal *m.* marsh, bog
pan•ta•no *m.* marsh; *fig* difficulty
pan•ta•no•so, a *adj.* boggy, marshy
pan•te•ís•ta <> *adj.* pantheistic <> *m.f.* pantheist
pan•te•ón *m.* pantheon
pan•te•ra *f.* panther
pan•ti•me•dias *f.pl.* MEX pantyhose
pan•tó•gra•fo *m.* pantograph
pan•to•mi•ma *f.* pantomime
pan•to•rri•lla *f.* calf
pan•tu•fla *f.* slipper
pan•za *f. coll* [barriga] belly, paunch; ZOOL rumen; [de vasija] belly
pan•za•da *f.* push given with the belly ▪ **darse una** ~ **de** to gorge oneself on
pan•za•zo *m.* ▪ **darse un** ~ to do a bellyflop
pa•ñal *m.* diaper, nappy GB ▪ **dejar en pañales a alguien** *coll* to leave someone standing; **estar en pañales** [ser niño] to be in diapers; [ser novato] to be wet behind the ears
pa•ño *m.* [tela] cloth; [de lana] woolen cloth; [tapiz] drapery; [ancho] panel; [trapo] rag ▪ ~ **de lágrimas** shoulder to cry on; **paños menores** underwear
pa•ñue•lo *m.* handkerchief; [pañoleta] scarf ▪ ~ **de bolsillo** pocket handkerchief
pa•pa[1] *m.* Pope ▪ **ser más papista que el** ~ to be more Catholic than the Pope
pa•pa[2] <> *f.* AMER potato ▪ ~ **dulce** sweet potato; **no saber ni** ~ **de** *coll* not to know a thing about <> *pl. coll* [comida] food, grub; [puches] pap, mush
pa•pá *m.* papa, daddy ▪ **Papá Noel** Father Christmas
pa•pa•cha•dor, a *adj.* MEX comforting
pa•pa•char *tr.* MEX to spoil
pa•pa•da *f.* double chin
pa•pa•ga•yo *m.* [ave] parrot; VEN [cometa] kite
pa•pal <> *adj.* papal <> *m.* AMER potato field
pa•pa•lo•te/pe•lo•te *m.* C AMER & MEX kite
pa•pa•mos•cas *m.inv. coll* simpleton, fool
pa•pa•mó•vil *m.* popemobile
pa•pa•na•tas *m.inv. coll* fool
pa•par *tr.* ▪ ~ **moscas** to gape
pa•pa•ra•zzi *m.* paparazzi
pa•pa•ya *f.* papaya
pa•pel <> *m.* paper; [hoja] piece of paper; [documento] document; [función] role; THEAT role ▪ **hacer buen** ~ to do well; **hacer el** ~ **de** to act as; **hacer mal** ~ to do poorly; ~ **cuadriculado** graph paper; ~ **de arroz** rice paper; ~ **de calcar** tracing paper; ~ **de cartas** stationery; ~ **confort** CHILE toilet paper; ~ **de estraza** brown wrapping paper; ~ **de lija** sandpaper; ~ **de seda** tissue paper; ~ **encerado** wax paper; ~ **higiénico** toilet paper; ~ **madera** DOM REP cardboard; ~ **moneda** paper money; ~ **para escribir** writing paper; ~ **rayado** lined paper; ~ **sanitario** CUBA & MEX toilet paper; ~ **secante** blotting paper; ~ **tapiz** COMPUT wallpaper <> *pl.* [documentos] papers, documents; [identificación] identification papers
pa•pe•le•o *m. fig* red tape, paper work
pa•pe•le•ro, a <> *adj.* paper <> *m.f.* [fabricante] paper manufacturer; [vendedor] stationer
pa•pe•le•ta *f.* [cédula] card; [cucurucho] paper cone O bag; [de voto] ballot paper ▪ ~ **de empeño** pawn ticket
pa•pe•lón *m.* ▪ **hacer un** ~ to make a fool of oneself
pa•pe•ra <> *f.* goiter <> *pl.* mumps
pa•pi *m. coll* daddy, pop
pa•pi•la *f.* papilla
pa•pi•lla *f.* pap, soft food ▪ **estar hecho** ~ *coll* to be exhausted O beat; **hacer** ~ **a** *coll* to make mincemeat of
pa•pi•ro *m.* papyrus
pa•pis•ta *adj.* & *m.f.* papist
pa•que•bo•te *m.* packet boat, packet
pa•que•te <> *m.* [bulto] package; [caja] pack, packet; **un** ~ **de cigarrillos** a pack of cigarettes; [paquebote] packet boat, packet; *coll* [mentira] lie ▪ ~ **turístico** package tour <> *adj.* AMER smart, elegant
pa•qui•der•mo *m.* pachyderm
par <> *adj.* [igual] equal; MATH even; ZOOL paired <> *m.* [dos] couple; **un** ~ **de huevos** a couple of eggs; pair; **un** ~ **de pantalones** a pair of pants; [yunta] pair, team; [dignidad] peer; MATH even number; ARCHIT rafter ▪ **a la**

~ [igualmente] on a par, equally; [a un tiempo] at the same time; COM at par; **al ~ de** on the same level as; **a pares** o **en pares** in pairs, by twos; **de ~ en ~** wide; **abierto de ~ en ~** wide open; **sin ~** without peer o equal

pa•ra *prep.* [movimiento] towards, for; [destino, fin] for, to, in order to; [duración, tiempo] for, by, about to, on the point of, to, for; [comparación] for, to, considering; [en provecho de] for; [no se traduce]: **crema ~ afeitar** shaving cream ▪ **~ con** toward; **~ concluir** in conclusion; **~ que** so that, in order that; **¿~ qué?** why; **¿~ qué has venido?** why have you come?; for what; **¿~ qué sirve esa manija?** what is this handle for?; **~ siempre** forever

pa•rá•bo•la *f.* [cuento] parable; GEOM parabola

pa•ra•bó•li•ca *f.* satellite dish

pa•ra•bri•sas *m.inv.* windshield, windscreen GB

pa•ra•ca•í•das *f.inv.* parachute

pa•ra•cai•dis•ta *m.f.* [aficionado] parachutist; MIL paratrooper

pa•ra•ce•ta•mol *m.* paracetamol

pa•ra•cho•ques *m.inv.* bumper, fender

pa•ra•da *f.* ▻ **parado, a**

pa•ra•de•ro *m.* [sitio] whereabouts; [destino] destination; CHILE, COL, MEX & PERU [parada de autobús] bus stop ▪ **averiguar el ~ de** to locate; **ignorar el ~ de algo/alguien** not to know where something/someone is

pa•ra•dig•ma *m.* paradigm

pa•ra•di•sia•co, a/sí•a•co, a *adj.* heavenly

pa•ra•do, a ◇ *adj.* [inmóvil] stationary; [detenido] stopped; [inactivo] idle; [sin empleo] unemployed; AMER standing ▪ **salir bien/mal ~** to come off well/badly ◇ *f.* [acto] stop; [suspensión] halt; [sitio] stop; **~ de autobús** bus stop; MIL parade ▪ **~ de taxis** taxi o cab stand; **~ en firme** o **en seco** dead stop

pa•ra•do•ja *f.* paradox

pa•ra•dó•ji•co, a *adj.* paradoxical

pa•ra•dor *m.* inn, roadhouse

pa•ra•fi•na *f.* paraffin

pa•ra•fra•se•ar *tr.* to paraphrase

pa•rá•fra•sis *f.inv.* paraphrase

pa•ra•guas *m.inv.* umbrella

pa•ra•güe•ro, a *m.f.* umbrella maker o seller; (*m.*) umbrella stand

pa•ra•í•so *m.* paradise; THEAT top balcony ▪ **~ fiscal** tax haven

pa•ra•je *m.* [lugar] spot; [región] area

pa•ra•le•lo, a ◇ *adj.* parallel ◇ *m.* GEOG parallel; [comparación] parallel, comparison ▪ **correr ~** to run parallel to; **establecer un ~** to draw a parallel between, compare; (*f.*)[línea] parallel line ◇ *pl.* SPORT parallel bars

pa•ra•le•lo•gra•mo *m.* parallelogram

pa•rá•li•sis *f.inv.* paralysis ▪ **~ cerebral** cerebral palsy; **~ infantil** poliomyelitis

pa•ra•lí•ti•co, a *adj.* & *m.f.* paralytic

pa•ra•li•za•ción *f.* immobilization, paralyzation; COM [estancamiento] stagnation

pa•ra•li•zar [04] *tr.* [causar parálisis a] to paralyze; *fig* [estorbar] to impede, stop; (*reflex.*) to become paralyzed

pa•ra•mé•di•co, a *adj.* paramedical

pa•rá•me•tro *m.* parameter

pa•ra•mi•li•tar *adj.* paramilitary

pára•mo *m.* high barren plain

pa•ran•gón *m.* comparison, parallel ▪ **sin ~** matchless

pa•ra•no•ia *f.* paranoia

pa•ra•noi•co, a *adj.* & *m.f.* paranoid

pa•ra•o•lím•pi•co, a *adj.* Paralympic

pa•ra•pen•te *m.* paragliding, parapenting

pa•ra•pen•tis•ta *m.f.* paraglider

pa•ra•pe•tar•se *reflex.* MIL to defend oneself with parapets; *fig* to protect oneself

pa•ra•pe•to *m.* parapet

pa•ra•plé•ji•co, a *adj.* & *m.f.* paraplegic

pa•ra•psi•co•lo•gí•a *f.* parapsychology

pa•rar *intr.* [cesar] to stop, halt; *coll* [terminar] to end up; **¿adónde vas a ~ con esos preparativos?** where are you going to end up with all those preparations?; [alojarse] to lodge, stay; [caer] to end up, land; **la carta paró en manos de su hija** the letter ended up in the hands of his daughter ▪ **ir a ~** to end up, result in; **~ en** to end up, result in; **~ en seco** to stop dead; **sin ~** ceaselessly, nonstop; (*tr.*) [detener] to stop, halt; [impedir] to check; [prevenir] to forestall ▪ **~ la oreja** AMER to prick up one's ears; (*reflex.*) [detenerse] to stop; *coll* [beneficiarse] to prosper; AMER to stand up; MEX & VEN [salir de la cama] to get up ▪ **~ a** to stop, pause; **~ a pensar** to stop to think

pa•ra•rra•yos *m. inv.* lightning rod

pa•ra•sí•ti•co, a *adj.* parasitic

pa•rá•si•to, a ◇ *adj.* parasitic ◇ *m.* parasite

pa•ra•sol *m.* parasol

par•ce•la *f.* parcel, plot

par•ce•lar *tr.* to divide into plots, parcel

par•che *m.* [emplasto] plaster; [remiendo] patch; [de tambor] drumhead ▪ **~ de nicotina** nicotine patch

par•cial ◇ *adj.* partial ◇ *m.* [partidario] partisan, follower; [examen] periodic exam

par•cia•li•dad *f.* partiality; [prejuicio] bias

par•co, a *adj.* [corto] sparing; **~ en el hablar** sparing in words; [frugal] frugal, economical; [moderado] moderate

¡par•diez! *interj. coll* good God!, by Jove!

par•do, a ◇ *adj.* [moreno] brown; [oscuro] dark ◇ *m.f.* AMER mulatto

par•dus•co, a *adj.* brownish

pa•re•a•do *m.* semi-detached house

pa•re•cer[1] *m.* [opinión] opinion, view; [aspecto] appearance ▪ **al ~** apparently; **cambiar de ~** to change one's mind; **ser del ~ que** to be of the opinion that

pa•re•cer[2] [17] *intr.* [dar la impresión] to seem; [querer] to like; **si te parece, saldremos inmediatamente** if you like, we will leave immediately; [semejarse] to resemble, seem like; [tener cierto aspecto] to look, appear ▪ **al ~** apparently; **así parece** so it seems; **~ mentira** to be hard to believe; (*reflex.*) to look alike ▪ **~ a** to resemble, look like

pa•re•ci•do, a ◇ *adj.* similar ▪ **bien ~** good-looking; **ser ~ a** to resemble, be like ◇ *m.* similarity

pa•red *f.* wall ▪ **darse contra la ~** to knock one's head against the wall; **~ por medio** next door

pa•re•dón *m.* large thick wall

pa•re•jo, a ◇ *adj.* [igual] alike, equal; [liso] even, smooth; [llano] flat, level ▪ **ir parejos** [cosas, personas] to be equal; [caballos] to go neck and neck ◇ *f.* [par]

pair; [hombre y mujer] couple; [dos compañeros] pair, couple; [de baile] dancing partner; [de juego] partner in card games ■ ~ **de hecho** unmarried couple; **por parejas** two by two, in pairs

pa•ren•te•la *f.* relations, relatives

pa•ren•tes•co *m.* [vínculo] kinship; [lazo] tie

pa•rén•te•sis *m.inv.* parentheses; [frase] parenthetical statement; [interrupción] break, interruption ■ **entre** ~ in parentheses; **sea dicho entre** ~ incidentally

pa•ria *m.f.* pariah

pa•ri•dad *f.* parity

pa•rien•te, a *m.f.* relative, relation ■ ~ **consanguíneo** blood relation

pa•rie•tal *adj.* & *m.* parietal (bone)

pa•ri•hue•las *f.pl.* stretcher

pa•rir *intr.* & *tr.* to give birth (to)

pa•ri•ta•rio, a *adj.* joint

pár•kin•son *m.* Parkinson's disease

par•la•men•ta•rio, a/ris•ta ◇ *adj.* parliamentary ◇ *m.f.* member of parliament

par•la•men•to *m.* [asamblea] parliament; [discurso] address; THEAT long speech

par•lan•chín, i•na ◇ *adj.* talkative, chattering ◇ *m.f.* chatterbox

par•lar *intr.* to chatter

par•lo•te•ar *intr. coll* to chatter

pa•ro *m.* [suspensión] stoppage, standstill; [desempleo] unemployment ■ ~ **forzoso** layoff; ~ **laboral** strike

pa•ro•dia *f.* parody

pa•ro•diar *tr.* to parody

pa•ro•dis•ta *m.f.* parodist

pa•ró•ni•mo, a ◇ *adj.* paronymous ◇ *m.* paronym

pa•ro•xis•mo *m.* paroxysm

par•pa•de•ar *intr.* [párpados] to blink; [luz] to flicker; [estrellas] to twinkle

par•pa•de•o *m.* [ojos] blink; [luz] flicker; [estrellas] twinkle

pár•pa•do *m.* eyelid

par•que *m.* park; [estacionamiento] parking lot ■ ~ **acuático** waterpark; ~ **de atracciones** amusement park; ~ **científico** science park; ~ **eólico** wind farm; ~ **tecnológico** science park; ~ **temático** theme park

par•qué *m.* parquet

par•que•a•de•ro *m.* ANDES & CARIB parking lot

par•que•ar *tr.* ANDES & CARIB to park

par•que•o *m.* AMER [acción] parking; [lugar] parking lot

par•que•dad *f.* [prudencia] economy; [templanza] moderation

par•quí•me•tro *m.* parking meter

pa•rra *f.* grapevine ■ **hoja de** ~ fig leaf (on statue)

pá•rra•fo *m.* paragraph ■ **echar un** ~ *coll* to have a chat; **hacer** ~ **aparte** *coll* to change the subject

pa•rral *m.* [lugar] vineyard; [parra con armazón] vine arbor

pa•rran•da *f. coll* party, spree ■ **andar** o **estar de** ~ to be out for a good time

pa•rri•ci•da *m.f.* parricide

pa•rri•ci•dio *m.* parricide

pa•rri•lla *f.* grill; [rejilla] grating; [restaurant] steak house; AMER [baca] roof rack

pa•rri•lla•da *f.* dish of grilled fish o seafood; RP dish of grilled meats

pá•rro•co ◇ *m.* parish priest ◇ *adj.* parish

pa•rro•nal *m.* CHILE vineyard

pa•rro•quia *f.* [territorio] parish; [habitantes] parishioners; [iglesia] parish church

pa•rro•quial *adj.* parochial, parish

pa•rro•quia•no, a ◇ *adj.* parochial, parish ◇ *m.f.* [feligrés] parishioner; [cliente] customer

pár•sec *m.* parsec

par•si•mo•nia *f.* [templanza] moderation; [calma] calm

par•si•mo•nio•so, a *adj.* [sobrio] parsimonious; [tranquilo] unhurried

par•te *f.* part; [porción] portion; [cantidad asignada] share; [sitio] place, spot; [lado] side; [facción] side; COM & LAW party; THEAT role ■ **a esta** ~ ago, past; **de un mes a esta** ~ a month ago; **de** ~ **de** [a nombre de] in the name of, on behalf of; [en favor de] on the side of; [por orden de] at the command of; **¿de** ~ **de quién?** who's calling?; **en alguna** ~ somewhere; **en cualquier** ~ anywhere; **en gran** ~ for the most part; **en ninguna** ~ nowhere; **en** ~ partly; **en** o **por todas partes** everywhere; **hacer su** ~ to do one's share; **la mayor** ~ the majority; **llevar la mejor** ~ to have the upper hand; **no ser** ~ **de** to have nothing to do with; ~ **actora** LAW plaintiff; ~ **de la oración** GRAM part of speech; ~ **por** ~ bit by bit; **poner de su** ~ to do what one can; **ponerse de** ~ **de** to side with; **por la mayor** ~ for the most part; **por mi** ~ as far as I am concerned; **por otra** ~ on the other hand; **por partes** step by step; **tener** o **tomar** ~ **en** to take part in, participate in; (*m.*) [escrito] note; [despacho] dispatch, message; [informe] report ■ **dar** ~ to report; **dar** ~ **a** to notify, inform

par•te•ra *f.* midwife

par•te•ro *m.* male midwife

par•ti•ción *f.* division, partition

par•ti•ci•pa•ción *f.* participation; [contribución] contribution; [de lotería] share in a lottery ticket; COM [acción] share, interest ■ ~ **de boda** wedding invitation; ~ **en las utilidades** profit sharing

par•ti•ci•pan•te ◇ *adj.* participating, sharing ◇ *m.f.* [que toma parte] participant; SPORT competitor

par•ti•ci•par *tr.* to inform; (*intr.*) [tomar parte] to participate, take part; [compartir] to share

par•tí•ci•pe ◇ *adj.* participating ◇ *m.f.* [colaborador] participant; [interesado] interested party ■ **hacer a alguien** ~ **de** to inform someone of

par•ti•ci•pio *m.* participle

par•tí•cu•la *f.* particle

par•ti•cu•lar ◇ *adj.* [privado] private; [individual] individual, personal; [especial] particular, special; **un talento** ~ a special talent ◇ *m.f.* [individuo] individual, private person; [asunto] matter, point ■ **nada de** ~ nothing special

par•ti•cu•la•ri•dad *f.* peculiarity

par•ti•cu•la•ri•zar [04] *tr.* [especificar] to specify; [detallar] to detail; (*reflex.*) to stand out

par•ti•cu•lar•men•te *adv.* particularly

par•ti•da•rio, a *adj.* & *m.f.* partisan

par•ti•dis•ta ◇ *adj.* party ◇ *m.f.* partisan

par•ti•do, a ◇ *adj.* divided ◇ *m.* [bando] (political) party; [provecho] profit, advantage; [distrito] district; SPORT game ■ **sacar** ~ **de** to benefit from; **tomar** ~ [decidir] to decide; [ponerse de parte] to take sides; (*f.*) [salida] departure; [expedición] party; [mano de juego] hand, round; COM [artículo] entry, item; [porción] lot, batch ■ ~ **de defunción** death certificate; ~ **de matrimonio** marriage certificate; ~ **simple** COM single entry

par•tir *tr.* [dividir] to divide, split; to crack; ~ **nueces** to crack nuts; [romper] to break, split open; [repartir] to share; (*intr.*) to leave ■ **a** ~ **de** as of, starting from

par•ti•ti•vo, a *adj.* partitive

par•ti•tu•ra *f.* score

par•to *m.* childbirth, delivery

par•tu•rien•ta *f.* woman in labor

par•va *f.* unthreshed grain; *fig* heap, pile

pár•vu•lo, a *m.f.* small child, tot

pa•sa *f.* ▻ **paso, a**

pa•sa•bo•cas *m. inv* COL snack

pa•sa•di•zo *m.* [pasillo] passage; [callejón] alley

pa•sa•do, a ◇ *adj.* past, gone by; **en años pasados** in past years; [anterior] last; **el mes** ~ last month; GRAM past, preterit; CUL [podrido] spoiled; [poco fresco] stale; [muy cocido] overdone ■ ~ **de moda** old-fashioned; ~ **la una** after one (o'clock); ~ **mañana** day after tomorrow ◇ *m.* past ■ **lo** ~, ~ let bygones be bygones; (*f.*) [acto] passage, passing; SEW stitch ■ **de** ~ [de paso] on the way; [ligeramente] cursorily; **mala** ~ dirty trick

pa•sa•dor, •ra ◇ *adj.* passing ◇ *m.* [barra] bolt; [chaveta] cotter (pin); [de pelo] hairpin

pa•sa•je *m.* passage; [billete] ticket; [pasajeros] passengers; [paso público] passageway

pa•sa•je•ro, a ◇ *adj.* passing, fleeting ◇ *m.f.* passenger, traveler

pa•sa•ma•no *m.* handrail

pa•sa•mon•ta•ñas *m.pl.* balaclava (hat)

pa•sa•pa•los *m.pl.* MEX & VEN snacks, appetizers

pa•sa•por•te *m.* passport

pa•sar *tr.* [alcanzar] to pass, hand; [atravesar] to cross; [ir más allá] to go beyond; ~ **los límites** to go beyond the limits; *coll* [contrabandear] to smuggle; [poner en circulación] to circulate; [transferir] to transfer; [introducir] to insert; [colar] to filter; [disfrutar] to spend, pass; **pasamos el verano en la playa** we spent the summer at the beach; [sufrir] to suffer, undergo; **hemos pasado muchas desgracias** we have undergone many misfortunes; [desecar] to dry in the sun; [aprobar] to pass; ~ **un examen** to pass a test ■ ~ **en limpio** to make a clear copy; ~ **la noche en blanco** to spend a sleepless night; ~ **las de Caín** to go through hell; ~ **lista** to call roll; **pasarla bien/mal** to have a good/bad time; ~ **por las armas** to execute; ~ **por alto** to omit; (*intr.*) [transcurrir] to go by; [entrar] to come in; [ocurrir] to happen, occur; **¿qué pasó?** what happened?; [durar] to last; [cesar] to pass, be over; [conceder] to yield, pass; [transferirse] to be handed down ■ **hacerse** ~ **por** to pass oneself off as; **ir pasándola** to get along; ~ **a** to proceed to; ~ **a mejor vida** to go on to the great beyond; ~ **a ser** to become; ~ **de** [exceder] to exceed, surpass; [edad] to be over; ~ **de moda** to go out of fashion; ~ **por** [simular ser] to pretend to be; [detenerse] to stop by; [padecer] to go through, undergo; ~ **por encima** to go over someone's head; ~ **sin** to do o go without; (*reflex.*) [cambiar de partido] to go over; [olvidarse] to forget; [deslizar] to run; **se pasó la mano por la frente** she ran her hand across her brow; [excederse] to go too far; [echarse a perder] to go bad; [estar muy cocido] to be overcooked; ~ **de** to be too; ~ **de la raya** to go too far; ~ **la gran vida** to live it up

pa•sa•re•la *f.* [puentecillo] footbridge; MARIT gangway; THEAT catwalk; COMPUT gateway

pa•sa•tiem•po *m.* pastime

Pas•cua ◇ *f.* [de resurrección] Easter; [Navidad] Christmas; [Epifanía] Epiphany; [Pentecostés] Pentecost; [fiesta judía] Passover ■ **dar las pascuas** to wish (someone) a Merry Christmas; **estar como unas pascuas** *coll* to be happy as a lark; ~ **florida** RELIG Easter; **santas pascuas** *coll* that's all there is to it ◇ *pl.* Christmastide

pa•se *m.* pass

pa•se•ar *intr.* [andar] to go for a walk; [a caballo] to ride (on a horse); [en coche] to go for a ride; [en bicicleta] to go for a bicycle ride; (*tr.*) to take for a walk

pa•se•o *m.* [caminata] stroll; [a caballo, en coche] ride; [excursión] outing; [avenida] avenue; TAUR parade (of toreadors before the bullfight) ■ ~ **espacial** space walk; **dar un** ~ [andar] to go for a walk; [en coche] to go for a ride; **echar** o **mandar a** ~ to send (someone) packing; **ir de** ~ [andar] to walk; [viajar] to go on a trip; **¡vete a** ~**!** take a walk!

pa•si•llo *m.* corridor ■ ~ **aéreo** air corridor

pa•sión *f.* passion

pa•sio•nal *adj.* passionate, emotional ■ **crimen** ~ crime of passion

pa•si•vo, a ◇ *adj.* passive ◇ *m.* COM liabilities

pas•ma•do, a *adj. coll* [atónito] astounded, astonished; [helado] frozen

pas•mar *tr.* [enfriar] to freeze, chill; [dejar atónito] to stun; [asombrar] to astound; (*reflex.*) [enfriarse] to freeze; [atontarse] to be stunned; [asombrarse] to be astounded

pas•mo *m.* [enfriamiento] chill; [asombro] astonishment

pas•mo•so, a *adj.* astonishing, amazing

pa•so *m.* step; [marcha] walk; EQUIT gait; [distancia] pace; [acción] passing, passage; [camino] passage; GEOG pass; MARIT strait; [pisada] footstep; [en el baile] step ■ **abrir** ~ **a** to make way for; **a buen** ~ quickly; **a cada** ~ at every turn; **a dos pasos** at a short distance; **a ese** ~ at that rate; **aflojar el** ~ to slow down; **a grandes pasos** by leaps and bounds; **apretar el** ~ to go faster; **al** ~ **que** [al mismo tiempo] while; at the rate that; **al** ~ **que vas, nunca vas a terminar** at the rate that you are going, you will never finish; **a** ~ **de tortuga** at a snail's pace; **a** ~ **lento** slowly; **a pocos pasos** at a short distance; **ceder el** ~ to step aside; **cerrar el** ~ to block the way; **cortar el** ~ to cut off; **de** ~ in passing; **marcar el** ~ to keep time; ~ **a nivel** grade crossing; ~ **a** ~ little by little; ~ **por** ~ step by step; **salir del** ~ to get out of a jam; **salirle al** ~ [salir al encuentro] to intercept; [confrontar] to confront; **seguirle los pasos a alguien** to tail someone; **volver sobre sus pasos** to retrace one's steps

pa•so, a ◇ *adj.* dried (fruit) ■ **ciruela pasa** prune; **uvas pasas** raisins ◇ *f.* raisin ■ **estar** o **quedarse hecho una** ~ *coll* to become all dried and wrinkled; ~ **de Corinto** currant

pas•quín *m.* rag, scandal sheet

pas•ta ◇ *f.* [masa] paste; PAINT impasto ■ ~ **de dientes** toothpaste; **tener** ~ **de** to have the makings of ◇ *pl.* noodles, pasta

pas•tar *tr.* to take to pasture; (*intr.*) to graze

pas•tel ◇ *m.* CUL [dulce] cake; [de carne, queso] pie; PAINT pastel; *coll* [ardid] scheme, game ◇ *pl.* pastry

P

pas•te•le•rí•a *f.* [sitio] pastry shop; [oficio] pastry-making

pas•te•le•ro, a *m.f.* pastry cook

pas•te(u)•ri•za•ción *f.* pasteurization

pas•te(u)•ri•zar [04] *tr.* to pasteurize

pas•ti•lla *f.* [de jabón] bar, cake; [medicinal] lozenge, drop; [de menta] mint

pas•to *m.* [hierba] grass, lawn; [sitio] pasture; [comida] feed, fodder; *fig* food, fuel

pas•tor, •ra *m.* [ovejero] shepherd; [prelado] pastor; (*f.*) shepherdess

pas•to•ral ◇ *adj.* pastoral ◇ *f.* MUS pastorale

pas•to•re•ar *tr.* to take to pasture

pas•to•so, a *adj.* [blando] doughy; [voz] mellow; [lengua] coated

pa•ta *f.* ZOOL [pie] paw, foot; [pierna] leg; *coll* [pierna humana] leg; [base] leg; **las patas de la mesa** the legs of the table; ORNITH female duck; CHILE [etapa] stage ■ **a cuatro patas** on all fours; **a ~** *coll* on foot; **estirar la ~** *coll* to kick the bucket; **meter la ~** *coll* to put one's foot in it; **~ de gallo** crowfoot; [arruga] crow's-foot; **~ de palo** wooden leg; **patas arriba** *coll* [boca arriba] upside-down; [en desorden] topsy-turvy; **salir** o **ser ~** o **patas** to end in a draw o a tie; **tener mala ~** *coll* to be unlucky; **tener patas** CHILE *coll* be cheeky

pa•ta•da *f.* kick ■ **a patadas** *coll* in abundance; **dar la ~ a alguien** *coll* to give someone the boot; **darle a alguien una ~** to kick someone; **echar a alguien a patadas** to kick someone out

pa•ta•le•ar *intr.* [dar patadas] to kick; [pisar] to stamp

pa•ta•le•ta *f.* *coll* tantrum, fit

pa•tán *m.* *coll* lout, boor

pa•ta•ta *f.* potato ■ **patatas fritas** French fries, chips GB

pa•ta•tín pa•ta•tán *interj.* ■ **que ~** *coll* this and that

pa•ta•tús *m.* *coll* fainting spell

pa•te•ar *tr.* *coll* to kick; (*intr.*) *coll* [dar patadas] to stamp one's feet; **~ de rabia** to stamp with rage; AMER *coll* [andar mucho] to chase all over the place; [cocear] to kick

pa•ten•tar *tr.* to patent, register

pa•ten•te ◇ *adj.* patent, obvious ■ **hacer ~** to make evident ◇ *f.* [permiso] warrant; [licencia] license; [de invención] patent; C SUR [matrícula] license plate ■ **~ de navegación** certificate of registration

pa•ter•nal *adj.* paternal

pa•ter•ni•dad *f.* paternity; *fig* authorship

pa•ter•no, a *adj.* paternal

pa•té•ti•co, a *adj.* pathetic

pa•tí•bu•lo *m.* scaffold, gallows

pa•ti•llas *f.pl.* sideburns

pa•ti•llu•do, a *adj.* having long and heavy sideburns

pa•tín *m.* skate; AVIA skid ■ **~ de hielo** ice skate; **~ en línea** rollerblade; **~ de ruedas** roller skate

pá•ti•na *f.* patina

pa•ti•na•dor, •ra ◇ *adj.* skating ◇ *m.f.* skater

pa•ti•na•je *m.* skating ■ **~ artístico** figure skating; **~ sobre hielo** ice skating; **~ sobre ruedas** roller skating

pa•ti•nar *intr.* [con patines] to skate; [un vehículo] to skid; [resbalar voluntariamente] to slide; [resbalar sin querer] to slip; [meter la pata] to slip up; (*tr.*) to give a patina to

pa•ti•na•zo *m.* skid

pa•tio *m.* patio, courtyard ■ **~ de escuela** schoolyard

pa•ti•tie•so, a *adj.* [paralizado] stiff-legged; [aturdido] paralyzed ■ **dejar ~** to dumbfound

pa•ti•zam•bo, a *adj.* & *m.f.* knock-kneed (person)

pa•to *m.* [ave] duck; [pato macho] drake; AMER [bacineta] bedpan; *coll* [pelmazo] bore, drip ■ **estar hecho un ~** to be soaked to the skin; **pagar el ~** *coll* to take the rap; **~ flojel** eider duck; **~ real** o **silvestre** mallard, wild duck

pa•tó•ge•no, a ◇ *adj.* pathogenic ◇ *m.* pathogen

pa•to•lo•gí•a *f.* pathology

pa•tó•lo•go, a *m.f.* pathologist

pa•tón, o•na *adj.* *coll* big-footed

pa•to•ta *f.* RP street gang

pa•to•te•ro *m.* RP *coll* member of a street gang

pa•tra•ña *f.* *coll* hoax

pa•triar•ca *m.* patriarch

pa•triar•cal *adj.* patriarchal

pa•tri•cio, a *adj.* & *m.f.* patrician

pa•tri•mo•nio *m.* patrimony, heritage ■ **ser ~ mundial de la humanidad** to be a world heritage site

pa•trio, a ◇ *adj.* [de la patria] native; [del padre] paternal ◇ *f.* homeland, native land ■ **madre ~** motherland

pa•trio•ta *m.f.* patriot

pa•trio•te•rí•a *f.* chauvinism

pa•trio•te•ro, a ◇ *adj.* *coll* chauvinistic ◇ *m.f.* jingoist

pa•trió•ti•co, a *adj.* patriotic

pa•tro•ci•na•dor, •ra ◇ *adj.* sponsoring ◇ *m.f.* sponsor, patron

pa•tro•ci•nar *tr.* to sponsor, patronize

pa•trón, o•na *m.f.* RELIG patron saint; (*m.*) [amo] master, boss; MARIT skipper, captain; [modelo] pattern; [unidad] standard ■ **cortado por el mismo ~** cut of the same cloth

pa•tro•nal *adj.* employers', management

pa•tro•na•to *m.* [protección] patronage, sponsorship; [organización] board, council ■ **~ de las artes** arts council

pa•tro•no, a *m.f.* [jefe] boss; [empresario] employer; [santo] patron saint; (*m.*) [dueño] landlord; [señor] lord; (*f.*) [casera] landlady; [señora] lady

pa•tru•lla *f.* squad, patrol

pa•tru•llar *intr.* & *tr.* to patrol

pa•tru•lle•ro, a ◇ *adj.* patrol ◇ *m.* [coche] patrol car; [buque] patrol boat; [avión] patrol plane

pau•la•ti•na•men•te *adv.* gradually

pau•la•ti•no, a *adj.* gradual

pau•pé•rri•mo, a *adj.* very poor

pau•sa *f.* [interrupción] pause, break; [lentitud] slowness, calm; MUS rest ■ **con ~** slowly

pau•sa•do, a ◇ *adj.* slow ◇ *adv.* slowly

pau•ta *f.* [regla] rule, guide; [rayas] guidelines ■ **dar la ~** to set the example

pa•va[1] *f.* turkey hen

pa•va[2] *f.* [fuelle] furnace bellows; RP teapot

pa•va•da *f.* stupidity, foolishness

pa•vi•men•ta•ción *f.* paving

pa•vi•men•tar *tr.* [piso] to floor; [calle] to pave

pa•vi•men•to *m.* pavement

pa•vo, a ◇ *adj.* drippy ◇ *m.* turkey; [hombre soso] drip ■ **edad del ~** awkward age; **~ real** peacock

pa•vo•na•do, a ◇ *adj.* dark blue ◇ *m.* METAL bluing, browning

pa•vo•ne•ar *intr.* & *reflex.* to show off
pa•vor *m.* fright, terror
pa•vo•ro•so, a *adj.* frightening, terrifying
pay *m.* CHILE, MEX & VEN pie
pa•ya•da *f.* RP improvisation by singing gauchos
pa•ya•dor *m.* RP singing gaucho
pa•yar *intr.* RP [cantar] to improvise songs; [contar cuentos] to tell stories
pa•ya•sa•da *f.* buffoonery ■ **hacer payasadas** to fool around
pa•ya•se•ar *intr.* AMER to clown around
pa•ya•so *m.* clown, buffoon
paz *f.* peace; [tratado] peace treaty; [tranquilidad] peacefulness, tranquility ■ **dejar en ~** to leave alone; **estar en ~** to be at peace; *fig* to be even; **hacer las paces** to make peace; **poner ~ entre** to make peace between
paz•gua•to, a ◇ *adj.* foolish ◇ *m.f.* fool
pe•a•je *m.* toll
pe•al *m.* [pie] foot (of a stocking); [pial] lasso
pe•a•tón *m.* pedestrian
pe•a•to•nal *adj.* pedestrian
pe•be•te, a *m.f.* RP kid, child
pe•be•te•ro *m.* incense burner
pe•ca *f.* freckle
pe•ca•do *m.* sin ■ **siete pecados capitales** seven deadly sins
pe•ca•dor, •ra ◇ *adj.* sinful ◇ *m.f.* sinner
pe•ca•mi•no•so, a *adj.* sinful
pe•car [47] *intr.* to sin; [faltar] to transgress
pe•ca•rí, pé•ca•ri *m.* peccary
pe•ce•ra *f.* fishbowl, aquarium
pe•cha•dor *m.* AMER *coll* sponger
pe•char *tr.* [asumir] to shoulder; AMER *coll* [dinero] to hit for a loan; [empujar] to shove (with the chest)
pe•cha•zo *m.* RP touch for a loan
pe•cho *m.* chest; [busto] breast; [seno] bosom, breast; ORNITH breast ■ **abrir el ~** to unbosom oneself; **dar el ~** to suckle, nurse; **de ~** nursing; **hombre de pelo en ~** he-man; **poner el ~ a** to face; **tomar a ~** to take to heart
pe•chu•ga *f.* [del ave] breast; [de persona] chest, breast
pé•co•ra *f.* head of sheep
pe•co•so, a *adj.* freckled
pec•ti•na *f.* pectin
pec•to•ral ◇ *adj.* pectoral ◇ *m.* pectoral; [cruz] pectoral cross
pe•cu•liar *adj.* peculiar
pe•cu•lia•ri•dad *f.* peculiarity
pe•cu•lio *m.* LAW peculium; *fig* one's own O personal money
pe•cu•nia *f. coll* money
pe•cu•nia•rio, a *adj.* pecuniary, financial
pe•da•go•gí•a *f.* pedagogy
pe•da•go•go *m.* pedagogue
pe•dal *m.* [de pie] (foot) pedal, treadle; MUS pedal; [nota] sustained note ■ **~ de embrague** clutch pedal; **~ de freno** brake pedal
pe•da•le•ar *intr.* to pedal
pe•da•le•o *m.* pedaling
pe•dan•te ◇ *adj.* pedantic ◇ *m.f.* pedant
pe•dan•te•rí•a *f.*/**tis•mo** *m.* pedantry
pe•da•zo *m.* piece ■ **a pedazos** in pieces O bits; **caerse a pedazos** *coll* [deshacerse] to fall to pieces; [estar cansadísimo] to be dead tired; **hacer pedazos** [romper] to smash into pieces; [desgarrar] to tear into pieces; **~ de bruto** *coll* blockhead; **ser un ~ de pan** *coll* to be an angel
pe•de•ras•ta *m.* pederast
pe•de•ras•tia *f.* pederasty
pe•der•nal *m.* flint
pe•des•tal *m.* pedestal; *fig* foundation
pe•des•tre *adj.* pedestrian
pe•dí•a•tra/dia•tra *m.f.* pediatrician
pe•dia•trí•a *f.* pediatrics
pe•dí•cu•lo *m.* peduncle
pe•di•cu•ra *f.* pedicure
pe•di•cu•ro, a *m.f.* podiatrist
pe•di•do *m.* [encargo] order; [petición] request ■ **a ~ de** at the request of; **a ~ del público** by public demand; **hacer un ~** to place an order; **~ en firme** firm order
pe•di•gre•e/grí *m.* pedigree
pe•di•güe•ño, a ◇ *adj.* persistent, pestering ◇ *m.f.* pest, nuisance
pe•dir [48] *tr.* [rogar] to ask, request; to ask for; **le pedí diez dólares** I asked him for ten dollars; [demandar] to demand; [mendigar] to beg; to order; **pidió una taza de café** he ordered a cup of coffee; COM to ask ■ **a ~ de boca** to one's heart's content; **~ disculpas** to apologize; **~ prestado** to borrow
pe•dra•da *f.* blow (with a stone) ■ **matar a pedradas** to stone to death; **pegar una ~ a alguien** to throw a stone at someone
pe•dre•gal *m.* rocky terrain
pe•dre•go•so, a *adj.* rocky
pe•dre•rí•a *f.* precious stones, gems
pe•dre•ro *m.* stonecutter
pe•dris•ca *f.* [granizo] hail; [granizada] hailstorm
pe•drus•co *m. coll* rough O uncut stone
pe•dún•cu•lo *m.* peduncle
pee•ling *m.* face mask
pe•ga *f.* [acción] sticking; [dificultad] snag
pe•ga•da *f. coll* stroke of luck
pe•ga•di•zo, a *adj.* [que se pega] adhesive; [que se contagia] catching; [que capta la atención] catchy
pe•ga•jo•so, a *adj.* [pegadizo] adhesive; [contagioso] catching; *coll* [meloso] cloying; [excesivamente meloso] gooey
pe•ga•pe•ga *f.* AMER birdlime
pe•gar [47] *tr.* [engomar] to glue; [arrimar] to move closer; **~ el sofá a la pared** to move the sofa closer to the wall; [unir] to fasten; [botón] to sew on; [golpear] to hit; to give; **~ un grito** to give a yell ■ **no ~ ojo** not to sleep a wink; **~ fuego a** to set fire to; **~ un salto** to jump; **~ un susto** to frighten; **~ un tiro** to shoot; (*intr.*) [adherir] to adhere; [golpear] to hit; [armonizar] to go together; MED to be catching; (*reflex.*) [unirse] to adhere; CUL [quemarse] to stick to the pan; to pick up; **el vicio de fumar se le pegó de mí** she picked up the vice of smoking from me ■ **~ un tiro** to shoot oneself
pe•go•te *m.* [cosa pegajosa] gooey mess; [guisado] thick stew
pei•na•do *m.* hair style, coiffure
pei•nar *tr.* [el cabello] to comb; [la lana] to card ■ **~ canas** *coll* to be old; (*reflex.*) to comb one's hair
pei•ne *m.* [para el pelo] comb; [para la lana] card ■ **pasarse el ~** to comb one's hair
pei•ne•ta *f.* ornamental comb

pe•la•do, a ◇ *adj.* [calvo] bald; [con el pelo cortado] shorn; [frutos] peeled; [desplumado] plucked; [sin carne] bare; [desnudo] barren; [pobre] broke ◇ *m.* [corte de pelo] haircut; [esquileo] shearing; [pobre] pauper; (*f.*) [cabeza] bald head; [corte de pelo] crew cut ◇ *m.f.* ANDES *coll* [niño] kid

pe•la•du•ra *f.* peeling

pe•la•ga•tos *m.inv. coll* poor devil

pe•lam•bre *m.* [pieles] hides; [pelo] (matted) hair

pe•lar *tr.* [cortar el pelo a] to cut; [mondar] to peel; [desplumar] to pluck; [quitar la piel a] to strip; *coll* [despojar] to clean out; [despellejar] to tear down ▪ **duro de ~** hard nut to crack; **~ la pava** *coll* to court

pel•da•ño *m.* rung

pe•le•a *f.* fight ▪ **~ de gallos** cockfight

pe•le•ar *intr.* to fight; [disputar] to quarrel; [batallar] to battle

pe•le•le *m.* [muñeco] rag doll; *coll* [tonto] nincompoop; [de bebé] rompers

pe•le•te•rí•a *f.* [oficio] fur trade; [tienda] fur shop; [pieles finas] furs

pe•le•te•ro *m.* [fabricante] fur maker; [vendedor] furrier

pe•lia•gu•do, a *adj. coll* difficult, tricky

pe•lí•ca•no *m.* pelican

pe•lí•cu•la *f.* [piel] skin; [cinta] film; PHOTOG film; CINEM motion picture ▪ **de ~** *coll* extraordinary; **~ del oeste** western; **~ en colores** film in color; PHOTOG color film; **~ hablada** talking picture; **~ muda** silent movie

pe•li•grar *intr.* to be in danger

pe•li•gro *m.* danger ▪ **correr el ~ de** to run the risk of; **correr ~** o **estar en ~** to be in danger; **poner en ~** to endanger

pe•li•gro•so, a *adj.* dangerous

pe•li•llo *m.* [pelo corto] short hair; *coll* [nadería] trifle

pe•li•rro•jo, a ◇ *adj.* red-haired, redheaded ◇ *m.f.* redhead

pe•lle•jo *m.* [de animal] hide; [de fruta] peel; [piel] skin; [odre] wineskin ▪ **estar en el ~ de otro** *fig* to be in another's shoes; **jugarse el ~** to risk one's neck; **no tener más que el ~** to be as thin as a rail; **quitarle el ~ a alguien** *coll* to criticize; **salvar el ~** to save one's skin

pe•lliz•car [70] *tr.* [apretar] to pinch; [comer un poco] to nibble

pe•lliz•co *m.* [acción] pinch; [pizca] small portion

pe•llón *m.* sheepskin

pel•ma•zo *m.* [cosa aplastada] flattened mass; [en el estómago] lump; *coll* [persona] bore

pe•lo *m.* [cabello] hair; [de la barba] whisker; [de cepillo] bristle; ZOOL [piel] fur, coat; BOT & ORNITH down; [filamento] strand; TECH hairspring; [del tejido] nap; JEWEL flaw ▪ **agarrarse a un ~** to grasp at straws; **al ~** *coll* perfectly; **a ~** with the grain; **contra ~** against the grain; **estar hasta los pelos** *coll* to be fed up; **hombre de ~ en pecho** he-man; **no tener pelos en la lengua** *coll* not to mince words; **~ de camello** camel hair; **ponérsele a uno los pelos de punta** *coll* to make one's hair stand on end; **por los pelos** o **por un ~** by the skin of one's teeth; **tomar a alguien el ~** to pull someone's leg; **traído por los pelos** farfetched; **venir al ~** *coll* [ser perfecto] to be just right; [ser oportuno] to come in handy

pe•lo•ta *f.* ball; [juego] ball game ▪ **~ vasca** jai alai

pe•lo•ta•ri *m.f.* pelota o jai alai player

pe•lo•te•ar *intr.* [jugar] to kick a ball around; [lanzar] to toss back and forth; [reñir] to quarrel, argue

pe•lo•te•ra *f. coll* brawl, scuffle

pe•lo•tón *m.* squad

pel•tre *m.* pewter

pe•lu•ca *f.* wig

pe•lu•che *f.* plush

pe•lu•do, a ◇ *adj.* hairy, shaggy ◇ *m.* [felpudo] thick mat; ARG ZOOL armadillo

pe•lu•que•rí•a *f.* [para hombres] barber shop, hairdresser's; [para mujeres] hairdresser's

pe•lu•que•ro, a *m.f.* [para hombres] barber, hairdresser; [para hombres y mujeres] hairdresser

pe•lu•quín *m.* [peluca] small wig; [bisoñé] toupee

pe•lu•sa *f.* [de plantas] down; [de telas] fuzz

pel•vis *f.inv.* pelvis

pe•na *f.* [castigo] punishment; [aflicción] sorrow; [dolor] pain; C AMER, CARIB, COL & MEX [vergüenza] shame, embarrassment; **me da ~** I'm ashamed of it ▪ **a duras penas** with great difficulty; **a penas** hardly, scarcely; **bajo** o **so ~ de** under penalty of; **dar ~** to grieve; **~ de muerte** death penalty; **¡qué ~!** what a shame!; **valer la ~** to be worthwhile

pe•na•cho *m.* [copete] crest; [adorno] plume

pe•na•do, a ◇ *adj.* grieved ◇ *m.f.* convict

pe•nal ◇ *adj.* penal ◇ *m.* prison

pe•na•li•dad *f.* [pena] hardship; LAW penalty

pe•na•li•zar [04] *tr.* to penalize

pe•nar *tr.* to punish; (*intr.*) to suffer

pen•co *m. coll* hack, nag

pen•de•ja•da *f. sl* [tontería] stupidity; [cobardía] cowardliness

pen•de•jo, a *sl* ◇ *adj.* [cobarde] cowardly; [tonto] stupid ◇ *m.f.* [cobarde] coward; AMER *sl* [tonto] jerk; (*m.*) [pelo] pubic hair

pen•den•cie•ro, a ◇ *adj.* quarrelsome ◇ *m.f.* troublemaker

pen•der *intr.* [colgar] to hang; [cernerse] to hover; [estar pendiente] to be pending

pen•dien•te ◇ *adj.* [colgante] hanging; [sin solucionar] pending ◇ *m.* [arete] earring; [colgante] pendant; (*f.*) [cuesta] slope; [del tejado] pitch

pen•dón *m.* [bandera] banner; [estandarte] standard

pén•du•lo, a ◇ *adj.* hanging ◇ *m.* pendulum

pe•ne *m.* penis

pe•ne•tra•ble *adj.* penetrable

pe•ne•tra•ción *f.* penetration; [sagacidad] insight

pe•ne•tran•te *adj.* [que penetra] penetrating; [inteligencia] acute; [voz, mirada] piercing; [frío] biting

pe•ne•trar *tr.* to penetrate; [empapar] to permeate; [afectar] to pierce; (*intr.*) to penetrate, enter; (*reflex.*) [comprender] to fathom; [empaparse] to steep oneself (**de** in)

pe•ni•ci•li•na *f.* penicillin

pe•nín•su•la *f.* peninsula

pe•nin•su•lar ◇ *adj.* peninsular ◇ *m.f.* inhabitant of a peninsula

pe•ni•que *m.* penny

pe•ni•ten•cia *f.* [sentimiento] penitence; [castigo] penance ▪ **hacer ~** to do penance

pe•ni•ten•cia•rí•a *f.* penitentiary

pe•ni•ten•cia•rio, a *adj.* & *m.* penitentiary

pe•ni•ten•te *adj.* & *m.f.* penitent

pe•no•so, a *adj.* [difícil] arduous; [triste] sad; C AMER, CARIB, COL & MEX [vergonzoso] shy

pen•sa•do, a *adj.* ▪ **bien** ~ [bien reflexionado] well thought-out; [con pensamientos favorables] well-intentioned; **el día menos** ~ when least expected; **mal** ~ [mal reflexionado] poorly thought-out; [con pensamientos malos] evil-minded; **tener** ~ to have in mind

pen•sa•dor, •ra ◇ *adj.* thinking ◇ *m.* thinker ▪ **libre** ~ freethinker

pen•sa•mien•to[1] *m.* thought; [idea] idea; [sentencia] maxim ▪ **no pasarle por el** ~ not to cross one's mind

pen•sa•mien•to[2] *m.* BOT pansy

pen•san•te *adj.* thinking

pen•sar [49] *tr.* [considerar] to think about, consider; [creer] to think, believe; [planear] to intend ▪ **pensándolo mejor** o **bien** on second thought; (*intr.*) to think; ~ **en** o **sobre** to think about; ~ **entre sí** o **para sí** to think to oneself; **¿qué piensas de ...?** what is your opinion about ...?; **sin** ~ without thinking

pen•sa•ti•vo, a *adj.* pensive

pen•sión *f.* [en un hotel] room and board; [de retiro] pension, annuity; [de estudios] grant; [casa] boarding house

pen•sio•na•do, a ◇ *adj.* pensioned ◇ *m.f.* pensioner; (*m.*) boarding school

pen•sio•nar *tr.* to pension

pen•sio•nis•ta *m.f.* [retirado] pensioner; [en hotel] boarder

pen•tá•go•no, a ◇ *adj.* pentagonal ◇ *m.* pentagon

pen•ta•gra•ma *m.* MUS stave, staff

pen•to•tal *m.* pentothal

pe•núl•ti•mo, a *adj.* & *m.f.* penultimate

pe•num•bra *f.* shadow; PHYS penumbra

pe•nu•ria *f.* penury, want

pe•ña *f.* [roca] boulder; [círculo] circle

pe•ñas•co *m.* large rock, crag

pe•ñón *m.* craggy rock ▪ ~ **de Gibraltar** Rock of Gibraltar

pe•ón *m.* AMER farmhand; [jornalero] unskilled laborer; [en ajedrez] pawn; [en damas] man; MIL infantryman

pe•o•na•da *f.*/**je** *m.* gang of laborers

pe•or ◇ *adj.* worse; **éste es** ~ **que el otro** this one is worse than the other; worst; **soy el** ~ **jugador** I am the worst player ▪ **cada vez** ~ worse and worse; **y lo que es** ~ and what's worse ◇ *adv.* worse ▪ ~ **que** ~ o **tanto** ~ worse still ◇ *m.f.* worse; **soy el** ~ **de los dos** I am the worse of the two worst; **ella es la** ~ **de las bailarinas** she is the worst of the dancers ▪ **en el** ~ **de los casos** if worst comes to worst; **lo** ~ the worst thing

pe•pa *f.* ANDES, C AMER, CARIB & MEX [pepita] pip; [hueso] stone, pit

pe•pi•no *m.* cucumber ▪ **no importar un** ~ *coll* not to matter a whit

pe•pi•ta *f.* pip, seed; VET pip; MIN nugget

pe•que•ñez *f.* [calidad] smallness, littleness; [menudencia] trifle ▪ ~ **de miras** narrowmindedness

pe•que•ñín, i•na ◇ *adj.* teeny, tiny ◇ *m.f.* child, tot

pe•que•ño, a ◇ *adj.* small; [corto] short; [joven] young ◇ *m.f.* child ▪ **de** ~ as a child

pe•que•ñue•lo, a ◇ *adj.* tiny, teeny ◇ *m.f.* little child, tot ▪ **los pequeñuelos** the little ones

pe•ra *f.* [fruta] pear; [barba] goatee; C SUR [barbilla] chin ▪ **pedir peras al olmo** *coll* to ask for the moon

pe•ral *m.* pear tree

per•cal *m.* percale

per•can•ce *m.* mishap

per•ca•tar *intr.* to notice; (*reflex.*) to become aware

per•cep•ción *f.* [de dinero] receiving; [sensación] perception

per•cep•ti•vo, a *adj.* perceptive

per•cha *f.* [madero] pole, prop; [perchero] clothes rack; [de colgar] hanger, coat hanger

per•che•ro *m.* clothes rack

per•ci•bir *tr.* [distinguir] to perceive, sense; [cobrar] to collect, receive

per•cu•dir *tr.* to tarnish, dull; (*reflex.*) to become stained

per•cu•sión *f.* percussion

per•cu•tir *intr.* to percuss, strike

per•cu•tor *m.* firing pin

per•de•dor, •ra ◇ *adj.* losing ◇ *m.f.* loser

per•der [50] *tr.* to lose; [desperdiciar] to miss; [arruinar] to spoil ▪ **echar a** ~ to spoil; ~ **de vista** to lose sight of; ~ **el juicio** to lose one's mind; ~ **la vista** to lose one's eyesight; (*intr.*) to lose; [desteñirse] to fade; (*reflex.*) to lose, mislay; [desorientarse] to get lost; [dejar de ser útil] to go to waste; [arruinarse] to go astray ▪ ~ **de vista** to disappear

per•di•ción *f.* [ruina] ruin; RELIG damnation

pér•di•da *f.* [privación] loss, waste; [daño] damage, harm ▪ **pérdidas y ganancias** profit and loss

per•di•da•men•te *adv.* madly

per•di•do, a ◇ *adj.* [extraviado] lost; [bala] stray; [rematado] confirmed; **un borracho** ~ a confirmed drunkard; [incorregible] dissolute ▪ **estar** ~ **por** to be madly in love with ◇ *m.* libertine

per•di•gón *m.* partridge; ARM small shot

per•di•gue•ro *m.* pointer

per•diz *f.* partridge

per•dón *m.* pardon, forgiveness ▪ **¡~!** sorry!

per•do•nar *tr.* [disculpar] to pardon, forgive; [la vida] to spare; [renunciar] to forego

per•du•ra•ble *adj.* [eterno] eternal, everlasting; [duradero] durable, lasting

per•du•rar *intr.* to last

pe•re•ce•de•ro, a *adj.* perishable

pe•re•cer [17] *intr.* to perish, die

pe•re•gri•na•ción *f.*/**je** *m.* pilgrimage

pe•re•gri•nar *intr.* [andar] to journey; [a un santuario] to make a pilgrimage

pe•re•gri•no, a ◇ *adj.* [que viaja] traveling; [en una peregrinación] on a pilgrimage; ORNITH migratory ◇ *m.f.* pilgrim

pe•re•jil *m.* parsley

pe•ren•ga•no, a *m.f.* so-and-so

pe•ren•ne *adj.* perennial

pe•ren•to•rio, a *adj.* [terminante] peremptory; [apremiante] urgent

pe•re•za *f.* [holgazanería] laziness; [lentitud] slowness

pe•re•zo•so, a ◇ *adj.* [holgazán] lazy; [pesado] slow ◇ *m.* ZOOL sloth

per•fec•ción *f.* perfection ▪ **a la** ~ to perfection

per•fec•cio•na•mien•to *m.* [perfección] perfection; [mejora] improvement

per•fec•cio•nar *tr.* [hacer perfecto] to make perfect; [mejorar] to improve

per•fec•cio•nis•ta *adj.* & *m.f.* perfectionist

P

per•fec•ta•men•te *adv.* perfectly ■ **¡~!** right!
per•fec•to, a *adj.* perfect
per•fi•dia *f.* perfidy
pér•fi•do, a ◇ *adj.* unfaithful ◇ *m.f.* traitor
per•fil *m.* profile; [contorno] outline; [sección] cross section ■ **de ~** in profile; **de medio ~** three-quarter
per•fi•la•do, a *adj.* [rostro] long and thin; [nariz] perfect
per•fi•lar *tr.* PAINT to profile; [pulir] to polish; (*reflex.*) [colocarse de perfil] to show one's profile; [tomar forma] to take shape
per•fo•ra•ción *f.* perforation; MIN drilling
per•fo•ra•do *m.* perforation
per•fo•ra•dor, •ra ◇ *adj.* perforating; MIN drilling ◇ *f.* [para papeles] punch; MIN to drill
per•fo•rar *tr.* to perforate; MIN to drill
per•fu•mar *tr.* to perfume
per•fu•me *m.* perfume; [aroma] fragrance
per•fu•me•rí•a *f.* perfumery
per•ga•mi•no *m.* [papel] parchment; [diploma] diploma; [documento] manuscript
pér•go•la *f.* pergola
pe•ri•car•dio *m.* pericardium
pe•ri•car•pio *m.* pericarp
pe•ri•cia *f.* skill, expertise
pe•ri•co *m.* [ave] parakeet; COL [café con leche] white coffee
pe•ri•fe•ria *f.* periphery
pe•ri•fé•ri•co *m.* COMPUT peripheral; C AMER & MEX [carretera] beltway
pe•ri•fo•llo *m.* BOT chervil; *coll* ornaments
pe•ri•lla *f.* [adorno] pear-shaped ornament; [barbilla] goatee; [tirador] knob, handle ■ **venir de perillas** *coll* to come in handy
pe•rí•me•tro *m.* perimeter
pe•rió•di•ca•men•te *adv.* periodically
pe•rió•di•co, a ◇ *adj.* periodic(al) ◇ *m.* newspaper
pe•rio•dis•mo *m.* journalism
pe•rio•dis•ta *m.f.* journalist
pe•rí•o•do/rio•do *m.* period; GEOL age
pe•ri•pe•cia *f.* vicissitude
pe•rís•to•le *f.* peristalsis
pe•ri•que•te *m.* ■ **en un ~** *coll* in a jiffy
pe•ri•qui•to *m.* parakeet
pe•ris•co•pio *m.* periscope
pe•ris•ti•lo *m.* peristyle
pe•ri•to, a *adj.* & *m.f.* expert
pe•ri•to•ne•o *m.* peritoneum
per•ju•di•car [70] *tr.* [dañar] to damage; [estropear] to harm
per•ju•di•cial *adj.* harmful, detrimental
per•jui•cio *m.* [material] damage; [moral] injury; FIN loss
per•ju•rar *intr.* to commit perjury
per•ju•rio *m.* perjury
per•ju•ro, a ◇ *adj.* perjured ◇ *m.f.* perjurer
per•la *f.* pearl; *fig* treasure ■ **de perlas** perfectly; **~ de cultivo** cultured pearl; **venir de perlas** to come at the right moment
per•ma•ne•cer [17] *intr.* to stay, remain
per•ma•nen•cia *f.* [duración] permanence; [estancia] stay
per•ma•nen•te ◇ *adj.* permanent ◇ *f.* permanent wave
per•mi•si•ble *adj.* permissible
per•mi•si•vo, a *adj.* permissive
per•mi•so *m.* [autorización] permission; [documento] permit; MIL leave ■ **con (su) ~** [perdóneme] excuse me; [con su autorización] with your permission; **~ de conducir** driver's license
per•mi•ti•do, a *adj.* permitted, allowed
per•mi•tir *tr.* [autorizar] to permit, let; [tolerar] to allow, tolerate ■ **permítame** allow me; **si lo permite el tiempo** weather permitting; (*reflex.*) to be permitted o allowed ■ **no se permite fumar** no smoking
per•mu•ta/ción *f.* exchange; MATH permutation
per•mu•tar *tr.* to exchange; MATH to permute
per•ne•ra *f.* pant leg
per•ni•cio•so, a *adj.* pernicious
per•nil *m.* [de animal] haunch and thigh; [de cerdo] ham
per•no *m.* bolt, pin
per•noc•tar *intr.* to spend the night
pe•ro ◇ *conj.* but; **es bonita ~ antipática** she is pretty but disagreeable; yet; **gana mucho dinero ~ nunca tiene un centavo** he earns a lot of money yet he is always broke ◇ *m.* ■ **no hay ~ que valga** *coll* there are no buts about it; **poner peros** *coll* to raise objections
pe•ro•gru•lla•da *f.* *coll* trite remark
pe•ro•né *m.* fibula
pe•ro•ra•ta *f.* long-winded speech
pe•ró•xi•do *m.* peroxide
per•pen•di•cu•lar *adj.* & *f.* perpendicular
per•pe•tra•ción *f.* perpetration
per•pe•tra•dor, •ra ◇ *adj.* perpetrating ◇ *m.f.* perpetrator
per•pe•trar *tr.* to perpetrate
per•pe•tua•ción *f.* perpetuation
per•pe•tuar [67] *tr.* to perpetuate; (*reflex.*) to be perpetuated
per•pe•tui•dad *f.* perpetuity
per•pe•tuo, a *adj.* perpetual ■ **cadena ~** life imprisonment
per•ple•ji•dad *f.* perplexity
per•ple•jo, a *adj.* perplexed
pe•rre•ra *f.* [lugar] dog kennel; [carro] dogcatcher's wagon
pe•rre•rí•a *f.* [jauría] pack of dogs; [mala acción] dirty trick
pe•rro, a ◇ *m.f.* dog; *fig* dirty dog ■ **¡a otro ~ con ese hueso!** *coll* tell it to the Marines!; **~ cobrador** retriever; **~ de aguas** o **de lanas** poodle; **~ dogo** o **de presa** bulldog; **~ faldero** lap dog; **~ galgo** greyhound; **~ lebrel** whippet; **~ lobo** wolfhound; **~ mastín** mastiff; **~ ovejero** sheep dog; **~ sabueso** bloodhound; **una vida de perros** a lousy life; (*f.*) bitch; *coll* [moneda] five- o ten-cent piece ◇ *adj.* lousy, rotten
pe•rru•no, a *adj.* canine, of dogs
per•se•cu•ción *f.* [tormento] persecution; [seguimiento] pursuit, chase
per•se•gui•dor, •ra ◇ *adj.* [que atormenta] persecuting; [que sigue] chasing ◇ *m.f.* [que atormenta] persecutor; [que sigue] pursuer
per•se•guir [64] *tr.* [seguir] to pursue, chase; [acosar] to persecute; [atormentar] to torment; [molestar] to pester
per•se•ve•ran•cia *f.* perseverance
per•se•ve•ran•te *adj.* persevering

per•se•ve•rar *intr.* to persevere
per•sia•na *f.* blind
per•si•ga, go ▻ **perseguir**
per•sig•nar *tr.* to cross
per•si•guie•ra, guió ▻ **perseguir**
per•sis•ten•cia *f.* persistence
per•sis•ten•te *adj.* persistent
per•sis•tir *intr.* to persist
per•so•na ◇ *f.* person ▪ ~ **jurídica** LAW legal entity; **por** ~ per person, each; **tercera** ~ GRAM third person; [mediador] third party ◇ *pl.* people
per•so•na•je *m.* celebrity; LIT character
per•so•nal ◇ *adj.* personal ◇ *m.* personnel ▪ ~ **de tierra** ground crew
per•so•na•li•dad *f.* personality; [personaje] public figure
per•so•na•li•zar [04] *tr.* to personalize; GRAM to make personal; COMPUT to customize
per•so•ne•ro, a *m.f.* AMER spokesperson
per•so•ni•fi•ca•ción *f.* personification
per•so•ni•fi•car [70] *tr.* to personify
pers•pec•ti•va *f.* perspective; [vista] view; [contingencia] outlook; [apariencia] appearance
pers•pi•ca•cia/ci•dad *f.* perspicacity
pers•pi•caz *adj.* [agudo] sharp, keen; [sagaz] shrewd, perspicacious
per•sua•dir *tr.* [a hacer] to persuade; [a creer] to convince; (*reflex.*) to be persuaded o convinced
per•sua•sión *f.* persuasion
per•sua•si•vo, a *adj.* persuasive
per•te•ne•cer [17] *intr.* [ser de] to belong, be; [ser parte] to belong; **el anillo pertenece a la colección real** the ring belongs to the royal collection; [concernir] to pertain (a to)
per•te•ne•cien•te *adj.* pertaining (a to)
per•te•nen•cia *f.* [derecho] ownership; [posesión] belonging
pér•ti•ga *f.* pole ▪ **salto de** ~ pole vault
pér•ti•go *m.* shaft
per•ti•naz *adj.* obstinate, tenacious
per•ti•nen•cia *f.* pertinence, relevance
per•ti•nen•te *adj.* pertinent, relevant
per•tre•char *tr.* MIL to supply, equip; [disponer] to prepare; (*reflex.*) ▪ ~ **de** o **con** to supply oneself with
per•tre•chos *m.pl.* [víveres] supplies; [instrumentos] equipment
per•tur•ba•ción *f.* disturbance
per•tur•ba•dor, •ra ◇ *adj.* disturbing ◇ *m.f.* disturber
per•tur•bar *tr.* [trastornar] to disturb; [desasosegar] to perturb
pe•rú *m.* ▪ **valer un** ~ to be worth a fortune
per•ver•si•dad *f.* perversity
per•ver•sión *f.* perversion
per•ver•so, a *adj.* & *m.* wicked (person)
per•ver•ti•do, a ◇ *adj.* perverted ◇ *m.f.* pervert
per•ver•tir [65] *tr.* to pervert; (*reflex.*) to become perverted
pe•sa ◇ *f.* weight ◇ *pl.* dumbbells, weights
pe•sa•da *f.* quantity weighed at one time
pe•sa•dez *f.* [calidad] heaviness; [molestia] nuisance
pe•sa•di•lla *f.* nightmare
pe•sa•do, a *adj.* [que pesa] heavy; [sueño] deep; [corazón] heavy; [tiempo] oppressive; [aburrido] boring; [molesto] annoying; [fatigante] tedious; [difícil] tough; [ofensivo] offensive; [obeso] obese
pe•sa•dum•bre *f.* [pesadez] heaviness; [pesar] grief
pé•sa•me *m.* condolence ▪ **dar el** ~ to express condolences
pe•sar[1] *m.* [pena] sorrow; [arrepentimiento] regret ▪ **a** ~ **de** in spite of, despite; **a** ~ **de uno** against one's will; **a** ~ **de todo** in spite of everything
pe•sar[2] *tr.* [determinar el peso de] to weigh; to weigh down; **me pesa el fardo** the bundle is weighing me down; [examinar] to weigh, consider; [agobiar] to sadden; (*intr.*) [tener peso] to weigh; [ser pesado] to weigh a lot; [ser importante] to carry weight ▪ **pese a quien le pese** say what they will
pe•sa•ro•so, a *adj.* [arrepentido] sorry; [triste] sad
pes•ca *f.* [acción] fishing; [lo pescado] catch ▪ ~ **de alta mar** deep-sea fishing
pes•ca•de•rí•a *f.* fish market
pes•ca•de•ro, a *m.f.* fishmonger
pes•ca•di•lla *f.* whiting
pes•ca•do *m.* fish (out of water)
pes•ca•dor *m.* fisherman
pes•can•te *m.* [de los cocheros] coachman's seat; CONSTR jib; MARIT davit
pes•car [70] *tr.* [peces] to fish (for); [lograr] to land; ~ **un marido** to land a husband; [sorprender] to catch
pes•cue•zo *m.* [de animal] neck; [de persona] scruff of the neck
pe•se•bre *f.* manger
pe•se•ta *f.* FIN peseta
pe•si•mis•ta ◇ *adj.* pessimistic ◇ *m.f.* pessimist
pé•si•mo, a *adj.* very bad, terrible
pe•so *m.* weight; FIN peso; [pesa] counterweight; [carga] burden; SPORT shot; **lanzamiento del** ~ shot-put ▪ **caerse por su propio** ~ *coll* to be self-evident; **levantamiento de pesos** weightlifting; **levantar en** ~ to lift up; ~ **bruto** gross weight; ~ **específico** density; ~ **gallo** bantamweight; ~ **liviano** lightweight; ~ **medio** middle-weight; ~ **mosca** flyweight; ~ **pesado** heavyweight; ~ **semimedio** welterweight; **quitarle a alguien un** ~ **de encima** to take a load off someone's mind
pes•pun•tar/te•ar *tr.* to backstitch
pes•pun•te *m.* backstitch
pes•que•ro, a *adj.* fishing
pes•qui•sa *f.* [averiguación] investigation; (*m.*) ARG & ECUAD secret police
pes•ta•ña *f.* eyelash; [de una rueda] rim; [borde] edge; SEW fringe ▪ **no pegar** ~ not to sleep a wink; **quemarse las pestañas** *coll* to burn the midnight oil
pes•ta•ñe•ar *intr.* to blink, wink
pes•te ◇ *f.* plague; [olor] stench; [molestia] nuisance ▪ **huir de alguien como de la** ~ to avoid someone like the plague ◇ *pl.* offensive words ▪ **echar** ~ to complain bitterly
pes•ti•len•cia *f.* [peste] pestilence, plague; [olor] stench, stink
pes•ti•llo *m.* bolt (of a lock)
pe•ta•ca *f.* [bolsa] tobacco pouch; [estuche] cigarette case; [baúl] leather trunk; MEX [maleta] suitcase
pé•ta•lo *m.* petal
pe•tar•do *m.* MIL petard; [cohete] firecracker
pe•ta•te *m.* [estera] sleeping mat; [de ropa] bundle
pe•ti•ción *f.* petition; LAW claim ▪ **a** ~ **de** at the request of

pe•ti•cio•nar *tr.* to petition
pe•ti•cio•na•rio, a/na <> *adj.* petitioning <> *m.f.* petitioner
pe•ti•me•tre *m.* fop
pe•ti•so, a AMER <> *adj.* short <> *m.* small horse
pé•tre•o, a *adj.* rocky
pe•tri•fi•car [70] *tr.* to petrify; (*reflex.*) to become petrified
pe•tro•dó•la•res *m.pl.* petrodollars
pe•tró•le•o *m.* petroleum, oil ■ ~ **bruto** o **crudo** crude oil; ~ **combustible** fuel oil
pe•tro•le•ro, a <> *adj.* oil, petroleum <> *m.* oil tanker
pe•tro•lí•fe•ro, a *adj.* oil-bearing
pe•tro•quí•mi•ca *f.* petrochemistry
pe•tro•quí•mi•co, a *adj.* petrochemical
pe•tu•lan•cia *f.* arrogance
pe•tu•lan•te *adj.* arrogant
pe•tu•nia *f.* petunia
pe•yo•ra•ti•vo, a *adj.* pejorative
pe•yo•te *m.* peyote
pez[1] *m.* fish ■ **estar como el** ~ **en el agua** *coll* to feel completely at home; ~ **espada** sword-fish; ~ **gordo** *coll* big shot
pez[2] *f.* pitch, tar
pe•zón *m.* [de pecho] nipple; [extremo] point
pe•zu•ña *f.* (cloven) hoof
pia•do•so, a *adj.* [que compadece] compassionate; [devoto] pious
pia•nis•ta *m.f.* pianist
pia•no <> *m.* piano ■ ~ **de cola** grand piano; ~ **de media cola** baby grand; ~ **vertical** upright piano <> *adv.* MUS softly
pia•no•for•te *m.* pianoforte, piano
piar [30] *intr.* to cheep, chirp
pi•be, a *m.f.* RP *coll* kid
pi•ca•de•ro *m.* [para caballos] ring; MARIT boat skid o block
pi•ca•di•llo *m.* chopped meat; CHILE [tapas] snacks, appetizers ■ **hacer** ~ to make mincemeat of
pi•ca•do, a <> *adj.* [perforado] perforated; *coll* [ofendido] ticked off <> *m.* [acción] perforating; MUS staccato; AVIA nose dive
pi•ca•dor *m.* [de caballos] horsebreaker; TAUR picador
pi•ca•du•ra *f.* bite
pi•ca•flor *m.* hummingbird; AMER flirt
pi•ca•na *f.* RP goad
pi•ca•ne•ar *tr.* RP to goad
pi•can•te *adj.* spicy; [arriesgado] risqué
pi•can•te•rí•a *f.* ANDES cheap restaurant
pi•ca•plei•tos *m.inv. coll* shyster
pi•ca•por•te *m.* [barrita] latch; [llave] latchkey; [aldaba] doorknocker
pi•car [70] *tr.* [punzar] to prick; [agujerear] to perforate; to punch; ~ **los billetes** to punch tickets; TAUR to goad; [espolear] to spur; [morder] to bite; ICHTH to bite; ORNITH to peck (at); [comer] to nibble; [quemar] to burn, sting; [cortar] to mince; [estimular] to arouse, pique; [enojar] to pique, vex; PAINT to stipple; (*intr.*) [escocer] to itch; [morder] to sting; [calentar] to be hot; AVIA & ORNITH to dive; ICHTH to bite; (*reflex.*) [agujerearse] to become moth-eaten; [echarse a perder] to rot; [avinagrarse] to turn sour; MARIT to become choppy; [irritarse] to get annoyed
pi•car•dí•a *f.* [acción baja] dirty trick; [travesura] mischief
pi•ca•res•co, a *adj.* mischievous; LIT picaresque
pí•ca•ro, a <> *adj.* [astuto] sly; [malicioso] wicked; [en sentido cariñoso] impish <> *m.f.* [bribón] scoundrel; [astuto] sly person; [en sentido cariñoso] rascal; (*m.*) LIT rogue
pi•ca•zón *f.* itch, itching
pi•chón *m.* [paloma] young pigeon; *coll* [nombre cariñoso] honey; AMER novice
pi•co *m.* [de aves] beak; [punta] tip; [de vasija] spout; [herramienta] pick; [cima] peak ■ **callar** o **cerrar el** ~ *coll* to shut one's trap; **tener mucho** ~ *coll* to gab a lot; **y** ~ odd; **veinte dólares y** ~ twenty-odd dollars; a little after; **son las ocho y** ~ it is a little after eight
pi•cor *m.* itch, itching
pi•co•so, a *adj.* MEX spicy, hot
pi•co•ta•da *f.*/**zo** *m.* peck
pi•co•te•ar *tr.* [con el pico] to peck; [comer] to nibble, pick (at)
pic•tó•ri•co, a *adj.* pictorial
pi•da, do, diera, dió ▻ **pedir**
pie *m.* foot; [base] base, stand; [sedimento] sediment; [tronco] trunk; [tallo] stalk ■ **al** ~ **de la letra** to the letter; **a** ~ on foot; **a** ~ **firme** steadfastly; **a** ~ **juntillas** steadfastly; **caer de** ~ to land on one's feet; **con pies de plomo** [lentamente] slowly; [con prudencia] cautiously; **dar** ~ **a** to give rise to; **de** ~ upright; **de pies a cabeza** from head to foot; **en** ~ **de guerra** ready for war; **entrar con buen** ~ to get off to a good start; **estar con el** ~ **en el estribo** to be about to leave; **estar con un** ~ **en la sepultura** to have one foot in the grave; **hacer** ~ [hallar fondo] to touch bottom; [estar seguro] to be on a firm footing; **levantarse con el** ~ **izquierdo** *coll* to get up on the wrong side of the bed; **nacer de** ~ *coll* to be born lucky; **no dar** ~ **con bola** *coll* to do nothing right; **no tener pies ni cabeza** to make no sense whatsoever; **perder** ~ to slip; ~ **de atleta** athlete's foot; ~ **de página** footer; **pies planos** flat-feet; **poner pies en polvorosa** *coll* to run away; **ponerse de** ~ to stand up
pie•dad *f.* [devoción] piety; [lástima] pity
pie•dra *f.* [peña] stone, rock; [granizo] hailstone ■ ~ **de afilar** grindstone; ~ **de amolar** whetstone; ~ **angular** cornerstone; ~ **caliza** limestone; ~ **de chispa** flint; ~ **de molino** millstone; ~ **filosofal** philosopher's stone; ~ **fundamental** keystone; ~ **pómez** pumice stone; ~ **preciosa** precious stone
piel *f.* skin; ZOOL [sin pelo] skin, hide; [con pelo] fur, pelt; [cuero] leather; BOT peel ■ **de** ~ [de cuero] leather; **valija de** ~ leather suitcase; fur; **abrigo de** ~ fur coat; ~ **de cabra** goat-skin; ~ **de cerdo** pigskin; ~ **de gallina** goose pimples; **ser de la** ~ **del diablo** *coll* to be a little devil
pien•se, so ▻ **pensar**[1]
pier•cing *m.* body piercing
pien•so *m.* fodder
pier•da, do ▻ **perder**
pier•na *f.* leg; RP player (in a card game) ■ **dormir a** ~ **suelta** *coll* to sleep like a log
pie•za *f.* piece; [de maquinaria] part; [moneda] coin; [de tela] bolt; [habitación] room; [animal] head; [ficha] man ■ **de una** ~ [sólido] solid; [honesto] honest; **dejar de una** ~ *coll* to leave speechless; ~ **de repuesto** spare part; **quedarse de una** ~ *coll* to be left speechless

pi•fia *f.* [en billar] miscue; *coll* [error] slip
pi•fiar *intr.* & *tr.* [en billar] to miscue; *coll* [chapucear] to bungle; AMER to mock
pig•men•ta•ción *f.* pigmentation
pig•men•tar *tr.* to pigment
pig•men•to *m.* pigment
pig•me•o *adj.* & *m.f.* pygmy
pi•ja•ma *m.* pajamas, pyjamas GB
pi•la *f.* [recipiente] basin; [de cocina] sink; [fuente] fountain; [montón] pile; [de bautismo] baptismal font; [de agua bendita] holy water font; ELEC battery, cell ▪ **nombre de ~** Christian name; **~ atómica** atomic reactor
pi•lar *m.* [columna] pillar, column; [de puente] pier
pil•cha *f.* RP piece of clothing
píl•do•ra *f.* pill ▪ **dorar la ~** *coll* to sugarcoat the pill; **~ anticonceptiva** contraceptive pill; **~ del día siguiente** morning-after pill
pi•le•ta *f.* [pila] sink; AMER [piscina] swimming pool
pi•llar *tr.* [robar] to plunder; [coger] to catch
pi•llo, a *coll* ◇ *adj.* mischievous ◇ *m.f.* scoundrel
pi•llue•lo, a ◇ *adj.* mischievous ◇ *m.f.* rascal
pi•lón¹ *m.* [pila] basin, trough; [mortero] pounding mortar; [pan de azúcar] sugarloaf; [pesa móvil] movable weight
pi•lón² *m.* ARCHIT pylon
pi•lo•tar/te•ar *tr.* to pilot; [conducir] to drive
pi•lo•te *m.* stake
pi•lo•to ◇ *m.* pilot; [navegante] navigator; [segundo de un buque] first mate; [guía] guide; [llama] pilot light; C SUR [impermeable] raincoat ▪ **~ automático** automatic pilot; **~ de pruebas** test pilot; **~ de puerto** harbor pilot; **~ práctico** coastal pilot ◇ *adj.* pilot, model
pil•tra•fa *f.* [carne] gristly meat; [persona] wretch
pi•men•tón *m.* paprika
pi•mien•ta *f.* pepper
pi•mien•to *m.* BOT pepper; [pimentón] paprika ▪ **~ chile** chili pepper; **~ morrón** sweet pepper
pim•po•llo *m.* [capullo] rosebud; [vástago] shoot; (*m.f.*) *coll* attractive youth
pin *m.* pin
pi•na•co•te•ca *f.* art gallery
pi•ná•cu•lo *m.* pinnacle
pi•nar *m.* pine grove
pin•cel *m.* brush
pin•ce•la•da *f.*/**zo** *m.* brush stroke ▪ **dar la última ~ a** to put the last touches on
pin•char *tr.* to puncture; *fig* to annoy; COMPUT to click ▪ **ni pincha ni corta** *coll* he has little say
pin•cha•zo *m.* puncture
pin•che ◇ *m.* [de cocina] kitchen boy; AMER [de oficina] clerk ◇ *adj.* MEX *coll* miserable, lousy
pin•cho *m.* [aguijón] prickle, thorn; [de aduanero] sampling stick; [de sombrero] hatpin
pin•ga *f.* ANDES & MEX *sl* prick, cock
pin•ga•jo *m.* *coll* tatter, rag
pin•go *m.* *coll* [pingajo] tatter; [pendón] bum, good-for-nothing; RP fast horse
pin•güe *adj.* [graso] greasy; [grande] huge
pin•güi•no *m.* penguin
pi•ni•to *m.* first step
pi•no *m.* pine (tree) ▪ **~ albar** Scotch pine
pin•ta *f.* ▻ **pinto, a**
pin•ta•do, a *adj.* spotted, mottled ▪ **como ~** just right; **no poder ver (a alguien) ni ~** *coll* not to be able to stand (someone); **venir como ~** to suit to a tee
pin•tar *tr.* to paint; [describir] to depict; (*intr.*) to paint; (*reflex.*) to put on make-up
pin•ta•rra•jar/je•ar *coll tr.* to paint amateurishly; (*reflex.*) to put on heavy make-up
pin•to, a ◇ *adj.* speckled ◇ *f.* [mancha] spot; *coll* [aspecto] look; [medida] pint; MEX [pintada] graffiti ▪ **tener ~ de** *coll* to look like
pin•tor, •ra *m.f.* painter ▪ **~ de brocha gorda** house painter; *fig* bad painter
pin•to•res•co, a *adj.* picturesque
pin•tu•ra *f.* [arte] painting; [cuadro] painting, picture; [color] paint; [descripción] portrayal ▪ **~ a la acuarela** water color; **~ al fresco** fresco painting; **~ al óleo** oil painting; **~ al pastel** pastel (drawing)
pin•za ◇ *f.* [de langosta] claw; SEW dar ◇ *pl.* [tenacillas] tweezers; [tenazas] tongs
pi•ña *f.* [del pino] pine cone; [ananás] pineapple; *coll* [puñetazo] blow ▪ **darse piñas** AMER *coll* to come to blows
pi•ñón¹ *m.* [simiente] pine nut; [arbusto] nut pine
pi•ñón² *m.* MECH pinion (wheel)
pí•o, a ◇ *adj.* [devoto] pious; [compasivo] compassionate ◇ *m.* chirping ▪ **no decir ni ~** *coll* not to say a word
pio•jo *m.* louse ▪ **~ resucitado** *coll* upstart
pio•jo•so, a *adj.* [lleno de piojos] lousy; [sucio] dirty; [miserable] stingy
pio•la ◇ *adj.* RP [astuto] shrewd; [estupendo] fabulous ◇ *f.* string, cord
pio•ne•ro, a *m.f.* & *adj.* pioneer
pio•rre•a *f.* pyorrhea
pi•pa¹ *f.* [tonel] barrel; [para fumar] pipe
pi•pa² *f.* pip, seed
pi•pe•ta *f.* pipette
pi•pí *m.* *coll* wee-wee ▪ **hacer ~** *coll* to make wee-wee
pi•pón, o•na *adj.* AMER [lleno] full; [barrigón] paunchy
pi•que¹ *m.* resentment
pi•que² *m.* ▪ **echar a ~** to sink; *fig* to ruin; **irse a ~** to sink; *fig* to be ruined
pi•qué *m.* piqué
pi•que•ra *f.* MEX [antro] dive, seedy bar
pi•que•ta *f.* pick
pi•que•te *m.* picket, squad
pi•ra•gua *f.* pirogue
pi•ra•mi•dal *adj.* pyramidal
pi•rá•mi•de *f.* pyramid
pi•ra•ña *f.* piranha
pi•rar•se *reflex.* *coll* to take off, leave
pi•ra•ta *m.* & *adj.* pirate ▪ **~ aéreo** hijacker; **~ informático** cracker, hacker
pi•ra•te•o *m.* COMPUT piracy
pi•ra•te•rí•a *f.* [de barcos] piracy; [robo] theft ▪ **~ aérea** hijacking; **~ informática** software piracy
pí•rex *m.* pirex
pi•ri•ta *f.* pyrites
pi•ró•ma•no, a ◇ *adj.* pyromaniacal ◇ *m.f.* pyromaniac
pi•ro•pe•ar *tr.* *coll* to pay flirtatious compliments to
pi•ro•po *m.* [requiebro] flattering remark; [granate] garnet ▪ **decir piropos** to pay flirtatious compliments (a to)
pi•ro•tec•nia *f.* pyrotechnics

pi•ro•téc•ni•co, a ◇ *adj.* pyrotechnic(al) ◇ *m.* pyrotechnist

pí•rri•co, a *adj.* Pyrrhic

pi•rue•ta *f.* pirouette

pi•ru•lí *m.* (*pl* **-ís**) lollipop

pis *m. coll* wee-wee ▪ **hacer ~** to pee

pi•sa•da *f.* [acción] step; [huella] footprint

pi•sa•pa•pe•les *m.inv.* paperweight

pi•sar *tr.* [andar sobre] to step o walk on; [frutas] to press; [tierra] to pack down; ORNITH to copulate with; [cubrir] to cover

pis•ci•cul•tu•ra *f.* pisciculture

pis•ci•fac•to•rí•a *f.* fish farm

pis•ci•na *f.* [para nadar] swimming pool; [para peces] fishpond

pis•co *m.* pisco, Andean grape brandy

pis•co•la•bis *m.inv. coll* snack

pi•so *m.* [suelo] ground; [de una habitación] floor; [pavimento] pavement; [planta] floor, story; [apartamento] apartment, flat GB ▪ **~ bajo** ground floor; **primer ~** second floor, first floor GB

pi•so•te•ar *tr.* [pisar] to trample; [maltratar] to abuse

pi•so•tón *m.* ▪ **dar un ~** to step on someone's foot

pis•ta *f.* [huella] trail; [de carrera] racetrack; [de bailar] dance floor; [del circo] ring; [de aterrizaje] runway; [indicio] clue; [camino] trail ▪ **estar sobre la ~** to be on the trail o track

pis•ta•cho *m.* pistachio (nut)

pis•ti•lo *m.* pistil

pis•to•la *f.* [arma] pistol; [para pintar] paint sprayer ▪ **~ ametralladora** submachine gun; **~ de engrase** grease gun

pis•to•le•ro *m. coll* gunman

pis•to•le•ta•zo *m.* pistol shot

pis•tón *m.* piston; AMER cornet

pi•ta *f.* BOT agave; TEX pita

pi•ta•da *f.* whistle; AMER puff, drag

pi•tan•za *f.* [reparto] ration; [alimento] daily bread

pi•tar *intr.* [tocar el pito] to blow a whistle; S AMER [fumar] to smoke ▪ **salir pitando** to go off like a shot; (*tr.*)[silbar] to hiss at; S AMER [fumar] to smoke

pi•te•cán•tro•po *m.* pithecanthropus

pi•ti•do *m.* whistling

pi•ti•lle•ra *f.* cigarette case

pi•ti•llo *m.* [cigarrillo] cigarette; COL [pajita] drinking straw

pi•to *m.* whistle ▪ **no darle** o **importarle a uno un ~** *coll* not to give a damn; **no tocar ~ en** to have nothing to do with; **no valer un ~** to be worthless

pi•tón¹ *m.* ZOOL python

pi•tón² *m.* [cuerno] horn; [pitorro] spout; [del árbol] shoot; AMER nozzle

pi•to•ni•sa *f.* pythoness

pi•vo•te *m.* pivot

pí•xel *m.* COMPUT pixel

pi•ya•ma *m.* = **pijama**

pi•za•rra *f.* [roca] slate; [pizarrón] blackboard

pi•za•rrín *m.* slate pencil

pi•za•rrón *m.* AMER blackboard

piz•ca *f.* pinch ▪ **ni ~** *coll* not (at all)

pla•ca *f.* plaque; [chapa] plate; [insignia] badge; [disco] record; ELEC & PHOTOG plate; COMPUT board ▪ **~ lógica** COMPUT logic board; **~ de matrícula** license plate

pla•ce•bo *m.* placebo

plá•ce•me *m.* congratulations

pla•cen•ta *f.* placenta

pla•cen•te•ro, a *adj.* pleasant

pla•cer¹ *m.* [deleite] pleasure; [diversión] delight; [voluntad] desire

pla•cer² [51] *tr.* to please; **me place hacerlo** it pleases me to do it

pla•ci•dez *f.* placidness, placidity

plá•ci•do, a *adj.* [quieto] placid; [grato] pleasant

pla•ga *f.* plague; BOT blight

pla•gar [47] *tr.* to plague; (*reflex.*) to become infested with

pla•giar *tr.* to plagiarize; C AMER, COL, PERU & VEN [secuestrar] to kidnap

pla•gia•rio, a ◇ *adj.* plagiarizing ◇ *m.f.* plagiarist; C AMER, COL, PERU & VEN [secuestrador] kidnapper

pla•gio *m.* plagiarism; C AMER, COL, PERU & VEN [secuestro] kidnapping

plan *m.* plan; [esquema] scheme; [proyecto] project; [programa] program ▪ **~ de estudios** curriculum, course of study; **~ de urbanismo** urban development plan

pla•na *f.* [página] page, side; PRINT page; MAS trowel ▪ **de primera ~** front page

plan•cha *f.* [lámina] sheet; [utensilio] iron; **~ a vapor** steam iron; *coll* [error] blooper; PRINT plate ▪ **a la ~** grilled; **hacer la ~** to float on one's back

plan•cha•do, a *m.* [acción] ironing; [ropa] ironing, clothes to be ironed; (*f.*) [puentecillo] gangplank; AMER *coll* [metedura de pata] blunder

plan•char *tr.* to iron

plan•cha•zo *m. coll* blunder

pla•ne•a•dor *m.* glider

pla•ne•ar *tr.* to plan; (*intr.*) AER to glide

pla•ne•ta *m.* planet

pla•ne•ta•rio, a ◇ *adj.* planetary ◇ *m.* planetarium

pla•ne•toi•de *m.* planetoid

pla•ni•cie *f.* plain

pla•ni•fi•ca•ción *f.* planning

pla•ni•fi•ca•dor, •ra ◇ *adj.* planning ◇ *m.f.* planner

pla•ni•fi•car [70] *tr.* to plan

pla•ni•lla *f.* AMER [lista] list; [cuadro] table; [formulario] form

pla•no, a ◇ *adj.* [llano] level, even; [liso] smooth; [chato] flat ◇ *m.* plane; [superficie] surface; [diagrama] diagram; [mapa] map, chart; [de una espada] flat ▪ **caer de ~** to fall flat; **de ~** plainly; **levantar un ~** TOP to make a survey; **primer ~** CINEM [foto] close up; [área] foreground

plan•ta *f.* plant; [del pie] sole; [diseño] floor plan; [piso] floor; [proyecto] plan, project ▪ **~ baja** ground floor GB, first floor; **primera ~** second floor, first floor GB; **~ depuradora** purification plant; **~ desalinizadora** desalination plant; **~ de tratamiento de residuos** waste treatment plant

plan•ta•ción *f.* [acción] planting; [explotación] plantation

plan•ta•do, a *adj.* planted ▪ **bien ~** *coll* good-looking; **dejar (a alguien) ~** to stand (someone) up

plan•tar *tr.* to plant, sow; [colocar] to put; *coll* [un golpe] to land; [abandonar] to leave; (*reflex.*) [resistir] to stand firm; *coll* [pararse] to balk ▪ **el caballo se plantó frente al arroyo** the horse balked at the stream; [en naipes] to stand pat

plan•te•a•mien•to *m.* [exposición] exposition; [propuesta] proposal; [establecimiento] establishment; [enfoque] focus
plan•te•ar *tr.* [exponer] to expound; [empezar] to start; [planear] to outline; [establecer] to establish; [proponer] to propose
plan•tel *m.* [conjunto] group; [criadero] nursery, seedbed
plan•ti•lla *f.* [suela] insole; TECH [patrón] template; [de una llanta] rim; COMPUT template
plan•tón *m.* [pimpollo] seedling; [estaca] cutting ■ **estar de ~** *coll* to be standing around a long time; **dar un ~** to keep (someone) waiting
pla•que•ta *f.* blood platelet
plas•ma *m.* plasma
plas•mar *tr.* to shape, mold
plás•ti•co, a *adj.* & *m.* plastic; (*f.*) plastic arts
plas•ti•fi•ca•ción *f.*/**do** *m.* lamination
plas•ti•fi•car [70] *tr.* to laminate
pla•ta *f.* silver; [moneda] silver (coin); AMER money
pla•ta•for•ma *f.* platform; *fig* [trampolín] stepping stone; [vagón] open wagon ■ **~ continental** continental shelf; **~ espacial** space station, space platform; **~ de lanzamiento** launching pad
pla•tal *m.* AMER *coll* fortune
plá•ta•no *m.* [de banano] banana; [de sombra] plane tree; BOT & CUL plantain
pla•te•a *f.* orchestra seat o section
pla•te•a•do, a ◇ *adj.* [bañado] silver-plated; [de color] silvery; MEX wealthy ◇ *m.* silver plating
pla•te•rí•a *f.* [arte] silversmithing; [tienda] silversmith's shop
pla•te•ro *m.* silversmith
plá•ti•ca *f.* C AMER & MEX chat, talk
pla•ti•car [70] *intr.* C AMER & MEX to chat, talk (**sobre** over, about)
pla•ti•llo *m.* [plato pequeño] saucer; [balanza] pan; MUS cymbal ■ **~ volador** flying saucer
pla•ti•na *f.* PRINT [mesa] imposing table; [de prensa] platen; TECH plate (of air pump); [microscopio] slide
pla•ti•nar *tr.* to platinize; [cabello] to bleach
pla•ti•no *m.* platinum
pla•to *m.* plate, dish; [contenido] plateful, dish; [comida] dish; course; **~ fuerte** main course; [de la balanza] pan; MECH plate ■ **~ precocinado** pre-cooked meal; **pagar los platos rotos** *coll* to pay the consequences
pla•tó•ni•co, a *adj.* platonic
pla•tu•do, a *adj.* AMER *coll* rich, wealthy
plau•si•ble *adj.* plausible
pla•ya *f.* beach ■ **~ de estacionamiento** AMER parking lot
pla•ye•ro, a ◇ *adj.* beach ■ **sombrero ~** beach hat ◇ *f.* C AMER & MEX [camiseta] T-shirt
pla•za *f.* [lugar público] plaza, square; [mercado] marketplace; [sitio] place; [empleo] position ■ **~ de toros** bullring
pla•zo *m.* [término] term, period; [pago] installment ■ **a corto ~** short-term; **a largo ~** long-term; **comprar a plazos** to buy on installment plan; **en breve ~** within a short time; **vender a plazos** to sell on credit
pla•zo•le•ta *f.* small square
ple•a•mar *f.* high tide o water
ple•be *f.* [multitud] masses; *derog* riffraff
ple•be•yo, a *adj.* & *m.f.* plebeian
ple•bis•ci•to *m.* plebiscite
ple•ga•ble *adj.* folding, collapsible
ple•ga•di•zo, a *adj.* [que se dobla] folding; [fácil de doblar] foldable, easy to fold
ple•ga•do *m.f.* [acción] folding; [pliegue] fold
ple•ga•mien•to *m.* fold
ple•gar [52] *tr.* [hacer pliegues en] to pleat; [doblar] to fold; (*reflex.*) [doblarse] to bend, fold; [someterse] to yield; [adherirse] to join
ple•ga•ria *f.* prayer
plei•te•ar *intr.* to litigate
plei•te•sí•a *f.* homage, tribute ■ **rendir ~** to pay homage
plei•to *m.* LAW lawsuit; [disputa] quarrel ■ **entablar ~** to bring suit; **ganar el ~** to obtain a favorable judgment; **poner ~ a** to sue
ple•na•mar *f.* = **pleamar**
ple•na•rio, a *adj.* plenary
ple•ni•lu•nio *m.* full moon
ple•ni•po•ten•cia *f.* unlimited powers
ple•ni•po•ten•cia•rio, a *adj.* & *m.f.* plenipotentiary
ple•ni•tud *f.* fullness; *fig* prime
ple•no, a ◇ *adj.* full ■ **en ~** right in the middle of; **en ~ calle** right in the middle of the street; **en ~ día** in broad daylight ◇ *m.* joint session
plé•to•ra *f.* plethora
pleu•re•sí•a *f.* pleurisy
ple•xo *m.* plexus ■ **~ solar** solar plexus
plie•go *m.* [papel doblado] folded sheet of paper; [hoja de papel] sheet of paper; [documento cerrado] sealed document; PRINT signature ■ **~ de condiciones** specifications
plie•go, gue ▷ **plegar**
plie•gue *m.* fold; SEW pleat
pli•sa•do *m.* [acción] pleating; [efecto] pleat
pli•sar *tr.* to pleat
plo•ma•da *f.* plumb (line); MARIT plumb o sounding line; [perdigonada] shot with pellets
plo•me•rí•a *f.* [techo] lead roofing; AMER [oficio] plumbing; MEX, RP & VEN [establecimiento] plumber's
plo•me•ro *m.* MEX, RP & VEN plumber
plo•mi•zo, a *adj.* leaden
plo•mo, a ◇ *adj.* leaden ◇ *m.* lead; *coll* [bala] bullet; [persona] bore ■ **a ~** plumb
pló•ter *m.* COMPUT plotter
plu•ma *f.* feather; [conjunto de plumas] feather, down; **una almohada de plumas** a down pillow; [para escribir] quill; [estilográfica] pen; AMER [adorno] plume ■ **~ fuente** o **estilográfica** fountain pen
plu•ma•da *f.* pen stroke
plu•ma fuen•te *f.* AMER fountain pen
plu•ma•je *m.* [plumas] plumage; [adorno] plume
plu•ma•zo *m.* pen stroke ■ **de un ~** with one stroke of the pen
plu•me•ro *m.* [para polvo] feather duster; [penacho] plumme
plu•mi•lla *f.* nib
plu•món *m.* [pluma] down; [colchón] feather mattress
plu•ral *adj.* & *m.* plural
plu•ra•li•dad *f.* plurality
plu•ra•li•zar [04] *tr.* to pluralize
plus•cuam•per•fec•to *m.* pluperfect
plus•mar•ca *f.* record
plus•mar•quis•ta *m.f.* record-holder

plus•va•lí•a *f.* appreciation
plu•to•cra•cia *f.* plutocracy
plu•tó•cra•ta *m.f.* plutocrat
plu•to•nio *m.* plutonium
plu•vial *adj.* pluvial, rain
po•bla•ción *f.* population; [lugar] locality; [ciudad] city; [pueblo] town; CHILE [chabola] shanty town ▪ ~ **de riesgo** group at risk
po•bla•do *m.* [habitantes] population; [ciudad] city; [pueblo] town
po•bla•dor, •ra *m.f.* resident, inhabitant
po•blar [19] *tr.* to populate; AGR to plant; (*reflex.*) to become populated; [llenarse] to become crowded (**de** with)
po•bre ◇ *adj.* poor; [necesitado] needy; [desprovisto] lacking (**de, en** in); [humilde] humble; *fig* unfortunate ▪ **más ~ que una rata** *coll* as poor as a church mouse ◇ *m.* beggar, pauper ▪ **los pobres** the poor
po•bre•men•te *adv.* [con pobreza] poorly, indigently; [con escasez] poorly, inadequately
po•bre•tón, o•na ◇ *adj.* wretched ◇ *m.f.* wretch
po•bre•za *f.* poverty; [indigencia] indigence; [escasez] lack
po•ce•ro *m.* well digger
po•cho, a *adj.* MEX *coll* [americanizado] Americanized
po•cho•clo *m.* ARG popcorn
po•cil•ga *f.* pigsty
po•ci•llo *m.* AMER cup
pó•ci•ma *f.* [cocimiento medicinal] potion; [bebida] concoction
po•ción *f.* potion
po•co, a ◇ *adj.* little ▪ ~ **tiempo** short while o time; **ser ~ cosa** to be unimportant ◇ *pl.* few, not many ▪ **pocas veces** not very often, rarely ◇ *m.* little ▪ **dentro de ~** in a short while, soon; **otro ~** a little more; **tener en ~** to have a low opinion (**a** of); **un ~ de** a little, some; **tiene un ~ de dinero** he has a little money; **~ saben la respuesta** few know the answer ◇ *adv.* [con escasez] little, not much; **habló ~ durante la clase** he spoke little during the class; [en corta duración] not long, a short while; **tardó ~ en terminar** he did not take long to finish; [no muy] not very ▪ **a ~ de** shortly after; **a ~ de comer fuimos al cine** shortly after eating, we went to the movies; **falta ~ para** it will not be long before; **falta ~ para comer** it will not be long before we eat; **hace ~** a short time ago; **~ a ~** little by little; **~ después** a little after; **~ más o menos** more or less; **por ~** almost
po•da *f.* [acción] pruning; [tiempo] pruning season
po•da•de•ra *f.* AGR pruning shears
po•dar *tr.* to prune
po•den•co, a *adj.* & *m.f.* spaniel (dog)
po•der[1] *m.* power; [autoridad] authority; [vigor] might; [fuerza fisica] strength; [capacidad] capacity; [posesión] hands; **tengo en mi ~ su carta del once de mayo** I have in my hands your letter of the eleventh of May; MIL strength; POL government; LAW power of attorney ▪ **dar ~ a** to empower; **~ adquisitivo** purchasing power; **~ ejecutivo** the executive; **~ judicial** the judiciary; **~ legislativo** the legislative branch; **por poderes** by proxy
po•der[2] [53] *tr.* [lograr] to be able to; **podremos salir a las ocho** we will be able to leave at eight o'clock; can; **¿puedes acompañarme?** can you come with me?; (*intr.*) to be able, can; **me gustaría ayudarte pero no puedo** I would like to help you but I am not able to; to be possible, may; **puede que llueva mañana** it may rain tomorrow ▪ **a más no ~** to the utmost; **no ~ con** [no lograr] not to be able to handle; [no soportar] not to be able to stand; **no ~ más** [estar fatigado] to be exhausted; [estar harto] to be fed up; **no ~ menos que** not to be able to help but; **no ~ valerse por sí mismo** to be helpless; **no puede ser** that is not possible; **puede ser** maybe; **¿se puede?** may I?
po•de•rí•o *m.* power
po•de•ro•so, a *adj.* [fuerte] powerful; [rico] wealthy; [eficaz] effective
po•dí•a•tra/dia•tra *m.* AMER podiatrist
po•dó•lo•go, a *m.f.* podiatrist
po•drá, dría ▻ **poder**[2]
po•dre•dum•bre *f.* putrefaction
po•dri•do, a *adj.* rotten ▪ **estar ~ en plata** AMER *coll* to be rolling in money
po•e•ma *m.* poem
po•e•sí•a *f.* poetry; [poema] poem
po•e•ta *m.* poet
po•é•ti•co, a ◇ *adj.* poetic ◇ *f.* poetics
po•e•ti•sa *f.* poetess
pó•ker *m.* poker
po•lai•na *f.* legging
po•lar *adj.* polar; ELEC pole
po•la•ri•za•ción *f.* polarization
po•la•ri•zar [04] *tr.* to polarize; (*intr.*) to become polarized
po•le•a *f.* pulley
po•lé•mi•co, a ◇ *adj.* polemic(al) ◇ *f.* [arte] polemics; [controversia] polemic
po•le•mi•zar [04] *intr.* to argue (**sobre** about)
po•len *m.* pollen
po•le•ra *f.* CHILE & PERU polo shirt
po•li *m. sl* cop; (*f.*) cops; **¡la ~!** the cops!
po•li•cí•a *f.* police; (*m.*) policeman
po•li•cia•co/cí•a•co, a *adj.* [de policía] police; detective ▪ **novela ~** detective novel
po•li•cial ◇ *adj.* [de policía] police; [de detective] detective ◇ *m.* AMER policeman
po•li•clí•ni•ca *f.* polyclinic
po•li•cro•mí•a *f.* polychromy
po•lie•dro *m.* polyhedron
po•li•fo•ní•a *f.* polyphony
po•li•ga•mia *f.* polygamy
po•lí•glo•to/li•glo•to, a *adj.* & *m.f.* polyglot
po•lí•go•no *m.* polygon
po•li•lla *f.* moth
po•lí•me•ro *m.* polymer
po•li•ni•za•ción *f.* pollination
po•li•no•mio *m.* polynomial
po•lio(•mie•li•tis) *f.* polio, poliomyelitis
pó•li•po *m.* polyp
po•li•téc•ni•co, a *adj.* polytechnic
po•lí•ti•ca•men•te *adv.* politically ▪ **~ correcto** politically correct; **~ incorrecto** politically incorrect
po•li•ti•cas•tro *m. derog* politician
po•lí•ti•co, a ◇ *adj.* political; [de parentesco] -in-law ▪ **hermana ~** sister-in-law ◇ *m.f.* politician; (*f.*) politics; [modo de obrar] policy ▪ **~ monetaria** monetary policy
po•li•ti•que•ro, a *m.f.* political maneuverer

po•li•ti•zar [04] *tr.* to politicize
po•liu•re•ta•no *m.* polyurethane
po•li•va•len•te *adj.* polyvalent
pó•li•za *f.* [de seguros] insurance policy; [contrato] contract; [sello] stamp
po•li•zón *m.* stowaway
po•lla *f.* young hen
po•lle•ra *f.* henhouse; AMER skirt
po•lle•rí•a *f.* poultry shop
po•llo *m.* [cría] chick; CUL chicken; *sl* [gargajo] spit
po•lo[1] *m.* pole ■ ~ **antártico** o **austral** South Pole; ~ **ártico** o **boreal** North Pole; **ser el ~ opuesto de** to be the opposite of
po•lo[2] *m.* polo ■ ~ **acuático** water polo
po•lo•le•ar *intr.* CHILE *coll* to go out with
po•lo•lo, a *m.f.* CHILE *coll* boyfriend (girlfriend)
pol•trón, o•na ◇ *adj.* lazy ◇ *f.* easy chair
po•lu•ción *f.* pollution
pol•va•re•da *f.* [nube] cloud of dust; [alboroto] rumpus
pol•ve•ra *f.* compact
pol•vo ◇ *m.* [tierra] dust; [substancia pulverizada] powder; [porción] pinch ■ **en ~** powdered; **estar hecho ~** *coll* [exhausto] to be exhausted; [desmoralizado] to be overwhelmed; **hacer morder el ~ a alguien** to defeat; **hacer ~** *coll* [romper] to smash; [aniquilar] to annihilate ◇ *pl.* cosmetic powder
pól•vo•ra *f.* powder ■ **ser una ~** to be a whip
pol•vo•rien•to, a *adj.* dusty
pol•vo•rín *m.* [explosivo] fine gunpowder; [lugar] powder magazine
po•ma•da *f.* pomade
po•me•lo *m.* [fruta] grapefruit; [árbol] grapefruit tree
pó•mez *adj.* ■ **piedra ~** pumice stone
po•mo *m.* pome; [para licores] flagon; [para perfumes] perfume bottle
pom•pa *f.* pomp; [ostentación] display; [procesión] procession; [burbuja] bubble ■ **pompas fúnebres** funeral
pom•po•si•dad *f.* [esplendor] pomp; [arrogancia] pomposity
pom•po•so, a *adj.* [espléndido] magnificent; [arrogante] pompous
pó•mu•lo *m.* [hueso] cheekbone; [mejilla] cheek
pon ▻ **poner**
pon•cha•da *f.* AMER *coll* large quantity
pon•char *tr.* C AMER & MEX to puncture
pon•che *m.* punch
pon•cho *m.* poncho
pon•de•ra•ble *adj.* ponderable; [digno de ponderación] worthy of consideration
pon•de•ra•ción *f.* [examinación] consideration; [peso] weighing; [equilibrio] balance
pon•de•ra•do, a *adj.* prudent, careful
pon•de•rar *tr.* [alabar] to praise; [examinar] to ponder; [pesar] to weigh
pon•drá, dría ▻ **poner**
po•ne•dor, •ra *adj.* egg-laying
po•ner [54] *tr.* [colocar] to put, place; **¿dónde pusiste la tijera?** where did you put the scissors?; [disponer] to set; **María puso la mesa** María set the table; [escribir] to write; [instalar] to set up; ~ **casa** to set up house; [suponer] to suppose; **pongamos que esto es así** let's suppose that this is so; [tardar] to take; [dejar] to leave; **lo pongo en tus manos** I leave it in your hands; [asignar] to assign; **le pusimos a hacer las decoraciones** we assigned him to do the decorations; [nombrar] to give; **le pusieron el apodo de Paco** they gave him the nickname of Paco; ORNITH to lay; THEAT to put on; [apostar] to put, stake; [contribuir] to contribute; [imponer] to levy; [exponer] to put; **sin darme cuenta puse a Tomás en una situación peligrosa** without realizing it I put Tomás in a dangerous situation; [insultar] to insult; **¡cómo lo pusieron!** how they insulted him!; [causar] to put; **eso lo pondrá de mal humor** that will put him in a bad mood; [enviar] to send; **me puso un telegrama** she sent me a telegram ■ ~ **al corriente** o **al día** to bring up to date; ~ **aparte** o **a un lado** to put aside; ~ **de la parte de uno** to do what one can; ~ **en claro** to make clear; ~ **en duda** to call into question; ~ **en movimiento** to set in motion; ~ **en práctica** to put into practice; ~ **en ridículo** to ridicule; ~ **en venta** to put up for sale; ~ **fin a** to put a stop to; ~ **manos a la obra** to get to work; ~ **miedo** to frighten; ~ **por encima** to prefer; ~ **por escrito** to put in writing; ~ **por las nubes** to praise to the skies; (*intr.*) ORNITH to lay; (*reflex.*) [colocarse] to put o place oneself; [vestirse] to put on; **se puso el sombrero** he put on his hat; [arriesgarse] to put oneself; ~ **en peligro** to put oneself in danger; ASTRON to set; [hacerse] to become; **se pusieron furiosos** they became furious; [dedicarse] to apply oneself ■ ~ **a** to begin to; ~ **al corriente** to bring oneself up to date; ~ **bien** to get well; ~ **colorado** to blush; ~ **de acuerdo** to reach an agreement; ~ **de pie** to stand up; ~ **en camino** to set out
po•nien•te *m.* [occidente] west; [viento] west wind
pon•ti•fi•cal *adj.* pontifical
pon•ti•fi•car [70] *intr.* to pontificate
pon•tí•fi•ce *m.* RELIG pontiff ■ **Sumo Pontífice** Sovereign Pontiff
pon•tón *m.* [barco chato] pontoon; [puente] pontoon bridge
pon•zo•ña *f.* venom
pon•zo•ño•so, a *adj.* poisonous
po•pa *f.* stern ■ **a ~** MARIT astern, abaft; **viento en ~** *fig* smoothly, well
po•po•te *m.* MEX drinking straw
po•pu•la•cho *m.* populace
po•pu•lar *adj.* [del pueblo] of the people, people's; [grato al pueblo] popular, well-liked; [coloquial] colloquial; [música] folk
po•pu•la•ri•dad *f.* popularity
po•pu•la•ri•zar [04] *tr.* to popularize; (*reflex.*) to become popular
po•pu•rrí *m.* potpourri
pó•quer *m.* poker
por *prep.* [sitio] by, on, along, through, around, over, towards, throughout; [tiempo] for, around, about, in, at, not yet, still to be; [agente] by, via; [causa, motivo] because of, out of, on account of, on behalf of, for, for the sake of, in order to; [modo] by, by means of, in, after, as, for; [distributiva] for, in exchange for, per, a, by, times; [concesión] however, no matter how ■ ~ **acá** o **aquí** around here; ~ **ahí** o **allí** around there; ~ **ahora** for the time being; ~ **casualidad** perchance; ~ **causa de** because of; ~ **ciento** per cent; ~ **cierto** indeed; ~ **completo** completely; ~ **consiguiente** therefore; ~ **correo** by mail; ~ **cuenta de uno** [sin ayuda] by oneself; [sin requerimiento] of one's own accord; ~ **des-**

gracia unfortunately; ¡~ **Dios!** for Heaven's sake!; ~ **entre** between, among; ~ **eso** therefore; ~ **lo bajo** softly; ~ **lo menos** at least; ~ **lo tanto** therefore; ~ **medio de** through; ~ **otra parte** o ~ **lo demás** on the other hand; ¿~ **qué?** why?; ~ **regla general** as a general rule; ~ **si acaso** in case; ~ **sí mismo** by oneself; ~ **sobre** above; ~ **supuesto** of course; ~ **todos lados** everywhere; ~ **valor de** in the amount of

por•ce•la•na *f.* porcelain; [vajilla] china; [esmalte] porcelain enamel; [color] porcelain blue

por•cen•ta•je *m.* percentage

por•cen•tual *adj.* percentage

por•che *m.* porch

por•ci•no, a ◇ *adj.* [del puerco] porcine, pig ◇ *m.* small pig

por•ción *f.* portion; [parte] part; [cuota] share

por•dio•se•ro, a *m.f.* beggar

por•fí•a *f.* stubbornness

por•fiar [30] *intr.* [disputar] to argue stubbornly; [insistir] to persist

por•me•nor *m.* detail, particular

por•no•gra•fí•a *f.* pornography

por•no•grá•fi•co, a *adj.* pornographic

po•ro *m.* interstice; BIOL pore

po•ro•si•dad *f.* porosity

po•ro•so, a *adj.* porous

po•ro•to *m.* ANDES & RP bean

por•que *conj.* [por causa de que] because; **trabajo ~ quiero comer** I work because I want to eat; [para que] in order that, so that ■ ~ **sí** just because

por•qué *m.* reason (**de** for), cause

por•que•rí•a *f.* [suciedad] filth; [basura] garbage; [grosería] vulgarity; [jugarreta] dirty trick; [cosa de poco valor] junk

por•que•ri•za *f.* pigsty

po•rra *f.* [clava] club; [de herrero] sledgehammer; *coll* [cabellera] long hair

po•rra•zo *m.* [golpe] blow; [choque] bump ■ **pegarse un ~ contra algo** to bump into something

po•rro *m.* leek

por•ta•a•vio•nes *m.inv.* aircraft carrier

por•ta•ban•de•ra *f.* flag holder

por•ta•bi•cis *m.inv.* bicycle rack

por•ta•da *f.* ARCHIT facade; PRINT [frontispicio] title page; [tapa] cover

por•ta•dor, •ra ◇ *adj.* bearing ◇ *m.f.* carrier

por•ta•e•qui•pa•jes *m.inv.* [baúl] trunk (of a car); [rejilla] luggage rack

por•ta•es•tan•dar•te *m.* standard-bearer

por•ta•fo•lio *m.* briefcase

por•ta•he•li•cóp•te•ros *m.inv.* helicopter carrier

por•tal *m.* [zaguán] entrance hall; [porche] porch; COMPUT portal

por•ta•lám•pa•ras *m.inv.* socket

por•ta•li•bros *m.inv.* book straps

por•ta•pa•pe•les *m. inv.* COMPUT clipboard

por•tar *tr.* to carry, bear; (*reflex.*) to behave

por•ta•rre•tra•tos *m.inv.* picture frame

por•tá•til ◇ *adj.* portable ◇ *m..* laptop

por•ta•voz *m.f.* spokesman/woman

por•ta•zo *m.* slam ■ **dar un ~ a alguien** to slam the door in someone's face

por•te *m.* [acción] transporting; [costo] transport charge; [presencia] demeanor

por•ten•to *m.* marvel

por•ten•to•so, a *adj.* marvelous

por•te•ño, a ◇ *adj.* of Buenos Aires ◇ *m.f.* native of Buenos Aires

por•te•rí•a *f.* [oficina] concierge's office; SPORT goal

por•te•ro, a *m.f.* [conserje] concierge; [devivienda] janitor; SPORT goalkeeper

pór•ti•co *m.* portico

por•ti•lla *f.* [paso] gate; MARIT porthole

por•ti•llo *m.* [de muro] opening; [puerta] gate; [paso angosto] pass

por•tón *m.* [puerta grande] large door; [del zaguán] vestibule door

por•tua•rio, a *adj.* port, harbor

por•ve•nir *m.* future

pos *adv.* ■ **en ~ de** in pursuit of

po•sa•da *f.* [mesón] inn; [hogar] home; [hospedaje] shelter

po•sa•de•ras *f.pl.* buttocks

po•sar *intr.* [hospedarse] to lodge; [descansar] to rest; [las aves] to perch; PAINT & PHOTOG to pose; (*reflex.*) [las aves] to perch; AVIA to land; (*tr.*) to put

pos•da•ta *f.* postscript

po•se *f.* pose

po•se•e•dor, •ra ◇ *adj.* who possesses ◇ *m.f.* [dueño] owner; holder; **el ~ de una marca mundial** the holder of a world record ■ ~ **de acciones** stockholder

po•se•er [43] *tr.* to possess; [tener] to have; **ella posee una buena biblioteca** she has a good library; to hold; **posee el record mundial** he holds the world record

po•se•í•do, a ◇ *adj.* possessed (**de** by) ◇ *m.f.* possessed person

po•se•sión ◇ *f.* possession; [propiedad] property; AMER property, estate ◇ *pl.* possessions, personal property

po•se•sio•nar *tr.* to give possession of; (*reflex.*) to take possession of, take over

po•se•si•vo, a *adj.* & *m.* possessive

po•se•so, a *adj.* & *m.f.* possessed (person)

po•se•sor, •ra *adj.* & *m.f.* = **poseedor, ra**

po•se•ye•ra, yó ▻ **poseer**

pos•fe•cha *f.* postdate

pos•gra•do *m.* postgraduate course

pos•gra•du•a•do, a *m.f.* postgraduate

pos•gue•rra *f.* postwar period

po•si•bi•li•dad ◇ *f.* possibility ◇ *pl.* chances

po•si•bi•li•tar *tr.* to make possible

po•si•ble *adj.* possible ■ **de ser ~** if possible; **dentro de** o **en lo ~** as far as possible; **hacer ~** to make possible; **hacer (todo) lo ~** to do (everything) possible; **lo antes ~** as soon as possible

po•si•ción *f.* position; [postura] posture; [condición social] status

po•si•ti•vis•ta *adj.* & *m.f.* positivist

po•si•ti•vo, a ◇ *adj.* positive ◇ *m.* PHOTOG print; GRAM positive

po•so *m.* [sedimento] sediment; [de café] coffee grounds

po•so•lo•gí•a *f.* dosage

pos•po•ner [54] *tr.* [relegar] to put behind; [diferir] to postpone

pos•tal ◇ *adj.* postal ■ **giro ~** money order ◇ *f.* postcard

post•da•ta *f.* = **posdata**

pos•te *m.* post ■ ~ **indicador** signpost

pos•ter•ga•ción *f.* postponement

pos•ter•gar [47] *tr.* [aplazar] to postpone; [en un empleo] to pass over

pos•te•ri•dad *f.* posterity

pos•te•rior *adj.* [ulterior] subsequent (**a** to), later; [trasero] rear, back

pos•te•rio•ri•dad *f.* posteriority ■ **con** ~ later (**a** than), subsequently (**a** to)

pos•te•rior•men•te *adv.* later (on)

post•gue•rra *f.* = **posguerra**

pos•ti•go *m.* [puerta falsa] hidden door; [contraventana] shutter; [de ciudad] side gate

pos•ti•zo, a ◇ *adj.* false; **dentadura** ~ false teeth; artificial; **brazo** ~ artificial arm; [de quitapón] detachable ◇ *m.* hair piece

pos•to•pe•ra•to•rio, a *adj.* postoperative

pos•tor *m.* bidder ■ **mejor** ~ highest bidder

pos•trar *tr.* [humillar] to humiliate; [debilitar] to debilitate; (*reflex.*) [arrodillarse] to kneel down; [debilitarse] to become debilitated

pos•tre *m.* dessert ■ **a la** ~ in the end

pos•trer *adj.* = **postrero**

pos•tre•ro, a *adj.* last, final

pos•tri•me•rí•a *f.* last years, final stages

pos•tu•la•do *m.* postulate

pos•tu•lan•te, a *m.f.* applicant

pos•tu•lar *tr.* to ask for, seek

pós•tu•mo, a *adj.* posthumous

pos•tu•ra *f.* posture; [posición] position; [actitud] attitude; [opinión] stand; [de huevos] laying of eggs

po•ta•ble *adj.* potable

po•ta•je *m.* [guiso] stew; [bebida] brew

po•ta•sio *m.* potassium

po•te *m.* pot, jar

po•ten•cia *f.* [poder] power; [fuerza] potency, strength; [nación] power; **una** ~ **mundial** a world power; ARM range; PHILOS potential ■ **segunda** ~ square; **tercera** ~ cube

po•ten•ta•do *m.* [soberano] potentate; [rico] tycoon

po•ten•te *adj.* [poderoso] powerful; [que engendra] potent, virile; [grande] big, mighty

po•tes•tad *f.* power, authority ■ **patria** ~ parental authority

po•to *m.* ANDES *coll* buttocks

po•tra *f.* young mare

po•tran•ca *f.* young mare

po•tre•ro *m.* [dehesa] pasture; RP playground (in a vacant lot)

po•tri•llo *m.* colt

po•tro *m.* colt; SPORT horse; [de tormento] rack

po•zo *m.* [de agua] well; [en un río] deep pool; [hoyo] pit; MARIT bilge; *fig* mine, source ■ ~ **de petróleo** oil well; ~ **negro** cesspool

prac•ti•can•te, a ◇ *adj.* practicing ◇ *m.f.* [que ejerce] practitioner; [aprendiz] medical intern

prac•ti•car [70] *tr.* to practice; [hacer] to perform, carry out

prác•ti•co, a ◇ *adj.* practical; [conveniente] useful; [diestro] experienced ◇ *m.* MARIT pilot; (*f.*) practice; [experiencia] experience ■ **en la** ~ in practice; **poner en** ~ to put into practice

pra•de•ra *f.* meadow

pra•do *m.* [campo] meadow; [paseo] promenade

prag•má•ti•co, a *adj.* pragmatic

pre•ám•bu•lo *m.* [prólogo] preamble; [rodeo] digression

pre•ca•rio, a *adj.* precarious

pre•cau•ción *f.* precaution; [prudencia] caution ■ **por** ~ as a precaution

pre•ca•ver *tr.* to take precautions against; (*reflex.*) to take precautions ■ ~ **contra** to forestall; ~ **de** to guard against

pre•ca•vi•do, a *adj.* cautious

pre•ce•den•te ◇ *adj.* preceding ◇ *m.* precedent ■ **sentar un** ~ to set a precedent

pre•ce•der *tr.* to precede

pre•cep•to *m.* precept

pre•cep•tor, •ra *m.f.* preceptor, tutor; [profesor] teacher; (*f.*) governess

pre•cia•do, a *adj.* [de valor] precious; [estimado] prized

pre•ciar•se *reflex.* to brag, boast ■ ~ **de** to consider O think oneself

pre•cin•ta•do, a ◇ *adj.* sealed ◇ *m.* sealing

pre•cin•tar *tr.* [un paquete] to bind, strap; [sellar] to seal, stamp

pre•cin•to *m.* [de un paquete] strapping; [acción] sealing; [ligadura] strap

pre•cio *m.* [valor pecuniario] price, cost; [valor] value, worth; **es una obra de gran** ~ it is a work of great worth; [sacrificio] price, cost ■ **al** ~ **de** at the cost of; **no tener** ~ to be priceless; ~ **al contado** cash price; ~ **de cierre** closing price; ~ **de compra** purchase price; ~ **de factura** invoice price; ~ **de lista** list price; ~ **de venta** selling price

pre•cio•si•dad *f.* [objeto] beauty; [persona] jewel

pre•cio•so, a *adj.* [de valor] precious, valuable; [lindo] lovely

pre•cio•su•ra *f.* AMER *coll* beauty

pre•ci•pi•cio *m.* precipice, cliff

pre•ci•pi•ta•ción *f.* precipitation ■ **con** ~ hastily; ~ **radioactiva** (radioactive) fallout

pre•ci•pi•ta•do, a *adj.* & *m.* precipitate

pre•ci•pi•tar *tr.* [lanzar] to hurl; [apresurar] to hasten; CHEM to precipitate; (*reflex.*) [darse prisa] to hurry; [lanzarse] to rush headlong

pre•ci•sa•men•te *adv.* [justamente] precisely; [especialmente] specially

pre•ci•sar *tr.* [explicar] to explain; [fijar] to set; [necesitar] to need; (*reflex.*) to be necessary O needed

pre•ci•sión *f.* precision

pre•ci•so, a *adj.* [necesario] necessary; [fijo] precise; [exacto] exact; [claro] distinct ■ **cuando sea** ~ when necessary; **tener tiempo** ~ **para** to have just enough time for

pre•cla•ro, a *adj.* illustrious

pre•co•ci•dad *f.* precocity

pre•co•ci•na•do, a *adj.* pre-cooked

pre•cog•ni•ción *f.* precognition

pre•co•lom•bi(a)•no, a *adj.* pre-Columbian

pre•con•ce•bi•do, a *adj.* preconceived

pre•con•ce•bir [48] *tr.* to preconceive

pre•co•ni•zar [04] *tr.* to recommend

pre•coz *adj.* precocious

pre•cur•sor, •ra ◇ *adj.* precursory ◇ *m.f.* precursor

pre•de•ce•sor, •ra *m.f.* predecessor

pre•de•cir [11] *tr.* to predict

pre•des•ti•na•ción *f.* predestination

pre•des•ti•nar *tr.* to predestine
pre•de•ter•mi•nar *tr.* to predetermine
pre•di•ca•do *m.* GRAM & LOG predicate
pre•di•ca•dor, •ra ◇ *adj.* preaching ◇ *m.* preacher
pre•di•car [70] *tr.* to preach; (*intr.*) to preach ▪ ~ **con el ejemplo** to set an example
pre•dic•ción *f.* prediction
pre•di•cho, a *adj.* aforesaid
pre•di•lec•ción *f.* predilection
pre•di•lec•to, a *adj.* favorite
pre•dio *m.* [terreno] property; AMER [edificio] building
pre•dis•po•ner [54] *tr.* to predispose ▪ ~ **contra** to prejudice against
pre•dis•po•si•ción *f.* predisposition
pre•do•mi•nan•te *adj.* predominant
pre•do•mi•nar *intr.* to prevail
pre•do•mi•nio *m.* predominance
pre•e•mi•nen•te *adj.* pre-eminent
pre•es•co•lar *adj.* preschool
pre•es•ta•ble•ci•do, a *adj.* pre-established
pre•fa•bri•ca•do, a *adj.* prefabricated
pre•fa•bri•car [70] *tr.* to prefabricate
pre•fa•cio *m.* preface
pre•fec•to *m.* prefect
pre•fec•tu•ra *f.* prefecture
pre•fe•ren•cia *f.* preference
pre•fe•ren•te *adj.* [principal] preferential; [preferible] preferable
pre•fe•ri•ble *adj.* preferable
pre•fe•ri•do, a *adj.* preferred
pre•fe•rir [65] *tr.* to prefer
pre•fi•jar *tr.* to prearrange
pre•fi•jo *m.* prefix; TELEC area code
pre•fi•rie•ra, rió ▻ **preferir**
pre•gón *m.* street vendor's shout
pre•go•nar *tr.* [publicar] to proclaim; [un vendedor] to hawk; [revelar] to divulge
pre•go•ne•ro, a *m.f.* [anunciador] announcer; [vendedor] hawker, peddler; (*m.*) [oficial] town crier
pre•gun•ta *f.* question ▪ **hacer una** ~ to ask a question; **preguntas más frecuentes** COMPUT frequently asked questions
pre•gun•tar *tr.* [una pregunta] to ask; [interrogar] to question ▪ ~ **por** [noticias] to inquire about; [persona] to ask for; (*reflex.*) to wonder
pre•gun•tón, o•na *adj.* & *m.f.* *coll* nosy o inquisitive (person)
pre•his•to•ria *f.* prehistory
pre•his•tó•ri•co, a *adj.* prehistoric
pre•im•pre•sión *f.* prepress
pre•ju•bi•la•ción *f.* early retirement
pre•jui•cio *m.* prejudice
pre•juz•gar [47] *tr.* to prejudge
pre•la•do *m.* prelate
pre•li•mi•nar *adj.* & *m.* preliminary
pre•lu•dio *m.* prelude
pre•ma•tu•ro, a *adj.* premature
pre•me•di•ta•ción *f.* premeditation
pre•me•di•ta•da•men•te *adv.* deliberately
pre•me•di•ta•do, a *adj.* premeditated
pre•me•di•tar *tr.* to premeditate
pre•mens•trual *adj.* premenstrual
pre•miar *tr.* [recompensar] to reward; [en certamen] to award a prize to
pre•mio *m.* [recompensa] reward; [en certamen] prize; FIN premium ▪ ~ **en efectivo** cash prize; ~ **gordo** *coll* jackpot
pre•mi•sa *f.* premise
pre•mo•ni•ción *f.* premonition
pre•mo•ni•to•rio, a *adj.* premonitory
pre•mu•ra *f.* urgency
pre•na•tal *adj.* prenatal
pren•da *f.* [garantía] guaranty; [de vestir] article of clothing; [señal] token ▪ **en** ~ as security; **en** ~ **de** as token of; **no soltar** ~ to be very discreet; ~ **interior** undergarment
pren•dar *tr.* to pawn; (*reflex.*) to become fond
pren•de•dor *m.* [broche] clasp; JEWEL pin
pren•der *tr.* [asir] to grasp; [aprehender] to apprehend; [encarcelar] to put in prison; [clavar] to fasten; AMER [con fuego] to light; [un aparato] to turn o switch on ▪ ~ **con alfileres** to pin; ~ **fuego a** to set fire to; (*intr.*) [planta] to take root; [fuego] to catch fire; [vacuna] to take (effect)
pren•sa *f.* press; [imprenta] printing press
pren•sar *tr.* to press
pren•sil *adj.* prehensile
pre•nup•cial *adj.* prenuptial
pre•ña•do, a *adj.* pregnant
pre•ñar *tr.* to make pregnant
pre•o•cu•pa•ción *f.* preoccupation; [inquietud] anxiety
pre•o•cu•pa•do, a *adj.* preoccupied; [inquieto] worried
pre•o•cu•par *tr.* to preoccupy; [inquietar] to worry; (*reflex.*) [inquietarse] to worry (**con, de, por** about); [cuidarse] to take care
pre•o•lím•pi•co *m.* Olympic qualifying competition
pre•pa•ra•ción *f.* preparation
pre•pa•ra•dor, •ra *m.f.* SPORT trainer, coach
pre•pa•rar *tr.* & *reflex.* to prepare (oneself)
pre•pon•de•ran•cia *f.* preponderance
pre•pon•de•ran•te *adj.* preponderant
pre•po•si•ción *f.* preposition
pre•po•si•cio•nal *adj.* prepositional
pre•po•ten•cia *f.* prepotency
pre•po•ten•te *adj.* prepotent
pre•pu•cio *m.* prepuce
pre•rro•ga•ti•va *f.* prerogative
pre•sa *f.* [acción] capture; [cosa apresada] catch; [en la caza] prey; [víctima] victim; [conducto] ditch; [porción] morsel; ZOOL fang ▪ **hacer** ~ to capture
pre•sa•giar *tr.* to presage
pre•sa•gio *m.* [señal] omen; [adivinación] premonition
pres•bí•te•ro *m.* presbyter, priest
pres•cin•den•cia *f.* AMER omission ▪ **con** ~ **de** without
pres•cin•di•ble *adj.* nonessential
pres•cin•dir *intr.* ▪ ~ **de** [renunciar a] to do without; ~ **de** [omitir] to dispense with; ~ **de** [no tener en cuenta] to disregard; **prescindiendo de** regardless of
pres•cri•bir [80] *tr.* & *intr.* to prescribe
pres•crip•ción *f.* prescription
pre•se•lec•ción *f.* preselection
pre•sen•cia *f.* presence; [figura] appearance ▪ **hacer acto de** ~ to put in an appearance; ~ **de ánimo** presence of mind
pre•sen•cial *adj.* ▪ **testigo** ~ eyewitness

pre•sen•ciar *tr.* to witness

pre•sen•ta•ción *f.* presentation; [exhibición] exhibition

pre•sen•tar *tr.* to present; [mostrar] to show; [exhibir] to display; [dar] to give; [proponer] to nominate; [introducir] to introduce; LAW to bring; (*reflex.*) [mostrarse] to present oneself; [venir] to show up; **el alumno se presentó al terminar la clase** the student showed up as the class ended; [aparecer] to present itself, appear; [dar el nombre] to introduce oneself

pre•sen•te ◇ *adj.* present; [actual] current ▪ **hacer** ~ [declarar] to state; [notificar] to notify; **tener** ~ to keep in mind ◇ *m.* [regalo] present, gift; GRAM present (tense) ▪ **al** ~ at present; **hasta el** ~ up to the present; **la** ~ this letter; **los presentes** those present ◇ *interj.* present!, here!

pre•sen•ti•mien•to *m.* premonition

pre•sen•tir [65] *tr.* to have a premonition of

pre•ser•va•ción *f.* preservation

pre•ser•var *tr.* to preserve

pre•ser•va•ti•vo, a ◇ *adj.* preservative ◇ *m.* [remedio] preservative; [anticonceptivo] prophylactic, condom

pre•si•den•cia *f.* [de nación] presidency; [de reunión] chairmanship; [silla] chair; [oficina] president's office

pre•si•den•cia•ble *m.f.* AMER potential presidential candidate

pre•si•den•cial *adj.* presidential

pre•si•den•ta *f.* (woman) president; [de reunión] chairwoman

pre•si•den•te *m.* president; [de reunión] chairman; [del parlamento] speaker; [de tribunal] presiding judge

pre•si•dia•rio *m.* convict

pre•si•dio *m.* prison

pre•si•dir *tr.* [dirigir] to preside over; [predominar] to dominate

pre•si•lla *f.* [lazo] loop; [para papeles] paper clip

pre•sión *f.* pressure ▪ **olla a** ~ pressure cooker; ~ **arterial** blood pressure

pre•sio•nar *tr.* [apretar] to press; [hacer presión sobre] to put pressure on

pre•so, a ▷ **prender** ◇ *adj.* under arrest ◇ *m.f.* prisoner

pres•ta•ción *f.* services ▪ ~ **de juramento** swearing-in

pres•ta•do *adj.* [dado] lent; [tomado] borrowed ▪ **dar** ~ to lend; **de** ~ as a loan; **pedir** o **tomar** ~ to borrow

pres•ta•dor, •ra ◇ *adj.* lending ◇ *m.f.* lender

pres•ta•men•te *adv.* quickly

pres•ta•mis•ta *m.f.* moneylender

prés•ta•mo *m.* [acción de dar] lending; [acción de recibir] borrowing; [empréstito] loan ▪ ~ **a plazo fijo** COM time loan

pres•tar *tr.* to lend ▪ ~ **atención** to pay attention; ~ **auxilio** o **ayuda** to help, assist; ~ **juramento** to take the oath; ~ **oídos** to lend an ear; (*reflex.*) [consentir] to consent; [ser apto para] to lend itself (**a, para** to); [ofrecerse] to offer

pres•te•za *f.* promptness

pres•ti•di•gi•ta•ción *f.* prestidigitation

pres•ti•di•gi•ta•dor, •ra *m.f.* prestidigitator

pres•ti•giar *tr.* to lend prestige to

pres•ti•gio *m.* prestige

pres•ti•gio•so, a *adj.* prestigious

pres•to, a ◇ *adj.* prompt; MUS presto ◇ *adv.* promptly

pre•su•mi•ble *adj.* presumable

pre•su•mi•do, a *adj.* & *m.f.* presumptuous o conceited (person)

pre•su•mir *tr.* to presume; (*intr.*) ▪ ~ **de** to think oneself

pre•sun•ción *f.* [vanidad] presumptuousness; [suposición] presumption; LAW presumption

pre•sun•ta•men•te *adv.* presumably

pre•sun•to, a ▷ **presumir** ◇ *adj.* presumed

pre•sun•tuo•so, a *adj.* & *m.f.* presumptuous o conceited (person)

pre•su•po•ner [54] *tr.* to presuppose

pre•su•po•si•ción *f.* presupposition

pre•su•pues•tar *tr.* to budget

pre•su•pues•ta•rio, a *adj.* budgetary

pre•su•pues•to, a ▷ **presuponer** ◇ *m.* budget estimate ▪ **equilibrar el** ~ to balance the budget

pre•su•ri•zar [04] *tr.* to pressurize

pre•su•ro•so, a *adj.* [rápido] quick; [con prisa] in a hurry

pre•ten•cio•so, a *adj.* pretentious

pre•ten•der *tr.* [buscar] to seek; [intentar] to try, attempt; [a una mujer] to court; [afirmar] to claim

pre•ten•dien•te, a ◇ *adj.* [que reclama] seeking; [al trono] pretending to; [a una mujer] courting ◇ *m.f.* [reclamante] claimant; [a un puesto] candidate; [al trono] claimant; (*m.*) suitor

pre•ten•sión *f.* [aspiración] desire; [derecho] claim; AMER [vanidad] pretentiousness ▪ **sin pretensiones** unpretentious; **tener la** ~ **de** to think one is going to

pre•ten•cio•so, a *adj.* pretentious

pre•té•ri•to, a *adj.* & *m.* past

pre•tex•tar *tr.* to allege

pre•tex•to *m.* pretext

pre•va•le•cer [17] *intr.* [sobresalir] to prevail; BOT to take root

pre•va•le•cien•te *adj.* prevailing

pre•va•ler [74] *intr.* to prevail

pre•ven•ción *f.* prevention; [apresto] preparedness; [precaución] precautionary measure; [providencia] foresight

pre•ve•ni•do, a *adj.* [preparado] prepared; [advertido] forewarned; [precavido] prudent

pre•ve•nir [76] *tr.* [preparar] to prepare; [prever] to foresee; [impedir] to prevent; [avisar] to forewarn ▪ ~ **de** to provide with; (*reflex.*)[disponerse] to prepare oneself; [tomar precauciones] to take precautions

pre•ven•ti•vo, a *adj.* preventive

pre•ver [77] *tr.* to foresee

pre•via•men•te *adv.* previously

pre•vio, a *adj.* [anterior] previous, former; [preparatorio] preliminary, prior; ~ **aviso** prior notice; [a condición de] subject to; ~ **acuerdo de las partes interesadas** subject to the agreement of the interested parties; [después] after, upon; ~ **pago** after o upon payment

pre•vi•si•ble *adj.* foreseeable

pre•vi•sión *f.* [clarividencia] foresight; [prudencia] precaution ▪ ~ **social** social security

pre•vi•sor, •ra *adj.* & *m.f.* cautious o prudent (person)

pre•vis•to, a ▷ **prever** ◇ *adj.* [anticipado] foreseen; [estipulado] provided ▪ ~ **por la ley** provided by law

pre•vi•sua•li•za•ción *f.* COMPUT preview

prie•to, a *adj.* MEX [oscuro] dark; *coll* [moreno] dark-haired

pri•ma[1] *f.* [indemnización] insurance premium; [recompensa] premium; MUS treble

pri•ma[2] *f.* ▻ **primo, a**

pri•ma•cí•a *f.* superiority

pri•ma•do *m.* RELIG primate

pri•ma•rio, a *adj.* primary; [primero] first

pri•ma•te *m.* primate

pri•ma•ve•ra *f.* [estación] spring; [época] springtime; [de la vida] prime

pri•ma•ve•ral *adj.* spring(like)

pri•mer *adj.* = **primero**

pri•me•ra•men•te *adv.* first, in the first place

pri•me•ro, a ◇ *adj.* first; front; **la ~ página** the front page; [mejor] best; **es la ~ alumna de la clase** she is the best student in the class; [fundamental] basic; **las primeras necesidades** the basic needs; [anterior] former ▪ **a ~ vista** at first sight; **de buenas a primeras** all at once; **de primera** first-class; **en primer lugar** first of all; **primer actor** leading man; **~ actriz** leading lady ◇ *m.f.* first; **Pedro fue el ~ en llegar** Pedro was the first to arrive; [el mejor] best; (*f.*) AUTO first gear ◇ *adv.* first; [más bien] first, sooner; **~ morir que pedir ayuda** sooner dead than ask for help

pri•mi•cia *f.* exclusive news

pri•mi•ti•vo *adj.* & *m.f.* primitive

pri•mo, a ◇ *adj.* first; MATH prime ◇ *m.f.* cousin ▪ **~ hermano** o **carnal** first cousin

pri•mo•gé•ni•to, a *adj.* & *m.f.* first-born

pri•mor *m.* [finura] delicacy; [cosa exquisita] exquisite thing

pri•mor•dial *adj.* primordial

pri•mo•ro•so, a *adj.* beautiful, exquisite

prin•ce•sa *f.* princess

prin•ci•pa•do *m.* [título] princedom; [territorio] principality

prin•ci•pal ◇ *adj.* principal; [más importante] main; [esencial] essential; GRAM main (clause) ▪ **lo ~** the main thing ◇ *m.* FIN principal

prín•ci•pe ◇ *adj.* first ◇ *m.* prince ▪ **~ consorte** prince consort; **~ heredero** crown prince

prin•ci•pes•co, a *adj.* princely

prin•ci•pian•te, a ◇ *adj.* beginning ◇ *m.f.* beginner, novice

prin•ci•piar *tr.* to begin

prin•ci•pio *m.* [comienzo] beginning; [fundamento] principle; [causa primitiva] source ▪ **a ~** o **principios de** at the beginning of; **al ~** at first, in o at the beginning; **dar ~ a** to start off; **del ~ al fin** o **desde el ~ hasta el fin** from beginning to end; **en un ~** at the beginning; **por ~** on principle; **sin principios** unprincipled; **tener por ~** to make a point of

prin•gar [47] *tr.* [ensuciar] to get grease on; [empapar] to dip in fat

prin•go•so, a *adj.* greasy

prin•gue *m.f.* grease; *fig* filth

prio•ri•dad *f.* priority

pri•sa *f.* [apuro] haste; [velocidad] speed; [urgencia] urgency ▪ **a** o **de ~** quickly; **a toda ~** as quickly as possible; **andar** o **estar de ~** to be in a hurry; **dar** o **meter ~ a alguien** to rush someone; **darse ~** to hasten, hurry (up); **tener ~** to be in a hurry (**por, en** to)

pri•sión *f.* prison; [de afecto] bond, tie ▪ **~ preventiva** LAW preventive custody

pri•sio•ne•ro, a *m.f.* prisoner ▪ **~ de guerra** prisoner of war

pris•ma *m.* prism

pris•má•ti•co, a ◇ *adj.* prismatic ◇ *m.pl.* binoculars

pri•va•ci•dad *f.* privacy

pri•va•ción *f.* [acción] deprivation; [falta] lack

pri•va•do, a ◇ *adj.* private ▪ **~ de** without, bereft of; **vida ~** privacy ◇ *m.* protégé

pri•var *tr.* [despojar] to deprive; [prohibir] to forbid; (*reflex.*) to abstain (**de** from)

pri•va•ti•za•ción *f.* privatization

pri•va•ti•zar [04] *tr.* to privatize

pri•vi•le•giar *tr.* to favor

pri•vi•le•gio *m.* privilege ▪ **privilegios de acceso** access privileges

pro *m.f.* profit, benefit ▪ **en ~ de** pro, in favor of; **el ~ y el contra** pro and con

pro•a *f.* prow, bow

pro•ba•bi•li•dad *f.* probability ▪ **probabilidades de vida** life expectancy

pro•ba•ble *adj.* probable; [demostrable] provable

pro•ba•dor, •ra ◇ *adj.* proving ◇ *m.* fitting room

pro•bar [19] *tr.* [ensayar] to test; [confirmar] to prove, [ropa] to try on; [comida] to taste ▪ **~ ventura** to try one's luck; (*intr.*) to try ▪ **~ de todo** to take a taste of everything; (*reflex.*) to try on

pro•be•ta *f.* test tube

pro•bi•dad *f.* probity, integrity

pro•ble•ma *m.* problem

pro•ble•má•ti•co, a ◇ *adj.* problematic(al) ◇ f issues

pro•bo, a *adj.* upright

pro•caz *adj.* [insolente] insolent; [indecente] indecent

pro•ce•den•cia *f.* [origen] origin; [punto de salida] point of departure; [de conducta] properness

pro•ce•den•te *adj.* [que procede] (coming) from; LAW admissible

pro•ce•der[1] *m.* conduct

pro•ce•der[2] *intr.* [originarse] to originate in; [ejecutar] to go on (to); [ir con orden] to proceed; [portarse] to behave; [continuar] to go on o ahead with; [ser apropiado] to be fitting o appropriate

pro•ce•di•mien•to *m.* [método] procedure; [proceso] process; LAW proceedings

pro•ce•sa•do, a *m.f.* defendant

pro•ce•sa•dor *m.* COMPUT processor ▪ **~ de texto** text processor

pro•ce•sa•mien•to *m.* LAW prosecution; COMPUT processing ▪ **~ de datos** data processing

pro•ce•sar *tr.* LAW to prosecute; COMPUT to process

pro•ce•sión *f.* procession ▪ **la ~ va por dentro** *co*… he/she is putting on a brave face.

pro•ce•so *m.* process; [transcurso] course; LAW [causa] trial; [autos] proceedings

pro•cla•ma•ción *f.* proclamation

pro•cla•mar *tr.* & *reflex.* to proclaim (oneself)

pro•cli•ve *adj.* inclined (**a** to)

pro•cre•a•ción *f.* procreation

pro•cre•ar *tr.* to procreate

pro•cu•ra•dor, •ra ◇ *adj.* procuring ◇ *m.f.* [apoderado] proxy; [abogado] attorney

pro•cu•ra•du•rí•a *f.* MEX ministry of justice
pro•cu•rar *tr.* [intentar] to endeavor; [obtener] to obtain; (*reflex.*) to obtain
pro•di•gar [47] *tr.* to lavish; (*reflex.*) to go out of one's way
pro•di•gio *m.* [persona] prodigy; [fenómeno] wonder
pro•di•gio•so, a *adj.* marvelous
pró•di•go, a *adj.* [malgastador] prodigal, wasteful; [muy generoso] generous
pro•duc•ción *f.* production; [producto] product ▪ **~ en serie** mass production
pro•du•cir [22] *tr.* to produce; [engendrar] to bear; [elaborar] to manufacture; [ocasionar] to cause; FIN to yield ▪ **~ en serie** to mass-produce; (*reflex.*) to take place
pro•duc•ti•vi•dad *f.* productivity
pro•duc•ti•vo, a *adj.* productive; [lucrativo] lucrative
pro•duc•to, a *m.* product; COM [beneficio] profit; [ingresos] proceeds ▪ **~ derivado** by product; **productos de consumo** consumer goods
pro•duc•tor, •ra ◇ *adj.* productive, producing ◇ *m.f.* producer
pro•du•je•ra, jo ▻ **producir**
pro•e•za *f.* feat
pro•fa•na•ción *f.* desecration
pro•fa•nar *tr.* [maltratar] to desecrate; [deshonrar] to disgrace
pro•fa•no, a ◇ *adj.* profane; [irreverente] irreverent; [no iniciado] uninitiated ◇ *m.f.* layman/woman
pro•fe•cí•a *f.* prophecy
pro•fe•rir [65] *tr.* to utter
pro•fe•sar *tr.* [ejercer] to practice; [enseñar] to teach; [creer] to believe in; [declarar] to profess; [afecto] to feel; (*intr.*) to take vows
pro•fe•sión *f.* profession ▪ **de ~** by trade
pro•fe•sio•nal *adj.* & *m.f.* professional
pro•fe•sio•nis•ta *m.f.* MEX professional
pro•fe•sor, •ra *m.f.* [de escuela] teacher; [de universidad] professor ▪ **~ auxiliar** assistant professor; **~ suplente** substitute teacher
pro•fe•so•ra•do *m.* [cargo] teaching position; [cuerpo docente] faculty
pro•fe•ta *m.* prophet
pro•fe•ti•sa *f.* prophetess
pro•fe•ti•zar [04] *tr.* to prophesy
pro•fie•ra, ro ▻ **proferir**
pro•fi•lác•ti•co, a ◇ *adj.* prophylactic ◇ *m.* condom; (*f.*) prophylaxis
pro•fi•la•xis *f.* prophylaxis
pro•fi•rie•ra, rió ▻ **proferir**
pró•fu•go, a *adj.* & *m.f.* fugitive
pro•fun•di•dad *f.* depth ▪ **de ~** deep, in depth
pro•fun•di•zar [04] *tr.* [cavar] to make deeper; [estudiar] to delve into; (*intr.*) to go deeply into a subject
pro•fun•do, a ◇ *adj.* [hondo] deep; [intenso] profound; [difícil] difficult; [penetrante] deep; [sincero] heartfelt ◇ *m.* depth
pro•fu•sión *f.* profusion
pro•fu•so, a *adj.* profuse
pro•ge•ni•tor ◇ *m.* progenitor ◇ *pl.* [antepasados] ancestors; [padres] parents
pro•ges•te•ro•na *f.* progesterone
pro•gra•ma *m.* program ▪ **~ espacial** space program; **~ de estudios** curriculum; **~ doble** CINEM double feature
pro•gra•ma•ción *f.* programming
pro•gra•ma•dor, •ra ◇ *adj.* programming ◇ *m.f.* programmer
pro•gra•mar *tr.* [planificar] to plan; COMPUT to program
pro•gre•sar *intr.* to progress
pro•gre•sión *f.* progression
pro•gre•sis•ta *adj.* & *m.f.* progressive
pro•gre•si•vo, a *adj.* progressive
pro•gre•so *m.* progress
pro•hi•bi•ción *f.* prohibition
pro•hi•bi•do, a *adj.* prohibited, forbidden ▪ **~ estacionar** no parking; **~ la entrada** no admittance
pro•hi•bir *tr.* to prohibit, forbid ▪ **~ a alguien hacer algo** to prohibit someone from doing something, forbid someone to do something; **se prohíbe fumar** no smoking
pro•hi•bi•ti•vo/to•rio, a *adj.* prohibitive
pró•ji•mo *m.* [otra persona] fellow man; [humanidad] mankind; *coll* [sujeto] fellow
pro•le *f.* progeny
pro•le•ta•ria•do *m.* proletariat
pro•le•ta•rio, a *adj.* & *m.f.* proletarian
pro•li•fe•ra•ción *f.* proliferation
pro•li•fe•rar *intr.* to proliferate
pro•lí•fi•co, a *adj.* prolific
pro•li•jo, a *adj.* [pesado] long-winded; [meticuloso] meticulous
pró•lo•go *m.* prologue
pro•lon•ga•ción *f.* prolongation; [parte] continuation
pro•lon•ga•da•men•te *adv.* at great length
pro•lon•ga•do, a *adj.* prolonged
pro•lon•ga•mien•to *m.* = **prolongación**
pro•lon•gar [47] *tr.* [continuar] to prolong; [alargar] to lengthen; (*reflex.*) [extenderse] to extend; [durar más tiempo] to last longer
pro•me•diar *tr.* [sacar el promedio de] to average; [dividir en dos] to divide in half; (*intr.*) to be halfway through ▪ **al ~ el mes** halfway through the month
pro•me•dio *m.* average; [mitad] middle ▪ **por ~** on average
pro•me•sa *f.* promise; RELIG vow ▪ **cumplir (con) una ~** to keep a promise; **faltar a una ~** to break a promise
pro•me•te•dor, •ra *adj.* promising
pro•me•ter *tr.* to promise ▪ **~ el oro y el moro** to promise the moon and stars; (*intr.*) to be promising; (*reflex.*)[esperar] to expect; [apalabrar] to become engaged
pro•me•ti•do, a *m.* fiancé; (*f.*) fiancée
pro•mi•nen•cia *f.* prominence
pro•mi•nen•te *adj.* prominent
pro•mis•cui•dad *f.* promiscuity
pro•mis•cuo, a *adj.* promiscuous
pro•mi•so•rio, a *adj.* promising
pro•mo•ción *f.* promotion; EDUC graduating class
pro•mo•cio•nar *tr.* to promote
pro•mon•to•rio *m.* promontory; [pila] heap
pro•mo•tor, •ra ◇ *adj.* [que promociona] promoting; [instigador] instigating ◇ *m.f.* [que promociona] promoter; [instigador] instigator
pro•mo•ve•dor, •ra ◇ *adj.* [que promociona] promoting; [instigador] instigating ◇ *m.f.* [que promociona] promoter; [instigador] instigator

P

pro•mo•ver [78] *tr.* to promote; [fomentar] to foster; [provocar] to cause

pro•mul•ga•ción *f.* promulgation

pro•mul•gar [47] *tr.* to promulgate; [proclamar] to proclaim

pro•no, a *adj.* prone

pro•nom•bre *m.* pronoun

pro•no•mi•nal *adj.* pronominal

pro•nos•ti•car [70] *tr.* to prognosticate, predict

pro•nós•ti•co *m.* [predicción] prediction; [señal] omen ▪ **~ del tiempo** weather forecast

pron•ti•tud *f.* [velocidad] speed; [diligencia] promptness; [ingenio] sharpness (of mind)

pron•to, a ◇ *adj.* [veloz] quick; [diligente] prompt; [preparado] ready ▪ **~ a** quick to; **~ a enfadarse** quick to anger ◇ *adv.* [velozmente] quickly; [diligentemente] promptly; [en seguida] at once; [dentro de poco] soon; [temprano] early ▪ **de ~** suddenly; **lo más ~ posible** as soon as possible; **por lo ~** for the moment; **tan ~ como** as soon as

pron•tua•rio *m.* dossier; AMER CRIMIN record, file

pro•nun•cia•ción *f.* pronunciation

pro•nun•cia•mien•to *m.* [golpe de estado] military coup; LAW pronouncement

pro•nun•ciar *tr.* to pronounce; [decir] to utter; [discurso] to deliver; (*reflex.*) [sublevarse] to rebel; [sentencia] to pass; [declararse] to declare oneself

pro•pa•ga•ción *f.* propagation

pro•pa•gan•da *f.* propaganda; [publicidad] advertising ▪ **hacer ~** to advertise

pro•pa•gan•dís•ti•co, a *adj.* propagandistic

pro•pa•gar [47] *tr.* & *reflex.* to propagate; *fig* to spread

pro•pa•sar *tr.* to go beyond; (*reflex.*) to go too far

pro•pen•sión *f.* propensity; MED predisposition

pro•pen•so, a *adj.* prone (**a** to)

pro•pia•men•te *adv.* [con propiedad] properly; [realmente] exactly ▪ **~ dicho** strictly speaking

pro•pi•ciar *tr.* AMER to sponsor

pro•pi•cio, a *adj.* propitious

pro•pie•dad *f.* property; [posesión] ownership; [heredad] estate; **es dueño de una gran ~** he's the owner of a great estate; [exactitud] accuracy; [conveniencia] appropriateness; **la ~ de una palabra** the appropriateness of a word ▪ **hablar con ~** to speak correctly; **~ horizontal** cooperative property; **~ inmobiliaria** real estate; **~ intelectual** copyright

pro•pie•ta•rio, a ◇ *adj.* proprietary ◇ *m.* owner, proprietor; (*f.*) owner, proprietress

pro•pi•na *f.* tip, gratuity

pro•pi•nar *tr. coll* to give; **~ una paliza** to give a beating

pro•pio, a *adj.* own; **mató a su ~ padre** he killed his own father; [original] own, very; **ésas son sus propias palabras** those are her very words; [natural] own, natural; **su ~ pelo** his own hair; [mismo] -self; **el ~ interesado debe asistir a la reunión** the interested party himself must attend the meeting; [conveniente] proper, suitable; **no es ~ para este caso** it is not suitable for this case; [característico] typical, characteristic; **eso es ~ de ella** that is typical of her; GRAM & MATH proper

pro•po•ner [54] *tr.* [sugerir] to propose; [exponer] to propound; [plantear] to pose; [presentar] to propose, nominate; **lo propuse para la vacante** I proposed him for the vacant post; [opinar] to move; **propongo que se aplace la sesión** I move that the meeting be postponed; (*reflex.*) to intend to do

pro•por•ción ◇ *f.* proportion; [tamaño] size ▪ **en ~ a** in proportion to; **guardar ~ con** to be in proportion with ◇ *pl.* proportions, dimensions

pro•por•cio•na•do, a *adj.* [con proporción] proportionate; [adecuado] commensurate

pro•por•cio•nal *adj.* proportional

pro•por•cio•nar *tr.* [distribuir] to apportion; [suministrar] to provide; (*reflex.*) to get, obtain

pro•po•si•ción *f.* proposition; [propuesta] proposal; [moción] motion; GRAM clause

pro•pó•si•to *m.* [intención] intention; [objetivo] purpose ▪ **a ~** [por cierto] by the way; [adrede] deliberately; **a ~ de** apropos of; **con el ~ de** in order to; **con este ~** to this end

pro•pues•ta *f.* [proposición] proposition; [oferta] proposal; COM bid

pro•pug•nar *tr.* to advocate

pro•pul•sar *tr.* to propel

pro•pul•sión *f.* propulsion ▪ **~ a chorro** jet propulsion; **~ delantera** front wheel drive

pro•pul•sor, •ra ◇ *adj.* propellant ◇ *m.* propeller

pro•pu•sie•ra, so ▻ **proponer**

pro•rra•ta *f.* share

pro•rra•te•ar *tr.* to prorate

pró•rro•ga *f.* extension

pro•rro•gar [47] *tr.* to extend

pro•rrum•pir *intr.* to burst (**en** into)

pro•sa *f.* prose

pro•sai•co, a *adj.* prosaic

pros•ce•nio *m.* proscenium

pros•cri•bir [80] *tr.* [desterrar] to exile; [prohibir] to proscribe

pros•crip•ción *f.* [destierro] exile; [prohibición] proscription

pro•se•guir [64] *tr.* & *intr.* [seguir] to pursue; [continuar] to carry on with

pro•se•li•tis•ta *adj.* proselytizing

pros•pec•to *m.* prospectus, brochure

pros•pe•rar *intr.* to prosper

pros•pe•ri•dad *f.* prosperity

prós•pe•ro, a *adj.* prosperous

prós•ta•ta *f.* prostate (gland)

pros•tí•bu•lo *m.* brothel

pros•ti•tu•ción *f.* prostitution

pros•ti•tuir [18] *tr.* & *reflex.* to prostitute (oneself)

pros•ti•tu•ta *f.* prostitute

pro•ta•go•nis•ta *m.f.* protagonist; (*m.*) hero; (*f.*) heroine

pro•ta•go•ni•zar [04] *tr.* to star in

pro•tec•ción *f.* protection ▪ **~ de datos** data protection

pro•tec•cio•nis•ta *adj.* & *m.f.* protectionist

pro•tec•tor, •ra ◇ *adj.* [defensor] protective; [patrocinador] supporting ◇ *m.f.* [defensor] protector; [patrocinador] patron; (*f.*) patroness ▪ **~ de pantalla** COMPUT screensaver

pro•tec•to•ra•do *m.* protectorate

pro•te•ger [34] *tr.* to protect

pro•te•gi•do, a *m.* protégé; (*f.*) protégée

pro•te•í•na *f.* protein

pró•te•sis *f.* MED prosthesis; GRAM prothesis

pro•tes•ta *f.* protest; LAW protestation
pro•tes•tan•te *adj.* & *m.f.* RELIG Protestant
pro•tes•tar *tr.* [asegurar] to affirm; [la fe] to profess; COM to protest; (*intr.*) to protest
pro•to•co•lo *m.* [registro] record book; [de un congreso] minutes; DIPL protocol
pro•tón *m.* proton
pro•to•plas•ma *m.* protoplasm
pro•to•ti•po *m.* prototype
pro•to•zo•a•rio/zo•o *m.* protozoan
pro•tu•be•ran•cia *f.* protuberance
pro•ve•cho *m.* [beneficio] benefit; [ganancia] profit; [adelantamiento] advancement ■ **¡buen ~!** *coll* enjoy your meal!; **en ~ de** to the benefit of; **en ~ propio** to one's own advantage; **sacar ~ de** [beneficiarse] to benefit from; [aprovecharse] to take advantage of
pro•ve•cho•so, a *adj.* [beneficioso] profitable; [bueno] good; [ventajoso] advantageous
pro•ve•e•dor, •ra *m.f.* supplier ■ **~ de acceso (a Internet)** COMPUT (Internet) access provider
pro•ve•er [43] *tr.* [suministrar] to provide (**de** with); [conferir] to grant
pro•ve•nien•te *adj.* proceeding (**de** from)
pro•ve•nir [76] *intr.* [proceder] to proceed (**de** from); [originarse] to come (**en** from)
pro•ver•bial *adj.* proverbial
pro•ver•bio *m.* proverb
pro•ve•ye•ra, yó ▻ **proveer**
pro•vi•den•cia *f.* [disposición] provision; LAW ruling ■ **Providencia** RELIG Providence; **tomar providencias** to take measures
pro•vi•den•cial *adj.* providential
pro•vin•cia *f.* province
pro•vin•cia•no, a *adj.* & *m.f.* provincial
pro•vi•sión ◇ *f.* provision; [surtido] supply; [medida] measure; FIN funds, cover ■ **~ de fondos** FIN funds ◇ *pl.* supplies
pro•vi•sio•nal *adj.* temporary
pro•vi•so•rio, a *adj.* AMER temporary
pro•vo•ca•ción *f.* provocation; [insulto] insult; [desafío] challenge
pro•vo•ca•dor, •ra ◇ *adj.* [irritante] provoking; [sensual] provocative ◇ *m.f.* provoker
pro•vo•car [70] *tr.* [incitar] to provoke; [irritar] to annoy; [motivar] to move; [despertar] to rouse; [causar] to cause
pro•vo•ca•ti•vo, a *adj.* inviting, tempting
pro•xe•ne•ta *m.* procurer, pimp; (*f.*) procuress
pró•xi•ma•men•te *adv.* soon, before long
pro•xi•mi•dad *f.* proximity
pró•xi•mo, a *adj.* [cercano] near; [siguiente] next; **el año ~** next year ■ **~ a** [al lado de] near to; [a punto de] about to
pro•yec•ción *f.* projection; CINEM screening
pro•yec•tar *tr.* [lanzar] to hurl; [planear] to plan; [sombra] to cast; ARCHIT & TECH to design; CINEM & GEOM to project
pro•yec•til *m.* projectile, missile ■ **~ antiaéreo** anti-aircraft missile; **~ balístico intercontinental** intercontinental ballistic missile; **~ de avión a tierra** air-to-surface missile; **~ dirigido** o **teledirigido** guided missile
pro•yec•to *m.* [plan] plan; [boceto] design; [bosquejo] draft ■ **en ~** in the planning stages; **~ experimental** pilot project; **~ de ley** bill
pro•yec•tor *m.* [reflector] searchlight; CINEM projector; OPT condenser; THEAT spotlight ■ **~ cinematográfico** movie projector
pro•zac *m.* prozac
pru•den•cia *f.* prudence
pru•den•te *adj.* prudent
prue•ba *f.* [razón] proof, evidence; [indicio] sign; [ensayo] sample; [examen] test; [dificultad] ordeal; MATH & PRINT proof; CHEM & TECH test; PHOTOG proof, print; SEW fitting; COM trial; **a ~** on trial ■ **a ~ de agua** waterproof; **a ~ de aire** airtight; **a ~ de balas** bulletproof; **poner a ~** to put to the test
prue•be, bo ▻ **probar**
pseu•do *adj.* pseudo
pseu•do•cien•cia *f.* pseudoscience
psi•co•a•ná•li•sis *m.* o *f.* psychoanalysis
psi•co•a•na•lis•ta *m.f.* psychoanalyst
psi•co•a•na•li•zar [04] *tr.* to psychoanalyze
psi•co•dé•li•co, a *adj.* psychedelic
psi•co•fár•ma•co *m.* psychotropic drug, psychoactive drug
psi•co•lo•gí•a *f.* psychology
psi•có•lo•go, a *m.f.* psychologist
psi•có•pa•ta *m.f.* psychopath
psi•co•pa•tí•a *f.* psychopathy
psi•co•sis *f.inv.* psychosis
psi•co•te•ra•peu•ta *m.f.* psychotherapist
psi•co•te•ra•pia *f.* psychotherapy
psi•que/quis *f.* psyche
psi•quí•a•tra/quia•tra *m.f.* psychiatrist
psi•quia•trí•a *f.* psychiatry
psí•qui•co, a *adj.* psychic
pso•ria•sis *f.* psoriasis
pú•a *f.* [punta] sharp point; BOT thorn; AGR graft; ZOOL quill; [de fonógrafo] needle; [espolón] spur; *coll* [persona] cunning person
pu•ber•tad *f.* puberty
pu•bis *m.inv.* [vientre] pubic region; [hueso] pubis (bone)
pu•bli•ca•ción *f.* publication
pu•bli•car [70] *tr.* [proclamar] to proclaim; [editar] to publish
pu•bli•ci•dad *f.* publicity; [anuncio] advertisement ■ **agencia de ~** advertising agency
pú•bli•co, a ◇ *adj.* public; [patente] known; **es ~ que** it is known that; [del pueblo] common; **el bien ~** the common good ◇ *m.* public; [auditorio] audience; [espectadores] spectators; [lectores] readers; TELEV viewers
¡pu•cha! *interj.* ANDES & RP *coll* shoot!
pu•che•ro *m.* CUL stew; *coll* [alimento diario] daily bread; *coll* [gesto] pout ■ **ganarse el ~** *coll* to earn one's daily bread; **hacer pucheros** *coll* to pout
pu•cho *m.* RP *coll* [colilla] cigarette stub; [poco] trifle, bit; [sobrante] leftover
pú•di•co, a *adj.* modest
pu•dien•te *adj.* & *m.f.* rich o wealthy (person)
pu•die•ra, do ▻ **poder**[2]
pu•dor *m.* [recato] shyness; [vergüenza] shame ■ **sin ~** shameless(ly)
pu•do•ro•so, a *adj.* shy
pu•dri•ción *f.* putrefaction, rot
pu•drir *tr.* [descomponer] to rot; *coll* [molestar] to annoy; (*reflex.*) [descomponerse] to rot; *coll* [molestar-

P

se] to be annoyed ▪ **¡ahí te pudras!** *coll* to hell with you!; (*intr.*) to rot
pue•ble, blo ▻ **poblar**
pue•blo *m.* [población] town; [habitantes] population; [nación] people, nation; [gente común] (the) common o working people
pue•da, do ▻ **poder**[2]
puen•te *m.* bridge ▪ ~ **aéreo** airlift; ~ **colgante** suspension bridge; ~ **levadizo** drawbridge
puen•ting *m.* bungee-jumping
puer•co, a ◇ *adj.* [sucio] filthy; [bajo] contemptible; [asqueroso] disgusting ◇ *m.* ZOOL pig, hog; *coll* [hombre] pig, swine ▪ **echar margaritas a los puercos** *coll* to throw pearls before swine; (*f.*) ZOOL sow
pue•ril *adj.* childish
pue•rro *m.* leek
puer•ta *f.* door; [armazón] gate; [entrada] doorway; [camino] gateway; **la virtud es ~ de la felicidad** virtue is the gateway to happiness ▪ **a ~ cerrada** behind closed doors; **dar a alguien con la ~ en las narices** to slam the door in someone's face; **de ~ en ~** from door to door; **echar las puertas abajo** to knock the door down; ~ **corrediza** sliding door; ~ **giratoria** revolving door; ~ **trasera** back door; ~ **de vidrio** glass door
puer•to *m.* port, harbor; [ciudad] port, seaport ▪ ~ **de escala** port of call; ~ **USB** COMPUT USB port
pues ◇ *conj.* since, as; **cómpralo, ~ a ti te gusta** buy it, since you like it ◇ *adv.* [en tal caso] well, all right; **¿no quieres escucharme? ¡~ te arrepentirás!** you don't want to listen to me? well, you'll regret it!; [partícula continuativa] then; **repito, ~, que hace bien** I repeat, then, that he's doing the right thing ▪ ~ **bien** well then; **¡~ claro!** of course!; **¿~ qué?** so what?; **sí ~** yes, of course
pues•to, a ▻ **poner** ◇ *adj.* dressed; **bien ~** well dressed ◇ *m.* [sitio] place; [de venta] stall; [cargo] position; MIL post ▪ ~ **que** since, as; (*f.*) ASTRON setting; ORNITH laying ▪ ~ **del sol** sunset; ~ **en escena** staging; ~ **en marcha** start
¡puf! *interj.* ugh!, yecch!
pú•gil *m.* [gladiador] pugilist; SPORT boxer
pu•gi•lis•ta *m.* boxer
pug•na *f.* [lucha] battle; [oposición] conflict ▪ **estar en ~ con** to clash with
pug•nar *intr.* to struggle (**por** to)
pug•naz *adj.* pugnacious, aggressive
pu•ja *f.* [esfuerzo] struggle; [acción de licitar] bidding
pu•jan•te *adj.* strong
pu•jan•za *f.* strength
pu•jar *intr.* to raise (a bid); to struggle (**por, para** to); AMER [en parto] to push
pul•cri•tud *f.* [esmero] neatness; [cuidado] care
pul•cro, a *adj.* neat
pul•ga *f.* flea ▪ **tener malas pulgas** *coll* to be touchy
pul•ga•da *f.* inch
pul•gar *adj.* & *m.* thumb
pu•li•do, a *adj.* [metal] polished; [pulcro] neat; [refinado] refined
pu•li•dor, •ra ◇ *adj.* polishing ◇ *m.* polisher
pu•lir *tr.* [bruñir] to polish; [alisar] to smooth; *fig* to put the finishing touches on; [perfeccionar] to polish; [civilizar] to refine
pu•lla *f.* [palabra grosera] obscenity; [chanza] gibe; [crítica mordaz] cutting remark
pul•món *m.* lung
pul•mo•nar *adj.* pulmonary
pul•mo•ní•a *f.* pneumonia
pul•pa *f.* pulp
púl•pi•to *m.* pulpit
pul•po *m.* octopus
pul•po•so, a *adj.* fleshy
pul•que *m.* C AMER & MEX pulque, fermented maguey juice
pul•que•rí•a *f.* C AMER & MEX pulque bar
pul•sa•dor, •ra ◇ *adj.* pulsating ◇ *m.* buzzer
pul•sar *tr.* [tocar] to play; [apretar] to push; [sondear] to sound out; (*intr.*) to beat
pul•se•ra *f.* bracelet; [de reloj] watch band
pul•so *m.* [latido] pulse; [muñeca] wrist; [seguridad] steady hand; [cuidado] caution
pu•lu•lar *intr.* to swarm
pul•ve•ri•za•dor *m.* pulverizer; [para pintar] paint sprayer; [de perfume] atomizer
pul•ve•ri•zar [04] *tr.* [reducir a polvo] to pulverize; [perfume] to spray; *fig* to smash
¡pum! *interj.* bang!, boom!
pu•ma *m.* puma, American panther
pu•na *f.* ANDES & ARG altitude sickness
pun•do•nor *m.* honor
pu•ni•ti•vo, a *adj.* punitive
pun•ta *f.* point; [extremidad] tip; [cima] top; [colilla] stub; [clavo] small nail; ZOOL [asta] horn ▪ **de ~ a cabo** from one end to the other; **de ~ en blanco** *coll* to the nines; **estar hasta la ~ de los pelos** *coll* to be fed up; **hacer ~** to go first; **ponerle a alguien los nervios de ~** to put someone's nerves on edge; ~ **de lanza** spearhead; **sacar ~ a** to sharpen
pun•ta•da *f.* SEW stitch; [dolor] sharp pain
pun•ta•je *m.* C SUR grade
pun•tal *m.* [madero] brace; [elemento principal] foundation
pun•ta•pié *m.* kick; **dar un ~** to kick ▪ **echar a puntapiés** to kick out
pun•te•rí•a *f.* aim ▪ **afinar la ~** to aim carefully; **dirigir la ~ en** o **hacia** to aim at; **tener buena ~** to be a good shot
pun•te•ro, a ◇ *adj.* leading ◇ *m.* [vara] pointer; [punzón] metal punch; (*f.*) [de media] toe patch; [de calzado] toecap
pun•tia•gu•do, a *adj.* sharp, pointed
pun•ti•lla *f.* [tachuela] tack; [encaje] lace trim; [puñal] dagger; CARP tracing point
pun•ti•llo•so, a *adj.* punctilious
pun•to *m.* point; [señal pequeña] dot; [sitio] spot; [momento] moment; [asunto] matter; [cuestión] issue; GRAM [sobre letra] dot; [de oración] period, full stop GB; SEW [puntada] stitch; ~ **por encima** overcast stitch; [malla] mesh; SURG stitch ▪ **al ~** at once; **a ~** just in time; **a ~ de** about to; **de ~** knitted; **dos puntos** colon; **en ~** on the dot, sharp; **llegaron a las dos en ~** they arrived at two on the dot; **estar a ~ de** to be about to; **hasta cierto ~** up to a point; **poner ~ final a** to put a stop to; ~ **atrás** SEW backstitch; ~ **culminante** climax; ~ **de apoyo** fulcrum; ~ **de arranque** starting point; ~ **com** [empresa] dot com; ~ **de congelación** freezing point; ~ **de vista** point of view, viewpoint; ~ **final** period; ~ **muerto** dead center; AUTO neutral; *fig* stalemate; ~ **por ~** in detail; **puntos sus-**

pensivos suspension points; ~ **y aparte** new paragraph; ~ **y coma** semicolon; **subir de** ~ *coll* to heat up; **la conversación estaba subiendo de** ~ the conversation was heating up; **¡y** ~**!** *coll* and that's all!

pun•tua•ción *f.* punctuation; [calificación] grade

pun•tual *adj.* punctual

pun•tua•li•zar [04] *tr.* [concretar] to finalize; [referir detalladamente] to describe in detail

pun•tual•men•te *adv.* punctually, promptly

pun•za•da *f.* [dolor agudo] stabbing pain; [herida] stab; [de conciencia] pang

pun•zan•te *adj.* sharp

pun•zar [04] *tr.* to prick; *fig* to torment

pun•zón *m.* [instrumento] punch; [para estampar] stamp

pu•ña•do *m.* handful

pu•ñal *m.* dagger

pu•ña•la•da *f.* stab; *fig* stab of pain ▪ **coser a puñaladas** *coll* to cut someone to pieces

pu•ñe•ta•zo ◇ *m.* punch ◇ *pl.* ▪ **a** ~ with one's fists; **dar a alguien de** ~ to punch someone

pu•ño *m.* fist; SEW cuff ▪ **apretar los puños** to clench one's fists; **de propio** ~ o **de** ~ **y letra de uno** by one's own hand

pu•pa *f.* [en los labios] cold sore; [daño] boo-boo

pu•pi•lo, a *m.f.* student (at a boarding school) ▪ **medio** ~ student who eats lunch at school; (*f.*) ANAT pupil

pu•pi•tre *m.* writing desk

pu•ré *m.* CUL purée

pu•re•za *f.* purity

pur•ga *f.* [medicina] purgative; [eliminación] purge

pur•ga•ción *f.* [acción] purging; [purificación] purification; [expiación] atonement

pur•gan•te *adj.* & *m.* laxative

pur•gar [47] *tr.* [eliminar] to purge; [limpiar] to cleanse; [purificar] to purify; [a un enfermo] to purge; [expiar] to atone; MECH to drain o vent; POL to purge; (*reflex.*) to take a purgative

pur•ga•to•rio *m.* Purgatory; *fig* purgatory

pu•ri•fi•ca•ción *f.* purification

pu•ri•fi•car [70] *tr.* [volver puro] to purify; [limpiar] to cleanse; (*intr.*) to become purified

pu•ris•ta *adj.* & *m.f.* purist

pu•ri•ta•no, a ◇ *adj.* Puritan; [estricto] puritan(ical) ◇ *m.f.* Puritan; [estricto] puritan

pu•ro, a ◇ *adj.* pure; [no aguado] unadulterated; **vino** ~ unadulterated wine; [casto] chaste; [incorrupto] disinterested; [mero] mere; **por** ~ **casualidad** by mere chance; [simple] absolute; **la** ~ **verdad** the absolute truth; [sin agua, soda] straight ▪ **de** ~ out of sheer; **de** ~ **cansado** out of sheer tiredness ◇ *m.* cigar

púr•pu•ra *f.* [color] purple; [colorante] purple dye; MED purpura

pur•pú•re•o, a *adj.* purple

pus *m.* pus

pu•sie•ra, so ▻ **poner**

pu•si•lá•ni•me *adj.* pusillanimous

pús•tu•la *f.* pustule

pu•te•a•da *f.* C SUR *coll* swear word

pu•tre•fac•ción *f.* rotting

pu•tre•fac•to, a *adj.* rotten

Q

q, Q *f.* eighteenth letter of the Spanish alphabet

quan•tum *m.* (*pl* **-ta**) quantum

que ◇ *rel. pron.* that, which; **el coche** ~ **compraron es azul** the car that they bought is blue; who; **los niños, que jugaban afuera, no vieron nada** the children, who were playing outside, saw nothing; whom; **los amigos con** ~ **cuento** the friends on whom I am relying ▪ **el** ~ he who, the one who o that; **la** ~ she who, the one who o that; **las** ~ o **los** ~ those who, the ones who o that; **lo** ~ which; **murió joven, lo** ~ **no le permitió alcanzar fama** he died young, which did not allow him to achieve fame; what; **no entiendo lo** ~ **dices** I don't understand what you're saying ◇ *conj.* that; **me escribieron** ~ **venían** they wrote to me that they were coming; than; **yo sé más** ~ **tú** I know more than you; [porque] because, since; that; **habla tan rápido** ~ **no lo comprendemos** he speaks so fast that we do not understand him; [si] whether; ~ **quiera,** ~ **no quiera, lo tiene que hacer** whether he wants to or not, he has to do it; that; **te pido** ~ **salgas** I ask that you leave; and; **uno habla** ~ **habla pero ella nunca escucha** one talks and talks but she never listens ▪ **hay mucho** ~ **hacer** there is a lot to do; **a** ~ I bet that; **yo** ~ **tú** if I were you

qué ◇ *adj.* which; **¿~ libros necesitan ustedes?** which books do you need?; what; **¡~ tiempo hace!** what nice weather we're having! ◇ *pron.* what; **¿~ quieres?** what do you want? ◇ *adv.* how; **¡~ precioso!** how lovely! ▪ **¡a mí ~!** so what!; **no hay de** ~ you're welcome, don't mention it; **¿para ~?** what for?; **¿por ~?** why?; ~ **de** how many; **¡~ de desgracias sufrieron!** how many misfortunes they suffered!; **¿~ hay?** o **¿~ tal?** how goes it?; **¿~ pasa?** what's the matter?; **¡~ va!** nonsense!, come on!; **un no sé** ~ a certain something; **¿y ~?** so what?

que•bra•da *f.* [desfiladero] ravine; [hendedura] crack, gap; AMER stream

que•bra•di•zo, a *adj.* brittle, fragile

que•bra•do, a ◇ *adj.* [roto] broken; [en quiebra] bankrupt; GEOG rough; MED herniated ◇ *m.f.* [en quiebra] bankrupt person; MED person with a hernia; (*m.*) MATH fraction

que•bra•jar *tr.* to crack

que•bran•ta•mien•to *m.* [rompimiento] breaking; [hendimiento] cracking; [acción] crushing; [debilitación] weakening, deterioration; [violación] violation

que•bran•tar *tr.* [romper] to break; [hender] to crack; [machacar] to crush; [forzar] to force, break; ~ **la voluntad de alguien** to break someone's will; [debilitar] to weaken; [la ley] to break ▪ ~ **la salud** to ruin one's health; (*reflex.*)[romperse] to break; [henderse] to crack

que•bran•to *m.* [debilitación] weakening; [pérdida] loss; [aflicción] sorrow

que•brar [49] *tr.* [romper] to break; ~ **un vaso** to break a glass; [torcer] to twist; [interrumpir] to interrupt; (*intr.*) to break off o up; ~ **con el novio** to break up with one's boyfriend; COM to go bankrupt; (*reflex.*)

[romperse] to be broken; [hacerse una hernia] to get a hernia

que•da *f.* curfew ▪ **toque de** ~ curfew bell o signal

que•dar *intr.* [permanecer] to remain, stay; **el hombre quedó atrás** the man stayed behind; [estar] to be; **el teatro queda muy lejos** the theater is very far away; [restar] to be left; **me quedan cinco dólares** I have five dollars left; [acabar] to be, end up; **quedamos conformes** we are in agreement; MATH to leave ▪ **¿en qué quedamos?** what have we decided?; ~ **bien** [salir bien] to come out well; *fig* to look good; **ese vestido te queda bien** that dress looks good on you; ~ **en** to agree; ~ **mal** to come out badly; ~ **por** to remain to be; **el contrato queda por firmar** the contract remains to be signed; (*reflex.*) [permanecer] to stay; [estar] to be; **se quedó perplejo** he was perplexed; to become; ~ **sordo** to become deaf ▪ ~ **con** to keep; ~ **sin** to run out of; ~ **para vestir santos** *coll* to be an old maid

que•ha•ce•res *m.pl.* chores

que•ja *f.* [lamento] moan, groan; [resentimiento] grudge; LAW complaint

que•jar•se *reflex.* [gemir] to moan; [lamentarse] to whine, complain (**de** about)

que•ji•do *m.* moan, groan ▪ **dar quejidos** to groan

que•jo•so, a *adj.* annoyed, complaining

que•ma *f.* [acción] burning; [incendio] fire

que•ma•de•ro *m.* incinerator

que•ma•do, a *adj.* burned, burnt; [resentido] resentful; [agotado] burned out ▪ ~ **por el sol** sunburned

que•ma•dor, •ra ◇ *adj.* burning; [incendiario] incendiary ◇ *m.f.* [incendiario] arsonist, incendiary; (*m.*) burner ▪ ~ **de gas** gas burner

que•ma•du•ra *f.* burn

que•mar *tr.* [arder] to burn; [incendiar] to set on fire; [consumir con fuego] to burn (up); [destruir con fuego] to burn (down); [chamuscar] to scorch; [escaldar] to scald; [calentar mucho] to heat up; [plantas] to blight; [picar] to sting; [malbaratar] to sell cheaply; [fusible] to blow ▪ ~ **balas** to fire shots; ~ **las naves** to burn one's bridges behind one; (*intr.*) [arder] to burn; [estar muy caliente] to be burning hot; (*reflex.*) [arderse] to burn, be o get burned; to burn oneself; **se quemó con la plancha** she burned herself on the iron; [consumir con fuego] to burn (up); [destruirse] to burn (down); [sentir calor] to feel hot; [plantas] to be blighted; [broncearse] to get a tan; [fusible] to blow; *coll* [estar cerca de encontrar] to be warm o hot (in a game); ~ **con** o **por algo** to get annoyed over o by something; ~ **las pestañas** *coll* to burn the midnight oil

que•ma•rro•pa *adv.* ▪ **a** ~ at pointblank range

que•ma•zón *f.* [quema] burning; [calor] intense heat; *coll* [comezón] itching

que•na *f.* AMER Peruvian reed flute

que•que *m.* ANDES, C AMER & MEX sponge (cake)

que•re•lla *f.* [queja] complaint, lament; [disputa] dispute, quarrel; LAW complaint

que•re•llan•te ◇ *adj.* complaining ◇ *m.f.* plaintiff

que•ren•dón, o•na ◇ *adj.* AMER loving, affectionate ◇ *m.f. coll* darling, sweetheart

que•rer[1] *m.* love, affection

que•rer[2] [55] *tr.* [desear] to want; **¿quieres otra taza de té?** do you want another cup of tea?; [amar] to love; [resolver] to want; **quiero subir a la cima** I want to climb to the top; [requerir] to require ▪ **como quien no quiere la cosa** offhandedly, casually; **como quiera que sea** in whatever way; **cuando quiera** at any time; **no** ~ to refuse; **¿qué más quieres?** *coll* what more do you want?; ~ **decir** to mean; ~ **es poder** where there's a will, there's a way; ~ **más** to prefer; **quiera que no** like it or not; **sin** ~ [sin intención] unintentionally; [por acaso] by chance; (*intr.*) to look as if it is going to; **quiere nevar** it looks as if it is going to snow

que•ri•do, a ◇ *adj.* dear, beloved ◇ *f.* [amante] lover; (*m.f.*) *coll* darling, dear

que•rrá, rría ▷ **querer**[2]

que•ru•bín *m.* cherubim

que•sa•di•lla *f.* CUL [pastel] cheesecake; MEX cornmeal pie filled with cheese

que•se•rí•a *f.* cheese store

que•so *m.* cheese ▪ ~ **de nata** cream cheese

quet•zal *m.* ORNITH quetzal; GUAT FIN quetzal

qui•cio *m.* pivot hole ▪ **estar fuera de** ~ *coll* to be beside oneself; **sacar de** ~ *coll* to exasperate

quid *m.* gist, crux

quie•bra *f.* [rotura] break; [en la tierra] crack; [pérdida] loss; COM bankruptcy

quie•bre, bro ▷ **quebrar**

quien *pron.* (*pl* **-es**) who; **los jefes, quienes estaban ausentes, tenían la información necesaria** the managers, who were absent, had the necessary information; whom; **la chica de** ~ **hablo se llama Isabel** the girl of whom I am speaking is named Isabel; whoever, he o she; who; ~ **mal anda mal acaba** whoever lies down with dogs gets up with fleas

quién *pron.* (*pl* **-es**) who; **¿~ es ese chico?** who is that boy?; whom; **no sé de** ~ **hablas** I do not know of whom you are speaking ▪ **de** ~ o **de quiénes** whose; **¿de ~ es ese libro?** whose book is that?

quien•quie•ra *pron.* (*pl* **quienesquiera**) whoever, whomever; ~ **que sea** whoever it is

quie•ra, ro ▷ **querer**[2]

quie•to, a *adj.* [inmóvil] still; [sosegado] quiet

quie•tud *f.* [inmovilidad] motionlessness; [sosiego] calm, tranquillity

qui•ja•da *f.* jawbone, jaw

qui•jo•tes•co, a *adj.* quixotic

qui•la•te *m.* carat; *fig* value

qui•lla *f.* keel; ORNITH breastbone, keel ▪ **dar de** ~ MARIT to keel (over)

qui•lo *m.* kilo, kilogram

qui•lom•bo *m.* RP *sl* brothel

qui•me•ra *f.* chimera; [ilusión] illusion

qui•mé•ri•co, a *adj.* chimerical

quí•mi•ca *f.* chemistry ▪ ~ **analítica** analytic chemistry; ~ **atómica** atomic chemistry; ~ **biológica** biochemistry

quí•mi•co, a ◇ *adj.* chemical ▪ **producto** o **sustancia** ~ chemical (substance) ◇ *m.f.* chemist

qui•mio•te•ra•pia *f.* chemotherapy

qui•mo•no *m.* kimono

qui•na *f.* BOT cinchona bark; MED quinine ▪ **más malo que la** ~ *coll* terrible, horrible; **tragar** ~ *sl* to put up with a lot

quin•ce ◇ *adj.* fifteen; [decimoquinto] fifteenth ▪ ~ **días** fortnight ◇ *m.* fifteen ▪ **dar** ~ **y raya a** to get the better of, be superior to

quin•ce•na *f.* [quince días] fortnight, fifteen days; [paga] fortnightly pay

quin•ce•nal *adj.* biweekly, semimonthly
quin•ce•nal•men•te *adv.* every two weeks
quin•cua•gé•si•mo, a *adj.* & *m.* fiftieth
qui•nie•las *f.pl.* sports lottery, football pools GB
qui•nien•tos, as *adj.* & *m.* five hundred
qui•ni•na *f.* quinine
quin•que•nal *adj.* five-year
quin•que•nio *m.* five-year period
quin•ta *f.* ▻ **quinto, a**
quin•ta•e•sen•cia *f.* quintessence
quin•tal *m.* quintal, hundredweight ▪ ~ **métrico** one hundred kilograms
quin•tar *tr.* [sacar uno de cada cinco] to take one out of every five; MIL to draft
quin•te•to *m.* quintet
quin•ti•lli•zos, as *m.f.pl.* quintuplets
quin•to, a ◇ *adj.* fifth ◇ *m.* fifth; (*f.*) [casa] country house; MIL draft; MUS fifth
quín•tu•plo, a ◇ *adj.* quintuple, fivefold ◇ *m.* quintuple
quios•co *m.* kiosk ▪ ~ **de música** bandstand; ~ **de refrescos** refreshment stand; ~ **de periódicos** newsstand
qui•qui•ri•quí *m.* cock-a-doodle-doo
qui•ró•fa•no *m.* operating room
qui•ro•man•cia *f.* palmistry
quir•quin•cho *m.* AMER ZOOL armadillo
qui•rúr•gi•co, a *adj.* surgical
qui•sie•ra, so ▻ **querer**[2]
quis•qui•llo•so, a *adj.* & *m.f.* [melindroso] finicky (person); [susceptible] touchy (person)
quis•te *m.* cyst
qui•ta *f.* acquittance, release (from a debt) ▪ **de ~ y pon** detachable
qui•ta•es•mal•te *m.* nail polish remover
qui•ta•man•chas *m.* o *f.inv.* stain remover
qui•ta•nie•ves *m.inv.* snowplow
qui•tar *tr.* [apartar] to take away; [hurtar] to rob of; [restar] to subtract; [abrogar] to repeal; [prohibir] to forbid; [impedir] to hinder; [librar] to free from; [privar] to deprive of ▪ ~ **la mesa** to clear the table; **quitarle a uno las palabras de la boca** to take the words out of one's mouth; **sin ~ ni poner** verbatim; (*reflex.*) to take off; **se quitó la chaqueta** he took off his jacket; [mancha] to come out; ~ **de encima** to get rid of; ~ **de en medio** to get out of the way; ~ **el sombrero** to take one's hat off
qui•ta•sol *m.* parasol
qui•zá(s) *adv.* maybe, perhaps
quó•rum *m.* quorum

R

r, R *f.* nineteenth letter of the Spanish alphabet
ra•ba•di•lla *f.* tailbone; *coll* rump
rá•ba•no *m.* radish ▪ **me importa un ~** *coll* I couldn't care less
ra•bí *m.* (*pl* **-íes**) rabbi
ra•bia *f.* rabies; *fig* fury ▪ **la profesora me tiene ~** the teacher can't stand me; **dar ~** to infuriate
ra•biar *intr.* to have rabies; *fig* to be furious ▪ **a ~** rabid; **un aficionado de béisbol a ~** a rabid baseball fan; **que rabia** *coll* like mad o crazy; ~ **de hambre** to be dying of hunger; ~ **por algo** to be dying for something
ra•bie•ta *f. coll* tantrum
ra•bi•llo *m.* [cola] small tail; [para pantalones] strap; [de una hoja] leaf stalk; [de una fruta] stem
ra•bi•no *m.* rabbi
ra•bio•so, a *adj.* rabid; *fig* furious; *coll* [un color] garish
ra•bo *m.* tail; [ángulo] corner; **mirar con el ~ del ojo** to look out of the corner of one's eye; BOT stem ▪ **salir con el ~ entre las piernas** *coll* to leave with one's tail between the legs
ra•bón, o•na ◇ *adj.* [rabicorto] short-tailed; [sin rabo] tailless ◇ *f.* ▪ **hacer la ~** *coll* to play hooky
ra•bo•ne•ar *intr. coll* to play hooky
ra•cha *f.* [de viento] gust; [de suerte] run (of luck) ▪ **a rachas** by fits and starts
ra•cial *adj.* racial
ra•ci•mo *m.* raceme; *fig* cluster
ra•cio•ci•nio *m.* [razón] reason; [razonamiento] reasoning
ra•ción *f.* ration; RELIG prebend ▪ **poner a media ~** to put on short rations
ra•cio•nal ◇ *adj.* rational ◇ *m.* breastplate
ra•cio•na•lis•ta *adj.* & *m.f.* rationalist
ra•cio•na•li•zar [04] *tr.* to rationalize
ra•cio•na•mien•to *m.* rationing
ra•cio•nar *tr.* to ration
ra•cis•ta *adj.* & *m.f.* racist
ra•da *f.* bay
ra•dar *m.* radar ▪ ~ **acústico** sound radar
ra•dia•ción *f.* radiation
ra•diac•ti•vi•dad *f.* radioactivity
ra•diac•ti•vo, a *adj.* radioactive
ra•dia•dor *m.* radiator
ra•dial *adj.* radial; RP radio; **locutor ~** radio announcer
ra•dian•te *adj.* radiant
ra•diar *intr.* to radiate; RAD to broadcast
ra•di•ca•ción *f.* taking root
ra•di•cal *adj.* & *m.f.* radical
ra•di•car [70] *intr.* [arraigar] to take root; [estar] to be located; [habitar] to reside; (*reflex.*) [arraigarse] to take root; [domiciliarse] to establish oneself
ra•dio[1] *m.* radius; [rayo] spoke
ra•dio[2] *m.* radium
ra•dio[3] *m.* o *f.* radio
ra•dio•ac•ti•vi•dad *f.* = **radiactividad**
ra•dio•ac•ti•vo, a *adj.* = **radiactivo**
ra•dio•a•fi•cio•na•do, a *m.f.* ham radio operator
ra•dio•di•fun•dir *tr.* & *intr.* to broadcast
ra•dio•di•fu•sión/e•mi•sión *f.* broadcasting
ra•dio•di•fu•so•ra/e•mi•so•ra *f.* (broadcasting) station
ra•dio•gra•ba•dor *m.* C SUR radio cassette
ra•dio•gra•fí•a *f.* [técnica] radiography; [imagen] x-ray
ra•dio•gra•fiar [30] *tr.* to x-ray
ra•dio•gra•ma *m.* radiogram
ra•dio•lo•gí•a *f.* radiology
ra•dió•lo•go, a *m.f.* radiologist
ra•dio•rre•cep•tor *m.* receiver

ra•dios•co•pia *f.* radioscopy
ra•dio•te•le•fo•ní•a *f.* radiotelephony
ra•dio•te•lé•gra•fo *m.* radiotelegraph
ra•dio•te•ra•pia *f.* radiotherapy
ra•dio•trans•mi•sor *m.* radio transmitter
ra•dio•yen•te *m.f.* radio listener
ra•er [56] *tr.* [raspar] to scrape; *coll* [la ropa] to wear out
rá•fa•ga *f.* [de viento] gust (of wind); [de ametralladora] burst
raid *m.* raid
ra•í•do, a *adj.* worn
rai•ga, go ▷ **raer**
rai•gam•bre *f.* roots; *fig* stability; [tradición] tradition
ra•íz *f.* root; *fig* root, origin ▪ **a ~ de** as a result of; **bienes raíces** real estate; **de ~** completely; **echar raíces** to take root; [instalarse] to settle (down); **~ cuadrada** square root
ra•ja *f.* [hendidura] crack; [de madero] splinter; [de fruta] slice
ra•já *m.* (*pl* **-aes**) rajah
ra•ja•do, a *adj.* cracked
ra•ja•du•ra *f.* crack
ra•jar *tr.* [dividir] to slice; [hender] to crack; RP *coll* to fire; (*reflex.*) [henderse] to crack; *coll* [acobardarse] to chicken out; C AMER to spend lavishly; RP & CARIB to rush off
ra•lla•dor *m.* grater
ra•llar *tr.* to grate; *coll* [molestar] to grate on
ra•lo, a *adj.* thin
ra•ma *f.* branch; PRINT chase ▪ **andarse por las ramas** *coll* to digress; **en ~** raw
ra•ma•je *m.* branches
ra•mal *m.* [cabo] strand; [ronzal] halter; [de escalera] flight; [ramificación] branch
ra•ma•la•zo *m.* [de viento] gust; [señal] welt ▪ **un ~ de enojo** a burst of anger
ram•bla *f.* boulevard; AMER promenade
ra•me•ra *f.* prostitute
ra•mi•fi•ca•ción *f.* ramification
ra•mi•fi•car•se [70] *reflex.* to branch off o out
ra•mi•lle•te *m.* [conjunto] cluster; [de flores] bouquet
ra•mo *m.* [ramillete] bouquet; [rama pequeña] small branch; [rama cortada] cut branch; [subdivisión] branch ▪ **Domingo de Ramos** Palm Sunday
ram•pa *f.* ramp ▪ **~ de lanzamiento** ASTRONAUT launching pad
ra•na *f.* frog ▪ **no ser ~** *coll* to be nobody's fool; **~ de zarzal** tree frog; **~ mugidora** bullfrog
ran•che•ro *m.* [cocinero] camp cook; [dueño] rancher
ran•cho *m.* AMER [choza] hut; [granja] farm; [comida] mess; [campamento] camp; RP straw hat ▪ **alborotar el ~** *coll* to cause trouble; **hacer ~** *coll* to make room; **hacer ~ aparte** to go one's own way
ran•cio, a *adj.* [comida] rancid; [anticuado] old-fashioned
ran•go *m.* rank; AMER pomp
ra•nu•ra *f.* groove; COMPUT slot
rap *m.* rap
ra•pa•ci•dad *f.* rapacity
ra•pa•piés *m.inv.* firecracker
ra•pa•pol•vo *m. coll* scolding
ra•par *tr.* [la barba] to shave; [el pelo] to crop; *coll* [hurtar] to snatch
ra•paz, a ◇ *m.f.* youngster ◇ *adj.* rapacious
ra•pe *m.* [afeitada] quick shave; *coll* [reprensión] scolding ▪ **al ~** close-cropped
ra•pé *adj.* & *m.* powdered (tobacco)
ra•pi•dez *f.* speed
rá•pi•do, a ◇ *adj.* quick ◇ *m.* [tren] express train; [en un río] rapid ◇ *adv.* quickly
ra•pi•ña *f.* robbery ▪ **ave de ~** bird of prey
ra•po•sa *f.* vixen
ra•ppel *m.* abseiling
ra•pper *m.* rapper
rap•so•dia *f.* rhapsody
rap•tar *tr.* to abduct
rap•to *m.* [arrebato] burst; [delito] kidnapping; [éxtasis] rapture; MED faint
rap•tor, ra ◇ *adj.* kidnapping ◇ *m.f.* kidnapper
ra•que•ta *f.* racket; [para nieve] snowshoe; [en casinos] croupier's rake
ra•quí•de•o, a *adj.* rachidian
ra•quí•ti•co, a *adj.* & *m.f.* rachitic (person)
ra•qui•tis•mo *m.*/**tis** *f.* rickets
ra•ra•men•te *adv.* rarely
ra•re•za *f.* rarity; [cosa rara] rare thing
ra•ro, a *adj.* rare; [extraño] odd; [insigne] notable ▪ **rara vez** rarely
ras *m.* ▪ **a ~ de** level with
ra•san•te ◇ *adj.* (just) touching ▪ **tiro ~** low-angle fire; **vuelo ~** low-level flight ◇ *f.* slope
ras•ca•cie•los *m.inv.* skyscraper
ras•ca•du•ra *f.* [acción] scratching; [rasguño] scratch
ras•car [70] *tr.* [con la uña] to scratch; [raspar] to scrape; (*reflex.*) to scratch oneself
ra•se•ro *m.* leveler
ras•ga•do, a ◇ *adj.* [desgarrado] tron; [ojos] almond-shaped ◇ *m.* tear
ras•ga•du•ra *f.* tear
ras•gar [47] *tr.* to tear
ras•go ◇ *m.* [trazo] stroke; [carácter] trait, feature ▪ **a grandes rasgos** in broad strokes ◇ *pl.* features
ras•gón *m.* tear
ras•gue•ar *tr.* to strum
ras•gu•ñar *tr.* to scratch
ras•gu•ño *m.* scratch
ra•so, a ◇ *adj.* [llano] flat; [el cielo] clear; [hasta el borde] level; MIL private; **soldado ~** private soldier ▪ **al ~** in the open air; **cielo ~** ceiling ◇ *m.* satin
ras•pa *f.* [de pescado] spine; AGR bear; AMER *coll* reprimand
ras•pa•dor *m.* scraper
ras•pa•du•ra *f.* scraping; *coll* [rapadura] shave
ras•par *tr.* [raer] to scrape (off); [rasar] to graze
ras•pón *m.* AMER [reprimenda] scolding; [desolladura] scratch ▪ **de ~** in passing
ras•qui•ña *f.* AMER itch
ras•tra *f.* [señal] trail; [ristra] string of dried fruit; AGR hoe; MARIT dredge ▪ **a rastras** dragging
ras•tre•a•dor, •ra ◇ *adj.* tracking ◇ *m.* tracker ▪ **~ de minas** MIL mine sweeper
ras•tre•ar *tr.* [seguir el rastro de] to trail; [pescar] to trawl; [indagar] to inquire into; MARIT to dredge
ras•tre•o *m.* [seguimiento] tracking; [pesca] trawling; MARIT dragging; AGR raking
ras•tre•ro, a *adj.* [arrastrándose] trailing; [bajo] vile ▪ **perro ~** tracker
ras•tri•llo *m.* rake; TEX comb

ras•tro *m.* [pista] trail; [señal] trace
ras•tro•jo *m.* [residuo] stubble; [campo segado] stubble field
ra•su•rar *tr.* [afeitar] to shave; [raer] to scrape
ra•ta *f.* rat ■ **más pobre que una ~** *coll* as poor as a church mouse
ra•te•ro, a ◇ *adj.* [ladrón] thieving; [bajo] base ◇ *m.f.* thief
ra•ti•fi•ca•ción *f.* ratification
ra•ti•fi•car [70] *tr.* to ratify
ra•ti•fi•ca•to•rio, a *adj.* ratifying
ra•to *m.* while ■ **a cada ~** all the time; **al poco ~** shortly after; **de ~ en ~** from time to time; **un buen ~** quite some time
ra•tón *m.* mouse ■ **~ de biblioteca** bookworm
ra•to•ne•ro, a ◇ *adj.* mouselike ■ **perro ~** ratter (dog) ◇ *f.* [trampa] mousetrap; [agujero] mousehole
rau•dal *m.* torrent; *fig* abundance
rau•do, a *adj.* swift
ra•vio•les *m.pl.* ravioli
ra•ya[1] *f.* [lista] stripe; [línea] line; [veta] streak; [arañazo] scratch; [en el pelo] part; [pliegue] crease; [límite] limit; [punto] point; GRAM & TELEC dash; PHYS line; SPORT line, mark; AMER hopscotch; MEX pay ■ **a rayas** striped; **hacerse la ~** to part one's hair; **mantener a ~ (a alguien)** *coll* to keep (someone) in his place; **pasarse de la ~** *coll* to go too far; **tener a ~** to keep at bay
ra•ya[2] *f.* ICHTH ray
ra•ya•no, a *adj.* adjacent ■ **~ en** bordering on
ra•yar *tr.* to draw lines on; (*intr.*) [lindar] to be next to; [amanecer] to dawn; [aparecer] to appear; [arañar] to scratch; [aproximar] to be approaching; [sobresalir] to stand out ■ **al ~ el alba** at the crack of dawn; **~ a gran altura** to excel; (*reflex.*) to get scratched
ra•yo *m.* ray; [de rueda] spoke; [descarga] thunderbolt; [infortunio] blow; [dolor] flash of pain; [persona] fast worker; [relámpago] flash of lightning ■ **echar rayos y centellas** to be furious; **~ del radio** radio beam
ra•yón *m.* rayon
ra•yue•la *f.* pitch and toss; AMER hopscotch
ra•za *f.* race; [de animales] breed ■ **de pura ~** [caballos] thoroughbred; [perros] pedigree
ra•zón *f.* reason; [recado] message; [cómputo] rate; MATH ratio, proportion ■ **asistirle a uno la ~** to be in the right; **con mayor ~** with all the more reason; **con ~** with good reason; **dar la ~ a alguien** to side with someone; **entrar en ~** to come to one's senses; **meter a alguien en ~** to talk sense into someone; **perder la ~** to go out of one's mind; **~ social** business name; **tener ~** to be right
ra•zo•na•ble *adj.* reasonable
ra•zo•na•da•men•te *adv.* rationally
ra•zo•na•do, a *adj.* reasoned
ra•zo•nar *intr.* [pensar] to reason; [hablar] to speak; (*tr.*) to give reasons for
re *m.* re, D
re•ac•ción *f.* reaction ■ **avión de ~** jet plane; **~ en cadena** chain reaction
re•ac•cio•nar *intr.* to react
re•ac•cio•na•rio, a *adj.* & *m.f.* reactionary
re•a•cio, a *adj.* stubborn
re•ac•ti•va•ción *f.* reactivation; ECON recovery
re•ac•ti•var *tr.* to reactivate
re•ac•tor *m.* jet engine; PHYS reactor
re•a•dap•ta•ción *f.* readaptation
re•a•dap•tar *tr.* to readapt
re•a•fir•mar *tr.* to reaffirm
re•a•jus•tar *tr.* to readjust
re•a•jus•te *m.* readjustment
re•al[1] *adj.* real
re•al[2] ◇ *adj.* royal; *fig* fine ◇ *m.* [moneda] real; MIL army camp ■ **no tener un ~** *coll* not to have a penny
re•al•ce *m.* [lustre] luster; PAINT highlight; [adorno] embossment ■ **poner de ~** to highlight
re•a•le•za *f.* royalty
re•a•li•dad *f.* reality ■ **en ~** actually
re•a•lis•ta *adj.* & *m.f.* [realidad] realist; [monárquico] royalist
re•a•li•za•ble *adj.* attainable
re•a•li•za•ción *f.* [ejecución] execution; [cumplimiento] fulfillment; CINEM production
re•a•li•za•dor, •ra ◇ *adj.* fulfilling ◇ *m.f.* CINEM producer
re•a•li•zar [04] *tr.* [cumplir] to realize; [ejecutar] to accomplish; COM to sell; (*reflex.*) to come true
re•al•zar [04] *tr.* to enhance
re•a•ni•mar *tr.* to revive; (*reflex.*) to recover
re•a•nu•da•ción *f.* resumption
re•a•nu•dar *tr.* to resume; (*reflex.*) to begin, again
re•a•pa•re•cer [17] *intr.* to reappear
re•a•pa•ri•ción *f.* reappearance
re•a•su•mir *tr.* to resume
re•a•vi•var *tr.* to revive
re•ba•ja *f.* [acción] reduction; [descuento] discount
re•ba•jar *tr.* [reducir] to reduce; [bajar] to lower; [humillar] to humiliate; (*reflex.*) to degrade oneself ■ **~ a** to stoop to
re•ba•na•da *f.* slice
re•ba•nar *tr.* to slice
re•ba•ño *m.* herd
re•ba•sar *tr.* to surpass; (*intr.*) to overflow
re•ba•tir *tr.* [argumento] refute; [ataque] to ward off; [tentación] to resist
re•be•lar•se *reflex.* to rebel
re•bel•de ◇ *adj.* rebellious; MED resistant; LAW in default ◇ *m.f.* rebel; LAW defaulter
re•bel•dí•a *f.* rebelliousness; LAW default
re•be•lión *f.* rebellion
re•ben•que *m.* AMER riding crop
re•bién *adv.* *coll* extremely well
re•bor•de *m.* border
re•bo•san•te *adj.* ■ **~ de** bursting with
re•bo•sar *intr.* & *reflex.* to overflow (**de** with)
re•bo•tar *intr.* [pelota] to bounce; [bala] to ricochet; COMPUT [mensaje] to bounce
re•bo•te *m.* rebound ■ **de ~** on the rebound
re•bo•zo *m.* shawl
re•bus•ca•do, a *adj.* pedantic
re•buz•nar *intr.* to bray
re•buz•no *m.* braying
re•ca•bar *tr.* to request
re•ca•do *m.* [mensaje] message; [mandado] errand; AMER EQUIT riding gear ■ **mandar ~** to send word
re•ca•er [15] *intr.* to relapse ■ **~ en** to fall to
re•ca•í•da *f.* relapse
re•ca•lar *tr.* to saturate; (*intr.*) MARIT to sight land; S AMER to arrive

re•cal•car [70] *tr.* [apretar] to squeeze (in); [insistir] to stress; (*reflex.*) to sprain
re•cal•ci•tran•te *adj.* recalcitrant
re•ca•len•ta•mien•to *m.* reheating
re•ca•len•tar [49] *tr.* [volver a calentar] to reheat; [calentar demasiado] to overheat
re•cá•ma•ra *f.* dressing room; ARTIL gun breech; MEX bedroom
re•ca•ma•re•ra *f.* C AMER, COL & MEX chambermaid
re•cam•bio *m.* [acción] changing again; [pieza] spare part
re•ca•pa•ci•tar *tr.* to reconsider
re•ca•pi•tu•la•ción *m.* recapitulation
re•ca•pi•tu•lar *tr.* to recapitulate
re•car•ga•do, a *adj.* overloaded; *fig* overdone
re•car•gar [47] *tr.* to reload; [aumentar] to increase; [sobrecargar] to overload; [abrumar] to overburden; [adornar] to overdecorate; [cobrar más] to charge extra; [cobrar demasiado] to overcharge; TECH to recharge
re•car•go *m.* surcharge
re•ca•ta•do, a *adj.* [cauteloso] reserved; [tímido] shy; [pudoroso] modest
re•ca•tar *tr.* to cover up; (*reflex.*) [mostrar recelo] to behave prudently
re•ca•to *m.* [cautela] caution; [modestia] modesty
re•cau•chu•tar *tr.* AMER to retread
re•cau•da•ción *f.* [cobranza] collection; [cantidad] receipts
re•cau•da•dor *m.* tax collector
re•cau•dar *tr.* to collect
re•cau•do *m.* caution ▪ **poner a buen ~** to place in safekeeping
re•ca•ye•ra, yó ▻ **recaer**
re•ce•lar *tr.* to suspect
re•ce•lo *m.* suspicion
re•ce•lo•so, a *adj.* suspicious
re•cep•ción *f.* reception; [admisión] admission; [reunión] party; [en un hotel] front desk
re•cep•cio•nis•ta *m.f.* receptionist
re•cep•tá•cu•lo *m.* receptacle
re•cep•ti•vi•dad *f.* receptivity
re•cep•ti•vo, a *adj.* receptive
re•cep•tor, •ra ◇ *adj.* receiving ◇ *m.* receiver
re•ce•sión *f.* recession
re•ce•so *m.* [separación] withdrawal; AMER adjournment
re•ce•ta *f.* MED prescription; CUL recipe; *fig* formula
re•ce•tar *tr.* to prescribe
re•ce•ta•rio *m.* prescription book
re•cha•za•mien•to *m.* rejection; [negativa] refusal; [del enemigo] repelling
re•cha•zar [04] *tr.* to reject; [declinar] to refuse; [repeler] to repel; [tentación] to resist; [negar] to deny
re•cha•zo *m.* rejection
re•chi•fla *f.* [abucheo] hissing; [burla] derision
re•chi•flar *tr.* to hiss
re•chi•nar *intr.* [hacer ruido] to grate; [los dientes] to grind
re•chon•cho, a *adj.* *coll* chubby
re•chu•pe•te *coll* ▪ **de ~** [fantástico] terrific; [delicioso] scrumptious
re•ci•bi•dor, •ra ◇ *adj.* receiving ◇ *m.f.* receiver; (*m.*) (entrance) hall
re•ci•bi•mien•to *m.* reception; [vestíbulo] (entrance) hall
re•ci•bir *tr.* & *intr.* to receive; (*reflex.*) ▪ **~ de** to graduate as
re•ci•bo *m.* receipt; [sala] reception room ▪ **acusar ~ de** to acknowledge receipt of
re•ci•cla•je *m.* [persona] retraining; [cosa] recycling
re•ci•clar *tr.* to recycle; (*reflex.*) to be retrained
re•cién *adv.* recently; AMER [hace poco] just; **~ llegó** he has just arrived ▪ **~ nacido** newborn
re•cien•te *adj.* recent; [moderno] modern
re•cien•te•men•te *adv.* recently
re•cin•to *m.* place
re•cio, a *adj.* [vigoroso] strong; [abultado] bulky; [tiempo] severe; [lluvia] heavy; [veloz] swift ▪ **en lo más ~ de** in the thick of
re•ci•pien•te ◇ *adj.* receiving ◇ *m.* container
re•cí•pro•ca•men•te *adv.* reciprocally
re•ci•pro•car [70] *tr.* to reciprocate
re•ci•pro•ci•dad *f.* reciprocity
re•cí•pro•co, a *adj.* reciprocal
re•ci•ta•do *m.* recitative
re•ci•ta•dor, •ra ◇ *adj.* reciting ◇ *m.f.* reciter
re•ci•tal *m.* MUS recital; LIT reading
re•ci•tar *tr.* to recite
re•cla•ma•ción *f.* [petición] claim; [protesta] complaint
re•cla•mar *tr.* [pedir] to claim; [exigir] to demand; LAW to summon; (*intr.*) to protest
re•cla•mo *m.* [llamada] birdcall; [instrumento] decoy whistle; [reclamación] claim; COM advertisement; PRINT catchword; AMER [queja] complaint
re•cli•nar *tr.* to lean O rest on; (*reflex.*) to recline
re•cli•na•to•rio *m.* kneeling-stool
re•clu•ir [18] *tr.* [encerrar] to seclude; [encarcelar] to imprison; (*reflex.*) to shut oneself in
re•clu•sión *f.* [encierro] seclusion; [prisión] imprisonment
re•clu•so, a ▻ **recluir** ◇ *adj.* [encerrado] secluded; [preso] imprisoned ◇ *m.f.* prisoner
re•clu•ta *f.* recruitment; (*m.*) recruit
re•clu•ta•mien•to *m.* recruitment
re•clu•tar *tr.* to recruit
re•clu•ya, yo, yera, yó ▻ **recluir**
re•co•brar *tr.* & *reflex.* to recover
re•co•bro *m.* recovery
re•co•do *m.* bend
re•co•ge•dor, •ra ◇ *adj.* collecting ◇ *m.f.* collector; (*m.*) AGR gleaner
re•co•ger [34] *tr.* [volver a coger] to pick up; [juntar] to gather; [coleccionar] to save; [dar asilo a] to shelter; [encerrar] to lock up; AGR to harvest; MARIT & SEW to take in; (*reflex.*) to withdraw ▪ **~ las mangas** to roll up one's sleeves
re•co•gi•do, a ◇ *adj.* [apartado] withdrawn; [pequeño] small; [tranquilo] quiet, tranquil ◇ *f.* gathering ▪ **~ selectiva** waste segregation
re•co•gi•mien•to *m.* [acción] collecting; [retiro] retirement; [ensimismamiento] withdrawal
re•co•lec•ción *f.* [acción] collection; [resumen] summary; AGR harvest; RELIG spiritual absorption
re•co•lec•tar *tr.* to gather
re•co•lec•tor, •ra *m.f.* [de cosechas] harvester; [recaudador] collector
re•co•men•da•ble *adj.* recommendable
re•co•men•da•ción *f.* recommendation

re•co•men•da•do, a *m.* protégé; (*f.*) protégée
re•co•men•dar [49] *tr.* to recommend
re•com•pen•sa *f.* reward
re•com•pen•sar *tr.* [premiar] to reward; [compensar] to compensate
re•con•ci•lia•ble *adj.* reconcilable
re•con•ci•lia•ción *f.* reconciliation
re•con•ci•liar *tr.* & *reflex.* to reconcile
re•cón•di•to, a *adj.* recondite, hidden
re•con•for•tar *tr.* to comfort; MED to fortify
re•co•no•cer [17] *tr.* to recognize; [identificar] to identify; [agradecer] to appreciate; [examinar] to examine; MIL to reconnoiter; SURV to survey ▪ **~ la evidencia** to bow to the evidence; (*reflex.*) to be clear o apparent; [confesar] to confess; **~ culpable** to admit one's guilt
re•co•no•ci•da•men•te *adv.* [con gratitud] gratefully; [evidentemente] clearly
re•co•no•ci•do, a *adj.* [agradecido] grateful; [aceptado] recognized; [confesado] acknowledged
re•co•no•ci•mien•to *m.* [identificación] recognition; [confesión] acknowledgment; [gratitud] gratitude; [examinación] examination; MIL reconnaissance ▪ **en ~ de** in gratitude for; **~ del habla** speech recognition; **~ óptico de caracteres** optical character recognition; **~ de voz** voice recognition
re•con•quis•tar *tr.* to recover
re•con•si•de•rar *tr.* to reconsider
re•cons•ti•tuir [18] *tr.* to reconstitute
re•cons•ti•tu•yen•te ◇ *adj.* reconstituent ◇ *m.* tonic
re•cons•truc•ción *f.* reconstruction; CONSTR rebuilding
re•cons•truir [18] *tr.* to reconstruct; CONSTR to rebuild
re•co•pi•la•ción *f.* compilation
re•co•pi•la•dor *m.* compiler
re•co•pi•lar *tr.* to compile
re•co•pi•la•to•rio *m,* compilation
ré•cord *m.* & *adj. inv.* record ▪ **una cosecha ~** a record crop
re•cor•dar [19] *tr.* to remember; [avisar] to remind; [evocar] to remind of; (*intr.*) to remember; [contar recuerdos] to reminisce; [despertar] to wake up; (*reflex.*) to be remembered ▪ **~ que** to remind oneself that
re•co•rrer *tr.* [viajar] to travel; [mirar] to look over ▪ **~ el mundo** to see the world
re•co•rri•da *f.* AMER [ruta, itinerario] route; [viaje] journey
re•co•rri•do *m.* [viaje] journey; [trayecto] path; [de cartero, recadero] route
re•cor•tar *tr.* [cortar] to trim; [reducir] to reduce; ARTS to cut out; (*reflex.*) to stand out
re•cor•te *m.* [acción] trimming; [de periódico] newspaper clipping; [de pelo] trim
re•cos•tar [19] *tr.* to lean (on); (*reflex.*) [reclinarse] to recline; [acostarse] to lie down ▪ **~ en** o **sobre** to lean on
re•co•va *f.* poultry market; AMER market
re•co•ve•co ◇ *m.* nook ◇ *pl.* recesses ▪ **sin ~** frank, open
re•cre•ar *tr.* [divertir] to entertain; [crear de nuevo] to recreate; (*reflex.*) to enjoy
re•cre•a•ti•vo, a *adj.* [divertido] entertaining; recreational ▪ **terapia ~** recreational therapy
re•cre•o *m.* [acción] recreation; [en escuela] recess ▪ **de ~** pleasure; **barco de ~** pleasure boat
re•cri•mi•na•ción *f.* recrimination
re•cri•mi•nar *intr.* & *reflex.* to recriminate (each other)
re•cru•de•cer [17] *intr.* & *reflex.* to worsen
re•cru•de•ci•mien•to *m.* worsening
rec•ta *f.* ▻ **recto, a**
rec•tán•gu•lo ◇ *adj.* rectangular ◇ *m.* rectangle
rec•ti•fi•ca•ción *f.* rectification
rec•ti•fi•car [70] *tr.* [enderezar] to straighten; [corregir] to rectify; CHEM, ELEC & MATH to rectify; MECH to resurface
rec•ti•tud *f.* straightness; *fig* honesty
rec•to, a ◇ *adj.* [derecho] straight; [honrado] honest; *fig* sound; GEOM right ◇ *m.* ANAT rectum; PRINT recto; (*f.*) GEOM straight line ▪ **~ final** home stretch ◇ *adv.* straight
rec•tor, •ra ◇ *adj.* ruling ◇ *m.f.* [de colegio] principal; (*m.*) [cura] parish priest; [de universidad] president
re•cua•dro *m.* ARCHIT panel; PRINT box
re•cu•brir *tr.* to cover
re•cuen•te, to ▻ **recontar**
re•cuen•to *m.* [segunda enumeración] recount; [enumeración] count
re•cuer•de, do ▻ **recordar**
re•cuer•do ◇ *m.* [memoria] memory; [regalo] souvenir ◇ *pl.* regards
re•cues•te, to ▻ **recostar**
re•cu•la•da *f.* backward movement; [de vehículo] backing (up); ARM recoil; *coll* [acción de ceder] backing down
re•cu•lar *intr.* to back up; ARM to recoil; *coll* [ceder] to retreat
re•cu•pe•ra•ble *adj.* recoverable
re•cu•pe•ra•ción *f.* recovery
re•cu•pe•rar *tr.* [recobrar] to recover; [fuerzas, sentido] to regain consciousness; [reconquistar] to win back; [una pérdida] to recoup; [el tiempo] to make up for; TECH to reclaim; (*reflex.*) to recover
re•cu•rren•te ◇ *adj.* recurrent ◇ *m.f.* LAW appellant
re•cu•rrir *intr.* [acudir] to turn o appeal (to); [volver] to return o revert (to)
re•cur•so *m.* [acción] recourse; [medio] means; resource ▪ **recursos humanos** human resources; **recursos naturales** natural resources
re•cu•sa•ción *f.* rejection; LAW challenge
re•cu•sar *tr.* to reject, refuse; LAW to challenge
red *f.* net; [malla] mesh; [redecilla] hairnet; [de tiendas] chain; [conspiración] network; RAIL & TELEC network ▪ **caer en la ~** to fall into a trap; **la Red** the Net; **~ de área local** local area network; **~ de datos** data network; **~ digital de servicios integrados** integrated digital service network; **~ local** local network; **~ neuronal** neural network; **~ troncal** backbone; **tender las redes** to cast one's net
re•dac•ción *f.* [escritura] writing; [oficina] editorial office; [personal] editorial staff
re•dac•tar *tr.* to draft
re•dac•tor, •ra ◇ *adj.* writing ◇ *m.f.* [escritor] writer; [revisor] editor ▪ **~ jefe** editor-in-chief
re•da•da *f.* [de pescados] catch; [de la policía] roundup, dragnet
re•de•ci•lla *f.* [tejido] mesh; [para el pelo] hairnet; [bolsa] string bag

re•den•ción *f.* redemption
re•den•tor, •ra ◊ *adj.* redeeming ◊ *m.f.* redeemer
re•dil *m.* fold
re•di•mir *tr.* to redeem; [de obligación] to exempt
ré•di•to *m.* interest
re•do•bla•do, a *adj.* stocky; MECH reinforced ▪ **paso ~** MIL double time
re•do•blar *tr.* [intensificar] to intensify; [doblar] to fold; (*intr.*) to roll
re•do•ble *m.* [redoblamiento] redoubling; [de tambor] roll
re•don•da *f.* ▻ **redondo, a**
re•don•de•a•do, a *adj.* round
re•don•de•ar *tr.* to make round; MATH to round off; (*reflex.*) to become round
re•don•del *m. coll* circle; TAUR arena
re•don•dez *f.* roundness
re•don•do, a ◊ *adj.* round ▪ **caer (en) ~** to collapse; **en ~** around; **girar en ~** *coll* to turn around; **salir ~ (a alguien)** to go well (for someone) ◊ *f.* region; MUS whole note ▪ **a la ~** around
re•duc•ción *f.* reduction; [sumisión] subjecting
re•du•ci•do, a *adj.* reduced; [estrecho] narrow; [pequeño] small, limited
re•du•cir [22] *tr.* to reduce; [sujetar] to subjugate; (*reflex.*) to be reduced; [venir a ser] to boil down (**a** to)
re•duc•tor, •ra ◊ *adj.* reducing ◊ *m.* CHEM & ELEC reducer
re•du•je•ra, jo ▻ **reducir**
re•dun•dan•cia *f.* redundancy
re•dun•dan•te *adj.* redundant
re•dun•dar *intr.* [rebosar] to overflow; [resultar] to redound (**en** to)
re•e•le•gir [54] *tr.* to re-elect
re•em•bol•sa•ble *adj.* reimbursable
re•em•bol•sar *tr.* to reimburse
re•em•bol•so *m.* reimbursement ▪ **enviar contra ~** to send C.O.D.
re•em•pla•zar [04] *tr.* to replace
re•em•pla•zo *m.* replacement
re•en•car•na•ción *f.* reincarnation
re•en•car•nar *intr.* to reincarnate; (*reflex.*) to be reincarnated
re•en•cuen•tro *m.* ▪ **tener un ~** to meet again
re•en•gan•char *tr.* & *reflex.* to re-enlist
re•es•truc•tu•ra•ción *f.* restructuring
re•es•truc•tu•rar *tr.* to restructure
re•fac•ción *f.* [colación] snack; AMER [reparación] renovation; MEX [recambio] spare part
re•fac•cio•nar *tr.* AMER to renovate
re•fac•cio•na•ria *f.* AMER repair workshop
re•fec•to•rio *m.* refectory
re•fe•ren•cia *f.* reference
re•fe•ren•te *adj.* referring (**a** to)
re•fe•rir [65] *tr.* to refer; [contar] to relate, tell; (*reflex.*) to refer (**a** to)
re•fi•lón *adv.* ▪ **de ~** obliquely; [de pasada] in passing
re•fi•na•do, a *adj.* refined
re•fi•na•mien•to *m.* refinement
re•fi•nar *tr.* to refine; (*reflex.*) to become refined
re•fi•ne•rí•a *f.* refinery
re•fi•rie•ra, rió ▻ **referir**
re•flec•tor, •ra ◊ *adj.* reflecting ◊ *m.* OPT reflector; [proyector] spotlight; MIL searchlight
re•fle•jar *tr.* to reflect; (*reflex.*) to be reflected
re•fle•jo, a ◊ *adj.* PHYS reflected; PHYSIOL reflex ◊ *m.* reflection; PHYSIOL reflex; [brillo] gleam
re•fle•xión *f.* reflection
re•fle•xio•nar *intr.* & *tr.* to reflect (**en, sobre** on)
re•fle•xi•vo, a *adj.* reflective; GRAM reflexive
re•fle•xo•lo•gí•a *f.* reflexology
re•fle•xo•te•ra•pia *f.* reflexotherapy
re•flo•re•cer [17] *intr.* to bloom again
re•flu•jo *m.* ebb
re•fo•res•ta•ción *f.* AMER reforestation
re•for•ma *f.* reform; [modificación] alteration
re•for•ma•do, a *adj.* reformed; [modificado] altered
re•for•mar *tr.* to reform; [mejorar] to improve; [restaurar] to renovate; [modificar] to alter; (*reflex.*) to reform
re•for•ma•to•rio, a *adj.* & *m.* reformatory
re•for•mis•ta *adj.* & *m.f.* reformist
re•for•za•do, a *adj.* reinforced
re•for•zar [37] *tr.* to reinforce; *fig* to encourage
re•frac•ción *f.* refraction
re•frac•tar *tr.* to refract
re•frán *m.* saying ▪ **como dice** o **según reza el ~** as the saying goes
re•fre•gar [52] *tr.* [frotar] to scrub; *coll* [reprochar] to throw back at
re•fre•nar *tr.* to restrain
re•fren•dar *tr.* [firmar] to endorse; [pasaporte] to stamp
re•fres•can•te *adj.* refreshing
re•fres•car [70] *tr.* to refresh; (*intr.* & *reflex.*) to become cool; [tomar fuerzas] to refresh (oneself)
re•fres•co *m.* [alimento] refreshment; [bebida] soft drink
re•frie•ga *f.* skirmish, scuffle
re•frie•go, gue ▻ **refregar**
re•fri•ge•ra•ción *f.* refrigeration; [de aire] air conditioning ▪ **~ por agua** water-cooling
re•fri•ge•ra•dor, •ra ◊ *adj.* refrigerating ◊ *m.* o *f.* refrigerator
re•fri•ge•ran•te ◊ *adj.* refrigerating ◊ *m.* cooling bath
re•fri•ge•rar *tr.* to refrigerate
re•fri•ge•rio *m.* refreshments
re•fri•to, a ◊ *adj.* refried ◊ *m. coll* rehash
re•fuer•zo *m.* reinforcement; [sostén] support
re•fu•gia•do, a *adj.* & *m.f.* refugee ▪ **~ político** political refugee
re•fu•giar *tr.* to give refuge to; (*reflex.*) to take refuge
re•fu•gio *m.* refuge ▪ **~ antiaéreo** air-raid shelter
re•ful•gen•te *adj.* refulgent
re•ful•gir [32] *intr.* to shine brightly
re•fun•fu•ñar *intr.* to grumble
re•fu•ta•ción *f.* rebuttal
re•fu•tar *tr.* to rebut
re•ga•de•ra *f.* watering can; COL, MEX & VEN [ducha] shower
re•ga•dí•o, a ◊ *adj.* irrigable ◊ *m.* irrigated land
re•ga•la•do, a *adj.* [delicado] dainty; [con comodidades] easy; [barato] dirt-cheap
re•ga•lar *tr.* [dar] to give (as a present); [donar] to give away; [halagar] to flatter; (*reflex.*) to indulge oneself
re•ga•lí•a *f.* [derecho real] royal privilege; [excepción] privilege; [sueldo] bonus; [de autor] royalties
re•ga•liz *m.*/**li•za** *f.* licorice

re•ga•lo *m.* [obsequio] present, gift; [placer] joy, pleasure; [comodidad] comfort, ease
re•ga•lo•ne•ar [52] *tr.* C SUR *coll* to spoil
re•ga•ña•dien•tes *adv.* ■ **a** ~ *coll* grudgingly
re•ga•ñar *intr.* [reñir] to quarrel, argue; [refunfuñar] to grumble; (*tr.*) *coll* to scold
re•ga•ño *m.* scolding
re•ga•ñón, o•na ◇ *adj.* grumbling ◇ *m.f.* grumbler
re•gar [52] *tr.* to water; [esparcir] to strew; [con lágrimas] to bathe; [con bebida] to wash down
re•ga•ta *f.* regatta
re•ga•te•a•dor, •ra ◇ *adj.* haggling ◇ *m.f.* haggler
re•ga•te•ar *tr.* [negociar] to haggle over; [escatimar] to be sparing with; (*intr.*) [negociar] to barter, haggle; [poner dificultades] to be difficult
re•ga•te•o *m.* haggling
re•ga•zo *m.* lap
re•ge•ne•ra•ción *f.* regeneration
re•ge•ne•ra•dor, •ra ◇ *adj.* regenerating, regenerative ◇ *m.f.* regenerator
re•ge•ne•rar *tr.* to regenerate
re•gen•tar/te•ar *tr.* to direct
re•gen•te *m.f.* regent; MEX [alcalde] mayor, mayoress; (*m.*) RELIG director of studies; [gerente] manager
ré•gi•men *m.* regime; [sistema] system; [reglas] regulations; MED diet
re•gi•men•tar [49] *tr.* to regiment
re•gi•mien•to *m.* government; MIL regiment
re•gio, a *adj.* regal; *fig* magnificent
re•gión *f.* region
re•gio•nal *adj.* regional
re•gio•na•lis•mo *m.* regionalism
re•gir [57] *tr.* [gobernar] to govern; [manejar] to run; LAW to govern; GRAM to take; (*intr.*) to apply; (*reflex.*) ■ ~ **por** to be guided by
re•gis•tra•do, a *adj.* AMER [correspondencia] registered
re•gis•tra•dor, •ra ◇ *adj.* [que inspecciona] examining; [que registra] registering ■ **caja** ~ cash register ◇ *m.f.* [que inspecciona] examiner; [que registra] register; (*f.*) cash register
re•gis•trar *tr.* [inspeccionar] to examine; [en un registro] to register; [rebuscar] to search; [anotar] to note; (*intr.*) to search; (*reflex.*) to register; [ocurrir] to happen
re•gis•tro *m.* [acción] registration; [inspección] examination; [búsqueda] search; [libro] register; [oficina] registry; [asiento] entry; [padrón] census list; [género de voces] register; COMPUT record ■ **tocar todos los registros** *coll* to use all possible means; ~ **de la propiedad** real estate registry
re•gla *f.* [para trazar] ruler; [norma] rule; [modelo] model; [instrucciones] instructions; [menstruación] period ■ **en** ~ by the book; **poner algo en** ~ to put O set something straight; ~ **de cálculo** slide rule
re•gla•men•ta•ción *f.* [acción] regulation; [regla] rule
re•gla•men•tar *tr.* to regulate
re•gla•men•ta•rio, a *adj.* prescribed
re•gla•men•to *m.* [reglas] rules
re•glar *tr.* [rayar] to rule; [regular] to regulate; (*reflex.*) to be guided (**por** by)
re•go•ci•jar *tr.* to delight; (*reflex.*) to be delighted
re•go•ci•jo *m.* joy
re•go•de•ar•se *reflex. coll* [deleitarse] to take pleasure in; [bromear] to joke
re•go•de•o *m.* pleasure
re•gor•de•te, a *adj. coll* plump
re•gra•ba•ble *adj.* COMPUT rewritable
re•gre•sar *tr., intr.* & *reflex.* AMER to return
re•gre•sión *f.* regression
re•gre•si•vo, a *adj.* regressive
re•gre•so *m.* return ■ **estar de** ~ to be back
re•gue•ro *m.* [chorro] stream; AGR irrigation ditch; [señal] trail; [de sangre] trickle
re•gu•la•ción *f.* regulation; [control] control
re•gu•la•do, a *adj.* [regular] according to rule; [ajustado] regulated; [controlado] controlled
re•gu•la•dor, •ra ◇ *adj.* regulating ◇ *m.* regulator; RAD control knob
re•gu•lar[1] ◇ *adj.* regular; [aceptable] fairly good; [mediano] average; GRAM regular ■ **por lo** ~ as a rule ◇ *adv.* ■ **estar** ~ *coll* to be so-so
re•gu•lar[2] *tr.* [ajustar] to regulate; [controlar] to control; [ordenar] to put in order
re•gu•la•ri•dad *f.* regularity ■ **con** ~ regularly
re•gu•la•ri•zar [04] *tr.* to regularize
re•gu•lar•men•te *adv.* regularly; [medianamente] fairly well
re•gur•gi•tar *intr.* to regurgitate
re•ha•bi•li•ta•ción *f.* rehabilitation; [reinstalación] reinstatement
re•ha•bi•li•tar *tr.* to rehabilitate; [en un puesto] to reinstate
re•ha•cer [40] *tr.* [volver a hacer] to redo; [reconstruir] to rebuild
re•hén *m.* hostage
re•hi•lar *tr.* to twist too hard; (*intr.*) to whiz
re•ho•gar [47] *tr.* to brown
re•huir [18] *tr.* to avoid; (*reflex.*) to flee O shrink from
re•hu•sar *tr.* to refuse
re•hu•ya, yo, yera, yó ▻ **rehuir**
re•im•pri•mir [80] *tr.* to reprint
rei•na *f.* queen
rei•na•do *m.* reign
rei•nan•te *adj.* ruling; *fig* prevailing
rei•nar *tr.* to reign
re•in•ci•den•cia *f.* relapse; CRIMIN recidivism
re•in•ci•den•te ◇ *adj.* [que recae] relapsing; CRIMIN recidivous ◇ *m.f.* recidivist
re•in•ci•dir *intr.* to relapse
re•in•cor•po•ra•ción *f.* reincorporation
re•in•cor•po•rar *tr.* to reincorporate
re•in•gre•sar *intr.* to re-enter
re•i•ni•cia•li•zar *tr.* COMPUT to reboot, restart
re•i•ni•ciar *tr.* COMPUT to reboot, restart
rei•no *m.* kingdom
re•ins•ta•la•ción *f.* reinstallation; [en un puesto] reinstatement
re•ins•ta•lar *tr.* to reinstall; [en un puesto] to reinstate
re•in•te•gra•ción *f.* reintegration; [reembolso] refund
re•in•te•grar *tr.* [restablecer] to reintegrate; [reembolsar] to refund; (*reflex.*) [recibir reembolso] to be reimbursed; [volver] to rejoin
re•in•te•gro *m.* [restablecimiento] reintegration; [reembolso] reimbursement; [pólizas] fiscal stamps
re•ír [58] *intr.* to laugh; [los ojos] to sparkle ■ ~ **a carcajadas** to laugh out loud; ~ **de** to laugh at; (*tr.*) to laugh at; (*reflex.*) to laugh; [burlarse de] to laugh at
rei•te•ra•ción *f.* reiteration
rei•te•rar *tr.* to reiterate

R

rei•te•ra•ti•vo, a *adj.* reiterative
rei•vin•di•ca•ción *f.* LAW recovery; [vindicación] vindication
rei•vin•di•car [70] *tr.* LAW to recover; [vindicar] to vindicate
re•ja *f.* [del arado] plowshare; [de ventana] grating ▪ **estar entre rejas** to be behind bars
re•je•go, a *adj.* MEX *coll* [terco] stubborn
re•ji•lla *f.* grille; [de una silla] wickerwork; [de un horno] fire grate; RAIL luggage rack
re•ju•ve•ne•cer [17] *tr., intr.* & *reflex.* to rejuvenate
re•ju•ve•ne•ci•mien•to *m.* rejuvenation
re•la•ción ◇ *f.* relation; [conexión] connection; [relato] account; [informe] report; [lista] list; MATH ratio ▪ **con** o **en** ~ **a** in relation to; **guardar** ~ **con** to bear relation with ◇ *pl.* [cortejo] courtship; [conocidos] acquaintances ▪ **estar en buenas** ~ **con** to be on good terms with; **mantener** ~ **con** to be in touch with; **tener buenas** ~ to be well-connected
re•la•cio•na•do, a *adj.* related (**con** to, with)
re•la•cio•nar *tr.* to relate; (*reflex.*) to be related; [hacer amistades] to make friends
re•la•ja•ción *f.* relaxation; [aflojamiento] loosening; [moral] laxity
re•la•ja•do, a *adj.* relaxed; [aflojado] loose; AMER [depravado] depraved
re•la•ja•mien•to *m.* = **relajación**
re•la•jar *tr.* [mente, cuerpo] to relax; [aflojar] to loosen; [la tensión] to ease; [divertir] to amuse; (*reflex.*) to relax; [viciarse] to let oneself go
re•la•jo *m.* AMER *coll* [desorden] commotion; [depravación] debauchery
re•la•mer *tr.* to lick; (*reflex.*) to lick one's lips
re•la•mi•do, a *adj.* affected
re•lám•pa•go *m.* lightning; *fig* flash
re•lam•pa•gue•ar *intr.* to flash with lightning; *fig* to sparkle
re•lam•pa•gue•o *m.* lightning
re•lap•so, a ◇ *adj.* relapsed ◇ *m.f.* backslider
re•la•tar *tr.* to narrate
re•la•ti•vi•dad *f.* relativity
re•la•ti•vo, a *adj.* & *m.* GRAM relative ▪ **en lo** ~ **a** with regard to
re•la•to *m.* narration; [informe] account; [cuento] story
re•la•tor, •ra ◇ *adj.* narrating ◇ *m.f.* [de cuentos] narrator; [de expedientes] court reporter
re•le•er [43] *tr.* to reread
re•le•gar [47] *tr.* to relegate ▪ ~ **al olvido una cosa** to cast something into oblivion
re•le•van•te *adj.* outstanding
re•le•var *tr.* [exonerar] to relieve (**de** of, from); [absolver] to pardon; [exaltar] to praise; [reemplazar] to relieve (**de** from); PAINT to paint in relief; (*reflex.*) to take turns
re•le•vo *m.* [acto] change of the guard; [soldado] relief; SPORT relay
re•li•ca•rio *m.* reliquary; [medallón] locket
re•lie•ve *m.* ARTS & GEOG relief; [estampado] embossing; [renombre] prominence ▪ **poner en** ~ to emphasize
re•li•gión *f.* religion
re•li•gio•si•dad *f.* religiosity
re•li•gio•so, a ◇ *adj.* religious ◇ *m.* monk; (*f.*) nun
re•lin•char *intr.* to neigh
re•lin•cho *m.* neigh; *fig* whoop
re•li•quia *f.* relic ▪ ~ **de familia** family heirloom
re•lla•no *m.* landing
re•lle•nar *tr.* [llenar] to refill; [llenar completamente] to fill up; CUL to stuff; SEW to pad
re•lle•no, a ◇ *adj.* stuffed ◇ *m.* stuffing; SEW padding
re•loj *m.* [de pared] clock; [de pulsera] watch ▪ **como un** ~ like clockwork; ~ **de caja** grandfather's clock; ~ **de sol** sundial; ~ **despertador** alarm clock
re•lo•je•rí•a *f.* [arte] watchmaking, clockmaking; [taller] watch o clock factory; [tienda] jewelry store
re•lo•je•ro, a *m.f.* watchmaker
re•lu•cien•te *adj.* shining
re•lu•cir [44] *intr.* to shine ▪ **sacar a** ~ [mencionar] to bring up; [poner en relieve] to bring out; **salir a** ~ to come to light
re•lum•bran•te *adj.* dazzling
re•lum•brar *intr.* to dazzle
re•ma•char *tr.* [roblonar] to rivet; [machacar] to clinch; *fig* to drive home
re•ma•che *m.* [de clavo] clinching; [roblón] rivet
re•ma•nen•te *m.* remnant; COM surplus
re•man•gar [47] *tr.* to roll o tuck up
re•man•so *m.* backwater
re•mar *intr.* to row
re•ma•ta•do, a *adj.* utter; LAW convicted
re•ma•ta•dor, •ra *m.* goal scorer; (*m.f.*) RP auctioneer
re•ma•tar *tr.* [acabar] to finish (off); [agotar] to use up; [matar] to kill off; [subastar] to auction (off); ARCHIT to top; SPORT to shoot, kick (a goal); (*intr.*) to end
re•ma•te *m.* [fin] conclusion; [toque final] finishing touch; [subasta] auction; SPORT shot ▪ **como** ~ to top it all (off); **de** ~ utter
re•me•cer *intr.* MEX to shake
re•me•dar *tr.* [imitar] to imitate; [burlarse] to mimic
re•me•dia•ble *adj.* remediable ▪ **fácilmente** ~ easy to remedy
re•me•diar *tr.* to remedy; [ayudar] to assist; [librar] to save; [evitar] to prevent
re•me•dio *m.* remedy; [ayuda] relief ▪ **como último** ~ as a last resort; **no haber (más)** ~ to be unavoidable; **no tener más** ~ to have no alternative (**que** but); **no tener** ~ to be hopeless
re•me•do *m.* imitation; [parodia] travesty
re•me•mo•rar *tr.* to remember
re•men•dar [49] *tr.* [reparar] to mend; SEW to darn; [corregir] to correct
re•men•dón, o•na *m.f.* mender; [zapatero] cobbler
re•me•ro, a *m.f.* rower
re•me•sa *f.* [de dinero] remittance; [de mercancías] consignment
re•me•zón *m.* ANDES earth tremor
re•mien•de, do ▻ **remendar**
re•mien•do *m.* [acción] mending; [enmienda] correction; SEW patch
re•mil•ga•do, a *adj.* affected
re•mil•go *m.* affectedness
re•mi•nis•cen•cia *f.* reminiscence
re•mi•sión *f.* [envío] remittance; [entrega] delivery; [perdón] pardon; MED remission
re•mi•so, a *adj.* remiss
re•mi•ten•te ◇ *adj.* remitting ◇ *m.f.* sender
re•mi•tir *tr.* [enviar] to send; [dinero] to remit; [perdo-

nar] to forgive; [demorar] to put off; [ceder] to diminish; [referir] to refer; COM to ship; (*intr.*) to diminish; (*reflex.*) to refer (**a** to)
re•mo *m.* [grande] oar; [pequeño] paddle; SPORT rowing
re•mo•ción *f.* AMER [de heridos] transport
re•mo•jo *m.* soaking ▪ **poner en ~** to soak
re•mo•la•cha *f.* beet
re•mol•ca•dor, •ra ◇ *adj.* towing ◇ *m.* AUTO tow truck; MARIT tugboat
re•mol•car [70] *tr.* to tow
re•mo•li•no *m.* [de agua] whirlpool; [de aire] whirlwind; [de pelo] cowlick
re•mo•lón, o•na ◇ *adj.* lazy ◇ *m.f.* loafer
re•mo•lo•ne•ar *intr. coll* to loaf
re•mol•que *m.* [acción] towing; [vehículo que remolca] tow truck; [vehículo remolcado] towed vehicle ▪ **a ~** in tow
re•mon•tar *tr.* [calzado] to repair; [un río] to go up; [superar] to surmount; [elevar] to raise; [encumbrar] to honor; (*reflex.*) [volar] to soar; [hasta el origen] to go back (**a** to)
ré•mo•ra *f.* remora
re•mor•der [78] *tr.* to bite, gnaw; *fig* to trouble ▪ **~ la conciencia** to weigh on one's conscience; (*reflex.*) to show remorse
re•mor•di•mien•to *m.* remorse
re•mo•to, a *adj.* remote
re•mo•ver [78] *tr.* [mover] to move; [quitar] to remove; [destituir] to dismiss; [mezclar] to stir; [recuerdos] to revive; (*reflex.*) to shake
re•mo•zar [04] *tr.* to rejuvenate; *fig* to bring up to date; (*reflex.*) to be rejuvenated
rem•pu•jón *m. coll* = **empujón**
re•muer•da, do ▻ **remorder**
re•mue•va, vo ▻ **remover**
re•mu•ne•ra•ción *f.* remuneration
re•mu•ne•rar *tr.* to remunerate
re•mu•ne•ra•ti•vo, a *adj.* remunerative
re•na•cen•tis•ta ◇ *adj.* Renaissance ◇ *m.f.* expert on the Renaissance
re•na•cer [17] *intr.* [nacer de nuevo] to be reborn; [recobrar fuerzas] to recover; [reaparecer] to reappear
re•na•ci•mien•to *m.* revival ▪ **Renacimiento** Renaissance
re•na•cua•jo *m.* tadpole; *fig* shrimp
re•nal *adj.* renal
ren•ci•lla *f.* quarrel
ren•cor *m.* rancor ▪ **guardar ~ a alguien** to hold a grudge against someone
ren•co•ro•so, a *adj.* resentful
ren•di•ción *f.* [entrega] surrender; [utilidad] yield
ren•di•do, a *adj.* [obsequioso] obsequious; [sumiso] submissive; [cansado] exhausted
ren•di•ja *f.* crack
ren•di•mien•to *m.* [cansancio] exhaustion; [sumisión] submissiveness; [obsequiosidad] obsequiousness; [producto] yield; [funcionamiento] performance
ren•dir [48] *tr.* [vencer] to defeat; [sujetar] to dominate; [entregar] to surrender; [restituir] to give back; [producir] to yield; [fruto] to bear; [cansar] to tire out; [las armas] to lay down ▪ **~ cuentas de** to give an account of; **~ culto a** [venerar] to worship; [homenajear] to pay tribute to; **~ examen** to take an examination; **~ homenaje a** to pay homage to; (*intr.*) [dar utilidad] to yield; AMER [durar mucho] to last longer than usual; (*reflex.*) [someterse] to surrender; [entregarse] to yield; **~ a la fuerza** to yield to force; [cansarse] to exhaust oneself
re•ne•ga•do, a *adj.* & *m.f.* [apóstata] apostate; *coll* [de mal carácter] gruff (person)
re•ne•gar [52] *tr.* to deny strongly; (*intr.*) RELIG to apostatize; [blasfemar] to swear; *coll* [quejarse] to grumble ▪ **~ de** to renounce
ren•glón *m.* [línea] line (of words); [partida] item ▪ **a ~ seguido** *coll* right after
ren•go, a *adj.* & *m.f.* lame (person)
ren•gue•ar *intr.* AMER to limp
re•nie•gue, go ▻ **renegar**
re•no *m.* reindeer
re•nom•bra•do, a *adj.* renowned
re•nom•bre *m.* renown
re•no•va•ble *adj.* renewable
re•no•va•ción *f.* [extensión] renewal; [restauración] renovation
re•no•var [19] *tr.* [extender] to renew; [reemplazar] to replace; [restaurar] to renovate
ren•ta *f.* [ingresos] income; [ganancia] profit; [interés] interest; [alquiler] rent; [anual] annuity; [deuda pública] national debt ▪ **~ bruta** gross income
ren•ta•ble *adj.* profitable
ren•tar *tr.* [producir renta] to yield; AMER [alquilar] to rent
ren•tis•ta *m.f.* [accionista] bondholder; [rico] wealthy person
re•nuen•cia *f.* reluctance
re•nuen•te *adj.* reluctant
re•nue•ve, vo ▻ **renovar**
re•nun•cia *f.* [abandono] renunciation; [a un puesto] resignation
re•nun•cia•ción *f.*/**mien•to** *m.* renunciation
re•nun•ciar *tr.* [abandonar] to renounce; [a un puesto] to resign; [no aceptar] to reject
re•nun•cio *m. coll* lie
re•ñi•de•ro *m.* pit ▪ **~ de gallos** cockpit
re•ñi•do, a *adj.* [enemistado] at odds; [difícil] hard-fought ▪ **~ con** contrary to
re•ñi•dor, •ra *adj.* quarrelsome
re•ñir [59] *intr.* to quarrel ▪ **~ en buena lid** to have a fair fight; **~ por** to fight for o over; (*tr.*) [regañar] to scold; [llevar a cabo] to wage
re•o, a *m.f.* defendant
re•o•jo *adv.* ▪ **mirar de ~** to look out of the corner of one's eye
re•or•ga•ni•za•ción *f.* reorganization
re•or•ga•ni•zar [04] *tr.* to reorganize
re•pan•chi•gar•se/ti•gar•se [47] *reflex. coll* to stretch o sprawl out
re•pa•ra•ción *f.* [compostura] repair
re•pa•ra•dor, •ra ◇ *adj.* restorative ◇ *m.f.* [que compone] repairer; [reparón] faultfinder; (*m.*) repairman
re•pa•rar *tr.* [componer] to repair; [notar] to notice; [desagraviar] to make amends for; [remediar] to redress; [restablecer] to restore; (*intr.*) to stop ▪ **no ~ en nada** to stop at nothing
re•pa•ro *m.* [objeción] objection; [duda] misgiving; [defensa] protection ▪ **no andar con reparos** not to hesitate
re•par•ti•ción *f.* sharing
re•par•ti•dor, •ra ◇ *adj.* distributing ◇ *m.f.* [que

reparte] distributor; [entregador] deliverer ▪ ~ **de periódicos** newspaper boy
re•par•ti•ja *f.* AMER *coll* = **reparto**
re•par•tir *tr.* [dividir] to divide; [distribuir] to distribute; [entregar] to deliver; [esparcir] to spread out
re•par•to *m.* [distribución] distribution; [entrega] delivery; CINEM & THEAT cast
re•pa•sa•dor *m.* AMER dishcloth
re•pa•sar *tr.* [pasar] to pass (by) again; [examinar] to review; [hojear] to glance over; [explicar, hacer] to go over again; (*intr.*) to pass (by) again
re•pa•so *m.* review ▪ **dar un** ~ **a** to look over o through
re•pa•tria•ción *f.* repatriation
re•pa•tria•do, a ◇ *adj.* repatriated ◇ *m.f.* repatriate
re•pa•triar [30] *tr.* & *reflex.* to repatriate (oneself)
re•pe•cho *m.* steep slope ▪ **a** ~ uphill
re•pe•len•te *adj.* repellent
re•pe•ler *tr.* to repel; [rechazar] to reject
re•pen•te *m.* start ▪ **de** ~ suddenly
re•pen•ti•no, a *adj.* sudden
re•per•cu•sión *f.* repercussion
re•per•cu•tir *intr.* [rebotar] to rebound; [resonar] to reverberate ▪ ~ **en** to have repercussions on
re•per•to•rio *m.* repertory, repertoire
re•pe•ti•ción *f.* repetition; [mecanismo] repeater
re•pe•tir [48] *tr.* to repeat; [comer más] to have a second helping of; [recitar] to recite; (*intr.*) to repeat; (*reflex.*) to repeat itself o oneself
re•pe•ti•ti•vo, a *adj.* repetitive
re•pi•car [70] *intr.* to ring out
re•pi•que•te•ar *intr.* [campanas] to ring; [tambor] to beat; [golpear] to drum
re•pi•que•te•o *m.* [de campanas] lively ringing; [de lluvia] pitter-patter; [con los dedos] tapping
re•pi•sa *f.* shelf
re•pi•ta, to, tiera, tió ▻ **repetir**
re•plan•tar *tr.* to replant
re•plan•te•ar *tr.* [exponer] to restate; ARCHIT to lay out a ground plan of
re•ple•gar [52] *tr.* to fold over; AER to retract; (*reflex.*) MIL to retreat
re•ple•to, a *adj.* full ▪ ~ **de** packed with
ré•pli•ca *f.* [contestación] retort; [copia] replica; LAW replication
re•pli•car [70] *intr.* to retort
re•plie•go, gue ▻ **replegar**
re•po•bla•ción *f.* repopulation
re•po•blar [19] *tr.* to repopulate
re•po•llo *m.* cabbage
re•po•ner [54] *tr.* [poner] to put back; [reemplazar] to replace; [replicar] to reply; THEAT to revive; (*reflex.*) [recuperarse] to recover; [serenarse] to calm down
re•por•ta•je *m.* [artículo] report; [de noticias] news coverage; [entrevista] interview
re•por•tar *tr.* to bring; C AMER & MEX [denunciar] to report; ANDES, C AMER, MEX & VEN [informar] to report; (*reflex.*) to control oneself; C AMER, MEX & VEN to report (to)
re•por•te *m.* [chisme] gossip; C AMER & MEX [informe] report; ANDES, C AMER, MEX & VEN [noticia] news
re•por•te•ro, a ◇ *adj.* reporting ◇ *m.f.* reporter
re•po•sa•mu•ñe•cas *m.inv.* wrist rest
re•po•sa•piés *m.inv.* footrest
re•po•sar *intr.* [descansar] to rest; [yacer] to lie
re•po•si•ción *f.* [acción] replenishment; THEAT revival
re•po•so *m.* repose
re•pos•te•rí•a *f.* [tienda] pastry shop; [oficio] confectionery
re•pos•te•ro *m.f.* confectioner
re•pren•der *tr.* to reprimand
re•pren•sión *f.* reprimand
re•pre•sa *f.* dam
re•pre•sa•lia *f.* reprisal
re•pre•sen•ta•ción *f.* representation; THEAT performance
re•pre•sen•tan•te ◇ *adj.* representing ◇ *m.f.* representative
re•pre•sen•tar *tr.* to represent; [volver a presentar] to present again; [aparentar] to appear to be; THEAT to perform; (*intr.*) to picture
re•pre•sen•ta•ti•vo, a *adj.* representative
re•pre•sión *f.* repression
re•pre•si•vo, a *adj.* repressive
re•pre•sor, •ra ◇ *adj.* repressing ◇ *m.f.* repressor
re•pri•men•da *f.* reprimand
re•pri•mir *tr.* & *reflex.* to repress (oneself)
re•pro•bar [19] *tr.* [desaprobar] to disapprove; AMER [en exámenes] to fail
re•pro•char *tr.* to reproach
re•pro•che *m.* reproach
re•pro•duc•ción *f.* reproduction
re•pro•du•cir [22] *tr.* & *reflex.* to reproduce
re•pro•duc•tor, •ra ◇ *adj.* [que copia] reproducing; BIOL reproductive; ZOOL breeding ◇ *m.f.* BIOL reproducer; ZOOL breeder ◇ *m.* COMPUT player ▪ ~ **de CD** CD player; ~ **de DVD** DVD player
re•prue•be, bo ▻ **reprobar**
rep•tar *intr.* to crawl
rep•til ◇ *adj.* reptilian ◇ *m.* reptile
re•pú•bli•ca *f.* republic
re•pu•bli•ca•no, a *adj.* & *m.f.* republican
re•pu•diar *tr.* to repudiate; LAW to renounce
re•pu•dio *m.* repudiation
re•pues•to, a ▻ **reponer** ◇ *adj.* MED recovered ◇ *m.* [reserva] supply; [pieza] spare (part) ▪ **de** ~ spare
re•pug•nan•cia *f.* repugnance
re•pug•nan•te *adj.* repugnant
re•pug•nar *intr.* to detest; **las arañas me repugnan** I detest spiders
re•pu•jar *tr.* to do repoussé on
re•pul•gar [47] *tr.* to hem
re•pul•sar *tr.* to reject
re•pul•sión *f.* repulsion
re•pul•si•vo, a *adj.* repulsive
re•pun•tar *intr.* [volver] to turn; AMER [mejorar] to improve
re•pun•te *m.* [vuelta] turning; AMER [mejora] improvement
re•pu•ta•ción *f.* reputation
re•que•brar [49] *tr.* [volver a quebrar] to break again; [lisonjear] to flatter
re•que•ri•mien•to *m.* requirement; LAW summons; [demanda] request
re•que•rir [65] *tr.* [necesitar] to require; [intimar] to order; [solicitar] to request ▪ ~ **(de amores)** to woo

re•que•són *m.* [queso] cottage cheese; [cuajada] curd
re•que•te•bién *adv. coll* wonderfully
re•quie•bro *m.* flattery
ré•quiem *m.* requiem
re•quie•ra, ro, quiriera, quirió ▻ **requerir**
re•qui•sa *f.* [revista] inspection; MIL requisition; AMER search
re•qui•sar *tr.* to requisition; AMER to search
re•qui•si•ción *f.* requisition
re•qui•si•to *m.* requirement
res *f.* animal ▪ ~ **vacuna** head of cattle
re•sa•bi•do, a *adj.* well-known
re•sa•bio *m.* [sabor] unpleasant aftertaste; [vicio] bad habit
re•sa•ca *f.* MARIT undertow; COM redraft
re•sal•tar *intr.* to jut out; *fig* to stand out ▪ **hacer** ~ to stress
re•sar•ci•ble *adj.* indemnifiable
re•sar•cir [35] *tr.* to indemnify; (*reflex.*) to make up (**de** for)
res•ba•la•da *f.* AMER *coll* slip
res•ba•la•di•zo, a *adj.* slippery
res•ba•lar *intr.* to slip; AUTO to skid
res•ba•lón *m.* slip; AUTO skid
res•ba•lo•so, a *adj.* slippery
res•ca•ta•dor, •ra ◇ *adj.* rescuing ◇ *m.f.* rescuer
res•ca•tar *tr.* [recobrar] to recover; [cautivos] to ransom; [salvar] to rescue
res•ca•te *m.* [acción] rescue; [recobro] recovery; [dinero] ransom money
res•cin•dir *tr.* to rescind
res•ci•sión *f.* rescission
res•col•do *m.* embers
re•se•car [70] *tr.* & *reflex.* to dry out
re•sen•ti•do, a *adj.* resentful
re•sen•ti•mien•to *m.* resentment
re•sen•tir•se [65] *reflex.* [debilitarse] to be weakened; [la salud] to deteriorate; *fig* to feel hurt ▪ ~ **por** to take offense at
re•se•ña *f.* MIL inspection; [descripción] outline; [relación] account; [análisis] review
re•se•ñar *tr.* MIL to inspect; [describir] to describe; [analizar] to review
re•se•ro *m.* AMER herdsman
re•ser•va *f.* reserve; [provisión] stock; [reservación, excepción] reservation; [discreción] discretion; COM & MIL reserve ▪ **a** ~ **de** except for; **a** ~ **de que** unless; **la Reserva Federal** the Federal Reserve; **sin** ~ openly
re•ser•va•ción *f.* reservation
re•ser•va•do, a ◇ *adj.* reserved; [discreto] discreet; [confidencial] confidential ◇ *m.* reserved room O area
re•ser•var *tr.* to reserve; [guardar] to save; [encubrir] to conceal; [no comunicar] to withhold; [dilatar] to put off; [dispensar] to exempt; (*reflex.*) to save one's strength O oneself
re•ser•vis•ta ◇ *adj.* reserve ◇ *m.* reservist
res•fria•do *m.* cold
res•friar [30] *tr.* [enfriar] to cool; [moderar] to temper; (*intr.*) to cool; (*reflex.*) to catch a cold
res•frí•o *m.* ANDES & RP cold
res•guar•dar *tr.* & *reflex.* to protect (oneself)
res•guar•do *m.* [protección] protection; [documento] safeguard
re•si•den•cia *f.* residence
re•si•den•cial *adj.* residential
re•si•den•te *adj.* & *m.f.* resident
re•si•dir *intr.* to reside
re•si•duo ◇ *m.* residue ◇ *pl.* waste ▪ **residuos industriales** industrial waste; **residuos nucleares** nuclear waste; **residuos tóxicos** toxic waste
re•sien•ta, to ▻ **resentirse**
re•sig•na•ción *f.* resignation
re•sig•nar *tr.* & *reflex.* to resign (oneself)
re•si•na *f.* resin
re•sin•tie•ra, tió ▻ **resentirse**
re•sis•ten•cia *f.* resistance; [aguante] endurance ▪ **oponer** ~ to resist; ~ **de tensión** tensile strength
re•sis•ten•te *adj.* resistant; BOT hardy
re•sis•tir *intr.* to resist; [durar] to endure; (*tr.*) to resist; [aguantar] to bear; (*reflex.*) to resist; [luchar] to fight; [negarse] to refuse (**a** to)
re•so•llar [19] *intr.* to breathe heavily; *fig* to show signs of life ▪ **sin** ~ *coll* without a word
re•so•lu•ción *f.* resolution; [decisión] decision; [solución] solution
re•so•lu•to, a *adj.* resolute
re•sol•ver [78] *tr.* to resolve; [solucionar] to solve; [resumir] to sum up; CHEM to dissolve; (*reflex.*) to resolve; [solucionarse] to resolve itself ▪ ~ **por** to decide in favor of; (*intr.*) to decide
re•so•nan•cia *f.* resonance; *fig* repercussion ▪ ~ **magnética** magnetic resonance imaging, MRI scan; **tener** ~ to cause a stir
re•so•nan•te *adj.* resounding
re•so•nar [19] *intr.* to resound; *fig* to have repercussions
re•so•plar *intr.* to puff
re•so•pli•do/plo *m.* puffing
re•sor•te ◇ *m.* spring ◇ *pl.* ▪ **tocar los** ~ to pull the strings
res•pal•dar[1] *m.* back of a chair
res•pal•dar[2] *tr.* [apuntar] to endorse; [garantizar] to back; (*reflex.*) to lean back; [basarse] to base oneself (**en** on)
res•pal•do *m.* [de silla] back; [garantía] backing
res•pec•ti•vo, a *adj.* respective
res•pec•to *m.* respect ▪ **al** ~ about the matter; ~ **a** O **de** with respect to
res•pe•tar *tr.* to respect
res•pe•to *m.* respect ▪ **faltar al** ~ to be disrespectful
res•pe•tuo•so, a *adj.* respectful
res•pin•gar [47] *intr.* to balk
res•pin•go *m.* start; *coll* [movimiento] gesture of impatience
res•pi•ra•ción *f.* respiration
res•pi•ra•de•ro *m.* [abertura] vent; [cañería] ventilation shaft; [descanso] rest
res•pi•ra•dor *m.* [máquina] respirator; ANAT respiratory muscle
res•pi•rar *intr.* to breathe; *fig* to breathe a sigh of relief ▪ **no dejar** ~ **a alguien** not to give someone a moment's peace; **no** ~ *coll* not to breathe a word; (*tr.*) to breathe (in); *fig* to exude; ~ **honradez** to exude honesty
res•pi•ro *m.* [respiración] respiration; [descanso] rest, respite; *fig* break
res•plan•de•cer [17] *intr.* to shine
res•plan•de•cien•te *adj.* resplendent

res•plan•dor/de•ci•mien•to *m.* brightness; [de llamas] glow; [brillo] shine; [esplendor] splendor
res•pon•der *tr.* to answer; (*intr.*) [contestar] to answer; [corresponder] to return; [replicar] to answer back; [resultar] to perform; **la máquina nueva responde bien** the new machine performs well; [reaccionar] to respond ▪ ~ **a una descripción** to fit a description; ~ **a una necesidad** to meet a need; ~ **a una obligación** to honor an obligation; ~ **por** to be responsible for
res•pon•sa•bi•li•dad *f.* responsibility ▪ ~ **limitada** limited liability
res•pon•sa•bi•li•zar [04] *tr.* to make responsible; (*reflex.*) to take the responsibility
res•pon•sa•ble *adj.* responsible; LAW liable ▪ **hacerse** ~ **de** to assume responsibility for
res•pon•so *m.* RELIG prayer for the dead
res•pues•ta *f.* answer
res•que•brar [49] *intr.* to crack
res•que•mor *m.* [resentimiento] resentment; [remordimiento] remorse
res•qui•cio *m.* crack; *fig* glimmer; **un** ~ **de esperanza** a glimmer of hope
res•ta *f.* subtraction
res•ta•ble•cer [17] *tr.* to reestablish; (*reflex.*) to recover
res•ta•ble•ci•mien•to *m.* reestablishment, restoration; MED recovery
res•ta•llar *intr.* to crack
res•tan•te ◇ *adj.* remaining ◇ *m.* remainder
res•tar *tr.* MATH to subtract; [quitar] to take away; (*intr.*) to remain; MATH to subtract
res•tau•ra•ción *f.* restoration
res•tau•ra•dor, •ra ◇ *adj.* restoring ◇ *m.f.* restorer
res•tau•ran•te *m.* restaurant
res•tau•rar *tr.* to restore
res•ti•tu•ción *f.* restitution
res•ti•tuir [18] *tr.* to restore; (*reflex.*) to come back
res•to ◇ *m.* remainder; COM balance ◇ *pl.* leftovers ▪ ~ **mortales** mortal remains
res•to•rán *m.* restaurant
res•tre•gar [52] *tr.* to rub
res•tric•ción *f.* restriction
res•tric•ti•vo, a *adj.* restrictive
res•trin•gir [32] *tr.* to restrict; MED to contract; (*reflex.*) to cut down on
res•tri•ñir [12] *tr.* [astringir] to constrict; [estreñir] to constipate
re•su•ci•tar *tr.* to resuscitate; *fig* to revive; (*intr.*) to be resuscitated
re•sue•lle, llo ▻ **resollar**
re•sue•llo *m.* breathing ▪ **perder el** ~ to be out of breath
re•suel•to, a ▻ **resolver** ◇ *adj.* determined
re•suel•va, vo ▻ **resolver**
re•sue•ne ▻ **resonar**
re•sul•ta *f.* result, consequence ▪ **de resultas** as a result of
re•sul•ta•do *m.* result; [consecuencia] outcome; MATH answer ▪ **dar** ~ to produce results
re•sul•tar *intr.* to turn out to be; **si resulta posible, te acompañaremos** if it turns out to be possible, we'll go with you; [salir] to turn out; **la investigación no resultó como pronosticaban** the investigation didn't turn out as they predicted; [funcionar] to work (out); [encontrar] to find; **ella me resulta muy simpática** I find her very nice ▪ **estar resultando** to be beginning; **este tema me está resultando aburrido ya** this topic is beginning to bore me; ~ **de** to result o stem from; ~ **que** to turn out that
re•su•men *m.* summary ▪ **en** ~ in short
re•su•mi•da•men•te *adv.* briefly
re•su•mi•de•ro *m.* AMER sewer
re•su•mir *tr.* to summarize; [acortar] to shorten; (*reflex.*) to be summed up ▪ ~ **en** to boil down to
re•sur•gi•mien•to *m.* resurgence
re•sur•gir [32] *intr.* to reappear
re•su•rrec•ción *f.* resurrection
re•ta•dor, •ra ◇ *adj.* challenging ◇ *m.f.* challenger
re•ta•guar•dia *f.* rear
re•ta•hí•la *f.* string
re•tar *tr.* [desafiar] to challenge; [censurar] to scold
re•tar•dar *tr.* to delay
re•tar•do *m.* delay
re•ta•zo *m.* [de tela] remnant; [de discurso] fragment
re•te *adv.* AMER *coll* very
re•tén *m.* AMER [de menores] reformatory, reform school
re•te•ner [69] *tr.* to retain; [deducir] to withhold
re•ten•ti•vo, a ◇ *adj.* retentive ◇ *f.* memory
re•ti•cen•cia *f.* reticence
re•ti•cen•te *adj.* reticent
re•ti•cu•lar *adj.* reticular
re•tí•cu•lo *m.* BIOL reticulum; OPT reticle
re•ti•na *f.* retina
re•ti•ni•tis *f.* retinitis
re•ti•ra•da *f.* retreat ▪ **emprender una** ~ to beat a retreat
re•ti•ra•do, a ◇ *adj.* secluded; [jubilado] retired ◇ *m.f.* retired person
re•ti•rar *tr.* [remover] to remove; [separar] to move away; [de circulación] to withdraw; [quitar] to take away; [retractar] to retract; [jubilar] to retire; DIPL to recall; FIN to withdraw; (*reflex.*) [apartarse] to withdraw; [irse para atrás] to move back; [jubilarse] to retire; MIL to retreat ▪ ~ **a dormir** to go to bed
re•ti•ro *m.* [retirada] withdrawal; [lugar] retreat; [jubilación] retirement; [pensión] pension; RELIG retreat
re•to *m.* challenge
re•to•ba•do, a *adj.* AMER stubborn
re•to•bar AMER *tr.* to wrap in leather; (*reflex.*) to become irritated
re•to•car [70] *tr.* PHOTOG to touch up; SEW to alter; *fig* to put the finishing touch on
re•to•mar *tr.* to take back
re•to•ño *m.* sprout
re•to•que *m.* PHOTOG retouching; SEW alteration
re•tor•cer [71] *tr.* to twist; [los bigotes] to twirl; [interpretar mal] to misinterpret, twist; (*reflex.*) to twist; [de dolor] to writhe
re•tor•ci•do, a *adj.* twisted
re•tor•ci•jón *m.* = **retortijón**
re•tó•ri•co, a ◇ *adj.* rhetorical ◇ *m.* rhetorician; (*f.*) rhetoric
re•tor•nar *tr.* to return, give back; (*intr.*) to return, go back
re•tor•no *m.* return; [trueque] exchange
re•tor•ti•jón *m.* twisting ▪ ~ **de tripas** stomach cramps

re•to•zar [04] *intr.* to frolic
re•trac•tar *tr.* & *reflex.* to retract
re•trác•til *adj.* retractable
re•tra•er [72] *tr.* to dissuade; LAW to redeem; (*reflex.*) [refugiarse] to take refuge; [retirarse] to retreat
re•tra•í•do, a *adj.* [solitario] reclusive; [poco comunicativo] withdrawn
re•trai•mien•to *m.* seclusion
re•trans•mi•tir *tr.* to retransmit; [difundir] to rebroadcast; TELEC to relay
re•tra•sa•do, a *adj.* [tardío] late; [persona] retarded; [país] backward
re•tra•sar *tr.* [demorar] to delay; [aplazar] to postpone; [un reloj] to set back; (*intr.*) to lag, fall behind; [un reloj] to be slow; (*reflex.*) to be late O delayed
re•tra•so *m.* delay; [subdesarrollo] backwardness ■ **con** ~ late
re•tra•tar *tr.* PAINT to paint a portrait of; [describir] to depict; PHOTOG to photograph; (*reflex.*) PAINT to have one's portrait painted; PHOTOG to have one's photograph taken; [reflejarse] to be reflected
re•tra•tis•ta *m.f.* PAINT portrait painter; PHOTOG photographer
re•tra•to *m.* PAINT portrait; [descripción] trait, description; AMER photograph
re•tre•ta *f.* MIL retreat; AMER [retahíla] series, string; MUS open-air band concert
re•tre•te *m.* toilet
re•tri•bu•ción *f.* retribution
re•tri•buir [18] *tr.* [pagar] to pay; [recompensar] to reward; AMER to reciprocate
re•tro•ac•ti•vi•dad *f.* retroactivity
re•tro•ac•ti•vo, a *adj.* retroactive
re•tro•ce•der *intr.* [volver atrás] to go back; [un paso] to step back; [nivel] to recede; MIL to withdraw
re•tro•ce•so *m.* [regresión] retrocession; ARM recoil; MIL withdrawal; MECH return
re•tró•gra•do, a ◇ *adj.* retrogressive; ASTRON retrograde; POL reactionary ◇ *m.f.* reactionary
re•tro•i•lu•mi•na•do, a *adj.* COMPUT backlit
re•tro•pro•pul•sión *f.* jet propulsion
re•tro•pro•yec•tor *m.* overhead projector
re•tros•pec•ción *f.* retrospection
re•tros•pec•ti•vo, a *adj.* & *f.* retrospective
re•tro•tra•er [72] *tr.* to antedate
re•tro•vi•rus *m.inv.* retrovirus
re•tro•vi•sor *m.* rearview mirror
re•tru•car [70] *intr.* RP *coll* to retort
re•trué•ca•no *m.* play on words
re•tum•bar *intr.* to resound
reú•ma, reu•ma *m.* = **reumatismo**
reu•má•ti•co, a *adj.* & *m.f.* rheumatic
reu•ma•tis•mo *m.* rheumatism
reu•nión *f.* [de negocios] meeting; [de ex-alumnos] reunion; [fiesta] party
reu•nir [60] *tr.* [juntar] to unite; [agrupar] to gather; [requisitos] to fulfill; [fondos] to collect; MIL to assemble; (*reflex.*) [juntarse] to unite; [en una reunión] to meet
re•u•ti•li•za•ble *adj.* reusable
re•u•ti•li•za•ción *f.* reuse
re•u•ti•li•zar *tr.* reuse
re•vá•li•da *f.* revalidation; [examen] final examination; [certificado] certificate
re•va•li•da•ción *f.* revalidation; [renovación] renewal
re•va•li•dar *tr.* to revalidate; [renovar] to renew
re•va•lo•ri•za•ción *f.* revaluation
re•va•lo•ri•zar [04] *tr.* to revalue
re•van•cha *f.* revenge
re•ve•la•ción *f.* revelation
re•ve•la•do *m.* PHOTOG developing
re•ve•la•dor, •ra ◇ *adj.* revealing ◇ *m.* PHOTOG developer
re•ve•lar *tr.* to reveal; PHOTOG to develop
re•ven•de•dor, •ra ◇ *adj.* reselling ◇ *m.f.* [que revende] reseller; [detallista] retailer ■ ~ **de entradas** ticket scalper
re•ven•der *tr.* to resell; COM to retail
re•ven•ta *f.* resale
re•ven•tar [49] *intr.* [globo] to burst; [neumático] to blow; [olas] to break; *coll* [morir] to kick the bucket ■ ~ **de cansancio** to be exhausted; ~ **de envidia** to be bursting with envy; (*tr.*) to burst; [aplastar] to smash; [cansar] to exhaust; [causar daño] to wreck; *coll* [molestar] to annoy; (*reflex.*) to burst; [cansarse] to exhaust oneself
re•ven•tón *m.* burst; [de neumático] flat tire
re•ver [77] *tr.* to review; LAW to retry
re•ver•be•ra•ción *f.* reverberation
re•ver•be•rar *intr.* to reverberate
re•ve•ren•cia *f.* reverence; [saludo] bow ■ **hacer una** ~ to bow
re•ve•ren•ciar *tr.* to revere
re•ve•ren•dí•si•mo, a *adj.* Most Reverend
re•ve•ren•do, a *adj.* reverend; *coll* huge
re•ve•ren•te *adj.* respectful
re•ver•sa *f.* MEX reverse
re•ver•so, a *adj.* & *m.* reverse
re•ver•tir [65] *intr.* to revert
re•vés *m.* [envés] back; [desgracia] setback ■ **al** ~ [al contrario] backwards; [con lo de dentro fuera] inside out; **al** ~ **de** contrary to
re•ves•ti•mien•to *m.* covering
re•ves•tir [48] *tr.* to cover; *fig* to take on
re•vien•te, to ▻ **reventar**
re•vier•ta, to, virtiera, virtió ▻ **revertir**
re•vi•sar *tr.* to check
re•vi•sión *f.* revision
re•vi•sio•nis•ta *adj.* & *m.f.* revisionist
re•vi•sor, •ra ◇ *adj.* revising, checking ◇ *m.f.* inspector ■ ~ **de cuentas** auditor
re•vis•ta *f.* [periódico] magazine; [revisión] review; THEAT revue ■ **pasar** ~ to review; ~ **literaria** literary review
re•vis•ta, to ▻ **revestir**
re•vis•te•ro, a *m.f.* [persona] reviewer; [mueble] magazine rack
re•vis•tie•ra, tió ▻ **revestir**
re•vi•ta•li•zar [04] *tr.* to revitalize
re•vi•vi•fi•car [70] *tr.* to revive
re•vi•vir *intr.* to revive
re•vo•ca•ción *f.* revocation; DIPL recall
re•vo•car [70] *tr.* [anular] to repeal; [destituir] to dismiss; CONSTR to plaster
re•vol•car [73] *tr.* to knock down; (*reflex.*) [en el suelo] to roll; [en el fango] to wallow
re•vol•cón *m.* *coll* fall
re•vo•lo•te•ar *intr.* to flutter
re•vo•lo•te•o *m.* fluttering

R

re•vol•ti•jo/llo *m.* jumble ▪ ~ **de huevos** scrambled eggs

re•vol•to•so, a ◇ *adj.* troublemaking ◇ *m.f.* troublemaker; [rebelde] rebel

re•vo•lu•ción *f.* revolution

re•vo•lu•cio•nar *tr.* to revolutionize

re•vo•lu•cio•na•rio, a *adj.* & *m.f.* revolutionary

re•vol•ver [78] *tr.* [mezclar] to mix; [líquidos] to stir; [agitar] to shake; [desordenar] to mix up; [producir náuseas] to turn; (*reflex.*) [dar vueltas] to turn around; [revolcarse] to roll; [retorcerse] to writhe ▪ ~ **contra alguien** to turn against someone

re•vól•ver *m.* revolver

re•vo•que *m.* plaster

re•vue•lo *m.* [revoloteo] fluttering; [turbación] commotion ▪ **de** ~ in passing

re•vuel•ta *f.* revolt; [riña] quarrel

re•vuel•to, a ▻ **revolver** ◇ *adj.* [en desorden] jumbled; [inquieto] turbulent; [travieso] mischievous; [enrevesado] complicated ▪ **huevos revueltos** scrambled eggs

rey *m.* king ▪ **a cuerpo de** ~ like a king; **día de Reyes** Epiphany

re•yer•ta *f.* quarrel

re•za•gar [47] *tr.* [dejar atrás] to leave behind; [aplazar] to put off; (*reflex.*) to lag behind

re•zar [04] *tr.* to say; (*intr.*) to pray ▪ **según reza el refrán** as the saying goes

re•zo *m.* prayer

re•zon•gar [47] *intr.* to grumble

re•zu•mar *tr.*, *intr.* & *reflex.* to ooze

rí•a, río ▻ **reír**

ria•cho/chue•lo *m.* stream

ri•be•ra *f.* shore

ri•be•re•ño, a ◇ *adj.* [de río] riverside; [de mar] coastal ◇ *m.f.* shore dweller

ri•be•te *m.* [borde] trimming; [a un cuento] embellishment

ri•be•te•a•do ◇ *adj.* trimmed ◇ *m.* trimming

ri•be•te•ar *tr.* to trim

ri•ca•cho, a/chón, o•na *m.f.* *coll* moneybags

ri•ca•men•te *adv.* richly

ri•ci•no *m.* castor-oil plant ▪ **aceite de** ~ castor oil

ri•co, a ◇ *adj.* rich; [acaudalado] wealthy; [fértil] fertile; [abundante] abundant; [magnífico] luxurious; [sabroso] delicious; *coll* [simpático] adorable ▪ **hacerse** ~ to get rich ◇ *m.f.* rich person ▪ **los ricos** the rich

ric•tus *m.* rictus ▪ ~ **de dolor** wince of pain

ri•cu•ra *f.* tastiness; *fig* cutie

ri•di•cu•lez *f.* absurdity; [insignificancia] trifle

ri•di•cu•li•zar [04] *tr.* to ridicule

ri•dí•cu•lo, a ◇ *adj.* ridiculous ◇ *m.* ridiculous situation ▪ **hacer el** ~ to make a fool of oneself; **poner en** ~ to make a fool of

rie•go *m.* irrigation ▪ **boca de** ~ hydrant

rie•go, gue ▻ **regar**

riel *m.* rail ▪ **andar sobre rieles** to go like clockwork

rien•da *f.* rein; [sujeción] restraint ▪ **a** ~ **suelta** [con velocidad] at full speed; [sin sujeción] without restraint

rie•ra, rió ▻ **reír**

ries•go *m.* risk ▪ ~ **país** FIN country risk

ries•go•so, a *adj.* AMER risky

ri•fa *f.* raffle

ri•far *tr.* to raffle

ri•fle *m.* rifle

ri•gi•dez *f.* rigidity

rí•gi•do, a *adj.* stiff

ri•gie•ra, gió ▻ **regir**

ri•gor *m.* rigor ▪ **de** ~ de rigueur

ri•gu•ro•so, a *adj.* rigorous

ri•ja, o ▻ **regir**

ri•ma ◇ *f.* rhyme ◇ *pl.* poems

ri•mar *intr.* & *tr.* to rhyme

rim•bom•ban•te *adj.* resounding, echoing; [pomposo] bombastic; [ostentoso] showy

rí•mel *m.* mascara

rin *m.* MEX [llanta] wheel rim

rin•cón *m.* corner

rin•co•ne•ra *f.* corner furniture

rin•da, do, diera, dió ▻ **rendir**

ri•no•ce•ron•te *m.* rhinoceros

ri•ña *f.* quarrel

ri•ña, ño, ñera, ñó ▻ **reñir**

ri•ñón ◇ *m.* kidney ▪ **costar un** ~ *coll* to cost a fortune; ~ **artificial** kidney machine ◇ *pl.* lower back

rí•o *m.* river; *fig* flood ▪ ~ **abajo** downstream

ri•que•za ◇ *f.* [abundancia] wealth; [opulencia] opulence; [fecundidad] richness ◇ *pl.* riches ▪ ~ **naturales** natural resources

ri•sa *f.* laugh; **una** ~ **ahogada** a stifled laugh; laughter; **no hizo caso de la** ~ **de los estudiantes** he took no notice of the students' laughter; laugh, joke; **la explicación que dio fue una** ~ the explanation he gave was a laugh; [hazmerreír] laughing stock ▪ **desternillarse** o **reventar de** ~ to burst with laughter; **contener la** ~ to keep a straight face; **dar** ~ **a alguien** to make someone laugh; **¡qué** ~**!** how funny!; **tener un ataque de** ~ to have a fit of laughter; **tomar a** ~ to take as a joke

ris•co *m.* cliff

ri•si•ble *adj.* laughable

ri•so•ta•da *f.* guffaw

ris•tra *f.* string; ~ **de ajos** string of garlic

ri•sue•ño, a *adj.* smiling; [agradable] pleasant; [favorable] bright

rít•mi•co, a *adj.* rhythmic

rit•mo *m.* rhythm

ri•to *m.* rite, ceremony

ri•tual *adj.* & *m.* ritual

ri•val *adj.* & *m.f.* rival

ri•va•li•dad *f.* rivalry

ri•va•li•zar [04] *intr.* to rival

ri•za•do *m.* curling

ri•zar [04] *tr.* [pelo] to curl; [olas] to ripple; (*reflex.*) [pelo] to curl (up); [mar] to become choppy

ri•zo *m.* [mechón] ringlet; TEX ribbed velvet

ró•ba•lo, ro•ba•lo *m.* ICHTH bass

ro•bar *tr.* to steal; [saquear] to burgle; [la voluntad] to steal (away)

ro•ble *m.* oak; *fig* pillar of strength

ro•bo *m.* robbery, theft; [en casa] burglary; [en naipes] draw

ro•bot *m.* robot ▪ ~ **de cocina** food processor; ~ **de compras** COMPUT shopbot; ~ **de conocimiento** COMPUT knowbot

ro•bus•te•cer [17] *tr.* to strengthen

ro•bus•to, a *adj.* robust

ro•ca *f.* rock

ro•ce *m.* [acción] rubbing; [toque] touch; [trato frecuente] close contact; [fricción] animosity
ro•cia•dor *m.* sprayer
ro•ciar [30] *intr.* to fall (dew); (*tr.*) [mojar] to sprinkle; [arrojar] to scatter
ro•cín *m.* [asno] donkey; [caballo bajo] workhorse
ro•cí•o *m.* dew; [llovizna] sprinkle
ro•có•dro•mo *m.* indoor climbing center
ro•co•so, a *adj.* rocky
ro•da•ba•llo *m.* turbot, flounder
ro•da•do *m.* RP vehicle
ro•da•ja *f.* [de metal] disc; [de fruta] slice
ro•da•je *m.* [conjunto de ruedas] wheels; [impuesto] vehicle tax; CINEM filming
ro•da•mien•to *m.* bearing
ro•dar [19] *intr.* [girar] to roll; [funcionar] to run; [moverse con ruedas] to run (on wheels); [caer dando vueltas] to tumble (down); [vagar] to roam; CINEM to shoot; (*tr.*) [hacer rodar] to roll; CINEM to shoot
ro•de•ar *intr.* to go around; [ir por el camino más largo] to go by a roundabout way; [hablar con rodeos] to beat around the bush; (*tr.*) to surround; [dar la vuelta a] to go around; AMER to round up; (*reflex.*) ▪ **~ de** to surround oneself with
ro•de•o *m.* [acción] surrounding; [camino indirecto] roundabout way; [fiesta] rodeo; [de ganado] roundup; [circunloquio] circumlocution; [subterfugio] subterfuge ▪ **andar con rodeos** to beat around the bush
ro•de•te *m.* bun
ro•di•lla *f.* knee ▪ **de rodillas** on one's knees
ro•di•lla•da *f.*/**zo** *m.* blow with the knee
ro•di•lle•ra *f.* knee guard
ro•di•llo *m.* roller; CUL rolling pin
ro•e•dor, •ra ◇ *adj.* gnawing ◇ *m.* rodent
ro•er [61] *tr.* to gnaw; [molestar] to worry; [gastar] to erode
ro•gar [16] *tr.* to beg; (*intr.*) to pray ▪ **hacerse de ~** to play hard to get
ro•ji•zo, a *adj.* reddish
ro•jo, a ◇ *adj.* [colorado] red; [mejillas] ruddy ▪ **mal ~** VET swine fever; **ponerse ~** to blush; **ponerse ~ de ira** to become furious ◇ *m.f.* [izquierdista] red; (*m.*) [color] red ▪ **al ~** redhot; **estar al ~ vivo** to be heated o tense
rol•da•na *f.* pulley wheel
ro•lli•zo, a ◇ *adj.* [redondo] round; [grueso] chubby, plump ◇ *m.* round log
ro•llo *m.* roll; **un ~ de cinta adhesiva** a roll of adhesive tape; [de escritura] scroll; [de cuerda] coil; MECH & TECH roller; CUL rolling pin ▪ **en ~** rolled (up); **soltar el ~** *coll* to go on and on
ro•ma•na *f.* steelyard
ro•man•ce ◇ *adj.* Romance (language) ◇ *m.* [lengua moderna] Romance language; [castellano] Spanish (language); LIT ballad; POET romance ▪ **en buen ~** in clear language
ro•man•ce•ro, a *m.f.* writer of romances; (*m.*) collection of romances
ro•ma•no, a *adj.* Roman ▪ **número ~** Roman numeral
ro•mán•ti•co, a *adj.* & *m.f.* romantic
rom•bo *m.* rhombus
ro•me•rí•a *f.* [peregrinación] pilgrimage; [fiesta] festival
ro•me•ro *m.* rosemary
ro•mo, a *adj.* GEOM obtuse; ANAT snub-nosed
rom•pe•ca•be•zas *m.inv.* jigsaw puzzle; *fig* riddle
rom•pe•de•ro, a *adj.* fragile
rom•pe•hie•los *m.inv.* icebreaker
rom•pe•o•las *m.inv.* breakwater
rom•per [80] *tr.* to break; [en pedazos] to tear o rip (up); [surcar] to plow; [iniciar] to begin; [cancelar] to break off; AGR to plow; MIL to break through ▪ **~ el paso** to break step; **~ filas** to fall out; **~ la cara** o **las narices a alguien** to smash someone's face in; **~ la marcha** to lead the way; (*intr.*) to break ▪ **~ a** to suddenly begin to; **rompió a cantar** she suddenly began to sing; **~ con** to break up with; **~ en** to burst into; (*reflex.*) [quebrarse] to break; [descomponerse] to break (down); [separarse en pedazos] to tear; [partirse] to snap; MED to fracture ▪ **~ el alma** to break one's neck; **~ la cabeza** to rack one's brains
rom•pe•vien•tos *m.* AMER [anorak] anorak; RP [suéter] polo-neck jersey
rom•pi•mien•to *m.* break; [de noviazgo] breakup; AMER [de relaciones, conversaciones] breaking-off; AMER [de contrato] breach
ron *m.* rum
ron•car [70] *intr.* to snore
ron•cha *f.* [herida] welt; [cardenal] bruise
ron•co, a *adj.* [afónico] hoarse; [áspero] harsh
ron•da *f.* [de músicos] street serenaders; AMER [de gente] circle
ron•da•na *f.* gasket; AMER pulley wheel
ron•dar *intr.* [vigilar] to patrol; [dar una serenata] to serenade; [vagar] to prowl around; (*tr.*) [dar vueltas por] to hover around; [galantear] to court; [asediar] to pursue
ron•dín *m.* ANDES [vigilante] watchman, guard; [armónica] mouth organ
ron•que•ar *intr.* to speak hoarsely
ron•que•ra/quez *f.* hoarseness
ron•qui•do *m.* snore; *fig* roar
ron•ro•ne•ar *intr.* to purr
ro•ña *f.* [sarna] rash; [mugre] filth; *coll* [tacañería] stinginess
ro•ño•so, a *adj.* [sarnoso] scabby; [sucio] filthy; [tacaño] stingy
ro•pa *f.* clothes, clothing ▪ **a quema ~** [de cerca] point-blank; [de improviso] suddenly; **~ de cama** bed linen; **~ interior** underwear; **~ sucia** laundry
ro•pa•je *m.* vestments
ro•pe•ro *m.* closet
ro•sa ◇ *f.* rose; [color] pink; ARCHIT rose window; JEWEL rose-cut diamond ▪ **verlo todo de color de ~** to see everything through rose-colored glasses ◇ *adj.* pink
ro•sá•ce•o, a *adj.* rosy
ro•sa•do, a ◇ *adj.* [color] pink; [vino] rosé ◇ *m.* rosé
ro•sal *m.* rosebush; AMER rose garden
ro•sa•le•da, -ra *f.* rose garden
ro•sa•rio *m.* rosary; *fig* string
ros•bif *m.* roast beef
ros•ca *f.* [círculo] ring, circle; [espiral] thread; CUL ring; RP [discusión] argument ▪ **hacer la ~ a alguien** *coll* to flatter someone
ros•tro *m.* face
ro•ta•ción *f.* rotation
ro•ta•ti•vo, a ◇ *adj.* revolving ◇ *f.* MECH rotary press; (*m.*) newspaper

ro•ta•to•rio, a *adj.* rotating
ro•ti•se•rí•a *f.* C SUR deli
ro•to, a ▻ **romper** ◇ *adj.* [dañado] broken; [quebrado] smashed; torn, ripped ▪ **una página** ~ a torn page
ro•ton•da *f.* rotunda
ro•tor *m.* rotor
ro•to•so, a *adj.* AMER tattered
ró•tu•la *f.* kneecap; MECH rounded joint
ro•tu•la•do *m.* label
ro•tu•la•dor, •ra ◇ *adj.* labeling ◇ *m.f.* labeling device
ro•tu•lar *tr.* to label
ró•tu•lo ◇ *m.* label ◇ *pl.* CINEM subtitles
ro•tun•do, a *adj.* [sonoro] resounding; [definitivo] categorical
ro•tu•ra *f.* break; [en papel, tela] tear
ro•tu•rar *tr.* to plow
rou•ter *m.* COMPUT router
ro•za•mien•to *m.* rubbing; *fig* friction
ro•zar [04] *tr.* [frotar] to rub; [raer] to scrape; [tocar] to brush against; [volar a ras de] to skim; [rayar en] to border on; MED to chafe; (*intr.*) to touch lightly; (*reflex.*) to rub (**con** against)
roz•nar *intr.* to bray
roz•ni•do *m.* braying noise
rua•na *f.* ANDES poncho
ru•bé•o•la *f.* rubella
ru•bí *m.* (*pl* **-íes**) ruby
ru•bi•cun•do, a *adj.* ruddy
ru•bio, a ◇ *adj.* blond(e) ◇ *m.* blond; (*f.*) blonde
ru•blo *m.* ruble
ru•bor *m.* blush; [vergüenza] embarrassment ▪ **sentir** ~ to be embarrassed
ru•bo•ri•zar•se [04] *reflex.* to blush
ru•bo•ro•so, a *adj.* red in the face
rú•bri•ca *f.* rubric; [firma] signature flourish
ru•bri•car [70] *tr.* [firmar y sellar] to sign and seal; [con iniciales] to initial
ru•bro *m.* title; ACC item
ru•cio, a *adj.* CHILE *coll* blond, blonde
ru•de•za *f.* [tosquedad] roughness; [falta de pulimento] rudeness
ru•di•men•ta•rio, a *adj.* rudimentary
ru•di•men•to *m.* rudiment
ru•do, a *adj.* [tosco] rough; [sin pulimento] rude; [arte] crude; [tiempo] severe
rue•ca *f.* distaff
rue•da *f.* wheel; [de un mueble] roller; [rodaja] slice; [corro] ring (of people); [suplicio] rack ▪ **hacer** ~ to make a circle; **ir sobre ruedas** to go smoothly; ~ **de presos** lineup; ~ **dentada** cogwheel
rue•de, do ▻ **rodar**
rue•do *m.* [borde] edge; [circunferencia] circumference; [dobladillo] hem; TAUR bullring ▪ **dar la vuelta al** ~ TAUR to go around the bullring receiving applause; **echarse al** ~ to enter the fray
rue•ga, go ▻ **rogar**
rue•go *m.* request
ru•fian *m.* [chulo] pimp; [granuja] ruffian
ru•gi•do *m.* roar
ru•gi•dor, a/gien•te *adj.* roaring
ru•gir [32] *intr.* to roar; *fig* to howl
ru•go•so, a *adj.* wrinkled
rui•do *m.* noise; [alboroto] din; *fig* stir ▪ **hacer** ~ to create a stir; **mucho** ~ **y pocas nueces** much ado about nothing; **sin** ~ silently
rui•do•so, a *adj.* noisy, loud; *fig* smashing
ruin *adj.* [despreciable] despicable; [avaro] stingy; [animales] mean; [miserable] poor; [raquítico] puny
rui•na *f.* [destrucción] ruin; [hundimiento] downfall ▪ **estar hecho una** ~ to be a wreck
rui•no•so, a *adj.* dilapidated
rui•se•ñor *m.* nightingale
ru•le•ta *f.* roulette
ru•le•te•ar [32] *intr.* C AMER & MEX *coll* to drive a taxi
ru•le•te•ro *m.* C AMER & MEX *coll* taxi driver
ru•lo *m.* [cilindro] roller; RP [de pelo] ringlet
ru•ma *f.* ANDES & VEN heap, pile
rum•ba *f.* rumba
rum•be•ar *intr.* AMER to head (**para, hacia** for)
rum•bo *m.* direction; AER & MARIT course ▪ **con** ~ **a** bound for; **ir con** ~ **a** to be heading for; **perder el** ~ to lose one's bearings; **tomar buen** ~ to take a turn for the better
ru•mian•te *adj.* & *m.* ruminant
ru•miar *tr.* to ruminate; *fig* to grumble
ru•mor *m.* murmur; [de árboles] rustle; [chismes] rumor
ru•mo•re•ar•se/rar•se *reflex.* to be rumored
rup•tu•ra *f.* [acción] breaking; MED fracture; [de relaciones] breakup
ru•ral ◇ *adj.* rural ◇ *m.f.* AMER peasant
rús•ti•co, a ◇ *adj.* rustic; [grosero] rough ◇ *m.f.* peasant
ru•ta *f.* route
ru•ti•lan•te *adj.* brilliant
ru•ti•na *f.* routine
ru•ti•na•rio, a *adj.* routine

S

s, S *f.* twentieth letter of the Spanish alphabet
sá•ba•do *m.* Saturday; RELIG Sabbath ▪ **Sábado de Gloria** o **Santo** Easter Saturday
sa•ba•na *f.* savannah
sá•ba•na *f.* bed sheet ▪ **pegársele a uno las sábanas** *coll* to oversleep
sa•ban•di•ja *f.* bug; *fig* louse
sa•ba•ñón *m.* chilblain
sa•be•lo•to•do *m.f.* *coll* know-it-all
sa•ber[1] *m.* learning, knowledge ▪ **según mi leal** ~ **y entender** to the best of my knowledge
sa•ber[2] [62] *tr.* to know; **ella sabe lo que ocurrió** she knows what happened; [tener habilidad] to know how; **¿sabes cocinar?** do you know how to cook?; to learn; **supe la noticia demasiado tarde** I learned the news too late ▪ **hacer** ~ to inform; **no** ~ **dónde meterse** *coll* not to know where to hide; **¿qué sé yo?** how should I know?; **que yo sepa** as far as I know; ~ **de buena tinta** to have on good authority; ~ **de memoria** to know by heart; **sin saberlo yo** without my knowledge; **un no sé qué** a certain something; **vete a** ~ your guess is as good as mine; (*intr.*) to know; [acostumbrar] to be in the habit of; **él sabe llegar temprano** he is in the

habit of arriving early ■ **a** ~ namely; **no se sabe** nobody knows; **¿quién sabe?** who knows?; ~ **a** to taste like; *fig* to smack of; ~ **de** [conocer] to know about, be familiar with; to hear from; **hace mucho tiempo que no sabemos de José** we have not heard from José in a long time; (*reflex.*) to be known ■ **sabérselo todo** to know it all

sa•bi•do, a *adj.* [conocido] known; *coll* [docto] learned

sa•bi•du•rí•a *f.* [prudencia] wisdom; [conocimiento] knowledge ■ ~ **popular** folk wisdom

sa•bien•das *adv.* ■ **a** ~ knowingly

sa•bi•hon•do, a *adj.* & *m.f.* *coll* know-it-all

sa•bio, a ◇ *adj.* [prudente] wise; [instruido] learned ◇ *m.f.* [persona prudente] wise person; [instruido] learned person

sa•bla•zo *m.* [golpe] saber blow; [herida] saber wound; *coll* sponging ■ **dar un** ~ **a alguien** *coll* to sponge money off someone

sa•ble *m.* saber

sa•ble•ar *intr.* *coll* to sponge

sa•bor *m.* [gusto] taste, flavor; [carácter] flavor, color ■ **con** ~ **a limón** lemon-flavored; **sin** ~ tasteless; **tener** ~ **a** to taste of

sa•bo•re•ar *tr.* [notar el sabor de] to taste; [apreciar] to relish

sa•bo•ta•je *m.* sabotage

sa•bo•te•a•dor, •ra ◇ *adj.* sabotaging ◇ *m.f.* saboteur

sa•bo•te•ar *tr.* to sabotage

sa•brá, bría ▻ **saber[2]**

sa•bro•so, a *adj.* [delicioso] tasty; [agradable] delightful; [picante] racy

sa•bro•su•ra *f.* AMER delicious o tasty thing

sa•bue•so *m.* bloodhound

sa•ca•cor•chos *m.inv.* corkscrew

sa•ca•man•chas *m.* o *f.inv.* stain remover

sa•ca•pun•tas *m.inv.* pencil sharpener

sa•car [70] *tr.* to take out; **se sacó la cartera del bolsillo** he took his wallet out of his pocket; [quitar] to remove; ~ **una mancha** to remove a stain; [arrancar] to pull out; [un arma] to draw; [de un apuro] to bail out; [información] to get out; [deducir] to take it; **de tu expresión saco que estás preocupado** from your expression I take it that you are worried; [resolver] to figure out; [conseguir] to get; [ganar] to win; [elegir] to elect; [moda, estilo] to come out with; [publicar] to publish; [restar] to subtract; [fotografiar] to take; **quiero** ~ **una foto del grupo** I want to take a picture of the group; [apuntar] to take; ~ **apuntes** to take notes; [citár] to quote (**de** from); SPORT to serve; CHEM to extract ■ ~ **a bailar** to ask to dance; ~ **adelante** [lograr] to carry out; [criar] to bring up; ~ **a luz** [revelar] to bring to light; [publicar] to publish; ~ **a relucir** to bring up; ~ **de quicio** o **de sí** to infuriate; ~ **el jugo** *coll* to bleed dry; ~ **en claro** to figure out; ~ **la cara por** *coll* to stand for; ~ **en claro** o **en limpio** to understand; ~ **provecho de** to benefit from; ~ **sangre** to bleed; ~ **una copia** to make a copy; ~ **ventaja** to take advantage; (*reflex.*) to take off

sa•ca•ri•na *f.* saccharin

sa•cer•do•cio *m.* priesthood

sa•cer•do•te *m.* priest ■ **sumo** ~ high priest

sa•cer•do•ti•sa *f.* priestess

sa•ciar *tr.* to satiate ■ ~ **la sed** to quench one's thirst; (*reflex.*) to be satiated

sa•co *m.* [bolsa] bag; AMER [chaqueta] jacket; ANAT sac ■ **no echar en** ~ **roto** *coll* to keep in mind, not to forget; ~ **de dormir** sleeping bag; ~ **de huesos** *coll* bag of bones

sa•cra•men•to *m.* sacrament ■ **recibir los sacramentos** to receive the last rites

sa•cri•fi•car [70] *tr.* to sacrifice; [animales] to slaughter; (*reflex.*) to sacrifice oneself

sa•cri•fi•cio *m.* sacrifice; [de animales] slaughter

sa•cri•le•gio *m.* sacrilege

sa•crí•le•go, a *adj.* & *m.f.* sacrilegious (person)

sa•cris•tán *m.* sacristan

sa•cro, a ◇ *adj.* [sagrado] sacred; ANAT sacral ◇ *m.* ANAT sacrum

sa•cro•san•to, a *adj.* sacrosanct

sa•cu•di•da *f.* [acción] shake; [tirón] tug; [sismo] tremor; [de explosión] blast; [emoción] jolt ■ ~ **eléctrica** electric shock

sa•cu•dir *tr.* [agitar] to shake; [el polvo] to dust; [tirar] to tug; [golpear] to beat; [un ala] to flap; [alterar] to jolt; (*reflex.*) [agitarse] to shake; [la ropa] to shake o brush off

sa•cu•dón *m.* AMER = **sacudida**

sá•di•co, a ◇ *adj.* sadistic ◇ *m.f.* sadist

sa•do•ma•so•quis•ta ◇ *adj.* sadomasochistic ◇ *m.f.* sadomasochist

sa•e•ta *f.* [flecha] dart; [del reloj] hand; [copla] short song sung in religious ceremonies

sa•ga *f.* saga

sa•ga•ci•dad *f.* sagacity

sa•gaz *adj.* sagacious, astute

sa•gra•do, a *adj.* sacred

sai•ne•te *m.* one-act farce

sa•ke *m.* sake

sal[1] *f.* salt; [gracia] charm; [agudeza] wit ■ **echar** ~ **a** to salt; **la** ~ **de la vida** the spice of life; ~ **de mesa** table salt; **sales aromáticas** smelling salts; **sales de baño** bath salts

sal[2] ▻ **salir**

sa•la *f.* living room; [cuarto grande] large room; [teatro] house; MED hospital ward ■ ~ **de charla** COMPUT chat room; ~ **de clase** classroom; ~ **de conferencias** lecture hall; ~ **de espectáculos** theater, hall; ~ **de espera** waiting room; ~ **de estar** living room; ~ **de máquinas** engine room; ~ **de partos** delivery room

sa•la•do, a *adj.* salt, salty; **agua** ~ salt water; salty, salted; **un plato muy** ~ a highly salted dish; [gracioso] witty, amusing; C AMER, CARIB & MEX [desgraciado] unfortunate; RP [caro] expensive

sa•la•man•dra *f.* salamander

sa•la•me *m.* AMER salami

sa•lar *tr.* to salt; [curar] to cure

sa•la•rial *adj.* wage ■ **aumento** ~ wage increase

sa•la•rio *m.* wage ■ ~ **mínimo interprofesional** minimum wage; ~ **vital** living wage; ~ **a destajo** piece rate; ~ **por hora** hourly wage

sa•laz *adj.* salacious

sal•chi•cha *f.* pork sausage

sal•chi•che•rí•a *f.* sausage shop

sal•chi•chón *m.* sausage

sal•chi•cho•ne•rí•a *f.* MEX delicatessen

sal•dar *tr.* COM [liquidar] to pay off; [vender] to remainder

sal•do *m.* COM [liquidación] payment; [cifra] balance; [mercancías] remnants ■ ~ **acreedor** o **a favor** credit

balance; ~ **deudor** debit balance; ~ **disponible** available balance
sal•drá, dría ▻ **salir**
sa•le•ro *m.* [de mesa] saltshaker; [gracia] wit
sa•le•ro•so, a *adj. coll* witty
sal•ga, go ▻ **salir**
sa•li•da *f.* [acción] departure; [abertura] exit; [escapatoria] way out; [solución] solution; [ocurrencia] witty remark; COM [venta] sale; [posibilidad de venta] market; ACC entry; ELEC & MECH outlet ▪ **dar ~ a** to vent; ~ **del sol** sunrise; **tener ~** COM to sell well
sa•lien•te ◇ *adj.* [que sobresale] projecting; [prominente] salient; [el sol] rising ◇ *f.* projection
sa•li•no, a ◇ *adj.* saline ◇ *f.* salt mine o pit
sa•lir [63] *intr.* to leave; **salimos de la casa a las tres** we left the house at three o'clock; to go out; **no es prudente ~ por la noche solo** it is not wise to go out alone at night; [partir] to leave (**para** for); [librarse] to get out; [aparecer] to come out; [el sol] to rise; [flor, fruto] to come up (**de** from); [idea, concepto] to emerge; [mancha] to come out; [libro] to come out; [oportunidad] to come o turn up; **cuando salga la oportunidad** when the opportunity comes up; [costar] to cost; [cálculo] to work out; [en el juego] to lead; [ir a parar] to lead; **esta calle sale a la plaza** this street leads to the plaza; [parecerse] to take after; [ser elegido] to be elected ▪ **salga lo que salga** *coll* come what may; ~ **adelante** to get ahead; ~ **bien/mal** to turn out well/badly; ~ **con** to come out with; **salió con una observación importante** he came out with an important observation; to go out with, date; **Juan sale con Anita ahora** Juan is dating Anita now; ~ **del paso** to get out of a jam; ~ **pitando** *coll* [correr] to run out quickly; [enfadarse] to blow up; (*reflex.*)[derramarse] to leak; [rebosar] to boil over ▪ ~ **con la suya** to get one's own way; ~ **de la regla** to break the rule; ~ **de madre** to overflow; ~ **del tema** to digress
sa•li•tre *m.* saltpeter
sa•li•va *f.* saliva ▪ **gastar ~ en balde** *coll* to waste one's breath
sa•li•va•de•ra *f.* AMER spittoon
sa•li•val, -var *adj.* salivary
sa•li•var *intr.* to salivate; [escupir] to spit
sa•li•va•zo *m. coll* spit, spittle
sal•mo *m.* psalm
sal•món *m.* salmon
sal•mue•ra *f.* brine
sa•lo•bre *adj.* briny
sa•lón *m.* [sala grande] hall; ~ **de conferencias** lecture hall; [para visitas] drawing room; [exposición] exhibition; [tertulia] salon ▪ ~ **de actos** o **sesiones** assembly hall; ~ **de baile** ballroom; ~ **de belleza** beauty parlor; ~ **de té** tea-room; ~ **de ventas** salesroom
sal•pi•ca•de•ra *f.* MEX fender
sal•pi•ca•du•ra *f.* [acción] splashing; [salpicón] splash
sal•pi•car [70] *tr.* [con un líquido] to splash; [rociar] to sprinkle; [motear] to fleck
sal•pi•cón *m.* [carne picada] cold hash; *coll* [cosa picada] shredded o minced item; [salpicadura] splash
sal•pi•men•tar [49] *tr.* to season; *fig* to spice
sal•sa *f.* sauce, gravy ▪ **en su propia ~** in one's element; ~ **rusa** Russian dressing
sal•se•ra *f.* gravy boat
sal•se•ro *m.* CHILE salt vendor
sal•si•fí *m.* (*pl* **-íes**) BOT goat's beard
sal•ta•dor, •ra ◇ *adj.* jumping ◇ *m.f.* jumper ▪ ~ **de pértiga** o **con garrocha** pole vaulter
sal•ta•mon•tes *m.inv.* grasshopper
sal•tar *intr.* [brincar] to jump (**de** with); [levantarse] to jump up; [dar saltitos] to hop; [lanzarse] to jump (**a** into); [rebotar] to bounce; [desprenderse] to come off; [salir con ímpetu] to bound; [enfadarse] to blow up ▪ ~ **a la vista** o **a los ojos** to be self-evident; ~ **sobre** to pounce on; (*tr.*)[atravesar] to jump over; [omitir] to skip over
sal•te•a•do, a *adj.* sautéed
sal•te•ar *tr.* [robar] to hold up; [hacer algo con interrupciones] to skip; [sofreír] to sauté
sal•tim•ban•qui *m. coll* [charlatán] charlatan; [acróbata] acrobat; [malabarista] juggler
sal•to *m.* [brinco] jump; [obstáculo] hurdle; [despeñadero] ravine; [juego] leapfrog; [ascenso] promotion, jump; SPORT jump; ~ **de altura** high jump ▪ **a saltos** by leaps and bounds; **en un ~** in a jiffy; **vivir a ~ de mata** *coll* to live from one day to the next; ~ **de cama** negligée; ~ **de la carpa** jackknife dive; ~ **de pértiga** o **con garrocha** pole vault
sa•lu•bre *adj.* healthful
sa•lud ◇ *f.* health; [bienestar] welfare, well-being ▪ **beber a la ~ de** to drink to the health of; **estar bien/mal de ~** to be in good/bad health ◇ *interj. coll* [al estornudar] (God) bless you!; [brindis] cheers!
sa•lu•da•ble *adj.* [sano] healthy; [provechoso] beneficial
sa•lu•dar *tr.* to greet; [honrar] to salute; MARIT to dip the flag to ▪ **Le saluda atentamente** Yours faithfully o truly
sa•lu•do ◇ *m.* greeting; [inclinación] bow; MIL salute ◇ *pl.* regards
sa•lu•ta•ción *f.* greeting
sal•va *f.* ▻ **salvo, a**
sal•va•ción *f.* salvation
sal•va•da *f.* CARIB *coll* good fortune o luck
sal•va•guar•dar *tr.* to safeguard
sal•va•guar•dia *f.* [salvoconducto] safe-conduct; [protección] safeguard
sal•va•ja•da *f.* savagery
sal•va•je ◇ *adj.* [silvestre] wild; [no domesticado] wild, untamed; [feroz] savage; [rudo] rude; [primitivo] uncivilized ◇ *m.f.* [bárbaro] savage; *coll* [bruto] boor
sal•va•men•to *m.* rescue; RELIG salvation
sal•va•pan•ta•llas *m.inv.* COMPUT screensaver
sal•var *tr.* [librar] to save; [resolver] to overcome; [evitar] to avoid; [recorrer] to cover; RELIG to save ▪ **salvando a los presentes** present company excluded; ~ **las apariencias** to save face; (*reflex.*) to escape ▪ **¡sálvese quien pueda!** every man for himself!; ~ **por los pelos** *coll* to escape by the skin of one's teeth
sal•va•vi•das ◇ *m.inv.* [artefacto] life preserver; [bote] lifeboat; (*m.f.*) [bañero] lifeguard ◇ *adj.* lifesaving
sal•ve•dad *f.* [condición] proviso; [excepción] exception; [reserva] reservation
sal•via *f.* sage
sal•vo, a ◇ *adj.* safe ▪ **a ~** safe (and sound); **a ~ de** safe from; **poner a ~** to rescue; **ponerse a ~** to reach safety ◇ *adv.* except (for), save ▪ ~ **que** unless ◇ *f.* MIL salvo ▪ ~ **de aplausos** round of applause
sal•vo•con•duc•to *m.* safe-conduct

sam•ple•a•do *m.* sampling
sam•ple•ar *tr.* to sample
sám•pler *m.* sampler
san *adj.* = **santo**
sa•nar *tr.* to heal; (*intr.*) [persona] to recover (from illness); [herida] to heal
sa•na•to•rio *m.* sanatorium; [hospital] hospital
san•ción *f.* [ratificación] ratification; [pena] punishment; [aprobación] sanction
san•cio•nar *tr.* [ratificar] to sanction; [autorizar] to sanction; [castigar] to punish
san•co•cho *m. fig* mishmash; ANDES stew containing parboiled meat, yucca and bananas
san•da•lia *f.* sandal
sán•da•lo *m.* sandalwood
san•dez *f.* nonsense
san•dí•a *f.* watermelon
sa•ne•a•mien•to *m.* [mejora] improvement; [limpieza] sanitation; [corrección] righting
sa•ne•ar *tr.* [mejorar] to improve; [limpiar] to sanitize; [corregir] to right; LAW to indemnify
san•fa•són *m.* ▪ **a la ~** AMER *coll* carelessly
san•grar *tr.* to bleed; [un terreno] to drain; [un árbol] to tap; PRINT to indent; (*intr.*) to bleed
san•gre *f.* blood; [linaje] lineage ▪ **a ~ fría** in cold blood; **chupar la ~ a alguien** *coll* to be a bloodsucker; **de ~ caliente** warm-blooded; **de ~ fría** cold-blooded; **echar ~** to bleed; **llevar en la ~** to have in one's blood; **no llegar la ~ al río** *coll* not to be a serious matter; **pura ~** thoroughbred
san•grí•a *f.* [extracción] bloodletting; [de líquidos] draining; [bebida] sangria; PRINT indentation; [gasto] bleeding
san•grien•to, a *adj.* [que echa sangre] bloody; [manchado de sangre] blood-stained; [sanguinario] bloodthirsty; [cruel] cruel
san•gui•jue•la *f.* leech
san•gui•na•rio, a *adj.* bloodthirsty, cruel
san•guí•ne•o, a *adj.* blood ▪ **grupo ~** blood group
san•gui•no•len•to, a *adj.* [manchado] blood-stained; [inflamado] bloodshot
sa•ni•dad *f.* health, healthiness ▪ **~ pública** board of health
sa•ni•ta•rio, a *adj.* sanitary
sa•no, a *adj.* [de salud] healthy; [saludable] healthful; [provechoso] wholesome; [en condición] sound; [sin daño] unharmed; [sin vicio] wholesome; [entero] whole ▪ **cortar por lo ~** to take drastic measures; **~ y salvo** safe and sound
san•se•a•ca•bó *adv. coll* that's the end of it ▪ **no voy y ~** I'm not going and that's the end of it
san•te•rí•a *f.* AMER [tienda] shop selling religious mementoes such as statues of saints; CARIB [religión] santeria, form of religion common in the Caribbean in which people allegedly have contact with the spirit world
san•tia•mén *m.* ▪ **en un ~** *coll* in a jiffy
san•ti•dad *f.* sanctity ▪ **Su Santidad** His Holiness
san•ti•fi•car [70] *tr.* [hacer santo a] to sanctify; [consagrar] to consecrate; [venerar] to revere
san•ti•guar [10] *tr.* to make the sign of the cross on; (*reflex.*) to cross oneself
san•tí•si•mo, a ◇ *adj.* most holy ◇ *m.* Holy Sacrament
san•to, a ◇ *adj.* holy; [bendito] blessed; *coll* blessed ▪ **esperamos todo el ~ día** we waited the whole blessed day; **Santo Padre** Holy Father ◇ *m.f.* saint; (*m.*) [imagen] image of a saint; [festividad] saint's day ▪ **¿a ~ de qué?** what on earth for?; **dar el ~ y seña** to give the password; **desnudar a un ~ para vestir a otro** to rob Peter to pay Paul; **no ser ~ de su devoción** to not be keen on
san•tua•rio *m.* sanctuary; [intimidad] privacy
san•tu•rrón/lón, o•na *adj.* & *m.f.* sanctimonious o hypocritical (person)
sa•ña *f.* fury
sa•pien•cia *f.* wisdom
sa•pien•te *adj.* wise
sa•po *m.* toad ▪ **echar sapos y culebras** *coll* to swear
sa•que *m.* [tenis] serve; [fútbol] kickoff; [raya] service line
sa•que•ar *tr.* to plunder
sa•que•o *m.* plundering
sa•ram•pión *m.* measles
sar•cas•mo *m.* sarcasm
sar•cás•ti•co, a *adj.* sarcastic
sar•có•fa•go *m.* sarcophagus
sar•di•na *f.* sardine ▪ **como ~ en lata** *coll* packed like sardines
sar•ga *f.* TEX serge; PAINT painted wall fabric
sar•gen•to *m.* sergeant
sar•na *f.* scabies; VET mange ▪ **más viejo que la ~** *coll* as old as the hills
sar•no•so, a ◇ *adj.* scabby; VET mangy ◇ *m.f.* person suffering from scabies
sar•pu•lli•do *m.* rash
sa•rro *m.* crust; DENT tartar
sar•ta *f.* string
sar•tén *f.* frying pan; [sartenada] panful ▪ **tener la ~ por el mango** *coll* to have the upper hand
sas•tre *m.* tailor; THEAT costumer ▪ **traje ~** woman's tailored suit
sas•tre•rí•a *f.* tailor's (shop)
sa•tá•ni•co, a *adj.* BIBL Satanic; *fig* satanic
sa•té•li•te *adj.* & *m.* satellite
sa•tén/tín *m.* satin
sa•ti•na•do, a ◇ *adj.* satiny ▪ **papel ~** glossy o coated paper ◇ *m.* [acción] calendering; [brillo] gloss
sa•ti•nar *tr.* PRINT & TEX to calender
sá•ti•ra *f.* satire
sa•tí•ri•co, a ◇ *adj.* satiric(al) ◇ *m.f.* satirist
sa•ti•ri•zar [04] *tr.* & *intr.* to satirize
sá•ti•ro *m.* satyr
sa•tis•fac•ción *f.* satisfaction ▪ **a ~** satisfactorily; **a ~ de** to the satisfaction of; **pedir ~** to demand satisfaction
sa•tis•fa•cer [40] *tr.* to satisfy; [pagar] to pay; [cumplir] to meet ▪ **~ los requisitos** to meet the requirements; (*reflex.*) to satisfy oneself
sa•tis•fac•to•rio, a *adj.* satisfactory
sa•tis•fe•cho, a ▻ **satisfacer** ◇ *adj.* satisfied ▪ **darse por ~ con** to be satisfied o content with; **estar o quedar ~** to be full o sated
sa•tis•fi•cie•ra, ce, zo ▻ **satisfacer**
sa•tu•ra•ción *f.* saturation
sa•tu•ra•do, a *adj.* saturated
sa•tu•rar *tr.* to saturate
sau•ce *m.* willow ▪ **~ llorón** weeping willow
sa•via *f.* sap

sa•xó•fo•no/fón *m.* saxophone
sa•ya *f.* [falda] skirt; [enaguas] petticoat
sa•yo *m.* [casaca] cassock; [túnica] tunic
sa•zón *f.* season; **fruta en** ~ ripe fruit; [condimento] seasoning ■ **a la** ~ at that time
sa•zo•na•do, a *adj.* seasoned, flavorful
sa•zo•nar *tr.* [dar sabor a] to season; [madurar] to ripen; (*intr.* & *reflex.*) to ripen
se *reflex. pron.* oneself, himself, herself, yourself, itself, themselves, yourselves; **las chicas se están mirando en el espejo** the girls are looking at themselves in the mirror; to oneself, to himself, to herself, to yourself, to itself, to themselves, to yourselves; **ese viejo se habla a sí mismo** that old man talks to himself; **Juan se puso el sombrero** Juan put on his hat; [to provide reflex. form to verbs not reflex. in meaning]: **mi tío se murió** my uncle died; [uno a otro] each other, one another; **mis padres se aman** my parents love each other; to each other, to one another; **ellos se mandaron regalos** they sent presents to one another; (*indef. pron.*) one, they, people; **se dice que la economía mejorará** they say that the economy will improve; (*aux. pron.*) [to give passive meaning to active verbs]: **se venden libros aquí** books are sold here; (*pers. pron.*) [used instead of **le** or **les** before **lo, la, los** or **las**] to him, to her, to you, to it, to them; **Ana se lo dijo a él** Ana said it to him; for him, for her, for you, for it, for them; **se la voy a comprar a usted** I am going to buy it for you; from him, from her, from you, from it, from them; **él se lo robó a ellos** he stole it from them
sé ▻ **saber**[2] ▻ **ser**[2]
se•bá•ce•o, a *adj.* sebaceous
se•bo *m.* [para velas] tallow; [grasa] grease; [gordura] fat
se•bo•rre•a *f.* seborrhea
se•ca *f.* ▻ **seco, a**
se•ca•de•ro *m.* drying room
se•ca•do *m.* drying
se•ca•dor *m.* hair dryer
se•ca•do•ra *f.* clothes dryer
se•ca•men•te *adv.* dryly
se•can•te ◇ *adj.* [que seca] drying; GEOM secant; [fastidioso] annoying ◇ *f.* GEOM secant; (*m.*) blotting paper
se•car [70] *tr.* to dry; [fastidiar] to annoy, bother; (*reflex.*) to dry (out); **la ropa se secó en unas horas** the clothes dried in a few hours; to dry oneself, dry off; [ríos, fuentes] to dry up, run dry; BOT to wither
sec•ción *f.* section; [división] department; ~ **de niños** children's department ■ ~ **transversal** cross section
sec•cio•nar *tr.* to section
se•ce•sión *f.* secession
se•ce•sio•nis•ta *adj.* & *m.f.* secessionist
se•co, a ◇ *adj.* dry; [desecado] dried; [corto y brusco] sharp; **un golpe** ~ a sharp blow; [poco cariñoso] undemonstrative; [ronco] harsh; [desabrido] laconic ■ **a secas** curtly; **dejar a alguien** ~ *coll* to kill instantly; **lo atropelló el tren y lo dejó** ~ the train hit him and killed him instantly; [dejar atónito] to stun; **en** ~ *coll* [bruscamente] suddenly; [sin causa] without cause o reason; [sin medios] without resources; **limpiar en** ~ to dry-clean ◇ *f.* drought
se•co•ya *f.* sequoia
se•cre•ción *f.* secretion
se•cre•ta•men•te *adv.* secretly
se•cre•ta•ria *f.* secretary
se•cre•ta•rí•a *f.* [cargo] secretaryship; [oficina] secretary's office; [oficina administrativa] secretariat ■ **Secretaría de Estado** State Department
se•cre•ta•ria•do *m.* [oficina] secretariat; [cargo] secretaryship
se•cre•ta•rio *m.* secretary ■ ~ **municipal** o **de ayuntamiento** town clerk
se•cre•te•ar *intr. coll* to whisper
se•cre•ter *m.* writing desk
se•cre•to, a ◇ *m.* secret; [reserva] secrecy; ~ **profesional** professional secrecy; MUS soundboard ■ **en** ~ secretly; **guardar un** ~ to keep a secret; ~ **a voces** *coll* open secret; ~ **de Estado** state secret; ~ **de confesión** RELIG seal of confession ◇ *adj.* secret; [invisible] hidden; [confidencial] confidential; [reservado] secretive
sec•ta *f.* sect
sec•ta•rio, a *adj.* & *m.f.* sectarian
sec•tor *m.* sector
sec•to•rial *adj.* sectorial
se•cuaz *m.f.* [subalterno] henchman; [partidario] partisan
se•cue•la *f.* consequence
se•cuen•cia *f.* sequence
se•cues•tra•dor, •ra ◇ *adj.* [de personas] kidnapping; [de vehículos] hijacking ◇ *m.f.* [de personas] kidnapper; [de vehículos] hijacker
se•cues•trar *tr.* [personas] to kidnap; [vehículos] to hijack
se•cues•tro *m.* [de personas] kidnapping; [de vehículos] hijacking
se•cu•lar *adj.* secular
se•cu•la•ri•zar [04] *tr.* to secularize
se•cun•dar *tr.* to second
se•cun•da•rio, a *adj.* & *m.* secondary
sed *f.* thirst
se•da *f.* silk ■ **como una** ~ [suave] as smooth as silk; [dócil] as gentle as a lamb; ~ **dental** dental floss
se•dal *m.* fishing line; SURG seton
se•dan•te *adj.* & *m.* sedative
se•dar *tr.* to soothe; MED to sedate
se•da•ti•vo, a *adj.* & *m.* sedative
se•de *f.* [del gobierno] seat; [de organización] headquarters ■ **Santa Sede** Holy See
se•den•ta•rio, a *adj.* sedentary
se•di•ción *f.* sedition
se•dien•to, a *adj.* [con sed] thirsty; [árido] dry; [deseoso] desirous
se•di•men•to *m.* sediment
se•do•so, a *adj.* silky
se•duc•ción *f.* seduction; [atractivo] allure
se•du•cir [22] *tr.* to seduce; [cautivar] to captivate
se•duc•ti•vo, a, se•duc•tor, •ra ◇ *adj.* [que seduce] seductive; [fascinante] captivating ◇ *m.f.* [que seduce] seducer; [que encanta] charmer
se•ga•dor, •ra ◇ *adj.* mowing ◇ *m.f.* harvester; (*f.*) [máquina] harvester, combine
se•gar [52] *tr.* [la mies] to harvest; [la hierba] to mow; *fig* to cut off
se•glar ◇ *adj.* secular ◇ *m.f.* layman/woman
seg•men•ta•ción *f.* segmentation
seg•men•to *m.* segment
se•gre•ga•ción *f.* segregation

se•gre•ga•cio•nis•ta *adj.* & *m.f.* segregationist
se•gre•gar [47] *tr.* to segregate; MED to secrete
se•gui•da•men•te *adv.* [sin interrupción] continuously; [después] next
se•gui•do, a ◇ *adj.* [continuo] continuous; [consecutivo] consecutive ◇ *adv.* AMER often ▪ **en seguida** immediately, at once
se•gui•dor, •ra ◇ *adj.* following ◇ *m.f.* follower
se•guir [64] *tr.* to follow; [venir después] to come after; **el reinado de Juan Carlos siguió a la dictadura de Franco** the reign of Juan Carlos came after Franco's dictatorship; [continuar] to keep o go on; [ir en pos de] to pursue; [perseguir] to chase; [espiar] to watch closely; [observar] to watch; ~ **los acontecimientos mundiales** to watch world events; [prestar atención a] to pay attention (to); [emular] to emulate; [estudiar] to study; **sigo medicina** I study medicine; (*intr.*) [continuar] to continue; [estar de salud] to feel; **¿cómo sigue el enfermo hoy?** how is the patient feeling today?
se•gún ◇ *prep.* according to; ~ **este informe** according to this report ◇ *adv.* [como] depending on; ~ **como te comportes te llevaré al cine** depending on how you behave I'll take you to the movies; according to; **el Evangelio ~ San Mateo** the Gospel according to Saint Matthew ▪ ~ **y conforme** [de igual manera] exactly as; [de acuerdo a las circunstancias] depending on the circumstances
se•gun•de•ro *m.* second hand
se•gun•do, a ◇ *adj.* second; **febrero es el ~ mes del año** February is the second month of the year; [otro] another; **él es un ~ Mozart** he is another Mozart ▪ **de ~ clase** second-class; **de ~ mano** secondhand; ~ **enseñanza** secondary education; ~ **intención** double meaning ◇ *m.* second; [subjefe] second-in-command; [asistente] assistant; (*f.*) AUTO second gear
se•gu•ra•men•te *adv.* [ciertamente] certainly; [probablemente] probably
se•gu•ri•dad *f.* security, safety ▪ **con toda ~** with absolute certainty; **de ~** safety; **cinturón de ~** safety belt; **tener la ~ de que** to be certain that
se•gu•ro, a ◇ *adj.* [protegido] safe; [cierto] certain; [confiado] sure; [confiable] trustworthy; [firme] stable ◇ *m.* [aseguración] insurance; [dispositivo] safety catch; C AMER & MEX [imperdible] safety pin ▪ ~ **contra accidentes** accident insurance; ~ **de asistencia en viaje** travel insurance; ~ **de vida** life insurance ◇ *adv.* certainly, for sure
seis ◇ *adj.* six; [sexto] sixth ▪ **las ~** six o'clock ◇ *m.* six
seis•cien•tos, tas *adj.* & *m.* six hundred
se•lec•ción *f.* selection
se•lec•cio•nar *tr.* to select
se•lec•ti•vo, a *adj.* selective
se•lec•to, a *adj.* select
se•llar *tr.* [imprimir] to stamp; [cerrar] to seal, close; *fig* to conclude
se•llo *m.* stamp; [de documento] seal; PHARM cachet ▪ ~ **de correo** o ~ **postal** postage stamp; ~ **discográfico** record label; ~ **fiscal** LAW revenue stamp
sel•va *f.* [bosque] forest; [jungla] jungle
sel•vá•ti•co, a *adj.* forest
se•má•fo•ro *m.* semaphore
se•ma•na *f.* week; [salario] weekly pay ▪ **entre ~** during the week; ~ **laboral** working week
se•ma•na•da *f.* AMER (weekly) pocket money
se•ma•nal *adj.* weekly
se•ma•nal•men•te *adv.* weekly
se•ma•na•rio, a ◇ *adj.* weekly ◇ *m.* weekly publication
se•mán•ti•co, a ◇ *adj.* semantic ◇ *f.* semantics
sem•blan•te *m.* [rostro] face; [apariencia] appearance ▪ **estar de mal ~** to look ill
sem•blan•za *f.* biographical sketch o profile
sem•brar [49] *tr.* to sow; [esparcir] to scatter
se•me•jan•te ◇ *adj.* [similar] similar; [tal] such, like that; **nunca he visto hombre ~** I have never seen such a man ◇ *m.f.* fellow man
se•me•jan•za *f.* similarity; RHET simile ▪ **a ~ de** as
se•me•jar *intr.* & *reflex.* to resemble (one another) ▪ ~ **a** to look like
se•men *m.* semen, sperm; BOT seed
se•mes•tral *adj.* semiannual, biannual
se•mes•tre *m.* six months, semester; COM half-yearly payment
se•mi•a•ca•ba•do, a *adj.* half-finished
se•mi•au•to•má•ti•co, a *adj.* semiautomatic
se•mi•cir•cu•lar *adj.* semicircular
se•mi•cír•cu•lo *m.* semicircle
se•mi•con•duc•tor *m.* semiconductor
se•mi•cor•che•a *f.* sixteenth note, semiquaver GB
se•mi•des•nu•do *adj.* half-naked
se•mi•diós *m.* demigod
se•mi•fi•na•lis•ta *adj.* & *m.f.* semifinalist
se•mi•lla *f.* seed
se•mi•lle•ro *m.* [plantación] seed bed; [vivero] nursery; *fig* breeding ground
se•mi•nal *adj.* seminal
se•mi•na•rio *m.* seminary
se•mi•na•ris•ta *m.* seminarist
se•mi•pe•sa•do *adj.* & *m.* light heavyweight
se•mi•pre•cio•so, a *adj.* semiprecious
se•mí•ti•co, a *adj.* Semitic
se•mi•to•no *m.* half tone
sé•mo•la *f.* semolina
sem•pi•ter•no, a *adj.* everlasting
se•na•do *m.* senate
se•na•dor *m.* senator
sen•ci•lla•men•te *adv.* simply, plainly
sen•ci•llez *f.* [simplicidad] simplicity; [ingenuidad] innocence
sen•ci•llo, a [fácil] easy; [sin adorno] plain; CHEM & PHYS simple; [ingenuo] innocent ◇ *m.* AMER change
sen•da *f.*/**de•ro** *m.* path; *fig* road
sen•de•ris•mo *m.* hiking, trekking
sen•de•ris•ta *m.f.* hiker
sen•dos, as *adj.* each; **los niños recibieron ~ regalos** the children each received a present
se•nil *adj.* senile
se•no *m.* [hueco] hollow; [regazo] bosom; [pecho] breast; [cavidad] cavity; **senos nasales** sinus cavities; [matriz] womb; *fig* bosom; MATH sine; ARCHIT spandrel; MARIT inlet
sen•sa•ción *f.* sensation; [impresión] feeling
sen•sa•cio•nal *adj.* sensational
sen•sa•cio•na•lis•ta *adj.* sensational(istic)
sen•sa•tez *f.* good sense
sen•sa•to, a *adj.* sensible
sen•si•bi•li•dad *f.* [facultad] sensibility; [emotividad]

S

sensitivity, sensitiveness; [susceptibilidad] sensitivity
sen•si•bi•li•zar [04] *tr.* to sensitize
sen•si•ble *adj.* [que percibe] sentient; [sentimental] sentimental; [impresionable] sensitive; [susceptible] sensitive
sen•si•ble•ro, a *adj.* overly sentimental
sen•si•ti•vo, a *adj.* [sensible] sensitive; [capaz de sentir] sentient; [sensorial] sense; **órgano ~** sense organ
sen•so•rio, a/rial *adj.* sensorial
sen•sual *adj.* [sensitivo] sensuous; [lujurioso] sensual
sen•sua•li•dad *f.* sensuality
sen•ta•do, a ◇ *adj.* seated; [establecido] settled; [juicioso] judicious ■ **dar por ~** to take for granted ◇ *f.* sitting
sen•tar [49] *tr.* to sit; [establecer] to set; **~ precedente** to set a precedent; (*intr.*) [la comida] to agree with; [la ropa] to fit; [favorecer] to become; **esos aires no te sientan bien** those airs do not become you; (*reflex.*) to sit (down)
sen•ten•cia *f.* [juicio] sentence; [decisión] ruling; [refrán] maxim ■ **pronunciar la ~** to pass sentence; **cumplir la ~** to serve one's sentence; **~ de muerte** death sentence
sen•ten•ciar *tr.* [juzgar] to sentence; [condenar] to condemn
sen•ten•cio•so, a *adj.* [conceptuoso] sententious; [grave] grave
sen•ti•do, a ◇ *adj.* [sincero] heartfelt; **un ~ pésame** heartfelt condolences; [quisquilloso] touchy ◇ *m.* sense; [interpretación] interpretation; [conciencia] consciousness; **recobrar el ~** to regain consciousness; [dirección] direction ■ **aguzar el ~** *coll* to prick up one's ears; **con todos los cinco sentidos** heart and soul; **doble ~** double meaning; **en el ~ de que** to the effect that; **no tener ~** not to make sense; **poner los cinco sentidos en** to give one's all to; **sin ~** [insensato] meaningless; [inconsciente] unconscious; **tener ~** to make sense
sen•ti•men•tal *adj.* sentimental
sen•ti•mien•to *m.* [emoción] sentiment; [pesar] sorrow
sen•tir[1] *m.* [sentimiento] feeling; [opinión] opinion
sen•tir[2] [65] *tr.* to feel; **siento el calor del sol en la cara** I feel the heat of the sun on my face; [experimentar] to experience; [oír] to hear; [lamentar] to regret; [opinar] to think; **siempre dice lo que siente** he always says what he thinks; [presentir] to sense; [apreciar] to appreciate ■ **lo siento** I'm sorry; (*intr.*) to feel; (*reflex.*) to feel; AMER [ofenderse] to take offense; **~ a sus anchas** to feel at ease; **~ como en (su) casa** to feel at home
se•ña *f.* [indicio] sign; [señal] signal; **los dos niños tenían una ~ secreta** the two children had a secret signal; [marca] mark; MIL password ■ **dar señas de** to show signs of; **hablar por señas** to communicate by gestures; **hacer señas** to signal; **~ personales** description
se•ñal *f.* [marca] sign; [mojón] landmark; [seña] reminder; [para libros] bookmark; [vestigio] trace; [prodigio] mark of distinction; [aviso] signal; **~ de peligro** danger signal; [síntoma] symptom; COM deposit ■ **dar señales de vida** to show signs of life; **en ~ de** as a sign of; **ni ~** not a trace
se•ña•la•do, a *adj.* [notable] outstanding; [fijado] appointed
se•ña•lar *tr.* [poner señal en] to put a mark o sign on; [indicar] to point (at); [determinar] to determine, set; **pronto señalaremos el día para la fiesta** soon we will set the day for the party; [hacer señal] to signal; [nombrar] to appoint; AMER [ganado] to brand
se•ña•li•za•ción *f.* [colocación] posting of signs; [señales] road o railway signs
se•ña•li•zar [04] *tr.* to signpost
se•ñe•ro, a *adj.* [solitario] solitary; [único] extraordinary
se•ñor, a ◇ *adj. coll* hell of a; **me dio una ~ bofetada** he dealt me a hell of a blow ◇ *m.* Mister, Mr.; **vi al ~ Márquez en el mercado** I saw Mr. Márquez in the market; sir; **siéntese, ~** sit down, sir; [dueño] master; **el ~ de la casa** the master of the house; [noble] lord; [caballero] gentleman ■ **el Señor** RELIG the Lord; **muy ~ mío** Dear Sir; **¡Señor!** *coll* Good Lord!; (*f.*) Mistress, Mrs.; **aquí viene la ~ Martínez** here comes Mrs. Martínez;
madam; **buenas tardes, ~** good afternoon, madam; [dueña, noble] lady; [esposa] wife; **muy ~ mía** Dear Madam; **Nuestra Señora** RELIG Our Lady
se•ño•rial *adj.* [propio de señor] of a lord; [majestuoso] majestic
se•ño•rí•o *m.* [dominio] dominion; [territorio] domain; [título] lordship; [propiedad] estate; [dignidad] solemnity
se•ño•ri•ta *f.* [joven] young lady; [antes del apellido] Miss
se•ño•ri•to *m.* [joven] young man; *coll* [amo] master; *derog* [ocioso] rich kid
se•ñue•lo *m.* [para aves] decoy; [cebo] bait; [trampa] trap
se•pa ▻ **saber**[2]
sé•pa•lo *m.* sepal
se•pa•ra•ción *f.* separation
se•pa•ra•da•men•te *adv.* separately
se•pa•ra•do, a ◇ *adj.* separate, separated ■ **por ~** [separadamente] separately; [correos] under separate cover ◇ *m.f.* separated man/woman
se•pa•rar *tr.* to separate; [partir] to divide; [boxeadores] to break; [despedir] to dismiss; (*reflex.*) to separate
se•pa•ra•tis•ta *adj.* & *m.f.* separatist
se•pa•ro *m.* MEX (prison) cell
se•pe•lio *m.* burial
se•pia *f.* sepia
sep•ten•trio•nal *adj.* northern, northerly
sep•te•to *m.* septet
sép•ti•co, a *adj.* septic
sep•tiem•bre *m.* September
sép•ti•mo, a *adj.* & *m.* seventh; (*f.*) MUS seventh
sep•tua•ge•na•rio, a *adj.* & *m.f.* septuagenarian
sep•tua•gé•si•mo, a *adj.* & *m.* seventieth
se•pul•cral *adj.* sepulchral; [lúgubre] gloomy
se•pul•cro *m.* sepulcher
se•pul•tar *tr.* to bury
se•pul•to, a *adj.* buried
se•pul•tu•ra *f.* [entierro] burial; [tumba] grave ■ **dar ~ a** to bury; **estar con un pie en la ~** to have one foot in the grave
se•pul•tu•re•ro *m.* gravedigger
se•que•dad *f.* dryness
se•quí•a *f.* drought
sé•qui•to *m.* entourage
ser[1] *m.* [ente] being; [esencia] essence ■ **~ humano** human being; **~ vivo** living creature

ser[2] [66] *aux.* to be; **el Nuevo Mundo fue descubierto por Colón en 1492** the New World was discovered by Columbus in 1492; (*intr.*) to be ▪ **a** o **de no ~ por** if it were not for; **a no ~ que** unless; **así sea** so be it; **¡cómo es eso!** what do you mean by that!; **de no ~ así** otherwise; **érase que se era** once upon a time; **es de** it is to be; **es de esperar** it is to be hoped; [valer] to be worth; **es de verse** it is worth seeing; **no es para menos** *coll* rightly so; **no sea que** lest; **o sea** o **esto es** that is to say; **o sea que** in other words; **sea como sea** one way or the other; **sea lo que sea** be that as it may; **~ de** [pertenecer] to belong to; **este libro es de Marta** this book belongs to Martha; to be made of; **la cadena es de oro** the chain is made of gold; [tener origen] to be o come from; **mi madre era de Inglaterra** my mother was from England; [formar parte] to be o come from; **el profesor es de la Universidad de Madrid** the professor is from the University of Madrid; [suceder] to become of; **¿qué será de nosotros?** what will become of us?; [corresponder] to be suitable for; **su conducta no es la de un profesional** his conduct is not suitable for a professional; **~ de lo que no hay** *coll* to be unique; **siendo que** since; **ya sea ... ya sea** either ... or

se•re•nar *tr.* [calmar] to calm; [apaciguar] to soothe; (*reflex.*) to grow calm

se•re•na•ta *f.* serenade ▪ **dar la ~** *coll* to pester

se•re•ni•dad *f.* serenity

se•re•no, a ◇ *adj.* calm ◇ *m.* [rocío] evening dew; [guarda] night watchman ▪ **al ~** in the night air

se•rial *adj.* & *m.* serial

se•ria•men•te *adv.* seriously

se•rie *f.* series ▪ **fabricar** o **producir en ~** to mass-produce; **fuera de ~** *coll* exceptional

se•rie•dad *f.* seriousness; [comportamiento] dependability

se•ri•gra•fí•a *f.* silk-screening

se•rio, a *adj.* serious; [grave] grave; [concienzudo] earnest; [sombrío] solemn; [severo] stern; [confiable] reliable ▪ **en ~** [gravemente] seriously; [sinceramente] truly; **hablar en ~** to be serious; **tomar en ~** to take seriously

ser•món *m.* sermon

ser•mo•ne•ar *tr.* to lecture

se•ro•po•si•ti•vo, a *adj.* HIV-positive

ser•pien•te *f.* snake ▪ **~ de cascabel** rattlesnake

se•rra•no, a ◇ *adj.* [que habita] mountain-dwelling; [de las sierras] mountain ◇ *m.f.* highlander

se•rrar [49] *tr.* to saw

se•rre•rí•a *f.* sawmill

se•rru•cho *m.* saw

ser•vi•cial *adj.* obliging

ser•vi•cio *m.* service; [criados] help; [utilidad] usefulness; [orinal] urinal; [retrete] bathroom ▪ **al ~ de** in the service of; **prestar un ~** to perform a service; **~ de atención al usuario** help desk

ser•vi•dor, •ra ◇ *m.f.* servant ▪ **~ de usted** at your service; **su seguro ~** yours truly; (*m.*) COMPUT server ▪ **~ de correo** mail server; **~ web** web server

ser•vi•dum•bre *f.* [esclavitud] slavery; [conjunto] staff of servants

ser•vil *adj.* servile

ser•vi•lle•ta *f.* napkin

ser•vi•lle•te•ro *m.* napkin ring

ser•vir [48] *intr.* to serve ▪ **no ~ para nada** to be useless; **~ de** [hacer el papel de] to act o serve as; **~ de guía** to act as a guide; [valer] to be of use; **~ para** to be of use; (*tr.*) to serve; [a un cliente] to wait on; (*reflex.*) [valerse] to make use of ▪ **sírvase** please

ser•vo•di•rec•ción *f.* AUTO power steering

ser•vo•fre•no *m.* power brake

sé•sa•mo *m.* sesame

se•se•ar *intr.* to pronounce 'c' and 'z' as 's', as in Andalusia and Latin America

se•sen•ta ◇ *adj.* sixty; [sexagésimo] sixtieth ◇ *m.* sixty

se•sen•ta•vo, a *adj.* & *m.* sixtieth

se•sen•tón, o•na *adj.* & *m.f.* *coll* sexagenarian

se•se•o *m.* pronunciation of 'c' and 'z' as 's', as in Andalusian and Latin American dialects

ses•gar [47] *tr.* [inclinar] to slant; SEW [cortar] to cut on the bias

ses•go *m.* slant; SEW bias ▪ **al ~** obliquely; SEW on the bias; **tomar un mal ~** *coll* to take a turn for the worse

se•sión *f.* session, meeting ▪ **levantar la ~** to adjourn the meeting; **~ espiritista** seance

se•sio•nar *intr.* to hold a meeting

se•so ◇ *m.* brain; *fig* sense ▪ **perder el ~** to lose one's mind, go crazy ◇ *pl.* brains ▪ **devanarse los sesos** to rack one's brains

se•su•do, a *adj.* wise

se•te•cien•tos, as *adj.* & *m.* seven hundred

se•ten•ta ◇ *adj.* seventy; [septuagésimo] seventieth ◇ *m.* seventy

se•ten•ta•vo, a *adj.* & *m.* seventieth

se•ten•tón, o•na *coll adj.* & *m.f.* septuagenarian

se•tiem•bre *m.* September

se•to *m.* fence ▪ **~ vivo** hedge

seu•dó•ni•mo, a LIT ◇ *adj.* pseudonymous ◇ *m.* pseudonym

se•ve•ra•men•te *adv.* severely; [con rigor] rigorously; [inexorablemente] relentlessly; [rígidamente] strictly; [gravemente] gravely; [duramente] harshly

se•ve•ri•dad *f.* severity; [rigor] rigor; [inexorabilidad] relentlessness; [rigidez] strictness; [gravedad] graveness; [dureza] harshness

se•ve•ro, a *adj.* severe; [riguroso] rigorous; [inexorable] unyielding; [rígido] strict; [grave] grave; [duro] harsh

se•xa•ge•na•rio, a *adj.* & *m.f.* sexagenarian

se•xa•gé•si•mo, a *adj.* & *m.* sixtieth

se•xis•mo *m.* sexism

se•xis•ta *adj.* & *m.f.* sexist

se•xo *m.* sex; [órganos] genitals ▪ **el bello ~** the fair sex; **~ seguro** safe sex

se•xo•lo•gí•a *f.* sexology

se•xó•lo•go, a *m.f.* sexologist

sex•tan•te *m.* sextant

sex•te•to *m.* sextet

sex•to, a *adj.* & *m.* sixth

se•xua•do, a *adj.* sexed

se•xual *adj.* sexual

se•xua•li•dad *f.* sexuality

shi•at•su *m.* shiatsu

si[1] *m.* MUS ti

si[2] *conj.* if; whether; **no sabemos si está casado o no** we do not know whether he is married or not ▪ **como si** as if; **por si acaso** just in case; **si bien** although; **si no** if not, otherwise

sí[1] *pron.* oneself, himself, herself, yourself, itself,

S

themselves, yourselves ▪ **dar de sí** to give of oneself; **de por sí** o **en sí** in itself; **de sí** in itself; **fuera de sí** beside oneself; **para sí** to oneself; **sí mismo** oneself; **Mateo piensa sólo en sí mismo** Mateo thinks only of himself

sí[2] ◇ *adv.* yes; [en votación] aye; [ciertamente] certainly; **ellos sí vendrán** they will certainly come; so; **creo que sí** I think so ◇ *m.* yes; **un sí categórico** a categorical yes; [consentimiento] consent, permission; **conseguimos el sí del maestro** we got the teacher's permission; **dar el sí** to say yes

si•ba•ri•ta ◇ *adj.* sybaritic ◇ *m.f.* sybarite

si•co•a•ná•li•sis *m.* = **psicoanálisis**

si•co•lo•gí•a *f.* = **psicología**

si•có•lo•go, a *adj.* & *m.f.* = **psicólogo, a**

si•co•sis *f.* = **psicosis**

si•co•te•ra•pia *f.* = **psicoterapia**

si•da *m.* AIDS

si•de•rur•gia *f.* iron and steel industry

si•de•rúr•gi•co, a *adj.* iron and steel ▪ **industria ~** iron and steel industry

si•dra *f.* alcoholic cider

sie•ga *f.* [acción] harvesting; [temporada, cosecha] harvest

siem•bra *f.* [acción] sowing; [temporada] sowing season; [sembrado] sown land

siem•bre, bro ▻ **sembrar**

siem•pre *adv.* always ▪ **como ~** as always; **de ~** usual; **para** o **por ~** forever; **~ jamás** forever and ever; **~ lo mismo** always the same; **~ que** [cada vez] every time; **~ que entro en la casa, me quito los zapatos** every time I enter the house, I take off my shoes; [a condición de] provided that; **~ y cuando** provided that

sien *f.* temple

sien•ta, te, to ▻ **sentir**[2] ▻ **sentar**

sie•rra *f.* [instrumento] saw; ICHTH sawfish; GEOL mountain range ▪ **~ de cinta** band saw; **~ de mano** handsaw

sier•vo, a *m.f.* [esclavo] slave; [esclavo feudal] serf; [servidor] servant

sies•ta *f.* afternoon nap ▪ **dormir** o **echar la ~** to take a nap after lunch

sie•te ◇ *adj.* seven; [séptimo] seventh ▪ **las ~** seven o'clock ◇ *m.* seven

sí•fi•lis *f.* syphilis

si•fi•lí•ti•co, a *adj.* & *m.f.* syphilitic

si•fón *m.* [tubería] U-bend; [para líquidos] siphon; *coll* [agua gaseosa] soda water

si•ga, go ▻ **seguir**

si•gi•lo *m.* secrecy; [discreción] discretion

si•gi•lo•so, a *adj.* [secreto] secretive; [prudente] discreet

si•gla *f.* acronym

si•glo *m.* century; [época] age; **el ~ del átomo** the atomic age; *fig* ages ▪ **en** o **por los siglos de los siglos** forever and ever; **Siglo de las Luces** the Enlightenment; **Siglo de Oro** Golden Age

sig•ni•fi•ca•do, a ◇ *adj.* significant ◇ *m.* meaning

sig•ni•fi•can•te *adj.* significant

sig•ni•fi•car [70] *tr.* [querer decir] to mean; [hacer saber] to indicate; [representar] to signify; (*reflex.*) to distinguish oneself (**como** as)

sig•ni•fi•ca•ti•vo, a *adj.* significant

sig•no *m.* sign; [de puntuación] mark; [destino] fate ▪ **~ de admiración** exclamation point; **~ de interrogación** question mark; **~ diacrítico** diacritical mark; **~ de igual** equal sign; **~ de más** plus sign; **~ de menos** minus sign

si•guien•te *adj.* following, next

si•guie•ra, guió ▻ **seguir**

sí•la•ba *f.* syllable

si•la•be•ar *intr.* to syllable

si•la•be•o *m.* syllabication

sil•bar *intr.* to whistle; [una bala] to whizz; [chiflar] to boo

sil•ba•ti•na *f.* AMER booing

sil•ba•to *m.* whistle

sil•bi•do *m.* [silbo] whistle; [de culebra] hissing; [de bala] whizzing; MED wheeze ▪ **~ de oídos** ringing in the ears; **dar un ~** to whistle

si•len•cia•dor *m.* silencer; AUTO muffler, silencer GB

si•len•ciar *tr.* [guardar en silencio] to keep silent about; [ahogar] to muffle; [ocultar] to hush up; [hacer callar] to silence

si•len•cio *m.* silence; MUS rest ▪ **guardar ~** to keep silent

si•len•cio•so, a *adj.* quiet, silent

si•li•co•na *f.* silicone

si•lla *f.* [asiento] chair; [para montar] saddle ▪ **~ de ruedas** wheelchair

si•lle•rí•a [conjunto] set of chairs; RELIG choir stalls; [taller] chair shop; [tienda] chair store

si•llín *m.* [de bicicleta] seat; [silla ligera] light riding cycle

si•llón *m.* armchair ▪ **~ giratorio** swivel chair

si•lo *m.* silo

si•lo•gis•mo *m.* syllogism

si•lue•ta *f.* outline

sil•ves•tre *adj.* wild

sil•vi•cul•tor *m.* forester

sil•vi•cul•tu•ra *f.* forestry

si•ma *f.* chasm

sim•bio•sis *f.* symbiosis

sim•bió•ti•co, a *adj.* symbiotic

sim•bó•li•co, a *adj.* symbolic(al)

sim•bo•li•zar [04] *tr.* to symbolize

sím•bo•lo *m.* symbol ▪ **~ de prestigio** status symbol

si•me•trí•a *f.* symmetry

si•mé•tri•co, a *adj.* symmetric(al)

si•mien•te *f.* seed

sí•mil *adj.* similar

si•mi•lar *adj.* similar

si•mi•li•tud *f.* similarity

si•mio, a *m.f.* simian

sim•pa•tí•a *f.* [cordialidad] friendliness; [afecto] affection; [afinidad] affinity; [amabilidad] congeniality ▪ **ganarse la ~ de** to win the affection of; **tener ~ a** o **por** to like; **tomarle ~ a** to take a liking to

sim•pá•ti•co, a ◇ *adj.* pleasant ◇ *m.* ▪ **gran ~** sympathetic nervous system

sim•pa•ti•zan•te ◇ *adj.* sympathizing ◇ *m.f.* sympathizer

sim•pa•ti•zar [04] *intr.* to get along (together); **no simpatizan para nada** they don't get along at all

sim•ple ◇ *adj.* simple; [fácil] easy; [sin adornos] plain; [modesto] modest; [tonto] simpleminded ◇ *m.f.* simpleton; MED simple

sim•ple•za ◇ *f.* [necedad] simpleness; [ingenuidad] simplicity ◇ *pl.* foolish remarks

sim•pli•ci•dad *f.* simplicity

sim•pli•fi•ca•ción *f.* simplification

sim•pli•fi•car [70] *tr.* to simplify

sim•plón, o•na/plo•te *coll* ◇ *adj.* simple ◇ *m.f.* simpleton

sim•po•sio/sium *m.* symposium

si•mu•la•ción *f.* pretense

si•mu•la•cro *m.* pretense; MIL war games

si•mu•la•dor, •ra ◇ *adj.* simulating ◇ *m.f.* simulator

si•mu•lar *tr.* to feign

si•mul•tá•ne•o, a *adj.* simultaneous

sin *prep.* without; **salió ~ abrigo** he went out without a coat; [fuera de] not including; **nos cobraron cien dólares ~ los gastos de envío** they charged us one hundred dollars, not including the postage; without; **salieron ~ advertirnos** they went out without telling us; un-; **dejaron mucho ~ hacer** they left much undone; -less; **me quedé ~ un centavo** I was left penniless ■ **~ embargo** however, nevertheless; **~ que** without; **robaron el banco ~ que la policía los capturara** they robbed the bank without being caught by the police

si•na•go•ga *f.* synagogue

sin•ce•ri•dad *f.* sincerity ■ **con toda ~** in all sincerity

sin•ce•ro, a *adj.* sincere

sín•co•pe *m.* GRAM & MED syncope ■ **~ cardíaco** heart attack

sin•cro•ní•a *f.* synchrony

sin•cro•ni•za•ción *f.* synchronization

sin•cro•ni•zar [04] *tr.* to synchronize; (*intr.*) RAD to tune in

sin•di•cal *adj.* trade-union; **movimiento ~** trade-union movement

sin•di•ca•lis•ta ◇ *adj.* trade-union ◇ *m.f.* trade unionist

sin•di•ca•li•za•ción *f.* unionization

sin•di•ca•li•zar [04] *tr.* to unionize; (*reflex.*) [formar] to form a labor union; [unirse] to join a labor union

sin•di•car [70] *tr.* [un sindicato] to unionize; [acusar] to accuse

sin•di•ca•to *m.* labor o trade union

sín•di•co *m.* LAW trustee; [de una quiebra] receiver

sín•dro•me *m.* syndrome ■ **~ de abstinencia** withdrawal symptoms; **~ de la clase turista** tourist class syndrome; **~ de Down** Down's syndrome; **~ del edificio enfermo** sick building syndrome; **~ de Estocolmo** Stockholm syndrome; **~ de estrés postraumático** post-traumatic stress disorder; **~ de inmunodeficiencia adquirida** acquired immune deficiency syndrome; **~ premenstrual** premenstrual syndrome; **~ respiratorio agudo grave** severe acute respiratory syndrome, SARS; **~ del túnel carpiano** carpal tunnel syndrome

si•ner•gia *f.* synergy

sin•fín *m.* endless number o quantity; **hizo un ~ de sugerencias** she made an endless number of suggestions

sin•fo•ní•a *f.* symphony

sin•fó•ni•co, a *adj.* symphonic, symphony; **orquesta sinfónica** symphony orchestra

sin•gle *m.* C SUR [habitación] single room

sin•gu•lar ◇ *adj.* single; [excepcional] unique; [peculiar] peculiar ◇ *m.* GRAM singular ■ **en ~** in particular

sin•gu•la•ri•dad *f.* singularity; [carácter excepcional] uniqueness; [peculiaridad] peculiarity

sin•gu•la•ri•zar [04] *tr.* [distinguir] to distinguish; GRAM to make singular; (*reflex.*) to distinguish oneself (**por** by)

sin•hue•so *f. coll* tongue ■ **soltar la ~** *coll* to shoot off one's mouth

si•nies•tro, a ◇ *adj.* [izquierdo] left, left-hand; [perverso] wicked; [funesto] fateful ◇ *m.* disaster

sin•nú•me•ro *m.* countless o endless number; **un ~ de invitados** a countless number of guests

si•no[1] *m.* fate

si•no[2] *conj.* but; **no llegué el martes ~ el jueves** I did not arrive on Tuesday but on Thursday; [excepto] except; **nadie lo sabía ~ Pedro** no one knew it except Pedro ■ **no sólo ... ~** not only ... but also; **no sólo es rico ~ generoso** he is not only rich but also generous

si•no•ni•mia *f.* synonymy

si•nó•ni•mo, a ◇ *adj.* synonymous ◇ *m.* synonym

si•nop•sis *f.inv.* synopsis

si•nóp•ti•co, a *adj.* synoptic(al)

sin•ra•zón *f.* injustice

sin•sa•bor *m.* [disgusto] discontent; [pena] grief

sin•tác•ti•co, a *adj.* syntactic

sin•ta•xis *m.inv.* syntax

sín•te•sis *f.inv.* synthesis

sin•té•ti•co, a *adj.* synthetic

sin•te•ti•za•dor *m.* synthesizer

sin•te•ti•zar [04] *tr.* to synthesize

sin•tie•ra, tió ▻ **sentir**[2]

sín•to•ma *m.* symptom

sin•to•má•ti•co, a *adj.* symptomatic

sin•to•ní•a *f.* tuning (in)

sin•to•ni•za•dor *m.* tuner

sin•to•ni•zar [04] *tr.* to tune (in) ■ **~ con** to be tuned to

si•nuo•si•dad *f.* sinuosity

si•nuo•so, a *adj.* sinuous; *fig* devious

sin•ver•güen•za *adj.* & *m.f. coll* shameless o brazen (person)

sin•ver•güen•za•da *f.* AMER *coll* dirty trick

si•quí•a•tra/quia•tra *m.f.* psychiatrist

si•quia•trí•a *f.* psychiatry

sí•qui•co, a *adj.* psychic

si•quie•ra ◇ *conj.* even though, if only ◇ *adv.* at least ■ **espéreme diez minutos ~** wait for me for ten minutes at least; **ni ~** not even

si•re•na *f.* siren; MYTH mermaid ■ **~ de niebla** foghorn

sir•va, vo ▻ **servir**

sir•vien•ta *f.* maid

sir•vien•te *m.* servant

sir•vie•ra, vió ▻ **servir**

si•sa *f.* armhole

si•se•ar *tr.* & *intr.* to boo

sís•mi•co, a *adj.* seismic

sis•mo *m.* earthquake

sis•mó•gra•fo *m.* seismograph

sis•te•ma *m.* system ■ **con ~** systematically; **~ de alimentación ininterrumpida** uninterrupted power supply; **~ métrico (decimal)** metric system; **~ nervioso** nervous system; **~ operativo** COMPUT operative system

sis•te•má•ti•co, a ◇ *adj.* systematic ◇ *f.* systematics

sis•te•ma•ti•za•ción *f.* systematization

sis•te•ma•ti•zar [04] *tr.* to systematize
sís•to•le *f.* systole
si•tiar *tr.* MIL to besiege; [rodear] to surround
si•tio *m.* [localidad] site; [lugar] place; **el libro no está en su ~** the book is not in its place; MIL siege; COMPUT site; **~ web** web site; MEX [de taxi] taxi stand
si•to, a *adj.* situated
si•tua•ción *f.* situation; [estado] position
si•tuar [67] *tr.* to place
siú•ti•co, a *adj.* AMER *coll* naff, tacky
smo•king *m.* tuxedo, dinner jacket GB
snob ◇ *adj.* snobbish ◇ *m.f.* snob
snow•board *m.* snowboard
so[1] *adv. coll* you ▪ **¡~ tonto!** you idiot!
so[2] *prep.* under ▪ **~ pena de muerte** under penalty of death
so•ba•co *m.* armpit
so•ba•qui•na *f.* underarm odor
so•bar *tr.* [la masa] to knead; [las pieles] to full; [zurrar] to thrash; [toquetear] to fondle; AMER [adular] to flatter
so•be•ra•ní•a *f.* sovereignty
so•be•ra•no, a *adj.* & *m.f.* sovereign
so•ber•bio, a ◇ *adj.* [orgulloso] arrogant; [magnífico] superb ◇ *f.* arrogance
so•bor•nar *tr.* to bribe
so•bor•no *m.* bribery
so•bra ◇ *f.* excess ▪ **de ~** superfluous; **estar de ~** to be one too many ◇ *pl.* leftovers
so•bra•da•men•te *adv.* only too well
so•bra•do, a *adj.* plenty of
so•bran•te ◇ *adj.* [que sobra] remaining; [excesivo] surplus ◇ *m.* surplus
so•brar *tr.* to surpass; (*intr.*) [estar de más] to be more than enough; [quedar] to remain; [ser inútil] to be superfluous
so•bre[1] *m.* envelope
so•bre[2] *prep.* [encima] above, over; **los pájaros volaban ~ los verdes campos** birds flew over the green fields; [en] on, on top of; **puso el mantel ~ la mesa** she put the tablecloth on the table; [superior a] above, over; **el rango de capitán está ~ el de teniente** the rank of captain is above that of lieutenant; [acerca de] about, on; **escribí ~ los problemas** I wrote about the problems; [más o menos] about; **vendremos ~ las dos** we will come at about two o'clock; [además de] on top of, over; **me dieron cincuenta dólares ~ lo acordado** they gave me fifty dollars over what was agreed upon; [tras] on to of, upon; **insulto ~ insulto** one insult on top of another; [en prenda de] on, against; **un préstamo ~ la finca** a loan on the farm; on; **un impuesto ~ la mercancía importada** a tax on imported goods; [de] in, out of; **seis ~ cien** six out of one hundred ▪ **dar ~** to face; **~ manera** exceedingly; **~ todo** especially
so•bre•a•bun•dan•cia *f.* superabundance
so•bre•a•bun•dan•te *adj.* superabundant
so•bre•a•bun•dar *intr.* to be overabundant ▪ **~ en** to superabound in
so•bre•a•li•men•tar *tr.* to overfeed
so•bre•car•ga *f.* overload
so•bre•car•go *m.* purser
so•bre•car•gar [47] *tr.* to overload; *fig* to overburden
so•bre•co•ger [34] *tr.* to scare; (*reflex.*) to be scared
so•bre•cu•bier•ta *f.* cover; [de un libro] dust jacket
so•bre•di•cho, a *adj.* above-mentioned
so•bre•en•ten•der [50] *tr.* & *reflex.* = **sobrentender**
so•bre•en•ten•di•do, a *adj.* understood
so•bre•ex•ci•ta•ción *f.* overexcitement
so•bre•ex•ci•tar *tr.* to overexcite
so•bre•fal•da *f.* overskirt
so•bre•hu•ma•no, a *adj.* superhuman
so•bre•lle•nar *tr.* to overfill
so•bre•lle•var *tr.* to bear
so•bre•ma•ne•ra *adv.* exceedingly
so•bre•me•sa *f.* after-dinner conversation ▪ **de ~** after-dinner
so•bre•na•tu•ral *adj.* supernatural
so•bre•nom•bre *m.* nickname
so•bren•ten•der [50] *tr.* to understand; (*reflex.*) to be understood
so•bre•pa•sar *intr.* to surpass
so•bre•pes•ca *f.* overfishing
so•bre•pe•so *m.* overload
so•bre•po•ner [54] *tr.* to superimpose; (*reflex.*) [controlarse] to control oneself; [vencer] to triumph
so•bre•pre•cio *m.* surcharge
so•bre•pues•to, a ▻ **sobreponer** ◇ *adj.* [puesto encima] superimposed; SEW appliqué ◇ *m.* SEW appliqué
so•bre•sa•lien•te ◇ *adj.* outstanding ◇ *m.* highest mark
so•bre•sa•lir [63] *intr.* [resaltar] to project; [sobrepujar] to be outstanding
so•bre•sal•tar *tr.* to startle; (*reflex.*) to be startled (**con**, **por** by, at)
so•bre•sal•to *m.* fright
so•bres•drú•ju•lo, a ◇ *adj.* accented on the syllable preceding the antepenult ◇ *f.* word accented on the syllable preceding the antepenult
so•bre•sei•mien•to *m.* LAW stay (of proceedings) ▪ **~ definitivo** dismissal
so•bres•ti•mar *tr.* to overestimate
so•bre•suel•do *m.* bonus
so•bre•tiem•po *m.* ANDES [trabajo] overtime; [en deporte] overtime
so•bre•to•do *m.* overcoat
so•bre•ve•nir [76] *intr.* to occur unexpectedly
so•bre•vi•vien•te ◇ *adj.* surviving ◇ *m.f.* survivor
so•bre•vi•vir *intr.* to survive
so•brie•dad *f.* moderation
so•bri•no, a *m.* nephew; (*f.*) niece
so•brio, a *adj.* [sin beber] sober; [conservador] moderate
so•ca•rrar *tr.* to scorch
so•ca•rrón, o•na *adj.* & *m.f.* sarcastic (person)
so•ca•rro•ne•rí•a *f.* sarcasm
so•ca•var *tr.* to excavate; *fig* to undermine
so•ca•vón *m.* [mina] tunnel; [hundimiento] cave-in
so•cia•bi•li•dad *f.* friendliness
so•cia•ble *adj.* sociable
so•cial *adj.* social
so•cia•lis•ta *adj.* & *m.f.* socialist
so•cia•li•za•ción *f.* socialization
so•cia•li•zar [04] *tr.* to socialize
so•cie•dad *f.* society; COM corporation ▪ **formar ~** to associate; **~ anónima** corporation; **~ en comandita** limited partnership; **~ cooperativa** cooperative partnership; **~ de control** holding company; **~ de crédito**

credit union; ~ **de la información** information society; ~ **de responsabilidad limitada** limited-liability company; ~ **gremial** trade union; ~ **mercantil** trading company; ~ **regular colectiva** general partnership, copartnership

so•cio, a *m.f.* [asociado] member; [accionista] business associate; *coll* [amigo] pal ▪ ~ **capitalista** financial partner; ~ **comanditario** silent partner; ~ **honorario** honorary member

so•cio•e•co•nó•mi•co, a *adj.* socioeconomic

so•cio•lo•gí•a *f.* sociology

so•cio•ló•gi•co, a *adj.* sociological

so•ció•lo•go, a *m.f.* sociologist

so•co•rrer *tr.* to aid

so•co•rro ◇ *m.* [apoyo] aid; MIL [tropas] relief; [provisiones] supplies ▪ **puesto de** ~ first-aid station; **señal de** ~ distress signal ◇ *interj.* help!

so•dio *m.* sodium

so•do•mí•a *f.* sodomy

so•do•mi•ta ◇ *adj.* sodomitical ◇ *m.f.* sodomite

so•ez *adj.* vulgar

so•fá *f.* sofa

so•fis•ma *m.* sophism

so•fis•ta ◇ *adj.* sophistic ◇ *m.f.* sophist

so•fis•ti•ca•ción *f.* sophistication

so•fis•ti•ca•do, a *adj.* sophisticated

so•fo•ca•ción *f.* suffocation; *fig* embarrassment

so•fo•ca•dor, •ra/can•te *adj.* suffocating

so•fo•car [70] *tr.* [asfixiar] to suffocate; [un fuego] to put out; [una rebelión] to suppress; [avergonzar] to embarras; (*reflex.*) to suffocate; *fig* to get embarrassed

so•fo•co *m.* suffocation; [ahogo] choking sensation ▪ **pasar un** ~ to suffer an embarrassment

so•fo•cón *m. coll* annoyance ▪ **darle un** ~ **(a uno)** *coll* to have a fit

so•fre•ír [58] *tr.* to fry lightly

so•fri•to ▻ **sofreír** ◇ *m.* fried tomato and onion sauce

soft•ware *m.* COMPUT software ▪ ~ **de dominio público** public domain software

so•ga *f.* rope ▪ **dar** ~ **a alguien** *coll* to excite someone; **estar con la** ~ **al cuello** *coll* to be in dire straits

so•ja *f.* soya, soybean

so•juz•gar [47] *tr.* to subjugate

sol[1] *m.* sun; [luz] sun, sunlight; PERU FIN sol ▪ **al ponerse el** ~ at sunset; **al salir el** ~ at sunrise; **arrimarse al** ~ **que más calienta** *coll* to know on which side one's bread is buttered; **de** ~ **a** ~ from sunrise to sunset; **hacer** ~ to be sunny; **no dejar ni a** ~ **ni a sombra** to give someone no peace; **tomar el** ~ to sunbathe

sol[2] *m.* MUS sol

so•la•men•te *adv.* only

so•la•pa *f.* [de sobre] flap; [de chaqueta] lapel

so•la•pa•do, a *adj.* underhanded

so•la•par *tr.* SEW to put lapels on; [traslapar] to overlap; *fig* to conceal; (*intr.*) to overlap

so•lar[1] *adj.* solar

so•lar[2] *m.* [terreno] lot; [bajo construcción] building site; [casa] ancestral home

so•la•rie•go, a *adj.* [del patrimonio] ancestral; [noble] noble

so•la•rium, -rio *m.* solarium

so•laz *m.* [descanso] relaxation; [consuelo] solace

so•la•zar [04] *tr.* & *reflex.* to amuse (oneself)

sol•da•do *m.* soldier ▪ ~ **de caballería** cavalryman; ~ **de infantería** infantryman; ~ **de marina** marine; ~ **raso** private

sol•da•dor *m.* [obrero] solderer; [soplete] blow torch

sol•da•du•ra *f.* [acción] soldering; [material] solder; [compostura] repair ▪ ~ **por arco** arc welding; ~ **autógena** welding

sol•dar [19] *tr.* to solder; (*reflex.*) [pegarse] to join together; [huesos] to knit

so•le•a•do *adj.* sunny

so•le•cis•mo *m.* solecism

so•le•dad *f.* [aislamiento] solitude; [sentirse solo] loneliness; [lugar] solitary place

so•lem•ne *adj.* solemn

so•lem•ni•dad *f.* solemnity

so•ler [78] *intr.* ▪ ~ **hacer algo** to do sth usually; **yo suelo levantarme tarde** I usually get up late; **suele nevar mucho aquí** it often snows a lot here; **solíamos ir a la playa cada día** we used to go to the beach every day

so•le•ra *f.* [soporte] crossbeam; [piedra] plinth; [del molino] lower millstone; [del horno] floor

sol•fa *f.* MUS musical notation ▪ **poner en** ~ *coll* to ridicule

sol•fe•ar *tr.* to sing sol-fa

sol•fe•o *m.* solfeggio

so•li•ci•tan•te ◇ *adj.* petitioning ◇ *m.f.* petitioner

so•li•ci•tar *tr.* [pedir] to request; [gestionar] to apply for; [atraer] to attract

so•lí•ci•to, a *adj.* solicitous

so•li•ci•tud *f.* [cuidado] solicitude; [petición] request; [instancia] petition; [gestión] application ▪ **a** ~ on request; **a** ~ **de** at the request of; **presentar una** ~ to submit an application

so•li•da•ri•dad *f.* solidarity ▪ **por** ~ **con** in solidarity with

so•li•da•rio, a *adj.* [en común] joint; [obligatorio] mutually binding; TECH integral

so•li•da•ri•zar•se [04] *reflex.* to make common cause, show one's solidarity

so•li•dez *f.* solidity; [fuerza] strength

so•li•di•fi•ca•ción *f.* solidification

so•li•di•fi•car [70] *tr.* & *reflex.* to solidify

só•li•do, a ◇ *adj.* solid; [fuerte] strong ◇ *m.* solid

so•li•lo•quio *m.* soliloquy

so•lis•ta *m.f.* soloist

so•li•ta•rio, a ◇ *adj.* [solo] lone; [desierto] solitary ◇ *m.f.* [ermitaño] recluse; (*m.*) [diamante, juego] solitaire; ZOOL hermit crab; (*f.*) ZOOL tapeworm

so•li•vian•tar *tr.* [excitar] to stir up; [irritar] to irritate; [preocupar] to worry

so•li•viar *tr.* to lift

so•llo•zar [04] *intr.* to sob

so•llo•zo *m.* sob ▪ **estallar** o **prorrumpir en sollozos** to burst into sobs

so•lo, a ◇ *adj.* [sin compañía] alone; [único] sole; [aislado] lonely ▪ **a solas** alone ◇ *m.* MUS solo

só•lo *adv.* only

so•lo•mi•llo *m.* sirloin

sols•ti•cio *m.* solstice

sol•tar [19] *tr.* [aflojar] to loosen; [desasir] to let go of; **suéltame el brazo** let go of my arm; [liberar] to free; [irrumpir] to let out; **el prisionero soltaba gritos de terror** the prisoner let out cries of terror; [decir] to blurt out; [en tejidos] to drop; (*reflex.*) [adquirir soltura] to become proficient; [volverse desenvuelto] to loosen up; *coll* [empezar] to begin

sol•te•ro, a <> *adj.* single <> *m.* bachelor; (*f.*) unmarried woman

sol•te•rón, o•na <> *adj.* old and unmarried <> *m.* confirmed bachelor; (*f.*) spinster; *coll* old maid

sol•tu•ra *f.* [aflojamiento] looseness; [seguridad] confidence; [agilidad] agility; [al hablar] fluency; [descaro] brazenness ▪ **con ~** confidently

so•lu•ble *adj.* CHEM soluble; [que se puede resolver] solvable

so•lu•ción *f.* solution; [desenlace] ending ▪ **~ limpiadora** [para lentes de contacto] cleansing solution

so•lu•cio•nar *tr.* to solve

sol•ven•cia *f.* solvency; FIN settlement; [fiabilidad] reliability ▪ **~ moral** character

sol•ven•tar *tr.* [pagar] to settle; [costear] to finance; [resolver] to resolve

sol•ven•te <> *adj.* [libre de deudas] solvent; [responsable] reliable <> *m.* solvent

so•má•ti•co, a *adj.* somatic

so•ma•ti•za•ción *f.* somatization

so•ma•ti•zar [04] *intr.* to somatize

som•bra *f.* [obscuridad] darkness; [área] shade; [imagen] shadow; **la ~ del molino** the shadow of the windmill; [penumbra] shade; **a la ~ del manzano** in the shade of the apple tree; [espectro] ghost; [confusión] confusion ▪ **dar ~** to cast a shadow; **poner a la ~** *coll* to put in jail

som•brar *tr.* to shade

som•bre•a•dor *m.* eye shadow

som•bre•ar *tr.* [dibujo] to shade; [dar sombra a] to throw shadow on

som•bre•re•ra *f.* [para mujeres] milliner; [para hombres] hat maker; [caja] hatbox

som•bre•re•rí•a *f.* [para mujeres] milliner's (shop); [para hombres] hatter's (shop)

som•bre•re•ro *m.* [para mujeres] milliner; [para hombres] hat maker

som•bre•ro *m.* hat; BOT & MECH cap ▪ **~ de copa** top hat; **~ hongo** derby, bowler GB

som•bri•lla *f.* parasol

som•brí•o, a *adj.* [lugar] gloomy; [persona] sullen

so•me•ra•men•te *adv.* superficially

so•me•ro, a *adj.* [sin profundidad] shallow; [superficial] superficial; [breve] brief

so•me•ter *tr.* [subyugar] to subjugate; [subordinar] to subordinate; [entregar] to submit; to subject o put to; **lo sometieron a una prueba científica** they subjected it to a scientific test ▪ **~ a prueba** to test; **~ a tratamiento** to put under treatment; **~ algo a una autoridad** to refer something to an authority; (*reflex.*) [rendirse] to surrender; to undergo; **~ a una operación** to undergo an operation

so•me•ti•mien•to *m.* submission

som•ní•fe•ro, a <> *adj.* sleep-inducing <> *m.* sleeping pill

som•no•len•cia *f.* somnolence

so•mos ▻ **ser**[2]

son[1] *m. coll* tune ▪ **¿a ~ de qué?** for what reason?; **en ~ de** as; **en ~ de broma** as a joke; **sin ton ni ~** *coll* without rhyme or reason

son[2] ▻ **ser**[2]

so•na•do, a *adj.* [muy divulgado] talked-about; *sl* [chiflado] crazy

so•na•je•ro *m.* rattle

so•nám•bu•lo, a <> *adj.* sleepwalking <> *m.f.* sleepwalker

so•nar[1] *m.* TECH sonar

so•nar[2] [19] *intr.* [producir sonido] to sound; [tintinear] to ring; [parecer] to sound like; **suena a falso** it sounds false; [el reloj] to strike; [recordar] to ring a bell; **no me suena su nombre** I don't remember hearing her name before; PHONET to be pronounced ▪ **como suena** literally; (*tr.*) [hacer que suene] to sound; [tocar] to play; [repicar] to ring; [la nariz] to blow; (*reflex.*) to blow one's nose

son•da *f.* [sondeo] sounding; [instrumento] sounding line o lead; ASTRONAUT probe; **~ espacial** space probe; MED probe; TECH drill ▪ **~ acústica** sonic depth finder

son•de•ar/dar *tr.* to sound; MED to probe; TECH to drill; [explorar] to explore, inquire into; [averiguar] to sound out

son•de•o *m.* sounding; MED probing; TECH drilling; [encuesta] poll

so•ne•to *m.* sonnet

so•ni•do *m.* sound

so•no•ri•dad *f.* sonority

so•no•ro, a *adj.* [sonido] sound; [resonante] sonorous, resonant

son•re•ír [58] *intr.* to smile; *fig* to smile on ▪ **la fortuna le sonríe** luck smiles on him; (*reflex.*) to smile

son•rien•te *adj.* smiling

son•ri•sa *f.* smile

son•ro•jar•se *reflex.* to blush

son•ro•jo *m.* blush

son•ro•sar•se *reflex.* to turn pink

son•sa•car [70] *tr.* to wheedle

son•se•ar *intr.* AMER to fool around

son•so, a AMER *coll* <> *adj.* silly <> *m.f.* fool

son•so•ne•te *m.* singsong

so•ña•do, a *adj.* dream, of one's dreams

so•ña•dor, •ra <> *adj.* dreamy <> *m.f.* dreamer

so•ñar [19] *tr.* & *intr.* to dream ▪ **¡ni soñarlo!** not on your life!; **~ con** to dream of o about; **~ con los angelitos** *coll* to have sweet dreams; **~ despierto** to daydream

so•pa *f.* soup; [pan mojado] sop ▪ **estar** o **quedar hecho una ~** *coll* to be soaking wet

so•pa•po *m.* slap

so•pe *m.* MEX fried corn tortilla, with beans and cheese or other toppings

so•pe•ro, a <> *adj.* soup; **plato ~** soup plate o bowl <> *m.* soup plate o bowl; (*f.*) soup tureen

so•pe•sar *tr.* to weigh up

so•pe•tón *m.* slap ▪ **de ~** suddenly

so•pla•dor, •ra <> *adj.* blowing <> *m.* glass blower

so•plar *intr.* to blow; (*tr.*) [velas] to blow out; **el viento sopla la hojarasca en el otoño** the wind blows the dead leaves during the fall; [globos] to blow up; *coll* [en examen] to prompt; [hurtar] to swipe

so•ple•te *m.* blowtorch ▪ **~ de arena** sandblast; **~ oxiacetilénico** oxyacetylene torch

so•plo *m.* blow; *fig* instant

so•plón, o•na <> *adj. coll* squealing <> *m.f. coll* stool pigeon

so•pon•cio *m. coll* fainting fit

so•por *m.* MED sopor; *fig* sleepiness

so•po•rí•fe•ro/fí•co, a ◇ *adj.* sleep-inducing; *fig* boring ◇ *m.* sleeping pill

so•por•ta•ble *adj.* bearable

so•por•tar *tr.* [sostener] to support; [sufrir] to bear

so•por•te *m.* [sostén] support; [base] stand

so•pra•no *m.f.* soprano

sor *f.* RELIG sister

sor•ber *tr.* [beber] to sip; [absorber] to absorb

sor•be•te *m.* sherbet

sor•bo *m.* sip; **un ~ de vino** a sip of wine; [trago] swallow, gulp

sor•de•ra *f.* deafness

sor•di•dez *f.* [suciedad] squalor; [vileza] sordidness

sór•di•do, a *adj.* [sucio] squalid; [vil] sordid

sor•di•na *f.* MUS damper

sor•do, a ◇ *adj.* deaf; [silencioso] silent; [apagado] muffled; *fig* indifferent; GRAM voiceless ▪ **a sordas** silently; **quedarse ~** to go deaf; **~ como una tapia** stone deaf ◇ *m.f.* [persona] deaf person; GRAM surd ▪ **hacerse el ~** to pretend not to hear

sor•do•mu•do, a *adj.* & *m.f.* deaf-mute

sor•na *f.* sarcasm

so•ro•char•se *reflex.* AMER MED to get mountain sickness

so•ro•che *m.* AMER mountain sickness

sor•pren•den•te *adj.* [admirable] surprising; [raro] unusual

sor•pren•der *tr.* [coger desprevenido] to take by surprise; [asombrar] to surprise; [descubrir] to discover; (*reflex.*) to be surprised o amazed

sor•pre•sa *f.* surprise; [asombro] amazement ▪ **coger de ~** to take by surprise

sor•pre•si•vo, a *adj.* unexpected

sor•te•ar *tr.* [echar a suertes] to draw lots for; [rifar] to raffle; [evitar] to avoid

sor•te•o *m.* [acción] drawing; [rifa] raffle ▪ **por ~** by drawing lots

sor•ti•ja *f.* [anillo] ring; [de pelo] ringlet

sor•ti•le•gio *m.* [hechicería] witchcraft; [hechizo] spell ▪ **echar un ~ a** to cast a spell on

so•sa *f.* BOT saltwort; CHEM soda ▪ **~ cáustica** caustic soda

so•se•ga•do, a *adj.* quiet, peaceful

so•se•gar [52] *tr.* to calm; (*reflex.*) to calm down

so•sie•go *m.* tranquility, quiet

sos•la•yar *tr.* [poner al soslayo] to put on a slant; [evitar] to sidestep

sos•la•yo, a ◇ *adj.* slanted ◇ *adv.* ▪ **al** o **de ~** [oblicuamente] on a slant; [de lado] sideways; [de pasada] in passing; **mirar de ~** to look out of the corner of one's eye (at); [desaprobar] to look askance (at)

so•so, a *adj.* [de poco sabor] tasteless; [sin sal] unsalted; [zonzo] dull

sos•pe•cha *f.* suspicion

sos•pe•char *tr.* to suspect; (*intr.*) to be suspicious

sos•pe•cho•so, a *adj.* & *m.f.* suspicious (person)

sos•tén[1] ▻ **sostener**

sos•tén[2] *m.* [acción] sustenance; [apoyo] support; [prenda] bra ▪ **~ de familia** breadwinner

sos•ten•drá, dría ▻ **sostener**

sos•te•ne•dor, •ra ◇ *adj.* supporting ◇ *m.f.* supporter

sos•te•ner [69] *tr.* [sustentar] to support; [sujetar] to hold (up); [mantener] to keep up; [defender] to uphold; [apoyar] to back; (*reflex.*) [mantenerse parado] to hold oneself up; [mantenerse] to support oneself; [continuar] to continue

sos•te•ni•do, a ◇ *adj.* [continuo] sustained; MUS sharp ◇ *m.* MUS sharp

sos•te•ni•mien•to *m.* [apoyo] support; [mantenimiento] maintenance; [sustento] sustenance

sos•tie•ne, tuviera, tuvo ▻ **sostener**

so•ta•na *f.* soutane

só•ta•no *m.* basement

so•ta•ven•to *m.* MARIT leeward ▪ **a ~** to leeward

soy ▻ **ser**[2]

speed *m.* [droga] speed

squash *m.* squash

Sr. (*abbr. of* **Señor**) *m.* Mr.

Sra. (*abbr. of* **Señora**) *f.* Mrs.

step *m.* step

su, sus *adj.* one's, his, her, your, its, their

sua•ve *adj.* soft; [liso] smooth; [dulce] sweet; [tranquilo] gentle

sua•vi•dad *f.* softness; [lisura] smoothness; [dulzura] sweetness; [tranquilidad] gentleness

sua•vi•za•dor, •ra ◇ *adj.* softening ◇ *m.* razor strop

sua•vi•zar [04] *tr.* to soften; [hacer plano] to smooth; [moderar] to temper; (*reflex.*) to soften; [volver plano] to become smooth; [moderarse] to be tempered

su•ba *f.* RP rise, rise in prices

sub•a•cuá•ti•co, a *adj.* underwater

su•bal•ter•no, a *adj.* & *m.f.* subordinate

su•ba•rren•da•mien•to *m.* sublease

su•ba•rren•dar [49] *tr.* to sublet

su•ba•rrien•do *m.* [contrato] sublease; [precio] sublease rent

su•bas•ta *f.* auction ▪ **en ~** for auction; **sacar a ~** to put up for auction; **vender en ~** to auction off

su•bas•tar *tr.* to auction

sub•co•mi•sión *f.* subcommittee

sub•cons•cien•cia *f.* subconscious mind

sub•cons•cien•te ◇ *adj.* subconscious ◇ *m.* subconscious mind

sub•con•tra•ta•ción *f.* outsourcing

sub•con•tra•tar *tr.* to outsource

sub•cu•tá•ne•o, a *adj.* subcutaneous

sub•de•sa•rro•lla•do, a *adj.* underdeveloped

sub•di•rec•tor, •ra *m.f.* assistant manager

súb•di•to, a ◇ *adj.* subject ◇ *m.f.* [de un monarca] subject; [ciudadano] citizen

sub•di•vi•dir *tr.* & *reflex.* to subdivide

sub•di•vi•sión *f.* subdivision

sub•do•mi•nio *m.* COMPUT subdomain

sub•es•ti•mar *tr.* to underestimate

su•bi•ba•ja *m.* seesaw

su•bi•do, a ◇ *adj.* [fuerte] deep; **rojo ~** deep red; [elevado] high ◇ *f.* [ascensión] climb; [aumento] increase; [cuesta] hill

su•bir *tr.* [escalar] to climb, go up; **subí la cuesta** I climbed the hill; [llevar arriba] to take o carry up; [levantarse, extender] to raise; [aumentar] to raise; (*intr.*) [elevarse] to rise; **el humo subía** the smoke was rising; [ascender] to go up; [montar] to get on o into; **sube al coche** get into the car; [cabalgar] to mount; [crecer] to rise; [alcanzar] to come o amount to; **la cuenta sube a**

cincuenta dólares the bill comes to fifty dollars; [aumentar] to rise; **los precios han subido** prices have risen; [en un empleo] to be promoted; [agravarse] to get worse; **le subió la fiebre** his fever got worse; MUS to raise the pitch ▪ ~ **al trono** to ascend to the throne; ~ **de punto** to increase; ~ **de tono** [sonido] to get louder; [conversación] to become heated; (*reflex.*) [ascender] to go up; [montar] to get on o into; **el niño se subió al tren** the little boy got on the train; **subírsele a uno a la cabeza** to go to one's head
sú•bi•ta•men•te *adv.* suddenly
sú•bi•to, a ◇ *adj.* [imprevisto] sudden; [precipitado] hasty ▪ **de** ~ suddenly, all of a sudden ◇ *adv.* suddenly
sub•je•fe *m.* assistant manager
sub•je•ti•vi•dad *f.* subjectivity
sub•je•ti•vo, a *adj.* & *m.* subjective
sub•jun•ti•vo, a *adj.* & *m.* subjunctive
su•ble•va•ción *f.*/**mien•to** *m.* uprising
su•ble•var *tr.* [agitar] to incite to rebellion; [enojar] to annoy; (*reflex.*) to revolt
su•bli•ma•ción *f.* sublimation
su•bli•mar *tr.* to sublimate; (*reflex.*) to be sublimated
su•bli•me *adj.* sublime
sub•ma•ri•no, a *adj.* & *m.* submarine
sub•o•fi•cial *adj.* MIL non-commissioned o warrant officer; MARIT petty officer
su•bor•di•na•ción *f.* subordination
su•bor•di•na•do, a *adj.* & *m.f.* subordinate
su•bor•di•nar *tr.* to subordinate; (*intr.*) to become subordinate
sub•pro•duc•to *m.* by-product
sub•ra•ya•do *m.* underlining
sub•ra•yar *tr.* [señalar] to underline; [poner énfasis en] to emphasize
su•brep•ti•cio, a *adj.* surreptitious
su•bro•gar [47] *tr.* LAW to subrogate
sub•sa•nar *tr.* to correct
subs•cri•bir [80] *tr.* [documento] to sign; [idea, moción] to subscribe to; COM to underwrite; (*reflex.*) to subscribe (a to)
subs•crip•ción *f.* subscription
subs•crip•tor, •ra *m.f.* subscriber
sub•se•cre•ta•rí•a *f.* [oficio] undersecretaryship; [oficina] undersecretary's office
sub•se•cre•ta•rio, a *m.f.* [en una oficina] assistant secretary; [de un ministro] undersecretary
sub•se•cuen•te *adj.* subsequent
sub•si•diar *tr.* to subsidize
sub•si•dia•rio, a *adj.* subsidiary; LAW ancillary
sub•si•dio *m.* [subvención] subsidy; [ayuda] aid
sub•si•guien•te *adj.* subsequent
sub•sis•ten•cia *f.* [vida] subsistence; [provisión] sustenance
sub•sis•ten•te *adj.* subsistent
sub•sis•tir *intr.* [vivir] to subsist; [permanecer] to remain
subs•tan•cia *f.* substance; [materia] matter; [esencia] essence; [jugo] extract; [juicio] sense
subs•tan•cial *adj.* substantial
subs•tan•cial•men•te *adv.* [en sustancia] substantially; [esencialmente] essentially
subs•tan•ciar *tr.* to substantiate
subs•tan•cio•so, a *adj.* substantial
subs•tan•ti•va•ción *f.* substantivation
subs•tan•ti•var *tr.* to substantivate
subs•tan•ti•vo, a ◇ *adj.* substantive ◇ *m.* noun
subs•ti•tu•ción *f.* substitution
subs•ti•tuir [18] *tr.* to substitute
subs•ti•tu•ti•vo, a *adj.* & *m.* substitute
subs•ti•tu•to, a *m.f.* replacement; THEAT understudy
subs•trac•ción *f.* [acción] taking away; [deducción] deduction; [robo] theft; MATH subtraction
subs•tra•en•do *m.* subtrahend
subs•tra•er [72] *tr.* [quitar] to take away; [deducir] to deduce; [robar] to steal; MATH to subtract; (*reflex.*) to avoid
subs•tra•to *m.* substratum; PHILOS essence
sub•sue•lo *m.* basement; GEOL subsoil
sub•te *m.* RP *coll* subway
sub•te•nien•te *m.* second lieutenant
sub•ter•fu•gio *m.* subterfuge
sub•te•rrá•ne•o, a ◇ *adj.* underground ◇ *m.* [lugar] underground place; AMER [tren] subway
sub•tí•tu•lo *m.* subtitle
sub•ur•ba•no, a ◇ *adj.* suburban ◇ *m.f.* suburbanite
su•bur•bio *m.* [arrabal] suburb; [barrio pobre] slum
sub•ven•ción *f.* subsidy
sub•ven•cio•nar *tr.* to subsidize
sub•ver•sión *f.* [acción] subversion; [revolución] revolution
sub•ver•si•vo, a *adj.* subversive
sub•ya•cen•te *adj.* underlying
sub•yu•gar [47] *tr.* to subjugate; *fig* to captivate
suc•ción *f.* suction
su•ce•dá•ne•o, a *adj.* & *m.* substitute
su•ce•der *intr.* [reemplazar] to succeed; [ocurrir] to occur; (*reflex.*) to follow one another
su•ce•di•do *m. coll* event
su•ce•sión *f.* succession; [herederos] heirs; [herencia] inheritance
su•ce•si•va•men•te *adv.* successively ▪ **y así** ~ and so on
su•ce•si•vo, a *adj.* consecutive ▪ **en lo** ~ in the future
su•ce•so *m.* event; [transcurso] course; [resultado] outcome
su•ce•sor, •ra ◇ *adj.* succeeding ◇ *m.f.* successor; [heredero] heir
su•cie•dad *f.* [mugre] dirt; [inmundicia] filth
su•cin•to, a *adj.* succinct
su•cio, a *adj.* [no limpio] dirty; [asqueroso] filthy; [vil] vile; [deshonesto] indecent
su•cre *m.* ECUAD FIN sucre
su•cu•len•to, a *adj.* succulent
su•cum•bir *intr.* to succumb
su•cur•sal ◇ *adj.* branch ◇ *f.* [oficina] branch (office); [de empresa] subsidiary
sud *m.* south
su•dar *intr.* to sweat; *fig* to work hard; (*tr.*) [empapar en sudor] to sweat; *fig* to work hard for; BOT to ooze ▪ ~ **la gota gorda** *coll* to be dripping with sweat; *fig* to work hard
su•da•rio *m.* shroud
su•des•ta•da *f.* RP rainy southeast wind
su•des•te *m.* southeast
su•do•es•te *m.* southwest
su•dor *m.* sweat ▪ **con el** ~ **de la frente** by the sweat of one's brow

su•do•rí•fe•ro, a/fí•co, a <> *adj.* sudoriferous <> *m.* sudorific
su•do•ro•so, a *adj.* sweaty
sue•gra *f.* mother-in-law
sue•gro <> *m.* father-in-law <> *pl.* in-laws
sue•la *f.* sole; [cuero] tanned leather; TECH washer ▪ **media** ~ half sole; **un pícaro de siete suelas** *coll* an out-and-out rascal
sue•la, lo ▻ **soler**
suel•de, do ▻ **soldar**
suel•do *m.* salary ▪ **a** ~ on a salary
sue•lo *m.* [tierra] ground; [terreno] soil; [territorio] land; [piso] floor; [pavimento] pavement; [tierra] earth, world ▪ **estar por los suelos** *coll* to be dirt cheap; ~ **natal** homeland; **venir** o **venirse al** ~ to fall down, collapse; *fig* to fail
suel•te, to ▻ **soltar**
suel•to, a <> *adj.* loose; [desatado] untied; [que no hace juego] odd; [ágil] nimble; [atrevido] daring ▪ ~ **de lengua** [charlatán] loose-tongued; [insolente] sharp-tongued; **venderse** ~ [por peso] to be sold in bulk; [por separado] to be sold singly <> *m.* [artículo] insert; [dinero] loose change
sue•ne, no ▻ **sonar**[2]
sue•ñe, ño ▻ **soñar**
sue•ño *m.* [acto] sleep; [representación] dream; [adormecimiento] drowsiness; [ilusión] dream; [encanto] dream; **este bebé es un** ~ this baby is a dream ▪ **caerse de** ~ to be falling asleep on one's feet; **dar** ~ to make sleepy; **echar un** ~ to take a nap; **entre sueños** while half asleep; **ni en** o **por sueños** not even in one's dreams; **no poder conciliar el** ~ not to be able to sleep; **perder el** ~ **por algo** to lose sleep over something; **quitar el** ~ to keep awake; ~ **dorado** life's dream; ~ **hecho realidad** dream come true; ~ **pesado** heavy sleep; **tener el** ~ **liviano** to be a light sleeper; **tener** ~ to be sleepy
sue•ro *m.* serum; [de la leche] whey
suer•te *f.* [destino] fate; [fortuna] luck; [condición] lot; **mejorar la** ~ **del pueblo** to improve the lot of the people; [género] kind ▪ **buena** ~ good luck; **caerle** o **tocarle a uno en** ~ to fall to one's lot; **dar** o **traer** ~ to bring luck; **de otra** ~ otherwise; **de** ~ **que** in a way that; **echar suertes** to draw lots; **estar de mala** ~ to be out of luck; **estar de** ~ to be in luck; **la** ~ **está echada** the die is cast; **por** ~ [por casualidad] by chance; [por fortuna] luckily; ~ **negra** very bad luck; **tener** ~ to be lucky
sué•ter *m.* sweater
su•fi•cien•cia *f.* [aptitud] competence; *coll* [presunción] smugness
su•fi•cien•te *adj.* [bastante] sufficient; [presumido] pedantic
su•fi•jo *m.* suffix
su•fra•gar [47] *tr.* to pay (for); (*intr.*) AMER to vote
su•fra•gio *m.* [derecho] suffrage; [voto] vote
su•fra•gis•ta *m.f.* POL suffragist; (*f.*) suffragette
su•fri•do, a *adj.* patient
su•fri•mien•to *m.* suffering
su•frir *tr.* [padecer] to suffer; [experimentar] to undergo; [soportar] to endure; (*intr.*) [padecer] to suffer; [preocuparse] to worry ▪ ~ **de** to suffer from
su•ge•ren•cia *f.* suggestion
su•ge•rir [65] *tr.* to suggest
su•ges•tión *f.* suggestion
su•ges•tio•nar *tr.* [influenciar] to influence; [hipnotizar] to hypnotize
su•ges•ti•vo, a *adj.* [sugerente] suggestive; [interesante] appealing
su•gie•ra, ro, riera, rió ▻ **sugerir**
suich *m.* AMER switch
sui•che *m.* COL & VEN switch
sui•ci•da <> *adj.* suicidal <> *m.f.* suicide
sui•ci•dar•se *reflex.* to commit suicide
sui•ci•dio *m.* suicide
su•je•ción *f.* [dominación] subjection; [ligadura] fastening ▪ **con** ~ **a** subject to
su•je•ta•dor, •ra <> *adj.* fastening <> *m.f.* [objeto que sujeta] fastener; [horquilla] clip; (*m.*) [sostén] bra
su•je•tar *tr.* [fijar] to fasten; [agarrar] to grasp; [dominar] to subject ▪ ~ **con clavos** to nail down; ~ **con grapas** to staple; (*reflex.*) [someterse] to subject oneself; [agarrarse] to hang o hold on; [ajustarse] to conform
su•je•to, a ▻ **sujetar** <> *adj.* [susceptible] subject (**a** to); [fijado] fastened <> *m.* subject; *coll* [tipo] individual
sul•fa•to *m.* sulfate, sulphate
sul•fu•ro *m.* sulfide
sul•tán, a•na *m.* sultan; (*f.*) sultana
su•ma *f.* sum; MATH [adición] addition; [cantidad] amount of money; *fig* summary ▪ **en** ~ in short
su•ma•men•te *adv.* extremely
su•man•do *m.* addend
su•mar *tr.* [resumir] to add (up); [totalizar] to add up to; (*reflex.*) to join (in) ▪ ~ **a** [añadirse a] to be added to; [agregarse a] to join; [adherirse a] to adhere to
su•ma•rio, a <> *adj.* brief; LAW summary <> *m.* summary; LAW indictment
su•mer•gi•ble *adj.* & *m.* submersible
su•mer•gir [32] *tr.* to submerge; *fig* plunge; (*reflex.*) to dive, submerge ▪ ~ **en** to become immersed o absorbed in
su•mi•de•ro *m.* drain
su•mi•nis•tra•dor, •ra *m.f.* supplier
su•mi•nis•trar *tr.* to supply
su•mi•nis•tro *m.* supply ▪ ~ **a domicilio** home delivery
su•mir *tr.* to sink, submerge; (*reflex.*) [hundirse] to sink; [en duda, depresión] to become immersed
su•mi•sión *f.* [acción] submission; [carácter] submissiveness; [obediencia] obedience
su•mi•so, a *adj.* [sometido] submissive; [obediente] obedient
su•mo, a *adj.* greatest; *fig* enormous ▪ **a lo** ~ at (the) most; **de** ~ completely
sun•tua•rio, a *adj.* luxury
sun•tuo•so, a *adj.* sumptuous
su•pe•di•tar *tr.* to subordinate ▪ **estar supeditado a** to depend on
su•pe•ra•ción *f.* [de dificultad] overcoming; [de uno mismo] self-improvement
su•pe•rar *tr.* [sobrepujar] to surpass; [dificultades] to overcome; [adversario] to beat ▪ **estar superado** to be over o finished; (*reflex.*) to improve oneself
su•per•au•to•pis•ta de la in•for•ma•ción *f.* COMPUT information superhighway
su•pe•rá•vit *m.* (*pl* **inv.** o **-s**) surplus
su•per•che•rí•a *f.* fraud

S

su•per•do•ta•do, a *adj.* & *m.f.* exceptionally gifted (child)
su•pe•res•truc•tu•ra *f.* superstructure
su•per•fi•cial *adj.* superficial; *fig* shallow
su•per•fi•cie *f.* surface; GEOM area ▪ **salir a la ~** to (come to the) surface
su•per•fluo, a *adj.* superfluous
su•per•hom•bre *m.* superman
su•pe•rin•ten•den•te *m.f.* superintendent
su•pe•rior <> *m.* superior <> *adj.* [de más altura] upper; **pisos superiores** upper floors; [más alto] higher; **enseñanza ~** higher education; [mejor] better; [excelente] superior
su•pe•rio•ra *f.* mother superior
su•pe•rio•ri•dad *f.* [calidad] superiority; [autoridad] higher authority
su•per•la•ti•vo, a *adj.* & *m.* superlative
su•per•mer•ca•do *m.* supermarket
su•per•po•bla•ción *f.* overpopulation
su•per•po•bla•do, a *adj.* overpopulated
su•per•po•ner [54] *tr.* [poner encima de] to superimpose; [anteponer] to place above o before
su•per•po•ten•cia *f.* superpower
su•per•pro•duc•ción *f.* overproduction
su•per•só•ni•co, a *adj.* supersonic
su•pers•ti•ción *f.* superstition
su•pers•ti•cio•so, a *adj.* superstitious
su•per•vi•sar *tr.* to supervise
su•per•vi•sión *f.* supervision
su•per•vi•sor, •ra <> *adj.* supervisory <> *m.f.* supervisor
su•per•vi•ven•cia *f.* survival
su•pie•ra, po ▻ **saber²**
su•pi•no, a <> *adj.* supine ▪ **ignorancia ~** crass ignorance <> *m.* supine
su•plan•tar *tr.* to supplant
su•ple•men•tal, -ta•rio, a *adj.* supplemental, supplementary
su•ple•men•to *m.* supplement; RAIL & THEAT supplementary o extra charge
su•plen•cia *f.* replacement
su•plen•te <> *adj.* [que suple] substitute; SPORT reserve <> *m.f.* replacement; SPORT reserve player; THEAT understudy
sú•pli•ca *f.* [ruego] plea; [petición] request
su•pli•can•te <> *adj.* [que ruega] pleading; [que pide] petitioning <> *m.f.* supplicant
su•pli•car [70] *tr.* to implore
su•pli•cio *m.* [tortura] torture; [castigo corporal] corporal punishment; [dolor] suffering
su•plir *tr.* [compensar] to make up for; [reemplazar] to replace
su•pon, pondrá, dría ▻ **suponer²**
su•po•ner¹ *m. coll* supposition
su•po•ner² [54] *tr.* [presumir] to suppose; [imaginar] to imagine; [traer consigo] to entail; **el proyecto supone grandes gastos** the project entails a considerable outlay ▪ **ser de ~** to be possible o likely
su•pon•ga, go ▻ **suponer²**
su•po•si•ción *f.* supposition; [conjetura] assumption
su•po•si•to•rio *m.* suppository
su•pra•rre•nal *adj.* suprarenal
su•pre•ma•cí•a *f.* supremacy
su•pre•mo, a *adj.* supreme; [definitivo] final
su•pre•sión *f.* elimination
su•pri•mir *tr.* to eliminate
su•pues•to, a ▻ **suponer²** <> *adj.* [fingido] assumed; **nombre ~** assumed name; [que se supone] supposed; [imaginario] imaginary; [hipotético] hypothetical ▪ **dar por ~** to take for granted; **por ~** of course <> *m.* supposition ▪ **en el ~ de que** supposing that
su•pu•rar *intr.* to suppurate
su•pu•sie•ra, so ▻ **suponer²**
sur *m.* south
sur•car [70] *tr.* AGR to plow; MARIT to cut o plow through
sur•co *m.* [en la tierra] trench; [en el rostro] wrinkle
sur•fe•ar *intr.* COMPUT to surf
sur•gir [32] *intr.* [surtir] to shoot up; [aparecer] to arise
su•rre•a•lis•ta <> *adj.* surrealistic <> *m.f.* surrealist
sur•ti•do, a <> *adj.* assorted <> *m.* selection
sur•ti•dor, •ra <> *adj.* supplying <> *m.* [proveedor] supplier; [chorro] spout; [fuente] fountain ▪ **~ de gasolina** filling station
sur•tir *tr.* to supply ▪ **~ efecto** to have the desired effect; (*intr.*) to gush
sus•cep•ti•bi•li•dad *f.* susceptibility, sensitivity
sus•cep•ti•ble, -ti•vo, a *adj.* susceptible; [quisquilloso] sensitive
sus•ci•tar *tr.* to stir up
sus•cri•bir [80] *tr.* & *reflex.* = **subscribir**
sus•crip•ción *f.* = **subscripción**
sus•crip•tor, •ra *m.f.* = **subscriptor, a**
su•so•di•cho, a *adj.* abovementioned
sus•pen•der *tr.* to suspend; [colgar] to hang; [interrumpir] to interrupt; [reprobar] to fail; LAW to adjourn
sus•pen•sión *f.* suspension; LAW adjournment ▪ **~ de hostilidades** cease-fire; **~ de garantías** suspension of constitutional rights
sus•pen•si•vo, a *adj.* suspensive ▪ **puntos suspensivos** suspension points, three dots
sus•pen•so, a ▻ **suspender** <> *m.* EDUC failing mark ▪ **de ~** AMER suspense; **una película de ~** a suspense movie; **en ~** pending; **mantener en ~** to keep guessing
sus•pen•so•res *m.pl.* ANDES & ARG suspenders
sus•pi•ca•cia *f.* distrust
sus•pi•caz *adj.* distrustful
sus•pi•rar *intr.* to sigh ▪ **~ por** to long for
sus•pi•ro *m.* sigh ▪ **dar** o **exhalar el último ~** to breathe one's last
sus•tan•cia *f.* = **substancia**
sus•tan•ti•vo, a *adj.* & *m.* = **substantivo**
sus•ten•ta•mien•to *m.*/**ción** *f.* [alimento] sustenance; [base] support; AER lift
sus•ten•tar *tr.* [alimentar] to sustain; [apoyar] to support; [afirmar] to uphold; (*reflex.*) [alimentarse] to nourish oneself; [mantenerse] to support oneself ▪ **~ con** o **de** to feed on
sus•ten•to *m.* [alimento] sustenance; [apoyo] support; [medios] livelihood ▪ **ganarse el ~** to earn one's living
sus•ti•tu•ción *f.* = **substitución**
sus•ti•tuir [18] *tr.* = **substituir**
sus•ti•tu•to, a *adj.* & *m.f.* = **substituto, a**
sus•to *m.* [miedo] scare; [preocupación] dread ▪ **caerse del ~** *coll* to be frightened to death; **darse** o **pegarse un ~** *coll* to get a scare; **dar un ~ a alguien** to frighten someone

sus•trac•ción *f.* = **substracción**
sus•tra•er [72] *tr.* = **substraer**
su•su•rrar *intr.* [murmurar] to whisper; [el agua] to murmur; [hojas] to rustle; (*reflex.*) to be rumored
su•su•rro *m.* [murmullo] whisper; [de hojas] rustling
su•til *adj.* subtle; [perspicaz] sharp
su•ti•le•za/li•dad *f.* subtlety; [agudeza] sharpness
su•tu•ra *f.* suture
su•tu•rar *tr.* to suture
su•yo, a ◇ *adj.* his, her, your, their; **la casa ~ es elegantísima; la nuestra es bastante fea** their house is very elegant; ours is rather ugly; of his, of hers, of yours, of theirs; **ese amigo ~** that friend of yours ◇ *pron.* his, hers, yours, theirs; **estos libros son suyos** these books are yours ▪ **hacer de las suyas** *coll* to be up to one's old tricks; **ir a lo ~** to look after one's own interest; **lo ~** one's share; **los suyos** one's friends o family; **salirse con la ~** *coll* to get one's way
svás•ti•ca *f.* swastika

T

T *f.* twenty-first letter of the Spanish alphabet
ta•ba ◇ *f.* ANAT anklebone ◇ *pl.* knucklebones
ta•ba•ca•le•ro, a ◇ *adj.* tobacco ◇ *m.f.* [cultivador] tobacco grower o dealer
ta•ba•co *m.* tobacco
tá•ba•no *m.* gadfly
ta•ba•que•rí•a *f.* tobacco store
ta•ba•que•ro, a ◇ *adj.* tobacco ◇ *m.f.* tobacco processor o dealer; (*f.*) tobacco box o pouch
ta•ber•na *f.* tavern
ta•ber•ne•ro, a *m.f.* bartender
ta•bi•que *m.* partition ▪ **~ nasal** nasal bone
ta•bla ◇ *f.* [de madera] board; [de mármol] slab; [índice] index; [lista] table; [faja de tierra] strip of land; PAINT & SEW panel ▪ **hacer ~ rasa de** to disregard; **~ de lavar** washboard; **~ de planchar** ironing board; **~ de salvación** last resort; **~ rasa** tabula rasa; **~ de snowboard** snowboard; **~ de surf** surfboard; **~ de windsurf** windsurf board, sailboard ◇ *pl.* [empate] tie; THEAT boards
ta•bla•do *m.* [tablas] floorboards; [plataforma] wooden platform; THEAT stage; CRIMIN execution scaffold
ta•bla•o *m.* SP stage of flamenco nightclub
ta•ble•ro *m.* [tabla] board; [en el juego] board; **~ de ajedrez** chessboard; [pizarra] blackboard; ELEC switchboard; AUTO dashboard ▪ **poner** o **traer al ~** to risk, stake; **~ contador** abacus; **~ de dibujo** drawing board; **~ de instrumentos** instrument panel
ta•ble•ta *f.* tablet ▪ **~ gráfica** COMPUT graphics tablet
ta•blón *m.* thick plank
ta•bú *adj.* & *m.* (*pl* **-úes**) taboo
ta•bu•la•dor *m.f.* tabulator
ta•bu•re•te *m.* stool
ta•ca•ñe•rí•a *f.* stinginess
ta•ca•ño, a ◇ *adj.* stingy ◇ *m.f.* miser
ta•cha[1] *f.* flaw ▪ **sin ~** upright
ta•cha[2] *f.* large tack
ta•cha•du•ra *f.* erasure
ta•char *tr.* to cross out ▪ **~ de** to accuse of
ta•cho *m.* AMER can ▪ **irse al ~** RP *coll* to fail; **~ de basura** AMER garbage can
ta•chue•la *f.* tack
tá•ci•to, a *adj.* tacit
ta•ci•tur•no, a *adj.* taciturn
ta•co *m.* [cuña] wedge; [en billar] billiard cue; [canuto] blowpipe; [de papel] pad; [de billetes] book of tickets; ARM wad; [baqueta] ramrod; [atasco] obstruction; MEX taco; ANDES & RP heel
ta•cón *m.* heel
ta•co•na•zo *m.* blow with the heel
ta•co•ne•ar *intr.* to tap one's heels
tác•ti•co, a ◇ *adj.* tactical ◇ *m.f.* tactician; (*f.*) tactics
tác•til *adj.* tactile; COMPUT touch-sensitive
tac•to *m.* [sentido] (sense of) touch; [acción] touching; [delicadeza] tact ▪ **al ~** to the touch
ta•cua•ra *f.* ARG BOT kind of bamboo
ta•ek•won•do *m.* taekwondo
ta•fe•tán *m.* taffeta
ta•húr, u•ra *m.f.* cardsharp
tai-chi *m.* tai chi
ta•i•ma•do, a *adj.* & *m.f.* cunning o crafty (person)
ta•ja•da *f.* slice ▪ **sacar ~** to benefit o profit (**de** from)
ta•jan•te *adj.* sharp; *fig* categorical
ta•jar *tr.* to slice
ta•jo *m.* [corte] cut; [con la espada] slash
tal ◇ *adj.* such (a); **nunca he visto ~ cosa** I have never seen such a thing; [cierto] certain; **un ~ José Gómez te llamó** a certain José Gómez called you ▪ **como si ~ cosa** as if there were nothing to it; **~ cual** such as; **te lo venderé ~ cual es** I will sell it to you such as it is; **~ vez** perhaps, maybe ◇ *pron.* such a thing; **yo no haría ~** I would not do such a thing; [alguno] some, someone ▪ **fulano de ~** so-and-so; **~ para cual** *coll* two of a kind ◇ *adv.* thus, so ▪ **con ~ que** provided that; **¿qué ~?** *coll* how's it going?
ta•la *f.* [de árboles] felling; [destrucción] destruction, ruin
ta•la•dra•dor, •ra ◇ *adj.* drilling ◇ *m.f.* [persona] driller; (*f.*) [máquina] drill
ta•la•drar *tr.* to drill ▪ **~ los oídos** to pierce the ears
ta•la•dro *m.* [taladradora] drill; [barrena] gimlet; [agujero] drill hole; ENTOM shipworm
tá•la•mo *m.* nuptial bed; ANAT & BOT thalamus
ta•lan•te *m.* [humor] mood; [voluntad] will ▪ **hacer algo de buen ~** to do something willingly; **hacer algo de mal ~** to do something unwillingly
ta•lar *tr.* [un árbol] to fell, cut down; [destruir] to destroy
tal•co *m.* talc; PHARM talcum powder
ta•len•to *m.* talent
ta•li•bán *adj.* Taliban
ta•lión *m.* talion ▪ **ley del ~** principle of an eye for an eye
ta•lis•mán *m.* talisman
ta•lla *f.* [estatura] height; [medida] size; [escultura] wood carving ▪ **tener ~ para** to be cut out for
ta•lla•do, a ◇ *adj.* [madera] carved; [metal] engraved; JEWEL cut ▪ **bien ~** well-built ◇ *m.* [en madera] carving; [en metal] engraving; JEWEL cutting
ta•lla•dor *m.* engraver

ta•llar *tr.* [en madera] to carve; [en metal] to engrave; JEWEL to cut; ARTS to sculpt
ta•lla•rín *m.* noodle
ta•lle *m.* [de mujer] figure; [de hombre] physique; [cintura] waist; SEW bodice
ta•ller *m.* [de obreros] shop; [de artistas] studio ▪ **~ de reparaciones** AUTO body shop
ta•llo *m.* stem
tal•mud *m.* Talmud
ta•lón *m.* heel; [moldura] talon; [de cubierta] rim; [comprobante] receipt; [de cheque] stub ▪ **pisarle a alguien los talones** *fig* to be at someone's heels
ta•lo•na•rio *m.* [de recibos] receipt book; [de cheques] checkbook
ta•mal *m.* AMER CUL tamale
ta•man•go *m.* RP *coll* shoe
ta•ma•ño, a ◇ *adj.* [tan grande] so large o big, such a large o big; **nunca podremos reembolsar ~ deuda** we can never repay such a large debt; [muy grande] very big o wide; **abrir tamaños ojos** to open one's eyes wide; [igual] such (a) ◇ *m.* [dimensión] size; [volumen] volume ▪ **del ~ de** as large as; **~ natural** life-size
ta•ma•rin•do *m.* tamarind
tam•ba•le•an•te *adj.* staggering
tam•ba•le•ar *intr.* to stagger
tam•bién *adv.* [además] also, too; [asimismo] likewise
tam•bo *m.* RP dairy farm
tam•bor *m.* drum; [persona] drummer; ANAT ear-drum; TECH cylinder; SEW embroidery frame; [del revólver] cylinder ▪ **a ~ batiente** *fig* triumphantly
tam•bo•ril *m.* small drum
tam•bo•ri•le•ar *intr.* [el tamboril] to beat; [con los dedos] to tap
tam•bo•ri•le•o *m.* beating (of a drum)
tam•bo•ri•le•ro, a *m.f.* drummer
ta•miz *m.* sieve
ta•mi•zar [04] *tr.* [con tamiz] to sift; [luz] to filter; *fig* to screen
tam•po•co *adv.* neither, nor
tam•pón *m.* ink pad; PHARM tampon
tam•tam *m.* tom-tom
tan *adv.* so, as; **no soy ~ alto como Enrique** I am not as tall as Enrique ▪ **~ pronto como** as soon as; **~ siquiera** at least; **~ sólo** only
tan•da *f.* [turno] turn; [de trabajadores] shift; [capa] layer; **una ~ de ladrillos** a layer of bricks; *coll* [gran cantidad] bunch
tan•gen•te *adj.* & *m.f.* tangent ▪ **irse** o **salir por la ~** to go off on a tangent
tan•gi•ble *adj.* tangible
tan•go *m.* tango
tan•gue•ar *intr.* to tango
tan•que *m.* tank; [barco] tanker
tan•te•ar *tr.* [calcular] to do a rough calculation of; [medir] to gauge; [considerar] to consider carefully; [explorar] to test; [sondear] to sound out; [bosquejar] to sketch; (*intr.*) to feel one's way
tan•te•o *m.* rough calculation ▪ **al ~** roughly
tan•to, a ◇ *adj.* so much, so many; **jamás he visto ~ dinero** I have never seen so much money ◇ *pron.* that; **a ~ arrastra la codicia** that is what greed leads to ▪ **las tantas** wee hours; **por (lo) ~** therefore; **~ como** o **cuanto** as much as ◇ *m.* [cantidad] certain amount; [en deportes] point ▪ **a tantos de** on a certain date in; **a tantos de junio** on a certain date in June; **en** o **entre ~** in the meantime; **no ser para ~** not to be so bad; **otro ~** the same thing; **~ por ciento** per cent; **y tantos** and some, odd; **mil y tantos** a thousand odd ◇ *adv.* [de tal modo] so much; **comí ~** I ate so much; so long; **tardaron ~** it took them so long; [hasta tal grado] to such an extent ▪ **~ como** as much as; **~ más** all the more; **~ mejor** all the better; **~ que** so much that
ta•ñer [68] *tr.* [instrumento] to play; [campana] to toll
ta•ñi•do *m.* tolling
ta•o•ís•mo *m.* Taoism
ta•o•is•ta *adj.* Taoist
ta•pa *f.* [de olla] lid; [de libro] cover; [bocado] hors d'oeuvre; ANDES & RP [de botella] top; [de frasco] topper ▪ **levantarse la ~ de los sesos** *coll* to blow one's brains out
ta•pa•ba•rros *m. inv.* ANDES mudguard
ta•pa•do *m.* coat
ta•par *tr.* [cubrir] to cover (up); [cerrar] to plug up [ocultar] to block; *fig* to conceal; (*reflex.*) to cover oneself up
ta•pa•rra•bo *m.* loincloth
ta•pe•te *m.* AMER [alfombra] small rug o carpet; [de mesa] table runner ▪ **estar sobre el ~** to be under discussion; **poner sobre el ~** to bring up for discussion
ta•pia *f.* [pared de tierra] mud o adobe wall; [cerca] (adjoining) wall ▪ **más sordo que una ~** *coll* deaf as post
ta•piar *tr.* to wall in
ta•pi•ce•rí•a *f.* [de tapices] tapestry-making; [de muebles] upholstery; [tienda] upholsterer's shop
ta•pi•ce•ro, a *m.f.* [de tapices] tapestry maker; [de muebles] upholsterer
ta•pio•ca *f.* tapioca
ta•pir *m.* tapir
ta•piz *m.* tapestry ▪ **~ rodante** treadmill
ta•pi•zar [04] *tr.* [adornar] to hang with tapestries [muebles] to upholster; [el suelo] to carpet
ta•pón *m.* [de botellas] cork; [de tonel] plug; SURG tampon; AMER [fusible] fuse ▪ **~ de desagüe** drain plug
ta•po•nar *tr.* [un agujero] to plug; SURG to tampon
ta•po•na•zo *m.* pop (of a cork)
ta•pu•jo *m.* ▪ **andar con tapujos** *coll* to be full of secrecy
ta•que•rí•a *f.* MEX [quiosco] taco stall; [restaurante] taco restaurant
ta•qui•gra•fí•a *f.* stenography
ta•qui•gra•fiar [30] *tr.* to write in shorthand
ta•quí•gra•fo, a *m.f.* stenographer
ta•qui•lla *f.* THEAT [ventanilla] box office; [cantidad] receipts ▪ **hacer ~** to be a box-office hit
ta•qui•lle•ro, a ◇ *m.f.* ticket agent ◇ *adj.* ▪ **éxito ~** box-office hit
ta•ra[1] *f.* [peso] tare; [defecto] defect ▪ **tener una ~** *coll* to be an idiot
ta•ra[2] *f.* tally stick
ta•ra•do, a *adj.* & *m.f.* AMER *coll* idiot
ta•ram•ba•na *m.f.* scatterbrain
ta•rán•tu•la *f.* tarantula
ta•ra•re•ar *tr.* to hum
ta•ra•re•o *m.* humming
tar•dan•za *f.* delay
tar•dar *intr.* [demorarse] to delay; **no tardes en avisarnos** don't delay in informing us; [durar] to take; **el tre**

tardó tres horas en llegar the train took three hours to arrive; [tomar tiempo] to take a long time; **tardó en contestar** he took a long time to answer; [llegar tarde] to be late ■ **a más ~** at the latest

tar•de ◇ *f.* afternoon, (early) evening ■ **buenas tardes** good afternoon ◇ *adv.* [a hora avanzada] late; **nos acostamos ~** we went to bed late; [fuera de tiempo] too late; **el médico llegó ~** the doctor arrived too late ■ **a la caída de la ~** at dusk; **hacerse ~** to get late; **lo más ~** at the latest; **más vale ~ que nunca** better late than never; **por** o **en la ~** in the afternoon; **~ o temprano** sooner or later

tar•dí•o, a *adj.* late; [lento] slow

ta•re•a *f.* task ■ **~ escolar** homework

ta•ri•fa *f.* [tasa] tariff; [precio] fare; [tabla] price list ■ **~ plana** flat rate

ta•ri•ma *f.* movable platform

tar•je•ta *f.* card ■ **~ aceleradora** COMPUT accelerator card; **~ de cliente** customer card; **~ de crédito** credit card; **~ de débito** debit card; **~ de embarque** boarding pass; **~ de fidelización** loyalty card; **~ de identidad** identity card; **~ inteligente** smart card; **~ monedero** electronic purse; **~ perforada** punch card; **~ postal** post card; **~ (de) prepago** TELEC pre-paid card; **~ de recarga** TELEC top-up card; **~ SIM** TELEC SIM card; **~ de sonido** COMPUT sound card; **~ telefónica** card phone; **~ de visita** calling card

tar•je•te•ro *m.* card case

ta•rro *m.* [vasija] jar; [de lata] tin can ■ **tener ~** RP *sl* to be lucky

tar•so *m.* tarsus

tar•ta *f.* pie

tar•ta•mu•de•ar *intr.* to stammer

tar•ta•mu•de•o *m.*/**dez** *f.* stammering

tar•ta•mu•do, a ◇ *adj.* stammering ◇ *m.f.* stammerer

tar•tán *m.* tartan

tár•ta•ro, a *adj.* & *m.* tartar

ta•ru•go *m.* [clavija] wooden peg; [taco] wooden block; *fig* blockhead

ta•sa *f.* rate ■ **~ aduanera** customs duty; **tasas de aeropuerto** airport tax

ta•sa•ción *f.* appraisal

ta•sa•dor, •ra ◇ *adj.* appraising ◇ *m.f.* appraiser

ta•sa•je•ar *tr.* AMER CUL to jerk

ta•sar *tr.* [poner precio a] to set the price of; [valorar] to appraise

tas•ca *f.* *sl* dive, joint

ta•ta *m.* AMER *coll* daddy

ta•ta•ra•bue•lo, a ◇ *m.* great-great-grandfather; (*f.*) great-great-grandmother ◇ *pl.* great-great-grandparents

ta•ta•ra•nie•to, a ◇ *m.* great-great-grandson; (*f.*) great-great-granddaughter ◇ *pl.* great-great-grandchildren

ta•tua•je *m.* tattoo

ta•tuar [67] *tr.* to tattoo

tau•ri•no, a *adj.* taurine

tau•ro•ma•quia *f.* bullfighting

tau•to•lo•gí•a *f.* tautology

ta•xi *m.* taxi

ta•xi•der•mia *f.* taxidermy

ta•xí•me•tro *m.* [reloj] meter; [vehículo] taxi

ta•xis•ta *m.f.* taxi driver

ta•xo•no•mí•a *f.* taxonomy

ta•za *f.* cup; [contenido] cupful; [de fuente] basin; [de retrete] bowl

ta•zón *m.* large cup

te *pron.* you; **te quiero** I love you; you, to you; **te mandaron una carta** they sent a letter to you; you, for you; **te compré un regalo** I bought a present for you; from you; **no le dejes quitarte la pelota** don't let him take the ball from you; yourself; **cálmate** calm yourself

té *m.* tea ■ **~ del Paraguay** maté

te•a *f.* torch

te•a•tral *adj.* theatrical

te•a•tra•li•dad *f.* theatricality

te•a•tro *m.* theater

te•cha•do *m.* [techo] roof; [cobertizo] shed ■ **bajo ~** indoors

te•cho *m.* [tejado] roof; [parte interior] ceiling; AVIA ceiling ■ **~ solar** sunroof; **los sin ~** the homeless; **no tener ~** not to have a roof over one's head

te•cla *f.* key ■ **dar en la ~** *coll* to hit the nail on the head

te•cla•do *m.* keyboard

te•cle•a•do *m.* fingering

te•cle•ar *intr.* [pulsar teclas] to finger a keyboard; *coll* [con los dedos] to drum with the fingers; [tocar el piano] to play the piano; *fig* to be doing poorly

téc•ni•co, a ◇ *adj.* technical ◇ *m.f.* [especialista] technician; [ingeniero] engineer ■ **~ agrícola** agronomist; **~ electricista** electrical engineer; (*f.*) [método, habilidad] technique; [tecnología] technology; [ingeniería] engineering ■ **~ electrónica** electronics

tec•no•cra•cia *f.* technocracy

tec•no•lo•gí•a *f.* technology ■ **~ de la información** information technology

tec•no•ló•gi•co, a *adj.* technological

te•co•lo•te *m.* C AMER & MEX [búho] owl; [policía] cop (on night patrol)

te•dio *m.* tedium

te•dio•so, a *adj.* tedious

te•ja *f.* [mosaico] tile; [de techo] slate

te•ja•do *m.* roof ■ **empezar la casa por el ~** to put the cart before the horse

te•je•dor, •ra ◇ *adj.* weaving ◇ *m.f.* weaver; (*m.*) weaverbird; (*f.*) AMER weaving machine

te•je•ma•ne•je *m.* *coll* intrigue

te•jer *intr.* [con telar] to weave; [hacer punto] to knit

te•ji•do *m.* [tela] fabric; [textura] weave; ANAT & BIOL tissue ■ **~ de alambre** wire mesh; **~ de punto** jersey

te•jo *m.* [para jugar] chip; [juego] quoits; [de metal] metal disk; MEX TECH step bearing; BOT yew tree

te•jón[1] *m.* ZOOL badger

te•jón[2] *m.* gold ingot o disk

te•la *f.* [paño] fabric; [membrana] membrane; [nata] film; [de araña] web; ANAT film; BOT skin; ARTS [lienzo] canvas; [pintura] painting ■ **poner en ~ de juicio** to call into question; **~ adhesiva** adhesive tape; **~ aislante** electrical tape; **~ metálica** wire netting

te•lar *m.* TEX loom; [de puerta] frame; BKB sewing press ■ **en el ~** in the making

te•la•ra•ña ◇ *f.* spider web ◇ *pl.* ■ **tener ~ en los ojos** *coll* to have blinders on

te•le•ban•ca *f.* telephone banking

te•le•ban•co *m.* telephone banking

te•le•ba•su•ra *f.* junk TV

te•le•cen•tro *m.* telecentre
te•le•co *f.* telco
te•le•com•pra *f.* home shopping
te•le•co•mu•ni•ca•ción *f.* telecommunication
te•le•con•fe•ren•cia *f.* teleconference
te•le•di•fu•sión *f.* telecast
te•le•di•ri•gi•do, a *adj.* remote-controlled
te•le•di•ri•gir [32] *tr.* to guide by remote control
te•le•fo•na•zo *m. coll* phone call
te•le•fo•ne•ar *tr.* to phone
te•le•fo•ní•a *f.* telephony ▪ ~ **básica** basic telephony; ~ **celular** mobile telephony; ~ **fija** fixed telephony; ~ **móvil** mobile telephony
te•le•fó•ni•ca *f.* telecommunications company
te•le•fó•ni•ca•men•te *adv.* by phone
te•le•fó•ni•co, a *adj.* phone ▪ **cabina** ~ phone booth; **guía** ~ telephone directory
te•le•fo•nis•ta *m.f.* telephone operator
te•lé•fo•no *m.* telephone ▪ ~ **celular** mobile phone; ~ **gratuito** toll-free number; ~ **inalámbrico** cordless phone; ~ **WAP** WAP telephone
te•le•gra•fí•a *f.* telegraphy
te•le•gra•fiar [30] *tr.* to telegraph
te•le•grá•fi•co, a *adj.* telegraphic
te•le•gra•fis•ta *m.f.* telegrapher
te•lé•gra•fo *m.* telegraph
te•le•gra•ma *m.* telegram
te•le•man•do *m.* remote control
te•le•mar•ke•ting *m.* telemarketing
te•le•me•trí•a *f.* telemetry
te•le•ob•je•ti•vo *m.* telephoto lens
te•le•pa•tí•a *f.* telepathy
te•le•pá•ti•co, a *adj.* telepathic
te•les•có•pi•co, a *adj.* telescopic
te•les•co•pio *m.* telescope
te•les•pec•ta•dor, •ra *m.f.* television viewer
te•le•tien•da *f.* home shopping program
te•le•ti•po *m.* teletype
te•le•tra•ba•ja•dor, •ra *m.f.* teleworker
te•le•tra•ba•jo *m.* teleworking
te•le•vi•den•te *m.f.* television viewer
te•le•vi•sar *tr.* to televise
te•le•vi•sión *f.* television ▪ ~ **a la carta** TV on demand; ~ **por cable** cable television; ~ **digital** digital television; ~ **de pago** pay TV
te•le•vi•sor *m.* television (set) ▪ ~ **de pantalla ancha** widescreen TV; ~ **de pantalla plana** flatscreen TV; ~ **panorámico** widescreen TV
te•lex *m.* telex
te•lón *m.* THEAT curtain; MEX riddle ▪ ~ **de boca** drop curtain; ~ **de fondo** backdrop
te•lú•ri•co, a *adj.* telluric
te•lu•rio *m.* tellurium
te•ma *m.* [asunto] subject; [escrito] composition; [idea fija] obsession; MUS theme
te•ma•rio *m.* agenda
te•má•ti•co, a ◇ *adj.* [del tema] thematic; [terco] obstinate ◇ *f.* subject
tem•blar [49] *intr.* [temblequear] to tremble; [tener miedo] to be afraid ▪ ~ **de frío** to shiver with cold; ~ **de miedo** to quiver with fear
tem•ble•que *m.* [persona] trembler; [terremoto] earthquake
tem•blor *m.* tremor; AMER earthquake ▪ ~ **de tierra** earthquake
tem•blo•(ro•)so, a *adj.* shaking
te•mer *tr.* & *intr.* to fear ▪ ~ **a** to be afraid of; ~ **por** to fear for
te•me•ra•rio, a *adj.* reckless
te•me•ri•dad *f.* temerity
te•me•ro•so, a *adj.* [temible] frightening; [tímido] timid
te•mi•ble *adj.* frightful
te•mor *m.* [miedo] fear; [presunción] foreboding
tém•pa•no *m.* [de hielo] iceberg; [tapa de tonel] barrel head
tem•pe•ra•men•tal *adj.* temperamental
tem•pe•ra•men•to *m.* [naturaleza] temperament; [temperie] weather
tem•pe•rar *tr.* [calmar] to calm; [moderar] to temper
tem•pe•ra•tu•ra *f.* temperature
tem•pes•tad *f.* storm ▪ ~ **en un vaso de agua** tempest in a teapot
tem•pes•tuo•so, a *adj.* stormy
tem•pla•do, a *adj.* [moderado] moderate; [tibio] lukewarm; [el clima] mild
tem•plan•za *f.* [sobriedad] temperance; [moderación] moderation; [del clima] mildness
tem•plar *tr.* [moderar] to temper; [la temperatura] to make lukewarm; METAL to temper; MUS to tune; [mitigar] to mitigate; [apaciguar] to appease; (*intr.*) to warm up
tem•ple *m.* [de metales] temper; [índole] nature; [disposición] mood; **estar de buen** ~ to be in a good mood; [valentía] courage
tem•plo *m.* temple
tem•po•ra•da *f.* [del año] season; [período] period ▪ **de fuera de** ~ off-season; **por temporadas** off and on; ~ **baja** off season
tem•po•ral ◇ *adj.* [pasajero] temporary; [secular] temporal ◇ *m.* [tempestad] storm; [lluvia persistente] rainy spell
tem•po•rá•ne•o/ra•rio, a *adj.* temporary
tem•pra•ne•ro, a *adj.* early ▪ **ser** ~ to be an early riser
tem•pra•no, a *adj.* & *adv.* early
ten ▷ **tener**
te•na•ci•dad *f.* tenacity
te•naz *adj.* tenacious
te•na•za(s) *f.(pl.)* [herramienta] pliers; ZOOL pincers; [del fuego] tongs; MED forceps ▪ ~ **de rizar** curling iron
ten•de•de•ro *m.* clothesline
ten•den•cia *f.* [propensión] tendency; [de moda, mercado] trend
ten•den•cio•so, a *adj.* tendentious
ten•der [50] *tr.* [extender] to spread (out); [alargar] to stretch out; **me tendió la mano** he stretched out his hand to me; [ropa] to hang out; [cable] to lay; [puente] to build; AMER [cama] to make; AMER [mesa] to set, to lay; (*intr.*) to tend (**a** to); (*reflex.*) to lie down
ten•de•ro, a *m.f.* shopkeeper
ten•di•do, a ◇ *adj.* [extendido] stretched o spread out; EQUIT full ◇ *m.* [acción] spreading; [ropa] load of wash
ten•dien•te *adj.* AMER tending
ten•dón *m.* tendon
ten•drá, dría ▷ **tener**
te•ne•bro•so, a *adj.* [sombrío] dark; [secreto] shady; [oscuro] obscure

te•ne•dor, •ra *m.f.* [poseedor] owner; COM bearer; (*m.*) fork ▪ ~ **de acciones** stockholder; ~ **de libros** bookkeeper
te•ne•du•rí•a *f.* bookkeeping
te•nen•cia *f.* possession
te•ner [69] *tr.* to have; [poseer] to possess; [asir] to take hold of; **ten el cable** take hold of the rope; [contener] to contain; [mantener] to maintain; [considerar] to consider; **tuvo a menos trabajar en tal cosa** she considered it beneath her to work on anything like that; to be; **tiene sesenta años de edad** he is sixty years of age; [cumplir] to keep, fulfill; AMER [llevar] to be; **tengo tres años aquí** I've been here for three years ▪ **no ~ sobre qué caerse muerto** not to have a cent to one's name; ~ **a bien** to see fit to; ~ **calor/frío** to be hot/cold; ~ **celos** to be jealous; ~ **cuidado** to be careful; ~ **en cuenta** to take into account; ~ **en mucho** to esteem; ~ **en poco** to think little of; ~ **éxito** to succeed; ~ **ganas de** to feel like; ~ **hambre/sed** to be hungry/thirsty; ~ **la bondad de** to be kind enough to; ~ **la culpa** to be to blame; ~ **lugar** to take place; ~ **miedo** to be afraid; ~ **mucho de** to resemble; ~ **por** to think; **lo tengo por sabio** I consider him wise; ~ **presente** to bear in mind; ~ **prisa** to be in a hurry; ~ **que** to have to; **tenemos que hacerlo** we have to do it; ~ **que ver con** to have to do with; ~ **razón** to be right; ~ **sueño** to be sleepy; ~ **suerte** to be lucky; (*intr.*) to be well-off; (*reflex.*) to steady oneself; ~ **de pie** to stand up; ~ **por** to consider oneself
te•nia *f.* tapeworm
te•ni•da *f.* CHILE suit
te•nien•te *m.* lieutenant; [sustituto] substitute, deputy
te•nis *m.* tennis ▪ ~ **de mesa** table tennis
te•nis•ta *m.f.* tennis player
te•nor[1] *m.* tenor; tone ▪ **a ~ de** in accordance with
te•nor[2] *m.* MUS tenor
te•no•rio *m.* Don Juan
ten•sar *tr.* to stretch
ten•sión *f.* tension; [emocional] stress ▪ ~ **arterial** blood pressure; ~ **premenstrual** premenstrual tension, PMT
ten•so, a *adj.* [tirante] tense; [nervios, situación] strained; [emocionalmente] stressed
ten•ta•ción *f.* temptation
ten•tá•cu•lo *m.* tentacle
ten•ta•dor, •ra ◇ *adj.* tempting ◇ *m.* tempter
ten•tar [49] *tr.* [palpar] to grope; [seducir] to tempt; [intentar] to try
te•nue *adj.* [delgado] thin; [luz] soft
te•ñir [59] *tr.* to dye; PAINT to darken; *fig* to imbue
te•o•cra•cia *f.* theocracy
te•o•lo•gí•a *f.* theology
te•ó•lo•go, a *m.f.* theologian
te•o•re•ma *m.* theorem
te•o•rí•a *f.* theory
te•ó•ri•co, a ◇ *adj.* theoretical ◇ *m.f.* theoretician
te•o•ri•zar [04] *tr.* to theorize
te•pa•che *m.* MEX mildly alcoholic drink made from fermented pineapple peelings and unrefined sugar
te•qui•la *f.* tequila
te•ra•peu•ta *m.f.* therapist
te•ra•péu•ti•co, a ◇ *adj.* therapeutic ◇ *f.* therapy
te•ra•pia *f.* therapy ▪ ~ **combinada** combination therapy; ~ **génica** gene therapy
ter•cer *adj.* = **tercero**
ter•cer•mun•dis•ta *adj.* third-world
ter•ce•ri•za•ción *f.* AMER outsourcing
ter•ce•ri•zar *tr.* AMER to outsource
ter•ce•ro, a ◇ *adj.* third; **vive en la ~ casa a la derecha** she lives in the third house on the right ◇ *m.* [mediador] mediator; LAW third party; (*f.*) MUS third; AUTO third gear
ter•ce•to *m.* POET tercet; MUS trio
ter•ciar *tr.* to place diagonally across; (*intr.*) [interponerse] to mediate; [participar] to take part; ~ **en una conversación** to take part in a conversation; [completar] to fill in
ter•cio, a *adj.* & *m.* third
ter•cio•pe•lo *m.* velvet
ter•co, a *adj.* stubborn
te•re•ré *m.* ARG & PAR refreshing maté drink made with lemon juice
ter•gi•ver•sa•ción *f.* distortion
ter•gi•ver•sar *tr.* to distort
ter•mal *adj.* thermal
ter•mas *f.pl.* hot baths o springs
ter•mi•na•ción *f.* ending
ter•mi•nal ◇ *adj.* terminal ◇ *m.* ELEC terminal; (*f.*) [estación] terminal
ter•mi•nan•te *adj.* definite
ter•mi•nar *tr.* [poner término a] to end; [acabar] to complete; (*intr.*) [tener término] to come to an end ▪ ~ **de** [acabar de] to have just; [concluir] to finish; **terminamos de comer** we finished eating; ~ **en** to end up in; ~ **por** to end up; **terminó por marcharse enfadado** he ended up going away angry; (*reflex.*) to come to an end
tér•mi•no *m.* [conclusión] end; [palabra, tiempo] term; [límite] boundary; LOG & MATH term ▪ **dar ~ a** to finish off; **en buenos términos con** on good terms with; **en último ~** in the last analysis; **llevar a ~** to carry out; **poner ~ a** to put an end to; **por ~ medio** on the average; ~ **medio** MATH average; [compromiso] middle ground
ter•mi•no•lo•gí•a *f.* terminology
ter•mi•ta *m.* termite
ter•mo *m.* thermos (bottle)
ter•mo•di•ná•mi•ca *f.* thermodynamics
ter•mo•e•léc•tri•co, a *adj.* thermoelectric
ter•mó•me•tro *m.* thermometer
ter•mo•nu•cle•ar *adj.* thermonuclear
ter•mo•rre•gu•la•dor *m.* thermostat
ter•mos•ta•to *m.* thermostat
ter•na *f.* [lista] list of three candidates; [en dados] pair of three
ter•ne•ra *f.* [animal] female calf; [carne] veal
ter•ne•ro *m.* male calf
ter•no *m.* [tres] set of three; [vestido] three-piece suit; [en lotería] set of three numbers
ter•nu•ra *f.* tenderness
ter•que•dad *f.* stubbornness
te•rra•co•ta *f.* terra cotta
te•rra•mi•ci•na *f.* terramycin
te•rra•plén *m.* embankment
te•rra•ple•nar *tr.* [llenar] to fill up with earth; [hacer terraplén] to embank
te•rrá•que•o, a *adj.* terrestrial ▪ **globo ~** the earth
te•rra•te•nien•te *m.* landowner
te•rra•za *f.* [balcón] terrace; [azotea] roof terrace; [de un café] veranda

te•rre•mo•to *m.* earthquake
te•rre•nal *adj.* earthly
te•rre•no, a ◇ *adj.* [terrestre] earthly; [terrenal] worldly ◇ *m.* [tierra] land; [campo] piece of land; [suelo] ground; GEOL terrain; SPORT field ▪ **preparar el** ~ to pave the way; **reconocer el** ~ to get the lay of the land; ~ **conocido** familiar territory
te•rres•tre *adj.* terrestrial
te•rri•ble *adj.* terrible
te•rrí•co•la *m.f.* earthling
te•rri•to•rial *adj.* territorial
te•rri•to•rio *m.* territory; [comarca] zone
te•rrón *m.* [de tierra] clod; [de azúcar] lump
te•rror *m.* terror
te•rro•rí•fi•co, a *adj.* terrifying
te•rro•ris•ta *adj.* & *m.f.* terrorist
te•rru•ño *m.* [tierra] land; [país] native land
ter•so, a *adj.* [limpio] clear; [estilo] smooth
ter•tu•lia *f.* [reunión] social gathering; THEAT upper gallery ▪ ~ **literaria** literary circle
te•sis *f.inv.* thesis; [opinión] theory
te•si•tu•ra *f.* tessitura; [actitud] frame of mind
te•són *m.* tenacity
te•so•ne•ro, a *adj.* tenacious
te•so•re•rí•a *f.* treasury
te•so•re•ro, a *m.f.* COM treasurer; (*m.*) RELIG custodian
te•so•ro *m.* [dinero] treasure; [fondos públicos] treasury; *fig* gem
tes•ta *f.* head
tes•ta•dor, •ra *m.f.* testator
tes•ta•fe•rro *m.* figurehead
tes•ta•men•ta•rio, a ◇ *adj.* testamentary ◇ *m.* executor; (*f.*) executrix
tes•ta•men•to *m.* will ▪ **Antiguo Testamento** Old Testament; **Nuevo Testamento** New Testament
tes•tar *intr.* to make a will
tes•ta•ru•do, a *adj.* & *m.f.* stubborn (person)
tes•te *m.* testicle
tes•te•ar [70] *tr.* C SUR to test
tes•tí•cu•lo *m.* testicle
tes•ti•fi•car [70] *tr.* to testify (to)
tes•ti•go *m.f.* witness ▪ ~ **de cargo** witness for the prosecution; ~ **de descargo** witness for the defense; ~ **ocular** eyewitness; (*m.*) *fig* proof
tes•ti•mo•ni•ar *tr.* to testify (to)
tes•ti•mo•nio *m.* testimony; [atestación] affidavit; *fig* token ▪ **falso** ~ perjury
tes•tos•te•ro•na *f.* testosterone
te•ta *f.* [pecho] breast; [de vaca] udder; [pezón] nipple ▪ **dar la** ~ **a** to nurse; **niño de** ~ nursing infant; **quitar la** ~ **a** to wean
té•ta•no(s) *m.* tetanus
te•te•ra *f.* teapot
te•te•ro *m.* COL & VEN baby's bottle
te•ti•lla *f.* [de mamíferos] teat; [de biberón] nipple
te•tra•e•dro *m.* tetrahedron
té•tri•co, a *adj.* gloomy
tex•til *adj.* & *m.* textile
tex•to *m.* [contenido] text; [libro] textbook
tex•tual *adj.* textual
tex•tu•ra *f.* texture
tez *f.* complexion
ti *pron.* you; **lo compré para ti** I bought it for you; yourself; **hazlo para ti** do it for yourself
tí•a *f.* aunt; *coll* [mujer] woman ▪ **cuéntaselo a tu** ~ *coll* tell it to the marines; **no hay tu** ~ *coll* no use; ~ **abuela** great-aunt
tian•guis *m. inv* C AMER & MEX open-air market
tia•ra *f.* tiara
ti•bia *f.* tibia
ti•bio, a *adj.* lukewarm
ti•bu•rón *m.* shark
tic *m.* tic
tic•tac, tic tac *m.* ticking
tiem•ble, blo ▻ **temblar**
tiem•po *m.* time; [época] times; **en** ~ **de Napoleón** in the times of Napoleon; [ocasión] moment; [estación] season; METEOROL weather ▪ **al mismo** ~ at the same time; **al** ~ **que** just as; **andando el** ~ in the course of time; **a su** ~ in due time; **a** ~ in o on time; **cargarse el** ~ to become overcast; **con** ~ [por adelantado] in advance; [en el momento oportuno] in good time; **dar** ~ **al** ~ to bide one's time; **de algún** ~ **a esta parte** for some time now; **de** ~ **en** ~ from time to time; **en los buenos tiempos** in the good old days; **en** ~ **de Maricastaña** *coll* in olden times; **fuera de** ~ at the wrong time; **ganar** ~ to save time; **perder el** ~ to waste time; ~ **atrás** some time ago; ~ **de conversación** talktime
tien•da *f.* dress shop ▪ **ir de tiendas** to go shopping; ~ **de campaña** tent; ~ **de modas** boutique
tien•da, do ▻ **tender**
tie•ne ▻ **tener**
tien•ta *f.* ▪ **a tientas** gropingly; **andar a tientas** to feel one's way
tien•te, to ▻ **tentar**
tien•to *m.* [tacto] touch; [palo de ciego] blind man's cane; [balancín] balancing pole; [pulso] steady hand; [prudencia] caution; [correa] leather strip ▪ **con** ~ cautiously
tier•no, a *adj.* [afectuoso] loving; [blando] soft; tender; **carne** ~ tender meat
tie•rra *f.* [superficie] land; **viajar por** ~ to travel by land; [suelo] ground; [patria] country; [comarca] region; [campo] land; ~ **de cultivo** arable land; ELEC ground ▪ **caer a** ~ to fall down; **dar en** ~ **con** to knock down; **poner** ~ **de por medio** to make oneself scarce; **Tierra** Earth; ~ **adentro** inland; ~ **de nadie** *fig* no man's land; **venir(se) a** ~ to collapse
tie•so, a *adj.* [rígido] stiff; [estirado] arrogant
ties•to *m.* [pedazo] piece of earthenware; [maceta] flowerpot; [vasija] bowl
ti•foi•de•o, a ◇ *adj.* typhoid ◇ *f.* typhoid fever
ti•fón *m.* typhoon
ti•fus *m.* typhus
ti•gre *m.* tiger ▪ ~ **americano** jaguar
ti•gre•sa *f.* tigress
ti•gri•llo *m.* AMER wildcat
ti•je•ra(s) *f.(pl.)* [instrumento] scissors; [zanja] drainage ditch ▪ **cortado por la misma** ~ cut from the same cloth
ti•je•re•ta *f.* BOT tendril; ENTOM earwig; ORNITH scissortail
ti•je•re•ta•da *f.*/**zo** *m.* snip
til•dar *tr.* [una letra] to put a tilde on; [llamar] to call; ~ **a alguien de necio** to call someone a fool
til•de *m.f.* [sobre la ñ] tilde; [acento] accent; [tacha] flaw; (*f.*) iota

ti•li•ches *m.pl.* C AMER & MEX bits and pieces
til•ma *f.* MEX woolen blanket
ti•lo *m.* linden
ti•ma•dor, •ra *m.f.* cheat
ti•mar *tr.* to cheat
tim•ba *f. coll* [partida] hand of cards; [garito] gambling den
tim•bal *m.* kettledrum; CUL meat pie
tim•bra•do, a *adj.* stamped
tim•brar *tr.* to stamp
tim•bre *m.* [sello] stamp; [sello oficial] tax stamp; [aparato] buzzer; [sonido] ring; [sonoridad] timbre
ti•mi•dez *f.* timidity
tí•mi•do, a *adj.* timid
ti•mo[1] *m.* thymus
ti•mo[2] *m.* swindle
ti•món *m.* MARIT rudder; AVIA control stick; AGR plow beam; [pértigo] whippletree; *fig* helm; ANDES & CUBA [volante] steering wheel ▪ **manejar el ~** to be at the helm
ti•mo•nel *m.* helmsman
ti•mo•ra•to, a *adj.* shy
tím•pa•no *m.* MUS kettledrum; ANAT eardrum
ti•na, ti•na•ja *f.* [vasija] large earthen vat; [cubo] vat; C AMER, COL & MEX [baño] bathtub
tin•gla•do *m.* [cobertizo] shed; [tablado] platform; [enredo] ruse
ti•nie•blas *f.pl.* darkness; *fig* ignorance
ti•no *m.* [puntería] good aim; [juicio] good judgment ▪ **sacar de ~** to drive crazy; **sin ~** recklessly
tin•ta ◇ *f.* ink; [color] dye ▪ **media ~** ARTS halftone; **saber de buena ~** *coll* to have it on good authority; **sudar ~** *coll* to sweat blood; **~ china** India ink; **~ simpática** invisible ink ◇ *pl.* colors ▪ **a medias ~** vaguely; **cargar** o **recargar las ~** to exaggerate
tin•te *m.* [acción] dyeing; [colorante] dye; [color] tint; *fig* tinge
tin•te•ro *m.* inkwell; PRINT ink fountain ▪ **quedársele a uno en el ~ una cosa** *coll* to leave something unsaid
tin•tín/ti•(li•)ne•o *m.* [de vasos] clinking; [de campanilla] jingling
tin•ti•nar/ne•ar *intr.* [vasos] to clink; [campanilla] to jingle
tin•to, a ▷ **teñir** ◇ *adj.* dark-red ◇ *m.* [vino] red wine; COL & VEN [café] black coffee
tin•to•re•rí•a *f.* dry cleaner's shop
tin•to•re•ro, a *m.f.* [que tiñe] dyer; [que limpia] dry cleaner
tin•tu•ra *f.* dye; PHARM tincture
ti•ña *f.* MED ringworm; *coll* [miseria] squalor, poverty; [mezquindad] stinginess
ti•ña, ño, ñera, ñó ▷ **teñir**
ti•ño•so, a ◇ *adj.* scabby; *fig* stingy ◇ *m.f.* MED person suffering from ringworm; *fig* miser
tí•o ◇ *m.* [pariente] uncle; *coll* [persona cualquiera] fellow ▪ **~ abuelo** great-uncle ◇ *pl.* aunt and uncle
tio•vi•vo *m.* merry-go-round
ti•pa *f.* AMER *derog* trollop
ti•pe•ar [70] *tr.* AMER to type
tí•pi•co, a *adj.* typical
ti•pi•fi•car [70] *tr.* to typify
ti•ple *m.* MUS [voz] soprano; [instrumento] treble guitar; MARIT single-piece mast; (*m.f.*) MUS soprano
ti•po *m.* [clase] kind; [modelo] type; [figura] figure; *derog* character; [persona] guy; **¿quién es ese ~?** who is that guy?; PRINT type; COM rate; **~ de interés** interest rate
ti•po•gra•fí•a *f.* typography
ti•pó•gra•fo, a *m.f.* typesetter
ti•ra *f.* strip
ti•ra•bu•zón *m.* [sacacorchos] corkscrew; [bucle] ringlet
ti•ra•da *f.* [lanzamiento] throw; [distancia] distance; [serie] series; [edición] edition ▪ **de una ~** at one stretch
ti•ra•de•ro *m.* AMER rubbish dump
ti•ra•do, a *adj.* dirt-cheap
ti•ra•dor, •ra ◇ *m.* [de pistola] shot; [de cajón] knob; [de campanilla] bellpull, catapult ◇ *pl.* suspenders; (*f.*) shot
ti•ra•je *m.* AMER print run
ti•ra•lí•ne•as *m.inv.* ruling pen
ti•ra•ní•a *f.* tyranny
ti•ra•ni•zar [04] *tr.* to tyrannize
ti•ra•no, a ◇ *adj.* tyrannical ◇ *m.f.* tyrant
ti•ran•te ◇ *adj.* [tenso] tight; [relaciones] strained ◇ *m.* [correa] strap; ARCHIT tie beam; TECH brace ◇ *pl.* suspenders
ti•ran•tez *f.* tightness; *fig* strain
ti•rar *tr.* [arrojar] to throw; [desechar] to throw away; [derribar] to knock down; [estirar] to stretch; [disparar] to fire; [trazar] to draw; **~ paralelas** to draw parallel lines; [dar] to give; **le tiré una patada** I gave him a kick; [imprimir] to print; [malgastar] to waste ▪ **~ a alguien de la lengua** to draw someone out; **tirarla de** to boast of being; **tirarla de sabio** to boast of being wise; (*intr.*) [atraer] to attract; **el imán tira del metal** the magnet attracts metal; [traer hacia sí] to pull; [producir corriente] to draw; **esta chimenea no tira bien** this chimney does not draw well; [torcer] to turn, go; **~ hacia la izquierda** to turn towards the left; [durar] to last; **los zapatos no tirarán otro año** his shoes will not last another year; [aspirar] to aspire; [atraer el ánimo] to have an appeal; [asemejarse] to take after; **tira a su madre** she takes after her mother; [parecerse] to have a touch of; **este color tira a rojo** this color has a touch of red; *coll* [funcionar] to run; **el coche tira bien** the car runs well; **ir tirando** *coll* to manage; **~ de** to pull; **tira y afloja** give-and-take; (*reflex.*) [arrojarse] to throw o hurl oneself; [tenderse] to lie down
ti•ri•tar *intr.* to shiver
ti•ro *m.* [lanzada] throw; [disparo] shot; [campo] shooting range o gallery; [de tela] length; [caballos] team (of horses); [de chimenea] draft; [de escalera] flight ▪ **a ~ de** within reach o range of; **a ~ limpio** o **a tiros** with gunfire; **darse** o **pegarse un ~** to shoot oneself; **ni a tiros** *coll* not by a long shot; **salirle a uno el ~ por la culata** to backfire; **~ al blanco** target practice
ti•roi•des *adj.* & *m.* thyroid
ti•rón *m.* [acción] pull; [estirón] yank; *coll* [distancia] distance ▪ **de un ~** in one stretch
ti•ro•te•ar *tr.* to snipe o fire at; (*reflex.*) to exchange fire
ti•ro•te•o *m.* shooting
ti•rria *f. coll* dislike
ti•sa•na *f.* infusion
tí•si•co, a *adj.* & *m.f.* consumptive
ti•sis *f.* tuberculosis
ti•sú *m.* gold o silver lamé

tí•te•re ◇ *m.* puppet ▪ **no dejar ~ con cabeza** *coll* to leave nothing standing ◇ *pl.* puppet show
ti•ti•pu•chal *m.* MEX *coll* hubbub
ti•ti•ri•tar *intr.* to tremble
ti•ti•ri•te•ro, a *m.f.* puppeteer
ti•tu•be•ar *intr.* [oscilar] to stagger; [vacilar] to hesitate
ti•tu•be•o *m.* [al andar] staggering; [vacilación] hesitation
ti•tu•la•do, a *adj.* [libro] entitled; [persona] titled
ti•tu•lar[1] ◇ *adj.* [que tiene título] titular; regular ▪ **el profesor ~** the regular professor ◇ *m.* PRINT headline; (*m.f.*) holder (of a passport, office)
ti•tu•lar[2] *tr.* to entitle; (*intr.*) to receive a title; (*reflex.*) EDUC to receive one's degree
tí•tu•lo *m.* title; [encabezado] heading; [diploma] degree ▪ **a ~ de** by way of
ti•za *f.* chalk
tiz•nar *tr.* to smudge; *fig* to stain
tla•pa•le•rí•a *f.* MEX ironmonger's
to•a•lla *f.* towel
to•a•lle•ro *m.* towel rack
to•bi•lle•ra *f.* ankle support
to•bi•llo *m.* ankle
to•bo•gán *m.* [para niños] slide; [para mercancías] chute; [para la nieve] sled
to•ca *f.* [sombrero] hat; [de religiosa] wimple
to•ca•dis•cos *m.inv.* record player
to•ca•do, a ◇ *adj. coll* touched ◇ *m.* [peinado] hairdo; [sombrero] hat
to•ca•dor *m.* [mueble] dressing table; [cuarto] dressing room ▪ **artículos de ~** toiletries
to•can•te *adj.* ▪ **~ a** concerning
to•car [70] *tr.* to touch; [palpar] to feel; **lo toqué con el dedo** I felt it with my finger; [manosear] to handle; [hacer sonar] to sound; [tañer] to ring; MUS to play; [aludir] to touch on ▪ **~ fondo** to hit bottom; **~ la diana** MIL to play reveille; (*intr.*) [corresponder] to be up to, fall to; **me toca a mí darle la noticia** it is up to me to give him the news; to be one's turn; **¿a quién le toca?** whose turn is it?; [recibir] to get; **le toca la mitad** he gets half; [caer en suerte] to win; **le tocó el premio gordo** he won the grand prize; to knock; **~ a la puerta** to knock at the door; [llegar el momento] to be time; **ahora toca pagar** now it is time to pay ▪ **~ a rebato** to sound the alarm; **~ a su fin** to come to an end; **~ de cerca** to hit home
to•ca•yo, a *m.f.* namesake
to•ci•ne•ta *f.* COL & VEN bacon
to•ci•no *m.* salt pork
to•da•ví•a *adv.* still; **~ están durmiendo** they are still sleeping; [sin embargo] nevertheless; [aún] even; **él es ~ más inteligente que ella** he is even more intelligent than she ▪ **~ no** not yet
to•do, a ◇ *adj.* all; **se comió ~ el pan** he ate all the bread; [cada] each, every; **~ delito merece castigo** every crime deserves punishment; all; **este jardín es ~ hierbas** this garden is all weeds; whole, entire; **~ el universo** the whole universe ▪ **~ el mundo** everybody ◇ *m.* whole; **el ~ es mayor que sus partes** the whole is greater than its parts; all, everything; **~ está listo** everything is ready ▪ **ante ~** first of all; **así y ~** for all that; **con ~** still; **del ~** entirely; **sobre ~** above all ◇ *pl.* everybody, everyone ◇ *adv.* all
to•do•po•de•ro•so, a *adj.* almighty ▪ **El Todopoderoso** the Almighty
to•do•te•rre•no *m.* all-terrain vehicle
to•ga *f.* [de los romanos] toga; [de los magistrados] robe
tol•do *m.* awning
to•le•ran•cia *f.* tolerance
to•le•ran•te *adj.* tolerant
to•le•rar *tr.* to tolerate; [condescender] to be tolerant of; [permitir] to allow
to•ma *f.* [acción] taking; [captura] capture; [dosis] dose; [entrada] intake; CINEM take ▪ **~ de conciencia** awareness; **~ de corriente** ELEC plug; **~ falsa** outtake; **~ de posesión** [investidura] inauguration; MIL occupation; **~ y daca** give-and-take
to•ma•dor, •ra ◇ *adj.* AMER drinking ◇ *m.f.* AMER [bebedor] drinker; COM drawee
to•ma•du•ra *f.* [toma] taking; MIL capture ▪ **~ de pelo** practical joke
to•mar *tr.* to take; [capturar] to capture; [comer] to have; **tomé el desayuno a las siete** I had breakfast at seven o'clock; [beber] to have; **¿quieres ~ una cerveza conmigo?** do you want to have a beer with me?; [agarrar] to take up; **~ la pluma** to take up one's pen; [cobrar] to gather; **~ fuerzas** to gather strength; [robar] to steal; [escoger] to pick; **tome uno de estos naipes** pick one of these cards; [considerar] to mistake; **lo tomé por el jefe** I mistook him for the boss; [adquirir] to acquire; **~ malas costumbres** to acquire bad habits; [imitar] to adopt; **tomó los modales de su hermana mayor** she adopted the manners of her older sister; [alquilar] to rent; [contratar] to hire; [padecer] to catch; **~ frío** to catch cold ▪ **~ a bien/mal** to take well/badly; **~ a pecho** to take to heart; **~ asiento** to take a seat; **~ conciencia** to become aware; **~ el fresco** to take the air; **~ el pelo a alguien** to pull someone's leg; **~ en broma** to take as a joke; **~ en cuenta** to take into account; **~ las de Villadiego** *coll* to beat it; **~ parte** to participate; **~ partido** to take sides; **~ prestado** to borrow; (*intr.*) to go; **tomamos por la izquierda** we went to the left; AMER [beber alcohol] to drink ▪ **¡toma!** really!
to•ma•te *m.* tomato ▪ **ponerse como un ~** to become red as a beet
tóm•bo•la *f.* charity raffle
to•mi•llo *m.* thyme
to•mo *m.* tome
to•mo•gra•fí•a *f.* tomography ▪ **~ axial computarizada** computerized axial tomography
ton *m.* ▪ **sin ~ ni son** without rhyme or reason
to•na•da *f.* [canción] tune; AMER regional accent
to•na•li•dad *f.* tonality
to•nel *m.* barrel
to•ne•la•da *f.* ton
to•ne•la•je *m.* tonnage
tó•ner *m.* toner
tó•ni•co, a *adj.* & *m.f.* tonic ▪ **dar la ~** to set the tone
to•ni•fi•ca•dor, •ra/can•te *adj.* strengthening
to•ni•fi•car [70] *tr.* to tone
to•ni•na *f.* ICHTH tuna; ZOOL dolphin
to•no *m.* tone ▪ **a ~** in tune; **bajar el ~** to tone down; **dar el ~** to set the tone; **darse ~** to put on airs; **fuera de ~** out of place; **subir el ~** [acalorarse] to become heated; [gritar] to get louder
ton•te•ar *intr.* to act foolishly
ton•te•rí•a *f.* [cualidad] foolishness; [acción] foolish action; [dicho] stupid remark; [nadería] trifle ▪ **decir tonterías** to talk nonsense

ton•to, a ◇ *adj.* foolish ▪ **a tontas y a locas** *coll* any which way ◇ *m.f.* [necio] fool; [payaso] clown ▪ **hacerse el** ~ to play the fool; ~ **de capirote** *coll* total fool
to•pa•cio *m.* topaz
to•pe ◇ *m.* [extremo] butt; [para sostener] catch ▪ **estar hasta los topes** [estar lleno] to be filled to the brim; [estar harto] to be fed up ◇ *adj.* top; **precio** ~ top price
to•pe•ta•zo *m.* bump (with the head)
tó•pi•co *m.* topic; MED local application
to•po *m.* ZOOL mole; *coll* [persona] clumsy person
to•po•gra•fí•a *f.* topography
to•pó•gra•fo, a *m.f.* topographer
to•que *m.* touch; [de campana] chime; [de sirena] blast; [de tambor] beat; [golpe] tap ▪ **dar el último** ~ **a** to give the finishing touch; ~ **de diana** MIL reveille; ~ **de queda** curfew
to•que•te•ar *tr.* to handle
to•rá•ci•co, a *adj.* thoracic
tó•rax *m.* thorax
tor•be•lli•no *m.* [viento] whirlwind; [agua] vortex; *fig* lively
tor•ce•du•ra *f.* [acción] twisting; [efecto] twist; MED sprain
tor•cer [71] *tr.* to twist; [doblar] to bend; [la cara] to contort; MED to sprain; (*intr.*) to turn ▪ **no dar el brazo a** ~ to stand firm; (*reflex.*) [estar torcido] to be twisted; [doblarse] to be bent
tor•ci•do, a *adj.* [no recto] crooked; [doblado] bent
tor•do ◇ *m.* [caballo] dapple-gray horse; ORNITH thrush ◇ *adj.* dapple-gray
to•re•ar *tr.* to fight; (*intr.*) to fight bulls
to•re•o *m.* bullfighting
to•re•ro, a ◇ *adj.* of bullfighting ◇ *m.* bullfighter
tor•men•ta *f.* storm; *fig* turmoil
tor•men•to *m.* torment
tor•men•to•so, a *adj.* stormy
tor•na•do *m.* tornado
tor•nar *tr.* [devolver] to return; [mudar] to turn; **la sangre tornó el agua roja** the blood turned the water red; (*intr.*) to return; (*reflex.*) to become
tor•na•sol *m.* BOT sunflower; CHEM litmus
tor•ne•ar *tr.* to turn
tor•ne•o *m.* tournament
tor•ne•ro, a *m.f.* lathe operator
tor•ni•llo *m.* screw ▪ **apretar a alguien los tornillos** to put the screws on someone; **faltarle un** ~ to have a loose screw
tor•ni•que•te *m.* tourniquet
tor•no *m.* lathe; [elevador] winch; [giratorio] revolving dumbwaiter ▪ **en** ~ **a** around; ~ **de alfarero** potter's wheel
to•ro ◇ *m.* bull ▪ **echar a alguien el** ~ *coll* to give someone a piece of one's mind; ~ **de lidia** fighting bull ◇ *pl.* bullfight
to•ron•ja *f.* grapefruit
tor•pe *adj.* [desmañado] clumsy; [necio] stupid
tor•pe•de•ar *tr.* to torpedo
tor•pe•do *m.* torpedo fish; MIL torpedo ▪ ~ **de fondo** ground torpedo; ~ **flotante** submarine mine
tor•pe•za *f.* [cualidad] clumsiness; [necedad] stupidity ▪ **cometer una** ~ to make a blunder
tor•por *m.* torpor
to•rrar *tr.* to roast
to•rre *f.* tower; [de ajedrez] castle; [de petróleo] oil derrick; MARIT turret ▪ ~ **de vigía** observation tower; MARIT crow's nest
to•rre•ja *f.* French toast
to•rren•cial *adj.* torrential
to•rren•te *m.* [de agua] torrent; [de sangre] bloodstream; *fig* avalanche
to•rre•ón *m.* large fortified tower
tó•rri•do, a *adj.* torrid
tor•sión *f.* torsion ▪ **momento de** ~ torque
tor•so *m.* torso
tor•ta *f.* cake; *coll* [bofetada] slap; PRINT font; MEX sandwich ▪ **ni** ~ *coll* not a thing
tor•ta•zo *m.* *coll* blow
tor•tí•co•li(s) *m.* stiff neck
tor•ti•lla *f.* CUL omelet; AMER tortilla ▪ **hacer** ~ **a** *coll* to flatten; **volverse la** ~ *coll* to turn the tables
tór•to•la *f.* turtledove
tor•tu•ga *f.* turtle
tor•tuo•so, a *adj.* tortuous; *fig* devious
tor•tu•ra *f.* torture
tor•tu•rar *tr.* to torture
tor•vo, a *adj.* grim
tos *f.* cough, coughing ▪ **acceso de** ~ coughing fit; ~ **convulsiva** whooping cough
tos•co, a *adj.* [basto] crude; [una persona] coarse
to•ser *intr.* to cough
tos•que•dad *f.* coarseness
tos•ta•do, a ◇ *adj.* [pan] toasted; [café] roasted; *fig* tanned ◇ *m.* [de pan] toasting; [de café] roasting; (*f.*) toast
tos•ta•dor, •ra *m.f.* toaster
tos•tar [19] *tr.* [pan] to toast; [café] roast; [calentar mucho] to scorch; [la piel] to tan; COMPUT to toast, to burn; (*reflex.*) to become tanned
tos•tón ◇ *m.* crouton; [cosa demasiado asada] burned o scorched thing; [cochinillo] roast suckling pig; MEX silver coin ◇ *pl.* CARIB CUL fried plantain chips
to•tal ◇ *adj.* & *m.* total ◇ *adv.* so ▪ ~ **que se fue** so, he left
to•ta•li•dad *f.* totality
to•ta•li•ta•rio, a *adj.* & *m.f.* totalitarian
to•ta•li•zar [04] *tr.* to total
tó•tem *m.* (*pl* **-es** o **totems**) totem
to•to•ra *f.* AMER cattail
tour o•pe•ra•dor *m.* tour operator
to•xe•mia *f.* toxemia
to•xi•ci•dad *f.* toxicity
tó•xi•co, a ◇ *adj.* toxic ◇ *m.* poison
to•xi•có•lo•go, a *m.f.* toxicologist
to•xi•có•ma•no, a ◇ *m.f.* drug addict ◇ *adj.* addicted to drugs
to•xi•na *f.* toxin
to•zu•do, a *adj.* stubborn
tra•ba *f.* [liga] tie; [para caballos] hobble; [para puertas] bolt; [estorbo] obstacle ▪ **poner trabas a** to put obstacles in the way of
tra•ba•ja•do, a *adj.* [cansado] worn-out; [elaborado] elaborate
tra•ba•ja•dor, •ra ◇ *adj.* hard-working ◇ *m.f.* worker
tra•ba•jar *intr.* to work ▪ **hacer** ~ **el dinero** to make one's money work; **poner a** ~ to put to work; **ponerse a** ~ to get to work; ~ **de** to work as; (*tr.*) to work; AGR to till

tra•ba•jo *m.* work; [labor] labor; ~ **manual** manual labor; [tarea] job; [esfuerzo] trouble; **tomarse el ~ de** to take the trouble to ▪ **costar ~** to be hard; **~ a destajo** piecework; **trabajos forzados** hard labor

tra•ba•jo•so, a *adj.* demanding

tra•ba•len•guas *m.inv.* tongue twister

tra•bar *tr.* [unir] to join; [atar] to fasten; [asegurar] to bolt; [echar trabas a] to hobble; [una sierra] to set; [empezar] to start up ▪ **~ una conversación** to start up a conversation; **~ amistad** to strike up a friendship; (*intr.*) [espesar] to thicken; [agarrar] to take hold; (*reflex.*) [atascarse] to jam; [enredarse] to get tangled up ▪ **~ a golpes** to come to blows; **trabársele a uno la lengua** to get tongue-tied

tra•bi•lla *f.* [del pantalón] foot strap; [de cintura] half belt; [punto] dropped stitch

tra•bu•co *m.* blunderbuss

trac•ción *f.* traction ▪ **~ delantera** front-wheel drive

trac•to *m.* [de tiempo] interval; MED & RELIG tract

trac•tor *m.* tractor ▪ **~ oruga** caterpillar tractor

tra•di•ción *f.* tradition

tra•di•cio•nal *adj.* traditional

tra•duc•ción *f.* translation

tra•du•cir [22] *tr.* [una lengua] to translate; [expresar] to express

tra•duc•tor, •ra ◇ *adj.* translating ◇ *m.f.* translator

tra•er [72] *tr.* to bring; **traiga los libros a la clase** bring your books to class; [llevar] to wear; **traía un sombrero nuevo** he was wearing a new hat; [atraer] to attract; [causar] to bring about; **esto trae muchos problemas** this brings about many problems; [alegar] to adduce; **~ ejemplos** to adduce examples; [publicar] to carry; **este periódico traía un artículo sobre el escándalo** this newspaper carried an article about the scandal ▪ **~ a mal** [maltratar] to abuse; [molestar] to pester; **~ al mundo** to bring into the world; **~ cola** [tener consecuencias] to have serious consequences; [venir acompañado] to bring a friend along; **~ consigo** to entail; **~ entre manos** to be up to

tra•fi•can•te ◇ *adj.* dealing ◇ *m.f.* dealer

tra•fi•car [70] *intr.* to deal (**en, con** in)

trá•fi•co *m.* traffic

tra•gal•da•bas *m.f.inv.* *coll* glutton

tra•ga•le•guas *m.f.inv.* person who walks a lot

tra•ga•luz *m.* skylight

tra•ga•ní•que•les *m. inv.* AMER *coll* slot machine

tra•ga•pe•rras *f. inv.* *coll* slot machine

tra•gar [47] *intr.* to swallow; (*tr.*) [ingerir] to swallow; [comer] to devour; [hundirse] to swallow up; **el mar se tragó el barco** the sea swallowed up the boat; [aceptar] to fall for; [soportar] to stomach; **no trago a ese chico** I cannot stomach that boy; [consumir] to eat up

tra•ge•dia *f.* tragedy

trá•gi•co, a ◇ *adj.* tragic ◇ *m.f.* tragedian

tra•gi•co•me•dia *f.* tragicomedy

tra•gi•có•mi•co, a *adj.* tragicomic

tra•go *m.* [bebida] drink; [porción] gulp ▪ **de un ~** in one shot; **pasar un ~ amargo** to have a bad time of it

trai•ción *f.* treason

trai•cio•nar *tr.* to betray

trai•cio•ne•ro, a ◇ *adj.* traitorous ◇ *m.f.* traitor

trai•dor, •ra ◇ *adj.* traitorous ◇ *m.f.* traitor

trai•ga, go ▻ **traer**

trai•ler ['trailer] (*pl* **trailers**) *m.* MEX [caravana] trailer

tra•je *m.* [vestido] dress; [conjunto] suit; THEAT costume ▪ **~ de baño** bathing suit; **~ de luces** bullfighter's costume

tra•je•a•do, a *adj.* dressed

tra•je•ar *tr.* to dress in a suit

tra•je•ra, jo ▻ **traer**

tra•jín *m.* [trabajo] work; *coll* [ajetreo] hustle and bustle

tra•ji•nar *tr.* to carry; (*intr.*) *coll* to bustle about

tra•ma *f.* [de un tejido] weft; [intriga] scheme; [de novela] plot; [en fotograbado] line screen

tra•mar *tr.* [un tejido] to weave; *coll* [maquinar] to scheme

tra•mi•ta•ción *f.* [de un asunto] transaction; [trámites] procedures

tra•mi•tar *tr.* [un asunto] to negotiate; [pasaporte, permiso] to take the necessary steps to obtain

trá•mi•te ◇ *m.* procedure ◇ *pl.* formalities

tra•mo *m.* [de terreno] stretch; [de una escalera] flight

tra•mo•ya *f.* THEAT stage machinery; [enredo] plot

tra•mo•yis•ta *m.f.* THEAT stagehand; *coll* [tramposo] swindler

tram•pa *f.* [cepo] trap; [puerta] trap door; [ardid] trick ▪ **caer en la ~** to fall into a trap; **hacer trampas** to cheat

tram•pe•ar *intr.* *coll* [con dinero] to cheat; [vivir de su ingenio] to live by one's wits; (*tr.*) *coll* to trick, deceive

tram•po•lín *m.* [del gimnasta] trampoline; [del nadador] diving board; *fig* springboard

tram•po•so, a ◇ *adj.* *coll* cheating ◇ *m.f.* [engañador] swindler; [en naipes] cardsharp

tran•ca *f.* [garrote] cudgel; [de puerta] crossbar; MEX gate ▪ **agarrarse una ~** *coll* to get loaded

tran•ca•da *f.* stride ▪ **en dos trancadas** *coll* in a jiffy

tran•car [70] *tr.* to bar; (*reflex.*) AMER [atorarse] to get blocked, to get clogged up

tran•ca•zo *m.* [garrotazo] blow with a stick; *coll* [gripe] flu

tran•ce *m.* [crisis] crisis; [apuro] tight spot; [del médium] trance ▪ **a todo ~** at all costs; **en ~ de muerte** on the point of death

tran•co *m.* [paso largo] stride; [umbral] threshold; AMER gallop ▪ **en dos trancos** *coll* in a jiffy

tran•que•ra *f.* [estacada] stockade; AMER gate

tran•qui•li•dad *f.* peacefulness, calmness

tran•qui•li•zan•te ◇ *adj.* [música, color etc.] soothing; [medicamento] tranquilizing ◇ *m.* tranquilizer

tran•qui•li•zar [04] *tr.* [calmar] to calm (down); [dar confianza a] to reassure; (*reflex.*) [calmarse] to calm down; [ganar confianza] to feel reassured

tran•qui•lo, a *adj.* [lugar, música] peaceful; [persona, tono de voz] calm; [velada, charla, negocio] quiet ▪ **¡déjame ~!** leave me alone!

tran•sac•ción *f.* COM transaction; [acuerdo] settlement

tran•sar *intr.* AMER [negociar] to come to an arrangement, to reach a compromise; [transigir] to compromise, to give in

tran•sat•lán•ti•co, a ◇ *adj.* transatlantic ◇ *m.* ocean liner

trans•bor•da•dor *m.* ferry ▪ **~ espacial** space shuttle

trans•bor•dar *tr.* to transfer, transship

trans•bor•do *m.* transfer, transshipment

trans•cen•den•cia *f.* transcendence

trans•cen•den•tal *adj.* transcendental

trans•cen•den•te *adj.* transcendent(al)
trans•cen•der [50] *tr.* to transcend
trans•cri•bir [80] *tr.* to transcribe
trans•crip•ción *f.* transcription
trans•cu•rrir *intr.* to elapse
trans•cur•so *m.* course ▪ **en el ~ de un mes** in the course of a month
tran•se•ún•te ◇ *adj.* passing, transient ◇ *m.f.* [que pasa] passerby; [que reside transitoriamente] transient
tran•se•xual *adj.* & *m.f.* transsexual
trans•fe•ren•cia *f.* transfer(ence) ▪ **~ de datos** COMPUT data transfer
trans•fe•rir [65] *tr.* [trasladar] to transfer; [aplazar] to postpone
trans•fi•gu•ra•ción *f.* transfiguration
trans•for•ma•ción *f.* transformation
trans•for•ma•dor, •ra ◇ *adj.* transforming ◇ *m.f.* transformer; (*m.*) ELEC transformer
trans•for•mar *tr.* [cambiar] to transform; [mejorar] to improve; SPORT to convert; (*reflex.*) to undergo a transformation
tráns•fu•ga *m.f.*/ **go** *m.* [fugitivo] fugitive; [desertor] deserter
trans•fun•dir *tr.* to transfuse
trans•fu•sión *f.* transfusion
trans•gé•ni•co *adj.* transgenic
trans•gre•dir [38] *tr.* to transgress
trans•gre•sión *f.* transgression
trans•gre•sor, •ra ◇ *adj.* transgressing ◇ *m.f.* transgressor
tran•si•ción *f.* transition
tran•si•gen•te *adj.* accommodating
tran•si•gir [32] *intr.* to compromise
tran•sis•tor *m.* transistor
tran•si•ta•ble *adj.* passable
tran•si•tar *intr.* [pasar] to go; [viajar] to travel
tran•si•ti•vo, a *adj.* transitive
trán•si•to *m.* [paso] transit; [tráfico] traffic; [lugar de parada] stop ▪ **de mucho ~** busy; **una calle de mucho ~** a busy street; **de ~** in transit
tran•si•to•rio, a *adj.* temporary
trans•la•ción *f.* translation
trans•li•te•ra•ción *f.* transliteration
trans•lú•ci•do, a *adj.* translucent
trans•lu•cir•se [44] *reflex.* [ser translúcido] to be translucid; [ser evidente] to be evident
trans•mi•sión *f.* [acción] transmission; RAD & TELEV broadcast ▪ **~ delantera** AUTO frontwheel drive; **~ del pensamiento** telepathy
trans•mi•sor, •ra ◇ *adj.* transmitting ◇ *m.* ELEC transmitter
trans•mi•tir *tr.* [comunicar] to transmit; RAD & TELEV to broadcast
trans•mu•ta•ción *f.* transmutation
trans•mu•tar *tr.* to transmute; (*reflex.*) to be transmuted
trans•o•ceá•ni•co, a *adj.* transoceanic
trans•pa•ren•cia *f.* [cualidad] transparence; PHOTOG slide
trans•pa•ren•tar•se *reflex.* [verse] to show through; [ser transparente] to be transparent; [ser evidente] to be obvious
trans•pa•ren•te ◇ *adj.* [un objeto] transparent; [evidente] obvious ◇ *m.* shade
trans•pi•ra•ción *f.* perspiration
trans•pi•rar *intr.* [sudar] to perspire; [rezumarse] to leak out
trans•plan•tar *tr.* to transplant
trans•po•ner [54] *tr.* [mudar de sitio] to move; [trasplantar] to transplant; [intercambiar] to transpose; [desaparecer] to disappear behind
trans•por•ta•dor, •ra ◇ *adj.* transporting ◇ *m.f.* transporter; (*m.*) MATH protractor; MECH conveyor
trans•por•tar *tr.* [llevar] to transport; MUS to transpose; (*reflex.*) *fig* to get carried away
trans•por•te *m.* transportation; COM transport; [embarcación] transport ship
trans•por•tis•ta *m.f.* carrier
trans•po•si•ción *f.* transposition
trans•pu•sie•ra, so ▻ **transponer**
trans•va•sar *tr.* to decant
trans•ver•sal ◇ *adj.* [que atraviesa] transverse; [pariente] collateral ◇ *m.f.* collateral relative; (*f.*) side street
trans•ver•so, a *adj.* & *m.* transverse (muscle)
tran•ví•a *m.* streetcar
tra•pe•ar *tr.* AMER to mop
tra•pe•cio *m.* GEOM trapezoid; [de gimnasia] trapeze; ANAT [músculo] trapezius; [hueso] trapezium
tra•pe•cis•ta *m.f.* trapeze artist
tra•pe•ro, a *m.f.* ragpicker
tra•pe•zoi•de *m.* trapezoid; ANAT trapezium
tra•pi•che *m.* [de aceituna] olive press; [de azúcar] sugar mill; AMER [ingenio] sugar plantation; [de mineral] grinding machine
tra•po ◇ *m.* rag; MARIT sails; TAUR muleta ▪ **a todo ~** under full sail; **poner a alguien como un ~** *coll* to rake someone over the coals; **sacar los trapos a relucir** *coll* to wash one's dirty linen in public ◇ *pl.* clothing
trá•que•a, tra•que•ar•te•ria *f.* trachea
tra•que•(te•)ar *intr.* [un cohete] to go off; [hacer ruido] to clatter, rattle; [agitarse] to shake, jolt; (*tr.*) [agitar] to shake; *coll* [manosear] to handle
tra•que•te•o *m.* AMER [ruido] bang; [movimiento] shaking
tras *prep.* [después de] after; **día ~ día** day after day; [detrás de] behind; **caminaban ~ un carretón** they walked behind a wagon; [además] in addition; **~ de ser rico, es guapo** in addition to being rich, he is good-looking; [en busca de] in search of
tras•a•tlán•ti•co, a *adj.* transatlantic
tras•cen•den•cia *f.* PHILOS transcendence; [importancia] significance
tras•cen•den•tal *adj.* PHILOS transcendental; [que se extiende] far-reaching; [importante] very significant
tras•cen•den•te *adj.* transcendent
tras•cen•der [50] *intr.* [divulgarse] to become known; [extenderse] to extend; [oler] to smell
tra•se•gar [52] *tr.* [trastornar] to mix up; [un líquido] to decant; *coll* [beber mucho] to guzzle
tra•se•ro, a ◇ *adj.* back ◇ *m.* ANAT behind; ZOOL rump; (*f.*) back
tras•fon•do *m.* background
tra•sie•go *m.* decanting
tra•sie•go, gue ▻ **trasegar**
tras•la•ción *f.* [transporte] moving; [traducción] translation; RHET metaphor; MECH & PHYS translation
tras•la•dar *tr.* [mover] to move; [a un empleado] to trans-

fer; [aplazar] to postpone; [traducir] to translate; [copiar] to transcribe; (*reflex.*) to change residence

tras•la•do *m.* [copia] copy; **fiel** ~ true copy; [de un empleado] transfer; [de residencia] change of residence; LAW notification ▪ **dar** ~ to send a copy

tras•luz *m.* [luz] light seen through a transparent body; [luz reflejada] reflected light ▪ **al** ~ against the light

tras•ma•no *m.* ▪ **a** ~ [del alcance] out of reach; [lugar] out of the way

tras•no•cha•do, a *adj.* [macilento] haggard; [trillado] trite

tras•no•cha•dor, •ra <> *adj.* staying up late <> *m.f.* night owl

tras•no•char *intr.* to stay up all night

tras•pa•pe•lar *tr.* to misplace; (*reflex.*) to get lost

tras•pa•sar *tr.* [perforar] to pierce; [atravesar] to cross; ~ **el río** to cross the river; [transferir] to transfer; [violar] to break; *fig* [corazón] to pierce; (*reflex.*) to go too far

tras•pa•so *m.* [cesión] transfer; [venta] sale; [lo traspasado] transferred property; [precio] transfer fee

tras•pié *m.* stumble ▪ **dar traspiés** to stumble

tras•plan•tar *tr.* to transplant; (*reflex.*) to uproot oneself

tras•plan•te *m.* [acción] transplanting; [injerto] transplant

tras•pun•te *m.* prompter

tras•qui•lar *tr.* [el pelo] to clip; [el ganado] to shear

tras•ta•da *f. coll* dirty trick

tras•te *m.* MUS fret; [chisme] thingamajig, whatnot; SP wine-taster's glass; AMER *coll* behind ▪ **dar al** ~ **con** *coll* to spoil; **ir al** ~ *coll* to fall through

tras•te•ar *intr.* to move furniture; (*tr.*) TAUR to tease (a bull) with a red cape; MUS to strum

tras•tien•da *f.* stock room

tras•to <> *m.* [mueble] old piece of furniture; [utensilio] utensil; **trastos de cocina** kitchen utensils; [cosa inútil] piece of junk; THEAT flat, piece of scenery ▪ **tirarse los trastos a la cabeza** *coll* to have a terrible fight <> *pl.* gear

tras•to•car [70] *tr.* to twist; (*reflex.*) to go mad

tras•tor•nar *tr.* [derribar] to turn upside down; [perturbar] to disrupt; [inquietar] to worry; [enloquecer] to drive mad ▪ **trastornarle la mente a alguien** to drive someone mad; (*reflex.*) to go mad

tras•tor•no *m.* upset

tras•tra•bi•llar *intr.* to stagger

tras•tro•car [73] *tr.* to twist

tra•ta *f.* slave trade ▪ ~ **de blancas** white slavery

tra•ta•ble *adj.* sociable

tra•ta•do *m.* [obra] treatise; [entre gobiernos] treaty; [entre compañías] agreement

tra•ta•mien•to *m.* treatment; [título] form of address; TECH process ▪ **dar** ~ **de** to address as; ~ **de la información** COMPUT data processing; ~ **de textos** COMPUT word processor

tra•tan•te *m.f.* dealer

tra•tar *tr.* to treat; **no me trates mal** do not treat me badly; [manejar] to handle; **hay que** ~ **este asunto con cuidado** it is necessary to handle this matter carefully; [dar el tratamiento de] to address as; **le traté de doña** I addressed her as Madame; [comerciar] to manage; ~ **la venta del negocio** to manage the sale of the business; CHEM to process; MED to treat; (*intr.*) ▪ ~ **con** to have dealings with; ~ **de** [discutir] to be about; **este artículo trata de la economía** this article is about the economy; [procurar] to try to; **traté de salir temprano** I tried to leave early; (*reflex.*) to treat each other; ~ **de** to be a question of; **se trata de encontrar una solución** it is a question of finding a solution

tra•ta•ti•vas *f.pl.* C SUR negotiation

tra•to *m.* treatment; ~ **especial** preferential treatment; [título] form of address; [relaciones] dealings; [negocio] trade; [convenio] agreement ▪ **¡~ hecho!** *coll* it's a deal!

trau•ma *m.* trauma

trau•má•ti•co, a *adj.* traumatic

trau•ma•ti•zar [04] *tr.* to traumatize

tra•vés *m.* [inclinación] slant; [torcimiento] bend; SEW bias ▪ **a** o **al** ~ through; **de** ~ crosswise

tra•ve•sa•ño *m.* [barra] crossbeam; [almohada] bolster

tra•ve•sí•a *f.* [camino] crossroad; [de una carretera] part of a highway that goes through a town; [distancia] distance across; [viaje] crossing; [viento] crosswind

tra•ves•tí/ti•do *m.* transvestite

tra•ve•su•ra *f.* mischief

tra•vie•so, a *adj.* mischievous ▪ **a campo traviesa** cross-country

tra•yec•to *m.* [distancia] distance; [recorrido] way

tra•yec•to•ria *f.* trajectory

tra•za *f.* [diseño] design; [plan] plan; [aspecto] appearance; GEOM trace ▪ **darse trazas para** to find a way to

tra•za•do, a <> *adj.* ▪ **bien** ~ good-looking; **mal** ~ unattractive <> *m.* [diseño] design; [plan] plan; [bosquejo] sketch

tra•zar [04] *tr.* [diseñar] to design; [bosquejar] to outline; [discurrir] to draw up; [describir] to depict

tra•zo *m.* [línea] line; ~ **rectilíneo** straight line; [diseño] design; [de una letra] stroke ▪ **al** ~ drawn in outline

tré•bol <> *m.* BOT clover; ARCHIT trefoil <> *pl.* clubs

tre•ce <> *adj.* thirteen; [decimotercero] thirteenth <> *m.* thirteen ▪ **mantenerse** o **seguir en sus treces** *coll* to stick to one's guns

tre•cho *m.* [distancia] stretch; [de tiempo] spell ▪ **a trechos** [en ciertas partes] in places, in parts; [con interrupción] in stages; **de** ~ **en** ~ [distancia] at intervals; [tiempo] every now and then

tre•gua *f.* truce; [descanso] rest; [pausa] lull ▪ **no dar** ~ never to let up

trein•ta <> *adj.* thirty; [trigésimo] thirtieth <> *m.* thirty

trein•ta•vo, a *adj.* & *m.* thirtieth

trein•te•na *f.* [treinta unidades] thirty; [treintava parte] thirtieth part

tre•me•bun•do, a *adj.* dreadful

tre•men•do, a *adj.* [horrendo] horrible; [digno de respeto] tremendous; *coll* [grandísimo] tremendous, terrible ▪ **un disparate** ~ a terrible blunder; **tomarlo a la** ~ *coll* to make a big fuss

tre•men•ti•na *f.* turpentine ▪ **esencia de** ~ oil of turpentine

tre•mor *m.* tremor

tré•mu•lo, a *adj.* [tembloroso] trembling; [voz] quivering; [luz] flickering

tren *m.* [ferrocarril] train; [instrumentos] gear, equipment; ~ **de dragado** dredging gear; MIL convoy; MEX & URUG streetcar ▪ ~ **de aterrizaje** landing gear; ~ **de**

vida way of life; ~ **directo** o **expreso** express train; **vivir a todo** ~ *coll* to live in style
tren•ci•lla *f.* braid
tren•ci•llo *m.* gold o silver hatband
tren•za *f.* braid
tren•za•do *m.* braid
tren•zar [04] *tr.* to braid
tre•pa•na•ción *f.* trephination
tre•pa•nar *tr.* to trephine
tre•par[1] *intr.* to climb
tre•par[2] *tr.* [taladrar] to drill; SEW to trim, edge; (*reflex.*) to lean backwards
tre•pi•da•ción *f.* trepidation
tre•pi•dar *intr.* to vibrate
tres ◇ *adj.* three; [tercero] third ▪ **las** ~ three o'clock ◇ *m.* three
tres•cien•tos, as *adj.* & *m.* three hundred
tres cuar•tos *m. inv.* three-quarter-length coat
tre•si•llo *m.* [naipes] ombre; [muebles] three-piece suite; [sortija] ring with three stones; MUS triplet
tres•piés *m.inv.* [trébede] trivet; [trípode] tripod
tre•ta *f.* [ardid] trick; SPORT feint
tre•za•vo, a *adj.* & *m.* thirteenth
trí•a•da *f.* triad
trian•gu•lar *adj.* triangular
trián•gu•lo ◇ *adj.* triangular ◇ *m.* triangle ▪ ~ **peligro** warning triangle; ~ **rectángulo** right triangle
tri•bal *adj.* tribal
tri•bu *f.* tribe
tri•bu•la•ción *f.* tribulation
tri•bu•na *f.* [de un orador] ...

tri•la•te•ral *adj.* trilateral
tri•lá•te•ro, a *adj.* trilateral
tri•lin•güe *adj.* trilingual
tri•lla *f.* [trillo] thresher; [acción] threshing; ICHTH gurnard
tri•lla•do, a *adj.* [muy común] trite; [camino] beaten
tri•lla•dor, •ra ◇ *adj.* threshing ◇ *f.* threshing machine ▪ ~ **segadora** combine
tri•llar *tr.* to thresh; *coll* [emplear mucho] to use frequently; [maltratar] to beat
tri•lli•zo, a ◇ *adj.* triple ◇ *m.f.* triplet
tri•llo *m.* thresher; AMER path, lane
tri•llón *m.* one million billion, trillion GB
tri•lo•gí•a *f.* trilogy
tri•mes•tral *adj.* quarterly
tri•mes•tral•men•te *adv.* quarterly
tri•mes•tre ◇ *adj.* trimestral ◇ *m.* [tres meses] quarter; [pago] quarterly payment; [revista] quarterly
tri•nar *intr.* MUS to trill; ORNITH to warble; *coll* [enojarse] to fume
trin•cha•dor, •ra ◇ *adj.* carving ◇ *m.* carver, slicer; (*m.*) [cuchillo] carving knife; MEX carving board
trin•chan•te ◇ *adj.* carving ◇ *m.* [persona] carver; [tenedor] carving fork
trin•char *tr.* to carve
trin•che•ra *f.* MIL trench; RAIL cutting; [abrigo] trench coat; MEX sharp instrument ▪ **guerra de trincheras** trench warfare
tri•ne•o ...

tris•te•za *f.* sadness; [dolor] sorrow
tris•tón, o•na *adj.* melancholy
tri•tón *m.* newt
tri•tu•rar *tr.* TECH to triturate; [moler] to crush; [mascar] to chew; [una persona] to beat up; [un argumento] to demolish
triun•fa•dor, •ra ◇ *adj.* triumphant ◇ *m.f.* winner
triun•fal *adj.* triumphal; [brillante] triumphant ■ **una acogida** ~ a triumphant reception
triun•fan•te *adj.* triumphant
triun•far *intr.* to win; *fig* to succeed
triun•fo *m.* triumph; *fig* success
triun•vi•ra•to *m.* triumvirate
tri•vial *adj.* trivial
tri•via•li•dad *f.* triviality
tri•za *f.* piece ■ **hacer trizas** to tear to pieces
tro•car [73] *tr.* [cambiar] to barter; [confundir] to mix up; (*reflex.*) to change
tro•ce•ar *tr.* to divide into pieces
tro•cha *f.* [atajo] shortcut; [camino] path; AMER RAIL gauge
tro•che•mo•che *adv.* ■ **a** ~ o **a troche y moche** *coll* helter-skelter
tro•fe•o *m.* [objeto] trophy; [despojos] spoils (of war); [victoria] triumph
tro•glo•di•ta ◇ *adj.* [de cavernas] troglodytic; [bárbaro] barbarous; [comilón] gluttonous ◇ *m.f.* [habitante
brute; [comilón] glutton

tron•char *tr.* [un árbol] to fell; [romper] to split ■ **troncharse de risa** *coll* to split one's sides laughing
tron•co *m.* trunk; GEOM frustum; [caballos] team (of horses); *coll* [torpe] dimwit, blockhead ■ **dormir como un** ~ *coll* to sleep like a log; ~ **de cono** truncated cone
tro•ne•ra *f.* MIL loophole; MARIT porthole; [en billar] pocket
tro•ni•do *m.* [de trueno] thunderclap; [de cañón] roar
tro•no *m.* throne; RELIG tabernacle
tro•pa ◇ *f.* [muchedumbre] crowd; MIL [ejército] army; AMER [ganado] herd ◇ *pl.* troops ■ ~ **de asalto** storm troops
tro•pel *m.* confusion ■ **en** ~ in a mad rush
tro•pe•lí•a *f.* [prisa] rush; [ultraje] abuse; [violencia] violence
tro•pe•zar [29] *intr.* [dar un traspié] to stumble; [encontrar un estorbo] to trip; [cometer un error] to slip up ■ ~ **con** *coll* to bump into
tro•pe•zón *m.* [traspiés] stumble; [obstáculo] stumbling block; [desliz] slip ■ **a tropezones** *coll* by fits and starts
tro•pi•cal *adj.* tropical
tró•pi•co, a *m.* tropic ■ ~ **de Cáncer/Capricornio** Tropic of Cancer/Capricorn
tro•pie•zo *m.* [obstáculo] stumbling block; [traspiés] stumble; [desliz] slip
tro•pis•mo *m.* tropism
tro•po *m.* trope
tro•pos•fe•ra *f.* troposphere
(stamping) die

rostrum; SPORT bleachers

tri•bu•nal *m.* [lugar] court; [magistrados] bench; [jueces de exámenes] board of examiners ▪ ~ **de menores** juvenile court

tri•bu•no *m.* HIST tribune; [orador] orator

tri•bu•ta•ble *adj.* taxable

tri•bu•tar *tr.* to pay

tri•bu•ta•rio, a ◇ *adj.* [de los impuestos] tax; **régimen** ~ tax system; [un río] tributary ◇ *m.f.* [que paga impuestos] taxpayer; [que paga tributo] tributary

tri•bu•to *m.* [impuesto] tax; [respeto] tribute

tri•cen•te•na•rio *m.* tricentennial

tri•cen•té•si•mo, a *adj.* & *m.* three-hundredth

trí•ceps *adj.* & *m.inv.* triceps

tri•ci•clo *m.* tricycle

tri•co•lor *adj.* tricolor

tri•cor•nio ◇ *adj.* three-cornered ◇ *m.* three-cornered hat

tri•cot *m.* knitting

tri•den•te ◇ *adj.* tridentate ◇ *m.* trident

tri•di•men•sio•nal *adj.* three-dimensional

trie•dro, a ◇ *adj.* trihedral ◇ *m.* trihedron

trie•nal *adj.* triennial

trie•nio *m.* triennium

tri•ful•ca *f. coll* rumpus ▪ **armar una** ~ to kick up a rumpus

tri•gal *m.* wheat field

tri•gé•si•mo, a *adj.* & *m.* thirtieth

tri•go *m.* wheat ▪ **no ser** ~ **limpio** *coll* to be dishonest; ~ **candeal** white wheat; ~ **sarraceno** buckwheat

tri•go•no•me•trí•a *f.* trigonometry

tri•gue•ño, a *adj.* [tez] olive-skinned; [pelo] dark brown

tri•gue•ro, a ◇ *adj.* wheat ▪ **campo** ~ wheat field ◇ *m.* wheat sieve

m. sleigh

tri•ni•ta•ria *f.* wild pansy

tri•no, a *m.* trill

tri•no•mio *m.* trinomial

trin•que•te *m.* MARIT [palo] foremast; [vela] foresail; SPORT covered pelota court; MECH pawl

trí•o *m.* trio

tri•pa ◇ *f.* intestine; [de una vasija] belly; [de cigarro] tobacco filling ▪ **echar las tripas** *coll* to retch, vomit; **hacer de tripas corazón** *coll* to pluck up one's courage; **tener malas tripas** to be hardhearted ◇ *pl.* [panza] guts; BOT core; *fig* innards

tri•par•ti•to, a *adj.* tripartite

tri•ple *adj.* & *m.* triple

tri•pli•ca•ción *f.* triplication

tri•pli•ca•do *m.* triplicate ▪ **por** ~ in triplicate

tri•pli•car [70] *tr.* to triplicate

tri•plo, a *adj.* & *m.* triple

trí•po•de ◇ *m.f.* tripod ◇ *adj.* three-legged

tri•pón, o•na *coll adj.* & *m.f.* pot-bellied (person)

tríp•ti•co *m.* triptych

trip•ton•go *m.* triphthong

tri•pu•do, a *adj.* & *m.f.* pot-bellied (person)

tri•pu•la•ción *f.* AVIA & MARIT crew ▪ ~ **de tierra** AVIA ground crew

tri•pu•lan•te *m.f.* crew member

tri•pu•lar *tr.* AVIA & MARIT to man

tri•qui•no•sis *f.* trichinosis

tri•qui•ñue•la *f. coll* trick, ruse ▪ **andar con triquiñuelas** to have tricks up one's sleeve

tris *m.* [ruido] crack; [instante] jiffy ▪ **estar en un** ~ **de** *coll* to be within an inch of

tris•ca *f.* [ruido] crack; [jaleo] racket

tris•car [70] *intr.* [patear] to stamp; [retozar] to frolic

tris•te *adj.* sad; [melancólico] melancholy; [deplorable] miserable; **una vida** ~ a miserable life; [insuficiente] measly

de cavernas] troglodyte; [bruto] ...
troi•ca *f.* troika
tro•le *m.* trolley
tro•le•bús *m.* trolley bus
tro•le•ro, a *coll* ◇ *adj.* lying ◇ *m.f.* liar
trom•ba *f.* waterspout ▪ **como una ~** *fig* violently
trom•bón *m.* [instrumento] trombone; [músico] trombonist ▪ **~ de pistones** valve trombone; **~ de varas** slide trombone
trom•bo•sis *f.* thrombosis
trom•pa *f.* MUS horn; ZOOL trunk; ENTOM proboscis ▪ **~ de caza** hunting horn; **~ de Falopio** Fallopian tube; (*m.*) MUS horn player
trom•pa•da *f. coll* [golpe] punch; [encontrón] bump
trom•pa•zo *m.* punch ▪ **darse un ~ con la pared** to bump into the wall
trom•pe•ar *tr.* AMER to punch
trom•pe•ta *f.* trumpet; (*m.f.*) [persona] trumpeter; *coll* [persona despreciable] rascal
trom•pe•ta•zo *m.* trumpet blast
trom•pe•te•ro *m.* [tocador] trumpeter; [fabricante] trumpet maker; ICHTH trumpet fish
trom•pe•ti•lla *f.* [para oír] ear trumpet; [cigarro] cheroot
trom•pe•tis•ta *m.f.* trumpeter
trom•pi•car [70] *intr.* to trip
trom•pi•cón *m.* [tropezón] trip; AMER *coll* [mojicón] punch in the nose ▪ **a trompicones** by fits and starts
trom•po *m.* top
trom•pu•do, a *adj.* AMER thick-lipped
tro•na•da *f.* thunderstorm
tro•nar [19] *intr.* to thunder; *coll* [arruinarse] to go broke ▪ **estar que truena** *coll* to be in a rage; **por lo que pueda ~** *coll* just in case
tron•cal *adj.* trunk
tron•car [70] *tr.* to truncate
tron•cha *f.* AMER [tajada] chunk, slice; *coll* [ganga] cushy job

tro•quel *m.* ...
tro•que•lar *tr.* to mint
tro•ta•mun•dos *m.f.inv.* globetrotter
tro•tar *intr.* to trot; *fig* to run around
tro•te *m.* [andar] trot; *coll* [actividad] bustle; [apuro] chore ▪ **al ~** [trotando] trotting; [de prisa] quickly; **de o para todo ~** *coll* for everyday use
tro•tón, o•na ◇ *adj.* trotting ◇ *m.* trotter
tro•va *f.* ballad
tro•va•dor, •ra ◇ *adj.* versifying ◇ *m.* [poeta] poet; HIST troubador; (*f.*) poetess
tro•var *intr.* to write verses o poetry
tro•za *f.* [de madera] log; MARIT parrel truck
tro•zo *m.* [pedazo] piece; [de madera, queso] chunk; [de una obra] excerpt
tru•cha *f.* ICHTH trout; MECH derrick
tru•co *m.* trick; [juego de naipes] card game ▪ **cogerle el ~ a algo** *coll* to get the hang of something
tru•cu•len•cia *f.* truculence
tru•cu•len•to, a *adj.* [cruel] ferocious; [atroz] atrocious
true•co, que ▻ **trocar**
true•ne, no ▻ **tronar**
true•no *m.* thunder; [de un arma] shot
true•que *m.* barter
tru•fa¹ *f.* lie
tru•fa² *f.* truffle
tru•far¹ *intr.* to lie
tru•far² *tr.* to stuff with truffles
tru•hán, a•na ◇ *adj.* crooked ◇ *m.f.* scoundrel
trun•ca•do, a *adj.* truncated
trun•car [70] *tr.* [cortar] to truncate; [dejar incompleto] to leave unfinished
trun•co, a *adj.* [truncado] truncated; AMER incomplete
tru•sa *f.* CARIB [traje de baño] swimsuit; RP [faja] girdle

tse•tsé *f.* tsetse fly
tú *pron.* you, thou ■ **¡más eres tú!** *coll* look who's talking!; **tratar de tú** to address as 'tú'
tu, tus *adj.* your ■ **tu amigo** your friend
tu•ba *f.* tuba
tu•ber•cu•li•na *f.* tuberculin
tu•bér•cu•lo *m.* BOT tuber; MED tubercle
tu•ber•cu•lo•sis *f.* tuberculosis
tu•ber•cu•lo•so, a ◇ *adj.* BOT tuberous; MED tubercular ◇ *m.f.* MED tuberculosis sufferer
tu•be•rí•a *f.* [serie] pipes; [tubo] pipe; [instalación] plumbing; [fábrica] pipe factory
tu•bo *m.* tube; ANAT & ZOOL canal ■ ~ **de desagüe** drainpipe; ~ **digestivo** alimentary canal; ~ **lanzallamas** flame thrower; ~ **de escape** exhaust pipe; ~ **lanzatorpedos** torpedo tube
tu•bu•la•do, a *adj.* tubular
tu•bu•lar *adj.* tubular
tu•cán *m.* toucan
tu•co *m.* RP [salsa] tomato sauce; ORNITH owl
tuer•ca *f.* MECH nut ■ ~ **de alas** o **de mariposa** wing nut
tuer•ce ▻ **torcer**
tue•ro *m.* [leño grueso] thick log; [leña] firewood
tuer•to, a ◇ *adj.* [torcido] crooked; [que no ve] one-eyed ◇ *m.f.* one-eyed person; (*m.*) wrong
tuer•za, zo ▻ **torcer**
tues•te *m.* toasting
tues•te, to ▻ **tostar**
tué•ta•no ◇ *m.* marrow ◇ *pl.* ■ **estar enamorado hasta los** ~ *coll* to be head over heels in love; **hasta los** ~ through and through
tu•fo *m.* fume; *fig* stench
tu•gu•rio *m.* [habitación] hole, dump; [casucha] shack; [bar] dive, joint
tul *m.* tulle
tu•li•pa *f.* [pantalla] tulip-shaped lampshade; BOT small tulip
tu•li•pán *m.* tulip
tu•lli•do, a *adj.* crippled
tu•llir [13] *tr.* to cripple; (*reflex.*) to become crippled
tum•ba *f.* [sepulcro] tomb; [voltereta] somersault; [caída] fall
tum•bar *tr.* [derribar] to knock down; *coll* [atontar] to knock out; **tanto alcohol nos tumbó** so much alcohol knocked us out; (*intr.*) [caer] to fall down; MARIT to keel over, capsize; (*reflex.*) to lie down
tum•bo *m.* [caída] fall; [sacudida] jolt ■ **dar tumbos** to jolt
tum•bón, o•na ◇ *adj. coll* lazy ◇ *m.f. coll* lazy person; (*f.*) deck chair
tu•me•fac•to, a *adj.* swollen
tu•mes•cen•cia *f.* tumescence
tu•mes•cen•te *adj.* tumescent
tu•mor *m.* tumor ■ ~ **cerebral** brain tumor
tú•mu•lo *m.* [sepulcro] burial mound; [catafalco] catafalque; [sepultura] tomb
tu•mul•to *m.* tumult
tu•mul•tuo•so, a *adj.* tumultuous
tu•na *f.* prickly pear
tu•nan•ta *coll* ◇ *adj.* cunning ◇ *f.* hussy
tu•nan•te ◇ *adj.* crooked ◇ *m.f.* rascal
tun•da *f.* [del paño] shearing; *coll* [azotaina] beating
tun•dra *f.* tundra
tú•nel *m.* tunnel ■ ~ **aerodinámico** wind tunnel
tungs•te•no *m.* tungsten
tú•ni•ca *f.* tunic
tu•pé *m.* [pelo] toupee; *coll* [descaro] gall
tu•pi•do, a *adj.* [espeso] thick, dense; [paño] tightly-woven; *coll* [torpe] thickheaded
tur•ba[1] *f.* mob
tur•ba[2] *f.* peat
tur•ba•ción *f.* [emoción] upset; [desorden] confusion
tur•ba•dor, •ra ◇ *adj.* disturbing ◇ *m.f.* disturber
tur•ba•mul•ta *f. coll* mob
tur•ban•te *m.* turban
tur•bar *tr.* [perturbar] to upset; [desconcertar] to embarrass; (*reflex.*) to be upset
túr•bi•do, a *adj.* muddy
tur•bi•na *f.* turbine
tur•bio, a ◇ *adj.* [un líquido] muddy; [un negocio] shady; [agitado] turbulent; **un período** ~ a turbulent period; [vista] blurred; [oscuro] confused ◇ *m.pl.* sediment
tur•bión *m.* shower; *fig* torrent
tur•bo *m.* turbocharger
tur•bo•hé•li•ce/pro•pul•sor *m.* turboprop
tur•bo•rre•ac•tor *m.* turbojet
tur•bu•len•cia *f.* turbulence
tur•bu•len•to, a *adj.* turbulent
túr•gi•do, a, tur•gen•te *adj.* turgid
tu•ris•mo *m.* tourism ■ ~ **de aventura** adventure holidays; ~ **ecológico** eco-tourism; ~ **rural** rural tourism
tu•ris•ta *m.f.* tourist
tu•rís•ti•co, a *adj.* tourist
tur•nar *intr.* & *reflex.* to take turns
tur•no *m.* [vez] turn; [de obreros] shift ■ **de** ~ on duty; **por** ~ in turn; **por turnos** by turns; **trabajar por turnos** to work shifts; ~ **de día/de noche** day/night shift
tur•que•sa *f.* turquoise
tur•quí (*pl.* **-íes**)/**qui•no, a** *adj.* indigo
tu•rrón *m.* nougat
tu•ru•la•to, a *adj. coll* stunned
tu•rum•bón *m. coll* bump on the head
tu•sa *f.* AMER [del maíz] cornhusk; [cigarro] cigar rolled in a cornhusk; [del caballo] mane
tu•sar *tr.* AMER *coll* to trim
tu•te•ar *tr.* to address as 'tú'
tu•te•la *f.* [de personas] guardianship; [de territorios] trusteeship; [protección] protection; [dirección] guidance ■ **territorio bajo** ~ trust territory
tu•te•lar *adj.* protective
tu•te•o *m.* addressing as 'tú'
tu•tor, •ra *m.f.* guardian
tu•to•rí•a *f.* guardianship
tu•vie•ra, vo ▻ **tener**
tu•yo, a ◇ *adj.* yours; **¿es** ~ **el coche?** is the car yours?; of yours; **un pariente** ~ a relative of yours ◇ *pron.* yours ■ **¿quién tiene el** ~**?** who has yours?; **lo** ~ your affair; **los tuyos** your people

T

U

u, U *f.* twenty-second letter of the Spanish alphabet
u *conj.* = **o** used before **(h)o**
u•bi•ca•ción *f.* [sitio] location; [acción] placing
u•bi•car [70] *tr.* AMER to locate; (*reflex.*) to be located; [encontrar trabajo] to get hired
u•bi•cuo, a *adj.* ubiquitous
u•bre *f.* udder
Ud., Uds. *pron.* = **usted; ustedes**
¡uf! *interj.* [cansancio] whew!; [repugnancia] ugh!
u•fa•nar•se *reflex.* to boast
u•fa•no, a *adj.* [orgulloso] proud; [satisfecho] pleased
u•jier *m.* usher
ú•ju•le *interj.* MEX wow!
úl•ce•ra *f.* ulcer
ul•ce•rar *tr.* & *reflex.* to ulcerate
ul•ce•ro•so, a *adj.* ulcerous
ul•te•rior *adj.* [más allá] ulterior; [que ocurre después] subsequent
ul•te•rior•men•te *adv.* subsequently
ul•ti•ma•dor, •ra *m.f.* AMER killer
úl•ti•ma•men•te *adv.* [por último] ultimately; [recientemente] lately
ul•ti•mar *tr.* [acabar] to conclude; AMER [asesinar] to kill
ul•ti•má•tum *m.* ultimatum
úl•ti•mo, a *adj.* [final] last; **la ~ partida de la temporada** the last game of the season; [de dos] latter; [más reciente] latest, most recent; [remoto] farthest; [mejor] finest; [de abajo] bottom; [de arriba] top; [de atrás] back; *fig* [definitivo] last; **como ~ remedio** as a last resort; COM lowest ▪ **a últimos de** at o towards the end of (a month); **el ~ grito (de la moda)** the latest craze; **estar a lo ~ de** to be nearly at the end of; **estar en las últimas** *coll* [estar moribundo] to be on one's last legs; [estar en la miseria] to be down and out; **llegar el ~** to arrive last; **por ~** lastly
ul•tra ◇ *adv.* besides ◇ *m.f.* extremist
ul•tra•de•re•cha *f.* far right
ul•tra•de•re•chis•ta *adj.* & *m.f.* far rightist
ul•tra•jan•te *adj.* offensive, outrageous
ul•tra•jar *intr.* to insult, outrage
ul•tra•je *m.* insult, outrage
ul•tra•li•ge•ro *m.* microlight
ul•tra•mar *m.* overseas
ul•tra•ma•ri•no, a ◇ *adj.* overseas ◇ *m.pl.* [comestibles] groceries; [tienda] grocery store
ul•tra•mo•der•no, a *adj.* ultramodern
ul•tran•za *adj.* ▪ **a ~** [a muerte] to the death; [resueltamente] determinedly
ul•tra•rro•jo, a *adj.* ultrared
ul•tra•só•ni•co, a *adj.* ultrasonic
ul•tra•so•ni•do *m.* ultrasound
ul•tra•tum•ba *f.* otherworld
ul•tra•vio•le•ta *adj.* ultraviolet
u•lu•lar *intr.* to howl
um•bi•li•cal *adj.* umbilical
um•bral *m.* threshold
um•brí•o, a ◇ *adj.* shady ◇ *f.* shade
um•bro•so, a *adj.* shady
un = **uno**
u•ná•ni•me *adj.* unanimous
u•na•ni•mi•dad *f.* unanimity ▪ **por ~** unanimously
un•ción *f.* unction; RELIG extreme unction
un•cir [35] *tr.* to yoke
un•dé•ci•mo, a *adj.* & *m.* eleventh
un•gir [32] *tr.* to anoint
un•güen•to *m.* ointment
u•ni•ce•lu•lar *adj.* unicellular
ú•ni•co, a ◇ *adj.* [solo] only; [extraordinario] unique ◇ *m.f.* only one ▪ **es el ~ que me queda** it's the only one I have left; **lo ~** only thing; **¡lo ~ que faltaba!** that's the only thing that was missing!
u•ni•cor•nio *m.* unicorn
u•ni•dad *f.* [acuerdo] unity; [armonía] harmony; [cada uno] each (one); **valen veinte pesos la ~** they cost twenty pesos each; MATH, MIL & TECH unit ▪ **~ monetaria** monetary unit
u•ni•do, a *adj.* [juntos] united; [que se quieren] close
u•ni•fi•car [70] *tr.* to unify
u•ni•for•mar *tr.* to make uniform
u•ni•for•me ◇ *adj.* [igual] uniform; [terreno] level; [ritmo] steady; [sin variedad] plain ▪ **estilo ~** plain style ◇ *m.* uniform
u•ni•for•mi•dad *f.* uniformity
u•ni•gé•ni•to, a ◇ *adj.* only ▪ **hijo ~** only child ◇ *m.* RELIG Son of God
u•ni•la•te•ral *adj.* unilateral
u•nión *f.* union; [armonía] unity; [conexión] joint ▪ **~ de hecho** unmarried couple; **Unión Europea** European Union
u•nir *tr.* [juntar] to unite; [combinar] to join (together); [casar] to unite (by marriage); [mezclarse] to mix; [aliar] to combine; **~ la teoría con la experiencia práctica** to combine theory with practical experience; COM to merge; MECH & TECH to join; (*reflex.*) [juntarse] to join; [casarse] to marry; [mezclarse] to mix; COM to merge ▪ **~ a** to join; **~ en matrimonio** to be united in marriage
u•ni•se•xo *adj.* unisex
u•ní•so•no, a ◇ *adj.* in unison ◇ *m.* unison ▪ **al ~** in unison
u•ni•ta•rio, a ◇ *adj.* unified; RELIG Unitarian ◇ *m.f.* RELIG Unitarian
u•ni•ver•sal *adj.* universal; [del mundo] world ▪ **historia ~** world history
u•ni•ver•sa•li•dad *f.* universality
u•ni•ver•sa•li•zar [04] *tr.* to universalize
u•ni•ver•si•dad *f.* university
u•ni•ver•si•ta•rio, a ◇ *adj.* university ◇ *m.f.* university student
u•ni•ver•so *m.* universe
u•no, a ◇ *m.* one ◇ *adj.* one ▪ **la ~** one o'clock; **~ que otro** a few ◇ *pl.* some, a few; **unos estudiantes** some students; about, approximately; **unos veinte kilómetros de aquí** about twenty kilometers from here ◇ *indef. pron.* one; **~ de mis amigos** one of my friends; one, you; **~ no puede escaparse de aquí** you cannot escape from here; [alguien] somebody; **~ lo hizo** one of them did it ▪ **cada ~** each one, every one; **de ~ en ~** one by one; **~ a otro** o **con otro** each other, one another; **se miraron ~ a otro** they looked at each other; **~ a** o **por ~** one at a time; **~ y otro** both; **~ tras otro** one after another ◇ *pl.* ▪ **~ a otros**

one another; ~ **cuantos** a few, some <> *indef. art.* a, an; **necesito ~ pluma** I need a pen
un•tar *tr.* [engrasar] to grease; [manchar] to smear; to spread; ~ **el pan con mermelada** to spread bread with jam; MED to rub ▪ ~ **la mano a alguien** *coll* to grease someone's palm
un•tuo•so, a *adj.* greasy
un•tu•ra *f.* [acción] greasing; [sustancia] ointment
u•ña *f.* [de la mano] fingernail; [del pie] toenail; [garra] claw; [pezuña] hoof; [garfio] claw; [gancho] hook ▪ **comerse las uñas** to bite one's nails; **sacar las uñas** *coll* to show one's claws; **ser ~ y carne** to be inseparable
¡u•pa! *interj.* upsy-daisy! ▪ **a ~** in arms
u•ra•nio *m.* uranium
ur•ba•ni•dad *f.* urbanity
ur•ba•nis•ta *m.f.* city planner
ur•ba•nís•ti•co, a *adj.* [de la ciudad] urban; [del urbanismo] city-planning
ur•ba•ni•za•ción *f.* [urbanismo] urbanization, city planning; [desarrollo] development
ur•ba•ni•zar [04] *tr.* [civilizar] to civilize; [un terreno] to develop ▪ **zona sin ~** undeveloped area
ur•ba•no, a *adj.* [de la ciudad] urban; [cortés] urbane
ur•be *f.* large city
ur•dim•bre *f.* TEX warping; *fig* scheming
ur•dir *tr.* TEX to warp; *fig* to scheme
u•re•a *f.* urea
u•ré•ter *m.* ureter
u•re•tra *f.* urethra
ur•gen•cia *f.* urgency ▪ **con ~** urgently; **cura de ~** first aid
ur•gen•te *adj.* urgent
ur•gir [32] *intr.* to be urgent
u•ri•na•rio, a <> *adj.* urinary <> *m.* urinal
ur•na *f.* [vasija] urn; [arca] ballot box; [caja de cristales] glass case ▪ **acudir** o **ir a las urnas** to go the polls
u•ró•lo•go, a *m.f.* urologist
u•rra•ca *f.* magpie
ur•ti•ca•ria *f.* hives
u•sa•do, a *adj.* [deteriorado] worn-out; [de segunda mano] secondhand
u•san•za *f.* custom
u•sar *tr.* [emplear] to use; [ropa] to wear ▪ **sin ~** unused; (*intr.*) [soler] to be accustomed (to); **uso nadar todos los días** I'm accustomed to swimming every day; [emplear] to use, make use of; ~ **de artimaña** to use trickery; ~ **mal de** to misuse; (*reflex.*) [estar de moda] to be the custom o the fashion; [estar en uso] to be used
u•si•na *f.* AMER ▪ ~ **eléctrica** power station; ~ **nuclear** nuclear power station
u•so *m.* [empleo] use; **el ~ de fibras sintéticas** the use of synthetic fibers; [goce] exercise; **el ~ del privilegio hereditario** the exercise of hereditary privilege; [moda] fashion; [costumbre] custom; [desgaste] wear and tear ▪ **al ~ de** in the style of; **deteriorado con el ~** well-used; **estar fuera de ~** to be obsolete; **hacer mal ~ de** to misuse; **hacer ~ de** to use; **hacer ~ de la palabra** to speak; **para todo ~** all-purpose; **ser de ~** [emplearse] to be used; [llevarse] to be worn; ~ **de razón** power of reason
us•ted <> *pron.* you ▪ **de ~** yours; **hablar** o **tratar de ~** to use the polite form of address <> *pl.* you, all of you
u•sual *adj.* usual
u•sua•rio, a <> *adj.* usufructuary; **derechos usuarios** usufructuary rights <> *m.f.* user
u•su•fruc•to *m.* usufruct
u•su•ra *f.* usury
u•su•re•ro, a <> *adj.* usurious <> *m.f.* usurer
u•sur•pa•ción *f.* usurpation
u•sur•pa•dor, •ra <> *adj.* usurping <> *m.f.* usurper
u•sur•par *tr.* to usurp
u•ten•si•lio *m.* utensil
u•te•ri•no, a *adj.* uterine
ú•te•ro *m.* uterus
ú•til <> *adj.* [que sirve] useful; [apto] fit <> *m.* tool, utensil <> *pl.* implements ▪ ~ **de pesca** fishing tackle
u•ti•li•dad <> *f.* [cualidad] usefulness; [provecho] profit; COMPUT utility ▪ ~ **bruta** gross profit <> *pl.* profits ▪ ~ **de capital** capital gains; ~ **impositivas** taxable profits; ~ **líquidas** net profits
u•ti•li•zar [04] *tr.* to use
u•to•pí•a *f.* utopia
u•tó•pi•co, a *adj.* & *m.f.* utopian
u•va grape ▪ **estar hecho una ~** *coll* to be drunk as a skunk; ~ **pasa** raisin
ú•vu•la *f.* uvula
¡uy! *interj.* [sorpresa] oh!; [dolor] ouch!

V

v, V *f.* twenty-third letter of the Spanish alphabet ▪ ~ **doble** double-u, w
va•ca *f.* cow; CUL beef; [cuero] cowhide, leather; [dinero] gambling pool ▪ ~ **de San Antón** ladybug; ~ **lechera** milk cow; ~ **marina** manatee, sea cow; **vacas gordas** years of plenty
va•ca•ción *f.* vacation ▪ **estar de vacaciones** to be on vacation
va•ca•cio•nis•ta *m.f.* MEX tourist
va•can•te <> *adj.* vacant <> *f.* vacancy
va•cia•do *m.* [de metales] casting; [figura] cast
va•ciar [30] *tr.* [dejar vacío] to empty; ~ **una caja** to empty a box; [verter] to drain; ~ **una botella** to drain a bottle; [fundir] to cast; [sacar filo a] to sharpen; [ahuecar] to hollow out; (*intr.*) to empty; (*reflex.*) to empty
va•ci•la•ción *f.* hesitation ▪ **sin ~** unhesitatingly
va•ci•lan•te *adj.* [persona] hesitating; [luz] flickering
va•ci•lar *intr.* [moverse] to sway; [la luz] to flicker; [dudar] to hesitate; MEX to go on a spree ▪ **sin ~** unhesitatingly
va•ci•lón, o•na *adj.* C AMER, CARIB & MEX *coll* [fiestero] fond of partying
va•cí•o, a <> *adj.* empty; [desocupado] vacant; [hueco] hollow; [falto] devoid; **una cabeza ~ de ideas** a mind devoid of ideas <> *m.* [cavidad] emptiness; [hueco] hollow; [espacio] empty space; [falta] void; **su muerte ha dejado un gran ~** his death has left a great void; PHYS vacuum ▪ **envasado al ~** vacuumpacked; **hacer el ~ a alguien** *coll* to give someone the cold shoulder
va•cu•na•ción *f.* vaccination
va•cu•nar *tr.* to vaccinate

va•cu•no, a *adj.* bovine ▪ **ganado ~** cattle
va•cuo, a *adj.* vacuous
va•de•ar *tr.* [un río] to ford; [a pie] to wade across; [una dificultad] to overcome
va•do *m.* [de un río] ford; [recurso] remedy
va•ga•bun•de•ar *intr.* to wander
va•ga•bun•do, a *adj.* & *m.f.* vagabond
va•ga•men•te *adv.* vaguely
va•gan•cia *f.* [delito] vagrancy; [ociosidad] idleness
va•gar [47] *intr.* [errar] to wander; [andar ocioso] to be idle
va•gi•do *m.* cry
va•gi•na *f.* vagina
va•go, a ◇ *adj.* [indeterminado] vague; [holgazán] lazy; [vagabundo] vagrant ◇ *m.* [holgazán] loafer; [vagabundo] vagrant; ANAT vagus nerve
va•gón *m.* RAIL car, coach; [para mercancías] truck, van ▪ **~ cama** sleeping car; **~ de carga** freight car; **~ de equipajes** baggage car; **~ de pasajeros** passenger car; **~ de primera** firstclass; **~ restaurante** dining car
va•go•ne•ta *f.* small wagon o cart
va•gue•ar *intr.* to wander
va•gue•dad *f.* [cualidad] vagueness; [expresión vaga] vague remark
va•hí•do *m.* dizzy spell
va•ho *m.* steam
vai•na ◇ *f.* [envoltura] sheath; BOT pod; MARIT casing; COL, PERU & VEN *coll* [problema, persona, cosa] pain ▪ **¡qué ~!** what a pisser! ◇ *adj.* AMER *coll* annoying
vai•ni•lla *f.* vanilla; SEW hemstitch
vai•vén *m.* [oscilación] oscillation; [balanceo] swaying; [fluctuación] fluctuation
va•ji•lla *f.* tableware ▪ **lavar la ~** to wash the dishes; **~ de plata** silverware; **~ de porcelana** china
val•drán, dría ▻ **valer**
va•le *m.* [pagaré] voucher; [recibo] receipt; MEX & VEN *coll* [amigo] pal, buddy
va•le•de•ro, a *adj.* valid
va•le•ma•dris•ta *adj.* AMER [apático] apathetic; [cínico] cynical
va•len•cia *f.* valence
va•len•tí•a *f.* [valor] bravery; [ánimo] boldness
va•ler [74] ◇ *intr.* [tener valor] to be worth; [tener mérito] to be of value; [ser válido] to be valid; **esta moneda no vale** this coin is not valid; [tener autoridad] to have authority; **el supervisor no vale para esto** the supervisor does not have authority in this matter; [servir] to be useful, be of use; **no le valdrán todas sus palancas** all of his connections will be of no use to him ▪ **más vale** it is better; (*tr.*) [tener un valor de] to be worth; **el reloj vale cien dólares** the watch is worth a hundred dollars; [costar] to be; **¿cuánto vale?** how much is it?; [representar] to be worth; **una blanca vale dos negras** a half note is worth two quarter notes; [producir] to yield; **esa inversión le valió cien mil pesos** that investment yielded him a hundred thousand pesos; [causar] to cause; **nuestra conducta nos valió muchos disgustos** our conduct caused us a lot of trouble; **hacer ~ sus derechos** to assert one's rights; **~ la pena** to be worthwhile; **~ lo que pesa en oro** to be worth its weight in gold; (*reflex.*) to manage for oneself; **~ de** to make use of ◇ *m.* worth
va•le•ro•so, a *adj.* courageous
val•ga, go ▻ **valer**
va•lí•a *f.* worth
va•li•da•ción *f.* validation
va•li•dar *tr.* to validate
va•li•dez *f.* validity
vá•li•do, a *adj.* valid
va•lien•te ◇ *adj.* [valeroso] brave; [osado] bold; *coll* a fine ▪ **¡~ amigo eres tú!** a fine friend you are!; **¡~ frío!** it's freezing! ◇ *m.* [valeroso] brave man; [valentón] braggart
va•li•ja *f.* [maleta] suitcase; [saco de correo] mailbag ▪ **~ diplomática** diplomatic pouch
va•lio•so, a *adj.* valuable
va•lla *f.* [cerca] fence; [obstáculo] obstacle; SPORT hurdle
va•llar *tr.* to fence in
va•lle *m.* [entre montañas] valley; [de un río] river basin ▪ **~ de lágrimas** vale of tears
va•lor ◇ *m.* [cualidad] worth; [precio] price; **el ~ de la propiedad** the price of the property; [importancia] importance; [osadía] nerve; **tener el ~ de negarlo** to have the nerve to deny it; [coraje] valor; MATH & MUS value ▪ **dar ~ a** to attach importance to; **de ~** valuable; **sin ~** worthless; **~ adquisitivo** purchasing power; **~ comercial** market value; **~ nominal** COM face value ◇ *pl.* COM securities; **~ inmuebles** real estate
va•lo•ra•ción *f.* appraisal
va•lo•rar *tr.* [dar mérito a] to appreciate; [valuar] to appraise; [aumentar el valor de] to increase the value of
va•lo•ri•za•ción *f.* appraisal
va•lo•ri•zar [04] *tr.* [evaluar] to appraise; [aumentar el valor de] to raise the value of
vals *m.* waltz
va•lua•ción *f.* appraisal
va•luar [67] *tr.* to appraise, value
vál•vu•la *f.* valve; RAD tube
va•mos, van ▻ **ir**
vam•pi•re•sa *f.* vamp
vam•pi•ro *m.* vampire
va•na•glo•riar•se *reflex.* to boast
va•na•men•te *adv.* [inútilmente] vainly; [con vanidad] presumptuously; [tontamente] foolishly
van•da•lis•mo *m.* vandalism
van•guar•dia *f.* MIL vanguard; ARTS & LIT avant-garde ▪ **ir a la ~** to be in the forefront
van•guar•dis•ta *adj.* & *m.f.* avant-garde (artist)
va•ni•dad *f.* [cualidad] vanity; [ostentación] ostentation; [orgullo] conceit
va•ni•do•so, a *adj.* & *m.f.* vain o conceited (person)
va•no, a ◇ *adj.* [inútil] vain; [frívolo] frivolous; [vanidoso] conceited ▪ **en ~** in vain, vainly ◇ *m.* ARCHIT window
va•por *m.* [gas] steam; [vaho] vapor; [buque] steamship ▪ **al ~** CUL steamed; **~ de ruedas** paddle steamer
va•po•ri•za•dor *m.* vaporizer
va•po•ri•zar [04] *tr.* to vaporize
va•po•ro•so, a *adj.* [que despide vapores] vaporous; [tejido] sheer
va•pu•le•ar *tr.* to thrash
va•que•ro, a ◇ *adj.* pertaining to cowhands ▪ **pantalón ~** jeans ◇ *m.* cowboy
va•que•ta *f.* cowhide
va•ra *f.* [palo] stick; [rama] rod; [bastón] staff; BOT stalk; [medida] linear measurement (.84 meters); [de trombón] slide; TAUR [pica] pike; [garrochazo] thrust with a pike

va•ra•de•ro *m.* dry dock
va•rar MARIT *tr.* to beach; (*intr.*) to run aground
va•ra•zo *m.* [golpe] blow with a stick; TAUR thrust with a lance
va•re•a•dor, •ra *m.f.* [de árboles] beater; [del ganado] cowhand
va•re•ar *tr.* [derribar] to knock down; [dar golpes] to cudgel; TAUR to jab with the lance
va•ria•ble *adj.* & *f.* MATH variable
va•ria•ción *f.* variation
va•ria•do, a *adj.* varied
va•rian•te ◇ *adj.* varying ◇ *f.* variant
va•riar [30] *tr.* & *intr.* to vary
va•ri•ce *f.* varicose vein
va•ri•ce•la *f.* chickenpox
va•rie•dad ◇ *f.* variety ◇ *pl.* [cosas diversas] miscellany; THEAT variety show
va•ri•lla *f.* [vara] rod; [de un paraguas] rib; [de corsé] stay; MEX peddler's wares ▪ ~ **de pistón** piston rod; ~ **mágica** magic wand
va•rio, a ◇ *adj.* [que varía] varied; [cambiadizo] varying, changeable ◇ *pl.* several ◇ *m.f. pl.* several; **varios piensan que sí** several think so
va•rón *m.* [hombre] male; [niño] boy; **tienen dos hijas y un** ~ they have two girls and one boy ▪ **santo** ~ *coll* saint
va•ro•nil *adj.* [masculino] virile; [dicho de mujer] mannish
va•sa•lla•je *m.* servitude
va•sa•llo, a ◇ *adj.* subordinate ◇ *m.f.* HIST vassal; [súbdito] subject
vas•cu•lar *adj.* vascular
va•sec•to•mí•a *f.* vasectomy
va•se•li•na *f.* Vaseline®
va•si•ja *f.* container
va•so *m.* glass; [jarrón] vase; ZOOL hoof; ANAT & BOT vessel
vás•ta•go *m.* BOT shoot; [hijo] offspring; MECH rod ▪ ~ **de válvula** o **de distribución** valve rod o stem
vas•to, a *adj.* vast
va•ti•ci•nar *tr.* to predict
va•ti•ci•nio *m.* prediction
va•tio *m.* watt
va•tio-ho•ra *m.* watt-hour
va•ya ▷ **ir**
ve ▷ **ir** ▷ **ver²**
ve•a, veo ▷ **ver²**
ve•ci•nal *adj.* local
ve•cin•dad *f.* [cualidad] nearness; [vecindario] neighbors; [cercanías] vicinity; MEX [vivienda] tenement house ▪ **casa de** ~ apartment building
ve•cin•da•rio *m.* neighborhood
ve•ci•no, a ◇ *adj.* [próximo] next ▪ ~ **a** o **de** near ◇ *m.f.* neighbor ▪ **cualquier hijo de** ~ *coll* anybody
ve•da *f.* [prohibición] prohibition; HUNT closed season
ve•da•do, a ◇ *adj.* prohibited ◇ *m.* game preserve
ve•dar *tr.* [prohibir] to prohibit; [impedir] to prevent
ve•e•dor, •ra ◇ *adj.* prying ◇ *m.f.* busybody; (*m.*) supervisor
ve•ge•ta•ción *f.* vegetation
ve•ge•tal ◇ *adj.* vegetable ▪ **reino** ~ plant kingdom ◇ *m.* vegetable; [planta] plant
ve•ge•tar *intr.* to vegetate
ve•ge•ta•ria•no, a *adj.* & *m.f.* vegetarian
ve•ge•ta•ti•vo, a *adj.* vegetative
ve•he•men•cia *f.* vehemence
ve•he•men•te *adj.* vehement
ve•hí•cu•lo *m.* vehicle; MED carrier
ve•í•a ▷ **ver²**
vein•ta•vo, a *adj.* & *m.* twentieth
vein•te ◇ *adj.* twenty; [vigésimo] twentieth ◇ *m.* twenty
vein•te•na *f.* score
vein•ti•dós *adj.* & *m.* twenty-two
vein•ti•tan•tos, as *adj.* [cantidad] twenty or so; [del mes] around the twentieth
vein•ti•ún *adj.* = **veintiuno**
vein•tiu•no, a ◇ *adj.* twenty-one; [vigésimo primero] twenty-first ◇ *m.* twenty-one
ve•ja•ción *f.* vexation
ve•ja•men *m.* [molestia] vexation; [insulto] affront; [reprensión satírica] derision
ve•jar *tr.* to vex
ve•jes•to•rio *m. derog* [persona] old fool; [cosa] old wreck
ve•jez *f.* old age
ve•ji•ga *f.* ANAT bladder; [en la piel] blister ▪ ~ **de la bilis** gall bladder; ~ **natatoria** swim bladder
ve•la¹ *f.* [vigilia] vigil; [trabajo] night shift; [luz] candle; ~ **de cera** wax candle; MEX reprimand ▪ **en** ~ awake; **estar a dos velas** *fig* to be broke; **no darle a alguien** ~ **en un entierro** *fig* not to give someone a say in the matter
ve•la² *f.* MARIT sail ▪ **a toda** ~ under full sail; **barco de** ~ sailboat; **buque de** ~ sailing ship; **hacerse a la** ~ to set sail; ~ **de cuchillo** staysail; ~ **mayor** mainsail
ve•la•da *f.* evening ▪ **quedarse de** ~ to spend the evening
ve•la•do, a *adj.* [oculto] veiled; [voz] muffled; [imagen] blurred
ve•la•dor, •ra ◇ *adj.* watching ◇ *m.f.* [persona que vela] vigil-keeper; (*m.*) [mesita] night table; RP bedside lamp; MEX glass lampshade
ve•la•me(n) *m.* sails
ve•lar *tr.* [vigilar] to keep watch over; [cuidar] to sit up with; ~ **a un niño enfermo** to sit up with a sick child; [cubrir] to cover with a veil; [esconder] to hide; (*intr.*) [no dormir] to stay awake; [trabajar] to work late; RELIG to keep vigil ▪ ~ **por** to care for, look after; (*reflex.*) PHOTOG to be damaged by exposure to light
ve•la•to•rio *m.* wake
ve•lei•dad *f.* [deseo vano] whim; [inconstancia] fickleness
ve•lei•do•so, a *adj.* fickle
ve•le•ro, a ◇ *adj.* swift-sailing ◇ *m.f.* [de velas para buques] sailmaker; [de velas de cera] candle-maker; (*m.*) sailboat
ve•le•ta *f.* weather vane; (*m.f.*) *coll* weathercock
ve•llo *m.* [pelo] hair; [pelusilla] fuzz
ve•llo•ci•no *m.* fleece
ve•llón *m.* [lana] fleece; [piel] sheepskin; [mechón] tuft of wool
ve•llu•do, a ◇ *adj.* hairy ◇ *m.* TEX velveteen
ve•lo *m.* veil; [humeral] humeral veil ▪ **correr** o **echar un** ~ **sobre algo** to hush something up; **tomar el** ~ to take the veil; ~ **del paladar** soft palate
ve•lo•ci•dad *f.* velocity; AUTO gear ▪ **exceso de** ~ speeding; ~ **de ascensión** AER climbing speed; ~ **límite** speed limit; ~ **máxima** top speed

V

ve•lo•cí•me•tro *m.* speedometer
ve•ló•dro•mo *m.* velodrome
ve•lo•rio *m.* wake
ve•loz *adj.* swift
ve•lu•do *m.* plush
ven ▻ **venir**
ve•na *f.* vein; [inspiración] inspiration ■ **darle a uno la ~** to feel like doing something crazy; **estar en ~** to be in the mood
ve•na•blo *m.* javelin
ve•na•do *m.* stag; CUL venison ■ **pintar el ~** MEX to play hooky
ven•ce•de•ro, a *adj.* COM payable
ven•ce•dor, •ra ◇ *adj.* [conquistador] conquering; [victorioso] winning ◇ *m.f.* [conquistador] conqueror; [ganador] winner
ven•cer [75] *tr.* [conquistar] to conquer; [derrotar] to defeat; [aventajar] to surpass; [superar] to overcome; to be overcome; **le venció el sueño** he was overcome by sleep; to control, master; **~ las pasiones** to control one's emotions; (*intr.*) [ganar] to win; COM [cumplirse un plazo] to expire; [una deuda] to fall due; (*reflex.*) [combarse] to bend; [romperse] to collapse
ven•ci•do, a ◇ *adj.* [derrotado] defeated; COM [una deuda] due; [cumplido] expired ◇ *m.f.* loser; (*f.*) ■ **a la tercera va la ~** [exhortando] the third time is the charm; [amenazando] three strikes and you're out
ven•ci•mien•to *m.* [victoria] victory; [derrota] defeat; [torcimiento] bending; [al romperse] collapse; COM [término] expiration; [de una deuda] maturity
ven•da *f.* bandage; [de cabeza] headband ■ **tener una ~ en los ojos** to be blindfolded
ven•da•je *m.* bandage
ven•dar *tr.* to bandage ■ **~ los ojos** to blindfold
ven•da•val *m.* gale
ven•de•dor, •ra ◇ *adj.* selling ◇ *m.f.* [persona que vende] seller; [de tienda] salesperson ■ **~ ambulante** peddler
ven•der *tr.* [productos] to sell; [idea, proyecto] to sell; [sacrificar] to sell (out); [traicionar] to betray ■ **~ al contado** to sell for cash; **~ al por mayor** to sell wholesale; **~ al por menor** to sell retail; **~ a plazos** to sell on installment; **~ caro** to be expensive; (*reflex.*) to sell, be sold; **las manzanas se venden por docena** apples are sold by the dozen; [dejarse sobornar] to sell oneself ■ **se vende** for sale
ven•di•mia *f.* [cosecha] grape harvest; [año] vintage
ven•di•mia•dor, •ra *m.f.* grape picker
ven•drá, dría ▻ **venir**
ve•ne•no *m.* [toxina] poison; *fig* venom
ve•ne•no•so, a *adj.* poisonous
ve•ne•ra•ble *adj.* venerable
ve•ne•ra•ción *f.* veneration
ve•ne•rar *tr.* to venerate
ve•né•re•o, a *adj.* & *m.* venereal (disease)
ven•ga, go ▻ **venir**
ven•ga•dor, •ra ◇ *adj.* avenging ◇ *m.f.* avenger
ven•gan•za *f.* vengeance
ven•gar [47] *tr.* & *reflex.* to avenge (oneself) ■ **~ de alguien** to take revenge on someone
ven•ga•ti•vo, a *adj.* vindictive
ve•nia *f.* [perdón] forgiveness; [permiso] permission; AMER MIL salute
ve•ni•da *f.* [llegada] arrival; [regreso] return
ve•ni•de•ro, a *adj.* coming, upcoming
ve•nir [76] *intr.* to come; [llegar] to arrive; [ropa] to fit; **esta chaqueta ya no me viene** this jacket no longer fits me; [tener] to get; **me vino un dolor de cabeza** I got a headache; [inferirse] to follow; **esta conclusión viene de tal postura** this conclusion follows from such a posture; [presentarse] to occur; **la idea me vino inesperadamente** the idea occurred to me unexpectedly; [producirse] to grow; **el trigo viene bien en esta región** wheat grows well in this region; [suceder] to end up; **vino a morir** he ended up dying; [resultar] to end up; **viene a ser lo mismo** it ends up being all the same; [repetir] to have been; **vengo diciéndolo desde hace cinco meses** I have been saying so for five months ■ **que viene** next; **el año que viene** next year; **~ a la memoria** to come to mind; **~ al caso** to be relevant; **~ al mundo** to come into the world; **~ al pelo** *coll* to come in the nick of time; **venga lo que venga** come what may; **venirle ancho a uno** to be too big for one; **ver ~** to see it coming; (*reflex.*) ■ **~ abajo** o **por tierra** o **al suelo** to collapse, fall down
ven•ta *f.* sale ■ **servicio de ~** sales department; **~ al contado** cash sale; **~ a crédito** credit sale; **~ al por mayor** wholesale; **~ al por menor** retail
ven•ta•ja *f.* [superioridad] advantage; [en una carrera] lead; [provecho] benefit ■ **llevar ~ a** to have the lead over; **sacar ~ a** to be ahead of; **sacar ~ de** to profit from
ven•ta•jo•so, a *adj.* advantageous
ven•ta•na *f.* window; ANAT nostril ■ **echar** o **tirar por la ~** to squander
ven•ta•nal *m.* large window
ven•ta•ni•lla *f.* [de vehículo] window; [portilla] porthole; [taquilla] box office
ven•ti•la•ción *f.* ventilation
ven•ti•la•dor *m.* fan
ven•ti•lar *tr.* [un lugar] to air out; [discutir] to air; [hacer público] to make public; (*reflex.*) *coll* to get some fresh air
ven•tis•ca *f.* blizzard
ven•tis•car [70] *intr.* to snow heavily
ven•tis•que•ro *m.* [ventisca] blizzard; [de un monte] snowcap
ven•to•le•ra *f.* gust of wind ■ **darle a uno la ~ de hacer algo** *coll* to take it into one's head to do something
ven•to•se•ar *intr.* to break wind
ven•to•si•dad *f.* gas
ven•to•so, a ◇ *adj.* windy ◇ *f.* MED cupping glass; ZOOL sucker; [abertura] air hole
ven•tri•cu•lar *adj.* ventricular
ven•trí•cu•lo *m.* ventricle
ven•trí•lo•cuo, a *m.f.* ventriloquist
ven•tri•lo•quia *f.* ventriloquism
ven•tu•ra *f.* [felicidad] happiness; [suerte] luck ■ **a la (buena) ~** with no set plan; **decir la buena ~ a alguien** to tell someone's fortune; **por ~** as luck would have it; **probar ~** to try one's luck
ven•tu•ro•so, a *adj.* fortunate
ver[1] *m.* [apariencia] appearance; [opinión] opinion; **a mi ~** in my opinion
ver[2] [77] *tr.* to see; [mirar] to look at; [televisión, películas] to watch; [visitar] to visit; [averiguar] to look and see; **vea usted si está Pedro** look and see if Pedro is here; [examinar] to examine; **veamos este párrafo** let's exam-

ine this paragraph; [observar] to observe ■ **a** o **hasta más ~** so long; **a ~** let's see; **estar** o **quedar en veremos** AMER to be a long way off; **tener que ~ con** to have to do with; **veremos** we'll see; **~ venir** to see it coming; (*reflex.*) [ser visto] to be seen; [ser obvio] to be obvious o clear; [mirarse] to see oneself; **~ en el espejo** to see oneself in the mirror; [hallarse] to find oneself; **me veo pobre y sin amigos** I find myself poor and without friends; [visitarse] to see one another; [encontrarse] to meet; **~ con los amigos** to meet with friends; **estar por ~** to remain to be seen; **véase** see (in references); **vérselas con** *coll* to have to deal with; **vérselas negras** *coll* to be in a jam

ve•ra *f.* edge ■ **a la ~ de** next to

ve•ra•ci•dad *f.* veracity

ve•ra•ne•an•te *m.f.* summer resident

ve•ra•ne•ar *intr.* to spend the summer

ve•ra•ne•o *m.* summer vacation, summer holidays GB ■ **ir de ~** to go on vacation; **lugar de ~** summer resort

ve•ra•nie•go, a *adj.* [del verano] summer; [ligero] light

ve•ra•no *m.* summer

ve•ras *f.pl.* [verdad] truth; [seriedad] earnestness ■ **de ~** really

ve•raz *adj.* truthful

ver•ba *f.* loquaciousness

ver•bal *adj.* verbal

ver•be•na *f.* verbena, vervain; [fiesta] festival held on the eve of a saint's day

ver•bi•gra•cia, ver•bi•gra•tia *adv.* for example, for instance

ver•bo *m.* GRAM verb; RELIG Word

ver•bo•rre•a *f. coll* verbosity

ver•bo•si•dad *f.* verbosity

ver•dad *f.* truth; **decir la ~** to tell the truth; [veracidad] truthfulness ■ **a decir ~** o **a la ~** to be honest; **de ~** [de veras] truly; [verdadero] real; **él es un héroe de ~** he is a real hero; **¿de ~?** really?; **decirle a alguien cuatro verdades** *fig* to tell it like it is; **en ~** truly; **faltar a la ~** to lie; **la pura ~** the plain truth; **¿no es ~?** isn't that so?; **¿~?** is that so?

ver•da•de•ro, a *adj.* [real] true; [auténtico] genuine; [veraz] truthful

ver•de ◇ *adj.* green; unseasoned; **leña ~** unseasoned wood; [inmaduro] unripe; [obsceno] dirty; *coll* [libertino] dirty; **un viejo ~** a dirty old man ■ **poner ~ a uno** to tell someone off; **~ de envidia** green with envy ◇ *m.* [color] green; [verdor] verdure; [hierba] grass; [follaje] foliage; [alcacer] fresh fodder; RP maté ■ **~ esmeralda** emerald green; **~ mar** sea green; **~ oliva** olive green

ver•de•mar ◇ *adj.* sea-green ◇ *m.* sea green

ver•dín *m.* [de las plantas] fresh green; [musgo] moss

ver•dor *m.* verdancy

ver•do•so, a *adj.* greenish

ver•du•go *m.* BOT twig; [de justicia] executioner; [de ladrillos] layer of bricks

ver•du•le•rí•a *f.* grocery store

ver•du•le•ro, a *m.f.* greengrocer

ver•du•ra *f.* [verdor] greenness; [legumbre] vegetable; [follaje] greenery

ver•dus•co, a *adj.* dark greenish

ve•re•da *f.* [senda] trail; C SUR & PERU sidewalk ■ **entrar en ~** to fall in line

ve•re•dic•to *m.* verdict

ver•ga *f.* ANAT penis; [de ballesta] steel bow; MARIT yard

ver•gel *m.* orchard

ver•gon•zan•te *adj.* shamefaced

ver•gon•zo•so, a ◇ *adj.* [ignominioso] shameful; [tímido] shy ◇ *m.f.* shy person

ver•güen•za *f.* [bochorno] shame; [desconcierto] embarrassment; [timidez] shyness; [oprobio] disgrace; **él es la ~ de su familia** he is the disgrace of his family ■ **darle ~ a uno** to be ashamed; **me da ~ decírtelo** I am ashamed to tell you; **no tener ~** to be shameless; **perder la ~** to lose all sense of shame; **¡qué ~!** what a disgrace!; **sin ~** shameless(ly); **tener ~** to be ashamed

ve•ri•cue•to *m.* rugged path

ve•rí•di•co, a *adj.* true

ve•ri•fi•ca•ción *f.* verification

ve•ri•fi•ca•dor, •ra ◇ *adj.* checking ◇ *m.f.* checker

ve•ri•fi•car [70] *tr.* [la verdad] to verify; [una máquina] to check; [realizar] to carry out; (*reflex.*) [tener lugar] to take place; [una predicción] to come true

ver•ja *f.* [de cerca] railings; [de ventana] grating

ver•me *m.* intestinal worm

ver•mi•ci•da ◇ *adj.* vermicidal ◇ *m.* vermicide

ver•mí•fu•go, a ◇ *adj.* vermifugal ◇ *m.* vermifuge

ver•mut/mú *m.* [aperitivo] vermouth; (*f.*) AMER CINEM & THEAT matinée

ver•ná•cu•lo, a *adj.* vernacular

ve•ró•ni•ca *f.* BOT veronica, speedwell; TAUR pass with the cape

ve•ro•sí•mil *adj.* probable

ve•ro•si•mi•li•tud *f.* probability

ve•rru•ga *f.* wart

ver•sa•do, a *adj.* versed

ver•sar *intr.* ■ **~ sobre** to deal with

ver•sá•til *adj.* versatile; *fig* changeable

ver•sa•ti•li•dad *f.* fickleness

ver•sí•cu•lo *m.* versicle

ver•si•fi•car [70] *intr.* & *tr.* to versify

ver•sión *f.* version

ver•so[1] *m.* verse; [versículo] versicle ■ **echar versos** MEX to gab

ver•so[2] *m.* PRINT verso

vér•te•bra *f.* vertebra

ver•te•bra•do, a *adj.* & *m.* vertebrate

ver•te•bral *adj.* vertebral

ver•te•de•ro *m.* [desaguadero] drain; [de basura] garbage dump, rubbish dump GB

ver•ter [50] *tr.* [derramar] to spill; [lágrimas, sangre] to shed; [vaciar] to empty out; [volcar] to turn upside down; [traducir] to translate; (*intr.*) to flow

ver•ti•cal *adj.* & *f.* vertical

ver•ti•ca•li•dad *f.* verticality

vér•ti•ce *m.* apex

ver•tien•te ◇ *adj.* flowing ◇ *f.* [declive] slope; [manantial] spring

ver•ti•gi•no•si•dad *f.* vertiginousness

ver•ti•gi•no•so, a *adj.* vertiginous

vér•ti•go *m.* vertigo; [arrebato] frenzy ■ **tener ~** to feel dizzy

ve•sí•cu•la *f.* vesicle ■ **~ biliar** gall bladder

ve•si•cu•lar *adj.* vesicular

ves•per•ti•no, a *adj.* evening

ves•tal *adj.* & *f.* vestal

ves•tí•bu•lo *m.* [antesala] vestibule; [en un hotel, teatro] lobby
ves•ti•do *m.* [de mujer] dress; [de hombre] suit ▪ **~ de noche** evening gown
ves•ti•du•ra ◇ *f.* [prenda de vestir] garment; [ropa] clothes ◇ *pl.* RELIG vestments
ves•ti•gio *m.* vestige
ves•ti•men•ta *f.* clothes
ves•tir [48] *tr.* to dress; **vistieron a la novia** they dressed the bride; [llevar] to wear; **vestía un traje rosado** she was wearing a pink suit; [cubrir] to cover; **~ una puerta de acero** to cover a door with steel; [proveer con ropa] to clothe; **~ a los pobres** to clothe the poor; [hacer ropa] to dress; **este sastre viste a mis hermanos** this tailor dresses my brothers; *fig* to dress up ▪ **quedarse para ~ santos** *coll* to be an old maid; (*intr.*) [ir vestido] to dress; **ellos visten bien** they dress well; [lucir] to look good; **la seda viste mucho** silk looks very good; **~ de** to wear; **viste de uniforme** he wears a uniform; (*reflex.*) [ataviarse] to get dressed; [ir vestido] to dress; **~ a la moda** to dress fashionably; [cubrirse] to be covered; **el campo se viste de flores** the field is covered with flowers
ves•tua•rio *m.* wardrobe; [cuarto] dressing room; SPORT locker room
ve•ta *f.* [de madera] grain; MIN vein
ve•tar *tr.* to veto
ve•te•ar *tr.* to streak
ve•te•ra•ní•a *f.* [larga experiencia] long experience; [antigüedad] seniority
ve•te•ra•no, a *adj.* & *m.f.* veteran
ve•te•ri•na•rio, a ◇ *adj.* veterinary ◇ *m.f.* veterinarian; (*f.*) veterinary medicine
ve•to *m.* veto ▪ **poner el ~ a** to veto
ve•tus•to, a *adj.* decrepit
vez *f.* time; **te lo dije cuatro veces** I told you four times; [ocasión] time; **hay veces que conviene no hablar** there are times when it is best not to talk; [turno] turn; **la ~ que me tocó no estuve aquí** when it was my turn, I was not here ▪ **a la ~** at the same time; **a la ~ que** while; **alguna que otra ~** once in a while; **algunas veces** sometimes; **a su ~** in turn; **a veces** at times; **cada ~** every time; **cada ~ más** more and more; **cada ~ menos** less and less; **cada ~ que** whenever; **de una ~** all at once; **de una ~ por todas** once and for all; **de ~ en cuando** from time to time; **dos veces** twice; **en ~ de** instead of; **érase una ~** once upon a time; **hacer las veces de** to stand in for; **muchas veces** often; **otra ~** again; **pocas** o **raras veces** rarely; **por enésima ~** *coll* for the umpteenth time; **repetidas veces** repeatedly; **tal ~** perhaps; **una que otra ~** once in a while; **una ~** once; **una ~ que** as soon as
vi, vimos ▷ **ver**[2]
ví•a[1] *prep.* via; **vamos ~ Quito** we are going via Quito
ví•a[2] *f.* [camino] road; [ruta] route; **~ terrestre** land route; RAIL [carril] track; ANAT tract; CHEM process; LAW proceedings ▪ **en vías de** in the process of; **por ~ oral** orally; **~ aérea** airway; [correo] airmail; **Vía Crucis** Way of the Cross; *fig* ordeal; **~ de comunicación** channel of communication; **~ férrea** railroad; **~ fluvial** waterway; **Vía Láctea** Milky Way; **~ marítima** seaway
via•ble *adj.* viable
via•duc•to *m.* viaduct
via•jan•te *adj.* & *m.* traveling (salesman)
via•jar *intr.* to travel
via•je ◇ *m.* trip ▪ **¡buen ~!** bon voyage!; **de un ~** AMER all at once; **ir de ~** to go on a trip; **~ de ida y vuelta** round trip ◇ *pl.* travel
via•je•ro, a ◇ *adj.* traveling ◇ *m.f.* traveler
vial *adj.* road, traffic
via•li•dad *f.* highway administration
vian•da *f.* food; AMER [recipiente] lunchbox
via•ra•za *f.* AMER [enfado] fit of anger; [ocurrencia] absurd idea
viá•ti•co *m.* [dietas] per diem; RELIG viaticum
ví•bo•ra *f.* viper
vi•bra•ción *f.* vibration ▪ **~ de llamada** vibrating alert
vi•brar (*intr.*) [sacudirse] to vibrate; [sentirse conmovido] to be moved
vi•ca•rí•a *f.* [oficio y territorio] vicariate; [residencia] vicarage
vi•ca•rio, a ◇ *adj.* deputy ◇ *m.* vicar
vi•ce•al•mi•ran•te *m.* vice admiral
vi•ce•can•ci•ller *m.* vice chancellor
vi•ce•cón•sul *m.* vice consul
vi•ce•pre•si•den•cia *f.* [en un país] vice-presidency; [en reunión] vice-chairmanship
vi•ce•pre•si•den•te *m.f.* [en un país] vice president; [en reunión] vice chairman
vi•ce•ver•sa *adv.* vice versa
vi•ciar *tr.* [contaminar] to pollute; [pervertir] to corrupt; [adulterar] to adulterate; [falsificar] to falsify; [anular] to invalidate; (*reflex.*) [contaminarse] to become polluted; [entregarse al vicio] to become corrupt
vi•cio *m.* [perversión] vice; [mala costumbre] bad habit ▪ **de ~** without reason
vi•cio•so, a ◇ *adj.* [incorrecto] incorrect; [depravado] depraved ◇ *m.f.* [persona depravada] depraved person; [toxicómano] drug addict
vi•ci•si•tud *f.* vicissitude
víc•ti•ma *f.* victim
vic•ti•mar *tr.* AMER to kill, to murder
vic•to•ria *f.* victory; [éxito] success; [coche] victoria
vic•to•ria•no, a *adj.* & *m.f.* HIST Victorian
vic•to•rio•so, a ◇ *adj.* victorious ◇ *m.f.* victor
vi•cu•ña *f.* vicuña
vid *f.* grapevine
vi•da *f.* life; [duración] lifetime; [sustento] living; **ganarse la ~** to earn one's living; [modo de vivir] way of life; [biografía] life story; [viveza] liveliness ▪ **así es la ~** such is life; **buscarse la ~** *coll* to hustle; **dar mala ~ a** to mistreat; **darse buena ~** to lead the good life; **echarse a la ~** to become a prostitute; **en la ~** never; **entre la ~ y la muerte** at death's door; **escapar con ~** to come out alive; **la otra ~** the hereafter; **pasar a mejor ~** to pass away; **quitarse la ~** to take one's life; **~ mía** *coll* my dear; **~ y milagros** *coll* life history; **vivir la ~** to lead the good life
vi•den•te *m.f.* clairvoyant
vi•deo, ví•deo *m.* o *f.* video ▪ **~ a la carta** video-on-demand; **~ digital** digital video
vi•de•o•ca•se•te *m.* o *f.* videocassette
vi•de•o•con•fe•ren•cia *f.* videoconference
vi•de•o•dis•co *m.* videodisk
vi•de•o•ins•ta•la•ción *f.* videoinstallation
vi•de•o•pro•yec•tor *m.* videoprojector
vi•do•rra *f.* *coll* life of ease

vi•dria•do, a ◇ *adj.* glazed ◇ *m.* [barniz] glaze; [loza] glazed earthenware
vi•driar *tr.* to apply a glaze to; (*intr.*) to become glazed
vi•drie•ra *f.* window
vi•drie•ro, a *m.f.* glazier
vi•drio *m.* glass; RP window-pane ▪ ~ **tallado** cut glass
vi•drio•so, a *adj.* [quebradizo] fragile; [suelo] slippery; [delicado] tricky; [ojos] glassy
vie•jo, a ◇ *adj.* old ◇ *m.* old man; (*f.*) old woman ◇ *m.f.* MEX *coll* [amigo] pal, buddy ◇ *pl.* old folks
vie•ne ▻ **venir**
vien•to *m.* wind; [cuerda] guide rope; MUS wind ▪ **instrumentos de** ~ wind instruments; **a los cuatro vientos** to the four winds; **contra** ~ **y marea** against all odds; **hacer** ~ to be windy; **ir** ~ **en popa** to go smoothly o well
vien•tre *m.* [abdomen] belly; [matriz] womb; [intestino] bowels; **evacuar el** ~ to move one's bowels; *fig* belly ▪ **bajo** ~ lower abdomen
vier•nes *m.inv.* Friday ▪ **Viernes Santo** Good Friday
vier•ta, to ▻ **verter**
vi•ga *f.* [madero] beam; [de metal] girder ▪ ~ **transversal** crossbeam
vi•gen•cia *f.* force; **en** ~ in force
vi•gen•te *adj.* in force
vi•gé•si•mo, a *adj.* & *m.* twentieth
vi•gí•a *m.* MARIT lookout; (*f.*) watchtower; MARIT reef
vi•gi•lan•cia *f.* vigilance
vi•gi•lan•te ◇ *adj.* vigilant ◇ *m.* [guarda] watchman; AMER policeman
vi•gi•lar *tr.* to watch over
vi•gi•lia *f.* [vela] vigil; [falta de sueño] sleeplessness; [víspera] eve ▪ **día de** ~ day of abstinence
vi•gor *m.* vigor; [de una ley] force, effect ▪ **entrar en** ~ to go into force
vi•go•ri•zar [04] *tr.* to invigorate
vi•go•ro•so, a *adj.* vigorous
vil *adj.* & *m.f.* base, despicable (person)
vi•le•za *f.* [cualidad] vileness; [acción] contemptible action
vi•li•pen•diar *tr.* to vilify
vi•lla *f.* [pueblo] village; [casa] villa ▪ ~ **miseria** ARG & BOL shanty town
vi•llan•ci•co *m.* Christmas carol
vi•lla•ní•a *f.* despicable act
vi•lla•no, a ◇ *adj.* [que no es noble] common; [paisano] peasant; [grosero] coarse, rude; [vil] base ◇ *m.f.* [paisano] commoner; [persona mala] villain
vi•lo *adv.* ▪ **en** ~ up in the air
vi•na•gre *m.* vinegar ▪ **cara de** ~ *coll* sourpuss
vi•na•gre•ra ◇ *f.* vinegar bottle ◇ *pl.* cruet
vi•na•gre•ta *f.* vinaigrette
vi•na•te•ro, a *adj.* & *m.f.* wine (merchant)
vin•cha *f.* RP headband
vin•cu•la•ción *f.* link
vin•cu•lar *tr.* [enlazar] to link; LAW to entail
vín•cu•lo *m.* link; LAW entailment; COMPUT link
vin•di•ca•ción *f.* [venganza] revenge; [defensa] vindication
vin•di•car [70] *tr.* [vengar] to avenge; [defender] to vindicate; LAW to claim, recover
vi•ní•co•la ◇ *adj.* wine-making ◇ *m.* wine-maker
vi•ni•cul•tor, •ra *m.f.* wine producer
vi•ni•cul•tu•ra *f.* wine producing, viniculture
vi•nie•ra, no ▻ **venir**
vi•ní•li•co, a *adj.* of vinyl
vi•ni•lo *m.* vinyl
vi•no *m.* wine ▪ **bautizar el** ~ *coll* to water the wine; ~ **añejo** vintage wine; ~ **de Jerez** sherry; ~ **de mesa** table wine; ~ **de Oporto** port wine; ~ **tinto** red wine
vi•ña *f.* vineyard
vi•ña•te•ro, a AMER ◇ *adj.* wine-producing ◇ *m.f.* wine grower
vi•ñe•do *m.* vineyard
vi•ñe•ta *f.* vignette
vio•la *f.* viola; (*m.f.*) violist
vio•lá•ce•o, a *adj.* violet
vio•la•ción *f.* violation; [de persona] rape; [profanación] desecration
vio•la•dor, •ra *m.f.* violator; (*m.*) rapist
vio•lar *tr.* [las leyes] to violate; [persona] to rape; [cosas sagradas] to desecrate
vio•len•cia *f.* [fuerza] violence; [violación] rape; [turbación] embarrassment
vio•len•tar *tr.* [forzar] to force; [entrar por fuerza] to break into; [torcer] to distort; [atropellar] to infuriate
vio•len•tis•mo *m.* AMER subversiveness
vio•len•tis•ta *adj.* AMER subversive
vio•len•to, a *adj.* violent; [intenso] intense; **una discusión** ~ an intense discussion; [molesto] embarrassing; **es** ~ **que me traten así** it is embarrassing to be treated like this
vio•le•ta *f.* & *adj.* violet
vio•lín *m.* violin; (*m.f.*) violinist
vio•li•nis•ta *m.f.* violinist
vio•lón *m.* [instrumento] double bass, bass viol; [persona] double bass player
vio•lon•c(h)e•lo *m.* cello
vi•pe•ri•no, a *adj.* venomous
vi•ra•je *m.* [acción] veering; [giro] turn; MARIT tack; [cambio] turning point; PHOTOG toning
vi•rar *tr.* MARIT [de rumbo] to turn; [el cabrestante] to wind; PHOTOG to tone; (*intr.*) to swerve
vir•gen *adj.* & *f.* virgin
vir•gi•nal/ne•o, a *adj.* virginal
vir•gi•ni•dad *f.* virginity
vir•go *m.* [virginidad] virginity; ANAT hymen
vi•ril *adj.* virile
vi•ri•li•dad *f.* virility
vir•tual *adj.* virtual
vir•tud *f.* [cualidad] virtue; [eficacia] ability ▪ **en** ~ **de** by virtue of
vir•tuo•so, a ◇ *adj.* virtuous ◇ *m.f.* virtuoso
vi•rue•la *f.* [enfermedad] smallpox; [cicatriz] pockmark
vi•ru•len•to, a *adj.* virulent
vi•rus *m.inv.* virus ▪ ~ **de macro** COMPUT macro virus
vi•ru•ta *f.* shavings
vi•sa *f.* AMER visa
vi•sar *tr.* [pasaporte] to put a visa in; [documento] to endorse; ARTIL & SURV to sight
vís•ce•ra ◇ *f.* organ ◇ *pl.* viscera
vis•co•si•dad *f.* viscosity
vis•co•so, a *adj.* viscous
vi•se•ra *f.* visor
vi•si•bi•li•dad *f.* visibility
vi•si•ble *adj.* visible; *coll* [decente] decent
vi•si•llo *m.* window curtain

vi•sión *f.* vision; [vista] eyesight ▪ **quedarse como quien ve visiones** *coll* to look as though one has seen a ghost; **ver visiones** *coll* to see things
vi•sio•na•rio, a *adj.* & *m.f.* visionary
vi•sir *m.* vizir
vi•si•ta *f.* [acción] visit; [persona] visitor; COMPUT [a página web] hit ▪ **hacer una** ~ o **ir de** ~ to pay a visit; ~ **de cortesía** o **de cumplido** courtesy call; ~ **de médico** *coll* brief visit
vi•si•tar *tr.* & *reflex.* to visit (one another)
vis•lum•brar *tr.* to glimpse
vis•lum•bre *f.* glimmer
vi•so *m.* [reflejo] sheen; [destello] gleam; [prenda] petticoat, underskirt; [apariencia] appearance; **tener** ~ **de verdad** to have the appearance of truth; *fig* veneer
vi•són *m.* mink
vi•sor *m.* PHOTOG viewfinder; ARTIL sight
vís•pe•ra ◇ *f.* eve ▪ **en** ~ **de** on the eve of ◇ *pl.* RELIG vespers
vis•ta, to, tiera, tió ▷ **vestir**
vis•ta•zo *m.* glance ▪ **dar un** ~ **a** to take a glance at
vis•to, a ▷ **ver²** ◇ *adj.* ▪ **bien** ~ proper; **es** o **está** ~ it is commonly accepted; **mal** ~ improper; **nunca** ~ unheard-of; **por lo** ~ apparently; ~ LAW whereas; ~ **bueno** O.K.; ~ **que** since ◇ *f.* [visión] sight; eyesight; **tiene buena** ~ he has good eyesight; [panorama] view; [cuadro] scene; [mirada] eyes; **dirigió la** ~ **a la pantalla** he turned his eyes toward the screen; [vistazo] look, glance; LAW hearing ▪ **aguzar la** ~ to keep one's eyes open; **a la** ~ COM at sight; **a la** ~ **de todos** publicly; **alzar la** ~ to look up; **apartar la** ~ **de** to look away; *fig* to turn a blind eye to; **a primera** o **a simple** ~ at first sight; **a simple** ~ [de paso] at a glance; [con los ojos] with the naked eye; **bajar la** ~ to look down; **clavar** o **fijar la** ~ **en** to stare at; **comerse** o **tragarse con la** ~ *coll* to devour with one's eyes; **con vistas a** with a view to; **conocer de** ~ to know by sight; **corto de** ~ nearsighted; **en** ~ **de** considering; **estar a la** ~ [poder verse] to be visible; [ser evidente] to be obvious; [estar al acecho] to keep an eye on; **hacer la** ~ **gorda** *coll* to turn a blind eye; **hasta la** ~ so long; **medir con la** ~ to size up; **no perder de** ~ **a** not to lose sight of; **perder de** ~ to lose sight of; **perderse de** ~ to disappear; **saltar a la** ~ to hit the eye; ~ **cansada** tired eyes; ~ **de águila** o **de lince** hawk eye; ~ **doble** MED double vision; **volver la** ~ **atrás** to look back; (*m.*) customs inspector
vis•to•so, a *adj.* colorful
vi•sual ◇ *adj.* visual ◇ *f.* line of vision
vi•sua•li•za•ción *f.* visualization
vi•sua•li•zar [04] *tr.* to visualize
vi•tal *adj.* vital
vi•ta•li•cio, a *adj.* life ▪ **miembro** ~ life member
vi•ta•li•dad *f.* vitality
vi•ta•mi•na *f.* vitamin
vi•te•la *f.* vellum
vi•ti•vi•ní•co•la ◇ *adj.* vine-growing ◇ *m.f.* vine grower
vi•to•re•ar *tr.* to cheer
vi•tral *m.* stained-glass window
ví•tre•o, a *adj.* vitreous
vi•tri•na *f.* [caja] display case; [de tienda] window
vi•trió•li•co, a *adj.* vitriolic
vi•tua•llas *f.pl.* provisions
vi•tu•pe•rar *tr.* to vituperate
vi•tu•pe•rio *m.* [insulto] insult; [censura] vituperation
viu•dez *f.* [de viudo] widowerhood; [de viuda] widowhood
viu•do, a ◇ *adj.* widowed ◇ *m.* widower; (*f.*) [mujer] widow; BOT mourning bride
vi•vac *m.* (*pl* **-ques**) MIL bivouac
vi•va•ci•dad *f.* [en las acciones] vivacity; [del espíritu] sharpness; [de color] vividness
vi•va•men•te *adv.* [rápidamente] rapidly; [profundamente] deeply
vi•va•ra•cho, a *adj. coll* lively
vi•vaz *adj.* quick-witted; BOT perennial
vi•ven•cia *f.* (personal) experience
ví•ve•res *m.pl.* provisions
vi•ve•ro *m.* BOT nursery; [de peces] fish hatchery; [de moluscos] farm
vi•ve•za *f.* [vivacidad] liveliness; [prontitud] quickness; [agudeza] sharpness; [brillo] vividness
ví•vi•do, a *adj.* vivid
vi•vi•dor, •ra *m.f. coll* sponger
vi•vien•da *f.* [lugar] housing; **escasez de** ~ housing shortage; [morada] dwelling; [casa] house
vi•vien•te *adj.* living
vi•vir¹ *m.* life ▪ **de mal** ~ disreputable
vi•vir² *intr.* to live ▪ **¿quién vive?** MIL who goes there?; **saber** ~ to know how to live; **¡viva!** hurrah!; ~ **al día** to live from hand to mouth; ~ **a lo grande** to live it up; ~ **de** to live on o off; **vive de rentas** she lives off her investments; ~ **del aire** to live on next to nothing; (*tr.*) to live; [experimentar] to go through
vi•vi•sec•ción *f.* vivisection
vi•vo, a ◇ *adj.* [con vida] alive; [intenso] deep; [brillante] vivid; [listo] sharp; [astuto] sly; MED raw ▪ **carne** ~ raw skin; **al rojo** ~ red hot; **en** ~ TELEC live ◇ *m.* [borde] edge; SEW piping; VET mange; *coll* [hombre listo] wise guy ▪ **los vivos** the living
viz•ca•cha *f.* viscacha
viz•con•de *m.* viscount
viz•con•de•sa *f.* viscountess
vo•ca•blo *m.* term
vo•ca•bu•la•rio *m.* vocabulary
vo•ca•bu•lis•ta *m.f.* lexicographer
vo•ca•ción *f.* vocation
vo•ca•cio•nal *adj.* vocational
vo•cal ◇ *adj.* vocal ◇ *m.f.* [en una junta] board or committee member; (*f.*) vowel
vo•ca•lis•ta *m.f.* vocalist
vo•ca•li•za•ción *f.* vocalization
vo•ca•li•zar [04] *intr.* to vocalize
vo•ce•a•dor, •ra *m.f.* [vocinglero] loud o vociferous person; (*m.*) [pregonero] town crier; MEX street hawker
vo•ce•ar *intr.* & *tr.* to shout
vo•ce•ro, a *m.f.* spokesman/woman
vo•ci•fe•rar *tr.* & *intr.* to shout
vo•la•da *f.* short flight
vo•lan•do *adv. coll* in a flash
vo•lan•te ◇ *adj.* flying ◇ *m.* MECH flywheel; AUTO steering wheel; [del reloj] balance wheel; [papel] flier; [juego] badminton
vo•lan•tín, i•na ◇ *adj.* flying ◇ *m.* [para pescar] fishing line with several hooks; CARIB & CHILE [cometa] small kite

vo•lar [19] *intr.* to fly; [irse volando] to fly away; [desaparecer] to disappear; [divulgarse] to spread quickly; (*tr.*) to blow up

vo•lá•til *adj.* [que vuela] flying; CHEM volatile

vo•la•tín *m.* acrobatic stunt

vol•cán *m.* volcano

vol•cá•ni•co, a *adj.* volcanic

vol•car [73] *tr.* [verter] to dump; [persuadir] to make (someone) change his mind; (*intr.*) to overturn; (*reflex.*) [derribarse] to tip over; [entregarse] to do one's utmost

vo•le•ar *tr.* SPORT to volley; AGR to scatter

vo•le•o *m.* SPORT volley ■ **del primer** o **de un** ~ *coll* quickly; **sembrar a** ~ AGR to scatter (seed)

vo•ley *m.* volleyball ■ ~ **playa** beach volleyball

vol•tai•co, a *adj.* voltaic; **arco** ~ voltaic arc

vol•ta•je *m.* voltage

vol•tá•me•tro *m.* voltammeter

vol•te•ar *tr.* [volcar] to turn over; [dar la vuelta a] to turn around; [poner al revés] to turn upside down; [derribar] to knock down o over; (*intr.*) MEX [torcer] to turn, to go round; (*reflex.*) ANDES, C AMER, CARIB & MEX [volverse] to turn around

vol•te•re•ta *f.* somersault

vol•tí•me•tro *m.* voltmeter

vol•tio *m.* volt

vo•lu•ble *adj.* voluble; *fig* fickle

vo•lu•men *m.* volume; [cuerpo] bulk ■ **a todo** ~ loud

vo•lu•mi•no•so, a *adj.* voluminous

vo•lun•tad *f.* [facultad] will; [firmeza] will power; **faltarle la** ~ **de hacerlo** to lack the will power to do it; [intención] intention; [deseo] wish ■ **a** ~ at will; **buena/mala** ~ good/ill will; **fuerza de** ~ will power; **ganar la** ~ **de alguien** to win someone over; **última** ~ last will and testament

vo•lun•ta•rio, a ◇ *adj.* voluntary ◇ *m.f.* volunteer

vo•lun•ta•rio•so, a *adj.* [caprichoso] willful; [deseoso] willing

vo•lup•tuo•si•dad *f.* voluptuousness

vo•lup•tuo•so, a *adj.* voluptuous

vol•ver [78] *tr.* to turn; ~ **la hoja** to turn the page; [dar vuelta a] to turn around; to turn over; ~ **el colchón** to turn over the mattress; to turn inside out; ~ **los calcetines** to turn socks inside out; [dirigir] to turn; **volvió los ojos hacia la puerta** she turned her eyes toward the door; to return; **¿volviste el libro al estante?** did you return the book to the shelf?; [corresponder] to repay; [restablecer] to restore; [dar] to give back ■ ~ **la cara** to turn around; ~ **la espalda a alguien** to turn one's back on someone; ~ **loco a alguien** *coll* to drive someone crazy; (*intr.*) [regresar] to return; **volvimos a casa muy tarde** we returned home very late; [reanudar] to get back; ~ **a** to ... again; **volví a empezar** I began again; ~ **en sí** to come to; (*reflex.*) [darse vuelta] to turn around; [hacerse] to become; ~ **religioso** to become religious; ~ **atrás** [desdecirse] to back down; [no cumplir] to back out; ~ **contra** to turn against o on; ~ **loco** to go crazy

vo•mi•tar *tr.* to vomit; [decir] to spew; [un secreto] to spill; (*intr.*) to vomit

vo•mi•ti•vo, a *adj.* & *m.* vomitive

vó•mi•to *m.* [acción] vomiting; [resultado] vomit

vo•ra•ci•dad *f.* voracity

vo•rá•gi•ne *f.* whirlpool

vo•ra•gi•no•so, a *adj.* turbulent

vo•raz *adj.* voracious

vór•ti•ce *m.* [torbellino] vortex; [de ciclón] center of a cyclone

vos *pron.* you, thou, ye; S AMER you

vo•se•ar *tr.* to address as 'vos'

vo•se•o *m.* use of 'vos' in addressing someone

vo•so•tros, as *pron.* you, yourselves ■ **entre** ~ among yourselves

vo•ta•ción *f.* [acción] voting; [voto] vote

vo•tan•te ◇ *adj.* voting ◇ *m.f.* voter

vo•tar *intr.* [en elección] to vote; RELIG to make a vow; (*tr.*) to vote

vo•ti•vo, a *adj.* votive

vo•to *m.* vote; **depositar un** ~ to cast a vote; vow; ~ **de castidad** vow of chastity; ~ **útil** tactical voting; [deseo] wish ■ **hacer votos por** to sincerely hope for

voz *f.* voice; [vocablo] term; [rumor] rumor; **se corrió la** ~ the rumor got around; [opinión] opinion; ~ **pública** public opinion ■ **alzar** o **levantar la** ~ to raise one's voice; **a media** ~ in a low voice; **a una** ~ unanimously; **a voces** shouting; **a** ~ **en cuello** at the top of one's voice; **dar voces** to shout; **en** ~ **alta** in a loud voice; **llevar la** ~ **cantante** to call the shots; **pedir a voces** to cry out for; **tener** ~ to have a say; **tener** ~ **ronca** to be hoarse

vo•za•rrón *m.* booming voice

vuel•co *m.* overturning ■ **darle un** ~ **el corazón** *coll* to skip a beat; **dar un** ~ [un coche] to overturn; [un barco] to capsize

vuel•co, que ▻ **volcar**

vue•le, lo ▻ **volar**

vue•lo *m.* [acción] flight; [plumas] flight feathers; SEW [de falda] flare; [adorno] ruffle ■ **al** ~ *coll* immediately; **de alto** ~ big-time; **levantar el** ~ [echar a volar] to take flight; [imaginarse] to let one's imagination go; [engreírse] to become arrogant; ~ **espacial** space flight

vuel•to, a ▻ **volver** ◇ *f.* [giro] turn; [revolución] revolution; [curvatura] curve; ~ **cerrada** sharp curve; [regreso] return; **te veré a la** ~ I will see you upon my return; [revés] reverse; [repetición] recurrence; SPORT lap; SEW facing; [bóveda] vault; MUS ritornello ■ **agarrarle a alguien** o **algo la** ~ *coll* to find out what makes someone o something tick; **a la** ~ [al volver] on the way back; [al revés] on the other side; [cerca] around the corner; **a la** ~ **de la esquina** around the corner; **a** ~ **de correo** by return mail; **darle vueltas a** to turn over in one's mind; **dar vueltas** to go around in circles; **dar** o **darse una** ~ [pasear] to take a walk; [en auto] to go for a ride; **dar vueltas** [girar] to go around; [torcer] to twist and turn; **la carretera da muchas vueltas** the highway twists and turns a great deal; **de ida y** ~ round-trip; **déjate de vueltas** *coll* stop beating around the bush; **estar de** ~ [volver] to be back; *coll* [saber] to have been there and back; **media** ~ MIL about-face; **no tener** ~ **de hoja** *coll* to be undeniable; **poner a alguien de** ~ **y media** *coll* to let someone have it; (*m.*) AMER change ■ **quédese con el** ~ keep the change

vuel•va, ve ▻ **volver**

vues•tro, a *poss. adj.* [su] your; [suyo] (of) yours ■ **uno de vuestros parientes** a relative of yours; **los vuestros** o **las vuestras** yours

vul•gar *adj.* [común] common; [grosero] vulgar

V

vul•ga•ri•dad *f.* vulgarity
vul•ga•ris•mo *m.* vulgarism
vul•ga•ri•zar [04] *tr.* [hacer vulgar] to vulgarize; [hacer asequible] to popularize
vul•gar•men•te *adv.* [groseramente] coarsely; [comúnmente] commonly
vul•go *m.* masses
vul•ne•ra•bi•li•dad *f.* vulnerability
vul•ne•ra•ble *adj.* vulnerable
vul•ne•rar *tr.* [herir] to wound; [la ley] to violate
vul•va *f.* vulva

W

w, W *f.* letter which, although not a part of the Spanish alphabet, is used in the spelling of words of foreign origin
wat *m.* watt
web ◇ *f.* COMPUT web ◇ *m.* COMPUT website
web•cam *f.* COMPUT webcam
wel•ter *m.* welterweight
whis•ky *m.* whiskey

X

x, X *f.* twenty-fourth letter of the Spanish alphabet
xe•no•fo•bia *f.* xenophobia
xe•nó•fo•bo, a ◇ *adj.* xenophobic ◇ *m.f.* xenophobe
xe•no•tras•plan•te *m.* xenotransplantation
xe•ro•gra•fí•a *f.* xerography
xe•ro•gra•fiar [30] *tr.* to Xerox
xe•ro•grá•fi•co, a *adj.* xerographic
xi•ló•fo•no *m.* xylophone
xi•lo•gra•fí•a *f.* [arte] xylography; [impresión] xylograph

y, Y *f.* twenty-fifth letter of the Spanish alphabet
y *conj.* and ■ **¿y bien?** and then?; **y eso que** even though; **¿y qué?** so what?
ya ◇ *adv.* [finalmente] already; **ya hemos terminado** we have already finished; [ahora] now; **ya es famoso** now he is famous; [pronto] soon; [en seguida] right away; [por último] now; **ya es hora de tomar una decisión** now it is time to make a decision ■ **ya lo creo** of course; **ya no** no longer; **ya que** since ◇ *conj.* now, at times; **demuestra su talento ya en las artes, ya en las ciencias** she demonstrates her talent at times in the arts, at times in the sciences ◇ *interj.* I see!
yac *m.* yak
ya•ca•ré *m.* AMER alligator
ya•cer [79] *intr.* [estar tendido] to lie; [estar] to be
ya•cien•te *adj.* & *m.* = **yacente**
ya•ci•mien•to *m.* GEOL deposit ■ ~ **petrolífero** oil field
ya•guar *m.* jaguar
yan•qui *adj.* & *m.f.* Yankee
ya•pa *f.* AMER [adehala] bonus; MEX gratuity
yar•da *f.* yard
ya•te *m.* yacht
ye•gua *f.* mare
ye•gua•da *f.* herd of horses; C AMER blunder
ye•ís•mo *m.* pronunciation of Spanish 'll' as 'y'
yel•mo *m.* helmet
ye•ma *f.* [del huevo] yolk; BOT bud ■ ~ **del dedo** finger tip
yen *m.* FIN yen
yer•ba *f.* grass; S AMER maté
yer•bal *m.* RP field of maté
yer•ba•te•ro, a ◇ *adj.* AMER of maté ◇ *m.f.* [curandero] healer; [vendedor] herbalist
yer•go, gue ▻ **erguir**
yer•mar *tr.* to strip
yer•mo, a ◇ *adj.* barren ◇ *m.* desert
yer•no *m.* son-in-law
ye•rra *f.* AMER cattle branding
ye•rre, rro ▻ **errar**
ye•rro *m.* [falta] fault; [pecado] sin; [error] error
ye•se•ro, a ◇ *adj.* plaster ◇ *m.* plasterer
ye•so *m.* GEOL gypsum; ARTS & CONSTR plaster; [vaciado] plaster cast
yo ◇ *pron.* I ■ **yo lo hice** I did it; **soy yo** it's I o me; **yo mismo** I myself ◇ *m.* ego
yo•da•do, a *adj.* iodized
yo•do *m.* iodine
yo•du•ro *m.* iodide
yo•ga *m.* yoga
yo•g(h)i *m.* yogi
yogur(t) *m.* yoghurt
yo•yo *m.* yo-yo
yu•ca *f.* [mandioca] manioc; [izote] yucca
yu•cal *m.* yucca field
yu•do *m.* judo
yu•go *m.* [arreo] yoke; [opresión] oppression; [carga pesada] burden; MARIT transom
yu•gu•lar *adj.* & *f.* jugular
yun•que *m.* anvil; ANAT incus
yun•ta *f.* yoke (of oxen)
yu•te *m.* jute
yux•ta•po•ner [54] *tr.* to juxtapose
yux•ta•po•si•ción *f.* juxtaposition
yu•yal *m.* AMER weed patch
yu•yo *m.* C SUR [hierba medicinal] medicinal herb; [hierba mala] weed; [hierba silvestre] wild herb
yu•yu•ba *f.* jujube

Z

z, Z *f.* twenty-sixth letter of the Spanish alphabet

za•ca•te *m.* C AMER & MEX fodder

za•fa•cón *m.* CARIB rubbish bin

za•fa•do, a *adj.* & *m.f.* RP brazen (person)

za•far *tr.* MARIT [un nudo] to untie; [una vela] to unbend; (*reflex.*) [de peligro] to escape (**de** from); [de compromiso] to get out of; [de persona] to get rid of; [una correa] to come off; AMER ANAT to become dislocated

za•fa•rran•cho *m.* MARIT clearing the decks; *coll* [trastorno] havoc ■ **~ de combate** clearing for action

za•fio, a *adj.* crude

za•fi•ro *m.* sapphire

za•fra[1] *f.* jar

za•fra[2] *f.* [cosecha] sugar cane harvest; [fabricación] sugar-making; [temporada] sugar cane harvest season

za•ga *f.* [parte] rear; SPORT defense ■ **a la ~** behind; **no irle uno en ~ a otro** to be just as good as another; (*m.*) [en el juego] last player

za•guán *m.* front hall, vestibule

za•gue•ro, a ◇ *adj.* [trasero] rear; [que va en zaga] lagging behind ◇ *m.* [en fútbol] defense; [en pelota] backstop

zai•no, a *adj.* [caballo] pure chestnut; [ganado] pure black

za•la•me•ro, a ◇ *adj.* flattering ◇ *m.f.* flatterer

za•ma•rra *f.* [chaqueta] sheepskin jacket; [piel] sheepskin

zam•bo, a *adj.* & *m.f.* bowlegged (person)

zam•bom•ba *f.* zambomba (drum-like folk instrument) ■ **¡~!** wow!

zam•bu•lli•da *f.* [en agua] plunge; [en esgrima] thrust ■ **darse una ~** to take a dip

zam•bu•llir [13] *tr.* to plunge; (*reflex.*) [en el agua] to dive; [esconderse] to hide, duck out of sight

zam•bu•llo *m.* AMER waste barrel

zam•par *tr.* [esconder] to hide quickly; [comer] to gobble

zam•pa•tor•tas *m.f.inv.* *coll* [persona glotona] pig; [torpe] blockhead

zam•po•ña *f.* reed flute

za•na•ho•ria *f.* carrot; RP *fig* nitwit

zan•ca *f.* bird's leg; *coll* [pierna] long thin leg; [de escalera] stringboard

zan•ca•da *f.* stride ■ **en dos zancadas** *coll* in a jiffy

zan•ca•di•lla *f.* [caída] tripping; *coll* [engaño] trick; [trampa] trap ■ **hacerle una ~ a alguien** to trip someone

zan•co *m.* stilt

zan•cu•do, a ◇ *adj.* long-legged; ORNITH wading ◇ *f.pl.* wading birds; (*m.*) AMER mosquito

zán•ga•no *f.* ENTOM drone; *coll* [holgazán] parasite

zan•ja *f.* ditch, trench ■ **~ de desagüe** drainage ditch

zan•jar *tr.* to dig a ditch around, trench

zan•jón *m.* large ditch

za•pa *f.* spade

za•pa•dor *m.* sapper

za•pa•lli•to *m.* C SUR [calabacín] zucchini

za•pa•llo *m.* ANDES & RP pumpkin

za•pa•pi•co *m.* pickax

za•par *intr.* to sap, mine

za•pa•rras•tro•so, a ◇ *adj.* *coll* ragged, shabby ◇ *m.f.* bum, tramp

za•pa•ta *f.* [calzado] half boot; MECH shoe; [arandela] washer

za•pa•ta•zo ◇ *m.* [golpe] blow with a shoe; MARIT sail-flapping ◇ *pl.* ■ **dar ~** to stamp one's feet

za•pa•te•a•do *m.* heel-tapping dance

za•pa•te•ar *tr.* [golpear] to hit with the shoe; [bailar] to tap-dance; (*intr.*) [bailar] to tap one's feet

za•pa•te•o *m.* [acción] tapping; [baile] tap dancing

za•pa•te•rí•a *f.* [taller] shoemaker's shop; [tienda] shoe store

za•pa•te•ro, a ◇ *adj.* underdone, undercooked (vegetables) ◇ *m.f.* [fabricación] shoemaker; [venta] shoe seller; [remendón] cobbler ■ **~ a tus zapatos** mind your own business

za•pa•ti•lla *f.* [pantufla] slipper; [de baile] dancing shoe

za•pa•to *m.* shoe ■ **saber uno donde le aprieta el ~** to know what is best for oneself

za•pa•tu•do, a *adj.* [persona] wearing clodhoppers; [pezuña] thick-hoofed

za•pe•ar *intr.* to channel-surf

za•po•te *m.* sapodilla tree O fruit

zap•ping *m.* channel-surfing

zar *m.* czar

za•ra•ban•da *f.* sarabande

za•ran•da *f.* sieve

za•ran•da•ja *f.* *coll* trifles

za•ran•dar/de•ar *tr.* [cribar] to sift; [sacudir] to shake; (*reflex.*) to be on the go

za•ran•de•o *m.* [criba] sifting; [colador] straining; [sacudida] shaking; [prisa] bustle

zar•ci•llo *m.* [pendiente] earring; BOT tendril

zar•co, a *adj.* light blue

za•ri•güe•ya *f.* opossum

za•ri•na *f.* czarina

za•ris•ta *m.f.* czarist

zar•pa *f.* claw

zar•pa•da *f.* clawing

zar•par *tr.* to weigh; (*intr.*) to set sail

zar•pa•zo *m.* lash of a paw

za•rra•pas•tro•so, a ◇ *adj.* ragged, shabby ◇ *m.f.* bum, tramp

zar•za *f.* bramble

zar•zal *m.* bramble patch

zar•za•mo•ra *f.* blackberry

zar•za•pa•rri•lla *f.* sarsaparilla

zar•zue•la *f.* MUS & THEAT Spanish comedy O operetta; SP CUL rice and seafood dish

¡zas! *interj.* bang!

ze•nit *m.* zenith

zi•go•to *m.* zygote

zig•zag *m.* zigzag

zig•za•gue•ar *intr.* to zigzag

zig•za•gue•o *m.* zigzagging

zinc *m.* zinc

zín•ga•ro, a *adj.* & *m.f.* gypsy

zí•per *m.* C AMER, MEX & VEN zipper

zó•ca•lo *m.* [de edificio] socle; [pedestal] plinth; [de pared] skirting board; GEOL shelf; MEX public square

zo•dia•cal *adj.* zodiacal

zo•dia•co/dí•a•co *m.* zodiac
zo•na *f.* zone; [distrito] district
zo•nal *adj.* zonal
zon•ce•ra *f.* nonsense
zo•ni•fi•ca•ción *f.* zoning
zo•ni•fi•car [70] *tr.* to zone
zon•zo, a *coll* ◇ *adj.* foolish ◇ *m.f.* fool
zo•o *m.* zoo
zo•o•gra•fí•a *f.* zoography
zo•o•lo•gí•a *f.* zoology
zo•o•ló•gi•co, a *adj.* zoological ▪ **jardín** ~ zoo
zo•ó•lo•go, a *m.f.* zoologist
zoom *m.* zoom lens ▪ ~ **digital** digital zoom; ~ **óptico** optical zoom
zo•pen•co, a *coll* ◇ *adj.* dumb, dopey ◇ *m.f.* dummy, dope
zo•pi•lo•te *m.* buzzard
zo•po, a *adj.* & *m.f.* deformed (person)
zo•que•te *m.* [de madera] chunk of wood; [de pan] hunk of bread; [tonto] dummy; C SUR [calcetín] ankle sock
zo•rra *f.* fox; [hembra] vixen; [astuta] sly fox; *coll* [prostituta] whore; [carro] dray; MEX *coll* [borrachera] drunkenness
zo•rre•rí•a *f. coll* cunning
zo•rri•llo/no *m.* AMER skunk
zo•rro *m.* fox; *coll* [astuto] sly fox ▪ **hacerse el** ~ to play dumb
zor•zal *m.* thrush
zo•zo•bra *f.* [hundimiento] capsizing, sinking; METEOROL dangerous weather; [inquietud] anxiety
zo•zo•brar *intr.* to capsize, sink; *fig* to fail
zue•co *m.* clog
zum•bar *intr.* [un insecto] to buzz; [los oídos] to ring
zum•bi•do *m.* [de insecto] buzzing; [de los oídos] ringing
zum•bón, o•na ◇ *adj.* teasing ◇ *m.f.* joker
zu•mo *m.* juice
zur•ci•do *m.* darn
zur•cir [35] *tr.* to darn ▪ **¡anda y que te zurzan!** *coll* go jump in the lake!
zur•do, a ◇ *adj.* left-handed ◇ *m.f.* left-handed person ▪ **no ser** ~ to be agile and clever
zu•rra *f.* tanning; *fig* thrashing
zu•rra•pa *f.* dregs
zu•rrar *tr.* to tan; *fig* to give a beating
zu•rrón *m.* [bolsa] leather bag; BOT husk; MED amniotic sac
zu•ru•llo *m.* round lump of soft material
zu•ta•no, a *coll m.* what's-his-name; (*f.*) what's-her-name; (*m.f.*) so-and-so

ENGLISH–SPANISH

A

a, A [ā] *s.* primera letra del alfabeto inglés; MÚS la *m* ■ **from A to Z** de cabo a rabo

a [ə, ā], **an** [ən, ăn] *art. indef.* un; **a book** un libro; [per] a, por, cada, el; **twice an hour** dos veces por hora

a•back [ə-băk′] *adv.* ■ **to be taken** ~ quedar desconcertado; **to take** ~ desconcertar

a•ban•don [ə-băn′dən] ◇ *tr.* abandonar; [to desert] desertar, dejar ■ **to** ~ **oneself to** entregarse a ◇ *s.* abandono, desenfreno

a•ban•doned [:dənd] *adj.* abandonado, desierto

a•base [ə-bās′] *tr.* rebajar, humillar

a•bash [ə-băsh′] *tr.* avergonzar

a•bate [ə-bāt′] *intr.* menguar, amainar

ab•bess [ăb′ĭs] *s.* abadesa

ab•bey [ăb′ē] *s.* abadía, convento

ab•bot [ăb′ət] *s.* abad *m*

ab•bre•vi•ate [ə-brē′vē-āt′] *tr.* abreviar, resumir

ab•bre•vi•a•tion [-′-ā′shən] *s.* [shortening] abreviación *f*; [shortened form] abreviatura

ab•di•cate [ăb′dĭ-kāt′] *tr.* & *intr.* abdicar

ab•do•men [ăb′də-mən] *s.* abdomen *m*, vientre *m*

ab•duct [ăb-dŭkt′] *tr.* raptar, secuestrar

ab•duc•tion [ăb-dŭk′shən] *s.* rapto, secuestro

ab•duc•tor [:tər] *s.* [kidnapper] raptor *m*, secuestrador *m*; ANAT abductor *m*

ab•er•rant [ă-ber′ənt] *adj.* aberrante

ab•er•ra•tion [ăb′ə-rā′shən] *s.* aberración *f*

a•bet [əbet′] *tr.* (**-tt-**) incitar, instigar (a cometer un delito) ■ **to aid and** ~ ser cómplice de

a•bey•ance [ə-bā′əns] *s.* ■ **in** ~ en suspenso

ab•hor [ăb-hôr′] *tr.* (**-rr-**) aborrecer, detestar

ab•hor•rence [:əns] *s.* aborrecimiento, odio

a•bide [ə-bīd′] *tr.* (**-d** OR **abode**) tolerar, soportar; (*intr.*) permanecer, continuar ■ **to** ~ **by** cumplir con, acatar

a•bid•ing [ə-bī′dĭng] *adj.* duradero

a•bil•i•ty [ə-bĭl′ĭ-tē] *s.* [skill] capacidad *f*, habilidad *f*; [talent] aptitud *f*; [power] facultad *f*

ab•ject [ăb′jekt′] *adj.* abyecto, vil

a•blaze [ə-blāz′] *adj.* ardiente, en llamas

a•ble [ā′bəl] *adj.* (**-er, -est**) capaz, hábil ■ **to be** ~ **to** poder, ser capaz de

a•ble-bod•ied [:bŏd′ēd] *adj.* sano, fuerte

ab•lu•tion [ə-blo͞o′shən] *s.* ablución *f*

a•bly [ā′blē] *adv.* hábilmente, diestramente

ab•nor•mal [ăb-nôr′məl] *adj.* anormal

ab•nor•mal•i•ty [′-măl′ĭ-tē] *s.* anormalidad *f*

a•board [ə-bôrd′] *adv.* & *prep.* a bordo (de) ■ **all** ~! ¡pasajeros al tren!

a•bode [ə-bōd′] ▻ **abide** ◇ *s.* morada

a•bol•ish [ə-bŏl′ĭsh] *tr.* abolir, eliminar

ab•o•li•tion [ăb′ə-lĭsh′ən] *s.* abolición *f*

A-bomb [ā′bŏm′] *s.* bomba atómica

a•bom•i•nate [ə-bŏm′ə-nāt′] *tr.* abominar, detestar

ab•o•rig•i•ne [ăb′ə-rĭj′ə-nē] *s.* aborigen *mf*

a•bort [ə-bôrt′] *tr.* & *intr.* abortar

a•bor•tion [ə-bôr′shən] *s.* aborto

a•bor•tion•ist [:shə-nĭst] *s.* abortista *mf*

a•bor•tive [:tĭv] *adj.* MED abortivo; *fig* fracasado, frustrado

a•bound [ə-bound′] *intr.* abundar

a•bout [ə-bout′] ◇ *prep.* [concerning] acerca de, sobre; [with regard to] con respecto a; [all around] por, por todo ■ **how** ~ **that!** ¡qué te parece!; **how** ~ **you?** ¿y tú?; **to be** ~ **to** estar a punto de ◇ *adv.* aproximadamente, casi; ~ **ten o'clock** alrededor de las diez; [all around] aquí y allá, por todas partes ■ **all** ~ por todas partes; **to be up and** ~ estar levantado (de la cama)

a•bout-face [:fās′] *s.* media vuelta

a•bove [ə-bŭv′] ◇ *adv.* en lo alto, encima; [in a text] más arriba ■ **from** ~ desde lo alto ◇ *prep.* [over] sobre, por encima de; [greater than] superior a ■ ~ **all** sobre todo; ~ **and beyond** mucho más allá de ◇ *adj.* precitado, antedicho ◇ *s.* ■ **the** ~ lo dicho, lo anterior

a•bove•board [:bôrd′] *adj.* franco, abierto

a•bove-men•tioned [:men′shənd] *adj.* anteriormente citado, de referencia

a•bra•sion [ə-brā′zhən] *s.* abrasión *f*

a•bra•sive [:sĭv] *adj.* & *s.* abrasivo

a•breast [ə-brest′] *adv.* en una línea ■ **to keep** ~ **of** mantenerse al corriente de; **two** ~ de dos en fondo

a•bridge [ə-brĭj′] *tr.* abreviar, condensar

a•broad [ə-brôd′] *adv.* en el extranjero; [out and about] fuera de casa ■ **to go** ~ ir al extranjero

ab•ro•gate [ăb′rə-gāt′] *tr.* abrogar, revocar

a•brupt [ə-brŭpt′] *adj.* [curt] abrupto, brusco; [sudden] inesperado, repentino; [steep] escarpado

ABS [ā′bē-es′] *s.* ■ ~ **brakes** frenos ABS

ab•scess [ăb′ses′] *s.* absceso

ab•scond [ăb-skŏnd′] *intr.* huir

ab•seil [ăb′sāl′] *intr.* hacer rappel

ab•seil•ing [ăb′sā′lĭng] *s.* rappel *m*

ab•sence [ăb′səns] *s.* ausencia, falta

ab•sent ◇ *adj.* [ăb′sənt] ausente; [lacking] que falta; [distracted] abstraído ◇ *tr.* [ăb-sent′] ■ **to** ~ **oneself from** ausentarse de

ab•sen•tee [ăb′sən-tē′] *s.* ausente *mf*

ab•sen•tee•ism [:ĭz′əm] *s.* absentismo

ab•sent-mind•ed [ăb′sənt-mīn′dĭd] *adj.* distraído

ab•sinth(e) [ăb′sĭnth′] *s.* licor *m* de ajenjo

ab•so•lute [ăb′sə-lo͞ot′] *adj.* absoluto; [unconditional] total; [monarchy] absoluto

ab•so•lut•ist [:lo͞o′tĭst] *s.* & *adj.* absolutista *mf*

ab•solve [əb-zŏlv′] *tr.* absolver; [of obligation] eximir; [of guilt] exculpar

ab•sorb [əb-sôrb′] *tr.* absorber; [to muffle] amortiguar; *fig* ocupar (tiempo)

ab•sorbed [əb-sôrbd′] *adj.* absorto, abstraído

ab•sorb•ent [əb-sôr′bənt] *adj.* & *s.* absorbente *m*

ab•sorp•tion [əb-sôrp′shən] *s.* absorción *f*; *fig* concentración *f*, ensimismamiento

ab•stain [ăb-stān′] *intr.* abstenerse (**from** de)

ab•sti•nence [ăb′stə-nəns] *s.* abstinencia

ab•sti•nent [:nənt] *adj.* abstemio

ab•stract [ăb-străkt′] ◇ *adj.* abstracto ◇ *s.* sumario, resumen *m* ■ **in the** ~ en abstracto ◇ *tr.* extraer, quitar

ab•strac•tion [:shən] *s.* abstracción *f*; [idea] idea abstracta; [distraction] distracción *f*

ab•surd [əb-sûrd′] *adj.* absurdo, ridículo

ab•surd•i•ty [əb-sûr′dĭ-tē] *s.* ridiculez *f*

a•bun•dance [ə-bŭn′dəns] *s.* abundancia

a•bun•dant [:dənt] *adj.* abundante

a•buse ◇ *tr.* [ə-byo͞oz′] abusar de; [to hurt] maltratar; [to berate] insultar ◇ *s.* [ə-byo͞os′] abuso; [injury] malos tratos; [sexually] abusos; [insults] insultos

a•bu•sive [ə-byo͞o′sĭv] *adj.* [abusing] abusivo; [insulting] injurioso, insultante

a•but [ə-bŭt′] *tr.* (**-tt-**) lindar con

a•bys•mal [ə-bĭz′məl] *adj.* malísimo, pésimo

a•byss [ə-bĭs′] *s.* abismo; *fig* infierno

ac•a•de•mi•a [ăk′ə-dē′mē-ə] *s.* el mundo académico

ac•a•dem•ic [:dem′ĭk] ◇ *adj.* académico, universitario; [speculative] teórico ◇ *s.* profesor *m* de universidad

ac•a•de•mi•cian [:də-mĭsh′ən] *s.* académico

a•cad•e•my [ə-kăd′ə-mē] *s.* academia

ac•cede [ăk-sēd′] *intr.* ■ **to ~ to** consentir en, acceder a; [the throne, office] subir a, ascender a

ac•cel•er•ate [ăk-sel′ə-rāt′] *tr.* acelerar, apresurar; (*intr.*) apresurarse, darse prisa

ac•cel•er•a•tor [:rā′tər] *s.* acelerador *m* ■ **~ card** COMPUT tarjeta aceleradora

ac•cent [ăk′sent′] ◇ *s.* acento ■ **written ~** acento ortográfico ◇ *tr.* acentuar

ac•cen•tu•ate [ăk-sen′cho͞o-āt′] *tr.* acentuar

ac•cept [ăk-sept′] *tr.* aceptar; [to admit] admitir

ac•cept•a•ble [ăk-sep′tə-bəl] *adj.* aceptable, admisible

ac•cep•tance [:təns] *s.* aceptación *f*; [reception] (buena) acogida; [approval] aprobación *f*

ac•cept•ed [:tĭd] *adj.* aceptado; [widely used] corriente, normal

ac•cess [ăk′ses′] *s.* acceso, entrada ■ **~ code** código de acceso; **~ control** control de acceso; **~ number** número de acceso; **~ privileges** privilegios de acceso; **~ provider** proveedor de acceso

ac•ces•si•ble [-′ə-bəl] *adj.* accesible

ac•ces•sion [ăk-sesh′ən] *s.* accesión *f*, ascenso; [addition] ampliación *f*, expansión *f*; [joining] adhesión *f*

ac•ces•so•ry [ăk-ses′ə-rē] ◇ *s.* accesorio; DER cómplice *mf* ◇ *adj.* accesorio, adjunto

ac•ci•dent [ăk′sĭ-dənt] *s.* [mishap] accidente *m*; [chance] casualidad *f* ■ **by ~** por casualidad

ac•ci•den•tal•ly [′-den′tl-ē] *adv.* [by chance] por casualidad; [unintentionally] sin querer

ac•claim [ə-klām′] ◇ *tr.* aclamar, ovacionar ◇ *s.* aclamación *f*, elogios

ac•cla•ma•tion [ăk′lə-mā′shən] *s.* aclamación *f*, aprobación *f* unánime

ac•cli•mate [ăk′lə-māt′] *tr.* & *intr.* aclimatar(se)

ac•cli•ma•tion [′-mā′shən] *s.* aclimatación *f*

ac•cli•ma•tize [ə-klī′mə-tīz′] *tr.* aclimatar

ac•co•lade [ăk′ə-lād′] *s.* aprobación *f*, elogio

ac•com•mo•date [ə-kŏm′ə-dāt′] *tr.* [to oblige] hacer un favor a, complacer; [to hold] dar cabida a; (*intr.*) adaptarse

ac•com•mo•dat•ing [:dā′tĭng] *adj.* [obliging] solícito, servicial; [adaptable] acomodadizo

ac•com•mo•da•tion [-′-dā′shən] ◇ *s.* acomodación *f*; [convenience] favor *m*, servicio ◇ *pl.* alojamiento

ac•com•pa•ni•ment [ə-kŭm′pə-nē-mənt] *s.* acompañamiento

ac•com•pa•ny [ə-kŭm′pə-nē] *tr.* & *intr.* acompañar(se)

ac•com•plice [ə-kŏm′plĭs] *s.* cómplice *mf*

ac•com•plish [ə-kŏm′plĭsh] *tr.* lograr, realizar

ac•com•plished [:plĭsht] *adj.* [completed] consumado, realizado; [skilled] competente

ac•com•plish•ment [:plĭsh-mənt] *s.* [completion] realización *f*, logro; [skill] pericia, consumación *f*

ac•cord [ə-kôrd′] ◇ *tr.* conceder, otorgar; (*intr.*) avenirse, concordar ◇ *s.* acuerdo, convenio ■ **in ~ with** de acuerdo con; **of one's own ~** de propia voluntad

ac•cor•dance [ə-kôr′dns] *s.* acuerdo, conformidad *f* ■ **in ~ with** de conformidad con

ac•cord•ing•ly [:dĭng-lē] *adv.* [in keeping] en conformidad; [consequently] por consiguiente

ac•cord•ing to *prep.* conforme a, según

ac•cor•di•on [ə-kôr′dē-ən] *s.* acordeón *m*

ac•cost [ə-kôst′] *tr.* abordar, dirigirse a

ac•count [ə-kount′] ◇ *s.* [report] relato, informe *m*; [explanation] explicación *f*; COM cuenta ■ **by all accounts** según el decir OR la opinión general; **charge ~** cuenta corriente; **joint ~** cuenta indistinta; **of no ~** de poca monta; **on ~ of** a causa de, por; **on no ~** de ninguna manera; **to give a good ~ of (oneself)** dar buena cuenta de (sí); **to take into ~** tomar en cuenta ◇ *pl.* COM estado de cuenta ◇ *intr.* ■ **to ~ for** dar razón de

ac•count•a•ble [ə-koun′tə-bəl] *adj.* responsable (**for** por); [explicable] justificable

ac•count•ant [:tənt] *s.* contador *m*, contable *mf*

ac•count•ing [:tĭng] *s.* contabilidad *f*

ac•cou•ter•ment [ə-ko͞o′tər-mənt] ◇ *s.* equipaje *m*, atavío ◇ *pl.* adornos, atavío

ac•cred•it [ə-kred′ĭt] *tr.* acreditar, reconocer

ac•cred•i•ta•tion [-′ĭ-tā′shən] *s.* EDUC autorización *f*; DIPL acreditación *f*

ac•cred•it•ed [-′-tĭd] *adj.* autorizado, reconocido

ac•crue [ə-kro͞o′] *intr.* acumularse ■ **to ~ from** resultar de

ac•cul•tur•ate [ə-kŭl′chə-rāt′] *intr.* adaptarse por asimilación cultural

ac•cu•mu•late [ə-kyo͞om′yə-lāt′] *tr.* & *intr.* acumular(se), amontonar(se)

ac•cu•mu•la•tion [-′-lā′shən] *s.* acumulación *f*

ac•cu•ra•cy [ăk′yər-ə-sē] *s.* exactitud *f*, precisión *f*

ac•cu•ra•te [ăk′yər-ĭt] *adj.* exacto, preciso

ac•curs•ed [ə-kûr′sĭd] *adj.* odioso, infausto

ac•cu•sa•tion [ăk′yə-zā′shən] *s.* acusación *f*

ac•cuse [ə-kyo͞oz′] *tr.* acusar

ac•cused [ə-kyo͞ozd′] *adj.* acusado ■ **the ~** el acusado, el inculpado

ac•cus•er [ə-kyo͞o′zər] *s.* acusador *m*

ac•cus•tom [ə-kŭs′təm] *tr.* acostumbrar

ac•cus•tomed [:təmd] *adj.* acostumbrado, habitual ■ **~ to** acostumbrado a

ace [ās] *s.* as *m* ■ **~ in the hole** *fam* as de reserva

ac•e•tate [ăs′ĭ-tāt′] *s.* acetato

a•ce•tic [ə-sē′tĭk] *adj.* acético

a•cet•y•lene [ə-set′l-ēn′] *s.* acetileno ■ **~ torch** soplete oxiacetilénico

ache [āk] ◇ *intr.* doler ■ **to ~ for** anhelar, ansiar ◇ *s.* dolor *m*

a•chieve [ə-chēv′] *tr.* conseguir, lograr

a•chieve•ment [:mənt] *s.* [act] ejecución *f*, realización *f*; [accomplishment] logro, hazaña

a•chiev•er [ə-chē′vər] *s.* ganador *m*

ac•id [ăs′ĭd] ◇ *s.* ácido; *jer* ácido ■ **~ test** prueba decisiva ◇ *adj.* ácido; [sour] agrio; *fig* mordaz, punzante

a•cid•ic [ə-sĭd'ĭk] *adj.* ácido

a•cid•i•ty [:ĭ-tē] *s.* acidez *f*

ac•knowl•edge [ăk-nŏl'ĭj] *tr.* [to admit] admitir, confesar; [to recognize] reconocer; [a gift] agradecer ▪ **to ~ receipt of** acusar recibo de

ac•knowl•edged [:ĭjd] *adj.* reconocido

ac•knowl•edg(e)•ment [:ĭj-mənt] *s.* [confession] admisión *f*; [recognition] reconocimiento; [receipt] acuse *m* de recibo

ac•me [ăk'mē] *s.* cumbre *f*, cima

ac•ne [ăk'nē] *s.* acné *m*

ac•o•lyte [ăk'ə-līt'] *s.* acólito, monaguillo

a•corn [ā'kôrn'] *s.* bellota

a•cous•tic/ti•cal [ə-ko͞o'stĭk] *adj.* acústico ▪ **~ nerve** nervio auditivo; **acoustics** (*s.sg.*) acústica

ac•quaint [ə-kwānt'] *tr.* familiarizar, poner al corriente ▪ **to be acquainted** conocerse; **to be acquainted with** conocer, estar al corriente de

ac•quain•tance [ə-kwān'təns] *s.* [knowledge] conocimiento; [person] conocido

ac•qui•esce [ăk'wē-es'] *intr.* consentir, asentir

ac•qui•es•cence [:əns] *s.* aquiescencia

ac•quire [ə-kwīr'] *tr.* adquirir, obtener ▪ **acquired immune deficiency syndrome** síndrome de inmunodeficiencia adquirida

ac•qui•si•tion [ăk'wĭ-zĭsh'ən] *s.* adquisición *f*

ac•quis•i•tive [ə-kwĭz'ĭ-tĭv] *adj.* codicioso

ac•quit [ə-kwĭt'] *tr.* (**-tt-**) absolver, exculpar ▪ **to ~ oneself** portarse, conducirse

ac•quit•tal [:l] *s.* absolución *f*, descargo

a•cre [ā'kər] *s.* acre *m*

ac•rid [ăk'rĭd] *adj.* acre, cáustico

ac•ri•mo•ny [ăk'rə-mō'nē] *s.* acrimonia

ac•ro•bat [ăk'rə-băt'] *s.* acróbata *mf*

ac•ro•bat•ic ['-'ĭk] *adj.* acrobático ▪ **acrobatics** (*s.sg.*) acrobacia

ac•ro•nym [ăk'rə-nĭm'] *s.* siglas

a•cross [ə-krôs'] ◇ *prep.* [through] por, a través de; [on the other side of] al OR en el otro lado de ◇ *adv.* [on the other side] a través, del otro lado; [crosswise] transversalmente, en cruz ▪ **to be ten feet ~** tener diez pies de ancho; **to come** OR **run ~** encontrarse con; **to go ~** atravesar, cruzar

a•cross-the-board [-'*th*ə-bôrd'] *adj.* general, para todos

a•cryl•ic [ə-krĭl'ĭk] *adj.* acrílico

act [ăkt] ◇ *intr.* actuar; [to behave] conducirse, comportarse; [to perform] hacer un papel, actuar ▪ **to ~ like** OR **as if** hacer como que; **to ~ on** OR **upon** influir en, obrar sobre; **to ~ up** portarse mal; (*tr.*) representar, hacer el papel de ◇ *s.* [action] acto, hecho; [deed] acción *f*; [performance] número; TEAT acto; [pretense] simulación *f*, fingimiento; [a law] ley *f*, decreto ▪ **to catch in the ~** coger con las manos en la masa; **to put on an ~** simular, fingir

act•ing [ăk'tĭng] ◇ *adj.* interino, suplente ◇ *s.* TEAT actuación *f*

ac•tion [ăk'shən] ◇ *s.* acción *f*; [act] acto, hecho; [motion] operación *f*, movimiento; [activity] actividad *f*; [effect] influencia, efecto; MIL batalla, acción *f* de guerra ▪ **to put out of ~** destrozar, inutilizar; **to take ~** tomar medidas ◇ *pl.* conducta

ac•ti•vate [ăk'tə-vāt'] *tr.* activar, agitar

ac•tive [ăk'tĭv] *adj.* activo, en movimiento; [energetic] enérgico, vigoroso ▪ **~ duty** MIL servicio activo; **to take an ~ interest in** interesarse vivamente por

ac•tiv•ist [ăk'tə-vĭst] *adj.* & *s.* activista *mf*

ac•tiv•i•ty [ăk-tĭv'ĭ-tē] *s.* actividad *f*

ac•tor [ăk'tər] *s.* actor *m*

ac•tress [ăk'trĭs] *s.* actriz *f*

ac•tu•al [ăk'cho͞o-əl] *adj.* real, verdadero

ac•tu•al•i•ty ['-ăl'ĭ-tē] *s.* realidad *f*

ac•tu•al•ly ['-ə-lē] *adv.* en realidad

ac•tu•ar•y [ăk'cho͞o-er'ē] *s.* actuario de seguros

ac•tu•ate [ăk'cho͞o-āt'] *tr.* activar, impulsar

a•cu•men [ə-kyo͞o'mən] *s.* perspicacia, ingenio

a•cu•pre•ssure [ăk'yə-presh'ər] *s.* digitopuntura

ac•u•punc•ture [ăk'yə-pŭngk'chər] *s.* acupuntura

a•cu•punc•tu•rist [:ĭst] *s.* acupuntor *m*

a•cute [ə-kyo͞ot'] *adj.* agudo; [sensitive] sagaz, perspicaz; [critical] grave

ad [ăd] *s. fam* anuncio, publicidad *f*

ad•age [ăd'ĭj] *s.* adagio, proverbio

ad•a•mant [ăd'ə-mənt] *adj.* inexorable, inflexible

Ad•am's apple [ăd'əmz] *s.* nuez *f* de la garganta

a•dapt [ə-dăpt'] *tr.* & *intr.* adaptar(se), acomodar(se)

a•dapt•a•ble [ə-dăp'tə-bəl] *adj.* adaptable, acomodable

ad•ap•ta•tion [ăd'ăp-tā'shən] *s.* adaptación *f*

a•dapt•er/•tor [ə-dăp'tər] *s.* adaptador *m*

add [ăd] *tr.* añadir, agregar; MAT sumar ▪ **adding machine** sumadora; **to ~ up** sumar; **to ~ up to** *fam* venir a ser, equivaler a; (*intr.*) aumentar, acrecentar; MAT sumar ▪ **to ~ up** *fam* tener sentido

ad•den•dum [ə-den'dəm] *s.* (*pl* **-da**) addenda *m*, apéndice *m*

ad•der [ăd'ər] *s.* víbora

ad•dict ◇ *tr.* [ə-dĭkt'] ▪ **addicted to** [drugs] adicto a; *fam* dedicado a, entregado a ◇ *s.* [ăd'ĭkt] adicto; *fam* fanático

ad•dic•tion [ə-dĭk'shən] *s.* vicio; *fam* afición *f*

ad•dic•tive [:tĭv] *adj.* que forma hábito

ad•di•tion [ə-dĭsh'ən] *s.* adición *f*; MAT suma; [thing added] añadido ▪ **in ~** además, también

ad•di•tion•al [:ə-nəl] *adj.* adicional

ad•di•tive [ăd'ĭ-tĭv] *adj.* & *s.* aditivo

ad•dle [ăd'l] *tr.* enturbiar, confundir

ad•dress ◇ *s.* [ə-dres', ăd'res'] [postal] dirección *f*, señas; [lecture] discurso, alocución *f* ▪ **address book** COMPUT agenda; **home ~** domicilio ◇ *tr.* [ə-dres'] [a person] dirigirse a, dirigir la palabra a; [a group] dar un discurso a; [letter] dirigir, poner las señas a ▪ **to ~ oneself to** aplicarse a; **to ~ someone as** dar a alguien el tratamiento de

ad•dress•ee [ăd're-sē'] *s.* destinatario

a•dept [ə-dept'] *adj.* perito

ad•e•qua•cy [ăd'ĭ-kwə-sē] *s.* suficiencia

ad•e•quate [ăd'ĭ-kwĭt] *adj.* adecuado

ad•here [ăd-hîr'] *intr.* [to stick] pegarse; [to be loyal] adherirse; [to follow] ceñirse

ad•her•ence [:əns] *s.* adherencia; [devotion] adhesion *f*

ad•he•sion [ăd-hē'zhən] *s.* adhesión *f*

ad•he•sive [:sĭv] ◇ *adj.* adhesivo, pegajoso ▪ **~ tape** cinta adhesiva ◇ *s.* adhesivo

ad•ja•cent [ə-jā'sənt] *adj.* adyacente, contiguo

ad•jec•tive [ăj'ĭk-tĭv] *s.* adjetivo
ad•join [ə-join'] *tr.* estar contiguo a, lindar con
ad•join•ing [ə-joi'nĭng] *adj.* contiguo
ad•journ [ə-jûrn'] *tr.* suspender, levantar (una sesión); (*intr.*) [a meeting] aplazarse; [to move] cambiarse, trasladarse (**to** a)
ad•journ•ment [:mənt] *s.* [closing] suspensión *f,* clausura; [transfer] traslación *f*
ad•judge [ə-jŭj'] *tr.* DER considerar
ad•ju•di•cate [ə-jo͞o'dĭ-kāt'] *tr.* juzgar, fallar
ad•just [ə-jŭst'] *tr.* [to fit] ajustar; [to fix] arreglar; [to adapt] adaptar; COM liquidar, ajustar (reclamo); (*intr.*) ajustarse
ad•just•a•ble [ə-jŭs'tə-bəl] *adj.* ajustable
ad•just•er/•tor [:tər] *s.* MEC regulador *m*; COM ajustador *m*, liquidador *m* (de reclamos)
ad•just•ment [ə-jŭst'mənt] *s.* ajuste *m*; [fixing] arreglo; COM liquidación *f* (de una cuenta)
ad•ju•tant [ăj'ə-tnt] *s.* ayudante *m*
ad lib [ăd lĭb'] *adv.* de manera improvisada
ad•min•is•ter [ăd-mĭn'ĭ-stər] *tr.* administrar; [to manage] dirigir, manejar ▪ **to ~ an oath to** tomar juramento a; **to ~ to** ayudar, cuidar (de una persona)
ad•min•is•trate [:strāt'] *tr.* administrar
ad•min•is•tra•tion [-'-strā'shən] *s.* administración *f*, manejo; POL dirección *f*, gobierno ▪ **the Administration** el gobierno
ad•min•is•tra•tor [-'-strā'tər] *s.* administrador *m*
ad•mi•ra•ble [ăd'mər-ə-bəl] *adj.* admirable
ad•mi•ral [ăd'mər-əl] *s.* almirante *m*
ad•mi•ra•tion [ăd'mə-rā'shən] *s.* admiración *f*
ad•mire [ăd-mīr'] *tr.* admirar
ad•mir•er [:ər] *s.* admirador *m*; [suitor] enamorado
ad•mis•si•ble [ăd-mĭs'ə-bəl] *adj.* admisible, aceptable
ad•mis•sion [ăd-mĭsh'ən] *s.* admisión *f*; [fee] entrada; [acceptance] ingreso (al foro, a la universidad); [confession] admisión, confesión *f*
ad•mit [ăd-mĭt'] *tr.* (**-tt-**) [to let in] admitir, dar entrada a; [to confess] confesar, reconocer; [to concede] conceder; (*intr.*) dar entrada ▪ **to ~ of** permitir, dejar lugar a
ad•mit•tance [:ns] *s.* [admission] admisión *f*; [permission to enter] acceso, entrada
ad•mon•ish [ăd-mŏn'ĭsh] *tr.* [to reprove] amonestar; [to caution] advertir
a•do [ə-do͞o'] *s.* ▪ **much ~ about nothing** mucho ruido y pocas nueces
ad•o•les•cence [ăd'l-es'əns] *s.* adolescencia
ad•o•les•cent [:ənt] *s.* & *adj.* adolescente *mf*
a•dopt [ə-dŏpt'] *tr.* adoptar
a•dopt•ed [ə-dŏp'tĭd] *adj.* [a child] adoptivo; [assumed] adoptado
a•dop•tion [:shən] *s.* adopción *f*
a•dop•tive [:tĭv] *adj.* adoptivo
a•dor•a•ble [ə-dôr'ə-bəl] *adj.* adorable
ad•o•ra•tion [ăd'ə-rā'shən] *s.* adoración *f*
a•dore [ə-dôr'] *tr.* adorar
a•dorn [ə-dôrn'] *tr.* adornar, decorar
a•dorn•ment [:mənt] *s.* adorno, decoración *f*
a•dren•a•line [ə-dren'ə-lĭn] *s.* adrenalina
a•drift [ə-drĭft'] *adv.* & *adj.* a la deriva
a•droit [ə-droit'] *adj.* diestro, hábil
ad•u•la•tion [ăj'ə-lā'shən] *s.* adulación *f*
a•dult [ə-dŭlt', ăd'ŭlt'] ◇ *s.* adulto ▪ **~ education** educación de adultos ◇ *pl.* mayores
a•dul•ter•ate [ə-dŭl'tə-rāt'] *tr.* adulterar
a•dul•ter•er [:tər-ər] *s.* adúltero
a•dul•ter•ess [:ĭs] *s.* adúltera
a•dul•ter•ous [:əs] *adj.* adúltero
a•dul•ter•y [ə-dŭl'tə-rē] *s.* adulterio
a•dult•hood [ə-dŭlt'ho͝od'] *s.* edad adulta
ad•vance [ăd-văns'] ◇ *tr.* avanzar, adelantar; [to propose] proponer, presentar; [to further] fomentar, promover; [to hasten] adelantar; [to lend] anticipar; (*intr.*) avanzar; [to improve] hacer progresos; [to rise] elevarse, subir (valor, posición) ◇ *s.* avance *m*, adelanto; [progress] progreso; [rise] alza, aumento (de valor); [loan] anticipo ◇ *pl.* propuesta amorosa ◇ *adj.* adelantado, anticipado ▪ **~ guard** avanzada, vanguardia; **in ~** por anticipado, de antemano
ad•vanced [ăd-vănst'] *adj.* [in level, degree] avanzado, superior; [in time, ability] adelantado
ad•vance•ment [ăd-văns'mənt] *s.* avance *m*; [improvement] adelanto; [development] progreso; [promotion] ascenso
ad•van•tage [ăd-văn'tĭj] *s.* ventaja; [gain] provecho, partido ▪ **to one's ~** para ventaja propia; **to take ~ of** [to make use of] aprovechar, valerse de; [to exploit] aprovecharse de
ad•van•ta•geous ['-tā'jəs] *adj.* ventajoso
ad•vent [ăd'vent'] *s.* advenimiento, llegada
ad•ven•ture [ăd-ven'chər] ◇ *s.* aventura ▪ **~ holidays** turismo de aventuras; **~ sport** deporte de aventuras; **~ story** historia de aventuras ◇ *tr.* & *intr.* aventurar(se), arriesgar(se)
ad•ven•tur•er [:ər] *s.* aventurero
ad•ven•tur•ous [:əs] *adj.* aventurero, emprendedor
ad•verb [ăd'vûrb'] *s.* adverbio
ad•ver•sar•y [ăd'vər-ser'ē] *s.* adversario
ad•verse [ăd-vûrs','] *adj.* adverso, desfavorable
ad•ver•si•ty [ăd-vûr'sĭ-tē] *s.* adversidad *f*
ad•ver•tise [ăd'vər-tīz'] *tr.* anunciar ▪ **to ~ for** buscar por medio de avisos; (*intr.*) poner un anuncio, hacer publicidad
ad•ver•tise•ment [:mənt, ăd-vûr'tĭs-] *s.* anuncio, aviso
ad•ver•tis•er [ăd'vər-tī'zər] *s.* anunciante *mf*
ad•ver•tis•ing [:zĭng] *s.* publicidad *f*, propaganda ▪ **~ agency** agencia de publicidad
ad•vice [ăd-vīs'] *s.* consejos ▪ **a piece of ~** un consejo; **to take ~ from someone** seguir los consejos de alguien
ad•vis•a•ble [ăd-vī'zə-bəl] *adj.* aconsejable
ad•vise [ăd-vīz'] *tr.* [to counsel] dar consejo a, aconsejar; [to suggest] recomendar, sugerir; [to notify] notificar
ad•vise•ment [:mənt] *s.* deliberación *f* ▪ **to take under ~** someter a consideración
ad•vis•er/•sor [ăd-vī'zər] *s.* consejero, asesor *m*
ad•vi•so•ry [:zə-rē] ◇ *adj.* consultivo, asesor ◇ *s.* aviso de precaución
ad•vo•ca•cy [ăd'və-kə-sē] *s.* apoyo, promoción *f* (de una causa o idea)
ad•vo•cate [ăd'və-kāt'] ◇ *tr.* abogar por (causa, idea) ◇ *s.* [OR kĭt] defensor *m*, partidario; GB abogado
ae•gis [ē'jĭs] *s.* ▪ **under the ~ of** bajo los auspicios de
aer•ate [âr'āt'] *tr.* gasear (un líquido); oxigenar (la sangre); [to air] airear
aer•i•al [âr'ē-əl] ◇ *adj.* aéreo, de aire ◇ *s.* antena
aer•ie [âr'ē, îr'ē] *s.* aguilera

aer•o•bic [â-rō'bĭk] *adj.* aeróbico ▪ **aerobics** (*s.sg.*) aerobic *m*
aer•o•dy•nam•ic [âr'ō-dī-năm'ĭk] *adj.* aerodinámico ▪ **aerodynamics** (*s.sg.*) aerodinámica
aer•o•naut [âr'ə-nôt'] *s.* aeronauta *mf*
aer•o•nau•tic/ti•cal [:nô'tĭk] *adj.* aeronáutico ▪ **aeronautics** (*s.sg.*) aeronáutica
aer•o•sol [âr'ə-sôl'] *s.* aerosol *m* ▪ ~ **bomb** bomba de aerosol, vaporizador
aer•o•space [âr'ō-spās'] *adj.* aeroespacial
aes•thete [es'thēt'] *s.* esteta *mf*
aes•thet•ic [es-thet'ĭk] *adj.* estético ▪ **aesthetics** (*s.sg.*) estética
a•far [ə-fär'] *adv.* ▪ **from** ~ de lejos
af•fa•ble [ăf'ə-bəl] *adj.* afable, amable
af•fair [ə-fâr'] <> *s.* [business] asunto; [event] incidente *m*; [liaison] amorío; [gathering] acontecimiento social ▪ **world affairs** situación mundial <> *pl.* asuntos personales
af•fect[1] [ə-fekt'] *tr.* [to influence] afectar, influir en; [to move] afectar, conmover
af•fect[2] *tr.* [to feign] fingir, simular
af•fec•ta•tion [ăf'ek-tā'shən] *s.* afectación *f*
af•fect•ed[1] [ə-fek'tĭd] *adj.* [influenced] afectado; [moved] conmovido, impresionado
af•fect•ed[2] *adj.* [mannered] afectado, amanerado
af•fect•ing [:tĭng] *adj.* sensible, conmovedor
af•fec•tion [:shən] *s.* afecto, cariño
af•fec•tion•ate [:shə-nĭt] *adj.* afectuoso, cariñoso
af•fi•da•vit [ăf'ĭ-dā'vĭt] *s.* afidávit *m*
af•fil•i•ate [ə-fĭl'ē-āt'] <> *tr.* & *intr.* afiliar(se), asociar(se) (**with** a) <> *s.* [:ĭt] socio, asociado
af•fil•i•a•tion [-'-ā'shən] *s.* afiliación *f*
af•fin•i•ty [ə-fĭn'ĭ-tē] *s.* afinidad *f*, semejanza
af•firm [ə-fûrm'] *tr.* afirmar, aseverar
af•fir•ma•tive [ə-fûr'mə-tĭv] <> *adj.* afirmativo <> *s.* afirmativa
af•fix [ə-fĭks'] *tr.* [to attach] pegar, adherir; [to append] agregar, añadir; [a signature] poner
af•flict [ə-flĭkt'] *tr.* afligir, acongojar ▪ **to be afflicted with** padecer de, sufrir de
af•flic•tion [ə-flĭk'shən] *s.* aflicción *f*
af•flu•ence [ăf'lo͞o-əns] *s.* riqueza, opulencia
af•flu•ent [:ənt] *adj.* rico, opulento
af•ford [ə-fôrd'] *tr.* [monetarily] tener con qué comprar; [to spare] poder disponer de; [to risk] afrontar; [to provide] proporcionar, dar
af•ford•a•ble [ə-fôr'də-bəl] *adj.* asequible, que se puede comprar OR dar
af•front [ə-frŭnt'] <> *tr.* afrentar, insultar <> *s.* afrenta, insulto
a•field [ə-fēld'] *adv.* ▪ **far** ~ muy lejos
a•flame [ə-flām'] *adj.* & *adv.* en llamas
a•float [ə-flōt'] *adj.* & *adv.* [floating] a flote, flotando; [at sea] a bordo; COM en circulación, corriente
a•foot [ə-fo͝ot'] *adj.* & *adv.* a pie; *fig* en marcha
a•fore•said [ə-fôr'sed'] *adj.* antedicho
a•fore•thought [:thôt'] *adj.* ▪ **with malice** ~ con premeditación
a•foul [ə-foul'] *adv.* ▪ **to run** ~ **of** enredarse con, meterse en líos con
a•fraid [ə-frād'] *adj.* asustado, atemorizado ▪ **to be** ~ **(of)** tener miedo (de OR a); **to be** ~ **that** temer que
a•fresh [ə-fresh'] *adv.* de nuevo, otra vez
aft [ăft] *adj.* & *adv.* a, en OR hacia popa
af•ter [ăf'tər] <> *prep.* [in place, order] después de, detrás de; [in time] después de; [following] tras; **day** ~ **day** día tras día; [in pursuit of] en pos, tras; [at the end of] al cabo de ▪ ~ **all** al fin y al cabo; **to be** ~ **someone** perseguir a alguien <> *conj.* después (de) que <> *adv.* [afterward] después; [behind] atrás
af•ter•birth [:bûrth'] *s.* secundinas, placenta
af•ter•ef•fect [:ĭ-fekt'] *s.* consecuencia
af•ter•life [:līf'] *s.* vida venidera
af•ter•math [:măth'] *s.* consecuencias, resultados
af•ter•noon [:no͞on'] *s.* tarde *f* ▪ **good** ~**!** ¡buenas tardes!
af•ter•taste [:tāst'] *s.* [taste] dejo, resabio; *fig* sabor *m*, impresión *f*
af•ter•ward(s) [:wərd[z]] *adv.* después, luego
a•gain [ə-gen'] *adv.* otra vez, de nuevo ▪ ~ **and** ~ una y otra vez; **and then** ~ por otra parte; **as much** ~ otro tanto más; **never** ~ nunca más; **now and** ~ de vez en cuando
a•gainst [ə-genst'] *prep.* [touching] contra; [in opposition to] en contra de, contra; [in contrast to] en contraste con, sobre; [as a defense from] como protección contra
a•gape [ə-gāp'] *adv.* & *adj.* boquiabierto
ag•ate [ăg'ĭt] *s.* ágata
age [āj] <> *s.* edad *f*; [era] época, era ▪ ~ **of consent** edad núbil; **middle** ~ edad mediana; **of** ~ mayor de edad; **old** ~ vejez, senectud; **to come of** ~ llegar a la mayoría de edad; **under** ~ menor de edad <> *tr.* & *intr.* envejecer(se), madurar(se); [wine] añejar
ag•ed *adj.* [ā'jĭd] [old] envejecido, anciano; [ājd] [of the age of] de la edad de, de
age•less [āj'lĭs] *adj.* eternamente joven
age-long [āj'lông'] *adj.* eterno, de siempre
a•gen•cy [ā'jən-sē] *s.* [a means] medio, acción *f*; [business] agencia; POL ministerio, dependencia gubernamental
a•gen•da [ə-jen'də] *s.* agenda, orden del día
a•gent [ā'jənt] *s.* [person] agente *mf*, representante *mf*; [means] instrumento, medio; QUÍM agente *m*
age-old [āj'ōld'] *adj.* antiquísimo
ag•glu•ti•na•tion [ə-glo͞ot'n-ā'shən] *s.* aglutinación *f*
ag•gran•dize [ə-grăn'dīz'] *tr.* agrandar, engrandecer
ag•gra•vate [ăg'rə-vāt'] *tr.* [to worsen] agravar, empeorar; [to annoy] irritar, exasperar ▪ **aggravated assault** asalto con intención de crimen
ag•gra•va•tion ['-vā'shən] *s.* [worsening] agravación *f*; [annoyance] irritación *f*
ag•gre•gate [ăg'rĭ-gĭt] <> *adj.* & *s.* agregado ▪ **in the** ~ en total <> *tr.* [:gāt'] agregar, unir
ag•gres•sion [ə-gresh'ən] *s.* agresión *f*
ag•gres•sive [ə-gres'ĭv] *adj.* [hostile] agresivo, ofensivo; [assertive] emprendedor, dinámico
ag•gres•sor [:ər] *s.* agresor *m*
ag•grieve [ə-grēv'] *tr.* apenar, afligir
a•ghast [ə-găst'] *adj.* espantado, horrorizado
ag•ile [ăj'əl, ăj'īl'] *adj.* ágil
a•gil•i•ty [ə-jĭl'ĭ-tē] *s.* agilidad *f*
ag•ing [ā'jĭng] *s.* añejamiento
ag•i•tate [ăj'ĭ-tāt'] *tr.* [physically] agitar; [to upset] inquietar; (*intr.*) agitar
ag•i•tat•ed [:tā'tĭd] *adj.* agitado, inquieto
ag•i•ta•tion ['-'shən] *s.* agitación *f*, perturbación *f*
ag•i•ta•tor ['-'tər] *s.* agitador *m*

a•glow [ə-glō′] *adj.* resplandeciente ▪ ~ **with** radiante de

ag•nos•tic [ăg-nŏs′tĭk] *s.* & *adj.* agnóstico

a•go [ə-gō′] *adj.* & *adv.* hace; **two years ago** hace dos años ▪ **how long** ~**?** ¿cuánto tiempo hace?

a•gog [ə-gŏg′] *adj.* ansioso, anhelante

ag•o•nize [ăg′ə-nīz′] *intr.* atormentarse ▪ **to** ~ **over** atormentarse por (una duda, decisión)

ag•o•ny [:nē] *s.* [pain] dolor *m*, tortura; [anguish] angustia, tormento

a•grar•i•an [ə-grâr′ē-ən] *adj.* agrario

a•gree [ə-grē′] *intr.* [to consent] consentir; [to concur] estar de acuerdo, coincidir; [to match] corresponder, concordar; GRAM concordar ▪ **don't you** ~**?** ¿no le parece?; **to** ~ **on** avenirse a, ponerse de acuerdo con; **to** ~ **that** estar de acuerdo en que; **to** ~ **with someone** sentarle bien a uno

a•gree•a•ble [:ə-bəl] *adj.* [pleasant] agradable; [willing to agree] complaciente

a•greed [ə-grēd′] *adj.* convenido, entendido

a•gree•ment [ə-grē′mənt] *s.* [accord] concordancia, conformidad *f*; [contract] acuerdo, pacto ▪ **in** ~ **with** de acuerdo con; **to enter into an** ~ firmar un contrato

a•gri•busi•ness [ăg′rĭ-bĭz′nĭs] *s.* agroindustria *f*

ag•ri•cul•tur•al [ăg′rĭ-kŭl′chər-əl] *adj.* agrícola

ag•ri•cul•ture [ăg′rĭ-kŭl′chər] *s.* agricultura

a•gron•o•mist [ə-grŏn′ə-mĭst] *s.* agrónomo

a•gron•o•my [:mē] *s.* agronomía

a•ground [ə-ground′] *adv.* & *adj.* varado, encallado ▪ **to run** ~ encallar

a•head [ə-hed′] *adv.* [at or to the front] delante, al frente, adelante; [in advance] por adelantado ▪ ~ **of** antes que; **go** ~**!** ¡adelante!; **to be** ~ **of** llevar ventaja a; **to get** ~ progresar, adelantar

a•hoy [ə-hoi′] *interj.* ▪ **ship** ~**!** ¡barco a la vista!

aid [ād] ◇ *tr.* & *intr.* ayudar, auxiliar ◇ *s.* ayuda, auxilio ▪ ~ **worker** cooperante; **first** ~ primeros auxilios

aide [ād] *s.* asistente *mf*, ayudante *mf*

aide-de-camp [ād′dĭ-kămp′] *s.* (*pl* **aides-**) ayudante *m* de campo, edecán *m*

AIDS [ādz] *s.* SIDA *m*

ail [āl] *intr.* estar enfermo; (*tr.*) afligir, doler

ail•ing [ā′lĭng] *adj.* enfermizo, achacoso

ail•ment [āl′mənt] *s.* dolencia, enfermedad *f*

aim [ām] ◇ *tr.* apuntar; (*intr.*) [a weapon] apuntar; [to aspire] aspirar, proponerse ◇ *s.* [of a weapon] puntería, apunte *m*; [goal] objetivo, meta ▪ **to take** ~ **at** apuntar a

aim•less [:lĭs] *adj.* sin objeto, a la deriva

ain't [ānt] *fam* = **am not**; = **is not**; = **are not**; = **has not**; = **have not**

air [âr] ◇ *s.* aire *m*; [aura] apariencia, aspecto ▪ ~ **brake** freno neumático; ~ **conditioner** acondicionador de aire; ~ **conditioning** aire acondicionado; ~ **corridor** pasillo aéreo; ~ **disaster** desastre aéreo; ~ **force** fuerza aérea; ~ **freight** carga aérea, flete por avión; ~ **letter** carta aérea; ~ **mattress** colchón de aire; **to be on the** ~ RAD & TELEV estar emitiéndose (un programa); **to clear the** ~ aclarar las cosas; **up in the** ~ incierto, no resuelto ◇ *pl.* aires, afectación ▪ **to put on** ~ darse aires ◇ *tr.* [to expose to air] orear, ventilar; *fig* hacer público, divulgar

air•bag [âr′băg′] *s.* airbag

air•borne [âr′bôrn′] *adj.* [by aircraft] aerotransportado; [flying] volando, en el aire; [pollen, seeds] llevado por el aire

air•brush, air brush [âr′brŭsh′] *s.* aerógrafo

air-con•di•tion [âr′kən-dĭsh′ən] *tr.* climatizar

air-cool [âr′kōōl′] *tr.* enfriar por aire

air•craft [âr′krăft′] *s. inv.* avión *m* ▪ ~ **carrier** portaaviones

air•drome [âr′drōm′] *s.* aeródromo

air•fare [âr′fâr′] *s.* tarifa aérea

air•field [âr′fēld′] *s.* campo de aviación

air•i•ly [âr′ə-lē] *adv.* ligeramente, alegremente

air•ing [âr′ĭng] *s.* [exposure to air] ventilación *f*, oreo; *fig* ventilación (de ideas, opiniones)

air•less [âr′lĭs] *adj.* sin aire, sofocante

air•lift [âr′lĭft′] ◇ *s.* puente aéreo ◇ *tr.* transportar por vía aérea

air•line [âr′līn′] *s.* aerolínea

air•lin•er [âr′lī′nər] *s.* avión *m* de pasajeros

air•mail [âr′māl′] *s.* ▪ **by** ~ por vía aérea

air•man [âr′mən] *s.* (*pl* **-men**) MIL soldado de la fuerza aérea; [aviator] aviador *m*

air•plane [âr′plān′] *s.* avión *m*, aeroplano

air•port [âr′pôrt′] *s.* aeropuerto ▪ ~ **tax** tasas de aeropuerto

air•sick [âr′sĭk′] *adj.* mareado (en avión)

air•space [âr′spās′] *s.* espacio aéreo

air•strip [âr′strĭp′] *s.* pista de aterrizaje

air•tight [âr′tīt′] *adj.* hermético

air•wor•thy [âr′wûr′*th*ē] *adj.* en condiciones de vuelo

air•y [âr′ē] *adj.* (**-i-**) [breezy] bien ventilado; [delicate] diáfano, ligero; [light-hearted] alegre; [casual] despreocupado

aisle [īl] *s.* pasillo; [of church] nave *f*

a•jar [ə-jär′] *adv.* & *adj.* entreabierto

a•kim•bo [ə-kĭm′bō] *adj.* & *adv.* en jarras

a•kin [ə-kĭn′] *adj.* ▪ ~ **to** parecido a

al•a•bas•ter [ăl′ə-băs′tər] *s.* alabastro

a•lac•ri•ty [ə-lăk′rĭ-tē] *s.* presteza, prontitud *f*

a•larm [ə-lärm′] ◇ *s.* [fear] alarma, temor *m*; [device] alarma; MIL rebato ▪ ~ **clock** (reloj) despertador ◇ *tr.* [to frighten] alarmar; [to warn] dar la alarma

a•larm•ing [ə-lär′mĭng] *adj.* alarmante

a•larm•ist [:mĭst] *s.* alarmista *mf*

a•las [ə-lăs′] *interj.* ¡ay!, ¡ay de mí!

al•ba•tross [ăl′bə-trôs′] *s.* (*pl* **inv.** OR **es**) albatros *m*; *fig* pena, sufrimiento

al•be•it [ôl-bē′ĭt] *conj.* aunque, si bien

al•bi•no [ăl-bī′nō] *s.* albino

al•bum [ăl′bəm] *s.* álbum *m*; [record] elepé *m*

al•che•mist [ăl′kə-mĭst] *s.* alquimista *mf*

al•che•my [mē] *s.* alquimia

al•co•hol [ăl′kə-hôl′] *s.* alcohol *m*

al•co•hol•ic [′-hô′lĭk] ◇ *adj.* alcohólico ◇ *s.* alcohólico

al•co•hol•ism [′-lĭz′əm] *s.* alcoholismo

al•cove [ăl′kōv′] *s.* trasalcoba

al•der [ôl′dər] *s.* aliso

al•der•man [ôl′dər-mən] *s.* (*pl* **-men**) concejal *m*

ale [āl] *s.* ale *f*

a•lert [ə-lûrt′] ◇ *adj.* alerta ◇ *s.* alarma ▪ **to be on the** ~ estar sobre aviso; ~ **message** COMPUT mensaje de alerta ◇ *tr.* [to warn] alertar; [to inform] poner sobre aviso

al•fal•fa [ăl-făl′fə] *s.* alfalfa, mielga
al•gae [ăl′jē] *s. pl.* algas
al•ge•bra [ăl′jə-brə] *s.* álgebra
al•ge•bra•ic [′-brā′ĭk] *adj.* algebraico
al•go•rithm [ăl′gə-rĭth′əm] *s.* algoritmo
a•li•as [ā′lē-əs] <> *s.* alias *m*, seudónimo <> *adv.* alias, conocido por
al•i•bi [ăl′ə-bī′] <> *s.* DER coartada, alibí *m*; *fam* excusa <> *intr. fam* excusarse
a•li•en [ā′lē-ən] <> *adj.* [foreign] extranjero; [unfamiliar] ajeno, extraño ▪ ~ **to** contrario a <> *s.* [foreigner] extranjero; CIENC FIC extraterrestre *m*
al•ien•ate [āl′yə-nāt′] *tr.* alienar, enajenar; DER enajenar, traspasar
al•ien•a•tion [′-nā′shən] *s.* alienación *f*
a•light[1] [ə-līt′] *intr.* **(-ed** OR **alit)** [to perch] posarse; [to dismount] bajar, apearse
a•light[2] *adj.* ardiendo
a•lign [ə-līn′] *tr.* & *intr.* alinear(se) ▪ **to** ~ **oneself with** ponerse del lado de
a•lign•ment [:mənt] *s.* [in a line] alineación *f*; POL alineamiento
a•like [ə-līk′] <> *adj.* semejante, parecido <> *adv.* igualmente, de la misma manera
al•i•men•ta•ry [ăl′ə-men′tə-rē] *adj.* alimental, alimentario ▪ ~ **canal** tubo digestivo
al•i•mo•ny [ăl′ə-mō′nē] *s.* pensión *f* (por divorcio o separación)
a•line [ə-līn′] *tr.* alinear, poner en línea
a•lit [ə-lĭt′] ▻ **alight**[1]
a•live [ə-līv′] *adj.* vivo ▪ ~ **to** sensible a; ~ **with** rebosante de; **to be** ~ **and kicking** estar vivito y coleando; **to come** ~ *fig* cobrar vida
al•ka•li [ăl′kə-lī′] *s.* (*pl* **(e)s**) álcali *m*
al•ka•line [:lĭn, :līn′] *adj.* alcalino
all [ôl] <> *adj.* todo ▪ **and** ~ **that** y otras cosas por el estilo; **of** ~ **things!** ¡imagínate! <> *pron.* todo(s), todo el mundo ▪ **above** ~ sobre todo; **after** ~ al fin y al cabo; ~ **in** ~ en resumen; **not at** ~ nada, en absoluto; [you're welcome] no hay de qué <> *s.* todo ▪ **that's** ~ eso es todo, nada más <> *adv.* [completely] completamente; [exclusively] solamente; [apiece] por (cada) bando; **five** ~ empate a cinco ▪ ~ **along** siempre, desde el principio; ~ **around** por todas partes; ~ **at once** de repente, de golpe; ~ **but** casi; ~ **of a sudden** de repente; ~ **over** [finished] terminado; [everywhere] por todas partes; ~ **right** [satisfactory] satisfactorio, bueno; [uninjured] ileso, sin daño; [very well] muy bien; [yes] sí; ~ **the better/worse** tanto mejor/peor; ~ **too** demasiado, muy
all-a•round [ôl′ə-round′] *adj.* [comprehensive] completo; [versatile] versátil
al•lay [ə-lā′] *tr.* calmar, aquietar
al•le•ga•tion [ăl′ĭ-gā′shən] *s.* alegación *f*; DER alegato
al•lege [ə-lej′] *tr.* [to declare] alegar; [to assert] sostener, pretender
al•leged [ə-lejd′] *adj.* alegado, supuesto
al•le•giance [ə-lē′jəns] *s.* lealtad *f*
al•le•gor•ic/i•cal [ăl′ĭ-gôr′ĭk] *adj.* alegórico
al•le•go•ry [ăl′ĭ-gôr′ē] *s.* alegoría
al•ler•gen [ăl′ər-jən] *s.* alérgeno
al•ler•gic [ə-lûr′jĭk] *adj.* alérgico
al•ler•gy [:jē] *s.* alergia
al•le•vi•ate [ə-lē′vē-āt′] *tr.* aliviar
al•le•vi•a•tion [-′-ā′shən] *s.* alivio
al•ley [ăl′ē] *s.* [street] callejón *m*, callejuela; [in bowling] pista ▪ **blind** ~ callejón sin salida; **bowling** ~ bolera; **up one's** ~ lo ideal para uno
al•li•ance [ə-lī′əns] *s.* alianza, unión *f*
al•lied [ə-līd′, ăl′īd′] *adj.* aliado
al•li•ga•tor [ăl′ĭ-gā′tər] *s.* caimán *m*
al•lit•er•a•tion [ə-lĭt′ə-rā′shən] *s.* aliteración *f*
al•lo•cate [ăl′ə-kāt′] *tr.* destinar, asignar
al•lo•ca•tion [′-kā′shən] *s.* asignación *f*, reparto
al•lot [ə-lŏt′] *tr.* **(-tt-)** [to apportion] asignar, distribuir; [to allocate] destinar
al•lot•ment [:mənt] *s.* [act] distribución *f*; [object, quantity] lote *m*, porción *f*
all-out [ôl′out′] *adj.* extremo, máximo
al•low [ə-lou′] *tr.* [to permit] dejar, permitir; [to give] conceder, dar; [to set aside] dar, poner aparte; [to admit] confesar, admitir; [to discount] deducir, descontar ▪ ~ **me** permítame; **to** ~ **for** tener en cuenta, tomar en consideración; **to** ~ **oneself** darse el gusto de
al•low•a•ble [:ə-bəl] *adj.* permisible
al•low•ance [:əns] *s.* [permission] permiso; [rebate] rebaja; [money] dinero de bolsillo (que se da a los niños) ▪ **to make** ~ **for** tener en cuenta, tomar en consideración
al•loy <> *s.* [ăl′oi′] aleación *f* <> *tr.* [ə-loi′] alear
all-pur•pose [ôl′pûr′pəs] *adj.* de uso múltiple
all-right [ôl′rīt′] *adj. jer* bueno, bien
all•spice [ôl′spīs′] *s.* pimienta de Jamaica
all-star [ôl′stär′] *adj.* de primeras figuras
all-te•rrain [ôl′tə-rān′] *adj.* ▪ ~ **vehicle** todoterreno *m*
all-time [ôl′tīm′] *adj.* nunca visto OR alcanzado
al•lude [ə-lo͞od′] *intr.* aludir, referirse
al•lure [ə-lo͞or′] <> *tr.* atraer, fascinar <> *s.* atracción *f*, fascinación *f*
al•lu•sion [ə-lo͞o′zhən] *s.* alusión *f*
al•ly <> *tr.* & *intr.* [ə-lī′] unir(se), aliar(se) <> *s.* [ăl′ī′] aliado
al•ma mat•er [ăl′mə mä′tər] *s.* la universidad donde uno se ha recibido
al•ma•nac [ôl′mə-năk′] *s.* almanaque *m*
al•might•y [ôl-mī′tē] *adj.* todopoderoso
al•mond [ä′mənd] *s.* [tree] almendro; [nut] almendra
al•most [ôl′mōst′, -′] *adv.* casi, por poco
alms [ämz] *s. pl.* limosna, caridad *f*
al•oe [ăl′ō] *s.* áloe *m*, alcibar *m*
a•loft [ə-lôft′] *adv.* [in the air] en el aire; [in flight] en vuelo; MARÍT en la arboladura
a•lone [ə-lōn′] <> *adj.* solo; [with nothing added] solamente, en sí mismo ▪ **let** ~ sin mencionar, mucho menos; **to leave** OR **let** ~ no molestar, dejar en paz; **to stand** ~ ser único <> *adv.* [only] sólo, solamente; [by oneself] a solas
a•long [ə-lông′] <> *adv.* [in line with] a lo largo de; [forward] adelante; [with one] consigo ▪ **all** ~ desde el principio; ~ **about** *fam* a eso de; ~ **with** junto con; **to get** ~ **with someone** llevarse bien con alguien; **to go** ~ **with** *jer* aceptar, estar conforme con (idea, plan) <> *prep.* a lo largo de, por
a•long•side [:sīd′] *adv.* & *prep.* a lo largo (de), junto (a); MARÍT al costado (de)
a•loof [ə-lo͞of′] <> *adj.* distante, reservado <> *adv.* a distancia (de los otros), aparte ▪ **to keep** ~ **from** mantenerse apartado de

a•loud [ə-loud′] *adv.* en voz alta
al•pha [ăl′fə] *s.* alfa ▪ ~ **ray** rayo alfa
al•pha•bet [ăl′fə-bet′] *s.* alfabeto, abecedario
al•pha•bet•ic/i•cal [′-′ĭk] *adj.* alfabético
al•pha•bet•ize [ăl′fə-bə-tīz′] *tr.* alfabetizar
al•pha•nu•mer•ic [′-nōō-mer′ĭk] *adj.* alfanumérico
al•pine [ăl′pīn′] *adj.* alpino
al•read•y [ôl-red′ē] *adv.* ya
al•so [ôl′sō] *adv.* también, además
al•tar [ôl′tər] *s.* altar *m* ▪ ~ **boy** monaguillo
al•tar•piece [:pēs′] *s.* retablo
al•ter [ôl′tər] *tr.* alterar, cambiar; COST arreglar; (*intr.*) cambiarse, transformarse
al•ter•a•tion [ôl′tə-rā′shən] *s.* alteración *f*; COST arreglo
al•ter•ca•tion [′-kā′shən] *s.* altercado, disputa
al•ter•nate [ôl′tər-nāt′] ◇ *tr.* & *intr.* alternar ◇ *adj.* [:nĭt] [substitute] sustituto, alterno; [every other] alterno ◇ *s.* [:nĭt] sustituto, suplente *mf*
al•ter•nate•ly [:nĭt-lē] *adv.* alternativamente, por turno
al•ter•na•ti•ve [ôl-tûr′nə-tĭv] ◇ *s.* alternativa ◇ *adj.* alternativo ▪ ~ **energy source** energía alternativa
al•ter•na•tor [ôl′tər-nā′tər] *s.* alternador *m*
al•though [ôl-*th*ō′] *conj.* aunque, si bien
al•tim•e•ter [ăl-tĭm′ĭ-tər] *s.* altímetro
al•ti•tude [ăl′tĭ-tōōd′] *s.* altitud *f*, altura ▪ ~ **sickness** mal de altura, puna
al•to [ăl′tō] *adj.* & *s.* contralto
al•to•geth•er [ôl′tə-ge*th*′ər] *adv.* [entirely] enteramente, del todo; [all told] en total ▪ **in the** ~ *fam* en cueros
al•tru•is•tic [ăl′trōō-ĭs′tĭk] *adj.* altruista
a•lu•mi•num [ə-lōō′mə-nəm] *s.* aluminio
a•lum•na [ə-lŭm′nə] *s.* (*pl* **-nae**) graduada
a•lum•nus [:nəs] *s.* (*pl* **-ni**) graduado
al•ways [ôl′wāz] *adv.* siempre; [forever] para siempre
am [ăm, əm] *primera persona sing. de* **be**
a•mal•gam [ə-măl′gəm] *s.* QUÍM amalgama, aleación *f*; [mixture] mezcla
a•mal•ga•mate [:gə-māt′] *tr.* & *intr.* QUÍM amalgamar(se); COM unir(se)
am•a•ryl•lis [ăm′ə-rĭl′ĭs] *s.* amarilis *f*
a•mass [ə-măs′] *tr.* acumular, amontonar
am•a•teur [ăm′ə-tûr′, -ə-chŏŏr′] ◇ *s.* [nonprofessional] amateur *mf*; [unskillful person] chapucero ◇ *adj.* amateur
a•maze [ə-māz′] *tr.* asombrar, sorprender
a•mazed [ə-māzd′] *adj.* asombrado
a•maze•ment [ə-māz′mənt] *s.* asombro
a•maz•ing [ə-mā′zĭng] *adj.* [astonishing] asombroso; [surprising] sorprendente; [marvelous] maravilloso
am•bas•sa•dor [ăm-băs′ə-dər] *s.* embajador *m* ▪ ~ **at large** embajador viajero
am•ber [ăm′bər] ◇ *s.* ámbar *m* ◇ *adj.* ambarino
am•bi•ance [ăm′bē-əns] *s.* ambiente *m*
am•bi•dex•trous [ăm′bĭ-dek′strəs] *adj.* ambidextro
am•bi•ent [ăm′bē-ənt] *adj.* ambiente
am•bi•gu•i•ty [ăm′bĭ-gyōō′ĭ-tē] *s.* ambigüedad *f*
am•big•u•ous [ăm-bĭg′yōō-əs] *adj.* ambiguo
am•bi•tion [ăm-bĭsh′ən] *s.* ambición *f*
am•bi•tious [:əs] *adj.* ambicioso; [grand] grandioso
am•biv•a•lence [ăm-bĭv′ə-ləns] *s.* ambivalencia
am•biv•a•lent [:lənt] *adj.* ambivalente
am•ble [ăm′bəl] *intr.* deambular
am•bu•lance [ăm′byə-ləns] *s.* ambulancia
am•bu•la•to•ry [:lə-tôr′ē] *adj.* ambulatorio
am•bush [ăm′bŏŏsh′] ◇ *s.* emboscada, celada ◇ *tr.* emboscar, tender una celada a
a•me•lio•rate [ə-mēl′yə-rāt′] *tr.* & *intr.* mejorar(se), aliviar(se)
a•men [ā-men′, ä-men′] *interj.* amén
a•me•na•ble [ə-mē′nə-bəl] *adj.* receptivo ▪ **to be** ~ **to** estar dispuesto a
a•mend [ə-mend′] *tr.* [to correct] corregir, rectificar; [to revise] enmendar
a•mend•ment [:mənt] *s.* [correction] corrección *f*; [alteration] enmienda
a•mends [ə-mendz′] *s. pl.* ▪ **to make** ~ **for** dar satisfacción por
a•men•i•ty [ə-men′ĭ-tē] ◇ *s.* amenidad *f*, afabilidad *f* ◇ *pl.* [civilities] modales, cortesías; [comforts] comodidades
A•mer•i•can [ə-mer′ĭ-kən] *adj.* americano; [of USA] norteamericano
A•mer•i•can•ism [:kə-nĭz′əm] *s.* americanismo
A•mer•i•can•ize [:nīz′] *tr.* americanizar
am•e•thyst [ăm′ə-thĭst] *s.* amatista
a•mi•a•ble [ā′mē-ə-bəl] *adj.* amable, afable
am•i•ca•ble [ăm′ĭ-kə-bəl] *adj.* amigable
a•mid(st) [ə-mĭd[st]′] *prep.* en medio de, entre
a•mi•no acid [ə-mē′nō] *s.* aminoácido
a•miss [ə-mĭs′] ◇ *adj.* fuera de orden ◇ *adv.* ▪ **to go** ~ salir mal; **to take** ~ tomar a mal
am•i•ty [ăm′ĭ-tē] *s.* amistad *f*, concordia
am•me•ter [ăm′mē′tər] *s.* amperímetro
am•mo [ăm′ō] *s.* munición *f*
am•mo•nia [ə-mōn′yə] *s.* [gas] amoníaco; [cleanser] agua amoniacal
am•mo•ni•um [ə-mō′nē-əm] *s.* amonio
am•mu•ni•tion [ăm′yə-nĭsh′ən] *s.* municiones *f*
am•ne•sia [ăm-nē′zhə] *s.* amnesia
am•ne•si•ac [:zē-ăk′] *s.* & *adj.* amnésico
am•nes•ty [ăm′nĭ-stē] ◇ *s.* amnistía, indulto ◇ *tr.* indultar
a•moe•ba [ə-mē′bə] *s.* (*pl* **s** OR **-bae**) ameba
a•mong(st) [ə-mŭng[st]′] *prep.* entre, en medio de
a•mor•al [ā-môr′əl] *adj.* amoral
am•o•rous [ăm′ər-əs] *adj.* apasionado
a•mor•phous [ə-môr′fəs] *adj.* amorfo, informe
am•or•tize [ăm′ər-tīz′] *tr.* amortizar
a•mount [ə-mount′] ◇ *s.* cantidad *f*, monto ◇ *intr.* ▪ **to** ~ **to** [to come to] subir a, ascender a; [to be equivalent to] ser igual a, (venir a) ser lo mismo que
am•per•age [ăm′pər-ĭj] *s.* amperaje *m*
am•pere [ăm′pîr′] *s.* amperio
am•phet•a•mine [ăm-fet′ə-mēn′] *s.* anfetamina
am•phib•i•an [ăm-fĭb′ē-ən] *adj.* & *s.* anfibio
am•phib•i•ous [:ē-əs] *adj.* anfibio
am•phi•the•a•ter [ăm′fə-thē′ə-tər] *s.* anfiteatro
am•ple [ăm′pəl] *adj.* (**-er, -est**) [large] extenso, amplio; [generous] generoso; [adequate] suficiente
am•pli•fi•er [ăm′plə-fī′ər] *s.* amplificador *m*
am•pli•fy [ăm′plə-fī′] *tr.* ELECTRÓN amplificar; [an idea] desarrollar
am•pli•tude [ăm′plĭ-tōōd′] *s.* amplitud *f* ▪ ~ **modulation** modulación de amplitud
am•ply [ăm′plē] *adv.* ampliamente
am•pu•tate [ăm′pyə-tāt′] *tr.* amputar
am•pu•ta•tion [′-tā′shən] *s.* amputación *f*

am•pu•tee [:tē′] *s.* amputado
a•muck [ə-mŭk′] *adv.* ■ **to run** ~ abandonarse a la furia, volverse loco
am•u•let [ăm′yə-lĭt] *s.* amuleto, talismán *m*
a•muse [ə-myōōz′] *tr.* entretener, divertir ■ **to** ~ **oneself** divertirse, entretenerse
a•muse•ment [:mənt] *s.* [pastime] entretenimiento; [laughter] risa
a•mus•ing [ə-myōō′zĭng] *adj.* entretenido, divertido
an [ən, ăn] ⊳ **a**
a•nach•ro•nism [ə-năk′rə-nĭz′əm] *s.* anacronismo
a•nach•ro•nis•tic [-′-nĭs′tĭk] *adj.* anacrónico
an•a•gram [ăn′ə-grăm′] *s.* anagrama *m*
a•nal [ā′nəl] *adj.* anal
an•al•ge•sic [ăn′əl-jē′zĭk] *s.* & *adj.* analgésico
an•a•log computer [ăn′ə-lôg′] *s.* computadora analógica
a•nal•o•gous [ə-năl′ə-gəs] *adj.* análogo
a•nal•o•gy [ə-năl′ə-jē] *s.* [correspondence] analogía, semejanza; [correlation] correlación *f*
a•nal•y•sis [ə-năl′ĭ-sĭs] *s.* (*pl* **-ses**) análisis *m*; PSIC psicoanálisis *m*
an•a•lyst [ăn′ə-lĭst] *s.* analista *mf*
an•a•lyt•ic/i•cal [′-lĭt′ĭk] *adj.* analítico
an•a•lyze [ăn′ə-līz′] *tr.* analizar; PSIC psicoanalizar
an•ar•chic/chi•cal [ăn-är′kĭk] *adj.* anárquico
an•ar•chist [ăn′ər-kĭst] *s.* anarquista *mf*
an•ar•chy [:kē] *s.* anarquía
a•nath•e•ma [ə-năth′ə-mə] *s.* anatema *m*
an•a•tom•ic/i•cal [ăn′ə-tŏm′ĭk] *adj.* anatómico
a•nat•o•mist [ə-năt′ə-mĭst] *s.* anatomista *mf*
a•nat•o•my [:mē] *s.* anatomía; *fig* análisis *m* (de obra, crimen); [body] cuerpo humano
an•ces•tor [ăn′ses′tər] *s.* antepasado
an•ces•tral [-′trəl] *adj.* ancestral
an•ces•try [′trē] *s.* linaje *m*, abolengo
an•chor [ăng′kər] ◇ *s.* ancla, áncora; *fig* soporte *m*; TELEV locutor *m*, anunciador *m* ■ **at** ~ anclado; **to cast** ~ echar anclas; **to weigh** ~ levar anclas, zarpar ◇ *intr.* anclar, fondear; (*tr.*) sujetar, asegurar
an•chor•age [:ĭj] *s.* ancladero, fondeadero
an•chor•man [:măn′] *s.* (*pl* **-men**) locutor *m*, anunciador *m*
an•cho•vy [ăn′chō′vē] *s.* (*pl* **inv.** OR **-vies**) anchoa
an•cient [ān′shənt] ◇ *adj.* antiguo, vetusto ◇ *s.* anciano ◇ *pl.* (los) antiguos
an•cil•lar•y [ăn′sə-ler′ē] *adj.* auxiliar
and [ənd, ănd] *conj.* y, e ■ **try** ~ **come** trata de venir; **go** ~ **see** anda a ver
and•i•ron [ănd′ī′ərn] *s.* morillo
an•droid [ăn′droid′] *s.* androide *m*
an•ec•do•tal [ăn′ĭk-dōt′l] *adj.* anecdótico
an•ec•dote [ăn′ĭk-dōt′] *s.* anécdota
a•ne•mi•a [ə-nē′mē-ə] *s.* anemia
a•ne•mic [:mĭk] *adj.* anémico
an•e•mom•e•ter [ăn′ə-mŏm′ĭ-tər] *s.* anemómetro
a•nem•o•ne [ə-nem′ə-nē] *s.* anémona
an•es•the•sia [ăn′ĭs-thē′zhə] *s.* anestesia
an•es•the•si•ol•o•gy [:thē′zē-ŏl′ə-jē] *s.* anestesiología
an•es•thet•ic [:thet′ĭk] *s.* & *adj.* anestésico
a•nes•the•tist [ə-nes′thĭ-tĭst] *s.* anestesista *mf*
a•nes•the•tize [:tīz′] *tr.* anestesiar
an•eu•rysm [ăn′yə-rĭz′əm] *s.* aneurisma *m*
a•new [ə-nōō′] *adv.* nuevamente, de nuevo
an•gel [ān′jəl] *s.* ángel *m*
an•gel•ic/i•cal [ăn-jel′ĭk] *adj.* angélico, angelical
an•ger [ăng′gər] ◇ *s.* ira, enojo ◇ *tr.* & *intr.* airar(se), enojar(se)
an•gle¹ [ăng′gəl] *intr.* pescar con caña ■ **to** ~ **for** *fig* ir a la pesca de
an•gle² ◇ *s.* ángulo; [corner] esquina, codo; [point of view] ángulo, punto de vista; [scheme] ardid *m* ■ **at an** ~ en ángulo; **at right angles** en ángulo recto ◇ *tr.* & *intr.* mover(se) en ángulo
an•gler [:glər] *s.* pescador *m* (de caña)
an•gle•worm [:gəl-wûrm′] *s.* lombriz *f*
An•gli•can [ăng′glĭ-kən] *adj.* & *s.* anglicano
An•gli•cize [:sīz′] *tr.* anglicanizar
an•gling [:glĭng] *s.* pesca con caña
An•glo-Sax•on [ăng′glō-săk′sən] *adj.* & *s.* anglosajón *m*
an•gri•ly [ăng′grə-lē] *adv.* con enojo, con ira
an•gry [ăng′grē] *adj.* (-i-) enojado, enfadado; [sky] amenazador; MED inflamado ■ **to be** ~ **at** OR **about (something)** estar enojado por (algo); **to make (someone)** ~ enojar (a alguien)
angst [ängkst] *s.* angustia
an•guish [ăng′gwĭsh] ◇ *s.* angustia, congoja ◇ *tr.* & *intr.* angustiar(se), acongojar(se)
an•guished [:gwĭsht] *adj.* angustiado, acongojado
an•i•lin(e) [ăn′ə-lĭn] *s.* anilina ■ ~ **dye** color de anilina
an•i•mal [ăn′ə-məl] *adj.* & *s.* animal *m*
an•i•mal•is•tic [:mə-lĭs′tĭk] *adj.* animal
an•i•mate [ăn′ə-māt′] ◇ *tr.* animar ◇ *adj.* [:mĭt] animado, viviente
an•i•mat•ed [:mā′tĭd] *adj.* animado, vivaz ■ ~ **cartoon** dibujos animados
an•i•ma•tion [′-′shən] *s.* animación *f* ■ **suspended** ~ muerte aparente
an•i•mism [ăn′ə-mĭz′əm] *s.* animismo
an•i•mos•i•ty [ăn′ə-mŏs′ĭ-tē] *s.* animosidad *f*
an•i•mus [′-məs] *s.* animosidad *f*
an•i•on [ăn′ī′ən] *s.* anión *m*, ion negativo
an•ise [ăn′ĭs] *s.* anís *m*
an•i•sette [ăn′ĭ-set′] *s.* anisete *m*
an•kle [ăng′kəl] *s.* tobillo
an•kle•bone [:bōn′] *s.* hueso del tobillo, taba
an•klet [ăng′klĭt] *s.* [ornament] ajorca para el tobillo; [socks] media tobillera
an•nals [ăn′əlz] *s. pl.* anales *m*
an•neal [ə-nēl′] *tr.* recocer (cristal, metales)
an•nex ◇ *tr.* [ə-neks′] anexar, anexionar ◇ *s.* [ăn′-eks′] anexo
an•nex•a•tion [ăn′ĭk-sā′shən] *s.* anexión *f*
an•ni•hi•late [ə-nī′ə-lāt′] *tr.* aniquilar
an•ni•hi•la•tion [-′-lā′shən] *s.* aniquilación *f*
an•ni•ver•sa•ry [ăn′ə-vûr′sə-rē] *s.* aniversario
an•no•tate [ăn′ə-tāt′] *tr.* anotar
an•no•ta•tion [′-tā′shən] *s.* anotación *f*, nota
an•nounce [ə-nouns′] *tr.* anunciar, declarar
an•nounce•ment [:mənt] *s.* anuncio, declaración *f*
an•nounc•er [ə-noun′sər] *s.* anunciador *m*, locutor *m*
an•noy [ə-noi′] *tr.* molestar, fastidiar
an•noy•ance [:əns] *s.* molestia, fastidio
an•noy•ing [:ĭng] *adj.* molesto, irritante
an•nu•al [ăn′yōō-əl] ◇ *adj.* anual ◇ *s.* [yearbook] anuario; BOT planta anual

an•nu•al•ly [:ə-lē] *adj.* anualmente, cada año
an•nu•i•ty [ə-no͞o'ĭ-tē] *s.* [payment] anualidad *f;* [income for life] renta vitalicia
an•nul [ə-nŭl'] *tr.* (**-ll-**) [to nullify] anular, invalidar; [to cancel] cancelar
an•nul•ment [:mənt] *s.* [invalidation] anulación *f,* invalidación *f;* [cancellation] cancelación *f*
an•ode [ăn'ōd'] *s.* ánodo
an•o•dyne [ăn'ə-dīn'] *adj.* & *s.* anodino
a•noint [ə-noint'] *tr.* untar; RELIG ungir
a•nom•a•lous [ə-nŏm'ə-ləs] *adj.* anómalo
a•nom•a•ly [:lē] *s.* anomalía
an•o•nym•i•ty [ăn'ə-nĭm'ĭ-tē] *s.* anonimato
a•non•y•mous [ə-nŏn'ə-məs] *adj.* anónimo
an•oth•er [ə-nŭth'ər] ◇ *adj.* otro; [different] (otro) distinto; [additional] más ▪ **~ one** otro más; **~ time** otro día; **without ~ word** sin más palabras ◇ *pron.* otro ▪ **one ~** uno(s) a otro(s)
an•swer [ăn'sər] ◇ *s.* respuesta, contestación *f;* [solution] solución *f;* [reason] explicación *f,* razón *f* ▪ **to know all the answers** saberlo todo ◇ *intr.* dar contestación, responder; [to suffice] servir; [to match] corresponder (**to** a) ▪ **answering machine** contestador automático (de teléfono); **to ~ back** replicar con insolencia; (*tr.*) responder a, contestar a; [correctly] resolver, solucionar (problema, enigma) ▪ **to ~ for** ser responsable por; **to ~ the telephone** contestar el teléfono
an•swer•a•ble [:ə-bəl] *adj.* responsable (**for** por)
ant [ănt] *s.* hormiga
ant•ac•id [ănt-ăs'ĭd] *adj.* & *s.* antiácido
an•tag•o•nism [ăn-tăg'ə-nĭz'əm] *s.* antagonismo
an•tag•o•nis•tic [-'-nĭs'tĭk] *adj.* antagónico
an•tag•o•nize [-'-nīz'] *tr.* provocar la hostilidad de
an•te [ăn'tē] *s.* apuesta inicial (en póker)
ant•eat•er [ănt'ē'tər] *s.* oso hormiguero
an•te•cede [ăn'tĭ-sēd'] *tr.* & *intr.* anteceder (a)
an•te•ce•dent [:nt] *adj.* & *s.* antecedente *m*
an•te•date [ăn'tĭ-dāt'] *tr.* preceder (en tiempo); [a document] antedatar
an•te•di•lu•vi•an ['-də-lo͞o'vē-ən] *adj.* antediluviano; *fig* anticuado
an•te•lope [ăn'tl-ōp'] *s.* (*pl* **inv.** OR **s**) antílope *m*
an•ten•na [ăn-ten'ə] *s.* (*pl* **-nae**) ZOOL antena; (*pl* **-nas**) RAD antena
an•te•room [ăn'tē-ro͞om'] *s.* antesala
an•them [ăn'thəm] *s.* [hymn] himno ▪ **national ~** himno nacional; RELIG antífona
ant•hill [ănt'hĭl'] *s.* hormiguero
an•thol•o•gy [:jē] *s.* antología
an•thra•cite [ăn'thrə-sīt'] *s.* antracita
an•thrax [ăn'thrăks'] *s.* ántrax *m*
an•thro•po•cen•tric [ăn'thrə-pə-sen'trĭk] *adj.* antropocéntrico
an•thro•pol•o•gist [:pŏl'ə-jĭst] *s.* antropólogo
an•thro•pol•o•gy [:pŏl'ə-jē] *s.* antropología
an•ti•a•bor•tion [ăn'tē-ə-bôr'shən] *adj.* que se opone al aborto
an•ti•air•craft [:âr'krăft'] *adj.* antiaéreo
an•ti•bal•lis•tic [:bə-lĭs'tĭk] *adj.* antibalístico
an•ti•bi•ot•ic [:bī-ŏt'ĭk] *s.* & *adj.* antibiótico
an•ti•bod•y [ăn'tĭ-bŏd'ē] *s.* anticuerpo
an•tics [ăn'tĭks] *s. pl.* travesuras
an•ti•christ [ăn'tĭ-krīst'] *s.* anticristo
an•tic•i•pate [ăn-tĭs'ə-pāt'] *tr.* [to foresee] anticipar, prever; [to expect] esperar, contar con; [with pleasure] gozar de antemano; [to forestall] adelantarse a, anticiparse a
an•tic•i•pa•tion [-'-pā'shən] *s.* [act] anticipación *f;* [expectation] expectación *f,* esperanza; [eagerness] ilusión *f*
an•ti•cli•mac•tic [ăn'tē-klī-măk'tĭk] *adj.* decepcionante
an•ti•cli•max [:klī'măks'] *s.* anticlímax *m,* decepción *f*
an•ti•com•mu•nist [:kŏm'yə-nĭst] *s.* & *adj.* anticomunista *mf*
an•ti•dote [ăn'tĭ-dōt'] *s.* antídoto
an•ti•freeze [:frēz'] *s.* anticongelante *m*
an•ti•gen [:jən] *s.* antígeno
an•ti•glo•ba•li•za•tion [ăn'tĭglō'bə-lĭ-zā'shən] *s.* antiglobalización *f*
an•ti•he•ro [:hîr'ō] *s.* (*pl* **es**) antihéroe *m*
an•ti•his•ta•mine [ăn'tē-hĭs'tə-mēn'] *s.* antihistamínico
an•ti•ma•lar•i•al [:mə-lâr'ē-əl] ◇ *adj.* antipalúdico ◇ *s.* droga antipalúdica
an•ti•mat•ter [ăn'tĭ-măt'ər] *s.* antimateria
an•ti•mo•ny [ăn'tə-mō'nē] *s.* antimonio
an•ti•o•xi•dant [ăn'tĭ-ŏk'sĭ-dnt] *s.* antioxidante *m*
an•tip•a•thy [ăn-tĭp'ə-thē] *s.* antipatía
an•ti•per•son•nel mine [ăn'tĭ-pûr'sə-nel'] *s.* mina antipersona, mina antipersonal
an•ti•per•spi•rant [ăn'tē-pûr'spər-ənt] *adj.* & *s.* antisudoral *m,* desodorante *m*
an•tip•o•des [ăn-tĭp'ə-dēz'] *s. pl.* antípodas *f*
an•ti•quar•i•an [ăn'tĭ-kwâr'ē-ən] *s.* anticuario
an•ti•quat•ed ['-kwā'tĭd] *adj.* anticuado
an•tique [ăn-tēk'] ◇ *adj.* [ancient] antiguo; [old] viejo, anticuado; [furniture] de época ◇ *s.* antigüedad *f,* antigualla
an•tiq•ui•ty [ăn-tĭk'wĭ-tē] *s.* antigüedad *f*
an•ti-roll bar [ăn'tē-rōl'bär'] *s.* AUTO barra antivuelco
an•ti•rust [ăn'tē-rŭst'] *adj.* & *s.* antioxidante *m*
an•ti-Sem•ite [:sem'īt'] *s.* antisemita *mf*
an•ti-Se•mit•ic [:sə-mĭt'ĭk] *adj.* antisemítico
an•ti•sep•tic [ăn'tĭ-sep'tĭk] *adj.* & *s.* antiséptico
an•ti•se•rum ['-sîr'əm] *s.* (*pl* **s** OR **-ra**) antisuero
an•ti•slav•e•ry [ăn'tē-slā'və-rē] *adj.* en contra de la esclavitud, antiesclavista
an•ti•so•cial [:sō'shəl] *adj.* antisocial
an•ti•tank [:tăngk'] *adj.* antitanque
an•ti•ter•ror•ism [:ter'ə-rĭz'əm] *s.* antiterrorismo
an•ti•theft device [:theft'] *s.* dispositivo antirrobo
an•tith•e•sis [ăn-tĭth'ĭ-sĭs] *s.* (*pl* **-ses**) antítesis *f*
an•ti•trust [:trŭst'] *adj.* antimonopolio
an•ti•vi•rus system [ăn'tĭ-vī'rəs] *s.* COMPUT antivirus
ant•ler [ănt'lər] *s.* asta, mogote *m*
an•to•nym [ăn'tə-nĭm'] *s.* antónimo
a•nus [ā'nəs] *s.* ano
an•vil [ăn'vĭl] *s.* yunque *m*
anx•i•e•ty [ăng-zī'ĭ-tē] *s.* ansiedad *f,* ansia; PSIC angustia
anx•ious [ăngk'shəs] *adj.* [worried] ansioso, inquieto; [eager] deseoso, anhelante
an•y [en'ē] ◇ *adj.* [no matter which] cualquier; **~ book** cualquier libro; [some] algún; **do you have ~ doubt?** ¿tienes alguna duda?; [negative] algún, ningún; **there**

isn't ~ reason no hay ninguna razón; [every] cualquier, todo; **we must avoid ~ contact** debemos evitar todo contacto ▪ **~ minute** de un momento a otro; **at ~ cost** a toda costa; **at ~ rate** OR **in ~ case** de todos modos <> *pron.* alguno, cualquiera; [negative] ninguno ▪ **if ~** si los hay <> *adv.* algo, de algún modo; **do you feel ~ better?** ¿te sientes algo mejor?; [negative] nada, para nada; **I don't feel ~ better** no me siento nada mejor ▪ **~ longer** más tiempo

an•y•bod•y [:bŏd'ē] *pron.* cualquiera, quienquiera, cualquier persona; **~ could do it** cualquiera podría hacerlo; [interrogative] alguien, alguno; **did you see ~?** ¿viste a alguien?; [negative] ninguno, nadie; **I didn't see ~** no vi a nadie

an•y•how [:hou'] *adv.* [even so] de todas maneras, de todos modos; [carelessly] de cualquier manera

an•y•more ['-môr'] *adv.* [negative] nunca más, ya más, ya no; **I don't run ~** ya no corro más; [interrogative] aún, todavía; **do you run ~?** ¿corres todavía?

an•y•one ['-wŭn'] ▻ **anybody**

an•y•place [:plās'] ▻ **anywhere**

an•y•thing [:thĭng'] *pron.* [interrogative] algo, alguna cosa; **are you doing ~ now?** ¿estás haciendo algo ahora?; [negative] nada, ninguna cosa; **I can't see ~** no veo nada; [affirmative] cualquier cosa, todo lo que; **take ~ you like** toma todo lo que quieras ▪ **~ else?** ¿algo más?, ¿alguna otra cosa?; **like ~** *fam* a más no poder

an•y•time [:tīm'] *adv.* a cualquier hora, en cualquier momento

an•y•way [:wā'] *adv.* [in any case] de cualquier manera, de cualquier modo; [even so] lo mismo, de todos modos

an•y•where [:hwâr'] *adv.* [affirmative] dondequiera, a OR en cualquier sitio OR parte; [negative] en, a OR por ninguna parte OR ningún lado; [interrogative] en algún lugar, en alguna parte ▪ **~ from** *fam* entre; **you can save ~ from five to ten dollars** puedes ahorrar entre cinco y diez dólares

A-OK, A-o•kay [ā'ō-kā'] *adj.* & *adv.* perfecto, excelente

a•pace [ə-pās'] *adv.* rápidamente, velozmente

a•part [ə-pärt'] *adv.* aparte, a distancia ▪ **~ from** aparte de, con la excepción de; **to come ~** desprenderse, desunirse; **to fall ~** descomponerse; *fig* venirse abajo; **to keep ~** apartar, separar; **to take ~** desarmar, desmontar; **to tear ~** despedazar, destrozar; **to tell ~** distinguir, diferenciar; **to stand ~** mantenerse apartado; *fig* distinguirse; **to set ~** reservar, poner a un lado

a•part•ment [ə-pärt'mənt] *s.* [residence] departamento, apartamento; [room] cuarto ▪ **~ house** casa OR edificio de departamentos

ap•a•thet•ic [ăp'ə-thet'ĭk] *adj.* apático

ap•a•thy ['-thē] *s.* apatía

ape [āp] <> *s.* simio; *fig* imitamonos *mf* <> *tr.* imitar, remedar

a•pé•ri•tif [ä-per'ĭ-tēf'] *s.* aperitivo

ap•er•ture [ăp'ər-chər] *s.* abertura

a•pex [ā'peks'] *s.* (*pl* **es** OR **-pices**) ápice *m*; *fig* cima, cumbre *f*

a•phid [ā'fĭd] *s.* pulgón *m*

aph•o•rism [ăf'ə-rĭz'əm] *s.* aforismo, refrán *m*

aph•ro•dis•i•ac [ăf'rə-dĭz'ē-ăk'] *adj.* & *s.* afrodisíaco

a•pi•ar•y [ā'pē-er'ē] *s.* abejar *m*, colmenar *m*

a•piece [ə-pēs'] *adv.* por cabeza, cada uno

a•plomb [ə-plŏm'] *s.* aplomo

a•poc•a•lypse [ə-pŏk'ə-lĭps'] *s.* apocalipsis *m*

a•poc•a•lyp•tic [-'-lĭp'tĭk] *adj.* apocalíptico

a•poc•ry•phal [ə-pŏk'rə-fəl] *adj.* apócrifo

ap•o•gee [ăp'ə-jē] *s.* apogeo

a•po•lit•i•cal [ā'pə-lĭt'ĭ-kəl] *adj.* apolítico

a•pol•o•get•ic [ə-pŏl'ə-jet'ĭk] *adj.* lleno de disculpas

a•pol•o•get•i•cal•ly [:ĭ-kə-lē] *adv.* disculpándose

a•pol•o•gist [ə-pŏl'ə-jĭst] *s.* apologista *mf*

a•pol•o•gize [:jīz'] *intr.* disculparse (**for** por, de, **to** con)

a•pol•o•gy [:jē] *s.* [for an offense] disculpa; [formal defense] apología ▪ **to make an ~** disculparse

ap•o•plec•tic [ăp'ə-plek'tĭk] *adj.* apopléctico

a•pos•tle [ə-pŏs'əl] *s.* apóstol *mf*

a•pos•tro•phe [ə-pŏs'trə-fē] *s.* GRAM apóstrofo; RET apóstrofe *m*

a•poth•e•car•y [ə-pŏth'ĭ-ker'ē] *s.* boticario

a•poth•e•o•sis [ə-pŏth'ē-ō'sĭs] *s.* (*pl* **-ses**) apoteosis *f*

ap•pall [ə-pôl'] *tr.* pasmar, horrorizar

ap•pall•ing [ə-pô'lĭng] *adj.* pasmoso, horrendo

ap•pa•ra•tus [ăp'ə-rā'təs, -răt'əs] *s.* (*pl* **inv.** OR **es**) aparato; [mechanism] mecanismo

ap•par•el [ə-păr'əl] *s.* ropa, indumentaria

ap•par•ent [ə-păr'ənt] *adj.* [seeming] aparente; [perceptible] evidente, claro

ap•par•ent•ly [:lē] *adv.* [seemingly] aparentemente, por lo visto; [obviously] evidentemente

ap•pa•ri•tion [ăp'ə-rĭsh'ən] *s.* aparición *f*

ap•peal [ə-pēl'] <> *s.* [plea] súplica; [a call for] llamada; [petition] petición *f*; [charm] atracción *f*, encanto; DER apelación *f*, recurso ▪ **without ~** DER sin recurso, inapelable <> *intr.* ▪ **to ~ to** suplicar a; DER recurrir a, apelar a; [to be attractive] tener atractivo para; (*tr.*) llevar a un tribunal superior

ap•peal•ing [ə-pē'lĭng] *adj.* atrayente

ap•pear [ə-pîr'] *intr.* [to come into view] aparecer, asomarse; [to seem] parecer; [to present oneself] presentarse; [on the stage] actuar; [in court] comparecer; [in print] publicarse

ap•pear•ance [:əns] <> *s.* [act] aparición *f*; [looks] aspecto, apariencia; [pretense] pretensión *f*, simulación *f* ▪ **to make an ~** hacer acto de presencia <> *pl.* apariencias

ap•pease [ə-pēz'] *tr.* apaciguar, aplacar

ap•pease•ment [:mənt] *s.* apaciguamiento

ap•pel•lant [ə-pel'ənt] <> *adj.* de apelación <> *s.* apelante *mf*

ap•pend [ə-pend'] *tr.* anexar, adjuntar

ap•pend•age [ə-pen'dĭj] *s.* apéndice *m*

ap•pen•dec•to•my [ăp'ən-dek'tə-mē] *s.* apendectomía

ap•pen•di•ci•tis [ə-pen'dĭ-sī'tĭs] *s.* apendicitis *f*

ap•pen•dix [ə-pen'dĭks] *s.* (*pl* **es** OR **-dices**) apéndice *m*

ap•pe•tite [ăp'ĭ-tīt'] *s.* apetito, apetencia

ap•pe•tiz•er [:tī'zər] *s.* aperitivo

ap•pe•tiz•ing [:zĭng] *adj.* apetitoso, gustoso

ap•plaud [ə-plôd'] *tr.* & *intr.* aplaudir

ap•plause [ə-plôz'] *s.* aplausos

ap•ple [ăp'əl] *s.* manzana ▪ **~ tree** manzano

ap•ple sauce [:sôs'] *s.* compota de manzana

ap•pli•ance [ə-plī'əns] *s.* aparato ▪ **household ~** electrodoméstico

ap•pli•cant [ăp'lĭ-kənt] *s.* aspirante *mf*, solicitante *mf*
ap•pli•ca•tion ['-kā'shən] *s.* [act] aplicación *f*; [relevance] correspondencia, pertinencia; [diligence] esmero; [request] solicitación *f*; [form] solicitud *f*, aplicación; COMPUT aplicación *f*
ap•pli•ca•tor ['-kā'tər] *s.* aplicador *m*
ap•pli•qué [ăp'lĭ-kā'] *s.* aplicado, aplicación *f*
ap•ply [ə-plī'] *tr.* [to put on] aplicar; [to use] emplear, usar (**to** para) ▪ **to ~ oneself to** aplicarse a; (*intr.*) ser pertinente OR aplicable ▪ **to ~ for** solicitar (empleo, admisión)
ap•point [ə-point'] *tr.* [to designate] nombrar, designar; [a date] fijar, determinar
ap•point•ed [ə-poin'tĭd] *adj.* nombrado, designado
ap•point•ee [-'tē'] *s.* persona designada
ap•point•ment [ə-point'mənt] *s.* [act] nombramiento, designación *f*; [post] puesto, cargo; [date] cita, compromiso
ap•por•tion [ə-pôr'shən] *tr.* repartir, prorratear
ap•prais•al [ə-prā'zəl] *s.* evaluación *f*, tasación *f*
ap•praise [ə-prāz'] *tr.* evaluar, tasar
ap•pre•cia•ble [ə-prē'shə-bəl] *adj.* perceptible, sensible
ap•pre•cia•bly [:blē] *adv.* sensiblemente
ap•pre•ci•ate [ə-prē'shē-āt'] *tr.* [to recognize] darse cuenta de, reconocer; [to value] apreciar, estimar; [to be grateful for] agradecer; (*intr.*) valorizarse, apreciarse
ap•pre•ci•a•tion [-'-ā'shən] *s.* [recognition] apreciación *f*, reconocimiento; [gratitude] gratitud *f*; COM valorización *f*
ap•pre•cia•tive [ə-prē'shə-tĭv] *adj.* agradecido
ap•pre•hend [ăp'rĭ-hend'] *tr.* [to arrest] aprehender, arrestar; [to understand] comprender
ap•pre•hen•sion [:hen'shən] *s.* [dread] aprensión *f*; [arrest] aprehensión *f*; [understanding] comprensión *f*
ap•pre•hen•sive [:sĭv] *adj.* aprensivo
ap•pren•tice [ə-pren'tĭs] ◇ *s.* aprendiz *m* ◇ *tr.* poner de aprendiz
ap•pren•tice•ship [:shĭp'] *s.* aprendizaje *m*
ap•proach [ə-prōch'] ◇ *intr.* aproximarse, acercarse; (*tr.*) aproximarse a, acercarse a; [to make overtures to] abordar; [to take up] abordar, emprender (tarea, asunto) ◇ *s.* [act] acercamiento; [access] acceso, vía de entrada; [overture] proposición *f*, propuesta; [method] enfoque *m* (de un asunto, situación)
ap•proach•ing [ə-prō'chĭng] *adj.* [upcoming] venidero, próximo; [nearing] que se acerca
ap•pro•ba•tion [ăp'rə-bā'shən] *s.* aprobación *f*
ap•pro•pri•ate [ə-prō'prē-ĭt] ◇ *adj.* apropiado, adecuado ◇ *tr.* [:āt'] [to set apart] destinar, consignar; [to seize] apropiarse de
ap•pro•pri•a•tion [-'-ā'shən] *s.* [act] apropiación *f*; [allocation] asignación *f*
ap•prov•al [ə-prōō'vəl] *s.* aprobación *f*, sanción *f* ▪ **on ~** a prueba
ap•prove [ə-prōōv'] *tr.* [to endorse] aprobar, consentir; [to ratify] sancionar, ratificar; (*intr.*) dar su aprobación, aprobar
ap•prox•i•mate [ə-prŏk'sə-mĭt] ◇ *adj.* aproximado ◇ *tr.* & *intr.* [:māt'] aproximar(se), acercar(se)
ap•prox•i•ma•tion [-'-mā'shən] *s.* aproximación *f*
a•pri•cot [ăp'rĭ-kŏt', ā'prĭ-] *s.* albaricoque *m*
A•pril [ā'prəl] *s.* abril *m*
a•pron [ā'prən] *s.* delantal *m*; AVIA pista (delante de los hangares) ▪ **to be tied to one's mother's ~ strings** estar cosido a las faldas de la madre
ap•ro•pos [ăp'rə-pō'] ◇ *adj.* adecuado, oportuno ◇ *adv.* & *prep.* a propósito (de)
apse [ăps] *s.* ábside *m*
apt [ăpt] *adj.* [suitable] apropiado, acertado; [inclined] propenso; [bright] apto, listo
ap•ti•tude [ăp'tĭ-tōōd'] *s.* aptitud *f*, capacidad *f*
aq•ua•ma•rine [ăk'wə-mə-rēn'] *s.* (color) aguamarina
aq•ua•plane [ăk'wə-plān'] *s.* acuaplano
a•quar•i•um [ə-kwâr'ē-əm] *s.* (*pl* **s** OR **-ia**) acuario
a•quat•ic [ə-kwŏt'ĭk] *adj.* acuático, acuátil
aq•ua•tint [ăk'wə-tĭnt'] *s.* [process] acuatinta; [etching] grabado al acuatinta
aq•ue•duct [ăk'wĭ-dŭkt'] *s.* acueducto
a•que•ous [ā'kwē-əs] *adj.* acuoso, ácueo
aq•ui•cul•ture [ăk'wə-kŭl'chər] *s.* hidrocultivo
aq•ui•fer [ăk'wə-fər] *s.* acuífero
aq•ui•line [ăk'wə-līn'] *adj.* aguileño, aquilino
ar•a•besque [ăr'ə-besk'] *s.* arabesco
Ar•a•bic numeral [ăr'ə-bĭk] *s.* número arábigo
ar•a•ble [ăr'ə-bəl] *adj.* arable, cultivable
a•rach•nid [ə-răk'nĭd] *s.* arácnido
ar•bi•ter [är'bĭ-tər] *s.* árbitro
ar•bi•trar•y [:trer'ē] *adj.* arbitrario
ar•bi•tra•te [:trāt'] *tr.* & *intr.* arbitrar
ar•bi•tra•tion ['-trā'shən] *s.* arbitraje *m*
ar•bi•tra•tor ['-'tər] *s.* arbitrador *m*, árbitro
ar•bor [är'bər] *s.* enramada, pérgola
ar•bo•re•al [är-bôr'ē-əl] *adj.* arbóreo
ar•bor•vi•tae [är'bər-vī'tē] *s.* árbol *m* de la vida
arc [ärk] ◇ *s.* arco ▪ **~ lamp** lámpara de arco; **electric ~** arco voltaico ◇ *intr.* (**-c(k)-**) formar arco
ar•cade [är-kād'] *s.* arcada; [roofed passageway] galería
ar•cane [är-kān'] *adj.* arcano
arch[1] [ärch] ◇ *s.* arco ◇ *tr.* [to bend] enarcar, arquear; [to span] atravesar; (*intr.*) arquearse
arch[2] *adj.* [principal] principal; [mischievous] astuto, pícaro
ar•chae•o•log•i•cal [är'kē-ə-lŏj'ĭ-kəl] *adj.* arqueológico
ar•chae•ol•o•gist [:ŏl'ə-jĭst] *s.* arqueólogo
ar•chae•ol•o•gy [:jē] *s.* arqueología
ar•cha•ic [är-kā'ĭk] *adj.* arcaico
arch•an•gel [ärk'ān'jəl] *s.* arcángel *m*
arch•bish•op [ärch-bĭsh'əp] *s.* arzobispo
arched [ärcht] *adj.* arqueado, enarcado
arch•en•e•my [ärch-en'ə-mē] *s.* enemigo acérrimo, el mayor enemigo
arch•er [är'chər] *s.* arquero (de arco y flecha)
arch•er•y [är'chə-rē] *s.* tiro al arco
ar•che•type [är'kĭ-tīp'] *s.* arquetipo, prototipo
ar•chi•pel•a•go [är'kə-pel'ə-gō'] *s.* (*pl* **(e)s**) archipiélago
ar•chi•tect [är'kĭ-tekt'] *s.* arquitecto
ar•chi•tec•tur•al ['-tek'chər-əl] *adj.* arquitectónico
ar•chi•tec•ture [är'kĭ-tek'chər] *s.* arquitectura
ar•chive [är'kīv'] *s.* archivo
ar•chi•vist [är'kə-vĭst] *s.* archivista *mf*
arch•way [ärch'wā'] *s.* arcada, arco
arc•tic [ärk'tĭk, är'tĭk] *adj.* frígido, glacial
ar•dent [är'dnt] *adj.* ardiente, vehemente
ar•dor [är'dər] *s.* ardor *m*, pasión *f*
ar•du•ous [är'jōō-əs] *adj.* arduo, penoso

are [är] *segunda persona sing. y pl. de* **be**
ar•e•a [âr'ē-ə] *s.* área; [region] zona, región *f* ■ ~ **code** prefijo telefónico
a•re•na [ə-rē'nə] *s.* [circus ring] arena, pista; [auditorium] estadio; *fig* área, campo
aren't [ärnt, är'ənt] = **are not**
ar•gon [är'gŏn'] argón *m*, argo
ar•gu•a•ble [är'gyo͞o-ə-bəl] *adj.* discutible, disputable
ar•gue [är'gyo͞o] *tr.* [to debate] debatir; [to present] presentar; [to maintain] razonar, argumentar; [to persuade] persuadir, convencer; (*intr.*) [to debate] argumentar, argüir (en favor o en contra de algo); [to quarrel] disputar, discutir
ar•gu•ment [är'gyə-mənt] *s.* [debate] discusión *f*, debate *m*; [quarrel] pelea, disputa; [contention] razonamiento, argumento
ar•gu•men•ta•tion [:men-tā'shən] *s.* [act] argumentación *f*; [debate] debate *m*
ar•gu•men•ta•tive ['-'tə-tĭv] *adj.* discutidor
a•ri•a [ä'rē-ə] *s.* aria
ar•id [ăr'ĭd] *adj.* árido, seco
a•rise [ə-rīz'] *intr.* (**arose, -n**) [to get up] levantarse, ponerse en pie; [to ascend] ascender, elevarse; [to originate] surgir, originarse
ar•is•toc•ra•cy [ăr'ĭ-stŏk'rə-sē] *s.* aristocracia
a•ris•to•crat [ə-rĭs'tə-krăt'] *s.* aristócrata *mf*
a•ris•to•crat•ic [-'-'ĭk] *adj.* aristocrático
a•rith•me•tic [ə-rĭth'mĭ-tĭk] *s.* aritmética
ar•ith•met•ic/i•cal [ăr'ĭth-met'ĭk] *adj.* aritmético
ark [ärk] *s.* arca
arm[1] [ärm] *s.* ANAT brazo ■ ~ **in** ~ tomados del brazo; **to keep at ~'s length** mantener a distancia prudencial
arm[2] ◇ *s.* MIL arma ■ **arms race** carrera de armamentos; **to be up in arms** alzarse en armas; *fig* poner el grito en el cielo; **to bear arms** llevar las armas; **to lay down one's arms** rendir las armas ◇ *tr.* armar
ar•ma•ment [är'mə-mənt] ◇ *s.* armamento ◇ *pl.* armas, armamento
arm•band [ärm'bănd'] *s.* brazalete *m*, brazal *m*
arm•chair [:châr'] *s.* sillón *m*, butaca ■ ~ **politician** político de café
armed [ärmd] *adj.* armado ■ ~ **forces** fuerzas armadas
arm•ful [ärm'fo͝ol'] *s.* brazada
ar•mi•stice [är'mĭ-stĭs] *s.* armisticio, tregua
ar•mor [är'mər] ◇ *s.* armadura; [metal plating] blindaje *m* ■ ~ **plate** plancha de blindaje, coraza ◇ *tr.* blindar, acorazar
ar•mor•clad [:klăd'] *adj.* acorazado, blindado
ar•mored [är'mərd] *adj.* acorazado, blindado ■ ~ **vehicle** blindado *m*
ar•mor•y [är'mə-rē] *s.* [arsenal] armería, arsenal *m*; [factory] fábrica de armas
arm•pit [ärm'pĭt'] *s.* axila
ar•my [är'mē] *s.* ejército; *fig* multitud *f*
a•ro•ma [ə-rō'mə] *s.* aroma *m*, fragancia
ar•o•mat•ic [ăr'ə-măt'ĭk] *adj.* aromático
a•rose [ə-rōz'] ▷ **arise**
a•round [ə-round'] ◇ *adv.* [in all directions] por todos lados, en derredor; [in a circle] alrededor; [here and there] por aquí, por allá; [in circumference] de circunferencia ■ **all** ~ por todos lados; **the other way** ~ al contrario, al revés; **to get** ~ [person] viajar; [news] divulgarse; **to have been** ~ tener experiencia, haber corrido mundo ◇ *prep.* [about] cerca de, alrededor de; [encircling] alrededor de; [here and there] por todos lados, en torno de ■ ~ **the corner** a la vuelta de la esquina
a•round-the-clock [-'thə-klŏk'] *adj.* continuo, 24 horas al día
a•rous•al [ə-rou'zəl] *s.* despertar *m*
a•rouse [ə-rouz'] *tr.* [to awaken] despertar; [to stir up] estimular, incitar
ar•peg•gi•o [är-pej'ē-ō] *s.* arpegio
ar•raign [ə-rān'] *tr.* [before a court] citar, hacer comparecer; [to charge] denunciar, acusar
ar•raign•ment [:mənt] *s.* DER citación *f*
ar•range [ə-rānj'] *tr.* [to order] arreglar, ordenar; [to settle upon] fijar, señalar (fechas, convenios); [to plan] preparar; MÚS arreglar; (*intr.*) acordar
ar•range•ment [:mənt] ◇ *s.* arreglo; [order] disposición *f*; [agreement] convenio ◇ *pl.* planes, medidas
ar•ray [ə-rā'] ◇ *tr.* [to arrange] arreglar, disponer; [to adorn] adornar (con lujo); MIL formar ◇ *s.* [impressive display] conjunto impresionante; [attire] vestimenta lujosa; MIL orden *m* de batalla
ar•rears [ə-rîrz'] *s. pl.* ■ **to be in** ~ estar atrasado en el pago de una deuda
ar•rest [ə-rest'] ◇ *tr.* [to halt] detener, parar; [to seize] arrestar, detener; [to engage] cautivar ◇ *s.* arresto, detención *f* ■ **under** ~ detenido
ar•rest•ing [ə-res'tĭng] *adj.* llamativo, impresionante
ar•ri•val [ə-rī'vəl] *s.* llegada, arribo
ar•rive [ə-rīv'] *intr.* llegar; [by boat] arribar; *fam* tener éxito, llegar ■ **to** ~ **at** llegar a (conclusión, objetivo)
ar•ro•gance [ăr'ə-gəns] *s.* arrogancia, altivez *f*
ar•ro•gant [:gənt] *adj.* arrogante, altivo
ar•row [ăr'ō] *s.* flecha
ar•row•head [:hed'] *s.* punta de flecha
ar•row•root [:ro͞ot'] *s.* arrurruz *m*
ar•se•nal [är'sə-nəl] *s.* arsenal *m*
ar•se•nic [är'sə-nĭk] *s.* & *adj.* arsénico
ar•son [är'sən] *s.* incendio premeditado
ar•son•ist [är'sə-nĭst] *s.* incendiario
art [ärt] *s.* arte *m*; [skill] destreza, técnica ■ **fine arts** bellas artes
ar•ter•y [är'tə-rē] *s.* arteria
art•ful [ärt'fəl] *adj.* [skillful] ingenioso, diestro; [clever] artificioso; [deceitful] mañoso
ar•thrit•ic [är-thrĭt'ĭk] *adj.* & *s.* artrítico
ar•thri•tis [är-thrī'tĭs] *s.* artritis *f*
ar•thros•co•py [är-thrŏs'kō-pē] *s.* artroscopia *f*
ar•ti•choke [är'tĭ-chōk'] *s.* alcachofa
ar•ti•cle [är'tĭ-kəl] *s.* artículo; [of a document] cláusula ■ ~ **of clothing** prenda de vestir; **articles and conditions** COM pliego de condiciones; **articles of incorporation** COM estatutos de una sociedad anónima
ar•tic•u•late [är-tĭk'yə-lĭt] ◇ *adj.* [speaking] que habla; [distinct] articulado; [well-expressed] inteligible, claro; BIOL articulado ◇ *tr.* [:lāt'] [to enunciate] articular, enunciar; [to form a joint] articular
ar•ti•fact [är'tə-făkt'] *s.* artefacto
ar•ti•fice [är'tə-fĭs] *s.* artificio; [trickery] engaño
ar•ti•fi•cial ['-fĭsh'əl] *adj.* artificial ■ ~ **insemination** fecundación artificial, fecundación asistida; ~ **intelligence** inteligencia artificial
ar•til•ler•y [är-tĭl'ə-rē] *s.* artillería
ar•ti•san [är'tĭ-zən] *s.* artesano, artífice *mf*

A

art•ist [är'tĭst] *s.* artista *mf*
ar•tis•tic [är-tĭs'tĭk] *adj.* artístico
art•ist•ry [är'tĭ-strē] *s.* arte *mf*, talento artístico
art•less [ärt'lĭs] *adj.* [naive] sencillo, ingenuo; [natural] natural; [crude] desmañado, torpe
Ar•y•an [âr'ē-ən] *adj.* & *s.* ario
as [ăz, əz] <> *adv.* [equally] tan, así de; [for example] (tal) como ▪ **as ... as** tan ... como; **as strong as an ox** tan fuerte como un buey; **as far as I'm concerned** en cuanto a mí respecta; **as far as I know** que yo sepa <> *conj.* [to the same degree] igual que, como; **sweet as sugar** dulce como el azúcar; [while] mientras; [because] ya que, porque ▪ **as from** a partir de; **as if** como si; **as if to** como para; **as it were** por así decirlo; **as long as** [since] desde que; [on the condition that] siempre y cuando; [while] mientras; **as to** en cuanto a; **as yet** hasta ahora <> *prep.* como ▪ **as a rule** por regla general; **as for** en cuanto a <> *pron.* [which] que; **do the same things as I do** haz las mismas cosas que yo hago; [a fact that] como; **she is very careful, as her work shows** ella es muy cuidadosa, como lo demuestra su trabajo
as•bes•tos [ăs-bes'təs] *s.* asbesto, amianto ▪ ~ **cement** fibrocemento
as•cend [ə-send'] *intr.* [to rise] elevarse, remontarse; [to slope upward] ascender, subir; (*tr.*) [to climb] subir (escalera, montaña); [the throne] subir a, ascender a
as•cen•dance/ence [ə-sen'dəns] *s.* ascendiente *m*, predominio
as•cen•dant/ent [:dənt] *adj.* ascendiente
as•cend•ing [:dĭng] *adj.* ascendente
as•cen•sion [:shən] *s.* ascensión *f*
as•cent [ə-sent'] *s.* [act] subida, ascensión *f*; [in rank] ascenso; [upward slope] cuesta
as•cer•tain [ăs'ər-tān'] *tr.* determinar
as•cet•ic [ə-set'ĭk] <> *s.* asceta *mf* <> *adj.* ascético
as•cribe [ə-skrīb'] *tr.* atribuir, imputar
a•sep•tic [ə-sep'tĭk] *adj.* aséptico
ash[1] [ăsh] *s.* [from fire] ceniza
ash[2] *s.* BOT fresno
a•shamed [ə-shāmd'] *adj.* avergonzado ▪ **to be** ~ tener vergüenza
ash•en [ăsh'ən] *adj.* pálido, ceniciento
a•shore [ə-shôr'] *adv.* a OR en tierra ▪ **to go** ~ bajar a tierra, desembarcar
ash•tray [ăsh'trā'] *s.* cenicero
a•side [ə-sīd'] <> *adv.* [to one side] al lado, a un lado; **step** ~ hágase a un lado; [apart] de lado, aparte; **joking** ~ bromas aparte ▪ ~ **from** aparte de <> *s.* TEAT aparte *m*; [digression] digresión *f*
as•i•nine [ăs'ə-nīn'] *adj.* estúpido, necio
ask [ăsk] *tr.* preguntar; **he asked me my age** me preguntó mi edad; [to request] solicitar, pedir; [to demand] exigir; [to invite] invitar ▪ **to** ~ **a favor** pedir un favor; **to** ~ **a question** hacer una pregunta; (*intr.*) preguntar (**about, after** por) ▪ **to** ~ **for** pedir; **to** ~ **for it** *fam* buscársela; **it can be had for the asking** basta pedirlo para conseguirlo
a•skance [ə-skăns'] *adv.* [sidewise] de reojo, de soslayo; [with suspicion] con recelo
a•skew [ə-skyōō'] <> *adj.* ladeado, torcido <> *adv.* oblicuamente, sesgadamente
a•sleep [ə-slēp'] *adj.* dormido; [inactive] inactivo; [numb] adormecido ▪ **to fall** ~ dormirse, quedarse dormido
asp [ăsp] *s.* áspid *m*, áspide *m*
as•par•a•gus [ə-spăr'ə-gəs] *s.* espárragos
as•pect [ăs'pekt'] *s.* aspecto
as•pen [ăs'pən] *s.* álamo temblón
as•per•sion [ə-spûr'zhən] *s.* calumnia
as•phalt [ăs'fôlt'] <> *s.* asfalto <> *tr.* asfaltar
as•phyx•i•ate [ăs-fĭk'sē-āt] *tr.* & *intr.* asfixiar(se), sofocar(se)
as•phyx•i•a•tion [-'-ā'shən] *s.* asfixia
as•pic [ăs'pĭk] *s.* gelatina (de carne o tomate)
as•pi•rant [ăs'pər-ənt] *s.* aspirante *mf*
as•pi•rate [ăs'pə-rāt'] <> *tr.* aspirar <> *s.* [:pər-ĭt] aspiración *f*
as•pi•ra•tion [ăs'pə-rā'shən] *s.* aspiración *f*
as•pire [ə-spīr'] *intr.* aspirar, ambicionar
as•pi•rin [ăs'pər-ĭn] *s.* aspirina
ass [ăs] *s.* asno, burro; [fool] tonto, imbécil *mf*
as•sail [ə-sāl'] *tr.* asaltar, atacar
as•sail•ant [ə-sā'lənt] *s.* asaltante *mf*
as•sas•sin [ə-săs'ĭn] *s.* asesino
as•sas•si•nate [:ə-nāt'] *tr.* asesinar
as•sas•si•na•tion [-'-nā'shən] *s.* asesinato
as•sault [ə-sôlt'] <> *s.* asalto, ataque *m* ▪ ~ **and battery** asalto y agresión <> *tr.* & *intr.* asaltar, atacar
as•say <> *s.* [ăs'ā'] ensaye *m* <> *tr.* [ă-sā'] ensayar (metales o aleación)
as•sem•ble [ə-sem'bəl] *tr.* [to gather] congregar, reunir; MEC armar, montar; (*intr.*) congregarse, reunirse
a•ssem•bler [:blər] *s.* COMPUT ensamblador *m*
as•sem•bly [:blē] *s.* [meeting] asamblea, congreso; MEC montaje *m*; MIL asamblea ▪ ~ **language** lenguaje ensamblador; ~ **line** cadena de montaje
as•sent [ə-sent'] <> *intr.* asentir, convenir <> *s.* asentimiento, aprobación *f*
as•sert [ə-sûrt'] *tr.* [to declare] afirmar; [one's right] mantener, hacer valer ▪ **to** ~ **oneself** imponerse, hacerse valer
as•ser•tion [ə-sûr'shən] *s.* afirmación *f*
as•ser•tive [:tĭv] *adj.* firme, enérgico
as•sess [ə-ses'] *tr.* [to appraise] avaluar, tasar (**at** en); [to levy] gravar, multar; [to evaluate] evaluar, juzgar
as•sess•ment [:mənt] *s.* [appraisal] avaluación *f*, tasación *f*; [amount assessed] tasa
as•ses•sor [:ər] *s.* tasador *m* (de impuestos)
as•set [ăs'et'] <> *s.* [item] posesión *f*, bien *m*; [advantage] ventaja <> *pl.* bienes, activo
as•sid•u•ous [ə-sĭj'ōō-əs] *adj.* asiduo
as•sign [ə-sīn'] *tr.* asignar; [to ascribe] atribuir; DER transferir, traspasar
as•sig•na•tion [ăs'ĭg-nā'shən] *s.* asignación *f*; [date] cita (amorosa)
as•sign•ment [ə-sīn'mənt] *s.* [act] asignación *f*; [task] tarea, deber *m*; [position] puesto
as•sim•i•late [ə-sĭm'ə-lāt'] *tr.* & *intr.* asimilar(se)
as•sim•i•la•tion [-'-lā'shən] *s.* asimilación *f*
as•sist [ə-sĭst'] <> *tr.* & *intr.* asistir, auxiliar <> *s.* ayuda, auxilio
as•sis•tance [ə-sĭs'təns] *s.* asistencia, ayuda ▪ **to be of** ~ **to** ayudar a
as•sis•tant [:tənt] *s.* & *adj.* ayudante *mf*, auxiliar *m*
as•so•ci•ate [ə-sō'shē-āt', -sē-] <> *tr.* & *intr.* asociar(se) ▪ **to** ~ **with someone** juntarse OR tratarse con alguien <> *s.* [:ĭt] [partner] socio, consocio; [companion] compañero <> *adj.* [:ĭt] asociado, adjunto

as•so•ci•a•tion [-ˊ-āˊshən] *s.* asociación *f*
as•so•nance [ăsˊə-nəns] *s.* asonancia
as•sort [ə-sôrtˊ] *tr.* clasificar, ordenar
as•sort•ed [ə-sôrˊtĭd] *adj.* surtido, variado
as•sort•ment [ə-sôrtˊmənt] *s.* surtido, colección variada
as•suage [ə-swājˊ] *tr.* [to ease] aliviar, mitigar; [to satisfy] satisfacer, saciar
as•sume [ə-so͞omˊ] *tr.* asumir; [to presume] suponer; [to arrogate] arrogarse (un derecho); [to feign] fingir, simular
as•sumed [ə-so͞omdˊ] *adj.* [feigned] simulado, fingido; [taken for granted] supuesto, presunto
as•sum•ing [ə-so͞oˊmĭng] *adj.* pretensioso
as•sump•tion [ə-sŭmpˊshən] *s.* [act] asunción *f*; [supposition] suposición *f*
as•sur•ance [ə-sho͝orˊəns] *s.* [guarantee] garantía, promesa; [certainty] certeza, seguridad *f*; [self-confidence] aplomo
as•sure [ə-sho͝orˊ] *tr.* asegurar; [to reassure] tranquilizar; [to ensure] garantizar
as•sured [ə-sho͝ordˊ] *adj.* [sure] seguro, cierto; [self-confident] seguro (de sí mismo)
as•ter•isk [ăsˊtə-rĭskˊ] *s.* asterisco
a•stern [ə-stûrnˊ] *adv.* a OR de popa
as•ter•oid [ăsˊtə-roidˊ] *s.* asteroide *m*
asth•ma [ăzˊmə] *s.* asma
asth•mat•ic [ăz-mătˊĭk] *adj.* & *s.* asmático
as•tig•mat•ic [ăsˊtĭg-mătˊĭk] *adj.* astigmático
a•stir [ə-stûrˊ] *adj.* [moving about] activo, en movimiento; [out of bed] levantado
a•ston•ish [ə-stŏnˊĭsh] *tr.* asombrar
a•ston•ish•ing [:ĭ-shĭng] *adj.* asombroso
a•ston•ish•ment [:ĭsh-mənt] *s.* asombro
a•stound [ə-stoundˊ] *tr.* maravillar, asombrar
a•stray [ə-strāˊ] *adv.* por mal camino ▪ **to go** ~ extraviarse; **to lead** ~ descarriar
a•stride [ə-strīdˊ] *adv.* & *prep.* a horcajadas (sobre)
as•trin•gent [ə-strĭnˊjənt] <> *adj.* MED astringente; [harsh] áspero <> *s.* astringente *m*
as•trol•o•ger [ə-strŏlˊə-jər] *s.* astrólogo
as•tro•log•ic/i•cal [ăsˊtrə-lŏjˊĭk] *adj.* astrológico
as•trol•o•gy [ə-strŏlˊə-jē] *s.* astrología
as•tro•naut [ăsˊtrə-nôtˊ] *s.* astronauta *mf*
as•tron•o•mer [ə-strŏnˊə-mər] *s.* astrónomo
as•tro•nom•ic/i•cal [ăsˊtrə-nŏmˊĭk] *adj.* astronómico
as•tron•o•my [ə-strŏnˊə-mē] *s.* astronomía
as•tro•phys•ics [asˊtrō-fĭzˊĭks] *s.sg.* astrofísica
as•tute [ə-sto͞otˊ] *adj.* astuto, sagaz
a•sun•der [ə-sŭnˊdər] *adv.* en pedazos, en dos
a•sy•lum [ə-sīˊləm] *s.* asilo
a•sym•me•try [ā-sĭmˊĭ-trē] *s.* asimetría
at [ăt, ət] *prep.* en; **at right angles** en ángulo recto; a; **at noon** al mediodía; por; **to be angry at something** estar enfadado por algo; de; **don't laugh at me!** ¡no te rías de mí!; en casa de; **I'll be at Roberto's** estaré en casa de Roberto ▪ ~ **symbol** COMPUT arroba *f*
at•a•vis•tic [ˊ-vĭsˊtĭk] *adj.* atávico
ate [āt] ▻ **eat**
a•the•ism [āˊthē-ĭzˊəm] *s.* ateísmo
a•the•ist [:ĭst] *s.* ateo
ath•lete [ăthˊlētˊ] *s.* atleta *mf* ▪ **~'s foot** pie de atleta
ath•let•ic [ăth-letˊĭk] *adj.* atlético ▪ **athletics** (*s.sg.*) atletismo
at•las [ătˊləs] *s.* atlas *m*
at•mos•phere [ătˊmə-sfîrˊ] *s.* atmósfera
at•mos•pher•ic [ˊ-ˊĭk] *adj.* atmosférico
a•toll [ătˊôlˊ, āˊtôlˊ] *s.* atolón *m*
at•om [ătˊəm] *s.* átomo ▪ ~ **bomb** bomba atómica
a•tom•ic [ə-tŏmˊĭk] *adj.* atómico
at•om•iz•er [:mīˊzər] *s.* atomizador *m*
a•to•nal [ā-tōˊnəl] *adj.* atonal
a•tone [ə-tōnˊ] *intr.* ▪ **to** ~ **for something** expiar algo, dar reparación por algo
a•tone•ment [:mənt] *s.* expiación *f*, reparación *f*
a•tri•um [āˊtrē-əm] *s.* (*pl* **s** OR **-ia**) atrio
a•tro•cious [ə-trōˊshəs] *adj.* atroz, abominable
a•troc•i•ty [ə-trŏsˊĭ-tē] *s.* atrocidad *f*
at•ro•phy [ătˊrə-fē] <> *s.* atrofia <> *tr.* & *intr.* atrofiar(se)
at•tach [ə-tăchˊ] *tr.* [to fasten] ligar, sujetar; [to bond] unir, pegar; [to ascribe] dar, atribuir (importancia, significado); DER incautarse de; COMPUT adjuntar
at•ta•ché [ătˊə-shāˊ] *s.* agregado ▪ ~ **case** portafolio, maletín
at•tached [ə-tăchtˊ] *adj.* [fastened] adherido, adjunto ▪ ~ **to** [fond of] encariñado con, apegado a
at•tach•ment [ə-tăchˊmənt] *s.* [act] unión *f*; [extra part] accesorio; [affection] afición *f*; MEC acoplamiento; DER incautación *f*; COMPUT anexo, archivo adjunto
at•tack [ə-tăkˊ] <> *tr.* atacar, agredir; *fig* acometer (tarea, problema); (*intr.*) atacar <> *s.* ataque *m*, agresión *f*
at•tack•er [:ər] *s.* agresor *m*, asaltante *mf*
at•tain [ə-tānˊ] *tr.* [to accomplish] lograr, conseguir; [to arrive at] llegar a, alcanzar
at•tain•a•ble [ə-tāˊnə-bəl] *adj.* lograble, alcanzable
at•tain•ment [:mənt] *s.* logro, realización *f*
at•tempt [ə-temptˊ] <> *tr.* intentar, tratar de <> *s.* [try] intento, prueba; [attack] atentado
at•tend [ə-tendˊ] *tr.* [to go to] asistir a; [to accompany] acompañar; [to wait upon] asistir, servir; [to take care of] atender, cuidar ▪ **to** ~ **to** ocuparse de
at•ten•dance [ə-tenˊdəns] *s.* asistencia, concurrencia
at•ten•dant [:dənt] <> *s.* asistente *m*, mozo <> *adj.* concomitante, concurrente
at•ten•tion [ə-tenˊshən] <> *s.* atención *f*; [attentiveness] cuidado ▪ ~**!** MIL ¡firmes!; **to pay** ~ **(to)** prestar atención (a) <> *pl.* cortesías, atenciones
at•ten•tive [:tĭv] *adj.* atento
at•ten•u•ate [ə-tenˊyo͞o-ātˊ] *tr.* & *intr.* atenuar(se), disminuir(se)
at•test [ə-testˊ] *tr.* atestiguar; (*intr.*) ▪ **to** ~ **to** dar fe de
at•tes•ta•tion [ătˊe-stāˊshən] *s.* atestación *f*
at•tic [ătˊĭk] *s.* desván *m*
at•tire [ə-tīrˊ] <> *tr.* ataviar, vestir <> *s.* atavío
at•ti•tude [ătˊĭ-to͞odˊ] *s.* actitud *f*
at•tor•ney [ə-tûrˊnē] *s.* abogado, apoderado ▪ ~ **general** fiscal OR procurador general
at•tract [ə-trăkt] *tr.* & *intr.* atraer
at•trac•tion [ə-trăkˊshən] *s.* atracción *f*; [allure] atractivo
at•trac•tive [:tĭv] *adj.* atractivo, atrayente
at•trib•ute [ə-trĭbˊyo͞ot] <> *tr.* atribuir <> *s.* [ătˊ-rə-byo͞otˊ] atributo
at•tri•tion [ə-trĭshˊən] *s.* bajas naturales, reducción *f* (en el número del personal por retiro, renuncia, etc.)
at•tune [ə-to͞onˊ] *tr.* adaptar, armonizar

a•typ•i•cal [ā-tĭp'ĭ-kəl] *adj.* anormal, irregular
au•burn [ô'bərn] *adj.* castaño
auc•tion [ôk'shən] ◊ *s.* subasta, remate *m* ◊ *tr.* subastar, rematar
auc•tion•eer [ôk'shə-nîr'] *s.* subastador *m*
au•da•cious [ô-dā'shəs] *adj.* [bold] audaz; [insolent] atrevido, descarado
au•dac•i•ty [ô-dăs'ĭ-tē] *s.* [boldness] audacia; [insolence] atrevimiento, descaro
au•di•ble [ô'də-bəl] *adj.* audible, oíble
au•di•ence [ô'dē-əns] *s.* [public] auditorio, público; [formal hearing] audiencia
au•di•o [ô'dē-ō'] *adj.* de audio ■ ~ **frequency** audiofrecuencia
au•di•o•vi•su•al [:vĭzh'o͞o-əl] *adj.* audiovisual ■ ~ **aids** material audiovisual
au•dit [ô'dĭt] ◊ *s.* intervención *f* (de cuentas) ◊ *tr.* intervenir
au•di•tion [ô-dĭsh'ən] ◊ *s.* audición *f* ◊ *tr.* dar audición a; (*intr.*) actuar en una audición
au•di•tor [:tər] *s.* COM auditor *m*, interventor *m*; EDUC alumno libre
au•di•to•ri•um [ô'dĭ-tôr'ē-əm] *s.* auditorio
au•ger [ô'gər] *s.* barrena
aught [ôt] *s.* cero
aug•ment [ôg-ment'] *tr.* & *intr.* aumentar(se)
aug•men•ta•tion [ôg'men-tā'shən] *s.* aumento
au•gur [ô'gər] ◊ *s.* adivino ◊ *tr.* & *intr.* augurar ■ **to ~ ill/well** ser de mal/bien agüero
au•gu•ry [ô'gyə-rē] *s.* augurio
au•gust [ô-gŭst'] *adj.* augusto
Au•gust [ô'gəst] *s.* agosto
aunt [ănt, änt] *s.* tía
au•ra [ôr'ə] *s.* aura
au•ral [ôr'əl] *adj.* auricular
au•ri•cle [ôr'ĭ-kəl] *s.* aurícula
au•ro•ra [ə-rôr'ə] *s.* aurora
aus•pice [ô'spĭs] *s.* auspicio ■ **under the auspices of** bajo los auspicios de
aus•pi•cious [ô-spĭsh'əs] *adj.* propicio, favorable
aus•tere [ô-stîr'] *adj.* austero
aus•ter•i•ty [ô-ster'ĭ-tē] *s.* austeridad *f*
au•then•tic [ô-then'tĭk] *adj.* auténtico
au•then•ti•cate [:tĭ-kāt'] *tr.* autenticar
au•then•ti•ca•tion [:tĭ-kā'shən] *s.* autentificación *f*
au•then•tic•i•ty ['-tĭs'ĭ-tē] *s.* autenticidad *f*
au•thor [ô'thər] ◊ *s.* autor *m* ◊ *tr.* escribir
au•thor•i•tar•i•an [ə-thôr'ĭ-târ'ē-ən] *adj.* & *s.* autoritario
au•thor•i•ta•tive [ə-thôr'ĭ-tā'tĭv] *adj.* [official] autorizado; [imperious] autoritario
au•thor•i•ty [:ĭ-tē] *s.* autoridad *f* ■ **on good ~** de buena tinta
au•thor•i•za•tion [ô'thər-ĭ-zā'shən] *s.* autorización *f*, permiso
au•thor•ize [ô'thə-rīz'] *tr.* autorizar
au•thor•ized [:rīzd] *adj.* autorizado
au•thor•ship [ô'thər-shĭp'] *s.* paternidad literaria
au•tism [ô'tĭz'əm] *s.* autismo
au•to [ô'tō] *s. fam* automóvil *m*, auto
au•to•bi•o•graph•ic/i•cal [ô'tō-bī'ə-grăf'ĭk] *adj.* autobiográfico
au•to•bi•og•ra•phy ['-ŏg'rə-fē] *s.* autobiografía
au•toc•ra•cy [ô-tŏk'rə-sē] *s.* autocracia
au•to•crat [ô'tə-krăt'] *s.* autócrata *mf*
au•to•crat•ic ['-'ĭk] *adj.* autocrático
au•to•di•dact [ô'tō-dī'dăkt] *s.* autodidacto
au•to•graph [ô'tə-grăf'] ◊ *s.* autógrafo ◊ *tr.* autografiar
au•to•im•mune [ô'tō-ĭ-myo͞on'] *adj.* autoinmune
au•to•load•ing [:lō'dĭng] *adj.* semiautomático
au•to•mate [ô'tə-māt'] *tr.* automatizar
au•to•mat•ic ['-măt'ĭk] ◊ *adj.* automático ■ ~ **rifle** fusil ametrallador ◊ *s.* arma automática
au•to•ma•tion [:mā'shən] *s.* automación *f*, automatización *f*
au•tom•a•tize [ô-tŏm'ə-tīz'] *tr.* automatizar
au•tom•a•ton [:tən] *s.* (*pl* **s** OR **-ta**) autómata *mf*
au•to•mo•bile [ô'tə-mō-bēl'] *s.* automóvil *m*
au•to•mo•tive ['-'tĭv] *adj.* automotor, automotriz; [industry] automovilístico
au•ton•o•mous [ô-tŏn'ə-məs] *adj.* autónomo
au•ton•o•my [:mē] *s.* autonomía
au•top•sy [ô'tŏp'sē] *s.* autopsia
auto•save [ô'tə-sāv'] *s.* COMPUT autoguardado *m*
au•tumn [ô'təm] *s.* otoño
au•tum•nal [ô-tŭm'nəl] *adj.* otoñal, de otoño
aux•il•ia•ry [ôg-zĭl'yə-rē] ◊ *adj.* auxiliar ◊ *s.* [assistant] auxiliar *mf*, asistente *mf*; [group] grupo auxiliar
a•vail [ə-vāl'] ◊ *tr.* beneficiar ■ **to ~ oneself of** aprovecharse de, valerse de ◊ *s.* ■ **of** OR **to no ~** en vano
a•vail•a•bil•i•ty [ə-vā'lə-bĭl'ĭ-tē] *s.* disponibilidad *f*
a•vail•a•ble [-'-bəl] *adj.* [obtainable] obtenible; [at hand] disponible ■ **to make ~ to** poner a la disposición de
av•a•lanche [ăv'ə-lănch'] *s.* avalancha
a•vant-garde [ä'vänt-gärd'] *adj.* & *s.* (de) vanguardia
av•a•rice [ăv'ər-ĭs] *s.* avaricia, codicia
av•a•ri•cious [ăv'ə-rĭsh'əs] *adj.* avaricioso
a•venge [ə-venj'] *tr.* & *intr.* vengar(se)
a•veng•er [ə-ven'jər] *s.* vengador *m*
av•e•nue [ăv'ə-no͞o'] *s.* avenida; *fig* medios, camino
a•ver [ə-vûr'] *tr.* (**-rr-**) afirmar, declarar
av•er•age [ăv'ər-ĭj] ◊ *s.* promedio, media ■ **on ~** por término medio, como promedio ◊ *adj.* (de término) medio; ~ **cost** costo medio; [ordinary] regular ◊ *tr.* [to compute] calcular el promedio de; [to obtain] alcanzar un promedio de; [to prorate] prorratear
a•verse [ə-vûrs'] *adj.* opuesto, contrario ■ **to be ~ to** oponerse a
a•ver•sion [ə-vûr'zhən] *s.* aversión *f*
a•vert [ə-vûrt'] *tr.* [to turn away] desviar, apartar (mirada); [to prevent] prevenir (peligro)
a•vi•ar•y [ā'vē-er'ē] *s.* pajarera
a•vi•a•tion [ā'vē-ā'shən] *s.* aviación *f*
a•vi•a•tor ['-'tər] *s.* aviador *m*
av•id [ăv'ĭd] *adj.* ávido; [ardent] entusiasta
av•o•ca•do [ăv'ə-kä'dō] *s.* aguacate *m*, palta
av•o•ca•tion [ăv'ō-kā'shən] *s.* pasatiempo
a•void [ə-void'] *tr.* evitar
a•void•a•ble [ə-voi'də-bəl] *adj.* evitable
a•void•ance [ə-void'ns] *s.* evitación *f*
a•vow [ə-vou'] *tr.* reconocer, confesar
a•vowed [ə-voud'] *adj.* reconocido, declarado
a•vun•cu•lar [ə-vŭng'kyə-lər] *adj.* avuncular
a•wait [ə-wāt'] *tr.* & *intr.* esperar, aguardar
a•wake [ə-wāk'] ◊ *tr.* & *intr.* (**awoke** OR **-d**, **awoken**) despertar(se) ◊ *adj.* despierto

a•wak•en [ə-wā′kən] *tr.* & *intr.* despertar(se)
a•wak•en•ing [:kə-nĭng] *s.* despertar *m*
a•ward [ə-wôrd′] <> *tr.* [to bestow] premiar; [legally] adjudicar <> *s.* [prize] premio, recompensa; [decision] decisión *f*, adjudicación *f*
a•ware [ə-wâr′] *adj.* consciente ▪ **to be ~ of** OR **that** tener conciencia de OR que; **to become ~ of** enterarse de
a•ware•ness [:nĭs] *s.* conciencia, conocimiento
a•wash [ə-wŏsh′] *adj.* & *adv.* inundado
a•way [ə-wā′] <> *adv.* lejos, a; **a house two miles ~ from here** una casa a dos millas de aquí; [continuously] sin parar; **to fire ~** disparar sin parar; [aside] en el sentido opuesto ▪ **far ~** lejos; **right ~** inmediatamente <> *adj.* [absent] ausente, fuera; **she's ~ from home** está fuera de la casa; [at a distance] distante, lejano
awe [ô] <> *s.* temor *m* OR admiración *f* reverente ▪ **to stand in ~ of** temer a, admirar a <> *tr.* sobrecoger
awe•some [ô′səm] *adj.* imponente, asombroso
awe•struck/strick•en [strĭk′ən] *adj.* pasmado, asombrado
aw•ful [ô′fəl] *adj.* [terrible] pavoroso; [atrocious] atroz, horrible; [great] enorme, tremendo
aw•ful•ly [ô′fə-lē] *adv.* [atrociously] horriblemente, muy mal; [very] muchísimo, muy
a•while [ə-hwīl′] *adv.* un rato, algún tiempo
awk•ward [ôk′wərd] *adj.* [clumsy] torpe, desmañado; [embarrassing] embarazoso; [situation] delicado, difícil; [shape] inconveniente, difícil de manejar
awk•ward•ness [:nĭs] *s.* [clumsiness] torpeza; [embarrassment] desconcierto
awl [ôl] *s.* lezna, punzón *m*
awn•ing [ô′nĭng] *s.* toldo
a•woke [ə-wōk′] ▻ **awake**
a•wry [ə-rī′] *adv.* de soslayo ▪ **to go ~** salir mal
ax(e) [ăks] <> *s.* hacha ▪ **to get the ~** *jer* ser despedido; **to have an ~ to grind** *fam* tener intereses personales <> *tr.* cortar (con hacha)
ax•i•om [ăk′sē-əm] *s.* axioma
ax•i•o•mat•ic/i•cal [′-ə-măt′ĭk] *adj.* axiomático
ax•is [ăk′sĭs] *s.* (*pl* **axes**) eje *m*
ax•le [ăk′səl] *s.* eje *m*, árbol *m*
a•ya•tol•lah [ī′ə-tō′lə] *s.* RELIG ayatola *m*
ay(e) [ī] <> *s.* (*pl* **es**) voto a favor ▪ **the ayes** los que votan a favor <> *adv.* sí
az•ure [ăzh′ər] *adj.* & *s.* azul *m* celeste

B

b, B [bē] *s.* segunda letra del alfabeto inglés; MÚS si *m*
baa [bă, bä] <> *intr.* balar <> *s.* balido
bab•ble [băb′əl] <> *intr.* [to prattle] barbotar; [to chatter] parlotear; [a brook] murmurar, susurrar <> *s.* [prattle] barboteo; [chatter] parloteo; [murmur] murmullo
babe [bāb] *s.* bebé *m*; *jer* [girl] bebé, nena
ba•boon [bă-bo͞on′] *s.* babuino
ba•by [bā′bē] <> *s.* [infant] bebé *m*, nene *m*; [childish person] niño; *jer* [girl] bebé, nena ▪ **~ brother/sister** hermanito/hermanita; **~ carriage** cochecito de niños; **~ talk** balbuceo <> *tr.* mimar, consentir
ba•by•hood [:ho͝od′] *s.* (primera) infancia, niñez *f*
ba•by•ish [:ĭsh] *adj.* infantil, de niño
ba•by-sit [:sĭt′] *intr.* (**-sat, -tting**) cuidar niños
bach•e•lor [băch′ə-lər] *s.* soltero; EDUC [degree] licenciatura; [graduate] licenciado *m*
bach•e•lor's-but•ton [băch′ə-lərz-bŭt′n] *s.* aciano
back [băk] <> *s.* [of person] espalda; [of animal] lomo, espinazo; [reverse side] envés *m*, revés *m*; [of coin, check] dorso, reverso; [of chair] respaldo; [of room, house] fondo; DEP defensa, zaga ▪ **~ to ~** uno detrás del otro; **behind someone's ~** a espaldas de alguien; **on one's ~** postrado, en cama; **with one's ~ to the wall** entre la espada y la pared <> *adv.* atrás, hacia atrás ▪ **as far ~ as** ya en; **~ and forth** de acá para allá; **in ~ of** detrás de, tras de; **to be ~** estar de vuelta; **to go** OR **come ~** volver, regresar; **to go ~ on one's word** desdecirse, faltar a la palabra; **years ~** años atrás, hace años <> *adj.* [in the rear] de atrás, posterior; [remote] lejano; [overdue] atrasado ▪ **~ door/stairs** puerta/escalera de servicio; **~ talk** impertinencia(s); **~ yard** traspatio; **to take a ~ seat** pasar al segundo plano <> *tr.* mover hacia atrás; [vehicle] dar marcha atrás a; [to support] respaldar, apoyar ▪ **to ~ up** [vehicle] dar marcha atrás; [drain] atascar(se); [to support] respaldar; [to justify] justificar con pruebas; [to guarantee] respaldar (fondos); (*intr.*) moverse hacia atrás, retroceder ▪ **to ~ away** alejarse retrocediendo; **to ~ down** ceder, echarse atrás; **to ~ out** retractarse, volverse atrás; **to ~ up** OR **off** retroceder
back•ache [′āk′] *s.* dolor *m* de espalda
back•bit•ing [:bī-tĭng] *s.* calumnia, murmuración *f*
back•bone [:bōn′] *s.* [spine] espinazo, columna vertebral; *fig* carácter *m*, firmeza; COMPUT red troncal
back•break•ing [:brā′kĭng] *adj.* agobiador
back•date [:dāt′] *tr.* antedatar
back•drop [:drŏp′] *s.* telón *m* de fondo
back•er [:ər] *s.* patrocinador *m*, promotor *m*
back•fire [:fīr′] <> *s.* petardeo <> *intr.* AUTO petardear; [scheme] salir al revés
back•gam•mon [:găm′ən] *s.* backgammon *m*
back•ground [:ground′] *s.* fondo, trasfondo; [of events] antecedentes *m*; [experience] experiencia
back•hand [:hănd′] *adv.* & *s.* (de) revés *m*
back•hand•ed [:hăn′dĭd] *adj.* ambiguo
back•ing [:ĭng] *s.* respaldo (moral, económico)
back•lash [:lăsh′] *s.* [motion] contragolpe *m*, sacudida; [reaction] reacción *f*
back•lit [:lĭt′] *adj.* retroiluminado
back•log [:lôg′] *s.* acumulación *f* (de trabajo, pedidos)
back•pack [:păk′] *s.* mochila
back•rest [:rest′] *s.* respaldo (de un asiento)
back•side [:sīd′] *s.* *fam* trasero, nalgas
back•slide [:slīd′] *intr.* (**-slid, -slid(den)**) reincidir (en el pecado, delito)
back•space [:spās′] *intr.* retroceder (al escribir a máquina)
back•stage [:stāj′] *adv.* entre bastidores
back•stair(s) [:stâr[z]′] *adj.* furtivo
back•stitch [:stĭch′] <> *s.* pespunte *m* <> *tr.* pespuntear
back•stop [:stŏp′] *s.* red OR valla para retener la pelota
back•stretch [:strech′] *s.* pista opuesta a la recta final

back•stroke [:strōk'] *s.* [backhand] revés *m*; [in swimming] brazada de espalda
back•track [:trăk'] *intr.* volverse atrás
back•up [:ŭp'] ◇ *s.* [reserve] reserva; [substitute] suplente *mf*; [support] respaldo; [clog] atascamiento; COMPUT copia de seguridad; MÚS acompañamiento ◇ *adj.* suplente, de reserva
back•ward [:wərd] ◇ *adv.* (OR **-wards**) hacia OR para atrás; **to look** ~ mirar para atrás; de espaldas; **to fall** ~ caerse de espaldas; al revés, al contrario; **they do everything** ~ lo hacen todo al revés ▪ **to know backwards and forwards** saberse al dedillo ◇ *adj.* hacia atrás; **a** ~ **look** una mirada hacia atrás; [motion] de retroceso; [reverse] al revés, inverso; [unprogressive] atrasado (país, época)
back•ward•ness [:wərd-nĭs] *s.* atraso, retraso
back•wa•ter [:wô'tər] *s.* [water] agua estancada; [place] lugar atrasado
back•woods [:wŏŏdz'] *s. pl.* monte *m*, selva
ba•con [bā'kən] *s.* tocino ▪ **to bring home the** ~ *fam* ganar el pan
bac•te•ri•a [băk-tîr'ē-ə] ▷ **bacterium**
bac•te•rial [:ē-əl] *adj.* bacteriano
bac•te•rio•log•i•cal [băk-tîr'ē-ə-lŏj'-kəl] *adj.* bacteriológico ▪ ~ **weapon** arma bacteriológica
bac•te•ri•um [:ē-əm] *s.* (*pl* **-ria**) bacteria
bad [băd] (**worse, worst**) ◇ *adj.* malo; [shoddy] inferior; [defective] defectuoso; [check] sin fondos; [naughty] desobediente; [harmful] perjudicial; [severe] fuerte; **a** ~ **cold** un catarro fuerte; [rotten] podrido ▪ **from** ~ **to worse** de mal en peor; **not** ~ *fam* no está mal; **to feel** ~ [ill] sentirse mal; [sad] estar triste; **to feel** ~ **about** sentir, lamentar; **to go** ~ echarse a perder; **too** ~! ¡qué lástima!, ¡mala suerte! ◇ *s.* lo malo ◇ *adv. fam* mucho; **it hurts** ~ me duele mucho ▪ **to be** ~ **off** *fam* estar mal
bade [băd, bād] ▷ **bid**
badge [băj] *s.* distintivo, insignia
badg•er [băj'ər] ◇ *s.* tejón *m* ◇ *tr.* importunar, molestar
bad•lands [băd'lăndz'] *s. pl.* pedregal *m*
bad•ly [:lē] *adv.* mal; [very much] mucho, con urgencia; [seriously] gravemente, de gravedad ▪ **to take something** ~ tomar a mal algo
bad•min•ton [băd'mĭn'tən] *s.* bádminton *m*
bad•mouth [băd'mouth'] *tr. jer* hablar pestes de, poner por los suelos
bad-tem•pered [:tem'pərd] *adj.* [character] de mal genio; [mood] malhumorado
baf•fle [băf'əl] ◇ *tr.* [to bewilder] confundir, desconcertar; [to foil] eludir ◇ *s.* deflector *m*
baf•fle•ment [:mənt] *s.* confusión *f*
baf•fling [băf'lĭng] *adj.* desconcertante
bag [băg] ◇ *s.* bolsa, saco; [purse] bolso, cartera; [suitcase] valija, maletín *m*; DEP caza ▪ ~ **and baggage** totalmente; **in the** ~ *jer* en el bolsillo, seguro ◇ *pl.* equipaje ◇ *tr.* (**-gg-**) meter en una bolsa; [to hunt] cazar; *fam* [to capture] coger, pescar; (*intr.*) formar bolsas, abultarse
bag•gage [:ĭj] *s.* equipaje *m*, maletas; MIL bagaje *m*
bag•gy [:ē] *adj.* (**-i-**) bombacho
bag•pipes [:pīps'] *s. pl.* gaita
ba•guette [bă'get'] *s.* baguette
bail[1] [bāl] ◇ *s.* fianza, caución *f* ▪ **out on** ~ en libertad bajo fianza; **to go** ~ **for** dar fianza por ◇ *tr.* dar fianza OR caución por ▪ **to** ~ **out** sacar de apuros
bail[2] *tr.* & *intr.* MARÍT achicar (agua) ▪ **to** ~ **out** saltar (en paracaídas)
bail•iff [bā'lĭf] *s.* alguacil *m*
bail•out [bāl'out'] *s.* rescate financiero
bait [bāt] ◇ *s.* cebo, carnada ▪ **to take the** ~ tragarse el anzuelo ◇ *tr.* poner el cebo en (anzuelo, trampa); [to torment] atormentar
baize [bāz] *s.* bayeta
bake [bāk] ◇ *tr.* cocer al horno; (*intr.*) cocerse ◇ *s.* cocción *f* (al horno)
bak•er [bā'kər] *s.* panadero
bak•er•y [bā'kə-rē] *s.* panadería
bak•ing [bā'kĭng] *s.* cocción *f* ▪ ~ **powder** levadura en polvo; ~ **soda** bicarbonato de sodlo
bal•ance [băl'əns] ◇ *s.* [scale] balanza; [equilibrium] equilibrio; TEN [equality] balance *m*; [difference] saldo; *fam* [remainder] resto; [sanity] juicio ▪ ~ **due** saldo deudor; ~ **sheet** balance; ~ **wheel** volante compensador; **off** ~ [unstable] en desequilibrio; [off guard] desprevenido; **to be in the** ~ estar en el aire; **to strike a** ~ encontrar el término medio; **to throw off** ~ desconcertar ◇ *tr.* [to bring into equilibrium] balancear, equilibrar; [to counterbalance] compensar, contrarrestar; TEN equilibrar ▪ **to** ~ **the books** pasar balance; (*intr.*) equilibrarse; [to sway] balancearse; TEN cuadrar
bal•anced [:ənst] *adj.* balanceado, equilibrado
bal•co•ny [băl'kə-nē] *s.* balcón *m*; TEAT galería, paraíso
bald [bôld] *adj.* calvo; [blunt] categórico, sin rodeos ▪ **to go** ~ quedarse calvo
bald-faced [:fāst'] *adj.* descarado
bald•ness [:nĭs] *s.* calvicie *f*
bale [bāl] ◇ *s.* bala, fardo ◇ *tr.* embalar, enfardar
bale•ful [bāl'fəl] *adj.* maléfico, funesto
balk [bôk] ◇ *intr.* [to stop] plantarse; [to refuse] oponerse (**at** a); (*tr.*) impedir, frustrar ◇ *s.* obstáculo, impedimento
balk•y [bô'kē] *adj.* (**-i-**) reacio
ball[1] [bôl] ◇ *s.* bola; DEP pelota, balón *m*; [cannonball] bala de cañón ▪ ~ **bearing** cojinete de bolas; **to be on the** ~ *jer* estar atento; **to play** ~ *fam* cooperar ◇ *tr.* ▪ **to** ~ **(something) up** enredar, embrollar (algo)
ball[2] *s.* baile *m* de etiqueta ▪ **to have a** ~ *jer* divertirse mucho, pasarlo muy bien
bal•lad [băl'əd] *s.* balada
ball-and-sock•et joint [bôl'ən-sŏk'ĭt] *s.* articulación *f* de rótula
bal•last [băl'əst] *s.* [weight] lastre *m*; [gravel] balasto
bal•le•ri•na [băl'ə-rē'nə] *s.* bailarina (de ballet)
bal•let [bă-lā'] *s.* ballet *m*
bal•lis•tic [bə-lĭs'tĭk] *adj.* balístico ▪ **ballistics** (*s.sg.*) balística
bal•loon [bə-lōōn'] ◇ *s.* globo ◇ *intr.* [to swell] hincharse, inflarse; [to increase] aumentar rápidamente
bal•lot [băl'ət] ◇ *s.* [paper] papeleta (electoral); [voting] votación *f*; [electoral ticket] candidaturas ▪ ~ **box** urna electoral ◇ *intr.* votar
ball•park, ball park [bôl'pärk'] *s.* estadio ▪ **in the** ~ *fam* aproximado
ball-point pen [:point'] *s.* bolígrafo
ball•room [:rōōm'] *s.* salón *m* de baile

bal•ly•hoo [băl'ē-hōō'] *s. fam* bombo, propaganda exagerada
balm [bäm] *s.* bálsamo
balm•y [bä'mē] *adj.* (-i-) [weather] agradable, suave; *jer* [silly] chiflado, tocado
ba•lo•ney [bə-lō'nē] *s. fam* [bologna] salchicha de Bolonia; [nonsense] disparates *m*
bal•sa [bôl'sə] *s.* balsa
bal•sam [bôl'səm] *s.* [ointment] bálsamo; [tree] abeto balsámico
bal•us•trade [:străd'] *s.* balaustrada
bam•boo [băm-bōō'] *s.* [tree] bambú *m*; [stem] caña (de bambú)
bam•boo•zle [băm-bōō'zəl] *tr. fam* embaucar
ban [băn] <> *tr.* (**-nn-**) prohibir, proscribir <> *s.* prohibición *f*, proscripción *f*
ba•nal [bə-năl', bā'nəl] *adj.* banal, trivial
ba•nan•a [bə-năn'ə] <> *s.* plátano, banana ▪ **~ tree** plátano, banano <> *pl. jer* chiflado
band[1] [bănd] <> *s.* banda, faja; [of paper] tira; [stripe] franja, lista; JOY anillo (de boda); [on hat, dress] cinta <> *tr.* fajar, atar
band[2] <> *s.* banda; [gang] cuadrilla; MÚS [military] banda; [jazz] orquesta; [rock] conjunto <> *tr.* & *intr.* ▪ **to ~ together** agrupar(se), juntar(se)
band•age [băn'dĭj] <> *s.* venda <> *tr.* vendar
ban•dan•(n)a [băn-dăn'ə] *s.* pañuelo grande
ban•dit [băn'dĭt] *s.* bandido, bandolero
ban•do•leer/lier [băn'də-lîr'] *s.* bandolera
band•stand [bănd'stănd'] *s.* quiosco de orquesta
band•wag•on [:wăg'ən] *s.* ▪ **to get** OR **jump on the ~** *fam* subirse al carro
band•width [:wĭdth'] *s.* COMPUT ancho de banda
ban•dy [băn'dē] *tr.* [to toss] pasarse, tirar (de un lado a otro); [words] intercambiar
ban•dy-leg•ged [:leg'ĭd] *adj.* patizambo
bane [bān] *s.* ▪ **to be the ~ of someone's existence** hacerle la vida imposible a alguien
bane•ful ['fəl] *adj.* pernicioso, nocivo
bang [băng] <> *s.* [explosion] estallido; [loud slam] golpe *m*, golpetazo; *jer* [thrill] emoción *f*, excitación *f* <> *tr.* [to bump, pound] golpear; [to slam] cerrar de un golpetazo ▪ **to ~ up** estropear; (*intr.*) [to explode] detonar; [to make a loud noise] dar un golpetazo; [to crash] chocar (**into** con) <> *adv.* exactamente <> *interj.* [shot] ¡pum!; [blow] ¡zas!
ban•gle [băng'gəl] *s.* esclava, ajorca
bangs [băngz] *s. pl.* cerquillo, flequillo
bang-up [băng'ŭp'] *adj. jer* excelente
ban•ish [băn'ĭsh] *tr.* [to exile] exiliar, desterrar; [to cast out] echar fuera, ahuyentar
ban•ish•ment [:mənt] *s.* [exile] exilio, destierro; [ban] proscripción *f*
ban•is•ter [băn'ĭ-stər] *s.* barandilla, baranda
ban•jo [băn'jō] *s.* (*pl* **(e)s**) banjo
bank[1] [băngk] <> *s.* [of a river] ribera, orilla; [hillside] loma; [of snow] montón *m*; AVIA inclinación *f* lateral <> *pl.* MARÍT bajío, banco (de arena) <> *tr.* [a fire] cubrir; [a road] peraltar; AVIA inclinar; (*intr.*) AVIA inclinarse
bank[2] <> *s.* COM banco; [in gambling] banca ▪ **~ account** cuenta bancaria; **~ note** billete de banco <> *tr.* depositar en un banco; (*intr.*) COM tener cuenta ▪ **to ~ on** contar con, confiar en
bank[3] *s.* [row] hilera, fila
bank•book ['bŏŏk'] *s.* libreta de banco
bank•er [băng'kər] *s.* banquero
bank•ing [:kĭng] *s.* [occupation] banca; [bank business] operaciones bancarias
bank•roll [băngk'rōl'] *fam* <> *s.* dinero en el banco, fondos <> *tr.* costear, financiar
bank•rupt [:rəpt] <> *adj.* COM insolvente; [ruined] arruinado; [lacking] falto, carente ▪ **to go ~** declararse en quiebra, quebrar <> *tr.* hacer quebrar, arruinar
bank•rupt•cy [:sē] *s.* quiebra, bancarrota
ban•ner [băn'ər] <> *s.* bandera, estandarte *m*; PERIOD titular *m* a toda plana; COMPUT banner *m* <> *adj.* sobresaliente
banns [bănz] *s. pl.* amonestaciones *f*
ban•quet [băng'kwĭt] <> *s.* banquete *m* <> *tr.* & *intr.* banquetear
ban•ter [băn'tər] <> *s.* bromas, burlas <> *intr.* burlar, bromear
bap•tism [băp'tĭz'əm] *s.* bautismo
bap•tist [:tĭst] *s.* bautista *mf*
bap•tis•ter•y/try [:tĭ-strē] *s.* baptisterio
bap•tize [tīz'] *tr.* bautizar
bar [bär] <> *s.* barra; [of gold] lingote *m*; [lever] palanca; [of a prison] barrote *m*; [of soap] pastilla; [of chocolate] tableta; [obstacle] obstáculo; [tavern] bar *m*; [counter] mostrador *m*; MARÍT banco (de arena, grava); DER [tribunal] tribunal *m*; [legal profession] abogacía; MÚS compás *m* ▪ **behind bars** entre rejas <> *tr.* (**-rr-**) [to fasten] cerrar con barras; [to obstruct] obstruir; [to exclude] excluir; [to prohibit] prohibir <> *prep.* ▪ **~ none** sin excepción
barb [bärb] *s.* púa; [cutting remark] observación *f* mordaz
bar•bar•i•an [bär-bâr'ē-ən] *s.* & *adj.* bárbaro
bar•bar•ic [:băr'ĭk] *adj.* bárbaro
bar•bar•i•ty ['băr'ĭ-tē] *s.* barbaridad *f*
bar•ba•rous ['bər-əs] *adj.* bárbaro
bar•be•cue [bär'bĭ-kyōō'] <> *s.* barbacoa, parrillada <> *tr.* asar a la parrilla
barbed [bärbd] *adj.* con púas; [cutting] mordaz ▪ **~ wire** alambre de púas
bar•bell [bär'bel'] *s.* barra con pesas, haltera
bar•ber [bär'bər] <> *s.* barbero, peluquero <> *tr.* [to shave] afeitar; [to cut hair] cortar el pelo
bar•ber•shop [:shŏp'] *s.* barbería, peluquería
bar•bi•tu•rate [bär-bĭch'ər-ĭt] *s.* barbitúrico
bard [bärd] *s.* poeta *m*, bardo
bare [bâr] <> *adj.* desnudo; [head] descubierto; [feet] descalzo; [undisguised] descubierto, a la vista; [empty] desprovisto, vacío; [plain] puro, sencillo; [mere] mínimo ▪ **to lay ~** revelar, poner al descubierto <> *tr.* desnudar; [to reveal] revelar, descubrir
bare•back ['băk'] *adv.* & *adj.* a OR en pelo
bare•faced [:fāst'] *adj.* descarado
bare•foot(•ed) [:fŏŏt'[ĭd]] *adv.* & *adj.* descalzo
bare•hand•ed [:hăn'dĭd] *adj.* & *adv.* sin guantes; [without tools] sólo con las manos; [unarmed] desarmado
bare•head•ed [:hed'ĭd] *adj.* & *adv.* con la cabeza descubierta
bare•ly [bâr'lē] *adv.* apenas
bar•gain [bär'gən] <> *s.* [deal] pacto, convenio; [good buy] ganga ▪ **into the ~** por añadidura; **to strike a ~** llegar a un acuerdo <> *intr.* [to negotiate] negociar, pactar; [to haggle] regatear ▪ **to ~ for** OR **on** esperar; (*tr.*) trocar, cambiar

B

bar•gain•ing [:gə-nĭng] *s.* [haggling] regateo; [negotiation] negociación *f*
barge [bärj] ◇ *s.* barcaza, gabarra ◇ *intr.* ▪ **to ~ in** entremeterse; **to ~ into** irrumpir en
bar•i•tone [băr'ĭ-tōn'] *s.* barítono
bar•i•um [băr'ē-əm] *s.* bario
bark¹ [bärk] ◇ *s.* ladrido ▪ **his ~ is worse than his bite** perro que ladra no muerde ◇ *tr.* & *intr.* ladrar ▪ **to ~ up the wrong tree** equivocarse
bark² *s.* BOT corteza
bar•keep(•er) [bär'kēp'[ər]] *s.* barman *m*
bar•ley [bär'lē] *s.* cebada
bar•maid [bär'mād'] *s.* camarera, cantinera
barn [bärn] *s.* [for grain] granero; [for livestock] establo
bar•na•cle [bär'nə-kəl] *s.* percebe *m*
barn•yard [bärn'yärd'] *adj.* & *s.* (de) corral *m*
ba•rom•e•ter [bə-rŏm'ĭ-tər] *s.* barómetro
bar•o•met•ric/ri•cal [băr'ə-met'rĭk] *adj.* barométrico
bar•on [băr'ən] *s.* barón *m*
bar•on•ess [:ə-nĭs] *s.* baronesa
ba•roque [bə-rōk'] *adj.* & *s.* barroco
bar•racks [băr'əks] *s. pl.* cuartel *m*, barraca
bar•rage [bə-räzh'] *s.* MIL bombardeo, cortina de fuego; *fig* [burst] andanada
bar•rel [băr'əl] ◇ *s.* barril *m*, tonel *m*; [of a gun] cañón *m*; MAQ cubo, tambor *m* ▪ **to be a ~ of fun** ser divertidísimo; **to be over a ~** estar con el agua al cuello ◇ *tr.* entonelar, embarrilar; (*intr.*) *jer* ir a gran velocidad
bar•ren [băr'ən] ◇ *adj.* [sterile] estéril, infecundo; [land] yermo; [unproductive] infructuoso, vano ◇ *pl.* tierra yerma, páramo
bar•rette [bə-ret'] *s.* pasador *m*
bar•ri•cade [băr'ĭ-kād'] ◇ *s.* barricada, barrera ◇ *tr.* levantar barricadas en
bar•ri•er [băr'ē-ər] *s.* barrera, valla
bar•ring [bär'ĭng] *prep.* salvo, excepto
bar•ris•ter [băr'ĭ-stər] *s.* GB abogado
bar•room [bär'rōōm'] *s.* bar *m*
bar•row [băr'ō] *s.* carretilla
bar•tend•er [bär'ten'dər] *s.* camarero, barman *m*
bar•ter [bär'tər] ◇ *intr.* & *tr.* trocar, cambiar ◇ *s.* trueque *m*, cambio
ba•salt [bə-sôlt'] *s.* basalto
base¹ [bās] ◇ *s.* base *f*; ARQ basa ▪ **to be off ~** estar equivocado ◇ *adj.* de la base ◇ *tr.* ▪ **to ~ (up)on** basar en OR sobre
base² *adj.* [vile] ruin; [lowly] bajo; [metal] inferior, de baja ley
base•ball ['bôl'] *s.* béisbol *m*; [ball] pelota de béisbol
base•board [:bôrd'] *s.* zócalo
base•less [:lĭs] *adj.* infundado
base•ment [:mənt] *s.* sótano
ba•ses [bā'sēz'] ▻ **basis**
bash [băsh] *fam* ◇ *tr.* golpear ◇ *s.* [blow] golpazo, porrazo; [party] fiesta, parranda
bash•ful [băsh'fəl] *adj.* tímido
ba•sic [bā'sĭk] ◇ *adj.* básico ▪ **~ telephony** telefonía básica ◇ *pl.* bases *f*
bas•il [băz'əl, bā'zəl] *s.* albahaca
ba•sil•i•ca [bə-sĭl'ĭ-kə] *s.* basílica
ba•sin [bā'sĭn] *s.* palangana, jofaina; [washbowl] pila, pileta; GEOG cuenca
ba•sis [bā'sĭs] *s.* (*pl* **-ses**) base *f*, fundamento ▪ **on the ~ of** en base a
bask [băsk] *intr.* gozar, complacerse
bas•ket [băs'kĭt] *s.* cesta, canasta
bas•ket•ball [:bôl'] *s.* baloncesto; [ball] pelota de baloncesto
bas-re•lief [bä'rĭ-lēf'] *s.* bajo relieve
bass¹ [băs] *s.* (*pl* **inv.** OR **es**) ICT róbalo
bass² [bās] *s.* [voice] bajo; [instrument] contrabajo ▪ **~ clef** clave de fa; **~ drum** bombo
bas•si•net [băs'ə-net'] *s.* cuna
bas•soon [bə-sōōn'] *s.* fagot *m*, bajón *m*
bas•tard [băs'tərd] ◇ *s.* bastardo; *jer* [scoundrel] canalla ◇ *adj.* ilegítimo; [spurious] espurio
baste [bāst] *tr.* [to sew] hilvanar; CUL lardear
bas•tion [băs'chən] *s.* baluarte *m*
bat [băt] ◇ *s.* DEP bate *m*; ZOOL murciélago ▪ **right off the ~** *fam* inmediatamente; **to go to ~ for** *fam* sacar la cara por ◇ *tr.* **(-tt-)** golpear; DEP batear ▪ **not to ~ an eye** no pestañear; **to ~ around** *fam* discutir mucho
batch [băch] *s.* CUL hornada; [lot] partida, lote *m*; [group] grupo, tanda
bat•ed [bā'tĭd] *adj.* ▪ **with ~ breath** con el alma en vilo
bath [băth] ◇ *s.* baño; [bathroom] cuarto de baño ◇ *pl.* casa de baños
bathe [bāth] *intr.* bañarse; (*tr.*) [to wet] bañar; [to wash] lavar; [to flood] inundar
bath•ing suit [bā'thĭng] *s.* traje *m* de baño
bath•robe [băth'rōb'] *s.* bata, albornoz *m*
bath•room [:rōōm'] *s.* cuarto de baño
bath•tub [:tŭb'] *s.* bañera
ba•tiste [bə-tēst'] *s.* batista
ba•ton [bə-tŏn'] *s.* batuta
bat•tal•ion [bə-tăl'yən] *s.* batallón *m*
bat•ter¹ [băt'ər] *tr.* [to beat] golpear, apalear; [to damage] deteriorar, estropear
bat•ter² *s.* CUL pasta; DEP bateador *m*
bat•ter•ing-ram [:ĭng-răm'] *s.* ariete *m*
bat•ter•y [băt'ə-rē] *s.* ELEC & MIL batería; [dry cell] pila; [storage] acumulador *m*; DER asalto ▪ **~ life** autonomía
bat•tle [băt'l] ◇ *s.* MIL batalla, combate *m*; *fig* lucha ◇ *intr.* & *tr.* combatir, luchar
bat•tle-ax(e) [:ăks'] *s.* hacha (de combate)
bat•tle•field [:fēld'] *s.* campo de batalla
bat•tle•ground [:ground'] *s.* campo de batalla
bat•tle•ship [:shĭp'] *s.* acorazado
bat•ty [băt'ē] *adj.* **(-i-)** *jer* chiflado
bau•ble [bô'bəl] *s.* chuchería, baratija
baud [bôd] *s.* baudio
baux•ite [bôk'sīt'] *s.* bauxita
bawd•y [bô'dē] *adj.* **(-i-)** obsceno
bawl [bôl] *intr.* [to cry] llorar; [to shout] gritar; (*tr.*) gritar, vociferar ▪ **to ~ out** regañar
bay¹ [bā] *s.* GEOG bahía
bay² *s.* ARQ compartimento ▪ **~ window** ventana salediza
bay³ *adj.* & *s.* [horse, color] bayo
bay⁴ ◇ *s.* aullido ▪ **to keep at ~** mantener a raya ◇ *intr.* & *tr.* ladrar (a), aullar (a)
bay⁵ *s.* BOT laurel *m*
bay•o•net [bā'ə-net'] *s.* bayoneta
ba•za(a)r [bə-zär'] *s.* bazar *m*
ba•zoo•ka [bə-zōō'kə] *s.* bazuca *m*
be [bē] *intr.* [inherent quality, time, possession, passive voice] ser; **ice is cold** el hielo es frío; **what time is it?**

¿qué hora es?; **is it yours?** ¿es tuyo?; **it was done yesterday** fue hecho ayer; **it is possible** es posible; [location, impermanence] estar; **where are you?** ¿dónde estás?; **my coffee is cold** mi café está frío; [age, physical sensation] tener; [weather] hacer; **it was cold** hacía frío; [reaction] quedarse; **she was speechless** se quedó sin palabras ■ **as it were** por así decirlo; **be that as it may** sea como fuere; **so be it** así sea; **there is** OR **are** hay; **to be to** tener que, deber; **you are to leave tonight** tienes que OR debes partir esta noche
beach [bēch] <> *s.* playa ■ ~ **soccer** fútbol playa; ~ **volleyball** voley playa <> *tr.* varar
beach•head [ˈhedˊ] *s.* cabeza de playa
bea•con [bēˊkən] *s.* [lighthouse] faro; [signal fire] almenara; AVIA [light] baliza; [radio] radiofaro; [signal] faro
bead [bēd] <> *s.* [ornament] cuenta, abalorio; [drop] gota ■ **to draw a ~ on** apuntar a <> *pl.* JOY collar; RELIG rosario <> *intr.* formarse en gotas
bead•y [bēˊdē] *adj.* **(-i-)** ■ ~ **eyes** ojos pequeños y brillantes
beak [bēk] *s.* pico
beak•er [bēˊkər] *s.* vaso de precipitación
beam [bēm] <> *s.* [of light] haz *m*, rayo; ARQ viga; MARÍT manga; RAD onda dirigida ■ **to be on the** ~ *fam* estar sobre la pista <> *tr.* emitir, dirigir; (*intr.*) [to shine] destellar, irradiar; [to smile] sonreír radiantemente
bean [bēn] <> *s.* habichuela, judía, frijol *m*; [seed] haba; [of coffee] grano; *jer* [head] coco ■ **to spill the beans** *fam* descubrir el pastel <> *tr. jer* pegar en el coco
bean•bag [ˈbăgˊ] *s.* bolsita con frijoles secos usada por los niños para jugar
bean•pole [:pōlˊ] *s. jer* persona larguirucha
bean•stalk [:stôkˊ] *s.* tallo de la planta de frijoles
bear[1] [bâr] *tr.* **(bore, born(e))** [to support] sostener; [to carry, display] llevar; [a grudge] guardar; [to take on] hacerse cargo de; [to endure] aguantar; [to give birth to] dar a luz; [to yield] producir, dar ■ **to ~ oneself** conducirse, comportarse; **to ~ in mind** tener en cuenta; **to ~ mention** merecer mencionarse; **to ~ off** llevarse; **to ~ out** corroborar; **to ~ with** tener paciencia con; (*intr.*) [to produce] producir, rendir; [to pressure] pesar; [to go] mantenerse sobre; **~ right** manténgase sobre la derecha ■ **to ~ on** OR **upon** relacionarse con; **to ~ up** resistir; **to bring to ~** aplicar, utilizar
bear[2] *s.* oso; FIN bajista *mf*
bear•a•ble [ˊə-bəl] *adj.* soportable
beard [bîrd] *s.* barba
beard•ed [bîrˊdĭd] *adj.* barbudo
bear•er [bârˊər] *s.* [carrier] porteador *m*; [of message, check] portador *m*
bear•ing [:ĭng] <> *s.* [poise] porte *m*; MEC cojinete *m*; AER & MARÍT rumbo ■ **to have a ~ on** tener relación con <> *pl.* orientación ■ **to get one's bearings** orientarse
bear•ish [:ĭsh] *adj.* bajista
beast [bēst] *s.* bestia, bruto ■ ~ **of burden** bestia de carga
beast•ly [:lē] <> *adj.* **(-i-)** bestial, brutal <> *adv.* GB sumamente
beat [bēt] <> *tr.* **(beat, beat(en))** [to hit] golpear; [to flog] pegar, aporrear; [to pound, flap, stir] batir; [to defeat] vencer, derrotar; [to surpass] superar a; MÚS [a drum] tocar; [rhythm] marcar, llevar ■ **it beats me** *jer* no logro entenderlo; ~ **it!** ¡lárgate!; **off the beaten path** fuera de lo común; **to ~ back** OR **off** repeler; **to ~ down** derribar; (*intr.*) [to hit] golpear, caer con violencia; [to throb] latir, pulsar; [drums] redoblar ■ **to ~ around the bush** andarse con rodeos; **to ~ down on** azotar (el sol) <> *s.* [throb] latido, pulsación *f*; [tempo] compás *m*, ritmo; [route] ronda <> *adj. fam* rendido, deslomado
beat•er [bēˊtər] *s.* batidor *m*
be•a•tif•ic [bēˊə-tĭfˊĭk] *adj.* beatífico
be•at•i•fy [bē-ătˊə-fīˊ] *tr.* beatificar
beat•ing [bēˊtĭng] *s.* [thrashing] paliza; [defeat] derrota; [of the heart] latido
beau [bō] *s.* (*pl* **s** OR **-x**) [suitor] pretendiente *m*; [dandy] galán *m*
beau•ti•cian [byo͞o-tĭshˊən] *s.* esteticista
beau•ti•ful [byo͞oˊtə-fəl] *adj.* bello, hermoso
beau•ti•ful•ly [:fə-lē] *adv.* [attractively] bellamente; [very well] espléndidamente
beau•ti•fy [:fīˊ] *tr.* embellecer
beau•ty [byo͞oˊtē] *s.* belleza, hermosura; [person, thing] belleza ■ ~ **parlor** OR **salon** salón de belleza; **that was a (real) ~!** ¡que golpe más bueno!
bea•ver [bēˊvər] *s.* castor *m*
be•cause [bĭ-kôzˊ, -kŭzˊ] *conj.* porque ■ ~ **of** a causa de, por
beck [bek] *s.* ■ **at someone's ~ and call** al servicio de alguien
beck•on [bekˊən] *tr.* & *intr.* [to summon] hacer señas; [to entice] atraer, llamar
be•come [bĭ-kŭmˊ] *intr.* **(-came, -come)** [to turn into] llegar a ser, convertirse en; [angry, etc.] hacerse, ponerse, volverse ■ ~ **of** ser, hacerse; **what has ~ of George?** ¿qué se ha hecho de George?; (*tr.*) quedar OR sentar bien
be•com•ing [:ĭng] *adj.* [suitable] apropiado, conveniente; [attractive] que sienta bien
bed [bed] <> *s.* cama, lecho; [lodging] alojamiento; [of flowers] macizo ■ ~ **and board** pensión completa; **to go to ~** acostarse <> *intr.* **(-dd-)** ■ **to ~ down** acostarse
bed•bug [bedˊbŭgˊ] *s.* chinche *f*
bed•cham•ber [:chāmˊbər] *s.* alcoba
bed•clothes [:klō*th*zˊ] *s. pl.* ropa de cama
bed•ding [:ĭng] *s.* ropa de cama
be•dev•il [bĭ-devˊəl] *tr.* fastidiar, dificultar
bed•fel•low [bedˊfelˊō] *s.* [bedmate] compañero de cama; [associate] socio
bed•lam [bedˊləm] *s.* algarabía, alboroto
bed•pan [bedˊpănˊ] *s.* orinal *m*, chata
bed•post [:pōstˊ] *s.* pilar *m* de la cama
bed•rid•den [:rĭdˊn] *adj.* postrado en cama
bed•roll [:rōlˊ] *s.* lecho portátil que se enrolla
bed•room [:ro͞omˊ] *s.* dormitorio, alcoba
bed•side [:sīdˊ] *adj.* & *s.* (de) cabecera
bed•sore [:sôrˊ] *s.* úlcera por decúbito
bed•spread [:spredˊ] *s.* cubrecama *m*, colcha
bed•springs [:sprĭngzˊ] *s. pl.* colchón *m* de muelles
bed•stead [:stedˊ] *s.* armadura de la cama
bed•time [:tīmˊ] *s.* hora de acostarse
bed-wet•ting [:wetˊĭng] *s.* enuresis nocturna
bee [bē] *s.* abeja; *fam* [contest] concurso
beech [bēch] *s.* haya
beef [bēf] <> *s.* (*pl* **-ves**) carne *f* de res; (*pl* **s**) *jer* [com-

plaint] queja ▪ **to have a** ~ quejarse <> *intr. jer* quejarse; (*tr.*) ▪ **to** ~ **up** *jer* reforzar
beef•steak ['stāk'] *s.* bistec *m*, biftec *m*
beef•y [bē'fē] *adj.* (**-i-**) fornido, musculoso
bee•hive [bē'hīv'] *s.* colmena
bee•keep•ing [bē'kē'pĭng] *s.* apicultura
bee•line [bē'līn'] *s.* línea recta
been [bĭn] *part. p. de* **be**
beep [bēp] <> *s.* pitido <> *intr.* pitar
beep•er [bē'pər] *s.* buscapersonas *m*, localizador *m*
beer [bîr] *s.* cerveza ▪ **dark/light** ~ cerveza negra/dorada
bees•wax [bēz'wăks'] *s.* cera
beet [bēt] *s.* remolacha
bee•tle [bēt'l] *s.* escarabajo
be•fall [bĭ-fôl'] *tr.* (**-fell, -en**) acontecer a
be•fit•ting [bĭ-fĭt'ĭng] *adj.* propio, conveniente
be•fore [bĭ-fôr'] <> *adv.* [earlier] antes; [in the past] anteriormente, ya una vez ▪ **to go** ~ ir delante (de) <> *prep.* [in time] antes de OR que; [in space] delante de; [in front of] ante <> *conj.* [in advance] antes de que; [rather than] antes que
be•fore•hand [:hănd'] *adv.* [earlier] antes; [in anticipation] de antemano
be•friend [bĭ-frend'] *tr.* entablar amistad con
beg [beg] *tr.* & *intr.* (**-gg-**) [for charity] mendigar, pedir (limosna); [to entreat] suplicar, rogar ▪ **to** ~ **for mercy** implorar clemencia; **to** ~ **pardon** pedir perdón; **to** ~ **off** disculparse
be•gan [bē -găn'] ▻ **begin**
be•get [bĭ-get'] *tr.* (**-got, -got(ten)**) engendrar
beg•gar [beg'ər] *s.* mendigo, pobre *mf*
be•gin [bĭ-gĭn'] *tr.* & *intr.* (**-gan, -gun**) (**-nn-**) empezar, comenzar ▪ **to** ~ **by** empezar por; **to** ~ **with** para empezar
be•gin•ner [:ər] *s.* principiante *mf*, novato
be•gin•ning [:ĭng] *s.* comienzo, principio; [source] origen *m* ▪ ~ **with** a partir de
be•gone [bĭ-gôn'] *interj.* ¡fuera!
be•grudge [bĭ-grŭj'] *tr.* [to envy] envidiar; [to give reluctantly] dar de mala gana
be•guile [bĭ-gīl'] *tr.* encantar, seducir
be•gun [bĭ-gŭn'] ▻ **begin**
be•half [bĭ-hăf'] *s.* ▪ **in** ~ **of** para, a favor de; **on** ~ **of** en nombre de
be•have [bĭ-hāv'] *intr.* portarse, comportarse; [properly] portarse bien; [machine] funcionar
be•hav•ior [:yər] *s.* comportamiento, conducta
be•head [bĭ-hed'] *tr.* decapitar, descabezar
be•hind [bĭ-hīnd'] <> *adv.* [in back] atrás, detrás; [late] atrasado; [slow] con retraso <> *prep.* [in back of] detrás de; [in a prior place] atrás; [underlying] detrás de; [in support of] detrás ▪ ~ **schedule** atrasado <> *s. fam* trasero, nalgas
be•hold [bĭ-hōld'] *tr.* (**-held**) mirar, contemplar; (*interj.*) ¡mirad!, he aquí
be•hold•en [bĭ-hōl'dən] *adj.* obligado (**to** con)
be•hoove [bĭ-ho͞ov'] *tr.* convenir
beige [bāzh] *s.* & *adj.* beige *m*
be•ing [bē'ĭng] *s.* existencia; [entity, essence] ser *m* ▪ **human** ~ ser humano; **to bring into** ~ realizar, crear
be•lat•ed [bĭ-lā'tĭd] *adj.* atrasado, tardío
belch [belch] <> *tr.* & *intr.* eructar; *fig* arrojar, vomitar <> *s.* eructo
be•lea•guer [bĭ-lē'gər] *tr.* asediar, acosar
bel•fry [bel'frē] *s.* campanario
be•lie [bĭ-lī'] *tr.* (**-lying**) desmentir, contradecir
be•lief [bĭ-lēf'] *s.* creencia, fe *f*; [conviction] convicción *f*, opinión *f*; [confidence] confianza
be•liev•a•ble [bĭ-lē'və-bəl] *adj.* creíble
be•lieve [bĭ-lēv'] *tr.* creer; (*intr.*) creer; [to trust] confiar; [to support] ser partidario (**in** de) ▪ **to make** ~ fingir
be•liev•er [bĭ-lē'vər] *s.* creyente *mf*
be•lit•tle [bĭ-lĭt'l] *tr.* menospreciar
bell [bel] <> *s.* campana; [of a door] timbre *m*; [of animals] cencerro; [of collar] cascabel *m* ▪ ~ **jar** campana de cristal; ~ **tower** campanario; **to ring a** ~ *fig* sonarle a uno <> *tr.* ▪ **to** ~ **the cat** poner el cascabel al gato
bell-bot•toms ['bŏt'əmz] *s. pl.* pantalones acampanados
bell•boy [:boi'] *s.* botones *m*, paje *m*
belle [bel] *s.* belleza, mujer bella
bell•flow•er [bel'flou'ər] *s.* campanilla
bell•hop [:hŏp'] *s.* botones *m*, paje *m*
bel•li•cose [bel'ĭ-kōs'] *adj.* belicoso, agresivo
bel•lig•er•ence/•cy [bə-lĭj'ər-əns] *s.* beligerancia, hostilidad *f*
bel•lig•er•ent [:ənt] *adj.* & *s.* beligerante *mf*
bel•low [bel'ō] <> *intr.* bramar, rugir; (*tr.*) vociferar <> *s.* bramido, rugido
bel•lows [bel'ōz] *s.* fuelle *m*, barquín *m*
bel•ly [bel'ē] <> *s.* vientre *m*; [stomach] estómago; *fam* [paunch] panza, barriga ▪ ~ **flop** panzazo; ~ **laugh** carcajada <> *tr.* & *intr.* inflar(se), hinchar(se)
bel•ly•ache [:āk'] <> *s.* [pain] dolor *m* de barriga; *jer* [gripe] queja <> *intr. jer* quejarse
bel•ly•but•ton [:bŭt'n] *s. fam* ombligo
bel•ly•ful [:fo͝ol'] *s. fam* panzada, hartazgo
be•long [bĭ-lông'] *intr.* [to have a place] deber estar, corresponder; [to fit into a group] estar en su ambiente ▪ **to** ~ **to** [as property] pertenecer a, ser de; [as a member] ser miembro de; [as part of] corresponder a
be•long•ings [:ĭngz] *s. pl.* efectos personales
be•lov•ed [bĭ-lŭv'ĭd] *adj.* & *s.* querido
be•low [bĭ-lō'] <> *adv.* abajo; [in a text] más abajo <> *prep.* (por) debajo de; [on a scale] bajo ▪ ~ **zero** bajo cero
belt [belt] <> *s.* cinturón *m*, cinto; [region] zona, faja; *jer* [punch] golpe *m*; [of whiskey] trago; TEC [band] correa ▪ **seat** OR **safety** ~ cinturón de seguridad; **to hit below the** ~ golpear bajo <> *tr.* [clothing] ceñir; *jer* [to punch] golpear, asestar un golpe ▪ **to** ~ **out** cantar (con voz chillona)
be•moan [bĭ-mōn'] *tr.* lamentar
be•muse [bĭ-myo͞oz'] *tr.* dejar perplejo
bench [bench] *s.* [seat, workbench] banco; DER [office of the judge] judicatura; [court] tribunal *m*; GB [in Parliament] escaño ▪ ~ **warrant** DER auto de detención
bend [bend] <> *tr.* (**bent**) [one's head] inclinar; [one's knee] doblar; [one's back] encorvar; [to curve] doblar, plegar; [to subdue] doblegar; (*intr.*) [to curve] doblarse, curvarse; [to swerve] desviarse, torcer ▪ **to** ~ **back** doblarse hacia atrás; **to** ~ **down** OR **over** encorvarse; **to** ~ **over backwards** hacer el mayor esfuerzo posible <> *s.* [curve] curva; [turn] vuelta, recodo <> *pl.* enfermedad *f* de los buzos

bend•er [ben′dər] *s. fam* borrachera, juerga
be•neath [bĭ-nēth′] ◇ *prep.* [below] (por) debajo de; [under] bajo; [unworthy] indigno de ◇ *adv.* [below] abajo; [underneath] debajo
ben•e•fac•tor [ben′ə-făk′tər] *s.* benefactor *m*
ben•e•fac•tress [:trĭs] *s.* benefactora
be•nef•i•cent [bə-nef′ĭ-sənt] *adj.* benéfico
ben•e•fi•cial [ben′ə-fĭsh′əl] *adj.* provechoso
ben•e•fi•ci•ar•y [:ē-er′ē] *s.* beneficiario
ben•e•fit [ben′ə-fĭt] ◇ *s.* [profit] beneficio, provecho; [advantage] ventaja; [fund-raiser] beneficio ▪ **for the ~ of** en beneficio de; **to give someone the ~ of the doubt** no juzgar a alguien por anticipado ◇ *pl.* asistencia ◇ *tr.* beneficiar; (*intr.*) ▪ **to ~ by** OR **from** sacar pro vecho de
be•nev•o•lence [bə-nev′ə-ləns] *s.* benevolencia; [kindly act] acto de caridad
be•nev•o•lent [:lənt] *adj.* benévolo; [philanthropic] benéfico
be•nign [bĭ-nīn′] *adj.* benigno
bent [bent] ▷ **bend** ◇ *adj.* [crooked] doblado, torcido; [determined] empeñado ◇ *s.* inclinación *f*, tendencia
ben•zene [ben′zēn′] *s.* benceno
be•queath [bĭ-kwēth′, -kwēth′] *tr.* legar
be•quest [bĭ-kwest′] *s.* legado
be•rate [bĭ-rāt′] *tr.* reprender, regañar
be•reaved [bĭ-rēvd′] *adj.* afligido (por la muerte) ▪ **the ~** los deudos del difunto
be•reave•ment [bĭ-rēv′mənt] *s.* [grief] luto, duelo; [loss] pérdida (de un ser querido)
be•reft [bĭ-reft′] *adj.* privado (**of** de)
be•ret [bə-rā′] *s.* boina
ber•ry [ber′ē] *s.* baya
ber•serk [bər-sûrk′] *adj.* frenético, loco ▪ **to go ~** volverse loco
berth [bûrth] *s.* [on a train] litera; MARÍT [cabin] camarote *m*; [at a wharf] atracadero; [employment] puesto ▪ **to give a wide ~ to** evitar
be•ryl•li•um [bə-rĭl′ē-əm] *s.* berilio
be•seech [bĭ-sēch′] *tr.* (**-ed** OR **-sought**) suplicar, implorar
be•set [bĭ-set′] *tr.* (**-set, -tting**) [to harass] asediar, acosar; [to surround] rodear
be•side [bĭ-sīd′] *prep.* junto a, al lado de ▪ **to be ~ oneself** estar fuera de sí; **to be ~ the point** no venir al caso
be•sides [bĭ-sīdz′] ◇ *adv.* [in addition] además, también; [moreover] además; [otherwise] por otro lado, aparte de eso ◇ *prep.* [in addition to] además de; [except] aparte de, fuera de
be•siege [bĭ-sēj′] *tr.* MIL sitiar; [to hem in] rodear; [to harass] asediar, abrumar ▪ **to be besieged with (calls, requests)** haber recibido un torrente de (llamadas, peticiones)
be•smirch [bĭ-smûrch′] *tr.* ensuciar, manchar
be•speak [bĭ-spēk′] *tr.* (**-spoke, -spoke(n)**) indicar, revelar
best [best] (*superl. de* **good**) ◇ *adj.* mejor; [favorite] favorito; **my ~ friend** mi amigo favorito ▪ **~ man** padrino (de una boda); **~ seller** libro de gran éxito; **to know what is ~ for one** saber lo que más le conviene a uno ◇ *adv.* mejor; [most] más; **which do you like ~?** ¿cuál te gusta más? ◇ *s.* el mejor, lo mejor ▪ **at ~** a lo más; **to do one's ~** hacer lo mejor que uno puede; **to make the ~ of it** salir de un mal negocio lo mejor posible; **to the ~ of my recollection** que yo recuerde ◇ *tr.* vencer, ganar
bes•tial [bes′chəl] *adj.* bestial
bes•ti•al•i•ty [′chē-ăl′ĭ-tē] *s.* bestialidad *f*
be•stow [bĭ-stō′] *tr.* otorgar, conceder
be•stow•al [:əl] *s.* otorgamiento
bet [bet] ◇ *s.* apuesta ▪ **to be a sure ~** ser cosa segura ◇ *tr.* (**bet(ted), -tting**) apostar ▪ **I ~ ...** *fam* a que ..., seguro que ...; (*intr.*) [to wager] apostar; [to gamble] jugar ▪ **I ~!** *fam* ¡ya lo creo!; **you ~!** *fam* ¡claro!
be•to•ken [bĭ-tō′kən] *tr.* indicar, presagiar
be•tray [bĭ-trā′] *tr.* traicionar; [to inform on] delatar; [a secret] revelar
be•tray•al [:əl] *s.* traición *f*, delación *f*; [of a secret] revelación *f*
be•troth [bĭ-trōth′] *tr.* ▪ **to become betrothed** desposarse
be•troth•al [bĭ-trō′thəl] *s.* compromiso matrimonial
be•trothed [bĭ-trōthd′] *s.* prometido, novio
bet•ter [bet′ər] (*comp. de* **good**) ◇ *adj.* mejor; [preferable] más apropiado, preferible ▪ **the ~ part of** la mayor parte de; **to be ~ to** valer más, ser mejor ◇ *adv.* mejor ▪ **all the ~** OR **so much the ~** tanto mejor; **~ and ~** cada vez mejor; **~ late than never** más vale tarde que nunca; **~ off** en mejores condiciones; **had ~** más vale que; **we had ~ go** más vale que nos vayamos; **to get ~** mejorar ◇ *tr.* & *intr.* mejorar(se) ◇ *s.* el mejor ▪ **for ~ or worse** en la fortuna como en la desventura; **to get the ~ of** superar, vencer ◇ *pl.* superiores
bet•ter•ment [:mənt] *s.* mejora, mejoramiento
bet•tor [bet′ər] *s.* apostador *m*, apostante *mf*
be•tween [bĭ-twēn′] ◇ *prep.* entre ▪ **~ now and then** de aquí a entonces; **~ you and me** entre nosotros ◇ *adv.* en medio, de por medio ▪ **far ~** a grandes intervalos; **in ~** entremedias
be•twixt [bĭ-twĭkst′] *adv.* ▪ **~ and between** entre una cosa y otra
bev•el [bev′əl] ◇ *s.* bisel *m* ◇ *tr.* biselar
bev•eled [:əld] *adj.* biselado
bev•er•age [bev′ər-ij] *s.* bebida
bev•y [bev′ē] *s.* [of birds] bandada; [of people] grupo
be•wail [bĭ-wāl′] *tr.* lamentar
be•ware [bĭ-wâr′] ◇ *tr.* & *intr.* tener cuidado (con) ▪ **~ of** cuidado con ◇ *interj.* ¡cuidado!
be•wil•der [bĭ-wĭl′dər] *tr.* aturdir, dejar perplejo
be•wil•der•ment [:mənt] *s.* aturdimiento
be•witch [bĭ-wĭch′] *tr.* hechizar
be•yond [bĭ-yŏnd′] ◇ *prep.* [greater than] más allá, fuera de; [after] después de ▪ **~ belief** increíble; **~ dispute** incontestable; **~ (a) doubt** fuera de duda; **~ help** sin remedio; **it's ~ me** no alcanzo a comprender ◇ *adv.* más lejos, más allá
bi•an•nu•al [bī-ăn′yoo-əl] *adj.* semestral
bi•as [bī′əs] ◇ *s.* [tendency] inclinación *f*; [prejudice] prejuicio; [partiality] preferencia; COST bies *m* ◇ *tr.* predisponer, influenciar ▪ **to be biased** ser parcial
bib [bĭb] *s.* babero; [of an apron] peto
Bi•ble [bī′bəl] *s.* Biblia ▪ **bible** biblia
Bib•li•cal, bib•li•cal [bĭb′lĭ-kəl] *adj.* bíblico
bib•li•og•ra•pher [bĭb′lē-ŏg′rə-fər] *s.* bibliógrafo
bib•li•og•ra•phy [:fē] *s.* bibliografía

bi•car•bon•ate [bī-kär′bə-nāt′] *s.* bicarbonato ▪ ~ **of soda** bicarbonato de sosa
bi•cen•ten•ni•al [bī′sen-ten′ē-əl] *adj.* & *s.* bicentenario
bi•ceps [bī′seps′] *s.* (*pl* **inv.** OR **es**) bíceps *m*
bick•er [bĭk′ər] *intr.* reñir, disputar
bi•cy•cle [bī′sĭk′əl] <> *s.* bicicleta ▪ ~ **rack** portabicis; ~ **touring** cicloturismo <> *intr.* montar OR ir en bicicleta
bid [bĭd] <> *tr.* (**bid** OR **bade, bid(den)**) (**-dd-**)[to order] ordenar, mandar; [to offer] licitar; [in cards] declarar ▪ **to ~ farewell** OR **good-bye to** decir adiós a; (*intr.*) hacer una oferta <> *s.* [offer] licitación *f*, oferta; [in cards] declaración *f*; [effort] tentativa
bid•der [:ər] *s.* postor *m*
bid•ding [:ĭng] *s.* [command] orden *f*; [at an auction] oferta; [in cards] declaración *f*
bid•dy [bĭd′ē] *s.* gallina; *jer* vieja chacharera
bide [bīd] *tr.* (**-d** OR **bode, -d**) ▪ **to ~ one's time** aguardar el momento oportuno
bi•en•ni•al [bī-en′ē-əl] *adj.* bienal
bier [bîr] *s.* féretro
bi•fo•cal [bī-fō′kəl] <> *adj.* bifocal <> *s. pl.* anteojos bifocales
bi•fur•ca•tion [′-kā′shən] *s.* bifurcación *f*
big [bĭg] (**-gg-**) <> *adj.* gran, grande; [great in intensity] fuerte; [older] mayor; **my ~ brother** mi hermano mayor; [important] importante, de gran significado ▪ ~ **shot** OR **wheel** pez gordo <> *adv.* ▪ **to be ~ on** *fam* ser entusiasta de; **to make it ~** tener gran éxito; **to talk ~** jactarse
big•a•mist [bĭg′ə-mĭst] *s.* bígamo
big•a•my [:mē] *s.* bigamia
big-heart•ed [bĭg′här′tĭd] *adj.* generoso
big•ness [:nĭs] *s.* grandor *m*, grandeza
big•ot [bĭg′ət] *s.* intolerante *mf*
big•ot•ed [:ə-tĭd] *adj.* intolerante
big•ot•ry [:trē] *s.* intolerancia
big-time [bĭg′tīm′] *adj. jer* de los grandes
big•wig [:wĭg′] *s. fam* pez gordo
bike [bīk] <> *s.* [bicycle] bici *f*; [motorcycle] moto *f* <> *intr.* ir en bici, ir en moto
bik•er [bī′kər] *s.* motociclista *mf*
bi•lat•er•al [bī-lăt′ər-əl] *adj.* bilateral
bile [bīl] *s.* [fluid] bilis *f*; [ill temper] mal genio
bilge [bĭlj] *s.* MARÍT sentina; *jer* [nonsense] disparates *m* ▪ ~ **water** agua de sentina
bi•lin•gual [bī-lĭng′gwəl] *adj.* bilingüe
bil•ious [bĭl′yəs] *adj.* bilioso
bilk [bĭlk] *tr.* estafar, defraudar
bill[1] [bĭl] <> *s.* [invoice] cuenta, factura; [poster] cartel *m*; [bank note] billete *m*; POL proyecto de ley ▪ ~ **of exchange** letra de cambio; ~ **of fare** carta, menú; ~ **of lading** conocimiento de embarque; ~ **of rights** declaración de derechos; ~ **of sale** boleto de compra y venta; **to fill the ~** *fam* satisfacer todos los requisitos; **to foot the ~** *fam* correr con los gastos <> *tr.* [a customer] pasar la cuenta a; [expenses, goods] facturar; [to promote] anunciar, promocionar
bill[2] *s.* [beak] pico; [visor] visera
bill•board [′bôrd′] *s.* cartelera
bil•let [bĭl′ĭt] MIL <> *s.* alojamiento <> *tr.* alojar
bill•fold [bĭl′fōld′] *s.* billetera, cartera
bil•liards [bĭl′yərdz] *s.sg.* billar *m*
bill•ing [bĭl′ĭng] <> *s.* publicidad *f* <> *pl.* facturación
bil•lion [bĭl′yən] *s.* EU mil millones *m*; GB billón *m*
bil•lion•aire [:yə-nâr′] *s.* & *adj.* billonario
bil•low [bĭl′ō] <> *s.* oleada, ola <> *intr.* [sea] ondular; [sails] hincharse
bil•ly [bĭl′ē] ▪ ~ **club** porra, bastón (de policía); ~ **goat** macho cabrío
bi•month•ly [bī-mŭnth′lē] *adj.* & *adv.* bimestral(mente)
bin [bĭn] *s.* [box] cajón *m*; [container] recipiente *m*, compartimiento
bi•na•ry [bī′nə-rē] *adj.* binario
bind [bīnd] <> *tr.* (**bound**) [to tie] amarrar, atar; [to restrain] ceñir; [a wound] vendar; [morally, legally] obligar, comprometer a; [by sentiment] ligar, vincular; [a contract] ratificar; [a book] encuadernar, empastar; [sheaves] agavillar; [to constipate] estreñir ▪ **to be bound up with** estar ligado OR relacionado con; **to ~ over** poner bajo fianza; (*intr.*) [to be tight] apretar; [a mix] aglutinarse; [a contract] tener fuerza obligatoria <> *s.* ▪ **to be in a ~** estar en un aprieto OR en un apuro
bind•er [bīn′dər] *s.* IMPR encuadernador *m*; [fastener] atadura; [notebook cover] carpeta; [payment] garantía; [contract] contrato provisional
bind•ing [:ĭng] <> *s.* IMPR encuadernación *f*; COST ribete *m* <> *adj.* [tight] apretado; DER obligatorio; [promise] que compromete a uno
binge [bĭnj] *s. jer* parranda ▪ **to go on a (shopping/eating) ~** darse un banquete (comprando/comiendo)
bin•oc•u•lar [bə-nŏk′yə-lər] <> *adj.* binocular <> *s. pl.* gemelos, prismáticos
bi•no•mi•al [bī-nō′mē-əl] *adj.* & *s.* binomio
bi•o•chem•i•cal [bī′ō-kem′ĭ-kəl] *adj.* bioquímico
bi•o•chem•ist [:ĭst] *adj.* bioquímico
bi•o•chem•is•try [:ĭ-strē] *s.* bioquímica
bio•de•grad•able [bī′ō-dĭ-grā′də-bəl] *adj.* biodegradable
bio•di•ver•si•ty [bī′ō-dĭ-vûr′sĭ-tē] *s.* biodiversidad
bio•eth•ics [bī′ō-eth′ĭks] *s. sg.* bioética
bi•o•feed•back [bī′ō-fēd′băk′] *s.* biorreacción *f*
bio•fuel [bī′ō-fyōō′əl] *s.* biocarburante, biocombustible
bi•og•ra•pher [bī-ŏg′rə-fər] *s.* biógrafo
bi•o•graph•ic/i•cal [bī′ə-grăf′ĭk] *adj.* biográfico
bi•og•ra•phy [bī-ŏg′rə-fē] *s.* biografía
bi•o•log•ic/i•cal [bī′ə-lŏj′ĭk] *adj.* biológico
bi•ol•o•gist [bī-ŏl′ə-jĭst] *s.* biólogo
bi•ol•o•gy [:jē] *s.* biología
bi•o•mass [bī′ōmăs] *s.* biomasa
bi•on•ics [bī-ŏn′ĭks] *s.sg.* biónica
bi•o•phys•ics [bī′ō-fĭz′ĭks] *s.sg.* biofísica
bi•op•sy [bī′ŏp′sē] *s.* biopsia
bi•o•rhythm [bī′ō-rĭth′əm] *s.* biorritmo *m*
bi•o•sci•ence [′sī′əns] *s.* ciencia natural
bi•o•sphere [bī′ōsfîr] *s.* biosfera
bi•o•tech•no•lo•gy [bī′ō-tek-nŏl′ə-jē] *s.* biotecnología
bi•o•ter•ror•ism [bī′ō-ter′ə-rĭz′əm] *s.* bioterrorismo
bi•o•ter•ror•ist [bī′ō-ter′ə-rĭst] *s.* bioterrorista
bi•par•ti•san [bī-pär′tĭ-zən] *adj.* bipartidista
bi•par•tite [:tīt′] *adj.* bipartito
bi•ped [bī′ped′] *s.* & *adj.* bípedo
bi•plane [bī′plān′] *s.* biplano
bi•ra•cial [bī-rā′shəl] *adj.* de dos razas

birch [bûrch] *s.* abedul *m*
bird [bûrd] <> *s.* pájaro; [large] ave *f*; [game] caza de pluma ▪ **birds of a feather** lobos de la misma camada; **for the birds** cosa de bobos; **odd** ~ bicho raro <> *intr.* observar pájaros
bird•cage [ˈkāj'] *s.* jaula
bird•call [:kôl'] *s.* canto; [device] reclamo
bird•house [:hous'] *s.* pajarera, aviario
bird•lime [:līm'] *s.* liga
bird•seed [:sēd'] *s.* alpiste *m*
bird's-eye [bûrdz'ī'] *adj.* ▪ ~ **view** vista panorámica
birth [bûrth] *s.* nacimiento; [ancestry] linaje *m*; MED parto ▪ ~ **control** control de la natalidad; **by** ~ de nacimiento; **to give** ~ **to** dar a luz a
birth•day ['dā'] *s.* cumpleaños ▪ **on one's (15th/25th)** ~ al cumplir los (15/25) años
birth•mark [:märk'] *s.* lunar *m*
birth•place [:plās'] *s.* lugar *m* de nacimiento
birth•rate [:rāt'] *s.* índice *m* de natalidad
birth•right [:rīt'] *s.* derechos de nacimiento
bis•cuit [bĭs'kĭt] *s.* bizcocho; GB galletita
bi•sect [bī-sekt'] *tr.* bisecar
bi•sec•tion [bī-sek'shən] *s.* bisección *f*
bi•sex•u•al [bī-sek'sho͞o-əl] *adj.* & *s.* bisexual *mf*
bish•op [bĭsh'əp] *s.* obispo; [in chess] alfil *m*
bis•muth [bĭz'məth] *s.* bismuto
bi•son [bī'sən] *s.* bisonte *m*
bit[1] [bĭt] *s.* [piece] pedacito, trocito; [amount] poco; **a** ~ **larger** un poco más grande; [piece] pedacito, trocito ▪ **a good** ~ bastante; **a little** ~ un poquito; ~ **by** ~ poco a poco; ~ **part** papel secundario; **bits and pieces** cosas sueltas; **not a** ~ en absoluto; **the whole** ~ *fam* todo; **to blow to bits** hacer pedazos OR añicos; **to do one's** ~ poner de la parte de uno
bit[2] *s.* [drill] broca, barrena; [of a bridle] freno, bocado
bit[3] *s.* COMPUT bit *m*, bitio
bitch [bĭch] <> *s.* [dog] perra; *jer* [shrew] zorra, arpía; [complaint] queja <> *intr. jer* quejarse
bitch•y ['ē] *adj.* (-i-) rencoroso
bite [bīt] <> *tr.* & *intr.* (**bit, bit(ten)**) morder; [insects, snakes, fish] picar; [to cut into] cortar ▪ **to** ~ **off** arrancar de un mordisco; **to** ~ **the bullet** apretar los dientes y aguantar; **to** ~ **the dust** morder el polvo <> *s.* mordisco, dentellada; [wound] mordedura; [sting] picada; [in fishing] picada; [mouthful] mordisco, bocado ▪ **to have a** ~ **to eat** *fam* tomar un piscolabis; **to have** ~ ser incisivo OR penetrante
bit•ing [bī'tĭng] *adj.* [wind] cortante; [incisive] penetrante; [sarcastic] mordaz
bit•map [bĭt'măp'] *s.* COMPUT mapa de bits
bit•ter [bĭt'ər] <> *adj.* (**-er, -est**) amargo; [wind, cold] cortante, penetrante; [hard to accept] duro; [fierce] encarnizado, implacable; [resentful] resentido, amargado ▪ **to the** ~ **end** hasta vencer OR morir <> *s. pl.* bíter *m*
bit•ter•ness [:nĭs] *s.* amargura; [fierceness] encarnizamiento; [resentment] rencor *m*
bit•ter•sweet [:swēt'] *adj.* agridulce
bi•tu•men [bĭ-to͞o'mən] *s.* betún *m*
bi•week•ly [bī-wēk'lē] *adj.* quincenal
bi•zarre [bĭ-zär'] *adj.* extravagante, extraño
blab [blăb] <> *tr.* (**-bb-**) soltar, descubrir (secreto); (*intr.*) [to tell secrets] descubrir el pastel; [to chatter] cotorrear <> *s.* charloteo, cotorreo
blab•ber [:ər] <> *intr.* cotorrear <> *s.* cotorreo
blab•ber•mouth [:mouth'] *s. jer* cotorra
black [blăk] <> *s.* negro ▪ **Black** OR ~ [person] negro; **in** ~ **and white** por escrito; **to be in the** ~ estar haciendo ganancias; **to wear** ~ estar de luto <> *adj.* negro; [gloomy] sombrío; [wicked] malvado; [sullen] hosco ▪ **Black** OR ~ [Negroid] negro; ~ **box** AVIA caja negra; ~ **economy** economía sumergida; ~ **eye** ojo a la funerala; ~ **hole** agujero negro; ~ **market** mercado negro <> *tr.* ▪ **to** ~ **out** MIL apagar las luces; MED perder el conocimiento
black-and-blue ['ən-blo͞o'] *adj. fam* amoratado
black•ball ['bôl'] <> *s.* bola negra <> *tr.* dar OR echar bola negra
black•ber•ry [:ber'ē] zarzamora
black•bird [:bûrd'] *s.* mirlo
black•board [:bôrd'] *s.* pizarra, pizarrón *m*
black•en [:ən] *tr.* ennegrecer; [to defame] mancillar, difamar; (*intr.*) ennegrecerse
black•head [:hed'] *s.* espinilla, grano
black•jack [:jăk'] *s.* [bludgeon] cachiporra; [game] veintiuna
black•list [:lĭst'] <> *s.* lista negra <> *tr.* poner en la lista negra
black•mail [:māl'] <> *s.* chantaje *m* <> *tr.* chantajear
black•mail•er [:mā'lər] *s.* chantajista *mf*
black•out [:out'] *s.* [of a city] apagón *m*; MED desmayo, pérdida de la memoria; [of news] supresión
black•smith [:smĭth'] *s.* herrero
black•top [:tŏp'] *s.* asfalto
blad•der [blăd'ər] *s.* vejiga
blade [blād] *s.* hoja; [of a razor, skate] cuchilla; [of an oar] pala; [of a propeller, fan] aleta; [of grass] brizna; [young man] galán *m*
blame [blām] <> *tr.* ▪ **to be to** ~ **for** tener la culpa de; **to** ~ **on** echar la culpa a <> *s.* culpa ▪ **to put the** ~ **on** echar la culpa a
blame•less ['lĭs] *adj.* libre de culpa
bland [blănd] *adj.* [mild] suave; [dull] insulso
blan•dish•ment [blăn'dĭsh-mənt] *s.* lisonja
blank [blăngk] <> *adj.* [paper, tape] en blanco; [wall] liso; [look] vago; [mind] vacío ▪ ~ **check** cheque en blanco; *fig* carta blanca; **to go** ~ quedarse en blanco <> *s.* [space] blanco, vacío; [form] formulario (en blanco); [cartridge] cartucho de fogueo ▪ **to draw a** ~ no saber qué decir OR contestar <> *tr.* ▪ **to** ~ **out** borrar
blan•ket [blăng'kĭt] <> *s.* manta, frazada; *fig* manto, capa ▪ **wet** ~ aguafiestas <> *adj.* general, comprensivo <> *tr.* tapar, cubrir
blare [blâr] <> *intr.* resonar; (*tr.*) proclamar, pregonar <> *s.* estruendo
blar•ney [blär'nē] *s. fam* labia
bla•sé [blä-zā'] *adj.* hastiado, indiferente
blas•pheme [blăs-fēm'] *tr.* & *intr.* blasfemar (contra)
blas•phe•mous ['fə-məs] *adj.* blasfemo
blas•phe•my [:mē] *s.* blasfemia
blast [blăst] <> *s.* [gust] ráfaga; [explosion] explosión *f*; [explosive] carga explosiva; [shock] onda de choque; MÚS toque *m*, soplido ▪ ~ **furnace** alto horno; **(at) full** ~ a todo vapor; **to have a** ~ *jer* pasarla muy bien <> *tr.* [to blow up] volar; [hopes] acabar con; [a hole] abrir, perforar (con barrenos); *fam* [to criticize] criticar ▪ **to** ~ **away** disparar repetidamente; **to** ~ **off** despegar

blast•ed [blăs'tĭd] *adj. fam* condenado, maldito
blast•off, blast-off [blăst'ôf'] *s.* lanzamiento
bla•tant [blăt'nt] *adj.* patente, evidente
blath•er [blăth'ər] <> *intr.* decir disparates <> *s.* disparates *m*
blaze[1] [blāz] <> *s.* llamarada; [glare] resplandor *m*; [fire] fuego, hoguera; [outburst] arranque *m* <> *intr.* arder ▪ **blazing with (lights/colors)** resplandeciente de (luces/colores); **to ~ away** disparar continuamente
blaze[2] <> *s.* [white spot] lucero; [trail mark] marca <> *tr.* ▪ **to ~ a trail** abrir un camino
blaz•er [blā'zər] *s.* chaqueta deportiva
bleach [blēch] <> *tr.* blanquear; [clothes] colar; [hair] de(s)colorar; (*intr.*) de(s)colorarse <> *s.* de(s)colorante *m*; [for clothes] lejía
bleach•ers [blē'chərz] *s. pl.* gradas
bleak [blēk] *adj.* desolado, frío; [dreary] sombrío; [prospect] poco prometedor
blear•y ['ē] *adj.* (-i-) [eyes] nublado; [exhausted] agotado, exhausto
bleat [blēt] <> *s.* balido <> *intr.* balar
bleed [blēd] *intr.* (**bled**) sangrar, perder sangre; BOT exudar, perder savia; [colors] correrse ▪ **to ~ to death** morir desangrado; (*tr.*) desangrar a, sacar sangre a; [liquids] sangrar; *jer* [to extort] desplumar a ▪ **to ~ white** OR **dry** *fam* chuparle la sangre a
bleep [blēp] *tr.* & *s.* (hacer un) sonido electrónico agudo
blem•ish [blem'ĭsh] <> *tr.* manchar, mancillar <> *s.* mancha; [flaw] tacha
blend [blend] <> *tr.* (**-ed** OR **blent**) [to mix] mezclar; [to harmonize] armonizar; (*intr.*) [to mix] mezclarse, entremezclarse; [to harmonize] armonizar, hacer juego <> *s.* mezcla
blend•er [blen'dər] *s.* licuadora, batidora
bless [bles] *tr.* (**-ed** OR **blest**) bendecir ▪ **~ my soul!** OR **~ me!** ¡válgame Dios!; **to ~ with** dotar de
bless•ed ['ĭd] *adj.* bendito, santo ▪ **~ event** feliz acontecimiento; **not a ~ thing** *fam* nada en absoluto
bless•ing [:ĭng] *s.* bendición *f*; [benefit] ventaja; [approval] aprobación *f*
blew [blōō] ▻ **blow**[1]
blight [blīt] <> *s.* BOT añublo; [decay] ruina, decadencia <> *tr.* arruinar, destruir
blimp [blĭmp] *s.* dirigible no rígido
blind [blīnd] <> *adj.* ciego; [hidden] escondido; [street] sin salida ▪ **~ as a bat** ciego como un topo; **~ in one eye** tuerto; **~ date/navigation** cita/navegación a ciegas; **~ spot** ángulo muerto; *fig* punto flaco; **~ with** ciego de; **to turn a ~ eye** hacer la vista gorda <> *s.* persiana <> *adv.* a ciegas ▪ **~ drunk** borracho como una cuba <> *tr.* cegar; [to dazzle] deslumbrar
blind•ers [blīn'dərz] *s. pl.* anteojeras
blind•fold [blīnd'fōld'] <> *tr.* vendar los ojos a <> *s.* venda
blind•ing [:ĭng] *adj.* cegador, deslumbrante
blind•ly [:lē] *adv.* ciegamente, a ciegas
blind•ness [:nĭs] *s.* ceguera
blink [blĭngk] <> *intr.* parpadear, pestañear; [signal] brillar intermitentemente; [to back down] ceder, echarse atrás; (*tr.*) abrir y cerrar ▪ **to ~ an eye** hacer la vista gorda; **without blinking an eye** sin pestañear <> *s.* parpadeo, pestañeo ▪ **on the ~** *jer* descompuesto
blink•er [blĭng'kər] <> *s.* intermitente *m* <> *pl.* anteojeras
blink•ing [:kĭng] *adj.* [flickering] parpadeante; [intermittent] intermitente; GB *jer* maldito
blip [blĭp] *s.* ELECTRÓN parpadeo; [sound] pitido; [problem] pequeño problema
bliss [blĭs] *s.* dicha, felicidad *f*
bliss•ful ['fəl] *adj.* dichoso, feliz
blis•ter [blĭs'tər] <> *s.* ampolla; BOT verruga <> *tr.* & *intr.* ampollar(se)
blis•ter•ing [:ĭng] *adj.* [hot] abrasador; [harsh] feroz (palabras); [fast-paced] forzado
blithe [blīth] *adj.* alegre, despreocupado
blitz [blĭts] *s.* MIL ataque relámpago
bliz•zard [blĭz'ərd] *s.* ventisca; *fig* torrente *m*
bloat [blōt] *tr.* & *intr.* hinchar(se), inflar(se)
blob [blŏb] *s.* masa informe; [of color] mancha
bloc [blŏk] *s.* bloque *m*
block [blŏk] <> *s.* bloque *m*; [chunk] trozo; [for chopping] tajo; [hat mold] horma; [chock] calza; [toy] tarugo; [pulley] polea; [of a city] cuadra, manzana; [street] calle *f*, cuadra; [obstacle] obstrucción *f*, obstáculo; *jer* [head] coco, cabeza; DEP, MED & PSIC bloqueo, obstrucción ▪ **~ and tackle** aparejo de poleas <> *tr.* [to obstruct] bloquear, obstruir (tráfico, avance); [a wheel] calzar; MED & PSIC obstruir, interrumpir
block•ade [blŏ-kād'] <> *s.* bloqueo <> *tr.* bloquear
block•age [blŏk'ĭj] *s.* obstrucción *f*
block•bust•er [:bŭs'tər] *s.* éxito rotundo
block•head [:hed'] *s. fam* zoquete *m*
bloke [blōk] *s.* GB *fam* tipo, fulano
blond [blŏnd] *s.* & *adj.* rubio
blonde [blŏnd] *s.* & *adj.* rubia
blood [blŭd] *s.* sangre *f*; [bloodshed] derrame *m* de sangre; [lineage] linaje *m*; [kinship] parentesco ▪ **~ bath** matanza; **~ count** recuento globular; **~ relation** consanguíneo; **~ test** análisis de sangre; **~ type** tipo sanguíneo
blood•cur•dling ['kûrd'lĭng] *adj.* espeluznante
blood•hound [:hound'] *s.* sabueso
blood•less [:lĭs] *adj.* exangüe; [coup] sin derramamiento de sangre
blood•shed [:shed'] *s.* derramamiento de sangre
blood•shot [:shŏt'] *adj.* inyectado de sangre
blood•stain [:stān'] <> *s.* mancha de sangre <> *tr.* ensangrentar
blood•stream [:strēm'] *s.* corriente sanguínea
blood•thirst•y [:thûr'stē] *adj.* sanguinario
blood•y [:ē] <> *adj.* (-i-) sangriento; GB *jer* maldito, infame <> *adv.* GB *jer* muy <> *tr.* ensangrentar
bloom [blōōm] <> *s.* flor *f*; [flowering] florecimiento; [vigor] lozanía ▪ **in ~** en flor <> *intr.* florecer
bloom•ers [blōō'mərz] *s. pl.* calzón bombacho
bloop•er [blōō'pər] *s. fam* metida de pata
blos•som [blŏs'əm] <> *s.* flor *f*; [flowering] florecimiento ▪ **in ~** en flor <> *intr.* florecer
blot [blŏt] <> *s.* mancha, borrón *m* <> *tr.* (-tt-) manchar; [ink] secar ▪ **blotting paper** papel secante; **to ~ out** borrar
blotch [blŏch] <> *s.* mancha, manchón *m* <> *tr.* & *intr.* cubrir(se) de manchas
blot•ter [blŏt'ər] *s.* [paper] secante *m*; [register] registro
blouse [blous] *s.* blusa; [smock] blusón *m*; MIL guerrera
blow[1] [blō] <> *intr.* (**blew, -n**) soplar; [a horn] sonar; [a

whale] resoplar; [a fuse] quemarse; [to pant] resollar; [to burst] explotar ▪ **to ~ in** *fam* llegar inesperadamente; **to ~ out** [tire] estallar, reventarse; [fuse] fundirse, quemarse; **to ~ over** [storm] pasar; [scandal] olvidarse; **to ~ up** [to explode] explotar; [with anger] encolerizarse; (*tr.*) soplar; [instrument] tocar; [smoke] echar; [one's nose] sonarse; [a fuse] fundir; [to waste] malgastar; *fam* [to leave town] irse, largarse de ▪ **to ~ away** llevarse; **to ~ down** derribar; **to ~ off steam** desahogarse emocionalmente; **to ~ out** soplar, apagar; **to ~ over** derribar; *fig* sorprender; **to ~ up** [to destroy] volar, hacer saltar; [to inflate] inflar; FOTOG ampliar ◇ *s.* soplido, soplo; [storm] tormenta

blow[2] *s.* golpe *m*; [setback] revés *m* ▪ **to come to blows** agarrarse a puñetazos

blow-by-blow [ˈbī′] *adj.* detallado

blow-dry•er [:drī′ər] *s.* secador *m* de cabello

blow•hole [:hōl′] *s.* respiradero

blown [blōn] ▷ **blow[1]**

blow•out [:out′] *s.* AUTO reventón *m*, pinchazo; *jer* [bash] gran festín *m*, comilona

blow•torch [:tôrch′] *s.* soplete *m*

blow•up [:ŭp′] *s.* explosión *f*; [of temper] estallido; FOTOG ampliación *f*

blub•ber [blŭb′ər] ◇ *intr.* lloriquear, gimotear; (*tr.*) decir llorando ◇ *s.* grasa de ballena; [body fat] grasa, gordura

bludg•eon [blŭj′ən] ◇ *s.* cachiporra, maza ◇ *tr.* aporrear

blue [blo͞o] ◇ *s.* azul *m* ▪ **out of the ~** de repente ◇ *pl.* melancolía; MÚS blues *m* ◇ *adj.* azul; [gloomy] tristón, melancólico ▪ **~ chip** acción puntera; **~ jay** arrendajo; **~ jeans** pantalones vaqueros

blue•bell [ˈbel′] *s.* campanilla

blue•bot•tle [:bŏt′l] *s.* moscarda, mosca azul

blue-col•lar [:kŏl′ər] *adj.* obrero, manual

blue•print [:prĭnt′] *s.* cianotipo, anteproyecto; *fig* proyecto detallado

blue•stock•ing [:stŏk′ĭng] *s.* marisabidilla

bluff[1] [blŭf] ◇ *tr.* [to fool] engañar; (*intr.*) farolear, aparentar ◇ *s.* engaño, farol *m* ▪ **to call someone's ~** poner a alguien en evidencia

bluff[2] *s.* [cliff] acantilado; [river bank] ribera escarpada

bluff•er [ˈər] *s.* fanfarrón *m*, farolero

blun•der [blŭn′dər] ◇ *s.* error craso, metida de pata ◇ *intr.* [to move] andar a tropezones; [to err] cometer un error craso

blunt [blŭnt] ◇ *adj.* desafilado; [frank] franco, brusco ◇ *tr.* desafiar, embotar

blur [blûr] ◇ *tr.* (-rr-) empañar, nublar; (*intr.*) oscurecerse, ponerse borroso ◇ *s.* borrón *m*, manchón *m*

blurb [blûrb] *s.* propaganda

blur•ry [blûr′ē] *adj.* (-i-) confuso, borroso

blurt [blûrt] *tr.* ▪ **to ~ out** dejar escapar, decir impulsivamente

blush [blŭsh] ◇ *intr.* ruborizarse, sonrojarse ▪ **to ~ at** avergonzarse de ◇ *s.* rubor *m*, sonrojo

blus•ter [blŭs′tər] ◇ *intr.* [wind] bramar; [to boast] echar bravatas ◇ *s.* fanfarronada

boar [bôr] *s.* [hog] verraco; [wild pig] jabalí *m*

board [bôrd] ◇ *s.* madero, tabla; [for games] tablero; [table] mesa; [meals] pensión *f*; [council] junta, consejo ▪ **above ~** honrado; **~ of directors** consejo de administración, directorio; **~ of trade** junta de comercio; **on ~** a bordo ◇ *pl.* TEAT tablas, escenario ◇ *tr.* embarcar(se) en ▪ **to ~ up** tapar con tablas; (*intr.*) hospedarse con comida

board•er [bôr′dər] *s.* pensionista *mf*

board•ing•house [:dĭng-hous′] *s.* pensión *f*

board•ing pass [:dĭng-păs′] *s.* tarjeta de embarque

board•walk [bôrd′wôk′] *s.* paseo entablado

boast [bōst] ◇ *intr.* jactarse, alardear ▪ **to ~ of** OR **about** jactarse de, hacer alarde de; **to be nothing to ~ about** no ser cosa para jactarse; (*tr.*) ostentar ◇ *s.* jactancia, alarde *m*

boast•ful [ˈfəl] *adj.* jactancioso

boast•ing [bō′stĭng] *s.* jactancia, vanagloria

boat [bōt] *s.* [small craft] bote *m*, barca; [ship] barco, buque *m* ▪ **to be in the same ~** estar en la misma situación

boat•ing [bō′tĭng] *s.* paseo en bote

boat•man [bōt′mən] *s.* (*pl* **-men**) lanchero

boat•swain [bō′sən] *s.* contramaestre *m*

bob[1] [bŏb] ◇ *s.* [dip] sacudida; CARP plomo, peso ◇ *intr.* (-bb-) balancearse (esp. en el agua)

bob[2] *s. inv.* GB *jer* chelín *m*

bob•ber [ˈər] *s.* flotador *m* (de pescador)

bob•bin [bŏb′ĭn] *s.* bobina, carrete *m*

bob•ble [bŏb′əl] *tr.* dejar caer (una pelota)

bob•by [bŏb′ē] *s.* GB *fam* policía *mf* ▪ **~ pin** horquilla; **~ socks** OR **sox** tobilleras

bob•cat [bŏb′kăt′] *s.* gato montés, lince *m*

bob•tail [ˈtāl′] *s.* cola cortada

bode[1] [bōd] *tr.* presagiar ▪ **to ~ well/ill** ser de buen/mal agüero

bode[2] ▷ **bide**

bod•ice [bŏd′ĭs] *s.* cuerpo, corpiño

bod•i•ly [bŏd′l-ē] ◇ *adj.* corporal ◇ *adv.* [physically] corporalmente; [as a whole] en pleno

bod•y [bŏd′ē] ◇ *s.* cuerpo; [trunk] torso; [corpse] cadáver *m*; [organization] organismo; [group] grupo, conjunto; [of water] masa; AVIA fuselaje *m*; AUTO carrocería ▪ **~ piercing** piercing *m*; **~ and soul** completamente, con toda el alma ◇ *tr.* ▪ **to ~ forth** representar, simbolizar (idea, concepto)

bod•y•guard [:gärd′] *s.* guardaespaldas *m*

bog [bôg] ◇ *s.* pantano, ciénaga ◇ *tr.* & *intr.* (**-gg-**) ▪ **to ~ down** empantanar(se), atascar(se)

bog•ey•man [bo͝og′ē-măn′] *s.* (*pl* **-men**) *fam* cuco, coco

bog•gle [bŏg′əl] *tr.* & *intr.* sobresaltar(se) ▪ **the mind boggles** no me lo puedo ni imaginar

bo•gus [bō′gəs] *adj.* falso, fraudulento

boil[1] [boil] ◇ *intr.* hervir; [to cook] cocer; *fig* bullir ▪ **to ~ down (to)** reducirse (a); **to ~ over** [pot] rebosar (al hervir); [person] enfurecerse; (*tr.*) hacer hervir; [to cook] cocer, herventar; [an egg] pasar por agua ◇ *s.* hervor *m* ▪ **to bring to a ~** calentar hasta que hierva; **to come to a ~** comenzar a hervir

boil[2] *s.* MED furúnculo, divieso

boil•er [boi′lər] *s.* caldera

boil•ing [:ĭng] ◇ *adj.* hirviente ◇ *s.* ebullición *f* ▪ **~ point** FÍS punto de ebullición; *fam* límite de la paciencia

bois•ter•ous [boi′stər-əs] *adj.* bullicioso, alborotador

bold [bōld] *adj.* [fearless] intrépido; [daring] audaz; [impudent] descarado ▪ **in ~ face** en letra negrilla

bo•lo•gna [bə-lō′nē] *s.* salchicha de Bolonia

B

bol•ster [bōl′stər] ◇ *s.* cabezal *m* ◇ *tr.* [to strengthen] reforzar, apoyar; [to hearten] animar

bolt [bōlt] ◇ *s.* MEC tornillo, perno; [lock] cerrojo, pestillo; [of cloth] rollo; [dash] carrera brusca OR rápida; [thunderbolt] rayo ▪ **a ~ from the blue** un suceso inesperado; **~ and nut** perno y tuerca; **to make a ~ for** precipitarse hacia ◇ *tr.* [to lock] echar el cerrojo a, cerrar con pestillo; [to fasten] sujetar con tornillos OR pernos; [to gulp] engullir; (*intr.*) [to dash off] fugarse; [a horse] desbocarse ▪ **to ~ off** fugarse, huir; **to ~ out** salir de repente

bomb [bŏm] ◇ *s.* bomba; *jer* [failure] fracaso, fiasco ▪ **~ shelter** refugio antiaéreo ◇ *tr.* bombardear; (*intr.*) arrojar bombas; *jer* [to fail] fracasar

bom•bard [-bärd′] *tr.* [to bomb] bombardear; [to harass] abrumar, acosar

bom•bar•dier [′bər-dîr′] *s.* bombardero

bom•bard•ment [-bärd′mənt] *s.* bombardeo

bom•bast [′băst′] *s.* discurso grandilocuente

bomb•er [:ər] *s.* bombardero

bomb•ing [:ĭng] *s.* bombardeo

bomb•proof [:pro͞of′] *adj.* a prueba de bombas

bomb•shell [:shel′] *s.* MIL *fig* bomba

bo•na•fide [bō′nəfīd′] *adj.* auténtico

bo•nan•za [bə-năn′zə] *s.* bonanza, mina

bond [bŏnd] ◇ *s.* lazo, atadura; DER fianza, garantía; FIN bono, obligación *f*; QUÍM enlace *m* ▪ **in ~** en depósito, afianzado ◇ *pl.* cadenas ◇ *tr.* unir; DER afianzar, dar fianza a; (*intr.*) unirse, pegarse

bond•age [bŏn′dĭj] *s.* esclavitud *f*

bond•ed [bŏn′dĭd] *adj.* depositado bajo fianza

bond•hold•er [bŏnd′hōl′dər] *s.* obligacionista *mf*

bone [bōn] ◇ *s.* hueso; [of fish] espina ▪ **~ of contention** manzana de la discordia; **to make no bones of** OR **about something** no ocultar algo; **to the ~** *fig* al máximo, completamente ◇ *tr.* deshuesar; [fish] quitar las espinas a; (*intr.*) ▪ **to ~ up on** *jer* estudiar duro

bone-dry [′drī′] *adj.* completamente seco

bon•er [bō′nər] *s.* *fam* metedura de pata

bon•fire [bŏn′fīr′] *s.* fogata, hoguera

bon•net [bŏn′ĭt] *s.* [hat] gorra, cofia; MEC sombrerete *m*; GB AUTO capó

bo•nus [bō′nəs] *s.* plus *m*, sobresueldo

bon•y [bō′nē] *adj.* (-i-) óseo; [thin] esquelético, flaco; [fish] espinoso

boo [bo͞o] ◇ *s.* abucheo, rechifla ◇ *interj.* ¡bú! ◇ *intr.* & *tr.* abuchear (a), rechiflar (a)

boob [bo͞ob] *s.* *fam* [fool] bobalicón *m*; *jer* [breast] teta

boo-boo [bo͞o′bo͞o] *s.* *jer* [blunder] metida de pata; [injury] nana, pupa

boo•by [:bē] *s.* *fam* bobalicón *m*; *jer* teta ▪ **~ prize** premio al peor; **~ trap** engañabobos

book [bo͝ok] ◇ *s.* libro; [notebook] libreta; [register] registro ▪ **to go by the ~** proceder según las reglas; **to throw the ~ at someone** *jer* castigar severamente a alguien; **~ on tape** audiolibro ◇ *tr.* [a suspect] asentar, registrar; [to reserve] reservar, hacer reservación de; [to hire] contratar (artistas) ▪ **to be booked up** [hotel, restaurant] estar completo; [person] tener otro compromiso

book•bind•ing [′bīn′dĭng] *s.* encuadernación *f*

book•case [:kās′] *s.* estantería para libros

book•end [:end′] *s.* sujetalibros *m*

book•ie [:ē] *s.* *fam* corredor *m* (de apuestas)

book•ing [:ĭng] *s.* [engagement] contratación *f*; [reservation] reservación *f*, reserva

book•ish [:ĭsh] *adj.* libresco

book•keep•er [:kē′pər] *s.* tenedor *m* de libros

book•keep•ing [:kē′pĭng] *s.* teneduría de libros, contabilidad *f*

book•let [:lĭt] *s.* folleto

book•mark [bo͝ok′märk′] *s.* marcador

book•plate [:plāt′] *s.* ex libris *m*

book•sell•er [:sel′ər] *s.* librero

book•shelf [:shelf′] *s.* (*pl* **-ves**) estante *m* para libros

book•store [:stôr′] *s.* librería

book•worm [:wûrm′] *s.* [larva] polilla (que roe los libros); *fig* ratón *m* de biblioteca

boom[1] [bo͞om] ◇ *s.* [sound] estampido, trueno; COM auge *m* ◇ *intr.* [to thunder] tronar, retumbar; COM estar en auge

boom[2] *s.* MARÍT botalón *m*; MEC pescante *m* (de grúas); CINEM jirafa (de micrófono)

boo•mer•ang [bo͞o′mə-răng′] ◇ *s.* bumerang *m* ◇ *intr.* ser contraproducente

boon [bo͞on] *s.* bendición *f*, dicha

boon•docks [bo͞on′dŏks′] *s. pl.* *jer* los quintos infiernos

boon•dog•gle [bo͞on′dô′gəl] *s.* *fam* trabajo pagado innecesario

boor [bo͝or] *s.* patán *m*

boor•ish [′ĭsh] *adj.* tosco, rudo

boost [bo͞ost] ◇ *tr.* [to lift] alzar, levantar; [to increase] aumentar ◇ *s.* [push] impulso; [increase] aumento

boost•er [bo͞o′stər] *s.* promotor *m* ▪ **~ rocket** cohete acelerador; **~ shot** inyección de refuerzo

boot [bo͞ot] ◇ *s.* bota; GB [trunk] portaequipajes *m* ▪ **to ~** *fam* además; **to get the ~** *fam* ser despedido del empleo ◇ *tr.* [to kick] patear; *jer* [to fire] despedir ▪ **to ~ up** COMPUT arrancar

booth [bo͞oth] *s.* [compartment] cabina; [stand] puesto, quiosco

boot•leg [bo͞ot′leg′] ◇ *tr.* & *intr.* (**-gg-**) contrabandear ◇ *adj.* & *s.* (de) contrabando

boot•strap [′străp′] *s.* tirante *m* ▪ **by one's bootstraps** por sí mismo

boo•ty [bo͞o′tē] *s.* botín *m*

booze [bo͞oz] *fam* ◇ *s.* bebida alcohólica ◇ *intr.* beber

bop [bŏp] *fam* ◇ *tr.* (**-pp-**) golpear ◇ *s.* golpe *m*

bor•der [bôr′dər] ◇ *s.* [boundary] frontera; [edge] borde *m*, orilla ◇ *tr.* [to edge] bordear; [to adjoin] lindar con; (*intr.*) ▪ **to ~ on** lindar con; *fig* aproximarse a

bor•der•line [:līn′] ◇ *s.* frontera ◇ *adj.* dudoso

bore[1] [bôr] ◇ *tr.* & *intr.* [to drill] taladrar, barrenar ◇ *s.* [hole] agujero; [diameter] diámetro interior; [caliber] calibre *m*

bore[2] ◇ *tr.* [to weary] aburrir, cansar ◇ *s.* [person] pesado, pelmazo; [thing] pesadez *f*

bore[3] ▻ **bear**[1]

bore•dom [′dəm] *s.* aburrimiento

bor•ing [bôr′ĭng] *adj.* aburrido, pesado

born [bôrn] ▻ **bear**[1] ▪ **to be ~** nacer; [to originate] originarse ◇ *adj.* nato ▪ **a ~ fool** un tonto de nacimiento; **a ~ liar** un mentiroso innato

born-a•gain [′ə-gen′] *adj.* renacido

borne [bôrn] ▻ **bear**[1]

bor•ough [bûr′ō] *s.* municipio

bor•row [bŏr′ō] *tr.* [a loan] tomar prestado; [to use] apropiarse (de); (*intr.*) tomar un préstamo
bor•row•er [:ər] *s.* prestatario
bo's'n, bos'n [bō′sən] *s.* = **boatswain**
bos•om [bo͝oz′əm] *s.* pecho; *fig* seno ▪ ~ **buddy** *fam* amigo del alma
boss [bôs] ◇ *s.* [supervisor] supervisor *m*, capataz *m*; [leader] jefe *m*, cacique *m* ◇ *tr.* dirigir, mandar
boss•y [bô′sē] *adj.* (**-i-**) mandón
bo•tan•ic/i•cal [bə-tăn′ĭk] *adj.* botánico
bot•a•nist [bŏt′n-ĭst] *s.* botánico
bot•a•ny [:ē] *s.* botánica
botch [bŏch] ◇ *tr.* chapucear ◇ *s.* chapucería
both [bōth] ◇ *pron.* & *adj.* ambos, los dos ▪ ~ **of us/you** nosotros/vosotros dos; **you can't have it** ~ **ways** no puedes tenerlo todo ◇ *conj.* ... y ... además ▪ **he is** ~ **strong and healthy** él es fuerte y sano además
both•er [bŏ*th*′ər] ◇ *tr.* & *intr.* molestar(se) (**about, with** por) ◇ *s.* molestia, fastidio
both•er•some [:səm] *adj.* molesto, fastidioso
bo•tox [bō′tŏks] *s.* botox *m*
bot•tle [bŏt′l] ◇ *s.* botella; [baby's] biberón *m* ▪ **to hit the** ~ *jer* beber ◇ *tr.* embotellar, envasar ▪ **to** ~ **up** reprimir
bot•tle•neck [:nek′] *s.* cuello; *fig* embotellamiento
bot•tom [bŏt′əm] *s.* fondo; [of a list] final *m*; [foot] pie *m*; [of sea, river] lecho; [essence] meollo, base *f*; *fam* [buttocks] trasero ▪ ~ **dollar** precio más bajo; ~ **line** FIN balance final; *fig* quid
bot•tom•less [:lĭs] *adj.* sin fondo
bot•u•lism [bŏch′ə-lĭz′əm] *s.* botulismo
bough [bou] *s.* rama
bought [bôt] ▻ **buy**
bouil•lon [bo͝ol′yŏn′] *s.* caldo
boul•der [bōl′dər] *s.* canto rodado
boul•e•vard [bo͝ol′ə-värd′] *s.* bulevar *m*
bounce [bouns] ◇ *intr.* rebotar; [to jump] saltar, dar brincos; *fam* [a check] ser rechazado; COMPUT rebotar ▪ **to** ~ **back** recuperarse; (*tr.*) hacer rebotar; *jer* [to expel] echar; [to fire] despedir ◇ *s.* [leap] salto, brinco; [rebound] rebote *m*; [springiness] elasticidad *f*
bounc•er [bouns′ər] *s.* *jer* gorila *m*, sacabullas *m*
bounc•ing [:sĭng] *adj.* robusto, fuerte
bounc•y [:sē] *adj.* (**-i-**) vivo, exuberante
bound[1] [bound] ◇ *intr.* saltar, dar brincos ◇ *s.* [leap] salto, brinco; [bounce] rebote *m*
bound[2] ▻ **bind** ◇ *adj.* [tied] atado, amarrado; [certain] seguro; [obliged] obligado; IMPR encuadernado ▪ ~ **up in** entregado a; ~ **up with** estrechamente relacionado con; **it is** ~ **to happen** tiene forzosamente que ocurrir
bound[3] *adj.* ▪ ~ **for** con destino a
bound•a•ry [boun′də-rē] *s.* límite *m*, frontera
bound•less [bound′lĭs] *adj.* ilimitado, infinito
bounds [boundz] *s. pl.* límite *m* ▪ **out of** ~ DEP fuera de la cancha; [behavior] fuera de los límites; [prohibited] prohibido
boun•ti•ful [boun′tə-fəl] *adj.* generoso
boun•ty [boun′tē] *s.* [generosity] generosidad *f*; [gift] regalo; [reward] recompensa
bou•quet [bō-kā′, bo͞o-] *s.* [of flowers] ramillete *m*; [of wine] buqué *m*
bour•geois [bo͝or-zhwä′] *s.* & *adj.* burgués *m*
bour•geoi•sie [′-zē′] *s.* burguesía
bout [bout] *s.* [contest] combate *m*; [spell] ataque *m* (de una enfermedad)
bou•tique [bo͞o-tēk′] *s.* boutique *f*
bo•vine [bō′vīn′] *adj.* & *s.* bovino
bow[1] [bou] *s.* MARÍT proa
bow[2] [bou] ◇ *intr.* [to stoop] inclinarse, doblegarse; [to nod] saludar; [in obeisance] inclinarse, hacer una reverencia; [to submit] someterse ▪ **to** ~ **out** retirarse, renunciar; (*tr.*) [the head, body] inclinar; [the knee] doblar ◇ *s.* [obeisance] reverencia; [greeting] saludo
bow[3] [bō] *s.* ARM & MÚS arco; [knot] lazo; [curve] arco, curva ▪ ~ **tie** corbata de lazo
bow•el [bou′əl] ◇ *s.* intestino ◇ *pl.* entrañas
bowl[1] [bōl] *s.* [dish] fuente *f*, cuenco; [cup] tazón *m*; [washbasin] jofaina; [toilet] taza; DEP estadio
bowl[2] *intr.* DEP jugar a los bolos; (*tr.*) lanzar, tirar (la bola) ▪ **to** ~ **over** derribar; *fig* pasmar
bow•leg•ged [bō′leg′ĭd] *adj.* estevado
bowl•er[1] [bō′lər] *s.* jugador *m* de bolos
bowl•er[2] *s.* [hat] sombrero hongo, bombín *m*
bowl•ing [bō′lĭng] *s.* bolos ▪ ~ **alley** bolera
box[1] [bŏks] ◇ *s.* caja; [large] cajón *m*; [small] estuche *m*; [pigeonhole] casilla; [printed] casilla, cuadro; TEAT palco; [in newspaper] recuadro ▪ ~ **office** taquilla, boletería; ~ **spring** colchón de resortes ◇ *tr.* ▪ **to** ~ **in** encerrar; **to** ~ **up** encajonar, empaquetar
box[2] ◇ *s.* [blow] bofetada, cachete *m* ◇ *tr.* abofetear; DEP boxear; (*intr.*) boxear
box•car [′kär′] *s.* FC furgón *m*
box•er [bŏk′sər] *s.* boxeador *m*, púgil *m*
box•ing [:sĭng] *s.* boxeo ▪ ~ **glove** guante de boxeo
box•wood [bŏks′wo͝od′] *s.* boj *m*
boy [boi] ◇ *s.* niño; [youth, servant] muchacho ◇ *interj.* ¡chico!, ¡hombre!
boy•cott [boi′kŏt′] ◇ *tr.* boicotear ◇ *s.* boicoteo, boicot *m*
boy•friend [boi′frend′] *s.* *fam* novio
boy•hood [:ho͝od′] *s.* niñez *f*, infancia
bra [brä] *s.* sostén *m*, corpiño
brace [brās] ◇ *s.* [support] refuerzo, puntal *m*; TEC tirante *m*; MED braguero; IMPR corchete *m* ◇ *pl.* ODONT aparato de ortodoncia ◇ *tr.* [to support] apuntalar, reforzar; [to hold steady] asegurar; [to invigorate] vigorizar ▪ **to** ~ **oneself for** prepararse para (golpe, noticia); **to** ~ **up** cobrar ánimo
brace•let [brās′lĭt] *s.* brazalete *m*, pulsera
brac•ing [brā′sĭng] *adj.* fortificante, vigorizante
brack•et [brăk′ĭt] ◇ *s.* [support] soporte *m*, escuadra; [shelf] repisa; [category] categoría, grupo; IMPR corchete *m* ◇ *tr.* agrupar, clasificar
brack•ish [brăk′ĭsh] *adj.* salino, salobre
brad [brăd] *s.* puntilla, clavito
brag [brăg] ◇ *tr.* & *intr.* (**-gg-**) jactarse (de) ◇ *s.* jactancia, alarde *m*
brag•gart [′ərt] *s.* & *adj.* fanfarrón *m*
braid [brād] ◇ *tr.* [to plait] trenzar; COST galonear ◇ *s.* [plait] trenza; [trim] galón *m*
brain [brān] ◇ *s.* cerebro ▪ ~ **child** *fam* invento, creación ◇ *pl.* CUL sesos; [intelligence] cabeza ▪ **to rack one's** ~ devanarse los sesos ◇ *tr.* *jer* romper la crisma a
brain•storm [′stôrm′] *s.* idea genial
brain•wash [:wŏsh′] *tr.* lavar el cerebro

brain•y [brā'nē] *adj.* (-i-) *fam* inteligente, listo

braise [brāz] *tr.* dorar a fuego lento en cazuela tapada

brake [brāk] ◇ *s.* freno ■ ~ **drum** tambor de freno ◇ *tr.* frenar; (*intr.*) aplicar el freno

bram•ble [brăm'bəl] *s.* zarzamora

bran [brăn] *s.* salvado, afrecho

branch [brănch] ◇ *s.* rama; [division] ramo, rama; [of a river] brazo; FC ramal *m* ■ ~ **office** sucursal *f* ◇ *intr.* [trees] echar ramas; [to spread out] ramificarse; [to split] bifurcarse ■ **to ~ out** extender las actividades

brand [brănd] ◇ *s.* COM marca (de fábrica); [style] modo, manera; [type] clase *f*; [on cattle] marca (de hierro); [firebrand] tizón *m* ◇ *tr.* [cattle] marcar, herrar; [to stigmatize] calificar de, tildar de

brand•ing [brăn'dĭng] *s.* herradero, hierra ■ ~ **iron** hierro de marcar

bran•dish [brăn'dĭsh] *tr.* blandir, esgrimir

brand-new [brănd'nōō'] *adj.* flamante

bran•dy [brăn'dē] *s.* coñac *m*, aguardiente *m*

brash [brăsh] *adj.* [rash] impetuoso; [impudent] descarado, insolente

brass [brăs] ◇ *s.* latón *m*; *fam* [gall] descaro ■ ~ **hat** MIL *jer* oficial de estado mayor; ~ **knuckles** manopla ◇ *pl.* MÚS cobres

bras•siere [brə-zîr'] *s.* sostén *m*, corpiño

brass•y [brăs'ē] *adj.* (-i-) [sound] metálico; *fam* [impudent] descarado

brat [brăt] *s.* niño malcriado, mocoso

bra•va•do [brə-vä'dō] *s.* bravata

brave [brāv] ◇ *adj.* valiente, bravo ◇ *s.* guerrero indio ◇ *tr.* [to face] afrontar; [to defy] desafiar

brav•er•y [brā'və-rē] *s.* valentía, valor *m*

brawl [brôl] ◇ *s.* pelea ◇ *intr.* pelear

brawn [brôn] *s.* fuerza muscular

brawn•y [brô'nē] *adj.* (-i-) musculoso

bray [brā] ◇ *s.* rebuzno ◇ *intr.* rebuznar

bra•zen [brā'zən] *adj.* descarado

bra•zier [brā'zhər] *s.* brasero

breach [brēch] ◇ *s.* [of law] violación *f*; [of promise] incumplimiento; [of relations] ruptura; MIL brecha ◇ *tr.* MIL abrir brecha en; DER violar

bread [bred] ◇ *s.* pan *m*; *jer* [money] plata, pasta ■ ~ **and butter** *fam* pan de cada día ◇ *tr.* CUL empanar

bread•board [:'bôrd'] *s.* tabla para cortar pan

breadth [bredth] *s.* [width] anchura; [scope] extensión *f*; [openness] liberalidad *f*

bread•win•ner [bred'wĭn'ər] *s.* sostén *m* de la familia

break [brāk] ◇ *tr.* (**broke, broken**) romper; [to crack] quebrar, fracturar; [to damage] estropear, descomponer; [a law] infringir, violar; [spirit, will] quebrantar; [a horse] domar; [a blow, fall] amortiguar, parar; [a bill] cambiar; [a record] batir; [a code] descifrar; ELEC interrumpir, cortar ■ **to ~ down** [to analyze] detallar, analizar; [to destroy] derrumbar; **to ~ in** [shoes] amoldar; [machine] ajustar; **to ~ off** [to detach] romper, separar; [relations] romper; [talks] suspender; **to ~ one's back** romperse el alma; **to ~ oneself of a habit** quitarse una costumbre; **to ~ open** abrir forzando, forzar; **to ~ someone's heart** partirle el corazón a alguien; **to ~ up** [to crumble] desmenuzar; [to put an end to] acabar, terminar; [to upset] quebrantar, apesadumbrar; [with laughter] hacer morir de risa; **to ~ (up) with** romper con (una relación); (*intr.*) [to shatter] romperse; [to come apart] partirse; [to become unusable] estropearse, descomponerse; [fever] bajar; [day] apuntar, rayar; [the heart] partirse, romperse; [the voice] fallar; [news] revelarse; DEP separarse (los púgiles) ■ **to ~ away** [to withdraw] separarse; [to escape] escaparse; [to start suddenly] arrancar; **to ~ down** [to malfunction] averiarse, descomponerse; [physically] debilitarse; [emotionally] abatirse, sufrir un colapso; **to ~ even** salir sin ganar o perder; **to ~ in** [to enter] entrar forzadamente (con intención de robar); [to interrupt] interrumpir; **to ~ into** [to enter] entrar forzadamente en; **to ~ into tears** echarse a llorar; **to ~ into laughter** echarse a reír; **to ~ loose** [to come off] soltarse, desprenderse; [to escape] escaparse; **to ~ off** [to come off] soltarse, desprenderse; [to stop] detenerse; **to ~ out** [to escape] escaparse; [to erupt] estallar; MED salirle a uno (sarpullido, manchas); **to ~ through** atravesar, abrirse paso; **to ~ up** [to end] acabarse, terminarse (partido, reunión); [to split up] separarse (una relación); [to scatter] dispersarse, levantarse ◇ *s.* [act] ruptura, rompimiento; [fracture] fractura; [crack] grieta, raja; [gap] abertura; [change] cambio, interrupción *f*; [pause] intervalo, pausa; [sudden dash] salida, arrancada; [escape] fuga, evasión *f*; ELEC interrupción, corte *m* ■ **at the ~ of day** al amanecer; **lucky ~** golpe de suerte; **to give someone a ~** dar una oportunidad a alguien; **to take a ~** descansar; **without a ~** sin parar

break•a•ble [brā'kə-bəl] ◇ *adj.* rompible, frágil ◇ *s. pl.* objetos frágiles

break•age [:kĭj] *s.* rotura; [loss] daños de rotura

break•down [brāk'doun'] *s.* MEC avería; [failure] fracaso; MED crisis *f* nerviosa; [of costs] desglose *m*; QUÍM descomposición *f*

break•er [brā'kər] *s.* ELEC interruptor automático; [wave] cachón *m*

break•fast [brek'fəst] ◇ *s.* desayuno ◇ *intr.* desayunar, tomar el desayuno

break-in [brāk'ĭn'] *s.* [illegal entry] entrada forzada; [testing] periodo de prueba

break•neck [:nek'] *adj.* ■ **at ~ speed** a mata caballo

break•through [:thrōō'] *s.* MIL ruptura; [achievement] adelanto, progreso

break•up [:ŭp'] *s.* [separation] separación *f*; [of marriage, firm] disolución *f*, desintegración *f*

break•wa•ter [:wô'tər] *s.* rompeolas *m*

breast [brest] *s.* pecho; [of a woman] pecho, seno; [of a chicken] pechuga ■ ~ **stroke** brazada de pecho

breast•bone ['bōn'] *s.* esternón *m*

breast-feed [:fēd'] *tr.* (**-fed**) amamantar

breath [breth] *s.* respiración *f*, aliento; [of an animal] hálito; [of air] soplo ■ **in one ~** de un tirón; **in the same ~** al mismo tiempo; **out of ~** sin aliento; **short of ~** corto de resuello; **to catch one's ~** recobrar el aliento; **under one's ~** en voz baja; **to waste one's ~** gastar saliva en balde

breathe [brē*th*] *intr.* respirar; [to blow] soplar suavemente; (*tr.*) respirar; [to impart] infundir; [to whisper] susurrar, decir ■ **to ~ in** inhalar, aspirar; **to ~ one's last** exhalar el último suspiro; **to ~ out** exhalar

breath•er [brē'*th*ər] *s. fam* respiro, pausa

breath•ing [:*th*ĭng] *s.* respiración *f* ■ ~ **space** respiro, pausa

breath•less [breth'lĭs] *adj.* sin aliento; [panting] jadeante; [amazed] sin resuello, pasmado

breath•tak•ing [:tā'kĭng] *adj.* impresionante

breath•y [:ē] *adj.* (**-i-**) velado (voz)
breech [brēch] ◇ *s.* ANAT trasero; ARM recámara ◇ *pl.* [brĭch'ĭz] calzones; *fam* pantalones
breed [brēd] ◇ *tr.* (**bred**) [to engender] engendrar; [to raise, bring up] criar; (*intr.*) procrear, reproducirse ◇ *s.* [strain] raza; [type] casta, especie *f*
breed•er [brē'dər] *s.* criador *m*
breed•ing [:dĭng] *s.* crianza, educación *f*
breeze [brēz] ◇ *s.* brisa; *fam* [easy task] paseo, papa ◇ *intr.* ▪ **to ~ in** entrar alegremente; **to ~ through** pasar como si tal cosa
breez•y [brē'zē] *adj.* (**-i-**) [windy] ventoso; [casual] despreocupado
brev•i•ty [brev'ĭ-tē] *s.* brevedad *f*
brew [brōō] ◇ *tr.* [beer] fabricar; [tea] preparar, hacer; (*intr.*) [to loom] amenazar ◇ *s.* [beverage] infusión *f*; *fam* [beer] cerveza; [concoction] brebaje *m*, mezcla
brew•er ['ər] *s.* cervecero
brew•er•y [:ə-rē] *s.* cervecería
bri•ar [brī'ər] *s.* brezo, zarza
bribe [brīb] ◇ *s.* soborno ▪ **to take bribes** dejarse sobornar ◇ *tr.* sobornar
brib•er•y [brī'bə-rē] *s.* soborno
bric-a-brac [brĭk'ə-brăk'] *s.* baratijas
brick [brĭk] ◇ *s.* ladrillo ◇ *tr.* ▪ **to ~ up** tapiar con ladrillos
brick•bat ['băt'] *s.* crítica cortante, pulla
brick•lay•er [:lā'ər] *s.* albañil *m*
bri•dal [brīd'l] ◇ *s.* boda, casamiento ◇ *adj.* nupcial ▪ **~ gown** traje de boda
bride [brīd] *s.* novia, desposada
bride•groom ['grōōm'] *s.* novio, desposado
brides•maid [brīdz'mād'] *s.* dama de honor
bridge [brĭj] ◇ *s.* puente *m*; [of the nose] caballete *m* ▪ **to burn one's bridges** quemar las naves ◇ *tr.* [to build] tender un puente sobre; [to span] extenderse a través de
bri•dle [brīd'l] ◇ *s.* brida ▪ **~ path** camino de herradura ◇ *tr.* [a horse] embridar; [passions] refrenar, dominar; (*intr.*) picarse (**at** por)
brief [brēf] ◇ *adj.* [in time] breve; [in length] corto; [succinct] conciso ◇ *s.* [summary] sumario, resumen *m*; DER escrito ▪ **in ~** en resumen ◇ *pl.* calzoncillos ◇ *tr.* informar; [to give instructions] dar instrucciones
brief•case ['kās'] *s.* portafolio, cartera
brief•ing [brē'fĭng] *s.* reunión *f* de información
brig [brĭg] *s.* MIL *fam* calabozo
bri•gade [brĭ-gād'] *s.* brigada
brig•a•dier [brĭg'ə-dîr'] *s.* general *m* de brigada
brig•and [brĭg'ənd] *s.* bandido, bandolero
bright [brīt] ◇ *adj.* [shining] brillante, resplandeciente; [color] vivo; [smart] inteligente, despierto; [happy] alegre ◇ *s. pl.* AUTO luces altas OR de carretera
bright•en ['n] *tr.* & *intr.* [with light] aclarar(se), iluminar(se); [with joy] alegrar(se), animar(se)
bright•ness [:nĭs] *s.* [quality] claridad *f*, brillantez *f*; [degree] luminosidad *f*
bril•liance/•cy [brĭl'yəns] *s.* brillo
bril•liant [brĭl'yənt] *adj.* [shining] brillante; [inventive] genial; [splendid] magnífico
brim [brĭm] ◇ *s.* [of a cup] borde *m*; [of a hat] ala ◇ *intr.* (**-mm-**) estar lleno hasta el tope ▪ **to ~ over** desbordarse
brim•ful ['fŏŏl] *adj.* lleno hasta el tope
brine [brīn] *s.* CUL salmuera; [sea] mar *mf*
bring [brĭng] *tr.* (**brought**) traer; [to carry] llevar; [to persuade] convencer; [a price] rendir; [charges] formular ▪ **to ~ about** [to effect] efectuar, realizar; [to cause] causar, provocar; **to ~ around** [to revive] revivir; [to persuade] convencer; **to ~ back** [to return] devolver; [a memory] hacer recordar, traer (a la mente); [to cause to return] traer de vuelta; **to ~ before** encomendar a, someter a; **to ~ down** [to lower] bajar; [to overthrow] derribar; **to ~ forth** [to bear] producir (frutos); [to reveal] poner de manifiesto; **to ~ in** [to harvest] recoger; [money] rendir, producir; DER [a verdict] pronunciar; **to ~ off** conseguir, lograr hacer; **to ~ on** ocasionar, causar; **to ~ oneself to do something** poder hacer algo; **to ~ out** [a product] sacar; [to highlight] hacer resaltar; [to reveal] revelar, mostrar; **to ~ up** [children] criar, educar; [a topic] plantear, traer a colación; **to ~ upon oneself** buscarse, acarrearse
brink [brĭngk] *s.* borde *m* ▪ **on the ~ of doing something** a punto de hacer algo
brink•man•ship ['mən-shĭp'] *s.* política arriesgada
bri•quet(te) [brĭ-ket'] *s.* briqueta
brisk [brĭsk] *adj.* [energetic] enérgico, vigoroso; [invigorating] estimulante
bris•ket [brĭs'kĭt] *s.* falda (de una res)
bris•tle [brĭs'əl] ◇ *s.* cerda ◇ *intr.* ▪ **to ~ with** estar lleno OR erizado de
britch•es [brĭch'ĭz] *s. pl. fam* pantalones *m* ▪ **too big for one's ~** *fam* arrogante, engreído
brit•tle [brĭt'l] ◇ *adj.* (**-er, -est**) quebradizo, frágil ◇ *s.* caramelo de nueces
broach [brōch] ◇ *s.* broche *m* ◇ *tr.* [a subject] abordar, sacar a colación; [a cask] espitar
broad [brôd] ◇ *adj.* [wide] ancho; [spacious] extenso, amplio; [general] general; [obvious] evidente, claro; [tolerant] liberal, de miras amplias; [accent] marcado ▪ **~ jump** salto de longitud; **in ~ daylight** en pleno día ◇ *s. jer* [woman] mina, fulana ◇ *adv.* plenamente, completamente
broad•band [brôd'bănd'] *s.* COMPUT banda *f* ancha
broad•cast [brôd'kăst'] ◇ *tr.* (**-cast(ed)**) RAD emitir; TELEV transmitir, televisar; [to make known] difundir, divulgar; AGR sembrar a voleo; (*intr.*) RAD emitir, radiar un programa; TELEV transmitir, televisar un programa ◇ *s.* [act] transmisión *f*, emisión *f*; [program] programa *m*
broad•cast•er [:kăs'tər] *s.* locutor *m*
broad•cast•ing [:tĭng] *s.* radiodifusión *f*; TELEV transmisión *f*, difusión *f*
broad•en [:n] *tr.* & *intr.* ensanchar(se)
broad-mind•ed [:mīn'dĭd] *adj.* tolerante, comprensivo
broad•side [:sīd'] ◇ *s.* MARÍT costado; MIL *fig* andanada; IMPR pliego suelto ◇ *adv.* de costado
bro•cade [brō-kād'] *s.* brocado
broc•co•li [brŏk'ə-lē] *s.* brécol *m*, bróculi *m*
bro•chure [brō-shŏŏr'] *s.* folleto
brogue [brōg] *s.* [shoe] zapato grueso; [accent] acento irlandés
broil [broil] *tr.* asar a la parrilla; (*intr.*) asarse, achicharrarse
broil•er [broi'lər] *s.* parrilla; [chicken] pollo para asar
broke [brōk] ▻ **break** ◇ *adj. jer* pelado

bro•ken [brō'kən] ▻ **break** <> *adj.* roto, quebrado; [out of order] descompuesto; [language] chapurreado; [health, law] quebrantado; [line] quebrado; [ground] accidentado; [spirit] sumiso; [heart] destrozado
bro•ken-down [:doun'] *adj.* decrépito
bro•ken•heart•ed [:här'tĭd] *adj.* con el corazón destrozado
bro•ker [brō'kər] *s.* agente *mf*, corredor *m* de bolsa
bro•ker•age [:ĭj] *s.* corretaje *m*
bro•mide [brō'mīd'] *s.* QUÍM bromuro; [platitude] trivialidad *f*
bro•mine [brō'mēn'] *s.* bromo
bron•chi•al [brŏng'kē-əl] *adj.* bronquial ▪ ~ **tube** bronquio
bron•chi•tis [-kī'tĭs] *s.* bronquitis *f*
bron•co [brŏng'kō] *s.* mustango, potro cerril
bronze [brŏnz] <> *s.* bronce *m* <> *adj.* de bronce; [color] bronceado <> *tr.* broncear
brooch [brōch, brōōch] *s.* broche *m*
brood [brōōd] <> *s.* [of birds] nidada; [children] progenie *f*, prole *f* <> *tr.* empollar; (*intr.*) empollar; [to ponder] cavilar <> *adj.* de cría
brook[1] [brŏŏk] *s.* arroyo
brook[2] *tr.* tolerar, aguantar
broom [brōōm] *s.* escoba; BOT retama
broom•stick ['stĭk'] *s.* palo de escoba
broth [brôth] *s.* caldo
broth•el [brŏth'əl] *s.* burdel *m*, lupanar *m*
broth•er [brŭth'ər] *s.* hermano; [fellow member] compañero; RELIG hermano
broth•er•hood [:hŏŏd'] *s.* hermandad *f*, fraternidad *f*; [guild] gremio
broth•er-in-law [:ĭn-lô'] *s.* (*pl* **brothers-**) cuñado, hermano político
broth•er•ly [:lē] *adj.* fraternal, fraterno
brought [brôt] ▻ **bring**
brow [brou] *s.* [eyebrow] ceja; [forehead] frente *f*
brow•beat ['bēt'] *tr.* (**-beat, -en**) intimidar
brown [broun] <> *s.* marrón *m*, castaño <> *adj.* marrón; [hair] castaño; [skin, sugar] moreno <> *tr.* & *intr.* CUL dorar(se)
brown•ie [brou'nē] *s.* bizcocho de chocolate
browse [brouz] *intr.* [shop] curiosear; [to graze] pacer ▪ **to ~ through a book** hojear un libro
brows•er [brou'zər] *s.* COMPUT navegador *m*
brows•ing [brou'zĭng] *s.* COMPUT navegación *f*
bruise [brōōz] <> *s.* [on skin] moretón *m*, contusión *f*; [on fruit] magulladura <> *tr.* [skin] contusionar; [fruit] magullar; [feelings] herir; (*intr.*) magullarse, dañarse
brunch [brŭnch] *s.* combinación de desayuno y almuerzo
bru•net [brōō-net'] *adj.* & *s.* moreno ▪ **brunette** morena
brunt [brŭnt] *s.* fuerza, impacto (de ataque, crítica) ▪ **to bear the ~ of** llevar el peso de
brush[1] [brŭsh] <> *s.* cepillo; [paintbrush] brocha; [of an artist] pincel *m*; [brushing] cepillado; [encounter] encuentro <> *tr.* cepillar; [to sweep] quitar, barrer (**off** de); [to graze] rozar al pasar ▪ **to ~ off** OR **aside** hacer caso omiso de; **to ~ up** repasar, retocar; **to ~ up on** refrescar los conocimientos de; (*intr.*) pasar rozando
brush[2] *s.* maleza
brush-off ['ôf'] *s.* *fam* despedida brusca
brush•wood [:wŏŏd'] *s.* maleza
brusque, brusk [brŭsk] *adj.* brusco
bru•tal [brōōt'l] *adj.* brutal, bestial
bru•tal•i•ty [-tăl'ĭ-tē] *s.* brutalidad *f*
bru•tal•ize [brōōt'l-īz'] *tr.* brutalizar
brute [brōōt] <> *s.* [animal] bestia; [person] bestia *mf*, bruto <> *adj.* [instinctive] bruto; [cruel] brutal
bub•ble [bŭb'əl] <> *s.* burbuja; [of soap] pompa ▪ **~ gum** chicle de globo; **to blow bubbles** hacer pompas de jabón; **to burst someone's ~** desengañar a alguien <> *intr.* burbujear ▪ **to ~ over with** rebosar de
bub•bly [:lē] *adj.* (**-i-**) efervescente
bu•bon•ic plague [bōō-bŏn'ĭk] *s.* peste bubónica
buc•ca•neer [bŭk'ə-nîr'] *s.* bucanero
buck[1] [bŭk] <> *s.* ZOOL macho; [deer] ciervo; *fam* [youth] joven despierto <> *intr.* [horse] botar, corcovear; [to balk] resistirse ▪ **to ~ up** *fam* animarse; (*tr.*) [to unseat] derribar; [to oppose] oponerse a
buck[2] *s.* *jer* dólar *m*
buck•a•roo/er•oo [bŭk'ə-rōō'] *s.* vaquero
buck•et [bŭk'ĭt] *s.* cubo, balde *m* ▪ **to kick the ~** *fam* estirar la pata
buck•le[1] [bŭk'əl] <> *s.* [fastener] hebilla <> *tr.* & *intr.* abrochar(se) ▪ **to ~ down to** dedicarse con empeño a
buck•le[2] <> *tr.* & *intr.* [to bend] combar(se) <> *s.* comba
buck•shot [bŭk'shŏt'] *s.* perdigón *m*, posta
buck•skin [:skĭn'] *s.* ante *m*
buck•tooth [:tōōth'] *s.* (*pl* **-teeth**) diente *m* saliente
buck•wheat [:hwēt'] *s.* trigo sarraceno
bud [bŭd] <> *s.* [shoot] brote *m*, yema; [flower] capullo ▪ **in the ~** en cierne(s); **to nip in the ~** cortar de raíz <> *intr.* (**-dd-**) [plant] echar brotes OR capullos; [flower] brotar; [to show promise] estar en cierne
bud•dy [bŭd'ē] *s.* *fam* amigo, compadre *m*
budge [bŭj] *tr.* & *intr.* [object] mover(se) un poco; [person] (hacer) ceder
budg•et [bŭj'ĭt] <> *s.* presupuesto <> *tr.* presupuestar
budg•et•ar•y [:ĭ-ter'ē] *adj.* presupuestario
buff[1] [bŭf] <> *s.* [leather] cuero, ante *m* ▪ **in the ~** en cueros <> *adj.* de color del ante <> *tr.* pulir
buff[2] *s.* *fam* entusiasta *mf*, aficionado
buf•fa•lo [bŭf'ə-lō'] <> *s.* (*pl* **inv.** OR **es**) búfalo, bisonte *m* <> *tr.* *jer* intimidar, confundir
buff•er [bŭf'ər] *s.* [shock absorber] amortiguador *m*; [intercessor] intercesor *m*; [for polishing] pulidor *m* ▪ **~ state** estado tapón
buf•fet[1] [bə-fā'] *s.* [sideboard] aparador *m*; [restaurant] cantina, buffet *m*
buf•fet[2] [bŭf'ĭt] <> *s.* bofetada <> *tr.* abofetear
buf•foon [bə-fōōn'] *s.* bufón *m*, payaso
buf•foon•er•y [bə-fōō'nə-rē] *s.* bufonada, payasada
bug [bŭg] <> *s.* insecto, bicho; *fam* [germ] microbio; [defect] defecto, falla (en un sistema); COMPUT error *m*; *jer* [enthusiast] entusiasta *mf*; [microphone] micrófono oculto <> *tr.* (**-gg-**) *jer* [to pester] fastidiar, importunar; [a room, phone] instalar un micrófono oculto en
bug•gy [bŭg'ē] *s.* [horse-drawn] calesa; [baby carriage] coche *m* de niño
bu•gle [byōō'gəl] *s.* clarín *m*, corneta
build [bĭld] <> *tr.* (**built**) construir, edificar; [monuments] erigir; [fire] preparar; [to make] hacer; [to assemble] armar ▪ **to ~ up** [theory] elaborar; [collection] hacer, reunir; [reputation] crear; [sales] aumentar; [health] fortalecer; (*intr.*) ▪ **to ~ up** [to increase]

aumentar; [to intensify] intensificar, ir en aumento <> *s.* talle *m*, figura
build•er [bĭl'dər] *s.* constructor *m*, contratista *mf*
build•ing [:dĭng] *s.* edificio
build•up [bĭld'ŭp'] *s.* aumento; MIL [of troops] concentración *f*; *fam* [publicity] publicidad *f* ▪ **arms ~** incremento bélico
built-in [bĭlt'ĭn'] *adj.* [closet] empotrado; [as integral part] que es parte integral
built-up [:ŭp'] *adj.* urbanizado
bulb [bŭlb] *s.* BOT bulbo; [lamp] bombilla
bul•bous [bŭl'bəs] *adj.* protuberante
bulge [bŭlj] <> *s.* protuberancia, bulto; [in wall] pandeo <> *tr.* & *intr.* hinchar(se), abultar
bulg•ing [bŭl'jĭng] *adj.* [swollen] hinchado; [protuberant] saltón
bulk [bŭlk] <> *s.* volumen *m*, tamaño; [largest part] grueso ▪ **in ~** [loose] a granel, suelto; [in large amounts] en grandes cantidades <> *intr.* ▪ **to ~ large** ser importante
bulk•head ['hed'] *s.* MARÍT mamparo
bulk•y [bŭl'kē] *adj.* (**-i-**) [massive] voluminoso; [unwieldy] pesado
bull[1] [bo͝ol] <> *s.* toro; [elephant, seal] macho; FIN alcista *mf*; *jer* [nonsense] tonterías ▪ **~ session** *fam* tertulia; **to shoot the ~** *jer* charlar, parlotear <> *tr.* ▪ **to ~ one's way** abrirse paso <> *adj.* macho ▪ **~ market** mercado en alza; **~ neck** cuello de toro
bull[2] *s.* RELIG bula
bull•dog ['dôg'] *s.* buldog *m*, dogo
bull•doze ['dōz'] *tr.* nivelar OR excavar con una excavadora
bull•doz•er [:dō'zər] *s.* excavadora
bul•let [bo͝ol'ĭt] *s.* bala
bul•le•tin [bo͝ol'ĭ-tn] *s.* [periodical] boletín *m*; [report] comunicado ▪ **~ board** tablero de anuncios
bul•let•proof [bo͝ol'ĭt-pro͞of'] *adj.* a prueba de balas
bull•fight [bo͝ol'fīt'] *s.* corrida de toros
bull•fight•er [:fī'tər] *s.* torero
bull•frog [:frôg'] *s.* rana toro
bull•horn [:hôrn'] *s.* megáfono eléctrico
bul•lion [bo͝ol'yən] *s.* oro OR plata en lingotes
bull•ish [bo͝ol'ĭsh] *adj.* FIN alcista
bul•lock [:ək] *s.* buey *m*
bull•ring [:rĭng'] *s.* plaza de toros
bull's-eye [bo͝olz'ī'] *s.* [target] blanco; [shot] acierto ▪ **to hit the ~** dar en el blanco
bul•ly [bo͝ol'ē] <> *s.* matón *m*, abusador *m* <> *tr.* intimidar, amedrentar; (*intr.*) abusar
bul•rush [bo͝ol'rŭsh'] *s.* espadaña
bul•wark [bo͝ol'wərk] *s.* baluarte *m*
bum [bŭm] <> *s.* [hobo] vagabundo; [loafer] vago, holgazán *m*; GB *fam* [buttocks] trasero <> *tr.* & *intr.* (**-mm-**) gorronear, sablear ▪ **to ~ around** vagar <> *adj.* *fam* [worthless] sin valor, inútil; [sore] dolorido
bum•ble [bŭm'bəl] *intr.* obrar con torpeza
bum•ble•bee [bŭm'bəl-bē'] *s.* abejorro
bump [bŭmp] <> *tr.* [to collide with] topar, chocar contra; [to knock against] golpear contra; [to displace] desplazar; *fam* [to oust] quitar el puesto ▪ **to ~ into** tropezarse con; **to ~ off** *jer* matar, despachar; (*intr.*) chocar contra; [to jolt] moverse a sacudidas <> *s.* [collision] choque *m*, topetón *m*; [swelling] hinchazón *f*, chichón *m*; [in a road] bache *m*
bump•er [bŭm'pər] *s.* parachoques *m*
bump•kin [bŭmp'kĭn] *s.* patán *m*, palurdo
bump•y [bŭm'pē] *adj.* (**-i-**) [uneven] desigual, accidentado; [jolty] agitado, sacudido
bun [bŭn] *s.* CUL bollo, panecillo; [hair] moño
bunch [bŭnch] <> *s.* [of grapes] racimo; [of flowers] ramillete *m*; [handful] montón *m*, puñado; *fam* [of people] grupo <> *tr.* & *intr.* agrupar(se), juntar(se)
bun•dle [bŭn'dl] <> *s.* bulto, fardo; [papers] fajo; [tied] atado; *jer* [money] montón *m* de dinero <> *tr.* [to tie] atar; [to wrap] envolver; [to dress warmly] arropar bien; (*intr.*) ▪ **to ~ up** arroparse, abrigarse
bun•gee jumping [bŭn-jē'jŭm'pĭng] *s.* puenting *m*
bun•gle [bŭng'gəl] <> *tr.* & *intr.* chapucear <> *s.* chapucería
bun•ion [bŭn'yən] *s.* juanete *m*
bunk[1] [bŭngk] <> *s.* [bed] litera <> *intr.* dormir en una litera
bunk[2] *s.* *jer* [nonsense] tonterías, sandeces *f*
bun•ker [bŭng'kər] *s.* MARÍT pañol *m* del carbón; MIL refugio subterráneo
bun•ny [bŭn'ē] *s.* *fam* conejo, conejito
bunt•ing [bŭn'tĭng] *s.* tela para banderas
buoy [bo͞o'ē, boi] <> *s.* boya ▪ **life ~** salvavidas <> *tr.* MARÍT aboyar; [to keep afloat] mantener a flote; *fig* [to hearten] animar, alentar
buoy•ant [:ənt] *adj.* boyante; [animated] animado; [cheerful] optimista
bur [bûr] *s.* erizo (de una planta)
bur•den [bûr'dn] <> *s.* carga ▪ **the ~ of proof** la carga de la prueba <> *tr.* [to load] cargar; [to oppress] agobiar
bu•reau [byo͝or'ō] *s.* (*pl* **s** OR **-x**) [dresser] tocador *m*; POL departamento; [business] agencia; GB [desk] escritorio
bu•reauc•ra•cy [byo͞o-rŏk'rə-sē] *s.* burocracia
bu•reau•crat [byo͝or'ə-krăt'] *s.* burócrata *mf*
bur•geon [bûr'jən] *intr.* crecer, florecer
burg•er [bûr'gər] *s.* *fam* hamburguesa
burgh•er [bûr'gər] *s.* burgués *m*
bur•glar [bûr'glər] *s.* ladrón *m* ▪ **~ alarm** alarma antirrobo
bur•glar•ize [:glə-rīz'] *tr.* robar (casa, tienda)
bur•gla•ry [:rē] *s.* robo con allanamiento de morada
bur•i•al [ber'ē-əl] *s.* entierro ▪ **~ ground** cementerio, camposanto
bur•lap [bûr'lăp'] *s.* arpillera
bur•lesque [bər-lesk'] <> *s.* [parody] parodia; [vaudeville] espectáculo de variedades <> *tr.* parodiar <> *adj.* burlesco
bur•ly [bûr'lē] *adj.* (**-i-**) fuerte, robusto
burn [bûrn] <> *tr.* (**-ed** OR **-t**) quemar; [a building] incendiar; [to expend] gastar; COMPUT estampar, tostar ▪ **to ~ down** incendiar; **to ~ into** grabar en; **to ~ oneself out** *jer* agotarse, gastarse (uno); **to ~ the candle at both ends** vivir una vida agitada; **to ~ to a crisp** achicharrar; **to ~ to the ground** reducir a cenizas; **to ~ up** [to consume] consumir; *fam* [to enrage] enfurecer, indignar; **to get burned** *fam* ser embaucado; (*intr.*) quemarse, arder; [building] consumirse; [light bulb] estar encendido; [with fever] arder; [with passion] consumirse; [food] quemarse ▪ **to ~ down** quemarse por completo; **to ~ out** [fire] apagarse; [fuse, bulb] quemarse, fundirse; **to ~ up** [in flames] quemarse OR consumirse completamente; [with anger] enfurecerse, indignarse;

to ~ **up with** arder de ◇ *s.* [injury] quemadura; [sunburn] quemadura de sol

burn•er [bûr′nər] *s.* quemador *m*, mechero

burn•ing [:nĭng] *adj.* [hot] ardiente, abrasador; [passionate] ardiente; [urgent] urgente

bur•nish [bûr′nĭsh] ◇ *tr.* pulir, bruñir ◇ *s.* brillo, lustre *m*

burn•out [bûrn′out′] *s.* [failure] extinción *f*; [exhaustion] agotamiento

burp [bûrp] ◇ *s.* eructo ◇ *intr.* eructar; (*tr.*) hacer eructar (a un niño)

burr [bûr] *s.* [tool] taladro; [roughness] rebaba; BOT erizo (de una planta)

bur•row [bûr′ō] ◇ *s.* madriguera ◇ *intr.* [to dig] hacer una madriguera; [to hide] amadrigarse; (*tr.*) cavar, excavar

bur•sar [bûr′sər] *s.* tesorero

burst [bûrst] ◇ *intr.* (**burst**) [to break open] estallar, reventarse; [to explode] explotar; [to be full] rebosar (**with** de) ■ **to** ~ **in** [to interrupt] interrumpir; [to enter] irrumpir ; **to** ~ **open** abrirse violentamente; **to** ~ **out** [to exclaim] exclamar; [to emerge] surgir; [to bloom] brotar; [crying, laughing] echarse a; (*tr.*) [to shatter] reventar; [to force open] romper ■ **to** ~ **into** [a room] irrumpir en; **to** ~ **into bloom** brotar; **to** ~ **into flame(s)** estallar en llamas; **to** ~ **into tears** echarse a llorar; **to** ~ **into laughter** echarse a reír; **to** ~ **with** rebosar de ◇ *s.* reventón *m*, explosión *f*; [of laughter] estallido; [of gunfire] ráfaga; [of energy] explosión; [of anger] arranque *m*; [of applause] salva

bur•y [ber′ē] *tr.* enterrar; [to inter, conceal] sepultar ■ **to** ~ **oneself** sumergirse, sepultarse

bus [bŭs] ◇ *s.* (*pl* **es** OR **-ses**) autobús *m*, ómnibus *m* ◇ *tr.* (**-s-** OR **-ss-**) transportar en autobús

bus•boy [bŭs′boi′] *s.* ayudante *m* de camarero

bush [bo͝osh] *s.* [shrub] arbusto; [thicket] maleza; [land] matorral *m*

bushed [bo͝osht] *adj. fam* agotado, hecho polvo

bush•el [bo͝osh′əl] *s.* medida de áridos (35, 24 litros); *fam* [great deal] montón *m*

bush•whack [bo͝osh′hwăk′] *intr.* abrirse paso en la maleza; (*tr.*) tender una emboscada

bush•y [:ē] *adj.* (**-i-**) [land] breñoso, lleno de arbustos; [hair] tupido, espeso

bus•i•ly [bĭz′ə-lē] *adj.* diligentemente

busi•ness [bĭz′nĭs] *s.* [establishment] comercio, negocio; [firm] firma, empresa; [commerce] negocios; [matter, concern] asunto ■ ~ **administration** administración de empresas; ~ **center** centro de negocios; ~ **class** clase business; ~ **computing** informática de gestión; ~ **school** escuela de comercio; ~ **studies** ciencias empresariales; **that's none of your** ~ eso no es cosa tuya; **to mean** ~ no andar con juegos

busi•ness•like [:līk′] *adj.* eficiente, serio

busi•ness•man [:măn′] *s.* (*pl* **-men**) hombre *m* de negocios, comerciante *m*

busi•ness•wom•an [:wo͝om′ən] *s.* (*pl* **-women**) mujer *f* de negocios, comerciante *f*

bust¹ [bŭst] *s.* ARTE & ANAT busto

bust² *fam* ◇ *tr.* [to break] romper; [to damage] descomponer; [to punch] pegar; [to arrest] arrestar; (*intr.*) romperse, descomponerse ◇ *s.* [flop] chasco, fracaso; COM quiebra; ECON época de depresión económica; [punch] puñetazo; [arrest] arresto; [raid] redada, batida

bus•tle [bŭs′əl] ◇ *intr.* apresurarse ◇ *s.* bullicio, animación *f*

bus•y [bĭz′ē] ◇ *adj.* (**-i-**) [person] atareado, ocupado; [place] animado, concurrido; [telephone] ocupado ■ ~ **signal** señal de ocupado ◇ *tr.* & *intr.* mantener(se) ocupado

bus•y•bod•y [:bŏd′ē] *s.* entremetido

but [bŭt, bət] ◇ *conj.* [on the other hand] pero, mas; [rather] sino; [nevertheless] no obstante, sin embargo; [except] excepto ■ ~ **then** pero por otra parte; **cannot (help)** ~ no poder menos que; **none** ~ solamente ◇ *adv.* nada más que, solamente ■ **all** ~ casi; **to do nothing** ~ no hacer más que ◇ *prep.* menos, excepto ■ ~ **for** a no ser por ◇ *s.* pero

bu•tane [byo͞o′tān′] *s.* butano

butch•er [bo͝och′ər] ◇ *s.* carnicero ■ ~ **shop** carnicería ◇ *tr.* [animals] matar; [to murder] asesinar; *fam* [to botch] chapucear

but•ler [bŭt′lər] *s.* mayordomo

butt¹ [bŭt] ◇ *tr.* & *intr.* topar, dar un topetazo ■ **to** ~ **in(to)** *fam* entremeterse en ◇ *s.* topetazo

butt² *tr.* [to attach] empalmar; [to abut] colindar; (*intr.*) estar empalmado

butt³ *s.* [object of ridicule] hazmerreír *m*

butt⁴ *s.* [of a rifle] culata; [cigarette end] colilla; *jer* [cigarette] rubio, pitillo; *fam* [buttocks] trasero

but•ter [bŭt′ər] ◇ *s.* mantequilla ◇ *tr.* untar con mantequilla ■ **to** ~ **up** adular, lisonjear

but•ter•cup [:kŭp′] *s.* botón *m* de oro

but•ter•fat [:făt′] *s.* grasa OR nata de la leche

but•ter•fin•gers [:fĭng′gərz] *s. fam* persona torpe

but•ter•fly [:flī′] *s.* mariposa ■ **to have butterflies in one's stomach** tener cosquillas en el estómago

but•ter•milk [:mĭlk′] *s.* suero de la leche

but•ter•scotch [:skŏch′] *s.* caramelo

but•tock [bŭt′ək] ◇ *s.* nalga ◇ *pl.* trasero

but•ton [bŭt′n] ◇ *s.* botón *m*; [switch] botón, pulsador *m*; [badge] insignia, distintivo ■ **on the** ~ *fam* correcto, exacto ◇ *tr.* & *intr.* abotonar(se), abrochar(se)

but•ton•hole [:hōl′] ◇ *s.* ojal *m* ◇ *tr.* retener (a alguien y obligarlo a escuchar)

but•tress [bŭt′rĭs] ◇ *s.* ARQ contrafuerte *m*; [support] apoyo, sostén *m* ◇ *tr.* reforzar, apoyar

bux•om [bŭk′səm] *adj.* de amplios senos, pechugona

buy [bī] ◇ *tr.* (**bought**) comprar, adquirir; *fam* [to bribe] sobornar; *fam* [to believe] creer, aceptar ■ **to** ~ **into** comprar cantidades importantes de acciones de (una empresa); **to** ~ **off** sobornar; **to** ~ **out** COM comprar la parte de; **to** ~ **up** acaparar; (*intr.*) hacer compras ◇ *s.* [purchase] compra; *fam* [bargain] ganga ■ **a good** ~ una ganga

buy•er [bī′ər] *s.* comprador *m*

buzz [bŭz] ◇ *intr.* [insect, motor] zumbar; [room] llenarse de charla; [buzzer] sonar; [to ring] tocar el timbre ■ **to** ~ **around** OR **about** ajetrearse; ~ **off!** *fam* ¡lárgate!; (*tr.*) hacer zumbar; *fam* [to fly] volar muy cerca de; [with a buzzer] llamar con un timbre; *fam* [to telephone] telefonear, dar un telefonazo ◇ *s.* [drone] zumbido; [murmur] murmullo; *fam* [telephone call] telefonazo ■ ~ **saw** sierra circular

buz•zard [bŭz′ərd] *s.* buitre *m*

buzz•er [bŭz′ər] *s.* timbre *m*

by [bī] ◇ *prep.* [agent, measure, route] por; **made by**

hecho por; **by the dozen** por docena; **by mail** por correo; [origin, time] de; **by birth** de nacimiento; **by night** de noche; [next to] junto a, cerca de; **by the bed** junto a la cama; [according to] según, de acuerdo con; **by the rules** de acuerdo con las reglas; [not later than] para; **by noon** para el mediodía; [after] a; **day by day** día a día ▪ **by the by** de paso, a propósito; **by the way** de paso, a propósito; **by this time** [hour] a esta hora; [point] a estas alturas <> *adv.* [nearby] cerca, al lado; [aside] a un lado, aparte ▪ **by and by** [soon] pronto; [after a while] más tarde; **by and large** en términos generales; **by then** para entonces

by-and-by [bī′ən-bī′] *s.* ▪ **in the** ~ en el futuro

bye [bī] *s.* ▪ **by the** ~ incidentalmente

bye(-bye) [bī[bī]] *interj. fam* ¡adiós!, ¡chau!

by•gone [bī′gôn′] <> *adj.* pasado <> *s.* ▪ **to let bygones be bygones** olvidar lo pasado

by•law [bī′lô′] *s.* [of an organization] reglamento; [of a city] ordenanza municipal

by-line [bī′līn′] *s.* PERIOD renglón *m* con el nombre del autor

by-pass, by•pass [bī′păs′] <> *s.* [road] carretera de circunvalación; ELEC derivación *f* ▪ **coronary** ~ bypass coronario <> *tr.* evitar, pasar por alto

by-prod•uct [bī′prŏd′əkt] *s.* INDUS subproducto, derivado; [side effect] efecto secundario

by•road [bī′rōd′] *s.* carretera secundaria

by•stand•er [bī′stăn′dər] *s.* espectador *m*, circunstante *mf*

byte [bīt] *s.* byte *m*, octeto

by•way [bī′wā′] *s.* carretera secundaria

by•word [bī′wûrd′] *s.* [proverb] refrán *m*; [synonym] sinónimo

C

c, C [sē] *s.* tercera letra del alfabeto inglés; MÚS do

cab [kăb] *s.* taxi *m*; [of vehicle] cabina

cab•a•ret [kăb′ə-rā′] *s.* cabaret *m*

cab•bage [kăb′ĭj] *s.* col *f*, berza

cab•by/bie [kăb′ē] *s. fam* taxista *mf*

cab•driv•er [:drī′vər] *s.* taxista *mf*

cab•in [kăb′ĭn] *s.* [house] barraca, choza; [of ship] camarote *m*; [of plane] cabina ▪ ~ **cruiser** yate de recreo

cab•i•net [kăb′ə-nĭt] *s.* armario; POL consejo OR gabinete *m* de ministros

cab•i•net•mak•er [:mā′kər] *s.* ebanista *mf*

cab•i•net•work [:wûrk′] *s.* ebanistería

ca•ble [kā′bəl] <> *s.* cable *m*; [cablegram] cablegrama *m*; TELEV televisión *f* por cable ▪ ~ **car** funicular; ~ **company** cableoperador, operador de cable; ~ **modem** módem cable; ~ **television** televisión por cable <> *tr.* & *intr.* cablegrafiar

ca•ble•gram [:grăm′] *s.* cablegrama *m*

ca•ble•vi•sion [:vĭzh′ən] *s.* televisión *f* por cable

ca•bling [kā′blĭng] *s.* cableado *m*

ca•boo•dle [kə-bōōd′l] *s. fam* ▪ **the whole** ~ absolutamente todo

ca•boose [kə-bōōs′] *s.* furgón *m* de cola

cab•stand [kăb′stănd′] *s.* parada de taxis

ca•ca•o [kə-kā′ō] *s.* cacao

cache [kăsh] <> *s.* [place] escondrijo; [goods] alijo; COMPUT caché ▪ ~ **memory** memoria caché <> *tr.* guardar en un escondrijo

ca•chet [kă-shā′] *s.* distinción *f*

cack•le [kăk′əl] <> *intr.* [hen] cacarear; [to laugh] reírse estridentemente <> *s.* [of hens] cacareo; [laughter] risa estridente

ca•coph•o•ny [kə-kŏf′ə-nē] *s.* cacofonía

cac•tus [kăk′təs] *s.* (*pl* **es** OR **-ti**) cactus *m*, cacto

cad [kăd] *s.* desvergonzado, sinvergüenza *m*

ca•dav•er [kə-dăv′ər] *s.* cadáver *m*

ca•dav•er•ous [:əs] *adj.* cadavérico

cad•die [kăd′ē] <> *s.* caddy *m* <> *intr.* (**-dying**) servir de caddy

cad•dy [kăd′ē] *s.* cajita para el té

ca•dence/•cy [kād′ns] *s.* cadencia

ca•det [kə-det′] *s.* cadete *m*

cadge [kăj] *tr.* & *intr. fam* gorronear

cad•mi•um [kăd′mē-əm] *s.* cadmio

cad•re [kăd′rē] *s.* cuadro

Cae•sar•e•an section [sĭ-zâr′ē-ən] *s.* operación cesárea

ca•fé/fe [kă-fā′] *s.* café *m*

caf•e•te•ri•a [kăf′ĭ-tîr′ē-ə] *s.* cafetería

caf•fein(e) [kă-fēn′] *s.* cafeína

caf•tan [kăf′tăn′] *s.* caftán *m*

cage [kāj] <> *s.* jaula <> *tr.* enjaular

cag•(e)y [kā′jē] *adj.* (**-i-**) cauteloso

ca•hoots [kə-hōōts′] *s. pl. fam* ▪ **to be in** ~ **with** estar en connivencia con

cai•man [kā′mən] *s.* caimán *m*

cairn [kârn] *s.* montón *m* de piedras

ca•jole [kə-jōl′] *tr.* engatusar

cake [kāk] <> *s.* pastel *m*; [sponge] bizcocho; [pancake] torta; [of soap] pastilla ▪ **to take the** ~ *fam* ser el colmo <> *tr.* & *intr.* endurecer(se)

cal•a•bash [kăl′ə-băsh′] *s.* [vine] calabaza; [tree] güira; [bowl] totumo

cal•a•boose [kăl′ə-bōōs′] *s. jer* calabozo

cal•a•mine [kăl′ə-mīn′] *s.* calamina

ca•lam•i•ty [kə-lăm′ĭ-tē] *s.* calamidad *f*

cal•ci•um [kăl′sē-əm] *s.* calcio

cal•cu•late [kăl′kyə-lāt′] *tr.* calcular; (*intr.*) hacer cálculos; [to guess] suponer ▪ **to** ~ **on** *fam* contar con

cal•cu•lat•ed [:lā′tĭd] *adj.* deliberado, intencional

cal•cu•lat•ing [:tĭng] *adj.* calculador

cal•cu•la•tion [′-′shən] *s.* cálculo

cal•cu•la•tor [′-′tər] *s.* calculadora

cal•cu•lus [kăl′kyə-ləs] *s.* (*pl* **es** OR **-li**) cálculo

cal•dron [kôl′drən] *s.* caldera

cal•en•dar [kăl′ən-dər] *s.* calendario; [schedule] agenda

calf[1] [kăf] *s.* (*pl* **-ves**) [of cow] becerro, ternero; [of whale, elephant] cría

calf[2] *s.* (*pl* **-ves**) ANAT pantorrilla

calf•skin [′skĭn′] *s.* piel *f* de becerro

cal•i•ber [kăl′ə-bər] *s.* calibre *m*

cal•i•brate [:brāt′] *tr.* calibrar

cal•i•co [kăl′ĭ-kō′] *s.* (*pl* **(e)s**) calicó

cal•i•per(s) [kăl′ə-pər[z]] *s.* calibrador *m* ▪ **vernier** ~ calibrador micrométrico

ca•liph [kā′lĭf] *s.* califa *m*

cal•is•then•ics [kăl′ĭs-then′ĭks] *s. sg.* calistenia

ca•lix [kā'lĭks] *s.* (*pl* **-ces**) cáliz *m*
call [kôl] <> *tr.* llamar; [a meeting] convocar; [to telephone] telefonear, llamar a; [birds] reclamar a; [to consider] considerar, juzgar; **I ~ that fair** lo considero razonable; [to label] calificar (de); [a strike] declarar; [to predict] predecir ▪ **to ~ back** hacer volver; TEL volver a llamar; **to ~ down** *fam* [to scold] regañar, reñir; [to invoke] invocar; **to ~ forth** hacer surgir; **to ~ in** [to summon] hacer venir, llamar; COM [a debt, loan] pedir el reembolso de; **to ~ into play** hacer entrar en juego; **to ~ off** [to cancel] cancelar; [to halt] parar, suspender; **to ~ oneself** llamarse; **to ~ out** [to mobilize] convocar; [to shout] llamar; **to ~ together** convocar, reunir; **to ~ to account** pedir cuentas; **to ~ to mind** evocar, traer a la memoria; **to ~ to order** llamar al orden; **to ~ (one's) attention to** llamar la atención (de uno) sobre; **to ~ up** llamar a, telefonear; MIL llamar a filas; (*intr.*) [to telephone] hacer una llamada (telefónica), llamar; [to visit] hacer una visita; [to yell] llamar, gritar; ORNIT & ZOOL reclamar ▪ **to ~ again** venir otra vez; **to ~ at** MARÍT hacer escala en; **to ~ back** volver a llamar (por teléfono); **to ~ for** requerir, necesitar; **to ~ on** OR **upon** [to visit] visitar a, ir a ver a; [to appeal to] invitar a; [God] invocar; **to ~ out** exclamar, gritar <> *s.* llamada; ORNIT & ZOOL reclamo; [of bugle] toque *m*; [short visit] visita; [summons, appeal] llamamiento; COM [demand] demanda ▪ **~ barring** TELEC bloqueo de llamadas; **~ button** botón de llamada; **~ center** centro de atención de llamadas, centro de atención telefónica; **~ girl** *fam* prostituta; **~ transfer** TELEC desvío de llamada; **~ waiting** TELEC llamada en espera; **on ~** de guardia; **port of ~** puerto de escala; **to pay a ~ on** hacer visita a; **within ~** al alcance de la voz
call•er [kô'lər] *s.* visita, visitante *mf*
cal•lig•ra•phy [:fē] *s.* caligrafía
call•ing [kô'lĭng] *s.* vocación *f* ▪ **~ card** tarjeta de visita
cal•lous [kăl'əs] <> *adj.* insensible, duro de corazón <> *intr.* [skin] encallecerse, hacerse insensible
cal•low [kăl'ō] *adj.* (**-er, -est**) [person] inmaturo
call-up [kôl'ŭp'] *s.* MIL llamada a filas
cal•lus [kăl'əs] <> *s.* (*pl* **es**) callo <> *intr.* encallecerse
calm [käm] <> *adj.* sereno, tranquilo <> *s.* calma <> *tr.* & *intr.* aplacar(se), calmar(se)
calm•ness ['nĭs] *s.* tranquilidad *f*
ca•lor•ic [kə-lôr'ĭk] *adj.* & *s.* calórico
cal•o•rie [kăl'ə-rē] *s.* caloría
cal•um•ny [kăl'əm-nē] *s.* calumnia
cal•va•ry [kăl'və-rē] *s.* calvario
calve [kăv] *intr.* parir (la vaca)
calves [kăvz] ▻ **calf**[1,2]
ca•lyx [kā'lĭks] *s.* (*pl* **es** OR **-ces**) cáliz *m*
cam [kăm] *s.* leva
ca•ma•ra•der•ie [kä'mə-rä'də-rē] *s.* compañerismo, camaradería
cam•ber [kăm'bər] *s.* [of road] peralte *m*; AUTO inclinación *f*
cam•cord•er [kăm'kôr'dər] *s.* cámara de video
came [kām] ▻ **come**
cam•el [kăm'əl] *s.* camello
ca•mel•lia [kə-mēl'yə] *s.* camelia
cam•e•o [kăm'ē-ō'] *s.* camafeo
cam•er•a [kăm'ər-ə] *s.* FOTOG cámara, máquina; CINEM cámara ▪ **in ~** DER a puerta cerrada
cam•er•a•man [:măn'] *s.* (*pl* **-men**) cameraman *m*
cam•i•sole [kăm'ĭ-sōl'] *s.* cubrecorsé *m*
cam•ou•flage [kăm'ə-fläzh'] <> *s.* camuflaje *m* <> *tr.* & *intr.* camuflar
camp [kămp] <> *s.* campo; [encampment] campamento <> *intr.* & *tr.* acampar
cam•paign [kăm-pān'] *intr.* & *s.* (hacer una) campaña
camp•er [kăm'pər] *s.* AUTO campista *mf*; caravana
camp•fire [kămp'fīr'] *s.* hoguera de campamento
camp•ground [:ground'] *s.* camping *m*
cam•phor [kăm'fər] *s.* alcanfor *m*
camp•ing [kăm'pĭng] *s.* camping *m*, acampada
camp•site [:sīt'] *s.* camping *m*
cam•pus [kăm'pəs] *s.* (*pl* **es**) ciudad universitaria
cam•shaft [kăm'shăft'] *s.* árbol *m* de levas
can[1] [kăn, kən] *aux.* (*pret.* **could**) [to be able to] poder; [to know how to] saber ▪ **he ~ cook** sabe cocinar
can[2] [kăn] <> *s.* [tin] lata; [for trash] tacho, cubo; *jer* [jail] chirona; [toilet] retrete *m*; [buttocks] nalgas ▪ **~ opener** abrelatas <> *tr.* (**-nn-**) [food] enlatar; *jer* [to fire] despedir ▪ **~ it!** *jer* ¡a callar!, ¡basta!
ca•nal [kə-năl'] *s.* canal *m*
ca•nard [kə-närd'] *s.* bulo, patraña
ca•nar•y [kə-nâr'ē] *s.* canario
can•cel [kăn'səl] <> *tr.* anular, cancelar; [to cross out] tachar; [a stamp] matar; [to offset] contrarrestar <> *s.* cancelación *f*, anulación *f*
can•cel•la•tion ['sə-lā'shən] *s.* cancelación *f*; [of stamp] matasellos *m*
can•cer [kăn'sər] *s.* cáncer *m*
can•cer•ous [:əs] *adj.* canceroso
can•de•la•brum [kăn'dl-ä'brəm] *s.* (*pl* **s** OR **-ra**) candelabro
can•did [kăn'dĭd] *adj.* [frank] franco; [not posed] espontáneo
can•di•da•cy [kăn'dĭ-də-sē] *s.* candidatura
can•di•da•te [kăn'dĭ-dāt'] *s.* candidato
can•died [kăn'dēd] *adj.* escarchado
can•dle [kăn'dl] *s.* vela, bujía; [in church] cirio ▪ **not to hold a ~ to** no llegar ni a la suela del zapato de
can•dle•hold•er [:hōl'dər] *s.* candelero
can•dle•light [:līt'] *s.* luz *f* de una vela
can•dle•stick [:stĭk'] *s.* candelero
can•dor [kăn'dər] *s.* franqueza
can•dy [kăn'dē] <> *s.* caramelo ▪ **~ store** confitería <> *tr.* & *intr.* escarchar(se)
cane [kān] <> *s.* [stick] bastón *m*; [switch] vara; [plant] caña; [wicker] mimbre *m*; [sugar cane] caña de azúcar <> *tr.* golpear con una vara
cane•brake ['brāk'] *s.* cañaveral *m*
ca•nine [kā'nīn'] <> *adj.* canino <> *s.* [animal] animal canino; [tooth] diente canino
can•is•ter [kăn'ĭ-stər] *s.* lata
can•ker•ous [kăng'kərəs] *adj.* ulceroso
can•ker (sore) [kăng'kər] *s.* úlcera en la boca
can•na•bis [kăn'ə-bĭs] *s.* [plant] cáñamo índico; [drug] hachís *m*
canned [kănd] *adj.* enlatado; *fam* [taped] grabado
can•ner•y [kăn'ə-rē] *s.* fábrica de conservas
can•ni•bal [kăn'ə-bəl] *s.* caníbal *m*, antropófago
can•ni•bal•ism [:bə-lĭz'əm] *s.* canibalismo
can•ni•bal•ize ['-līz'] *tr.* recuperar las piezas servibles de (avión, tanque)
can•ning [kăn'ĭng] *s.* conservería
can•non [kăn'ən] *s.* (*pl* **inv.** OR **s**) cañón *m*

can•non•ade ['ə-nād'] ◇ *tr.* & *intr.* cañonear ◇ *s.* cañoneo
can•non•ball ['ən-bôl'] *s.* bala de cañón
can•not [kăn'ŏt', kə-nŏt'] *negación de* **can¹**
can•ny [kăn'ē] *adj.* (-i-) astuto
ca•noe [kə-nōō'] *intr.* (**-oeing**) & *s.* (ir en) canoa
can•on [kăn'ən] *s.* [church law] canon *m*; [priest] canónigo
ca•non•ic/i•cal [kə-nŏn'ĭk] *adj.* RELIG canónico; *fig* ortodoxo
can•on•ize [kăn'ə-nīz'] *tr.* canonizar
can•o•py [kăn'ə-pē] *s.* dosel *m*; [of leaves, stars] bóveda
cant¹ [kănt] ◇ *s.* inclinación *f* ◇ *tr.* inclinar
cant² *s.* [whine] quejido; [insincere talk] hipocresía; [jargon] jerga
can't [kănt] = **cannot**
can•ta•loup(e) [kăn'tl-ōp'] *s.* cantalupo
can•tan•ker•ous [kăn-tăng'kər-əs] *adj. fam* malhumorado, pendenciero
can•teen [kăn-tēn'] *s.* [store, cafeteria] cantina; [flask] cantimplora
can•ter [kăn'tər] *intr.* & *s.* (ir a) medio galope
can•ti•cle [kăn'tĭ-kəl] *s.* cántico
can•ti•le•ver [kăn'tl-ē'vər] *tr.* & *s.* (construir con una) ménsula
can•ton [kăn'tən] *s.* cantón *m*
can•tor [kăn'tər] *s.* solista *m* (de una sinagoga)
can•vas [kăn'vəs] *s.* lona; [painting] lienzo; [sails] velamen *m*
can•vass [kăn'vəs] ◇ *tr.* & *intr.* [to solicit] solicitar (votos); [to poll] hacer una encuesta (de); [to examine] examinar ◇ *s.* [of votes] solicitación *f*; [survey] encuesta; [examination] examen *m*
can•yon [kăn'yən] *s.* cañón *m*
can•yoner [kăn'yə-nər] *s.* barranquista *mf*
can•yoning [kăn'yə-nĭng] *s.* barranquismo, descenso de barrancos
cap [kăp] ◇ *s.* [hat] gorro, gorra; [academic] birrete *m*; [cover] tapa; [limit] tope *m*; ARM cápsula, pistón *m* ▪ ~ **gun** pistola de fulminante; **caps lock** COMPUT mayúsculas fijas ◇ *tr.* (**-pp-**) [to cover] cubrir, poner una gorra; [to complete] terminar ▪ **to ~ off** culminar
ca•pa•bil•i•ty [kā'pə-bĭl'ĭ-tē] *s.* capacidad *f*
ca•pa•ble [kā'pə-bəl] *adj.* capaz
ca•pa•cious [kə-pā'shəs] *adj.* espacioso
ca•pac•i•tor [kə-păs'ĭ-tər] *s.* condensador *m*
ca•pac•i•ty [kə-păs'ĭ-tē] *s.* capacidad *f*; [production] rendimiento máximo ▪ **in the ~ of** en calidad de; **to fill to ~** llenar completamente
cape¹ [kāp] *s.* GEOG cabo
cape² *s.* [garment] capa
ca•per¹ [kā'pər] ◇ *s.* [leap] cabriola; [prank] travesura; *jer* [plot] conspiración criminal *f* ▪ **to cut a ~** hacer cabriolas ◇ *intr.* brincar
ca•per² *s.* CUL alcaparra
cap•il•lar•y [kăp'ə-ler'ē] *s.* & *adj.* (vaso) capilar
cap•i•tal¹ [kăp'ĭ-tl] ◇ *s.* [city] capital *f*; [assets, wealth] capital *m*; IMPR [letter] mayúscula ▪ ~ **assets** activo fijo; ~ **gain** ganancias sobre el capital; ~ **punishment** pena capital OR de muerte ◇ *adj.* [foremost] capital; [excellent] excelente; [involving death] capital; IMPR mayúscula
cap•i•tal² *s.* ARQ capitel *m*
cap•i•tal•ism [:ĭz'əm] *s.* capitalismo
cap•i•tal•ist [:ĭst] *s.* capitalista *mf*
cap•i•tal•i•za•tion [:ĭ-zā'shən] *s.* ECON capitalización *f*; IMPR uso de letras mayúsculas
cap•i•tal•ize ['-īz'] *tr.* FIN capitalizar; IMPR escribir con mayúsculas; (*intr.*) ▪ **to ~ on** aprovechar, sacar provecho de
cap•i•tal•ly [:ē] *adv.* admirablemente
cap•i•tol [kăp'ĭ-tl] *s.* capitolio
ca•pit•u•late [kə-pĭch'ə-lāt'] *intr.* capitular
ca•pon [kā'pŏn'] *s.* capón *m*
ca•price [kə-prēs'] *s.* capricho, antojo
ca•pri•cious [kə-prĭsh'əs] *adj.* caprichoso
cap•size [kăp'sīz'] *tr.* & *intr.* (hacer) volcar
cap•stan [kăp'stən] *s.* [hoist] cabrestante *m*; [of tape recorder] espiga
cap•sule [kăp'səl, -sōōl] *s.* cápsula; [summary] resumen *m* breve
cap•tain [kăp'tən] ◇ *s.* capitán *m* ◇ *tr.* capitanear
cap•tion [kăp'shən] ◇ *s.* [of picture] pie *m*, leyenda; CINEM subtítulo; [heading] encabezamiento ◇ *tr.* [to title] encabezar; [a picture] poner una leyenda
cap•ti•vate [kăp'tĭ-vāt'] *tr.* cautivar, fascinar
cap•ti•va•tion ['-vā'shən] *s.* encanto
cap•tive [kăp'tĭv] ◇ *s.* cautivo ◇ *adj.* [confined] cautivo; [charmed] cautivado
cap•tiv•i•ty [-'ĭ-tē] *s.* cautividad *f*, cautiverio
cap•tor [kăp'tər] *s.* capturador *m*
cap•ture [:chər] ◇ *tr.* capturar; [a prize] ganar ◇ *s.* captura
car [kär] *s.* AUTO coche *m*, carro; FC coche *m*, vagón *m*; [tramcar] tranvía *m*
ca•rafe [kə-răf'] *s.* garrafa
car•a•mel [kăr'ə-məl] *s.* [candy] caramelo; [burnt sugar] azúcar quemado
car•a•pace [kăr'ə-pās'] *s.* caparazón *m*
car•at [kăr'ət] *s.* quilate *m*
car•a•van [kăr'ə-văn'] *s.* caravana
car•a•vel [kăr'ə-vel'] *s.* carabela
car•a•way seed [kăr'ə-wā'] *s.* carví *m*
car•bide [kär'bīd'] *s.* carburo
car•bine [kär'bīn'] *s.* carabina
car•bo•hy•drate [kär'bō-hī'drāt'] *s.* carbohidrato
car•bon [kär'bən] *s.* QUÍM carbono; [paper] papel *m* carbón; [copy] copia ▪ ~ **copy** copia al carbón; ~ **dioxide** bióxido de carbono; ~ **paper** papel carbón
car•bon•ate [:bə-nāt'] *tr.* carbonatar ▪ **carbonated water** gaseosa
car•bon•if•er•ous [:nĭf'ər-əs] *adj.* carbonífero
car•bun•cle [kär'bŭng'kəl] *s.* carbunco
car•bu•re•tor ['-'tər] *s.* carburador *m*
car•bu•ret•tor [kär'bə-ret'ər] GB = **carburetor**
car•cass [kär'kəs] *s.* res muerta, cadáver *m*; *fam* [body] cuerpo
car•cin•o•gen [kär-sĭn'ə-jən] *s.* agente cancerígeno
car•cin•o•gen•ic [kär'sə-nə-jen'ĭk] *adj.* cancerígeno
card¹ [kärd] ◇ *s.* [playing] naipe *m*, carta; [greeting] tarjeta; [post] (tarjeta) postal *f*; [index] ficha; [ID] carnet *m*; *fam* [jokester] bromista *mf* ▪ ~ **catalog** fichero; ~ **phone** tarjeta telefónica ◇ *pl.* naipes ▪ **house of ~** castillo de naipes; **it's in the ~** está escrito; **to hold all the ~** tener todos los triunfos en la mano; **to play one's ~** maniobrar bien ◇ *tr. fam* comprobar la edad de
card² TEJ ◇ *s.* carda ◇ *tr.* cardar

C

card•board ['bôrd'] *s.* cartón *m*
car•di•ac [kär'dē-ăk'] *adj.* cardiaco, cardíaco
car•di•gan [kär'dĭ-gən] *s.* chaqueta de punto
car•di•nal [kär'dn-əl] <> *adj.* cardinal; [red] purpúreo <> *s.* ORNIT & RELIG cardenal *m*; [red] púrpura
car•di•o•gram [kär'dē-ə-grăm'] *s.* cardiograma *m*
car•di•ol•o•gy ['-ŏl'ə-jē] *s.* cardiología
card•sharp [kärd'shärp'] *s.* fullero, tahúr *m*
care [kâr] <> *s.* [caution] cuidado; **with ~** con cuidado; [custody] custodia; [close attention] esmero; [worry] inquietud *f*, preocupación *f*; [grief] pena; [charge] cargo; **in my ~** a mi cargo ▪ **(in) ~ of** para entregar a; **to take ~ (not to do something)** tener cuidado (de no hacer algo); **to take ~ of** [person] cuidar de; [thing] (pre)ocuparse de; [expenses] correr con; **to take ~ of itself** resolverse por sí mismo; **under (someone's) ~** a cargo de (alguien) <> *intr.* [to be concerned] preocuparse; [to mind] importar; **I don't ~** no me importa ▪ **I couldn't ~ less** *fam* me importa un pito; **to ~ for** [to look after] cuidar; [to love, want] querer; **to ~ to** tener ganas de, querer
ca•reen [kə-rēn'] *intr.* dar bandazos; (*tr.*) inclinar (un bote)
ca•reer [kə-rîr'] <> *s.* carrera, profesión *f*; [course] curso (de la vida) <> *intr.* precipitarse
care•free [kâr'frē'] *adj.* despreocupado
care•ful [:fəl] *adj.* [cautious] cauteloso, prudente; [thorough] cuidadoso ▪ **to be ~** tener cuidado
care•less [:lĭs] *adj.* [negligent] descuidado; [unconcerned] indiferente, despreocupado; [offhand] espontáneo
ca•ress [kə-res'] <> *s.* caricia <> *tr.* acariciar
care•tak•er [kâr'tā'kər] *s.* guardián *m*; [of a residence] portero
care•worn [:wôrn'] *adj.* agobiado
car•fare [kär'fâr'] *s.* precio de trayecto
car•go [kär'gō] *s.* (*pl* **(e)s**) carga, cargamento
car•i•ca•ture [kăr'ĭ-kə-cho͝or'] <> *s.* caricatura <> *tr.* caricaturizar
car•il•lon [kăr'ə-lŏn'] *s.* carillón *m*
car•mine [kär'mĭn] *s.* & *adj.* carmín *m*
car•nage [kär'nĭj] *s.* carnicería, matanza
car•nal [kär'nəl] *adj.* carnal
car•na•tion [kär-nā'shən] *s.* clavel *m*
car•ni•val [kär'nə-vəl] *s.* [season] carnaval *m*; [fair] feria ambulante
car•ni•vore [kär'nə-vôr'] *s.* carnívoro
car•niv•o•rous [-nĭv'ər-əs] *adj.* carnívoro
car•ob bean [kăr'əb] *s.* algarroba
car•ol [kăr'əl] <> *s.* villancico <> *tr.* & *intr.* cantar (villancicos)
ca•rouse [kə-rouz'] *intr.* andar de jarana
car•ou•sel [kăr'ə-sel'] *s.* carrusel *m*, tiovivo
carp[1] [kärp] *intr.* quejarse ▪ **to ~ at** criticar
carp[2] *s.* ICT carpa
car•pen•ter [kär'pən-tər] *s.* carpintero
car•pen•try [:trē] *s.* carpintería
car•pet [kär'pĭt] <> *s.* alfombra ▪ **to be on the ~** estar recibiendo una regañina <> *tr.* alfombrar
car•pet•bag [:băg'] *s.* maleta hecha de alfombra
carp•ing [kär'pĭng] *adj.* criticón
car•port [kär'pôrt'] *s.* cobertizo para automóviles
car•riage [kăr'ĭj] *s.* carruaje *m*, coche *m*; [posture] porte *m*; MEC carro; COM transporte *m*; GB FC vagón *m* ▪ **baby ~** cochecito de niños
car•ri•er [kăr'ē-ər] *s.* portador *m*, transportador *m*; COM transportista *mf* ▪ **~ pigeon** paloma mensajera
car•ri•on [kăr'ē-ən] *s.* carroña
car•rot [kăr'ət] *s.* zanahoria
car•ry [kăr'ē] <> *tr.* llevar; [a disease] transmitir; [merchandise] tener surtido de; [a penalty] llevar aparejado, acarrear; [an election] ganar; [a motion] aprobar; [to extend] prolongar, extender; [to impel] mover, impulsar; [to contain] contener; [to print] publicar; [to broadcast] transmitir; MAT llevarse ▪ **to be carried away (by)** estar entusiasmado (con); **to ~ along** arrastrar; **to ~ forward** TEN llevar, transportar a (columna, cuenta); **to ~ off** [prize] llevarse; [plan] realizar, llevar a cabo; **to ~ on** [conversation] mantener, sostener; [business] dirigir; **to ~ out** realizar, llevar a cabo; **to ~ over** TEN pasar a otra columna OR página; **to ~ something too far** llevar algo al exceso; **to ~ through** [to complete] completar, llevar a cabo; [to sustain] sostener; **to ~ weight** ser de peso OR influencia; (*intr.*) [motion, proposal] aprobarse; [to extend] llegar, extenderse; [sound] oírse; [voice] proyectarse ▪ **~ on!** ¡siga!, ¡continúe!; **to ~ on** [to continue] seguir, continuar; [to misbehave] portarse mal; **to ~ over** conservarse (del pasado) <> *s.* [portage] transporte *m*; [range] alcance *m*
car•ry•all [:ôl'] *s.* maletín *m*
car•ry-o•ver [:ō'vər] *s.* remanente *m*
car•sick [kär'sĭk'] *adj.* mareado
cart [kärt] <> *s.* carro; [handcart] carretilla <> *tr.* acarrear; [to lug] arrastrar ▪ **to ~ away** OR **off** llevarse
carte blanche [kärt blänch'] *s.* carta blanca
car•tel [kär-tel'] *s.* cártel *m*
car•ti•lage [kär'tl-ĭj] *s.* cartílago
cart•load [kärt'lōd'] *s.* carretada
car•tog•ra•pher [kär-tŏg'rə-fər] *s.* cartógrafo
car•tog•ra•phy [:fē] *s.* cartografía
car•ton [kär'tn] *s.* caja de cartón
car•toon [kär-to͞on'] *s.* [political] caricatura; [comic] tira, historieta; [film] dibujos animados
car•toon•ist [:to͞o'nĭst] *s.* caricaturista *mf*
car•tridge [kär'trĭj] *s.* cartucho; [phonograph pickup] fonocaptor *m*; [cassette] casete *m*; [ink refill] repuesto ▪ **~ belt** cartuchera
cart•wheel [kärt'hwēl'] *s.* voltereta lateral
cart•wright [:rīt'] *s.* carretero
carve [kärv] *tr.* CUL trinchar; ARTE [to sculpt] tallar, cincelar; [to engrave] grabar ▪ **to ~ out** labrar; (*intr.*) trinchar la carne
carv•ing [kär'vĭng] *s.* talla, escultura
cas•cade [kă-skād'] <> *s.* cascada; *fig* chorro, torrente *m* <> *intr.* caer en forma de cascada
case[1] [kās] <> *s.* [instance] caso; [example] ejemplo; [matter] cuestión *f*; **a ~ of honor** una cuestión de honor; [argument] argumento; MED & GRAM caso; DER causa, pleito ▪ **a ~ in point** un caso pertinente; **~ history** hoja OR historia clínica; **in any ~** en todo caso; **in no ~** de ningún modo; **in that ~** en tal caso; **it is not a ~ of** no se trata de; **that being the ~** si ése es el caso; **to bring a ~ against** poner un pleito a; **to make the ~ for** exponer los argumentos a favor de; **to put** OR **state one's ~** presentar uno los argumentos; **to rest one's ~** terminar uno el alegato <> *tr. jer* espiar, campanear
case[2] <> *s.* [box] caja; [outer covering] estuche *m*; [slip-

cover] funda; ARQ [frame] bastidor *m*, marco <> *tr.* empacar, embalar
case•ment ['mənt] *s.* [frame] marco de ventana; [window] ventana batiente
case•work [:wûrk'] *s.* estudio de los antecedentes personales OR familiares
cash [kăsh] <> *s.* efectivo ▪ ~ **flow** flujo de caja; ~ **machine** cajero automático; ~ **register** caja registradora; **to pay (in)** ~ pagar al contado <> *tr.* hacer efectivo, cobrar ▪ **to** ~ **in** convertir en efectivo; **to** ~ **in on** sacar partido de
cash•book ['bŏŏk'] *s.* libro de caja
cash•box [:bŏks'] *s.* caja
cash•ew [kăsh'ōō] *s.* anacardo
cash•ier [kă-shîr'] *s.* cajero ▪ ~**'s check** cheque *m* de caja
cash•mere [kăzh'mîr'] *s.* cachemira
cas•ing [kā'sĭng] *s.* cubierta, envoltura
ca•si•no [kə-sē'nō] *s.* casino
cask [kăsk] *s.* barril *m*, tonel *m*
cas•ket [kăs'kĭt] *s.* ataúd *m*; [box] estuche *m*
cas•sa•va [kə-sä'və] *s.* mandioca; [flour, bread] cazabe *m*
cas•se•role [kăs'ə-rōl'] *s.* cazuela, cacerola
cas•sette [kə-set'] *s.* [film] cartucho; [tape] casete *mf*
cas•sock [kăs'ək] *s.* sotana
cast [kăst] <> *tr.* (**cast**) [to hurl] tirar, arrojar; [anchor] echar; [vote] echar, depositar; [glance] volver, dirigir; [light, shadow] proyectar; [dice] tirar; CINEM [roles] repartir; [actor] asignar una parte a; METAL [to mold] moldear ▪ **to** ~ **aside** OR **away** desechar, descartar; **to** ~ **doubt (up)on** poner en duda; **to** ~ **down** [eyes] bajar; [spirits] desanimar; **to** ~ **light on** esclarecer; **to** ~ **off** desechar; **to** ~ **out** echar fuera, arrojar; (*intr.*) ▪ **to** ~ **about (for)** buscar; **to** ~ **off** MARÍT desamarrar; COST terminar una vuelta <> *s.* tirada, lanzamiento; [of dice] tirada; [of color] tinte *m*; [appearance] apariencia; [tendency] tendencia; METAL molde *m*, forma; MED enyesadura; CINEM & TEAT reparto ▪ ~ **iron** hierro fundido
cas•ta•nets [kăs'tə-nets'] *s. pl.* castañuelas
cast•a•way [kăst'ə-wā'] *adj.* & *s.* náufrago
caste [kăst] *s.* casta
cast•er [kăs'tər] *s.* [wheel] ruedecilla; [stand] convoy, vinagrera
cas•ti•gate [kăs'tĭ-gāt'] *tr.* castigar, reprobar
cast•ing [kăs'tĭng] *s.* METAL pieza fundida; TEAT reparto
cast-i•ron [kăst'ī'ərn] *adj.* de hierro fundido; [tough] férreo
cas•tle [kăs'əl] <> *s.* castillo; [in chess] torre *f*, roque *m* <> *tr.* & *intr.* enrocar (al rey)
cast-off [kăst'ôf'] *adj.* desechado
cas•tor oil [kăs'tər] *s.* aceite *m* de ricino
cas•trate [kăs'trāt'] *tr.* castrar, capar
cas•tra•tion [kă-strā'shən] *s.* castración *f*
ca•su•al [kăzh'ōō-əl] *adj.* [accidental] casual; [occasional] eventual, ocasional; [indifferent] despreocupado; [informal] informal; [superficial] superficial
ca•su•al•ly [:ē] *adv.* [by chance] casualmente; [by the by] de paso; [informally] informalmente
ca•su•al•ty [:tē] *s.* [accident] accidente *m*; [victim] accidentado, víctima; MIL baja
cat [kăt] *s.* gato; *jer* [guy] tipo ▪ **to let the** ~ **out of the bag** descubrir el pastel
cat•a•clysm [kăt'ə-klĭz'əm] *s.* cataclismo
cat•a•combs [kăt'ə-kōmz'] *s. pl.* catacumbas
cat•a•log(ue) [kăt'l-ôg'] <> *s.* catálogo <> *tr.* catalogar; (*intr.*) hacer un catálogo
cat•a•lyst [kăt'l-ĭst] *s.* catalizador *m*
cat•a•lyt•ic ['-ĭt'ĭk] *adj.* catalítico ▪ ~ **converter** AUTO catalizador
cat•a•pult [kăt'ə-pŭlt'] <> *s.* catapulta <> *tr.* catapultar
cat•a•ract [kăt'ə-răkt'] *s.* catarata
ca•tarrh [kə-tär'] *s.* catarro
ca•tas•tro•phe [kə-tăs'trə-fē] *s.* catástrofe *f*
cat•a•stroph•ic [kăt'ə-strŏf'ĭk] *adj.* catastrófico
cat•a•ton•ic [kăt'ə-tŏn'ĭk] *adj.* catatónico
cat•call [kăt'kôl'] *s.* silbido, silbatina
catch [kăch, kech] <> *tr.* (**caught**) [with the hands] coger, agarrar; [to capture] prender, capturar; [animals] atrapar, cazar; [fish] pescar; [bus, train] alcanzar, tomar; [to snag, hook] engancharse (**on** en); [to pinch] agarrarse (**in** con); [an illness] coger, contraer; [to surprise] coger desprevenido, sorprender; [to understand] entender, captar; *fam* [to take in] (ir a) ver (película, espectáculo) ▪ **to** ~ **hold of** agarrarse a, asirse a; **to** ~ **it** *fam* ganarse una paliza OR reprimenda; **to** ~ **oneself** [to check oneself] contenerse; [to realize] darse cuenta; **to** ~ **up on** ponerse al corriente en cuanto a; **to** ~ **up with** alcanzar; (*intr.*) [to become fastened, hooked] engancharse; [to snag] enredarse; [to hold] agarrar, enganchar; [to catch fire] prender fuego, encenderse ▪ **to** ~ **on** [to understand] comprender; [to become aware] caer en la cuenta; [a fad] hacerse OR volverse muy popular; **to** ~ **up** ponerse al día OR al corriente <> *s.* [act] cogida; [lock] cerradura; [in hunting] presa; [in fishing] pesca; [capture] captura; *fam* [hitch] truco, trampa; [good match] buen partido
catch•er [kăch'ər] *s.* DEP receptor *m*
catch•ing [:ĭng] *adj.* contagioso
catch•word [:wûrd'] *s.* lema *m*, slogan *m*
catch•y [:ē] *adj.* (**-i-**) [easy to remember] pegadizo; [tricky] capcioso
cat•e•chism [kăt'ĭ-kĭz'əm] *s.* catecismo
cat•e•chist [:kĭst] *s.* catequista *mf*
cat•e•gor•ic/i•cal [kăt'ĭ-gôr'ĭk] *adj.* categórico
cat•e•go•rize ['-gə-rīz'] *tr.* clasificar
cat•e•go•ry [:gôr'ē] *s.* categoría
ca•ter [kā'tər] *intr.* abastecer de comida OR servicios ▪ **to** ~ **to** intentar satisfacer los deseos de
cat•er-cor•ner(ed) [kăt'ər-kôr'nər[d]] *adj.* & *adv.* (en) diagonal
ca•ter•er [kā'tər-ər] *s.* hostelero
ca•ter•ing [:ĭng] *s.* servicio de banquetes
cat•er•pil•lar [kăt'ər-pĭl'ər] *s.* oruga
cat•er•waul [kăt'ər-wôl'] *intr.* [to meow] maullar; [to screech] chillar
cat•fish [kăt'fĭsh'] *s.* (*pl* **inv.** OR **es**) siluro, bagre *m*
cat•gut [:gŭt'] *s.* cuerda de tripa
ca•thar•sis [kə-thär'sĭs] *s.* (*pl* **-ses**) catarsis *f*
ca•the•dral [kə-thē'drəl] *s.* catedral *f*
cath•e•ter [kăth'ĭ-tər] *s.* catéter *m*
cath•ode [kăth'ōd'] *s.* cátodo ▪ ~ **ray** rayo catódico
cath•o•lic [kăth'ə-lĭk] <> *adj.* general, universal ▪ **Catholic** católico <> *s.* ▪ **Catholic** católico
cat•kin [kăt'kĭn'] *s.* amento
cat•nap [kăt'năp'] *s.* & *intr.* (**-pp-**) (echar una) siesta corta

C

cat•nip [:nĭp′] *s.* nébeda
cat-o′-nine-tails [′ə-nīn′tālz] *s.* látigo de nueve colas
cat•sup [kăt′səp, kăch′əp] = **ketchup**
cat•tail [kăt′tāl′] *s.* anea, espadaña
cat•tle [kăt′l] *s.* ganado vacuno
cat•tle•man [:măn′] *s.* (*pl* **-men**) ganadero
cat•ty [kăt′ē] *adj.* (**-i-**) malicioso
cat•walk [:wôk′] *s.* pasadizo, pasarela
cau•cus [kô′kəs] ◇ *s.* (*pl* **es** OR **-ses**) reunión *f* electoral ◇ *intr.* celebrar reunión electoral
caught [kôt] ▻ **catch**
cau•li•flow•er [kô′lĭ-flou′ər] *s.* coliflor *f*
caulk [kôk] *tr.* calafatear
caus•a•tive [kô′zə-tĭv] *adj.* causativo
cause [kôz] ◇ *s.* causa; [reason] motivo, razón *f* ◇ *tr.* causar, provocar
cause•way [:wā′] *s.* carretera elevada
caus•tic [kô′stĭk] *adj.* & *s.* cáustico
cau•ter•ize [kô′tə-rīz′] *tr.* cauterizar
cau•tion [kô′shən] ◇ *s.* cautela, precaución *f*; [warning] advertencia ◇ *tr.* advertir, amonestar
cau•tion•ar•y [kô′shə-ner′ē] *adj.* [preventive] preventivo; [exemplary] aleccionador
cau•tious [kô′shəs] *adj.* cauteloso, precavido
cav•al•cade [kăv′əl-kād′] *s.* cabalgata
cav•a•lier [kăv′ə-lîr′] ◇ *s.* caballero ◇ *adj.* arrogante
cav•al•ry [kăv′əl-rē] *s.* caballería
cav•al•ry•man [:mən] *s.* (*pl* **-men**) soldado de caballería
cave [kāv] ◇ *s.* cueva ▪ ~ **dweller** OR **man** cavernícola, troglodita ◇ *intr.* ▪ **to** ~ **in** [to collapse] derrumbarse; [to yield] ceder
cave-in [′ĭn′] *s.* hundimiento, socavón *m*
cav•ern [kăv′ərn] *s.* caverna
cav•ern•ous [:ər-nəs] *adj.* cavernoso
cav•i•ty [kăv′ĭ-tē] *s.* cavidad *f*; ODONT caries *f*
ca•vort [kə-vôrt′] *intr.* cabriolar, juguetear
caw [kô] ◇ *s.* graznido ◇ *intr.* graznar
cay [kē, kā] *s.* cayo
cay•enne pepper [kī-en′] *s.* pimienta del ají
CD [sē′dē′] *s.* CD *m* ▪ ~ **player** reproductor de CD; ~ **recorder** grabadora de CD
CD-ROM [sē′dē′rŏm′] *s.* CD-ROM *m* ▪ ~ **burner** estampadora de CD-ROM
cease [sēs] ◇ *tr.* [to stop] dejar de; [to discontinue] suspender ▪ ~ **fire!** MIL ¡alto el fuego!; (*intr.*) cesar ◇ *s.* cese *m* ▪ **without** ~ incesantemente
cease-fire [′fīr′] *s.* suspensión *f* de fuego
cease•less [:lĭs] *adj.* incesante, continuo
ce•dar [sē′dər] *s.* cedro
cede [sēd] *tr.* ceder
ceil•ing [sē′lĭng] *s.* cielo raso, techo; AER techo; [limit] tope *m*
cel•e•brate [:brāt′] *tr.* celebrar; [an occasion] festejar, conmemorar; (*intr.*) festejarse
cel•e•brat•ed [:brā′tĭd] *adj.* célebre, famoso
cel•e•bra•tion [′-′shən] *s.* celebración *f*
ce•leb•ri•ty [sə-leb′rĭ-tē] *s.* celebridad *f*
cel•er•y [sel′ə-rē] *s.* apio
ce•les•tial [sə-les′chəl] *adj.* [of the sky] celeste; [divine] celestial
cel•i•ba•cy [sel′ə-bə-sē] *s.* celibato
cel•i•bate [:bĭt] *adj.* & *s.* célibe *mf*
cell [sel] *s.* [room] celda; BIOL, ELEC & POL célula
cel•lar [sel′ər] *s.* sótano; [of wines] bodega
cel•lo [chel′ō] *s.* violoncelo
cel•lo•phane [sel′ə-fān′] *s.* celofán *m*
cell•phone [sel′fōn′] *s.* (teléfono) celular
cel•lu•lar [sel′yə-lər] *adj.* celular
cel•lu•loid [:loid′] *s.* celuloide *m*
cel•lu•lose [:lōs′] *s.* celulosa
ce•ment [sĭ-ment′] ◇ *s.* cemento; [glue] pegamento ▪ ~ **mixer** hormigonera ◇ *tr.* unir con cemento; [to glue] pegar; *fig* [to strengthen] cimentar
cem•e•ter•y [sem′ĭ-ter′ē] *s.* cementerio
cen•ser [sen′sər] *s.* incensario
cen•sor [sen′sər] ◇ *s.* censor *m* ◇ *tr.* censurar
cen•sor•ship [sen′sər-shĭp′] *s.* censura
cen•sure [sen′shər] ◇ *s.* censura ◇ *tr.* censurar
cen•sus [sen′səs] *s.* censo
cent [sent] *s.* [of dollar] centavo; [of euro] céntimo
cen•taur [sen′tôr′] *s.* centauro
cen•ten•ni•al [sen-ten′ē-əl] *adj.* & *s.* centenario
cen•ter [sen′tər] ◇ *s.* centro ◇ *tr.* centrar; [to concentrate] concentrar; (*intr.*) concentrarse ▪ **to** ~ **on** centrarse en
cen•ter•piece [:pēs′] *s.* centro de mesa; *fig* foco principal
cen•ti•grade [sen′tĭ-grād′] *adj.* centígrado
cen•ti•gram [:grăm′] *s.* centigramo
cen•ti•li•ter [:lē′tər] *s.* centilitro
cen•ti•me•ter [:mē′tər] *s.* centímetro
cen•ti•pede [:pēd′] *s.* cienpiés *m*
cen•tral [sen′trəl] *adj.* central ▪ ~ **locking** AUTO cierre centralizado
cen•tral•ize [:trə-līz′] *tr.* & *intr.* centralizar(se)
cen•tre [sen′tər] GB = **center**
cen•trif•u•gal [-trĭf′yə-gəl] *adj.* centrífugo
cen•tri•fuge [′trə-fyōōj′] *s.* centrifugadora
cen•trip•e•tal [-trĭp′ĭ-tl] *adj.* centrípeto
cen•trist [′trĭst] *s.* centrista *mf*
cen•tu•ry [sen′chə-rē] *s.* siglo ▪ ~ **plant** maguey
ce•ram•ic [sə-răm′ĭk] *s.* [clay] arcilla, barro; [porcelain] porcelana ▪ **ceramics** (*sg.*) cerámica
ce•re•al [sîr′ē-əl] *s.* cereal *m*
cer•e•bral [ser′ə-brəl, sə-rē′-] *adj.* cerebral
cer•e•brum [:brəm] *s.* (*pl* **s** OR **-ra**) cerebro
cer•e•mo•ni•al [ser′ə-mō′nē-əl] *adj.* & *s.* ceremonial *m*
cer•e•mo•ni•ous [:əs] *adj.* ceremonioso
cer•e•mo•ny [ser′ə-mō′nē] *s.* ceremonia
cer•tain [sûr′tn] *adj.* [definite] cierto; [sure] seguro; [some] algunos, ciertos ▪ **for** ~ por cierto; **to make** ~ asegurarse
cer•tain•ly [:lē] *adv.* [surely] cierto; [of course] por supuesto; [without fail] seguro
cer•tain•ty [:tē] *s.* certeza; [fact] cosa segura
cer•ti•fi•a•ble [sûr′tə-fī′ə-bəl] *adj.* certificable
cer•tif•i•cate [sər-tĭf′ĭ-kĭt] *s.* certificado, partida
cer•ti•fi•ca•tion [sûr′tə-fĭ-kā′shən] *s.* certificación *f*; [document] certificado
cer•ti•fied [′-fīd′] *adj.* certificado ▪ ~ **public accountant** contador público titulado
cer•ti•fy [sûr′tə-fī′] *tr.* & *intr.* certificar
cer•ti•tude [:tōōd′] *s.* certidumbre *f*, certeza
cer•vix [sûr′vĭks] *s.* (*pl* **es** OR **-ces**) [neck] cerviz *f*; [of the uterus] cuello del útero
ce•si•um [sē′zē-əm] *s.* cesio
ces•sa•tion [se-sā′shən] *s.* cesación *f*, cese *m*

ces•sion [sesh′ən] *s.* cesión *f*
cess•pool [ses′po͞ol′] *s.* pozo negro; *fig* cloaca, sentina
ce•ta•ce•an [sĭ-tā′shən] *adj.* & *s.* cetáceo
chafe [chāf] *tr.* [to rub] rozar; [to annoy] irritar; [to warm] frotar; (*intr.*) rozarse ▪ **to ~ at** enfadarse por
chaff [chăf] ◇ *s.* AGR ahechaduras; [trifle] paja; [banter] chanza ◇ *tr.* zumbar, chasquear
cha•grin [shə-grĭn′] ◇ *s.* desilusión *f*, desazón *f* ◇ *tr.* desilusionar
chain [chān] ◇ *s.* cadena ▪ **~ gang** cadena de presidiarios; **~ mail** cota de mallas; **~ reaction** reacción en cadena; **~ saw** sierra de cadena; **~ store** sucursal de una cadena de tiendas ◇ *tr.* encadenar
chain-smoke [′smōk′] *intr.* & *tr.* fumar un cigarrillo tras otro
chair [châr] ◇ *s.* silla; [chairman] presidente *m*; EDUC cátedra ▪ **~ lift** telesilla ◇ *tr.* presidir
chair•man [′mən] *s.* (*pl* **-men**) presidente *m*
chair•man•ship [:mən-shĭp′] *s.* presidencia
chair•per•son [:pûr′sən] *s.* presidente *m*, presidenta
chair•wom•an [:wo͝om′ən] *s.* (*pl* **-women**) presidenta
cha•let [shă-lā′] *s.* chalet *m*
chal•ice [chăl′ĭs] *s.* cáliz *m*
chalk [chôk] ◇ *s.* MIN creta; [marker] tiza ◇ *tr.* marcar, escribir (con tiza) ▪ **to ~ up** apuntarse (tanto, victoria)
chalk•board [′bôrd′] *s.* pizarrón *m*, pizarra
chal•lenge [chăl′ənj] ◇ *s.* desafío, reto; MIL quién vive *m*; DER recusación *f* ◇ *tr.* desafiar, retar; [to contest] disputar; MIL dar el quién vive; DER recusar
chal•leng•er [′ən-jər] *s.* desafiador *m*, aspirante *m*
chal•leng•ing [:jĭng] *adj.* arduo, difícil
cham•ber [chām′bər] ◇ *s.* cámara ▪ **~ pot** orinal ◇ *pl.* despacho (de un juez)
cham•ber•lain [:lən] *s.* chambelán *m*
cham•ber•maid [:mād′] *s.* camarera, criada
cha•me•leon [kə-mēl′yən] *s.* camaleón *m*
cham•ois [shăm′ē] *s. inv.* gamuza
cham•o•mile [kăm′ə-mīl′] *s.* manzanilla
champ [chămp] *s. fam* campeón *m*
cham•pagne [shăm-pān′] *s.* champaña *m*
cham•pi•on [chăm′pē-ən] ◇ *s.* campeón *m* ◇ *tr.* abogar por
cham•pi•on•ship [:shĭp′] *s.* campeonato
chance [chăns] ◇ *s.* casualidad *f*; [luck] suerte *f*; [opportunity] oportunidad *f*; **give me a ~ to go** déme la oportunidad de ir; [possibility] posibilidad *f*; [risk] riesgo; **to take a ~** correr un riesgo ▪ **by any ~** por casualidad; **to stand a ~** tener posibilidades ◇ *intr.* suceder, acaecer; (*tr.*) arriesgar ▪ **to ~ on** OR **upon** encontrarse con ◇ *adj.* casual, fortuito
chan•cel [chăn′səl] *s.* antealtar *m*
chan•cel•ler•y [:sə-lə-rē] *s.* cancillería
chan•cel•lor [:lər] *s.* POL canciller *m*; EDUC rector *m*
chanc•y [chăn′sē] *adj.* (**-i-**) arriesgado
chan•de•lier [shăn′də-lîr′] *s.* araña
change [chānj] ◇ *tr.* & *intr.* cambiar (de); [clothes, color] mudar (de); [to transform] convertir(se) ▪ **to ~ off** turnarse; **to ~ over** cambiar ◇ *s.* [act] cambio; [substitution] substitución *f*, relevo; [of clothing] muda; [money] cambio, vuelto; [coins] suelto ▪ **a ~ for the better** un cambio beneficioso; **to have a ~ of heart** cambiar de idea; **for a ~** para variar; **keep the ~** quédese con el vuelto
change•a•ble [chān′jə-bəl] *adj.* cambiable; [inconstant] variable
change•ling [chānj′lĭng] *s.* niño cambiado por otro al nacer
change•o•ver [:ō′vər] *s.* cambio
chan•nel [chăn′əl] ◇ *s.* canal *m*; [riverbed] cauce *m*; [groove] ranura ◇ *tr.* canalizar
chan•nel-surf [:′sûrf′] *intr.* zapear
chan•nel-surf•ing [:sûr′fĭng] *s.* zapping *m*
chant [chănt] ◇ *s.* canto; [psalm] cántico, salmodia ◇ *tr.* & *intr.* cantar, salmodiar
cha•os [kā′ŏs′] *s.* caos *m*
cha•ot•ic [kā-ŏt′ĭk] *adj.* caótico
chap[1] [chăp] *tr.* & *intr.* (**-pp-**) paspar(se)
chap[2] *s. fam* [fellow] tipo, muchacho
chap•el [chăp′əl] *s.* capilla
chap•er•on(e) [shăp′ə-rōn′] ◇ *s.* carabina ◇ *tr.* hacer de carabina con
chap•lain [chăp′lĭn] *s.* capellán *m*
chaps [chăps, shăps] *s. pl.* zahones *m*
chap•ter [chăp′tər] *s.* capítulo; [of a club] sección *f*
char [chär] *tr.* & *intr.* (**-rr-**) [to scorch] chamuscar(se); [to reduce to coal] carbonizar(se)
char•ac•ter [kăr′ək-tər] *s.* carácter *m*; LIT [role] personaje *m*, papel *m*; *fam* [guy] tipo ▪ **in ~** característico
char•ac•ter•is•tic [′-tə-rĭs′tĭk] ◇ *adj.* característico ◇ *s.* característica
char•ac•ter•ize [′-rīz′] *tr.* caracterizar
cha•rade [shə-rād′] *s.* charada
char•coal [chär′kōl′] *s.* carbón *m* vegetal OR de leña; DIB carboncillo
chard [chärd] *s.* acelga
charge [chärj] ◇ *tr.* COM [a price] pedir, cobrar; [on credit] cargar; [to entrust] encargar, encomendar; DER [to instruct] instruir; [to accuse] acusar; [to saturate] impregnar; MIL [to attack] atacar, acometer; ELEC cargar; (*intr.*) atacar, ir a la carga; COM cobrar ◇ *s.* [cost] tarifa, precio; [tax] impuesto; [management] cargo, dirección *f*; [accusation] acusación *f*; [burden] carga, peso; [attack] carga; ARM & ELEC carga ▪ **in ~ of** encargado de; **to appear on a ~ of** DER comparecer acusado de; **to be in ~** ser el encargado; **to bring charges against** DER hacer acusaciones contra; **to reverse the charges** TEL llamar a cobro revertido; **to take ~** asumir el mando; **to take ~ of** hacerse cargo de
char•gé d'af•faires [shär-zhā′ də-fâr′] *s.* (*pl* **chargés-**) encargado de negocios
charg•er [chär′jər] *s.* caballo de batalla
char•i•ot [chăr′ē-ət] *s.* carro de batalla
cha•ris•ma [kə-rĭz′mə] *s.* carisma *m*
char•i•ta•ble [chăr′ĭ-tə-bəl] *adj.* caritativo
char•i•ty [chăr′ĭ-tē] *s.* caridad *f*, beneficencia; [institution] organización *f* de beneficencia
char•la•tan [shär′lə-tn] *s.* charlatán *m*
charm [chärm] ◇ *s.* encanto; [amulet] amuleto ▪ **like a ~** como por encanto ◇ *tr.* encantar; [to beguile] seducir; [to bewitch] embrujar
charm•er [chär′mər] *s.* encantador *m*
charm•ing [:mĭng] *adj.* encantador
chart [chärt] ◇ *s.* MARÍT carta de navegación; [graph] gráfico ▪ **the charts** la lista de éxitos ◇ *tr.* trazar
char•ter [chär′tər] ◇ *s.* POL carta; [of organization] estatutos; [lease] fletamento ▪ **~ flight** vuelo chárter; ~

member socio fundador ◇ *tr.* establecer los estatutos de; [to rent] fletar
char•ter•house [:hous'] *s.* cartuja
char•wom•an [chär'wo͝om'ən] *s.* (*pl* **-women**) GB criada, empleada de limpieza
char•y [châr'ē] *adj.* (**-i-**) parco
chase[1] [chās] ◇ *tr.* perseguir (**after** a) ■ **to ~ away** OR **off** ahuyentar; **to ~ out** echar fuera; (*intr.*) ir corriendo ◇ *s.* persecución *f* ■ **the ~** [sport] la cacería; [quarry] caza, presa
chase[2] ◇ *s.* [groove] ranura, estría ◇ *tr.* acanalar
chasm [kăz'əm] *s.* abismo
chas•sis [shăs'ē, chăs'ē] *s. inv.* chasis *m*
chaste [chāst] *adj.* casto
chas•ten [chā'sən] *tr.* castigar, disciplinar
chas•tise [chăs-tīz'] *tr.* castigar
chas•ti•ty [chăs'tĭ-tē] *s.* castidad *f*
chat [chăt] ◇ *intr.* (**-tt-**) [talk] charlar, platicar; COMPUT charlar, chatear ◇ *s.* [conversation] charla, plática; COMPUT charla, chat ■ **~ room** sala de charla
chat•line [chăt'līn'] *s.* línea caliente
chat•tel [chăt'l] *s.* bien *m* mueble
chat•ter [chăt'ər] ◇ *intr.* parlotear, chacharear; [teeth] castañetear ◇ *s.* parloteo, cháchara
chat•ter•box [:bŏks'] *s.* parlanchín *m*
chat•ty [chăt'ē] *adj.* (**-i-**) parlanchín
chauf•feur [shō'fər, shō-fûr'] ◇ *s.* chofer OR chófer *m* ◇ *tr.* conducir
chau•vin•ist [shō'və-nĭst] *s.* chauvinista *mf*
chau•vin•is•tic ['-nĭs'tĭk] *adj.* chauvinista
cheap [chēp] ◇ *adj.* barato; [inferior] de mala calidad; [tawdry] charro; [stingy] tacaño ■ **dirt ~** baratísimo; **to feel ~** sentirse rebajado ◇ *adv.* barato
cheap•en [chē'pən] *tr.* & *intr.* rebajar(se), degradar(se)
cheap•ly [chēp'lē] *adv.* barato, a bajo precio ■ **~ made** de baja calidad
cheap•ness [:nĭs] *s.* bajo precio; [quality] mala calidad; [stinginess] tacañería
cheap•skate [:skāt'] *s. jer* tacaño
cheat [chēt] ◇ *tr.* [to swindle] defraudar, estafar; [to deceive] engañar; (*intr.*) hacer trampa; [on exam] copiar ◇ *s.* [swindler] tramposo; [trick] trampa; [swindle] estafa; COMPUT truco
cheat•er [chē'tər] *s.* tramposo
cheat•ing [:tĭng] ◇ *adj.* tramposo, fraudulento ◇ *s.* trampas
check [chek] ◇ *s.* [halt] parada, detención *f*; [restraint] freno, impedimento; [verification] comprobación *f*, chequeo; [mark] marca, señal *f*; [ticket] talón *m*; [bill] cuenta (de restaurante); [bank draft] cheque *m*; [pattern] dibujo a cuadros; [square] cuadro; [in chess] jaque *m* ■ **~ list** lista de control; **to keep** OR **to hold in ~** tener a raya, tener controlado ◇ *interj.* [in chess] ¡jaque! ◇ *tr.* [to halt] detener; [to restrain] refrenar, contener; [an emotion] reprimir; [to test] examinar, controlar; [to verify] verificar; [hat, coat] depositar; [luggage] facturar; [in chess] dar jaque a ■ **to ~ against** cotejar con; **to ~ off** marcar (uno por uno), chequear; **to ~ out** *fam* comprobar; **~ this out!** *jer* ¡mira esto!; **to ~ up on** comprobar, verificar; **to ~ with** consultar con; (*intr.*) [to halt] detenerse; [to agree] concordar (listas, cifras) ■ **to ~ in (to)** registrarse (en); **to ~ out (of)** pagar la cuenta y marcharse (de)
check•book ['bo͝ok'] *s.* chequera, talonario
check•er [:ər] ◇ *s.* [examiner] verificador *m*; [cashier] cajero; [in the game] pieza (del juego de damas) ◇ *pl.* damas
check•er•board [:bôrd'] *s.* tablero de damas
check•ered [chek'ərd] *adj.* [design] cuadriculado, a cuadros; *fig* [uneven] con altibajos
check-in [:ĭn'] *s.* facturación *f* ■ **~ desk** mostrador de facturación
check•mate [:māt'] ◇ *tr.* dar jaque y mate ◇ *s.* jaque y mate *m*
check-out [:out'] *s.* [exit] salida (de hotel, supermercado); [inspection] inspección *f*
check•point [:point'] *s.* control *m*, lugar *m* de inspección
check•room [:ro͞om'] *s.* guardarropa *m*; [for luggage] consigna
check•up [:ŭp'] *s.* chequeo, reconocimiento médico general
cheek [chēk] *s.* mejilla; [impudence] descaro ■ **~ by jowl** codo con codo
cheek•bone ['bōn'] *s.* pómulo
cheek•y [chē'kē] *adj.* (**-i-**) descarado, caradura
cheep [chēp] ◇ *s.* piada ◇ *tr.* & *intr.* piar
cheer [chîr] ◇ *tr.* [to gladden] animar, alegrar; [to encourage] alentar; [to shout] vitorear, ovacionar ■ **to ~ on** animar, alentar; **to ~ up** alegrar, animar; (*intr.*) aplaudir ■ **~ up!** ¡ánimo!; **to ~ up** alegrarse ◇ *s.* alegría, ánimo; [shout] viva, hurra ◇ *pl.* ¡salud!
cheer•ful ['fəl] *adj.* alegre
cheer•i•ly [:ə-lē] *adv.* alegremente
cheer•lead•er [:lē'dər] *s.* animadora (en un encuentro deportivo)
cheer•less [:lĭs] *adj.* triste
cheer•y [:ē] *adj.* (**-i-**) alegre
cheese [chēz] *s.* queso
cheese•cake ['kāk'] *s.* tarta de queso
cheese•cloth [:klôth'] *s.* estopilla
chees•y [chē'zē] *adj.* (**-i-**) a queso; [cheap] vulgar, de pacotilla
chef [shef] *s.* cocinero, jefe *m* de cocina
chem•i•cal [kem'ĭ-kəl] ◇ *adj.* químico ■ **~ weapon** arma química ◇ *s.* sustancia química
che•mise [shə-mēz'] *s.* camisa (de mujer)
chem•ist [kem'ĭst] *s.* químico; GB [pharmacist] farmacéutico
chem•is•try [kem'ĭ-strē] *s.* química
che•mo•ther•a•py [kē'mō-ther'ə-pē] *s.* quimioterapia
cheque [chek] *s.* GB cheque *m*
cher•ish [cher'ĭsh] *tr.* [to hold dear] querer, estimar; [thoughts, ideas] abrigar
cher•ry [cher'ē] ◇ *s.* cereza ■ **~ tree** cerezo ◇ *adj.* de color rojo cereza
cher•ub [cher'əb] *s.* (*pl* **-im**) querubín *m*
che•ru•bic [chə-ro͞o'bĭk] *adj.* querúbico
chess [ches] *s.* ajedrez *m* ■ **~ player** ajedrecista
chess•board ['bôrd'] *s.* tablero de ajedrez
chess•man [:măn'] *s.* (*pl* **-men**) pieza de ajedrez
chest [chest] *s.* pecho; [box] cofre *m*, arca *m*; [dresser] cómoda
chest•nut [ches'nət] ◇ *s.* [nut] castaña; [horse] zaino; [joke] chiste gastado ■ **~ tree** castaño ◇ *adj.* castaño, marrón
chew [cho͞o] ◇ *tr.* & *intr.* masticar, mascar ■ **to ~ out** regañar, reprender; **to ~ over** rumiar, meditar; **to ~**

the fat charlar, parlotear ◇ *s.* mascada (esp. de tabaco)
chew•ing [ˈĭng] *s.* masticación *f* ▪ ~ **gum** chicle, goma de mascar
chew•y [ē] *adj.* (-i-) [meat] fibroso, duro; [sweet] que se pega a los dientes
chic [shēk] *s.* & *adj.* chic *m*
chi•ca•ner•y [shĭ-kāˈnə-rē] *s.* trapacería
chick [chĭk] *s.* polluelo; *jer* [girl] chavala
chick•en [chĭkˈən] ◇ *s.* gallina, pollo ▪ ~ **pox** varicela ◇ *adj. fam* miedoso, cobarde ◇ *intr.* ▪ **to** ~ **out** acobardarse
chick•pea [chĭkˈpēˊ] *s.* garbanzo
chic•o•ry [chĭkˈə-rē] *s.* achicoria
chide [chīd] *tr.* (**-d** OR **chid**) regañar, reprender
chief [chēf] ◇ *s.* jefe *m* ▪ ~ **executive** primer mandatario; ~ **executive officer** consejero delegado, presidente; ~ **justice** presidente del tribunal; ~ **of staff** jefe del estado mayor ◇ *adj.* principal
chief•ly [ˈlē] *adv.* principalmente
chief•tain [:tən] *s.* cacique *m*, caudillo
chif•fon [shĭ-fŏnˈ] *s.* chifón *m*, gasa
child [chīld] *s.* (*pl* **-ren**) niño; [offspring] hijo; *fig* [product] fruto, producto ▪ **to be** ~**'s play** ser un juego de niños; **with** ~ embarazada
child•bear•ing [ˈbârˈĭng] *s.* maternidad *f*
child•birth [:bûrthˈ] *s.* parto, alumbramiento
child•hood [:hŏŏdˈ] *s.* niñez *f*, infancia
child•ish [chīlˈdĭsh] *adj.* infantil, pueril
child•less [chīldˈlĭs] *adj.* sin hijos
child•like [:līkˈ] *adj.* infantil
chil•dren [chĭlˈdrən] ▻ **child**
chil•i [chĭlˈē] *s.* chile *m*, ají *m*
chill [chĭl] ◇ *s.* [coolness] frío; [shiver] escalofrío; [damper] enfriamiento ▪ **to catch a** ~ resfriarse; **to take the** ~ **off** calentar ◇ *adj.* frío ◇ *tr.* [to cool] enfriar; [food] refrigerar
chill•ing [:ĭng] *adj.* [cold] frío; [frightening] escalofriante; [discouraging] frío
chill•y [:ē] *adj.* (-i-) frío
chime [chīm] ◇ *s.* carillón *m*; [sound] repique *m* ◇ *pl.* carillón ◇ *intr.* repicar, sonar ▪ **to** ~ **in** intervenir (en una conversación); (*tr.*) dar (la hora)
chi•me•ra [kī-mîrˈə] *s.* quimera
chim•ney [chĭmˈnē] *s.* chimenea; [of a lamp] tubo de vidrio ▪ ~ **sweep** deshollinador
chim•ney•piece [:pēsˈ] *s.* repisa de una chimenea
chimp [chĭmp] *s. fam* chimpancé *m*
chim•pan•zee [chĭmˈpăn-zēˈ] *s.* chimpancé *m*
chin [chĭn] ◇ *s.* barbilla, mentón *m* ▪ ~ **up!** ¡ánimo!; **to keep one's** ~ **up** no desanimarse ◇ *tr.* (**-nn-**) ▪ **to** ~ **oneself** hacer flexiones en la barra tocándola con la barbilla
chi•na [chīˈnə] *s.* china, porcelana [crockery] loza
chink[1] [chĭngk] *s.* [crack] grieta, rajadura
chink[2] ◇ *s.* [metallic sound] tintín *m* ◇ *tr.* & *intr.* tintinear
chintz [chĭnts] *s.* zaraza
chintz•y [chĭntˈsē] *adj.* (-i-) *fam* de oropel
chip [chĭp] ◇ *s.* pedacito, trozo; [splinter] astilla; [of stone] lasca; [in china] desportilladura; [in gambling] ficha; ELECTRÓN placa; COMPUT chip ▪ **a** ~ **off the old block** de tal palo, tal astilla; **in the chips** *jer* forrado de dinero; **the chips are down** *jer* la suerte está echada; **to have a** ~ **on one's shoulder** estar resentido ◇ *pl.* patatas fritas ◇ *tr.* (**-pp-**) [to splinter] hacer astillas; [to chop] picar; [to chisel] cincelar ▪ **to** ~ **off** desportillar; (*intr.*) [china] desportillarse; [wood] astillarse ▪ **to** ~ **in** contribuir
chip•munk [chĭpˈmŭngkˈ] *s.* ardilla listada
chip•per [chĭpˈər] *adj. fam* animado, jovial
chi•ro•prac•tor [kīˈrə-prăkˈtər] *s.* quiropráctico
chirp [chûrp] ◇ *s.* [bird] gorjeo; [cricket] chirrido ◇ *intr.* [bird] gorjear; [cricket] chirriar
chis•el [chĭzˈəl] ◇ *s.* cincel *m* ◇ *tr.* cincelar; *fam* [to cheat] estafar
chit [chĭt] *s.* vale *m*, cuenta
chit•chat [chĭtˈchătˈ] *s.* charla, cháchara
chiv•al•rous [shĭvˈəl-rəs] *adj.* caballeresco
chiv•al•ry [:rē] *s.* caballerosidad *f*
chive [chīv] *s.* cebollino
chlo•ride [klôrˈīdˈ] *s.* cloruro
chlo•ri•nate [:ə-nātˈ] *tr.* tratar con cloro
chlo•rine [klôrˈēnˈ] *s.* cloro
chlo•ro•fluo•ro•car•bon [klôrˈə-flôrˈə-kârˈbən, klô-rōˈflŏŏrōˈkârˈbən] *s.* clorofluorocarbono
chlo•ro•form [:ə-fôrmˈ] ◇ *s.* cloroformo ◇ *tr.* cloroformizar
chlo•ro•phyl(l) [:fĭlˈ] *s.* clorofila
chock [chŏk] ◇ *s.* calza, cuña ◇ *tr.* calzar
chock-full [ˈfŏŏlˈ] *adj.* repleto, colmado
choc•o•late [chŏkˈlĭt] *adj.* & *s.* (de) chocolate *m*
choice [chois] ◇ *s.* elección *f*, selección *f*; [option] opción *f*; [assortment] surtido; [alternative] alternativa ▪ **by** ~ por gusto; **to have no** ~ no tener alternativa; **to make a** ~ escoger, elegir ◇ *adj.* escogido, superior
choir [kwīr] *s.* coro
choir•boy [ˈboiˈ] *s.* niño de coro
choke [chōk] ◇ *tr.* [to strangle] estrangular, ahogar; [to suffocate] sofocar; [food] atragantar; [to clog] atorar, atascar; AUTO estrangular ▪ **to** ~ **back** contener, ahogar; **to** ~ **down** tragar con asco; **to** ~ **off** cortar OR terminar abruptamente; **to** ~ **up** obstruir, atascar; (*intr.*) sofocarse, ahogarse; [on food] atragantarse; [to clog] atorarse ▪ **to** ~ **up** *fam* emocionarse ◇ *s.* sofocación *f*, ahogo; AUTO estrangulador *m*
chok•er [chōˈkər] *s.* gargantilla
chol•er [kŏlˈər] *s.* ira, cólera
chol•er•a [kŏlˈər-ə] *s.* MED cólera *m*
cho•les•ter•ol [kə-lesˈtə-rôlˈ] *s.* colesterol *m*
chomp [chŏmp] *tr.* & *intr.* ronzar
choose [chōōz] *tr.* (**chose, chosen**) elegir, escoger; [to prefer] preferir; (*intr.*) ▪ **to do as one chooses** hacer lo que quiere
choos•y [:zē] *adj.* (-i-) *fam* quisquilloso
chop [chŏp] ◇ *tr.* (**-pp-**) cortar; [to mince] picar ▪ **to** ~ **down** talar; **to** ~ **up** cortar en trozos ◇ *s.* corte *m*, tajo; CUL chuleta
chop•per [:ər] ◇ *s. fam* helicóptero ◇ *pl. jer* dientes (postizos)
chop•ping block [:ĭng] *s.* tajo
chop•py [:ē] *adj.* (-i-) picado, agitado
chops [chŏps] *s. pl.* quijada ▪ **to lick one's** ~ relamerse
chop•sticks [chŏpˈstĭksˈ] *s. pl.* palillos chinos
cho•ral [kôrˈəl] *adj.* & *s.* coral *f*
chord [kôrd] *s.* MÚS acorde *m*; GEOM cuerda
chore [chôr] *s.* quehacer *m*, faena
cho•re•o•graph [kôrˈē-ə-grăfˈ] *tr.* hacer la coreografía de

cho•re•og•ra•pher ['-ŏg'rə-fər] *s.* coreógrafo
cho•re•og•ra•phy [:fē] *s.* coreografía
cho•ris•ter [kôr'ĭ-stər] *s.* corista *mf*
chor•tle [chôr'tl] ◇ *intr.* reír entre dientes ◇ *s.* risa ahogada
cho•rus [kôr'əs] *s.* (*pl* **es**) coro; [refrain] estribillo ■ ~ **girl** corista; **in** ~ al unísono
chose [chōz] ▻ **choose**
cho•sen [chō'zən] ▻ **choose** ◇ *adj.* & *s.* elegido, escogido
chow [chou] ◇ *s. fam* comida ◇ *intr.* ■ **to** ~ **down** comer
chow•der [chou'dər] *s.* sopa de pescado
chris•ten [krĭs'ən] *tr.* bautizar
Chris•ten•dom [:dəm] *s.* cristiandad *f*
chris•ten•ing [:ĭng] *s.* bautismo, bautizo
Chris•tian [krĭs'chən] *adj.* & *s.* cristiano ■ ~ **name** nombre de pila
Chris•ti•an•i•ty ['chē-ăn'ĭ-tē] *s.* cristianismo; [Christendom] cristiandad *f*
Christ•mas [krĭs'məs] *s.* Navidad *f*
chro•mat•ic [krō-măt'ĭk] *adj.* cromático
chrome [krōm] *s.* cromo
chro•mi•um [krō'mē-əm] *s.* cromo
chro•mo•some [krō'mə-sōm'] *s.* cromosoma *m*
chron•ic [krŏn'ĭk] *adj.* crónico
chron•i•cle [krŏn'ĭ-kəl] ◇ *s.* crónica ◇ *tr.* hacer la crónica de
chron•o•log•ic/i•cal [krŏn'ə-lŏj'ĭk] *adj.* cronológico
chro•nol•o•gy [krə-nŏl'ə-jē] *s.* cronología
chro•nom•e•ter [krə-nŏm'ĭ-tər] *s.* cronómetro
chrys•a•lis [krĭs'ə-lĭs] *s.* crisálida
chry•san•the•mum [krĭ-săn'thə-məm] *s.* crisantemo
chub•by [chŭb'ē] *adj.* (**-i-**) rechoncho
chuck[1] [chŭk] ◇ *tr.* [to pat] hacer la mamola ■ **to** ~ **out** *fam* tirar, botar ◇ *s.* [pat] mamola; MEC mandril *m*
chuck[2] *s.* CUL paletilla
chuck•hole [chŭk'hōl'] *s. fam* bache *m*
chuck•le [chŭk'əl] ◇ *intr.* reírse entre dientes ◇ *s.* risita, risa ahogada
chug [chŭg] ◇ *s.* traqueteo ◇ *intr.* (**-gg-**) traquetear
chum [chŭm] *s.* compañero, compinche *m*
chum•my [:ē] *adj.* (**-i-**) amistoso
chunk [chŭngk] *s.* pedazo, trozo; [amount] cantidad *f* grande
chunk•y [chŭng'kē] *adj.* (**-i-**) corto y grueso; [in chunks] en pedazos
church [chûrch] *s.* iglesia
church•go•er [:gō'ər] *s.* practicante *m*, devoto (que va a misa regularmente)
church•man [:mən] *s.* (*pl* **-men**) clérigo
church•yard [:yärd'] *s.* camposanto
churl•ish [chûr'lĭsh] *adj.* maleducado
churn [chûrn] ◇ *s.* mantequera ◇ *tr.* CUL hacer (mantequilla); [to shake] agitar, revolver ■ **to** ~ **out** producir en profusión; (*intr.*) agitarse, revolverse
chute [shōōt] *s.* [ramp] rampa, tobogán *m*; [conduit] conducto; *fam* paracaídas *m*
ci•ca•da [sĭ-kā'də] *s.* (*pl* **s** OR **-ae**) cigarra
ci•der [sī'dər] *s.* sidra
ci•gar [sĭ-gär'] *s.* cigarro, puro
cig•a•ret(te) [sĭg'ə-ret'] *s.* cigarrillo
cinch [sĭnch] ◇ *s.* EQUIT cincha; *fam* [easy thing] cosa fácil ◇ *tr.* EQUIT cinchar; *fam* [to make certain] asegurar
cin•der [sĭn'dər] ◇ *s.* carbonilla ◇ *pl.* cenizas
cin•e•ma [sĭn'ə-mə] *s.* cine *m*
cin•e•mat•ic ['-măt'ĭk] *adj.* cinematográfico
cin•e•ma•tog•ra•phy [:mə-tŏg'rə-fē] *s.* cinematografía
cin•na•mon [sĭn'ə-mən] *s.* canela
ci•pher [sī'fər] ◇ *s.* [code] cifra; [zero] cero ◇ *intr.* hacer un cálculo; (*tr.*) cifrar
cir•cle [sûr'kəl] ◇ *s.* círculo; [orbit] órbita; [turn] vuelta ■ **to come full** ~ volver al punto de partida; **we're going around in circles** no estamos llegando a ninguna parte ◇ *tr.* [to enclose] cercar, rodear; [to draw] hacer un círculo alrededor de; [to revolve around] girar alrededor de; (*intr.*) dar vueltas
cir•cuit [sûr'kĭt] ◇ *s.* circuito ■ ~ **breaker** cortacircuitos; ~ **court** tribunal de distrito ◇ *intr.* & *tr.* dar la vuelta (a)
cir•cu•i•tous [sər-kyōō'ĭ-təs] *adj.* indirecto
cir•cuit•ry [sûr'kĭ-trē] *s.* ELEC sistema *m* de circuitos; COMPUT circuitería
cir•cu•lar [sûr'kyə-lər] *adj.* & *s.* circular *f*
cir•cu•late [:lāt'] *tr.* & *intr.* circular
cir•cu•la•tion ['-'shən] *s.* circulación *f*
cir•cum•cise [sûr'kəm-sīz'] *tr.* circuncidar
cir•cum•cised [:sīzd'] *adj.* circunciso
cir•cum•fer•ence [sər-kŭm'fər-əns] *s.* circunferencia
cir•cum•flex [sûr'kəm-fleks'] *s.* acento circunflejo
cir•cum•lo•cu•tion [sûr'kəm-lō-kyōō'shən] *s.* circunlocución *f*, circunloquio
cir•cum•nav•i•gate [:năv'ĭ-gāt'] *tr.* circunnavegar
cir•cum•scribe ['-skrīb'] *tr.* circunscribir
cir•cum•spect [:spekt'] *adj.* circunspecto
cir•cum•stance [sûr'kəm-stăns'] ◇ *s.* circunstancia; [ceremony] ceremonia ◇ *pl.* situación, posición ■ **under no** ~ bajo ningún concepto
cir•cum•stan•tial ['-stăn'shəl] *adj.* circunstancial ■ ~ **evidence** pruebas indirectas
cir•cum•vent [:vent'] *tr.* evitar
cir•cus [sûr'kəs] *s.* circo
cir•rho•sis [sĭ-rō'sĭs] *s.* cirrosis *f*
cir•rus [sîr'əs] *s.* (*pl* **-ri**) cirro
cis•tern [sĭs'tərn] *s.* cisterna, aljibe *m*
cit•a•del [sĭt'ə-dəl] *s.* ciudadela
ci•ta•tion [sī-tā'shən] *s.* [quote] cita; DER citación *f*; MIL mención *f*
cite [sīt] *tr.* [to quote] citar; DER citar; MIL mencionar
cit•i•zen [sĭt'ĭ-zən] *s.* ciudadano
cit•i•zen•ry [:rē] *s.* ciudadanos
cit•i•zen•ship [:shĭp'] *s.* ciudadanía
cit•ric [sĭt'rĭk] *adj.* cítrico
cit•rus [:rəs] *adj.* cítrico ■ ~ **fruits** agrios
cit•y [sĭt'ē] *s.* ciudad *f* ■ ~ **hall** ayuntamiento
civ•et [sĭv'ĭt] *s.* civeta
civ•ic [sĭv'ĭk] *adj.* cívico ■ **civics** (*s.sg.*) educación cívica, estudio del gobierno civil
civ•il [sĭv'əl] *adj.* civil ■ ~ **liberty** libertad individual; ~ **servant** funcionario público; ~ **service** administración pública
ci•vil•ian [sĭ-vĭl'yən] *adj.* & *s.* civil *m*, (de) paisano
ci•vil•i•ty [:ĭ-tē] *s.* urbanidad *f*, civilidad *f*
civ•i•li•za•tion [sĭv'ə-lĭ-zā'shən] *s.* civilización *f*
civ•i•lize [sĭv'ə-līz'] *tr.* civilizar

clack [klăk] ◇ *intr.* castañetear ◇ *s.* castañeteo

clad [klăd] ▻ **clothe**

claim [klām] ◇ *tr.* [to demand] reclamar, reivindicar; [to state] afirmar; [to deserve] merecer ◇ *s.* [demand] reclamación *f*, rivindicación *f*; [assertion] afirmación *f*; [right] derecho, título; MIN concesión *f*; DER demanda

claim•ant [klā′mənt] *s.* DER demandante *mf*; [to a position] pretendiente *mf*

clair•voy•ance [klâr-voi′əns] *s.* clarividencia

clair•voy•ant [:ənt] *adj.* & *s.* clarividente *mf*

clam [klăm] ◇ *s.* almeja ◇ *intr.* (**-mm-**) pescar almejas ▪ **to ~ up** callarse como un muerto

clam•ber [klăm′bər] *intr.* trepar

clam•my [klăm′ē] *adj.* (**-i-**) frío y húmedo

clam•or [klăm′ər] ◇ *s.* clamor *m* ◇ *tr.* & *intr.* clamar

clam•or•ous [:əs] *adj.* clamoroso

clamp [klămp] ◇ *s.* TEC grapa, abrazadera; CARP tornillol *m* de banco ◇ *tr.* sujetar con abrazadera; *fig* agarrar firmemente ▪ **to ~ down on** *fam* [person] apretar las clavijas a; [freedom of expression] reprimir

clan [klăn] *s.* clan *m*

clan•des•tine [klăn-des′tĭn] *adj.* clandestino

clang [klăng] *intr.* & *s.* (sonar con) sonido metálico

clan•gor [:ər] *s.* estruendo

clank [klăngk] ◇ *s.* ruido metálico ◇ *intr.* hacer un ruido metálico

clan•nish [klăn′ĭsh] *adj.* exclusivo

clans•man [klănz′mən] *s.* (*pl* **-men**) miembro de un clan

clap [klăp] ◇ *intr.* (**-pp-**) dar palmadas; [objects] golpearse ▪ **to ~ shut** cerrarse de golpe; (*tr.*) aplaudir; [to tap] dar una palmada a ▪ **to ~ together** *fam* improvisar ◇ *s.* aplauso; [tap] palmada; [bang] estampido

clap•per [:ər] *s.* badajo

clap•ping [′ĭng] *s.* aplausos; [in time] palmadas

clap•trap [:trăp′] *s.* charlatanería, palabrería

claque [klăk] *s.* claque *f*

clar•et [klăr′ĭt] *s.* clarete *m*

clar•i•fi•ca•tion [klăr′ə-fĭ-kā′shən] *s.* aclaración *f*

clar•i•fy [klăr′ə-fī′] *tr.* & *intr.* aclarar(se)

clar•i•net [klăr′ə-net′] *s.* clarinete *m*

clar•i•on [klăr′ē-ən] *adj.* estentóreo, sonoro

clar•i•ty [klăr′ĭ-tē] *s.* claridad *f*

clash [klăsh] ◇ *intr.* [to collide] chocar, entrechocarse; [to conflict] chocar, estar en conflicto ◇ *s.* [noise] estruendo; [collision] choque *m*; [conflict] desacuerdo

clasp [klăsp] ◇ *s.* [device] cierre *m*, broche *m*; [hug] abrazo; [of the hands] apretón *m* ▪ **~ knife** navaja de muelle ◇ *tr.* [to hook] abrochar, enganchar; [to hug] abrazar; [to clutch] agarrar; [someone's hand] apretar

class [klăs] ◇ *s.* clase *f* ▪ **~ of 2003** promoción de 2003 ◇ *tr.* clasificar

class-con•scious [′kŏn′shəs] *adj.* con conciencia de clase social

clas•sic [klăs′ĭk] *adj.* & *s.* clásico

clas•si•cal [:ĭ-kəl] *adj.* clásico

clas•si•cist [:sĭst] *s.* clasicista *mf*

clas•si•fi•ca•tion [′-fĭ-kā′shən] *s.* clasificación *f*

clas•si•fied [klăs′ə-fīd′] *adj.* clasificado; [secret] secreto

clas•si•fy [klăs′ə-fī′] *tr.* clasificar; [to restrict] restringir

class•mate [klăs′māt′] *s.* compañero de clase

class•room [:ro͞om′] *s.* aula, sala de clase

class•y [klăs′ē] *adj.* (**-i-**) *jer* elegante

clat•ter [klăt′ər] ◇ *intr.* traquetear ◇ *s.* traqueteo; [din] estruendo

clause [klôz] *s.* cláusula; GRAM oración *f*

claus•tro•pho•bi•a [klô′strə-fō′bē-ə] *s.* claustrofobia

clav•i•chord [klăv′ĭ-kôrd′] *s.* clavicordio

clav•i•cle [klăv′ĭ-kəl] *s.* clavícula

claw [klô] ◇ *s.* garra; [of cat] uña; [of crab] tenaza, pinza ▪ **~ hammer** martillo sacaclavos ◇ *tr.* & *intr.* arañar

clay [klā] *s.* arcilla

clean [klēn] ◇ *adj.* limpio; [pure] puro; [total] completo, radical; *jer* [innocent] inocente (de sospechas) ▪ **~ energy** energía limpia; **~ as a whistle** limpio como una patena; **to make a ~ breast of it** confesar de plano ◇ *adv.* limpiamente; *fam* [entirely] completamente ▪ **to come ~** confesarlo todo ◇ *tr.* limpiar; CUL [meat] quitar la grasa a; [vegetables] pelar; [fish] escamar y abrir ▪ **to ~ out** [to empty out] vaciar; [to use up] agotar; *fam* [to leave penniless] sacarle hasta el último centavo a; **to ~ up** acabar con (un asunto); (*intr.*) limpiar(se) ▪ **to ~ house** *fig* poner las cosas en orden; **to ~ up** *fam* ganarse una fortuna

clean-cut [′kŭt′] *adj.* [sharp] nítido, definido; [wholesome] sano

clean•er [klē′nər] *s.* [person] limpiador *m*; [substance] producto *m* de limpieza ▪ **~'s** tintorería

clean•ing [:nĭng] *s.* limpieza

clean•li•ness [klen′lē-nĭs] *s.* limpieza, aseo

cleanse [klenz] *tr.* limpiar, purificar

cleans•er [klen′zər] *s.* limpiador *m*

clean-shav•en [klēn′shā′vən] *adj.* bien afeitado

cleans•ing so•lu•tion [klen′zĭng-se-lo͞o′shən] *s.* solución *f* limpiadora

clean•up [:ŭp′] *s.* limpieza general OR a fondo

clear [klîr] ◇ *adj.* claro; [sky, view] despejado; [air, water] transparente; [evident] evidente; [conscience] limpio, tranquilo; [net] neto, en limpio ▪ **as ~ as day** más claro que el agua; **as ~ as mud** nada claro; **~ of** libre de; **~ profit** beneficio neto; **to make oneself ~** explicarse (claramente) ◇ *adv.* claro, con claridad ▪ **to stand ~** mantenerse aparte ◇ *tr.* [to make clear] aclarar; [to remove an obstruction from] despejar; [a path, way] abrir; [the table] levantar; [to remove] quitar; [to pass over] salvar; [to pass by] pasar sin rozar; [one's throat] aclararse; [conscience] descargar, aliviar; [to exonerate] limpiar; [to acquit] absolver; [to approve] autorizar; [a profit] ganar; [a check] compensar; [debt] liquidar ▪ **to ~ customs** pasar la aduana; **to ~ away** quitar; **to ~ off** despejar; **to ~ out** [to empty] vaciar; [to clean] limpiar; **to ~ up** [doubt] disipar; [mystery] aclarar; (*intr.*) [to become clear] aclararse; [sky] despejarse; [crowd] dispersarse; [impurities] limpiarse ▪ **to ~ out** irse, largarse; **to ~ through** pasar por, ser aprobado por; **to ~ up** despejarse ◇ *s.* ▪ **in the ~** fuera de sospecha

clear•ance [′əns] *s.* [removal] despejo; [sale] liquidación *f*, saldo; [leeway] espacio, margen *m*; [permission] permiso; [by customs] despacho; [of a check] compensación *f*

clear-cut [:kŭt′] *adj.* claro

clear•ing [:ĭng] *s.* claro

clear•ing house [:hous′] *s.* cámara de compensación

clear•ly [klîr'lē] *adv.* claramente; [evidently] evidentemente; [of course] por supuesto
clear-sight•ed [:sī'tĭd] *adj.* perspicaz
cleav•age [klē'vĭj] *s.* [bosom] escote *m*; [in rock] hendidura
cleave [klēv] *tr.* & *intr.* (**-d** OR **cleft**) partir(se), hender(se)
cleav•er [klē'vər] *s.* cuchillo (de carnicero)
clef [klef] *s.* clave *f*
cleft [kleft] ▷ **cleave** ◇ *adj.* hendido, partido ▪ ~ **palate** fisura palatina ◇ *s.* fisura
clem•en•cy [klem'ən-sē] *s.* clemencia
clench [klĕnch] ◇ *tr.* apretar ◇ *s.* apretón *m*
cler•gy [klûr'jē] *s.* clero
cler•gy•man [:mən] *s.* (*pl* **-men**) clérigo
cler•ic [kler'ĭk] *s.* clérigo
cler•i•cal ['ĭ-kəl] *adj.* de oficina; RELIG clerical
clerk [klûrk] *s.* [in office] oficinista *mf*; [in store] dependiente *mf*; DER escribano, amanuense *mf*
clev•er [klev'ər] *adj.* (**-er, -est**) [bright] listo, inteligente; [witty] ingenioso; [skillful] hábil
clev•er•ness [:nĭs] *s.* [skill] habilidad *f*; [intelligence] inteligencia
cli•ché [klē-shā'] *s.* cliché *m*, clisé *m*
click [klĭk] ◇ *s.* [noise] chasquido, ruidito seco; COMPUT clic ◇ *intr.* chasquear; *jer* [to succeed] salir bien; (*tr.*) [tongue] chasquear; [heels] taconear; COMPUT hacer clic, clicar
cli•ent [klī'ənt] *s.* cliente *mf*
cli•en•tele [klī'ən-tel'] *s.* clientela
cliff [klĭf] *s.* acantilado, precipicio
cli•mac•tic [klī-măk'tĭk] *adj.* culminante
cli•mate [klī'mĭt] *s.* clima *m* ▪ ~ **change** cambio climático; ~ **control system** climatizador
cli•mat•ic [-măt'ĭk] *s.* climático
cli•max [klī'măks'] ◇ *s.* culminación *f*; LIT & RET clímax *m* ◇ *intr.* culminar
climb [klīm] ◇ *tr.* & *intr.* subir; [to scale] escalar, trepar ▪ **to** ~ **down** descender, bajar ◇ *s.* subida, ascenso
climb•er [klī'mər] *s.* escalador *m*, alpinista *mf*
climb•ing [:mĭng] ◇ *adj.* trepador ◇ *s.* alpinismo
clinch [klĭnch] ◇ *tr.* [a nail] remachar; [to secure] afianzar; [a deal] decidir; [a title] ganar; (*intr.*) luchar cuerpo a cuerpo (en boxeo) ◇ *s.* lucha cuerpo a cuerpo (en boxeo)
cling [klĭng] *intr.* (**clung**) [to hold fast] asirse, agarrarse; [to stick] pegarse; [to persist in] aferrarse
clin•ic [klĭn'ĭk] *s.* clínica
clin•i•cal [:ĭ-kəl] *adj.* clínico
cli•ni•cian [klĭ-nĭsh'ən] *s.* clínico
clink [klĭngk] ◇ *tr.* & *intr.* tintinear ◇ *s.* tintín *m*, tintineo
clink•er [klĭng'kər] *s.* [residue] escoria; [mistake] error *m*
clip[1] [klĭp] ◇ *tr.* (**-pp-**) cortar, recortar; [to trim] podar; [to shear] esquilar (ovejas); *fam* [to hit] pegar; [to overcharge] estafar ▪ **to** ~ **along** ir a buen paso ◇ *s. fam* [blow] golpe *m*; [pace] paso rápido
clip[2] ◇ *s.* [fastener] sujetador *m*; [for paper] sujetapapeles *m*; [for hair] horquilla; [of rifle] cargador *m* ◇ *tr.* (**-pp-**) sujetar
clip•board ['bôrd'] *s.* [for writing] tablilla con sujetapapeles; COMPUT portapapeles *m*
clip•per [:ər] ◇ *s.* [shears] tijeras; [for sheep] esquiladora; MARÍT clíper *m* ◇ *pl.* tijeras ▪ **nail** ~ cortaúñas
clip•ping [:ĭng] *s.* recorte *m*
clique [klēk, klĭk] *s.* pandilla, camarilla
cloak [klōk] ◇ *s.* capa, manto ◇ *tr.* encubrir
cloak-and-dag•ger ['ən-dăg'ər] *adj.* de capa y espada
cloak•room ['rōōm'] *s.* guardarropa *m*
clob•ber [klŏb'ər] *tr. jer* [to hit] golpear; [to defeat] dar una paliza
clock [klŏk] reloj *m* (de pie, de mesa); [chronometer] cronómetro ◇ *tr.* cronometrar
clock•wise ['wīz'] *adv.* & *adj.* en el sentido de las agujas del reloj
clock•work [:wûrk'] *s.* mecanismo de relojería ▪ **like** ~ como un reloj
clod [klŏd] *s.* [of dirt] terrón *m*; [dolt] bobo
clog [klŏg] ◇ *s.* [blockage] obstrucción *f*, atasco; [shoe] zueco ◇ *tr.* & *intr.* (**-gg-**) obstruir(se), atascar(se)
clois•ter [kloi'stər] ◇ *s.* claustro; [monastery] monasterio, convento ◇ *tr.* enclaustrar
clomp [klŏmp] *intr.* andar pesada y ruidosamente
clone [klōn] ◇ *s.* clon *m* ◇ *tr.* & *intr.* reproducir(se) asexualmente
close ◇ *adj.* [klōs] cercano; [relationship] íntimo; [similar] parecido; [contest] reñido; [resemblance] casi igual; [copy] fiel, exacto; [rigorous] minucioso; [attention] total; [enclosed] encerrado; [tight-fitting] apretado; [stuffy] mal ventilado; [confining] estrecho; [strict] estricto ▪ **a** ~ **resemblance** un gran parecido; **at** ~ **range** a quemarropa, de cerca; ~ **call** *fam* escape difícil; ~ **combat** MIL combate cuerpo a cuerpo; ~ **quarters** lugar estrecho ◇ *tr.* [klōz] cerrar; [letter] concluir; [session] levantar; [gap, distance] acortar ▪ **to** ~ **down** cerrar definitivamente; **to** ~ **in** rodear, cercar; **to** ~ **out** [account] cerrar; [product] liquidar; **to** ~ **up** [shop] cerrar; [opening] tapar; **to** ~ **up shop** cesar toda actividad; (*intr.*) cerrarse; [shop] cerrar; [story, show] terminarse, concluirse; [to agree] ponerse de acuerdo ▪ **to** ~ **down** clausurarse, cerrarse definitivamente; **to** ~ **in** [to surround] rodear; [to draw near] acercarse; **to** ~ **up** [shop] cerrar; [wound] cerrarse, cicatrizarse ◇ *s.* [klōz] final *m*, conclusión *f* ▪ **at the** ~ **of the day** a la caída de la tarde; **to bring to a** ~ terminar ◇ *adv.* [klōs] cerca ▪ ~ **at hand** a mano; ~ **by** muy cerca; ~ **to** muy cerca de, junto a; ~ **together** muy juntos; **to come** ~ acercarse
closed [klōzd] *adj.* cerrado; [finished] concluido; [season] vedado; [restricted] reservado; [mind] estrecho
closed-cir•cuit television [:sûr'kĭt] *s.* televisión *f* en circuito cerrado
close•down [klōz'doun'] *s.* cierre *m*
close•ly [klōs'lē] *adv.* (de) cerca; [intimately] estrechamente; [exactly] con fidelidad; [attentively] atentamente
close•ness [:nĭs] *s.* cercanía, proximidad *f*; [intimacy] intimidad *f*
close-out [klōz'out'] *s.* liquidación *f*
clos•et [klŏz'ĭt] *s.* armario, ropero ▪ **come out of the** ~ *fam* salir del armario
close-up [klōs'ŭp'] *s.* primer plano
clos•ing [klō'zĭng] *s.* cierre *m* ▪ ~ **remarks** observaciones finales; **in** ~ para concluir
clot [klŏt] ◇ *s.* coágulo ◇ *intr.* (**-tt-**) coagularse, cuajarse
cloth [klôth] *s.* (*pl* **s**) tela, paño; [strip] trapo ▪ **the** ~ el clero

clothe [klōth] *tr.* (**-d** OR **clad**) vestir, arropar
clothes [klōthz] *s. pl.* ropa, vestimenta
clothes•line ['līn'] *s.* cuerda para tender ropa
clothes•pin [:pĭn'] *s.* pinza para tender ropa
cloth•ing [klō'thĭng] *s.* ropa, indumentaria
cloud [kloud] ◇ *s.* nube *f*; [shadow] sombra ▪ **on ~ nine** *fam* contentísimo; **under a ~** bajo sospecha ◇ *tr.* & *intr.* nublar(se), anublar(se) ▪ **to ~ over** OR **up** nublarse
cloud•burst ['bûrst'] *s.* aguacero
cloud•y [klou'dē] *adj.* (**-i-**) [overcast] nublado; [vague] nebuloso; [liquid] turbio
clout [klout] ◇ *s.* [blow] bofetada; *fam* [influence] poder *m* ◇ *tr.* abofetar
clove [klōv] *s.* [spice] clavo de especia; [of garlic] diente *m*
clo•ven hoof [klō'vən] *s.* pezuña hendida
clo•ver [klō'vər] *s.* trébol *m* ▪ **to be in ~** vivir como un rey
clo•ver•leaf [:lēf'] *s.* cruce *m* en trébol
clown [kloun] ◇ *s.* payaso ◇ *intr.* payasear
cloy•ing [kloi'ĭng] *adj.* empalagoso
club [klŭb] ◇ *s.* [cudgel] porra; [golf] palo; [in cards] trébol *m*, basto; [association] club *m* ▪ **~ car** FC coche salón ◇ *tr.* (**-bb-**) aporrear
club•house [:hous'] *s.* club *m*
cluck [klŭk] ◇ *s.* [sound] cloqueo; *fam* [dolt] estúpido, tonto ◇ *intr.* cloquear
clue [klo͞o] ◇ *s.* pista, indicio; [in puzzle] indicación *f* ▪ **I haven't a ~** no tengo ni idea ◇ *tr.* (**-(e)ing**) ▪ **to ~ in** poner al tanto de la situación
clump [klŭmp] ◇ *s.* [lump] masa; [trees] grupo ◇ *intr.* andar con pisadas fuertes; (*tr.*) agrupar
clum•sy [klŭm'zē] *adj.* (**-i-**) [awkward] torpe; [unwieldy] incómodo; [unrefined] crudo
clung [klŭng] ▻ **cling**
clunk [klŭngk] *s.* sonido sordo
clus•ter [klŭs'tər] ◇ *s.* grupo; [bunch] racimo, ramo ◇ *tr.* & *intr.* agrupar(se), arracimar(se)
clutch [klŭch] ◇ *tr.* agarrar, asir; (*intr.*) ▪ **to ~ at** agarrarse a ◇ *s.* [grasp] apretón *m*; MEC embrague *m* ▪ **in the ~** en situación crítica ◇ *pl. fig* garras
clut•ter [klŭt'ər] ◇ *s.* desorden *m* ◇ *tr.* esparcir desordenadamente
coach [kōch] ◇ *s.* [carriage] coche *m*, carruaje *m*; [bus] ómnibus *m*; FC vagón *m* de pasajeros; AVIA clase económica; [trainer] entrenador *m*; [tutor] maestro particular ◇ *tr.* & *intr.* [to tutor] dar lecciones suplementarias; [to train] entrenar
coach•man ['mən] *s.* (*pl* **-men**) cochero
co•ag•u•late [kō-ăg'yə-lāt'] *tr.* & *intr.* coagular(se)
coal [kōl] *s.* carbón *m*, hulla; [ember] ascua ▪ **~ tar** alquitrán de hulla; **hard ~** antracita, hulla seca; **soft ~** carbón bituminoso
co•a•lesce [kō'ə-les'] *intr.* unirse
coal•field [kōl'fēld'] *s.* cuenca carbonífera
co•a•li•tion [kō'ə-lĭsh'ən] *s.* coalición *f*
coarse [kôrs] *adj.* [inferior] basto; [uncouth] vulgar; [rough] áspero, tosco; [grainy] granular
coars•en [kôr'sən] *intr.* volverse tosco OR vulgar; (*tr.*) vulgarizar
coarse•ness [kôrs'nĭs] *s.* [of manners] grosería; [texture] aspereza
coast [kōst] ◇ *s.* costa ▪ **~ guard** guardacostas; **the ~ is clear** no hay moros en la costa ◇ *intr.* [to slide] deslizarse; [bicycle, car] rodar sin impulso
coast•al [kō'stəl] *adj.* costero
coast•er [kō'stər] *s.* [sled] trineo; [mat] posavasos
coast•line [kōst'līn'] *s.* costa, litoral *m*
coat [kōt] ◇ *s.* [overcoat] abrigo; [jacket] saco, chaqueta; [of animal] piel *f*, pelo; [paint] mano *f*, capa; [coating] baño ▪ **~ of arms** escudo de armas; **~ of mail** cota de malla ◇ *tr.* [to cover] revestir; [to paint] dar una mano OR capa de pintura; [to plate] bañar
coat•ed [kō'tĭd] *adj.* cubierto, bañado
coat•ing [kō'tĭng] *s.* [layer] capa; [of gold, silver] baño, revestimiento
coat•tail [kōt'tāl'] *s.* faldón *m* ▪ **on someone's coattails** a base del éxito de alguien
coax [kōks] *tr.* engatusar
co•ax•i•al [kō-ăk'sē-əl] *adj.* coaxial ▪ **~ cable** cable coaxial
coax•ing [kōk'sĭng] ◇ *s.* engatusamiento ◇ *adj.* engatusador
cob [kŏb] *s.* elote *m*, mazorca
co•balt [kō'bôlt'] *s.* cobalto
cob•bler [kŏb'lər] *s.* zapatero; [pie] tarta de fruta
cob•ble•stone [kŏb'əl-stōn'] *s.* adoquín ▪ **~ pavement** empedrado
co•bra [kō'brə] *s.* cobra
cob•web [kŏb'web'] *s.* telaraña
co•ca [kō'kə] *s.* coca
co•caine [kō-kān'] *s.* cocaína
coc•cyx [kŏk'sĭks] *s.* (*pl* **-yges**) cóccix *m*
cock [kŏk] ◇ *s.* [rooster] gallo; [male bird] macho; [faucet] llave *f* de paso; ARM [hammer] martillo ◇ *tr.* ARM amartillar; [a hat] inclinar (hacia arriba); [fist, ears] alzar, levantar
cock•a•ma•mie [kŏk'ə-mā'mē] *adj. jer* absurdo
cock-and-bull story [kŏk'ən-bo͝ol'] *s. fam* patraña, cuento increíble
cock•a•too [kŏk'ə-to͞o'] *s.* cacatúa
cock•er•el [kŏk'ər-əl] *s.* gallo joven
cock•eyed [kŏk'īd'] *adj.* OFTAL bizco; *jer* [crooked] torcido; [foolish] absurdo
cock•fight [kŏk'fīt'] *s.* pelea de gallos
cock•i•ness [kŏk'ē-nĭs] *s.* presunción *f*
cock•le [kŏk'əl] *s.* berberecho ▪ **the cockles of one's heart** las entretelas del corazón
cock•ney [kŏk'nē] *s.* lenguaje *m* OR habitante *mf* de los barrios bajos en el este de Londres
cock•pit [kŏk'pĭt'] *s.* [arena] reñidero; AVIA cabina
cock•roach [kŏk'rōch'] *s.* cucaracha
cocks•comb [kŏks'kōm'] *s.* ZOOL cresta de gallo; [fop] petimetre *m*, fatuo
cock•sure [kŏk'sho͝or'] *adj.* demasiado seguro
cock•tail [kŏk'tāl'] *s.* cóctel *m*
cock•y [kŏk'ē] *adj.* (**-i-**) *fam* presumido, engreído
co•coa [kō'kō] *s.* cacao
co•co•nut [kō'kə-nət] *s.* coco ▪ **~ palm** cocotero
co•coon [kə-ko͞on'] *s.* capullo
cod [kŏd] *s.* (*pl* **inv.** OR **s**) bacalao
cod•dle [kŏd'l] *tr.* [to cook] cocer a fuego lento; [to pamper] mimar, consentir
code [kōd] ◇ *s.* código; [cipher] clave *f*, cifra ▪ **Morse ~** código Morse ◇ *tr.* codificar; [a message] cifrar
co•de•ci•sion [kō'dĭ-sĭzh'ən] *s.* codecisión *f*
co•de•fend•ant [kō'dĭ-fen'dənt] *s.* coacusado

co•deine [kō′dēn′] *s.* codeína
cod•fish [kŏd′fĭsh′] *s.* (*pl* **inv.** OR **es**) bacalao
codg•er [kŏj′ər] *s. fam* vejete *m*
cod•i•fy [kŏd′ə-fī′, kō′də-] *tr.* codificar
cod•liv•er oil [kŏd′lĭv′ər] aceite *m* de hígado de bacalao
co•ed [kō′ed′] *fam* ◇ *s.* alumna de una universidad mixta ◇ *adj.* coeducacional
co•ed•u•ca•tion [kō-ej′ə-kā′shən] *s.* coeducación *f,* enseñanza mixta
co•ed•u•ca•tion•al [:shə-nəl] *adj.* coeducacional
co•ef•fi•cient [kō′ə-fĭsh′ənt] *s.* coeficiente *m*
co•erce [kō-ûrs′] *tr.* coaccionar, obligar
co•er•cion [kō-ûr′zhən] *s.* coacción *f;* DER [restraint] coerción *f*
co•ex•ist [kō′ĭg-zĭst′] *intr.* coexistir
co•ex•is•tence [:zĭs′təns] *s.* coexistencia
cof•fee [kô′fē] *s.* café *m* ▪ ~ **shop** café, cafetería; ~ **table** mesa de café OR de centro
cof•fee•pot [:pŏt′] *s.* cafetera
cof•fer [kô′fər] ◇ *s.* cofre *m* ◇ *pl.* arcas
cof•fin [kô′fĭn] *s.* ataúd *m*
cog [kŏg] *s.* MEC diente *m,* rueda *f* dentada
co•gent [kō′jənt] *adj.* profundamente pensado
cog•i•tate [kŏj′ĭ-tāt′] *tr.* & *intr.* reflexionar
co•gnac [kōn′yăk′] *s.* coñac *m*
cog•nate [kŏg′nāt′] *adj.* & *s.* (palabra) afín, cognado
cog•ni•tion [kŏg-nĭsh′ən] *s.* [faculty] cognición *f;* [knowledge] percepción *f*
cog•ni•zance [kŏg′nĭ-zəns] *s.* conocimiento ▪ **to take ~ of** tener en cuenta
cog•ni•zant [:zənt] *adj.* enterado, informado ▪ **to be ~ of** saber
cog•wheel [kŏg′hwēl′] *s.* rueda dentada
co•hab•it [kō-hăb′ĭt] *intr.* cohabitar
co•here [kō-hîr′] *intr.* [objects] adherirse; [thoughts] tener coherencia, ser coherente
co•her•ence/•cy [:əns] *s.* coherencia
co•her•ent [:ənt] *adj.* coherente
co•he•sion [kō-hē′zhən] *s.* cohesión *f*
co•he•sive [:sĭv] *adj.* cohesivo
co•hort [kō′hôrt′] *s. fam* secuaz *m,* seguidor *m*
coif•fure [kwä-fyŏŏr′] *s.* tocado, peinado
coil [koil] ◇ *s.* rollo; [single] anillo, vuelta; [of pipe] serpentín *m;* ELEC bobina ◇ *tr.* & *intr.* enrollar(se), enroscar(se)
coin [koin] ◇ *s.* moneda ◇ *tr.* [to mint] acuñar; [phrase, word] acuñar
co•in•cide [kō′ĭn-sīd′] *intr.* coincidir
co•in•ci•dence [kō-ĭn′sĭ-dəns] *s.* [identicalness] coincidencia; [chance] casualidad *f*
co•in•ci•den•tal [-′-den′təl] *adj.* [identical] coincidente; [accidental] casual, fortuito
co•i•tus [kō′ĭ-təs] *s.* coito
coke[1] [kōk] *s.* MIN coque *m*
coke[2] *s. jer* cocaína
co•la [kō′lə] *s.* cola (nuez, bebida)
col•an•der [kŭl′ən-dər] *s.* colador *m*
cold [kōld] ◇ *adj.* frío; [fact, truth] mero, sencillo; *fam* [unconscious] sin conocimiento; [unprepared] sin preparación ▪ ~ **comfort** poco consuelo; ~ **cream** crema limpiadora; ~ **cuts** fiambres; **to get ~ feet** *jer* echarse atrás; **to give someone the ~ shoulder** *fam* tratar a alguien con frialdad; ~ **snap** OR **spell** ola de frío; ~ **sore** herpes (labial); **in ~ blood** a sangre fría; **to be ~** [object] estar frío; [person] tener frío; [weather] hacer frío ◇ *adv.* [totally] completamente; [unprepared] sin preparación, en seco ▪ **to know ~** saber al dedillo ◇ *s.* frío; MED catarro, resfriado ▪ **out in the ~** en la estacada; **to catch (a) ~** resfriarse
cold-blood•ed [′blŭd′ĭd] *adj.* [person] impasible; [murder] a sangre fría; ZOOL de sangre fría
cold-heart•ed [:här′tĭd] *adj.* insensible
cold•ness [:nĭs] *s.* frío, frialdad *f*
cole [kōl] *s.* colza, col *f*
cole•slaw [′slô′] *s.* ensalada de col
col•ic [kŏl′ĭk] *s.* cólico
col•i•se•um [kŏl′ĭ-sē′əm] *s.* coliseo
col•lab•o•rate [kə-lăb′ə-rāt′] *intr.* colaborar
col•lab•o•ra•tion [-′-rā′shən] *s.* colaboración *f;* [treason] colaboracionismo
col•lab•o•ra•tion•ist [:shə-nĭst] *s.* colaboracionista *mf*
col•lab•o•ra•tive [-′-′tĭv] *adj.* cooperativo
col•lab•o•ra•tor [:tər] *s.* colaborador *m;* [traitor] colaboracionista *mf*
col•lage [kə-läzh′] *s.* collage *m,* montaje *m*
col•lapse [kə-lăps′] ◇ *intr.* caerse, derrumbarse; [person] desplomarse; [business] fracasar; [to fold] plegarse; (*tr.*) plegar ◇ *s.* caída, derrumbe *m;* [of business] fracaso; MED colapso
col•laps•i•ble/a•ble [kə-lăp′sə-bəl] *adj.* plegable
col•lar [kŏl′ər] ◇ *s.* cuello; JOY & MEC collar *m;* [harness] collera ◇ *tr.* [an animal] poner un collar a; *fam* [to nab] agarrar, detener
col•lar•bone [:bōn′] *s.* clavícula
col•late [kə-lāt′, kō′lāt′] *tr.* [texts] colacionar; [pages] ordenar
col•lat•er•al [kə-lăt′ər-əl] ◇ *adj.* colateral; [evidence] corroborante; FIN con garantía de pago ▪ ~ **damage** daños colaterales ◇ *s.* prenda, garantía
col•league [kŏl′ēg′] *s.* colega *mf*
col•lect [kə-lekt′] ◇ *tr.* [to gather] juntar, reunir; [as hobby] coleccionar; [payments] recaudar ▪ **to ~ oneself** controlarse; (*intr.*) juntarse, acumularse ◇ *adj.* & *adv.* [telephone call] de cobro revertido
col•lect•ed [kə-lek′tĭd] *adj.* recogido, sosegado ▪ ~ **works** obras completas
col•lec•tion [:shən] *s.* colección *f;* [heap] acumulación *f;* [of money] cobro; [donation] colecta
col•lec•tive [:tĭv] ◇ *adj.* colectivo ▪ ~ **farm** granja cooperativa ◇ *s.* cooperativa
col•lec•tiv•ize [:tə-vīz′] *tr.* colectivizar
col•lec•tor [:tər] *s.* colector *m;* [of taxes] recaudador *m;* [of bills] cobrador *m;* [as hobby] coleccionista *mf*
col•lege [kŏl′ĭj] *s.* universidad *f;* [department] facultad *f;* RELIG colegio
col•le•gian [kə-lē′jən] *s.* estudiante *mf* universitario
col•le•giate [:jĭt] *adj.* universitario
col•lide [kə-līd′] *intr.* chocar
col•lie [kŏl′ē] *s.* perro pastor escocés
col•lier [kŏl′yər] *s.* GB minero de carbón
col•li•sion [kə-lĭzh′ən] *s.* choque *m*
col•lo•qui•al [kə-lō′kwē-əl] *adj.* familiar
col•lo•qui•al•ism [:ə-lĭz′əm] *s.* estilo OR expresión *f* familiar
col•lo•qui•um [:əm] *s.* (*pl* **-s** OR **-ia**) coloquio
col•lude [kə-lōōd′] *intr.* confabularse

col•lu•sion [kə-lo͞o′zhən] *s.* confabulación *f*
co•logne [kə-lōn′] *s.* colonia (perfume)
co•lon[1] [kō′lən] *s.* GRAM dos puntos
co•lon[2] *s.* (*pl* **s** OR **-la**) ANAT colon *m*
colo•nel [kûr′nəl] *s.* coronel *m*
co•lo•ni•al [kə-lō′nē-əl] ◇ *adj.* [of a colony] colonial; [colonizing] colonizador ◇ *s.* colono
co•lo•ni•al•ist [:ə-lĭst] *s.* & *adj.* colonialista *mf*
col•o•nist [kŏl′ə-nĭst] *s.* [colonizer] colonizador *m*; [inhabitant] colono
col•o•nize [:nīz′] *tr.* colonizar
col•o•niz•er [:nī′zər] *s.* colonizador *m*
col•on•nade [kŏl′ə-nād′] *s.* columnata
col•o•ny [kŏl′ə-nē] *s.* colonia
col•or [kŭl′ər] ◇ *s.* color *m*; ARTE & MÚS colorido ▪ ~ **guard** escolta de bandera; ~ **line** *fig* barrera racial; ~ **photography** cromofotografía; ~ **printer** impresora en color; ~ **television** televisión en color; ~ **therapy** cromoterapia; **in** ~ en colores; **in full** ~ a todo color; **off** ~ verde; **to change** ~ mudar de color; **to lose** ~ palidecer ◇ *pl.* [flag] bandera, estandarte *m*; [of school] insignia; [character] carácter *m* ▪ **with flying** ~ con mucho éxito ◇ *tr.* colorear; [to paint] pintar; [to dye] teñir; [to distort] alterar; [to influence] influir en; (*intr.*) sonrojarse, ruborizarse
col•or•a•tion [′ə-rā′shən] *s.* coloración *f*
col•or•blind [′ər-blīnd′] *adj.* MED daltoniano; *fig* insensible a distinciones raciales
col•ored [:ərd] ◇ *adj.* coloreado, de color; [person] de color ◇ *s.* persona de color
col•or•fast [:ər-făst′] *adj.* de color fijo
col•or•ful [:fəl] *adj.* [vivid] de gran colorido, de vivos colores; [picturesque] pintoresco
col•or•ing [:ĭng] *s.* [coloration] coloración *f*; [dye] colorante *m*
col•or•less [:lĭs] *adj.* incoloro
co•los•sal [kə-lŏs′əl] *adj.* colosal
co•los•sus [:əs] *s.* (*pl* **es** OR **-i**) coloso
co•los•to•my [kə-lŏs′tə-mē] *s.* colostomía
col•our [kŭl′ər] GB = **color**
colt [kōlt] *s.* potro
col•umn [kŏl′əm] *s.* columna
col•um•nist [:nĭst] *s.* columnista *mf*
co•ma [kō′mə] *s.* coma *m*
co•ma•tose [:tōs′] *adj.* comatoso
comb [kōm] ◇ *s.* peine *m*; ORNIT [crest] cresta; [honeycomb] panal *m* ◇ *tr.* peinar; [to search] registrar (detalladamente) ▪ **to** ~ **one's hair** peinarse
com•bat [kəm-băt′, kŏm′băt′] ◇ *tr.* pelear contra, dar batalla; *fig* combatir, resistir ◇ *s.* [kŏm′băt′] combate *m*
com•bat•ant [kəm-băt′nt] *s.* combatiente *m*
com•bat•ive [:ĭv] *adj.* combativo
com•bi•na•tion [kŏm′bə-nā′shən] *s.* combinación *f*; [mix] mezcla ▪ ~ **therapy** terapia combinada
com•bine ◇ *tr.* & *intr.* [kəm-bīn′] combinar(se); [to mix] mezclar ◇ *s.* [kŏm′bīn′] AGR segadora; [association] asociación *f*
com•bo [kŏm′bō] *s.* conjunto
com•bus•ti•ble [kəm-bŭs′tə-bəl] *adj.* & *s.* combustible *m*
com•bus•tion [:chən] *s.* combustión *f*
come [kŭm] ◇ *intr.* (**came, come**) venir; [to arrive at, extend to] llegar ▪ ~ **what may** pase lo que pase; **to** ~ **about** suceder, ocurrir; MARÍT virar; **to** ~ **across** [to find] encontrarse con; [to be understood] ser comprendido; **to** ~ **after** [to follow] seguir; [to pursue] venir en busca de; **to** ~ **along** [to accompany] acompañar; [to progress] progresar; **to** ~ **around** [to visit] hacer una visita; [to revive] volver en sí; **to** ~ **at** atacar; **to** ~ **away** irse, retirarse; **to** ~ **back** volver; **to** ~ **before** preceder; DER comparecer ante (juez, tribunal); **to** ~ **between** interponerse entre; **to** ~ **by** [to visit] hacer una visita; [to obtain] obtener, lograr; **to** ~ **down** bajar; [to collapse] derrumbarse; [to fall] caer(se); **to** ~ **down on** [to collapse] caer encima; [to reproach] reprochar; **to** ~ **down to** reducirse a; **to** ~ **down with** *fam* caer enfermo con; **to** ~ **in** [to enter] entrar; [in a race] llegar; [to figure into] figurar, entrar; **to** ~ **in for** *fam* recibir; **to** ~ **into** heredar; **to** ~ **of** resultar de, suceder por; **to** ~ **off** [to detach] soltarse, separarse; [to acquit oneself] salir (bien, mal); [to happen] tener lugar; **to** ~ **on** TEAT salir a escena; [to present oneself] presentarse (**as** como); **to** ~ **on to** *fam* tirarse a; **to** ~ **out** salir; [to detach] desprenderse; [to appear] asomar; [book] publicarse; [to result] resultar (bien, mal); [for or against] declararse; [stain] quitarse; [truth] salir a la luz, revelarse; [to bloom] florecer; **to** ~ **out with** [to announce] revelar, publicar; [a product] salir con, ofrecer; *fam* [to say] saltar con, soltar (comentario, maldición); **to** ~ **over** [to happen to] sobrevenir, invadir; *fam* [to visit] venir; **to** ~ **through** [to do what is wanted] cumplir; [to be apparent] manifestarse; [to endure] pasar por, salir de; **to** ~ **through with** *jer* cumplir con; **to** ~ **to** [to revive] recobrar los sentidos, volver en sí; [to total] ascender a; [to amount to] reducirse a; **to** ~ **to one** ocurrírsele; **to** ~ **under** [a category] figurar entre; [to be subject to] caer bajo, estar sometido a (poder, influencia); **to** ~ **up** subir; [to arise] presentarse, surgir; [to be mentioned] ser mencionado; **to** ~ **up against** tropezar OR dar con; **to** ~ **up to** [in quality] estar a la altura de; [in height] llegar hasta; [to approach] acercarse a; **to** ~ **up with** [to produce] producir; [to propose] sugerir, proponer; **to** ~ **within** entrar OR estar dentro de; **when it comes to** cuando se trata de ◇ *interj.* ¡venga!, ¡ven! ▪ ~ **again?** ¿cómo?; ~ **in!** ¡adelante!, ¡pase!; ~ **off it!** *fam* ¡no me vengas con eso!; ~ **now!** ¡vamos!, ¡no es para tanto!; ~ **on!** *fam* [hurry up!] ¡date prisa!, ¡apúrate!; [you're kidding!] ¡no me digas!
come•back [′băk′] *s.* réplica, respuesta ingeniosa ▪ **to make a** ~ restablecerse, reaparecer
co•me•di•an [kə-mē′dē-ən] *s.* [entertainer] cómico; [actor] comediante *m*
co•me•di•enne [-′-en′] *s.* [entertainer] cómica; [actress] comedianta
come•down [kŭm′doun′] *s.* [in status] bajón *m*, pérdida de rango; [disappointment] revés *m*
com•e•dy [kŏm′ĭ-dē] *s.* comedia
come•ly [kŭm′lē] *adj.* (**-i-**) atractivo
come•on [:ŏn′] *s.* aliciente *m*, incentivo
com•er [:ər] *s.* [arrival] persona que llega; *fam* [rising star] persona prometedora
com•et [kŏm′ĭt] *s.* cometa *m*
come•up•pance [kŭm-ŭp′əns] *s.* *fam* castigo merecido
com•fort [kŭm′fərt] ◇ *tr.* confortar, consolar; [to relieve] aliviar ◇ *s.* [well-being] confort *m*; [relief] alivio; [consolation] consuelo; [ease] comodidad *f* ▪ ~ **station** excusado público; **to be a** ~ ser un consuelo

com•fort•a•ble [:fər-tə-bəl] *adj.* [easy] confortable, cómodo; *fam* [sufficient] adecuado
com•fort•er [:tər] *s.* [person] consolador *m*; [quilt] edredón *m*
com•fy [kŭm′fē] *adj.* (-i-) *fam* cómodo
com•ic [kŏm′ĭk] *adj.* & *s.* cómico ■ ~ **book** revista de historietas ilustradas; ~ **strip** tira cómica
com•i•cal [:ĭ-kəl] *adj.* cómico
com•ing [kŭm′ĭng] ◇ *adj.* venidero ◇ *s.* venida, llegada ■ **comings and goings** idas y venidas
com•ma [kŏm′ə] *s.* GRAM coma
com•mand [kə-mănd′] ◇ *tr.* mandar; [to give orders] ordenar; [to rule] regir; [to have available] disponer de, poseer; [to deserve] infundir; [to overlook] dominar; (*intr.*) mandar, dar órdenes ◇ *s.* mando; [order] orden *f*; [authority] mandato, mando; [mastery] dominio; MIL [jurisdiction] comando ■ **at one's** ~ a la disposición de uno; ~ **headquarters** centro de comando; ~ **post** puesto de mando; **to be in** ~ **of** estar al mando de; **under the** ~ **of** al mando de
com•man•dant [kŏm′ən-dănt′] *s.* comandante *m*
com•man•deer [:dîr′] *tr.* [to confiscate] confiscar; *fam* [to seize] apoderarse de
com•mand•er [kə-măn′dər] *s.* jefe *m*; MARÍT capitán *m* de fragata; MIL comandante *m*
com•mand•ing [:dĭng] *adj.* que está al mando; [impressive] imponente; [position] dominante
com•mand•ment [kə-mănd′mənt] *s.* orden *f*; RELIG mandamiento
com•man•do [kə-măn′dō] *s.* (*pl* **(e)s**) comando
com•mem•o•rate [kə-mem′ə-rāt′] *tr.* conmemorar
com•mence [kə-mens′] *tr.* & *intr.* comenzar
com•mence•ment [:mənt] *s.* comienzo, principio; EDUC ceremonia de entrega de diplomas
com•mend [kə-mend′] *tr.* [to praise] elogiar, alabar; [to recommend] recomendar; [to entrust] encomendar
com•mend•a•ble [kə-men′də-bəl] *adj.* loable
com•men•da•tion [kŏm′ən-dā′shən] *s.* [praise] elogio; [recommendation] recomendación *f*; [citation] mención *f*
com•men•su•rate [kə-men′sər-ĭt] *adj.* proporcionado
com•ment [kŏm′ent′] ◇ *s.* comentario; [remark] observación *f* ◇ *intr.* comentar, observar
com•men•tar•y [:ən-ter′ē] *s.* comentario
com•men•tate [:tāt′] *tr.* & *intr.* comentar
com•men•ta•tor [:tā′tər] *s.* locutor *m*
com•merce [kŏm′ərs] *s.* comercio
com•mer•cial [kə-mûr′shəl] ◇ *adj.* comercial ◇ *s.* anuncio
com•mer•cial•ism [:shə-lĭz′əm] *s.* comercialismo
com•mer•cial•ize [:līz′] *tr.* comercializar
com•mie [kŏm′ē] *s. fam* rojo, comunista *mf*
com•mis•er•ate [kə-mĭz′ə-rāt′] *intr.* compadecerse (**with** de)
com•mis•sar [kŏm′ĭ-sär′] *s.* comisario
com•mis•sar•y [′-ser′ē] *s.* economato
com•mis•sion [kə-mĭsh′ən] ◇ *s.* comisión *f*; MIL nombramiento ■ **out of** ~ fuera de servicio; [broken] descompuesto; **to put out of** ~ [to ruin] inutilizar; *fam* [to sideline] poner fuera de combate, acabar con; **to work on** ~ trabajar a comisión ◇ *tr.* MIL nombrar; [to order] encargar, mandar a hacer; [ship] poner en servicio
com•mis•sion•er [:ə-nər] *s.* miembro de una comisión; [official] comisario
com•mit [kə-mĭt′] *tr.* (**-tt-**) cometer; [to entrust] encomendar; [to jail] encarcelar; [to institutionalize] internar; [to dispose of] entregar ■ **to** ~ **oneself** comprometerse; **to** ~ **to paper** OR **writing** consignar por escrito
com•mit•ment [:mənt] *s.* [pledge] compromiso; [institutionalization] internamiento, reclusión *f*; [obligation] obligación *f*
com•mit•tal [:l] *s.* [confinement] confinamiento, reclusión *f*; [pledging] obligación *f*
com•mit•tee [kə-mĭt′ē] *s.* comité *m*, comisión *f*
com•mode [kə-mōd′] *s.* [bureau] cómoda; [wash-bowl] palanganero; [toilet] retrete *m*
com•mod•i•ty [kə-mŏd′ĭ-tē] *s.* mercancía
com•mo•dore [kŏm′ə-dôr′] *s.* comodoro
com•mon [kŏm′ən] ◇ *adj.* (**-er, -est**) común; [public] público; [widespread] general; [frequent] usual, frecuente; [quality] mediocre, inferior ■ ~ **cold** resfriado, catarro; ~ **fraction** fracción ordinaria; ~ **ground** tema de interés mutuo; ~ **law** derecho consuetudinario; ~ **sense** sentido común; ~ **stock** acciones ordinarias ◇ *s.* ejido, campo comunal ■ **Commons** GB Cámara de los Comunes
com•mon•er [:ə-nər] *s.* plebeyo
com•mon-law marriage [:ən-lô′] *s.* matrimonio de hecho
com•mon•place [:plās′] ◇ *adj.* común, ordinario ◇ *s.* lugar *m* común
com•mon•wealth [:welth′] *s.* [people] comunidad *f*; [state] república
com•mo•tion [kə-mō′shən] *s.* tumulto, alboroto
com•mu•nal [kə-myo͞o′nəl] *adj.* comunal
com•mune[1] [kə-myo͞on′] *intr.* comunicarse, comulgar
com•mune[2] [kŏm′yo͞on′] *s.* POL comuna; [community] comuna
com•mu•ni•ca•ble [kə-myo͞o′nĭ-kə-bəl] *adj.* comunicable; [contagious] contagioso
com•mu•ni•cate [:kāt′] *tr.* & *intr.* comunicar(se)
com•mu•ni•ca•tion [-′-kā′shən] *s.* comunicación *f*
com•mu•ni•ca•tive [-′-′tĭv] *adj.* comunicativo
com•mu•ni•ca•tor [:kā′tər] *s.* comunicante *mf*
com•mun•ion [kə-myo͞on′yən] *s.* comunión *f*
com•mu•ni•qué [kə-myo͞o′nĭ-kā′] *s.* comunicado
com•mu•nism [kŏm′yə-nĭz′əm] *s.* comunismo
com•mu•nist [:nĭst] *s.* & *adj.* comunista *mf*
com•mu•ni•ty [kə-myo͞o′nĭ-tē] *s.* comunidad *f*
com•mu•ta•tion [kŏm′yə-tā′shən] *s.* conmutación *f* ■ ~ **ticket** billete de abono
com•mute [kə-myo͞ot′] ◇ *tr.* conmutar; (*intr.*) viajar diariamente al trabajo ◇ *s.* viaje diario al trabajo
com•mut•er [kə-myo͞o′tər] *s.* persona que viaja diariamente al trabajo
com•pact[1] [kəm-păkt′, kŏm′păkt′] ◇ *adj.* compacto; [concise] conciso ■ ~ **disc** disco compacto ◇ *tr.* [kəm-păkt′] comprimir ◇ *s.* [kŏm′păkt′] polvera; AUTO (automóvil) compacto
com•pact[2] [kŏm′păkt′] *s.* pacto, convenio
com•pan•ion [kəm-păn′yən] *s.* compañero
com•pan•ion•a•ble [:yə-nə-bəl] *adj.* sociable
com•pan•ion•ship [:yən-shĭp′] *s.* compañerismo
com•pan•ion•way [:wā′] *s.* escalera de cámara
com•pa•ny [kŭm′pə-nē] *s.* compañía; [group] grupo; [guests] invitados ■ **to keep** ~ **with** asociarse con; **to keep someone** ~ hacerle compañía a alguien; **to part** ~ separarse

com•pa•ra•ble [kŏm′pər-ə-bəl, kəm-păr′-] *adj.* comparable

com•par•a•tive [kəm-păr′ə-tĭv] ◇ *adj.* comparativo; [relative] relativo ▪ ~ **literature** literatura comparada ◇ *s.* comparativo

com•pare [kəm-pâr′] ◇ *tr.* & *intr.* (poderse) comparar ▪ **as compared with** comparado con ◇ *s.* ▪ **beyond** ~ incomparable

com•par•i•son [:ĭ-sən] *s.* comparación *f* ▪ **by** ~ en comparación

com•part•ment [kəm-pärt′mənt] *s.* compartimiento

com•pass [kŭm′pəs] ◇ *s.* [magnetic] brújula; [perimeter] perímetro; [scope] alcance *m* ▪ ~ (OR *pl.*) GEOM compás *m* ◇ *tr.* circundar, rodear

com•pas•sion [kəm-păsh′ən] *s.* compasión *f*

com•pas•sion•ate [:ə-nĭt] *adj.* compasivo

com•pat•i•bil•i•ty [kəm-păt′ə-bĭl′ĭ-tē] *s.* COMPUT compatibilidad *f*

com•pat•i•ble [kəm-păt′ə-bəl] *adj.* compatible ▪ ~ **computer** computadora compatible

com•pa•tri•ot [kəm-pā′trē-ət] *s.* compatriota *mf*

com•pel [kəm-pel′] *tr.* (**-ll-**) compeler, obligar; [respect, belief] imponer

com•pel•ling [:ĭng] *adj.* obligatorio; [evidence] incontestable; [need] apremiante

com•pen•di•um [kəm-pen′dē-əm] (*pl* **s** OR **-ia**) *s.* compendio

com•pen•sate [kŏm′pən-sāt′] *tr.* compensar; COM indemnizar; (*intr.*) ▪ **to** ~ **for** compensar

com•pen•sa•tion [′-sā′shən] *s.* compensación *f*; COM indemnización *f*

com•pete [kəm-pēt′] *intr.* competir ▪ **to** ~ **in** concursar OR tomar parte en

com•pe•tence [kŏm′pĭ-tns] *s.* competencia

com•pe•tent [:tnt] *adj.* competente

com•pe•ti•tion [′-tĭsh′ən] *s.* competencia, concurso ▪ **the** ~ los competidores

com•pet•i•tive [kəm-pet′ĭ-tĭv] *adj.* competitivo; [person] competidor; [spirit] de competencia

com•pet•i•tor [:tər] *s.* competidor *m*

com•pi•la•tion [kŏm′pə-lā′shən] *s.* compilación *f*, recopilación *f*

com•pile [kəm-pīl′] *tr.* compilar, recopilar

com•pla•cen•cy/•cence [kəm-plā′sən-sē/-səns] *s.* [gratification] complacencia; [smugness] satisfacción *f* de sí mismo

com•pla•cent [:sənt] *adj.* pagado de sí mismo

com•plain [kəm-plān′] *intr.* quejarse (**about** de)

com•plain•ant [:plā′nənt] *s.* demandante *mf*

com•plaint [:plānt′] *s.* queja; [protest] reclamación *f*; DER querella, demanda

com•plai•sant [kəm-plā′sənt] *adj.* complaciente

com•ple•ment [kŏm′plə-mənt] ◇ *s.* complemento ◇ *tr.* complementar

com•ple•men•ta•ry [′-men′tə-rē] *adj.* complementario

com•plete [kəm-plēt′] ◇ *adj.* completo; [thorough] total; [utter] verdadero, auténtico ◇ *tr.* completar, llevar a cabo; [a form] llenar; [to conclude] terminar

com•ple•tion [-plē′shən] *s.* terminación *f* ▪ **to be near** ~ estar al terminarse

com•plex ◇ *adj.* [kəm-pleks′, kŏm′pleks′] [composite] compuesto; [intricate] complejo ◇ *s.* [kŏm′pleks′] complejo

com•plex•ion [kəm-plek′shən] *s.* [skin] tez *f*; [character] aspecto, carácter *m*

com•pli•ance [kəm-plī′əns] *s.* [with an order] acatamiento; [acquiescence] conformidad *f* ▪ **in** ~ **with** conforme a

com•pli•ant [:ənt] *adj.* obediente, dócil

com•pli•cate [kŏm′plĭ-kāt′] *tr.* complicar

com•pli•cat•ed [:kā′tĭd] *adj.* complicado

com•pli•ca•tion [′-′shən] *s.* complicación *f*

com•plic•i•ty [kəm-plĭs′ĭ-tē] *s.* complicidad *f*

com•pli•ment [kŏm′plə-mənt] ◇ *s.* [praise] elogio; [honor] honor *m*; [flattery] cumplido ▪ **to pay a** ~ **to** elogiar; **to take it as a** ~ **that** ser un honor para uno que ◇ *pl.* saludos ▪ **with the** ~ **of** obsequio de ◇ *tr.* elogiar, felicitar

com•pli•men•ta•ry [′-men′tə-rē] *adj.* elogioso, halagador; [free] de favor

com•ply [kəm-plī′] *intr.* [with an order] acatar, obedecer; [with a request] acceder a

com•po•nent [kəm-pō′nənt] ◇ *s.* componente *m*, elemento ◇ *adj.* componente; [system] de elementos

com•port•ment [kəm-pôrt′mənt] *s.* comportamiento, conducta

com•pose [kəm-pōz′] *tr.* & *intr.* componer ▪ **to be composed of** estar integrado por; **to** ~ **oneself** tranquilizarse

com•posed [:pōzd′] *adj.* sosegado, tranquilo

com•pos•er [:pō′zər] *s.* compositor *m*

com•pos•ite [:pŏz′ĭt] *adj.* & *s.* compuesto

com•po•si•tion [kŏm′pə-zĭsh′ən] *s.* composición *f*

com•po•sure [kəm-pō′zhər] *s.* serenidad *f*

com•pound[1] [kŏm′pound′] ◇ *adj.* compuesto ▪ ~ **fracture** MED fractura abierta ◇ *s.* compuesto; GRAM palabra compuesta ◇ *tr.* [kəm-pound′] [to combine] mezclar, combinar; [interest] calcular cumulativamente; [to add to] agravar

com•pound[2] *s.* [buildings] recinto (de residencias)

com•pre•hend [kŏm′prĭ-hend′] *tr.* comprender

com•pre•hen•si•ble [:hen′sə-bəl] *adj.* comprensible

com•pre•hen•sion [:shən] *s.* comprensión *f*

com•pre•hen•sive [:sĭv] *adj.* [broad] amplio, general; [overall] de conjunto; [knowledge] detallado, amplio; [charge] total; [insurance] a todo riesgo

com•press ◇ *tr.* [kəm-pres′] comprimir; [to shorten] condensar ◇ *s.* [kŏm′pres′] compresa

com•pressed [kəm-prest′] *adj.* comprimido

com•pres•sion [:presh′ən] *s.* compresión *f*

com•prise [kəm-prīz′] *tr.* [to include] comprender, incluir; [to consist of] constar de

com•pro•mise [kŏm′prə-mīz′] ◇ *s.* compromiso, arreglo; [concession] concesión *f* ◇ *tr.* [to settle] componer; [to endanger] comprometer; (*intr.*) hacer concesiones

com•pro•mis•ing [:mī′zĭng] *adj.* [accommodating] transigente; [detrimental] comprometedor

com•pul•sion [kəm-pŭl′shən] *s.* compulsión *f*; [impulse] impulso ▪ **to feel a** ~ **to** sentirse obligado OR impelido a; **under** ~ a la fuerza

com•pul•sive [:sĭv] *adj.* [desire] incontrolable; [person] obsesivo

com•pul•so•ry [:sə-rē] *adj.* [coercive] compulsorio; [required] obligatorio ▪ ~ **redundancy** despido forzoso

com•punc•tion [kəm-pŭngk′shən] *s.* compunción *f* ▪ **without** ~ sin escrúpulo

com•pu•ta•tion [kŏm'pyŏŏ-tā'shən] *s.* cálculo
com•pute [kəm-pyŏŏt'] *tr.* computar, calcular
com•put•er [:pyŏŏ'tər] *s.* computadora, ordenador *m* ■ ~ **analyst** analista informático; ~ **animation** animación por ordenador; ~ **center** centro de cálculo; ~ **crime** delincuencia informática, delito informático; ~ **game** juego de computadora; ~ **graphics** infografía; ~ **language** lenguaje informático
com•put•er•i•za•tion [kəm-pyŏŏ'tə-rĭ-zā'shən] *s.* informatización *f*
com•put•er•ize [:tə-rīz'] *tr.* [data] computarizar, informatizar; [office] instalar computadoras en, informatizar ■ **to be computerized** hacerse por computadoras
com•put•er•ized [kəm-pyŏŏ'tə-rīzd] *adj.* computarizado, informatizado ■ ~ **axial tomography** tomografía axial computarizada
com•put•ing [kəm-pyŏŏ'tĭng] *s.* informática
com•rade [kŏm'răd'] *s.* camarada *mf*
con[1] [kŏn] *adv.* & *s.* contra *m*
con[2] *jer* ◇ *tr.* (-nn-) estafar, engañar ◇ *s.* estafa ■ ~ **game** estafa; ~ **man** estafador
con•cave [kŏn-kāv'] *adj.* cóncavo
con•ceal [kən-sēl'] *tr.* ocultar; [a crime] encubrir
con•ceal•ment [:mənt] *s.* ocultación *f*; [of a crime] encubrimiento
con•cede [kən-sēd'] *tr.* conceder; (*intr.*) hacer una concesión
con•ceit [kən-sēt'] *s.* vanidad *f*, presunción *f*; [metaphor] concepto
con•ceit•ed [:sē'tĭd] *adj.* vanidoso, engreído
con•ceiv•a•ble [kən-sē'və-bəl] *adj.* concebible
con•ceive [kən-sēv'] *tr.* & *intr.* concebir
con•cen•trate [kŏn'sən-trāt'] ◇ *tr.* & *intr.* concentrar(se) ◇ *s.* concentrado
con•cen•tra•tion ['-trā'shən] *s.* concentración *f* ■ ~ **camp** campo de concentración
con•cen•tric [kən-sen'trĭk] *adj.* concéntrico
con•cept [kŏn'sept'] *s.* concepto
con•cep•tion [kən-sep'shən] *s.* concepción *f*; [plan] proyecto; [idea] concepto, idea
con•cep•tu•al [:chŏŏ-əl] *adj.* conceptual
con•cern [kən-sûrn'] ◇ *tr.* [to be about] tratar de; [to affect] concernir a; [to trouble] preocupar ■ **as concerns** en lo que concierne a; **to ~ oneself with** ocuparse de, interesarse por; **those concerned** los interesados; **to whom it may ~** a quien corresponda ◇ *s.* [affair] asunto; [interest] interés *m*; [worry] preocupación *f* ■ **to be of no ~** carecer de importancia
con•cerned [:sûrnd'] *adj.* [interested] interesado; [worried] preocupado
con•cern•ing [:sûr'nĭng] *prep.* con respecto a
con•cert ◇ *s.* [kŏn'sûrt'] concierto ■ **in ~ with** de concierto con ◇ *tr.* & *intr.* [kən-sûrt'] concertar(se)
con•cert•ed [kən-sûr'tĭd] *adj.* conjunto
con•cer•to [kən-cher'tō] *s.* (*pl* **s** OR **-ti**) concierto
con•ces•sion [kən-sesh'ən] *s.* concesión *f*
con•ces•sion•aire [-'ə-nâr'] *s.* concesionario
conch [kŏngk, kŏnch] *s.* (*pl* **(e)s**) caracol marino; [shell] caracola
con•cil•i•ate [kən-sĭl'ē-āt'] *tr.* conciliar
con•cil•i•a•tor [:ā'tər] *s.* mediador *m*
con•cise [kən-sīs'] *adj.* conciso, sucinto
con•clude [kən-klŏŏd'] *tr.* & *intr.* concluir
con•clu•sion [:klŏŏ'zhən] *s.* conclusión *f* ■ **to bring to a ~** concluir
con•clu•sive [:sĭv] *adj.* concluyente, decisivo
con•coct [kən-kŏkt'] *tr.* [food] confeccionar, preparar; [to invent] fabricar
con•coc•tion [:kŏk'shən] *s.* confección *f*; [brew] brebaje *m*; [lie] fabricación *f*
con•cord [kŏn'kôrd'] *s.* concordia; [treaty] tratado
con•course [kŏn'kôrs'] *s.* [throng] multitud *f*; [for passengers] explanada, vestíbulo
con•crete [kŏn-krēt'] ◇ *adj.* concreto; CONSTR de concreto OR hormigón ◇ *s.* concreto, hormigón *m*
con•cu•bine [kŏng'kyə-bīn'] *s.* concubina
con•cur [kən-kûr'] *intr.* (**-rr-**) [to agree] convenir; [to coincide] concurrir, coincidir
con•cur•rence [:əns] *s.* [agreement] acuerdo; [coincidence] concurrencia, coincidencia
con•cur•rent [:ənt] *adj.* concurrente
con•cus•sion [kən-kŭsh'ən] *s.* [shock] concusión *f*; [injury] conmoción *f* cerebral
con•demn [kən-dem'] *tr.* condenar; [a building] declarar inhabitable
con•dem•na•ble [:nə-bəl] *adj.* condenable
con•den•sa•tion [kŏn'den-sā'shən] *s.* condensación *f*; LIT versión condensada
con•dense [kən-dens'] *tr.* & *intr.* condensar(se)
con•de•scend [kŏn'dĭ-send'] *intr.* dignarse
con•de•scend•ing [:sen'dĭng] *adj.* condescendiente
con•de•scen•sion [:shən] *s.* condescendencia
con•di•ment [kŏn'də-mənt] *s.* condimento
con•di•tion [kən-dĭsh'ən] ◇ *s.* condición *f*; [health] estado de salud ■ **on ~ that** a condición que; **on one ~** con una condición; **to be in no ~ to** no estar en condiciones de; **to keep in ~** mantenerse en forma ◇ *tr.* [to qualify, train] condicionar; [to make fit] poner en condiciones; [by exercising] poner en forma; [to adapt] acostumbrar
con•di•tion•al [:ə-nəl] *adj.* condicional ■ **to be ~ on** depender de
con•di•tion•er [:nər] *s.* acondicionador *m*
con•di•tion•ing [:nĭng] *s.* acondicionamiento
con•do•lence [kən-dō'ləns] *s.* condolencia ■ **to offer condolences to** dar el pésame a
con•dom [kŏn'dəm] *s.* preservativo
con•do•min•i•um [kŏn'də-mĭn'ē-əm] *s.* condominio
con•done [kən-dōn'] *tr.* condonar
con•dor [kŏn'dôr'] *s.* cóndor *m*
con•du•cive [kən-dŏŏ'sĭv] *adj.* ■ ~ **to** conducente a
con•duct ◇ *tr.* [kən-dŭkt'] [to direct] dirigir (negocio, orquesta); [to carry out] llevar a cabo, hacer; [a tour] servir de guía a; FÍS conducir ■ **to ~ oneself** conducirse ◇ *s.* [kŏn'dŭkt'] [behavior] conducta, comportamiento; [management] dirección *f*
con•duc•tor [kən-dŭk'tər] *s.* [train, bus] conductor *m*, cobrador *m*; MÚS director *m*; FÍS conductor
con•duit [kŏn'dĭt, : dŏŏ-ĭt] *s.* conducto
cone [kōn] *s.* cono; CUL barquillo, cucurucho
con•fec•tion [:fek'shən] *s.* confección *f*; [sweet] confitura
con•fec•tion•er [:shə-nər] *s.* confitero
con•fed•er•a•cy [kən-fed'ər-ə-sē] *s.* confederación *f*; [conspiracy] complot *m*
con•fed•er•ate ◇ *adj.* & *s.* [:ər-ĭt] confederado ◇ *tr.* & *intr.* [:ə-rāt'] confederar(se)

con•fer [kən-fûr′] *tr.* & *intr.* (-rr-) conferir
con•fer•ence [kŏn′fər-əns] *s.* [assembly] conferencia, congreso; [meeting] reunión *f*
con•fess [kən-fes′] *tr.* confesar; (*intr.*) confesar; RELIG confesarse
con•fessed [:fest′] *adj.* declarado
con•fes•sion [:fesh′ən] *s.* confesión *f*
con•fes•sion•al [:ə-nəl] ◇ *adj.* confesional ◇ *s.* confesionario
con•fes•sor [kən-fes′ər] *s.* [priest] confesor *m*; [sinner] penitente *mf*
con•fet•ti [kən-fet′ē] *s. pl.* confeti *m*
con•fi•dant [kŏn′fĭ-dănt′] *s.* confidente *mf*
con•fide [kən-fīd′] *tr.* & *intr.* confiar
con•fi•dence [kŏn′fĭ-dəns] *s.* confianza; [secret] confidencia ▪ **~ man** estafador; **to place one's ~ in** confiar en; **to take someone into one's ~** confiarse a alguien
con•fi•dent [:dənt] *s.* [certain] seguro; [self-assured] confiado; [manner] de confianza
con•fi•den•tial [′-den′shəl] *adj.* confidencial, privado
con•fi•den•ti•al•i•ty [′-′shē-ăl′ĭ-tē] *s.* confidencialidad *f*
con•fid•ing [kən-fī′dĭng] *adj.* confiado
con•fig•u•ra•tion [kən-fĭg′yə-rā′shən] *s.* configuración *f*
con•fine [kən-fīn′] ◇ *tr.* [person] confinar, recluir; [answer] limitar ▪ **to be confined to bed** tener que guardar cama ◇ *s. pl.* [kŏn′fīnz′] confines
con•fine•ment [:mənt] *s.* [seclusion] confinamiento, reclusión *f*; [restriction] limitación *f*; [lying-in] parto ▪ **in solitary ~** incomunicado
con•firm [kən-fûrm′] *tr.* confirmar; POL ratificar
con•firmed [:fûrmd′] *adj.* confirmado; POL ratificado; [inveterate] habitual
con•fis•cate [kŏn′fĭ-skāt′] *tr.* confiscar
con•fla•gra•tion [kŏn′flə-grā′shən] *s.* conflagración *f*
con•flict ◇ *s.* [kŏn′flĭkt′] conflicto ▪ **to be in ~ with** estar en pugna con; **to come into ~** chocar ◇ *intr.* [kən-flĭkt′] contradecirse
con•flict•ing [kən-flĭk′tĭng] *adj.* contradictorio
con•flu•ence [kŏn′flo͞o-əns] *s.* confluencia
con•form [kən-fôrm′] *intr.* conformarse, concordar; [to standards, rules] ajustarse; (*tr.*) ajustar
con•form•ist [:fôr′mĭst] *s.* conformista *mf*
con•for•mi•ty [:mĭ-tē] *s.* conformidad *f* ▪ **in ~ with** conforme a
con•found [kən-found′] *tr.* confundir ▪ **~ it!** ¡maldito sea!
con•front [kən-frŭnt′] *tr.* [to face] enfrentar, hacer frente a; [to encounter] encontrar; [dangers] arrostrar
con•fuse [kən-fyo͞oz′] *tr.* confundir
con•fused [:fyo͞ozd′] *adj.* [bewildered] confundido, desconcertado; [disordered] confuso
con•fus•ing [:fyo͞o′zĭng] *adj.* confuso
con•fu•sion [:zhən] *s.* confusión *f* ▪ **to be in ~** [person] estar confundido; [things] estar en desorden
con•geal [kən-jēl′] *tr.* & *intr.* [to freeze] congelar(se); [to coagulate] coagular(se)
con•gen•ial [kən-jēn′yəl] *adj.* [kindred] afín; [sociable] simpático; [suitable] agradable
con•gen•i•tal [kən-jen′ĭ-tl] *adj.* congénito ▪ **~ disease** enfermedad congénita
con•ger eel [kŏng′gər] *s.* congrio
con•gest [kən-jest′] *tr.* & *intr.* congestionar(se)
con•gest•ed [:jes′tĭd] *adj.* [by traffic] congestionado; [area] superpoblado; [chest, nose] constipado
con•ges•tion [:chən] *s.* congestión *f*
con•glom•er•ate [kən-glŏm′ə-rāt′] ◇ *tr.* & *intr.* conglomerar(se) ◇ *s.* & *adj.* [:ər-ĭt] conglomerado
con•glom•er•a•tion [-′-rā′shən] *s.* conglomeración *f*
con•grat•u•late [kən-grăch′ə-lāt′] *tr.* felicitar ▪ **to ~ oneself** congratularse
con•grat•u•la•tion [-′-lā′shən] *s.* felicitación *f*, congratulación *f* ▪ **congratulations!** ¡felicidades!, ¡enhorabuena!
con•grat•u•la•to•ry [-′-lə-tôr′ē] *adj.* de felicitación
con•gre•gate [kŏng′grĭ-gāt′] *intr.* & *tr.* congregar(se)
con•gre•ga•tion [′-gā′shən] *s.* congregación *f*, reunión *f*; RELIG [worshipers] feligreses *m*; [order] congregación
con•gress [kŏng′grĭs] *s.* congreso
con•gres•sion•al [kən-gresh′ə-nəl] *adj.* del congreso
con•gress•man [kŏng′grĭs-mən] *s.* (*pl* **-men**) EU diputado de la Cámara de Representantes
con•gress•wom•an [:wo͝om′ən] *s.* (*pl* **-women**) EU diputada de la Cámara de Representantes
con•ic/•i•cal [kŏn′ĭk] *adj.* cónico
con•i•fer [kŏn′ə-fər] *s.* conífera
co•nif•er•ous [kə-nĭf′ər-əs] *adj.* conífero
con•jec•ture [:chər] ◇ *s.* conjetura ◇ *tr.* conjeturar; (*intr.*) hacer conjeturas
con•ju•gal [kŏn′jə-gəl] *adj.* conyugal
con•ju•gate [kŏn′jə-gāt′] ◇ *tr.* & *intr.* conjugar(se) ◇ *adj.* [:gĭt] conjugado
con•ju•ga•tion [′-gā′shən] *s.* conjugación *f*
con•junc•tion [kən-jŭngk′shən] *s.* conjunción *f* ▪ **in ~ with** conjuntamente con
con•junc•ti•vi•tis [-′tə-vī′tĭs] *s.* conjuntivitis *f*
con•jure [kŏn′jər] *tr.* ▪ **to ~ up** [a spirit] invocar; [by magic] hacer aparecer por arte de magia; [to evoke] evocar; (*intr.*) hacer juegos de manos
con•jur•er/•or [:ər] *s.* mago
conk [kŏngk] *tr. fam* golpear en el coco; (*intr.*) ▪ **to ~ out** [machine] romperse; [person] caerse redondo
con•nect [kə-nekt′] *tr.* [to join] conectar, unir; [to associate] vincular, relacionar; TEL poner en comunicación; ELEC conectar; (*intr.*) unirse; [rooms] comunicarse; [buses, trains] hacer combinación
con•nect•ed [kə-nek′tĭd] *adj.* conectado; [socially] relacionado, enchufado
con•nec•tion [:shən] *s.* conexión *f*; [association] vínculo, relación *f*; [social] enchufe *m*, relación; [buses, trains] combinación *f* ▪ **in ~ with** en relación con
con•nec•tive [:tĭv] *adj.* conectivo
con•nec•tiv•i•ty [kə-nek′tĭv′ĭ-tē] *s.* conectividad *f*
con•nec•tor/•er [:tər] *s.* MEC conectador *m*; ELEC hilo de conexión
con•nive [kə-nīv′] *intr.* intrigar, conspirar
con•niv•ing [kə-nī′vĭng] *adj.* confabulador
con•nois•seur [kŏn′ə-sûr′] *s.* conocedor *m*
con•no•ta•tion [:tā′shən] *s.* connotación *f*
con•note [kə-nōt′] *tr.* connotar
con•quer [kŏng′kər] *tr.* conquistar; [enemy, disease] vencer; (*intr.*) vencer, triunfar
con•quer•or [:ər] *s.* conquistador *m*, vencedor *m*
con•quest [kŏng′kwest′] *s.* conquista
con•science [kŏn′shəns] *s.* conciencia ▪ **in all ~** en conciencia; **to have something on one's ~** tener un cargo de conciencia

con•science-strick•en [:strĭk'ən] *adj.* arrepentido, con remordimientos de conciencia

con•sci•en•tious [kŏn'shē-en'shəs] *adj.* concienzudo ■ ~ **objector** objetor de conciencia

con•scious [kŏn'shəs] *adj.* consciente; [intentional] deliberado ■ **to become** ~ volver en sí; **to become** ~ **of** darse cuenta de

con•scious•ness [:nĭs] *s.* [awareness] conciencia; FISIOL conocimiento

con•script MIL ◇ *tr.* [kən-skrĭpt'] reclutar, alistar ◇ *s.* [kŏn'skrĭpt'] recluta *m*, conscripto

con•scrip•tion [kən-skrĭp'shən] *s.* conscripción *f*, reclutamiento

con•se•crate [kŏn'sĭ-krāt'] *tr.* consagrar

con•sec•u•tive [kən-sek'yə-tĭv] *adj.* consecutivo

con•sen•sus [kən-sen'səs] *s.* consenso ■ ~ **of opinion** opinión OR consenso general

con•sent [kən-sent'] ◇ *intr.* consentir ◇ *s.* consentimiento

con•se•quence [kŏn'sĭ-kwens'] *s.* consecuencia; [importance] importancia ■ **in** ~ por consiguiente

con•se•quent [:kwent'] *adj.* consiguiente

con•se•quen•tial ['-kwen'shəl] *adj.* consiguiente; [significant] de consecuencia

con•se•quent•ly ['-kwent'lē] *adv.* por consiguiente

con•ser•va•tion [kŏn'sər-vā'shən] *s.* conservación *f*

con•ser•va•tism [kən-sûr'və-tĭz'əm] *s.* conservadurismo

con•ser•va•tive [:tĭv] ◇ *adj.* [traditional] conservador; [moderate] moderado; [cautious] prudente ◇ *s.* conservador *m*

con•ser•va•to•ry [:tôr'ē] *s.* [for plants] invernadero; [school] conservatorio

con•serve [kən-sûrv'] *tr.* conservar

con•sid•er [kən-sĭd'ər] *tr.* & *intr.* considerar ■ **all things considered** considerando todos los puntos; **to** ~ **oneself** considerarse

con•sid•er•a•ble [:ə-bəl] *adj.* considerable

con•sid•er•ate [:ĭt] *adj.* considerado, atento

con•sid•er•a•tion [kən-sĭd'ə-rā'shən] *s.* consideración *f*; [payment] retribución *f* ■ **after due** ~ después de un detenido examen; **in** ~ **of** en reconocimiento de; **out of** ~ **for** por respeto a; **under** ~ en consideración

con•sid•er•ing [-'ər-ĭng] ◇ *prep.* considerando ◇ *adv. fam* después de todo

con•sign [kən-sīn'] *tr.* consignar

con•sign•ee [:sī'nē'] *s.* consignatario

con•sign•ment [:sīn'mənt] *s.* consignación *f*

con•sign•or [:sī'nôr'] *s.* consignador *m*

con•sist [kən-sĭst'] *intr.* consistir (**of, in** en)

con•sis•ten•cy [:sĭs'tən-sē] *s.* [agreement] coherencia, acuerdo; [texture] consistencia

con•sis•tent [:tənt] *adj.* [in agreement] coherente, de acuerdo; [uniform] consistente

con•so•la•tion [kŏn'sə-lā'shən] *s.* consolación *f*, consuelo

con•sole[1] [kən-sōl'] *tr.* consolar

con•sole[2] [kŏn'sōl'] *s.* [cabinet] gabinete *m* (de radio o televisor); TEC tablero de mando; COMPUT consola

con•sol•i•date [kən-sŏl'ĭ-dāt'] *tr.* & *intr.* consolidar(se); [to merge] fusionar(se)

con•so•nant [kŏn'sə-nənt] *adj.* & *s.* consonante *f*

con•sort ◇ *s.* [kŏn'sôrt'] consorte *mf* ◇ *tr.* & *intr.* [kən-sôrt'] asociar(se), juntar(se)

con•sor•ti•um [kən-sôr'shē-əm] *s.* (*pl* **-ia**) consorcio

con•spic•u•ous [kən-spĭk'yo͞o-əs] *adj.* [noticeable] destacado, evidente; [remarkable] conspicuo ■ **to be** ~ destacar(se); **to be** ~ **by one's absence** brillar uno por su ausencia

con•spir•a•cy [kən-spîr'ə-sē] *s.* conspiración *f*

con•spir•a•tor [:tər] *s.* conspirador *m*

con•spire [kən-spīr'] *intr.* conspirar

con•sta•ble [kŏn'stə-bəl] *s.* [peace officer] alguacil *m*; GB policía *m*

con•stab•u•lar•y [kən-stăb'yə-ler'ē] *s.* policía *f*

con•stan•cy [kŏn'stən-sē] *s.* constancia; [faithfulness] lealtad *f*

con•stant [kŏn'stənt] ◇ *adj.* constante; [faithful] leal; [changeless] invariable ◇ *s.* constante *f*

con•stel•la•tion [kŏn'stə-lā'shən] *s.* constelación *f*

con•ster•na•tion [kŏn'stər-nā'shən] *s.* consternación *f*

con•sti•pa•tion ['-pā'shən] *s.* estreñimiento

con•stit•u•en•cy [kən-stĭch'o͞o-ən-sē] *s.* [voters] electorado; [district] distrito electoral

con•stit•u•ent [:ənt] ◇ *adj.* constituyente; [electoral] electoral ◇ *s.* componente *m*; [voter] elector *m*

con•sti•tute [kŏn'stĭ-to͞ot'] *tr.* constituir

con•sti•tu•tion ['-to͞o'shən] *s.* constitución *f*

con•sti•tu•tion•al [:shə-nəl] *adj.* constitucional

con•strain [kən-strān'] *tr.* [to oblige] constreñir, compeler; [to restrict] restringir

con•straint [:strānt'] *s.* [coercion] constreñimiento; [restriction] limitación *f*; [embarrassment] molestia

con•strict [kən-strĭkt'] *tr.* & *intr.* estrechar(se), encoger(se); [to compress] comprimir(se)

con•struct [kən-strŭkt'] *tr.* construir

con•struc•tion [:strŭk'shən] *s.* construcción *f*; [structure] estructura; [interpretation] interpretación *f* ■ **under** ~ en construcción

con•struc•tive [:tĭv] *adj.* constructivo

con•strue [kən-stro͞o'] *tr.* interpretar

con•sul [kŏn'səl] *s.* cónsul *m*

con•su•late [:sə-lĭt] *s.* consulado

con•sult [kən-sŭlt'] *tr.* & *intr.* consultar

con•sul•tan•cy [kən-sŭl'tən-sē] *s.* consultoría

con•sult•ant [:sŭl'tənt] *s.* consultor *m*

con•sum•a•ble [kən-so͞o'mə-bəl] ◇ *adj.* consumible ■ ~ **resources** recursos de consumo ◇ *s.* bien *m* consumible

con•sume [kən-so͞om'] *tr.* consumir; [food] tragar; [time, effort] tomar ■ **to be consumed with** consumirse de

con•sum•er [:so͞o'mər] *s.* consumidor *m* ■ ~ **goods** bienes de consumo; ~ **price index** índice de precios al consumo

con•sum•er•ism [:mə-rĭz'əm] *s.* [consumer protection] movimiento de protección al consumidor; [consumption] consumismo

con•sum•mate ◇ *tr.* [kŏn'sə-māt'] consumar ◇ *adj.* [:mət, kən-sŭm'ĭt] consumado

con•sum•ma•tion [kŏn'sə-mā'shən] *s.* consumación *f*; [of a goal] culminación *f*

con•sump•tion [kən-sŭmp'shən] *s.* consumo; MED consunción *f*

con•sump•tive [:tĭv] ◇ *adj.* consuntivo; MED tísico ◇ *s.* tísico

con•tact [kŏn'tăkt'] ◇ *s.* contacto; [connection] relación *f* ■ ~ **lens** lente de contacto; **to come/get in** ~

with entrar/ponerse en contacto con ◇ *tr.* ponerse en contacto con ◇ *adj.* de contacto

con•ta•gious [:jəs] *adj.* contagioso

con•tain [kən-tān′] *tr.* contener ▪ **to ~ oneself** contenerse

con•tain•er [:tā′nər] *s.* recipiente *m*, envase *m*; COM contenedor *m* ▪ **~ ship** buque de transporte (de contenedores)

con•tain•er•ize [:nə-rīz′] *tr.* embalar en contenedor(es)

con•tain•ment [kən-tān′mənt] *s.* contención *f*

con•tam•i•nant [kən-tăm′ə-nənt] *s.* contaminador *m*, contaminante *m*

con•tam•i•nate [:nāt′] *tr.* contaminar

con•tem•plate [kŏn′təm-plāt′] *tr.* contemplar; [to intend] considerar, proyectar

con•tem•pla•tion [′-plā′shən] *s.* contemplación *f*; [intention] intención *f*

con•tem•po•ra•ne•ous [kən-tem′pə-rā′nē-əs] *adj.* contemporáneo

con•tem•po•rar•y [-′-rer′ē] *adj.* & *s.* contemporáneo, coetáneo

con•tempt [kən-tempt′] *s.* desprecio, desdén *m*; DER desacato ▪ **beneath ~** despreciable; **to hold in ~** despreciar

con•tempt•i•ble [:temp′tə-bəl] *adj.* despreciable

con•temp•tu•ous [:cho͞o-əs] *adj.* despreciativo

con•tend [kən-tend′] *intr.* contender; (*tr.*) mantener, sostener

con•tend•er [:ten′dər] *s.* contendiente *mf*, aspirante *mf*

con•tent[1] [kŏn′tent′] ◇ *s.* contenido; [meaning] significado ◇ *pl.* contenido, materia

con•tent[2] [kən-tent′] ◇ *adj.* contento, satisfecho ▪ **to be ~ with** conformarse con ◇ *tr.* contentar, satisfacer ◇ *s.* satisfacción *f*

con•tent•ed [:ten′tĭd] *adj.* contento, satisfecho

con•ten•tion [kən-ten′shən] *s.* [conflict] disputa; [rivalry] competencia; [assertion] argumento

con•tent•ment [kən-tent′mənt] *s.* satisfacción *f*

con•test ◇ *s.* [kŏn′test′] [struggle] contienda; [competition] competencia, concurso ◇ *tr.* [kəntest′] cuestionar, impugnar; (*intr.*) contender

con•tes•tant [kən-tes′tənt] *s.* [rival] contendiente *mf*; [participant] concursante *mf*

con•text [kŏn′tekst′] *s.* contexto

con•text-sen•si•tive [kŏn′tekst′sen′sĭ-tĭv] *adj.* contextual ▪ **~ help** COMPUT ayuda contextual

con•ti•nent [:nənt] *adj.* & *s.* continente *m*

con•ti•nen•tal [kŏn′tə-nen′tl] *adj.* continental ▪ **Continental** europeo; **~ breakfast** desayuno completo

con•tin•gen•cy [kən-tĭn′jən-sē] *s.* contingencia

con•tin•gent [:jənt] ◇ *adj.* contingente, eventual ▪ **to be ~ on** depender de ◇ *s.* contingente *m*

con•tin•u•al [kən-tĭn′yo͞o-əl] *adj.* continuo

con•tin•u•a•tion [-′-ā′shən] *s.* continuación *f*

con•tin•ue [kən-tĭn′yo͞o] *intr.* continuar, seguir; [to last] prolongarse, durar ▪ **to be continued** continuará; (*tr.*) continuar; [to prolong] prolongar; DER [to postpone] aplazar

con•ti•nu•i•ty [kŏn′tə-no͞o′ĭ-tē] *s.* continuidad *f*

con•tin•u•ous [kən-tĭn′yo͞o-əs] *adj.* continuo

con•tin•u•um [:əm] *s.* (*pl* **s** OR **-ua**) continuo

con•tort [kən-tôrt′] *tr.* torcer, retorcer; (*intr.*) desfigurarse (el rostro)

con•tor•tion [:tôr′shən] *s.* contorsión *f*

con•tour [kŏn′to͝or′] *s.* contorno; TOP curva de nivel

con•tra•band [kŏn′trə-bănd′] *adj.* & *s.* (de) contrabando

con•tra•bass [:bās′] *s.* contrabajo

con•tra•cep•tion [′-sep′shən] *s.* contracepción *f*

con•tra•cep•tive [:tĭv] *adj.* & *s.* anticonceptivo ▪ **~ pill** píldora anticonceptiva

con•tract ◇ *s.* [kŏn′trăkt′] contrato ◇ *tr.* [kəntrăkt′] [to employ] contratar; [to acquire] contraer; [to shrink] contraer, encoger; (*intr.*) contraerse, encogerse

con•trac•tion [kən-trăk′shən] *s.* contracción *f*

con•trac•tor [kŏn′trăk′tər] *s.* contratista *mf*

con•tra•dict [kŏn′trə-dĭkt′] *tr.* contradecir ▪ **to ~ oneself** contradecirse

con•tra•dic•tion [:dĭk′shən] *s.* contradicción *f*

con•trap•tion [kən-trăp′shən] *s.* artefacto

con•trar•y [kŏn′trer′ē] ◇ *adj.* contrario; [uncooperative] terco, caprichoso ◇ *s.* lo contrario, lo opuesto ▪ **on** OR **to the ~** al OR por el contrario; **quite the ~!** ¡todo lo contrario! ◇ *adv.* ▪ **~ to** en contra de

con•trast ◇ *tr.* & *intr.* [kən-trăst′] (hacer) contrastar ◇ *s.* [kŏn′trăst′] contraste *m* ▪ **in ~** por contraste; **in ~ to** a diferencia de

con•tra•vene [kŏn′trə-vēn′] *tr.* contravenir

con•trib•ute [kən-trĭb′yo͞ot] *tr.* contribuir; [an article] escribir (**to** para); [information] aportar; (*intr.*) contribuir; PERIOD colaborar

con•tri•bu•tion [kŏn′trĭ-byo͞o′shən] *s.* contribución *f*

con•trib•u•tor [kən-trĭb′yə-tər] *s.* contribuidor *m*, colaborador *m*

con•trite [kən-trīt′, kŏn′trīt′] *adj.* arrepentido, contrito

con•tri•tion [kən-trĭsh′ən] *s.* arrepentimiento, contrición *f*

con•tri•vance [kən-trī′vəns] *s.* invento

con•trive [kən-trīv′] *tr.* inventar, idear ▪ **to ~ to do something** conseguir hacer algo

con•trived [:trīvd′] *adj.* artificial

con•trol [kən-trōl′] ◇ *tr.* (**-ll-**) controlar, dirigir; [to regulate] regular; [passions] dominar ▪ **to ~ oneself** dominarse ◇ *s.* control *m*; [restraint] dominio ▪ **~ panel** COMPUT panel de control; **out of** OR **beyond ~** fuera de control; **to be in ~** tener el mando; **to get out of ~** desmandarse ◇ *pl.* mandos, controles

con•trol•la•ble [:trō′lə-bəl] *adj.* controlable

con•trol•ler [:lər] *s.* MEC regulador *m*, control *m*; AVIA controlador *m*; POL interventor *m*

con•trol•ling [:lĭng] *adj.* predominante, determinante ▪ **~ interest** mayoría de acciones

con•tro•ver•sial [kŏn′trə-vûr′shəl] *adj.* polémico

con•tro•ver•sy [′-′sē] *s.* controversia, polémica

con•tu•sion [kən-to͞o′zhən] *s.* contusión *f*

co•nun•drum [kə-nŭn′drəm] *s.* enigma *m*

con•va•lesce [kŏn′və-les′] *intr.* convalecer

con•va•les•cence [:əns] *s.* convalecencia

con•vec•tion [kən-vek′shən] *s.* convección *f*

con•vene [kən-vēn′] *intr.* reunirse; (*tr.*) convocar

con•ven•ience [kən-vēn′yəns] *s.* [suitability] conveniencia; [comfort, device] comodidad *f*; GB [toilet] baño ▪ **at your ~** cuando guste; **at your earliest ~** tan pronto como le sea posible

con•ven•ient [:yənt] *adj.* [suitable] conveniente; [handy] útil; [comfortable] cómodo

con•vent [kŏn′vənt] *s.* convento

C

con•ven•tion [kən-ven′shən] *s.* convención *f;* [custom] costumbre *f,* regla convencional

con•ven•tion•al [:shə-nəl] *adj.* convencional; [accepted] corriente

con•verge [kən-vûrj′] *intr.* converger

con•ver•sant [kən-vûr′sənt] *adj.* ■ ~ **with** versado en

con•ver•sa•tion [kŏn′vər-sā′shən] *s.* conversación *f* ■ **to make** ~ dar conversación, platicar

con•ver•sa•tion•al [:shə-nəl] *adj.* [tone] familiar; [method] de conversación

con•verse[1] [kən-vûrs′] *intr.* conversar

con•verse[2] [kŏn′vûrs′] *adj.* & *s.* (lo) opuesto, (lo) contrario

con•verse•ly [kən-vûrs′lē] *adv.* a la inversa

con•ver•sion [kən-vûr′zhən] *s.* conversión *f*

con•vert ◇ *tr.* & *intr.* [kən-vûrt′] convertir(se) ◇ *s.* [kŏn′vûrt′] converso

con•vert•er/•tor [kən-vûr′tər] *s.* convertidor *m*

con•vert•i•ble [:tə-bəl] ◇ *adj.* convertible ◇ *s.* AUTO descapotable *m*

con•vex [kŏn′veks′, kən-veks′] *adj.* convexo

con•vey [kən-vā′] *tr.* [to carry] transportar, llevar; [to transmit] transmitir; [a meaning] comunicar, dar a entender

con•vey•ance [:əns] *s.* transporte *m;* [vehicle] vehículo; DER [transfer] cesión *f,* traspaso

con•vey•er/or [:ər] *s.* transportador *m;* [belt] cinta transportadora

con•vict ◇ *tr.* [kən-vĭkt′] declarar culpable, condenar ◇ *s.* [kŏn′vĭkt′] convicto, recluso

con•vic•tion [kən-vĭk′shən] *s.* convicción *f;* DER condena ■ **to carry** ~ ser convincente

con•vince [kən-vĭns′] *tr.* convencer

con•viv•i•al [kən-vĭv′ē-əl] *adj.* [sociable] sociable; [festive] jovial, festivo

con•voke [kən-vōk′] *tr.* convocar

con•vo•lut•ed [kŏn′və-lo͞o′tĭd] *adj.* [coiled] enrollado; [intricate] intrincado, complicado

con•vo•lu•tion [:shən] *s.* enrollamiento

con•voy [kŏn′voi′] ◇ *tr.* convoyar ◇ *s.* convoy *m*

con•vulse [kən-vŭls′] *tr.* convulsionar ■ **to be convulsed with laughter** estar muerto de risa; (*intr.*) padecer convulsiones

con•vul•sion [:vŭl′shən] *s.* convulsión *f;* [laughter] ataque *m* de risa

coo [ko͞o] ◇ *s.* arrullo ◇ *intr.* arrullar

cook [ko͝ok] ◇ *tr.* cocinar, guisar; TEC cocer ■ **to** ~ **up** *fam* inventar; (*intr.*) [food] cocinarse; [chef] cocinar ■ **what's cooking?** *fam* ¿qué pasa? ◇ *s.* cocinero

cook•book [′bo͝ok′] *s.* libro de cocina

cook•ie [:ē] *s.* [biscuit] galletita, bizcochito; COMPUT cookie *m*

cook•ing [:ĭng] *adj.* & *s.* (de) cocina

cook•out [:out′] *s.* comida cocinada al aire libre

cook•y [:ē] *s.* galletita, bizcochito

cool [ko͞ol] ◇ *adj.* fresco; tibio; [calm] tranquilo; [unenthusiastic] frío; *jer* [excellent] fenomenal ■ **a** ~ **(million dollars)** la friolera de (un millón de dólares); **as** ~ **as a cucumber** más fresco que una lechuga; **to keep** ~ no perder la calma; **to play it** ~ tomarlo con calma ◇ *tr.* & *intr.* refrescar(se), enfriar(se); [passions] entibiar(se) ■ ~ **it!** *jer* ¡cálmate!; **to** ~ **off** OR **down** [to get colder] refrescarse; [to calm down] calmarse ◇ *s.* fresco, frescor *m* ■ **to keep/lose one's** ~ conservar/perder la serenidad

cool•ant [ko͞o′lənt] *s.* (líquido) refrigerante

cool•er [:lər] *s.* enfriador *m*

cool•ing [ko͞o′lĭng] *adj.* refrescante

cool•ly [ko͞ol′lē] *adv.* [coldly] fríamente, con frialdad; [calmly] tranquilamente

cool•ness [:nĭs] *s.* frescor *m,* fresco; [calmness] calma; [lack of enthusiasm] frialdad *f*

coon [ko͞on] *s. fam* mapache *m*

coop [ko͞op] ◇ *s.* gallinero ■ **to fly the** ~ fugarse, escaparse ◇ *tr.* ■ **to** ~ **up** enjaular

co-op [kō′ŏp′] *s. fam* cooperativa

coo•per [ko͞o′pər] *s.* barrilero, cubero

co•op•er•ate [kō-ŏp′ə-rāt′] *intr.* cooperar

co•op•er•a•tive [:ər-ə-tĭv] ◇ *adj.* [joint] cooperativo; [helpful] servicial ◇ *s.* cooperativa

co•or•di•nate [kō-ôr′dn-ĭt] ◇ *s.* coordenada ◇ *adj.* coordinado; [equal] igual, semejante ◇ *tr.* & *intr.* [:āt′] coordinar(se)

co•or•di•na•tor [:ā′tər] *s.* coordinador *m*

cop [kŏp] ◇ *s. fam* policía *m* ◇ *tr.* (**-pp-**) *jer* robar ■ **to** ~ **out** echarse atrás

cope [kōp] *intr.* [to manage] arreglárselas; [to face up] hacer frente (**with** a), poder (**with** con)

cop•i•er [kŏp′ē-ər] *s.* copiadora

co•pi•lot [kō′pī′lət] *s.* copiloto

co•pi•ous [kō′pē-əs] *adj.* copioso, abundante

co-plain•tiff [kō-plān′tĭf] *s.* codemandante *mf*

cop-out [kŏp′out′] *s. jer* rendición *f,* resignación *f*

cop•per[1] [kŏp′ər] ◇ *s.* cobre *m* ◇ *adj.* (de) cobre; [color] cobrizo

cop•per[2] *s. jer* policía *m*

cop•per•y [:ē] *adj.* cobrizo

co•pro•ces•sor [kō-prŏ′se-sər] *s.* COMPUT coprocesador *m*

copse [kŏps] *s.* bosquecillo, soto

cop•ter [kŏp′tər] *s. fam* helicóptero

cop•u•late [kŏp′yə-lāt′] *intr.* copularse

cop•u•la•tion [:lā′shən] *s.* cópula

cop•y [kŏp′ē] ◇ *s.* copia; [of book, magazine] ejemplar *m;* IMPR texto, artículo ■ ~ **editor** redactor; **to make a** ~ **of** copiar, sacar una copia de ◇ *tr.* copiar; (*intr.*) hacer una copia; [to cheat] copiar (en un examen)

cop•y•cat [:kăt′] *s. fam* imitador *m*

cop•y-ed•it [:ed′ĭt] *tr.* corregir (manuscrito)

cop•y•right [:rīt′] ◇ *s.* propiedad literaria ◇ *tr.* registrar como propiedad literaria

cop•y•writ•er [:rī′tər] *s.* redactor *m* de textos publicitarios

co•quette [kō-ket′] *s.* coqueta

cor•al [kôr′əl] *adj.* & *s.* (de) coral *m*

cord [kôrd] ◇ *s.* cuerda; ELEC cordón *m;* TEJ pana ◇ *pl. fam* pantalones de pana

cor•dial [kôr′jəl] ◇ *adj.* amable ◇ *s.* cordial *m*

cor•dial•i•ty [kôr-jăl′ĭ-tē] *s.* amabilidad *f*

cord•less [kôrd′lĭs] *adj.* inalámbrico ■ ~ **microphone** micrófono inalámbrico; ~ **phone** teléfono inalámbrico

cor•don [kôr′dn] ◇ *s.* cordón *m* ◇ *tr.* ■ **to** ~ **off** acordonar

cor•du•roy [kôr′də-roi′] ◇ *s.* pana ◇ *pl.* pantalones de pana

core [kôr] ◇ *s.* [essence] corazón *m,* médula; [center] núcleo, foco; [of fruit] corazón; [of reactor] núcleo;

COMPUT nucleo magnético ■ **to the ~** hasta la médula ◇ *tr.* quitar el corazón de

co•re•spon•dent [kō'rĭ-spŏn'dənt] *s.* cómplice *m* del demandado en un divorcio

co•ri•an•der [kôr'ē-ăn'dər] *s.* cilantro

cork [kôrk] ◇ *s.* corcho ■ **to blow one's ~** *fam* explotar, enojarse ◇ *tr.* encorchar

cork•er [kôr'kər] *s. fam* mentira grande

cork•screw [kôrk'skrōō'] *s.* tirabuzón *m*, sacacorchos *m*

cor•mo•rant [kôr'mər-ənt] *s.* cuervo marino

corn[1] [kôrn] *s.* maíz *m*; *jer* [sentimentality] sensiblería; GB [wheat] trigo ■ **~ flakes** copos de maíz; **~ on the cob** maíz en la mazorca

corn[2] *s.* MED callo, callosidad *f*

corn•cob [:kŏb'] *s.* mazorca

corn•crib [:krĭb'] *s.* granero

cor•ne•a [kôr'nē-ə] *s.* córnea

corned beef [kôrnd] *s.* carne *f* en conserva

cor•ner [kôr'nər] ◇ *s.* esquina; [inside] rincón *m*; [of eye] rabillo; [of mouth] comisura; [predicament] aprieto, apuro; [spot, region] rincón; COM monopolio ■ **out of the ~ of one's eye** con el rabillo del ojo; **the four corners of the earth** las cinco partes del mundo; **to cut corners** hacer economías; **to drive someone into a ~** acorralar a alguien; **to turn the ~** doblar la esquina; [to improve] pasar el punto crítico ◇ *tr.* [to trap] arrinconar, acorralar; COM monopolizar, acaparar

cor•nered [:nərd] *adj.* arrinconado

cor•ner•stone [:nər-stōn'] *s.* piedra angular

cor•net *s.* [kôr-net'] cornetín *m*

cor•nice [kôr'nĭs] *s.* cornisa

corn•meal [kôrn'mēl'] *s.* harina de maíz

corn•stalk [:stôk'] *s.* tallo del maíz

corn•starch [:stärch'] *s.* maicena

corn•y [kôr'nē] *adj.* (-i-) [mawkish] sensiblero; [joke] demasiado obvio

cor•ol•lar•y [kôr'ə-ler'ē] ◇ *s.* corolario ◇ *adj.* consecuente

cor•o•nar•y [kôr'ə-ner'ē] *adj.* & *s.* coronario

cor•o•na•tion [kôr'ə-nā'shən] *s.* coronación *f*

cor•o•ner [kôr'ə-nər] *s.* pesquisidor *m* (que investiga la causa de un fallecimiento)

cor•o•net [kôr'ə-net'] *s.* corona, diadema

cor•po•ral[1] [kôr'pər-əl] *adj.* corporal ■ **~ punishment** castigo corporal

cor•po•ral[2] *s.* MIL cabo

cor•po•rate [kôr'pər-ĭt] *adj.* corporativo; [joint] colectivo

cor•po•ra•tion ['pə-rā'shən] *s.* corporación *f*, sociedad anónima

cor•po•re•al [kôr-pôr'ē-əl] *adj.* corpóreo

corps [kôr] *s. inv.* cuerpo

corpse [kôrps] *s.* cadáver *m*

cor•pu•lence [kôr'pyə-ləns] *s.* corpulencia

cor•pu•lent [:lənt] *adj.* corpulento

cor•pus [kôr'pəs] *s.* (*pl* **-pora**) cuerpo

cor•pus•cle [kôr'pə-səl] *s.* corpúsculo

cor•ral [kə-răl'] ◇ *s.* corral *m* ◇ *tr.* (-ll-) acorralar; *fam* [to seize] capturar

cor•rect [kə-rekt'] ◇ *tr.* corregir; [to remedy] remediar; [to adjust] ajustar; (*intr.*) hacer correcciones OR ajustes ■ **to stand corrected** confesar que uno se equivocó ◇ *adj.* correcto ■ **to be ~** tener razón

cor•rec•tion [kə-rek'shən] *s.* corrección *f*; [punishment] castigo; [adjustment] ajuste *m*

cor•rec•tive [:tĭv] *adj.* correctivo

cor•rect•ness [kə-rekt'nĭs] *s.* [propriety] corrección *f*; [accuracy] exactitud *f*

cor•re•late [kôr'ə-lāt'] ◇ *tr.* correlacionar; (*intr.*) estar en correlación ◇ *adj.* & *s.* correlativo

cor•re•spond [kôr'ĭ-spŏnd'] *intr.* corresponder; [to write] escribirse

cor•re•spon•dence [:spŏn'dəns] *s.* correspondencia ■ **~ course** curso por correspondencia

cor•re•spon•dent [:dənt] ◇ *s.* correspondiente *mf*; PERIOD corresponsal *mf* ◇ *adj.* correspondiente

cor•re•spond•ing [:dĭng] *adj.* correspondiente

cor•ri•dor [kôr'ĭ-dər] *s.* pasillo, corredor *m*

cor•rob•o•rate [kə-rŏb'ə-rāt'] *tr.* corroborar

cor•rode [kə-rōd'] *tr.* & *intr.* corroer(se)

cor•ro•sion [kə-rō'zhən] *s.* corrosión *f*

cor•ro•sive [:sĭv] ◇ *adj.* corrosivo ◇ *s.* sustancia corrosiva

cor•ru•gate [kôr'ə-gāt'] *tr.* & *intr.* estriar(se)

cor•ru•gat•ed [:gā'tĭd] *adj.* [cardboard] estriado; [metal] acanalado

cor•rupt [kə-rŭpt'] ◇ *adj.* corrompido; [dishonest] corrupto ◇ *tr.* & *intr.* corromper(se)

cor•rupt•ing [kə-rŭp'tĭng] *adj.* corruptor

cor•rup•tion [:shən] *s.* corrupción *f*

cor•sair [kôr'sâr'] *s.* corsario

cor•set [kôr'sĭt] *s.* corsé *m*

cor•tege [kôr-tezh'] *s.* cortejo, séquito

cor•tex [kôr'teks'] *s.* (*pl* **es** OR **-ices**) corteza

cor•ti•sone [kôr'tĭ-sōn'] *s.* cortisona

co•sign [kō'sīn'] *tr.* firmar junto con otro; FIN [to endorse] avalar

co•sig•na•to•ry [kō-sĭg'nə-tôr'ē] *s.* cosignatario

cos•met•ic [kŏz-met'ĭk] *s.* & *adj.* cosmético

cos•mic [kŏz'mĭk] *adj.* cósmico

cos•mol•o•gy [kŏz-mŏl'ə-jē] *s.* cosmología

cos•mo•naut [kŏz'mə-nôt'] *s.* cosmonauta *mf*

cos•mo•pol•i•tan [kŏz'mə-pŏl'ĭ-tn] *adj.* & *s.* cosmopolita *mf*

cos•mos [kŏz'məs] *s.* cosmos *m*

cost [kôst] ◇ *s.* costo, coste *m*; [in time, effort] costa ■ **at all costs** OR **at any ~** cueste lo que cueste; **at ~** a precio de costo; **at the ~ of** a costa de ◇ *pl.* gastos; [risks] riesgos ◇ *intr.* costar

co•star, co-star [kō'stär'] ◇ *s.* actor *m* de uno de los papeles estelares ◇ *intr.* (-rr-) ■ **costarring** con

cost•ly [kôst'lē] *adj.* (-i-) caro; [entailing loss] costoso

cost-plus [:plŭs'] *s.* costo de producción más una utilidad fija

cos•tume [kŏs'tōōm'] ◇ *s.* [dress] traje *m*; [disguise] máscara, disfraz *m* ■ **~ ball** baile de disfraces ◇ *pl.* TEAT vestuario ◇ *tr.* vestir, disfrazar

cos•tum•er [:tōō'mər] *s.* sastre *m* de teatro

co•sy [kō'zē] = **cozy**

cot [kŏt] *s.* catre *m*

co•ten•ant [kō-ten'ənt] *s.* coinquilino

co•ter•ie [kō'tə-rē] *s.* tertulia, camarilla

cot•tage [kŏt'ĭj] *s.* casa de campo, chalet *m* ■ **~ cheese** requesón, cuajada

cot•ter pin [kŏt'ər] *s.* pasador *m* de chaveta

cot•ton [kŏt'n] ◇ *s.* algodón *m* ■ **~ gin** desmotadora; **~ wool** GB algodón absorbente ◇ *intr.* ■ **to ~ to** *fam* sentirse atraído por

cot•ton•seed [:sēd'] *s.* (*pl* **inv.** OR **s**) semilla de algodón

C

cot•ton•tail [:tāl′] *s.* liebre *f* de cola blanca
cot•ton•wood [:wo͝od′] *s.* álamo de Virginia
couch [kouch] ◇ *s.* sofá *m* ◇ *tr.* expresar, formular
cou•gar [ko͞o′gər] *s.* puma *m*
cough [kôf] ◇ *intr.* toser; (*tr.*) ■ **to ~ up** escupir; *jer* [money] soltar ◇ *s.* tos *f* ■ **~ drop** pastilla para la tos
could [ko͝od] ▻ **can¹**
coun•cil [koun′səl] *s.* consejo, junta; RELIG concilio ■ **city ~** concejo municipal
coun•cil•(l)or [koun′sə-lər] *s.* consejero
coun•cil•man [:mən] *s.* (*pl* **-men**) concejal *m*
coun•sel [koun′səl] ◇ *s.* [advice] consejo; [consultation] consulta; [attorney] abogado ■ **~ for the defense** abogado defensor; **to keep one's own ~** guardar secreto; **to take ~** consultar ◇ *tr.* aconsejar; (*intr.*) consultar
coun•sel•(l)or [:sə-lər] *s.* [adviser] consejero; [lawyer] abogado
count¹ [kount] ◇ *tr.* contar; [to deem] considerar ■ **to ~ against** pesar contra; **to ~ for** valer por; **to ~ in** incluir; **to ~ on** contar con; **to ~ out** excluir; **to ~ up** contar; (*intr.*) contar; [to matter] tener importancia, valer ■ **to ~ down** contar hacia atrás ◇ *s.* [act] cuenta; [number] cómputo, cálculo ■ **to keep/lose ~ of** llevar/perder la cuenta de
count² *s.* [nobleman] conde *m*
count•down [′doun′] *s.* cuenta atrás
coun•te•nance [koun′tə-nəns] ◇ *s.* semblante *m*, cara ■ **to be out of ~** estar desconcertado; **to give ~ to** sancionar ◇ *tr.* sancionar, aprobar
coun•ter¹ [koun′tər] ◇ *adj.* & *s.* (lo) contrario, (lo) opuesto ◇ *tr.* [a blow] contrarrestar; [to oppose] oponerse a; [to respond] contestar ◇ *adv.* de modo contrario ■ **to go** OR **run ~ to** ir en contra de
coun•ter² *s.* mostrador *m*; [of a kitchen] tablero; [chip, token] ficha ■ **over the ~** FIN mediante un corredor de bolsa; [drugs] sin receta; **under the ~** bajo cuerda
coun•ter•act [′-ăkt′] *tr.* contrarrestar
coun•ter•at•tack ◇ *s.* contraataque *m* ◇ *tr.* & *intr.* [′-ə-tăk′] contraatacar
coun•ter•bal•ance ◇ *s.* contrapeso ◇ *tr.* [′-băl′əns] contrapesar
coun•ter•claim [′-klām′] *s.* contrademanda
coun•ter•clock•wise [′-klŏk′wīz′] *adv.* & *adj.* en sentido contrario de las agujas del reloj
coun•ter•cul•ture [′-kŭl′chər] *s.* contracultura
coun•ter•es•pi•o•nage [′-es′pē-ə-näzh′] *s.* contraespionaje *m*
coun•ter•feit [koun′tər-fĭt′] ◇ *tr.* falsificar, contrahacer; [to feign] fingir ◇ *adj.* falso; [feigned] fingido ◇ *s.* falsificación *f*; [money] moneda falsa
coun•ter•feit•er [:ər] *s.* falsificador *m*
coun•ter•in•tel•li•gence [koun′tər-ĭn-tel′əjəns] *s.* contraespionaje *m*
coun•ter•mand [:mănd′] *tr.* contramandar
coun•ter•mea•sure [′-mezh′ər] *s.* contramedida
coun•ter•of•fen•sive [:ə-fen′sĭv] *s.* contraofensiva
coun•ter•pane [:pān′] *s.* colcha
coun•ter•part [:pärt′] *s.* homólogo
coun•ter•plot [:plŏt′] *s.* contracomplot *m*
coun•ter•point [:point′] *s.* contrapunto
coun•ter•poise [:poiz′] ◇ *s.* contrapeso; [equilibrium] equilibrio ◇ *tr.* contrapesar
coun•ter•pro•duc•tive [′-prə-dŭk′tĭv] *adj.* contraproducente
coun•ter•rev•o•lu•tion [:rev′ə-lo͞o′shən] *s.* contrarrevolución *f*
coun•ter•sign [:sīn′] ◇ *tr.* refrendar ◇ *s.* refrendata; [password] contraseña
coun•ter•sig•na•ture [′-sĭg′nə-chər] *s.* refrendata, aval *m*
coun•ter•spy [′-spī′] *s.* contraespía *mf*
coun•ter•weight [:wāt′] *s.* contrapeso
count•ess [koun′tĭs] *s.* condesa
count•ing [koun′tĭng] *s.* cuenta, contaje *m*
count•less [kount′lĭs] *adj.* incontable
coun•try [kŭn′trē] *s.* país *m*; [rural area] campo; [homeland] patria ■ **~ house** casa de campo, quinta; **~ risk** FIN riesgo país
coun•try•man [:mən] *s.* (*pl* **-men**) compatriota *mf*
coun•try•side [:sīd′] *s.* campo, paisaje *m*
coun•try•wom•an [:wo͝om′ən] *s.* (*pl* **-women**) compatriota
coun•ty [koun′tē] *s.* condado, distrito ■ **~ seat** cabeza de distrito
coup [ko͞o] *s.* golpe maestro; [coup d'état] golpe (de estado) ■ **~ de grâce** golpe de gracia
coup d'é•tat [ko͞o′ dā-tä′] *s.* golpe *m* de estado
coupe/•pé [ko͞o-pā′] *s.* cupé *m*
cou•ple [kŭp′əl] ◇ *s.* par *m* ■ **a ~ of** un par de, algunos; [of people] pareja ◇ *tr.* juntar; TEC acoplar; (*intr.*) juntarse; [to mate] acoplarse
cou•pler [:lər] *s.* acoplador *m*; FC empalme *m*
cou•plet [kŭp′lĭt] *s.* pareado
cou•pon [ko͞o′pŏn′] *s.* cupón *m*
cour•age [kûr′ĭj] *s.* coraje *m*, valor *m* ■ **to take ~** animarse
cou•ra•geous [kə-rā′jəs] *adj.* valiente
cou•ri•er [ko͝or′ē-ər] *s.* mensajero, correo
course [kôrs] ◇ *s.* [flow, path] curso; [duration] transcurso; [route] rumbo; [policy] línea (de conducta); [of a meal] plato; [of studies] programa *m*; [subject] curso; [racetrack] pista; [in golf] campo; [of bricks] hilada ■ **~ of action** línea de acción; **in due ~** a su debido tiempo; **of ~** por supuesto, claro; **of ~ not** por supuesto que no, claro que no; **to change ~** cambiar de rumbo; **to take** OR **run its ~** seguir a su curso ◇ *intr.* correr
court [kôrt] ◇ *s.* corte *f*; [tribunal] tribunal *m*; [session] audiencia; DEP cancha ■ **~ jester** bufón de la corte; **~ order** orden judicial; **to pay ~ to** cortejar; **to settle out of ~** llegar a un arreglo extrajudicial; **to take to ~** llevar a los tribunales, demandar ◇ *tr.* [to curry favor] cortejar; [to woo] enamorar; [to seek] buscar; [to invite] ir en busca de; (*intr.*) hacer la corte
cour•te•ous [kûr′tē-əs] *adj.* cortés
cour•te•san [kôr′tĭ-zən] *s.* cortesana
cour•te•sy [kûr′tĭ-sē] *s.* cortesía ■ **~ of** de parte de; **out of ~** por cortesía; **to do someone the ~ of** tener la amabilidad de
court•house [kôrt′hous′] *s.* palacio de justicia
court•i•er [kôr′tē-ər] *s.* cortesano
court•ly [kôrt′lē] *adj.* (**-i-**) cortés
court-mar•tial [:mär′shəl] *s.* (*pl* **courts-**) consejo de guerra
court•room [:ro͞om′] *s.* sala de justicia
court•ship [:shĭp′] *s.* corte *f*; [period] noviazgo
court•yard [:yärd′] *s.* patio
cous•in [kŭz′ĭn] *s.* primo ■ **first/second ~** primo hermano/segundo

cove [kōv] *s.* abra, cala
cov•en [kŭv′ən] *s.* reunión *f* de brujas
cov•e•nant [kŭv′ə-nənt] *s.* convenio, pacto
cov•er [kŭv′ər] ◇ *tr.* cubrir; [to coat] revestir; [with a lid] tapar; [a book, chair] forrar; [a subject] tratar; [to clothe] tapar; [to encompass] abarcar; [to conceal] ocultar; [to insure] asegurar ▪ **covered wagon** carromato; **to ~ over** cubrir por completo; **to ~ up** disimular, encubrir; (*intr.*) cubrir ▪ **to ~ for** [to substitute] cubrir el puesto; [to protect] encubrir; **to ~ up** cubrirse, abrigarse ◇ *s.* cubierta; [lid] tapa; [slipcover, case, jacket] funda, forro; [of a magazine] portada; [bedspread] sobrecama; [pretense] pretexto; [shelter] refugio; [protection] amparo; [hiding place] escondite *m*; [table setting] cubierto ▪ **~ charge** precio del cubierto; **~ girl** modelo fotográfica; **~ letter** carta adjunta OR explicatoria; **to break ~** salir del escondite; **to take ~** refugiarse, ponerse a cubierto; **under ~** clandestinamente; **under separate ~** por separado, aparte ◇ *pl.* ropa de cama
cov•er•age [:ĭj] *s.* [of a topic] tratamiento; [news] reportaje *m*; [insurance] riesgos incluidos, protección *f*
cov•er•alls [ôlz′] *s. pl.* mono
cov•er•ing [:ĭng] cubierta; [wrapping] envoltura; [clothing] ropa; [layer] capa
cov•ert [kŭv′ərt, kō-vûrt′] *adj.* secreto, clandestino
cov•er-up, cov•er•up [kŭv′ər-ŭp′] *s.* encubrimiento
cov•et [kŭv′ĭt] *tr.* codiciar
cov•ey [kŭv′ē] *s.* nidada
cow[1] [kou] *s.* vaca; [whale, elephant] hembra
cow[2] *tr.* intimidar, atemorizar
cow•ard [kou′ərd] *s.* cobarde *mf*
cow•ard•ice [:ər-dĭs] *s.* cobardía
cow•ard•ly [:ərd-lē] ◇ *adj.* cobarde ◇ *adv.* cobardemente
cow•bell [kou′bel′] *s.* cencerro
cow•boy [:boi′] *s.* vaquero
cow•er [kou′ər] *intr.* encogerse de miedo
cow•girl [kou′gûrl′] *s.* vaquera
cow•herd [:hûrd′] *s.* vaquero
cow•hide [:hīd′] *s.* cuero (de vaca)
cowl [koul] *s.* capucha; AVIA capota
cow•lick [kou′lĭk′] *s.* mechón *m* (de pelo)
cow•man [:măn′] *s.* (*pl* **-men**) ganadero
co•work•er [kō′wûr′kər] *s.* compañero de trabajo
cow•poke [kou′pōk′] *s. fam* vaquero
cow•pox [:pŏks′] *s.* VET vacuna
cow•punch•er [:pŭn′chər] *s. fam* vaquero
cow•ry/rie [kou′rē] *s.* cauri *m*
cox•comb [kŏks′kōm′] *s.* petimetre *m*
coy [koi] *adj.* tímido, evasivo
coy•o•te [kī-ō′tē, kī′ōt′] *s.* coyote *m*
co•zi•ness [kō′zē-nĭs] *s.* [comfort] comodidad *f*; [privacy] intimidad *f*
co•zy [kō′zē] ◇ *adj.* (-i-) cómodo, calentito ▪ **to play it ~** *jer* actuar con cautela ◇ *intr.* ▪ **to ~ up to** *fam* arrimarse a
crab[1] [krăb] ◇ *s.* cangrejo; [louse] ladilla ▪ **~ apple** manzana silvestre ◇ *intr.* (**-bb-**) pescar cangrejos; [to move] moverse oblicuamente
crab[2] ◇ *s.* refunfuñón *m*, cascarrabias *mf* ◇ *intr.* (**-bb-**) *fam* refunfuñar
crab•by [:ē] *adj.* (-i-) refunfuñón
crack [krăk] ◇ *intr.* [to break] romperse; [to split] rajarse, agrietarse; [to splinter] astillarse; [whip] restallar; [to snap] chasquear; [bones, knuckles] crujir; [one's voice] quebrarse; *fam* [to give in] ceder, quebrarse; [to go mad] chiflarse ▪ **to ~ down** tomar medidas represivas; **to ~ up** [to be wrecked] estrellarse; [mentally] sufrir una crisis nerviosa; [to laugh] morirse de risa; **to get cracking** *fam* poner manos a la obra; (*tr.*) [to break] romper; [to split] rajar, agrietar; [to splinter] astillar; [to break open] partir; [a safe] forzar; [eggs, nuts] cascar; [a whip] chasquear; [to pop] hacer crujir; [to solve] solucionar; [a code] descifrar; COMPUT desproteger; *fam* [a joke] contar ▪ **to ~ open** abrir un poquito (ventana, puerta); **to ~ up** [to wreck] estrellar; [with laughter] hacer morir de risa ◇ *s.* [split] rajadura, grieta; [slit] rendija; [snap] chasquido; [of a whip] restallido; [of the knuckles] crujido; [of a gun] estallido; [blow] golpe *m*, porrazo; [chance] oportunidad *f*; [joke] salida, chiste *m*; [gibe] pulla ▪ **at the ~ of dawn** al romper el alba; **to fall through the cracks** ser pasado por alto; **to take a ~ at** probar, intentar ◇ *adj.* experto; [marksman] certero
crack•down [:doun′] *s.* medidas represivas
cracked [krăkt] *adj. fam* chiflado, loco
crack•er [krăk′ər] *s.* [biscuit] galleta salada; COMPUT cracker *m*, pirata informático
crack•le [krăk′əl] ◇ *intr.* crepitar, crujir; (*tr.*) hacer crujir ◇ *s.* crepitación *f*, chisporroteo; [rustle] crujido
crack•pot [krăk′pŏt′] *s.* chiflado, excéntrico
crack•up [:ŭp′] *s.* [collision] choque *m*; [mental] colapso
cra•dle [krād′l] ◇ *s.* cuna; [of a phone] horquilla, gancho ▪ **to rob the ~** *fam* salir OR casarse con una persona muy joven ◇ *tr.* mecer en los brazos; [to support] sostener
craft [krăft] *s.* habilidad *f*, arte *m*; [guile] astucia; [trade] oficio; [boat] embarcación *f*; [airplane] avión *m*
crafts•man [krăfts′mən] *s.* (*pl* **-men**) artesano
crafts•man•ship [:shĭp′] *s.* artesanía; [skill] arte *m*, destreza
craft•y [krăf′tē] *adj.* (-i-) hábil, astuto
crag [krăg] *s.* risco, peñasco
crag•gy [:ē] *adj.* (-i-) peñascoso
cram [krăm] *tr.* (**-mm-**) [to force] meter a la fuerza; [to stuff] abarrotar, rellenar; [with food] atiborrar; (*intr.*) *fam* estudiar a última hora
cramp[1] [krămp] MED ◇ *s.* calambre *m* ◇ *pl.* retortijones ◇ *intr.* ▪ **to ~ up** acalambrarse
cramp[2] ◇ *s.* TEC grapa; [limitation] restricción *f* ◇ *tr.* engrapar; [to restrict] restringir ▪ **to ~ one's style** *jer* cortar los vuelos a uno
cramped [krămpt] *adj.* apretado, apiñado; [financially] incómodo; [illegible] ilegible
cran•ber•ry [krăn′ber′ē] *s.* arándano (agrio)
crane [krān] ◇ *s.* ORNIT grulla; TEC grúa ◇ *tr.* estirar (el cuello)
cra•ni•um [krā′nē-əm] *s.* (*pl* **s** OR **-ia**) cráneo
crank [krăngk] ◇ *s.* manivela; *fam* [grouch] cascarrabias *mf*; [eccentric] chiflado ◇ *tr.* arrancar (un motor) dando vueltas a la manivela ▪ **to ~ out** producir como si fuera una máquina; **to ~ up** echar a andar
crank•shaft [:shăft′] *s.* cigüeñal *m*
crank•y [:kē] *adj.* (-i-) [irritable] cascarrabias; [odd] estrafalario
cran•ny [krăn′ē] *s.* grieta
crape [krāp] *s.* crespón *m*, crepé *m*

C

craps [krăps] *s. pl.* dados ■ **to shoot ~** jugar a los dados
crash [krăsh] <> *intr.* estrellarse, chocar; [to break] hacerse pedazos; [to resound] retumbar; [to fail] quebrar, fracasar; COMPUT bloquearse; *jer* [to sleep] irse a dormir ■ **to ~ through** irrumpir en; (*tr.*) estrellar, hacer pedazos; *fam* [a party] colarse en <> *s.* [noise] estrépito; [collision] choque *m*, colisión *f*; AVIA accidente *m*; COM [failure] ruina, quiebra; COMPUT caída ■ **~ helmet** casco protector <> *adj.* [course, diet] intensivo; AVIA de emergencia
crash-land [ˈlănd′] *intr.* hacer un aterrizaje forzoso
crass [krăs] *adj.* craso, burdo
crate [krāt] <> *s.* cajón *m* <> *tr.* encajonar
cra•ter [krāʹtər] *s.* cráter *m*
cra•vat [krə-vătʹ] *s.* corbata
crave [krāv] *tr.* ansiar, morirse por
cra•ven [krāʹvən] *adj.* & *s.* cobarde *mf*
crav•ing [krāʹvĭng] *s.* anhelo, antojo
crawl [krôl] <> *intr.* arrastrarse, reptar; [baby] gatear; [traffic] avanzar a paso de tortuga; [skin] erizarse; DEP nadar estilo crol ■ **to be crawling with** hervir de; **to ~ up** trepar <> *s.* gateado; DEP crol *m* ■ **at a ~** a paso de tortuga
cray•fish [krāʹfĭshʹ] *s.* (*pl* **inv.** OR **es**) ástaco
cray•on [krāʹŏnʹ] *s.* & *tr.* (dibujar al) pastel *m*
craze [krāz] <> *tr.* enloquecer, volver loco <> *s.* moda
crazed [krāzd] *adj.* loco, enloquecido
cra•zy [krāʹzē] *adj.* (**-i-**) loco; [foolish] de locos, disparatado ■ **to be ~ about** [person] estar loco por; [fad] estar loco con; **to go ~** volverse loco
creak [krēk] <> *intr.* crujir, chirriar <> *s.* crujido, chirrido
creak•y [krēʹkē] *adj.* (**-i-**) que cruje, chirriante; [dilapidated] desvencijado
cream [krēm] <> *s.* crema ■ **~ cheese** queso crema; **~ of tartar** cremor tártaro; **~ puff** pastelito de crema; **~ sauce** salsa bechamel; **the ~ of the crop** la flor y nata; **whipped ~** (crema) chantillí <> *tr.* batir; *jer* [to defeat] hacer polvo, aplastar
cream•y [krēʹmē] *adj.* (**-i-**) cremoso
crease [krēs] <> *s.* pliegue *m*; [of trousers] filo, raya; [wrinkle] arruga <> *tr.* plegar; [to press] hacer el filo a; (*intr.*) arrugarse
cre•ate [krē-ātʹ] *tr.* crear; [to cause] producir
cre•a•tion [:āʹshən] *s.* creación *f*
cre•a•tive [:tĭv] *adj.* creador, imaginativo ■ **~ writing** composición literaria
cre•a•tiv•i•ty [ʹ-ʹĭtē] *s.* originalidad *f*
cre•a•tor [krē-āʹtər] *s.* creador *m*
crea•ture [krēʹchər] *s.* criatura; [being] ente *m*, ser *m*; [animal] bestia, bicho
crèche [kresh] *s.* nacimiento; GB [nursery] guardería
cre•dence [krēdʹns] *s.* crédito, fe *f*
cre•den•tial [krĭ-denʹshəl] *s.* credencial *f*
cred•i•ble [kredʹə-bəl] *adj.* creíble
cred•it [kredʹĭt] <> *s.* crédito; [merit] mérito; [recognition] reconocimiento; [praise] encomio; TEN haber *m* ■ **~ card/line** tarjeta/límite de crédito; **~ rating** clasificación de solvencia; **on ~** a crédito; **to give ~** COM dar crédito; [to praise, name] reconocer (el mérito, a un autor); **to take ~ for** atribuirse el mérito de <> *pl.* títulos de crédito <> *tr.* dar crédito a, creer; [to recognize] otorgar reconocimiento; [to attribute] atribuir; COM abonar en cuenta
cred•it•a•ble [:ĭ-tə-bəl] *adj.* encomiable, loable
cred•i•tor [:tər] *s.* acreedor *m*
cred•u•lous [krejʹə-ləs] *adj.* crédulo
creed [krēd] *s.* credo
creek [krēk] *s.* riachuelo, arroyo ■ **up the ~** *fam* en apuros
creep [krēp] <> *intr.* (**crept**) arrastrarse, deslizarse; [to crawl] gatear; [cautiously] avanzar con cautela; [slowly] ir a paso de tortuga; BOT trepar ■ **to ~ by** pasar lentamente; **to ~ up on someone** acercarse a alguien sigilosamente; **to make one's flesh ~** hacer ponérsele la piel de gallina <> *s.* [crawl] gateado; [pace] paso lento; *jer* [jerk] desgraciado, cretino <> *pl. fam* escalofrío, pavor
creep•er [krēʹpər] *s.* enredadera
creep•y [:pē] *adj.* (**-i-**) *fam* horripilante, espeluznante
cre•mate [krēʹmātʹ] *tr.* incinerar
cre•ma•tion [krĭ-māʹshən] *s.* cremación *f*
cre•ma•to•ri•um [krēʹmə-tôrʹē-əm] *s.* (*pl* **s** OR **-ia**) crematorio
cre•o•sote [krēʹə-sōtʹ] *s.* creosota
crepe, crêpe [krāp] *s.* [fabric] crespón *m*, crepé *m*; [rubber] crepé; CUL panqueque *m* ■ **~ paper** papel crepé
crept [krept] ▻ **creep**
cres•cent [kresʹənt] <> *s.* medialuna; [semicircle] semicírculo <> *adj.* creciente
crest [krest] <> *s.* cresta; [on a helmet] penacho, cimera; HER timbre *m* <> *tr.* llegar hasta la cumbre de
crest•fall•en [:fôʹlən] *adj.* alicaído, abatido
cre•tin [krētʹn] *s.* cretino
cre•vasse [krĭ-văsʹ] *s.* fisura (esp. de glaciar)
crev•ice [krevʹĭs] *s.* grieta, rajadura
crew [kro͞o] *s.* AVIA & MARÍT tripulación *f*; MIL dotación *f*; [of workers] equipo; [staff] personal *m* ■ **~ cut** pelado al cepillo
crib [krĭb] <> *s.* cuna; [corncrib] granero; *fam* [plagiarism] plagio ■ **~ sheet** *fam* chuleta <> *tr.* (**-bb-**) *fam* plagiar; (*intr.*) usar una chuleta
crick [krĭk] *s.* ■ **~ in the neck** tortícolis *f*
crick•et[1] [krĭkʹĭt] *s.* ENTOM grillo
crick•et[2] *s.* DEP críquet *m* ■ **it's not ~** *fam* no es jugar limpio
cri•er [krīʹər] *s.* pregonero
crime [krīm] *s.* crimen *m* ■ **~ rate** criminalidad
crim•i•nal [krĭmʹə-nəl] *adj.* & *s.* criminal *mf* ■ **~ record** antecedentes penales
crimp [krĭmp] <> *tr.* [cloth] plisar; [hair] rizar, encrespar <> *s.* pliegue *m*, rizo ■ **to put a ~ in** poner trabas a
crim•son [krĭmʹzən] <> *adj.* & *s.* carmesí *m* <> *tr.* teñir de carmesí; (*intr.*) sonrojarse
cringe [krĭnj] *intr.* encogerse, acobardarse
crin•kle [krĭngʹkəl] <> *tr.* & *intr.* arrugar(se); arruga
crin•o•line [krĭnʹə-lĭn] *s.* crinolina
crip•ple [krĭpʹəl] <> *s.* lisiado, cojo <> *tr.* lisiar, tullir; *fig* inutilizar, estropear
cri•sis [krīʹsĭs] *s.* (*pl* **-ses**) crisis *f*
crisp [krĭsp] <> *adj.* [crunchy] tostado, crujiente; [fresh] fresco; [bracing] vivificante; [precise] preciso, claro <> *s.* ■ **to burn** OR **fry to a ~** achicharrar(se) <> *pl.* GB papas fritas
crisp•y [krĭsʹpē] *adj.* (**-i-**) tostado, crujiente
criss•cross [krĭsʹkrôsʹ] <> *tr.* & *intr.* entrecruzar(se) <> *s.* entrecruzamiento <> *adj.* entrecruzado <> *adv.* en cruz

gress] corriente, en curso; [edition] último; [accepted] corriente; [in use] en boga ■ ~ **events** actualidades; ~ **liabilities** pasivo exigible ◇ *s.* corriente *f* ■ **alternating/direct** ~ corriente alterna/continua

cur•rent•ly [:lē] *adv.* [now] actualmente; [commonly] corrientemente

cur•ric•u•lum [kə-rĭk′yə-ləm] *s.* (*pl* **s** OR **-la**) programa *m* de estudios ■ ~ **development** EDUC diseño curricular; ~ **vitae** currículum

cur•ry¹ [kûr′ē] *tr.* [a horse] almohazar; [hides] zurrar ■ **to** ~ **favor with** congraciarse con

cur•ry² *s.* CUL (salsa de) curry *m*

curse [kûrs] ◇ *s.* maldición *f*; [scourge] desgracia, calamidad *f*; [obscenity] mala palabra, grosería ◇ *tr.* (**-d** OR **curst**) maldecir; [to afflict] desgraciar, afligir; [to swear at] insultar a ■ **to be cursed with** tener la desgracia de; (*intr.*) maldecir, decir malas palabras ■ **to** ~ **at** insultar a

curs•ed [kûr′sĭd, kûrst] *adj.* maldito

cur•sor [kûr′sər] *s.* cursor *m*

cur•so•ry [kûr′sə-rē] *adj.* superficial, rápido

curt [kûrt] *adj.* brusco, seco

cur•tail [kər-tāl′] *tr.* cortar, reducir

cur•tain [kûr′tn] ◇ *s.* cortina; TEAT telón *m* ■ ~ **call** llamada a escena; ~ **time** hora de subir el telón; **to draw the** ~ **over** OR **on** correr un velo sobre; **to raise the** ~ **on** poner al descubierto ◇ *pl. jer* fin *m* ◇ *tr.* velar, encubrir ■ **to** ~ **off** separar con cortinas

curt•sy [kûrt′sē] *s.* & *intr.* (hacer una) reverencia

cur•va•ceous [kûr-vā′shəs] *adj.* voluptuoso

cur•va•ture [kûr′və-cho͝or′] *s.* curvatura; [of the spine] encorvamiento

curve [kûrv] ◇ *s.* curva ◇ *intr.* curvear; [surface] doblarse; (*tr.*) encorvar; [to bend] doblar

curved [kûrvd] *adj.* curvo, curvado; [bent] doblado

cush•ion [ko͝osh′ən] ◇ *s.* cojín *m* almohadilla; *fig* amortiguador *m*, resguardo ◇ *tr.* [to pad] acolchar; [a blow] amortiguar

cush•y [ko͝osh′ē] *adj.* (**-i-**) *jer* fácil, cómodo

cusp [kŭsp] *s.* cúspide *f*; [of moon] cuerno

cuss [kŭs] *fam* ◇ *intr.* decir palabrotas; (*tr.*) maldecir ■ **to** ~ **out** insultar a ◇ *s.* palabrota; [person] majadero

cus•tard [kŭs′tərd] *s.* natilla ■ **caramel** ~ flan

cus•to•di•an [kŭ-stō′dē-ən] *s.* custodio, guardián *m*; [janitor] conserje *m*

cus•to•dy [kŭs′tə-dē] *s.* custodia; [detention] detención *f* ■ **to be in** ~ estar detenido; **to take into** ~ detener, arrestar

cus•tom [kŭs′təm] ◇ *s.* costumbre *f*; [patronage] clientela ◇ *pl.* aduana ■ **to go through** ~ pasar la aduana ◇ *adj.* hecho a la medida

cus•tom•ar•i•ly [′tə-mâr′ə-lē] *adv.* acostumbradamente; [ordinarily] normalmente

cus•tom•ar•y [′-mer′ē] *adj.* acostumbrado, de costumbre ■ **to be** ~ ser costumbre

cus•tom•er [:mər] *s.* cliente *mf* ■ ~ **card** tarjeta de cliente

cus•tom•house [kŭs′təm-hous′] *s.* aduana

cus•tom•ize [kŭs′tə-mīz′] *tr.* personalizar

cus•tom-made [kŭs′təm-mād′] *adj.* personalizado, hecho a medida

cut [kŭt] ◇ *tr.* (**cut**) cortar; [to divide] dividir, repartir; [to omit] omitir, excluir; [to harvest] segar; [to fell] talar; [to carve] tallar; [hole] practicar, abrir; [teeth] echar; [the size of] reducir, acortar; [time] abreviar; [prices] rebajar; [grease] disolver; [to hurt feelings] lastimar, herir; [to shut off] parar; [a record] grabar; [to quit] dejarse de, acabar con; *fam* [classes] fumarse, faltar a ■ ~ **it out!** ¡basta ya!; **to** ~ **back** [to trim] recortar; [to reduce] reducir, disminuir; **to** ~ **down** [a tree] talar; *jer* [to kill] matar; **to** ~ **off** [to sever] cortar; [to shut off] parar; [to block] aislar, bloquear; [a view] tapar; [to disinherit] desheredar; **to** ~ **out** [to remove] cortar; [designs] recortar; [to delete] suprimir; [to quit] dejar de; **to** ~ **to the bone** reducir al mínimo; **to** ~ **up** cortar en pedazos, partir; (*intr.*) cortar; [a substance] cortarse; [to turn sharply] virar, doblar ■ **to be** ~ **out for** estar hecho para; **to** ~ **across** cortar por; [categories] derribar; **to** ~ **back (on)** hacer reducciones (en); **to** ~ **both ways** tener doble filo; **to** ~ **down on** reducir(se), aminorar; **to** ~ **in** [a line of people] colarse; [to interrupt] interrumpir; **to** ~ **loose** *jer* hablar OR actuar sin cuidarse; **to** ~ **up** hacer diabluras ◇ *s.* corte *m*; [notch] muesca; [reduction] reducción *f*; [discount] rebaja; *fam* [share] tajada, parte *f*; JOY talla; IMPR grabada; CINEM corte, interrupción *f* ■ **a** ~ **above** un poco mejor que

cut-and-dried [kŭt′ən-drīd′] *adj.* rutinario

cut•back [kŭt′băk′] *s.* reducción *f*

cute [kyo͞ot] *adj.* [pretty] mono; [contrived] afectado ■ **to get** ~ **with** hacerse el listo con

cu•ti•cle [kyo͞o′tĭ-kəl] *s.* cutícula

cut•ie [kyo͞o′tē] *s. jer* monada

cut•lass [kŭt′ləs] *s.* sable *m*

cut•ler [:lər] *s.* cuchillero

cut•ler•y [:lə-rē] *s.* cubiertos

cut•let [kŭt′lĭt] *s.* chuleta

cut•off [kŭt′ôf′] *s.* [limit] límite *m*; [short cut] atajo; [device] cierre *m*, obturador *m*

cut-rate [′rāt′] *adj.* rebajado, de descuento

cut•ter [′ər] *s.* cortador *m*; MARÍT cúter *m* ■ **coast guard** ~ guardacostas *mf*

cut•throat [:thrōt′] ◇ *s.* degollador *m*, asesino ◇ *adj.* [cruel] cruel, sanguinario; [competition] implacable

cut•ting [:ĭng] ◇ *s.* [clipping] recorte *m*; AGR rampollo ◇ *adj.* cortante; [remark] mordaz

cut•tle•fish [kŭt′l-fĭsh′] *s.* (*pl* **inv.** OR **es**) jibia

cy•a•nide [sī′ə-nīd′] *s.* cianuro

cy•ber•crime [sī′bər′krīm] *s.* cibercrimen *m*, ciberdelito

cy•ber•cul•ture [sī′bər-kŭl′chər] *s* cibercultura

cy•ber•net•ic [sī′bər-net′ĭk] *adj.* cibernético

cy•ber•net•ics [sī′bər-net′ĭks] *s.sg.* cibernética

cy•ber•sex [sī′bər′seks] *s.* cibersexo

cy•ber•space [sī′bər′spās] *s.* ciberespacio

cy•ber•ter•ror•ism [sī′bər-ter′ə-rĭz′əm] *s.* ciberterrorismo

cy•ber•ter•ror•ist [sī′bər-ter′ə-rĭst] *s.* ciberterrorista *mf*

cy•cle [sī′kəl] ◇ *s.* ciclo; [bike] bici *f*, moto *f* ■ ~ **lane** ciclovía ◇ *intr.* ocurrir cíclicamente; [to go] ir en bicicleta OR motocicleta

cy•clic/cli•cal [sĭk′lĭk] *adj.* cíclico

cy•clist [sī′klĭst] *s.* [bicycle] ciclista *mf*; [motorcycle] motociclista *mf*

cy•clone [sī′klōn′] *s.* ciclón *m*

cy•clo•tron [sī′klə-trŏn′] *s.* ciclotrón *m*

cyg•net [sĭg′nĭt] *s.* pichón *m* de cisne
cyl•in•der [sĭl′ən-dər] *s.* cilindro
cy•lin•dri•cal [sə-lĭn′drĭ-kəl] *adj.* cilíndrico
cym•bal [sĭm′bəl] *s.* címbalo, platillo
cyn•ic [sĭn′ĭk] *s.* & *adj.* cínico
cyn•i•cal [:ĭ-kəl] *adj.* cínico
cyn•i•cism [:sĭz′əm] *s.* cinismo
cy•press [sī′prəs] *s.* ciprés *m*
cyst [sĭst] *s.* quiste *m*
cys•tic [sĭs′tĭk] *adj.* enquistado
cys•ti•tis [sĭ-stī′tĭs] *s.* cistitis *f*
cy•to•plasm [sī′tə-plăz′əm] *s.* citoplasma *m*
czar [zär] *s.* zar *m*

D

d, D [dē] *s.* cuarta letra del alfabeto inglés; MÚS re *m*
dab [dăb] ◇ *tr.* (**-bb-**) dar toques a, retocar suavemente ◇ *s.* [bit] pizca; [pat, tap] golpe ligero
dab•ble [dăb′əl] *tr.* salpicar; (*intr.*) [to splash] chapotear; [as amateur] interesarse superficialmente (**in, at** por)
dachs•hund [däks′ho͝ont′] *s.* perro salchicha
dad [dăd] *s. fam* papá *m*
dad•dy [′ē] *s. fam* papacito, papito
daf•fo•dil [dăf′ə-dĭl′] *s.* narciso
dag•ger [dăg′ər] *s.* daga, puñal *m*; IMPR obelisco ▪ **to look daggers at** apuñalar con la mirada
dahl•ia [dăl′yə] *s.* dalia
dai•ly [dā′lē] ◇ *adj.* & *s.* diario ◇ *adv.* diariamente, cada día
dain•ty [dān′tē] *adj.* (**-i-**) delicado; [affected] remilgado
dair•y [dâr′ē] *s.* lechería ▪ ~ **cattle** vacas lecheras; ~ **farm** granja lechera; ~ **produce** productos lácteos
dair•y•man [:mən] *s.* (*pl* **-men**) lechero
da•is [dā′ĭs] *s.* tarima, estrado
dai•sy [dā′zē] *s.* margarita
dale [dāl] *s.* valle *m*
dal•li•ance [dăl′ē-əns] *s.* [dawdling] gandulería; [flirtation] coqueteo
dal•ly [dăl′ē] *tr.* [to flirt] coquetear; [to waste time] gandulear
dam¹ [dăm] ◇ *s.* [barrier] presa; [reservoir] embalse *m* ◇ *tr.* (**-mm-**) embalsar, represar
dam² *s.* madre *f* (de cuadrúpedos)
dam•age [dăm′ĭj] ◇ *s.* daño; [mechanical] avería; *fig* perjuicio ◇ *pl.* daños y perjuicios ◇ *tr.* & *intr.* dañar(se), estropear(se)
dam•ask [dăm′əsk] *s.* damasco
dame [dām] *s.* dama; *jer* hembra
damn [dăm] ◇ *tr.* condenar; [to swear at] maldecir ◇ *interj.* ▪ ~ **(it)!** ¡maldito sea!, ¡maldición! ◇ *s.* ▪ **I don't give a** ~ no me importa un comino; **it's not worth a** ~ no vale un comino ◇ *adj.* maldito ◇ *adv.* muy
dam•na•tion [-nā′shən] ◇ *s.* condenación *f* ◇ *interj.* ¡maldición!
damned [dămd] ◇ *adj.* (**-er, -est**) condenado; [annoying] maldito ◇ *adv. fam* muy, sumamente ◇ *s.* ▪ **the** ~ los condenados
damp [dămp] ◇ *adj.* húmedo ◇ *s.* humedad *f*; [gas] mofeta ◇ *tr.* humedecer; [a fire] apagar; [to discourage] desanimar
damp•en [dăm′pən] *tr.* humedecer; [spirit, zeal] deprimir, disminuir; (*intr.*) humedecerse
damp•er [dăm′pər] *s.* TEC compuerta de tiro; FÍS amortiguador *m*; MÚS sordina ▪ **to put a** ~ **on** desanimar, apagar (entusiasmo, ánimo)
damp•ness [dămp′nĭs] *s.* humedad *f*
dam•sel [dăm′zəl] *s.* damisela
dance [dăns] ◇ *tr.* & *intr.* bailar ◇ *s.* baile *m*
danc•er [dăn′sər] *s.* bailador *m*; [ballet] bailarín *m*
danc•ing [:sĭng] *adj.* & *s.* (de) baile *m*
dan•de•li•on [dăn′dl-ī′ən] *s.* diente *m* de león
dan•der [dăn′dər] *s. fam* cólera ▪ **to get someone's** ~ **up** hacer que alguien rabie
dan•druff [dăn′drəf] *s.* caspa
dan•dy [dăn′dē] ◇ *s.* dandi *m*, petimetre *m* ◇ *adj.* (**-i-**) *fam* excelente
dan•ger [dān′jər] *s.* peligro
dan•ger•ous [:əs] *adj.* peligroso
dan•gle [dăng′gəl] *tr.* & *intr.* colgar(se), balancear(se) en el aire
dank [dăngk] *adj.* malsano y húmedo
dap•per [dăp′ər] *adj.* atildado, apuesto
dap•ple [dăp′əl] ◇ *tr.* motear ◇ *adj.* moteado
dare [dâr] ◇ *intr.* osar, atreverse; (*tr.*) [to face] arrostrar; [to challenge] retar, desafiar ▪ **I** ~ **say** me parece probable ◇ *s.* desafío, reto
dare•dev•il [′dev′əl] *adj.* & *s.* atrevido
dar•ing [:ĭng] ◇ *adj.* temerario, audaz ◇ *s.* audacia, atrevimiento
dark [därk] ◇ *adj.* oscuro; [skin] moreno, morocho; [sky] amenazador; [dismal] triste; [evil] siniestro; [unknown] misterioso; [ignorant] ignorante ▪ **Dark Ages** Alta Edad Media; ~ **horse** candidato sorpresa ◇ *s.* oscuridad *f*; [nightfall] anochecer *m*, noche *f* ▪ **to be in the** ~ no estar informado
dark•en [där′kən] *tr.* & *intr.* oscurecer(se); [to sadden] entristecer(se)
dark•ness [därk′nĭs] *s.* oscuridad *f*
dark•room [:ro͞om′] *s.* cuarto oscuro
dar•ling [där′lĭng] ◇ *s.* querido; [favorite] predilecto ◇ *adj.* querido; *fam* [charming] adorable
darn¹ [därn] COST ◇ *tr.* zurcir; (*intr.*) hacer zurcidos; zurcido
darn² ◇ *interj.* ¡maldición! ◇ *adj.* maldito ◇ *adv. fam* muy
darned [därnd] ◇ *adj.* maldito ◇ *adv.* muy
darn•ing [där′nĭng] *s.* COST zurcido
dart [därt] ◇ *intr.* correr, lanzarse; (*tr.*) lanzar, arrojar ◇ *s.* dardo; [movement] movimiento rápido; COST [tuck] pinza
dash [dăsh] ◇ *tr.* [to smash] estrellar, romper; [to hurl] tirar; [to splash] salpicar; [to spoil] arruinar, frustrar ▪ **to** ~ **off** hacer rápidamente; (*intr.*) correr, lanzarse ▪ **to** ~ **in/out** entrar/salir corriendo ◇ *s.* [bit] pizca; [rush] prisa; [race] carrera corta; [verve] brío; IMPR raya; AUTO salpicadero ▪ **at a** ~ de un golpe; **to make a** ~ **at/for** precipitarse sobre/hacia; **to make a** ~ **for it** echarse a correr, huir

dash•board ['bôrd'] *s.* tablero de instrumentos, salpicadero
dash•ing [:ĭng] *adj.* gallardo
das•tard•ly [dăs'tərd-lē] *adj.* vil, ruin
da•ta [dā'tə, dăt'ə] *s. pl.* & *sg.* información *f,* datos ▪ ~ **bank** base OR banco de datos; ~ **mining** minería de datos ; ~ **network** red de datos; ~ **processing** procesamiento de datos; ~ **processor** ordenador; ~ **protection** protección de datos; ~ **storage** almacenamiento de datos; ~ **transfer** transferencia de datos; ~ **warehouse** almacén de datos
da•ta•base [:bās'] *s.* base *f* de datos ▪ ~ **administrator** administrador de bases de datos
date[1] [dāt] <> *s.* fecha; [epoch] época; [appointment] cita, compromiso; [companion] pareja, acompañante *mf* ▪ ~ **line** meridiano de cambio de fecha; **to** ~ hasta la fecha <> *tr.* & *intr.* fechar; [socially] salir (con) ▪ **to** ~ **back to** remontar(se) a; **to** ~ **from** datar de
date[2] *s.* [fruit] dátil *m* ▪ ~ **palm** datilero
dat•ed [dā'tĭd] *adj.* fechado; [out-of-date] pasado de moda, anticuado
date•line [dāt'līn'] *s.* fecha y lugar *m* de origen
dat•ing agen•cy [dā'tĭng'ā'jən-sē] *s.* agencia de contactos
da•tum [dā'təm, dăt'əm] *s.* (*pl* **-ta**) dato
daub [dôb] <> *tr.* revestir, embadurnar; (*intr.*) pintarrajear <> *s.* revestimiento, capa
daugh•ter [dô'tər] *s.* hija
daugh•ter-in-law [:ĭn-lô'] *s.* (*pl* **daughters-**) nuera, hija política
daunt [dônt] *tr.* intimidar; [to dishearten] desanimar
dau•phin [dô'fĭn] *s.* delfín *m*
dav•en•port [dăv'ən-pôrt'] *s.* sofá *m* grande
daw•dle [dôd'l] *intr.* andar despacio, demorarse; (*tr.*) ▪ **to** ~ **away** perder, malgastar
dawn [dôn] <> *s.* amanecer *m,* alba; *fig* albor *m* <> *intr.* amanecer ▪ **it dawned on me** caí en la cuenta
day [dā] *s.* día *m;* [workday] jornada; [epoch] época ▪ ~ **bed** sofá cama; ~ **care** cuidado de niños durante el día; **day-care center** guardería; ~ **in,** ~ **out** día tras día; ~ **laborer** jornalero, peón; ~ **off** día libre; ~ **school** externado; **from** ~ **to** ~ de un día para otro; **the** ~ **after** al día siguiente; **the** ~ **before ...** la víspera de ...; **these days** hoy en día; **to call it a** ~ dejarlo por hoy, dejarlo para otro día; **to carry the** ~ triunfar; **to have had one's** ~ haber pasado de moda
day•book [dā'bo͝ok'] *s.* diario
day•break [dā'brāk'] *s.* amanecer *m,* alba
day•dream [dā'drēm'] <> *s.* ensueño <> *intr.* (**ed** OR **-t**) soñar despierto
day•light [dā'līt'] *s.* luz *f* del día; [dawn] amanecer *m;* [daytime] día *m* ▪ **to scare the daylights out of** *fam* asustar mucho; **to see** ~ empezar a comprender
day•light-sav•ing ['-sā'vĭng] *s.* hora de verano
day•long [dā'lông'] *adj.* & *adv.* (que dura) todo el día
day•time [dā'tīm'] *s.* día *m*
day-to-day [dā'tə-dā'] *adj.* [daily] cotidiano; [a day at a time] al día
daze [dāz] <> *tr.* [to stun] aturdir; [to dazzle] deslumbrar <> *s.* aturdimiento
daz•zle [dăz'əl] <> *tr.* deslumbrar <> *s.* deslumbramiento
daz•zling [:lĭng] *adj.* deslumbrante
dea•con [dē'kən] *s.* diácono
dea•con•ess [dē'kə-nĭs] *s.* diaconisa
de•ac•ti•vate [dē-ăk'tə-vāt'] *tr.* desactivar
dead [ded] <> *adj.* muerto; [numb] insensible; [motionless] estancado; [dull] triste, aburrido; [sounds] sordo; [a ball] sin rebote; [utter] completo, absoluto; [exact] exacto, certero; DEP fuera de juego; ELEC sin corriente; [battery] descargado ▪ ~ **center/weight** punto/peso muerto; ~ **end** callejón sin salida; ~ **letter** carta no reclamada; ~ **reckoning** estima <> *s.* muerto ▪ **the** ~ los muertos; **the** ~ **of night/winter** plena noche/ pleno invierno <> *adv.* [absolutely] completamente, absolutamente; [exactly] exactamente, justo
dead•beat ['bēt'] *s. jer* gorrón *m,* holgazán *m*
dead•en [:n] *tr.* amortiguar
dead-end [:end'] *adj.* sin salida; *fig* sin porvenir
dead•line [:līn'] *s.* fecha tope, plazo
dead•lock [:lŏk'] <> *s.* punto muerto <> *tr.* & *intr.* estancar(se)
dead•ly [:lē] <> *adj.* (**-i-**) [lethal] mortífero; [implacable] mortal; [destructive] devastador; [aim] certero; [sin] capital; *fam* [dull] pesado <> *adv.* extremadamente
dead•pan [:păn'] *jer* <> *s.* cara impasible <> *adj.* & *adv.* (de forma) impasible
dead•wood [:wo͝od'] *s.* ramas muertas; *fig* persona OR cosa inútil
deaf [def] *adj.* sordo
deaf-and-dumb ['ən-dŭm'] *s.* & *adj.* sordomudo
deaf•en ['ən] *tr.* ensordecer
deaf•en•ing [:ə-nĭng] *adj.* ensordecedor
deaf-mute [:myo͞ot'] *s.* & *adj.* sordomudo
deaf•ness [:nĭs] *s.* sordera
deal [dēl] <> *tr.* (**dealt**) [to apportion] repartir, distribuir; [a blow] asestar; [cards] dar, repartir; (*intr.*) comerciar (**in** en) ▪ **to** ~ **with** COM tratar con; [a situation] afrontar; [to manage] dirigir; [to be about] tratar de OR sobre; [to handle] ocuparse de, encargarse de; [to punish] castigar <> *s.* [agreement] arreglo, acuerdo; [in cards] reparto; *fam* [dealings] trato ▪ **a good** OR **great** ~ mucho; **big** ~! ¡gran cosa!; **it's a** ~! ¡trato hecho!; **to make a big** ~ **out of nothing** *fam* hacer un escándalo por nada
deal•er [dē'lər] *s.* negociante *mf,* traficante *mf;* [in cards] banquero
deal•er•ship [:shĭp'] *s.* negocio
deal•ings [dē'lĭngz] *s. pl.* [business] negocios; [relations] trato
dean [dēn] *s.* EDUC decano; RELIG deán *m*
dear [dîr] <> *adj.* querido; [esteemed] estimado; [precious] valioso; [costly] caro ▪ **Dear Sir** Muy OR Estimado señor mío <> *adv.* caro <> *s.* querido
dear•ly [:lē] *adv.* [costly] caro; [fondly] con cariño; [very much] mucho
dearth [dûrth] *s.* escasez *f*
dear•y [dîr'ē] *s. fam* querido
death [deth] *s.* muerte *f* ▪ ~ **certificate** partida de defunción; ~ **mask** mascarilla; ~ **penalty** pena de muerte; ~ **rate** índice de mortalidad; ~ **warrant** orden de ejecución; **to be bored to** ~ aburrirse como una ostra; **to put to** ~ ejecutar
death•bed ['bed'] *s.* lecho de muerte
death•ly [:lē] <> *adj.* cadavérico, sepulcral <> *adv.* mortalmente, muy
death•trap [deth'trăp'] *s.* construcción *f* OR situación *m* peligrosa

D

de•ba•cle [dĭ-bä′kəl] *s.* desastre *m*, fracaso
de•bar [dē-bär′] *tr.* (-**rr**-) excluir, prohibir
de•bar•ka•tion [dē′bär-kā′shən] *s.* [of people] desembarco; [of cargo] desembarque *m*
de•base [dĭ-bās′] *tr.* [to devalue] desvalorizar; [to degrade] degradar, rebajar
de•bat•a•ble [dĭ-bā′tə-bəl] *adj.* discutible
de•bate [dĭ-bāt′] ◇ *tr.* & *intr.* discutir, debatir ◇ *s.* discusión *f*, debate *m*
de•bat•er [dĭ-bā′tər] *s.* polemista *mf*
de•bauch•er•y [dĭ-bô′chə-rē] *s.* libertinaje *m*
de•bil•i•tate [dĭ-bĭl′ĭ-tāt′] *tr.* debilitar
deb•it [deb′ĭt] ◇ *s.* débito, debe *m* ▪ ~ **balance** saldo deudor; ~ **card** tarjeta de débito ◇ *tr.* cargar en cuenta
deb•o•nair [deb′ə-nâr′] *adj.* alegre, garboso
de•brief [dē-brēf′] *tr.* someter a un interrogatorio (después de cumplida una misión)
deb•ris, dé•bris [də-brē′, dā-] *s.* escombros *m*, desechos *m*; GEOL detrito
debt [det] *s.* deuda ▪ **to be in someone's** ~ estar en deuda con alguien; **to get** OR **run into** ~ contraer deudas
debt•or [:ər] *s.* deudor *m*
de•bug [dē-bŭg′] *tr.* (-**gg**-) anular un dispositivo electrónico secreto; COMPUT depurar
de•bug•ger [dē-bŭg′ər] *s.* COMPUT depurador *m*
de•but, dé•but [dā-byōō′] ◇ *s.* estreno, debut *m* ◇ *intr. fam* debutar
de•bu•tante, dé•bu•tante [deb′yōō-tänt′] *s.* debutante *f*
dec•ade [dek′ād′] *s.* decenio, década
de•ca•dence [dek′ə-dns] *s.* decadencia
de•ca•dent [:dnt] *adj.* & *s.* decadente *mf*
de•cal [dē′kăl′, dĭ-kăl′] *s.* calcomanía
de•camp [dĭ-kămp′] *intr. fam* largarse; MIL decampar
de•cant [dĭ-kănt′] *tr.* decantar
de•cant•er [dĭ-kăn′tər] *s.* garrafa, jarra
de•cap•i•tate [dĭ-kăp′ĭ-tāt′] *tr.* decapitar
de•cath•lon [dĭ-kăth′lən] *s.* decatlón *m*
de•cay [dĭ-kā′] ◇ *intr.* pudrirse, descomponerse; [a tooth] cariarse; FÍS desintegrarse; [to get worse] decaer ◇ *s.* descomposición *f*; [of a tooth] caries *f*; FÍS desintegración *f*; [of morals] decadencia
de•cease [dĭ-sēs′] ◇ *intr.* morir, fallecer ◇ *s.* muerte *f*, fallecimiento
de•ceased [dĭ-sēst′] *adj.* & *s.* difunto
de•ceit [dĭ-sēt′] *s.* engaño, fraude *m*
de•ceit•ful [:fəl] *adj.* engañoso
de•ceive [dĭ-sēv′] *tr.* & *intr.* engañar
de•ceiv•er [dĭ-sē′vər] *s.* embustero
de•cel•er•ate [dē-sel′ə-rāt′] *tr.* disminuir la velocidad de; (*intr.*) decelerar
De•cem•ber [dĭ-sem′bər] *s.* diciembre *m*
de•cen•cy [dē′sən-sē] *s.* decencia, decoro
de•cent [dē′sənt] *adj.* decente; [kind] bueno; *fam* [dressed] vestido
de•cen•tral•ize [dē-sen′trə-līz′] *tr.* descentralizar
de•cep•tion [dĭ-sep′shən] *s.* engaño, fraude *m*
de•cep•tive [:tĭv] *adj.* engañoso
de•ci•bel [des′ə-bel′] *s.* decibel *m*, decibelio
de•cide [dĭ-sīd′] *tr.* & *intr.* decidir ▪ **to** ~ **(up)on** optar por
de•cid•ed [dĭ-sī′dĭd] *adj.* [resolute] decidido; [definite] claro, indudable
de•cid•u•ous [dĭ-sĭj′ōō-əs] *adj.* caduco
dec•i•mal [des′ə-məl] *s.* & *adj.* decimal *m* ▪ ~ **point** coma
dec•i•mate [:māt′] *tr.* diezmar
de•ci•pher [dĭ-sī′fər] *tr.* descifrar
de•ci•sion [dĭ-sĭzh′ən] *s.* decisión *f*
de•ci•sive [dĭ-sī′sĭv] *adj.* decisivo
de•ci•sive•ness [:nĭs] *s.* firmeza, decisión *f*
deck[1] [dek] ◇ *s.* cubierta; [of cards] baraja ▪ ~ **hand** marinero de cubierta; **to clear the** ~ *fam* prepararse para la acción ◇ *tr. jer* tumbar
deck[2] *tr.* adornar, engalanar ▪ **to** ~ **oneself out** emperifollarse
de•claim [dĭ-klām′] *tr.* & *intr.* declamar
dec•la•ra•tion [dek′lə-rā′shən] *s.* declaración *f*
de•clare [dĭ-klâr′] *tr.* declarar; (*intr.*) hacer una declaración ▪ **to** ~ **against/for** pronunciarse en contra/a favor de
de•clas•si•fy [dē-klăs′ə-fī′] *tr.* anular la clasificación confidencial de
de•clen•sion [dĭ-klen′shən] *s.* declinación *f*
de•cline [dĭ-klīn′] ◇ *intr.* [to refuse] rehusar, negarse; [to slope] inclinarse; [to deteriorate] deteriorarse; [health] decaer; [prices] bajar; (*tr.*) rehusar, rechazar; GRAM declinar ◇ *s.* [decrease] disminución *f*; [deterioration] deterioro, declive *m*; [of prices] descenso
de•clin•ing [dĭ-klī′nĭng] *adj.* declinate
de•code [dē-kōd′] *tr.* descifrar, descodificar
de•cod•er [dē-kō′dər] *s.* decodificador *m*, descodificador
de•coding [dē-kō′dĭng] *s.* decodificación *f*, descodificación
dé•colle•tage [dā′kôl-täzh′] *s.* escote *m*
de•com•pose [dē′kəm-pōz′] *tr.* & *intr.* [into parts] descomponer(se); [to rot] pudrir(se)
de•com•po•si•tion [dē-kŏm′pə-zĭsh′ən] *s.* descomposición *f*, putrefacción *f*
de•com•press [dē′kəm-pres′] *tr.* descomprimir
de•com•pres•sor [:ər] *s.* descompresor *m*
de•con•ges•tant [dē′kən-jes′tənt] *s.* descongestionante *m*
de•con•tam•i•nate [dē′kən-tăm′ə-nāt′] *tr.* descontaminar
dé•cor, de•cor [dā′kôr′] *s.* decoración *f*
dec•o•rate [dek′ə-rāt′] *tr.* decorar; [with medals] condecorar
dec•o•ra•tion [′-rā′shən] *s.* decoración *f*; [medal] condecoración *f*
dec•o•ra•tive [dek′ər-ə-tĭv] *adj.* decorativo
dec•o•ra•tor [:ə-rā′tər] *s.* decorador *m*
dec•o•rous [:ər-əs] *adj.* decoroso
de•co•rum [dĭ-kôr′əm] *s.* decoro
de•coy [dē′koi′] ◇ *s.* señuelo ◇ *tr.* [dĭ-koi′] atraer con señuelo
de•cre•ase ◇ *intr.* & *tr.* [dĭ-krēs′] disminuir, reducir ◇ *s.* [dē′krēs′] disminución *f*
de•creas•ing [dĭ-krē′sĭng] *adj.* decreciente
de•cree [dĭ-krē′] ◇ *s.* decreto ◇ *tr.* decretar
de•crep•it [dĭ-krep′ĭt] *adj.* decrépito
de•crim•i•nal•ize [dē-krĭm′ə-nə-līz′] *tr.* legalizar
de•cry [dĭ-krī′] *tr.* despreciar, criticar
ded•i•cate [ded′ĭ-kāt′] *tr.* dedicar
ded•i•cated [ded′ĭ-kāt′ĭd] *adj.* dedicado ▪ ~ **line** línea dedicada

ded•i•ca•tion ['-kā'shən] *s.* dedicación *f*; [inscription] dedicatoria
de•duce [dĭ-do͞os'] *tr.* deducir, inferir
de•duct [dĭ-dŭkt'] *tr.* restar, substraer
de•duct•i•ble [dĭ-dŭk'tə-bəl] *adj.* deducible
de•duc•tion [:shən] *s.* deducción *f*
de•duc•tive [:tĭv] *adj.* deductivo
deed [dēd] ◇ *s.* [act] acto; [action] hecho; [feat] proeza; DER [title] escritura (de propiedad) ◇ *tr.* traspasar por escritura
deem [dēm] *tr.* considerar, juzgar
deep [dēp] ◇ *adj.* profundo; [measuring] de profundidad; [thick] de espesor; [distant] distante; [shrewd] astuto; [in thought] absorto; [colors] subido; MÚS bajo, grave ▪ **~ down** en el fondo; **~ in debt** cargado de deudas; **to go off the ~ end** ponerse histérico ◇ *adv.* profundamente, en lo más hondo ▪ **~ into the night** hasta muy entrada la noche ◇ *s.* profundidad *f*; [of night, winter] lo más profundo; POÉT el mar
deep•en [dē'pən] *tr.* & *intr.* ahondar(se)
deep-fry [dēp'frī'] *tr.* freír (por inmersión en aceite)
deep-sea [:sē'] *adj.* de mar profundo
deep-seat•ed [:sē'tĭd] *adj.* profundamente arraigado
deep-set [:set'] *adj.* hundidos (los ojos)
deer [dîr] *s. inv.* ciervo, venado
deer•skin ['skĭn] *s.* gamuza
de-es•ca•late [dē-es'kə-lāt'] *tr.* disminuir
de•face [dĭ-fās'] *tr.* desfigurar, mutilar
de•fam•a•to•ry [dĭ-făm'ə-tôr'ē] *adj.* difamatorio
de•fame [dĭ-fām'] *tr.* difamar, calumniar
de•fault [dĭ-fôlt'] ◇ *s.* incumplimiento; DER contumacia ▪ **to win by ~** ganar por abandono ◇ *intr.* dejar de cumplir, faltar a un compromiso; DER estar en rebeldía; DEP dejar de presentarse
de•feat [dĭ-fēt'] ◇ *tr.* [to beat] derrotar, vencer; [to thwart] frustrar ◇ *s.* [loss] derrota; [failure] fracaso; [frustration] frustración *f*
de•feat•ist [dĭ-fē'tĭst] *s.* derrotista *mf*
def•e•cate [def'ĭ-kāt'] *intr.* defecar
de•fect ◇ *s.* [dē'fekt'] defecto, desperfecto ◇ *intr.* [dĭ-fekt'] desertar
de•fec•tion [dĭ-fek'shən] *s.* defección *f*
de•fec•tive [:tĭv] *adj.* [faulty] defectuoso; [subnormal] deficiente; GRAM defectivo
de•fec•tor [:tər] *s.* desertor *m*
de•fend [dĭ-fend'] *tr.* defender; [to justify] justificar; [a theory] sostener; (*intr.*) hacer una defensa
de•fen•dant [dĭ-fen'dənt] *s.* acusado, demandado
de•fend•er [:dər] *s.* defensor *m*
de•fend•ing [:dĭng] *adj.* defensor
de•fense [dĭ-fens'] *s.* defensa
de•fense•less [:lĭs] *adj.* indefenso
de•fen•sive [dĭ-fen'sĭv] *adj.* defensivo
de•fer [dĭ-fûr'] *tr.* (**-rr-**) aplazar, postergar; MIL otorgar una prórroga a; (*intr.*) deferir
def•er•ence [def'ər-əns] *s.* deferencia
def•er•en•tial ['ə-ren'shəl] *adj.* deferente
de•fer•ment [dĭ-fûr'mənt] *s.* aplazamiento; MIL prórroga
de•fer•ra•ble [:ə-bəl] *adj.* diferible, aplazable
de•fer•ral [:əl] = **deferment**
de•fi•ance [dĭ-fī'əns] *s.* desafío ▪ **in ~ of** desafiando
de•fi•ant [:ənt] *adj.* desafiante
de•fib•ril•la•tor [dĭ-fĭb'rə-lā'tər] *s.* MED desfibrilador *m*
de•fi•cient [dĭ-fĭsh'ənt] *adj.* deficiente, carente ▪ **to be ~ in** carecer de
def•i•cit [def'ĭ-sĭt] *s.* déficit *m* ▪ **~ spending** gasto deficitario
de•file [dĭ-fīl'] *tr.* [to dirty] ensuciar, contaminar; [to desecrate] profanar; [to rape] violar
de•fine [dĭ-fīn'] *tr.* definir
def•i•nite [def'ə-nĭt] *adj.* definido; [certain] definitivo; [explicit] claro, explícito
def•i•nite•ly [:lē] ◇ *adv.* [once and for all] definitivamente; [for certain] sin duda ◇ *interj.* ¡por supuesto!, ¡desde luego!
def•i•ni•tion [def'ə-nĭsh'ən] *s.* definición *f*; [of power, authority] limitación *f*
de•fin•i•tive [dĭ-fĭn'ĭ-tĭv] *adj.* definitivo
de•flate [dĭ-flāt'] *tr.* desinflar; [pride] rebajar; [currency] desvalorizar; (*intr.*) desinflarse
de•fla•tion [dĭ-flā'shən] *s.* desinflamiento; [of currency] deflación *f*
de•flect [dĭ-flekt'] *tr.* & *intr.* desviar(se)
de•flow•er [dē-flou'ər] *tr.* desflorar
de•fo•li•ate [:āt'] *tr.* & *intr.* deshojar(se)
de•for•est [dē-fôr'ĭst] *tr.* deforestar
de•form [dĭ-fôrm'] *tr.* & *intr.* deformar(se)
de•formed [dĭ-fôrmd'] *adj.* deforme, desfigurado
de•for•mi•ty [dĭ-fôr'mĭ-tē] *s.* deformidad *f*
de•frag•ment [dē'frăg'mənt] *tr.* COMPUT desfragmentar
de•fraud [dĭ-frôd'] *tr.* defraudar
de•fray [dĭ-frā'] *tr.* sufragar, costear
de•fray•al [:əl] *s.* subvención *f* de gastos
de•frock [dē-frŏk'] *tr.* expulsar (de una orden religiosa)
de•frost [dē-frôst'] *tr.* & *intr.* descongelar(se)
de•frost•er [dē-frô'stər] *s.* descongelador *m*
deft [deft] *adj.* hábil, diestro
deft•ness [:nĭs] *s.* habilidad *f*, destreza
de•funct [dĭ-fŭngkt'] *adj.* [person] difunto; [body, system] ▪ **to be ~** haber desaparecido
de•fuse [dē-fyo͞oz'] *tr.* [bomb] desactivar; [hostility] templar, minorar
de•fy [dĭ-fī'] *tr.* desafiar; [to resist] resistir
de•gen•er•a•cy [dĭ-jen'ər-ə-sē] *s.* degeneración *f*
de•gen•er•ate [:ər-ĭt] ◇ *adj.* & *s.* degenerado ◇ *intr.* [:ə-rāt'] degenerar
de•gen•er•a•tive [:ər-ə-tĭv] *adj.* degenerativo
de•grade [dĭ-grād'] *tr.* degradar
de•grad•ing [dĭ-grā'dĭng] *adj.* degradante
de•gree [dĭ-grē'] *s.* grado; EDUC título universitario ▪ **by degrees** gradualmente, poco a poco; **doctor's ~** doctorado; **to a certain ~** hasta cierto punto; **to take a ~ in** licenciarse en
de•hu•mid•i•fy [dē'hyo͞o-mĭd'ə-fī'] *tr.* deshumedecer
de•hy•drate [dē-hī'drāt'] *tr.* deshidratar
de•ice [dē-īs'] *tr.* deshelar
de•i•fy [dē'ə-fī'] *tr.* deificar
deign [dān] *intr.* dignarse
de•i•ty [dē'ĭ-tē] *s.* deidad *f* ▪ **Deity** Dios
de•ject [dĭ-jekt'] *tr.* desanimar
de•ject•ed [dĭ-jek'tĭd] *adj.* desanimado
de•jec•tion [:shən] *s.* depresión *f*
de•lay [dĭ-lā'] ◇ *tr.* [to postpone] postergar; [to make late] retrasar, demorar; [to stall] entretener; (*intr.*) demorarse, tardar ◇ *s.* demora, retraso; [postponement]

postergación *f* ▪ **a five minute** ~ cinco minutos de atraso
de•lec•ta•ble [dĭ-lek'tə-bəl] *adj.* delicioso
del•e•gate <> *s.* [del'ĭ-gĭt] delegado <> *tr.* [:gāt'] delegar
de•lete [dĭ-lēt'] *tr.* tachar, suprimir
del•e•te•ri•ous [del'ĭ-tîr'ē-əs] *adj.* deletéreo
de•le•tion [dĭ-lē'shən] *s.* tachadura, supresión *f*
de•lib•er•ate <> *adj.* [dĭ-lĭb'ər-ĭt] deliberado, a propósito; [slow] pausado <> *intr.* & *tr.* [:ə-rāt'] deliberar
de•lib•er•a•tion [dĭ-lĭb'ə-rā'shən] *s.* deliberación *f*; [slowness] lentitud *f*
del•i•ca•cy [del'ĭ-kə-sē] *s.* delicadeza; [fine food] manjar *m*, gollería
del•i•cate [del'ĭ-kĭt] *adj.* delicado
del•i•ca•tes•sen [del'ĭ-kə-tes'ən] *s.* fiambrería
de•li•cious [dĭ-lĭsh'əs] *adj.* delicioso
de•light [dĭ-līt'] <> *s.* deleite *m*; [person, thing] encanto <> *tr.* deleitar, encantar; (*intr.*) ▪ **to** ~ **in** deleitarse con OR en
de•light•ed [dĭ-lī'tĭd] *adj.* encantado
de•light•ful [dĭ-līt'fəl] *adj.* delicioso, encantador
de•lin•quen•cy [dĭ-lĭng'kwən-sē] *s.* delincuencia
de•lin•quent [:kwənt] <> *adj.* delincuente; [in payment] moroso <> *s.* delincuente *mf*
de•lir•i•ous [dĭ-lîr'ē-əs] *adj.* delirante
de•lir•i•um [:əm] *s.* delirio, desvarío
de•liv•er [dĭ-lĭv'ər] *tr.* [to hand over] entregar; [mail] repartir; [to free] liberar; [a blow, speech] dar; [missile] lanzar; [baby] traer al mundo ▪ **to** ~ **oneself of an opinion** emitir una opinión; (*intr.*) cumplir (**on** con); [to give birth] alumbrar ▪ **we** ~ entregamos a domicilio
de•liv•er•ance [:əns] *s.* liberación *f*
de•liv•er•er [:ər] *s.* liberador *m*
de•liv•er•y [dĭ-lĭv'ə-rē] *s.* entrega; [release] liberación *f*; [birth] parto; [style] elocución *f*
de•liv•er•y•man [:măn'] *s.* (*pl* **-men**) repartidor *m*
dell [del] *s.* valle pequeño
de•louse [dē-lous'] *tr.* despiojar, espulgar
del•phin•i•um [del-fĭn'ē-əm] *s.* delfinio
de•lude [dĭ-lōōd'] *tr.* engañar
del•uge [del'yōōj] <> *tr.* inundar <> *s.* inundación *f*, diluvio
de•lu•sion [dĭ-lōō'zhən] *s.* engaño, ilusión *f*; MED delirio
de luxe, de•luxe [dĭ-lŭks'] *adj.* de lujo, lujoso
delve [delv] *intr.* indagar, hurgar
dem•a•gogue [dem'ə-gôg'] *s.* demagogo
dem•a•gogu•er•y [:gô'gə-rē] *s.* demagogia
de•mand [dĭ-mănd'] <> *tr.* [to ask for] demandar; [to claim, require] reclamar, exigir <> *s.* [request] solicitud *f*, exigencia; [claim] reclamación *f*; [requirement] necesidad *f*; COM demanda ▪ ~ **deposit** depósito a la vista; **on** ~ COM a la vista; [by request] a petición; **to be in** ~ estar muy solicitado
de•mand•ing [dĭ-măn'dĭng] *adj.* exigente
de•mar•cate [dĭ-mär'kāt'] *tr.* demarcar
de•mean [dĭ-mēn'] *tr.* rebajar ▪ **to** ~ **oneself** rebajarse
de•mean•or [dĭ-mē'nər] *s.* comportamiento
de•ment•ed [dĭ-men'tĭd] *adj.* demente, loco
de•mer•it [dĭ-mer'ĭt] *s.* desmerecimiento
dem•i•god [dem'ē-gŏd'] *s.* semidiós *m*
dem•i•john [:jŏn'] *s.* damajuana, garrafón *m*
de•mil•i•ta•rize [dē-mĭl'ĭ-tə-rīz'] *tr.* desmilitarizar
de•mise [dĭ-mīz'] *s.* fallecimiento, defunción *f*; DER traspaso (de bienes)
de•mo•bil•ize [dē-mō'bə-līz'] *tr.* desmovilizar
de•moc•ra•cy [dĭ-mŏk'rə-sē] *s.* democracia
dem•o•crat [dem'ə-krăt'] *s.* demócrata *mf*
dem•o•crat•ic ['-'ĭk] *adj.* democrático
de•moc•ra•tize [dĭ-mŏk'rə-tīz'] *tr.* democratizar
dem•o•graph•ic [dem'ə-grăf'ĭk] *adj.* demográfico ▪ **demographics** (*s.pl.*) datos demográficos
de•mog•ra•phy [dĭ-mŏg'rə-fē] *s.* demografía
de•mol•ish [dĭ-mŏl'ĭsh] *tr.* demoler, derribar
dem•o•li•tion [dem'ə-lĭsh'ən] *s.* demolición *f*
de•mon [dē'mən] *s.* demonio
de•mon•ic [dĭ-mŏn'ĭk] *adj.* demoniaco
dem•on•strate [dem'ən-strāt'] *tr.* demostrar; (*intr.*) protestar, manifestarse
dem•on•stra•tion ['-strā'shən] *s.* demostración *f*; [rally] manifestación *f*
de•mon•stra•tive [dĭ-mŏn'strə-tĭv] *adj.* demostrativo; [expressive] expresivo, efusivo
dem•on•stra•tor [dem'ən-strā'tər] *s.* [sample] modelo de muestra; [person] manifestante *mf*
de•mor•al•ize [dĭ-môr'ə-līz'] *tr.* desmoralizar
de•mote [dĭ-mōt'] *tr.* degradar
de•mo•tion [dĭ-mō'shən] *s.* degradación *f*
de•mur [dĭ-mûr'] *intr.* (**-rr-**) hacer objeciones
de•mure [dĭ-myŏŏr'] *adj.* (**-er, -est**) recatado
den [den] *s.* [lair] cubil *m*; [study] estudio
de•na•ture [dē-nā'chər] *tr.* desnaturalizar
de•ni•al [dĭ-nī'əl] *s.* negativa; [disavowal] repudio; DER denegación *f*
den•i•grate [den'ĭ-grāt'] *tr.* denigrar
den•im [den'ĭm] <> *s.* tela vaquera <> *pl.* vaqueros
den•i•zen [den'ĭ-zən] *s.* habitante *mf*
de•nom•i•na•tion [dĭ-nŏm'ə-nā'shən] *s.* denominación *f*; [religion] confesión
de•nom•i•na•tion•al [:shə-nəl] *adj.* confesional
de•nom•i•na•tor [-'-'tər] *s.* denominador *m*
de•note [dĭ-nōt'] *tr.* denotar
dé•noue•ment [dā'nōō-mä'] *s.* desenlace *m*
de•nounce [dĭ-nouns'] *tr.* denunciar
dense [dens] *adj.* denso; *fam* estúpido
den•si•ty [den'sĭ-tē] *s.* densidad *f*; *fam* estupidez *f*
dent [dent] <> *s.* abolladura, mella <> *tr.* & *intr.* abollar(se), mellar(se)
den•tal [den'tl] *adj.* dental ▪ ~ **floss** hilo dental, seda dental; ~ **plate** dentadura postiza
den•tist [den'tĭst] *s.* dentista *mf*
den•tist•ry [:tĭ-strē] *s.* odontología
den•tures [:chərz] *s. pl.* dentadura postiza
de•nude [dĭ-nōōd'] *tr.* desnudar, despojar
de•nun•ci•a•tion [dĭ-nŭn'sē-ā'shən] *s.* denuncia; [criticism] censura, crítica
de•ny [dĭ-nī'] *tr.* negar; [to withhold] denegar; [to repudiate] repudiar ▪ **to** ~ **oneself something** privarse de algo
de•o•dor•ant [dē-ō'dər-ənt] *s.* desodorante *m*
de•part [dĭ-pärt'] *intr.* marcharse, irse; [train, bus] salir ▪ **to** ~ **from** apartarse de; (*tr.*) partir de
de•part•ed [dĭ-pär'tĭd] *adj.* & *s.* difunto
de•part•ment [dĭ-pärt'mənt] *s.* departamento; POL ministerio ▪ ~ **store** gran almacén
de•par•ture [dĭ-pär'chər] *s.* salida; [deviation] desviación *f*

de•pend [dĭ-pend′] *intr.* ▪ **to ~ (up)on** [as a dependent, consequence] depender de; [to trust] confiar en; [to count on] contar con; **you can ~ on it!** ¡puedes estar seguro!
de•pend•a•bil•i•ty [dĭ-pen′də-bĭl′ĭ-tē] *s.* [of person] seriedad *f*; [of machine] fiabilidad *f*
de•pend•a•ble [-′-bəl] *adj.* [trustworthy] (digno) de confianza; [reliable] fiable
de•pend•ence/ance [dĭ-pen′dəns] *s.* dependencia (**on, upon** de); [trust] confianza (**on, upon** en)
de•pend•ent/ant [:dənt] ◇ *adj.* ▪ **~ (up)on** dependiente de ◇ *s.* persona a cargo
de•pict [dĭ-pĭkt′] *tr.* representar, pintar
de•pil•a•to•ry [dĭ-pĭl′ə-tôr′ē] ◇ *adj.* depilatorio ◇ *s.* crema depilatoria
de•plane [dē-plān′] *intr.* bajar del avión
de•plete [dĭ-plēt′] *tr.* agotar, reducir
de•ple•tion [dĭ-plē′shən] *tr.* agotamiento
de•plor•a•ble [dĭ-plôr′ə-bəl] *adj.* deplorable
de•plore [dĭ-plôr′] *tr.* deplorar, desaprobar
de•ploy [dĭ-ploi′] *tr.* & *intr.* desplegar(se)
de•ploy•ment [:mənt] *s.* despliegue *m*
de•po•nent [dĭ-pō′nənt] *s.* declarante *mf*
de•pop•u•late [dē-pŏp′yə-lāt′] *tr.* despoblar
de•port [dĭ-pôrt′] *tr.* deportar, expulsar
de•port•ee [dē′pôr-tē′] *s.* deportado
de•port•ment [dĭ-pôrt′mənt] *s.* conducta
de•pose [dĭ-pōz′] *tr.* deponer
de•pos•it [dĭ-pŏz′ĭt] ◇ *tr.* depositar; COM [down payment] dar de señal OR de entrada ◇ *s.* depósito; [down payment] señal *f*, entrada
dep•o•si•tion [dep′ə-zĭsh′ən] *s.* POL deposición *f*; DER declaración *f*
de•pos•i•tor [dĭ-pŏz′ĭ-tər] *s.* cuentacorrentista *mf*
de•pos•i•to•ry [:tôr′ē] *s.* depositaría, almacén *m*
de•pot [dē′pō] *s.* [for bus, train] estación *f*; [warehouse] almacén *m*, depósito
de•prave [dĭ-prāv′] *tr.* depravar, pervertir
de•prav•i•ty [dĭ-prăv′ĭ-tē] *s.* depravación *f*
dep•re•cate [dep′rĭ-kāt′] *tr.* desaprobar
de•pre•ci•ate [dĭ-prē′shē-āt′] *tr.* [to devalue] depreciar, desvalorar; [to belittle] despreciar; (*intr.*) depreciarse
de•pre•ci•a•tion [-′-ā′shən] *s.* depreciación *f*, desvalorización *f*
dep•re•da•tion [dep′rĭ-dā′shən] *s.* depredación *f*
de•press [dĭ-pres′] *tr.* [to dispirit] deprimir, desanimar; [to press down] presionar; [prices] bajar
de•pres•sant [:ənt] *s.* sedante *m*
de•pressed [dĭ-prest′] *adj.* deprimido; ECON [period] de depresión
de•press•ing [dĭ-pres′ĭng] *adj.* deprimente
de•pres•sion [dĭ-presh′ən] *s.* [a hollow] cavidad *f*, hueco; ECON & MED depresión *f*
de•pres•sur•ize [dē-presh′ə-rīz′] *tr.* despresurizar
dep•ri•va•tion [dep′rə-vā′shən] *s.* privación *f*
de•prive [dĭ-prīv′] *tr.* privar
de•prived [dĭ-prīvd′] *adj.* pobre, necesitado
depth [depth] ◇ *s.* profundidad *f*; [most intense part] lo más profundo; [color] intensidad *f* ▪ **~ charge** carga de profundidad; **in ~** a fondo ◇ *pl.* lo más hondo; *fig* lo más recóndito
dep•u•tize [dep′yə-tīz′] *tr.* diputar, delegar
dep•u•ty [:tē] *s.* [delegate] delegado; [assistant] asistente *m*; [legislator] diputado
de•rail [dē-rāl′] *tr.* & *intr.* (hacer) descarrilar
de•range [dĭ-rānj′] *tr.* [to disturb] perturbar, desordenar; [to make insane] enloquecer
de•ranged [dĭ-rānjd′] *adj.* loco, trastornado
der•by [dûr′bē] *s.* [race] carrera; [hat] sombrero hongo
de•reg•u•late [dē-reg′yə-lāt′] *tr.* quitar las reglamentaciones de
der•e•lict [der′ə-lĭkt′] ◇ *s.* [person] vago; [ship] derrelicto ◇ *adj.* [remiss] remiso; [property] abandonado
de•ride [dĭ-rīd′] *tr.* burlarse de, mofarse de
de•ri•sion [dĭ-rĭzh′ən] *s.* burla, mofa
de•ri•sive/so•ry [dĭ-rī′sĭv/sə-rē] *adj.* [mocking] burlón, mofador; [ridiculous] irrisorio
de•rive [dĭ-rīv′] *tr.* & *intr.* derivar (**from** de)
der•ma•tol•o•gy [dûr′mə-tŏl′ə-jē] *s.* dermatología
der•o•ga•tion [der′ə-gā′shən] *s.* [disparagement] menosprecio; DER derogación *f*
de•rog•a•to•ry/tive [dĭ-rŏg′ə-tôr′ē/tĭv] *adj.* [disparaging] despectivo; DER derogatorio
der•rick [der′ĭk] *s.* [crane] grúa; [of oil well] torre *f* de perforación
der•ring-do [der′ĭng-dōō′] *s.* intrepidez *f*
der•vish [dûr′vĭsh] *s.* derviche *m*
de•sal•i•nate [dē-săl′ə-nāt′] *tr.* desalar
de•sal•i•na•tion [dĭ-săl′ĭ-nā′shən] *f.* desalinización *f* ▪ **~ plant** desalinizadora, planta desalinizadora
de•scend [dĭ-send′] *intr.* descender; [inheritance] transmitirse por herencia ▪ **to ~ on** OR **upon** caer encima de; (*tr.*) descender, bajar
de•scen•dant [dĭ-sen′dənt] *s.* descendiente *mf*
de•scent [dĭ-sent′] *s.* descenso; [slope] declive *m*; [lineage] descendencia; MIL embestida
de•scribe [dĭ-skrīb′] *tr.* describir
de•scrip•tion [dĭ-skrĭp′shən] *s.* descripción *f* ▪ **of every ~** de toda clase
de•scrip•tive [:tĭv] *adj.* descriptivo
des•e•crate [des′ĭ-krāt′] *tr.* profanar
de•seg•re•gate [dē-seg′rĭ-gāt′] *intr.* & *tr.* eliminar la segregación racial (en)
de•sen•si•tize [dē-sen′sĭ-tīz′] *tr.* desensibilizar
des•ert[1] [dez′ərt] *s.* desierto ▪ **~ heat** calor desértico
de•sert[2] [dĭ-zûrt′] *s. pl.* [one's due] merecido
de•sert[3] [dĭ-zûrt′] *tr.* abandonar; MIL desertar de; (*intr.*) desertar
de•sert•er [dĭ-zûr′tər] *s.* desertor *m*
de•ser•tion [:shən] *s.* deserción *f*
de•serve [dĭ-zûrv′] *tr.* & *intr.* merecer(se)
de•serv•ing [dĭ-zûr′vĭng] *adj.* digno, meritorio
des•ic•cate [des′ĭ-kāt′] *tr.* & *intr.* desecar(se)
de•sign [dĭ-zīn′] ◇ *tr.* [to invent] idear; [a plan] diseñar; [pattern] dibujar; [to intend] proyectar; (*intr.*) hacer diseños ◇ *s.* diseño; ARTE dibujo; ARQ plano; [intention] propósito ▪ **by ~** intencionalmente; **to have designs on** poner las miras en
des•ig•nate [dez′ĭg-nāt′] ◇ *tr.* designar; [to characterize] describir ◇ *adj.* [:nĭt] designado
de•sign•er [dĭ-zī′nər] *s.* diseñador *m* ▪ **~ drug** droga de diseño, droga sintética
de•sir•a•ble [dĭ-zīr′ə-bəl] *adj.* deseable
de•sire [dĭ-zīr′] ◇ *tr.* desear ◇ *s.* deseo
de•sist [dĭ-zĭst′] *intr.* dejar de hacer algo
desk [desk] *s.* escritorio; [at school] pupitre *m*; [in hotel] recepción *f*; [counter, booth] mesa

desk•top [desk'tŏp'] *s.* COMPUT escritorio ■ ~ **publishing** autoedición *f*
des•o•late ◇ *adj.* [des'ə-lĭt] desolado ◇ *tr.* [:lāt'] [to distress] desconsolar
de•spair [dĭ-spâr'] ◇ *s.* desesperación *f* ◇ *intr.* desesperar(se)
des•per•a•do [des'pə-rä'dō] *s.* (*pl* **(e)s**) forajido, bandolero
des•per•ate [des'pər-ĭt] *adj.* desesperado; [grave] crítico; [urgent] apremiante
des•per•a•tion ['pə-rā'shən] *s.* desesperación *f*
des•pi•ca•ble [dĭ-spĭk'ə-bəl] *adj.* odioso, vil
de•spise [dĭ-spīz'] *tr.* despreciar
de•spite [dĭ-spīt'] *prep.* a pesar de, no obstante
de•spoil [dĭ-spoil'] *tr.* expoliar, saquear
de•spon•dence/cy [dĭ-spŏn'dəns] *s.* desánimo
de•spon•dent [:dənt] *adj.* desanimado
des•pot [des'pət] *s.* déspota *mf*
des•pot•ic [dĭ-spŏt'ĭk] *adj.* despótico
des•sert [dĭ-zûrt'] *s.* CUL postre *m*
de•sta•bi•lize [dē-stā'bə-līz'] *tr.* desestabilizar
des•ti•na•tion [des'tə-nā'shən] *s.* destino
des•tine [des'tĭn] *tr.* destinar ■ **destined for** con destino a
des•ti•ny [des'tə-nē] *s.* destino, sino
des•ti•tute [des'tĭ-to͞ot'] *adj.* indigente
des•ti•tu•tion ['-to͞o'shən] *s.* miseria
de•stroy [dĭ-stroi'] *tr.* destruir
de•stroy•er [:ər] *s.* destructor *m*
de•struc•tion [dĭ-strŭk'shən] *s.* destrucción *f*
de•struc•tive [:tĭv] *adj.* destructivo, destructor ■ ~ **of** OR **to** perjudicial para
des•ul•to•ry [des'əl-tôr'ē] *adj.* sin entusiasmo
de•tach [dĭ-tăch'] *tr.* separar, desprender
de•tach•a•ble [:ə-bəl] *adj.* desmontable
de•tached [dĭ-tăcht'] *adj.* separado; [aloof] indiferente, despreocupado
de•tach•ment [dĭ-tăch'mənt] *s.* separación *f*; [impartiality] objetividad *f*; [aloofness] indiferencia; MIL destacamento
de•tail [dĭ-tāl', dē'tāl'] ◇ *s.* detalle *m*, pormenor *m*; MIL destacamento ◇ *tr.* detallar
de•tailed [dĭ-tāld', dē'tāld'] *adj.* detallado, minucioso
de•tain [dĭ-tān'] *tr.* [to delay] retardar, demorar; [in custody] detener
de•tect [dĭ-tekt'] *tr.* percibir, detectar
de•tec•tion [dĭ-tek'shən] *s.* descubrimiento
de•tec•tive [dĭ-tek'tĭv] *s.* detective *mf* ■ ~ **story** novela policial
de•tec•tor [:tər] *s.* detector *m*
dé•tente [dā-tänt'] *s.* distensión *f*
de•ten•tion [dĭ-ten'shən] *s.* detención *f*
de•ter [dĭ-tûr'] *tr.* (**-rr-**) impedir
de•ter•gent [dĭ-tûr'jənt] *s.* detergente *m*
de•te•ri•o•rate [dĭ-tîr'ē-ə-rāt'] *intr.* empeorar, degenerar
de•ter•mi•nate [:nĭt] *adj.* definitivo
de•ter•mi•na•tion [-'nā'shən] *s.* determinación *f*; [resolve] resolución *f*; DER [ruling] decisión *f*
de•ter•mine [dĭ-tûr'mĭn] *tr.* determinar; (*intr.*) decidir
de•ter•mined [:mĭnd] *adj.* determinado
de•ter•min•ing [:mĭ-nĭng] *adj.* decisivo
de•ter•rence [:əns] *s.* disuasión *f*
de•ter•rent [:ənt] ◇ *s.* agente disuasivo; MIL fuerza de disuasión ◇ *adj.* impeditivo; MIL de disuasión
de•test [dĭ-test'] *tr.* detestar, aborrecer
det•o•nate [det'n-āt'] *tr.* & *intr.* (hacer) detonar
det•o•na•tor [:ā'tər] *s.* detonador *m*
de•tour [dē'to͝or'] ◇ *s.* desvío ◇ *tr.* & *intr.* desviar(se)
de•tox•i•fi•ca•tion [dē-tŏk'sə-fĭ-kā'shən] *s.* desintoxicación *f*
de•tract [dĭ-trăkt'] *intr.* ■ **to** ~ **from** disminuir
de•trac•tion [dĭ-trăk'shən] *s.* disminución *f*
de•train [dē-trān'] *intr.* bajar de un tren
det•ri•ment [det'rə-mənt] *s.* detrimento
det•ri•men•tal ['-men'tl] *adj.* perjudicial
deuce [do͞os] *s.* dos *m*
deu•te•ri•um [do͞o-tîr'ē-əm] *s.* deuterio
de•val•u•ate/val•ue [dē-văl'yo͞o-āt'/văl'yo͞o] *tr.* devaluar, desvalorizar
dev•as•tate [dev'ə-stāt'] *tr.* devastar, asolar; [to overwhelm] abrumar
dev•as•tat•ing [:stā'tĭng] *adj.* devastador
dev•as•ta•tion ['-'shən] *s.* devastación *f*
de•vel•op [dĭ-vel'əp] *tr.* desarrollar; [the body] fortalecer; [an ability] formar; [land] urbanizar; [taste] adquirir; [habit, disease] contraer; FOTOG revelar; (*intr.*) desarrollarse; [to advance] progresar; [to be disclosed] descubrirse, revelarse
de•vel•op•er [:ə-pər] *s.* urbanizador *m*; FOTOG revelador *m*; COMPUT desarrollador *m*
de•vel•op•ing [:pĭng] *adj.* en (vías de) desarrollo
de•vel•op•ment [dĭ-vel'əp-mənt] *s.* desarrollo; [event] suceso; FOTOG revelado ■ ~ **aid** POL ayuda al desarrollo
de•vi•ance [dē'vē-əns] *s.* desviación *f*
de•vi•ant [:ənt] *adj.* & *s.* pervertido
de•vi•ate [dē'vē-āt'] *intr.* desviarse
de•vi•a•tion ['-ā'shən] *s.* desviación *f*; [from the truth] alejamiento
de•vice [dĭ-vīs'] *s.* [scheme] ardid *m*; [mechanism] dispositivo, aparato; LIT recurso
dev•il [dev'əl] *s.* diablo ■ **a** ~ **of (something)** (algo) del diablo; ~**'s advocate** abogado del diablo; **to give the** ~ **his due** dar a cada uno lo suyo
dev•il•ish [:ə-lĭsh] *adj.* diabólico, malvado; [mischievous] travieso
de•vi•ous [dē'vē-əs] *adj.* tortuoso
de•vise [dĭ-vīz'] *tr.* [to conceive] idear, concebir; [to contrive] trazar, tramar
de•void [dĭ-void'] *adj.* desprovisto, carente
de•volve [dĭ-vŏlv'] *tr.* transferir, delegar
de•vote [dĭ-vōt'] *tr.* dedicar, consagrar
de•vot•ed [dĭ-vō'tĭd] *adj.* [loving] afectuoso; [dedicated] devoto; [ardent] fervoroso
dev•o•tee [dev'ə-tē'] *s.* devoto
de•vo•tion [dĭ-vō'shən] ◇ *s.* devoción *f* ◇ *pl.* oraciones, rezos
de•vo•tion•al [:shə-nəl] ◇ *adj.* devoto ◇ *s.* oficio religioso breve
de•vour [dĭ-vour'] *tr.* devorar, engullir
de•vout [dĭ-vout'] *adj.* (**-er, -est**) [pious] devoto; [earnest] fervoroso
de•vout•ness [:nĭs] *s.* devoción *f*, piedad *f*
dew [do͞o] *s.* rocío ■ ~ **point** punto de condensación
dew•drop ['drŏp'] *s.* gota de rocío
dew•y [:ē] *adj.* rociado; *fig* puro, fresco
dex•ter•i•ty [dek-ster'ĭ-tē] *s.* destreza

dex•ter•ous [dek'stər-əs] *adj.* diestro, hábil
dex•trose [dek'strōs'] *s.* dextrosa
di•a•be•tes [dī'ə-bē'tĭs] *s.* diabetes *f*
di•a•bet•ic [:bet'ĭk] *adj.* & *s.* diabético
di•a•bol•ic/i•cal [dī'ə-bŏl'ĭk] *adj.* diabólico
di•a•crit•ic [dī'ə-krĭt'ĭk] *s.* signo diacrítico
di•a•dem [dī'ə-dem'] *s.* diadema
di•ag•nose [dī'əg-nōs'] *tr.* diagnosticar
di•ag•no•sis [:nō'sĭs] *s.* (*pl* **-ses**) diagnóstico
di•ag•nos•tic [:nŏs'tĭk] *adj.* diagnóstico
di•ag•o•nal [dī-ăg'ə-nəl] *adj.* & *s.* diagonal *f*
di•a•gram [dī'ə-grăm'] ◇ *s.* diagrama *m* ◇ *tr.* (**-mm-**) representar con un diagrama
di•al [dī'əl] ◇ *s.* [on scale, clock] esfera, cuadrante *m*; RAD & TELEV dial *m*, botón *m* selector; TEL disco ■ **~ tone** TEL tono para marcar ◇ *tr.* RAD & TELEV sintonizar; TEL marcar (un número)
di•a•lect [dī'ə-lekt'] *s.* dialecto
di•a•lec•tic [dī'ə-lek'tĭk] ◇ *s.* dialéctica ◇ *adj.* (**/ti•cal**) dialéctico
di•a•lec•tics [:tĭks] *s.sg.* dialéctica
di•a•log(ue) [dī'ə-lôg'] *s.* diálogo
dial-up ac•cess [dī'əl-ŭp'ăk'ses'] *s.* COMPUT acceso telefónico
di•al•y•sis [dī-ăl'ĭ-sĭs] *s.* diálisis *f*
di•am•e•ter [dī-ăm'ĭ-tər] *s.* diámetro
di•a•met•ric/ri•cal [dī'ə-met'rĭk] *adj.* diametral
di•a•mond [dī'ə-mənd] *s.* diamante *m*; [shape] rombo ■ **~ ring** sortija de diamantes
di•a•per [dī'pər] ◇ *s.* pañal *m* ◇ *tr.* poner el pañal a
di•aph•a•nous [dī-ăf'ə-nəs] *adj.* diáfano
di•a•phragm [dī'ə-frăm'] *s.* diafragma *m*
di•a•rist [dī'ə-rĭst] *s.* diarista *mf*
di•ar•rh(o)e•a [dī'ə-rē'ə] *s.* diarrea
di•a•ry [dī'ə-rē] *s.* [personal] diario; [for appointments] agenda
di•a•tribe [dī'ə-trīb'] *s.* diatriba
dice [dīs] ◇ *s. pl.* (*sg.* **die**) dados ◇ *tr.* picar en cubitos
di•chot•o•my [dī-kŏt'ə-mē] *s.* dicotomía
dick [dĭk] *s. jer* sabueso, detective *m*
dick•ens [dĭk'ənz] *s.* diablo, demonio ■ **what the ~?** ¿qué demonios?
dick•er [dĭk'ər] *intr.* ■ **to ~ over** regatear por
dic•tate ◇ *tr.* [dĭk'tāt', -'] [letter] dictar; [policy] imponer; (*intr.*) mandar ◇ *s.* ['] mandato ◇ *pl.* dictados
dic•ta•tion [dĭk-tā'shən] *s.* dictado
dic•ta•tor [dĭk'tā'tər] *s.* dictador *m*
dic•ta•tor•ship [-'-shĭp] *s.* dictadura
dic•tion [dĭk'shən] *s.* dicción *f*
dic•tion•ar•y [dĭk'shə-ner'ē] *s.* diccionario
dic•tum [dĭk'təm] *s.* (*pl* **s** OR **-ta**) dictamen *m*
did [dĭd] ▻ **do**
di•dac•tic/ti•cal [dī-dăk'tĭk] *adj.* didáctico
did•n't [dĭd'nt] = **did not**
die[1] [dī] *intr.* (**dying**) morir; [to lose force] apagarse, disminuir; [to become extinct] extinguirse, desaparecer
die[2] *s.* (*pl* **s**) MAQ cuño, troquel *m*; (*pl* **dice**) [for gambling] dado ■ **the ~ is cast** la suerte está echada
die•hard [dī'härd'] *s.* intransigente
die•sel engine [dē'zəl] *s.* motor *m* diesel
di•et[1] [dī'ĭt] *s.* & *intr.* (estar a) dieta
di•et[2] *s.* POL dieta
di•e•tar•y [dī'ĭ-ter'ē] *adj.* dietético
di•et•er [:tər] *s.* persona que hace dieta
di•e•ti•tian/cian [:tĭsh'ən] *s.* dietista *mf*
dif•fer [dĭf'ər] *intr.* disentir, no estar de acuerdo ■ **to ~ from** diferir con, ser diferente de
dif•fer•ence [:əns] *s.* diferencia ■ **it makes no ~** da lo mismo; **what ~ does it make?** ¿qué más da?; **what's the ~?** ¿qué importa?
dif•fer•ent [:ənt] *adj.* diferente, distinto
dif•fer•en•ti•ate [dĭf'ə-ren'shē-āt'] *tr.* & *intr.* diferenciar(se), distinguir(se)
dif•fi•cult [dĭf'ĭ-kəlt] *adj.* difícil
dif•fi•cul•ty [:kəl-tē] ◇ *s.* dificultad *f* ◇ *pl.* apuros
dif•fi•dent [dĭf'ĭ-dnt] *adj.* tímido
dif•frac•tion [dĭ-frăk'shən] *s.* difracción *f*
dif•fuse ◇ *tr.* & *intr.* [dĭ-fyo͞oz'] difundir(se) ◇ *adj.* [dĭ-fyo͞os'] difuso
dig [dĭg] ◇ *tr.* (**dug**, **-gging**) cavar, excavar; [well, tunnel] hacer, abrir; MIN extraer, sacar; *jer* [to understand] comprender; *jer* [to like] gustar ■ **to ~ in(to)** hincar en, hundir en; **to ~ out** [hole] excavar; [object] extraer; [facts] sacar; **to ~ up** [object] extraer, desenterrar; [facts] descubrir; (*intr.*) cavar ■ **to ~ for** buscar; **to ~ in** [to entrench oneself] atrincherarse; *fam* [to eat] atacar ◇ *s.* [prod] golpe *m*; [with the elbow] codazo; [gibe] pulla; ARQUEOL excavación *f* ◇ *pl.* GB *fam* [lodgings] alojamiento
di•gest ◇ *tr.* & *intr.* [dĭ-jest', dī-] digerir(se) ◇ *s.* [dī'jest'] compendio, sinopsis *f*
di•gest•i•ble [dĭ-jes'tə-bəl, dī-] *adj.* digestible
di•ges•tion [:chən] *s.* digestión *f*
di•ges•tive [:tĭv] *adj.* & *s.* digestivo
dig•ger [dĭg'ər] *s.* [person] cavador *m*; [tool] azadón *m*; [machine] excavadora
dig•ging [:ĭng] *s.* excavación *f*
digit [dĭj'ĭt] *s.* ANAT dedo; MAT dígito
dig•i•tal [:ĭ-tl] *adj.* digital ■ **~ audio tape** cinta digital de audio; **~ camera** cámara digital; **~ cash** dinero digital; **~ certificate** certificado digital; **~ clock** reloj digital; **~ photography** fotografía digital; **~ signature** firma digital; **~ tape** cinta digital; **~ television** televisión digital; **~ video** video digital; **~ video camera** cámara de video digital; **~ zoom** zoom digital
dig•i•tal•is [dĭj'ĭ-tăl'ĭs] *s.* digitalina
dig•i•tal•ly [dĭj'ă-tlē'] *adv.* digitalmente
dig•i•tize [dĭj'ĭ-tīz'] *tr.* digitalizar
dig•i•tiz•er [dĭj'ĭ-tī'zər] *s.* digitalizador *m*
dig•i•ti•zing [dĭj'ĭ-tī'zĭng] *s.* digitalización *f*
dig•ni•fied [dĭg'nə-fīd'] *adj.* digno, decoroso
dig•ni•fy [:fī'] *tr.* dignificar
dig•ni•tar•y [dĭg'nĭ-ter'ē] *s.* dignatario
dig•ni•ty [dĭg'nĭ-tē] *s.* dignidad *f*
di•gress [dī-gres', dĭ-] *intr.* divagar
dike [dīk] *s.* dique *m*, represa
di•lap•i•dat•ed [dĭ-lăp'ĭ-dā'tĭd] *adj.* desvencijado
di•late [dī-lāt'] *tr.* & *intr.* dilatar(se)
di•la•tion [dī-lā'shən] *s.* dilatación *f*
dil•a•to•ry [dĭl'ə-tôr'ē] *adj.* dilatorio
di•lem•ma [dĭ-lem'ə, dī-] *s.* dilema *m*
dil•et•tante [dĭl'ĭ-tänt'] *s.* diletante *mf*
dil•i•gence [dĭl'ə-jəns] *s.* diligencia
dil•i•gent [dĭl'ə-jənt] *adj.* diligente
dill [dĭl] *s.* eneldo
dil•ly-dal•ly [:dăl'ē] *intr.* perder el tiempo
di•lute [dī-lo͞ot', dĭ-] ◇ *tr.* diluir ◇ *adj.* diluido

D

dim [dĭm] (**-mm-**) ◇ *adj.* [dark] oscuro; [lights] bajo, débil; [outline] borroso; [vision] turbio; [memory] vago; [person] de pocas luces ▪ **to take a ~ view of** ver de modo poco favorable ◇ *tr.* [room] oscurecer; [lights] bajar; (*intr.*) oscurecerse; [lights] perder intensidad; [outline, memory] borrarse

dime [dīm] *s.* EU moneda de diez centavos ▪ **~ store** tienda de baratijas

di•men•sion [dĭ-men′shən, dī-] *s.* dimensión *f*

di•min•ish [dĭ-mĭn′ĭsh] *tr.* & *intr.* disminuir

di•min•u•tive [dĭ-mĭn′yə-tĭv] ◇ *adj.* [tiny] diminuto; GRAM diminutivo ◇ *s.* diminutivo

dim•ple [dĭm′pəl] *s.* hoyuelo

dim•wit [dĭm′wĭt′] *s. jer* mentecato

din [dĭn] *s.* estrépito; [of a crowd] clamoreo

dine [dīn] *intr.* comer; [in the evening] cenar

din•er [dī′nər] *s.* comensal *mf*; FC vagón *m* restaurante; [restaurant] restaurante *m* popular

di•nette [dī-net′] *s.* comedor pequeño

ding-dong [dĭng′dông′] *s.* talán talán *m*

din•ghy [dĭng′ē] *s.* bote *m* (de remo o neumático)

din•gy [dĭn′jē] *adj.* (**-i-**) sórdido, sucio

din•ing [dī′nĭng] *adj.* ▪ **~ car** vagón restaurante; **~ hall** refectorio; **~ room** comedor

din•ky [dĭng′kē] *adj.* (**-i-**) *fam* diminuto

din•ner [dĭn′ər] *s.* cena; [at noon] comida (principal); [formal] banquete *m* ▪ **~ jacket** smoking

di•no•saur [dī′nə-sôr′] *s.* dinosaurio

dint [dĭnt] *s.* ▪ **by ~ of** a fuerza de

di•o•cese [dī′ə-sĭs] *s.* diócesis *f*

di•ode [dī′ōd′] *s.* diodo

di•ox•ide [dī-ŏk′sīd′] *s.* dióxido

di•ox•ine [dī-ŏk′sīn′] *s.* dioxina

dip [dĭp] ◇ *tr.* (**-pp-**) [to dunk] bañar, mojar; [to immerse] sumergir, meter; [to scoop] sacar; [to lower] inclinar, bajar; (*intr.*) [to plunge] sumergirse; [prices, road] bajar; [out of sight] hundirse; AVIA bajar en picado ▪ **to ~ into** [a subject] meterse en; [a book] hojear; [savings] echar mano a ◇ *s.* [immersion] inmersión *f*; [swim] chapuzón *m*; [liquid] baño; [slope, drop] bajada; [of magnetic needle] inclinación *f*; [hollow] depresión *f*; [in a road] badén *m*; CUL salsa; AVIA bajón *m* ▪ **to take a ~** darse un chapuzón

diph•the•ri•a [dĭf-thîr′ē-ə, dĭp-] *s.* difteria

diph•thong [dĭf′thông′, dĭp′-] *s.* diptongo

di•plo•ma [dĭ-plō′mə] *s.* diploma *m*

di•plo•ma•cy [dĭ-plō′mə-sē] *s.* diplomacia

dip•lo•mat [dĭp′lə-măt′] *s.* diplomático

dip•lo•mat•ic [′-′ĭk] *adj.* diplomático

dip•per [dĭp′ər] *s.* cazo, cucharón *m*

dip•stick [:stĭk′] *s.* indicador *m* de nivel

dire [dīr] *adj.* terrible, espantoso; [extreme] extremo ▪ **to be in ~ need of** necesitar urgentemente

di•rect [dĭ-rekt′, dī-] ◇ *tr.* dirigir; [to order] ordenar ▪ **to ~ one's attention to** fijarse en ◇ *adj.* directo; [candid] franco ▪ **~ access** COMPUT acceso directo; **~ debit** débito directo; **the ~ opposite** exactamente lo contrario ◇ *adv.* directamente

di•rec•tion [dĭ-rek′shən, dī-] ◇ *s.* dirección *f*; [order] orden *f* ◇ *pl.* instrucciones

di•rec•tive [:tĭv] *s.* directiva

di•rect•ly [dĭ-rekt′lē, dī-] *adv.* directamente; [immediately] inmediatamente

di•rec•tor [dĭ-rek′tər, dī-] *s.* director *m*

dir•ec•tor•ship [:shĭp′] *s.* dirección *f*

di•rec•tor•ate [:ĭt] *s.* directorio, dirección *f*

di•rec•to•ry [dĭ-rek′tə-rē] *s.* guía telefónica; COMPUT directorio ▪ **~ assistance** información telefónica

dirge [dûrj] *s.* endecha, canto fúnebre

dirt [dûrt] *s.* tierra; [grime] mugre *f*; [filth] suciedad *f*; [gossip] chisme *m*; [smut] porquería ▪ **to treat like ~** tratar como un trapo

dirt-cheap [′chēp′] *adj.* & *adv. fam* baratísimo, tirado

dirt•y [dûr′tē] ◇ *adj.* (**-i-**) sucio; [joke] verde; [language] grosero; [weather] asqueroso, malo ▪ **~ language** groserías; **~ trick** mala jugada; **~ word** taco; **~ work** trabajo pesado OR desagradable; **to give a ~ look** mirar con mala cara ◇ *tr.* & *intr.* ensuciar(se), manchar(se)

dis•a•bil•i•ty [dĭs′ə-bĭl′ĭ-tē] *s.* incapacidad *f*; [handicap] invalidez *f*, discapacidad *f*

dis•a•ble [dĭs-ā′bəl] *tr.* incapacitar; [to cripple] lisiar

dis•a•bled [:bəld] *adj.* incapacitado; [crippled] inválido, discapacitado; [vehicle] averiado

dis•a•buse [dĭs′ə-byōōz′] *tr.* desengañar

dis•ad•van•tage [dĭs′əd-văn′tĭj] *s.* desventaja, inconveniente *m* ▪ **to be/put at a ~** estar/poner en situación desventajosa; **to the ~ of** en detrimento de

dis•ad•van•taged [:tĭjd] *adj.* desfavorecido

dis•ad•van•ta•geous [dĭs-ăd′vən-tā′jəs] *adj.* desventajoso, desfavorable

dis•af•fect•ed [:fek′tĭd] *adj.* desafecto

dis•af•fec•tion [:shən] *s.* desafección *f*

dis•a•gree [dĭs′ə-grē′] *intr.* no estar de acuerdo, estar en desacuerdo; [food] sentar mal; [to quarrel] reñir

dis•a•gree•a•ble [:ə-bəl] *adj.* desagradable

dis•a•gree•ment [:mənt] *s.* desacuerdo; [quarrel] riña

dis•al•low [dĭs′ə-lou′] *tr.* prohibir; DEP anular

dis•ap•pear [dĭs′ə-pîr′] *intr.* desaparecer

dis•ap•pear•ance [:əns] *s.* desaparición *f*

dis•ap•point [dĭs′ə-point′] *tr.* decepcionar, desilusionar; [to fail to please] defraudar

dis•ap•point•ed [:poin′tĭd] *adj.* decepcionado; [a lover] desengañado

dis•ap•point•ing [:tĭng] *adj.* decepcionante

dis•ap•point•ment [dĭs′ə-point′mənt] *s.* desilusión *f*, decepción *f*; [in love] desengaño

dis•ap•prov•al [dĭs′ə-prōō′vəl] *s.* desaprobación *f*

dis•ap•prove [dĭs′ə-prōōv′] *tr.* desaprobar; (*intr.*) ▪ **to ~ of** no ver con buenos ojos

dis•arm [dĭs-ärm′] *tr.* & *intr.* desarmar(se)

dis•ar•ma•ment [:är′mə-mənt] *s.* desarme *m*

dis•arm•ing [dĭs-är′mĭng] *adj.* cautivante

dis•ar•ray [dĭs′ə-rā′] ◇ *s.* desarreglo, desorden *m*; [clothing] desaliño ◇ *tr.* desarreglar

dis•as•sem•ble [dĭs′ə-sem′bəl] *tr.* desmontar

dis•as•ter [dĭ-zăs′tər] *s.* desastre *m*

dis•as•trous [:trəs] *adj.* desastroso

dis•a•vow [dĭs′ə-vou′] *tr.* desconocer

dis•a•vow•al [:əl] *s.* negación *f*, repudio

dis•band [dĭs-bănd′] *tr.* & *intr.* dispersar(se)

dis•bar [dĭs-bär′] *tr.* (**-rr-**) excluir del foro

dis•be•lief [dĭs′bĭ-lēf′] *s.* incredulidad *f*

dis•be•lieve [:lēv′] *tr.* no creer; (*intr.*) ser incrédulo

dis•burse [dĭs-bûrs′] *tr.* desembolsar

dis•burse•ment [:mənt] *s.* desembolso

disc [dĭsk] = **disk**

dis•card ◇ *tr.* [dĭs-kärd′] descartar; [clothing, books] desechar; (*intr.*) descartarse ◇ *s.* descarte *m*
dis•cern [dĭ-sûrn′] *tr.* discernir; [to perceive] percibir; (*intr.*) hacer distinciones
dis•cern•ing [dĭ-sûr′nĭng] *adj.* perspicaz
dis•cern•ment [dĭ-sûrn′mənt] *s.* discernimiento
dis•charge ◇ *tr.* [dĭs-chärj′] descargar; [soldiers] licenciar; [patients] dar de alta; [employees] despedir; [pus] arrojar; [duty] desempeñar, ejecutar; [promise] cumplir (con); [debt] saldar; [prisoner] librar; (*intr.*) [river, pipe] descargar; ELEC descargarse ◇ *s.* [′] descarga; [emission] escape *m*; [secretion] secreción *f*; [flow] flujo; [of duty] desempeño; [from hospital] alta; [of soldiers] licenciamiento
dis•ci•ple [dĭ-sī′pəl] *s.* discípulo
dis•ci•pli•nar•y [dĭs′ə-plə-ner′ē] *adj.* disciplinario
dis•ci•pline [dĭs′ə-plĭn] ◇ *s.* disciplina; [punishment] castigo ◇ *tr.* disciplinar; [to punish] castigar
dis•claim [dĭs-klām′] *tr.* desconocer, denegar
dis•claim•er [dĭs-klā′mər] *s.* denegación *f*, repudio
dis•close [dĭ-sklōz′] *tr.* divulgar, revelar
dis•clo•sure [dĭ-sklō′zhər] *s.* divulgación *f*
disc•man® [dĭsk′mən′] *s.* discman® *m*
dis•co [dĭs′kō′] *s.* (baile *m* de) discoteca
dis•col•or [dĭs-kŭl′ər] *tr.* descolorar, desteñir
dis•com•bob•u•late [dĭs′kəm-bŏb′yə-lāt′] *tr. fam* confundir, trastornar
dis•com•fit [dĭs-kŭm′fĭt] *tr.* [to thwart] frustrar; [to disconcert] desconcertar
dis•com•fi•ture [:fĭ-chŏŏr′] *s.* frustración *f*
dis•com•fort [dĭs-kŭm′fərt] ◇ *s.* molestia, malestar *m* ◇ *tr.* molestar
dis•com•po•sure [:pō′zhər] *s.* agitación *f*
dis•con•cert [dĭs′kən-sûrt′] *tr.* desconcertar
dis•con•nect [dĭs′kə-nekt′] *tr.* separar; ELEC & TEL desconectar
dis•con•nect•ed [:nek′tĭd] *adj.* desconectado; [unrelated] sin relación; [illogical] inconexo
dis•con•so•late [dĭs-kŏn′sə-lĭt] *adj.* desconsolado
dis•con•tent [dĭs′kən-tent′] *adj.* & *s.* descontento
dis•con•tent•ed [:ten′tĭd] *adj.* descontento
dis•con•tin•ue [dĭs′kən-tĭn′yōō] *tr.* discontinuar, suspender
dis•con•tin•u•ous [:əs] *adj.* discontinuo
dis•cord [dĭs′kôrd′] *s.* discordia; MÚS disonancia
dis•cor•dant [dĭ-skôr′dnt] *adj.* discorde
dis•co•theque/thèque [dĭs′kə-tek′] *s.* discoteca
dis•count [dĭs′kount′] ◇ *tr.* descontar ◇ *s.* descuento, rebaja ▪ ~ **rate** tasa de descuento; ~ **store** tienda de rebajas
dis•cour•age [dĭ-skûr′ĭj] *tr.* desanimar, desalentar; [to hinder] no fomentar, impedir ▪ **to** ~ **from** disuadir OR recomendar que no
dis•cour•age•ment [:ĭj-mənt] *s.* desaliento, desánimo
dis•cour•ag•ing [:ə-jĭng] *adj.* desalentador
dis•course ◇ *s.* [dĭs′kôs′] discurso; [conversation] plática ◇ *intr.* [dĭ-skôrs′] conversar ▪ **to** ~ **on** disertar sobre
dis•cour•te•ous [dĭs-kûr′tē-əs] *adj.* descortés
dis•cov•er [dĭ-skŭv′ər] *tr.* descubrir; [to realize] darse cuenta de
dis•cov•er•er [:ər] *s.* descubridor *m*
dis•cov•er•y [dĭ-skŭv′ə-rē] *s.* descubrimiento
dis•cred•it [dĭs-kred′ĭt] ◇ *tr.* [to disbelieve] no dar crédito a; [to disparage] desprestigiar, desacreditar ◇ *s.* desprestigio, descrédito ▪ **to be a** ~ **to** deshonrar a; **to be to the** ~ **of** ir en descrédito de
dis•creet [dĭ-skrēt′] *adj.* discreto
dis•crep•an•cy [dĭ-skrep′ən-sē] *s.* discrepancia
dis•crete [dĭ-skrēt′] *adj.* separado, inconexo
dis•cre•tion [dĭ-skresh′ən] *s.* discreción *f* ▪ **at the** ~ **of** a juicio de, según el deseo de
dis•cre•tion•ar•y [:ə-ner′ē] *adj.* discrecional
dis•crim•i•nate [dĭ-skrĭm′ə-nāt′] *intr.* & *tr.* discriminar (**against** en contra de, **from** de)
dis•crim•i•nat•ing [:nā′tĭng] *adj.* discerniente
dis•crim•i•na•tion [-′-nā′shən] *s.* [prejudice] discriminación *f*; [perception] discernimiento; [distinction] distinción *f*
dis•crim•i•na•to•ry [-′-nə-tôr′ē] *adj.* [biased] discriminatorio; [selective] exigente
dis•cus [dĭs′kəs] *s.* disco
dis•cuss [dĭ-skŭs′] *tr.* [to talk over] hablar de OR sobre; [formally] discutir, tratar
dis•cus•sion [dĭ-skŭsh′ən] *s.* [conversation] discusión *f*; [discourse] disertación *f* ▪ ~ **group** COMPUT grupo de discusión; ~ **list** COMPUT lista de discusión; **to be under** ~ estar en discusión
dis•dain [dĭs-dān′] ◇ *tr.* desdeñar, menospreciar ▪ **to** ~ **to** no dignarse a ◇ *s.* desdén *m*, menosprecio
dis•dain•ful [:fəl] *adj.* desdeñoso
dis•ease [dĭ-zēz′] *s.* enfermedad *f*
dis•eased [dĭ-zēzd′] *adj.* enfermo
dis•em•bark [dĭs′em-bärk′] *tr.* & *intr.* desembarcar
dis•em•bod•ied [dĭs′em-bŏd′ēd] *adj.* incorpóreo
dis•em•bow•el [dĭs′em-bou′əl] *tr.* desentrañar
dis•en•chant [dĭs′en-chănt′] *tr.* desencantar
dis•en•chant•ment [:mənt] *s.* desencanto
dis•en•fran•chise [dĭs′en-frăn′chīz′] *tr.* privar de derechos civiles
dis•en•gage [dĭs′en-gāj′] *tr.* & *intr.* [to uncouple] desenganchar(se); [gears] desengranar(se); MIL retirar(se); AUTO desembragar(se)
dis•en•gaged [:gājd′] *adj.* [free] desembarazado, libre; AUTO desembragado
dis•en•tan•gle [dĭs′en-tăng′gəl] *tr.* & *intr.* desenredar(se), desenmarañar(se)
dis•fa•vor [dĭs-fā′vər] ◇ *s.* desaprobación *f* ▪ **to fall into** ~ caer en desgracia ◇ *tr.* desfavorecer, desaprobar
dis•fig•ure [dĭs-fĭg′yər] *tr.* desfigurar, afear
dis•gorge [dĭs-gôrj′] *tr.* vomitar
dis•grace [dĭs-grās′] ◇ *s.* deshonra; [ignominy] ignominia ◇ *tr.* deshonrar
dis•grace•ful [:fəl] *adj.* vergonzoso
dis•grun•tled [dĭs-grŭn′tld] *adj.* disgustado
dis•guise [dĭs-gīz′] ◇ *s.* disfraz *m* ◇ *tr.* disfrazar
dis•gust [dĭs-gŭst′] ◇ *tr.* repugnar, asquear ◇ *s.* repugnancia
dis•gust•ed [:gŭs′tĭd] *adj.* asqueado, repugnado
dis•gust•ing [:tĭng] *adj.* repugnante, asqueroso
dish [dĭsh] ◇ *s.* plato; RAD & TELEV disco (de antena) ◇ *tr.* ▪ **to** ~ **out** [food] servir; [advice, abuse] repartir, dar
dis•har•mo•ny [dĭs-här′mə-nē] *s.* discordia
dis•heart•en [dĭs-här′tn] *tr.* desanimar, desalentar
di•shev•el(l)ed [dĭ-shev′əld] *adj.* desaliñado

dis•hon•est [dĭs-ŏn'ĭst] *adj.* deshonesto, deshonrado; [dealings] fraudulento
dis•hon•es•ty [:ĭ-stē] *s.* falta de honradez; [fraud] fraude *m*
dis•hon•or [:ər] ◇ *s.* deshonra; [shame] vergüenza ◇ *tr.* deshonrar; COM rechazar
dis•hon•or•a•ble [:ə-bəl] *adj.* deshonroso
dish•rag [dĭsh'răg'] *s.* trapo de fregar
dish•wash•er [:wŏsh'ər] *s.* lavaplatos *m*
dis•il•lu•sion [dĭs'ĭ-lo͞o'zhən] ◇ *tr.* desilusionar ◇ *s.* desilusión *f*
dis•il•lu•sion•ment [:mənt] *s.* desilusión *f*
dis•in•cen•tive [dĭs'ĭn-sen'tĭv] *s.* falta de incentivo
dis•in•clined [dĭs'ĭn-klīnd'] *adj.* maldispuesto
dis•in•fect [dĭs'ĭn-fekt'] *tr.* desinfectar
dis•in•fec•tant [:fek'tənt] *s.* & *adj.* desinfectante *m*
dis•in•for•ma•tion [dĭs-ĭn'fər-mā'shən] *s.* información incorrecta (para despistar)
dis•in•gen•u•ous [dĭs'ĭn-jen'yo͞o-əs] *adj.* insincero, falso
dis•in•her•it [dĭs'ĭn-her'ĭt] *tr.* desheredar
dis•in•te•grate [dĭs-ĭn'tĭ-grāt'] *tr.* & *intr.* desintegrar(se)
dis•in•ter [dĭs'ĭn-tûr'] *tr.* (-rr-) desenterrar
dis•in•ter•est [dĭs-ĭn'tər-ĭst] *s.* desinterés *m*
dis•in•ter•est•ed [:trĭ-stĭd] *adj.* [impartial] desinteresado; [indifferent] indiferente
dis•in•vest•ment [dĭs'ĭn-vest'mənt] *s.* disminución *f* del capital invertido
dis•joint•ed [dĭs-join'tĭd] *adj.* desarticulado; [incoherent] incoherente, inconexo
dis•junc•tion [dĭs-jŭngk'shən] *s.* disyunción *f*
disk [dĭsk] *s.* disco ▪ ~ **jockey** pinchadiscos *m*
disk•ette [dĭ-sket'] *s.* disco
dis•like [dĭs-līk'] ◇ *tr.* tener aversión a, no gustarle a uno ◇ *s.* antipatía, aversión *f*
dis•lik(e)•a•ble [dĭs-lī'kə-bəl] *adj.* antipático
dis•lo•cate [dĭs'lō-kāt'] *tr.* dislocar; *fig* trastornar, desarreglar
dis•lo•ca•tion ['-kā'shən] *s.* dislocación *f*
dis•lodge [dĭs-lŏj'] *tr.* desalojar, echar fuera
dis•loy•al [dĭs-loi'əl] *adj.* desleal
dis•loy•al•ty [:tē] *s.* deslealtad *f*
dis•mal [dĭz'məl] *adj.* triste, deprimente
dis•man•tle [dĭs-măn'tl] *tr.* [to tear down] desmantelar; [to disassemble] desarmar
dis•may [dĭs-mā'] ◇ *tr.* [to upset] consternar; [to dishearten] desalentar ◇ *s.* consternación *f*, desaliento
dis•mem•ber [dĭs-mem'bər] *tr.* desmembrar
dis•miss [dĭs-mĭs'] *tr.* dar permiso para salir; [employee] despedir; [officials] destituir; [doubt] alejar; [claim] desestimar
dis•miss•al [:əl] *s.* [employee] despido; [official] destitución *f*; [idea] abandono; DER desestimación *f* ▪ ~ **without compensation** despido libre
dis•mount [dĭs-mount'] *tr.* & *intr.* desmontar(se)
dis•o•be•di•ent [dĭs'ə-bē'dē-ənt] *adj.* desobediente
dis•o•bey [dĭs'ə-bā'] *tr.* & *intr.* desobedecer
dis•or•der [dĭs-ôr'dər] ◇ *s.* desorden *m*; MED trastorno ◇ *tr.* desordenar; MED trastornar
dis•or•der•ly [:lē] *adj.* desordenado; [unruly] alborotador ▪ ~ **conduct** conducta escandalosa
dis•or•gan•ize [dĭs-ôr'gə-nīz'] *tr.* desorganizar
dis•o•ri•ent [dĭs-ôr'ē-ent'] *tr.* desorientar
dis•own [dĭs-ōn'] *tr.* repudiar
dis•par•age [dĭ-spăr'ĭj] *tr.* menospreciar
dis•par•ag•ing [:ĭ-jĭng] *adj.* menospreciativo
dis•pa•rate [dĭs'pər-ĭt] *adj.* dispar, distinto
dis•par•i•ty [dĭ-spăr'ĭ-tē] *s.* disparidad *f*
dis•pas•sion•ate [dĭs-păsh'ə-nĭt] *adj.* desapasionado; [unbiased] imparcial
dis•patch [dĭ-spăch'] ◇ *tr.* despachar ◇ *s.* despacho; [speed] diligencia
dis•pel [dĭ-spel'] *tr.* (-ll-) disipar
dis•pen•sa•ble [dĭ-spen'sə-bəl] *adj.* prescindible
dis•pen•sa•ry [dĭ-spen'sə-rē] *s.* dispensario
dis•pen•sa•tion [dĭs'pən-sā'shən] *s.* reparto, distribución *f*; [exemption] dispensa
dis•pense [dĭ-spens'] *tr.* dispensar
dis•per•sal [dĭ-spûr'səl] *s.* dispersión *f*
dis•perse [dĭ-spûrs'] *tr.* & *intr.* dispersar(se)
di•spir•it•ed [dĭ-spĭr'ĭ-tĭd] *adj.* desalentado
dis•place [dĭs-plās'] *tr.* desplazar; [to supplant] sustituir, suplantar ▪ **displaced person** desplazado, persona expatriada
dis•place•ment [:mənt] *s.* desplazamiento; [substitution] reemplazo, sustitución *f*
dis•play [dĭ-splā'] ◇ *tr.* exhibir, mostrar; [to show off] ostentar; [to unfurl] desplegar ◇ *s.* exhibición *f*; [show] despliegue *m*; [ostentation] ostentación *f*; COMPUT pantalla
dis•please [dĭs-plēz'] *tr.* & *intr.* desagradar
dis•pleas•ing [:plē'zĭng] *adj.* desagradable
dis•pleas•ure [:plezh'ər] *s.* desagrado
dis•pos•a•ble [dĭ-spō'zə-bəl] *adj.* [available] disponible; [discardable] desechable
dis•pos•al [:zəl] *s.* disposición *f*; [of waste] eliminación *f*; [sale] venta ▪ **at your** ~ a su disposición
dis•pose [dĭ-spōz'] *tr.* disponer; [to incline] volver propenso a ▪ **to** ~ **of** [property, business] vender; [waste] eliminar
dis•posed [dĭ-spōzd'] *adj.* dispuesto
dis•po•si•tion [dĭs'pə-zĭsh'ən] *s.* disposición *f*; [tendency] predisposición *f*
dis•pos•sess [dĭs'pə-zes'] *tr.* desposeer
dis•pro•por•tion•ate [dĭs'prə-pôr'shə-nĭt] *adj.* desproporcionado
dis•prove [dĭs-pro͞ov'] *tr.* refutar
dis•pute [dĭ-spyo͞ot'] ◇ *tr.* disputar; [to doubt] cuestionar; [in court] litigar, contender; (*intr.*) disputar, discutir; [to quarrel] pelear ◇ *s.* [debate] disputa; [conflict] conflicto; [quarrel] pelea
dis•qual•i•fi•ca•tion [dĭs-kwŏl'ə-fĭ-kā'shən] *s.* descalificación *f*; [unfitness] incapacidad *f*
dis•qual•i•fy [dĭs-kwŏl'ə-fī'] *tr.* descalificar; [to render unfit] inhabilitar
dis•qui•et [dĭs-kwī'ĭt] ◇ *tr.* inquietar ◇ *s.* inquietud *f*
dis•re•gard [dĭs'rĭ-gärd'] ◇ *tr.* no hacer caso de, desatender ◇ *s.* desatención *f*, negligencia
dis•re•pair [dĭs'rĭ-pâr'] *s.* mal estado ▪ **to fall into** ~ [machinery] descomponerse; [a house] caer en ruina
dis•rep•u•ta•ble [dĭs-rep'yə-tə-bəl] *adj.* de mala fama
dis•re•pute [dĭs'rĭ-pyo͞ot'] *s.* mala fama ▪ **to bring (fall) into** ~ desprestigiar(se)
dis•re•spect [dĭs'rĭ-spekt'] ◇ *s.* falta de respeto, descortesía ◇ *tr.* faltar el respeto
dis•re•spect•ful [:fəl] *adj.* irrespetuoso

dis•robe [dĭs-rōb′] *tr.* & *intr.* desvestir(se)
dis•rupt [dĭs-rŭpt′] *tr.* [to upset] perturbar; [to interrupt] interrumpir; [to rupture] romper
dis•rup•tion [dĭs-rŭp′shən] *s.* [upset] perturbación *f;* [interruption] interrupción *f;* [rupture] rompimiento
dis•rup•tive [:tĭv] *adj.* [upsetting] perturbador; [interfering] interruptor, obstructor
dis•sat•is•fac•tion [dĭs-săt′ĭs-făk′shən] *s.* insatisfacción *f,* descontento
dis•sat•is•fy [dĭs-săt′ĭs-fī′] *tr.* no contentar
dis•sect [dĭ-sekt′, dī-] *tr.* disecar
dis•sec•tion [dĭ-sek′shən, dī-] *s.* disección *f*
dis•sem•ble [dĭ-sem′bəl] *tr.* & *intr.* disimular
dis•sem•i•nate [dĭ-sem′ə-nāt′] *tr.* & *intr.* diseminar(se)
dis•sent [dĭ-sent′] ◇ *intr.* disentir ◇ *s.* disención *f;* RELIG disidencia
dis•ser•ta•tion [dĭs′ər-tā′shən] *s.* [discourse] disertación *f;* [thesis] tesis *f*
dis•ser•vice [dĭs-sûr′vĭs] *s.* perjuicio ▪ **to do someone a ~** perjudicar a alguien
dis•si•dent [dĭs′ĭ-dnt] *adj.* & *s.* disidente *mf*
dis•sim•i•lar [dĭ-sĭm′ə-lər] *adj.* distinto
dis•sim•u•late [:yə-lāt′] *tr.* & *intr.* disimular
dis•si•pate [dĭs′ə-pāt′] *tr.* & *intr.* disipar(se)
dis•si•pat•ed [:pā′tĭd] *adj.* disipado
dis•so•ci•ate [dĭ-sō′shē-āt′] *tr.* disociar ▪ **to ~ oneself from** disociarse de
dis•so•lute [dĭs′ə-lo͞ot′] *adj.* disoluto, disipado
dis•so•lu•tion [′-lo͞o′shən] *s.* disolución *f*
dis•solve [dĭ-zŏlv′] *tr.* & *intr.* disolver(se) ▪ **to ~ in tears** deshacerse en lágrimas
dis•so•nant [dĭs′ə-nənt] *adj.* disonante
dis•suade [dĭ-swād′] *tr.* disuadir
dis•taff [dĭs′-tăf′] *s.* [staff] rueca; [women] las mujeres ▪ **~ side** línea femenina
dis•tance [dĭs′təns] ◇ *s.* distancia; [range] alcance *m;* [stretch] trecho, tirada; [coolness] frialdad *f,* reserva ▪ **a good ~ away** bastante lejos; **at** OR **from a ~** desde lejos; **in the ~** a lo lejos; **to keep one's ~** guardar las distancias; **within walking ~** suficientemente cerca como para ir andando ◇ *tr.* alejar, distanciar
dis•tant [dĭs′tənt] *adj.* distante, alejado; [in relationship] lejano; [aloof] reservado, frío
dis•taste [dĭs-tāst′] *s.* aversión *f*
dis•taste•ful [:fəl] *adj.* desagradable
dis•tem•per [dĭs-tem′pər] *s.* moquillo
dis•tend [dĭ-stend′] *tr.* & *intr.* [to expand] distender(se); [to swell] hinchar(se)
dis•ten•tion/sion [dĭ-sten′shən] *s.* [expansion] distensión *f;* [swelling] hinchazón *f*
dis•till [dĭ-stĭl′] *tr.* & *intr.* destilar
dis•tilled wa•ter [dĭ-stĭld′wôtər] *s.* agua destilada
dis•till•er•y [dĭ-stĭl′ə-rē] *s.* destilería
dis•tinct [dĭ-stĭngkt′] *adj.* distinto; [clear] claro; [unquestionable] marcado, indudable
dis•tinc•tion [dĭ-stĭngk′shən] *s.* distinción *f* ▪ **to gain ~** distinguirse; **with ~** con mérito
dis•tinc•tive [:tĭv] *adj.* distintivo
dis•tin•guish [dĭ-stĭng′gwĭsh] *tr.* & *intr.* distinguir ▪ **to ~ oneself** distinguirse
dis•tin•guish•a•ble [:gwĭ-shə-bəl] *adj.* distinguible
dis•tin•guished [:gwĭsht] *adj.* distinguido
dis•tort [dĭ-stôrt′] *tr.* [to contort] distorsionar; [to misrepresent] tergiversar, alterar
dis•tor•tion [dĭ-stôr′shən] *s.* distorsión *f;* [misrepresentation] tergiversación *f,* alteración *f*
dis•tract [dĭ-străkt′] *tr.* distraer; [to bewilder] aturdir, turbar
dis•trac•tion [dĭ-străk′shən] *s.* distracción *f;* [frenzy] frenesí *m*
dis•traught [dĭ-strôt′] *adj.* [worried] aturdido, turbado; [crazed] desequilibrado
dis•tress [dĭ-stres′] ◇ *s.* [suffering] aflicción *f,* pena; [anxiety] ansiedad *f;* [need] apuro; [danger] peligro ◇ *tr.* afligir
dis•tressed [dĭ-strest′] *adj.* afligido, angustiado; [in danger] en peligro; [in need] en apuros
dis•trib•ute [dĭ-strĭb′yo͞ot] *tr.* distribuir
dis•tri•bu•tion [dĭs′trə-byo͞o′shən] *s.* distribución *f,* reparto
dis•trib•u•tor [dĭ-strĭb′yə-tər] *s.* distribuidor *m*
dis•trict [dĭs′trĭkt] *s.* región *f,* comarca; [of a city] zona, barrio; POL distrito, partido ▪ **~ attorney** fiscal; **~ court** tribunal federal
dis•trust [dĭs-trŭst] ◇ *s.* desconfianza, recelo ◇ *tr.* desconfiar de, sospechar
dis•trust•ful [:fəl] *adj.* desconfiado
dis•turb [dĭ-stûrb′] *tr.* [to alter] perturbar; [to upset] turbar, trastornar; [to interrupt] interrumpir; [to bother] molestar; [to disarrange] desordenar; PSIC desequilibrar ▪ **do not ~** no molestar
dis•tur•bance [dĭ-stûr′bəns] *s.* perturbación *f;* [worry] trastorno; [interruption] interrupción *f;* [bother] molestia; [disorder] desorden *m;* [riot] disturbio; PSIC desequilibrio
dis•use [dĭs-yo͞os′] *s.* desuso
ditch [dĭch] ◇ *s.* [trench] zanja; [for irrigation] acequia; [for drainage] canal *m;* [of a road] cuneta ◇ *tr.* cavar zanjas en; *fam* [to discard] abandonar
dith•er [dĭ*th*′ər] *s.* ▪ **to be in a ~** estar muy nervioso
dit•to [dĭt′ō] ◇ *s.* ídem *m;* [copy] copia, duplicado ◇ *adv.* ídem ◇ *tr.* sacar un duplicado de
dit•ty [dĭt′ē] *s.* cancioncita
di•van [dĭ-văn′] *s.* diván *m*
dive [dīv] ◇ *intr.* (**-d** OR **dove, -d**) [headfirst] zambullirse (de cabeza); DEP saltar; [submarine] sumergirse; [scuba] bucear; [airplane] bajar en picado; [to plummet] caer a plomo; *fig* lanzarse, meterse de lleno ◇ *s.* [headfirst] zambullida; DEP salto; [of plane] picado; [of submarine] sumersión *f;* [drop] caída, baja; *jer* [bar] garito
dive-bomb [′bŏm′] *tr.* bombardear en picada
div•er [dī′vər] *s.* DEP saltador *m* (de trampolín); [underwater] buzo, buceador *m*
di•verge [dĭ-vûrj′, dī-] *intr.* divergir
di•ver•gent [dĭ-vûr′jənt, dī-] *adj.* divergente
di•verse [dĭ-vûrs′, dī-] *adj.* diverso; [varied] variado
di•ver•si•fy [dĭ-vûr′sə-fī′, dī-] *tr.* & *intr.* diversificar(se)
di•ver•sion [dĭ-vûr′zhən, dī-] *s.* diversión *f;* [detour] desviación *f*
di•ver•si•ty [:sĭ-tē] *s.* diversidad *f,* variedad *f*
di•vert [dĭ-vûrt′, dī-] *tr.* divertir; [to turn aside] desviar
di•vest [dĭ-vest′, dī-] *tr.* despojar, desposeer
di•ves•ti•ture [dĭ-ves′tĭ-chər] *s.* despojo, desposeimiento
di•vide [dĭ-vīd′] ◇ *tr.* & *intr.* dividir(se) ▪ **to ~ up** [to

apportion] repartir; [to separate] dividir(se) ◇ *s.* divisoria, división *f*

di•vid•ed [dĭ-vī′dĭd] *adj.* dividido; BOT seccionado ▪ ~ **highway** carretera con barrera divisoria

div•i•dend [dĭv′ĭ-dend′] *s.* dividendo

di•vid•er [dĭ-vī′dər] ◇ *s.* divisor *m*; [partition] separación *f* ◇ *pl.* compás de punta seca

di•vine[1] [dĭ-vīn′] ◇ *adj.* (**-er, -est**) divino ◇ *s.* clérigo

di•vine[2] *tr.* & *intr.* adivinar

div•ing [dī′vĭng] *s.* DEP salto; [scuba] buceo ▪ ~ **board** trampolín; ~ **suit** escafandra

di•vin•i•ty [dĭ-vĭn′ĭ-tē] *s.* divinidad *f*; [theology] teología ▪ **Divinity** Dios

di•vi•sion [dĭ-vĭzh′ən] *s.* división *f*; [section] sección *f*, departamento

di•vi•sive [dĭ-vī′sĭv] *adj.* divisivo

di•vorce [dĭ-vôrs′] ◇ *s.* divorcio ◇ *tr.* [things, couple] divorciar; [a spouse] divorciarse de

di•vor•cé [dĭ-vor′sā′, :sē′] *s.* divorciado ▪ **divorcée** divorciada

di•vulge [dĭ-vŭlj′] *tr.* divulgar

diz•zi•ness [dĭz′ē-nĭs] *s.* vértigo, mareo

diz•zy [dĭz′ē] ◇ *adj.* (**-i-**) [giddy] mareado; [bewildered] aturdido; [speed, height] vertiginoso; *fam* [foolish] bobo ◇ *tr.* marear, dar vértigo

do [do͞o] ◇ *tr.* (**did, done**) hacer; [one's duty] cumplir con; [to wash] limpiar; [the dishes] fregar; [one's hair, nails] arreglarse; [justice, homage] rendir; [to work as] dedicarse a; [to prepare] preparar; [to cook] cocinar; [to work on] trabajar en; [to tour] recorrer; [to decorate] decorar; *jer* [drugs] tomar, usar ▪ **to do again** volver a hacer, hacer de nuevo; **to do away with** [to eliminate] eliminar; [to abolish] abolir; *fam* [to kill] matar; **to do for** servir de, hacer el papel de; **to do in** *jer* [to kill] liquidar; [to ruin] arruinar; [to exhaust] agotar; **to do over** [to do again] volver a hacer; *fam* [to redecorate] redecorar; **to do up** [laces] atarse; [buttons] abrocharse; *fam* [to do with style] hacer con estilo; **to do with** [to get along on] conformarse con; **I could do with a cup of coffee** me vendría muy bien una taza de café; **what can I do for you?** ¿en qué puedo servirle?; (*intr.*) [to behave] conducirse, comportarse; [to perform] obrar, actuar; [to get along] andar, irle a uno; [to feel] encontrarse, sentirse; [to serve the purpose] servir ▪ **how do you do?** ¿cómo está usted?; **nothing doing!** *jer* ¡nada de eso!, ¡ni hablar!; **that will do!** ¡basta ya!; **that will never do** OR **that won't do** [it is improper] eso no se hace; [it is unsuitable] eso no conviene; **he's doing badly** le va mal; **to do or die** vencer o morir; (*aux.*) [interrogative]: **do you think it's funny?** ¿crees que es gracioso?; [negative]: **I don't know** no sé; [emphatic]: **do behave** pórtate bien; [substitute]: **do you understand me? Yes, I do** ¿me entiendes? sí ◇ *s.* (*pl* **s** OR **'s**) [party] fiesta; [hairdo] peinado ▪ **the do's and don'ts** lo que se debe y lo que no se debe hacer

doc•ile [dŏs′əl, :īl′] *adj.* dócil

dock[1] [dŏk] ◇ *s.* [wharf] muelle *m*, embarcadero; [for trucks, trains] andén *m* ◇ *tr.* & *intr.* [ship] (hacer) atracar al muelle; [spacecraft] acoplar(se)

dock[2] *tr.* VET cercenar (la cola); [to deduct] descontar (de un salario)

dock[3] *s.* [in court] banquillo del acusado

dock•et [dŏk′ĭt] *s.* [agenda] agenda; DER sumario de causas

dock•hand [dŏk′hănd′] *s.* estibador *m*

dock•work•er [:wûr′kər] *s.* estibador *m*

dock•yard [:yärd′] *s.* astillero

doc•tor [dŏk′tər] ◇ *s.* médico, doctor *m*; EDUC doctor ◇ *tr.* [to treat] tratar, atender; [to repair] remendar; [to falsify] adulterar

doc•tor•ate [:ĭt] *s.* doctorado

doc•tri•naire [dŏk′trə-nâr′] *s.* & *adj.* doctrinario

doc•trine [dŏk′trĭn] *s.* doctrina

doc•u•ment [dŏk′yə-mənt] ◇ *s.* documento ▪ ~ **shredder** trituradora de papel ◇ *tr.* documentar, probar con documentos

doc•u•men•ta•ry [′-men′tə-rē] *adj.* & *s.* documental *m*

dod•der•ing [dŏd′ər-ĭng] *adj.* senil

dodge [dŏj] ◇ *tr.* esquivar; [by cunning] evadir, eludir; (*intr.*) echarse a un lado ◇ *s.* regate *m*

doe [dō] *s.* (*pl* **inv.** OR **s**) gama

does [dŭz] *tercera persona sg. de* **do**

doe•skin [dō′skĭn′] *s.* piel *f* de gamo, ante *m*

doff [dôf] *tr.* quitarse

dog [dôg] ◇ *s.* perro; [scoundrel] canalla *mf*; *fam* [fellow] tipo; [fiasco] bomba, desastre *m* ▪ ~ **days** canícula ◇ *pl.* *jer* pies *m*, patas ◇ *tr.* (**-gg-**) perseguir, seguir

dog-eat-dog [dôg′ēt-dôg′] *adj.* atrozmente competitivo

dog•fight [′fīt′] *s.* AER combate aéreo reñido

dog•ged [dô′gĭd] *adj.* terco, obstinado

dog•ger•el [dô′gər-əl] *s.* coplas de ciego

dog•gone [dôg′gôn′] *s.* *fam* maldito

dog•gy/ie [dô′gē] *s.* *fam* perrito

dog•house [dôg′hous′] *s.* caseta de perro ▪ **in the** ~ *jer* en desgracia

dog•ma [dôg′mə] *s.* dogma *m*

dog•mat•ic [-măt′ĭk] *adj.* dogmático

do-good•er [do͞o′go͝od′ər] *s.* *fam* bienhechor *m*

dog•wood [′wo͝od′] *s.* cornejo, sanguiñuelo

doi•ly [doi′lē] *s.* tapete *m*

do•ing [do͞o′ĭng] ◇ *s.* [act] hecho, obra; [effort] esfuerzo ◇ *pl.* fiestas, actividades

do-it-your•self [do͞o′ĭt-yər-self′] *adj.* *fam* diseñado para ser hecho por uno mismo

dol•drums [dōl′drəmz′] *s.* *pl.* [inactivity] estancamiento; [listlessness] decaimiento; MARÍT calmas ecuatoriales

dole [dōl] ◇ *s.* limosna; GB [welfare] subsidio de paro ▪ **to be on the** ~ estar acogido al paro ◇ *tr.* dar limosna ▪ **to** ~ **out** repartir, distribuir

dole•ful [dōl′fəl] *adj.* triste

doll [dŏl] ◇ *s.* muñeca ◇ *tr.* & *intr.* ▪ **to** ~ **(oneself) up** *jer* emperifollar(se)

dol•lar [dŏl′ər] *s.* dólar *m* ▪ **to bet one's bottom** ~ *jer* apostarse la cabeza

dol•la•ri•za•tion [dŏl′ə-rī-zā′shən] *s.* dolarización *f*

dol•la•rize [dŏl′ə-rīz′] *tr.* dolarizar

dol•ly [dŏl′ē] ◇ *s.* [toy] muñeca; [platform] carretilla; CINEM travelín *m*, plataforma rodante ◇ *intr.* ▪ **to** ~ **in** acercarse la cámara

dol•phin [dŏl′fĭn] *s.* ZOOL delfín *m*; ICT dorado

dolt [dōlt] *s.* tonto, idiota *mf*

do•main [dō-mān′] *s.* dominio; *fig* campo; COMPUT dominio ▪ ~ **name** COMPUT nombre de dominio

dome [dōm] *s.* cúpula, domo

do•mes•tic [də-mes′tĭk] ◇ *adj.* doméstico; [home-

loving] casero; ECON [not foreign] nacional, del país ▪ ~ **science** economía doméstica ◇ *s.* doméstico
do•mes•ti•cate [:tĭ-kāt′] *tr.* [animal] domesticar, amansar; [person] volver casero
dom•i•cile [dŏm′ĭ-sīl′, dō′mĭ-] ◇ *s.* domicilio ◇ *tr.* domiciliar; (*intr.*) residir
dom•i•nance [dŏm′ə-nəns] *s.* dominación *f*
dom•i•nant [:nənt] *adj.* & *s.* dominante *f*
dom•i•nate [:nāt′] *tr.* & *intr.* dominar
dom•i•neer [′-nîr′] *tr.* & *intr.* tiranizar
do•min•ion [də-mĭn′yən] *s.* dominio
dom•i•no [dŏm′ə-nō′] ◇ *s.* (*pl* **(e)s**) [mask] dominó; [game piece] ficha ◇ *pl.* [game] dominó
don[1] [dŏn] *s.* [Spanish gentleman] hidalgo; GB [head] catedrático ▪ **Don** don, señor
don[2] *tr.* [clothes] ponerse; [an air] asumir
do•nate [dō′nāt′] *tr.* donar
do•na•tion [dō-nā′shən] *s.* donación *f*; [gift] donativo
done [dŭn] ▻ **do** ◇ *adj.* terminado, hecho; CUL cocido, hecho ▪ **~!** ¡trato hecho!; **~ for** *fam* vencido; **well ~!** ¡muy bien!
don•key [dŏng′kē] *s.* burro, asno
do•nor [dō′nər] *s.* donador *m*, donante *mf*
do-no•thing [dōō′nŭth′ĭng] ◇ *adj.* que no hace nada ◇ *s.* perezoso, persona sin iniciativa
don't [dōnt] = **do not**
doo•dle [dōōd′l] *fam* ◇ *intr.* hacer garabatos (distraídamente) ◇ *s.* garabato
doom [dōōm] ◇ *s.* [sentence] condena; [ruin] ruina, perdición *f*; [death] muerte *f* ◇ *tr.* condenar
dooms•day [dōōmz′dā′] *s.* día *m* del juicio final
door [dôr] *s.* puerta; AUTO portezuela; [doorway] entrada ▪ **to knock the ~ down** echar la puerta abajo; **to lay at the ~ of** echar la culpa a; **to lie at one's ~** recaer sobre uno
door•bell [′bel′] *s.* timbre *m*
door•keep•er [:kē′pər] *s.* portero
door•knob [:nŏb′] *s.* perilla
door•man [:măn′] *s.* (*pl* **-men**) portero
door•mat [:măt′] *s.* felpudo, estera
door•nail [:nāl′] *s.* clavo de puerta ▪ **dead as a ~** completamente muerto
door•step [:step′] *s.* escalón *m* de la puerta ▪ **at one's ~** cerca de uno
door-to-door [dôr′tə-dôr′] *adj.* de puerta en puerta; [salesman] que vende a domicilio
door•way [dôr′wā′] *s.* puerta, entrada
dope [dōp] ◇ *s.* [varnish] barniz *m*; *fam* [narcotic] narcótico, droga; *jer* [dolt] tonto; [information] datos ◇ *tr.* *fam* drogar ▪ **to ~ out** calcular, deducir
dop•(e)y [dō′pē] *adj.* (**-i-**) *jer* [drugged] drogado; [lethargic] atontado, aletargado; [stupid] tonto
dorm [dôrm] *s. fam* [room] dormitorio; [building] residencia para estudiantes
dor•mant [dôr′mənt] *adj.* durmiente; ZOOL en estado letárgico; BOT en estado latente
dor•mer [dôr′mər] *s.* buharda, buhardilla
dor•mi•to•ry [dôr′mĭ-tôr′ē] *s.* [room] dormitorio; [building] residencia
dor•mouse [dôr′mous′] *s.* lirón *m*
do•ry [dôr′ē] *s.* esquife *f* de fondo plano
dos•age [dō′sĭj] *s.* dosificación *f*; [amount] dosis *f*
dose [dōs] ◇ *s.* dosis *f* ◇ *tr.* medicinar
dos•si•er [dŏs′ē-ā′] *s.* expediente *m*
dot [dŏt] ◇ *s.* punto ▪ **~ com** punto com, puntocom; **~ com company** empresa punto com; **on the ~** *fam* [on time] a la hora; [exactly] exactamente; [o'clock] en punto ◇ *tr.* (**-tt-**) poner el punto a; [to scatter] salpicar ▪ **dotted line** línea de puntos
dot•age [dō′tĭj] *s.* chochez *f*
dote [dōt] *intr.* chochear ▪ **to ~ on** adorar
dot•ty [dŏt′ē] *adj.* (**-i-**) chiflado
dou•ble [dŭb′əl] ◇ *adj.* doble; [folded] doblado ▪ **~ agent** espía doble; **~ bass** contrabajo; **~ chin** papada; **~ click** COMPUT doble clic; **~ entry** partida doble; **~ take** reacción tardía; **~ talk** lenguaje ambiguo; **~ time** [wage] paga doble; MIL paso ligero; MÚS compás binario ◇ *s.* doble *m*; MAT duplo ▪ **on the ~** *fam* con toda rapidez; MIL a paso ligero ◇ *tr.* doblar; [to repeat] redoblar; (*intr.*) doblarse, duplicarse ▪ **to ~ as** servir como; **to ~ back** volver uno sobre sus pasos; **to ~ for** sustituir a; **to ~ up** [from pain] doblarse en dos; [to share] compartir la misma habitación OR cama; **to ~ up with laughter** desternillarse de risa ◇ *adv.* doble, doblemente; [two together] dos juntos ▪ **~ or nothing** doble OR nada
dou•ble-bar•reled [′-băr′əld] *adj.* ARM de dos caños; [surname] compuesto
dou•ble-breast•ed [:bres′tĭd] *adj.* cruzado
dou•ble-check [:chek′] *tr.* & *intr.* verificar por segunda vez
dou•ble-cross [:krôs′] *jer* ◇ *tr.* traicionar (a un cómplice) ◇ *s.* traición *f*
dou•ble-deal•er [:dē′lər] *s.* embustero
dou•ble-deck•er [:dek′ər] *s.* [bus] ómnibus *m* de dos pisos; [sandwich] emparedado doble
dou•ble-dig•it [:dĭj′ĭt] *adj.* de dos dígitos
dou•ble-edged [:ejd′] *adj.* de doble filo
dou•ble-joint•ed [:join′tĭd] *adj.* de articulaciones dobles
dou•ble-park [:pärk′] *tr.* & *intr.* estacionar en doble fila
dou•ble-quick [:kwĭk′] *adj.* rapidísimo
dou•ble-space [:spās′] *intr.* & *tr.* escribir a máquina con doble espacio
dou•blet [dŭb′lĭt] *s.* [pair] pareja; [jacket] jubón *m*; GRAM [word] doblete *m*
dou•bly [dŭb′lē] *adv.* doblemente
doubt [dout] ◇ *tr.* dudar; [to distrust] desconfiar de; (*intr.*) dudar ◇ *s.* duda ▪ **beyond ~** fuera de duda; **in ~** dudoso; **no ~** sin duda
doubt•er [dou′tər] *s.* escéptico
doubt•ful [dout′fəl] *adj.* dudoso
doubt•less [:lĭs] ◇ *adj.* seguro ◇ *adv.* [certainly] sin duda; [probably] probablemente
douche [dōōsh] ◇ *s.* irrigación *f* ◇ *tr.* & *intr.* irrigar
dough [dō] *s.* masa, pasta; *jer* [money] plata
dough•nut [dō′nət] *s.* buñuelo
dour [dŏŏr, dour] *adj.* [stern] severo; [sullen] hosco
douse [dous] *tr.* [to immerse] sumergir; [to drench] empapar; [to extinguish] extinguir
dove[1] [dŭv] *s.* paloma; *fig* pacifista *mf*
dove[2] [dōv] ▻ **dive**
dove•tail [dŭv′tāl′] *s.* cola de milano
dow•a•ger [dou′ə-jər] *s.* [widow] viuda con viudedad; [elderly woman] señora mayor
dow•dy [dou′dē] *adj.* (**-i-**) desaliñado
dow•el [dou′əl] *s.* clavija

Dow-Jones index [dou'jōnz-ĭn'deks'] *s.* índice *m* Dow Jones

down[1] [doun] ◇ *adv.* [downward] (hacia) abajo; [on the ground] en tierra; [in writing] por escrito; COM [in advance] como adelanto ▪ ~ **and out** sin un real, pobrísimo; ~ **below** abajo; **go** ~ [network] caerse; ~ **with** ...! ¡abajo ...! ◇ *adj.* [descending] que va hacia abajo; [depressed] deprimido; COM inicial, a cuenta ▪ **to be** ~ **on** tenerle inquina a; **to be** ~ **with** estar enfermo con ◇ *prep.* abajo ▪ ~ **the stairs** escaleras abajo; ~ **the centuries** a través de los siglos; ~ **the road** más abajo ◇ *s.* descenso, caída ◇ *tr.* [food] tragar, engullir; [glass] vaciar de un trago; [an airplane] derribar

down[2] *s.* [feathers] plumón *m*; [hair, fibers] pelusa, vello

down•cast ['kăst'] *adj.* [depressed] abatido, desalentado; [eyes] mirando hacia abajo

down•er [dou'nər] *s. jer* [pill] tranquilizante *m*; [experience] experiencia deprimente

down•fall [doun'fôl'] *s.* ruina, caída

down•grade [:grād'] ◇ *s.* bajada, pendiente *f* ◇ *tr.* disminuir (de categoría, importancia)

down•heart•ed [:här'tĭd] *adj.* abatido

down•hill [:hĭl'] *adv.* cuesta abajo ▪ **to go** ~ deteriorarse; [health] debilitarse, decaer

down•load [:lōd'] ◇ *s.* COMPUT descarga ◇ *tr.* COMPUT descargar, bajar

down•play [:plā'] *tr.* minimizar

down•pour [:pôr'] *s.* chaparrón *m*, aguacero

down•right [:rīt'] ◇ *adj.* [complete] absoluto, completo; [forthright] categórico ◇ *adv.* completamente, categóricamente

Down's syndrome [doun'z-sĭn'drōm] *s.* síndrome *m* de Down

down•stage [:stāj'] *adv.* & *s.* (hacia el) proscenio

down•stairs [:stârz'] ◇ *adv.* & *adj.* [lower floor] (en OR del piso de) abajo; [main floor] en OR de la planta baja ▪ **to go** ~ bajar (de un piso a otro) ◇ *s.* planta baja

down•stream [:strēm'] *adv.* agua OR río abajo

down-to-earth ['tə-ûrth'] *adj.* práctico, realista

down•town ['toun'] ◇ *adv.* & *s.* (hacia OR en el) centro de la ciudad ◇ *adj.* del centro

down•trod•den [:trŏd'n] *adj.* [earth] pisoteado; [person] oprimido

down•turn [:tûrn'] *s.* baja, bajón *m*

down•ward [:wərd] ◇ *adv.* (OR **-wards**) hacia abajo ◇ *adj.* descendente

down•wind [:wĭnd'] *adv.* & *adj.* de OR a sotavento, a favor del viento

dow•ry [dou'rē] *s.* dote *f*

doze [dōz] ◇ *intr.* dormitar ▪ **to** ~ **off** dormirse ◇ *s.* sueño ligero

doz•en [dŭz'ən] ◇ *s. inv.* docena ▪ **dozens of** montones de ◇ *adj.* docena de

drab [drăb] *adj.* (**-bb-**) [colors] soso; [dull] monótono

draft [drăft] ◇ *s.* corriente *f* de aire; [of a chimney] tiro; [sketch] bosquejo; [written] borrador *m*, versión *f*; [gulp] trago; MIL conscripción *f*, quinta; MARÍT calada; COM giro ▪ ~ **board** junta de reclutamiento; **on** ~ de barril ◇ *tr.* [a bill] hacer un anteproyecto de; [a written text] hacer un borrador de; [a speech, plan] redactar; MIL quintar, reclutar ◇ *adj.* [horse] de tiro; [beer] de barril

draft•ee [drăf-tē'] *s.* recluta *m*, conscripto

drafts•man [drăfts'mən] *s.* (*pl* **-men**) dibujante *m*, delineante *m*

drag [drăg] ◇ *tr.* (**-gg-**) arrastrar; [river, lake] dragar; [to bring forcibly] llevar de los pelos; COMPUT arrastrar ▪ **to** ~ **along** arrastrar; **to** ~ **and drop** COMPUT arrastrar y soltar; **to** ~ **out** [to extract] sacar; [to prolong] alargar interminablemente; (*intr.*) [to trail] arrastrar(se); [to pass slowly] hacerse interminable; *jer* [on a cigarette] dar una pitada ▪ **to** ~ **on** hacerse interminable ◇ *s.* [act] arrastre *m*; [hindrance] estorbo; AER resistencia al avance; *jer* [bore] pesado; [puff] chupada, pitada ▪ **in** ~ *jer* vestido de mujer (un hombre, o viceversa); **main** ~ *jer* calle principal

drag•net [drăg'net'] *s.* [net] red barredera; [roundup] emboscada

drag•on [drăg'ən] *s.* dragón *m*

drag•on•fly [:flī'] *s.* libélula

dra•goon [drə-gōōn'] ◇ *s.* dragón *m* ◇ *tr.* coaccionar

drain [drān] ◇ *tr.* drenar, desaguar; [to drink] beber; [to empty] vaciar; [to exhaust] agotar; (*intr.*) desaguarse, vaciarse ◇ *s.* desagüe *m*, desaguadero; *fig* sangría, merma ▪ **down the** ~ por la ventana

drain•age [drā'nĭj] *s.* drenaje *m*

drain•pipe [drān'pīp'] *s.* caño de desagüe

drake [drāk] *s.* pato (macho)

dram [drăm] *s.* [weight] dracma; [small drink] traguito, copita; [a bit] pizca

dra•ma [drā'mə] *s.* [play] drama *m*; [art] arte dramático; [excitement] dramatismo

dra•mat•ic [drə-măt'ĭk] *adj.* dramático ▪ **dramatics** (*s.pl.*) histrionismo; (*s.sg.*) TEAT arte dramático

dram•a•tist [drăm'ə-tĭst, drä'-] *s.* dramaturgo

dram•a•tize [:tīz'] *tr.* TEAT escenificar; [an issue, presentation] dramatizar

drank [drăngk] ▻ **drink**

drape [drāp] ◇ *tr.* [to adorn] adornar con colgaduras; [to cover] cubrir; [to arrange in folds] drapear; [to hang] colgar; [arms, legs] echar; (*intr.*) caer ◇ *s.* caída ◇ *pl.* cortinas

drap•er [drā'pər] *s.* GB pañero

drap•er•y [:pə-rē] ◇ *s.* [cloth] paños; GB [business] pañería ◇ *pl.* cortinas

dras•tic [drăs'tĭk] *adj.* drástico

draught [drăft, dräft] GB = **draft**

draughts [drăfts] *s.* GB juego de damas

draw [drô] ◇ *tr.* (**drew, -n**) [a line] trazar; ARTE dibujar; [to pull] tirar de; [to lead] conducir, llevar; [to attract] atraer; [liquid, gun, conclusion] sacar; [breath] tomar; [curtain] correr; [lots, straws] echar (suertes); [fire, criticism] provocar; [salary] cobrar; [cards] robar; [game, contest] empatar; [to stretch taut] tensar; MARÍT calar; COM [interest] ganar, devengar; [savings] sacar, retirar ▪ **to** ~ **a blank** no recordar nada; **to** ~ **attention** llamar la atención; **to** ~ **in** [to retract] retraer; [to sketch] esbozar; **to** ~ **out** [information] sonsacar; [to prolong] prolongar; **to** ~ **together** unir, juntar; **to** ~ **the line** trazar un límite; **to** ~ **up** redactar, preparar; (*intr.*) [to take in air] tirar; DEP [to tie] empatar; ARTE dibujar ▪ **to** ~ **away** apartarse; **to** ~ **back** echarse para atrás; **to** ~ **in** encogerse; **to** ~ **near** acercarse; **to** ~ **on** [a supply] servirse de, recurrir a; [an account] girar contra; **to** ~ **up** pararse ◇ *s.* [attraction] atracción *f*; [air intake] tiro; [lottery] sorteo; [tie] empate *m*

draw•back ['băk'] *s.* desventaja

draw•bridge [:brĭj'] *s.* puente levadizo

draw•er [drôr] <> *s.* cajón *m*, gaveta <> *pl.* [women's] bombachas; [men's] calzoncillos
draw•ing [drô'ĭng] *s.* dibujo; [lottery] lotería, sorteo ▪ ~ **card** atractivo, atracción; ~ **room** salón
drawl [drôl] *intr.* & *s.* (hablar con) voz lenta y cansina
drawn [drôn] ▻ **drew**
draw•string [drô'strĭng'] *s.* cordón *m*
dread [dred] <> *s.* pavor *m*, terror *m*; [anticipation] aprensión *f* <> *tr.* temer; [to anticipate] anticipar (con temor) <> *adj.* espantoso, terrible
dread•ful ['fəl] *adj.* espantoso, terrible
dread•nought [:nôt'] *s.* acorazado
dream [drēm] <> *s.* sueño; [daydream] ensueño <> *tr.* & *intr.* (**-ed** OR **-t**) soñar (**of, about** con); [to daydream] soñar despierto ▪ **to** ~ **up** inventar
dream•er [drē'mər] *s.* soñador *m*
dream•y [:mē] *adj.* (**-i-**) como un sueño, de ensueño; *fam* [wonderful] maravilloso, precioso
drea•ry [drîr'ē] *adj.* (**-i-**) [bleak] deprimente, sombrío; [dull] monótono, aburrido
dredge [drej] <> *s.* draga, rastra <> *tr.* & *intr.* dragar, rastrear ▪ **to** ~ **up** desenterrar
dregs [dregz] *s. pl.* poso, heces *f*; *fig* escoria
drench [drench] *tr.* empapar
dress [dres] <> *s.* [garment] vestido, traje *m*; [apparel] vestimenta, ropa ▪ ~ **ball** baile de etiqueta; ~ **code** reglamento de la vestimenta; ~ **rehearsal** ensayo general <> *tr.* vestir; [to decorate] decorar; [hair] peinar, arreglar; [wounds] vendar; [food] aderezar ▪ **dressed to kill** vestido muy elegantemente; **dressed to the nines** de punta en blanco; (*intr.*) vestirse ▪ **to** ~ **down** regañar; **to** ~ **up** vestirse de etiqueta <> *adj.* [clothing] de vestir; [occasion] de etiqueta
dress•er ['ər] *s.* cómoda, tocador *m*
dress•ing [:ĭng] *s.* MED vendaje *m*; [sauce] aliño; [stuffing] relleno ▪ ~ **gown** bata; ~ **room** camerino; ~ **table** tocador, coqueta
dress•mak•er [:mā'kər] *s.* costurera
dress•mak•ing [:kĭng] *s.* costura
dress•y [dres'ē] *adj.* (**-i-**) elegante
drew [dro͞o] ▻ **draw**
drib•ble [drĭb'əl] <> *intr.* [to trickle] gotear; [to drool] babear; DEP [soccer] gambetear; [in basketball] driblear; (*tr.*) [to trickle] gotear; DEP gambetear, driblear <> *s.* [trickle] goteo, hilo; [bit] gota, pizca; DEP gambeta, dribling *m*
dri•er [drī'ər] = **dryer**
drift [drĭft] <> *intr.* [off course] ir a la deriva; [on a current] ser arrastrado por la corriente; [to roam] vagar, vagabundear; [snow, sand] amontonarse; (*tr.*) llevar, arrastrar <> *s.* AVIA & MARÍT deriva; [of sand, snow] pila, montón *m*; [general idea] dirección *f*, rumbo ▪ **to get the** ~ *fam* caer en la cuenta
drift•er [drĭf'tər] *s.* vagabundo
drift•wood [drĭft'wo͝od'] *s.* madera flotante
drill [drĭl] <> *s.* [tool] torno, taladro; [oil rig] perforadora; [machine] taladradora; [exercises] ejercicios repetitivos; [cloth] dril *m* ▪ ~ **press** prensa taladradora <> *intr.* & *tr.* taladrar, perforar; [to exercise] ejercitar; [to teach] enseñar por medio de repetición
drink [drĭngk] <> *tr.* & *intr.* (**drank, drunk**) beber, tomar ▪ **to** ~ **in** devorar; **to** ~ **to** brindar por, beber a la salud de; **to** ~ **up** *fam* bebérselo todo <> *s.* bebida; [swallow] trago, buche *m* ▪ **to take to** ~ darse a la bebida; **to give someone a** ~ dar de beber a alguien
drink•a•ble [drĭng'kə-bəl] *adj.* potable, bebible
drink•er [:kər] *s.* bebedor *m*
drink•ing [:kĭng] *s.* beber *m*; [habit] bebida
drip [drĭp] <> *tr.* (**-pp-**) echar (a gotas); (*intr.*) gotear <> *s.* gota; [sound] goteo, goteadero; *jer* [bore] pelma *m*, pesado
drip-dry ['drī'] *adj.* que seca rápidamente sin arrugas al estar colgado
drive [drīv] <> *tr.* (**drove, -n**) [a vehicle] conducir, guiar; [passengers] llevar; [distance] recorrer; [to push] empujar; [to compel] forzar, obligar; [a nail] clavar; [a machine] hacer funcionar, accionar; [a stake] hincar ▪ **to** ~ **away** OR **off** alejar, apartar; **to** ~ **back** hacer retroceder; **to** ~ **in** clavar, hincar; **to** ~ **out** [to expel] echar; [into the open] hacer salir; (*intr.*) [a vehicle] conducir, guiar; [to travel by car] ir en coche; [rain, snow] azotar ▪ **to** ~ **at** insinuar, querer decir; **to** ~ **by** OR **through** pasar (por); **to** ~ **on** seguir el camino <> *s.* [ride] vuelta en coche; [journey] viaje *m*; [road] carretera, camino; [campaign] campaña; [vigor] vigor *m*, energía; [push] empuje *m*, agresividad *f*; MEC transmisión *f*; AUTO tracción *f*; PSIC impulso; MIL ofensiva ▪ ~ **belt** correa de transmisión; **to go for a** ~ dar una vuelta en coche
drive-in ['ĭn'] *s.* lugar que atiende a los clientes sin que se bajen del automóvil
driv•el [drĭv'əl] *s.* [saliva] baba; [nonsense] boberías
driv•en [drĭv'ən] ▻ **drive**
driv•er [drī'vər] *s.* chofer *mf*, conductor *m*
drive•way [drīv'wā'] *s.* camino de entrada
driv•ing [drī'vĭng] <> *adj.* [impelling] impulsor, motriz; [rain] torrencial; AUTO de conducción <> *s.* acción *f* de conducir; [motoring] automovilismo
driz•zle [drĭz'əl] <> *intr.* lloviznar, garuar; (*tr.*) salpicar <> *s.* llovizna, garúa
droll [drōl] *adj.* cómico, gracioso
drone[1] [drōn] *s.* [bee] zángano; [aircraft] aeroplano de control remoto
drone[2] <> *intr.* [to buzz] zumbar; [to speak] hablar monótonamente; (*tr.*) decir en forma monótona <> *s.* zumbido; [bagpipe] roncón *m*
drool [dro͞ol] <> *intr.* babosear, babear; *fam* [to show desire] caérsele la baba <> *s.* baba, saliva
droop [dro͞op] <> *intr.* [to hang] inclinarse, doblarse; [trees, eyelids] caerse; [head] inclinarse; [shoulders] encorvarse; [spirits] desanimarse <> *s.* caída; [shoulders] encorvadura; [head] inclinación *f*
drop [drŏp] <> *s.* gota; [trace] poco, pizca; [lozenge] pastilla; [fall] bajada, caída; [height of fall] altura; [in prices] baja; [in value, quality] disminución *f*; [abyss] precipicio; [by parachute] lanzamiento; [for messages] buzón *m* ▪ **a** ~ **in the bucket** una gota de agua en el mar <> *intr.* (**-pp-**) [to drip] gotear; [to fall] caer a tierra, desplomarse; [wind] amainar; [temperature, prices] bajar; [value, quality] disminuir; [conversation] terminarse; [to die] morir de repente ▪ **to** ~ **behind** quedarse atrás; **to** ~ **in** OR **by** pasar (por casa de alguien); **to** ~ **off** [leaves] caer; [part] caerse, desprenderse; [to diminish] disminuir; **to** ~ **out** [to omit] omitir; [to quit] dejar de participar; (*tr.*) [to let fall] dejar caer, soltar; [to let go of] soltar; [a letter] echar; [conversation] interrumpir; [plan] abandonar; [to omit] omitir, suprimir; [habit] de-

D

jar de; [hint] soltar; [voice, prices] bajar; [bombs] lanzar ▪ **to ~ off** dejar; **to ~ someone a line** poner unas líneas a alguien
drop-down menu [drŏp′doun′men′yo͞o] *s.* COMPUT menú *m* desplegable
drop•let [′lĭt] *s.* gotita
drop-off [:ôf′] *s.* [slope] bajada escarpada; [decrease] disminución significativa
drop•out [:out′] *s.* [student] estudiante *mf* que abandona sus estudios; [from society] persona que rechaza a la sociedad
drop•per [:ər] *s.* gotero, cuentagotas *m*
drop•pings [:ĭngz] *s. pl.* excremento de animales
dross [drŏs] *s.* TEC escoria; *fig* desperdicio
drought [drout] *s.* sequía, seca; *fig* escasez *f*
drove¹ [drōv] *s.* [herd] manada; *fig* multitud *f* ▪ **in droves** a manadas
drove² ▻ **drive**
drov•er [drō′vər] *s.* [of cattle, mules] arriero, vaquero; [of sheep] pastor *m*
drown [droun] *intr.* ahogarse; (*tr.*) ahogar; [to flood] anegar
drowse [drouz] *intr.* adormecerse, estar medio dormido
drows•y [drou′zē] *adj.* (-i-) soñoliento, amodorrado
drub•bing [drŭb′ĭng] *s.* paliza, zurra; [defeat] derrota severa
drudge [drŭj] *s.* esclavo del trabajo
drudg•er•y [′ə-rē] *s.* faena pesada y aburrida
drug [drŭg] ◇ *s.* droga; MED medicamento; [narcotic] narcótico ▪ **~ addict** narcómano, drogadicto ◇ *tr.* (**-gg-**) MED dar medicamento; [with a narcotic] drogar, narcotizar; [food, drink] poner una droga en
drug•gist [′ĭst] *s.* farmacéutico, boticario
drug•store [:stôr′] *s.* farmacia, botica
drum [drŭm] ◇ *s.* cilindro, tambor *m*; [barrel] tonel *m*; MÚS tambor ◇ *pl.* batería ◇ *intr.* & *tr.* (**-mm-**) tocar (el tambor); [fingers] tamborilear (con) ▪ **to ~ into someone's head** meterle a alguien en la cabeza; **to ~ out** echar, expulsar; **to ~ up** conseguir
drum•beat [′bēt′] *s.* toque *m* del tambor
drum•mer [:ər] *s.* baterista *mf*, tambor *mf*
drum•stick [:stĭk′] *s.* MÚS baqueta, palillo; CUL muslo
drunk [drŭngk] ▻ **drink** ◇ *adj.* ebrio, borracho ▪ **to get ~** emborracharse ◇ *s.* [drunkard] borracho; [bout] juerga
drunk•ard [drŭng′kərd] *s.* borracho
drunk•en [′kən] *adj.* borracho, bebido; [song, brawl] de borrachos; [state] de embriaguez
dry [drī] ◇ *adj.* (**-i-** OR **-y-**) seco; [arid] árido; [thirsty] sediento; [toast] sin mantequilla; [boring] pesado; [wit, style] agudo, satírico; [county, state] prohibicionista ▪ **~ cleaner's** tintorería, tinte; **~ cleaning** limpieza en seco; **~ dock** carenero; **~ goods** mercería, lencería; **~ land** tierra firme; **~ measure** sistema de medidas para áridos; **~ run** práctica, simulacro; **to run ~** secarse, agotarse ◇ *tr.* & *intr.* secar(se), desecar(se) ▪ **~ up!** ¡cállate la boca!; **to ~ out** secar(se); [drunkard] dejar de beber; **to ~ up** desecar(se); [supply] esfumarse, desaparecer
dry-clean [:klēn′] *tr.* limpiar en seco
dry•er [:ər] *s.* [appliance] secador *m*; [machine] secadora
dry•ness [:nĭs] *s.* sequedad *f*
du•al [do͞o′əl] *adj.* dual, doble
du•al•i•ty [do͞o-ăl′ĭ-tē] *s.* dualidad *f*
du•al-pur•pose [do͞o′əl-pûr′pəs] *adj.* de doble propósito, de doble función
dub¹ [dŭb] *tr.* (**-bb-**) [to knight] armar, hacer caballero; [to nickname] apodar
dub² *tr.* (**-bb-**) MÚS mezclar; CINEM doblar
dub•bing [dŭb′ĭng] *s.* doblaje *m*
du•bi•ous [do͞o′bē-əs] *adj.* [doubtful] dudoso, incierto; [questionable] sospechoso
duch•ess [dŭch′ĭs] *s.* duquesa
duch•y [:ē] *s.* ducado
duck¹ [dŭk] *s.* pato; [female] pata
duck² *tr.* [head] agachar; [to dodge] eludir, evadir; [to plunge] zambullir; (*intr.*) agacharse, zambullirse ▪ **to ~ out** desaparecer; **to ~ out on** eludir
duck•ling [′lĭng] *s.* patito, anadón *m*
duct [dŭkt] *s.* conducto, tubo; ANAT canal *m*
dud [dŭd] ◇ *s. fam* [bomb] bomba que no estalla; [failure] fracaso ◇ *pl. fam* [clothes] trapos; [belongings] posesiones *f*
dude [do͞od] *s. jer* [guy] tipo, tío; *fam* hombre *m* de ciudad; [dandy] petimetre *m*
due [do͞o] ◇ *adj.* [payable] pagadero; [amount] sin pagar; [just] debido, merecido; [sufficient] suficiente ▪ **~ date** vencimiento; **~ process** proceso legal correspondiente; **~ to** debido a, a causa de; **to become** OR **fall ~** vencer ◇ *s.* [comeuppance] merecido; [reward] recompensa ◇ *pl.* cuota ◇ *adv.* derecho hacia
du•el [do͞o′əl] *intr.* & *s.* (batirse en) duelo
du•et [do͞o-et′] *s.* dueto, dúo
duf•fel bag [dŭf′əl] *s.* bolsa de lona
dug [dŭg] ▻ **dig**
dug•out [dŭg′out′] *s.* [boat] piragua; [shelter] trinchera; [in sport] banquillo
duke [do͞ok] *s.* duque *m*
dul•cet [dŭl′sĭt] *adj.* suave, dulce
dull [dŭl] ◇ *adj.* [stupid] tonto, torpe; [insensitive] lento, embotado; [blunt] desafilado, romo; [sound, pain] sordo; [boring] aburrido; [sluggish] flojo; [color, sound] apagado; [cloudy] nublado, gris ◇ *tr.* & *intr.* [to blunt] desafilar(se), enromar(se); [pain] aliviar(se); [feelings] embotar(se); [to muffle] amortiguar(se), apagar(se)
dull•ard [′ərd] *s.* estúpido, idiota *mf*
dul(l)•ness [:nĭs] *s.* [of blade, senses] embotamiento; [stupidity] torpeza; [boring nature] monotonía, insipidez *f*
du•ly [do͞o′lē] *adv.* correctamente, debidamente; [punctually] al debido tiempo
dumb [dŭm] *adj.* [mute] mudo; *fam* [stupid] tonto, estúpido ▪ **~ show** pantomima; **to strike ~** dejar sin habla
dumb•bell [′bel′] *s.* [weight] pesa; *jer* [dolt] estúpido, tonto
dum(b)•found [:found′] *tr.* pasmar, asombrar
dumb•wait•er [:wā′tər] *s.* montaplatos *m*
dum•my [:ē] ◇ *s.* [puppet] muñeco, títere *m*; [mannequin] maniquí *m*; [front] testaferro; [in sport] amago; *fam* [dolt] tonto, bobo ◇ *adj.* falso, ficticio
dump [dŭmp] ◇ *tr.* tirar, verter; [to empty] vaciar, descargar; COM inundar el mercado con; COMPUT volcar; (*intr.*) caerse, desplomarse ▪ **to ~ out** vaciar(se) ◇ *s.* vertedero, muladar *m*; [depot] depósito; *jer* [dirty place] pocilga ▪ **~ truck** volquete ◇ *pl. fam* ▪ **down in the dumps** deprimido

dump•ling [:lĭng] *s.* bola de masa cocida
dun¹ [dŭn] *tr.* (**-nn-**) apremiar (a un deudor)
dun² *s.* [color] pardo
dunce [dŭns] *s. fam* zopenco, burro ■ ~ **cap** orejas de burro
dune [do͞on] *s.* duna ■ ~ **buggy** buggy
dung [dŭng] *s.* estiércol *m*
dun•ga•rees [dŭng'gə-rē'z'] *s. pl.* pantalones vaqueros
dun•geon [dŭn'jən] *s.* mazmorra
dunk [dŭngk] *tr.* sumergir, hundir; [food] ensopar, remojar
du•o [do͞o'ō] *s. fam* [pair] pareja; MÚS dúo
du•o•dec•i•mal [do͞o'ə-des'ə-məl] ◇ *adj.* duodecimal ◇ *s.* duodécimo
du•o•de•num [:dē'nəm] *s.* (*pl* **s** OR **-na**) duodeno
dupe [do͞op] ◇ *s. fam* primo ◇ *tr.* embaucar, engañar
du•plex [do͞o'pleks'] ◇ *adj.* dúplex, doble ◇ *s.* [apartment] dúplex *m*, apartamento de dos pisos; [house] casa de dos viviendas
du•pli•cate [:plĭ-kĭt] ◇ *s.* duplicado, copia ■ **in** ~ por duplicado ◇ *tr.* [:kāt'] copiar, duplicar; [on a machine] multicopiar ◇ *adj.* duplicado
du•plic•i•ty [do͞o-plĭs'ĭ-tē] *s.* duplicidad *f*
du•ra•ble [do͝or'ə-bəl] *adj.* duradero, resistente ■ ~ **goods** productos no perecederos
du•ra•tion [do͝o-rā'shən] *s.* duración *f*
du•ress [do͝o-res'] *s.* coerción *f* ■ **under** ~ por coacción
dur•ing [do͝or'ĭng] *prep.* durante
dusk [dŭsk] *s.* crepúsculo ■ **at** ~ al atardecer
dusk•y [dŭs'kē] *adj.* (**-i-**) oscuro, fusco; [color] negruzco, moreno
dust [dŭst] ◇ *s.* polvo ■ ~ **cloud** polvareda; ~ **jacket** sobrecubierta; **to bite the** ~ morirse; **to let the** ~ **settle** dejar que se calme la situación ◇ *tr.* limpiar el polvo de; [to cover] empolvar; [to sprinkle] espolvorear; (*intr.*) limpiar el polvo
dust•bin ['bĭn'] *s.* GB basurero
dust•er [dŭs'tər] *s.* [cloth] trapo (para limpiar); [with feathers] plumero; [smock] guardapolvo
dust•ing [:tĭng] *s.* limpieza de polvo; [covering] capa de polvo; GB *fam* [thrashing] paliza
dust•man [dŭst'mən] *s.* (*pl* **-men**) GB basurero
dust•pan [:păn'] *s.* recogedor *m*
dust•y [dŭs'tē] *adj.* (**-i-**) polvoriento
du•ti•ful [do͞o'tĭ-fəl] *adj.* obediente, cumplidor
du•ty [do͞o'tē] *s.* deber *m*; [task] función *f*; [tax] impuesto, arancel *m* ■ ~ **free shop** duty free *m*; **in the line of** ~ en cumplimiento del deber; **to be on (off)** ~ (no) estar de servicio; **to do one's** ~ cumplir con su deber
du•ty-free [:frē'] *adj.* & *adv.* exento de derechos de aduana
du•ty-paid [:pād'] *adj.* con los derechos de aduana pagados
DVD [dē-vē'dē'] *s.* DVD *m* ■ ~ **player** reproductor de DVD
dwarf [dwôrf] ◇ *adj.* & *s.* (*pl* **s** OR **-ves**) enano ◇ *tr.* achicar, empequeñecer
dwell [dwel] *tr.* (**-ed** OR **dwelt**) morar, residir; *fig* persistir, existir ■ **to** ~ **on** [to focus on] detenerse en, insistir en; [to expatiate] dilatarse sobre
dwell•er ['ər] *s.* morador *m*, habitante *mf*
dwell•ing [:ĭng] *s.* residencia, morada
dwin•dle [dwĭn'dl] *tr.* & *intr.* disminuir, menguar
dye [dī] ◇ *s.* tintura, tinte *m* ◇ *tr.* (**dyeing**) teñir, colorar
dye•stuff [dī'stŭf'] *s.* tinte *m*, colorante *m*
dy•ing [dī'ĭng] ▻ **die¹** ◇ *adj.* moribundo; [final] último
dy•nam•ic [dī-năm'ĭk] *adj.* dinámico ■ **dynamics** (*s. sg.*) dinámica
dy•na•mite [dī'nə-mīt'] ◇ *s.* dinamita ◇ *interj. jer* ¡estupendo!, ¡maravilloso!
dy•na•mo [:mō'] *s.* dínamo *f*
dy•nas•ty [dī'nə-stē] *s.* dinastía
dys•en•ter•y [dĭs'ən-ter'ē] *s.* disentería
dys•func•tion [dĭs-fŭngk'shən] *s.* disfunción *f*
dys•pep•sia [dĭs-pep'shə] *s.* dispepsia
dys•tro•phy [dĭs'trə-fē] *s.* distrofia

E

e, E [ē] *s.* quinta letra del alfabeto inglés; MÚS mi *m*
each [ēch] ◇ *adj.* cada ■ ~ **and every one** todos sin excepción ◇ *pron.* cada uno ■ ~ **for himself** cada cual por su cuenta; ~ **other** uno a otro, mutuamente; **to** ~ **his own** cada uno con su gusto ◇ *adv.* cada uno
ea•ger [ē'gər] *adj.* (**-er, -est**) [avid] ansioso, ávido; [desirous] deseoso, ardiente ■ ~ **beaver** *fam* persona de exagerado entusiasmo; **to be** ~ **for** ansiar, anhelar
ea•ger•ness [:nĭs] *s.* ansia, anhelo
ea•gle [ē'gəl] *s.* águila
ear¹ [îr] *s.* [outer part] oreja; [organ of hearing] oído ■ ~ **lobe** lóbulo de la oreja; **to fall on deaf ears** caer en saco roto; **to give an** ~ **to** prestar atención a; **to have a good** ~ **(for)** tener un buen oído (para); **to have someone's** ~ tener la atención de alguien; **to keep** OR **have one's** ~ **to the ground** mantenerse alerta OR al corriente; **to listen with half an** ~ escuchar a medias; **to play by** ~ tocar de oído; **to play it by** ~ improvisar sobre la marcha; **to turn a deaf** ~ hacerse el sordo
ear² *s.* BOT espiga, mazorca
ear•ache [îr'āk'] *s.* dolor *m* de oído
ear•drum [îr'drŭm'] *s.* tímpano
ear•flap [îr'flăp'] *s.* orejera
earl [ûrl] *s.* conde *m*
ear•ly [ûr'lē] (**-i-**) ◇ *adj.* temprano; [near the beginning] primero; [quick] rápido, pronto; [premature] prematuro; [primitive] primitivo ■ **at an** ~ **date** en fecha cercana; **at the earliest** lo más pronto; **at your earliest convenience** con la mayor brevedad; ~ **retirement** jubilación anticipada, prejubilación; ~ **bird** *fam* [riser] madrugador; [arrival] persona que llega temprano; ~ **show** primera función ◇ *adv.* [soon] temprano, pronto; [before] antes; [in advance] con tiempo, con anticipación; [prematurely] prematuramente ■ **as** ~ **as** ya en; **as** ~ **as possible** lo más pronto posible; **bright and** ~ muy temprano; ~ **in** a principios de; ~ **in the morning** de madrugada; ~ **on** pronto
ear•mark [îr'märk'] ◇ *s.* marca característica, señal *f* ◇ *tr.* marcar ■ **to be earmarked for** estar reservado para

ear•muff [ĭr′mŭf′] *s.* orejera
earn [ûrn] *tr.* [to make] ganar; [to deserve] ganarse, merecer; [to acquire] obtener; [interest] devengar
ear•nest[1] [ûr′nĭst] *adj.* sincero, serio; [important] grave ▪ **in** ~ en serio
ear•nest[2] *s.* [deposit] arras *f;* [token] prenda
earn•ings [ûr′nĭngz] *s. pl.* [salary] sueldo; COM [income] ingresos; [profits] utilidades *f*
ear•phone [ĭr′fōn′] *s.* audífono
ear•ring [ĭr′rĭng] *s.* pendiente *m*, arete *m*
ear•shot [ĭr′shŏt′] *s.* ▪ **within** ~ al alcance del oído
ear•split•ting [ĭr′splĭt′ĭng] *adj.* ensordecedor
earth [ûrth] *s.* tierra; [world] mundo ▪ **down to** ~ práctico, realista; **Earth** Tierra; **to come back to** ~ volver a la realidad; **who/what on** ~? ¿quién/qué diablos?
earth•en [ûr′thən] *adj.* de tierra
earth•en•ware [:wâr′] ◇ *s.* loza ◇ *adj.* de barro
earth•ling [ûrth′lĭng] *s.* terrícola *mf*
earth•ly [:lē] *adj.* mundanal, terreno; *fam* [conceivable] concebible, posible ▪ **to be of no** ~ **use** no servir para nada
earth•quake [:kwāk′] *s.* terremoto, temblor *m*
earth•shak•ing [:shā′kĭng] *adj.* importantísimo, de enormes consecuencias
earth•work [:wûrk′] *s.* terraplén *m*
earth•worm [:wûrm′] *s.* lombriz *f*
earth•y [ûr′thē] *adj.* (-i-) tosco, campechano
ear•wax [ĭr′wăks′] *s.* cerumen *m*
ease [ēz] ◇ *s.* [comfort] comodidad *f;* [relief] alivio, desahogo; [naturalness] desenvoltura; [facility] facilidad *f*, soltura; [affluence] afluencia ▪ **at** ~ cómodo; MIL en posición de descanso; **at** ~! ¡descanso!; **to put at** ~ poner cómodo; **with** ~ fácilmente, sin esfuerzo ◇ *tr.* & *intr.* [pain] aliviar(se), mitigar(se); [pressure] descargar(se); [tension] relajar(se); [to loosen] aflojar(se) ▪ **to** ~ **in(to)** (hacer) entrar con cuidado; **to** ~ **up** bajar, disminuir; **to** ~ **up on** tratar con menos rigor
ea•sel [ē′zəl] *s.* caballete *m*
eas•i•ly [ē′zə-lē] *adv.* fácilmente; [possibly] muy probablemente
east [ēst] ◇ *s.* este *m*, oriente *m* ◇ *adj.* del este, oriental ◇ *adv.* al este, hacia el este
east•bound [′bound′] *adj.* con rumbo al este
Eas•ter [ē′stər] *s.* Pascua de Resurrección; [period] Semana Santa ▪ ~ **Sunday** domingo de Pascua
east•ern [ē′stərn] *adj.* oriental, del este
east•ward [ēst′wərd] ◇ *adv.* hacia el este ◇ *adj.* oriental, que va al este
eas•y [ē′zē] (-i-) ◇ *adj.* fácil; [free from worry] tranquilo; [comfortable] cómodo; [easygoing] desenvuelto, natural; [simple] sencillo; [not strict] suave, leve; [wanton] desordenado; [unhurried] lento, pausado ▪ ~ **chair** sillón; ~ **to get along with** acomodadizo; **to be on** ~ **street** vivir acomodado ◇ *adv.* fácilmente ▪ ~ **does it** con calma; **to come** ~ costar poco esfuerzo, resultar fácil; **to go** ~ **on** *fam* [to use moderately] usar con moderación; [to be lenient to] no tratar con mucha severidad; **to take it** ~ *fam* [to relax] descansar; [to stay calm] no agitarse; [to go slow] no apurarse
eas•y•go•ing [′-gō′ĭng] *adj.* despreocupado, descuidado; [tolerant] tolerante
eat [ēt] *tr.* (**ate, eaten**) comer; [lunch, dinner] tomar (el almuerzo, la cena); [to corrode] corroer; *jer* [to annoy] molestar, fastidiar ▪ **to** ~ **away** corroer, carcomer; **to** ~ **up** [to devour] comérselo todo; [to use up] consumir, gastar; [to be credulous] creer sin crítica; [to enjoy] deleitarse en; **what's eating you?** ¿qué mosca te ha picado?; (*intr.*) comer ▪ **to** ~ **(away) at** roer, corroer; **to** ~ **into** [to corrode] corroer; [to use up] (des)gastar; **to** ~ **out** comer fuera (de casa); **to** ~ **through** corroer
eats [ēts] *s. pl. jer* comida, alimento
eaves [ēvz] *s. pl.* alero
eaves•drop [′drŏp′] *intr.* (-pp-) escuchar disimulada OR secretamente
ebb [eb] ◇ *s.* menguante *f* ▪ ~ **and flow** flujo y reflujo; *fig* altibajos; **to be at a low** ~ tener poca energía ◇ *intr.* menguar
eb•on•y [eb′ə-nē] ◇ *s.* ébano ◇ *adj.* negro
e•bul•lient [ĭ-bŏŏl′yənt] *adj.* [lively] entusiasta; [bubbly] burbujeante
e-busi•ness [ē-bĭz′nĭs] *s.* negocio electrónico
ec•cen•tric [ĭk-sen′trĭk] ◇ *adj.* excéntrico ◇ *s.* [person] excéntrico; MEC excéntrica
ec•cen•tric•i•ty [ek′sen-trĭs′ĭ-tē] *s.* excentricidad *f*
ec•cle•si•as•tic [ĭ-klē′zē-ăs′tĭk] *adj.* & *s.* eclesiástico
ech•e•lon [esh′ə-lŏn′] *s.* escalón *m*
ech•o [ek′ō] ◇ *s.* (*pl* **es**) eco ▪ ~ **chamber** cámara de resonancia ◇ *tr.* [to repeat] repetir; [to imitate] imitar; (*intr.*) producir eco, resonar
e•clec•tic [ĭ-klek′tĭk] *adj.* & *s.* ecléctico
e•clipse [ĭ-klĭps′] ◇ *s.* eclipse *m* ◇ *tr.* eclipsar
ec•o-friend•ly [ek′ə-frend′lē] *adj.* ecológico
ec•o-la•bel [ek′ə-lā′bəl] *s.* ecoetiqueta
e•co•log•i•cal [ek′ə-lŏj′ĭ-kəl] *adj.* ecológico ▪ ~ **crime** delito ecológico; ~ **disaster** desastre ecológico
e•col•o•gy [ĭ-kŏl′ə-jē] *s.* ecología
e-com•merce [ē-′kŏmərs] *s.* comercio electrónico
e•co•nom•ic [ek′ə-nŏm′ĭk, ē′kə-] *adj.* económico ▪ **economics** (*s.sg.*) economía
e•co•nom•i•cal [:ĭ-kəl] *adj.* económico
e•con•o•mist [ĭ-kŏn′ə-mĭst] *s.* economista *mf*
e•con•o•mize [:mīz′] *intr.* economizar (**on** en)
e•con•o•my [:mē] *s.* economía *f* ▪ ~ **car** automóvil económico; ~ **class** clase económica
e•co•sys•tem [ek′ə-sĭs′təm] *s.* ecosistema *m*
ec•o•tax [ek′ə-tăks′] *s.* ecotasa
ec•o•ter•ror•ism [ek′ə-ter′ə-rĭz′əm] *s.* terrorismo ecológico
ec•o•tour•ism [ek′ə-tŏŏr′ĭz′əm] *s.* ecoturismo, turismo ecológico
ec•o•tour•ist [ek′ə-tŏŏr′ĭst] *s.* ecoturista *m*
ec•o•war•rior [ek′ə-wôr′ē-ər] *s.* militante ecologista
ec•sta•sy [ek′stə-sē] *s.* [emotional] éxtasis *m;* [drug] éxtasis *m*
ec•stat•ic [ek-stăt′ĭk] *adj.* extático
ec•u•men•i•cal [ek′yə-men′ĭ-kəl] *adj.* ecuménico
ec•ze•ma [ek′sə-mə] *s.* eczema *m*
ed•dy [ed′ē] ◇ *s.* remolino ◇ *intr.* arremolinarse, remolinar
edge [ej] ◇ *s.* [cutting side] filo, corte *m;* [border, rim] borde *m;* [shore, hem] orilla; [boundary] límite *m;* [angle] arista; [of table, coin] canto; [farthest part] extremidad *f; fig* [sharpness] filo, mordacidad *f; fam* [advantage] ventaja ▪ ~ **of town** afueras; **on** ~ de canto; **to be on** ~ tener los nervios de punta; **to be on the** ~ **of** estar al borde OR al punto de; **to set one's teeth** OR **nerves on** ~ dar dentera, ponerle a uno los pelos de

punta; **to take the ~ off** [to blunt] embotar; [the appetite] acallar ◇ *tr.* [to sharpen] afilar; [to border] bordear; [to trim] ribetear ■ **to ~ out** vencer por un margen pequeño; (*intr.*) andar OR moverse cautelosamente ■ **to ~ away/toward** retirarse/adelantarse poco a poco

edge•wise/ways [:wīz/wāz′] *adv.* [on end] de filo OR de canto; [sideways] sesgadamente ■ **I couldn't get a word in ~** no podía meter baza

edg•y [ej′ē] *adj.* (-i-) nervioso, tenso

ed•i•ble [ed′ə-bəl] *adj.* & *s.* comestible *m*

e•dict [ē′dĭkt′] *s.* edicto

ed•i•fi•ca•tion [ed′ə-fĭ-kā′shən] *s.* edificación *f*

ed•i•fice [ed′ə-fĭs] *s.* edificio

ed•i•fy [:fī′] *tr.* edificar

ed•it [ed′ĭt] *tr.* [to draft] redactar; [to correct] corregir, editar; [edition, text] preparar; [a publication] dirigir; CINEM montar; COMPUT editar ■ **to ~ out** quitar, suprimir

ed•it•ing [ed′ĭ-tĭng] *s.* [of text] redacción *f*; [correction] corrección *f*, revisión *f*; [of a publication] dirección *f*; [of film] montaje *m*

e•di•tion [ĭ-dĭsh′ən] *s.* edición *f*; [number of copies] tiraje *m*, tirada; *fig* versión *f*

ed•i•tor [ed′ĭ-tər] *s.* editor *m*; [supervisor] redactor jefe *m*; CINEM montador *m* ■ **~ in chief** jefe de redacción, redactor en jefe

ed•i•to•ri•al [′-tôr′ē-əl] *adj.* & *s.* editorial *m* ■ **~ staff** redacción

ed•u•cate [ej′ə-kāt′] *tr.* educar

ed•u•cat•ed [:kā′tĭd] *adj.* [cultured] culto; [schooled] educado

ed•u•ca•tion [′-′shən] *s.* educación *f*

ed•u•ca•tion•al [:shə-nəl] *adj.* [institution, staff] docente; [instructive] educativo

ed•u•ca•tor [ej′ə-kā′tər] *s.* educador *m*

eel [ēl] *s.* (*pl* **inv.** OR **s**) anguila

ee•rie/ry [îr′ē] *adj.* (-i-) [creepy] espeluznante; [mysterious] sobrenatural, misterioso

ef•face [ĭ-fās′] *tr.* borrar ■ **to ~ oneself** comportarse sin llamar la atención

ef•fect [ĭ-fekt′] ◇ *s.* efecto; [result] resultado ■ **for ~** para impresionar; **in ~** [in fact] efectivamente; [virtually] casi, prácticamente; [in operation] en vigor, vigente; **to be in ~** estar vigente; **to go into ~** entrar en vigor; **to have no ~** no dar resultado; **to no ~** inútilmente, sin resultado; **to take ~** [medication] surtir efecto; [laws, schedule] entrar en vigor ◇ *pl.* bienes, pertenencias ◇ *tr.* efectuar, realizar

ef•fec•tive [ĭ-fek′tĭv] *adj.* efectivo; [striking] impresionante; [operative] vigente

ef•fec•tive•ness [:nĭs] *s.* eficacia

ef•fec•tu•al [ĭ-fek′cho͞o-əl] *adj.* eficaz

ef•fem•i•nate [:nĭt] *adj.* afeminado

ef•fer•ves•cent [ef′ər-ves′ənt] *adj.* efervescente

ef•fete [ĭ-fēt′] *adj.* [worn-out] gastado; [decadent] decadente

ef•fi•ca•cy [ef′ĭ-kə-sē] *s.* eficacia

ef•fi•cien•cy [ĭ-fĭsh′ən-sē] *s.* eficiencia; *fam* [apartment] apartamento de un cuarto con cocina y baño; MEC rendimiento

ef•fi•cient [ĭ-fĭsh′ənt] *adj.* eficaz, eficiente; MEC de buen OR gran rendimiento

ef•fi•gy [ef′ə-jē] *s.* efigie *f*

ef•flu•ent [ef′lo͞o-ənt] ◇ *adj.* efluente ◇ *s.* chorro

ef•fort [ef′ərt] *s.* esfuerzo; [achievement] obra ■ **to spare no ~** hacer todo lo posible

ef•fort•less [:lĭs] *adj.* fácil, sin esfuerzo

ef•fron•ter•y [ĭ-frŭn′tə-rē] *s.* descaro

ef•fu•sive [:sĭv] *adj.* efusivo

e•gal•i•tar•i•an [ĭ-găl′ĭ-târ′ē-ən] *adj.* & *s.* igualitario

egg [eg] ◇ *s.* huevo; BIOL óvulo; *jer* [fellow] tío, tipo ■ **bad ~** *jer* calavera; **good ~** *jer* buen tipo; **to put all one's eggs in one basket** jugárselo todo en una carta; **to walk** OR **tread on eggs** andar con extremo cuidado; **with ~ on one's face** pasando vergüenza ◇ *tr.* ■ **to ~ on** incitar

egg•beat•er [eg′bē′tər] *s.* batidor *m* de huevos

egg•head [eg′hed′] *s.* *jer* intelectual *mf*

egg•nog [eg′nŏg′] *s.* ronpopo

egg•plant [eg′plănt′] *s.* berenjena

egg•shell [eg′shel′] *s.* cascarón *m*

e•go [ē′gō] *s.* yo, ego; [egotism] egoísmo

e•go•ist [:ĭst] *s.* egoísta *mf*

e•go•is•tic/ti•cal [′-ĭs′tĭk] *adj.* egoísta

e•go•ma•ni•a [:mā′nē-ə] *s.* egocentrismo

e•go•tist [ē′gə-tĭst] *s.* egotista *mf*

e•go•tist•tic/ti•cal [′-tĭs′tĭk] *adj.* egotista

e•gre•gious [ĭ-grē′jəs] *adj.* atroz, flagrante

e•gret [ē′grĭt] *s.* garceta

ei•der•down [ī′dər-doun′] *s.* edredón *m*

eight [āt] *s.* & *adj.* ocho ■ **~ hundred** ochocientos; **~ o'clock** las ocho

eight•een [ā-tēn′] *s.* & *adj.* dieciocho

eight•eenth [ā-tēnth′] ◇ *s.* dieciocho; [part] dieciochava parte ◇ *adj.* [place] décimoctavo; [part] dieciochavo

eighth [ātth] *s.* & *adj.* octavo

eight•i•eth [ā′tē-ĭth] ◇ *s.* ochenta; [part] octogésima parte ◇ *adj.* octogésimo

eight•y [ā′tē] *s.* & *adj.* ochenta *m*

ei•ther [ē′*th*ər, ī′-] ◇ *pron.* & *adj.* uno u otro, cualquiera de los dos; [negative] ni uno ni otro, ninguno de los dos ◇ *conj.* o ... o ■ **~ we go now, or we stay** o nos vamos ahora o nos quedamos ◇ *adv.* tampoco

e•jac•u•late [ĭ-jăk′yə-lāt′] *tr.* & *intr.* FISIOL eyacular; [to exclaim] exclamar

e•jac•u•la•tion [-′-lā′shən] *s.* eyaculación *f*; [exclamation] exclamación *f*; [prayer] jaculatoria

e•ject [ĭ-jekt′] *tr.* expeler, expulsar; (*intr.*) AVIA eyectar

e•jec•tion [ĭ-jek′shən] *s.* expulsión *f*; AER eyección *f* ■ **~ seat** asiento eyectable OR lanzable

eke [ēk] *tr.* ■ **to ~ out** suplir para que sea apenas suficiente; **to ~ out a living** ganarse la vida a duras penas

e•lab•o•rate [ĭ-lăb′ər-ĭt] ◇ *adj.* [detailed] esmerado; [intricate] complicado ◇ *tr.* [:ə-rāt′] elaborar, desarrollar; (*intr.*) explicarse ■ **to ~ on** explicar en mayor detalle

e•lab•o•ra•tion [:ə-rā′shən] *s.* elaboración *f*; [explanation] explicación *f*

e•lapse [ĭ-lăps′] *intr.* transcurrir, pasar

e•las•tic [ĭ-lăs′tĭk] *adj.* elástico

e•las•tic•i•ty [ĭ-lă-stĭs′ĭ-tē] *s.* elasticidad *f*

e•lat•ed [ĭ-lā′tĭd] *adj.* eufórico, alborozado

e•la•tion [:shən] *s.* regocijo, euforia

el•bow [el′bō′] ◇ *s.* codo ■ **~ grease** *fam* esfuerzo físico ◇ *tr.* dar un codazo ■ **to ~ one's way** abrirse paso a codazos

el•bow•room [:ro͞om′] *s.* espacio (suficiente)
eld•er [el′dər] ◇ *adj.* mayor ■ **to be (two) years (his)** ~ ser (dos) años mayor que (él) ◇ *s.* [old person] mayor *m*; [leader] anciano
eld•er•ly [:lē] *adj.* mayor (de edad)
eld•est [el′dĭst] *adj.* mayor
e•lect [ĭ-lekt′] ◇ *tr.* & *intr.* elegir ◇ *adj.* electo ■ **the** ~ los elegidos
e•lec•tion [ĭ-lek′shən] *s.* [choice] elección *f*; POL elecciones ■ ~ **time** periodo electoral
e•lec•tion•eer [-′shə-nîr′] *intr.* hacer campaña electoral
e•lec•tive [-′tĭv] ◇ *adj.* electivo ◇ *s.* curso electivo
e•lec•tor•al [ĭ-lek′tər-əl] *adj.* electoral
e•lec•tor•ate [:ĭt] *s.* electorado
e•lec•tric/tri•cal [ĭ-lek′trĭk] *adj.* eléctrico; [thrilling] emocionante ■ ~ **energy** energía eléctrica
e•lec•tri•cian [-trĭsh′ən] *s.* electricista *mf*
e•lec•tric•i•ty [:trĭs′ĭ-tē] *s.* electricidad *f*
e•lec•tri•fy [ĭ-lek′trə-fī′] *tr.* electrizar; [a building, town] electrificar
e•lec•tro•car•di•o•gram [-′trō-kär′dē-ə-grăm′] *s.* electrocardiograma *m*
e•lec•tro•cute [-′trə-kyo͞ot′] *tr.* electrocutar
e•lec•trode [:trōd′] *s.* electrodo
e•lec•trol•y•sis [-trŏl′ĭ-sĭs] *s.* electrólisis *f*
e•lec•tro•lyte [-′trə-līt′] *s.* electrólito
e•lec•tro•mag•net [-′trō-măg′nĭt] *s.* electroimán *m*
e•lec•tro•mag•net•ic [:măg-net′ĭk] *adj.* electromagnético
e•lec•tron [ĭ-lek′trŏn′] *s.* electrón *m*
e•lec•tron•ic [-trŏn′ĭk] *adj.* electrónico ■ ~ **banking** banca electrónica; ~ **book** libro electrónico; ~ **cash** dinero electrónico; ~ **crime** delito electrónico; ~ **mail** correo electrónico; ~ **mailbox** buzón de correo electrónico; ~ **personal organizer** agenda electrónica; ~ **publishing** edición electrónica; ~ **wallet** monedero electrónico ■ **electronics** (*s.sg.*) electrónica
e•lec•tro•plate [-′trə-plāt′] *tr.* galvanizar
e•lec•tro•shock [:trō-shŏk′] *s.* electrochoque *m*
el•e•gance [el′ĭ-gəns] *s.* elegancia
el•e•gant [:gənt] *adj.* elegante
el•e•gy [el′ə-jē] *s.* elegía
el•e•ment [el′ə-mənt] ◇ *s.* elemento ■ **an** ~ **of** algo de ◇ *pl.* [weather] los elementos; RELIG especies eucarísticas
el•e•men•tal [′-men′tl] *adj.* elemental
el•e•men•ta•ry [:tə-rē] *adj.* elemental ■ ~ **school** escuela primaria
el•e•phant [el′ə-fənt] *s.* elefante *m*
el•e•phan•tine [′-făn′tēn′] *adj.* enorme; [clumsy] torpe
el•e•vate [el′ə-vāt′] *tr.* elevar; [to promote] ascender (**to** a)
el•e•vat•ed [:vā′tĭd] ◇ *adj.* elevado ◇ *s. fam* ferrocarril elevado
el•e•va•tion [′-′shən] *s.* elevación *f*; GEOG altitud *f*
el•e•va•tor [′-′tər] *s.* ascensor *m*; AGR elevador *m*; AVIA timón *m* de profundidad
e•lev•en [ĭ-lev′ən] *s.* & *adj.* once *m* ■ ~ **o'clock** las once
e•lev•enth [:ənth] *s.* & *adj.* undécimo; [part] onzavo
elf [elf] *s.* (*pl* **-ves**) duende *m*
e•lic•it [ĭ-lĭs′ĭt] *tr.* sonsacar, provocar
el•i•gi•ble [el′ĭ-jə-bəl] *adj.* elegible
e•lim•i•nate [ĭ-lĭm′ə-nāt′] *tr.* eliminar
e•lim•i•na•tion [-′-nā′shən] *s.* eliminación *f*
e•lite, é•lite [ĭ-lēt′, ā-lēt′] *s.* élite *f*
e•lit•ist [ĭ-lē′tĭst, ā-lē′-] *adj.* elitista
elk [elk] *s.* (*pl* **inv.** OR **s**) alce *m*
el•lipse [ĭ-lĭps′] *s.* elipse *f*
el•lip•sis [ĭ-lĭp′sĭs] *s.* (*pl* **-ses**) elipsis *f*
el•lip•tic/ti•cal [:tĭk] *adj.* elíptico
elm [elm] *s.* olmo
el•o•cu•tion [el′ə-kyo͞o′shən] *s.* elocución *f*
e•lon•ga•tion [ĭ-lông′gā′shən] *s.* extensión *f*, alargamiento
e•lope [ĭ-lōp′] *intr.* fugarse (con un amante)
e•lope•ment [:mənt] *s.* fuga
el•o•quence [el′ə-kwəns] *s.* elocuencia
el•o•quent [:kwənt] *adj.* elocuente
else [els] *adj.* & *adv.* ■ **all** OR **everything** ~ todo lo demás; **anybody** OR **anyone** ~ cualquier otro, cualquier otra persona; [negative] ningún otro, nadie más; **anything** ~ cualquier otra cosa, algo más; [negative] ninguna otra cosa, nada más; **anywhere** ~ [place] en cualquier otra parte; [direction] a cualquier otra parte; [negative] [place] a ningún otro lugar; [in existence] en ningún otro lugar; **everyone** ~ todos los demás; **everywhere** ~ en OR a todas partes; **how** ~**?** ¿de qué otro modo?; **much** ~ mucho, muchas cosas; **nobody** OR **no one** ~ nadie más, ningún otro; **nothing** ~ nada más; **nowhere** ~ en OR a ninguna otra parte; **or** ~ si no; **somebody** OR **someone** ~ otro, otra persona; **something** ~ otra cosa; [something additional] algo más; **somewhere** ~ en OR a otra parte; **what** ~**?** ¿qué más?; **where** ~**?** ¿en OR a qué otro sitio?; **who** ~**?** ¿quién más?
else•where [′hwâr′] *adv.* a OR en otra parte
e•lu•ci•date [ĭ-lo͞o′sĭ-dāt′] *tr.* aclarar
e•lude [ĭ-lo͞od′] *tr.* eludir, esquivar; [to escape understanding] ■ **it eludes me** no acabo de entenderlo
e•lu•sive [ĭ-lo͞o′sĭv] *adj.* evasivo; [hard to describe] difícil de describir
e•ma•ci•at•ed [ĭ-mā′shē-ā′tĭd] *adj.* demacrado
e-mail [ē′māl′] *s.* correo electrónico ■ ~ **account** cuenta de correo electrónico; ~ **address** dirección de correo electrónico; ~ **message** mensaje de correo electrónico
em•a•nate [em′ə-nāt′] *intr.* proceder, emanar (**from** de)
e•man•ci•pate [ĭ-măn′sə-pāt′] *tr.* emancipar ■ **to become emancipated** emanciparse
e•man•ci•pa•tor [:pā′tər] *s.* emancipador *m*
e•mas•cu•late [ĭ-măs′kyə-lāt′] *tr.* emascular; *fig* debilitar, disminuir
em•balm [em-bäm′] *tr.* [a corpse] embalsamar
em•bank•ment [em-băngk′mənt] *s.* terraplén *m*
em•bar•go [em-bär′gō] ◇ *s.* (*pl* **es**) embargo ◇ *tr.* embargar
em•bark [em-bärk′] *tr.* & *intr.* embarcar(se) ■ **to** ~ **on** lanzarse a
em•bar•ka•tion [em′bär-kā′shən] *s.* [of people] embarco; [of goods] embarque *m*
em•bar•rass [em-băr′əs] *tr.* [to disconcert] desconcertar, turbar; [to shame] avergonzar; [to cause trouble for] poner en un aprieto ■ **to be** OR **feel embarrassed** sentirse avergonzado
em•bar•rass•ing [:ĭng] *adj.* [disconcerting] embarazoso, vergonzoso; [situation] violento

em•bar•rass•ment [:mənt] *s.* [shame] vergüenza; [trouble] embarazo; [confusion] desconcierto
em•bas•sy [em′bə-sē] *s.* embajada
em•bat•tled [em-băt′ld] *adj.* asediado
em•bed [em-bed′] *tr.* & *intr.* (**-dd-**) implantar(se), incrustar(se); *fig* fijar(se)
em•bel•lish [em-bel′ĭsh] *tr.* embellecer; [a story] adornar
em•ber [em′bər] *s.* ascua, brasa
em•bez•zle [em-bez′əl] *tr.* malversar, desfalcar
em•bez•zle•ment [:mənt] *s.* malversación *f*, desfalco *m*
em•bez•zler [em-bez′lər] *s.* malversador *m*, desfalcador *m*
em•bit•ter [em-bĭt′ər] *tr.* amargar, agriar
em•blem [em′bləm] *s.* emblema *m*
em•blem•at•ic [em′blə-măt′ĭk] *adj.* simbólico
em•bod•i•ment [em-bŏd′ē-mənt] *s.* personificación *f*
em•bod•y [em-bŏd′ē] *tr.* encarnar, personificar; [to include] incorporar
em•bo•lism [em′bə-lĭz′əm] *s.* embolia
em•boss [em-bôs′] *tr.* grabar en relieve; [leather, silver] repujar
em•brace [em-brās′] ◇ *tr.* abrazar; [to accept eagerly] aprovecharse de; [to include] abarcar; (*intr.*) abrazarse ◇ *s.* abrazo; [acceptance] adopción *f*
em•broi•der [em-broi′dər] *tr.* bordar; [a story] adornar; (*intr.*) hacer bordado
em•broi•der•y [:də-rē] *s.* bordado
em•broil [em-broil′] *tr.* embrollar, enredar
em•bry•o [em′brē-ō′] *s.* embrión *m*
em•bry•ol•o•gy [′-ŏl′ə-jē] *s.* embriología
em•bry•on•ic [:ŏn′ĭk] *adj.* embrionario
em•cee [em′sē′] *s.* & *intr.* *fam* (actuar de) maestro de ceremonias
em•er•ald [em′ər-əld] *s.* esmeralda
e•merge [ĭ-mûrj′] *intr.* emerger, surgir; [to become known] darse a entender
e•mer•gen•cy [ĭ-mûr′jən-sē] *s.* emergencia; MED caso de urgencia; [need] necesidad *f* urgente ▪ **~ landing** aterrizaje forzoso
e•mer•gent [:jənt] *adj.* emergente
em•er•y [em′ə-rē] *s.* esmeril *m* ▪ **~ board** lima de uñas
e•met•ic [ĭ-met′ĭk] *adj.* & *s.* emético, vomitivo
em•i•grant [em′ĭ-grənt] *s.* & *adj.* emigrante *m*
em•i•grate [:grāt′] *intr.* emigrar
em•i•nence [em′ə-nəns] *s.* eminencia
em•i•nent [:nənt] *adj.* eminente
em•is•sar•y [em′ĭ-ser′ē] *s.* emisario
e•mis•sion [ĭ-mĭsh′ən] *s.* emisión *f*
e•mit [ĭ-mĭt′] *tr.* (**-tt-**) emitir
e•mol•lient [ĭ-mŏl′yənt] *adj.* & *s.* emoliente *m*
emo•ti•con [ē-mō′tĭkŏn] *s.* COMPUT emoticón *m*, emoticono
e•mo•tion [ĭ-mō′shən] *s.* emoción *f*
e•mo•tion•al [:shə-nəl] *adj.* emocional, afectivo; [scene, person] emotivo
em•pa•thize [em′pə-thīz′] *intr.* identificarse
em•pa•thy [:thē] *s.* empatía
em•per•or [em′pər-ər] *s.* emperador *m*
em•pha•sis [em′fə-sĭs] *s.* (*pl* **-ses**) énfasis *m*; GRAM [stress] acento
em•pha•size [:sīz′] *tr.* enfatizar, hacer hincapié en; GRAM acentuar
em•phat•ic [em-făt′ĭk] *adj.* enfático; [vigorous] enérgico; GRAM acentuado
em•phy•se•ma [em′fĭ-sē′mə] *s.* enfisema *m*
em•pire [em′pīr′] *s.* imperio
em•pir•ic/•i•cal [em-pîr′ĭk] *adj.* empírico
em•ploy [em-ploi′] ◇ *tr.* emplear ▪ **to be employed** tener empleo ◇ *s.* empleo ▪ **in the ~ of** empleado por
em•ploy•ee [:ē′] *s.* empleado
em•ploy•er [:ər] *s.* empleador *m*, empresario
em•ploy•ment [:mənt] *s.* empleo ▪ **~ agency** agencia de colocación
em•po•ri•um [em-pôr′ē-əm] *s.* (*pl* **s** OR **-ria**) emporio
em•pow•er [em-pou′ər] *tr.* autorizar
em•press [em′prĭs] *s.* emperatriz *f*
emp•ti•ness [emp′tē-nĭs] *s.* vacío; [of a person, words] vacuidad *f*
emp•ty [emp′tē] ◇ *adj.* (**-i-**) vacío; [unpopulated] desierto; [vain] vano, hueco; [idle] ocioso; [devoid] falto ◇ *tr.* vaciar; [to vacate] dejar vacío, desalojar; [to unload] descargar; (*intr.*) vaciarse ▪ **to ~ into** desembocar en ◇ *s.* envase vacío
emp•ty-hand•ed [′-hăn′dĭd] *adj.* manivacío
emp•ty-head•ed [:hed′ĭd] *adj.* necio, frívolo
em•u•late [em′yə-lāt′] *tr.* emular
em•u•la•tor [:lā′tər] *s.* emulador *m*
e•mul•si•fy [ĭ-mŭl′sə-fī′] *tr.* emulsionar
e•mul•sion [:shən] *s.* emulsión *f*
en•a•ble [en-ā′bəl] *tr.* [to make able] capacitar; [to make possible] posibilitar; DER autorizar
en•act [en-ăkt′] *tr.* promulgar; TEAT representar
en•act•ment [:mənt] *s.* promulgación *f*; TEAT representación *f*
e•nam•el [ĭ-năm′əl] ◇ *s.* esmalte *m* ◇ *tr.* esmaltar
e•nam•el•ware [:wâr′] *s.* utensilios de hierro esmaltado
en•am•or [ĭ-năm′ər] *tr.* enamorar ▪ **to become enamored of** enamorarse de
en•camp•ment [en-kămp′mənt] *s.* campamento
en•cap•su•late [en-kăp′sə-lāt′] *tr.* sintetizar, condensar
en•case [en-kās′] *tr.* encerrar, encajonar
en•ceph•a•li•tis [en-sef′ə-lī′tĭs] *s.* encefalitis *f*
en•chant [en-chănt′] *tr.* encantar
en•chant•ing [en-chăn′tĭng] *adj.* encantador
en•chant•ment [en-chănt′mənt] *s.* [bewitchment] encantamiento; [charm] encanto
en•cir•cle [en-sûr′kəl] *tr.* rodear, circundar
en•close [en-klōz′] *tr.* encerrar; [a document] adjuntar; [to fence in] cercar ▪ **enclosed herewith** encontrará adjunto
en•clo•sure [en-klō′zhər] *s.* encierro; [land] cercado; [document] adjunto, documento; [fence] cerco, valla
en•code [en-kōd′] *tr.* codificar
en•com•pass [en-kŭm′pəs] *tr.* [to surround] rodear; [to include] abarcar
en•core [ŏn′kôr′] ◇ *s.* repetición *f*, bis *m* ◇ *interj.* ¡otra!, ¡bis!
en•coun•ter [en-koun′tər] ◇ *s.* encuentro; [clash] choque *m* ◇ *tr.* encontrar; MIL enfrentarse con
en•cour•age [en-kûr′ĭj] *tr.* animar, alentar; [to embolden] fortalecer; [to foster] fomentar
en•cour•age•ment [:mənt] *s.* ánimo, aliento; [incentive] incentivo
en•cour•ag•ing [en-kûr′ə-jĭng] *adj.* alentador

en•croach [en-krōch′] *intr.* ■ **to ~ on** meterse en, invadir

en•crust [en-krŭst′] *tr.* incrustar

en•crypt [en-krĭpt′] ◇ *s.* codificación *f*, encriptación *f* ◇ *tr.* codificar, encriptar

en•crypted [en-krĭp′tĭd] *adj.* codificado, encriptado

en•cryp•tion [en-krĭp′shən] *s.* codificación *f*, encriptación *f*

en•cum•ber [en-kŭm′bər] *tr.* [to overburden] sobrecargar; [to impede] impedir

en•cum•brance [:brəns] *s.* obstáculo, impedimento; DER gravamen *m*

en•cy•clo•p(a)e•di•a [en-sī′klə-pē′dē-ə] *s.* enciclopedia

end [end] ◇ *s.* [tip] extremo, punta; [boundary] límite *m*; [conclusion] fin *m*, final *m*; [outcome] desenlace *m*; [death] fin, muerte *f*; [goal] propósito; [destruction] destrucción *f* ■ **at the ~ of** al cabo de; **~ to ~** punta con punta; **for days on ~** día tras día; **from ~ to ~** de un extremo al otro; **in the ~** al fin, al final; **odds and ends** restos, sobrante; **on ~** [upright] de pie, derecho; [nonstop] sin parar; [hair] de punta; **to bring (come) to an ~** terminar(se), acabar(se); **to make ends meet** cubrir las necesidades con el dinero que se tiene; **to meet one's ~** encontrar la muerte; **to no ~** en vano, inútilmente; **to put an ~ to** poner fin a; **to what end?** ¿con qué finalidad? ◇ *tr.* acabar, concluir; [to destroy] destruir ■ **to ~ it all** acabar con la vida; (*intr.*) terminar(se), acabar(se) ■ **to ~ up** terminar, ir a parar

en•dan•ger [en-dān′jər] *tr.* poner en peligro

en•dear•ing [en-dîr′ĭng] *adj.* atractivo

en•dear•ment [:mənt] *s.* cariño, afecto

en•deav•or [en-dev′ər] ◇ *s.* [effort] esfuerzo; [attempt] intento ◇ *intr.* intentar

en•dem•ic [en-dem′ĭk] *adj.* endémico

end•ing [en′dĭng] *s.* conclusión *f*, fin *m*; [of a story] desenlace *m*, final *m*

en•dive [en′dīv′] *s.* escarola, endibia

end•less [end′lĭs] *adj.* interminable; [infinite] infinito; [continuous] continuo

en•do•crine [en′də-krĭn] *adj.* endocrino

en•dorse [en-dôrs′] *tr.* endosar; [to support] apoyar; [to approve] sancionar

en•dorse•ment [en-dôrs′mənt] *s.* endoso; [approval] aprobación *f*; [support] apoyo

en•dors•er [en-dôr′sər] *s.* endosante *mf*

en•dow [en-dou′] *tr.* dotar

en•dow•ment [:mənt] *s.* dotación *f*; [natural gift] dote *m*, don *m*

en•dur•ance [en-dŏŏr′əns] *s.* resistencia, aguante *m*

en•dure [en-dŏŏr′] *tr.* resistir, aguantar; [to tolerate] tolerar; (*intr.*) aguantarse, resistir; [to last] durar

en•dur•ing [:ĭng] *adj.* perdurable, duradero; [long-suffering] sufrido

end•wise/ways [:wīz/wāz′] *adv.* [upright] de punta, de pie; [end foremost] con la punta al frente; [lengthwise] longitudinalmente; [end to end] extremo con extremo

en•e•ma [en′ə-mə] *s.* enema

en•e•my [en′ə-mē] *s.* & *adj.* enemigo

en•er•get•ic [en′ər-jet′ĭk] *adj.* enérgico

en•er•gize [en′ər-jīz′] *tr.* dar energía a, vigorizar; ELEC [to charge] excitar

en•er•gy [en′ər-jē] *s.* energía

en•er•vate [en′ər-vāt′] *tr.* enervar

en•fold [en-fōld′] *tr.* [to envelop] envolver; [to surround] rodear; [to embrace] abrazar

en•force [en-fôrs′] *tr.* [a law] hacer cumplir OR respetar; [to impose] imponer

en•force•a•ble [en-fôr′sə-bəl] *adj.* [law] aplicable; [contract] ejecutorio

en•force•ment [en-fôrs′mənt] *s.* aplicación *f*, ejecución *f*

en•gage [en-gāj′] *tr.* [to hire] emplear; [to reserve] contratar, reservar; [to engross] cautivar; [to promise] comprometer, empeñar; MIL trabar combate con; MEC [gears] engranar; [clutch] embragar; (*intr.*) comprometerse, obligarse (a pagar, ayudar); MIL trabarse en combate ■ **to ~ in** ocuparse OR tomar parte en

en•gaged [en-gājd′] *adj.* [employed] empleado; [busy] ocupado; [reserved] contratado; [betrothed] comprometido; MIL combatiente; MEC engranado ■ **to be ~** [busy] estar ocupado; [betrothed] estar comprometido; **to get ~** prometerse

en•gage•ment [en-gāj′mənt] *s.* compromiso; [appointment] cita; MIL batalla, combate *m*; MEC engranaje *m*

en•gag•ing [en-gā′jĭng] *adj.* atractivo

en•gen•der [en-jen′dər] *tr.* engendrar

en•gi•ne [en′jĭn] *s.* máquina, motor *m*; FC locomotora ■ **~ block** bloque de cilindros

en•gi•neer [en′jə-nîr′] ◇ *s.* ingeniero; FC maquinista *m*; *fig* artífice *mf* ◇ *tr.* maniobrar, maquinar

en•gi•neer•ing [:ĭng] *s.* ingeniería

Eng•lish-speak•ing [ĭng′glĭsh-spē′kĭng] *adj.* de habla inglesa

en•grave [en-grāv′] *tr.* grabar; [on stone] tallar

en•grav•er [en-grā′vər] *s.* grabador *m*

en•grav•ing [:vĭng] *s.* grabado

en•gross [en-grōs′] *tr.* absorber, cautivar

en•gross•ing [en-grō′sĭng] *adj.* absorbente

en•gulf [en-gŭlf′] *tr.* [to surround] encerrar, rodear; [to swallow up] tragarse

en•hance [en-hăns′] *tr.* [to increase] aumentar; [to intensify] dar realce a, realzar

en•hance•ment [:mənt] *s.* [increase] aumento; [of flavor, beauty] realce *m*

e•nig•ma [ĭ-nĭg′mə] *s.* enigma *m*

en•ig•mat•ic [en′ĭg-măt′ĭk] *adj.* enigmático

en•joy [en-joi′] *tr.* gozar (de), disfrutar; [to like] gustar a ■ **to ~ oneself** divertirse, pasarlo bien

en•joy•able [:ə-bəl] *adj.* agradable, encantador; [fun] divertido

en•joy•ment [:mənt] *s.* placer *m*, goce *m*; disfrute *m*

en•large [en-lärj′] *tr.* agrandar, aumentar; [to magnify] magnificar; FOTOG ampliar; (*intr.*) agrandarse ■ **to ~ on** explayarse sobre

en•large•ment [en-lärj′mənt] *s.* ampliación *f*

en•light•en [en-līt′n] *tr.* iluminar, ilustrar; [to inform] aclarar

en•light•ened [:nd] *adj.* culto, ilustrado; [spiritually] iluminado

en•light•en•ment [:n-mənt] *s.* iluminación *f*, ilustración *f* ■ **the Enlightenment** la Ilustración

en•list [en-lĭst′] *tr.* MIL alistar; [to engage] ganar el apoyo de; (*intr.*) alistarse ■ **enlisted man** soldado de tropa

en•list•ment [:mənt] *s.* alistamiento

en•liv•en [en-lī′vən] *tr.* alegrar, animar

en•mesh [en-mesh′] *tr.* enredar, enmarañar

en•mi•ty [en′mĭ-tē] *s.* enemistad *f*
en•nui [ŏn-wē′] *s.* lasitud *f*, aburrimiento
e•nor•mi•ty [ĭ-nôr′mĭ-tē] *s.* enormidad *f*
e•nor•mous [:məs] *adj.* enorme
e•nough [ĭ-nŭf′] <> *adj.* bastante, suficiente ▪ **to be ~** ser suficiente, bastar <> *adv.* bastante, suficientemente ▪ **curiously** OR **oddly ~** por raro que parezca; **sure ~** en efecto; **well ~** bastante bien <> *s.* lo bastante, lo suficiente ▪ **~ is ~** basta y sobra; **it is ~ to drive you mad** es para volverse loco; **to have had ~** [to be satisfied] estar satisfecho; [to be tired of] estar harto <> *interj.* ¡basta! ▪ **~ of this!** ¡basta ya!
en•rage [en-rāj′] *tr.* enfurecer, encolerizar
en•rap•ture [en-răp′chər] *tr.* embelesar
en•rich [en-rĭch′] *tr.* enriquecer; [to fertilize] abonar
en•rol(l) [en-rōl′] *tr.* & *intr.* (-ll-) registrar(se), inscribir(se); [a student] matricular(se)
en•rol(l)•ment [:mənt] *s.* inscripción *f*; [in school] matriculación *f*; [record] registro
en•sconce [en-skŏns′] *tr.* ▪ **to ~ oneself** establecerse cómodamente
en•sem•ble [ŏn-sŏm′bəl] *s.* conjunto; TEAT compañía
en•shrine [en-shrīn′] *tr.* guardar en un relicario; *fig* consagrar
en•sign [en′sən] *s.* [flag] pabellón *m*; [officer] alférez *m*
en•slave [en-slāv′] *tr.* esclavizar
en•snare [en-snâr′] *tr.* entrampar
en•sue [en-so͞o′] *intr.* seguir(se), resultar
en•su•ing [:ĭng] *adj.* resultante
en•sure [en-sho͝or′] *tr.* asegurar, garantizar
en•tail [en-tāl′] *tr.* implicar, comportar; DER vincular
en•tan•gle [en-tăng′gəl] *tr.* enmarañar, enredar
en•tente [ŏn-tŏnt′] *s.* [agreement] acuerdo, entente *f*; [signatories] aliados
en•ter [en′tər] *tr.* entrar en; [to penetrate] penetrar en, perforar; [to insert] introducir, insertar; [to participate in] participar en; [to embark upon] emprender, empezar; [to join] afiliarse a; [to obtain admission to] ingresar, entrar a; [a profession] iniciar, abrazar; [in a register] asentar, anotar; DER entablar, presentar ▪ **to ~ one's head** OR **mind** ocurrírsele a uno; (*intr.*) entrar; [to gain entry] ingresar; [to register] inscribirse, matricularse; TEAT salir ▪ **not to ~ into it** no figurar para nada; **to ~ into** [a contract] firmar, concertar; [to begin] iniciar
en•ter•prise [en′tər-prīz′] *s.* empresa; [initiative] iniciativa
en•ter•pris•ing [:prī′zĭng] *adj.* emprendedor
en•ter•tain [en′tər-tān′] *tr.* divertir, entretener; [to host] agasajar; [an idea] considerar ▪ **to ~ oneself** divertirse; (*intr.*) recibir invitados
en•ter•tain•er [:tā′nər] *s.* artista *mf*
en•ter•tain•ing [:nĭng] *adj.* entretenido, divertido
en•ter•tain•ment [en′tər-tān′mənt] *s.* entretenimiento, diversión *f*; [show] espectáculo
en•thrall [en-thrôl′] *tr.* cautivar; [to enslave] esclavizar
en•throne [en-thrōn′] *tr.* entronizar
en•thuse [en-tho͞oz′] *tr.* & *intr.* *fam* entusiasmar(se)
en•thu•si•asm [en-tho͞o′zē-ăz′əm] *s.* entusiasmo
en•thu•si•ast [:ăst′] *s.* entusiasta *mf*
en•thu•si•as•tic [-′-ăs′tĭk] *adj.* entusiasta
en•tice [en-tīs′] *tr.* atraer, tentar
en•tire [en-tīr′] *adj.* entero, total; [in one piece] intacto
en•tire•ty [:tē] *s.* totalidad *f*
en•ti•tle [en-tīt′l] *tr.* titular; [to give a right] dar derecho ▪ **to be entitled to** tener derecho a
en•ti•tle•ment [:mənt] *s.* derecho
en•ti•ty [en′tĭ-tē] *s.* ser *m*; [thing] entidad *f*
en•to•mol•o•gy [en′tə-mŏl′ə-jē] *s.* entomología
en•tou•rage [ŏn′to͞o-räzh′] *s.* séquito
en•trails [en′trālz′] *s. pl.* entrañas, vísceras
en•trance[1] [en′trəns] *s.* entrada; TEAT salida (a escena)
en•trance[2] [en-trăns′] *tr.* encantar
en•trant [en′trənt] *s.* concursante *mf*
en•trap [en-trăp′] *tr.* (**-pp-**) entrampar
en•treat [en-trēt′] *tr.* implorar, suplicar
en•treat•y [en-trē′tē] *s.* ruego, súplica
en•trée/•tree [ŏn′trā′] *s.* [admittance] entrada; [main dish] plato principal
en•trench [en-trench′] *tr.* atrincherar ▪ **to ~ oneself** atrincherarse
en•tre•pre•neur [ŏn′trə-prə-nûr′] *s.* empresario
en•trust [en-trŭst′] *tr.* confiar ▪ **to ~ someone with something** encomendar algo a alguien
en•try [en′trē] *s.* entrada; [in a register] registro; DEP [entrant] competidor *m*; TEN asiento
en•twine [en-twīn′] *tr.* & *intr.* entrelazar(se)
e•nu•mer•ate [ĭ-no͞o′mə-rāt′] *tr.* enumerar
e•nun•ci•ate [ĭ-nŭn′sē-āt′] *tr.* enunciar; [to proclaim] proclamar
en•vel•op [en-vel′əp] *tr.* envolver
en•ve•lope [en′və-lōp′, ŏn′-] *s.* sobre *m*; [wrapping] envoltura; [cover] cobertura
en•vi•a•ble [en′vē-ə-bəl] *adj.* envidiable
en•vi•ous [en′vē-əs] *adj.* envidioso
en•vi•ron•ment [en-vī′rən-mənt] *s.* medio ambiente; [atmosphere] ambiente *m*
en•vi•ron•men•tal [en-vī′rən-men′tl] *adj.* ambiental, medioambiental ▪ **~ consultancy** consultoría medioambiental; **~ educator** educador medioambiental; **~ impact** impacto ambiental; **~ impact assessment** evaluación de impacto ambiental
en•vi•ron•men•tal•ist [en-vī′rən-men′tə-lĭst] *m.* ecologista *m*
en•vi•rons [:rənz] *s. pl.* alrededores *m*
en•vis•age [en-vĭz′ĭj] *tr.* prever; [to imagine] imaginarse, concebir
en•voy [en′voi′, ŏn′-] *s.* mensajero; POL enviado
en•vy [en′vē] <> *s.* envidia; [object] cosa OR persona envidiada <> *tr.* envidiar, tener envidia de; (*intr.*) sentir envidia
en•zyme [en′zīm′] *s.* enzima
e•on [ē′ŏn′] *s.* eón *m*
ep•au•let(te) [ep′ə-let′] *s.* charretera
e•phem•er•al [ĭ-fem′ər-əl] *adj.* efímero
ep•ic [ep′ĭk] <> *s.* epopeya <> *adj.* épico
ep•i•cen•ter [ep′ĭ-sen′tər] *s.* epicentro
ep•i•cure [ep′ĭ-kyo͝or′] *s.* gastrónomo
ep•i•dem•ic [ep′ĭ-dem′ĭk] <> *adj.* epidémico <> *s.* MED epidemia; *fig* ola
ep•i•der•mis [ep′ĭ-dûr′mĭs] *s.* epidermis *f*
ep•i•gram [ep′ĭ-grăm′] *s.* epigrama *m*
ep•i•graph [ep′ĭ-grăf′] *s.* epígrafe *m*
ep•i•lep•sy [ep′ə-lep′sē] *s.* epilepsia
ep•i•log(ue) [ep′ə-lôg′] *s.* epílogo
e•piph•a•ny [ĭ-pĭf′ə-nē] *s.* epifanía
e•pis•co•pal [ĭ-pĭs′kə-pəl] *adj.* episcopal
ep•i•sode [ep′ĭ-sōd′] *s.* episodio

e•pis•te•mol•o•gy [ĭ-pĭs'tə-mŏl'ə-jē] *s.* epistemología
e•pis•tle [ĭ-pĭs'əl] *s.* epístola
ep•i•taph [ep'ĭ-tăf'] *s.* epitafio
ep•i•thet [ep'ə-thet'] *s.* epíteto; [nickname] apelativo
e•pit•o•me [ĭ-pĭt'ə-mē] *s.* epítome *m*; [embodiment] personificación *f*
e•pit•o•mize [:mīz'] *tr.* [to sum up] resumir; [to embody] personificar
ep•och [ep'ək] *s.* época; [milestone] hito
ep•ox•y [ĭ-pŏk'sē] *s.* resina epoxídica
eq•ua•ble [ek'wə-bəl] *adj.* [unvarying] invariable; [even-tempered] ecuánime, tranquilo
e•qual [ē'kwəl] ◇ *adj.* igual; [evenhanded] equitativo ■ **all things being ~** si todo sigue igual; **on ~ terms** en un plano de igualdad; **to be ~ to** [same as] ser igual que; [capable] ser apto para ◇ *s.* igual *mf* ■ **between equals** de igual a igual; **~ sign** signo de igualdad; **without ~** sin par ◇ *tr.* ser igual a; [to match] igualar
e•qual•i•ty [ĭ-kwŏl'ĭ-tē] *s.* igualdad *f*
e•qual•ize [ē'kwə-līz'] *tr.* & *intr.* igualar
e•qual•ly [:lē] *adv.* igualmente, por igual
e•qua•nim•i•ty [ē'kwə-nĭm'ĭ-tē, ek'wə-] *s.* ecuanimidad *f*
e•quate [ĭ-kwāt'] *tr.* equiparar; MAT poner en ecuación; (*intr.*) corresponderse
e•qua•tion [ĭ-kwā'zhən] *s.* ecuación *f*
e•qua•tor [ĭ-kwā'tər] *s.* ecuador *m*
e•ques•tri•an [ĭ-kwes'trē-ən] ◇ *adj.* ecuestre ◇ *s.* jinete *mf*
e•qui•lat•er•al [ē'kwə-lăt'ər-əl] *adj.* equilátero
e•qui•lib•ri•um [:lĭb'rē-əm] *s.* (*pl* **s** OR **-ia**) equilibrio
e•qui•nox [:nŏks'] *s.* equinoccio
e•quip [ĭ-kwĭp'] *tr.* (**-pp-**) equipar; *fig* preparar
e•quip•ment [:mənt] *s.* equipo; [tools] avíos; *fig* aptitud *f*; AUTO accesorios
eq•ui•ta•ble [ek'wĭ-tə-bəl] *adj.* equitativo
eq•ui•ty [ek'wĭ-tē] *s.* equidad *f*, imparcialidad *f*; FIN [share] acción *f*; FIN [shares] acciones ordinarias, capital social
e•quiv•a•lent [:lənt] *adj.* & *s.* equivalente *m*
e•quiv•o•cal [ĭ-kwĭv'ə-kəl] *adj.* equívoco
e•quiv•o•cate [:kāt'] *intr.* usar intencionalmente lenguaje equívoco OR ambiguo
e•ra [îr'ə, er'ə] *s.* era
e•rad•i•cate [ĭ-răd'ĭ-kāt'] *tr.* erradicar
e•rase [ĭ-rās'] *tr.* borrar
e•ras•er [ĭ-rā'sər] *s.* goma de borrar, borrador *m*
e•ra•sure [:shər] *s.* borradura
e•rect [ĭ-rekt'] ◇ *adj.* erecto, erguido; [hair] erizado ◇ *tr.* [to construct] erigir, construir; [to raise, establish] levantar
e•rec•tion [ĭ-rek'shən] *s.* erección *f*; [of a building] construcción *f*
er•go [ûr'gō, âr'gō] *conj.* & *adv.* por (lo) tanto
er•go•nom•ic [ûr'gə-nŏm'ĭk] *adj.* ergonómico
er•go•nom•ics [ûr'gə-nŏm'ĭks] *s.sg.* ergonomía
er•mine [ûr'mĭn] *s.* armiño
e•rode [ĭ-rōd'] *tr.* & *intr.* erosionar(se), desgastar(se); [to corrode] corroer(se)
e•rog•e•nous [ĭ-rŏj'ə-nəs] *adj.* erógeno
e•ro•sion [ĭ-rō'zhən] *s.* erosión *f*
e•rot•ic [ĭ-rŏt'ĭk] *adj.* erótico
e•rot•i•cism [:ĭ-sĭz'əm] *s.* erotismo
err [ûr, er] *intr.* errar, equivocarse; [to sin] pecar
er•rand [er'ənd] *s.* mandado, recado
er•rant [er'ənt] *adj.* errante, errabundo
er•rat•ic [ĭ-răt'ĭk] *adj.* irregular; [eccentric] excéntrico, extravagante
er•ra•tum [ĭ-rä'təm] *s.* (*pl* **-ta**) errata, error *m*
er•ro•ne•ous [ĭ-rō'nē-əs] *adj.* erróneo
er•ror [er'ər] *s.* error *m*
er•satz [er'zäts'] *adj.* artificial
er•u•dite [er'yə-dīt'] *adj.* erudito
e•rupt [ĭ-rŭpt'] *intr.* [to spew] brotar violentamente; [emotions, riot] estallar, explotar; GEOL & MED hacer erupción; ODONT salir
e•rup•tion [ĭ-rŭp'shən] *s.* erupción *f*; [outburst] estallido
es•ca•late [es'kə-lāt'] *tr.* & *intr.* [war] extender(se), intensificar(se); [prices] subir
es•ca•la•tion ['-lā'shən] *s.* [of war] intensificación *f*; [of prices] subida
es•ca•la•tor [es'kə-lā'tər] *s.* escalera mecánica
es•ca•pade [es'kə-pād'] *s.* aventura
es•cape [ĭ-skāp'] ◇ *intr.* escaparse; (*tr.*) escapar de, librarse de; [name, meaning] eludir ◇ *s.* escapatoria; [evasion] evasión *f*; [leakage] escape *m*, salida
es•cap•ee [ĭ-skā'pē'] *s.* prófugo, fugitivo
es•cap•ist [ĭ-skā'pĭst] ◇ *adj.* escapista ◇ *s.* persona que se evade de la realidad
es•carp•ment [ĭ-skärp'mənt] *s.* escarpa
es•chew [ĭs-choo'] *tr.* evitar
es•cort ◇ *s.* [es'kôrt'] escolta; [companion] acompañante *m* ◇ *tr.* [ĭ-skôrt'] acompañar, escoltar
e•soph•a•gus [ĭ-sŏf'ə-gəs] *s.* (*pl* **-gi**) esófago
es•o•ter•ic [es'ə-ter'ĭk] *adj.* esotérico
es•pe•cial [ĭ-spesh'əl] *adj.* especial
es•pe•cial•ly [:ə-lē] *adv.* especialmente
es•pio•nage [es'pē-ə-näzh'] *s.* espionaje *m*
es•pla•nade [es'plə-näd'] *s.* paseo marítimo
es•pous•al [ĭ-spou'zəl] *s.* adhesión *f*, apoyo
es•pouse [ĭ-spouz'] *tr.* casarse con; [a cause] adoptar
es•quire [es'kwīr'] *s.* GB terrateniente *m* ■ **Esquire** (*abr.* **Esq.**) Don, Señor; **John Smith, Esq.** Sr. John Smith
es•say ◇ *tr.* [e-sā'] ensayar ◇ *s.* [es'ā'] ensayo; [at school] redacción *f*
es•say•ist [es'ā'ĭst] *s.* ensayista *mf*
es•sence [es'əns] *s.* esencia ■ **in ~** esencialmente
es•sen•tial [ĭ-sen'shəl] *adj.* & *s.* (elemento) esencial ■ **~ oil** aceite esencial; **to get down to the essentials** ir al grano
es•tab•lish [ĭ-stăb'lĭsh] *tr.* establecer; [to prove] demostrar; [facts] verificar ■ **to ~ oneself** establecerse
es•tab•lished [:lĭsht] *adj.* establecido; [custom] arraigado; [fact] conocido; [business] de buena fama OR reputación; [staff] de plantilla; [religion] oficial
es•tab•lish•ment [:lĭsh-mənt] *s.* establecimiento ■ **Establishment** RELIG iglesia oficial; POL clase dirigente
es•tate [ĭ-stāt'] *s.* [land] hacienda, finca; [property] propiedad *f*; [inheritance] herencia; DER testamentaría ■ **real ~** bienes raíces; **the fourth ~** la prensa
es•teem [ĭ-stēm'] ◇ *tr.* estimar ◇ *s.* estimación *f*, aprecio ■ **to hold someone in high ~** tenerle gran estima a alguien
es•thet•ic [es-thet'ĭk] = **aesthetic**
es•ti•mate [es'tə-māt'] ◇ *tr.* calcular ◇ *s.* [:mĭt] cálculo; [of costs] presupuesto; [opinion] opinión *f* ■ **rough ~** cálculo aproximado

es•ti•ma•tion [ˈ-māˈshən] *s.* estimación *f*, valoración *f*; [opinion] opinión *f*
es•trange•ment [ĭ-strānjˈmənt] *s.* enajenación *f*, alejamiento
es•tro•gen [esˈtrə-jən] *s.* estrógeno
es•tu•ar•y [esˈcho͞o-erˈē] *s.* estuario
et cet•er•a, et•cet•er•a [et-setˈər-ə] etcétera
etch [ech] *tr.* & *intr.* grabar al agua fuerte
etch•ing [:ĭng] *s.* aguafuerte *m*, grabado
e•ter•nal [ĭ-tûrˈnəl] *adj.* & *s.* eterno
e•ter•ni•ty [:nĭ-tē] *s.* eternidad *f*
e•ther [ēˈthər] *s.* éter *m*
e•the•re•al [ĭ-thîrˈē-əl] *adj.* etéreo
eth•ic [ethˈĭk] *s.* ética ▪ **ethics** (*sg.*) ética
eth•i•cal [:ĭ-kəl] *adj.* ético, moral ▪ ~ **(investment) fund** fondo ético (de inversión)
eth•nic [ethˈnĭk] *adj.* étnico
eth•nol•o•gy [eth-nŏlˈə-jē] *s.* etnología
e•thos [ēˈthŏsˈ] *s.* genio
eth•yl [ethˈəl] *s.* etilo ▪ ~ **alcohol** alcohol etílico
et•i•quette [etˈĭ-ketˈ] *s.* etiqueta, protocolo
et•y•mol•o•gy [etˈə-mŏlˈə-jē] *s.* etimología
eu•ca•lyp•tus [yo͞oˈkə-lĭpˈtəs] *s.* (*pl* **es** OR **-ti**) eucalipto
eu•lo•gy [:jē] *s.* panegírico
eu•nuch [yo͞oˈnək] *s.* eunuco
eu•phe•mism [yo͞oˈfə-mĭzˈəm] *s.* eufemismo
eu•pho•ri•a [yo͞o-fôrˈē-ə] *s.* euforia
eu•phor•ic [:ĭk] *adj.* eufórico
eu•ro [yo͞oˈrō] *s.* euro ▪ ~ **zone** eurozona
Eu•ro•land [yo͞orōˈlăndˈ] *s.* Eurolandia
eu•tha•na•sia [yo͞oˈthə-nāˈzhə] *s.* eutanasia
e•vac•u•ate [ĭ-văkˈyo͞o-ātˈ] *tr.* evacuar; (*intr.*) retirarse
e•vac•u•a•tion [-ˈ-āˈshən] *s.* evacuación *f*
e•vac•u•ee [:ēˈ] *s.* evacuado
e•vade [ĭ-vādˈ] *tr.* evitar, evadir
e•val•u•ate [ĭ-vălˈyo͞o-ātˈ] *tr.* evaluar; [to appraise] tasar, valorar
e•val•u•a•tion [-ˈ-āˈshən] *s.* evaluación *f*, valoración *f*; [judgment] opinión *f*
e•van•gel•ic/i•cal [ēˈvăn-jelˈĭk] *adj.* evangélico
e•van•gel•ist [ĭ-vănˈjə-lĭst] *s.* evangelizador *m*
e•vap•o•rate [ĭ-văpˈə-rātˈ] *tr.* & *intr.* evaporar(se)
e•vap•o•ra•tion [-ˈ-rāˈshən] *s.* evaporación *f*
e•va•sion [ĭ-vāˈzhən] *s.* evasión *f*
e•va•sive [:sĭv] *adj.* evasivo
eve [ēv] *s.* víspera; [before a feast] vigilia ▪ **on the ~ of** en vísperas de
e•ven [ēˈvən] ◇ *adj.* [flat] plano, llano; [smooth] liso; [level] a nivel; [uniform] regular; [equally matched] parejo; [score] empatado; [exact] justo; [equal] igual; [temper] sereno; [fair] equitativo; MAT par ▪ **to be ~** estar mano a mano; **to get ~** desquitarse; **to make ~** allanar; **to stay ~** cubrir los gastos ◇ *adv.* todavía, aun; ~ **worse** aun peor; siquiera; **he didn't ~ cry** ni siquiera lloró ▪ ~ **as** precisamente, justo cuando; ~ **if** OR **though** aunque, aun cuando; ~ **so** aun así; ~ **now** ahora mismo ◇ *tr.* [to level, smooth] emparejar, nivelar; [to make equal] igualar ▪ **to ~ up the score** DEP igualar; *fam* [to get revenge] ajustar cuentas
e•ven•hand•ed [ˈ-hănˈdĭd] *adj.* equitativo
eve•ning [ēvˈnĭng] *s.* tarde *f*; [dusk] anochecer *m*, noche *f*; [entertainment] velada ▪ ~ **class** clase nocturna; ~ **dress** [for men] traje de etiqueta; [for women] traje de noche; ~ **performance** función de noche; **good ~!** ¡buenas tardes!; [after sunset] ¡buenas noches!; **in the ~** por la tarde
e•ven•ness [ēˈvən-nĭs] *s.* igualdad *f*; [of temper, judgment] ecuanimidad *f*
e•ven•song [ēˈvən-sôngˈ] *s.* vísperas
e•vent [ĭ-ventˈ] *s.* suceso, acontecimiento; [outcome] resultado; DEP evento ▪ **in any ~** en todo caso; **in the ~ of** en caso de (que)
e•vent•ful [:fəl] *adj.* lleno de acontecimientos; [momentous] extraordinario, memorable
e•ven•tu•al [ĭ-venˈcho͞o-əl] *adj.* final
e•ven•tu•al•ly [:ə-lē] *adv.* con el tiempo, a la larga
ev•er [evˈər] *adv.* [always] siempre; [at any time] alguna vez; **have you ~ been to Paris?** ¿estuviste alguna vez en París?; [at all] nunca, jamás; **nobody has ~ treated me this way** nunca nadie me trató así ▪ **as ~** como siempre; **better than ~** mejor que nunca; ~ **since** [from the time] desde que; [since then] desde entonces; ~ **so (happy)** tan (feliz); ~ **so little** muy poco; ~ **so much** mucho, muchísimo; **for ~ and ~** por siempre jamás, para siempre; **hardly ~** casi nunca; **not ~** nunca
ev•er-chang•ing [ˈ-chānˈjĭng] *adj.* cambiadizo
ev•er•green [ˈ-grēnˈ] *adj.* & *s.* (planta, árbol *m*) de hoja perenne
ev•er•last•ing [ˈ-lăsˈtĭng] *adj.* eterno; [longlasting] perdurable; [tedious] interminable
eve•ry [evˈrē] *adj.* cada; ~ **two hours** cada dos horas; todo(s); ~ **man** todo hombre ▪ ~ **day** todos los días; ~ **one** cada uno, cada cual; ~ **one of them** todos (sin excepción); ~ **other day** cada dos días; ~ **time** cada vez, siempre; ~ **which way** por todas partes; [in no order] en total desorden
eve•ry•bod•y [:bŏdˈē, :bŭdˈē] *pron.* cada uno, cada cual; [all] todos, todo el mundo
eve•ry•day [:dāˈ] *adj.* diario, cotidiano; [usual] común; [clothes] de todos los días
eve•ry•one [:wŭnˈ] *pron.* cada uno, cada cual; [all] todos, todo el mundo ▪ ~ **for himself** cada cual por su cuenta
eve•ry•thing [:thĭngˈ] *pron.* todo
eve•ry•where [:hwârˈ] *adv.* en, a OR por todas partes; [wherever] dondequiera que
e•vict [ĭ-vĭktˈ] *tr.* expulsar; DER desahuciar
e•vic•tion [ĭ-vĭkˈshən] *s.* desahucio
ev•i•dence [evˈĭ-dəns] ◇ *s.* prueba; [data] hechos, datos; [testimony] declaración *f* ▪ **to be in ~** estar a la vista; **to give ~** declarar como testigo; **to show ~ of** presentar señales de; **to turn state's ~** dar testimonio en contra de los cómplices ◇ *tr.* evidenciar, probar
ev•i•dent [:dənt] *adj.* evidente
e•vil [ēˈvəl] ◇ *adj.* malo, malvado; [harmful] nocivo, perjudicial; [influence] pernicioso; [look] nefasto ▪ ~ **eye** mal de ojo ◇ *s.* mal *m*, maldad *f*; [harm] perjuicio; [immorality] perversidad *f*
e•vil•do•er [:do͞oˈər] *s.* malhechor *m*, malvado
e•vil-mind•ed [ˈ-mīnˈdĭd] *adj.* malicioso, malintencionado
e•vis•cer•ate [ĭ-vĭsˈə-rātˈ] *tr.* destripar
e•voc•a•tive [ĭ-vŏkˈə-tĭv] *adj.* evocador
e•voke [ĭ-vōkˈ] *tr.* evocar
ev•o•lu•tion [evˈə-lo͞oˈshən] *s.* evolución *f*
ev•o•lu•tion•ar•y [ˈ-ˈshə-nerˈē] *adj.* evolutivo

e•volve [ĭ-vŏlv′] *tr.* & *intr.* desarrollar(se); BIOL (hacer) evolucionar
ewe [yo͞o] *s.* oveja hembra
ew•er [yo͞o′ər] *s.* aguamanil *m*
ex•ac•er•bate [ĭg-zăs′ər-bāt′] *tr.* exacerbar
ex•act [ĭg-zăkt′] ◇ *adj.* exacto ◇ *tr.* quitar por la fuerza ▪ **to ~ from** OR **of** exigir a
ex•act•ing [ĭg-zăk′tĭng] *adj.* [demanding] exigente; [severe] severo; [rigorous] riguroso
ex•act•ly [ĭg-zăkt′lē] *adv.* exactamente; [wholly] precisamente; [time] en punto; [quite true] es verdad, así es
ex•ag•ger•ate [ĭg-zăj′ə-rāt′] *tr.* & *intr.* exagerar
ex•ag•ger•a•tion [-′-rā′shən] *s.* exageración *f*
ex•alt [ĭg-zôlt′] *tr.* exaltar
ex•am [ĭg-zăm′] *s. fam* examen *m*
ex•am•i•na•tion [ĭg-zăm′ə-nā′shən] *s.* examen *m*; DER interrogatorio; [inquiry] investigación *f* ▪ **to take an ~** sufrir un examen
ex•am•ine [ĭg-zăm′ĭn] *tr.* examinar; [to scrutinize] escudriñar; DER interrogar
ex•am•in•er [:ə-nər] *s.* examinador *m*
ex•am•ple [ĭg-zăm′pəl] *s.* ejemplo ▪ **to set an ~** dar ejemplo
ex•as•per•ate [ĭg-zăs′pə-rāt′] *tr.* exasperar
ex•ca•vate [ek′skə-vāt′] *tr.* [to dig] excavar; [ruins] desenterrar
ex•ceed [ĭk-sēd′] *tr.* exceder; [limits, authority] propasarse en, excederse en
ex•ceed•ing•ly [ĭk-sē′dĭng-lē] *adv.* extremadamente
ex•cel [ĭk-sel′] *tr.* (**-ll-**) superar, aventajar; (*intr.*) distinguirse
ex•cel•lence [ek′sə-ləns] *s.* excelencia
Ex•cel•len•cy [:lən-sē] *s.* Excelencia
ex•cel•lent [ek′sə-lənt] *adj.* excelente
ex•cept [ĭk-sept′] ◇ *prep.* excepto, menos ▪ **~ for** [were it not for] si no fuera por, a no ser por; [apart from] aparte de ◇ *conj.* [only] sólo que; [otherwise than] ▪ **~ that** salvo OR excepto que ◇ *tr.* exceptuar, excluir
ex•cept•ing [ĭk-sep′tĭng] *prep.* salvo, con excepción de
ex•cep•tion [:shən] *s.* excepción *f* ▪ **to take ~ to** estar en desacuerdo con, oponerse a; **with the ~ of** a excepción de, excepto
ex•cep•tion•al [:shə-nəl] *adj.* excepcional
ex•cerpt ◇ *s.* [ek′sûrpt′] extracto ◇ *tr.* [ĭk-sûrpt′] extractar ▪ **to ~ from** citar de
ex•cess [ĭk-ses′, ek′ses′] ◇ *s.* exceso ▪ **~ luggage** exceso de equipaje; **in ~ of** más que; **to ~** en OR con exceso ◇ *adj.* excesivo
ex•ces•sive [ĭk-ses′ĭv] *adj.* excesivo
ex•change [ĭks-chānj′] ◇ *tr.* cambiar, intercambiar; [glances, words] cruzar; [prisoners, goods] canjear ▪ **to ~ for** cambiar por ◇ *s.* cambio, intercambio; [of prisoners, goods] canje *m*; COM bolsa; TEL central telefónica ▪ **~ rate** tipo de cambio; **in ~ for** a cambio de
ex•change•a•ble [:chān′jə-bəl] *adj.* canjeable
ex•cheq•uer [ĭks-chek′ər] *s.* tesoro público ▪ **Exchequer** GB Ministerio de Hacienda
ex•cise tax [ek′sīz′] *s.* impuesto indirecto
ex•cite [ĭk-sīt′] *tr.* excitar; [to thrill] entusiasmar, emocionar
ex•cit•ed [ĭk-sī′tĭd] *adj.* excitado; [emotions] agitado; [thrilled] entusiasmado ▪ **to get ~** excitarse, agitarse; [with glee] entusiasmarse
ex•cite•ment [ĭk-sīt′mənt] *s.* emoción *f*, agitación *f*; [enthusiasm] entusiasmo
ex•cit•ing [ĭk-sī′tĭng] *adj.* emocionante
ex•claim [ĭk-sklām′] *intr.* exclamar; (*tr.*) gritar, proclamar
ex•cla•ma•tion [ek′sklə-mā′shən] *s.* exclamación *f* ▪ **~ point** signo de admiración
ex•clude [ĭk-sklo͞od′] *tr.* excluir
ex•clud•ing [ĭk-sklo͞o′dĭng] *prep.* excepto, exceptuando a
ex•clu•sive [:sĭv] ◇ *adj.* exclusivo; [select] selecto, elegante ▪ **~ rights** exclusividad; **mutually ~** que se excluyen ◇ *s.* exclusiva
ex•com•mu•ni•cate [eks′kə-myo͞o′nĭ-kāt′] ◇ *tr.* excomulgar ◇ *s.* & *adj.* [:kĭt] excomulgado
ex•com•mu•ni•ca•tion [′-′-kā′shən] *s.* excomunión *f*
ex•cre•ment [ek′skrə-mənt] *s.* excremento
ex•crete [ĭk-skrēt′] *tr.* excretar
ex•cru•ci•at•ing [ĭk-skro͞o′shē-ā′tĭng] *adj.* insoportable, dolorosísimo
ex•cur•sion [ĭk-skûr′zhən] *s.* excursión *f*; [digression] digresión *f*
ex•cuse [ĭk-skyo͞oz′] ◇ *tr.* excusar, disculpar; [to exempt] dispensar (**from** de) ▪ **~ me** [I'm sorry!] ¡discúlpeme!; [pardon me] con permiso; **to be excused from** estar dispensado de; **to ~ oneself for** disculparse de ◇ *s.* [:skyo͞os′] excusa ▪ **to make excuses (for)** dar excusas (por)
ex•e•cut•a•ble file [ek′sĭ-kyo͞o′tə-bəl] *s.* COMPUT archivo ejecutable
ex•e•cute [ek′sĭ-kyo͞ot′] *tr.* ejecutar; [to do] llevar a cabo, cumplir; [to validate] formalizar
ex•e•cu•tion [′-kyo͞o′shən] *s.* ejecución *f*; [validation] legalización *f*
ex•e•cu•tion•er [:shə-nər] *s.* verdugo
ex•ec•u•tive [ĭg-zek′yə-tĭv] ◇ *s.* ejecutivo; POL [officer] presidente *m*, jefe *m* de estado; [branch] poder ejecutivo ◇ *adj.* ejecutivo
ex•ec•u•tor [:tər] *s.* (ejecutor) testamentario
ex•ec•u•trix [:trĭks′] *s.* (*pl* **es** OR **-ices**) (ejecutora) testamentaria
ex•em•pla•ry [:plə-rē] *adj.* ejemplar
ex•em•pli•fy [:plə-fī′] *tr.* ejemplificar
ex•empt [ĭg-zempt′] ◇ *tr.* eximir (**from** de) ◇ *adj.* exento
ex•emp•tion [ĭg-zemp′shən] *s.* exención *f*
ex•er•cise [ek′sər-sīz′] ◇ *s.* ejercicio ◇ *pl.* [ceremony] ceremonia ◇ *tr.* [to use] hacer uso de, proceder con; [physically] ejercitar; [rights] ejercer; (*intr.*) hacer ejercicio
ex•ert [ĭg-zûrt′] *tr.* [strength] emplear; [influence] ejercer ▪ **to ~ oneself** esforzarse
ex•er•tion [ĭg-zûr′shən] *s.* [of strength] empleo; [of influence] ejercicio; [effort] esfuerzo
ex•hale [eks-hāl′] *intr.* & *tr.* exhalar
ex•haust [ĭg-zôst′] ◇ *tr.* [to use up] agotar; [to tire] cansar; [soil] empobrecer; [gases] vaciar, extraer ◇ *s.* AUTO escape *m*; [fumes] gases *m* de escape ▪ **~ pipe** tubo de escape
ex•haus•tion [ĭg-zôs′chən] *s.* agotamiento
ex•haus•tive [ĭg-zô′stĭv] *adj.* exhaustivo
ex•hib•it [ĭg-zĭb′ĭt] ◇ *tr.* exhibir; [at a show] exponer; [emotion, trait] manifestar; (*intr.*) exponer ◇ *s.* [display] exhibición *f*; [object] objeto exhibido; DER prueba instrumental

ex•hi•bi•tion [ek'sə-bĭsh'ən] *s.* exhibición *f,* exposición *f;* GB [scholarship] beca
ex•hi•bi•tion•ist [:ə-nĭst] *s.* exhibicionista *mf*
ex•hib•i•tor [ĭg-zĭb'ĭ-tər] *s.* expositor *m*
ex•hil•a•rate [:ə-rāt'] *tr.* [to elate] alborozar; [to invigorate] animar; [to stimulate] estimular
ex•hil•a•rat•ing [:ə-rā'tĭng] *adj.* [invigorating] vigorizante; [stimulating] estimulante
ex•hil•a•ra•tion [-'-'shən] *s.* exaltación *f*
ex•hort [ĭg-zôrt'] *tr.* exhortar
ex•hume [ĭg-zyōōm', ĭk-zyōōm'] *tr.* exhumar
ex•i•gen•cy [ek'sə-jən-sē] *s.* exigencia; [emergency] caso de urgencia
ex•ile [eg'zīl', ek'sīl'] <> *s.* exilio, destierro; [person] desterrado <> *tr.* exiliar, desterrar
ex•ist [ĭg-zĭst'] *intr.* existir; [to live] vivir; [to subsist] subsistir
ex•is•tence [ĭg-zĭs'təns] *s.* existencia; [life] vida *f* ▪ **to come into** ~ nacer, crearse
ex•is•tent [:tənt] *adj.* viviente; [current] existente
ex•is•ten•tial [eg'zĭ-sten'shəl, ek'sĭ-] *adj.* existencial
ex•is•ten•tial•ist [:shə- lĭst] *s.* & *adj.* existencialista *mf*
ex•ist•ing [ĭg-zĭs'tĭng] *adj.* existente
ex•it [eg'zĭt, ek'sĭt] <> *s.* salida ▪ **to make one's** ~ salir, marcharse <> *intr.* salir
ex•o•dus [ek'sə-dəs] *s.* éxodo
ex•on•er•ate [ĭg-zŏn'ə-rāt'] *tr.* [from responsibility] exonerar; [from blame] disculpar
ex•or•bi•tant [ĭg-zôr'bĭ-tnt] *adj.* exorbitante
ex•or•cise [ek'sôr-sīz'] *tr.* exorcizar
ex•or•cist [:sĭst] *s.* exorcista *mf*
ex•ot•ic [ĭg-zŏt'ĭk] *adj.* exótico
ex•pand [ĭk-spănd'] *tr.* & *intr.* extender(se); [to enlarge] expandir(se); [to develop] desarrollar(se); FÍS dilatar(se)
ex•pand•a•ble [ĭk-spăn'də-bəl] *adj.* COMPUT expandible
ex•panse [ĭk-spăns'] *s.* extensión *f*
ex•pan•sion [ĭk-spăn'shən] *s.* expansión *f;* FÍS dilatación *f;* [of a town] ensanche *m;* [of an idea] ampliación *f;* [of trade] expansión
ex•pan•sive [:sĭv] *adj.* expansivo
ex•pa•tri•ate [eks-pā'trē-āt'] <> *tr.* expatriar <> *s.* [:ĭt, :āt'] exiliado
ex•pect [ĭk-spekt'] *tr.* [to await] esperar; [to require] contar con; [to suppose] suponer
ex•pec•tan•cy [ĭk-spek'tən-sē] *s.* expectación *f,* expectativa
ex•pec•tant [:tənt] *adj.* expectante; [pregnant] embarazada
ex•pec•ta•tion [ek'spek- tā'shən] *s.* expectación *f,* expectativa; [prospect] esperanza ▪ **beyond** ~ más de lo esperado; **contrary to** ~ contrariamente a lo esperado
ex•pec•to•rate [ĭk-spek'tə-rāt'] *tr.* & *intr.* expectorar
ex•pe•di•ence/en•cy [ĭk-spē'dē-əns] *s.* conveniencia
ex•pe•di•ent [:ənt] <> *adj.* conveniente <> *s.* expediente *m,* recurso
ex•pe•dite [ek'spĭ-dīt'] *tr.* apresurar; [to facilitate] facilitar; [to dispatch] expedir
ex•pe•di•tion ['-dĭsh'ən] *s.* expedición *f*
ex•pel [ĭk-spel'] *tr.* (-ll-) expeler; [to dismiss] echar, expulsar
ex•pend [ĭk-spend'] *tr.* [to spend] gastar; [to consume] consumir
ex•pend•a•ble [ĭk-spen'də- bəl] *adj.* prescindible
ex•pen•di•ture [:dĭ-chər] *s.* gasto, desembolso
ex•pense [ĭk-spens'] <> *s.* gasto ▪ **at the** ~ **of** a expensas de <> *pl.* gastos, expensas ▪ **legal** ~ costas; **to meet** ~ hacer frente a los gastos
ex•pen•sive [ĭk-spen'sĭv] *adj.* costoso, caro
ex•pe•ri•ence [ĭk-spîr'ē-əns] <> *s.* experiencia <> *tr.* [to undergo] experimentar; [to feel] sentir; [difficulties] tener
ex•pe•ri•enced [:ənst] *adj.* experimentado
ex•per•i•ment [ĭk-sper'ə-mənt] <> *s.* experimento <> *intr.* experimentar (**on** en)
ex•per•i•men•tal [-'-men'tl] *adj.* experimental
ex•pert [ek'spûrt'] *s.* & *adj.* experto, perito
ex•per•tise [ek'spər-tēz'] *s.* pericia
ex•pi•ra•tion [ek'spə-rā'shən] *s.* [end, death] expiración *f;* [lapse] caducidad *f;* COM vencimiento; [breath] espiración *f*
ex•pire [ĭk-spīr'] *intr.* [to end, die] expirar; [to lapse] vencer, caducar; [to exhale] espirar
ex•plain [ĭk-splān'] *tr.* explicar; (*intr.*) dar explicaciones ▪ **to** ~ **oneself** explicarse
ex•pla•na•tion [ek'splə-nā'shən] *s.* explicación *f*
ex•plan•a•to•ry [ĭk-splăn'ə-tôr'ē] *adj.* explicativo
ex•ple•tive [ek'splĭ-tĭv] *s.* obscenidad *f*
ex•plic•it [ĭk-splĭs'ĭt] *adj.* explícito
ex•plode [ĭk-splōd'] *intr.* explotar, estallar; *fig* prorrumpir; (*tr.*) hacer explotar; [to detonate] detonar; [to disprove] desbaratar ▪ **exploded view** vista esquemática
ex•ploit <> *s.* [ek'sploit'] hazaña, proeza <> *tr.* [ĭk-sploit'] explotar
ex•ploit•er [ĭk-sploi'tər] *s.* explotador *m*
ex•plo•ra•tion [ek'splə-rā'shən] *s.* exploración *f*
ex•plore [ĭk-splôr'] *tr.* explorar; *fig* investigar
ex•plor•er [:ər] *s.* explorador *m*
ex•plo•sion [ĭk-splō'zhən] *s.* explosión *f*
ex•plo•sive [:sĭv] *adj.* & *s.* explosivo ▪ **explosives detector** detector de explosivos
ex•po•nent [ĭk-spō'nənt] *s.* representante *mf,* exponente *mf;* MAT exponente *m*
ex•po•nen•tial [ek'spə-nen'shəl] *adj.* exponencial
ex•port <> *tr.* [ĭk-spôrt'] exportar <> *s.* [ek'-spôrt'] exportación *f*
ex•por•ta•tion [ek'spôr-tā'shən] *s.* exportación *f*
ex•port•er [ĭk-spôr'tər] *s.* exportador *m*
ex•pose [ĭk-spōz'] *tr.* exponer; [to reveal] revelar; [to unmask] desenmascarar ▪ **to be exposed to** estar expuesto a
ex•po•sé [ek'spō-zā'] *s.* artículo de denuncia
ex•pos•tu•late [ĭk-spŏs'chə-lāt'] *intr.* objetar ▪ **to** ~ **with** reconvenir a
ex•po•sure [ĭk-spō'zhər] *s.* exposición *f;* [revelation] revelación *f,* descubrimiento; [publicity] publicidad *f* ▪ ~ **meter** exposímetro; **to make an** ~ sacar una fotografía
ex•pound [ĭk-spound'] *tr.* exponer, explicar; (*intr.*) hacer una exposición detallada (**on** de)
ex•press [ĭk-spres'] <> *tr.* expresar; [to show] manifestar; [to squeeze] exprimir; COM enviar por expreso <> *adj.* expreso; [explicit] explícito; [mail] urgente <> *adv.* por expreso <> *s.* [bus] directo; [train] expreso, rápido

E

ex•pres•sion [ĭk-spresh′ən] *s.* expresión *f*; [sign] señal *f*; [facial] gesto
ex•pres•sion•ist [:ə-nĭst] *s.* & *adj.* expresionista *mf*
ex•pres•sion•less [:ən-lĭs] *adj.* inexpresivo
ex•pres•sive [ĭk-spres′ĭv] *adj.* expresivo ▪ ~ **of** que expresa
ex•press•ly [:lē] *adv.* expresamente
ex•press•way [:wā′] *s.* autopista
ex•pro•pri•ate [eks-prō′prē-āt′] *tr.* expropiar
ex•pro•pri•a•tion [-′-ā′shən] *s.* expropiación *f*
ex•pul•sion [ĭk-spŭl′shən] *s.* expulsión *f*
ex•punge [ĭk-spŭnj′] *tr.* borrar, tachar
ex•qui•site [ek′skwĭ-zĭt, ĭk-skwĭz′ĭt] *adj.* exquisito; [acute] agudo, vivo
ex•tant [ek′stənt, ek-stănt′] *adj.* existente
ex•tem•po•ra•ne•ous [ĭk-stem′pə-rā′nē-əs] *adj.* improvisado
ex•tem•po•rize [-′-rīz′] *tr.* & *intr.* improvisar
ex•tend [ĭk-stend′] *tr.* extender; [road, visit] prolongar; [hand, arm] alargar; [to enlarge] agrandar, ampliar; [to offer] ofrecer; FIN [repayment] prorrogar ▪ **to ~ an invitation to** invitar; **to ~ oneself** esforzarse; (*intr.*) extenderse; [to reach] alcanzar
ex•ten•sion [ĭk-sten′shən] *s.* extensión *f*; [expansion] ampliación *f*; [annex] anexo; [continuation] prolongación *f*; FIN prórroga ▪ ~ **ladder** escalera extensible
ex•ten•sive [:sĭv] *adj.* extensivo, extenso
ex•tent [ĭk-stent′] *s.* extensión *f*; [degree] grado ▪ **to a certain ~** hasta cierto punto; **to a large ~** en gran parte; **to what ~?** ¿hasta qué punto?
ex•ten•u•at•ing [ĭk-sten′yo͞o-ā′tĭng] *adj.* atenuante
ex•te•ri•or [ĭk-stîr′ē-ər] ◇ *adj.* [outer] exterior; [external] externo ◇ *s.* exterior *m*
ex•ter•mi•nate [ĭk-stûr′mə-nāt′] *tr.* exterminar
ex•ter•nal [ĭk-stûr′nəl] ◇ *adj.* externo; [exterior, foreign] exterior ▪ ~ **ear** oreja ◇ *s. pl.* apariencia, aspecto exterior
ex•ter•nal•ize [:nə-līz′] *tr.* exteriorizar
ex•tinct [ĭk-stĭngkt′] *adj.* extinto, desaparecido; [inactive] inactivo
ex•tin•guish [ĭk-stĭng′gwĭsh] *tr.* extinguir, apagar
ex•tin•guish•er [:gwĭ-shər] *s.* extintor *m*
ex•tir•pate [ek′stər-pāt′] *tr.* extirpar
ex•tol(l) [ĭk-stōl′] *tr.* (-ll-) alabar
ex•tort [ĭk-stôrt′] *tr.* [money] extorsionar; [confession] arrancar, sacar por la fuerza
ex•tor•tion [ĭk-stôr′shən] *s.* extorsión *f*; [robbery] robo
ex•tra [ek′strə] ◇ *adj.* extra; [additional] adicional ◇ *s.* extra *m*; PERIOD extraordinario; [worker] supernumerario; CINEM & TEAT extra *mf* ◇ *adv.* excepcionalmente
ex•tract ◇ *tr.* [ĭk-străkt′] extraer; [to excerpt] extractar ◇ *s.* extracto
ex•trac•tion [ĭk-străk′shən] *s.* extracción *f*; [origin] origen *m*
ex•tra•cur•ric•u•lar [ek′strə-kə-rĭk′yə-lər] *adj.* extracurricular
ex•tra•dite [′-dīt′] *tr.* entregar por extradición
ex•tra•di•tion [′-dĭsh′ən] *s.* extradición *f*
ex•tra•mar•i•tal [:măr′ĭ-tl] *adj.* adúltero
ex•tra•mu•ral [:myo͝or′əl] *adj.* de OR situado extramuros
ex•tra•ne•ous [ĭk-strā′nē-əs] *adj.* ajeno
ex•tra•net [ek′strə-net′] *s.* COMPUT extranet *f*
ex•traor•di•nar•y [ĭk-strôr′dn-er′ē, ek′strə-ôr′-] *adj.* extraordinario
ex•trap•o•late [ĭk-străp′ə-lāt′] *tr.* extrapolar
ex•tra•sen•so•ry perception [ek′strə-sen′sə-rē] *adj.* percepción *f* extrasensorial
ex•tra•ter•res•tri•al [:tə-res′trē-əl] *adj.* & *s.* extraterrestre *mf*
ex•trav•a•gance [ĭk-străv′ə-gəns] *s.* extravagancia; [of spending] despilfarro
ex•trav•a•gant [:gənt] *adj.* [lavish] pródigo; [wasteful] derrochador; [exorbitant] costoso
ex•trav•a•gan•za [-′-găn′zə] *s.* gran espectáculo
ex•treme [ĭk-strēm′] ◇ *adj.* extremo; [extraordinary] excepcional; [drastic] drástico ▪ ~ **sport** deporte de riesgo, deporte extremo; ~ **unction** extremaunción ◇ *s.* extremo ▪ **in the ~** en extremo; **to go to extremes** tomar medidas extremas
ex•treme•ly [:lē] *adv.* extremadamente
ex•trem•ist [ĭk-strē′mĭst] *adj.* & *s.* extremista *mf*
ex•trem•i•ty [ĭk-strem′ĭ-tē] *s.* extremidad *f*; [utmost degree] extremo; [danger] grave peligro; [distress] adversidad *f*
ex•tri•cate [ek′strĭ-kāt′] *tr.* [from a difficulty] librar, sacar; [to disengage] desprender
ex•tro•vert [ek′strə-vûrt′] *s.* extrovertido
ex•u•ber•ant [ĭg-zo͞o′bər-ənt] *adj.* exuberante; [mood, spirits] efusivo
ex•ude [ĭg-zo͞od′] *intr.* & *tr.* exudar, rezumar
ex•ult [ĭg-zŭlt′] *intr.* exultar, regocijarse
ex•ul•tant [ĭg-zŭl′tənt] *adj.* exultante, jubiloso
eye [ī] ◇ *s.* ojo ▪ ~ **opener** revelación, sorpresa; ~ **shadow** sombreador; **in the twinkling of an ~** en un abrir y cerrar de ojos; **my ~!** ¡de ningún modo!; **to catch someone's ~** llamar la atención de alguien; **to give someone the ~** *fam* lanzar una mirada incitante a alguien; **to keep an ~ on** vigilar; **to keep one's eyes open** mantenerse alerta; **to make eyes at** echar miradas a; **to roll one's eyes** poner los ojos en blanco; **to see ~ to ~** estar de acuerdo; **to set eyes on** alcanzar a ver; **with an ~ to** con miras a; **without batting an ~** sin pestañar ◇ *tr.* (**eyeing** OR **eying**) ojear, mirar
eye•ball [ī′bôl′] *s.* globo ocular
eye•brow [ī′brou′] *s.* ceja
eye•drop•per [ī′drŏp′ər] *s.* cuentagotas *m*
eye•ful [ī′fo͝ol′] *s.* vistazo, ojeada
eye•glass [ī′glăs′] ◇ *s.* monóculo ◇ *pl.* lentes
eye•lash [ī′lăsh′] *s.* pestaña
eye•let [ī′lĭt] *s.* ojete *m*
eye•lid [ī′lĭd′] *s.* párpado
eye•piece [ī′pēs′] *s.* ocular *m*
eye•sight [ī′sīt′] *s.* vista ▪ **within ~** al alcance de la vista
eye•sore [ī′sôr′] *s.* cosa que ofende la vista
eye•strain [ī′strān′] *s.* vista fatigada
eye•tooth [ī′to͞oth′] *s.* (*pl* **-teeth**) colmillo
eye•wash [ī′wŏsh′] *s.* colirio; *fam* [nonsense] tontería
eye•wit•ness [ī′wĭt′nəs] *s.* testigo ocular
ey•rie [âr′ē, îr′ē] *s.* aguilera

F

f, F [ef] *s.* sexta letra del alfabeto inglés; MÚS fa *m*
fa•ble [fā′bəl] *s.* fábula; [lie] mentira
fa•bled [fā′bəld] *adj.* legendario
fab•ric [făb′rĭk] *s.* tela; *fig* estructura
fab•ri•cate [făb′rĭ-kāt′] *tr.* fabricar
fab•ri•ca•tion [′-kā′shən] *s.* fabricación *f*; [falsehood] mentira
fab•u•lous [făb′yə-ləs] *adj.* fabuloso
fa•çade [fə-säd′] *s.* fachada
face [fās] ◇ *s.* cara; [grimace] mueca, gesto; *fig* apariencia; [countenance] rostro; [façade] frente *m*; [of a clock] esfera ▪ ~ **card** figura (naipe); ~ **cloth** paño; ~ **down/up** boca abajo/arriba; ~ **of the earth** faz de la tierra; ~ **mask** peeling *m*; ~ **value** FIN valor nominal; *fig* valor aparente; **in the** ~ **of** frente a; **on the** ~ **of it** a primera vista; **to lose** ~ desprestigiarse; **to one's** ~ en la cara de uno; **to save** ~ salvar las apariencias; **to show one's** ~ hacer acto de presencia ◇ *tr.* [to turn toward] ponerse de cara a, mirar hacia; [to look out on] estar frente a, dar a; [to confront] hacer frente a, arrostrar; TEC revestir; COST guarnecer (un borde) ▪ **let's** ~ **it** reconozcámoslo; **to be faced with** enfrentarse con; **to** ~ **down** resistir firmemente; (*intr.*) [to be situated] estar orientado hacia, mirar hacia; [to turn] volverse, voltear la cara ▪ **to** ~ **up to** encararse con, enfrentarse a
face•less [′lĭs] *adj.* sin cara; *fig* anónimo
face-lift [:lĭft′], **face-lift•ing** [:lĭf′tĭng] *s.* cirugía estética; *fig* modernización *f*, embellecimiento
face-off [:ôf′] *s.* confrontación *f*
face-sav•ing [:sā′vĭng] *adj.* que salva la dignidad
fa•cet [făs′ĭt] *s.* faceta
fa•ce•tious [fə-sē′shəs] *adj.* jocosamente irónico, humorístico
fa•cial [fā′shəl] *adj.* & *s.* (tratamiento) facial
fac•ile [făs′əl] *adj.* fácil; [superficial] superficial
fa•cil•i•tate [fə-sĭl′ĭ-tāt′] *tr.* facilitar
fa•cil•i•ty [:tē] ◇ *s.* facilidad *f* ◇ *pl.* COM facilidades; [buildings] instalaciones; [public toilet] servicio, baño
fac•sim•i•le [făk-sĭm′ə-lē] *s.* & *adj.* facsímil *m*
fact [făkt] ◇ *s.* hecho ▪ **in fact** en realidad; **the** ~ **of the matter is** la verdad es; **the** ~ **remains that** a pesar de todo; **to know for a** ~ saber a ciencia cierta ◇ *pl.* datos, información *f*
fact-find•ing [′fīn′dĭng] *adj.* investigador
fac•tion [făk′shən] *s.* facción *f*
fac•tion•al [:shə-nəl] *adj.* faccioso
fac•tor [făk′tər] *s.* factor *m*
fac•to•ry [făk′tə-rē] *s.* fábrica
fac•tu•al [făk′cho͞o-əl] *adj.* verdadero
fac•ul•ty [făk′əl-tē] *s.* facultad *f*; EDUC cuerpo docente, profesorado
fad [făd] *s.* manía, novedad *f*
fad•dish [:ĭsh] *adj.* que sigue la moda
fade [fād] *intr.* [light] palidecer, apagarse; [sound, hope] desvanecerse; [flower] marchitarse; [strength] debilitarse; [color] desteñirse ▪ **to** ~ **away** [to waste away] consumirse; [to leave gradually] desvanecerse; **to** ~ **in/out** CINEM aparecer/desaparecer gradualmente; (*tr.*) desvanecer
fade-in [′ĭn′] *s.* fundido, aparición *f* gradual
fade•out [:out′] *s.* desvanecimiento gradual
fag[1] [făg] ◇ *s.* trabajo, faena ◇ *intr.* (**-gg-**) trabajar duro ▪ **to be fagged out** estar rendido; (*tr.*) ▪ **to** ~ **out** fatigar
fag[2] *s. jer* cigarrillo
fag•(g)ot [făg′ət] *s.* haz *m* de leña
fail [fāl] ◇ *intr.* fracasar; [motor, health, support] fallar; [to be inadequate] faltar; [to weaken] decaer, debilitarse; [in school] no aprobar, aplazarse; COM quebrar ▪ **to** ~ **to** [to be unsuccessful in] no lograr, no alcanzar a; [to neglect to] dejar de; (*tr.*) fallar, frustrar; [course, exam] salir mal en; [student] no aprobar a ◇ *s.* ▪ **without** ~ sin falta
fail•ing [fā′lĭng] *s.* falla, defecto
fail-safe [fāl′sāf′] *adj.* que no falla
fail•ure [fāl′yər] *s.* fracaso; [person] fracasado; [weakening] deterioro; [nonfulfillment] incumplimiento; [of crops] pérdida; ELEC corte *m*, suspenso; COM quiebra ▪ **heart** ~ ataque al corazón
faint [fānt] ◇ *adj.* [indistinct] borroso; [slight] vago, ligero; [pale] apagado; [dizzy] mareado; [timid] tímido; [weak] débil ◇ *s.* desmayo ◇ *intr.* desmayarse
faint-heart•ed [′här′tĭd] *adj.* tímido
fair[1] [fâr] ◇ *adj.* [beautiful] bello; [blond] rubio; [skin] blanco; [impartial] imparcial; [just] justo, equitativo; [reasonable] razonable; [mediocre] regular; [weather] bueno; [sky] despejado ▪ ~ **and square** honrado a carta cabal; ~ **enough!** ¡vale!, ¡bien!; ~ **game** *fig* presa fácil; ~ **play** juego limpio; ~ **shake** *jer* oportunidad; ~ **trade** comercio justo; ~ **to middling** regular, bastante bueno; **not** ~! ¡no hay derecho!; **one's** ~ **share** lo que le corresponde a uno; **to give someone** ~ **warning** prevenir a alguien ◇ *adv.* honradamente ▪ **to play** ~ jugar limpio
fair[2] *s.* [market] mercado; [exhibition] exposición *f*, feria; [church bazaar] tómbola
fair•ground [′ground′] *s.* campo para ferias
fair•ly [:lē] *adv.* [justly] justamente, equitativamente; [moderately] bastante
fair-mind•ed [:mīn′dĭd] *adj.* imparcial
fair•ness [:nĭs] *s.* [beauty] belleza; [justness] imparcialidad *f* ▪ **in all** ~ para ser justo
fair•y [fâr′ē] *s.* hada ▪ ~ **tale** cuento de hadas
fait ac•com•pli [fā′tä-kôm-plē′] *s.* (*pl* **faits accomplis**) hecho consumado
faith [fāth] *s.* [confidence] confianza; [belief] fe *f*; [set of beliefs] doctrina ▪ **in good/bad** ~ de buena/mala fe; **of every** ~ de todas las religiones; **to break** ~ **with** faltar a la palabra dada a; **to have** ~ **in** fiarse de; **to keep** ~ **with** cumplir la palabra dada a
faith•ful [′fəl] ◇ *adj.* fiel; [reliable] digno de confianza ◇ *s. pl.* ▪ **the** ~ los fieles
faith•less [′lĭs] *adj.* infiel, desleal
fake [fāk] ◇ *adj.* falso, fraudulento ◇ *s.* impostor *m*; [fraud] engaño; [forgery] falsificación *f* ◇ *tr.* falsificar; [to feign] fingir ▪ **to** ~ **out** engañar; (*intr.*) engañarse, fingirse

fal•con [făl′kən, fôl′-] *s.* halcón *m*

fal•con•ry [:rē] *s.* halconería

fall [fôl] ◇ *intr.* (**fell, fallen**) caer(se); [light] dar (**on, across** sobre); [prices, temperature] bajar; [wind, voice] disminuir; [to become] quedarse, volverse; **to ~ silent** quedarse mudo ▪ **falling star** estrella fugaz; **to ~ away** [to slope] descender; [to come loose] desprenderse; [to decline] decaer; **to ~ back** caerse de espaldas; [to retreat] replegarse; [to lag] quedarse atrás; **to ~ behind** quedarse atrás, rezagarse; [to be late] atrasarse; [in payments] retrasarse; [in class] quedar a la zaga; **to ~ down** caer(se); [building] venirse abajo, derrumbarse; **to ~ due** vencer, ser pagadero; **to ~ flat** fracasar; **to ~ flat on one's face** caer de bruces; [to fail] fracasar; **to ~ for** *fam* [person] volverse loco por; [trick] tragarse; **to ~ from grace** caer en desgracia; **to ~ in** [roof] hundirse, venirse abajo; [soldiers] formar filas; **to ~ into** estar comprendido en; **to ~ off** [to come loose] desprenderse; [to decrease] disminuir, decaer; [quality] empeorar; **to ~ (up)on** [head, knees] caer de; [duty] tocar a; [to attack] caer sobre; **to ~ out** [of bed] caerse; [of a car] salirse; [to quarrel] reñir, pelearse; **to ~ over** [to fall] caerse, volcarse; [to trip over] tropezar con; **to ~ through** venirse abajo; **to ~ to** [to begin to] empezar a; [to befall] tocar a, corresponder a; **to ~ within** estar dentro de, estar incluido en ◇ *s.* caída; [autumn] otoño; [reduction] bajada, descenso; [decline] decadencia, ruina ▪ **to ride for a ~** ir al fracaso; **to take a bad ~** darse una mala caída, caerse duro ◇ *pl.* catarata, cascada

fal•la•cy [făl′ə-sē] *s.* idea falsa; LÓG falacia

fal•li•ble [făl′ə-bəl] *adj.* falible

fall•ing-out [fô′lĭng-out′] *s.* pelea, desacuerdo

fall•out [fôl′out′] *s.* lluvia radiactiva; [side effects] consecuencias

fal•low [făl′ō] ◇ *adj.* durmiente, inactivo; AGR barbechado ◇ *tr.* barbechar

false [fôls] ◇ *adj.* falso; [hope] infundado; [teeth] postizo; MÚS desafinado ▪ **~ arrest** arresto ilegal; **under ~ pretenses** con engaños; **~ start** salida mala OR nula; **~ step** paso en falso, desliz ◇ *adv.* falsamente, con falsedad; [wrong] mal

false•hood [:ho͝od′] *s.* mentira

false•ness [:nĭs] *s.* falsedad *f*

fal•set•to [fôl-set′ō] *adv.* & *s.* (en) falsete *m*

fal•si•fy [fôl′sə-fī′] *tr.* falsificar, falsear

fal•ter [fôl′tər] ◇ *intr.* titubear; [to fail] fallar ◇ *s.* vacilación *f*, titubeo

fame [fām] *s.* fama, renombre *m*

famed [fāmd] *adj.* famoso

fa•mil•iar [fə-mĭl′yər] ◇ *adj.* familiar; [well-known] conocido; [common] corriente; [intimate] de confianza; [forward] confianzudo ▪ **that does not sound ~** eso no me suena; **to be ~ with** estar familiarizado con; **to be on ~ terms with** tener confianza con ◇ *s.* [friend] amigo íntimo; [spirit] espíritu *m* protector

fa•mil•iar•i•ty [-′yăr′ĭ-tē] ◇ *s.* familiaridad *f*; [impropriety] atrevimiento ◇ *pl.* libertades

fa•mil•iar•ize [-′yə-rīz′] *tr.* familiarizar

fam•i•ly [făm′ə-lē] *s.* familia ▪ **~ doctor** médico de cabecera; **~ name** apellido; **~ planning** planificación familiar; **~ skeleton** secreto de familia; **~ tree** árbol genealógico

fam•ine [făm′ĭn] *s.* hambre *f*, hambruna

fam•ished [:ĭsht] *adj.* muerto de hambre

fa•mous [fā′məs] *adj.* famoso

fa•mous•ly [:lē] *adv. fam* muy bien

fan[1] [făn] ◇ *s.* [paper] abanico; [electric] ventilador *m* ▪ **~ belt** correa del ventilador ◇ *tr.* (**-nn-**) abanicar; *fig* avivar, excitar ▪ **to ~ out** abrirse en abanico

fan[2] *s. fam* [enthusiast] aficionado; [of team] hincha *mf* ▪ **~ mail** cartas de admiradores

fa•nat•ic [fə-năt′ĭk] *s.* & *adj.* fanático

fa•nat•i•cal [:ĭ-kəl] *adj.* fanático

fa•nat•i•cism [:sĭz′əm] *s.* fanatismo

fan•ci•ful [făn′sĭ-fəl] *adj.* [imaginative] imaginativo; [unrealistic] descabellado

fan•cy [făn′sē] ◇ *s.* imaginación *f*, fantasía; [whim] capricho ▪ **to strike one's ~** antojársele a uno; **to take a ~ to** tomar cariño OR gusto a ◇ *adj.* (**-i-**) [elaborate] muy adornado; [superior] fino, selecto; [luxurious] lujoso ▪ **~ dress** disfraz ◇ *tr.* imaginar; [to suppose] suponer; [to like] cobrar afecto por ▪ **she fancies him** él le gusta; **~ that!** ¡imagínese!; **to ~ oneself** imaginarse

fan•cy-free [:frē′] *adj.* despreocupado

fan•fare [făn′fâr′] *s.* fanfarria

fang [făng] *s.* colmillo; [of snake] diente *m*

fan•ny [făn′ē] *s. jer* trasero

fan•ta•size [făn′tə-sīz′] *tr.* & *intr.* fantasear

fan•tas•tic [făn-tăs′tĭk] *adj.* fantástico

fan•ta•sy [făn′tə-sē] *s.* fantasía ▪ **~ role-playing game** juego de rol

far [fär] (**-ther** OR **further, -thest** OR **furthest**) ◇ *adv.* lejos; [much] mucho; **~ more** mucho más; [very] muy; **~ different** muy diferente ▪ **as ~ as** [up to] hasta; [to the extent that] por lo que; **as ~ as I am concerned** por mi parte; **as ~ as possible** en lo posible; **by ~** con mucho; **~ and away** con mucho; **~ and wide** por todas partes; **~ away** OR **~ off** (a lo) lejos; **~ be it from me** no me propongo; **~ from** lejos de; **~ from it** al contrario; **~ into** [very late] hasta muy avanzado; [very deep] hasta muy adentro de; **how ~?** [distance] ¿a qué distancia?; [place] ¿hasta dónde?; [degree] ¿hasta qué punto?; **so ~** [place] hasta aquí; [up to now] hasta ahora; [extent] hasta cierto punto; **so ~ so good** hasta ahora todo va bien; **thus ~** hasta ahora; **to go ~** llegar lejos, realizar mucho; [money] rendir; **to go so ~ as to** llegar inclusive a; **to go too ~** pasarse de la raya ◇ *adj.* lejano; [side, corner] otro, opuesto; [journey] largo; POL extremo ▪ **it's a ~ cry from** es muy diferente de

far•a•way [′ə-wā′] *adj.* lejano, remoto; [dreamy] distraído, soñador

farce [färs] *s.* farsa

far•ci•cal [fär′sĭ-kəl] *adj.* ridículo, absurdo

fare [fâr] ◇ *intr.* ir ▪ **he has fared badly** le ha ido mal ◇ *s.* pasaje *m*; [passenger] pasajero; [food] comida

fare•well [fâr-wel′] *s.* & *interj.* adiós *m*

far-fetched [fär′fecht′] *adj.* tirado de los pelos

far-flung [:flŭng′] *adj.* vasto, extenso; [remote] remoto, distante

farm [färm] ◇ *s.* granja, finca ▪ **~ hand** peón; **~ machinery** maquinaria agrícola ◇ *tr.* cultivar ▪ **to ~ out** ceder por contrato; (*intr.*) labrar la tierra, ser agricultor

farm•er [fär′mər] *s.* granjero, agricultor *m* ▪ **small ~** labrador

farm•house [färm'hous'] *s.* granja, cortijo
farm•land [:lănd'] *s.* tierra de labrantía
farm•yard [:yärd'] *s.* corral *m*
far-off [fär'ôf'] *adj.* remoto
far-reach•ing [:rē'chĭng] *adj.* de mucho alcance
far•row [făr'ō] *s.* lechigada de cerdos
far-sight•ed [fär'sī'tĭd] *adj.* prudente, previsor; OFTAL hipermétrope
far•ther [fär'*th*ər] (*comp. de* **far**) ◇ *adv.* [in space] más lejos; [in time] más adelante; [degree] más ■ ~ **on** más adelante ◇ *adj.* más lejano
far•thest [:*th*ĭst] (*superl. de* **far**) ◇ *adj.* más remoto ◇ *adv.* más lejos
fas•cia [fă'shə] *s.* [for cellphone] carcasa
fas•ci•nate [făs'ə-nāt'] *tr.* fascinar, encantar
fas•ci•nat•ing [:nā'tĭng] *adj.* fascinante
fas•ci•na•tion ['-'shən] *s.* fascinación *f*, encanto
fas•cist [făsh'ĭst] *s.* fascista *mf*
fash•ion [făsh'ən] ◇ *s.* manera, modo; [style] moda ■ ~ **design** diseño de modas; ~ **designer** diseñador de modas; **after a** ~ en cierto modo; ~ **plate** figurín; **in** ~ de moda; **in one's own** ~ al estilo personal; **the latest** ~ la última moda; **to be in** ~ estar de moda; **to go out of** ~ pasar de moda ◇ *tr.* formar, moldear; [to adapt] amoldar ■ **to** ~ **out of** OR **from** hacer con
fash•ion•a•ble [:ə-nə-bəl] *adj.* de moda; [elegant] elegante
fast[1] [făst] ◇ *adj.* [quick] rápido; [swift] veloz; [clock] adelantado; [dissipated] disipado; [color] inalterable; [secure] firme (en su lugar); [stuck] atascado; [loyal] leal ■ ~ **friend** amigo leal; **to pull a** ~ **one (on someone)** hacer una maldad (a alguien) ◇ *adv.* rápidamente, velozmente; [securely] firmemente; [clock] adelantadamente ■ ~ **and furious** a todo meter; ~ **and loose** irresponsablemente; **to make** ~ sujetar; **to stand** ~ mantenerse firme
fast[2] ◇ *intr.* ayunar ◇ *s.* ayuno
fas•ten [făs'ən] *tr.* fijar, sujetar; [to tie] atar; [to close] cerrar; [blame] echar ■ **to** ~ **the door** echar el cerrojo; (*intr.*) fijarse, afirmarse
fas•ten•er [:ə-nər] *s.* sujetador *m*
fas•tid•i•ous [fă-stĭd'ē-əs] *adj.* meticuloso
fat [făt] ◇ *s.* grasa; CUL manteca ■ **to live off the** ~ **of the land** vivir a cuerpo de rey ◇ *adj.* (**-tt-**) gordo; [lucrative] lucrativo; [thick] grueso; [large] grande ■ ~ **cat** *jer* persona rica; ~ **chance** *jer* ninguna posibilidad; **to get** ~ ponerse gordo, engordar
fa•tal [fāt'l] *adj.* fatal, mortal
fa•tal•is•tic ['-ĭs'tĭk] *adj.* fatalista
fa•tal•i•ty [fā-tăl'ĭ-tē] *s.* fatalidad *f*; [victim] muerto, víctima
fate [fāt] *s.* destino, sino; [doom] fatalidad *f*
fat•ed [fā'tĭd] *adj.* predestinado
fate•ful [fāt'fəl] *adj.* fatídico, fatal
fat•head [făt'hed'] *s. jer* imbécil *mf*, estúpido
fa•ther [fä'*th*ər] ◇ *s.* padre *m* ■ **like** ~ **like son** de tal palo tal astilla ◇ *tr.* engendrar
fa•ther•hood [:ho͝od'] *s.* paternidad *f*
fa•ther-in-law [:ĭn-lô'] *s.* (*pl* **fathers-**) suegro
fa•ther•land [:lănd'] *s.* patria
fa•ther•ly [:lē] *adj.* paternal, paterno
fath•om [fă*th*'əm] ◇ *s.* braza ◇ *tr.* comprender; MARÍT [to sound] sondear
fa•tigue [fə-tēg'] ◇ *s.* fatiga; MIL faena ◇ *pl.* traje de faena ◇ *tr.* fatigar, cansar
fat•ness [făt'nĭs] *s.* gordura
fat•so [:sō] *s.* (*pl* **es**) *jer* gordo
fat•ten [:n] *tr.* engordar, cebar; *fig* aumentar; (*intr.*) engordar
fat•ten•ing [:ĭng] *adj.* que engorda
fat•ty [făt'ē] *adj.* graso, adiposo
fat•u•ous [făch'o͞o-əs] *adj.* fatuo
fau•cet [fô'sĭt] *s.* grifo, canilla
fault [fôlt] ◇ *s.* culpa; [shortcoming] defecto; ELEC & GEOL falla ■ **at** ~ culpable; **to be at** ~ tener la culpa; **to find** ~ criticar ◇ *tr.* encontrar defectos en
fault•find•ing ['fīn'dĭng] *adj.* criticón
fault•less [:lĭs] *adj.* perfecto, impecable
fault•y [fôl'tē] *adj.* (**-i-**) defectuoso, imperfecto
faun [fôn] *s.* fauno
fa•vor [fā'vər] ◇ *s.* favor *m*; [esteem] estimación *f*, aprecio; [approval] aprobación *f*, apoyo ■ **in** ~ **of** a favor de; [made out to] a nombre de; **to be in (out of)** ~ (dejar de) ser popular; **to be in** ~ **of** estar a favor de, ser partidario de ◇ *tr.* favorecer; [to be partial to] preferir; [to resemble] parecerse a
fa•vor•a•ble [:ə-bəl] *adj.* favorable
fa•vored [fā'vərd] *adj.* favorecido; [favorite] preferido; [blessed] dotado
fa•vor•ite [fā'vər-ĭt] ◇ *s.* favorito; [protégé] privado; COMPUT marcador *m* ◇ *adj.* favorito, preferido
fa•vour [fā'vər] GB = **favor**
fawn[1] [fôn] *intr.* hacer fiestas ■ **to** ~ **on** adular
fawn[2] *s.* cervato; [color] color *m* de gamuza
fawn•ing ['ĭng] *adj.* adulador, servil
fax [făks] *s.* fax *m* ■ ~ **modem** módem fax
faze [fāz] *tr.* perturbar, desconcertar
fear [fîr] ◇ *s.* miedo, temor *m*; [dread] aprensión *f* ■ **for** ~ **that** por miedo de que; **to be in** ~ **of** tener miedo de ◇ *tr.* & *intr.* tener miedo (de), temer ■ **never** ~**!** ¡no hay cuidado!
fear•ful ['fəl] *adj.* espantoso; [frightened] temeroso; [anxious] aprehensivo; *fam* [dreadful] tremendo ■ **to be** ~ **of** temer
fear•less [:lĭs] *adj.* intrépido, audaz
fear•some [:səm] *adj.* [frightening] temible, terrible
fea•si•ble [fē'zə-bəl] *adj.* factible, viable
feast [fēst] ◇ *s.* banquete *m* comilona; [treat] gozo; RELIG fiesta ■ ~ **day** día festivo ◇ *tr.* & *intr.* banquetear ■ **to** ~ **(one's eyes) on** regalarse (la vista) con
feat [fēt] *s.* proeza, hazaña
feath•er [fe*th*'ər] ◇ *s.* pluma ■ **a** ~ **in one's cap** un triunfo de uno; ~ **bed** colchón de plumas; **in fine** ~ de muy buen humor ◇ *pl.* plumas, plumaje ◇ *tr.* emplumar ■ **to** ~ **one's nest** hacer su agosto
feath•er•weight [:wāt'] *s.* peso pluma
feath•er•y [feth'ə-rē] *adj.* plumoso
fea•ture [fē'chər] ◇ *s.* característica, rasgo; CINEM película principal; PERIOD artículo de primera plana ◇ *pl.* facciones, rasgos ◇ *tr.* [to showcase] presentar; [to be a characteristic of] tener, incorporar; [to draw] representar ■ ~ **that!** ¡imagínate eso!
fea•tured [fē'chərd] *adj.* [film] principal; [role] estelar; [article] de primera plana
Feb•ru•ar•y [feb'ro͞o-er'ē, feb'yo͞o-] *s.* febrero
fe•ces [fē'sēz] *s. pl.* excrementos, heces *f*
feck•less [fek'lĭs] *adj.* irresponsable

F

fed [fed] ▻ **feed** ◇ *adj.* ▪ ~ **up with** harto de

fed•er•al [fed´ər-əl] *adj.* federal ▪ **Federal Reserve** Reserva Federal

fed•er•al•ist [:ə-lĭst] *adj.* & *s.* federalista *mf*

fed•er•ate [fed´ə-rāt´] ◇ *tr.* & *intr.* federar(se), confederar(se) ◇ *adj.* [:ər-ĭt] federado

fed•er•a•tion [´-rā´shən] *s.* federación *f*

fee [fē] *s.* honorarios, emolumentos ▪ **admission/membership** ~ cuota de admisión/socio; **registration** ~ derechos de matrícula

fee•ble [fē´bəl] *adj.* (**-er, -est**) débil

fee•ble-mind•ed [:mīn´dĭd] *adj.* imbécil

feed [fēd] ◇ *tr.* (**fed**) dar de comer a; [to nourish, supply] alimentar; [anger, suspicion] avivar; [to breast-feed] amamantar; [to bottle-feed] dar el biberón a ▪ **to** ~ **on** alimentarse con; *fig* derivar satisfacción de; (*intr.*) comer ▪ **to** ~ **oneself** alimentarse ◇ *s.* [fodder] pienso, forraje *m*; *fam* [meal] comida; MEC alimentación *f*

feed•back [´băk´] *s.* información *f*; ELECTRÓN realimentación *f*, retroacción *f*

feed•bag [:băg´] *s.* morral *m*

feed•ing [fē´dĭng] *s.* alimentación *f*

feel [fēl] ◇ *tr.* (**felt**) sentir; [to touch] tocar; [to examine] palpar; [to sense] percibir ▪ **it feels cold/hot** hace frío/calor; **to** ~ **it in one's bones that** *fam* tener el presentimiento que; **to** ~ **out** averiguar, sondear; (*intr.*) sentir (por tacto); [physically] ser ... al tacto; **the sheets** ~ **smooth** las sábanas son suaves al tacto; [emotionally] sentirse, estar; [to seem] parecer; [to grope] andar a tientas; [to believe] creer, pensar ▪ **to** ~ **cold/hot** tener OR sentir frío/calor; **to** ~ **for** [to sympathize] compadecer; [to grope for] buscar a tientas; **to** ~ **hungry/sleepy** tener hambre/sueño; **to** ~ **like** *fam* [to want to] tener ganas de; [to the touch] parecer (como); **to** ~ **up to** *fam* sentirse con ánimos para ◇ *s.* [touch] tacto; [perception] sensación *f*; [atmosphere] atmósfera ▪ **to get the** ~ **of** coger el truco de; **to have a** ~ **for** tener sentido para

feel•er [fē´lər] *s.* [probe] sondeo; ZOOL antena, tentáculo ▪ **to put out feelers** sondear

feel•ing [fē´lĭng] ◇ *s.* [touch] tacto; [sensation] sensación *f*; [emotion] emoción *f*; [impression] impresión *f*; [premonition] presentimiento; [passion] pasión *f*; [opinion] opinión *f*; [aptitude] sentido ◇ *pl.* sensibilidades ▪ **hard** ~ resentimiento; **ill** ~ malos sentimientos ◇ *adj.* sensible

feet [fēt] ▻ **foot**

feign [fān] *tr.* & *intr.* aparentar, fingir

feint [fānt] *s.* finta; MIL maniobra fingida

feist•y [fī´stē] *adj.* (**-i-**) intrépido, arrojado

fe•lic•i•tous [fĭ-lĭs´ĭ-təs] *adj.* oportuno, apto

fe•line [fē´līn´] *adj.* felino

fell[1] [fel] *tr.* cortar, talar; [to kill] acogotar

fell[2] *adj.* cruel, feroz ▪ **in one** ~ **swoop** de un solo golpe

fell[3] ▻ **fall**

fel•low [fel´ō] ◇ *s.* [boy] muchacho; [man] hombre *m*; [friend] compañero; [guy] tipo; [of a society] socio ▪ **poor** ~! ¡pobre! ◇ *adj.* ▪ ~ **citizens** (con)ciudadanos; ~ **man** prójimo; ~ **member** (con)socio; ~ **worker** compañero de trabajo

fel•low•ship [:shĭp´] *s.* comunidad *f* (de intereses, ideas); [fraternity] fraternidad *f*; [friendship] compañerismo; EDUC beca ▪ **good** ~ espíritu de paz y concordia

fel•on [fel´ən] *s.* criminal *m*, felón *m*

fel•o•ny [:ə-nē] *s.* felonía, delito mayor

felt[1] [felt] *adj.* & *s.* (de) fieltro

felt[2] ▻ **feel**

fe•male [fē´māl´] ◇ *adj.* femenino; [clothes, manners] de mujer; [group] de mujeres; BIOL & MEC hembra ◇ *s.* mujer *f*; BIOL & BOT hembra

fem•i•nine [fem´ə-nĭn] *adj.* & *s.* femenino

fem•i•nin•i•ty [´-´ĭ-tē] *s.* feminidad *f*

fem•i•nist [fem´ə-nĭst] *s.* feminista *mf*

fen [fen] *s.* ciénaga, pantano

fence [fens] ◇ *s.* cerca, empalizada; *jer* traficante *mf* de artículos robados ▪ **to sit on the** ~ nadar entre dos aguas ◇ *tr.* cercar, vallar; [to close off] encerrar ▪ **to** ~ **in** [property] cercar; [animals] encerrar; **to** ~ **off** cercar; **to** ~ **out** excluir; (*intr.*) DEP practicar la esgrima; *jer* traficar con artículos robados

fenc•er [fen´sər] *s.* esgrimista *mf*

fence-sit•ting [fens´sĭt´ĭng] *s.* irresolución *f*

fend [fend] *tr.* ▪ **to** ~ **off** [blow] parar; [attack] repeler; (*intr.*) ▪ **to** ~ **for oneself** valerse por sí mismo

fend•er [fen´dər] *s.* AUTO guardafango; FC quitapiedras *m*; [fireplace screen] pantalla

fen•nel [fen´əl] *s.* hinojo

fer•ment ◇ *s.* [fûr´ment´] fermento; [unrest] agitación *f* ◇ *tr.* & *intr.* [fər-ment´] fermentar

fern [fûrn] *s.* helecho

fe•ro•cious [fə-rō´shəs] *adj.* feroz

fe•roc•i•ty [fə-rŏs´ĭ-tē] *s.* ferocidad *f*

fer•ret [fer´ĭt] ◇ *s.* hurón *m* ◇ *tr.* ▪ **to** ~ **out** descubrir

fer•ric [fer´ĭk] *adj.* férrico

Fer•ris wheel [fer´ĭs] *s.* noria, vuelta al mundo

fer•rite [fer´īt´] *s.* QUÍM ferrito; MIN ferrita

fer•ro•con•crete [fer´ō-kŏn´krēt´] *s.* hormigón armado

fer•rule [fer´əl] *s.* virola, contera

fer•ry [fer´ē] ◇ *tr.* transportar en barco OR avión ◇ *s.* transbordador *m*, ferry *m*; [pier] embarcadero

fer•ry•boat [:bōt´] *s.* transbordador *m*, ferry *m*

fer•ry•man [:mən] *s.* (*pl* **-men**) barquero

fer•tile [fûr´tl] *adj.* fértil; BIOL fecundo

fer•til•i•ty [fər-tĭl´ĭ-tē] *s.* fertilidad *f*, fecundidad *f*

fer•til•i•za•tion [fûr´tlĭ-zā´shən] *s.* fecundación *f*

fer•til•ize [fûr´tl-īz´] *tr.* abonar; BIOL fecundar

fer•til•iz•er [:ī´zər] *s.* fertilizante *m*, abono

fer•vent [fûr´vənt] *adj.* ferviente, fervoroso

fer•vid [fûr´vĭd] *adj.* fervoroso

fer•vor [fûr´vər] *s.* fervor *m*

fes•ter [fes´tər] *intr.* [to rankle] enconarse; [to suppurate] supurar

fes•ti•val [fes´tə-vəl] ◇ *s.* fiesta; [art, film] festival *m* ◇ *adj.* festivo, de fiesta

fes•tive [fes´tĭv] *adj.* festivo, de fiesta

fes•tiv•i•ty [fe-stĭv´ĭ-tē] ◇ *s.* festividad *f*, fiesta; [merriment] regocijo ◇ *pl.* celebraciones

fes•toon [fe-stōōn´] ◇ *s.* festón *m* ◇ *tr.* festonear

fetch [fech] *tr.* traer, ir a buscar; [a sigh] dar; [blood, tears] hacer brotar; [a price] venderse por; (*intr.*) cobrar la presa ▪ **fetch!** ¡tráelo! (a un perro)

fetch•ing [fech´ĭng] *adj.* atractivo, encantador

fête [fāt, fet] ◇ *s.* fiesta, festín *m* ◇ *tr.* festejar

fet•id [fet´ĭd] *adj.* fétido, hediondo

fet•ish [fet´ĭsh] *s.* fetiche *m* ▪ **to make a** ~ **of** venerar

fet•ish•ist [:ĭ-shĭst′] *s.* fetichista *mf*
fet•ter [fet′ər] ◇ *s.* [shackle] grillete *m*; [restrain] traba ◇ *tr.* poner grilletes OR trabas a
fet•tle [fet′l] *s.* ■ **in fine ~** [condition] en forma; [spirits] de buen humor
fe•tus [fē′təs] *s.* (*pl* **es**) feto
feud [fyo͞od] ◇ *s.* enemistad prolongada ◇ *intr.* pelear, contender
feu•dal [′l] *adj.* feudal
fe•ver [fē′vər] *s.* fiebre *f*
fe•ver•ish [:ĭsh] *adj.* febril
few [fyo͞o] ◇ *adj.* poco ■ **a ~** unos; **a ~ times** varias veces; **every ~ (miles)** cada dos o tres (millas); **the last ~ (days)** estos últimos (días) ◇ *s.* & *pron.* pocos ■ **a ~** unos cuantos; **a ~ of** algunos de; **quite a ~** bastantes
few•er [′ər] *adj.* & *pron.* menos (**than** de) ■ **the ~ the better** cuantos menos mejor
few•est [:ĭst] ◇ *adj.* menos ◇ *pron.* el menor número
fi•an•cé [fē′än-sā′] *s.* novio, prometido ■ **fiancée** novia, prometida
fi•as•co [fē-ăs′kō] *s.* (*pl* **-(e)s**) fiasco
fib [fĭb] ◇ *s.* mentirilla ◇ *intr.* (**-bb-**) decir mentirillas
fib•ber [′ər] *s.* mentirosillo
fi•ber [fī′bər] *s.* fibra; *fig* carácter *m*, nervio ■ **~ glass** fibra de vidrio; **~ optics** fibra óptica
fi•ber•board [:bôrd′] *s.* tablero de fibra
fi•ber-op•tic [fī′bər-ŏp′tĭk] *adj.* de fibra óptica ■ **~ cable** cable de fibra óptica
fi•brous [fī′brəs] *adj.* fibroso
fick•le [fĭk′əl] *adj.* inconstante, variable
fic•tion [fĭk′shən] *s.* ficción *f*; [invention] mentira
fic•tion•al [:shə-nəl] *adj.* ficticio; LIT novelístico, de ficción
fic•tion•al•ize [:nə-līz′] *tr.* novelar, novelizar
fic•ti•tious [fĭk-tĭsh′əs] *adj.* ficticio
fid•dle [fĭd′l] *fam* ◇ *s.* violín *m* ■ **fit as a ~** sano como una manzana; **to play second ~** desempeñar un papel secundario ◇ *intr.* tocar el violín ■ **to ~ around** perder el tiempo; **to ~ with** juguetear con; (*tr.*) tocar ■ **to ~ something away** perder algo
fid•dler [:lər] *s. fam* violinista *mf*
fid•dle•sticks [:l-stĭks′] *interj.* ¡tonterías!
fi•del•i•ty [fĭ-del′ĭ-tē] *s.* fidelidad *f*
fidg•et [fĭj′ĭt] *intr.* moverse, no estarse quieto
fidg•et•y [:ĭ-tē] *adj.* nervioso, inquieto
fi•du•ci•ar•y [:shē-er′ē] *adj.* & *s.* fiduciario
fief [fēf] *s.* feudo
field [fēld] ◇ *s.* campo; [profession] profesión *f*; [contestants] competidores *m* ■ **~ glasses** gemelos; **~ goal** gol de campo; **~ gun** cañón de campaña; **~ hand** peón; **~ marshal** mariscal de campo; **~ of view** campo visual; **~ trip** excursión; **to take the ~** DEP salir a jugar; MIL entrar en campaña ◇ *tr.* [team] alinear; [question] manejar
field•work [′wûrk′] *s.* trabajo de campo
fiend [fēnd] *s.* demonio; *fam* [addict] vicioso
fiend•ish [fēn′dĭsh] *adj.* diabólico
fierce [fîrs] *adj.* feroz; [violent] violento; [hardfought] reñido; [ardent] furioso
fier•y [fīr′ē] *adj.* (**-i-**) [blazing] llameante; [hot] abrasador; [color] encendido; [temper] fogoso; [words] enardecido
fife [fīf] *s.* pífano, flautín *m*
fif•teen [fĭf-tēn′] *s.* & *adj.* quince *m*
fif•teenth [:tēnth′] *s.* & *adj.* [place] decimoquinto; [part] quinzavo
fifth [fĭfth] *adj.* & *s.* quinto
fif•ti•eth [fĭf′tē-ĭth] ◇ *s.* [place] cincuenta; [part] quincuagésimo ◇ *adj.* [place] quincuagésimo; [part] cincuentavo
fif•ty [fĭf′tē] *adj.* & *s.* cincuenta *m*
fif•ty-fif•ty [′-′-] *adj. fam* mitad y mitad ■ **to go ~** ir a medias
fig [fĭg] *s.* higo ■ **~ leaf** hoja de parra; **I don't care a ~** me importa un bledo
fight [fīt] ◇ *intr.* (**fought**) luchar, pelear; [to box] boxear; [to argue] reñir ■ **to ~ back** defenderse; (*tr.*) luchar con OR contra; [to resist, combat] combatir; [a battle] dar, librar; DER litigar, contender ■ **to ~ it out** decidirlo luchando; **to ~ off** rechazar, repeler ◇ *s.* lucha; [combat] combate *m*; [quarrel] riña, disputa; [boxing] combate *m*; [bellicosity] combatividad *f* ■ **fair ~** buena lid; **to have a ~** pelearse
fight•er [fī′tər] *s.* luchador *m*, combatiente *mf*; [boxer] boxeador *m* ■ **~ plane** avión de caza
fig•ment [fĭg′mənt] *s.* invención *f* ■ **~ of one's imagination** producto de la imaginación
fig•u•ra•tive [fĭg′yər-ə-tĭv] *adj.* figurativo
fig•ure [fĭg′yər] ◇ *s.* figura; [number] cifra; [price] precio; [illustration] diseño, dibujo; [silhouette] silueta ■ **~ of speech** figura, tropo; **~ skating** patinaje artístico; **to cut a fine ~** causar una buena impresión; **to keep one's ~** guardar la línea ◇ *pl.* cálculos ■ **in round ~** en números redondos; **to be good at ~** ser fuerte en aritmética ◇ *tr.* computar, calcular; [to depict] figurar, representar; *fam* [to reckon] imaginar(se), figurar(se) ■ **to ~ out** [to solve] resolver; [to understand] comprender; (*intr.*) hacer cálculos; [to appear] figurar, encontrarse ■ **to ~ as** pasar por; **to ~ on** *fam* contar con
fig•ure•head [:hed′] *s.* [leader] testaferro; MARÍT mascarón *m* de proa
fig•u•rine [fĭg′yə-rēn′] *s.* estatuilla
fil•a•ment [fĭl′ə-mənt] *s.* filamento
filch [fĭlch] *tr.* hurtar, robar
file[1] [fīl] ◇ *s.* archivo; [for cards] fichero; [dossier] expediente *m*; [folder] carpeta; MIL fila, columna; COMPUT archivo ■ **~ card** ficha; **~ clerk** archivista; **~ format** COMPUT formato de archivo; **~ manager** COMPUT administrador de archivos; **~ transfer protocol** COMPUT protocolo de transferencia de archivos; **to be on ~** estar archivado ◇ *tr.* archivar; [to put in order] clasificar, ordenar; [claim, suit] entablar; [petition, appeal, complaint] presentar; (*intr.*) marchar en fila ■ **to ~ by** [to parade] desfilar; [single file] pasar uno por uno; **to ~ in/out** entrar/salir en fila
file[2] ◇ *s.* [tool] lima ◇ *tr.* limar
fi•let [fĭ-lā′] *s.* filete *m*
fil•i•bus•ter [fĭl′ə-bŭs′tər] ◇ *s.* maniobra obstruccionista ◇ *tr.* obstruir (moción, propuesta)
fil•i•gree [fĭl′ĭ-grē′] *s.* filigrana
fil•ing [fī′lĭng] *s.* archivado
fil•ings [fī′lĭngz] *s. pl.* limaduras
fill [fĭl] ◇ *tr.* llenar; [to plug up] tapar; [a tooth] empastar; [to fulfill] cumplir con; FARM preparar (receta); [to occupy] ocupar; CONSTR & CUL rellenar; COM [order]

despachar; MARÍT hinchar (velas) ▪ **to ~ in** [a form] llenar; [to complete] escribir, poner (información, detalles); **to ~ out** [to enlarge] ensanchar; [a form] llenar; COM [order] despachar; **to ~ someone in on** poner a alguien al corriente de; **to ~ up** llenar (hasta el tope); (*intr.*) llenarse ▪ **to ~ in for** reemplazar a; **to ~ out** ensancharse; **to ~ up** llenarse ◇ *s.* [enough] hartura, hartazgo; CONSTR terraplén *m*, relleno ▪ **to have had one's ~ of** estar harto de

fill•er [ˈər] *s.* relleno

fil•let [fĭ-lāˈ, fĭlˈĭt] ◇ *s.* filete *m* ◇ *tr.* cortar en filetes

fill•ing [fĭlˈĭng] *s.* relleno; ODONT empaste *m* ▪ **~ station** gasolinera

fil•ly [fĭlˈē] *s.* potranca, potra

film [fĭlm] ◇ *s.* película; [coating] capa; [in eyes] tela; [cinema] cine *m* ▪ **~ studio** estudio cinematográfico ◇ *tr.* [an event] filmar; [a scene] rodar; [a play] hacer una versión fílmica de; (*intr.*) rodar

film•mak•er [ˈmāˈkər] *s.* cineasta *mf*

film•strip [:strĭpˈ] *s.* tira de película

film•y [fĭlˈmē] *adj.* (-i-) tenue, diáfano

fil•ter [fĭlˈtər] ◇ *s.* filtro ◇ *tr.* & *intr.* filtrar(se) ▪ **to ~ in** entrar poco a poco

filth [fĭlth] *s.* mugre *f*, suciedad *f*

filth•y [fĭlˈthē] *adj.* (-i-) sucio, mugriento

fin [fĭn] *s.* aleta; AER alerón *m*

fi•nal [fīˈnəl] ◇ *adj.* [last] último; [concluding] final; [unalterable] definitivo ◇ *s.* DEP final *f*; EDUC examen *m* final

fi•nal•e [fə-nălˈē] *s.* final *m*; TEAT último acto

fi•nal•ist [fīˈnə-lĭst] *s.* finalista *mf*

fi•nal•ize [:līzˈ] *tr.* finalizar, concluir

fi•nal•ly [:lē] *adv.* finalmente, por último

fi•nance [fə-nănsˈ, fīˈnănsˈ] ◇ *s.* finanzas ▪ **~ company** sociedad financiera ◇ *pl.* finanzas, fondos ◇ *tr.* financiar

fi•nan•cial [fə-nănˈshəl, fī-] *adj.* financiero

fin•an•cier [fĭnˈən-sîrˈ] *s.* financiero

fi•nanc•ing [fə-nănˈsĭng, fīˈ-nănˈ-] *s.* financiamiento, financiación *f*

finch [fĭnch] *s.* pinzón *m*

find [fīnd] ◇ *tr.* (**found**) encontrar; [to notice] hallar; [to discover] descubrir; [a target] dar en; [to regain] recuperar; DER declarar ▪ **to ~ oneself** verse, encontrarse; **to ~ out** averiguar, descubrir; (*intr.*) ▪ **to ~ for** fallar a favor de; **to ~ out about** informarse sobre ◇ *s.* descubrimiento, hallazgo

find•ings [fīnˈdĭngz] *s. pl.* [of research] resultados; [of a report] conclusiones; DER fallo

fine[1] [fīn] ◇ *adj.* fino; [skillful] excelente; [weather] lindo; [sharp] afilado; [healthy] bien; [subtle] sutil ▪ **~ arts** bellas artes; **~ print** letra menuda; **(it's) ~ with me** *fam* me parece bien; **one ~ day** un buen día; **that's ~!** ¡está bien! ◇ *adv.* estupendamente; [minutely] finamente; *fam* muy bien

fine[2] ◇ *s.* multa ◇ *tr.* multar

fine•ness [ˈnĭs] *s.* fineza, delicadeza; [excellence] perfección *f*; [thinness] finura

fin•er•y [fīˈnə-rē] *s.* adornos, galas

fi•nesse [fə-nesˈ] *s.* [skill] finura, delicadeza; [subtlety] delicadeza, tacto

fine-tune [fīnˈtōōnˈ] *tr.* afinar

fin•ger [fĭngˈgər] ◇ *s.* dedo ▪ **index ~** (dedo) índice; **little ~** (dedo) meñique; **not to lift a ~** no mover un dedo; **ring ~** (dedo) anular; **to get one's fingers burned** cogerse los dedos; **to keep one's fingers crossed** esperar que todo salga bien; **to put one's ~ on it** dar en el clavo ◇ *tr.* [to handle, play] tocar; *jer* [to inform on] denunciar; [a victim] marcar

fin•ger•board [:bôrdˈ] *s.* diapasón *m*

fin•ger•ing [:ĭng] *s.* digitación *f*

fin•ger•nail [:nālˈ] *s.* uña

fin•ger•print [:prĭntˈ] ◇ *s.* huella digital ◇ *tr.* tomar las huellas digitales

fin•ger•tip [:tĭpˈ] *s.* punta OR yema del dedo

fin•ick•y [fĭnˈĭ-kē] *adj.* (-i-) quisquilloso

fin•ish [fĭnˈĭsh] ◇ *tr.* acabar (con); [to terminate] terminar; [a journey] llegar al final de; [to perfect] rematar ▪ **to ~ off** acabar con; [to perfect] rematar; **to ~ up** acabar, terminar; (*intr.*) acabar, terminar ▪ **to ~ (first)** llegar OR quedar (en primer lugar); **to ~ with someone** romper (relaciones) con alguien ◇ *s.* final *m*, fin *m*; [substance] pulimento; [perfection] perfección *f*; TEC acabado ▪ **~ line** línea de llegada

fin•ished [:ĭsht] *adj.* acabado; *fig* consumado, excelente; [ruined] arruinado

fin•ish•ing [:ĭsh-ĭng] *adj.* último ▪ **~ school** colegio para señoritas; **~ touch** último toque

fi•nite [fīˈnītˈ] *adj.* finito

fink [fĭngk] *s. jer* persona odiosa

fir [fûr] *s.* abeto

fire [fīr] ◇ *s.* fuego; [destructive] incendio ▪ **~ bomb** bomba incendiaria; **~ department** OR **brigade** cuerpo de bomberos; **~ drill** ejercicios contra incendios; **~ engine** camión de bomberos; **~ escape** salida de urgencia; **~ wall** muro refractario; **to be on ~** estar en llamas OR ardiendo; **to be** OR **to come under ~** *fig* ser blanco de ataques; **to catch ~** encenderse, coger fuego; **to set on ~** OR **to set ~ to** prenderle OR pegarle fuego a ◇ *tr.* [to ignite] encender; [to arouse] enardecer; [gun, bullet] disparar; [a shot] tirar; [a rocket] lanzar; *fam* [to hurl] tirar, arrojar; [from a job] despedir, echar; CERÁM cocer ▪ **to ~ questions at** bombardear a preguntas; (*intr.*) disparar (**on** contra) ▪ **to ~ away** disparar sin cesar; **to get fired up** apasionarse

fire•arm [ˈärmˈ] *s.* arma de fuego

fire•ball [:bôlˈ] *s.* bola incandescente

fire•brand [:brăndˈ] *s.* [torch] tizón *m*, tea; *fig* agitador *m*, cizañero

fire•break [:brākˈ] *s.* cortafuego

fire•crack•er [:krăkˈər] *s.* cohete *m*, petardo

fire•fight•er [:fīˈtər] *s.* bombero

fire•fly [:flīˈ] *s.* luciérnaga

fire•house [:housˈ] *s.* estación *f* de bomberos

fire•light [:lītˈ] *s.* luz *f* del hogar, lumbre *f*

fire•man [:mən] *s.* (*pl* **-men**) bombero

fire•place [:plāsˈ] *s.* hogar *m*, chimenea

fire•plug [:plŭgˈ] *s.* boca de incendios

fire•pow•er [:pouˈər] *s.* potencia de fuego

fire•proof [:prōōfˈ] *adj.* a prueba de fuego; [incombustible] incombustible

fire•side [:sīdˈ] *s.* hogar *m*

fire•wall [fīrˈwôlˈ] *s.* COMPUT cortafuegos

fire•wood [:wŏŏdˈ] *s.* leña

fire•works [:wûrksˈ] *s. pl.* fuegos artificiales

fir•ing [:ĭng] *s.* [of guns] disparo, descarga; [shots] disparos; *fam* [from a job] despido ▪ **~ pin** percusor; **~ squad** pelotón de fusilamiento

firm¹ [fûrm] *adj.* & *adv.* firme ▪ **to stand ~** mantenerse firme
firm² *s.* COM firma, casa
fir•ma•ment [fûr'mə-mənt] *s.* firmamento
firm•ness [fûrm'nĭs] *s.* firmeza
first [fûrst] ◇ *adj.* primero; [elementary] primario; [outstanding] sobresaliente; [principal] principal ▪ **~ aid** primeros auxilios; **(at) ~ hand** de primera mano; **~ mate** segundo oficial; **~ name** nombre de pila; **~ papers** EU solicitud de nacionalización; **in the ~ place** en primer lugar; **not to know the ~ thing about** no saber absolutamente nada de ◇ *adv.* primero; [before anything else] antes; [firstly] en primer lugar; [for the first time] por primera vez ▪ **at ~** en un principio; **~ and foremost** antes que nada; **~ of all** ante todo; **to come ~** ser lo más importante; **to go ~** ser el primero ◇ *s.* primero; [beginning] principio; AUTO primera
first-born ['bôrn'] *adj.* & *s.* primogénito
first-class [:klăs'] ◇ *adj.* de primera clase; [first-rate] de primera categoría ◇ *adv.* en primera
first•hand [:hănd'] *adv.* & *adj.* de primera mano
first•ly [:lē] *adv.* en primer lugar
first-rate [:rāt'] ◇ *adj.* de primera categoría OR clase ◇ *adv. fam* muy bien
firth [fûrth] *s.* estuario
fis•cal [fĭs'kəl] *s.* & *adj.* fiscal *m*
fish [fĭsh] ◇ *s.* (*pl* **inv.** OR **es**) pez *m*; [food] pescado ▪ **a cold ~** *fam* persona sin sentimientos; **~ farm** piscifactoría; **neither ~ nor fowl** ni chicha ni limonada; **to have other ~ to fry** *fam* tener otras cosas en que ocuparse ◇ *intr.* pescar ▪ **to ~ for** andar a la pesca de; **to go fishing** ir de pesca; (*tr.*) pescar; [from pocket] buscar, sacar ▪ **to ~ out** agotar los peces en
fish•bone [:bōn'] *s.* espina
fish•bowl [:bōl'] *s.* pecera; *fig* vidriera
fish•er [:ər] *s.* pescador *m*
fish•er•man [:ər-mən] *s.* (*pl* **-men**) pescador *m*
fish•er•y [:ə-rē] *s.* pesca; [place] pesquería
fish•eye [:ī'] *adj.* de ángulo plano, de 180°
fish•hook [:ho͝ok'] *s.* anzuelo
fish•ing [:ĭng] *s.* pesca ▪ **~ ground** zona de pesca; **~ rod** caña de pescar
fish•mar•ket [:mär'kĭt] *s.* pescadería
fish•mon•ger [:mŭng'gər] *s.* GB pescadero
fish•net [:net'] *s.* red *f*
fish•wife [:wīf'] *s.* (*pl* **-ves**) *fam* verdulera
fish•y [:ē] *adj.* (**-i-**) a pescado; *fam* sospechoso
fis•sion [fĭsh'ən] *s.* fisión *f*
fis•sure [fĭsh'ər] *s.* fisura
fist [fĭst] *s.* puño
fist•fight ['fīt'] *s.* pelea a puñetazos
fist•ful [:fo͝ol'] *s.* puñado
fist•i•cuffs [fĭs'tĭ-kŭfs'] *s. pl.* pelea a puñetazos
fit¹ [fĭt] ◇ *tr.* (**fit(ted), -tting**) [to go on, in] entrar en; [to put on, in] colocar, meter; [to alter, adjust, match] ajustar; [to suit] sentar bien ▪ **to ~ in** tener tiempo para; **to ~ out** proveer; [a ship] armar; (*intr.*) caber; [part, piece] ajustar, encajar; [to agree] concordar; [clothes] sentar bien ▪ **to ~ in(to)** encajar OR caber en; **to ~ in with** [people] congeniar con; [things] cuadrar ◇ *adj.* (**-tt-**) oportuno, conveniente; [healthy] sano; [competent] idóneo; [suitable] apropiado, digno ▪ **~ to be tied** *fam* fuera de sí; **to keep ~** mantenerse en buen estado físico; **to see ~** juzgar conveniente ◇ *s.* ajuste *m*, encaje *m*; [clothes] corte *m*, entalladura
fit² *s.* ataque *m*; [convulsion] convulsión *f* ▪ **by fits and starts** a tropezones
fit•ful ['fəl] *adj.* intermitente, irregular
fit•ness [:nĭs] *s.* propiedad *f*, conveniencia; [healthiness] salud *f*, estado físico
fit•ted [:ĭd] *adj.* apto, capacitado; [clothes] entallado; [suit] hecho a la medida
fit•ting [:ĭng] ◇ *adj.* apropiado, oportuno; [proper] propio, justo ◇ *s.* [of clothes] prueba; MEC parte suelta
five [fīv] *s.* & *adj.* cinco ▪ **~ hundred** quinientos; **~ o'clock** las cinco
five-and-ten ['ən-ten'], **five-and-dime** [:dīm'] *s.* tienda que vende artículos baratos
fix [fĭks] ◇ *tr.* fijar; [to repair] reparar, componer; [hair] arreglar; [meal] preparar; *fam* [to get even with] ajustarle las cuentas a; [race, election] arreglar; [to solve] solucionar ▪ **to ~ up** *fam* [to repair] componer; [to arrange] organizar; [to tidy] arreglar; (*intr.*) fijarse ▪ **to ~ on** decidirse por ◇ *s.* apuro, aprieto; RAD posición *f*; [put-up job] arreglo; *jer* dosis *f* (de narcótico)
fix•a•tion [fĭk-sā'shən] *s.* fijación *f*
fix•a•tive [fĭk'sə-tĭv] *s.* fijador *m*
fixed [fĭkst] *adj.* fijo; [stationary] estacionario; *fam* [contest] arreglado; QUÍM estable ▪ **~ telephony** telefonía fija
fixed-term [fĭkst'tûrm'] *adj.* temporal ▪ **~ contract** contrato temporal
fix•er [fĭk'sər] *s.* fijador *m*
fix•ture [fĭks'chər] *s.* instalación fija; [appliance] accesorio, artefacto
fizz [fĭz] ◇ *s.* sonido de efervescencia ◇ *intr.* hacer sonido de efervescencia
fiz•zle ['əl] ◇ *s. fam* fracaso ◇ *intr.* chisporrotear ▪ **to ~ out** *fam* quedarse en nada
fjord [fyôrd] *s.* fiordo
flab [flăb] *s. fam* grasa, carne OR piel fláccida
flab•ber•gast [flăb'ər-găst'] *tr. fam* asombrar
flab•by [flăb'ē] *adj.* (**-i-**) fofo
flac•cid [flăk'sĭd, flăs'ĭd] *adj.* fláccido
flag¹ [flăg] ◇ *s.* bandera ◇ *tr.* (**-gg-**) marcar (con una señal); [taxi, bus] hacer parar con señales a
flag² *intr.* (**-gg-**) [to weaken] debilitarse; [to falter] disminuir
flag•el•late [:lāt'] *tr.* flagelar
flag•on [flăg'ən] *s.* jarra grande, pichel *m*
flag•pole [flăg'pōl'] *s.* mástil *m*, asta
fla•grant [flā'grənt] *adj.* [glaring] flagrante, descarado; [shocking] escandaloso
flag•ship [flăg'shĭp'] *s.* buque *m* insignia
flag•stone [flăg'stōn'] *s.* lastra, losa
flag-wav•ing [flăg'wā'vĭng] *s.* patriotería
flail [flāl] ◇ *s.* mayal *m* ◇ *tr.* [to thresh] desgranar; [to thrash] golpear; (*intr.*) agitarse
flair [flâr] *s.* [knack] don *m*; [style] elegancia
flak [flăk] *s.* MIL artillería antiaérea; *fam* [criticism] críticas
flake [flāk] ◇ *s.* escama, hojuela; [of snow] copo; *jer* persona rara ◇ *intr.* [skin] descamarse; [paint] desprenderse en escamillas
flak•y [flā'kē] *adj.* (**-i-**) escamoso; *jer* raro
flam•boy•ant [flăm-boi'ənt] ◇ *adj.* extravagante, llamativo ◇ *s.* framboyán *m*
flame [flām] ◇ *s.* llama; *fam* [sweetheart] novio ◇

intr. arder, llamear ▪ **to ~ up** [person] inflamarse; [situation] estallar
flame•proof ['prōōf'] *adj.* resistente al fuego, ininflamable
flame•throw•er [:thrō'ər] *s.* lanzallamas *m*
flam•ing [flā'mĭng] *adj.* ardiente, llameante
fla•min•go [flə-mĭng'gō] *s.* (*pl* **(e)s**) flamenco
flam•ma•ble [flăm'ə-bəl] *adj.* inflamable
flank [flăngk] ◇ *s.* costado ◇ *tr.* flanquear
flan•nel [flăn'əl] ◇ *s.* franela ◇ *pl.* pantalones OR ropa interior de franela
flap [flăp] ◇ *s.* [of wings] aleteo; [of flags] ondulación *f*; [of envelope] solapa; [of pocket] cartera; [of garment] faldón *m*; [of hat] ala; AVIA alerón *m*; *jer* [uproar] jaleo ◇ *tr.* & *intr.* **(-pp-)** [wings] aletear, batir; [arms, sails] agitar(se); [flag] ondear; [to sway] sacudir(se)
flare [flâr] ◇ *intr.* llamear; [to glow] brillar; [to widen] acampanarse ▪ **to ~ up** llamear; [in anger] encolerizarse; [conflict] estallar ◇ *s.* llamarada; [signal] bengala; [outburst] arrebato; COST vuelo; ASTRON erupción *f* ◇ *s. pl.* pantalones de pata de elefante
flare-up ['ŭp'] *s.* llamarada repentina; [outburst] estallido
flash [flăsh] ◇ *tr.* [to emit] lanzar, despedir (luz); [to reflect] reflejar; [to aim] dirigir; *fam* [to flaunt, show] enseñar; [a smile] echar; (*intr.*) [to sparkle] brillar, destellar; [to flare up] llamear; [thought, idea] pasar OR cruzar como un relámpago; [eyes] relampaguear (**with** de) ▪ **to ~ by** pasar como un rayo ◇ *s.* destello, resplandor *m*; FOTOG flash *m*; [of understanding] momento; [news] noticia de último momento; [of lightning] relámpago; *fam* ostentación *f* ▪ **it was a ~ in the pan** fue un éxito fugaz; **~ bulb** lámpara de flash; **~ flood** riada; **~ point** punto de inflamación; **in a ~** en un instante; **like a ~** como un rayo
flash•back ['băk'] *s.* escena retrospectiva
flash•er [:ər] *s.* destellador *m*
flash•ing [:ĭng] *adj.* centelleante, intermitente
flash•light [:līt'] *s.* linterna eléctrica
flash•y [:ē] *adj.* **(-i-)** llamativo, chillón
flask [flăsk] *s.* frasco; QUÍM matraz *m*
flat[1] [flăt] **(-tt-)** ◇ *adj.* [level] plano, llano; [smooth] liso, raso; [prone] tendido; [definite] categórico; [fixed] fijo; [dull] monótono; [tasteless] soso; [tire] desinflado; [color] sin brillo; MÚS [key] bemol; [pitch] desafinado ▪ **~ rate** tarifa plana; **~ screen** pantalla plana ◇ *adv.* horizontalmente, de plano; [completely] sin más ni más ▪ **~ broke** *fam* pelado; **~ out** a toda velocidad ◇ *s.* plano, superficie *f*; [tire] pinchazo; MÚS bemol *m* ▪ **the ~ of the hand** la palma de la mano ◇ *pl.* llanura, llano
flat[2] *s.* [apartment] apartamento
flat•boat ['bōt'] *s.* barca chata, chalana
flat-foot•ed [:fōōt'ĭd] *adj.* de pies planos
flat•land [:lănd'] *s.* llano, llanura
flat•screen [flăt'skrēn'] *adj.* de pantalla plana ▪ **~ display** monitor de pantalla plana; **~ TV** televisor de pantalla plana
flat•ten [:n] *tr.* allanar, achatar; [to knock down] derribar; (*intr.*) achatarse
flat•ter [flăt'ər] *tr.* adular, halagar; [to suit] favorecer; (*intr.*) emplear lisonjas
flat•ter•er [:ər] *s.* adulador *m*, lisonjero
flat•ter•y [flăt'ə-rē] *s.* lisonjas, halagos
flat•u•lent [flăch'ə-lənt] *adj.* flatulento
flaunt [flônt] *tr.* hacer ostentación de
fla•vor [flā'vər] ◇ *s.* gusto, sabor *m*; **mint ~** sabor a menta; [flavoring] condimento ◇ *tr.* condimentar, aderezar
fla•vor•ful [:fəl] *adj.* sabroso, gustoso
fla•vor•ing [:ĭng] *s.* condimento, aderezo
fla•vour [flā'vər] GB = **flavor**
flaw [flô] *s.* imperfección *f*, defecto
flawed [flôd] *adj.* defectuoso, estropeado
flaw•less [flô'lĭs] *adj.* perfecto, sin defecto
flax [flăks] *s.* lino; [fiber] fibra de lino
flay [flā] *tr.* desollar, despellejar
flea [flē] *s.* pulga ▪ **~ market** mercado de artículos usados
fleck [flek] ◇ *s.* pinta, mota ◇ *tr.* motear
fledg(e)•ling [flej'lĭng] *s.* pajarito; [novice] novato
flee [flē] *intr.* **(fled)** huir, escaparse; [to vanish] desvanecerse; (*tr.*) huir de
fleece [flēs] ◇ *s.* lana; [sheared] vellón *m*; [lining] muletón *m*; [garment] forro polar ◇ *tr.* [to shear] esquilar; [to rob] desplumar, pelar
fleec•y [flē'sē] *adj.* **(-i-)** lanudo
fleet[1] [flēt] *s.* [of ships] flota; [of cars] parque *m* móvil; MIL armada, fuerza naval
fleet[2] *adj.* [fast] rápido, ligero
fleet•ing [flē'tĭng] *adj.* fugaz, efímero
flesh [flesh] ◇ *s.* carne *f*; [fat] gordura; [of fruits] pulpa ▪ **~ wound** herida superficial; **in the ~** en persona ◇ *tr.* ▪ **to ~ out** desarrollar, completar
flesh•y ['ē] *adj.* **(-i-)** carnoso; [fat] corpulento
flew [flōō] ▻ **fly**[1]
flex [fleks] ◇ *tr.* & *intr.* doblar(se), encorvar(se) ◇ *s.* GB cable *m*
flex•i•ble [flek'sə-bəl] *adj.* flexible
flexi•time [flek'sə-tīm'] *s.* horario flexible
flick[1] [flĭk] ◇ *s.* golpecito; [of tail] coleada; [of fingers] capirotazo ◇ *tr.* golpear rápida y ligeramente; [to snap] dar un golpecito a; (*intr.*) colear ▪ **to ~ through** hojear
flick[2] *s. fam* [film] película, filme *m*
flick•er [:ər] ◇ *intr.* oscilar, temblar; [light] parpadear, vacilar ◇ *s.* luz *f* vacilante
fli•er [flī'ər] *s.* aviador *m*; [circular] volante *m*
flight[1] [flīt] *s.* vuelo; [flock] bandada; [swift movement] paso fugaz; [floor] piso; [of stairs] tramo ▪ **~ attendant** aeromozo; **~ deck** [on plane] cabina del piloto; **to take ~** alzar el vuelo
flight[2] *s.* [act of fleeing] huida, fuga
flight•less ['lĭs] *adj.* incapaz de volar
flight•y [flī'tē] *adj.* **(-i-)** frívolo, casquivano
flim•sy [flĭm'zē] *adj.* **(-i-)** insubstancial, endeble; [excuse] flojo
flinch [flĭnch] ◇ *intr.* [to wince] sobresaltarse; [to retreat] recular ◇ *s.* reculada
fling [flĭng] ◇ *tr.* **(flung)** arrojar, tirar ▪ **to ~ about** agitar (brazos); **to ~ aside** abandonar, desechar; **to ~ down** echar al suelo; **to ~ oneself** precipitarse, lanzarse ◇ *s.* lanzamiento; *fam* [spree] juerga; [attempt] tentativa (breve) ▪ **to have a ~** echar una cana al aire
flint [flĭnt] *s.* pedernal *m*
flint•lock ['lŏk'] *s.* llave *f* OR trabuco de chispa
flip [flĭp] ◇ *tr.* **(-pp-)** lanzar, tirar; [coin] echar (a cara o cruz) ▪ **to ~ over** dar la vuelta a; (*intr.*) agitarse, dar

vueltas ▪ **to ~ out** enloquecerse (**over** por); **to ~ over** voltearse, volcarse; **to ~ through** hojear ◇ *s.* golpe *m*; [shake] sacudida; [somersault] salto mortal ▪ **~ side** reverso (de un disco) ◇ *adj. fam* descarado
flip-flop [′flŏp′] *s. fam* cambio brusco
flip•pant [flĭp′ənt] *adj.* frívolo, impertinente
flip•per [flĭp′ər] *s.* aleta
flirt [flûrt] ◇ *intr.* flirtear, coquetear; [with danger] jugar ◇ *s.* [man] galanteador *m*; [woman] coqueta
flir•ta•tion [flûr-tā′shən] *s.* flirteo, coqueteo
flit [flĭt] *intr.* (**-tt-**) revolotear
float [flōt] ◇ *tr.* hacer flotar, poner a flote; FIN [a loan] negociar; [currency] hacer flotar; (*intr.*) flotar; [to wander] vagar, errar ◇ *s.* flotador *m*; [buoy] boya; [platform] balsa, plataforma flotante
float•ing [flō′tĭng] *adj.* flotante, boyante ▪ **~ palette** COMPUT paleta flotante; **~ point** COMPUT coma flotante
flock [flŏk] ◇ *s.* [of birds] bandada; ZOOL & RELIG rebaño ◇ *intr.* congregarse ▪ **to ~ to** llegar en tropel a
floe [flō] *s.* témpano de hielo flotante
flog [flŏg] *tr.* (**-gg-**) azotar, flagelar
flog•ging [′ĭng] *s.* paliza, flagelación *f*
flood [flŭd] ◇ *s.* inundación *f*; [torrent] torrente *m*; [floodlight] luz *f* de proyector ▪ **~ plain** terreno aluvial; **~ tide** pleamar; **the Flood** el Diluvio ◇ *tr.* & *intr.* inundar(se)
flood•gate [′gāt′] *s.* compuerta de exclusa
flood•light [:līt′] *s.* luz *f* de proyector
floor [flôr] ◇ *s.* piso; [of a dance hall] pista; [bottom] fondo; [assembly members] congresistas *mf* ▪ **~ lamp** lámpara de pie; **~ show** espectáculos; **to ask for** OR **take the ~** pedir OR tener la palabra; **top ~** piso alto ◇ *tr.* [to knock down] derribar; *fam* [the accelerator] pisar a fondo; [to stun] apabullar
floor•board [′bôrd′] *s.* tabla de piso
floor•walk•er [:wô′kər] *s.* superintendente *m* de departamento (en un almacén)
flop [flŏp] ◇ *s.* sonido sordo; *fam* [failure] fracaso ◇ *tr.* (**-pp-**) dejar caer (pesadamente); (*intr.*) dejarse caer; [to move about] agitarse; *fam* [to fail] fracasar
flop•house [′hous′] *s. jer* pensión *f* de mala muerte
flop•py [:ē] *adj.* (**-i-**) *fam* flojo, blando ▪ **~ disk** COMPUT disquete; **~ disk drive** COMPUT disquetera
flo•rid [flôr′ĭd] *adj.* [face] rojo; [style] florido
flo•rist [flôr′ĭst] *s.* florista *mf*
floss [flôs] *s.* [waste] borra; COST seda; [dental] seda vegetal
flo•ta•tion [flō-tā′shən] *s.* flotación *f*
flot•sam [flŏt′səm] *s.* pecios
flounce[1] [flouns] *s.* COST volante *m*, cairel *m*
flounce[2] ◇ *intr.* sacudirse ▪ **to ~ out** salir enfadado ◇ *s.* sacudida
floun•der[1] [floun′dər] *intr.* luchar OR esforzarse inútilmente
floun•der[2] *s.* ICT platija, lenguado
flour [flour] ◇ *s.* harina ◇ *tr.* enharinar
flour•ish [flûr′ĭsh] ◇ *intr.* florecer, prosperar; (*tr.*) blandir ◇ *s.* floreo; [signature] rúbrica
flout [flout] *tr.* & *intr.* burlarse (de)
flow [flō] ◇ *intr.* fluir; ELEC *fig* correr; [to circulate] circular; [to gush] manar; [tide] subir; [blood, tears] derramar ▪ **to ~ from** *fig* provenir de; **to ~ into** desaguar; **to ~ together** confluir ◇ *s.* flujo; [of blood, traffic] circulación *f*; [stream] corriente *f*; [volume] caudal *m*; [course] curso ▪ **~ chart** diagrama de fabricación
flow•er [flou′ər] ◇ *s.* flor *f*; *fig* flor y nata ▪ **~ shop** florería ◇ *intr.* florecer, dar flor
flow•er•pot [:pŏt′] *s.* maceta
flow•er•y [flou′ə-rē] *adj.* florido
flown [flōn] ▻ **fly**[1]
flu [flōō] *s. fam* gripe *f*
fluc•tu•ate [flŭk′chōō-āt′] *intr.* fluctuar
flue [flōō] *s.* cañón humero
flu•en•cy [flōō′ən-sē] *s.* [in a language] dominio; [effortlessness] fluidez *f*, soltura
flu•ent [flōō′ənt] *adj.* perfecto; [fluid] fluyente ▪ **to be ~ in** hablar perfectamente, dominar
flu•ent•ly [:lē] *adv.* con soltura
fluff [flŭf] ◇ *s.* [down] pelusa; [trifle] nadería ◇ *tr.* mullir; *fam* [to botch] chapucear
fluff•y [′ē] *adj.* (**-i-**) lanoso; [soft] mullido
flu•id [flōō′ĭd] *s.* & *adj.* fluido, líquido ▪ **~ ounce** onza líquida
fluke[1] [flōōk] *s.* [of anchor] uña; [of whale] aleta (de la cola)
fluke[2] *s.* [luck] chiripa, tiro de suerte
flung [flŭng] ▻ **fling**
flunk [flŭngk] *intr. fam* sacar suspenso ▪ **to ~ out** ser expulsado (por malas notas); (*tr.*) [a course] sacar suspenso en, fracasar en; [a student] colgar, suspender
flu•o•res•cent [:ənt] *adj.* fluorescente
fluor•i•da•tion [flōōr′ĭ-dā′shən, flôr′-] *s.* fluorización *f*
fluor•ide [′īd′] *s.* fluoruro
fluor•ine [:ēn′] *s.* flúor *m*
flur•ry [flûr′ē] *s.* [gust] ráfaga; [snowfall] nevisca; [bustle] fiebre *f*, frenesí *m*; *fig* lluvia
flush[1] [flŭsh] ◇ *intr.* fluir abundantemente; [to blush] ruborizarse; (*tr.*) [redden] enrojecer; [to excite] exaltar; [to clean] limpiar con agua ▪ **to ~ the toilet** apretar el botón del inodoro, tirar la cadena ◇ *s.* [gush] chorro; [blush] rubor *m*; [glow] resplandor *m*; [exhilaration] animación *f* ◇ *adj.* copioso, abundante ▪ **~ against** contra, pegado a; **~ with** a nivel con ◇ *adv.* al mismo nivel
flush[2] *tr.* hacer salir del escondite a
flus•ter [flŭs′tər] *tr.* poner nervioso
flute [flōōt] *s.* MÚS flauta; ARQ estría
flut•ist [flōō′tĭst] *s.* flautista *mf*
flut•ter [flŭt′ər] ◇ *intr.* revolotear, aletear; [in the wind] ondear, ondular; [to tremble] temblar; [heart] palpitar; (*tr.*) agitar, mover ◇ *s.* revoloteo, aleteo; [waving] ondulación *f*; [agitation] agitación *f*; MED palpitación *f* ▪ **to be in a ~** estar nervioso
flux [flŭks] *s.* flujo; [fluctuation] cambio
fly[1] [flī] ◇ *intr.* (**flew, flown**) volar; [hair, flag] flotar; [to flee] huir, escapar; [to hurry] darse prisa; [to rush by] pasar OR irse volando; [sparks, chips] saltar ▪ **to ~ at** *fam* lanzarse sobre; **to ~ in the face of** ir contra, hacer frente a; **to ~ into a rage** encolerizarse; **to ~ open** abrirse repentinamente; (*tr.*) hacer volar; [to pilot] pilotear; [to transport] transportar en avión; [to cross] atravesar OR cruzar en avión; [a flag] desplegar; [kite] remontar ◇ *s.* [of trousers] bragueta; [tent flap] toldo; GB [carriage] coche *m* de punto ◇ *pl.* TEAT telares
fly[2] *s.* ENTOM mosca ▪ **~ swatter** matamoscas
fly•ing [′ĭng] *adj.* volador; [swift] veloz, ligero ▪ **~ buttress** contrafuerte; **~ saucer** platillo volador; **~**

F

time duración del vuelo; **to get off to a ~ start** empezar muy bien

fly•leaf [:lēf'] *s.* (*pl* **-ves**) guarda

fly-o•ver [:ō'vər] *s.* GB cruce elevado

fly•pa•per [:pā'pər] *s.* papel *m* matamoscas

foal [fōl] ◇ *s.* potro ◇ *intr.* parir un potro

foam [fōm] ◇ *s.* espuma ■ **~ rubber** espuma de caucho ◇ *intr.* hacer espuma ■ **to ~ at the mouth** espumajear, rabiar

foam•y [fō'mē] *adj.* (**-i-**) espumoso

fob[1] [fŏb] *s.* [chain] leontina, leopoldina

fob[2] *tr.* (**-bb-**) ■ **to ~ something off on someone** encajarle algo a alguien

fo•cal [fō'kəl] *adj.* focal ■ **~ point** foco

fo•cus [fō'kəs] ◇ *s.* (*pl* **es** OR **-ci**) foco ■ **in ~** enfocado; **out of ~** desenfocado; **to bring into ~** enfocar ◇ *tr.* enfocar; [a lens] ajustar; *fig* concentrar; (*intr.*) enfocarse ■ **to ~ on** enfocar

fod•der [fŏd'ər] *s.* forraje *m*, pienso ■ **cannon ~** carne de cañón

foe [fō] *s.* enemigo; [opponent] adversario

foe•tus [fē'təs] = **fetus**

fog [fŏg] ◇ *s.* neblina, niebla; [at sea] bruma; FOTOG velo ■ **~ bank** nube de bruma; **in a ~** confundido ◇ *tr.* (**-gg-**) [glass] empañar; [sky, mind] nublar; (*intr.*) ■ **to ~ up** [glass] empañarse; [sky] nublarse; FOTOG velarse

fog•gy [fŏ'gē] *adj.* (**-i-**) neblinoso; [glass] empañado; [bewildered] ofuscado ■ **not to have the foggiest idea** no tener ni la más mínima idea

fog•horn [fŏg'hôrn'] *s.* sirena de niebla

fo•gy [fō'gē] *s.* persona chapada a la antigua

foi•ble [foi'bəl] *s.* punto flaco, debilidad *f*

foil[1] [foil] *tr.* frustrar, hacer fracasar

foil[2] *s.* [sheet] lámina fina de metal; [contrast] contraste *m* ■ **to act as a ~ to** servir de contraste a

foil[3] *s.* DEP florete *m*

foist [foist] *tr.* ■ **to ~ off on** encajar a

fold[1] [fōld] ◇ *tr.* doblar, plegar; [arms] cruzar; [hands] enlazar; [wings] plegar, recoger ■ **to ~ back** doblar; **to ~ down** OR **out** bajar (asiento de silla, mesa plegadiza); **to ~ in** CUL incorporar; **to ~ up** [to wrap up] envolver; [to collapse] plegar (sillas); (*intr.*) doblarse, plegarse; [to fail] fracasar; *fam* [to give in] doblegarse ■ **to ~ up** doblarse, plegarse ◇ *s.* pliegue *m*; [crease] doblez *m*, arruga

fold[2] *s.* [corral] redil *m*; [flock] rebaño

fold•er [fōl'dər] *s.* carpeta

fold•ing [fōl'dĭng] *adj.* plegable, plegadizo ■ **~ screen** biombo; **~ seat** traspuntín

fold-out [fōld'out'] *s.* página desplegable

fo•li•age [fō'lē-ĭj] *s.* follaje *m*

fo•li•o [fō'lē-ō'] *s.* folio; [book] infolio

folk [fōk] ◇ *s.* (*pl* **inv.** OR **s**) pueblo, nación *f* ■ **country ~** campesinos; **~ dance** baile folklórico; **~ medicine** medicina popular ◇ *pl.* gente *f*; *fam* [relatives] familia ■ **the old ~** los viejos ◇ *adj.* popular

folk•lore ['lôr'] *s.* folklore *m*

folk•sy [:sē] *adj.* (**-i-**) campechano, afable

folk•tale [:tāl'] *s.* cuento tradicional

fol•li•cle [fŏl'ĭ-kəl] *s.* folículo

fol•low [fŏl'ō] *tr.* seguir; [to chase] perseguir; [a road, course] proseguir, continuar por; [rules] observar; [a profession] dedicarse a; [speech, book] prestar atención a; [to understand] comprender ■ **to ~ through** OR **up** llevar a cabo; (*intr.*) seguir ■ **as follows** [in this way] de la siguiente manera; [to reply] lo siguiente; **it follows that** se deduce que

fol•low•er [:ər] *s.* seguidor *m*

fol•low•ing [:ĭng] ◇ *adj.* siguiente ◇ *s.* seguidores *mf*, adherentes *mf*; [admirers] admiradores *m*

fol•low-up [:ŭp'] ◇ *adj.* complementario ◇ *s.* seguimiento (de un proceso); [continuation] continuación *f*

fol•ly [fŏl'ē] *s.* tontería; [silly idea or action] disparate *m*

fo•ment [fō-ment'] *tr.* fomentar

fond [fŏnd] *adj.* cariñoso; [doting] indulgente; [cherished] caro ■ **to be ~ of** [person] tener cariño a; [thing] ser aficionado a

fon•dle [fŏn'dl] *tr.* & *intr.* acariciar

fond•ness [fŏnd'nĭs] *s.* afecto, cariño; [inclination] inclinación *f*; [taste] afición *f*

font [fŏnt] *s.* fuente *f*; RELIG pila bautismal; TIP fuente *f*

food [fōōd] *s.* comida; [nourishment] alimento ■ **~ industry** industria alimentaria; **~ poisoning** intoxicación alimenticia; **~ processor** procesador de alimentos

food•stuff ['stŭf'] *s.* comestible *m*

fool [fōōl] ◇ *s.* tonto, imbécil *m*; [jester] bufón *m*; [dupe] simplón *m* ■ **~'s errand** empresa inútil; **to make a ~ of** [to deceive] poner en ridículo a; [to tease] tomar el pelo a ◇ *tr.* [to trick] engañar; [to surprise] sorprender; (*intr.*) jugar ■ **to ~ around** hacer el tonto

fool•har•dy ['här'dē] *adj.* (**-i-**) temerario

fool•ing [fōō'lĭng] *s.* bromas ■ **no ~** hablando en serio; **no ~!** ¡no me digas!; **to be just ~** estar sólo bromeando

fool•ish [:lĭsh] *adj.* [silly] tonto, absurdo; [embarrassed] ridículo

fool•ish•ness [:nĭs] *s.* tonterías, estupidez *f*

fool•proof [fōōl'prōōf'] *adj.* infalible; [impossible to misuse] a prueba contra mal uso

fools•cap [fōōlz'kăp'] *s.* hoja de papel

foot [fŏŏt] ◇ *s.* (*pl* **feet**) pie *m*; ZOOL pata; [base] base *f* ■ **by** OR **on ~** a pie; **~ brake** freno de pedal; **~ soldier** soldado de infantería; **my ~!** *jer* ¡tonterías!; **to drag one's feet** *fig* roncear; **to get cold feet** *fam* coger miedo; **to get one's ~ in the door** abrir una brecha; **to land on one's feet** caer de pie; **to put one's ~ down** ponerse firme; **to put one's ~ in one's mouth** meter la pata; **to stand on one's own two feet** valerse por sí mismo ◇ *intr.* ■ **to ~ it** andar a pie; (*tr.*) ■ **to ~ the bill** pagar la cuenta

foot•age ['ĭj] *s.* medida de superficie OR longitud (expresada en pies); CINEM metraje *m*

foot-and-mouth disease ['n-mouth'] *s.* fiebre aftosa, glosopeda

foot•ball ['bôl'] *s.* [soccer] fútbol *m*; [American football] fútbol americano; [ball] balón *m* de fútbol

foot•bridge [:brĭj'] *s.* puente *m* para peatones

foot•er [fŏŏt'ər] *s.* pie *m* de página

foot•hill [:hĭl'] *s.* estribación *f* (de montaña)

foot•hold [:hōld'] *s.* [support] lugar *m* de apoyo (para el pie); [starting point] posición *f*

foot•ing [:ĭng] *s.* pie *m*, equilibrio; [basis] base *f* ■ **on an equal ~** en pie de igualdad; **to lose one's ~** perder el pie

foot•lights [:'līts'] *s. pl.* candilejas

foot•loose [:lo͞os′] *adj.* sin obligaciones ▪ ~ **and fancy free** libre, ligero y contento
foot•man [:mən] *s.* (*pl* **-men**) lacayo
foot•note [:nōt′] ◇ *s.* nota a pie de página ◇ *tr.* anotar
foot•path [:păth′] *s.* sendero
foot•print [:prĭnt′] *s.* huella
foot•sore [:sôr′] *adj.* con los pies cansados
foot•step [:step′] *s.* pisada
foot•stool [:sto͞ol′] *s.* taburete *m*
foot•wear [:wâr′] *s.* calzado
foot•work [:wûrk′] *s.* juego de piernas
fop [fŏp] *s.* petimetre *m*
fop•pish [:ĭsh] *adj.* afectado
for [fôr, fər] ◇ *prep.* para, por; [destination] para, hacia; [beneficiary] para; [exchange] por; [duration] por, desde hace; [on account of] de, por; [in spite of] a pesar de, con; [considering] para ▪ **as** ~ en cuanto a; ~ **all that** con todo; **to be all** ~ **it** *fam* estar completamente a favor; **to be** ~ estar de parte de; **to be** ~ **someone to do something** tocarle a alguien hacer algo ◇ *conj.* ya que, pues, porque
for•age [fôr′ĭj] ◇ *s.* forraje *m* ◇ *intr.* hurgar ▪ **to** ~ **for** buscar hurgando
for•ay [fôr′ā′] *s.* incursión *f*
for•bear [fôr-bâr′] *tr.* (**-bore, -borne**) abstener OR desistir de; (*intr.*) [to refrain] abstenerse; [to be tolerant] ser tolerante
for•bear•ance [:əns] *s.* tolerancia, paciencia
for•bid [fər-bĭd′] *tr.* (**-bad(e), -bid(den), -dding**) prohibir
for•bid•ding [:ĭng] *adj.* amenazante, imponente
force [fôrs] fuerza; [efficacy] eficacia, peso; [corps] cuerpo; DER [effect] vigencia, validez *f* ▪ **by** ~ por la fuerza; **by** ~ **of** a fuerza de; **in** ~ DER vigente, en vigor; [in numbers] en masa; **to put in** ~ poner en vigor ◇ *tr.* obligar; [to obtain] obtener por la fuerza; [to coerce, break open] forzar; [to impose] imponer; AGR hacer crecer temprano ▪ **to** ~ **back** [to repel] rechazar; [tears] contener, reprimir; **to** ~ **down** obligar a bajar; **to** ~ **from** echar OR sacar fuera; **to** ~ **one's way** abrirse paso; **to** ~ **open** forzar; **to** ~ **out** obtener por la fuerza; **to** ~ **up(on)** obligar a tomar OR aceptar
forced [fôrst] *adj.* forzado; [landing] forzoso; [unnatural] fingido
force•ful [fôrs′fəl] *adj.* fuerte, enérgico
for•ceps [fôr′səps] *s. inv.* pinzas, fórceps *m*
forc•i•ble [fôr′sə-bəl] *adj.* forzado
forc•i•bly [:blē] *adv.* a la fuerza
ford [fôrd] ◇ *s.* vado ◇ *tr.* vadear
fore [fôr] ◇ *adj.* delantero ◇ *s.* frente *m*, delantera ▪ **to come to the** ~ comenzar a destacarse ◇ *adv.* hacia el frente
fore•arm[1] [-ärm′] *tr.* prepararse de antemano
fore•arm[2] [′ärm′] *s.* antebrazo
fore•bear [:bâr′] *s.* antepasado
fore•bod•ing [-bō′dĭng] *s.* presentimiento
fore•cast [′kăst′] ◇ *tr.* & *intr.* (**-cast(ed)**) pronosticar ◇ *s.* pronóstico
fore•cast•er [:kăs′tər] *s.* pronosticador *m*
fore•cas•tle [fōk′səl, fôr′kăs′əl] *s.* castillo de proa
fore•close [fôr-klōz′] *intr.* ▪ **to** ~ **on** ejecutar
fore•fa•ther [′fä′*th*ər] *s.* antepasado
fore•fin•ger [:fĭng′gər] *s.* dedo índice
fore•foot [:fo͝ot′] *s.* (*pl* **-feet**) pata delantera
fore•front [:frŭnt′] *s.* vanguardia
fore•go [-gō′] *tr.* (**-went, -gone**) preceder
fore•gone [′gôn′] *adj.* previo, pasado
fore•ground [:ground′] *s.* primer plano
fore•hand [:hănd′] *adj.* & *s.* (golpe) derecho
fore•head [:ĭd, :hed′] *s.* frente *f*
for•eign [fôr′ĭn] *adj.* extranjero; [trade] exterior; [uncharacteristic] ajeno ▪ ~ **aid** ayuda exterior; ~ **debt** deuda externa; ~ **exchange** [currency] divisas; COM cambio exterior; ~ **office** GB Ministerio de Asuntos Exteriores; ~ **service** servicio diplomático y consular
for•eign•er [:ə-nər] *s.* extranjero
fore•leg [′leg′] *s.* pata delantera
fore•lock [:lŏk′] *s.* mechón *m*
fore•man [:mən] *s.* (*pl* **-men**) capataz *m*; DER presidente *m* de un jurado
fore•most [:mōst′] *adj.* primero, delantero; [paramount] máximo, supremo
fo•ren•sic [fə-ren′sĭk] *adj.* forense
fore•run•ner [fôr′rŭn′ər] *s.* precursor *m*, predecesor *m*; [harbinger] anunciador *m*
fore•see [-sē′] *tr.* (**-saw, -seen**) prever, anticipar
fore•see•a•ble [:ə-bəl] *adj.* previsible
fore•shad•ow [fôr-shăd′ō] *tr.* presagiar
fore•short•en•ing [:shôr′tn-ĭng] *s.* escorzo
fore•sight [′sīt′] *s.* previsión *f*
fore•skin [:skĭn′] *s.* prepucio
for•est [fôr′ĭst] ◇ *s.* bosque *m*, selva ▪ ~ **ranger** guardabosque ◇ *tr.* poblar de árboles ◇ *adj.* forestal, selvático
fore•stall [fôr-stôl′] *tr.* impedir, prevenir
for•est•ry [:ĭ-strē] *s.* silvicultura
fore•taste [fôr′tāst′] *s.* anticipo
fore•tell [-tel′] *tr.* (**-told**) predecir
fore•thought [′thôt′] *s.* deliberación *f*, premeditación *f*
for•ev•er [fôr-ev′ər, fər-] *adv.* por OR para siempre, eternamente; [always] siempre
for•ev•er•more [-′-môr′] *adv.* para siempre jamás
fore•warn [fôr-wôrn′] *tr.* prevenir, avisar
fore•word [′wərd] *s.* prólogo, prefacio
for•feit [fôr′fĭt] ◇ *s.* [penalty] penalidad *f*; [loss] pérdida legal de un derecho; [forfeiture] prenda perdida ◇ *tr.* perder como castigo
for•fei•ture [:fĭ-cho͝or′] *s.* pérdida (de título, derecho); [security] prenda perdida
for•gave [fər-gāv′] ▻ **forgive**
forge[1] [fôrj] ◇ *s.* [smithy] forja, fragua ◇ *tr.* fraguar, forjar; [to counterfeit] falsificar
forge[2] *intr.* avanzar ▪ **to** ~ **ahead** seguir adelante
forg•er [fôr′jər] *s.* falsificador *m*
for•ger•y [:jə-rē] *s.* falsificación *f*
for•get [fər-get′] *tr.* & *intr.* (**-got, -got(ten), -tting**) olvidar, olvidarse de ▪ **to** ~ **oneself** propasarse, extralimitarse; **to** ~ **to** olvidarse de
for•get•ful [:fəl] *adj.* olvidadizo, desmemoriado; [negligent] descuidado
for•get-me-not [:mē-nŏt′] *s.* nomeolvides *f*
for•give [fər-gĭv′] *tr.* & *intr.* (**-gave, -given**) perdonar
for•give•ness [:nĭs] *s.* perdón *m*
for•giv•ing [:ĭng] *adj.* clemente, indulgente
for•go [fôr-gō′] *tr.* (**-went, -gone**) renunciar, prescindir de

for•got(•ten) [fər-gŏt′] ▻ **forget**
fork [fôrk] <> *s.* tenedor *m;* AGR horca; [of a road] bifurcación *f;* [of a tree] horqueta; [in a river] horcajo ■ ~ **lift** montacargas <> *tr.* levantar con la horca ■ **to** ~ **over** *fam* aflojar, desembolsar; (*intr.*) bifurcarse
forked [fôrkt] *adj.* [fork-shaped] ahorquillado; [tail] hendido
for•lorn [fər-lôrn′, fôr-] *adj.* [sad] acongojado; [deserted] abandonado, desolado; [hopeless] sin esperanzas
form [fôrm] <> *s.* forma; [figure] figura; [type] clase *f,* tipo; [convention] convencionalismo; [manners] conducta, modales *m;* [formality] formalidad *f;* [document] formulario; EDUC [grade] año, grado ■ **that's bad** ~ eso no se hace; **for** ~**'s sake** por pura fórmula; ~ **letter** circular <> *tr.* formar; [to model] moldear, modelar; [to develop] desarrollar; [to conceive] idear, concebir; [a habit] contraer, adquirir; (*intr.*) formarse, tomar forma
for•mal [fôr′məl] <> *adj.* formal; [according to conventions] convencional; [official] oficial; [done in proper form] en debida forma; [correct] muy correcto; [ceremonious] ceremonioso; [dinner, dress] de etiqueta; [for the sake of form] de cumplido <> *s.* ceremonia de etiqueta; [attire] traje *m* de etiqueta
for•mal•de•hyde [fôr-măl′də-hīd′] *s.* formaldehído
for•mal•i•ty [fôr-măl′ĭ-tē] <> *s.* ceremonia; [requirement] formalidad *f,* trámite *m;* [custom] fórmula ■ **as a mere** ~ para OR por cumplir <> *pl.* ceremonias, cumplidos
for•mal•ize [fôr′mə-līz′] *tr.* formalizar
for•mal•ly [:lē] *adv.* formalmente; [officially] oficialmente; [ceremoniously] protocolariamente, ceremoniosamente
for•mat [fôr′măt′] <> *s.* [plan] concepción *f,* plan *m;* [layout] formato <> *tr.* COMPUT formatear
for•ma•tion [fôr-mā′shən] *s.* formación *f*
for•mer [fôr′mər] *adj.* [earlier] antiguo, pasado; [of two] primero, anterior; [no longer] antiguo, ex ■ **the** ~ el primero, aquél
for•mer•ly [:lē] *adv.* anteriormente, antes
for•mi•da•ble [fôr′mĭ-də-bəl] *adj.* formidable; [awesome] tremendo, impresionante
form•less [fôrm′lĭs] *adj.* informe, sin forma
for•mu•la [fôr′myə-lə] *s.* (*pl* **s** OR **-lae**) fórmula; [baby food] mezcla nutritiva preparada para bebés
for•mu•late [:lāt′] *tr.* formular
for•ni•cate [fôr′nĭ-kāt′] *intr.* fornicar
for•sake [fər-sāk′] *tr.* (**-sook, -saken**) [to give up] dejar, renunciar a; [to abandon] abandonar
for•swear [fôr-swâr′] *tr.* (**-swore, -sworn**) abjurar de ■ **to** ~ **oneself** perjurar, jurar en falso
fort [fôrt] *s.* fuerte *m;* [base] base *f* militar ■ **to hold down the** ~ *fam* permanecer en el puesto
for•te [fôrt, fôr′tā′] *s.* (punto) fuerte *m*
forth [fôrth] *adv.* en adelante ■ **and so** ~ y cosas así; **to come** ~ aparecer, adelantarse; **to go** ~ ir(se); **to put** ~ [leaves] echar; [argument] adelantar
forth•com•ing [-kŭm′ĭng] *adj.* [upcoming] próximo, venidero; [available] disponible
forth•right [′rīt′] *adj.* directo, franco
for•ti•eth [fôr′te-ĭth] <> *s.* [place] cuarenta *m;* [part] cuadragésimo <> *adj.* [place] cuadragésimo; [part] cuarentavo
for•ti•fy [fôr′tə-fī′] *tr.* fortificar; [to invigorate] fortalecer; [food] enriquecer; [wine] encabezar
for•ti•fy•ing [:ĭng] *adj.* fortificante
for•ti•tude [fôr′tĭ-to͞od′] *s.* fortaleza
fort•night [fôrt′nīt′] *s.* quincena, quince días *m*
fort•night•ly [:lē] <> *adj.* & *s.* (publicación *f*) quincenal <> *adv.* quincenalmente
for•tress [fôr′trĭs] *s.* fortaleza
for•tu•i•tous [fôr-to͞o′ĭ-təs] *adj.* fortuito
for•tu•nate [fôr′chə-nĭt] *adj.* afortunado ■ **to be** ~ [person] tener suerte; [event] ser una suerte
for•tu•nate•ly [:lē] *adv.* afortunadamente
for•tune [fôr′chən] *s.* fortuna; [good luck] suerte *f* ■ **to make a** ~ hacerse rico
for•tune tell•er [:tel′ər] *s.* adivino
for•tune tell•ing [:ĭng] *s.* adivinación *f*
for•ty [fôr′tē] *adj.* & *s.* cuarenta *m*
fo•rum [fôr′əm] *s.* (*pl* **s** OR **-ra**) foro
for•ward [fôr′wərd] <> *adj.* [frontal] delantero; [bold] descarado; [progressive] avanzado; [precocious] adelantado ■ ~ **slash** barra inclinada <> *adv.* hacia adelante ■ **looking** ~ **to seeing you** a la espera de volverle a ver; **to bring** ~ [topic] presentar, ofrecer; TEN llevar (saldo); **to come** ~ presentarse, ofrecerse; **to look** ~ **to** anticipar <> *s.* DEP delantero <> *tr.* [mail] enviar, reexpedir; [to help advance] promover, fomentar
for•ward•er [:wər-dər] *s.* agente *m* expedidor
for•ward•ing [:dĭng] *s.* envío, expedición *f*
for•wards [fôr′wərdz] *adv.* (hacia) adelante
fos•sil [fŏs′əl] *s.* & *adj.* fósil *m*
fos•ter [fô′stər] <> *tr.* [to bring up] criar; [to promote] fomentar, promover; [hope] abrigar <> *adj.* adoptivo
fought [fôt] ▻ **fight**
foul [foul] <> *adj.* [revolting] asqueroso; [rotten] podrido; [dirty] sucio; [polluted] contaminado, viciado; [obscene] obsceno, grosero; *fam* [horrible] atroz ■ ~ **play** maniobra OR juego sucio; **to fall** ~ **of** ponerse a malas con <> *s.* DEP falta <> *adv.* sucio, contra las reglas <> *tr.* ensuciar; [to obstruct] obstruir, atascar; [to entangle] enredarse en OR con; DEP cometer una falta contra ■ **to** ~ **up** *fam* chapucear; (*intr.*) DEP cometer una falta; [to tangle] enredarse ■ **to** ~ **up** *fam* hacer una chapucea-da
foul-mouthed [′mouthd′] *adj.* malhablado
foul-up [:ŭp′] *s. fam* maraña, confusión *f;* MEC falla mecánica
found¹ [found] *tr.* [to establish] fundar; [building, theory] fundamentar
found² *tr.* METAL fundir
found³ ▻ **find**
foun•da•tion [foun-dā′shən] *s.* fundación *f;* [basis] fundamento; [for cosmetics] base *f;* CONSTR cimientos ■ ~ **stone** primera piedra; **to lay the foundations** sentar las bases
foun•der¹ [foun′dər] *intr.* [to break down] fracasar, venirse abajo; VET despearse; [to sink] hundir
found•er² *s.* fundador *m*
found•ling [found′lĭng] *s.* expósito
foun•dry [foun′drē] *s.* fundición *f*
fount [fount] *s.* fuente *f*
foun•tain [foun′tən] *s.* fuente *f;* [for drinking] surtidor *m* ■ ~ **pen** estilográfica
four [fôr] *s.* & *adj.* cuatro ■ ~ **hundred** cuatrócientos; ~ **o'clock** las cuatro
four-foot•ed [:′fo͝ot′ĭd] *adj.* cuadrúpedo
four-let•ter word [:let′ər] *s.* palabrota

four•square [:skwâr′] *adj.* [firm] inequívoco; [forthright] franco, sincero
four•teen [fôr-tēn′] *s.* & *adj.* catorce *m*
four•teenth [:tēnth′] *s.* & *adj.* [place] decimocuarto; [part] catorzavo
fourth [fôrth] *adj.* & *s.* cuarto
fourth-class [′klăs′] *adj.* & *adv.* (por correo) abierto
fowl [foul] ◇ *s.* (*pl* **inv.** OR **s**) aves *f* (en general); [domesticated] ave de corral; [meat] carne *f* de ave ◇ *intr.* cazar aves
fox [fŏks] ◇ *s.* zorro ◇ *tr.* engañar
fox•hole [′hōl′] *s.* pozo de tirador
fox•hound [:hound′] *s.* perro raposero
fox•y [fŏk′sē] *adj.* (**-i-**) taimado, astuto
foy•er [foi′ər, foi′ā′] *s.* salón *m* de entrada
fra•cas [frā′kəs] *s.* riña, reyerta
frac•tion [frăk′shən] *s.* MAT fracción *f*, quebrado; [bit] porción minúscula, pizca
frac•tion•al [:shə-nəl] *adj.* fraccionario, fraccionado; [tiny] minúsculo
frac•tious [frăk′shəs] *adj.* indócil, rebelde
frac•ture [frăk′chər] ◇ *s.* fractura ◇ *tr.* & *intr.* fracturar(se)
frag•ile [frăj′əl, :īl′] *adj.* frágil
frag•ment [frăg′mənt] ◇ *s.* fragmento ◇ *tr.* & *intr.* [′ment′] fragmentar
frag•men•tar•y [′mən-ter′ē] *adj.* fragmentario
fra•grance [frā′grəns] *s.* fragancia, perfume *m*
fra•grant [:grənt] *adj.* fragante
frail [frāl] *adj.* [fragile] frágil; [weak] débil
frail•ty [:tē] *s.* fragilidad *f*; [moral] flaqueza
frame [frām] ◇ *s.* [structure] armadura, armazón *f*; [border] cerco, marco; [body] estructura corporal; CINEM fotograma *m*; *jer* [frame-up] conspiración *f*; AUTO chasis *m*; [bicycle] cuadro; [glasses] montura; COMPUT marco ■ ~ **of mind** estado de ánimo, disposición *f* ◇ *tr.* construir, armar; [to formulate] formular; [picture] enmarcar, encuadrar; *jer* [to incriminate] acriminar falsamente ◇ *adj.* de tablas, de madera
frame-up [′ŭp′] *s.* *jer* estratagema *m*, maquinación *f* para incriminar a alguien
frame•work [:wûrk′] *s.* estructura; [system] sistema *m*; CONSTR armazón *f*, esqueleto
franc [frăngk] *s.* FIN franco
fran•chise [frăn′chīz′] *s.* derecho de voto; COM franquicia
frank[1] [frăngk] ◇ *adj.* franco, sincero ◇ *tr.* franquear ◇ *s.* franquicia postal
frank[2] *s.* *fam* [hot dog] perro caliente
frank•furt•er [′fər-tər] *s.* salchicha, perro caliente
frank•in•cense [frăng′kĭn-sens′] *s.* incienso
frank•ness [frăngk′nĭs] *s.* franqueza
fran•tic [frăn′tĭk] *adj.* desesperado; [pace] frenético
fra•ter•nal [frə-tûr′nəl] *adj.* fraternal, fraterno ■ ~ **twins** mellizos
fra•ter•ni•ty [:nĭ-tē] *s.* (con)fraternidad *f*; [organization] asociación estudiantil masculina
frat•er•nize [frăt′ər-nīz′] *intr.* fraternizar
fraud [frôd] *s.* fraude *m*; [person] impostor *m*
fraud•u•lence [frô′jə-ləns] *s.* fraudulencia
fraught [frôt] *adj.* cargado, lleno
fray[1] [frā] *s.* [brawl] riña, pelea
fray[2] *tr.* & *intr.* desgastar(se), deshilachar(se)
fraz•zle [frăz′əl] ◇ *tr.* desgastar, agotar ◇ *s.* ■ **worn to a** ~ completamente desgastado
freak [frēk] ◇ *s.* cosa extraña OR imprevista; [monstrosity] fenómeno; [whim] capricho; *jer* [drug user] narcómano; [fan] fanático ◇ *tr.* & *intr.* ■ **to** ~ **out** *jer* alucinar; [emotionally] agitar(se), excitar(se)
freak•ish [frē′kĭsh] *adj.* extraño, raro; [abnormal] anormal; [capricious] caprichoso
freak•y [:kē] *adj.* (**-i-**) raro, extraño
freck•le [frek′əl] ◇ *s.* peca ◇ *tr.* motear, salpicar; (*intr.*) cubrirse de pecas
freck•led [:əld] *adj.* pecoso
free [frē] ◇ *adj.* libre; [independent] independiente; [gratis] gratis, gratuito; [not occupied] desocupado; [frank] franco; [liberal] generoso; [untied] suelto ■ **for** ~ gratis; ~ **and clear** libre de trabas OR gravámenes; ~ **enterprise** libre empresa; ~ **from** OR **of** sin; ~ **of charge** gratis; ~ **on board** franco a bordo; ~ **trade** librecambio; **Free Trade Area of the Americas** Área de Libre Comercio de las Américas; ~ **will** libre albedrío; **to be** ~ **to** tener la libertad para, poder; **to break** ~ soltarse, librarse; **to feel** ~ **to** sentirse con la libertad de; **to give/have a** ~ **hand** dar/tener carta blanca; **to set** ~ poner en libertad; [slave] emancipar; [animal] soltar ◇ *adv.* libremente; [gratis] gratis ◇ *tr.* poner en libertad, libertar; [to emancipate] emancipar; [to let loose] soltar; [to rid] liberar, librar; [to untangle] desembarazar; [to exempt] eximir
free•base [′bās′] *intr.* inhalar cocaína que ha sido purificada con éter
free•bie/bee [:bē] *s.* *jer* regalo
free•dom [frē′dəm] *s.* libertad *f*; [exemption] exención *f*; [immunity] inmunidad *f*; [privilege] privilegio; [ease] soltura
free-for-all [:fər-ôl′] *s.* refriega, pelea
free•hand [:hănd′] *adj.* a mano alzada
free•lance [:lăns′] ◇ *intr.* trabajar de freelance ◇ *adj.* autónomo, freelance
free•lan•cer [:lăn′sər], **free•lance** *s.* freelance *mf*, persona que trabaja por cuenta propia
free•load [:lōd′] *intr.* *jer* gorronear
free•load•er [:lō′dər] *s.* *jer* parásito
free•ly [:lē] *adv.* libremente; [generously] liberalmente
free•man [:mən] *s.* (*pl* **-men**) ciudadano
Free•ma•son [:mā′sən] *s.* francmasón *m*
free-range [frē′rānj′] *adj.* de corral ■ ~ **egg** huevo de corral
free-spo•ken [:spō′kən] *adj.* franco
free•style [:stīl′] *s.* estilo libre (de natación)
free•think•er [:thĭng′kər] *s.* librepensador *m*
free•way [:wā′] *s.* autopista
free•will [:wĭl′] *adj.* voluntario
freeze [frēz] ◇ *intr.* (**froze, frozen**) helarse, congelarse; [person] tener frío, helarse; [from fear] quedarse paralizado; COMPUT bloquearse ■ **to** ~ **over** helarse, congelarse; **to** ~ **to death** morirse de frío; (*tr.*) helar; [food, assets] congelar; [to chill] enfriar, refrigerar ■ **to** ~ **out** excluir ◇ *s.* congelación *f*; [cold snap] ola de frío
freeze-dry [′drī′] *tr.* secar por congelación
freez•er [frē′zər] *s.* congelador *m*
freez•ing [:ĭng] ◇ *adj.* glacial ■ **it's** ~ **cold** hace un frío tremendo ◇ *s.* congelación *f*
freight [frāt] ◇ *s.* carga, flete *m* ■ ~ **car/train** vagón/tren de carga ◇ *tr.* [to transport] transportar, fletar; [to load] cargar

freight•er [frā'tər] *s.* carguero, buque *m* de carga

French [french] ▪ ~ **door** puertaventana; ~ **fries** patatas fritas; ~ **horn** corno francés; ~ **window** puertaventana

fre•net•ic [frə-net'ĭk] *adj.* frenético

fren•zied [fren'zēd] *adj.* frenético

fren•zy [fren'zē] *s.* frenesí *m*; [delirium] desvarío; [craze] furor *m*

fre•quen•cy [frē'kwən-sē] *s.* frecuencia

fre•quent [frē'kwənt] ◇ *adj.* frecuente ◇ *tr.* [-kwent'] frecuentar

fre•quent•ly [frē'kwənt-lē] *adv.* frecuentemente ▪ ~ **asked questions** preguntas más frecuentes

fres•co [fres'kō] *s.* (*pl* **(e)s**) fresco

fresh [fresh] ◇ *adj.* fresco; [new, additional] nuevo; [water] dulce; [air] puro; [recent] reciente ▪ ~ **from** recién llegado de; **to be ~ out of** *fam* acabarse de quedar sin ◇ *adv.* recientemente

fresh•en ['ən] *intr.* [weather] refrescar; [wind] soplar más fuerte ▪ **to ~ up** refrescarse, asearse; (*tr.*) refrescar

fresh•en•er [:ə-nər] *s.* ambientador *m*, purificador *m*

fresh•man [:mən] *s.* (*pl* **-men**) estudiante *mf* de primer año; [novice] novato

fresh•ness [:nĭs] *s.* frescura; [novelty] novedad *f*; [purity] pureza

fresh•wa•ter [:wô'tər] *adj.* de agua dulce

fret[1] [fret] *intr.* (**-tt-**) [to worry] preocuparse; [to fuss] quejarse; [to wear away] desgastarse

fret[2] *s.* MÚS traste *m*

fret•ful ['fəl] *adj.* [peevish] irritable, molesto; [worried] inquieto

fret•work [:wûrk'] *s.* calado

Freu•dian [froi'dē-ən] *adj.* & *s.* freudiano

fri•ar [frī'ər] *s.* fraile *m*

fric•tion [frĭk'shən] *s.* fricción *f* ▪ ~ **match** fósforo, cerilla; ~ **tape** cinta aisladora

Fri•day [frī'dē] *s.* viernes *m*

fridge [frĭj] *s. fam* refrigerador *m*, nevera

fried [frīd] *pret. y part. p. de* **fry**[1]

friend [frend] *s.* amigo ▪ **a ~ of mine** un amigo mío; ~ **of the family** un amigo de la casa; **to be (best) friends with** ser (muy) amigo de; **to have friends in high places** tener influencia; **to make friends** ganarse amigos; **to make friends with** trabar amistad con; **to part friends** separarse en buenos términos

friend•less ['lĭs] *adj.* sin amigos

friend•li•ness [:lē-nĭs] *s.* amigabilidad *f*

friend•ly [frend'lē] *adj.* (**-i-**) amable, simpático; [warm] amistoso; [not hostile] amigo; [allied] aliado; [favorable] favorable ▪ ~ **advice** consejo de amigo; ~ **fire** fuego amigo; ~ **to** favorable a; **to be ~ with** ser amigo de; **to become ~ (with)** hacerse amigo (de)

friend•ship [:shĭp'] *s.* amistad *f*

frieze [frēz] *s.* [band] cenefa; ARQ friso

frig•ate [frĭg'ĭt] *s.* fragata

fright [frīt] *s.* miedo, susto; *fam* [mess] esperpento

fright•en ['n] *tr.* & *intr.* asustar(se)

fright•en•ing [:ĭng] *adj.* espantoso

fright•ful [frīt'fəl] *adj.* espantoso, horrible; [terrifying] aterrador; *fam* [awful] tremendo

frig•id [frĭj'ĭd] *adj.* muy frío, helado; [indifferent] frío; MED frígido ▪ ~ **zone** zona glacial

frill [frĭl] ◇ *s.* volante *m*, faralá *m* ◇ *pl. fam* adornos

frill•y ['ē] *adj.* (**-i-**) con volantes OR faralás; [frivolous] con muchos adornos

fringe [frĭnj] *s.* [trim] franja; [flounce] fleco, orla; [border] ribete *m*; POL margen *m*, periferia ▪ ~ **benefits** beneficios suplementarios; **on the ~** OR **fringes of** al margen de

frisk [frĭsk] ◇ *intr.* retozar, juguetear; (*tr.*) *fam* cachear ◇ *s.* cacheo

frisk•y [frĭs'kē] *adj.* (**-i-**) [playful] retozón, juguetón; [horse] fogoso

frit•ter[1] [frĭt'ər] *tr.* ▪ **to ~ away** malgastar

frit•ter[2] *s.* CUL fritura, fritada

friv•o•lous [frĭv'ə-ləs] *adj.* frívolo

frizz [frĭz] ◇ *tr.* & *intr.* rizar(se), encrespar(se) ◇ *s.* rizos, bucles *m*

friz•zy [frĭz'ē] *adj.* (**-i-**) muy rizado, encrespado

fro [frō] *adv.* (hacia) atrás ▪ **to and ~** de aquí para allá

frock [frŏk] *s.* vestido; [smock] guardapolvo; RELIG vestido talar ▪ ~ **coat** levita

frog [frôg] *s.* rana ▪ **to have a ~ in one's throat** tener carraspera

frog•man ['măn'] *s.* (*pl* **-men**) [diver] buceador *m*, buzo; MIL hombre *m* rana

frol•ic [frŏl'ĭk] ◇ *s.* jugueteo ◇ *intr.* (**-ck-**) juguetear, retozar

from [frŭm, frŏm] *prep.* [distance, place] de, desde; [time] de, desde, a partir de; [origin, reason] de, (de) parte de, a causa de, por; [removal] de, a; [according to] por, según; [against] de; [among] entre

frond [frŏnd] *s.* fronda

front [frŭnt] ◇ *s.* frente *m*; [of object] parte delantera; [first part] principio, comienzo; [demeanor] postura, posición *f*; [appearance] apariencia; *fam* [cover] fachada ▪ **from the ~** por delante, de frente; **in ~ of** delante de, frente a, en frente de; **out ~** afuera; **to put on a bold ~** hacer de tripas corazón ◇ *adj.* delantero, frontal ▪ ~ **door** puerta de entrada; ~ **man** testaferro; ~ **money** depósito OR pago inicial; ~ **page** primera plana; ~ **row** primera fila ◇ *tr.* [to face] dar frente a, dar a; [to confront] hacer frente a, afrontar; (*intr.*) ▪ **to ~ on(to)** mirar hacia, dar frente a; **to ~ for** servir de fachada a

front•age [frŭn'tĭj] *s.* anchura de un solar OR terreno; [adjacent land] terreno frontero ▪ **with ~ on** con fachada a

fron•tal [:tl] *adj.* frontal

fron•tier [frŭn-tîr'] ◇ *s.* frontera; *fig* límite *m* ◇ *adj.* fronterizo

fron•tiers•man [:tîrz'mən] *s.* (*pl* **-men**) habitante *m* de la frontera

fron•tis•piece [frŭn'tĭ-spēs'] *s.* frontispicio

front-line [frŭnt'līn'] *adj.* de la vanguardia

front-page [:pāj'] *adj.* de primera plana

front-run•ner [:rŭn'ər] *s.* favorito

front•ward/wards [:wərd[z]] *adj.* & *adv.* al frente, hacia el frente

frost [frôst] ◇ *s.* escarcha; [freezing weather] helada ◇ *tr.* [window] empañar; CUL escarchar; TEC deslustrar; AGR quemar; (*intr.*) ▪ **to ~ over** OR **up** cubrir con escarcha, empañar

frost•bite ['bīt'] ◇ *s.* congelación *f* ◇ *tr.* (**-bit, -bitten**) congelar

frost•ed [frô'stĭd] *adj.* [ground, cake] escarchado; [window] empañado; [glassware] deslustrado; [foods] helado, congelado

frost•ing [:stĭng] *s.* alcorza, escarchado

frost•y [:stē] *adj.* (**-i-**) muy frío, de helada; [welcome] frío, glacial; [hair] canoso, cano

froth [frôth] ◇ *s.* espuma; [saliva] espumarajo; *fig* trivialidades *f* ◇ *intr.* hacer espuma; [at the mouth] espumajear

froth•y [frô′thē] *adj.* (**-i-**) espumoso, de espuma; [frivolous] frívolo, insubstancial

frown [froun] ◇ *s.* ceño fruncido ◇ *intr.* fruncir el ceño ▪ **to ~ at** mirar con el ceño fruncido; **to ~ (up)on** desaprobar

froze [frōz] ▻ **freeze**

fro•zen [frō′zən] ▻ **freeze** ◇ *adj.* helado; [food, assets] congelado; [very cold] frígido; [numb] entumecido; [with fear] paralizado; COMPUT bloqueado

fru•gal [froo′gəl] *adj.* frugal, parco

fruit [froot] ◇ *s.* (*pl* **inv.** OR **s**) fruta; BOT fruto ▪ **to bear ~** dar fruto; *fig* dar resultado ◇ *pl.* resultados ◇ *intr.* dar fruto

fruit•cake [′kāk′] *s.* torta de frutas; *jer* [crazy person] loco

fruit•ful [:fəl] *adj.* fructuoso, fructífero

fru•i•tion [froo-ĭsh′ən] *s.* fruición *f* ▪ **to bring (come) to ~** realizar(se)

fruit•less [froot′lĭs] *adj.* infructuoso

fruit•y [froo′tē] *adj.* (**-i-**) de olor OR sabor de fruta; [joke] picante

frump•y [frŭm′pē] *adj.* (**-i-**) [dowdy] poco elegante; [old-fashioned] anticuado

frus•trate [frŭs′trāt′] *tr.* frustrar

fry[1] [frī] ◇ *tr.* & *intr.* freír(se) ▪ **frying pan** sartén ◇ *s.* fritada ◇ *pl.* patatas OR papas fritas

fry[2] *s. inv.* [young fish] pececillos

fry•er [′ər] *s.* [pan] sartén *f*; [chicken] pollo para freír

fuch•sia [fyoo′shə] *s.* fucsia

fud•dle [fŭd′l] ◇ *tr.* atontar, confundir ◇ *s.* confusión *f* ▪ **to be in a ~** estar atontado

fud•dy-dud•dy [fŭd′ē-dŭd′ē] *s.* carcamal *m*

fudge [fŭj] ◇ *s.* [candy] dulce *m* de leche; [nonsense] tonterías ◇ *tr.* falsificar; (*intr.*) engañar ▪ **to ~ on** dejar de cumplir con

fu•el [fyoo′əl] ◇ *s.* combustible *m* ▪ **~ cell** celda electroquímica; **~ oil** aceite fuel OR combustible; **to add ~ to the fire** echar leña al fuego; **to be ~ for** dar pábulo a ◇ *tr.* [furnace] alimentar; [auto] echar gasolina a; [ship, plane] abastecer de combustible a; *fig* dar pábulo a

fuel-injection en•gine [fyoo′əl-ĭn-jek′shən-en′jĭn] *s.* motor de inyección

fu•gi•tive [fyoo′jĭ-tĭv] *adj.* & *s.* fugitivo

fugue [fyoog] *s.* fuga

ful•fil(l) [fool-fĭl′] *tr.* (**-ll-**) [requirements] llenar; [duty] desempeñar; [contract, promise] cumplir (con); [need] satisfacer; [ambition] realizar

full [fool] ◇ *adj.* lleno; [complete] completo; [detailed] detallado; [maximum] máximo; [crowded] atestado; [hotel, theater] completo; [entire] entero; [total] total; [figure] amplio ▪ **~ house** sala repleta; **~ powers** plenos poderes; **~ sail** vela llena; **~ stop** GRAM punto; **~ swing** en plena actividad; **~ tilt** a todo dar; **in ~ view** a plena vista de; **to be ~** [person] estar satisfecho; [hotel] no tener lugar; **to the fullest extent** al máximo ◇ *adv.* [very] extremadamente, muy; [directly] directamente, de lleno ▪ **in ~ swing** en plena operación ◇ *s.* ▪ **in ~** completamente, detalladamente; **to pay in ~** pagar íntegramente

full-blood•ed [′blŭd′ĭd] *adj.* [purebred] de raza OR casta; [vigorous] robusto

full-blown [:blōn′] *adj.* BOT abierto; *fig* desarrollado, maduro

full-fledged [:flejd′] *adj.* [having full status] cabal; ORNIT de plumaje completo

full-grown [:grōn′] *adj.* crecido, maduro

full-length [:lengkth′] *adj.* [portrait] de cuerpo entero; [of standard length] de tamaño normal; [film] de largo metraje

full•ness [:nĭs] *s.* abundancia, plenitud *f*; [satiety] saciedad *f*, hartura

full-scale [:skāl′] *adj.* [model] de tamaño natural; [all-out] en gran escala, a todo dar

full-size(d) [:sīz[d]′] *adj.* de tamaño natural

full-time [:tīm′] *adj.* de jornada completa

ful•ly [:ē] *adv.* [totally] completamente, enteramente; [at least] por lo menos

fum•ble [fŭm′bəl] *intr.* [to handle] enredarse; [to grope] buscar torpemente ▪ **to ~ for words** buscar las palabras; (*tr.*) [to handle] manejar torpemente; [to bungle] estropear; DEP [to drop] dejar caer ▪ **to ~ one's way** ir a tientas

fum•bling [:blĭng] *adj.* torpe

fume [fyoom] ◇ *s.* humo, tufo ◇ *pl.* gases, humo ◇ *intr.* echar humo, enfurecerse

fu•mi•gate [fyoo′mĭ-gāt′] *tr.* & *intr.* fumigar

fun [fŭn] *s.* diversión *f*, alegría ▪ **for ~** [as a joke] en broma, bromeando; [to have fun] para divertirse; **for the ~ of it** para divertirse; **in ~** en broma, bromeando; **to be ~** ser divertido; **to have ~** divertirse, pasarlo bien; **to make ~ of** reírse OR burlarse de; **to spoil the ~** aguar la fiesta; **what ~!** ¡qué divertido!

func•tion [fŭngk′shən] ◇ *s.* función *f*; [ceremony] acto, ceremonia ▪ **in one's ~ as** en calidad de; **to be a ~ of** estar en relación con ◇ *intr.* funcionar ▪ **to ~ as** servir en la capacidad de

func•tion•al [:shə-nəl] *adj.* funcional

func•tion•ar•y [:ner′ē] *s.* funcionario

fund [fŭnd] ◇ *s.* fondo ◇ *pl.* fondos, dinero disponible ▪ **the ~** GB deuda pública ◇ *tr.* COM suministrar fondos para; [to finance] costear; [a debt] consolidar

fun•da•men•tal [fŭn′də-men′tl] ◇ *adj.* fundamental ◇ *s.* fundamento

fun•da•men•tal•ist [:ĭst] *s.* fundamentalista *mf*

fund•ing [fŭn′dĭng] *s.* financiamiento

fund-rais•ing [fŭnd′rā′zĭng] *adj.* para recaudar fondos, de recaudación de fondos

fu•ner•al [fyoo′nər-əl] *s.* funeral(es) *m*; [procession] cortejo fúnebre ▪ **~ home** funeraria; **~ march** marcha fúnebre; **~ service** misa de cuerpo presente

fu•ne•re•al [fyoo-nîr′ē-əl] *adj.* fúnebre

fun•gus [fŭng′gəs] *s.* (*pl* **es** OR **-gi**) BOT hongo; MED fungo

funk [fŭngk] *s.* *fam* depresión *f* ▪ **to be in a ~** estar desanimado

fun•nel [fŭn′əl] ◇ *s.* [utensil] embudo; [stack] chimenea ◇ *intr.* tomar forma de embudo, encañonarse ▪ **to ~ through** encauzarse, pasar por; (*tr.*) encauzar, dirigir

F

fun•ny [fŭn'ē] <> *adj.* (**-i-**) [amusing] divertido, cómico, gracioso; [odd] raro, extraño; [fishy] sospechoso ▪ ~ **bone** huesito de la alegría; *fam* sentido del humor; ~ **papers** tiras cómicas, muñequitos; **that's not** ~ eso no es ninguna gracia; **to try to be** ~ hacerse el gracioso <> *s. pl.* tiras cómicas
fur [fûr] <> *s.* pelo, pelaje *m;* [pelt] piel *f* ▪ ~ **coat** abrigo de piel(es) <> *tr.* (**-rr-**) cubrir OR forrar con pieles
fu•ri•ous [fyŏŏr'ē-əs] *adj.* furioso; [speed] vertiginoso ▪ **at a** ~ **pace** a toda velocidad
furl [fûrl] *tr.* & *intr.* enrollar(se), plegar(se)
fur•long [fûr'lông'] *s.* estadio
fur•lough [fûr'lō] <> *s.* permiso ▪ **to be on** ~ estar de permiso <> *tr.* dar permiso a
fur•nace [fûr'nĭs] *s.* horno
fur•nish [fûr'nĭsh] *tr.* [room, house] amueblar; [supplies] suministrar; [opportunity] dar; [proof] aducir ▪ **to** ~ **with** proveer de
fur•nish•ings [:nĭ-shĭngz] *s. pl.* mobiliario, moblaje *m*
fur•ni•ture [:chər] *s.* muebles *m,* mobiliario ▪ **a piece of** ~ un mueble; ~ **store** mueblería
fu•ror [fyŏŏr'ôr'] *s.* furor *m;* [commotion] conmoción *f*
fur•ri•er [fûr'ē-ər] *s.* peletero
fur•row [fûr'ō] <> *s.* surco <> *tr.* surcar; [the brow] arrugar
fur•ry [fûr'ē] *adj.* (**-i-**) peludo; [tongue] sarroso
fur•ther [fûr'*th*ər] <> *adj.* (*comp. de* **far**) [more distant] más lejano OR alejado; [additional] otro, más; [renewed] nuevo <> *adv.* (*comp. de* **far**) [extent, degree] más; [distance] más lejos, más allá ▪ ~ **back** [space] más atrás; [time] antes; ~ **on** más adelante <> *tr.* promover, fomentar
fur•ther•more [:môr'] *adv.* además
fur•thest [fûr'*th*ĭst] (*superl. de* **far**) <> *adj.* [more distant] más lejano; [remotest] más remoto <> *adv.* [extent, degree] al extremo; [distance] más lejos
fur•tive [fûr'tĭv] *adj.* furtivo
fu•ry [fyŏŏr'ē] *s.* furia ▪ **to be in a** ~ estar furioso
fuse[1] [fyōōz] *s.* [wick] mecha; ARM espoleta
fuse[2] <> *tr.* & *intr.* fundir(se) <> *s.* ELEC fusible *m,* plomo ▪ ~ **box** caja de fusibles OR plomos; **to blow a** ~ ELEC fundir(se) un plomo; *fig* enfurecerse
fu•se•lage [fyōō'sə-läzh'] *s.* fuselaje *m*
fu•sil•lade [fyōō'sə-läd'] *s.* fusilería
fu•sion [fyōō'zhən] *s.* fusión *f*
fuss [fŭs] <> *s.* [commotion] alboroto, bulla; [concern] aspavientos; [formalities] cumplidos; [quarrel] lío ▪ **it's not worth the** ~ no vale la pena; **to kick up** OR **to make a** ~ armar un lío; **to make a** ~ **over** [to worry] preocuparse por; [to pamper] mimar <> *intr.* inquietarse (**over** por); [to whimper] lloriquear; [to object] quejarse ▪ **to** ~ **about** OR **around** andar de acá para allá; **to** ~ **with** jugar con, toquetear
fuss•i•ness [:ē-nĭs] *s.* carácter quisquilloso OR melindroso; [meticulousness] escrupulosidad *f*
fuss•y [fŭs'ē] *adj.* (**-i-**) [fastidious] quisquilloso, melindroso; [meticulous] concienzudo; [touchy] susceptible, irritable; [baby] llorícón
fu•tile [fyōōt'l, fyōō'tīl'] *adj.* inútil, vano
fu•til•i•ty [fyōō-tĭl'ĭ-tē] *s.* inutilidad *f*
fu•ture [fyōō'chər] <> *s.* futuro, porvenir *m* ▪ **in the** ~ en el futuro; **in the near** ~ en un futuro próximo <> *pl.* FIN futuros <> *adj.* futuro, venidero
fu•tur•ist•ic ['chə-rĭs'tĭk] *adj.* futurista
fuzz[1] [fŭz] *s.* pelusa
fuzz[2] *s. jer* policía, poli *f*
fuzz•y ['ē] *adj.* (**-i-**) velloso, velludo; [indistinct] borroso; [confused] confuso ▪ ~ **logic** lógica difusa

G

g, G [jē] *s.* séptima letra del alfabeto inglés; MÚS sol *m;* FÍS G, signo de la gravedad
gab [găb] *fam* <> *intr.* (**-bb-**) parlotear, picotear <> *s.* parloteo, palique *m* ▪ **to have the gift of the** ~ tener mucha labia
gab•ar•dine [găb'ər-dēn'] *s.* gabardina
gab•ble [găb'əl] <> *intr.* [to babble] cotorrear; [geese] graznar <> *s.* [of geese] graznidos
gab•by [găb'ē] *adj.* (**-i-**) *fam* locuaz, hablador
ga•ble [gā'bəl] *s.* aguilón *m*
gad•fly [găd'flī'] *s.* tábano
gadg•et [găj'ĭt] *s. fam* artilugio, dispositivo
gadg•et•ry [:ĭ-trē] *s.* artilugios, dispositivos
gaffe [găf] *s.* metida de pata
gag [găg] <> *s.* mordaza; *fam* [joke] chiste *m* <> *tr.* (**-gg-**) amordazar; [to choke] provocar arcadas; [to nauseate] dar náuseas a; (*intr.*) tener arcadas
ga•ga [gä'gä] *adj. jer* chocho, chiflado
gag•gle [găg'əl] *s.* manada (de gansos)
gai•e•ty [gā'ĭ-tē] *s.* regocijo, alegría
gain [gān] <> *tr.* ganar; [to acquire] adquirir; [respect, confidence] granjearse; [strength, momentum] cobrar; [clock] adelantarse; [to advance] avanzar; (*intr.*) [to become greater] aumentar; [to become better] mejorar; [in value] subir (valor) ▪ **to** ~ **on** ganar terreno a, acercarse a <> *s.* [profit] ganancia, beneficio; [increase] aumento <> *pl.* [profits] ganancias; [acquisitions] adquisiciones
gain•ful ['fəl] *adj.* remunerado
gain•say [gān-sā'] *tr.* (**-said**) negar
gait [gāt] *s.* paso, manera de caminar
gal [găl] *s. fam* muchacha, chica
ga•la [gā'lə, găl'ə] *adj.* & *s.* (de) gala, (de) fiesta
ga•lax•y [găl'ək-sē] *s.* galaxia; *fig* [assemblage] constelación *f*
gale [gāl] *s.* [wind] vendaval *m,* ventarrón *m;* [of laughter] explosión *f*
gall[1] [gôl] *s.* FISIOL hiel *f; fig* [bitterness] rencor *m;* [impudence] descaro
gall[2] <> *s.* [sore] matadura, rozadura <> *tr.* [to chafe] rozar; [to exasperate] molestar, irritar
gal•lant [găl'ənt] <> *adj.* [courageous] gallardo; [dashing] galano; [chivalrous] galante; [flirtatious] galanteador <> *s.* galán *m*
gall•blad•der [gôl'blăd'ər] *s.* vesícula biliar
gal•ler•y [găl'ə-rē] *s.* galería ▪ **to play to the** ~ actuar para la galería
gal•ley [găl'ē] *s.* [ship] galera; [kitchen] cocina; IMPR [proof] galerada
gall•ing [gô'lĭng] *adj.* irritante, exasperante
gal•li•vant [găl'ə-vănt'] *intr.* callejear

gal•lon [găl′ən] *s.* galón *m*
gal•lop [găl′əp] <> *s.* galope *m* ■ **at a ~** al galope; **at full ~** a galope tendido <> *tr.* hacer galopar ■ **to ~ through** hacer de prisa; (*intr.*) galopar
gal•lows [găl′ōz] *s.* (*pl* **inv.** OR **es**) horca ■ **~ humor** humor negro
gall•stone [gôl′stōn′] *s.* cálculo biliar
ga•lore [gə-lôr′] *adj. fam* en cantidad, a granel
ga•losh [gə-lŏsh′] *s.* chanclo
gal•va•nize [′və-nīz′] *tr.* galvanizar
gam•bit [găm′bĭt] *s.* [chess move] gambito; [strategy] estratagema, maniobra
gam•ble [găm′bəl] <> *intr.* [to bet] jugar; [to risk] arriesgarse ■ **to ~ on** contar con que; (*tr.*) [to bet] jugar, apostar; [to risk] arriesgar ■ **to ~ away** perder en el juego <> *s.* [bet] jugada; [risk] riesgo, empresa arriesgada
gam•bler [:blər] *s.* jugador *m*
gam•bling [:blĭng] *s.* juego
gam•bol [găm′bəl] <> *intr.* brincar, cabriolar <> *s.* brinco, cabriola
game[1] [gām] <> *s.* juego; [of checkers, etc.] partida; [of baseball, etc.] partido; [wild animals] caza; [quarry] presa ■ **big ~** caza mayor; **board ~** juego de mesa; **games console** consola de juegos; **~ show** concurso televisivo; **the ~ is up!** ¡se acabó la jugada!; **to be on to someone's ~** conocer el juego a alguien; **to play games** *fig* jugar, andar con trucos <> *adj.* [plucky] valeroso; *fam* [willing] listo
game[2] *adj.* cojo, lisiado
game•cock [′kŏk′] *s.* gallo de pelea
game•keep•er [:kē′pər] *s.* guardabosque *mf*
games•man•ship [gāmz′mən-shĭp′] *s.* maestría en juegos
gam•ut [găm′ət] *s.* gama ■ **to run the ~** abarcarlo todo
gam•y [gā′mē] *adj.* (**-i-**) salvajino
gan•der [găn′dər] *s.* ganso ■ **to take a ~ at** *jer* echar una ojeada a
gang [găng] <> *s.* pandilla; [laborers] cuadrilla; [tools] juego <> *intr.* ■ **to ~ up** formar una pandilla; **to ~ up on** atacar en grupo
gang•bust•er [′bŭs′tər] *s. jer* funcionario que combate el crimen organizado ■ **like gangbusters** *fam* a todo trapo
gan•gling [găng′glĭng] *adj.* larguirucho
gan•gly [:glē] *adj.* (**-i-**) larguirucho
gang•plank [găng′plăngk′] *s.* plancha
gan•grene [găng′grēn′] *s.* gangrena
gan•gre•nous [:grə-nəs] *adj.* gangrenoso
gang•ster [găng′stər] *s.* gángster *m*, bandido
gang•way [găng′wā′] *s.* [passageway] pasillo; [gangplank] plancha ■ **~!** ¡paso!
gaol [jāl] GB = **jail**
gap [găp] <> *s.* hueco; [crack] hendedura; GEOG [pass] desfiladero; [blank] espacio; [of time] intervalo; [disparity] diferencia, discrepancia; [void] vacío; ELEC separación *f* ■ **to bridge the ~** salvar las diferencias; **to fill a ~** compensar una deficiencia <> *intr.* (**-pp-**) abrirse, estar abierto
gape [gāp] <> *intr.* [to yawn] bostezar; [to stare] quedarse boquiabierto; [chasm, hole] abrirse ■ **to ~ at** mirar boquiabierto <> *s.* [yawn] bostezo; [stare] mirada atónita; [hole] brecha
gap•ing [gā′pĭng] *adj.* [mouth] muy abierto; [hole] enorme
ga•rage [gə-räzh′, -räj′] *s.* garaje *m*
garb [gärb] <> *s.* vestidura <> *tr.* vestir
gar•bage [gär′bĭj] *s.* basura; *fig* porquerías ■ **~ disposal unit** triturador de basura
gar•ble [gär′bəl] *tr.* [message] desvirtuar; [words] mezclar
gar•den [gär′dn] <> *s.* jardín *m*; [for vegetables] huerto, huerta <> *intr.* trabajar en el jardín, cultivar el huerto <> *adj.* de jardín, del huerto ■ **~ apartments** edificios de apartamentos con jardines
gar•den•er [gärd′nər] *s.* jardinero; [of vegetables] hortelano
gar•de•nia [gär-dēn′yə] *s.* gardenia
gar•den•ing [gärd′nĭng] *s.* jardinería; [of vegetables] horticultura
gar•gan•tu•an [gär-găn′chōō-ən] *adj.* enorme
gar•gle [gär′gəl] <> *intr.* gargarizar, hacer gárgaras <> *s.* gárgaras; [medication] gargarismo
gar•goyle [gär′goil′] *s.* gárgola
gar•ish [gâr′ĭsh] *adj.* chillón, charro
gar•land [gär′lənd] <> *s.* guirnalda <> *tr.* enguirnaldar
gar•lic [gär′lĭk] *s.* ajo
gar•ment [gär′mənt] *s.* prenda de vestir, vestido
gar•ner [gär′nər] *tr.* [to store] almacenar, acopiar; [to accumulate] acumular
gar•net [gär′nĭt] *s.* granate *m*
gar•nish [gär′nĭsh] <> *tr.* [to embellish] adornar; CUL guarnecer, aderezar; DER embargar <> *s.* ornamento; CUL guarnición *f*
gar•ret [găr′ĭt] *s.* buhardilla, desván *m*
gar•ri•son [găr′ĭ-sən] <> *s.* guarnición *f* <> *tr.* [troops] poner en guarnición; [post] guarnecer
gar•rot(t)e [gə-rŏt′] <> *s.* garrote *m* <> *tr.* agarrotar
gar•ru•lous [găr′ə-ləs] *adj.* gárrulo, locuaz
gar•ter [gär′tər] *s.* liga ■ **Order of the Garter** Orden de la Jarretera
gas [găs] <> *s.* (*pl* **-(s)es**) gas *m*; [gasoline] gasolina; [asphyxiant] gas asfixiante; [anesthetic] gas anestésico; *jer* [idle talk] cháchara ■ **~ mask** máscara antigás; **~ station** gasolinera; **to be a ~** *jer* ser divertidísimo; **to step on the ~** pisar el acelerador <> *tr.* (**-ss-**) asfixiar con gas; (*intr.*) *jer* chacharear ■ **to ~ up** *fam* llenar el tanque (con gasolina)
gas•e•ous [găs′ē-əs, găsh′əs] *adj.* gaseoso
gash [găsh] <> *tr.* cortar <> *s.* corte (profundo)
gas•ket [găs′kĭt] *s.* junta
gas•light [găs′līt′] *s.* luz *f* OR lámpara de gas
gas•o•line/lene [găs′ə-lēn′] *s.* gasolina, nafta
gasp [găsp] <> *intr.* [in surprise] quedar boquiabierto; [to pant] jadear ■ **to ~ for air** hacer esfuerzos para respirar <> *s.* jadeo
gas•sy [găs′ē] *adj.* (**-i-**) gaseoso
gas•tric [găs′trĭk] *adj.* gástrico
gas•tro•nom•ic [′trə-nŏm′ĭk] *adj.* gastronómico
gas•tron•o•my [gă-strŏn′ə-mē] *s.* gastronomía
gas•works [găs′wûrks′] *s. pl.* fábrica de gas
gate [gāt] *s.* puerta; [of iron] verja; *fig* [pathway] camino; MEC válvula; TEAT [attendance] taquilla ■ **to get the ~** *jer* ser puesto de patitas en la calle
gate•crash•er [′krăsh′ər] *s. jer* colado, persona que entra sin pagar
gate•keep•er [:kē′pər] *s.* portero
gate•way [:wā′] *s.* [opening] pórtico; [access] puerta, entrada; *fig* [pathway] camino; COMPUT pasarela
gath•er [găth′ər] <> *tr.* reunir, juntar; [to congregate]

G

congregar; [to infer] deducir; [flowers] coger; [crops, thoughts] recoger; [to amass] acumular; [speed] ganar; [strength] cobrar; COST fruncir ■ **to ~ from** deducir de; **to ~ together** reunir, juntar; **to ~ up** recoger; (*intr.*) reunirse, congregarse; [to accumulate] acumularse, amontonarse; [to build up] aumentar ■ **~ round!** ¡acérquense!; **to ~ together** reunirse, juntarse ◇ *s.* frunce *m*, pliegue *m*

gath•er•ing [:ĭng] *s.* [collection] recolección *f*; [assembly] asamblea, reunión *f*

gauche [gōsh] *adj.* torpe, sin tacto

gaud•y [gô′dē] *adj.* (-i-) llamativo, chillón

gauge [gāj] ◇ *s.* [measurement] medida; [size] tamaño, extensión *f*; TEC calibrador *m*; *fig* muestra (de carácter, habilidad); FC entrevía; ARM calibre *m* ◇ *tr.* [to measure] medir; [to evaluate] estimar, evaluar; [to determine] determinar

gaunt [gônt] *adj.* macilento, demacrado

gaunt•let[1] [gônt′lĭt] *s.* [glove] guante *m* de manopla ■ **to throw down/take up the ~** arrojar/recoger el guante

gaunt•let[2] *s.* [punishment] baqueta ■ **to run the ~ of** exponerse a

gauze [gôz] *s.* gasa

gave [gāv] ▷ **give**

gav•el [găv′əl] *s.* martillo

gawk [gôk] *intr. fam* papar moscas

gawk•y [gô′kē] *adj.* (-i-) torpe, desgarbado

gay [gā] ◇ *adj.* alegre; [bright] vistoso; *jer* gay ◇ *s. jer* gay *mf*

gaze [gāz] ◇ *intr.* ■ **to ~ at** mirar con fijeza, contemplar ◇ *s.* mirada fija

ga•ze•bo [gə-zē′bō] *s.* (*pl* **(e)s**) pérgola

ga•zelle [gə-zel′] *s.* gacela

ga•zette [gə-zet′] *s.* gaceta

gaz•et•teer [găz′ĭ-tîr′] *s.* diccionario geográfico

gear [gîr] ◇ *s.* MEC rueda dentada, engranaje *m*; AUTO velocidad *f*, marcha; [assembly] tren *m*; [equipment] equipo, aparejos; *fam* [belongings] cosas ■ **in ~** engranado; **to change** OR **shift gears** AUTO cambiar de velocidad; *fig* cambiar de objetivo; **to put into ~** engranar ◇ *tr.* MEC engranar ■ **to ~ to** ajustar OR adaptar a; **to ~ (oneself) up** prepararse

gear•box [′bŏks′] *s.* caja de cambios

gear•ing [:ĭng] *s.* engranaje *m*; FIN apalancamiento

gear•shift [:shĭft′] *s.* palanca de cambios

gear•wheel [:hwēl′] *s.* rueda dentada

gee [jē] *interj. fam* ¡caramba!

geese [gēs] ▷ **goose**

gee•zer [gē′zər] *s. jer* viejo excéntrico, tío

Gei•ger counter [gī′gər] *s.* contador *m* Geiger

gel [jel] *s.* gel *m*

gel•a•tin(e) [jel′ə-tn] *s.* gelatina

ge•lat•i•nous [jə-lăt′n-əs] *adj.* gelatinoso

geld•ing [gel′dĭng] *s.* caballo castrado

gem [jem] *s.* piedra preciosa, gema; *fig* tesoro, joya

gem•stone [′stōn′] *s.* piedra preciosa

gen•der [jen′dər] *s.* GRAM género; [sex] sexo

gene [jēn] *s.* gene *m* ■ **~ bank** genoteca; **~ therapy** terapia génica

ge•ne•al•o•gy [jē′nē-ăl′ə-jē] *s.* genealogía

gen•er•al [jen′ər-əl] ◇ *adj.* general ■ **~ delivery** lista de correos; **~ practitioner** médico general; **~ store** almacén; **in ~** por lo general ◇ *s.* general *m*

gen•er•al-in•ter•est chan•nel [jen′ər-əl-ĭn′trĭst] *s.* TELEV canal generalista

gen•er•al•i•za•tion [jen′ər-ə-lĭ-zā′shən] *s.* generalización *f*

gen•er•al•ize [′-līz′] *tr.* generalizar; (*intr.*) hacer generalizaciones

gen•er•al-pur•pose [jen′ər-əl-pûr′pəs] *adj.* de uso general

gen•er•ate [jen′ə-rāt′] *tr.* generar; *fig* [to produce] producir, engendrar

gen•er•a•tion [′-rā′shən] *s.* generación *f* ■ **the younger ~** los jóvenes

gen•er•a•tor [′-′tər] *s.* generador *m*

ge•ner•ic [jə-ner′ĭk] *adj.* genérico ■ **~ drug** genérico, medicamento genérico

gen•er•os•i•ty [jen′ə-rŏs′ĭ-tē] *s.* generosidad *f*

gen•er•ous [′ər-əs] *adj.* generoso

gen•e•sis [jen′ĭ-sĭs] *s.* (*pl* **-ses**) génesis *f*

ge•ne•tic [jə-net′ĭk] *adj.* genético ■ **genetics** (*s.sg.*) genética

ge•net•i•cal•ly [jə-net′ĭ-kə-lē] *adv.* genéticamente ■ **~ modified** modificado genéticamente; **~ modified foods** alimentos transgénicos; **~ modified organism** organismo modificado genéticamente

gen•ial [jēn′yəl] *adj.* [friendly] afable, simpático; [benign] benigno, suave

ge•nie [jē′nē] *s.* genio

gen•i•tal [jen′ĭ-tl] ◇ *adj.* genital ◇ *s. pl.* órganos genitales

gen•i•ta•li•a [′-tā′lē-ə] *s. pl.* órganos genitales

gen•ius [jēn′yəs] *s.* (*pl* **es**) genio

gen•o•cide [jen′ə-sīd′] *s.* genocidio

ge•nome [je′nōm, jə-nōm′] *s.* genoma

gen•re [zhän′rə] *s.* género, clase *f*

gent [jent] *s. fam* señor *m*, individuo

gen•teel [jen-tēl′] *adj.* [refined] fino, cortés; [stylish] gallardo, elegante

gen•tile [jen′tīl′] *s.* gentil *m*, pagano ■ **Gentile** persona no judía

gen•tle [jen′tl] *adj.* (**-er, -est**) [kind] bondadoso, amable; [tender] dulce; [mild] suave; [tame] manso, dócil ■ **of ~ birth** bien nacido

gen•tle•man [:mən] ◇ *s.* (*pl* **-men**) caballero, señor *m* ■ **~'s agreement** pacto de honor ◇ *pl.* [in letters] muy señores míos OR nuestros; [form of address] caballeros, señores

gen•tle•ness [:nĭs] *s.* bondad *f*; [mildness] suavidad *f*; [tameness] mansedumbre *f*

gen•tle•wom•an [:wŏŏm′ən] *s.* (*pl* **-women**) dama, señora; [attendant] dama de compañía

gen•try [jen′trē] *s.* personas bien nacidas; GB [upper classes] alta burguesía

gen•u•flec•tion [′-flek′shən] *s.* genuflexión *f*

gen•u•ine [jen′yōō-ĭn] *adj.* [real] verdadero; [authentic] genuino; [sincere] sincero

ge•nus [jē′nəs] *s.* (*pl* **-nera**) género

ge•o•en•vi•ron•men•tal [jē′ō-en-vī′rən-men′tl] *adj.* geoambiental

ge•o•graph•ic/i•cal [jē′ə-grăf′ĭk] *adj.* geográfico

ge•og•ra•phy [jē-ŏg′rə-fē] *s.* geografía

ge•o•log•ic/i•cal [jē′ə-lŏj′ĭk] *adj.* geológico

ge•ol•o•gist [jē-ŏl′ə-jĭst] *s.* geólogo

ge•ol•o•gy [:jē] *s.* geología

ge•o•met•ric/ri•cal [jē′ə-met′rĭk] *adj.* geométrico

ge•om•e•try [jē-ŏm′ĭ-trē] *s.* geometría
ge•o•phys•i•cist [jē′ō-fĭz′ĭ-sĭst] *s.* geofísico
ge•o•phys•ics [:fĭz′ĭks] *s.sg.* geofísica
ge•o•po•lit•i•cal [:pə-lĭt′ĭ-kəl] *adj.* geopolítico
ge•o•ther•mal [:thûr′məl] *adj.* geotérmico
ge•ra•ni•um [jə-rā′nē-əm] *s.* geranio
ger•i•at•ric [jer′ē-ăt′rĭk] *adj.* & *s.* (paciente *mf*) geriátrico ▪ **geriatrics** (*s.sg.*) geriatría
germ [jûrm] *s.* BIOL *fig* germen *m*; MED [microbe] microbio; [bacillus] bacilo
Ger•man [jûr′mən] ▪ ~ **measles** rubéola; ~ **shepherd** pastor alemán
ger•mane [jər-mān′] *adj.* pertinente
ger•mi•nate [:nāt′] *tr.* & *intr.* (hacer) germinar
ger•on•tol•o•gy [jer′ən-tŏl′ə-jē] *s.* gerontología
ger•ry•man•der [jer′ē-măn′dər] *tr.* dividir (una entidad política) injustamente
ger•und [jer′ənd] *s.* gerundio
ges•tate [jes′tāt] *tr.* gestar
ges•ta•tion [je-stā′shən] *s.* gestación *f*
ges•tic•u•late [je-stĭk′yə-lāt′] *intr.* gesticular
ges•tic•u•la•tion [-′-lā′shən] *s.* gesticulación *f*, gesto
ges•ture [jes′chər] ◇ *s.* gesto, ademán *m*; [token] detalle *m*, muestra ◇ *intr.* hacer ademán; (*tr.*) expresar con ademán
get [get] *tr.* (**got, got(ten)**) (**-tt-**) [to obtain] obtener, conseguir; [to buy] comprar; [to receive] recibir; [to win] sacar; [to attract] atraer; [to seize] agarrar, capturar; [flu, cold] coger, contraer; [to cause to become] hacer que; **that got me angry** eso hizo que me enfadara; [a meal] hacer, preparar; [to bring] traer, alcanzar; ~ **my slippers, please** tráeme las pantuflas, por favor; [to persuade] lograr, hacer que; **we got her to come with us** logramos que ella viniera con nosotros; *fam* [to possess] poseer, tener; **what have you got in your hand?** ¿qué tienes en la mano?; [must] tener que; **we have got to win** tenemos que ganar; [to annoy] molestar, irritar; [to punish] castigar; [to understand] comprender; [to hear] oír bien; [to puzzle] desconcertar, confundir; [to capture] coger, captar; **to** ~ **the feel of** coger el truco de ▪ **to** ~ **across** hacer comprender; **to** ~ **away (from)** quitar (a); **to** ~ **back** recuperar, recobrar; **to** ~ **down** poner por escrito; **to** ~ **off** [to send] mandar, enviar; [defendant] lograr la absolución para; [day] tener libre; **to** ~ **out** [to remove] sacar; [news] difundir; [stain] quitar; **to** ~ **out of** [information] sonsacar de; [pleasure, benefit] sacar OR obtener de; **to** ~ **over (with)** acabar con; **to** ~ **up** [petition] organizar; [courage] armarse; (*intr.*) [to become] ponerse; **he got well** se puso bien; [to turn] ponerse, hacer; **it's getting cold** empieza a hacer frío ▪ **I can't** ~ **over it** no lo puedo creer; **to** ~ **across** cruzar; **to** ~ **along** [in years] ponerse viejo; [to manage] arreglárselas (**on** con); [to be friendly] llevarse bien (**with** con); **to** ~ **along without** pasar sin, prescindir de; **to** ~ **around** [to travel] viajar; [socially] salir mucho; [news] difundirse; [an obstacle] lograr pasar; [a person] engatusar; **to** ~ **around to** encontrar tiempo para; **to** ~ **at** [the truth] averiguar, descubrir; [to mean] querer decir; **to** ~ **away** [to escape] escaparse (**from** de); [to leave] (conseguir) irse; [on vacation] ir de vacaciones; **to** ~ **back** regresar, volver; **to** ~ **back at** vengarse de; **to** ~ **back to** [to return] volver a; [to call back] volver a llamar; **to** ~ **by** arreglárselas; **to** ~ **down to** [business] ponerse a; [details] pasar a considerar; **to** ~ **in** [to arrive] llegar; [to gain entry] entrar; [to return home] regresar a casa; **to** ~ **in with** trabar amistad con; **to** ~ **into** [car] subir a; [bed, trouble] meterse en; [a habit] adquirir; *fam* [to enjoy] apasionarse por; **to** ~ **off** [train, horse] apearse; [work] salir (del trabajo); [to escape punishment] librarse; **to** ~ **on** [train, horse] montar en; [to be friendly] llevarse bien (**with** con); **to** ~ **on with** seguir con; **to** ~ **out** [to be over] terminar; [to manage to leave] lograr salir; **to** ~ **out of** [bed, chair] levantarse de; [town] alejarse de; [obligation] librarse de; [trouble] sacarse de; [the way] quitarse (de en medio); [car] apearse de; **to** ~ **over** [to finish] terminar; [illness] reponerse de; [shyness, disappointment] superar; [person] olvidar; [difficulty] vencer; [loss] sobreponerse de; **to** ~ **through** [exam] aprobar; [the day, crowd] pasar; [to finish] terminar; [to manage to arrive] llegar a su destino (provisiones, mensaje); **to** ~ **through to** [by phone] conseguir comunicación con; [to be understood] hacer comprender; **to** ~ **to** [to manage to] lograr; [to arrive] llegar a; *fam* [to begin] abordar, comenzar; [to upset] molestar a (alguien); [to affect] impresionar, conmover; **to** ~ **up** [to stand up] levantarse, ponerse de pie; [out of bed] levantarse (de la cama); **what's gotten into him?** ¿qué le pasa?
get•a•way [′ə-wā′] *s.* fuga, huida
get-to•geth•er [:tə-ge*th*′ər] *s.* *fam* fiestecita
get-up [get′ŭp′] *s.* atavío, vestimenta
get-up-and-go [get′ŭp-ən-gō′] *s.* dinamismo, arrojo
gey•ser [gī′zər] *s.* géiser *m*
ghast•ly [găst′lē] *adj.* (**-i-**) horrible, horroroso; [ghostly] cadavérico; [awful] atroz
gher•kin [gûr′kĭn] *s.* pepinillo
ghet•to [get′ō] *s.* (*pl* **(e)s**) gueto
ghost [gōst] *s.* fantasma *m*, espectro; [haunting image] visión *f*; [trace] sombra, asomo ▪ ~ **town** pueblo fantasma; **not to have a** ~ **of a chance** no tener la más remota posibilidad; **the Holy Ghost** BÍBL el Espíritu Santo; **to give up the** ~ entregar el alma
ghost•ly [′lē] *adj.* (**-i-**) espectral, fantasmal
ghost•writ•er [:rī′tər] *s.* escritor *m* que escribe para otro, negro
ghoul [go͞ol] *s.* demonio necrófago
ghoul•ish [go͞o′lĭsh] *adj.* diabólico, malvado
GI [jē′ī′] *s.* (*pl* **s** OR **'s**) soldado (de los EE.UU.)
gi•ant [jī′ənt] *adj.* & *s.* gigante *m*
gib•ber•ish [:ĭsh] *s.* galimatías *m*, jerga
gib•bet [jĭb′ĭt] ◇ *s.* horca ◇ *tr.* ahorcar
gib•bon [gĭb′ən] *s.* gibón *m*
gibe [jīb] ◇ *intr.* & *tr.* burlarse, mofarse (de) ◇ *s.* burla, mofa
gib•lets [jĭb′lĭts] *s. pl.* menudos (de ave)
gid•dy [gĭd′ē] *adj.* (**-i-**) [dizzy] mareado; [causing dizziness] vertiginoso; [frivolous] frívolo
gift [gĭft] *s.* regalo, obsequio; [donation] donación *f*; [talent] talento, aptitud *f*
gift•ed [gĭf′tĭd] *adj.* [person] dotado, de muchas dotes; [performance] excepcional
gig[1] [gĭg] *s.* [carriage] calesa
gig[2] *s. jer* MÚS actuación *f*
gig•a•byte [gĭg′ə-bīt′] *s.* COMPUT gigabyte *m*
gi•gan•tic [jī-găn′tĭk] *adj.* gigantesco
gig•gle [gĭg′əl] ◇ *intr.* reírse tontamente ◇ *s.* risita entrecortada y tonta ▪ **to get** OR **have the giggles** tener un ataque de risa

G

gig•gly [:lē] *adj.* de risa fácil
gild [gĭld] *tr.* (**-ed** OR **gilt**) dorar
gill[1] [gĭl] *s.* ICT agalla, branquia ▪ **to look green about the gills** tener mala cara
gill[2] [jĭl] *s.* EU cuatro onzas (líquidas); GB cinco onzas (líquidas)
gilt [gĭlt] ▻ **gild** ◇ *adj.* dorado ◇ *s.* lámina OR chapa de oro
gilt-edge(d) [ˈej[d]ˈ] *adj.* de bordes dorados ▪ ~ **securities** valores de primer orden
gim•let [gĭmˈlĭt] *s.* barrena de mano
gim•mick [gĭmˈĭk] *s.* truco; **sales** ~ truco publicitario; [gadget] artefacto
gimp [gĭmp] *s. jer* [limp] renguera, cojera; [person] rengo, paticojo
gin[1] [jĭn] *s.* [liquor] ginebra
gin[2] ◇ *s.* [cotton gin] desmotadora ◇ *tr.* (**-nn-**) desmotar (algodón)
gin•ger [jĭnˈjər] *s.* jengibre *m*; *fam* [liveliness] garra, chispa
gin•ger•bread [:bredˈ] *s.* CUL pan *m* de jengibre; [decoration] ornamentación excesiva
gin•ger•ly [:lē] ◇ *adv.* cuidadosamente, cautelosamente ◇ *adj.* cuidadoso, cauteloso
gin•ger•snap [:snăpˈ] *s.* galletita con sabor a jengibre
ging•ham [gĭngˈəm] *s.* guinga
gin•seng [jĭnˈsengˈ] *s.* ginsén *m*, ginseng *m*
gi•raffe [jə-răfˈ] *s.* (*pl* **inv.** OR **s**) jirafa
gird [gûrd] *tr.* (**-ed** OR **girt**) [to strap] ceñir, atar; [to surround] rodear ▪ **to** ~ **oneself** prepararse
gird•er [gûrˈdər] *s.* viga
gir•dle [gûrˈdl] ◇ *s.* [sash] faja; [belt] cinturón *m*; [undergarment] faja ◇ *tr.* [to encircle] rodear; [to belt] ceñir, atar
girl [gûrl] *s.* muchacha, chica; [child] niña; [unmarried young woman] joven *f*, señorita; [daughter] hija; [sweetheart] novia
girl•friend, girl friend [ˈfrendˈ] *s.* amiga; [sweetheart] novia
girl•hood [:ho͝odˈ] *s.* niñez *f*, juventud *f*
girl•ish [gûrˈlĭsh] *adj.* de niña
girth [gûrth] *s.* circunferencia; [bulk] tamaño, dimensiones *f*; [cinch] cincha
gis•mo [gĭzˈmō] *s. jer* artefacto
gist [jĭst] *s.* esencia
give [gĭv] ◇ *tr.* (**gave, given**) dar; [a gift] regalar; [to pay] pagar; [to bestow] conferir, otorgar; [to donate] donar; [to cause] ocasionar, causar; [a speech] pronunciar; [an illness] transmitir, contagiar; [to supply, provide] proporcionar, proveer de; [to dispense] administrar (medicina, sacramentos); [to yield] ceder; [to host] dar (baile, fiesta); [to devote] dedicar, consagrar ▪ **to** ~ **away** [bride] entregar (la novia) al novio; [awards] entregar; [to divulge] contar, revelar (secreto, trama); [to sell cheaply] regalar; **to** ~ **back** devolver; **to** ~ **chase** perseguir; **to** ~ **it to someone** *fam* castigar OR reprender a alguien; **to** ~ **notice** [to resign] presentar la dimisión; [to fire] despedir (de un empleo); **to** ~ **off** emitir, despedir (olor, vapor); **to** ~ **oneself up** entregarse (a las autoridades); **to** ~ **oneself up to** [vice, despair] abandonarse a; [study, work] dedicarse a; **to** ~ **out** distribuir, repartir; **to** ~ **over** entregar (autoridad, presos); **to** ~ **someone his due** reconocer a alguien sus méritos; **to** ~ **up** [to abandon] abandonar, renunciar a (intento, tarea); [to hand over] entregar; [business, activity] retirarse de; [to stop] dejar de; [to consider as lost] dar por perdido; **to** ~ **warning** prevenir, advertir; (*intr.*) hacer regalos, dar; [to fail] fallar; [to yield] ceder; [to collapse] caerse ▪ **to** ~ **as good as one gets** saber defenderse; **to** ~ **in** [to collapse] ceder, caerse; [to accede] acceder; [to admit defeat] darse por vencido; **to** ~ **on(to)** dar a; **to** ~ **out** [from exhaustion] perder las fuerzas; [to fail] fallar, pararse; [funds, luck] agotarse; **to** ~ **up** [to resign oneself] resignarse; [to concede defeat] darse por vencido; [to lose hope] perder las esperanzas; **to** ~ **way** [to yield] ceder; [to collapse] caerse ◇ *s.* elasticidad *f*, flexibilidad *f*
give-and-take [ˈən-tākˈ] *s.* [compromise] toma y daca; [of ideas] intercambio
give•a•way [ˈə-wāˈ] *s. fam* [gift] regalo; [accidental exposure] revelación involuntaria
giv•en [:ən] ▻ **give** ◇ *adj.* dado ▪ ~ **name** nombre de pila; ~ **that** dado que
giv•ing [:ĭng] *adj.* generoso, liberal
giz•zard [gĭzˈərd] *s.* molleja
gla•cial [glāˈshəl] *adj.* glacial
gla•cier [:shər] *s.* glaciar *m*
glad [glăd] *adj.* (**-dd-**) [happy] alegre, contento; [cheerful] de alegría ▪ ~ **to meet you** mucho gusto en conocerle; **to be** ~ **to** alegrarse de
glad•den [ˈn] *tr.* alegrar
glade [glād] *s.* claro
glad•i•a•tor [glădˈē-āˈtər] *s.* gladiador *m*
glad•i•o•lus [glădˈē-ōˈləs] *s.* (*pl* **es** OR **-li**) gladiolo, gladíolo
glam•o(u)r [glămˈər] *s.* glamour *m*, encanto
glam•o(u)r•ize [:ə-rīzˈ] *tr.* [to beautify] embellecer; [to idealize] idealizar, glorificar
glam•o(u)r•ous [:ər-əs] *adj.* elegante, glamouroso
glance [glăns] ◇ *intr.* echar un vistazo OR una mirada ▪ **to** ~ **off** rozar, rebotar contra; **to** ~ **through** OR **at** echar un vistazo a, hojear ◇ *s.* [glimpse] vistazo, mirada; [deflection] rebote *m* ▪ **at a** ~ de un vistazo; **at first** ~ a primera vista; **to cast a** ~ **at** echar una mirada a
gland [glănd] *s.* glándula
glan•du•lar [glănˈjə-lər] *adj.* glandular
glare [glâr] ◇ *intr.* [to stare angrily] mirar con rabia; [to dazzle] relumbrar; [to stand out] saltar a la vista; (*tr.*) expresar con una mirada furibunda ◇ *s.* mirada furibunda; [blinding light] deslumbramiento, resplandor *m*
glar•ing [ˈĭng] *adj.* [irate] airado; [light] deslumbrador; [error] patente, manifiesto
glass [glăs] ◇ *s.* vidrio, cristal *m*; [glassware] cristalería; [drinking vessel] vaso; [mirror] espejo ◇ *pl.* [eyeglasses] lentes, anteojos; [binoculars] gemelos ▪ **dark** ~ anteojos de sol
glass•ful [ˈfo͝olˈ] *s.* vaso
glass•mak•ing [:māˈkĭng] *s.* vidriería
glass•ware [:wârˈ] *s.* cristalería
glass•works [:wûrksˈ] *s.sg.* fábrica de vidrio
glass•y [:ē] *adj.* (**-i-**) vítreo; [smooth] liso; [eyes] vidrioso
glau•co•ma [glou-kōˈmə] *s.* glaucoma *m*
glaze [glāz] ◇ *s.* [ice] capa de hielo; CERÁM vidriado, barniz *m*; CUL capa de almíbar, garapiña ◇ *tr.* [a window] poner vidrios a; CERÁM barnizar; CUL garapiñar; (*intr.*) ponerse vidrioso, nublarse

gla•zier [glā′zhər] *s.* vidriero
gleam [glēm] ◇ *s.* destello; [of intelligence] chispa, pizca ◇ *intr.* destellar
glean [glēn] *tr.* AGR espigar; [information] obtener, sacar
glee [glē] *s.* regocijo, alegría ▪ **~ club** coral
glee•ful [′fəl] *adj.* regocijado, alegre
glen [glen] *s.* valle estrecho, cañada
glib [glĭb] *adj.* (**-bb-**) [self-assured] desenvuelto; [insincerely eloquent] locuaz, de mucha labia
glide [glīd] ◇ *intr.* deslizarse; [furtively] escurrirse; AVIA planear; (*tr.*) hacer planear ◇ *s.* deslizamiento; AVIA planeo; MÚS ligadura
glid•er [glī′dər] *s.* planeador *m*
glim•mer [glĭm′ər] ◇ *s.* luz trémula; [trace] indicio ▪ **a ~ of hope** un rayo de esperanza ◇ *intr.* brillar con luz trémula, lucir débilmente
glimpse [glĭmps] ◇ *s.* vistazo, ojeada ▪ **to catch a ~ of** vislumbrar ◇ *tr.* vislumbrar
glint [glĭnt] ◇ *s.* destello, fulgor *m* ◇ *intr.* destellar
glis•ten [glĭs′ən] *intr.* resplandecer, brillar
glitch [glĭch] *s. jer* malfuncionamiento
glit•ter [glĭt′ər] ◇ *s.* centello, destello; [for decoration] purpurina ◇ *intr.* relucir, centellear
gloat [glōt] ◇ *intr.* regodearse ◇ *s.* regodeo
glob•al [glō′bəl] *adj.* [spherical] esférico; [worldwide] mundial, global; [total] global ▪ **~ village** aldea global; **~ warming** calentamiento global
glob•al•i•za•tion [glō′bə-lĭ-zā′shən] *s.* globalización *f*
glob•al•ize [glō′bə-līz] *tr.* globalizar
globe [glōb] *s.* globo (terrestre)
globe•trot•ter [′trŏt′ər] *s.* trotamundos *mf*
glob•ule [:yo͞ol] *s.* glóbulo
gloom [glo͞om] *s.* [partial] penumbra; [total] tinieblas *f*; [melancholy] melancolía, tristeza
gloom•y [glo͞o′mē] *adj.* (**-i-**) [dark] oscuro; [dreary] lúgubre; [melancholy] triste; [pessimistic] pesimista
glo•ri•fy [glôr′ə-fī′] *tr.* glorificar; [to exalt inordinately] idealizar, poner por las nubes
glo•ri•ous [:ē-əs] *adj.* glorioso; [magnificent] esplendoroso; *fam* [wonderful] magnífico
glo•ry [glôr′ē] ◇ *s.* gloria ▪ **to be in one's ~** estar en la gloria ◇ *intr.* ▪ **to ~ in** gloriarse de
gloss[1] [glôs] ◇ *s.* [luster] lustre *m*, brillo; [deceptive appeal] falso brillo, oropel *m*; [paint] pintura al esmalte ◇ *tr.* ▪ **to ~ over** pasar por alto
gloss[2] ◇ *s.* [explanation] glosa; [glossary] glosario ◇ *tr.* glosar
glos•sa•ry [glô′sə-rē] *s.* glosario
gloss•y [glô′sē] ◇ *adj.* (**-i-**) lustroso, brillante; [paper] glaseado; [showy] vistoso ◇ *s.* fotografía impresa en papel glaseado
glove [glŭv] *s.* guante *m* ▪ **~ compartment** guantera; **hand in ~** inseparables; **to fit like a ~** quedar como anillo al dedo
glow [glō] ◇ *intr.* resplandecer, brillar; [coals, sky] arder; [from passion] encenderse ◇ *s.* resplandor *m*, brillo; [heat] calor *m*; [of sunset] arrebol *m*; [blush] rubor *m*; [physical warmth] sensación *f* de bienestar; [ardor] ardor *m*, enardecimiento
glow•er [glou′ər] ◇ *intr.* echar chispas por los ojos ◇ *s.* mirada furiosa
glow•ing [glō′ĭng] *adj.* ardiente, incandescente; [shining] resplandeciente; [face] radiante; [enthusiastic] fervoroso
glow•worm [:wûrm′] *s.* gusano de luz
glu•cose [glo͞o′kōs′] *s.* glucosa
glue [glo͞o] ◇ *s.* goma de pegar, pegamento; [for wood] cola ◇ *tr.* pegar
glu•ey [:ē] *adj.* pegajoso, viscoso
glum [glŭm] *adj.* (**-mm-**) [dejected] abatido, triste; [gloomy] taciturno; [dismal] sombrío
glut [glŭt] ◇ *tr.* (**-tt-**) hartar, atracar ▪ **to ~ the market** inundar el mercado ◇ *s.* exceso
glu•ten [glo͞ot′n] *s.* gluten *m*
glu•ti•nous [:əs] *adj.* glutinoso, pegajoso
glut•ton [glŭt′n] *s.* glotón *m*
glut•ton•ous [:əs] *adj.* glotón
glut•ton•y [:ē] *s.* glotonería, gula
glyc•er•in(e) [:ər-ĭn] *s.* glicerina
GM [jē-em′] *adj.* transgénico ▪ **~ crop** cultivo transgénico; **~ foods** transgénicos
G-man [jē′măn′] *s.* (*pl* **-men**) agente *m* del F.B.I.
gnarled [närld] *adj.* [wood] nudoso; [hands] rugoso
gnash [năsh] *tr.* rechinar (los dientes)
gnat [năt] *s.* jején *m*
gnaw [nô] *tr.* & *intr.* roer
gnome [nōm] *s.* gnomo
gnu [no͞o] *s.* ñu *m*
go [gō] ◇ *intr.* (**went, gone**) ir; [to proceed] seguir adelante; [to leave] irse, marcharse; [to take its course] andar, marchar; **how is everything going?** ¿cómo anda todo?; [to turn out] salir, resultar; **to go well** salir bien; [to extend] llegar; [to function] funcionar, andar; [to be acceptable] aceptarse; **anything goes nowadays** todo se acepta hoy en día; [to be sold] venderse; [to become] tornarse, volverse; **he went mad** se volvió loco; [to say] decir; [to be abolished] ser suprimido; [to pass away] desaparecer; **the pain has gone** el dolor desapareció; [to be used up] gastarse; [to fail, give out] fallar; [to have validity] valer, ser ley; **whatever he says goes** lo que él dice es ley; [inheritance] pasar; *fam* [to wait] esperar; **we still have another hour to go** tenemos que esperar otra hora todavía; [to be left] faltar; **there are ten miles to go before we arrive** faltan diez millas para llegar ▪ **to go about** hacer, emprender; **to go about one's business** ocuparse en los asuntos propios; **to go after** [to follow] seguir a; [to attack] caerle a, atacar; **to go around** circular; **to go away** [to leave] irse, marcharse; [to pass] pasar (dolor, molestia); **to go before** preceder, ir antes; **to go by** [to pass by] pasar por; [time] pasar; [to follow] ajustarse a (las reglas); [to be guided by] juzgar por; [the name of] ser conocido por; **to go down** [to descend] bajar; [the sun] ponerse; [a ship] hundirse; [airplane] caerse; [in history] dejar huella; **to go for** [to fetch] ir por, ir a traer; *fam* [to delight in] gustar mucho; [to attack] atacar; [to be allotted] destinarse a; **to go forward** adelantar(se); **to go in** [to enter] entrar en; [to fit] caber, encajar; **to go in for** *fam* dedicarse a; **to go into** [to enter] entrar en; [to fit] caber OR encajar en; [a profession] dedicarse a; [to examine] examinar, investigar; **to go off** [gun] dispararse; [bomb] hacer explosión; [to sound] sonar; [to turn out] resultar, salir; **everything went off well** todo salió bien; **to go on** [to continue] continuar, seguir; [to take place] suceder, ocurrir; [to fit] caber en; **to go out** [to exit, socially] salir; [light] apagarse; [fire, matches] extinguirse; **to go over** [to examine] examinar; [to rehearse] ensayar; [to review] repasar; [to succeed] salir bien; **to go through** [to get

approval] aprobarse; [to experience] pasar por, sufrir; **to go to** OR **toward** dirigirse OR acercarse a; **to go under** [to drown] ahogarse; [to become bankrupt] quebrar; [to fail] fracasar; **to go up** [to ascend] subir; [building] levantarse; **to go up to** acercarse a; **to go with** [to accompany] acompañar; [to match] hacer juego con; [to date] salir con; (*tr.*) [to wager] apostar; [to tolerate] tolerar, soportar; [to follow] seguir; **to go the same way** seguir el mismo camino ▪ **to go it alone** obrar solo y sin ayuda ◇ *s.* (*pl* **es**) [try] intento; [turn] turno; [energy] energía ▪ **on the go** en actividad, ocupado; **to have a go at something** intentar algo; **to make a go of something** tener éxito en sacar adelante

goad [gōd] ◇ *s.* aguijada; *fig* [incentive] aguijón *m* ◇ *tr.* aguijonear

go-a•head [gō'ə-hed'] *s. fam* autorización *f*

goal [gōl] *s.* meta; DEP [structure] portería; [score] gol *m*, tanto ▪ ~ **post** poste

goal•keep•er ['kē'pər] *s.* portero, guardameta *m*

goat [gōt] *s.* cabra, macho cabrío; [scapegoat] cabeza de turco ▪ **to get someone's** ~ *fam* molestar OR enojar a alguien

goat•ee [gō-tē'] *s.* perilla, barbas de chivo

goat•skin [gōt'skĭn'] *s.* piel *f* de cabra; [container] bota

gob [gŏb] ◇ *s.* pedazo ◇ *pl. fam* gran cantidad *f*

gob•ble[1] [gŏb'əl] *tr.* devorar, engullir ▪ **to** ~ **up** *fam* agotar rápidamente, acabar con

gob•ble[2] ◇ *s.* gluglú *m*, graznido (del pavo) ◇ *intr.* gluglutear

gob•ble•dy•gook [:dē-gŏŏk'] *s. fam* blablablá

go-be•tween [gō'bĭ-twēn'] *s.* intermediario

gob•let [gŏb'lĭt] *s.* copa

gob•lin [gŏb'lĭn] *s.* duende *m*, trasgo

god [gŏd] *s.* dios; [idol] ídolo ▪ **God** Dios

god•child ['chīld'] *s.* (*pl* **-dren**) ahijado

god•daugh•ter [:dô'tər] *s.* ahijada

god•dess [:ĭs] *s.* diosa

god•fa•ther [:fä'*th*ər] *s.* padrino

god•for•sak•en [:fər-sā'kən] *adj.* remoto; [desolate] desolado, abandonado

god•li•ness [:lē-nĭs] *s.* piedad *f*; [divinity] divinidad *f*

god•ly [:lē] *adj.* (**-i-**) piadoso, pío; [divine] divino

god•moth•er [:mŭ*th*'ər] *s.* madrina

god•par•ent [:pâr'ənt] *s.* padrino, madrina

god•send [:send'] *s.* cosa llovida del cielo

god•son [:sŭn'] *s.* ahijado

go-get•ter [gō'get'ər] *s. fam* buscavidas *mf*

gog•gle [gŏg'əl] ◇ *intr.* mirar con los ojos desorbitados ◇ *s. pl.* gafas, anteojos

gog•gle-eyed [:īd'] *adj.* de ojos saltones

go•ing [gō'ĭng] ◇ *s.* [departure] ida, partida; [condition underfoot] piso; *fam* [progress] progreso, marcha ▪ **good** ~**!** ¡muy bien! ◇ *adj.* [working] que funciona; [flourishing] que marcha; [prevailing] actual, corriente

go•ing-o•ver [:ō'vər] *s. fam* inspección *f*; [beating] paliza; [reprimand] castigo

go•ings-on [gō'ĭngz-ŏn'] *s. pl.* actividades *f*

gold [gōld] ◇ *s.* oro ◇ *adj.* [made of gold] de oro; [golden] dorado

gold•en [gōl'dən] *adj.* dorado; [voice, epoch] de oro; [hair] rubio; [opportunity] excelente ▪ ~ **mean** justo medio; ~ **parachute** contrato blindado

gold-filled [gōld'fĭld'] *adj.* chapado de oro

gold•finch [:fĭnch'] *s.* jilguero

gold•fish [:fĭsh'] *s.* (*pl* **inv.** OR **es**) pececillo de color

gold•smith [:smĭth'] *s.* orfebre *m*, orífice *m*

golf [gŏlf] ◇ *s.* golf *m* ◇ *intr.* jugar al golf

golf•er [gŏl'fər] *s.* golfista *mf*

gol•ly [gŏl'ē] *interj. fam* ¡Dios mío!, ¡caramba!

go•nad [gō'năd'] *s.* gónada

gon•do•la [gŏn'dl-ə] *s.* góndola; FC batea

gon•do•lier ['-îr'] *s.* gondolero

gone [gôn] ▻ **go** ◇ *adj.* [past] pasado, ido; [dead] muerto; [ruined] arruinado; [lost] perdido; [exhausted] agotado ▪ **to be** ~ [departed] haberse ido; [disappeared] haber desaparecido, faltar; [used up] haberse acabado; [away] estar afuera; **to be** ~ **on** *fam* estar loco por

gon•er [gô'nər] *s. fam* persona condenada OR arruinada

gong [gông] *s.* gong *m*, batintín *m*

gon•or•rhe•a [gŏn'ə-rē'ə] *s.* gonorrea

goo [gōō] *s. fam* substancia pegajosa; [drivel] sentimentalismo

good [gŏŏd] ◇ *adj.* (**better, best**) bueno; [beneficial] beneficioso; [thorough] completo; [valid] válido; [genuine] auténtico; [ample] abundante; [full] más de; **I waited a** ~ **hour** esperé más de una hora; [pleasant] agradable; [favorable] favorable; [reliable] digno de confianza ▪ **a** ~ **turn** un favor, una bondad; **as** ~ **as** prácticamente, casi; ~ **for nothing** inútil; **how** ~ **of you** muy amable de su parte; ~ **looks** buen parecer; **in** ~ **standing** de buena reputación; **that's a** ~ **one!** *jer* ¡un buen chiste!; **to be** ~ **at** tener capacidad OR talento para; **to be** ~ **for** [to last] durar; [to have credit] tener crédito hasta; [to be beneficial] hacer bien; **to be** ~ **to someone** ser bueno para con alguien; **to be no** ~ ser inútil, no servir para nada; **to be** ~ **enough to** tener la bondad de; **to have a** ~ **time** divertirse, pasarlo bien; **to hold** ~ valer, tener validez; **to make** ~ [to prosper] prosperar; [a debt] cubrir; [a promise] cumplir ◇ *s.* bien *m*; [goodness] bondad *f* ▪ **for** ~ para siempre; **the** ~ lo bueno; **to come to no** ~ terminar mal ◇ *pl.* [wares, belongings] bienes; [merchandise] mercancías, géneros; [fabric] tela ▪ ~ **and chattels** muebles y enseres; **to deliver the** ~ cumplir lo prometido; **to have the** ~ **on someone** tener pruebas de culpabilidad contra alguien ◇ *adv. fam* bien ▪ ~ **and proper** por las buenas; **to do someone** ~ sentarle bien a alguien; **to feel** ~ [satisfied] estar satisfecho; [well] sentirse bien; [pleasurable] ser agradable, dar gusto ◇ *interj.* ¡bueno!, ¡muy bien!

good-by(e) [-bī'] ◇ *interj.* ¡adiós!, ¡hasta luego! ◇ *s.* (*pl* **(e)s**) adiós, despedida

good-for-noth•ing ['fər-nŭth'ĭng] ◇ *s.* haragán *m*, inútil *m* ◇ *adj.* inútil, sin valor

good•heart•ed [:här'tĭd] *adj.* bondadoso

good-hu•mored [:hyōō'mərd] *adj.* jovial, alegre

good-look•ing [:lŏŏk'ĭng] *adj.* bien parecido

good•ly [:lē] *adj.* (**-i-**) [attractive] atractivo, agradable; [large] grande, considerable

good-na•tured [:nā'chərd] *adj.* afable, amable

good•ness [:nĭs] ◇ *s.* bondad *f* ◇ *interj.* ¡Dios mío!, ¡Ave María!

good-sized [:sīzd'] *adj.* bastante grande

good-tem•pered [:tem'pərd] *adj.* afable

good•y [:ē] *fam* ◇ *s.* golosina ◇ *interj.* ¡qué bien!

good•y-good•y *adj.* & *s.* santurrón *m*

goo•ey [gōō'ē] *adj.* pegajoso, viscoso
goof [gōōf] *jer* ◇ *s.* [fool] bobo, simplón *m*; [mistake] disparate *m*, pifia ◇ *intr.* meter la pata ▪ **to ~ off** OR **around** holgazanear
goof•y [gōō'fē] *adj.* (**-i-**) *jer* tonto
gook [gŏŏk] *s. jer* mugre *f*, suciedad *f*
goon [gōōn] *s. fam* [thug] matón *m*; *jer* [stupid person] estúpido, tonto
goose [gōōs] *s.* (*pl* **geese**) ganso ▪ **~ bumps** OR **flesh** carne de gallina; **to cook one's ~** *fam* malograrle los planes a uno
goose-step ['step'] *intr.* (**-pp-**) ir a paso de ganso
go•pher [gō'fər] *s.* ardilla terrestre
gore¹ [gôr] *tr.* cornear
gore² *s.* [cloth] sesga, nesga
gore³ *s.* [blood] sangre coagulada
gorge [gôrj] ◇ *s.* [ravine] desfiladero; [throat] garganta ◇ *tr.* hartar, atiborrar; (*intr.*) ▪ **to ~ oneself** hartarse
gor•geous [jôr'jəs] *adj.* [beautiful] hermosísimo; [magnificent] magnífico, espléndido
go•ril•la [gə-rĭl'ə] *s.* gorila *m*
go•ry [gôr'ē] *adj.* (**-i-**) [bloody] ensangrentado; [fight] sangriento
gosh [gŏsh] *interj.* ¡cielos!, ¡Dios!
gos•ling [gŏz'lĭng] *s.* ansarino
gos•pel [gŏs'pəl] *s.* evangelio ▪ **~ meeting** reunión evangélica
gos•sa•mer [gŏs'ə-mər] ◇ *s.* telaraña fina; [fabric] gasa ◇ *adj.* muy delgado, muy fino
gos•sip [gŏs'ĭp] ◇ *s.* chismes *m*; [gossiper] chismoso ▪ **~ column** noticias sociales ◇ *intr.* chismear, chismorrear
gos•sip•mon•ger [:mŭng'gər] *s.* chismoso
gos•sip•y [gŏs'ĭ-pē] *adj.* chismoso
got, got•ten [gŏt, gŏt'n] ▷ **get**
Goth•ic [gŏth'ĭk] *adj.* gótico
gouge [gouj] ◇ *s.* [tool] gubia; [cut] muesca ◇ *tr.* escoplear (con una gubia); *jer* [to overcharge] estafar ▪ **to ~ out** excavar
gourd [gôrd] *s.* calabaza
gour•met [gŏŏr-mā'] *s.* gastrónomo
gout [gout] *s.* gota
gov•ern [gŭv'ərn] *tr.* gobernar; [to determine] determinar; (*intr.*) gobernar
gov•er•nance [:nəns] *s.* gobierno
gov•ern•ess [:nĭs] *s.* institutriz *f*
gov•ern•ment [gŭv'ərn-mənt] *s.* & *adj.* (del) gobierno
gov•ern•ment•al ['-men'tl] *adj.* gubernamental, gubernativo
gov•er•nor [gŭv'ər-nər] *s.* gobernador *m*; MEC [regulator] regulador automático
gov•er•nor•ship [:shĭp'] *s.* gobierno
gown [goun] *s.* vestido (de etiqueta); [nightgown] camisón *m*; [ceremonial robe] toga
grab [grăb] ◇ *tr.* (**-bb-**) [to seize] agarrar, coger; [to snatch] arrebatar; *jer* [to attract] cautivar ▪ **to ~ a bite to eat** comer algo; (*intr.*) ▪ **to ~ at** tratar de arrebatar ◇ *s.* ▪ **to make a ~ at** tratar de agarrar; **up for grabs** disponible
grab•by [ē] *adj.* (**-i-**) codicioso
grace [grās] ◇ *s.* gracia; [reprieve] plazo; [at table] bendición *f* de la mesa ▪ **by the ~ of** gracias a; **~ period** plazo de respiro; **to be in the good graces of** gozar del favor de; **to fall from ~** caer en desgracia; **to say ~** bendecir la mesa ◇ *tr.* adornar, embellecer ▪ **to ~ with** honrar con
grace•ful ['fəl] *adj.* agraciado, elegante
grace•less [:lĭs] *adj.* sin gracia; [clumsy] torpe
gra•cious [grā'shəs] *adj.* [courteous] amable, cortés; [kind] magnánimo; [elegant] elegante ▪ **goodness ~!** OR **~ me!** ¡válgame Dios!
grad [grăd] *s. fam* graduado
gra•da•tion [grā-dā'shən] *s.* gradación *f*, graduación *f*; [of colors] degradación *f*
grade [grād] ◇ *s.* [degree, rank] grado; [quality] calidad *f*; EDUC [class] año, curso; [mark] nota; [slope] pendiente *f* ▪ **~ A** de primera; **~ crossing** paso a nivel; **~ school** escuela primaria; **to make the ~** *fam* dar la talla ◇ *tr.* [to classify] clasificar; [an exam] calificar; [a student] dar nota a; [to level] nivelar
gra•di•ent [grā'dē-ənt] *s.* inclinación *f*
grad•u•al [grăj'ōō-əl] *adj.* gradual, paulatino
grad•u•ate [grăj'ōō-āt'] ◇ *tr.* & *intr.* graduar(se) ▪ **to ~ as** recibirse de ◇ *adj.* & *s.* graduado, diplomado ▪ **~ school** escuela para graduados
grad•u•a•tion ['-'shən] *s.* graduación *f*; [commencement] entrega de diplomas
graf•fi•ti [grə-fē'tē] *s. pl.* graffiti *m*
graft¹ [grăft] AGR & MED ◇ *tr.* & *intr.* injertar(se) ◇ *s.* injerto
graft² ◇ *s.* [crime] concusión *f*, extorsión *f* ◇ *tr.* & *intr.* extorsionar
grain [grān] *s.* grano; [cereals] cereales *m*; [bit] pizca, asomo; [in wood] fibra; [in leather] flor *f*; [texture] textura ▪ **to go against the ~ for someone** ir contra el carácter de alguien; **to take something with a ~ of salt** no creerse algo al pie de la letra
grain•y [grā'nē] *adj.* (**-i-**) [granular] granoso, granular; [veined] veteado
gram [grăm] *s.* gramo
gram•mar [grăm'ər] *s.* gramática ▪ **~ school** escuela primaria; GB escuela secundaria
gram•mat•i•cal [:măt'ĭ-kəl] *adj.* gramatical
gramme [grăm] GB = **gram**
gram•o•phone [grăm'ə-fōn'] *s.* gramófono
gran•a•ry [grăn'ə-rē] *s.* granero
grand [grănd] ◇ *adj.* grandioso, magnífico; [principal] principal; [sumptuous] suntuoso; [dignified] ilustre, distinguido; [style] elevado; [wonderful] fenomenal ▪ **~ jury** jurado de acusación; **~ larceny** robo de mayor cuantía; **~ piano** piano de cola; **the ~ total** la suma total; **to have a ~ time** pasarlo fenomenalmente ◇ *s.* piano de cola; *jer* mil dólares
grand•child [:chīld'] *s.* (*pl* **-dren**) nieto, -a
grand-dad(•dy) [grăn'dăd'[ē]] *s.* abuelo, abuelito; [archetype] arquetipo
grand-daugh•ter [:dô'tər] *s.* nieta
gran•deur [grăn'jər] *s.* grandeza
grand-fa•ther [grănd'fä'*th*ər] *s.* abuelo ▪ **~ clock** reloj de pie OR de caja
gran•dil•o•quent [:kwənt] *adj.* grandilocuente
gran•di•ose [grăn'dē-ōs'] *adj.* grandioso; [style] pomposo; [scheme] ambicioso
grand-ma [grăn'mä'] *s. fam* abuelita
grand-moth•er [grănd'mŭ*th*'ər] *s.* abuela
grand-pa [grăn'pä'] *s. fam* abuelo, abuelito
grand-par•ent [grănd'pâr'ənt] *s.* abuelo, -a
grand-son [:sŭn'] *s.* nieto

G

grand-stand [:stănd′] <> *s.* tribuna <> *intr.* actuar de manera ostentosa
grange [grānj] *s.* GB granja, finca
gran•ite [grăn′ĭt] *s.* granito
gran•ny/nie [grăn′ē] *s.* abuelita; [fussy person] persona minuciosa
grant [grănt] <> *tr.* [to concede] conceder; [to bestow] otorgar; [to admit] admitir ▪ **granted** OR **granting that** suponiendo que; **to take something for granted** dar algo por sentado; **to take someone for granted** no apreciar suficientemente a alguien <> *s.* concesión *f*; [donation] donación *f*; [scholarship] beca; DER [transfer] cesión *f*
gran•ule [grăn′yo͞ol] *s.* gránulo
grape [grāp] *s.* uva
grape•fruit [′fro͞ot′] *s.* toronja, pomelo
grape•shot [:shŏt′] *s.* metralla
grape•vine [:vīn′] *s.* vid *f*, parra ▪ **through the ~** por medio de chismes
graph [grăf] <> *s.* gráfico, diagrama *m* ▪ **~ paper** papel cuadriculado <> *tr.* representar mediante un gráfico OR diagrama
graph•ic [′ĭk] <> *adj.* gráfico ▪ **~ design** diseño gráfico; **~ designer** diseñador gráfico <> *s.* ilustración gráfica ▪ **graphics** (*sg.* OR *pl.*) [drawing] dibujo lineal; ARTE artes gráficas; COMPUT gráficos; **~ accelerator** acelerador gráfico; **~ tablet** tableta gráfica
graph•ite [grăf′īt′] *s.* grafito
grap•ple [grăp′əl] <> *s.* garfio <> *tr.* MARÍT aferrar (con un garfio); [to grip] agarrar; (*intr.*) luchar cuerpo a cuerpo ▪ **to ~ with** afrontar
grasp [grăsp] <> *tr.* [to seize] agarrar, asir; [to clasp] apretar; [to comprehend] captar; (*intr.*) ▪ **to ~ at** tratar de agarrar <> *s.* [grip] apretón *m*; [embrace] abrazo; *fig* comprensión *f* ▪ **beyond/within one's ~** fuera del/al alcance de uno; **to have a good ~ of** dominar
grasp•ing [grăs′pĭng] *adj.* avaricioso
grass [grăs] *s.* hierba; [lawn] césped *m*; [pasture] pasto; *jer* [marijuana] yerba
grass•hop•per [′hŏp′ər] *s.* saltamontes *m*
grass•land [:lănd′] *s.* pradera, prado
grass-roots [:ro͞ots′] *s. pl.* bases *f* (de una organización)
grass•y [:ē] *adj.* (-i-) con mucha hierba
grate[1] [grāt] <> *tr.* CUL rallar; [teeth] hacer rechinar; *fig* irritar; (*intr.*) rechinar ▪ **to ~ on** irritar <> *s.* [of metal] chirrido; [of teeth] rechinamiento
grate[2] *s.* [grill] reja, verja; [for coals] parrilla
grate•ful [grāt′fəl] *adj.* agradecido
grat•er [grā′tər] *s.* rallador *m*
grat•i•fi•ca•tion [grăt′ə-fĭ-kā′shən] *s.* gratificación *f*
grat•i•fy [grăt′ə-fī′] *tr.* complacer, satisfacer
grat•ing [grā′tĭng] *adj.* [rasping] discordante, malsonante; [irritating] molesto
grat•is [grăt′ĭs] *adj.* & *adv.* gratis
grat•i•tude [grăt′ĭ-to͞od′] *s.* gratitud *f*
gra•tu•i•tous [grə-to͞o′ĭ-təs] *adj.* gratuito
gra•tu•i•ty [:tē] *s.* propina
grave[1] [grāv] *s.* tumba, sepultura; [pit] fosa
grave[2] *adj.* grave, serio; [dignified] solemne
grave•dig•ger [′dĭg′ər] *s.* sepulturero
grav•el [grăv′əl] *s.* ripio, grava
grave•stone [grāv′stōn′] *s.* lápida
grave•yard [:yärd′] *s.* cementerio, camposanto
grav•i•tate [grăv′ĭ-tāt′] *intr.* gravitar ▪ **to ~ toward** tender hacia, ser atraído por
grav•i•ta•tion [′-tā′shən] *s.* gravitación *f*
grav•i•ty [grăv′ĭ-tē] *s.* gravedad *f*; [solemnity] solemnidad *f*
gra•vy [grā′vē] *s.* [juices] jugo; [sauce] salsa; *jer* [easy gain] breva ▪ **~ boat** salsera
gray [grā] <> *s.* gris <> *adj.* gris; [hair] cano ▪ **~ area** zona poco definida; **to go** OR **turn ~** encanecer
gray•ish [′ĭsh] *adj.* grisáceo
graze[1] [grāz] *intr.* [to feed] pacer, pastar; (*tr.*) apacentar
graze[2] <> *tr.* & *intr.* [to brush against] rozar <> *s.* rozadura
grease [grēs] <> *s.* grasa ▪ **~ monkey** *jer* mecánico; **~ paint** maquillaje <> *tr.* engrasar, untar
greas•y [grē′sē, grē′zē] *adj.* (-i-) [grease-coated] engrasado; [fatty] grasoso; [dirty] grasiento
great [grāt] <> *adj.* grande; [age] avanzado; *fam* [very good] magnífico, bárbaro ▪ **a ~ while** mucho tiempo; **to be ~ at** *fam* ser un hacha en; **to be ~ friends** ser muy amigos; **to have a ~ time** pasarlo en grande <> *s.* grande *m* <> *adv. fam* muy bien
great•coat [:kōt′] *s.* sobretodo, abrigo
great-grand•child [-grănd′chīld′] *s.* (*pl* **-dren**) bisnieto, -a
great-grand•daugh•ter [:dô′tər] *s.* bisnieta
great-grand•fa•ther [:fä′*th*ər] *s.* bisabuelo
great-grand•moth•er [:mŭ*th*′ər] *s.* bisabuela
great-grand•par•ent [:pâr′ənt] *s.* bisabuelo, -a
great-grand•son [:sŭn′] *s.* bisnieto
great•ly [grāt′lē] *adv.* muy, mucho
greed [grēd] *s.* [for wealth] codicia, avaricia; [for food] gula, glotonería
greed•y [grē′dē] *adj.* (-i-) [avaricious] codicioso; [gluttonous] glotón *m*; [eager] ávido
green [grēn] <> *s.* verde *m*; [verdure] verdor *m*; [lawn] césped *m* <> *pl.* verduras <> *adj.* verde; [sickly] pálido; [raw] inexperto, novato ▪ **~ bean** habichuela OR judía verde; **~ thumb** *fam* habilidad para la jardinería; **he is ~ with envy** se lo come la envidia
green•back [′băk′] *s. fam* billete *m*
green•er•y [grē′nə-rē] *s.* follaje *m*, verdor *m*
green•gro•cer [grēn′grō′sər] *s.* GB verdulero
green•horn [:hôrn′] *s.* novato, bisoño
green•house [:hous′] *s.* invernadero
green•ish [grē′nĭsh] *adj.* verdoso
greet [grēt] *tr.* dar la bienvenida, saludar; [news, fact] recibir; [one's eyes, ears] presentarse a
greet•ing [grē′tĭng] *s.* saludo ▪ **~ card** tarjeta
gre•gar•i•ous [grĭ-gâr′ē-əs] *adj.* [group-forming] gregario; [sociable] sociable
grem•lin [grem′lĭn] *s.* duende *mf*
gre•nade [grə-năd′] *s.* granada
grew [gro͞o] ▻ **grow**
grey [grā] = **gray**
grey•hound [′hound′] *s.* galgo
grid [grĭd] *s.* [grating] rejilla; [on a map] cuadrícula; ELEC [network] red *f*
grid•dle [grĭd′l] *s.* plancha
grid•i•ron [grĭd′ī′ərn] *s.* CUL parrilla; [football field] campo de rugby americano
grid•lock [grĭd′lŏk′] *s.* embotellamiento de tráfico
grief [grēf] *s.* [sorrow] pena, congoja; [trouble] desgracia ▪ **to come to ~** fracasar, sufrir un desastre

griev•ance [grē'vəns] *s.* [cause] motivo de queja; [complaint] queja
grieve [grēv] *tr.* dar pena, afligir; (*intr.*) apenarse, afligirse; [to mourn] lamentarse
griev•ous [grē'vəs] *adj.* [causing grief] penoso; [serious] serio, grave
grill [grĭl] ◇ *tr.* [to broil] asar a la parrilla; *fam* [to cross-examine] asar ◇ *s.* [rack] parrilla; [food] asado; [restaurant] restaurante *m*
grill(e) [grĭl] *s.* [grate] reja; [at window] verja
grim [grĭm] *adj.* (**-mm-**)[unrelenting] implacable; [forbidding] imponente, terrible; [ghastly] macabro; [gloomy] lúgubre ▪ **the ~ truth** la escueta verdad
grim•ace [grĭm'ĭs] ◇ *s.* mueca ◇ *intr.* hacer muecas
grime [grīm] *s.* mugre *f*
grim•y [grī'mē] *adj.* (**-i-**) mugriento
grin [grĭn] ◇ *intr.* (**-nn-**) sonreír ▪ **to ~ and bear it** soportar estoicamente ◇ *s.* sonrisa abierta
grind [grīnd] ◇ *tr.* (**ground**) [to crush] triturar, pulverizar; [to sharpen] amolar; [a lens] pulir; [glass] esmerilar; [teeth] hacer rechinar; [coffee, wheat] moler; [meat] picar ▪ **to ~ down** [to wear away] desgastar; [to oppress] agobiar, oprimir; **to ~ out** producir rutinariamente; **to ~ up** triturar; (*intr.*)[to mill] molerse; [brake, gears] chirriar, ir dando chirridos; *fam* [to study hard] quemarse las pestañas estudiando; [to work hard] trabajar mucho ◇ *s. fam* [student] empollón *m*; [task] trabajo pesado ▪ **to get back to the ~** volver a los libros OR al trabajo
grip [grĭp] ◇ *s.* [firm grasp] asimiento; [of hands] apretón *m*; [control] control *m*; [handle] asidero; [suitcase] maleta ▪ **to come to grips with** afrontar, habérselas con; **to get a good ~ on** agarrar bien; **to get a ~ on oneself** controlarse, calmarse; **to have a good ~ on** tener un buen dominio de ◇ *tr.* (**-pp-**)[to seize] agarrar; [to clasp] apretar; *fam* [to enthrall] cautivar; (*intr.*) agarrarse
gripe [grīp] *fam* ◇ *tr.* fastidiar; (*intr.*) quejarse (**about** de) ◇ *s.* queja
gris•ly [grĭz'lē] *adj.* espantoso, horroroso
grist [grĭst] *s.* molienda ▪ **to be ~ for the mill** ser provechoso
gris•tle [grĭs'əl] *s.* cartílago
grit [grĭt] ◇ *s.* [granules] granitos de arena; *fam* [pluck] agallas, valor *m* ◇ *tr.* (**-tt-**) ▪ **to ~ one's teeth** *fam* apretar los dientes
grits [grĭts] *s. pl.* maíz *m* a medio moler
grit•ty [grĭt'ē] *adj.* (**-i-**) arenoso
griz•zly [grĭz'lē] ◇ *adj.* (**-i-**) grisáceo ◇ *s.* oso gris
groan [grōn] ◇ *intr.* [to moan] gemir; [to creak] crujir (bajo mucho peso); (*tr.*) decir OR indicar con gemidos ◇ *s.* gemido
gro•cer [grō'sər] *s.* tendero, almacenero
gro•cer•y [:sə-rē] ◇ *s.* tienda de comestibles, almacén *m* ▪ **~ store** almacén ◇ *pl.* comestibles
grog [grŏg] *s.* grog *m* (esp. ron con agua)
grog•gy [grŏg'ē] *adj.* (**-i-**) [dazed] atontado; [shaky] tambaleante
groin [groin] *s.* ANAT ingle *f*; ARQ arista
groom [gro͞om] ◇ *s.* mozo de caballos; [bridegroom] novio ◇ *tr.* [horses] cuidar; [person] preparar (**for** para) ▪ **grooming** acicaladura; **to ~ oneself** arreglarse, acicalarse
groove [gro͞ov] ◇ *s.* ranura; [of a record] surco; [routine] rutina ▪ **in the ~** *jer* en plena forma; **to get into the ~ of things** acostumbrarse ◇ *tr.* acanalar; (*intr.*) ▪ **to ~ on** *jer* disfrutar de
grope [grōp] *intr.* andar a tientas ▪ **to ~ for** buscar a tientas; (*tr.*) tentar ▪ **to ~ one's way** andar a tientas
gross [grōs] ◇ *adj.* [income, weight] bruto; [error, ignorance] craso; [vulgar] grosero; [disgusting] repugnante; [unrefined] ordinario, tosco ▪ **~ amount** suma total; **~ injustice** injusticia notoria; **~ national product** producto nacional bruto ◇ *s.* total *m*; [twelve dozen] gruesa ▪ **by the ~** en gruesas ◇ *tr.* ganar en bruto ▪ **to ~ out** *jer* dar asco a
gro•tesque [grō-tesk'] *adj.* grotesco
grot•to [grŏt'ō] *s.* (*pl* **(e)s**) gruta
grouch [grouch] ◇ *intr.* gruñir, refunfuñar ◇ *s.* gruñón *m*
grouch•y [grou'chē] *adj.* (**-i-**) malhumorado
ground[1] [ground] ◇ *s.* tierra, suelo; [area] terreno, campo; ELEC toma de tierra ▪ **from the ~ up** completamente; **~ crew** personal de tierra; **~ floor** planta baja; **~ hog** marmota; **~ rule** regla de procedimiento OR comportamiento; **~ swell** mar de fondo; **~ water** agua subterránea; **~ zero** zona cero; **to break ~** empezar; **to break new ~** marcar nuevos rumbos; **to cover the ~** [distance] recorrer el trecho; *fig* tratar extensamente el tema; **to get off the ~** tomar vuelo; **to give/gain ~** ceder/ganar terreno; **to hold** OR **stand one's ~** mantenerse firme, no ceder; **to run into the ~** agotar (un tema) ◇ *pl.* [piece of land] terreno; [basis] base; [cause] causa, motivo ▪ **~ for divorce** motivo de divorcio; [sediment] poso ◇ *tr.* [theory] basar, fundar; AVIA impedir volar; *fam* [to punish] prohibir salir; ELEC conectar con tierra; MARÍT hacer varar OR encallar ▪ **to be well-grounded in** ser versado en
ground[2] ▻ **grind**
ground•less ['lĭs] *adj.* infundado, sin base
ground•work [:wûrk'] *s.* trabajo de base
group [gro͞op] ◇ *s.* grupo; [organization] agrupación *f*; MÚS conjunto ▪ **~ at risk** población de riesgo ◇ *tr.* & *intr.* agrupar(se)
group•ing [gro͞o'pĭng] *s.* agrupación *f*
grouse[1] [grous] *s. inv.* ORNIT urogallo
grouse[2] *fam* ◇ *intr.* quejarse, refunfuñar ◇ *s.* queja, refunfuño
grout [grout] *s.* lechada
grove [grōv] *s.* bosquecillo, soto
grov•el [grŏv'əl] *intr.* [to cringe] rebajarse; [to debase oneself] envilecerse
grow [grō] *tr.* (**grew, grown**) cultivar; [beard, hair] dejar(se) crecer ▪ **to ~ flowers** cultivar flores; (*intr.*) [business, industry] crecer; [to increase] aumentar; [to mature] madurar (persona) ▪ **to ~ accustomed to** acostumbrarse a; **to ~ dark** oscurecerse; **to ~ into** llegar a ser; **to ~ old** envejecer; **to ~ on trees** encontrarse dondequiera; **to ~ on someone** llegar a gustarle a alguien; **to ~ out of** [a habit] perder; [to result from] deberse a; **to ~ up** [physically] crecer; [mentally] hacerse mayor, hacerse adulto; [to be raised] criarse
growl [groul] ◇ *s.* gruñido ◇ *intr.* gruñir; (*tr.*) expresar con gruñidos
grown [grōn] ▻ **grow** ◇ *adj.* [mature] mayor, adulto
grown-up ['ŭp'] *adj.* & *s.* adulto
growth [grōth] *s.* crecimiento; [development] desarro-

llo; [increase] aumento; [of beard] barba; [of grass] brote *m*; MED tumor *m*

grub [grŭb] ◇ *tr.* (-bb-) [to dig up] desarraigar; *jer* [to sponge] gorronear; (*intr.*) [to dig] cavar; [to rummage] hurgar ◇ *s.* ZOOL larva, gusano; *jer* [food] comida

grub•by [ˈē] *adj.* (-i-) sucio

grudge [grŭj] ◇ *tr.* escatimar, dar a regañadientes ◇ *s.* rencor *m* ■ **to hold a ~ against** guardar rencor a

grudg•ing•ly [ˈĭng-lē] *adv.* de mala gana

gru•el [grōōˈəl] *s.* gachas *f*, avenate *m*

gru•el•(l)ing [ˈə-lĭng] *adj.* [demanding] abrumador; [exhausting] agotador, penoso

grue•some [grōōˈsəm] *adj.* horrible, horrendo

gruff [grŭf] *adj.* brusco; [hoarse] ronco

grum•ble [grŭmˈbəl] ◇ *intr.* quejarse, gruñir ◇ *s.* queja, gruñido

grum•bling [:blĭng] *adj.* gruñón, refunfuñón

grump [grŭmp] ◇ *s.* gruñón *m* ◇ *pl.* mal humor ◇ *intr.* quejarse, refunfuñar

grump•y [grŭmˈpē] *adj.* (-i-) malhumorado

grunt [grŭnt] ◇ *intr.* gruñir ◇ *s.* gruñido

guar•an•tee [găr'ən-tēˈ] ◇ *s.* garantía; [promise] palabra, promesa; [guarantor] garante *mf* ■ **to be a ~ of** asegurar, garantizar ◇ *tr.* garantizar; [to promise] prometer; [someone's actions] responder de

guar•an•tor [:tôrˈ] *s.* garante *mf*

guard [gärd] ◇ *tr.* guardar; [to protect] proteger; [to watch over] custodiar; (*intr.*) ■ **to ~ against** guardarse de ◇ *s.* [sentinel] guardia *m*, guardián *m*; [body of troops] guardia *f*; [escort] escolta; DEP [players] defensa *m*; [defensive posture] guardia; [act of guarding] custodia, guardia; [of a prisoner] vigilancia; [safeguard] protección *f* ■ **off (one's) ~** desprevenido; **on (one's) ~** prevenido, en guardia; **to be on ~** MIL estar de guardia; **under ~** a buen recaudo

guard•ed [gärˈdĭd] *adj.* [cautious] cauto; [restrained] mesurado; [protected] protegido

guard•house [gärdˈhous'] *s.* cuerpo de guardia; [jail] cárcel *f* militar

guard•i•an [gärˈdē-ən] *s.* guardián *m*, guarda *m*; [of an orphan] tutor *m*, curador *m*

gua•va [gwäˈvə] *s.* guayaba

gu•ber•na•to•ri•al [gōō'bər-nə-tôrˈē-əl] *adj.* del gobernador

gue(r)•ril•la [gə-rĭlˈə] *s.* guerrillero ■ **~ warfare** guerrilla, guerra de guerrillas

guess [gĕs] ◇ *tr.* & *intr.* conjeturar; [to suppose] suponer; [to estimate correctly] adivinar ■ **I ~ so** me imagino que sí; **~ who came!** ¡adivina quién vino!; **to ~ right** adivinar, acertar; **to keep someone guessing** mantener a alguien en suspenso ◇ *s.* conjetura, suposición *f* ■ **rough ~** cálculo aproximado; **to take a ~** tratar de adivinar

guess•work [ˈwûrkˈ] *s.* conjetura

guest [gĕst] *s.* [at home] invitado; [at hotel] huésped *m* ■ **be my ~** *fam* por supuesto, hazlo si quieres; **~ room** cuarto de huéspedes

guff [gŭf] *s. jer* disparates *m*, tonterías

guf•faw [gə-fôˈ] ◇ *s.* carcajada, risotada ◇ *intr.* reírse a carcajadas

guid•ance [gīdˈns] *s.* [direction] dirección *f*; [leadership] gobierno; [counseling] orientación *f* ■ **under the ~ of** guiado por

guide [gīd] ◇ *s.* [leader] guía *mf*; [book, device] guía *f* ◇ *tr.* guiar; [to steer, govern] dirigir; [to advise] aconsejar ■ **guided missile** proyectil teledirigido; (*intr.*) servir de guía

guide•book [ˈbōōkˈ] *s.* guía

guide•line [:līnˈ] *s.* pauta

guide•post [:pōstˈ] *s.* poste *m* indicador

guild [gĭld] *s.* gremio, asociación *f*

guile [gīl] *s.* astucia

guile•less [ˈlĭs] *adj.* inocente, cándido

guil•lo•tine [gĭlˈə-tēnˈ] ◇ *s.* guillotina ◇ *tr.* guillotinar

guilt [gĭlt] *s.* culpabilidad *f*; [blame, remorse] culpa

guilt•less [ˈlĭs] *adj.* inocente

guilt•y [gĭlˈtē] *adj.* (-i-) culpable ■ **not ~** inocente; **to find ~** declarar culpable; **to have a ~ conscience** tener remordimientos de conciencia

guin•ea pig [gĭnˈē pĭg] *s.* conejillo de Indias

guise [gīz] *s.* [aspect] apariencia; [pretext] pretexto; [dress] traje *m*

gui•tar [gĭ-tärˈ] *s.* guitarra

gulf [gŭlf] *s.* golfo; [abyss] abismo

gul•let [gŭlˈĭt] *s.* esófago; [throat] garganta

gul•li•ble [gŭlˈə-bəl] *adj.* crédulo

gul•ly [gŭlˈē] *s.* badén *m*, barranco

gulp [gŭlp] ◇ *tr.* tragar, engullir ■ **to ~ down** tragarse; (*intr.*) tragar en seco; [in fear] quedar boquiabierto ◇ *s.* trago

gum[1] [gŭm] ◇ *s.* [sap, glue] goma; [for chewing] chicle *m* ◇ *tr.* (-mm-) engomar ■ **to ~ up** [to clog] atascar; [to ruin] estropear

gum[2] *s.* ODONT encía

gump•tion [gŭmpˈshən] *s. fam* [courage] agallas; [common sense] sentido común

gun [gŭn] ◇ *s.* arma de fuego; [handgun] pistola; [rifle] fusil *m*; [shotgun] escopeta; [cannon] cañón *m*; [killer] pistolero ◇ *tr.* (-nn-) disparar; AUTO acelerar a fondo ■ **to ~ down** matar (a tiros)

gun•boat [ˈbōtˈ] *s.* cañonero

gun•fight [:fītˈ] *s.* tiroteo

gun•fire [:fīrˈ] *s.* disparos, tiros; [from artillery] cañonazos; [shooting] tiroteo

gunk [gŭngk] *s. fam* mugre *f*, porquería

gun•man [gŭnˈmən] *s.* (*pl* **-men**) pistolero

gun•ner [:ər] *s.* MIL artillero

gun•pow•der [gŭnˈpou'dər] *s.* pólvora

gun•run•ner [:rŭn'ər] *s.* traficante *mf* de armas

gun•shot [:shŏtˈ] *s.* tiro; [of artillery] cañonazo; [range] alcance *m* ■ **within ~** a tiro de fusil

gun-shy [:shīˈ] *adj.* asustadizo, receloso

gun•sling•er [:slĭng'ər] *s.* pistolero

gun•smith [:smĭthˈ] *s.* armero

gun•wale [gŭnˈəl] *s.* regala, borda

gur•gle [gûrˈgəl] ◇ *intr.* [water] gorgotear; [baby] gorjear ◇ *s.* gorgoteo, gorjeo

gu•ru [gŏŏrˈōō] *s.* gurú *m*

gush [gŭsh] ◇ *intr.* brotar, chorrear; [person] hablar con efusión ◇ *s.* chorro; [display] efusión

gush•er [:ər] *s.* pozo brotante de petróleo

gust [gŭst] ◇ *s.* ventolera, ráfaga; [of anger] acceso ◇ *intr.* soplar (el viento)

gus•to [gŭsˈtō] *s.* deleite *m*, entusiasmo

gust•y [gŭsˈtē] *adj.* (-i-) ventoso, borrascoso

gut [gŭt] ◇ *s.* intestino, tripa ◇ *pl.* [entrails] tripas; *jer* [courage] agallas ◇ *tr.* (-tt-) destripar; *fig* destruir el

interior de <> *adj. jer* [feeling] hondo, visceral; [reaction] instintivo; [issue] fundamental
guts•y [:sē] *adj.* (-i-) *jer* con agallas, atrevido
gut•ter [gŭt'ər] <> *s.* [of street] cuneta; [of roof] canalón *m*, canal *m* ▪ ~ **language** lenguaje obsceno; **to come from the** ~ venir de lo más bajo <> *intr.* parpadear (una vela)
guy[1] [gī] <> *s.* [tether] tirante *m* <> *tr.* atirantar
guy[2] <> *s. fam* [fellow] tipo, tío <> *pl.* muchachos
guz•zle [gŭz'əl] *tr.* soplarse, tragar
guz•zler ['lər] *s.* bebedor *m*, borracho
gym [jĭm] *s.* [building] gimnasio; [activity] gimnasia
gym•na•si•um [jĭm-nā'zē-əm] *s.* gimnasio
gym•nast ['năst'] *s.* gimnasta *mf*
gym•nas•tic [-năs'tĭk] *adj.* gimnástico ▪ **gymnastics** (*s.sg.*) gimnasia
gy•ne•col•o•gist [gī'nĭ-kŏl'ə-jĭst] *s.* ginecólogo
gy•ne•col•o•gy [:jē] *s.* ginecología
gyp•sum [jĭp'səm] *s.* yeso
gyp•sy [jĭp'sē] *s.* gitano ▪ **Gypsy** gitano
gy•rate [jī'rāt'] *intr.* girar, rotar
gy•ra•tion [jī-rā'shən] *s.* giro, rotación *f*
gy•ro [jī'rō] *s.* giroscopio
gy•ro•scope [jī'rə-skōp'] *s.* giroscopio

H

h, H [āch] *s.* octava letra del alfabeto inglés
ha [hä] *interj.* ¡ah!, ¡ja!
hab•er•dash•er [hăb'ər-dăsh'ər] *s.* vendedor *m* de artículos para caballeros
hab•er•dash•er•y [:ə-rē] *s.* (tienda de) artículos para caballeros
hab•it [hăb'ĭt] *s.* costumbre *f*; [addiction] dependencia; [dress] hábito ▪ **out of** ~ por costumbre; **to be in the** ~ **of** acostumbrarse de; **to kick the** ~ *fam* dejar el vicio
hab•it•a•ble [hăb'ĭ-tə-bəl] *adj.* habitable
hab•i•tat [:tăt'] *s.* hábitat *m*
hab•i•ta•tion ['-tā'shən] *s.* habitación *f*
hab•it-form•ing [hăb'ĭt-fôr'mĭng] *adj.* que crea hábito
ha•bit•u•al [hə-bĭch'ōō-əl] *adj.* inveterado, empedernido; [usual] acostumbrado
ha•bit•u•ate [:āt'] *tr.* & *intr.* habituar(se)
hack[1] [hăk] <> *tr.* [to chop] cortar, tajar; *fam* [to cope] aguantar; (*intr.*) toser <> *s.* tajo, hachazo; [cough] tos seca
hack[2] <> *s.* [nag] jamelgo, penco; [hireling] asalariado; [carriage] coche *m* de alquiler; *fam* taxista *mf* <> *intr. fam* trabajar de taxista <> *adj.* comercializado; [hackneyed] trillado
hack•er [hăk'ər] *s.* pirata informático
hack•le [hăk'əl] <> *s.* pluma del cuello <> *pl.* pelos del cuello ▪ **to get one's** ~ **up** sacar las garras
hack•ney [hăk'nē] *s.* [horse] trotón *m*, caballo de silla; [carriage] coche *m* de alquiler
hack•neyed [:nēd] *adj.* gastado, trillado
hack•saw [hăk'sô'] *s.* sierra para metales
had [hăd] ▻ **have**
had•dock [hăd'ək] *s.* (*pl* **inv.** OR **s**) abadejo
hag [hăg] *s.* vieja bruja, arpía
hag•gard [hăg'ərd] *adj.* demacrado
hag•gle [hăg'əl] *intr.* regatear
hag•gling [:lĭng] *s.* regateo
ha-ha [hä'hä'] *interj.* ¡ja, ja, ja!
hail[1] [hāl] <> *s.* [ice] granizo; [barrage] lluvia, andanada <> *intr.* granizar
hail[2] <> *tr.* saludar; [to acclaim] aclamar; [cab] llamar; (*intr.*) ▪ **to** ~ **from** ser de <> *s.* saludo <> *interj.* ¡salve! ▪ ~ **to** viva
hail•stone [hāl'stōn'] *s.* granizo
hail•storm [:stôrm'] *s.* granizada
hair [hâr] *s.* pelo, cabello ▪ **gray** ~ canas; ~ **piece** tupé *m*, peluquín *m*; ~ **spray** gomina, laca; ~ **style** peinado; **to comb one's** ~ peinarse; **to get in someone's** ~ tener a alguien hasta la coronilla; **to let one's** ~ **down** echar una cana al aire; **to make one's** ~ **stand on end** ponerle a uno los pelos de punta; **to tear one's** ~ **out** tirarse de los pelos; **to split hairs** hilar demasiado fino
hair•brush ['brŭsh'] *s.* cepillo (para el pelo)
hair•cut [:kŭt'] *s.* corte *m* de pelo ▪ **to get a** ~ cortarse el pelo
hair•do [:dōō'] *s.* peinado
hair•dress•er [:dres'ər] *s.* peluquero
hair•dress•ing [:ĭng] *s.* [occupation] peluquería; [act] peinado
hair•less [hâr'lĭs] *adj.* sin pelo; [face] lampiño
hair•line [:līn'] *s.* nacimiento del pelo; [line] rayita ▪ **receding** ~ entradas
hair•net [:net'] *s.* redecilla para el cabello
hair•pin [:pĭn'] *s.* [pin] horquilla; [curve] curva cerrada (de una carretera)
hair-rais•ing [:rā'zĭng] *adj.* espeluznante
hairs•breadth [hârz'bredth'] *s.* pelo, tris *m*
hair•split•ting [hâr'splĭt'ĭng] *s.* argucias
hair-trig•ger [hâr'trĭg'ər] *adj.* impulsivo
hair•y [hâr'ē] *adj.* (-i-) peludo; *jer* [hazardous] espinoso
hake [hāk] *s.* (*pl* **inv.** OR **s**) merluza
hal•cy•on [hăl'sē-ən] *adj.* venturoso
hale [hāl] *adj.* robusto, fuerte
half [hăf] <> *s.* (*pl* **-ves**) mitad *f*; [part] parte *f*; DEP tiempo ▪ **and a** ~ y medio; **better** ~ *fam* cara mitad, costilla; **by** ~ a la mitad; **by halves** a medias; ~ **brother/sister** hermanastro/a; ~ **note** MÚS blanca; ~ **past (two)** (dos) y media <> *adj.* & *adv.* medio, a medias ▪ ~ **price** a mitad de precio; **not** ~ **bad** *fam* no tan malo
half-and-half ['ən-hăf'] <> *adj.* mitad y mitad <> *adv.* a medias <> *s.* leche *f* con crema
half•back [:băk'] *s.* DEP medio
half-baked [:bākt'] *adj.* a medio cocer; *fam* [ill-conceived] disparatado, precipitado
half-breed [:brēd'] *s.* & *adj. jer* mestizo
half-caste [:kăst'] *s.* & *adj.* mestizo
half•cocked [:kŏkt'] *adj. fam* descabellado
half•heart•ed [:här'tĭd] *adj.* sin entusiasmo
half-hour [:our'] *s.* media hora
half-life [:līf'] *s.* periodo de desintegración radioactiva
half-mast [:măst'] *s.* ▪ **at** ~ a media asta
half-moon [:mōōn'] *s.* media luna
half-o•pen [:ō'pən] *adj.* entreabierto
half-truth [:trōōth'] *s.* verdad *f* a medias

half•way [:wā'] <> *adj.* medio, intermedio; [measures] parcial <> *adv.* a la mitad; [partially] a medias ■ **to meet ~** partir la diferencia, hacer concesiones
half-wit [:wĭt'] *s.* retrasado mental
hal•i•but [hăl'ə-bət] *s.* halibut *m*
hall [hôl] *s.* corredor *m*; [lobby] vestíbulo; [auditorium] sala; EDUC [building] facultad *f* ■ **~ of fame** museo conmemorativo
hal•le•lu•jah [hăl'ə-lo͞o'yə] *interj.* aleluya
hall•mark [hôl'märk'] *s.* sello
hal•low [hăl'ō] *tr.* santificar; [to revere] venerar
hal•lu•ci•nate [hə-lo͞o'sə-nāt'] *tr. & intr.* alucinar(se)
hal•lu•ci•na•tion [-'-nā'shən] *s.* alucinación *f*
hal•lu•ci•no•gen•ic [-'jen'ĭk] *adj.* alucinógeno
hall•way [hôl'wā'] *s.* pasillo, corredor *m*
ha•lo [hā'lō] *s.* (*pl* (e)s) halo; [aura] aura
halt[1] [hôlt] <> *s.* [stop] alto, parada; [pause] interrupción *f* ■ **to call a ~ to** poner fin a <> *tr. & intr.* parar(se), detener(se); [briefly] interrumpir(se) ■ **~!** ¡alto!
halt[2] *intr.* [to hobble] cojear; [to waver] titubear
hal•ter [hôl'tər] <> *s.* dogal *m*; [bodice] corpiño sin espalda <> *tr.* encabestrar; [to restrain] restringir
halt•ing [hôl'tĭng] *adj.* cojo; [wavering] titubeante
halve [hăv] *tr.* partir OR reducir a la mitad; [a number] dividir por dos
halves [hăvz] ▻ **half**
ham [hăm] <> *s.* jamón *m*, pernil *m*; ANAT corva; *fam* [performer] comicastro; RAD radioaficionado <> *tr.* (**-mm-**) exagerar
ham•burg•er [hăm'bûr'gər] *s.* hamburguesa
ham•let [hăm'lĭt] *s.* aldea, caserío
ham•mer [hăm'ər] <> *s.* martillo; [of gun] percusor *m*; [of piano] martinete *m* <> *tr.* martillar ■ **to ~ away at** *fam* [an opponent] castigar a; [a task] trabajar con ahínco en; **to ~ home** *fig* machacar incansablemente; **to ~ out** [dent] sacar a martillazos; [contract] elaborar, llegar a
ham•mered [:ərd] *adj.* repujado
ham•mer•head [:ər-hed'] *s.* cabeza de martillo; ICT pez martillo
ham•mock [hăm'ək] *s.* hamaca
ham•per[1] [hăm'pər] *tr.* poner trabas a
ham•per[2] *s.* [basket] cesto
ham•ster [hăm'stər] *s.* hámster *m*
ham•string [hăm'strĭng'] <> *s.* tendón *m* de la corva <> *tr.* (**-strung**) cortar el tendón de la corva a; [to hinder] incapacitar
hand [hănd] <> *s.* mano *f*; [of clock, gauge] aguja, manecilla; [side] lado; [script] letra; [applause] aplauso; [laborer] obrero, jornalero; [on ship] tripulante *m*; [expert] perito; [cards] mano; EQUIT palmo menor; [bananas] racimo ■ **at the hands of** en manos de; **by ~** a mano; **by the ~** de la mano; **(close) at ~** muy cerca, a mano; **~ in ~** tomados de la mano; **~ over fist** *fam* a manos llenas; **hands down** fácilmente; **hands off!** ¡no tocar!; **on ~** disponible; **on one's hands and knees** a gatas; **on the one (other) ~** por una (otra) parte; **out of ~** fuera de control; **out of my hands** fuera de mi alcance; **the matter at ~** el asunto que se está estudiando; **to be an old ~ at** tener mucha experiencia en; **to be someone's right ~** ser el brazo derecho de alguien; **to bite the ~ that feeds you** ser mal agradecido; **to change hands** cambiar de dueño; **to clap one's hands** batir palmas; **to get** OR **lay one's hands on** encontrar, localizar; **to give** OR **lend a ~ (with)** echar una mano (a); **to have a ~ in** tener parte en; **to have one's hands full** tener mucho que hacer; **to keep one's ~ in** no perder la práctica de; **to know like the back of one's ~** conocer como la palma de la mano; **to live from ~ to mouth** vivir al día; **to play into someone's hands** hacerle el juego a alguien; **to shake hands** darse la mano; **to take one's life in(to) one's hands** jugarse uno la vida; **to take something off someone's hands** quitarle a alguien algo; **to throw up one's hands** echarse OR llevarse las manos a la cabeza; **to wait on someone ~ and foot** desvivirse por alguien <> *tr.* entregar, dar ■ **to ~ down** transmitir; [verdict] dictar; **to ~ in** presentar, entregar; **to ~ out** [to administer] dar, aplicar; [to distribute] repartir; **to ~ over (to)** ceder (a); **to have to ~ it to** *jer* tener que felicitar a OR reconocer los méritos de
hand•bag ['băg'] *s.* cartera, bolso
hand•ball [:bôl'] *s.* pelota (vasca)
hand•bill [:bĭl'] *s.* volante *m*, octavilla
hand•book [:bo͝ok'] *s.* manual *m*
hand•cart [:kärt'] *s.* carretilla
hand•cuff [:kŭf'] <> *s. pl.* esposas <> *tr.* esposar; *fig* maniatar
hand•ful [:fo͝ol'] *s.* puñado ■ **a real ~** una verdadera lata
hand•gun [:gŭn'] *s.* pistola
hand•i•cap [hăn'dē-kăp'] <> *s.* hándicap *m*; [hindrance] obstáculo, desventaja; [physical or mental] discapacidad *f* <> *tr.* (**-pp-**) asignar un hándicap a; [to impede] poner en desventaja
hand•i•capped [:kăpt'] *adj.* discapacitado
hand•i•craft [hăn'dē-krăft'] *s.* destreza manual; [occupation, product] (artículo de) artesanía
hand•i•work [:wûrk'] *s.* trabajo manual; [doing] obra
hand•ker•chief [hăng'kər-chĭf] *s.* pañuelo
han•dle [hăn'dl] <> *tr.* tocar, andar con; [conveyance] manejar, dirigir; [to deal with] encargarse de; [to represent] ser el agente de; [to cope with] poder con; [to trade in] comerciar en ■ **~ with care** frágil; **to ~ oneself** comportarse; (*intr.*) manejarse <> *s.* mango; [of door] manija; [grip] asa, asidero; *jer* nombre *m* ■ **to fly off the ~** perder los estribos
han•dle•bars [:bärz'] *s. pl.* manillar *m*
han•dler [hănd'lər] *s.* COM tratante *m*; DEP entrenador *m*
han•dling [:lĭng] *s.* manejo; [treatment] forma de tratar ■ **shipping and ~** gastos de flete
hand•made [hănd'mād'] *adj.* hecho a mano
hand-me-down [:mē-doun'] *s. & adj.* (prenda de vestir) de segunda mano
hand•out [:out'] *s.* limosna; [leaflet] folleto
hand-pick [:pĭk'] *tr.* escoger, seleccionar
hand•rail [:rāl'] *s.* pasamano, barandilla
hand•saw [:sô'] *s.* serrucho
hands-free [hăndz'frē'] *adj.* de manos libres
hand•shake [:shāk'] *s.* apretón *m* de manos
hands-off [hăndz'ôf'] *adj.* de no intervención
hand•some [hăn'səm] *adj.* (**-er, -est**) guapo, bien parecido; *fig* liberal, generoso
hands-on [hăndz'ŏn'] *adj.* práctico
hand•spring [hănd'sprĭng'] *s.* DEP voltereta
hand•stand [:stănd'] *s.* parada de manos

hand-to-hand [:tə-hănd′] *adj.* cuerpo a cuerpo
hand-to-mouth [:tə-mouth′] *adj.* precario
hand•writ•ing [:rī′tĭng] *s.* escritura; [style] letra
hand•writ•ten [:rĭt′ən] *adj.* escrito a mano
hand•y [hăn′dē] *adj.* (-i-) mañoso; [accessible] a mano; [useful] conveniente, práctico ■ **to be ~ with** saber manejar; **to come in ~** venir bien
hand•y•man [:măn′] *s.* (*pl* **-men**) hombre *m* que hace bricolajes
hang [hăng] ◇ *tr.* (**hung**) suspender, colgar; [to execute] ahorcar; [pictures] fijar; [one's head] bajar, inclinar ■ **to ~ up** [to delay] demorar; [telephone] colgar; (*intr.*) colgar; [to be executed] ser ahorcado; [in air] flotar; [to droop] inclinarse; [fabric] caer; [paintings] exhibirse ■ **~ in there!** *fam* ¡ánimo!; **to ~ around** OR **out** *fam* haraganear; **to ~ back** quedarse atrás; **to ~ loose** *jer* estar tranquilo; **to ~ on** [to wait] esperar; [to grasp] asirse de; [to persevere] persistir; [to depend on] depender de; **to ~ onto** guardar, quedarse con ◇ *s.* caída (de tela, prenda) ■ **I don't give a ~** *fam* me importa un comino; **to get the ~ of something** *fam* cogerle el truco a algo
hang-glid•er [hăng′glī-dər] *s.* ala delta
han•gar [hăng′ər] *s.* hangar *m*
hang•er [hăng′ər] *s.* colgadero, percha
hang•er-on [hăng′ər-ŏn′] *s.* (*pl* **hangers-**) parásito, gorrón *m*
hang•ing [hăng′ĭng] ◇ *s.* ejecución *f* en la horca ◇ *adj.* colgante, pendiente
hang•out [:out′] *s.* punto de reunión
hang•o•ver [:ō′vər] *s.* resaca; *fig* vestigio
hang-up [:ŭp′] *s. fam* complejo, problema *m*; [obstacle] traba
hank [hăngk] *s.* madeja
han•ker [hăng′kər] *intr.* ■ **~ after** anhelar
han•ker•ing [:ĭng] *s.* deseo, ganas; [nostalgia] añoranza
han•kie/ky [hăng′kē] *s. fam* pañuelo
han•ky-pan•ky [hăng′kē-păng′kē] *s. jer* truquitos, jueguitos; [foolishness] boberías ■ **there's some ~ going on** hay algo que no huele bien
hap•haz•ard [hăp-hăz′ərd] *adj.* arbitrario
hap•less [hăp′lĭs] *adj.* desventurado
hap•pen [hăp′ən] *intr.* [to come to pass] pasar, suceder; [to take place] producirse, ocurrir ■ **how does it ~ that ...?** ¿cómo es posible que ...?; **if you ~ to talk to him** si por casualidad hablaras con él; **it (so) happens that** OR **as it happens** da la casualidad que; **to ~ to be** dar la casualidad de ser OR estar
hap•pen•stance [:stăns′] *s.* casualidad *f*
hap•pi•ness [hăp′ē-nĭs] *s.* felicidad *f*, dicha; [merriment] alegría
hap•py [hăp′ē] *adj.* (-i-) feliz, dichoso; [fortunate] dichoso; [satisfied] contento; [merry] alegre; [fitting] acertado; [overly fond of] obsesionado ■ **~ birthday!** ¡feliz cumpleaños!, ¡felicidades!; **to be ~ for/to** alegrarse por/de
hap•py-go-luck•y [′-gō-lŭk′ē] *adj.* despreocupado
ha•rangue [hə-răng′] ◇ *s.* arenga ◇ *tr.* & *intr.* arengar
ha•rass [hə-răs′, hăr′əs] *tr.* acosar; [to annoy] molestar; [to wear out] agobiar; MIL hostilizar
ha•rass•ment [:mənt] *s.* acoso, hostigamiento
har•bin•ger [här′bĭn-jər] *s.* heraldo; [omen] presagio; [forerunner] precursor *m*
har•bor [här′bər] ◇ *s.* puerto; [refuge] refugio ◇ *tr.* proteger; [hopes] abrigar; [resentment] guardar
hard [härd] ◇ *adj.* duro; [firm] firme; [resistant] resistente; [difficult] difícil; [robust] fuerte; [strong-minded] decidido, resuelto; [diligent] diligente; [inclement] duro; [stern] severo; [trying] difícil; [callous] cruel; [damaging] dañino; [facts] incontestable; [liquor] fuerte ■ **~ and fast** riguroso, invariable; **~ cash** metálico; **~ core** núcleo, médula; **~ disk** COMPUT disco duro; **~ drugs** drogas duras; **~ labor** trabajos forzados; **~ line** postura firme; **~ luck** mala suerte ◇ *adv.* [intensely] mucho; [vigorously] con fuerza; [badly] gravemente; [firmly] fuertemente ■ **~ on the heels of** pisándole los talones a; **to be ~ at it** trabajar con ahínco; **to be ~ hit** estar severamente afectado; **to be ~ up** estar mal de dinero
hard•back [′băk′] *adj.* & *s.* (libro) encuadernado
hard-boiled [:boild′] *adj.* [egg] duro; *fam* [callous] duro; [unsentimental] práctico
hard•bound [:bound′] = **hardback**
hard-core, hard•core [:kôr′] *adj.* empedernido; [pornography] explícito
hard•en [här′dn] *tr.* & *intr.* endurecer(se); [to inure] acostumbrar(se)
hard•head•ed [härd′hed′ĭd] *adj.* [stubborn] testarudo; [realistic] práctico
hard-heart•ed [:här′tĭd] *adj.* duro de corazón
hard-line, hard•line [härd′līn′] *adj.* firme; [uncompromising] intransigente
hard-lin•er [:lī′nər] *s.* intransigente *mf*
hard•ly [:lē] *adv.* [just] apenas; **I had ~ closed my eyes** apenas había cerrado los ojos; [scarcely] escasamente, casi no
hard-nosed [:nōzd′] *adj.* cabezón, obstinado
hard•ship [:shĭp′] *s.* sufrimiento; [privation] penuria
hard•ware [:wâr′] *s.* (artículos de) ferretería; COMPUT hardware *m*, equipo; *fam* [weapons] hierros ■ **~ store** ferretería
hard-won [:wŭn′] *adj.* ganado con dificultad
hard•wood [:wŏŏd′] *s.* & *adj.* (árbol *m*) de madera dura
har•dy [här′dē] *adj.* robusto, resistente; [intrepid] temerario
hare [hâr] *s.* liebre *f*
hare•brained [′brānd′] *adj.* atolondrado
hare•lip [:lĭp′] *s.* labio leporino
har•em [hâr′əm] *s.* harén *m*
hark [härk] *intr.* escuchar, prestar atención ■ **to ~ back to** remontarse a
har•lot [här′lət] *s.* ramera
harm [härm] ◇ *s.* daño, perjuicio; [evil] mal *m* ■ **out of harm's way** a salvo ◇ *tr.* hacer daño, perjudicar
harm•ful [′fəl] *adj.* perjudicial; [damaging] dañino
harm•less [:lĭs] *adj.* inocuo
har•mon•ic [här-mŏn′ĭk] *adj.* & *s.* armónico
har•mon•i•ca [:ĭ-kə] *s.* armónica
har•mo•ni•ous [här-mō′nē-əs] *adj.* armonioso
har•mo•nize [′mə-nīz′] *tr.* & *intr.* armonizar
har•mo•ny [:nē] *s.* armonía
har•ness [här′nĭs] ◇ *s.* arreos ◇ *tr.* [horse] enjaezar; [energy] aprovechar, utilizar
harp [härp] ◇ *s.* arpa ◇ *intr.* tocar el arpa ■ **to ~ on** machacar, insistir en
har•poon [här-po͞on′] ◇ *s.* arpón *m* ◇ *tr.* arponear

H

harp•si•chord [härp′sĭ-kôrd′] *s.* clavicémbalo
har•py [här′pē] *s.* arpía
har•row•ing [hăr′ō-ĭng] *adj.* espantoso
har•ry [hăr′ē] *tr.* merodear; [to harass] atormentar
harsh [härsh] *adj.* áspero; [stern] cruel, severo
har•vest [här′vĭst] ◇ *s.* cosecha; [of sugar cane] zafra; [of grapes] vendimia; [result] fruto ◇ *tr. & intr.* cosechar, hacer la cosecha
har•vest•er [:vĭ-stər] *s.* [of fruit] recolector *m*; [of sugar cane] cortador *m*; [machine] segadora
has [hăz] *tercera persona sing. de* **have**
has-been [hăz′bĭn′] *s. fam* persona acabada
hash[1] [hăsh] ◇ *s.* CUL picadillo; [jumble] revoltillo ◇ *tr.* picar; *fam* [to mangle] mutilar ■ **to ~ out** OR **over** discutir a fondo
hash[2] *s. jer* [hashish] hachís *m*
hash•ish [′ēsh′] *s.* hachís *m*
has•sle [hăs′əl] *fam* ◇ *s.* lío, problemas ◇ *tr.* fastidiar, molestar
has•sock [hăs′ək] *s.* cojín *m*, almohadón *m*
haste [hāst] *s.* prisa; [rashness] precipitación *f* ■ **in ~** de prisa, precipitadamente; **to make ~** darse prisa
has•ten [hā′sən] *intr.* darse prisa, apresurarse; (*tr.*) apresurar
hast•y [hā′stē] *adj.* (-i-) apresurado; [rash] precipitado ■ **to be ~** precipitarse
hat [hăt] *s.* sombrero ■ **at the drop of a ~** al menor pretexto; **~ in hand** humildemente; **my ~!** ¡naranjas!; **to keep under one's ~** no decir nada de; **to take one's ~ off to** reconocer el mérito de; **to throw one's ~ into the ring** postularse como candidato
hatch[1] [hăch] *s.* trampa; MARÍT escotilla
hatch[2] *intr.* salir del cascarón; (*tr.*) [to produce young] sacar (pollos); [an egg] empollar; [plot] tramar
hatch•et [hăch′ĭt] *s.* hachuela ■ **~ man** *jer* matón; [henchman] esbirro; **to bury the ~** envainar la espada
hatch•way [hăch′wā′] *s.* MARÍT escotilla
hate [hāt] ◇ *tr.* odiar; (*intr.*) sentir odio ◇ *s.* odio
hate•ful [′fəl] *adj.* odioso; [full of hatred] rencoroso
ha•tred [hā′trĭd] *s.* odio
hat•ter [hăt′ər] *s.* sombrerero
haugh•ty [hô′tē] *adj.* (-i-) altivo
haul [hôl] ◇ *intr. & tr.* halar, tirar (de); [to transport] transportar ■ **to ~ off** coger impulso ◇ *s.* tirada; [distance] tramo; [load] carga; [of fish] redada ■ **over the long ~** a la larga
haunch [hônch] *s.* cuarto trasero; [hip] cadera
haunt [hônt] ◇ *tr.* [ghosts] aparecer a OR en; [to frequent] rondar; [to obsess] perseguir ■ **to be haunted** estar embrujado OR encantado ◇ *s.* lugar predilecto
haunt•ing [hôn′tĭng] *adj.* inolvidable
have [hăv] ◇ *tr.* (**had**) tener; [to possess] poseer; [in mind] retener; [to acquire] obtener; [letter] recibir; [disease] sufrir de, padecer; [good time] pasar; [words] encontrar; [to cause to be done] hacer, mandar; [to permit] tolerar; [baby] dar a luz, alumbrar; [to be obligated to] deber; **I ~ to get there on time** debo llegar a tiempo ■ **to be had** ser engañado; **to ~ had it** estar hasta la coronilla; **to ~ it in for** *fam* tenérsela jurada a; **to ~ it out with** habérselas con; **to ~ on** llevar puesto; **to ~ to do with** tener que ver con; (*aux.*) haber; **he had got angry** se había enojado; hacer; **it has been snowing for a week** hace una semana que está nevando ■ **had better** más vale que; **I had better leave** más vale que me vaya ◇ *s.* ■ **the haves and the have-nots** los ricos y los pobres
ha•ven [hā′vən] *s.* puerto; [shelter] refugio
have-not [hăv′nŏt′] *s.* pobre *mf*
hav•er•sack [hăv′ər-săk′] *s.* mochila
hav•oc [hăv′ək] *s.* estragos; [chaos] caos *m*
hawk[1] [hôk] *s.* halcón *m*; *fig* tiburón *m*; *fam* [warmonger] militarista *mf*, halcón *m*
hawk[2] *intr. & tr.* [to peddle] pregonar
hawk•er [hô′kər] *s.* pregonero
hawk•ish [hô′kĭsh] *adj.* militarista
haw•thorn [hô′thôrn′] *s.* espino
hay [hā] ◇ *s.* heno ■ **~ fever** fiebre del heno; **to hit the ~** *fam* acostarse, irse a roncar ◇ *intr.* secar heno
hay•loft [hā′lôft′] *s.* henil *m*
hay•seed [hā′sēd′] *s. jer* patán *m*
hay•stack [hā′stăk′] *s.* almiar *m*
hay•wire [hā′wīr′] *adj. fam* descontrolado
haz•ard [hăz′ərd] ◇ *s.* riesgo; [chance] azar *m*; [in golf] obstáculo ◇ *tr.* arriesgar; [a guess] aventurar
haz•ard•ous [:ər-dəs] *adj.* peligroso; [chancy] azaroso; [harmful] perjudicial
haze[1] [hāz] *s.* niebla ligera; [mental] ofuscamiento
haze[2] *tr.* someter a ritos de iniciación
ha•zel [hā′zəl] *adj. & s.* (de) avellano
ha•zel•nut [:nŭt′] *s.* avellana
haz•y [hā′zē] *adj.* (-i-) nebuloso; [unclear] confuso
H-bomb [āch′bŏm′] *s.* bomba H
he [hē] ◇ *pron.* él ◇ *s.* varón *m*
head [hed] ◇ *s.* cabeza; [sense] inteligencia; [ability] habilidad *f*; [composure] aplomo; [person] persona; [chief] jefe *m*; [top] tope *m*; [of table, bed] cabecera; [of steam] presión *f*; [on beer] espuma; [point] punta; [of drum] parche *m*; [of page] principio; [headline] titular *m*; GEOG cabo; BOT repollo; MARÍT letrina; AUTO culata (de cilindro) ■ **from ~ to foot** de arriba abajo; **~ of hair** cabellera; **~ over heels** patas arriba; *fig* locamente; **~ start** ventaja; **~ wind** viento en contra; **off the top of one's ~** sin pensar mucho en ello; **to be over one's ~** estar (algo) fuera de la capacidad de uno; **to be soft in the ~** *fam* estar tocado de la cabeza; **to bring to a ~** forzar el desenlace; **to come to a ~** madurar, definirse; **to get it into one's ~ (to)** *fam* metérsele a uno la idea (de); **to get it through one's ~** comprender algo; **to go to one's ~** subírsele a la cabeza; **to keep one's ~ above water** mantenerse a flote; **to stand on one's ~ (to)** hacer lo imposible (para); **to talk one's ~ off** *fam* hablar hasta por los codos ◇ *pl.* cara (de moneda) **~ or tails** cara o cruz; **not to make ~ or tails of** *fam* no encontrar ni pies ni cabeza a ◇ *tr.* encabezar; [to be first] ir a la cabeza de; [to turn] apuntar; DEP cabecear ■ **to ~ off** prevenir; (*intr.*) dirigirse; **to ~ back** regresar; **to ~ for** ir con rumbo a ◇ *adj.* principal, central; [at the head] delantero
head•ache [′āk′] *s.* dolor *m* de cabeza; *fam* [annoyance] quebradero de cabeza
head•band [:bănd′] *s.* cinta
head•board [:bôrd′] *s.* cabecera (de cama)
head•er [:ər] *s.* TIP encabezado; *fam* salto OR caída de cabeza
head•first [:fûrst′] *adv.* de cabeza; [impetuously] precipitadamente
head•gear [:gîr′] *s.* [headdress] tocado; [helmet] casco

head-hunt•er [:hŭn′tər] *s.* cazador *m* de cabezas; *jer* [recruiter] reclutador *m*
head•ing [:ĭng] *s.* encabezamiento; [section] apartado; [course] derrotero
head•lamp [:lămp′] *s.* faro, luz delantera
head•land [:lənd] *s.* promontorio
head•light [:līt′] *s.* faro, luz delantera
head•line [:līn′] ◇ *s.* titular *m* ◇ *pl.* sumario de noticias; **to make the** ~ aparecer en primera plana ◇ *tr.* poner titular a
head•long [:lông′] ◇ *adv.* precipitadamente ◇ *adj.* precipitado
head•mas•ter [:măs′tər] *s.* director *m* (de un colegio)
head•mis•tress [:mĭs′trĭs] *s.* directora (de un colegio)
head-on [:ŏn′] *adj.* & *adv.* de frente
head•phone [:fōn′] *s.* audífono, auricular *m*
head•quar•ters [:tərz] *s. pl.* cuartel *m* general; [police] jefatura; COM oficina central
head•rest [hed′rest′] *s.* cabecera; AUTO apoyo para la cabeza
head•set [:set′] *s.* auriculares *m*, audífonos
head•stone [:stōn′] *s.* lápida sepulcral
head•strong [:strông′] *adj.* voluntarioso
head•wait•er [′wā′tər] *s.* jefe *m* de comedor
head•way [:wā′] *s.* avance *m*, progreso; [clearance] altura libre, espacio sobrante ■ **to make** ~ avanzar, progresar
head•y [:ē] *adj.* (**-i-**) embriagador
heal [hēl] *tr.* curar; [to remedy] remediar; (*intr.*) sanar
heal•er [hē′lər] *s.* curandero
heal•ing [:lĭng] ◇ *adj.* curativo ◇ *s.* curación *f*
health [helth] *s.* salud *f*; [of community] sanidad *f* ■ ~ **food** alimentos naturales; ~ **insurance** seguro médico; ~ **spa** centro de ejercicios; **to be in bad/good** ~ estar mal/bien de salud; **to your** ~**!** ¡salud!
health•y [:thē] *adj.* (**-i-**) sano; [air, place] saludable, salubre; [appetite] bueno; [sizable] generoso, considerable ■ **to feel** ~ sentirse bien de salud
heap [hēp] ◇ *s.* montón; *jer* [jalopy] cacharro ◇ *tr.* amontonar, apilar
hear [hîr] *tr.* (**heard**) oír; [to listen to] escuchar; [Mass, lecture] asistir a, oír; [a faint sound] sentir; [to know] enterarse de; [legal case] ver ■ **to have never heard of** no conocer; **to** ~ **about** oír hablar de; **to** ~ **out** escuchar hasta el final; (*intr.*) oír ■ **I won't** ~ **of it!** ¡ni hablar!; **to** ~ **from** tener noticias de
hear•ing [′ĭng] *s.* oído; [earshot] alcance *m* del oído; DER audiencia ■ **hard of** ~ duro de oído; ~ **aid** audífono; **to give a fair** ~ escuchar sin prejuicios
hear•say [hîr′sā′] *s.* rumores *m*
hearse [hûrs] *s.* carroza fúnebre
heart [härt] *s.* corazón *m*; [cards] copa; [of lettuce] cogollo ■ **at** ~ en el fondo; **by** ~ de memoria; ~ **and soul** en cuerpo y alma; ~ **attack** ataque cardiaco; ~ **failure** colapso (cardiaco); **in the** ~ **of winter** en pleno invierno; **not to have one's** ~ **in something** hacer algo sin entusiasmo; **the** ~ **of the matter** el quid, el meollo; **to be near** OR **dear to one's** ~ tocarle a uno en el alma; **to have** ~ **trouble** no andar bien del corazón; **to have one's** ~ **set on** encapricharse en; **to have the** ~ **to** tener valor para; **to lose** ~ descorazonarse; **to one's heart's content** hasta saciarse; **to take** ~ cobrar ánimo; **to take to** ~ tomar a pecho; **to wear one's** ~ **on one's sleeve** mostrar fácilmente los sentimientos; **with all** OR **from one's** ~ de todo corazón
heart•ache [′āk′] *s.* tristeza, pena
heart•beat [:bēt′] *s.* latido
heart•break [:brāk′] *s.* angustia, pena; [disappointment] decepción *f*
heart•bro•ken [:brō′kən] *adj.* angustiado, apenado; [disappointed] decepcionado ■ **to be** ~ tener partido el corazón
heart•burn [:bûrn′] *s.* acedía
heart•en [här′tn] *tr.* alentar
heart•felt [härt′felt′] *adj.* sincero; [grief, sympathy] más sentido
hearth [härth] *s.* hogar *m*
heart•land [härt′lănd′] *s.* región *f* central
heart•less [:lĭs] *adj.* despiadado, cruel
heart-rend•ing [:ren′dĭng] *adj.* desgarrador
heart•throb [:thrŏb′] *s.* [heartbeat] latido del corazón; [sweetheart] enamorado
heart-to-heart [:tə-härt′] *adj.* cándido
heart•y [här′tē] *adj.* (**-i-**) cordial, sincero; [robust] robusto; [appetite] bueno; [meal] abundante ■ **to be a** ~ **eater** ser de buen comer
heat [hēt] ◇ *s.* calor *m*; [for building] calefacción *f*; [estrus] estro, celo; DEP carrera; *jer* [police] jara, poli *f* ■ ~ **rash** miliaria; ~ **stroke** insolación; **the** ~ **of the day** lo más caluroso del día ◇ *tr.* & *intr.* calentar(se); [to excite] acalorar(se) ■ **to** ~ **up** recalentarse
heat•ed [hē′tĭd] *adj.* caliente; [swimming pool] climatizado; [debate] acalorado
heat•er [hē′tər] *s.* radiador; [stove] estufa, calentador *m*; *jer* revólver *m*
heath [hēth] *s.* brezo; [land] brezal *m*
hea•then [hē′*th*ən] *s.* (*pl* **inv.** OR **s**) *adj.* pagano; [savage] salvaje *m*
heath•er [he*th*′ər] *s.* brezo
heat•ing [hē′tĭng] ◇ *adj.* calentador; FÍS calorífico ◇ *s.* calentamiento; [system] calefacción *f*
heave [hēv] ◇ *tr.* alzar (con esfuerzo); [to hurl] arrojar; [sigh] exhalar; (*intr.*) levantarse; *fam* [to retch] hacer arcadas ◇ *s.* tiro; GEOL desplazamiento, levantamiento ◇ *pl.* arcadas
heav•en [hev′ən] ◇ *s.* cielo; [paradise] paraíso ■ **for heaven's sake!** ¡por (amor de) Dios!; ~ **forbid that** Dios nos libre de; ~ **knows** Dios es testigo; **thank** ~**!** ¡gracias a Dios! ◇ *pl.* cielo, firmamento ■ **good** ~**!** ¡Dios mío!, ¡cielos!
heav•en•ly [:lē] *adj.* celestial; [delightful] divino, sublime
heav•y [hev′ē] ◇ *adj.* (**-i-**) pesado; [thick] espeso; [rain] fuerte; [sea] grueso; [clumsy] torpe; [excessive] fuerte; [grave] serio; [arduous] dificultoso; [large-scale] en gran escala; [onerous] gravoso; [coarse] grueso; [heart] afligido; [foul] cargado; [eyelids] amodorrado ◇ *adv.* pesadamente; [slowly] lentamente ◇ *s.* TEAT villano; [thug] matón *m*
heav•y-dut•y [′-dōō′tē] *adj.* resistente, de servicio pesado
heav•y-hand•ed [:hăn′dĭd] *adj.* torpe; [oppressive] de mano dura
heav•y-heart•ed [:här′tĭd] *adj.* afligido
heav•y•set [:set′] *adj.* corpulento
heav•y•weight [′-wāt′] *s.* peso pesado; *fam* persona importante
heck [hek] ◇ *interj.* ¡diablos! ◇ *s.* infierno
heck•le [hek′əl] *tr.* interrumpir (a un orador)

heck•ler [:lər] *s.* persona que interrumpe a un orador
hec•tic [hek'tĭk] *adj.* ajetreado
hedge [hej] ◇ *s.* seto (vivo); FIN protección *f* salvaguardia; [excuse] evasiva ◇ *tr.* encerrar (con un seto); [to limit] restringir; (*intr.*) FIN hacer operaciones compensatorias; [to skirt] andarse con rodeos
hedge•hog [hej'hôg'] *s.* erizo
hedge•row [hej'rō'] *s.* seto (vivo)
he•don•ist [hēd'n-ĭst] *s.* hedonista *mf*
hee•bie-jee•bies [hē'bē-jē'bēz] *s. pl. jer* desasosiego, nervios
heed [hēd] ◇ *intr.* & *tr.* hacer caso (a, de) ◇ *s.* atención *f* ▪ **to pay ~ to** prestar atención a
heed•ful ['fəl] *adj.* atento, cuidadoso
heed•less [:lĭs] *adj.* descuidado, incauto ▪ **to be ~ of** no hacer caso a
hee•haw [hē'hô'] *s.* rebuzno; [guffaw] risotada
heel¹ [hēl] ◇ *s.* talón *m*; [of shoe] tacón *m*; [of bread] punta; *jer* [cad] canalla *m* ▪ **to be on someone's heels** andar pisándole los talones a alguien; **to cool one's heels** hacer antesala larga; **to take to one's heels** poner pies en polvorosa; **to turn on one's ~** dar media vuelta ◇ *tr.* poner el tacón a; (*intr.*) seguir de cerca
heel² *tr.* & *intr.* MARÍT escorar, inclinar(se)
heft•y [hef'tē] *adj.* (**-i-**) pesado; [strong] robusto; [amount] cuantioso
he•gem•o•ny [hĭ-jem'ə-nē] *s.* hegemonía
heif•er [hef'ər] *s.* novilla
height [hīt] *s.* altura, alto; [summit] cumbre *f*; [of stupidity] colmo; [of person] estatura; [hill] colina
height•en ['n] *tr.* & *intr.* [to increase] aumentar(se); [to make higher] elevar(se)
hei•nous [hā'nəs] *adj.* atroz, nefando
heir [âr] *s.* heredero ▪ **~ apparent** heredero forzoso
heir•ess [âr'ĭs] *s.* heredera (de una fortuna)
heir•loom [âr'lo͞om'] *s.* reliquia de familia
heist [hīst] *jer* ◇ *tr.* robar ◇ *s.* robo
held [held] ▻ **hold¹**
hel•i•cop•ter [hel'ĭ-kŏp'tər] *s.* helicóptero ▪ **~ carrier** portahelicópteros
hel•i•port [hel'ə-pôrt'] *s.* helipuerto
he•li•um [hē'lē-əm] *s.* helio
he•lix [hē'lĭks] *s.* (*pl* **es** OR **-ces**) hélice *f*
hell [hel] *s.* infierno ▪ *fam* **a ~ of a** [bad] más malo que el diablo; [good] buenísimo; **a ~ of a lot** muchísimo; **come ~ or high water** contra viento y marea; **for the ~ of it** por puro gusto; **like ~** muchísimo; **to give someone ~** encenderle los pelos a alguien; **to go to ~** echarse a perder; **to ~ with it!** ¡al diablo!; **to raise ~** armar una de todos los diablos; **what/who the ~ ...?** ¿qué/quién diablos ...?
hell-bent ['bĕnt'] *adj.* empeñado
hell•fire [:fīr'] *s.* fuego del infierno
hell•hole [:hōl'] *s.* lugar *m* de mala muerte
hell•ish [:ĭsh] *adj.* infernal
hel•lo [he-lō', hə-] ◇ *interj.* ¡hola! ◇ *s.* ▪ **to say ~ to** saludar a
helm [helm] *s.* timón *m*
hel•met [hel'mĭt] *s.* casco
help [help] ◇ *tr.* ayudar; [to relieve] aliviar; [to save] auxiliar; [to prevent] evitar; [to serve] servir ▪ **~ button** COMPUT botón de ayuda; **~ desk** servicio de atención al usuario; **to ~ oneself to** [food] servirse; [to mooch] tomar, mangar; (*intr.*)[person] ayudar; [thing] servir ▪ **to ~ out** dar una mano ◇ *s.* ayuda; [succor] auxilio; [relief] alivio; [remedy] remedio; [employees] empleados; [servants] sirvientes
help•er [hel'pər] *s.* ayudante *mf*
help•ful [help'fəl] *adj.* útil; [beneficial] provechoso; [kind] servicial, amable
help•ing [hel'pĭng] *s.* ración *f* ▪ **to have another ~** servirse más, repetir
help•less [help'lĭs] *adj.* indefenso; [powerless] incapaz; [disabled] inválido
help•mate [:māt'] *s.* compañero; [spouse] esposo
hel•ter-skel•ter [hel'tər-skel'tər] ◇ *adj.* atropellado; [haphazard] desordenado ◇ *s.* desorden *m* ◇ *adv. fam* a troche y moche
hem¹ [hem] ◇ *s.* dobladillo ◇ *tr.* (**-mm-**) dobladillar; [to enclose] encerrar
hem² ◇ *interj.* ¡ejem! ◇ *intr.* (**-mm-**) decir ¡ejem! ▪ **to ~ and haw** vacilar (al hablar)
he-man [hē'măn'] *s.* (*pl* **-men**) *fam* macho
hem•i•sphere [hem'ĭ-sfîr'] *s.* hemisferio
hem•i•spher•ic/i•cal ['-sfîr'ĭk] *adj.* hemisférico
hem•line [hem'līn'] *s.* COST bastilla, ruedo
hem•lock [hem'lŏk'] *s.* abeto, pinabete *m*; [poisonous plant] cicuta
he•mo•glo•bin [hē'mə-glō'bĭn] *s.* hemoglobina
he•mo•phil•i•a ['-fĭl'ē-ə] *s.* hemofilia
he•mo•phil•i•ac [:ăk'] *s.* hemofílico
hem•or•rhage [hem'ər-ĭj] *s.* & *intr.* (sufrir una) hemorragia
hem•or•rhoid [:ə-roid'] *s.* almorrana
hemp [hemp] *s.* cáñamo
hem•stitch [hem'stĭch'] *s.* vainica
hen [hen] *s.* gallina; [female bird] hembra
hence [hens] *adv.* por lo tanto; [from now] de aquí a ▪ **a year ~** de aquí a un año
hence•forth ['fôrth'] *adv.* de ahora en adelante
hench•man [hench'mən] *s.* (*pl* **-men**) hombre *m* de confianza; [supporter] secuaz *m*
hen•house [hen'hous'] *s.* gallinero
hen•na [hen'ə] *s.* henna, alheña
hen•peck [hen'pek'] *tr. fam* dominar (al marido)
hep•a•ti•tis [hep'ə-tī'tĭs] *s.* hepatitis *f*
hep•ta•gon [hep'tə-gŏn'] *s.* heptágono
her [hər, hûr] ◇ *pron. pers.* ella; **for ~** para ella; la; **I saw ~** la vi; le; **I told ~** le dije ◇ *adj. pos.* su, de ella
her•ald [her'əld] ◇ *s.* heraldo, anunciador *m*; [harbinger] precursor *m* ◇ *tr.* proclamar
her•ald•ry [:əl-drē] *s.* heráldica; [pageantry] pompa heráldica
herb [ûrb, hûrb] ◇ *s.* hierba ◇ *pl.* finas hierbas
her•ba•ceous [hûr-bā'shəs, ûr-] *adj.* herbáceo
herb•al [hûr'bəl, ûr'bəl] *adj.* de hierbas, a base de hierbas ▪ **~ medicine** medicina a base de hierbas
herb•al•ist [:bə-lĭst] *s.* herbolario
her•bi•cide [:bĭ-sīd'] *s.* herbicida
her•biv•o•rous [hûr-bĭv'ər-əs, ûr-] *adj.* herbívoro
her•cu•le•an [hûr'kyə-lē'ən] *adj.* hercúleo
herd [hûrd] ◇ *s.* manada; [crowd] muchedumbre *f* ◇ *tr.* & *intr.* reunir(se) en manada
herd•er [hûr'dər] *s.* [of cattle] vaquero; [of sheep] pastor *m*; [livestock owner] ganadero
here [hîr] ◇ *adv.* aquí; [to this place] acá; [now] ahora; [regarding this point] en este punto ▪ **~ we are** ya llega-

mos; **that's neither ~ nor there** eso no viene al caso ◇ *adj.* este ▪ **my friend ~** este amigo mío
here•a•bout(s) ['ə-bout[s]'] *adv.* por aquí
here•af•ter [-ăf'tər] ◇ *adv.* en lo sucesivo; [at a future time] en un futuro ◇ *s.* el más allá
here•by [:bī'] *adv.* por este medio
he•red•i•tar•y [hə-red'ĭ-ter'ē] *adj.* hereditario
he•red•i•ty [:tē] *s.* herencia
here•in [hîr-ĭn'] *adv.* en esto
here•of [:ŭv'] *adv.* (acerca) de esto
here•on [:ŏn'] *adv.* sobre esto
her•e•sy [her'ĭ-sē] *s.* herejía
her•e•tic [:tĭk] *s.* hereje *mf*
he•ret•i•cal [hə-ret'ĭ-kəl] *adj.* herético
here•up•on [;ə-pŏn'] *adv.* a continuación
here•with [hîr-wĭth'] *adv.* adjunto
her•i•tage [:tĭj] *s.* herencia; [legacy] patrimonio
her•maph•ro•dite [hər-măf'rə-dīt'] *s.* hermafrodita *mf*
her•mit [hûr'mĭt] *s.* ermitaño
her•mit•age [:mĭ-tĭj] *s.* RELIG ermita
her•ni•a [hûr'nē-ə] *s.* (*pl* **s** OR **-ae**) hernia
he•ro [hîr'ō] *s.* (*pl* **es**) héroe *m*; LIT protagonista *mf*; *jer* [sandwich] emparedado grande
he•ro•ic [hĭ-rō'ĭk] *adj.* heroico ▪ **heroics** (*s.pl.*) [deeds] heroicidades
her•o•in [her'ō-ĭn] *s.* heroína (narcótico)
her•o•ine [her'ō-ĭn] *s.* heroína; LIT protagonista
her•o•ism [:ĭz'əm] *s.* heroísmo
her•on [her'ən] *s.* garza
her•pes [hûr'pēz] *s.* herpes *m*
her•ring [her'ĭng] *s.* (*pl* **inv.** OR **s**) arenque *m*
her•ring•bone [:bōn'] *s.* [pattern] espinapez *f*; [in cloth] punto de espina
hers [hûrz] *pron. pos.* (el) suyo, el de ella
her•self [hûr-self'] *pron. pers.* [reflexive] se; **she hurt ~** se lastimó; [emphatic] ella misma; **she ~** ella misma; [after preposition] (sí) misma ▪ **by ~** sola
hes•i•tan•cy [hez'ĭ-tn-sē] *s.* indecisión *f*
hes•i•tant [:tnt] *adj.* vacilante
hes•i•tate [:tāt'] *intr.* vacilar; [not to dare] no atreverse
hes•i•ta•tion ['-tā'shən] *s.* indecisión *f*; [vacillation] titubeo
het•er•o•ge•ne•ous ['- -jē'nē-əs] *adj.* heterogéneo
het•er•o•sex•u•al [het'ə-rō-sek'sho͞o-əl] *adj.* & *s.* heterosexual
hew [hyo͞o] *tr.* (**-ed, -ed** OR **-n**) [to shape] tallar; [to cut down] talar; (*intr.*) conformarse
hex [heks] ◇ *s.* embrujo; [jinx] aojo ◇ *tr.* embrujar
hex•a•gon [hek'sə-gŏn'] *s.* hexágono
hex•ag•o•nal [hek-săg'ə-nəl] *adj.* hexagonal
hey [hā] *interj.* ¡eh!, ¡oiga!
hey•day [hā'dā'] *s.* auge *m*
hi [hī] *interj.* ¡hola!
hi•a•tus [hī-ā'təs] *s.* (*pl* **inv.** OR **es**) grieta; [pause] pausa; ANAT & FONÉT hiato
hi•ber•nate [hī'bər-nāt'] *intr.* hibernar
hi•ber•na•tion ['-nā'shən] *s.* hibernación *f*
hi•bis•cus [hī-bĭs'kəs] *s.* hibisco
hic•cup/cough [hĭk'əp] ◇ *s.* hipo ◇ *intr.* (**-pp-**) tener hipo, hipar
hick [hĭk] *s. fam* aldeano
hick•o•ry [hĭk'ə-rē] *s.* nogal americano
hide¹ [hīd] *tr.* (**hid, hid(den)**) ocultar, esconder; [to conceal] disimular; [to cover up] tapar; (*intr.*) esconderse; [to seek refuge] refugiarse
hide² *s.* cuero ▪ **not to see ~ nor hair of** no ver el pelo de
hide-and-seek [hīd'n-sēk'] *s.* escondidas
hide•a•way ['ə-wā'] *s.* escondite *m*; [retreat] retiro
hid•e•ous [hĭd'ē-əs] *adj.* espantoso; [atrocious] atroz
hide-out [hīd'out'] *s.* escondite *m*
hid•ing [hī'dĭng] *s.* ▪ **~ place** escondite; **in ~** escondido; **to come out of ~** salir de su escondite; **to go into ~** esconderse
hi•er•ar•chy [hī'ə-rär'kē] *s.* jerarquía
hi•er•o•glyph•ic [hī'ər-ə-glĭf'ĭk] *adj.* & *s.* jeroglífico
hi-fi [hī'fī'] *s.* (aparato de) alta fidelidad
high [hī] ◇ *adj.* alto; [tall] de altura; [peaking] culminante; [lofty] grande; [wind, fever] fuerte; [Mass] mayor; [voice] agudo; [advanced] avanzado; [crime] grave; *fam* [drunk] borracho; [drugged] drogado ▪ **~ and dry** desamparado; **~ and mighty** *fam* arrogante; **~ jump** salto de altura; **~ noon** pleno mediodía; **~ priority** primera importancia; **~ seas** alta mar; **~ school** escuela secundaria; **~ tide** pleamar; **to be ~ in** tener un alto contenido de; **to be ~ time** ya ser hora; **to be in ~ spirits** estar de excelente humor ◇ *adv.* en lo alto, alto ▪ **~ above** muy por encima de; **~ priced** caro, de lujo; **to look ~ and low** buscar por todas partes; **to run ~** estar exaltado; **to sing ~** cantar en un tono alto OR agudo ◇ *s.* altura; [gear] directa; METEOROL zona de alta presión ▪ **on ~** en las alturas; **to be on a ~** *jer* estar de excelente humor
high•ball [hī'bôl'] *s.* whisky *m* con gaseosa
high•born [hī'bôrn'] *adj.* de noble cuna
high•brow [hī'brou'] *fam* ◇ *s.* intelectual *mf*; [pedant] pedante *mf* ◇ *adj.* culto
high•chair [hī'châr'] *s.* silla alta para niños
high-class [hī'klăs'] *adj.* de primera clase
high•er [hī'ər] *adj.* más alto; [greater] mayor; [advanced] superior
high•er-up [hī'ər-ŭp'] *s. fam* superior *m*
high•fa•lu•tin [hī'fə-lo͞ot'n] *adj. fam* pretencioso
high-grade [hī'grād'] *adj.* de calidad superior
high•hand•ed [hī'hăn'dĭd] *adj.* arrogante; [dictatorial] despótico
high•land [hī'lənd] *s.* terreno montañoso
high-lev•el [hī'lev'əl] *adj.* de alto nivel
high•light [hī'līt'] ◇ *s.* toque *m* de luz; [event] suceso OR atracción *f* principal ◇ *tr.* iluminar; [to emphasize] destacar
high•ly [hī'lē] *adv.* altamente; [extremely] extremadamente; [well] muy bien
high-mind•ed [hī'mīn'dĭd] *adj.* noble
high•ness [hī'nĭs] *s.* altura ▪ **Highness** Alteza
high-per•for•mance [hī'pər-fôr'məns] *adj.* de alto rendimiento
high-pitched [hī'pĭcht'] *adj.* agudo; [voice] chillón; [activity] frenético
high-pow•er(ed) [hī'pou'ər[d]] *adj.* de alta potencia, de gran fuerza OR energía
high-pres•sure [hī'presh'ər] *adj.* de alta presión; *fam* [tenacious] insistente
high-rise [hī'rīz'] *s.* edificio de muchos pisos
high-spir•it•ed [hī'spĭr'ĭ-tĭd] *adj.* animoso; [energetic] vivo
high-strung [hī'strŭng'] *adj.* muy nervioso

high•tail [hī'tāl'] *intr. jer* salir corriendo
high•tech [hī'tek'] *adj.* de tecnología avanzada
high-test [hī'test'] *adj.* de alto octanaje
high•way [hī'wā'] *s.* carretera, autopista
hi•jack [hī'jăk'] *tr. fam* [vehicle] secuestrar; [goods] robarse
hi•jack•er [:ər] *s.* secuestrador *m*; [of plane] pirata aéreo
hi•jack•ing [:ĭng] *s.* secuestro; [of plane] piratería aérea
hike [hīk] <> *intr.* caminar ▪ **to ~ up** subirse; (*tr.*) aumentar (precios) <> *s.* [walk] caminata; [rise] aumento ▪ **take a ~!** *jer* ¡váyase a paseo!; **to go on a ~** ir de excursión
hik•er [hī'kər] *s.* senderista *mf*
hi•king [hī'kĭng] *s.* senderismo
hi•lar•i•ous [hĭ-lâr'ē-əs] *adj.* para morirse de risa
hi•lar•i•ty [:ĭ-tē] *s.* hilaridad *f*
hill [hĭl] *s.* colina; [heap] montón *m* ▪ **to be over the ~** *fam* ir cuesta abajo
hill•bil•ly ['bĭl'ē] *s. fam* patán *m*
hill•side [:sīd'] *s.* ladera (de un cerro)
hill•top [:tŏp'] *s.* cima (de un cerro)
hill•y [:ē] *adj.* (**-i-**) montuoso
hilt [hĭlt] *s.* mango ▪ **to the ~** totalmente
him [hĭm] *pron. pers.* le, lo; **they accepted ~** lo aceptaron; le; **they sent ~ a letter** le mandaron una carta; él; **to ~** a él
him•self [:self'] *pron. pers.* [reflexive] se; **he hit ~** se golpeó; [emphatic] él mismo; **he ~** él mismo; [after preposition] (sí) mismo ▪ **by ~** solo
hind[1] [hīnd] *adj.* trasero, posterior
hind[2] *s.* [deer] cierva
hin•der [hĭn'dər] *tr.* impedir, obstaculizar
hind•most [hīnd'mōst'] *adj.* postrero, último
hin•drance [hĭn'drəns] *s.* impedimento
hind•sight [hīnd'sīt'] *s.* retrospección *f*
hinge [hĭnj] <> *s.* bisagra <> *tr.* poner bisagras a; (*intr.*) ▪ **to ~ on** depender de
hint [hĭnt] <> *s.* insinuación *f*; [tip] sugerencia; [clue] idea ▪ **not a ~ of** ni rastro de; **to drop a ~** tirar una indirecta; **to take a ~** darse por aludido <> *tr.* insinuar, dar a entender; (*intr.*) ▪ **to ~ at** insinuar; [to allude to] aludir a
hin•ter•land [hĭn'tər-lănd'] *s.* interior *m* (de un país)
hip[1] [hĭp] *s.* ANAT cadera
hip[2] *adj.* (**-pp-**) *jer* al tanto, informado
hip[3] *interj.* ▪ **~, ~, hurrah!** ¡hurra!, ¡viva!, ¡olé!
hip•bone ['bōn'] *s.* cía, hueso de la cadera
hip•pie [hĭp'ē] *s.* hippie *mf*
hip•po [hĭp'ō] *s. fam* hipopótamo
Hip•po•crat•ic oath [hĭp'ə-krăt'ĭk] *s.* juramento hipocrático
hip•po•drome [hĭp'ə-drōm'] *s.* hipódromo
hip•po•pot•a•mus [hĭp'ə-pŏt'ə-məs] *s.* (*pl* **es** OR **-mi**) hipopótamo
hire [hīr] <> *tr.* emplear; [to rent] alquilar ▪ **now hiring** se necesitan empleados; (*intr.*) ▪ **to ~ out as** aceptar trabajo de <> *s.* [wages] sueldo; [rent] alquiler *m* ▪ **for ~** se alquila
hir•ing [:ĭng] *s.* contratación *f*; [renting] alquiler *m*
his [hĭz] <> *adj. pos.* su, de él <> *pron. pos.* (el) suyo, el de él
His•pan•o•phone [hĭ-spăn'ə-fōn'] *s.* hispanohablante *mf*
hiss [hĭs] <> *s.* siseo; [whistling] silbido <> *tr.* & *intr.* silbar
his•to•ri•an [hĭ-stôr'ē-ən] *s.* historiador *m*
his•to•ric/i•cal [:ĭk] *adj.* histórico
his•to•ry [hĭs'tə-rē] *s.* historia; [background] historial *m* ▪ **to go down in ~** pasar a la historia; **to make ~** dejar huella en la historia
his•tri•on•ic [hĭs'trē-ŏn'ĭk] *adj.* histriónico ▪ **histrionics** (*s.pl.*) histrionismo
hit [hĭt] <> *tr.* (**hit**) golpear; [to collide with] chocar contra OR con; [target] dar en; [to reach] alcanzar; *fam* [idea] ocurrir ▪ **to ~ home** tocar un punto vulnerable; **to ~ it off (with)** *fam* hacer buenas migas con; **to ~ on** *fam* encontrar, dar con; (*intr.*) ocurrir ▪ **to ~ below the belt** dar un golpe bajo <> *s.* golpe *m*; [collision] choque *m*; [shot] tiro; [success] éxito; COMPUT visita ▪ **~ or miss** al azar; **to be a ~ with** caerle simpático a
hit-and-run ['n-rŭn'] *adj.* que atropella y huye (conductor de un vehículo)
hitch [hĭch] <> *tr.* enganchar ▪ **to ~ a ride** *fam* hacerse llevar en automóvil; **to ~ up** uncir; (*intr.*) *fam* [to hitchhike] viajar a dedo; [to fasten] engancharse a ▪ **to get hitched** *fam* casarse <> *s. fam* tropiezo; MIL periodo de servicio; [knot] vuelta de cabo; [tug] tirón *m*; [device] enganche *m* ▪ **without a ~** sin dificultad
hitch•hike ['hīk'] *intr.* hacer autostop
hitch•hik•er [:hī'kər] *s.* autostopista *mf*
hith•er [hĭ*th*'ər] <> *adv.* (hacia) acá <> *adj.* citerior, más cercano
hith•er•to [:to͞o'] *adv.* hasta ahora
hive [hīv] *s.* colmena; [colony] enjambre *m*
hives [hīvz] *s. pl.* urticaria
HIV-pos•i•tive [āch-ī'vē'pŏz'ĭ-tĭv] *adj.* seropositivo
ho [hō] *interj.* ¡eh!, ¡oiga!
hoa•gie [hō'gē] *s. fam* sandwich *m* grande
hoar [hôr] *s.* escarcha
hoard [hôrd] <> *s.* provisión acumulada <> *tr.* & *intr.* acaparar, atesorar
hoar•frost [hôr'frŏst'] *s.* escarcha
hoarse [hôrs] *adj.* ronco
hoar•y [hôr'ē] *adj.* (**-i-**) cano; [old] vetusto
hoax [hōks] *s.* engaño, trampa
hob•ble [hŏb'əl] <> *intr.* cojear; (*tr.*) [an animal] trabar, manear; [to hamper] impedir <> *s.* [walk] cojera; [device] maniota
hob•by [hŏb'ē] *s.* pasatiempo, afición *f*
hob•by•horse [:hôrs'] *s.* caballito de madera; [topic] tema favorito
hob•gob•lin [hŏb'gŏb'lĭn] *s.* duende *m*; [bug-bear] espantajo
hob•nob [hŏb'nŏb'] *intr.* (**-bb-**) codearse
ho•bo [hō'bō] (*pl* **(e)s**) vago, vagabundo
hock[1] [hŏk] *s.* ZOOL jarrete *m*
hock[2] *fam* <> *tr.* empeñar <> *s.* empeño
hock•ey [hŏk'ē] *s.* hockey *m* ▪ **ice ~** hockey sobre hielo
hock•shop [hŏk'shŏp'] *s. fam* casa de empeños
ho•cus-po•cus [hō'kəs-pō'kəs] <> *s.* pasapasa *m*; [trickery] engaño <> *interj.* abracadabra
hodge•podge [hŏj'pŏj'] *s.* mezcolanza
hoe [hō] <> *s.* azada <> *tr.* & *intr.* azadonar
hog [hôg, hŏg] <> *s.* cerdo, puerco; *fam* cochino ▪ **to live high on the ~** *fam* vivir en la abundancia <> *tr.* (**-gg-**) acaparar

hog•wash [:wôsh'] *s.* [swill] bazofia; [nonsense] tonterías
hoist [hoist] <> *tr.* izar <> *s.* grúa, cabria
hok•ey [hō'kē] *adj.* (-i-) *jer* [trite] banal; [phony] falso
hold[1] [hōld] <> *tr.* (**held**) asir, agarrar; [to take] tener; [to support] sostener; [to secure] sujetar; [to own] ser dueño de; [for questioning] tener bajo custodia; [to keep] retener; [to accommodate] tener capacidad o cabida para; [to control] contener; [to occupy] ocupar; [fort] defender; [course] mantener; [to reserve] reservar; [to consider] creer; [meeting] celebrar; [elections] convocar; [title] poseer; MÚS sostener; [room] reservar; [one's liquor] aguantar ▪ ~ **everything!** ¡paren!; ~ **it!** ¡no se muevan!; ~ **the phone!** ¡un momento!; ~ **your horses!** *fam* ¡espérate un momento!; **to be left holding the bag** *fam* cargar con el muerto; **to ~ a gun on** apuntar con una pistola a; **to ~ back** [to repress] reprimir, contener; [to impede] impedir; **to ~ captive** mantener cautivo; **to ~ dear** estimar; **to ~ down** [to oppress] oprimir; [to pin down] mantener sujeto; [prices] moderar; **to ~ down a job** conservar un trabajo; **to ~ hands** ir cogidos de la mano; **to ~ it against** guardar rencor a; **to ~ it in** *jer* aguantarse; **to ~ off** alejar; **to ~ one's own** defenderse; **to ~ on tight** agarrar fuertemente; **to ~ on to** [to grip] agarrarse a; [to keep] seguir con; **to ~ over** [to threaten] amenazar con; [to extend] continuar; **to ~ to** hacer cumplir; **to ~ up** *fam* [to delay] atrasar; [to rob] atracar; [to lift] levantar; [to stop] detener; (*intr.*) asirse, agarrarse; [to be firm] sostenerse; [to be valid] seguir en vigor ▪ **to ~ back** contenerse; **to ~ forth on** hablar de; **to ~ off** demorarse; **to ~ on** [to grip] agarrarse bien; [to continue] proseguir; [to wait] aguardar, esperar; **to ~ out** OR **up** [to last] durar; [to resist] aguantar; **to ~ out on** *fam* tener secretos con; **to ~ over** aplazar; **to ~ to** seguir firme en <> *s.* [grip] asidero; [influence] influencia; [cell] celda (de prisión); MÚS calderón *m* ▪ **to get ~ of** [to grasp] coger; [to obtain] conseguir; [to find] encontrar; **to get ~ of oneself** controlarse, dominarse
hold[2] *s.* MARÍT bodega; AER cabina de carga
hold•ing [hōl'dĭng] <> *s.* participación *f* (de acciones) <> *pl.* propiedades
hold•o•ver [:ō'vər] *s.* remanente *m*, resto
hold•up [:ŭp'] *s.* [delay] demora; [robbery] asalto, atraco (a mano armada)
hole [hōl] <> *s.* hueco; [small] agujero; [large] boquete *m*; [in ground] hoyo; [in road] bache *m*; [burrow] madriguera; [dwelling] ratonera; [flaw] falla; [predicament] aprieto; [in golf] hoyo ▪ ~ **in the ozone layer** agujero (en la capa) de ozono; **in the ~** *fam* endeudado <> *tr.* agujerear; (*intr.*) ▪ **to ~ up** esconderse
hol•i•day [hŏl'ĭ-dā'] <> *s.* día feriado; RELIG día de fiesta <> *pl.* GB vacaciones
ho•li•er-than-thou [hō'lē-ər-*th*ən-*th*ou'] *adj.* santurrón
hol•ler [hŏl'ər] <> *intr.* & *tr.* gritar <> *s.* grito
hol•low [hŏl'ō] <> *adj.* hueco; [concave] cóncavo; [reverberating] retumbante; [empty] vacío <> *s.* hueco; [depression] depresión *f*; [emptiness] vacío <> *tr.* ▪ **to ~ out** ahuecar
hol•ly [hŏl'ē] *s.* acebo
hol•ly•hock [hŏl'ē-hŏk'] *s.* malva loca
ho•lo•caust [hō'lə-kôst', hŏl'ə-] *s.* holocausto
ho•lo•gram [hō'lə-grăm', hŏl'ə-] *s.* holograma *m*
ho•lo•graph [:grăf'] *s.* ológrafo
hol•ster [hōl'stər] *s.* pistolera
ho•ly [hō'lē] *adj.* (-i-) santo, sagrado; [water] bendito; [saintly] santo, pío ▪ ~ **day** fiesta de guardar
hom•age [hŏm'ĭj, ŏm'-] *s.* homenaje *m*
home [hōm] <> *s.* casa; [residence] domicilio; [household] hogar *m*; [headquarters] sede *f*; [institution] asilo ▪ ~ **cinema** cine en casa; ~ **shopping** telecompra; ~ **shopping programme** teletienda; **a ~ away from ~** lugar donde uno está como en su propia casa; **at ~ and abroad** dentro y fuera del país; **to be away from ~** estar de viaje; **to feel at ~** sentirse a gusto; **to make oneself at ~** ponerse cómodo; **to make one's ~** establecerse <> *adj.* casero; [native] natal; [team] de casa; [game] en casa; [national] nacional ▪ ~ **economics** economía doméstica; ~ **front** frente civil; ~ **port** puerto de origen; ~ **run** DEP jonrón <> *adv.* ▪ **at ~** en casa; **to be ~** estar (en casa); [after a trip] estar de vuelta; **to come/go ~** regresar/volver a casa; **to see ~** acompañar hasta casa; **to hit ~** dar en el blanco <> *intr.* volver a casa; [missile] autodirigirse ▪ **homing pigeon** paloma mensajera
home•bod•y ['bŏd'ē] *s.* persona hogareña
home•com•ing [:kŭm'ĭng] *s.* regreso al hogar
home•grown [:grōn'] *adj.* de cosecha propia
home•land [:lănd'] *s.* patria
home•less [:lĭs] *adj.* sin hogar
home•ly [:lē] *adj.* (-i-) sin atractivo, feo; [domestic] casero; [plain] sencillo, rústico
home•made [:mād'] *adj.* hecho en casa, casero
home•mak•er [:mā'kər] *s.* ama de casa
ho•meo•path [hŏm'ē-ə-păth'] *s.* homeópata
ho•me•op•a•thy [hŏm'ē-ŏp'ə-thē] *s.* homeopatía
hom•er [hō'mər] *s.* jonrón *m*
home•sick [:sĭk'] *adj.* nostálgico
home•spun [:spŭn'] *adj.* tejido en casa; [simple] sencillo
home•stead [:sted'] <> *s.* [farm] granja; *fam* casa <> *intr.* & *tr.* tomar posesión legalmente (de tierras)
home•stretch [:strech'] *s.* etapa final
home•town [:toun'] *s.* ciudad *f* de origen OR de residencia
home•ward [:wərd] <> *adj.* de vuelta, de regreso <> *adv.* (OR **-wards**) hacia casa
home•work [:wûrk'] *s.* deberes *m*, tareas escolares; *fig* trabajo preliminar
hom•ey [hō'mē] *adj.* (-i-) *fam* hogareño; [intimate] íntimo
hom•i•cid•al [hŏm'ĭ-sīd'l, hō'mĭ-] *adj.* homicida
hom•i•cide ['-sīd'] *s.* homicidio; [murderer] homicida *mf*
hom•i•ly [hŏm'ə-lē] *s.* homilía, sermón *m*
ho•mo•ge•ne•ous [hō'mə-jē'nē-əs] *adj.* homogéneo
ho•mog•e•nize [hə-mŏj'ə-nīz'] *tr.* homogeneizar
ho•mo•phobe [hŏm'ə-fōb'] *s.* homófobo
ho•mo•pho•bia [hŏm'ə-fō'bē-ə] *s.* homofobia
ho•mo•phob•ic [hŏm'ə-fōb'ĭk] *adj.* homofóbico
ho•mo•sex•u•al [hō'mō-sek'shōō-əl] *adj.* & *s.* homosexual *mf*
ho•mo•sex•u•al•i•ty [:sek'shōō-ăl'ĭ-tē] *s.* homosexualidad *f*
hon•cho [hŏn'chō] *jer s.* jefe *m*
hone [hōn] <> *s.* piedra de afilar <> *tr.* afilar; [to perfect] pulir
hon•est [ŏn'ĭst] <> *adj.* honesto, honrado; [honorable]

recto; [truthful] veraz; [sincere] franco; [genuine] legítimo ◇ *interj.* te lo juro

hon•es•ty [:ĭ-stē] *s.* honestidad *f;* [integrity] honradez *f;* [truthfulness] veracidad *f;* [sincerity] franqueza

hon•ey [hŭn'ē] *s.* miel *f;* [sweetness] dulzura; [darling] tesoro, encanto ▪ **a ~ of a** una maravilla de

hon•ey•bee [:bē'] *s.* abeja (melera)

hon•ey•comb [:kōm'] ◇ *s.* panal *m* ◇ *tr.* acribillar

hon•ey•dew [:dōō'] *s.* secreción dulce de algunos insectos; [melon] variedad de melón dulce

hon•eyed [hŭn'ēd] *adj.* con miel; [sweet] meloso

hon•ey•moon [:ē-mōōn'] *s.* & *intr.* (pasar la) luna de miel

hon•ey•suck•le [:sŭk'əl] *s.* madreselva

honk [hôngk] ◇ *s.* [of goose] graznido; [of horn] bocinazo ◇ *tr.* & *intr.* [driver] tocar la bocina; [goose] graznar

hon•or [ŏn'ər] ◇ *s.* honor *m,* honra; [decoration] condecoración *f;* [probity] probidad *f* ▪ **on my ~!** ¡palabra de honor!; **to be on one's ~** estar obligado por el honor; **to consider it an ~ to** tener la honra de; **to do the honors** rendir honores; **your Honor** Su Señoría ◇ *tr.* honrar; [check] aceptar; [contract] cumplir

hon•or•a•ble [:ə-bəl] *adj.* honorable; [praiseworthy] honroso; [honest] honrado; [illustrious] excelentísimo; [honorific] honorífico ▪ **~ mention** accesít

hon•or•a•bly [:blē] *adv.* honorablemente

hon•or•ar•y ['-rer'ē] *adj.* honorario

hon•or•if•ic [:rĭf'ĭk] *adj.* honorífico

hood [hŏŏd] *s.* capucha, caperuza; [of car] capó

hood•ed ['ĭd] *adj.* encapuchado; [hood-shaped] con forma de capucha

hood•lum [hōōd'ləm, hŏŏd'-] *s.* [gangster] maleante *m;* [ruffian] rufián *m*

hood•wink [hŏŏd'wĭngk'] *tr.* engañar; [to trick] embaucar

hoo•ey [hōō'ē] *s. jer* tonterías

hoof [hŏŏf] ◇ *s.* (*pl* **s** OR **-ves**) pezuña ◇ *tr.* ▪ **to ~ it** *fam* ir andando; (*intr.*) *jer* bailar

hoofed [hŏŏft] *adj.* ungulado

hook [hŏŏk] ◇ *s.* gancho; [for fishing] anzuelo; [for clothes] percha ▪ **by ~ or by crook** por las buenas o por las malas; **~, line, and sinker** *jer* del todo; **to be off the ~** [telephone] estar descolgado; [absolved] haberse librado ◇ *tr.* enganchar; *fam* [to snare] pescar; *jer* [to steal] robar; [to bend] encorvar ▪ **to get hooked on** *jer* engancharse a; **to ~ up** enganchar; ELEC conectar; [to assemble] armar; (*intr.*) doblar, torcer; [to be fastened] engancharse

hooked [hŏŏkt] *adj.* ganchudo; [addicted] enganchado; [trapped] enviciado ▪ **~ rug** alfombra de nudo

hook•er [hŏŏk'ər] *s. jer* prostituta

hook•nosed [:nōzd'] *adj.* de nariz aguileña

hook•up [:ŭp'] *s.* sistema *m* de conexión

hook•y [hŏŏk'ē] *s.* ▪ **to play ~** hacer novillos

hoo•li•gan [hōō'lĭ-gən] *s. fam* gamberro, rufián *m*

hoop [hōōp] *s.* aro; [band] zuncho

hoop•la [hōōp'lä'] *s.* alboroto; [misleading talk] galimatías

hoot [hōōt] ◇ *intr.* ulular; [to boo] abuchear ◇ *s.* ululato; [shout] risotada ▪ **I don't give a ~** me importa un comino

hooves [hŏŏvz] ▻ **hoof**

hop¹ [hŏp] ◇ *intr.* (**-pp-**) brincar; [to skip] saltar con un pie ▪ **to ~ to it** echar manos a la obra ◇ *s.* brinco; [rebound] rebote *m; fam* [dance] baile *m;* [short flight] vuelo corto ▪ **to be a ~, skip, and a jump away** estar mkuy cerca

hop² ◇ *s.* lúpulo ◇ *pl.* (frutos desecados del) lúpulo

hope [hōp] ◇ *intr.* esperar ▪ **I should ~ so!** ¡eso espero!; **to ~ for** tener esperanzas de ◇ *s.* esperanza ▪ **to build up one's hopes** hacerse ilusiones

hope•ful ['fəl] ◇ *adj.* esperanzado; [promising] prometedor ◇ *s.* aspirante *m*

hope•ful•ly [:fə-lē] *adv.* esperanzadamente; [one hopes] se espera que

hope•less [:lĭs] *adj.* desesperado; [impossible] imposible ▪ **~ case** caso perdido

hop•scotch [hŏp'skŏch'] *s.* rayuela

horde [hôrd] *s.* horda, multitud *f*

ho•ri•zon [hə-rī'zən] *s.* horizonte *m*

hor•i•zon•tal [hôr'ĭ-zŏn'tl] *adj.* & *s.* horizontal *f*

hor•mo•nal [hôr-mō'nəl] *adj.* hormonal

hor•mone ['mōn'] *s.* hormona

horn [hôrn] ◇ *s.* cuerno; TEC bocina; MÚS trompa; *fam* saxófono, trompeta ▪ **~ of plenty** cornucopia; **to blow one's own ~** echarse flores ◇ *intr.* ▪ **to ~ in** *jer* entremeterse

horned [hôrnd] *adj.* cornudo

hor•net [hôr'nĭt] *s.* avispón *m*

horn•y [hôr'nē] *adj.* (**-i-**) córneo; [calloused] calloso

hor•o•scope [hôr'ə-skōp'] *s.* horóscopo

hor•ren•dous [hô-ren'dəs] *adj.* horrendo

hor•ri•ble [hôr'ə-bəl] *adj.* horrible; [disagreeable] desagradable

hor•rid [hôr'ĭd] *adj.* horrible; [offensive] repulsivo

hor•rif•ic [hô-rĭf'ĭk] *adj.* horrendo

hor•ri•fy [hôr'ə-fī'] *tr.* horrorizar; [to shock] escandalizar

hor•ror [:ər] *s.* [fear] horror *m;* [abhorrence] aversión *f; fam* [ugly thing] espanto ▪ **~ film** película de miedo

hors d'oeuvre [ôr dûrv'] *s.* (*pl* **inv.** OR **s**) entremés *m*

horse [hôrs] ◇ *s.* caballo; [frame] caballete *m;* DEP potro ▪ **a ~ of another color** otro cantar; **from the ~'s mouth** de buena tinta; **~ sense** *fam* sentido común ◇ *intr.* ▪ **to ~ around** jugar alborotosamente ◇ *adj.* hípico

horse•back ['băk'] *adv.* a caballo

horse-drawn [:drôn'] *adj.* tirado por caballos

horse•fly [:flī'] *s.* tábano

horse•man [:mən] *s.* (*pl* **-men**) caballista *m;* [breeder] criador *m* (de caballos)

horse•play [:plā'] *s. fam* juego rudo

horse•pow•er [:pou'ər] *s.* caballo de fuerza

horse•rad•ish [:răd'ĭsh] *s.* rábano picante

horse•shoe [:shōō'] ◇ *s.* herradura ◇ *pl.* juego en que se tira a un hito con herraduras

horse•wom•an [:wŏŏm'ən] *s.* (*pl* **-women**) caballista; [breeder] criadora (de caballos)

hors•(e)y [hôr'sē] *adj.* (**-i-**) caballuno, caballar

hor•ti•cul•ture [hôr'tĭ-kŭl'chər] *s.* horticultura

hose [hōz] ◇ *s.* (*pl* **inv.**) medias; [socks] calcetines *m;* (*pl* **s**) [tube] manguera ◇ *tr.* regar OR lavar (con manguera)

ho•sier•y [hō'zhə-rē] *s.* medias

hos•pice [hŏs'pĭs] *s.* hospicio

hos•pi•ta•ble [hŏs'pĭ-tə-bəl, hŏ-spĭt'ə-] *adj.* hospitalario; [receptive] receptivo

hos•pi•tal [hŏs′pĭt′l] *s.* hospital *m*
hos•pi•tal•i•ty [hŏs′pĭ-tăl′ĭ-tē] *s.* hospitalidad *f*
hos•pi•tal•ize [hŏs′pĭt′l-īz′] *tr.* hospitalizar
host[1] [hōst] ◇ *s.* [at a meal, party] anfitrión *m*; [of inn] mesonero; TELEV presentador *m* ◇ *tr. fam* ser el anfitrión de; COMPUT alojar
host[2] *s.* multitud *f*; [army] hueste *f*
hos•tage [hŏs′tĭj] *s.* rehén *mf*
hos•tel [hŏs′təl] *s.* albergue *m* (para jóvenes); [inn] hostería
hos•tel•ry [:rē] *s.* hostería
host•ess [hō′stĭs] *s.* [host] anfitriona; [waitress] camarera; [stewardess] azafata
hos•tile [hŏs′təl, -tīl′] *adj.* hostil; [antagonistic] antagónico ■ ~ **takeover bid** FIN OPA hostil
hos•til•i•ty [hŏ-stĭl′ĭ-tē] ◇ *s.* hostilidad *f*; [act] acto hostil ◇ *pl.* hostilidades, actos de guerra
host•ing [hōs′tĭng] *m.* COMPUT alojamiento, hospedaje
hot [hŏt] *adj.* (**-tt-**) caliente; [climate] cálido; [sun] abrasador; [spicy] picante; [temper] vivo; [controversial] muy discutido; [heated] acalorado; [stolen] robado; [excellent] excelente; [lucky] con mucha suerte; MÚS muy rítmico ■ ~ **air** *jer* palabrería; ~ **dog** salchicha; ~ **line** línea de emergencia; ~ **off the press** de última hora; ~ **on the trail** sobre la pista; **in** ~ **pursuit** tras los talones; ~ **pepper** ají; ~ **plate** infiernillo; ~ **rod** automóvil modificado; ~ **seat** *fam* situación crítica; **in** ~ **water** *fam* en un lío; **to be** ~ [person] tener calor; [weather] hacer calor
hot•bed [′bed′] *s.* almajara; *fig* semillero
hot-blood•ed [′blŭd′ĭd] *adj.* fogoso
ho•tel [hō-tel′] *s.* hotel *m*
hot•foot [hŏt′fo͝ot′] *intr.* ■ **to** ~ **it** ir de prisa
hot•head [:hed′] *s.* persona arrebatada
hot•head•ed [′ĭd] *adj.* arrebatado
hot•house [hŏt′hous′] *s.* invernadero
hot•line [hŏt′līn′] *s.* línea caliente
hot•shot [:shŏt′] *s. jer* as *mf* (persona brillante)
hot-wa•ter bottle [-wô′tər] *s.* bolsa de agua caliente
hound [hound] ◇ *s.* podenco; [enthusiast] aficionado ◇ *tr.* [to harass] acosar; [to nag] importunar
hour [our] *s.* hora
hour•glass [′glăs′] *s.* reloj *m* de arena
hour•ly [:lē] ◇ *adj.* horario; [by the hour] por hora ◇ *adv.* a cada hora; [by the hour] por horas
house [hous] ◇ *s.* casa; [home] hogar *m*; [auditorium] teatro; [audience] público; [of parliament] cámara ■ ~ **arrest** arresto domiciliario ◇ *tr.* [houz] alojar; [to shelter] proteger; [to contain] contener
house•boat [′bōt′] *s.* casa flotante
house•bro•ken [:brō′kən] *adj.* enseñado en limpieza (un animal casero)
house•clean•ing [:klē′nĭng] *s.* limpieza de la casa
house•coat [:kōt′] *s.* bata (de casa)
house•fly [:flī′] *s.* mosca común
house•hold [:hōld′] *s.* casa (establecimiento doméstico)
house•keep•er [:kē′pər] *s.* ama de llaves
house•keep•ing [:kē′pĭng] *s.* manejo de una casa
house•warm•ing [′wôr′mĭng] *s.* fiesta para el estreno de una casa
house•wife [:wīf′] *s.* (*pl* **-ves**) ama de casa
house•work [:wûrk′] *s.* quehaceres domésticos
hous•ing [hou′zĭng] *s.* casas *f*; [place to live] vivienda; MEC cárter *m* ■ ~ **development** unidad vecinal
hov•el [hŭv′əl, hŏv′-] *s.* cuchitril *m*
hov•er [hŭv′ər, hŏv′-] *intr.* [soar] cernerse; [flutter] revolotear ■ **to** ~ **around** rondar; **to** ~ **between** vacilar
how [hou] ◇ *adv.* cómo; [in what condition] qué tal; [to what extent] cuánto, qué ■ **and** ~**!** ¡y cómo!; ~ **about ...?** ¿qué te parece ...?; ~ **about me?** ¿y yo, qué?; ~ **are you?** ¿cómo está usted?; ~ **big is it?** ¿cómo es de grande?; ~ **come?** *fam* ¿cómo es qué?, ¿cómo es (posible) que?; ~ **could you!** ¿no te da vergüenza?; ~ **do you do?** ¿cómo está usted?; ~ **far?** [away] ¿a qué distancia?; [to what point?] ¿hasta dónde?; ~ **fast?** [speed] ¿a qué velocidad?; [how quickly] ¿con qué rapidez?; ~ **is it (that)?** ¿cómo es que?; ~ **is that again?** ¿cómo?; ~ **long?** [length] ¿cómo ... de largo?; [time] ¿cuánto tiempo?; ~ **many?** ¿cuántos?; ~ **much?** ¿cuánto?; ~ **old are you?** ¿cuántos años tienes?, ¿qué edad tienes?; ~ **so?** ¿cómo? ◇ *conj.* cómo; [that] que ◇ *s.* ■ **the** ~ el cómo
how•dy [hou′dē] *interj. reg* ¡hola!
how•e•ver [hou-ev′ər] ◇ *adv.* de cualquier modo, como quiera que; [by what means] cómo; [to whatever degree] por ... que; ~ **tired she was** por cansada que estuviera ■ ~ **it may be** sea lo que sea; ~ **much** por más OR por mucho que ◇ *conj.* no obstante
howl [houl] ◇ *intr.* aullar; [with pain] dar alaridos; (*tr.*) gritar ◇ *s.* aullido; [of pain] alarido
how•so•ev•er [hou′sō-ev′ər] *adv.* de cualquier modo; [to whatever degree] por muy
hub [hŭb] *s.* cubo; *fig* centro, foco
hub•bub [hŭb′ŭb′] *s.* bullicio
huck•le•ber•ry [hŭk′əl-ber′ē] *s.* BOT arándano
hud•dle [hŭd′l] ◇ *s.* [crowd] group, turba; [conference] reunión *f* (pequeña o privada) ◇ *tr.* & *intr.* apiñar(se) ■ **to** ~ **up** acurrucarse
hue [hyo͞o] *s.* color *m*, tinte *m*; [shade] matiz *m* ■ ~ **and cry** protesta pública
huff [hŭf] ◇ *s.* arranque *m* de furia ◇ *intr.* resoplar
huff•y [′ē] *adj.* (**-i-**) [touchy] quisquilloso; [indignant] indignado; [arrogant] altivo
hug [hŭg] ◇ *tr.* (**-gg-**) abrazar; [to cling to] ceñirse a; (*intr.*) abrazarse ◇ *s.* abrazo
huge [hyo͞oj] *adj.* enorme
huh [hŭ] *interj.* expresa interrogación, sorpresa o indiferencia
hulk [hŭlk] ◇ *s.* carraca; [hull] casco; [large thing] armatoste *m* ◇ *intr.* [to loom] surgir amenazadoramente
hulk•ing [hŭl′kĭng] *adj.* pesado
hull [hŭl] ◇ *s.* [pod] vaina; [shell] cáscara; MARÍT casco ◇ *tr.* descascarillar
hul•la•ba•loo [hŭl′ə-bə-lo͞o′] *s. fam* alboroto
hum [hŭm] ◇ *intr.* (**-mm-**) tararear; [bees] zumbar; *fam* [to be active] estar muy activo; (*tr.*) tararear ◇ *s.* zumbido
hu•man [hyo͞o′mən] *adj.* & *s.* (ser) humano ■ ~ **being** ser humano; ~ **resources** recursos humanos
hu•mane [-mān′] *adj.* compasivo; [humanistic] humanístico
hu•man•i•tar•i•an [-măn′ĭ-târ′ē-ən] ◇ *adj.* humanitario ■ ~ **aid organization** organización *f* de ayuda humanitaria ◇ *s.* filántropo, persona humanitaria
hu•man•i•ty [-′-tē] *s.* humanidad *f*; [humanness] naturaleza humana
hu•man•kind [:mən-kīnd′] *s.* raza humana

hu•man•oid [:mə-noid′] *adj.* & *s.* humanoide
hum•ble [hŭm′bəl] ◇ *adj.* (**-er, -est**) humilde; [submissive] sumiso; [unpretentious] sin pretensiones ▪ **to eat ~ pie** rectractarse, disculparse de manera humillante ◇ *tr.* humillar
hum•ble•ness [:nĭs] *s.* humildad *f*
hum•bug [hŭm′bŭg′] ◇ *s.* patraña; [trickster] embaucador *m*; [nonsense] tontería ◇ *tr.* & *intr.* (**-gg-**) embaucar
hum•ding•er [hŭm′dĭng′ər] *s. jer* maravilla
hum•drum [hŭm′drŭm′] *adj.* monótono
hu•mer•us [hyōō′mər-əs] *s.* húmero
hu•mid [hyōō′mĭd] *adj.* húmedo
hu•mid•i•fi•er [-′ə-fī′ər] *s.* humedecedor *m*
hu•mid•i•fy [:ə-fī′] *tr.* humedecer
hu•mid•i•ty [:ĭ-tē] *s.* humedad *f*
hu•mil•i•ate [hyōō-mĭl′ē-āt′] *tr.* humillar
hu•mil•i•a•tion [-′-ā′shən] *s.* humillación *f*
hu•mil•i•ty [hyōō-mĭl′ĭ-tē] *s.* humildad *f*
hum•ming•bird [hŭm′ĭng-bûrd′] *s.* colibrí *m*
hu•mor [hyōō′mər] *s.* humor *m*
hu•mor•ist [:ĭst] *s.* humorista *mf*
hu•mor•less [:lĭs] *adj.* sin humor, solemne
hu•mor•ous [:əs] *adj.* cómico; [employing humor] humorista
hump [hŭmp] *s.* joroba; [in the ground] montecillo ▪ **to be over the ~** haber vencido la mayor dificultad
hump•back [′băk′] *s.* jorobado; MED cifosis *f*
hump•backed [:băkt′] *adj.* jorobado
humph [hŭmf] *interj.* ¡puf!, ¡uh!
hunch [hŭnch] ◇ *s.* [feeling] corazonada; [hump] giba ◇ *tr.* doblar (la espalda); (*intr.*) agacharse; [to thrust forward] adelantarse ▪ **to ~ up** estar con el cuerpo encorvado
hunch•back [′băk′] *s.* jorobado
hun•dred [hŭn′drĭd] ◇ *s.* & *adj.* (*pl* **inv.** OR **s**) cien, ciento; MAT centena ◇ *pl.* centenares
hun•dred•fold [:fōld′] *adj.* & *s.* céntuplo
hun•dredth [hŭn′drĭdth] *adj.* & *s.* centésimo
hung [hŭng] ▻ **hang** ◇ *adj.* ▪ **~ jury** jurado que no llega a un fallo unánime; **~ over** que sufre una resaca; **~ up** *fam* preocupado; **to be ~ up on** estar obsesionado con; **to get ~ up** demorarse
hun•ger [hŭng′gər] ◇ *s.* hambre *f*; [desire] sed *f* ◇ *intr.* tener hambre OR sed
hun•gry [:grē] *adj.* (**-i-**) hambriento; [avid] ávido; [look] de hambre
hunk [hŭngk] *s. fam* [piece] trozo (grande); [man] cachas *m*
hun•ker [hŭng′kər] *intr.* agacharse
hun•ky-do•ry [hŭng′kē-dôr′ē] *adj. jer* muy bien, estupendo
hunt [hŭnt] ◇ *tr.* cazar; [to pursue] perseguir; [to search for] buscar ▪ **to ~ down** capturar; (*intr.*) ▪ **to go hunting** ir de caza ◇ *s.* caza; [pursuit] persecución *f*; [search] búsqueda
hunt•er [hŭn′tər] *s.* cazador *m*; [searcher] buscador *m*
hunt•ing [:tĭng] ◇ *s.* cacería ◇ *adj.* de caza
hur•dle [hûr′dl] ◇ *s.* valla; *fig* barrera ◇ *tr.* saltar; [to overcome] vencer
hurl [hûrl] ◇ *tr.* lanzar ◇ *s.* lanzamiento
hur•rah [hōō-rä′] *interj.* ¡hurra!, ¡olé!
hur•ri•cane [hûr′ĭ-kān′] *s.* huracán *m*
hur•ried [hûr′ēd] *adj.* apresurado
hur•ry [:ē] ◇ *intr.* darse prisa, apurarse ▪ **to ~ away/back** marcharse/volver de prisa; **to ~ up** darse prisa, apurarse; (*tr.*) apurar; [to rush] dar prisa a ◇ *s.* prisa; [urgency] apuro ▪ **in a ~** de prisa; **to be in a ~ (to)** tener prisa (por)
hurt [hûrt] ◇ *tr.* hacer daño; [to distress] herir; [to damage] perjudicar ▪ **to ~ someone's feelings** ofenderle a alguien; (*intr.*) doler; **my head hurts** me duele la cabeza; **to get ~** OR **to ~ oneself** lastimarse ◇ *s.* [harm] daño; [pain] dolor *m*; [injury] herida; [anguish] pena
hurt•ful [′fəl] *adj.* dañoso; [wounding] hiriente; [detrimental] perjudicial
hur•tle [hûr′tl] *intr.* abalanzarse; (*tr.*) arrojar
hus•band [hŭz′bənd] ◇ *s.* marido ◇ *tr.* economizar
hus•band•ry [:bən-drē] *s.* agricultura; [livestock] cría de ganado; [management] buena administración
hush [hŭsh] ◇ *tr.* & *intr.* callar(se); [to calm] calmar(se) ▪ **to ~ up** silenciar(se) ◇ *s.* silencio; [stillness] quietud *f* ◇ *interj.* ¡silencio! ▪ **~ up!** ¡cállate!
hush-hush [′hŭsh′] *adj. fam* secreto
husk [hŭsk] ◇ *s.* vaina; [shell] cáscara ◇ *tr.* desvainar
husk•y[1] [hŭs′kē] *adj.* (**-i-**) [hoarse] ronco
husk•y[2] *adj.* (**-i-**) *fam* [burly] fornido
husk•y[3] *s.* perro esquimal
hus•sy [hŭz′ē, hŭs′ē] *s.* [saucy woman] pícara; [immoral woman] mujer libertina
hus•tle [hŭs′əl] ◇ *tr.* empujar; *fam* [to hurry] apurar; [to swindle] estafar; (*intr.*) *fam* [to hurry] ajetrearse; [prostitute] trabajar de prostituta ◇ *s. fam* ajetreo; [swindle] estafa
hus•tler [:lər] *s.* persona enérgica; [swindler] estafador *m*; [prostitute] prostituta
hut [hŭt] *s.* choza
hutch [hŭch] *s.* jaula (para conejos); [cupboard] alacena; [hut] choza
hy•a•cinth [hī′ə-sĭnth] *s.* jacinto
hy•brid [hī′brĭd] *s.* híbrido
hy•drant [hī′drănt′] *s.* boca de agua
hy•drate [hī′drāt′] ◇ *s.* hidrato ◇ *tr.* & *intr.* hidratar(se)
hy•drau•lic [hī-drô′lĭk] *adj.* hidráulico, de la hidráulica ▪ **hydraulics** (*s.sg.*) hidráulica
hy•dro•car•bon [hī′drə-kär′bən] *s.* hidrocarburo
hy•dro•chlo•ride [hī′drə-klôr′īd′] *s.* clorhidrato
hy•dro•e•lec•tric [hī′drō-ĭ-lek′trĭk] *adj.* hidroeléctrico
hy•dro•gen [hī′drə-jən] *s.* hidrógeno
hy•drol•y•sis [:ĭ-sĭs] *s.* hidrólisis *f*
hy•dro•pho•bi•a [′-fō′bē-ə] *s.* hidrofobia
hy•dro•plane [:plān′] ◇ *s.* hidroavión *m*; [boat] hidroplano ◇ *intr.* deslizarse sobre el agua
hy•dro•pon•ics [hī′drə-pŏn′ĭks] *s.* cultivo hidropónico
hy•dro•speed [hī′drə-spēd′] *s.* hidrospeed *m*
hy•dro•ther•a•py [′-ther′ə-pē] *s.* hidroterapia
hy•drox•ide [hī-drŏk′sīd′] *s.* hidróxido
hy•e•na [hī-ē′nə] *s.* hiena
hy•giene [hī′jēn′] *s.* higiene *f*
hy•gi•en•ic [hī′jē-en′ĭk, hī-jen′-] *adj.* higiénico; [sanitary] sanitario
hy•gien•ist [hī-jēn′ĭst] *s.* higienista *mf*
hy•men [hī′mən] *s.* himen *m*
hymn [hĭm] *s.* himno

hype [hīp] ◇ *s. jer* supercheria; [promotion] publicidad exagerada ◇ *tr.* promocionar con exageraciones
hyped-up [hīpt'ŭp'] *adj. jer* nerviosísimo
hy•per•ac•tive [hī'pər-ăk'tĭv] *adj.* hiperactivo
hy•per•bo•la [hī-pûr'bə-lə] *s.* (*pl* **s** OR **-ae**) hipérbola
hy•per•bo•le [:lē] *s.* hipérbole *f*
hy•per•crit•i•cal [hī'pər-krĭt'ĭ-kəl] *adj.* hipercrítico
hy•per•link [hī'pər-lĭngk'] *s.* COMPUT hiperenlace *m*
hy•per•mar•ket [hī'pər-mär'kĭt] *s.* hipermercado
hy•per•sensi•tive [:sen'sĭ-tĭv] *adj.* hipersensible
hy•per•ten•sion [:ten'shən] *s.* hipertensión *f*
hy•per•text [hī'pər-tekst'] *s.* COMPUT hipertexto
hy•phen [hī'fən] *s.* guión *m*
hy•phen•ate [:fə-nāt'] *tr.* unir OR separar con guión
hyp•no•sis [hĭp-nō'sĭs] *s.* (*pl* **-ses**) hipnosis *f*
hyp•not•ic [:nŏt'ĭk] *adj.* & *s.* hipnótico
hyp•no•tism ['nə-tĭz'əm] *s.* hipnotismo
hyp•no•tist [:tĭst] *s.* hipnotizador *m*
hyp•no•tize [:tīz'] *tr.* hipnotizar; *fig* magnetizar
hy•po•chon•dri•a [hī'pə-kŏn'drē-ə] *s.* hipocondría
hy•po•chon•dri•ac [:ăk'] *s.* & *adj.* hipocondríaco
hy•poc•ri•sy [hĭ-pŏk'rĭ-sē] *s.* hipocresía
hyp•o•crite [hĭp'ə-krĭt'] *s.* hipócrita *mf*
hyp•o•crit•i•cal ['-'kəl] *adj.* hipócrita
hy•po•der•mic [hī'pə-dûr'mĭk] ◇ *adj.* hipodérmico ◇ *s.* injección *f* OR jeringa hipodérmica
hy•po•gly•ce•mi•a [hī'pō-glī-sē'mē-ə] *s.* hipoglicemia
hy•pot•e•nuse [hī-pŏt'n-o͞os'] *s.* hypotenusa
hy•po•ther•mi•a [:thûr'mē-ə] *s.* hipotermia
hy•poth•e•sis [hī-pŏth'ĭ-sĭs] *s.* (*pl* **-ses**) hipótesis *f*, suposición *f*
hy•poth•e•size [:sīz'] *intr.* conjeturar, formar una hipótesis
hy•po•thet•i•cal [hī'pə-thet'ĭ-kəl] *adj.* hipotético; [contingent] dependiente
hys•ter•ec•to•my [hĭs'tə-rek'tə-mē] *s.* histerectomía
hys•ter•i•a [hĭ-ster'ē-ə, -stîr'-] *s.* MED histeria; [panic] histerismo
hys•ter•ic [:ster'ĭk] *s.* histérico ■ **hysterics** (*s.pl.*) [fit] paroxismo; [hysteria] ataque de histeria
hys•ter•i•cal [:ĭ-kəl] *adj.* histérico; [funny] graciosísimo

I

i, I [ī] *s.* novena letra del alfabeto inglés
I [ī] ◇ *pron.* yo ◇ *s.* (*pl* **I's**) yo, ego
ice [īs] ◇ *s.* hielo; [dessert] helado escarchado ■ ~ **age** periodo glaciar; ~ **cap** casquete polar; ~ **climbing** cascadismo; ~ **cream** helado; ~ **cube** cubito de hielo; ~ **skate** patín de hielo; **to break the** ~ [to relax] romper el hielo; [to begin] dar el primer paso; **to cut no** ~ *fam* no convencer, no surtir efecto; **to keep on** ~ *fam* tener en reserva; **to tread on thin** ~ pisar terreno peligroso ◇ *tr.* [cake] escarchar; [to freeze] helar; [to chill] congelar; (*intr.*) ■ **to** ~ **over** helarse
ice•berg [īs'bûrg'] *s.* iceberg *m*
ice•box [īs'bŏks'] *s.* nevera, refrigerador *m*
ice-cold [īs'kōld'] *adj.* helado
ice-cream cone [īs'krēm'] *s.* helado en barquillo OR cucurucho
iced [īst] *adj.* congelado, helado; [cooled] refrigerado; [cake] escarchado, garapiñado
ice-skate [īs'skāt'] *intr.* patinar sobre hielo
i•ci•cle [ī'sĭ-kəl] *s.* carámbano
ic•i•ly [ī'sə-lē] *adv.* fríamente, con frialdad
ic•ing [ī'sĭng] *s.* alcorza, escarchado
i•con [ī'kŏn'] *s.* icono
ic•y [ī'sē] *adj.* (**-i-**) helado; [person, look] glacial
ID card [ī'dē'] *s.* carnet *m* de identificación
i•de•a [ī-dē'ə] *s.* idea; [plan] proyecto ■ **bright** ~ idea genial; **that's the** ~**!** ¡eso es!; **to get an** ~ **of** hacerse una idea de; **to get an** ~ **into one's head** metérsele a uno una idea en la cabeza; **to get ideas** hacerse ilusiones; **to get the** ~ darse cuenta; **what's the big** ~**?** *fam* ¿a qué viene eso?
i•de•al [ī-dē'əl] *adj.* & *s.* ideal *m*
i•de•al•ist [:ə-lĭst] *s.* idealista *mf*
i•de•al•is•tic [-'-lĭs'tĭk] *adj.* idealista
i•de•al•ize [-'-līz'] *tr.* idealizar
i•den•ti•cal [ī-den'tĭ-kəl] *adj.* idéntico
i•den•ti•fi•a•ble [:fī'ə-bəl] *adj.* identificable ■ **easily** ~ de fácil identificación
i•den•ti•fi•ca•tion [-'-fĭ-kā'shən] *s.* identificación *f* ■ ~ **card/papers** carnet/documentos de identidad
i•den•ti•fy [ī-den'tə-fī'] *tr.* & *intr.* identificar(se)
i•den•ti•ty [ī-den'tĭ-tē] *s.* identidad *f* ■ ~ **card/papers** tarjeta/documentos de identidad
i•de•o•log•i•cal [ī'dē-ə-lŏj'ĭ-kəl, ĭd'ē-] *adj.* ideológico
i•de•ol•o•gy [ī'dē-ŏl'ə-jē, ĭd'ē-] *s.* ideología
id•i•o•cy [ĭd'ē-ə-sē] *s.* idiotez *f*; [foolish deed] necedad *f*
id•i•om [ĭd'ē-əm] *s.* [expression] modismo, locución *f*; [jargon] jerga, idioma *m*
id•i•o•mat•ic ['-ə-măt'ĭk] *adj.* idiomático ■ ~ **expression** modismo
id•i•o•syn•cra•sy [ĭd'ē-ō-sĭng'krə-sē] *s.* idiosincrasia
id•i•o•syn•crat•ic [:sĭn-krăt'ĭk] *adj.* idiosincrásico
id•i•ot [ĭd'ē-ət] *s.* idiota *mf*; [fool] tonto
id•i•ot•ic ['-ŏt'ĭk] *adj.* idiota, tonto
i•dle [īd'l] ◇ *adj.* (**-er, -est**) ocioso; [unemployed] parado; [threat] vano ■ ~ **gossip** cuentos de viejas; ~ **talk** palabras vacías ◇ *intr.* [to loaf] haraganear; [machinery] funcionar en vacío; (*tr.*) [a worker] dejar parado; [a motor] hacer funcionar en vacío
i•dol [īd'l] *s.* ídolo
i•dol•a•trous [ī-dŏl'ə-trəs] *adj.* idólatra
i•dol•ize [īd'l-īz'] *tr.* idolatrar
i•dyl(l) [īd'l] *s.* idilio
i•dyl•lic [ī-dĭl'ĭk] *adj.* idílico
if [ĭf] ◇ *conj.* si; [granting that] en caso que; [even though] si bien, aunque ■ **if and when** siempre y cuando; **if at all** si acaso; **if I were you** yo que tú ◇ *s.* ■ **no ifs, ands, or buts** no hay pero que valga
ig•loo [ĭg'lo͞o] *s.* iglú *m*
ig•nite [ĭg-nīt'] *tr.* & *intr.* encender(se)
ig•ni•tion [ĭg-nĭsh'ən] *s.* ignición *f*; AUTO encendido
ig•no•ble [ĭg-nō'bəl] *adj.* innoble, bajo
ig•no•min•i•ous [ĭg'nə-mĭn'ē-əs] *adj.* ignominioso
ig•no•min•y [ĭg'nə-mĭn'ē] *s.* ignominia
ig•no•ra•mus [ĭg'nə-rā'məs] *s.* ignorante *mf*
ig•no•rance [ĭg'nər-əns] *s.* ignorancia
ig•no•rant [:ənt] *adj.* ignorante

ig•nore [ĭg-nôr′] *tr.* [to disregard] no hacer caso de; [to leave out] pasar por alto
i•gua•na [ĭ-gwä′nə] *s.* iguana
ilk [ĭlk] *s.* clase *f*, índole *f*
ill [ĭl] ◇ *adj.* enfermo, malo; [hostile] malo ▪ ~ **effects** consecuencias negativas; ~ **will** enemistad; **to be in** ~ **health** estar mal de salud; **to feel** ~ sentirse mal ◇ *adv.* [not well] mal; ~ **paid** mal remunerado; [scarcely] mal, poco; ~ **prepared** poco preparado ▪ ~ **at ease** incómodo ◇ *s.* mal *m*
ill-ad•vised [ĭl′əd-vīzd′] *adj.* imprudente
ill-bred [ĭl′bred′] *adj.* mal educado
ill-con•sid•ered [ĭl′kən-sĭd′ərd] *adj.* imprudente
il•le•gal [ĭ-lē′gəl] ◇ *adj.* ilegal, ilícito ◇ *s.* inmigrante *mf* ilegal
il•le•gal•i•ty [′-găl′ĭ-tē] *s.* ilegalidad *f*; [unlawful act] acto ilegal
il•leg•i•ble [-′-bəl] *adj.* ilegible
il•le•git•i•mate [ĭl′ə-jĭt′ə-mĭt] *adj.* [illegal] ilegal; [bastard] ilegítimo, bastardo
ill-fat•ed [ĭl′fā′tĭd] *adj.* malaventurado
ill-got•ten [ĭl′gŏt′n] *adj.* mal habido
ill-hu•mored [ĭl′hyōō′mərd] *adj.* malhumorado
il•lic•it [ĭ-lĭs′ĭt] *adj.* ilícito
il•lit•er•a•cy [ĭ-lĭt′ər-ə-sē] *s.* analfabetismo
il•lit•er•ate [:ĭt] *s.* & *adj.* analfabeto; [ignorant] ignorante *mf*
ill-man•nered [ĭl′măn′ərd] *adj.* maleducado
ill•ness [ĭl′nĭs] *s.* enfermedad *f*
il•log•i•cal [ĭ-lŏj′ĭ-kəl] *adj.* ilógico
ill-pre•pared [ĭl′prĭ-pârd′] *adj.* mal preparado
ill-suit•ed [ĭl′sōō′tĭd] *adj.* impropio
ill-tem•pered [ĭl′tem′pərd] *adj.* de mal genio
ill-treat [ĭl′trēt′] *tr.* maltratar
il•lu•mi•nate [ĭ-lōō′mə-nāt′] *tr.* iluminar
il•lu•mi•nat•ing [:nā′tĭng] *adj.* [book] instructivo; [solution, remark] revelador
il•lu•mi•na•tion [-′-nā′shən] *s.* iluminación *f*
il•lu•sion [ĭ-lōō′zhən] *s.* ilusión *f*; [magic trick] truco ▪ **to be under an** ~ engañarse
il•lu•so•ry [:sə-rē] *adj.* ilusivo, ilusorio
il•lus•trate [ĭl′ə-strāt′] *tr.* & *intr.* ilustrar
il•lus•tra•tion [′-strā′shən] *s.* ilustración *f*
il•lus•tra•tive [ĭ-lŭs′trə-tĭv, ĭl′ə-strā′tĭv] *adj.* ilustrativo ▪ **to be** ~ **of** ilustrar, ejemplificar
il•lus•tra•tor [ĭl′ə-strā′tər] *s.* ilustrador *m*
il•lus•tri•ous [ĭ-lŭs′trē-əs] *adj.* ilustre
im•age [ĭm′ĭj] ◇ *s.* imagen *f*; [reputation] reputación *f* ▪ ~ **bank** banco de imágenes; **in one's own** ~ a imagen de uno; **mirror** ~ reflejo ◇ *tr.* representar, retratar
im•age•ry [:rē] *s.* imágenes *f*; ARTE imaginería
i•mag•i•na•ble [ĭ-măj′ə-nə-bəl] *adj.* imaginable
i•mag•i•nar•y [:ner′ē] *adj.* imaginario
i•mag•i•na•tion [ĭ-măj′ə-nā′shən] *s.* imaginación ▪ **to have no** ~ ser una persona sin imaginación
i•mag•i•na•tive [-′-nə-tĭv] *adj.* imaginativo
i•mag•ine [ĭ-măj′ĭn] *tr.* imaginar; [to suppose] imaginarse, suponer ▪ **just** ~! ¡imagínate!
im•bal•ance [ĭm-băl′əns] *s.* desequilibrio
im•be•cile [ĭm′bə-sĭl] *adj.* & *s.* imbécil *mf*
im•bibe [ĭm-bīb′] *tr.* beber; *fig* absorber
im•bue [ĭm-byōō′] *tr.* imbuir
im•i•tate [ĭm′ĭ-tāt′] *tr.* imitar
im•i•ta•tion [′-tā′shən] *s.* imitación *f* ▪ ~ **leather** cuero artificial; **in** ~ **of** a imitación de
im•mac•u•late [ĭ-măk′yə-lĭt] *adj.* inmaculado
im•ma•te•ri•al [ĭm′ə-tîr′ē-əl] *adj.* inmaterial; [unimportant] sin importancia ▪ **to be** ~ no venir al caso
im•ma•ture [ĭm′ə-chŏŏr′] *adj.* inmaduro
im•ma•tur•i•ty [:ĭ-tē] *s.* falta de madurez
im•meas•ur•a•ble [ĭ-mezh′ər-ə-bəl] *adj.* inmensurable; [vast] inconmensurable, ilimitado
im•me•di•a•cy [ĭ-mē′dē-ə-sē] *s.* [proximity] inmediación *f*; [of a problem] urgencia
im•me•di•ate [ĭ-mē′dē-ĭt] *adj.* inmediato; [near, soon] próximo; [danger] inminente; [problem] urgente ▪ ~ **vicinity** inmediaciones
im•me•mo•ri•al [ĭm′ə-môr′ē-əl] *adj.* inmemorial
im•mense [ĭ-mens′] *adj.* inmenso, enorme
im•men•si•ty [ĭ-men′sĭ-tē] *s.* inmensidad *f*
im•merse [ĭ-mûrs′] *tr.* sumergir; [to baptize] bautizar por inmersión; *fig* absorber
im•mer•sion [ĭ-mûr′zhən] *s.* inmersión *f*
im•mi•grant [ĭm′ĭ-grənt] *s.* inmigrante *mf*
im•mi•grate [:grāt′] *intr.* inmigrar
im•mi•gra•tion [′-grā′shən] *s.* inmigración *f*
im•mi•nence [ĭm′ə-nəns] *s.* inminencia
im•mi•nent [:nənt] *adj.* inminente
im•mo•bile [ĭ-mō′bəl, -bīl′] *adj.* [not moving] inmóvil; [not movable] inmovible; [fixed] fijo
im•mo•bi•lize [:bə-līz′] *tr.* inmovilizar
im•mo•bi•lizer [ĭ-mō′bə-līz′ər] *s.* inmovilizador
im•mod•er•ate [ĭ-mŏd′ər-ĭt] *adj.* inmoderado
im•mod•est [ĭ-mŏd′ĭst] *adj.* inmodesto; [boastful] jactancioso
im•mo•late [ĭm′ə-lāt′] *tr.* inmolar
im•mor•al [ĭ-môr′əl] *adj.* inmoral
im•mor•tal [ĭ-môr′tl] *adj.* & *s.* inmortal *mf*
im•mor•tal•i•ty [ĭm′ôr-tăl′ĭ-tē] *s.* inmortalidad *f*
im•mor•tal•ize [ĭ-môr′tl-īz′] *tr.* inmortalizar
im•mov•a•ble [ĭ-mōō′və-bəl] *adj.* [not movable] inamovible; [unyielding] inflexible
im•mune [ĭ-myōōn′] *adj.* inmune (**from** de)
im•mu•ni•ty [ĭ-myōō′nĭ-tē] *s.* inmunidad *f*
im•mu•ni•za•tion [ĭm′yə-nĭ-zā′shən] *s.* inmunización *f*
im•mu•nize [′-nīz′] *tr.* inmunizar
im•mu•no•de•fi•cien•cy [ĭ-myōōnō′dĭ-fĭsh′ən-sē] *s.* inmunodeficiencia
im•mu•no•de•fi•cient [ĭ-myōōnō′dĭ-fĭsh′ənt] *adj.* inmunodeficiente
im•mu•nol•o•gy [′-nŏl′ə-jē] *s.* inmunología
im•mu•ta•ble [ĭ-myōō′tə-bəl] *adj.* inmutable
imp [ĭmp] *s.* diablillo; [child] niño travieso
im•pact ◇ *s.* [ĭm′păkt′] impacto, choque *m*; [influence] efecto, consecuencias ◇ *tr.* [-′] chocar contra; *fam* [to affect] afectar
im•pair [ĭm-pâr′] *tr.* deteriorar, dañar
im•pair•ment [:mənt] *s.* deterioro, daño
im•pale [ĭm-pāl′] *tr.* empalar
im•pal•pa•ble [ĭm-păl′pə-bəl] *adj.* impalpable; [imperceptible] imperceptible
im•part [ĭm-pärt′] *tr.* [to bestow] impartir; [to disclose] dar a conocer
im•par•tial [ĭm-pär′shəl] *adj.* imparcial
im•par•ti•al•i•ty [-′shē-ăl′ĭ-tē] *s.* imparcialidad *f*
im•pass•a•ble [ĭm-păs′ə-bəl] *adj.* [road] intransitable; [obstacle] infranqueable

im•passe [ĭm'păs'] *s.* [street] callejón *m* sin salida; *fig* atolladero, estancamiento
im•pas•sioned [:ənd] *adj.* apasionado
im•pas•sive [ĭm-păs'ĭv] *adj.* impasible
im•pa•tience [ĭm-pā'shəns] *s.* impaciencia
im•pa•tient [:shənt] *adj.* impaciente ■ **to be ~ with** no tener paciencia con; **to get ~** perder la paciencia; **to make ~** impacientar
im•peach [ĭm-pēch'] *tr.* [to charge] acusar, denunciar; [to prosecute] enjuiciar
im•peach•ment [:mənt] *s.* [charging] acusación *f*; [prosecution] enjuiciamiento
im•pec•ca•ble [ĭm-pek'ə-bəl] *adj.* impecable
im•pede [ĭm-pēd'] *tr.* impedir; [to delay] retardar
im•ped•i•ment [ĭm-ped'ə-mənt] *s.* impedimento; [defect] defecto
im•pel [ĭm-pel'] *tr.* (**-ll-**) impeler, impulsar
im•pend [ĭm-pend'] *intr.* ser inminente
im•pen•e•tra•ble [ĭm-pen'ĭ-trə-bəl] *adj.* impenetrable
im•per•a•tive [ĭm-per'ə-tĭv] *adj.* [tone] imperioso; [urgent] urgente; GRAM imperativo
im•per•cep•ti•ble [ĭm'pər-sep'tə-bəl] *adj.* imperceptible
im•per•fect [ĭm-pûr'fĭkt] *adj.* imperfecto
im•per•fec•tion [ĭm'pər-fek'shən] *s.* imperfección *f*
im•pe•ri•al [ĭm-pîr'ē-əl] *adj.* imperial; [majestic] augusto, señorial
im•pe•ri•al•ist [:ə-lĭst] *s.* imperialista *mf*
im•pe•ri•al•is•tic [:lĭs'tĭk] *adj.* imperialista
im•per•il [ĭm-per'əl] *tr.* poner en peligro
im•pe•ri•ous [ĭm-pîr'ē-əs] *adj.* imperioso
im•per•ish•a•ble [ĭm-per'ĭ-shə-bəl] *adj.* imperecedero
im•per•ma•nent [ĭm-pûr'mə-nənt] *adj.* no permanente, temporal
im•per•me•a•ble [ĭm-pûr'mē-ə-bəl] *adj.* impermeable
im•per•son•al [ĭm-pûr'sə-nəl] *adj.* impersonal
im•per•son•ate [ĭm-pûr'sə-nāt'] *tr.* hacerse pasar por
im•per•son•a•tion [-'-nā'shən] *s.* imitación *f*
im•per•son•a•tor [-'-'tər] *s.* imitador *m*
im•per•ti•nence [ĭm-pûr'tn-əns] *s.* impertinencia
im•per•ti•nent [:ənt] *adj.* impertinente
im•per•turb•a•ble [ĭm'pər-tûr'bə-bəl] *adj.* imperturbable
im•per•vi•ous [ĭm-pûr'vē-əs] *adj.* insensible
im•pet•u•ous [ĭm-pech'o͞o-əs] *adj.* [rash] impetuoso
im•pe•tus [ĭm'pĭ-təs] *s.* ímpetu *m*, impulso
im•pinge [ĭm-pĭnj'] *intr.* ■ **to ~ on** [to invade] invadir, violar; [to affect] impresionar
imp•ish [ĭm'pĭsh] *adj.* pícaro
im•plac•a•ble [ĭm-plăk'ə-bəl] *adj.* implacable
im•plant ◇ *tr.* [ĭm-plănt'] implantar ◇ *s.* ['] MED injerto
im•plau•si•ble [ĭm-plô'zə-bəl] *adj.* [unbelievable] inverosímil; [improbable] improbable
im•ple•ment ◇ *s.* [ĭm'plə-mənt] utensilio, instrumento ◇ *tr.* [:ment'] poner en práctica; [a law] aplicar
im•ple•men•ta•tion ['-mən-tā'shən] *s.* [of plan] puesta en práctica; [of law] aplicación *f*
im•pli•cate [ĭm'plĭ-kāt'] *tr.* implicar
im•pli•ca•tion ['-kā'shən] *s.* implicación *f*; [inference] inferencia
im•plic•it [ĭm-plĭs'ĭt] *adj.* implícito; [unquestioning] absoluto
im•plied [ĭm-plīd'] *adj.* implícito
im•plore [ĭm-plôr'] *tr.* implorar
im•ply [ĭm-plī'] *tr.* [to entail] implicar, significar; [to hint] dar a entender, insinuar
im•po•lite [ĭm'pə-līt'] *adj.* descortés
im•port ◇ *tr.* [ĭm-pôrt'] [goods] importar; [to signify] significar; (*intr.*) tener importancia ◇ *s.* ['] [item] artículo importado; [business] importación *f*; [significance] importancia
im•por•tance [ĭm-pôr'tns] *s.* importancia ■ **to be of ~** ser importante, tener importancia
im•por•tant [:tnt] *adj.* importante ■ **it's not ~** no importa
im•por•ta•tion [ĭm'pôr-tā'shən] *s.* importación *f*
im•port•er [-'tər] *s.* importador *m*
im•por•tu•nate [ĭm-pôr'chə-nĭt] *adj.* importuno, fastidioso
im•por•tune [ĭm'pôr-to͞on', ĭm-pôr'chən] *tr.* importunar, fastidiar
im•pose [ĭm-pōz'] *tr.* imponer ■ **to ~ oneself** imponerse; (*intr.*) ■ **to ~ (up)on** abusar de
im•pos•ing [ĭm-pō'zĭng] *adj.* imponente
im•po•si•tion [ĭm'pə-zĭsh'ən] *s.* [act] imposición *f*; [unfair demand] abuso
im•pos•si•bil•i•ty [ĭm-pŏs'ə-bĭl'ĭ-tē] *s.* imposibilidad *f*
im•pos•si•ble [ĭm-pŏs'ə-bəl] *adj.* imposible
im•pos•tor [ĭm-pŏs'tər] *s.* impostor *m*
im•po•tence/ten•cy [ĭm'pə-tns] *s.* impotencia
im•po•tent [:tnt] *adj.* impotente
im•pound [ĭm-pound'] *tr.* [to confine] encerrar; DER [to seize] embargar, confiscar
im•pov•er•ish [ĭm-pŏv'ər-ĭsh] *tr.* [people] empobrecer; [resources] agotar
im•prac•ti•ca•ble [ĭm-prăk'tĭ-kə-bəl] *adj.* impracticable
im•prac•ti•cal [:kəl] *adj.* poco práctico
im•prac•ti•cal•i•ty [-'-kăl'ĭ-tē] *s.* impracticabilidad *f*
im•pre•cise [ĭm'prĭ-sīs'] *adj.* impreciso
im•preg•na•ble [ĭm-preg'nə-bəl] *adj.* [fortress] inexpugnable; *fig* invulnerable
im•preg•nate [ĭm-preg'nāt'] *tr.* dejar preñada; [ovum] fecundar; [to permeate] impregnar
im•pre•sa•ri•o [ĭm'prĭ-sär'ē-ō'] *s.* empresario
im•press[1] [ĭm-pres'] ◇ *tr.* [to imprint] imprimir; [to affect] impresionar, causar impresión ■ **I was not impressed** no me pareció gran cosa ◇ *s.* ['] [mark] marca, señal *f*; [seal] sello
im•press[2] *tr.* MIL reclutar a la fuerza
im•pres•sion [ĭm-presh'ən] *s.* impresión *f*; [memory] idea; IMPR tirada ■ **to be under the ~ that** tener la impresión de que
im•pres•sion•a•ble [:ə-nə-bəl] *adj.* impresionable
im•pres•sion•is•tic [-'-nĭs'tĭk] *adj.* ARTE impresionista; [subjective] subjetivo
im•pres•sive [ĭm-pres'ĭv] *adj.* impresionante
im•print [ĭm-prĭnt'] ◇ *tr.* imprimir ◇ *s.* ['] impresión *f*; [influence] impronta; IMPR pie *m* de imprenta
im•pris•on [ĭm-prĭz'ən] *tr.* aprisionar
im•pris•on•ment [:mənt] *s.* aprisionamiento
im•prob•a•bil•i•ty [ĭm-prŏb'ə-bĭl'ĭ-tē] *s.* improbabilidad *f*
im•prob•a•ble [ĭm-prŏb'ə-bəl] *adj.* improbable
im•promp•tu [ĭm-prŏmp'to͞o] ◇ *adj.* improvisado ◇ *adv.* improvisadamente

I

im•prop•er [ĭm-prŏp′ər] *adj.* impropio; [indecorous] incorrecto, indecoroso
im•pro•pri•e•ty [ĭm′prə-prī′ĭ-tē] *s.* impropiedad *f*; [improper act] falta de corrección
im•prove [ĭm-pro͞ov′] *tr.* mejorar; [to upgrade] hacer mejoras en; [productivity] aumentar, incrementar; [skill, product] perfeccionar; [one's mind] desarrollar ▪ **to ~ one's appearance** hacerse más presentable; (*intr.*) mejorar; [patient] mejorar(se) ▪ **to ~ (up)on** mejorar
im•prove•ment [:mənt] *s.* mejora, mejoramiento; [in productivity, quality] aumento; [of a skill] perfeccionamiento; [in attitude] reforma; [mental] desarrollo; [in school] adelanto, progreso; [in health] mejoría; [to a building] reforma; [in a facility] ampliación *f* ▪ **to make improvements to** perfeccionar
im•prov•i•dent [ĭm-prŏv′ĭ-dənt] *adj.* imprevisor
im•pro•vi•sa•tion [ĭm-prŏv′ĭ-zā′shən] *s.* improvisación *f*
im•pro•vise [ĭm′prə-vīz′] *tr.* & *intr.* improvisar
im•pru•dent [ĭm-pro͞od′nt] *adj.* imprudente
im•pu•dence [ĭm′pyə-dns] *s.* impudencia
im•pu•dent [:dnt] *adj.* impudente, descarado
im•pugn [ĭm-pyo͞on′] *tr.* impugnar
im•pulse [ĭm′pŭls′] *s.* impulso ▪ **on ~** sin reflexionar
im•pul•sive [ĭm-pŭl′sĭv] *adj.* impetuoso
im•pu•ni•ty [ĭm-pyo͞o′nĭ-tē] *s.* impunidad *f*
im•pure [ĭm-pyo͝or′] *adj.* impuro; [adulterated] adulterado; [air] contaminado
im•pu•ri•ty [:ĭ-tē] *s.* impureza; [contamination] contaminación *f*; [substance] contaminante *m*
im•pute [ĭm-pyo͞ot′] *tr.* imputar
in [ĭn] ◇ *prep.* en, dentro de, por; [time] a, por, durante, de; [arrival] a; [method] a, en, por; [with verbs] al, mientras; **in so doing** al hacerlo ◇ *adv.* [inside] (a)dentro; [in power] en el poder; [in fashion] de moda ▪ **to be in** estar; **is the doctor in?** ¿está el doctor?; [in power] estar en el poder; **to be in for it** *fam* ir a recibir un castigo; **to be in on** [to participate] tomar parte en; [to know] estar enterado de; **to be in with someone** *fam* ser amigo de alguien; **to have it in for someone** *fam* tenerle antipatía a alguien ◇ *adj.* [fashionable] de moda; [entering] de entrada ▪ **in box** COMPUT buzón de entrada; **the in party** *fam* el partido en el poder ◇ *s.* influencia ▪ **the ins and outs** los pormenores, los detalles; **to have an in somewhere** tener influencia en algún sitio
in•a•bil•i•ty [ĭn′ə-bĭl′ĭ-tē] *s.* incapacidad *f*
in•ac•ces•si•ble [ĭn′ăk-ses′ə-bəl] *adj.* inaccesible
in•ac•cu•ra•cy [ĭn-ăk′yər-ə-sē] *s.* inexactitud *f*; [error] error *m*
in•ac•cu•rate [:ĭt] *adj.* inexacto, incorrecto
in•ac•tive [ĭn-ăk′tĭv] *adj.* inactivo; MIL en OR de reserva
in•ac•tiv•i•ty [′-′ĭ-tē] *s.* inactividad *f*
in•ad•e•qua•cy [ĭn-ăd′ĭ-kwə-sē] *s.* inadecuación *f*; [insufficiency] insuficiencia
in•ad•e•quate [:kwĭt] *adj.* inadecuado; [insufficient] insuficiente
in•ad•mis•si•ble [ĭn′əd-mĭs′ə-bəl] *adj.* inadmisible
in•ad•ver•tent [ĭn′əd-vûr′tnt] *adj.* [inattentive] descuidado; [unintentional] accidental
in•ad•vis•a•ble [ĭn′əd-vī′zə-bəl] *adj.* imprudente, no aconsejable
in•al•ien•a•ble [ĭn-āl′yə-nə-bəl] *adj.* inalienable
in•al•ter•a•ble [ĭn-ôl′tər-ə-bəl] *adj.* inalterable
in•ane [ĭn-ān′] *adj.* tonto, necio
in•an•i•mate [ĭn-ăn′ə-mĭt] *adj.* [not living] inanimado; [dull] desanimado, apagado
in•ap•pli•ca•ble [ĭn-ăp′lĭ-kə-bəl, ĭn′ə-plĭk′ə-] *adj.* que no viene al caso
in•ap•pre•cia•ble [ĭn′ə-prē′shə-bəl] *adj.* inapreciable, insignificante
in•ap•pro•pri•ate [ĭn′ə-prō′prē-ĭt] *adj.* inadecuado, inoportuno
in•ar•tic•u•late [ĭn′är-tĭk′yə-lĭt] *adj.* [sound] inarticulado; [person] que se expresa mal
in•as•much as [ĭn′əz-mŭch′əz] *conj.* ya que
in•at•ten•tive [:tĭv] *adj.* desatento, distraído
in•au•di•ble [ĭn-ô′də-bəl] *adj.* inaudible
in•au•gu•ral [ĭn-ô′gyər-əl] *adj.* inaugural
in•au•gu•rate [:gyə-rāt′] *tr.* [to begin] inaugurar; POL investir del cargo a
in•au•gu•ra•tion [-′-rā′shən] *s.* inauguración *f*; POL investidura, toma de posesión
in•aus•pi•cious [ĭn′ô-spĭsh′əs] *adj.* desfavorable, poco propicio
in•born [ĭn′bôrn′] *adj.* congénito, innato
in•bound [ĭn′bound′] *adj.* de llegada, de venida
in•bred [ĭn′bred′] *adj.* consanguíneo; [innate] innato
in•breed•ing [ĭn′brē′dĭng] *s.* procreación *f* en consanguinidad; [of people] endogamia
in•cal•cu•la•ble [ĭn-kăl′kyə-lə-bəl] *adj.* incalculable
in•can•des•cent [ĭn′kən-des′ənt] *adj.* incandescente
in•can•ta•tion [ĭn′kăn-tā′shən] *s.* invocación *f*; [spell] sortilegio, conjuro
in•ca•pa•ble [ĭn-kā′pə-bəl] *adj.* incapaz; [incompetent] incompetente
in•ca•pac•i•tate [ĭn′kə-păs′ĭ-tāt′] *tr.* incapacitar
in•ca•pac•i•ty [:tē] *s.* incapacidad *f*
in•car•cer•ate [ĭn-kär′sə-rāt′] *tr.* encarcelar
in•car•cer•a•tion [-′-rā′shən] *s.* encarcelamiento
in•car•nate [ĭn-kär′nĭt] ◇ *adj.* encarnado ◇ *tr.* [:nāt′] encarnar
in•car•na•tion [′-nā′shən] *s.* encarnación *f*
in•cen•di•ar•y [ĭn-sen′dē-er′ē] *adj.* incendiario
in•cense[1] [ĭn-sens′] *tr.* encolerizar, enfurecer
in•cense[2] [′] *s.* [sticks, smoke] incienso
in•cen•tive [ĭn-sen′tĭv] *s.* incentivo
in•cep•tion [ĭn-sep′shən] *s.* principio
in•ces•sant [ĭn-ses′ənt] *adj.* incesante
in•cest [ĭn′sest′] *s.* incesto
in•ces•tu•ous [ĭn-ses′cho͞o-əs] *adj.* incestuoso
inch [ĭnch] ◇ *s.* pulgada ▪ **every ~ of the way** todo el camino; **~ by ~** poco a poco; **to know every ~ of** conocer como la palma de la mano; **within an ~ of a** punto de ◇ *intr.* avanzar poco a poco; (*tr.*) mover poco a poco
in•ci•dence [ĭn′sĭ-dəns] *s.* incidencia; [rate] frecuencia, índice *m*
in•ci•dent [:dənt] *adj.* & *s.* incidente *m* ▪ **without ~** sin novedad
in•ci•den•tal [′-den′tl] ◇ *adj.* incidental; [minor] secundario; [expense] imprevisto ▪ **~ to** propio de ◇ *s. pl.* imprevistos
in•cin•er•ate [ĭn-sĭn′ə-rāt′] *tr.* incinerar
in•cin•er•a•tor [:rā′tər] *s.* incinerador *m*
in•cip•i•ent [ĭn-sĭp′ē-ənt] *adj.* incipiente
in•ci•sion [ĭn-sĭzh′ən] *s.* incisión *f*
in•ci•sive [ĭn-sī′sĭv] *adj.* [mentally] penetrante, agudo; [biting] incisivo, mordaz

in•ci•sor [:zər] *s.* (diente) incisivo
in•cite [ĭn-sīt′] *tr.* incitar
in•cite•ment [:mənt] *s.* incitación *f*
in•clem•ent [ĭn-klem′ənt] *adj.* inclemente
in•cli•na•tion [ĭn′klə-nā′shən] *s.* inclinación *f*; [tendency] tendencia; [preference] gusto
in•cline [ĭn-klīn′] ◇ *tr.* & *intr.* inclinar(se) ▪ **if you feel so inclined** si usted desea; **to be inclined to** estar dispuesto a; **to ~ to** tender a ◇ *s.* [′] inclinación *f*, pendiente *f*
in•clined [ĭn-klīnd′] *adj.* inclinado ▪ **~ to** dispuesto a; **musically ~** tener aptitudes para la música
in•clude [ĭn-klo͞od′] *tr.* incluir, abarcar
in•clud•ed [ĭn-klo͞o′dĭd] *adj.* incluido, incluso
in•clu•sion [:zhən] *s.* inclusión *f*
in•clu•sive [:sĭv] *adj.* [including] inclusive; [comprehensive] inclusivo
in•cog•ni•to [ĭn-kŏg′nĭ-tō′, ′-nē′tō] ◇ *adj.* & *s.* incógnito ◇ *adv.* de incógnito
in•co•her•ence [ĭn′kō-hîr′əns] *s.* incoherencia
in•co•her•ent [:ənt] *adj.* incoherente
in•come [ĭn′kŭm′] *s.* ingresos *m*, entrada; [on investments] renta; [profit] utilidades *f* ▪ **gross/net ~** entrada bruta/neta; **~ tax** impuesto sobre la renta
in•com•ing [ĭn′kŭm′ĭng] *adj.* entrante, que entra; [new] nuevo
in•com•mu•ni•ca•do [ĭn′kə-myo͞o′nĭ-kä′dō] *adj.* incomunicado
in•com•pa•ra•ble [ĭn-kŏm′pər-ə-bəl] *adj.* incomparable
in•com•pat•i•bil•i•ty [ĭn′kəm-păt′ə-bĭl′ĭ-tē] *s.* incompatibilidad *f*
in•com•pat•i•ble [′-′-bəl] *adj.* incompatible
in•com•pe•tence/ten•cy [ĭn-kŏm′pĭ-tns] *s.* incompetencia, incapacidad *f*
in•com•pe•tent [:tnt] ◇ *adj.* incompetente, incapaz ◇ *s.* persona incompetente
in•com•plete [ĭn′kəm-plēt′] *adj.* incompleto
in•com•pre•hen•si•ble [ĭn-kŏm′prĭ-hen′sə-bəl] *adj.* incomprensible
in•con•ceiv•a•ble [ĭn′kən-sē′və-bəl] *adj.* inconcebible; [incredible] increíble
in•con•clu•sive [ĭn′kən-klo͞o′sĭv] *adj.* no concluyente, inconcluyente
in•con•gru•ent [ĭn′kŏn-gro͞o′ənt] *adj.* incongruente
in•con•gru•ous [ĭn-kŏng′gro͞o-əs] *adj.* incongruo, incongruente
in•con•se•quen•tial [ĭn-kŏn′sĭ-kwen′shəl] *adj.* insignificante, sin trascendencia
in•con•sid•er•ate [ĭn′kən-sĭd′ər-ĭt] *adj.* desconsiderado
in•con•sis•ten•cy [ĭn′kən-sĭs′tən-sē] *s.* incoherencia; [irregularity] irregularidad *f*
in•con•sis•tent [:tənt] *adj.* incoherente; [irregular] irregular; [contradictory] contradictorio ▪ **~ with** en contradicción con
in•con•sol•a•ble [ĭn′kən-sō′lə-bəl] *adj.* inconsolable, desconsolado
in•con•spic•u•ous [ĭn′kən-spĭk′yo͞o-əs] *adj.* discreto
in•con•ti•nent [ĭn-kŏn′tə-nənt] *adj.* incontinente
in•con•tro•vert•i•ble [ĭn-kŏn′trə-vûr′tə-bəl] *adj.* incontrovertible, indiscutible
in•con•ven•ience [ĭn′kən-vēn′yəns] ◇ *s.* inconveniencia; [bother] molestia ◇ *tr.* incomodar, molestar
in•con•ven•ient [:yənt] *adj.* inconveniente; [bothersome] molesto
in•cor•po•rate [ĭn-kôr′pə-rāt′] *tr.* [to include] incorporar, incluir; COM constituir en sociedad; (*intr.*) constituirse en sociedad
in•cor•po•rat•ed [:rā′tĭd] *adj.* incorporado; COM constituido en sociedad
in•cor•rect [ĭn′kə-rekt′] *adj.* incorrecto
in•cor•ri•gi•ble [ĭn-kôr′ĭ-jə-bəl] *adj.* incorregible
in•crease [ĭn-krēs′] ◇ *tr.* & *intr.* aumentar; [prices] subir; [production] incrementar ◇ *s.* [′] aumento; [in prices] subida, alza; [in production] incremento ▪ **to be on the ~** ir en aumento
in•creas•ing [ĭn-krē′sĭng] *adj.* creciente
in•creas•ing•ly [:lē] *adv.* cada vez más
in•cred•i•ble [ĭn-kred′ə-bəl] *adj.* increíble
in•cred•u•lous [ĭn-krej′ə-ləs] *adj.* incrédulo
in•cre•ment [ĭng′krə-mənt] *s.* incremento ▪ **unearned ~** plusvalía
in•crim•i•nate [ĭn-krĭm′ə-nāt′] *tr.* incriminar
in•crim•i•na•tion [-′-nā′shən] *s.* incriminación *f*
in•cu•bate [ĭng′kyə-bāt′] *tr.* & *intr.* incubar
in•cu•ba•tion [′-bā′shən] *s.* incubación *f*
in•cu•ba•tor [′-′tər] *s.* incubadora
in•cul•cate [ĭn-kŭl′kāt′] *tr.* inculcar
in•cum•bent [ĭn-kŭm′bənt] ◇ *adj.* [resting] apoyado; POL actual, en ejercicio ▪ **to be ~ on someone** corresponderle a alguien ◇ *s.* POL titular *m*
in•cur [ĭn-kûr′] *tr.* incurrir
in•cur•a•ble [ĭn-kyo͝or′ə-bəl] *adj.* incurable
in•cur•sion [ĭn-kûr′zhən] *s.* incursión *f*
in•debt•ed [ĭn-det′ĭd] *adj.* endeudado; [owing gratitude] agradecido
in•de•cen•cy [ĭn-dē′sən-sē] *s.* indecencia
in•de•cent [:sənt] *adj.* indecente ▪ **~ exposure** exhibicionismo
in•de•ci•pher•a•ble [ĭn′dĭ-sī′fər-ə-bəl] *adj.* indescifrable
in•de•ci•sion [ĭn′dĭ-sĭzh′ən] *s.* indecisión *f*
in•de•ci•sive [:sī′sĭv] *adj.* [inconclusive] no concluyente; [irresolute] indeciso, irresoluto
in•deed [ĭn-dēd′] ◇ *adv.* [truly] verdaderamente; [in fact] en efecto; [of course] claro ▪ **~?** ¿de verdad?; **that is ~ a luxury** eso sí que es lujo; **yes ~!** ¡claro que sí! ◇ *interj.* de veras
in•de•fen•si•ble [ĭn′dĭ-fen′sə-bəl] *adj.* indefensible; [inexcusable] imperdonable
in•def•i•nite [ĭn-def′ə-nĭt] *adj.* indefinido; [uncertain] incierto, impreciso; [vague] vago
in•del•i•ble [ĭn-del′ə-bəl] *adj.* indeleble
in•del•i•cate [:kĭt] *adj.* indelicado
in•dem•ni•fy [ĭn-dem′nə-fī′] *tr.* [to insure] asegurar; [to compensate] indemnizar
in•dem•ni•ty [:nĭ-tē] *s.* [security, exemption] indemnidad *f*; [compensation] indemnización *f*
in•dent [ĭn-dent′] ◇ *tr.* IMPR sangrar; [to serrate] dentar; [to notch] hacer muescas en ◇ *s.* [′] IMPR sangría; [notch] muesca
in•den•ta•tion [ĭn′den-tā′shən] *s.* [notch] muesca; [recess] hueco; IMPR sangría
in•den•ture [ĭn-den′chər] *tr.* ligar por contrato
in•de•pend•ence [ĭn′dĭ-pen′dəns] *s.* independencia
in•de•pend•ent [:dənt] *adj.* & *s.* independiente *mf* ▪ **of ~ means** con recursos propios, adinerado; **to be ~ of** no depender de

I

in-depth [ĭn′depth′] *adj.* a fondo, profundo
in•de•scrib•a•ble [ĭn′dĭ-skrī′bə-bəl] *adj.* indescriptible
in•de•struc•ti•ble [ĭn′dĭ-strŭk′tə-bəl] *adj.* indestructible
in•de•ter•mi•nate [ĭn′dĭ-tûr′mə-nĭt] *adj.* indeterminado, incierto
in•dex [ĭn′deks′] ◇ *s.* (*pl* **es** OR **-dices**) índice *m*; [sign] indicio; IMPR [fist] manecilla; TEC [pointer] indicador *m* ■ ~ **card** ficha, tarjeta ◇ *tr.* poner un índice a; [to indicate] indicar, señalar; [prices] indexar
In•di•a [ĭn′dē-ə] *adj.* ■ ~ **ink** tinta china; ~ **rubber** caucho
in•di•cate [ĭn′dĭ-kāt′] *tr.* indicar
in•di•ca•tion [′-kā′shən] *s.* indicación *f*; [sign] indicio, seña; [symptom] síntoma *m*
in•dic•a•tive [ĭn-dĭk′ə-tĭv] *adj.* & *s.* indicativo ■ **to be** ~ **of** indicar, ser un indicio de
in•di•ca•tor [ĭn′dĭ-kā′tər] *s.* indicador *m*
in•di•ces [ĭn′dĭ-sēz′] ▻ **index**
in•dict [ĭn-dīt′] *tr.* acusar
in•dict•a•ble [ĭn-dī′tə-bəl] *adj.* procesable (delito), que merece acusación legal
in•dict•ment [ĭn-dīt′mənt] *s.* acusación *f*
in•dif•fer•ence [ĭn-dĭf′ər-əns] *s.* indiferencia
in•dif•fer•ent [:ənt] *adj.* indiferente; [impartial] desinteresado; [mediocre] regular
in•di•gence [ĭn′dĭ-jəns] *s.* indigencia
in•dig•e•nous [ĭn-dĭj′ə-nəs] *adj.* indígena
in•di•gent [ĭn′dĭ-jənt] *adj.* & *s.* indigente *mf*
in•di•gest•i•ble [ĭn′dī-jes′tə-bəl, ĭn′dĭ-] *adj.* indigestible
in•di•ges•tion [:chən] *s.* indigestión *f*
in•dig•nant [ĭn-dĭg′nənt] *adj.* indignado
in•dig•na•tion [′-nā′shən] *s.* indignación *f*
in•dig•ni•ty [ĭn-dĭg′nĭ-tē] *s.* indignidad *f*; [humiliation] humillación *f*
in•di•go [ĭn′dĭ-gō′] *s.* (*pl* **(e)s**) índigo, añil *m*
in•di•rect [ĭn′dĭ-rekt′, ĭn′-dī-] *adj.* indirecto
in•dis•cern•i•ble [ĭn′dĭ-sûr′nə-bəl] *adj.* indiscernible, imperceptible
in•dis•creet [ĭn′dĭ-skrēt′] *adj.* indiscreto
in•dis•cre•tion [:skresh′ən] *s.* indiscreción *f*
in•dis•crim•i•nate [ĭn′dĭ-skrĭm′ə-nĭt] *adj.* [undiscriminating] sin criterio; [random] al azar; [admiration, praise] ciego
in•dis•pens•a•ble [ĭn′dĭ-spen′sə-bəl] *adj.* indispensable, imprescindible
in•dis•posed [ĭn′dĭ-spōzd′] *adj.* [slightly ill] indispuesto; [averse] ■ **to be** ~ **to do something** no estar dispuesto a hacer algo
in•dis•put•a•ble [ĭn′dĭ-spyōō′tə-bəl] *adj.* indisputable
in•dis•tinct [ĭn′dĭ-stĭngkt′] *adj.* indistinto
in•dis•tin•guish•a•ble [:stĭng′gwĭ-shə-bəl] *adj.* indistinguible
in•di•vid•u•al [ĭn′də-vĭj′ōō-əl] ◇ *adj.* individual; [style, manner] particular, propio ◇ *s.* individuo
in•di•vid•u•al•is•tic [′-′-ə-lĭs′tĭk] *adj.* individualista
in•di•vid•u•al•i•ty [:ăl′ĭ-tē] *s.* individualidad *f*, particularidad *f*
in•di•vis•i•ble [ĭn′də-vĭz′ə-bəl] *adj.* indivisible
in•doc•tri•nate [ĭn-dŏk′trə-nāt′] *tr.* adoctrinar
in•doc•tri•na•tion [-′-nā′shən] *s.* adoctrinamiento
in•do•lence [ĭn′də-ləns] *s.* indolencia
in•do•lent [:lənt] *adj.* indolente
in•dom•i•ta•ble [ĭn-dŏm′ĭ-tə-bəl] *adj.* indomable, indómito
in•door [ĭn′dôr′] *adj.* [interior] interior, interno; [event] de puertas adentro; [court, pool] cubierto ■ ~ **climbing center** rocódromo
in•doors [ĭn-dôrz′] *adv.* dentro, bajo techo
in•duce [ĭn-dōōs′] *tr.* [to cause] ocasionar; [childbirth] provocar; [to infer] inducir ■ **to** ~ **to** lograr convencer de que
in•duce•ment [:mənt] *s.* [incentive] incentivo, aliciente *m*; [lure] atractivo
in•duct [ĭn-dŭkt′] *tr.* POL instalar; MIL reclutar; [new member] admitir
in•duc•tion [ĭn-dŭk′shən] *s.* inducción *f*; POL instalación *f*; [into a society] admisión *f*; MIL incorporación *f* a filas
in•duc•tive [:tĭv] *adj.* inductivo
in•dulge [ĭn-dŭlj′] *tr.* [to pamper] consentir, mimar; [to gratify] satisfacer ■ **to** ~ **oneself** darse gusto; (*intr.*) ■ **to** ~ **in** permitirse el lujo de
in•dul•gence [ĭn-dŭl′jəns] *s.* [humoring] complacencia; [pampering] consentimiento; [in pleasures] gratificación *f*; [treat] gusto, capricho; [favor] favor *m*; RELIG indulgencia
in•dul•gent [:jənt] *adj.* indulgente
in•dus•tri•al [ĭn-dŭs′trē-əl] ◇ *adj.* industrial ■ ~ **park** zona industrial; ~ **relations** relaciones laborales; ~ **waste** residuos industriales ◇ *s.* ◇ *pl.* valores industriales
in•dus•tri•al•ist [:ə-lĭst] *s.* industrial *m*
in•dus•tri•al•ize [:ə-līz′] *tr.* & *intr.* industrializar(se)
in•dus•tri•ous [:əs] *adj.* industrioso
in•dus•try [ĭn′də-strē] *s.* industria; [management] empresariado; [diligence] diligencia
in•e•bri•at•ed [:ā′tĭd] *adj.* embriagado
in•e•bri•a•tion [-′-′shən] *s.* embriaguez *f*
in•ed•i•ble [ĭn-ed′ə-bəl] *adj.* incomestible
in•ef•fec•tive [ĭn′ĭ-fek′tĭv] *adj.* ineficaz
in•ef•fec•tu•al [:chōō-əl] *adj.* vano, inútil
in•ef•fi•cien•cy [ĭn′ĭ-fĭsh′ən-sē] *s.* ineficacia
in•ef•fi•cient [:ənt] *adj.* ineficiente, ineficaz
in•el•i•gi•ble [ĭn-el′ĭ-jə-bəl] *adj.* inelegible
in•ept [ĭn-ept′] *adj.* inepto, incapaz
in•ep•ti•tude [ĭn-ep′tĭ-tōōd′] *s.* ineptitud *f*
in•e•qual•i•ty [ĭn′ĭ-kwŏl′ĭ-tē] *s.* desigualdad *f*; [injustice] injusticia
in•eq•ui•ty [ĭn-ek′wĭ-tē] *s.* injusticia
in•ert [ĭn-ûrt′] *adj.* inerte
in•er•tia [ĭn-ûr′shə] *s.* inercia
in•es•cap•a•ble [ĭn′ĭ-skā′pə-bəl] *adj.* ineludible, inevitable
in•ev•i•ta•ble [ĭn-ev′ĭ-tə-bəl] *adj.* inevitable
in•ex•act [ĭn′ĭg-zăkt′] *adj.* inexacto
in•ex•cus•a•ble [ĭn′ĭk-skyōō′zə-bəl] *adj.* inexcusable, imperdonable
in•ex•haust•i•ble [ĭn′ĭg-zô′stə-bəl] *adj.* inagotable
in•ex•o•ra•ble [ĭn-ek′sər-ə-bəl] *adj.* inexorable
in•ex•pen•sive [ĭn′ĭk-spen′sĭv] *adj.* barato
in•ex•pe•ri•ence [ĭn′ĭk-spîr′ē-əns] *s.* inexperiencia
in•ex•pe•ri•enced [:ənst] *adj.* inexperto
in•ex•pli•ca•ble [ĭn′ĭk-splĭk′ə-bəl] *adj.* inexplicable
in•fal•li•ble [ĭn-făl′ə-bəl] *adj.* infalible
in•fa•mous [ĭn′fə-məs] *adj.* infame

in•fa•my [:mē] *s.* infamia
in•fan•cy [ĭn'fən-sē] *s.* infancia
in•fant [ĭn'fənt] *s.* infante *mf,* niño
in•fan•tile [ĭn'fən-tīl'] *adj.* infantil
in•fan•try [ĭn'fən-trē] *s.* infantería
in•farct [ĭn'färkt'] *s.* infarto
in•fat•u•at•ed [ĭn-făch'o͞o-ā'tĭd] *adj.* locamente enamorado; [foolish] encaprichado
in•fat•u•a•tion [-'-'shən] *s.* encaprichamiento
in•fect [ĭn-fekt'] *tr.* infectar; [to contaminate] contaminar; [another person] contagiar
in•fec•tion [ĭn-fek'shən] *s.* infección *f*
in•fec•tious [:shəs] *adj.* infeccioso
in•fer [ĭn-fûr'] *tr.* (-rr-) inferir, deducir
in•fer•ence [ĭn'fər-əns] *s.* inferencia
in•fe•ri•or [ĭn-fîr'ē-ər] *adj.* & *s.* inferior *mf*
in•fe•ri•or•i•ty [-'-ôr'ĭ-tē] *s.* inferioridad *f*
in•fer•nal [ĭn-fûr'nəl] *adj.* infernal
in•fer•no [ĭn-fûr'nō] *s.* infierno
in•fer•tile [ĭn-fûr'tl] *adj.* infértil, estéril
in•fer•til•i•ty [ĭn'fər-tĭl'ĭ-tē] *s.* infertilidad *f*
in•fest [ĭn-fest'] *tr.* infestar, plagar
in•fes•ta•tion [ĭn'fe-stā'shən] *s.* infestación *f*
in•fi•del [ĭn'fĭ-dəl] *s.* infiel *mf*
in•fi•del•i•ty ['-'ĭ-tē] *s.* infidelidad
in•fight•ing [ĭn'fī'tĭng] *s.* lucha interna
in•fil•trate [ĭn-fĭl'trāt'] *tr.* infiltrar; [an organization] infiltrarse en
in•fil•tra•tion ['-trā'shən] *s.* infiltración *f*
in•fi•nite [ĭn'fə-nĭt] *adj.* & *s.* infinito
in•fin•i•tes•i•mal [ĭn-fĭn'ĭ-tes'ə-məl] *adj.* infinitesimal
in•fin•i•tive [ĭn-fĭn'ĭ-tĭv] *s.* infinitivo
in•fin•i•ty [:tē] *s.* infinidad *f;* MAT infinito
in•firm [ĭn-fûrm'] *adj.* débil, enfermizo
in•fir•ma•ry [ĭn-fûr'mə-rē] *s.* enfermería
in•fir•mi•ty [:mĭ-tē] *s.* [weakness] debilidad *f;* [illness] enfermedad *f,* achaque *m*
in•flame [ĭn-flām'] *tr.* inflamar
in•flam•ma•ble [ĭn-flăm'ə-bəl] *adj.* inflamable
in•flam•ma•tion [ĭn'flə-mā'shən] *s.* inflamación *f*
in•flam•ma•to•ry [ĭn-flăm'ə-tôr'ē] *adj.* [arousing] incendiario; MED inflamatorio
in•flate [ĭn-flāt'] *tr.* inflar; *fig* hinchar; ECON & FIN causar la inflación de; (*intr.*) inflarse, hincharse
in•flat•ed [ĭn-flā'tĭd] *adj.* inflado, hinchado; [bombastic] pomposo; [wages, prices] excesivo
in•fla•tion [:shən] *s.* inflación *f*
in•fla•tion•ar•y [:shə-ner'ē] *adj.* inflacionario ▪ **~ spiral** espiral inflacionaria
in•flec•tion [ĭn-flek'shən] *s.* inflexión *f*
in•flex•i•ble [ĭn-flek'sə-bəl] *adj.* inflexible
in•flict [ĭn-flĭkt'] *tr.* infligir, causar ▪ **to ~ (up)on** imponer a
in•flow [ĭn'flō'] *s.* afluencia, flujo
in•flu•ence [ĭn'flo͞o-əns] ◇ *s.* influencia, influjo ▪ **to be an ~ on** tener influencia sobre; **to have ~** ser influyente; **under the ~** embriagado ◇ *tr.* influir en, ejercer influencia sobre
in•flu•en•tial ['-en'shəl] *adj.* influyente
in•flu•en•za [ĭn'flo͞o-en'zə] *s.* influenza
in•flux [ĭn'flŭks'] *s.* afluencia, entrada
in•form [ĭn-fôrm'] *tr.* informar, avisar ▪ **to ~ someone that** comunicarle a alguien que; (*intr.*) ▪ **to ~ on** delatar, denunciar
in•for•mal [ĭn-fôr'məl] *adj.* [casual] familiar, llano; [unofficial] extraoficial; [agreement] no legalizado; [unceremonious] sin ceremonia; [dress] de diario, de calle
in•for•mal•i•ty ['-măl'ĭ-tē] *s.* familiaridad *f,* llaneza; [of occasion] ausencia de ceremonia
in•form•ant [ĭn-fôr'mənt] *s.* informador *m*
in•for•ma•tion [ĭn'fər-mā'shən] *s.* información *f;* [data] datos; [knowledge] conocimientos ▪ **for your ~** para su conocimiento; **~ society** sociedad de la información; **~ superhighway** autopista de la información; **~ technology** tecnología de la información
in•form•a•tive [ĭn-fôr'mə-tĭv] *adj.* informativo
in•formed [ĭn-fôrmd'] *adj.* informado, enterado ▪ **to keep someone ~** tener a alguien al corriente
in•form•er [ĭn-fôr'mər] *s.* delator *m,* soplón *m*
in•frac•tion [ĭn-frăk'shən] *s.* infracción *f*
in•fra•red [ĭn'frə-red'] *adj.* infrarrojo ▪ **~ mouse** mouse de infrarrojos
in•fra•struc•ture [ĭn'frə-strŭk'chər] *s.* infraestructura
in•fre•quent [ĭn-frē'kwənt] *adj.* infrecuente
in•fringe [ĭn-frĭnj'] *tr.* infringir; (*intr.*) ▪ **to ~ (up)on** usurpar, abusar de
in•fringe•ment [:mənt] *s.* [of law] infracción *f;* [of rights] usurpación *f*
in•fu•ri•ate [ĭn-fyo͝or'ē-āt'] *tr.* enfurecer
in•fuse [ĭn-fyo͞oz'] *tr.* infundir
in•fu•sion [ĭn-fyo͞o'zhən] *s.* infusión *f*
in•gen•ious [ĭn-jēn'yəs] *adj.* ingenioso
in•gé•nue [ăn'zhə-no͞o'] *s.* joven ingenua
in•ge•nu•i•ty [ĭn'jə-no͞o'ĭ-tē] *s.* ingenio
in•gen•u•ous [ĭn-jen'yo͞o-əs] *adj.* ingenuo
in•gest [ĭn-jest'] *tr.* ingerir
in•got [ĭng'gət] *s.* lingote *m,* barra
in•grained [ĭn-grānd'] *adj.* arraigado
in•gra•ti•ate [ĭn-grā'shē-āt'] *tr.* ▪ **to ~ oneself with** congraciarse con
in•grat•i•tude [ĭn-grăt'ĭ-to͞od'] *s.* ingratitud *f*
in•gre•di•ent [ĭn-grē'dē-ənt] *s.* ingrediente *m*
in•hab•it [ĭn-hăb'ĭt] *tr.* habitar, vivir en
in•hab•it•a•ble [:ĭ-tə-bəl] *adj.* habitable
in•hab•i•tant [:ĭ-tnt] *s.* habitante *mf*
in•ha•la•tion [ĭn'hə-lā'shən] *s.* inhalación *f*
in•hale [ĭn-hāl'] *tr.* aspirar; [smoke] tragar; MED inhalar; (*intr.*) inspirar
in•her•ent [ĭn-her'ənt] *adj.* inherente
in•her•it [ĭn-her'ĭt] *tr.* heredar
in•her•i•tance [:ĭ-tns] *s.* [act] sucesión *f;* [thing] herencia; [heritage] patrimonio
in•hib•it [ĭn-hĭb'ĭt] *tr.* inhibir; [to prevent] impedir; [to prohibit] prohibir
in•hi•bi•tion [ĭn'hə-bĭsh'ən] *s.* inhibición *f*
in•hos•pi•ta•ble [ĭn-hŏs'pĭ-tə-bəl, ĭn'hŏspĭt'ə-] *adj.* inhospitalario; [barren] inhóspito
in-house [ĭn'hous'] *adj.* interno, de la casa
in•hu•man [ĭn-hyo͞o'mən] *adj.* inhumano; [monstrous] no humano
in•hu•mane ['-mān'] *adj.* inhumano
in•im•i•ta•ble [ĭn-ĭm'ĭ-tə-bəl] *adj.* inimitable
in•iq•ui•ty [ĭ-nĭk'wĭ-tē] *s.* iniquidad *f*
in•i•tial [ĭ-nĭsh'əl] ◇ *adj.* & *s.* inicial *f* ◇ *s. pl.* [of person] iniciales; [of organization] siglas ◇ *tr.* firmar con las iniciales
in•i•ti•ate [ĭ-nĭsh'ē-āt'] ◇ *tr.* iniciar; [proceedings] entablar ◇ *adj.* & *s.* [:ĭt] iniciado

I

ini•tia•lize [ĭ-nĭsh'ə-līz] *tr.* inicializar
in•i•ti•a•tion [-'-ā'shən] *s.* iniciación *f*
in•i•tia•tive [ĭ-nĭsh'ə-tĭv] *s.* iniciativa
in•ject [ĭn-jekt'] *tr.* inyectar; [a patient] poner una inyección a; *fig* introducir
in•jec•tion [ĭn-jek'shən] *s.* inyección *f*
in•junc•tion [ĭn-jŭngk'shən] *s.* [command] orden *f*; [prohibition] entredicho
in•jure [ĭn'jər] *tr.* lastimar, herir; [to impair] dañar, averiar; [to wrong] injuriar
in•ju•ri•ous [ĭn-jŏŏr'ē-əs] *adj.* [harmful] dañino, perjudicial; [offensive] injurioso
in•ju•ry [ĭn'jə-rē] *s.* [wound] herida, lesión *f*; [damage, wrong] daño, perjuicio
in•jus•tice [ĭn-jŭs'tĭs] *s.* injusticia
ink [ĭngk] ◇ *s.* tinta ▪ ~ **cartridge** cartucho de tinta ◇ *tr.* entintar
ink•jet printer [ĭngk'jet'prĭn'tər] *s.* impresora de chorro de tinta
in•kling [ĭng'klĭng] *s.* [hint] indicio; [suspicion] sospecha
ink•well [ĭngk'wel'] *s.* tintero
in•laid [ĭn'lād'] *adj.* incrustado
in•land [ĭn'lănd'] ◇ *adj.* (del) interior ◇ *adv.* tierra adentro, hacia el interior
in-law [ĭn'lô'] *s.* pariente político
in•lay ◇ *tr.* (**-laid**) [ĭn-lā'] incrustar ◇ *s.* ['] incrustación *f*
in•let [ĭn'let'] *s.* [bay] cala; [of sea] brazo
in•mate [ĭn'māt'] *s.* [of asylum] paciente *mf*; [prisoner] presidiario, preso
inn [ĭn] *s.* posada, hostería; [tavern] taverna
in•nards [ĭn'ərdz] *s. pl. fam* entrañas
in•nate [ĭ-nāt'] *adj.* innato
in•ner [ĭn'ər] *adj.* interior, interno; [profound] profundo, recóndito; [intimate] íntimo ▪ ~ **circle** esfera de mayor influencia; ~ **city** distrito desfavorecido del centro de una ciudad; ~ **tube** cámara
in•ner•most [:mōst'] *adj.* más interno, más adentro; *fig* más profundo, más íntimo
in•no•cence [ĭn'ə-səns] *s.* inocencia
in•no•cent [:sənt] *adj.* & *s.* inocente *mf*
in•noc•u•ous [ĭ-nŏk'yōō-əs] *adj.* inocuo
in•no•vate [ĭn'ə-vāt'] *tr.* & *intr.* innovar
in•no•va•tion ['-vā'shən] *s.* innovación *f*
in•no•va•tive ['-'tĭv] *adj.* innovador
in•no•va•tor [:tər] *s.* innovador *m*
in•nu•en•do [ĭn'yōō-en'dō] *s.* (*pl* **es**) insinuaciones *f*, indirectas
in•nu•mer•a•ble [ĭ-nōō'mər-ə-bəl] *adj.* innumerable
in•oc•u•late [ĭ-nŏk'yə-lāt'] *tr.* inocular
in•oc•u•la•tion [-'-lā'shən] *s.* inoculación *f*
in•of•fen•sive [ĭn'ə-fen'sĭv] *adj.* inofensivo
in•op•er•a•ble [ĭn-ŏp'ər-ə-bəl] *adj.* [not functioning] que no funciona; CIR inoperable
in•op•er•a•tive [:tĭv] *adj.* [not in effect] inoperante; [not functioning] que no funciona
in•op•por•tune [ĭn-ŏp'ər-tōōn'] *adj.* inoportuno
in•or•di•nate [ĭn-ôr'dn-ĭt] *adj.* desmesurado
in•or•gan•ic [ĭn'ôr-găn'ĭk] *adj.* inorgánico
in•pa•tient [ĭn'pā'shənt] *s.* paciente *mf* internado (en un hospital)
in•put [ĭn'pŏŏt'] *s.* COMPUT & ELEC entrada; MEC energía consumida; *fig* intervención *f*
in•quest [ĭn'kwest'] *s.* investigación *f*
in•quire [ĭn-kwīr'] *intr.* preguntar, hacer una pregunta ▪ **to** ~ **about** [a person] preguntar por; [a matter] informarse sobre; **to** ~ **into** investigar; (*tr.*) preguntar por, averiguar
in•quir•y [ĭng'kwə-rē] *s.* consulta, pregunta; [investigation] investigación *f*
in•qui•si•tion [ĭng'kwĭ-zĭsh'ən] *s.* inquisición *f*
in•quis•i•tive [ĭn-kwĭz'ĭ-tĭv] *adj.* [prying] preguntón, inquisitivo; [curious] curioso
in•quis•i•tor [:tər] *s.* inquisidor *m*
in•roads [ĭn'rōdz'] *s.* ▪ **to make** ~ **into** penetrar en, adentrarse en
in•sane [ĭn-sān'] *adj.* loco, demente; [absurd] disparatado ▪ ~ **asylum** manicomio
in•san•i•ty [ĭn-săn'ĭ-tē] *s.* locura, demencia; [folly] insensatez *f*, locura
in•sa•tia•ble [ĭn-sā'shə-bəl] *adj.* insaciable
in•scribe [ĭn-skrīb'] *tr.* inscribir; [to dedicate] dedicar, firmar
in•scrip•tion [ĭn-skrĭp'shən] *s.* inscripción *f*; [dedication] dedicatoria
in•scru•ta•ble [ĭn-skrōō'tə-bəl] *adj.* inescrutable
in•sect [ĭn'sekt'] *s.* insecto
in•sec•ti•cide [ĭn-sek'tĭ-sīd'] *s.* insecticida *m*
in•se•cure [ĭn'sĭ-kyŏŏr'] *adj.* inseguro
in•se•cu•ri•ty [:ĭ-tē] *s.* inseguridad *f*
in•sem•i•na•tion [-'-nā'shən] *s.* inseminación *f*
in•sen•si•tive [:sĭ-tĭv] *adj.* insensible
in•sep•a•ra•ble [ĭn-sep'ər-ə-bəl] *adj.* inseparable
in•sert [ĭn-sûrt'] ◇ *tr.* [into] insertar, introducir; [between] intercalar ◇ *s.* ['] inserción *f*; [page] encarte *m*; COST entredós *m*
in•ser•tion [ĭn-sûr'shən] *s.* inserción *f*
in•side [ĭn-sīd', '] ◇ *s.* interior *m*, parte *f* de adentro ▪ **to be on the** ~ tener acceso a información confidencial; **to know** ~ **out** conocer a fondo; **to turn** ~ **out** volver al revés ◇ *pl. fam* entrañas, tripas ◇ *adj.* [inner] interior, interno; [confidential] confidencial, secreto ▪ ~ **job** delito cometido por un empleado de la casa; ~ **track** DEP pista interior; *fig* ventaja ◇ *adv.* [within] dentro, adentro; [on the inner side] por dentro ◇ *prep.* dentro de ▪ ~ **of** *fam* dentro de
in•sid•er [ĭn-sī'dər] *s.* miembro de un grupo; [well-informed person] persona enterada ▪ ~ **dealing** uso de información privilegiada
in•sid•i•ous [ĭn-sĭd'ē-əs] *adj.* insidioso
in•sight [ĭn'sīt'] *s.* perspicacia; [revelation] revelación *f*, idea
in•sight•ful [:fəl] *adj.* perspicaz
in•sig•ni•a [ĭn-sĭg'nē-ə] *s.* (*pl* **inv.** OR **s**) insignia
in•sig•nif•i•cant [ĭn'sĭg-nĭf'ĭ-kənt] *adj.* insignificante
in•sin•cere [ĭn'sĭn-sîr'] *adj.* insincero
in•sin•cer•i•ty [:ser'ĭ-tē] *s.* insinceridad *f*
in•sin•u•ate [ĭn-sĭn'yōō-āt'] *tr.* insinuar
in•sip•id [ĭn-sĭp'ĭd] *adj.* insípido
in•sist [ĭn-sĭst'] *intr.* insistir ▪ **to** ~ **(up)on** insistir en; **to** ~ **that** insistir en que
in•sis•tence [ĭn-sĭs'təns] *s.* insistencia
in•sis•tent [:tənt] *adj.* insistente
in•so•far as [ĭn'sō-fär' ăz] *conj.* en cuanto a, en la medida en que
in•sole [ĭn'sōl'] *s.* plantilla (del zapato)
in•so•lence [ĭn'sə-ləns] *s.* insolencia, descaro
in•so•lent [:lənt] *adj.* insolente, descarado

in•sol•u•ble [ĭn-sŏl′yə-bəl] *adj.* insoluble
in•sol•vent [:vənt] *adj.* & *s.* insolvente *mf*
in•som•ni•a [ĭn-sŏm′nē-ə] *s.* insomnio
in•som•ni•ac [:ăk′] *adj.* & *s.* (persona) insomne
in•so•much as [ĭn′sō-mŭch′ăz] *conj.* ya que
in•sou•ci•ant [ĭn-so͞o′sē-ənt] *adj.* despreocupado
in•spect [ĭn-spekt′] *tr.* inspeccionar; MIL pasar revista
in•spec•tion [ĭn-spek′shən] *s.* inspección *f*; MIL revista
in•spec•tor [:tər] *s.* inspector *m*
in•spi•ra•tion [ĭn′spə-rā′shən] *s.* inspiración *f* ■ **to be an ~ to** servir de ejemplo a
in•spi•ra•tion•al [:shə-nəl] *adj.* inspirador
in•spire [ĭn-spīr′] *tr.* inspirar; [emotion] suscitar, infundir ■ **to ~ with** infundir, llenar de
in•spired [ĭn-spīrd′] *adj.* inspirado, de inspiración
in•spir•ing [ĭn-spīr′ĭng] *adj.* inspirador
in•sta•bil•i•ty [ĭn′stə-bĭl′ĭ-tē] *s.* inestabilidad *f*
in•stall [ĭn-stôl′] *tr.* instalar
in•stal•la•tion [ĭn′stə-lā′shən] *s.* instalación *f*; MIL base *f*
in•stall•er [ĭn-stô′lər] *s.* COMPUT instalador *m*
in•stall•ment [:mənt] *s.* [payment] plazo, pago; [of a publication] entrega ■ **~ plan** pago a plazos; **monthly ~** mensualidad
in•stance [ĭn′stəns] *s.* [example] ejemplo; [case] caso ■ **for ~** por ejemplo; **in many instances** en muchos casos
in•stant [ĭn′stənt] ◇ *s.* instante *m*, momento ■ **the ~ (that)** en cuanto; **this ~** al instante, en seguida ◇ *adj.* inmediato; [urgent] apremiante; [food, success] instantáneo ■ **~ messaging** TELEC mensajería instantánea; **~ replay** repetición inmediata (por videocinta)
in•stan•ta•ne•ous [ĭn′stən-tā′nē-əs] *adj.* instantáneo
in•stant•ly [ĭn′stənt-lē] *adv.* instantáneamente, inmediatamente
in•stead [ĭn-sted′] *adv.* en su lugar; [rather than] en cambio ■ **~ of** en lugar de, en vez de
in•step [ĭn′step′] *s.* empeine *m*
in•sti•gate [ĭn′stĭ-gāt′] *tr.* [cause] provocar; [initiate] fomentar
in•sti•ga•tion [′-gā′shən] *s.* instigación *f*
in•sti•ga•tor [′-′tər] *s.* instigador *m*
in•still [ĭn-stĭl′] *tr.* inculcar, infundir
in•stinct [ĭn′stĭngkt′] *s.* instinto
in•stinc•tive [ĭn-stĭngk′tĭv] *adj.* instintivo
in•sti•tute [ĭn′stĭ-to͞ot′] ◇ *tr.* instituir, establecer; [to initiate] iniciar ◇ *s.* instituto
in•sti•tu•tion [′-to͞o′shən] *s.* institución *f*; [asylum] asilo; [for the insane] manicomio
in•sti•tu•tion•al [:shə-nəl] *adj.* institucional ■ **~ care** atención médica (en asilo, manicomio)
in•sti•tu•tion•al•ize [:nə-līz′] *tr.* institucionalizar; [a person] meter en un asilo o manicomio
in•struct [ĭn-strŭkt′] *tr.* instruir; [to order] dar instrucciones, mandar
in•struc•tion [ĭn-strŭk′shən] *s.* instrucción *f*
in•struc•tor [:tər] *s.* instructor *m*
in•stru•ment [ĭn′strə-mənt] *s.* instrumento
in•stru•men•tal [′-men′tl] *adj.* instrumental ■ **to be ~ in** OR **to** desempeñar un papel fundamental en
in•sub•or•di•nate [ĭn′sə-bôr′dn-ĭt] *adj.* insubordinado
in•sub•stan•tial [ĭn′səb-stăn′shəl] *adj.* insustancial; [flimsy] flojo
in•suf•fer•a•ble [ĭn-sŭf′ər-ə-bəl] *adj.* intolerable
in•suf•fi•cient [ĭn′sə-fĭsh′ənt] *adj.* insuficiente
in•su•lar [ĭn′sə-lər] *adj.* insular; [narrow-minded] estrecho de miras
in•su•late [ĭn′sə-lāt′] *tr.* aislar
in•su•la•tion [′-lā′shən] *s.* aislamiento; [material] aislador *m*, material *m* aislante
in•su•lin [ĭn′sə-lĭn] *s.* insulina
in•sult [ĭn-sŭlt′] ◇ *tr.* insultar ◇ *s.* [′] insulto
in•sult•ing [ĭn-sŭl′tĭng] *adj.* insultante
in•sur•a•ble [ĭn-sho͝or′ə-bəl] *adj.* asegurable
in•sur•ance [:əns] *s.* seguro; *fig* seguridad *f* ■ **to take out ~** sacar(se) un seguro
in•sure [ĭn-sho͝or′] *tr.* asegurar
in•sured [ĭn-sho͝ord′] *s.* asegurado
in•sur•er [ĭn-sho͝or′ər] *s.* asegurador *m*
in•sur•gence/•cy [ĭn-sûr′jəns] *s.* insurrección *f*
in•sur•gent [:jənt] *adj.* & *s.* insurgente *mf*
in•sur•mount•a•ble [ĭn′sər-moun′tə-bəl] *adj.* insuperable
in•sur•rec•tion [ĭn′sə-rek′shən] *s.* insurrección *f*
in•tact [ĭn-tăkt′] *adj.* intacto
in•take [ĭn′tāk′] *s.* entrada, toma; [valve] admisión *f*
in•tan•gi•ble [ĭn-tăn′jə-bəl] *adj.* & *s.* (activo) intangible
in•te•ger [ĭn′tĭ-jər] *s.* (número) entero
in•te•gral [ĭn′tĭ-grəl] ◇ *adj.* integral; [part] integrante ◇ *s.* integral *f*
in•te•grate [:grāt′] *tr.* & *intr.* integrar(se)
in•te•grat•ed [:grā′tĭd] *adj.* integrado ■ **~ digital service network** COMPUT red digital de servicios integrados
in•te•gra•tion [′-′shən] *s.* integración *f*
in•teg•ri•ty [ĭn-teg′rĭ-tē] *s.* integridad *f*
in•tel•lect [ĭn′tl-ekt′] *s.* intelecto
in•tel•lec•tu•al [′-ek′cho͞o-əl] *adj.* & *s.* intelectual *mf*
in•tel•li•gence [ĭn-tel′ĭ-jəns] *s.* inteligencia; [information] información secreta
in•tel•li•gent [:jənt] *adj.* inteligente ■ **~ building** edificio inteligente
in•tel•li•gent•si•a [-′-jent′sē-ə] *s.* intelectualidad *f*
in•tel•li•gi•ble [-′-jə-bəl] *adj.* inteligible
in•tem•per•ate [ĭn-tem′pər-ĭt] *adj.* intemperante; [climate] inclemente
in•tend [ĭn-tend′] *tr.* [to plan] proponerse, tener la intención (de); [to contemplate] pensar; [to mean] querer decir
in•tend•ed [ĭn-ten′dĭd] ◇ *adj.* [planned] proyectado; [intentional] deliberado; [future] futuro ■ **~ for** destinado a/para; [remark] dirigido a ◇ *s. fam* prometido, -a
in•tense [ĭn-tens′] *adj.* intenso
in•ten•si•fy [ĭn-ten′sə-fī′] *tr.* & *intr.* intensificar(se), aumentar(se)
in•ten•si•ty [:sĭ-tē] *s.* intensidad *f*
in•ten•sive [:sĭv] *adj.* intensivo
in•tent [ĭn-tent′] ◇ *s.* [purpose] intención *f*, propósito; [meaning] sentido ■ **for all intents and purposes** en efecto ◇ *adj.* fijo ■ **~ (up)on** resuelto a
in•ten•tion [ĭn-ten′shən] *s.* intención *f*, propósito ■ **to be one's ~ to** proponerse
in•ten•tion•al [:shə-nəl] *adj.* intencional, deliberado
in•ter [ĭn-tûr′] *tr.* (**-rr-**) enterrar
in•ter•act [ĭn′tər-ăkt′] *intr.* actuar recíprocamente, influenciar uno a otro

in•ter•ac•tion [:ăk′shən] *s.* interacción *f*

in•ter•active [:ăk′tĭv] *adj.* interactivo ▪ ~ **CD** CD interactivo

in•ter-American [:ə-mer′ĭ-kən] *adj.* interamericano ▪ ~ **Development Bank** Banco Interamericano de Desarrollo

in•ter•cede [:sēd′] *intr.* interceder

in•ter•cept [ĭn′tər-sept′] *tr.* interceptar

in•ter•cep•tion [:sep′shən] *s.* interceptación *f*

in•ter•change [:chānj′] ◊ *tr.* intercambiar; [places] alternar ◊ *s.* [′-′] intercambio; [highway junction] empalme *m*

in•ter•change•a•ble [:chān′jə-bəl] *adj.* intercambiable

in•ter•col•le•giate [:kə-lē′jĭt] *adj.* interuniversitario

in•ter•com [′-kŏm′] *s.* sistema *m* de intercomunicación

in•ter•con•nect [′-kə-nekt′] *intr.* & *tr.* conectar

in•ter•con•nec•tion [:kə-nek′shən] *s.* interconexión *f*

in•ter•course [′-kôrs′] *s.* relaciones *f* sociales; [trade] comercio, tráfico; [coitus] coito

in•ter•de•pend•ent [′-dĭ-pen′dənt] *adj.* interdependiente

in•ter•dict [:dĭkt′] interdecir, prohibir

in•ter•est [ĭn′trĭst, ĭn′tər-ĭst] ◊ *s.* interés *m*; [benefit] beneficio; COM [share] acción *f*; [on money] interés ▪ **in one's own** ~ en beneficio propio; **to be in one's best** ~ **to** ser mejor para uno que; **to be of** ~ ser interesante; **to take an** ~ **in** interesarse por ◊ *tr.* interesar ▪ **to** ~ **someone in** hacer que alguien se interese en OR por

in•ter•est•ed [ĭn′trĭ-stĭd, ĭn′tər-ĭ-] *adj.* interesado ▪ **to be** ~ **in** interesarle a uno

in•ter•est•ing [:stĭng] *adj.* interesante

in•ter•face [ĭn′tər-fās′] *s.* COMPUT interface

in•ter•fere [ĭn′tər-fîr′] *intr.* interferir; [to meddle] entrometerse ▪ **to** ~ **with** obstruir, impedir

in•ter•fer•ence [:əns] *s.* interferencia

in•ter•im [ĭn′tər-ĭm] ◊ *s.* interín *m* ◊ *adj.* interino, provisional

in•te•ri•or [ĭn-tîr′ē-ər] *adj.* & *s.* interior *m*

in•ter•ject [ĭn′tər-jekt′] *tr.* interponer

in•ter•jec•tion [:jek′shən] *s.* interposición *f*; GRAM interjección *f*

in•ter•lop•er [ĭn′tər-lō′pər] *s.* entrometido

in•ter•lude [:lo͞od′] *s.* intermedio; TEAT entremés *m*

in•ter•mar•ry [′-măr′ē] *intr.* [races, religions] casarse personas de distintos grupos; [family] casarse entre parientes

in•ter•me•di•ar•y [:mē′dē-er′ē] *s.* intermediario

in•ter•me•di•ate [:ĭt] ◊ *adj.* intermedio ◊ *s.* intermediario

in•ter•ment [ĭn-tûr′mənt] *s.* entierro

in•ter•mi•na•ble [ĭn-tûr′mə-nə-bəl] *adj.* interminable

in•ter•mis•sion [ĭn′tər-mĭsh′ən] *s.* intermisión *f*; TEAT intermedio, entreacto

in•ter•mit•tent [:mĭt′nt] *adj.* intermitente

in•tern [ĭn′tûrn′] ◊ *s.* interno, médico residente ◊ *intr.* [-′] trabajar como interno; (*tr.*) internar, recluir (esp. en tiempo de guerra)

in•ter•nal [ĭn-tûr′nəl] *adj.* interno; [domestic] interior, nacional ▪ ~ **debt** deuda interna; ~ **revenue** rentas públicas

in•ter•nal com•bus•tion engine [:kəm-bŭs′-chən] *s.* motor *m* de explosión

in•ter•nal•ize [:nə-līz′] *tr.* hacer interno

in•ter•na•tion•al [ĭn′tər-năsh′ə-nəl] *adj.* internacional ▪ **International Monetary Fund** Fondo Monetario Internacional

In•ter•net [ĭn′tər-net′] *s.* Internet *f* ▪ ~ **access** acceso a Internet; ~ **access provider** proveedor *m* de acceso a Internet; ~ **banking** banca por Internet; ~ **café** cibercafé; ~ **connection** conexión *f* a Internet

in•tern•ment [ĭn-tûrn′mənt] *s.* internamiento

in•ter•of•fice [ĭn′tər-ô′fĭs] *adj.* interno

in•ter•per•son•al [:pûr′sə-nəl] *adj.* personal

in•ter•play [′-plā′] *s.* interacción *f*

in•ter•po•late [ĭn-tûr′pə-lāt′] *tr.* interpolar

in•ter•pose [ĭn′tər-pōz′] *tr.* & *intr.* interponer(se)

in•ter•pret [ĭn-tûr′prĭt] *tr.* interpretar; (*intr.*) servir de intérprete

in•ter•pre•ta•tion [-′prĭ-tā′shən] *s.* interpretación *f* ▪ **to bear a different** ~ poder entenderse de otro modo

in•ter•pret•er [:tər] *s.* intérprete *mf*

in•ter•pre•tive [:tĭv] *adj.* interpretativo

in•ter•ra•cial [ĭn′tər-rā′shəl] *adj.* entre las razas

in•ter•re•lat•ed [ĭn′tər-rĭ-lā′tĭd] *adj.* correlativo, mutuamente relacionado

in•ter•ro•gate [ĭn-ter′ə-gāt′] *tr.* interrogar

in•ter•ro•ga•tion [-′-gā′shən] *s.* interrogación *f*; [close questioning] interrogatorio

in•ter•rog•a•tive [ĭn′tə-rŏg′ə-tĭv] *adj.* & *s.* interrogativo

in•ter•ro•ga•tor [ĭn-ter′ə-gā′tər] *s.* interrogador *m*

in•ter•rupt [ĭn′tə-rŭpt′] *tr.* interrumpir

in•ter•rup•tion [:rŭp′shən] *s.* interrupción *f*

in•ter•sect [ĭn′tər-sekt′] *tr.* [to cut] cruzar; [to cross] cruzarse con; (*intr.*) cruzarse

in•ter•sec•tion [:sek′shən] *s.* intersección *f*; [of streets] bocacalle *f*; [of roads] cruce *m*

in•ter•sperse [:spûrs′] *tr.* [to distribute] entreverar, entremezclar; [to scatter] salpicar

in•ter•state [:stāt′] *adj.* entre estados OR provincias ▪ ~ **highway** carretera nacional

in•ter•twine [:twīn′] *tr.* & *intr.* entrelazar(se), entretejer(se)

in•ter•val [ĭn′tər-vəl] *s.* intervalo ▪ **at intervals** a ratos; **at regular intervals** con regularidad

in•ter•vene [ĭn′tər-vēn′] *intr.* intervenir

in•ter•ven•tion [:ven′shən] *s.* intervención *f*

in•ter•view [ĭn′tər-vyo͞o′] ◊ *s.* entrevista ◊ *tr.* & *intr.* entrevistar(se)

in•ter•view•er [:ər] *s.* entrevistador *m*

in•ter•weave [ĭn′tər-wēv′] *tr.* & *intr.* (**-wove, -woven**) entretejer(se)

in•tes•tate [:tāt′] *adj.* & *s.* intestado

in•tes•ti•nal [ĭn-tes′tə-nəl] *adj.* intestinal

in•tes•tine [:tĭn] *s.* intestino ▪ **large/small** ~ intestino grueso/delgado

in•ti•ma•cy [ĭn′tə-mə-sē] *s.* intimidad *f*

in•ti•mate¹ [ĭn′tə-mĭt] *adj.* & *s.* íntimo ▪ **to become** ~ intimar

in•ti•mate² [:māt′] *tr.* dar a entender, insinuar

in•tim•i•date [ĭn-tĭm′ĭ-dāt′] *tr.* intimidar

in•tim•i•da•tion [-′-dā′shən] *s.* intimidación *f*

in•ti•ma•tion [ĭn′tə-mā′shən] *s.* insinuación *f*

in•to [ĭn′to͞o] *prep.* en, a, dentro de, contra ▪ **well** ~ bien entrado OR avanzado

in•tol•er•a•ble [ĭn-tŏl′ər-ə-bəl] *adj.* intolerable

in•tol•er•ant [:ənt] *adj.* intolerante ▪ **to be ~ of** no poder tolerar
in•to•na•tion [ĭn'tə-nā'shən] *s.* entonación *f*
in•tone [ĭn-tōn'] *tr.* recitar melódicamente
in•tox•i•cate [ĭn-tŏk'sĭ-kāt'] *tr.* embriagar
in•tox•i•ca•tion [-'-kā'shən] *s.* embriaguez *f*
in•trac•ta•ble [ĭn-trăk'tə-bəl] *adj.* intratable, obstinado; MED rebelde
in•tra•net [ĭn'trə-net'] *s.* COMPUT intranet
in•tran•si•gent [ĭn-trăn'sə-jənt] *adj.* intransigente
in•tran•si•tive [ĭn-trăn'sĭ-tĭv] *adj.* & *s.* (verbo) intransitivo
in•tra•u•ter•ine [ĭn'trə-yōō'tər-ĭn] *adj.* intrauterino ▪ **~ device** dispositivo intrauterino
in•tra•ve•nous [ĭn'trə-vē'nəs] *adj.* intravenoso
in•trep•id [ĭn-trep'ĭd] *adj.* intrépido
in•tri•ca•cy [ĭn'trĭ-kə-sē] *s.* complejidad *f*
in•tri•cate [:kĭt] *adj.* complejo, intrincado
in•trigue [ĭn'trēg'] ◇ *s.* intriga; [love affair] amorío secreto ◇ *intr.* & *tr.* [-'] intrigar
in•trin•sic [ĭn-trĭn'sĭk] *adj.* intrínseco
in•tro•duce [ĭn'trə-dōōs'] *tr.* presentar; [to insert, bring into use] introducir; [a product] lanzar al mercado; [a topic] sacar a colación; [to initiate] familiarizar (**to** con); [into a new surrounding] traer; [to preface] prologar
in•tro•duc•tion [:dŭk'shən] *s.* introducción *f*; [of people] presentación *f*; [of a product] lanzamiento
in•tro•duc•to•ry [:tə-rē] *adj.* preliminar
in•tro•mis•sion [ĭn'trə-mĭsh'ən] *s.* inserción *f*
in•tro•spec•tion [:spek'shən] *s.* introspección *f*
in•tro•spec•tive [:tĭv] *adj.* introspectivo
in•tro•vert [ĭn'trə-vûrt'] *s.* introvertido
in•tro•vert•ed [:vûr'tĭd] *adj.* introvertido
in•trude [ĭn-trōōd'] *tr.* meter por fuerza (en); (*intr.*) [to meddle] inmiscuirse, entrometerse; [to interrupt] molestar, interrumpir
in•trud•er [ĭn-trōō'dər] *s.* intruso
in•tru•sion [:zhən] *s.* intrusión *f*; [invasion] invasión *f*; [imposition] molestia
in•tru•sive [:sĭv] *adj.* intruso
in•tu•i•tion ['-ĭsh'ən] *s.* intuición *f*
in•tu•i•tive [-'ĭ-tĭv] *adj.* intuitivo
in•un•date [ĭn'ŭn-dāt'] *tr.* inundar
in•un•da•tion [:dā'shən] *s.* inundación *f*
in•ure [ĭn-yŏŏr'] *tr.* curtir, endurecer
in•vade [ĭn-vād'] *tr.* invadir; [privacy] no respetar; [rights] violar; (*intr.*) hacer una invasión
in•vad•er [ĭn-vā'dər] *s.* invasor *m*
in•va•lid[1] [ĭn'və-lĭd] *adj.* & *s.* inválido
in•val•id[2] [ĭn-văl'ĭd] *adj.* nulo, inválido; [faulty] defectuoso, imperfecto
in•val•i•date [:ĭ-dāt'] *tr.* invalidar
in•val•i•da•tion [-'-dā'shən] *s.* invalidación *f*
in•va•lid•i•ty [ĭn'və-lĭd'ĭ-tē] *s.* nulidad *f*
in•val•u•a•ble [ĭn-văl'yōō-ə-bəl] *adj.* inestimable
in•var•i•a•ble [ĭn-vâr'ē-ə-bəl] *adj.* invariable
in•va•sion [ĭn-vā'zhən] *s.* invasión *f*; [of privacy] entrometimiento; [of rights] transgresión *f*
in•vec•tive [ĭn-vek'tĭv] *s.* invectiva, vituperio
in•veigh [ĭn-vā'] *intr.* ▪ **to ~ against** vituperar
in•vei•gle [ĭn-vā'gəl] *tr.* sonsacar
in•vent [ĭn-vent'] *tr.* inventar
in•ven•tion [ĭn-ven'shən] *s.* invención *f*; [new device] invento; [skill] inventiva
in•ven•tive [:tĭv] *adj.* inventivo
in•ven•tor [:tər] *s.* inventor *m*
in•ven•to•ry [ĭn'vən-tôr'ē] ◇ *s.* inventario; [stock] existencias ◇ *tr.* inventariar
in•verse [ĭn'vûrs'] *adj.* & *s.* (lo) inverso
in•ver•sion [ĭn-vûr'zhən] *s.* inversión *f*
in•vert [ĭn-vûrt'] *tr.* invertir
in•ver•te•brate [ĭn-vûr'tə-brĭt] *adj.* & *s.* invertebrado
in•vest [ĭn-vest'] *tr.* [money] invertir; [effort] dedicar; [to endow] conferir; [to install in office] investir; (*intr.*) hacer una inversión
in•ves•ti•gate [ĭn-ves'tĭ-gāt'] *tr.* investigar
in•ves•ti•ga•tion [-'-gā'shən] *s.* investigación *f*
in•ves•ti•ga•tive [-'-'tĭv] *adj.* de investigación
in•ves•ti•ga•tor [:tər] *s.* investigador *m*
in•ves•ti•ture [ĭn-ves'tĭ-chŏŏr'] *s.* investidura
in•vest•ment [ĭn-vest'mənt] *s.* inversión *f*
in•ves•tor [ĭn-ves'tər] *s.* inversionista *mf*
in•vet•er•ate [ĭn-vet'ər-ĭt] *adj.* [deep-rooted] inveterado; [confirmed] incorregible
in•vid•i•ous [ĭn-vĭd'ē-əs] *adj.* provocador
in•vig•o•rate [ĭn-vĭg'ə-rāt'] *tr.* dar vigor a
in•vin•ci•ble [ĭn-vĭn'sə-bəl] *adj.* invencible
in•vi•o•la•ble [ĭn-vī'ə-lə-bəl] *adj.* inviolable
in•vis•i•ble [ĭn-vĭz'ə-bəl] *adj.* invisible ▪ **~ ink** tinta simpática
in•vi•ta•tion [ĭn'vĭ-tā'shən] *s.* invitación *f*
in•vite ◇ *tr.* [ĭn-vīt'] invitar; [for food, drink] convidar; [a response] solicitar; [trouble] provocar, buscar ◇ *s.* ['] *fam* invitación *f*
in•vit•ing [ĭn-vī'tĭng] *adj.* atrayente, tentador
in•voice [ĭn'vois'] factura ◇ *tr.* [person] pasar la factura a; [goods] facturar
in•voke [ĭn-vōk'] *tr.* invocar
in•vol•un•tar•y [ĭn-vŏl'ən-ter'ē] *adj.* involuntario
in•volve [ĭn-vŏlv'] *tr.* [to include] comprender, incluir; [to entail] implicar, entrañar; [in a matter] comprometer, involucrar; [to engross] absorber; [to complicate] enredar
in•volved [ĭn-vŏlvd'] *adj.* complicado, enredado ▪ **to be ~ in** estar involucrado en; **to get ~ in** meterse OR involucrarse en
in•volve•ment [ĭn-vŏlv'mənt] *s.* [entanglement] envolvimiento, comprometimiento; [in a matter] participación *f*; [engrossment] abstraimiento; [intricateness] intrincación *f*
in•vul•ner•a•ble [ĭn-vŭl'nər-ə-bəl] *adj.* invulnerable
in•ward [ĭn'wərd] ◇ *adj.* interior, interno ◇ *adv.* (OR **-wards**) hacia adentro
i•o•dine [ī'ə-dīn', :dēn'] *s.* yodo
i•on [ī'ən, ī'ŏn'] *s.* ión *m*
i•on•ize [ī'ə-nīz'] *tr.* & *intr.* ionizar(se)
i•o•ta [ī-ō'tə] *s.* iota; [bit] ápice *m*, pizca
IOU [ī'ō-yōō'] *s.* (*pl* **s** OR **'s**) pagaré *m*, vale *m*
IQ, I.Q. [ī'kyōō'] *s.* cociente *m* intelectual
i•ras•ci•ble [ĭ-răs'ə-bəl] *adj.* irascible, iracundo
i•rate [ī-rāt'] *adj.* colérico, airado
ire [īr] *s.* ira
ir•i•des•cense [ĭr'ĭ-des'əns] *s.* irisación *f*
ir•i•des•cent [:ənt] *adj.* iridiscente, irisado
i•ris [ī'rĭs] *s.* (*pl* **es** OR **irides**) [of the eye] iris *m*; BOT lirio
irk [ûrk] *tr.* irritar, sacar de quicio
irk•some ['səm] *adj.* irritante
i•ron [ī'ərn] ◇ *s.* hierro; [for clothes] plancha ▪ **Iron Curtain** Cortina de Hierro; **~ horse** *fam* locomotora,

ferrocarril; ~ **lung** pulmón de acero; ~ **ore** mineral de hierro ◇ *pl.* grilletes ▪ **in** ~ encadenado ◇ *tr.* & *intr.* planchar ▪ **to** ~ **out** allanar, resolver

i•ron•clad [:klăd′] ◇ *adj.* [sheathed] acorazado, blindado; [strict] riguroso ◇ *s.* acorazado

i•ron•ic/i•cal [ī-rŏn′ĭk] *adj.* irónico

i•ron•ing [ī′әr-nĭng] *s.* planchado ▪ ~ **board** tabla de planchar

i•ro•ny [ī′rә-nē] *s.* ironía

ir•ra•di•ate [ĭ-rā′dē-āt′] *tr.* irradiar

ir•ra•di•a•tion [-′-ā′shәn] *s.* irradiación *f*

ir•ra•tion•al [ĭ-răsh′ә-nәl] *adj.* irracional

ir•rec•on•cil•a•ble [ĭ-rek′әn-sī′lә-bәl] *adj.* [differences] insuperable; [ideas] inconciliable

ir•re•cov•er•a•ble [ĭr′ĭ-kŭv′әr-ә-bәl] *adj.* irrecuperable; [irreparable] irreparable

ir•re•deem•a•ble [ĭr′ĭ-dē′mә-bәl] *adj.* [loan] irredimible; [situation] irremediable

ir•ref•u•ta•ble [ĭ-ref′yә-tә-bәl] *adj.* irrefutable

ir•reg•u•lar [ĭ-reg′yә-lәr] ◇ *adj.* irregular; [uneven] desigual; [merchandise] imperfecto ◇ *s.* soldado irregular

ir•reg•u•lar•i•ty [-′-lăr′ĭ-tē] *s.* irregularidad *f*; [of a surface] desigualdad *f*; MED estreñimiento

ir•rel•e•vance/•cy [ĭ-rel′ә-vәns] *s.* improcedencia, falta de pertinencia

ir•rel•e•vant [:vәnt] *adj.* que no viene al caso, improcedente ▪ **to be** ~ no venir al caso; **to be** ~ **to** no tener nada que ver con

ir•re•lig•ious [ĭr′ĭ-lĭj′әs] *adj.* irreligioso

ir•re•me•di•a•ble [ĭr′ĭ-mē′dē-ә-bәl] *adj.* irremediable

ir•rep•a•ra•ble [ĭ-rep′әr-ә-bәl] *adj.* irreparable

ir•re•place•a•ble [ĭr′ĭ-plā′sә-bәl] *adj.* irreemplazable

ir•re•pres•si•ble [ĭr′ĭ-pres′ә-bәl] *adj.* incontenible

ir•re•proach•a•ble [ĭr′ĭ-prō′chә-bәl] *adj.* irreprochable, intachable

ir•re•sist•i•ble [ĭr′ĭ-zĭs′tә-bәl] *adj.* irresistible

ir•res•o•lute [ĭ-rez′ә-lo͞ot′] *adj.* irresoluto

ir•re•spec•tive [ĭr′ĭ-spek′tĭv] ◇ *adj.* ▪ ~ **of** sin tener en cuenta, independientemente de ◇ *adv.* igualmente

ir•re•spon•si•bil•i•ty [ĭr′ĭ-spŏn′sә-bĭl′ĭ-tē] *s.* irresponsabilidad *f*

ir•re•spon•si•ble [′-′-bәl] *adj.* irresponsable

ir•re•triev•a•ble [ĭr′ĭ-trē′vә-bәl] *adj.* [not recoverable] irrecuperable; [mistake] irreparable

ir•rev•er•ence [ĭ-rev′әr-әns] *s.* irreverencia

ir•rev•er•ent [:әnt] *adj.* irreverente

ir•re•vers•i•ble [ĭr′ĭ-vûr′sә-bәl] *adj.* irreversible; [damage] irreparable; [decision] irrevocable

ir•rev•o•ca•ble [ĭ-rev′ә-kә-bәl] *adj.* irrevocable

ir•ri•gate [ĭr′ĭ-gāt′] *tr.* irrigar, regar

ir•ri•ga•tion [′-gā′shәn] *s.* irrigación *f*, riego

ir•ri•ta•ble [ĭr′ĭ-tә-bәl] *adj.* irritable

ir•ri•tant [:tnt] *adj.* & *s.* (substancia) irritante

ir•ri•tate [:tāt′] *tr.* irritar

ir•ri•tat•ing [:tā′tĭng] *adj.* irritante, molesto

ir•ri•ta•tion [′-tā′shәn] *s.* irritación *f*

ir•rupt [ĭ-rŭpt′] *tr.* irrumpir

ir•rup•tion [ĭ-rŭp′shәn] *s.* irrupción *f*

is [ĭz] *tercera persona sg. de* **be**

Is•lam•ic [ĭs-lăm′ĭk, ĭz-] *adj.* islámico

is•land [ī′lәnd] *s.* isla; [in a street] isleta

isle [īl] *s.* isla; [islet] isleta

is•let [ī′lĭt] *s.* isleta, islote *m*

i•so•late [ī′sә-lāt′] *tr.* aislar; [a prisoner] incomunicar

i•so•la•tion [:lā′shәn] *s.* aislamiento; [in prison] incomunicación *f*; [quarantine] cuarentena

i•so•la•tion•ist [:shә-nĭst] *s.* aislacionista *mf*

i•sos•ce•les [ī-sŏs′ә-lēz′] *adj.* isósceles

i•so•tope [ī′sә-tōp′] *s.* isótopo

is•sue [ĭsh′o͞o] ◇ *s.* [point under discussion] cuestión *f*; [problem] problema *m*; [of money, stamps] emisión *f*; [edition] tirada; [copy] número; [result] consecuencia; [offspring] progenie *f*; [outlet] salida ▪ **at** ~ en cuestión; **to force the** ~ forzar una decisión; **to raise the** ~ **of** plantear la cuestión de; **to take** ~ **with** estar en desacuerdo con ◇ *intr.* salir; [to emanate] surgir (**from** de); [to result] resultar (**from** de, **in** en); (*tr.*) [to distribute] repartir; [to publish] publicar; [orders] dar; [decree] promulgar; [stamps, money] emitir

isth•mus [ĭs′mәs] *s.* istmo

it [ĭt] *pron.* [not translated] él, ella, ello; **has the mail come? yes, it just arrived** ¿ha llegado el correo? sí, acaba de llegar; ello, eso; **we thought about it** pensábamos en eso; lo, la; **do you know this song? yes, I know it** ¿conoces esta canción? sí, la conozco; le; **give it a push** dale un empujón ▪ **it is cold** hace frío; **it is good** es bueno; **it is snowing** está nevando

i•tal•ic [ĭ-tăl′ĭk, ī-tăl′-] *s. pl* & *adj.* cursiva

i•tal•i•cize [:ĭ-sīz′] *tr.* imprimir en cursiva

itch [ĭch] ◇ *s.* picazón *f*; [rash] sarpullido; [desire] comezón *f* ▪ **to have an** ~ **to** tener el prurito de ◇ *intr.* picar; **my ear itches** me pica el oído ▪ **to be itching to** tener muchas ganas de; (*tr.*) dar picazón; [to scratch] rascarse

itch•y [:ē] *adj.* (**-i-**) que da picazón; [restless] impaciente

i•tem [ī′tәm] *s.* artículo; [on an agenda] punto; [of a document] ítem *m*; [of a form] casilla; TEN [entry] partida; [of information] detalle *m*

i•tem•ize [ī′tә-mīz′] *tr.* enumerar, detallar

i•tin•er•ant [ī-tĭn′әr-әnt] *adj.* & *s.* (persona) ambulante

i•tin•er•ar•y [:ә-rer′ē] *s.* itinerario

its [ĭts] *adj. pos.* su

it•self [ĭt-self′] *pron.* se; **it turns** ~ **off automatically** se apaga automáticamente; sí mismo; **the cat saw** ~ **in the mirror** el gato se vio (a sí mismo) en el espejo; él solo, ella sola; **the dog did it** ~ el perro lo hizo él solo; mismo; **the trouble is in the motor** ~ el problema es el motor mismo ▪ **(all) by** ~ solo; **of** OR **in** ~ en sí

i•vo•ry [ī′vә-rē] ◇ *s.* marfil *m* ▪ ~ **tower** torre de marfil ◇ *pl. fam* [piano keys] teclas; [teeth] colmillos

i•vy [ī′vē] *s.* hiedra, yedra

J

j, J [jā] *s.* décima letra del alfabeto inglés

jab [jăb] ◇ *tr.* (**-bb-**)[to poke] hurgonear; [to stab] clavar; [to punch] golpear; [with the elbow] dar un codazo a; (*intr.*) ▪ **to** ~ **at** asestar un golpe rápido a ◇ *s.* [prick] pinchazo; [with the elbow] codazo; [punch] golpe corto

jab•ber [jăb′әr] ◇ *intr.* parlotear, farfullar ◇ *s.* parloteo, farfulla

jack [jăk] ◇ *s.* [in cards] sota; [jackass] burro; [flag] pabellón *m*; *fam* [fellow] tipo, tío; ELEC toma de corriente; MEC gato, cric *m* ▪ ~ **rabbit** liebre norteamericana ◇ *pl.* tabas ◇ *tr.* ▪ **to ~ up** alzar con el gato; *fam* [prices] aumentar

jack•al [jăk′əl] *s.* chacal *m*

jack•ass [jăk′ăs′] *s.* asno, burro

jack•et [jăk′ĭt] *s.* saco, chaqueta; [covering] cubierta; [of a book] sobrecubierta; [of a record] envoltura

jack•ham•mer [jăk′hăm′ər] *s.* perforadora neumática

jack-in-the-box [′ĭn-*th*ə-bŏks′] *s.* caja de sorpresa (con muñeco de resorte)

jack•knife [:nīf′] ◇ *s.* (*pl* **-ves**) navaja, cortaplumas *m*; [dive] salto de carpa ◇ *intr.* doblarse como una navaja

jack-of-all-trades [′əv-ôl′trādz′] *s.* (*pl* **jacks-**) persona de muchos oficios

jack-o'-lantern [′ə-lăn′tərn] *s.* lámpara hecha con una calabaza OR zapallo

jack•pot [:pŏt′] *s.* (premio) gordo ▪ **to hit the ~** sacarse el (premio) gordo; *fig* tener gran suerte

Ja•cuz•zi® [jə-kōō′zē] *s.* jacuzzi® *m*, bañera de hidromasaje

jade[1] [jād] *s.* MIN jade *m*

jade[2] ◇ *s.* [horse] jamelgo ◇ *tr.* agotar

jad•ed [jā′dĭd] *adj.* [wearied] agotado; [sated] harto; [cynical] cínico

jag[1] [jăg] *s.* [sharp point] punta saliente

jag[2] *s. fam* juerga ▪ **to go on a ~** ir de juerga

jag•ged [jăg′ĭd] *adj.* [notched] dentado, mellado; [uneven] cortado irregularmente

jag•uar [jăg′wär′] *s.* jaguar *m*

jail [jāl] ◇ *s.* cárcel *f* ◇ *tr.* encarcelar

jai•ler/lor [jā′lər] *s.* carcelero

jam[1] [jăm] ◇ *tr.* (**-mm-**)[to lock] trabar, atascar; [to fill, crowd] atestar; [to clog] atorar; [one's finger] pillarse; RAD causar interferencias en ▪ **jammed with** atestado OR atiborrado de; **to ~ in** embutir, meter a la fuerza; **to ~ on the brakes** frenar en seco; (*intr.*) atascarse, trabarse; [firearm] encasquillarse; [brakes] agarrotarse; MÚS improvisar ◇ *s.* [blockage] atasco; [congestion] aprieto ▪ ~ **session** sesión de jazz o rock improvisado; **to be in a ~** *fam* estar en un apuro OR aprieto

jam[2] *s.* CUL mermelada

jamb [jăm] *s.* jamba

jan•gle [jăng′gəl] ◇ *tr.* & *intr.* (hacer) sonar de modo discordante ▪ **to ~ one's nerves** ponerle a uno los nervios de punta ◇ *s.* sonido metálico discordante

jan•i•tor [jăn′ĭ-tər] *s.* empleado de limpieza

Jan•u•ar•y [jăn′yōō-er′ē] *s.* enero

jar[1] [jär] *s.* [jug] jarra; [pot] tarro, pote *m*

jar[2] ◇ *intr.* (**-rr-**)[to squeal, grate] chirriar; [to shake] sacudirse ▪ **to ~ on one's nerves** ponerle a uno los nervios de punta; **to ~ with** no concordar con; (*tr.*) sacudir; [to startle] estremecer ▪ **to ~ one's nerves** ponerle a uno los nervios de punta ◇ *s.* [jolt, shock] choque *m*; [harsh sound] chirrido

jar•gon [jär′gən] *s.* jerga

jas•mine [jăz′mĭn] *s.* jazmín *m*

jaun•dice [jôn′dĭs] *s.* ictericia

jaunt [jônt] ◇ *s.* paseo, excursión *f* ◇ *intr.* ir de paseo OR de excursión

jaunt•y [jôn′tē] *adj.* (**-i-**) [sprightly] vivaz; [self-confident] desenvuelto; [stylish] apuesto

jave•lin [jăv′lən] *s.* jabalina

jaw [jô] ◇ *s.* mandíbula, quijada; *jer* [back talk] réplicas insolentes ◇ *pl.* boca ▪ **the ~ of death** las garras de la muerte ◇ *intr. jer* chacharear

jay [jā] *s.* arrendajo

jay•walk [jā′wôk′] *intr.* cruzar la calle sin prudencia

jay•walk•er [:ər] *s.* peatón *m* imprudente

jazz [jăz] ◇ *s.* jazz *m*; *jer* palabrería, cuentos ▪ **all that ~** *fam* todo eso ◇ *tr.* ▪ **to ~ up** *fam* avivar, animar

jaz•zy [′ē] *adj.* (**-i-**) de jazz; *jer* [showy] llamativo

jea•lous [jel′əs] *adj.* celoso; [suspicious] receloso; [envious] envidioso ▪ **to be ~ of** tener celos de

jeal•ous•y [:ə-sē] *s.* celos *m*, envidia

jeans [jēns] *s.* pantalones vaqueros

jeer [jîr] ◇ *intr.* [to mock] mofarse, burlarse (**at** de); [to boo] abuchear; (*tr.*) insultar ◇ *s.* [mockery] mofa, burla; [boo] abucheo

jell [jel] *tr.* & *intr.* coagular(se), cuajar(se); *fam* [idea, plan] formar(se)

jel•ly [jel′ē] ◇ *s.* jalea ◇ *tr.* & *intr.* convertir(se) en jalea

jel•ly•bean [:bēn′] *s.* confite *m* de goma

jel•ly•fish [:fĭsh′] *s.* (*pl* **inv.** OR **es**) medusa

jeop•ard•ize [jep′ər-dīz′] *tr.* poner en peligro

jeop•ard•y [:dē] *s.* riesgo, peligro

jerk[1] [jûrk] ◇ *tr.* dar un tirón a, tironear de; (*intr.*) [to jolt] moverse a sacudones; [to twitch] moverse espasmódicamente ◇ *s.* [yank] tirón *m*, sacudida; [twitch] espasmo; *fam* [fool] idiota *mf*, estúpido

jerk[2] *tr.* CUL tasajear, charquear

jerk•y[1] [jûr′kē] *adj.* (**-i-**) espasmódico; [uneven] desigual; [ride] zarandeado

jerk•y[2] *s.* CUL tasajo, charqui *m*

jer•ry•build [jer′ē-bĭld′] *tr.* (**-built**) construir rápidamente y con mala calidad

jer•sey [jûr′zē] *s.* [garment] jersey *m*; [fabric] tejido de jersey

jest [jest] ◇ *s.* chiste *m*, broma ▪ **in ~** en broma ◇ *intr.* bromear, chancear

jes•ter [jes′tər] *s.* bufón *m*, bromista *mf*

jet[1] [jet] *s.* MIN azabache *m* ▪ ~ **black** azabachado

jet[2] ◇ *s.* [spurt] chorro; [nozzle] boquilla; [airplane] jet *m*, avión *m* a reacción; [engine] reactor *m* ▪ ~ **lag** desfase horario ◇ *intr.* (**-tt-**) volar en jet; [to spurt] salir a chorro

jet•lin•er [′lī′nər] *s.* avión *m* de pasajeros a reacción

jet-pro•pelled [:prə-peld′] *adj.* propulsado por motor a chorro

jet•ti•son [jet′ĭ-sən] *tr.* [cargo] echar al mar; *fig* [to discard] desechar

jet•ty [jet′ē] *s.* desembarcadero, muelle *m*

Jew [jōō] *s.* judío

jew•el [jōō′əl] ◇ *s.* joya, alhaja; [gem] gema; [in watches] rubí *m* ◇ *tr.* enjoyar, alhajar

jew•el•(l)er [:ə-lər] *s.* joyero ▪ **jewel(l)er's** joyería

jew•el•ry [:əl-rē] *s.* joyas, alhajas

Jew•ess [jōō′ĭs] *s.* judía

Jew•ish [:ĭsh] *adj.* judío

jib[1] [jĭb] *s.* MARÍT foque *m*; MEC aguilón *m*

jib[2] *intr.* (**-bb-**) resistirse

jibe[1] [jīb] *intr. fam* concordar

jibe[2] = **gibe**

jif•fy [jĭf′ē], **jiff** [jĭf] *s. fam* ▪ **in a ~** en un santiamén

jig [jĭg] ◇ *s.* [dance] giga; MEC patrón *m*, guía ▪ **the ~ is**

up *jer* se acabó la fiesta <> *intr.* (**-gg-**) bailar la giga; [to bob] andar a saltitos

jig•ger [jĭg′ər] *s.* medida para licores; [gadget] chuchería, chisme *m*

jig•gle [jĭg′əl] <> *tr.* & *intr.* zangolotear(se), menear(se) <> *s.* zangoloteo, meneo

jig•saw [jĭg′sô′] *s.* sierra de vaivén ▪ **~ puzzle** rompecabezas

jilt [jĭlt] *tr.* dejar plantado, dar calabazas

jim•my [jĭm′ē] <> *s.* palanca <> *tr.* forzar con una palanca

jin•gle [jĭng′gəl] <> *tr.* & *intr.* (hacer) cascabelear OR tintinear <> *s.* cascabeleo, tintineo; [ad] anuncio rimado y cantado

jinx [jĭngks] *fam* <> *s.* [person, object] gafe *m*, cenizo; [condition] mala suerte <> *tr.* traer mala suerte a

jit•ter [jĭt′ər] <> *intr.* estar inquieto <> *s. pl.* nerviosismo ▪ **to give someone the ~** poner nervioso a alguien; **to have the ~** estar nervioso

jit•ter•y [:ə-rē] *adj.* (**-i-**) *fam* nervioso

jive [jīv] *s. jer* MÚS jazz *m*; [jargon] jerga de los músicos de jazz; [empty talk] cháchara

job [jŏb] <> *s.* [task] tarea; [work] obra, trabajo; [employment] empleo; **to look for a ~** buscar un empleo; [responsibility] deber *m*, responsabilidad *f*; *jer* [robbery] golpe *m* ▪ **by the ~** a destajo; **~ action** huelga; **on the ~** *fam* en su puesto, vigilante; **to be out of a ~** estar sin trabajo; **to do a ~ on** *fam* dañar, arruinar <> *intr.* (**-bb-**)[to do piecework] trabajar a destajo; [as a jobber] trabajar como intermediario; (*tr.*) ▪ **to ~ out** dar a destajo

job•ber [′ər] *s.* intermediario

job•hold•er [:hōl′dər] *s.* empleado

job•less [:lĭs] *adj.* sin trabajo

jock [jŏk] *s. jer* atleta *m*

jock•ey [jŏk′ē] <> *s.* jockey *mf* <> *tr.* montar (como jockey); *fig* maniobrar, manipular

jock•strap [:străp] *s.* suspensorio *m*

joc•u•lar [jŏk′yə-lər] *adj.* jocoso, humorístico

jodh•purs [jŏd′pərz] *s. pl.* pantalones *m* de montar

jog [jŏg] <> *tr.* (**-gg-**)[to push] empujar levemente [to nudge] dar un codazo a; [the memory] refrescar; (*intr.*) [to trot] cabalgar a trote corto; [to run] correr despacio <> *s.* [push] empujoncito, codazo; [slow pace] paso lento

jog•ger [′ər] *s.* persona que corre despacio para hacer ejercicio

jog•gle [:əl] <> *tr.* sacudir ligeramente, traquetear <> *s.* sacudida, traqueteo

john [jŏn] *s. jer* [toilet] retrete *m*; [customer] cliente *m* (de una prostituta)

join [join] *tr.* juntar, unir; [forces] aunar; [land] lindar con; [a cause] abrazar; [political party] afiliarse a; [church, club] hacerse socio de; [business firm] entrar en; [road, river] dar OR empalmar con; [people] encontrarse OR reunirse con; MIL alistarse en ▪ **to ~ forces with** aliarse con; **to ~ hands** *fig* darse las manos; **to ~ in marriage** unir en matrimonio; **to ~ together** juntar; (*intr.*) juntarse, unirse; [in marriage] unirse; [roads, lines] empalmar; [rivers] confluir ▪ **to ~ in** participar en; **to ~ up** MIL alistarse; **to ~ up with** reunirse con

join•er [joi′nər] *s.* persona que se une a grupos OR causas; GB [carpenter] ebanista *m*

joint [joint] <> *s.* junta, unión *f*; ANAT coyuntura; BOT nudo; CUL corte *m* para asar; *jer* [marijuana] cigarrillo de marihuana; [bar] tugurio ▪ **out of ~** [bone] dislocado; [disordered] en desorden; [grouchy] de mal humor <> *adj.* (en) común; [collective] mutuo ▪ **~ ownership** propiedad en común <> *tr.* juntar, ensamblar

joist [joist] *s.* viga

joke [jōk] <> *s.* chiste *m*; [amusing remark] gracia; **not to get the ~** no verle la gracia; [prank] broma; **he can't take a ~** él no sabe tomar una broma ▪ **as a ~** en broma; **to crack a ~** decir un chiste; **to make a ~ of** tomar en broma; **to play a ~ on** hacerle una broma a <> *intr.* contar chistes, bromear ▪ **joking apart** fuera de bromas; **to ~ around** bromear; **you must be joking** tú estás bromeando

jok•er [jō′kər] *s.* bromista *mf*; [cards] comodín *m*; *fam* [clause] cláusula engañadora; [wise guy] tío, sujeto

jol•ly [jŏl′ē] <> *adj.* (**-i-**)[person] alegre, jovial; [occasion] agradable <> *tr.* complacer, consentir

jolt [jōlt] <> *tr.* [to bump] dar un tumbo OR sacudida; [to shake] sacudir; [to shock] sobresaltar; (*intr.*) sacudirse, traquetear <> *s.* [jerk] sacudida, tumbo; [shock] choque *m*

josh [jŏsh] *tr.* & *intr.* bromear

jos•tle [jŏs′əl] <> *intr.* & *tr.* empujar, dar empellones <> *s.* empujón *m*, empellón *m*

jot [jŏt] <> *s.* pizca; ápice *m* <> *tr.* (**-tt-**) ▪ **to ~ down** anotar, apuntar

jour•nal [jûr′nəl] *s.* diario; TEN (libro) diario; [periodical] revista, boletín *m*

jour•nal•ism [:nə-lĭz′əm] *s.* periodismo

jour•nal•ist [:nə-lĭst] *s.* periodista *mf*

jour•nal•istic [′-lĭs′tĭk] *adj.* periodístico

jour•ney [jûr′nē] <> *s.* viaje *m*; [distance] jornada <> *intr.* viajar; (*tr.*) recorrer

jour•ney•man [:mən] *s.* (*pl* **-men**) oficial *m*

joust [joust] <> *s.* justa <> *intr.* justar, tornear

jo•vi•al [jō′vē-əl] *adj.* jovial, alegre

jowl [joul] *s.* [jaw] quijada; [flesh] carrillo

joy [joi] *s.* alegría, júbilo; [person, thing] regocijo, motivo de alegría

joy•ful [′fəl] *adj.* alegre, jubiloso

joy•ous [:əs] *adj.* alegre, gozoso

joy•ride [:rīd′] *s. fam* paseo alocado en un coche robado

joy•stick [joi′stĭk′] *s.* COMPUT joystick *m*

ju•bi•lant [jo͞o′bə-lənt] *adj.* jubiloso

ju•bi•la•tion [′-lā′shən] *s.* júbilo, exultación *f*

ju•bi•lee [′-lē′] *s.* [anniversary] aniversario; [celebration] celebración *f*

Ju•da•ic [jo͞o-dā′ĭk] *adj.* judaico

Ju•da•ism [′dē-ĭsm] *s.* judaísmo

judge [jŭj] <> *tr.* juzgar; [to determine] determinar, evaluar; [innocent, guilty] declarar; (*intr.*) juzgar ▪ **judging from** OR **by** a juzgar por <> *s.* juez *mf*; [in a contest] árbitro; [expert] conocedor *m*

judg(e)•ment [:mənt] *s.* [good sense, opinion] juicio; [ruling] opinión *f*, dictamen *m*; [estimate] cálculo aproximado; DER decisión *f*, fallo ▪ **Last Judg(e)ment** Juicio Final; **to pass ~ on** [person] juzgar a; [issue] juzgar sobre

ju•di•ca•ture [jo͞o′dĭ-kə-cho͝or′] *s.* judicatura

ju•di•cial [jo͞o-dĭsh′əl] *adj.* judicial

ju•di•ci•ar•y [:ē-er′ē] *s.* [branch] poder judicial *m*; [judicature] judicatura

ju•di•cious [:əs] *adj.* sensato, juicioso
ju•do [jo͞o′dō] *s.* judo
jug [jŭg] *s.* [jar] jarra, cántaro; *jer* cárcel *f*, chirona
jug•ger•naut [jŭg′ər-nôt′] *s.* fuerza irresistible
jug•gle [jŭg′əl] *tr.* hacer juegos malabares con; [figures] hacer trampas con; (*intr.*) hacer juegos malabares
jug•gler [:lər] *s.* malabarista *mf*
jug•u•lar [jŭg′yə-lər] *adj.* & *s.* yugular *f*
juice [jo͞os] ◇ *s.* jugo; [of fruits, vegetables] zumo, jugo; *jer* [electricity] electricidad *f*; [fuel] gasolina ◇ *tr.* exprimir ▪ **to ~ up** *fam* animar, vigorizar
juic•y [jo͞o′sē] *adj.* (**-i-**) zumoso, jugoso; [gossip] picante, sabroso; [lucrative] lucrativo
juke box [jo͝ok] *s.* máquina de discos
Ju•ly [jo͞o-lī′] *s.* julio
jum•ble [jŭm′bəl] ◇ *tr.* mezclar; [to muddle] embarullar, confundir ◇ *s.* [mess] revoltijo, embrollo; [state] mezcolanza, confusión *f*
jum•bo [jŭm′bō] ◇ *s.* coloso ◇ *adj.* muy grande, enorme
jump [jŭmp] ◇ *intr.* saltar; [to be startled] sobresaltarse; [to respond quickly] moverse; [prices, temperature] dar un salto; *fam* [club, party] animarse ▪ **to ~ at** [a chance] aprovechar; [offer, invitation] apresurarse a aceptar; **to ~ down** bajar de un salto; **to ~ in(to)** [a car, water] saltar a; [new project] emprender; **to ~ off** saltar de; [a vehicle] salir de; **to ~ on** subir de un salto a; **to ~ on someone (for)** echarse encima de alguien (por); **to ~ out of** saltar de; **to ~ over** saltar; **to ~ to conclusions** sacar conclusiones precipitadamente; **to ~ up** levantarse de un salto; (*tr.*) saltar (por encima de); [to skip] pasar por alto, saltear; [to attack] agredir, atacar; [prices, stakes] elevar; [in checkers] comer ▪ **to ~ bail** fugarse estando bajo fianza; **to ~ ship** *fig* abandonar; **to ~ the gun** adelantarse; **to ~ the tracks** descarrilarse ◇ *s.* salto; [leap] brinco; [sudden movement] sobresalto; [checkers] captura ▪ **~ suit** mono; **to get** OR **have a ~ on** llevar OR tener una ventaja sobre
jump•er[1] [jŭm′pər] *s.* saltador *m*; ELEC cable *m* de empalme
jump•er[2] *s.* [dress] vestido sin mangas
jump-start [jŭmp′stärt′] *tr.* hacer arrancar a (un motor) usando un cable de empalme
jump•y [jŭm′pē] *adj.* (**-i-**) nervioso
junc•tion [jŭngk′shən] *s.* juntura, conexión *f*; [of rivers] confluencia; FC & ELEC empalme *m*
junc•ture [:chər] *s.* juntura, unión *f* ▪ **at this ~** a estas alturas
June [jo͞on] *s.* junio
jun•gle [jŭng′gəl] *s.* selva, jungla; [tangle] maraña
jun•ior [jo͞on′yər] ◇ *adj.* [younger] más joven; [for children] juvenil; [in rank] subalterno; [in school] de penúltimo año ◇ *s.* joven *mf*, menor *mf*; [rank] subordinado; [student] estudiante *mf* de penúltimo año
ju•ni•per [jo͞o′nə-pər] *s.* enebro
junk[1] [jŭngk] ◇ *s.* [scrap] chatarra; *fam* [useless objects] trastos viejos, cachivaches *m*; *jer* heroína ▪ **~ food** comida basura; **~ mail** *fam* correo basura; **~ TV** telebasura ◇ *tr.* [to discard] echar a la basura, desechar; [to scrap] reducir a chatarra
junk[2] *s.* MARÍT junco
junk•et [jŭng′kĭt] *s.* CUL crema de leche y cuajo; [trip] viaje *m* (pagado con fondos públicos)
junk•ie [jŭng′kē] *s. jer* drogadicto; [devotee] adicto
junk•man [jŭngk′măn′] *s.* (*pl* **-men**) trapero, chatarrero
junk•yard [:yärd′] *s.* depósito de chatarra
jun•ta [ho͝on′tə] *s.* junta militar
ju•rid•ic/i•cal [jo͝o-rĭd′ĭk] *adj.* jurídico
ju•ris•dic•tion [jo͝or-ĭs-dĭk′shən] *s.* jurisdicción *f*
ju•ris•pru•dence [′-pro͞od′ns] *s.* jurisprudencia
ju•ror [:ər] *s.* jurado *mf* (persona)
ju•ry [:ē] *s.* jurado (tribunal) ▪ **~ duty** deber cívico de formar parte de un jurado
jury•man [:măn′] *s.* (*pl* **-men**) jurado
just [jŭst] ◇ *adj.* [fair, right] justo; [equitable] imparcial; [legitimate] justificado; [accurate] exacto ◇ *adv.* [exactly] justo, justamente; **~ the right amount** justamente la cantidad correcta; [recently] recién; **~ published** recién publicado; [nearby] no más que, apenas; [barely] por muy poco; **you ~ missed the bus** perdiste el ómnibus por muy poco; [merely] simplemente, sólo; **~ because** sólo porque; [really] verdaderamente; **it is ~ beautiful** es verdaderamente hermoso; [possibly] posiblemente, quizás ▪ **~ about** [not quite] casi; [positively] ya; **I'm ~ about fed up** ya estoy harto; [soon] pronto; **it's ~ about dinnertime** pronto será la hora de cenar; **~ about to** a punto de; **~ as** [precisely] lo mismo que; [in every way] tal como; **~ as I thought!** ¡tal como pensaba!; [when] justo cuando; **he came ~ as I was leaving** llegó justo cuando me iba; **~ as if** lo mismo que si; **~ in case** por si acaso; **~ in time to** OR **for** justo a tiempo para; **~ like** [same as] como, igual que; [typical of] muy de; **that's ~ like him!** ¡eso es muy de él!; **~ my luck!** ¡qué suerte la mía!; **~ now** en este momento; **~ so** a su gusto, ni más ni menos; **~ the same** sin embargo; **not ~ yet** todavía no; **to have ~** acabar de; **I've ~ gotten here** acabo de llegar
jus•tice [jŭs′tĭs] *s.* justicia; [righteousness] rectitud *f*; [judge] juez *mf* ▪ **to do ~ to** [to enjoy] hacer honor a; [to show in best light] hacerle justicia a; **to bring to ~** aprender y enjuiciar; **~ of the peace** juez de paz
jus•ti•fi•a•ble [jŭs′tə-fī′ə-bəl] *adj.* justificable
jus•ti•fi•ca•tion [′-fĭ-kā′shən] *s.* justificación *f*
jus•ti•fy [′-fī′] *tr.* justificar
just•ness [jŭst′nĭs] *s.* justicia; [righteousness] rectitud *f*; [fairness] imparcialidad *f*
jut [jŭt] *intr.* (**-tt-**) ▪ **to ~ out** resaltar, sobresalir
ju•ve•nile [jo͞o′və-nəl, :nīl′] ◇ *adj.* joven, juvenil; [immature] infantil; [of minors] de menores ◇ *s.* joven *mf* ▪ **~ court** tribunal de menores; **~ delinquent** delincuente juvenil
jux•ta•pose [jŭk′stə-pōz′] *tr.* yuxtaponer
jux•ta•po•si•tion [′-pə-zĭsh′ən] *s.* yuxtaposición *f*

k, K [kā] *s.* undécima letra del alfabeto inglés; *fam* [thousand] mil *m*; COMPUT K *m*
kale [kāl] *s.* col rizada
ka•lei•do•scope [kə-lī′də-skōp′] *s.* calidoscopio
kan•ga•roo [kăng′gə-ro͞o′] *s.* canguro ▪ **~ court** tribunal irregular

ka•put [kă-po͝ot′] *adj. fam* roto
kar•at [kăr′ət] *s.* quilate *m*
ka•ra•te [kə-rä′tē] *s.* karate *m*
kar•ma [kär′mə] *s.* karma *m*; *fam* [atmosphere] ambiente *m*, aura
ka•ty•did [kā′tē-dĭd′] *s.* saltamontes *m*
kay•ak [kī′ăk′] *s.* kayak *m*
ke•bab [kə-bŏb′] *s.* pincho, carne asada en espetones
keel [kēl] <> *s.* quilla ▪ **on an even** ~ tranquilo <> *intr.* irse a pique ▪ **to** ~ **over** desplomarse
keen[1] [kēn] *adj.* agudo; [blade] afilado; [interest] vivo; [appetite] bueno; [competition] reñido, fuerte; [enthusiastic] entusiasta; *jer* [great] fantástico ▪ **to be** ~ **on** [to wish to] tener muchas ganas de; **I'm** ~ **on it** me gusta mucho
keen[2] *intr.* lamentarse
keen•ness [′nĭs] *s.* agudeza; [of a blade] filo; [of emotions] intensidad *f*; [enthusiasm] entusiasmo
keep [kēp] <> *tr.* (**kept**) [in one's possession] quedarse con; [to put aside] guardar; ~ **some for later** guarda algo para más tarde; [a family] sostener, mantener; [in a place] guardar; **where do you** ~ **your saw?** ¿en dónde guardas la sierra?; [boarders] dar hospedaje a, alojar; [garden] cultivar; [animals] criar; [to manage] dirigir, llevar; [to preserve] conservar; **to** ~ **the food fresh** conservar la comida fresca; [order, tradition] mantener; [diary, accounts] llevar; [to detain] detener; **what is keeping you?** ¿qué es lo que te detiene?; [to fulfill] cumplir, guardar; **to** ~ **one's word** cumplir la palabra; [an appointment] acudir a; [holiday] celebrar, observar ▪ **to** ~ **away** mantener alejado; **to** ~ **back** [tears] contener; [information] ocultar; [to withhold] quedarse con; **to** ~ **down** [to oppress] oprimir, sojuzgar; [costs, temperature] mantener bajo; [to restrict] limitar; **to** ~ **from** [to prevent] impedir; **they kept me from speaking out** me impidieron expresar mi opinión; [to conceal] ocultar; **to** ~ **house** manejar una casa; **to** ~ **in** no dejar salir, mantener dentro; **to** ~ **on** [clothing] no quitarse; [an employee] no despedir, retener; **to** ~ **one's head** no perder la cabeza; **to** ~ **out** no dejar entrar; **to** ~ **out of** *fig* no meterse en; ~ **out of my affairs** no te metas en mis asuntos; **to** ~ **(someone) quiet** hacer callar (a alguien); **to** ~ **(someone) waiting** hacer esperar (a alguien); **to** ~ **up** [to continue] continuar; ~ **up the good work** continúe haciendo tan buen trabajo; [to prevent from sleeping] tener en vela; [to maintain] mantener; **to** ~ **up a property** mantener una propiedad; **to** ~ **up appearances** guardar las apariencias; **to** ~ **up with** [work] tener al día; [the neighbors] achantar a (los vecinos); **to** ~ **up with the times** ser muy moderno; (*intr.*) [to stay] permanecer, quedarse; [food] conservarse; [to continue] seguir; [not to stop] no dejar de; **he kept shouting** no dejó de gritar ▪ **it can** ~ puede esperar; ~ **off** prohibido pisar; ~ **out** prohibida la entrada; **to** ~ **at it** *fam* perseverar, persistir; **to** ~ **away** mantenerse a distancia; **to** ~ **going** [to proceed] seguir; [to manage] ir tirando; **to** ~ **on** seguir, continuar; ~ **on talking** continúa hablando; **to** ~ **quiet** quedarse callado; **to** ~ **to** [promise, word] cumplir con; [the right, left] mantenerse a; **to** ~ **up with** ir al paso de, alcanzar <> *s.* [care] custodia, protección *f*; [of a castle] torreón *m* ▪ **for keeps** para siempre; **to earn one's** ~ ganarse la vida
keep•er [kē′pər] *s.* guarda *m*, guardián *m*
keep•ing [kē′pĭng] *s.* [guarding] guardia, custodia; [custody] cuidado, cargo; **in his** ~ a cargo suyo ▪ **in safe** ~ a buen recaudo; **to be in (out of)** ~ **with** (no) estar de acuerdo con
keep•sake [kēp′sāk′] *s.* recuerdo
keg [keg] *s.* barril *m*
kelp [kelp] *s.* kelp *m*, varec *m*
ken [ken] *s.* ▪ **beyond one's** ~ fuera de la comprensión OR del alcance de uno
ken•nel [ken′əl] *tr.* & *s.* (meter en la) perrera
kept [kept] ▻ **keep**
ker•chief [kûr′chĭf] *s.* pañuelo
ker•nel [kûr′nəl] *s.* grano; [of a nut] masa; *fig* meollo ▪ **a** ~ **of truth** un fondo de verdad
ker•o•sene/sine [ker′ə-sēn′] *s.* queroseno
ketch•up [kech′əp, kăch′-] *s.* salsa de tomate
ket•tle [ket′l] *s.* [pot] marmita, caldera; [teakettle] tetera ▪ **a fine** ~ **of fish** un berenjenal
ket•tle•drum [:drŭm′] *s.* timbal *m*
key[1] [kē] <> *s.* llave *f*; [code, solution] clave *f*; [of a piano, typewriter] tecla; MÚS tonalidad *f*, tono; TEL manipulador *m*; [pitch] tono; **she spoke in a high** ~ habló en un tono alto ▪ **in** ~ afinado; **master** ~ llave maestra; **off** ~ desafinado <> *adj.* clave <> *tr.* [to encode] codificar; MÚS afinar ▪ **to be keyed to** [to be appropriate for] ser apropiado para; [information] explicarse por medio de una clave; **to be keyed up about** estar nervioso a causa de
key[2] *s.* GEOG cayo
key•board [kē′bôrd′] <> *s.* teclado ▪ ~ **shortcut** atajo de teclado <> *tr.* IMPR componer (mediante teclado)
key•hole [kē′hōl′] *s.* bocallave *f* ▪ ~ **surgery** cirugía laparoscópica
key•note [kē′nōt′] *s.* MÚS (nota) tónica; *fig* idea fundamental ▪ ~ **address** discurso inaugural
key•punch [kē′pŭnch′] <> *s.* perforadora de tarjetas <> *tr.* procesar en una perforadora de teclado
key•punch•er [kē′pŭn′chər] *s.* perforador *m* de tarjetas
key•stone [kē′stōn′] *s.* clave *f*
key•stroke [kē′strōk′] *s.* golpe *m* de la tecla
kha•ki [kăk′ē] <> *s.* caqui *m* <> *pl.* uniforme de color caqui <> *adj.* de color caqui
kib•itz [kĭb′ĭts] *intr. fam* dar consejos no solicitados
ki•bosh [kī′bŏsh′] *s.* ▪ **to put the** ~ **on something** *fam* ponerle fin OR término a algo
kick [kĭk] <> *intr.* patear, dar puntapiés; [animals] cocear, dar coces; [firearm] dar un culatazo; *fam* [to complain] quejarse ▪ **to** ~ **around** *fam* andar rodando; **to** ~ **off** DEP dar el puntapié inicial; *fig* [to die] estirar la pata; **to** ~ **oneself** reprocharse; (*tr.*) patear, dar un puntapié a; [animals] dar coces a; [firearm] dar un culatazo en; DEP patear; [a goal] marcar, meter ▪ **to** ~ **around** *fam* [to abuse] maltratar; [idea] considerar, hablar de; **to** ~ **in** [one's share] aportar (dinero); [a door] derribar a patadas; **to** ~ **off** poner en marcha; **to** ~ **out** echar a patadas <> *s.* patada; [person] puntapié *m*; [animal] coz *f*; [firearm] culatazo; *jer* [complaint] queja; [of a drink, motor] fuerza ▪ **to be on a** ~ estar obsesionado; **to get a** ~ **out of** *fam* encontrar placer en <> *pl.* sensación, emoción ▪ **for** ~ *fam* por gusto, por diversión
kick•back [′băk′] *s. jer* tajada, coima
kick•er [:ər] *s. fam* sorpresa
kick•off [:ôf′] *s.* DEP saque *m* inicial; *fig* comienzo
kick•y [:ē] *adj.* (-i-) *jer* excitante

kid [kĭd] ◇ *s.* [goat] cabrito; [other animals] cría; [leather] cabritilla; *fam* [child] niño; *jer* [pal] muchachón *m* ▪ **~ brother** hermano menor; **~ stuff** juego de niños; **to handle with ~ gloves** tratar con guante blanco ◇ *tr.* & *intr.* (**-dd-**) *fam* bromear OR jugar (con) ▪ **are you kidding?** [really?] ¿de verdad?; [of course not] ¡ni en broma!; **no kidding!** ¡mentira!, ¡no me digas!; **to ~ oneself** engañarse

kid•dy/die [:ē] *s. fam* niñito, crío

kid•nap [:năp′] *tr.* secuestrar, raptar

kid•nap•(p)er [:ər] *s.* secuestrador *m*, raptor *m*

kid•nap•(p)ing [:ĭng] *s.* secuestro, rapto

kid•ney [kĭd′nē] *s.* riñón *m* ▪ **~ bean** frijol colorado; **~ dialysis** hemodiálisis *f*; **~ machine** riñón artificial; **~ stone** cálculo renal

kid•skin [kĭd′skĭn′] *s.* cabritilla

kill [kĭl] ◇ *tr.* matar; [to destroy] destruir; [to overpower] arruinar; **garlic killed the taste of the meat** el ajo arruinó el sabor de la carne; *fam* [motor, light] apagar; [bottle] agotar; [to veto] vetar; [to delete] suprimir; [to make laugh] hacer morir de risa ▪ **to ~ off** exterminar; **to ~ time** [to wait] hacer tiempo; [to idle] matar el tiempo; (*intr.*) matar; [to murder] asesinar ◇ *s.* [slaughter] matanza; [animal] cacería; [final blow] golpe *m* final, acabamiento

kill•er [:ər] *s.* asesino ▪ **~ whale** orca; **to be a ~** ser mortal (una enfermedad)

kill•ing [:ĭng] ◇ *s.* [murder] asesinato; [slaughter] matanza ▪ **to make a ~** *fam* ganar gran cantidad de dinero ◇ *adj.* que mata, mortal; [exhausting] agotador; [funny] graciosísimo

kill•joy [:joi′] *s.* aguafiestas *mf*

kiln [kĭln, kĭl] *s.* horno

ki•lo [kē′lō] *s.* kilo

ki•lo•bit [kĭl′ə-bĭt′] *s.* COMPUT kilobit

ki•lo•byte [kĭl′ə-bīt′] *s.* COMPUT kilobyte

kil•o•gram [:grăm′] *s.* kilogramo

kil•o•me•ter [:mē′tər, kĭ-lŏm′ĭ-tər] *s.* kilómetro

kil•o•watt [′ə-wŏt′] *s.* kilovatio

kilt [kĭlt] *s.* falda escocesa, kilt *m*

kil•ter [kĭl′tər] *s. fam* buena condición ▪ **to be out of ~** no funcionar bien

ki•mo•no [kĭ-mō′nō] *s.* kimono, quimono

kin [kĭn] *s.* parientes *m* ▪ **kith and ~** parientes y amigos; **next of ~** pariente más cercano

kind[1] [kīnd] *adj.* bueno, afable; [generous] generoso, bondadoso; [courteous] cortés, amable; **it is very ~ of you** es muy amable de su parte ▪ **would you be so ~ as to?** ¿tendrá usted la bondad de?

kind[2] *s.* [class] género, especie *f*; [type] tipo, clase *f*; **what ~ of airplane is that?** ¿qué tipo de avión es ése? ▪ **a ~ of** un cierto; **all kinds of** *fam* [plenty of] de sobra; [many different] de todas clases, toda clase de; **in ~** del mismo modo; **~ of** *fam* un poco; **it's ~ of cold today** hace un poco de frío hoy; **nothing of the ~** nada por el estilo; **to repay in ~** pagar con la misma moneda; **two of a ~** un par

kin•der•gar•ten [kĭn′dər-gär′tn] *s.* jardín *m* de infantes

kind•heart•ed [kīnd′här′tĭd] *adj.* bondadoso

kin•dle [kĭn′dl] *tr.* & *intr.* encender(se)

kin•dling [kĭnd′lĭng] *s.* leña, astillas

kind•ly [kīnd′lē] ◇ *adj.* (**-i-**) [benevolent] benigno, bondadoso; [friendly] amable, agradable ◇ *adv.* bondadosamente ▪ **~ take a seat** tenga la bondad de sentarse; **to take ~ to** aceptar de buena gana

kind•ness [:nĭs] *s.* bondad *f*; [favor] favor *m* ▪ **have the ~ to** tenga la bondad de

kin•dred [kĭn′drĭd] ◇ *s.* parientes *m* ◇ *adj.* afín, similar ▪ **~ spirits** almas gemelas

kin•e•scope [kĭn′ĭ-skōp′] *s.* cinescopio

ki•net•ic [kĭ-net′ĭk] *adj.* cinético ▪ **kinetics** (*s.sg.*) cinética

kin•folk(s) [kĭn′fōk[s]′] *s. pl.* parientes *m*

king [kĭng] *s.* rey *m*; [in checkers] dama ▪ **to live like a ~** vivir a cuerpo de rey

king•bird [:bûrd′] *s.* tirano

king•dom [:dəm] *s.* reino ▪ **to blow someone to ~ come** mandar a alguien de cabeza al otro mundo

king•fish•er [:fĭsh′ər] *s.* martín *m* pescador

king•ly [:lē] *adj.* (**-i-**) real, majestuoso

king•pin [:pĭn′] *s. fam* persona clave, líder *m*

king-size(d) [:sīz[d]′] *adj.* grande

kink [kĭngk] ◇ *s.* [in a wire] rosca; [tight curl] rizo; [muscle spasm] calambre *m*; [flaw] falla; [mental quirk] extravagancia ◇ *tr.* & *intr.* [a wire] enroscar(se); [hair] rizar(se)

kink•y [kĭng′kē] *adj.* (**-i-**) [wire] enroscado; [hair] rizado; *fam* [perverted] pervertido

kin•ship [kĭn′shĭp′] *s.* parentesco

kins•man [kĭnz′mən] *s.* (*pl* **-men**) [relative] pariente *m*; [compatriot] compatriota *m*

kins•wom•an [:wŏŏm′ən] *s.* (*pl* **-women**) [relative] parienta; [compatriot] compatriota

ki•osk [kē′ŏsk′] *s.* quiosco

kip•per [kĭp′ər] *s.* arenque ahumado

kiss [kĭs] ◇ *tr.* besar, dar un beso a; [to brush against] rozar ▪ **to ~ away** borrar con besos; **to ~ off** *fam* despachar, despedir; **to ~ something goodbye** *fam* decir adiós a algo; (*intr.*) besarse ◇ *s.* beso; [slight touch] roce *m* ▪ **to blow a ~** tirar un beso

kiss•er [:ər] *s. jer* hocico, trompa

kiss-off [:ôf′] *s. fam* despido

kit [kĭt] *s.* [set of tools] equipo, conjunto; [collection of items] juego; [container] estuche *m* ▪ **first-aid ~** botiquín *m*; **model ~** juego de armar; **the whole ~ and caboodle** *fam* absolutamente todo

kitch•en [kĭch′ən] *s.* cocina ▪ **~ sink** fregadero

kitch•en•ette [′ə-net′] *s.* cocina pequeña

kitch•en•ware [′ən-wâr′] *s.* batería de cocina

kite [kīt] *s.* [toy] cometa; ORNIT milano ▪ **go fly a ~!** *fam* ¡piérdete!

kit•ten [kĭt′n] *s.* gatito

kit•ty[1] [kĭt′ē] *s.* [in cards] puesta del ganador; [pool of money] banca

kit•ty[2] *s. fam* [cat] gato; [kitten] gatito

kit•ty-cor•nered [:kôr′nərd] *adj.* diagonal

klep•to•ma•ni•a [klep′tə-mā′nē-ə] *s.* cleptomanía

klep•to•ma•ni•ac [:ăk′] *s.* cleptómano

klutz [klŭts] *s. jer* chambón *m*

knack [năk] *s.* [skill] facilidad *f* (**for** para); [natural talent] don *m* (**for** de); [trick] truco

knap•sack [năp′săk′] *s.* mochila

knave [nāv] *s.* bribón *m*, bellaco

knead [nēd] *tr.* amasar, heñir

knee [nē] ◇ *s.* rodilla; ZOOL codillo; [of garment] rodillera ▪ **to bring someone to their knees** doblegar a alguien; **to go down on one's knees** caer de hinojos ◇ *tr.* dar con la rodilla

K

knee•cap [nē′kăp′] *s.* rótula
knee-deep [nē′dēp′] *adj.* [knee-high] que llega hasta las rodillas; [submerged] metido hasta las rodillas
knee-high [nē′hī′] *adj.* que llega hasta las rodillas
kneel [nēl] *intr.* (**-ed** OR **knelt**) arrodillarse
knee•pad [nē′păd′] *s.* rodillera
knell [nel] ◇ *intr.* sonar lúgubremente ◇ *s.* toque *m*, tañido ▪ **death** ~ toque a muerto; **to sound the death** ~ **of** presagiar el fin de
knelt [nelt] ▻ **kneel**
knew [nōō] ▻ **know**
knick•ers [nĭk′ərz] *s. pl.* [bloomers] bragas *f*; [knee breeches] calzones *m*, bombachos
knick•knack [nĭk′năk′] *s.* chuchería
knife [nīf] ◇ *s.* (*pl* **-ves**) cuchillo; [blade, pocketknife] cuchilla ◇ *tr.* [to cut] cortar; [to stab] apuñalar; *fam* [to betray] apuñalar por la espalda, traicionar
knife-edge [′ej′] *s.* filo
knight [nīt] ◇ *s.* caballero; [in chess] caballo ◇ *tr.* armar caballero; GB conceder el título de 'Sir' a
knight•hood [′hŏŏd′] *s.* rango OR título de caballero; [chivalry] caballerosidad *f*
knit [nĭt] ◇ *tr.* & *intr.* (**knit(ted), -tting**) tejer, hacer punto; [to unite] unir(se); [one's brow] fruncir(se); [bone] soldarse ◇ *s.* [garment] prenda de punto; [cloth] género de punto
knit•ting [′ĭng] *s.* tejido, labor *f* de punto ▪ ~ **needle** aguja de tejer OR de hacer punto
knit•wear [:wâr′] *s.* artículos de punto
knives [nīvz] ▻ **knife**
knob [nŏb] *s.* [of a door] perilla, tirador *m*; [dial] botón *m*; [bulge] protuberancia
knock [nŏk] ◇ *tr.* [to hit] golpear, pegar; [to make by hitting] hacer; **to** ~ **a hole in the wall** hacer un agujero en la pared; *jer* [to criticize] criticar, menospreciar ▪ ~ **it off!** ¡basta ya!; **to** ~ **around** *fam* [idea] considerar; [to abuse] maltratar; **to** ~ **down** derribar, tumbar; *fam* [price] rebajar; **to** ~ **off** hacer caer, tirar; **to** ~ **the lamp off the table** hacer caer la lámpara de la mesa; *fam* [to stop] parar, suspender (tarea, trabajo); [to do quickly] terminar con; [to deduct] rebajar en; *jer* [to kill] liquidar; **to** ~ **out** [a person] dejar sin sentido; [in boxing] poner fuera de combate; [to render inoperative] estropear, inutilizar; [power] cortar; *fam* [to impress] impresionar; **to** ~ **over** tirar (vasa, lámpara); (*intr.*) [at the door] golpear, llamar; AUTO pistonear OR golpetear (un motor) ▪ **to** ~ **around** *fam* vagar, merodear; **to** ~ **against** chocar contra; **to** ~ **off** *fam* salir del trabajo; **to** ~ **oneself out** *fam* matarse ◇ *s.* [blow] golpe *m*; [at door] toque *m*, llamada; AUTO pistoneo, golpeteo; *fam* [criticism] crítica
knock•down [′doun′] ◇ *adj.* demoledor, que derriba; [price] de ganga ◇ *s.* caída
knock•er [:ər] *s.* aldaba, picaporte
knock•ing [:ĭng] *s.* aldabonazos, llamadas (a la puerta); [sound] golpeteo
knock•kneed [:nēd′] *adj.* patizambo
knock•out [:out′] *s.* knock-out *m*; *jer* [person] maravilla; [success] exitazo ▪ ~ **punch** golpe demoledor
knoll [nōl] *s.* loma, montículo
knot [nŏt] ◇ *s.* nudo; [group] grupo, corrillo; [difficulty] problema *m* ▪ **to get tied up in knots** *fam* enredarse; **to tie the** ~ *fam* casarse ◇ *tr.* & *intr.* (**-tt-**) anudar(se); [to entangle] enredar(se)
knot•ted [:ĭd] *adj.* anudado; [intricate] enredado, enmarañado; [gnarled] nudoso
knot•ty [:ē] *adj.* (**-i-**) [rope] lleno de nudos; [wood] nudoso; [problem] enredado
know [nō] ◇ *tr.* (**knew, known**) saber; **I** ~ **arithmetic** sé aritmética; [a person, place] conocer; [to perceive] comprender; **I** ~ **how you feel** comprendo cómo te sientes; [to recognize] reconocer; [to distinguish] distinguir; **to** ~ **right from wrong** distinguir el bien del mal ▪ **to get to** ~ **someone** llegar a conocer a alguien; **to let someone** ~ hacer saber a alguien; **to make known** hacer saber; **to** ~ **about** saber de; **to** ~ **how to do something** saber hacer algo; (*intr.*) saber ▪ **as far as I** ~ que yo sepa; **how should I** ~**!** ¡yo qué sé!; **I ought to** ~**!** ¡lo sabré yo!; **to** ~ **best** saber mejor que nadie; **to** ~ **better** saber lo que debe hacerse; **to** ~ **better than to** saber que no se debe; **to** ~ **each other** conocerse ◇ *s.* ▪ **to be in the** ~ *fam* estar al tanto
know-how [nō′hou′] *s.* [ability] conocimientos prácticos; [experience] experiencia
know•ing [nō′ĭng] *adj.* [shrewd] astuto, hábil; [look, smile] de complicidad
know•ing•ly [:ĭng-lē] *adv.* [shrewdly] astutamente; [deliberately] a sabiendas ▪ **to glance** ~ **at** dirigir una mirada de complicidad a
know-it-all [nō′ĭt-ôl′] *s. fam* sabelotodo *mf*
knowl•edge [nŏl′ĭj] *s.* [understanding] conocimiento; [information] conocimientos, saber *m*; ~ **about genetics** conocimientos sobre la genética; [erudition] erudición *f* ▪ **it is common** ~ **that** todo el mundo sabe que; **it has come to my** ~ **that** me enteré de que; **to have a working** ~ **of** tener conocimientos prácticos de; **to have a thorough** ~ **of** conocer a fondo; **to have no** ~ **of** no saber nada de; **(not) to my** ~ (no) que yo sepa; **to the best of my** ~ según mi entender; **without my** ~ sin saberlo yo
knowl•edge•a•ble [:ĭ-jə-bəl] *adj.* instruido, informado ▪ **to be** ~ **about** conocer bien
known [nōn] ▻ **know** ◇ *adj.* conocido
know-noth•ing [nō′nŭth′ĭng] *s.* ignorante *mf*
knuck•le [nŭk′əl] ◇ *s.* nudillo ▪ **to rap someone's knuckles** llamar la atención a alguien ◇ *intr.* ▪ **to** ~ **down** aplicarse duro; **to** ~ **under** ceder
KO DEP *jer* ◇ *tr.* (**'d, 'ing**) [kā′ō′] noquear ◇ *s.* [kā-ō′] (*pl* **'s**) knock-out *m*
ko•a•la [kō-ä′lə] *s.* koala *m*
kook [kōōk] *s. jer* alocado, excéntrico
kook•y [kōō′kē] *adj.* (**-i-**) *jer* alocado, excéntrico
ko•sher [kō′shər] *adj.* conforme al régimen alimenticio judío; *jer* [proper] conforme a las reglas; [genuine] legítimo
kow•tow [kou-tou′] *intr.* hacer una reverencia china; [to fawn] humillarse, postrarse
ku•dos [kyōō′dōz′] *s.* prestigio
kum•quat [kŭm′kwŏt′] *s.* naranjita china

L

l, L [el] *s.* duodécima letra del alfabeto inglés
lab [lăb] *s.* laboratorio
la•bel [lā'bəl] ◇ *s.* rótulo, etiqueta; [brand name] marca de fábrica; *fig* [epithet] etiqueta ◇ *tr.* rotular, marcar; [to describe] describir
la•bor [lā'bər] ◇ *s.* trabajo, labor *f*; [task] tarea, faena; [effort] esfuerzo; [workers] mano *f* de obra; [union] sindicato; [childbirth] parto ▪ **hard ~** trabajos forzosos; **~ union** sindicato ◇ *intr.* trabajar; [to strive] esforzarse; [to plod] moverse con dificultad; MED estar de parto ▪ **to ~ over** trabajar afanosamente en; (*tr.*) insistir en ◇ *adj.* laboral ▪ **~ camp** campo de trabajo; **~ pains** dolores de parto
lab•o•ra•to•ry [lăb'rə-tôr'ē] *s.* laboratorio
la•bored [lā'bərd] *adj.* trabajoso, dificultoso; [strained] forzado
la•bor•er [lā'bər-ər] *s.* trabajador *m*, obrero; [unskilled] peón *m*, jornalero
la•bo•ri•ous [lə-bôr'ē-əs] *adj.* laborioso
la•bor•sav•ing [lā'bər-sā'vĭng] *adj.* que ahorra trabajo
la•bour [lā'bər] GB = **labor**
lab•y•rinth [lăb'ə-rĭnth'] *s.* laberinto
lace [lās] ◇ *s.* encaje *m*; [trim] puntilla; [shoelace] cordón *m* de zapato ◇ *tr.* encordonar; [a drink] echar licor a ▪ **to ~ into** reprochar
lac•er•ate [lăs'ə-rāt'] *tr.* lacerar
lac•er•a•tion ['-rā'shən] *s.* laceración *f*; [wound] rasgón *m*
lack [lăk] ◇ *s.* [deficiency] falta, carencia; [need] escasez *f* ▪ **for ~ of** por falta de ◇ *tr.* [to be without] carecer de, faltar; [to need] necesitar; [to require] hacer falta, requerir(se); [to have no] no tener; (*intr.*) hacer falta
lack•a•dai•si•cal [lăk'ə-dā'zĭ-kəl] *adj.* indiferente, apático
lack•ey [lăk'ē] *s.* lacayo; [toady] adulador *m*
lack•ing [lăk'ĭng] ◇ *adj.* deficiente, falto de ▪ **to be ~** faltar ◇ *prep.* sin
lack•lus•ter [:lŭs'tər] *adj.* deslucido
la•con•ic [lə-kŏn'ĭk] *adj.* lacónico
lac•quer [lăk'ər] ◇ *s.* laca ◇ *tr.* laquear
lac•tate [:tāt'] ◇ *intr.* lactar ◇ *s.* lactato
lac•ta•tion [-tā'shən] *s.* lactancia
lac•tose [:tōs'] *s.* lactosa
lac•y [lā'sē] *adj.* (-i-) de encaje; *fig* diáfano
lad [lăd] *s.* joven *m*, muchacho
lad•der [lăd'ər] *s.* escalera, escala; [status] jerarquía; GB [in a stocking] carrera
lad•die [lăd'ē] *s.* joven *m*, chico
lade [lād] *tr.* (**-d, -d** OR **-n**) cargar; *fig* agobiar
lad•en [lād'n] ▻ **lade** ◇ *adj.* cargado; *fig* agobiado, abrumado
lad•ing [lā'dĭng] *s.* carga, flete *m*
la•dle [lād'l] ◇ *s.* cucharón *m* ◇ *tr.* servir con cucharón
la•dy [lā'dē] *s.* dama; [married woman] señora ▪ **~ in waiting** dama de honor; **~ of the evening** prostituta; **~ of the house** ama de la casa; **~'s man** hombre galanteador; **young ~** señorita
la•dy•bird [:bûrd'] *s.* mariquita
la•dy•bug [:bŭg'] *s.* mariquita
la•dy-kill•er [:kĭl'ər] *s. jer* tenorio
la•dy•like [:līk'] *adj.* bien educada, propio de una dama
la•dy•ship [:shĭp'] *s.* excelencia, señoría
lag [lăg] ◇ *intr.* (**-gg-**)[to straggle] rezagarse, retrasarse; [to flag] aflojar(se) ▪ **to ~ behind** retrasarse ◇ *s.* dilación *f*, retraso
la•ger [lä'gər] *s.* cerveza rubia
lag•gard [lăg'ərd] *adj.* & *s.* rezagado
la•goon [lə-go͞on'] *s.* laguna
la•ic/i•cal [lā'ĭk] *adj.* laico, secular
laid [lād] ▻ **lay**[1]
laid-back [lād'băk'] *adj. fam* despreocupado
lain [lān] ▻ **lie**[1]
lair [lâr] *s.* guarida, madriguera
lais•sez faire [les'ā-fâr'] *s.* liberalismo, doctrina de no intervención
la•i•ty [lā'ĭ-tē] *s.* laicos; [nonprofessionals] profanos
lake [lāk] *s.* lago
lam [lăm] *jer* ◇ *intr.* (**-mm-**) fugarse, huir ◇ *s.* fuga, escape *m* ▪ **to take it on the ~** largarse
lamb [lăm] *s.* cordero; [dear] cielo, amor *m*; [dupe] inocente *mf*
lam•baste [lăm-bāst'] *tr.* [to thrash] dar una paliza; [to scold] regañar duramente
lame [lām] ◇ *adj.* cojo, renco; *fig* débil ◇ *tr.* lisiar, baldar
la•mé [lă-mā'] *s.* lamé *m*
lame•brain [lām'brān'] *s.* tonto
la•ment [lə-ment'] ◇ *tr.* lamentar, llorar; [to regret] deplorar; (*intr.*) lamentarse ◇ *s.* lamento; [elegy] elegía
la•men•ta•ble [lə-men'tə-bəl] *adj.* lamentable
la•ment•ed [:tĭd] *adj.* lamentado
lam•i•nate [:nāt'] ◇ *tr.* laminar ◇ *adj.* & *s.* laminado
lam•i•nat•ed [:nā'tĭd] *adj.* laminado
lam•i•na•tion ['-nā'shən] *s.* laminación *f*; [lamina] lámina
lamp [lămp] *s.* lámpara
lamp•light [:līt'] *s.* luz *f* de la lámpara
lam•poon [lăm-po͞on'] ◇ *s.* pasquín *m*, sátira ◇ *tr.* pasquinar, satirizar
lamp•post [lămp'pōst'] *s.* poste *m* de farol
lam•prey [lăm'prē] *s.* lamprea
lance [lăns] ◇ *s.* lanza; CIR lanceta ◇ *tr.* lancear; CIR abrir con una lanceta
lan•cet [lăn'sĭt] *s.* lanceta
land [lănd] ◇ *s.* tierra; [soil] suelo; [tract] campo, terreno; [country] tierra, país *m*; [people] pueblo; [real estate] bienes *m* raíces ▪ **~ bank** banco hipotecario; **~ mine** mina terrestre; **~ of milk and honey** tierra de Jauja; **no man's ~** tierra de nadie; **to get the lay of the ~** tantear el terreno ◇ *pl.* tierras, posesiones ◇ *tr.* [to unload] desembarcar; [to bring to earth] aterrizar; *fam* [fish] coger, atrapar; [to win] lograr, conseguir; [a blow] dar, asestar ▪ **to ~ (someone) in** llevar (a alguien) a; (*intr.*)[to arrive] arribar; [to disembark] desem-

barcar; [to alight] posarse; [to come to rest] caer; [plane] aterrizar ■ **to ~ up** ir a parar

land•ed [lăn′dĭd] *adj.* hacendado ■ **~ gentry** terratenientes

land•fall [lănd′fôl′] *s.* recalada

land•fill [:fĭl′] *s.* tierra rehabilitada

land•hold•er [:hōl′dər] *s.* terrateniente *mf*

land•ing [lăn′dĭng] *s.* [on land] aterrizaje *m*; [on the sea] amaraje *m*; [on the moon] alunizaje *m*; [of passengers] desembarco; [of cargo] desembarque *m*; [site] desembarcadero; [of a staircase] descanso

land•la•dy [lănd′lā′dē] *s.* propietaria, dueña

land•locked [:lŏkt′] *adj.* sin salida al mar

land•lord [:lôrd′] *s.* propietario, arrendador *m*

land•lub•ber [:lŭb′ər] *s. fam* marinero de agua dulce

land•mark [:märk′] *s.* mojón *m*; [event] acontecimiento histórico; [site] monumento histórico

land•mass [:măs′] *s.* área de terreno grande

land•own•er [:ō′nər] *s.* terrateniente *mf*

land•scape [:skāp′] ◇ *s.* paisaje *m*, panorama *m* ◇ *adj.* apaisado ◇ *tr.* ornamentar (un terreno)

land•scap•ing [:skā′pĭng] *s.* jardinería ornamental

land•slide [:slīd′] *s.* derrumbe *m* (de tierra), corrimiento; POL triunfo electoral aplastante

land•ward [:wərd] ◇ *adj.* más cerca de la tierra ◇ *adv.* hacia la tierra

lane [lān] *s.* [path] senda, vereda; [road] camino; [for ships, aircraft] ruta; [of a highway] vía, carril *m*; DEP calle *f*; [in bowling] pista

lan•guage [lăng′gwĭj] *s.* lenguaje *m*; [dialect] lengua, idioma *m*; [of a document] términos ■ **strong ~** palabras mayores OR fuertes; **to use bad ~** ser mal hablado

lan•guid [lăng′gwĭd] *adj.* lánguido

lan•guish [:gwĭsh] *intr.* languidecer; [to dwindle] decaer; [to stagnate] estancarse; [to waste away] pudrirse

lan•guor•ous [:əs] *adj.* lánguido

lank [lăngk] *adj.* [gaunt] delgado; [limp] lacio

lank•y [lăng′kē] *adj.* (-i-) larguirucho

lan•tern [lăn′tərn] *s.* linterna; [in a lighthouse] fanal *m*

lap¹ [lăp] *s.* falda, regazo; [of a garment] falda ■ **in the ~ of luxury** rodeado de lujo; **~ dog** perro faldero; **to fall into one's ~** caerle a uno del cielo

lap² ◇ *tr.* (**-pp-**)[to fold] doblar, plegar; [to overlap] cubrir parcialmente, traslapar ■ **to ~ over** [to overlap] imbricarse, traslaparse; [to extend out] sobresalir ◇ *s.* [overlap] traslapo, solapa; [of a race] vuelta a la pista; [of a swimming pool] largo; [segment] etapa

lap³ ◇ *tr.* (**-pp-**)[to drink] beber a lengüetadas; [to wash] bañar, besar ■ **to ~ up** [to drink] lamer, beber a lengüetadas; [to accept] aceptar con entusiasmo; (*intr.*)[to drink] lengüetear, sorber; [waves] chapotear ◇ *s.* chapoteo

la•pel [lə-pel′] *s.* solapa (de una vestimenta)

lapse [lăps] ◇ *intr.* [to drift] caer, deslizarse; [to fail] faltar; [to subside] decaer, desvanecerse; [to elapse] pasar, transcurrir; [to expire] caducar ◇ *s.* [slip] desliz *m*, fallo; [error, interval] lapso; [expiration] caducidad *f*

lapsed [lăpst] *adj.* [elapsed] transcurrido; [expired] caduco

lap•top [lăp′tŏp′] *s.* laptop *m*, portátil *m* ■ **~ computer** computadora portátil

lar•ce•nous [:nəs] *adj.* culpable de robo

lar•ce•ny [:nē] *s.* hurto, robo

larch [lärch] *s.* alerce *m*, lárice *m*

lard [lärd] ◇ *s.* lardo ◇ *tr.* lardar, mechar; *fig* adornar

lar•der [lär′dər] *s.* despensa

large [lärj] ◇ *adj.* grande; [comprehensive] extenso, amplio ■ **~ as life** de tamaño natural ◇ *adv.* grande ■ **at ~** [at liberty] libre, en libertad; [at length] extensamente; **by and ~** por lo general; **~ order** *fam* tarea peliaguda

large•ly [:lē] *adv.* en gran parte

large-scale [:skāl′] *adj.* en OR a gran escala

lar•gess(e) [lär-zhes′] *s.* largueza, generosidad *f*; [gift] dádiva, donativo

lar•i•at [lăr′ē-ət] *s.* lazo

lark¹ [lärk] *s.* ORNIT alondra

lark² *s.* [spree] calaverada; [prank] broma ■ **to do something for a ~** hacer algo para divertirse

lar•va [lär′və] *s.* (*pl* **-ae**) larva

lar•yn•gi•tis [lăr′ən-jī′tĭs] *s.* laringitis *f*

lar•ynx [lăr′ĭngks] *s.* (*pl* **es** OR **-ges**) laringe *f*

las•civ•i•ous [lə-sĭv′ē-əs] *adj.* lascivo

la•ser [lā′zər] *s.* láser *m* ■ **~ printer** impresora láser

lash¹ [lăsh] ◇ *s.* [blow] azote *m*, latigazo; [whip] azote, látigo; [eyelash] pestaña ◇ *tr.* azotar, dar latigazos a; [tail] agitar con fuerza; [to criticize] fustigar ■ **to ~ out at** fulminar contra, fustigar; (*intr.*) dar latigazos, restallar ■ **to ~ out** estallar de ira

lash² *tr.* [to tie] atar

lash•ing [′ĭng] *s.* [whipping] azotaina; [criticism] fustigación *f*; [for binding] atadura

lass [lăs] *s.* muchacha, joven *f*

las•sie [′ē] *s.* muchacha, joven *f*

las•so [lăs′ō, lă-sōō′] ◇ *s.* (*pl* **(e)s**) lazo ◇ *tr.* coger con un lazo

last¹ [lăst] ◇ *adj.* [final] último; [past] pasado; [newest] último; [authoritative] definitivo, final; [least likely] último ■ **~ but not least** el último en orden pero no en importancia; **~ name** apellido; **~ night** anoche ◇ *adv.* el último, en último lugar; [most recently] la última vez; [finally] por último, finalmente ◇ *s.* el último; [the end] final *m* ■ **at (long) ~!** ¡por fin!, ¡al fin!; **to the ~** hasta el fin

last² *intr.* durar; [to survive] sobrevivir; [to endure] perdurar; [to be enough] bastar, alcanzar; (*tr.*) bastar; [to survive] resistir, aguantar

last³ *s.* horma (de zapato)

last-ditch [′dĭch′] *adj.* desesperado, último

last•ing [lăs′tĭng] *adj.* duradero, perdurable

last•ly [lăst′lē] *adv.* por último, finalmente

last-min•ute [:mĭn′ĭt] *adj.* de última hora

latch [lăch] ◇ *s.* pestillo, aldabilla ◇ *tr.* cerrar con pestillo OR aldabilla

latch•key [′kē′] *s.* llave *f* (de picaporte)

late [lāt] ◇ *adj.* [behind schedule] retrasado, atrasado; [at an advanced hour] a una hora avanzada; [at the end] a fines de; **in ~ July** a fines de julio; [recent] reciente, último; [former] antiguo, anterior; [dead] fallecido, difunto ■ **to get ~** hacerse tarde; **to make someone ~** retrasar a alguien ◇ *adv.* tarde; [at the end] tardíamente, recientemente; [recently] hasta; **as ~ as last week** hasta la semana pasada ■ **~ in life** a una edad avanzada; **of ~** recientemente, últimamente

late•com•er [′kŭm′ər] *s.* retrasado; [newcomer] recién llegado

late•ly [:lē] *adv.* recientemente, últimamente

late•ness [lāt'nĭs] *s.* tardanza; [delay] demora, retraso
la•tent [lāt'nt] *adj.* latente
lat•er [lā'tər] ◇ *adj.* posterior; [more recent] más reciente ◇ *adv.* más tarde, después ▪ ~ **on** luego, después; **(I'll) see you** ~ hasta luego
lat•er•al [lăt'ər-əl] *adj.* lateral
lat•est [lā'tĭst] ◇ *adj.* último; [newest] más reciente ◇ *adv.* el último ◇ *s.* lo último, lo más reciente ▪ **at the** ~ a más tardar; **the very** ~ el último grito
la•tex [lā'teks'] *s.* látex *m*
lath [lăth] *s.* [wooden] listón *m*; [metal] lata; [lathing] listonería, enlistonado
lathe [lāth] ◇ *s.* torno ◇ *tr.* tornear
lath•er [lăth'ər] ◇ *s.* [of soap] espuma; [of a horse] sudor ▪ **to get in a** ~ ponerse histérico ◇ *tr.* enjabonar; (*intr.*) espumar
lat•i•tude [lăt'ĭ-to͞od'] *s.* amplitud *f*; [freedom] libertad *f*; ASTRON & GEOG latitud *f*
la•trine [lə-trēn'] *s.* letrina, retrete *m*
lat•ter [lăt'ər] *adj.* [second] éste; [nearer the end] último; [later] más reciente, último
lat•ter-day [:dā'] *adj.* reciente
lat•tice [lăt'ĭs] ◇ *s.* enrejado, celosía; [window] ventana con celosía ◇ *tr.* enrejar
lat•tice•work [:wûrk'] *s.* enrejado, celosía
laud [lôd] *tr.* [to glorify] loar, alabar; [to give praise to] elogiar, encomiar
laud•a•ble [lô'də-bəl] *adj.* loable, laudable
laugh [lăf] ◇ *intr.* reír(se) ▪ **to be nothing to** ~ **about** no ser cosa de risa; **to burst out laughing** echarse a reír a carcajadas; **to** ~ **at** [to show amusement] reírse con; [to ridicule] reírse de, burlarse de; **to** ~ **it up** divertirse; **to** ~ **off** OR **away** tomar a risa; **to** ~ **one's head off** reírse a más no poder; **to** ~ **out loud** reírse a carcajadas; **to** ~ **up one's sleeve** reírse para los adentros ◇ *s.* risa; [joke] chiste *m*, cosa de risa ▪ **for laughs** para hacer reír; **good for a** ~ divertido; **to have a good** ~ reírse mucho; **to have the last** ~ ser el último que ríe
laugh•a•ble ['ə-bəl] *adj.* cómico; [ludicrous] ridículo, absurdo
laugh•ing [:ĭng] *adj.* risueño ▪ **it's no** ~ **matter** no es cosa de risa; ~ **gas** gas hilarante
laugh•ing•stock [:stŏk'] *s.* hazmerreír *m*
laugh•ter [lăf'tər] *s.* risa(s); [loud] carcajadas
launch[1] [lônch] ◇ *tr.* lanzar; [into the water] botar; [to initiate] iniciar, emprender; (*intr.*) lanzarse ▪ **to** ~ **forth** OR **out on** emprender ◇ *s.* lanzamiento; [into the sea] botadura ▪ ~ **pad** plataforma de lanzamiento
launch[2] *s.* MARÍT lancha
launch•er [lôn'chər] *s.* lanzador *m*
launch•ing [:chĭng] *s.* lanzamiento; [of a ship] botadura ▪ ~ **pad** plataforma de lanzamiento
laun•der [lôn'dər] *tr.* & *intr.* lavar(se)
laun•dered [:dərd] *adj.* lavado; [money] blanqueado, lavado
laun•der•er [:dər-ər] *s.* lavandero
laun•dress [:drĭs] *s.* lavandera
laun•dry [:drē] *s.* [soiled] ropa sucia; [clean] ropa limpia; [place] lavandería
lau•rel [lôr'əl] *s.* laurel *m* ▪ **to rest on one's laurels** dormirse en los laureles
la•va [lä'və, lăv'ə] *s.* lava
lav•a•to•ry [lăv'ə-tôr'ē] *s.* [public toilet] servicios; [room in house] cuarto de baño; [receptacle] water *m*
lav•en•der [lăv'ən-dər] ◇ *s.* lavanda, alhucema ◇ *adj.* de color lavanda
lav•ish [lăv'ĭsh] ◇ *adj.* generoso; [extravagant] lujoso, espléndido ◇ *tr.* prodigar, derrochar ▪ **to** ~ **(something) on someone** colmar a alguien de (algo)
law [lô] *s.* ley *f*; [code] código; [study] derecho; [principle] ley, principio; *fam* [police] policía; LÓG & MAT regla ▪ **case** ~ jurisprudencia; ~ **and order** orden público; ~ **school** facultad de derecho; **to lay down the** ~ dar órdenes; **to practice** ~ ejercer la abogacía; **to take the** ~ **into one's own hands** tomarse la ley por la propia mano
law-a•bid•ing [lô'ə-bī'dĭng] *adj.* respetuoso de la ley
law•break•er [lô'brā'kər] *s.* infractor *m* de la ley
law•ful [lô'fəl] *adj.* [allowed by law] legal, lícito; [recognized] legítimo
law•less [lô'lĭs] *adj.* [conduct] desordenado; [region] anárquico, ingobernable
law•mak•er [lô'mā'kər] *s.* legislador *m*
lawn [lôn] *s.* césped *m* ▪ ~ **mower** cortacéspedes
law•suit [lô'so͞ot'] *s.* pleito, juicio
law•yer [lô'yər] *s.* abogado, jurista *mf*
lax [lăks] *adj.* [morals] laxo; [negligent] descuidado; [discipline] flojo
lax•a•tive [lăk'sə-tĭv] *s.* & *adj.* laxante *m*
lax•i•ty [lăk'sĭ-tē], **lax•ness** [lăks'nĭs] *s.* laxitud *f*; [slackness] flojedad *f*; [negligence] negligencia, descuido
lay[1] [lā] *tr.* **(laid)** poner; [to cause to lie] acostar; [blame] achacar, atribuir; [plans] trazar, hacer; [to submit] presentar, someter; [to wager] apostar; [to impose] imponer; [eggs] poner ▪ **to be laid up** guardar cama; **to** ~ **an egg** *jer* [to fail] fracasar; **to** ~ **aside** [to give up] abandonar; [to put aside] guardar, dejar a un lado; **to** ~ **away, by,** OR **in** guardar para el futuro; **to** ~ **claim to** reivindicar; **to** ~ **down** dictar, establecer; **to** ~ **down one's life for** sacrificar la vida por; **to** ~ **hands on** *fam* [to catch] coger, atrapar; [to hit] poner la mano encima; **to** ~ **into** *jer* [to beat] apalear; [to scold] regañar, reñir; **to** ~ **it on (thick)** *jer* exagerar; **to** ~ **off** [to dismiss] despedir (esp. temporalmente); [a habit] dejar, abandonar; **to** ~ **out** [to plan] planear, proyectar; [to spread out] preparar; [to prepare for burial] amortajar; [to spend] gastar; **to** ~ **to rest** [to bury] enterrar; [to refute] refutar; (*intr.*)[to produce eggs] poner huevos; [to bet] apostar; MARÍT situarse, colocarse ▪ **to** ~ **over** pararse, detenerse; **to** ~ **to** MARÍT pairar el barco
lay[2] *adj.* secular, laico; [not professional] lego
lay[3] *s.* [song] cantar *m*
lay[4] ▻ **lie**[1]
lay•er [lā'ər] ◇ *s.* capa; GEOL estrato ◇ *tr.* separar en capas
lay•ette [lā-et'] *s.* ajuar *m* de niño
lay•man [lā'mən] *s.* (*pl* **-men**) laico, seglar *m*; [nonprofessional] lego
lay•off [lā'ôf'] *s.* [suspension] suspensión *f* temporaria de empleados; [dismissal] despido
lay•out [lā'out'] *s.* disposición *f*, distribución *f*; [sketch] trazado
lay•o•ver [lā'ō'vər] *s.* escala, parada
laze [lāz] *intr.* holgazanear, gandulear; (*tr.*) ▪ **to** ~ **away** perder, desperdiciar

la•zi•ness [lā'zē-nĭs] *s.* pereza
la•zy [lā'zē] *adj.* (-i-) perezoso ▪ ~ **Susan** bandeja giratoria
la•zy•bones [:bōnz'] *s. pl. jer* remolón *m*
leach [lēch] *tr.* & *intr.* lixiviar(se)
lead[1] [lēd] ◇ *tr.* (**led**) [to guide] guiar, conducir; [to command] dirigir, mandar; [to induce] inducir; [to head] ser el primero de, encabezar; [to be ahead of] llevar una ventaja a; [to live] llevar; [in cards] salir con ▪ **to ~ astray** descarriar; **to ~ on** [to entice] seducir, tentar; [to deceive] engañar; (*intr.*) ser primero, estar a la cabeza; [to go first] ir adelante; [to command] mandar; [to go] llevar, conducir; [in cards] ser mano ▪ **to ~ off** empezar, dar comienzo ◇ *s.* [position] primer lugar *m*, delantera; [margin] ventaja; [clue] indicación *f*, pista; CINEM & TEAT [role] papel *m* principal; [actor] protagonista *mf*; PERIOD párrafo introductor; [news story] artículo principal; [in cards] mano; [leash] traílla, correa ▪ **in the ~** a la cabeza, primero; **to follow the ~ of** seguir el ejemplo de; **to take the ~** tomar la delantera, adelantarse ◇ *adj.* principal
lead[2] [lĕd] ◇ *s.* plomo; [pencil] mina ▪ ~ **poisoning** saturnismo ◇ *tr.* cubrir OR forrar con plomo; [window] emplomar
lead•en [lĕd'n] *adj.* plúmbeo, de plomo; [gray] plomizo; [heavy] pesado; [sluggish] lento; [depressed] deprimido
lead•er [lē'dər] *s.* jefe *m*, líder *m*; [guide] guía *mf*; [politician] caudillo; [first] primero, líder *m*; [pipe] canalón *m*, conducto
lead•er•ship [:shĭp'] *s.* dirección *f*, mando; [capacity] dotes *f* de mando
lead-in [lēd'ĭn'] ◇ *s.* introducción *f* ◇ *adj.* de entrada
lead•ing[1] [lē'dĭng] ◇ *adj.* [foremost] primero, que va a la cabeza; [main] principal; TEAT primero ▪ ~ **edge** puesto de avanzada; ~ **question** pregunta capciosa ◇ *s.* TIP interlineado
lead•ing[2] [lĕd'ĭng] *s.* emplomado
lead•off [lēd'ôf'] *s.* [move] comienzo, principio; [person] iniciador *m*
lead-time [:tīm'] *s.* tiempo de entrega
leaf [lēf] ◇ *s.* (*pl* **-ves**) hoja; [foliage] follaje *m*, hojas; [page] página; [of metal] lámina ▪ **gold ~** pan de oro; **to shake like a ~** temblar como una hoja OR un azogado; **to turn over a new ~** hacer borrón y cuenta nueva ◇ *intr.* BOT echar hojas ▪ **to ~ through** hojear
leaf•let ['lĭt] *s.* folleto, panfleto; [flier] volante *m*
leaf•y [lē'fē] *adj.* (-i-) frondoso, hojoso
league[1] [lēg] *s.* liga; [organization] asociación *f*; DEP liga ▪ **to be in ~ with** estar aliado con; **out of one's ~** en competencia desigual
league[2] *s.* [distance] legua
leak [lēk] ◇ *intr.* [container] salirse; [pipe] tener pérdidas; [roof, faucet] gotear; [boat] hacer agua ▪ **to ~ in** filtrarse, colarse; **to ~ out** salirse, escaparse; [to become known] filtrarse; (*tr.*) filtrar ◇ *s.* [container] agujero; [pipe] pérdida; [faucet, roof] gotera; [in boat] vía de agua; [escape] salida, escape; [disclosure] filtración *f*
leak•y [lē'kē] *adj.* (-i-) que se sale, que gotea; [boat] que hace agua
lean[1] [lēn] *intr.* (**-ed** OR **-t**) inclinarse; [to rest on] apoyarse, reclinarse; [to rely] depender de, contar con; [to tend] inclinarse; [to exert pressure] hacer presión ▪ **to ~ back** [against the wall] recostarse; [in a chair] reclinarse; **to ~ forward** inclinarse; **to ~ over backwards to** *fam* hacer todo lo posible para; (*tr.*)[to rest] apoyar, recostar; [to cause to incline] inclinar, ladear
lean[2] ◇ *adj.* [thin] delgado, flaco; [meat] magro, sin grasa ▪ ~ **years** años de escasez ◇ *s.* CUL carne *f* sin grasa
lean•ing [lē'nĭng] *s.* proclividad *f*, inclinación *f*
lean-to [lēn'tōō'] *s.* cobertizo
leap [lēp] ◇ *intr.* (**-ed** OR **-t**) saltar ▪ **to ~ at the chance** no dejar escapar la oportunidad; (*tr.*) saltar por encima de; [a horse] hacer saltar ◇ *s.* salto, brinco; *fig* paso ▪ **by leaps and bounds** a grandes pasos; ~ **year** año bisiesto
leap•frog ['frôg'] ◇ *s.* pídola ◇ *tr.* (**-gg-**) saltar por encima de
learn [lûrn] *tr.* (**-ed** OR **-t**) aprender; [to find out] saber, enterarse de ▪ **to ~ by heart** aprender de memoria; (*intr.*) aprender; [from mistakes] escarmentar; **to ~ how to** aprender a
learn•ed [lûr'nĭd] *adj.* erudito
learn•er ['nər] *s.* principiante *mf* ▪ **to be a fast ~** aprender rápidamente
learn•ing ['nĭng] *s.* aprendizaje *m*; [knowledge] saber *m*, erudición *f* ▪ ~ **disability** dificultad de aprendizaje
lease [lēs] ◇ *s.* contrato de arrendamiento; [duration] alquiler *m* ▪ **to get a new ~ on life** empezar una nueva vida ◇ *tr.* arrendar, dar en arriendo; [to rent] alquilar
lease•hold ['hōld'] *s.* inquilinato, arrendamiento; [property] propiedad arrendada
lease•hold•er [:hōl'dər] *s.* inquilino, arrendatario
leash [lēsh] ◇ *s.* correa, traílla ◇ *tr.* atraillar; [to control] controlar, dominar
leas•ing [lē'sĭng] *s.* alquiler *m*, arrendamiento; FIN leasing *m*, arrendamiento financiero
least [lēst] ▻ **little** ◇ *adj.* menor; [smallest] mínimo, más pequeño ▪ **that's the ~ of my worries** eso es lo de menos ◇ *adv.* menos ◇ *s.* lo menos ▪ **at ~** [not less than] por lo menos; [in any event] al menos; **at the very ~** como mínimo; **not in the ~** en absoluto, en lo más mínimo; **to say the ~** sin exagerar; *irón* por no decir otra cosa
least•wise ['wīz'] *adv. fam* [anyway] de todas maneras; [at least] por lo menos
leath•er [le*th*'ər] *s.* cuero, piel *f*
leath•er•y ['ə-rē] *adj.* parecido al cuero; [weathered] curtido; [meat] correoso, duro
leave[1] [lēv] *tr.* (**left**) salir de; [to forget] olvidar, dejar; [to let stay, result in] dejar; [to bequeath] dejar, legar; [to entrust] encomendar; [to abandon] dejar, abandonar ▪ **to ~ alone** dejar en paz; **to ~ behind** dejar atrás; [to depart without] irse OR partir sin; **to ~ in the dark** dejar a oscuras; **to ~ out** omitir, excluir; (*intr.*) irse, marcharse; [to depart] salir, partir ▪ **to be left** quedar; **to be left over** quedar, sobrar; **to ~ off** dejar, parar
leave[2] *s.* permiso ▪ **to take (one's) ~ of someone** despedirse de alguien
leav•en [lev'ən] ◇ *s.* levadura; *fig* estímulo, fermento ◇ *tr.* leudar; [to ferment] fermentar
leav•en•ing [:ə-nĭng] *s.* levadura
leaves [lēvz] ▻ **leaf**
leave-tak•ing [lēv'tā'kĭng] *s.* despedida
leav•ing [lē'vĭng] *s.* partida, salida

lech•er [lech'ər] *s.* libertino, lujurioso

lech•er•ous [:əs] *adj.* libertino, lujurioso

lech•er•y [lech'ə-rē] *s.* libertinaje *m*, lujuria

lec•tern [lek'tərn] *s.* atril *m*, facistol *m*

lec•tor [:tər] *s.* lector *m*

lec•ture [:chər] ◇ *s.* conferencia; [class] curso, clase *f*; [reprimand] reprimenda, sermón *m* ◇ *intr.* dictar conferencia; (*tr.*) dar una conferencia a; [to scold] reprender, sermonear

lec•tur•er [:ər] *s.* conferenciante *mf*, conferencista *mf*

led [led] ▻ **lead**[1]

ledge [lej] *s.* [of a wall] repisa, anaquel *m*; [on a cliff] reborde *m*, saliente *m*; [in the ocean] banco de arrecifes

ledg•er [lej'ər] *s.* libro mayor

lee [lē] *s.* MARÍT sotavento; *fig* abrigo

leech [lēch] ◇ *s.* sanguijuela; *fig* parásito, vividor *m* ◇ *intr.* ▪ **to ~ off someone** pegarse a alguien como parásito

leek [lēk] *s.* puerro

leer [lîr] ◇ *intr.* mirar de reojo ◇ *s.* mirada de reojo

leer•y [:ē] *adj.* (**-i-**) suspicaz, cauteloso

lees [lēz] *s. pl.* sedimento de un líquido

lee•ward [lē'wərd] *adj.* & *s.* (de) sotavento

lee•way [lē'wā'] *s.* [drift] deriva; *fig* [margin] margen *m*; [latitude] campo, libertad *f*

left[1] [left] ◇ *adj.* izquierdo ◇ *s.* izquierda ◇ *adv.* a OR hacia la izquierda

left[2] ▻ **leave**[1]

left-hand ['hănd'] *adj.* [on the left] a OR de la izquierda; [left-handed] para zurdos

left-hand•ed [:hăn'dĭd] ◇ *adj.* [person] zurdo; [utensil] para zurdos; [compliment] de doble filo ◇ *adv.* con la mano izquierda

left•ist [lef'tĭst] *s.* & *adj.* POL izquierdista *mf*

left•o•ver [left'ō'vər] ◇ *adj.* sobrante, restante ◇ *s. pl.* sobras, restos; CUL plato hecho de restos de comida

left-wing [:wĭng'] *adj.* izquierdista

left-wing•er [left'wĭng'ər] *s.* izquierdista *mf*

left•y [lef'tē] *s. jer* zurdo

leg [leg] *s.* pierna; [of an animal] pata; [of furniture] pata, pie *m*; [of pants] pierna, pernera; [in a journey] etapa; [in races] tramo, trecho ▪ **not to have a ~ to stand on** *fam* carecer de una razón válida; **on its last legs** *fam* sin recursos, en las últimas; **to pull someone's ~** *fam* tomarle el pelo a alguien; **to shake a ~** *fam* apresurarse, darse prisa; **to stretch one's legs** [to stretch] estirar las piernas; [to take a walk] dar un paseo

leg•a•cy [leg'ə-sē] *s.* herencia

le•gal [lē'gəl] *adj.* legal; [relating to the law] jurídico; [statutory] legítimo ▪ **~ consultancy** consultoría jurídica; **~ tender** moneda de curso legal; **of ~ age** mayor de edad

le•gal•ese [lē'gə-lēz'] *s.* vocabulario legal

le•gal•is•tic ['-lĭs'tĭk] *adj.* legalista

le•gal•i•ty [lē-găl'ĭ-tē] ◇ *s.* legalidad *f* ◇ *pl.* trámites jurídicos

le•gal•ize [lē'gə-līz'] *tr.* legalizar, legitimar

leg•ate [leg'ĭt] *s.* legado (enviado papal)

le•ga•tion [lĭ-gā'shən] *s.* legación *f*

leg•end [lej'ənd] *s.* leyenda; [person] mito; [caption] pie *m*

leg•en•dar•y [:ən-der'ē] *adj.* legendario

leg•gings [leg'ĭngz] *s. pl.* polainas

leg•gy [:ē] *adj.* (**-i-**) de piernas largas

leg•i•bil•i•ty [lej'ə-bĭl'ĭ-tē] *s.* legibilidad *f*

leg•i•ble ['bəl] *adj.* legible

le•gion [lē'jən] *s.* legión *f*

le•gion•ar•y [lē'jə-ner'ē] *adj.* & *s.* legionario

le•gion•naire ['-nâr'] *s.* legionario

leg•is•late [lej'ĭ-slāt'] *intr.* legislar; (*tr.*) disponer OR establecer por ley

leg•is•la•tion ['-slā'shən] *s.* legislación *f*

leg•is•la•tive ['-'tĭv] *adj.* legislativo

leg•is•la•tor [:tər] *s.* legislador *m*

leg•is•la•ture [:chər] *s.* legislatura

le•git [lə-jĭt'] *adj. jer* legítimo

le•git•i•ma•cy [:ə-mə-sē] *s.* legitimidad *f*

le•git•i•mate [:mĭt] *adj.* [lawful] lícito; [reasonable] válido; [authentic] legítimo, auténtico; [child] legítimo

le•git•i•mize [:mīz'] *tr.* legitimar

leg•work [leg'wûrk'] *s. fam* trabajo que requiere caminar mucho

lei•sure [lē'zhər, lezh'ər] *s.* ocio ▪ **at one's ~** cuando uno tenga tiempo; **~ time** tiempo libre

lei•sure•ly [:lē] *adj.* & *adv.* sin prisa

lem•ming [lem'ĭng] *s.* lemming *m*

lem•on [lem'ən] ◇ *s.* limón *m*; *fam* [car] cacharro ▪ **~ tree** limonero ◇ *adj.* limonado

lem•on•ade ['ə-nād'] *s.* limonada

lend [lend] *tr.* (**lent**) prestar; [to impart] dar, impartir ▪ **to ~ itself to** prestarse a; **to ~ a hand** ayudar; (*intr.*) hacer préstamos

lend•er [len'dər] *s.* prestador *m*; COM prestamista *mf*

length [lengkth] *s.* largo, longitud *f*; [quality] largura, extensión *f*; [piece] pedazo, tramo; [in a race] cuerpo; [of swimming pool] largo; [duration] duración *f* ▪ **at ~** [eventually] por fin; [fully] por extenso, detenidamente; **to go to great lengths** hacer todo lo posible; **to keep somebody at arm's ~** mantener a alguien a distancia

length•en [lengk'thən] *tr.* & *intr.* alargar(se), estirar(se); [time] prolongar(se)

length•wise [lengkth'wīz'] *adj.* & *adv.* longitudinal(mente)

length•y [lengk'thē] *adj.* (**-i-**) prolongado; [long] largo

le•nience/•cy [lēn'yəns] *s.* indulgencia

le•nient [:yənt] *adj.* indulgente

lens [lenz] *s.* lente *f*

lent [lent] ▻ **lend**

len•til [len'təl] *s.* lenteja

leop•ard [lep'ərd] *s.* leopardo

le•o•tard [lē'ə-tärd'] *s.* malla (de bailarines)

lep•er [lep'ər] *s.* leproso

lep•re•chaun [lep'rĭ-kŏn'] *s.* duende *m*

lep•ro•sy [lep'rə-sē] *s.* lepra

les•bi•an [lez'bē-ən] *s.* lesbiana

le•sion [lē'zhən] *s.* lesión *f*

less [les] ▻ **little** ◇ *adj.* menos; [not as great] menor ▪ **in ~ than no time** en un abrir y cerrar de ojos; **~ than** menos de (lo que); **no ~ than** [as much as] nada menos que; [at least] por lo menos; **nothing ~ than** nada menos que ◇ *prep.* menos ◇ *adv.* menos ▪ **~ and ~** cada vez menos; **~ than** [not at all] nada; **you are being ~ than honest** no estás siendo nada honesto; [far from] ni mucho menos; **much ~** mucho menos ◇ *s.* menos *m*

les•see [le-sē'] *s.* locatario, arrendatario

less•en [les'ən] *tr.* & *intr.* disminuir

less•er [:ər] *adj.* menor; [smaller] más pequeño

les•son [les'ən] *s.* lección *f* ■ **to learn one's ~** escarmentar; **to take lessons** tomar clases
les•sor [les'ôr'] *s.* locador *m*, arrendador *m*
lest [lest] *conj.* para (que) no
let[1] [let] ◇ *tr.* (**let, -tting**) permitir; [to allow] dejar; **~ the water run** deja correr el agua; [to rent] alquilar; [to lease] arrendar ■ **to ~ by** OR **through** dejar pasar; **to ~ down** bajar; [to lengthen] alargar; [hair] dejar caer; [to disappoint] defraudar, fallar; **to ~ go** [to fire] despedir; [to set free] dejar en libertad; [to release] soltar; **to ~ in** dejar entrar; **to ~ it go at that** dejarlo así; **to ~ know** avisar, dar a conocer; **to ~ off** [steam] dejar salir; [to exempt] eximir, dispensar de; [to forgive] perdonar; **to ~ oneself go** [to enjoy] soltarse, desatarse; [to neglect] descuidarse; **to ~ out** dejar salir; [to set free] poner en libertad; [garments] ensanchar, extender; [to divulge] divulgar; [scream] pegar, dar; [to rent] alquilar; (*intr.*) [to be rented] alquilarse; [to be leased] arrendarse ■ **to ~ on** [to divulge] admitir, revelar el secreto; [to pretend] fingir; **to ~ up** *fam* [to cease] cesar; [to slacken] aflojarse, disminuirse; (*aux.*) ■ **~ us pray** oremos; **let's see** veamos; **~ x equal y** supongamos que x es igual a y ◇ *conj.* ■ **~ alone** y mucho menos
let[2] *s.* obstáculo; [in tennis] let *m*
let•down ['doun'] *s.* disminución *f*; [disappointment] decepción *f*, desilusión *f*
le•thal [lē'thəl] *adj.* letal, mortífero
le•thar•gic [lə-thär'jĭk] *adj.* letárgico
leth•ar•gy [leth'ər-jē] *s.* letargo
let•ter [let'ər] ◇ *s.* [of alphabet] letra; [note] carta ■ **capital ~** mayúscula; **~ bomb** carta bomba; **~ opener** abrecartas; **small ~** minúscula; **to the ~** al pie de la letra ◇ *pl.* letras, erudición ◇ *tr.* inscribir letras en
let•ter•box [:bŏks'] *s.* buzón *m*
let•ter•head [let'ər-hed'] *s.* [heading] membrete *m*; [stationery] papel membretado
let•ter•ing [:ĭng] *s.* rotulado, rótulo
let•ter-per•fect ['-pûr'fĭkt] *adj.* preciso
let•tuce [let'əs] *s.* lechuga
let•up [let'ŭp'] *s.* disminución *f*; [pause] pausa, interrupción *f*
leu•ke•mi•a [lo͞o-kē'mē-ə] *s.* leucemia
lev•ee [lev'ē] *s.* [on a river] ribero, dique *m*; [pier] muelle *m* fluvial
lev•el [lev'əl] ◇ *s.* nivel *m*; [height] altura; [flatland] llano, llanura; [rank] posición *f*, categoría ■ **at ground ~** a ras de tierra; **on the ~** *fig* honesto, limpio ◇ *adj.* plano, llano; [horizontal] horizontal, a nivel; [even] parejo, igual; [steady] uniforme; [rational] equilibrado; CUL [teaspoon, tablespoon] al ras, raso ■ **to do one's ~ best** *fam* hacer todo lo posible ◇ *tr.* nivelar; [to make flat] allanar, aplanar; [to make uniform] emparejar, igualar; [to raze] arrasar, echar por tierra; [gun] apuntar; **to ~ a gun at someone** apuntar a alguien con una pistola; [accusation] dirigir ■ **to ~ off** nivelar; (*intr.*) nivelarse, igualarse ■ **to ~ off** estabilizarse
lev•el•head•ed [:hed'ĭd] *adj.* equilibrado
lev•er [lev'ər, lē'vər] ◇ *s.* palanca ◇ *tr.* apalancar
lev•er•age [:ĭj] *s.* apalancamiento; [power] fuerza de una palanca; *fig* poder *m*, influencia; FIN apalancamiento
le•vi•a•than [lə-vī'ə-thən] *s.* gigante *m*
lev•i•tate [lev'ĭ-tāt'] *tr.* & *intr.* (hacer) levitar
lev•i•ta•tion ['-tā'shən] *s.* levitación *f*
lev•y [lev'ē] ◇ *tr.* [to impose] exigir, imponer; [to collect] recaudar; [to draft] levar, reclutar; [a war] hacer ◇ *s.* [imposition] exacción *f*, imposición *f*; [collection] recaudación *f*; [draft] leva, reclutamiento; [tax] impuesto; [surcharge] sobretasa
lewd [lo͞od] *adj.* [lustful] lujurioso, lascivo; [obscene] obsceno, indecente
lewd•ness ['nĭs] *s.* lujuria, lascivia
lex•i•cal [lek'sĭ-kəl] *adj.* léxico
lex•i•cog•ra•pher ['-kŏg'rə-fər] *s.* lexicógrafo
lex•i•cog•ra•phy [:fē] *s.* lexicografía
lex•i•con [lek'sĭ-kŏn'] *s.* lexicón *m*, diccionario; [vocabulary] léxico, vocabulario
li•a•bil•i•ty [lī'ə-bĭl'ĭ-tē] ◇ *s.* responsabilidad *f*; [to prosecution] sujeción *f*; [debt] deuda; [hindrance] desventaja, inconveniente *m*; [tendency] susceptibilidad *f* ■ **~ insurance** seguro de responsabilidad civil ◇ *pl.* COM pasivo
li•a•ble [lī'ə-bəl] *adj.* responsable; [obligated] obligado; [subject] sujeto; [tending to] susceptible; [likely] probable
li•ai•son [lē'ā-zŏn', lē-ā'-] *s.* enlace *m*; [love affair] romance *m*
li•ar [lī'ər] *s.* mentiroso
li•ba•tion [lī-bā'shən] *s.* libación *f*; [beverage] bebida
li•bel [lī'bəl] ◇ *s.* libelo, difamación *f* ◇ *tr.* difamar
li•bel•er [lī'bə-lər] *s.* libelista *mf*, difamador *m*
li•bel•ous [:ləs] *adj.* difamatorio
lib•er•al [lĭb'ər-əl] ◇ *adj.* liberal; [tolerant] tolerante; [generous] generoso; [abundant] abundante, amplio; [not literal] libre ■ **~ arts** artes liberales, humanidades ◇ *s.* liberal *mf*
lib•er•al•ize ['ər-ə-līz'] *tr.* & *intr.* liberalizar(se)
lib•er•ate [:ə-rāt'] *tr.* liberar, libertar
lib•er•a•tion ['-rā'shən] *s.* liberación *f*
lib•er•a•tor ['-'tər] *s.* liberador *m*
lib•er•tar•i•an [lĭb'ər-târ'ē-ən] *s.* libertario
lib•er•tine [lĭb'ər-tēn'] *s.* & *adj.* libertino
lib•er•ty [lĭb'ər-tē] *s.* libertad *f*; MARÍT permiso, licencia ■ **at ~** libre, en libertad
li•bid•i•nous [lĭ-bĭd'n-əs] *adj.* libidinoso
li•brar•i•an [lī-brâr'ē-ən] *s.* bibliotecario
li•brar•y [lī'brer'ē] *s.* biblioteca
li•bret•to [lĭ-bret'ō] *s.* (*pl* **s** OR **-ti**) libreto
lice [līs] ▻ **louse**
li•cense [lī'səns] ◇ *s.* licencia, permiso; [card] carnet *m*; [latitude, freedom] libertad *f* ■ **~ plate** patente, placa (de matrícula) ◇ *tr.* licenciar, autorizar; [to accredit] acreditar
li•cens•er [lī'sən-sər] *s.* expedidor *m* de una licencia
li•cen•tious [:shəs] *adj.* licencioso
li•chen [lī'kən] *s.* liquen *m*
lic•it [lĭs'ĭt] *adj.* lícito
lick [lĭk] ◇ *tr.* lamer; [to beat] cascar, zurrar; [to defeat] vencer; [to overcome] superar ■ **to ~ someone's boots** adular servilmente a alguien; (*intr.*) lamer ◇ *s.* lametazo; [little bit] pizca, ápice *m*; [salt] salegar *m*; [blow] golpe *m*
lick•e•ty-split [lĭk'ĭ-tē-splĭt'] *adv.* *fam* rapidísimamente, a gran velocidad
lick•ing [lĭk'ĭng] *s.* *jer* [beating] paliza; [defeat] derrota
lic•o•rice [lĭk'ər-ĭs, :ĭsh] *s.* regaliz *m*
lid [lĭd] *s.* tapa; [eyelid] pestaña ■ **to blow the ~ off** *fam*

descubrir, revelar; **to flip one's ~** *jer* pegar el grito en el cielo; **to put the ~ on** *fam* poner frenos a

lie[1] [lī] ◇ *intr.* (**lay, lain, lying**) [to recline] tenderse, acostarse; [to be stretched out] estar tendido, yacer; [to remain] quedarse; [to be situated] estar situado; [to be buried] estar enterrado; [to be admissible] ser admisible; *fig* [to consist] radicar, residir (**in** en) ▪ **to ~ back** inclinarse hacia atrás; **to ~ low** *fam* esconderse, ocultarse; **to take (something) lying down** *fam* aceptar (algo) sin protestar ◇ *s.* posición *f*

lie[2] ◇ *s.* mentira, embuste *m* ▪ **~ detector** (aparato) detector de mentiras; **to give the ~ to** desmentir ◇ *intr.* (**lying**) mentir

lien [lēn, lē'ən] *s.* derecho de retención

lieu [lo͞o] *s.* ▪ **in ~ of** en lugar de, en vez de

lieu•ten•ant [lo͞o-ten'ənt] *s.* MIL teniente *m*; MARÍT alférez *m* de navío; [deputy] lugarteniente *m* ▪ **~ commander** capitán de corbeta; **~ governor** vicegobernador

life [līf] *s.* (*pl* **-ves**) vida; [usefulness] duración *f*; [activity] animación *f*; [imprisonment] cadena perpetua ▪ **for dear ~** OR **for one's ~** desesperadamente; **in later ~** en los últimos años de su vida; **~ jacket** chaleco salvavidas; **~ of the party** alma de la fiesta; **~ preserver** salvavidas *m inv*; **not on your ~!** ¡de ninguna manera!; **that's ~!** ¡así es la vida!; **to bring back to ~** reanimar, resucitar; **to have the time of one's ~** divertirse mucho; **to take one's own ~** suicidarse; **true to ~** verosímil

life•blood ['blŭd'] *s.* sangre *f*; *fig* alma, parte *f* vital

life•boat [:bōt'] *s.* bote *m* salvavidas

life•guard [:gärd'] *s.* bañero, salvavidas *mf*

life•less [:lĭs] *adj.* inanimado; [dead] muerto; [dull] sin vida

life•like [:līk'] *adj.* que parece vivo; [natural] natural

life•long [:lông'] *adj.* de toda la vida

lif•er [lī'fər] *s. jer* presidiario condenado a prisión perpetua

life•sav•er [līf'sā'vər] *s.* [life preserver] salvavidas *m*; *fig* salvación *f*

life•sav•ing [:sā'vĭng] ◇ *s.* salvamento, socorrismo ◇ *adj.* de salvamento

life-size(d) [:sīz[d]'] *adj.* de tamaño natural

life•style [:stīl'] *s.* estilo de vida

life-sup•port system [:sə-pôrt'] *s.* sistema *m* de respiración asistida

life•time [:tīm'] *s.* vida

life•work [:wûrk'] *s.* obra principal de la vida

lift [lĭft] ◇ *tr.* alzar, levantar; [to hoist] elevar, izar; [to revoke] revocar; [to steal] escamotear, birlar; [to plagiarize] plagiar; (*intr.*) levantarse, ascender; [fog] disiparse ▪ **to ~ off** AER despegar ◇ *s.* alzamiento, levantamiento; [load] carga; [elevation] elevación *f*; [elation] exaltación *f*; AER fuerza ascensional; MEC gato; GB ascensor *m* ▪ **to give someone a ~** llevar a alguien (en un vehículo); [to cheer up] levantarle a alguien el ánimo

lift•off ['ôf'] *s.* despegue *m*

lig•a•ment [lĭg'ə-mənt] *s.* ligamento

lig•a•ture [lĭg'ə-cho͝or'] *s.* ligadura

light[1] [līt] ◇ *s.* luz *f*; [flame] fuego; [viewpoint] punto de vista; [luminary] lumbrera, eminencia; [gleam] brillo ▪ **in ~ of** en vista de, considerando; **~ bulb** bombilla; **~ meter** fotómetro; **~ pen** lápiz óptico; **to bring to ~** sacar a luz, revelar; **to shed** OR **throw ~ on** aclarar; **to come to ~** salir a la luz; **to give the green ~** dar luz verde; **to see the ~** comprender, darse cuenta ◇ *pl. fig* [opinions] luces, conocimientos ◇ *tr.* (**-ed** OR **lit**) encender; [to illuminate] alumbrar, iluminar ▪ **to ~ up** iluminar; [cigarette] encender; (*intr.*) encenderse; **to ~ up** iluminarse ◇ *adj.* [colors] claro; [complexion] blanco; [hair] rubio; [bright] bien iluminado

light[2] ◇ *adj.* [not heavy] ligero, liviano; [not forceful] suave, leve; [rain] fino; [food] ligero; [faint] débil; [frivolous] superficial; [happy] alegre ▪ **~ in the head** mareado; **to make ~ of** no tomar en serio ◇ *adv.* ligeramente ▪ **to travel ~** viajar con poco equipaje ◇ *intr.* (**-ed** OR **lit**) [to dismount] apearse, desmontar; [to alight] posarse ▪ **to ~ into** atacar; **to ~ (up)on** [to land on] posarse en; [to come across] tropezar con; **to ~ out** *fam* largarse

light•en[1] [līt'n] *tr.* & *intr.* iluminar(se), aclarar(se)

light•en[2] *tr.* & *intr.* [to become less heavy] aligerar(se); [to relieve] aliviar(se); [to gladden] alegrar(se)

light•er[1] [lī'tər] *s.* encendedor *m*

light•er[2] *s.* MARÍT barcaza, gabarra

light-fin•gered [līt'fĭng'gərd] *adj.* listo de manos, ligero de dedos

light•head•ed ['hed'ĭd] *adj.* [dizzy] mareado; [frivolous] frívolo, ligero de cascos

light•heart•ed ['här'tĭd] *adj.* despreocupado

light•house [:hous'] *s.* faro

light•ing [lī'tĭng] *s.* iluminación *f*, alumbrado

light•ly [līt'lē] *adv.* ligeramente; [superficially] levemente; [nimbly] ágilmente; [blithely] despreocupadamente; [indifferently] a la ligera ▪ **to let off ~** dar un castigo leve a; **to take ~** no dar importancia a

light•ness[1] [līt'nĭs] *s.* luminosidad *f*, claridad *f*

light•ness[2] *s.* ligereza; [agility] agilidad *f*, gracia; [blitheness] despreocupación *f*

light•ning [līt'nĭng] ◇ *s.* rayo, relámpago ◇ *intr.* descargar un rayo OR relámpago ◇ *adj.* [quick] relámpago ▪ **~ bug** luciérnaga; **~ rod** pararrayos

light•weight [:wāt'] *s.* persona de poco peso; [boxer] peso ligero; *fam* pelele *m*

light-year, light year [:yîr'] *s.* año luz

lik•a•ble [lī'kə-bəl] *adj.* agradable, grato

like[1] [līk] ◇ *tr.* gustar; **I ~ the movies** me gusta el cine; [to want] desear, querer; (*intr.*) querer ▪ **as you ~** como usted quiera ◇ *s.* gusto

like[2] ◇ *prep.* como; [typical of] típico, propio (de); [such as] (tal) como ▪ **~ this** OR **that** así; **something ~** algo así como; **that's more ~ it!** ¡eso es mucho mejor! ◇ *adj.* similar, parecido ◇ *s.* semejante *mf*, igual *mf* ▪ **and the ~** *fam* y cosas por el estilo; **the likes of** personas corno ◇ *conj.* como

like•li•hood ['lē-ho͝od'] *s.* probabilidad *f*

like•ly [:lē] ◇ *adj.* (**-i-**) probable; [plausible] verosímil; [promising] prometedor ▪ **that's a ~ story!** ¡vaya cuento! ◇ *adv.* probablemente

like-mind•ed [:mīn'dĭd] *adj.* del mismo parecer

lik•en [lī'kən] *tr.* comparar

like•ness [līk'nĭs] *s.* semejanza; [appearance] apariencia; [representation] retrato, imagen *f*

like•wise [:wīz'] *adv.* del mismo modo, lo mismo; [also] además

lik•ing [lī'kĭng] *s.* afición *f*; [taste] gusto ▪ **to take a ~ to** [something] aficionarse a; [someone] coger OR tener simpatía a

li•lac [lī'lək, lī'lăk'] *s.* & *adj.* (de color) lila

lilt [lĭlt] ◇ *s.* canción *f* alegre; [cadence] ritmo; [accent] deje *m* ◇ *tr.* cantar alegremente

lil•y [lĭl'ē] *s.* lirio ■ ~ **of the valley** muguete; ~ **pad** hoja de nenúfar

lil•y-liv•ered ['-lĭv'ərd] *adj.* cobarde, tímido

lil•y-white ['-hwīt'] *adj.* blanco como la nieve; [irreproachable] intachable

li•ma bean [lī'mə] *s.* frijol *m*, haba

limb [lĭm] *s.* BOT rama; ANAT miembro, extremidad *f* ■ **out on a** ~ *fam* en una situación precaria; **to tear** ~ **from** ~ despedazar

lim•ber [lĭm'bər] ◇ *adj.* flexible; [agile] ágil ◇ *intr.* ■ **to** ~ **up** prepararse haciendo ejercicios

lim•bo [lĭm'bō] *s.* nada ■ **Limbo** TEO limbo

lime¹ [līm] *s.* [tree, fruit] lima

lime² ◇ *s.* cal *f*; [birdlime] liga ◇ *tr.* [wall, surface] encalar; [soil] abonar con cal

lime•light ['līt'] *s.* luz *f* de calcio; *fig* centro de atención

lim•er•ick [lĭm'ər-ĭk] *s.* poema humorístico

lime•stone [līm'stōn'] *s.* (piedra) caliza

lim•it [lĭm'ĭt] ◇ *s.* límite *m*; [maximum] máximo ■ **the sky's the** ~ *fam* todo es posible ◇ *pl.* límites, confines ■ **within** ~ hasta cierto punto ◇ *tr.* limitar

lim•i•ta•tion ['ĭ-tā'shən] ◇ *s.* limitación *f*, restricción *f* ◇ *pl.* restricciones; [shortcomings] deficiencias

lim•it•ed ['-tĭd] ◇ *adj.* limitado, reducido; [qualified] módico ■ **for a** ~ **time only** por corto plazo solamente; ~ **company** COM sociedad anónima; **of** ~ **means** corto de recursos ◇ *s.* (tren) expreso

lim•it•ing [:tĭng] *adj.* limitativo

lim•it•less [lĭm'ĭt-lĭs] *adj.* ilimitado, sin límites

lim•o [lĭm'ō] *s.* limosina

lim•ou•sine [lĭm'ə-zēn'] *s.* limosina

limp [lĭmp] ◇ *intr.* cojear ◇ *s.* cojera ◇ *adj.* fláccido; [hanging] caído; [hair] lacio; [weak] débil

linch•pin [lĭnch'pĭn'] *s.* [pin] pezonera; [essential] parte *f* esencial

lin•den [lĭn'dən] *s.* tilo

line¹ [līn] ◇ *s.* línea; [mark] raya; [wrinkle] arruga; [boundary] frontera, límite *m*; [wire] cable *m*; [rope] cabo; [cord] cordón *m*, cordel *m*; [fishing] sedal *m*; [transportation] línea; [company] compañía; [trajectory] trayectoria; [method] linea, curso; [occupation] ocupación *f*; [specialty] especialidad *f*, rama; [merchandise] surtido; [row] hilera, fila; [queue] cola; [verse] verso; [brief letter] letras, líneas ■ **along the lines of** algo como; **in** ~ **with** de acuerdo con; **down the** ~ en el futuro; ~ **of work** ocupación; **on the** ~ en el teléfono; [in jeopardy] en peligro; **the end of the** ~ *fig* el final, el fin; **to be in** ~ **for** ser candidato para; **to be out of** ~ comportarse incorrectamente; **to draw the** ~ fijar límites; **to drop someone a** ~ ponerle a alguien unas letras; **to feed, give** OR **hand someone a** ~ embaucar a alguien; **to hold the** ~ **on** restringir; **to lay it on the** ~ hablar con franqueza; **to step out of** ~ salirse de lo que está establecido; **to toe the** ~ conformarse ◇ *tr.* rayar, trazar líneas en ■ **to** ~ **up** poner en fila; (*intr.*) ■ **to** ~ **up** hacer cola

line² *tr.* [to put lining in] forrar; [to cover] cubrir; TEC revestir; [brakes] guarnecer ■ **to** ~ **one's pockets** enriquecerse

lin•e•age [lĭn'ē-ĭj] *s.* linaje *m*, estirpe *m*

lin•e•ar [:ər] *adj.* lineal ■ ~ **measure** medida de longitud

lined [līnd] *adj.* [ruled] rayado; [with a lining] forrado

lin•en [lĭn'ən] ◇ *s.* lino, hilo; [goods] lencería; [for bed] ropa de cama ◇ *adj.* de lino OR hilo

lin•er¹ [lī'nər] *s.* transatlántico; AVIA avión *m* de línea OR travesía

lin•er² *s.* [lining] forro, revestimiento

lines•man [līnz'mən] *s.* (*pl* **-men**) ELEC guardalínea *m*; DEP juez *m* de línea

line•up, line-up [līn'ŭp'] *s.* CRIMIN rueda de identificación; DEP alineación *f*

lin•ger [lĭng'gər] *intr.* quedarse; [to lag behind] quedarse atrás; [before dying] durar; [to persist] persistir, subsistir

lin•ge•rie [län'zhə-rē', :rā'] *s.* lencería, ropa interior (de mujer)

lin•ger•ing [lĭng'gər-ĭng] *adj.* persistente

lin•go [lĭng'gō] *s.* (*pl* **es**) *fam* [jargon] jerigonza; [language] lengua

lin•guist [:gwĭst] *s.* polígloto; [specialist] lingüista *mf*

lin•guis•tic [-gwĭs'tĭk] *adj.* lingüístico ■ **linguistics** (*s.sg.*) lingüística

lin•i•ment [lĭn'ə-mənt] *s.* linimento, untura

lin•ing [lī'nĭng] *s.* forro

link [lĭngk] ◇ *s.* eslabón *m*; [element] enlace *m*; [connection] unión *f*, conexión *f*; [bond] vínculo, lazo; COMPUT enlace *m*, vínculo ■ **weak** ~ punto débil ◇ *tr.* & *intr.* [to unite] unir(se), enlazar(se); [to connect] eslabonar(se), conectar(se)

link•age [lĭng'kĭj] *s.* eslabonamiento; [bond] unión *f*, enlace *m*

linked [lĭngkt] *adj.* conectado, enlazado; [united] vinculado; [combined] ligado

links [lĭngks] *s. pl.* campo de golf (cerca del mar)

li•no•le•um [lĭ-nō'lē-əm] *s.* linóleo

lint [lĭnt] *s.* pelusa, tamo; MED hilas

lin•tel [lĭn'tl] *s.* dintel *m*, lintel *m*

li•on [lī'ən] *s.* león *m*; [celebrity] celebridad *f* ■ **the** ~**'s share** la mejor parte

li•on•ess [lī'ə-nĭs] *s.* leona

li•on•heart•ed [lī'ən-här'tĭd] *adj.* muy valiente

li•on•ize [lī'ə-nīz'] *tr.* agasajar

lip [lĭp] *s.* labio; [edge] reborde *m*; [of jug] pico; *jer* [cheek] insolencia, impertinencia ■ **to keep a stiff upper** ~ poner al mal tiempo buena cara; **to lick one's lips** *fig* relamerse; **to pay** ~ **service to** fingir estar de acuerdo con; **to smack one's lips** hacer un chasquido con los labios

li•po•suction [lī'pə-sŭk'shən] *s.* liposucción *f*

lip-read [lĭp'rēd'] *intr.* (**-read**) leer los labios

lip•stick [:stĭk'] *s.* lápiz *m* labial

liq•ue•fy ['-fī'] *tr.* & *intr.* licuar(se)

li•queur [lĭ-kûr'] *s.* licor *m*

liq•uid [lĭk'wĭd] ◇ *s.* líquido ◇ *adj.* líquido; [clear] claro, transparente; [flowing] límpido ■ ~ **assets** activo (líquido)

liq•ui•date [:wĭ-dāt'] *tr.* liquidar; [assets] convertir en efectivo; *fam* [to murder] asesinar

liq•ui•da•tion ['-dā'shən] *s.* liquidación *f*

liq•uid•i•ty [lĭ-kwĭd'ĭ-tē] *s.* liquidez *f*

liq•ui•fy [lĭk'wə-fī'] = **liquefy**

liq•uor [lĭk'ər] *s.* licor *m*

lisp [lĭsp] ◇ *s.* ceceo ◇ *intr.* cecear

lis•some [lĭs'əm] *adj.* flexible; [willowy] elástico; [nimble] ágil
list[1] [lĭst] <> *s.* lista <> *tr.* hacer una lista de, enumerar; [to register] poner en una lista; COMPUT listar
list[2] MARÍT <> *s.* escora <> *intr.* escorar
lis•ten [lĭs'ən] *intr.* escuchar; [to heed advice] prestar atención ■ **to ~ to** escuchar; **to ~ up** escuchar bien
lis•ten•er [:ə-nər] *s.* oyente *mf*
list•ing [lĭs'tĭng] *s.* alistamiento; [list entry] listado; [list] lista
list•less [lĭst'lĭs] *adj.* apático
lit [lĭt] ▻ **light**[1], **light**[2]
lit•a•ny [lĭt'n-ē] *s.* letanía
li•ter [lē'tər] *s.* litro
lit•er•a•cy [lĭt'ər-ə-sē] *s.* alfabetismo
lit•er•al [lĭt'ər-əl] *adj.* literal; [true] escueto, llano; [by letters] alfabético
lit•er•ar•y [lĭt'ə-rer'ē] *adj.* literario
lit•er•ate [:ər-ĭt] *adj.* que sabe leer y escribir; [educated] letrado, instruido; [literary] literato
lit•er•a•ture [:ə-chŏŏr'] *s.* literatura; [printed material] folletos, impresos
lithe [līth] *adj.* flexible, elástico
lith•i•um [lĭth'ē-əm] *s.* litio
lith•o•graph [lĭth'ə-grăf'] *s.* litografía
li•thog•ra•phy [:fē] *s.* litografía
lit•i•gant [lĭt'ĭ-gənt] *s.* & *adj.* litigante *mf*
lit•i•gate [:gāt'] *tr.* & *intr.* litigar, pleitear
lit•i•ga•tion ['-gā'shən] *s.* litigio
li•ti•gious [lĭ-tĭj'əs] *adj.* litigioso
lit•mus [lĭt'məs] *s.* tornasol *m* ■ **~ test** prueba de acidez; *fig* prueba determinante
li•tre [lē'tər] GB = **liter**
lit•ter [lĭt'ər] <> *s.* [trash] basura; [conveyance] litera; [stretcher] camilla; [animal bedding] lecho de paja; [animal's young] camada, cría <> *tr.* [with trash] tirar basura en; [to cover] estar esparcido por; [to scatter] esparcir; (*intr.*) tirar basura
lit•ter•bug [:bŭg'] *s. fam* persona que arroja basura en lugares públicos
lit•tle [lĭt'l] <> *adj.* (**-er** OR **less**, **-est** OR **least**) [small] pequeño; [short] bajo; [brief] breve; [not much] poco; [petty] estrecho ■ **~ ones** niños, gente menuda <> *adv.* (**less**, **least**) [not much] poco; [not at all] no; **~ did I know that** no me imaginé que; [somewhat] un poco, algo; **she's a ~ better** está algo mejor ■ **~ by ~** poco a poco <> *s.* poco; [short time] momento
lit•ur•gy [lĭt'ər-jē] *s.* liturgia
live[1] [lĭv] *intr.* vivir ■ **to ~ and learn** vivir para ver; **to ~ in** vivir donde se trabaja; **to ~ on** vivir, perdurar; (*tr.*) vivir, llevar ■ **to ~ down** lograr borrar de la memoria; **to ~ it up** *fam* correr las grandes juergas, vivir la vida; **to ~ off** [someone] vivir a expensas de; [the land] vivir de; **to ~ through** sobrevivir; **to ~ up to** [to conform with] estar a la altura de; [to fulfill] cumplir; **to ~ with** tolerar, aceptar
live[2] [līv] <> *adj.* vivo; [of interest] actual; [burning] encendido; ARM sin estallar; RAD & TELEV en directo ■ **~ wire** ELEC cable con corriente; *fig* persona vivaz y activa <> *adv.* en directo
liv(e)•a•ble [lĭv'ə-bəl] *adj.* habitable; [bearable] soportable, tolerable
live-in [lĭv'ĭn'] *adj.* residente, con cama
live•li•hood [līv'lē-hŏŏd'] *s.* sustento
live•li•ness [:nĭs] *s.* vida, animación *f*
live•long [lĭv'lông'] *adj.* entero, completo ■ **all the ~ day** todo el santo día
live•ly [līv'lē] *adj.* (**-i-**) lleno de vida, vivaz; [spirited] alegre; [animated] animado; [keen] vivo, grande; [vivid] vivo
li•ven [lī'vən] *tr.* & *intr.* animar(se)
liv•er[1] [lĭv'ər] *s.* ANAT & CUL hígado
liv•er[2] *s.* ■ **fast ~** juerguista *mf*
liv•er•wurst [:wûrst'] *s.* salchicha de hígado
liv•er•y [lĭv'ə-rē] *s.* [uniform] librea; [stable] caballeriza de alquiler
lives [līvz] ▻ **life**
live•stock [līv'stŏk'] *s.* ganado
liv•id [lĭv'ĭd] *adj.* lívido; [pale] pálido; [furious] furioso
liv•ing [lĭv'ĭng] <> *adj.* vivo; [extant] viviente, contemporáneo; [vivid] lleno de vida, vívido ■ **~ expenses** gastos de manutención; **~ quarters** vivienda, alojamiento; **~ room** sala de estar; **~ wage** salario vital <> *s.* vida ■ **to earn** OR **to make a ~** ganarse la vida
liz•ard [lĭz'ərd] *s.* lagarto, lagartija
lla•ma [lä'mə] *s.* llama
load [lōd] <> *s.* [weight] peso; [cargo] carga, cargamento; [burden] peso ■ **get a ~ of this!** *jer* ¡fíjate!, ¡mira esto!; **to take a ~ off one's mind** sacarse un peso de encima <> *pl. fam* montón ■ **~ of** muchísimos, un montón de <> *tr.* [to fill] cargar, llenar; [to burden] agobiar, abrumar; [to adulterate] adulterar; (*intr.*) cargar(se)
load•ed [lō'dĭd] *adj.* [full] cargado; [tricky] intencionado; *fam* [drunk] borracho, embriagado; *fam* [rich] rico, forrado de dinero
loaf[1] [lōf] *s.* (*pl* **-ves**) pan *m*; [shaped mass] hogaza, barra; [of sugar] pilón *m*
loaf[2] *intr.* haraganear, holgazanear
loaf•er [lō'fər] *s.* holgazán *m*; [shoe] mocasín *m*
loam [lōm] *s.* mantillo, tierra labrantía
loan [lōn] <> *s.* préstamo ■ **~ shark** *fam* usurero; **on ~** prestado <> *tr.* prestar
loath [lōth] *adj.* poco dispuesto, renuente
loathe [lōth] *tr.* aborrecer
loath•ing [lō'thĭng] *s.* aborrecimiento
loath•some [lōth'səm] *adj.* repugnante
loaves [lōvz] ▻ **loaf**[1]
lob [lŏb] <> *tr.* (**-bb-**) hacer un globo <> *s.* globo
lob•by [lŏb'ē] <> *s.* [foyer] vestíbulo; [waiting room] sala de espera; POL grupo de presión <> *tr.* POL presionar <> *intr.* POL ejercer presiones
lobe [lōb] *s.* lóbulo
lob•ster [lŏb'stər] *s.* langosta, bogavante *m*
lo•cal [lō'kəl] <> *adj.* local ■ **~ area network** red de área local; **~ call** TEL llamada urbana; **~ government** gobierno municipal; **~ network** red local; **~ news** noticias de la ciudad <> *s.* tren OR ómnibus local; [chapter] sección *f* local
lo•cale [lō-kăl'] *s.* sitio, lugar *m*
lo•cal•i•ty [:ĭ-tē] *s.* localidad *f*
lo•cate [lō'kāt'] *tr.* localizar; [to place] ubicar, colocar; (*intr.*) establecerse, asentarse
lo•ca•tion [lō-kā'shən] *s.* lugar *m*, sitio; CINEM exteriores ■ **to film on ~** rodar los exteriores
lock[1] [lŏk] <> *s.* [device] cerradura; [of a canal] esclusa; [gunlock] llave *f* ■ **~, stock, and barrel** *fam* por com-

L

pleto, completamente; **under ~ and key** bajo llave ◇ *tr.* cerrar con llave; [to interlock] trabar; COMPUT bloquear ■ **to ~ arms** tomarse del brazo; **to ~ horns with** reñir con; **to ~ out** [of the house] cerrar la puerta a; **the workers were locked out** hubo un cierre patronal; **to ~ up** [to confine] encerrar; [to fasten] cerrar con llave; [in jail] encarcelar; (*intr.*) cerrarse; [to interlock] trabarse; [to jam] agarrotarse; [a firearm] encasquillarse ■ **to be locked out** estar fuera sin llave; **to ~ up** echar la llave

lock² ◇ *s.* [of hair] mecha ◇ *pl.* cabello

lock•er [ˊər] *s.* ropero, armario; [trunk] baúl *m*; [refrigerator] cámara frigorífica ■ **~ room** vestuario (de un gimnasio, club)

lock•et [:ĭt] *s.* guardapelo, relicario

lock•jaw [:jôˊ] *s.* tétanos

lock•smith [:smĭthˊ] *s.* cerrajero

lock•up [:ŭpˊ] *s. fam* calabozo

lo•co [lōˊkō] *adj. fam* loco, chiflado

lo•co•mo•tion [lōˊkə-mōˊshən] *s.* locomoción *f*

lo•co•mo•tive [:tĭv] ◇ *s.* locomotora ◇ *adj.* locomotor, locomotivo

lo•cust [lōˊkəst] *s.* ENTOM langosta, saltamontes *m*; [cicada] cigarra; BOT acacia blanca

lode•star [:stärˊ] *s.* estrella polar; *fig* guía *m*

lode•stone [:stōnˊ] *s.* piedra imán

lodge [lŏj] ◇ *s.* [cabin] casa de campo; [inn] posada; [meeting hall] logia ◇ *tr.* [to house] alojar, hospedar; [to deposit] depositar; [to place] colocar; [to embed] alojar, incrustar; [complaint] presentar, sentar; [authority] conferir; (*intr.*) alojarse

lodg•er [ˊər] *s.* inquilino

lodg•ing [:ĭng] *s.* alojamiento

loft [lôft] ◇ *s.* [upper floor] piso sin dividir; [attic] desván *m*; [gallery] galería; [hayloft] pajar *m* ◇ *tr.* lanzar (en alto)

loft•y [lôfˊtē] *adj.* (**-i-**) alto, elevado; [noble] noble; [arrogant] arrogante, altanero

log¹ [lôg] ◇ *s.* leño, tronco; MARÍT diario de navegación; AVIA diario de vuelo ■ **~ cabin** cabaña de troncos; **to sleep like a ~** dormir como un tronco ◇ *tr.* (**-gg-**)[trees] aserrar; AVIA & MARÍT consignar en un diario de navegación OR de vuelo ■ **to ~ miles** recorrer una distancia de millas; (*intr.*) cortar y transportar árboles

log² *s.* MAT logaritmo

log•a•rithm [lôˊgə-rĭ*th*ˊəm] *s.* logaritmo

log•book [lôgˊbŏŏkˊ] *s.* AVIA & MARÍT diario de navegación OR de vuelo

loge [lōzh] *s.* TEAT [box] palco; [mezzanine] primer balcón *m* de butacas

log•ger•head [lôˊgər-hedˊ] *s.* tortuga de mar ■ **to be at loggerheads** estar en desacuerdo

log•ic [lŏjˊĭk] *s.* lógica ■ **~ board** placa lógica

log•i•cal [ˊĭ-kəl] *adj.* lógico

lo•gis•tic/ti•cal [lō-jĭsˊtĭk] *adj.* logístico ■ **logistics** (*s.sg.* OR *pl.*) logística

log•jam [lôgˊjămˊ] *s.* atasco de troncos flotantes; *fig* [deadlock] atolladero

loin [loin] ◇ *s.* ANAT lomo; [flank] ijada, ijar *m*; CUL [of beef] solomillo; [of pork] lomo ◇ *pl.* ANAT ingle *f*; [genitals] órganos genitales

loi•ter [loiˊtər] *intr.* holgazanear; [to delay] retrasarse; [to dawdle] perder el tiempo

loll [lŏl] *intr.* [to slouch] repantigarse; [to droop] pender

lol•li•pop/ly•pop [lŏlˊē-pŏpˊ] *s.* pirulí *m*

lone [lōn] *adj.* solo, solitario; [sole] único

lone•li•ness [:lē-nĭs] *s.* soledad *f*

lone•ly [:lē] *adj.* (**-i-**) [alone] solo; [isolated] solitario

lon•er [lōˊnər] *s. fam* solitario

lone•some [lōnˊsəm] *adj.* solo, solitario

long¹ [lông] ◇ *adj.* largo; [in distance] de largo, de longitud ■ **in the ~ run** a la larga; **~ johns** *fam* calzón interior largo; **~ jump** salto de longitud; **~ shot** [entry] competidor con poca probabilidad de ganar; [bet] apuesta arriesgada; **~ suit** punto fuerte; **not by a ~ shot** ni mucho menos; **to be ~ on** tener mucho; **to take a ~ time** tardar mucho ◇ *adv.* mucho tiempo ■ **as ~ as** [while] mientras; [if] si, siempre y cuando; **how ~?** [time] ¿cuánto tiempo?; [length] ¿qué largo?; **~ live the king!** ¡viva el rey!; **no longer** ya no, no más; **so ~!** *fam* ¡hasta luego!, ¡adiós!; **so ~ as** con tal que, siempre que ◇ *s.* mucho tiempo ■ **before ~** dentro de poco; **for ~** mucho tiempo; **the ~ and the short of** la esencia de

long² *intr.* ■ **to ~ for** añorar, desear con ansia; **to ~ to** anhelar, desear ardientemente

long•bow [ˊbōˊ] *s.* arco

long-dis•tance [:dĭsˊtəns] *adj.* & *adv.* de larga distancia

lon•gev•i•ty [lŏn-jevˊĭ-tē] *s.* longevidad *f*

long•haired [:hârdˊ] *adj.* pelilargo

long•hand [:hăndˊ] *s.* letra cursiva

long•ing [:ĭng] *s.* anhelo, deseo

lon•gi•tude [lŏnˊjĭ-tōōdˊ] *s.* longitud *f*

long-lived [lôngˊlīvdˊ, :lĭvdˊ] *adj.* de larga vida

long-play•ing [:plāˊĭng] *adj.* de larga duración

long-range [:rānjˊ] *adj.* de largo alcance

long•shore•man [ˊshôrˊmən] *s.* (*pl* **-men**) estibador *m*

long-stand•ing [:stănˊdĭng] *adj.* duradero

long-suf•fer•ing [:sŭfˊər-ĭng] *adj.* resignado

long-term [:tûrmˊ] *adj.* a largo plazo

long-time [:tīmˊ] *adj.* antiguo, viejo

long-wind•ed [:wĭnˊdĭd] *adj.* verboso

long•wise [:wīzˊ] *adv.* a lo largo, longitudinalmente

look [lŏŏk] ◇ *intr.* mirar; [to search] buscar; [to seem] parecer; [to face] estar orientado hacia, dar a ■ **~ alive!** ¡apresúrate!; **~ out!** ¡cuidado!; **to ~ alike** parecerse; **to ~ away** apartar la mirada; **to ~ back** mirar hacia atrás; [to remember] recordar el pasado; **to ~ down** bajar la mirada, bajar los ojos; **to ~ up** levantar la mirada; *fig* ir mejorando, ponerse mejor; (*tr.*) mirar ■ **to ~ after** [someone] cuidar a, ocuparse de; [something] ocuparse de, encargarse de; **to ~ around for** estar en busca de, buscar; **to ~ back on** recordar; **to ~ down on** despreciar; **to ~ down one's nose at** *fam* menospreciar; **to ~ for** buscar; [to expect] esperar; **to ~ forward to** anticipar; **to ~ in on** pasar por casa de; **to ~ into** investigar; **to ~ like** parecer(se); **to ~ (up)on** estimar, considerar; **to ~ out for** [to watch for] estar al acecho de; [to expect] esperar; [to take care of] cuidar a; **to ~ out on** dar a; **to ~ over** examinar, repasar; **to ~ (someone) up** ir a ver OR visitar (a alguien); **to ~ (something) up** buscar; **to ~ up to** respetar, tener en estima ◇ *s.* [quick glance] ojeada, vistazo; [gaze] mirada; [aspect] aspecto, apariencia; [in fashion] moda, estilo ■ **by the ~ of things** según parece; **to take** OR **have a ~ at** mirar, echar un vistazo

a; **to take a good ~ at** mirar bien <> *pl.* [appearance] aspecto; [beauty] belleza
look-a•like ['ə-līk'] *s.* doble *mf*
look•ing glass [:ĭng] *s.* espejo
look•out [:out'] *s.* [watch] vigilancia; [watchtower] atalaya; [vantage point] mirador *m*; [outlook] perspectiva, panorama *m* ▪ **to be on the ~ for** estar al acecho de
loom[1] [lōōm] *intr.* [to appear] aparecer, surgir; [to impend] amenazar
loom[2] *s.* telar *m*
loon[1] [lōōn] *s.* ORNIT somorgujo
loon[2] *s.* [simpleton] bobo
loon•y [lōō'nē] *fam* <> *adj.* (**-i-**) bobo ▪ **~ bin** manicomio <> *s.* loco, lunático
loop [lōōp] <> *s.* lazo; [coil] vuelta; AVIA rizo ▪ **to knock** OR **throw for a ~** desconcertar <> *tr.* hacer un lazo en; [to coil] dar una vuelta a; [to tie] enlazar; (*intr.*) [length of line] hacer un lazo; [to coil] tener vueltas
loop•hole ['hōl'] *s.* MIL tronera, aspillera; *fig* escapatoria, pretexto
loose [lōōs] <> *adj.* [unfastened] suelto; [slack] flojo; [not tight] holgado; [not compact] poco compacto; [vague] vago, indefinido; [idle] irresponsable; [promiscuous] ligero, liviano; [not literal] libre; [not packaged] a granel ▪ **~ end** [rope] cabo suelto; *fig* asunto pendiente; **to be at ~ ends** *fig* no saber qué hacer; **to tie up ~ ends** *fig* atar cabos <> *adv.* ▪ **to come ~** aflojarse, desatarse; **to hang ~** *jer* quedarse calmo; **to turn ~** soltar, libertar <> *tr.* soltar, poner en libertad; [a volley] disparar; (*intr.*) soltarse <> *s.* ▪ **on the ~** *fam* suelto, en libertad
loose-leaf ['lēf'] *adj.* de hojas sueltas
loose•ly [:ē] *adv.* sueltamente; [vaguely] vagamente; [freely] libremente
loos•en [lōō'sən] *tr.* aflojar; [to untie] desatar ▪ **to ~ someone's tongue** hacer soltar la lengua a alguien; **to ~ up on someone** ser menos riguroso con alguien; (*intr.*) aflojarse
loot [lōōt] <> *s.* botín *m*, presa; *jer* [money] dinero <> *tr.* [to pillage] pillar, saquear; [to take as booty] llevar como botín; (*intr.*) entregarse al saqueo
loot•er [lōō'tər] *s.* saqueador *m*
loot•ing [:tĭng] *s.* saqueo
lop [lŏp] *tr.* (**-pp-**) [to trim] podar; [to eliminate] eliminar
lope [lōp] <> *intr.* correr a paso largo <> *s.* paso largo
lop•sid•ed [lŏp'sī'dĭd] *adj.* desproporcionado; [leaning] torcido, ladeado
lo•qua•cious [lō-kwā'shəs] *adj.* locuaz
lord [lôrd] <> *s.* señor *m* ▪ **~ and master** dueño y señor; **~ of the manor** señor feudal <> *intr.* ▪ **to ~ it over** dominar
lord•ship ['shĭp'] *s.* [title] señoría; [authority] señorío
lore [lôr] *s.* [tradition] tradición *f*; [belief] creencia popular; [knowledge] ciencia, saber *m*
lor•gnette [lôrn-yet'] *s.* impertinentes *m*
lor•ry [lôr'ē] *s.* GB camión *m*
lose [lōōz] *tr.* (**lost**) perder; [to cost] costar, hacer perder; **his arrogance lost him his job** su arrogancia le costó el empleo; [clock] atrasar ▪ **to ~ oneself in** perderse en; (*intr.*) perder ▪ **to ~ out** perder, salir perdiendo
los•er [lōō'zər] *s.* perdedor *m*; [failure] fracasado; [lost cause] causa perdida ▪ **to be a good ~** saber perder
loss [lôs] <> *s.* pérdida; [defeat] derrota; [game] juego perdido; [destruction] estragos, daño ▪ **to be at a ~** [to be puzzled] no saber qué hacer; [for words] no encontrar palabras con qué expresarse <> *pl.* MIL bajas; COM pérdidas ▪ **to cut one's ~** cortar por lo sano
lost [lôst] ▻ **lose** <> *adj.* perdido; [engrossed] absorto ▪ **get ~!** *jer* ¡vete al demonio!; **~ and found** oficina de objetos perdidos; **to get ~** perderse
lot [lŏt] *s.* [drawing] sorteo; [share] parte *f*, porción *f*; [fate] suerte *f*, sino; [people] grupo; [articles for sale] lote *m*, partida; [large amount] gran cantidad; [land] solar *m*, lote; CINEM estudio ▪ **a ~** mucho; **a ~ of** mucho; **by ~** por sorteo; **lots of** mucho; **to draw lots** echar suertes; **to improve one's ~** mejorar la suerte; **to throw in one's ~ with** compartir la suerte de
lo•tion [lō'shən] *s.* loción *f*
lot•ter•y [lŏt'ə-rē] *s.* lotería
lo•tus [lō'təs] *s.* loto
loud [loud] <> *adj.* alto, fuerte; [noisy] ruidoso; [gaudy] chillón, llamativo; [loudmouthed] gritón ▪ **in a ~ voice** en voz alta <> *adv.* [to sound, yell, sing] fuerte ▪ **out ~** en voz alta
loud•mouth ['mouth'] *fam s.* gritón *m*
loud•ness [:nĭs] *s.* volumen *m*, fuerza
loud•speak•er [:spē'kər] *s.* altavoz *m*, altoparlante *m*
lounge [lounj] <> *intr.* repantigarse <> *s.* [waiting room] sala de espera; [bar] cantina; [couch] sofá *m* ▪ **~ chair** tumbona
louse [lous] <> *s.* (*pl* **lice**) ENTOM piojo; (*pl* **es**) *jer* canalla *mf*, sinvergüenza *mf* <> *tr.* ▪ **to ~ up (on)** estropear, echar a perder; (*intr.*) ▪ **to ~ up** hacer una pifia
lous•y [lou'zē] *adj.* (**-i-**) piojoso, lleno de piojos; [unpleasant] vil, malísimo; [worthless] pésimo
lout [lout] *s.* patán *m*, bruto
lou•ver/vre [lōō'vər] *s.* [blind] persiana; [slat] tablilla
lov•a•ble [lŭv'ə-bəl] *adj.* adorable; [endearing] cautivador
love [lŭv] <> *s.* amor *m*; [affection] cariño; [lover] amor; DEP cero (en tenis) ▪ **~** OR **with ~** [affectionately] un cariñoso saludo; [cordially] un cordial saludo (al terminar una carta); **~ affair** [romance] amorío; [enthusiasm] gran entusiasmo; **~ potion** filtro amoroso; **~ seat** confidente; **in ~** enamorado; **to fall in ~** enamorarse; **to make ~** hacer el amor <> *tr.* amar, querer; [to enjoy] encantar; **I ~ his films** me encantan sus películas ▪ **I'd ~ to!** ¡con mucho gusto!; (*intr.*) amar, querer
love•bird ['bûrd'] *s.* [bird] periquito; [person] tortolito
love•li•ness [:lē-nĭs] *s.* belleza, hermosura
love•lorn [:lôrn'] *adj.* herido de amor
love•ly [:lē] *adj.* (**-i-**) hermoso, bello; [nice] encantador
love•mak•ing [:mā'kĭng] *s.* [sexual] relaciones *f* sexuales; [courtship] galanteo
lov•er [:ər] *s.* amante *mf*; [devotee] aficionado
love•sick [:sĭk'] *adj.* enfermo de amor
lov•ing [:ĭng] *adj.* amoroso, cariñoso ▪ **~ cup** [wine vessel] copa de la amistad; [prize] trofeo, copa
low[1] [lō] <> *adj.* bajo; [in quality] inferior; [humble] plebeyo, humilde; [mean] vil, malo; [unfavorable] desfavorable, malo; [coarse] vulgar, grosero ▪ **in ~ spirits** abatido, deprimido; **~ relief** bajo relieve; **~ tide** bajamar; **to be ~ on** estar escaso de; **to keep a ~ profile** mantenerse en un segundo plano; **to lie ~** *fam* esconderse temporalmente <> *adv.* bajo <> *s.* punto más bajo, mínimo; METEOROL zona de bajas presiones; AUTO primera

low² ◇ *s.* mugido ◇ *intr.* mugir
low•brow [lō'brou'] *s.* ignorante *mf*, persona inculta
low-cost [lō'kôst'] *adj.* barato, de bajo costo
low-cut [lō'kŭt'] *adj.* muy escotado (vestido)
low•down [lō'doun'] *s. jer* ▪ **give someone the ~ on** poner a alguien al tanto de
low•er¹ [lou'ər] *intr.* [to scowl] fruncir el ceño; [to cloud over] nublarse, encapotarse
low•er² [lō'ər] ◇ *adj.* más bajo, inferior ▪ **~ case** IMPR minúsculas ◇ *tr.* & *intr.* bajar; [to diminish] disminuir, reducir
low•er-case ['-kās'] *adj.* minúscula
low-grade [lō'grād'] *adj.* de calidad inferior
low•ing [lō'ĭng] *s.* mugidos
low-key(ed) [lō'kē[d]'] *adj.* de baja intensidad
low•land [lō'lənd] *s.* tierras bajas
low-lev•el [lō'lev'əl] *adj.* de bajo nivel; [rank] de grado inferior, subalterno
low•life [lō'līf'] *s.* plebeyo; [despicable person] persona ruin, maleante *m*
low•ly [lō'lē] *adj.* (-i-) bajo, inferior; [humble] humilde; [prosaic] prosaico, ordinario
low•ness [lō'nĭs] *s.* [lack of height] falta de altura; [meanness] bajeza, vileza
low-pitched [lō'pĭcht'] *adj.* [voice] grave, bajo; [roof] poco inclinado; [room] de techo bajo
low-pres•sure [lō'presh'ər] *adj.* de baja presión; [job] relajado
low-priced [lō'prīst'] *adj.* de bajo precio
low-ten•sion [lō'ten'shən] *adj.* de baja tensión
loy•al [loi'əl] *adj.* leal
loy•al•ist [:ə-lĭst] *s.* gubernamental *mf*
loy•al•ty [:əl-tē] *s.* lealtad *f* ▪ **~ card** tarjeta de fidelización
loz•enge [lŏz'ənj] *s.* GEOM rombo; [cough drop] pastilla, tableta
lu•bri•cant [lo͞o'brĭ-kənt] *s.* lubricante *m*
lu•bri•cate [:kāt'] *tr.* lubricar
lu•bri•cious [lo͞o-brĭsh'əs] *adj.* lúbrico
lu•cid [lo͞o'sĭd] *adj.* lúcido, claro; [sane] cuerdo; [translucent] translúcido
lu•cid•i•ty [-'ĭ-tē] *s.* [clarity] lucidez *f*, claridad *f*; [brilliance] brillantez *f*, transparencia
luck [lŭk] ◇ *s.* suerte *f* ▪ **for ~** para que traiga buena suerte; **good ~!** ¡buena suerte!; **no such ~!** ¡ojalá!; **to be in ~** estar de suerte; **to be out of ~** no tener suerte; **to push one's ~** *fam* tentar a la suerte; **to try one's ~** probar suerte ◇ *intr.* ▪ **to ~ out** *fam* tener suerte
luck•less ['lĭs] *adj.* desafortunado
luck•y [:ē] *adj.* (-i-) afortunado; [fortuitous] fortuito, oportuno; [bringing good luck] que trae suerte ▪ **to be ~** tener suerte; **~ break** golpe de suerte; **thank your ~ stars!** ¡bendice tu buena estrella!
lu•cra•tive [lo͞o'krə-tĭv] *adj.* lucrativo
lu•cre [:kər] *s.* lucro, ganancia
lu•di•crous [lo͞o'dĭ-krəs] *adj.* absurdo, ridículo
lug [lŭg] *tr.* & *intr.* (-gg-) arrastrar, halar
lug•gage [lŭg'ĭj] *s.* equipaje *m*
lu•gu•bri•ous [lo͝o-go͞o'brē-əs] *adj.* lúgubre
luke•warm [lo͞ok'wôrm'] *adj.* tibio
lull [lŭl] ◇ *tr.* [to soothe] calmar, sosegar; [to deceive] embaucar ◇ *s.* momento de calma, cese *m* temporal; [pause] pausa
lull•a•by ['ə-bī'] *s.* canción *f* de cuna, nana
lum•bar [lŭm'bər] *adj.* & *s.* (parte *f*) lumbar
lum•ber¹ [lŭm'bər] ◇ *s.* maderos; [plank] tabla; GB [junk] trastos viejos ◇ *tr.* [to fell timber] talar; [to cut wood] cortar madera
lum•ber² *intr.* avanzar pesadamente
lum•ber•ing [:ĭng] ◇ *adj.* [movement] pesado, torpe; [person] que anda pesadamente OR ruidosamente ◇ *s.* industria maderera
lum•ber•jack [:jăk'] *s.* leñador *m*
lum•ber•yard [:yärd'] *s.* almacén *m* OR depósito de madera
lu•mi•nar•y [:ner'ē] *s.* lumbrera
lu•mi•nes•cence ['-nes'əns] *s.* luminiscencia
lu•mi•nes•cent [:nes'ənt] *adj.* luminiscente
lu•mi•nos•i•ty [:nŏs'ĭ-tē] *s.* luminosidad *f*
lu•mi•nous ['-nəs] *adj.* luminoso; [illuminated] iluminado; [lucid] lúcido, claro
lum•mox [lŭm'əks] *s. fam* porro, necio
lump¹ [lŭmp] ◇ *s.* montón *m*, masa; [of soil, sugar] terrón *m*; [glob] grumo; [piece] pedazo, trozo; [totality] conjunto; [dolt] alcornoque *m*; MED bulto; [on the head] chichón *m* ▪ **to have a ~ in one's throat** tener un nudo en la garganta; **to take one's lumps** aguantar ◇ *tr.* [to amass] amontonar; [to make into a mass] apelotonar ▪ **to ~ together** juntar
lump² *tr. fam* soportar, tolerar
lump•y [lŭm'pē] *adj.* (-i-) aterronado; [liquid] grumoso
lu•na•cy [lo͞o'nə-sē] *s.* locura *f*; [act] desatino
lu•nar [:nər] *adj.* lunar
lu•na•tic [:nə-tĭk] ◇ *adj.* loco; [for the insane] de OR para locos ▪ **~ asylum** manicomio; [foolish] disparatado, descabellado ◇ *s.* lunático
lunch [lŭnch] ◇ *s.* almuerzo ◇ *intr.* almorzar ▪ **out to ~** *fam* chiflado; **to have** OR **to eat ~** almorzar, comer
lunch•eon [lŭn'chən] *s.* almuerzo
lunch•eon•ette ['chə-net'] *s.* restaurante pequeño, cafetería
lunch•room [lŭnch'ro͞om'] *s.* restaurante pequeño
lunch•time [:tīm'] *s.* hora de comer
lung [lŭng] *s.* pulmón *m*
lunge [lŭnj] ◇ *s.* arremetida, embestida; [in fencing] estocada ◇ *intr.* lanzarse, arrojarse; [in fencing] dar una estocada ▪ **to ~ at** arremeter contra
lu•pine [lo͞o'pĭn] *s.* lupino
lurch¹ [lûrch] ◇ *intr.* tambalearse, hacer eses; [of a ship] guiñar, dar guiñadas ◇ *s.* tambaleo, bamboleo; [of a ship] guiñada, bandazo
lurch² *s.* ▪ **to leave someone in the ~** dejar a alguien plantado OR en la estacada
lure [lo͝or] ◇ *s.* tentación *f*; [appeal] atracción *f*; [bait] cebo, carnada ◇ *tr.* tentar, seducir
lu•rid [lo͝or'ĭd] *adj.* [gruesome] horrible, espeluznante; [sensational] sensacional, chocante; [glowing] resplandeciente
lurk [lûrk] *intr.* estar al acecho; [to sneak] andar a hurtadillas, moverse furtivamente
lus•cious [lŭsh'əs] *adj.* suculento, exquisito
lush¹ [lŭsh] *adj.* [thick] lujuriante, exuberante; [plentiful] abundante; [luxurious] suntuoso
lush² *s. jer* borrachín *m*, borracho
lust [lŭst] ◇ *s.* lujuria, lascivia; [overwhelming desire] ansia, anhelo ◇ *intr.* ▪ **to ~ after** [something] codiciar; [someone] desear

lus•ter [lŭs′tər] *s.* lustre *m*
lust•ful [lŭst′fəl] *adj.* lujurioso, lascivo
lus•trous [lŭs′trəs] *adj.* lustroso, brillante
lust•y [lŭs′tē] *adj.* (-**i**-) fuerte
lute[1] [lo͞ot] *s.* MÚS laúd *m*
lute[2] *s.* TEC zulaque *m*, luten *m*
lux•u•ri•ant [lŭg-zho͝or′ē-ənt] *adj.* lujuriante
lux•u•ri•ate [:āt′] *intr.* crecer con exuberancia ▪ **to ~ in** deleitarse con
lux•u•ri•ous [:əs] *adj.* lujoso; [lush] suntuoso
lux•u•ry [lŭg′zhə-rē, lŭk′shə-] *s.* lujo; [frill] cosa superflua ▪ **to live in ~** vivir espléndidamente
ly•ce•um [lī-sē′əm] *s.* [hall] auditorio, sala de conferencias; [organization] ateneo
lye [lī] *s.* lejía
ly•ing[1] [lī′ĭng] ▻ **lie**[1] ◇ *adj.* [reclining] tendido, acostado; [located] situado
ly•ing[2] ▻ **lie**[2] ◇ *adj.* mentiroso ◇ *s.* mentira; [lies] mentiras
ly•ing-in [lī′ĭng-ĭn′] *s.* parto
lymph [lĭmf] *s.* linfa
lym•phat•ic [lĭm-făt′ĭk] *adj.* linfático
lym•pho•ma [-fō′mə] *s.* (*pl* **s** OR **-mata**) linfoma *m*
lynch [lĭnch] *tr.* linchar
lynx [lĭngks] *s.* lince *m*
lyre [līr] *s.* lira
lyr•ic [lĭr′ĭk] ◇ *adj.* lírico ◇ *s.* [poem] poema lírico; [genre] lírica; [poet] lírico ◇ *pl.* MÚS letra (de una canción)
lyr•i•cal [:ĭ-kəl] *adj.* lírico
lyr•i•cist [:sĭst] *s.* autor *m* de la letra (de una canción)

M

m, M [em] *s.* decimotercera letra del alfabeto inglés
ma [mä] *s. fam* mamá
ma•ca•bre [mə-kä′brə] *adj.* macabro
mac•a•ro•ni [măk′ə-rō′nē] *s. pl.* macarrones *m*
mac•a•roon [măk′ə-ro͞on′] *s.* mostachón *m*
ma•caw [mə-kô′] *s.* guacamayo
mace[1] [mās] *s.* maza; [staff] maza ceremonial
mace[2] *s.* [spice] macia, macís *f*
mac•er•ate [măs′ə-rāt′] *tr.* & *intr.* macerar(se)
ma•chet•e [mə-shet′ē] *s.* machete *m*
mach•i•nate [măk′ə-nāt′, măsh′-] *tr.* & *intr.* maquinar
mach•i•na•tion [′-nā′shən] *s.* maquinación *f*
ma•chine [mə-shēn′] ◇ *s.* máquina; [device] mecanismo; [person] autómata *mf*; [political] maquinaria ▪ **~ code** código máquina; **~ gun** ametralladora; **~ shop** taller de maquinaria; **slot ~** tragaperras; **washing ~** lavadora ◇ *tr.* labrar a máquina
ma•chine-gun [:gŭn′] *tr.* (-**nn**-) ametrallar
ma•chin•er•y [mə-shē′nə-rē] *s.* maquinaria; [working parts] mecanismo
ma•chin•ist [:nĭst] *s.* maquinista *mf*
mack•er•el [măk′ər-əl] *s.* (*pl* **inv.** OR **s**) caballa
mack•i•naw [măk′ə-nô′] *s.* chamarra de lana
mac(k)•in•tosh [măk′ĭn-tŏsh′] *s.* GB impermeable *m*
mac•ra•mé [măk′rə-mā′] *s.* macramé *m*

macro [mă′krō] *s.* COMPUT macro ▪ **~ virus** virus de macro
mac•ro•bi•ot•ics [măk′rō-bī-ŏt′ĭks] *s.sg.* macrobiótica
mac•ro•cosm [:kŏz′əm] *s.* macrocosmo
mad [măd] *adj.* (-**dd**-) loco; *fam* enojado; [senseless] insensato; [frantic] frenético; [dog] rabioso ▪ **~ cow disease** enfermedad *f* de las vacas locas ; **like ~** como un loco; **~ as a hatter** OR **March hare** más loco que una cabra; **raving ~** loco de atar; **to be ~ about** estar loco por; [angry] estar enfadado por; **to be ~ at** estar enojado con; **to drive someone ~** volver loco a alguien; **to get ~** enfadarse; **to make someone ~** hacer que alguien se enoje
Mad•am [măd′əm] *s.* (*pl* **Mesdames**) señora ▪ **~** señora; [of brothel] patrona
mad•cap [măd′kăp′] ◇ *s.* tarambana *mf* ◇ *adj.* alocado, atolondrado
mad•den [măd′n] *tr.* enloquecer; [to make angry] enfurecer; (*intr.*) enfurecerse
mad•den•ing [:ĭng] *adj.* enloquecedor; [irritating] exasperante
made [mād] ▻ **make** ◇ *adj.* hecho ▪ **to have it ~** tener éxito
made-to-or•der [′to͞o-ôr′dər] *adj.* hecho a la medida
made-up [′ŭp] *adj.* inventado; [with make-up] maquillado
mad•house [măd′hous′] *s.* manicomio; *fig* casa de locos
mad•man [:măn′] *s.* (*pl* **-men**) demente *m*
mad•ness [:nĭs] *s.* locura; [fury] rabia
Ma•don•na [mə-dŏn′ə] *s.* Madona
mad•wom•an [măd′wo͝om′ən] *s.* (*pl* **-women**) demente *f*
mael•strom [māl′strəm] *s.* remolino; *fig* torbellino
mag•a•zine [măg′ə-zēn′] *s.* revista; [for ammunition] polvorín *m*; [of gun] peine *m* (de balas); FOTOG depósito (de la película)
ma•gen•ta [mə-jen′tə] *s.* rojo purpúreo
mag•got [măg′ət] *s.* gusano
ma•gi [mā′jī′] ▻ **magus**
mag•ic [măj′ĭk] ◇ *s.* magia; *fig* encanto ◇ *adj.* mágico
mag•i•cal [:ĭ-kəl] *adj.* mágico
ma•gi•cian [mə-jĭsh′ən] *s.* mago
mag•is•tra•cy [′-strə-sē] *s.* magistratura; [district] jurisdicción *f* de magistrado
mag•is•trate [:strāt′] *s.* magistrado
mag•nan•i•mous [măg-năn′ə-məs] *adj.* magnánimo
mag•nate [măg′nāt′, :nĭt] *s.* magnate *m*
mag•ne•si•um [măg-nē′zē-əm] *s.* magnesio
mag•net [măg′nĭt] *s.* FÍS imán *m*; [something attractive] persona OR cosa atractiva
mag•net•ic [-net′ĭk] *adj.* magnético ▪ **~ resonance imaging** resonancia magnética; **~ strip** banda magnética
mag•net•ism [′nĭ-tĭz′əm] *s.* magnetismo
mag•net•ize [:nĭ-tīz′] *tr.* magnetizar, imantar
mag•ni•fi•ca•tion [măg′nə-fĭ-kā′shən] *s.* ampliación *f*; ÓPT aumento
mag•nif•i•cence [măg-nĭf′ĭ-səns] *s.* magnificencia
mag•nif•i•cent [:sənt] *adj.* magnífico
mag•ni•fi•er [măg′nə-fī′ər] *s.* lupa; ÓPT sistema *m* amplificador

M

mag•ni•fy [:fī′] *tr.* aumentar; [to exaggerate] exagerar; [to praise] glorificar ▪ **magnifying glass** lente de aumento
mag•ni•tude [măg′nĭ-to͞od′] *s.* magnitud *f*
mag•num [măg′nəm] *s.* magnum *m* ▪ **~ opus** obra maestra
mag•pie [măg′pī′] *s.* urraca
ma•gus [mā-gəs] *s.* (*pl* **-gi**) mago ▪ **the Magi** los Reyes Magos
ma•hog•a•ny [mə-hŏg′ə-nē] *s.* caoba
maid [mād] *s.* criada; [unwed girl] soltera; [virgin] doncella ▪ **~ of honor** dama de honor
maid•en [′n] ◇ *s.* doncella ◇ *adj.* virginal; [unmarried] soltera; [virgin] virgen; [first] primero ▪ **~ name** apellido de soltera
maid•en•hood [:ho͝od′] *s.* doncellez *f*
maid•ser•vant [mād′sûr′vənt] *s.* sirvienta
mail[1] [māl] ◇ *s.* correo ▪ **air ~** vía aérea; **by return ~** a vuelta de correo; **~ account** COMPUT cuenta de correo; **~ server** COMPUT servidor de correo ◇ *tr.* enviar por correo; [to post] echar al correo ◇ *adj.* postal
mail[2] *s.* (cota de) malla
mail•box [māl′bŏks′] *s.* buzón *m*; COMPUT casilla de correo
mail•ing [mā′lĭng] *s.* envío ▪ **~ list** lista de correo
mail•man [māl′măn′] *s.* (*pl* **-men**) cartero
maim [mām] *tr.* lisiar; *fig* estropear
main [mān] ◇ *adj.* principal; [office] central; [valve] maestro; MARÍT mayor ▪ **the ~ thing** lo principal OR esencial ◇ *s.* tubería OR cable *m* principal; [might] fuerza ▪ **in the ~** principalmente
main•frame [′frām′] *s.* elaborador *m* central
main•land [:lănd′] *s.* tierra firme
main•sail [:səl] *s.* vela mayor
main•stay [:stā′] *s.* MARÍT estay *m* mayor; *fig* soporte *m* principal
main•stream [:strēm′] *s.* corriente *f* principal
main•tain [mān-tān′] *tr.* mantener; [silence] guardar; [to preserve] conservar; [to repair] cuidar ▪ **to ~ one's composure** mantenerse sereno; **to ~ one's ground** mantenerse firme
main•te•nance [′tə-nəns] *s.* mantenimiento; [upkeep] cuidado, conservación *f* ▪ **~ staff** personal de servicio
maize [māz] *s.* maíz *m*
ma•jes•tic [mə-jes′tĭk] *adj.* majestuoso
maj•es•ty [măj′ĭ-stē] *s.* majestad *f*; [splendor] majestuosidad *f*
ma•jor [mā′jər] ◇ *adj.* mayor; [chief] principal; [extensive] amplio; [serious] grave ◇ *s.* MIL comandante *m*; EDUC especialidad *f* ◇ *intr.* ▪ **to ~ in** EDUC especializarse en
ma•jor-do•mo [′-dō′mō] *s.* mayordomo
ma•jor•i•ty [mə-jôr′ĭ-tē] *s.* mayoría, mayor parte *f* ▪ **to be in a ~** constituir la mayoría
ma•jor-league [mā′jər-lēg′] *adj. fam* importante, principal
make [māk] ◇ *tr.* (**made**) hacer; [to build] construir; [to manufacture] fabricar; [decision] tomar; [payment] efectuar; [a speech] pronunciar; [agreement] concertar; [excuses] presentar; DEP [goal] marcar; *fam* [train] alcanzar; [to appoint] nombrar; [problems] causar; [food] preparar; [to establish] establecer como; [to attain] llegar a; [team] entrar en; [to earn] ganar; [money] producir; [to compel] obligar a; [to be good for] servir para hacer; [to become] ser; [to think of] pensar; [to add up to] equivaler a; [to count as] ser; *jer* seducir ▪ **to ~ a mistake** cometer un error; **to ~ a move** [to move] moverse; [to act] obrar; **to ~ an appointment** citar; **to ~ a point** hacer una observación; **to ~ clear** poner en claro; **to ~ easy** facilitar; **to ~ for** ir hacia; [problems] crear; **to ~ into** convertir en; **to ~ it** tener éxito; **to ~ out** [check] hacer; [to comprehend] entender; [to perceive] divisar; **to ~ ready** preparar; **to ~ up** preparar; [to assemble] confeccionar; [story] inventar; [to compensate] recobrar; [to constitute] integrar; TEAT maquillar(se); **to ~ worse** empeorar; (*intr.*) ▪ **to ~ for** contribuir a, servir para; **to ~ off** huir; **to ~ out** salir (bien, mal); [to embrace] abrazar(se); **to ~ up** hacer las paces ◇ *s.* fabricación *f*; [in clothes] confección *f*; [style] corte *m*; [brand] marca ▪ **to be on the ~** buscar su propio provecho; *jer* [seduction] tener intención de seducir
make-be•lieve [′bĭ-lēv′] ◇ *s.* fantasías ◇ *adj.* imaginario, ficticio
mak•er [mā′kər] *s.* fabricante *m* ▪ **Maker** Hacedor
make•shift [māk′shĭft′] ◇ *s.* reemplazo provisional ◇ *adj.* improvisado, temporal
make-up, make•up [:ŭp] *s.* construcción *f*, composición *f*; [temperament] carácter *m*; [cosmetics] maquillaje *m*
mak•ing [mā′kĭng] *s.* creación *f*; [manufacture] fabricación *f*; [of a meal] preparación *f*; [of a will] redacción *f* ▪ **in the ~** [plans] en preparación; [star] en ciernes; [history] en marcha; **to be of one's own ~** ser obra propia; **to have the makings of** tener los elementos necesarios para llegar a ser
mal•ad•just•ed [măl′ə-jŭs′tĭd] *adj.* inadaptado
mal•a•droit [măl′ə-droit′] *adj.* desmañado
mal•a•dy [măl′ə-dē] *s.* dolencia
mal•aise [mă-lāz′] *s.* malestar *m*
mal•a•prop•ism [măl′ə-prŏp′ĭz′əm] *s.* uso cómicamente incorrecto de una palabra
ma•lar•i•a [mə-lâr′ē-ə] *s.* malaria, paludismo
ma•lar•k(e)y [mə-lär′kē] *s. jer* charlatanería
mal•con•tent [măl′kən-tent′] ◇ *adj.* malcontento ◇ *s.* [′-′] malcontento
male [māl] ◇ *adj.* varón; [masculine] masculino; [manly] varonil; [for men] de hombres; [school] de chicos; BIOL & MEC macho ◇ *s.* varón *m*; BIOL macho
ma•lev•o•lence [mə-lev′ə-ləns] *s.* malevolencia
ma•lev•o•lent [:lənt] *adj.* malévolo
mal•fea•sance [măl-fē′zəns] *s.* DER mala conducta (esp. de un empleado público)
mal•formed [măl-fôrmd′] *adj.* mal formado
mal•func•tion [:fŭngk′shən] ◇ *intr.* fallar, funcionar mal ◇ *s.* falla
mal•ice [măl′ĭs] *s.* malicia; DER intención maliciosa
ma•li•cious [mə-lĭsh′əs] *adj.* malicioso; DER premeditado, delictuoso
ma•lign [mə-līn′] ◇ *tr.* difamar ◇ *adj.* maligno
ma•lig•nant [:nənt] *adj.* maligno; [harmful] pernicioso
ma•lin•ger [mə-lĭng′gər] *intr.* fingirse enfermo
mall [môl] *s.* alameda; [for shopping] centro comercial
mal•lard [măl′ərd] *s.* (*pl* **inv.** OR **s**) ánade *m* real
mal•le•a•ble [măl′ē-ə-bəl] *adj.* maleable
mal•let [măl′ĭt] *s.* mazo; DEP mallo
mal•nour•ished [măl-nûr′ĭsht] *adj.* desnutrido

mal•nu•tri•tion [ˈnōō-trĭshˈən] *s.* desnutrición *f*
mal•prac•tice [-prăkˈtĭs] *s.* MED tratamiento erróneo; [misconduct] negligencia profesional
malt [môlt] *s.* malta; [whisky] whisky *m* de malta
mal•treat [măl-trētˈ] *tr.* maltratar
mal•treat•ment [:mənt] *s.* maltratamiento
ma(m)•ma [mäˈmə] *s.* mamá, mama
mam•mal [mămˈəl] *s.* mamífero
mam•ma•li•an [mə-māˈlē-ən] *adj.* mamífero
mam•ma•ry [mămˈə-rē] *adj.* mamario
mam•moth [mămˈəth] <> *s.* mamut *m* <> *adj.* enorme, gigantesco
man [măn] <> *s.* (*pl* **men**) hombre *m*; [male] varón *m*; [mankind] el hombre; [servant] sirviente *m*; [in chess] pieza ▪ ~ **about town** hombre de mundo; ~ **and wife** marido y mujer; ~ **of his word** hombre de palabra; **men's room** servicio OR baño para caballeros; **no man's land** tierra de nadie; **the Man** *jer* la policía; **to a** ~ hasta el último; **to be one's own** ~ ser un hombre independiente <> *pl.* [workers] obreros; [servicemen] soldados <> *tr.* (-nn-)[vessel] tripular; [station] manejar <> *interj.* ¡hombre!
man•a•cle [mănˈə-kəl] <> *s.* manilla <> *pl.* esposas; *fig* restricción *f* <> *tr.* esposar; *fig* restringir
man•age [mănˈĭj] *tr.* controlar; [business] dirigir; [property] administrar; [to handle] poder con; (*intr.*) arreglárselas
man•age•a•ble [:ĭ-jə-bəl] *adj.* manejable; [tame] dócil; [task] realizable ▪ **of** ~ **size** manejable
man•age•ment [:ĭj-mənt] *s.* gerencia, gestión *f*; [directors] gerentes *mf*; [skill] habilidad directiva
man•ag•er [:ĭ-jər] *s.* gerente *mf*, director *m*; [managers] dirección *f*; [of team] entrenador *m*; [agent] representante *mf*
man•a•ge•ri•al [ˈə-jîrˈē-əl] *adj.* directivo, ejecutivo
man-at-arms [mănˈət-ärmzˈ] *s.* (*pl* **men-**) soldado (esp. de caballería)
man•da•rin [mănˈdə-rĭn] <> *s.* mandarín *m* <> *adj.* ▪ ~ **orange** mandarina
man•date [mănˈdātˈ] <> *s.* mandato; [territory] territorio bajo mandato <> *tr.* ordenar
man•da•to•ry [:də-tôrˈē] *adj.* obligatorio; [holding a mandate] mandante
man•do•lin [mănˈdl-ĭnˈ] *s.* mandolina
mane [mān] *s.* [of horse] crin *f*; [of lion] melena
man-eat•er [mănˈēˈtər] *s.* animal *m* que come carne humana; [cannibal] caníbal *mf*
ma•neu•ver [mə-nōōˈvər] <> *s.* maniobra <> *intr.* maniobrar; (*tr.*) [to manipulate] manipular
ma•neu•ver•a•ble [:ə-bəl] *s.* maniobrable
man•ful [mănˈfəl] *adj.* varonil, masculino
man•ga•nese [măngˈgə-nēzˈ] *s.* manganeso
mange [mānj] *s.* sarna
man•ger [mānˈjər] *s.* pesebre *m*
man•gle[1] [măngˈgəl] *tr.* mutilar
man•gle[2] *s.* planchadora a rodillo
man•go [măngˈgō] *s.* (*pl* **(e)s**) mango
man•grove [măngˈgrōvˈ] *s.* mangle *m*
mang•y [mānˈjē] *adj.* (-i-) sarnoso; *fam* [shabby] sucio
man•han•dle [mănˈhănˈdl] *tr.* maltratar
man•hole [mănˈhōlˈ] *s.* boca de acceso
man•hood [:hōōdˈ] *s.* madurez *f*; [manliness] hombría; [men] hombres *m* ▪ **to grow to** ~ hacerse hombre
man•hunt [:hŭntˈ] *s.* búsqueda (de un criminal)
ma•ni•a [māˈnē-ə] *s.* manía
ma•ni•ac [māˈnē-ăkˈ] *s.* & *adj.* maníaco
man•ic [mănˈĭk] *adj.* maníaco, maniaco
man•ic-de•pres•sive [ˈ-dĭ-presˈĭv] *s.* maníacodepresivo, maniacodepresivo
man•i•cure [mănˈĭ-kyŏŏrˈ] <> *s.* manicura <> *tr.* hacer la manicura a; [to trim] recortar
man•i•cur•ist [:ĭst] *s.* manicuro
man•i•fest [mănˈə-festˈ] <> *adj.* manifiesto <> *tr.* manifestar <> *s.* [cargo] manifiesto; [passengers] relación *f* de pasajeros
man•i•fes•ta•tion [ˈ-fe-stāˈshən] *s.* manifestación *f*
man•i•fes•to [:fesˈtō] *s.* (*pl* **(e)s**) manifiesto
man•i•fold [mănˈə-fōldˈ] <> *adj.* diverso; [of many parts] variado <> *s.* AUTO colector *m* de escape <> *tr.* multiplicar; diversificar
ma•ni•kin [mănˈĭ-kĭn] *s.* enano; [model] maniquí *m*
ma•nip•u•late [mə-nĭpˈyə-lātˈ] *tr.* manipular
ma•nip•u•la•tion [-ˈ-lāˈshən] *s.* manipulación *f*; [deceit] manipuleo
ma•nip•u•la•tive [-ˈ-ˈtĭv] *adj.* de manipuleo; [person] manipulador
ma•nip•u•la•tor [:tər] *s.* manipulador *m*
man•kind [mănˈkīndˈ] *s.* el género humano; [men] los hombres
man•li•ness [:lē-nĭs] *s.* hombría; [masculinity] masculinidad *f*
man•ly [:lē] <> *adj.* (-i-) varonil; [masculine] masculino <> *adv.* como un hombre
man•made [:mādˈ] *adj.* artificial
man•na [mănˈə] *s.* maná *m*
manned [mănd] *adj.* tripulado
man•ne•quin [mănˈĭ-kĭn] *s.* maniquí *m*
man•ner [mănˈər] <> *s.* manera, modo; [bearing] comportamiento ▪ **all** ~ **of** todo tipo de; **in a** ~ **of speaking** por así decirlo <> *pl.* modales; [politeness] educación *f*
man•nered [:ərd] *adj.* amanerado ▪ **ill-mannered** de malos modales
man•ner•ism [:ə-rĭzˈəm] *s.* amaneramiento; [peculiarity] peculiaridad *f*
man•ni•kin [mănˈĭ-kĭn] = **manikin**
man•nish [mănˈĭsh] *adj.* hombruno
man-of-war [mănˈə-wôrˈ] *s.* (*pl* **men-**) buque *m* de guerra
man•or [mănˈər] *s.* [estate] finca; [mansion] casa solariega; [fief] señorío, feudo
man•pow•er [mănˈpouˈər] *s.* fuerza humana; [labor] mano de obra
manse [măns] *s.* rectoría
man•ser•vant [mănˈsûrˈvənt] *s.* (*pl* **menservants**) sirviente *m*
man•sion [mănˈshən] *s.* mansión *f*
man-size(d) [mănˈsīz[d]ˈ] *adj.* *fam* de gran tamaño, muy grande
man•slaugh•ter [:slôˈtər] *s.* homicidio impremeditado OR involuntario
man•ta [mănˈtə] *s.* chal *m* ▪ ~ **ray** ICT manta
man•tel [mănˈtl] *s.* [facing] manto (de la chimenea); [shelf] repisa de la chimenea
man•tel•piece [:pēsˈ] *s.* repisa de la chimenea
man•tle [mănˈtl] <> *s.* manto <> *tr.* tapar
man-to-man [mănˈtə-mănˈ] *adj.* de hombre a hombre
man•u•al [mănˈyōō-əl] <> *adj.* manual <> *s.* manual *m*; MÚS teclado; MIL ejercicio de armas

man•u•fac•ture [măn′yə-făk′chər] ◇ *tr.* manufacturar; [to produce] fabricar; [clothing] confeccionar ◇ *s.* manufactura, fabricación *f*; [product] producto manufacturado
man•u•fac•tured [:chərd] *adj.* manufacturado
man•u•fac•tur•er [:chər-ər] *s.* fabricante *mf*
man•u•fac•tur•ing [:ĭng] ◇ *adj.* manufacturero ◇ *s.* manufactura
ma•nure [mə-no͝or′] ◇ *s.* estiércol *m* ◇ *tr.* estercolar
man•u•script [măn′yə-skrĭpt′] *s.* & *adj.* manuscrito
man•y [men′ē] ◇ *adj.* (**more, most**) muchos ■ **how ~?** ¿cuántos?; **~ a man** muchos hombres; **~ people** mucha gente; **too ~** demasiados; **twice as ~** dos veces más, el doble ◇ *s.* & *pron.* muchos ■ **a great ~** muchísimos; **as ~ as** [the same number] tantos como; [up to] hasta; **the ~** las masas
map [măp] ◇ *s.* mapa *m* ■ **to put on the ~** dar fama a ◇ *tr.* (**-pp-**) trazar un mapa de; [to plan] planear
ma•ple [mā′pəl] *s.* arce *m* ■ **~ syrup** jarabe de arce
map•mak•er [măp′mā′kər] *s.* cartógrafo
map•ping [măp′ĭng] *s.* cartografía
mar [mär] *tr.* (**-rr-**) (to damage) dañar, estropear; [to disfigure] desfigurar
mar•a•thon [măr′ə-thŏn′] *s.* maratón *m*; [contest] competencia de resistencia
ma•raud [mə-rôd′] *intr.* merodear; (*tr.*) pillar
ma•raud•er [:rô′dər] *s.* merodeador *m*
mar•ble [mär′bəl] ◇ *s.* mármol *m*; [glass ball] canica, bolita ■ **to lose one's marbles** *jer* aflojársele a uno un tornillo ◇ *tr.* jaspear ◇ *adj.* marmóreo, de mármol
mar•bled [:bəld] *adj.* jaspeado
mar•bling [:blĭng] *s.* marmoración *f*
march[1] [märch] ◇ *intr.* MIL marchar; [to walk] ir a pie; [to advance] avanzar ■ **forward ~!** ¡de frente!; **marching orders** órdenes de movilización; **to ~ on** seguir la marcha; **to ~ up to** acercarse a; (*tr.*) MIL hacer marchar ◇ *s.* marcha; [pace] paso; [of time] transcurso; [distance] caminata ■ **on the ~** en marcha
march[2] *s.* [frontier] marca
March [märch] *s.* marzo
march•er [mär′chər] *s.* manifestante *mf*
mare [mâr] *s.* yegua
mar•ga•rine [mär′jər-ĭn] *s.* margarina
mar•gin [mär′jĭn] *s.* margen *m*; FIN [collateral] garantía
mar•gin•al [:jə-nəl] *adj.* marginal; [barely acceptable] mínimo
mar•i•gold [măr′ĭ-gōld′] *s.* maravilla
mar•i•jua•na/hua•na [măr′ə-wä′nə] *s.* marihuana; [hemp] cáñamo índico
ma•ri•na [mə-rē′nə] *s.* puerto deportivo
mar•i•nade [măr′ə-nād′] *s.* escabeche *m*
mar•i•nate [:nāt′] *tr.* escabechar
ma•rine [mə-rēn′] ◇ *adj.* marítimo; [life] marino ■ **~ engineer** ingeniero naval ◇ *s.* [fleet] marina; [soldier] marine, infante de marina ■ **merchant ~** marina mercante ◇ *pl.* infantería de marina
mar•i•ner [măr′ə-nər] *s.* marinero, marino
mar•i•o•nette [măr′ē-ə-net′] *s.* marioneta
mar•i•tal [măr′ĭ-tl] *adj.* matrimonial, marital ■ **~ status** estado civil
mar•i•time [măr′ĭ-tīm′] *adj.* marítimo
mar•jo•ram [mär′jər-əm] *s.* mejorana
mark[1] [märk] ◇ *s.* marca; [punctuation] signo de puntuación; [grade] nota; [indication] signo; [standard] altura; [attention] atención *f*; [target] blanco; [goal] objetivo; [reference point] señal *f*; [impression] sello DEP [starting line] línea de salida; [record] récord *m* ■ **to be off the ~** no alcanzar el fin deseado; [inaccurate] estar incorrecto; **to hit the ~** [to succeed] tener éxito [to be right] dar en el clavo; **to make one's ~** distinguirse ◇ *pl.* [appraisal] evaluación; [rating] calificación ◇ *tr.* marcar; [to draw] dibujar; [a spot] señalar; [to characterize] caracterizar; [to grade] calificar; [to heed] prestar atención ■ **to ~ down** [to write down] anotar [prices] rebajar; **to ~ off** [to demarcate] demarcar; [to note] apuntar; **to ~ time** marcar el paso; **to ~ up** [to deface] estropear; [prices] aumentar
mark[2] *s.* FIN marco
mark•down [märk′doun′] *s.* rebaja
marked [märkt] *adj.* marcado; [noticeable] notable ■ **~ man** un hombre señalado
mark•er [mär′kər] *s.* marcador *m*; *jer* [promissory note] pagaré *m*
mar•ket [mär′kĭt] ◇ *s.* mercado; [demand] salida [stock market] bolsa ■ **buyer's/seller's ~** mercado que favorece al comprador/vendedor; **foreign exchange ~** mercado de cambios; **~ economy** economía de mercado; **~ niche** nicho de mercado; **~ price** precio corriente OR de mercado; **~ research** estudio de mercado; **~ share** cuota de mercado; **~ value** valor comercial; **to be in the ~ for** querer comprar; **to be on the ~** estar en venta; **to find a ready ~** tener fácil salida; **to play the ~** jugar a la bolsa; **to put on the ~** poner en venta ◇ *tr.* vender; (*intr.*) hacer las compras
mar•ket•a•ble [:kĭ-tə-bəl] *adj.* vendible
mar•ket•er [:tər] *s.* vendedor *m*; [of new products] mercantilizador *m*
mar•ket•ing [:tĭng] *s.* comercio; [of new products] mercadeo
mar•ket•place [mär′kĭt-plās′] *s.* (plaza del) mercado [business world] mundo mercantil
mark•ing [mär′kĭng] *s.* marca; [act] marcación *f*; ZOOL pinta
marks•man [märks′mən] *s.* (*pl* **-men**) tirador *m* (al blanco)
marks•man•ship [:shĭp′] *s.* (buena) puntería
mark•up [märk′ŭp′] *s.* [of prices] aumento; [profit margin] margen *m* de ganancia bruta
mar•ma•lade [mär′mə-lād′] *s.* mermelada
ma•roon[1] [mə-ro͞on′] *tr.* abandonar; [to isolate] aislar
ma•roon[2] *s.* & *adj.* [color] marrón *m*, castaño
mar•quee [mär-kē′] *s.* [tent] tienda de campaña (grande); [of theater, hotel] marquesina
mar•quis [mär′kwĭs, mär-kē′] *s.* marqués *m*
mar•quise [mär-kēz′] *s.* marquesa
mar•riage [măr′ĭj] *s.* matrimonio; [wedding] boda, casamiento; [close union] unión *f* ■ **~ articles** contrato matrimonial; **~ certificate** partida de matrimonio; **to be related by ~** tener parentesco político; **to take in ~** contraer matrimonio con
mar•riage•a•ble [:ĭ-jə-bəl] *adj.* casadero
mar•ried [:ēd] *adj.* casado; [conjugal] conyugal ■ **~ couple** matrimonio; **~ name** apellido de casada; **to get ~** casarse
mar•row [măr′ō] *s.* médula
mar•ry [măr′ē] *tr.* [to join in marriage] casar; [to take in marriage] casarse con; [to give in marriage] dar en casamiento; [to unite] unir; (*intr.*) casarse; [to unite] unirse

■ **to ~ beneath oneself** casarse con alguien de clase inferior; **to ~ into** emparentar con
marsh [märsh] *s.* pantano; [salt] marisma
mar•shal [mär'shəl] ◇ *s.* MIL mariscal *m*; [chief] jefe ◇ *tr.* poner en orden; [to usher] acompañar ceremoniosamente ■ **to ~ (forces) against** movilizar (fuerzas) en contra de
marsh•land [märsh'lănd'] *s.* terreno pantanoso
marsh•mal•low [märsh'mel'ō, :măl'ō] *s.* bombón *m* de merengue blando
marsh•y [mär'shē] *adj.* (-i-) pantanoso
mar•su•pi•al [mär-sōō'pē-əl] *adj.* & *s.* marsupial *m*
mart [märt] *s.* mercado
mar•tial [mär'shəl] *adj.* marcial; [military] militar
mar•tyr [mär'tər] ◇ *s.* mártir *mf* ◇ *tr.* martirizar
mar•tyr•dom [:dəm] *s.* martirio
mar•vel [mär'vəl] ◇ *s.* maravilla; [astonishment] asombro ◇ *intr.* maravillarse
mar•ve•lous [:və-ləs] *adj.* maravilloso; [superb] excelente
mas•car•a [mă-skăr'ə] *s.* rimel *m*
mas•cot [măs'kŏt'] *s.* mascota
mas•cu•line [măs'kyə-lĭn] *adj.* & *s.* masculino
mas•cu•lin•i•ty ['-'ĭ-tē] *s.* masculinidad *f*
mash [măsh] ◇ *s.* malta remojada; [for animals] mezcla de granos molidos; [mixture] mezcolanza ◇ *tr.* [to crush] majar; [to grind] moler
mash•er ['ər] *s.* majador *m*
mask [măsk] ◇ *s.* máscara; [face covering] antifaz *m*, careta; [funeral] mascarilla; FOTOG ocultador *m* ◇ *tr.* [to cover] enmascarar; [to disguise] disimular; [to conceal] ocultar
masked [măskt] *adj.* enmascarado; [disguised] disfrazado ■ **~ ball** baile de máscaras
mask•ing tape [măsking tāp] *s.* cinta adhesiva opaca
mas•o•chist [măs'ə-kĭst] *s.* masoquista *mf*
mas•o•chis•tic ['-kĭs'tĭk] *adj.* masoquista
ma•son [mā'sən] *s.* [bricklayer] albañil *m*; [stonecutter] cantero ■ **Mason** masón
ma•son•ry [:rē] *s.* [trade] albañilería; [brickwork] obra de albañilería; [rubblework] mampostería; [stonework] cantería ■ **Masonry** masonería
masque [măsk] *s.* espectáculo alegórico; [masked ball] baile *m* de disfraces
mas•quer•ade [măs'kə-rād'] ◇ *s.* mascarada; [costume] disfraz *m*; [pretense] farsa ◇ *intr.* ■ **to ~ as** disfrazarse de; *fig* [to pose as] hacerse pasar por
mass [măs] ◇ *s.* masa; [large amount] montón *m*; [majority] mayor parte *f*; [physical bulk] volumen *m* ◇ *tr.* amontonar; (*intr.*) congregarse en masa ◇ *adj.* de las masas ■ **~ hysteria** histeria colectiva; **~ media** medios de comunicación de masa; **~ redundancy** despido colectivo; **~ storage** almacenamiento masivo
Mass, mass [măs] *s.* RELIG misa ■ **High/Low ~** misa mayor/rezada
mas•sa•cre [măs'ə-kər] ◇ *s.* masacre *f* ◇ *tr.* masacrar
mas•sage [mə-säzh', mə-säj'] ◇ *s.* masaje *m* ◇ *tr.* dar masajes a, masajear
mas•seur [mă-sûr'] *s.* masajista *m*
mas•seuse [mă-soez'] *s.* masajista *f*
mas•sive [măs'ĭv] *adj.* masivo; [huge] monumental
mass-pro•duce [măs'prə-dōōs'] *tr.* fabricar en gran escala
mast [măst] *s.* mástil *m*; [pole] palo
mas•tec•to•my [mă-stek'tə-mē] *s.* mastectomía
mas•ter [măs'tər] ◇ *s.* maestro; [expert] perito; [degree] maestría (título académico entre la licenciatura y el doctorado); [owner] amo; [of household] señor *m*; MARÍT capitán *m* de barco mercante ■ **Master** señorito ◇ *adj.* maestro; [main] principal; [copy] original ◇ *tr.* lograr dominar; [to overcome] superar
mas•ter•ful [:fəl] *adj.* [imperious] dominante; [skillful] hábil
mas•ter•ly [:lē] ◇ *adj.* magistral, genial ◇ *adv.* magistralmente, genialmente
mas•ter•mind [:mīnd'] ◇ *s.* genio creador y director ◇ *tr.* ser el cerebro de, dirigir
mas•ter•piece [:pēs'] *s.* obra maestra
mas•ter•y [măs'tə-rē] *s.* [skill] maestría; [rule] gobierno
mas•tiff [măs'tĭf] *s.* mastín *m*
mas•tur•bate [măs'tər-bāt'] *tr.* & *intr.* masturbar(se)
mas•tur•ba•tion ['-bā'shən] *s.* masturbación *f*
mat¹ [măt] ◇ *s.* estera; [doormat] esterilla; DEP [floor pad] colchoneta; [tangled mass] maraña ◇ *tr.* & *intr.* (-tt-) enmarañar(se)
mat² ◇ *s.* [border] marco de cartón; [finish] acabado mate ◇ *tr.* (-tt-)[a picture] poner un marco de cartón a; [glass, metal] dar un acabado mate a ◇ *adj.* mate
match¹ [măch] ◇ *s.* par *m*; [pair] juego; [marriage] matrimonio; DEP partido ■ **to be a good ~** [mate] ser un buen partido; [to harmonize] hacer juego; **to be a ~ for** poder competir con; **to meet one's ~** hallar un rival digno de uno ◇ *tr.* corresponder a; [to go with] hacer juego con; [to pit] oponer; [to equal] igualar; (*intr.*) hacer juego
match² *s.* [stick] fósforo
match•book ['bŏŏk'] *s.* sobre *m* de fósforos
match•box [:bŏks'] *s.* caja de fósforos, fosforera
match•less [măch'lĭs] *adj.* sin igual, sin par
match•mak•er [:mā'kər] *s.* casamentero
mate¹ [māt] ◇ *s.* compañero; [male] macho; [female] hembra; [buddy] socio; MARÍT piloto; [assistant] ayudante *m* ◇ *tr.* & *intr.* [to join] hermanar(se); [to marry] casar(se); ZOOL aparear(se)
mate² ◇ *s.* [chess] mate *m* (en ajedrez) ◇ *intr.* & *tr.* dar mate (a)
ma•té [mä-tā'] *s.* mate *m*
ma•te•ri•al [mə-tîr'ē-əl] ◇ *s.* material *m*; [cloth] tela ◇ *adj.* material; [noticeable] notable; [relevant] pertinente
ma•te•ri•al•ist [:ə-lĭst] *s.* materialista *mf*
ma•te•ri•al•is•tic [-'-ə-lĭs'tĭk] *adj.* materialista
ma•te•ri•al•ize [-'-ə-līz'] *tr.* materializar; (*intr.*) concretizarse; [to appear] materializarse
ma•ter•nal [mə-tûr'nəl] *adj.* maternal; [of one's mother] materno
ma•ter•ni•ty [:nĭ-tē] *s.* maternidad *f*; [motherliness] cariño maternal
math [măth] *s.* matemática(s)
math•e•mat•i•cal ['ə-măt'ĭ-kəl] *adj.* matemático
math•e•ma•ti•cian [:mə-tĭsh'ən] *s.* matemático
math•e•mat•ics [:măt'-ĭks] *s.sg.* matemática(s)
mat•i•nee/née [măt'n-ā'] *s.* matinée *f*
mat•ing [mā'tĭng] *s.* [of persons] unión *f*; [of animals] apareamiento
ma•tri•arch [mā'trē-ärk'] *s.* matriarca
ma•tri•ar•chal ['-är'kəl] *adj.* matriarcal

ma•tri•ar•chy ['-'kē] *s.* matriarcado
mat•ri•cide [măt'rĭ-sīd'] *s.* matricidio; [person] matricida *mf*
ma•tric•u•late [mə-trĭk'yə-lāt'] *tr.* & *intr.* matricular(se)
ma•tric•u•la•tion [-'-lā'shən] *s.* matriculación *f* matrícula
mat•ri•mo•ni•al [măt'rə-mō'nē-əl] *adj.* matrimonial
mat•ri•mo•ny ['-'nē] *s.* matrimonio
ma•trix [mā'trĭks] *s.* (*pl* **es** OR **-ces**) matriz *f*
ma•tron [mā'trən] *s.* matrona; [head nurse] enfermera jefe; [prison guard] celadora
ma•tron•ly [:lē] *adj.* matronal, de matrona
matte [măt] *s.* acabado mate
mat•ted [măt'ĭd] *adj.* [with mats] esterado; [tangled] enmarañado
mat•ter [măt'ər] <> *s.* materia; [concern] cuestión *f*, asunto; [approximate quantity] cosa ▪ **as a ~ of course** normalmente, por costumbre; **as a ~ of fact** de hecho; **as matters stand** tal y como están las cosas; **for that ~** en realidad; **in the ~ of** en lo tocante a; **no ~** no importa; **no ~ how** sea como sea; **no ~ how difficult** por muy difícil que sea; **no ~ what happens** pase lo que pase; **nothing's the ~** no pasa nada; **printed ~** impresos; **small ~** asunto sin importancia; **to be another ~** ser cosa aparte; **to be no laughing ~** no ser cosa de risa; **to make matters worse** para colmo de males; **what's the ~?** ¿qué pasa? <> *intr.* importar
mat•ter-of-fact ['əv-făkt'] *adj.* práctico; [factual] realista; [prosaic] prosaico
mat•ting [măt'ĭng] *s.* estera
mat•tress [măt'rĭs] *s.* colchón *m*
ma•ture [mə-chŏor', mə-tŏor'] <> *adj.* (**-er, -est**) maduro; [considered] meditado; FIN [due] pagadero <> *tr.* & *intr.* madurar; FIN [fall due] vencer
ma•tur•i•ty [:ĭ-tē] *s.* madurez *f*; FIN vencimiento ▪ **to reach ~** llegar a la madurez; FIN ser pagadero, vencer
maud•lin [môd'lĭn] *adj.* sensiblero
maul [môl] <> *s.* almádena <> *tr.* [to handle roughly] maltratar; [to injure] lacerar
mau•so•le•um [mô'sə-lē'əm] *s.* (*pl* **s** OR **-lea**) mausoleo
mauve [mōv] *s.* & *adj.* malva *m*
mav•er•ick [măv'ər-ĭk] *s.* res *f* sin marcar; [dissenter] disidente *mf*
maw [mô] *s.* [of a lion] fauces *f*; [opening] abertura profunda
mawk•ish [mô'kĭsh] *s.* sensiblero
max•im [măk'sĭm] *s.* máxima
max•i•mal [măk'sə-məl] *adj.* máximo
max•i•mize [:mīz'] *tr.* llevar al máximo
max•i•mum [măk'sə-məm] *adj.* & *s.* máximo
may [mā] *aux.* (*pret.* **might**) [permission] poder; **~ I go? yes, you ~** ¿puedo irme? sí, puedes; [possibility] ser posible (que); [wish] ojalá que ▪ **be that as it ~** sea como fuere; **come what ~** pase lo que pase; **if I ~** si me lo permite; **long ~ he live!** ¡que viva muchos años!; **~ as well** más vale que, mejor que; **~ I ...?** ¿me permite ...?
May [mā] *s.* mayo
may•be [mā'bē] *adj.* [perhaps] quizá(s); [possibly] tal vez
may•day [mā'dā'] *s.* señal *f* de socorro
may•flow•er [mā'flou'ər] *s.* espino
may•hem [mā'hem'] *s.* DER mutilación *f* criminal; [havoc] caos *m*
may•on•naise [mā'ə-nāz'] *s.* mayonesa
may•or [mā'ər] *s.* alcalde *m*
may•or•al•ty [:əl-tē] *s.* alcaldía
maze [māz] *s.* laberinto
me [mē] *pron.* me; [after preposition] mí ▪ **it's me** *fam* soy yo; **with me** conmigo
mead [mēd] *s.* aguamiel *f*, hidromel *m*
mead•ow [med'ō] *s.* pradera
mea•ger [mē'gər] *adj.* [lean] magro; [scanty] exiguo, escaso; [feeble] pobre
meal¹ [mēl] *s.* [ground grain] harina
meal² *s.* comida ▪ **~ ticket** *jer* sustento
meal•time [mēl'tīm'] *s.* hora de comer
meal•y [mē'lē] *adj.* (**-i-**) [granular] harinoso; [made of meal] de harina; [sprinkled with meal] enharinado; [pale] pálido
meal•y-mouthed [:mouthd'] *adj.* evasivo
mean¹ [mēn] *tr.* (**meant**) [to signify] querer decir; [to intend] tener la intención de; [to allude to] referirse a; [to entail] implicar ▪ **not to ~ to do something** hacer algo sin querer; **to ~ it** hablar en serio; (*intr.*) importar ▪ **to ~ well** tener buenas intenciones
mean² *adj.* inferior; [base] ruin; [stingy] tacaño; [malicious] malintencionado; *fam* [ill-tempered] de malas pulgas; *jer* [difficult] malo ▪ **to be ~ to** tratar mal a; **to play a ~ game of (chess)** *jer* ser un bárbaro en (ajedrez)
mean³ <> *s.* [middle] punto medio; MAT [average] promedio; [arithmetic] media <> *pl.* medios; [method] forma ▪ **by all ~** [of course] por supuesto; **by any ~** del modo que sea, como sea; **by ~ of** por medio de, mediante; **by no ~** [in no way] de ningún modo; **by no ~ better** nada mejor; **to live beyond one's ~** vivir por encima de las posibilidades de uno <> *adj.* medio
me•an•der [mē-ăn'dər] <> *intr.* serpentear; [to wander] vagar <> *s.* meandro
mean•ing [mē'nĭng] *s.* sentido; [intent] significado ▪ **full of ~** cargado de sentido; **what's the ~ of?** [a word] ¿qué significa?, ¿qué quiere decir?; [a look] ¿a qué viene?
mean•ing•ful [:fəl] *adj.* significativo
mean•ing•less [:lĭs] *adj.* insignificante; [senseless] sin sentido
meant [ment] ▻ **mean¹**
mean•time [mēn'tīm'] <> *s.* ínterin *m* <> *adv.* entretanto, mientras tanto
mean•while [:hwīl'] <> *s.* ínterin *m* <> *adv.* entretanto, mientras tanto
mea•sles [mē'zəlz] *s.* sarampión *m*; [German measles] rubéola
mea•sly [mēz'lē] *adj.* (**-i-**) *jer* exiguo, ínfimo
meas•ure [mezh'ər] <> *s.* medida; [unit] unidad *f* de medida; [system] sistema *m* de medidas; [limited amount] cierto; **a ~ of recognition** cierto reconocimiento; [bounds] límite *m*; [bill] proyecto de ley; MÚS compás *m* ▪ **beyond ~** sin límite; **for good ~** por añadidura; **in great ~** en gran parte; **to take the ~ of** poner a prueba <> *tr.* medir; [to estimate] estimar ▪ **to ~ off** medir; **to ~ out** repartir (midiendo); (*intr.*) ▪ **to ~ up to** estar a la altura de
meas•ured [:ərd] *adj.* acompasado; [restrained] mesurado

meas•ure•ment [:әr-mәnt] *s.* medición *f*; [unit] medida; [system] sistema *m* de medidas

meat [mēt] *s.* carne *f*; [fleshy part] parte *f* interior (de algo comestible); [essence] meollo

meat•ball [′bôl′] *s.* albóndiga

meat•y [mē′tē] *adj.* (**-i-**) carnoso, carnudo; *fig* substancioso

mec•ca [mek′ә] *s.* meca

me•chan•ic [mĭ-kăn′ĭk] *s.* mecánico ▪ **mechanics** (*sg.* OR *pl.*) FÍS mecánica; TEC mecanismo; *fig* técnica (de un arte, ciencia, sistema)

me•chan•i•cal [:ĭ-kәl] *adj.* MEC mecánico; *fig* [machinelike] maquinal

mech•a•nism [mek′ә-nĭz′әm] *s.* mecanismo

mech•a•nize [′-nīz′] *tr.* mecanizar

med•al [med′l] *s.* medalla

med•al•ist [:ĭst] *s.* DEP medallista *mf* ▪ **gold** ~ medallista de oro

me•dal•lion [mĭ-dăl′yәn] *s.* medallón *m*

med•dle [med′l] *intr.* entremeterse ▪ **to** ~ **with** manosear

med•dler [:lәr] *s.* entremetido

med•dle•some [:l-sәm] *adj.* entremetido

me•di•a [mē′dē-ә] (*pl of* **medium**) *s. pl.* medios de comunicación ▪ **advertising** ~ medios de publicidad; **broadcast** ~ medios de (radio)difusión; ~ **studies** ciencias de la información

me•di•an [mē′dē-әn] ◇ *adj.* mediano; [value] medio ◇ *s.* punto medio; [middle value] valor medio

me•di•ate [mē′dē-āt′] *tr.* ser mediador en; [to negotiate] negociar como mediador; (*intr.*) mediar

me•di•a•tion [′-ā′shәn] *s.* intervención *f*; DER [arbitration] mediación *f*

me•di•a•tor [′-′tәr] *s.* mediador *m*

med•ic [med′ĭk] *s.* médico; [surgeon] cirujano; [student] estudiante *mf* de medicina; MIL auxiliar médico

med•i•cal [:ĭ-kәl] *adj.* médico ▪ ~ **certificate** certificado médico; ~ **examiner** DER médico forense; ~ **sciences** ciencias de la salud

med•i•cate [med′ĭ-kāt′] *tr.* medicinar; [to permeate] impregnar (de sustancia medicinal)

med•i•ca•tion [′-kā′shәn] *s.* medicamento; [treatment] tratamiento médico

med•i•cine [med′ĭ-sĭn] *s.* medicina ▪ ~ **man** hechicero; **to give someone a taste of his own** ~ pagarle a alguien con la misma moneda; **to take one's** ~ atenerse a las consecuencias

me•di•e•val [mē′dē-ē′vәl, me-dē′vәl] *adj.* medieval

me•di•o•cre [mē′dē-ō′kәr] *adj.* mediocre

me•di•oc•ri•ty [:ŏk′rĭ-tē] *s.* mediocridad *f*

med•i•tate [med′ĭ-tāt′] *tr.* & *intr.* meditar; [to contemplate] contemplar

med•i•ta•tion [′-tā′shәn] *s.* meditación *f*

med•i•ta•tive [′-tā′tĭv] *adj.* meditabundo

me•di•um [mē′dē-әm] ◇ *s.* (*pl* **s** OR **-ia**) medio; [spiritualist] médium *mf* ◇ *adj.* mediano

med•ley [med′lē] *s.* mescolanza; MÚS popurrí *m*

meek [mēk] *adj.* [humble] humilde; [submissive] manso

meet [mēt] ◇ *tr.* (**met**) encontrarse con; [to be present at arrival of] recibir; [to collect] ir a buscar; [to be introduced to] conocer; [to confer with] entrevistarse con; [to join] unirse con; [to confront] hacer frente a; [a challenge] estar a la altura de; [requirements] satisfacer; [debts] pagar ▪ **to arrange to** ~ quedar con; (*intr.*) encontrarse, verse; [to join] unirse; [to contend] enfrentarse; [to make acquaintance] conocerse; [to assemble] reunirse ◇ *s.* DEP encuentro

meet•ing [mē′tĭng] *s.* reunión *f*; [rally] mitin *m*

meet•ing house [:hous′] *s.* templo

meg [meg] *s.* COMPUT mega *m*

meg•a•byte [meg′ә-bīt′] *s.* COMPUT megabyte *m*

meg•a•hertz [meg′ә-hûrtz′] *s.* megahercio

meg•a•lo•ma•ni•a [meg′ә-lō-mā′nē-ә] *s.* megalomanía

meg•a•phone [meg′ә-fōn′] *s.* megáfono

meg•a•pix•el [meg′ә-pĭk′sәl] *s.* COMPUT megapíxel *m*

meg•a•ton [:tŭn′] *s.* megatón *m*

meg•a•watt [:wŏt′] *s.* megavatio

mel•an•chol•ic [mel′әn-kŏl′ĭk] *adj.* melancólico

mel•an•chol•y [′-′ē] ◇ *s.* melancolía ◇ *adj.* melancólico; [depressing] triste

meld [meld] *tr.* & *intr.* fusionar(se)

me•lee, mê•lée [mā′lā′] *s.* refriega; [tumult] tumulto

mel•lif•lu•ous [mә-lĭf′lo͞o-әs] *adj.* melifluo

mel•low [mel′ō] ◇ *adj.* (**-er, -est**) maduro; [wine] añejo; [tone] dulce; [relaxed] reposado ◇ *tr.* & *intr.* madurar; [wine] añejar(se); *fig* suavizar(se)

me•lod•ic [mә-lŏd′ĭk] *adj.* melódico

me•lo•di•ous [mә-lō′dē-әs] *adj.* melodioso

mel•o•dra•ma [mel′ә-drä′mә] *s.* melodrama *m*

mel•o•dra•mat•ic [′-drә-măt′ĭk] *adj.* melodramático ▪ **melodramatics** (*s.pl.*) teatralidad *f*

mel•o•dy [mel′ә-dē] *s.* melodía

mel•on [mel′әn] *s.* melón *m*

melt [melt] *intr.* derretirse; [to dissolve] disolverse; [to vanish] desvanecerse; [to merge] fusionarse; [to soften] ablandarse; (*tr.*) derretir; [to dissolve] disolver; [to soften] ablandar

melt•down [′doun′] *s.* fusión *f* del núcleo de un reactor nuclear

mem•ber [mem′bәr] *s.* miembro, socio

mem•ber•ship [:shĭp′] *s.* [of group] calidad *f* de miembro, afiliación *f*; [number] (número total de) socios OR miembros

mem•brane [mem′brān′] *s.* membrana

me•men•to [mә-men′tō] *s.* (*pl* **(e)s**) recuerdo

mem•o [mem′ō] *s.* memorándum *m*

mem•oir [mem′wär′] ◇ *s.* (auto)biografía ◇ *pl.* memorias

mem•o•ra•bil•i•a [mem′әr-ә-bĭl′ē-ә] *s. pl.* eventos memorables; [mementos] recuerdos

mem•o•ra•ble [′-bәl] *adj.* memorable

mem•o•ran•dum [mem′ә-răn′dәm] *s.* (*pl* **s** OR **-da**) nota; [communiqué] memorándum *m*

me•mo•ri•al [mә-môr′ē-әl] ◇ *s.* monumento conmemorativo; [petition] memorial *m* ◇ *adj.* conmemorativo

mem•o•rize [mem′ә-rīz′] *tr.* memorizar

mem•o•ry [:rē] *s.* memoria; [recollection] recuerdo ▪ **from** ~ de memoria; **if my** ~ **serves me** si no me falla la memoria; **to commit to** ~ aprender de memoria

men [men] ▻ **man**

men•ace [men′ĭs] ◇ *s.* amenaza; [annoying person] pesado ◇ *tr.* & *intr.* amenazar

me•nag•er•ie [mә-năj′ә-rē] *s.* colección *f* de animales salvajes

mend [mend] ◇ *tr.* remendar; [to reform] reformar ▪ **to** ~ **one's ways** enmendarse; (*intr.*) sanar ◇ *s.* remiendo ▪ **to be on the** ~ ir mejorando

M

men•da•cious [men-dā'shəs] *adj.* mendaz
men•dac•i•ty [:dăs'ĭ-tē] *s.* mendacidad *f*
men•di•cant [men'dĭ-kənt] <> *adj.* mendicante <> *s.* [beggar] mendigo; RELIG mendicante *mf*
men•folk(s) [men'fōk[s]'] *s. pl.* hombres *m*
me•ni•al [mē'nē-əl] <> *adj.* doméstico; [servile] servil <> *s.* criado
men•in•gi•tis [men'ĭn-jī'tĭs] *s.* meningitis *f*
men•o•pause [men'ə-pôz'] *s.* menopausia
men•stru•al [men'stro͞o-əl] *adj.* menstrual
men•stru•ate [:āt'] *intr.* menstruar
men•stru•a•tion ['-ā'shən] *s.* menstruación *f*
mens•wear [menz'wâr'] *s.* ropa para hombres
men•tal [men'tl] *adj.* mental; [hospital] psiquiátrico ▪ **~ derangement** alienación mental
men•tal•i•ty [men-tăl'ĭ-tē] *s.* mentalidad *f;* [attitude] modo de pensar
men•thol [men'thôl'] *s.* mentol *m*
men•tho•lat•ed [:thə-lā'tĭd] *adj.* mentolado
men•tion [men'shən] <> *tr.* mencionar <> *s.* mención *f*
men•u [men'yo͞o, mā'nyo͞o] *s.* menú *m*, carta ▪ **~ bar** COMPUT barra de menús
me•ow [mē-ou'] <> *s.* maullido <> *intr.* maullar
mer•can•tile [mûr'kən-tēl', :tīl'] *adj.* mercantil
mer•ce•nar•y [mûr'sə-ner'ē] *adj.* & *s.* mercenario
mer•chan•dise [mûr'chən-dīs'] <> *s.* mercancía, mercadería <> *tr.* [:dīz'] comerciar
mer•chant [mûr'chənt] <> *s.* mercader *m*, comerciante *mf;* [shopkeeper] tendero <> *adj.* mercante
mer•chant•man [:mən] *s.* (*pl* **-men**) buque *m* mercante
mer•ci•ful [mûr'sĭ-fəl] *adj.* misericordioso
mer•ci•less [:lĭs] *adj.* despiadado
mer•cu•ri•al [mər-kyo͝or'ē-əl] *adj.* volátil; QUÍM mercurial
mer•cu•ro•chrome [:ə-krōm'] *s.* mercurocromo
mer•cu•ry [mûr'kyə-rē] *s.* mercurio
mer•cy [mûr'sē] *s.* clemencia; [compassion] misericordia; [relief] alivio ▪ **~ killing** eutanasia; **to be at the ~ of** estar a (la) merced de; **to have ~ on** tener piedad de
mere [mîr] *adj.* [simple] puro; [no more than] no más que; **he is a ~ employee** no es más que un empleado
mere•ly ['lē] *adv.* simplemente; [no more than] no más que; **she's ~ an assistant** no es más que una ayudanta
mer•e•tri•cious [mer'ĭ-trĭsh'əs] *adj.* [gaudy] llamativo; [insincere] engañoso
merge [mûrj] *tr.* & *intr.* unir(se); COM fusionar(se)
merg•er [mûr'jər] *s.* unión *f;* COM fusión *f*
me•rid•i•an [mə-rĭd'ē-ən] <> *s.* meridiano; [apex] cenit *m* <> *adj.* meridiano
me•ringue [mə-răng'] *s.* merengue *m*
mer•it [mer'ĭt] <> *s.* mérito; [advantage] ventaja ▪ **~ raise** aumento (de sueldo) por excelencia; **on one's merits** según las cualidades de uno <> *pl.* DER fondo <> *tr.* & *intr.* merecer
mer•maid [mûr'mād'] *s.* sirena
mer•ri•ment [mer'ĭ-mənt] *s.* alegría; [amusement] diversión *f*
mer•ry [mer'ē] *adj.* (-i-) alegre; [entertaining] divertido; [brisk] ligero ▪ **Merry Christmas** Feliz Navidad; **to make ~** divertirse
mer•ry-go-round [:gō-round'] *s.* tiovivo; [whirl] remolino
mer•ry•mak•ing [:mā'kĭng] *s.* juerga
mes•cal [me-skăl'] *s.* mezcal *m;* [liquor] aguardiente *m* de mezcal
mes•ca•line [mes'kə-lēn'] *s.* mescalina
mesh [mesh] <> *s.* malla; [of gears] engranaje *m* <> *pl.* malla; [snares] redes <> *tr.* enredar ▪ **to ~ together** enlazar; (*intr.*)[to become entangled] enredarse; MEC engranar; [to harmonize] encajar
mes•mer•ize [mez'mə-rīz'] *tr.* hipnotizar; [to enthrall] cautivar
mes•quite [me-skēt'] *s.* mezquite *m*
mess [mes] <> *s.* desorden *m;* [dirty condition] asquerosidad *f;* [difficulty] lío; [serving] ración *f;* [meal] rancho ▪ **~ hall** comedor <> *tr.* ▪ **to ~ up** OR **make a ~ of** [to soil] ensuciar; [to disarrange] desordenar, desarreglar; [to spoil] echar a perder; (*intr.*) ▪ **to ~ around** *fam* entretenerse; **to ~ with** *fam* molestar
mes•sage [mes'ĭj] *s.* mensaje *m*
mes•saging [mes'ə-jĭng] *s.* mensajería
mes•sen•ger [mes'ən-jər] *s.* mensajero
mess•y [mes'ē] *adj.* (-i-) desordenado; [filthy] asqueroso; [slovenly] desaseado; [complicated] complicado
met [met] ▻ **meet**
met•a•bol•ic [met'ə-bŏl'ĭk] *adj.* metabólico
me•tab•o•lism [mə-tăb'ə-lĭz'əm] *s.* metabolismo
met•al [met'l] *s.* metal *m;* [mettle] temple *m* ▪ **~ detector** detector *m* de metales
me•tal•lic [mə-tăl'ĭk] *adj.* metálico
met•al•lur•gy [met'l-ûr'jē] *s.* metalurgia
met•al•work [:wûrk'] *s.* [craft] metalistería; [things] objetos de metal
met•a•mor•phose [met'ə-môr'fōz', :fōs'] *tr.* & *intr.* metamorfosear(se)
met•a•mor•pho•sis [:fə-sĭs] *s.* (*pl* **-ses**) metamorfosis *f*
met•a•phor [met'ə-fôr'] *s.* metáfora
met•a•phor•i•cal ['-'ĭ-kəl] *adj.* metafórico
met•a•phys•i•cal [met'ə-fĭz'ĭ-kəl] *adj.* metafísico
met•a•phys•ics [:ĭks] *s.sg.* metafísica
mete [mēt] *tr.* ▪ **to ~ out** repartir
me•te•or [mē'tē-ər] *s.* meteoro
me•te•or•ic ['-ôr'ĭk] *adj.* meteórico
me•te•or•ite ['-ə-rīt'] *s.* meteorito
me•te•or•o•log•i•cal [mē'tē-ə-rə-lŏj'ĭ-kəl] *adj.* meteorológico
me•te•or•ol•o•gist [:rŏl'ə-jĭst] *s.* meteorólogo, meteorologista *mf*
me•te•or•ol•o•gy [:jē] *s.* meteorología
me•ter [mē'tər] *s.* [measurement, verse] metro; [device] contador *m;* MÚS compás *m*
meth•ane [meth'ān'] *s.* metano
meth•od [meth'əd] *s.* método; [order] orden *m*
me•thod•ic/i•cal [mə-thŏd'ĭk] *adj.* metódico
meth•od•ol•o•gy [meth'ə-dŏl'ə-jē] *s.* metodología
meth•yl [meth'əl] *s.* metilo
me•tic•u•lous [mə-tĭk'yə-ləs] *adj.* meticuloso; [overscrupulous] minucioso
mé•tier [mā-tyā'] *s.* especialidad *f*
me•tre [mē'tər] GB = **meter**
met•ric [met'rĭk] *adj.* métrico
met•ro•nome [met'rə-nōm'] *s.* metrónomo
me•trop•o•lis [mə-trŏp'ə-lĭs] *s.* metrópoli *f*
met•ro•pol•i•tan [met'rə-pŏl'ĭ-tn] *adj.* metropolitano
met•tle [met'l] *s.* [character] entereza; [courage] temple *m* ▪ **on one's ~** puesto a prueba

mew¹ [myōō] *s.* [small street] callejuela
mew² ◇ *intr.* maullar ◇ *s.* maullido
mewl [myōōl] *intr.* lloriquear
mez•za•nine [mez'ə-nēn'] *s.* entresuelo
mi•as•ma [mī-ăz'mə] *s.* miasma *m*
mice [mīs] ▻ **mouse**
mi•cro [mī'krō] *s. fam* microcomputadora
mi•crobe [mī'krōb'] *s.* microbio
mi•cro•bi•ol•o•gy [mī'krō-bī-ŏl'əjē] *s.* microbiología
mi•cro•bus ['-bŭs'] *s.* microbús *m*
mi•cro•busi•ness [mī'krō-bĭz'nĭs] *s.* microempresa
mi•cro•chip [mī'krō-chĭp'] *s.* microplaqueta
mi•cro•cir•cuit [:sûr'kĭt] *s.* microcircuito
mi•cro•com•put•er [:kəm-pyōō'tər] *s.* microordenador *m*
mi•cro•cosm [mī'krə-kŏz'əm] *s.* microcosmo
mi•cro•cred•it [mī'krō-kred'ĭt] *s.* microcrédito
mi•cro•ec•o•nom•ics [mī'krō-ek'ə-nŏm'ĭks] *s.sg.* microeconomía
mi•cro•enter•prise [mī'krō-en'tər-prīz'] *s.* microempresa
mi•cro•fiche ['-fēsh'] *s.* (*pl* **inv.** OR **s**) microficha
mi•cro•film [mī'krə-fĭlm'] ◇ *s.* microfilm *m* ◇ *tr.* reproducir en microfilm
mi•cro•light [mī'krō-līt'] *s.* ultraligero
mi•cron [mī'krŏn'] *s.* (*pl* **s** OR **-cra**) micrón *m*
mi•cro•or•gan•ism [mī'krō-ôr'gə-nĭz'əm] *s.* microorganismo
mi•cro•phone [mī'krə-fōn'] *s.* micrófono
mi•cro•proc•es•sor [mī'krō-prŏs'es-ər] *s.* microprocesador *m*
mi•cro•scope [mī'krə-skōp'] *s.* microscopio
mi•cro•scop•ic/i•cal ['-skŏp'ĭk] *adj.* microscópico
mi•cro•sur•ger•y [mī'krō-sûr'jə-rē] *s.* microcirugía
mi•cro•wave [mī'krə-wāv'] *s.* microonda; [oven] microondas *m* ▪ ~ **oven** horno microondas
mid¹ [mĭd] *adj.* medio ▪ **in mid-April** a mediados de abril; **in mid-course** a media carrera
mid² *prep.* POÉT en medio de
mid•air [mĭd'âr'] *s.* punto en medio del aire ▪ ~ **collision** AVIA choque en pleno vuelo
mid•day [:dā'] *s.* mediodía *m*
mid•dle [mĭd'l] ◇ *adj.* medio; [intermediate] intermedio ▪ **Middle Ages** Edad Media; ~ **ground** punto de vista intermedio ◇ *s.* medio; [waist] cintura ▪ **in the** ~ **of** en medio de
mid•dle-aged ['-ājd'] *adj.* de edad madura
mid•dle-class [:klăs'] *adj.* de la clase media
mid•dle•man ['-măn'] *s.* (*pl* **-men**) intermediario
mid•dle-of-the-road ['-əv-*th*ə-rōd'] *adj.* moderado
mid•dle•weight ['-wāt'] *s.* DEP peso medio
mid•dling [mĭd'lĭng] *adj.* [medium] mediano; [mediocre] ordinario
midg•et [mĭj'ĭt] *s.* [person] enano; [object] objeto pequeño
mid•land [mĭd'lənd] *s.* región *f* central
mid•night [:nīt'] *s.* medianoche *f* ▪ **to burn the** ~ **oil** quemarse las cejas OR pestañas
mid•point [:point'] *s.* punto céntrico
mid•riff [:rĭf'] *s.* abdomen *m* superior
mid•sec•tion [:sek'shən] *s.* sección media
mid•ship [:shĭp'] *adj.* del medio del barco
midst [mĭdst] ◇ *s.* medio ▪ **in our** ~ entre nosotros; **in the** ~ **of** en medio de ◇ *prep.* entre, en medio de
mid•stream [mĭd'strēm'] *s.* pleno río
mid•sum•mer [:sŭm'ər] *s.* pleno verano; [summer solstice] solsticio de verano
mid•term [:tûrm'] *s.* mitad *f* del semestre; [exam] examen *m* parcial
mid•town [:toun'] *s.* centro de una ciudad
mid•way [:wā'] ◇ *s.* avenida central (de una feria o exposición) ◇ *adv.* & *adj.* a mitad OR medio del camino
mid•week [:wēk'] *s.* medio de la semana
mid•wife [:wīf'] (*pl* **-ves**) ◇ *s.* comadrona, partera ◇ *tr.* (**-f-** OR **-v-**) partear
mid•wife•ry [:wīf'rē, :wĭf'-] *s.* partería
mid•win•ter [:wĭn'tər] *s.* pleno invierno; [winter solstice] solsticio de invierno
mid•year [:yîr'] *s.* mitad *f* del año; [exam] examen *m* parcial de mitad del año
mien [mēn] *s.* [bearing] porte *m*; [aspect] aspecto
miff [mĭf] *tr.* disgustar
might¹ [mīt] *s.* fuerzas
might² *aux.* (*pret. de* **may**) poder; **she** ~ **help if she knew the truth** ella podría ayudar si supiera la verdad; ser posible que; **it** ~ **rain** es posible que llueva
might•y [mī'tē] ◇ *adj.* (**-i-**) poderoso; [imposing] imponente ◇ *adv. fam* extremadamente
mi•graine [mī'grān'] *s.* jaqueca, migraña
mi•grant [mī'grənt] ◇ *s.* emigrante *mf*; [worker] trabajador *m* ambulante ◇ *adj.* migratorio
mi•grate [mī'grāt'] *intr.* emigrar
mi•gra•tion [mī-grā'shən] *s.* migración *f*
mi•gra•to•ry [mī'grə-tôr'ē] *adj.* migratorio
mike [mīk] *s. fam* micrófono
mild [mīld] *adj.* suave; [in character] apacible; [climate] templado; [lenient] poco severo; [cold, cough] leve
mildew [mĭl'dōō'] ◇ *s.* moho ◇ *tr.* & *intr.* enmohecer(se)
mile [mīl] *s.* milla ▪ **to be off by a** ~ estar lejos de la cuenta
mile•age [mī'lĭj] *s.* distancia en millas; [miles traveled] recorrido en millas; [allowance] gastos de viaje (pagados por millas); *fam* [usefulness] rendimiento, utilidad *f*
mile•stone [mīl'stōn'] *s.* piedra miliaria; [event] hito
mi•lieu [mēl-yōō'] *s.* ambiente *m*
mil•i•tan•cy [mĭl'ĭ-tn-sē] *s.* belicosidad *f*
mil•i•tant [:tnt] *adj.* & *s.* militante *mf*
mil•i•ta•ris•tic ['-tə-rĭs'tĭk] *adj.* militarista
mil•i•ta•rize ['-tə-rīz'] *tr.* militarizar
mil•i•tar•y [:ter'ē] ◇ *adj.* militar ◇ *s.* los militares, las fuerzas armadas
mil•i•tate [:tāt'] *intr.* militar
mi•li•tia [mə-lĭsh'ə] *s.* milicia
mi•li•tia•man [:mən] *s.* (*pl* **-men**) miliciano
milk [mĭlk] ◇ *s.* leche *f* ▪ **chocolate** ~ leche con chocolate; ~ **products** productos lácteos; ~ **shake** batido de leche; **there's no point crying over spilled** ~ a lo hecho, pecho; **powdered** ~ leche en polvo; **skim** ~ leche desnatada; **whole** ~ leche entera ◇ *tr.* ordeñar; [to draw out] sacar ▪ **to** ~ **dry** exprimir como una naranja
milk•weed ['wēd'] *s.* algodoncillo
milk•y [mĭl'kē] *adj.* (**-i-**) lechoso ▪ **Milky Way** Vía Láctea
mill [mĭl] ◇ *s.* molino; [for spices, coffee] molinillo; [factory] fábrica ▪ **run of the** ~ corriente y moliente;

M

to go through the ~ aprender a golpes ◇ *tr.* moler; [to process] tratar; (*intr.*) arremolinarse

mil•len•ni•um [mə-lĕn'ē-əm] *s.* (*pl* **s** OR **-ia**) milenio; RELIG reinado de los mil años; [golden age] época de paz y prosperidad

mill•er [mĭl'ər] *s.* molinero

mil•li•gram [mĭl'ə-grăm'] *s.* miligramo

mil•li•li•ter [:lə'tər] *s.* mililitro

mil•li•me•ter [:mē'tər] *s.* milímetro

mil•li•ner [mĭl'ə-nər] *s.* sombrerero

mil•li•ner•y [:ner'ē] *s.* sombrerería de señoras

mil•lion [mĭl'yən] *s.* (*pl* **inv.** OR **s**) millón *m*

mil•lion•aire [mĭl'yə-nâr'] *s.* millonario

mil•li•pede [mĭl'ə-pēd'] *s.* milpiés *m*

mill•stone [mĭl'stōn'] *s.* piedra de molino

mime [mīm] ◇ *s.* pantomima; [performer] pantomimo ◇ *tr.* [to mimic] remedar; [to pantomime] hacer una pantomima de; (*intr.*) actuar en pantomima

mim•ic [mĭm'ĭk] ◇ *tr.* (**-ck-**) remedar; [resemble] simular ◇ *s.* pantomimo; [impersonator] imitador *m*; [copy] imitación *f*

mim•ic•ry [:ĭ-krē] *s.* mímica; BIOL mimetismo

mi•mo•sa [mĭ-mō'sə] *s.* mimosa

mince [mĭns] *tr.* [meat] picar ■ **he doesn't ~ his words** no tiene pelos en la lengua

mince•meat ['mēt'] *s.* mezcla de fruta picada y especias ■ **to make ~ of** *jer* hacer trizas a

minc•ing [mĭn'sĭng] *adj.* remilgado

mind [mīnd] ◇ *s.* mente *f*; [intelligence] inteligencia; [intellect] cerebro; [memory] memoria; [psychology] psicología; [opinion] opinión *f*; [attention] atención *f* ■ **to be in one's right ~** estar uno en sus cabales; **to be out of one's ~** haber perdido el juicio; **to bring to ~** recordar; **to change one's ~** cambiar de opinión OR idea; **nothing comes to ~** no se me ocurre nada; **it never crossed my ~** ni se me ocurrió; **to have a (good) ~ to** estar dispuesto a; **to have in ~** tener en mente; **to know one's (own) ~** saber lo que uno quiere; **to lose one's ~** perder la razón; **to make up one's ~** decidirse; **to my ~** a mi parecer; **to set one's ~ on** meterse en la cabeza; **to speak one's ~** hablar con franqueza ◇ *tr.* [to heed] prestar atención a; [to obey] obedecer; [to watch out for] tener cuidado con; [to dislike] molestar; **they do not ~ the cold** no les molesta el frío; [to look after] cuidar ■ **~ your own business!** ¡no te entrometas!; **not to ~** no tener inconveniente; (*intr.*)[to give heed] prestar atención; [to obey] obedecer; [to care] importar ■ **never ~** no importa, da igual; **I don't ~** me da igual; **do you ~ if ...?** ¿le importa si ...?

mind•ed [mīn'dĭd] *adj.* de mentalidad; **commercially ~** de mentalidad mercantil; [disposed toward] dispuesto

mind•ful [mīnd'fəl] *adj.* atento

mind•less [:lĭs] *adj.* estúpido; [senseless] sin sentido; [careless] descuidado

mind•set [:set'] *s.* mentalidad *f*

mine[1] [mīn] ◇ *s.* mina ■ **~ detector** detector de minas; **land ~** mina terrestre ◇ *tr.* extraer; [to put mines in] minar, poner minas en ■ **to ~ for** buscar

mine[2] *pron.* (el) mío

mine•field [mīn'fēld'] *s.* campo de minas

min•er [mī'nər] *s.* minero

min•er•al [mĭn'ər-əl] *s.* & *adj.* mineral *m* ■ **~ water** agua mineral

min•gle [mĭng'gəl] *tr.* & *intr.* mezclar(se)

min•i [mĭn'ē] *s.* mini *mf*

min•i•a•ture [:ə-chŏŏr', :ə-chər] ◇ *s.* miniatura ◇ *adj.* en miniatura

min•i•a•tur•ize [:ə-chə-rīz'] *tr.* miniaturizar

min•i•bike [:bīk'] *s.* pequeña motocicleta

min•i•bus [:bŭs'] *s.* microbús *m*

min•i•com•put•er ['-kəm-pyōō'tər] *s.* minicomputadora

min•i•mal [mĭn'ə-məl] *adj.* & *s.* mínimo

min•i•mize [:mīz'] *tr.* minimizar

min•i•mum [:məm] *s.* & *adj.* (*pl* **s** OR **-ma**) mínimo ■ **~ wage** salario mínimo interprofesional

min•ing [mī'nĭng] *s.* minería; MIL minado, siembra de minas

min•ion [mĭn'yən] *s.* favorito; [sycophant] paniaguado; [subordinate] subordinado

min•is•ter [mĭn'ĭ-stər] ◇ *s.* ministro ■ **Prime Minister** primer ministro ◇ *intr.* ■ **to ~ to** atender a, cuidar de

min•is•te•ri•al ['-stîr'ē-əl] *adj.* POL ministerial; RELIG pastoral

min•is•try ['-strē] *s.* POL ministerio; RELIG sacerdocio ■ **to enter the ~** hacerse clérigo

mink [mĭngk] *s.* (*pl* **inv.** OR **s**) visón *m*

min•now [mĭn'ō] *s.* (*pl* **inv.** OR **s**) pez pequeño

mi•nor [mī'nər] ◇ *adj.* menor; [not serious] pequeño; [secondary] de poca importancia; [in age] menor de edad ◇ *s.* menor *mf* de edad; EDUC especialización secundaria ◇ *intr.* ■ **to ~ in** EDUC estudiar como especialización secundaria

mi•nor•i•ty [mə-nôr'ĭ-tē, mī-] *s.* minoría

mi•nor-league [mī'nər-lēg'] *adj.* *fam* de importancia secundaria

min•ster [mĭn'stər] *s.* GB iglesia de un monasterio; [cathedral] catedral *f*

min•strel [mĭn'strəl] *s.* trovador *m*; [performer] cantor y actor cómico

mint[1] [mĭnt] ◇ *s.* casa de moneda; [fortune] fortuna ◇ *tr.* acuñar; [to invent] idear ◇ *adj.* sin usar ■ **in ~ condition** como nuevo

mint[2] *s.* BOT menta, hierbabuena; [candy] (pastilla de) menta

min•u•et [mĭn'yōō-et'] *s.* minué *m*

mi•nus [mī'nəs] ◇ *prep.* MAT menos; *fam* [without] sin ◇ *adj.* MAT negativo ◇ *s.* MAT (signo) menos *m*

min•us•cule [mĭn'ə-skyōōl'] ◇ *s.* minúscula ◇ *adj.* minúsculo

min•ute[1] [mĭn'ĭt] ◇ *s.* minuto; [moment] momento ■ **any ~** de un momento a otro; **at the last ~** a última hora; **just a ~!** ¡un momento!; **~ hand** minutero; **the ~ something happens** en cuanto algo suceda; **this (very) ~** ahora mismo; **to take a ~ to** detenerse un momento a ◇ *pl.* acta

mi•nute[2] [mī-nōōt', mĭ-] *adj.* diminuto; [insignificant] insignificante; [thorough] minucioso

min•ute•man [mĭn'ĭt-măn'] *s.* (*pl* **-men**) miliciano (en la guerra de independencia de EE.UU.)

mi•nu•ti•a [mĭ-nōō'shē-ə] *s.* (*pl* **-iae**) minucias

minx [mĭngks] *s.* joven coqueta OR descarada

mir•a•cle [mĭr'ə-kəl] *s.* milagro; *fig* maravilla

mi•rac•u•lous [mĭ-răk'yə-ləs] *adj.* milagroso

mi•rage [mĭ-räzh'] *s.* espejismo

mire [mīr] ◇ *s.* lodazal *m*; [mud] fango ◇ *tr.* & *intr.* atascar(se)

mir•ror [mĭr′ər] ◇ *s.* espejo ◇ *tr.* reflejar
mirth [mûrth] *s.* alegría; [laughter] hilaridad *f*
mirth•less [:lĭs] *adj.* sin alegría
mis•ad•ven•ture [mĭs′əd-ven′chər] *s.* desventura
mis•ad•vise [:əd-vīz′] *tr.* aconsejar mal
mis•a•ligned [:ə-līnd′] *adj.* mal alineado
mis•a•lign•ment [:līn′mənt] *s.* desalineación *f*
mis•an•throp•ic [′-thrŏp′ĭk] *adj.* misantrópico
mis•an•thro•pist [mĭs-ăn′thrə-pĭst] *s.* misántropo
mis•an•thro•py [:pē] *s.* misantropía
mis•ap•pli•ca•tion [mĭs-ăp′lĭ-kā′shən] *s.* mala aplicación; [misuse] uso indebido
mis•ap•ply [′ə-plī′] *tr.* aplicar mal
mis•ap•pre•hend [mĭs-ăp′rĭ-hend′] *tr.* comprender mal
mis•ap•pre•hen•sion [:hen′shən] *s.* malentendido
mis•ap•pro•pri•ate [mĭs′ə-prō′prē-āt′] *tr.* apropiar erróneamente; [to embezzle] malversar
mis•ap•pro•pri•a•tion [′-′-ā′shən] *s.* malversación *f*
mis•be•got•ten [mĭs′bĭ-gŏt′n] *adj.* ilegítimo; [ill-conceived] mal concebido
mis•be•have [:hāv′] *intr.* portarse mal
mis•be•hav•ior [:yər] *s.* mala conducta
mis•cal•cu•late [mĭs-kăl′kyə-lāt′] *tr.* & *intr.* calcular mal
mis•cal•cu•la•tion [-′-lā′shən] *s.* cálculo erróneo; [mistake] error *m*
mis•call [mĭs-kôl′] *tr.* llamar erróneamente
mis•car•riage [mĭs-kăr′ĭj] *s.* MED aborto espontáneo; [failure] ■ ~ **of justice** error judicial
mis•car•ry [:ē] *intr.* [to fail] malograrse; MED abortar (espontáneamente)
mis•cel•la•ne•ous [mĭs′ə-lā′nē-əs] *adj.* misceláneo ■ ~ **assortment** surtido variado
mis•cel•la•ny [′-′nē] *s.* miscelánea
mis•chance [mĭs-chăns′] *s.* infortunio; [bad luck] mala suerte
mis•chief [mĭs′chĭf] *s.* [damage] daño; [prank] travesura; [perverseness] malicia
mis•chie•vous [:chə-vəs] *adj.* malicioso; [playful] travieso; [troublesome] molesto
mis•clas•si•fy [mĭs-klăs′ə-fī′] *tr.* clasificar incorrectamente
mis•con•ceive [′kən-sēv′] *tr.* interpretar incorrectamente
mis•con•cep•tion [:sep′shən] *s.* concepto erróneo
mis•con•duct [mĭs-kŏn′dŭkt] *s.* mala conducta; [mismanagement] mala administración
mis•con•strue [′kən-stro͞o′] *tr.* interpretar mal
mis•count ◇ *tr.* & *intr.* [mĭs-kount′] contar mal ◇ *s.* [′kount′] recuento erróneo
mis•cre•ant [mĭs′krē-ənt] ◇ *s.* malhechor *m* ◇ *adj.* bellaco
mis•cue [mĭs-kyo͞o′] ◇ *s.* pifia ◇ *intr.* pifiar
mis•deal ◇ *tr.* & *intr.* (**-dealt**) [mĭs-dēl′] repartir mal (los naipes) ◇ *s.* [′dēl′] reparto erróneo
mis•deed [mĭs-dēd′] *s.* fechoría
mis•de•mean•or [′dĭ-mē′nər] *s.* [misdeed] fechoría; DER delito menor
mis•di•ag•nose [mĭs-dī′əg-nōs′] *tr.* diagnosticar incorrectamente
mis•di•rect [mĭs′dĭ-rekt′] *tr.* dirigir erradamente
mis•di•rec•tion [:rek′shən] *s.* mala dirección
mi•ser [mī′zər] *s.* avaro
mis•er•a•ble [mĭz′ər-ə-bəl] *adj.* [unhappy] desdichado; [disagreeable] desagradable; [mean] abyecto; [inadequate] miserable; [inferior] de mala calidad
mi•ser•ly [mī′zər-lē] *adj.* avariento
mis•er•y [mĭz′ə-rē] *s.* miseria; [unhappiness] desdicha
mis•file [:fīl′] *tr.* archivar mal
mis•fire [:fīr′] ◇ *intr.* fallar ◇ *s.* [′fīr′] fallo de encendido; *fig* fracaso
mis•fit [′fĭt′] *s.* cosa OR prenda que encaja OR cae mal; [person] persona inadaptada
mis•for•tune [mĭs-fôr′chən] *s.* mala suerte; [mischance] infortunio
mis•giv•ing [:gĭv′ĭng] *s.* duda
mis•gov•ern [:gŭv′ərn] *tr.* gobernar mal
mis•guide [:gīd′] *tr.* dirigir mal
mis•guid•ed [:gī′dĭd] *adj.* descaminado
mis•han•dle [:hăn′dl] *tr.* [to botch] manejar mal; [to maltreat] maltratar
mis•hap [′hăp′] *s.* desgracia
mish•mash [mĭsh′măsh′] *s.* revoltijo
mis•i•den•ti•fy [mĭs′ī-den′tə-fī′] *tr.* identificar mal OR erróneamente
mis•in•form [:ĭn-fôrm′] *tr.* informar mal
mis•in•for•ma•tion [-′fər-mā′shən] *s.* información errónea
mis•in•ter•pret [′-tûr′prĭt] *tr.* interpretar mal
mis•in•ter•pre•ta•tion [-′prĭ-tā′shən] *s.* mala interpretación
mis•judge [mĭs-jŭj′] *tr.* & *intr.* juzgar mal
mis•judg(e)•ment [:mənt] *s.* juicio equivocado
mis•la•bel [mĭs-lā′bəl] *tr.* clasificar mal
mis•lay [:lā′] *tr.* (**-laid**) perder
mis•lead [:lēd′] *tr.* (**-led**) descaminar; [to deceive] engañar
mis•lead•ing [:lē′dĭng] *adj.* engañoso
mis•led [:led′] ▻ **mislead**
mis•man•age [:măn′ĭj] *tr.* administrar mal
mis•man•age•ment [:mənt] *s.* mala administración
mis•mar•riage [mĭs-măr′ĭj] *s.* matrimonio desacertado
mis•match [:măch′] ◇ *tr.* emparejar mal ◇ *s.* [′măch′] emparejamiento mal hecho
mis•name [mĭs-nām′] *tr.* dar un nombre poco adecuado
mis•no•mer [:nō′mər] *s.* nombre poco apto
mi•sog•y•ny [mĭ-sŏj′ə-nē] *s.* misoginia
mis•per•ceive [mĭs′pər-sēv′] *tr.* percibir mal
mis•place [mĭs-plās′] *tr.* [to mislay] colocar fuera de su lugar; [to lose] extraviar; [to bestow mistakenly] otorgar indebidamente
mis•print [mĭs′prĭnt′] *s.* error *m* de imprenta
mis•pro•nounce [′prə-nouns′] *tr.* & *intr.* pronunciar mal OR incorrectamente
mis•quote [-kwōt′] *tr.* citar incorrectamente
mis•read [:rēd′] *tr.* (**-read**) leer mal; [to misinterpret] interpretar mal
mis•rep•re•sent [:rep′rĭ-zent′] *tr.* tergiversar
mis•rep•re•sen•ta•tion [:zen-tā′shən] *s.* [distortion] tergiversación *f*; [fraud] representación fraudulenta
mis•rule [mĭs-ro͞ol′] ◇ *tr.* desgobernar ◇ *s.* desgobierno
miss[1] [mĭs] ◇ *tr.* perder; [a shot] errar; [not to meet] no encontrar; [not to see] no ver; [not to perceive] no darse cuenta de; [not to achieve] no conseguir; [to regret the

absence of] echar de menos, extrañar ▪ **to ~ one's turn** perder el turno; **to ~ out on** perderse; **to ~ the boat** *fam* írsele a uno el tren; **to ~ the mark** equivocarse; **to ~ the point** no comprender; **you can't ~ it** lo encontrarás fácilmente; (*intr.*) fallar ▪ **to be missing** faltar; **you can't ~** *fam* no hay forma de perder ◇ *s.* fallo; [failure] fracaso

miss² *s.* señorita ▪ **Miss Brown** la señorita Brown

mis•shap•en [mĭs-shā'pən] *adj.* deformado

mis•sile [mĭs'əl, :īl'] *s.* proyectil *m*; [guided] misil teledirigido; [ballistic] proyectil balístico

miss•ing [mĭs'ĭng] *adj.* [lost] perdido; [disappeared] desaparecido; [absent] ausente; [lacking] que falta ▪ **~ link** eslabón perdido

mis•sion [mĭsh'ən] *s.* misión *f*; DIPL embajada; [welfare organization] beneficencia

mis•sion•ar•y [:ə-ner'ĭ] *s.* & *adj.* misionero

mis•sis [mĭs'ĭz] *s.* *fam* esposa, doña

mis•sive [mĭs'ĭv] *s.* misiva

mis•spell [mĭs-spel'] *tr.* (**-ed** OR **-spelt**) ortografiar OR deletrear mal

mis•spend [:spend'] *tr.* (**-spent**) malgastar

mis•state [:stāt'] *tr.* exponer OR relatar mal

mist [mĭst] ◇ *s.* [fog] neblina; [at sea] bruma; [haze] calina; *fig* oscuridad *f* ◇ *intr.* [to fog up] cubrirse de niebla; [to blur] empañarse

mis•take [mĭ-stāk'] ◇ *s.* error *m* ◇ *tr.* (**-took**, **-taken**) interpretar mal ▪ **to ~ ... for** confundir ... con; (*intr.*) ▪ **to be mistaken** equivocarse

mis•tak•en [mĭ-stā'kən] *adj.* [wrong] equivocado, errado; [inexact] erróneo

Mis•ter [mĭs'tər] *s.* señor *m*

mis•tle•toe [mĭs'əl-tō'] *s.* muérdago

mis•took [mĭ-stŏŏk'] ▻ **mistake**

mis•treat [mĭs-trēt'] *tr.* maltratar

mis•treat•ment [:mənt] *s.* maltrato

mis•tress [mĭs'trĭs] *s.* [head of household] señora; [lover] amante *f*; [controller] dueña

mis•tri•al [mĭs-trī'əl] *s.* juicio nulo (por error de procedimiento o desacuerdo del jurado)

mis•trust [:trŭst'] ◇ *s.* desconfianza ◇ *tr.* & *intr.* desconfiar (de)

mist•y [mĭs'tē] *adj.* (**-i-**) nebuloso; [obscured] empañado; [vague] vago

mis•un•der•stand [mĭs-ŭn'dər-stănd'] *tr.* (**-stood**) entender OR interpretar mal

mis•un•der•stand•ing [:stăn'dĭng] *s.* malentendido; [disagreement] desacuerdo

mis•use ◇ *s.* [mĭs-yōōs'] mal empleo; [mistreatment] maltrato ◇ *tr.* [:yōōz'] emplear mal; [to mistreat] maltratar

mite¹ [mīt] *s.* ENTOM arador *m*, acárido

mite² *s.* [money] suma ínfima; [object] pizca

mi•ter [mī'tər] ◇ *s.* RELIG mitra; CARP inglete *m* ◇ *tr.* unir a inglete

mit•i•gate [mĭt'ĭ-gāt'] *tr.* mitigar

mit•i•ga•tion ['-gā'shən] *s.* mitigación *f*

mitt [mĭt] *s.* [woman's] mitón *m*; [for baseball] guante *m* de béisbol; *jer* [hand] mano

mit•ten [mĭt'n] *s.* manopla

mix [mĭks] ◇ *tr.* mezclar; [a drink] preparar; [to crossbreed] cruzar ▪ **to get mixed up in** meterse en; **to ~ in** agregar; **to ~ it up** *jer* llegar a las manos; **to ~ up** [to confuse] confundir; [to jumble] mezclar; (*intr.*) mezclarse; [to go together] pegar ◇ *s.* mezcla; [for a cake] masa

mixed [mĭkst] *adj.* mezclado; [conflicting] contradictorio; [composite] mixto ▪ **~ drink** trago combinado

mixed-up ['ŭp'] *adj.* *fam* confundido, que no sabe lo que quiere

mix•er [mĭk'sər] *s.* [person] persona sociable; [machine] mezcladora; [appliance] batidora; [beverage] bebida (para mezclar); [gathering] fiesta informal para que la gente se conozca ▪ **~ tap** monomando

mix•ture [mĭks'chər] *s.* mezcla; [compound] mixtura

mix-up [mĭks'ŭp'] *s.* confusión *f*, lío

mne•mon•ic [nĭ-mŏn'ĭk] ◇ *adj.* mnemotécnico, nemónico ◇ *s.* fórmula OR rima nemónica ▪ **mnemonics** (*sg.*) mnemotécnica, nemónica

moan [mōn] ◇ *s.* gemido ◇ *intr.* gemir

moat [mōt] *s.* foso (de un castillo)

mob [mŏb] ◇ *s.* turba; [masses] populacho; *fam* [gang] pandilla ◇ *tr.* (**-bb-**) [to crowd in] atestar; [to throng around] rodear

mob•bing [mŏ'bĭng] *s.* acoso laboral

mo•bile [mō'bəl, mō'bīl'] ◇ *adj.* móvil; [character] cambiadizo; [society] sin divisiones rígidas (de clase) ▪ **~ home** caravana; **~ phone** teléfono celular; **~ telephony** telefonía celular ◇ *s.* [mō'bēl'] ARTE móvil *m*

mo•bil•i•ty [mō-bĭl'ĭ-tē] *s.* movilidad *f*

mo•bi•lize [mō'bə-līz'] *tr.* & *intr.* movilizar(se)

mob•ster [mŏb'stər] *s.* *jer* pandillero

moc•ca•sin [mŏk'ə-sĭn] *s.* mocasín *m*

mo•cha [mō'kə] *s.* moca

mock [mŏk] ◇ *tr.* mofarse de; [to imitate] imitar ◇ *adj.* simulado

mock•er•y ['ə-rē] *s.* mofa; [object of ridicule] objeto de burla; [imitation] imitación *f*; [parody] parodia ▪ **to make a ~ of** parodiar a

mock•ing•bird [:ĭng-bûrd'] *s.* sinsonte *m*

mock•up, **mock-up** [:ŭp'] *s.* maqueta

mo•dal [mōd'l] *adj.* modal

mode [mōd] *s.* modo; [fashion] moda

mod•el [mŏd'l] ◇ *s.* & *adj.* modelo ◇ *tr.* modelar; [fashions] presentar ▪ **to ~ after** OR **on** [thing] construir según; [oneself] tomar como modelo a; (*intr.*) modelar; [to pose] posar

mod•el•ing [:ĭng] *s.* profesión *f* de modelo; [production of designs] creación *f* de modelos; [representation] modelado

mo•dem [mō'dem] *s.* módem *m*

mod•er•ate [mŏd'ər-ĭt] ◇ *adj.* moderado; [price] módico; [medium] mediano ◇ *s.* moderado ◇ *tr.* [:ə-rāt'] moderar; [to preside over] presidir; (*intr.*) moderarse; [to preside] servir de moderador

mod•er•a•tion ['ə-rā'shən] *s.* moderación *f*

mod•er•a•tor ['-'tər] *s.* moderador *m*

mod•ern [mŏd'ərn] *adj.* & *s.* moderno

mod•ern•ize [:ər-nīz'] *tr.* & *intr.* modernizar(se)

mod•est [mŏd'ĭst] *adj.* modesto; [reserved] recatado; [in dress] pudoroso; [in price] módico

mod•es•ty [:ĭ-stē] *s.* modestia; [decency] pudor; [in price] modicidad *f*

mod•i•cum [mŏd'ĭ-kəm] *s.* (*pl* **s** OR **-ca**) pizca

mod•i•fi•ca•tion [mŏd'ə-fĭ-kā'shən] *s.* modificación *f*

mod•i•fi•er ['-fī'ər] *s.* modificador *m*; GRAM modificativo

mod•i•fy [:fī'] *tr.* modificar; [to moderate] moderar

mod•ish [mō′dĭsh] *adj.* de moda
mod•u•lar [mŏj′ə-lər] *adj.* modular, del módulo; [furniture] de módulos
mod•u•late [mŏj′ə-lāt′] *tr.* & *intr.* modular
mod•u•la•tion [′-lā′shən] *s.* modulación *f*
mod•ule [mŏj′o͞ol] *s.* módulo; ELECTRÓN componente *m*
mo•hair [mō′hâr′] *s.* mohair *m*
moist [moist] *adj.* [wet] mojado; [damp] húmedo
mois•ten [moi′sən] *tr.* & *intr.* humedecer(se)
moist•ness [moist′nĭs] *s.* humedad *f*
mois•ture [mois′chər] *s.* humedad *f*
mois•tur•ize [:chə-rīz′] *tr.* humedecer
mois•tur•iz•er [:rī′zər] *s.* cosa que humedece; [lotion] hidrante *m*
mo•lar [mō′lər] *s.* & *adj.* molar *m*
mo•las•ses [mə-lăs′ĭz] *s.* melaza
mold[1] [mōld] ◇ *s.* [hollow form] molde *m*; [model] patrón *m*; [molded item] vaciado; [shape] forma; [character] temple *m* ■ **to be cast in the ~ of** estar cortado por el patrón de ◇ *tr.* moldear ■ **to ~ oneself on** tomar como modelo a
mold[2] BIOL ◇ *s.* moho ◇ *intr.* enmohecerse
mold[3] *s.* [soil] mantillo
mold•er [mōl′dər] *tr.* & *intr.* desmoronar(se)
mold•ing [mōl′dĭng] *s.* pieza moldeada; ARQ moldura
mold•y [mōl′dē] *adj.* (-i-) mohoso; [musty] enmohecido
mole[1] [mōl] *s.* ANAT lunar *m*
mole[2] *s.* ZOOL topo
mo•lec•u•lar [mə-lek′yə-lər] *adj.* molecular
mol•e•cule [mŏl′ĭ-kyo͞ol′] *s.* molécula
mole•hill [mōl′hĭl′] *s.* topera
mo•lest [mə-lest′] *tr.* molestar; [sexually] abusar sexualmente
mo•lest•er [mə-les′tər] *s.* molestador *m*; [sexually] persona que comete abusos sexuales
moll [mŏl] *s. jer* querida de un gángster
mol•li•fy [mŏl′ə-fī′] *tr.* [to placate] apaciguar; [to soften] molificar
mol•lusk/lusc [mŏl′əsk] *s.* molusco
mol•ly•cod•dle [mŏl′ē-kŏd′l] *tr. fam* mimar
molt [mōlt] ◇ *tr.* & *intr.* mudar (las plumas o la piel) ◇ *s.* muda (de las plumas o la piel)
mol•ten [mōl′tən] *adj.* [melted] derretido; [made by melting] fundido
mom [mŏm] *s. fam* mamá
mo•ment [mō′mənt] *s.* momento ■ **any ~** de un momento a otro; **at the last ~** a última hora; **at the ~** en este momento; **just a ~!** ¡un momento!; **~ of truth** hora de la verdad; **not for a ~!** ¡ni muerto!; **the ~ something happens** en cuanto algo suceda; **this very ~** ahora mismo
mo•men•tar•i•ly [mō′mən-târ′ə-lē] *adv.* [for a moment] momentáneamente; [at any moment] de un momento a otro; [soon] en un momento
mo•men•tar•y [′-ter′ē] *adj.* momentáneo
mo•men•tous [mō-men′təs] *adj.* de gran importancia
mo•men•tum [:təm] *s.* (*pl* **s** OR **-ta**) momento; [impulse] ímpetu *m*
mon•arch [mŏn′ərk] *s.* monarca *m*; ENTOM mariposa de color anaranjado y negro
mon•ar•chist [mŏn′ər-kĭst] *s.* & *adj.* monárquico
mon•ar•chy [:kē] *s.* monarquía
mon•as•ter•y [mŏn′ə-ster′ē] *s.* monasterio
mo•nas•tic [mə-năs′tĭk] *adj.* monástico
Mon•day [mŭn′dē] *s.* lunes *m*
mon•e•tar•y [mŏn′ĭ-ter′ē] *adj.* monetario
mon•ey [mŭn′ē] ◇ *s.* (*pl* **s** OR **-ies**) dinero; [currency] moneda ■ **~ laundering** blanqueo de dinero; **~ order** giro postal; **~ talks** el dinero todo lo puede; **not for all the ~ in the world** ni por todo el oro del mundo; **ready ~** dinero disponible; **to be in the ~** estar entre los ganadores; **to be made of ~** ser millonario; **to make ~** ganar dinero; **to put ~ on** apostar a; **your ~ or your life!** ¡la bolsa o la vida! ◇ *pl.* fondos
mon•ey•bag [:băg′] ◇ *s.* monedero ◇ *pl. fam* ricachón
mon•ey•chang•er [:chān′jər] *s.* cambista *mf*; [machine] máquina que cambia monedas
mon•eyed [mŭn′ēd] *adj.* adinerado
mon•ey•lend•er [:ē-len′dər] *s.* prestamista *mf*
mon•ey•mak•er [:mā′kər] *s.* amasador *m* de dinero; [thing] fuente *f* de dinero
mon•ey•mak•ing [:kĭng] ◇ *s.* enriquecimiento ◇ *adj.* lucrativo
mon•goose [mŏng′go͞os′] *s.* mangosta
mon•grel [mŏng′grəl, mŏng′-] *s.* & *adj.* híbrido (esp. perro cruzado)
mon•i•ker [mŏn′ĭ-kər] *s. jer* nombre *m*
mon•i•tor [mŏn′ĭ-tər] ◇ *s.* monitor *m* ◇ *tr.* [signal, quality] comprobar; [for radiation] determinar la contaminación radioactiva de; [to keep track of] vigilar (electrónicamente); [for content] escuchar; (*intr.*) servir de monitor
monk [mŭngk] *s.* monje *m*
mon•key [mŭng′kē] ◇ *s.* mono ◇ *intr.* ■ **to ~ around** hacer payasadas; **to ~ (around) with** manosear OR jugar con
mon•key•shines [:shīnz′] *s. pl. jer* payasadas
monk•hood [mŭngk′ho͝od′] *s.* monacato
mon•o[1] [mŏn′ō] *s.* MED mononucleosis *f*
mon•o[2] *adj.* monoaural
mon•o•chro•mat•ic [mŏn′ə-krō-măt′ĭk] *adj.* monocromático
mon•o•cle [mŏn′ə-kəl] *s.* monóculo
mo•nog•a•mist [mə-nŏg′ə-mĭst] *s.* monógamo
mo•nog•a•mous [:məs] *adj.* monógamo
mo•nog•a•my [:mē] *s.* monogamia
mon•o•gram [mŏn′ə-grăm′] ◇ *s.* monograma *m* ◇ *tr.* marcar con un monograma
mon•o•graph [:grăf′] *s.* monografía
mon•o•lin•gual [′-lĭng′gwəl] *adj.* monolingüe
mon•o•lith [′-lĭth′] *s.* monolito
mon•o•lith•ic [′-′ĭk] *adj.* monolítico
mon•o•log(ue) [mŏn′ə-lôg′] *s.* monólogo
mon•o•nu•cle•o•sis [′-no͞o′klē-ō′sĭs] *s.* mononucleosis *f*
mon•o•plane [mŏn′ə-plān′] *s.* monoplano
mo•nop•o•lis•tic [-′-lĭs′tĭk] *adj.* monopolizador
mo•nop•o•lize [-′-līz′] *tr.* monopolizar
mo•nop•o•ly [:lē] *s.* monopolio
mon•o•rail [mŏn′ə-rāl′] *s.* monocarril *m*
mon•o•syl•lab•ic [′-sĭ-lăb′ĭk] *adj.* [word] monosílabo; [language] monosilábico
mon•o•tone [mŏn′ə-tōn′] *s.* monotonía
mo•not•o•nous [mə-nŏt′n-əs] *adj.* monótono
mo•not•o•ny [:ē] *s.* monotonía
mon•ox•ide [mə-nŏk′sīd′] *s.* monóxido
mon•soon [mŏn-so͞on′] *s.* monzón *m*

M

mon•ster [mŏn′stər] *s.* monstruo
mon•stros•i•ty [mŏn-strŏs′ĭ-tē] *s.* monstruosidad *f*
mon•strous [′strəs] *adj.* monstruoso
mon•tage [mŏn-täzh′] *s.* montaje *m*
month [mŭnth] *s.* (*pl* s) mes *m* ▪ **never in a ~ of Sundays** nunca
month•ly [′lē] ◇ *adj.* mensual ▪ **~ installment/payment** mensualidad ◇ *adv.* mensualmente ◇ *s.* publicación *f* mensual
mon•u•ment [mŏn′yə-mənt] *s.* monumento
mon•u•men•tal [′-men′tl] *adj.* monumental
moo [mo͞o] ◇ *intr.* mugir ◇ *s.* mugido
mooch [mo͞och] *jer tr.* conseguir gratis; (*intr.*) gorronear
mooch•er [mo͞o′chər] *s. jer* gorrón *m*
mood [mo͞od] *s.* humor *m*; [disposition] disposición *f* ▪ **to be in a bad/good ~** estar de mal/buen humor; **to be in the ~ for** tener ganas de
mood•y [mo͞o′dē] *adj.* (**-i-**) malhumorado; [whimsical] caprichoso
moon [mo͞on] ◇ *s.* luna; [moonlight] claro de luna ▪ **crescent ~** media luna; **once in a blue ~** de Pascuas a Ramos ◇ *intr. fam* estar en la luna
moon•beam [′bēm′] *s.* rayo de luna
moon•light [:līt′] ◇ *s.* luz *f* de la luna ◇ *intr. fam* estar pluriempleado, tener otro empleo además del principal
moon•shine [:shīn′] *s.* claro de luna; *fam* [foolishness] pamplinas *f*; *jer* [whiskey] alcohol destilado ilegalmente
moon•stone [:stōn′] *s.* piedra de la luna
moon•struck [:strŭk′] *adj.* chiflado, atontado
moon•walk [:wôk′] *s.* paseo lunar
moon•y [mo͞o′nē] *adj.* (**-i-**) soñador
moor[1] [mo͝or] *tr.* MARÍT amarrar
moor[2] *s.* GEOG páramo
moor•age [mo͝or′ĭj] *s.* [place] amarradero; [act] amarradura
moor•ing [:ĭng] *s.* [cable] amarra; [act] amarradura; [place] amarradero
moose [mo͞os] *s. inv.* alce *m*
moot [mo͞ot] *adj.* ▪ **~ point** punto debatible
mop [mŏp] ◇ *s.* trapeador; [of hair] greña ◇ *tr.* (**-pp-**) fregar; (*intr.*) ▪ **to ~ up** *fam* terminar con
mope [mōp] *intr.* estar abatido
mo•ped [mō′ped′] *s.* ciclomotor *m*
mop•pet [mŏp′ĭt] *s.* niño
mor•al [môr′əl] ◇ *adj.* moral; [person] recto ◇ *s.* moraleja ◇ *pl.* principios morales ▪ **loose ~** costumbres relajadas
mo•rale [mə-răl′] *s.* moral *f*, estado de ánimo
mor•al•is•tic [′-lĭs′tĭk] *adj.* moralizador
mo•ral•i•ty [mə-răl′ĭ-tē] *s.* moralidad *f*; [morals] moral *f*
mor•al•ize [môr′ə-līz′] *intr.* moralizar
mo•rass [mə-răs′] *s.* ciénaga; *fig* embrollo
mor•a•to•ri•um [môr′ə-tôr′ē-əm] *s.* (*pl* s OR **-ia**) moratoria
mo•ray [môr′ā] *s.* morena
mor•bid [môr′bĭd] *adj.* morboso
mor•bid•i•ty [-′ĭ-tē] *s.* morbosidad *f*
mor•dant [môr′dnt] *adj.* mordaz
more [môr] ◇ *adj.* más; [greater in quantity] superior ◇ *s.* más ▪ **the ~ ... the ~ ...** cuanto más ... más ...; **the ~ the merrier** cuantos más, mejor ◇ *pron.* más ◇ *adv.* más ▪ **~ and ~** cada vez más; **~ or less** más o menos; **~ than** [with adjectives] más que; [with numbers] más de; **to be no ~** ya no existir
more•o•ver [:ō′vər] *adv.* además
mo•res [môr′āz′] *s. pl.* costumbres *f*, usos
morgue [môrg] *s.* depósito de cadáveres
mor•i•bund [môr′ə-bənd] *adj.* moribundo
morn [môrn] *s.* POÉT mañana
morn•ing [môr′nĭng] *s.* mañana ▪ **good ~!** ¡buenos días!; **in the ~** por la mañana
morn•ing-glo•ry [:glôr′ē] *s.* dondiego de día
mo•ron [môr′ŏn′] *s. fam* imbécil *m*
mo•ron•ic [mə-rŏn′ĭk] *adj. fam* imbécil
mo•rose [mə-rōs′] *adj.* malhumorado
mor•pheme [môr′fēm′] *s.* morfema *m*
mor•phine [môr′fēn′] *s.* morfina
mor•phol•o•gy [môr-fŏl′ə-jē] *s.* morfología
mor•row [môr′ō] *s.* día *m* siguiente
Morse code [môrs] *s.* morse *m*
mor•sel [môr′səl] *s.* [bite] bocado, pedacito; [delicacy] manjar *m*
mor•tal [môr′tl] ◇ *adj.* mortal; [human] humano; [terrible] terrible ◇ *s.* mortal *m*
mor•tal•i•ty [môr-tăl′ĭ-tē] *s.* mortalidad *f*
mor•tar [môr′tər] *s.* mortero
mor•tar•board [:bôrd′] *s.* [tool] esparavel *m*; [hat] birrete *m*
mort•gage [môr′gĭj] ◇ *s.* hipoteca; [contract] contrato de hipoteca ◇ *tr.* hipotecar
mort•ga•gee [′gĭ-jē′] *s.* acreedor hipotecario
mort•ga•gor [′-jər] *s.* deudor hipotecario
mor•ti•cian [môr-tĭsh′ən] *s.* agente funerario
mor•ti•fi•ca•tion [môr′tə-fĭ-kā′shən] *s.* mortificación *f*; [torment] tormento; MED necrosis *f*
mor•ti•fy [′-fī′] *tr.* & *intr.* mortificar(se)
mor•ti•fy•ing [:ĭng] *adj.* mortificador; [embarrassing] bochornoso
mor•tise [môr′tĭs] *s.* mortaja
mor•tu•ar•y [môr′cho͞o-er′ē] *s.* mortuorio
mo•sa•ic [mō-zā′ĭk] *s.* mosaico
mo•sey [mō′zē] *intr. fam* deambular
mosque [mŏsk] *s.* mezquita
mos•qui•to [mə-skē′tō] *s.* (*pl* **(e)s**) mosquito ▪ **~ net** mosquitero
moss [môs] *s.* musgo
moss•y [mô′sē] *adj.* (**-i-**) musgoso; [resembling moss] parecido al musgo
most [mōst] ◇ *adj.* [in quantity] más ... (que todos los demás); **he has the ~ money** él es el que más dinero tiene; [in measure] mayor; [almost all] la mayoría de ▪ **for the ~ part** en su mayoría ◇ *s.* la mayor parte; [the majority] la mayoría ▪ **at (the) ~** a lo sumo; **the ~** lo más; **to make the ~ of** aprovechar al máximo ◇ *pron.* la mayoría, la mayor parte; **he has the ~** él es el que más tiene ◇ *adv.* más ... (que todos los demás); **I like it (the) ~** es el que más me gusta; [superlative] más; [very] muy ▪ **~ certainly** con toda seguridad; **~ likely** muy probablemente; **~ of all** sobre todo
most•ly [′lē] *adv.* en su mayor parte
mote [mōt] *s.* [dust] partícula; [speck] mota
mo•tel [mō-tel′] *s.* motel *m*
moth [môth] *s.* (*pl* s) mariposa nocturna; [clothes moth] polilla

moth•ball ['bôl'] ◇ *s.* bola de naftalina ■ **in mothballs** aparcado (un proyecto) ◇ *tr.* aparcar (un proyecto)
moth-eat•en [:ēt'n] *adj.* apolillado; [old] viejo
moth•er [mŭth'ər] ◇ *s.* madre *f*; [superior] madre superiora ◇ *adj.* materno; [country] madre ◇ *tr.* [to give birth to] dar a luz a; [to protect] cuidar como una madre
moth•er•hood [:ho͝od'] *s.* maternidad *f*
moth•er-in-law [:ĭn-lô'] *s.* (*pl* **mothers-**) suegra
moth•er•land [:lănd'] *s.* patria; [of ancestors] madre patria
moth•er•ly [:lē] *adj.* materno, maternal
moth•er-of-pearl ['-əv-pûrl'] *s.* madreperla, nácar *m*
moth•proof [môth'pro͞of'] ◇ *adj.* a prueba de polillas ◇ *tr.* proteger contra las polillas
mo•tif [mō-tēf'] *s.* motivo
mo•tion [mō'shən] ◇ *s.* movimiento; [gesture] ademán *m*; [proposal] moción *f* ■ ~ **picture** película cinematográfica; ~ **sickness** mareo; **to set in** ~ poner en marcha ◇ *intr.* hacer señas OR una señal
mo•tion•less [:lĭs] *adj.* inmóvil
mo•ti•vate [mō'tə-vāt'] *tr.* motivar
mo•ti•va•tion ['-vā'shən] *s.* motivación *f*
mo•tive [mō'tĭv] ◇ *s.* motivo; [criminal] móvil *m* ◇ *adj.* motriz; [impelling] impulsor
mot•ley [mŏt'lē] *adj.* abigarrado
mo•tor [mō'tər] ◇ *s.* motor *m* ◇ *adj.* motor; [driven by a motor] de motor ■ ~ **home** autocaravana; ~ **inn** OR **lodge** motel; ~ **vehicle** automóvil *m*, vehículo automotor ◇ *intr.* ir en automóvil
mo•tor•bike [:bīk'] *s.* moto *f*
mo•tor•boat [:bōt'] *s.* lancha a motor
mo•tor•cade [:kād'] *s.* caravana de automóviles
mo•tor•car [:kär'] *s.* automóvil *m*, coche *m*
mo•tor•cy•cle [:sī'kəl] *s.* moto *f*
mo•tor•cy•clist [:sī'klĭst] *s.* motociclista *mf*
mo•tor•ist [:ĭst] *s.* automovilista *mf*
mo•tor•man [mō'tər-mən] *s.* (*pl* **-men**) maquinista *mf* (de tranvía o tren eléctrico)
mot•tled [:ld] *adj.* moteado, jaspeado
mot•to [mŏt'ō] *s.* (*pl* **(e)s**) lema *m*
mould [mōld] GB = **mold**
mound [mound] *s.* [hill] montículo
mount[1] [mount] ◇ *tr.* [to climb] subir a; [a horse] montar; [to fix in place] fijar; MEC montar; [an attack] lanzar; (*intr.*) [to move upward] subir; [to ride] montar ◇ *s.* montura; [base] soporte *m*
mount[2] *s.* [hill] monte *m*
moun•tain [moun'tən] *s.* montaña ■ ~ **bike** bicicleta de montaña; ~ **laurel** calmia; ~ **lion** león americano; ~ **range** cordillera
moun•tain•eer ['tə-nîr'] *s.* [climber] alpinista *mf*, montañero; [inhabitant] montañés *m*
moun•tain•ous ['tə-nəs] *adj.* montañoso; [immense] inmenso
moun•tain•side [:tən-sīd'] *s.* ladera OR falda (de una montaña)
moun•tain•top [:tŏp'] *s.* cima (de una montaña)
mount•ed [moun'tĭd] *adj.* montado
mount•ing [:tĭng] *s.* montura; [of jewel] engaste *m*
mourn [môrn] *intr.* & *tr.* llorar; [a death] lamentar(se)
mourn•er [môr'nər] *s.* persona que está de luto; [at a funeral] doliente *mf*
mourn•ful [môrn'fəl] *adj.* dolorido, triste; [arousing grief] penoso
mourn•ing [môr'nĭng] *s.* duelo; [period] luto ■ ~ **dove** paloma torcaza; **to be in** ~ estar de luto
mouse [mous] *s.* (*pl* **mice**) ratón *m*; COMPUT mouse *m* ■ ~ **button** botón del mouse; ~ **pad** alfombrilla; ~ **port** puerto del mouse
mouse•trap ['trăp'] *s.* ratonera
mousse [mo͞os] *s.* mousse *f*
mous•tache [mŭs'tăsh', mə-stăsh'] = **mustache**
mous•y [mou'sē] *adj.* (**-i-**) *fam* [dull gray] pardusco; [timid] tímido
mouth [mouth] ◇ *s.* (*pl* **-s**) boca ■ **not to open one's** ~ no decir esta boca es mía; **to be down in the** ~ estar deprimido; **to have a big** ~ ser un bocazas; **to keep one's** ~ **shut** callar(se); **to make one's** ~ **water** hacérsele a uno la boca agua; **watch your** ~**!** *fam* ¡ten cuidado con lo que dices! ◇ *tr.* [mou*th*] pronunciar; [to utter] decir (de forma afectada); [soundlessly] articular en silencio; [to take into the mouth] meter en la boca; (*intr.*) ■ **to** ~ **off** fanfarronear
mouth•ful ['fo͞ol'] *s.* bocado; [of smoke] bocanada ■ **you said a** ~**!** *fam* ¡muy bien dicho!
mouth•piece [:pēs'] *s.* boquilla; *fam* [spokesman] vocero
mouth-to-mouth [:tə-mouth'] *adj.* de boca a boca
mouth•wash [:wŏsh'] *s.* enjuague *m* bucal
mouth•y [mou'*th*ē, :thē] *adj.* (**-i-**) fanfarrón
mov(e)•a•ble ['-bəl] *adj.* movible, móvil
move [mo͞ov] ◇ *intr.* moverse; [to change position] cambiar de postura; [to relocate] mudarse; [to act] entrar en acción; [to make a motion] proponer; [in a game] jugar ■ **to** ~ **about** OR **around** cambiar de sitio; **to** ~ **along** OR **forward** seguir adelante; **to** ~ **away** alejarse; **to** ~ **in** instalarse; **to** ~ **in on** intentar apoderarse de; **to** ~ **up** ascender; (*tr.*) mover; [to change the place of] trasladar; [to prompt] impulsar; MEC [to set in motion] poner en marcha; [to stir] conmover ■ **to** ~ **up** subir; [to advance] adelantar (una fecha); [to promote] ascender ◇ *s.* movimiento; [change of residence] mudanza; [of a piece] jugada; [player's turn] turno; [step] paso ■ **on the** ~ andando de acá para allá; [active] activo; **to get a** ~ **on** *fam* empezar a moverse
move•ment ['mənt] *s.* movimiento; [gesture] gesto; [trend] tendencia; [activity] actividad *f*; [of bowels] evacuación (del vientre) *f*; [watch] mecanismo
mov•er [mo͞o'vər] ◇ *s.* persona que hace mudanzas ◇ *pl.* agencia de mudanzas
mov•ie [:vē] ◇ *s.* película ■ ~ **star** estrella de cine; ~ **theater** cine ◇ *pl.* cine
mov•ie•go•er [:gō'ər] *s.* aficionado al cine
mov•ie•mak•er [:mā'kər] *s.* cineasta *mf*
mov•ing [mo͞o'vĭng] *adj.* móvil; [changing residence] de mudanza; [in motion] en marcha; [touching] conmovedor
mow [mō] *tr.* (**-ed, -ed** OR **-n**) segar ■ **to** ~ **the lawn** cortar el césped
mow•er [mō'ər] *s.* segador *m*; [machine] segadora; [for lawn] cortacéspedes *m*
mow•ing [mō'ĭng] *s.* AGR siega; [lawn] corte *m* ■ ~ **machine** segadora
mown [mōn] ▷ **mow**
mox•ie [mŏk'sē] *s.* [pluck] coraje *m*; [pep] brío
Mr. [mĭs'tər] (*abr. de* **Mister**) *s.* Sr.

Mrs. [mĭs′ĭz] (*abr. de* **Mistress**) *s.* Sra.
much [mŭch] ◇ *adj.* (**more, most**) mucho ▪ **as ~ ... as** tanto ... como; **how ~?** ¿cuánto?; **three times as ~** tres veces más; **too ~** demasiado ◇ *s.* mucho; [large part] gran parte *f* ▪ **as ~ again** otro tanto; **as ~ as** tanto como; **as ~ as to say** como si dijera; **I thought as ~** ya me lo figuraba; **it's as ~ as anybody can do** es todo lo que se puede hacer; **not so ~ as** ni siquiera; **not to be ~** no ser gran cosa; **not to be ~ of** no ser gran cosa como; **not to think ~ of** no tener un gran concepto de; **so ~** tanto; **so ~ for that** borrón y cuenta nueva; **so ~ so that** tanto que; **so ~ the better** tanto mejor; **there's not ~ to it** no es muy complicado; **this/that ~** un tanto así; **to make ~ of** dar mucha importancia a; **to say this ~ for** decir esto en defensa de; **twice as ~** el doble ◇ *adv.* mucho ▪ **however ~** por mucho que; **how ~?** ¿cuánto?; **~ to my amazement** con gran sorpresa mía; **very ~** muchísimo
muck [mŭk] ◇ *s.* lodo; [filth] suciedad *f*; [manure] estiércol *m*; [fertile soil] mantillo ◇ *tr.* ▪ **to ~ up** ensuciar; [to bungle] chapucear
muck•rake [mŭk′rāk′] *intr.* descubrir OR revelar escándalos
muck•rak•er [:rā′kər] *s.* revelador *m* de escándalos públicos
muck•y [:ē] *adj.* (**-i-**) fangoso
mu•cous [myōō′kəs] *adj.* mucoso
mu•cus [:kəs] *s.* mucosidad *f*, mucus *m*
mud [mŭd] *s.* barro, lodo; [slander] difamación *f* ▪ **to sling ~ at** calumniar a
mud•dle [mŭd′l] *tr.* [to muddy] enturbiar; [to jumble] embrollar; [to befuddle] atontar; [to bungle] chapucear ▪ **to ~ through** salir bien a pesar de torpezas
mud•dy [mŭd′ē] ◇ *adj.* (**-i-**) fangoso; [cloudy] turbio ◇ *tr.* enfangar; [a river] llenar de fango; [to make cloudy] enturbiar ▪ **to ~ the waters** complicar una situación
mud•sling•er [:slĭng′ər] *s.* difamador *m*
mue•sli [myōō′zlē] *s.* muesli *m*
muff[1] [mŭf] ◇ *tr.* hacer mal ◇ *s.* chapucería
muff[2] *s.* [hand covering] manguito
muf•fin [mŭf′ĭn] *s.* mollete *m*
muf•fle [mŭf′əl] *tr.* embozar; [sound] amortiguar; [to make vague] confundir
muf•fler [mŭf′lər] *s.* [scarf] bufanda; AUTO silenciador *m*
mug[1] [mŭg] *s.* [cup] jarra
mug[2] ◇ *s. jer* [face] jeta; *fam* [hoodlum] rufián *m* ◇ *tr.* (**-gg-**) [to take a mugshot] fotografiar; [to assault] asaltar; (*intr.*) *jer* exagerar los gestos faciales
mug•ger [′ər] *s.* asaltante *mf*
mug•ging [:ĭng] *s.* asalto (con intento de robo)
mug•gy [mŭg′ē] *adj.* (**-i-**) bochornoso
mu•lat•to [mə-lă′tō] *s.* (*pl* **(e)s**) mulato
mul•ber•ry [mŭl′ber′ē] *s.* mora
mulch [mŭlch] ◇ *s.* pajote *m* ◇ *tr.* cubrir con pajote
mule[1] [myōōl] *s.* mulo; *fam* [person] testarudo
mule[2] *s.* [slipper] chinela, pantufla
mu•le•teer [myōō′lə-tîr′] *m.* mulero
mul•ish [′lĭsh] *adj.* terco
mull[1] [mŭl] *tr.* CUL calentar (vino)
mull[2] *tr.* & *intr.* ponderar (sobre)
mul•let [mŭl′ĭt] *s.* (*pl* **inv.** OR **s**) mújol *m*, lisa
mul•ti•col•ored [mŭl′tĭ-kŭl′ərd] *adj.* multicolor
mul•ti•di•men•sion•al [′tē-dĭ-men′shə-nəl] *adj.* multidimensional
mul•ti•far•i•ous [:tə-fâr′ē-əs] *adj.* variado
mul•ti•fold [′-fōld′] *adj.* doblado varias veces; [multiple] múltiple
mul•ti•lat•er•al [mŭl′tē-lăt′ər-əl] *adj.* multilátero; POL multilateral
mul•ti•lin•gual [:lĭng′gwəl] *adj.* polígloto
mul•ti•me•di•a [:mē′dē-ə] ◇ *adj.* multimedia ▪ **~ computer** computadora multimedia ◇ *s.* multimedia *f*
mul•ti•mil•lion•aire [:mĭl′yə-nâr′] *s.* multimillonario
mul•ti•na•tion•al [:năsh′ə-nəl] *adj.* & *s.* multinacional *f*
mul•ti•ple [mŭl′tə-pəl] ◇ *adj.* múltiple; MAT múltiplo ◇ *s.* múltiplo
mul•ti•plex [:pleks′] *adj.* múltiple; ELECTRÓN múltiplex
mul•ti•pli•ca•tion [:plĭ-kā′shən] *s.* multiplicación *f* ▪ **~ table** tabla de multiplicar
mul•ti•plic•i•ty [:plĭs′ĭ-tē] *s.* multiplicidad *f*
mul•ti•pli•er [′-plī′ər] *s.* multiplicador *m*
mul•ti•ply [:plī′] *tr.* & *intr.* multiplicar(se)
mul•ti•pur•pose [:pûr′pəs] *adj.* multiuso
mul•ti•tude [′tĭ-tōōd′] *s.* multitud *f*
mul•ti•tu•di•nous [′-′n-əs] *adj.* multitudinario
mum[1] [mŭm] *adj.* silencioso ▪ **to keep ~** guardar silencio
mum[2] *s.* GB *fam* mamá
mum[3] *s.* BOT *fam* crisantemo
mum•ble [mŭm′bəl] ◇ *tr.* mascullar; (*intr.*) balbucir ◇ *s.* refunfuño
mum•bo jum•bo [mŭm′bōjŭm′bō] *s. fam* galimatías *m*
mum•mer [mŭm′ər] *s.* mimo; [masked person] máscara *mf*
mum•mi•fy [mŭm′ə-fī′] *tr.* & *intr.* momificar(se)
mum•my[1] [:ē] *s.* [corpse] momia
mum•my[2] *s. fam* mamá
mumps [mŭmps] *s. pl.* paperas *f*
munch [mŭnch] *tr.* ronzar
mun•dane [mŭn′dān′] *adj.* mundano
mu•nic•i•pal [myōō-nĭs′ə-pəl] *adj.* municipal
mu•nic•i•pal•i•ty [-′-păl′ĭ-tē] *s.* municipalidad *f*
mu•ni•fi•cence [myōō-nĭf′ĭ-səns] *s.* munificencia
mu•nif•i•cent [:sənt] *adj.* munífico
mu•ni•tion [myōō-nĭsh′ən] *s.* municiones *f*
mu•ral [myŏŏr′əl] *s.* pintura mural
mur•der [mûr′dər] ◇ *s.* asesinato; [massacre] matanza; *jer* [trouble] cosa espantosa ▪ **first-/second-degree ~** homicidio premeditado/impremeditado; **to get away with ~** *fam* salirse con la suya ◇ *tr.* asesinar; [to destroy] destrozar; [to defeat] aplastar
mur•der•er [:ər] *s.* asesino
mur•der•ess [:ĭs] *s.* asesina
mur•der•ous [:əs] *adj.* asesino; *fam* terrible
murk [mûrk] *s.* lobreguez *f*
murk•y [mûr′kē] *adj.* (**-i-**) lóbrego
mur•mur [mûr′mər] ◇ *s.* murmullo; MED soplo cardíaco ◇ *tr.* & *intr.* murmurar
mus•ca•tel [mŭs′kə-tel′] *s.* vino moscatel
mus•cle [mŭs′əl] ◇ *s.* ANAT músculo; [power] fuerza ◇ *intr.* abrirse paso a la fuerza
mus•cle-bound [:bound′] *adj.* con los músculos agarrotados OR endurecidos
mus•cu•lar [mŭs′kyə-lər] *adj.* muscular; [strong] musculoso

mus•cu•la•ture [:lə-cho͝or′] *s.* musculatura
muse [myo͞oz] *intr.* meditar
mu•se•um [myo͞o-zē′əm] *s.* museo
mush [mŭsh] *s.* CUL gachas de harina de maíz; [soft thing] masa muy blanda; *fam* [sentimentality] sentimentalismo
mush•room [mŭsh′ro͞om′] ◇ *s.* BOT hongo; CUL champiñón *m* ◇ *intr.* crecer rápidamente
mush•y [mŭsh′ē] *adj.* (**-i-**) blando; *fam* [sentimental] sensiblero; [amorous] enamoradizo
mu•sic [myo͞o′zĭk] *s.* música ▪ **~ hall** sala de conciertos; **to be ~ to one's ears** ser lo que uno quiere escuchar; **to face the ~** *fam* afrontar las consecuencias; **to set to ~** poner música a
mu•si•cal [:zĭ-kəl] ◇ *adj.* de música; [like music] musical; [fond of music] aficionado a la música ▪ **~ chairs** juego de las sillas vacías ◇ *s.* comedia musical
mu•si•cian [myo͞o-zĭsh′ən] *s.* músico
mus•ing [myo͞o′zĭng] ◇ *adj.* contemplativo ◇ *s.* contemplación *f*
musk [mŭsk] *s.* almizcle *m*
mus•ket [mŭs′kĭt] *s.* mosquete *m*
mus•ket•eer [′kĭ-tîr′] *s.* mosquetero
musk•mel•on [mŭsk′mel′ən] *s.* melón *m*
musk•rat [mŭsk′răt′] *s.* (*pl* **inv.** OR **s**) rata almizclera OR almizclada
musk•y [mŭsk′ē] *adj.* (**-i-**) almizcleño
mus•lin [mŭz′lĭn] *s.* muselina
muss [mŭs] ◇ *tr.* desordenar; [to rumple] arrugar ◇ *s.* desorden *m*; [squabble] riña
mus•sel [mŭs′əl] *s.* mejillón *m*
muss•y [mŭs′ē] *adj.* (**-i-**) *fam* desordenado
must[1] [mŭst] ◇ *aux.* deber, tener que; [indicating probability] deber de ▪ **it ~ not be** eso no debe permitirse ◇ *s. fam* cosa indispensable ▪ **to be a ~** ser para no perdérselo
must[2] *s.* [juice] mosto; [mold] moho
mus•tache [mŭs′tăsh′, mə-stăsh′] *s.* bigote(s) *m*
mus•tang [mŭs′tăng′] *s.* mustang *m*
mus•tard [mŭs′tərd] *s.* mostaza ▪ **to cut the ~** *fam* hacer lo que se espera de uno
mus•ter [mŭs′tər] ◇ *tr.* & *intr.* reunir(se) ▪ **to ~ up** armarse de ◇ *s.* MIL revista; [meeting] asamblea ▪ **to pass ~** ser aceptable
must•y [mŭs′tē] *adj.* (**-i-**) [moldy] mohoso; [smelly] que huele a cerrado
mu•tant [myo͞ot′nt] *s.* mutante *m*
mu•tate [myo͞o′tāt′] *tr.* & *intr.* mudar(se); BIOL transformar(se)
mu•ta•tion [-tā′shən] *s.* alteración *f*; BIOL mutación *f*
mute [myo͞ot] ◇ *adj.* mudo; [silent] callado ◇ *s.* mudo; MÚS sordina ◇ *tr.* amortiguar; MÚS poner sordina a
mut•ed [myo͞o′tĭd] *adj.* sordo; [voice, colors] apagado
mu•ti•late [myo͞ot′l-āt′] *tr.* mutilar
mu•ti•la•tion [′-ā′shən] *s.* mutilación *f*
mu•ti•neer [myo͞ot′n-îr′] *s.* amotinado
mu•ti•nous [′-əs] *adj.* amotinador
mu•ti•ny [:ē] ◇ *s.* motín *m* ◇ *intr.* amotinarse
mutt [mŭt] *s. jer* perro
mut•ter [mŭt′ər] ◇ *intr.* & *tr.* murmurar; [to grumble] refunfuñar ◇ *s.* murmullo; [grumbling] refunfuño
mut•ton [mŭt′n] *s.* carne *f* de carnero
mu•tu•al [myo͞o′cho͞o-əl] *adj.* mutuo ▪ **by ~ agreement** de común acuerdo; **~ fund** fondo de inversión mobiliaria
muz•zle [mŭz′əl] ◇ *s.* [snout] hocico; [restraint] mordaza; [of gun] boca (de un arma de fuego) ◇ *tr.* poner bozal a; [to restrain] amordazar
my [mī] ◇ *adj. pos.* mi ▪ **my dear sir** muy señor mío ◇ *interj.* ¡caramba!
my•o•pi•a [mī-ō′pē-ə] *s.* miopía
my•op•ic [mī-ŏp′ĭk, mī-ō′pĭk] *adj.* miope
myr•i•ad [mĭr′ē-əd] ◇ *adj.* innumerable ◇ *s.* miríada
myrrh [mûr] *s.* mirra
myr•tle [mûr′tl] *s.* mirto
my•self [mī-self′] *pron.* yo mismo; [reflexive] me; [after preposition] mí (mismo) ▪ **(all) by ~** completamente solo
mys•te•ri•ous [mĭ-stîr′ē-əs] *adj.* misterioso
mys•ter•y [mĭs′tə-rē] *s.* misterio; CINEM película policíaca; LIT novela policíaca
mys•tic [:tĭk] *adj.* & *s.* místico
mys•ti•cal [:tĭ-kəl] *adj.* místico
mys•ti•fy [:tə-fī′] *tr.* mistificar
mys•tique [mĭ-stēk′] *s.* aura de misterio
myth [mĭth] *s.* mito
myth•i•cal [′ĭ-kəl] *adj.* mítico
myth•o•log•i•cal [′ə-lŏj′ĭ-kəl] *adj.* mitológico
my•thol•o•gize [:jīz′] *tr.* convertir en mito; (*intr.*) crear un mito
my•thol•o•gy [:jē] *s.* mitología

N

n, N [en] *s.* decimocuarta letra del alfabeto inglés
nab [năb] *tr.* (**-bb-**) *jer* [to arrest] arrestar; [to grab] coger, agarrar
na•dir [nā′dər] *s.* nadir *m*; *fig* punto más bajo
nag[1] [năg] ◇ *tr.* (**-gg-**)[to scold] regañar; [to pester] importunar; (*intr.*) [to find fault] criticar; [to complain] quejarse ◇ *s.* regañón *m*
nag[2] *s.* [old horse] jamelgo
nail [nāl] ◇ *s.* clavo; [of finger, toe] uña ▪ **~ polish** esmalte de uñas; **to be as hard as nails** tener corazón de piedra; **to bite one's nails** comerse las uñas; **to hit the ~ on the head** dar en el clavo ◇ *tr.* clavar, asegurar con clavos; *fam* [to catch] coger, atrapar; [to knock down] derribar; [to hit] pegar ▪ **to ~ down** [to fasten] clavar; [to get] obtener; [to establish] establecer firmemente
na•ive/ïve [nā-ēv′] *adj.* cándido, ingenuo
na•ive•té/ïve•té [′-tā′] *s.* ingenuidad *f*
naked [nā′kĭd] *adj.* desnudo ▪ **the ~ truth** la pura verdad; **to the ~ eye** a simple vista
name [nām] ◇ *s.* nombre *m*; [surname] apellido; [reputation] fama, reputación *f*; *fam* [celebrity] celebridad *f* ▪ **full ~** nombre y apellido; **my ~ is** me llamo; **~ brand** *fam* marca conocida; **to call someone names** insultar a alguien; **to go by the ~ of** ser conocido por el nombre de; **to make a ~ for oneself** hacerse un nombre; **what's your ~?** ¿cómo se llama usted? ◇ *tr.* llamar;

[a baby] poner nombre a; [to identify] dar el nombre de; [to mention] nombrar, mencionar; [to specify] dar, fijar (hora, precio); [to appoint] nombrar ▪ **to be named** llamarse

name•less [ˈlĭs] *adj.* sin nombre, anónimo

name•ly [:lē] *adv.* es decir, a saber

name•plate [:plātˊ] *s.* placa OR letrero con el nombre

name•sake [:sākˊ] *s.* tocayo

nan•ny [nănˊē] *s.* niñera

nap[1] [năp] ◇ *s.* siesta ▪ **to take a ~** echarse una siesta ◇ *intr.* (**-pp-**) echar OR dormir la siesta ▪ **to be napping** *fig* estar desprevenido

nap[2] *s.* [of cloth] lanilla, peluza

na•palm [nāˊpämˊ] *s.* napalm *m*

nape [nāp, năp] *s.* nuca

nap•kin [năpˊkĭn] *s.* servilleta

narc [närk] *s. jer* agente *m* de la brigada de estupefacientes

nar•cis•sism [närˊsĭ-sĭzˊəm] *s.* narcisismo

nar•cis•sus [när-sĭsˊəs] *s.* (*pl* **es** OR **-si**) narciso

nar•cot•ic [när-kŏtˊĭk] *s.* & *adj.* narcótico

nar•rate [nărˊātˊ] *tr.* narrar

nar•ra•tion [nă-rāˊshən] *s.* narración *f*

nar•ra•tive [nărˊə-tĭv] ◇ *s.* [mode] narrativa; [account] relato ◇ *adj.* narrativo

nar•ra•tor [:ātˊər] *s.* narrador *m*

nar•row [nărˊō] ◇ *adj.* (**-er, -est**) angosto, estrecho; [mind] estrecho, rígido; [interests, interpretation] limitado; [barely sufficient] escaso; [strict] estricto; [intolerant] intolerante, de miras estrechas ▪ **to have a ~ escape** escaparse por un pelo ◇ *tr.* estrechar; [to limit] limitar, reducir ▪ **to ~ down** limitar, reducir; **to ~ down to** reducirse a; (*intr.*) estrecharse ◇ *s.* ◇ *pl.* estrecho

nar•row•ing [:ĭng] *s.* estrechamiento; *fig* [limitation] limitación *f*

nar•row-mind•ed [:mīnˊdĭd] *adj.* de miras estrechas

na•sal [nāˊzəl] *adj.* nasal

nas•ty [năsˊtē] *adj.* (**-i-**) [cruel] antipático; [malicious] malicioso; [filthy] sucio; [unpleasant] asqueroso, desagradable; [morally offensive] obsceno, repugnante; [cough, cold] molesto; [accident, fall] grave; [problem, affair] difícil ▪ **to be ~ to** tratar mal a; **to have a ~ mind** ser un mal pensado

na•tion [nāˊshən] *s.* nación *f*; [people] pueblo

na•tion•al [năshˊə-nəl] *adj.* & *s.* nacional

na•tion•al•ist [:nə-lĭst] *s.* nacionalista *mf*

na•tion•al•is•tic [ˊ-nə-lĭsˊtĭk] *adj.* nacionalista

na•tion•al•i•ty [:nălˊĭ-tē] *s.* nacionalidad *f*, ciudadanía

na•tion•al•ize [ˊ-nə-līzˊ] *tr.* nacionalizar

na•tion•hood [nāˊshən-ho͝odˊ] *s.* condición de ser una nación, independencia

na•tion•wide [ˊ-wīdˊ] *adj.* por toda la nación

na•tive [nāˊtĭv] ◇ *adj.* [inborn] natural, innato; [inhabitant] nativo; [country, town] natal; [language] materno; [customs] originario; [flora, fauna] autóctono; [product] del país ▪ **to be ~ to** ser originario de ◇ *s.* nativo, indígena *mf* ▪ **to be a ~ of** ser nativo de

na•tiv•i•ty [nə-tĭvˊĭ-tē] *s.* nacimiento ▪ **Nativity** natividad (de Cristo)

nat•ty [nătˊē] *adj.* (**-i-**) *fam* elegante

nat•u•ral [năchˊər-əl] ◇ *adj.* natural; [inherent] nato; [fitting] lógico; [one's own] propio ▪ **~ resource** recurso natural ◇ *s.* MÚS [note] nota natural; [sign] becuadro ▪ **to be a ~** tener talento

nat•u•ral•is•tic [ˊ- -lĭsˊtĭk] *adj.* naturalista

nat•u•ral•ize [ˊ- -līzˊ] *tr.* & *intr.* [an alien] naturalizar(se); [to adapt] adaptar(se)

nat•u•ral•ly [:lē] *adv.* naturalmente; [by nature] por naturaleza; [of course] por supuesto, claro

na•ture [nāˊchər] *s.* (la) naturaleza; [character] índole *f*; **of a confidential ~** de índole confidencial; [essence] naturaleza; [temperament] natural *m* ▪ **by ~** por naturaleza; **something in the ~ of** algo así como; **to be in someone's ~** ser propio de alguien

naught [nôt] *s.* nada; MAT cero

naugh•ty [nôˊtē] *adj.* (**-i-**) [mischievous] travieso; [disobedient] desobediente; [joke] verde

nau•sea [nôˊzhə] *s.* náusea; [disgust] asco

nau•se•ate [nôˊzē-ātˊ] *tr.* dar náuseas a; [to disgust] dar asco a

nau•se•at•ing [:āˊtĭng] *adj.* nauseabundo, asqueroso

nau•seous [nôˊshəs] *adj.* nauseabundo ▪ **to feel ~** tener náuseas

nau•ti•cal [nôˊtĭ-kəl] *adj.* náutico ▪ **~ mile** milla marina

na•val [nāˊvəl] *adj.* naval

nave [nāv] *s.* nave *f*

na•vel [nāˊvəl] *s.* ombligo

nav•i•ga•ble [năvˊĭ-gə-bəl] *adj.* navegable

nav•i•gate [năvˊĭ-gātˊ] *intr.* & *tr.* navegar

nav•i•ga•tion [ˊ-gāˊshən] *s.* navegación *f*

nav•i•ga•tor [ˊ-ˊtər] *s.* navegante *m*

na•vy [nāˊvē] *s.* marina de guerra, armada; [color] azul marino ▪ **~ bean** judía blanca; **the Navy** la marina, la armada

nay [nā] ◇ *adv.* no; [and moreover] más bien ◇ *s.* voto en contra; [refusal] negativa

neap tide [nēp] *s.* marea muerta

near [nîr] ◇ *adv.* cerca; [almost] casi ▪ **~ and far** por todas partes; **Christmas is drawing ~** falta poco para Navidad; **to come** OR **draw ~** acercarse ◇ *adj.* cercano, próximo; [relation] cercano, allegado; [direct] directo, corto ▪ **~ and dear** íntimo; **to be a ~ miss** fallar por poco ◇ *prep.* [close to] cerca de; [almost] casi ◇ *tr.* & *intr.* acercarse (a), aproximarse (a)

near•by [ˊbīˊ] ◇ *adj.* cercano, próximo ◇ *adv.* cerca

near•ly [:lē] *adv.* casi

near•sight•ed [:sīˊtĭd] *adj.* miope

neat [nēt] *adj.* [tidy] limpio, pulcro; [orderly] ordenado; [work] esmerado, bien hecho; [writing] claro; [clever] ingenioso; [liquor] solo; *jer* [terrific] fantástico

neb•u•la [nebˊyə-lə] *s.* (*pl* **s** OR **-ae**) nebulosa

neb•u•lous [:ləs] *adj.* nebuloso

nec•es•sar•y [nesˊĭ-serˊē] ◇ *adj.* necesario; [inevitable] inevitable ◇ *s.* cosa necesaria

ne•ces•si•tate [nə-sesˊĭ-tātˊ] *tr.* necesitar

ne•ces•si•ty [:tē] *s.* necesidad *f* ▪ **out of ~** por necesidad

neck [nek] ◇ *s.* cuello; [of animals] pescuezo, cogote *m*; [of bottles] gollete *m*; MÚS mástil *m*; [of land] istmo ▪ **by a ~** DEP por una cabeza; **~ and ~** parejos; **in this ~ of the woods** por estos pagos; **to break one's ~** desnucarse; *fig* deslomarse; **to risk** OR **stick out one's ~** arriesgarse; **to save someone's ~** salvarle el pellejo a alguien; **up to one's ~** metido hasta el cuello ◇ *intr.* *jer* besuquearse

neck•er•chief [ˈər-chĭf] *s.* pañuelo para el cuello
neck•lace [:lĭs] *s.* collar *m*
neck•line [:līnˊ] *s.* escote *m*
neck•tie [:tīˊ] *s.* corbata
nec•ro•man•cy [nekˈrə-mănˊsē] *s.* necromancia, nigromancia
nec•tar [nekˈtər] *s.* néctar *m*
nec•tar•ine [nekˈtə-rēnˊ] *s.* nectarina
need [nēd] ◇ *s.* necesidad *f;* [trouble] apuro ■ **if ~ be** si fuera necesario; **there's no ~ to** no hace falta; **to be in ~** estar necesitado; **to be in ~ of** necesitar ◇ *tr.* necesitar; (*intr.*) estar necesitado ■ **to ~ to** [to have to] deber, tener que; [to be necessary] ser necesario; **she needs to be told** es necesario decírselo
need•ful [ˈfəl] *adj.* necesario
nee•dle [nēdˈl] ◇ *s.* aguja ◇ *tr. fam* hacer rabiar, pinchar
nee•dle•point [:pointˊ] *s.* encaje *m* de aguja
need•less [nēdˈlĭs] *adj.* innecesario, superfluo ■ **~ to say** huelga decir que
nee•dle•work [nēdˈl-wûrkˊ] *s.* costura, labor *f*
need•y [nēˈdē] *adj.* (**-i-**) necesitado, indigente ■ **the ~** los pobres
ne'er-do-well [nârˈdo͞o-welˊ] *s.* inútil *mf*
ne•far•i•ous [nə-fârˈē-əs] *adj.* infame, nefario
ne•gate [nĭ-gātˊ] *tr.* [to deny] negar; [to nullify] anular
ne•ga•tion [nĭ-gāˈshən] *s.* negación *f*
neg•a•tive [negˈə-tĭv] ◇ *adj.* negativo ◇ *s.* negativa; GRAM negación *f;* FOTOG negativo; MAT término negativo
ne•glect [nĭ-glektˊ] ◇ *tr.* descuidar ■ **to ~ one's duty** faltar a su deber; **to ~ to do something** dejar de hacer algo, no hacer algo ◇ *s.* descuido, negligencia ■ **out of** OR **through ~** por negligencia
ne•glect•ful [:fəl] *adj.* negligente
neg•li•gee [negˈlĭ-zhāˊ] *s.* negligé *m*
neg•li•gence [negˈlĭ-jəns] *s.* negligencia
neg•li•gent [:jənt] *adj.* negligente, descuidado
neg•li•gi•ble [:jə-bəl] *adj.* insignificante
ne•go•tia•ble [nĭ-gōˈshə-bəl] *adj.* negociable
ne•go•ti•ate [:shē-ātˊ] *intr.* negociar; (*tr.*) negociar; [obstacle] franquear
ne•go•ti•a•tion [-ˊ-āˈshən] *s.* negociación *f*
ne•go•ti•a•tor [-ˊ-āˈtər] *s.* negociador *m*
Ne•gro [nēˈgrō] *adj.* & *s.* (*pl* **es**) negro
neigh [nā] ◇ *s.* relincho ◇ *intr.* relinchar
neigh•bor [nāˈbər] ◇ *s.* vecino; [fellow human] prójimo ◇ *intr.* estar contiguo, lindar
neigh•bor•hood [:ho͝odˊ] *s.* barrio; [people] vecindario ■ **in the ~ of** *fam* cerca de, casi
neigh•bor•ing [:ĭng] *adj.* vecino
neigh•bor•ly [:lē] *adj.* [relations] de buena vecindad; [person, action] amable
nei•ther [nēˈthər, nīˈ-] ◇ *adj.* ninguno (de los dos) ◇ *pron.* ninguno (de dos), ni uno ni otro ◇ *conj.* & *adv.* (ni ...) tampoco; **she doesn't like winter and ~ do I** a ella no le gusta el invierno, ni a mí tampoco ■ **~ ... nor** ni ... ni; **~ you nor I** ni tú ni yo
nem•e•sis [nemˈĭ-sĭs] *s.* (*pl* **-ses**) nemesis *f*
ne•o•clas•sic/si•cal [nēˈō-klăsˈĭk] *adj.* neoclásico
ne•ol•o•gism [nē-ŏlˈə-jĭzˈəm] *s.* neologismo
ne•on [nēˈŏnˊ] *s.* neón *m*
ne•o•phyte [nēˈə-fītˊ] *s.* neófito
neph•ew [nefˈyo͞o] *s.* sobrino
nep•o•tism [nepˈə-tĭzˈəm] *s.* nepotismo
nerve [nûrv] ◇ *s.* nervio; [courage] valor *m; fam* [boldness] descaro, tupé *m* ■ **~ center** centro nervioso; **~ gas** gas neurotóxico; **to get on one's nerves** crispar los nervios a uno; **to lose one's ~** acobardarse ◇ *pl.* nerviosidad ◇ *tr.* animar, dar ánimos a
nerve•less [ˈlĭs] *adj.* sin nervios
nerve-rack•ing [:răkˈĭng] *adj.* que crispa los nervios, exasperante
nerv•ous [nûrˈvəs] *adj.* nervioso; [high-strung] irritable, excitable ■ **~ breakdown** depresión nerviosa; **to be ~ about** tener miedo a
nerv•ous•ness [:nĭs] *s.* nerviosidad *f*
nerv•y [nûrˈvē] *adj.* (**-i-**) [brazen] descarado; [daring] audaz; GB [nervous] nervioso
nest [nest] ◇ *s.* nido; [of hens] nidal *m;* [of wasps] avispero ■ **~ egg** ahorros, economías; **to leave the ~** irse a vivir por su cuenta ◇ *intr.* anidar; [boxes] encajar; (*tr.*) encajar
nes•tle [nesˈəl] *tr.* ■ **to be nestled among** estar situado en; **to be nestled in** [a place] estar al abrigo de; [someone's arms] acurrucarse en; (*intr.*) acurrucarse
net[1] [net] ◇ *s.* red *f;* [fabric] tul *m* ■ **~ user** internauta *mf* ◇ *tr.* (**-tt-**) coger OR atrapar con una red
net[2] ◇ *adj.* [after deductions] neto; [final] final ◇ *s.* [profit] ganancia neta; [weight] peso neto ◇ *tr.* (**-tt-**) [to yield] producir; [to clear] ganar neto
neth•er [nethˈər] *adj.* inferior
net•i•quette [netˈĭ-ketˊ] *s.* netiqueta
net•ting [netˈĭng] *s.* red *f*
net•tle [netˈl] ◇ *s.* ortiga ◇ *tr.* irritar
net•work [netˈwûrkˊ] *s.* red *f* ■ **~ administrator** administrador de red
neu•ral [no͝orˈəl] *adj.* de los nervios ■ **~ network** red neuronal
neu•ral•gia [no͝o-rălˈjə] *s.* neuralgia
neu•rol•o•gist [no͝o-rŏlˈə-jĭst] *s.* neurólogo
neu•rol•o•gy [:jē] *s.* neurología
neu•ron(e) [ŏnˊ] *s.* neurona
neu•ro•sis [no͝o-rōˈsĭs] *s.* (*pl* **-ses**) neurosis *f*
neu•ro•sur•ger•y [no͝orˈō-sûrˈjə-rē] *s.* neurocirujía
neu•rot•ic [no͝o-rŏtˈĭk] *adj.* & *s.* neurótico
neu•ter [no͞oˈtər] ◇ *adj.* neutro ◇ *s.* GRAM neutro; VET animal castrado ◇ *tr.* castrar
neu•tral [no͞oˈtrəl] ◇ *adj.* neutral; FÍS & QUÍM neutro ◇ *s.* neutral *mf;* AUTO punto muerto
neu•tral•i•ty [-trălˈĭ-tē] *s.* neutralidad *f*
neu•tral•ize [ˈtrə-līzˊ] *tr.* neutralizar
neu•tron [no͞oˈtrŏnˊ] *s.* neutrón *m*
nev•er [nevˈər] *adv.* nunca, jamás ■ **~ again** nunca más; **~ ever** nunca jamás; **~ mind** no importa
nev•er•more [ˊ-môrˊ] *adv.* nunca más
nev•er•the•less [:thə-lesˊ] *adv.* sin embargo, no obstante
new [no͞o] ◇ *adj.* nuevo; [recent] reciente; [modern] moderno; [additional] distinto ■ **what's ~?** ¿qué hay de nuevo? ◇ *adv.* recién
new•born [ˈbôrnˊ] ◇ *adj.* recién nacido; *fig* renacido ◇ *s.* niño recién nacido
new•com•er [:kŭmˈər] *s.* recién llegado
new•fan•gled [no͞oˈfăngˈgəld] *adj.* novedoso
new•found [:foundˊ] *adj.* nuevo
new•ly•wed [:lē-wedˊ] *s.* recién casado
news [no͞oz] *s.* noticia; **that's good ~** es una buena no-

N

ticia; [current events] noticias, actualidades *f*; [broadcast] noticiario ▪ ~ **item** noticia; **that's ~ to me!** ¡eso para mí es una novedad!; **to break the ~ to** dar una noticia a

news•boy ['boi'] *s.* muchacho vendedor de periódicos

news•cast [:kăst'] *s.* noticiario

news•cast•er [:kăs'tər] *s.* locutor *m*

news•group [:gro͞op'] *s.* COMPUT grupo de noticias

news•let•ter [:let'ər] *s.* hoja informativa

news•man [:măn'] *s.* (*pl* **-men**) periodista *mf*

news•pa•per [:pā'pər] *s.* periódico, diario

news•print [:prĭnt'] *s.* papel *m* de periódico

news•reel [:rēl'] *s.* noticiario cinematográfico

news•room [:ro͞om'] *s.* sala de redacción

news•stand [:stănd'] *s.* quiosco (de periódicos)

news•wor•thy [:wûr'*th*ē] *adj.* de interés periodístico

news•y [no͞o'zē] *adj.* (**-i-**) *fam* informativo

newt [no͞ot] *s.* tritón *m*

next [nekst] <> *adj.* [in time] que viene, próximo; [adjacent] de al lado; [following] siguiente; **the ~ day** el día siguiente ▪ **to be ~** ser el siguiente; **what ~!** ¡y ahora, qué! <> *adv.* después, luego ▪ **~ door** al lado; **~ to** [beside] junto a, al lado de; [almost] casi; **~ to nothing** casi nada; **to come ~** seguir, venir después

next-door ['dôr'] *adj.* de al lado

nex•us [nek'səs] *s.* (*pl* **inv.** OR **es**) nexo

ni•a•cin [nī'ə-sĭn] *s.* ácido nicotínico

nib [nĭb] *s.* plumilla (estilográfica)

nib•ble [nĭb'əl] <> *tr.* mordiscar; [bait] morder; (*intr.*) comisquear ▪ **to ~ at** morder <> *s.* [bite] mordisco; [morsel] bocadito; *fig* [offer] oferta

nice [nīs] *adj.* [friendly] amable, bueno; [pleasant] agradable; [attractive] bonito, lindo; [well-done] bien hecho; **~ job** trabajo bien hecho; [virtuous] decente; [considerate] delicado ▪ **~ and** *fam* muy, bien; **~ and warm** bien calentito; **to be ~ to** ser amable con; **to have a ~ time** pasarlo bien

ni•ce•ty [nī'sĭ-tē] *s.* [exactness] precisión *f*; [subtle detail] sutileza; [refinement] delicadeza

niche [nĭch, nēsh] *s.* ARQ hornacina, nicho; *fig* [place] colocación *f*, lugar *m*

nick [nĭk] <> *s.* mella, muesca; [wound] rasguño ▪ **in the ~ of time** en el momento crucial <> *tr.* mellar, hacer muescas en; [the skin] cortar

nick•el [nĭk'əl] *s.* QUÍM níquel *m*; [U.S. coin] moneda de cinco centavos

nick•el-and-dime ['-ən-dīm'] *adj. fam* de poco dinero; [small-time] de poca monta

nick•name [nĭk'nām'] <> *s.* apodo <> *tr.* apodar

nic•o•tine [nĭk'ə-tēn'] *s.* nicotina ▪ **~ patch** parche de nicotina

niece [nēs] *s.* sobrina

nif•ty [nĭf'tē] *adj.* (**-i-**) *jer* formidable

nig•gard•ly [nĭg'ərd-lē] *adj.* [stingy] tacaño, avaro; [meager] escaso

nig•gle [nĭg'əl] *intr.* pararse en pequeñeces

nig•gling [:lĭng] *adj.* demasiado meticuloso

nigh [nī] <> *adv.* cerca <> *adj.* próximo <> *prep.* cerca de

night [nīt] <> *s.* noche *f*; [nightfall] anochecer *m* ▪ **at** OR **by ~** de noche; **good ~!** ¡buenas noches!; **last ~** anoche, ayer por la noche; **the ~ before** la noche anterior; **the ~ before last** anteanoche; **to make a ~ of it** *fam* pasarse la noche de juerga; **to say good ~ (to someone)** dar las buenas noches (a alguien); **to stay out all ~** trasnochar; **to work nights** trabajar de noche <> *adj.* nocturno, de la noche ▪ **~ owl** *fig* trasnochador; **~ school** escuela nocturna; **~ shift** turno de noche

night•cap ['kăp'] *s.* [cap] gorro de dormir; *fam* [drink] bebida tomada antes de acostarse

night•club [:klŭb'] *s.* club nocturno

night•fall [:fôl'] *s.* anochecer *m*

night•gown [:goun'] *s.* camisa de dormir, camisón *m*

night•hawk [:hôk'] *s.* ORNIT chotacabras *m*; *fig* noctámbulo

night•ie [nī'tē] *s. fam* camisón *m*

night•in•gale [nīt'n-gāl'] *s.* ruiseñor *m*

night•life [nīt'līf'] *s.* vida nocturna

night-light [:līt'] *s.* lamparilla

night•ly [:lē] <> *adj.* nocturno, de noche; [every night] de todas las noches <> *adv.* por la noche; [every night] todas las noches

night•mare [:mâr'] *s.* pesadilla

night•stick [:stĭk'] *s.* porra de policía

night•time [:tīm'] *s.* noche *f* ▪ **in the ~** de noche

ni•hil•is•tic ['-lĭs'tĭk] *adj.* nihilista

nil [nĭl] *s.* nada; [zero] cero

nim•ble [nĭm'bəl] *adj.* (**-er, -est**) ágil

nim•bus [nĭm'bəs] *s.* (*pl* **es** OR **-bi**) nimbo

nin•com•poop [nĭn'kəm-po͞op'] *s.* bobo, necio

nine [nīn] *s.* & *adj.* nueve *m* ▪ **~ hundred** novecientos; **~ o'clock** las nueve

nine•pins ['pĭnz'] *s.* bolos (juego)

nine•teen [nīn-tēn'] *s.* & *adj.* diecinueve *m*

nine•teenth [:tēnth'] *s.* & *adj.* decimonoveno

nine•ti•eth [nīn'tē-ĭth] *s.* & *adj.* nonagésimo

nine•ty [nīn'tē] *s.* & *adj.* noventa

nin•ny [nĭn'ē] *s.* simplón *m*, tonto

ninth [nīnth] *s.* & *adj.* noveno

nip [nĭp] <> *tr.* (**-pp-**)[to pinch] pellizcar; [to bite] morder; [to chill] helar; *jer* [to steal] birlar ▪ **to ~ in the bud** cortar de raíz; **to ~ off** cortar <> *s.* [pinch] pellizco; [bite] mordedura; [sip] traguito ▪ **~ and tuck** reñido; **there's a ~ in the air** hace fresco

nip•ple [nĭp'əl] *s.* pezón *m*; [on bottle] tetilla

nip•py [nĭp'ē] *adj.* (**-i-**) frío

nit [nĭt] *s.* liendre *f*

nit-pick [nĭt'pĭk'] *intr. fam* fijarse en pequeñeces

ni•trate [nī'trāt'] *s.* nitrato; [fertilizer] nitrato de potasio OR de sodio

ni•tric [nī'trĭk] *adj.* nítrico

ni•tro•gen [nī'trə-jən] *s.* nitrógeno

ni•tro•glyc•er•in(e) [nī'trō-glĭs'ər-ĭn] *s.* nitroglicerina

nit•ty-grit•ty [nĭt'ē-grĭt'ē] *s. jer* esencia, meollo ▪ **to get down to the ~** ir al grano

nit•wit [nĭt'wĭt'] *s. fam* bobalicón *m*

nix [nĭks] *fam* <> *s.* nada <> *adv.* no <> *tr.* prohibir ▪ **~ it!** ¡no lo hagas!

no [nō] <> *adv.* no ▪ **no longer** ya no; **no more** ya no … más; **I want no more** ya no quiero más; [not any] no más; **there's no more wine** no queda más vino; **to say no** decir que no <> *adj.* no; [not one] no … ninguno; **she has no hope** no tiene ninguna esperanza; [not at all] ninguno; **she is no actress** no es ninguna actriz ▪ **by no means** de ninguna manera; **in no time** en un abrir y cerrar de ojos; **no admittance** prohibida la entrada; **no matter!** ¡no importa!; **no more, no less** ni

más, ni menos; **no other** más; **I see no other way out** no veo otra solución; **no smoking** prohibido fumar; **no way!** ¡nunca!, ¡ni hablar!; **with no** sin; **with no chance of** sin la oportunidad de ◇ *s.* (*pl* **es**) no ◇ *pl.* votos en contra
no-ac•count [nō′ə-kount′] *adj. fam* inútil
no•bil•i•ty [nō-bĭl′ĭ-tē] *s.* nobleza
no•ble [nō′bəl] *adj.* & *s.* (**-er, -est**) noble *mf*
no•ble•man [:mən] *s.* (*pl* **-men**) noble *m*
no•ble•wom•an [:wŏŏm′ən] *s.* (*pl* **-women**) noble *f*
no•bod•y [nō′bŏd′ē] ◇ *pron.* nadie ■ **to be ~'s fool** no tener un pelo de tonto ◇ *s.* don nadie *m*, nadie *m*
noc•tur•nal [nŏk-tûr′nəl] *adj.* nocturno
nod [nŏd] ◇ *intr.* (**-dd-**) balancearse, inclinarse; [sleepily] dar cabezadas; [in agreement] asentir con la cabeza; [in greeting] saludar con la cabeza ■ **to ~ off** dormirse; (*tr.*) inclinar (la cabeza) ■ **to ~ hello** saludar con la cabeza ◇ *s.* inclinación *f* de cabeza ■ **to get the ~** obtener la aprobación; **to give the ~** asentir, aprobar
node [nōd] *s.* protuberancia; BOT nudo; ANAT & FÍS nodo
nod•ule [:ōōl] *s.* nódulo
no-fault [nō′fôlt′] *adj.* sin responsabilidad
nog•gin [nŏg′ĭn] *s. jer* cabeza, coco
no-go [nō′gō′] *adj. jer* que no está listo
no-good [nō′gŏŏd′] *adj.* inútil; [vile] vil
noise [noiz] *s.* ruido; FÍS interferencia ■ **to make a lot of ~ about** quejarse de
noise•less [′lĭs] *adj.* silencioso, sin ruido
noise•mak•er [:mā′kər] *s.* matraca
nois•y [noi′zē] *adj.* (**-i-**) ruidoso; **it's very ~ here** aquí hay mucho ruido
no-load [nō′lōd′] *adj.* sin comisión de ventas
no•mad [nō′măd′] *s.* nómada *mf*
no•mad•ic [-′ĭk] *adj.* nómada
no•man's land [nō′-mănz′-lă′nd] *s.* tierra de nadie
no•men•cla•ture [nō′mən-klā′chər] *s.* nomenclatura
nom•i•nal [nŏm′ə-nəl] *adj.* nominal; [of shares] nominativo; [trifling] insignificante
nom•i•nate [:nāt′] *tr.* nombrar; [as a candidate] proponer
nom•i•na•tion [′-nā′shən] *s.* nombramiento
nom•i•na•tive [′-nə-tĭv] *adj.* & *s.* nominativo
nom•i•nee [′-nē′] *s.* candidato
non•ag•gres•sion [nŏn′ə-gresh′ən] *s.* no agresión *f*
non•a•ligned [:ə-līnd′] *adj.* no alineado
non•at•ten•dance [:ə-ten′dəns] *s.* ausencia
non•break•a•ble [-brā′kə-bəl] *adj.* irrompible
non•cha•lance [nŏn′shə-läns′] *s.* imperturbabilidad *f*
non•cha•lant [:länt′] *adj.* imperturbable
non•com•bat•ant [nŏn′kəm-băt′nt] *s.* & *adj.* no combatiente *mf*
non•com•bus•ti•ble [:kəm-bŭs′tə-bəl] *adj.* incombustible
non•com•mit•tal [:kə-mĭt′l] *adj.* evasivo
non•com•pli•ance [:kəm-plī′əns] *s.* incumplimiento
non•con•duc•tor [:kən-dŭk′tər] *s.* aislante *m*
non•con•form•ist [:kən-fôr′mĭst] *adj.* & *s.* inconformista *mf*
non•con•form•i•ty [:kən-fôr′mĭ-tē] *s.* no conformidad *f*
non•de•nom•i•na•tion•al [:dĭ-nŏm′ə-nā′shə-nəl] *adj.* no confesional
non•de•script [:dĭ-skrĭpt′] *adj.* anodino, de poco carácter
non•dis•crim•i•na•tion [:dĭ-skrĭm′ə-nā′shən] *s.* no discriminación *f*
non•drink•er [-drĭng′kər] *s.* no bebedor *m*
none [nŭn] ◇ *pron.* [not one] ninguno; **~ of them** ninguno de ellos; [nobody] nadie, ninguno; [not any] nada ■ **~ but** solamente; **~ other than** nadie OR nada menos que ◇ *adv.* no ■ **he is ~ too happy** no está muy contento
non•en•ti•ty [nŏn-en′tĭ-tē] *s.* nulidad *f*
non•es•sen•tial [′ĭ-sen′shəl] *adj.* no esencial
none•such [nŭn′sŭch′] *s.* cosa sin par
none•the•less [′*th*ə-les′] *adv.* sin embargo
non•ex•ist•ent [nŏn′ĭg-zĭs′tənt] *adj.* inexistente
non•fat [′făt′] *adj.* sin grasa
non•fic•tion [:fĭk′shən] *s.* no ficción *f*
non•flam•ma•ble [:flăm′ə-bəl] *adj.* no inflamable
non-gov•ern•men•tal [:gŭv′ərn-men′tl] *adj.* no gubernamental ■ **~ organization** organización no gubernamental
non•in•ter•ven•tion [:ĭn′tər-ven′shən] *s.* no intervención *f*
non•ne•go•tia•ble [′nĭ-gō′shə-bəl] *adj.* no negociable
no-no [nō′nō′] *s.* (*pl* **'s**) *fam* ■ **it's a ~** eso no se hace
no-non•sense [nō′nŏn′sens′] *adj.* práctico
non•par•ti•san [-pär′tĭ-zən] *adj.* independiente
non•pay•ment [:pā′mənt] *s.* impago
non•per•for•mance [′pər-fôr′məns] *s.* incumplimiento
non•plus [-plŭs′] *tr.* desconcertar
non•pro•duc•tive [′prə-dŭk′tĭv] *adj.* improductivo
non•pro•fes•sion•al [:prə-fesh′ə-nəl] *adj.* & *s.* no profesional *mf*
non•prof•it [-prŏf′ĭt] *adj.* sin fin lucrativo
non•res•i•dent [:rez′ĭ-dənt] *adj.* & *s.* no residente *mf*, transeúnte *mf*
non•re•stric•tive [′rĭ-strĭk′tĭv] *adj.* sin restricción
non•re•turn•a•ble [:rĭ-tûr′nə-bəl] *adj.* sin devolución
non•sched•uled [-skej′ōōld] *adj.* no regular
non•sec•tar•i•an [′sek-târ′ē-ən] *adj.* no sectario
non•sense [nŏn′sens′] *s.* tonterías, disparate(s) *m* ■ **~!** ¡tonterías!; **to talk ~** decir tonterías
non•sen•si•cal [-sen′sĭ-kəl] *adj.* disparatado
non•smok•er [nŏn′smō′kər] *s.* no fumador
non•stan•dard [nŏn-stăn′dərd] *adj.* no reglamentario
non•stop [′stŏp′] ◇ *adv.* sin parar ◇ *adj.* [train] directo; [plane] sin escalas
non•sup•port [′sə-pôrt′] *s.* falta de pago de la pensión alimenticia
non•tax•a•ble [-tăk′sə-bəl] *adj.* no imponible
non•trans•fer•a•ble [′trăns-fûr′ə-bəl] *adj.* intransferible
non•un•ion [-yōōn′yən] *adj.* [labor] no sindicado; [shop] que no emplea miembros de un sindicato
non•vi•o•lence [:vī′ə-ləns] *s.* no violencia
noo•dle [nōōd′l] *s.* CUL tallarín *m*, fideo; *jer* [head] coco
nook [nŏŏk] *s.* rincón *m*
noon [nōōn] ◇ *s.* mediodía *m* ■ **at high ~** a mediodía ◇ *adj.* de mediodía
noon•day [′dā′] *adj.* & *s.* (de) mediodía *m*
no one, no-one [nō′wŭn′] *pron.* nadie, ninguno
noon•time [nōōn′tīm′] *s.* mediodía *m*
noose [nōōs] *s.* [knot] nudo corredizo; [hangman's rope] dogal *m*

N

nor [nôr] *conj.* ni; **he was neither willing ~ able** ni quería ni podía; ni tampoco; **~ do I want to go** ni tampoco quiero ir
norm [nôrm] *s.* norma
nor•mal [nôr′məl] <> *adj.* normal <> *s.* normalidad ▪ **to return to ~** volver a la normalidad
nor•mal•i•ty [-măl′ĭ-tē] *s.* normalidad *f*
nor•mal•ize [′mə-līz′] *tr.* normalizar
nor•ma•tive [:mə-tĭv] *adj.* normativo
north [nôrth] <> *s.* norte *m* ▪ **North** región septentrional <> *adj.* del norte <> *adv.* hacia el norte
north•bound [′bound′] *adj.* con rumbo al norte
north•east [-ēst′] <> *s.* nordeste *m* <> *adj.* del nordeste <> *adv.* hacia el nordeste
north•east•ern [:ē′stərn] *adj.* del nordeste
north•er•ly [nôr′*th*ər-lē] <> *adj.* (del) norte <> *adv.* hacia el norte
north•ern [:*th*ərn] *adj.* septentrional, del norte ▪ **~ lights** aurora boreal
north•ern•er [:*th*ər-nər] *s.* norteño
north•land [nôrth′lănd′] *s.* región del norte *f*
north•ward [:wərd] *adv.* & *adj.* hacia el norte
north•west [-west′] <> *s.* noroeste *m* <> *adj.* del noroeste <> *adv.* hacia el noroeste
north•west•ern [:wes′tərn] *adj.* del noroeste
nose [nōz] <> *s.* nariz *f*; [snout] hocico; [sense of smell] olfato; [knack] olfato ▪ **as plain as the ~ on one's face** más claro que el agua; **~ cone** morro; **on the ~** exacto; **right under one's ~** delante de las narices de uno; **to blow one's ~** sonarse la nariz; **to follow one's ~** seguir recto; **to lead by the ~** manejar al antojo de uno; **to look down one's ~ at** *fam* mirar por encima del hombro a; **to pay through the ~** *fam* pagar un dineral; **to poke** OR **stick one's ~ into** *fam* meter la nariz en; **to turn up one's ~ at** *fam* despreciar, desdeñar <> *tr.* empujar con el hocico; (*intr.*) husmear ▪ **to ~ forward** avanzar con cuidado; **to ~ around** husmear
nose•bleed [′blēd′] *s.* hemorragia nasal
nose•dive [:dīv′] *s.* picado
nose•gay [:gā′] *s.* ramillete *m* de flores
nos•tal•gia [nə-stăl′jə] *s.* nostalgia
nos•tal•gic [:jĭk] *adj.* nostálgico
nos•tril [nŏs′trəl] <> *s.* ventana (de la nariz) <> *pl.* narices
nos•y [nō′zē] *adj.* (-i-) entrometido
not [nŏt] *adv.* no; **I will ~ go** no iré ▪ **certainly ~!** ¡de ninguna manera!; **~ even** ni siquiera; **~ to mention** por no mencionar; **~ yet** ya no, todavía no
no•ta•ble [nō′tə-bəl] *adj.* & *s.* notable *m*
no•ta•rize [nō′tə-rīz′] *tr.* hacer certificar por notario
no•ta•ry [:rē] *s.* notario ▪ **~ public** notario
no•ta•tion [nō-tā′shən] *s.* MAT & MÚS notación *f*; [brief note] nota, anotación *f*
notch [nŏch] <> *s.* [cut] muesca, corte *m*; GEOG desfiladero; *fam* [level] grado ▪ **to take someone down a ~** *fam* bajar los humos a alguien <> *tr.* hacer una muesca en, cortar
note [nōt] <> *s.* nota; FIN billete *m*; [bird call] trino; [mention] mención *f*; [I.O.U.] pagaré *m* ▪ **of ~** [renowned] de renombre; [important] de importancia; **to make a ~ of** tomar nota de; **to strike a false ~** desentonar <> *pl.* notas, apuntes ▪ **to compare ~** cambiar impresiones <> *tr.* [to notice] notar, advertir; [to mention] señalar; [to observe] fijarse en
note•book [′bŏŏk′] *s.* cuaderno
not•ed [nō′tĭd] *adj.* notable, eminente
note•pa•per [nōt′pā′pər] *s.* papel *m* de escribir
note•wor•thy [:wûr′*th*ē] *adj.* notable
noth•ing [nŭth′ĭng] <> *pron.* nada; [not anything] no ... nada; **she believes in ~** no cree en nada ▪ **for ~** [for free] gratis; [in vain] para nada; [for no reason] sin motivo; **~ at all** nada de nada; **~ but** sólo; **~ doing!** *fam* ¡ni hablar!; **there's ~ to it** es sencillísimo; **to come to ~** quedar en nada; **to have ~ to do with** no tener nada que ver con; **to make ~ of** no dar importancia a; **to say ~ of** por no hablar de; **he thinks ~ of it** no supone nada para él <> *s.* nada, nadería; [person] cero a la izquierda <> *adv.* ▪ **~ less than** nada menos que; **~ like** no ... nada; **she is ~ like her mother** no se parece nada a su madre
no•tice [nō′tĭs] <> *s.* [attention] atención *f*; [warning] aviso, notificación *f*; **without prior ~** sin previo aviso; [announcement] anuncio; [review] crítica, reseña; [sign] letrero ▪ **at a moment's ~** sin previo aviso; **on (such) short ~** en (tan) poco tiempo; **to be on ~** estar avisado; **it escaped my ~** se me escapó; **to give ~** [to resign] presentar la dimisión; [to fire] despedir; [to inform] avisar; **to put on** OR **serve ~** advertir, avisar; **to take ~ of** [someone] hacer caso a; [something] hacer caso de, prestar atención a; **until further ~** hasta nuevo aviso <> *tr.* [to note] observar; [to see] fijarse en; [to realize] darse cuenta de, advertir
no•tice•a•ble [nō′tĭ-sə-bəl] *adj.* notable, sensible; [obvious] evidente ▪ **it is barely ~** casi no se nota
no•ti•fi•ca•tion [nō′tə-fĭ-kā′shən] *s.* notificación *f*, aviso
no•ti•fy [nō′tə-fī′] *tr.* notificar, avisar
no•tion [nō′shən] <> *s.* noción *f*, idea; [opinion] opinión *f* ▪ **to have no ~** no tener la más mínima idea; **to have a ~ to** estar dispuesto a <> *pl.* artículos de mercería
no•to•ri•e•ty [nō′tə-rī′ĭ-tē] *s.* notoriedad *f*
no•to•ri•ous [nō-tôr′ē-əs] *adj.* de mala fama
not•with•stand•ing [nŏt′wĭth-stăn′dĭng] *prep.* & *conj.* a pesar de (que)
nou•gat [nōō′gət] *s.* turrón *m* de almendras
noun [noun] *s.* sustantivo, nombre *m*
nour•ish [nûr′ĭsh] *tr.* nutrir, alimentar; [to promote] fomentar; [hopes] abrigar
nour•ish•ment [:mənt] *s.* alimento
no•va [nō′və] *s.* (*pl* **s** OR **-ae**) nova
nov•el [nŏv′əl] <> *s.* novela <> *adj.* nuevo, original
nov•el•ist [:ə-lĭst] *s.* novelista *mf*
no•vel•la [nō-vel′ə] *s.* cuento, novela corta
nov•el•ty [nŏv′əl-tē] <> *s.* novedad *f*, innovación *f* <> *pl.* chucherías, baratijas
No•vem•ber [nō-vem′bər] *s.* noviembre *m*
nov•ice [nŏv′ĭs] *s.* novato; RELIG novicio
no•vi•ti•ate [nō-vĭsh′ē-ĭt] *s.* noviciado
now [nou] <> *adv.* ahora; [immediately] ahora mismo; [at last] ya; [as things are] ahora ya; **~ we won't be able to stay** ahora ya no podemos quedarnos ▪ **just ~** [at present] ahora mismo; [recently] hace un momento; **~ ... ~** ya ... ya; **~, ~** vamos, vamos; **~ and again** OR **~ and then** de vez en cuando; **~ then** ahora bien; **right ~!** ¡ahora mismo! <> *conj.* ▪ **~ that** ya que, ahora que <> *s.* ▪ **by ~** ya; **for ~** por ahora; **from ~ on** de ahora en adelante; **not ~** ahora no; **until** OR **up to ~** hasta ahora

now•a•days ['ə-dāz'] *adv.* hoy (en) día
no•way(s) [nō'wā[z]'] *adv.* de ningún modo
no•where [nō'hwâr'] ◇ *adv.* [location] en OR por ninguna parte; [direction] a ninguna parte ▪ ∼ **near** muy lejos de; ∼ **near as** ni mucho menos tan; **to get** ∼ no conseguir nada ◇ *s.* ▪ **in the middle of** ∼ en el quinto pino; **out of** ∼ de la nada
no-win [nō'wĭn'] *adj.* que no se puede ganar
nox•ious [nŏk'shəs] *adj.* nocivo, dañino
noz•zle [nŏz'əl] *s.* boquilla
nth [enth] *adj.* enésimo
nu•ance [no͞o-äns'] *s.* matiz *m*
nub [nŭb] *s.* protuberancia; [core] esencia
nu•bile [no͞o'bəl, :bīl'] *adj.* núbil
nu•clear [no͞o'klē-ər] *adj.* nuclear ▪ ∼ **energy** energía nuclear; ∼ **fission** fisión *f* nuclear; ∼ **fusion** fusión *f* nuclear; ∼ **power** energía nuclear; ∼ **warhead** cabeza nuclear; ∼ **waste** residuos nucleares
nu•cle•us [:əs] *s.* (*pl* **es** OR **-lei**) núcleo
nude [no͞od] *s.* & *adj.* desnudo ▪ **in the** ∼ al desnudo
nudge [nŭj] ◇ *s.* codazo ◇ *tr.* dar un codazo a
nud•ist [no͞o'dĭst] *s.* & *adj.* nudista *mf*
nu•di•ty [:dĭ-tē] *s.* desnudez *f*
nug•get [nŭg'ĭt] *s.* pepita
nui•sance [no͞o'səns] *s.* [person] pesado; [thing] fastidio, molestia ▪ **to make a** ∼ **of oneself** molestar, dar la lata
null [nŭl] ◇ *adj.* nulo ▪ ∼ **and void** nulo y sin valor ◇ *s.* cero
nul•li•fy ['ə-fī'] *tr.* anular
numb [nŭm] ◇ *adj.* entumecido; [with fear] paralizado ◇ *tr.* entumecer; [with fear] paralizar
num•ber [nŭm'bər] ◇ *s.* número ▪ **a** ∼ **of** [several] varios; [a lot] muchos; **any** ∼ **of** muchos; **beyond** ∼ innumerable; ∼ **lock** COMPUT bloqueo numérico; **by the numbers** [mechanically] mecánicamente; [strictly] de uno en uno; **to do a** ∼ **on** *fam* dañar, arruinar; **to have someone's** ∼ *fam* tener a alguien calado; **your** ∼ **is up** *fam* te llegó la hora ◇ *pl.* [many] muchos; MAT números ▪ ∼ **game** lotería ilegal ◇ *tr.* numerar, poner número a; [to include, restrict] contar; [to have] tener ▪ **to** ∼ **among** contar entre; (*intr.*) ser; **we numbered twenty** éramos veinte ▪ **to** ∼ **in** contarse (por)
num•ber•ing [:ĭng] *s.* recuento, enumeración *f*; [of pages] numeración *f*
numb•ness [nŭm'nĭs] *s.* entumecimiento
nu•mer•al [:əl] *s.* número ▪ **Arabic/Roman** ∼ número arábigo/romano
nu•mer•ate [no͞o'mə-rāt'] *tr.* enumerar, contar
nu•mer•a•tion ['-rā'shən] *s.* numeración *f*
nu•mer•a•tor ['-'tər] *s.* numerador *m*
nu•meric/i•cal [no͞o-mer'ĭk] *adj.* numérico
nu•mer•ous ['mər-əs] *adj.* numeroso
nu•mis•mat•ic [no͞o'mĭz-măt'ĭk] *adj.* numismático ▪ **numismatics** (*s.sg.*) numismática
num(b)•skull [nŭm'skŭl'] *s.* tonto, mentecato
nun [nŭn] *s.* monja, religiosa
nun•ner•y ['ə-rē] *s.* convento de monjas
nup•tial [nŭp'shəl] ◇ *adj.* nupcial ◇ *s.* ◇ *pl.* nupcias
nurse [nûrs] ◇ *s.* enfermero; [wet nurse] nodriza; [nursemaid] niñera ◇ *tr.* [infant] criar; [patient] cuidar; [grudge] guardar; [drink] beber lentamente; (*intr.*) [mother] dar de mamar; [infant] mamar
nurse•maid ['mād'] *s.* niñera
nurs•er•y [nûr'sə-rē] *s.* cuarto de los niños; [center] guardería infantil; AGR vivero ▪ ∼ **rhyme** poesía infantil; ∼ **school** escuela de párvulos
nurs•ing [:sĭng] *s.* profesión *f* de enfermero; [suckling] lactancia ▪ ∼ **home** hogar de ancianos
nur•ture [nûr'chər] ◇ *s.* [feeding] alimentación *f*; [rearing] crianza, educación *f* ◇ *tr.* [to nourish] alimentar; [children] criar; *fig* cultivar
nut [nŭt] *s.* fruto seco, nuez *f*; *jer* [odd person] estrafalario; [crazy person] chiflado; [fan] entusiasta *mf*; [head] coco; MEC [for bolts] tuerca ▪ **a hard** ∼ **to crack** un hueso duro de roer
nut•crack•er ['krăk'ər] *s.* cascanueces *m*
nut•meg [nŭt'meg'] *s.* nuez moscada
nu•tri•ent [no͞o'trē-ənt] *adj.* & *s.* (alimento) nutritivo
nu•tri•ment [:trə-mənt] *s.* alimento nutritivo
nu•tri•tion [no͞o-trĭsh'ən] *s.* nutrición *f*
nu•tri•tion•al [:ə-nəl] *adj.* nutritivo
nu•tri•tion•ist [:ə-nĭst] *s.* especialista *mf* en problemas de nutrición
nu•tri•tious [:əs] *adj.* nutritivo
nu•tri•tive [no͞o'trĭ-tĭv] *adj.* nutritivo
nuts [nŭts] *fam* ◇ *adj.* chalado, chiflado (**about** por) ▪ **to drive someone** ∼ volver loco a alguien; **to go** ∼ volverse loco (**over** por) ◇ *interj.* ¡cuernos!
nut•shell [nŭt'shel'] *s.* cáscara de nuez ▪ **in a** ∼ en pocas palabras
nut•ty [nŭt'ē] *adj.* (**-i-**) [flavor] con sabor a nuez; *jer* [crazy] loco, chiflado
nuz•zle [nŭz'əl] *tr.* & *intr.* hocicar
ny•lon [nī'lŏn'] ◇ *s.* nilón *m* ◇ *pl.* medias de nilón
nymph [nĭmf] *s.* ninfa
nym•pho•ma•ni•a [nĭm'fə-mā'nē-ə] *s.* ninfomanía

O

o, O [ō] *s.* [letter] decimoquinta letra del alfabeto inglés; [zero] cero
oaf [ōf] *s.* zoquete *m*, patán *m*
oak [ōk] *s.* roble *m*
oak•en [ō'kən] *adj.* de roble
oar [ôr] *s.* remo
o•a•sis [ō-ā'sĭs] *s.* (*pl* **-ses**) oasis *m*
oat [ōt] *s.* avena ▪ **to feel one's oats** *fam* estar lleno de vigor
oath [ōth] *s.* juramento
oat•meal [ōt'mēl'] *s.* [uncooked] copas de avena; [porridge] gachas de avena
ob•du•rate [:rĭt] *adj.* [hardhearted] insensible; [obstinate] obstinado, inflexible
o•be•di•ence [ō-bē'dē-əns] *s.* obediencia
o•be•di•ent [:ənt] *adj.* obediente
ob•e•lisk [ŏb'ə-lĭsk] *s.* obelisco
o•bese [ō-bēs'] *adj.* obeso
o•be•si•ty [ō-bē'sĭ-tē] *s.* obesidad *f*
o•bey [ō-bā'] *tr.* obedecer; [the law] respetar; [orders] cumplir, acatar; (*intr.*) ser obediente
ob•fus•cate [ŏb'fə-skāt'] *tr.* ofuscar

ob•fus•ca•tion [ˊ-skāˊshən] *s.* ofuscación *f*
o•bit•u•ar•y [ō-bĭchˊōō-erˊē] *s.* obituario
ob•ject¹ [əb-jektˊ] *intr.* hacer objeciones; [to disapprove] desaprobar; (*tr.*) objetar
ob•ject² [ŏbˊjĭkt] *s.* objeto; [purpose] propósito; [goal] fin *m*; GRAM complemento ▪ **price is no ~** no importa el precio
ob•jec•tion [əb-jekˊshən] *s.* objeción *f*, reparo; DER protesta; [disapproval] inconveniente *m*; **there's no ~ to her going** no hay inconveniente en que ella vaya ▪ **if there are no objections** si no hay nada que objetar; **to raise an ~** poner un reparo
ob•jec•tion•a•ble [:shə-nə-bəl] *adj.* [behavior] reprobable; [language] ofensivo
ob•jec•tive [:tĭv] ◇ *adj.* objetivo; GRAM complementario ▪ **to be ~ about** considerar objetivamente ◇ *s.* objetivo
ob•jec•tiv•i•ty [ŏbˊjek-tĭvˊĭ-tē] *s.* objetividad *f*
ob•jec•tor [əb-jekˊtər] *s.* objetor *m*
ob•li•gate [ŏbˊlĭ-gātˊ] *tr.* obligar ▪ **to be obligated to** tener la obligación de
ob•li•ga•tion [ˊ-gāˊshən] *s.* obligación *f*; [duty] deber *m*; [commitment] compromiso ▪ **to be under an ~ to** [do something] tener la obligación de; [someone] estarle reconocido a; **to feel an ~ to** sentirse obligado a
o•blig•a•to•ry [ə-blĭgˊə-tôrˊē] *adj.* obligatorio
o•blige [ə-blījˊ] *tr.* obligar; **she is not obliged to do it** nada le obliga a hacerlo; [to do a favor for] hacer un favor a; [to humor] complacer ▪ **much obliged** muchas gracias; **to be obliged to** [do something] verse obligado a; [someone] estarle agradecido a
o•blig•ing [ə-blīˊjĭng] *adj.* complaciente
o•blique [ə-blēkˊ] ◇ *adj.* oblicuo; [evasive] indirecto ◇ *s.* barra oblicua
o•blit•er•ate [ə-blĭtˊə-rātˊ] *tr.* [to erase] borrar; [to annihilate] arrasar, aniquilar
o•bliv•i•on [ə-blĭvˊē-ən] *s.* olvido
o•bliv•i•ous [:əs] *adj.* [forgetful] olvidadizo; [unmindful] inconsciente (**to, of** de)
ob•long [ŏbˊlôngˊ] ◇ *adj.* oblongo, rectangular ◇ *s.* rectángulo
ob•nox•ious [ŏb-nŏkˊshəs] *adj.* desagradable, repugnante; [person] insoportable
o•boe [ōˊbō] *s.* oboe *m*
ob•scene [əb-sēnˊ] *adj.* obsceno; [gesture] grosero; [loathsome] repugnante, soez
ob•scen•i•ty [əb-senˊĭ-tē] *s.* obscenidad *f*
ob•scure [əb-skyŏŏrˊ] ◇ *adj.* (**-er, -est**) oscuro; [faint] indistinto; [inconspicuous] imperceptible; [meaning] oculto ◇ *tr.* oscurecer; [to hide] ocultar; [to complicate] enredar ▪ **to ~ someone's view** tapar la vista a alguien
ob•scu•ri•ty [:ĭ-tē] *s.* oscuridad *f*
ob•se•qui•ous [əb-sēˊkwē-əs] *adj.* servil
ob•ser•vance [əb-zûrˊvəns] *s.* [of law, rule] observancia, cumplimiento; [of a holiday] celebración *f*; [observation] observación *f*
ob•ser•vant [:vənt] *adj.* observador ▪ **to be ~ of** [the law] respetar; [one's duty] cumplir con
ob•ser•va•tion [ŏbˊzər-vāˊshən] *s.* observación *f* ▪ **to be under ~** estar en observación; **to escape ~** pasar desapercibido
ob•ser•va•to•ry [əb-zûrˊvə-tôrˊē] *s.* observatorio
ob•serve [əb-zûrvˊ] *tr.* observar; [to remark] comentar, señalar; [a contract, duty] cumplir con; [law] acatar; [silence, a feast] guardar; [a holiday] celebrar
ob•serv•er [əb-zûrˊvər] *s.* observador *m*
ob•sess [əb-sesˊ] *tr.* obsesionar
ob•ses•sion [əb-seshˊən] *s.* obsesión *f*
ob•ses•sive [əb-sesˊĭv] *adj.* obsesivo
ob•so•les•cence [ŏbˊsə-lesˊəns] *s.* obsolescencia
ob•so•les•cent [:ənt] *adj.* que está cayendo en desuso
ob•so•lete [ŏbˊsə-lētˊ] *adj.* obsoleto; [outmoded] anticuado
ob•sta•cle [ŏbˊstə-kəl] *s.* obstáculo
ob•ste•tri•cian [ŏbˊstĭ-trĭshˊən] *s.* obstetra *mf*
ob•stet•ric/ri•cal [əb-stetˊrĭk] *adj.* obstétrico ▪ **obstetrics** (*s.sg.*) obstetricia
ob•sti•na•cy [ŏbˊstə-nə-sē] *s.* obstinación *f*
ob•sti•nate [:nĭt] *adj.* obstinado
ob•strep•er•ous [əb-strepˊər-əs] *adj.* [noisy] estrepitoso, ruidoso; [rebellious] revoltoso
ob•struct [əb-strŭktˊ] *tr.* obstruir; [to hinder] dificultar; [view] tapar
ob•struc•tion [əb-strŭkˊshən] *s.* obstrucción *f*; [obstacle] obstáculo, impedimento
ob•tain [əb-tānˊ] *tr.* obtener, lograr; [to acquire] adquirir; (*intr.*) prevalecer
ob•tru•sive [:sĭv] *adj.* llamativo; [annoying] molesto
ob•tuse [əb-tōōsˊ] *adj.* obtuso
ob•verse [ŏbˊvûrsˊ] *adj.* (del) anverso
ob•vi•ate [ŏbˊvē-ātˊ] *tr.* obviar
ob•vi•ous [ŏbˊvē-əs] *adj.* obvio, evidente
ob•vi•ous•ly [:lē] *adv.* evidentemente; [of course] claro
oc•ca•sion [ə-kāˊzhən] ◇ *s.* ocasión *f*; [event] acontecimiento; [reason] motivo ▪ **as the ~ requires** según el caso; **on ~** ocasionalmente; **to rise to the ~** estar a la altura de las circunstancias ◇ *tr.* ocasionar, provocar
oc•ca•sion•al [:zhə-nəl] *adj.* ocasional
oc•clude [ə-klōōdˊ] *tr.* MED ocluir; [to obstruct] obstruir, tapar
oc•cult [ə-kŭltˊ] ◇ *adj.* oculto ◇ *s.* ciencias ocultas
oc•cu•pan•cy [ŏkˊyə-pən-sē] *s.* ocupación *f*; [of house] residencia; [of hotel] estancia
oc•cu•pant [:pənt] *s.* [tenant] inquilino; [guest] huésped *mf*; [passenger] pasajero
oc•cu•pa•tion [ŏkˊyə-pāˊshən] *s.* ocupación *f*; [job] trabajo; [pastime] tarea, pasatiempo
oc•cu•pa•tion•al [:shə-nəl] *adj.* ocupacional, profesional ▪ **~ training** formación *f* ocupacional
oc•cu•pied [ŏkˊyə-pīdˊ] *adj.* ocupado
oc•cu•py [:pīˊ] *tr.* [space] ocupar; [time] emplear ▪ **to ~ oneself with** [to engage in] ponerse a; [to busy oneself in] entretenerse con
oc•cur [ə-kûrˊ] *intr.* (**-rr-**) ocurrir, suceder; [in special cases] darse; [to be found] encontrarse ▪ **it occurs to me that** se me ocurre que
oc•cur•rence [:əns] *s.* [incident] suceso; [instance] caso; [presence] presencia ▪ **to be an unusual ~** no darse a menudo
o•cean [ōˊshən] *s.* océano ▪ **~ liner** transatlántico; **oceans of** *fig* la mar de
o•ce•an•ic [ōˊshē-ănˊĭk] *adj.* oceánico
o•cean•og•ra•phy [ōˊshə-nŏgˊrə-fē] *s.* oceanografía
o•cher, o•chre [ōˊkər] *s.* ocre *m*
o'clock [ə-klŏkˊ] *adv.* ▪ **one ~** la una; **it's ten ~** son las diez

oc•ta•gon [ŏk'tə-gŏn'] *s.* octágono, octógono
oc•tag•o•nal [ŏk-tăg'ə-nəl] *adj.* octogonal
oc•tane [ŏk'tān'] *s.* octano
oc•tave [ŏk'tĭv, ŏk'tāv'] *s.* octava
Oc•to•ber [ŏk-tō'bər] *s.* octubre *m*
oc•to•ge•nar•i•an [ŏk'tə-jə-nâr'ē-ən] *adj.* & *s.* octogenario
oc•to•pus [ŏk'tə-pəs] *s.* (*pl* **es** OR **-pi**) pulpo
oc•tu•ple [ŏk'tə-pəl, ŏk-tōō'pəl] *adj.* óctuplo
oc•u•list [:lĭst] *s.* oculista *mf*
OD [ō-dē'] *jer* <> *s.* sobredosis *f* <> *intr.* (**'d, 'ing**) darse una sobredosis (**on** de)
odd [ŏd] *adj.* [unusual] raro, extraño; [strange] curioso; [in excess of] y pico; **twenty ~** veinte y pico; [remaining] de sobra; [shoe, glove] suelto; MAT impar, non ▪ **at ~ intervals** de rato en rato; **~ jobs** chapuces; **~ or even?** ¿pares o nones?; **the ~ man out** la excepción
odd•ball [ŏd'bôl'] *s. fam* tipo raro, excéntrico
odd•i•ty [ŏd'ĭ-tē] *s.* rareza, singularidad *f*
odds [ŏdz] *s. pl.* [advantage] ventaja; [chances] probabilidades *f* ▪ **~ and ends** retazos; **the ~ are against it** no es muy probable; **the ~ are that** lo más probable es que; **to be at ~ with** [facts] no concordar con; [someone] estar enfrentado con
ode [ōd] *s.* oda
o•di•ous [ō'dē-əs] *adj.* odioso
o•dom•e•ter [ō-dŏm'ĭ-tər] *s.* odómetro
o•dor [ō'dər] *s.* olor *m*
o•dor•less [ō'dər-lĭs] *adj.* inodoro
o•dor•ous [:əs] *adj.* [fragrant] fragante; [malodorous] maloliente, pestilente
o•dour [ō'dər] GB = **odor**
od•ys•sey [ŏd'ĭ-sē] *s.* odisea
of [ŏv, ŭv, əv] *prep.* de; [time] menos, para; **it is ten minutes of four** son las cuatro menos diez; [source] de ... parte; **it is very kind of you** es muy amable de su parte ▪ **a friend of mine** un amigo mío; **all of them** todos ellos
off [ôf] <> *adv.* [distant] lejos, a distancia; [away] a; **a place five miles ~** un lugar a cinco millas (de distancia) ▪ **~ and on** de vez en cuando; **~ with you!** ¡lárgate!; **ten per cent ~** diez por ciento de descuento; **to be ~** irse; **the exam is two days ~** faltan dos días para el examen <> *adj.* [lights, appliances] apagado; [not operating] desconectado; [canceled] cancelado; [productivity] más bajo; [quality, performance] inferior; [incorrect] equivocado ▪ **in the ~ position** en posición de cerrado; **on the ~ chance** por si acaso; **to be ~** [mistaken] estar equivocado; [from work] estar libre; **to have an ~ day** tener un día malo <> *prep.* [from] de; **take your feet ~ my desk** quita los pies de mi escritorio; [branching from] que sale de; [near] frente a, a la altura de; **~ the coast** frente a la costa; [away from] fuera, lejos de; [down from] desde, por; **to fall ~ a cliff** caer por un precipicio; [by means of] gracias a, de; **he lives ~ his pension** vive de su pensión
of•fal [ô'fəl] *s.* [entrails] menudos; [refuse] desperdicios, desechos
off•beat [ôf'bēt'] <> *s.* MÚS tiempo débil <> *adj. jer* excéntrico, raro
off-col•or [ôf'kŭl'ər] *adj.* [improper] de mal gusto; GB [in bad spirits] indispuesto
of•fence [ə-fens'] GB = **offense**
of•fend [ə-fend'] *tr.* ofender ▪ **to be offended at** OR **by** ofenderse por; (*intr.*) ser ofensivo
of•fend•er [ə-fen'dər] *s.* infractor *m*, delincuente *m*
of•fense [ə-fens'] *s.* ofensa; [crime] delito; [attack] ofensiva; [ôf'ens'] DEP equipo con la pelota ▪ **minor ~** delito leve; **no ~ (intended)** sin intención de ofender; **second ~** reincidencia; **to give ~** ofender; **to take ~ at** ofenderse por
of•fen•sive [ə-fen'sĭv] <> *adj.* ofensivo; [obscene] grosero; [unpleasant] desagradable <> *s.* ofensiva ▪ **on the ~** a la ofensiva
of•fer [ô'fər] <> *tr.* ofrecer; [to propose] proponer; [for sale] vender; [resistance] oponer; [to provide] proporcionar; [to present] presentar; (*intr.*) [to volunteer] ofrecerse (a); [opportunity] presentarse <> *s.* oferta
of•fer•ing [:ĭng] *s.* oferta, ofrecimiento; [donation] donativo; RELIG oblación *f*, ofrenda
off•hand [ôf'hănd'] <> *adv.* sin pensarlo ▪ **I can't recall ~** no recuerdo en este momento <> *adj.* improvisado; [manner] brusco
of•fice [ô'fĭs] *s.* oficina; [room] despacho; [of a doctor] consultorio; [of a lawyer] bufete *m*; [department] sección *f*; [task] oficio, deber *m*; POL [position] cargo (público); [Department] ministerio ▪ **~ clerk** OR **worker** oficinista; **~ hours** horario de oficina OR consulta; **to be in** OR **hold ~** ocupar el cargo
of•fice•hold•er [:hōl'dər] *s.* titular *mf* del cargo
of•fi•cer [ô'fĭ-sər] *s.* funcionario; [in a company] dirigente *m*; MARÍT & MIL oficial *m*; [policeman] agente *m* de policía
of•fi•cial [ə-fĭsh'əl] <> *adj.* oficial <> *s.* oficial *m*, funcionario; [in a company] dirigente *mf*; [referee] árbitro
of•fi•cial•ese [-'ə-lēz'] *s.* lenguaje burocrático
of•fi•ci•ate [-'ē-āt'] *intr.* RELIG oficiar; [to serve as] hacer las veces de; DEP arbitrar
of•fi•cious [:əs] *adj.* oficioso
off•ing [ô'fĭng] *s.* ▪ **in the ~** a la vista
off-key [ôf'kē'] *adj.* desafinado; *fig* fuera de tono
off-lim•its [ôf'lĭm'ĭts] *adj.* en zona prohibida
off-line [ôf'līn'] *adj.* fuera de línea, desconectado ▪ **to go ~** desconectarse
off-sea•son [ôf'sē'zən] *s.* temporada baja
off•set <> *tr.* [ôf-set'] (**-set, -tting**) compensar; [to counteract] contrarrestar <> *s.* ['] compensación *f*; IMPR offset *m* ▪ **~ press** offset
off•shoot [ôf'shōōt'] *s.* ramal *m*; [descendant] vástago; BOT retoño
off•shore [ôf'shôr'] <> *adj.* de mar adentro; [coastal] costanero <> *adv.* mar adentro
off•side, off side [ôf'sīd'] *adj.* fuera de juego
off•spring [ôf'sprĭng'] *s. inv.* progenie *f*, prole *f*
off-the-rack [ôf'*th*ə-răk'] *adj.* de confección
off-the-wall [ôf'*th*ə-wôl'] *adj. fam* estrafalario
off-white [ôf'hwīt'] *adj.* & *s.* blancuzco
oft [ôft] *adv.* frecuentemente, a menudo
of•ten [ô'fən] *adv.* frecuentemente, a menudo ▪ **as ~ as not** no pocas veces; **every so ~** alguna que otra vez; **how ~?** ¿cuántas veces?; **more ~ than not** la mayoría de las veces; **not very ~** pocas veces; **too ~** con demasiada frecuencia
of•ten•times [:tīmz'] *adv.* frecuentemente
off-the-rec•ord [ôf'*th*ə-rek'ərd] *adj.* [unofficial] extraoficial; [confidential] confidencial
o•gle [ō'gəl] *tr.* mirar con avidez

O

o•gre [ō′gər] *s.* ogro

oh! [ō] *interj.* [surprise] ¡oh!; [pain] ¡ay! [understanding] ¡ah!; **oh, I see** ¡ah, ya veo!

oil [oil] ◇ *s.* aceite *m*; [fuel] petróleo; [lubricant] aceite lubricante; ARTE óleo ▪ ~ **field/well** yacimiento/pozo petrolífero; ~ **paint** pintura al óleo ◇ *tr.* lubricar, aceitar

oil•can [′kăn′] *s.* aceitera, alcuza

oil•cloth [:klôth′] *s.* hule *m*, encerado

oiled [oild] *adj.* lubricado, aceitado; *jer* [drunk] borracho

oil•skin [oil′skĭn′] *s.* [fabric] hule *m*; [garment] impermeable *m*

oil•y [oi′lē] *adj.* (-i-) aceitoso, grasoso; *fig* [unctuous] untuoso

oink [oingk] *s.* gruñido del cerdo

oint•ment [oint′mənt] *s.* ungüento, pomada

O.K., OK, o•kay [ō-kā′] ◇ *s.* (*pl* **'s**) autorización *f* ◇ *tr.* (**'d, 'ing**) aprobar, autorizar ◇ *interj.* ¡muy bien!, ¡de acuerdo!

o•kra [ō′krə] *s.* quingombó

old [ōld] ◇ *adj.* viejo; [elderly] mayor, anciano; [looking old] envejecido; [ancient, former] antiguo ▪ **any ~ thing** cualquier cosa; **any ~ way** de cualquier manera; **older** mayor; **oldest** (el) mayor; ~ **hat** pasado de moda; ~ **maid** solterona; ~ **wive's tale** cuento de viejas; **to be (ten years)** ~ tener (diez años) de edad ◇ *s.* ▪ **of** ~ de la antigüedad; **the** ~ [something] lo viejo; [people] los ancianos

old•en [ōl′dən] *adj.* antiguo, pasado

old-fash•ioned [ōld′făsh′ənd] *adj.* anticuado; [person] chapado a la antigua

old-line [:līn′] *adj.* conservador, tradicional

old•ster [:stər] *s. fam* viejo, anciano

old-time [:tīm′] *adj.* de antaño

old-tim•er [:tī′mər] *s. fam* viejo, anciano

old-world [:wûrld′] *adj.* del viejo mundo

o•le•o [ō′lē-ō′] *s.* margarina

o•le•o•mar•ga•rine [′- -mär′jə-rĭn] *s.* oleomargarina

ol•fac•to•ry [ŏl-făk′tə-rē] *adj.* olfativo

ol•i•gar•chy [:gär′kē] *s.* oligarquía

ol•ive [ŏl′ĭv] *s.* oliva, aceituna; [color] verde *m* oliva ▪ ~ **oil** aceite de oliva; ~ **tree** olivo

O•lym•pic [ō-lĭm′pĭk] ◇ *adj.* olímpico ▪ ~ **qualifying competition** preolímpico ◇ *s.* ◇ *pl.* juegos olímpicos

om•buds•man [ŏm′bŭdz′mən] *s.* (*pl* **-men**) mediador *m* en asuntos de interés público

om•e•let(te) [ŏm′ə-lĭt] *s.* tortilla

o•men [ō′mən] *s.* presagio, agüero

om•i•nous [ŏm′ə-nəs] *adj.* ominoso

o•mis•sion [ō-mĭsh′ən] *s.* omisión *f*; [error] descuido

o•mit [ō-mĭt′] *tr.* (**-tt-**) omitir

om•ni•bus [ŏm′nĭ-bŭs′] ◇ *s.* ómnibus *m* ◇ *adj.* que incluye varias cosas

om•nip•o•tence [ŏm-nĭp′ə-tns] *s.* omnipotencia

om•nip•o•tent [:tnt] *adj.* omnipotente

om•ni•scient [ŏm-nĭsh′ənt] *adj.* omnisciente

on [ŏn] ◇ *prep.* [general] en; [on top of] sobre; [to, onto] a, sobre; [upon] al; **on entering the room** al entrar al cuarto; [against] contra; [according to] según; [for] por; **to travel on business** viajar por negocios; [about] en, sobre ▪ **on July third** el tres de julio; **on my authority** bajo mi autoridad ◇ *adv.* puesto; **with the lid on** con la tapa puesta ▪ **on and off** de vez en cuando; **on and on** sin parar ◇ *adj.* [appliance, lights] prendido, encendido; [gas, electricity] encendido; [faucet] abierto; [brakes, alarms] puesto; [planned] planeado; [in progress] empezado, comenzado

once [wŭns] ◇ *adv.* [one time] una vez; [formerly] en otro tiempo, antes; [before] hace tiempo ▪ **at** ~ [immediately] inmediatamente; [at the same time] al mismo tiempo; ~ **again** otra vez; ~ **and for all** de una vez para siempre; ~ **in a while** de vez en cuando; ~ **more** otra vez; ~ **upon a time** érase una vez ◇ *s.* una vez ▪ **for** ~ una vez siquiera ◇ *conj.* una vez que, tan pronto como

once-o•ver [′ō′vər] *s. jer* revisada a la ligera

on•col•o•gy [ŏn-kŏl′ə-jē] *s.* oncología

on•com•ing [ŏn′kŭm′ĭng] *adj.* que viene

one [wŭn] ◇ *adj.* un, uno; [sole, only] solo, único; [the same] mismo ▪ ~ **and the same** el mismo; ~ **hundred** cien; **the** ~ **and only** el incomparable ◇ *s.* uno; [unit] unidad *f* ▪ **all in** ~ de una sola pieza; ~ **o'clock** la una; **to be** ~ **up** tener la ventaja ◇ *pron. dem.* ▪ **that** ~ aquél; **this** ~ éste; **which** ~**?** ¿cuál? ◇ *pron. indef.* uno; se; ~ **doesn't do such things** esas cosas no se hacen ▪ **I, for** ~ yo, por lo menos; ~ **and all** todos; ~**'s** de uno, su

one-di•men•sion•al [′dĭ-men′shə-nəl] *adj.* unidimensional

one-man [:măn′] *adj.* que consiste de un solo miembro; [for, by one person] para OR de una sola persona

one-piece [:pēs′] *adj.* enterizo

on•er•ous [ŏn′ər-əs, ō′nər-] *adj.* oneroso

one•self [wŭn-self′] *pron.* sí (mismo), uno (mismo); [reflexively] se; **to brace** ~ **for something** prepararse para algo; [emphatically] uno mismo ▪ **by** ~ solo; **to be** ~ comportarse con naturalidad; **to come to** ~ volver en sí

one-shot [′shŏt′] *adj.* único, que no se repite

one-sid•ed [:sī′dĭd] *adj.* [biased] parcial; [unequal] desigual

one•time [:tīm′] *adj.* antiguo

one-time [:tīm′] *adj.* de una sola vez

one-to-one [:tə-wŭn′] *adj.* MAT exacto

one-track [:trăk′] *adj.* ▪ **to have a** ~ **mind** no poder pensar más que en una sola cosa

one-up•man•ship [-ŭp′mən-shĭp′] *s. fam* arte *m* de superar a competidores

one-way [′wā′] *adj.* [street] de sentido único; [ticket] de ida solamente

on•go•ing [ŏn′gō′ĭng] *adj.* [current] actual; [in progress] en marcha

on•ion [ŭn′yən] *s.* cebolla

on•ion•skin [:skĭn′] *s.* papel *m* cebolla

on-line [ŏn′līn′] *adj.* en línea ▪ ~ **help** ayuda en línea; **go** ~ conectarse a Internet

on•look•er [ŏn′lo͝ok′ər] *s.* espectador *m*

on•ly [ōn′lē] ◇ *adj.* [sole] único, solo; [best] mejor ◇ *adv.* [merely] sólo; [simply] simplemente; [solely] únicamente; para luego; **they received a raise** ~ **to be laid off** recibieron un aumento para luego ser despedidos ▪ **if** ~ ojalá; **not** ~ **... but also** no sólo ... sino también; ~ **too** muy ◇ *conj.* [except that] sólo que; [but] pero; **you may go,** ~ **be careful** puedes ir, pero ten cuidado

on•rush [ŏn′rŭsh′] *s.* arremetida, embestida

on-screen [ŏn'skrēn'] *adj.* en pantalla ▪ **on-screen help** ayuda en pantalla
on•shore [ŏn'shôr'] *adj.* & *adv.* (que se dirige) hacia la costa OR la tierra
on-site [ŏn'sīt'] *adj.* in situ ▪ ~ **guarantee** garantía in situ; ~ **warranty** garantía in situ
on•slaught [ŏn'slôt'] *s.* ataque violento
on•to [ŏn'to͞o] *prep.* [upon] sobre, encima de; *fam* [aware of] al tanto de, al corriente de
o•nus [ō'nəs] *s.* carga, obligación *f*
on•ward [ŏn'wərd] *adj.* & *adv.* hacia adelante
on•wards [ŏn'wərdz] *adv.* hacia adelante
on•yx [ŏn'ĭks] *s.* ónix *m*
oo•dles [o͞od'lz] *s. pl. fam* montones *m*
oomph [o͝omf] *s. jer* vitalidad *f*, energía
oops [o͝ops] *interj.* usado para expresar sorpresa o consternación
ooze[1] [o͞oz] *tr.* rezumar, supurar; [confidence, charm] rebozar de; (*intr.*) rezumarse, fluir
ooze[2] *s.* [soft mud] cieno, lama
o•pal [ō'pəl] *s.* ópalo
o•paque [ō-pāk'] *adj.* opaco; [obtuse] obtuso
o•pen [ō'pən] ◇ *adj.* abierto; [fields] descampado; [view] libre, despejado; [without covering] descubierto; [without top] destapado; [meeting, court] público; [unrestricted] sin restricción; [job, post] vacante, libre; [question] pendiente; [frank] franco, sincero; [mind] sin prejuicios; [port] libre, franco ▪ ~ **for business** abierto al público; ~ **house** recepción general; ~ **secret** secreto a voces; ~ **sesame!** ¡ábrete sésamo!; **to be ~ to** [ideas, criticism] estar dispuesto a recibir; [doubt, interpretation] admitir, permitir; [to be vulnerable to] estar expuesto a ◇ *tr.* abrir; [to unfasten] desatar; [way, path] despejar; [to unblock] desatascar; [to uncover] destapar; [to unwrap] desempaquetar; [to unfold] desplegar; [to begin] iniciar; [a business] establecer ▪ **to ~ out** ensanchar; **to ~ up** [to make available] hacer accesible; [to explore] explorar; (*intr.*) abrirse; [to come undone] desatarse; [halfway] entreabrirse; [to unfold] desplegarse; [a business] establecerse; [to begin] empezar, comenzar; **we opened with a list of complaints** comenzamos con una lista de quejas; TEAT estrenarse ▪ **to ~ into** dar a; **to ~ on(to)** dar a; **to ~ out** [to unfold] desplegar(se); [to extend] extenderse; **to ~ up** [to spread out] extenderse; [to begin] empezar; [to speak freely] desplegarse ◇ *s.* claro, lugar abierto ▪ **in the ~** [outdoors] al aire libre; [in the country] en el campo; [in a clear space] a campo abierto; [revealed] descubierto; **to bring/come into the ~** sacar/salir a la luz
o•pen-air ['-âr'] *adj.* al aire libre
o•pen-and-shut [:ən-shŭt'] *adj.* simple, claro
o•pen-end•ed [:-en'dĭd] *adj.* abierto, sin restricciones
o•pen•er [ō'pə-nər] *s.* abridor *m*; TEAT primer acto ▪ **for openers** para comenzar
o•pen•hand•ed [ō'pən-hăn'dĭd] *adj.* generoso
o•pen•ing [ō'pə-nĭng] *s.* [aperture] abertura, orificio; [breach] grieta; [clearing] claro; [beginning] apertura, comienzo; [of a movie, play] estreno; [of a store, exhibition] inauguración *f*; [chance] oportunidad *f*; [job] puesto, vacante *f*; POL apertura ▪ ~ **ceremony** acto de inauguración; ~ **night** noche de estreno
o•pen-mind•ed [ō'pən-mīn'dĭd] *adj.* de mentalidad abierta
op•er•a [ŏp'ər-ə] *s.* ópera ▪ ~ **glasses** gemelos de teatro; ~ **house** ópera
op•er•a•ble [ŏp'ər-ə-bəl] *s.* operable; [functional] que funciona
op•er•ate [ŏp'ə-rāt'] *intr.* [to work] funcionar; [to have an effect] actuar; CIR & MIL operar; COM efectuar operaciones; (*tr.*) [vehicle, machine] manejar; [tool] usar; [appliance, device] hacer funcionar, accionar; [business] manejar, administrar ▪ **it is operated by** funciona con
op•er•at•ing [ŏp'ə-rā'tĭng] *adj.* [operational] que funciona; [profit, expenses] de explotación; [costs] de mantenimiento; COMPUT operativo ▪ ~ **room** sala de operaciones; ~ **system** COMPUT sistema operativo
op•er•a•tion [ŏp'ə-rā'shən] *s.* operación *f*; [condition] funcionamiento; [of vehicles, tools] manejo; [management] administración *f*; [effect] acción *f*, efecto; [undertaking] maniobra ▪ **method of ~** procedimiento; **to be in ~** estar funcionando
op•er•a•tion•al [:shə-nəl] *adj.* operativo; [in working order] en condiciones de servicio; [functioning] en funcionamiento
op•er•a•tive [ŏp'ər-ə-tĭv] ◇ *adj.* [effective] operativo; [functioning] en condiciones de servicio; [law] en vigor; CIR operatorio ◇ *s.* [worker] operario; [agent] agente secreto
op•er•a•tor [ŏp'ə-rā'tər] *s.* [of a machine] operario; TEL telefonista *mf*; [of a vehicle] conductor *m*; [manager] administrador *m*; [dealer] agente *m*; *fam* [clever person] maquinador *m*
op•er•et•ta [ŏp'ə-ret'ə] *s.* opereta
oph•thal•mol•o•gist [ŏf'thăl-mŏl'ə-jĭst, ŏp'-] *s.* oftalmólogo
oph•thal•mol•o•gy [:jē] *s.* oftalmología
o•pi•ate [ō'pē-ĭt] *s.* opiato
o•pin•ion [ə-pĭn'yən] *s.* opinión *f* ▪ **in my ~** a mi juicio; **in the ~ of** según; ~ **poll** encuesta de opinión
o•pin•ion•at•ed [:yə-nā'tĭd] *adj.* dogmático
o•pi•um [ō'pē-əm] *s.* opio
o•pos•sum [ə-pŏs'əm] *s.* (*pl* **inv.** OR **s**) ZOOL zarigüeya
op•po•nent [ə-pō'nənt] *s.* adversario
op•por•tune [ŏp'ər-to͞on'] *adj.* oportuno
op•por•tun•ist [:to͞o'nĭst] *s.* oportunista *mf*
op•por•tu•ni•ty [:nĭ-tē] *s.* oportunidad *f*
op•pose [ə-pōz'] *tr.* oponerse a; [to combat] hacer frente a; [to set against] contraponer
op•po•site [ŏp'ə-zĭt] ◇ *adj.* opuesto; [direction] contrario; [across from] de enfrente; [opinions] contrario ▪ **on the ~ side of** del otro lado de ◇ *s.* contrario ▪ **it is just the ~** es todo lo contrario ◇ *adv.* enfrente ▪ **to be directly ~ something** estar frente a algo ◇ *prep.* enfrente de, frente a
op•po•si•tion ['-zĭsh'ən] *s.* oposición *f*; [resistance] resistencia; POL oposición ▪ **to act in ~ to** obrar en contra de; **to be in ~ to** estar en contra de
op•press [ə-pres'] *tr.* [to subjugate] oprimir; [mind, spirit] deprimir; *fig* agobiar
op•pres•sion [ə-presh'ən] *s.* opresión *f*
op•pres•sive [ə-pres'ĭv] *adj.* opresivo; [tyrannical] tiránico; [feeling] agobiador
op•pres•sor [:ər] *s.* opresor *m*
op•pro•bri•um [ə-prō'brē-əm] *s.* oprobio
opt [ŏpt] *intr.* optar (**for, to** por)
op•tic [ŏp'tĭk] *adj.* óptico ▪ **optics** (*s.sg.*) óptica
op•ti•cal [ŏp'tĭ-kəl] *adj.* óptico ▪ ~ **cable** cable óptico;

~ **character recognition** reconocimiento óptico de caracteres; ~ **disk** disco óptico; ~ **fiber** fibra óptica; ~ **mouse** mouse óptico; ~ **zoom** zoom óptico

op•ti•cian [ŏp-tĭsh′ən] *s.* óptico

op•ti•mal [ŏp′tə-məl] *adj.* óptimo

op•ti•mism [ŏp′tə-mĭz′əm] *s.* optimismo

op•ti•mist [:mĭst] *s.* optimista *mf*

op•ti•mis•tic [′-mĭs′tĭk] *adj.* optimista ▪ **to feel** ~ sentirse optimista

op•ti•mize [′-mīz′] *tr.* optimizar

op•ti•mum [:məm] ◇ *s.* ▪ **the** ~ lo óptimo ◇ *adj.* óptimo

op•tion [ŏp′shən] *s.* opción *f*

op•tion•al [ŏp′shə-nəl] *adj.* opcional; [subject] optativo

op•tom•e•trist [ŏp-tŏm′ĭ-trĭst] *s.* optómetra *mf*

op•tom•e•try [:trē] *s.* optometría

op•u•lence [ŏp′yə-ləns] *s.* opulencia

op•u•lent [:lənt] *adj.* opulento

o•pus [ō′pəs] *s.* (*pl* **es** OR **opera**) MÚS opus *m*; LIT obra

or [ôr] *conj.* o; [before (h)o] u; [after negative] ni; **I don't drink or smoke** ni tomo ni fumo

or•a•cle [ôr′ə-kəl] *s.* oráculo

o•ral [ôr′əl] ◇ *adj.* oral ▪ ~ **hygiene** higiene bucal ◇ *s.* examen *m* oral

or•ange [ôr′ĭnj] ◇ *s.* naranja; [tree] naranjo ▪ ~ **blossom** azahar; ~ **grove** naranjal ◇ *adj.* anaranjado

o•rang•u•tan [ə-răng′ə-tăn′] *s.* orangután *m*

or•a•tor [ôr′ə-tər] *s.* orador *m*

or•a•to•ry[1] [ôr′ə-tôr′ē] *s.* [rhetoric] oratoria

or•a•to•ry[2] *s.* [chapel] oratorio

orb [ôrb] *s.* orbe *m*

or•bit [ôr′bĭt] ◇ *s.* órbita ▪ **to go into** ~ entrar en órbita ◇ *tr.* girar alrededor de; [a satellite] poner en órbita; (*intr.*) [to revolve] girar, dar vueltas; [to be in orbit] estar en órbita

or•bit•al [ôr′bĭ-tl] *adj.* orbital

or•chard [ôr′chərd] *s.* huerto

or•ches•tra [ôr′kĭ-strə] *s.* orquesta ▪ ~ **seats** butacas de platea

or•ches•tral [ôr-kes′trəl] *adj.* orquestal

or•ches•trate [ôr′kĭ-strāt′] *tr.* MÚS orquestar; [to organize] organizar

or•ches•tra•tion [′-strā′shən] *s.* orquestación *f*

or•chid [ôr′kĭd] *s.* orquídea; [color] malva *m*

or•dain [ôr-dān′] *tr.* ordenar; [to predestine] disponer, predestinar

or•deal [ôr-dēl′] *s.* [trial] prueba dura; [torment] sufrimiento

or•der [ôr′dər] ◇ *s.* orden *m*; [arrangement] disposición *f*; [procedure] regla; [decree, command] orden *f*; COM pedido; **to place an** ~ **for** hacer un pedido de; [goods] mercancías; [of food] porción *f*; [organization] orden *f*; [kind] tipo, índole *f*; [rank] categoría; DER mandamiento, orden *f* del juez; RELIG orden *f*; MAT grado ▪ **in bad** ~ desordenado; **in good** ~ en buen estado; **in** ~ [in place] en orden; [in good condition] en buenas condiciones; [in a meeting] aceptable; [appropriate] pertinente; **in** ~ **that** a fin de que, para que; **in** ~ **to** a fin de, para; **in short** ~ pronto; **out of** ~ [out of place] en desorden; [not working] descompuesto; [in a meeting] inaceptable; [inappropriate] impertinente; **pay to the** ~ **of** páguese a la orden de ◇ *tr.* [to command, arrange] ordenar; [to request] pedir; (*intr.*) [command] dar una orden; [request] hacer un pedido

or•der•ly [:lē] ◇ *adj.* [neat] ordenado, en orden; [conduct] pacífico ◇ *s.* MED ayudante *m*; MIL ordenanza *m* ◇ *adv.* sistemáticamente

or•di•nal [ôr′dn-əl] *adj.* & *s.* (número) ordinal

or•di•nance [ôr′dn-əns] *s.* [order] ordenanza; [statute] estatuto

or•di•nar•y [ôr′dn-er′ē] *adj.* ordinario; [plain] corriente; [average] medio ▪ **out of the** ~ fuera de lo común, extraordinario

or•di•nate [:ĭt] *s.* ordenada

or•di•na•tion [′-ā′shən] *s.* ordenación *f*

ord•nance [ôrd′nəns] *s.* armamentos, equipos de guerra; [artillery] artillería

ore [ôr] *s.* mineral *m*

o•reg•a•no [ə-reg′ə-nō′] *s.* orégano

or•gan [ôr′gən] *s.* órgano; [agency] organismo

or•gan•dy/die [ôr′gən-dē] *s.* organdí *m*

or•gan•ic [ôr-găn′ĭk] *adj.* orgánico; [product] orgánico, ecológico ▪ ~ **farming** agricultura biológica, agricultura orgánica

or•gan•ism [ôr′gə-nĭz′əm] *s.* organismo

or•gan•ist [ôr′gə-nĭst] *s.* organista *mf*

or•gan•i•za•tion [ôr′gə-nĭ-zā′shən] *s.* organización *f*; [group] organismo

or•gan•i•za•tion•al [:shə-nəl] *adj.* organizativo

or•gan•ize [ôr′gə-nīz′] *tr.* organizar; [to arrange] arreglar, ordenar; (*intr.*) organizarse

or•gan•iz•er [:nī′zər] *s.* organizador *m*

or•gan•za [ôr-găn′zə] *s.* organdí *m*

or•gasm [ôr′găz′əm] *s.* orgasmo

or•gy [ôr′jē] *s.* orgía

o•ri•ent [ôr′ē-ənt] ◇ *s.* oriente *m* ◇ *tr.* [:ent′] orientar ▪ **to** ~ **oneself** orientarse

o•ri•en•tal [′-en′tl] *adj.* & *s.* oriental *mf*

o•ri•en•tate [′-en-tāt′] *tr.* orientar

o•ri•en•ta•tion [′-tā′shən] *s.* orientación *f*

ori•en•teer•ing [ôr′ē-ən-tîr′ĭng] *s.* orientación *f*

or•i•fice [ôr′ə-fĭs] *s.* orificio

or•i•gin [ôr′ə-jĭn] *s.* origen *m*; [of a flight, object] procedencia ▪ **to have its origins in** originarse en

o•rig•i•nal [ə-rĭj′ə-nəl] ◇ *adj.* original; [first] primero; [authentic] legítimo; [inventive] creativo ◇ *s.* persona OR modelo original; ARTE original *m*

o•rig•i•nal•i•ty [-′-năl′ĭ-tē] *s.* originalidad *f*

o•rig•i•nate [-′-nāt′] *tr.* [to introduce] originar; [to invent] crear; (*intr.*) [to start] originarse, surgir; [family] ser originario OR oriundo de

o•rig•i•na•tion [-′-nā′shən] *s.* origen *m*

o•rig•i•na•tor [-′-′tər] *s.* autor *m*, creador *m*

o•ri•ole [ôr′ē-ōl′] *s.* oropéndola

or•na•ment [ôr′nə-mənt] ◇ *s.* ornamento ◇ *tr.* ornamentar

or•na•men•tal [′-men′tl] *adj.* ornamental

or•na•men•ta•tion [:men-tā′shən] *s.* ornamentación *f*; [decoration] ornamento

or•nate [ôr-nāt′] *adj.* recargado

or•ner•y [ôr′nə-rē] *adj.* (**-i-**) *fam* terco

or•ni•thol•o•gy [ôr′nə-thŏl′ə-jē] *s.* ornitología

or•phan [ôr′fən] ◇ *s.* & *adj.* huérfano ◇ *tr.* dejar huérfano

or•phan•age [ôr′fə-nĭj] *s.* orfanato, orfelinato

or•tho•don•tics [ôr′thə-dŏn′tĭks] *s.sg.* ortodoncia

or•tho•dox [ôr′thə-dŏks′] *adj.* ortodoxo

or•tho•dox•y [:dŏk′sē] *s.* ortodoxia

or•tho•graph•ic ['-grăf'ĭk] *adj.* ortográfico
or•thog•ra•phy [ôr-thŏg'rə-fē] *s.* ortografía
or•tho•p(a)e•dic [ôr'thə-pē'dĭk] *adj.* ortopédico ■ **orthop(a)edics** (*s.sg.*) ortopedia
os•cil•late [ŏs'ə-lāt'] *intr.* oscilar
os•cil•la•tion ['-lā'shən] *s.* oscilación *f*
os•mo•sis [ŏz-mō'sĭs] *s.* ósmosis *f*
os•ten•si•ble [ŏ-sten'sə-bəl] *adj.* ostensible
os•ten•ta•tion [ŏs'ten-tā'shən] *s.* ostentación *f*
os•ten•ta•tious [:shəs] *s.* ostentoso
os•te•o•path [ŏs'tē-ə-păth'] osteópata *mf*
os•te•op•a•thy ['-ŏp'ə-thē] *s.* osteopatía
os•tra•cize [:sīz'] *tr.* condenar al ostracismo
os•trich [ŏs'trĭch] *s.* (*pl* **inv.** OR **es**) avestruz *m*
oth•er [ŭth'ər] ◇ *adj.* otro; [additional] demás; **the ~ countries** los demás países; [different] distinto ■ **~ people** otros ◇ *s.* otro ■ **no ~** ningún otro; **no ~ than** nadie más que ◇ *pron.* otro; **something or ~** algo, no sé qué ■ **sometime or ~** algún día de estos ◇ *adv.* ■ **~ than** [differently] de otro modo; [anything but] otra cosa que
oth•er•wise [:wīz'] ◇ *adv.* [differently] de otro modo; [under other circumstances] de lo contrario, si no; **~ I would have gone** de lo contrario habría ido; [in other respects] por lo demás ◇ *adj.* diferente, otro
ot•ter [ŏt'ər] *s.* (*pl* **inv.** OR **s**) nutria
ot•to•man [ŏt'ə-mən] *s.* otomana
ouch [ouch] *interj.* ¡ay!
ought [ôt] *aux.* [to be obliged] deber; [to be advisable] convenir, ser conveniente; **you ~ to wear a raincoat** conviene que lleves una gabardina; [to be desirable] tener que; [to be likely] deber de
ounce [ouns] *s.* onza; *fig* pizca, poquito
our [our] *adj. pos.* nuestro
ours [ourz] *pron. pos.* (el) nuestro
our•selves [:selvz'] *pron.* nos; **we should wash ~** debemos lavarnos; nosotros (mismos); **we did it ~** lo hicimos nosotros mismos
oust [oust] *tr.* expulsar
out [out] ◇ *adv.* [away from] fuera; **~ of the office** fuera de la oficina; [outside] afuera; hasta el final; **to argue it ~** discutirlo hasta el final; [on strike] en huelga ■ **all ~** con tesón; **~ and ~** completamente; **~ for** empeñado en; **to be ~** [not at home] no estar en casa; [sun, moon] haber salido; [eliminated] quedar excluido; POL estar fuera del poder ◇ *adj.* [exterior] exterior; [absent] ausente; [used up] agotado; [extinguished] apagado; [impossible] imposible; **that's ~** eso es imposible; [not in fashion] pasado de moda ■ **~ box** COMPUT buzón de salida ◇ *prep.* [through] por; **to look ~ the window** mirar por la ventana; [beyond] fuera de, al otro lado de ■ **~ of** de; **to take ~ of** sacar de; [without] sin; **~ of money** sin dinero; [because of] por; **~ of curiosity** por curiosidad; [from among] de cada ◇ *s. fam* [way out] salida; [excuse] excusa ■ **on the outs** *fam* enemistado ◇ *intr.* descubrirse ◇ *tr.* revelar la homosexualidad de ◇ *interj.* ¡fuera!
out•age [ou'tĭj] *s.* corte *m* de electricidad
out-and-out [out'n-out'] *adj.* completo, total
out•bid [-bĭd'] *tr.* (**-bid, -bid(den)**) (**-dd-**) superar a, ofrecer más que
out•board ['bôrd'] *adj.* fuera de borda
out•bound [:bound'] *adj.* de salida, que sale
out•break [:brāk'] *s.* brote *m*
out•burst [:bûrst'] *s.* arranque *m*, estallido
out•cast [:kăst'] *s.* paria *mf*
out•class [-klăs'] *tr.* ser muy superior a
out•come ['kŭm'] *s.* resultado, consecuencia
out•crop [:krŏp'] *s.* afloramiento
out•cry [:krī'] *s.* protesta; [clamor] alboroto
out•dat•ed [-dā'tĭd] *adj.* obsoleto, anticuado
out•dis•tance [:dĭs'təns] *tr.* dejar atrás
out•do [:do͞o'] *tr.* (**-did, -done**) superar
out•door ['dôr'] *adj.* al aire libre
out•doors [-dôrz'] ◇ *adv.* al aire libre; [outside] (a)fuera ◇ *s.* el aire libre
out•doors•man [:mən] *s.* (*pl* **-men**) hombre *m* que gusta del aire libre, la pesca OR la caza
out•er [ou'tər] *adj.* exterior, externo ■ **~ ear** oído externo; **~ space** espacio exterior
out•er•most [:mōst'] *adj.* más alejado
out•fit [out'fĭt'] ◇ *s.* [clothing] conjunto; *fam* [military unit] unidad *f*; [business] empresa ◇ *tr.* (**-tt-**) equipar
out•flow ['flō'] *s.* flujo
out•fox [-fŏks'] *tr.* ganar en astucia, burlar
out•go•ing ['gō'ĭng] *adj.* de salida, que sale; [retiring] saliente; [friendly] sociable
out•grow [-grō'] *tr.* (**-grew, -grown**) crecer más que; [interests, ideas] perder ■ **to ~ one's clothes** quedarle la ropa chica a uno
out•guess [-ges'] *tr.* anticipar
out•house ['hous'] *s.* excusado, retrete *m*
out•ing [:ĭng] *s.* excursión *f*
out•land•ish [-lăn'dĭsh] *adj.* extravagante
out•last [:lăst'] *tr.* durar más que
out•law ['lô'] ◇ *s.* malhechor *m*, criminal *m*; [fugitive] forajido ◇ *tr.* prohibir
out•lay [out'lā'] *s.* desembolso, gastos
out•let ['let'] *s.* salida; [socket] tomacorriente *m*; [for feelings] forma de desahogar; [for energies] forma de descargar; COM [market] salida; [store] distribuidor *m*
out•line [:līn'] ◇ *s.* [contour] contorno; [profile] perfil *m*; [shape] silueta; [summary] resumen *m*; ARTE bosquejo; TEC trazado ■ **in broad ~** en líneas generales ◇ *tr.* trazar las líneas OR los contornos de; [to profile] perfilar; [to describe] trazar a grandes rasgos; [to summarize] resumir; [to sketch] bosquejar
out•live [-lĭv'] *tr.* sobrevivir
out•look ['lo͝ok'] *s.* punto de vista; [attitude] actitud *f*; [prospect] posibilidades *f*
out•ly•ing [:lī'ĭng] *adj.* alejado del centro ■ **the ~ suburbs** las afueras de la ciudad
out•ma•neu•ver ['mə-no͞o'vər] *tr.* ganar en astucia; AUTO moverse mejor que
out•mod•ed [-mō'dĭd] *adj.* anticuado
out•num•ber [:nŭm'bər] *tr.* superar en número
out-of-date ['əv-dāt'] *adj.* [outmoded] anticuado; [expired] caducado
out-of-the-way [:thə-wā'] *adj.* [remote] apartado; [secluded] solitario; [unusual] insólito
out•pa•tient [out'pā'shənt] *s.* paciente *mf* que no está hospitalizado
out•post [:pōst'] *s.* MIL puesto avanzado; [settlement] puesto fronterizo
out•pour•ing [:pôr'ĭng] *s.* efusión *f*
out•put [:po͝ot'] *s.* producción *f*; [energy] potencia; [yield] rendimiento; COMPUT salida
out•rage [:rāj'] ◇ *s.* ultraje *m*; [destructive act] atrope-

llo; [anger] indignación *f* ▪ **an ~ against** un atentado contra ◇ *tr.* indignar

out•ra•geous [-rā'jəs] *adj.* ultrajante; [flagrant] flagrante; [infuriating] indignante; [exorbitant] excesivo

out•rank [-răngk'] *tr.* tener un rango superior a; [to surpass] ser superior a

out•reach ['rēch'] *s.* servicio especial de asistencia pública

out•right [:rīt'] ◇ *adv.* [frankly] sin reservas; [obviously] patentemente; [utterly] absolutamente; [straightway] en el acto ◇ *adj.* [unqualified] sin reservas; [obvious] patente; [out-and-out] absoluto; **~ viciousness** maldad absoluta

out•run [-rŭn'] *tr.* **(-ran, -run)** **(-nn-)**[to outstrip] dejar rezagado; [to escape] librarse de

out•sell [:sel'] *tr.* **(-sold)** vender más que OR mejor que; [a product] venderse mejor que

out•set ['set'] *s.* principio, inicio

out•shine [-shīn'] *tr.* **(-shone)** brillar más que; *fig* superar

out•side [out-sīd'] ◇ *s.* exterior *m*; [appearance] superficie *f* ▪ **at the ~** como mucho OR máximo; **from/on the ~** desde/por fuera ◇ *adj.* exterior; **~ assistance** ayuda exterior; [estimate] máximo; [influence] de afuera; [chance] remoto ◇ *adv.* (a)fuera; **to step ~** ir afuera; [outdoors] en OR a la calle ◇ *prep.* fuera de ▪ **~ of** fuera de; [except] excepto

out•sid•er [-sī'dər] *s.* forastero

out•skirts ['skûrts'] *s. pl.* afueras

out•smart [-smärt'] *tr.* ser más astuto que

out•source [out-sôrs'] *tr.* tercerizar

out•sourcing [out'sôrs'ĭng] *s.* tercerización *f*

out•spend [:spend'] *tr.* **(-spent)** gastar más que

out•spo•ken [:-spō'kən] *adj.* abierto, franco ▪ **to be ~** no tener pelos en la lengua

out•spread [:spred'] ◇ *tr.* **(-spread)** extender, desplegar ◇ *adj.* extendido, desplegado

out•stand•ing [:stăn'dĭng] *adj.* sobresaliente; [prominent] destacado; [superior] excelente; [not resolved] pendiente

out•stretched [:strecht'] *adj.* extendido

out•strip [:strĭp'] *tr.* **(-pp-)** [to leave behind] dejar atrás; [to exceed] sobrepasar

out•take ['tāk'] *s.* CINEM toma falsa

out•ward [:wərd] ◇ *adj.* exterior, externo; [direction] hacia afuera; [superficial] superficial; [journey] de ida ◇ *adv.* (OR **-wards**) hacia afuera

out•weigh [-wā'] *tr.* pesar más que

out•wit [:wĭt'] *tr.* **(-tt-)** ser más vivo que, burlar

o•val [ō'vəl] ◇ *adj.* ovalado, oval ◇ *s.* óvalo

o•va•ry [ō'və-rē] *s.* ovario

o•va•tion [ō-vā'shən] *s.* ovación *f*

ov•en [ŭv'ən] *s.* horno

o•ver [ō'vər] ◇ *prep.* sobre; [above] encima de; [across, on, higher than] por encima de; **to jump ~ the fence** saltar por encima de la valla; [on the other side of] al otro lado de; [throughout] por todo, a través de; [so as to cover or close] para tapar OR cerrar; [during] durante; **~ the past two years** durante los dos últimos años; [more than] más de OR que; [in preference to] antes que; [by means of] por; **~ the telephone** por teléfono ◇ *adv.* [above] (por) encima; [across] al otro lado, enfrente; allá; **~ in Europe** allá en Europa; [again] otra vez, de nuevo; [more] más; **ten times ~** diez veces más ▪ **~ again** otra vez, de nuevo; **~ and above** además de; **~ and ~** una y otra vez; **~ here/there** aquí/allá; **~ with** *fam* acabado ◇ *adj.* terminado, acabado

o•ver•a•bun•dance ['-ə-bŭn'dəns] *s.* exceso

o•ver•act [:ăkt'] *tr.* & *intr.* exagerar

o•ver•all, o•ver-all [:ôl'] ◇ *adj.* total ◇ *adv.* en general, generalmente

o•ver•alls ['-ôlz'] *s. pl.* mono, overol *m*

o•ver•bear•ing ['-bâr'ĭng] *adj.* [overwhelming] avasallador; [arrogant] arrogante

o•ver•bid ['-bĭd'] *s.* oferta mayor

o•ver•blown ['-blōn'] *adj.* inflado, pomposo

o•ver•board ['-bôrd'] *adv.* por la borda ▪ **man ~!** ¡hombre al agua!; **to go ~** *fam* írsele la mano

o•ver•book ['-bŏŏk'] *tr.* & *intr.* vender más localidades de las que hay disponibles (en)

o•ver•book•ing ['-bŏŏk'ĭng] *s.* overbooking *m*

o•ver•bur•den [:bûr'dn] *tr.* sobrecargar

o•ver•cast ['kăst'] *adj.* nublado

o•ver•cau•tious ['-kô'shəs] *adj.* demasiado cauteloso

o•ver•charge ◇ *tr.* & *intr.* ['-chärj'] cobrar demasiado ◇ *s.* ['-'] precio excesivo

o•ver•coat ['-kōt'] *s.* sobretodo, abrigo

o•ver•come ['-kŭm'] *tr.* **(-came, -come)** [to defeat] derrotar, conquistar; [to overwhelm] abrumar; [obstacle, difficulty] superar ▪ **to be ~ by** estar afectado profundamente por

o•ver•com•pen•sate ['-kŏm'pən-sāt'] *tr.* & *intr.* sobrecompensar

o•ver•con•fi•dent [:kŏn'fĭ-dnt] *adj.* demasiado confiado

o•ver•do [:dōō'] *tr.* **(-did, -done)** hacer demasiado; [diet, excercise] exagerar; [food] cocinar demasiado; (*intr.*) hacer demasiado

o•ver•dose ◇ *s.* ['-dōs'] sobredosis *f* ◇ *tr.* & *intr.* ['-'] dar(se) una sobredosis (**on** de)

o•ver•draft ['-drăft'] *s.* giro en descubierto

o•ver•draw ['-drô'] *tr.* **(-drew, -drawn)** girar en descubierto

o•ver•drawn [:-drôn'] *adj.* al descubierto

o•ver•dress [:dres'] *intr.* vestirse con ropa demasiado elegante

o•ver•drive ['-drīv'] *s.* superdirecta

o•ver•due ['-dōō'] *adj.* [unpaid] vencido (en el pago); [delayed] retrasado

o•ver•eat [:ēt'] *intr.* **(-ate, -eaten)** comer demasiado

o•ver•em•pha•size [:em'fə-sīz'] *tr.* & *intr.* dar demasiado énfasis (a)

o•ver•es•ti•mate [:es'tə-māt'] *tr.* sobreestimar

o•ver•ex•pose [:ĭk-spōz'] *tr.* exponer demasiado; FOTOG sobreexponer

o•ver•ex•po•sure [:ĭk-spō'zhər] *s.* [publicity] publicidad excesiva; FOTOG sobreexposición *f*

o•ver•fishing ['-fĭsh'ĭng] *s.* sobrepesca

o•ver•flow ◇ *intr.* ['-flō'] desbordarse ▪ **to ~ with** rebosar de; (*tr.*) desbordar, salirse de; [to flood] inundar ◇ *s.* ['-'] [flood] inundación *f*; [excess] exceso; [outlet] desagüe *m*

o•ver•grown ['-grōn'] *adj.* cubierto (**with** de); [garden] abandonado

o•ver•hang ◇ *tr.* ['-hăng'] **(-hung)** sobresalir OR colgar por encima de ◇ *s.* ['-'] saliente *m*

o•ver•haul ◇ *tr.* ['-hôl'] hacer una reparación general de ◇ *s.* ['-hôl'] reparación *f* general

o•ver•head ['-hed'] ◇ *adj.* de arriba; [light] del techo; [railway] elevado; [wire] aéreo; COM general ◇ *s.* COM gastos generales ■ ~ **projector** retroproyector ◇ *adv.* [above] arriba; [up] para OR hacia arriba
o•ver•hear ['-hēr'] *tr.* (**-heard**) oír por casualidad
o•ver•heat [:hēt'] *tr.* & *intr.* recalentar(se)
o•ver•in•dulge [:ĭn-dŭlj'] *tr.* [child] consentir; [appetite] saciar; (*intr.*) ■ **to** ~ **in** abusar de
o•ver•in•dul•gence [:ĭn-dŭl'jəns] *s.* [permissiveness] consentimiento excesivo; [gratification] exceso, falta de control
o•ver•joyed [:joid'] *adj.* contentísimo
o•ver•kill ['-kĭl'] *s.* MIL capacidad excesiva de represalia nuclear; *fig* exageración *f*, medidas excesivas
o•ver•lap ['-lăp'] *tr.* & *intr.* (**-pp-**) superponerse (a); [in time, function] coincidir en parte (con)
o•ver•lay ◇ *tr.* ['-lā'] (**-laid**) cubrir, extender sobre; ARTE revestir ◇ *s.* ['-'] revestimiento
o•ver•load ◇ *tr.* ['-lōd'] sobrecargar ◇ *s.* sobrecarga
o•ver•look ['-lo͝ok'] ◇ *tr.* mirar desde lo alto; [to rise above] dominar; [view, window] dar a, tener vista a; [to disregard] pasar por alto; [to supervise] supervisar ◇ *s.* mirador *m*
o•ver•ly [:lē] *adv.* demasiado
o•ver•much ['-mŭch'] ◇ *adj.* demasiado, excesivo ◇ *adv.* excesivamente
o•ver•night [:nīt'] ◇ *adj.* [guests] por la noche; [sudden] repentino, inesperado ■ ~ **bag** maletín de viaje ◇ *adv.* durante OR por la noche; [suddenly] de la noche a la mañana ■ **to stay** ~ pasar la noche
o•ver•pass ['-păs'] *s.* paso superior, paso elevado
o•ver•pay ['-pā'] *tr.* (**-paid**) pagar demasiado (por)
o•ver•play [:plā'] *tr.* exagerar
o•ver•pop•u•la•tion [:pŏp'yə-lā'shən] *s.* superpoblación *f*
o•ver•pow•er [:pou'ər] *tr.* [emotionally] abrumar; [physically] someter
o•ver•pow•er•ing [:ĭng] *adj.* [overwhelming] abrumador; [irresistible] irresistible
o•ver•price [ō'vər-prīs'] *tr.* poner un precio demasiado alto a
o•ver•pro•duc•tion [:prə-dŭk'shən] *s.* superproducción *f*, sobreproducción *f*
o•ver•qual•i•fied [:kwŏl'ə-fīd'] *adj.* excesivamente capacitado
o•ver•rate [:rāt'] *tr.* sobrestimar ■ **to be overrated** tener demasiada fama
o•ver•reach [:rēch'] *tr.* ■ **to** ~ **oneself** extralimitarse
o•ver•re•act [:rē-ăkt'] *intr.* reaccionar de modo exagerado
o•ver•ride [:-rīd'] *tr.* (**-rode, -ridden**) [to prevail over] imponerse a; [to nullify] anular
o•ver•rule [:ro͞ol'] *tr.* [to rule against] decidir en contra de; [to declare null] anular
o•ver•run ◇ *tr.* [:rŭn'] (**-ran, -run**) (**-nn-**)[to defeat] destruir; [to invade] invadir; [limit] pasarse de ◇ *s.* ['-'] costo por sobre el presupuesto
o•ver•seas ['-sēz'] ◇ *adv.* en el OR al extranjero ◇ *adj.* extranjero; [trade] exterior
o•ver•see [:sē'] *tr.* (**-saw, -seen**) supervisar
o•ver•se•er ['-sē'ər] *s.* capataz *m*
o•ver•sen•si•tive ['-sen'sĭ-tĭv] *adj.* hipersensible
o•ver•shad•ow [:shăd'ō] *tr.* [event, occasion] ensombrecer; [person, achievement] eclipsar
o•ver•shoot ['-sho͞ot'] *tr.* (**-shot**) [to miss] irse por encima de; [a runway, goal] pasarse de
o•ver•sight ['-sīt'] *s.* [omission] descuido, omisión *f*; [watchful care] vigilancia
o•ver•size(d) [:sīz[d]'] *adj.* demasiado grande; [clothes] de talla especial
o•ver•sleep ['-slēp'] *intr.* (**-slept**) quedarse dormido
o•ver•state [:stāt'] *tr.* exagerar
o•ver•stay [ō'vər-stā'] *tr.* ■ **to** ~ **one's welcome** prolongar demasiado la visita
o•ver•step [:step'] *tr.* (**-pp-**) traspasar, pasar de ■ **to** ~ **one's limits** extralimitarse
o•ver•sup•ply ◇ *s.* ['-sə-plī'] suministro excesivo ■ **an** ~ **of** un exceso de ◇ *tr.* ['-'] suministrar en exceso
o•vert [ō-vûrt'] *adj.* abierto, manifiesto
o•ver•take [ō'vər-tāk'] *tr.* (**-took, -taken**) [to catch up with] alcanzar; [to pass] pasar
o•ver•tax [:tăks'] *tr.* [to tax too heavily] oprimir con impuestos; [to ask too much of] exigir demasiado de; [patience] poner a prueba
o•ver-the-count•er [:*th*ə-koun'tər] *adj.* [stock] que se vende fuera de la bolsa; [drug] que se despacha sin receta médica
o•ver•throw ◇ *tr.* ['-thrō'] (**-threw, -thrown**) [to oust] derrocar; [to dethrone] destronar ◇ *s.* ['-'] derrocamiento; [downfall] caída
o•ver•time ['-tīm'] *s.* & *adv.* horas extras
o•ver•tone [:tōn'] *s.* [hint] sugestión *f*; MÚS armónico ■ **an** ~ OR **overtones of** una nota de
o•ver•ture [:cho͝or'] *s.* [proposal] oferta, propuesta; MÚS obertura
o•ver•turn [:tûrn'] *tr.* volcar; [to upset] trastornar; [to revoke] revocar; (*intr.*) volcarse; [a vehicle] dar una vuelta
o•ver•use [:yo͞os'] *s.* uso excesivo, abuso
o•ver•val•ue [:văl'yo͞o] *tr.* sobrestimar
o•ver•view ['-vyo͞o'] *s.* repaso, resumen *m*
o•ver•weight ['-wāt'] *adj.* pasado de peso; [obese] obeso, gordo
o•ver•whelm [:hwelm'] *tr.* [to defeat] aplastar; [to overcome] abrumar; [with requests] acosar ■ **to be overwhelmed** [with joy] rebosar (de contento); [by grief] estar abrumado (de dolor)
o•ver•whelm•ing [:hwel'mĭng] *adj.* [staggering] abrumador; [victory] arrollador; [majority] inmenso; [passion] irresistible
o•ver•work [:wûrk'] *tr.* hacer trabajar demasiado; [an idea] abusar de; (*intr.*) trabajar demasiado
o•ver•wrought [:rôt'] *adj.* [agitated] muy alterado, sobrexcitado; [ornate] recargado
o•vu•late [ō'vyə-lāt', ŏv'yə-] *intr.* ovular
o•vum [ō'vəm] *s.* (*pl* **ova**) óvulo
owe [ō] *tr.* deber ■ **you** ~ **it to yourself** te lo mereces; **to** ~ **someone for something** deber algo a alguien
ow•ing [ō'ĭng] *adj.* por pagarse ■ ~ **to** debido a
owl [oul] *s.* lechuza, búho
own [ōn] ◇ *adj.* propio ■ **by their** ~ **admission** según ellos mismos lo reconocieron; **he buys his** ~ **clothes** él mismo se compra la ropa; **it's my** ~ **money** es mi dinero; ~ **brand** marca blanca; ~ **label** marca blanca ◇ *pron.* lo mío, lo tuyo, lo suyo, lo nuestro, lo vuestro ■ **of one's** ~ [belonging to oneself] propio; [peculiar to oneself] de uno; [for use by oneself] para uno; **on one's** ~ [unaided] sin ayuda de nadie; [independently] por cuen-

O

ta propia; **you're on your ~** te las tendrás que arreglar por cuenta propia; **come into one's ~** lograr el éxito merecido; **to get one's ~ back** tomar revancha ◇ *tr.* ser dueño de, tener ■ **to ~ up to** confesar; **who owns this scarf?** ¿de quién es esta bufanda?; (*intr.*) ■ **to ~ up** confesar

own•er [ō′nər] *s.* dueño, propietario

own•er•ship [:shĭp′] *s.* [state] posesión *f*; [legal right] propiedad *f*

ox [ŏks] *s.* (*pl* **-en**) buey *m*

ox•i•dant [ŏk′sĭ-dnt] *s.* oxidante *m*

ox•i•da•tion [′-dā′shən] *s.* oxidación *f*

ox•ide [ŏk′sīd′] *s.* óxido

ox•i•dize [ŏk′sĭ-dīz′] *tr.* & *intr.* oxidar(se)

ox•y•gen [ŏk′sĭ-jən] *s.* oxígeno

ox•y•gen•ate [ŏk′sĭ-jə-nāt′] *tr.* oxigenar

oys•ter [oi′stər] *s.* ostra

o•zone [ō′zōn′] *s.* ozono ■ **~ layer** capa de ozono

P

p, P [pē] *s.* decimosexta letra del alfabeto inglés ■ **to mind one's p's and q's** tener cuidado con lo que uno hace

pa [pä] *s. fam* papá *m*

pace [pās] ◇ *s.* paso; [speed] ritmo ■ **at a snail's ~** a paso de tortuga; **to keep ~ with** avanzar al mismo paso que; [to keep abreast of] mantenerse al corriente de; **to set the ~** fijar el paso, establecer el ritmo; **to put someone through his paces** poner a alguien a prueba ◇ *tr.* ir y venir por, pasearse por; [to measure] medir a pasos; [to set the speed] fijar el paso de ■ **to ~ off** medir a pasos; **to ~ oneself** coger el ritmo de uno; (*intr.*) pasear

pace•mak•er [′māʹkər] *s.* [runner] liebre *f* (en una carrera); MED marcapaso(s)

pace•set•ter [:set′ər] *s.* el que da la pauta

pa•cif•ic [pə-sĭf′ĭk] *adj.* pacífico

pac•i•fi•er [′-fī′ər] *s.* pacificador *m*; [for a baby] chupete *m*

pac•i•fist [:fĭst] *s.* pacifista *mf*

pac•i•fy [:fī′] *tr.* pacificar, apaciguar

pack [păk] ◇ *s.* paquete *m*; [knapsack] mochila; [batch] lote *m*; [heap] montón *m*; [of cigarettes] cajetilla; [of matches] cajita; [of cards] baraja; [of dogs] jauría; [of wolves] manada; [of people] banda ■ **a ~ of lies** una sarta de mentiras; **~ animal** animal de carga ◇ *tr.* [to wrap up] envolver; [to fill up] llenar; [for traveling] hacer, preparar; [for shipping] embalar; [to put] poner; [to package] empacar, empaquetar; [to cram] apiñar, apretar; [to compact] prensar; [a panel] llenar de partidarios; MED envolver en paños ■ **to ~ a pistol** *fam* llevar una pistola; **to ~ down** prensar, comprimir; **to ~ someone off to** despachar a alguien para; **to send someone packing** *fam* mandar a alguien a paseo; (*intr.*) [for traveling] hacer las maletas; [people] apiñarse, apretarse

pack•age [păk′ĭj] ◇ *s.* paquete *m* ■ **~ store** tienda de vinos y licores; **~ tour** paquete turístico ◇ *tr.* empaquetar

pack•ag•ing [:ĭ-jĭng] *s.* embalaje *m*

packed [păkt] *adj.* [crowded] lleno, atestado; [compressed] apiñado; [filled with] lleno de

pack•et [păk′ĭt] *s.* paquete pequeño; [boat] paquebote *m*

pack•horse [:hôrs′] *s.* caballo de carga

pack•ing [:ĭng] *s.* embalaje *m*, envase *m*

pact [păkt] *s.* pacto, convenio

pad[1] [păd] ◇ *s.* [cushion] almohadilla, cojín *m*; [stuffing] relleno; [of paper] bloc *m*; [leaf] hoja grande; [of animals] pulpejo; [apartment] nido ■ **launch ~** pista de lanzamiento ◇ *tr.* (**-dd-**) [to stuff] rellenar; [to line] forrar; *fam* [speech, report] hinchar

pad[2] *intr.* (**-dd-**) [to walk] pisar suavemente

pad•ded [′ĭd] *adj.* con una almohadilla; [upholstered] relleno; [shoulders] con hombreras; [account] hinchado, aumentado

pad•ding [:ĭng] *s.* relleno

pad•dle[1] [păd′l] ◇ *s.* pagaya, canalete *m*; [of waterwheel] paleta, álabe *m* ■ **~ boat** vapor de ruedas, hidropedal ◇ *intr.* remar con pagaya; (*tr.*) [to propel] hacer avanzar con pagaya; [to stir] mover con una paleta; [to spank] azotar

pad•dle[2] *intr.* [to splash] chapotear; [to toddle] hacer pinitos, andar a gatas

pad•dock [păd′ək] *s.* potrero, dehesa

pad•dy [păd′ē] *s.* arrozal *m*

pad•lock [păd′lŏk′] ◇ *s.* candado ◇ *tr.* cerrar con candado

pa•gan [pā′gən] *s.* & *adj.* pagano

page[1] [pāj] ◇ *s.* paje *m*; [in hotel] botones *m* ◇ *tr.* llamar

page[2] ◇ *s.* página ■ **~ layout** maquetación *f* ◇ *tr.* [to number] paginar; [to order] compaginar; (*intr.*) hojear

pag•eant [păj′ənt] *s.* espectáculo; [procession] desfile histórico

pag•eant•ry [:ən-trē] *s.* espectáculo; [pomp] pompa

pag•i•nate [păj′ə-nāt′] *tr.* paginar

pag•i•na•tion [′-nā′shən] *s.* paginación *f*

paid [pād] ▻ **pay**

pail [pāl] *s.* cubo, balde *m*

pain [pān] ◇ *s.* dolor *m*; [distress] pena, sufrimiento ■ **on** OR **under ~ of** so pena de, bajo pena de; **to be a ~ in the neck** *fam* [somebody] ser un pesado; [something] dar lata; **to be in ~** tener dolores, sufrir; **to take pains** [efforts] hacer esfuerzos, empeñarse; [care] esmerarse ◇ *tr.* & *intr.* doler

pain•ful [′fəl] *adj.* doloroso; [difficult] difícil, penoso; [pitiful] lastimoso

pain•kill•er [:kĭl′ər] *s.* calmante *m*

pain•less [:lĭs] *adj.* indoloro, sin dolor

pains•tak•ing [pānz′tā′kĭng] *adj.* esmerado, cuidadoso

paint [pānt] ◇ *s.* pintura ◇ *tr.* & *intr.* pintar ■ **to ~ the town red** *jer* irse de juerga

paint•brush [′brŭsh′] *s.* brocha; ARTE pincel *m*

paint•er [pān′tər] *s.* pintor *m*

paint•ing [:ĭng] *s.* pintura

pair [pâr] ◇ *s.* (*pl* **inv.** OR **s**) par *m*; [persons, animals] pareja; [of horses, oxen] yunta; [in cards] par ■ **in pairs** de dos en dos ◇ *tr.* [to match up] parear, casar; [to group] juntar, emparejar; [to mate] aparear; (*intr.*) hacer pareja ■ **to ~ off** OR **up** formar parejas

pa•ja•mas [pə-jä′məz, -jăm′əz] *s. pl.* piyama *m*
pal [păl] ◇ *s. fam* amigote *m*, compinche *m* ◇ *intr.* (**-ll-**) ■ **to ~ around with** ser amigo de
pal•ace [păl′ĭs] *s.* palacio
pal•at•a•ble [păl′ə-tə-bəl] *adj.* sabroso, apetitoso; [agreeable] aceptable
pal•ate [păl′ĭt] *s.* paladar *m*
pa•la•tial [pə-lā′shəl] *adj.* palaciego; [splendid] espléndido, magnífico
pa•lav•er [pə-lăv′ər] *s.* palabrería
pale¹ [pāl] *s.* [stake] estaca; [wooden fence] empalizada; [boundary] límite *m*, margen *m* ■ **to be beyond the ~** *fig* no ser aceptable
pale² ◇ *adj.* [complexion] pálido; [color] claro; [dim] tenue, sin brillo ◇ *tr.* poner pálido; (*intr.*) palidecer
pal•ette [păl′ĭt] *s.* paleta; [colors] gama de colores
pal•i•sade [păl′ĭ-sād′] ◇ *s.* [fence] estacada, cerca; [stake] estaca ◇ *pl.* acantilado, risco
pall¹ [pôl] *s.* [of a coffin] paño mortuorio; [coffin] ataúd *m*; [covering] capa, cortina ■ **to cast a ~ over** producir un efecto deprimente en
pall² *intr.* [to become boring] perder su sabor; [to become satiated] saciarse, cansarse
pall•bear•er [′bâr′ər] *s.* portador *m* del ataúd
pal•let¹ [păl′ĭt] *s.* [platform] paleta
pal•let² *s.* [pad] jergón *m*
pal•li•a•tive [:ā′tĭv] *adj.* & *s.* paliativo
pal•lid [păl′ĭd] *adj.* pálido
pal•lor [:ər] *s.* palidez *f*
palm¹ [päm] ◇ *s.* [of a hand] palma; [measure] palmo; [of an oar] pala ■ **to grease** OR **cross someone's ~** untar la mano a alguien ◇ *tr.* escamotear ■ **to ~ off** encajar, clavar
palm² *s.* palma, palmera; [emblem] palma
palm•is•try [pä′mĭ-strē] *s.* quiromancia
pal•pa•ble [păl′pə-bəl] *adj.* palpable
pal•pi•tate [păl′pĭ-tāt′] *intr.* palpitar
pal•pi•ta•tion [′-tā′shən] *s.* palpitación *f*
pal•sy [:zē] *s.* parálisis *f*, perlesía
pal•try [pôl′trē] *adj.* (**-i-**) [petty] miserable; [trivial] insignificante; [worthless] despreciable
pam•per [păm′pər] *tr.* mimar, consentir
pam•phlet [păm′flĭt] *s.* folleto
pan¹ [păn] ◇ *s.* cacerola; [frying pan] sartén *f*; [on a scale] platillo ◇ *tr.* (**-nn-**) MIN lavar en una batea; [to criticize] poner por los suelos; (*intr.*) ■ **to ~ out** *fam* salir bien
pan² *intr.* (**-nn-**) CINEM girar la cámara para hacer una toma panorámica
pan•a•ce•a [păn′ə-sē′ə] *s.* panacea
pa•nache [pə-năsh′] *s.* [plume] penacho; [dash] brío, garbo
Pan•a•ma hat [păn′ə-mä] *s.* jipijapa *m*
Pan-A•mer•i•can [păn′ə-mer′ĭ-kən] *adj.* panamericano
pan•cake [păn′kāk′] *s.* panqueque *m*
pan•cre•as [păng′krē-əs] *s.* páncreas *m*
pan•da [păn′də] *s.* panda *m*
pan•de•mo•ni•um [păn′də-mō′nē-əm] *s.* pandemónium *m*
pan•der [păn′dər] ◇ *s.* alcahuete *m*, proxeneta *mf* ◇ *intr.* alcahuetear ■ **to ~ to** satisfacer
pane [pān] *s.* hoja de vidrio; [glass] vidrio
pan•el [păn′əl] ◇ *s.* panel *m*; [of a wall] entrepaño; [of a dress] tabla, paño; [jury] jurado; [group] grupo ◇ *tr.* [a door, wall] poner paneles en; [a jury] elegir
pan•el•ing [:ə-lĭng] *s.* revestimiento de madera
pan•el•ist [:lĭst] *s.* miembro de un grupo de discusión
pang [păng] *s.* [of pain] punzada, dolor agudo; [of conscience] remordimiento
pan•han•dle¹ [păn′hăn′dl] *s.* mango de sartén
pan•han•dle² *tr.* & *intr. fam* mendigar
pan•han•dler [:dlər] *s. fam* mendigo
pan•ic [păn′ĭk] ◇ *s.* pánico; *jer* persona chistosa ◇ *tr.* & *intr.* (**-ck-**) aterrar(se), asustar(se)
pan•ick•y [:ĭ-kē] *adj.* lleno de pánico
pan•ic-strick•en [:ĭk-strĭk′ən] *adj.* lleno de pánico
pan•o•ram•a [păn′ə-răm′ə] *s.* panorama *m*
pan•o•ram•ic [:ĭk] *adj.* panorámico
pan•sy [păn′zē] *s.* BOT pensamiento
pant [pănt] ◇ *intr.* jadear ◇ *s.* jadeo
pan•the•on [păn′thē-ŏn′] *s.* panteón *m*
pan•ther [păn′thər] *s.* pantera
pant•ies [păn′tēz] *s. pl.* bragas, bombachas
pan•ting [păn′tĭng] ◇ *s.* jadeo ◇ *adj.* jadeante
pan•to•mime [păn′tə-mīm′] ◇ *s.* pantomima; [actor] mimo ◇ *tr.* representar por gestos; (*intr.*) expresarse por medio de gestos
pan•try [păn′trē] *s.* despensa
pants [pănts] *s. pl.* pantalones *m*; [underpants] calzoncillos *m* ■ **to be caught with one's ~ down** *fam* ser sorprendido en una posición embarazosa
pant•y•hose [păn′tē-hōz′] *s.* media pantalón
pap [păp] *s.* [food] papilla; [something insubstantial] tonterías
pa•pa [pä′pə, pə-pä′] *s.* papá *m*
pa•pal [pā′pəl] *adj.* papal
pa•pa•ya [pə-pī′ə] *s.* papaya; [tree] papayo
pa•per [pā′pər] ◇ *s.* papel *m*; [document] documento; [essay] ensayo; [composition] trabajo escrito; [in a symposium] ponencia; [newspaper] periódico ■ **blotting ~** papel secante; **brown ~** papel de empaquetar; **drawing ~** papel de dibujo; **~ feeder** alimentador de papel; **~ jam** atasco de papel; **on ~** [in writing] por escrito; [in theory] sobre el papel; **~ clip** sujetapapeles, presilla; **tissue ~** papel de seda; **tracing ~** papel de calcar; **~ tray** bandeja de papel; **wax(ed) ~** papel encerado; **wrapping ~** papel de envolver ◇ *pl.* papeles; [ship's papers] patente *f* de navegación ◇ *tr.* empapelar ◇ *adj.* de papel; [theoretical] teórico, por realizar ■ **~ cup** vaso de cartón
pa•per•back [:băk′] *s.* libro de bolsillo
pa•per•board [:bôrd′] *s.* cartón *m*
pa•per•weight [:wāt′] *s.* pisapapeles *m*
pap•er•work [:wûrk′] *s.* papeleo
pa•pier-mâ•ché [pā′pər-mə-shā′] *s.* cartón *m* piedra, papel *m* maché
pa•pist [pā′pĭst] *s.* papista *mf*
pap•py [păp′ē] *s.* papá *m*, papi *m*
pa•pri•ka [pə-prē′kə] *s.* paprika, pimentón *m*
pa•py•rus [pə-pī′rəs] *s.* (*pl* **es** OR **-ri**) papiro
par [pär] ◇ *s.* [average] promedio; [equivalence] igualdad *f*, paridad *f*; [in golf] par *m*; [face value] valor *m* nominal; [parity] par, paridad ■ **to be on a ~ with** estar en un pie de igualdad con ◇ *adj.* normal, regular; [nominal] nominal; [at parity] al OR a la par
par•a•ble [păr′ə-bəl] *s.* parábola
pa•rab•o•la [pə-răb′ə-lə] *s.* parábola

par•a•bol•ic [păr′ə-bŏl′ĭk] *adj.* parabólico
par•a•cet•a•mol [păr′ə-set′ə-môl] *s.* paracetamol *m*
par•a•chute [păr′ə-shōōt′] <> *s.* paracaídas *m* <> *tr.* lanzar en paracaídas; (*intr.*) saltar en paracaídas
par•a•chut•ist [:shōō′tĭst] *s.* paracaidista *mf*
pa•rade [pə-răd′] <> *s.* desfile *m*; [pompous display] ostentación *f*, alarde *m*; MIL desfile de tropas <> *tr.* [to march] hacer desfilar; [to flaunt] hacer alarde de; (*intr.*) desfilar; MIL formar en parada ▪ **to ~ around** *fam* pasearse
par•a•digm [păr′ə-dīm′] *s.* paradigma *m*
par•a•dise [păr′ə-dīs′] *s.* [heaven] cielo, gloria; [delight] paraíso
par•a•dox [păr′ə-dŏks′] *s.* paradoja
par•a•dox•i•cal [′-dŏk′sĭ-kəl] *adj.* paradójico
par•af•fin [păr′ə-fĭn] *s.* parafina; GB [fuel] petróleo, queroseno
par•a•glid•er [păr′ə-glī′dər] *s.* parapentista *mf*
par•a•glid•ing [păr′ə-glī′dĭng] *s.* parapente
par•a•gon [păr′ə-gŏn′] *s.* dechado, modelo
par•a•graph [păr′ə-grăf′] *s.* párrafo
par•a•keet [păr′ə-kēt′] *s.* perico, periquito
par•al•lel [păr′ə-lel′] <> *adj.* paralelo; [corresponding] correspondiente <> *s.* GEOM paralela; [match] igual *m*; [comparison] paralelo, analogía; GEOG paralelo <> *tr.* extenderse en línea paralela a; [to match] ser igual a; [to compare with] ser análogo a
par•al•lel•o•gram [′-′ə-grăm′] *s.* paralelogramo
Par•a•lympic [păr′ə-lĭm′pĭk] *adj.* paralímpico, paraolímpico
pa•ral•y•sis [pə-răl′ĭ-sĭs] *s.* (*pl* **-ses**) parálisis *f*; [stoppage] paralización *f*, estancamiento
par•a•lyt•ic [păr′ə-lĭt′ĭk] *adj.* & *s.* paralítico
par•a•lyze [păr′ə-līz′] *tr.* paralizar
par•a•med•ic [păr′ə-med′ĭk] *s.* auxiliar *mf* sanitario
pa•ram•e•ter [pə-răm′ĭ-tər] *s.* parámetro; *fig* límite *m*
par•a•mil•i•tar•y [păr′ə-mĭl′ĭ-ter′ē] *adj.* paramilitar
par•a•mount [păr′ə-mount′] *adj.* primordial ▪ **of ~ importance** de suma importancia
par•a•noi•a [păr′ə-noi′ə] *s.* paranoia
par•a•noid [păr′ə-noid′] *adj.* & *s.* paranoico
para•pent•ing [păr′ə-pen′tĭng] *s.* parapente *m*
par•a•pet [păr′ə-pĭt] *s.* baranda, antepecho; MIL parapeto
par•a•pher•na•lia [păr′ə-fər-năl′yə] *s. pl.* [belongings] avíos; [equipment] accesorios
par•a•phrase [păr′ə-frāz′] <> *s.* paráfrasis *f* <> *tr.* & *intr.* parafrasear
par•a•ple•gi•a [păr′ə-plē′jē-ə] *s.* paraplejía
par•a•ple•gic [:jĭk] *adj.* & *s.* parapléjico
par•a•pro•fes•sion•al [păr′ə-prə-fesh′ə-nəl] *s.* ayudante *mf* auxiliar de un profesional
par•a•site [păr′ə-sīt′] *s.* parásito
par•a•sol [păr′ə-sôl′] *s.* parasol *m*, sombrilla
par•a•troop•er [păr′ə-trōō′pər] *s.* (soldado) paracaidista
par•a•troops [:trōōps′] *s. pl.* (tropas) paracaidistas
par•boil [pär′boil′] *tr.* sancochar
par•cel [păr′səl] <> *s.* paquete *m*; [of land] parcela; [of things] partida, lote *m* ▪ **~ post** servicio de encomienda postal <> *tr.* empaquetar ▪ **to ~ out** repartir en lotes
parch [pärch] *tr.* resecar; [to roast] tostar; (*intr.*) resecarse
parch•ment [pärch′mənt] *s.* pergamino
par•don [pär′dn] <> *tr.* perdonar; [an offense] disculpar; [to excuse] excusar ▪ **~ me!** [apology] discúlpeme; **~ me?** [what did you say?] ¿cómo?, ¿cómo dijo? <> *s.* perdón *m*; [exemption] indulto ▪ **I beg your ~?** ¿cómo?, ¿cómo dijo?
par•don•a•ble [:ə-bəl] *adj.* perdonable
pare [pâr] *tr.* mondar, pelar; [to clip] recortar ▪ **to ~ down** disminuir, reducir
par•ent [pâr′ənt] <> *s.* [father] padre *m*; [mother] madre *f*; [forefather] antepasado; [cause] causa, origen *m* ▪ **~ company** casa matriz <> *pl.* padres
par•ent•age [:ən-tĭj] *s.* linaje *m*
pa•ren•tal [pə-ren′tl] *adj.* de los padres
pa•ren•the•sis [pə-ren′thĭ-sĭs] *s.* (*pl* **-ses**) paréntesis *m*
par•en•thet•ic/i•cal [păr′ən-thet′ĭk] *adj.* entre paréntesis
par•ent•hood [pâr′ənt-hŏŏd′] *s.* [father] paternidad *f*; [mother] maternidad *f*
pa•ri•ah [pə-rī′ə] *s.* paria *mf*
pa•ri•e•tal [pə-rī′ĭ-tl] <> *adj.* & *s.* parietal *m* <> *s. pl.* reglas de conducta en residencias universitarias
par•ing [pâr′ĭng] *s.* [skin] cáscara; [peeling] peladura, mondadura; [trimming] recorte *m* ▪ **~ knife** cuchillo para mondar
par•ish [păr′ĭsh] *s.* parroquia
pa•rish•ion•er [pə-rĭsh′ə-nər] *s.* feligrés *m*
par•i•ty [păr′ĭ-tē] *s.* paridad *f*
park [pärk] <> *s.* parque *m*; [stadium] estadio; [preserve] coto ▪ **car ~** GB aparcamiento; **~ and ride** aparcamiento disuasorio <> *tr.* [a vehicle] estacionar; *fam* [to place] plantar; (*intr.*) estacionarse, parquearse
park•ing [pär′kĭng] *s.* aparcamiento, estacionamiento ▪ **~ lot** aparcamiento, playa de estacionamiento; **~ meter** parquímetro; **~ place** OR **space** plaza de estacionamiento
Par•kin•son's dis•ease [pär′kĭn-sənz′dĭ-zēz′] *s.* enfermedad *f* de Parkinson
park•way [pärk′wā′] *s.* avenida, bulevar *m*
par•lance [pär′ləns] *s.* lenguaje *m*, habla *m* ▪ **in common ~** en lenguaje corriente
par•ley [pär′lē] <> *s.* parlamento, negociaciones *f* <> *intr.* parlamentar
par•lia•ment [pär′lə-mənt] *s.* parlamento
par•lia•men•tar•i•an [′-men-târ′ē-ən] *s.* parlamentario
par•lia•men•ta•ry [′-′tə-rē] *adj.* parlamentario
par•lor [pär′lər] *s.* sala de recibo; [for business] salón *m* ▪ **funeral ~** funeraria; **ice-cream ~** heladería
pa•ro•chi•al [pə-rō′kē-əl] *adj.* parroquial; [provincial] provincial
par•o•dy [păr′ə-dē] <> *s.* parodia <> *tr.* parodiar
pa•role [pə-rōl′] <> *s.* libertad *f* bajo palabra; [word of honor] palabra de honor <> *tr.* poner en libertad bajo palabra
par•ox•ysm [păr′ək-sĭz′əm] *s.* paroxismo
par•quet [pär-kā′] <> *s.* parqué *m*, entarimado <> *tr.* poner parqué, entarimar
par•ri•cide [păr′ĭ-sīd′] *s.* [person] parricida *mf*; [act] parricidio
par•rot [păr′ət] <> *s.* papagayo, loro; [person] cotorra, loro <> *tr.* repetir como un loro
par•ry [păr′ē] <> *tr.* [in fencing] parar, esquivar; [to

evade] evadir, eludir ◇ *s.* [in fencing] parada, quite *m;* [evasion] evasión *f*

par•si•mo•ni•ous [pär'sə-mō'nē-əs] *adj.* mezquino

par•si•mo•ny ['-'nē] *s.* mezquindad

pars•ley [pär'slē] *s.* perejil *m*

par•son [pär'sən] *s.* pastor *m* protestante

par•son•age [:sə-nĭj] *s.* rectoría

part [pärt] ◇ *s.* parte *f;* [of a machine] pieza; [role] papel *m;* [of the hair] raya ▪ **for the most ~** generalmente, por lo general; **~ and parcel** parte integrante; **the best ~** lo mejor; **the greater ~** la mayor parte; **to be ~ of** formar parte de; **to do one's ~** hacer lo que le corresponde a uno; **to have no ~ in** no tener nada que ver con; **she looks the ~** le viene bien el papel ◇ *pl.* ▪ **in these ~** por estos pagos; **private ~** partes pudendas ◇ *tr.* [to divide] dividir; [to break] partir, romper; [to come between] apartar ▪ **to ~ company with** separarse de; **to ~ with** [to get rid of] deshacerse de; [to spend] soltar, gastar; (*intr.*) separarse, apartarse; [to leave] irse ◇ *adv.* en parte, parcialmente ◇ *adj.* parcial

par•take [pär-tāk'] *intr.* (**-took**, **-taken**) participar, tomar parte; (*tr.*) ▪ **to ~ in** participar de, tomar parte en; **to ~ of** compartir

par•tial [pär'shəl] *adj.* parcial ▪ **~ to** partidario de, aficionado a

par•ti•al•i•ty ['shē-ăl'ĭ-tē] *s.* parcialidad *f*

par•tic•i•pant [pär-tĭs'ə-pənt] *s.* & *adj.* participante *mf*

par•tic•i•pate [:pāt'] *intr.* participar

par•tic•i•pa•tion [-'-pā'shən] *s.* participación *f*

par•tic•i•pa•to•ry [-'-pə-tôr'ē] *adj.* participativo

par•ti•ci•ple [pär'tĭ-sĭp'əl] *s.* participio

par•ti•cle [pär'tĭ-kəl] *s.* partícula ▪ **~ accelerator** acelerador de partículas

par•tic•u•lar [pər-tĭk'yə-lər] ◇ *adj.* particular; [fussy] exigente, minucioso ▪ **in ~** especialmente, en particular ◇ *s.* particularidad *f,* detalle *m* ◇ *pl.* pormenores

par•tic•u•lar•i•ty [-'-lăr'ĭ-tē] *s.* particularidad *f*

par•tic•u•lar•ly [-'-lər-lē] *adv.* [especially] especialmente; [specifically] específicamente, en particular; [individually] particularmente

part•ing [pär'tĭng] ◇ *s.* separación *f;* [departure] partida, despedida ▪ **~ of the ways** despedida ◇ *adj.* de partida, de despedida

par•ti•san [pär'tĭ-zən] ◇ *s.* [supporter] partidario; [resistance fighter] partisano ◇ *adj.* [of a party] partidista; [of a supporter] partidario; [biased] parcial

par•ti•tion [pär-tĭsh'ən] ◇ *s.* partición *f;* [wall] tabique *m,* mampara ◇ *tr.* dividir, repartir ▪ **to ~ off** separar con un tabique

part•ner [pärt'nər] *s.* socio; [spouse] cónyuge *mf;* [in a dance, game] pareja; [in crime] cómplice *mf*

part•ner•ship [:shĭp'] *s.* [cooperation] asociación *f,* colaboración *f;* [company] sociedad *f* colectiva

par•took [pär-tŏŏk'] ▻ **partake**

par•tridge [pär'trĭj] *s.* (*pl* **inv.** OR **s**) perdiz *f*

part-time [pärt'tīm'] *adj.* & *adv.* a tiempo parcial

part•way [pärt'wā'] *adv. fam* hasta cierto punto, en parte

par•ty [pär'tē] ◇ *s.* [gathering] fiesta; POL partido; [group] grupo; [team] equipo; DER parte *f* ▪ **~ line** [telephone] línea colectiva; POL línea política; **to be a ~ to** [accessory] ser cómplice en; [participant] participar en, tener algo que ver con ◇ *intr. fam* parrandear

par•ve•nu [pär'və-nōō'] *s.* advenedizo

pass [păs] ◇ *intr.* pasar; [to cross] cruzarse; [to be transferred] ser traspasado; [to happen] acontecer; [in examination, course] aprobar ▪ **in passing** de paso; **to be passing through** estar de paso; **to come to ~** suceder; **to ~ away** OR **on** fallecer; **to ~ out** desmayarse; (*tr.*) pasar; [to go past] pasar por delante de; [to come across] cruzarse con; [to exceed] sobrepasar, superar; [an examination, student] aprobar; [to adopt] adoptar; [to approve] aprobar; DER dictar; FISIOL evacuar ▪ **to ~ off** [to palm off] pasar, colar; [to present] hacer pasar; **to ~ oneself off as** hacerse pasar por; **to ~ on** pasar, transmitir; **to ~ out** repartir, distribuir; **to ~ over** pasar por alto; **to ~ up** [opportunity] dejar pasar, desperdiciar; [offer] rechazar ◇ *s.* paso; [written permit] pase *m;* [authorization] permiso, licencia; [safe-conduct] salvoconducto; [free ticket] pase (gratis); [in a table game] pase; DEP & TAUR pase ▪ **to make a ~ at** hacer insinuaciones amorosas a

pass•a•ble ['ə-bəl] *adj.* [road] transitable; [work] aceptable; [satisfactory] pasable

pas•sage [păs'ĭj] *s.* paso; POL [of a bill] aprobación *f,* promulgación *f;* [journey] pasaje *m,* travesía; [ticket] pasaje; [path] pasaje, pasadizo; [corridor] corredor *m,* pasillo; LIT & MÚS pasaje

pas•sage•way [:wā'] *s.* [alley] callejón *m;* [corridor] corredor *m*

pass•book [păs'bŏŏk'] *s.* [bankbook] libreta de banco; COM libro de cuenta y razón

pas•sé [pă-sā'] *adj.* [out-of-date] anticuado, pasado de moda; [aged] en decadencia

pas•sel [păs'əl] *s. fam* montón *m*

pas•sen•ger [păs'ən-jər] *s.* pasajero, viajero ▪ **~ list** lista de embarque

pas•ser•by ['ər-bī'] *s.* (*pl* **passers-**) transeúnte *mf*

pass•ing [păs'ĭng] ◇ *adj.* pasante, que pasa; [transitory] pasajero, transitorio; [casual] casual, de pasada ▪ **~ grade** EDUC calificación aprobatoria ◇ *s.* pasada, transcurso; [death] fallecimiento

pas•sion [păsh'ən] *s.* pasión *f*

pas•sion•ate [:ə-nĭt] *adj.* apasionado; [ardent] ardiente, fervoroso

pas•sive [păs'ĭv] ◇ *adj.* pasivo; [inert] inerte, inactivo; COM que no devenga intereses ▪ **~ smoker** fumador pasivo ◇ *s.* GRAM voz pasiva

pass•key [păs'kē'] *s.* llave maestra

Pass•o•ver [păs'ō'vər] *s.* Pascua

pass•port [păs'pôrt'] *s.* pasaporte *m*

pass•word [:wûrd'] *s.* contraseña, santo y seña; COMPUT clave *f,* contraseña

past [păst] ◇ *adj.* pasado; [former] anterior, último; GRAM pretérito, pasado ▪ **~ master** experto ◇ *s.* pasado; [background] historia; GRAM pretérito, pasado ◇ *adv.* al pasar ◇ *prep.* [by] por delante de; [on the far side of] más allá de; [older than] más de; [beyond] ya no; [plus] y; **it's ten ~ two** son las dos y diez ▪ **I wouldn't put it ~ him** no me extrañaría de su parte

pas•ta [pä'stə] *s.* pasta; [dish] plato de pastas

paste[1] [pāst] ◇ *s.* engrudo; [dough] pasta, masa; [clay] barro; JOY [glass] estrás *m;* [artificial gem] imitación *f* ◇ *tr.* [to stick] pegar; [to cover] engrudar

paste[2] *tr. jer* [to punch] pegar

paste•board ['bôrd'] *s.* cartón *m*
pas•tel [pă-stel'] *s.* pastel *m*
paste-up [pāst'ŭp'] *s.* montaje *m*, collage *m*; IMPR maqueta
pas•teur•ize [păs'chə-rīz'] *tr.* paste(u)rizar
pas•time [păs'tīm'] *s.* pasatiempo
pas•tor [păs'tər] *s.* pastor *m*
pas•tor•al [:əl] *adj.* & *s.* pastoral *f*
pas•try [pā'strē] *s.* [paste] pasta; [cakes] pasteles *m*
pas•ture [păs'chər] ◇ *s.* pastura ▪ **to put out to ~** [to graze] apacentar, pastorear; [to retire] jubilar, retirar ◇ *tr.* pastorear, apacentar; (*intr.*) pastar, pacer
past•y[1] [pā'stē] *adj.* (**-i-**) [like paste] pastoso; [pale] pálido
pas•ty[2] [păs'tē] *s.* pastel *m*, empanada
pat [păt] ◇ *tr.* (**-tt-**)[to tap] dar palmaditas OR golpecitos a; [to stroke] acariciar; [to mold] moldear a palmaditas ▪ **to ~ (oneself) on the back** congratular(se) ◇ *s.* [with hand] palmadita; [with object] golpecito; [sound] ruido ligero; [small mass] porción *f* ◇ *adj.* [exactly right] preciso; [contrived] preparado, pronto ◇ *adv.* ▪ **to have something down ~** *fam* saberse algo al dedillo; **to stand ~** mantenerse firme
patch [păch] ◇ *s.* parche *m*; [in patchwork] retazo; [field] siembra, bancal *m* ◇ *tr.* poner un parche a; [to repair poorly] remendar OR arreglar mal ▪ **to ~ up a quarrel** hacer las paces
patch•work ['wûrk'] *s.* [needlework] labor hecha con retazos; [jumble] mezcolanza
patch•y [:ē] *adj.* (**-i-**) de remiendos, remendado; [uneven] desigual, irregular
pate [pāt] *s.* *fam* cabeza, coronilla
pâ•té [pä-tā'] *s.* pasta de carne; [pastry] pastel *m*, empanada
pat•ent [păt'nt] ◇ *s.* patente *f* ◇ *adj.* [obvious] patente, evidente; [of patents] de patentes ▪ **~ leather** charol ◇ *tr.* patentar
pat•ent•ly [:lē] *adv.* patentemente
pa•ter•nal [pə-tûr'nəl] *adj.* [fatherly] paternal; [on the father's side] paterno
pa•ter•nal•is•tic [-'nə-lĭs'tĭk] *adj.* paternalista
pa•ter•ni•ty [-'nĭ-tē] *s.* paternidad *f*
path [păth] *s.* (*pl* **s**) [trail] sendero, senda; [track] camino, pista; [course] curso; *fig* camino, senda ▪ **to cross someone's ~** cruzarse con alguien
pa•thet•ic [pə-thet'ĭk] *adj.* patético
path•find•er [păth'fīn'dər] *s.* explorador *m*
path•o•log•ic/i•cal [păth'ə-lŏj'ĭk] *adj.* patológico
pa•thol•o•gist [pă-thŏl'ə-jĭst] *s.* patólogo
pa•thol•o•gy [:jē] *s.* patología
pa•thos [pā'thŏs'] *s.* pathos *m*, patetismo
path•way [păth'wā'] *s.* [trail] sendero, senda; [track] camino, pista
pa•tience [pā'shəns] *s.* paciencia; GB solitario
pa•tient [pā'shənt] *adj.* & *s.* paciente *mf*
pat•i•o [păt'ē-ō', pä'tē-ō'] *s.* patio, terraza
pa•tri•arch [pā'trē-ärk'] *s.* patriarca *m*
pa•tri•ar•chal ['-är'kəl] *adj.* patriarcal
pa•tri•ar•chy ['-'kē] *s.* patriarcado
pa•tri•cian [pə-trĭsh'ən] *s.* patricio
pat•ri•cide [păt'rĭ-sīd'] *s.* [act] parricidio; [person] parricida *mf*
pat•ri•mo•ny [:mō'nē] *s.* patrimonio
pa•tri•ot [pā'trē-ət] *s.* patriota *mf*
pa•tri•ot•ic ['-ŏt'ĭk] *adj.* patriótico
pa•tri•ot•ism ['-ə-tĭz'əm] *s.* patriotismo
pa•trol [pə-trōl'] ◇ *s.* [action] ronda, patrulla; [group] patrullar ◇ *tr.* & *intr.* (**-ll-**) rondar
pa•trol•man [:mən] *s.* (*pl* **-men**) policía *mf*, guardia *mf*
pa•tron [pā'trən] *s.* benefactor *m*, patrocinador *m*; [customer] cliente *m*; [protector] protector *m*, defensor *m* ▪ **~ saint** santo patrón
pa•tron•age [pā'trə-nĭj, păt'rə-] *s.* patrocinio; [clientele] clientela; POL influencia política
pa•tron•ize [:nīz'] *tr.* patrocinar, auspiciar; [a business] ser cliente de, frecuentar; [to condescend to] tratar con condescendencia
pat•sy [păt'sē] *s.* *jer* pelele *mf*, simplón *m*
pat•ter[1] [păt'ər] ◇ *intr.* golpetear, tamborilear ◇ *s.* golpeteo, tamborileo
pat•ter[2] ◇ *intr.* charlar, parlotear; (*tr.*) farfullar, balbucir ◇ *s.* parloteo, palique *m*
pat•tern [păt'ərn] ◇ *s.* modelo, ejemplo; [for sewing] patrón *m*, molde *m*; [design] diseño, dibujo; [on fabrics] estampado; [actions] patrón, norma; [regularity] regularidad *f* ◇ *tr.* adornar con diseños; [fabrics] estampar ▪ **to ~ after** OR **on** imitar el ejemplo de
pat•ty [păt'ē] *s.* croqueta de carne picada OR pescado; [candy] caramelo
pau•ci•ty [pô'sĭ-tē] *s.* [small number] número pequeño; [scarcity] escasez *f*
paunch [pônch] *s.* barriga, vientre *m*
paunch•y [pôn'chē] *adj.* (**-i-**) panzón, barrigón
pau•per [pô'pər] *s.* pobre *mf*, indigente *mf*; [beggar] mendigo
pause [pôz] ◇ *intr.* [mentally] hacer una pausa; [physically] pararse, detenerse; [to hesitate] vacilar ◇ *s.* pausa; [rest] descanso ▪ **to give ~** hacer preocupar
pave [pāv] *tr.* [with blocks] adoquinar; [with asphalt, concrete] pavimentar; [with bricks] enladrillar; [with cobblestones] empedrar ▪ **to ~ the way for** preparar el camino para
pave•ment ['mənt] *s.* pavimento; GB acera
pa•vil•ion [pə-vĭl'yən] *s.* pabellón *m*
pav•ing [pā'vĭng] *s.* pavimentación *f*; [material] pavimento
paw [pô] ◇ *s.* pata; *fam* [hand] manaza, manota ◇ *tr.* [to strike] dar zarpazos a; [to handle] manosear, toquetear ▪ **to ~ at** manosear
pawn[1] [pôn] ◇ *s.* [object] prenda; [act] empeño, pignoración *f*; [hostage] rehén *mf* ◇ *tr.* empeñar, pignorar; [to risk] arriesgar
pawn[2] *s.* peón *m*; *fig* pelele *m*, juguete *m*
pawn•bro•ker ['brō'kər] *s.* prestamista *mf*
pawn•shop [:shŏp'] *s.* casa de empeños
pay [pā] ◇ *tr.* (**paid**) pagar; [to yield] dar, producir; [to profit] compensar; [visit, compliment] hacer; [respects] presentar; [attention] prestar ▪ **to ~ back** [money] devolver, reembolsar; [someone] pagar; [to take revenge on] vengarse de; **to ~ off** [debts] saldar, liquidar; [creditor] reembolsar; [mortgage] redimir; [employee] pagar y despedir; *fam* [to bribe] sobornar ▪ **to ~ out** [money] desembolsar; [rope, cable] arriar, soltar; **to ~ over** pagar; **to ~ the piper** pagar las consecuencias; **to ~ up** pagar; (*intr.*) pagar; [debt] saldar una deuda; [to be profitable] ser rentable; [to be worthwhile] compensar ▪ **it pays** vale la pena; **to ~ for it** pagarlas; **to ~ off**

merecer la pena; **to ~ up** pagar una deuda ◇ *s.* paga, pago; [of employee] paga, sueldo; [of day worker] jornal *m*; [of workman] salario ▪ **to be in the ~ of** estar al servicio de; **~ per click** pago por clic; **~ per view** pago por visión; **~ TV** televisión de pago ◇ *adj.* de pago ▪ **~ telephone** teléfono público

pay•a•ble [pā′ə-bəl] *adj.* pagadero ▪ **accounts ~** cuentas a pagar; **~ to** a favor de

pay•check [pā′chek′] *s.* cheque *m* de pago de sueldo

pay•day [pā′dā′] *s.* día *m* de pago

pay•ee [pā-ē′] *s.* [of a check] beneficiario; [of a draft] tenedor *m* de una letra

pay•er [pā′ər] *s.* pagador *m*

pay•ing [pā′ĭng] ◇ *adj.* que paga; [profitable] provechoso, rentable ◇ *s.* pago

pay•load [pā′lōd′] *s.* carga útil OR de pago; MIL carga explosiva

pay•mas•ter [pā′măs′tər] *s.* pagador *m*, cajero

pay•ment [pā′mənt] *s.* pago; [reward] recompensa, pago ▪ **down ~** desembolso inicial

pay•off [pā′ôf′] *s.* pago; *fam* [end result] resultado final; [bribe] soborno, coima

pay•o•la [pā-ō′lə] *s. jer* soborno, coima

pay•roll [pā′rōl′] *s.* nómina OR planilla de pagos; [total] dinero para pago de sueldos

pea [pē] *s.* guisante *m*, arveja ▪ **like two peas in a pod** parecidos como dos gotas de agua

peace [pēs] *s.* paz *f*; [harmony] armonía; [law and order] orden público; [serenity] paz, tranquilidad *f* ▪ **at ~** [serene] tranquilo; [free from strife] en paz; **to hold** OR **to keep one's ~** guardar silencio; **to keep the ~** mantener el orden; **to make ~** hacer las paces; **~ agreement** acuerdo de paz

peace•a•ble [pē′sə-bəl] *adj.* pacífico

peace•ful [pēs′fəl] *adj.* pacífico; [tranquil] apacible, tranquilo

peace-lov•ing [:lŭv′ĭng] *adj.* pacífico

peace•mak•er [:mā′kər] *s.* pacificador *m*; [mediator] árbitro

peach [pēch] *s.* [fruit] melocotón *m*, durazno; [tree] melocotonero, duraznero; [color] color melocotón *m*; *fig* monada

pea•cock [pē′kŏk′] *s.* pavo real

peak [pēk] ◇ *s.* punta; [of a mountain] cima, cumbre *f*; [mountain] pico; [of a cap] visera; [climax] punto culminante; [maximum] tope *m*, máximo ◇ *tr.* hacer culminar, traer al máximo; (*intr.*) formar un pico; [to climax] culminar, llegar al punto culminante; [to achieve maximum] llegar al tope OR al máximo ◇ *adj.* máximo

peaked[1] [pēkt, pē′kĭd] *adj.* de pico

peak•ed[2] [pē′kĭd] *adj.* demacrado, consumido

peal [pēl] ◇ *s.* repiqueteo, repique *m* ▪ **peals of laughter** carcajadas ◇ *intr.* repiquetear, repicar; (*tr.*) hacer resonar, tañer

pea•nut [pē′nət] ◇ *s.* cacahuate *m*, maní *m* ◇ *pl.* casi nada ◇ *adj.* de maní

pear [pâr] *s.* [fruit] pera; [tree] peral *m*

pearl [pûrl] ◇ *s.* perla, aljófar *m*; [mother-of-pearl] madreperla, nácar *m*; *fig* perla, joya ◇ *adj.* perlado, de perlas

pearl•y [pûr′lē] *adj.* (-i-)[in color] perlino; [with pearls] perlado, perlificado ▪ **~ whites** *fam* dientes

peas•ant [pez′ənt] *s.* campesino; *fig* patán *m*

pea•shoot•er [pē′sho͞o′tər] *s.* cerbatana

peat [pēt] *s.* turba ▪ **~ moss** BOT musgo de pantano; AGR turba

peb•ble [peb′əl] ◇ *s.* guijarro, canto rodado ◇ *tr.* pavimentar con guijas

pe•can [pĭ-kän′, -kăn′] *s.* pacana

pec•ca•dil•lo [pek′ə-dĭl′ō] *s.* (*pl* **(e)s**) desliz *m*

peck[1] [pek] ◇ *tr.* [bird] picotear; [to pick up] recoger con el pico; [to kiss] besar; (*intr.*) picotear ▪ **pecking order** *fig* jerarquía ◇ *s.* [of a bird] picotazo, picotada; [kiss] beso

peck[2] *s.* [measure] celemín *m*; *fam* [large quantity] montón *m*, sinnúmero

pec•tin [pek′tĭn] *s.* pectina

pec•to•ral [pek′tər-əl] *adj.* & *s.* (músculo) pectoral

pe•cu•liar [pĭ-kyo͞ol′yər] *adj.* peculiar; [odd] raro, extraño; [special] especial, singular

pe•cu•li•ar•i•ty [pĭ-kyo͞o′lē-ăr′ĭ-tē] *s.* peculiaridad *f*; [eccentricity] excentricidad *f*

pe•cu•ni•ar•y [pĭ-kyo͞o′nē-er′ē] *adj.* pecuniario

ped•a•gog•ic/i•cal [ped′ə-gŏj′ĭk] *adj.* pedagógico

ped•a•gogue [′-gŏg′] *s.* pedagogo

ped•a•go•gy [:gō′jē, :gŏj′ē] *s.* pedagogía

ped•al [ped′l] ◇ *s.* pedal *m* ◇ *adj.* del pie, del pedal ◇ *intr.* pedalear

ped•ant [ped′nt] *s.* puntilloso

pe•dan•tic [pə-dăn′tĭk] *adj.* puntilloso

ped•ant•ry [ped′n-trē] *s.* puntillosidad

ped•dle [ped′l] *tr.* [to sell] ir vendiendo de puerta en puerta; [to disseminate] difundir, diseminar; (*intr.*) vender de puerta en puerta

ped•dler [:lər] *s.* vendedor *m* ambulante

ped•er•ast [ped′ə-răst′] *s.* pederasta *m*

ped•es•tal [ped′ĭ-stəl] *s.* pedestal *m*

pe•des•tri•an [pə-des′trē-ən] ◇ *s.* peatón *m* ◇ *adj.* pedestre ▪ **~ precinct** zona peatonal

pe•di•at•ric [pē′dē-ăt′rĭk] *adj.* pediátrico ▪ **pediatrics** (*s.sg.*) pediatría

pe•di•a•tri•cian [:ə-trĭsh′ən] *s.* pediatra *mf*

ped•i•cure [ped′ĭ-kyo͝or′] *s.* pedicura

ped•i•gree [ped′ĭ-grē′] *s.* [lineage] linaje *m*, ascendencia; [of animal] pedigrí *m*

pe•dom•e•ter [pĭ-dŏm′ĭ-tər] *s.* pedómetro

peek [pēk] ◇ *intr.* [to glance] echar una ojeada; [to look furtively] atisbar, mirar a hurtadillas ◇ *s.* atisbo, ojeada

peek•a•boo [pē′kə-bo͞o′] *s.* escondite *m*, cucú *m*

peel [pēl] ◇ *s.* cáscara, mondadura ◇ *tr.* [to pare] pelar, mondar; [to unpaste] despegar; [to strip away] quitar; (*intr.*) pelarse; [to shed skin] despellejarse; [to lose bark] descortezarse; [to become unpasted] despegarse

peel•er [pē′lər] *s.* pelador *m*

peel•ing [pē′lĭng] *s.* peladura, mondadura

peep[1] [pēp] ◇ *intr.* pipiar, piar ◇ *s.* pío, piada ▪ **I don't want to hear a ~ out of you!** *fam* ¡no digas ni pío!

peep[2] ◇ *intr.* [to glance] echar una ojeada; [to peer from behind] mirar a hurtadillas ◇ *s.* [glance] ojeada; [furtive look] atisbo

peep•hole [pēp′hōl′] *s.* mirilla

peer[1] [pēr] *intr.* [to look] mirar curiosamente, mirar con atención; [to peep out] aparecer, asomar

peer[2] *s.* [equal] igual *mf*; [nobleman] par *m*; GB noble *m* inglés

peer•age [′ĭj] *s.* rango de par

peer•less [:lĭs] *adj.* sin par, sin igual
peeve [pēv] ◇ *tr.* irritar ◇ *s.* [vexation] queja; [bad mood] malhumor *m*, enojo ▪ **pet ~** motivo de enojo
pee•vish [pē′vĭsh] *adj.* irritable, picajoso; [ill-tempered] malhumorado
peg [peg] ◇ *s.* [plug, spike] clavija; [wooden stake] estaca; [clothes hook] percha, gancho; [degree] grado, escalón *m*; [pretext] pretexto; MÚS clavija ▪ **to take someone down a ~** bajar los humos a alguien ◇ *tr.* (**-gg-**)[to fasten] sujetar con una clavija; [to plug] tapar con una clavija; [to mark] marcar con clavijas ▪ **to have someone pegged** *fam* conocer el juego de alguien; (*intr.*) ▪ **to ~ away at** trabajar sin parar en
peg•board [′bôrd′] *s.* tabla de madera prensada perforada
pe•jo•ra•tive [pĭ-jôr′ə-tĭv] *adj.* peyorativo
pel•i•can [pel′ĭ-kən] *s.* pelícano, pelicano
pel•let [pel′ĭt] *s.* [small ball] bolita, pelotilla; [pill] píldora; [bullet] bala; [shot] perdigón *m*
pell-mell, pell•mell [pel′mel′] *adv.* [helterskelter] desordenadamente; [headlong] atropelladamente
pelt[1] [pelt] *s.* [skin] piel *f*, pellejo
pelt[2] ◇ *tr.* [to bombard] lanzar, arrojar; [with stones] apedrear; (*intr.*) golpear con fuerza repetidamente ◇ *s.* golpe *m*
pel•vic [pel′vĭk] *adj.* pélvico, pelviano
pel•vis [:vĭs] *s.* (*pl* **es** OR **-ves**) pelvis *f*
pen[1] [pen] ◇ *s.* pluma; [ball-point] bolígrafo ▪ **~ name** seudónimo (de autor); **~ pal** amigo por correspondencia ◇ *tr.* (**-nn-**) escribir, redactar
pen[2] ◇ *s.* [corral] corral *m*; [coop] gallinero; [sty] pocilga ◇ *tr.* (**-nn-**) acorralar, encerrar
pe•nal [pē′nəl] *adj.* penal
pe•nal•ize [pē′nə-līz′, pen′ə-] *tr.* penalizar
pen•al•ty [pen′əl-tē] *s.* pena; [fine] multa; [consequences] consecuencias; FIN descuento; DEP castigo, penalty *m* ▪ **on** OR **under ~ of** so pena de, bajo pena de
pen•ance [pen′əns] *s.* penitencia
pen•chant [pen′chənt] *s.* propensión *f*
pen•cil [pen′səl] ◇ *s.* lápiz *m* ▪ **~ sharpener** sacapuntas ◇ *tr.* escribir con un lápiz; [to sketch] esbozar a lápiz ▪ **to ~ something in** apuntar algo provisionalmente
pen•dant/dent [pen′dənt] ◇ *s.* colgante *m*; [earring] pendiente *m* ◇ *adj.* pendiente, colgante
pend•ing [pen′dĭng] ◇ *adj.* pendiente ◇ *prep.* [during] durante; [until] hasta
pen•du•lum [:ləm] *s.* péndulo
pen•e•tra•ble [′-·bəl] *adj.* penetrable
pen•e•trate [:trāt′] *tr.* penetrar; [to understand] entender; [to affect deeply] conmover; (*intr.*) penetrar
pen•e•trat•ing [:trā′tĭng] *adj.* penetrante
pen•e•tra•tion [′-′shən] *s.* penetración *f*
pen•guin [peng′gwĭn] *s.* pingüino
pen•i•cil•lin [pen′ĭ-sĭl′ĭn] *s.* penicilina
pen•in•su•la [pə-nĭn′syə-lə] *s.* península
pe•nis [pē′nĭs] *s.* (*pl* **es** OR **-nes**) pene *m*
pen•i•tence [pen′ĭ-təns] *s.* penitencia
pen•i•tent [:tənt] *adj.* & *s.* penitente *mf*
pen•i•ten•tial [′-ten′shəl] *adj.* penitencial
pen•i•ten•tia•ry [:shə-rē] *s.* penitenciaría
pen•knife [pen′nīf′] *s.* (*pl* **-ves**) navaja, cortaplumas *m*
pen•nant [pen′ənt] *s.* banderín *m*; [on ship] gallardete *m*
pen•ni•less [pen′ə-lĭs] *adj.* sin dinero
pen•ny [pen′ē] *s.* GB penique *m*; [cent] centavo ▪ **~ pincher** *fam* tacaño, mezquino; **to cost a pretty ~** costar un ojo de la cara
pen•ny-wise [:wīz′] *adj.* ▪ **to be ~ and poundfoolish** hacer economías de chicha y nabo
pen•sion [pen′shən] ◇ *s.* pensión *f* ◇ *tr.* pensionar ▪ **to ~ off** jubilar
pen•sion•er [:shə-nər] *s.* pensionado
pen•sive [pen′sĭv] *adj.* pensativo
pen•ta•gon [pen′tə-gŏn′] *s.* pentágono
Pen•te•cost [pen′tĭ-kôst′] *s.* Pentecostés *m*
pent•house [pent′hous′] *s.* ático
pent-up [pent′ŭp′] *adj.* reprimido, contenido
pe•nul•ti•mate [pĭ-nŭl′tə-mĭt] *adj.* & *s.* penúltimo
pe•num•bra [pĭ-nŭm′brə] *s.* (*pl* **s** OR **-ae**) penumbra
pe•nu•ri•ous [pə-no͝or′ē-əs] *adj.* [stingy] tacaño, avaro; [needy] pobre, indigente
pen•u•ry [pen′yə-rē] *s.* penuria
pe•o•ny [pē′ə-nē] *s.* peonía
peo•ple [pē′pəl] ◇ *s. pl.* gente *f*; [in definite numbers] personas; **ten ~** diez personas; [nation] pueblo; [family] familia; [ancestors] antepasados; [human beings] personas, seres humanos; (*s.sg.*) (*pl* **s**) pueblo ▪ **~ mover** monovolumen; **~'s republic** república popular; **the (common) ~** el pueblo, la gente común y corriente ◇ *tr.* poblar
pep [pep] *fam* ◇ *s.* ánimo, empuje *m* ▪ **~ pill** *jer* píldora de anfetamina; **~ talk** exhortación ◇ *tr.* (**-pp-**) ▪ **to ~ up** animar, vigorizar
pep•per [pep′ər] ◇ *s.* [condiment] pimienta; [fruit] pimiento; [plant] pimentero ◇ *tr.* sazonar con pimienta; [to pelt] acribillar; [to enliven] salpicar
pep•per•corn [:kôrn′] *s.* grano de pimienta
pep•per•mint [:mĭnt′] *s.* [plant] hierbabuena, menta; [candy] pastilla de menta
pep•per•y [pep′ə-rē] *adj.* picante
pep•py [pep′ē] *adj.* (**-i-**) *fam* lleno de vida, vivaz
pep•tic [pep′tĭk] *adj.* péptico
per [pûr] *prep.* por; [according to] según ▪ **as ~ usual** como de costumbre; **~ capita** por cabeza; **~ se** en sí
per•am•bu•la•tor [pə-răm′byə-lā′tər] *s.* GB cochecito de niño
per•cale [pər-kāl′] *s.* percal *m*
per•ceive [pər-sēv′] *tr.* percibir; [to notice] notar, percatarse de; [to understand] comprender
per cent, per•cent [pər-sent′] ◇ *adv.* por ciento ◇ *s. inv.* por ciento; [percentage] tanto por ciento, porcentaje *m*
per•cent•age [:sen′tĭj] *s.* porcentaje *m*; *fam* [gain] provecho, ventaja
per•cen•tile [:tīl′] *s.* percentil *m*
per•cep•ti•ble [pər-sep′tə-bəl] *adj.* perceptible
per•cep•tion [:shən] *s.* percepción *f*
per•cep•tive [:tĭv] *adj.* perceptivo
per•cep•tu•al [:cho͞o-əl] *adj.* de percepción
perch[1] [pûrch] ◇ *s.* percha; [high place] atalaya ◇ *intr.* [to roost] posarse; [to balance] sentarse (en un sitio elevado); (*tr.*) situar en un sitio elevado
perch[2] *s.* (*pl* **inv.** OR **es**) ICT perca
per•chance [pər-chăns′] *adv.* [perhaps] quizás, acaso; [by chance] por casualidad
per•co•late [pûr′kə-lāt′] *tr.* & *intr.* filtrar(se)
per•co•la•tor [:lā′tər] *s.* cafetera eléctrica de filtro

per•cus•sion [:kŭsh′ən] *s.* percusión *f*
per•cus•sion•ist [:ə-nĭst] *s.* percusionista *mf*
per di•em [pər dē′əm] ◇ *adv.* diariamente ◇ *s.* dieta ◇ *adj.* diario
per•di•tion [pər-dĭsh′ən] *s.* perdición *f*
per•emp•to•ry [pə-remp′tə-rē] *adj.* perentorio; [dictatorial] dictatorial
per•en•ni•al [pə-ren′ē-əl] *adj.* & *s.* (planta) perenne
per•fect [pûr′fĭkt] ◇ *adj.* perfecto; [ideal] ideal ◇ *tr.* [pər-fekt′] perfeccionar
per•fec•tion [pər-fek′shən] *s.* perfección *f*; [perfecting] perfeccionamiento ▪ **to ~** a la perfección
per•fec•tion•ism [:shə-nĭz′əm] *s.* perfeccionismo
per•fec•tion•ist [:nĭst] *s.* perfeccionista *mf*
per•fect•ly [pûr′fĭkt-lē] *adv.* perfectamente; [completely] completamente; [utterly] absolutamente
per•fid•i•ous [pər-fĭd′ē-əs] *adj.* pérfido
per•fo•rate [pûr′fə-rāt′] *tr.* perforar, agujerear
per•fo•rat•ed [:rā′tĭd] *adj.* perforado
per•fo•ra•tion [′-rā′shən] *s.* perforación *f*
per•force [pər-fôrs′] *adv.* por fuerza
per•form [pər-fôrm′] *tr.* [to do] ejecutar, hacer; [a function] desempeñar; TEAT [a role] interpretar; [a play] representar; MÚS ejecutar; (*intr.*) [to function] funcionar, trabajar; [to fulfill an obligation] cumplir; TEAT [to act] actuar; [to do tricks] hacer trucos; [to sing] cantar
per•form•ance [pər-fôr′məns] *s.* [doing] ejecución *f*; [of a function] ejecución, desempeño; [of a play] representación *f*; [of a role, musical composition] interpretación *f*; [in a competition] actuación *f*; [functioning] funcionamiento; [of an engine] rendimiento; [show] función *f*
per•form•er [:mər] *s.* [actor] artista *m*; [musician] músico; [dancer] bailarín *m*
per•fume ◇ *s.* [pûr′fyo͞om′, pər-fyo͞om′] perfume ◇ *tr.* [pər-fyo͞om′] perfumar
per•func•to•ry [pər-fŭngk′tə-rē] *adj.* rutinario
per•fu•sion [:fyo͞o′zhən] *s.* perfusión *f*
per•haps [pər-hăps′] *adv.* quizá(s)
per•il [per′əl] *s.* peligro
per•il•ous [:ə-ləs] *adj.* peligroso, arriesgado
pe•rim•e•ter [pə-rĭm′ĭ-tər] *s.* perímetro
pe•ri•od [pîr′ē-əd] *s.* periodo, período; [term] plazo; [age, stage] época; [class] hora, clase *f*; [playing time] tiempo; [menstruation] periodo, regla; [punctuation mark] punto
pe•ri•od•ic [′-ŏd′ĭk] *adj.* periódico
pe•ri•od•i•cal [:ĭ-kəl] ◇ *adj.* periódico; [of a journal] de revistas ◇ *s.* publicación periódica, revista
pe•riph•er•al [pə-rĭf′ər-əl] ◇ *adj.* periférico ◇ *s.* COMPUT periférico
pe•riph•er•y [:ə-rē] *s.* periferia
per•i•scope [per′ĭ-skōp′] *s.* periscopio
per•ish [per′ĭsh] *intr.* perecer; [to spoil] echarse a perder
per•ish•a•ble [′ĭ-shə-bəl] ◇ *adj.* perecedero ◇ *s. pl.* artículos de fácil deterioro
per•jure [pûr′jər] *tr.* perjurar
per•ju•ry [pûr′jə-rē] *s.* perjurio
perk¹ [pûrk] *intr.* proyectarse, sobresalir ▪ **to ~ up** animarse, reanimarse; (*tr.*) alzar, levantar ▪ **to ~ up** [to cheer up] animar, reanimar; [to spruce up] adornar, engalanar; [to improve] ir mejor, ir mejorando ▪ **to ~ up one's ears** aguzar el oído
perk² *s. fam* [privilege] privilegio que corresponde a ciertos puestos
perk•y [pûr′kē] *adj.* (**-i-**) animado, vivaz
perm [pûrm] ◇ *s.* permanente *f* ◇ *tr.* & *intr.* hacer(se) una permanente
per•ma•nence [pûr′mə-nəns] *s.* permanencia
per•ma•nen•cy [:nən-sē] *s.* permanencia
per•ma•nent [:nənt] ◇ *adj.* permanente ▪ **~ contract** contrato indefinido ◇ *s.* permanente *f*
per•me•a•bil•i•ty [pûr′mē-ə-bĭl′ĭ-tē] *s.* permeabilidad *f*
per•me•a•ble [′-bəl] *adj.* permeable
per•me•ate [pûr′mē-āt′] *tr.* & *intr.* penetrar, infiltrar(se)
per•mis•si•ble [pər-mĭs′ə-bəl] *adj.* permisible
per•mis•sion [:mĭsh′ən] *s.* permiso
per•mis•sive [:ĭv] *adj.* permisivo; [indulgent] indulgente
per•mit ◇ *tr.* [pər-mĭt′] (**-tt-**) permitir; [to give consent to] dar permiso a, dejar ◇ *s.* [pûr′mĭt] permiso
per•mu•ta•tion [pûr′myo͝o-tā′shən] *s.* permutación *f*
per•ni•cious [pər-nĭsh′əs] *adj.* pernicioso
per•ox•ide [pə-rŏk′sīd′] ◇ *s.* peróxido; [hydrogen peroxide] peróxido de hidrógeno ◇ *tr.* [to treat] tratar con peróxido; [to bleach] aclarar con peróxido de hidrógeno
per•pen•dic•u•lar [pûr′pən-dĭk′yə-lər] ◇ *adj.* perpendicular; [vertical] vertical ◇ *s.* perpendicular *f*
per•pe•trate [pûr′pĭ-trāt′] *tr.* perpetrar
per•pe•tra•tion [′-trā′shən] *s.* perpetración *f*
per•pe•tra•tor [′-′tər] *s.* perpetrador *m*
per•pet•u•al [pər-pech′o͞o-əl] *adj.* perpetuo; [constant] constante; [eternal] eterno
per•pet•u•ate [:āt′] *tr.* perpetuar
per•pet•u•a•tion [-′-ā′shən] *s.* perpetuación *f*
per•pe•tu•i•ty [pûr′pĭ-to͞o′ĭ-tē] *s.* perpetuidad *f*
per•plex [pər-pleks′] *tr.* desconcertar
per•plexed [:plekst′] *adj.* perplejo, confuso
per•plex•i•ty [:plek′sĭ-tē] *s.* perplejidad *f*
per•qui•site [pûr′kwĭ-zĭt] *s.* ganancia extra
per•se•cute [pûr′sĭ-kyo͞ot′] *tr.* perseguir; [to harass] acosar, atormentar
per•se•cu•tion [′-kyo͞o′shən] *s.* persecución *f*
per•se•cu•tor [′-′tər] *s.* perseguidor *m*
per•se•ver•ance [pûr′sə-vîr′əns] *s.* perseverancia
per•se•vere [:vîr′] *intr.* perseverar
per•sim•mon [pər-sĭm′ən] *s.* caqui *m*
per•sist [pər-sĭst′] *intr.* persistir
per•sist•ence/en•cy [:sĭs′təns] *s.* persistencia, empeño
per•sist•ent [:tənt] *adj.* persistente
per•snick•e•ty [pər-snĭk′ĭ-tē] *adj.* puntilloso, quisquilloso
per•son [pûr′sən] *s.* persona
per•son•a•ble [:sə-nə-bəl] *adj.* agradable
per•son•age [:nĭj] *s.* personaje *m*
per•son•al [pûr′sə-nəl] *adj.* personal; [private] particular; [in person] en persona; [for one's use] de uso personal ▪ **~ computer** computadora personal; **~ digital assistant** asistente personal; **~ home page** página personal; **~ organizer** organizador personal; **~ property** bienes muebles; **to get ~** hacer comentarios de carácter personal
per•son•al•i•ty [′-năl′ĭ-tē] *s.* personalidad *f*; [celebrity] personaje *m*, figura
per•son•al•ize [′-nə-līz′] *tr.* personalizar

per•son•i•fi•ca•tion [pər-sŏn′ə-fĭ-kā′shən] *s.* personificación *f*
per•son•i•fy [-′-fī′] *tr.* personificar
per•son•nel [pûr′sə-nel′] *s.* personal *m*
per•spec•tive [pər-spek′tĭv] *s.* perspectiva ▪ **to put things in ~** apreciar las cosas en su justo valor
per•spi•ca•cious [pûr′spĭ-kā′shəs] *adj.* perspicaz
per•spi•ra•tion [pûr′spə-rā′shən] *s.* sudor *m*, transpiración *f*
per•spire [pər-spīr′] *tr.* & *intr.* sudar, transpirar
per•suade [pər-swād′] *tr.* persuadir
per•sua•sion [:swā′zhən] *s.* persuasión *f*, persuasiva; [conviction] convicción *f*, creencia
per•sua•sive [:sĭv] *adj.* persuasivo
per•sua•sive•ness [:nĭs] *s.* persuasión *f*
pert [pûrt] *adj.* [saucy] impertinente; [lively] vivaz; [jaunty] alegre, gracioso
per•tain [pər-tān′] *intr.* pertenecer; [to relate to] concernir
per•ti•na•cious [pûr′tn-ā′shəs] *adj.* pertinaz; [obstinate] porfiado, obstinado
per•ti•nence/nen•cy [′-əns] *s.* pertinencia
per•ti•nent [:ənt] *adj.* pertinente
per•turb [pər-tûrb′] *tr.* perturbar
per•tur•ba•tion [pûr′tər-bā′shən] *s.* perturbación *f*
pe•rus•al [pə-rōō′zəl] *s.* lectura cuidadosa
pe•ruse [pə-rōōz′] *tr.* leer cuidadosamente
per•vade [pər-vād′] *tr.* penetrar, impregnar
per•va•sive [:vā′sĭv] *adj.* penetrante
per•verse [pər-vûrs′] *adj.* perverso; [willful] terco
per•ver•sion [:vûr′zhən] *s.* perversión *f*
per•ver•si•ty [:sĭ-tē] *s.* [perversion] perversión *f*; [willfulness] terquedad *f*
per•vert ◇ *tr.* [pər-vûrt′] pervertir; [to misuse] abusar de ◇ *s.* [pûr′vûrt′] pervertido
per•vert•ed [pər-vûr′tĭd] *adj.* pervertido
pes•ky [pes′kē] *adj.* (-i-) *fam* molesto
pes•si•mism [pes′ə-mĭz′əm] *s.* pesimismo
pes•si•mist [:mĭst] *s.* pesimista *mf*
pes•si•mis•tic [′-mĭs′tĭk] *adj.* pesimista
pest [pest] *s.* [insect] insecto; [person] pelmazo, persona molesta; [plant, animal] plaga, peste *f*
pes•ter [pes′tər] *tr.* molestar, fastidiar
pes•ti•cide [pes′tĭ-sīd′] *s.* pesticida, insecticida
pes•ti•lence [pes′tə-ləns] *s.* pestilencia, peste *f*
pes•ti•lent/len•tial [lənt] *adj.* pestilente; [annoying] molesto
pes•tle [pes′əl, pes′təl] *s.* mano *f* (de mortero)
pet [pet] ◇ *s.* animal doméstico, mascota; [person] favorito, preferido ◇ *adj.* de mascota; [favorite] favorito ◇ *tr.* (**-tt-**)[to caress] acariciar; [to pamper] mimar
pet•al [pet′l] *s.* pétalo
pe•ter [pē′tər] *intr.* ▪ **to ~ out** decaer, agotarse
pe•tite [pə-tēt′] *adj.* pequeña, chiquita
pe•ti•tion [pə-tĭsh′ən] ◇ *s.* petición *f* ◇ *tr.* presentar una petición a
pe•ti•tion•er [:ə-nər] *s.* peticionario
pet•ri•fy [pet′rə-fī′] *tr.* & *intr.* petrificar(se)
pet•ro•chem•i•cal [pet′rō-kem′ĭ-kəl] *s.* producto petroquímico
pet•rol [pet′rəl] *s.* GB gasolina
pe•tro•le•um [pə-trō′lē-əm] *s.* petróleo ▪ **~ jelly** petrolato
pet•ti•coat [pet′ē-kōt′] ◇ *s.* enaguas ◇ *adj.* femenino, de mujeres
pet•ti•ness [pet′ē-nĭs] *s.* [smallness] pequeñez *f*; [of behavior] mezquindad *f*
pet•ting [pet′ĭng] *s.* *fam* manoseo
pet•ty [pet′ē] *adj.* (**-i-**)[insignificant] insignificante, trivial; [narrow-minded] mezquino; [spiteful] rencoroso ▪ **~ cash** caja chica; **~ larceny** hurto menor, ratería
pet•u•lance [pech′ə-ləns] *s.* malhumor *m*
pet•u•lant [:lənt] *adj.* malhumorado
pe•tu•nia [pĭ-tōōn′yə] *s.* petunia
pew [pyōō] *s.* banco (de iglesia)
pew•ter [pyōō′tər] *s.* & *adj.* (de) peltre *m*
pha•lanx [fā′lăngks′] *s.* (*pl* **es** OR **-ges**) falange *f*
phal•lic [făl′ĭk] *adj.* fálico
phal•lus [:əs] *s.* (*pl* **es** OR **-li**) falo
phan•tom [:təm] ◇ *s.* fantasma *m* ◇ *adj.* fantasmal
phar•aoh [fâr′ō] *s.* faraón *m*
phar•i•see [făr′ĭ-sē] *s.* fariseo
phar•ma•ceu•ti•cal [fär′mə-sōō′tĭ-kəl] *adj.* & *s.* farmacéutico ▪ **pharmaceutics** (*s.sg.*) farmacia
phar•ma•cist [′sĭst] *s.* farmacéutico
phar•ma•col•o•gy [′-kŏl′ə-jē] *s.* farmacología
phar•ma•cy [fär′mə-sē] *s.* farmacia
phar•ynx [făr′ĭngks] *s.* (*pl* **es** OR **-ges**) faringe *f*
phase [fāz] ◇ *s.* fase *f* ▪ **in ~** en fase, sincronizado; **out of ~** desfasado ◇ *tr.* [to plan] planear por fases, escalonar; ELEC & FÍS poner en fase ▪ **to ~ in** introducir progresivamente; **to ~ out** eliminar progresivamente
phase•out [′out′] *s.* eliminación *f* gradual
pheas•ant [fez′ənt] *s.* (*pl* **inv.** OR **s**) faisán *m*
phe•nom•e•na [fĭ-nŏm′ə-nə] ▻ **phenomenon**
phe•nom•e•nal [:nəl] *adj.* fenomenal
phe•nom•e•non [fĭ-nŏm′ə-nŏn′] *s.* (*pl* **s** OR **-na**) fenómeno
phew [fyōō] *interj.* ¡uy!, ¡puf!
phi•al [fī′əl] *s.* ampolla
phi•lan•der [fĭ-lăn′dər] *intr.* ir detrás de las mujeres
phi•lan•der•er [:ər] *s.* mujeriego, tenorio
phil•an•throp•ic/i•cal [fĭl′ən-thrŏp′ĭk] *adj.* filantrópico
phi•lan•thro•pist [fĭ-lăn′thrə-pĭst] *s.* filántropo
phi•lan•thro•py [:pē] *s.* filantropía
phi•lat•e•ly [fĭ-lăt′l-ē] *s.* filatelia
phil•har•mon•ic [fĭl′här-mŏn′ĭk] *adj.* & *s.* (orquesta) filarmónica
Phil•is•tine [fĭl′ĭ-stēn] *s.* filisteo; [ignorant person] inculto
phil•o•den•dron [fĭl′ə-den′drən] *s.* (*pl* **s** OR **-dra**) filodendro
phi•lol•o•gy [fĭ-lŏl′ə-jē] *s.* filología
phi•los•o•pher [fĭ-lŏs′ə-fər] *s.* filósofo
phil•o•soph•ic/i•cal [fĭl′ə-sŏf′ĭk] *adj.* filosófico
phi•los•o•phize [fĭ-lŏs′ə-fīz′] *intr.* filosofar
phi•los•o•phy [:fē] *s.* filosofía
phle•bi•tis [flĭ-bī′tĭs] *s.* flebitis *f*
phlegm [flem] *s.* flema
phleg•mat•ic [fleg-măt′ĭk] *adj.* flemático
pho•bi•a [fō′bē-ə] *s.* fobia
phoe•nix [fē′nĭks] *s.* fénix *m*
phone [fōn] *fam* ◇ *s.* teléfono ◇ *tr.* & *intr.* telefonear, llamar por teléfono
pho•neme [fō′nēm′] *s.* fonema *m*
pho•net•ic [fə-net′ĭk] *adj.* fonético ▪ **phonetics** (*s.sg.*) fonética

pho•ne•ti•cian/net•i•cist [fō'nĭ-tĭsh'en/fənet'ĭ-sĭst] *s.* fonetista *mf*
pho•no•graph [fō'nə-grăf'] *s.* fonógrafo
pho•nol•o•gy [fə-nŏl'ə-jē] *s.* fonología
pho•ny [fō'nē] *fam* ◇ *adj.* (-i-) falso; [fake] postizo ◇ *s.* [object] camelo; [person] farsante *mf*, camelista *mf*
phoo•ey [fōō'ē] *interj.* ¡puf!
phos•phate [fŏs'făt'] *s.* fosfato
phos•phor [:fər] *s.* fósforo
phos•pho•res•cent ['fə-res'ənt] *adj.* fosforescente
phos•pho•rus ['fər-əs] *s.* fósforo
pho•to [fō'tō] *s.* foto *f*, fotografía
pho•to•cell [:sel'] *s.* fotocélula
pho•to•cop•i•er [fō'tə-kŏp'ē-ər] *s.* fotocopiadora
pho•to•cop•y [:ē] ◇ *tr.* fotocopiar ◇ *s.* fotocopia
pho•to•e•lec•tric/tri•cal [fō'tō-ĭ-lek'trĭk] *adj.* fotoeléctrico
pho•to•en•grave [:en-grāv'] *tr.* fotograbar
pho•to•gen•ic [fō'tə-jen'ĭk] *adj.* fotogénico
pho•to•graph [fō'tə-grăf'] ◇ *s.* fotografía, foto *f* ◇ *tr.* fotografiar, sacar una fotografía a; (*intr.*) ▪ **to ~ well** salir bien en las fotografías
pho•tog•ra•pher [fə-tŏg'rə-fər] *s.* fotógrafo
pho•to•graph•ic [fō'tə-grăf'ĭk] *adj.* fotográfico
pho•tog•ra•phy [fə-tŏg'rə-fē] *s.* fotografía
pho•ton [fō'tŏn'] *s.* fotón *m*
pho•to•sen•si•tive [fō'tō-sen'sĭ-tĭv] *adj.* fotosensible
pho•to•stat [fō'tə-stăt'] *s.* fotostato
pho•to•syn•the•sis [fō'tō-sĭn'thĭ-sĭs] *s.* fotosíntesis *f*
phrase [frāz] ◇ *s.* frase *f* ▪ **~ book** diccionario de expresiones; **set ~** frase hecha ◇ *tr.* [in speaking] expresar; [in writing] redactar
phras•ing [frā'zĭng] *s.* [wording] redacción *f*, lenguaje *m*; [phraseology] fraseología
phys•i•cal [fĭz'ĭ-kəl] ◇ *adj.* físico ◇ *s.* reconocimiento médico, chequeo
phy•si•cian [fĭ-zĭsh'ən] *s.* médico, facultativo
phys•i•cist [fĭz'ĭ-sĭst] *s.* físico
phys•ics [fĭz'ĭks] *s.sg.* física
phys•i•o•log•ic/i•cal [fĭz'ē-ə-lŏj'ĭk] *adj.* fisiológico
phys•i•ol•o•gy [:jē] *s.* fisiología
phys•io•therapist [fĭz'ē-ō-ther'ə-pĭst] *s.* fisioterapeuta *mf*
phys•i•o•ther•a•py [fĭz'ē-ō-ther'ə-pē] *s.* fisioterapia
phy•sique [fĭ-zēk'] *s.* físico
pi•an•ist [pē-ăn'ĭst, pē'ə-nĭst] *s.* pianista *mf*
pi•an•o [pē-ăn'ō] *s.* piano
pi•az•za [pē-ăz'ə, -ä'zə] *s.* (*pl* **s** OR **-ze**) plaza; [verandah] galería, terraza
pic•a•resque [pĭk'ə-resk'] *adj.* picaresco
pic•a•yune [pĭk'ē-yōōn'] *adj.* [paltry] insignificante; [petty] mezquino
pic•co•lo [pĭk'ə-lō'] *s.* flautín *m*
pick¹ [pĭk] ◇ *tr.* escoger, elegir; [to gather] recoger; [to strip clean] mondar; [to pluck] desplumar; [to tear off] sacar, arrancar; [to break up] cavar; [to open] abrir; [to peck] picar, picotear ▪ **to ~ a fight** buscar bronca; **to ~ apart** [to tear] destrozar, despedazar; [to refute] echar por tierra; **to ~ off** matar de un solo tiro; **to ~ oneself up** levantarse; **to ~ one's nose** hurgarse la nariz; **to ~ one's teeth** mondarse los dientes; **to ~ out** [to choose] escoger, seleccionar; [to distinguish] distinguir; **to ~ over** inspeccionar; **to ~ someone's brains** *fig* explotar los conocimientos de alguien; **to ~ someone's pocket** robar algo del bolsillo de alguien; **to ~ up** [to lift] coger; [fallen object] recoger; [to tidy] recoger; [to stop for] recoger; *fam* [to buy] comprar; [to learn] aprender; [to notice] percatarse de; [a habit] coger, adquirir; [to pay] pagar; [a disease] coger, pescar; RAD & TELEV coger, captar; [speed] cobrar; *jer* [to arrest] pescar, coger; [to continue] reanudar, proseguir; **to ~ up on** darse cuenta de; (*intr.*) picar; [to decide] decidir cuidadosamente ▪ **to ~ at** [food] picar, picotear; *fam* [to nag] cogerla con; **to ~ on** [to tease] atormentar; [to bully] abusar de; **to ~ up** [to resume] continuar; *fam* [to improve] mejorar ◇ *s.* elección *f*, selección *f* ▪ **the ~ of the crop** OR **of the litter** la flor y nata
pick² *s.* [tool] piqueta, pico; [picklock] ganzúa; MÚS plectro, púa
pick•a•back [pĭk'ə-băk'] ◇ *adv.* a cuestas, sobre los hombros ◇ *s.* paseo a cuestas
pick•ax(e) [pĭk'ăks'] *s.* piqueta, zapapico
picked [pĭkt] *adj.* escogido, selecto
pick•et [pĭk'ĭt] ◇ *s.* estaca; MIL piquete *m*; [strikers] piquete ◇ *tr.* [to enclose] cercar con estacas; [to guard] guardar OR vigilar con piquetes; [place of work] hacer piquetes en; (*intr.*) vigilar, estar de guardia
pick•ing [pĭk'ĭng] ◇ *s.* [harvest] cosecha, recolección *f*; [choice] selección *f* ◇ *pl.* sobras, restos
pick•le [pĭk'əl] ◇ *s.* [food] encurtido; [liquid] salmuera, escabeche *m*; *fam* [difficult situation] lío ◇ *tr.* encurtir
pick•led [:əld] *adj.* [food] en salmuera OR escabeche; [person] borracho, bebido
pick•pock•et [pĭk'pŏk'ĭt] *s.* carterista *mf*
pick•up [pĭk'ŭp'] *s.* [collection] recogida; [acceleration] poder *m* de aceleración; [truck] camioneta; [increase] aumento; [improvement] mejora; [casual acquaintance] ligue *m*
pick•y [pĭk'ē] *adj.* (-i-) quisquilloso
pic•nic [pĭk'nĭk] ◇ *s.* picnic *m* ▪ **to be no ~** *fam* no ser fácil ◇ *intr.* (**-ck-**) comer al aire libre
pic•to•ri•al [pĭk-tôr'ē-əl] *adj.* pictórico
pic•ture [pĭk'chər] ◇ *s.* [painting] cuadro, pintura; [illustration] ilustración *f*; [photograph] fotografía; [portrait] retrato; [mental image] imagen *f*, idea; [description] descripción *f*, cuadro; [physical image] retrato, imagen; [film] película, filme *m*; [on television] imagen ▪ **~ book** libro ilustrado; **~ tube** TELEV tubo de imagen; **~ window** ventanal; **to be pretty as a ~** ser una monada; **to be out of the ~** quedar fuera del juego; **to come into the ~** aparecer; **to give somebody the general ~** dar a alguien una idea general ◇ *tr.* [to paint] pintar; [to draw] dibujar; [to visualize] imaginar; [to describe] pintar
pic•tur•esque ['chə-resk'] *adj.* pintoresco
pid•dling [pĭd'lĭng] *adj.* insignificante, trivial
pidg•in [pĭj'ĭn] *s.* lengua franca
pie [pī] *s.* [with meat] empanada; [with fruit] pastel *m* ▪ **as easy as ~** *fam* muy fácil; **~ in the sky** ilusiones; **to have a finger in the ~** estar metido en el asunto
piece [pēs] ◇ *s.* pedazo, trozo; [in a set] pieza; [specimen] muestra; [firearm] arma; [distance] tramo; LIT & MÚS obra ▪ **in one ~** [object] intacto; [person] sano y salvo; **to give someone a ~ of one's mind** *fam* cantar a alguien las cuarenta; **to say one's ~** decir lo que uno piensa ◇ *pl.* ▪ **in ~** [unassembled] desarmado;

P

[shattered] hecho añicos ▪ **to go to ~** *fam* no poderse dominar ◇ *tr.* ▪ **to ~ together** [to put together] armar; [to rearrange] rehacer; [to figure out] llegar a entender

piece•meal [ˈmēlˈ] *adv.* [bit by bit] a trozos; [gradually] poco a poco

piece•work [:wûrkˈ] *s.* trabajo a destajo

pier [pîr] *s.* muelle *m*, embarcadero; [of a bridge] pila; [of an arch] pilar *m*; [between windows] entreventana; [buttress] contrafuerte *m*

pierce [pîrs] *tr.* [to puncture] traspasar; [to perforate] perforar; [to penetrate] atravesar, abrirse paso por ▪ **to have** OR **get one's ears pierced** hacerse agujeros en las orejas

pierc•ing [pîrˈsĭng] *adj.* [sharp] agudo; [look] penetrante; [wind] cortante

pi•e•ty [pīˈĭ-tē] *s.* piedad *f*

pig [pĭg] ◇ *s.* cerdo, puerco; [pork] lechón *m*; *fam* [glutton] tragón *m*, glotón *m*; [slob] cochino, puerco; METAL lingote *m* ▪ **to buy a ~ in a poke** comprar algo sin saber exactamente qué es; **~ iron** hierro en lingotes ◇ *intr.* (**-gg-**) ▪ **to ~ out** comer como un puerco

pi•geon [pĭjˈən] *s.* paloma; [dupe] tonto

pi•geon•hole [:hōlˈ] ◇ *s.* [cubbyhole] casilla; [category] clasificación *f* ◇ *tr.* [to file] archivar; [to categorize] clasificar; [to shelve] dar carpetazo a

pi•geon-toed [:tōdˈ] *adj.* de pies que apuntan hacia adentro

pig•gish [pĭgˈĭsh] *adj.* [greedy] glotón; [pigheaded] testarudo

pig•gy [:ē] *s.* cerdito ▪ **~ bank** alcancía

pig•gy•back [:băkˈ] ◇ *adv.* a cuestas; [in transportation] en vagón plataforma ◇ *adj.* ▪ **~ ride** paseo a cuestas

pig•head•ed [pĭgˈhedˈĭd] *adj.* testarudo, terco

pig•let [:lĭt] *s.* cochinillo, lechón *m*

pig•ment [pĭgˈmənt] *s.* pigmento

pig•men•ta•tion [ˈmən-tāˈshən] *s.* pigmentación *f*

pig•pen [pĭgˈpenˈ] *s.* pocilga

pig•skin [:skĭnˈ] *s.* piel *f* OR cuero de cerdo; [football] pelota

pig•sty [:stīˈ] *s.* pocilga

pig•tail [:tālˈ] *s.* coleta, trenza

pike[1] [pīk] *s.* [spear] pica

pike[2] *s.* (*pl* **inv.** OR **s**) [fish] lucio

pike[3] *s.* [turnpike] carretera de peaje

pile[1] [pīl] ◇ *s.* pila, montón *m*; [funeral pyre] pira funeraria; *jer* [fortune] fortuna; FÍS pila atómica ◇ *tr.* apilar, amontonar; [to fill] llenar ▪ **to ~ it on** exagerar; **to ~ up** apilar, amontonar; (*intr.*) amontonarse ▪ **to ~ in** entrar en tropel; **to ~ up** acumularse

pile[2] *s.* [furry surface] pelo

piles [pīlz] *s. pl.* hemorroides *f*, almorranas

pile•up [pīlˈŭpˈ] *s.* accidente *m* entre varios vehículos

pil•fer [pĭlˈfər] *tr.* & *intr.* robar

pil•grim [pĭlˈgrĭm] *s.* [devotee] peregrino; [traveler] viajante *mf*

pil•grim•age [:grə-mĭj] *s.* peregrinación *f*

pill [pĭl] ◇ *s.* píldora; [contraceptive] píldora anticonceptiva; [person] pelmazo ◇ *intr.* formar pelotillas OR bolitas

pil•lage [pĭlˈĭj] ◇ *tr.* & *intr.* pillar, saquear ◇ *s.* pillaje *m*, saqueo

pil•lag•er [:ĭ-jər] *s.* pillador *m*, saqueador *m*

pil•lar [pĭlˈər] *s.* pilar *m* ▪ **from ~ to post** de la Ceca a la Meca

pill•box [pĭlˈbŏksˈ] *s.* cajita para píldoras; [hat] pequeño sombrero sin ala; MIL fortín *m*

pil•lo•ry [pĭlˈə-rē] ◇ *s.* picota ◇ *tr.* poner en la picota

pil•low [pĭlˈō] ◇ *s.* almohada; [for decoration] almohadón *m* ◇ *tr.* [to rest] hacer descansar sobre una almohada; [to support] servir de almohada

pil•low•case [:kāsˈ] *s.* funda de almohada

pi•lot [pīˈlət] ◇ *s.* AVIA piloto; MARÍT [in a port] práctico del puerto; [helmsman] piloto, timonel *m*; [leader] guía *mf*, director *m*; TELEV programa *m* de introducción de una serie ▪ **~ light** llama piloto ◇ *tr.* pilotear ◇ *adj.* [trial] piloto, experimental; [guiding] modelo

pi•men•to [pĭ-menˈtō] *s.* pimiento, ají *m*

pi•mien•to [pĭ-menˈtō, -myenˈ-] *s.* pimiento morrón

pimp [pĭmp] ◇ *s.* alcahuete *m* ◇ *intr.* alcahuetear

pim•ple [pĭmˈpəl] *s.* grano

pim•ply [:plē] *adj.* granujiento, espinilloso

pin [pĭn] ◇ *s.* alfiler *m*; [badge] insignia; [brooch] broche *m*; [cotter] pasador *m*, chaveta; [bolt] perno; [peg] clavija; [in bowling] bolo ▪ **to hear a ~ drop** oír el vuelo de una mosca ◇ *tr.* (**-nn-**) prender con alfileres; [in wrestling] sujetar ▪ **to ~ down** sujetar, asegurar; [to immobilize] inmovilizar; [to establish] determinar, precisar; [to force to be specific] hacer que (alguien) sea más preciso; **to ~ on** prender en; [hopes] cifrar en; [to blame] echar la culpa a; **to ~ up** [hair] sujetar con horquillas; [a notice] clavar con chinchetas

pin•a•fore [pĭnˈə-fôrˈ] *s.* delantal *m*

pin•ball [pĭnˈbôlˈ] *s.* billar romano

pince-nez [pănsˈnāˈ, pĭnsˈ-] *s. inv.* quevedos *m*

pin•cer [pĭnˈsər] ◇ *s.* pinza ◇ *pl.* pinzas, tenazas

pinch [pĭnch] ◇ *tr.* pellizcar; [to catch] cogerse, pillarse; [shoes] apretar; [to cause hardship] poner en aprietos a; *jer* [to steal] ratear, mangar; [to arrest] pescar, prender ▪ **to ~ pennies** andar con tacañerías, escatimar gastos; (*intr.*)[shoes] apretar; [to economize] escatimar gastos ◇ *s.* pellizco; [of seasoning] pizca; [of snuff] pulgarada ▪ **in a ~** en caso de apuro OR de necesidad; **to feel the ~** pasar apuros, verse apretado

pin•cush•ion [pĭnˈkŏŏsh'ən] *s.* alfiletero

pine[1] [pīn] *s.* pino ▪ **~ cone** piña

pine[2] *intr.* ▪ **to ~ away** consumirse, languidecer; **to ~ for** suspirar por, anhelar

pine•ap•ple [pīnˈăpˈəl] *s.* piña, ananás *m*

ping [pĭng] ◇ *s.* sonido metálico ◇ *intr.* producir un sonido metálico

pin•head [pĭnˈhedˈ] *s.* cabeza de alfiler; [stupid person] tonto, bobo

pink[1] [pĭngk] ◇ *s.* clavel *m*; [color] rosado, rosa ▪ **in the ~** rebosante de salud; **in the ~ of** en perfecto estado de ◇ *adj.* rosado, rosa

pink[2] *tr.* [to decorate] festonear; [to perforate] picar ▪ **pinking shears** tijeras dentadas

pink•ie [pĭngˈkē] *s. fam* dedo meñique

pink•ish [pĭngˈkĭsh] *adj.* rosáceo

pink•o [:kō] *s. jer* rojillo, comunacho

pink•y [pĭngˈkē] *s. fam* dedo meñique

pin•na•cle [pĭnˈə-kəl] *s.* ARQ pináculo; [peak] pico, cima; *fig* cumbre *f*

pin•point [pĭnˈpointˈ] ◇ *s.* punta de alfiler ◇ *tr.* localizar con precisión ◇ *adj.* exacto

in•prick [:prĭk′] *s.* alfilerazo; [minor annoyance] molestia
in•stripe [:strīp′] ◇ *s.* raya fina ◇ *adj.* de rayas finas
int [pīnt] *s.* pinta
int•size(d) [′sīz[d]′] *adj. fam* pequeño
in•up [pĭn′ŭp′] *s.* [picture] fotografía de una mujer atractiva; [woman] mujer atractiva
in•wheel [:hwēl′] *s.* molinillo; [fireworks] girándula
i•o•neer [pī′ə-nîr′] ◇ *s.* pionero ◇ *adj.* [innovating] innovador; [of settlers] de pionero ◇ *tr.* [to explore] iniciar la exploración de; [to open up] marcar nuevos rumbos en; [to settle] colonizar
i•ous [pī′əs] *adj.* piadoso; [hypocritical] beato; [commendable] digno de alabanza
ip [pĭp] *s.* [seed] pepita
ipe [pīp] ◇ *s.* [for liquids, gas] tubería, cañería; [for tobacco] pipa ▪ **exhaust ~** tubo de escape; **~ cleaner** limpiapipas; **~ dream** ilusión, castillos en el aire; **~ wrench** llave para tubos; **put that in your ~ and smoke it!** *fam* ¡chúpate ésa! ◇ *pl.* [tubes] tubería, cañería; [bagpipe] gaita ◇ *tr.* [liquids, gas] conducir por tuberías; [to provide with pipes] instalar tuberías OR cañerías en; (*intr.*) MÚS tocar; [to screech] chillar; [bird] cantar ▪ **to ~ down** *jer* cerrar el pico, callarse la boca; **to ~ up** prorrumpir chillando
ipe•line [′līn′] *s.* [gas] gasoducto; [oil] oleoducto; [information] conducto; [supply] línea
ip•er [pī′pər] *s.* [flutist] flautista *mf*; [bagpiper] gaitero
i•pet(te) [pī-pet′] *s.* pipeta, probeta
ip•ing [pī′pĭng] ◇ *s.* [pipes] tubería, cañería; [on clothing] ribete *m* ◇ *adv.* ▪ **~ hot** muy caliente
ip-squeak [pĭp′skwēk′] *s.* cero a la izquierda
i•quant [pē′kənt] *adj.* [spicy] picante; [provocative] provocativo
ique [pēk] ◇ *s.* pique *m* ▪ **in a fit of ~** por resentimiento ◇ *tr.* [to vex] picar, molestar; [interest] despertar
i•ra•cy [pī′rə-sē] *s.* piratería
i•rate [pī′rĭt] ◇ *s.* pirata *m*; [thief] persona que comete fraudes ◇ *tr.* [to rob] robar, pillar; [books, records] hacer una edición pirata de
irex [pī′reks] *s.* pírex
ir•ou•ette [pĭr′ōō-et′] ◇ *s.* pirueta, cabriola ◇ *intr.* piruetear, hacer cabriolas
is•ta•chi•o [pĭ-stăsh′ē-ō′] *s.* [tree] pistachero, alfóncigo; [nut] pistacho, alfóncigo
is•tol [pĭs′təl] *s.* pistola
is•ton [pĭs′tən] *s.* pistón *m*
it¹ [pĭt] ◇ *s.* [hole] hoyo, pozo; [for cockfights] reñidero; [pockmark] picadura de viruela; [of a stock exchange] corro; [for a mechanic] foso; [at a racecourse] puesto ▪ **in the ~ of one's stomach** en la boca del estómago; **orchestra ~** foso de la orquesta; **the pits** *jer* lo peor de lo peor ◇ *tr.* (**-tt-**)[to make holes in] llenar de hoyos; [by a disease] llenar de picaduras ▪ **to ~ against** oponer; (*intr.*)[surface] llenarse de hoyos; [skin] llenarse de picaduras OR de marcas
it² ◇ *s.* hueso (de frutas) ◇ *tr.* (**-tt-**) deshuesar
it•a•pat [pĭt′ə-păt′] ◇ *intr.* (**-tt-**)[to move] moverse con paso ligero; [to beat] latir rápidamente ◇ *s.* [steps] paso ligero; [beats] latido, palpitación *f* ◇ *adv.* ▪ **to go ~** latir rápidamente
itch¹ [pĭch] ◇ *s.* [sticky substance] pez *f*; [bitumen] alquitrán *m*, brea; [resin] resina ◇ *tr.* embrear, embetunar
pitch² ◇ *tr.* [to throw] lanzar, tirar; [hay] echar; [tent] montar, armar; [speech] ajustar; [a product] pregonar las virtudes de; [to incline] inclinar ▪ **to ~ camp** acampar; (*intr.*)[to fall] caer(se); [to lurch] tambalearse, dar tumbos; [plane, ship] cabecear; [to slope] inclinarse ▪ **to ~ in** *fam* dar una mano ◇ *s.* [throw] lanzamiento, tiro; [intensity] grado; [of a ship] cabeceo; [slope] inclinación *f*; [of a roof] pendiente *f*; *jer* [talk] charlatanería; MÚS tono ▪ **~ pipe** diapasón
pitch-black [′blăk′] *adj.* [dark] oscuro como boca de lobo; [black] negro como el carbón
pitch-dark [:därk′] *adj.* oscuro como boca de lobo
pitch•er¹ [pĭch′ər] *s.* DEP lanzador *m*
pitch•er² *s.* jarra, cántaro
pitch•fork [pĭch′fôrk′] *s.* horquilla, horca
pit•e•ous [pĭt′ē-əs] *adj.* lastimoso, lastimero; [pathetic] patético
pit•fall [pĭt′fôl′] *s.* [trap] trampa; [difficulty] dificultad *f*
pith [pĭth] *s.* BOT médula; [essence] meollo
pith•y [′ē] *adj.* (**-i-**) meduloso, medular; [substantial] sustancial
pit•i•a•ble [pĭt′ē-ə-bəl] *adj.* lastimoso
pit•i•ful [pĭt′ĭ-fəl] *adj.* lastimoso; [contemptible] despreciable
pit•i•less [:lĭs] *adj.* despiadado
pit•tance [pĭt′ns] *s.* miseria
pit•ter-pat•ter [pĭt′ər-păt′ər] ◇ *s.* [tapping] golpeteo; [of rain] tamborileo ◇ *intr.* [to tap] golpetear; [to rain] tamborilear
pi•tu•i•tar•y [pĭ-tōō′ĭ-ter′ē] *s.* & *adj.* (glándula) pituitaria
pit•y [pĭt′ē] ◇ *s.* piedad *f*; [regrettable fact] lástima, pena ◇ *intr.* & *tr.* compadecer(se de)
piv•ot [pĭv′ət] ◇ *s.* [shaft] pivote *m*; [center] eje *m*; [turn] pivote ◇ *tr.* hacer girar ▪ **to ~ on** [to turn] girar sobre; [to depend on] depender de; (*intr.*) girar sobre un eje
piv•o•tal [′ə-tl] *adj.* [turning] giratorio, de giro; [essential] fundamental, cardinal
pix•el [pĭk′səl] *s.* píxel
pix•y/ie [pĭk′sē] *s.* duendecillo, hada traviesa
piz•za [pēt′sə] *s.* pizza
plac•ard [plăk′ärd′] ◇ *s.* cartel *m*, letrero ◇ *tr.* [to announce] anunciar por medio de carteles; [to post] poner carteles en
pla•cate [plā′kāt′, plăk′āt′] *tr.* apaciguar
place [plās] ◇ *s.* lugar *m*; [locale] sitio, local *m*; [house] casa; [seat] asiento; [place setting] cubierto; [in a book] página (en la que uno va); [function] función *f*; [rank] posición *f* social; [in a line] puesto ▪ **all over the ~** por todas partes; **any ~** en OR a dondequiera; **if I were in your ~** yo que tú; **in high places** en las altas esferas; **in ~** en orden; **in ~ of** en lugar de, en vez de; **not to be one's ~ to do something** no corresponderle a uno hacer algo; **out of ~** fuera de lugar; **~ mat** mantelito individual; **~ setting** cubierto; **to go places** *fam* llegar lejos; **to know one's ~** saber el lugar que le corresponde a uno; **to put someone in his ~** poner a alguien en su lugar; **to take ~** [to happen] tener lugar; [to be held] celebrarse; **to take the ~ of** sustituir ◇ *tr.* colocar, poner; [to situate] situar, ubicar; [to estimate] calcular; [to bet] hacer; [to call] pedir ▪ **to be able to**

P

~ **someone** saber dónde uno ha visto a alguien; **to ~ an order** hacer un pedido; (*intr.*) clasificarse entre los tres primeros
pla•ce•bo [plə-sē'bō] *s.* (*pl* (**e**)**s**) placebo
place•ment [plās'mənt] *s.* colocación *f*
pla•cen•ta [plə-sen'tə] *s.* (*pl* **s** OR **-ae**) placenta
plac•id [plăs'ĭd] *adj.* tranquilo, apacible
pla•gia•rism [plā'jə-rĭz'əm] *s.* plagio
pla•gia•rize [:rīz'] *tr.* & *intr.* plagiar
plague [plāg] ◇ *s.* [disease] peste *f*; [nuisance] molestia, fastidio; [outbreak] plaga ◇ *tr.* atormentar
plaid [plăd] *s.* tela a cuadros; [pattern] diseño a cuadros
plain [plān] ◇ *adj.* [obvious] claro, evidente; [simple] sencillo; [straightforward] claro, sin rodeos; [unmixed] puro, solo; [unaffected] llano, corriente; [unpatterned] sin adornos; [unattractive] feo, nada atractivo; [utter] puro, absoluto ▪ **in ~ sight** a la vista de todos; **the ~ truth** la pura verdad ◇ *s.* llanura, llano ◇ *pl.* praderas ◇ *adv.* [bluntly] claro; [utterly] absolutamente
plain•song ['sông'] *s.* canto llano
plain•tiff [plān'tĭf] *s.* demandante *mf*
plain•tive [:tĭv] *adj.* quejumbroso
plait [plāt, plăt] ◇ *s.* [hair] trenza; [pleat] pliegue *m* ◇ *tr.* trenzar
plan [plăn] ◇ *s.* plan *m*; [schedule] programa *m*; [intention] intención *f*; [project] proyecto; [outline] esquema *m*; [diagram] plano ◇ *tr.* (**-nn-**) planear, proyectar; [to project] planificar; [to draw] hacer el plano de; [to design] diseñar ▪ **to ~ to do something** pensar hacer algo; **not to have planned for something** no haber previsto algo; (*intr.*) hacer planes ▪ **to ~ on** [to count on] contar con, hacerse la idea de; [to intend to] pensar; [to expect] esperar
plane [plān] ◇ *s.* [airplane] avión *m*; MAT plano; [surface] superficie plana; [level] nivel *m*; CARP cepillo ◇ *tr.* CARP cepillar
plan•et [plăn'ĭt] *s.* planeta *m*
plan•e•tar•i•um ['ĭ-târ'ē-əm] *s.* (*pl* **s** OR **-ia**) planetario
plank [plăngk] ◇ *s.* tablón *m*; POL punto ◇ *tr.* [to cover] entablar; [to broil] cocinar a la plancha ▪ **to ~ down** *fam* [to lay down] tirar con violencia; [to pay out] desembolsar
plank•ton [plăngk'tən] *s.* plancton *m*
plan•ning [plăn'ĭng] ◇ *s.* planificación *f* ◇ *adj.* planificador
plant [plănt] ◇ *s.* planta; [factory] fábrica; [equipment] maquinaria; [spy] espía *mf* ◇ *tr.* plantar; [to found] fundar; [to implant] infundir, inculcar; [spies] apostar; [a blow] asestar
plan•tain[1] [plăn'tən] *s.* plantaina
plan•tain[2] *s.* [plant] plátano; [fruit] banano
plan•ta•tion [plăn-tā'shən] *s.* plantación *f*; [estate] hacienda
plant•er [plăn'tər] *s.* plantador *m*; [pot] tiesto; [machine] sembradora
plaque [plăk] *s.* placa
plas•ma [plăz'mə] *s.* plasma *m*
plas•ter [plăs'tər] ◇ *s.* yeso; [of a cast] escayola; [poultice] emplasto, cataplasma ▪ **~ cast** ESCULT vaciado en yeso; MED enyesado; **~ of Paris** yeso mate ◇ *tr.* enyesar, enlucir; [to repair] tapar con yeso; *fig* [to cover] llenar; [a limb] escayolar; [to smear] untar; *fam* [to inflict damage on] hacer daño a
plas•ter•board [:bôrd'] *s.* cartón *m* de yeso
plas•tered [plăs'tərd] *s. jer* borracho
plas•ter•ing [:tər-ĭng] *s.* enyesado
plas•tic [plăs'tĭk] ◇ *adj.* plástico; [artificial] artificial ▪ **~ surgeon** cirujano plástico; **~ surgery** cirugí plástica OR estética ◇ *s.* plástico; *jer* [credit card] ta jeta de crédito
plat [plăt] ◇ *tr.* (**-tt-**) entrelazar ◇ *s.* trenza
plate [plāt] ◇ *s.* [dish] plato; [service and food] cubierto [tableware] vajilla; [plaque] placa; [of metal] plancha, lá mina; [coating] revestimiento; [illustration] grabado, lá mina; ARM plancha de blindaje; FOTOG placa; [of teeth dentadura postiza; [in baseball] base *f* del bateador ▪ ~ **glass** vidrio cilindrado ◇ *tr.* [with metal] chapar; [wit gold] dorar; [with silver] platear; [to armor] blindar
pla•teau [plă-tō'] *s.* (*pl* **s** OR **-x**) meseta, altiplanicie *f*
plat•ed [plā'tĭd] *adj.* [coated] enchapado; [armorec blindado
plate•let [plāt'lĭt] *s.* plaqueta
plat•form [plăt'fôrm'] *s.* plataforma; [railroad] andé *m*; POL programa político
plat•ing [plā'tĭng] *s.* enchapado; [of gold] dorado; [c silver] plateado; [armor plate] blindaje *m*
plat•i•num [plăt'n-əm] *s.* platino
pla•ton•ic [plə-tŏn'ĭk] *adj.* platónico
plat•ter [plăt'ər] *s.* fuente *f*; [record] disco
plau•dits [plô'dĭts] *s. pl.* aplausos
plau•si•ble [plô'zə-bəl] *adj.* plausible
play [plā] ◇ *intr.* jugar; [to jest] bromear; [to pretend t be] fingirse; [to be performed] representarse; MÚS tc car; [light] bailar ▪ **to ~ along** cooperar; **to ~ aroun** [to joke] bromear, tomar el pelo; [to flirt] flirtear, coque tear; [to have fun] retozar, juguetear; **to ~ fair** juga limpio; **to ~ for** [money] jugar por; [a team] juga con; **to ~ on** aprovecharse de; **to ~ up to** *fam* adula halagar; **to ~ with** [to fiddle with] jugar con; [to cor sider] darle vueltas en la cabeza; (*tr.*) jugar (a); TEAT [role] desempeñar; [to act as] hacer de; [to give perforn ances in] representar obras en, actuar en; [to compet against] jugar contra; [a card] jugar; [game piece] move [to bet] jugarse, apostar; [water, light] dirigir; MÚS tc car ▪ **to ~ back** reproducir (algo grabado); **to ~ bot ends against the middle** meter discordia entre los riva les; **to ~ down** quitar importancia a; **to ~ hardba** *fig* jugar duro; **to ~ havoc** causar estragos (**with** cor en); **to ~ out** [to exhaust] agotar; [to finish] acabar; **t ~ possum** hacerse el muerto; **to ~ the field** *fig* sal OR andar con más de una persona; **to ~ the fool** ha cerse el tonto; **to ~ up** exagerar ◇ *s.* juego; [drama obra; [performance] representación *f*; [move] jugada [turn] turno; [dealings] jugada ▪ **to bring into ~** pone en juego; **to come into ~** entrar en juego; **in ~** [in jest en broma; DEP en juego; **~ on words** juego de pala bras; **to make a ~ for** *fam* tratar de conseguir
play-act ['ăkt'] *intr.* [to act] desempeñar un papel, a tuar; [to pretend] fingir; [to overreact] hacer la comedi
play•back [:băk'] *s.* [of a tape] reproducción *f*; [sounc sonido pregrabado
play•bill [:bĭl'] *s.* [poster] cartel *m*; [program] program *m*
play•boy [:boi'] *s.* vividor *m*
play•er [:ər] *s.* jugador *m*; [actor] actor *m*; [actress] ac triz *f*; [musician] músico; COMPUT reproductor *m* ▪ ~ **piano** pianola, piano mecánico
play•ful [:fəl] *adj.* juguetón; [humorous] humorístico

play•go•er [:gō′ər] *s.* aficionado al teatro
play•ground [:ground′] *s.* parque infantil
play•house [:hous′] *s.* [theater] teatro; [for children] casita de juguete para niños
play•mate [plā′māt′] *s.* compañero de juego
play-off [:ôf′] *s.* DEP partido de desempate
play•pen [:pen′] *s.* corralito para niños
play•room [:ro͞om′] *s.* cuarto de jugar
play•thing [:thĭng′] *s.* juguete *m*
play•time [:tīm′] *s.* recreo
play•wright [:rīt′] *s.* dramaturgo
pla•za [plä′zə, plăz′ə] *s.* plaza; [mall] centro comercial
plea [plē] *s.* súplica; [excuse] pretexto; DER alegato ▪ **to cop a ~** *fam* declararse culpable de un delito menos grave a cambio de no ser acusado de otro más serio
plead [plēd] *intr.* (**-ed** OR **pled**) suplicar, implorar; [to argue for] abogar, interceder; DER [to enter a plea] contestar a los cargos; [to address a court] hacer un alegato ▪ **to ~ guilty** declararse culpable; **to ~ not guilty** declararse inocente; (*tr.*) alegar; [a case, cause] defender
pleas•ant [plez′ənt] *adj.* agradable
pleas•ant•ry [:ən-trē] ◇ *s.* gracia, chiste *m* ◇ *pl.* conversación amena
please [plēz] *tr.* agradar, gustar; [to satisfy] contentar, complacer ▪ **hard to ~** muy exigente; **~** [polite] por favor; [formal] se ruega; [yes] por supuesto; **to be pleased that** alegrarse de que; **to be pleased to** tener mucho gusto en; **to be pleased with** estar contento con; **to ~ oneself** hacer uno lo que quiere; (*intr.*) agradar, gustar; [to wish] querer ▪ **if you ~** [if you will] por favor; [if you can imagine] ¡figúrate!
pleas•ing [plē′zĭng] *adj.* agradable
pleas•ur•a•ble [plezh′ər-ə-bəl] *adj.* agradable
pleas•ure [plezh′ər] *s.* placer *m*; [wish] voluntad *f* ▪ **~ cruise** crucero de excursión; **to take ~ in** disfrutar con; **with ~** con mucho gusto
pleat [plēt] ◇ *s.* pliegue *m* ◇ *tr.* plisar
ple•be•ian [plĭ-bē′ən] *adj.* & *s.* plebeyo
pleb•i•scite [pleb′ĭ-sīt′] *s.* plebiscito
pled [pled] ⊳ **plead**
pledge [plej] ◇ *s.* promesa; [obligation] compromiso, obligación *f*; [pawn] prenda; [as security] entrega de prenda ▪ **~ of allegiance** voto de lealtad; **to take** OR **make a ~ to** *fam* comprometerse a ◇ *tr.* prometer; [to vow] hacer voto de; [to bind] exigir; [to pawn] dar en prenda, empeñar; (*intr.*) hacer una promesa
ple•na•ry [plē′nə-rē, plen′ə-] *adj.* plenario
plen•te•ous [:tē-əs] *adj.* abundante, copioso
plen•ti•ful [:tĭ-fəl] *adj.* abundante, copioso
plen•ty [plen′tē] ◇ *s.* abundancia; [affluence] afluencia ◇ *adj.* abundante; [sufficient] suficiente, bastante ▪ **~ of** bastante; [more than enough] de sobra ◇ *adv.* *fam* muy
pleth•o•ra [pleth′ər-ə] *s.* plétora
pleu•ri•sy [plo͝or′ĭ-sē] *s.* pleuresía
pli•a•ble [plī′ə-bəl] *adj.* flexible
pli•ant [:ənt] *adj.* flexible
pli•ers [plī′ərz] *s.* alicates *m*, tenazas
plight¹ [plīt] *s.* situación *f* difícil
plight² *tr.* ▪ **to ~ one's troth** dar palabra de matrimonio
plod [plŏd] *intr.* (**-dd-**) ▪ **to ~ (along)** [to walk] andar trabajosamente; [to work] trabajar lentamente; **to ~ away at** perseverar en
plop [plŏp] ◇ *intr.* (**-pp-**) ▪ **to ~ down** caerse de golpe, desplomarse; (*tr.*) dejar caer con ruido apagado ◇ *s.* ruido apagado
plot [plŏt] ◇ *s.* [of land] parcela; [patch] cuadro; [story line] trama, argumento; [conspiracy] complot *m* ◇ *tr.* (**-tt-**)[to chart] trazar; [to scheme] tramar; MAT marcar, trazar; (*intr.*) conspirar
plot•ter [:ər] *s.* intrigante *mf*, conspirador *m*; COMPUT plóter, plotter
plow [plou] ◇ *s.* arado; [snowplow] quitanieves *m* ◇ *tr.* [a field] arar; [to clear] abrir ▪ **to ~ through** [a crowd] abrirse paso a través de; [to read] leer con dificultad; **to ~ under** [to overwhelm] agobiar, abrumar; [to bury] enterrar; **to ~ up** arar, roturar; (*intr.*) arar la tierra ▪ **to ~ into** *fam* [to strike] arremeter OR precipitarse contra; [to undertake] acometer; **to ~ through** [a crowd] abrirse paso a través de; [to read] leer con dificultad
plow•share [:shâr′] *s.* reja del arado
ploy [ploi] *s.* truco, estratagema
pluck [plŭk] ◇ *tr.* [to pick] coger; [eyebrows] pelar; [a chicken] desplumar; [to pull out] arrancar; MÚS pulsar, puntear ▪ **to ~ up one's courage** armarse de valor ◇ *s.* tirón *m*; [courage] valor *m*, arrojo
pluck•y [:ē] *adj.* (**-i-**) resuelto, valeroso
plug [plŭg] ◇ *s.* tapón *m*; ELEC enchufe *m*; [spark plug] bujía; [fireplug] boca de incendio; [publicity] propaganda, publicidad *f*; [gunshot] balazo ◇ *tr.* (**-gg-**) tapar; *jer* [to shoot] pegar un tiro a; [to publicize] hacer propaganda de ▪ **to ~ in** enchufar; **to ~ up** tapar; (*intr.*) ▪ **to ~ away** *fam* trabajar obstinadamente; **to ~ away at** perseverar en; **to ~ for** afanarse por
plum [plŭm] ◇ *s.* [tree] ciruelo; [fruit] ciruela; [color] color *m* ciruela; *fig* breva, chollo ◇ *adj.* de color ciruela
plum•age [plo͞o′mĭj] *s.* plumaje *m*
plumb [plŭm] ◇ *s.* plomada ◇ *adj.* [vertical] a plomo, vertical; [utter] completo ◇ *adv.* a plomo; [utterly] completamente ◇ *tr.* MARÍT sondar; CONSTR aplomar
plumb•er [:ər] *s.* plomero
plumb•ing [:ĭng] *s.* [pipes] cañería, tubería; [trade] plomería
plume [plo͞om] ◇ *s.* pluma; [on a helmet] penacho; [of smoke] penacho ◇ *tr.* [to adorn] emplumar; [to preen] arreglarse las plumas
plum•met [plŭm′ĭt] *intr.* [object] caer a plomo; [plane] caer en picado
plump¹ [plŭmp] ◇ *adj.* rechoncho, regordete ◇ *tr.* engordar; (*intr.*) ponerse regordete
plump² ◇ *intr.* caer OR dejarse caer pesadamente; (*tr.*) dejar caer pesadamente ◇ *s.* [fall] caída pesada; [sound] ruido sordo ◇ *adv.* [with an impact] con un ruido sordo; [straight down] a plomo; [directly] rotundamente, sin rodeos
plun•der [plŭn′dər] ◇ *tr.* saquear; (*intr.*) robar ◇ *s.* [booty] botín *m*; [plundering] saqueo
plunge [plŭnj] ◇ *tr.* hundir; (*intr.*) hundirse; [to dive] zambullirse; [into an activity] meterse de cabeza (**into** en); [to rush] precipitarse; [to descend] bajar vertiginosamente; [to take a chance] jugarse el todo por el todo ▪ **to ~ ahead** OR **forward** precipitarse a ◇ *s.* [dive] zambullida; [fall] caída; [in prices] baja vertiginosa; [swim] chapuzón *m*, baño ▪ **to take a ~** bajar vertiginosamente; **to take the ~** dar el paso decisivo

P

plung•er [plŭn′jər] *s.* [piston] émbolo; [for pipes, drains] desatascador *m*
plunk [plŭngk] <> *tr.* MÚS puntear ▪ **to ~** OR **~ down** dejar caer pesadamente; (*intr.*) hacer un ruido sordo <> *s.* [twang] rasgueo, punteo; [hollow sound] ruido sordo
plu•ral [plŏŏr′əl] *adj.* & *s.* plural *m*
plu•ral•ism [:ə-lĭz′əm] *s.* pluralismo
plus [plŭs] <> *prep.* más; [besides] además de <> *adj.* positivo; [extra] adicional, extra; *fam* [and more] extraordinario <> *s.* (*pl* **-(s)es**) ventaja <> *conj.* y además
plush [plŭsh] <> *s.* felpa <> *adj.* afelpado, de felpa; [luxurious] lujoso
plu•to•ni•um [plōō-tō′nē-əm] *s.* plutonio
ply[1] [plī] <> *tr.* [to twist] enrollar; [to fold] doblar <> *s.* [of cloth] capa; [of wool] cabo; [of wood] chapa; [of paper] pliego
ply[2] *tr.* [to wield] manejar; [to practice] ejercer; [to traverse] hacer el trayecto de
ply•wood [plī′wŏŏd′] *s.* madera terciada
pneu•mat•ic [nŏŏ-măt′ĭk] *adj.* neumático ▪ **pneumatics** (*s.sg.*) neumática
pneu•mo•nia [nŏŏ-mōn′yə] *s.* pulmonía
poach[1] [pōch] *tr.* cocer a fuego lento, escalfar
poach[2] *intr.* cazar OR pescar en vedado
poach•er [pō′chər] *s.* cazador OR pescador furtivo
pock [pŏk] <> *s.* pústula; [pockmark] cicatriz *f* de viruela <> *tr.* picar de viruelas
pock•et [pŏk′ĭt] <> *s.* bolsillo; [pouch] bolsa pequeña; [of a pool table] tronera; [area, group] foco; [of air] bache *m*; [of gas, oil] bolsa; [of ore] filón *m* ▪ **~ edition** edición de bolsillo; **~ money** dinero para gastos personales; **to line one's pockets** forrarse de dinero <> *adj.* de bolsillo <> *tr.* meterse en el bolsillo; [to steal] robarse
pock•et•book [:bŏŏk′] *s.* [billfold] billetera; [purse] cartera de mano, monedero; [financial resources] recursos; [book] libro de bolsillo
pock•et•knife [:nīf′] *s.* (*pl* **-ves**) navaja, cortaplumas *m*
pock•et-size(d) [:sīz[d]′] *adj.* de bolsillo
pock•mark [pŏk′märk′] <> *s.* cicatriz *f* de viruela <> *tr.* picar de viruelas
pod [pŏd] *s.* vaina
po•di•a•trist [pə-dī′ə-trĭst] *s.* podíatra *m*
po•di•a•try [:trē] *s.* podiatría
po•di•um [pō′dē-əm] *s.* (*pl* **s** OR **-ia**) podio
po•em [pō′əm] *s.* poema *m*
po•et [pō′ĭt] *s.* poeta *mf*
po•et•ess [pō′ĭ-tĭs] *s.* poetisa
po•et•ic [pō-et′ĭk] *adj.* poético
po•et•ry [pō′ĭ-trē] *s.* poesía
poign•ant [poin′yənt] *adj.* [painful] agudo, intenso; [sad] patético; [touching] conmovedor
poin•set•ti•a [poin-set′ē-ə] *s.* flor *f* de Pascua
point [point] <> *s.* punto; [sharp tip] punta; [spot] lugar *m*; [subject] tema *m*; **stick to the ~** no te salgas del tema; [reason] motivo, razón *f*; DEP punto, tanto; FIN entero; GEOG punta; MAT coma; **one ~ five** uno coma cinco; ELEC contacto ▪ **at the ~ of** a punto de; **at this ~** a estas alturas; **in ~ of fact** en realidad; **~ of order** cuestión de orden; **that's just the ~!** ¡eso es!; **that's not the ~** eso no tiene nada que ver; **to come to the ~** ir al grano; **you've made your ~!** ¡vale, ya entendimos!; **to make a ~ of** preocuparse de; **to miss the ~** no comprender; **to reach the ~ of no return** no poder volver atrás; **to stretch the ~** pasarse un poco; **to the ~** pertinente; **what's the ~?** ¿para qué? <> *tr.* [to aim] apuntar; [to show] indicar; [to sharpen] sacar punta a, afilar; [a dog] parar; CONSTR unir con mortero, rellenar ▪ **to ~ out** señalar; **to ~ up** poner de relieve; (*intr.*) apuntar; [dogs] pararse; [ships] navegar de bolina ▪ **to ~ at** señalar (con el dedo); **to ~ to** [to show] señalar; [to suggest] indicar
point•blank [:′blăngk′] <> *adj.* directo; [at close range] a quemarropa; [blunt] categórico <> *adv.* directamente; [at close range] a quemarropa; [bluntly] categóricamente
point•ed [poin′tĭd] *adj.* [sharp] puntiagudo, afilado; [critical] mordaz; [intended] intencional; [conspicuous] evidente, obvio
point•er [:tər] *s.* indicador *m*; [of a scale] fiel *m*; [of a watch] manecilla; [stick] puntero; [dog] perro de muestra; [tip] consejo
point•less [point′lĭs] *adj.* [meaningless] sin sentido; [useless] inútil
point•y [poin′tē] *adj.* (**-i-**) puntiagudo
poise [poiz] <> *tr.* poner en equilibrio; (*intr.*) estar en equilibrio <> *s.* equilibrio; [composure] aplomo, serenidad *f*; [bearing] porte *m*
poi•son [poi′zən] <> *s.* veneno, ponzoña; [insecticide] insecticida ▪ **~ ivy** zumaque venenoso <> *tr.* envenenar, intoxicar; [to pollute] contaminar <> *adj.* venenoso, envenenado
poi•son•ing [poi′zə-nĭng] *s.* envenenamiento, intoxicación *f*
poi•son•ous [:nəs] *adj.* venenoso, tóxico
poke [pōk] <> *tr.* [to jab] pinchar, aguijonear; [with elbow] dar un codazo; [with finger] dar con la punta del dedo; [to thrust] meter ▪ **to ~ a hole** hacer un hueco; **to ~ out** [to gouge] sacar; [to stick out] sacar; (*intr.*) meterse ▪ **to ~ along** caminar lentamente; **to ~ around** [to search] hurgar; [to look around] curiosear; **to ~ at** [an animal] pinchar, aguijonear; [a fire] atizar; **to ~ out** asomar <> *s.* [jab] pinchazo; [with elbow] codazo; [dawdler] vago
pok•er[1] [pō′kər] *s.* atizador *m*, hurgón *m*
pok•er[2] *s.* póker *m*, póquer *m*
po•key [pō′kē] *s. jer* prisión *f*, cárcel *f*
pok(e)•y [pō′kē] *fam adj.* (**-i-**) lerdo
po•lar [pō′lər] *adj.* polar; [opposite] opuesto ▪ **~ bear** oso blanco
po•lar•i•ty [pō-lăr′ĭ-tē] *s.* polaridad *f*
po•lar•ize [pō′lə-rīz′] *tr.* polarizar
pole[1] [pōl] *s.* [axis] polo ▪ **North/South Pole** polo norte/sur
pole[2] <> *s.* [post] poste *m*, palo <> *tr.* empujar con una pértiga
pole•cat [:kăt′] *s.* turón *m*
po•lem•ic [pə-lem′ĭk] <> *s.* polémica ▪ **polemics** (*s.sg.*) polémica <> *adj.* (**/i•cal**) polémico
pole•star [pōl′stär′] *s.* estrella polar; *fig* principio orientador
pole-vault [pōl′vôlt′] <> *s.* salto con garrocha <> *intr.* saltar con garrocha
po•lice [pə-lēs′] <> *s. inv.* policía; MIL limpieza ▪ **~ force** policía; **~ officer** agente de policía; **~ record**

antecedentes penales; ~ **state** estado policial; ~ **station** comisaría de policía ◇ *tr.* [to patrol] patrullar; [to keep in order] mantener el orden en; MIL limpiar
po•lice•man [:mən] *s.* (*pl* **-men**) policía *m*
po•lice•wom•an [:wo͝om'ən] *s.* (*pl* **-women**) mujer *f* policía
pol•i•cy[1] [pŏl'ĭ-sē] *s.* [of a government] política; [of a business] norma; [course of action] táctica
pol•i•cy[2] *s.* [written contract] póliza
pol•i•cy•hold•er [:hōl'dər] *s.* asegurado
po•li•o [pō'lē-ō'] *s.* polio *f*, poliomielitis *f*
pol•ish [pŏl'ĭsh] ◇ *tr.* [to wax] encerar; [to shine] limpiar; [metals] bruñir; [nails] esmaltar, pintar; [to refine] pulir ■ **to ~ off** *fam* despachar; (*intr.*) pulirse ◇ *s.* [shininess] brillo, lustre *m*; [wax] cera; [for metals] líquido de bruñir; [for nails] esmalte *m*; [act] pulimento; [manners] refinamiento ■ **shoe ~** betún
pol•ished [:ĭsht] *adj.* pulido; [shoes] brilloso, lustroso; [metals] bruñido; [refined] refinado
pol•ish•er [:ĭ-shər] *s.* pulidor *m*
po•lite [pə-līt'] *adj.* (**-er, -est**) [courteous] cortés; [refined] educado
po•lite•ness [:nĭs] *s.* cortesía
pol•i•tic [pŏl'ĭ-tĭk] *adj.* [artful] diplomático; [wise] prudente
po•lit•i•cal [pə-lĭt'ĭ-kəl] *adj.* político ■ ~ **asylum** asilo político; ~ **refugee** refugiado político; ~ **science** ciencias políticas
po•lit•i•cal•ly [pə-lĭt'ĭ-klē] *adv.* políticamente ■ ~ **correct** políticamente correcto; ~ **incorrect** políticamente incorrecto
pol•i•ti•cian [pŏl'ĭ-tĭsh'ən] *s.* político
po•lit•i•cize [pə-lĭt'ĭ-sīz'] *tr.* politizar
pol•i•tick [pŏl'ĭ-tĭk'] *intr.* politiquear
po•lit•i•co [pə-lĭt'ĭ-kō'] *s.* politiquero
pol•i•tics [pŏl'ĭ-tĭks] *s.sg.* política
pol•ka [pōl'kə] ◇ *s.* polca ■ ~ **dots** lunares ◇ *intr.* bailar la polca
poll [pōl] ◇ *s.* [votes] votación *f*; [survey] encuesta; [head] coronilla ◇ *pl.* urnas ■ **to go to the ~** ir a las urnas, votar ◇ *tr.* [to get votes] obtener, recibir; [to register] registrar los votos de; [to question] hacer una encuesta de; [hair, horns] cortar
pol•len [pŏl'ən] *s.* polen *m*
pol•li•nate [:ə-nāt'] *tr.* polinizar
pol•li•na•tion ['-nā'shən] *s.* polinización *f*
poll•ing [pō'lĭng] *s.* votación *f*
pol•li•wog [pŏl'ē-wŏg'] *s.* renacuajo
poll•ster [pōl'stər] *s.* encuestador *m*
pol•lut•ant [pə-lo͞ot'nt] *s.* contaminante *m*
pol•lute [pə-lo͞ot'] *tr.* [to corrupt] corromper; [to contaminate] contaminar
pol•lu•tion [pə-lo͞o'shən] *s.* contaminación *f*
po•lo [pō'lō] *s.* polo ■ ~ **shirt** polo
pol•ter•geist [pōl'tər-gīst'] *s.* fuerza paranormal
pol•y•es•ter [pŏl'ē-es'tər] *s.* poliéster *m*
pol•y•eth•yl•ene ['-eth'ə-lēn'] *s.* polietileno
po•lyg•a•mist [pə-lĭg'ə-mĭst] *s.* polígamo
po•lyg•a•mous [:məs] *adj.* polígamo
po•lyg•a•my [:mē] *s.* poligamia
pol•y•gon [pŏl'ē-gŏn'] *s.* polígono
pol•y•graph [:grăf'] *s.* polígrafo
pol•y•mer [pŏl'ə-mər] *s.* polímero
pol•yp [pŏl'ĭp] *s.* pólipo
pol•y•tech•nic [pŏl'ē-tek'nĭk] ◇ *adj.* politécnico ◇ *s.* instituto politécnico
pol•y•un•sat•u•rat•ed [:ŭn-săch'ə-rā'tĭd] *adj.* poliinsaturado
pol•y•u•re•thane [:yo͝or'ə-thān'] *s.* poliuretano
po•made [pō-mād'] *s.* pomada
po•man•der [pō'măn'dər] *s.* [bag] almohadilla perfumada; [box] cajita de perfumes
pome•gran•ate [pŏm'əgrăn'ĭt] *s.* [fruit] granada; [tree] granado
pom•mel [pŭm'əl, pŏm'-] ◇ *s.* [of a weapon] pomo; [of a saddle] perilla ◇ *tr.* aporrear
pomp [pŏmp] *s.* pompa
pom•pom/pon [pŏm'pŏm/pŏn'] *s.* borla
pom•pos•i•ty [pŏm-pŏs'ĭ-tē] *s.* pomposidad *f*
pom•pous [pŏm'pəs] *adj.* pomposo; [pretentious] presumido; [ceremonious] ceremonioso
pond [pŏnd] *s.* charca, estanque *m*
pon•der [pŏn'dər] *tr.* examinar, sopesar; (*intr.*) meditar
pon•der•ous [:əs] *adj.* voluminoso; [heavy] pesado; [labored] laborioso
pon•tiff [pŏn'tĭf] *s.* pontífice *m*
pon•tif•i•cate ◇ *s.* [:kĭt] pontificado ◇ *intr.* [:kāt'] pontificar
pon•toon [pŏn-to͞on'] *s.* pontón *m*
po•ny [pō'nē] *s.* poney *m*, poni *m*
po•ny•tail [:tāl'] *s.* cola de caballo
pooch [po͞och] *s. jer* perro
poo•dle [po͞od'l] *s.* perro de lanas, caniche *m*
pooh [po͞o] *interj.* ¡bah!
pooh-pooh [po͞o'po͞o'] *tr. fam* desdeñar
pool[1] [po͞ol] *s.* [small pond] charca; [puddle] charco; [for swimming] piscina
pool[2] ◇ *s.* [betting fund] banco, bolsa; [team] equipo; [of vehicles] parque *m* móvil; [common fund] fondo común; [billiards] billar americano ◇ *tr.* & *intr.* reunir(se), juntar(se)
poop[1] [po͞op] *s.* [stern] popa; [deck] toldilla
poop[2] *tr.* dejar sin resuello ■ **to be pooped** *fam* estar hecho polvo
poop[3] *s. jer* información *f*
poor [po͝or] *adj.* pobre; [mediocre] malo, mediocre; [scarce] escaso; [judgment] escaso, poco ■ ~ **thing!** ¡pobrecito!; **to be in ~ health** no estar bien de salud; **to be ~ at** no ser bueno en
poor•house ['hous'] *s.* casa de beneficencia, asilo para los pobres
poor•ly [:lē] *adv.* pobremente ■ **to be feeling ~** *fam* estar indispuesto
pop[1] [pŏp] ◇ *intr.* (**-pp-**) estallar; [cork] saltar; [eyes] abrirse; [firearm] disparar ■ **to ~ in** pasar (un momento); **to ~ off** [to leave] salir; [to speak] vociferar; **to ~ out** [cork, eyes] saltar; [to step out] salir un momento; [to spring] salir de sopetón; **to ~ up** [to appear] aparecer; [to come up] surgir, suscitarse; (*tr.*)[balloon] hacer estallar; [cork] hacer saltar; [corn] hacer; [to put] meter; [to hit] pegar ■ **to ~ open** abrir (haciendo sonar); **to ~ out** asomar; **to ~ the question to someone** *fam* pedir la mano de alguien ◇ *s.* estallido; [of a cork] taponazo; [of a firearm] tiro, disparo; [soda pop] gaseosa ◇ *adv.* con un estallido; [abruptly] de súbito, de repente ■ **to go ~** explotar
pop[2] *s. fam* papi *m*, papá *m*

P

pop³ ◇ *s.* música pop ◇ *adj. fam* popular

pop•corn [′kôrn′] *s.* rosetas de maíz

pope, Pope [pōp] *s.* papa *m*

pop•gun [pŏp′gŭn′] *s.* pistola de aire comprimido

pop•lar [pŏp′lər] *s.* álamo

pop•lin [pŏp′lĭn] *s.* popelín *m*, popelina

pop•pa [pä′pə] *s.* papá *m*

pop•py [pŏp′ē] *s.* amapola

pop•py•cock [pŏp′ē-kŏk′] *s.* tonterías

pop•u•lace [pŏp′yə-lĭs] *s.* [the masses] populacho; [population] población *f*

pop•u•lar [pŏp′yə-lər] *adj.* popular; [election] democrático; [in vogue] de moda; [prevalent] generalizado, común

pop•u•lar•i•ty [′-lăr′ĭ-tē] *s.* popularidad *f*

pop•u•lar•ize [′-lə-rīz′] *tr.* popularizar

pop•u•late [:lāt′] *tr.* [to people] poblar; [to inhabit] habitar

pop•u•la•tion [′-lā′shən] *s.* población *f*; [neighborhood] vecindario

pop•u•list [:lĭst] *s.* & *adj.* populista *mf*

pop•u•lous [:ləs] *adj.* populoso

pop-up [pŏp′ŭp′] *adj.* COMPUT desplegable

por•ce•lain [pôr′sə-lĭn] *s.* porcelana

porch [pôrch] *s.* porche *m*

por•cine [pôr′sīn′] *adj.* porcino

por•cu•pine [pôr′kyə-pīn′] *s.* puercoespín *m*

pore¹ [pôr] *intr.* ■ **to ~ over** examinar detenidamente; [to ponder] meditar sobre

pore² *s.* ANAT poro

pork [pôrk] *s.* cerdo, carne *f* de cerdo

por•no [pôr′nō], **porn** [pôrn] *s. jer* pornografía

por•nog•ra•pher [pôr-nŏg′rə-fər] *s.* pornógrafo

por•no•graph•ic [′nə-grăf′ĭk] *adj.* pornográfico

por•nog•ra•phy [-nŏg′rə-fē] *s.* pornografía

po•rous [pôr′əs] *adj.* poroso

por•poise [pôr′pəs] *s.* (*pl* **inv.** OR **s**) marsopa

por•ridge [pôr′ĭj] *s.* gachas de avena

port¹ [pôrt] ◇ *s.* puerto ■ **~ of call** puerto de escala ◇ *adj.* portuario

port² ◇ *s.* MARÍT babor *m* ◇ *adj.* a OR de babor ◇ *tr.* girar a babor

port³ *s.* [porthole] portilla; [opening] orificio

port⁴ *s.* [wine] oporto

por•ta•ble [pôr′tə-bəl] *adj.* & *s.* (máquina) portátil

por•tage [:tĭj] ◇ *s.* porteo, transporte *m*; [route] ruta de porteo ◇ *tr.* transportar

por•tal [pôr′tl] *s.* [entrance] portal *m*; COMPUT portal *m*

por•tent [pôr′tent′] *s.* [omen] augurio; [significance] significado; [prodigy] portento

por•ten•tous [-ten′təs] *adj.* [foreboding] de mal agüero; [prodigious] portentoso

por•ter¹ [pôr′tər] *s.* mozo

por•ter² *s.* GB [doorman] portero

por•ter³ *s.* [beer] cerveza negra

port•fo•li•o [pôrt-fō′lē-ō′] *s.* cartera; [folder] carpeta

port•hole [pôrt′hōl′] *s.* portilla

por•ti•co [pôr′tĭ-kō′] *s.* (*pl* **(e)s**) pórtico

por•tion [pôr′shən] ◇ *s.* [part] porción *f*, parte *f*; [dowry] dote *f*; [fate] suerte *f*, destino ◇ *tr.* dividir ■ **to ~ out** repartir, distribuir

port•ly [pôrt′lē] *adj.* (-i-) [stout] corpulento

por•trait [pôr′trĭt] *s.* retrato

por•tray [pôr-trā′] *tr.* [to represent] retratar; [to depict] describir; TEAT representar

por•tray•al [:əl] *s.* [portrait] retrato; [description] descripción *f*; TEAT representación *f*

pose [pōz] ◇ *intr.* posar; [to affect an attitude] asumir una pose ■ **to ~ as** hacerse pasar por; (*tr.*) posar, colocar; [question] plantear; [threat] representar ◇ *s.* pose *f*

posh [pŏsh] *adj. fam* [fashionable] elegante; [luxurious] de lujo; [exclusive] selecto

pos•it [pŏz′ĭt] *tr.* proponer, postular

po•si•tion [pə-zĭsh′ən] ◇ *s.* posición *f*; [place] lugar *m*, sitio; [post] puesto; [point of view] postura, actitud *f*; [status] posición social; [job] puesto ◇ *tr.* colocar, poner ■ **to ~ oneself** ponerse en un lugar favorable

pos•i•tive [pŏz′ĭ-tĭv] ◇ *adj.* positivo; [emphatic] tajante; [express] explícito, expreso; [irrefutable] categórico, rotundo; [sure] seguro, cierto ◇ *s.* positivo; ELEC polo positivo; FOTOG positiva

pos•sess [pə-zes′] *tr.* poseer; [to control] dominar; [to obsess] obsesionar; [to drive] impulsar; **what possessed him to do it?** ¿qué lo impulsó a hacerlo?

pos•sessed [pə-zest′] *adj.* poseído, poseso; [by an idea] obsesionado; [calm] dueño de sí mismo ■ **to be ~ of** [to own] poseer, tener; [to be blessed with] estar dotado de

pos•ses•sion [pə-zesh′ən] ◇ *s.* posesión *f*; [holding] tenencia; [self-control] dominio de sí mismo ■ **in one's ~** en manos de uno; **to be in full ~ of one's faculties** tener pleno dominio de sus facultades; **to be in ~ of** poseer; **to come into ~ of** adquirir; **to get** OR **take ~ of** apoderarse de ◇ *pl.* posesiones

pos•ses•sive [pə-zes′ĭv] ◇ *adj.* posesivo; [jealous] celoso ◇ *s.* GRAM posesivo

pos•ses•sor [:ər] *s.* poseedor *m*, dueño

pos•si•bil•i•ty [pŏs′ə-bĭl′ĭ-tē] *s.* posibilidad *f* ■ **to have possibilities** ser prometedor; **within the realm of ~** dentro de lo posible

pos•si•ble [pŏs′ə-bəl] *adj.* posible ■ **as much as ~** todo lo posible; **as soon as ~** lo antes posible; **if ~** si es posible

pos•sum [pŏs′əm] = **opossum**

post¹ [pōst] ◇ *s.* [pole] poste *m*; [stake] palo, estaca; [starting line] línea de salida ◇ *tr.* [to fasten up] pegar, fijar; [to announce] anunciar

post² ◇ *s.* MIL [base] base *f*; [position] puesto; [job] puesto, cargo ◇ *tr.* [a guard] apostar; [an officer] enviar, destinar; [bail] dar

post³ ◇ *s.* GB [mail] correo; [delivery] reparto; [collection] recogida ■ **~ card** tarjeta postal; **~ office** (oficina de) correos ◇ *intr.* viajar de prisa; (*tr.*) [to mail] echar al correo; [to inform] poner al corriente ■ **to keep someone posted** tener a alguien al corriente

post•age [pō′stĭj] *s.* franqueo ■ **~ stamp** sello (postal), estampilla

post•al [pō′stəl] *adj.* & *s.* postal *f* ■ **~ service** servicio de correos

post•date [pōst-dāt′] *tr.* posfechar

post•er [pō′stər] *s.* cartel *m*, afiche *m*

pos•te•ri•or [pŏ-stîr′ē-ər] ◇ *adj.* posterior ◇ *s. fam* trasero

pos•ter•i•ty [pŏ-ster′ĭ-tē] *s.* posteridad *f*

post•grad•u•ate [pōst-grăj′o͞o-ĭt] *adj.* & *s.* postgraduado ■ **~ course** posgrado, postgrado

post•haste [pōst′hāst′] *adv.* a toda prisa

post•hu•mous [pŏs′chə-məs] *adj.* póstumo

post•man [pōst′mən] *s.* (*pl* **-men**) cartero
post•mark [:märk′] ◇ *s.* matasellos ◇ *tr.* matasellar
post•mas•ter [:măs′tər] *s.* administrador *m* de correos ■ ~ **general** director general de correos
post•mis•tress [pōst′mĭs′trĭs] *s.* administradora de correos
post•mor•tem [pōst-môr′təm] ◇ *adj.* postmórtem ◇ *s.* autopsia
post•na•tal [:nāt′l] *adj.* postnatal
post•op•er•a•tive [:ŏp′ər-ə-tĭv] *adj.* postoperatorio
post•paid [pōst′pād′] *adj.* con franqueo pagado
post•par•tum [pōst-pär′təm] *adj.* de después del parto
post•pone [pōst-pōn′] *tr.* [to delay] posponer; [to put off] diferir, aplazar
post•pone•ment [:mənt] *s.* aplazamiento
post•script [pōst′skrĭpt′] *s.* posdata
post-trau•mat•ic [pōst′trô-măt′ĭk] *adj.* postraumático ■ ~ **stress disorder** síndrome de estrés postraumático
pos•tu•late [pŏs′chə-lāt′] ◇ *tr.* postular ◇ *s.* postulado
pos•ture [pŏs′chər] ◇ *s.* postura ◇ *intr.* posar, asumir una pose ■ **to ~ as** darse tono de
post•war [pōst′wôr′] *adj.* de la postguerra
po•sy [pō′zē] *s.* flor *f*; [bunch] ramillete *m* de flores
pot [pŏt] ◇ *s.* [for cooking] cazuela, olla; [flowerpot] maceta, tiesto; [in cards] platillo, puesta; *fam* [common fund] fondo común; [potbelly] panza; [marijuana] yerba ■ **pots and pans** batería de cocina; ~ **shot** [shot] tiro al azar; [criticism] crítica gratuita; **to go to ~** *fam* echarse a perder ◇ *tr.* (**-tt-**) plantar en una maceta
pot•ash [pŏt′ăsh′] *s.* potasa
po•tas•si•um [pə-tăs′ē-əm] *s.* potasio
po•ta•to [pə-tā′tō] *s.* (*pl* **es**) patata, papa ■ ~ **chips** papas fritas
pot•bel•ly [pŏt′bel′ē] *s.* panza, barriga; [stove] salamandra
pot•boil•er [:boi′lər] *s.* obra artística de calidad mediocre hecha con fin de lucro
po•ten•cy [pōt′n-sē] *s.* potencia
po•tent [:nt] *adj.* potente
po•ten•tial [pə-ten′shəl] ◇ *adj.* potencial, posible ◇ *s.* posibilidad *f*; FÍS, GRAM & MAT potencial *m*; ELEC voltaje *m*
pot•hold•er [pŏt′hōl′dər] *s.* agarrador *m* para utensilios calientes
pot•hole [:hōl′] *s.* bache *m*
po•tion [pō′shən] *s.* poción *f*
pot•pour•ri [pō′pŏŏ-rē′] *s.* popurrí *m*; [sachet] pebete *m*
pot•ted [pŏt′ĭd] *adj.* [plant] en maceta; *jer* [drunk] borracho; [stoned] drogado
pot•ter [pŏt′ər] *s.* alfarero ■ **potter's field** fosa común; **potter's wheel** rueda OR torno de alfarero
pot•ter•y [:ə-rē] *s.* alfarería
pot•ty[1] [pŏt′ē] GB *adj.* (**-i-**) [trivial] trivial; [intoxicated] levemente borracho; [silly] chiflado
pot•ty[2] *s. fam* orinal *m* para niños
pouch [pouch] *s.* bolsa pequeña, valija; [for game] morral *m*; [for ammunition] cartuchera; [for tobacco] petaca; ZOOL bolsa
poul•tice [pōl′tĭs] *s.* cataplasma
poul•try [pōl′trē] *s.* aves *f* de corral
pounce [pouns] ◇ *intr.* [to spring] saltar sobre; [to attack] abalanzarse sobre; (*tr.*) ■ **to ~ on** [to attack] saltar sobre; [an opportunity] no perder ◇ *s.* ataque repentino; [jump] salto repentino
pound[1] [pound] *s.* (*pl* **inv.** OR **s**) FIN & FÍS libra ■ ~ **sign** almohadilla
pound[2] ◇ *tr.* golpear; [to grind] moler; [to crush] machacar; *fig* inculcar; (*intr.*) dar golpes; [to move heavily] andar con paso pesado; [the heart] palpitar, latir violentamente; [waves] batir ◇ *s.* golpe *m*; [sound] ruido de golpes
pound[3] *s.* [for dogs] perrera; [for cats, property] depósito
pour [pôr] *tr.* echar; [to serve] servir; [to spill] verter, derramar ■ **to ~ out** [a liquid] verter, echar; [feelings] dar rienda suelta a; **to ~ one's heart out to someone** abrirse a alguien; (*intr.*)[to flow] manar, correr; [to gush] salir a chorros; [to rain] llover a cántaros; [to serve] servir bebidas ■ **to ~ in** [people] entrar en tropel; [letters] llegar en abundancia; **to ~ out** [liquid] salir a chorros; [people] salir en tropel
pout [pout] *intr.* hacer pucheros; [to sulk] poner mala cara
pov•er•ty [pŏv′ər-tē] *s.* pobreza; [deficiency] carencia, escasez *f*
pov•er•ty-strick•en [:strĭk′ən] *adj.* indigente, muy pobre
pow•der [pou′dər] ◇ *s.* polvo; [cosmetic, medicinal] polvos; [gunpowder] pólvora; [snow] nieve seca ■ ~ **keg** [cask] tonel, cuñete de pólvora; [situation] polvorín; ~ **puff** mota, borla; ~ **room** tocador, servicios ◇ *tr.* hacer polvo, pulverizar; [to sprinkle] espolvorear ■ **to ~ one's face** ponerse polvos
pow•er [pou′ər] ◇ *s.* poder *m*; [capacity] capacidad *f*; [strength] fuerza; [person] fuerza, influencia; [nation] potencia; [energy] energía; [electricity] electricidad *f*, corriente *f*; *fig* ÓPT potencia ■ ~ **brake** servofreno; ~ **cut** apagón; ~ **drill** taladro eléctrico; ~ **line** cable del tendido eléctrico; ~ **of attorney** poder (legal); ~ **steering** dirección asistida; ~ **supply unit** alimentador de corriente; ~ **tool** herramienta eléctrica; **the powers that be** las autoridades; **to come to ~** subir al poder ◇ *pl.* poder, capacidad ◇ *tr.* TEC suministrar energía a ■ **to be powered by** funcionar con
pow•er•boat [:bōt′] *s.* bote *m* a motor
pow•er•ful [:fəl] *adj.* poderoso; [potent] potente; [strong] fuerte; [convincing] convincente
pow•er•house [:hous′] *s.* central *f* de energía eléctrica *f*; [person] persona de mucha energía
pow•er•less [:lĭs] *adj.* impotente; [helpless] indefenso; [ineffectual] inútil; [lacking authority] sin autoridad
pox [pŏks] *s.* [smallpox] viruela; [chicken pox] varicela; [syphilis] sífilis *f*
prac•ti•cal [prăk′tĭ-kəl] *adj.* práctico ■ **for all ~ purposes** a efectos prácticos; ~ **joke** broma pesada
prac•ti•cal•i•ty [′-kăl′ĭ-tē] *s.* carácter práctico
prac•ti•cal•ly [prăk′tĭk-lē] *adv.* de modo práctico; [almost] prácticamente, casi
prac•tice [prăk′tĭs] ◇ *tr.* practicar; [to train in] ejercitarse OR entrenarse en; [to use] ejercer, proceder con; [a profession] ejercer ■ **to ~ what one preaches** predicar con ejemplo; (*intr.*) hacer prácticas; [to train] ejercitarse, entrenarse; [a professional] ejercer ◇ *s.* práctica; [training] ejercicios; [custom] costumbre *f*; [of a profession] ejercicio; [of a doctor] clientela; [of a lawyer] bufete *m* ■ **to be out of ~** no estar en forma; **to make a ~ of**

tener por costumbre; **to set up a ~** [as a doctor] poner un consultorio; [as a lawyer] poner un bufete <> *pl.* procedimientos
prac•ticed [:tĭst] *adj.* experimentado, experto
prac•tic•ing [:tĭ-sĭng] *adj.* [professional] que ejerce; RELIG practicante, devoto
prac•ti•tion•er [-tĭsh'ə-nər] *s.* profesional *mf* ▪ **general ~** médico general, médico de cabecera
prag•mat•ic/i•cal [prăg-măt'ĭk] *adj.* pragmático
prag•ma•tism ['mə-tĭz'əm] *s.* pragmatismo
prag•ma•tist [:tĭst] *s.* pragmatista *mf*
prai•rie [prâr'ē] *s.* llanura, planicie *f* ▪ **~ dog** marmota de las praderas
praise [prāz] <> *s.* alabanza ▪ **to sing the praises of** cantar las alabanzas de <> *tr.* alabar ▪ **to ~ to the skies** poner por las nubes
praise•wor•thy [:wûr'*th*ē] *adj.* elogiable
pram [prăm] *s.* GB cochecito de niño
prance [prăns] *intr.* EQUIT cabriolar; *fig* pavonearse
prank [prăngk] *s.* jugarreta, travesura; [joke] broma
prank•ster [:stər] *s.* bromista *mf*
prat•tle [prăt'l] <> *intr.* parlotear <> *s.* parloteo
prawn [prôn] *s.* camarón *m*, gamba
pray [prā] *intr.* rezar, orar; [to plead] rogar, suplicar; (*tr.*) rogar ▪ **praying mantis** mantis religiosa
prayer [prâr] *s.* oración *f*; [request] ruego
preach [prēch] *tr.* predicar; [to exhort] exhortar; [to deliver] pronunciar; (*intr.*) predicar ▪ **to ~ at** sermonear a
preach•er [prē'chər] *s.* RELIG pastor *m*; [one who preaches] predicador *m*
pre•am•ble [prē'ăm'bəl] *s.* preámbulo
pre•ar•range [prē'ə-rānj'] *tr.* acordar de antemano
pre•as•signed [:ə-sīnd'] *adj.* asignado de antemano
pre•car•i•ous [prĭ-kâr'ē-əs] *adj.* precario
pre•cau•tion [prĭ-kô'shən] *s.* precaución *f*
pre•cau•tion•ar•y [:shə-ner'ē] *adj.* preventivo
pre•cau•tious [:shəs] *adj.* precavido
pre•cede [prĭ-sēd'] *tr.* & *intr.* preceder
prec•e•dence [pres'ĭ-dns, prĭ-sēd'ns] *s.* precedencia; [priority] prioridad *f* ▪ **to take ~ over** tener prioridad sobre
prec•e•dent [pres'ĭ-dnt] *adj.* & *s.* precedente *m*
pre•ced•ing [prĭ-sē'dĭng] *adj.* [antecedent] precedente; [previous] previo
pre•cept [prē'sept'] *s.* precepto
pre•cinct [prē'sĭngkt'] <> *s.* [police district] distrito policial; [police station] comisaría, jefatura de policía; [election district] distrito electoral; [area] recinto <> *pl.* [area] recinto; [boundary] límites; *fig* campo, esfera
pre•cious [presh'əs] <> *adj.* precioso; [cherished] valioso, preciado; [beloved] querido <> *adv.* muy
prec•i•pice [pres'ə-pĭs] *s.* precipicio
pre•cip•i•tate [prĭ-sĭp'ĭ-tāt'] <> *tr.* [to bring on] provocar; [to hurl] precipitar; QUÍM precipitar; (*intr.*) METEOROL condensarse; [to fall] precipitarse <> *adj.* [:tĭt] precipitado <> *s.* [:tāt', :tĭt] QUÍM precipitado
pre•cip•i•ta•tion [-'-tā'shən] *s.* precipitación *f*
pre•cip•i•tous [-'-təs] *adj.* [steep] escarpado; [hasty] precipitado
pré•cis [prā-sē'] *s. inv.* resumen *m*
pre•cise [prĭ-sīs'] *adj.* preciso
pre•ci•sion [:sĭzh'ən] *s.* precisión *f*
pre•clude [prĭ-klo͞od'] *tr.* [to exclude] excluir; [to avoid] evitar; [to prevent] prevenir
pre•clu•sion [:klo͞o'zhən] *s.* [exclusion] exclusión *f*; [prevention] prevención *f*
pre•co•cious [prĭ-kō'shəs] *adj.* precoz
pre-Co•lum•bi•an [:kə-lŭm'bē-ən] *adj.* precolombino
pre•con•ceive [:kən-sēv'] *tr.* preconcebir
pre•con•cep•tion [:kən-sep'shən] *s.* preconcepción *f*; [prejudice] prejuicio
pre•con•di•tion [:kən-dĭsh'ən] *s.* condición previa; [requisite] requisito previo
pre•cook [-ko͝ok'] *tr.* precocinar
pre-cooked [prē-ko͝okt'] *adj.* precocinado ▪ **~ meal** plato precocinado
pre•cur•sor [prĭ-kûr'sər] *s.* precursor *m*
pre•date [prē-dāt'] *tr.* preceder; [to give prior date to] poner una fecha anterior a
pred•a•tor [pred'ə-tər] *s.* depredador *m*
pred•a•to•ry [:tôr'ē] *adj.* [animal] depredador; [person] rapaz
pre•de•cease [prē'dĭ-sēs'] *tr.* morir antes que
pred•e•ces•sor [prēd'ĭ-ses'ər] *s.* predecesor *m*; [ancestor] antepasado
pre•des•ti•na•tion [prē-des'tə-nā'shən] *s.* [act, condition] predestinación *f*; [destiny] destino
pre•des•tine [-'tĭn] *tr.* predestinar
pre•de•ter•mine [prē'dĭ-tûr'mĭn] *tr.* predeterminar
pre•dic•a•ment [prĭ-dĭk'ə-mənt] *s.* apuro
pred•i•cate [pred'ĭ-kāt'] <> *tr.* fundar, basar; [to affirm] afirmar <> *s.* [:kĭt] GRAM predicado <> *adj.* [:kĭt] GRAM predicativo
pre•dict [prĭ-dĭkt'] *tr.* predecir; [to forecast] pronosticar
pre•dict•a•bil•i•ty [-dĭk'tə-bĭl'ĭ-tē] *s.* carácter *m* previsible
pre•dict•a•ble [-'-bəl] *adj.* previsible; [behavior] invariable, constante
pre•dic•tion [prĭ-dĭk'shən] *s.* predicción *f*; [forecast] pronóstico
pre•dic•tor [:tər] *s.* pronosticador *m*
pred•i•lec•tion [pred'l-ek'shən, prēd'-] *s.* predilección *f*
pre•dis•pose [prē'dĭ-spōz'] *tr.* predisponer
pre•dis•po•si•tion [:dĭs'pə-zĭsh'ən] *s.* predisposición *f*; [tendency] tendencia
pre•dom•i•nance [prĭ-dŏm'ə-nəns] *s.* predominio, [preponderance] preponderancia
pre•dom•i•nant [:nənt] *adj.* predominante
pre•dom•i•nate [:nāt'] *intr.* predominar; [to prevail] prevalecer; (*tr.*) predominar sobre; [to prevail over] prevalecer sobre
pre-em•i•nence, pre•em•i•nence [prē-em'ə-nəns] *s.* preeminencia
pre-em•i•nent, pre•em•i•nent [:nənt] *adj.* preeminente
pre-empt, pre•empt [prē-empt'] *tr.* [to anticipate] adelantarse a; [to displace] supeditar; [to appropriate] apropiarse de; TELEV sustituir
pre-emp•tive, pre•emp•tive [:emp'tĭv] *adj.* MIL preventivo
preen [prēn] *tr.* arreglar, limpiar ▪ **to ~ oneself** pavonearse; (*intr.*) pavonearse
pre-ex•ist, pre•ex•ist [prē'ĭg-zĭst'] *tr.* existir antes que; (*intr.*) preexistir
pre•fab•ri•cate [-făb'rĭ-kāt'] *tr.* prefabricar
pref•ace [pref'ĭs] <> *s.* prefacio, prólogo <> *tr.* prologar; [remarks] servir de prólogo a

pre•fect [prē′fekt′] *s.* prefecto
pre•fer [prĭ-fûr′] *tr.* (-rr-) preferir
pref•er•a•ble [pref′ər-ə-bəl] *adj.* preferible
pref•er•ence [:əns] *s.* preferencia ▪ **I have no ~** me es igual
pref•er•en•tial [pref′ə-ren′shəl] *adj.* preferente
pre•fer•ment [prĭ-fûr′mənt] *s.* [advancement] adelanto; [promotion] ascenso
pre•fig•ure [prē-fĭg′yər] *tr.* prefigurar; [to imagine] figurarse de antemano
pre•fix [prē′fĭks′] ◇ *tr.* anteponer ◇ *s.* prefijo
preg•nan•cy [preg′nən-sē] *s.* embarazo
preg•nant [:nənt] *adj.* encinta, embarazada; [animal] preñada; [meaningful] significativo
pre•heat [prē-hēt′] *tr.* precalentar
pre•hen•sile [prē-hen′səl, :sīl′] *adj.* prensil
pre•his•tor•ic/i•cal [prē′hĭ-stôr′ĭk] *adj.* prehistórico
pre•judge [prē-jŭj′] *tr.* prejuzgar
prej•u•dice [prej′ə-dĭs] ◇ *s.* prejuicio ◇ *tr.* crear prejuicios a; [to injure] perjudicar
prej•u•di•cial [′-dĭsh′əl] *adj.* perjudicial
prej•u•di•cious [:əs] *adj.* perjudicial
prel•ate [prel′ĭt] *s.* prelado
pre•lim•i•nar•y [prĭ-lĭm′ə-ner′ē] *adj.* & *s.* preliminar *m*
prel•ude [prel′yo͞od′, prā′lo͞od′] *s.* preludio
pre•mar•i•tal [prē-măr′ĭ-tl] *adj.* premarital
pre•ma•ture [prē′mə-cho͝or′] *adj.* prematuro
pre•med [prē′med′] *fam* ◇ *adj.* preparatorio para el ingreso a la facultad de medicina ◇ *s.* estudiante *mf* que se prepara para el ingreso a la facultad de medicina
pre•med•i•tate [prē-med′ĭ-tāt′] *tr.* premeditar
pre•med•i•tat•ed [:tā′tĭd] *adj.* premeditado
pre•med•i•ta•tion [-′-′shən] *s.* premeditación *f*
pre•men•stru•al [prē-men′stro͞o-əl] *adj.* premenstrual ▪ **~ syndrome** síndrome premenstrual; **~ tension** tensión *f* premenstrual
pre•mi•er [prē′mē-ər, prĭ-mîr′] ◇ *adj.* [first] primero; [chief] principal ◇ *s.* primer ministro; [in Canada] presidente *m*
pre•mière [prĭ-mîr′, prĭm-yâr′] ◇ *s.* estreno ◇ *tr.* & *intr.* estrenar ◇ *adj.* primero
prem•ise [prem′ĭs] ◇ *s.* premisa ◇ *pl.* [site] local; [building] edificio ◇ *tr.* sentar como premisa; (*intr.*) formular una premisa
pre•mi•um [prē′mē-əm] *s.* [prize] premio, recompensa; [fee] prima; [installment] prima (de un seguro) ▪ **to be at a ~** [to cost more] costar más; [in demand] tener mucha demanda; **to put a ~ on** valorar mucho
pre•mo•ni•tion [prē′mə-nĭsh′ən, prem′ə-] *s.* premonición *f*
pre•na•tal [prē-nāt′l] *adj.* prenatal
pre•oc•cu•pa•tion [prē-ŏk′yə-pā′shən] *s.* preocupación *f*
pre•oc•cu•pied [-′-pīd′] *adj.* preocupado; [absorbed] absorto
pre•oc•cu•py [:pī′] *tr.* preocupar; [to engross] absorber
pre•or•dain [prē′ôr-dān′] *tr.* preordinar
prep [prep] *fam* ◇ *adj.* preparatorio ▪ **~ school** escuela secundaria privada ◇ *tr.* & *intr.* preparar(se)
pre•pack•age [prē-păk′ĭj] *tr.* preempaquetar
pre•paid [:pād′] ▻ **prepay** ◇ *adj.* pagado por adelantado; [letter] franqueado ▪ **~ card** tarjeta (de) prepago
prep•a•ra•tion [prep′ə-rā′shən] ◇ *s.* preparación *f*; [medicine] preparado ◇ *pl.* preparativos
pre•par•a•to•ry [prĭ-păr′ə-tôr′ē] *adj.* preparatorio
pre•pare [prĭ-pâr′] *tr.* & *intr.* preparar(se) ▪ **to be prepared for** estar preparado para; **to be prepared to** estar dispuesto a
pre•par•ed•ness [:ĭd-nĭs] *s.* (estado de) preparación *f*
pre•pay [prē-pā′] *tr.* (**-paid**) pagar por adelantado
pre•pay•ment [:mənt] *s.* pago adelantado
pre•pon•der•ance [prĭ-pŏn′dər-əns] *s.* preponderancia
pre•pon•der•ant [:ənt] *adj.* preponderante
prep•o•si•tion [prep′ə-zĭsh′ən] *s.* preposición *f*
pre•pos•sess [prē′pə-zes′] *tr.* [to influence] predisponer (a favor); [to impress] impresionar (favorablemente)
pre•pos•sess•ing [:ĭng] *adj.* agradable
pre•pos•ter•ous [prĭ-pŏs′tər-əs] *adj.* absurdo
prep•pie/py [prep′ē] *s. fam* alumno de una escuela preparatoria
pre•press [prē-pres′] *s.* preimpresión *f*
pre•pu•bes•cence [prē′pyo͞o-bes′əns] *s.* prepubescencia
pre•req•ui•site [prē-rek′wĭ-zĭt] ◇ *s.* condición previa ◇ *adj.* requerido de antemano
pre•rog•a•tive [prĭ-rŏg′ə-tĭv] *s.* prerrogativa
pres•age [pres′ĭj] ◇ *s.* presagio ◇ *tr.* presagiar
pre•school [prē′sko͞ol′] ◇ *adj.* preescolar ◇ *s.* jardín *m* de infantes
pre•science [prē′shəns, presh′əns] *s.* presciencia
pre•scient [:shənt] *adj.* presciente
pre•scribe [prĭ-skrīb′] *tr.* prescribir; MED [a drug] recetar; [treatment] mandar; (*intr.*) establecer, dictar; MED hacer recetas
pre•scrip•tion [:skrĭp′shən] *s.* prescripción *f*; MED receta; [medicine] remedio
pre•scrip•tive [:tĭv] *adj.* establecido; [establishing rules] preceptivo
pres•ence [prez′əns] *s.* presencia; [bearing] porte *m*, talle *m*; [confidence] seguridad *f* ▪ **~ of mind** presencia de ánimo
pres•ent[1] [prez′ənt] ◇ *s.* presente *m* ▪ **for the ~** por ahora ◇ *adj.* presente; [month] corriente; [year] en curso ▪ **at the ~ time** en este momento; **to be ~** asistir; **to be ~ at** [to be] haber en; [to witness] presenciar
pre•sent[2] ◇ *tr.* [prĭ-zent′] presentar; [to give] regalar, obsequiar; [a case] exponer; [a problem] plantear; [an invoice] pasar; [arms] presentar; [charges] formular ◇ *s.* [prez′ənt] regalo
pre•sent•a•ble [prĭ-zen′tə-bəl] *adj.* presentable
pres•en•ta•tion [prez′ən-tā′shən] *s.* presentación *f*; [of a play] representación *f*; [of a case, argument] exposición *f*
pres•ent-day [prez′ənt-dā′] *adj.* actual
pre•sen•ti•ment [prĭ-zen′tə-mənt] *s.* presentimiento
pres•ent•ly [prez′ənt-lē] *adv.* [soon] dentro de poco; [now] actualmente
pres•er•va•tion [prez′ər-vā′shən] *s.* preservación *f*; [of customs, food] conservación *f*
pre•ser•va•tive [prĭ-zûr′və-tĭv] ◇ *adj.* preservativo ◇ *s.* conservante *m*
pre•serve [prĭ-zûrv′] ◇ *tr.* preservar; [to maintain] conservar; [food] conservar; [game] proteger ◇ *s.* coto, vedado; *fig* terreno ◇ *pl.* confituras

pre•serv•er [:zûr′vər] *s.* preservador *m*
pre•side [prĭ-zīd′] *intr.* presidir
pres•i•den•cy [prez′ĭ-dən-sē] *s.* presidencia
pres•i•dent [:dənt] *s.* presidente *m*
pres•i•dent-e•lect ['- -ĭ-lekt′] *s.* presidente electo
pres•i•den•tial [prez′ĭ-den′shəl] *adj.* presidencial ▪ **~ election** elecciones presidenciales
pre•sort [prē-sôrt′] *tr.* clasificar (cartas) en zonas postales antes de llevarlas al correo
press [pres] ◇ *tr.* [with finger] apretar; [to squeeze] prensar; [to compress] comprimir; [to iron] planchar; [to entreat] instar; [to harass] hostigar, acosar; [to hurry] apremiar; [to insist on] insistir en ▪ **to be pressed for** estar con apuros de; **to ~ one's luck** forzar la suerte; (*intr.*) apretar, ejercer presión; [to trouble] abrumar; [to be urgent] apremiar; [to crowd] apiñarse ▪ **to ~ ahead** OR **forward** avanzar con determinación; **to ~ for** pedir con insistencia; **to ~ on** seguir adelante ◇ *s.* prensa; [for printing] imprenta; [journalists] prensa; [urgency] urgencia
press•ing ['ĭng] *adj.* urgente
press•room [:ro͞om′] *s.* taller *m* de imprenta
press•run [:rŭn′] *s.* tirada
pres•sure [presh′ər] ◇ *s.* presión *f*; [compression] compresión *f* ▪ **blood ~** presión arterial; **~ cooker** [pot] olla de presión; *fig* situación en atmósfera de apremio y urgencia; **to bring ~ to bear on** OR **to put ~ on** ejercer presión sobre ◇ *tr.* ejercer presión sobre
pres•sur•ize [:ə-rīz′] *tr.* presurizar
pres•tige [pre-stēzh′, -stēj′] *s.* prestigio
pres•ti•gious [pre-stē′jəs, -stĭj′əs] *adj.* prestigioso
pre•sum•a•ble [prĭ-zo͞o′mə-bəl] *adj.* presumible
pre•sume [prĭ-zo͞om′] *tr.* suponer; [to dare] tener el atrevimiento de; [to pretend] pretender, creerse; (*intr.*) presumir ▪ **to ~ on** abusar de
pre•sum•ing [-zo͞o′mĭng] *adj.* presumido
pre•sump•tion [:zŭmp′shən] *s.* presunción *f*, suposición *f*; [effrontery] osadía
pre•sump•tive [:tĭv] *adj.* presuntivo; [presumed] presunto
pre•sump•tu•ous [:cho͞o-əs] *adj.* presuntuoso; [rash] atrevido, osado
pre•sup•pose [prē′sə-pōz′] *tr.* presuponer
pre•tend [prĭ-tend′] *tr.* [to feign] fingir; [illness, deafness] hacerse; [to oneself] imaginarse; [to claim] pretender; (*intr.*) [to feign] fingir; [to dissemble] disimular ▪ **to ~ to the throne** pretender al trono
pre•tend•er [:ten′dər] *s.* fingidor *m*; [claimant] pretendiente *mf*
pre•tense [prē′tens′, prĭ-tens′] *s.* fingimiento; [pretext] pretexto; [claim] pretensión *f*; [affectation] ostentación *f*; [pretentiousness] presunción *f* ▪ **to make no ~ to** no pretender; **under false pretenses** por fraude; **under the ~ of** con el pretexto de
pre•ten•tious [prĭ-ten′shəs] *adj.* pretencioso
pre•ter•nat•u•ral [prē′tər-năch′ər-əl] *adj.* preternatural; [supernatural] sobrenatural
pre•test [prē′test′] *s.* prueba preliminar
pre•text [prē′tekst′] *s.* pretexto
pret•ty [prĭt′ē] ◇ *adj.* (-i-) lindo; *fam* considerable ▪ **a ~ penny** mucho dinero ◇ *adv.* bastante ▪ **~ much** más o menos; **to be sitting ~** *fam* tener una buena posición
pre•vail [prĭ-vāl′] *intr.* prevalecer; [to win] triunfar; [to predominate] predominar ▪ **to ~ on** OR **upon** convencer a
pre•vail•ing [:vā′lĭng] *adj.* prevaleciente; [predominant] predominante; [current] corriente; [widespread] común
prev•a•lence [prev′ə-ləns] *s.* predominio
prev•a•lent [:lənt] *adj.* común; [general] generalizado
pre•var•i•cate [prĭ-văr′ĭ-kāt′] *intr.* [to twist] tergiversar; [to lie] mentir
pre•vent [prĭ-vent′] *tr.* [to avoid] evitar; [to impede] impedir
pre•vent•a•ble [:ven′tə-bəl] *adj.* evitable
pre•ven•ta•tive [:tĭv] = **preventive**
pre•ven•tion [prĭ-ven′shən] *s.* prevención *f*
pre•ven•tive [:tĭv] *adj.* preventivo
pre•view [prē′vyo͞o′] ◇ *s.* exhibición *f* preliminar; CINEM avance *m*; COMPUT previsualización *f* ◇ *tr.* [to view] ver antes que otros; [to show] exhibir previamente
pre•vi•ous [prē′vē-əs] *adj.* previo ▪ **~ to** antes de
prey [prā] ◇ *s.* presa; *fig* víctima ◇ *tr.* ▪ **to ~ on** [to hunt] cazar; [to victimize] hacer víctima de; [to weigh] abrumar
price [prīs] ◇ *s.* precio; FIN cotización *f* ▪ **full ~** precio sin descuento; **list ~** precio de lista; **opening ~** cotización inicial; **~ tag** [tag] etiqueta de precio; [cost] costo; **to pay a high** OR **heavy ~** pagar caro ◇ *tr.* [to establish] poner precio a; [to find out] averiguar el precio de
price•less ['lĭs] *adj.* sin precio, de gran valor; [amusing] muy divertido
prick [prĭk] ◇ *s.* pinchazo; [of an insect] picadura; [of jealousy, curiosity] punzada, aguijón *m*; [pointed object] aguijón, pincho ◇ *tr.* pinchar; [conscience] remorder; [jealousy, curiosity] picar ▪ **to ~ up one's ears** [a dog] erguir las orejas; *fig* aguzar el oído; (*intr.*) [to hurt] picar; [ears] erguirse
prick•le [:əl] ◇ *s.* [thorn] espina; [spine] pincho; [sensation] picazón *f* ◇ *tr.* [to prick] pinchar; [to tingle] picar; (*intr.*) sentir picazón
prick•ly [:lē] *adj.* (-i-) [with prickles] espinoso; [stinging] que causa picazón; [vexatious] erizado; [irritable] quisquilloso ▪ **~ heat** salpullido causado por el calor
pride [prīd] ◇ *s.* orgullo; [self-respect] amor propio; [best] flor *f*; [of lions] manada de leones ▪ **to take ~ in** estar orgulloso de ◇ *tr.* ▪ **to ~ oneself on** estar orgulloso de
priest [prēst] *s.* sacerdote *m*, cura *m*; [minister] presbítero, pastor *m*
priest•ess [prē′stĭs] *s.* sacerdotisa
priest•hood [prēst′ho͝od′] *s.* sacerdocio; [clergy] clerecía, clero
prig [prĭg] *s.* mojigato
prim [prĭm] *adj.* (-mm-) estirado, remilgado
pri•ma•cy [prī′mə-sē] *s.* primacía
pri•mal [:məl] *adj.* original; [fundamental] fundamental; [primary] primario
pri•mar•i•ly [prī-mâr′ə-lē] *adv.* principalmente
pri•mar•y [prī′mer′ē, :mə-rē] ◇ *adj.* primario; [primitive] primitivo; [foremost] fundamental ▪ **~ election** elecciones primarias ◇ *s.* [in order] lo primero; [in importance] lo principal; [election] elección primaria
pri•mate [prī′māt′] *s.* RELIG primado; ZOOL primate *m*
prime [prīm] ◇ *adj.* primero; [main] fundamental; [choice] de primera (calidad); MAT primo ▪ **of ~ im-**

portance de la mayor importancia ◇ *s.* [dawn] alba; [spring] primavera; [age] flor *f* de la vida, plenitud *f*; [pick] flor y nata, lo mejor; MAT número primo ▪ ~ **meridian** primer meridiano; ~ **minister** primer ministro; ~ **mover** fuerza motriz; ~ **rate** tasa preferida ◇ *tr.* preparar; [gun, motor] cebar, cargar; [walls] dar una primera mano de pintura a ▪ **to** ~ **the pump** *fam* estimular

prim•er[1] [prĭm'ər] *s.* texto elemental; [manual] manual *m*

prim•er[2] [prī'mər] *s.* cebador *m*; [detonator] detonador *m*; PINT primera mano

pri•me•val [prī-mē'vəl] *adj.* primordial

prim•i•tive [prĭm'ĭ-tĭv] *adj.* & *s.* primitivo

pri•mor•di•al [prī-môr'dē-əl] *adj.* primordial

primp [prĭmp] *tr.* & *intr.* emperejilar(se)

prim•rose [prĭm'rōz'] *s.* primavera, prímula

prince [prĭns] *s.* príncipe *m* ▪ **crown** ~ príncipe heredero; ~ **charming** el príncipe azul

prin•cess [prĭn'sĭs] *s.* princesa

prin•ci•pal [prĭn'sə-pəl] ◇ *adj.* principal ◇ *s.* [of a school] director *m*; [performer] primera figura; COM & FIN principal *m*

prin•ci•pal•i•ty [prĭn'sə-păl'ĭ-tē] *s.* principado

prin•ci•ple [prĭn'sə-pəl] *s.* principio ▪ **a matter of** ~ una cuestión de principios; **in** ~ en principio; **on** ~ por principio

prin•ci•pled [:pəld] *adj.* de principios

print [prĭnt] ◇ *s.* [impression] impresión *f*, huella; [stamp, seal] estampa, cuño; [letters] letra, tipo; FOTOG copia; [engraving] grabado, estampa; [fabric] estampado ▪ **in** ~ impreso, publicado; **out of** ~ agotado; ~ **preview** COMPUT vista preliminar ◇ *tr.* imprimir; [edition] tirar, hacer una tirada de; [to publish] publicar; FOTOG [a copy] sacar; [to write] escribir con letras de imprenta OR de molde; (*intr.*) [to be a printer] trabajar como impresor; [to write clearly] escribir con letras de imprenta OR de molde; [book, publication] imprimirse

print•er [prĭn'tər] *s.* [person] impresor *m*; [machine] impresora ▪ ~ **cable** cable de impresora

print•ing [:tĭng] *s.* [art, business] imprenta; [act, quality of run] impresión *f*; [run] tiraje *m*; [written characters] letra de imprenta; [layout] tipografía ▪ ~ **press** prensa

print-out [prĭnt'out'] *s.* copia impresa

pri•or[1] [prī'ər] *adj.* previo ▪ ~ **to** antes de

pri•or[2] *s.* RELIG prior *m*

pri•or•ess [:ĭs] *s.* RELIG priora

pri•or•i•ty [prī-ôr'ĭ-tē] *s.* prioridad *f*; [time precedence] anterioridad *f*

prism [prĭz'əm] *s.* prisma *m*

pris•on [prĭz'ən] *s.* cárcel *f*, prisión *f* ▪ **to put in** OR **send to** ~ encarcelar

pris•on•er [:ə-nər] *s.* [captive] prisionero; [in jail] recluso, preso; [under arrest] detenido; [accused] acusado ▪ ~ **of war** prisionero de guerra

pris•sy [prĭs'ē] *adj.* (-i-) remilgado

pris•tine [prĭs'tēn'] *adj.* prístino; [pure] puro

pri•va•cy [prī'və-sē] *s.* [seclusion] intimidad *f*, privacidad *f*; [isolation] aislamiento; [private life] vida privada

pri•vate [prī'vĭt] ◇ *adj.* privado; [not public] particular; [secluded] solitario ▪ **a** ~ **citizen** un particular; ~ **enterprise** [sector] la empresa privada; [business] empresa particular ◇ *s.* soldado raso

priv•i•lege [prĭv'ə-lĭj] *s.* privilegio ▪ **to have the** ~ **of** tener el honor de

priv•i•leged [:lĭjd] *adj.* privilegiado ▪ ~ **communication** comunicación confidencial; **to be** ~ **to** tener el privilegio de

priv•y [prĭv'ē] ◇ *adj.* privado ▪ ~ **seal** GB sello real; **to be** ~ **to** estar enterado de ◇ *s.* excusado, retrete rústico

prize[1] [prīz] ◇ *s.* premio ◇ *adj.* de premio; [given a prize] premiado; [outstanding] de primera categoría ◇ *tr.* valorar

prize[2] ◇ *tr.* ▪ **to** ~ **open** OR **up** abrir OR levantar con una palanca ◇ *s.* [leverage] apalancamiento; [lever] palanca

prize•fight ['fīt'] *s.* pelea profesional de boxeo

prize•fight•er [:fī'tər] *s.* boxeador *m* profesional

pro[1] [prō] ◇ *s.* ▪ **the pros and cons** los pros y los contras ◇ *adv.* a favor ◇ *prep.* a favor de ◇ *adj.* partidario

pro[2] *s.* & *adj.* *fam* profesional *mf*

prob•a•bil•i•ty [prŏb'ə-bĭl'ĭ-tē] *s.* probabilidad *f*

prob•a•ble [prŏb'ə-bəl] *adj.* probable; [plausible] verosímil ▪ ~ **cause** motivo presunto

pro•bate [prō'bāt'] DER ◇ *s.* legalización *f* (de un testamento) ▪ ~ **court** tribunal sucesorio ◇ *tr.* legalizar

pro•ba•tion [-bā'shən] *s.* periodo de prueba; **on** ~ [employee] a prueba; [freedom] libertad *f* condicional; **on** ~ [prisoner] en libertad condicional

probe [prōb] ◇ *s.* [device] sonda; [exploration] sondeo; [investigation] investigación *f* ◇ *tr.* [to explore] sondar; [to investigate] investigar; (*intr.*) indagar

pro•bi•ty [prō'bĭ-tē] *s.* probidad *f*

prob•lem [prŏb'ləm] ◇ *s.* problema *m* ◇ *adj.* difícil

prob•lem•at•ic/i•cal [prŏb'lə-măt'ĭk] *adj.* problemático

pro•bos•cis [prō-bŏs'ĭs] *s.* (*pl* **es** OR **-cides**) ZOOL trompa; ENTOM probóscide *f*

pro•ce•dur•al [prə-sē'jər-əl] *adj.* de procedimiento

pro•ce•dure [:jər] *s.* procedimiento

pro•ceed [prə-sēd'] *intr.* proceder; [to continue] proseguir, continuar; [to go forward] avanzar; [to progress] ir, marchar

pro•ceed•ing [:sē'dĭng] ◇ *s.* procedimiento, acción *f* ◇ *pl.* acontecimientos; [minutes] actas; DER proceso

pro•ceeds [prō'sēdz'] *s. pl.* ganancias

proc•ess [prŏs'es', prō'ses'] ◇ *s.* [treatment] procedimiento; [method] proceso; DER proceso; [summons] citación *f*; BIOL apéndice *m* ▪ **in** ~ en marcha; **in the** ~ al hacerlo; **to be in (the)** ~ **of** estar en vías de ◇ *tr.* [an application] tramitar; [to treat] tratar; [to convert] transformar; FOTOG revelar; COMPUT & DER procesar

proc•ess•ing [:ĭng] *s.* [of food] tratamiento; [of raw materials] transformación *f*; FOTOG revelado; COMPUT procesamiento ▪ **data** ~ procesamiento de datos; [science] informática

pro•ces•sion [prə-sesh'ən] *s.* procesión *f*, desfile *m*; [orderly course] progresión *f*

pro•ces•sion•al [:ə-nəl] ◇ *adj.* procesional ◇ *s.* [book] procesionario; [hymn] himno procesionario

pro•claim [prō-klām'] *tr.* proclamar

proc•la•ma•tion [prŏk'lə-mā'shən] *s.* proclamación *f*; [announcement] proclama

pro•cliv•i•ty [prō-klĭv'ĭ-tē] *s.* propensión *f*

pro•cras•ti•nate [prō-krăs'tə-nāt'] *intr.* andarse con dilaciones; (*tr.*) aplazar, postergar

pro•cras•ti•na•tion [-ˊ-nāˊshən] *s.* dilacioes *f*, retraso
pro•cre•ate [prōˊkrē-ātˊ] *tr.* & *intr.* procrear
pro•cre•a•tion [ˊ-āˊshən] *s.* procreación *f*
proc•tor [prŏkˊtər] ◇ *s.* vigilante *mf* ◇ *tr.* vigilar
proc•u•ra•tor [prŏkˊyə-rāˊtər] *s.* procurador *m*
pro•cure [prō-kyŏŏrˊ] *tr.* obtener; [a woman] alcahuetear; (*intr.*) dedicarse al proxenetismo
pro•cure•ment [:mənt] *s.* obtención *f*, logro
pro•cur•er [:ər] *s.* alcahuete *m*
prod [prŏd] *tr.* **(-dd-)** pinchar; [to goad] estimular
prod•i•gal [prŏdˊĭ-gəl] *adj.* & *s.* pródigo
pro•di•gious [prə-dĭjˊəs] *adj.* enorme; [marvelous] prodigioso
prod•i•gy [prŏdˊə-jē] *s.* prodigio
pro•duce ◇ *tr.* [prə-dōōsˊ] producir; [to manufacture] fabricar; [to give rise to] causar; [to show] exhibir, mostrar; (*intr.*) producir ◇ *s.* [prŏdˊōōs, prōˊdōōs] productos
pro•duc•er [prə-dōōˊsər] *s.* productor *m*
prod•uct [prŏdˊəkt] *s.* producto
pro•duc•tion [prə-dŭkˊshən] *s.* producción *f*
pro•duc•tive [:tĭv] *adj.* productivo
pro•duc•tiv•i•ty [prōˊdŭk-tĭvˊĭ-tē, prŏdˊək-] *s.* productividad *f*
prof [prŏf] *s. fam* profe *m*, profesor *m*
pro•fane [prə-fānˊ] ◇ *adj.* profano; [vulgar] vulgar ◇ *tr.* profanar
pro•fan•i•ty [:fănˊĭ-tē] *s.* profanidad *f*; [language] lenguaje obsceno
pro•fess [prə-fesˊ] *tr.* [to affirm] declarar, proclamar; [to pretend] pretender; RELIG profesar
pro•fessed [:festˊ] *adj.* declarado; [pretended] supuesto; RELIG profeso
pro•fes•sion [:feshˊən] *s.* profesión *f*
pro•fes•sion•al [:ə-nəl] *adj.* & *s.* profesional *mf*; [expert] perito, experto
pro•fes•sor [prə-fesˊər] *s.* profesor *m*; [top-level university teacher] catedrático
pro•fes•sor•ship [:shĭpˊ] *s.* profesorado, cátedra
prof•fer [prŏfˊər] *tr.* ofrecer, proponer
pro•fi•cien•cy [prə-fĭshˊən-sē] *s.* competencia
pro•fi•cient [:ənt] *adj.* capaz, competente
pro•file [prōˊfīlˊ] ◇ *s.* perfil *m*; [biography] retrato; [description] descripción *f* ▪ **to keep a low ~** no llamar la atención ◇ *tr.* perfilar
prof•it [prŏfˊĭt] ◇ *s.* beneficio ▪ **~ sharing** participación en los beneficios; **to make a ~** [person] ganar dinero; [business] rendir ganancias; **to show a ~** ganar dinero; **to turn something to ~** sacar provecho de algo ◇ *pl.* [from investments] rentas; [gains] ganancias, utilidades ◇ *intr.* servir ▪ **to ~ by** OR **from** COM sacar dinero de; [to benefit from] sacar provecho de
prof•it•a•bil•i•ty [ˊĭ-tə-bĭlˊĭ-tē] *s.* COM rentabilidad *f*
prof•it•a•ble [ˊ- -bəl] *adj.* beneficioso, provechoso; COM rentable
prof•i•teer [prŏfˊĭ-tîrˊ] ◇ *s.* especulardor *m* ◇ *intr.* especular
prof•li•gate [prŏfˊlĭ-gĭt] *adj.* disoluto; [wasteful] derrochador
pro•found [prə-foundˊ] *adj.* **(-er, -est)** profundo
pro•fuse [prə-fyōōsˊ] *adj.* profuso; [extravagant] pródigo
pro•fu•sion [:fyōōˊzhən] *s.* profusión *f*
prog•e•ny [prŏjˊə-nē] *s.* progenie *f*
pro•ges•ter•one [prō-jesˊtə-rōnˊ] *s.* progesterona
prog•no•sis [prŏg-nōˊsĭs] *s.* (*pl* **-ses**) pronóstico
prog•nos•ti•cate [:tĭ-kātˊ] *tr.* pronosticar
prog•nos•ti•ca•tion [-ˊ-kāˊshən] *s.* pronosticación *f*; [forecast] pronóstico
pro•gram [prōˊgrămˊ, :grəm] ◇ *s.* programa *m* ◇ *tr.* programar
pro•gram•(m)er [:ər] *s.* programador *m*
pro•gram•(m)ing [:ĭng] *s.* programación *f*
prog•ress ◇ *s.* [prŏgˊresˊ, prōˊgresˊ] progreso; [development] desarrollo; [of events] marcha, evolución *f* ▪ **in ~** en curso; **to make ~** progresar; [to improve] mejorar ◇ *intr.* [prəgresˊ] progresar; [to improve] mejorar
pro•gres•sion [prə-greshˊən] *s.* progreso; MAT & MÚS progresión *f*
pro•gres•sive [:gresˊĭv] ◇ *adj.* progresivo; POL progresista ◇ *s.* POL progresista *mf*
pro•hib•it [prō-hĭbˊĭt] *tr.* prohibir
pro•hi•bi•tion [prōˊə-bĭshˊən] *s.* prohibición *f*
pro•hib•i•tive/to•ry [:ĭ-tĭv/tôrˊē] *adj.* prohibitivo
proj•ect ◇ *s.* [prŏjˊektˊ] proyecto ◇ *tr.* [prəjektˊ] [to protrude] hacer sobresalir, sacar; [missile, image] proyectar; [to convey] sugerir; [to plan] proyectar, planear; (*intr.*) [to protrude] sobresalir, salir; [to speak] hablar claramente
pro•jec•tile [prə-jekˊtəl, :tīlˊ] *s.* proyectil *m*
pro•jec•tion [:shən] *s.* proyección *f*; [of a mood] sugestion *f*; [protuberance] saliente *m*, punta; [estimate] cálculo, pronóstico
pro•jec•tion•ist [:shə-nĭst] *s.* proyeccionista *mf*
pro•jec•tor [:tər] *s.* proyector *m*
pro•le•tar•i•an [prōˊlĭ-târˊē-ən] *adj.* & *s.* proletario
pro•le•tar•i•at [:ĭt] *s.* proletariado
pro•lif•er•ate [prə-lĭfˊə-rātˊ] *intr.* proliferar; (*tr.*) hacer crecer OR aumentar
pro•lif•er•a•tion [-ˊ-rāˊshən] *s.* proliferación *f*
pro•lif•ic [prə-lĭfˊĭk] *adj.* prolífico
pro•log(ue) [prōˊlôgˊ] *s.* prólogo
pro•long [prə-lôngˊ] *tr.* prolongar
pro•lon•ga•tion [ˊ-gāˊshən] *s.* prolongación *f*
prom•e•nade [prŏmˊə-nādˊ, :nädˊ] ◇ *s.* paseo ◇ *intr.* pasearse; (*tr.*) pasear
prom•i•nence [prŏmˊə-nəns] *s.* prominencia
prom•i•nent [:nənt] *adj.* prominente; [eminent] notable
prom•is•cu•i•ty [prŏmˊĭ-skyōōˊĭ-tē] *s.* promiscuidad *f*
pro•mis•cu•ous [prə-mĭsˊkyōō-əs] *adj.* promiscuo
prom•ise [prŏmˊĭs] ◇ *s.* promesa ▪ **to break one's ~** faltar a su palabra; **to keep one's ~** cumplir su promesa; **to show ~** ser prometedor ◇ *tr.* prometer; (*intr.*) prometer; [swear] jurar
prom•is•ing [:ĭ-sĭng] *adj.* prometedor
prom•is•so•ry [:sôrˊē] *adj.* promisorio ▪ **~ note** pagaré
prom•on•to•ry [prŏmˊən-tôrˊē] *s.* promontorio
pro•mote [prə-mōtˊ] *tr.* [employee, officer] ascender; [student] adelantar de año; [to further] promover, fomentar; [to advocate] apoyar; [to advertise] promocionar; [to finance] financiar
pro•mot•er [:mōˊtər] *s.* promotor *m*
pro•mo•tion [:shən] *s.* ascenso; [furtherance] fomento
prompt [prŏmpt] ◇ *adj.* puntual; [without delay] pronto, rápido ◇ *tr.* [to incite] incitar; [to inspire] inspirar; TEAT apuntar

prompt•er [prŏmp'tər] *s.* TEAT apuntador *m*
prompt•ness [prŏmpt'nĭs] *s.* prontitud *f*
prom•ul•gate [prŏm'əl-gāt', prō'məl-] *tr.* promulgar
prom•ul•ga•tion [:gā'shən] *s.* promulgación *f*
prone [prōn] *adj.* & *adv.* boca abajo ▪ **to be ~ to** ser propenso a
prong [prông] *s.* punta; [of a fork] diente *m*
pro•noun [prō'noun'] *s.* pronombre *m*
pro•nounce [prə-nouns'] *tr.* pronunciar; [to declare] declarar; (*intr.*) pronunciarse
pro•nounced [:nounst'] *adj.* pronunciado
pro•nounce•ment [:nouns'mənt] *s.* declaración *f*
pro•nun•ci•a•tion [prə-nŭn'sē-ā'shən] *s.* pronunciación *f*; FONÉT transcripción fonética
proof [prōōf] ◇ *s.* prueba; [alcoholic content] grado ◇ *tr.* [to proofread] corregir las pruebas de; [to make resistant to] hacer resistente a
proof•read ['rēd'] *tr.* (**-read**) corregir; (*intr.*) corregir pruebas
proof•read•er [:rē'dər] *s.* corrector *m* de pruebas
prop[1] [prŏp] ◇ *s.* puntal *m*; *fig* sostén *m* ◇ *tr.* (**-pp-**) ▪ **to ~ open** mantener abierto; **to ~ up** apuntalar
prop[2] *s.* TEAT accesorio
prop[3] *s. fam* hélice *f*
prop•a•gan•da [prŏp'ə-găn'də] *s.* propaganda
prop•a•gan•dist [:dĭst] *s.* propagandista *mf*
prop•a•gate [prŏp'ə-gāt'] *tr.* & *intr.* propagar(se)
prop•a•ga•tion ['-gā'shən] *s.* propagación *f*
pro•pane [prō'pān'] *s.* propano
pro•pel [prə-pel'] *tr.* (**-ll-**) propulsar, impeler
pro•pel•ler/lor [:ər] *s.* hélice *f*
pro•pen•si•ty [prə-pen'sĭ-tē] *s.* propensión *f*
prop•er [prŏp'ər] *adj.* apropiado; [right] debido; [itself] propio, mismo; [correct] correcto; [characteristic] característico; GRAM & MAT propio
prop•er•ly [:lē] *adv.* apropiadamente; [strictly] propiamente; [correctly] correctamente
prop•er•ty [prŏp'ər-tē] *s.* propiedad *f*; [possessions] bienes *m*; TEAT accesorio ▪ **personal ~** bienes muebles
proph•e•cy [prŏf'ĭ-sē] *s.* profecía
proph•e•sy [:sī'] *tr.* & *intr.* profetizar
proph•et [prŏf'ĭt] *s.* profeta *m*
proph•et•ess [:ĭ-tĭs] *s.* profetisa
pro•phet•ic/i•cal [prə-fet'ĭk] *adj.* profético
pro•phy•lac•tic [prō'fə-lăk'tĭk] *adj.* & *s.* profiláctico
pro•pi•ti•ate [prə-pĭsh'ē-āt'] *tr.* propiciar
pro•pi•tious [:əs] *adj.* propicio
pro•po•nent [prə-pō'nənt] *s.* proponente *mf*
pro•por•tion [prə-pôr'shən] ◇ *s.* proporción *f*; [part] parte *f*, porción *f* ▪ **in ~** proporcionado; **out of ~** desproporcionado ◇ *pl.* dimensiones, tamaño ◇ *tr.* proporcionar
pro•por•tion•al [:shə-nəl] *adj.* proporcional
pro•por•tion•ate [:nĭt] *adj.* proporcional
pro•pos•al [prə-pō'zəl] *s.* propuesta; [of marriage] propuesta matrimonial
pro•pose [prə-pōz'] *tr.* proponer; [to intend] tener intención de; (*intr.*) proponerse; [marriage] ofrecer matrimonio
prop•o•si•tion [prŏp'ə-zĭsh'ən] ◇ *s.* proposición *f*; *fam* [matter] asunto, problema *m*; [immoral] proposición deshonesta ◇ *tr. fam* hacer una propuesta deshonesta a
pro•pound [prə-pound'] *tr.* proponer
pro•pri•e•tar•y [prə-prī'ĭ-ter'ē] *adj.* propietario; [patented] patentado
pro•pri•e•tor [:tər] *s.* propietario
pro•pri•e•tress [prə-prī'ĭ-trĭs] *s.* propietària
pro•pri•e•ty [:tē] ◇ *s.* conveniencia; [decency] decencia ◇ *pl.* convenciones
pro•pul•sion [prə-pŭl'shən] *s.* propulsión *f*
pro•rate [prō-rāt'] *tr.* prorratear
pro•sa•ic [prō-zā'ĭk] *adj.* prosaico
pro•sce•ni•um [prō-sē'nē-əm] *s.* proscenio
pro•scribe [prō-skrīb'] *tr.* proscribir
pro•scrip•tion [:skrĭp'shən] *s.* proscripción *f*
prose [prōz] *s.* prosa
pros•e•cute [prŏs'ĭ-kyōōt'] *tr.* proseguir; DER [a person] procesar; [claim, case] entablar; (*intr.*) entablar una acción judicial
pros•e•cu•tion ['-kyōō'shən] *s.* procesamiento; [trial] proceso; [attorney] fiscal *mf*
pros•e•cu•tor ['-'tər] *s.* fiscal *mf*
pros•e•ly•tize [prŏs'ə-lĭ-tīz'] *intr.* ganar prosélitos; (*tr.*) convertir
pros•pect [prŏs'pekt'] ◇ *s.* perspectiva; [expectation] expectativa; [customer] cliente *m* probable; [candidate] candidato probable; [exposure] orientación *f*; [view] vista ◇ *pl.* perspectivas ◇ *tr.* prospectar ▪ **to ~ for** buscar
pro•spec•tive [prə-spek'tĭv] *adj.* [expected] esperado; [likely to be] presunto
pros•pec•tor [prŏs'pek'tər] *s.* buscador *m*
pro•spec•tus [prə-spek'təs] *s.* prospecto
pros•per [prŏs'pər] *intr.* prosperar
pros•per•i•ty [prŏ-sper'ĭ-tē] *s.* prosperidad *f*
pros•per•ous [prŏs'pər-əs] *adj.* próspero; [favorable] favorable
pros•tate [prŏs'tāt'] *s.* próstata
pros•the•sis [prŏs-thē'sĭs] *s.* (*pl* **-ses**) prótesis *f*
pros•ti•tute [prŏs'tĭ-tōōt'] ◇ *s.* prostituta ◇ *tr.* prostituir ▪ **to ~ oneself** prostituirse
pros•ti•tu•tion ['-tōō'shən] *s.* prostitución *f*
pros•trate [prŏs'trāt'] ◇ *tr.* postrar ◇ *adj.* postrado
pros•tra•tion [prŏ-strā'shən] *s.* postración *f*
pro•tag•o•nist [prō-tăg'ə-nĭst] *s.* protagonista *mf*
pro•tect [prə-tekt'] *tr.* proteger
pro•tect•er [:tek'tər] *s.* protector *m*
pro•tec•tion [:shən] *s.* protección *f*
pro•tec•tion•ist [:shə-nĭst] *s.* proteccionista *mf*
pro•tec•tive [:tĭv] *adj.* & *s.* protector *m*
pro•tec•tor [:tər] *s.* protector *m*
pro•tec•tor•ate [:ĭt] *s.* protectorado
pro•té•gé [prō'tə-zhā'] *s.* protegido
pro•tein [prō'tēn'] *s.* proteína
pro•test ◇ *tr.* [prə-test'] protestar contra; [to affirm] protestar de; (*intr.*) protesta ◇ *s.* [prō'test'] protesta; [statement] protesto ▪ **under ~** contra su voluntad
Prot•es•tant [prŏt'ĭ-stənt] *s.* & *adj.* protestante *mf*
prot•es•ta•tion [prŏt'ĭ-stā'shən] *s.* protesta
pro•test•er [prə-tes'tər] *s.* persona que protesta; [demonstrator] manifestante *mf*
pro•to•col [prō'tə-kôl'] *s.* protocolo
pro•ton [prō'tŏn'] *s.* protón *m*
pro•to•type [prō'tə-tīp'] *s.* prototipo
pro•tract [prō-trăkt'] *tr.* prolongar
pro•trac•tion [:trăk'shən] *s.* prolongación *f*
pro•trac•tor [:tər] *s.* transportador *m*

P

pro•trude [prō-tro͞od′] *tr.* sacar; (*intr.*) sobresalir, resaltar
pro•tru•sion [:tro͞o′zhən] *s.* acción *f* de sacar; [state] prominencia; [projection] saliente *m*
pro•tu•ber•ance [prō-to͞o′bər-əns] *s.* protuberancia
pro•tu•ber•ant [:ənt] *adj.* protuberante
proud [proud] *adj.* orgulloso; [of oneself] satisfecho; [memorable] memorable; [arrogant] soberbio; [honorable] honorable; [spirited] animoso ▪ **to be ~ to** tener el honor de
prove [pro͞ov] *tr.* (**-d**, **-d** OR **-n**) probar; [to test] poner a prueba ▪ **proving ground** campo de pruebas; (*intr.*) salir, resultar
prov•en [pro͞o′vən] ▻ **prove** ◇ *adj.* probado
prov•e•nance [prŏv′ə-nəns] *s.* origen *m*
prov•en•der [prŏv′ən-dər] *s.* [fodder] forraje *m*; [food] comida
prov•erb [prŏv′ûrb′] *s.* proverbio
pro•ver•bi•al [prə-vûr′bē-əl] *adj.* proverbial
pro•vide [prə-vīd′] *tr.* [to supply] suministrar; [to make available] proveer; [to stipulate] estipular; (*intr.*) proveer ▪ **provided** OR **providing that** con tal que
prov•i•dence [prŏv′ĭ-dəns] *s.* providencia
prov•i•dent [:dənt] *adj.* providente; [economical] económico
prov•i•den•tial [′-den′shəl] *adj.* providencial
pro•vid•er [prə-vī′dər] *s.* proveedor *m*
prov•ince [prŏv′ĭns] *s.* provincia; [field] esfera, campo; [jurisdiction] competencia
pro•vin•cial [prə-vĭn′shəl] ◇ *adj.* provincial; [unsophisticated] provinciano; [narrow] de miras estrechas ◇ *s.* provinciano
pro•vi•sion [prə-vĭzh′ən] ◇ *s.* provisión *f*; [stipulation] estipulación *f* ▪ **to make provisions for** [the future] prever; [family] mantener ◇ *tr.* proveer
pro•vi•sion•al [:ə-nəl] *adj.* provisional
pro•vi•so [prə-vī′zō] *s.* (*pl* **(e)s**) condición *f*
pro•vi•so•ry [:zə-rē] *adj.* condicional
pro•vo•ca•teur [prō-vŏk′ə-tûr′] *s.* agente *m* provocador
prov•o•ca•tion [prŏv′ə-kā′shən] *s.* provocación *f*
pro•voc•a•tive [prə-vŏk′ə-tĭv] *adj.* provocativo
pro•voke [prə-vōk′] *tr.* provocar
prow [prou] *s.* proa
prow•ess [prou′ĭs] *s.* [skill] habilidad *f*, destreza; [courage] valor *m*
prowl [proul] ◇ *tr.* & *intr.* merodear, rondar ◇ *s.* merodeo, ronda ▪ **on the ~** buscando algo
prox•im•i•ty [-sĭm′ĭ-tē] *s.* proximidad *f*
prox•y [prŏk′sē] *s.* [person] apoderado; [authority] poder *m* ▪ **by ~** por poder
pro•zac [prō′zăk] *s.* prozac
prude [pro͞od] *s.* mojigato, gazmoño
pru•dence [pro͞od′ns] *s.* prudencia
pru•dent [:nt] *adj.* prudente
pru•den•tial [pro͞o-den′shəl] *adj.* prudencial
prune¹ [pro͞on] *s.* [fruit] ciruela pasa
prune² *tr.* & *intr.* [to trim] podar; [to remove] cortar, cercenar; [to reduce] reducir
pru•ri•ent [pro͝or′ē-ənt] *adj.* lascivo, libidinoso
pry¹ [prī] *intr.* fisgar, curiosear
pry² *tr.* ▪ **to ~ open** abrir con una palanca; **to ~ out of** arrancar
pry•ing [:ĭng] *adj.* fisgón, entremetido
psalm [säm] *s.* salmo
pseu•do•nym [so͞od′n-ĭm′] *s.* seudónimo
pseu•do•science [so͞o′də-sī′əns] *s.* pseudociencia
pso•ri•a•sis [sə-rī′ə-sĭs] *s.* psoriasis *f*
psy•che [sī′kē] *s.* psique *f*
psy•che•del•ic [sī′kĭ-del′ĭk] *adj.* psicodélico
psy•chi•at•ric [sī′kē-ăt′rĭk] *adj.* psiquiátrico
psy•chi•a•trist [sĭ-kī′ə-trĭst, sī-] *s.* psiquiatra *mf*
psy•chi•a•try [:trē] *s.* psiquiatría
psy•chic [sī′kĭk] ◇ *adj.* psíquico ◇ *s.* médium *m*
psy•cho•a•nal•y•sis [sī′kō-ə-năl′ĭ-sĭs] *s.* psicoanálisis *m*
psy•cho•an•a•lyze [:ăn′ə-līz′] *tr.* psicoanalizar
psy•cho•log•i•cal [sī′kə-lŏj′ĭ-kəl] *adj.* psicológico
psy•chol•o•gist [sī-kŏl′ə-jĭst] *s.* psicólogo
psy•chol•o•gy [:jē] *s.* psicología
psy•cho•path [sī′kə-păth′] *s.* psicópata *mf*
psy•cho•sis [sī-kō′sĭs] *s.* (*pl* **-ses**) psicosis *f*
psy•cho•so•mat•ic [sī′kə-sō-măt′ĭk] *adj.* & *s.* psicosomático
psy•cho•ther•a•py [sī′kō-ther′ə-pē] *s.* psicoterapia
psy•chot•ic [sī-kŏt′ĭk] ◇ *s.* psicótico ◇ *adj.* psicótico
pto•maine poisoning [tō′mān′] *s.* intoxicación *f* por tomaínas
pub [pŭb] *s.* bar
pu•ber•ty [pyo͞o′bər-tē] *s.* pubertad *f*
pu•bes•cent [:ənt] *adj.* pubescente
pu•bic [pyo͞o′bĭk] *adj.* pubiano, púbico
pu•bis [:bĭs] *s.* (*pl* **-bes**) pubis *m*
pub•lic [pŭb′lĭk] *adj.* & *s.* público ▪ **~ defender** defensor de oficio ; **~ domain software** COMPUT software de dominio público; **~ school** EU escuela pública; GB colegio privado; **~ servant** funcionario; **~ television** televisión no comercial; **~ utility** empresa de servicio público; **to make ~** publicar
pub•li•ca•tion [pŭb′lĭ-kā′shən] *s.* publicación *f*
pub•li•cist [:sĭst] *s.* publicista *mf*
pub•lic•i•ty [pŭ-blĭs′ĭ-tē] *s.* publicidad *f*
pub•li•cize [pŭb′lĭ-sīz′] *tr.* publicar
pub•lic-spir•it•ed [pŭb′lĭk-spĭr′ĭ-tĭd] *adj.* de espíritu cívico
pub•lish [pŭb′lĭsh] *tr.* & *intr.* publicar
pub•lish•er [:ĭ-shər] *s.* [person] editor *m*; [company] editorial *f*
puck [pŭk] *s.* DEP disco
puck•er [pŭk′ər] ◇ *tr.* fruncir; (*intr.*) ▪ **to ~ up** arrugarse ◇ *s.* arruga, fruncido
pud•ding [po͝od′ĭng] *s.* budín *m*
pud•dle [pŭd′l] *s.* charco
pudg•y [pŭj′ē] *adj.* (**-i-**) regordete
pu•er•ile [pyo͞o′ər-əl] *adj.* pueril
puff [pŭf] ◇ *s.* [of breath] resoplido; [of air] soplo; [of wind] soplido; [of smoke, steam] bocanada; [on a cigarette] pitada; [swelling] hinchazón *f*; [pastry] buñuelo; [for powder] borla; [flattery] bombo ◇ *intr.* [to blow] soplar; [to breathe] resoplar, resollar; [to emit smoke] echar bocanadas; [to smoke] fumar ▪ **to ~ up** [to swell] hincharse; [to become vain] engreírse; (*tr.*)[to blow] soplar; [to smoke] fumar; [to praise] dar bombo a ▪ **to ~ up** [to swell] hinchar; [to make vain] engreír
puffed-up [pŭft′ŭp′] *adj.* engreído
puf•fin [pŭf′ĭn] *s.* frailecillo
puff•y [pŭf′ē] *adj.* (**-i-**) hinchado

pu•gi•list [:lĭst] *s.* pugilista *m*
pug•na•cious [pŭg-nā'shəs] *adj.* belicoso
pug-nosed [pŭg'nōzd'] *adj.* de nariz chata
puke [pyo͞ok] *jer* ◇ *intr.* & *tr.* vomitar ◇ *s.* vómito
pull [po͝ol] ◇ *tr.* [to move] tirar de; [to extract] sacar, extraer; [to tug at] tirar de, halar; [trigger] apretar; [to stretch] estirar; [muscle] torcerse; *fam* [to attract] atraer; [to do] hacer; *jer* [gun] sacar ▪ **to ~ apart** [to rend] desgarrar, rasgar; [to criticize] criticar; **to ~ down** [to demolish] echar abajo, derribar; [to lower] bajar; [to reduce] rebajar; *fam* [salary] cobrar; **to ~ for** [to cheer] animar; [to support] apoyar; **to ~ in** [to restrain] contener; *fam* [to arrest] detener; [to attract] atraer; **to ~ off** [to take off] quitar; [to carry out] llevar a cabo; **to ~ on** [clothes] ponerse; [to tug at] tirar de; **to ~ no punches** [boxer] pegar a fondo; [to hold back] no andarse con rodeos; **to ~ oneself together** componerse, dominarse; **to ~ strings to get something** conseguir algo por influencias; **to ~ the rug out from under someone** dejar a alguien en la estacada; **to ~ the wool over someone's eyes** engañar a alguien; **to ~ up** [socks] subirse; [a chair] acercar; (*intr.*) [to tug] tirar; [to row] remar ▪ **to ~ ahead** tomar la delantera; **to ~ away from** dejar atrás; **to ~ in** [train] entrar en la estación; [to arrive] llegar; **to ~ out** [to depart] salir; [to withdraw] retirarse; **to ~ over** AUTO parar; **to ~ through** [survive illness] recuperarse; [survive crisis] salir adelante; **to ~ together** aunar los esfuerzos; **to ~ up** pararse, detenerse ◇ *s.* [tug] tirón *m*; [effort] esfuerzo; [knob, cord] tirador *m*; [inhalation] chupada; *jer* [influence] enchufe *m*, palanca; *fam* [appeal] atracción *f*
pull•back ['băk'] *s.* retirada (de tropas)
pul•let [po͝ol'ĭt] *s.* pollo, polla
pul•ley [po͝ol'ē] *s.* polea, roldana
pull•out [po͝ol'out'] *s.* retirada
pull•o•ver [:ō'vər] *s.* jersey *m*, suéter *m*
pul•mo•nar•y [po͝ol'mə-ner'ē] *adj.* pulmonar
pulp [pŭlp] *s.* pulpa; BOT médula
pul•pit [po͝ol'pĭt, pŭl'-] *s.* púlpito
pul•sar [pŭl'sär'] *s.* púlsar *m*
pul•sate [:sāt'] *intr.* palpitar, vibrar
pul•sa•tion [-sā'shən] *s.* pulsación *f*
pulse [pŭls] ◇ *s.* pulso; [amplification] pulsación *f* ◇ *intr.* pulsar
pul•ver•ize [pŭl'və-rīz'] *tr.* & *intr.* pulverizar(se)
pu•ma [pyo͞o'mə, po͞o'-] *s.* puma *m*
pum•ice [pŭm'ĭs] *s.* piedra pómez
pum•mel [pŭm'əl] *tr.* aporrear
pump[1] [pŭmp] ◇ *s.* MEC bomba; AUTO surtidor *m* ◇ *tr.* bombear; [blood] impulsar; [to move up and down] mover de arriba abajo ▪ **to ~ for information** sonsacar información
pump[2] *s.* [shoe] escarpín *m*
pump•kin [pŭmp'kĭn] *s.* calabaza
pun [pŭn] ◇ *s.* juego de palabras ◇ *intr.* (**-nn-**) hacer juegos de palabras
punch[1] [pŭnch] ◇ *s.* punzón *m*; [for paper] perforadora; [for tickets] máquina de picar billetes ▪ **~ card** tarjeta perforada ◇ *tr.* [tickets] picar; [metal, leather] taladrar ▪ **to ~ in/out** marcar la hora de llegada/salida del trabajo
punch[2] ◇ *tr.* dar un puñetazo, pegar ◇ *s.* puñetazo; [in boxing] golpe; [vigor] vigor *m*, fuerza ▪ **~ line** gracia de un chiste
punch[3] *s.* [beverage] ponche *m* ▪ **~ bowl** ponchera
punch-drunk ['drŭngk'] *adj.* aturdido; [in boxing] aturdido por los golpes
punch•y [pŭn'chē] *adj.* (**-i-**) [exhausted] aturdido; [incisive] con garra
punc•til•i•ous [pŭngk-tĭl'ē-əs] *adj.* puntilloso
punc•tu•al [pŭngk'cho͞o-əl] *adj.* puntual
punc•tu•al•i•ty ['-ăl'ĭ-tē] *s.* puntualidad *f*
punc•tu•ate ['-āt'] *tr.* puntuar; [to interrupt] interrumpir; [to stress] acentuar
punc•tu•a•tion ['-ā'shən] *s.* puntuación *f*
punc•ture [pŭngk'chər] ◇ *tr.* perforar; [a tire] pinchar; [to deflate] rebajar ◇ *s.* perforación *f*; [in a tire] pinchazo
pun•dit [pŭn'dĭt] *s.* [in India] pandit *m*; [learned person] erudito; [authority] experto
pun•gent [pŭn'jənt] *adj.* acre; [piquant] picante; *fig* mordaz
pun•ish [pŭn'ĭsh] *tr.* castigar; [to injure] maltratar; (*intr.*) imponer castigo
pun•ish•a•ble [:ĭ-shə-bəl] *adj.* castigable
pun•ish•ment [:ĭsh-mənt] *s.* castigo; [mistreatment] maltrato
pu•ni•tive [pyo͞o'nĭ-tĭv] *adj.* punitivo
punk[1] [pŭngk] *s.* [tinder] yesca
punk[2] ◇ *s. jer* [hooligan] gamberro; [punk rocker] punki *mf*; [music] punk *m* ◇ *adj.* sin mérito
punt[1] [pŭnt] ◇ *s.* batea ◇ *tr.* impeler (una batea)
punt[2] DEP ◇ *s.* patada ◇ *tr.* & *intr.* dar una patada (a)
pu•ny [pyo͞o'nē] *adj.* (**-i-**) débil, enclenque
pup [pŭp] *s.* [puppy] cachorro; [young animal] cría; [youth] mocoso ▪ **~ tent** pequeña tienda de campaña
pu•pa [pyo͞o'pə] *s.* (*pl* **s** OR **-ae**) crisálida
pu•pil[1] [pyo͞o'pəl] *s.* [student] alumno
pu•pil[2] *s.* ANAT pupila
pup•pet [pŭp'ĭt] *s.* marioneta, títere *m*; *fig* títere, pelele *m*
pup•pet•eer ['ĭ-tîr'] *s.* titiritero
pup•pet•ry ['-trē] *s.* arte *m* del titiritero
pup•py [pŭp'ē] *s.* cachorro; [youth] joven inexperto ▪ **~ love** amor juvenil
pur•chase [pûr'chĭs] ◇ *tr.* comprar ◇ *s.* compra ▪ **~ order** orden de compra
pur•chas•er [:chĭ-sər] *s.* comprador *m*
pure [pyo͝or] *adj.* puro; [clean] limpio; [chaste] casto, virgen
pure•blood(•ed) ['blŭd'[ĭd]] *adj.* de pura sangre OR raza
pure•bred ['bred'] ◇ *adj.* de pura sangre ◇ *s.* animal *m* de pura sangre
pu•rée [pyo͝o-rā'] ◇ *tr.* (**-réed, -réeing**) hacer un puré de ◇ *s.* puré *m*
pur•ga•tive ['gə-tĭv] *adj.* & *s.* purgante *m*
pur•ga•to•ry [:tôr'ē] *s.* purgatorio
purge [pûrj] ◇ *tr.* purgar ◇ *s.* purga
pu•ri•fi•ca•tion [pyo͝or'ə-fĭ-kā'shən] *s.* [of water] depuración *f* ▪ **~ plant** planta depuradora
pu•ri•fi•er [pyo͝or'ə-fī'ər] *s.* purificador *m*; TEC depurador *m*
pu•ri•fy [:fī'] *tr.* purificar; [water] depurar; [to refine] refinar; (*intr.*) purificarse
pur•ist [pyo͝or'ĭst] *s.* purista *mf*
Pu•ri•tan [:ĭ-tn] *s.* & *adj.* puritano
pu•ri•tan•i•cal ['ĭ-tăn'ĭ-kəl] *adj.* puritano

P

pu•ri•ty [ˈ-tē] *s.* pureza
purl¹ [pûrl] ◇ *intr.* [to murmur] susurrar, murmurar ◇ *s.* susurro, murmullo
purl² ◇ *tr.* hacer con puntos al revés; (*intr.*) hacer punto al revés ◇ *s.* punto al revés
pur•ple [pûrˈpəl] ◇ *s.* violeta, morado; [cloth] púrpura ◇ *adj.* purpúreo, morado; [royal] imperial
pur•port ◇ *tr.* [pər-pôrtˈ] pretender ◇ *s.* [pûrˈpôrtˈ] lo que parece significar
pur•port•ed [pər-pôrˈtĭd] *adj.* supuesto
pur•pose [pûrˈpəs] ◇ *s.* objetivo; [intention] propósito *f* ▪ **for all intents and purposes** para todos los efectos; **for the ~ of** con el objeto de; **on ~** a propósito, adrede; **to no ~** para nada ◇ *tr.* tener intención de
pur•pose•ful [:fəl] *adj.* [person] resuelto; [activity] útil
pur•pose•less [:lĭs] *adj.* sin propósito; [pointless] inútil
pur•pose•ly [:lē] *adv.* adrede, a propósito
purr [pûr] ◇ *s.* ronroneo; [of an engine] zumbido ◇ *intr.* ronronear; [an engine] zumbar
purse [pûrs] ◇ *s.* [moneybag] portamonedas *m*; [handbag] bolso; [money] bolsa; [prize] premio ◇ *tr.* apretar
purs•er [pûrˈsər] *s.* MARÍT contador *m*; AER sobrecargo
pur•sue [pər-so͞oˈ] *tr.* perseguir; [to strive for] aspirar a; [to follow] seguir, continuar; [to devote oneself to] dedicarse a
pur•suit [:so͞otˈ] *s.* persecución *f*; [striving] búsqueda; [activity] pasatiempo ▪ **in ~ of** en búsqueda de
pur•vey [pər-vāˈ] *tr.* proveer, abastecer
pur•vey•or [:ər] *s.* proveedor *m*, abastecedor *m*; [distributor] distribuidor *m*
pus [pŭs] *s.* pus *m*
push [po͝osh] ◇ *tr.* empujar; [to urge forward] hacer adelantar; [to press] ejercer presión; [to extend] extender; *jer* [to sell] vender; [to promote] promover; [to recommend] recomendar ▪ **to ~ around** *fam* intimidar; **to ~ aside** OR **away** apartar; **to ~ back** empujar; [to repel] hacer retroceder; **to ~ down** apretar; [someone] hacer caer; **to ~ over** [something] volcar; [someone] hacer caer; **to ~ through** pasar por, sacar por; [to carry out] llevar a cabo; [a bill] hacer aceptar; **to ~ up** [to lift] levantar; [prices] hacer subir; (*intr.*) empujar; [to put pressure on] ejercer presión; [to advance] abrirse paso a empujones; [to expend great effort] esforzarse ▪ **to ~ ahead** avanzar; **to ~ back** retroceder; **to ~ forward** avanzar; **to ~ off** *fam* largarse; **to ~ on** seguir adelante, continuar ◇ *s.* empujón *m*; [drive] empuje *m*; [effort] empujón; MIL ofensiva ▪ **~ button** pulsador, botón de contacto
push•cart [ˈkärtˈ] *s.* carretilla de mano
push•er [:ər] *s.* empujador *m*; [ambitious person] arribista *mf*; *jer* [of drugs] vendedor *m* de drogas
push•o•ver [:ōˈvər] *s.* [easy thing] ganga; [dupe] pelele *m*
push•up [:ŭpˈ] *s.* plancha
push•y [:ē] *adj.* (-i-) *fam* insistente
pu•sil•lan•i•mous [pyo͞oˈsə-lănˈə-məs] *adj.* pusilánime
puss¹ [po͝os] *s. fam* [cat] minino, gatito
puss² *s. jer* [mouth] hocico; [face] jeta
puss•y [ˈē] *s.* gatito ▪ **~ willow** sauce común
puss•y•cat [:kătˈ] *s.* gato; *fam* [amiable person] persona afable
puss•y•foot [:fo͝otˈ] *intr.* andar cautelosamente; *fig* andarse con tiento
pus•tule [:cho͞ol] *s.* pústula
put [po͝ot] ◇ *tr.* (**put, -tting**) poner; [to insert] meter; [to add] echar; [question] formular, hacer; [to subject] someter; [to attribute] dar; [blame] echar; [to estimate] calcular; [to impose] gravar con; [to bet, invest] poner; [to say] decir; [to hurl] lanzar, tirar ▪ **to ~ across** hacer comprender; **to ~ aside** poner a un lado; [to save] guardar; **to ~ away** *fam* [to imprison] encarcelar; [to institutionalize] meter en un manicomio; [to consume] zamparse; **to ~ back** volver a poner en su sitio; **to ~ before** [to submit] someter a; [to place before] anteponer; **to ~ down** [to let go of] soltar; [to suppress] reprimir; [to write down] apuntar; [to include] poner en la lista; [to criticize] poner por los suelos; [to attribute] achacar; [down payment] hacer un desembolso inicial de; **to ~ forth** [to sprout] brotar; [to offer] presentar, proponer; **to ~ in** meter; [to install] poner; **to ~ in a good word for** hablar por OR en favor de; **to ~ into words** expresar; **to ~ it mildly** sin exagerar; **to ~ off** [to postpone] aplazar, diferir; [to offend] dar asco, asquear; [to make wait] hacer esperar; **to ~ on** TEAT poner en escena; [clothes] ponerse; [to affect] afectar; [to turn on] encender; **to ~ on the brakes** echar el freno; **to ~ one over on** engañar; **to ~ one's house in order** arreglar uno sus asuntos; **to ~ out** [to extinguish] apagar; [to inconvenience] molestar; [to publish] publicar; [to display] sacar, mostrar; **to ~ through** [to accomplish] llevar a cabo; [to enact] hacer aprobar; [to cause] hacer pasar; TEL poner con; **to ~ together** atar cabos; **to ~ up** [to build] levantar, construir; [to can] envasar; [to nominate] proponer; [to provide] poner, adelantar; [to offer] poner; [to lodge] hospedar, alojar; [to hang up] colgar; **to ~ up to** incitar a; **to ~ upon** abusar de; (*intr.*) ▪ **to ~ in** MARÍT hacer escala en un puerto; **to ~ up or shut up** *fam* aguantar; **to ~ up with** aguantar ◇ *s.* tiro, lanzamiento ◇ *adj.* ▪ **to be hard ~ to** serle a uno difícil; **to stay ~** quedarse en su sitio
put-down [ˈdounˈ] *s. jer* desdén *m*
put-on [:ŏnˈ] ◇ *adj.* fingido ◇ *s. jer* engaño
pu•tre•fy [ˈfīˈ] *tr.* & *intr.* pudrir(se)
pu•trid [pyo͞oˈtrĭd] *adj.* pútrido; [rotten] podrido; MED gangrenoso; [vile] asqueroso
putt [pŭt] DEP ◇ *s.* tiro al hoyo ◇ *tr.* & *intr.* tirar al hoyo
put•ter [pŭtˈər] *intr.* no hacer nada de particular; (*tr.*) ▪ **to ~ away** perder
put•ty [pŭtˈē] *s.* masilla
puz•zle [pŭzˈəl] ◇ *tr.* desconcertar, dejar perplejo ▪ **to ~ out** resolver, descifrar; (*intr.*) ▪ **to ~ over** reflexionar, meditar ◇ *s.* enigma *m*, misterio; [riddle] acertijo; [bewilderment] perplejidad *f* ▪ **crossword ~** crucigrama; **jigsaw ~** rompecabezas
puz•zle•ment [:mənt] *s.* perplejidad *f*
pyg•my [pĭgˈmē] *adj.* & *s.* pigmeo
py•ja•mas [pə-jäˈməz] GB = **pajamas**
py•lon [pīˈlŏnˈ] *s.* [gateway] pilón *m*; AVIA torre marcadora del curso del vuelo; ELEC poste *m*
pyr•a•mid [pĭrˈə-mĭdˈ] *s.* pirámide *f*
pyre [pīr] *s.* pira, hoguera

py•rite [pī'rīt'] *s.* pirita (de hierro)
py•ro•ma•ni•ac [:ăk'] *s.* & *adj.* pirómano
py•ro•tech•nic [pī'rə-tĕk'nĭk] *adj.* pirotécnico ▪ **pyro-technics** (*s.sg.*) pirotecnia
Pyr•rhic victory [pĭr'ĭk] *s.* victoria pírrica
py•thon [pī'thŏn'] *s.* pitón *m*

Q

q, Q [kyo͞o] *s.* decimoséptima letra del alfabeto inglés
q.t. [kyo͞o'tē'] *s.* ▪ **on the q.t.** *jer* calladamente
quack¹ [kwăk] ◇ *s.* graznido ◇ *intr.* graznar
quack² *s.* [doctor] curandero
quad¹ [kwŏd] *s.* ARQ patio cuadrangular
quad² *s.* [quadruplet] cuatrillizo
quad•ran•gle ['răng'gəl] *s.* cuadrángulo; ARQ plaza, patio (de una universidad)
quad•rant [:rənt] *s.* cuadrante *m*
quad•rat•ic [kwŏ-drăt'ĭk] *adj.* cuadrático
quad•ri•ceps [kwŏd'rĭ-sĕps'] *s.* cuádriceps *m*
quad•ri•lat•er•al ['rə-lăt'ər-əl] *s.* & *adj.* cuadrilátero
qua•drille [kwə-drĭl'] *s.* cuadrilla
quad•ri•ple•gi•a [kwŏd'rə-plē'jē-ə] *s.* cuadriplejía
quad•ri•ple•gic [:jĭk] *adj.* & *s.* cuadripléjico
quad•ru•ped [kwŏd'rə-pĕd'] *s.* cuadrúpedo
quad•ru•ple [kwŏ-dro͞o'pəl] ◇ *adj.* cuádruple ◇ *tr.* & *intr.* cuadruplicar(se)
quad•ru•plet [:plĭt] *s.* [group of four] cuádruplo; [off-spring] cuatrillizo
quad•ru•pli•cate [:plĭ-kĭt] *adj.* & *s.* cuádruplo ▪ **in ~** por cuadruplicado
quaff [kwŏf] *tr.* & *intr.* beber a grandes tragos
quag•mire [:mīr'] *s.* pantano
quail¹ [kwāl] *s.* (*pl* **inv.** OR **s**) codorniz *f*
quail² *intr.* acobardarse
quaint [kwānt] *adj.* pintoresco
quaint•ness ['nĭs] *s.* carácter pintoresco
quake [kwāk] ◇ *intr.* temblar; [with fear] estremecerse ◇ *s.* temblor *m*
qual•i•fi•ca•tion [kwŏl'ə-fĭ-kā'shən] ◇ *s.* calificación *m*; [requirement] requisito; [restriction] reserva ◇ *pl.* credenciales
qual•i•fied [kwŏl'ə-fīd'] *adj.* [competent] capacitado; [certified] acreditado; [restricted] con reservas
qual•i•fi•er [:fī'ər] *s.* calificativo
qual•i•fy [:fī'] *tr.* calificar, caracterizar; [to train] capacitar; [to entitle] dar derecho a; [to certify] acreditar; [to moderate] atenuar; GRAM modificar; (*intr.*) [for a position] tener las capacidades necesarias; DEP clasificarse ▪ **to ~ as** merecer el título de
qual•i•fy•ing [:ĭng] *adj.* eliminatorio
qual•i•ta•tive [kwŏl'ĭ-tā'tĭv] *adj.* cualitativo
qual•i•ty [kwŏl'ĭ-tē] *s.* [nature, excellence] calidad *f*; [property] característica; [attribute] cualidad *f*; [high status] categoría
qualm [kwäm, kwôm] *s.* [doubt] duda; [scruple] remordimiento ▪ **to have no qualms about** no vacilar en
quan•da•ry [kwŏn'də-rē] *s.* dilema *m*
quan•ti•fy [kwŏn'tĭ-fī'] *tr.* determinar la cantidad de
quan•ti•ta•tive [:tā'tĭv] *adj.* cuantitativo
quan•ti•ty [kwŏn'tĭ-tē] *s.* cantidad *f* ▪ **in ~** en grandes cantidades; **unknown ~** incógnita
quan•tum [kwŏn'təm] *s.* (*pl* **-ta**) FÍS cuanto, quantum *m* ▪ **~ jump** FÍS transición cuántica; *fig* desviación repentina; **~ mechanics/theory** mecánica/teoría cuántica
quar•an•tine [kwôr'ən-tēn'] ◇ *s.* cuarentena ◇ *tr.* poner en cuarentena
quark [kwôrk] *s.* quark *m*
quar•rel [kwôr'əl] ◇ *s.* pelea, discusión *f* ▪ **to have no ~ with** no tener nada en contra de ◇ *intr.* [to argue] pelear, discutir; [with an issue] estar en desacuerdo ▪ **to ~ over** discutir
quar•rel•ing [:ə-lĭng] *s.* disputas *f*
quar•rel•some [:əl-səm] *adj.* pendenciero
quar•ry¹ [kwôr'ē] *s.* [prey] presa
quar•ry² ◇ *s.* [pit] cantera ◇ *tr.* [stone] sacar de una cantera; [land] excavar
quart [kwôrt] *s.* cuarto (de galón)
quar•ter [kwôr'tər] ◇ *s.* [fourth part] cuarto, cuarta parte; [of a dollar] veinticinco centavos; [of an hour, mile] cuarto; [of a year] trimestre *m*; [direction] dirección *f*; [neighborhood] barrio; GEOM cuadrante *m*; DEP [period] tiempo ▪ **(a) ~ past** y cuarto; **(a) ~ to** OR **of** menos cuarto; **~ note** negra ◇ *pl.* [residence] residencia; [barracks] cuartel ▪ **at close ~** [at close range] de cerca; [fighting] cuerpo a cuerpo; **from all ~** de todas partes ◇ *tr.* dividir en cuartos, cuartear; [to lodge] alojar; MIL acuartelar ▪ **to draw and ~** descuartizar; (*intr.*) [troops] acuartelarse; [to lodge] alojarse ◇ *adj.* cuarto de; **a ~ inch** un cuarto de pulgada
quar•ter•back [:băk'] ◇ *s.* jugador *m* que dirige la jugada ◇ *tr.* dirigir
quar•ter-deck [:dĕk'] *s.* alcázar *m*
quar•ter•fi•nal ['-fī'nəl] *s.* cuarto de final
quar•ter-hour [:our'] *s.* cuarto de hora
quar•ter•ly ['-lē] ◇ *s.* & *adj.* (publicación *f*) trimestral ◇ *adv.* trimestralmente, cada tres meses
quar•ter•mas•ter [:măs'tər] *s.* MIL oficial *m* de intendencia; MARÍT cabo de mar
quar•tet(te) [kwôr-tĕt'] *s.* cuarteto
quar•to ['tō] *s.* (*pl* **-tos**) libro en cuarto
quartz [kwôrts] *s.* cuarzo
quartz•ite [kwôrt'sīt'] *s.* cuarcita
qua•sar [kwā'zär'] *s.* cuásar *m*
quash [kwŏsh] *tr.* [to annul] anular; [uprising, feeling] sofocar
qua•si [kwā'zī', kwä'zē] *adj.* cuasi, casi
qua•ver [kwā'vər] ◇ *intr.* temblar; [to trill] trinar; (*tr.*) decir con voz trémula ◇ *s.* [of voice] temblor *m*; [trill] trino
quay [kē, kā] *s.* muelle *m*
quay•age [kē'ĭj, kā'-] *s.* derechos de muelle
quea•si•ness [kwē'zē-nĭs] *s.* náusea
quea•sy [kwē'zē] *adj.* (**-i-**) [nauseous] con náuseas; [stomach] débil; [uneasy] inquieto
queen [kwēn] *s.* reina; [in cards, chess] dama ▪ **~ mother** reina madre
queen•ly ['lē] *adj.* (**-i-**) de reina, majestuoso
queen-size [:sīz'] *adj.* muy grande
queer [kwîr] ◇ *adj.* [strange] raro; [odd] curioso; [eccentric] estrafalario; [suspicious] sospechoso; [homosexual] homosexual ▪ **to feel ~** no sentirse bien ◇ *tr.* *jer* arruinar

queer•ness ['nĭs] *s.* rareza, extrañeza
quell [kwel] *tr.* [a riot] sofocar; [emotions] dominar
quench [kwench] *tr.* [fire] apagar; [enthusiasm, thirst] matar; [metals] templar
quer•u•lous [kwer'ə-ləs] *adj.* quejumbroso
que•ry [kwîr'ē] ◇ *s.* pregunta; [doubt] duda; [mark] signo de interrogación ◇ *tr.* poner en duda, cuestionar; [to question] preguntar
quest [kwest] *s.* búsqueda
ques•tion [kwes'chən] ◇ *s.* pregunta; [issue] cuestión *f*; [problem] problema *m*; [proposition] moción *f*; [doubt] duda; **there is no ~ about** no hay duda alguna de ▪ **beyond ~** fuera de duda; **in ~** en cuestión; **~ mark** signo de interrogación; **to be out of the ~** ser imposible; **to call into ~** poner en tela de juicio; **to raise the ~ of** plantear la cuestión de ◇ *tr.* preguntar, hacer preguntas a; DER interrogar; [to dispute] poner en tela de juicio
ques•tion•a•ble [:chə-nə-bəl] *adj.* [debatable] cuestionable; [dubious] dudoso
ques•tion•er [:nər] *s.* interrogador *m*
ques•tion•ing [:nĭng] ◇ *s.* interrogación *f* ◇ *adj.* interrogativo; [inquisitive] inquisitivo
ques•tion•naire ['-nâr'] *s.* cuestionario
queue [kyōō] ◇ *s.* cola, fila ◇ *intr.* ▪ **to ~ up** hacer cola
quib•ble [kwĭb'əl] ◇ *intr.* andar con sutilezas ◇ *s.* sutileza
quiche [kēsh] *s.* quiche *f*
quick [kwĭk] ◇ *adj.* [fast] rápido; [bright] listo; [mind] despierto; [temper] vivo ▪ **be ~ about it** hazlo rápidamente; **to be ~ to act** obrar sin perder tiempo; **to be ~ to take offense** ofenderse por nada ◇ *s.* médula ▪ **the ~ and the dead** los vivos y los muertos; **to cut to the ~** herir en los más vivo ◇ *adv.* rápido, rápidamente
quick-and-dirt•y ['ən-dûr'tē] *adj.* de mala calidad
quick•en ['ən] *tr.* [pace] apresurar, acelerar; [pulse] acelerar; [appetite, interest] reavivar; (*intr.*) apresurarse, acelerarse; [to revive] resucitar
quick-freeze [:wĭk'frēz'] *tr.* (**-froze, -frozen**) congelar rápidamente
quick•ie [:ē] *s. fam* cosa hecha rápidamente
quick•ness [:nĭs] *s.* rapidez *f*; [of mind] viveza
quick•sand [:sănd'] *s.* arenas movedizas
quick•sil•ver [:sĭl'vər] ◇ *s.* mercurio, azogue *m* ◇ *adj.* caprichoso
quick•step [:step'] *s.* marcha militar
quick-tem•pered [:tem'pərd] *adj.* irascible
quick-wit•ted [:wĭt'ĭd] *adj.* agudo
quid[1] [kwĭd] *s.* mascada (de tabaco)
quid[2] *s.* (*pl* **inv.** OR **s**) GB *jer* libra esterlina
qui•es•cent [kwī-es'ənt] *adj.* quieto
qui•et [kwī'ĭt] ◇ *adj.* (**-er, -est**) [silent] callado, silencioso; [calm] tranquilo; [not showy] discreto ▪ **be ~!** ¡cállate!; **to be ~** [not noisy] no hacer ruido; [to stop talking] callarse ◇ *s.* [calm] tranquilidad *f*; [silence] silencio; [rest] reposo ◇ *tr.* [to silence] hacer callar; [to calm] tranquilizar; (*intr.*) ▪ **to ~ down** calmarse
qui•et•ness [:nĭs] *s.* silencio; [calmness] tranquilidad *f*, quietud *f*
qui•e•tus [kwī-ē'təs] *s.* muerte *f*; [of a debt] finiquito
quill [kwĭl] *s.* [feather, pen] pluma; [stem] cañón *m* (de una pluma); [of a porcupine] púa
quilt [kwĭlt] ◇ *s.* edredón *m* ◇ *tr.* acolchar
quilt•ing [kwĭl'tĭng] *s.* acolchado
quince [kwĭns] *s.* membrillo
qui•nine [kwī'nīn'] *s.* quinina ▪ **~ water** agua de quina
quint [kwĭnt] *s.* quintillizo
quin•tes•sence [kwĭn-tes'əns] *s.* quintaesencia
quin•tet(te) [:tet'] *s.* quinteto
quin•tu•plet [:tŭp'lĭt] *s.* [group of five] quíntuplo; [offspring] quintillizo
quip [kwĭp] ◇ *s.* ocurrencia ◇ *intr.* (**-pp-**) hablar sarcásticamente; [to gibe] tirar pullas
quirk [kwûrk] *s.* [twist] vuelta; [idiosyncracy] peculiaridad *f*; [vagary] capricho
quirk•y [kwûr'kē] *adj.* (**-i-**) [peculiar] peculiar, singular; [capricious] caprichoso
quis•ling [kwĭz'lĭng] *s.* colaboracionista *mf*
quit [kwĭt] ◇ *tr.* (**quit(ted), -tting**) [to leave] salir de; **to ~ work at five** salir del empleo a las cinco; [a school, job] abandonar, dejar; [to stop] dejar de; **to ~ smoking** dejar de fumar; (*intr.*) [to stop] parar; **I ~ at five** paro a las cinco; [to give up] desistir; [to resign] renunciar ◇ *adj.* ▪ **to be ~ of** estar libre de
quite [kwīt] *adv.* [rather] bastante; **~ long** bastante largo; totalmente; **we are ~ satisfied** estamos totalmente satisfechos; [altogether] del todo; **it is not ~ finished** no está del todo terminado; [absolutely] absolutamente; [exactly] exactamente; *fam* [very] muy, bastante ▪ **~ a bit** bastante; **~ a while** un buen rato; **~ so!** ¡así es!; **to be ~ a** ser un gran
quits [kwĭts] *adj.* ▪ **to be ~** estar iguales OR en paz; **to call it ~** dejarlo así
quit•tance [kwĭt'ns] *s.* quita
quit•ter [:ər] *s.* ▪ **to be a ~** darse por vencido fácilmente
quiv•er[1] [kwĭv'ər] ◇ *intr.* temblar, estremecerse ◇ *s.* temblor *m*, estremecimiento
quiv•er[2] *s.* [for arrows] aljaba
quix•ot•ic [kwĭk-sŏt'ĭk] *adj.* quijotesco
quiz [kwĭz] ◇ *tr.* (**-zz-**) interrogar; [to test] examinar ◇ *s.* interrogatorio; [test] prueba, examen *m* ▪ **~ show** concurso de televisión
quiz•zi•cal [kwĭz'ĭ-kəl] *adj.* perplejo
quoin [koin, kwoin] *s.* piedra angular
quo•rum [kwôr'əm] *s.* quórum *m*
quo•ta [kwō'tə] *s.* cuota
quot•a•ble [kwō'tə-bəl] *adj.* digno de citarse
quo•ta•tion [kwō-tā'shən] *s.* cita; [of prices] cotización *f* ▪ **~ marks** comillas
quote [kwōt] ◇ *tr.* [words, source] citar; [example, price] dar; FIN cotizar; (*intr.*) hacer una cita ▪ **and I ~** y cito sus palabras ◇ *s. fam* cita; [mark] comilla ▪ **in quotes** entre comillas; **~ unquote** entre comillas
quo•tid•i•an [kwō-tĭd'ē-ən] *adj.* [daily] diario, cotidiano; [commonplace] común
quo•tient [kwō'shənt] *s.* MAT cociente *m*

R

r, R [är] *s.* decimoctava letra del alfabeto inglés
rab•bi [răb'ī] *s.* rabino
rab•bit [răb'ĭt] *s.* (*pl* **inv.** OR **s**) conejo
rab•ble [răb'əl] *s.* gentío, chusma
rab•ble-rous•er [:rou'zər] *s.* agitador *m*
rab•id [răb'ĭd] *adj.* rabioso; [fanatic] fanático
ra•bies [rā'bēz] *s.* rabia
rac•coon [ră-ko͞on'] *s.* (*pl* **inv.** OR **s**) mapache *m*
race¹ [rās] *s.* [people] raza
race² ◇ *s.* [contest] carrera; [of water] corriente *f* ▪ ~ **car** coche de carreras; ~ **car driver** corredor ◇ *intr.* correr; [to compete] competir; [engine] acelerarse ▪ **to ~ around** ajetrearse; (*tr.*) competir con, correr contra; [engine] acelerar al máximo ▪ **I'll ~ you** te echo una carrera; **to ~ after** perseguir
race•course [:kôrs'] *s.* [for horses] hipódromo; [for cars] autódromo
race•horse [:hôrs'] *s.* caballo de carreras
rac•er [rā'sər] *s.* corredor *m*
race•track [rās'trăk'] *s.* pista; [for horses] hipódromo
ra•cial [rā'shəl] *adj.* racial
rac•ism [rā'sĭz'əm] *s.* racismo
ra•cist [rā'sĭst] *adj.* & *s.* racista *mf*
rack [răk] ◇ *s.* [in a train, on a car] portaequipajes *m*; [for hats, coats] percha; [for feed] comedero; [for torture] potro; [of pain] tormento ▪ ~ **and pinion steering** engranaje de cremallera y piñón; **to be on the ~** *fam* estar atormentado; **to go to ~ and ruin** venirse abajo ◇ *tr.* hacer sufrir ▪ **to be racked by** OR **with** estar atormentado por; **to ~ up** *fam* acumular
rack•et¹ [răk'ĭt] *s.* DEP raqueta
rack•et² *s.* [uproar] alboroto; [illegal business] negocio ilegal; [fraud] timo, estafa
rack•et•eer [răk'ĭ-tîr'] *s.* mafioso, persona que hace negocios deshonestos
rack•et•eer•ing [:ĭng] *s.* negocios ilegales; [bribery] soborno; [blackmail] chantaje *m*
rac•on•teur [răk'ŏn-tûr'] *s.* cuentista *mf*
rac•y [rā'sē] *adj.* (**-i-**) [joke] picante; [lively] animado
ra•dar [rā'där'] *s.* radar *m*
ra•di•al [rā'dē-əl] ◇ *adj.* radial ◇ *s.* [radius] radio; [tire] neumático radial
ra•di•ance/an•cy [rā'dē-əns] *s.* resplandor *m*
ra•di•ant [:ənt] *adj.* radiante
ra•di•ate [:āt'] *intr.* [to shine] brillar; [to spread out] radiar; FÍS irradiar, emitir; (*tr.*) (ir)radiar
ra•di•a•tion ['-ā'shən] *s.* radiación *f*
ra•di•a•tor ['-'tər] *s.* radiador *m*
rad•i•cal [răd'ĭ-kəl] *adj.* & *s.* radical *m*
ra•di•o [rā'dē-ō'] ◇ *s.* radio *f* ▪ ~ **network** red de emisoras; ~ **station** emisora de radio ◇ *tr.* & *intr.* transmitir (un mensaje) por radio
ra•di•o•ac•tive ['--ăk'tĭv] *adj.* radiactivo
ra•di•o•ac•tiv•i•ty [:ăk-tĭv'ĭ-tē] *s.* radiactividad *f*
ra•di•ol•o•gist [rā'dē-ŏl'ə-jĭst] *s.* radiólogo
ra•di•ol•o•gy [:jē] *s.* radiología
ra•di•o•ther•a•py [:ō-ther'ə-pē] *s.* radioterapia
rad•ish [răd'ĭsh] *s.* rábano
ra•di•um [rā'dē-əm] *s.* radio
ra•di•us [rā'dē-əs] *s.* (*pl* **es** OR **-dii**) radio
ra•don [rā'dŏn'] *s.* radón *m*
raff•ish [răf'ĭsh] *adj.* pícaro
raf•fle [răf'əl] ◇ *s.* rifa ◇ *tr.* & *intr.* rifar
raft¹ [răft] ◇ *s.* balsa ◇ *intr.* ▪ **to go rafting** ir en balsa
raft² *s. fam* [great number] montón *m*
raft•er [răf'tər] *s.* par *m* (de un techo)
rag¹ [răg] ◇ *s.* [cloth] trapo; *jer* [newspaper] periodicucho ◇ *pl.* harapos
rag² *tr.* (**-gg-**) [to scold] regañar; *jer* [to tease] tomar el pelo a
rag•a•muf•fin [răg'ə-mŭf'ĭn] *s.* golfo
rage [rāj] ◇ *s.* furia ▪ **to be all the ~** estar en boga; **to fly into a ~** enfurecerse ◇ *intr.* [storm] bramar; [plague, fire] propagarse
rag•ged [răg'ĭd] *adj.* [beggar] andrajoso; [sleeve] raído; [edge] mellado; [performance] desigual
rag•time [răg'tīm'] *s.* ragtime *m*
rag•weed [răg'wēd'] *s.* ambrosía
rah! [rä] *interj.* ¡hurra!
raid [rād] ◇ *s.* MIL incursión *f*; [by police] redada; [of bank] atraco ◇ *tr.* MIL hacer una incursión en; [police] hacer una redada en; [bank] atracar
raid•er [rā'dər] *s.* invasor *m*
rail¹ [rāl] ◇ *s.* [banister] barandilla; [at racetrack] cerca; FC riel *m* ▪ **by ~** por ferrocarril, en tren ◇ *pl.* ferrocarriles
rail² *s.* ORNIT rascón *m*
rail³ *intr.* ▪ **to ~ against** denostar contra
rail•ing [rā'lĭng] *s.* [of balcony] baranda; [of stairs] pasamanos
rail•road [rāl'rōd'] ◇ *s.* ferrocarril *m* ▪ ~ **car** vagón; ~ **crossing** cruce de ferrocarril; ~ **station** estación ferroviaria ◇ *tr.* transportar por ferrocarril; *fam* [bill, law] hacer votar apresuradamente; [person] encarcelar falsamente
rail•way [:wā'] *s.* ferrocarril *m*; [track] vía
rain [rān] ◇ *s.* lluvia ▪ **(come) ~ or shine** pase lo que pase; **in the ~** bajo la lluvia; ~ **forest** selva tropical ◇ *intr.* llover ▪ **it never rains but it pours** las desgracias nunca vienen solas; (*tr.*) ▪ **to ~ cats and dogs** llover a cántaros
rain•bow ['bō'] *s.* arco iris
rain•coat [:kōt'] *s.* impermeable *m*
rain•drop [:drŏp'] *s.* gota de lluvia
rain•fall [:fôl'] *s.* [shower] aguacero; [precipitation] precipitación *f*
rain•storm [:stôrm'] *s.* tempestad *f* de lluvia
rain•wa•ter [:wô'tər] *s.* agua de lluvia
rain•wear [:wâr'] *s.* ropa impermeable
rain•y [rā'nē] *adj.* (**-i-**) lluvioso
raise [rāz] ◇ *tr.* levantar; [window, prices] subir; [land] divisar; [flag] izar; [a ship] sacar a flote; [welt, blister] producir; [the dead] resucitar; [voice] alzar; [rank, level] ascender; [children, animals] criar; [crop] cultivar; [point] hacer, formular; [an issue] plantear; [doubts] suscitar; [to arouse] sublevar; [money] recaudar; [an army] reclutar; CUL hacer subir; MARÍT elevar ▪ **to be raised** criarse ◇ *s.* aumento

R

raised [rāzd] *adj.* [in relief] en relieve; [embossed] repujado

rai•sin [rā'zĭn] *s.* pasa (de uva)

rake¹ [rāk] ◇ *s.* [tool] rastrillo ◇ *tr.* rastrillar; [leaves] recoger con el rastrillo; [to sweep] rastrear; [with gunfire] ametrallar ▪ **to ~ in the money** ganar mucho dinero; **to ~ over the coals** censurar duramente; **to ~ up** [gossip] sacar a relucir; [money] reunir

rake² *s.* libertino, Don Juan

ral•ly [răl'ē] ◇ *tr.* [to assemble] reunir; [to revive] recobrar; (*intr.*) reunirse; [to recover] recuperarse ▪ **to ~ round** OR **to** dar apoyo a ◇ *s.* mitin *m*; COM & MED recuperación *f*; AUTO rally *m*

ram [răm] ◇ *s.* ZOOL carnero; MAQ & MEC pisón *m*; MIL ariete *m*; MARÍT espolón *m* ◇ *tr.* (**-mm-**)[to stuff] meter a la fuerza; [to crash into] chocar con

ram•ble [răm'bəl] ◇ *intr.* [to walk] pasear; [to digress] divagar ◇ *s.* paseo

ram•bler [:blər] *s.* excursionista *mf*

ram•bling [:blĭng] ◇ *adj.* sin orden ni concierto ◇ *s.* excursionismo

ram•bunc•tious [răm-bŭngk'shəs] *adj.* alborotador

ram•i•fi•ca•tion [răm'ə-fĭ-kā'shən] *s.* ramificación *f*

ramp [rămp] *s.* rampa

ram•page [răm'pāj'] *s.* alboroto ▪ **to go on a ~** andar como loco, ir destrozándolo todo

ram•pant [răm'pənt] *adj.* desenfrenado

ram•part [răm'pärt'] ◇ *s.* muralla; *fig* amparo ◇ *tr.* amurallar

ram•rod [răm'rŏd'] *s.* [loading] taco; [cleaning] baqueta

ram•shack•le [răm'shăk'əl] *adj.* desvencijado

ran [răn] ▷ **run**

ranch [rănch] ◇ *s.* hacienda ▪ **~ house** casa de una sola planta ◇ *intr.* llevar una hacienda

ranch•er [răn'chər] *s.* estanciero, hacendado

ran•cid [răn'sĭd] *adj.* rancio

ran•cor [răng'kər] *s.* rencor *m*

ran•cor•ous [:əs] *adj.* rencoroso

ran•dom [răn'dəm] *adj.* hecho al azar, fortuito ▪ **at ~** al azar; **~ access** acceso aleatorio

rang [răng] ▷ **ring²**

range [rānj] ◇ *s.* [reach] alcance *m*; [scope] extensión *f*; [variety] gama; [stove] cocina; [of merchandise] surtido; AER radio de acción; [firing range] campo de tiro; [for livestock] terreno de pasto; [habitat] habitat *m*; GEOG cordillera, cadena; MÚS registro; MIL distancia (del blanco) ▪ **at close ~** de cerca, a quemarropa; **~ of vision** campo visual; **within firing ~** a tiro ◇ *tr.* [in rows] alinear; [to classify] ordenar, clasificar; [to traverse] recorrer; [livestock] apacentar; (*intr.*) extenderse; [to explore] recorrer ▪ **to ~ from ... to** ir de ... a

rang•er [rān'jər] *s.* [of a forest] guardabosques *m*; [mounted policeman] policía *m*

rang•y [:jē] *adj.* (**-i-**) alto y delgado

rank¹ [răngk] ◇ *s.* [row] fila; [in society] clase *f*; [high status] rango; [quality] categoría; MIL grado ▪ **~ and file** MIL soldados rasos; [ordinary people] gente común; [of a union] miembros ◇ *pl.* filas ▪ **to break ~** romper filas; **to close (the) ~** cerrar las filas; **to join the ~ of** unirse con ◇ *tr.* [in rows] alinear; [in order] clasificar ▪ **to ~ above** ser superior a; **to ~ among** figurar entre; (*intr.*) clasificarse ▪ **to ~ high** ocupar una alta posición

rank² *adj.* [growth] tupido; [smell] rancio

rank•ing [răng'kĭng] *adj.* superior

ran•kle [răng'kəl] *intr.* doler, enconarse

ran•sack [răn'săk'] *tr.* [to search] registrar; [to plunder] saquear

ran•som [răn'səm] ◇ *s.* rescate *m* ◇ *tr.* rescatar, liberar

rant [rănt] *tr.* & *intr.* vociferar

rap¹ [răp] ◇ *s.* golpe seco ▪ **to beat the ~** *jer* librarse de una condena; **to take the ~** *jer* cargar con la culpa (**for** de) ◇ *tr.* (**-pp-**)[to strike] golpear; [to criticize] criticar; (*intr.*) ▪ **to ~ on** [door] llamar a; [table] golpear

rap² *jer* ◇ *intr.* (**-pp-**) conversar ◇ *s.* conversación *f*; [music] rap

ra•pa•cious [rə-pā'shəs] *adj.* rapaz

rape¹ [rāp] ◇ *s.* violación *f*; [abduction] rapto ◇ *tr.* violar

rape² *s.* BOT colza

rap•id [răp'ĭd] ◇ *adj.* rápido ▪ **~ transit** sistema de transporte urbano ◇ *s. pl.* rápidos

ra•pid•i•ty [rə-pĭd'ĭ-tē] *s.* rapidez *f*

rap•ist [rā'pĭst] *s.* violador *m*

rap•per [răp'ər] *s.* rapper

rap•port [ră-pôr'] *s.* relación *f*

rap•proche•ment [rä'prôsh-mä'] *s.* acercamiento

rapt [răpt] *adj.* [enraptured] extasiado; [engrossed] absorto

rap•ture [răp'chər] *s.* éxtasis *m*

rap•tur•ous [:əs] *adj.* extasiado

rare¹ [râr] *adj.* raro; [special] poco común

rare² *adj.* CUL jugoso, poco hecho

rar•e•fied [râr'ə-fīd'] *adj.* esotérico, refinado

rar•ing [râr'ĭng] *adj. fam* impaciente

rar•i•ty [râr'ĭ-tē] *s.* rareza

ras•cal [răs'kəl] *s.* tunante *m*, bribón *m*

rash¹ [răsh] *adj.* [act] precipitado; [person] impetuoso

rash² *s.* MED sarpullido; *fig* ola

rash•er [răsh'ər] *s.* lonja de jamón, tocino

rasp [răsp] ◇ *tr.* escofinar ◇ *s.* escofina; [sound] chirrido

rasp•ber•ry [răz'ber'ē] *s.* [plant] frambueso; [fruit] frambuesa; *jer* abucheo

rasp•y [răs'pē] *adj.* (**-i-**) áspero

rat [răt] ◇ *s.* rata; *jer* canalla *m*, traidor *m* ▪ **to smell a ~** *fam* sospechar algo ◇ *intr.* (**-tt-**) ▪ **to ~ on** *jer* delatar a

ratch•et [răch'ĭt] *s.* MEC trinquete *m*, uña

rate¹ [rāt] ◇ *s.* [speed] velocidad *f*; [of change] coeficiente *m*; [of occurrence] índice *m*; [percentage] porcentaje *m*; [of pay] tipo; FIN interés *m* ▪ **at any ~** de todos modos; **at this ~** a este paso; **postal ~** tarifa postal; **~ of exchange** cambio ◇ *tr.* [to estimate] estimar; [to value] valorar; [to classify] clasificar; [to deserve] merecer; (*intr.*) ▪ **to be rated (as)** ser considerado como; **to ~ high** ocupar una alta posición

rate² *tr.* & *intr.* [to berate] regañar

rath•er [răth'ər] *adv.* [more exactly] mejor dicho; [quite] bastante; [somewhat] un poco ▪ **but ~** sino (que); **I would ~** preferiría; **I would ~ not** mejor no; **~ than** en vez de

rat•i•fy [răt'ə-fī'] *tr.* ratificar

rat•ing [rā'tĭng] *s.* [standing] clasificación *f*; [credit rating] solvencia; TELEV popularidad *f*

ra•tio [rā'shō] *s.* proporción *f*; MAT razón *f*

ra•tion [răsh'ən, rā'shən] ◇ *s.* ración *f*, porción *f* ◇ *pl.* MIL provisiones ◇ *tr.* racionar

ra•tion•al [răsh'ə-nəl] *adj.* racional; [sensible] razonable
ra•tion•ale ['-năl'] *s.* [reason] razón *f* fundamental; [explanation] explicación *f*
ra•tion•al•i•ty [:năl'ĭ-tē] *s.* racionalidad *f*
ra•tion•al•i•za•tion [:nə-lĭ-zā'shən] *s.* racionalización *f*
ra•tion•al•ize ['- -līz'] *tr.* racionalizar
ra•tion•ing [răsh'ə-nĭng] *s.* racionamiento
rat•tan [ră-tăn'] *s.* rota, junco de Indias
rat•tle [răt'l] ◇ *intr.* [vehicle] traquetear; [window, door] golpetear; [teeth] castañetear ■ **to ~ on** seguir parloteando; (*tr.*)[to shake] sacudir; *fam* [to unnerve] poner nervioso ■ **to ~ off** decir rápidamente ◇ *s.* traqueteo; [of door, window] golpe *m*; [of teeth] castañeteo; [of baby] sonajero
rat•tler ['lər] *s.* serpiente *f* de cascabel
rat•tle•snake [:l-snāk'] *s.* serpiente *f* de cascabel
rat•trap [răt'trăp'] *s.* ratonera; *fig* pocilga
rat•ty [răt'ē] *adj.* (**-i-**) ratonil; *jer* [dilapidated] destartalado; [shabby] andrajoso
rau•cous [rô'kəs] *adj.* estridente
raun•chy [rôn'chē] *adj.* (**-i-**) *jer* [grimy] sucio; [joke, behaviour] picante, atrevido
rav•age [răv'ĭj] ◇ *tr.* destrozar; [by army] saquear ◇ *s.* destrozo ◇ *pl.* estragos
rave [rāv] ◇ *intr.* delirar, desvariar ■ **to ~ about** estar loco por ◇ *s.* ■ **to get ~ reviews** *fam* recibir críticas muy entusiastas
ra•ven [rā'vən] ◇ *s.* cuervo ◇ *adj.* negro
rav•en•ous [răv'ə-nəs] *adj.* hambriento; [voracious] voraz
ra•vine [rə-vēn'] *s.* barranco
rav•ing [rā'vĭng] ◇ *adj.* *fam* extraordinario ■ **to be ~ mad** estar loco de atar ◇ *s. pl.* desvaríos
rav•ish [răv'ĭsh] *tr.* [to seize] raptar; [to rape] violar
rav•ish•ing [:ĭ-shĭng] *adj.* encantador
raw [rô] *adj.* crudo; [not refined] bruto; [weather] crudo; [inexperienced] novato; [socially coarse] tosco; [throat] inflamado; [wound] en carne viva ■ **in the ~** *fam* desnudo; **~ material** materia prima; **to get a ~ deal** *jer* recibir un tratamiento injusto
raw•hide [rô'hīd] *s.* cuero sin curtir
ray[1] [rā] *s.* rayo; MAT & BOT radio
ray[2] *s.* ICT raya
ray•on [rā'ŏn'] *s.* rayón *m*
raze [rāz] *tr.* arrasar, demoler
ra•zor [rā'zər] *s.* navaja de afeitar ■ **~ blade** cuchilla OR hoja de afeitar
razz [răz] *tr. jer* tomar el pelo a, burlarse de
reach [rēch] ◇ *tr.* alcanzar; [as far as] llegar hasta; [to arrive at] llegar a; [on the phone] comunicarse con; [to make an impression on] impresionar; [in length, height] llegar a, extenderse hasta; [in age] cumplir; *fam* [an object] pasar, llegar ■ **to ~ out** extender, alargar; (*intr.*) llegar ■ **to ~ down** inclinarse, agacharse; **to ~ for** tratar de coger OR agarrar; **to ~ for the stars** aspirar a lo inalcanzable; **to ~ in(to)** meter la mano (en); **to ~ out** extender la mano; **to ~ up** alzar la mano ◇ *s.* alcance *m*; [comprehension] comprensión *f*; [of cord, arm] extensión *f* ■ **within ~** [of the hand] al alcance de la mano; [by transportation] cerca
re•act [rē-ăkt'] *intr.* reaccionar
re•ac•tion [rē-ăk'shən] *s.* reacción *f*
re•ac•tion•ar•y [:shə-ner'ē] *adj.* & *s.* reaccionario
re•ac•ti•vate [:tə-vāt'] *tr.* reactivar
re•ac•tive [:tĭv] *adj.* reactivo
re•ac•tor [:tər] *s.* QUÍM reactivo; ELEC & FÍS reactor *m*
read [rēd] ◇ *tr.* (**read**) leer; [thoughts, the future] adivinar; GB [to study] estudiar; RAD oír; TEC [an instrument] marcar; **the dial reads 32°** la esfera marca 32° ■ **to ~ into** atribuir a; **to ~ out** leer en voz alta; **to ~ over** [to go over] repasar; [to reread] releer; **to ~ someone like a book** saber lo que alguien está pensando; **to ~ up on** informarse acerca de; (*intr.*) leer; [to be worded] rezar, decir ■ **to ~ between the lines** leer entre líneas ◇ *s.* lectura ◇ *adj.* ■ **well-read** [book] muy leído; [person] instruido
read•a•ble [rē'də-bəl] *adj.* [legible] legible; [interesting] interesante
read•er [rē'dər] *s.* lector *m*; [schoolbook] libro de lecturas; [anthology] antología
read•i•ly [red'l-ē] *adv.* [willingly] de buena gana; [easily] con facilidad
read•i•ness [:ē-nĭs] *s.* buena disposición
read•ing [rē'dĭng] *s.* lectura; [of a situation] interpretación *f*; [of a text] versión *f*; TEC indicación *f*; COMPUT lectura ■ **~ room** sala de lectura; **the ~ public** el público lector; **to take a ~** TEC medir
re•ad•just [rē'ə-jŭst'] *tr.* reajustar, readaptar
re•ad•just•ment [:mənt] *s.* reajuste *m*
read-out [rēd'out'] *s.* visualización *f*
read•y [red'ē] ◇ *adj.* (**-i-**) listo; [willing] dispuesto; [clever] agudo, vivo; [answer] rápido; [available] disponible ■ **~ cash** OR **money** dinero contante; **to be ~ to** estar a punto de; **to get ~** [to prepare] preparar(se); [to fix up] arreglar(se) ◇ *tr.* preparar
read•y•made ['-mād'] *adj.* hecho
read•y-to-wear [:tə-wâr'] ◇ *adj.* hecho, confeccionado ◇ *s.* ropa hecha
re•af•firm [rē'ə-fûrm'] *tr.* reafirmar
real [rē'əl] ◇ *adj.* real; [true] verdadero; [objective] cierto; [serious] de verdad ■ **for ~** *fam* de verdad; **~ estate** bienes inmuebles OR raíces ◇ *adv. fam* muy, mucho
re•a•lign [rē'ə-līn'] *tr.* [tires] realinear; [people] reagrupar
re•al•ism [rē'ə-lĭz'əm] *s.* realismo
re•al•ist [:lĭst] *s.* realista *mf*
re•al•is•tic ['-lĭs'tĭc] *adj.* realista
re•al•i•ty [rē-ăl'ĭ-tē] *s.* realidad *f*; [fact] hecho
re•al•i•za•tion [rē'ə-lĭ-zā'shən] *s.* [understanding] comprensión *f*; [fulfillment] realización *f*
re•al•ize [rē'ə-līz'] *tr.* [to comprehend] darse cuenta de; [to attain] realizar, hacer realidad; [a profit] obtener
re•al•ly [rē'ə-lē, rē'lē] *adv.* [in reality] en realidad; [truly] verdaderamente; [very] muy ■ **~!** ¡hay que ver!; **~?** ¿de veras?
realm [relm] *s.* reino
re•al•tor [rē'əl-tər] *s.* corredor *m* de bienes raíces
re•al•ty [:tē] *s.* bienes *m* raíces
ream[1] [rēm] ◇ *s.* resma ◇ *pl. fig* montones
ream[2] *tr.* [to enlarge] agrandar; [to squeeze] exprimir
reap [rēp] *tr.* & *intr.* cosechar; [to cut] segar
reap•er [rē'pər] *s.* [person] segador *m*; [machine] segadora
re•ap•pear [rē'ə-pîr'] *intr.* reaparecer
re•ap•pear•ance [:əns] *s.* reaparición *f*

re•ap•point [rē-ə-point′] *tr.* nombrar de nuevo
re•ap•point•ment [:mənt] *s.* nuevo nombramiento
re•ap•por•tion [rē′ə-pôr′shən] *tr.* repartir de nuevo
re•ap•prais•al [rē′ə-prā′zəl] *s.* revaluación *f*
rear[1] [rîr] ◇ *s.* parte trasera; [of a house] fondo; *fam* [buttocks] nalgas ▪ **at the ~ of** detrás de ◇ *adj.* trasero, de atrás ▪ **~ guard** retaguardia
rear[2] *tr.* [animals, children] criar; (*intr.*) [horse] encabritarse
rear•ing [′ĭng] *s.* crianza, cría
re•arm [rē-ärm′] *tr.* & *intr.* rearmar(se)
re•ar•ma•ment [rē-är′mə-mənt] *s.* rearme *m*
re•ar•range [rē′ə-rānj′] *tr.* volver a arreglar, disponer de otro modo; [plans] cambiar
re•ar•range•ment [:mənt] *s.* nuevo arreglo, nueva disposición
rear•view mirror [rîr′vyōō′] *s.* retrovisor *m*
rea•son [rē′zən] ◇ *s.* razón *f* ▪ **all the more ~ (to)** razón de más (para); **by ~ of** en virtud de; **for no ~** sin ningún motivo; **the ~ why** el porqué; **to be within ~** ser razonable; **to have ~ to** tener motivos para; **to listen to ~** avenirse a razones; **to stand to ~** ser lógico ◇ *tr.* & *intr.* razonar ▪ **to ~ out** resolver
rea•son•a•ble [rē′zə-nə-bəl] *adj.* razonable
rea•son•ing [:nĭng] *s.* razonamiento
re•as•sess [rē′ə-ses′] *tr.* reexaminar
re•as•sur•ance [rē′ə-shŏŏr′əns] *s.* [confidence] confianza; [promise] promesa
re•as•sure [rē′ə-shŏŏr′] *tr.* tranquilizar, dar confianza
re•bate [rē′bāt′] ◇ *s.* rebaja; [repayment] reembolso ◇ *tr.* rebajar, reembolsar
re•bel ◇ *intr.* [rĭ-bel′] (**-ll-**) rebelarse ◇ *s.* [reb′-əl] rebelde *mf*
re•bel•lion [rĭ-bel′yən] *s.* rebelión *f*
re•bel•lious [:yəs] *adj.* rebelde
re•birth [rē-bûrth′] *s.* renacimiento
re•boot [rē-bōōt′] *tr.* COMPUT reiniciar, reinicializar
re•bound ◇ *intr.* [rē-bound′] rebotar; *fig* recuperarse ◇ *s.* [′] rebote *m* ▪ **to marry on the ~** casarse por despecho
re•buff [rĭ-bŭf′] ◇ *s.* [refusal] rechazo; [snub] desaire *m* ◇ *tr.* rechazar, desairar
re•build [rē-bĭld′] *tr.* & *intr.* (**-built**) reconstruir
re•buke [rĭ-byōōk′] ◇ *tr.* reprender ◇ *s.* reprimenda
re•but [rĭ-bŭt′] *tr.* & *intr.* (**-tt-**) refutar
re•but•tal [:l] *s.* refutación *f*
re•cal•ci•trant [rĭ-kăl′sĭ-trənt] *adj.* recalcitrante
re•call ◇ *tr.* [rĭ-kôl′] [to remember] recordar, acordarse de; [workers] hacer volver; [diplomat] retirar; [product] retirar del mercado ◇ *s.* [rē′-kôl′] [withdrawal] retiro; [recollection] recuerdo
re•cant [rĭ-kănt′] *tr.* & *intr.* retractar(se)
re•cap [rē′kăp′] *fam* ◇ *tr.* (**-pp-**) recapitular ◇ *s.* recapitulación *f*
re•ca•pit•u•late [rē′kə-pĭch′ə-lāt′] *tr.* recapitular; (*intr.*) resumir
re•ca•pit•u•la•tion [′-′-lā′shən] *s.* recapitulación *f*
re•cap•ture [rē-kăp′chər] ◇ *s.* reconquista ◇ *tr.* [the past] hacer revivir; [prisoner] volver a capturar; MIL reconquistar
re•cede [rĭ-sēd′] *intr.* retroceder; [to become distant] alejarse
re•ceipt [rĭ-sēt′] ◇ *s.* recibo ▪ **on ~ of** al recibir ◇ *pl.* ingresos
re•ceiv•a•ble [rĭ-sē′və-bəl] *adj.* a cobrar
re•ceive [rĭ-sēv′] *tr.* recibir; [salary] percibir, cobrar; [members] aceptar; [to shelter] acoger ▪ **receiving line** fila de recepción; (*intr.*) recibir ▪ **to be well received** recibir una buena acogida
re•ceiv•er [rĭ-sē′vər] *s.* receptor *m*; DER síndico; TEL auricular *m*
re•cent [rē′sənt] *adj.* reciente ▪ **in ~ weeks** en las últimas semanas
re•cep•ta•cle [rĭ-sep′tə-kəl] *s.* receptáculo; ELEC enchufe *m* hembra
re•cep•tion [rĭ-sep′shən] *s.* recepción *f*
re•cep•tion•ist [:shə-nĭst] *s.* recepcionista *mf*
re•cep•tive [:tĭv] *adj.* receptivo
re•cep•tor [:tər] *s.* receptor *m*
re•cess [rē′ses′, rĭ-ses′] ◇ *s.* [in school] recreo; [in meeting] interrupción *f*; [in wall] hueco, nicho ▪ **to be in ~** [Congress] estar clausurado; [school] estar cerrada por vacaciones ◇ *tr.* hacer un hueco en; (*intr.*) [Congress] suspender; [school] cerrar
re•ces•sion [rĭ-sesh′ən] *s.* retirada; ECON recesión *f*
re•charge [rē-chärj′] *tr.* recargar
re•cid•i•vism [rĭ-sĭd′ə-vĭz′əm] *s.* reincidencia
rec•i•pe [res′ə-pē] *s.* receta
re•cip•i•ent [rĭ-sĭp′ē-ənt] *adj.* & *s.* receptor *m*; [of e-mail] destinatario
re•cip•ro•cal [rĭ-sĭp′rə-kəl] *adj.* recíproco
re•cip•ro•cate [:kāt′] *tr.* corresponder a; [to exchange] intercambiar; (*intr.*) corresponder
re•cit•al [rĭ-sīt′l] *s.* recital *m*
rec•i•ta•tion [res′ĭ-tā′shən] *s.* recitación *f*; [narration] narración *f*, relato
re•cite [rĭ-sīt′] *tr.* & *intr.* [poem] recitar; [story] narrar; [list] enumerar
reck•less [rek′lĭs] *adj.* [careless] imprudente; [rash] precipitado
reck•on [rek′ən] *tr.* calcular; [to regard] considerar; *fam* [to assume] suponer ▪ **to ~ on** contar con; (*intr.*) calcular ▪ **to ~ with** tener en cuenta
reck•on•ing [:ə-nĭng] *s.* cálculos ▪ **day of ~** día de ajuste de cuentas
re•claim [rĭ-klām′] *tr.* [land] recobrar, ganar; [swamp] sanear; [from waste] recuperar
re•cline [rĭ-klīn′] *tr.* & *intr.* reclinar(se)
re•cluse [rek′lōōs′, rĭ-klōōs′] *s.* solitario
re•clu•sive [rĭ-klōō′sĭv] *adj.* solitario
rec•og•ni•tion [rek′əg-nĭsh′ən] *s.* reconocimiento
rec•og•niz•a•ble [′-nī′zə-bəl] *adj.* reconocible
rec•og•nize [rek′əg-nīz′] *tr.* reconocer; [speaker] dar la palabra a
re•coil ◇ *intr.* [rĭ-koil′] [firearm] dar un culatazo; [cannon] retroceder ▪ **to ~ at** retroceder ante ◇ *s.* [rē′-koil′] [of firearm] culatazo; [of cannon] retroceso
rec•ol•lect [rek′ə-lekt′] *tr.* & *intr.* acordarse (de)
rec•ol•lec•tion [:lek′shən] *s.* recuerdo
rec•om•mend [rek′ə-mend′] *tr.* recomendar
rec•om•men•da•tion [:men-dā′shən] *s.* recomendación *f*
rec•om•pense [rek′əm-pens′] ◇ *tr.* recompensar ◇ *s.* recompensa
rec•on•cil•a•ble [rek′ən-sī′lə-bəl] *adj.* reconciliable; [compatible] compatible
rec•on•cile [′-sīl′] *tr.* [people] reconciliar; [differences] conciliar ▪ **to ~ oneself to** resignarse a

rec•on•cil•i•a•tion ['-sĭl'ē-ā'shən] *s.* reconciliación *f*; [settlement] conciliación *f*
re•con•di•tion [rē'kən-dĭsh'ən] *tr.* arreglar
re•con•firm [rē'kən-fûrm'] *tr.* reconfirmar
re•con•nais•sance [rĭ-kŏn'ə-səns] *s.* reconocimiento
re•con•noi•ter [rē'kə-noi'tər, rek'ə-] *tr.* reconocer; (*intr.*) hacer un reconocimiento
re•con•sid•er [rē'kən-sĭd'ər] *tr.* & *intr.* reconsiderar
re•con•sti•tute [rē-kŏn'stĭ-to͞ot'] *tr.* reconstituir; CUL hidratar
re•con•struct [rē'kən-strŭkt'] *tr.* reconstruir
re•con•vene [rē'kən-vēn'] *tr.* convocar de nuevo; (*intr.*) reunirse de nuevo
re•cord ◇ *tr.* [rĭ-kôrd'] TEC grabar; [facts, data] registrar; [impression, idea] apuntar, anotar; [to tally] consignar, llevar cuenta de; [instrument] indicar; (*intr.*) grabar ◇ *s.* [rek'ərd] [best performance] récord *m*; [musical] disco; [recording] grabación *f*; [evidence] constancia; [account] relación *f*; [tally] cuenta; [testimony] testimonio; [of conduct, health] historial *m*; [dossier] expediente *m*; [of an employee] hoja de servicios; [of a criminal] antecedentes *m*; [in database] registro ▪ **for the ~** para que así conste; **in ~ time** en un tiempo récord; **in ~ numbers** en cantidades sin precedentes; **~ player** tocadiscos; **to be off the ~** ser extraoficial; **to break the ~** batir el récord; **to go on ~** hacer constar; **to have a clean ~** no tener antecedentes penales; **~ company** casa discográfica; **~ label** sello discográfico ◇ *pl.* archivos
re•cord•er [rĭ-kôr'dər] *s.* [device] grabadora; MÚS flauta dulce
re•cord-hold•er [rek'ərd-hōl'dər] *s.* plusmarquista *mf*
re•cord•ing [:dĭng] *s.* grabación *f*
re•count [rĭ-kount'] *tr.* relatar
re-count ◇ *tr.* [rē-kount'] volver a contar; ['] recuento
re•coup [rĭ-ko͞op'] *tr.* recuperar
re•course [rē'kôrs', rĭ-kôrs'] *s.* recurso ▪ **to have ~ to** recurrir a
re•cov•er [rĭ-kŭv'ər] *tr.* [to regain] recuperar; [damages] cobrar; (*intr.*) recuperarse
re•cov•er•y [:ə-rē] *s.* recuperación *f*
re-cre•ate [rē'krē-āt'] *tr.* recrear
rec•re•a•tion [rek'rē-ā'shən] *s.* recreo
rec•re•a•tion•al [:shə-nəl] *adj.* recreativo
re•crim•i•nate [rĭ-krĭm'ə-nāt'] *tr.* recriminar
re•crim•i•na•tion [-'-nā'shən] *s.* recriminación *f*
re•cruit [rĭ-kro͞ot'] ◇ *tr.* [workers] contratar; MIL reclutar; (*intr.*) MIL reclutar ◇ *s.* recluta *m*; [new member] socio nuevo
re•cruit•er [rĭ-kro͞o'tər] *s.* reclutador *m*
re•cruit•ment [:mənt] *s.* reclutamiento
rec•tan•gle [rek'tăng'gəl] *s.* rectángulo
rec•tan•gu•lar [-'gyə-lər] *adj.* rectangular
rec•ti•fy [rek'tə-fī'] *tr.* rectificar
rec•ti•tude [rek'tĭ-to͞od'] *s.* rectitud *f*
rec•tor [rek'tər] *s.* [of a parish] cura párroco; [of school] director *m*; [of a university] rector *m*
rec•to•ry [:tə-rē] *s.* rectoría
rec•tum [rek'təm] *s.* (*pl* s OR **-ta**) recto
re•cum•bent [rĭ-kŭm'bənt] *adj.* recostado
re•cu•per•ate [rĭ-ko͞o'pə-rāt'] *tr.* & *intr.* recuperar(se)
re•cu•per•a•tion [-'-rā'shən] *s.* recuperación *f*
re•cur [rĭ-kûr'] *intr.* (**-rr-**) repetirse; [symptom] reaparecer ▪ **to ~ to** recurrir a
re•cur•rence [:əns] *s.* repetición *f*; reaparición *f*; [return] vuelta
re•cur•rent [:ənt] *adj.* que se repite; [periodic] periódico; ANAT & MAT recurrente
re•cur•ring [:ĭng] *adj.* periódico
re•cy•cle [rē-sī'kəl] *tr.* reciclar
red [red] ◇ *s.* rojo, colorado ▪ **Red** POL rojo; **to be in the ~** tener pérdidas; **to see ~** ponerse furioso ◇ *adj.* (**-dd-**) rojo, colorado; [wine] tinto ▪ **~ tape** trámites, papeleo
red-blood•ed [red'blŭd'ĭd] *adj.* vigoroso
red•cap [:kăp'] *s.* mozo de equipajes
red•den [:n] *intr.* enrojecer; [a person] ruborizarse
red•dish [:ĭsh] *adj.* rojizo
re•deem [rĭ-dēm'] *tr.* redimir; [situation] salvar; [to make up for] compensar
re•deem•a•ble [rĭ-dē'mə-bəl] *adj.* redimible
re•deem•er [:mər] *s.* redentor *m*
re•demp•tion [rĭ-demp'shən] *s.* redención *f*; [of a mortgage] cancelación *f*
red-hand•ed [red'hăn'dĭd] *adj.* & *adv.* con las manos en la masa
red•head [:hed'] *s.* pelirrojo
red-hot [:hŏt'] *adj.* [very hot] candente; [excited] animado; [new] muy reciente
re•di•rect [rē'dĭ-rekt'] *tr.* [letter] mandar a otra dirección; [to reroute] mostrar otro camino
re•dis•cov•er [rē'dĭ-skŭv'ər] *tr.* redescubrir
re•dis•trib•ute [rē'dĭ-strĭb'yo͞ot] *tr.* redistribuir
red-let•ter [red'let'ər] *adj.* memorable
red-light district [:līt'] *s.* barrio de burdeles
re•do [rē-do͞o'] *tr.* (**-did, -done**) volver a hacer, rehacer; [to redecorate] decorar de nuevo
red•o•lent [red'l-ənt] *adj.* [aromatic] fragante, oloroso; [suggestive] evocador
re•dou•ble [rē-dŭb'əl] *tr.* & *intr.* redoblar
re•doubt•a•ble [rĭ-dou'tə-bəl] *adj.* formidable
re•dress [rĭ-dres'] ◇ *tr.* [to remedy] reparar; [to rectify] rectificar ◇ *s.* reparación *f*, enmienda
re•duce [rĭ-do͞os'] *tr.* reducir; COM rebajar; (*intr.*) disminuir, reducirse; [to lose weight] adelgazar
re•duc•tion [rĭ-dŭk'shən] *s.* reducción *f*, disminución *f*; [discount] descuento
re•dun•dant [rĭ-dŭn'dənt] *s.* superfluo; GRAM redundante
red•wood [red'wo͝od'] *s.* secoya
reed [rēd] *s.* [plant, stalk] caña; MÚS (instrumento de) lengüeta
re-ed•u•cate [rē-ej'ə-kāt'] *tr.* reeducar
reef [rēf] *s.* GEOL arrecife *m*, escollo
reef•er [rē'fər] *s. jer* cigarrillo de marihuana
reek [rēk] ◇ *intr.* [to stink] apestar; [to smell] oler (**of** a) ◇ *s.* olor *m*
reel[1] [rēl] ◇ *s.* [spool] carrete *m*; CINEM & FOTOG rollo ◇ *tr.* enrollar en un carrete ▪ **to ~ off** recitar de un tirón
reel[2] *intr.* [to stagger] tambalear(se); [to feel dizzy] tener vértigo
re-e•lect [rē'ĭ-lekt'] *tr.* reelegir
re-en•act [rē'en-ăkt'] *tr.* [law] aprobar de nuevo; [play] volver a representar
re-en•list [rē'en-lĭst'] *intr.* reengancharse
re-en•try [rē-en'trē] *s.* reingreso; [space vehicle] reentrada

re•es•tab•lish [rē'ĭ-stăb'lĭsh] *tr.* restablecer
re•ex•am•ine [rē'ĭg-zăm'ĭn] *tr.* reexaminar
re•fec•to•ry [rĭ-fek'tə-rē] *s.* comedor *m*
re•fer [rĭ-fûr'] *tr.* (**-rr-**) [to direct to] remitir; [to send to] enviar; [to submit to] someter a; (*intr.*) referirse; [to apply] aplicarse
ref•e•ree [ref'ə-rē'] ◇ *s.* árbitro ◇ *tr.* & *intr.* arbitrar
ref•er•ence [ref'ər-əns] *s.* referencia; [allusion] alusión *f*, mención *f*; [person] fiador *m* ▪ ~ **book** libro de consulta; ~ **mark** llamada; **with** ~ **to** [a letter] con relación a; [as regards] en cuanto a
ref•er•en•dum [ref'ə-ren'dəm] *s.* (*pl* **s** OR **-da**) referéndum *m*, plebiscito
re•fer•ral [rĭ-fûr'əl] *s.* referencia
re•fill ◇ *tr.* [rē-fĭl'] rellenar ◇ *s.* ['] recambio
re•fine [rĭ-fīn'] *tr.* refinar
re•fined [rĭ-fīnd'] *adj.* [pure] refinado; [elegant] fino
re•fine•ment [rĭ-fīn'mənt] *s.* [oil, sugar] refinación *f*; [person] refinamiento
re•fin•er•y [rĭ-fī'nə-rē] *s.* refinería
re•flect [rĭ-flekt'] *tr.* reflejar; [to manifest] revelar; (*intr.*) reflejarse; [to think] reflexionar, meditar ▪ **to** ~ **on** pensar (sobre)
re•flec•tion [rĭ-flek'shən] *s.* [image] reflejo; [contemplation] reflexión *f* ▪ **on** ~ pensándolo bien
re•flec•tive [:tĭv] *adj.* que refleja; [meditative] pensativo
re•flec•tor [:tər] *s.* reflector *m*
re•flex [rē'fleks'] *adj.* & *s.* reflejo
re•flex•ive [rĭ-flek'sĭv] *adj.* reflexivo
re•flex•ol•o•gy [rē'fleks-ŏl'ə-jē] *s.* reflexología
re•form [rĭ-fôrm'] ◇ *tr.* & *intr.* reformar(se) ◇ *s.* reforma ▪ ~ **school** reformatorio
ref•or•ma•tion [ref'ər-mā'shən] *s.* reforma
re•for•ma•to•ry [rĭ-fôr'mə-tôr'ē] *s.* reformatorio
re•formed [rĭ-fôrmd'] *adj.* reformado
re•form•er [rĭ-fôr'mər] *s.* reformador *m*
re•fract [rĭ-frăkt'] *tr.* refractar
re•frac•tion [rĭ-frăk'shən] *s.* refracción *f*
re•frac•to•ry [:tə-rē] *adj.* obstinado, indócil; FÍS refractario; MED intratable
re•frain[1] [rĭ-frān'] *intr.* abstenerse (**from** de)
re•frain[2] *s.* MÚS & POÉT estribillo
re•fresh [rĭ-fresh'] *tr.* & *intr.* refrescar(se)
re•fresh•er course [:ər] *s.* curso de repaso
re•fresh•ing [:ĭng] *adj.* refrescante; [restorative] reparador; [pleasant] placentero
re•fresh•ment [:mənt] ◇ *s.* refresco ◇ *pl.* refrigerio, colación
re•frig•er•ate [:ə-rāt'] *tr.* refrigerar
re•frig•er•a•tion [-'-rā'shən] *s.* refrigeración *f*
re•frig•er•a•tor [-'-'tər] *s.* nevera, frigorífico
re•fu•el [rē-fyōō'əl] *tr.* echar gasolina a OR en; (*intr.*) reabastecerse (de gasolina)
ref•uge [ref'yōōj] *s.* refugio ▪ **to take** ~ **in** refugiarse en
ref•u•gee ['yōō-jē'] *s.* refugiado
re•fund ◇ *tr.* [rĭ-fŭnd'] reembolsar ◇ *s.* [rē'-fŭnd'] reembolso
re•fund•a•ble [rĭ-fŭn'də-bəl] *adj.* reembolsable
re•fur•bish [rē-fûr'bĭsh] *tr.* restaurar
re•fur•nish [rē-fûr'nĭsh] *tr.* amueblar de nuevo
re•fus•al [rĭ-fyōō'zəl] *s.* negativa
re•fuse[1] [rĭ-fyōōz'] *tr.* [offer] no aceptar; [permission] negar; (*intr.*) negarse (**to** a)
ref•use[2] [ref'yōōs] *s.* desperdicios, basura
ref•u•ta•tion [ref'yōō-tā'shən] *s.* refutación *f*
re•fute [rĭ-fyōōt'] *tr.* refutar
re•gain [rē-gān'] *tr.* recuperar, recobrar
re•gal [rē'gəl] *adj.* real, regio
re•gale [rĭ-gāl'] *tr.* agasajar, entretener
re•ga•lia [rĭ-gāl'yə] *s. pl.* [of royalty] insignias reales; [finery] adornos
re•gard [rĭ-gärd'] ◇ *tr.* [to watch] observar, mirar; [to consider] considerar; [to esteem] apreciar; [to concern] referirse a, concernir ▪ **as regards** con respecto a ◇ *s.* [gaze] mirada; [attention] consideración *f*; [esteem] aprecio ▪ **in** OR **with** ~ **to** con respecto a; **in (this/that)** ~ por lo que a (esto/eso) se refiere; **to send one's regards** dar recuerdos a alguien; **to have** ~ **for** respetar; **with best regards** saludos cordiales de; **without** ~ **to** sin tomar en consideración
re•gat•ta [rĭ-gä'tə, -găt'ə] *s.* regata
re•gen•cy [rē'jən-sē] *s.* regencia
re•gen•er•ate [rĭ-jen'ə-rāt'] ◇ *tr.* & *intr.* regenerar(se) ◇ *adj.* [:ər-ĭt] renovado
re•gen•er•a•tion [-'-rā'shən] *s.* regeneración *f*
re•gen•er•a•tive [-'-'tĭv] *adj.* regenerador
re•gent [rē'jənt] *s.* regente *mf* ▪ **board of regents** EDUC junta directiva
re•gime, ré•gime [rā-zhēm'] *s.* régimen *m*
reg•i•ment [:mənt] ◇ *s.* regimiento ◇ *tr.* regimentar
re•gion [rē'jən] *s.* región *f*
re•gion•al [rē'jə-nəl] *adj.* regional
reg•is•ter [rej'ĭ-stər] ◇ *s.* registro; [cash register] caja registradora; [meter] contador *m*; [for heat] regulador *m* ◇ *tr.* registrar; [a birth, death] declarar; [students] matricular; [vehicle] sacar la matrícula de; [complaint] presentar; [on a scale] marcar; [emotion] manifestar, expresar; [mail] certificar; (*intr.*) [at the polls, hotel] inscribirse; [at school] matricularse
reg•is•tered [:stərd] *adj.* [trademark] registrado; [student, vehicle] matriculado; [certified] titulado ▪ ~ **mail** correo certificado
reg•is•trar [:strär'] *s.* [registry] jefe *m* de registros civiles; [at university] secretario general
reg•is•tra•tion ['-strā'shən] *s.* [of voters] inscripción *f*; [of students, cars] matrícula; [for the draft] alistamiento
reg•is•try ['-strē] *s.* registro
re•gress ◇ *intr.* [rĭ-gres'] retroceder ◇ *s.* [rē'-gres'] retroceso
re•gres•sion [rĭ-gresh'ən] *s.* retroceso
re•gres•sive [rĭ-gres'ĭv] *adj.* regresivo
re•gret [rĭ-gret'] ◇ *tr.* (**-tt-**) [to be sorry for] arrepentirse de; [to be sorry about] lamentar ◇ *s.* [sorrow] pena; [remorse] arrepentimiento ▪ **to have no regrets** no arrepentirse de nada ◇ *pl.* excusas
re•gret•ful•ly [:fə-lē] *adv.* sentidamente
re•gret•ta•ble [:ə-bəl] *adj.* lamentable
re•gret•ta•bly [:ə-blē] *adv.* desafortunadamente
re•group [rē-grōōp'] *tr.* & *intr.* reagrupar(se)
reg•u•lar [reg'yə-lər] ◇ *adj.* regular; [usual] normal; **during** ~ **office hours** durante las horas normales de oficina; [customary] habitual, de costumbre; [work] fijo; [customer] habitual, fijo; *fam* [nice] decente, bueno ▪ **to make** ~ **use of** emplear con regularidad ◇ *s.* MIL regular *m*; *fam* cliente habitual
reg•u•lar•i•ty ['-lăr'ĭ-tē] *s.* regularidad *f*
reg•u•lar•ize ['-lə-rīz'] *tr.* regularizar

reg•u•late [:lāt'] *tr.* [to control] reglamentar; [to adjust] regular
reg•u•la•tion ['-lā'shən] <> *s.* [act] regulación *f*; [rule] regla <> *pl.* reglamento
reg•u•la•tor ['-lā'tər] *s.* regulador *m*
reg•u•la•to•ry [:lə-tôr'ē] *adj.* regulador
re•gur•gi•tate [rē-gûr'jĭ-tāt'] *intr.* regurgitar; (*tr.*) vomitar
re•ha•bil•i•tate [rē'hə-bĭl'ĭ-tāt'] *tr.* rehabilitar; [building, neighborhood] restaurar
re•ha•bil•i•ta•tion ['-'-tā'shən] *s.* rehabilitación *f*; [restoration] restauración *f*
re•hash <> *tr.* [rē-hăsh'] hacer un refrito de <> *s.* refrito
re•hears•al [rĭ-hûr'səl] *s.* ensayo
re•hearse [rĭ-hûrs'] *tr.* & *intr.* ensayar
reign [rān] <> *s.* reinado; [dominance] dominio ▪ **~ of terror** régimen de terror <> *intr.* reinar
re•im•burse [rē'ĭm-bûrs'] *tr.* reembolsar
re•im•burse•ment [:mənt] *s.* reembolso
rein [rān] <> *s.* rienda ▪ **to give free ~ to** dar rienda suelta a; **to keep a tight ~ on** atar corto a <> *tr.* poner riendas a ▪ **to ~ in** refrenar
re•in•car•na•tion [-'-nā'shən] *s.* reencarnación *f*
rein•deer [rān'dîr'] *s.* (*pl* **inv.** OR **s**) reno
re•in•force [rē'ĭn-fôrs'] *tr.* reforzar ▪ **reinforced concrete** concreto armado
re•in•force•ment [:mənt] <> *s.* [strengthening] refuerzo <> *pl.* MIL refuerzos
re•in•state [rē'ĭn-stāt'] *tr.* [to restore to office] restituir, reintegrar; [to reestablish] restablecer
re•in•sure [rē'-ĭn-shŏŏr'] *tr.* reasegurar
re•in•vest [rē'ĭn-vest'] *tr.* reinvertir
re•is•sue [rē-ĭsh'ōō] <> *tr.* reeditar <> *s.* reedición *f*
re•it•er•ate [rē-ĭt'ə-rāt'] *tr.* reiterar
re•ject <> *tr.* [rĭ-jekt'] [to refuse] rechazar, rehusar; [to discard] desechar <> *s.* [rē'jekt'] [thing] desecho; [person] persona rechazada
re•jec•tion [rĭ-jek'shən] *s.* rechazo
re•joice [rĭ-jois'] *tr.* & *intr.* regocijar(se)
re•joic•ing [rĭ-joi'sĭng] *s.* regocijo
re•join [rĭ-join'] *tr.* & *intr.* responder, replicar
re•join [rē-join'] *tr.* & *intr.* juntar(se) de nuevo
re•join•der [rĭ-join'dər] *s.* respuesta
re•ju•ve•nate [rĭ-jōō'və-nāt'] *tr.* rejuvenecer
re•ju•ve•na•tion [-'-nā'shən] *s.* rejuvenecimiento
re•kin•dle [rē-kĭn'dl] *tr.* reavivar
re•lapse <> *intr.* [rĭ-lăps'] recaer; [rē'lăps'] recaída
re•late [rĭ-lāt'] *tr.* [to tell] relatar, contar; [to associate] relacionar, asociar; (*intr.*) estar relacionado (**to** con); [to interact] relacionarse (**with/to** con)
re•lat•ed [rĭ-lā'tĭd] *adj.* relacionado (**to** con); [by blood, marriage] emparentado
re•la•tion [rĭ-lā'shən] *s.* relación *f*; [kinship] parentesco; [relative] pariente *mf* ▪ **in ~ to** en relación a
re•la•tion•ship [:shĭp'] *s.* relación *f*; [kinship] parentesco; [tie] vínculo
rel•a•tive [rel'ə-tĭv] <> *adj.* relativo <> *s.* pariente *mf*
rel•a•tiv•i•ty ['-'ĭ-tē] *s.* relatividad *f*
re•lax [rĭ-lăks'] *tr.* & *intr.* relajar(se) ▪ **~!** ¡cálmate!
re•lax•a•tion [rē'lăk-sā'shən] *s.* relajación *f*; [of efforts] disminución *f*; [state] descanso, reposo; [recreation] distracción *f*
re•laxed [rĭ-lăkst'] *adj.* relajado; [calm] tranquilo
re•lay [rē'lā'] <> *s.* relevo; [of messages] transmisión *f*; [of news] difusión *f*; ELEC relevador *m* ▪ **~ race** carrera de relevos <> *tr.* transmitir, difundir; RAD & TELEV retransmitir
re•lease [rĭ-lēs'] <> *tr.* [from captivity] poner en libertad; [from one's grip] soltar; [from debt, promise] descargar; [for sale] poner en venta; [film] estrenar; [record] sacar <> *s.* liberación *f*; [of film] estreno; [of record] publicación *f*; [of software] versión *f*; [record] disco, grabación *f*; [communiqué] anuncio
rel•e•gate [rel'ĭ-gāt'] *tr.* relegar
re•lent [rĭ-lent'] *intr.* ceder
re•lent•less [:lĭs] *adj.* [without pity] implacable; [persistent] incesante
rel•e•vance/van•cy [rel'ə-vəns] *s.* pertinencia
rel•e•vant [:vənt] *adj.* pertinente
re•li•a•bil•i•ty [rĭ-lī'ə-bĭl'ĭ-tē] *s.* fiabilidad *f*
re•li•a•ble [rĭ-lī'ə-bəl] *adj.* [person] de confianza; [machine] fiable; [data, source] fidedigno
re•li•ance [:əns] *s.* [trust] confianza; [dependence] dependencia
re•li•ant [:ənt] *adj.* confiado ▪ **to be ~ on** depender de
rel•ic [rel'ĭk] <> *s.* reliquia <> *pl.* restos mortales
re•lief [rĭ-lēf] *s.* alivio; [assistance] ayuda; [replacement] relevo; ARTE & GEOG relieve *m* ▪ **in ~** en relieve; **what a ~!** ¡qué alivio!
re•lieve [rĭ-lēv'] *tr.* [to alleviate] aliviar; [to aid] auxiliar; [from worry] liberar; [of duties] destituir; [to replace] reemplazar; [boredom] disipar, atenuar
re•li•gion [rĭ-lĭj'ən] *s.* religión *f*
re•li•gious [:əs] *adj.* religioso; [pious] devoto
re•lin•quish [rĭ-lĭng'kwĭsh] *tr.* abandonar; [to renounce] renunciar a; [to release] soltar
rel•ish [rel'ĭsh] <> *s.* [liking] gusto, afición *f*; [pleasure] placer *m*; CUL salsa <> *tr.* entusiasmar
re•live [rē-lĭv'] *tr.* volver a vivir, recordar
re•load [rē-lōd'] *tr.* & *intr.* recargar
re•lo•cate [rē-lō'kāt'] *tr.* & *intr.* trasladar(se), establecer(se) en un nuevo lugar
re•lo•ca•tion ['-kā'shən] *s.* traslado
re•luc•tance/tan•cy [rĭ-lŭk'təns] *s.* desgana, reticencia
re•luc•tant [:tənt] *adj.* [reticent] reacio; [unwilling] poco dispuesto
re•ly [rĭ-lī'] *intr.* ▪ **to ~ (up)on** [to depend] depender de; [to trust] contar con
re•main [rĭ-mān'] *intr.* [to keep being] seguir; [to stay] permanecer, quedarse; [to be left] quedar ▪ **to ~ to be (seen)** quedar por (ver)
re•main•der [:dər] *s.* resto
re•main•ing [rĭ-mā'nĭng] *adj.* restante
re•mains [rĭ-mānz'] *s. pl.* restos; [corpse] restos mortales
re•make [rē-māk'] <> *tr.* (**-made**) rehacer, hacer de nuevo <> *s.* ['] nueva versión
re•mand [rĭ-mănd'] *tr.* [to a lower court] remitir al tribunal inferior; [to prison] ▪ **to ~ in custody** poner en prisión preventiva
re•mark [rĭ-märk'] <> *tr.* & *intr.* [to comment] comentar (**on** sobre); [to notice] observar <> *s.* comentario, observación *f*
re•mark•a•ble [rĭ-mär'kə-bəl] *adj.* notable; [admirable] extraordinario
re•mar•ry [rē-măr'ē] *intr.* volver a casarse

re•me•di•al [rĭ-mē′dē-əl] *adj.* MED correctivo; [class, studies] de recuperación, de refuerzo

rem•e•dy [rem′ĭ-dē] ◇ *s.* remedio ◇ *tr.* remediar

re•mem•ber [rĭ-mem′bər] *tr.* [to recall] acordarse de, recordar; [to bear in mind] tener en cuenta; [in greeting] dar recuerdos OR saludos de; (*intr.*) acordarse

re•mem•brance [:brəns] *s.* recuerdo ▪ **in ~ of** en conmemoración de

re•mind [rĭ-mīnd′] *tr.* recordar ▪ **that reminds me!** ¡a propósito!

re•mind•er [rĭ-mīn′dər] *s.* [of a date] recordatorio; [notice] aviso, notificación *f*

rem•i•nisce [rem′ə-nĭs′] *intr.* recordar el pasado

rem•i•nis•cent [:ənt] *adj.* evocador

re•miss [rĭ-mĭs′] *adj.* negligente, descuidado

re•mis•sion [rĭ-mĭsh′ən] *s.* remisión *f*

re•mit [rĭ-mĭt′] *tr.* (**-tt-**) [money] remitir; [obligation] rescindir

re•mit•tance [:ns] *s.* remesa, envío

rem•nant [rem′nənt] *s.* [remainder] resto; [of fabric] retazo; [trace] vestigio

re•mod•el [rē-mŏd′l] *tr.* reconstruir, reformar

re•mon•strate [rĭ-mŏn′strāt′] *intr.* protestar

re•morse [rĭ-môrs′] *s.* remordimiento

re•mote [rĭ-mōt′] *adj.* remoto; [relative] lejano ▪ **~ access** COMPUT acceso remoto; **~ control** control a distancia

re•mov•al [rĭ-mo͞o′vəl] *s.* [elimination] eliminación *f*; [transfer] traslado; [from a job] despido; MED extirpación *f*

re•move [rĭ-mo͞ov′] ◇ *tr.* [to take off, away] quitar(se); [to eliminate] eliminar; [from a job] despedir; CIR extirpar; (*intr.*) mudarse, trasladarse ◇ *s.* distancia

re•moved [rĭ-mo͞ovd′] *adj.* distante ▪ **first cousin once ~** primo segundo

re•mu•ner•ate [rĭ-myo͞o′nə-rāt′] *tr.* remunerar

re•mu•ner•a•tion [-′-rā′shən] *s.* remuneración *f*

ren•ais•sance [ren′ə-säns′] ◇ *s.* renacimiento ◇ *adj.* renacentista

rend [rend] *tr.* (**-ed** OR **rent**) desgarrar

ren•der [ren′dər] *tr.* [help] dar; [homage] rendir; [to depict] representar; [to perform] interpretar; [to translate] traducir; [verdict] pronunciar; [to cause to become] dejar; CUL derretir ▪ **for services rendered** por servicios prestados

ren•dez•vous [rän′dā-vo͞o′] ◇ *s. inv.* [place] lugar *m* de reunión; [meeting] cita ◇ *intr.* reunirse

ren•di•tion [ren-dĭsh′ən] *s.* presentación *f*; [translation] versión *f*; MÚS interpretación *f*

ren•e•gade [ren′ĭ-gād′] *s.* renegado

re•nege [rĭ-nĭg′, -neg′] *intr.* volverse atrás; [in cards] renunciar ▪ **to ~ on** no cumplir

re•new [rĭ-no͞o′] *tr.* renovar; [to resume] reanudar; [to replenish] volver a llenar

re•newable [rĭ-no͞o′ə-bəl] *adj.* renovable ▪ **~ forms of energy** energías renovables

re•new•al [:əl] *s.* renovación *f*; [of negotiations] reanudación *f*

re•nounce [rĭ-nouns′] *tr.* & *intr.* renunciar (a)

ren•o•vate [ren′ə-vāt′] *tr.* renovar, restaurar

ren•o•va•tion [′-vā′shən] *s.* renovación *f*; [restoration] restauración *f*

re•nown [rĭ-noun′] *s.* renombre *m*

re•nowned [rĭ-nound′] *adj.* renombrado

rent[1] [rent] ◇ *s.* alquiler *m*; **one month's ~** un mes de alquiler ▪ **for ~** se alquila ◇ *tr.* & *intr.* alquilar(se)

rent[2] ▻ **rend** ◇ *s.* rasgadura

rent•al [ren′tl] ◇ *s.* [amount] alquiler *m*; [property] propiedad alquilada ◇ *adj.* de alquiler

rent•er [:tər] *s.* inquilino

re•nun•ci•a•tion [rĭ-nŭn′sē-ā′shən] *s.* renuncia

re•or•gan•i•za•tion [rē-ôr′gə-nĭ-zā′shən] *s.* reorganización *f*

re•or•gan•ize [-′-nīz′] *tr.* & *intr.* reorganizar(se)

rep [rep] *s. fam* representante *mf*

re•pair[1] [rĭ-pâr′] ◇ *tr.* reparar; [clothes] remendar ◇ *s.* reparación *f* ▪ **closed for repairs** cerrado por reformas; **in bad ~** en mal estado; **to be beyond ~** no tener arreglo

re•pair[2] *intr.* [to go] ir, acudir

re•pair•man [:măn′] *s.* (*pl* **-men**) reparador *m*

rep•a•ra•ble [rep′ər-ə-bəl] *adj.* reparable

rep•a•ra•tion [rep′ə-rā′shən] ◇ *s.* reparación *f* ◇ *pl.* indemnización

rep•ar•tee [rep′ər-tē′] *s.* conversación *f* con réplicas agudas

re•pa•tri•ate [rē-pā′trē-āt′] ◇ *tr.* repatriar ◇ *s.* [:ĭt] repatriado

re•pay [rē-pā′] *tr.* (**-paid**) [loan] pagar; [favor] devolver; [to compensate] compensar ▪ **to ~ in kind** pagar con la misma moneda

re•pay•ment [:mənt] *s.* pago, reembolso; [reward] recompensa

re•peal [rĭ-pēl′] ◇ *tr.* [to revoke] revocar; [to annul] anular ◇ *s.* revocación *f*, anulación *f*

re•peat [rĭ-pēt′] ◇ *tr.* & *intr.* repetir ▪ **to ~ oneself** repetirse ◇ *s.* repetición *f*; RAD & TELEV segunda difusión

re•peat•ed [rĭ-pē′tĭd] *adj.* repetido

re•peat•ing [:tĭng] *adj.* de repetición

re•pel [rĭ-pel′] *tr.* (**-ll-**) repeler; [advances] rechazar ▪ **to ~ each other** repelerse

re•pel•lent [:ənt] ◇ *adj.* repelente; [repulsive] repugnante ◇ *s.* ▪ **insect ~** producto contra los insectos

re•pent [rĭ-pent′] *intr.* & *tr.* arrepentirse (de)

re•pen•tance [rĭ-pen′təns] *s.* arrepentimiento

re•pen•tant [:tənt] *adj.* arrepentido

re•per•cus•sion [rē′pər-kŭsh′ən, rep′ər-] *s.* repercusión *f*

rep•er•toire [rep′ər-twär′] *s.* repertorio

rep•er•to•ry [:tôr′ē] *s.* repertorio; [theater] teatro de repertorio; [repository] depósito

rep•e•ti•tion [rep′ĭ-tĭsh′ən] *s.* repetición *f*

rep•e•ti•tious [:əs] *adj.* repetitivo

re•pet•i•tive [rĭ-pet′ĭ-tĭv] *adj.* repetitivo

re•place [rĭ-plās′] *tr.* [to put back] reponer; [to substitute] reemplazar, suplir

re•place•ment [:mənt] *s.* reposición *f*; [substitution] reemplazo; [person] relevo ▪ **~ part** repuesto

re•play ◇ *tr.* [rē-plā′] [game] volver a jugar; [videotape] volver a poner; [to repeat] repetir ◇ *s.* [′] repetición *f*

re•plen•ish [rĭ-plen′ĭsh] *tr.* volver a llenar; [to restore] llenar, restaurar

re•plete [rĭ-plēt′] *adj.* repleto

rep•li•ca [rep′lĭ-kə] *s.* copia

rep•li•cate [:kāt′] *tr.* & *intr.* duplicar(se)

re•ply [rĭ-plī′] ◇ *tr.* & *intr.* contestar, responder ◇ *s.* respuesta, contestación *f*

re•port [rĭ-pôrt′] ◇ *s.* [account] relato; [official account] informe *m*; [of news] reportaje *m*; [rumor] rumor *m*; [noise] detonación *f* ▪ ~ **card** boletín de notas; **weather** ~ boletín meteorológico ◇ *tr.* [to recount] relatar; [to tell of] informar; [to denounce] denunciar, ▪ **it is reported that** se dice que; (*intr.*) presentar un informe ▪ **to** ~ **for** [military duty] incorporarse a; [work] presentarse a; **to** ~ **on** hacer un informe sobre; [news] escribir una crónica de
re•port•ed•ly [rĭ-pôr′tĭd-lē] *adv.* según se dice
re•port•er [:tər] *s.* reportero, periodista *mf*
re•pose [rĭ-pōz′] [rest] reposo; [sleep] sueño; [calm] tranquilidad *f* ◇ *intr.* & *tr.* descansar
re•pos•sess [rē′pə-zes′] *tr.* recuperar
rep•re•hend [rep′rĭ-hend′] *tr.* reprender
rep•re•hen•si•ble [:hen′sə-bəl] *adj.* reprensible
rep•re•hen•sion [:shən] *s.* reprensión *f*
rep•re•sent [rep′rĭ-zent′] *tr.* representar
rep•re•sen•ta•tion [:zen-tā′shən] *s.* representación *f*; DER declaración *f*; POL delegación *f*
rep•re•sen•ta•tive [′-′tə-tĭv] ◇ *s.* representante *mf* ◇ *adj.* representativo; [typical] típico
re•press [rĭ-pres′] *tr.* & *intr.* reprimir
re•pres•sion [rĭ-presh′ən] *s.* represión *f*
re•pres•sive [rĭ-pres′ĭv] *adj.* represivo
re•prieve [rĭ-prēv′] ◇ *tr.* [execution] suspender la ejecución de; [sentence] conmutar la pena de ◇ *s.* alivio temporal; [of an execution] suspensión *f*; [of a sentence] conmutación *f*
rep•ri•mand [rep′rə-mănd′] ◇ *tr.* reprender ◇ *s.* reprimenda
re•print ◇ *s.* [rē′prĭnt′] [of book] reimpresión *f*; [of article] tirada aparte ◇ *tr.* [-′] reimprimir
re•pri•sal [rĭ-prī′zəl] *s.* represalia
re•prise [rĭ-prēz′] *s.* repetición *f*
re•proach [rĭ-prōch′] ◇ *tr.* reprochar ◇ *s.* reproche *m* ▪ **to be beyond** ~ ser intachable
rep•ro•bate [rep′rə-bāt′] *s.* & *adj.* réprobo
re•pro•duce [rē′prə-dōōs′] *tr.* & *intr.* reproducir(se)
re•pro•duc•tion [:dŭk′shən] *s.* reproducción *f*
re•pro•duc•tive [:tĭv] *adj.* reproductivo
re•proof [rĭ-prōōf′] *s.* reprobación *f*
re•prove [rĭ-prōōv′] *tr.* reprobar
rep•tile [rep′təl, :tīl′] *s.* reptil *m*; *fig* rastrero
rep•til•i•an [rep-tĭl′ē-ən] *adj.* & *s.* reptil *m*
re•pub•lic [rĭ-pŭb′lĭk] *s.* república
re•pub•li•can [:lĭ-kən] *adj.* & *s.* republicano
re•pu•di•ate [rĭ-pyōō′dē-āt′] *tr.* repudiar
re•pug•nance [rĭ-pŭg′nəns] *s.* repugnancia
re•pug•nant [:nənt] *adj.* repugnante
re•pulse [rĭ-pŭls′] ◇ *tr.* repeler, rechazar ◇ *s.* [act] repulsión *f*; [rejection] rechazo
re•pul•sion [rĭ-pŭl′shən] *s.* repulsión *f*; [aversion] repugnancia, aversión *f*
re•pul•sive [:sĭv] *adj.* repulsivo
rep•u•ta•ble [rep′yə-tə-bəl] *adj.* respetable
rep•u•ta•tion [′-tā′shən] *s.* reputación *f*
re•pute [rĭ-pyōōt′] ◇ *tr.* ▪ **to be reputed to be** tener fama de ◇ *s.* reputación *f*, fama
re•put•ed [rĭ-pyōō′tĭd] *adj.* supuesto
re•quest [rĭ-kwest′] ◇ *tr.* solicitar ◇ *s.* solicitud *f* ▪ **available on** ~ disponible a petición
re•quire [rĭ-kwīr′] *tr.* [to need] requerir, necesitar; [to demand] exigir
re•quire•ment [:mənt] *s.* [prerequisite] requisito; [need] necesidad *f*
req•ui•site [rek′wĭ-zĭt] ◇ *adj.* necesario, indispensable ◇ *s.* requisito
req•ui•si•tion [′-zĭsh′ən] ◇ *s.* solicitud *f*; MIL requisa ◇ *tr.* requisar
re•run [rē′rŭn′] *s.* CINEM & TELEV reestreno; *fig* repetición *f*
re•sale [rē′sāl′] *s.* reventa
re•sched•ule [rē-skej′ōōl] *tr.* [event] volver a programar; [debt] reestructurar
re•scind [rĭ-sĭnd′] *tr.* rescindir, anular
res•cue [res′kyōō] ◇ *tr.* rescatar, salvar ◇ *s.* rescate *m*, salvamento ▪ **to come to someone's** ~ acudir en auxilio de alguien
re•search [rĭ-sûrch′, rē′sûrch′] ◇ *s.* investigación *f* ▪ ~ **and development** investigación *f* y desarrollo ◇ *tr.* & *intr.* hacer una investigación (sobre)
re•search•er [:ər] *s.* investigador *m*
re•sell [rē-sel′] *tr.* (**-sold**) revender
re•sem•blance [rĭ-zem′bləns] *s.* parecido
re•sem•ble [:bəl] *tr.* parecerse a
re•sent [rĭ-zent′] *tr.* resentirse por
re•sent•ful [:fəl] *adj.* resentido
re•sent•ment [:mənt] *s.* resentimiento
res•er•va•tion [rez′ər-vā′shən] *s.* [of room, table] reservación *f*; [condition, land] reserva
re•serve [rĭ-zûrv′] ◇ *tr.* reservar ◇ *s.* reserva ▪ **in** ~ de reserva ◇ *pl.* MIL reserva ▪ **cash** ~ reservas en metálico ◇ *adj.* de reserva
re•served [rĭ-zûrvd′] *adj.* reservado
res•er•voir [rez′ər-vwär′] *s.* embalse *m*; *fig* fondo
re•set [rē-set′] *tr.* COMPUT reiniciar, reinicializar
re•shape [rē-shāp′] *tr.* rehacer, reformar
re•side [rĭ-zīd′] *intr.* residir
res•i•dence [rez′ĭ-dəns] *s.* residencia ▪ **in** ~ residente
res•i•den•cy [:dən-sē] *s.* residencia
res•i•dent [:dənt] ◇ *s.* residente *mf*; MED interno ◇ *adj.* [residing] residente; [permanent] fijo ▪ ~ **alien** extranjero residente
res•i•den•tial [′-den′shəl] *adj.* residencial
re•sid•u•al [rĭ-zĭj′ōō-əl] ◇ *adj.* residual ◇ *s.* residuo
res•i•due [rez′ĭ-dōō′] *s.* residuo
re•sign [rĭ-zīn′] *tr.* renunciar, dimitir ▪ **to** ~ **oneself to** resignarse a; (*intr.*) dimitir
res•ig•na•tion [rez′ĭg-nā′shən] *s.* [act] renuncia; [acceptance] resignación *f*
re•signed [rĭ-zīnd′] *adj.* resignado
re•sil•ience/ien•cy [rĭ-zĭl′yəns] *s.* elasticidad *f*; MEC resiliencia
re•sil•ient [:yənt] *adj.* flexible
res•in [rez′ĭn] ◇ *s.* resina ◇ *tr.* untar con resina
res•in•ous [rez′ə-nəs] *adj.* resinoso
re•sist [rĭ-zĭst′] *tr.* & *intr.* resistir
re•sis•tance [rĭ-zĭs′təns] *s.* resistencia
re•sis•tant [:tənt] *adj.* resistente
re•sis•tor [:tər] *s.* resistor *m*
res•o•lute [rez′ə-lōōt′] *adj.* resuelto
res•o•lu•tion [′-lōō′shən] *s.* resolución *f* ▪ **to show** ~ mostrarse resuelto
re•solve [rĭ-zŏlv′] ◇ *tr.* resolver; (*intr.*) decidir ◇ *s.* resolución *f*
re•solved [rĭ-zŏlvd′] *adj.* resuelto
res•o•nance [rez′ə-nəns] *s.* resonancia

res•o•nant [:nənt] *adj.* resonante
res•o•nate [:nāt'] *tr.* & *intr.* (hacer) resonar
re•sort [rĭ-zôrt'] ◇ *intr.* ■ **to ~ to** recurrir a ◇ *s.* lugar *m* de temporada ■ **as a last ~** como último recurso
re•sound [rĭ-zound'] *intr.* [sound] resonar; [fame] tener resonancia
re•sound•ing [rĭ-zoun'dĭng] *adj.* resonante
re•source [rē'sôrs', rĭ-sôrs'] *s.* recurso, medio
re•source•ful [rĭ-sôrs'fəl] *adj.* listo, ingenioso
re•spect [rĭ-spekt'] ◇ *tr.* [to esteem] respetar; [to concern] referirse a ◇ *s.* respecto ■ **in other respects** por lo demás; **in every ~** en todos los aspectos; **in that ~** en cuanto a eso; **out of ~ for** por respeto a; **to command ~** hacerse respetar; **to pay one's respects** presentar los respetos; **with ~ to** con relación a
re•spect•a•ble [rĭ-spek'tə-bəl] *adj.* respetable; [sum] considerable; [clothes] presentable
re•spect•ful [rĭ-spekt'fəl] *adj.* respetuoso
re•spect•ing [rĭ-spek'tĭng] *prep.* respecto a
re•spec•tive [:tĭv] *adj.* respectivo
res•pi•ra•tion [res'pə-rā'shən] *s.* respiración *f*
res•pi•ra•tor ['-'tər] *s.* respirador *m*
res•pi•ra•to•ry [res'pər-ə-tôr'ē] *adj.* respiratorio
res•pite [res'pĭt] *s.* respiro; DER suspensión *f*
re•splen•dent [rĭ-splen'dənt] *adj.* resplandeciente, reluciente
re•spond [rĭ-spŏnd'] *intr.* responder
re•spon•dent [rĭ-spŏn'dənt] ◇ *adj.* respondedor ◇ *s.* [in a survey] encuestado; DER demandado
re•sponse [rĭ-spŏns'] *s.* respuesta; [to a proposal] acogida; [to a stimulus] reacción *f*
re•spon•si•bil•i•ty [rĭ-spŏn'sə-bĭl'ĭ-tē] *s.* responsabilidad *f* ■ **on one's own ~** bajo su propia responsabilidad; **that is not my ~** eso no es asunto mío
re•spon•si•ble [-'-bəl] *adj.* responsable (**for** de, **to** ante); [position] de responsabilidad; [person] digno de confianza
re•spon•sive [rĭ-spŏn'sĭv] *adj.* sensible (**to** a)
rest[1] [rest] ◇ *s.* descanso; [peace] tranquilidad *f*; [sleep] sueño; [death] paz *f*; [respite] respiro; [support] soporte *m*; MÚS pausa ■ **at ~** [asleep] dormido; [quiet] tranquilo; [motionless] quieto; [dead] en paz; **~ home** [for sick people] sanatorio; [for the aged] asilo de ancianos; **~ room** baño; **to come to ~** pararse; **to lay to ~** enterrar; **to put to ~** olvidarse de; **to take a ~** descansar un rato ◇ *intr.* descansar; [to remain] quedarse; [to stop] pararse ■ **let it ~** déjalo estar; **may he ~ in peace** que en paz descanse; **to ~ on** [a support] apoyarse en; [to depend] depender de; (*tr.*) dejar descansar; [to place, lean] apoyar, descansar (**on, against** en); [hopes] poner; [defense] basar ■ **God ~ his soul** que Dios le tenga en su gloria; **to ~ one's case** DER terminar el alegato
rest[2] ◇ *s.* ■ **the ~** [remainder] el resto; [others] los demás ◇ *intr.* quedarse ■ **you can ~ assured** puedes quedarte tranquilo
re•start [rē'stärt'] *tr.* COMPUT reiniciar, reinicializar
res•tau•rant [res'tə-ränt'] *s.* restaurante *m*
res•tau•ra•teur [res'tər-ə-tûr'] *s.* restaurador *m*, dueño de un restaurante
rest•ful [rest'fəl] *adj.* relajante, tranquilo
res•ti•tute [res'tĭ-to͞ot'] *tr.* restituir
res•ti•tu•tion ['-to͞o'shən] *s.* restitución *f*; [compensation] indemnización *f*
res•tive [res'tĭv] *adj.* [uneasy] inquieto; [unruly] indócil
rest•less [rest'lĭs] *adj.* inquieto, agitado
res•to•ra•tion [res'tə-rā'shən] *s.* restauración *f*; [of order, relations] restablecimiento
re•stor•a•tive [rĭ-stôr'ə-tĭv] *adj.* & *s.* reconstituyente *m*, fortificante *m*
re•store [rĭ-stôr'] *tr.* [order, relations] restablecer; [painting, monarch] restaurar
re•strain [rĭ-strān'] *tr.* [to repress] reprimir; [to limit] restringir; [to confine] encerrar
re•strained [rĭ-strānd'] *adj.* [restricted] restringido; [reserved] reservado, discreto
re•straint [rĭ-strānt'] *s.* [limitation] restricción *f*; [moderation] moderación *f*; [self-control] dominio (de uno mismo)
re•strict [rĭ-strĭkt'] *tr.* restringir, limitar
re•strict•ed [rĭ-strĭk'tĭd] *adj.* [limited] restringido, limitado; [access] prohibido
re•stric•tion [:shən] *s.* restricción *f*
re•stric•tive [:tĭv] *adj.* restrictivo
re•sult [rĭ-zŭlt'] ◇ *intr.* ■ **to ~ from/in** resultar de/en ◇ *s.* resultado ■ **as a ~ of** a causa de
re•sul•tant [rĭ-zŭl'tənt] *adj.* & *s.* resultante *f*
re•sume [rĭ-zo͞om'] *tr.* reanudar ■ **to ~ one's seat** volver a sentarse; (*intr.*)[work] reanudar; [talking] proseguir
rés•u•mé [rez'ə-mā'] *s.* currículum vitae *m*
re•sump•tion [rĭ-zŭmp'shən] *s.* reanudación *f*; [continuation] continuación *f*
re•sur•gence [rĭ-sûr'jəns] *s.* resurgimiento
re•sur•gent [:jənt] *adj.* renaciente
res•ur•rect [rez'ə-rekt'] *tr.* & *intr.* resucitar
res•ur•rec•tion [:rek'shən] *s.* [revival] restablecimiento; RELIG resurrección *f*
re•sus•ci•tate [rĭ-sŭs'ĭ-tāt'] *tr.* resucitar
re•sus•ci•ta•tion [-'-tā'shən] *s.* [revival] renacimiento; MED resucitación *f*
re•tail [rē'tāl'] COM ◇ *s.* venta al por menor OR al detalle ◇ *adj.* & *adv.* al por menor, al detalle ◇ *tr.* & *intr.* vender(se) al por menor
re•tail•er [:ər] *s.* minorista *mf*, detallista *mf*
re•tail•ing [:lĭng] *s.* venta al por menor
re•tain [rĭ-tān'] *tr.* retener; [lawyer] contratar; [sense of humor] conservar
re•tain•er [rĭ-tā'nər] *s.* [servant] criado; [employee] empleado; [fee] anticipo
re•tal•i•ate [rĭ-tăl'ē-āt'] *intr.* tomar represalias
re•tal•i•a•tion [-'-ā'shən] *s.* represalias
re•tal•i•a•to•ry [rĭ-tăl'ē-ə-tôr'ē] *adj.* vengativo, en represalia
re•tard [rĭ-tärd'] *tr.* retardar, retrasar
re•tar•dant [rĭ-tär'dənt] *adj.* retardante
re•tard•ed [rĭ-tär'dĭd] *adj.* atrasado
retch [rech] *intr.* tener náuseas; (*tr.*) vomitar
re•ten•tion [rĭ-ten'shən] *s.* retención *f*
re•ten•tive [:tĭv] *adj.* retentivo
ret•i•cence [ret'ĭ-səns] *s.* reserva, reticencia
ret•i•cent [:sənt] *adj.* reservado, reticente
ret•i•cle [ret'ĭ-kəl] *s.* retículo
ret•i•na [ret'n-ə] *s.* (*pl* **s** OR **-ae**) retina
ret•i•nue [ret'n-o͞o'] *s.* séquito
re•tire [rĭ-tīr'] *intr.* [to stop working] jubilarse; [to go to bed] acostarse; [to retreat] retirarse; (*tr.*) retirar; [employee] jubilar

re•tired [rĭ-tīrd´] *adj.* jubilado
re•tir•ee [rĭ-tīr´ē´] *s.* jubilado
re•tire•ment [rĭ-tīr´mənt] *s.* jubilación *f* ■ **to go into ~** [worker] jubilarse; [artist] retirarse
re•tir•ing [:ĭng] *adj.* tímido, retraído
re•tort [rĭ-tôrt´] ◇ *tr.* replicar ◇ *s.* réplica
re•touch ◇ *tr.* [rē-tŭch´] retocar; (*intr.*) hacer retoques ◇ *s.* [´] retoque *m*
re•trace [rē-trās´] *tr.* trazar de nuevo ■ **to ~ one's steps** volver sobre los pasos
re•tract [rĭ-trăkt´] *tr.* & *intr.* [to disavow] retractar(se); [to draw back] retraer(se)
re•tract•a•ble/i•ble [rĭ-trăk´tə-bəl] *adj.* [remark] retractable; [part] retráctil
re•trac•tion [:shən] *s.* [disavowal] retractación *f*; [drawing back] retracción *f*
re•tread ◇ *tr.* [rē-tred´] recauchutar ◇ *s.* [´] neumático recauchutado
re•treat [rĭ-trēt´] ◇ *s.* retirada; [signal] retreta; [refuge] refugio; RELIG retiro ■ **to beat a hasty ~** *fam* batirse en retirada ◇ *intr.* retirarse
re•trench [rĭ-trench´] *intr.* reducir gastsos
re•tri•al [rē-trī´əl] *s.* nuevo juicio
ret•ri•bu•tion [ret´rə-byōō´shən] *s.* castigo
re•triev•al [rĭ-trē´vəl] *s.* recuperación *f*; [in hunting] cobranza ■ **beyond ~** irreparable
re•trieve [rĭ-trēv´] *tr.* recuperar; [damage] reparar; [thought] recordar; [in hunting] cobrar
re•triev•er [rĭ-trē´vər] *s.* perro cobrador
ret•ro•ac•tive [ret´rō-ăk´tĭv] *adj.* retroactivo
ret•ro•grade [ret´rə-grād´] *adj.* retrógrado
ret•ro•rock•et [ret´rō-rŏk´ĭt] *s.* retrocohete *m*
ret•ro•spect [ret´rə-spekt´] *s.* ■ **in ~** retrospectivamente
ret•ro•spec•tion [´-spek´shən] *s.* retrospección *f*
ret•ro•spec•tive [:tĭv] *adj.* retrospectivo
re•turn [rĭ-tûrn´] ◇ *intr.* volver, regresar; [to respond] responder; [to revert] revertir; (*tr.*) devolver; [to put back] volver a colocar; [profits, interest] producir; [love, kindness] corresponder; [lost, stolen property] restituir ◇ *s.* [coming back] regreso; [giving back] devolución *f*; [repayment] pago; [response] respuesta; [profits] ganancia; [of income tax] declaración *f* ■ **by ~ mail** a vuelta de correo; **in ~ (for)** [as a reward] en pago (de); [in exchange] a cambio (de); **many happy returns** feliz cumpleaños; **~ address** dirección del remitente; **~ ticket** billete de ida y vuelta; **~ trip** viaje de regreso ◇ *pl.* [income] ingresos; [in an election] resultados
re•un•ion [rē-yōōn´yən] *s.* reunión *f*
re•u•nite [rē´yōō-nīt´] *tr.* & *intr.* reunir(se)
re•us•a•ble [rē-yōō´zə-bəl] *adj.* reutilizable
re•use [rē-yōōz´] ◇ *tr.* reutilizar ◇ *s.* reutilización *f*
rev [rev] *fam* ◇ *s.* revolución *f* (de un motor) ◇ *tr.* (-vv-) ■ **to ~ up** acelerar; (*intr.*) ■ **to ~ up** [engine] acelerarse
re•val•u•ate [rē-văl´yōō-āt´] *tr.* revalorizar
re•val•ue [:yōō] *tr.* revalorizar
re•vamp [rē-vămp´] *tr.* renovar, modernizar
re•veal [rĭ-vēl´] *tr.* revelar
rev•eil•le [rev´ə-lē] *s.* MIL diana
rev•el [rev´əl] ◇ *intr.* jaranear ■ **to ~ in** gozar de ◇ *s.* ◇ *pl.* jarana, juerga
rev•e•la•tion [rev´ə-lā´shən] *s.* revelación *f*
rev•el•ry [rev´əl-rē] *s.* jarana, juerga
re•venge [rĭ-venj´] ◇ *tr.* vengar, vengarse de ◇ *s.* venganza ■ **to take ~** vengarse (**on** de)
rev•e•nue [rev´ə-nōō´] *s.* ingresos, renta; [of a government] rentas públicas
re•ver•ber•ate [rĭ-vûr´bə-rāt´] *intr.* resonar
re•ver•ber•a•tion [-´-rā´shən] *s.* reverberación *f*, eco
re•vere [rĭ-vîr´] *tr.* reverenciar, venerar
rev•er•ence [rev´ər-əns] ◇ *s.* reverencia ■ **to hold in ~** reverenciar ◇ *tr.* reverenciar
rev•er•end [:ənd] *adj.* & *s.* reverendo
rev•er•ent [:ənt] *adj.* reverente
rev•er•en•tial [rev´ə-ren´shəl] *adj.* reverencial
rev•er•ie [rev´ə-rē] *s.* ensueño
re•ver•sal [rĭ-vûr´səl] *s.* [of direction, opinion] cambio; [setback] revés *m*; DER revocación *f*
re•verse [rĭ-vûrs´] ◇ *adj.* [opposite] opuesto, contrario; [inverse] inverso; **in ~ order** en orden inverso ■ **~ side** [of cloth] revés, vuelta; [of a form] dorso; [of a page, coin] reverso ◇ *s.* [opposite] lo opuesto, lo contrario; [setback] revés *m*; AUTO marcha atrás ■ **just the ~** todo lo contrario; **to put in(to) ~** poner en marcha atrás ◇ *tr.* [order] invertir; [to turn inside out] volver al revés; [to transpose] transponer; [policy, direction] cambiar; DER revocar; (*intr.*) AUTO dar marcha atrás
re•vers•i•ble [rĭ-vûr´sə-bəl] *adj.* reversible
re•ver•sion [rĭ-vûr´zhən] *s.* reversión *f*
re•vert [rĭ-vûrt´] *intr.* ■ **to ~ to** [to return to] volver a; DER revertir a
re•view [rĭ-vyōō´] ◇ *tr.* revisar, (volver a) examinar; [lesson, text] repasar; [film, book] reseñar, criticar; DER revisar; MIL pasar revista a; (*intr.*) [to study] repasar (**for** para); [to write reviews] escribir críticas ◇ *s.* revisión *f*, examen *m*; [of lesson] repaso; [critique] crítica; [report] análisis *m*; MIL & PERIOD revista; DER revisión *f*
re•view•er [:ər] *s.* crítico
re•vile [rĭ-vīl´] *tr.* injuriar, insultar
re•vise [rĭ-vīz´] *tr.* [to correct] revisar, corregir; [to modify] modificar
re•vi•sion [rĭ-vĭzh´ən] *s.* revisión *f*, corrección *f*; [modification] modificación *f*; [of views] revisión *f*
re•vi•sion•ist [:ə-nĭst] *s.* revisionista *mf*
re•vis•it [rē-vĭz´ĭt] *tr.* visitar de nuevo
re•vi•tal•ize [rē-vīt´l-īz´] *tr.* revitalizar
re•viv•al [rĭ-vī´vəl] *s.* reanimación *f*; ECON reactivación *f*; [of interest] renacimiento; TEAT reposición *f* ■ **~ meeting** asamblea evangelista
re•vive [rĭ-vīv´] *tr.* resucitar; [spirits] reanimar; [custom] restablecer; [interest] renovar; [economy] reactivar; [hopes] despertar; [play] reponer; (*intr.*) resucitar; [to feel better] reanimarse, volver en sí
rev•o•ca•ble [rev´ə-kə-bəl] *adj.* revocable
re•voke [rĭ-vōk´] *tr.* revocar
re•volt [rĭ-volt´] ◇ *intr.* rebelarse; (*tr.*) repugnar ◇ *s.* rebelión *f* ■ **in ~** en rebeldía
re•volt•ing [rĭ-vōl´tĭng] *adj.* repugnante
rev•o•lu•tion [rev´ə-lōō´shən] *s.* revolución *f*; [around axis] rotación *f*
rev•o•lu•tion•ar•y [:shə-ner´ē] *adj.* & *s.* revolucionario
rev•o•lu•tion•ize [:nīz´] *tr.* revolucionar
re•volve [rĭ-vŏlv´] *tr.* hacer girar; (*intr.*) girar ■ **to ~ around** girar alrededor de; **to ~ on** girar sobre
re•volv•er [rĭ-vŏl´vər] *s.* revólver *m*
re•vue [rĭ-vyōō´] *s.* TEAT revista

R

re•vul•sion [rĭ-vŭl′shən] *s.* repugnancia, asco

re•ward [rĭ-wôrd′] ◇ *s.* recompensa, premio ◇ *tr.* recompensar, premiar

re•ward•ing [rĭ-wôr′dĭng] *adj.* [remunerative] remunerador; [useful] provechoso, gratificante

re•wind [rē-wīnd′] *tr.* (**-wound**) rebobinar

re•word [rē-wûrd′] *tr.* expresar con otras palabras

re•work [rē-wûrk′] *tr.* revisar (discurso, obra)

re•writable [rē-rīt′ə-bəl] *adj.* COMPUT regrabable ▪ ~ **disk** disco regrabable

re•write ◇ *tr.* [rē-rīt′] (**-wrote, -written**) escribir de nuevo ◇ *s.* [′] ▪ **to do a ~ of something** escribir algo de nuevo

rhap•so•dy [răp′sə-dē] *s.* rapsodia ▪ **to go into rhapsodies over** OR **about** poner por las nubes

rhet•o•ric [ret′ər-ĭk] *s.* retórica

rhe•tor•i•cal [rĭ-tôr′ĭ-kəl] *adj.* retórico

rheu•mat•ic [ro͞o-măt′ĭk] *adj.* & *s.* reumático ▪ ~ **fever** fiebre reumática

rheu•ma•tism [ro͞o′mə-tĭz′əm] *s.* reumatismo

rheu•ma•toid arthritis [:toid′] *s.* reúma *m* articular

rhine•stone [rīn′stōn′] *s.* diamante falso

rhi•noc•er•os [rī-nŏs′ər-əs] *s.* (*pl* **inv.** OR **es**) rinoceronte *m*

rho•do•den•dron [ro′də-den′drən] *s.* rododendro

rhom•bus [rŏm′bəs] *s.* (*pl* **es** OR **-bi**) rombo

rhu•barb [ro͞o′bärb′] *s.* BOT ruibarbo; *jer* [quarrel] riña

rhyme [rīm] ◇ *s.* rima ▪ **without ~ or reason** a tontas y a locas ◇ *intr.* & *tr.* rimar

rhythm [rĭ*th*′əm] *s.* ritmo

rhyth•mic/mi•cal [rĭ*th*′mĭk] *adj.* rítmico

rib [rĭb] ◇ *s.* costilla; BOT nervio; [of an umbrella] varilla; [in fabric] cordoncillo ◇ *tr.* (**-bb-**) proveer de costillas; *jer* [to tease] tomar el pelo a

rib•ald [rĭb′əld] *adj.* verde, obsceno

rib•bing [rĭb′ĭng] *s. jer* tomadura de pelo

rib•bon [rĭb′ən] *s.* cinta; MIL galón *m* ▪ **to tear to ribbons** hacer jirones

rice [rīs] *s.* arroz *m* ▪ ~ **field** OR **paddy** arrozal

rich [rĭch] *adj.* rico; [food] con mucha (materia) grasa; [voice] potente; [color] vivo; *fam* [amusing] gracioso ▪ **to be ~ in** abundar en; **to get ~** hacerse rico

rich•es [′ĭz] *s. pl.* riquezas

rick•et•y [rĭk′ĭ-tē] *adj.* (**-i-**) [shaky] desvencijado; MED raquítico

ric•o•chet [rĭk′ə-shā′] ◇ *intr.* rebotar ◇ *s.* rebote *m*

rid [rĭd] *tr.* (**rid(ded), -dding**) librar ▪ **to be ~ of** estar libre de; **to ~ oneself of** librarse de

rid•dance [:ns] *s.* liberación *f* ▪ **good ~!** ¡al fin me lo quité de encima!

rid•dle[1] [rĭd′l] *tr.* acribillar; *fig* llenar

rid•dle[2] *s.* [puzzle] acertijo; [mystery] enigma *m* ▪ **to talk in riddles** hablar en clave

ride [rīd] ◇ *intr.* (**rode, ridden**) montar; [to move] andar; [to travel] ir, viajar; [in a car] pasearse; [to float] flotar ▪ **to be riding high** estar en plena forma; **to let ~** dejar tranquilo; **to ~ on** depender de; **to ~ up** [clothing] subirse; (*tr.*) [a horse] montar a; [a bicycle] montar en; [to travel over] recorrer; [to tease] ridiculizar ▪ **to ~ out** aguantar, soportar ◇ *s.* [on horse, car] paseo; [trip] viaje *m*; [tour] vuelta; [means for transportation] medio de transporte ▪ **to give someone a ~** llevar a alguien; **to go for a ~** dar un paseo; **to take for a ~** *jer* dar gato por liebre

rid•er [rī′dər] *s.* [horse] jinete *m*; [bicycle] ciclista *mf*; [passenger] viajero; DER cláusula añadida

ridge [rĭj] *s.* [of earth] lomo; [of a hill] cresta; [of hills] cordillera; [of roof] caballete *m*

rid•i•cule [rĭd′ĭ-kyo͞ol′] ◇ *s.* ridículo ▪ **object of ~** blanco de burlas ◇ *tr.* ridiculizar, poner en ridículo

ri•dic•u•lous [rĭ-dĭk′yə-ləs] *adj.* ridículo

rife [rīf] *adj.* corriente ▪ ~ **with** repleto de

riff•raff [rĭf′răf′] *s.* gentuza, chusma

ri•fle[1] [rī′fəl] ◇ *s.* rifle *m*; MIL fusil *m* ▪ ~ **range** campo de tiro ◇ *tr.* rayar

ri•fle[2] *tr.* [to ransack] saquear

rift [rĭft] *s.* [in a friendship] ruptura; [in a political party] escisión *f*; GEOL falla

rig [rĭg] ◇ *tr.* (**-gg-**)[to equip] equipar; [an election] amañar; [a contest] arreglar; MARÍT aparejar ▪ **the fight was rigged** hubo tongo en el combate; **to be rigged out as/in** vestirse de/con; **to ~ up** preparar rápidamente ◇ *s.* [gear] equipo; *fam* [truck] camión *m*; [outfit] traje *m*; MARÍT aparejo ▪ **oil ~** torre de perforación

rig•ging [:ĭng] *s.* MARÍT aparejo, jarcia

right [rīt] ◇ *adj.* [just, fair] justo; [ethical] bueno, correcto; [correct] correcto; [exact] exacto (palabra, hora); [appropriate] más indicado; [ideal] ideal; [proper] debido; **in its ~ place** en su debido sitio; [conditions] bueno, favorable; [in order] en orden; [opposite the left] derecho; POL de derecha, derechista; GEOM recto ▪ **all ~** [fine] bastante bien; [reliable] de confianza; [well] bien; **are you all ~?** ¿te encuentras bien?; **all ~?** ¿está bien?; **all ~!** ¡perfecto!; **is that ~?** ¿de verdad?; **it's all ~ by** OR **with me** estoy de acuerdo; **it's just not ~!** ¡no hay derecho!; **~!** OR **that's ~!** ¡eso es!; **~ angle** ángulo recto; **~ wing** POL derecha; **to be ~** tener razón; **to feel ~** [well] sentirse bien; [pleasurable] dar gusto (a uno); **to put ~** arreglar; **to turn out all ~** salir bien ◇ *s.* [justice] justicia; [good] (lo) bueno, bien *m*; [side, hand] derecha; [in boxing] derechazo; [claim] derecho; **the ~ to vote** el derecho al voto; POL derecha ▪ **by rights** de derecho; **in its own ~** de por sí; **in one's own ~** por derecho propio; **~ of way** derecho de paso; **to be in the ~** tener razón; **to be within one's rights** estar uno en su derecho; **to have a ~ to** tener derecho a; **to make a ~** doblar a la derecha ◇ *adv.* [directly] derecho, directamente; **they came ~ home** vinieron derecho a casa; [well, correctly] bien; **it doesn't work ~** no funciona bien; [exactly] exactamente, justo; **~ at the end** justo al final; [squarely] en pleno; [to the right] a la derecha; *fam* [very] muy, bien ▪ **go ~ ahead** siga, continúe; **if I remember ~** si mal no recuerdo; **~ and left** a diestra y siniestra; **~ behind** justo detrás; **~ face!** ¡derecha!; **~ off** inmediatamente; **~ now** ahora mismo; **~ (over) here, there** aquí, ahí mismo; **~ through** [continuously] sin parar; [from side to side] de lado a lado; **to do ~ by** portarse bien con; **to get ~** [to do] hacer bien; [to understand] entender bien; [to answer] contestar bien; **to go ~ on ...** seguir ... como si nada ◇ *tr.* & *intr.* enderezar(se)

right•eous [rī′chəs] *adj.* [morally right] recto; [honest] honrado; [just] justo

right•ful [rīt′fəl] *adj.* legítimo

right-hand [:hănd′] *adj.* a la derecha ▪ **on the ~ side** al lado derecho; **~ man** brazo derecho

right-hand•ed [:hăn′dĭd] *adj.* que usa la mano derecha; [tool] para la mano derecha

right•ly [:lē] *adv.* correctamente; [properly] con derecho ■ ~ **so** con razón; ~ **or wrongly** con razón o sin ella, mal que bien

rig•id [rĭj'ĭd] *adj.* rígido

rig•ma•role [rĭg'mə-rōl'] *s.* galimatías *m*

rig•or [rĭg'ər] *s.* rigor *m*

rig•or•ous [:əs] *adj.* riguroso

rile [rīl] *tr.* irritar

rim [rĭm] <> *s.* borde *m*; [coin] canto; [barrel] aro; [wheel] llanta <> *tr.* (**-mm-**) bordear

rind [rīnd] *s.* [fruits] cáscara; [cheese] corteza

ring¹ [rĭng] <> *s.* anillo; [hoop] aro, argolla; [circle] círculo; [on finger] anillo, sortija; [at circus] pista; [for bullfights] ruedo; [in boxing] ring *m*, cuadrilátero; [of criminals] organización *f*; [of spies] red *f*; MEC aro; QUÍM cadena ■ **key** ~ llavero <> *tr.* [to encircle] rodear; [to shape] anillar

ring² <> *intr.* (**rang, rung**) [bells] sonar, repicar; [telephone, doorbell] sonar; [to jingle] tintinear; [to resound] resonar; [ears] zumbar ■ **to** ~ **false/true** sonar a falso/cierto; **to** ~ **out** oírse; (*tr.*)[a bell, buzzer] tocar; [to telephone] llamar, telefonear; [the hour] dar ■ **to** ~ **up** GB telefonear <> *s.* [sound] sonido (metálico); [of telephone, buzzer, voice] timbre *m*; [of bell] tañido; [tinkle] tintineo; [telephone call] telefonazo; [at Stock Exchange] corro; [quality] tono ■ **a suspicious** ~ un tono sospechoso; **it has a familiar** ~ me suena

ring•ing [:ĭng] <> *adj.* sonoro, resonante <> *s.* [of bells] tañido; [of buzzer, alarm] toque *m*; [of phone] timbre *m*; [in the ears] zumbido

ring•lead•er [:lē'dər] *s.* cabecilla *m*

ring•let [:lĭt] *s.* bucle *m*, rizo

ring•mas•ter [:măs'tər] *s.* maestro de ceremonias

ring•tone [rĭng'tōn'] *s.* [of cellphone] melodía

ring•worm [:wûrm'] *s.* tiña

rink [rĭngk] *s.* pista ■ **ice-skating** ~ pista de hielo

rinse [rĭns] <> *tr.* enjuagar <> *s.* enjuague *m*

ri•ot [rī'ət] <> *s.* [disturbance] disturbio; [insurrection] motín *m*, alboroto; [profusion] derroche *m* ■ ~ **act** ley de orden público; ~ **police** guardia de asalto; **to be a** ~ *fam* ser divertidísimo <> *intr.* alborotarse, amotinarse

ri•ot•er [rī'ə-tər] *s.* alborotador *m*

ri•ot•ous [:əs] *adj.* [living] desenfrenado; [crowd] alborotado; [growth] exuberante

rip [rĭp] <> *tr.* (**-pp-**) rasgar, desgarrar ■ **to** ~ **apart** desgarrar; **to** ~ **off** arrancar, quitar; *jer* [to rob] robar, limpiar; **to** ~ **open** abrir de un tirón; **to** ~ **out** arrancar; [a seam] descoser; **to** ~ **up** desgarrar, destrozar; (*intr.*) rasgarse, desgarrarse; [seam] descoserse ■ **to** ~ **by** pasar volando; **to** ~ **into** regañar <> *s.* [tear] rasgón *m*, desgarrón *m*; [split seam] descosido ■ ~ **tide** corriente turbulenta

rip•cord [:kôrd'] *s.* cuerda de apertura

ripe [rīp] *adj.* maduro; [cheese] curado; [age] avanzado ■ ~ **for** listo para; **the time is** ~ **for** ha llegado el momento de

rip•en [rī'pən] *tr.* & *intr.* madurar

rip-off [rĭp'ôf'] *s.* *fam* [swindle] timo; [imitation] imitación *f* ■ ~ **artist** engañador

rip•ple [rĭp'əl] <> *tr.* & *intr.* [water] rizarse; [wheat] ondular <> *s.* [small wave] rizo, onda ■ **a** ~ **of laughter** una carcajada general

rise [rīz] <> *intr.* (**rose, risen**) [person, wind, dough] levantarse; [buildings, hills, spirits] elevarse; [temperature, prices, land] subir; [in rank, position] ascender; [water level] crecer; [voice] alzarse; [sun] salir; [pressure] aumentar; [stock market] estar en alza; [from the dead] resucitar; [in rebellion] sublevarse ■ **to** ~ **above** [to overcome] sobreponerse a; [to loom over] levantarse por encima de; **to** ~ **to one's feet** ponerse de pie; **to** ~ **to power** subir al poder; **to** ~ **to the surface** salir a la superficie <> *s.* [ascension] subida, ascensión *f*; [elevation] elevación *f*; [of prices, temperature, land] subida; [in water level] crecida; [of value, salary] aumento; [in rank] ascenso; [in pressure, rate, pitch] aumento; [of sun, moon] salida; COM alza ■ ~ **and fall** MARÍT flujo y reflujo; HIST grandeza y decadencia; **to give** ~ **to** ocasionar, dar lugar a

ris•er [rī'zər] *s.* ■ **early** ~ madrugador; **late** ~ dormilón

ris•ing [rī'zĭng] *adj.* ascendente; [tide, anger] creciente; [promising] prometedor; [sun, moon] naciente; [prices, temperature] que sube

risk [rĭsk] <> *s.* riesgo <> *tr.* [to take the risk of] arriesgarse a; [to endanger] arriesgar, poner en peligro

risk•y [rĭs'kē] *adj.* (**-i-**) arriesgado

ris•qué [rĭ-skā'] *adj.* escabroso

rite [rīt] *s.* rito ■ **funeral rites** exequias; **last rites** extremaunción

rit•u•al [rĭch'o͞o-əl] *s.* ritual *m*

ritz•y [rĭt'sē] *adj.* (**-i-**) *jer* lujoso

ri•val [rī'vəl] <> *adj.* & *s.* rival *m* <> *tr.* rivalizar con

ri•val•ry [:rē] *s.* rivalidad *f*

riv•er [rĭv'ər] *s.* río

riv•er•bank [:băngk'] *s.* ribera, orilla

riv•er•bed [:bed'] *s.* cauce *m*

riv•er•boat [:bōt'] *s.* barco, embarcación *f* de río

riv•er•side [:sīd'] *s.* ribera, orilla

riv•et [rĭv'ĭt] <> *s.* roblón *m* <> *tr.* [attention] cautivar; [eyes] fijar; MAQ remachar

roach¹ [rōch] *s.* (*pl* **inv.** OR **es**) ICT gobio

roach² *s.* ENTOM cucaracha

road [rōd] *s.* [highway] carretera; [street] calle *f*; [route, path] camino; [way, track] vía ■ ~ **map** mapa de carreteras; **to be on the** ~ TEAT estar de gira; **to hit the** ~ *fam* largarse; ~ **traffic** tráfico rodado; ~ **tax** impuesto de circulación; ~ **test** prueba en carretera; ~ **safety education** educación *f* vial

road•bed [:bed'] *s.* FC terraplén *m*

road•block [:blŏk'] *s.* [by police, military] control *m*; *fig* obstáculo, impedimento

road•house [:hous'] *s.* taberna

road•side [:sīd'] *s.* borde *m* de la carretera

road•way [:wā'] *s.* calzada

roam [rōm] *intr.* & *tr.* vagar (por)

roam•ing [rō'mĭng] *s.* TEL itinerancia

roan [rōn] *adj.* & *s.* (caballo) ruano

roar [rôr] <> *intr.* [people] vociferar; [lion] rugir; [bull, wind] bramar ■ **to** ~ **by** OR **past** pasar zumbando; **to** ~ **with laughter** reírse a carcajadas; (*tr.*) decir a gritos, vociferar <> *s.* rugido, bramido; [of traffic] estruendo; [of a crowd] clamor *m*; [of laughter] carcajada

roast [rōst] <> *tr.* [meat] asar; [coffee, nuts] tostar; *fam* [to criticize] poner por los suelos; (*intr.*) asarse, tostarse; [to feel hot] asarse <> *s.* asado; [cut] carne *f* para asar <> *adj.* asado ■ ~ **beef** rosbif

roast•er [rō'stər] *s.* asador *m*

rob [rŏb] *tr.* & *intr.* (**-bb-**) robar ■ **to ~ of** [reputation] quitar, robar; [strength] dejar sin

rob•ber [:ər] *s.* [thief] ladrón *m*, atracador *m*; [highwayman] salteador *m*; [bandit] bandido

rob•ber•y [:ə-rē] *s.* robo, atraco

robe [rōb] ◇ *s.* [of judge] toga; [of priest] sotana; [bathrobe] bata ◇ *pl.* vestiduras

rob•in [rŏb'ĭn] *s.* tordo norteamericano; [Old World] petirrojo

ro•bot [rō'bət, :bŏt'] *s.* robot *m*, autómata *m*

ro•bot•ics [rō-bŏt'ĭks] *s.* robótica

ro•bust [rō-bŭst'] *adj.* robusto, fuerte

rock[1] [rŏk] *s.* roca; [stone] piedra; [cliff, crag] peñasco, peña; *fig* base *f*, soporte *m*; *jer* diamante *m* ■ **on the rocks** *fam* con hielo; **to hit ~ bottom** tocar fondo; **~ salt** sal gema; **to be on the rocks** *fam* andar mal

rock[2] ◇ *intr.* [to sway] balancearse; [to shake] estremecerse; (*tr.*) [baby, cradle] mecer; [to shake] sacudir; [to upset] dejar estupefacto ■ **don't ~ the boat** *jer* deja las cosas como están; **to ~ someone to sleep** mecer a alguien hasta dormirlo ◇ *s.* balanceo; MÚS rock *m*

rock•er ['ər] *s.* [chair] mecedora; [curved piece] balancín; [person] rockero ■ **to be off one's ~** *jer* estar chalado

rock•et [rŏk'ĭt] ◇ *s.* cohete *m*; [weapon] misil *m* ◇ *intr.* subir rápidamente

rock•ing [rŏk'ĭng] ◇ *adj.* ■ **~ chair** mecedora; **~ horse** caballito de balancín ◇ *s.* balanceo

rock 'n' roll [rŏk'ən-rōl'] *s.* rocanrol *m*

rock•y[1] [rŏk'ē] *adj.* (**-i-**) [stony] rocoso; *fig* difícil

rock•y[2] *adj.* (**-i-**) [shaky] bamboleante, débil

rod [rŏd] *s.* [stick] vara; [staff] bastón *m*; MEC barra; *jer* [pistol] pistolón *m* ■ **divining ~** varita adivinatoria; **piston ~** biela

rode [rōd] ▻ **ride**

ro•dent [rōd'nt] *adj.* & *s.* roedor *m*

ro•de•o [rō'dē-ō', rō-dā'ō] *s.* rodeo

roe[1] [rō] *s.* [fish eggs] hueva

roe[2] *s.* [deer] corzo

rogue [rōg] *s.* pícaro

role, rôle [rōl] *s.* papel *m*

roll [rōl] ◇ *intr.* rodar; [to wallow] revolcarse; [prairie, hills] ondular; [thunder] retumbar; [drum] redoblar; AVIA & MARÍT balancearse ■ **to get rolling** *fam* ponerse en marcha; **to ~ by** OR **on** pasar; **to ~ down** [tears] correr por; [ball] rodar por, bajar rodando por; **to ~ in** llegar en abundancia; **to ~ off** caerse rodando; **to ~ over** dar una vuelta; (*tr.*) (hacer) rodar; [to wheel] empujar; [a cigarette] liar; CINEM rodar ■ **rolling pin** rodillo; **to ~ back** bajar, reducir; **to ~ down** [to push] empujar por; [car windows] bajar; **to ~ into** envolver en; **to ~ out** [a map, scroll] desenrollar; [dough] extender con el rodillo; **to ~ over** [object] voltear; [to destroy] derribar; **to ~ up** [paper, rug] enrollar; **to ~ up one's sleeves** arremangarse ◇ *s.* [of paper, film] rollo; [of plane, boat] balanceo; [of the ocean] oleaje *m*; [of thunder] retumbo; [of money] fajo; [bread] bollo, panecillo ■ **drum ~** redoble; **to take a ~ call** pasar lista; **to call the ~** pasar lista ◇ *pl.* [records] archivos; [register] listas

roll•er [rō'lər] *s.* [cylinder] rodillo; [small wheel] ruedecilla; [for the hair] rulo ■ **~ coaster** montaña rusa; **~ skate** patín de ruedas

roll•er•blade [rō'lər-blād'] *s.* patín *m* en línea

rol•lick•ing [rŏl'ĭ-kĭng] *adj.* divertidísimo

Ro•man numeral [rō'mən] *s.* número romano

Roman Catholic *adj.* & *s.* católico romano

ro•mance [rō-măns', '] ◇ *s.* romance *m*; [novel] novela romántica; [spirit] lo romántico; [love affair] aventura amorosa; [adventure] aventura ◇ *tr.* & *intr.* *fam* galantear

ro•man•tic [rō-măn'tĭk] *adj.* & *s.* romántico

ro•man•ti•cize [:tĭ-sīz'] *tr.* hacer romántico; (*intr.*) tener ideas románticas

romp [rŏmp] ◇ *intr.* juguetear, retozar ◇ *s.* [play] retozo; [victory] triunfo fácil

roof [rōōf, rŏŏf] ◇ *s.* techo, tejado; [of the mouth] paladar *m* ■ **to hit the ~** poner el grito en el cielo ◇ *tr.* techar

roof•top ['tŏp'] *s.* tejado

rook[1] [rŏŏk] ◇ *s.* ORNIT grajo ◇ *tr.* *jer* timar

rook[2] *s.* [chess] torre *f*

rook•ie [rŏŏk'ē] *s.* *jer* [recruit] recluta *mf*; [in sports, police] novato

room [rōōm, rŏŏm] ◇ *s.* habitación *f*, cuarto; [for meetings] sala; [space, a spot] sitio ■ **~ and board** pensión completa; **to make ~ for** hacer sitio para; **to take up ~** ocupar sitio ◇ *pl.* alojamiento ◇ *intr.* alojarse ■ **to ~ together** OR **with** compartir la habitación (con); **rooming house** pensión

room•er ['ər] *s.* huésped *m*

room•mate [:māt'] *s.* compañero de cuarto

room•y [:ē] *adj.* (**-i-**) espacioso, amplio

roost [rōōst] ◇ *s.* [perch] percha, palo; [coop] gallinero ◇ *intr.* posarse para dormir ■ **to rule the ~** llevar la voz cantante

roost•er [rōō'stər] *s.* gallo

root[1] [rōōt, rŏŏt] ◇ *s.* raíz *f* ■ **~ canal surgery** ODONT endodoncia; **~ cellar** bodega en la que se guardan legumbres; **to be at the ~ of** ser la raíz de; **to put down roots** radicarse; **to take ~** echar raíces ◇ *intr.* echar raíces; (*tr.*) arraigar ■ **to ~ out** extirpar

root[2] *tr.* [to dig] hocicar; (*intr.*) [to rummage] rebuscar

root[3] *intr.* ■ **to ~ for** animar a

rope [rōp] ◇ *s.* soga, cuerda; [lasso] lazo ■ **at the end of one's ~** en un aprieto; **to know the ropes** estar al tanto (de las cosas); **to learn the ropes** ponerse al tanto ◇ *tr.* [to tie] amarrar, atar; [to lasso] coger con lazo ■ **to ~ in** embaucar; **to ~ off** acordonar

rose[1] [rōz] ◇ *s.* rosa ■ **~ garden** rosaleda; **~ water** agua de rosas; **to come up roses** salir bien ◇ *adj.* (de color) rosa

rose[2] ▻ **rise**

ro•sé [rō-zā'] *s.* rosado, clarete *m*

rose•bud [rōz'bŭd'] *s.* capullo

rose•bush [:bŏŏsh'] *s.* rosal *m*

rose•mar•y [:mer'ē] *s.* romero

ro•sette [rō-zet'] *s.* rosa, rosetón *m*

rose•wood [rōz'wŏŏd'] *s.* palisandro

ros•ter [rŏs'tər] *s.* lista, registro

ros•trum [rŏs'trəm] *s.* (*pl* **s** OR **-tra**) estrado

ros•y [rō'zē] *adj.* (**-i-**) [pink] rosado; [skin] sonrosado; [future] prometedor; [view] optimista

rot [rŏt] ◇ *tr.* & *intr.* (**-tt-**) pudrir(se) ◇ *s.* putrefacción *f*; [substance] podredumbre *f*; [nonsense] tontería

ro•ta•ry [rō'tə-rē] ◇ *adj.* rotatorio ◇ *s.* [device] rotativa; [traffic circle] glorieta circular

ro•tate [rō'tāt'] *tr.* & *intr.* (hacer) girar; [crops, wheels] alternar; [workers] turnarse

ro•ta•tion [rō-tā'shən] *s.* [turning] giro, rotación *f*; [turn] revolución *f*

rote [rōt] *s.* rutina ▪ **by ~** por repetición

ro•tis•ser•ie [rō-tĭs'ə-rē] *s.* CUL asador *m*

ro•tor [rō'tər] *s.* rotor *m*

rot•ten [rŏt'n] *adj.* (**-er, -est**) [meat, fruit] estropeado; [wood] carcomido; [smell, egg] podrido; [trick] malo; [weather] pésimo

ro•tund [rō-tŭnd'] *adj.* rotundo

ro•tun•da [rō-tŭn'də] *s.* rotonda

rou•ble [rū'bəl] *s.* FIN rublo

rouge [ro͞ozh] *s.* colorete *m*

rough [rŭf] ◇ *adj.* [not smooth] áspero; [terrain] accidentado; [coarse] basto, burdo; [seas] agitado; [stormy] tempestuoso; [trying] difícil, malo; [rowdy] alborotador; [rude] tosco; [work] duro; [idea, guess] aproximado ▪ **~ draft** borrador; **~ sketch** boceto; **to be ~ on** [person] tratar con dureza; [situation] ser una mala suerte para ◇ *s.* terreno accidentado ▪ **in the ~** JOY en bruto ◇ *tr.* poner áspero ▪ **to ~ it** vivir sin comodidades; **to ~ out** bosquejar; **to ~ up** [hair, feathers] erizar, arrugar; [someone] darle una paliza a ◇ *adv.* rudamente, toscamente ▪ **to play ~** jugar duro

rough•age [:ĭj] *s.* alimento difícil de digerir que contribuye al movimiento peristáltico

rough•en [:ən] *tr.* & *intr.* poner áspero

rou•lette [ro͞o-let'] *s.* ruleta

round [round] ◇ *adj.* redondo; [complete] completo, bueno; [sum] considerable; [voice, tone] sonoro; [plump] regordete ▪ **~ trip** viaje de ida y vuelta ◇ *s.* [circle] círculo; [of a ladder] peldaño; [series] serie *f*; [of talks, drinks] ronda; [of applause] salva; ARM descarga; DEP [of golf] partido; [in boxing] asalto ▪ **to make one's rounds** [police, patrol] hacer la ronda; [salesperson] hacer el recorrido; [doctor] hacer las visitas ◇ *tr.* redondear; [corner] doblar, dar la vuelta a ▪ **to ~ off** [object, number] redondear; [to finish off] rematar; **to ~ out** completar; **to ~ up** [animals] acorralar, rodear; [people] reunir ◇ *adv.* [around] alrededor; [everywhere] por todas partes; [here and there] aquí y allá ▪ **all ~** para todos; **all year ~** durante todo el año; **~ about** a eso de; **~ and ~** dando vueltas a la redonda ◇ *prep.* [the world] alrededor de; [the corner] a la vuelta de

round•a•bout [roun'də-bout'] *adj.* indirecto, con rodeos ▪ **to take a ~ route** dar un rodeo

round•ed [:dĭd] *adj.* redondo, esférico

round•up [round'ŭp'] *s.* [of cattle] rodeo; [by the police] redada; [of news] resumen *m*

rouse [rouz] *tr.* & *intr.* despertar(se)

rous•ing [rou'zĭng] *adj.* conmovedor, animado

rout¹ [rout] ◇ *s.* [retreat] desbandada; [defeat] derrota completa ◇ *tr.* derrotar

rout² *tr.* ▪ **to ~ out** [from hiding] hacer salir; [to dig up] hocicar; [to uncover] descubrir

route [ro͞ot, rout] ◇ *s.* [course] ruta, vía; [road] carretera; [for delivery] recorrido; [means] camino ◇ *tr.* mandar, encaminar

rout•er [rou'tər] *s.* COMPUT router

rou•tine [ro͞o-tēn'] ◇ *s.* rutina; TEAT número ◇ *adj.* rutinario, habitual

rove [rōv] *intr.* vagar, errar

row¹ [rō] *s.* línea, fila ▪ **in a ~** [in succession] seguidos; [in a line] en fila; **in rows** en filas; **~ house** casa en hilera

row² [rō] *intr.* remar; (*tr.*) [a boat] conducir remando; [passengers] llevar

row³ [rou] *s.* [quarrel] pelea; [noise] jaleo

row•boat [rō'bōt'] *s.* bote *m* de remos

row•dy [rou'dē] ◇ *s.* camorrista *mf*, pendenciero ◇ *adj.* (**-i-**) pendenciero, camorrista

roy•al [roi'əl] *adj.* real

roy•al•ist [:ə-lĭst] *s.* monárquico, realista *mf*

roy•al•ty [:əl-tē] *s.* familia real; [rank, power] realeza; [payment] derechos de autor

rub [rŭb] ◇ *tr.* (**-bb-**) frotar (**against** contra); [to massage] friccionar, dar friegas; [one's hands] frotarse; [to irritate] irritar; [to chafe] rozar; [to polish] limpiar frotando; [to scour] fregar ▪ **to ~ down** friccionar; **to ~ elbows with** codearse con; **to ~ in** OR **on** frotar con; **to ~ it in** *fam* machacar; **to ~ off** quitar frotando; **to ~ off on** [good qualities] transmitírsele a uno; [bad qualities] pegársele a uno; **to ~ out** borrar; **to ~ the wrong way** irritar, molestar; (*intr.*) rozar ▪ **to ~ off** quitarse frotando; **to ~ (up) against** rozar contra ◇ *s.* [rubbing] frotamiento; [massage] fricción *f*; [difficulty] dificultad *f*

rub•ber [rŭb'ər] *s.* caucho; [synthetic] goma; [eraser] goma de borrar ▪ **~ band** goma; **~ stamp** sello de goma; [approval] aprobación automática

rub•ber-stamp ['-stămp'] *tr.* aprobar automáticamente

rub•ber•y [rŭb'ə-rē] *adj.* elástico

rub•bish [rŭb'ĭsh] *s.* basura; [nonsense] tonterías

rub•ble [rŭb'əl] *s.* escombros

rub•down [rŭb'doun'] *s.* masaje *m*

ru•bel•la [ro͞o-bel'ə] *s.* rubéola

ru•by [ro͞o'bē] *s.* rubí *m*

ruck•sack [rŭk'săk'] *s.* mochila

ruck•us [rŭk'əs] *s. fam* trifulca, jaleo

rud•der [rŭd'ər] *s.* timón *m*

rud•dy [rŭd'ē] *adj.* (**-i-**) [healthy] rubicundo; GB *fam* maldito

rude [ro͞od] *adj.* [crude] crudo, rudo; [humble] humilde; [discourteous] grosero, descortés

ru•di•ment [ro͞o'də-mənt] *s.* rudimento

ru•di•men•ta•ry ['-men'tə-rē] *adj.* rudimentario

rue¹ [ro͞o] *tr.* arrepentirse de, lamentar

rue² *s.* BOT ruda

rue•ful ['fəl] *adj.* pesaroso

ruff [rŭf] *s.* [collar] gola; ZOOL collar *m*

ruf•fi•an [rŭf'ē-ən] *s.* rufián *m*

ruf•fle [rŭf'əl] ◇ *s.* volante *m*, frunce *m* ◇ *tr.* [to disturb] agitar; [cloth] plegar; [feathers] erizar; [a person] aturdir ▪ **to get ruffled** fastidiarse

rug [rŭg] *s.* alfombra

rug•ged [rŭg'ĭd] *adj.* [terrain] escabroso; [mountains] escarpado; [features] duro; [climate] riguroso; [hardy] robusto

ru•in [ro͞o'ĭn] ◇ *s.* ruina ▪ **to go to ~** caer en ruinas ◇ *tr.* arruinar; [crops, party] estropear; [plans] echar abajo; [morally] deshonrar

ru•in•ous ['ə-nəs] *adj.* ruinoso

rule [ro͞ol] ◇ *s.* regla; [control] dominio, mando; **under foreign ~** bajo dominio extranjero; [power] poder *m*; [reign] reinado ▪ **as a (general) ~** por lo regular; **as a**

R

~ **of thumb** de forma práctica; **to be the** ~ ser normal; **to make it a** ~ **to** ser un deber para uno; **to play by the rules** obrar como es debido ◇ *pl.* reglamento ▪ ~ **of the road** reglamento del tránsito ◇ *tr.* [to govern] gobernar; [to control] dominar; [to decree] decretar; [to decide] decidir; [to declare] declarar; [with lines] rayar ▪ **to** ~ **out** [to exclude] excluir, descartar; [to make impossible] hacer imposible; (*intr.*) gobernar, mandar; [to decide] decidir; DER fallar ▪ **to** ~ **against** DER fallar en contra; **to** ~ **over** gobernar

rul•er [ro͞o′lər] *s.* gobernante *m*; [strip] regla

rul•ing [:lĭng] ◇ *adj.* [class, party] gobernante; [passion] (pre)dominante ◇ *s.* DER decisión *f*, fallo

rum¹ [rŭm] *s.* ron *m*

rum² *adj.* (**-mm-**) GB raro, extraño

rum•ble [rŭm′bəl] ◇ *intr.* [vehicle] rodar con estrépito; [gunfire, thunder] retumbar ◇ *s.* retumbo; [of protest] rumor *m*; *jer* [fight] pelea callejera

ru•mi•nant [ro͞o′mə-nənt] *adj.* & *s.* rumiante *m*

ru•mi•nate [:nāt′] *tr.* & *intr.* rumiar

rum•mage [rŭm′ĭj] ◇ *tr.* & *intr.* revolver, hurgar ◇ *s.* búsqueda desordenada ▪ ~ **sale** venta benéfica

rum•my [rŭm′ē] *s.* [game] rami *m*

ru•mor [ro͞o′mər] ◇ *s.* rumor *m* ◇ *tr.* ▪ **to be rumored** rumorearse

rump [rŭmp] *s.* [of an animal] ancas, grupa; [of beef] cuarto trasero; [of a person] nalgas

rum•ple [rŭm′pəl] *tr.* & *intr.* arrugar(se)

rum•pus [rŭm′pəs] *s.* jaleo ▪ ~ **room** cuarto de juegos

run [rŭn] ◇ *intr.* (**ran, run**) (**-nn-**) correr; [to flee] echar a correr, huir; [to extend] extenderse; [to keep company] andar (**with** con); [to function] andar, marchar; [to be in operation] estar en marcha, andar; [to be in service] circular, estar en servicio; [wound] supurar; [nose] moquear; [eyes] llorar; [to melt] derretirse; [to spread] correrse (color, tinta); [stockings] correrse; [contract] ser válido; [to last] durar; [to be situated] estar colocado; **shelves ran along the walls** los estantes estaban colocados a lo largo de las paredes; POL presentarse como candidato; [to tend] inclinarse; ZOOL [to migrate] emigrar ▪ **to come** OR **go running to** acudir a; **to** ~ **along** irse; ~ **along!** ¡vete!; **to** ~ **around** [to roam] andar; [to rush] ajetrearse; [to be unfaithful] ser infiel; **to** ~ **around (shouting/singing)** ir (gritando/cantando); **to** ~ **away** [to flee] fugarse; [from home] abandonar el hogar; **to** ~ **down** parar; **it runs in the family** le viene de familia; **to** ~ **loose** andar suelto; **to** ~ **low (on)** OR **short (of)** andar escaso (de); **to** ~ **off** [to flee] fugarse; [liquid] irse; **to** ~ **on** [to chatter] hablar sin cesar; [to elapse] pasar (el tiempo); **to** ~ **out** [to be exhausted] acabarse, agotarse; [to expire] expirar; **to** ~ **over** [to overflow] rebosar; [to go beyond] durar más de lo previsto; **to** ~ **smoothly** ir sobre ruedas, ir bien; **to** ~ **up** OR **over** acercarse corriendo; (*tr.*)[race, risk] correr; [distance] recorrer, cubrir; [errand, experiment] hacer; [as candidate] presentar de candidato; [to operate] hacer funcionar; [to transport] llevar; [to smuggle] pasar de contrabando; [blockade] romper; [tap water] dejar correr OR salir; [film] dar, poner; [to publish] publicar; [business, campaign] dirigir; [household] llevar; [to follow] seguir; **to** ~ **its course** seguir su curso ▪ **to** ~ **a red light** pasar con la luz roja; **to** ~ **a temperature** OR **fever** tener fiebre; **to** ~ **after** perseguir, ir detrás de; **to** ~ **against** ir en contra de; **to** ~ **around with** andar con; **to** ~ **away with** llevarse; **to** ~ **down** [to knock down] atropellar; [to capture] dar con, encontrar; [to disparage] poner por los suelos; [to exhaust] agotar; [to review] repasar; **to** ~ **into** [to meet by chance] encontrarse con; [to collide with] chocar contra; [difficulties] tropezar con; [to amount to] llegar a; **to** ~ **off** [to print] tirar; [a copy] sacar; [to force off] echar de; **he ran us off the road** nos echó de la carretera; **to** ~ **off with** [to steal] llevarse; [to elope with] fugarse con; **to** ~ **out of** quedarse sin; **we've run out of milk** nos hemos quedado sin leche; **to** ~ **out on** abandonar, dejar; **to** ~ **over** atropellar; **to** ~ **the length of** correr de un extremo a otro de; **to** ~ **through** [to stab] traspasar (con arma blanca); [to squander] despilfarrar; [to rehearse] ensayar; **to** ~ **up** [prices] hacer subir; [charges, debts] ir acumulando; [flag] izar; **to** ~ **up against** tropezar con ◇ *s.* [route] recorrido, trayecto; [race] carrera; [quick trip] visita; **a** ~ **into town** una visita a la ciudad; [printing] tirada; [sudden demand] gran demanda (**on** de); [flow] flujo; [duration] duración *f*; [stream] arroyo; [enclosure] corral *m*; [in stockings] carrera; [series] serie *f*; [of luck] racha; [in cards] escalera; [trend] dirección *f*, curso; DEP [slope] pista; MÚS carrerilla; MIN veta, filón *m*; ICT migración *f* ▪ **at a** ~ corriendo; **on the** ~ [hurrying] corriendo; [fleeing] huyendo; [without pausing] a la carrera; **to give someone the** ~ **of the house** poner la casa a disposición de alguien; **to give someone a** ~ **for his money** [competition] hacer competencia a alguien; [satisfaction] dar satisfacción a alguien; **to have a long** ~ permanecer mucho tiempo en el cartel; **to have the** ~ **of a place** tener libre acceso a un lugar; **to make a** ~ **for it** salir corriendo

run-a•round [′ə-round′] *s.* evasiva ▪ **to give someone the** ~ *fam* dar excusas a alguien

run•a•way [:ə-wā′] ◇ *s.* [slave] fugitivo; [child] niño desertor ◇ *adj.* fugitivo; [horse] desbocado; [child] desertor; [victory] fácil, abrumador; [inflation] galopante

run-down [:doun′] ◇ *s.* informe detallado ◇ *adj.* en estado de deterioro; [person] agotado

rung¹ [rŭng] *s.* [step] peldaño; [crosspiece] barrote *m*

rung² ▻ **ring²**

run•in [rŭn′ĭn′] *s.* riña

run•ner [rŭn′ər] *s.* [racer] corredor *m*; [messenger] mensajero; [of a skate] cuchilla; [of a sled] patín *m*; [of sliding door] guía; [cloth] tapete *m*; [carpet] alfombra; BOT planta trepadora

run•ner-up [′-ŭp′] *s.* segundo, subcampeón *m*

run•ning [rŭn′ĭng] ◇ *s.* [of a business] dirección *f*; [of a machine, household] manejo ▪ **to be in the** ~ tener posibilidades de ganar; **to be out of the** ~ no tener ninguna posibilidad de ganar ◇ *adj.* [water] corriente; [knot] corredizo; [sore] que supura ▪ ~ **start** salida lanzada ◇ *adv.* seguido

run•ny [:ē] *adj.* (**-i-**) líquido; [nose] que gotea

run-off [:ôf′] *s.* [overflow] derrame *m*; [competition] carrera de desempate

run-of-the-mill [rŭn′əv-*th*ə-mĭl′] *adj.* corriente y moliente

runt [rŭnt] *s.* [animal] animal pequeño; *despec* [person] enano, renacuajo

run-through [rŭn′thro͞o′] *s.* ensayo

run•way [:wā′] *s.* AVIA pista; [ramp] rampa

rup•ture [rŭp′chər] ◇ *s.* ruptura; [hernia] hernia ◇ *tr.* & *intr.* romper; [an organ] reventar(se)

ru•ral [ro͝or'əl] *adj.* rural ■ ~ **tourism** turismo rural
ruse [ro͞os, ro͞oz] *s.* artimaña, treta
rush[1] [rŭsh] ◇ *intr.* [to run] ir de prisa; [to hurry] apresurarse, darse prisa; [to flow] correr ■ **to ~ around** ajetrearse; **to ~ in/off** entrar/marcharse corriendo; **to ~ (right) over** acudir, ir corriendo; **to ~ through** hacer de prisa; (*tr.*)[a person] meter prisa, apurar; [a job] hacer de prisa; [an order] ejecutar urgentemente; [a package, to the hospital] llevar de prisa OR con urgencia; [to attack] atacar ■ **to ~ things** precipitar las cosas ◇ *s.* [for goods] gran demanda; [haste] prisa; [attack] acometida; [mania] fiebre *f*; **the gold ~** la fiebre del oro; [bustle] bullicio, ajetreo; [of wind] ráfaga; [of water] torrente *m*; [of emotion] arrebato; [narcotic high] subidón *m*, sensación eufórica ■ **in a mad ~** precipitadamente; **~ hour** hora punta; **there's no ~** no corre prisa; **there was a (mad) ~ to** la gente se apresuró a; **to be in a ~** andar con prisa ◇ *adj.* urgente
rush[2] *s.* BOT junco
rus•set [rŭs'ĭt] *adj.* & *s.* (color *m*) rojizo
rust [rŭst] ◇ *s.* herrumbre *f*; [on plants] tizón *m* ◇ *tr.* & *intr.* oxidar(se), enmohecer(se)
rus•tic [rŭs'tĭk] *adj.* & *s.* rústico
rus•tle [rŭs'əl] ◇ *tr.* & *intr.* [leaves] (hacer) susurrar; [paper, fabric] (hacer) crujir; [cattle] robar (ganado) ◇ *s.* susurro
rust•y [rŭs'tē] *adj.* (-i-) oxidado, mohoso; [color] rojizo ■ **to be ~** [person] estar falto de práctica
rut[1] [rŭt] ◇ *s.* carril *m*; *fig* rutina; **to be in a ~** ser esclavo de la rutina ◇ *tr.* (-tt-) surcar
rut[2] *s.* ZOOL [heat] celo
ru•ta•ba•ga [ro͞o'tə-bā'gə] *s.* nabo sueco
ruth•less [ro͞oth'lĭs] *adj.* despiadado, cruel
rye [rī] *s.* centeno; [whiskey] whisky *m* de centeno

S

s, S [es] *s.* decimonovena letra del alfabeto inglés
Sab•bath [săb'əth] *s.* [Jewish] sábado; [Christian] domingo
sab•bat•i•cal [sə-băt'ĭ-kəl] *s.* licencia sabática
sa•ber [sā'bər] *s.* sable *m*
sa•ble [sā'bəl] *s.* marta cebellina
sab•o•tage [săb'ə-täzh'] ◇ *s.* sabotaje *m* ◇ *tr.* sabotear
sab•o•teur ['-tûr'] *s.* saboteador *m*
sac [săk] *s.* saco
sac•cha•rin [săk'ər-ĭn] *s.* sacarina
sac•cha•rine [:ĭn] *adj.* empalagoso; QUÍM sacarino
sa•chet [să-shā'] *s.* sobrecito, bolsita
sack[1] [săk] ◇ *s.* [bag] saco; *jer* [bed] cama ■ **to get the ~** *jer* ser despedido; **to hit the ~** *jer* ir a la cama ◇ *tr.* ensacar; [to fire] despedir
sack[2] ◇ *tr.* [to loot] saquear ◇ *s.* saqueo
sack•cloth [săk'klôth'] *s.* tela de arpillera
sac•ra•ment [săk'rə-mənt] *s.* sacramento
sa•cred [sā'krĭd] *adj.* sacro, sagrado; [venerable] venerable; [holy] consagrado ■ **nothing is ~** no se respeta nada; **~ to** consagrado a
sac•ri•fice [săk'rə-fīs'] ◇ *s.* sacrificio ■ **at a ~** COM con pérdida; **to make a ~ to** ofrecer un sacrificio a ◇ *tr.* sacrificar; COM vender con pérdida; (*intr.*) ofrecer un sacrificio
sac•ri•fi•cial ['-fĭsh'əl] *adj.* de sacrificio
sac•ri•lege [săk'rə-lĭj] *s.* sacrilegio
sac•ri•le•gious ['-lē'jəs, :lĭj'əs] *adj.* sacrílego
sac•ro•sanct [săk'rō-săngkt'] *adj.* sacrosanto
sad [săd] *adj.* (-dd-) triste; [regrettable] lamentable ■ **~ to say that** la triste verdad es que
sad•den [săd'n] *tr.* entristecer
sad•dle [săd'l] ◇ *s.* silla de montar; [of bicycle] sillín *m*; [cut of meat] cuarto trasero ◇ *tr.* ensillar ■ **to ~ with** cargar con; (*intr.*) ■ **to ~ up** ensillar
sad•dle•bag [:băg'] *s.* alforja
sa•dism [sā'dĭz'əm, săd'ĭz'-] *s.* sadismo
sa•dist [sā'dĭst, săd'ĭst] *s.* sádico
sa•dis•tic [sə-dĭs'tĭk] *adj.* sádico
sad•ness [săd'nĭs] *s.* tristeza
safe [sāf] ◇ *adj.* seguro ■ **have a ~ trip!** ¡buen viaje!; **is it ~?** ¿no es peligroso?; **it is ~ to say that** se puede decir con seguridad que; **~ sex** sexo seguro; **~ and sound** sano y salvo; **~ from** a salvo de; **to be on the ~ side** para mayor seguridad; **to be ~** estar a salvo; **to play it ~** actuar con precaución ◇ *s.* caja de caudales
safe-con•duct ['kŏn'dŭkt] *s.* salvoconducto
safe•crack•er [:krăk'ər] *s.* ladrón *m* de cajas fuertes
safe-de•pos•it box ['dĭ-pŏz'ĭt] *s.* caja de seguridad
safe•guard ['gärd'] ◇ *s.* salvaguarda ■ **to be a ~ against** proteger contra ◇ *tr.* salvaguardar
safe•keep•ing [:kē'pĭng] *s.* [act] depósito; [state] protección *f*
safe•ly [:lē] *adv.* [without harm] sin accidente; [to drive] con cuidado
safe•ty [:tē] *s.* seguridad *f*; ARM seguro ■ **~ belt/valve** cinturón/válvula de seguridad; **~ pin** imperdible; **to get to ~** ponerse a salvo
saf•flow•er [săf'lou'ər] *s.* alazor *m*
saf•fron [săf'rən] *s.* azafrán *m*; [color] color *m* azafrán
sag [săg] ◇ *intr.* (**-gg-**)[skin, clothes] colgar; [plank] combarse; [clothesline] aflojarse; [production, sales] decaer; [prices] bajar ◇ *s.* [decline] caída; [in board] comba
sa•ga [sä'gə] *s.* saga
sa•ga•cious [sə-gā'shəs] *adj.* sagaz
sage[1] [sāj] *s.* & *adj.* sabio
sage[2] *s.* BOT salvia
sage•brush ['brŭsh'] *s.* artemisa
sag•ging [săg'ĭng] *adj.* [sunken] hundido; [declining] decreciente
said [sed] ⊳ **say** ◇ *adj.* (ante)dicho
sail [sāl] ◇ *s.* vela; [trip] viaje *m* en barco; [of windmill] brazo ■ **to make ~** desplegar las velas; **to set ~** zarpar, hacerse a la vela; **under full ~** a toda vela; **under ~** con las velas alzadas ◇ *intr.* navegar; [to travel] ir en barco; [to set out] zarpar; (*tr.*) [an ocean] atravesar; [one's boat] botar ■ **to ~ around** [a cape] doblar; [the world] dar la vuelta a; **to ~ the seas** surcar los mares; **to ~ through** pasar fácil y rápidamente por
sail•board [sāl'bôrd'] *s.* tabla de windsurf
sail•boat ['bōt'] *s.* barco de vela
sail•cloth [:klôth'] *s.* lona para velas
sail•fish [:fĭsh'] *s.* (*pl* **inv.** OR **es**) pez *m* vela

sail•ing [sā'lĭng] *s.* navegación *f*; [sport] vela; [departure] salida ▪ **to be smooth** ~ ser fácil
sail•or [sā'lər] *s.* marinero
saint [sānt] ◇ *s.* santo ◇ *tr.* canonizar
saint•hood [sānt'ho͝od'] *s.* santidad *f*
saint•ly [:lē] *adj.* (-i-) santo
sake[1] [sāk] *s.* ▪ **for God's** OR **goodness'** OR **heaven's** ~**!** ¡por (el amor de) Dios!; **for your own** ~ por tu propio bien ; **for the** ~ **of** por
sa•ke[2], **sa•ki** [sä'kē, :ke] *s.* sake *m*, sakí *m*
sal•a•ble [sā'lə-bəl] *adj.* vendible
sa•la•cious [sə-lā'shəs] *adj.* salaz
sal•ad [săl'əd] *s.* ensalada ▪ ~ **dressing** aderezo
sal•a•man•der [săl'ə-măn'dər] *s.* salamandra
sal•a•ried [săl'ə-rēd] *adj.* [person] asalariado; [work] a sueldo
sal•a•ry [săl'ə-rē] *s.* salario
sale [sāl] ◇ *s.* venta; [clearance] liquidación *f* ▪ **for** ~ se vende; **on** ~ [available] en venta; [reduced] en liquidación; ~ **price** precio de saldo; **to have a** ~ estar de liquidación; **to put up for** ~ poner en venta ◇ *pl.* ventas ▪ ~ **tax** impuesto a las ventas
sales•clerk [sālz'klûrk'] *s.* dependiente *m*
sales•girl [:gûrl'] *s.* vendedora
sales•man [:mən] *s.* (*pl* **-men**) vendedor *m*
sales•man•ship [:shĭp'] *s.* arte *m* de vender
sales•per•son [sālz'pûr'sən] *s.* vendedor, a
sales•wom•an ['wo͝om'ən] *s.* (*pl* **-women**) vendedora
sa•li•ent [sā'lē-ənt] *adj.* [projecting] saliente; [prominent] sobresaliente
sa•line [sā'lēn', :līn'] *adj.* salino
sa•li•va [sə-lī'və] *s.* saliva
sal•i•vate [:vāt'] *intr.* salivar
sal•low [săl'ō] *adj.* (**-er, -est**) cetrino
sal•ly [săl'ē] ◇ *intr.* ▪ **to** ~ **forth** salir ◇ *s.* salida; [outburst] arranque; [jaunt] paseo
salm•on [săm'ən, sā'mən] *s.* (*pl* **inv.** OR **s**) salmón *m*; [color] color *m* salmón
sal•mo•nel•la [săl'mə-nel'ə] *s.* (*pl* **inv.** OR **s** OR **-ae**) salmonela
sa•lon [sə-lŏn'] *s.* salón *m*
sa•loon [sə-lo͞on'] *s.* taberna; [hall, lounge] salón *m*
salt [sôlt] ◇ *s.* sal *f* ▪ **not to be worth one's** ~ no valer gran cosa; **old** ~ viejo lobo de mar; ~ **water** agua salada ◇ *tr.* echar sal a; [to preserve] salar; [writing] salpicar
salt•shak•er [:shā'kər] *s.* salero
salt-wa•ter [:wô'tər] *adj.* de agua salada
salt•y [sôl'tē] *adj.* (-i-) [saline] salino; [with salt] salado; [witty] agudo; [lively] picante
sa•lu•bri•ous [sə-lo͞o'brē-əs] *adj.* salubre
sal•u•tar•y [săl'yə-ter'ē] *adj.* saludable; [beneficial] benéfico
sal•u•ta•tion [săl'yə-tā'shən] *s.* saludo
sa•lute [sə-lo͞ot'] ◇ *tr.* saludar; (*intr.*) hacer un saludo ◇ *s.* saludo
sal•vage [săl'vĭj] ◇ *s.* MARÍT salvamento; [things] objetos salvados; [compensation] prima de salvamento ◇ *tr.* salvar
sal•vage•a•ble [:vĭ-jə-bəl] *adj.* salvable
sal•va•tion [săl-vā'shən] *s.* salvación *f*
salve [săv, säv] ◇ *s.* ungüento; *fig* bálsamo ◇ *tr.* apaciguar
sal•ver [săl'vər] *s.* bandeja
sal•vo [săl'vō] *s.* (*pl* **(e)s**) salva
same [sām] ◇ *adj.* mismo; [similar] igual ▪ **at the** ~ **time** sin embargo; ~ **difference** OR **thing** *fam* lo mismo; **the** ~ **old story** la historia de siempre; **to be of the** ~ **mind** pensar igual ◇ *adv.* igual ◇ *pron.* el mismo; [thing] lo mismo ▪ **all the** ~ sin embargo; **everything is the** ~ todo sigue igual; **it's all the** ~ **to me** me da igual OR lo mismo; **the** ~ **to you!** ¡igualmente!; [in anger] ¡te deseo lo mismo!
same•ness ['nĭs] *s.* igualdad *f*; [monotony] monotonía
sam•ple [săm'pəl] ◇ *s.* muestra; CIENT espécimen *m* ◇ *tr.* tomar una muestra de; CUL catar; MÚS samplear
sam•pler [:plər] *s.* COST dechado; MÚS sámpler
sam•pling [:plĭng] *s.* muestra; MÚS sampleado
san•a•to•ri•um [săn'ə-tôr'ē-əm] *s.* (*pl* **s** OR **-ia**) sanatorio
sanc•ti•fy [săngk'tə-fī'] *tr.* santificar
sanc•ti•mo•ni•ous ['-mō'nē-əs] *adj.* santurrón
sanc•tion [săngk'shən] ◇ *s.* sanción *f* ◇ *tr.* sancionar
sanc•ti•ty [săngk'tĭ-tē] *s.* santidad *f*
sanc•tu•ar•y [:cho͞o-er'ē] *s.* santuario; [refuge] asilo; [game preserve] coto
sand [sănd] ◇ *s.* arena ▪ ~ **dune** médano ◇ *pl.* [land] arenales; *fig* [of time] tiempo ◇ *tr.* & *intr.* [road] enarenar; [wood] lijar
san•dal [săn'dl] *s.* sandalia
san•dal•wood [:wo͝od'] *s.* sándalo
sand•bag [sănd'băg'] ◇ *s.* saco de arena ◇ *tr.* (**-gg-**) proteger con sacos de arena
sand•bank [:băngk'] *s.* banco de arena
sand•bar [:bär'] *s.* arrecife *m* de arena
sand•blast [:blăst'] ◇ *s.* chorro de arena ◇ *tr.* limpiar con chorro de arena
sand•box [:bŏks'] *s.* cajón *m* de arena
sand•er [săn'dər] *s.* persona OR aparato que esparce arena; [tool] lijadora
sand•lot [sănd'lŏt'] *s.* solar *m*, baldío
sand•pa•per [:pā'pər] ◇ *s.* papel *m* de lija ◇ *tr.* lijar
sand•pi•per [:pī'pər] *s.* correlimos *m*
sand•stone [:stōn'] *s.* arenisca
sand•storm [:stôrm'] *s.* tempestad *f* de arena
sand•wich [:wĭch] *s.* emparedado, sandwich *m*
sand•y [săn'dē] *adj.* (-i-) arenoso
sane [sān] *adj.* cuerdo; [reasonable] razonable
sang [săng] ▷ **sing**
san•guine [săng'gwĭn] *adj.* sanguíneo; [optimistic] optimista
san•i•tar•i•um [săn'ĭ-târ'ē-əm] *s.* (*pl* **s** OR **-ia**) sanatorio
san•i•tar•y [săn'ĭ-ter'ē] *adj.* sanitario ▪ ~ **napkin** paño higiénico
san•i•ta•tion ['-tā'shən] *s.* saneamiento
san•i•tize ['-tīz'] *tr.* sanear
san•i•ty [săn'ĭ-tē] *s.* cordura; [sense] sensatez *f*
sank [săngk] ▷ **sink**
sap[1] [săp] *s.* BOT savia; [vitality] vitalidad *f*; *jer* [dupe] bobo
sap[2] *tr.* (**-pp-**) [to deplete] agotar; [to undermine] socavar
sap•ling [săp'lĭng] *s.* árbol *m* joven
sap•phire [săf'īr'] *s.* zafiro; [color] color *m* zafiro
sap•py [săp'ē] *adj.* (-i-) lleno de savia; [foolish] tontuelo
sar•casm [sär'kăz'əm] *s.* sarcasmo
sar•cas•tic [sär-kăs'tĭk] *adj.* sarcástico
sar•dine [sär-dēn'] *s.* sardina

sar•don•ic [sär-dŏn′ĭk] *adj.* sardónico

sash¹ [săsh] *s.* [band] fajín *m*

sash² *s.* [frame] marco

sa•shay [să-shā′] *intr. fam* pavonearse

sass [săs] *fam* ◇ *s.* impertinencia ◇ *tr.* hablar con insolencia a

sas•sa•fras [săs′ə-frăs′] *s.* sasafrás *m*

sas•sy [săs′ē] *adj.* (**-i-**) descarado

sat [săt] ▻ **sit**

sa•tan•ic/i•cal [sə-tăn′ĭk] *adj.* satánico

satch•el [săch′əl] *s.* cartapacio

sate [sāt] *tr.* saciar; [to glut] hartar

sat•el•lite [săt′l-īt′] *s.* satélite *m* ▪ ~ **dish** antena parabólica

sa•tia•ble [sā′shə-bəl] *adj.* saciable

sa•ti•ate [sā′shē-āt′] *tr.* saciar; [to glut] hartar

sa•ti•a•tion [′-ā′shən] *s.* saciedad *f*

sa•ti•e•ty [sə-tī′ĭ-tē] *s.* hartura

sat•in [săt′n] *s.* raso, satén *m*

sat•ire [săt′īr′] *s.* sátira

sa•tir•ic/i•cal [sə-tĭr′ĭk] *adj.* satírico

sat•i•rist [săt′ər-ĭst] *s.* (escritor) satírico

sat•i•rize [:ə-rīz′] *tr.* satirizar

sat•is•fac•tion [săt′ĭs-făk′shən] *s.* satisfacción *f*; [compensation] compensación *f*

sat•is•fac•to•ry [:tə-rē] *adj.* satisfactorio

sat•is•fy [săt′ĭs-fī′] *tr.* satisfacer; [requirements] cumplir con; [to content] contentarse; [to assure] convencer; (*intr.*) dar satisfacción

sat•is•fy•ing [:ĭng] *adj.* satisfactorio; [experience] agradable; [food] sustancioso

sat•u•rate [săch′ə-rāt′] *tr.* saturar

sat•u•rat•ed [:rā′tĭd] *adj.* saturado

sat•u•ra•tion [′-′shən] *s.* saturación *f*

Sat•ur•day [săt′ər-dē] *s.* sábado

sauce [sôs] ◇ *s.* salsa; [compote] compota; [impudence] descaro ◇ *tr.* echar salsa a; *fam* insolentarse con

sauce•pan [sôs′păn′] *s.* cacerola

sau•cer [sô′sər] *s.* platillo

sauc•y [sô′sē] *adj.* (**-i-**) descarado

sau•na [sô′nə] *s.* sauna

saun•ter [sôn′tər] ◇ *intr.* pasearse ◇ *s.* paseo

sau•sage [sô′sĭj] *s.* embutido; [pork] salchicha

sau•té [sō-tā′, sô-] *tr.* (**-(e)d**) saltear

sav•age [săv′ĭj] ◇ *adj.* salvaje; [ferocious] feroz; [cruel] cruel ◇ *s.* salvaje *mf*

sa•van•na(h) [sə-văn′ə] *s.* sabana

sa•vant [să-vänt′] *s.* sabio

save¹ [sāv] ◇ *tr.* [to rescue] salvar; [to keep] guardar; [to conserve] ahorrar; COMPUT guardar ▪ **to** ~ **one's breath** ahorrar saliva; **to** ~ **oneself the trouble** ahorrarse la molestia; **to** ~ **the day** salvar la situación; (*intr.*) ahorrar ◇ *s.* DEP parada

save² ◇ *prep.* salvo ◇ *conj.* a no ser que ▪ ~ **for** salvo por; ~ **that** si no fuera porque

sav•er [sā′vər] *s.* salvador *m*; [of money] ahorrador *m*

sav•ing [sā′vĭng] ◇ *s.* salvamento; [economy] ahorro ◇ *pl.* ahorros ▪ ~ **account/bank** cuenta/caja de ahorros

sav•ior [sāv′yər] *s.* salvador

sa•vor [sā′vər] ◇ *s.* sabor *m* ◇ *intr.* ▪ **to** ~ **of** saber a; (*tr.*) saborear

sa•vor•y [sā′və-rē] *adj.* sabroso; [not sweet] salado; [piquant] picante

sav•vy [săv′ē] *jer* ◇ *intr.* entender ◇ *s.* sentido común

saw¹ [sô] ◇ *s.* [handsaw] serrucho; [machine] sierra ◇ *tr.* (**-ed**, **-ed** OR **-n**) (a)serrar

saw² *s.* proverbio ▪ **old** ~ viejo dicho

saw³ ▻ **see¹**

saw•dust [sô′dŭst′] *s.* (a)serrín *m*

saw•mill [sô′mĭl′] *s.* aserradero, serrería

sax [săks] *s. fam* saxo, saxófono

sax•o•phone [săk′sə-fōn′] *s.* saxófono

say [sā] ◇ *tr.* (**said**) decir; [prayer] rezar; [to indicate] marcar; [to suppose] suponer ▪ **enough said!** ¡basta!; **I'll** ~**!** ¡ya lo creo!; **it goes without saying** huelga decir; **easier said than done** más fácil decirlo que hacerlo; **it is said** se dice; **let us** ~ digamos; **no sooner said than done** dicho y hecho; **not to** ~ por no decir; ~**!** ¡oiga!; ~ **no more!** ¡no me digas más!; **that is to** ~ o sea, es decir; **to** ~ **nothing of** por no hablar de; **to** ~ **again** volver a decir; **to** ~ **the least** por lo menos; **to** ~ **the word** dar la orden; **to** ~ **to oneself** decir para sí; **what do you** ~**?** ¿qué te parece?; **when all is said and done** al fin y al cabo; **you can** ~ **that again!** ¡ya lo creo!; **you don't** ~**!** ¡no me digas!; **you said it!** ¡dímelo a mí! ◇ *s.* [opinion] voz *f*; [turn to speak] uso de la palabra

say•ing [sā′ĭng] *s.* dicho

say-so [sā′sō′] *s. fam* afirmación *f*; [authority] autoridad *f*

scab [skăb] ◇ *s.* postilla, costra; BOT escabro; *fam* [strikebreaker] esquirol *m* ◇ *intr.* (**-bb-**) formar costra; *fam* [to take a job] sustituir a un huelguista

scab•bard [skăb′ərd] *s.* vaina (de una espada)

scab•by [skăb′ē] *adj.* (**-i-**) costroso; VET roñoso

sca•bies [skā′bēz′] *s. inv.* sarna

scads [skădz] *s. pl. fam* montones *m*

scaf•fold [skăf′əld] *s.* andamio; [for executions] patíbulo

scaf•fold•ing [:əl-dĭng] *s.* andamiaje *m*

scal•a•wag [skăl′ə-wăg′] *s. fam* bribón *m*

scald [skôld] ◇ *tr.* escaldar; [milk] calentar casi hasta el hervor ◇ *s.* escaldadura

scald•ing [skôl′dĭng] *adj.* hirviente

scale¹ [skāl] ◇ *s.* [flake] escama; [of pipe] incrustaciones *f* ◇ *tr.* escamar; (*intr.*) ▪ **to** ~ **off** [skin] pelarse; [paint] descascararse

scale² ◇ *s.* escala ◇ *tr.* [to climb] escalar; [to adjust] adaptar ▪ **to** ~ **down/up** reducir/aumentar a escala

scale³ *s.* [balance] báscula; [tray] platillo (de balanza)

scal•lion [skăl′yən] *s.* cebollino

scal•lop [skŏl′əp, skăl′-] ◇ *s.* ZOOL vieira; [shell] venera; [border] festón *m*, onda ◇ *tr.* COST ondular; CUL guisar al gratén

scalp [skălp] ◇ *s.* [trophy] cabellera; ANAT cuero cabelludo ◇ *tr.* escalpar; *fam* [tickets] revender

scal•pel [skăl′pəl] *s.* escalpelo

scalp•er [skăl′pər] *s.* revendedor *m*

scal•y [skā′lē] *adj.* (**-i-**) escamoso

scam [skăm] *s. jer* estafa

scam•per [skăm′pər] ◇ *intr.* corretear ◇ *s.* correteo

scan [skăn] ◇ *tr.* (**-nn-**) [to examine] escudriñar; [to look around] recorrer con la mirada; [to glance at] echar un vistazo a; [verse] escandir; ELECTRÓN registrar, explorar; COMPUT escanear; (*intr.*) ELECTRÓN registrar, explorar; POÉT escandir ◇ *s.* [on radar] exploración *f*; COMPUT escaneo; MED escáner *m*, ecografía

S

scan•dal [skăn′dl] *s.* escándalo; [gossip] chismorreo
scan•dal•ize [:īz′] *tr.* escandalizar
scan•dal•ous [:əs] *adj.* escandaloso; [defamatory] difamatorio
scan•ner [skăn′ər] *s.* ELECTRÓN dispositivo explorador; MED escáner *m*, ecógrafo; COMPUT escáner *m*
scant [skănt] ◇ *adj.* escaso ◇ *tr.* escatimar
scant•y [skăn′tē] *adj.* (-i-) escaso
scape•goat [skāp′gōt′] *s.* cabeza de turco
scar [skär] ◇ *s.* cicatriz *f* ◇ *tr.* (-rr-) [to mark] señalar; [the skin] dejar una cicatriz en; (*intr.*) cicatrizar(se)
scar•ab [skăr′əb] *s.* escarabajo
scarce [skârs] *adj.* raro; [insufficient] escaso ▪ **to become** ~ escasear
scarce•ly [′lē] *adv.* apenas; [hardly] casi no; [surely not] seguramente no
scar•ci•ty [skâr′sĭ-tē] *s.* escasez *f*
scare [skâr] ◇ *tr.* & *intr.* asustar(se) ▪ **to be scared of** asustarse de; **to be scared stiff** OR **to death** estar muerto de miedo; **to** ~ **away** OR **off** ahuyentar; **to** ~ **to death** dar un miedo espantoso ◇ *s.* susto
scare•crow [′krō′] *s.* espantapájaros *m*
scarf [skärf] *s.* (*pl* **s** OR **-ves**) bufanda; [kerchief] pañuelo; [runner] tapete *m*
scar•let [skär′lĭt] *s.* & *adj.* escarlata ▪ ~ **fever** escarlatina; ~ **woman** mujer de mala vida
scar•y [skâr′ē] *adj.* (-i-) asustador
scath•ing [skā′*th*ĭng] *adj.* severísimo
scat•ter [skăt′ər] *tr.* dispersar; [to strew] esparcir; (*intr.*) dispersarse
scat•ter•brain [:brān′] *s.* cabeza de chorlito
scat•ter•brained [:brānd′] *adj.* ligero de cascos
scat•ter•ing [:ĭng] *s.* dispersión *f*
scav•enge [skăv′ənj] *tr.* encontrar entre la basura; (*intr.*) buscar en la basura
scav•en•ger [skăv′ən-jər] *s.* trapero; ZOOL animal carroñero
sce•nar•i•o [sĭ-nâr′ē-ō′] *s.* TEAT argumento; CINEM guión *m*; [events] situación *f*
scene [sēn] *s.* escena; [place] lugar; *jer* [sphere] mundo; [situation] situación *f* ▪ **behind the scenes** [backstage] entre bastidores; [in private] en privado; **to come on the** ~ aparecer
scen•er•y [sē′nə-rē] *s.* [landscape] paisaje *m*; TEAT decorado
sce•nic [sē′nĭk] *adj.* del paisaje; [picturesque] pintoresco; TEAT escénico
scent [sent] ◇ *s.* [smell] olor *m*, aroma *m*; [trail] pista ▪ **to pick up the** ~ encontrar la pista; **to throw off the** ~ despistar ◇ *tr.* olfatear; [to perfume] perfumar
scep•ter [sep′tər] *s.* cetro
sched•ule [skej′o͞ol] ◇ *s.* [timetable] horario; [agenda] calendario, programa *m*; [plan] plan *m*; [list] inventario ▪ **to be behind** ~ [plane] llevar retraso; [work] estar atrasado; **to go according to** ~ desarrollarse como estaba previsto; **on** ~ a la hora ◇ *tr.* [train] fijar el horario de; [meeting] programar ▪ **to be scheduled** estar previsto
sche•mat•ic [skē-măt′ĭk] *adj.* esquemático
scheme [skēm] ◇ *s.* [plan] proyecto; [plot] ardid *m*; [of colors] combinación *f* ◇ *tr.* tramar; (*intr.*) conspirar
schem•er [skē′mər] *s.* intrigante *mf*
schism [sĭz′əm, skĭz′-] *s.* escisión *f*; RELIG cisma *m*
schiz•o•phre•ni•a [skĭt′sə-frē′nē-ə] *s.* esquizofrenia
schol•ar [skŏl′ər] *s.* erudito; [specialist] especialista *mf*; [student] estudiante *mf*
schol•ar•ly [:lē] *adj.* erudito
schol•ar•ship [:shĭp′] *s.* erudición *f*; [financial aid] beca
scho•las•tic [skə-lăs′tĭk] *adj.* escolar
school[1] [sko͞ol] ◇ *s.* escuela; [for teens] colegio; [department] facultad *f*; [class] clase *f*; [students] alumnado, estudiantado ▪ **driving** ~ escuela de conductores; **military** ~ academia militar; **night** ~ escuela nocturna; ~ **of thought** escuela filosófica; **secretarial** ~ escuela de secretariado; **summer** ~ curso(s) de verano; **Sunday** ~ RELIG escuela dominical; **to teach** ~ ser maestro ◇ *tr.* educar; [to train] disciplinar
school[2] *s.* [of fish] cardumen *m*
school•book [sko͞ol′bo͝ok′] *s.* libro de texto
school•boy [:boi′] *s.* alumno
school•girl [:gûrl′] *s.* alumna
school•house [:hous′] *s.* colegio, escuela
school•ing [sko͞o′lĭng] *s.* instrucción *f*; [training] entrenamiento
school•mas•ter [sko͞ol′mas′tər] *s.* maestro, profesor *m*
school•mate [:māt′] *s.* compañero de escuela
school•mis•tress [:mĭs′trĭs] *s.* maestra, profesora
school•room [:ro͞om′] *s.* sala de clase
school•teach•er [:tē′chər] *s.* maestro, -a, profesor *m*
schoo•ner [sko͞o′nər] *s.* goleta
sci•at•i•ca [sī-ăt′ĭ-kə] *s.* ciática
sci•ence [sī′əns] *s.* ciencia ▪ ~ **fiction** ciencia ficción; ~ **park** parque científico
sci•en•tif•ic [sī′ən-tĭf′ĭk] *adj.* científico
sci•en•tist [′-tĭst] *s.* científico
scin•til•late [sĭn′tl-āt′] *intr.* chispear; [to twinkle] centellear
sci•on [sī′ən] *s.* vástago; BOT púa
scis•sors [sĭz′ərz] *s. pl.* tijeras *f* ▪ **a pair of** ~ unas tijeras; ~ **hold** DEP tijereta
scle•ro•sis [sklə-rō′sĭs] *s.* esclerosis *f*
scoff [skŏf] *intr.* mofarse (**at** de)
scold [skōld] ◇ *intr.* & *tr.* regañar ◇ *s.* regañón *m*
scold•ing [skōl′dĭng] *s.* regaño ▪ **to give a** ~ regañar
scone [skōn, skŏn] *s.* bizcocho, galleta
scoop [sko͞op] ◇ *s.* [ladle] cucharón *m*; [amount] cucharada; PERIOD primicia, noticia exclusiva; MAQ [of shovel] cuchara; [of dredge] cangilón *m* ◇ *tr.* ▪ **to** ~ **into** meter en; **to** ~ **out** excavar; **to** ~ **up** [by hand] coger; [with spoon] sacar
scoot [sko͞ot] *intr.* andar rápidamente
scoot•er [sko͞o′tər] *s.* [child's] monopatín *m*, patineta; [motor vehicle] motoneta
scope [skōp] *s.* [range] ámbito; [extent] amplitud *f*; [reach] alcance *m*; [freedom] libertad *f*
scorch [skôrch] ◇ *tr.* & *intr.* quemar(se) ◇ *s.* quemadura
scorch•er [skôr′chər] *s. fam* día *m* abrasador
score [skôr] ◇ *s.* [notch] muesca; [line] raya; [twenty] veintena; DEP resultado; EDUC calificación *f*; MÚS partitura ▪ **final** ~ DEP resultado; **what's the** ~**?** DEP ¿cómo van?; **the** ~ **is 2–0 to Argentina** DEP Argentina va ganando por dos goles a cero; **on that** ~ en cuanto a eso; **to keep** ~ apuntar los tantos; **to know the score** conocer el percal; **to settle a** ~ ajustar cuentas ◇ *tr.* [to mark off] apuntar (mediante rayas) en; [to scratch] rayar; DEP marcar; [to count as] valer; [to win] lograr; *fam* [to get] conseguir; EDUC sacar; MÚS orquestar;

(*intr.*) *fam* tener éxito; DEP marcar un tanto; [to keep score] tantear
score•board ['bôrd'] *s.* marcador *m*
scor•er [:ər] *s.* tanteador *m*; [player] jugador *m* que marca tantos; [in soccer] goleador *m*
scorn [skôrn] ◇ *s.* desprecio ◇ *tr.* despreciar ▪ **to ~ to** no dignarse a
scorn•ful [skôrn'fəl] *adj.* desdeñoso
scor•pi•on [skôr'pē-ən] *s.* escorpión *m*
scotch [skŏch] *tr.* poner fin a
scot-free [skŏt'frē'] *adj.* sin pagar OR castigo
scoun•drel [skoun'drəl] *s.* canalla *m*
scour[1] [skour] *tr.* fregar, restregar
scour[2] *tr.* [to search] batir; [to range over] recorrer; (*intr.*) [to run] correr
scourge [skûrj] ◇ *s.* azote *m* ◇ *tr.* azotar
scout [skout] ◇ *tr.* explorar; [talent] evaluar; (*intr.*) buscar ▪ **to ~ around for** hacer una batida por ◇ *s.* *fam* [fellow] sujeto; MIL explorador *m* ▪ **Boy Scout** niño explorador; **~ plane** avión de reconocimiento
scowl [skoul] ◇ *intr.* fruncir el ceño ◇ *s.* ceño fruncido
scrag•gly [skrăg'lē] *adj.* (**-i-**) [unkempt] desaseado; [sparse] ralo
scram [skrăm] *intr.* (**-mm-**) *fam* largarse
scram•ble [skrăm'bəl] ◇ *intr.* gatear; [struggle] pelearse ▪ **to ~ out** salir a gatas; **to ~ up** trepar; (*tr.*) revolver; ELECTRÓN perturbar ▪ **scrambled eggs** huevos revueltos; **to ~ into one's clothes** vestirse rápidamente; **~ together** mezclar ◇ *s.* lucha
scram•bler [:blər] *s.* aparato para perturbar las emisiones radiofónicas
scrap[1] [skrăp] ◇ *s.* [of paper] pedazo; [of evidence] pizca; [metal] chatarra; [waste] desperdicios; [of fabric] retazo ◇ *pl.* [of food] restos; [waste] desechos ◇ *tr.* (**-pp-**) desechar; [ships] desguazar; [machines] desmontar
scrap[2] *jer* ◇ *intr.* (**-pp-**) pelearse ◇ *s.* pelea
scrap•book [skrăp'bo͝ok'] *s.* álbum *m* de recortes
scrape [skrāp] ◇ *tr.* raspar ▪ **to ~ off** OR **out** quitar (raspando); **to ~ together** OR **up** lograr reunir; (*intr.*)[to graze] rozar; [to scrimp] hacer economías ▪ **to ~ by** ir tirando ◇ *s.* raspado; [sound] chirrido; [on skin] rasguño
scrap•er [skrā'pər] *s.* rascador *m*, raspador *m*
scrap•py [skrăp'ē] *adj.* (**-i-**) peleador
scratch [skrăch] ◇ *tr.* & *intr.* rayar(se); [to claw] arañar; [to rub] rascarse ▪ **to ~ out** tachar; **to ~ the surface** no profundizar mucho ◇ *s.* raya; [on skin] arañazo; [sound] chirrido ▪ **from ~** de la nada; **to come up to ~** satisfacer los requisitos ◇ *adj.* al azar ▪ **~ paper** papel (de) borrador
scratch•pad ['păd'] *s.* bloc *m* para apuntes; COMPUT memoria auxiliar
scratch•y [:ē] *adj.* (**-i-**) [surface] rayado; [fabric] que pica; [sound] chirriante; [pen] que raspea
scrawl [skrôl] ◇ *tr.* & *intr.* garabatear ◇ *s.* garabateo
scraw•ny [skrô'nē] *adj.* (**-i-**) flacucho
scream [skrēm] ◇ *intr.* chillar ▪ **it's enough to make you ~** es para pegarse un tiro; **to ~ in pain** gritar de dolor ◇ *s.* chillido ▪ **to be a ~** ser divertidísimo
scream•ing [:ĭng] ◇ *s.* grito(s) ◇ *adj.* chillón; [funny] divertidísimo
screech [skrēch] ◇ *intr.* [to scream] chillar; [to make a shrill noise] chirriar ◇ *s.* chillido
screen [skrēn] ◇ *s.* pantalla; [for privacy] biombo; [for windows] alambrera; [for sifting] criba; [of troops] cobertura; [of planes] protección *f* ▪ **~ door** puerta de tela metálica ◇ *tr.* [to hide] ocultar; [to protect] resguardar; [to sift] cribar; [a porch] poner una alambrera a; [applicants] pasar por el tamiz; CINEM proyectar ▪ **to ~ out** descartar
screen•play ['plā'] *s.* guión *m*
screen•sav•er [skrēn'sā'vər] *s.* COMPUT salvapantallas *m*
screen•writ•er [:rī'tər] *s.* guionista *mf*
screw [skro͞o] ◇ *s.* CARP tornillo ▪ **to have a ~ loose** tener flojos los tornillos; **to put the screws to someone** apretarle las clavijas a alguien ◇ *tr.* *jer* [to cheat] estafar ▪ **to have one's head screwed on right** *fam* tener la cabeza bien puesta; **to ~ down** OR **on** CARP atornillar (en); **to ~ on** tapar; **to ~ open** OR **off** destapar; **to ~ up** *fam* arruinar, desbaratar
screw•ball ['bôl'] *adj.* & *s.* *jer* estrafalario
screw•driv•er [:drī'vər] *s.* destornillador *m*
screwed-up [skro͞od'ŭp'] *adj.* *jer* desbaratado
screw-up [skro͞o'ŭp'] *s.* *jer* metedura de pata
screw•y [:ē] *adj.* (**-i-**) *jer* [crazy] chiflado; [amiss] errado
scrib•ble [skrĭb'əl] ◇ *tr.* & *intr.* garabatear ◇ *s.* garabato
scribe [skrīb] *s.* *fam* [writer] escritorzuelo; HIST [clerk, copyist] escribiente *m*
scrim•mage [skrĭm'ĭj] ◇ *s.* DEP entrenamiento ◇ *intr.* entrenarse
scrimp [skrĭmp] *intr.* hacer economías ▪ **to ~ and save** apretarse el cinturón
script [skrĭpt] *s.* letra cursiva; CINEM guión *m*
scroll [skrōl] *s.* rollo de pergamino ▪ **~ bar** COMPUT barra de desplazamiento
scro•tum [skrō'təm] *s.* (*pl* **s** OR **-ta**) escroto
scrounge [skrounj] *tr.* *jer* juntar ▪ **to ~ up** conseguir de gorra; (*intr.*) gorronear ▪ **to ~ around for** juntar
scrub[1] [skrŭb] ◇ *tr.* (**-bb-**) fregar; [clothes] restregar; *jer* [mission] cancelar; (*intr.*) fregar ◇ *s.* fregado ▪ **~ brush** cepillo
scrub[2] *s.* [shrub] árbol achaparrado; [thicket] matorral *m*; *fam* animal pequeño; [nobody] don *m* nadie; DEP jugador *m* suplente
scrub•bing [skrŭb'ĭng] *s.* fregado
scrub•by [skrŭb'ē] *adj.* (**-i-**) cubierto de maleza; [stunted] achaparrado
scrub•wom•an [skrŭb'wo͝om'ən] *s.* (*pl* **-women**) fregona
scruff [skrŭf] *s.* cogote *m*
scruf•fy [skrŭf'ē] *adj.* (**-i-**) desaliñado
scrump•tious [skrŭmp'shəs] *adj.* *fam* de rechupete
scru•ple [skro͞o'pəl] *s.* escrúpulo; [bit] pizca
scru•pu•lous [:pyə-ləs] *adj.* escrupuloso
scru•ti•nize [skro͞ot'n-īz'] *tr.* escudriñar
scru•ti•ny [:ē] *s.* escrutinio
scu•ba [sko͞o'bə] *s.* escafandra autónoma
scuff [skŭf] ◇ *intr.* estropear; (*tr.*) [feet] arrastrar; [shoes, floor] estropear ◇ *s.* arrastre *m* de los pies; [slipper] chancleta
scuf•fle [skŭf'əl] ◇ *intr.* pelearse; [to scuff] arrastrar los pies ◇ *s.* refriega
scull [skŭl] ◇ *s.* [long oar] espadilla; [oar] remo; [boat] bote *m* de remo ◇ *tr.* impulsar con remo OR espadilla; (*intr.*) remar

scul•ler•y [skŭl′ə-rē] *s.* trascocina
sculpt [skŭlpt] *tr.* esculpir
sculp•tor [skŭlp′tər] *s.* escultor *m*
sculp•tress [:trĭs] *s.* escultora
sculp•ture [skŭlp′chər] ◇ *s.* escultura ◇ *tr.* esculpir
scum [skŭm] *s.* [on pond] verdín *m*; [on liquids] telilla; [on milk] nata; [on metal] escoria; *jer* [people] escoria
scur•ri•lous [skûr′ə-ləs] *adj.* grosero
scur•ry [skûr′ē] *intr.* correr
scur•vy [skûr′vē] ◇ *s.* escorbuto ◇ *adj.* (-i-) vil
scut•tle[1] [skŭt′l] ◇ *s.* trampilla; MARÍT escotilla ◇ *tr. fam* desechar; MARÍT barrenar
scut•tle[2] *s.* [for coal] balde *m*
scut•tle[3] *intr.* [to run] correr
scythe [sī*th*] ◇ *s.* guadaña ◇ *tr.* guadañar
sea [sē] ◇ *s.* mar *mf* ■ **at** ~ en el mar; **by the** ~ a (la) orilla del mar; **heavy** ~ marejada; **on the high seas** en alta mar; ~ **gull** gaviota; ~ **urchin** erizo de mar; ~ **wall** rompeolas ◇ *adj.* marino; [saltwater] de mar
sea•bed [sē′bed′] *s.* fondo del mar
sea•board [sē′bôrd′] *s.* litoral *m*
sea•coast [sē′kōst′] *s.* litoral *m*
sea•dog [sē′dôg′] *s. fam* lobo de mar
sea•far•er [sē′fâr′ər] *s.* marinero
sea•far•ing [:ĭng] ◇ *s.* marinería ◇ *adj.* marinero
sea•food [sē′fōōd′] *s.* mariscos; [fish] pescado
sea•go•ing [sē′gō′ĭng] *adj.* de mar; [people] marinero
seal[1] [sēl] ◇ *s.* sello; [pledge] garantía; [sticker] precinto; [closure] cierre *m* ◇ *tr.* sellar; [with wax] lacrar; [envelope] cerrar; [fate] determinar ■ **sealing wax** lacre; **to** ~ **in** encerrar; **to** ~ **off** [area] acordonar; [pipe] cerrar; **to** ~ **up** [hole] tapar; [envelope] cerrar
seal[2] ◇ *s.* ZOOL foca; [pelt] piel *f* de foca ◇ *intr.* cazar focas
seal•ant [sē′lənt] *s.* sellador *m*
seal•er[1] [sē′lər] *s.* pintura OR barniz utilizado para sellar una superficie
seal•er[2] *s.* cazador *m* de focas
seal•skin [sēl′skĭn′] *s.* piel *f* de foca
seam [sēm] ◇ *s.* costura; [crease] arruga; MIN veta ■ **to be bursting at the seams** [with feelings] rebosar (**with** de); [with people] rebosar de gente ◇ *tr.* unir; [to line] marcar
sea•man [sē′mən] *s.* (*pl* **-men**) marinero
seam•stress [sēm′strĭs] *s.* costurera
seam•y [sē′mē] *adj.* (-i-) sórdido
sé•ance [sā′äns′] *s.* sesión *f* de espiritismo
sea•plane [sē′plān′] *s.* hidroavión *m*
sea•port [sē′pôrt′] *s.* puerto marítimo
sear [sîr] *tr.* & *intr.* marchitar(se)
search [sûrch] ◇ *tr.* & *intr.* registrar; [conscience] examinar ■ ~ **me!** *fam* ¡yo qué sé!; **to** ~ **for** buscar; **to** ~ **out** descubrir ◇ *s.* búsqueda; [by police] registro; [of person] cacheo; [of ship] visita ■ ~ **engine** COMPUT motor de búsqueda; **in** ~ **of** en busca de; ~ **party** partida de buscadores; ~ **warrant** mandamiento de registro
search•er [sûr′chər] *s.* buscador *m*
search•light [sûrch′līt′] *s.* reflector *m*
sea•scape [sē′skāp′] *s.* (vista) marina
sea•shell [sē′shel′] *s.* concha marina
sea•shore [sē′shôr′] *s.* [beach] orilla del mar; [coast] litoral *m*
sea•sick [sē′sĭk′] *adj.* mareado ■ **to get** ~ marearse
sea•sick•ness [:nĭs] *s.* mareo
sea•side [sē′sīd′] *s.* [beach] playa; [coast] litoral *m* ■ ~ **resort** estación balnearia
sea•son [sē′zən] ◇ *s.* [of year] estación *f*; [time] temporada; [of animals] época ■ **in** ~ [produce] en sazón; [animals] en celo; **off** ~ temporada baja; ~ **ticket** abono ◇ *tr.* [food] sazonar; [to enliven] amenizar; [wood] secar; [to accustom] habituar; (*intr.*) [wood] secarse
sea•son•a•ble [sē′zə-nə-bəl] *adj.* propio de la estación; [timely] a su tiempo
sea•son•al [sē′zə-nəl] *adj.* estacional; [unemployment] temporal; [worker] temporero
sea•son•ing [:nĭng] *s.* aderezo
seat [sēt] ◇ *s.* asiento; [for an event] localidad *f*; [of trousers] fondillos; [of bicycle] sillín *m*; [of government] sede *f*; [of learning] centro; POL escaño; [buttocks] trasero ■ **by the** ~ **of one's pants** *fam* por los pelos; ~ **belt** cinturón de seguridad ◇ *tr.* sentar; [to accommodate] tener sitio para ■ **be seated** siéntense
seat•ing [sē′tĭng] *s.* [places] asientos; [placement] colocación *f*
sea•ward [sē′wərd] ◇ *adj.* que da al mar ◇ *adv.* hacia el mar
sea•way [sē′wā′] *s.* ruta marítima
sea•weed [sē′wēd′] *s.* algas (marinas)
sea•wor•thy [sē′wûr′*th*ē] *adj.* (-i-) en condiciones de navegar
se•cede [sĭ-sēd′] *intr.* separarse
se•clude [sĭ-klōōd′] *tr.* recluir ■ **to** ~ **oneself** apartarse
se•clud•ed [sĭ-klōō′dĭd] *adj.* aislado
se•clu•sion [:zhən] *s.* reclusión *f* ■ **in** ~ apartado
sec•ond[1] [sek′ənd] *s.* [time unit] segundo; [moment] momento ■ ~ **hand** segundero
sec•ond[2] ◇ *adj.* segundo; [another] otro ■ **every** ~ (uno de) cada dos; **on** ~ **thought(s)** pensándolo bien; ~ **floor** primer piso (en países hispánicos); ~ **nature** costumbre arraigada; ~ **sight** clarividencia; ~ **thoughts** dudas; **to be** ~ **to none** no tener igual; **to get one's** ~ **wind** recobrar las fuerzas ◇ *s.* segundo; [in duel] padrino; MEC segunda ◇ *pl.* [food] ■ **to have** ~ repetir; COM artículos con pequeños desperfectos ◇ *tr.* [to attend] secundar; [motion] apoyar ◇ *adv.* en segundo lugar
sec•ond•ar•y [sek′ən-der′ē] *adj.* secundario ■ ~ **education** enseñanza media
sec•ond-best [sek′ənd-best′] *adj.* segundo
sec•ond-class [:klăs′] ◇ *adj.* de segunda clase ◇ *adv.* en segunda (clase)
sec•ond-gen•er•a•tion [′-jen′ə-rā′shən] *adj.* de segunda generación
sec•ond-guess [:ges′] *tr.* [to criticize] criticar; [to anticipate] anticiparse a
sec•ond•hand [:hănd′] *adj.* & *adv.* de segunda mano
sec•ond-rate [:rāt′] *adj.* de segunda categoría
se•cre•cy [sē′krĭ-sē] *s.* secreto
se•cret [sē′krĭt] ◇ *adj.* secreto; [secluded] oculto ◇ *s.* secreto ■ **as a** ~ confidencialmente; **to keep a** ~ guardar un secreto
sec•re•tar•i•al [sek′rĭ-târ′ē-əl] *adj.* de secretario
sec•re•tar•i•at [:ĭt] *s.* secretariado, secretaría
sec•re•tar•y [sek′rĭ-ter′ē] *s.* secretario; [desk] secreter *m*; [minister] ministro
sec•re•tar•y-gen•er•al [′-′-jen′ər-əl] *s.* (*pl* **-taries-**) secretario general
se•crete[1] [sĭ-krēt′] *tr.* FISIOL secretar, segregar

se•crete² *tr.* [to hide] esconder

se•cre•tion [sĭ-krē′shən] *s.* secreción *f*

se•cre•tive [sē′krĭ-tĭv] *adj.* reservado

sect [sekt] *s.* secta

sec•tar•i•an [sek-târ′ē-ən] *s.* & *adj.* sectario

sec•tion [sek′shən] ◇ *s.* sección *f*, parte *f*; [of orange] gajo; [of track] tramo; [of town] barrio; DER aparte *m* ◇ *tr.* dividir en secciones; [cut] seccionar

sec•tion•al [:shə-nəl] *adj.* [local] regional; [furniture] desmontable

sec•tor [sek′tər] *s.* sector *m*

sec•u•lar [sek′yə-lər] *adj.* mundano; [music] profano; [school] laico; [clergy] secular

se•cure [sĭ-kyŏŏr′] ◇ *adj.* **(-er, -est)** seguro; [stable] asegurado, firme ■ **~ from** protegido contra ◇ *tr.* asegurar; [to obtain] conseguir; [boat] amarrar ■ **to ~ from** proteger contra

se•cu•ri•ty [:ĭ-tē] ◇ *s.* seguridad *f*; [of loan] garantía ■ **~ certificate** COMPUT certificado de seguridad; **~ gate** arco detector de metales; **~ guard** guarda jurado ◇ *pl.* FIN valores

se•dan [sĭ-dăn′] *s.* [automobile] sedán *m*; [chair] silla de manos

se•date¹ [sĭ-dāt′] *adj.* sosegado

se•date² *tr.* MED administrar calmantes

se•da•tion [sĭ-dā′shən] *s.* sedación *f*

sed•a•tive [sed′ə-tĭv] *s.* & *adj.* sedante *m*

sed•en•tar•y [sed′n-ter′ē] *adj.* sedentario

sedge [sej] *s.* juncia

sed•i•ment [sed′ə-mənt] *s.* sedimento

sed•i•men•ta•ry [′-men′tə-rē] *adj.* sedimentario

se•di•tion [sĭ-dĭsh′ən] *s.* sedición *f*

se•di•tious [:əs] *adj.* sedicioso

se•duce [sĭ-dōōs′] *tr.* seducir

se•duc•er [sĭ-dōō′sər] *s.* seductor *m*

se•duc•tion [sĭ-dŭk′shən] *s.* seducción *f*

se•duc•tive [:tĭv] *adj.* seductivo, seductor

se•duc•tress [:trĭs] *s.* seductora

sed•u•lous [sej′ə-ləs] *adj.* asiduo

see¹ [sē] *tr.* **(saw, seen)** ver; [to understand] entender; [to ensure] asegurarse de; [to visit with] encontrarse con; [to date] salir con; [to socialize with] ver; [to consult] consultar; [to attend] recibir; [to escort] acompañar; [to experience] conocer ■ **as I ~ it** por lo que veo yo; **I saw it in his eyes** se lo vi en la cara; **it is worth seeing** merece la pena verlo; **seeing is believing** ver para creer; **~ you later!** ¡hasta luego!; **~ you (on) Saturday!** ¡hasta el sábado!; **that remains to be seen** eso está por verse; **there's nothing to ~** no hay nada que merezca la pena verse; **to go (and) ~** ir a ver; **to ~ off** ir a despedirse de; **to ~ red** echar chispas; **to ~ the light** comprender; **to ~ through** [person] ayudar a pasar por; [task] llevar a cabo; **to ~ things** ver visiones; **to ~ to** atender a; (*intr.*) ver; [to understand] comprender ■ **as far as the eye can ~** hasta donde alcanza la vista; **let's ~** a ver, veamos; **~?** ¿ves?; **~ for yourself!** ¡vea usted mismo!; **~ here!** ¡mire!; **~ if I care!** ¡a mí no me importa!; **seeing that ...** ya que ...; **to ~ fit** creer conveniente; **to ~ through someone** calar a alguien; **let's wait and ~** veremos; **you ~ ...** es que ...; **you'll ~!** ¡ya verás!; **we'll ~ about that!** ¡ya (lo) veremos!

see² *s.* RELIG sede *f* ■ **Holy See** Santa Sede

seed [sēd] ◇ *s.* (*pl* **inv.** OR **s**) semilla; [source] germen *m*; [pip] pepita; [progeny] descendencia; [sperm] semen *m* ■ **to go to ~** BOT granar; *fig* echarse a perder ◇ *tr.* sembrar; [fruit] despepitar

seed•bed [′bed′] *s.* semillero

seed•ling [:lĭng] *s.* plantón *m*

seed•y [sē′dē] *adj.* **(-i-)** [clothing] raído; [place] sórdido; BOT granado

see•ing [sē′ĭng] *conj.* ■ **~ that** visto que

seek [sēk] *tr.* **(sought)** buscar; [fame] anhelar; [advice] solicitar ■ **to be (highly) sought after** [person] ser (muy) solicitado; [things] ser (muy) cotizado; **to ~ out** ir en busca de; **to ~ to** tratar de; (*intr.*) buscar

seek•er [sē′kər] *s.* buscador *m*

seem [sēm] *intr.* parecer ■ **incredible as it may ~** aunque parezca increíble; **it hardly seems possible that** parece mentira que; **what seems to be the trouble?** ¿qué pasa?

seem•ing [sē′mĭng] *adj.* aparente

seem•ly [sēm′lē] *adj.* **(-i-)** apropiado

seen [sēn] ▻ **see¹**

seep [sēp] *intr.* filtrarse

seep•age [sē′pĭj] *s.* filtración *f*

seer [sîr, sē′ər] *s.* vidente *mf*

seer•suck•er [sîr′sŭk′ər] *s.* tejido rayado en relieve

see•saw [sē′sô′] ◇ *s.* subibaja *m*; [movement] vaivén *m* ◇ *intr.* columpiarse; [to oscillate] oscilar

seethe [sē*th*] *intr.* hervir; [person] estar agitado ■ **seething with anger** ardiendo de cólera

see-through [sē′thrōō′] *adj.* transparente

seg•ment [seg′mənt] ◇ *s.* segmento ◇ *tr.* & *intr.* [-ment′] segmentar(se)

seg•men•ta•tion [′mən-tā′shən] *s.* segmentación *f*

seg•ment•ed [seg′men′tĭd] *adj.* dividido en segmentos

seg•re•gate [seg′rĭ-gāt′] *tr.* & *intr.* segregar(se)

seg•re•ga•tion [′-gā′shən] *s.* segregación *f*

seis•mic [sīz′mĭk] *adj.* sísmico

seis•mo•graph [:mə-grăf′] *s.* sismógrafo

seis•mol•o•gy [-mŏl′ə-jē] *s.* sismología

seize [sēz] *tr.* agarrar; [to take possession of] apoderarse de; [to arrest] detener; [to confiscate] incautarse de; [opportunity] aprovechar ■ **to be seized by/with** [fear] estar sobrecogido por; **he was seized by the desire to** le entró el deseo de; **to ~ upon** aprovecharse de; (*intr.*) ■ **to ~ (up)** MEC agarrotarse

sei•zure [sē′zhər] *s.* detención *f*; [of goods] embargo; [of power] toma; MED ataque *m*

sel•dom [sel′dəm] *adv.* rara vez

se•lect [sĭ-lekt′] ◇ *tr.* & *intr.* escoger; DEP seleccionar ◇ *adj.* selecto; [club] exclusivo; [merchandise] de primera calidad

se•lec•tion [sĭ-lek′shən] *s.* selección *f*; [collection] surtido

se•lec•tive [:tĭv] *adj.* selectivo

se•lect•man [sĭ-lekt′măn′] *s.* (*pl* **-men**) concejal *m*

self [self] *s.* (*pl* **-ves**) uno mismo; [ego] ego ■ **to be back to one's old ~** haber vuelto a ser el mismo de siempre

self-ad•dressed [′ə-drest′] *adj.* con la dirección del remitente

self-ag•gran•dize•ment [:ə-grăn′dĭz-mənt] *s.* exaltación *f* de sí mismo

self-ap•point•ed [:ə-poin′tĭd] *adj.* autoproclamado

self-as•ser•tive [:ə-sûr′tĭv] *adj.* con mucha confianza en sí mismo

self-as•sured [:ə-shŏŏrd′] *adj.* seguro de sí mismo

self-cen•tered ['sen'tərd] *adj.* egocéntrico
self-com•posed ['kəm-pōzd'] *adj.* dueño de sí mismo
self-con•fessed [:kən-fest'] *adj.* confeso
self-con•fi•dence ['kŏn'fĭ-dəns] *s.* confianza en sí mismo
self-con•scious [:kŏn'shəs] *adj.* [shy] cohibido; [affected] afectado
self-con•tained ['kən-tānd'] *adj.* [self-sufficient] autónomo; [reserved] reservado
self-con•trol [:kən-trōl'] *s.* dominio de sí mismo ▪ **to lose one's ~** perder el dominio de sí mismo
self-de•feat•ing [:dĭ-fē'tĭng] *adj.* contraproducente
self-de•fense [:dĭ-fens'] *s.* autodefensa; DER legítima defensa ▪ **in ~** en defensa propia
self-de•ni•al [:dĭ-nī'əl] *s.* abnegación *f*
self-de•struct [:dĭ-strŭkt'] *intr.* autodestruirse
self-de•struc•tion [:dĭ-strŭk'shən] *s.* autodestrucción *f*
self-de•ter•mi•na•tion [:dĭ-tûr'mə-nā'shən] *s.* autodeterminación *f*
self-dis•ci•pline ['dĭs'ə-plĭn] *s.* autodisciplina
self-doubt [:dout'] *s.* desconfianza en sí mismo
self-ed•u•cat•ed [:ej'ə-kā'tĭd] *adj.* autodidacta
self-ef•fac•ing ['ĭ-fā'sĭng] *adj.* humilde
self-em•ployed [:em-ploid'] *adj.* autónomo, que trabaja por cuenta propia
self-es•teem [:ĭ-stēm'] *s.* amor propio
self-ev•i•dent ['ev'ĭ-dənt] *adj.* evidente
self-ex•plan•a•to•ry ['ĭk-splăn'ə-tôr'ē] *adj.* obvio
self-ex•pres•sion [:ĭk-spresh'ən] *s.* autoexpresión *f*
self-ful•fill•ing [:fo͝ol-fĭl'ĭng] *adj.* que se autorrealiza
self-gov•ern•ment ['gŭv'ərn-mənt] *s.* autonomía
self-grat•i•fi•ca•tion ['grăt'ə-fĭ-kā'shən] *s.* satisfacción *f* de los deseos propios
self-help ['help'] *s.* autoayuda
self-im•age [:ĭm'ĭj] *s.* representación *f* de sí mismo
self-im•por•tance ['ĭm-pôr'tns] *s.* presunción *f*
self-im•posed [:ĭm-pōzd'] *adj.* voluntario, autoimpuesto
self-im•prove•ment [:ĭm-pro͞ov'mənt] *s.* superación propia
self-in•duced [:ĭn-do͞ost'] *adj.* provocado por sí mismo
self-in•dul•gence [:ĭn-dŭl'jəns] *s.* autocomplacencia
self-in•flict•ed [:ĭn-flĭk'tĭd] *adj.* autoinfligido
self-in•ter•est ['ĭn'trĭst] *s.* interés (propio); [selfishness] egoísmo
self-in•volved ['ĭn-vŏlvd'] *adj.* que sólo piensa en su propio interés
self•ish [sel'fĭsh] *adj.* egoísta
self•ish•ness [:nĭs] *s.* egoísmo
self•less [self'lĭs] *adj.* desinteresado
self-love [:lŭv'] *s.* egoísmo; PSIC narcisismo
self-made man [:mād'-] *adj.* hombre hecho a sí mismo
self-pit•y [:pĭt'ē] *s.* compasión *f* de sí mismo
self-por•trait [:pôr'trĭt] *s.* autorretrato
self-pres•er•va•tion [:prez'ər-vā'shən] *s.* propia conservación
self-pro•claimed [:prō-klāmd'] *adj.* autoproclamado
self-re•li•ance [:rĭ-lī'əns] *s.* autosuficiencia
self-re•spect [:rĭ-spekt'] *s.* dignidad *f*
self-re•straint [:rĭ-strānt'] *s.* control *m*, dominio de sí mismo
self-righ•teous ['rī'chəs] *adj.* santurrón
self-ris•ing [:rī'zĭng] *adj.* que no necesita levadura
self-rule [:ro͞ol'] *s.* autonomía
self-sac•ri•fice [:săk'rə-fīs'] *s.* sacrificio de sí mismo
self•same [:sām'] *adj.* mismísimo
self-seek•ing [:sē'kĭng] ◇ *adj.* egoísta ◇ *s.* egoísmo
self-serv•ice [:sûr'vĭs] *adj.* de autoservicio
self-serv•ing [:sûr'vĭng] *adj.* egoísta
self-suf•fi•cient [:sə-fĭsh'ənt] *adj.* autosuficiente
self-sus•tain•ing [:sə-stā'nĭng] *adj.* que se mantiene por sus propios medios
self-taught ['tôt'] *adj.* autodidacta
sell [sel] ◇ *tr.* (**sold**) vender ▪ **to be sold on** estar convencido de; **to ~ off** COM liquidar; **to ~ short** subestimar; (*intr.*) venderse ▪ **to be sold out** estar agotado; **to ~ like hot cakes** venderse como pan caliente; **to ~ out** liquidar todo; [causé] venderse ◇ *s.* ▪ **hard/soft ~** publicidad agresiva/discreta
sell•er ['ər] *s.* vendedor *m*; [dealer] comerciante *mf* ▪ **quick ~** artículo que se vende fácilmente; **~'s market** mercado favorable al vendedor
sell•out [:out'] *s.* COM liquidación *f* total; TEAT lleno; *fam* [traitor] traidor *m*
selt•zer [selt'sər] *s.* agua de seltz
se•man•tic [sĭ-măn'tĭk] *adj.* semántico ▪ **semantics** (*s.sg.*) semántica
sem•a•phore [sem'ə-fôr'] ◇ *s.* semáforo ◇ *tr.* transmitir por semáforo
sem•blance [sem'bləns] *s.* apariencia; [copy] copia
se•men [sē'mən] *s.* semen *m*
se•mes•ter [sə-mes'tər] *s.* semestre *m*
sem•i•an•nu•al [sem'ē-ăn'yo͞o-əl] *adj.* semestral
sem•i•au•to•mat•ic [:ô'tə-măt'ĭk] *adj.* semiautomático
sem•i•cir•cle [sem'ĭ-sûr'kəl] *s.* semicírculo
sem•i•cir•cu•lar ['-'kyə-lər] *adj.* semicircular
sem•i•co•lon [sem'ĭ-kō'lən] *s.* punto y coma
sem•i•con•duc•tor [sem'ē-kən-dŭk'tər] *s.* semiconductor *m*
sem•i-de•tached house [sem'ē-dĭ-tăcht'hous'] *s.* casa pareada
sem•i•fi•nal DEP ◇ *s.* [sem'ē-fī'nəl] semifinal *f* ◇ *adj.* ['-'nəl] semifinalista
sem•i•fi•nal•ist [sem'ē-fī'nəlĭst] *s.* semifinalista *mf*
sem•i•month•ly [sem'ē-mŭnth'lē] ◇ *adj.* bimensual ◇ *adv.* dos veces al mes ◇ *s.* publicación *f* bimensual
sem•i•nal [sem'ə-nəl] *adj.* seminal; [creative] creativo
sem•i•nar [sem'ə-när'] *s.* seminario; [conference] reunión *f*
sem•i•nar•y [:ner'ē] *s.* seminario
semi•ol•o•gy [sem'ē-ŏl'ə-jē] *s.* semiología
semi•o•tics [sem'ē-ŏt'ĭks] *s.* semiótica
sem•i•pre•cious [sem'ē-presh'əs] *adj.* semiprecioso ▪ **~ stone** piedra fina
sem•i•pri•vate [:prī'vĭt] *adj.* para dos o tres personas
sem•i•skilled [:skĭld'] *adj.* poco entrenado
sem•i•skimmed [sem'ē-skĭmd'] *adj.* semidescremado
sem•i•week•ly [:wēk'lē] ◇ *s.* & *adj.* (publicación *f*) bisemanal ◇ *adv.* dos veces por semana
sem•i•year•ly [:yîr'lē] ◇ *s.* & *adj.* (publicación *f*) semestral ◇ *adv.* dos veces al año
sen•ate [sen'ĭt] *s.* senado
sen•a•tor [sen'ə-tər] *s.* senador *m*
send [send] *tr.* (**sent**) mandar; [letter] enviar; [to propel]

hacer; **the blow sent him staggering** el golpe le hizo tambalear; RAD transmitir ■ **to ~ away** echar; **to ~ away for** ordenar por correo; **to ~ back** [person] hacer regresar; [object] devolver; **to ~ chills down one's spine** darle a uno escalofríos; **to ~ down** hacer bajar; **to ~ in** [an entry] mandar; [a person] hacer pasar; **to ~ into** lanzar; **to ~ off** [letter] echar al buzón; [person] ir a despedir; **to ~ on** reexpedir; **to ~ out** [invitations] enviar; [leaves] echar; [heat] emitir; **to ~ (out) for** enviar a alguien a buscar; **to ~ up** [to jail] meter en la cárcel; [prices] hacer subir; [spacecraft] lanzar; (*intr.*) enviar

send•er [sen′dər] *s.* remitente *mf*

send•off [send′ôf′] *s.* despedida afectuosa

send-up [send′ŭp′] *s. fam* imitación graciosa

se•nile [sē′nīl′, sen′īl′] *adj.* senil

se•nil•i•ty [sĭ-nĭl′ĭ-tē] *s.* senectud *f*

sen•ior [sēn′yər] ◇ *adj.* [father] padre; [partner] principal; [senator] más antiguo; [officer] superior; [in school] del último año ■ **~ citizen** anciano ◇ *s.* anciano; [student] estudiante *mf* del último año ■ **to be someone's ~** ser mayor que alguien; **to be five years someone's ~** llevarle cinco años a alguien

sen•ior•i•ty [sēn-yôr′ĭ-tē] *s.* antigüedad *f*; [priority] precedencia

sen•sa•tion [sen-sā′shən] *s.* sensación *f*

sen•sa•tion•al [:shə-nəl] *adj.* sensacional

sen•sa•tion•al•ism [:nə-lĭz′əm] *s.* sensacionalismo

sen•sa•tion•al•ize [:līz′] *tr.* exagerar

sense [sens] ◇ *s.* sentido; [feeling] sensación *f*; [consciousness] sentimiento; [judgment] sentido común ■ **good ~** sentido común; **in a ~** en cierto sentido; **to come to one's senses** recobrar el juicio; **to have the ~ to** tener la cordura de; **to make ~** tener sentido; **to make ~ of** comprender el sentido de; **to talk ~** hablar con sentido común ◇ *tr.* [to perceive] darse cuenta de; [to detect] detectar

sense•less [′lĭs] *adj.* sin sentido; [foolish] insensato; [unconscious] inconsciente

sen•si•bil•i•ty [sen′sə-bĭl′ĭ-tē] *s.* sensibilidad *f*

sen•si•ble [sen′sə-bəl] *adj.* sensato; [perceptible] sensible ■ **to be ~ of** darse cuenta de

sen•si•tive [:sĭ-tĭv] *adj.* sensible; [delicate] delicado ■ **to be ~ to** OR **about** ser susceptible a

sen•si•tiv•i•ty [′-tĭv′ĭ-tē] *s.* sensibilidad *f*; [susceptibility] susceptibilidad *f*

sen•si•tize [′-tīz′] *tr.* & *intr.* sensibilizar(se)

sen•sor [sen′sər, :sôr′] *s.* sensor *m*

sen•so•ry [:sə-rē] *adj.* sensorio

sen•su•al [:shōō-əl] *adj.* sensual

sen•su•al•i•ty [′-ăl′ĭ-tē] *s.* sensualidad *f*

sen•su•ous [′-əs] *adj.* sensual

sent [sent] ▻ **send**

sen•tence [sen′təns] ◇ *s.* GRAM oración *f*, frase *f*; DER sentencia ■ **death ~** pena de muerte; **life ~** condena perpetua; **to be under ~ of death** estar condenado a muerte; **to pass ~ on** sentenciar; **to serve out one's ~** cumplir la sentencia ◇ *tr.* sentenciar

sen•ten•tious [sen-ten′shəs] *adj.* sentencioso

sen•tient [sen′shənt] *adj.* consciente

sen•ti•ment [sen′tə-mənt] *s.* sentimiento; [sentimentality] sentimentalismo; [view] opinión *f*

sen•ti•men•tal [′-men′tl] *adj.* sentimental

sen•ti•men•tal•i•ty [′- -tăl′ĭ-tē] *s.* sentimentalismo

sen•ti•nel [sen′tə-nəl] *s.* centinela *m*

sen•try [sen′trē] *s.* centinela *m* ■ **to stand ~** estar de guardia

sep•a•rate ◇ *tr.* & *intr.* [sep′ə-rāt′] separar(se) ■ **to ~ from** separar(se) de; [to distinguish] distinguir(se) entre; **to ~ into** dividir(se) en ◇ *adj.* [:ər-ĭt] [detached] separado; [loose] suelto; [different] distinto; [another] otro ◇ *s.* [:ər-ĭt] ◇ *pl.* prendas de vestir que se compran por separado

sep•a•ra•tion [′-rā′shən] *s.* separación *f*

sep•a•ra•tist [sep′ər-ə-tĭst] *s.* separatista *mf*

Sep•tem•ber [sep-tem′bər] *s.* septiembre *mf*

sep•tic [sep′tĭk] *adj.* séptico ■ **~ tank** fosa séptica, pozo séptico

se•quel [sē′kwəl] *s.* continuación *f*; [consequence] consecuencia, resultado

se•quence [sē′kwəns] *s.* sucesión *f*; [arrangement] orden *m*; [series] serie *f*

se•quen•tial [sĭ-kwen′shəl] *adj.* consecutivo

se•ques•ter [sĭ-kwes′tər] *tr.* secuestrar; [jury] aislar ■ **to ~ oneself** retirarse

se•quin [sē′kwĭn] *s.* lentejuela

ser•e•nade [ser′ə-nād′] ◇ *s.* serenata ◇ *tr.* dar una serenata a

ser•en•dip•i•ty [ser′ən-dĭp′ĭ-tē] *s.* hallazgo afortunado

se•rene [sə-rēn′] *adj.* sereno ■ **His Serene Highness** Su Alteza Serenísima

se•ren•i•ty [sə-ren′ĭ-tē] *s.* serenidad *f*

serf [sûrf] *s.* siervo

serge [sûrj] *s.* sarga

ser•geant [sär′jənt] *s.* sargento ■ **~ at arms** ujier

se•ri•al [sîr′ē-əl] ◇ *adj.* [program] seriado; [novel, story] por capítulos; [order] consecutivo ■ **~ cable** COMPUT cable de serie; **~ number** número de serie ◇ *s.* serial *m*

se•ri•al•ize [:ə-līz′] *tr.* publicar por capítulos

se•ries [sîr′ēz] *s. inv.* serie *f*

se•ri•ous [sîr′ē-əs] *adj.* serio; [illness] grave ■ **are you ~?** ¿en serio?; **to be ~ about** tomar en serio

se•ri•ous-mind•ed [′- -mīn′dĭd] *adj.* serio

se•ri•ous•ness [′- -nĭs] *s.* seriedad *f*

ser•mon [sûr′mən] *s.* sermón *m*

ser•mon•ize [:mə-nīz′] *tr.* & *intr.* sermonear

ser•pent [sûr′pənt] *s.* serpiente *f*

ser•pen•tine [:pən-tēn′, :tīn′] *adj.* serpentino

ser•rate/rat•ed [ser′āt/ā′tĭd] *adj.* serrado

se•rum [sîr′əm] *s.* (*pl* **s** OR **-ra**) suero

ser•vant [sûr′vənt] *s.* sirviente *m*; [public] funcionario

serve [sûrv] ◇ *tr.* servir; [in a store] atender; [Mass] ayudar a; [to aid] ser útil a ■ **if (my) memory serves me** si la memoria no me falla; **it serves you right!** ¡lo tienes bien merecido!; **to ~ as** OR **for** servir de; **to ~ no purpose** no servir para nada; **to ~ on** ser miembro de; (*intr.*) servir; [to carry out duties] desempeñar los deberes; [to satisfy] ser suficiente ◇ *s.* DEP saque *m*

serv•ice [sûr′vĭs] ◇ *s.* servicio; [benefit] utilidad *f*; [to customers] atención *f*; [set] juego; DEP saque *m* ■ **at your ~** a sus órdenes; **diplomatic ~** cuerpo diplomático; **in ~** funcionando; **~ charge** recargo por servicios; **~ station** estación *f* de servicio; **to be of ~ (to)** servir (a); **to be out of ~** no funcionar; **to take into one's ~** emplear ◇ *adj.* de servicio; [military] militar ◇ *tr.* [to maintain] mantener; [to repair] reparar

serv•ice•a•ble [:vĭ-sə-bəl] *adj.* servible

serv•ice•man [:vĭs-măn'] *s.* (*pl* **-men**) militar *m*; [repairman] mecánico

ser•vile [:vəl, :vīl'] *adj.* servil

serv•ing [sûr'vĭng] *s.* CUL porción *f*

ser•vi•tude [:vĭ-to͞od'] *s.* servidumbre *f*

ses•a•me [ses'ə-mē] *s.* sésamo, ajonjolí *m*

ses•sion [sesh'ən] *s.* sesión *f*; [of legislature] reunión *f* ▪ **summer ~** EDUC curso(s) de verano; **to be in ~** estar en reunión

set¹ [set] ◇ *tr.* (**set, -tting**) poner; [to locate] situar; [bone] encajar; [watch] poner en hora; [type] componer; [stage] montar; [precedent] sentar; [date, price] fijar; [record] establecer; [example] dar; [pearl] montar ▪ **to be ~ back from** estar a cierta distancia de; **to be ~ in** TEAT desarrollarse en; **to ~ about** ponerse a; **to ~ above** anteponer; **to ~ against** [to pit] enfrentar con; [to compare] contraponer a; **to ~ apart** separar; **to ~ aside** hacer a un lado; [for future use] guardar; [one's feelings] dejar de lado; [decision] anular; **to ~ at** fijar en; **to ~ at liberty** poner en libertad; **to ~ back** atrasar; *fam* costar; **to ~ down** poner en el suelo; [to record] poner por escrito; [to attribute] achacar; [to establish] fijar; **to ~ forth** exponer; **to ~ free** liberar; **to ~ off** [reaction] iniciar; [bomb] hacer estallar; [alarm] hacer sonar; [to distinguish] hacer sobresalir; [to accentuate] hacer resaltar; **to ~ oneself up as** dárselas de; **to ~ one's house in order** arreglar los asuntos de uno; **to ~ out** [to lay out] disponer; [to display] desplegar; **to ~ out to** proponerse; **to ~ to (work)** ponerse a (trabajar); **to ~ (to) thinking** dar que pensar a; **to ~ up** [to raise, set upright] levantar; [machine] montar; [in power] instaurar; [to trick] engañar; **to ~ up in** ayudar a establecerse en (un negocio); **to ~ upon** acometer; (*intr.*)[sun] ponerse; [hen] em pollar; [cement] endurecerse; [bone] encajarse; [gelatin] cuajar; [dye] fijarse; *fam* [to sit] sentarse ▪ **to ~ down** AVIA aterrizar; **to ~ forth** OR **off** OR **out** salir, encaminarse; **to ~ in** [winter, night] cerrar; [rains] llegar; [discontent] arraigar; **to ~ up** establecerse ◇ *adj.* [agreed upon] señalado; [price] fijo; [procedure] reglamentario; [customs] arraigado; [opinion] firme; [face] inmóvil; [determined] resuelto; [ready] listo ▪ **all ~** listo; **dead ~ against** resueltamente en contra de; **get ready, get ~, go** preparados, listos, ya; **to be ~ in one's ways** tener costumbres muy arraigadas; **to be ~ on** [doing something] estar empeñado en; [idea] estar aferrado a; **to get ~** prepararse ◇ *s.* [of shoulders] postura, porte *m*; [hardening] endurecimiento

set² *s.* [of items] juego; [of rules] serie *f*; [clothes] muda; [people] grupo; [works] colección *f*; TEAT decorado; RAD aparato; MAT conjunto; DEP set *m* ▪ **generating ~** grupo electrógeno; **~ of dishes** vajilla; **~ of teeth** *fam* dentadura; **television ~** televisor; **the smart ~** la gente elegante

set•back [set'băk'] *s.* revés *m*

set•tee [se-tē'] *s.* sofá *m*

set•ter [set'ər] *s.* setter *m*

set•ting [set'ĭng] *s.* [place] marco; [of action] escenario; [scenery] decorado; [of gem] engastadura

set•tle [set'l] *tr.* [affairs] arreglar; [claim] satisfacer; [debt] saldar; [problem] resolver; [person] instalar; [territory] colonizar; [in business] establecer; [nerves] calmar; [stomach] asentar; DER asignar ▪ **that settles it!** ¡no hay más que hablar!; **to ~ accounts** ajustar cuentas; **to ~ for** contentarse con; **to ~ (up)on** decidirse por; (*intr.*) [bird, gaze] posarse; [dust] asentarse; [in a city] establecerse; [disease] localizarse; [in dispute] arreglarse ▪ **to ~ down** establecerse; [a child] calmarse; [conditions] normalizarse; [in marriage] casarse; **to ~ down to** ponerse a; **to ~ in** instalarse; [at a job] acostumbrarse; **to ~ up** ajustar cuentas

set•tled [:ld] *adj.* [established] arraigado; [stabilized] estable; [paid] pagado

set•tle•ment [:l-mənt] *s.* [of dispute] arreglo; [of problem] solución *f*; [agreement] acuerdo; [colony] poblado, asentamiento

set•tler [:lər] *s.* poblador *m*, colono *m*

set-to [:to͞o'] *s.* disputa; [fight] refriega

set•up [:ŭp'] *s.* [organization] organización *f*; [plan] plan *m*; *jer* combate amañado

sev•en [sev'ən] *s.* & *adj.* siete ▪ **~ hundred** setecientos; **~ o'clock** las siete

sev•en•teen ['tēn'] *s.* & *adj.* diecisiete *m*

sev•en•teenth [:tēnth'] ◇ *s.* [place] diecisiete *m*; [part] diecisieteava parte ◇ *adj.* [place] decimoséptimo; [part] diecisieteavo

sev•enth [sev'ənth] *s.* & *adj.* séptimo

sev•en•ti•eth [:ən-tē-ĭth] ◇ *s.* [place] setenta *m*; [part] setentava parte ◇ *adj.* septuagésimo

sev•en•ty [sev'ən-tē] *s.* & *adj.* setenta *m*

sev•er [sev'ər] *tr.* cortar; [ties] romper ▪ **to ~ from** separar de

sev•er•al [sev'ər-əl] ◇ *adj.* varios; [distinct] distintos ◇ *s.* varios

sev•er•ance [sev'ər-əns] *s.* separación *f*; [breakup] ruptura ▪ **~ pay** indemnización por despido

se•vere [sə-vîr'] *adj.* (**-er, -est**) severo; [harsh] riguroso; [intense] intenso ▪ **~ acute respiratory syndrome** síndrome respiratorio agudo grave, neumonía asiática

se•ver•i•ty [sə-ver'ĭ-tē] *s.* severidad *f*

sew [sō] *tr.* & *intr.* (**-ed, -ed** OR **-n**) coser ▪ **to ~ up** [deal] cerrar; [market] monopolizar

sew•age [so͞o'ĭj] *s.* aguas cloacales

sew•er [so͞o'ər] *s.* alcantarilla, cloaca

sew•er•age [:ĭj] *s.* [system] alcantarillado; [sewage] aguas cloacales OR residuales

sew•ing [sō'ĭng] *s.* costura ▪ **~ circle** grupo de costureras; **~ machine** máquina de coser

sewn [sōn] ▻ **sew**

sex [seks] *s.* sexo ▪ **~ education** educación sexual; **~ life** vida sexual; **~ shop** sex-shop *f*; **~ tourism** turismo sexual; **to have ~** tener relaciones sexuales

sex•ism [sek'sĭz'əm] *s.* sexismo

sex•ist [sek'sĭst] *adj.* & *s.* sexista *mf*

sex•ol•o•gist [seks-ŏl'ə-jĭst] *s.* sexólogo

sex•ol•o•gy [seks-ŏl'ə-jē] *s.* sexología

sex•tant [sek'stənt] *s.* sextante *m*

sex•u•al [sek'sho͞o-əl] *adj.* sexual ▪ **~ harassment** acoso sexual; **~ intercourse** coito; **~ orientation** orientación sexual

sex•u•al•i•ty ['-ăl'ĭ-tē] *s.* sexualidad *f*

sex•u•al•ly [sek'sho͞o-lē] *adv.* sexualmente ▪ **~ transmitted disease** enfermedad de transmisión sexual

sex•y [sek'sē] *adj.* (**-i-**) sexy; [erotic] erótico; [exciting] excitante

sh! [sh] *interj.* ¡chitón!

shab•by [shăb'ē] *adj.* (**-i-**) [clothing, upholstery] raído;

[beggar] andrajoso; [house, neighborhood] derruido; [treatment] malo, mezquino

shack [shăk] *s.* choza

shack•le [shăk′əl] ◇ *s.* grillete *m* ◇ *tr.* poner grilletes a

shad [shăd] *s.* (*pl* **inv.** OR **s**) sábalo

shade [shād] ◇ *s.* sombra; [for lamp] pantalla; [for window] persiana; [hue] tono; [of meaning] matiz *m*; [bit] pizca ▪ ~ **tree** árbol que da sombra ◇ *pl. jer* anteojos de sol ◇ *tr.* [from light] resguardar; [to obscure] dar sombra a; [a picture] sombrear; [a meaning] matizar

shad•ing [shā′dĭng] *s.* DIB & PINT [of darkness] sombreado; [of color] degradación *f*

shad•ow [shăd′ō] ◇ *s.* sombra ▪ **beyond the ~ of a doubt** sin lugar a dudas; **to cast a ~ (on)** hacer sombra (sobre); **to cast a ~ over** ensombrecer ◇ *pl.* oscuridad *f* ◇ *tr.* sombrear; [to trail] seguir (la pista de) ▪ **to ~ forth** OR **out** presentir ◇ *adj.* POL fantasma, en la sombra

shad•ow•y [:ē] *adj.* **(-i-)** [dark] oscuro; [vague] vago

shad•y [shā′dē] *adj.* **(-i-)** sombreado; [person] sospechoso

shaft [shăft] ◇ *s.* [of spear] asta; [of arrow] astil *m*; [arrow] flecha; [of light] rayo; [of tool] mango; [of vehicle] varal *m*; [of mine] pozo; [of elevator] hueco; MEC eje *m* ▪ **we got the ~** *jer* nos timaron ◇ *tr. jer* timar

shag•gy [shăg′ē] *adj.* **(-i-)** [hairy] peludo; [woolly] lanudo; [unkempt] desgreñado

shake [shāk] ◇ *tr.* (**shook, -n**) sacudir; [house] hacer temblar; [bottle] agitar; [faith] hacer vacilar; [habit] librarse de ▪ **to ~ down** *fam* sacar dinero a; [to search] registrar; **to ~ hands** darse la mano; **to ~ hands with** dar la mano a; **to ~ off** librarse de; **to ~ one's head** negar con la cabeza; **to ~ out** sacudir; **to ~ up** [bottle] agitar; [person] sacudir; [organization] reorganizar; (*intr.*) temblar ▪ **to ~ with (fear, cold)** temblar de (miedo, frío) ◇ *s.* sacudida; [tremble] temblor *m*; [beverage] batido ▪ **to be no great shakes** *jer* no ser nada del otro mundo; **to have the shakes** *fam* tener escalofríos

shake•down [′doun′] ◇ *s.* prueba; *fam* extorsión *f*; [search] registro ◇ *adj.* de prueba

shak•er [shā′kər] *s.* [for cocktails] coctelera; [for salt] salero; [for pepper] pimentero

shake•up [shāk′ŭp′] *s.* reorganización *f*

shak•y [shā′kē] *adj.* **(-i-)** tembloroso; [unstable] inestable; [dubious] discutible ▪ **to feel ~** sentirse débil

shale [shāl] *s.* esquisto

shall [shăl] *aux.* (*pret.* **should**) ▪ **I ~ be 28 tomorrow** cumpliré 28 años mañana; **the penalty ~ not exceed two years in prison** el castigo no excederá más de dos años de cárcel; **~ I call?** ¿quiere que llame por teléfono?

shal•lot [shə-lŏt′, shăl′ət] *s.* chalote *m*

shal•low [shăl′ō] ◇ *adj.* poco profundo; [dish] llano; *fig* superficial ◇ *s.pl.* MARÍT bajíos

sham [shăm] ◇ *s.* falsificación *f*; [fraud] farsa; [impostor] impostor *m* ◇ *adj.* falso; [feigned] fingido ◇ *tr.* & *intr.* **(-mm-)** fingir

sham•bles [shăm′bəlz] *s.* caos *m* ▪ **they made a ~ of it** fue un desastre

shame [shām] ◇ *s.* vergüenza; [pity] lástima ▪ **a crying ~** una verdadera lástima; **~ on you!** ¡qué vergüenza!; **to bring ~ on** deshonrar a; **to put to shame** poner en evidencia, avergonzar ◇ *tr.* avergonzar; [to dishonor] deshonrar

shame•ful [′fəl] *adj.* vergonzoso ▪ **how ~!** ¡qué vergüenza!

shame•less [:lĭs] *adj.* [person] descarado, sinvergüenza; [behavior] vergonzoso

sham•poo [shăm-po͞o′] ◇ *s.* champú *m* ◇ *tr.* dar un champú a; (*intr.*) lavarse la cabeza con champú

sham•rock [shăm′rŏk′] *s.* trébol *m*

shang•hai [shăng-hī′] *tr.* obligar a hacer algo por la fuerza

shank [shăngk] *s.* [lower leg] espinilla; [of horse] caña; [of meat] pierna; [of pin] tija

shan•ty [shăn′tē] *s.* choza

shan•ty•town [:toun′] *s.* villa miseria, barriada

shape [shāp] ◇ *s.* forma; [body] figura; [guise] aspecto; [condition] estado ▪ **to be in no ~ to** no estar en condiciones de OR para; **to be out of ~** DEP no estar en forma; **to knock out of ~** deformar; **to take ~** formarse ◇ *tr.* formar; [object] dar forma a; [idea] concebir; [one's life] adaptar ▪ **shaped** en forma de; **mushroom-shaped** en forma de hongo; **to ~ into** dar forma de; (*intr.*) ▪ **to ~ up** *fam* ponerse en condiciones

shape•less [′lĭs] *adj.* informe; [misshapen] deforme

shape•ly [:lē] *adj.* **(-i-)** bien proporcionado

shard [shärd] *s.* fragmento; [of pottery] casco

share[1] [shâr] ◇ *s.* parte *f*; [stock] acción *f* ▪ **to go shares in** ir a partes iguales en ◇ *tr.* compartir ▪ **to ~ and ~ alike** compartir las cosas; **to ~ in** tener parte en; **to ~ out** repartir

share[2] *s.* AGR reja de arado

share•crop•per [shâr′krŏp′ər] *s.* aparcero

share•hold•er [:hōl′dər] *s.* accionista *mf*

shark [shärk] *s.* tiburón *m*; *jer* usurero

sharp [shärp] ◇ *adj.* [cutting] afilado; [pointed] puntiagudo; [image] nítido; [feature] anguloso; [contrast] marcado; [abrupt] repentino; [curve] cerrado; [acute] agudo; [alert] atento; [biting] mordaz; [tongue] de víbora; [tone] áspero; [strong] fuerte; [pungent] acre; MÚS sostenido; *jer* [stylish] elegante ▪ **to be ~ at** ser un hacha en; **to have a ~ temper** enojarse fácilmente ◇ *adv.* en punto ▪ **to look ~** estar atento ◇ *s. fam* [cheater] fullero; MÚS sostenido

sharp•en [shär′pən] *tr.* afilar; [pencil] sacar punta a; [senses, appetite] aguzar

sharp•en•er [:pə-nər] *s.* [for pencil] sacapuntas *m*; [machine] afiladora

sharp-eyed [shärp′īd′] *adj.* que tiene ojos de lince; [observant] observador

sharp•ness [:nĭs] *s.* [of knife] filo; [of cliff] lo puntiagudo; [of increase] brusquedad *f*; [of image] nitidez *f*; [acuteness] agudeza; [of tone] aspereza; [of criticism] mordacidad *f*; [of curve] lo cerrado; [of taste] acritud *f*

sharp•shoot•er [:sho͞o′tər] *s.* tirador *m* de primera

sharp-sight•ed [:sī′tĭd] *adj.* que tiene ojos de lince; [observant] observador

sharp-wit•ted [:wĭt′ĭd] *adj.* perspicaz

shat•ter [shăt′ər] *tr.* & *intr.* hacer(se) añicos

shat•ter•proof [:pro͞of′] *adj.* inastillable

shave [shāv] ◇ *tr.* (**-ed, -ed** OR **-n**) afeitar; [hair] rapar; [wood] cepillar; [cheese] cortar en tajadas finas; (*intr.*) afeitarse ◇ *s.* afeitado ▪ **to get a ~** afeitarse; **to have a close ~** librarse por los pelos

S

shav•er [shā′vər] *s.* afeitadora; *fam* [boy] mozalbete *m*
shav•ing [:vĭng] *s.* afeitado; [sliver] viruta; TEC cepillado ▪ ~ **cream** crema de afeitar
shawl [shôl] *s.* chal *m*
she [shē] ◇ *pron.* ella ◇ *s.* hembra
sheaf [shēf] *s.* (*pl* **-ves**) fajo
shear [shîr] *tr.* (**-ed**, **-ed** OR **shorn**) [sheep] esquilar; [fabric] tundir; [metal] cizallar; [hedge] cortar con tijeras ▪ **to ~ of** despojar de; **to ~ off** cortar; (*intr.*) ▪ **to ~ off** TEC romperse por cizallamiento
shears [shîrz] *s. pl.* tijeras; [for metal] cizalla
sheath [shēth] *s.* vaina
sheathe [shē*th*] *tr.* [knife] enfundar; [sword] envainar; [claws] retraer; [cable] forrar
shed[1] [shed] *tr.* (**shed**, **-dding**) [tears] derramar; [water] verter; [skin] mudar; [leaves] despojarse de ▪ **to ~ light on** iluminar; (*intr.*) mudar
shed[2] *s.* cobertizo
sheen [shēn] *s.* brillo; [of silk] viso
sheep [shēp] *s. inv.* oveja ▪ ~ **dog** perro pastor
sheep•ish [shē′pĭsh] *adj.* tímido; [bashful] avergonzado
sheep•skin [shēp′skĭn′] *s.* piel *f* de carnero; [leather] badana; [parchment] pergamino
sheer[1] [shîr] *intr.* desviarse
sheer[2] ◇ *adj.* [fabric] transparente; [drop] vertical; [utter] puro ◇ *adv.* perpendicularmente
sheet[1] [shēt] *s.* [for bed] sábana; [of paper] hoja; [of glass] lámina; [of ice] capa ▪ ~ **metal** metal en chapa
sheet[2] ◇ *s.* escota ◇ *pl.* espacios en la proa y popa de un bote ▪ **three ~ to the wind** *fam* borracho
shelf [shelf] *s.* (*pl* **-ves**) [in closet] tabla, anaquel *m*; [shelving] estante *m*; GEOL arrecife *m* ▪ **to be left on the ~** quedarse para vestir santos
shell [shel] ◇ *s.* concha; [of crustaceans] caparazón *m*; [of nuts, eggs] cáscara; [of peas] vaina; MARÍT bote *m* para regatas; ARM proyectil *m*; [for firearm] casquillo ▪ ~ **shock** neurosis de guerra ◇ *tr.* [peas] desvainar; [nuts] descascarar; MIL bombardear ▪ **to ~ out** *fam* soltar, pagar
shel•lac [shə-lăk′] ◇ *s.* laca ◇ *tr.* (**-ck-**) laquear; *jer* [to defeat] derrotar completamente
shell•fish [shel′fĭsh′] *s.* (*pl* **inv.** OR **-es**) molusco; [crustacean] crustáceo; CUL mariscos
shel•ter [shel′tər] ◇ *s.* cobertizo; [refuge] refugio ▪ **to take ~** ponerse a cubierto ◇ *tr.* proteger; [to harbor] acoger; (*intr.*) refugiarse
shel•tered [:tərd] *adj.* protegido
shelve [shelv] *tr.* poner en un estante; [to put aside] dar carpetazo a; (*intr.*) estar en declive
shelv•ing [shel′vĭng] *s.* estantería
she•nan•i•gan [shə-năn′ĭ-gən] ◇ *s. fam* engaño ◇ *pl.* travesuras
shep•herd [shep′ərd] ◇ *s.* pastor *m* ◇ *tr.* cuidar
shep•herd•ess [:ər-dĭs] *s.* pastora
sher•bet [shûr′bĭt] *s.* sorbete *m*
sher•iff [sher′ĭf] *s.* sheriff *m*
sher•ry [sher′ē] *s.* jerez *m*
shi•at•su [shē-ät′so͞o] *s.* shiatsu *m*
shield [shēld] ◇ *s.* escudo ◇ *tr.* escudar; [to conceal] tapar
shift [shĭft] ◇ *tr.* [load] pasar; [to switch] cambiar de; (*intr.*) cambiar; [person] moverse; AUTO cambiar de velocidad ◇ *s.* cambio; [of workers] turno; [dress] traje recto ▪ **in shifts** por turnos
shift•less [shĭft′lĭs] *adj.* perezoso
shift•y [shĭf′tē] *adj.* (**-i-**) evasivo
shil•ly-shal•ly [shĭl′ē-shăl′ē] *intr.* titubear
shim•mer [shĭm′ər] ◇ *intr.* destellar ◇ *s.* destello
shim•my [shĭm′ē] ◇ *s.* shimmy *m*; AUTO trepidación *f* oscilante ◇ *intr.* AUTO oscilar
shin [shĭn] *s.* espinilla
shin•bone [′bōn′] *s.* tibia
shin•dig [shĭn′dĭg′] *s. jer* fiesta
shine [shīn] ◇ *intr.* (**-d** OR **shone**) brillar ▪ **to ~ on** iluminar; (*tr.*)[to polish] sacar brillo a; [light] dirigir ◇ *s.* brillo; [shoeshine] brillo de zapatos ▪ **rain or ~** llueva o truene
shin•er [shī′nər] *s. jer* ojo a la funerala
shin•gle[1] [shĭng′gəl] ◇ *s.* CONSTR tablilla ▪ **to hang out one's ~** *fam* establecerse ◇ *tr.* cubrir con tablillas
shin•gle[2] *s.* [beach] playa de guijarros; [gravel] cascajo
shin•gles [shĭng′gəlz] *s. inv.* MED herpes *mf*
shin•ny [shĭn′ē] *intr.* trepar
shin•y [shī′nē] *adj.* (**-i-**) brillante; [glossy] lustroso
ship [shĭp] ◇ *s.* barco; [boat] buque *m*; [crew] tripulación *f*; [aircraft] aeronave *f* ◇ *tr.* (**-pp-**) [goods] enviar; [oars] desarmar; [water] hacer agua ▪ **to ~ off to** enviar a; (*intr.*) ▪ **to ~ (out) as** enrolarse de
ship•build•er [′bĭl′dər] *s.* constructor *m* naval
ship•build•ing [:dĭng] *s.* construcción *f* naval
ship•ment [shĭp′mənt] *s.* embarque *m*; [cargo] cargamento
ship•per [:ər] *s.* expedidor *m*
ship•ping [:ĭng] *s.* embarque *m*; [ships] barcos
ship•shape [:shāp′] *adj.* en orden
ship•wreck [:rek′] ◇ *s.* naufragio ◇ *tr.* hacer naufragar; *fig* hundir ▪ **to be shipwrecked** naufragar
ship•yard [:yärd′] *s.* MARÍT astillero
shirk [shûrk] *tr.* & *intr.* esquivar
shirt [shûrt] *s.* camisa ▪ **stuffed ~** *fam* persona estirada; **to keep one's ~ on** *jer* no sulfurarse; **to lose one's ~** *jer* perder hasta la camisa
shirt•tail [shûrt′tāl′] *s.* faldón *m* de camisa
shiv•er [shĭv′ər] ◇ *intr.* tiritar ◇ *s.* escalofrío
shoal[1] [shōl] ◇ *s.* bajío ◇ *intr.* hacerse menos profundo ◇ *adj.* poco profundo
shoal[2] ◇ *s.* [of fish] banco ◇ *intr.* ir en bancos
shock[1] [shŏk] ◇ *s.* choque *m*; [mental] golpe *m*; [of earthquake] sacudida ▪ ~ **absorber** amortiguador ◇ *tr.* & *intr.* chocar ▪ **to be shocked at** escandalizarse por
shock[2] *s.* [of hair] greña; AGR tresnal *m*
shock•er [shŏk′ər] *s.* cosa horrible
shock•ing [:ĭng] *adj.* [disturbing] horroroso; [offensive] indecente
shod [shŏd] ▻ **shoe**
shod•dy [shŏd′ē] ◇ *s.* [cloth] lana regenerada; [goods] mercancía de mala calidad ◇ *adj.* (**-i-**) regenerado; [goods] de mala calidad
shoe [sho͞o] ◇ *s.* zapato; [for horses] herradura; [of brake] zapata; [of tire] cubierta ▪ ~ **leather** suela de zapato; ~ **polish** betún; ~ **store** zapatería; **to be in another's shoes** estar en el lugar de otro; **to fill someone's shoes** ocupar el lugar de otro ◇ *tr.* (**shod**) [person] calzar; [horse] herrar
shoe•horn [′hôrn′] *s.* calzador *m*

shoe•lace [:lās′] *s.* cordón *m*
shoe•mak•er [:mā′kər] *s.* zapatero
shoe•string [:strĭng′] *s.* cordón *m* ▪ **on a ~** con poco dinero
shoe•tree [:trē′] *s.* horma
shone [shōn] ▻ **shine**
shoo! [sho͞o] *interj.* ¡fuera!
shook [sho͝ok] ▻ **shake**
shook-up [-ŭp′] *adj. jer* perturbado
shoot [sho͞ot] ◇ *tr.* (**shot**) [a weapon] disparar; [to wound] herir; [to kill] matar a tiros; [to hit] pegar un tiro; [to execute] fusilar; [to send] lanzar; [to film] rodar; [to photograph] fotografiar ▪ **to ~ down** derribar; **to ~ forth** BOT echar; **to ~ it out** resolverlo a tiros; **to ~ off** disparar; **to ~ the breeze** OR **bull** *fam* charlar; **to ~ the works** *fam* jugarse el todo por el todo; **to ~ dead** OR **to death** matar a tiros; **to ~ up** *jer* inyectar (drogas); (*intr.*)[to fire] disparar; [to hunt] cazar; DEP tirar ▪ **to ~ across/through** pasar rápidamente; **to ~ ahead** tomar rápidamente la delantera; **to ~ at** tirar a; **to ~ for** tratar de lograr; **to ~ from the hip** hablar a tontas y a locas; **to ~ in** entrar como un torbellino; **to ~ off** OR **out** salir disparando; **to ~ off one's mouth** hablar demasiado; **to ~ out** brotar; [projection] sobresalir; **to ~ past** OR **by** pasar como un rayo; **to ~ up** [to grow] espigar; [prices] subir de repente; [sparks] brotar; *jer* [drugs] inyectar drogas ◇ *s.* BOT retoño; [contest] tiro ◇ *interj.* ¡miércoles!
shoot•er [sho͞o′tər] *s.* tirador *m*; DEP goleador *m*
shoot•ing [:tĭng] ◇ *s.* [firing] tiro; [shoot-out] tiroteo; [execution] fusilamiento; [killing] matanza; [murder] asesinato; [filming] rodaje *m* ◇ *adj.* ▪ **~ pain** dolor punzante
shoot-out, shoot•out [sho͞ot′out′] *s.* tiroteo
shop [shŏp] ◇ *s.* tienda; [workshop] taller *m* ▪ **~ window** escaparate; **to set up ~** poner un negocio; **to talk ~** hablar del trabajo ◇ *intr.* (**-pp-**) ir de compras ▪ **to ~ around (for)** buscar; **to ~ for** ir a comprar
shop•keep•er [′kē′pər] *s.* tendero
shop•lift•er [:lĭf′tər] *s.* ratero de tiendas
shop•per [:ər] *s.* comprador *m*
shop•ping [:ĭng] *s.* compras ▪ **~ bag** bolsa; **~ basket** cesta de la compra, carrito de la compra; **~ cart** cesta de la compra, carrito de la compra; **~ center** centro comercial; **to go ~** ir de compras
shop•talk [:tôk′] *s.* conversación *f* sobre el trabajo
shop•worn [:wôrn′] *adj.* gastado
shore¹ [shôr] ◇ *s.* [coast] orilla; [beach] playa ◇ *pl.* tierra
shore² *tr.* ▪ **to ~ up** apuntalar
shore•line [shôr′līn′] *s.* ribera
shorn [shôrn] ▻ **shear**
short [shôrt] ◇ *adj.* corto; [in height] bajo; [in amount] poco; [brusque] seco; GRAM breve; FIN al descubierto; CUL crujiente ▪ **a ~ distance from** a poca distancia de; **a ~ way off** a corta distancia; **in ~ order** sin demora; **in ~ supply** escaso; **~ and sweet** *fam* corto y bueno; **~ circuit** ELEC cortocircuito; **~ story** cuento; **to be (a dollar) ~** faltarle a uno (un dólar); **to be ~ of** [money] andar escaso de; [breath] faltarle a uno; **to be ~ on** tener poco; **to be (a foot) too ~** tener (un pie) de menos; **to get the ~ end (of the stick)** llevar la peor parte; **to have a ~ memory** fallarle a uno la memoria; **to have a ~ temper** OR **fuse** enojarse fácilmente; **to run ~ of** agotársele (a uno) ◇ *adv.* [abruptly] en seco; [near] cerca ▪ **nothing ~ of** nada menos que; **to catch ~** cogerle a uno desprevenido; **to come up ~** quedarse corto; **to cut ~** [to cut off] cortar en seco; [to abbreviate] acortar; **to fall ~ (of)** no alcanzar; **to sell ~** [commodities] vender al descubierto; [person] subestimar ◇ *s.* cortocircuito ▪ **for ~** de mote; **in ~** en resumen ◇ *pl.* pantalones cortos; [underpants] calzoncillos ◇ *tr.* & *intr.* ▪ **to ~ out** poner(se) en cortocircuito
short•age [shôr′tĭj] *s.* falta, escasez *f*
short•change [shôrt′chānj′] *tr.* dar de menos en el cambio
short-cir•cuit [:sûr′kĭt] ◇ *tr.* producir un cortocircuito en ◇ *intr.* tener un cortocircuito
short•com•ing [:kŭm′ĭng] *s.* defecto
short•cut [:kŭt′] *s.* atajo
short•en [shôr′tn] *tr.* & *intr.* acortar(se)
short•en•ing [:ĭng] *s.* CUL materia grasa; [abbreviation] acortamiento
short•fall [shôrt′fôl′] *s.* déficit *m*
short•hand [:hănd′] *s.* taquigrafía
short-hand•ed [:hăn′dĭd] *adj.* falto de mano de obra
short-lived [:līvd′, :lĭvd′] *adj.* de breve duración
short•ly [:lē] *adv.* dentro de poco; [succinctly] brevemente
short•ness [:nĭs] *s.* cortedad *f*; [in height] pequeñez *f*; [in duration] brevedad *f*; [of breath] falta; [of manner] sequedad *f*
short-range [:rānj′] *adj.* de corto alcance
short•sight•ed [:sī′tĭd] *adj.* corto de vista
short-tem•pered [:tem′pərd] *adj.* irascible
short-term [:tûrm′] *adj.* a corto plazo
short-wave [:wāv′] *adj.* de onda corta
shot¹ [shŏt] *s.* disparo; [marksman] tirador *m*; [drink] trago; DEP [for putting] peso; [try] tiro; [in pool] golpe *m*; CINEM [view] plano; FOTOG foto *f*; MED inyección *f*; [pellets] perdigones *m* ▪ **to be off like a ~** salir disparado; **not by a long ~** ni mucho menos; **~ in the arm** estímulo, balón de oxígeno; **~ in the dark** conjetura; **to call the shots** llevar la voz cantante; **to take a ~ at doing something** tratar de hacer algo; **without firing a ~** sin pegar un tiro
shot² *adj. fam* [day] perdido; [clothes] gastado ▪ **her nerves are ~** tiene los nervios destrozados
shot³ ▻ **shoot**
shot•gun [shŏt′gŭn′] *s.* escopeta
shot-put [:po͝ot′] *s.* DEP lanzamiento de peso
should [sho͝od] *aux.* (*pret. de* **shall**)[obligation] deber; [expectation] deber de; [conditional] **if he ~ fall, so would I** si él se cayera, me caería yo también ▪ **how ~ I know?** ¿cómo iba yo a saber?
shoul•der [shōl′dər] ◇ *s.* hombro; [of meat] paletilla; [of road] orilla ▪ **~ bag** bolsa de bandolera; **~ blade** omóplato; **~ strap** tirante; **~ to ~** hombro con hombro; **to give the cold ~** tratar con frialdad; **to shrug one's shoulders** encogerse de hombros ◇ *tr.* echarse al hombro; [blame] cargar con
shout [shout] ◇ *s.* grito ◇ *tr.* & *intr.* gritar
shove [shŭv] ◇ *tr.* empujar; (*intr.*) dar empujones ▪ **to ~ off** *jer* largarse ◇ *s.* empujón *m*
shov•el [shŭv′əl] ◇ *s.* pala; [shovelful] palada ◇ *tr.* [snow] quitar con la pala; [steps] limpiar con la pala ▪ **to ~ food into one's mouth** *fam* zamparse la comida

show [shō] ◇ *tr.* (**-ed, -ed** OR **-n**) mostrar; [to guide] llevar; [to present] presentar; [to grant] conceder; [to prove] demostrar; [to manifest] manifestar; [to point out] indicar; [to exhibit] exponer ▪ **we have nothing to ~ for it** no hemos sacado ningún beneficio; **to ~ someone around something** mostrar algo a alguien; **to ~ someone how to do something** enseñar a alguien a hacer algo; **to ~ in** hacer entrar; **to ~ off** hacer alarde de; **to ~ one's hand** poner las cartas boca arriba; **to ~ oneself** dejarse ver; **to ~ out** acompañar a la puerta; **to ~ someone the door** echar de la casa a alguien; **to ~ up** revelar; (*intr.*) verse; *fam* [to come] aparecer ▪ **it just goes to ~** sirve para demostrar; **to ~ off** alardear; **to ~ up** aparecer; **to ~ up (against)** destacarse (frente a) ◇ *s.* demostración *f*; [pretense] alarde *m*; TELEV programa *m*; TEAT espectáculo ▪ **by a ~ of hands** a mano alzada; **fashion ~** desfile de modelos; **for ~** para impresionar a los demás; **horse ~** concurso hípico; **one-man ~** exposición individual; **~ business** el mundo del espectáculo; **~ room** sala de exposición; **to put on** OR **make a ~ of** hacer gala OR alarde de; **to run the ~** llevar la voz cantante; **to steal the ~** llevarse todos los aplausos

show•case [ˈkās′] ◇ *s.* vitrina ◇ *tr.* exhibir

show•down [:doun′] *s.* momento decisivo; [confrontation] confrontación *f*

show•er [shou′ər] ◇ *s.* [bath] ducha; [of rain] chaparrón *m*; [of snow] nevada; [outpouring] avalancha; [party] fiesta a la que se llevan regalos ◇ *tr.* [to sprinkle] salpicar; [to pour] derramar; (*intr.*) ducharse

show•ing [shō′ĭng] *s.* exposición *f*; [performance] actuación *f*

show•man [:mən] *s.* (*pl* **-men**) TEAT artista *mf*

show•man•ship [:shĭp′] *s.* teatralidad *f*

show•off [shō′ôf′] *s. fam* presumido

show•piece [:pēs′] *s.* obra principal; [model] modelo

show•y [:ē] *adj.* (**-i-**) llamativo

shrank [shrăngk] ▻ **shrink**

shrap•nel [shrăp′nəl] *s. inv.* [shell] granada de metralla; [fragments] metralla

shred [shrĕd] ◇ *s.* jirón *m*; [particle] fragmento ▪ **to rip** OR **tear to shreds** hacer trizas ◇ *tr.* (**-dd-**) hacer trizas

shred•der [ˈər] *s.* trituradora

shrew [shro͞o] *s.* [rodent] musaraña; *fam* mujer regañona

shrewd [shro͞od] *adj.* astuto

shriek [shrēk] ◇ *s.* chillido ◇ *intr.* chillar ▪ **to ~ with laughter** reírse a carcajadas

shrill [shrĭl] ◇ *adj.* chillón ◇ *intr.* chillar

shrimp [shrĭmp] *s.* (*pl* **inv.** OR **s**) camarón *m*; *jer* [small fry] renacuajo

shrine [shrīn] *s.* relicario; [tomb] sepulcro; [site] santuario

shrink [shrĭngk] ◇ *intr.* (**shrank** OR **shrunk, shrunk(en)**) encoger(se); [to dwindle] mermar; [to recoil] retroceder ▪ **to ~ away/back** echarse atrás; (*tr.*) encoger ◇ *s. jer* psiquiatra *mf*

shrink•age [shrĭng′kĭj] *s.* encogimiento; [reduction] disminución *f*; [loss] merma

shriv•el [shrĭv′əl] *tr.* & *intr.* [to shrink] encoger(se); [to wrinkle] arrugar(se); [to lose vitality] marchitar(se); [to waste away] consumir(se)

shroud [shroud] ◇ *s.* sudario; [veil] velo; MARÍT obenque *m* ◇ *tr.* tapar

shrub [shrŭb] *s.* matorral *m*

shrub•ber•y [ˈə-rē] *s.* matorrales *m*

shrug [shrŭg] ◇ *intr.* (**-gg-**) encogerse de hombros; (*tr.*) ▪ **to ~ off** [to minimize] no hacer caso de; [to get rid of] echar de lado con una sacudida ◇ *s.* encogimiento de hombros

shrunk [shrŭngk], **shrunk•en** [shrŭng′kən] ▻ **shrink**

shuck [shŭk] ◇ *s.* [of nuts] cáscara; [of corn] espata ◇ *tr.* [nuts] pelar; [corn] quitar la espata de; [peas] desvainar ◇ *interj.* ▪ **shucks!** ¡diablos!

shud•der [shŭd′ər] ◇ *intr.* estremecerse ◇ *s.* estremecimiento

shuf•fle [shŭf′əl] ◇ *tr.* [to move] cambiar de sitio; [to stir] mezclar; [cards] barajar; (*intr.*) ▪ **to ~ along** caminar arrastrando los pies; **to ~ off** irse arrastrando los pies ◇ *s.* arrastramiento de los pies; [of cards] barajada

shun [shŭn] *tr.* (**-nn-**) rehuir

shunt [shŭnt] ◇ *s.* desviación *f*; FC cambio de vías ◇ *tr.* & *intr.* desviar(se); FC cambiar de vía

shush! [shŭsh, sho͝osh] *interj.* ¡chitón!

shut [shŭt] *tr.* & *intr.* (**shut, -tting**) cerrar(se) ▪ **to ~ away** guardar bajo llave; [to imprison] encerrar; **to ~ in** encerrar; **to ~ off** [to isolate] aislar; [to turn off] desconectar; **to ~ out** no admitir; **to ~ up** encerrar; [to silence] hacer callar; [to be silent] callarse la boca

shut•down [ˈdoun′] *s.* cierre *m*

shut•eye [:ī′] *s. jer* ▪ **to get some ~** echar un sueñecito

shut•ter [:ər] *s.* contraventana; FOTOG obturador *m*

shut•tle [shŭt′l] ◇ *s.* lanzadera; [bus, train] servicio de enlace ▪ **space ~** transbordador espacial; **~ service** [plane] puente aéreol ◇ *intr.* hacer trayectos cortos y regulares

shut•tle•cock [:kŏk′] *s.* volante *m*

shy [shī] ◇ *adj.* (**-er, -est**) (**-i-**) tímido; [bashful] vergonzoso; [wary] cauteloso; *fam* [lacking] escaso ▪ **~ of** falto de; **to be ~ of** desconfiar de ◇ *intr.* sobresaltarse; [to draw back] echarse atrás ▪ **to ~ away** espantarse; **to ~ away (from)** huir (de)

shy•ness [shī′nĭs] *s.* timidez *f*; [caution] cautela

shy•ster [shī′stər] *s. jer* picapleitos *m*

sib•ling [sĭb′lĭng] *s.* hermano, -a

sick [sĭk] *adj.* enfermo; [disturbed] trastornado; [morbid] morboso; [disgusted] asqueado; [tired] cansado; [longing] anhelante ▪ **~ building syndrome** síndrome del edificio enfermo; **~ leave** baja por enfermedad; **to be ~** vomitar; **to be ~ and tired of** estar harto de; **to feel ~** tener náuseas; **to feel ~ at heart** estar desesperado; **to get ~** [seasick] marearse; [to take sick] ponerse enfermo; **to make ~** dar asco a

sick•bay [ˈbā′] *s.* enfermería

sick•bed [:bĕd′] *s.* lecho de enfermo

sick•en [:ən] *tr.* & *intr.* enfermar(se)

sick•en•ing [:ə-nĭng] *adj.* nauseabundo; [distressing] deprimente

sick•le [sĭk′əl] *s.* hoz *f*

sick•ly [sĭk′lē] *adj.* (**-i-**) enfermizo; [weak] enclenque; [unhealthy] malsano

sick•ness [sĭk′nĭs] *s.* enfermedad *f*; [nausea] náusea

side [sīd] ◇ *s.* lado; [of hill] ladera; [of boat] costado; [of coin] cara; [edge] borde *m*; [lineage] parte *f*; [team] equipo, bando ▪ **by the ~ of** al lado de; **from all sides** de todas partes; **on all/both sides** por todas/ambas partes; **on either** ~ de cada lado; **on every** ~ por todas partes; **on one's** ~ de costado; **on the** ~ aparte de la ocupación habitual; **on this** ~ por este lado; ~ **by** ~ juntos; **the other** ~ **of the coin** el reverso de la medalla; **the right** ~ el derecho; [correct] el lado bueno; [right-hand] la derecha; **to be on the safe** ~ para estar tranquilo; **to change sides** cambiar de partido; **to get on the right** OR **good** ~ **of** granjearse la simpatía de; **to have on one's** ~ tener de parte de uno; **to keep on the right** ~ **of the law** mantenerse dentro de la ley; **to move to one** ~ apartarse; ~ **impact bars** barras de protección lateral; **to take sides** tomar partido; **to take sides with** ponerse de parte de; **to turn over on its** ~ volcar; **wrong** ~ **out** al OR del revés ◇ *adj.* lateral; [indirect] indirecto; [supplementary] adicional ▪ ~ **arm** arma de mano; ~ **effect** efecto secundario; ~ **view** vista de perfil ◇ *intr.* ▪ **to** ~ **with** ponerse del lado de

side•board [ˈbôrdˊ] *s.* aparador *m*

side•burns [:bûrnzˊ] *s. pl.* patillas

side•car [:kärˊ] *s.* sidecar *m*

side•kick [:kĭkˊ] *s. jer* compinche *mf*, compañero

side•line [:līnˊ] *s.* actividad suplementaria; DEP línea de banda

side•long [:lôngˊ] ◇ *adj.* lateral; [sideways] de soslayo ◇ *adv.* [obliquely] oblicuamente

side•sad•dle [:sădˊl] ◇ *s.* silla de amazona ◇ *adv.* a la amazona

side•show [:shōˊ] *s.* atracción secundaria

side•step [:stepˊ] *tr.* (**-pp-**) esquivar, evitar; [to evade] eludir; (*intr.*) dar un paso lateral

side•swipe [:swīpˊ] ◇ *tr.* chocar de refilón contra ◇ *s.* golpe *m* de refilón

side•track [:trăkˊ] ◇ *tr.* desviar; [an issue] dejar de lado ◇ *s.* desvío

side•walk [:wôkˊ] *s.* acera

side•ways [:wāzˊ] ◇ *adv.* de lado; [to step] hacia un lado ◇ *adj.* lateral, de lado

sid•ing [sīˊdĭng] *s.* FC apartadero; CONSTR tablas de forro

si•dle [sīdˊl] *tr.* & *intr.* mover(se) furtiva y lateralmente

siege [sēj] *s.* MIL sitio; *fig* calvario

sieve [sĭv] ◇ *s.* tamiz *m* ◇ *tr.* tamizar

sift [sĭft] *tr.* cerner; [to separate] separar; [to examine] examinar

sift•er [sĭfˊtər] *s.* cedazo

sigh [sī] *intr.* suspirar

sight [sīt] ◇ *s.* vista; [vision] visión *f*; [thing to see] lugar *m* de interés; [of device] mira; [quantity] gran cantidad ▪ **a** ~ **for sore eyes** *fam* persona grata; **on** ~ a primera vista; ~ **draft** COM letra a la vista; ~ **unseen** sin haberlo visto; **to be (with)in** ~ **of** estar a la vista de; **to catch** ~ **of** vislumbrar; **to come into** ~ aparecer, asomar; **to lose** ~ **of** perder de vista ◇ *pl.* meta ▪ **to set one's** ~ **on** tener el ojo puesto en ◇ *tr.* ver; [to aim] apuntar

sight•less [sītˊlĭs] *adj.* ciego

sight•ly [:lē] *adj.* (**-i-**) agradable a la vista

sight•see [:sēˊ] *intr.* (**-saw, -seen**) visitar lugares de interés

sight•see•ing [:ĭng] *s.* visita a lugares de interés

sight•se•er [:ər] *s.* turista *mf*

sign [sīn] ◇ *s.* signo; [gesture] gesto; [poster] letrero; [symbol] símbolo; [trace] huella; [presage] presagio ▪ ~ **language** lenguaje por señas; **to make no** ~ no dar señales; **to show signs of** dar muestras de ◇ *tr.* firmar; [to express] indicar ▪ **to** ~ **away** OR **over** ceder; **to** ~ **on** OR **up** contratar; (*intr.*) hacer señas; [to write] firmar ▪ **to** ~ **in** inscribirse; **to** ~ **on** OR **up** alistarse; **to** ~ **off** acabar el programa; **to** ~ **out** firmar y salir

sig•nal [sĭgˊnəl] ◇ *s.* señal *f* ▪ ~ **flare** bengala de señales ◇ *adj.* señalado ◇ *tr.* dar la señal de OR para; [to make known] indicar; (*intr.*) hacer señales

sig•na•to•ry [:nə-tôrˊē] *adj.* & *s.* signatario

sig•na•ture [:chər] *s.* firma; [act] signatura; MÚS armadura

sig•net [sĭgˊnĭt] *s.* sello ▪ ~ **ring** sortija de sello

sig•nif•i•cance [sĭg-nĭfˊĭ-kəns] *s.* significación *f*

sig•nif•i•cant [:kənt] *adj.* significativo

sig•ni•fy [sĭgˊnə-fīˊ] *tr.* significar; [to intimate] expresar; (*intr.*) significar

sign•post [sīnˊpōstˊ] *s.* poste *m* indicador

si•lage [sīˊlĭj] *s.* ensilaje *m*

si•lence [sīˊləns] ◇ *s.* silencio ◇ *tr.* hacer callar; [to suppress] reprimir

si•lenc•er [sīˊlən-sər] *s.* silenciador *m*

si•lent [sīˊlənt] *adj.* silencioso; [mute] mudo; [tacit] tácito ▪ ~ **partner** COM socio comanditario; **to be** ~ callar

sil•hou•ette [sĭlˊo͞o-etˊ] ◇ *s.* silueta ◇ *tr.* siluetear

sil•i•con [sĭlˊĭ-kŏnˊ] *s.* silicio

sil•i•cone [sĭlˊĭ-kōnˊ] *s.* silicona

silk [sĭlk] *s.* seda ▪ ~ **cotton** seda vegetal; ~ **hat** sombrero de copa; ~ **screen** serigrafía

silk•en [sĭlˊkən] *adj.* de seda

silk•worm [sĭlkˊwûrmˊ] *s.* gusano de seda

silk•y [sĭlˊkē] *adj.* (**-i-**) sedoso; [suave] suave

sill [sĭl] *s.* [door] umbral *m*; [window] alféizar *m*

sil•li•ness [sĭlˊē-nĭs] *s.* tontería

sil•ly [sĭlˊē] *adj.* (**-i-**) tonto, bobo; [ridiculous] ridículo

si•lo [sīˊlō] *s.* silo

silt [sĭlt] ◇ *s.* cieno ◇ *tr.* & *intr.* enarenar(se); [canal] encenagar(se)

sil•ver [sĭlˊvər] ◇ *s.* plata; [coins] monedas de plata; [color] plateado ◇ *adj.* de plata; [like silver] plateado; [melodious] argentino ▪ ~ **plate** platería; ~ **screen** CINEM pantalla; ~ **tongue** pico de oro ◇ *tr.* platear

sil•ver•smith [:smĭthˊ] *s.* platero

sil•ver•ware [:wârˊ] *s.* (vajilla de) plata

sim•i•an [sĭmˊē-ən] ◇ *adj.* símico ◇ *s.* simio

sim•i•lar [sĭmˊə-lər] *adj.* similar

sim•i•lar•i•ty [ˊ-lărˊĭ-tē] *s.* similitud *f*

sim•mer [sĭmˊər] *intr.* hervir a fuego lento; [to seethe] fermentar ▪ **to** ~ **down** sosegarse; (*tr.*) hervir a fuego lento

sim•per [sĭmˊpər] ◇ *intr.* sonreír tontamente OR con afectación ◇ *s.* sonrisa tonta

sim•ple [sĭmˊpəl] *adj.* (**-er, -est**) simple; [not elaborate] sencillo; [sincere] sincero

sim•ple-mind•ed [ˊ-mīnˊdĭd] *adj.* [artless] ingenuo; [silly] tonto; [stupid] simple

sim•ple•ton [ˊ-tn] *s.* simplón *m*

sim•plic•i•ty [sĭm-plĭsˊĭ-tē] *s.* sencillez *f*; [foolishness] simpleza

sim•pli•fi•ca•tion [ˊplə-fĭ-kāˊshən] *s.* simplificación *f*

sim•pli•fy [ˊ-fīˊ] *tr.* simplificar

sim•ply [sĭmˊplē] *adv.* simplemente, sencillamente; [really] absolutamente

S

sim•u•late [sĭm'yə-lāt'] *tr.* simular
sim•u•la•tion ['-lā'shən] *s.* simulación *f*
sim•u•la•tor ['-'tər] *s.* TEC simulador *m*
si•mul•ta•ne•ous ['-tā'nē-əs] *adj.* simultáneo
sin [sĭn] ◇ *s.* pecado ◇ *intr.* (**-nn-**) pecar
since [sĭns] ◇ *adv.* desde entonces; [ago] hace; **five days ~** hace cinco días ▪ **ever ~** desde entonces; **how long ~?** ¿cuánto tiempo hace?; **long ~** hace mucho tiempo; **~ when?** ¿desde cuándo? ◇ *prep.* desde ▪ **~ that time** desde entonces ◇ *conj.* desde que; [inasmuch as] ya que ▪ **ever ~** desde que
sin•cere [sĭn-sîr'] *adj.* (**-er, -est**) sincero
sin•cer•i•ty [sĭn-ser'ĭ-tē] *s.* sinceridad *f*
sin•ew [sĭn'yo͞o] *s.* tendón *m*; *fig* vigor *m*
sin•ew•y [:ē] *adj.* nervudo; [strong] fuerte
sin•ful [sĭn'fəl] *adj.* [deed] pecaminoso; [person] pecador
sing [sĭng] *intr.* (**sang, sung**) cantar ▪ **to ~ to sleep** arrullar; **to ~ a different tune** cambiar de tono
singe [sĭnj] *tr.* chamuscar
sing•er [sĭng'ər] *s.* cantante *mf*
sin•gle [sĭng'gəl] ◇ *adj.* solo; [for one] individual; [unmarried] soltero ▪ **every ~ one** todos; **not a ~ one** ni uno; **~ bed** cama para una persona; **~ currency** moneda única; **~ file** hilera; **~ market** mercado único ◇ *s.* [person] individuo; [accommodation] alojamiento individual; [unmarried person] soltero, -a; [bill] billete *m* de un dólar ◇ *pl.* DEP individual, simple (tenis) ◇ *tr.* ▪ **to ~ out** [to choose] escoger; [to distinguish] distinguir
sin•gle-hand•ed ['-hăn'dĭd] *adj.* solo, sin ayuda
sin•gle-mind•ed [:mīn'dĭd] *adj.* resuelto
sing•song [sĭng'sông'] *s.* tono monótono
sin•gu•lar [sĭng'gyə-lər] *adj.* & *s.* singular *m*
sin•gu•lar•i•ty ['-lăr'ĭ-tē] *s.* singularidad *f*
sin•is•ter [sĭn'ĭ-stər] *adj.* siniestro
sink [sĭngk] ◇ *intr.* (**sank, sunk**) descender; [to incline] inclinarse; [to submerge] hundirse; *fig* debilitarse ▪ **his heart sank** se le cayó el alma a los pies; **to ~ in** penetrar; **to ~ into** caer en; **to ~ or swim** triunfar o fracasar; (*tr.*) hundir; [to force down] echar al fondo; [into the ground] echar abajo; COM [to invest] invertir ▪ **to be sunk in** estar sumido en ◇ *s.* [bathroom] lavabo; [kitchen] fregadero; [cesspool] pozo negro
sink•er [sĭng'kər] *s.* plomo
sink•ing [:kĭng] *s.* hundimiento
sin•ner [sĭn'ər] *s.* pecador *m*
sin•u•ous [sĭn'yo͞o-əs] *adj.* sinuoso
si•nus [sī'nəs] *s.* seno
sip [sĭp] ◇ *tr.* & *intr.* (**-pp-**) sorber ◇ *s.* sorbo
si•phon [sī'fən] ◇ *s.* sifón *m* ◇ *tr.* sacar con sifón
sir [sûr] *s.* señor *m*, caballero ▪ **Dear Sir** muy señor mío; **Sir** sir (título)
sire [sīr] *s.* padre *m*; [animal] semental *m*; *ant* progenitor *m*; [title] mi Señor
si•ren [sī'rən] *s.* sirena
sir•loin [sûr'loin'] *s.* solomillo
sis•sy [sĭs'ē] *s.* mariquita *m*; [timid person] timorato
sis•ter [sĭs'tər] *s.* hermana; GB [nurse] enfermera ▪ **~ ships** buques gemelos
sis•ter•hood [:ho͝od'] *s.* hermandad *f*; RELIG comunidad *f* de monjas
sis•ter-in-law [:ĭn-lô'] *s.* (*pl* **sisters-**) [spouse's sister, brother's wife] cuñada, hermana política; [spouse's brother's wife] concuñada
sis•ter•ly [:lē] *adj.* de hermana
sit [sĭt] *intr.* (**sat**) sentarse; [to be at rest] estar sentado; [to perch] posarse (pájaro); [to brood] empollar; [to lie] estar situado; [to pose] posar; [to convene] reunirse; [to be inactive] quedarse; [to babysit] cuidar a niños ▪ **to be sitting pretty** *fam* estar en posición ventajosa; **to ~ back** sentarse cómodamente; **to ~ down** sentarse; **to ~ in** participar; [to protest] tomar parte en una sentada; **to ~ for an examination** GB presentarse a un examen; **to ~ in for** reemplazar; **to ~ on** ser miembro de; **to ~ on one's hands** no hacer nada; **to ~ still** no moverse; **to ~ tight** *fam* no moverse; **to ~ up** incorporarse; [to stay up] quedarse levantado; [to become alert] prestar atención; (*tr.*) sentar; [to ride] montar (un caballo) ▪ **to ~ out** OR **through** quedarse hasta el final; [to remain seated] quedarse sentado durante (baile)
site [sīt] ◇ *s.* sitio; [location] ubicación *f*; COMPUT sitio ◇ *tr.* situar
sit•ter [sĭt'ər] *s.* persona que cuida niños
sit•ting [:ĭng] *s.* asentada; [session] sesión *f* ▪ **~ duck** víctima fácil; **~ room** sala de estar
sit•u•ate [sĭch'o͞o-āt'] *tr.* ubicar
sit•u•a•tion ['-ā'shən] *s.* situación *f*; [position] puesto
six [sĭks] *s.* & *adj.* seis *m* ▪ **at sixes and sevens** en desorden; **~ hundred** seiscientos; **~ o'clock** las seis
six-pack [:păk'] *s.* caja de seis botellas OR latas
six-shoot•er [:sho͞o'tər] *s.* *fam* revólver *m* de seis tiros
six•teen [sĭk-stēn'] *s.* & *adj.* dieciséis *m*
six•teenth [:stēnth'] ◇ *s.* [place] dieciséis *m*; [part] dieciseisavo ◇ *adj.* [place] decimosexto; [part] dieciseisavo
sixth [sĭksth] *s.* & *adj.* sexto
six•ti•eth [sĭk'stē-ĭth] ◇ *s.* [place] sesenta *m*; [part] sesentavo ◇ *adj.* sexagésimo
six•ty [sĭk'stē] *s.* & *adj.* sesenta *m*
siz•a•ble [sī'zə-bəl] *adj.* considerable
size¹ [sīz] ◇ *s.* tamaño; [of shoes] número; [of persons, garments] talla; [magnitude] magnitud *f* ▪ **that's about the ~ of it** es más o menos eso; **to cut down to ~** bajarle los humos a; **to cut to ~** cortar algo del tamaño que se necesita; **to try on for ~** probar ◇ *tr.* clasificar según el tamaño ▪ **to ~ up** evaluar
size² ◇ *s.* [paste] cola ◇ *tr.* encolar
siz•ing [sī'zĭng] *s.* apresto, cola
siz•zle [sĭz'əl] ◇ *intr.* chisporrotear; *fig* [to be furious] hervir ◇ *s.* chisporroteo
skate¹ [skāt] ◇ *s.* patín *m* ◇ *intr.* patinar
skate² *s.* ICT raya
skate•board [skāt'bôrd'] *s.* monopatín *m*
skat•er [skā'tər] *s.* patinador *m*
skein [skān] *s.* madeja
skel•e•ton [skel'ĭ-tn] *s.* esqueleto; [outline] bosquejo
skep•tic [skep'tĭk] *s.* escéptico
skep•ti•cal [:tĭ-kəl] *adj.* escéptico
skep•ti•cism [:sĭz'əm] *s.* escepticismo
sketch [skech] ◇ *s.* esbozo; [outline] bosquejo; LIT obra corta; MÚS pieza corta ◇ *tr.* esbozar; (*intr.*) hacer un croquis
sketch•book ['bo͝ok'] *s.* bloc *m* de dibujo
sketch•y [:ē] *adj.* (**-i-**) [details] incompleto; [superficial] superficial

skew [skyo͞o] ◇ *intr.* torcerse; (*tr.*) [to cut] sesgar; [to distort] tergiversar ◇ *s.* sesgo
skew•er [skyo͞o′ər] ◇ *s.* brocheta ◇ *tr.* ensartar
ski [skē] ◇ *s.* esquí *m* ■ ~ **jump** salto con esquís; ~ **lift** remonte; ~ **resort** estación de esquí; **ski run** OR **slope** pista de esquí; ~ **tow** telearrastre ◇ *intr.* & *tr.* esquiar
skid [skĭd] ◇ *s.* patinazo; [chock] calzo; [ramp] rampa de descarga; AVIA patín *m* ■ ~ **row** barrios bajos ◇ *pl.* MARÍT varadera ■ **to be on** OR **hit the** ~ estar de capa caída ◇ *intr.* (**-dd-**) patinar, resbalar (rueda, automóvil)
ski•er [skē′ər] *s.* esquiador *m*
ski•ing [:ĭng] *s.* esquí *m* (deporte)
skill [skĭl] *s.* habilidad *f*, destreza; [art] técnica; [experience] experiencia; [trade] oficio
skilled [skĭld] *adj.* hábil, experto; [qualified] especializado
skil•let [skĭl′ĭt] *s.* sartén *f*
skill•ful [skĭl′fəl] *adj.* hábil, diestro
skill•ful•ness [:nĭs] *s.* habilidad *f*, destreza
skim [skĭm] ◇ *tr.* (**-mm-**)[liquid] espumar; [milk] desnatar; [to brush] rozar; [book] hojear ■ **to** ~ **along** volar a ras de; **to** ~ **over** pasar rozando; [a subject] tratar superficialmente; **to** ~ **through** echar una ojeada a; (*intr.*) hojear (un libro) ◇ *s.* ■ ~ **milk** leche desnatada
skimp [skĭmp] *tr.* escatimar; (*intr.*) economizar
skimp•y [skĭm′pē] *adj.* (**-i-**) [scanty] escaso; [small] pequeño
skin [skĭn] ◇ *s.* piel *f* ■ **by the** ~ **of one's teeth** por los pelos; **he is nothing but** ~ **and bones** está en los huesos; **it's no** ~ **off my nose** me trae sin cuidado; ~ **diving** buceo; **to get under one's** ~ irritarle a uno; [obsession] tener a uno obsesionado; **to have a thick** ~ ser insensible; **to jump out of one's** ~ llevarse un susto tremendo; **to save one's** ~ salvar el pellejo; **under the** ~ en el fondo ◇ *tr.* (**-nn-**) despellejar; [to peel] pelar; [to scrape] desollar ■ **to** ~ **alive** desollar vivo a; [to scold] regañar mucho
skin-deep [′dēp′] ◇ *adj.* superficial ◇ *adv.* superficialmente
skin-dive [:dīv′] *intr.* bucear
skin•flint [:flĭnt′] *s.* tacaño
skin•head [skĭn′hed′] *s.* skin head *mf*, cabeza *mf* rapada
skin•ny [:ē] *adj.* (**-i-**) flaco
skin•ny-dip [:dĭp′] *intr.* (**-pp-**) *fam* nadar desnudo
skin-pro•tec•tor [skĭn′prə-tek′tər] *s.* dermoprotector *m*
skin•tight [skĭn′tīt′] *adj.* ceñido
skip [skĭp] ◇ *intr.* (**-pp-**) saltar; [engine] fallar; EDUC saltar un curso ■ **to** ~ **out** *fam* desaparecer; (*tr.*) saltar; [class, meeting] dejar de ir a ■ ~ **it!** ¡olvídalo!; **to** ~ **over** saltar por encima de; **to** ~ **rope** saltar a la cuerda; **to** ~ **town** *fam* largarse ◇ *s.* salto
skip•per [skĭp′ər] *s.* capitán *m*
skir•mish [skûr′mĭsh] ◇ *s.* escaramuza; [dispute] pelea ◇ *intr.* escaramuzar
skirt [skûrt] ◇ *s.* falda ◇ *tr.* & *intr.* bordear; [to pass around] faldear; [to elude] eludir
skit [skĭt] *s.* TEAT escena satírica
skit•tish [skĭt′ĭsh] *adj.* asustadizo; [undependable] caprichoso
skiv•vy [skĭv′ē] *s. pl. jer* calzoncillo y camiseta ■ **in one's** ~ en paños menores
skulk [skŭlk] *intr.* [to lurk] esconderse; [move secretively] pasar furtivamente
skull [skŭl] *s.* cráneo ■ ~ **and crossbones** calavera (y las tibias); **to be out of one's** ~ *fam* estar loco
skull•dug•ger•y [skŭl-dŭg′ə-rē] *s.* tejemanejes
skunk [skŭngk] ◇ *s.* ZOOL mofeta; *jer* [person] canalla *m* ◇ *tr. jer* derrotar
sky [skī] *s.* cielo ■ **out of the clear blue** ~ en el momento menos pensado; **to praise to the skies** poner por las nubes
sky•cap [′kăp′] *s.* changador *m* de un aeropuerto
sky•dive [:dīv′] *intr.* lanzarse en paracaídas
sky•jack [:jăk′] *tr.* secuestrar en vuelo
sky•light [:līt′] *s.* claraboya
sky•line [:līn′] *s.* horizonte *m*; [of city] perfil *m*
sky•scrap•er [:skrā′pər] *s.* rascacielos *m*
sky•ward [:wərd] ◇ *adj.* dirigido hacia el cielo ◇ *adv.* hacia el cielo
slab [slăb] *s.* [piece] trozo; [of stone] losa; [of cake] porción *f*; [of wood] costero
slack [slăk] ◇ *adj.* [sluggish] lento; [not busy] de poca actividad; [loose] flojo; [negligent] negligente ◇ *tr.* aflojar; [to slake] apagar; (*intr.*) aflojarse; [to be remiss] ser negligente ■ **to** ~ **off** disminuir ◇ *s.* [loose part] parte floja; [lull] periodo de poca actividad ■ **there is a lot of** ~ **in the rope** la cuerda está muy floja; **to take up the** ~ **in a rope** tensar una cuerda ◇ *pl.* pantalones
slack•en [′ən] *tr.* [to slow] aminorar; [to loosen] aflojar; (*intr.*) [to slow down] amainar; [to loosen] aflojarse
slack•er [:ər] *s.* haragán *m*
slag [slăg] *s.* escoria
slain [slān] ▻ **slay**
slake [slāk] *tr.* aplacar; [lime] apagar
slam[1] [slăm] ◇ *tr.* (**-mm-**)[to shut] cerrar de golpe; [to move] hacer golpear; [to hit] golpear con estrépito ■ **to** ~ **something down on** poner algo violentamente en; **to** ~ **the door** dar un portazo; **to** ~ **the door on** cerrar la puerta a; (*intr.*) cerrarse de golpe; [to crash] chocar ◇ *s.* golpe *m* fuerte; [of door] portazo
slam[2] [in bridge] slam *m*
slan•der [slăn′dər] ◇ *s.* calumnia; DER difamación *f* ◇ *tr.* calumniar; DER difamar
slan•der•ous [:əs] *adj.* calumnioso; DER difamador
slang [slăng] *s.* jerga
slang•y [slăng′ē] *adj.* (**-i-**) de argot
slant [slănt] ◇ *tr.* inclinar; [a problem] enfocar de modo parcial; (*intr.*) inclinarse ◇ *s.* inclinación *f*; [point of view] parecer *m*
slap [slăp] ◇ *s.* palmada; [on face] bofetada; [on head] cachetada ■ **a** ~ **in the face** *fig* una bofetada; **a** ~ **on the back** un espaldazo ◇ *tr.* (**-pp-**)[to strike] dar una palmada; [in the face] abofetear; [on the head] dar una cachetada; *fig* insultar ■ **to** ~ **down** bajar los humos a
slap•hap•py [′hăp′ē] *adj.* (**-i-**) *jer* aturdido
slash [slăsh] ◇ *tr.* acuchillar; [to hack] dar un tajo a; [prices] rebajar drásticamente; (*intr.*) tirar OR dar tajos ◇ *s.* tajo; [slit] cuchillada; [punctuation & COMPUT] barra
slat [slăt] *s.* tablilla
slate [slāt] ◇ *s.* pizarra; [list] lista de candidatos elegibles ■ **to clear the** ~ hacer borrón y cuenta nueva; **to have a clean** ~ no tener antecedentes ◇ *tr.* empizarrar; [to appoint] designar

S

slaugh•ter [slô'tər] ◇ *s.* matanza ◇ *tr.* [animals] matar; [to kill brutally] matar brutalmente

slaugh•ter•house [:hous'] *s.* matadero

slave [slāv] ◇ *s.* esclavo ▪ ~ **labor** trabajo de esclavo ◇ *intr.* trabajar como esclavo

slav•er[1] [slăv'ər] ◇ *intr.* babear ◇ *s.* baba

slav•er[2] [slā'vər] *s.* [ship] buque *m* traficante de esclavos; [person] traficante *m* de esclavos

slav•er•y [:və-rē, slāv'rē] *s.* esclavitud *f* ▪ **white** ~ trata de blancas

slay [slā] *tr.* (**slew, slain**) matar

slea•zy [slē'zē] *adj.* (**-i-**) ligero; [cheap] de mala calidad; [sordid] sórdido; [corrupt] corrupto

sled [sled] ◇ *s.* trineo ◇ *tr.* (**-dd-**) llevar en trineo; (*intr.*) ir en trineo

sledge [slej] *s.* trineo

sledge•ham•mer [slej'hăm'ər] *s.* almádena

sleek [slēk] *adj.* suave y brillante; [well groomed] elegante

sleep [slēp] ◇ *s.* sueño ▪ **in one's** ~ durante el sueño; **to drop off to** ~ quedarse dormido; **to go to** ~ dormirse; **to put to** ~ [animal] sacrificar; **to walk in one's** ~ ser sonámbulo ◇ *intr.* (**slept**) dormir ▪ **to** ~ **in** dormir hasta tarde; **to** ~ **like a log** dormir como un tronco; (*tr.*) pasar durmiendo; [to accommodate] tener cabida para ▪ **not to** ~ **a wink** no pegar ojo; **to** ~ **off** dormir hasta que pase (dolor de cabeza, borrachera); **to** ~ **on it** consultarlo con la almohada

sleep•er [slē'pər] *s.* persona que duerme; [sleeping car] coche *m* cama; *fam* [success] éxito inesperado ▪ **to be a heavy/light** ~ tener el sueño pesado/ligero

sleep•ing [:pĭng] *adj.* dormido, durmiendo ▪ ~ **bag** saco de dormir; ~ **car** coche cama; ~ **pill** somnífero

sleep•less [slēp'lĭs] *adj.* [night] en blanco

sleep•walk•ing [:wô'kĭng] *s.* sonambulismo

sleep•y [slē'pē] *adj.* (**-i-**) soñoliento

sleep•y•head [:hed'] *s. fam* dormilón *m*

sleet [slēt] ◇ *s.* aguanieve *f* ◇ *intr.* cellisquear

sleeve [slēv] *s.* manga; [of record] funda ▪ **up one's** ~ *fam* escondido, reservado

sleeve•less ['lĭs] *adj.* sin mangas

sleigh [slā] ◇ *s.* trineo ◇ *intr.* ir en trineo

sleight [slīt] *s.* habilidad *f*; [stratagem] estratagema ▪ ~ **of hand** juego de manos

slen•der [slen'dər] *adj.* (**-er, -est**) delgado; [svelte] esbelto; [meager] escaso

slen•der•ize [:də-rīz'] *intr.* & *tr.* adelgazar

slept [slept] ▻ **sleep**

sleuth [slo͞oth] ◇ *s. fam* detective *m* ◇ *intr.* hacer de detective

slew[1] [slo͞o] *s. fam* montón *m*

slew[2] ▻ **slay**

slice [slīs] ◇ *s.* [of meat] tajada; [of bread] rebanada; [of ham] lonja; [of fish] raja; [share] parte *f*; DEP golpe *m* cortado ◇ *tr.* cortar, tajar; [bread] rebanar; DEP cortar, dar un golpe cortado a ▪ **to** ~ **off** cortar

slic•er [slī'sər] *s.* máquina de cortar

slick [slĭk] ◇ *adj.* resbaladizo; [adroit] diestro; [wily] astuto ◇ *s.* superficie resbaladiza; [tool] herramienta para alisar ▪ **oil** ~ marea negra, capa de petróleo ◇ *tr.* alisar

slide [slīd] ◇ *intr.* (**slid**) resbalar; [to coast] deslizarse; [to glide] pasar suavemente ▪ **to let things** ~ dejar pasar las cosas sin hacer nada; **to** ~ **down** bajar deslizándose por; (*tr.*) hacer resbalar ▪ **to** ~ **over** pasar por alto ◇ *s.* deslizamiento, desliz *m*; [surface] superficie resbaladiza; [playground] tobogán *m*; [track] resbaladero; [microscope] portaobjeto; [avalanche] desprendimiento; FOTOG diapositiva ▪ ~ **rule** regla de cálculo

slight [slīt] ◇ *adj.* escaso; [trifling] insignificante; [slender] delgado ◇ *tr.* menospreciar; [to shirk] desatender ◇ *s.* desaire *m*

slim [slĭm] ◇ *adj.* (**-mm-**) delgado; [scant] escaso ◇ *tr.* & *intr.* (**-mm-**) adelgazar

slime [slīm] *s.* [mud] limo; [animal substance] babaza

slim•y [slī'mē] *adj.* (**-i-**) viscoso; [mucous] baboso

sling [slĭng] ◇ *s.* [weapon] honda; [for rifle] portafusil *m*; MED cabestrillo; MARÍT eslinga ◇ *tr.* (**slung**) [to throw] arrojar; [to hang] colgar ▪ **to** ~ **hash***jer* trabajar en un restaurante barato

sling•shot ['shŏt'] *s.* tirador *m*

slink [slĭngk] *intr.* (**slunk**) escabullirse

slink•y [slĭng'kē] *adj.* (**-i-**) [stealthy] sigiloso; *fam* sinuoso

slip[1] [slĭp] ◇ *intr.* (**-pp-**) deslizarse; [to steal] escabullirse; [to lose one's balance] resbalar; [to escape] soltarse; [to fall behind] retrasarse; [to make a mistake] equivocarse; *fam* [to fall off] empeorar ▪ **my foot slipped** se me fue el pie; **to let an opportunity** ~ **by** dejar pasar una oportunidad; **to let** ~ decir sin querer; **to** ~ **away** escabullirse; [time] correr; **to** ~ **by** [time] correr; [unnoticed] pasar inadvertido; **to** ~ **down** dejarse caer; **to** ~ **in** introducirse; **to** ~ **off** escabullirse; **to** ~ **out** salir inadvertido; [to become known] saberse; **to** ~ **through** escabullirse por; **to** ~ **through one's fingers** escapársele de las manos; **to** ~ **up** *fam* equivocarse; (*tr.*) librarse (**from** de) ▪ **to** ~ **in** introducir; **to** ~ **into** [to don] ponerse; [to enter] entrar; **to** ~ **off** quitarse (ropa); **to** ~ **on** ponerse (ropa); **to** ~ **one over on** *fam* pegársela a; **to** ~ **one's mind** írsele de la memoria a uno ◇ *s.* resbalón *m*; [false step] paso en falso; [error] equivocación *f*; [lapse] desliz *m*; [undergarment] combinación *f*; [pillowcase] funda; MARÍT [pier] muelle *m*; [slipway] grada ▪ ~ **of the tongue** lapsus linguae

slip[2] *s.* [cutting] esqueje *m*; [of paper] papeleta ▪ **a** ~ **of a girl** una chiquilla

slip•cov•er ['kŭv'ər] *s.* funda

slip•knot [:nŏt'] *s.* nudo corredizo

slip•per [:ər] *s.* zapatilla

slip•per•y [:ə-rē] *adj.* (**-i-**) resbaladizo; [evasive] evasivo

slip•shod [:shŏd'] *adj.* descuidado

slip•stream [:strēm'] *s.* estela

slip-up [:ŭp'] *s. fam* error *m*

slit [slĭt] ◇ *s.* corte *m* ◇ *tr.* (**slit, -tting**) hender ▪ **to** ~ **someone's throat** degollar a alguien

slith•er [slĭ*th*'ər] ◇ *intr.* resbalar; [to crawl] deslizarse, culebrear ◇ *s.* deslizamiento

sliv•er [slĭv'ər] ◇ *s.* [splinter] astilla; [slice] tajada ◇ *tr.* cortar en rodajas; (*intr.*) astillarse

slob [slŏb] *s. despec* palurdo

slob•ber [slŏb'ər] ◇ *intr.* babear ◇ *s.* baboseo

slog [slŏg] *tr.* (**-gg-**) golpear; (*intr.*) [to plod] andar pesadamente; [to work] trabajar como un burro

slo•gan [slō'gən] *s.* lema *m*; [in advertising] slogan *m*

sloop [slo͞op] *s.* balandro

slop [slŏp] ◇ *s.* [mud] fango; [food] aguachirle *f* ◇ *pl.*

[swill] bazofia ◇ *intr.* & *tr.* (**-pp-**)[to splash] salpicar; [to spill] derramar(se)
slope [slōp] ◇ *tr.* & *intr.* inclinar(se) ■ **to ~ down** bajar; **to ~ up** subir ◇ *s.* [incline] cuesta; [of roof] vertiente *f*; [inclination] inclinación *f* ■ **on a ~** en declive
slop•pi•ness [slŏp′ē-nĭs] *s.* falta de cuidado
slop•py [slŏp′ē] *adj.* (**-i-**) *fam* [messy] desordenado; [careless] chapucero
slosh [slŏsh] *tr.* salpicar; (*intr.*) chapotear
slot [slŏt] *s.* [groove] ranura; [on roster] puesto en el escalafón; COMPUT ranura; *fam* [niche] rincón *m* ■ **~ machine** máquina tragaperras
sloth [slôth, slōth] *s.* indolencia; ZOOL perezoso
slouch [slouch] ◇ *intr.* [to sit] repantigarse; [to stand] tener una postura desgarbada ■ **to ~ around** gandulear; (*tr.*) echar hacia adelante ◇ *s.* postura desgarbada; [person] perezoso ■ **to walk with a ~** caminar con los hombros caídos
slough[1] [slōō, slou] *s.* fangal *m*; [state of despair] estado de abatimiento
slough[2] [slŭf] ◇ *s.* ZOOL camisa ◇ *intr.* caerse; MED desprenderse (costra); (*tr.*) abandonar (hábito) ■ **to ~ off** deshacerse de
slov•en•ly [slŭv′ən-lē] *adj.* desaseado
slow [slō] ◇ *adj.* lento; [clock] atrasado; [tardy] atrasado; [dense] torpe; *fam* [boring] aburrido ■ **business is ~** hay poca actividad; **my watch is five minutes ~** mi reloj tiene cinco minutos de retraso; **~ motion** cámara lenta; **to be ~ to** tardar en ◇ *adv.* lentamente, despacio ◇ *tr.* [to make slow] reducir la marcha de; [to retard] retrasar; (*intr.*) ir más despacio ■ **~ down!** ¡más despacio!
slow•down [′doun′] *s.* retraso
slow•ness [:nĭs] *s.* lentitud *f*; [boredom] pesadez *f*; [stupidity] torpeza
slow•poke [:pōk′] *s.* *fam* tortuga (persona)
slow•wit•ted [:wĭt′ĭd] *adj.* lento, torpe
sludge [slŭj] *s.* cieno; [sewage] fango de alcantarillado; [sediment] sedimento
slug[1] [slŭg] *s.* [bullet] bala; [metal disk] ficha; [lump of metal] trozo de metal; *fam* [drink] trago
slug[2] *s.* ZOOL babosa
slug[3] ◇ *tr.* (**-gg-**) pegar un porrazo ◇ *s.* porrazo
slug•gish [slŭg′ĭsh] *adj.* [slow] lento; [lazy] perezoso; [inactive] flojo
sluice [slōōs] ◇ *s.* canal *m*; [gate] esclusa ◇ *tr.* [to flush] regar; [to send down] transportar por un canal
slum [slŭm] ◇ *s.* barrio bajo ◇ *intr.* (**-mm-**) ■ **to go slumming** visitar los barrios bajos
slum•ber [slŭm′bər] ◇ *intr.* dormir; [to doze] dormitar ◇ *s.* sueño; [dormancy] sopor *m*
slump [slŭmp] ◇ *intr.* desplomarse; [to slouch] repantigarse ◇ *s.* disminución brusca; [depression] depresión *f*
slung [slŭng] ▻ **sling**
slunk [slŭngk] ▻ **slink**
slur [slûr] ◇ *tr.* (**-rr-**)[to treat lightly] hacer poco caso de; [to pronounce indistinctly] pronunciar mal; [to slander] difamar; MÚS ligar ◇ *s.* [aspersion] difamación *f*; MÚS ligado
slurp [slûrp] *tr.* & *intr.* [to eat] comer haciendo ruido; [to drink] beber haciendo ruido
slush [slŭsh] *s.* [melted snow] aguanieve *f*; [mud] lodo
slut [slŭt] *s.* mujerzuela
sly [slī] *adj.* (**-er, -est**) (**-i-**)[cunning] astuto; [deceitful] malicioso; [roguish] travieso
smack[1] [smăk] ◇ *tr.* hacer un chasquido con los labios; [to kiss] besar sonoramente; [to strike] dar una palmada; (*intr.*) chasquear; [to kiss] dar un beso sonoro ◇ *s.* chasquido; [kiss] beso sonoro; [blow] golpe *m* ◇ *adv.* de lleno
smack[2] ◇ *s.* [flavor] sabor *m*; [trace] indicio ◇ *intr.* saber ■ **to ~ of** oler a
small [smôl] ◇ *adj.* pequeño; [minor] insignificante; [petty] mezquino; [humiliated] humillado ■ **in a ~ way** en pequeña escala; **~ fry** gente menuda; **~ letters** minúsculas; **~ talk** charloteo; **to feel ~** sentir vergüenza ◇ *s.* parte pequeña ■ **the ~ of the back** la región lumbar
small•pox [′pŏks′] *s.* viruela
smart [smärt] ◇ *adj.* [intelligent] listo; [witty] ingenioso; [impertinent] impertinente; [quick] rápido; [fashionable] de moda ■ **~ bomb** bomba inteligente; **~ building** edificio inteligente; **~ card** tarjeta inteligente ◇ *intr.* [to sting] escocer
smart•en [smär′tn] *intr.* despabilarse
smash [smăsh] ◇ *tr.* romper; [to shatter] destrozar; [to throw] estrellar; [to crush] aplastar; (*intr.*) romperse; [to crash] estrellarse; [to be crushed] hacerse pedazos ◇ *s.* [breakage] rotura; [sound] estrépito; [collision] choque *m*; *fam* [hit] éxito ◇ *adj.* ■ **a ~ hit** un gran éxito
smash•up [′ŭp′] *s.* choque *m*
smat•ter•ing [smăt′ər-ĭng] *s.* conocimiento superficial
smear [smîr] ◇ *tr.* untar; [to dirty] embadurnar; [to vilify] difamar ◇ *s.* mancha
smell [smel] ◇ *tr.* (**-ed** OR **smelt, -lling**) oler; [to detect] olfatear ■ **I ~ a rat** *fam* hay gato encerrado; **to ~ out** olfatear; (*intr.*) oler; [to stink] apestar ■ **smelling salts** sales aromáticas ◇ *s.* [act] olfateo; [sense] olfato; [odor] olor *m*
smell•y [′ē] *adj.* (**-i-**) *fam* maloliente
smelt[1] [smelt] *tr.* & *intr.* fundir
smelt[2] *s.* (*pl* **inv.** OR **s**) ICT eperlano
smid•gen/gin [smĭj′ən] *s.* *fam* pizca
smile [smīl] ◇ *s.* sonrisa ◇ *intr.* sonreír(se); (*tr.*) expresar con una sonrisa ■ **to ~ on** favorecer
smirk [smûrk] ◇ *intr.* sonreír con afectación ◇ *s.* sonrisa afectada
smite [smīt] *tr.* (**smote, smitten**) golpear; [to destroy] destruir ■ **to be smitten with** [a girl] estar encaprichado por
smith [smĭth] *s.* herrero
smith•y [′ē, smĭth′ē] *s.* herrería
smock [smŏk] ◇ *s.* guardapolvo ◇ *tr.* COST fruncir
smog [smŏg] *s.* mezcla de humo y niebla
smoke [smōk] ◇ *s.* humo; *fam* [cigarette] pitillo ■ **~ bomb** bomba de humo; **~ detector** detector de humo(s); **~ screen** cortina de humo; **to go up in ~** irse en humo; **where there's ~ there's fire** cuando el río suena, agua lleva ◇ *intr.* humear; [tobacco] fumar; (*tr.*) fumar; [to preserve] ahumar ■ **to ~ out** desalojar con humo; [to reveal] descubrir
smoke•stack [′stăk′] *s.* chimenea
smok•y [smō′kē] *adj.* (**-i-**) [fire] humeante; [room] lleno de humo; [color, taste] ahumado
smol•der [smōl′dər] ◇ *intr.* arder (sin llama); *fig* estar latente ◇ *s.* humo espeso

smooch [smo͞och] *jer* ◇ *s.* beso ◇ *intr.* besuquearse
smooth [smo͞o*th*] ◇ *adj.* [fine] liso; [soft] suave; [calm] tranquilo; [fluid] fluido; [uneventful] sin novedad; [ingratiating] meloso; [refined] refinado; [unwrinkled] sin arrugas ■ ~ **talk** zalamerías ◇ *tr.* [to level] alisar; [to polish] pulir; [to soothe] aliviar ■ **to ~ the way for** preparar el terreno para; **to ~ things over** limar asperezas; (*intr.*) alisarse
smooth-tongued [ʹtŭngdʹ] *adj.* zalamero
smote [smōt] ▻ **smite**
smoth•er [smŭ*th*ʹər] *tr.* sofocar; [to conceal] enterrar; [to cover] cubrir; (*intr.*) asfixiarse
smoul•der [smōlʹdər] = **smolder**
smudge [smŭj] ◇ *tr.* [to dirty] manchar; [to blur] emborronar; (*intr.*) manchar(se) ◇ *s.* mancha; [against insects] humo para fumigar
smug [smŭg] *adj.* (**-gg-**) petulante, pagado de sí mismo
smug•gle [smŭgʹəl] *tr.* pasar de contrabando; (*intr.*) contrabandear
smug•gler [:lər] *s.* contrabandista *mf*
smug•gling [:lĭng] *s.* contrabando
smug•ness [smŭgʹnĭs] *s.* petulancia
smut [smŭt] *s.* [particle] hollín *m*; [smudge] mancha de tizne; [obscenity] obscenidades *f*
smut•ty [ʹē] *adj.* (**-i-**) [dirty] manchado; [obscene] obsceno
snack [snăk] ◇ *s.* [bite to eat] tentempié *m*; [fast food] aperitivo ■ ~ **bar** cafetería ◇ *intr.* tomar(se) un tentempié
snag [snăg] ◇ *s.* protuberancia; [submerged tree] tronco sumergido; [obstacle] inconveniente *m* ◇ *tr.* (**-gg-**) [to tear] rasgar; [to catch] enganchar; (*intr.*) [to tear] rasgarse; [to catch] engancharse
snail [snāl] *s.* caracol *m* ■ ~ **mail** correo caracol
snake [snāk] ◇ *s.* serpiente *f*, culebra; *fig* traidor *m* ■ ~ **in the grass** traidor ◇ *tr.* & *intr.* serpentear
snake•skin [ʹskĭnʹ] *s.* piel *f* de serpiente
snap [snăp] ◇ *intr.* (**-pp-**) [to click] chasquear; [to break] quebrarse; [to bite] morder ■ ~ **out of it!** ¡anímate!; **to ~ at** [dog] intentar morder; [to speak harshly to] hablar con brusquedad a; **to ~ off** desprenderse; **to ~ open/shut** abrirse/cerrarse de golpe; (*tr.*) [to break] quebrar; [to utter] decir bruscamente; [fingers, whip] chasquear ■ **to ~ up** llevarse ◇ *s.* [sound] chasquido; [breaking] rotura; [clasp] broche *m* de presión; [cookie] galleta; [brief spell] ola (de frío); [effortless task] cosa fácil ■ **put some ~ into it!** ¡muévase! ◇ *adj.* rápido
snap•per [ʹər] *s.* (*pl* **inv.** OR **s**) cubera
snap•py [:ē] *adj.* (**-i-**) *fam* [brisk] vivo, animado; [smart] elegante
snap•shot [:shŏtʹ] *s.* instantánea
snare[1] [snâr] ◇ *s.* trampa ◇ *tr.* tender trampas; [to trap] cazar con trampa
snare[2] *s.* MÚS cuerda ■ ~ **drum** tambor
snarl[1] [snärl] ◇ *intr.* gruñir; [to speak angrily] refunfuñar ◇ *s.* gruñido; [angry utterance] refunfuño
snarl[2] ◇ *s.* [tangle] maraña; [predicament] enredo ◇ *tr.* & *intr.* enredar(se)
snatch [snăch] ◇ *tr.* agarrar, arrebatar; [illicitly] secuestrar; (*intr.*) arrebatar ◇ *s.* arrebatamiento; [fragment] pedacito ■ **in snatches** a ratos
snaz•zy [snăzʹē] *adj.* (**-i-**) *jer* llamativo
sneak [snēk] ◇ *intr.* andar a hurtadillas; (*tr.*) ■ **to ~ a look at something** mirar algo furtivamente ◇ *s.* soplón *m*; [exit] salida disimulada ■ ~ **thief** ratero
sneak•er [snēʹkər] *s.* zapato de lona
sneak•y [:kē] *adj.* (**-i-**) furtivo; [surreptitious] solapado
sneer [snîr] ◇ *s.* gesto de desprecio ◇ *intr.* hacer un gesto de desprecio
sneeze [snēz] ◇ *intr.* estornudar ◇ *s.* estornudo
sneez•ing [snēʹzĭng] *s.* estornudos
snick•er [snĭkʹər] ◇ *intr.* reírse disimuladamente ◇ *s.* risita
snide [snīd] *adj.* sarcástico
sniff [snĭf] ◇ *intr.* aspirar por la nariz; [with cold] sorberse la nariz ■ ~ **at** despreciar; (*tr.*) [odor] olfatear; [drug] inhalar ◇ *s.* aspiración *f*; [smelling] olfateo
snif•fle [ʹəl] ◇ *intr.* resollar; [to whimper] lloriquear ◇ *s.* resuello; [whimper] lloriqueo ◇ *pl. fam* resfriado
snif•ter [snĭfʹtər] *s.* copa para coñac
snig•ger [snĭgʹər] ◇ *s.* risa disimulada ◇ *intr.* reír disimuladamente
snip [snĭp] ◇ *tr.* & *intr.* (**-pp-**) tijeretear ◇ *s.* [action] tijeretazo; [piece] recorte *m*
snipe [snīp] ◇ *s.* (*pl* **inv.** OR **s**) agachadiza ◇ *intr.* [shoot] tirar desde una posición emboscada; [criticize] criticar
snip•er [snīʹpər] *s.* francotirador *m*
snip•pet [snĭpʹĭt] *s.* recorte *m*
snip•py [snĭpʹē] *adj.* (**-i-**) *fam* impertinente
snitch [snĭch] *jer* ◇ *tr.* birlar; (*intr.*) soplar ◇ *s.* soplón *m*
sniv•el [snĭvʹəl] *intr.* gimotear; [to run at the nose] moquear
snob [snŏb] *s.* presuntuoso
snob•ber•y [ʹə-rē] *s.* presuntuosidad *f*
snob•bish [:ĭsh] *adj.* presuntuoso
snood [sno͞od] *s.* redecilla
snoop [sno͞op] *fam* ◇ *intr.* entrometerse ■ **to ~ around** husmear ◇ *s.* curioso, entrometido
snoop•y [sno͞oʹpē] *adj.* (**-i-**) *fam* entrometido
snoot [sno͞ot] *s. jer* [snout] hocico; [nose] nariz *f*; [snob] presuntuoso
snoot•y [sno͞oʹtē] *adj.* (**-i-**) *jer* altanero
snooze [sno͞oz] *fam* ◇ *intr.* dormitar ◇ *s.* sueñecito
snore [snôr] ◇ *intr.* roncar ◇ *s.* ronquido
snor•kel [snôrʹkəl] ◇ *s.* tubo (de respiración) ◇ *intr.* bucear con tubo (de respiración)
snort [snôrt] ◇ *s.* bufido; *jer* [drink] trago ◇ *intr.* bufar; (*tr.*) *jer* [drugs] esnifar
snot [snŏt] *s. jer* mocos; [person] mocoso
snot•ty [ʹē] *adj.* (**-i-**) *fam* mocoso; [angry] de mal humor
snout [snout] *s.* hocico; *jer* [nose] nariz *f*
snow [snō] ◇ *s.* nieve *f*; [snowfall] nevada ■ ~ **job** *jer* engaño; ~ **tire** neumático para nieve ◇ *intr.* nevar; (*tr.*) [to cover] cubrir con nieve; *jer* [to flatter] adular; [to deceive] embaucar ■ **to ~ under** abrumar
snow•ball [ʹbôlʹ] ◇ *s.* bola de nieve ◇ *intr.* aumentar rápidamente
snow•board [snōʹbôrdʹ] *s.* snowboard *m*
snow•drift [:drĭftʹ] *s.* ventisquero
snow•fall [:fôlʹ] *s.* nevada
snow•man [:mănʹ] *s.* (*pl* **-men**) muñeco de nieve
snow•mo•bile [:mō-bēlʹ] *s.* motonieve *f*
snow•plow [:plouʹ] *s.* quitanieves *m*
snow•shoe [:sho͞oʹ] ◇ *s.* raqueta ◇ *intr.* caminar sobre la nieve con raquetas

snow•storm [:stôrm′] *s.* tormenta de nieve

snow•suit [:so͞ot′] *s.* traje *m* que usan los niños en la nieve

snow•y [:ē] *adj.* (**-i-**) nevado; [subject to snow] nevoso; [white] blanco como la nieve

snub [snŭb] ◇ *tr.* (**-bb-**) [to slight] desairar; [to stop] parar bruscamente ◇ *s.* desaire *m*; [stop] parada brusca

snub-nosed [′nōzd′] *adj.* de nariz chata

snuff¹ [snŭf] *tr.* & *intr.* aspirar; [to sniff] oler

snuff² ◇ *s.* [of candle] pabilo ◇ *tr.* despabilar; [to extinguish] apagar ■ **to ~ out** acabar con

snuff³ *s.* [tobacco] rapé *m* ■ **to be up to ~** *fam* ser satisfactorio

snuff•box [′bŏks′] *s.* caja de rapé

snuf•fle [snŭf′əl] ◇ *intr.* resollar ◇ *s.* resuello ◇ *pl. fam* resfrío

snug [snŭg] *adj.* (**-gg-**) [cozy] cómodo; [warm] calentito; [tight] ajustado ■ **to be as ~ as a bug in a rug** estar muy cómodo

snug•gle [snŭg′əl] *tr.* & *intr.* acurrucar(se)

so [sō] ◇ *adv.* [thus] así, de esta manera; [to such an extent] tan; [consequently] por eso; [approximately] así de; **the wound was so wide** la herida era así de ancha; [likewise] también; **you were on time and so was I** tú llegaste a tiempo y yo también; [so much] tanto; [then] así que ■ **and so on and so forth** y así sucesivamente; **how so?** ¿cómo es eso?; **if so** si es así; **I hope so** eso espero, espero que sí; **is that so?** ¿es verdad?, ¿ah, sí?; **I think so** creo que sí; **I told you so!** ¡ya te lo dije!; **it just so happens that** pues resulta que; **just so** ni más ni menos; **not so** no es así; **not so much as** ni siquiera; **or so** más o menos; **so as to** a fin de; **so far** hasta aquí; [point] hasta cierto punto; **so far as** hasta donde; **so far as I'm concerned** por lo que a mí respecta; **so far as I know** que yo sepa; **so far so good** por ahora, bien; **so it is!** ¡así es!; **so long** tanto (tiempo); [goodbye] hasta luego; **so long as** mientras que; **so many** tantos; **so much** tanto; **so much for** vaya; **so so** así, así; **so that** de manera que; **so then** así pues; **so to speak** por decirlo así; **so what?** ¿y qué?; **to be so kind as to** tener la bondad de ◇ *adj.* así ◇ *conj.* así que ■ **so that** para que, a fin de que ◇ *pron.* lo mismo

soak [sōk] ◇ *tr.* empapar; [to immerse] remojar; [to absorb] absorber; *jer* [to overcharge] cobrar demasiado ■ **to ~ to the skin** calar hasta los huesos; (*intr.*) remojarse; [to penetrate] infiltrarse ■ **to ~ through** penetrar; [to drench] calar ◇ *s.* remojo

soak•ing [sō′kĭng] ◇ *s.* remojón *m* ◇ *adj.* empapado ■ **~ wet** calado hasta los huesos

so-and-so [sō′ən-sō′] *s.* Fulano de Tal

soap [sōp] ◇ *s.* jabón *m* ■ **~ opera** telenovela, serial *m* ◇ *tr.* (en)jabonar

soap•y [sō′pē] *adj.* (**-i-**) jabonoso

soar [sôr] *intr.* [to rise] remontarse; [to ascend] elevarse súbitamente; AER planear

sob [sŏb] ◇ *intr.* (**-bb-**) sollozar ◇ *s.* sollozo

so•ber [sō′bər] ◇ *adj.* (**-er, -est**) sobrio; [serious] grave; [reasonable] cuerdo ◇ *tr.* desembriagar; (*intr.*) ■ **I have sobered up** se me ha pasado la embriaguez

so•bri•quet [sō′brĭ-kā′] *s.* apodo

so-called [sō′kôld′] *adj.* llamado

soc•cer [sŏk′ər] *s.* fútbol *m*

so•cia•ble [sō′shə-bəl] *adj.* sociable; [friendly] amistoso

so•cial [sō′shəl] ◇ *adj.* social; [sociable] sociable ■ **~ climber** arribista; **~ column** ecos de sociedad; **~ disease** enfermedad venérea; **~ services** servicios sociales; **~ work** asistencia social ◇ *s.* reunión *f*

so•cial•ist [sō′shə-lĭst] *s.* & *adj.* socialista *mf*

so•cial•ite [′-līt′] *s.* persona de alta sociedad

so•cial•ize [:līz′] *tr.* socializar; [to make sociable] volver sociable ■ **socialized medicine** medicina estatal; (*intr.*) alternar

so•ci•e•ty [sə-sī′ĭ-tē] *s.* sociedad *f*; [upper class] alta sociedad; [companionship] compañía ■ **high ~** alta sociedad; **~ page** noticias de la sociedad; **to go into ~** ser presentada en sociedad

so•ci•o•ec•o•nom•ic [sō′sē-ō-ek′ə-nŏm′ĭk] *adj.* socioeconómico

so•ci•o•log•i•cal [:ə-lŏj′ĭ-kəl] *adj.* sociológico

so•ci•ol•o•gist [:ŏl′ə-jĭst] *s.* sociólogo

so•ci•ol•o•gy [:jē] *s.* sociología

so•ci•o•path [sō′sē-ə-păth′] *s.* persona antisocial

so•ci•o•po•lit•i•cal [′-ō-pə-lĭt′ĭ-kəl] *adj.* sociopolítico

sock¹ [sŏk] ◇ *s.* (*pl* **s** OR **sox**) calcetín *m* ◇ *tr.* ■ **to ~ away** *fam* guardar (dinero)

sock² *jer* ◇ *tr.* golpear ◇ *s.* puñetazo

sock•et [sŏk′ĭt] *s.* hueco; [of bulb] casquillo; [connection] enchufe *m* (hembra); [eye] cuenca

sod [sŏd] ◇ *s.* [lawn] césped *m*; [piece] tepe *m* ◇ *tr.* (**-dd-**) cubrir de césped

so•da [sō′də] *s.* carbonato de sodio; [sodium oxide] sosa; [water] gaseosa; [refreshment] soda ■ **~ fountain** mostrador en el que se despachan bebidas gaseosas y helados; **~ pop** *fam* soda, gaseosa

sod•den [sŏd′n] *adj.* [wet] empapado; [food, mind] pesado

so•di•um [sō′dē-əm] *s.* sodio ■ **~ bicarbonate/chloride** bicarbonato/cloruro de sodio

sod•om•y [sŏd′ə-mē] *s.* sodomía

so•fa [sō′fə] *s.* sofá *m*

soft [sôft] *adj.* [not hard] blando; [not loud] bajo; [gentle, smooth] suave; [tender] tierno; [lenient] indulgente; [weak] débil; *fam* [easy] fácil; **a ~ job** un trabajo fácil ■ **~ drink** gaseosa; **~ in the head** estúpido; **to be ~ on** ser indulgente con

soft-boiled [′boild′] *adj.* [egg] pasado por agua; *fam* [sentimental] sensiblero

soft•en [sô′fən] *tr.* & *intr.* ablandar(se)

soft•heart•ed [sôft′här′tĭd] *adj.* compasivo

soft•ness [:nĭs] *s.* suavidad *f*, blandura; [weakness] debilidad *f*; [tenderness] dulzura

soft-spo•ken [:spō′kən] *adj.* de voz suave; [genial] afable

soft•ware [:wâr′] *s.* software *m* ■ **~ development** desarrollador de software; **~ engineer** ingeniero de programas; **~ piracy** piratería informática

sog•gy [sŏg′ē] *adj.* (**-i-**) empapado

soil¹ [soil] *s.* [land] tierra

soil² ◇ *tr.* [to dirty] ensuciar; [to disgrace] manchar ◇ *s.* [dirtiness] suciedad *f*; [stain] mancha; [excrement] excremento

soiled [soild] *adj.* sucio, manchado

so•journ [sō′jûrn′] ◇ *intr.* residir temporalmente ◇ *s.* residencia temporal, estada

sol•ace [sŏl′ĭs] ◇ *s.* consuelo ◇ *tr.* consolar

so•lar [sō′lər] *adj.* solar ■ **~ energy** energía solar; **~ panel** placa solar; **~ power** energía solar; **~ system** sistema solar

so•lar•i•um [sō-lâr'ē-əm] *s.* (*pl* **s** OR **-ia**) solana
sold [sōld] ▻ **sell**
sol•der [sŏd'ər] ◇ *s.* soldadura ◇ *tr.* soldar
sol•dier [sōl'jər] ◇ *s.* soldado ■ ~ **of fortune** mercenario ◇ *intr.* servir como soldado
sold-out [sōld'out'] *adj.* agotado
sole[1] [sōl] ◇ *s.* [of foot] planta; [of shoe] suela ◇ *tr.* poner suela a (zapato, bota)
sole[2] *adj.* [single] único; **his** ~ **aim** su único propósito; [rights, ownership] exclusivo
sole[3] *s.* (*pl* **inv.** OR **s**) ICT lenguado
sol•emn [sŏl'əm] *adj.* solemne; [sacred] sagrado
so•lic•it [sə-lĭs'ĭt] *tr.* solicitar; [prostitute] abordar; (*intr.*) hacer una petición
so•lic•i•tor [-'-tər] *s.* [chief law officer] procurador *m*; GB [lawyer] abogado
so•lic•i•tous [:təs] *adj.* solícito, atento
sol•id [sŏl'ĭd] ◇ *adj.* sólido; [not hollow] macizo; ~ **gold** de oro macizo; [line] continuo; [fact] seguro; [citizen] modelo; [unanimous] unánime; [of color] uniforme ■ ~ **as a rock** firme como una roca ◇ *s.* sólido
sol•i•dar•i•ty [sŏl'ĭ-dăr'ĭ-tē] *s.* solidaridad *f*
so•lid•i•fy [sə-lĭd'ə-fī'] *tr.* & *intr.* solidificar(se)
so•lid•i•ty [:ĭ-tē] *s.* solidez *f*
sol•id•ly [sŏl'ĭd-lē] *adv.* sólidamente; [unanimously] unánimemente; [nonstop] sin parar
so•lil•o•quy [sə-lĭl'ə-kwē] *s.* soliloquio
sol•i•taire [sŏl'ĭ-târ'] *s.* solitario
sol•i•tar•y [sŏl'ĭ-ter'ē] ◇ *adj.* solitario; [single] solo ■ ~ **confinement** incomunicación ◇ *s.* solitario; *fam* [prison] incomunicación *f*
sol•i•tude [:tōōd'] *s.* soledad *f*
so•lo [sō'lō] ◇ *adj.* & *s.* solo ◇ *adv.* a solas ◇ *intr.* volar solo
so•lo•ist [:ĭst] *s.* solista *mf*
sol•stice [sŏl'stĭs] *s.* solsticio
sol•u•ble [sŏl'yə-bəl] *adj.* soluble
so•lu•tion [sə-lōō'shən] *s.* solución *f*
solv•a•ble [sŏl'və-bəl] *adj.* soluble
solve [sŏlv] *tr.* resolver, solucionar
sol•ven•cy [sŏl'vən-sē] *s.* solvencia
sol•vent [:vənt] ◇ *adj.* COM solvente; QUÍM disolvente ◇ *s.* solvente *m*, disolvente *m*
som•ber [sŏm'bər] *adj.* sombrío
some [sŭm] ◇ *adj.* alguno(s); ~ **people** algunas personas; [a little] algo de, un poco de; cierto; **after** ~ **time** después de cierto tiempo; unos (cuantos), varios; ~ **days ago** hace varios días; *irón* menudo; ~ **advice!** ¡menudo consejo!; [remarkable] extraordinario ■ ~ **luck!** ¡vaya suerte!; ~ **other time** otro día, otro momento; ~ **way or other** de una manera u otra ◇ *pron.* [several] algunos; [a little] un poco, algo ■ **and then** ~ y más todavía ◇ *adv.* unos; ~ **forty people** unas cuarenta personas; *fam* [somewhat] un poco, algo
some•bod•y ['bŏd'ē] ◇ *pron.* alguien ◇ *s. fam* alguien *m*, personaje *m* ■ **he thinks he's** ~ se cree alguien
some•day [:dā'] *adv.* algún día, un día de éstos
some•how [:hou'] *adv.* de algún modo, de alguna manera; [for some reason] por alguna razón
some•one [:wŭn'] ▻ **somebody**
some•place [:plās'] *adv.* en OR a alguna parte
som•er•sault [sŭm'ər-sôlt'] ◇ *s.* salto mortal; *fig* cambio total (de opinión) ◇ *intr.* dar un salto mortal
some•thing [sŭm'thĭng] ◇ *pron.* & *s.* algo ■ **or** ~ o algo por el estilo; ~ **or other** una cosa u otra; **to be quite** ~ ser algo extraordinario; **to be** ~ ser de alguna importancia; **to be** ~ **of a ...** tener algo de ...; **to have a certain** ~ tener un no sé qué ◇ *adv.* [somewhat] algo; [extremely] sumamente
some•time [:tīm'] ◇ *adv.* alguna vez, algún día ■ ~ **soon** pronto ◇ *adj.* [former] ex, antiguo
some•times [:tīmz'] *adv.* de vez en cuando, a veces
some•way [:wā'] *adv.* de alguna manera
some•what [:hwŏt'] *adv.* algo
some•where [:hwâr'] *adv.* en OR a alguna parte; [approximately] más o menos, entre ■ ~ **near here** por aquí; ~ **or other** en alguna parte
som•nam•bu•list [sŏm-năm'byə-lĭst] *s.* sonámbulo
som•no•lence [sŏm'nə-ləns] *s.* somnolencia
som•no•lent [:lənt] *adj.* soñoliento
son [sŭn] *s.* hijo
so•nar [sō'năr'] *s.* sonar *m*
song [sông] *s.* canción *f*; [act] canto, cantar *m*; [poetry] canto ■ **for a** ~ por poca cosa; **same old** ~ *fam* (la misma) cantilena; **to give someone a** ~ **and dance** *fam* contarle a alguien toda una historia
song•bird ['bûrd'] *s.* cantor *m*, ave canora
song•ster [:stər] *s.* cantante *mf*
song•writ•er [:rī'tər] *s.* compositor *m*
son•ic [sŏn'ĭk] *adj.* sónico, acústico ■ ~ **boom** estampido supersónico
son-in-law [sŭn'ĭn-lô'] *s.* (*pl* **sons-**) yerno, hijo político
son•net [sŏn'ĭt] *s.* soneto
son•ny [sŭn'ē] *s. fam* hijito
so•no•rous [sə-nôr'əs, sŏn'ər-] *adj.* sonoro
soon [sōōn] *adv.* pronto; [early] temprano; **back so** ~? ¿de vuelta tan temprano? ■ **as** ~ **as** en cuanto, tan pronto como; **had sooner** preferiría; **how** ~? ¿cuándo (a más tardar)?; **no sooner said than done** dicho y hecho; ~ **after** poco después; **the sooner the better** cuánto más pronto, mejor; **sooner or later** tarde o temprano
soot [sŏŏt] *s.* hollín *m*, tizne *m*
soothe [sōō*th*] *tr.* calmar, tranquilizar; [pain] aliviar
sooth•ing [sōō'*th*ĭng] *adj.* tranquilizador
sooth•say•er [sōōth'sā'ər] *s.* adivino
soot•y [sŏŏt'ē] *adj.* (**-i-**) tiznado; [dark] ennegrecido
sop [sŏp] ◇ *tr.* & *intr.* (**-pp-**) remojar(se) ■ **to** ~ **up** absorber ◇ *s.* dádiva (para apaciguar)
so•phis•ti•cat•ed [sə-fĭs'tĭ-kā'tĭd] *adj.* sofisticado; [complicated] complejo
so•phis•ti•ca•tion [-'-'shən] *s.* sofisticación *f*
soph•o•more [sŏf'ə-môr'] *s.* estudiante *mf* de segundo año
soph•o•mor•ic ['-'ĭk] *adj.* inmaduro
sop•o•rif•ic [sŏp'ə-rĭf'ĭk] *adj.* & *s.* soporífico
sop•ping [sŏp'ĭng] ◇ *adj.* empapado ◇ *adv.* ■ ~ **wet** [thing] empapado; [person] calado hasta los huesos
so•pran•o [sə-prăn'ō] *s.* soprano *mf*
sor•cer•er [sôr'sər-ər] *s.* hechicero, brujo
sor•cer•ess [:ĭs] *s.* hechicera, bruja
sor•cer•y [sôr'sə-rē] *s.* hechicería, brujería
sor•did [sôr'dĭd] *adj.* sórdido
sore [sôr] ◇ *adj.* dolorido; *fam* [offended] molesto ■ ~ **point** asunto delicado; ~ **throat** dolor de garganta;

to be ~ doler; **my throat is** ~ me duele la garganta; *fam* [mad] estar enfadado (**at** con); **to get** ~ ofenderse ◇ *s.* [wound] llaga; [pain] dolor *m*

sore•ly [ˈlē] *adv.* [a lot] mucho; [very] muy

sor•ghum [sôrˈgəm] *s.* sorgo

so•ror•i•ty [sə-rôrˈĭ-tē] *s.* asociación estudiantil femenina

sor•rel[1] [sôrˈəl] *s.* BOT acedera

sor•rel[2] *s.* [color, horse] alazán *m*

sor•row [sŏrˈō] ◇ *s.* [sadness] pesar *m*, dolor *m*; [grieving] duelo ◇ *intr.* sentir pena

sor•row•ful [sŏrˈə-fəl] *adj.* [person] pesaroso; [news] doloroso

sor•ry [sŏrˈē] ◇ *adj.* (-i-)[sad] triste; [wretched] infeliz; [paltry] insignificante ▪ **I'm** ~ lo siento; **to be** ~ sentir; **I'm** ~ **to be late** siento llegar tarde; **to feel** ~ **for** compadecer; **to feel** ~ **for oneself** sentirse desgraciado; **you'll be** ~**!** ¡te arrepentirás! ◇ *interj.* ¡perdón!

sort [sôrt] ◇ *s.* [class] clase *f*, tipo; [type] especie *f*; [person] tipo ▪ **after a** ~ de mala manera; **it's** ~ **of big** es más bien grande; **nothing of the** ~**!** ¡nada de eso!; **a ... of sorts** una especie de ...; **out of sorts** de mal humor; **something of the** ~ algo por el estilo ◇ *tr.* [to classify] clasificar; [to put in order] ordenar ▪ **to** ~ **out** [to separate] separar; [problems] resolver

sor•tie [sôrˈtē] *s.* MIL salida

so-so [sōˈsōˈ] *adj.* & *adv.* regular

sought [sôt] ▻ **seek**

soul [sōl] *s.* alma; personificación *f*; **the** ~ **of honor** la personificación del honor ▪ **poor** ~ pobre; **to search one's** ~ examinar la conciencia

soul•ful [ˈfəl] *adj.* sentimental

soul-search•ing [:sûrˈchĭng] *s.* examen *m* de conciencia

sound[1] [sound] ◇ *s.* sonido ▪ **from the** ~ **of it** al parecer; **I don't like the** ~ **of it** no me huele bien; **to the** ~ **of** al son de; ~ **barrier** barrera del sonido; ~ **card** COMPUT tarjeta de sonido; ~ **effects** efectos sonoros; ~ **engineer** ingeniero de sonido; ~ **system** equipo de sonido; ~ **stage** estudio para filmar con sonido ◇ *intr.* sonar; [to seem] parecer ▪ **to** ~ **off** MIL marcar el paso; [rant] despotricar; (*tr.*)[instrument] tocar; [alarm] dar; MED auscultar

sound[2] *adj.* en buenas condiciones; [healthy] sano; [firm] firme; [economy] fuerte; [reason] válido; [knowledge] completo; [sleep] profundo; [defeat] total; [trustworthy] de confianza; [advice] bueno, razonable; DER válido ▪ **to be** ~ **of mind** estar uno en su sano juicio

sound[3] *s.* MARÍT estrecho, brazo de mar

sound[4] *tr.* [to fathom] sondear ▪ **to** ~ **out** sondear; (*intr.*) sondear; [whale] sumergirse

sound•ing[1] [sounˈdĭng] *s.* GEOL & MARÍT sondeo

sound•ing[2] *adj.* resonante ▪ ~ **board** MÚS tabla de armonía; [spokesman] caja de resonancia

sound•less [soundˈlĭs] *adj.* silencioso, mudo

sound•ly [:lē] *adv.* [solidly] sólidamente; [deeply] profundamente; [thoroughly] del todo; [beaten] rotundamente

sound•ness [:nĭs] *s.* [solidity] solidez *f*; [validity] validez *f*; [good sense] sensatez *f*

sound•proof [:proofˈ] ◇ *adj.* insonoro, a prueba de sonido ◇ *tr.* insonorizar

sound•track [:trăkˈ] *s.* pista OR banda sonora

soup [soop] *s.* sopa ▪ **from** ~ **to nuts** de cabo a rabo; ~ **kitchen** comedor de beneficencia; **to be in the** ~ *jer* estar en un apuro; **to** ~ **up** AUTO trucar

soup•spoon [ˈspoonˈ] *s.* cuchara de sopa

soup•y [sooˈpē] *adj.* (-i-) [liquid] espeso; [foggy] con niebla espesa

sour [sour] ◇ *adj.* agrio; [milk] cortado; [smell] acre ▪ **to turn** OR **go** ~ [wine, mood] agriarse; [milk] cortarse; [deal] fracasar ◇ *tr.* & *intr.* [wine, mood] agriar(se); [milk] cortar(se); [person] amargar(se)

source [sôrs] *s.* origen *m*; [of river] manantial *m*; [of supply, information] fuente *f* ▪ ~ **code** COMPUT código fuente

sour•dough [sourˈdōˈ] *s.* [leaven] levadura; *jer* [prospector] cateador *m*

souse [sous] ◇ *tr.* [to drench] empapar; *jer* [to make drunk] emborrachar ◇ *s.* CUL carne conservada en vinagre; *jer* [drunkard] borracho

south [south] ◇ *s.* sur *m* ◇ *adj.* del sur, austral ◇ *adv.* hacia el sur

south•bound [ˈboundˈ] *adj.* con rumbo al sur

south•east [-ēstˈ] ◇ *s.* sudeste *m* ◇ *adj.* del sudeste ◇ *adv.* hacia el sudeste

south•east•ern [:ēˈstərn] *adj.* del sudeste

south•er•ly [sŭthˈər-lē] *adj.* del sur

south•ern [:ərn] *adj.* del sur

south•ern•er [:ər-nər] *s.* habitante *mf* del sur, sureño; HIST sudista *mf*

south•paw [southˈpôˈ] *s. jer* zurdo

south•ward [:wərd] *adv.* hacia el sur

south•west [-westˈ] ◇ *s.* suroeste *m*, sudoeste *m* ◇ *adj.* del sudoeste ◇ *adv.* hacia el sudoeste

south•west•ern [:wesˈtərn] *adj.* del sudoeste

sou•ve•nir [sooˈvə-nîrˈ] *s.* recuerdo

sov•er•eign [sŏvˈər-ĭn] *adj.* & *s.* soberano

sov•er•eign•ty [:tē] *s.* soberanía

sow[1] [sō] *tr.* (**-ed, -ed** OR **-n**) sembrar

sow[2] [sou] *s.* [female hog] cerda

soy [soi] *s.* soja ▪ ~ **sauce** salsa de soja

soy•a [ˈə] *s.* soja (semilla)

soy•bean [:bēnˈ] *s.* soja ▪ ~ **oil** aceite de soja

spa [spä] *s.* [mineral spring] manantial *m* de agua mineral; [resort] balneario

space [spās] ◇ *s.* espacio; [blank] espacio en blanco; [place] sitio, lugar *m*; **it takes up too much** ~ ocupa demasiado sitio ▪ **outer** ~ espacio exterior; ~ **age/suit** era/traje espacial; ~ **bar** barra espaciadora; ~ **centre** centro espacial; ~ **platform** plataforma espacial; ~ **programme** programa espacial; ~ **shuttle** transbordador espacial; ~ **station** estación espacial; ~ **walk** paseo espacial; **to stare into** ~ tener la mirada perdida ◇ *tr.* espaciar, distanciar ▪ **to** ~ **out** separar, distanciar; (*intr.*) ▪ **to** ~ **out** *jer* abstraerse

space•craft [ˈkrăftˈ] *s. inv.* astronave *f*, nave *f* espacial

space•flight [:flītˈ] *s.* vuelo espacial

space•man [:mănˈ] *s.* (*pl* **-men**) astronauta *mf*

space•ship [:shĭpˈ] *s.* astronave *f*, nave *f* espacial

spac•ing [spāˈsĭng] *s.* espaciado

spa•cious [:shəs] *adj.* espacioso, amplio

spa•cy [:ē] *adj.* (-i-) *jer* [vacant] vago, abstraído; [weird] extraño

spade[1] [spād] ◇ *s.* [digging tool] pala ▪ **to call a** ~ **a** ~ llamar al pan pan y al vino vino ◇ *tr.* remover con pala

spade[2] *s.* [in cards] espada, pico
spa•ghet•ti [spə-get'ē] *s.* espaguetis *m*
span [spăn] <> *s.* [breadth] anchura; [of wings] envergadura; [of bridge] ojo; [arched support] arcada; [of hand] palmo; [period of time] duración *f* <> *tr.* (**-nn-**) [to extend across] cruzar, atravesar; [to measure by hand] medir en palmos; [in time] durar
span•gle [spăng'gəl] *s.* lentejuela
span•gled [:gəld] *adj.* [costume] adornado con lentejuelas; [star-studded] estrellado
span•iel [spăn'yəl] *s.* perro de aguas
Span•ish-speak•ing [spăn'ĭsh-spē'kĭng] *adj.* hispanoparlante, hispanohablante
spank [spăngk] <> *tr.* dar una zurra a, zurrar; (*intr.*) ir de prisa <> *s.* zurra
spar[1] [spär] *s.* MARÍT palo
spar[2] *intr.* (**-rr-**) [in boxing] entrenarse; [to dispute] discutir, pelear
spare [spâr] <> *tr.* [expenses, efforts] escatimar; [strength] reservar; [to avoid] evitar; **they spared him the trouble of doing it** le evitaron la molestia de hacerlo; [not to destroy] perdonar; [to save] salvar; [to do without] prescindir de; [to afford] dar, dedicar; **I can't ~ the time** no puedo dedicar el tiempo; [feelings] no herir ▪ **to ~** de sobra; **to ~ oneself** ahorrarse trabajos <> *adj.* [part] de repuesto, de recambio; [extra] sobrante, de sobra; **~ cash** dinero sobrante; [unoccupied] libre; **in my ~ time** en mis ratos libres; [thin] delgado, enjuto ▪ **~ room** cuarto de huéspedes <> *s.* pieza de repuesto
spare•ribs ['rĭbz'] *s. pl.* costillas de cerdo
spar•ing [:ĭng] *adj.* [frugal] frugal, económico; [scarce] parco; [lenient] indulgente
spark [spärk] <> *s.* chispa ▪ **to give off sparks** echar chispas <> *intr.* echar chispas, chispear; (*tr.*) provocar ▪ **to ~ off** provocar
spar•kle [spär'kəl] <> *intr.* [to glitter] centellear, brillar; [with wit] chispear; [to effervesce] burbujear <> *s.* [glitter] centelleo, destello; [vivacity] viveza
spar•kler [:klər] *s.* bengala
spark•plug [spärk'plŭg'] *s.* AUTO bujía
spar•row [spăr'ō] *s.* gorrión *m*
sparse [spärs] *adj.* escaso; [population] disperso; [beard] ralo
spasm [spăz'əm] *s.* espasmo; *fig* arrebato
spas•mod•ic [spăz-mŏd'ĭk] *adj.* espasmódico
spas•tic [spăs'tĭk] *adj.* & *s.* espástico
spat[1] [spăt] ▻ **spit**[1]
spat[2] <> *s.* [gaiter] polaina <> *pl.* polainas
spat[3] <> *s.* [quarrel] riña, pelea <> *intr.* (**-tt-**) reñir, pelear
spa•tial [spā'shəl] *adj.* espacial
spat•ter [spăt'ər] <> *tr.* & *intr.* salpicar <> *s.* salpicadura
spat•u•la [spăch'ə-lə] *s.* espátula
spawn [spôn] <> *s.* [of fish] freza, hueva; [outcome] resultado; [offspring] engendro <> *intr.* ICT frezar; (*tr.*) *fig* engendrar, producir
spay [spā] *tr.* VET quitar los ovarios
speak [spēk] *intr.* (**spoke, spoken**) hablar; [to express oneself] expresarse; [in assembly] tomar la palabra; *fig* decir, expresar; **facts ~ more than words** los hechos dicen más que las palabras ▪ **so to ~** por así decirlo; **to be on speaking terms** hablarse; **to ~ of** mencionar; **there is nothing to ~ of** no hay nada que mencionar; **to ~ out** hablar claro; **to ~ up** [louder] hablar más fuerte; [to be heard] decir lo que uno piensa; (*tr.*) [to tell] decir; **I ~ the truth** digo la verdad; [a language] hablar; [to reveal] revelar, expresar ▪ **to ~ for** [to recommend] hablar en favor de; [on behalf of] hablar en nombre de; **to ~ for itself** ser evidente; **to ~ well/ill of** hablar bien/mal de
speak•er [spē'kər] *s.* persona que habla; [spokesperson] portavoz *m*; [orator] orador *m*; [lecturer] conferenciante *mf*, conferencista *mf*; [of a language] hablante *mf*; [loudspeaker] altoparlante *m*, altavoz *m*
spear [spîr] <> *s.* lanza; [for fishing] arpón *m*; BOT brizna <> *tr.* traspasar, atravesar (con una lanza); [fish] arponear
spear•head ['hed'] <> *s.* punta de lanza; MIL *fig* vanguardia <> *tr.* encabezar
spear•mint [:mĭnt'] *s.* hierbabuena
spe•cial [spesh'əl] <> *adj.* especial; [in particular] de particular; **nothing ~** nada de particular; [superior] superior; [friend] íntimo; [edition, flight] extraordinario ▪ **~ delivery** entrega inmediata; **~ education** educación especial; **~ effects** efectos especiales <> *s.* TELEV programa *m* especial
spe•cial•ist [:ə-lĭst] *s.* especialista *mf*
spe•ci•al•i•ty ['ē-ăl'ĭ-tē] *s.* especialidad *f*
spe•cial•i•za•tion [:ə-lĭ-zā'shən] *s.* especialización *f*
spe•cial•ize [spesh'ə-līz'] *intr.* especializarse; BIOL diferenciarse
spe•cial•ly [:ə-lē] *adv.* especialmente, en particular
spe•cial•ty [:əl-tē] *s.* especialidad *f*
spe•cies [spē'shēz, :sēz] *s. inv.* especie *f*
spe•cif•ic [spĭ-sĭf'ĭk] <> *adj.* específico ▪ **~ gravity** peso específico <> *s. pl.* detalles *m*
spec•i•fi•ca•tion [spes'ə-fĭ-kā'shən] *s.* especificación *f*
spec•i•fy [spes'ə-fī'] *tr.* especificar
spec•i•men [spes'ə-mən] *s.* [sample] muestra, ejemplar *m*; BIOL espécimen *m*
speck [spek] <> *s.* [small spot] mancha, mota; [particle] partícula <> *tr.* motear
speck•le [spek'əl] <> *s.* [speck] mancha, mota; [freckle] peca <> *tr.* motear, salpicar de manchas
speck•led [:əld] *adj.* [spotted] moteado, salpicado de manchas; [freckled] pecoso
specs [speks] *s. pl. fam* [eyeglasses] gafas; [specifications] especificaciones *f*
spec•ta•cle [spek'tə-kəl] <> *s.* espectáculo ▪ **to make a ~ of oneself** ponerse en ridículo <> *pl.* gafas
spec•tac•u•lar [-tăk'yə-lər] <> *adj.* espectacular <> *s.* TEAT gran espectáculo
spec•ta•tor [spek'tā'tər] *s.* espectador *m* ▪ **~ sport** deporte de masas
spec•ter [spek'tər] *s.* espectro
spec•u•late [spek'yə-lāt'] *intr.* especular
spec•u•la•tion ['-lā'shən] *s.* especulación *f*
spec•u•la•tive ['-lə-tĭv] *adj.* especulativo
spec•u•la•tor [:lā'tər] *s.* especulador *m*
sped [sped] ▻ **speed**
speech [spēch] *s.* habla; [conversation] conversación *f*; [address] discurso; [language] lenguaje *m* ▪ **free ~** libertad de expresión; **~ impediment** defecto del habla; **~ recognition** reconocimiento del habla; **to deliver** OR **make a ~** pronunciar un discurso
speech•less ['lĭs] *adj.* mudo, sin habla ▪ **to be** OR **be left ~** quedarse mudo

speed [spēd] ◇ *s.* velocidad *f*; *jer* [drug] anfetamina ▪ **at full** OR **top** ~ a toda velocidad; ~ **limit** velocidad máxima; **to pick up** ~ acelerar ◇ *intr.* (**-ed** OR **sped**) ir de prisa, ir corriendo; [to drive fast] conducir con exceso de velocidad ▪ **to** ~ **along** ir a gran velocidad; **to** ~ **up** [go faster] acelerar; [to hurry] apresurarse; (*tr.*) ▪ **to** ~ **up** acelerar

speed•boat [ʹbōtʹ] *s.* lancha motora

speed•ing [spēʹdĭng] ◇ *adj.* veloz, rápido ◇ *s.* AUTO exceso de velocidad

speed•om•e•ter [spĭ-dŏmʹĭ-tər] *s.* velocímetro

speed•y [spēʹdē] *adj.* (**-i-**) rápido, veloz; [prompt] pronto

spell[1] [spel] *tr.* (**-ed** OR **spelt**) [with letters] deletrear; [to write] escribir; **how do you** ~ **his name?** ¿cómo se escribe su nombre?; *fig* significar ▪ **to** ~ **out** deletrear; [to explain] explicar; (*intr.*) escribir

spell[2] *s.* [magic] sortilegio, fórmula mágica; *fig* fascinación *f*, encanto ▪ **to be under a** ~ estar hechizado; **to cast a** ~ **on** hechizar

spell[3] ◇ *s.* [of time] temporada; [of work] turno; *fam* [of weather] racha; [of illness] ataque *m* ◇ *tr.* [to relieve] relevar, reemplazar

spell•bind•ing [ʹbīndʹ-ĭng] *adj.* hechizante

spell•bound [:boundʹ] *adj.* hechizado

spell-check•er [spelʹchekʹər] *s.* COMPUT corrector ortográfico

spell•er [:ər] *s.* [person] deletreador *m*; [book] abecedario

spell•ing [:ĭng] *s.* [orthography] ortografía; [action] deletreo

spend [spend] *tr.* (**spent**) [money] gastar; [time] pasar; [force, anger] agotar, consumir; [to use] emplear; (*intr.*) gastar dinero

spend•ing [spenʹdĭng] ◇ *s.* gasto ▪ ~ **money** dinero para gastos menudos ◇ *adj.* para gastar

spend•thrift [spendʹthrĭftʹ] *s.* & *adj.* derrochador *m*, manirroto

spent [spent] ⊳ **spend** ◇ *adj.* [consumed] gastado; [passed] acabado; [exhausted] agotado

sperm[1] [spûrm] *s.* (*pl* **inv.** OR **s**) BIOL esperma

sperm[2] *s.* [whale oil] esperma de ballena ▪ ~ **whale** cachalote

spew [spyo͞o] *tr.* & *intr.* vomitar; [to eject] arrojar; [words] soltar

sphere [sfîr] *s.* esfera

spher•i•cal [ʹĭ-kəl] *adj.* esférico

sphinc•ter [sfĭngkʹtər] *s.* esfínter *m*

sphinx [sfĭngks] *s.* esfinge *f*

spice [spīs] ◇ *s.* especia; *fig* sabor *m*, interés *m* ◇ *tr.* sazonar; *fig* salpimentar

spick-and-span [spĭkʹən-spănʹ] *adj.* [spotless] inmaculado; [brand-new] flamante

spic•y [spīʹsē] *adj.* (**-i-**) picante

spi•der [spīʹdər] *s.* araña

spiel [spēl] *jer* ◇ *s.* rollo, perorata ◇ *intr.* & *tr.* perorar

spig•ot [spĭgʹət] *s.* [faucet] grifo; [tap] espita

spike[1] [spīk] ◇ *s.* [nail] clavo, estaca; [spine] púa; [sharp point] punta ▪ ~ **heel** tacón alto y puntiagudo ◇ *tr.* [to impale] empalar, perforar; [to nail] clavar; [to block] impedir, frustrar; [a drink] echar licor a

spike[2] *s.* [ear of grain] espiga

spike•nard [spīkʹnärdʹ] *s.* nardo

spill [spĭl] ◇ *tr.* (**-ed** OR **spilt**) [liquid] derramar, verter; [blood] derramar; [a container] volcar; [to divulge] revelar ▪ **to** ~ **the beans** descubrir el pastel; (*intr.*) [liquid] derramarse, verterse; [rider] caerse ▪ **to** ~ **out** salir, desbordar; **to** ~ **over** salirse ◇ *s.* [of liquid] derrame *m*; [fall] caída

spill•age [ʹĭj] *s.* [amount] derrame *m*

spin [spĭn] ◇ *tr.* (**spun**) [thread] hilar; [web] tejer; [to twirl] hacer girar, dar vueltas a; [story] contar; [a ball] dar efecto a ▪ **to** ~ **off** derivar; **to** ~ **out** alargar, prolongar; (*intr.*) [to make thread] hilar; [to whirl] girar, dar vueltas; [to reel] tener vértigo; [wheels] patinar ▪ **my head was spinning** me daba vueltas la cabeza; **to** ~ **along** ir volando ◇ *s.* [motion] giro, vuelta; [on a ball] efecto; *fam* [short drive] vuelta, paseo ▪ **to be in a** ~ estar aturdido; **to go for a** ~ dar una vueltecita (en coche); **to go into a** ~ AVIA entrar en barrena; *fig* aturdirse

spin•ach [spĭnʹĭch] *s.* espinaca

spi•nal [spīʹnəl] ◇ *adj.* espinal, vertebral ▪ ~ **column** columna vertebral; ~ **cord** médula espinal ◇ *s.* anestesia por conducto vertebral

spin•dle [spĭnʹdl] *s.* TEJ huso; MEC eje *m*

spin•dly [spĭndʹlē] *adj.* (**-i-**) *fam* larguirucho

spine [spīn] *s.* ANAT espina dorsal; [of a book] lomo; BOT & ZOOL espina, púa

spine•less [ʹlĭs] *adj.* invertebrado; [without will power] blando, débil

spin•ner [spĭnʹər] *s.* [person] hilador *m*; [needle] aguja giratoria

spin•ning [ʹĭng] *s.* [act] hilado; [art] hilandería ▪ ~ **wheel** rueca, torno de hilar

spin-off [:ôfʹ] *s.* subproducto, derivado

spin•ster [spĭnʹstər] *s.* solterona

spin•y [spīʹnē] *adj.* (**-i-**) espinoso

spi•ral [spīʹrəl] ◇ *s.* espiral *f* ◇ *adj.* espiral ▪ ~ **staircase** escalera de caracol ◇ *intr.* moverse en espiral

spire[1] [spīr] *s.* [pinnacle] cúspide *f*, cima; [steeple] aguja

spire[2] *s.* [whorl] vuelta, rosca

spir•it [spĭrʹĭt] ◇ *s.* espíritu *m*; [soul] alma; [mood] humor *m*; [courage] ánimo; QUÍM alcohol *m* ▪ **in a friendly** ~ de manera amistosa; **in** ~ para sus adentros; ~ **lamp** lámpara de alcohol ◇ *pl.* [mood] humor; [alcohol] alcohol, licor ▪ **in high** OR **good** ~ de buen humor; **in poor** OR **low** ~ desanimado; **to keep up one's** ~ no perder el ánimo; **to raise someone's** ~ animar a alguien ◇ *tr.* alentar, animar ▪ **to** ~ **away** OR **off** llevarse, hacer desaparecer

spir•it•ed [:ĭ-tĭd] *adj.* [animated] animado; [vigorous] enérgico; [horse] brioso

spir•i•tu•al [:ĭ-cho͞o-əl] *adj.* & *s.* espiritual *m*

spir•i•tu•al•ist [:ə-lĭst] *s.* [medium] espiritista *mf*; FILOS & RELIG espiritualista *mf*

spit[1] [spĭt] ◇ *s.* saliva; [act] escupitajo; ENTOM espuma ◇ *tr.* (**spat** OR **spit**, **-tting**) escupir; (*intr.*) escupir; [to sputter] chisporrotear; [to rain] chispear ▪ **to** ~ **at** despreciar

spit[2] ◇ *s.* [pointed rod] espetón *m*; GEOG punta; [of sand] banco ◇ *tr.* (**-tt-**) espetar

spite [spīt] ◇ *s.* rencor *m*, ojeriza ▪ **in** ~ **of** a pesar de, no obstante; **out of** ~ por despecho ◇ *tr.* fastidiar, despechar

spite•ful [ʹfəl] *adj.* rencoroso

spit•tle [spĭtʹl] *s.* saliva; ENTOM espuma

S

splash [splăsh] ◇ *tr.* [to spatter] salpicar (**with** de); [to wet] chapotear; (*intr.*) salpicar; [in or through water] chapotear ▪ **to ~ about** chapotear; **to ~ down** amerizar ◇ *s.* salpicadura; [sound] chapoteo; [of light, color] mancha ▪ **to make a ~** causar sensación

splash•down [ˈdounˈ] *s.* amerizaje *m*

splash•y [:ē] *adj.* (-i-) llamativo

splat [splăt] *s.* ruido sordo

splat•ter [splătˈər] ◇ *tr.* & *intr.* salpicar ◇ *s.* salpicadura

splay [splā] *tr.* & *intr.* extender(se)

spleen [splēn] *s.* ANAT bazo; [ill temper] mal humor *m*

splen•did [splenˈdĭd] *adj.* espléndido

splen•dor [:dər] *s.* esplendor *m*

splice [splīs] ◇ *tr.* empalmar ◇ *s.* empalme *m*

splint [splĭnt] *s.* tablilla

splin•ter [splĭnˈtər] ◇ *s.* astilla; [of bone] esquirla ▪ **~ group** grupo disidente ◇ *tr.* & *intr.* astillar

split [splĭt] ◇ *tr.* (**split, -tting**) [in two] partir, dividir; [to crack] hender; [to rip] desgarrar; [to share] compartir; QUÍM descomponer; FÍS desintegrar ▪ **splitting headache** dolor de cabeza fuertísimo; **to ~ off** separar; **to ~ one's sides laughing** partirse de risa; **to ~ up** [to divide] dividir, repartir; [to separate] separar; (*intr.*) [in two] partirse; [to crack] henderse; [cloth] desgarrarse; *jer* [to leave] largarse ▪ **to ~ off** OR **up** separarse ◇ *s.* [crack] grieta; [tear] desgarrón *m*; [in a group] ruptura ◇ *adj.* partido; [cracked] agrietado; [torn] desgarrado ▪ **~ personality** personalidad doble; **~ second** fracción de segundo

splotch [splŏch] ◇ *s.* manchón *m*, borrón *m* ◇ *tr.* manchar

splurge [splûrj] ◇ *tr.* & *intr.* derrochar ◇ *s.* derroche *m*

splut•ter [splŭtˈər] ◇ *intr.* & *tr.* farfullar ◇ *s.* farfulla

spoil [spoil] ◇ *tr.* (**-ed** OR **-t**) [to damage] estropear; [to impair] dañar; [appearance] afear; [child] mimar ▪ **to ~ someone's fun** aguarle la fiesta a alguien; (*intr.*) estropearse ◇ *s. pl.* [of war] botín *m*; [of political party] prebendas

spoil•sport [spoilˈspôrtˈ] *s.* aguafiestas *mf*

spoke[1] [spōk] *s.* [of a wheel] radio; [rung] peldaño

spoke[2] ▻ **speak**

spo•ken [spōˈkən] ▻ **speak** ◇ *adj.* hablado

spokes•man [spōksˈmən] *s.* (*pl* **-men**) portavoz *m*, vocero

spokes•per•son [:pûrˈsən] *s.* portavoz *mf*

spokes•wom•an [:wo͝omˈən] *s.* (*pl* **-women**) portavoz *f*, vocera

sponge [spŭnj] ◇ *s.* esponja; *fig* [person] gorrón *m* ▪ **~ bath** lavado con una esponja practicado a alguien postrado en cama; **~ cake** bizcocho; **to throw in the ~** *fam* darse por vencido ◇ *tr.* limpiar con esponja; *fig* [to obtain free] gorronear ▪ **to ~ up** absorber; (*intr.*) [to borrow money] sablear; **to ~ off of** vivir a costa de

spong•er [spŭnˈjər] *s.* gorrón *m*

spong•y [:jē] *adj.* (-i-) esponjoso

spon•sor [spŏnˈsər] ◇ *s.* patrocinador *m*; [godparent] padrino, madrina ◇ *tr.* patrocinar; [as godparent] apadrinar, amadrinar

spon•sor•ship [:shĭpˈ] *s.* patrocinio ▪ **under the ~ of** patrocinado por

spon•ta•ne•i•ty [spŏnˈtə-nēˈĭ-tē, :nāˈ-] *s.* espontaneidad *f*

spon•ta•ne•ous [spŏn-tāˈnē-əs] *adj.* espontáneo ▪ **~ combustion** combustión espontánea

spoof [spo͞of] ◇ *s.* [hoax] engaño; [parody] broma ◇ *tr.* gastasr una broma a; [parody] parodiar

spook [spo͞ok] *fam* ◇ *s.* [specter] espectro; [spy] espía *mf* ◇ *tr.* asustar

spook•y [spo͞oˈkē] *adj.* (-i-) *fam* [eerie] espeluznante; [skittish] asustadizo

spool [spo͞ol] ◇ *s.* carrete *m*, bobina ◇ *tr.* encanillar, enrollar

spoon [spo͞on] ◇ *s.* cuchara; [spoonful] cucharada ◇ *tr.* sacar con cuchara; (*intr.*) *fam* acariciarse, besuquearse

spo•rad•ic [spə-rădˈĭk] *adj.* esporádico

spore [spôr] *s.* espora

sport [spôrt] ◇ *s.* deporte *m*; [active pastime] juego; [hunting] caza; [jest] broma, burla ▪ **athletic sports** atletismo; **in ~** en broma; **to be a good ~** [about losing] ser buen perdedor; [to be a good person] ser buena persona; **to make ~ of** burlarse de ◇ *intr.* jugar, divertirse; (*tr.*) lucir; **she is sporting a new dress** luce un nuevo vestido ◇ *adj.* de sport

sport•ing [spôrˈtĭng] *adj.* deportivo; [gambling-related] jugador

sports [spôrts] *adj.* deportivo; [clothes] de sport; **~ jacket** chaqueta de sport ▪ **~ car** automóvil deportivo

sports•cast [ˈkăstˈ] *s.* programa deportivo

sports•man [:mən] *s.* (*pl* **-men**) deportista *m*; [gentleman] jugador *m* que se conforma con las reglas

sports•man•ship [:shĭpˈ] *s.* deportividad *f*

sports•wom•an [spôrtsˈwo͝omˈən] *s.* (*pl* **-women**) deportista *f*

sports•writ•er [:rīˈtər] *s.* cronista *mf* deportivo

sport•y [spôrˈtē] *adj.* (-i-) *fam* casual; [for sport] deportivo

spot [spŏt] ◇ *s.* lugar *m*; [stain] mancha; [dot] lunar *m*; TELEV anuncio ▪ **beauty ~** lunar; **black ~** mancha (en la reputación); **in a bad** OR **tight ~** en apuros; **in spots** de vez en cuando; **night ~** sala de fiestas; **on the ~** allí mismo; [straight away] en el acto; **~ price** precio al contado; **~ remover** quitamanchas; **tender** OR **sore ~** punto sensible; **that hit the ~** *fam* me ha venido muy bien; **to put on the ~** poner en un aprieto; **to touch a sore ~** poner el dedo en la llaga ◇ *tr.* (**-tt-**) manchar; [to detect] ver, notar; (*intr.*) mancharse ◇ *adj.* [random] al azar; COM & FIN [paid immediately] contante; [delivered immediately] para entrega inmediata

spot-check [ˈchekˈ] *tr.* & *intr.* inspeccionar al azar

spot•less [:lĭs] *adj.* inmaculado; [irreproachable] intachable

spot•light [:lītˈ] ◇ *s.* foco; [attention] atención pública ◇ *tr.* (**-ed** OR **-lit**) iluminar; [to focus attention on] destacar

spot•ty [:ē] *adj.* (-i-) irregular

spouse [spous, spouz] *s.* esposo, -a

spout [spout] ◇ *intr.* chorrear; [whale] resoplar ▪ **to ~ off** *fam* perorar; (*tr.*) [to gush] echar, arrojar; [nonsense] soltar ◇ *s.* [for pouring] pico; [tube] caño; [stream] chorro

sprain [sprān] ◇ *s.* torcedura ◇ *tr.* torcerse

sprang [sprăng] ▻ **spring**

sprawl [sprôl] ◇ *intr.* [to sit] repantigarse; [to spread out] extenderse ◇ *s.* postura desgarbada; [disorderly

growth] extensión *f* ▪ **urban** ~ aglomeración urbana
spray[1] [sprā] ◇ *s.* [of liquid] rociada; [atomizer] vaporizador *m*; MARÍT espuma ▪ ~ **paint** pintura para vaporizador; ~ **can** lata de atomizador; ~ **gun** pistola para pulverizar ◇ *tr.* rociar; (*intr.*) vaporizarse
spray[2] *s.* [bouquet] ramo, ramillete *m*
spray•er [sprā'ər] *s.* vaporizador *m*
spread [spred] ◇ *tr.* (**spread**) extender; [to move apart] separar; [butter] untar; [religion] propagar; [to sow] sembrar; [table] poner ▪ **to** ~ **oneself thin** intentar abarcar demasiado; **to** ~ **out** esparcir; (*intr.*) esparcirse; [to extend] extenderse; [to propagate] propagarse; [to become known] difundirse; [to move apart] separarse ▪ **to** ~ **out** extenderse; [to get wider] ensancharse ◇ *s.* difusión *f*; [expanse] extensión *f*; [ranch] rancho; [bedspread] colcha; [food] pasta (para untar); *fam* [meal] banquete *m*; [difference] diferencia ▪ **full-page** ~ IMPR plana entera; **two-page** ~ IMPR página doble
spread•sheet [spred'shēt'] *s.* hoja de cálculo
spree [sprē] *s.* borrachera; [party] parranda ▪ **to go on a shopping** OR **spending** ~ salir a hacer muchas compras
sprig [sprĭg] *s.* ramito
spright•ly [sprīt'lē] *adj.* (**-i-**) vivo
spring [sprĭng] ◇ *intr.* (**sprang, sprung**) [to jump] saltar; [to emerge] brotar; [to arise] surgir; [to warp] alabearse ▪ **to** ~ **back** volver a su posición original; **to** ~ **forth** brotar; **to** ~ **open/shut** abrirse/cerrarse de un golpe; **to** ~ **to one's feet** levantarse de un salto; **to** ~ **up** levantarse; [to grow] espigarse; [to emerge] surgir; **to** ~ **at** lanzarse sobre; (*tr.*)[trap] hacer funcionar; [to jump] saltar; [to release] soltar; [a surprise] echar ▪ **to** ~ **a leak** empezar a hacer agua ◇ *s.* [coil] resorte *m*; [elasticity] elasticidad *f*; [jump] salto; [season] primavera; [source] fuente *f*, manantial *m* ▪ ~ **cleaning** limpieza general; ~ **fever** desasosiego ocasionado por la llegada de la primavera
spring•board ['bôrd'] *s.* trampolín *m*
spring•time [:tīm'] *s.* primavera
spring•y [:ē] *adj.* (**-i-**) elástico
sprin•kle [sprĭng'kəl] ◇ *tr.* rociar; (*intr.*) rociar; [to drizzle] lloviznar ◇ *s.* rociada; [drizzle] llovizna; [small amount] pizca
sprin•kler [:klər] *s.* regadera; [fire extinguisher] extintor *m*
sprin•kling [:klĭng] *s.* [spray] aspersión *f*; [small amount] pizca
sprint [sprĭnt] ◇ *s.* sprint *m* ◇ *intr.* sprintar
sprint•er [sprĭn'tər] *s.* sprinter *m*
sprite [sprīt] *s.* duende *m*; [specter] espectro
sprock•et [sprŏk'ĭt] *s.* diente *m*; [wheel] rueda dentada
sprout [sprout] ◇ *intr.* brotar; [to burgeon] crecer rápidamente; (*tr.*) hacer crecer ◇ *s.* [bud] brote *m*; [vegetable] repollito de Bruselas
spruce[1] [sproōs] *s.* BOT picea
spruce[2] ◇ *adj.* arreglado ◇ *tr.* & *intr.* ▪ **to** ~ **up** acicalar(se)
sprung [sprŭng] ▻ **spring**
spry [sprī] *adj.* (**-er, -est**) (**-i-**) activo
spud [spŭd] *s.* [tool] escarda; *jer* [potato] papa
spun [spŭn] ▻ **spin**
spunk [spŭngk] *s.* yesca; *fam* [pluck] valor *m*
spunk•y [spŭng'kē] *adj.* (**-i-**) valiente
spur [spûr] ◇ *s.* espuela; [incentive] incentivo; ORNIT espolón *m*; FC vía muerta ▪ **on the** ~ **of the moment** sin pensarlo ◇ *tr.* (**-rr-**) espolear
spu•ri•ous [spyoŏr'ē-əs] *adj.* espurio
spurn [spûrn] *tr.* rechazar (con desdén)
spurt [spûrt] ◇ *s.* chorro; [outbreak] arrebato ◇ *intr.* salir a chorros; (*tr.*) echar
sput•ter [spŭt'ər] ◇ *intr.* chisporrotear; [to stammer] farfullar; (*tr.*) farfullar ◇ *s.* farfulla; [of particles] chisporroteo
spy [spī] ◇ *s.* espía *mf* ◇ *tr.* [to watch] espiar; [to see] divisar; (*intr.*) ▪ **to** ~ **(on)** espiar
spy•glass ['glăs'] ◇ *s.* catalejo ◇ *pl.* prismáticos
spy•ing [:ĭng] *s.* espionaje *m*
squab•ble [skwŏb'əl] ◇ *intr.* pelearse ◇ *s.* riña
squad [skwŏd] *s.* cuadrilla; [team] equipo, plantilla; MIL pelotón *m* ▪ ~ **car** coche patrulla
squad•ron ['rən] *s.* MARÍT escuadra; MIL escuadrón *m*; AER escuadrilla
squal•id [skwŏl'ĭd] *adj.* escuálido; [repulsive] asqueroso; [sordid] sórdido
squall[1] [skwôl] ◇ *s.* chillido ◇ *intr.* chillar
squall[2] *s.* racha
squal•or [skwŏl'ər] *s.* escualidez *f*
squan•der [skwŏn'dər] *tr.* derrochar; [time] desperdiciar
square [skwâr] ◇ *s.* cuadrado; [design] cuadro; [tool] escuadra; [in town] plaza; *jer* [fogy] convencionalista *mf* ◇ *adj.* cuadrado; [in a right angle] a escuadra; [just] equitativo; [paid-up] saldado; *jer* [old-fashioned] convencional ▪ ~ **dance** baile de figuras; ~ **deal** *fam* trato justo; ~ **knot** nudo de envergue OR de rizo; ~ **meal** comida completa ◇ *tr.* cuadrar; [to adapt] ajustar; [to settle] saldar ▪ **to** ~ **accounts with** ajustarle las cuentas a; **to** ~ **away** dejar en orden; (*intr.*) cuadrar ▪ **to** ~ **off** ponerse de guardia (para pelear)
square•ly ['lē] *adv.* a escuadra; [firmly] firmemente; [face to face] de frente; [honestly] honradamente; [exactly] justo, exactamente
squash[1] [skwŏsh, skwôsh] *s.* BOT calabaza
squash[2] ◇ *tr.* & *intr.* [to crush] aplastar(se); [to squeeze] apretar(se) ◇ *s.* DEP squash
squat [skwŏt] ◇ *intr.* (**-tt-**) ponerse en cuclillas; [to settle] ocupar ilegalmente un lugar ◇ *adj.* (**-tt-**) regordete ◇ *s.* posición *f* en cuclillas
squat•ter [:ər] *s.* persona que ocupa ilegalmente un lugar
squaw [skwô] *s.* india norteamericana
squawk [skwôk] ◇ *intr.* graznar; [to complain] quejar(se) ◇ *s.* graznido; [protest] protesta
squeak [skwēk] ◇ *intr.* chirriar ▪ **to** ~ **through** OR **by** pasar dificultosamente ◇ *s.* chirrido ▪ **a narrow** ~ un escape apenas
squeak•y [skwē'kē] *adj.* (**-i-**) chirriante
squeal [skwēl] ◇ *intr.* chirriar; *jer* [to betray] chivatear ◇ *s.* chillido
squeal•er [skwē'lər] *s.* *fam* chivato
squea•mish [skwē'mĭsh] *adj.* [easily offended] delicado; [prudish] pudibundo; [oversensitive] remilgado ▪ **to feel** ~ sentir náuseas
squeeze [skwēz] ◇ *tr.* [to compress] apretar; [to crush] exprimir; [to extract] extraer; [to extort] sonsacar; [to cram] forzar ▪ **to** ~ **out** sacar; [to exclude] excluir; (*intr.*) ▪ **to** ~ **in/out** meterse/salir con dificultad; **to** ~ **by** pasar a duras penas; **to** ~ **together** apretujarse

S

◇ *s.* presión *f*; [embrace] abrazo; [shortage] escasez *f*
squelch [skwelch] ◇ *tr.* despachurrar ◇ *s.* [sound] chapoteo; [answer] réplica
squid [skwĭd] *s.* (*pl* **inv.** OR **s**) calamar *m*
squig•gle [skwĭg'əl] ◇ *s.* garabato ◇ *intr.* retorcerse
squint [skwĭnt] ◇ *intr.* entrecerrar los ojos; [to glance] mirar de reojo; OFTAL bizquear ◇ *s.* mirada bizca; [side-glance] mirada de reojo; OFTAL estrabismo
squire [skwīr] ◇ *s.* HIST escudero; GB [country gentleman] terrateniente *m*; [dignitary] señor *m*; [gallant] galán *m* ◇ *tr.* acompañar
squirm [skwûrm] ◇ *intr.* retorcerse; [to feel humiliation] avergonzarse ◇ *s.* retorcimiento
squir•rel [skwûr'əl] *s.* ardilla
squirt [skwûrt] ◇ *intr.* salir a chorros; (*tr.*) dejar salir a chorros; [to wet] echar agua a ◇ *s.* chorro; [device] jeringa; *fam* [brat] mequetrefe *m*
stab [stăb] ◇ *tr.* (**-bb-**) apuñalar; [to wound] herir con un cuchillo ▪ **to ~ to death** matar a puñaladas ◇ *s.* puñalada; [wound] herida ▪ **to take a ~ at** intentar
stab•bing ['ĭng] ◇ *s.* puñalada, asesinato a puñaladas ◇ *adj.* punzante (dolor)
sta•bil•i•ty [stə-bĭl'ĭ-tē] *s.* estabilidad *f*; [steadfastness] firmeza
sta•bi•lize [stā'bə-līz'] *tr.* & *intr.* estabilizar(se)
sta•ble[1] [stā'bəl] *adj.* (**-er, -est**) estable; [enduring] duradero; [balanced] equilibrado
sta•ble[2] ◇ *s.* [building] establo; [horses] cuadra ◇ *tr.* poner en un establo
stack [stăk] ◇ *s.* [pile] pila, hacina; [smokestack] chimenea; *fam* montón *m* ▪ **to blow one's ~** reventar de ira ◇ *pl.* estantes ◇ *tr.* amontonar, hacinar ▪ **to ~ the deck** hacer trampas; **to ~ up** amontonar; *fig* comparar
sta•di•um [stā'dē-əm] *s.* (*pl* **s** OR **ia**) estadio
staff [stăf] ◇ *s.* (*pl* **s**) [personnel] personal *m*; [aides] cuerpo de administración; (*pl* **s** OR **-ves**) [walking stick] bastón *m*; [cudgel] garrote *m*; [flagpole] asta; MÚS pentagrama ▪ **editorial ~** redacción; **~ of life** alimento básico; **teaching ~** cuerpo docente; **to be on the ~** estar en plantilla ◇ *tr.* proveer de personal
staff•er ['ər] *s. fam* empleado
stag [stăg] ◇ *s.* ciervo ◇ *adj.* ▪ **~ party** reunión de hombres solos ◇ *adv.* solo (sin compañera)
stage [stāj] ◇ *s.* plataforma; [setting] escena, escenario; [phase] etapa; [stagecoach] diligencia; TEAT escena; [boards] tablas; *fig* teatro; ASTRONÁUT cuerpo ▪ **by stages** progresivamente; **in stages** por etapas; **~ door** entrada de artistas; **~ fright** miedo al público; **~ manager** regidor de escena; **to go on the ~** dedicarse al teatro ◇ *tr.* TEAT representar; [to arrange] organizar
stage•hand ['hănd'] *s.* tramoyista *mf*
stage-struck [:strŭk'] *adj.* apasionado por el teatro
stag•ger [stăg'ər] ◇ *intr.* tambalearse; (*tr.*) hacer tambalearse; [to overwhelm] asombrar; [to alternate] escalonar ◇ *s.* tambaleo
stag•ger•ing [:ĭng] *adj.* tambaleante; [overwhelming] asombroso
stag•ing [stā'jĭng] *s.* TEAT puesta en escena
stag•nant [stăg'nənt] *adj.* estancado; [foul] rancio; [sluggish] inactivo
stag•nate [:nāt'] *intr.* estancarse
stag•na•tion [-nā'shən] *s.* estancamiento
staid [stād] *adj.* serio
stain [stān] ◇ *tr.* manchar; [to dye] teñir; [to taint] mancillar ▪ **stained glass** vidrio con dibujos coloreados; (*intr.*) mancharse ◇ *s.* mancha; [dye] tinte *m*
stain•less ['lĭs] *adj.* limpio; [corrosion-resistant] inoxidable; [unblemished] inmaculado
stair [stâr] ◇ *s.* escalón *m* ◇ *pl.* escalera
stair•case ['kās'] *s.* escalera
stair•way [:wā'] *s.* escalera
stair•well [:wel'] *s.* caja de la escalera
stake [stāk] ◇ *s.* [stick] estaca; [post] poste *m*; [interest] intereses *m*; [for burning] hoguera ▪ **at ~** en juego; **to pull up stakes** irse ◇ *pl.* [bet] apuesta; [prize] premio ◇ *tr.* [to secure] estacar; [to tether] amarrar a un poste; [a plant] rodrigar; [to gamble] apostar; [to risk] jugarse; [to finance] financiar ▪ **to ~ a claim** delimitar una propiedad con estacas
stake•out ['out'] *s.* vigilancia
stale [stāl] ◇ *adj.* [food] rancio; [bread] duro; [wine] picado; [news] viejo; [trite] trillado; [rundown] decaído ◇ *intr.* echarse a perder
stale•mate ['māt'] ◇ *s.* [deadlock] estancamiento; [chess] ahogado ◇ *tr.* estancar; [chess] ahogar
stalk[1] [stôk] *s.* [plant stem] tallo; [flower stem] pedúnculo; [leaf stem] pecíolo
stalk[2] *intr.* [to walk] caminar con paso impresionante; (*tr.*) [to pursue] acechar
stall [stôl] ◇ *s.* [in barn] pesebre *m*; [booth] caseta; [pew] banco de iglesia; [delaying tactic] evasiva; GB [seat] butaca; MEC calado (de motor) ◇ *tr.* [to delay] demorar; AUTO calar; (*intr.*) [to delay] andar con rodeos; AUTO calarse
stal•lion [stăl'yən] *s.* semental *m*
stal•wart [stôl'wərt] ◇ *adj.* robusto; [uncompromising] firme ◇ *s.* persona fuerte
sta•men [stā'mən] *s.* estambre *m*
stam•i•na [stăm'ə-nə] *s.* aguante *m*
stam•mer [stăm'ər] ◇ *intr.* tartamudear ◇ *s.* tartamudez *f*, tartamudeo
stam•mer•ing [:ĭng] *s.* tartamudeo
stamp [stămp] ◇ *tr.* [to crush] pisotear; [to imprint] estampar; [to affix stamp] poner un sello a; [to impress] marcar ▪ **to ~ on** pisar; **to ~ one's feet** patear; **to ~ out** [fire] apagar con el pie; [rebellion] acabar con, sofocar; (*intr.*) patear; [to walk] caminar con pasos pesados ◇ *s.* sello; [postage] sello, estampilla; [official] timbre *m*; TEC [die] cuño ▪ **~ collector** filatelista; **trading ~** cupón
stam•pede [stăm-pēd'] ◇ *s.* espantada ◇ *tr.* espantar (animales); (*intr.*) abalanzarse
stance [stăns] *s.* postura
stanch[1] [stônch, stŏnch] *tr.* restañar (sangre)
stanch[2] = **staunch**[1]
stan•chion [stăn'chən, :shən] *s.* poste *m*
stand [stănd] ◇ *intr.* (**stood**) estar de pie; [to rise] ponerse de pie; [to place oneself] ponerse; [to remain valid] tener vigencia; [to be committed] mantenerse; [to be situated] erguirse; [to rank] ser ▪ **to ~ alone** ser el único; **to ~ aside** retirarse; **to ~ at attention** cuadrarse; **to ~ back** retroceder; **to ~ by** estar listo; [to look on] mirar y no hacer nada; **to ~ down** retirarse del estrado; **to ~ fast** no cejar; **to ~ in** OR **on line** hacer cola; **to ~ in the way (of)** estorbar; **to ~ off** apartarse; **to ~ on end** [hair] erizarse; [thing] ponerse de punta; **to ~ out** resaltar; **to ~ still** estarse quieto; **to ~ to reason**

ser lógico; **to ~ to (win/lose)** tener la probabilidad de (ganar/perder); **to ~ together** mantenerse unidos; **to ~ up** ponerse de pie; **where do you ~?** ¿qué opinión tienes?; (*tr.*) poner de pie; [to place] colocar; [to withstand] tolerar; [to resist] resistir ▪ **to ~ against** hacer frente a; **to ~ by** permanecer fiel a; **to ~ for** representar; [to support] abogar por; [to tolerate] soportar; **to ~ in for** reemplazar; **to ~ on end** poner derecho; **to ~ one's ground** mantenerse firme; **to ~ the test** pasar por la prueba; **to ~ up** *fam* dejar plantado a; **to ~ up for** sacar la cara por; **to ~ up to** hacer frente a; [to last] resistir ◇ *s.* [halt] parada; [dais] estrado; [booth] quiosco; [counter] mostrador *m*; [pedestal] pie *m*; [for coats, hats] perchero; [for umbrellas] paragüero ▪ **to make a ~ against** oponerse a; **to take a ~ for** declararse a favor de; **to take a (firm) ~** adoptar una actitud (firme); **to take the (witness) ~** DER subir a la barra de los testigos ◇ *pl.* graderías

stan•dard [stăn'dərd] ◇ *s.* [flag] estandarte *m*; [criterion] criterio; [model] patrón *m*; [level] nivel *m* ▪ **~ of living** nivel de vida ◇ *pl.* normas ◇ *adj.* standard; [accepted] normal, corriente; [trite] trillado ▪ **~ time** hora civil

stan•dard-bear•er [:bâr'ər] *s.* abanderado

stan•dard•ize [stăn'dər-dīz'] *tr.* estandardizar

stand•by [stănd'bī'] *s.* (*pl* **-bys**) [dependable person] persona de confianza; [substitute] sustituto ▪ **~ list** lista de espera; **~ passenger** pasajero que está en la lista de espera; **~ (time)** autonomía en espera

stand-in [:ĭn'] *s.* TEAT suplente *mf*; CINEM doble *m*; [substitute] sustituto

stand•ing [stăn'dĭng] ◇ *s.* [reputation] reputación *f*; [length of time] antigüedad *f* ◇ *adj.* de pie, parado; [permanent] permanente; [stationary] fijo; [stagnant] estancado ▪ **~ room** sitio donde la gente permanece de pie

stand•off [stănd'ôf'] *s.* [draw] empate *m*; [truce] tregua

stand•off•ish [-ô'fĭsh] *adj.* distante, reservado

stand•point ['point'] *s.* punto de vista

stand•still [:stĭl'] *s.* parada ▪ **to come to a ~** paralizarse

stank [stăngk] ▻ **stink**

stan•za [stăn'zə] *s.* estrofa, estancia

sta•ple¹ [stā'pəl] *s.* [commodity] producto básico; [trade item] producto principal; [feature] elemento básico; [raw material] materia prima; [fiber] fibra

sta•ple² ◇ *s.* [metal fastener] grapa ◇ *tr.* sujetar con una grapa

sta•pler [stā'plər] *s.* grapador *m*

star [stär] ◇ *s.* estrella; [asterisk] asterisco ▪ **shooting ~** estrella fugaz; **to thank one's lucky stars** dar las gracias a Dios ◇ *pl.* ASTROL astros ◇ *tr.* (**-rr-**) [to adorn] estrellar; [with asterisk] poner un asterisco en; [to feature] presentar como protagonista; (*intr.*) [to perform well] destacarse ▪ **to ~ in a film** protagonizar una película ◇ *adj.* estelar ▪ **~ sapphire** zafiro estrellado

star•board [stär'bərd] ◇ *s.* estribor *m* ◇ *adj.* de estribor ◇ *adv.* a estribor

starch [stärch] ◇ *s.* [foodstuff] fécula; [stiffener] almidón *m* ◇ *tr.* almidonar

starch•y [stär'chē] *adj.* (**-i-**) feculento; [like starch] almidonado

star•dom [stär'dəm] *s.* estrellato

stare [stâr] ◇ *intr.* mirar fijamente ▪ **to ~ down** hacer bajar la vista a ◇ *s.* mirada fija

star•fish [stär'fĭsh'] *s.* (*pl* **inv.** OR **es**) estrella de mar

star•gaze [:gāz'] *intr.* mirar las estrellas; [to daydream] mirar a las telarañas

stark [stärk] ◇ *adj.* [bleak] desolado; [truth, facts] desnudo; [complete] total ◇ *adv.* totalmente

star•let [stär'lĭt] *s.* actriz *f* joven

star•light [:līt'] *s.* luz *f* de las estrellas

star•ling [stär'lĭng] *s.* estornino

star•lit [stär'lĭt] *adj.* iluminado por las estrellas

star•ry [:ē] *adj.* (**-i-**) estrellado

star•ry-eyed [:īd'] *adj.* soñador

start [stärt] ◇ *intr.* empezar, comenzar; [to set out] salir; [motor] arrancar; [to jerk] sobresaltar ▪ **to ~ back** emprender el regreso; **to ~ in** OR **off** OR **out** empezar; **to ~ up** arrancar; **to ~ with** para comenzar; (*tr.*) empezar, comenzar; [car, machine] poner en marcha; [to initiate] iniciar; [to found] establecer ◇ *s.* [beginning] principio; [startle] sobresalto; [place] salida, punto de partida ▪ **flying ~** salida lanzada; **~ menu** COMPUT menú de inicio; **to get off to a good ~** empezar bien; **to give someone a ~** [to help] ayudar a alguien; [to startle] dar un susto a alguien; **to make a fresh ~** empezar de nuevo; **with a ~** sobresaltado

start•er [stär'tər] *s.* iniciador *m*; AUTO motor *m* de arranque; DEP [official] juez *m* de salida

star•tle [stär'tl] ◇ *tr.* & *intr.* sobresaltar(se) ◇ *s.* sobresalto

start-up [stärt'ŭp'] *s.* puesta en marcha; [beginning] principio

star•va•tion [stär-vā'shən] *s.* hambre *f*; MED inanición *f* ▪ **~ wages** sueldos de hambre

starve [stärv] *intr.* [to be hungry] pasar hambre; [to die] morirse de hambre; (*tr.*) no dar de comer; [to kill] matar de hambre ▪ **to be starved** OR **starving for** [to need] carecer de; [to desire] anhelar

starv•ing [stär'vĭng] *adj.* hambriento

stash [stăsh] *fam* ◇ *tr.* esconder ◇ *s.* [cache] escondrijo; [hidden thing] cosa escondida; [of drugs] alijo

state [stāt] ◇ *s.* estado; [social position] rango; [pomp] pompa ▪ **the ~ of the art** los últimos adelantos; **the States** los Estados Unidos; **to be in a ~** estar agitado; **to lie in ~** estar en capilla ardiente ◇ *tr.* declarar ◇ *adj.* estatal; [ceremonious] solemne; [official] oficial

state•ly [:lē] *adj.* (**-i-**) majestuoso

state•ment [stāt'mənt] *s.* declaración *f*; COM [bill] cuenta; [report] estado de cuenta

states•man [stāts'mən] *s.* (*pl* **-men**) estadista *m*

states•man•ship [:shĭp'] *s.* arte *m* de gobernar

state•wide [stāt'wīd'] *adj.* por todo el estado

stat•ic [stăt'ĭk] ◇ *adj.* estático ◇ *s.* RAD parásitos; *jer* [back talk] insolencias

sta•tion [stā'shən] ◇ *s.* estación *f*; [post] puesto; [social position] rango ▪ **military ~** guarnición; **police ~** comisaría; **service ~** estación de servicio; **~ wagon** camioneta ◇ *tr.* estacionar; [to post] apostar

sta•tion•ar•y [:shə-ner'ē] *adj.* estacionario; [fixed] fijo

sta•tion•er [stā'shə-nər] *s.* papelero

sta•tion•er•y [:ner'ē] *s.* papel y sobres *m*; [office supplies] objetos de escritorio; [store] papelería

sta•tion•mas•ter [stā'shən-măs'tər] *s.* jefe *m* de estación

sta•tis•tic [stə-tĭs'tĭk] *s.* estadística ▪ **statistics** (*sg.*) [science] estadística

sta•tis•ti•cal [:tĭ-kəl] *adj.* estadístico

S

stat•is•ti•cian [stăt′ĭ-stĭsh′ən] *s.* estadístico

stat•ue [stăch′o͞o] *s.* estatua

stat•ure [stăch′ər] *s.* estatura; *fig* categoría

sta•tus [stā′təs, stăt′əs] *s.* DER estado; [position] posición *f* social; [situation] situación *f* ■ ~ **bar** COMPUT barra de estado

stat•ute [stăch′o͞ot] *s.* estatuto ■ ~ **mile** milla terrestre; ~ **of limitations** ley de prescripción

stat•u•to•ry [:ə-tôr′ē] *adj.* legal, establecido por la ley

staunch[1] [stônch, stŏnch] *adj.* [steadfast] constante; [true] fiel; [strong] fuerte

staunch[2] = **stanch**[1]

stave [stāv] ◇ *s.* [of barrel] duela; [stanza] estrofa ◇ *pl.* ▷ **staff** ◇ *tr.* (**-d** OR **stove**) ■ **to ~ in** desfondar; **to ~ off** rechazar

stay[1] [stā] ◇ *intr.* quedarse; [to sojourn] alojarse; [to stop] detenerse; [to wait] esperar; [to last] durar; [to keep up] mantenerse, seguir ■ **it is here to ~** se ha establecido; **to ~ away** ausentarse; **to ~ away from** evitar; **to ~ in** quedarse en casa; **to ~ in bed** guardar cama; **to ~ on** quedarse; **to ~ over** pasar la noche; **to ~ out** no entrar; [all night] estar fuera (toda la noche); **to ~ put** no moverse; **to ~ up late** acostarse tarde; (*tr.*) detener; [to postpone] aplazar; [to appease] apaciguar ■ **to ~ the course** continuar hasta el final ◇ *s.* [halt] parada *f*; [visit] estancia; DER aplazamiento

stay[2] *s.* [support] apoyo; [of corset] ballena

stay[3] *s.* MARÍT estay *m*

stead [sted] *s.* lugar *m* ■ **in someone's/something's ~** en lugar de alguien/algo; **to stand someone in good ~** serle útil a alguien

stead•fast [sted′făst′] *adj.* [fixed] fijo; [unchanging] constante; [loyal] leal

stead•i•ness [sted′ē-nĭs] *s.* estabilidad *f*; [firmness] firmeza

stead•y [sted′ē] ◇ *adj.* (**-i-**) firme; [stable] estable; [sure] seguro; [continuous] constante; [calm] tranquilo; [reliable] seguro ◇ *tr.* & *intr.* estabilizar(se); [to calm] calmar(se)

steak [stāk] *s.* bistec *m*; [of fish] filete *m*

steal [stēl] ◇ *tr.* & *intr.* (**stole, stolen**) robar ■ **to ~ away** escabullirse; **to ~ in/out** entrar/salir furtivamente ◇ *s.* robo; *jer* [bargain] ganga

steal•ing [stē′lĭng] *s.* robo

stealth [stelth] *s.* sigilo ■ **by ~** furtivamente

stealth•y [stel′thē] *adj.* (**-i-**) [person] cauteloso; [action] furtivo

steam [stēm] ◇ *s.* vapor *m*; [mist] vaho, humo; [heating] calefacción *f*; [energy] energía ■ ~ **engine** máquina a vapor; ~ **shovel** pala mecánica; **to let off ~** descargar vapor; *fig* desahogarse ◇ *intr.* echar vapor; [to rise] humear; [ship] avanzar; [to fog up] empañarse; *fam* [to fume] echar humo; (*tr.*) [to fog] empañar; CUL cocer al vapor

steam•boat [′bōt′] *s.* vapor *m*

steam•er [stē′mər] *s.* [ship] vapor *m*; CUL olla de vapor ■ ~ **trunk** baúl (de camarote)

steam•roll•er [:rō′lər] ◇ *s.* apisonadora ◇ *tr.* apisonar; *fig* aplastar

steam•ship [:shĭp′] *s.* vapor *m*

steam•y [stē′mē] *adj.* (**-i-**) vaporoso; *jer* [erotic] apasionado

steed [stēd] *s.* corcel *m*

steel [stēl] ◇ *s.* acero ◇ *adj.* de acero ■ ~ **industry** industria siderúrgica; ~ **mill** acería ◇ *tr.* acerar ■ **to ~ one's heart** volverse insensible; **to ~ oneself** armarse de valor

steel•y [stē′lē] *adj.* (**-i-**)[of steel] de acero; [like steel] acerado ■ ~ **eyes** mirada penetrante

steel•yard [stēl′yärd′] *s.* romana

steep[1] [stēp] *adj.* [high] empinado; [precipitous] escarpado; [price] excesivo

steep[2] *tr.* remojar; (*intr.*) estar en remojo

stee•ple [stē′pəl] *s.* torrecilla; [spire] aguja

stee•ple•chase [:chās′] *s.* carrera de obstáculos

steer[1] [stîr] *tr.* [boat] gobernar; [car] conducir; *fig* dirigir, guiar; (*intr.*) gobernar, conducir; [to handle] conducirse ■ **steering wheel** volante; **to ~ clear of** evitar; **to ~ for** poner rumbo a

steer[2] *s.* [ox] novillo

stein [stīn] *s.* jarra (de cerveza)

stel•lar [stel′ər] *adj.* estelar

stem[1] [stem] ◇ *s.* [trunk] tronco; [stalk] tallo; [of goblet] pie *m*; [of pipe] cañón *m*; FILOL radical *m* ■ **from ~ to stern** de proa a popa; ~ **cell** célula madre ◇ *intr.* (**-mm-**) ■ **to ~ from** ser el resultado de

stem[2] *tr.* (**-mm-**) [to hold back] contener

stench [stench] *s.* hedor *m*

sten•cil [sten′səl] ◇ *s.* estarcido ◇ *tr.* estarcir

ste•nog•ra•pher [stə-nŏg′rə-fər] *s.* estenógrafo

step [step] ◇ *s.* paso; [sound] pisada; [of stairs] escalón *m*; [measure] medida; [degree] escalón; DEP step *m* ■ **in ~ with** de acuerdo con; **out of ~ with** en desacuerdo con; ~ **by ~** paso a paso; **to keep in ~** llevar el paso; **to take a ~** dar un paso; **watch your ~!** ¡vaya con cuidado! ◇ *pl.* [staircase] escaleras ◇ *intr.* (**-pp-**) pisar; [to take a step] dar un paso ■ ~ **this way!** ¡pase por aquí!; **to ~ aside** hacerse a un lado; **to ~ back** retroceder; **to ~ down** bajar; [to resign] renunciar; **to ~ forward** OR **up** avanzar; **to ~ in** entrar; [to intervene] intervenir; **to ~ out** salir; [of vehicle] apearse; **to ~ up** subir; (*tr.*) ■ ~ **on it!** ¡date prisa!; **to ~ on** pisar; **to ~ up** acelerar; [to increase] aumentar

step•broth•er [step′brŭ*th*′ər] *s.* hermanastro

step•child [:chīld′] *s.* (*pl* **-dren**) hijastro

step•daugh•ter [:dô′tər] *s.* hijastra

step•fa•ther [:fä′*th*ər] *s.* padrastro

step•lad•der [step′lăd′ər] *s.* escalera de tijera

step•moth•er [step′mŭ*th*′ər] *s.* madrastra

step•par•ent [:pâr′ənt] *s.* padrastro, madrastra

steppe [step] *s.* estepa

step•ping•stone [step′ĭng-stōn′] *s.* pasadera; *fig* [springboard] trampolín *m*

step•sis•ter [step′sĭs′tər] *s.* hermanastra

step•son [:sŭn′] *s.* hijastro

step-up [step′ŭp′] *s.* [acceleration] aceleración *f*; [increase] aumento

ster•e•o [ster′ē-ō′] ◇ *s.* equipo estereofónico; [sound] estéreo, sonido estereofónico ◇ *adj.* estéreo

ster•e•o•phon•ic [′-fŏn′ĭk] *adj.* estereofónico

ster•e•o•type [ster′ē-ə-tīp′] ◇ *s.* estereotipo ◇ *tr.* estereotipar

ster•ile [ster′əl, :īl′] *adj.* estéril

ste•ril•i•ty [stə-rĭl′ĭ-tē] *s.* esterilidad *f*

ster•il•i•za•tion [ster′ə-lĭ-zā′shən] *s.* esterilización *f*

ster•il•ize [ster′ə-līz′] *tr.* esterilizar

ster•ling [stûr′lĭng] ◇ *s.* FIN libra esterlina; [tableware] plata ◇ *adj.* FIN de la libra esterlina; [silver] de plata de

ley; *fig* de primera calidad ▪ ~ **silver** (artículos de) plata de ley
stern[1] [stûrn] *adj.* firme; [severe] severo; [gloomy] sombrío; [relentless] implacable
stern[2] *s.* MARÍT popa
ster•num [stûr′nəm] *s.* (*pl* **s** OR **-na**) esternón *m*
ster•oid [stîr′oid′, ster′-] *s.* esteroide *m*
steth•o•scope [steth′ə-skōp′] *s.* estetoscopio
ste•ve•dore [stē′və-dôr′] *s.* estibador *m*
stew [sto͞o] ◇ *tr.* guisar; (*intr.*) cocerse; *fam* [to worry] agitarse ◇ *s.* guiso; *fam* agitación *f* ▪ **in a** ~ agitado
stew•ard [sto͞o′ərd] *s.* administrador *m*; [household manager] mayordomo; MARÍT [attendant] camarero; [officer] despensero ▪ **shop** ~ delegado sindical
stew•ard•ess [:ər-dĭs] *s.* azafata
stew•ard•ship [:ərd-shĭp′] *s.* gerencia
stewed [sto͞od] *adj.* CUL guisado; *jer* [drunk] borracho
stick [stĭk] ◇ *s.* vara, palo; [twig] ramita; [walking stick] bastón *m*; [wand] varilla; [of dynamite] cartucho; [of chocolate] barra; [adhesiveness] adhesión *f*; AVIA palanca de mando ▪ ~ **shift** AUTO cambio manual; **the sticks** región apartada ◇ *tr.* (**stuck**) [to push into] introducir, meter; [to pin] prender (con alfileres); [to glue] pegar; [to impale] clavar ▪ **to** ~ **by** ser fiel a; **to** ~ **down** pegar; **to** ~ **it out** aguantar hasta el fin; **to** ~ **out** [tongue] mostrar; [head] asomar; **to** ~ **up** atracar; **to** ~ **up for** defender; (*intr.*) [nail, pin] clavarse; [to cling] pegarse; [to persevere] perseverar; [to jam] atascarse ▪ **to** ~ **around** quedarse; **to** ~ **close** mantenerse juntos; **to** ~ **out** sobresalir; **to** ~ **to** [promise] cumplir; [friend] ser fiel al; [facts] ceñirse a; **to** ~ **to business** dejarse de rodeos; **to** ~ **to it** perseverar; **to** ~ **to one's guns** mantenerse uno en sus treces; **to** ~ **together** mantenerse unidos
stick•er [′ər] *s.* [label] etiqueta adhesiva; [prickle] espina
stick-in-the-mud [:ĭn-*th*ə-mŭd′] *s. fam* persona sin iniciativa
stick•ler [stĭk′lər] *s.* persona rigorista
stick•pin [stĭk′pĭn′] *s.* alfiler *m* de corbata
stick•up [:ŭp′] *s. jer* atraco
stick•y [stĭk′ē] *adj.* (**-i-**) pegajoso; [muggy] húmedo; *fam* [difficult] difícil
stiff [stĭf] ◇ *adj.* rígido; [not limber] tieso; [joint] anquilosado; [taut] tenso; [formal] formal; [thick] espeso; [unyielding] inflexible; [drink] fuerte; [difficult] difícil; [punishment] duro; [prices] excesivo ◇ *adv.* ▪ **to be bored** ~ estar muy aburrido; **to be scared** ~ estar muerto de miedo ◇ *s. jer* [corpse] fiambre *m*; [drunk] borracho
stiff•en [′ən] *tr.* & *intr.* poner(se) rígido
stiff•ness [stĭf′nĭs] *s.* rigidez *f*, inflexibilidad *f*; [toughness] dureza; [thickness] consistencia; [of drink] fuerza; [of knee] anquilosamiento; [of muscle] agarrotamiento
sti•fle[1] [stī′fəl] *tr.* & *intr.* sofocar(se)
sti•fle[2] *s.* ZOOL babilla
stig•ma [stĭg′mə] *s.* (*pl* **s** OR **-mata**) estigma *m*
stig•ma•tize [:tīz′] *tr.* estigmatizar
sti•let•to [stə-let′ō] *s.* (*pl* **(e)s**) estilete *m*
still[1] [stĭl] ◇ *adj.* [silent] silencioso; [at rest] inmóvil; [tranquil] sosegado; [waters] mansa; FOTOG fija ▪ ~ **life** naturaleza muerta ◇ *s.* silencio; FOTOG foto fija ◇ *adv.* [motionlessly] quieto; [yet] todavía, aún; [even] aun; [nevertheless] sin embargo ◇ *tr.* tranquilizar; [to silence] (hacer) callar; [to stop] detener; [to calm] calmar
still[2] *s.* alambique *m*; [distillery] destilería
still•born [:bôrn′] *adj.* nacido muerto
stilt [stĭlt] *s.* zanco; [support] pilote *m*
stilt•ed [stĭl′tĭd] *adj.* afectado
stim•u•lant [stĭm′yə-lənt] *s.* [drug] estimulante *m*; [stimulus] estímulo
stim•u•late [:lāt′] *tr.* estimular
stim•u•la•tion [′-lā′shən] *s.* estímulo
stim•u•lus [′-ləs] *s.* (*pl* **-li**) estímulo
sting [stĭng] ◇ *tr.* (**stung**) picar; [to hurt] escocer; *fig* herir; (*intr.*) [to prick] picar; [to cause pain] hacer escocer ◇ *s.* picadura; [pain] escozor *m*; ZOOL aguijón *m*
stin•gy [stĭn′jē] *adj.* (**-i-**) tacaño; [scant] escaso
stink [stĭngk] ◇ *intr.* (**stank** OR **stunk**, **stunk**) heder, apestar; *fig* [person, policy] tener mala fama; [performance] estar fatal ▪ **to** ~ **of money** estar podrido de dinero; **to** ~ **up** dar mal olor ◇ *s.* hedor *m* ▪ **to make** OR **raise a** ~ armar un escándalo
stink•ing [:ĭng] *adj.* hediondo, apestoso
stint [stĭnt] ◇ *tr.* restringir, limitar ▪ **to** ~ **on** escatimar ◇ *s.* faena, trabajo
stip•u•late [stĭp′yə-lāt′] *tr.* & *intr.* estipular
stip•u•la•tion [′-lā′shən] *s.* estipulación *f*
stir [stûr] ◇ *tr.* (**-rr-**) [to mix] revolver; [to move] agitar; [liquid, memory] remover; [fire] atizar; [to incite] incitar; [to affect] conmover ▪ **to** ~ **up** [to revive] despertar; [trouble] provocar; (*intr.*) moverse ◇ *s.* movimiento; [disturbance] conmoción *f*; [flurry] sensación *f*
stir•rer [stûr′ər] *s.* agitador *m*
stir•ring [:ĭng] *adj.* [rousing] bullicioso; [moving] conmovedor; [lively] animado
stir•rup [stûr′əp] *s.* estribo
stitch [stĭch] ◇ *s.* COST puntada; [decorative] punto; MED punzada ▪ **a** ~ **in time saves nine** más vale prevenir que curar; **to be in stitches** estar muerto de risa; **without a** ~ **on** en cueros ◇ *tr.* coser; [to bind] encuadernar
stock [stŏk] ◇ *s.* [inventory] existencias, stock *m*; [supply] surtido; [livestock] ganado; [shares] acciones *f*; [lineage] linaje *m*; [broth] caldo; [of rifle] culata; [repertoire] repertorio ▪ **in** ~ en existencia; **out of** ~ agotado; **surplus** ~ excedentes; **to put** ~ **in** darle importancia a; **to take** ~ **of** evaluar ◇ *pl.* [pillory] cepo ◇ *tr.* [to supply] surtir; [to keep in supply] tener existencias de ▪ **to** ~ **up on** abastecerse de ◇ *adj.* en existencia, de surtido; [standard] trillado ▪ ~ **certificate** título de acciones; ~ **company** sociedad anónima; ~ **exchange** OR **market** bolsa
stock•ade [stŏ-kād′] *s.* empalizada
stock•bro•ker [stŏk′brō′kər] *s.* corredor *m* de bolsa
stock•hold•er [:hōl′dər] *s.* accionista *mf*
stock•ing [stŏk′ĭng] *s.* media
stock•pile [stŏk′pīl′] ◇ *s.* reservas ◇ *tr.* acumular
stock-still [stŏk′stĭl′] *adj.* completamente inmóvil
stock•y [stŏk′ē] *adj.* (**-i-**) [solid] fuerte, robusto; [plump] rechoncho
stock•yard [stŏk′yärd′] *s.* corral *m* de ganado
stodg•y [stŏj′ē] *adj.* (**-i-**) [dull] aburrido; [pompous] pomposo
sto•ic/i•cal [stō′ĭk] *adj.* & *s.* estoico
stoke [stōk] *tr.* & *intr.* echar combustible a
stole[1] [stōl] *s.* estola

stole², **sto•len** [stōl, stō'lən] ▻ **steal**
stol•id [stŏl'ĭd] *adj.* impasible
stom•ach [stŭm'ək] ◇ *s.* estómago; [abdomen] vientre *m*; [appetite] apetito ◇ *tr.* aguantar
stom•ach•ache [:āk'] *s.* dolor *m* de estómago
stomp [stŏmp] *tr.* & *intr.* pisotear
stone [stōn] ◇ *s.* piedra; [pebble] guijarro; [gem] piedra preciosa; GB [weight unit] peso que equivale a 6,350 kg; [pit] hueso; MED cálculo ▪ **within a ~'s throw** a dos pasos; **to leave no ~ unturned** remover Roma con Santiago ◇ *tr.* apedrear, lapidar
stoned [stōnd] *adj. jer* [drunk] borracho; [drugged] drogado, intoxicado
stone-deaf [stōn'def'] *adj.* sordo como una tapia
stone•ware [:wâr'] *s.* gres *m*
ston•y [stō'nē] *adj.* (-i-) pedregoso; [like stone] pétreo; [unemotional] frío
stood [stŏŏd] ▻ **stand**
stooge [stōōj] *s.* [follower] secuaz *mf*; TEAT actor *m* que da pie a un cómico
stool [stōōl] *s.* taburete *m*; [footrest] escabel *m*; [toilet bowl] taza; FISIOL deposiciones *f* ▪ **~ pigeon** *jer* soplón
stoop¹ [stōōp] ◇ *intr.* [to bend] encorvarse; [to lower oneself, condescend] rebajarse ◇ *s.* inclinación *f* de hombros
stoop² *s.* [porch] pórtico
stop [stŏp] ◇ *tr.* (-pp-) [to halt] parar, detener; [to cease] dejar de; [to end] poner fin a; [to prevent] impedir; [to plug] tapar; [to obstruct] bloquear; [to staunch] restañar; [a check] cancelar ▪ **~ it!** ¡basta!; **to ~ one's ears** taparse los oídos; **to ~ up** taponar; (*intr.*) detenerse; [to cease] cesar; [to visit] hacer alto ▪ **to ~ at nothing** no pararse en barras; **to ~ by** OR **in** hacer una visita corta; **to ~ dead** OR **short** pararse en seco; **to ~ off** pararse; **to ~ over** pasar la noche ◇ *s.* [act] detención *f*; [cessation] cesación *f*; [finish] término; [stay] estancia; [place] parada; [en route] escala; [plug] tapón *m*; [on check] orden *f* de suspensión de pago; MÚS [organ] registro ▪ **full ~** punto; **~ sign** señal de alto; **to come to a ~** pararse; **to pull out all the stops** tocar todos los registros; **put a ~ to** poner fin a
stop•gap ['găp'] *s.* [person] sustituto temporal; [solution] medida provisoria
stop•light [:līt'] *s.* [traffic signal] semáforo; [brake light] luz *f* de frenado
stop•o•ver [:ō'vər] *s.* AVIA & MARÍT escala; [place] lugar visitado
stop•page [:ĭj] *s.* [stop] parada, detención *f*; [work halt] paro; [blockage] obstrucción *f*
stop•per [:ər] tapón *m*
stop•watch [:wŏch'] *s.* cronómetro
stor•age [stôr'ĭj] *s.* almacenamiento; [space] almacén *m*; [fee] almacenaje *m*; ELEC acumulación *f* ▪ **~ battery** OR **cell** acumulador; **~ capacity** capacidad de almacenamiento
store [stôr] ◇ *s.* [shop] tienda; [supply] surtido; [warehouse] almacén *m*; [abundance] acopio ▪ **department ~** grandes almacenes; **to be in ~ for one** esperarle a uno; **to have in ~** tener guardado; **to set ~ by** dar importancia a ◇ *pl.* MIL [equipment] pertrecho; [supplies] provisiones ◇ *tr.* almacenar ▪ **to ~ away** guardar; **to ~ up** acumular
store•house ['hous'] *s.* almacén *m*, depósito
store•keep•er [:kē'pər] *s.* [shopkeeper] tendero
store•room [:rōōm'] *s.* despensa, bodega
stork [stôrk] *s.* cigüeña
storm [stôrm] ◇ *s.* tormenta; [wind] vendaval *m*; [outburst] arrebato; [attack] asalto; [of protest] lluvia ▪ **~ cellar** refugio contra los ciclones; **~ cloud** nubarrón; **~ door** contrapuerta; **~ trooper** soldado de asalto; **~ window** contraventana; **to ride out** OR **weather the ~** capear el temporal ◇ *intr.* haber tormenta; [to rant] vociferar ▪ **to ~ in/out** entrar/salir violentamente; (*tr.*) tomar por asalto
storm•y [stôr'mē] *adj.* (-i-) tempestuoso; [violent] turbulento
sto•ry¹ [stôr'ē] *s.* cuento, relato, historia; [plot] trama; [version] versión *f*; [article] artículo; [anecdote] anécdota; [lie] mentira
sto•ry² *s.* [of a building] piso
sto•ry•book [:bŏŏk'] *s.* libro de cuentos
sto•ry•tell•er [:tel'ər] *s.* [author] cuentista *mf*; [narrator] narrador *m*; *fam* [liar] mentiroso
stout [stout] ◇ *adj.* [bulky] corpulento; [determined] resuelto; [brave] valiente; [sturdy] fornido; [substantial] sólido; [powerful] enérgico; [staunch] firme ◇ *s.* cerveza negra
stove¹ [stōv] *s.* cocina; [heater] estufa
stove² ▻ **stave**
stow [stō] *tr.* guardar ▪ **to ~ away** [to put away] guardar; [on board] viajar de polizón
stow•a•way ['ə-wā'] *s.* polizón *m*
strad•dle [străd'l] ◇ *tr.* sentarse a horcajadas sobre OR en; [an issue] no tomar ningún partido en ▪ **to ~ the fence** nadar entre dos aguas ◇ *s.* posición *f* a horcajadas
strafe [strāf] *tr.* bombardear
strag•gle [străg'əl] *intr.* [to fall behind] rezagarse; [to spread out] desparramarse
strag•gly [:lē] *adj.* desordenado
straight [strāt] ◇ *adj.* [line] recto; [upright, not bent] derecho; [frank] franco; [uninterrupted] seguido; **three ~ weeks** tres semanas seguidas; [orderly] arreglado; [in sequence] en orden; [undiluted] puro; [honorable] honrado; *jer* [conventional] convencional; [sober] sobrio; [not gay] heterosexual ▪ **~ face** cara seria; **~ hair** pelo lacio; **~ razor** navaja de afeitar; **we want ~ talk** queremos hablar con franqueza; **to keep a ~ face** mantenerse impávido ◇ *adv.* en línea recta; [erect] derecho; [without delay] directamente; [candidly] sinceramente; [continuously] continuamente ▪ **~ ahead** en frente; [forward] todo seguido; **~ away** OR **off** en seguida; **to get** OR **put ~** poner en claro; **to go ~** enmendarse; **to look someone ~ in the eye** mirar a alguien a los ojos; **to read ~ through** leer de un tirón; **to set ~** corregir; [to set right] poner bien; **to tell someone something ~** decirle algo a alguien sin rodeos ◇ *s.* [straight part] recta; [card sequence] escalera ▪ **the ~ and narrow** el buen camino
straight-a•way ['ə-wā'] *s.* recta
straight•en [:n] *tr.* & *intr.* enderezar(se) ▪ **to ~ out** [to put in order] ordenar; [to solve] resolver; [to rectify] rectificar
straight•for•ward [-fôr'wərd] *adj.* [direct] directo; [honest] sincero
strain¹ [strān] ◇ *tr.* [to stretch] estirar; [nerves] agotar; [limb] torcerse; [to sieve] colar; TEC deformar ▪ **to ~ one's eyes** cansar la vista; (*intr.*) [to strive] esforzarse;

[to stretch] tenderse; [to filter] filtrarse ■ **to ~ under** soportar con gran esfuerzo ◇ *s.* [effort] esfuerzo; [stress] tensión *f*; [burden] peso; [twisting] torcedura; TEC deformación *f*

strain² *s.* [race] raza; [descent] cepa; [tendency] tendencia; [tenor] sentido; [tune] melodía

strained [strānd] *adj.* colado; [forced] forzado; [relations] tirante

strain•er [strā'nər] *s.* filtro; [colander] colador *m*; [sieve] cedazo

strait [strāt] ◇ *s.* estrecho ◇ *pl.* [narrows] estrecho; [jam] aprieto

strait•jack•et ['jăk'ĭt] *s.* camisa de fuerza

strait-laced [:lāst'] *adj.* puritano

strand¹ [strănd] ◇ *s.* playa ◇ *tr.* & *intr.* [to run aground] encallar; [to abandon] dejar desamparado

strand² *s.* [of rope] ramal *m*; [single thread] hebra; [of pearls] sarta

strange [strānj] *adj.* [unfamiliar] desconocido; [odd] extraño, raro; [peculiar] peculiar; [exotic] exótico; [uncommon] desacostumbrado ■ **strangest of all** lo más extraño del caso es que

strang•er [strān'jər] *s.* [unknown person] desconocido; [outsider] forastero; [foreigner] extranjero ■ **to be no ~ to** conocer muy bien

stran•gle [străng'gəl] *tr.* estrangular; [to smother] sofocar; *fig* sofocar, limitar

stran•gu•late [:gyə-lāt'] *tr.* & *intr.* estrangular(se)

stran•gu•la•tion ['-lā'shən] *s.* estrangulación *f*

strap [străp] ◇ *s.* [strip] tira, correa; [band] banda; [of a dress] tirante *m* ◇ *tr.* (**-pp-**) [to fasten] atar; [to whip] azotar; [razor] suavizar

strap•less ['lĭs] *adj.* sin tiras; [dress] sin tirantes

strapped [străpt] *adj.* ■ **to be ~ for cash** *fam* estar sin un centavo

strap•ping [străp'ĭng] *adj.* fornido

strat•a•gem [străt'ə-jəm] *s.* estratagema

stra•te•gic [strə-tē'jĭk] *adj.* estratégico

strat•e•gist [străt'ə-jĭst] *s.* estratega *m*

strat•e•gy [străt'ə-jē] *s.* estrategia

strat•o•sphere [străt'ə-sfîr'] *s.* estratósfera

straw [strô] ◇ *s.* BOT paja; [trifle] comino ■ **a ~ in the wind** un indicio; **the last ~** el colmo; **to grasp at straws** agarrarse a un pelo; **to draw straws** echar suertes ◇ *adj.* de paja; [color] pajizo; *fig* insignificante

straw•ber•ry [strô'ber'ē] *s.* fresa

stray [strā] ◇ *intr.* [to roam] errar; [to go astray] descarriarse ◇ *s.* animal *m* callejero ◇ *adj.* [lost] perdido; **~ bullet** bala perdida; [lone] aislado; [scattered] disperso

streak [strēk] ◇ *s.* [stripe] raya; [trait] fondo; [of luck] racha; [of lightning] rayo ◇ *tr.* rayar; (*intr.*) pasar como un rayo

streak•y [strē'kē] *adj.* (**-i-**) [streaked] rayado; [veined] veteado

stream [strēm] ◇ *s.* arroyo; [flow] chorro; [of insults] sarta; [of tears] torrente *m*; [of people] oleada ■ **against the ~** contra la corriente; **to go with the ~** seguir la corriente ◇ *intr.* correr; [to wave] ondear ■ **to ~ in** entrar a raudales; **to ~ out** [people] salir en tropel; [liquid] salir a torrentes

stream•er [strē'mər] *s.* [pennant] gallardete *m*; [long strip] serpentina; [headline] titular *m*

stream•line [strēm'līn'] *tr.* hacer más aerodinámico; [to make more efficient] racionalizar

stream•lined [:līnd'] *s.* aerodinámico; *fig* racionalizado

street [strēt] *s.* calle *f*

street•car ['kär'] *s.* tranvía *m*

street•walk•er [:wô'kər] *s.* prostituta

strength [strengkth] *s.* fuerza; [of material] resistencia; [vigor] fortaleza; [solidity] solidez *f*; [intensity] intensidad *f*; [validity] validez *f*; [efficacy] eficacia; [potency] potencia ■ **by sheer ~** a fuerza viva; **on the ~ of** en virtud de; **~ of character** entereza; **to be present in great ~** estar en gran número

strength•en [strengk'thən] *tr.* [to reinforce] reforzar; [physically] fortalecer; [ties] estrechar; [relations] intensificar; (*intr.*) fortalecerse, intensificarse

stren•u•ous [stren'yōō-əs] *adj.* [active] vigoroso; [energetic] enérgico

stress [stres] ◇ *s.* [significance] hincapié *m*; [tension] tensión *f*; MED estrés *m*; GRAM acento; MEC fatiga ■ **to lay ~ on** insistir en ◇ *tr.* hacer hincapié en; MEC someter a presión; GRAM acentuar

stretch [strech] ◇ *tr.* estirar; [to reach] extender; [wings] desplegar; [wire] tender; [shoes] ensanchar ■ **to ~ a point** excederse; **to ~ it** exagerar; **to ~ oneself** desperezarse; **to ~ the rules** hacer una excepción; (*intr.*) estirarse; [shoes] ensancharse ■ **to ~ out** estirarse; [to lie down] tumbarse ◇ *s.* [lengthening] alargamiento; [elasticity] elasticidad *f*; [of road] tramo; [of track] recta; [of time] periodo ■ **at a ~** seguido; **by no ~ of the imagination** de ningún modo; **home ~** última etapa

stretch•er ['ər] *s.* [litter] camilla; [for canvas] bastidor *m*

stretch•er-bear•er [:bâr'ər] *s.* camillero

strew [strōō] *tr.* (**-ed, -ed** OR **-n**) [to scatter] esparcir, desparramar; [to cover] cubrir (**with** de)

strick•en [strĭk'ən] ▷ **strike** ◇ *adj.* afligido

strict [strĭkt] *adj.* estricto

strict•ly ['lē] *adv.* estrictamente; [severely] severamente ■ **~ speaking** en un sentido estricto

stric•ture [strĭk'chər] *s.* censura; MED estrechez *f*

stride [strīd] ◇ *intr.* (**strode, stridden**) caminar a grandes pasos ◇ *s.* zancada ■ **to take in one's ~** tomarse con calma ◇ *pl.* progreso ■ **to make great ~** progresar a grandes pasos

stri•dent [strīd'nt] *adj.* estridente

strife [strīf] *s.* disensión *f*; [conflict] conflicto

strike [strīk] ◇ *tr.* (**struck, struck** OR **stricken**) golpear; [to inflict] asestar; [to crash into] chocar con; [to attack] atacar; [coins] acuñar; [lightning] caer en; [hour] dar; [match] encender; [to expunge] tachar; [oil] hallar; [terror] infundir; [a pose] adoptar; [camp] desmontar; [employer] declararse en huelga contra ■ **to ~ a jury** elegir jurado; **to ~ an average** encontrar el término medio; **to ~ blind** cegar; **to ~ down** derribar; [disease] abatir; **to ~ off** [to expunge] sacar; [to cross out] tachar; [to deduct] deducir; **to ~ one as** dar la impresión de; **to ~ out** tachar; **to ~ roots** echar raíces; **to ~ through** atravesar; **to ~ up** [friendship] trabar; [music] empezar a tocar; [conversation] entablar; **to ~ upon** ocurrírsele a uno; **to ~ with admiration** llenar de admiración; **to ~ with terror** sobrecoger de terror; (*intr.*) golpear, dar golpes; [to attack] atacar; [bell] sonar; [to set out] dirigirse hacia; [to stop work] declararse en huelga ■ **to ~**

S

back devolver golpe por golpe; **to ~ home** dar en el blanco; **to ~ out** [to hit out] pegar; [to start out] tomar una resolución; [to fail] fallar; **to ~ out (for)** ponerse en marcha (hacia); **to ~ up** MÚS empezar a tocar ◇ *s.* [act] golpe *m;* [attack] ataque *m;* [labor] huelga; **on ~** en huelga; [discovery] descubrimiento ▪ **a lucky ~** *fam* un golpe de suerte; **to go on ~** declararse en huelga; **to have two strikes against one** *fam* estar uno en posición desventajosa

strike•break•er [ˈbrāˈkər] *s.* rompehuelgas *mf*

strik•er [strīˈkər] *s.* huelguista *mf*

strik•ing [:kĭng] *adj.* notable

string [strĭng] ◇ *s.* cuerda; [row] hilera; [series] serie *f* ▪ **~ bean** CUL judía verde; **~ of beads** rosario; [necklace] collar; **~ orchestra/quartet** orquesta/cuarteto de cuerdas; **to have on a ~** tener en un puño ◇ *pl.* MÚS instrumentos de cuerda; [conditions] estipulaciones ◇ *tr.* **(strung)** [to fit with strings] encordar; [to thread] ensartar; [to fasten] atar con una cuerda; [to stretch] tender ▪ **high strung** muy nervioso; **to ~ along with** acompañar a; **to ~ someone along** dejar a alguien pendiente; [to deceive] engañar

strin•gent [:jənt] *adj.* riguroso; [strict] estricto; [pressing] apurado

string•y [strĭngˈē] *adj.* **(-i-)** fibroso; [with strings] lleno de fibras

strip¹ [strĭp] *tr.* **(-pp-)** [to undress] desnudar; [bed] deshacer; [fruit] pelar; [tree] descortezar; [to dismantle] desmantelar; [gear] estropear ▪ **to ~ down** [paint] raspar; [motor] desmontar; **~ mine** mina a cielo abierto; **to ~ of** despojar de; **to ~ off** quitar; (*intr.*) desvestirse ▪ **to ~ off** desnudarse

strip² *s.* faja; AER pista de aterrizaje

stripe [strīp] ◇ *s.* raya; [chevron] galón *m;* [kind] calaña ◇ *tr.* rayar

striped [strīpt, strīˈpĭd] *adj.* a rayas, rayado

strip-mine [:mīnˈ] *tr.* explotar una mina a cielo abierto

strip•per [:ər] *s.* bailarina (de strip-tease)

strive [strīv] *intr.* **(-ed** OR **strove, -ed** OR **-n)** esforzarse; [to struggle] luchar

strobe [strōb] *s.* FOTOG estroboscopio; [light] luz estroboscópica ▪ **~ light** luz estroboscópica

strode [strōd] ▻ **stride**

stroke [strōk] ◇ *s.* golpe *m;* [of bell] campanada; [apoplexy] apoplejía; [in rowing] palada; [in swimming] brazada; [with brush] pincelada; [with pen] trazo ▪ **at the ~ of ...** al dar las ...; **finishing ~** golpe de gracia; **~ of luck** suerte; **~ of genius** idea genial; **with one ~** de un plumazo ◇ *tr.* acariciar

stroll [strōl] ◇ *intr.* pasearse ◇ *s.* paseo

stroll•er [strōˈlər] *s.* paseante *mf;* [pram] cochecito de niño

strong [strông] *adj.* fuerte; [powerful] poderoso; [persuasive] persuasivo; [language] subido de tono OR color ▪ **~ point** fuerte; **to be going ~** *fam* marchar bien; **to be ~ in numbers** ser numerosos; **to have a ~ character** tener mucho carácter; **to have a ~ stomach** tener un buen estómago; **to have ~ feelings about** tener ideas muy firmes sobre

strong-arm [ˈärmˈ] *fam* ◇ *adj.* de mano dura ▪ **~ tactics** fuerza ◇ *tr.* intimidar

strong•box [:bŏksˈ] *s.* caja fuerte

strong•hold [:hōldˈ] *s.* fortaleza

strong-mind•ed [:mīnˈdĭd] *adj.* determinado

strop [strŏp] ◇ *s.* suavizador *m* (de navajas) ◇ *tr.* **(-pp-)** suavizar

strove [strōv] ▻ **strive**

struck [strŭk] ▻ **strike** ◇ *adj.* cerrado (por huelga)

struc•tur•al [strŭkˈchər-əl] *adj.* estructural

struc•ture [strŭkˈchər] ◇ *s.* estructura ◇ *tr.* estructurar

struc•tured [:chərd] *adj.* estructurado

strug•gle [strŭgˈəl] ◇ *intr.* luchar ◇ *s.* lucha; [effort] esfuerzo

strug•gling [:lĭng] *adj.* que lucha

strum [strŭm] MÚS ◇ *tr.* & *intr.* **(-mm-)** rasguear ◇ *s.* rasgueo

strung [strŭng] ▻ **string**

strut [strŭt] ◇ *intr.* **(-tt-)** pavonearse ◇ *s.* [gait] pavoneo; [rod] puntal *m*

strych•nine [strĭkˈnīnˈ] *s.* estricnina

stub [stŭb] ◇ *s.* tocón *m;* [check] talón *m;* [ticket] resguardo ◇ *tr.* **(-bb-)** [toe] tropezar con; [cigarette] apagar

stub•ble [ˈəl] *s.* rastrojo; [beard] barba incipiente ▪ **~ field** campo de rastrojos

stub•born [stŭbˈərn] *adj.* testarudo; [persistent] tenaz; [resistant] duro

stub•born•ness [:nĭs] *s.* testarudez *f*

stub•by [stŭbˈē] *adj.* **(-i-)** rechoncho

stuc•co [stŭkˈō] ◇ *s.* (*pl* **(e)s**) estuco ◇ *tr.* estucar

stuck [stŭk] ▻ **stick**

stuck-up [ˈŭpˈ] *adj. fam* engreído

stud¹ [stŭd] ◇ *s.* ARQ montante *m;* [ornament] tachón *m;* [brace] travesaño; [spindle] espiga ◇ *tr.* **(-dd-)** tachonar; [to strew] salpicar

stud² *s.* semental *m* ▪ **at ~** de cría

stu•dent [stōōdˈnt] *s.* estudiante *mf;* [observer] observador *m* ▪ **~ body** estudiantado

stud•ied [stŭdˈēd] *adj.* afectado

stu•di•o [stōōˈdē-ōˈ] *s.* estudio; [of artist] taller *m* ▪ **~ apartment** departamento de una habitación, baño y cocina

stu•di•ous [:əs] *adj.* estudioso; [diligent] aplicado

stud•y [stŭdˈē] ◇ *s.* estudio ◇ *tr.* & *intr.* estudiar ▪ **to ~ a part** aprender un papel; **to ~ to be** estudiar para; **to ~ under** ser alumno de

stuff [stŭf] ◇ *s.* material *m; fam* [belongings] cosas; [nonsense] disparates; [junk] porquería; [capability] pasta; GB [fabric] género ▪ **do your ~!** ¡muestra lo que sabes!; **same old ~** lo mismo de siempre; **to be hot ~** ser fenomenal; **to know one's ~** conocer el percal ◇ *tr.* rellenar; [to plug] tapar; [to gorge] atiborrar ▪ **~ it** *fam* vete a paseo; **to ~ oneself** atiborrarse

stuffed [stŭft] *adj.* relleno

stuff•ing [stŭfˈĭng] *s.* relleno

stuff•y [stŭfˈē] *adj.* **(-i-)** sofocante, mal ventilado; [congested] tupido; *fam* pomposo

stul•ti•fy [stŭlˈtə-fīˈ] *tr.* [to dispirit] desanimar; [to disable] anular; [to ridicule] ridiculizar

stum•ble [stŭmˈbəl] ◇ *intr.* [to trip] tropezar; [to flounder] balbucear; [to blunder] cometer un desliz ▪ **to ~ across** OR **upon** tropezar con; **stumbling block** tropiezo ◇ *s.* [act] tropiezo, traspié *m;* [mistake] desliz *m*

stump [stŭmp] ◇ *s.* [of tree] tocón *m;* [limb] muñón *m;* [tooth] raigón *m;* [place] tribuna política ▪ **up a ~** perplejo ◇ *tr. fam* dejar perplejo; (*intr.*) POL hacer giras políticas

stun [stŭn] ◇ *tr.* (**-nn-**) dejar sin sentido; [to astound] dejar estupefacto ◇ *s.* choque *m*
stung [stŭng] ▻ **sting**
stunk [stŭngk] ▻ **stink**
stun•ning [stŭn′ĭng] *adj.* imponente
stunt[1] [stŭnt] *tr.* impedir el crecimiento de
stunt[2] *s.* [feat] proeza; [publicity trick] truco publicitario
stu•pe•fy [′fī′] *tr.* [to dull] atontar; [to amaze] dejar estupefacto
stu•pen•dous [stōō-pen′dəs] *adj.* estupendo; [amazing] asombroso
stu•pid [stōō′pĭd] *adj.* (**-er, -est**) estúpido, tonto
stu•pid•i•ty [-′ĭ-tē] *s.* estupidez *f*, tontería
stu•por [stōō′pər] *s.* estupor *m*; [daze] atontamiento
stur•di•ness [stûr′dē-nĭs] *s.* [firmness] firmeza; [strength] robustez *f*
stur•dy [stûr′dē] *adj.* robusto; [firm] firme
stur•geon [stûr′jən] *s.* esturión *m*
stut•ter [stŭt′ər] ◇ *intr.* tartamudear ◇ *s.* tartamudo
stut•ter•er [:ər] *s.* tartamudo
stut•ter•ing [:ĭng] ◇ *s.* tartamudeo ◇ *adj.* tartamudo
sty[1] [stī] *s.* [for swine] pocilga
sty[2] *s.* MED orzuelo
style [stīl] ◇ *s.* estilo; [vogue] moda; [cut] hechura; [type] modelo, tipo; [title] tratamiento; [stylus] aguja ▪ **in** ~ con estilo; [in vogue] de moda ◇ *tr.* [to stylize] estilizar; [to design] diseñar; [to designate] titular
styl•ish [stī′lĭsh] *adj.* elegante
styl•ist [:lĭst] *s.* diseñador *m*; [hairdresser] peluquero; LIT estilista *mf*
sty•lis•tic [-lĭs′tĭk] *adj.* estilístico
styl•ize [′līz′] *tr.* estilizar
sty•lus [stī′ləs] *s.* (*pl* **es** OR **-li**) estilo; [needle] aguja (de fonógrafo); [tool] punzón *m*
sty•mie [stī′mē] *tr.* obstaculizar
suave [swäv] *adj.* sofisticado
sub [sŭb] *fam* ◇ *s.* submarino; [substitute] sustituto; [sandwich] emparedado grande ◇ *intr.* (**-bb-**) sustituir
sub•a•tom•ic [sŭb′ə-tŏm′ĭk] *adj.* subatómico
sub•com•mit•tee [′kə-mĭt′ē] *s.* subcomité *m*
sub•com•pact [-kŏm′păkt′] *s.* miniutilitario
sub•con•scious [′kŏn′shəs] *adj.* & *s.* subconsciente *m*
sub•con•ti•nent [:kŏn′tə-nənt] *s.* subcontinente *m* ▪ **the Subcontinent** el subcontinente indio
sub•con•tract [-kŏn′trăkt′] ◇ *s.* subcontrato ◇ *tr.* [′kən-trăkt′] subcontratar
sub•di•vide [:dĭ-vīd′] *tr.* & *intr.* subdividir(se)
sub•di•vi•sion [′vĭzh′ən] *s.* subdivisión *f*
sub•due [səb-dōō′] *tr.* sojuzgar; [to make tractable] amansar; [to tone down] suavizar
sub•group [sŭb′grōōp′] *s.* subgrupo
sub•hu•man [-hyōō′mən] *adj.* infrahumano
sub•ject [sŭb′jĭkt] ◇ *adj.* sometido ▪ ~ **matter** materia; ~ **to** [prone to] propenso a; [exposed to] expuesto a; [dependent on] sujeto a ◇ *s.* sujeto; [of country] súbdito; [theme] tema *m*; [course] asignatura ▪ **on the** ~ **of** a propósito de; **to keep off a** ~ no tocar un tema ◇ *tr.* [səb-jekt′] someter ▪ **to** ~ **to** someter a; [to make dependent on] supeditar a
sub•jec•tion [səb-jek′shən] *s.* sujeción *f*, sometimiento
sub•jec•tive [:tĭv] *adj.* subjetivo
sub•jec•tiv•i•ty [sŭb′jek-tĭv′ĭ-tē] *s.* subjetividad *f*
sub•ju•gate [sŭb′jə-gāt′] *tr.* subyugar
sub•ju•ga•tion [′-gā′shən] *s.* sometimiento *m*
sub•lease [sŭb-lēs′] ◇ *tr.* subarrendar ◇ *s.* [′lēs′] subarrendamiento
sub•let [:let′] ◇ *tr.* (**let, -tting**) subalquilar ◇ *s.* [′let′] *fam* subarrendamiento
sub•lime [sə-blīm′] ◇ *adj.* sublime ◇ *tr.* & *intr.* sublimar(se)
sub•lim•i•nal [sə-blĭm′ə-nəl] *adj.* subliminal
sub•ma•chine gun [sŭb′mə-shēn′] *s.* metralleta
sub•ma•rine [sŭb′mə-rēn′] ◇ *adj.* submarino ◇ *s.* submarino; *jer* sándwich *m* grande
sub•merge [səb-mûrj′] *tr.* sumergir
sub•merse [:mûrs′] *tr.* sumergir
sub•mis•sion [:mĭsh′ən] *s.* [act] sometimiento; [meekness] sumisión *f*; [proposal] proposición *f*
sub•mis•sive [:mĭs′ĭv] *adj.* sumiso
sub•mit [səb-mĭt′] *tr.* someter; [evidence] presentar; [to propose] proponer; [to suggest] sugerir; (*intr.*) [to give in] someterse; [meekly] conformarse
sub•nor•mal [sŭb-nôr′məl] *adj.* subnormal
sub•or•di•nate [sə-bôr′dn-ĭt] ◇ *adj.* & *s.* subordinado ◇ *tr.* [:āt′] subordinar
sub•or•di•na•tion [-′-ā′shən] *s.* subordinación *f*
sub•orn [sə-bôrn′] *tr.* sobornar
sub•poe•na [sə-pē′nə] DER ◇ *s.* citación *f* ◇ *tr.* citar
sub•scribe [səb-scrīb′] *tr.* subscribir; (*intr.*) subscribirse; [to magazines] abonarse
sub•scrib•er [:skrī′bər] *s.* subscriptor *m*
sub•scrip•tion [:skrĭp′shən] *s.* firma; [to magazine, etc] subscripción *f*, abono ▪ ~ **channel** canal de pago
sub•se•quent [sŭb′sĭ-kwent′] *adj.* subsiguiente, posterior
sub•ser•vi•ent [səb-sûr′vē-ənt] *adj.* subordinado; [servile] servil
sub•side [səb-sīd′] *intr.* [to sink] hundirse; [to settle] asentarse; [to abate] apaciguarse
sub•sid•i•ar•y [səb-sĭd′ē-er′ē] ◇ *adj.* auxiliar; [secondary] secundario; [of subsidy] subsidiario ◇ *s.* [company] sucursal *f*
sub•si•dize [sŭb′sĭ-dīz′] *tr.* subvencionar
sub•si•dy [:dē] *s.* subsidio; [monetary aid] subvención *f*
sub•sist [səb-sĭst′] *intr.* subsistir; [to maintain life] sustentarse (**on** con, de)
sub•sis•tence [-sĭs′təns] *s.* subsistencia; [sustenance] sustento
sub•soil [sŭb′soil′] *s.* subsuelo
sub•stance [sŭb′stəns] *s.* sustancia; [essence] esencia; [solidity] solidez *f*; [body] cuerpo; [goods] caudal *m* ▪ **man of** ~ hombre acaudalado
sub•stan•dard [sŭb-stăn′dərd] *adj.* de calidad inferior, deficiente
sub•stan•tial [səb-stăn′shəl] *adj.* material; [real] verdadero; [strong] sólido; [meal] sustancioso; [important] sustancial; [considerable] considerable; [well-to-do] adinerado
sub•stan•ti•ate [:shē-āt′] *tr.* corroborar
sub•stan•tive [sŭb′stən-tĭv] ◇ *adj.* significativo; [essential] esencial ◇ *s.* GRAM sustantivo
sub•sti•tute [sŭb′stĭ-tōōt′] ◇ *s.* sustituto ◇ *tr.* & *intr.* sustituir
sub•sti•tu•tion [′-tōō′shən] *s.* sustitución *f*
sub•ter•fuge [sŭb′tər-fyōōj′] *s.* subterfugio
sub•ter•ra•ne•an [sŭb′tə-rā′nē-ən] *adj.* subterráneo
sub•ti•tle [′tīt′l] ◇ *s.* subtítulo ◇ *tr.* subtitular

S

sub•tle [sŭt'l] *adj.* (**-er, -est**) [elusive] sutil; [keen] agudo; [clever] astuto; [devious] taimado
sub•tle•ty [:tē] *s.* [cleverness] astucia; [distinction] sutileza
sub•to•tal [sŭb'tōt'l] ◇ *s.* subtotal *m* ◇ *tr.* ['l] subtotalizar
sub•tract [səb-trăkt'] *tr.* restar, sustraer
sub•trac•tion [:trăk'shən] *s.* sustracción *f*
sub•urb [sŭb'ûrb'] ◇ *s.* suburbio ◇ *pl.* afueras
sub•ur•ban [sə-bûr'bən] *adj.* periférico, de las afueras; [bourgeois] aburguesado
sub•ur•ban•ite [:bə-nīt'] *s.* habitante *mf* de las afueras
sub•ur•bi•a [:bē-ə] *s.* zonas residenciales de las afueras
sub•ven•tion [səb-ven'shən] *s.* subvención *f*
sub•ver•sion [səb-vûr'zhən] *s.* subversión *f*
sub•ver•sive [:sĭv] *adj.* subversivo
sub•vert [səb-vûrt'] *tr.* [to corrupt] corromper; [to overthrow] derrocar
sub•way [sŭb'wā'] *s.* subterráneo, metro; [passage] paso subterráneo ▪ ~ **station** estación de metro
suc•ceed [sək-sēd'] *intr.* tener éxito; [to turn out well] salir bien; [to follow] suceder ▪ **to** ~ **to the throne** heredar el trono; (*tr.*) suceder a; [to follow] seguir
suc•cess [:ses'] *s.* éxito ▪ **to be a** ~ tener éxito
suc•cess•ful [:fəl] *adj.* de éxito, exitoso ▪ **to be** ~ tener éxito
suc•ces•sion [sək-sesh'ən] *s.* sucesión *f* ▪ **in** ~ seguido; **in** ~ **to** como sucesor de
suc•ces•sive [:ses'ĭv] *adj.* sucesivo; [consecutive] consecutivo
suc•ces•sor [:ər] *s.* sucesor *m*
suc•cinct [sək-sĭngkt'] *adj.* sucinto
suc•cu•lent [sŭk'yə-lənt] ◇ *adj.* suculento; BOT carnoso ◇ *s.* planta carnosa
suc•cumb [sə-kŭm'] *intr.* sucumbir; [to die] morir
such [sŭch] ◇ *adj.* [of this nature] tal, semejante; [of this kind] de este tipo; [so extreme] tanto, semejante; [so big] tan; [so much] tanto ▪ **one** ~ un tal; ~ **and** ~ tal y cual; ~ **as it is** tal cual es ◇ *adv.* tan ◇ *pron.* los que; [so great] tal; [the like] cosas por el estilo ▪ **as** ~ [of itself] en sí; [as what one is] como tal; ~ **is life** así es la vida
such•like ['līk'] ◇ *adj.* de esta clase, de este tipo ◇ *pron.* cosas OR personas semejantes
suck [sŭk] ◇ *tr.* chupar; [a liquid] sorber; [air] aspirar; (*intr.*) dar chupadas ◇ *s.* chupada
suck•er ['ər] *s.* chupador *m*; *fam* [dupe] primo; [lollipop] pirulí *m*; [mouth part] ventosa; BOT chupón *m*
suck•le [:əl] *tr.* amamantar; [to rear] criar; (*intr.*) tomar el pecho
suck•ling [sŭk'lĭng] *s.* lactante *m*
su•crose [sōō'krōs'] *s.* sucrosa
suc•tion [sŭk'shən] *s.* succión *f*; [aspiration] aspiración ▪ ~ **pump** bomba aspirante
sud•den [sŭd'n] *adj.* [swift] súbito, repentino; [unforeseen] imprevisto; [abrupt] brusco ▪ **all of a** ~ de repente
sud•den•ly [:lē] *adv.* de repente
suds [sŭdz] *s. pl.* [soapy water] jabonaduras; [lather] espuma; *fam* [beer] cerveza
sue [sōō] *tr.* suplicar; DER demandar ▪ **to** ~ **for divorce** presentar demanda de divorcio; (*intr.*) entablar una acción judicial
suede, suède [swād] *s.* gamuza, ante *m*
su•et [sōō'ĭt] *s.* sebo
suf•fer [sŭf'ər] *intr.* sufrir; [be harmed] verse afectado; (*tr.*) sufrir ▪ **to** ~ **from** adolecer de
suf•fer•ance [əns] *s.* tolerancia; [tacit assent] consentimiento tácito
suf•fice [sə-fīs'] *intr.* bastar ▪ ~ **it to say** basta (con) decir
suf•fi•cien•cy [sə-fĭsh'ən-sē] *s.* suficiencia
suf•fi•cient [:ənt] *adj.* bastante, suficiente
suf•fi•cient•ly [:lē] *adv.* bastante
suf•fix [sŭf'ĭks'] *s.* sufijo
suf•fo•cate [sŭf'ə-kāt'] *tr.* & *intr.* sofocar(se); [to stifle] reprimir(se)
suf•fo•ca•tion ['-kā'shən] *s.* asfixia
suf•frage [sŭf'rĭj] *s.* sufragio; [right] derecho al voto
suf•fuse [sə-fyōōz'] *tr.* extenderse por
sug•ar [shŏŏg'ər] ◇ *s.* azúcar *mf* ▪ ~ **bowl** azucarero; ~ **cane** caña de azúcar; ~ **loaf** pan de azúcar; ~ **mill** ingenio ◇ *tr.* azucarar ▪ **to** ~ **the pill** *fig* dorar la píldora
sug•ar-coat [:kōt'] *tr.* endulzar
sug•ar•y [shŏŏg'ə-rē] *adj.* (**-i-**) azucarado; [tasting like sugar] dulzón; *fam* [cloyingly] meloso
sug•gest [sə-jest'] *tr.* sugerir; [to evoke] hacer pensar en; [to imply] insinuar
sug•ges•tion [:jes'chən] *s.* sugerencia; [hint] indicación *f*; PSIC sugestión *f*
sug•ges•tive [:tĭv] *adj.* sugestivo; [indicative] evocador; [insinuating] insinuante
su•i•cid•al [sōō'ĭ-sīd'l] *adj.* suicida
su•i•cide [sōō'ĭ-sīd'] *s.* suicidio; [person] suicida *mf* ▪ **to commit** ~ suicidarse
suit [sōōt] ◇ *s.* traje *m*; [set] conjunto; [in cards] palo; [legal] pleito; [courtship] galanteo ▪ **to bring a** ~ entablar un pleito; **to follow** ~ [in cards] jugar el mismo palo; *fig* seguir el ejemplo ◇ *tr.* satisfacer; [to look good] quedar bien ▪ **to** ~ **oneself** hacer lo que uno quiere; **to** ~ **to** adaptar a
suit•a•bil•i•ty [sōō'tə-bĭl'ĭ-tē] *s.* conveniencia
suit•a•ble ['-bəl] *adj.* conveniente; [compatible] compatible
suit•case [sōōt'kās'] *s.* maleta
suite [swēt] *s.* [retinue] séquito; [apartment] suite *f*; [furniture] juego; MÚS suite
suit•or [sōō'tər] *s.* peticionario; [wooer] pretendiente *m*
sul•fate [sŭl'fāt'] *s.* sulfato
sul•fur [:fər] *s.* azufre *m* ▪ ~ **dioxide** dióxido de azufre
sul•fu•ric [-fyŏŏr'ĭk] *adj.* sulfúrico
sul•fur•ous ['fər-əs] *adj.* sulfuroso; [from burning sulfur] azufroso
sulk [sŭlk] ◇ *intr.* enfurruñarse ◇ *s.* ▪ **in a** ~ enfurruñado
sulk•y[1] [sŭl'kē] *adj.* (**-i-**) malhumorado
sulk•y[2] *s.* [vehicle] tílburi *m*, sulky *m*
sul•len [sŭl'ən] *adj.* (**-er, -est**) [ill-humored] resentido; [gloomy] sombrío
sul•ly [sŭl'ē] *tr.* manchar
sul•phur[1] [sŭl'fər] *s.* mariposa anaranjada OR amarilla
sul•phur[2] = **sulfur**
sul•tan [sŭl'tən] *s.* sultán *m*
sul•try [sŭl'trē] *adj.* (**-i-**) bochornoso; [torrid] tórrido; [voluptuous] voluptuoso

sum [sŭm] ◇ *s.* suma; [total] total *m*; [of money] cantidad *f* ▪ **in ~** en resumen ◇ *pl.* aritmética ◇ *tr.* **(-mm-)** sumar ▪ **to ~ up** resumir
su•mac(h) [so͞o'măk'] *s.* zumaque *m*
sum•ma•rize [sŭm'ə-rīz'] *tr.* resumir
sum•ma•ry [:rē] ◇ *adj.* sumario; [fast] rápido ◇ *s.* resumen *m*
sum•ma•tion [sə-mā'shən] *s.* recapitulación *f*
sum•mer [sŭm'ər] ◇ *s.* verano ▪ **~ squash** calabaza ◇ *intr.* veranear **(at, in** en**)**
sum•mer•house [:hous'] *s.* cenador *m*
sum•mer•time [:tīm'] *s.* verano, estío
sum•mit [sŭm'ĭt] *s.* cúspide *f*
sum•mon [sŭm'ən] *tr.* convocar; [to send for] llamar; DER citar ▪ **to ~ up** armarse de
sum•mons [sŭm'ənz] ◇ *s.* (*pl* **es**) notificación *f*; DER [to defendant] citación *f* judicial; [to juror] requerimiento judicial ◇ *tr.* citar ante la justicia
sump•tu•ous [sŭmp'cho͞o-əs] *adj.* suntuoso
sun [sŭn] ◇ *s.* sol *m* ▪ **in the ~** al sol; **a place in the ~** una buena situación; **~ lamp** lámpara de rayos ultravioletas; **under the ~** en el mundo ◇ *tr.* & *intr.* **(-nn-)** asolear(se)
sun•bathe ['bā*th*'] *intr.* tomar el sol
sun•bon•net [:bŏn'ĭt] *s.* cofia, papalina
sun•burn [:bûrn'] quemadura de sol ◇ *tr.* & *intr.* **(-ed** OR **-burnt)** quemar(se) al sol
sun•dae [sŭn'dē] *s.* helado con frutas, nueces y almíbar
Sun•day [sŭn'dē] *s.* domingo
sun•di•al [sŭn'dī'əl] *s.* reloj *m* de sol
sun•down [:doun'] *s.* ocaso
sun•dries [sŭn'drēz] *s. pl.* artículos diversos
sun•dry [sŭn'drē] *adj.* diversos
sun•fish [sŭn'fĭsh'] *s.* (*pl* **inv.** OR **es**) pez *m* luna
sun•flow•er [:flou'ər] *s.* girasol *m*
sung [sŭng] ▻ **sing**
sun•glass•es [sŭn'glăs'ĭz] *s. pl.* gafas de sol
sunk [sŭngk] ▻ **sink**
sunk•en [sŭng'kən] *adj.* hundido
sun•light [:līt'] *s.* luz *f* del sol
sun•lit [:lĭt'] *adj.* iluminado por el sol
sun•ny [:ē] *adj.* **(-i-)** soleado; [cheerful] risueño
sun•rise [:rīz'] *s.* amanecer *m*
sun•roof [:ro͞of'] *s.* techo solar
sun•set [:set'] *s.* ocaso
sun•shine [:shīn'] *s.* luz *f* del sol; [happiness] alegría
sun•spot [:spŏt'] *s.* mancha solar
sun•stroke [:strōk'] *s.* insolación *f*
sun•tan [:tăn'] *s.* bronceado
sun•up [:ŭp'] *s.* salida del sol
sup [sŭp] *intr.* **(-pp-)** cenar
su•per [so͞o'pər] *fam* ◇ *s.* conserje *m* ◇ *adj.* estupendo
su•per•an•nu•at•ed [so͞o'pər-ăn'yo͞o-ā'tĭd] *adj.* [retired] jubilado; [obsolete] anticuado
su•perb [so͝o-pûrb'] *adj.* excelente, soberbio
su•per•cil•i•ous [so͞o'pər-sĭl'ē-əs] *adj.* desdeñoso
su•per•fi•cial [so͞o'pər-fĭsh'əl] *adj.* superficial
su•per•fi•ci•al•i•ty ['-'ē-ăl'ĭ-tē] *s.* superficialidad *f*
su•per•flu•ous [so͝o-pûr'flo͞o-əs] *adj.* superfluo
su•per•high•way [so͞o'pər-hī'wā'] *s.* autopista
su•per•hu•man [:hyo͞o'mən] *adj.* sobrehumano
su•per•im•pose [:ĭm-pōz'] *tr.* sobreponer
su•per•in•tend [:ĭn-tend'] *tr.* supervisar
su•per•in•ten•dent [:ĭn-ten'dənt] *s.* superintendente *m*; [of building] conserje *m*
su•pe•ri•or [so͝o-pîr'ē-ər] *adj.* & *s.* superior *m*
su•pe•ri•or•i•ty [-'-ôr'ĭ-tē] *s.* superioridad *f*
su•per•la•tive [so͝o-pûr'lə-tĭv] *adj.* & *s.* superlativo
su•per•man [so͞o'pər-măn'] *s.* (*pl* **-men**) superhombre *m*
su•per•mar•ket [:mär'kĭt] *s.* supermercado
su•per•nat•u•ral ['-năch'ər-əl] *adj.* sobrenatural
su•per•nu•mer•ar•y [:no͞o'mə-rer'ē] ◇ *adj.* supernumerario ◇ *s.* supernumerario; TEAT figurante *m*
su•per•pow•er ['-pou'ər] *s.* superpotencia
su•per•sat•u•rate ['-săch'ə-rāt'] *tr.* supersaturar
su•per•script ['-skrĭpt'] ◇ *adj.* sobrescrito ◇ *s.* signo OR índice sobrescrito
su•per•sede ['-sēd'] *tr.* suplantar
su•per•son•ic [:sŏn'ĭk] *adj.* supersónico
su•per•star ['-stär'] *s.* gran estrella
su•per•sti•tion [so͞o'pər-stĭsh'ən] *s.* superstición *f*
su•per•sti•tious [:əs] *adj.* supersticioso
su•per•struc•ture [so͞o'pər-strŭk'chər] *s.* superestructura
su•per•vise ['-vīz'] *tr.* supervisar
su•per•vi•sion ['-vĭzh'ən] *s.* supervisión *f*
su•per•vi•sor ['-vī'zər] *s.* supervisor *m*
su•per•vi•so•ry ['-'zə-rē] *adj.* de supervisión, de supervisor
su•pine [so͞o-pīn'] *adj.* supino; [passive] indolente
sup•per [sŭp'ər] *s.* cena ▪ **to have ~** cenar
sup•plant [sə-plănt'] *tr.* suplantar
sup•ple [sŭp'əl] *adj.* **(-er, -est)** flexible
sup•ple•ment [sŭp'lə-mənt] ◇ *s.* suplemento ◇ *tr.* suplir; [to add to] aumentar
sup•ple•men•ta•ry/tal ['-men'tə-rē/tl] *adj.* suplementario
sup•pli•ca•tion ['-kā'shən] *s.* súplica
sup•pli•er [sə-plī'ər] *s.* suministrador *m*
sup•ply [sə-plī'] ◇ *tr.* suministrar; [to satisfy] satisfacer ◇ *s.* suministro; [stock] surtido; ECON oferta ▪ **in short ~** escaso ◇ *pl.* provisiones; MIL pertrechos **office ~** artículos de oficina
sup•port [sə-pôrt'] ◇ *tr.* sostener; [to bear] soportar; [doubts] confirmar; [a child] mantener; [with money] ayudar ▪ **to ~ oneself** ganarse la vida ◇ *s.* apoyo; ARQ & TEC soporte *m*; [maintenance] mantenimiento
sup•port•er [sə-pôr'tər] *s.* soporte *m*; [advocate] partidario
sup•port•ing [sə-pôr'tĭng] *adj.* de reparto, secundario ▪ **~ actor** actor de reparto, actor secundario; **~ actress** actriz de reparto, actriz secundaria
sup•por•tive [:tĭv] *adj.* sustentador
sup•pose [sə-pōz'] *tr.* suponer; [to believe] creer ▪ **~ we dine together?** ¿qué tal si cenamos juntos?; (*intr.*) imaginarse
sup•posed [sə-pōzd', -pō'zĭd] *adj.* [presumed] presunto; [required] supuesto
sup•pos•ing [sə-pō'zing] *conj.* en el supuesto de que
sup•po•si•tion [sŭp'ə-zĭsh'ən] *s.* suposición *f*
sup•pos•i•to•ry [sə-pŏz'ĭ-tôr'ē] *s.* supositorio
sup•press [sə-pres'] *tr.* suprimir; [to prohibit] prohibir; [to restrain] contener
sup•pres•sion [sə-presh'ən] *s.* supresión *f*; [repression] represión *f*

sup•pu•rate [sŭp′yə-rāt′] *intr.* supurar
su•prem•a•cy [so͞o-prem′ə-sē] *s.* supremacía
su•preme [so͞o-prēm′] *adj.* supremo ▪ ~ **court** corte supremo
sur•charge [sûr′chärj′] <> *s.* sobrecarga; [overcharge] recargo <> *tr.* sobrecargar, recargar
sure [sho͝or] <> *adj.* seguro; [infallible] certero; [hand] firme ▪ ~ **thing!** ¡claro!; **to be** ~ sin duda; **to make** ~ asegurarse <> *adv.* seguramente; [of course] claro ▪ **for** ~ con toda seguridad; ~ **enough** efectivamente
sure-fire [′fīr′] *adj. fam* de éxito seguro
sure-foot•ed [:fo͝ot′ĭd] *adj.* de pie firme
sur•e•ty [:ĭ-tē] *s.* seguridad *f*; [pledge] garantía; [person] garante *mf*
surf [sûrf] <> *s.* oleaje *m* <> *intr.* hacer surfing; COMPUT navegar
sur•face [sûr′fəs] <> *s.* superficie *f* ▪ **on the** ~ en apariencia <> *adj.* superficial <> *intr.* salir a la superficie
surf•board [sûrf′bôrd′] *s.* tabla de surf
sur•feit [sûr′fĭt] <> *tr.* hartar <> *s.* hartura; [indigestion] empacho; [excess] exceso
surf•ing [sûr′fĭng] *s.* surfing *m*, deporte *m* de la tabla hawaiana
surge [sûrj] <> *intr.* [the sea] encresparse; [energy, enthusiasm] subir súbitamente <> *s.* [of waves] oleada; [billow] mar *mf* de fondo; [onrush] arranque *m*; ELEC sobretensión *f*
sur•geon [sûr′jən] *s.* cirujano
sur•ger•y [:jə-rē] *s.* intervención quirúrgica; [room] quirófano; [work] cirugía
sur•gi•cal [:jĭ-kəl] *adj.* quirúrgico
sur•ly [sûr′lē] *adj.* (-i-) malhumorado
sur•mise [sər-mīz′] <> *tr.* conjeturar <> *s.* conjetura
sur•mount [sər-mount′] *tr.* superar; [to climb] escalar
sur•name [sûr′nām′] *s.* apellido
sur•pass [sər-păs′] *tr.* sobrepasar; [to exceed] superar
sur•plus [sûr′pləs] <> *adj.* excedente <> *s.* excedente *m*; COM superávit *m*
sur•prise [sər-prīz′] <> *tr.* sorprender ▪ **to be surprised at** sorprenderse de OR con <> *s.* sorpresa ▪ ~ **attack** ataque por sorpresa; ~ **visit** visita inesperada; **to take by** ~ coger desprevenido
sur•pris•ing [:prī′zĭng] *adj.* sorprendente
sur•re•al [sə-rē′əl] *adj.* surrealista
sur•re•al•is•tic [-′ə-lĭs′tĭk] *adj.* surrealista
sur•ren•der [sə-ren′dər] <> *tr.* entregar; [to give up] ceder; [to abandon] abandonar ▪ **to** ~ **oneself** entregarse; (*intr.*) rendirse <> *s.* rendición *f*; [abandonment] abandono
sur•rep•ti•tious [sûr′əp-tĭsh′əs] *adj.* subrepticio
sur•ro•gate [sûr′ə-gĭt, :gāt′] <> *s.* sustituto; DER juez *m* de testamentarías <> *adj.* sustituto
sur•round [sə-round′] *tr.* rodear
sur•round•ings [sə-roun′dĭngz] *s. pl.* alrededores *m*
sur•tax [sûr′tăks′] *s.* recargo
sur•veil•lance [sər-vā′ləns] *s.* vigilancia
sur•vey [sər-vā′] <> *tr.* examinar; [to inspect] inspeccionar; [to measure] medir; (*intr.*) hacer una encuesta <> *s.* [sûr′vā′] inspección *f*; [review] repaso; [measurement] medición *f*; [map] mapa fotográfico
sur•vey•ing [sər-vā′-ĭng] *s.* agrimensura
sur•vey•or [:ər] *s.* agrimensor *m*; [inspector] inspector *m*
sur•viv•al [sər-vī′vəl] *s.* supervivencia
sur•vive [sər-vīv′] *tr.* & *intr.* sobrevivir ▪ **to** ~ **on** subsistir con
sur•vi•vor [sər-vī′vər] *s.* sobreviviente *mf*
sus•cep•ti•bil•i•ty [sə-sep′tə-bĭl′ĭ-tē] *s.* susceptibilidad *f*; [sensitivity] sensibilidad *f*
sus•cep•ti•ble [-′-bəl] *adj.* susceptible; [sensitive] sensible ▪ **to be** ~ **of** permitir; **to be** ~ **to** ser propenso a
sus•pect [sə-spekt′] <> *tr.* sospechar <> *s.* & *adj.* [sŭs′-pekt′] sospechoso
sus•pend [sə-spend′] *tr.* & *intr.* suspender
sus•pend•ers [sə-spen′dərz] *s. pl.* tirantes *m*
sus•pense [sə-spens′] *s.* suspensión *f*; [doubt] incertidumbre *f*; CINEM suspenso
sus•pen•sion [sə-spen′shən] *s.* suspensión *f* ▪ ~ **bridge** puente colgante
sus•pi•cion [sə-spĭsh′ən] *s.* sospecha; [pinch] pizca ▪ **above** ~ fuera de toda sospecha; **on** ~ como sospechoso; **to come under** ~ **of** ser sospechado de
sus•pi•cious [:əs] *adj.* sospechoso
sus•pi•cious•ness [:nĭs] *s.* suspicacia
sus•tain [sə-stān′] *tr.* sostener; [to encourage] animar; [to maintain] mantener; [an idea] apoyar; [injury] sufrir
sus•tain•a•ble [sə-stā′nə-bəl] *adj.* sostenible ▪ ~ **development** desarrollo sostenible
sus•te•nance [sŭs′tə-nəns] *s.* sustento; [nourishment] alimento; [livelihood] medio de subsistencia
su•ture [so͞o′chər] <> *s.* sutura <> *tr.* suturar
svelte [svelt] *adj.* esbelto
swab [swŏb] <> *s.* tapón *m*, torunda; [sample] muestra; [mop] estropajo; *jer* [sailor] marinero <> *tr.* (-bb-) limpiar con un tapón; [to mop] fregar con un estropajo
swad•dle [swŏd′l] *tr.* envolver; [to diaper] poner los pañales a
swag [swăg] *s. jer* [loot] botín *m*
swag•ger [swăg′ər] <> *intr.* pavonearse; [to boast] vanagloriarse <> *s.* [strutting] pavoneo; [boasting] jactancia
swal•low[1] [swŏl′ō] <> *tr.* tragar; *fig* [insults, pride] tragarse; [feelings] reprimir ▪ **to** ~ **one's words** comerse sus palabras; **to** ~ **up** tragarse; (*intr.*) tragar <> *s.* deglución *f*; [of drink] trago; [of food] bocado ▪ **at** OR **with one** ~ de un trago
swal•low[2] *s.* ORNIT golondrina
swam [swăm] ▻ **swim**
swamp [swŏmp, swômp] <> *s.* pantano <> *tr.* [to inundate] inundar, anegar; [to sink] hundir; *fig* [to overwhelm] inundar, abrumar
swamp•y [swŏm′pē, swôm′-] *adj.* (-i-) pantanoso
swan [swŏn] *s.* cisne *m* ▪ ~ **dive** salto del ángel; ~ **song** canto del cisne
swank [swăngk] <> *adj.* lujoso; [ostentatious] ostentoso <> *s.* elegancia
swap [swŏp] *fam* <> *tr.* & *intr.* (-pp-) cambiar, canjear <> *s.* cambio, canje *m*
swarm [swôrm] <> *s.* enjambre *m*; [of people] muchedumbre *f* <> *intr.* pulular, hormiguear; [bees] salir en enjambre; (*tr.*) inundar ▪ **to** ~ **with** bullir de
swar•thy [swôr′*th*ē] *adj.* (-i-) prieto
swash [swŏsh, swôsh] <> *s.* chapoteo <> *intr.* chapotear
swas•ti•ka [swŏs′tĭ-kə] *s.* esvástica
swat [swŏt] <> *tr.* (-tt-) aplastar <> *s.* golpe repentino
swatch [swŏch] *s.* muestra (de un tejido)
swath [swŏth, swôth] *s.* golpe *m* de guadaña; [path] ringlera ▪ **to cut a wide** ~ hacer un gran papel

swathe [swŏ*th*, swā*th*] *tr.* vendar

swat•ter [swŏt′ər] *s.* matamoscas *m*

sway [swā] ◇ *tr.* hacer oscilar; [to influence] ejercer influencia en ▪ **to ~ somebody from** apartar a alguien de; (*intr.*) balancearse; [to move unsteadily] tambalearse ◇ *s.* oscilación *f*; [power] dominio ▪ **to be under the ~ of** estar dominado por; **to hold ~ over** dominar

swear [swâr] *tr.* & *intr.* (**swore, sworn**) jurar ▪ **to ~ at** maldecir; **to ~ in** tomar juramento a; **to ~ off** *fam* prometer renunciar a; **to ~ someone to secrecy** hacer que alguien jure guardar el secreto; **to ~ to** afirmar bajo juramento; **to ~ up and down** *fam* jurar y perjurar

swear•word [′wûrd′] *s.* palabrota

sweat [swet] ◇ *intr.* (**sweat(ed)**) sudar; [to exude] rezumar; (*tr.*) sudar; [to cause to perspire] hacer sudar; [to overwork] explotar (a obreros) ▪ **to ~ it out** *jer* aguantar, pasar un mal rato ◇ *s.* sudor *m*; [moisture] humedad *f* ▪ **no ~** no es ningún problema; **~ shirt** sudadera; **~ suit** chándal *m*; **to be in a ~** estar angustiado

sweat•er [swet′ər] *s.* suéter *m*

sweat•shop [:shŏp′] *s.* fábrica en la que se explota al obrero

sweat•y [swet′ē] *adj.* (**-i-**) sudoroso; [laborious] agotador

sweep [swēp] ◇ *tr.* (**swept**) barrer; [to remove] llevarse; [to traverse] recorrer ▪ **to ~ a constituency** llevarse la mayoría de los votos en una circunscripción; **to ~ someone off their feet** hacerle perder la cabeza a alguien; **to ~ the board** *fam* llevarse todo; **to ~ up** recoger; (*intr.*) barrer; [to flow] pasar rápidamente; [to trail] arrastrarse; [to extend] extenderse ▪ **to ~ along** andar rápidamente ◇ *s.* [sweeping] barrido; [motion] movimiento amplio; [reach] alcance *m*; [curve] curva; [chimney sweep] deshollinador *m*; [victory] victoria aplastante ▪ **at one ~** de una vez; **to make a clean ~** hacer tabla rasa

sweep•er [swē′pər] *s.* barrendero; [machine] barredora; [for streets] barredera

sweep•ing [:pĭng] ◇ *adj.* extenso; [dramatic] dramático; [gesture] amplio ◇ *s. pl.* basura

sweep•stake(s) [swēp′stāk[s]] *s.* lotería

sweet [swēt] ◇ *adj.* dulce; [gratifying] agradable; [lovable] encantador; [fresh] fresco; [potable] potable ▪ **~ oil** aceite de oliva; **~ one** querido; **~ pepper** pimiento morrón; **~ potato** batata, boniato; **~ sixteen** quince abriles; **~ talk** lisonjas; **to have a ~ tooth** ser goloso; **to be ~ on** estar enamorado de; **to take one's own ~ time** no darse prisa; **to taste ~** estar dulce ◇ *s.* dulce *m*; [person] cariño

sweet•bread [′bred′] *s.* mollejas

sweet•en [:n] *tr.* & *intr.* endulzar(se)

sweet•en•er [:ər] *s.* dulcificante *m*, edulcorante *m*

sweet•en•ing [:ĭng] *s.* endulzamiento; [sweetener] dulcificante *m*, edulcorante *m*

sweet•heart [swēt′härt′] *s.* enamorado; [lovable person] persona adorable

sweet•meat [:mēt′] *s.* dulce *m*, confitura

sweet•ness [:nĭs] *s.* dulzura

swell [swel] ◇ *intr.* (**-ed, -ed** OR **swollen**) hincharse; [to increase] aumentar; [with emotion] hincharse ▪ **to ~ out** OR **up** hincharse; (*tr.*) hinchar; [increase] hacer aumentar ▪ **to get a swollen head** *fam* engreírse ◇ *s.* [act] inflamiento; [wave] oleada; *fam* [handsome person] guapo ◇ *adj. fam* [stylish] elegante; [fine] fenomenal

swell•ing [′ĭng] *s.* inflamiento; [swollen part] hinchazón *f*

swel•ter [swel′tər] *intr.* sofocarse de calor

swel•ter•ing [:ĭng] *adj.* [day] abrasador; [person] sudando a mares

swept [swept] ▻ **sweep**

swerve [swûrv] ◇ *tr.* & *intr.* desviar(se) ◇ *s.* desviación *f*

swift [swĭft] ◇ *adj.* veloz; [quick] rápido ◇ *s.* ORNIT vencejo

swift•ness [′nĭs] *s.* rapidez *f*, velocidad *f*

swig [swĭg] *fam* ◇ *s.* trago ◇ *tr.* & *intr.* (**-gg-**) beber a tragos

swill [swĭl] ◇ *tr.* [to drink] beber a tragos; [to flood] empapar ◇ *s.* bazofia; [refuse] basura

swim [swĭm] ◇ *intr.* (**swam, swum**) nadar; [to glide] deslizarse; [to float] flotar; [to be immersed] estar cubierto; [to whirl] dar vueltas ▪ **to ~ with the tide** seguir la corriente; (*tr.*) nadar; [to swim across] atravesar a nado ▪ **swimming in** lleno de ◇ *s.* baño ▪ **to go for** OR **to take a ~** ir a nadar

swim•ming [-′ĭng] *adv.* natación *f* ▪ **swimming pool** piscina

swim•ming•ly [′ĭng-lē] *adv.* espléndidamente

swim•suit [:sōōt′] *s.* traje *m* de baño

swin•dle [swĭn′dl] ◇ *tr.* & *intr.* timar ◇ *s.* timo

swin•dler [swĭnd′lər] *s.* timador *m*

swine [swīn] *s. inv.* cerdo

swine•herd [′hûrd′] *s.* porquerizo

swing [swĭng] ◇ *intr.* (**swung**) oscilar; [on a swing] columpiarse; [on hinges] girar; *jer* [to be up to date] estar al día; MÚS tocar con ritmo ▪ **to ~ clear of** dar un viraje para evitar; **to ~ to** cerrarse; **to ~ to and fro** balancearse; (*tr.*) hacer girar; [on swing] hacer balancear; *jer* [to manage] lograr ▪ **to ~ an election** ganar una elección; **to ~ around a corner** AUTO doblar una esquina; **to ~ at** dirigir un golpe a ◇ *s.* oscilación *f*; [swoop] descenso rápido; [for children] columpio; MÚS ritmo

swing•er [′ər] *s.* oscilador *m*; *jer* [person] persona a la última moda y sin inhibiciones

swing•ing [:ĭng] *jer* ◇ *s.* libertinaje *m* ◇ *adj.* muy moderno; [spirited] alegre; MÚS rítmico

swipe [swīp] ◇ *s.* tortazo ◇ *tr.* [to hit] dar un tortazo; *jer* [to steal] robar, birlar

swirl [swûrl] ◇ *intr.* dar vueltas; (*tr.*) girar ◇ *s.* giro; [whorl] espiral *f*

swish [swĭsh] ◇ *intr.* [cane, whip] silbar; [fabric] crujir; (*tr.*) [tail] menear ◇ *s.* silbido; [rustle] crujido

switch [swĭch] ◇ *s.* ELEC interruptor *m*; [rod] látigo; [lashing] latigazo; [shift] cambio; [false hair] trenza postiza; FC cambio (de vías) ◇ *tr.* [to whip] azotar; [to shift] cambiar de; [to exchange] intercambiar; FC desviar ▪ **to ~ off** desconectar; [lights] apagar; **to ~ on** conectar; [lights] encender; (*intr.*) cambiar

switch•blade [′blād′] *s.* navaja de muelle

switch•board [:bôrd′] *s.* ELEC tablero de distribución; TEL centralita (de teléfonos) ▪ **~ operator** telefonista

switch•man [:mən] *s.* (*pl* **-men**) guardagujas *m*

swiv•el [swĭv′əl] ◇ *s.* [link] eslabón giratorio; [pivot] pivote *m* ▪ **~ chair** silla giratoria ◇ *intr.* & *tr.* (hacer) girar

S

swiz•zle stick [swĭz'əl] *s.* varilla de cóctel
swol•len [swō'lən] ▻ **swell**
swoon [swo͞on] ◇ *intr.* desmayarse ◇ *s.* desmayo
swoop [swo͞op] ◇ *intr.* abalanzarse ◇ *s.* calada ▪ **in one fell** ~ de un solo golpe
sword [sôrd] *s.* espada; [instrument] arma; [power] poder *m* militar ▪ **to be at sword's points** estar a punto de matarse; **to cross swords with** habérselas con; **to put to the** ~ pasar a cuchillo
sword•fish ['fĭsh'] *s.* (*pl* **inv.** OR **es**) pez *m* espada
sword•play [:plā'] *s.* esgrima
swords•man [sôrdz'mən] *s.* (*pl* **-men**) [fencer] esgrimista *mf*; [fighter] espadachín *m*
swore [swôr], **sworn** [swôrn] ▻ **swear**
swum [swŭm] ▻ **swim**
swung [swŭng] ▻ **swing**
syc•a•more [sĭk'ə-môr'] *s.* sicómoro
syc•o•phant [sĭk'ə-fənt] *s.* adulón *m*
syl•la•ble [sĭl'ə-bəl] *s.* sílaba
syl•la•bus [sĭl'ə-bəs] *s.* (*pl* **es** OR **-bi**) programa *m* de estudios; [summary] resumen *m*
syl•lo•gism [sĭl'ə-jĭz'əm] *s.* silogismo
syl•lo•gis•tic ['-jĭs'tĭk] *adj.* silogístico
sym•bi•o•sis [sĭm'bē-ō'sĭs] *s.* simbiosis *f*
sym•bi•ot•ic [:ŏt'ĭk] *adj.* simbiótico
sym•bol [sĭm'bəl] *s.* símbolo
sym•bol•ic/i•cal [-bŏl'ĭk] *adj.* simbólico
sym•bol•ism ['bə-lĭz'əm] *s.* simbolismo
sym•bol•ize [:līz'] *tr.* simbolizar
sym•met•ric/ri•cal [sĭ-met'rĭk] *adj.* simétrico
sym•me•try [sĭm'ĭ-trē] *s.* simetría
sym•pa•thet•ic [sĭm'pə-thet'ĭk] *adj.* [compassionate] compasivo; [favorable] favorable; [supporting] simpatizante; ANAT simpático
sym•pa•thize ['-thīz'] *intr.* compadecerse; [to understand] comprender
sym•pa•thiz•er [:thī'zər] *s.* simpatizante *mf*
sym•pa•thy [sĭm'pə-thē] *s.* simpatía; [compatibility] compatibilidad *f*; [understanding] comprensión *f*; [expression of sorrow] pésame *m*; [compassion] compasión *f* ▪ **her sympathies lie with** simpatiza con; **message of** ~ pésame; **to be in** ~ **with** estar de acuerdo con
sym•phon•ic [sĭm-fŏn'ĭk] *adj.* sinfónico
sym•pho•ny [sĭm'fə-nē] *s.* MÚS sinfonía; [orchestra] orquesta sinfónica; [harmony] armonía
sym•po•si•um [sĭm-pō'zē-əm] *s.* (*pl* **s** OR **-ia**) simposio; [collection] colección *f*
symp•tom [sĭmp'təm] *s.* [indication] indicio; MED síntoma *m*
symp•to•mat•ic ['tə-măt'ĭk] *adj.* sintomático
syn•a•gog(ue) [sĭn'ə-gŏg'] *s.* sinagoga
syn•apse [sĭn'ăps'] *s.* sinapsis *f*
sync(h) [sĭngk] *fam* ◇ *s.* sincronización *f* ▪ **to be out of** ~ no estar sincronizado ◇ *tr.* sincronizar
syn•chro•ni•za•tion [sĭng'krə-nĭ-zā'shən] *s.* sincronización *f*
syn•chro•nize ['-nīz'] *intr.* coincidir; [to operate in unison] ser sincrónico; (*tr.*) sincronizar
syn•chro•niz•er [:nī'zər] *s.* sincronizador *m*
syn•chro•nous [:nəs] *adj.* sincrónico; MEC síncrono
syn•co•pa•tion [sĭng'kə-pā'shən] *s.* síncopa
syn•di•cate [sĭn'dĭ-kĭt] ◇ *s.* sindicato; [of newspapers] cadena de periódicos ◇ *tr.* [:kāt'] sindicar; PERIOD vender a través de una agencia; (*intr.*) sindicarse
syn•di•ca•tion ['-kā'shən] *s.* sindicalización *f*
syn•drome [sĭn'drōm'] *s.* síndrome *m*
syn•er•gism/gy [sĭn'ər-jĭ'zəm/jē] *s.* sinergía
syn•od [sĭn'əd] *s.* sínodo
syn•o•nym [sĭn'ə-nĭm'] *s.* sinónimo
syn•on•y•mous [sĭ-nŏn'ə-məs] *adj.* sinónimo
syn•op•sis [sĭ-nŏp'sĭs] *s.* (*pl* **-ses**) sinopsis *f*
syn•tac•tic/ti•cal [sĭn-tăk'tĭk] *adj.* sintáctico
syn•tax [sĭn'tăks'] *s.* sintaxis *f*
syn•the•sis [sĭn'thĭ-sĭs] *s.* (*pl* **-ses**) síntesis *f*
syn•the•size [:sīz'] *tr.* sintetizar
syn•the•siz•er [:sī'zər] *s.* sintetizador *m*
syn•thet•ic [sĭn-thet'ĭk] *adj.* & *s.* (material) sintético
syph•i•lis [sĭf'ə-lĭs] *s.* sífilis *f*
sy•ringe [sə-rĭnj', sĭr'ĭnj] *s.* jeringa
syr•up [sĭr'əp] *s.* CUL almíbar *m*
sys•tem [sĭs'təm] *s.* sistema *m*; [human body] organismo; ANAT aparato ▪ **systems analyst** analista *mf* de sistemas; **systems engineer** ingeniero de sistemas; **systems operator** operador del sistema
sys•tem•at•ic ['tə-măt'ĭk] *adj.* sistemático
sys•tem•a•tize ['-mə-tīz'] *tr.* sistematizar
sys•tem•ic [sĭs-tem'ĭk] *adj.* sistemático; [of the body] que afecta al organismo
sys•tem•ize [sĭs'tə-mīz'] *tr.* sistematizar

T

t,T [tē] *s.* vigésima letra del alfabeto inglés ▪ **to a T** a la perfección
tab [tăb] *s.* lengüeta; [at a restaurant] cuenta; [of a typewriter] tabulador *m* ▪ **to keep tabs on** observar detalladamente
tab•by [tăb'ē] *s.* [striped] gato atigrado; [female cat] gata
ta•ble [tā'bəl] ◇ *s.* mesa; [data] tabla, cuadro ▪ ~ **of contents** índice; **to turn the tables on someone** volver las tornas a alguien; **under the** ~ [covertly] bajo la mesa; [drunk] completamente borracho ◇ *tr.* [to place] poner sobre una mesa; [to shelve] dar carpetazo a; [to tabulate] tabular; *fig* [to present] presentar
ta•ble•cloth [tā'bəl-klôth'] *s.* mantel *m*
ta•ble•spoon [:spo͞on'] *s.* cuchara de sopa; [quantity] cucharada
tab•let [tăb'lĭt] *s.* tableta, tablilla; [writing pad] taco, bloc *m*; [pill] pastilla
ta•ble•ware [tā'bəl-wâr'] *s.* servicio de mesa
tab•loid [tăb'loid'] *s.* periódico de formato reducido
ta•boo [tă-bo͞o'] *s.* & *adj.* tabú *m*
tab•u•lar [tăb'yə-lər] *adj.* tabular
tab•u•late [:lāt'] *tr.* tabular
tab•u•la•tion ['-lā'shən] *s.* tabulación *f*
tab•u•la•tor ['-'tər] *s.* [person, key] tabulador *m*; [machine] tabuladora
tac•it [tăs'ĭt] *adj.* tácito; [implicit] implícito
tac•i•turn [:ĭ-tûrn'] *adj.* taciturno
tack [tăk] ◇ *s.* tachuela; [direction] dirección *f*, línea; COST hilván *m*; MARÍT puño de la amura ▪ **to get down to brass tacks** ir al grano ◇ *tr.* clavar con tachuelas; [to stitch] hilvanar; MARÍT virar por avante ▪ **to** ~ **on**

añadir, agregar; (*intr.*) MARÍT cambiar de bordada

tack•le [tăk'əl] ◇ *s.* [gear] equipo, avíos *m*; [harness] arreos; MARÍT aparejo, jarcias ◇ *tr.* atacar, abordar; DEP agarrar

tack•y¹ [tăk'ē] *adj.* (-i-) [sticky] pegajoso

tack•y² *adj.* (-i-) *fam* [shabby] descuidado; [lacking style] cursi; [vulgar] vulgar

tact [tăkt] *s.* tacto

tact•ful ['fəl] *adj.* discreto

tac•tic [tăk'tĭk] *s.* táctica ▪ **tactics** (*s.sg.*) táctica

tac•ti•cal [:tĭ-kəl] *adj.* táctico ▪ ~ **voting** POL voto útil

tac•ti•cian [-tĭsh'ən] *s.* táctico

tac•tile [tăk'təl, :tīl'] *adj.* táctil

tact•less [tăkt'lĭs] *adj.* falto de tacto

tad•pole [tăd'pōl'] *s.* renacuajo

tae•kwon•do [tə-kwŏn'dō'] *s.* taekwondo

taf•fy [tăf'ē] *s.* melcocha

tag¹ [tăg] ◇ *s.* [label] etiqueta; [aglet] herrete *m*; [cliché] cliché *m*; [characterization] etiqueta, epíteto ▪ ~ **line** TEAT gracia, punto; [slogan] slogan ◇ *tr.* (-gg-) etiquetar; [to identify] identificar; [to characterize] denominar; [to follow] seguir de cerca; (*intr.*) ▪ **to ~ along** seguir, acompañar

tag² *s.* [game] mancha, pillarse *m*

tag•a•long ['ə-lông'] *s.* persona que sigue a otra persistentemente

tai chi [tī-chē'] *s.* tai-chi *m*

tail [tāl] ◇ *s.* cola; [backside] trasero; [of a shirt] faldón *m*; *fam* [spy] espía *mf* ▪ **from head to ~** de pies a cabeza; ~ **end** [rear] parte trasera; [end] fin *m*, final *m*; ~ **pipe** MEC tubo de escape; ~ **wind** viento de cola; **to be on someone's ~** [to trail] seguirle el rastro a alguien ◇ *pl.* [of a coin] cruz, reverso; [tailcoat] frac ◇ *tr. fam* [to follow] seguir de cerca, espiar; (*intr.*) ▪ **to ~ away** OR **off** ir disminuyendo

tail•gate ['gāt'] ◇ *s.* compuerta de cola ◇ *tr.* & *intr.* seguir demasiado cerca a (otro vehículo)

tail•light [:līt'] *s.* luz trasera OR de cola

tai•lor [tā'lər] ◇ *s.* sastre *m* ◇ *tr.* hacer a la medida; [to adapt] adaptar

tai•lored [tā'lərd] *adj.* [trim] de corte prolijo; [custom-made] hecho a la medida

tai•lor-made [tā'lər-mād'] *adj.* hecho a medida; [perfect] perfecto

tail•piece [tāl'pēs'] *s.* pieza de cola

tail•spin [:spĭn'] *s.* [collapse] colapso emocional; AER barrena

taint [tānt] ◇ *tr.* manchar; [to spoil] contaminar; [to corrupt] corromper; (*intr.*) mancharse; [to rot] corromperse ◇ *s.* [moral defect] mácula, defecto; [influence] mala influencia

take [tāk] ◇ *tr.* (**took, taken**) tomar; [to confiscate, steal] apoderarse de; [to arrest] detener, capturar; [to win] ganar; [to buy] comprar; [to cost] costar; [to swindle] engañar; [to carry along] llevarse; [to captivate] cautivar, encantar; [to admit] recibir; [to accept] aceptar; [to withstand] aguantar, soportar; [film, clothing] usar; [in shoes] calzar; [to study] estudiar; [in chess, checkers] comerse, capturar; [to remove] sacar; [to subtract] sustraer ▪ **as I ~ it** a mi entender; ~ **it from me!** ¡créame!; **to ~ a bow** agradecer el aplauso; **to ~ along** llevar consigo, llevarse; **to ~ amiss** tomar mal; **to ~ an oath** prestar juramento; **to ~ apart** [to disassemble] desarmar, desmontar; [to analyze] analizar; [to wreck] hacer pedazos; **to ~ a trip** hacer un viaje; **to ~ away** [to remove] quitar, sacar; [to subtract] restar; [to carry away] llevarse; **to ~ back** [to return] devolver; [to receive back] recibir de vuelta; [person] volver a recibir; [former employee] volver a emplear; [to retract] retractar; [to bring to mind] hacer recordar, hacer pensar en; **to ~ chances** arriesgarse; **to ~ down** [to write down] anotar; [to bring down] bajar; [to disassemble] desarmar; [to knock down] derribar; **to ~ hold of** agarrar; **to ~ in** [to accept] aceptar; [to lodge] alojar; [to understand] comprender; [to include] incluir; [to realize] percatarse de; [to deceive] engañar; [to earn] ganar; [a seam] embeber, meter; [a dress] achicar; **to ~ it out on** desahogarse con; **to ~ it that** suponer que, inferir que; **to ~ notes** hacer apuntes; **to ~ off** quitar; [clothes, hat] quitarse; [time] tomarse; [to deduct] rebajar; **to ~ on** [characteristic, attitude] asumir, tomar; [responsibility] encargarse de; [employee] contratar; [passengers] recibir a bordo; [bet, challenge] aceptar; [adversary] enfrentarse a; [client, patient] aceptar; **to ~ out** llevar afuera, poner afuera; [to remove] sacar; [license, policy] sacar; [stain, spot] quitar, extraer; [tooth] extraer; **to ~ over** hacerse cargo de; **to ~ pity on** tener lástima de; **to ~ up** [to raise] llevar arriba; [to pick up] levantar, alzar; [time, space] ocupar, llenar; [challenge, bet] aceptar; [career, profession] dedicarse a; [study] empezar; [residence] establecer; COST acortar; **to ~ upon oneself** encargarse de; **to ~ up with** asociarse con; (*intr.*) [to stick] adherirse; [to succeed] tener éxito; [to set] cuajar; [plants] arraigar; [vaccination] prender ▪ **to ~ after** parecerse a; **to ~ off** [to leave] irse, partir; [aircraft] despegar; **to ~ over** asumir la autoridad; **to ~ to** empezar a; **to ~ to someone** tomarle simpatía a alguien; **to ~ to something** aficionarse a algo ◇ *s.* [receipts] entrada, ingresos; [in hunting] presa; [in fishing] pesca; [in chess, checkers] captura, toma; CINEM toma

take-home pay ['hōm'] *s.* sueldo neto

take•off [:ôf'] *s.* AVIA despegue *m*; *fam* [imitation] parodia

take•o•ver [:ō'vər] *s.* toma de poder ▪ ~ **bid** FIN OPA *f*

tak•ing [tā'kĭng] ◇ *adj.* atractivo ◇ *s.* toma; [catch] presa, pesca ◇ *pl.* ingresos

talc [tălk] ◇ *s.* talco ◇ *tr.* (-c(k)-) poner talco a

tal•cum [tăl'kəm] *s.* talco; [powder] polvos de talco

tale [tāl] *s.* cuento; [lie] mentira; [gossip] chisme *m* ▪ **old wives' ~** cuento de viejas

tal•ent [tăl'ənt] *s.* talento; [aptitude] aptitud *f*, don *m*; [person] talento

tal•ent•ed [:ən-tĭd] *adj.* talentoso

Tal•i•ban [tăl'ə-băn'] *s.* talibán *m*

tal•is•man [tăl'ĭs-mən] *s.* talismán *m*

talk [tôk] ◇ *tr.* hablar; [to speak] decir ▪ **to ~ a blue streak** *fam* hablar por los codos; **to ~ sense** hablar sensatamente; **to ~ someone into doing something** persuadir a alguien a hacer algo; **to ~ someone out of doing something** disuadir a alguien de hacer algo; **to ~ turkey** no andarse con rodeos; (*intr.*) hablar; [to chatter] charlar ▪ **look who's talking!** ¡mira quién habla!; **now you're talking!** ¡así se habla!; **to ~ away** hablar sin parar; **to ~ back** replicar; **to ~ behind someone's back** hablar (mal) de alguien a sus espaldas; **to ~ down to** hablar con altivez a ◇ *s.* conversación *f*; [speech] discurso; [jargon] habla; [rumor] rumores *mpl*; [subject of conversation] chisme *m*, comidilla; [empty speech] palabrería ◇ *pl.* negociaciones *fpl*

talk•a•tive [tô'kə-tĭv] *adj.* hablador, locuaz

talk•er [tô'kər] *s.* hablador *m*

talk•ing [tô'kĭng] *adj.* parlante, que habla; [movie] sonora ▪ ~ **book** audiolibro

talk•ing-to [:-tōō'] *s. fam* sermón *m*

talk•time [tôk'tīm'] *s.* TELEC. autonomía en llamada, tiempo de conversación

tall [tôl] ◇ *adj.* alto; [of certain height] de alto, de altura; **it's 20 metres** ~ tiene 20 metros de alto; *fam* [tale] exagerado; [difficult] difícil ▪ **how** ~ **are you?** ¿cuánto mide usted?; **he's 2 metres** ~ mide 2 metros ◇ *adv.* ▪ **to walk** ~ caminar con porte altivo

tal•low [tăl'ō] *s.* sebo

tal•ly [tăl'ē] ◇ *s.* [stick] tarja, tara; [score] cuenta; [receipt] talón *m*; COM lista ◇ *tr.* [to record] tarjar; [to score] llevar la cuenta de; [to cause to agree] hacer cuadrar; (*intr.*) cuadrar

tal•on [tăl'ən] *s.* garra

tam•bou•rine [tăm'bə-rēn'] *s.* pandereta

tame [tām] ◇ *adj.* domesticado; [gentle] manso; [docile] dócil; *fam* insípido ◇ *tr.* domesticar; [to break] domar; [to subdue] dominar; [to soften] suavizar

tam-o'-shan•ter [tăm'ə-shăn'tər] *s.* boina escocesa

tamp [tămp] *tr.* apisonar, pisonear

tam•per [tăm'pər] *intr.* ▪ **to** ~ **with** interferir en; [to meddle] entrometerse en

tam•pon [tăm'pŏn'] *s.* tampón *m*

tan [tăn] ◇ *tr.* (**-nn-**) [leather] curtir; [skin] broncear; *fam* [to beat] zurrar; (*intr.*) broncearse, tostarse ◇ *s.* & *adj.* (color) tostado OR bronceado

tan•dem [tăn'dəm] *s.* & *adv.* (en) tándem *m*

tang [tăng] *s.* [flavor] gusto fuerte; [odor] olor *m* penetrante; [of a tool] cola

tan•gent [tăn'jənt] *adj.* & *s.* tangente *f*

tan•gen•tial [-jen'shəl] *adj.* tangencial

tan•ger•ine [tăn'jə-rēn'] *s.* [color] anaranjado rojizo; [fruit] mandarina; [tree] mandarino

tan•gi•ble [tăn'jə-bəl] *adj.* tangible; [real] real

tan•gle [tăng'gəl] ◇ *tr.* & *intr.* [to snarl] enredar(se), enmarañar(se); [to entangle] embrollar(se) ▪ **to** ~ **with** meterse con ◇ *s.* enredo, embrollo; [confusion] confusión *f*

tan•gled [:gəld] *adj.* enredado, embrollado

tan•go [tăng'gō] ◇ *s.* tango ◇ *intr.* bailar el tango

tang•y [tăng'ē] *adj.* (**-i-**) fuerte, penetrante

tank [tăngk] *s.* tanque *m*; *jer* [jail] cárcel *f*

tank•ard [tăng'kərd] *s.* jarra (de cerveza)

tank•er [tăng'kər] *s.* [ship] buque *m* tanque; [truck] camión *m* tanque; [plane] avión *m* tanque

tan•ner [tăn'ər] *s.* curtidor *m*

tan•ning [tăn'ĭng] *s.* [of leather] curtimiento; [of skin] bronceado; *fam* [beating] zurra

tan•ta•lize [tăn'tə-līz'] *tr.* tentar

tan•ta•liz•ing [:ĭng] *adj.* tentador

tan•ta•mount [tăn'tə-mount'] *adj.* ▪ **to be** ~ **to** equivaler a

tan•trum [tăn'trəm] *s.* rabieta, pataleta

Tao•ism [tou'ĭz'əm] *s.* taoísmo

Tao•ist [tou'ĭst] *s.* taoista *mf*

tap[1] [tăp] ◇ *tr.* (**-pp-**) golpear ligeramente; [to rap] dar golpecitos con; [shoes] poner tapas a; (*intr.*) dar golpes ligeros; [with one's fingers] tamborilear; [with one's feet] zapatear ◇ *s.* golpe ligero; [sole] media suela; [metal tip] chapa ▪ ~ **dance** zapateo americano

tap[2] ◇ *s.* [faucet] grifo; [spigot] canilla, espita; [beer] cerveza de barril; MED drenaje *m*; MEC macho de roscar; ELEC toma de corriente ◇ *tr.* (**-pp-**) [to put a tap on] espitar; [to pierce] horadar; [tree] sangrar; [to draw] sacar de un barril; [to make use of] utilizar; [to connect] hacer una conexión en; [to wiretap] interceptar; ELEC desviar; MEC roscar; MED drenar

tap-dance ['dăns'] *intr.* zapatear

tape [tāp] ◇ *s.* [strip, recording] cinta; [adhesive] cinta adhesiva; [magnetic] cinta magnética; [measure] cinta métrica; DEP cinta de llegada ▪ **red** ~ papeleo; ~ **player** grabadora; ~ **recorder** grabadora; ~ **recording** grabación ◇ *tr.* [to fasten] asegurar con cinta; [to glue] pegar con cinta adhesiva; [to measure] medir; [to record] grabar

ta•per [tā'pər] ◇ *s.* vela delgada; [in shape] ahusamiento ◇ *tr.* & *intr.* ▪ **to** ~ **off** disminuir

tape-re•cord [tāp'rĭ-kôrd'] *tr.* grabar (en cinta magnetofónica)

tap•es•try [tăp'ĭ-strē] *s.* tapiz *m*

tape•worm [tāp'wûrm'] *s.* tenia, solitaria

tap•i•o•ca [tăp'ē-ō'kə] *s.* tapioca

ta•pir [tā'pər] *s.* tapir *m*

tap•room [tăp'rōōm'] *s.* bar *m*

tar[1] [tär] ◇ *s.* alquitrán *m* ◇ *tr.* (**-rr-**) alquitranar

tar[2] *s. fam* [sailor] marinero

ta•ran•tu•la [tə-răn'chə-lə] *s.* tarántula

tar•dy [tär'dē] *adj.* (**-i-**) [late] tardío; [delayed] demorado; [slow] lento ▪ **to be** ~ llegar tarde

tar•get [tär'gĭt] ◇ *s.* blanco; [goal] meta ▪ **to be on** ~ dar en el blanco ◇ *tr.* fijar como objetivo

tar•iff [tăr'ĭf] *s.* tarifa

tar•mac [tär'măk'] *s.* asfalto; [runway] pista

tar•na•tion [tär-nā'shən] *s.* & *interj. fam* maldición *f*

tar•nish [tär'nĭsh] ◇ *tr.* & *intr.* empañar(se), descolorar(se); [to spoil] estropear(se) ◇ *s.* empañamiento, deslustre *m*; [besmirchment] mancha

tar•ot [tăr'ō] *s.* carta *f* de tarot

tar•pa•per [tär'pā'pər] *s.* papel alquitranado

tar•pau•lin [tär-pô'lĭn, tär'pə-] *s.* lona (recauchutada)

tar•ra•gon [tăr'ə-gŏn'] *s.* estragón *m*

tar•ry[1] [tăr'ē] *intr.* [to delay] demorar; [to linger] rezagarse

tar•ry[2] [tär'ē] *adj.* (**-i-**) alquitranado

tart[1] [tärt] *adj.* [taste] ácido; [tone] hiriente

tart[2] *s.* [pie] pastelillo; [prostitute] prostituta

tar•tan [tär'tn] *s.* tartán *m*

tar•tar [tär'tər] *s.* QUÍM tártaro; ODONT sarro ▪ ~ **sauce** salsa tártara

task [tăsk] ◇ *s.* tarea; [difficult undertaking] faena ▪ ~ **force** [military] destacamento; [political] grupo de trabajo; **to take to** ~ reprender ◇ *tr.* agobiar con tareas

task•mas•ter ['măs'tər] *s.* ▪ **to be a hard** ~ ser muy exigente

tas•sel [tăs'əl] *s.* borla

taste [tāst] ◇ *tr.* probar; [to discern flavor of] notar un sabor a; [to sample] catar; [to experience] experimentar; (*intr.*) [to distinguish flavors] sentir sabor; [to have a flavor] tener sabor ▪ **to** ~ **of** saber a ◇ *s.* gusto; [small portion] pizca; [experience] experiencia ▪ **in good** ~ de buen gusto; ~ **bud** papila del gusto

taste•ful ['fəl] *adj.* de buen gusto

taste•less [:lĭs] *adj.* [not tasty] sin sabor; [insipid] insípido; [tacky] cursi
tast•y [tā′stē] *adj.* (**-i-**) sabroso
tat [tăt] *tr.* (**-tt-**) hacer encaje de frivolité; (*intr.*) tejer
tat•ter [tăt′ər] ◇ *s.* andrajo, jirón *m* ◇ *pl.* harapos ◇ *tr.* convertir en harapos; (*intr.*) deshilacharse
tat•tered [:ərd] *adj.* andrajoso
tat•tle [tăt′l] *intr.* [to gossip] chismear, comadrear; [to prattle] charlar, cotorrear
tat•tler [:lər] *s.* [gossip] chismoso; [prattler] parlanchín *m*
tat•tle•tale [:l-tāl′] *s.* [gossip] chismoso; [informer] acusón *m*
tat•too[1] [tă-to͞o′] *s.* MIL [parade] desfile *m* militar; [drumming] tamboreo
tat•too[2] ◇ *s.* tatuaje *m* ◇ *tr.* tatuar
taught [tôt] ▻ **teach**
taunt [tônt] ◇ *tr.* mofarse de, burlarse de ◇ *s.* burla
taupe [tōp] *s.* gris pardo
taut [tôt] *adj.* [tight] tirante; [strained] tenso; [trim] aseado, prolijo
taut•en [′n] *tr.* & *intr.* tensar(se)
tav•ern [tăv′ərn] *s.* taberna; [inn] posada
taw•dry [tô′drē] *adj.* (**-i-**) charro
taw•ny [tô′nē] *adj.* (**-i-**) pardo
tax [tăks] ◇ *s.* impuesto; [strain] carga ■ ~ **consultancy** consultoría fiscal; ~ **evasion** evasión fiscal; ~ **haven** paraíso fiscal; ~ **year** año fiscal ◇ *tr.* [to charge] gravar; [to make demands on] poner a prueba
tax•a•ble [tăk′sə-bəl] *adj.* gravable
tax•a•tion [-sā′shən] *s.* [system] sistema *m* fiscal; [taxes] impuestos
tax-de•duct•i•ble [tăks′dĭ-dŭk′tə-bəl] *adj.* desgravable
tax-ex•empt [:ĭg-zempt′] *adj.* libre de impuestos
tax-free [′frē′] *adj.* libre de impuestos
tax•i [tăk′sē] ◇ *s.* (*pl* **(e)s**) taxi *m* ■ ~ **driver** taxista *mf* ◇ *intr.* (**-iing** OR **-ying**) ir en taxi; [airplane] carretear
tax•i•cab [:kăb′] *s.* taxi *m*
tax•i•der•my [tăk′sĭ-dûr′mē] *s.* taxidermia
tax•ing [tăk′sĭng] *adj.* pesado
tax•pay•er [tăks′pā′ər] *s.* contribuyente *mf*
tea [tē] *s.* [drink] té *m*; [gathering] merienda *f*
teach [tēch] *tr.* (**taught**) enseñar; [students] dar clases a; [a subject] dar clases de; (*intr.*) ser maestro o profesor
teach•er [tē′chər] *s.* maestro, profesor *m*
teach•ing [tē′chĭng] *s.* enseñanza
tea•cup [tē′kŭp′] *s.* taza de té
teak [tēk] *s.* [tree, wood] teca
tea•ket•tle [tē′ket′l] *s.* caldero, hervidor *m*
teak•wood [tēk′wo͝od′] *s.* madera de teca
teal [tēl] *s.* (*pl* **inv.** OR **s**) [duck] cerceta; [color] verde azuloso
team [tēm] ◇ *s.* equipo; [of animals] yunta ◇ *tr.* enyugar ■ **to** ~ **up with** unir fuerzas con
team•mate [′māt′] *s.* compañero de equipo
team•ster [:stər] *s.* carretero; [truck driver] camionero profesional
team•work [:wûrk′] *s.* trabajo de equipo
tea•pot [tē′pŏt′] *s.* tetera
tear[1] [târ] ◇ *tr.* (**tore, torn**) [to rend] desgarrar, rasgar; [to rip] despedazar; [to pull] arrancar; [to wound] herir; [to wrench] distender; [to distress] angustiar ■ **to** ~ **apart** [to rip] romper; [to disunite] dividir; **to** ~ **off** OR **out** arrancar; **to** ~ **down** [to demolish] demoler; [to denigrate] denigrar; **to** ~ **in** OR **to pieces** despedazar; **to** ~ **up** hacer pedazos; [to uproot] desarraigar; (*intr.*) desgarrarse, rasgarse ■ **to** ~ **around** correr como un loco; **to** ~ **into** acometer ◇ *s.* desgarradura, rasgadura
tear[2] [tîr] ◇ *s.* lágrima; [drop] gota ■ ~ **gas** gas lacrimógeno ◇ *pl.* lágrimas, llanto ■ **in** ~ llorando; **to be bored to** ~ aburrirse como una ostra; **to move to** ~ hacer llorar; **to shed** ~ llorar ◇ *intr.* llenarse de lágrimas
tear•drop [tîr′drŏp′] *s.* lágrima
tear•ful [:fəl] *adj.* lacrimoso
tear-jerk•er [:jûr′kər] *s. jer* drama *m* sentimentaloide
tea•room [tē′ro͞om′] *s.* salón *m* de té
tease [tēz] ◇ *tr.* [to annoy] fastidiar; [to make fun of] tomar el pelo a; [to tantalize] tentar; [wool] cardar ◇ *s.* bromista *mf*
teas•er [tē′zər] *s.* [joker] bromista *mf*; [puzzle] rompecabezas *m*
tea•spoon [tē′spo͞on′] *s.* cucharita de té; [content] cucharadita
teat [tēt, tĭt] *s.* teta
tech•ni•cal [tek′nĭ-kəl] *adj.* técnico; [specialized] especializado; [scientific] científico; [technological] tecnológico; [theoretical] teórico
tech•ni•cal•i•ty [′-kăl′ĭ-tē] *s.* tecnicidad *f*; [expression] expresión técnica
tech•ni•cian [tek-nĭsh′ən] *s.* técnico
tech•nique [:nēk′] *s.* técnica
tech•no•log•ic/i•cal [′nə-lŏj′ĭk] *s.* tecnológico
tech•nol•o•gy [:jē] *s.* tecnología
ted•dy bear [ted′ē] *s.* osito de juguete
te•di•ous [tē′dē-əs] *adj.* tedioso
te•di•um [:əm] *s.* tedio
tee[1] [tē] DEP ◇ *s.* tee *m* ◇ *tr.* colocar sobre un tee ■ **to** ~ **off** [to hit] pegarle a la pelota desde el tee; [to start] comenzar
tee[2] *s.* meta ■ **to a** ~ a la perfección
teem [tēm] *intr.* hervir, abundar
teen [tēn] *adj.* & *s.* adolescente *mf*, joven *mf*
teen-age(d) [′āj[d]′] *adj.* adolescente
teen-ag•er [:ā′jər] *s.* joven *mf*, adolescente *mf*
teens [tēnz] *s. pl.* [numbers] números entre 13 y 19; [age] adolescencia
teen•y [tē′nē], **teen•sy** [tēn′sē] *adj.* (**-i-**) pequeñito
tee•ter [tē′tər] *intr. fam* bambolearse; [to vacillate] vacilar
tee•ter-tot•ter [:tŏt′ər] *s.* columpio, subibaja *m*
teeth [tēth] ▻ **tooth**
teethe [tē*th*] *intr.* echar los dientes
tee•to•tal•(l)er [tē′tōt′l-ər] *s.* abstemio
tel•e•cast [tel′ĭ-kăst′] ◇ *tr.* & *intr.* (**-cast(ed)**) televisar ◇ *s.* transmisión *f* de televisión
tel•e•com•mu•ni•ca•tion [′-kə-myo͞o′nĭ-kā′-shən] *s.* telecomunicación *f* ■ **telecommunications** (*s.sg.*) la ciencia de telecomunicaciones; **telecommunications company** telefónica
tel•e•con•fer•ence [tel′ĭ-kŏn′fər-əns] *s.* teleconferencia
tel•e•mar•ket•ing [tel′ĭ-mär′kĭ-tĭng] *s.* telemarketing
tel•e•gram [′-grăm′] *s.* telegrama *m*
tel•e•graph [:grăf′] ◇ *s.* telégrafo; [telegram] telegrama *m* ◇ *tr.* telegrafiar; (*intr.*) mandar un telegrama

T

tel•e•graph•ic [ˊ-grăfˊĭk] *adj.* telegráfico

te•leg•ra•phy [tə-legˊrə-fē] *s.* telegrafía

te•lem•e•try [tə-lemˊĭ-trē] *s.* telemetría

te•lep•a•thy [tə-lepˊə-thē] *s.* telepatía

tel•e•phone [telˊə-fōnˊ] ◇ *s.* teléfono ▪ ~ **banking** banca telefónica, telebanco; ~ **sex line** línea caliente ◇ *tr.* telefonear, llamar por teléfono; (*intr.*) comunicarse por teléfono

tel•e•pho•to [ˊ-fōˊtō] *adj.* telefotográfico

tel•e•print•er [telˊə-prĭnˊtər] *s.* teletipo

tel•e•proc•ess•ing [ˊ-prŏsˊesˊĭng] *s.* teleproceso

tel•e•scope [telˊĭ-skōpˊ] ◇ *s.* telescopio ◇ *tr.* extender; [to compress] comprimir; (*intr.*) extenderse

tel•e•scop•ic [ˊ-skŏpˊĭk] *adj.* telescópico

tele•text [telˊə-tekstˊ] *s.* teletexto

tel•e•thon [ˊ-thŏnˊ] *s.* programa *m* de televisión destinado para recaudar fondos

tel•e•vise [:-vīzˊ] *tr.* & *intr.* televisar

tel•e•vi•sion [:vĭzhˊən] *s.* televisión *f*; [set] televisor *m* ▪ ~ **on demand** televisión a la carta

tel•e•work•er [telˊĭ-wûrˊkər] *s.* teletrabajador

tel•e•work•ing [telˊĭ-wûrˊkĭng] *s.* teletrabajo

tel•ex [telˊeksˊ] ◇ *s.* télex *m* ◇ *intr.* enviar un télex

tell [tel] *tr.* (**told**) decir; [to inform] comunicar; [to reveal] revelar; [to discriminate] distinguir; [to assure] asegurar; [to know] adivinar, saber; [to explain] explicar ▪ **all told** en total; **I ~ you what** se me ocurre una idea; **I told you so!** ¡te lo dije!; **to ~ off** *fam* cantar las cuarenta; (*intr.*) relatar, contar; [to have an effect] producir efecto

tell•er [ˊər] *s.* narrador *m*; [bank employee] cajero

tell•ing [:ĭng] *adj.* [effective] efectivo; [significant] significante

tell•tale [:tālˊ] *s.* [informer] soplón *m*; [gossip] chismoso

te•mer•i•ty [tə-merˊĭ-tē] *s.* temeridad *f*

tem•per [temˊpər] ◇ *tr.* & *intr.* templar(se) ◇ *s.* [disposition] temperamento; [composure] compostura; [tendency toward anger] mal genio; [anger] ira; [of metal] temple *m* ▪ **to keep one's ~** dominarse; **to lose one's ~** enfadarse

tem•per•a•ment [:prə-mənt] *s.* temperamento

tem•per•a•men•tal [ˊ-menˊtl] *adj.* temperamental; [moody] caprichoso; [unpredictable] impredecible

tem•per•ance [temˊpər-əns] *s.* templanza; [abstinence] abstinencia

tem•per•ate [:ĭt] *adj.* moderado; [tempered] templado; [weather] templado

tem•per•a•ture [:ə-chŏŏrˊ] *s.* temperatura

tem•pered [temˊpərd] *adj.* [disposed] dispuesto; [moderated] moderado; METAL & MÚS templado

tem•pest [temˊpĭst] *s.* tempestad *f*; *fig* alboroto

tem•pes•tu•ous [-pesˊchōō-əs] *adj.* tempestuoso; *fig* turbulento

temp•ing agen•cy [temˊpĭngˊāˊjən-sē] *s.* empresa de trabajo temporal

tem•plate [temˊplĭt] *s.* plantilla, patrón *m*; COMPUT plantilla

tem•ple¹ [temˊpəl] *s.* templo; [synagogue] sinagoga

tem•ple² *s.* ANAT sien *f*

tem•po [temˊpō] *s.* (*pl* **s** OR **-pi**) ritmo; MÚS tempo

tem•po•rar•y [temˊpə-rerˊē] ◇ *adj.* temporal; [worker] temporero, temporario; [position] interino ▪ ~ **contract** contrato temporal; ~ **file** COMPUT archivo temporal ◇ *s.* temporero

tempt [tempt] *tr.* tentar; [to seduce] seducir; [to provoke] provocar

temp•ta•tion [temp-tāˊshən] *s.* tentación *f*

tempt•ing [ˊtĭng] *adj.* tentador

ten [ten] *s.* & *adj.* diez *m* ▪ ~ **o'clock** las diez

ten•a•ble [tenˊə-bəl] *adj.* sostenible, defensible

te•na•cious [tə-nāˊshəs] *adj.* tenaz; [adhesive] adhesivo; [retentive] retentivo

te•nac•i•ty [tə-năsˊĭ-tē] *s.* tenacidad *f*

ten•an•cy [tenˊən-sē] *s.* tenencia legal; [time period] tiempo de posesión

ten•ant [tenˊənt] *s.* inquilino

tend¹ [tend] *intr.* [to head] dirigirse; [to be likely] tender; [to be inclined] propender a

tend² *tr.* [to look after] cuidar, atender; [to serve] servir; (*intr.*) [to serve] atender; *fam* [to pay attention] prestar atención a

ten•den•cy [tenˊdən-sē] *s.* tendencia

ten•der¹ [tenˊdər] *adj.* (**-er, -est**) frágil; [soft] tierno; [delicate] delicado; [young] joven; [sensitive] sensible; [painful] dolorido; [affectionate] cariñoso

ten•der² ◇ *s.* [offer] oferta de pago; [bid] propuesta ▪ **legal ~** dinero ◇ *tr.* ofrecer

ten•der•heart•ed [ˊ-härˊtĭd] *adj.* compasivo

ten•der•ize [tenˊdə-rīzˊ] *tr.* ablandar

ten•der•iz•er [:rīˊzər] *s.* condimento ablandador de carne

ten•der•loin [tenˊdər-loinˊ] *s.* lomo, filete *m*

ten•der•ness [:nĭs] *s.* ternura

ten•don [tenˊdən] *s.* tendón *m*

ten•dril [tenˊdrəl] *s.* zarcillo

ten•e•ment [tenˊə-mənt] *s.* residencia con departamentos de alquiler; [run-down building] conventillo; GB [apartment] departamento

ten•et [tenˊĭt] *s.* principio

ten•fold [tenˊfōldˊ] ◇ *adj.* décuplo ◇ *adv.* diez veces

ten•nis [tenˊĭs] *s.* tenis *m*

ten•on [tenˊən] *s.* CARP espiga, barbilla

ten•or [tenˊər] *s.* sentido, tono; MÚS tenor *m*

ten•pin [tenˊpĭnˊ] ◇ *s.* bolo ◇ *pl.* bolos

tense¹ [tens] ◇ *adj.* [stretched] estirado; [taut] tirante; [strained] tenso ◇ *tr.* tensar; (*intr.*) ponerse tenso

tense² *s.* GRAM tiempo

ten•sile [tenˊsəl, :sīlˊ] *adj.* tensivo; [extensible] extensible

ten•sion [tenˊshən] *s.* tensión *f*

ten•sor [tenˊsər, :sôrˊ] *s.* tensor *m*

tent [tent] *s.* tienda

ten•ta•cle [tenˊtə-kəl] *s.* tentáculo

ten•ta•tive [tenˊtə-tĭv] *adj.* [experimental] experimental; [provisional] provisorio; [uncertain] indeciso

ten•ter•hook [tenˊtər-hŏŏkˊ] *s.* gancho de bastidor ▪ **to be on tenterhooks** estar en ascuas

tenth [tenth] *s.* & *adj.* décimo

ten•u•ous [tenˊyōō-əs] *adj.* tenue; [slender] delgado; [weak] débil

ten•ure [tenˊyər] *s.* [occupation] ocupación *f*, ejercicio; [terms] condiciones *f*; [period] periodo; [permanence] permanencia

tep•id [tepˊĭd] *adj.* tibio

te•qui•la [tə-kēˊlə] *s.* tequila *mf*

term [tûrm] ◇ *s.* [time period] periodo, plazo; [school year] periodo académico; [deadline] término, fin *m*; [of an official] mandato; [court session] periodo de sesión; GRAM voz *f*, vocablo; LÓG & MAT término ▪ **in no uncertain terms** muy claramente; **in terms of** en cuanto a; **in the long** ~ a la larga <> *pl.* [conditions] condiciones; [terminology] términos; [relations] relaciones ▪ **to bring to** ~ hacer ceder, obligar a convenir; **to come to** ~ [to agree] llegar a un arreglo; [to accept] aceptar <> *tr.* calificar de, llamar

ter•mi•nal [tûr′mə-nəl] <> *adj.* [fatal] fatal; [final] final; [periodic] periódico, recurrente <> *s.* [end point] término; [station] terminal *f*; ELEC & COMPUT terminal

ter•mi•nate [:nāt′] *tr.* terminar; [employment] dejar cesante; (*intr.*) terminar ▪ **to** ~ **in** tener como resultado

ter•mi•na•tion [:nā′shən] *s.* terminación *f*; [end] final *m*

ter•mi•nol•o•gy [tûr′mə-nŏl′ə-jē] *s.* terminología

ter•mi•nus [tûr′mə-nəs] *s.* (*pl* **es** OR **-ni**) [end] fin *m*, final *m*; [terminal] estación *f* terminal

ter•mite [tûr′mīt′] *s.* termita, comején *m*

tern [tûrn] *s.* golondrina de mar

ter•race [ter′ĭs] <> *s.* terraza; [balcony] balcón *m*; [roof] azotea; [embankment] bancal *m* <> *tr.* construir bancales en

ter•raced house [ter′ĭst′-hous′] *s.* casa adosada

ter•ra cot•ta [ter′ə kŏt′ə] *s.* terracota

ter•rain [tə-rān′] *s.* terreno

ter•rar•i•um [tə-râr′ē-əm] *s.* (*pl* **s** OR **-ia**) terrario

ter•res•tri•al [tə-res′trē-əl] *adj.* terrestre; [mundane] mundano

ter•ri•ble [ter′ə-bəl] *adj.* terrible; [tremendous] tremendo; [bad] espantoso

ter•ri•er [ter′ē-ər] *s.* terrier *m*

ter•ri•fic [tə-rĭf′ĭk] *adj.* [huge] tremendo; [extraordinary] estupendo

ter•ri•fy [ter′ə-fī′] *tr.* aterrorizar

ter•ri•to•ri•al [ter′ĭ-tôr′ē-əl] *adj.* territorial

ter•ri•to•ry [ter′ĭ-tôr′ē] *s.* [region, jurisdiction] territorio; [sphere] esfera, ámbito

ter•ror [ter′ər] *s.* terror *m* ▪ ~ OR **holy** ~ *fam* diablillo

ter•ror•ism [:ə-rĭz′əm] *s.* terrorismo

ter•ror•ist [:rĭst] *s.* terrorista *mf*

ter•ror•ize [:rīz′] *tr.* aterrorizar

ter•ry [ter′ē] *s.* ▪ ~ **cloth** tela de toalla

terse [tûrs] *adj.* conciso

ter•ti•ar•y [tûr′shē-er′ē] *adj.* & *s.* tercero; CIENT & ORNIT & RELIG terciario

test [test] <> *s.* prueba; [exam] examen *m*, prueba; [of blood] análisis *m*; [of eyes] revisión *f* ▪ ~ **case** DER caso prueba; ~ **flight** vuelo de prueba; ~ **tube** tubo de ensayo, probeta; **to put to the** ~ poner a prueba; **to stand the** ~ **of time** resistir el paso del tiempo <> *tr.* [give exam] examinar; [check] probar, comprobar; [analyze] analizar; [strain] poner a prueba

tes•ta•ment [:mənt] *s.* credo; DER testamento; [tribute] testimonio ▪ **Old/New Testament** Antiguo/Nuevo Testamento

test•er [tes′tər] *s.* probador *m*, ensayador *m*

tes•ti•cle [tes′tĭ-kəl] *s.* testículo

tes•ti•fy [tes′tə-fī′] *intr.* ser testigo; DER prestar declaración; (*tr.*) testimoniar, revelar; DER declarar ▪ **to** ~ **to** atestiguar

tes•ti•mo•ni•al [′-mō′nē-əl] <> *s.* testimonio; [recommendation] recomendación *f*; [tribute] homenaje *m* <> *adj.* testimonial

tes•ti•mo•ny [tes′tə-mō′nē] *s.* evidencia, prueba; DER & RELIG testimonio

tes•tis [tes′tĭs] *s.* (*pl* **-tes**) teste *m*, testículo

tes•tos•ter•one [te-stŏs′tə-rōn′] *s.* testosterona

tes•ty [tes′tē] *adj.* (**-i-**) irritable

tet•a•nus [tet′nəs] *s.* tétano(s)

teth•er [teth′ər] <> *s.* traílla, correa ▪ **at the end of one's** ~ [financially] en las últimas; [patience] harto <> *tr.* atar

text [tekst] *s.* texto; [theme] tema *m* ▪ ~ **editor** editor *m* de textos; ~ **message** mensaje *m* de texto; ~ **processor** procesador *m* de textos

text•book [′bŏŏk′] *s.* libro de texto

tex•tile [tek′stīl′, :stəl] *s.* & *adj.* textil *m*

tex•tu•al [teks′chōō-əl] *adj.* textual

tex•ture [teks′chər] *s.* textura

tex•tured [:chərd] *adj.* texturizado

tha•lid•o•mide [thə-lĭd′ə-mīd′] *s.* talidomida

than [*th*ăn, *th*ən] *conj.* que; **she is a better athlete** ~ **I** ella es mejor atleta que yo; de; **more** ~ **half** más de la mitad; del que, de lo que; **more complex** ~ **I had anticipated** más complicado de lo que había previsto ▪ **other** ~ aparte de, fuera de; **rather** ~ antes que

thank [thăngk] *tr.* agradecer, dar las gracias a ▪ ~ **you** [for] gracias (por)

thank•ful [′fəl] *adj.* agradecido

thank•less [:lĭs] *adj.* [ungrateful] desagradecido; [unrewarding] ingrato

thanks [thăngks] *s. pl.* gracias; [acknowledgment] reconocimiento; [gratitude] gratitud *f* ▪ **no** ~ **to** a pesar de; ~ **to** gracias a

thanks•giv•ing [:gĭv′ĭng] *s.* acción *f* de gracias

that [*th*ăt, *th*ət] <> *adj. dem.* (*pl* **those**) [near] ese; [distant] aquel ▪ ~ **one** [near] ése; [distant] aquél; ~ **way** [direction] por allí; [manner] de ese modo <> *pron. dem.* (*pl* **those**) [near] ése; [distant] aquél; [neuter] eso, aquello ▪ **and that's that!** ¡eso es todo!; **like** ~ así; **that's it!** ¡eso es! <> *pron. rel.* (*pl* **that**) que; **the house** ~ **I sold** la casa que vendí; quien; **the person** ~ **you've heard from** la persona de quien recibiste noticias; el que, la que; **the closet** ~ **you keep your clothes in** el armario en el que guardas tu ropa; lo que; **all** ~ **they knew** todo lo que sabían ▪ **at** ~ [without further ado] así, sin más; [nevertheless] sin embargo; [furthermore] todavía; **for all** ~ a pesar de eso <> *adv.* [so] tan; así de; **the steps were** ~ **high** los escalones eran así de alto ▪ ~ **many** tantos; ~ **much** tanto <> *conj.* que ▪ **in** ~ por cuanto; **oh,** ~ **...!** ¡ojalá (que) ...!; **so** ~ para que

thatch [thăch] <> *s.* paja <> *tr.* cubrir con paja

thaw [thô] <> *intr.* derretirse; [to become warm] ponerse tibio; [to relax] relajarse; (*tr.*) ▪ **to** ~ **out** [food] descongelar; [snow] derretir <> *s.* deshielo

the [*th*ē antes de vocal, *th*ə antes de consonante] <> *art. def.* el, la, lo, las, los <> *adv.* ▪ ~ **less ...** ~ **better** cuanto menos ... mejor; ~ **more ...** ~ **more** cuanto más ... más; ~ **sooner** ~ **better** cuanto antes mejor

the•a•ter/tre [thē′ə-tər] *s.* teatro; [auditorium] auditorio; [setting] local *m*; MIL teatro ▪ **operating** ~ quirófano

the•at•ri•cal [-ăt′rĭ-kəl] *adj.* teatral

the•at•rics [:rĭks] *s.sg.* arte escénico; (*s.pl.*) [effects] efectos teatrales

thee [*th*ē] *pron. ant* POÉT te, ti

T

theft [theft] *s.* robo
their [*th*âr] *pron. pos.* su, suyo, suya, de ellos, de ellas
theirs [*th*ârz] *pron. pos.* (el) suyo, (la) suya, (los) suyos, (las) suyas, de ellos, de ellas
them [*th*em, *th*əm] *pron.* [as direct object] los, las; [as indirect object] les; [as object of preposition] ellos, ellas
the•mat•ic [thĭ-măt'ĭk] *adj.* temático
theme [thēm] *s.* tema *m*; [composition] ensayo ■ ~ **park** parque temático
them•selves [*th*em-selvz', *th*əm-] *pron.* [object] se; **they prepared** ~ ellos se prepararon; [subject] mismos, mismas; [object of preposition] sí mismos, sí mismas; **they are always bragging about** ~ están siempre haciendo alarde de sí mismos ■ **among** ~ entre ellos
then [*th*en] ◇ *adv.* [at that time] entonces; [afterward] después; [in that case] entonces; [in addition] además; [consequently] entonces ■ ~ **and there** ahí mismo ◇ *s.* entonces *m* ■ **from** ~ **on** desde entonces; **since** ~ desde entonces; **until** ~ hasta entonces ◇ *adj.* entonces, de entonces
the•o•lo•gian [thē'ə-lō'jən] *s.* teólogo
the•o•log•i•cal [:lŏj'ĭ-kəl] *adj.* teológico
the•ol•o•gy [thē-ŏl'ə-jē] *s.* teología
the•o•rem [thē'ər-əm] *s.* teorema *m*
the•o•ret•ic/i•cal ['ə-retĭk] *adj.* teórico
the•o•re•ti•cian [:ər-ə-tĭsh'ən] *s.* teórico
the•o•rist ['-ĭst] *s.* teórico
the•o•rize [thē'ə-rīz'] *intr.* teorizar
the•o•ry [:rē] *s.* teoría
ther•a•peu•tic/ti•cal [ther'ə-pyo͞o'tĭk] *adj.* terapéutico ■ **therapeutics** (*s.sg.*) terapéutica
ther•a•pist ['-pĭst] *s.* terapeuta *mf*
ther•a•py [ther'ə-pē] *s.* MED terapia; PSIC psicoterapia
there [*th*âr] ◇ *adv.* allí, allá, ahí; [in that matter] en eso ■ **here and** ~ aquí y allá ◇ *pron.* ■ ~ **are** hay; ~ **is** hay; ~ **was** había, hubo; ~ **were** habían, hubo; ~ **will be** habrá ◇ *interj.* ¡vaya! ■ ~ **now!** ¡ya está!; ~, ~ ya, ya
there•a•bout(s) ['ə-bout[s]] *adv.* aproximadamente
there•af•ter [-ăf'tər] *adv.* de allí en adelante
there•by [:bī'] *adv.* [by that means] por medio de eso; [in a specified connection] por eso
there•fore ['fôr'] *adv.* por lo tanto
there•in [-ĭn'] *adv.* [in that place] allí dentro; [in that circumstance] en eso
there•of [:ŭv', :ŏv'] *adv.* de eso
there•on [:ŏn'] *adv.* [on that] sobre eso; [thereupon] inmediatamente después
there•up•on [:ə-pŏn'] *adv.* [upon this] sobre eso; [directly following] luego; [therefore] en consecuencia
there•with [-wĭ*th*'] *adv.* [with that] con eso; [thereafter] inmediatamente después
ther•mal [thûr'məl] *adj.* térmico; [spring] termal
ther•mo•dy•nam•ic ['mō-dī-năm'ĭk] *adj.* termodinámico ■ **thermodynamics** (*s.sg.*) termodinámica
ther•mo•e•lec•tric/tri•cal [:ĭ-lek'trĭk] *adj.* termoeléctrico
ther•mom•e•ter [thər-mŏm'ĭ-tər] *s.* termómetro
ther•mo•nu•cle•ar [thûr'mō-no͞o'klē-ər] *adj.* termonuclear
ther•mo•stat ['-stăt'] *s.* termostato
the•sau•rus [thĭ-sôr'əs] *s.* (*pl* **es** OR **-ri**) [dictionary] diccionario; [book of synonyms] libro de sinónimos
these [*th*ēz] ▻ **this**
the•sis [thē'sĭs'] *s.* (*pl* **-ses**) tesis *f*
they [*th*ā] *pron.* ellos, ellas ■ ~ **say** se dice
thi•a•min(e) [thī'ə-mĭn, :mēn'] *s.* tiamina
thick [thĭk] ◇ *adj.* grueso; [not watery] espeso; [in thickness] de grosor; **it's 20 metres** ~ tiene 20 metros de grosor; [stuffy] sofocante; [full of] atestado (**with** de); [clouds] impenetrable; [indistinct] poco claro, confuso; [accent] fuerte; [crowd] denso; [beard] tupido; [lips] grueso; *fam* [stupid] bruto; [intimate] íntimo ◇ *adv.* grueso ■ ~ **as thieves** inseparables; **to lay it on** ~ exagerar al dar cumplidos ◇ *s.* ■ **in the** ~ **of** en lo más reñido de; **through** ~ **and thin** tanto en las duras como en las maduras
thick•en ['ən] *tr.* & *intr.* espesar(se); [to complicate] complicar(se)
thick•en•ing [:ə-nĭng] *s.* espesamiento
thick•et [thĭk'ĭt] *s.* bosquecillo
thick•head•ed [thĭk'hed'əd] *adj.* torpe
thick•ness [:nĭs] *s.* grosor *m*, espesor *m*
thick•set [:set'] *adj.* corpulento
thick-skinned [:skĭnd'] *adj.* de piel gruesa; [not easily offended] de mucho estómago; [insensitive] insensible
thief [thēf] *s.* (*pl* **-ves**) ladrón *m*
thieve [thēv] *tr.* & *intr.* robar, hurtar
thigh [thī] *s.* muslo
thigh•bone ['bōn'] *s.* fémur *m*
thim•ble [thĭm'bəl] *s.* dedal *m*
thin [thĭn] ◇ *adj.* (**-nn-**) delgado; [fine] fino; [sparse] escaso; [hair] ralo; [air] enrarecido; [soup] aguado; [weak] débil ■ **to be as** ~ **as a rail** estar en los huesos; **to disappear into** ~ **air** hacerse humo ◇ *adv.* débilmente, escasamente ◇ *tr.* (**-nn-**) hacer adelgazar; [to dilute] diluir, aguar; [to cut away] entresacar; [to reduce] reducir; (*intr.*) adelgazar [to diminish] reducirse; [to fade] disiparse
thine [*th*īn] *pron. ant* tuyo
thing [thĭng] ◇ *s.* cosa; [object] objeto; [creature] criatura; [commodity] artículo; [obsession] obsesión *f*; [situation] asunto, cuestión *f*; [dislike] manía ■ **a** ~ **or two** unas cuantas cosas; **first** ~ a primera hora; **first things first** cada cosa a su debido tiempo; **for another** ~ además; **for one** ~ en primer lugar; **it's a good** ~ **that** menos mal que; **sure** ~**!** ¡seguro!; **the latest** ~ [fashions] el último grito; [latest development] la última palabra; **to do one's own** ~ *jer* hacer lo que uno quiere ◇ *pl.* [stuff, conditions] cosas; [equipment] equipo
thing•a•ma•jig ['ə-mə-jĭg'] *s. fam* cómo se llama *m*
think [thĭngk] *tr.* (**thought**) pensar (en); [to regard] creer, parecerle a uno; [to remember] recordar; [to imagine] imaginarse ■ **come to** ~ **of it** pensándolo bien; **to be well thought of** [person] ser tenido en mucho; [actions] ser visto con buenos ojos; **to** ~ **about** pensar (en); **to** ~ **nothing of it** molestarle nada a uno; **to** ~ **of** pensar; [to recall] recordar; [to have regard for] pensar en; **to** ~ **of oneself as** creerse; **to** ~ **out** pensar bien; [a theory, plan] elaborar; [a problem] resolver; [a solution] encontrar; **to** ~ **over** OR **through** pensar bien; **to** ~ **up** inventar; (*intr.*) pensar; [to believe] creer, parecerle a uno ■ **just** ~**!** ¡imagínese!, ¡figúrese!; **not to know what to** ~ no saber a qué atenerse; **not to** ~ **much of** [a thing] no parecerle a uno gran cosa; [a person] no tener un gran concepto de; **to make one** ~ dar que pensar a uno; **to** ~ **again** OR **twice** pensarlo bien, reconsiderar; **to** ~ **back** recordar; **to** ~ **better of it** cam-

biar de parecer; **to ~ of** [to conceive of] ocurrírsele a uno; [to believe] parecerle a uno; [to imagine] imaginarse, figurarse

think•er [thĭng'kər] *s.* pensador *m*

think•ing [:kĭng] ◇ *s.* [thought] pensamiento; [judgment] juicio, opinión *f* ◇ *adj.* pensante, racional

thin-skinned [thĭn'skĭnd'] *adj.* suceptible

third [thûrd] ◇ *s.* tercero; [part] tercio, tercera parte; MÚS & AUTO tercera; ASTRON & GEOM tercero ◇ *adj.* tercero

third-class ['klăs'] ◇ *adj.* de tercera clase, de tercera ◇ *adv.* en tercera clase, en tercera

thirst [thûrst] ◇ *s.* sed *f*; *fig* deseo ardiente, ansia ◇ *intr.* tener sed ▪ **to ~ after** OR **for** ansiar

thirst•y [thûr'stē] *adj.* (**-i-**) sediento; [arid] seco ▪ **to be ~** tener sed; **to make ~** dar sed

thir•teen [thûr-tēn'] *s.* & *adj.* trece *m*

thir•teenth [:tēnth'] ◇ *s.* trece *m*; [part] trezavo, decimotercera parte ◇ *adj.* decimotercero; [part] trezavo

thir•ti•eth [thûr'tē-ĭth] ◇ *s.* [place] treinta *m*; [part] treintavo, trigésima parte ◇ *adj.* [place] trigésimo; [part] treintavo

thir•ty [thûr'tē] *adj.* & *s.* treinta *m*

this [*th*ĭs] (*pl* **these**) ◇ *pron.* éste, ésta, esto ◇ *adj.* este, esta ▪ **~ way** [direction] por aquí, por acá; [manner] de este modo, así ◇ *adv.* [so] tan; así de; **it was ~ long** era así de largo ▪ **~ much** tanto

this•tle [thĭs'əl] *s.* cardo

thong [thông] *s.* [strip] tira de cuero, correa; [sandal] sandalia de tiras

tho•rax [thôr'ăks'] *s.* (*pl* **es** OR **-ces**) tórax *m*

thorn [thôrn] *s.* espina; [plant] espino, endrino; *fig* espina

thorn•y [thôr'nē] *adj.* (**-i-**) espinoso

thor•ough [thûr'ō] *adj.* completo; [detailed] detallado, minucioso; [total] total

thor•ough•bred [:ə-bred'] ◇ *s.* [animal] pura sangre *mf*; [person] persona bien nacida ◇ *adj.* de pura sangre

thor•ough•fare [:fâr'] *s.* [highway] carretera, camino principal; [street] calle *f*, vía pública

thor•ough•go•ing ['-gō'ĭng] *adj.* [complete] cabal, completo; [unmitigated] rematado

thor•ough•ness ['-nĭs] *s.* minuciosidad *f*

those [*th*ōz] ▻ **that**

thou[1] [*th*ou] *pron. ant* POÉT tú

thou[2] [thou] *s. jer* mil *m* (dólares)

though [*th*ō] ◇ *conj.* aunque ▪ **as ~** como si; **even ~** aunque ◇ *adv.* sin embargo, no obstante

thought [thôt] ▻ **think** ◇ *s.* pensamiento; [idea] idea; [philosophy] filosofía; [consideration] consideración *f*; [intention, purpose] intención *f*, propósito; [opinion] opinión *f*, punto de vista ▪ **at the ~ of** al pensar en; **on second ~** pensándolo bien; **that's a ~!** ¡buena idea!; **the mere ~ of it** sólo en pensarlo; **to be lost in ~** estar absorto en meditación; **to collect one's thoughts** pensar, concentrarse; **to give ~ to** considerar

thought•ful ['fəl] *adj.* pensativo; [well thought out] bien pensado; [considerate] atento, solícito

thought•less [:lĭs] *adj.* [unthinking] irreflexivo, imprudente; [careless] descuidado; [inconsiderate] falto de consideración

thou•sand [thou'zənd] ◇ *s.* mil *m* ▪ **by the ~** por millar; **in** OR **by the thousands** a millares ◇ *adj.* mil

thou•sandth [:zəndth] ◇ *s.* mil *m*; [part] milésimo, milésima parte ◇ *adj.* milésimo

thrall [thrôl] *s.* [slave] esclavo, siervo; [slavery] esclavitud *f*, servidumbre *f*

thrash [thrăsh] *tr.* [to flog] azotar; [to flail] agitar; [to vanquish] derrotar; AGR trillar ▪ **to ~ out** discutir a fondo; (*intr.*) agitarse

thrash•ing ['ĭng] *s.* [flogging] azotaina; AGR trilla

thread [thred] ◇ *s.* hilo; [fiber] fibra; [strand] hebra; [of light] rayo; MEC filete *m*, rosca ▪ **to be hanging by a ~** estar pendiente de un hilo; **to lose the ~** perder el hilo; **to pick up the ~ again** coger el hilo ◇ *pl. jer* ropa, trapos ◇ *tr.* [a needle] ensartar, enhebrar; [beads] ensartar; [film, tape] cargar con; [screw, nut] filetear, roscar ▪ **to ~ one's way through** abrirse paso por

thread•bare ['bâr'] *adj.* [cloth] raído, gastado; [trite] trillado

threat [thret] *s.* amenaza

threat•en ['n] *tr.* & *intr.* amenazar

three [thrē] *s.* & *adj.* tres *m* ▪ **~ hundred** trescientos; **~ o'clock** las tres

three-di•men•sion•al ['dĭ-men'shə-nəl] *adj.* tridimensional

three•fold ['fōld'] ◇ *adj.* triple ◇ *adv.* tres veces

three-piece [:pēs'] *adj.* de tres piezas

three-quar•ter [:kwôr'tər] *adj.* de tres cuartos

three-ring circus [:rĭng'] *s.* circo de tres arenas; *fig* confusión *f*, caos *m*

three•some [:səm] ◇ *adj.* triple ◇ *s.* trío

thresh [thresh] *tr.* trillar

thresh•old [thresh'ōld', :hōld'] *s.* umbral *m*

threw [thrōō] ▻ **throw**

thrice [thrīs] *adv.* tres veces

thrift [thrĭft] *s.* economía, ahorro ▪ **~ shop** tienda de gangas

thrift•less ['lĭs] *adj.* despilfarrador

thrift•y [:tē] *adj.* (**-i-**) económico, ahorrativo

thrill [thrĭl] ◇ *tr.* [to excite] excitar, emocionar; [to delight] encantar, deleitar; (*intr.*) estremecerse, temblar ◇ *s.* emoción *f*; [quiver] temblor *m*, estremecimiento; MED tremor *m*

thrill•er ['ər] *s. fam* novela OR película de aventuras excitantes

thrive [thrīv] *intr.* (**-d** OR **throve, -d** OR **-n**) [to prosper] prosperar, medrar; [to flourish] crecer

throat [thrōt] *s.* garganta; [neck] cuello ▪ **to clear one's ~** aclararse la voz; **to cut one's own ~** arruinarse a sí mismo; **to ram down someone's ~** meterle a alguien por las narices

throat•y [thrō'tē] *adj.* (**-i-**) gutural, ronco

throb [thrŏb] ◇ *intr.* (**-bb-**) [to beat] latir, palpitar; [with pain] dar punzadas; [motors] vibrar; [engines] zumbar ◇ *s.* [beat] latido, palpitación *f*; [of pain] punzada; [of engines] zumbido; [vibration] vibración *f*

throe [thrō] ◇ *s.* espasmo, punzada ◇ *pl.* [of death] agonía; [of childbirth] dolores ▪ **in the throes of** en los dolores OR suplicio de

throne [thrōn] *s.* trono

throng [thrông] ◇ *s.* gentío, muchedumbre *f* ◇ *tr.* [to crowd into] atestar, llenar; [to press in on] apretar, aplastar; (*intr.*) [to gather] amontonarse, apiñarse; [to flock] afluir

throt•tle¹ [thrŏt'l] *s.* [windpipe] tráquea; TEC válvula de admisión OR de estrangulación

throt•tle² *tr. fam* [to choke] estrangular, ahogar; [to suppress] suprimir; TEC estrangular, obturar ▪ **to ~ back** reducir la velocidad de

through [thrōō] ◇ *prep.* por; [among] a través de; [by the agency of] por medio de, a través de; [during] durante; [between] entre; de ... a, desde ... hasta; **open Monday ~ Friday** abierto de lunes a viernes; [thanks to] gracias a ▪ **to have been ~ it all** haberlas pasado ◇ *adv.* [from one end to another] de un lado al otro; [from beginning to end] hasta el final; [completely] completamente ▪ **~ and ~** [completely] completamente; [throughout] hasta los tuétanos; **to carry something ~** llevar algo a cabo; **to fall ~** fracasar ◇ *adj.* directo; [street] de paso libre, de vía libre; [washed-up] acabado ▪ **to be ~** [to have finished] haber terminado; [not to be able to take it] no poder más; **to be ~ with** [to have finished] haber terminado con; [to be fed up with] no querer ver más a

through•out [:out'] ◇ *prep.* por todo, en todo; [during every part of] durante todo ◇ *adv.* por todas partes; [completely] completamente; [during the entire time] todo el tiempo

throve [thrōv] ▷ **thrive**

throw [thrō] ◇ *tr.* (**threw, thrown**) tirar, arrojar; [punches, jabs] dar, asestar; [to the ground, floor] desmontar, echar por tierra; [opponent] derribar, tumbar; [pottery] tornear; [dice] tirar, echar; [glance] echar, dirigir; [party] dar; [switch] echar, conectar; *fam* [a contest] perder adrede ▪ **to ~ a fit** enfurecerse; **to ~ aside** echar a un lado, desechar; **to ~ away** [to waste] malgastar; [to miss] desaprovechar; [to discard] tirar, desechar; **to ~ back** [to return] devolver; [to delay] retrasar; **to ~ down** echar por tierra, derribar; **to ~ in** añadir; **to ~ off** [to reject] desechar, deshacerse de; [to emit] despedir; [to mislead] engañar; [to disconcert] desconcertar; **to ~ on** echarse encima, ponerse rápidamente; **to ~ oneself at** lanzarse sobre; **to ~ oneself into** lanzarse en; **to ~ out** [to reject] rechazar; [to throw away] tirar; **to ~ over** [to abandon] abandonar; [to overthrow] derrocar; **to ~ up** [to raise] alzar; [hands] echarse a la cabeza; [building] construir rápidamente; (*intr.*) arrojar, lanzar ▪ **to ~ up** vomitar, devolver ◇ *s.* lanzamiento, tiro; [of dice] lance *m*; [coverlet] colcha, cobertor *m*; [rug] alfombra pequeña

throw•a•way ['ə-wā'] *adj.* desechable

throw•back [:băk'] *s.* regresión *f*; [fashion] vuelta

thrown [thrōn] ▷ **throw**

thru [thrōō] *fam* ▷ **through**

thrush [thrŭsh] *s.* tordo, zorzal *m*

thrust [thrŭst] ◇ *tr.* (**thrust**) [to push] meter con fuerza; [to stab] clavar; [to put in] meter; [to force oneself into] meterse en ▪ **to ~ at** asestar un golpe a; **to ~ upon** imponer; (*intr.*) [to push] empujar; [to stab] dar una puñalada; [to force one's way] abrirse paso ◇ *s.* empujón *m*, embestida; [stab] puñalada, estocada; [direction] dirección *f*; [impetus] ímpetu *m*, energía; ASTRONÁUT & FÍS empuje *m*

thru•way [thrōō'wā'] *s.* autopista

thud [thŭd] ◇ *s.* [sound] ruido sordo; [blow] batacazo ◇ *intr.* (**-dd-**) dar un batacazo

thug [thŭg] *s.* maleante *m*, matón *m*

thumb [thŭm] ◇ *s.* pulgar *m* ▪ **~ index** uñeros *mpl*; **to give the thumbs up** *fam* aprobar; **to be all thumbs** ser torpe OR desmañado ◇ *tr.* manosear; (*intr.*) hacer autostop ▪ **to ~ a ride** *fam* hacer dedo; **to ~ one's nose** hacer un palmo de narices; **to ~ through** hojear

thumb•nail ['nāl'] ◇ *s.* ANAT uña del pulgar; COMPUT miniatura ◇ *adj.* [small] pequeño; [brief] breve ▪ **~ sketch** cuadro conciso

thumb•screw [:skrōō'] *s.* tornillo de mariposa

thumb•tack [:tăk'] *s.* chinche *f*, chincheta

thump [thŭmp] ◇ *s.* puñetazo, porrazo; [noise] ruido sordo, baque *m* ◇ *tr.* golpear, aporrear; (*intr.*) golpear, aporrear; [to throb] latir violentamente

thun•der [thŭn'dər] ◇ *s.* truenos; [roar] estruendo, estrépito ◇ *intr.* tronar; [to vociferate] vociferar, tronar; (*tr.*) vociferar

thun•der•bolt [:bōlt'] *s.* rayo

thun•der•cloud [:kloud'] *s.* nubarrón *m*

thun•der•ous [:əs] *adj.* que truena; [loud] atronador; [deafening] ensordecedor

thun•der•show•er [:shou'ər] *s.* borrasca con truenos y lluvia

thun•der•storm [:stôrm'] *s.* tormenta

thun•der•struck [:strŭk'] *adj.* atónito

Thurs•day [thûrz'dē] *s.* jueves *m*

thus [*th*ŭs] *adv.* así, de esta manera; [therefore] así que, por eso ▪ **~ far** hasta ahora

thwack [thwăk] ◇ *tr.* golpear, aporrear ◇ *s.* golpe fuerte y sonoro

thwart [thwôrt] *tr.* frustrar

thy [*th*ī] *adj. pos. ant* tu

thyme [tīm] *s.* tomillo

thy•roid [thī'roid'] *adj.* & *s.* tiroides *f*

thy•self [*th*ī-self'] *pron. reflex. ant* [yourself] te; [emphatic] tú mismo, ti mismo

ti•ar•a [tē-ăr'ə, -ä'rə] *s.* [papal crown] tiara; [woman's headdress] diadema

tib•i•a [tĭb'ē-ə] *s.* (*pl* **s** OR **-iae**) tibia

tic [tĭk] *s.* tic *m*

tick¹ [tĭk] ◇ *s.* [sound] tictac *m*; [mark] marca, señal *f* (de visto bueno); GB [moment] instante *m* ◇ *intr.* hacer tictac ▪ **to ~ away** transcurrir; (*tr.*) contar, registrar ▪ **to ~ off** [item] marcar; *jer* [person] enojar, irritar

tick² ENTOM *s.* garrapata

tick³ *s.* [case] funda; [ticking] cotí *m*

tick•er ['ər] *s.* TEL teletipo, teleimpresor *m*; *fam* [watch] reloj *m*; *jer* [heart] corazón *m* ▪ **~ tape** cinta de teleimpresor

tick•et [tĭk'ĭt] ◇ *s.* [for transport] billete *m*, boleto; [for movies, theater] entrada, boleto; [permit] pase *m*; [showing price] etiqueta; [summons] boleta; **speeding ~** boleta por exceso de velocidad; [coupon] cupón *m* ▪ **one-way ~** boleto de ida; **round-trip ~** boleto de ida y vuelta; **that's the ~!** ¡eso es!; **~ agent** [travel agent] agente de viajes; [seller] taquillero; **~ office** OR **window** taquilla ◇ *tr.* vender un billete a; [to label] etiquetar; [a motorist] darle una boleta a

tick•ing [tĭk'ĭng] *s.* cotí *m*

tick•le [tĭk'əl] ◇ *tr.* hacer cosquillas, cosquillear; [to titillate] excitar agradablemente; [to delight] deleitar ▪ **tickled pink** OR **to death** *fam* contentísimo, encantado; (*intr.*) sentir cosquillas ◇ *s.* cosquilleo

tick•lish [:lĭsh] *adj.* cosquilloso; *fig* [touchy] quisquilloso; [situation] delicado

tick-tack-toe [tĭk'tăk'tō'] *s.* tres en raya *m*

tick•tock [tĭk'tŏk'] *s.* tictac *m*

tid•al [tīd'l] *adj.* de las mareas ▪ ~ **energy** energía maremotriz; ~ **wave** maremoto

tid•bit [tĭd'bĭt'] *s.* bocado; [gossip] chisme *m*

tide [tīd] ◇ *s.* marea; [current] corriente *f*, flujo; [wave] ola, corriente; [season] estación *f* ◇ *tr.* ▪ **to ~ one over** alcanzarle a uno

tide•wa•ter ['wô'tər] *s.* agua de marea; [land] tierras bajas del litoral

tid•ings [tī'dĭngz] *s. pl.* nuevas, noticias

ti•dy [tī'dē] ◇ *adj.* (**-i-**) [neat] ordenado, arreglado; [clean] limpio; [substantial] considerable ◇ *tr.* & *intr.* ▪ **to ~ up** ordenar

tie [tī] ◇ *tr.* (**tying**) atar; [to knot] anudar; [to link] ligar; [a contest] empatar ▪ **to ~ down** atar, sujetar; **to ~ in** conectar, relacionar; **to ~ up** atar; [to confine] restringir, limitar; [traffic] obstruir; [boat] amarrar; [capital] invertir; (*intr.*) atarse; [contestants] empatar ▪ **to ~ in (with)** relacionarse (con) ◇ *s.* [cord] cuerda, atadura; [necktie] corbata; [rail support] traviesa; [draw] empate *m*; [tie beam] tirante *m*; *fig* [bond] lazo, vínculo; [attachment] atadura

tie-in [tī'ĭn'] *s.* [connection] relación *f*, conexión *f*; [product] producto promocional

tie•pin [tī'pĭn'] *s.* alfiler *m* de corbata

tier [tîr] ◇ *s.* fila, hilera; [at a theater] fila de palcos; [of a cake] piso ◇ *tr.* disponer en filas

tie-up [tī'ŭp'] *s.* interrupción *f*

tiff [tĭf] *s.* [irritation] pique *m*; [quarrel] riña

ti•ger [tī'gər] *s.* tigre *m* ▪ ~ **lily** lirio de tigre

tight [tīt] ◇ *adj.* [screw, knot] apretado; [sealed] hermético; [faucet, lid] bien cerrado; [clothes, shoes] ajustado; [opening] estrecho; [rope, situation] tenso; [strict] estricto; [stingy] tacaño; [money, credit] escaso; [closely contested] reñido, disputado ▪ **as ~ as a drum** muy tirante; **to be in a ~ spot** estar en un aprieto; **to be ~** *jer* estar borracho; **to get ~** *jer* emborracharse ◇ *adv.* [firmly] bien, fuertemente; [soundly] profundamente ▪ **hold ~!** ¡agárrense bien!; **to sit ~** esperar a ver

tight•en ['n] *tr.* apretar; [a cord] tensar; [bonds] estrechar ▪ **to ~ one's belt** *fig* apretarse el cinturón; (*intr.*) apretarse

tight•fist•ed [:fĭs'tĭd] *adj. fam* tacaño, avaro

tight•lipped [:lĭpt'] *adj.* con los labios apretados; [reticent] callado

tight•rope [:rōp'] *s.* cuerda floja

tights [tīts] *s. pl.* malla

tight•wad [tīt'wŏd'] *s. jer* tacaño, avaro

ti•gress [tī'grĭs] *s.* tigresa

tile [tīl] ◇ *s.* [of a roof] teja; [of a floor] losa, baldosa; [of a wall] azulejo; [tiling] enlosado; [of a game] pieza ◇ *tr.* [a roof] tejar; [a floor] embaldosar; [a wall] azulejar

till[1] [tĭl] *tr.* AGR labrar, cultivar

till[2] ◇ *prep.* hasta (donde) ◇ *conj.* hasta que

till[3] *s.* [for money] caja

tilt [tĭlt] ◇ *tr.* inclinar; (*intr.*) inclinarse; HIST [to joust] participar en una justa ▪ **to ~ over** [to lean] inclinarse; [to fall] volcarse, caer ◇ *s.* inclinación *f*; [joust] torneo, justa ▪ **(at) full ~** a toda velocidad; **on** OR **at a ~** inclinado

tim•ber [tĭm'bər] ◇ *s.* árboles *m* maderables; [lumber] maderamen *m*; [beam] viga; MARÍT cuaderna; *fig* material *m* ◇ *tr.* enmaderar

tim•bre [tăm'bər, tĭm'-] *s.* timbre *m*

time [tīm] ◇ *s.* tiempo; [moment] momento; [instant] instante *m*; [period] periodo; [season] estación *f*, temporada; [era] era, época; [a specified time] hora; [occasion] ocasión *f*; [instance] vez *f*; [lifetime] vida; [prison sentence] condena; MÚS tiempo; [tempo] compás *m*; [duration] duración *f*; GRAM tiempo ▪ **all in good ~** todo a su tiempo; **all the ~** [every moment] todo el tiempo; [always] siempre; **a long ~ ago** hace mucho tiempo; **(at) any ~** en cualquier momento; **a short ~** un rato; **at all times** en todo momento; **at a ~** a la vez; **at no ~** en ningún momento; **at one ~** en cierta época; **at the present ~** en la actualidad; **at the same ~** a la vez, al mismo tiempo; **at times** a veces; **behind the times** anticuado; **by that ~** para entonces; **each** OR **every ~** cada vez; **for the ~ being** por el momento; **from this ~ on** desde ahora en adelante; **from ~ to ~** de vez en cuando; **hard ~** mal rato; **hard times** tiempos difíciles; **have a good ~!** ¡diviértanse!; **in a short ~** dentro de poco; **in due ~** en su día; **in no ~ (at all)** en un abrir y cerrar de ojos; **in ~** [on time] a tiempo; MÚS al compás; **many a ~** OR **many times** muchas veces; **on ~** a tiempo; **~ and ~ again** repetidas veces; **~ off** tiempo libre; **~'s up!** ¡es la hora!; **to keep good ~** andar bien (un reloj); **to keep ~** [clock] marcar la hora; MÚS llevar el compás; **to keep up with the times** estar al tanto de las cosas; **to make ~** ganar tiempo; **to pass the ~** pasar el tiempo; **to pass** OR **while the ~ away** matar el tiempo; **to serve** OR **do ~** cumplir una condena; **to take one's ~** tomarse tiempo; **to waste ~** perder el tiempo; **what ~ is it?** ¿qué hora es? ◇ *adj.* del tiempo; [on installment] a plazos ▪ **~ clock** reloj *m* registrador; **~ zone** huso horario ◇ *tr.* fijar la hora OR el tiempo de; [to record] cronometrar

time•card ['kärd'] *s.* tarjeta de marcar

timed [tīmd] *adj.* de duración limitada

time-hon•ored [tīm'ŏn'ərd] *adj.* tradicional

time•keep•er [:kē'pər] *s.* [timepiece] cronómetro, reloj *m*; DEP cronometrador *m*

time-lapse [:lăps'] *adj.* FOTOG a intervalos

time•less [:lĭs] *adj.* [eternal] eterno; [with no fixed end] sin limitación de tiempo

time•li•ness [:lē-nĭs] *s.* [punctuality] puntualidad *f*; [fitness of time] oportunidad *f*

time•ly [:lē] ◇ *adj.* (**-i-**) [opportune] oportuno; [punctual] puntual ◇ *adv.* oportunamente

time-out, time out [:out'] *s.* DEP tiempo muerto; [break] descanso

time•piece [:pēs'] *s.* reloj *m*, cronómetro

tim•er [tī'mər] *s.* [timekeeper] cronometrador *m*; [timepiece] cronómetro, cronógrafo; TEC & ELEC regulador eléctrico; AUTO distribuidor *m* del encendido

times [tīmz] *prep.* multiplicado (por)

time•sav•ing [tīm'sā'vĭng] *adj.* que ahorra tiempo

time-shar•ing [:shâr'ĭng] *s.* COMPUT tiempo compartido

time•ta•ble [:tā'bəl] *s.* horario

time•worn [:wôrn'] *adj.* [used] usado, gastado; [trite] trillado

tim•id [tĭm'ĭd] *adj.* (**-er, -est**) [hesitant] temeroso; [shy] tímido

tim•ing [tī'mĭng] *s.* oportunidad *f*; MÚS compás *m*; DEP coordinación *f*; TEC & AUTO regulación *f* de tiempo

T

tim•or•ous [tĭm'ər-əs] *adj.* timorato
tin [tĭn] ◇ *s.* estaño; [tinplate] hojalata; [container] lata; [for baking] molde *m* ◇ *tr.* (**-nn-**) estañar; GB [to can] enlatar
tinc•ture [tĭngk'chər] ◇ *s.* colorante *m*, pigmento; [hue] tinte *m*; [trace] vestigio; QUÍM & FARM tintura ◇ *tr.* teñir
tin•der [tĭn'dər] *s.* yesca, mecha
tin•der•box [:bŏks'] *s.* yesquero; *fig* polvorín *m*
tine [tīn] *s.* [of a pitchfork] punta; [of a fork] diente *m*
tin•foil, tin foil [tĭn'foil'] *s.* papel *m* de estaño
tinge [tĭnj] ◇ *tr.* (**-(e)ing**) matizar, teñir ◇ *s.* matiz *m*, tinte *m*; [trace] vestigio
tin•gle [tĭng'gəl] ◇ *intr.* sentir picazón; (*tr.*) picar, causar picazón a ◇ *s.* picazón *f*; [quiver] estremecimiento
tin•ker [tĭng'kər] ◇ *s.* calderero remendón; [bungler] chapucero ▪ **it's not worth a ~'s damn** *jer* no vale un comino ◇ *intr.* remendar como calderero; [to play] entretenerse ▪ **to ~ with** jugar con, juguetear
tin•kle [tĭng'kəl] ◇ *intr.* tintinear; (*tr.*) hacer tintinear ◇ *s.* tintineo
tin•kling [:klĭng] *s.* tintineo
tin•ny [tĭn'ē] *adj.* (**-i-**) [sound] metálico; [flimsy] frágil
tin-plate [:plāt'] *tr.* estañar
tin•sel [tĭn'səl] ◇ *s.* oropel *m* ◇ *adj.* de oropel
tint [tĭnt] ◇ *s.* tinte *m*; [hue] matiz *m*; [trace] huella; ARTE medida tinta ◇ *tr.* matizar
ti•ny [tī'nē] *adj.* (**-i-**) minúsculo
tip[1] [tĭp] *s.* [end] punta, cabo; [extremity] extremidad *f*; [apex] ápice *m*; [of a cigarette] filtro ▪ **from ~ to toe** de pies a cabeza; **to have it on the ~ of one's tongue** tenerlo en la punta de la lengua
tip[2] ◇ *tr.* (**-pp-**) volcar, derribar; [to tilt] inclinar ▪ **to ~ one's hat to** saludar (con el sombrero) a; **to ~ over** volcar, derribar; (*intr.*) volcar, derribar; [to lean] inclinarse ▪ **to ~ off** caerse; **to ~ over** volcarse ◇ *s.* inclinación *f*
tip[3] ◇ *tr.* (**-pp-**) golpear ligeramente ◇ *s.* golpe ligero
tip[4] ◇ *s.* [gratuity] propina; [information] información *f*; [advice] consejo ◇ *tr.* (**-pp-**) [with money] dar una propina; [with information] dar una información ▪ **to ~ off** dar una información; **to ~ one's hand** revelar uno sus verdaderas intenciones; (*intr.*) dar propinas
tip-off [:ôf'] *s. fam* información *f*, soplo
tip•ple [tĭp'əl] *intr. fam* empinar el codo
tip•pler [:lər] *s. fam* borrachín *m*
tip•sy [tĭp'sē] *adj.* (**-i-**) [slightly drunk] achispado; [unsteady] tambaleante
tip•toe [tĭp'tō'] ◇ *intr.* andar de puntillas; [stealthily] andar sigilosamente ◇ *s.* punta del pie ◇ *adj.* & *adv.* de puntillas
tip•top [:tŏp'] ◇ *s.* cumbre *f*, cima; [highest quality] calidad *f* superior ◇ *adj.* de calidad superior ◇ *adv.* perfectamente
ti•rade [tī'rād'] *s.* perorata
tire[1] [tīr] *tr.* & *intr.* cansar(se); [to bore] aburrir(se)
tire[2] *s.* AUTO llanta, neumático
tired [tīrd] *adj.* cansado; [bored] aburrido; [hackneyed] trillado
tire•less [tīr'lĭs] *adj.* incansable
tire•some [:səm] *adj.* cansado, tedioso
tis•sue [tĭsh'o͞o] *s.* BIOL tejido; [disposable towel] pañuelo de papel; [web] red *f* ▪ **~ paper** papel *m* de seda
tit[1] [tĭt] *s.* ORNIT paro
tit[2] *s.* teta; [nipple] pezón *m* ▪ **to give ~ for tat** *fig* pagar con la misma moneda
ti•tan•ic [tī-tăn'ĭk] *adj.* gigantesco, colosal; [powerful] poderoso
tithe [tī*th*] ◇ *s.* RELIG diezmo; [tenth part] décima parte ◇ *tr.* diezmar; (*intr.*) pagar el diezmo
tit•il•late [tĭt'l-āt'] *tr.* [to tickle] cosquillear; [to stimulate] estimular
ti•tle [tīt'l] ◇ *s.* título; CINEM subtítulo; DEP campeonato ▪ **~ bar** COMPUT barra de título; **~ page** portada; **~ role** papel *m* principal ◇ *tr.* conferir título a; [to entitle] titular
ti•tled [:ld] *adj.* titulado; [person] con título
ti•tle•hold•er [:l-hōl'dər] *s.* titular *mf*; [champion] campeón *m*
tit•mouse [tĭt'mous'] *s.* (*pl* **-mice**) paro
tit•ter [tĭt'ər] ◇ *intr.* reír entre dientes ◇ *s.* risa entre dientes
tit•tle-tat•tle [tĭt'l-tăt'l] ◇ *s.* chismorreo, chismes ◇ *intr.* chismear
tiz•zy [tĭz'ē] *s. jer* agitación *f*
to [to͞o, tə] *prep.* a; [direction] hacia; [as far as] hasta; [against] contra; [of, for] de, para; [constituting] por; [in accord with] según, de acuerdo con; [as compared with] comparado a; [before] menos, para; [until] hasta; [for the purpose of] para, en; [in honor of] por, en honor a; [with the result] para, ante; [toward] con; [not translated]: **tell him if you want to** díselo si quieres
toad [tōd] *s.* sapo; *fig* persona repulsiva
toad•stool ['sto͞ol'] *s.* hongo venenoso
toad•y [tō'dē] ◇ *s.* adulador *m*, cobista *mf* ◇ *tr.* & *intr.* adular (a)
toast[1] [tōst] ◇ *tr.* tostar; [body, hands] calentar; COMPUT [compact disc] tostar; (*intr.*) tostarse ◇ *s.* tostada
toast[2] ◇ *s.* [drink] brindis *m* ▪ **the ~ of the town** el héroe de la ciudad; **to drink a ~ to** brindar por ◇ *tr.* & *intr.* brindar (a)
toast•er [tō'stər] *s.* tostadora
toast•mas•ter [tōst'măs'tər] *s.* maestro de ceremonias en un banquete
to•bac•co [tə-băk'ō] *s.* (*pl* **(e)s**) tabaco
to-be [to͞o-bē'] *adj.* futuro
to•bog•gan [tə-bŏg'ən] *s.* tobogán *m*
to•day, to-day [tə-dā'] ◇ *adv.* hoy; [at the present time] actualmente ◇ *s.* hoy *m*; [the present time] hoy (en) día
tod•dle [tŏd'l] ◇ *intr.* hacer pinitos ◇ *s.* pino, pinito
tod•dler [:lər] *s.* niño que empieza a andar
tod•dy [tŏd'ē] *s.* ponche *m*
to-do [tə-do͞o'] *s. fam* alboroto, jaleo
toe [tō] ◇ *s.* dedo del pie; [of a shoe, sock] puntera ▪ **from head to ~** de pies a cabeza; **to be on one's toes** estar alerta; **to step on someone's toes** herir los sentimientos de alguien ◇ *tr.* tocar con la punta del pie ▪ **to ~ the line** OR **mark** conformarse; (*intr.*) ▪ **to ~ in/out** andar con los pies hacia adentro/hacia afuera
toe•hold [tō'hōld'] *s.* hendidura para apoyar la punta del pie; *fig* asidero
toe•nail [tō'nāl'] *s.* uña del dedo del pie
tof•fee [tŏf'ē] *s.* tofe
tog [tŏg] *fam* ◇ *s.* [jacket] chaqueta; [cloak] capa ◇ *pl.* ropa ◇ *tr.* (**-gg-**) vestir
to•ga [tō'gə] *s.* toga

to•geth•er [tə-geth'ər] *adv.* juntos; [in total] en total, todos (juntos) ▪ **get along** ~ llevarse bien; **to bring** ~ [to reunite] reunir; [to reconcile] reconciliar; **to come** ~ *fig* salir bien; **to come** OR **to get** ~ juntarse, reunirse; **to go** ~ [to go out] salir juntos; [colors, flavors] armonizar
to•geth•er•ness [:nĭs] *s.* solidaridad *f*, unión *f*
tog•gle [tŏg'əl] *s.* MARÍT cabilla; MEC [pin] fiador atravesado; [joint] rótula; [button] alamar *m* ▪ ~ **switch** interruptor eléctrico
toil[1] [toil] <> *intr.* trabajar duro; [to move] moverse con dificultad <> *s.* esfuerzo, trabajo
toil[2] <> *s.* [net] red *f* <> *pl. fig* red, trampa
toi•let [toi'lĭt] *s.* [room in house] retrete *m*; [public convenience] baños; [bathroom furniture] water *m*; [washing and dressing] arreglo, aseo ▪ ~ **paper** papel higiénico; ~ **water** agua de tocador
toi•let•ry [toi'lĭ-trē] *s.* artículo de tocador
toi•lette [twä-let'] *s.* arreglo, aseo
to•ken [tō'kən] <> *s.* señal *f*, prueba; [symbol] símbolo; [souvenir] recuerdo; [chip] ficha ▪ **by the same** ~ igualmente <> *adj.* simbólico
told [tōld] ▻ **tell**
tol•er•a•ble [tŏl'ər-ə-bəl] *adj.* tolerable; [passable] mediano, pasable
tol•er•ance [:əns] *s.* [acceptance] tolerancia; [patience] paciencia
tol•er•ant [:ənt] *adj.* tolerante
tol•er•ate [tŏl'ə-rāt'] *tr.* tolerar; [suffering, pain] sufrir, aguantar
tol•er•a•tion ['-rā'shən] *s.* tolerancia
toll[1] [tōl] *s.* peaje *m*; [on a phone call] tasa, recargo; [loss] bajas, número de víctimas
toll[2] <> *tr.* & *intr.* [to ring] tañer, tocar <> *s.* tañido
toll•booth ['bōōth'] *s.* caseta de peaje
toll-free num•ber [tōl'frē'nŭm'bər] *s.* teléfono gratuito
toll•gate [:gāt'] *s.* barrera de peaje
toll•house [:hous'] *s.* garita de peaje
tom [tŏm] *s.* gato macho
tom•a•hawk [tŏm'ə-hôk'] *s.* hacha de guerra de los indios norteamericanos
to•ma•to [tə-mā'tō, -mä'-] *s.* (*pl* **es**) tomate *m* ▪ ~ **plant** tomatera
tomb [tōōm] *s.* tumba; [place] sepultura
tom•boy [tŏm'boi'] *s. fam* marimacho
tomb•stone [tōōm'stōn'] *s.* lápida
tom•cat [tŏm'kăt'] *s.* gato macho
tome [tōm] *s.* tomo; [huge book] libraco
tom•fool•er•y [tŏm-fōō'lə-rē] *s.* tonterías *fpl*
tom•my•rot [tŏm'ē-rŏt'] *s. jer* disparates *mpl*
to•mor•row [tə-môr'ō] <> *s.* mañana ▪ **the day after** ~ pasado mañana <> *adv.* mañana
tom-tom [tŏm'tŏm'] *s.* tantán *m*, tamtam *mpl*
ton [tŭn] <> *s.* tonelada <> *pl. fam* montones *mpl*
to•nal•i•ty [tō-năl'ĭ-tē] tonalidad *f*
tone [tōn] <> *s.* tono <> *tr.* [muscles, skin] tonificar; [colors] matizar ▪ **to** ~ **down** bajar, suavizar; **to** ~ **up** [color] intensificar; [muscles] tonificar
ton•er [tō'nər] *s.* tóner *m* ▪ ~ **cartridge** cartucho de tóner
tongs [tôngz] *s. pl.* tenacillas *fpl*; [fire tool] tenazas *fpl*
tongue [tŭng] <> *s.* lengua; [language] idioma *m*; [of a shoe] lengüeta; [of a bell] badajo ▪ **to hold** OR **bite one's** ~ morderse la lengua, callarse; **to stick out one's** ~ sacar la lengua; ~ **twister** trabalenguas *m* <> *tr.* lamer; CARP ensamblar, machihembrar
tongue-in-cheek ['ĭn-chēk'] *adj.* irónico
tongue-lash•ing ['lăsh'ĭng] *s. fam* reprimenda, regaño
tongue-tied [:tīd'] *adj.* cohibido
ton•ic [tŏn'ĭk] *s.* tónico; MÚS & FONÉT tónica; [soft drink] agua tónica
to•night [tə-nīt'] *adv.* & *s.* esta noche
ton•nage [tŭn'ĭj] *s.* tonelaje *m*
ton•sil [tŏn'səl] *s.* amígdala
ton•sil•lec•to•my ['sə-lek'tə-mē] *s.* amigdalectomía
ton•sil•li•tis [:lī'tĭs] *s.* amigdalitis *f*
ton•sure [tŏn'shər] *s.* tonsura
too [tōō] *adv.* [also] también; [as well] además; [excessively] demasiado; [very] muy ▪ **not** ~ *fam* no muy, nada; **to be** ~ **much** ser demasiado; ~ **little** [amount] demasiado poco; [size] muy pequeño; ~ **many** demasiados
took [tŏŏk] ▻ **take**
tool [tōōl] <> *s.* herramienta; [utensil] utensilio, útil *m*; *fig* instrumento ▪ ~ **palette** COMPUT paleta de herramientas <> *tr.* [to shape] labrar; [to equip] equipar con herramientas; (*intr.*) ▪ **to** ~ **around** *fam* pasear (en coche)
tool•bar [tōōl'bär'] *s.* COMPUT barra de herramientas
tool•box ['bŏks'] *s.* caja de herramientas
toot [tōōt] <> *intr.* sonar; (*tr.*) tocar, hacer sonar ▪ **to** ~ **one's own horn** *fam* echarse flores <> *s.* pitazo, bocinazo
tooth [tōōth] *s.* (*pl* **teeth**) diente *m*; [molar] muela; [of a saw] diente; [of a comb] púa ▪ **by the skin of one's teeth** por poco, por un pelo; **to cut one's teeth on** adquirir experiencia con; ~ **decay** caries; **to fight** ~ **and nail** luchar a brazo partido; **to get one's teeth into** meterse bien en; **to have a sweet** ~ ser goloso; **to show one's teeth** mostrar los dientes; **wisdom** ~ muela del juicio
tooth•ache ['āk'] *s.* dolor *m* de muelas
tooth•brush [:brŭsh'] *s.* cepillo de dientes
toothed [tōōtht, tōōthd] *adj.* dentado; de dientes; **saw-toothed** de dientes aserrados
tooth•less [tōōth'lĭs] *adj.* sin dientes, desdentado; [ineffectual] ineficaz
tooth•paste [:pāst'] *s.* pasta dentífrica
tooth•pick [:pĭk'] *s.* mondadientes *m*
tooth•y [tōō'thē] *adj.* (**-i-**) dentudo
top[1] [tŏp] <> *s.* parte *f* superior OR de arriba; [of the head] coronilla; [of a mountain] cumbre *f*; [of a glass] borde *m*; [of a house] techo; [of a tree, hat] copa; [of a bottle, pan] tapa; [of a page] cabeza; [of liquids] superficie *f*; [of plants] tallo; [blouse] blusa; [jacket] chaqueta; [of a bikini] parte *f* de arriba, sostén *m*; [peak] cumbre *f* ▪ **at the** ~ **of** a la cabeza de; **at the** ~ **of one's form** en plena forma; **from** ~ **to bottom** de arriba abajo; **on** ~ encima; **on** ~ **of** además de; **on** ~ **of it all** para colmo de males; **to come out on** ~ salir ganando; **to blow one's** ~ *fam* salirse de sus casillas <> *adj.* de arriba; [topmost] último; [highest] más alto; [great] de categoría; [best] mejor; [maximum] máximo ▪ ~ **hat** sombrero de copa <> *tr.* (**-pp-**) [to form a top of] coronar, rematar; [to reach the top of] llegar a la cumbre de; [to cover] cubrir; [to surpass] superar; [to be at the head of] estar a la cabeza de; [to be bigger than] medir más que,

T

ser más alto que; [trees] desmochar ▪ **to ~ it all off** por si fuera poco; **to ~ off** rematar, coronar
top² *s.* [toy] peonza, trompo
to•paz [tō'păz'] *s.* topacio
top•coat [tŏp'kōt'] *s.* abrigo, sobretodo
top-drawer [:drôr'] *fam adj.* [first-class] de la más alta categoría; [people] de la alta sociedad
top•flight [:flīt'] *adj.* de primera categoría
top-heav•y [:hev'ē] *adj.* más pesado arriba que abajo
to•pi•ar•y [tō'pē-er'ē] *s.* [art] poda ornamental (de arbustos); [garden] jardín *m* ornamental
top•ic [tŏp'ĭk] *s.* tema *m*
top•i•cal [:ĭ-kəl] *adj.* tópico; [contemporary] corriente, actual; MED tópico
top•knot [tŏp'nŏt'] *s.* [of hair] moño alto; [of feathers, bows] copete *m*
top•less [:lĭs] *adj.* sin la parte superior; [woman] topless
top•most [:mōst'] *adj.* [highest] más alto, de más arriba; [uppermost] máximo
top•notch [:nŏch'] *adj. fam* de primera clase
to•pog•ra•phy [tə-pŏg'rə-fē] *s.* topografía
to•pol•o•gy [tə-pŏl'ə-jē] *s.* topología
top•ping [tŏp'ĭng] *s.* [sauce] salsa; [frosting] cobertura, garapiña; [garnish] aderezo
top•ple [tŏp'əl] *tr.* volcar; [government] derribar; (*intr.*) [to fall] volcarse; [to totter] tambalearse
tops [tŏps] *adj. jer* fantástico, buenísimo
top-se•cret [tŏp'sē'krĭt] *adj.* absolutamente secreto
top•soil [:soil'] *s.* tierra, capa superficial del suelo
top•sy-tur•vy [tŏp'sē-tûr'vē] <> *adv.* patas arriba, al revés; [in disorder] en desorden <> *adj.* desordenado
top-up card [tŏp'ŭp'kärd'] *s.* TELEC tarjeta de recarga
torch [tôrch] *s.* antorcha; [for welding] soplete *m*; GB [flashlight] linterna ▪ **to carry a ~ for someone** estar enamorado de alguien sin ser correspondido; **~ song** canción de amor
torch•bear•er ['bâr'ər] *s.* abanderado
tore [tôr] ▻ **tear¹**
tor•ment <> *s.* [tôr'ment'] tormento; [torture] tortura <> *tr.* [-'] atormentar; [to torture] torturar; [to pester] molestar
tor•men•tor/ment•er [tôr-men'tər] *s.* atormentador *m*, torturador *m*
torn [tôrn] ▻ **tear¹**
tor•na•do [tôr-nā'dō] *s.* (*pl* **(e)s**) tornado
tor•pe•do [tôr-pē'dō] <> *s.* (*pl* **es**) torpedo <> *tr.* torpedear
tor•pid [tôr'pĭd] *adj.* tórpido; [lethargic] letárgico; [apathetic] apático
tor•por [:pər] *s.* [dullness] torpor *m*; [apathy] apatía
torque [tôrk] *s.* par *m* de torsión
tor•rent [tôr'ənt] *s.* torrente *m*
tor•ren•tial [tô-ren'shəl] *adj.* torrencial
tor•rid [tôr'ĭd] *adj.* tórrido; [scorching] abrasado; *fig* ardiente
tor•sion [tôr'shən] *s.* torsión *f*
tor•so [tôr'sō] *s.* (*pl* **s** OR **-si**) torso
tort [tôrt] *s.* DER agravio
tor•ti•lla [tôr-tē'yə] *s.* tortilla (de maíz)
tor•toise [tôr'tĭs] *s.* tortuga de tierra
tor•toise•shell [:shel'] *s.* concha de carey
tor•tu•ous [tôr'chōō-əs] *adj.* tortuoso; [complex] complicado
tor•ture [tôr'chər] <> *s.* tortura <> *tr.* torturar
tor•tur•er [:ər] *s.* torturador *m*
toss [tôs] <> *tr.* tirar, lanzar; [one's head, hair] echar hacia atrás; [rider] dejar caer; [salads] revolver; [coin] echar a cara o cruz ▪ **to ~ aside** echar a un lado; **to ~ down** beber de un trago; **to ~ off** hacer fácilmente; **to ~ out** desechar; (*intr.*) [to be flung to and fro] ser agitado, revolverse; [to flip a coin] echar una moneda a cara o cruz ▪ **to ~ and turn** dar vueltas en la cama <> *s.* lanzamiento, tiro; [rapid movement] sacudida; [fall] caída ▪ **to win the ~** ganar a cara o cruz
toss•up ['ŭp'] *fam s.* lanzamiento de una moneda a cara o cruz; [odds] probabilidad pareja
tot¹ [tŏt] *s.* [child] nene *m*; [drop] trago
tot² *tr.* (**-tt-**) ▪ **to ~ up** sumar
to•tal [tōt'l] <> *s.* total *m*; [entirety] totalidad *f* <> *adj.* total <> *tr.* & *intr.* totalizar ▪ **to ~ up to** ascender a
to•tal•i•tar•i•an [tō-tăl'ĭ-târ'ē-ən] *adj.* totalitario
to•tal•i•ty [-'-tē] *s.* totalidad *f*
tote [tōt] <> *tr.* llevar <> *s.* carga, peso ▪ **~ bag** bolsa grande
to•tem [tō'təm] *s.* tótem *m* ▪ **~ pole** poste *m* de un tótem
tot•ter [tŏt'ər] *intr.* tambalearse
tot•ter•ing [:ĭng] *adj.* tambaleante
tou•can [tōō'kăn', -kän'] *s.* tucán *m*
touch [tŭch] <> *tr.* tocar; [to taste] probar, tocar; [to disturb] toquetear, manosear; [to border] lindar con; [to equal] igualarse a; [to mention] referirse a; [to concern] concernir a; [to move] conmover ▪ **to ~ bottom** tocar fondo; **to ~ off** desencadenar, provocar; **to ~ up** [to add touches to] corregir, retocar; [to finish off] dar los últimos toques a; (*intr.*) tocarse; [to be in contact] estar en contacto ▪ **to ~ down** AVIA aterrizar <> *s.* toque *m*; [sense] tacto; [mild attack] ataque ligero; [dash] pizca, poquito; [facility] mano; **to lose one's ~** perder la mano; [contact] contacto, comunicación *f*; *jer* [approach for a loan] sablazo ▪ **by ~** al tacto; **final** OR **finishing ~** último toque; **to be out of ~ with** [people] haber perdido el contacto con; [things] no estar al corriente OR al tanto de; **to keep in ~** mantenerse en contacto; **~ screen** COMPUT pantalla táctil
touch-and-go ['ən-gō'] *adj.* arriesgado
touch•down ['doun'] *s.* AER aterrizaje *m*; DEP tanto, gol *m*
touched [tŭcht] *adj.* [moved] conmovido; *fam* [mentally unbalanced] tocado de la cabeza
touch•ing [tŭch'ĭng] *adj.* conmovedor
touch-sen•si•tive [tŭch'sen'sĭ-tĭv] *adj.* táctil
touch•stone ['stōn'] *s.* piedra de toque; [criterion] criterio de prueba
touch-type [:tīp'] *intr.* mecanografiar al tacto
touch•up [:ŭp'] *s.* retoque *m*
touch•y [:ē] *adj.* (**-i-**) [oversensitive] susceptible, quisquilloso; [requiring tact] delicado
tough [tŭf] <> *adj.* duro; [physically hardy] fuerte, robusto; [harsh] severo, áspero; [aggressive] agresivo; [difficult] difícil; [resolute] decidido; [rough] tosco, bruto; [unyielding] inflexible ▪ **~!** OR **~ luck!** *fam* ¡mala suerte! <> *s.* matón *m*
tough•en ['ən] *tr.* & *intr.* endurecer(se)
tough-mind•ed [:mīn'dĭd] *adj.* duro (de carácter)
tou•pee [tōō-pā'] *s.* peluquín *m*
tour [tŏŏr] <> *s.* excursión *f*, viaje *m*; [visit] visita; TEAT

gira ■ ~ **operator** operador turístico, tour operador *m* ◇ *tr.* recorrer, hacer un viaje por; TEAT presentar en gira; (*intr.*) ir de viaje
tour•ing [ˊĭng] ◇ *s.* turismo ◇ *adj.* de turismo; [theatrical company] que está de gira
tour•ism [:ĭzˊəm] *s.* turismo
tour•ist [:ĭst] ◇ *s.* turista *mf* ◇ *adj.* turístico ■ ~ **class** clase turista; ~ **class syndrome** síndrome *m* de la clase turista ; ~ **complex** complejo turístico; ~ **guide** guía *mf* turístico; ~ **office** oficina de turismo
tour•na•ment [to͝orˊnə-mənt] *s.* torneo
tour•ni•quet [:nĭ-kĭt] *s.* torniquete *m*
tou•sle [touˊzəl] *tr.* [hair] desordenar; [clothes] arrugar, desarreglar
tout [tout] *fam* ◇ *s.* vendedor *m* de informaciones sobre caballos de carrera ◇ *tr.* [to recommend] recomendar; [to solicit] solicitar; [to importune] importunar
tow[1] [tō] ◇ *tr.* remolcar ◇ *s.* remolque *m*; [tow truck] camión *m* remolcador; [tugboat] remolcador *m*; [rope, cable] remolque, sirga
tow[2] *s.* [fiber] estopa
to•ward(s) [tôrd[z], tə-wôrd[z]ˊ] *prep.* hacia; [facing] próximo a; [for] para; [with] con, para con; [near in time] alrededor de
tow•el [touˊəl] ◇ *s.* toalla, paño ■ **to throw in the ~** DEP tirar la esponja; *fig* darse por vencido ◇ *tr.* & *intr.* secar(se) OR frotar(se) con una toalla
tow•er [touˊər] ◇ *s.* torre *f*; [fortress] torreón *m*, fortaleza; [watchtower] atalaya; AER torre de control ◇ *intr.* elevarse ■ **to ~ over** OR **above** dominar, destacarse sobre
tow•er•ing [:ĭng] *adj.* [very high] altísimo; [outstanding] sobresaliente; [intense] intenso
tow•line [tōˊlīnˊ] *s.* remolque *m*, sirga
town [toun] ◇ *s.* [city] ciudad *f*; [village] pueblo; [commercial center] centro; [residents] gente *f*, pueblo ■ **to be out of ~** estar fuera, estar de viaje; **to go out on the ~** *fam* salir a divertirse; **to go to ~ on** *fam* hacer con toda el alma; **to paint the ~ red** *jer* ir de juerga ◇ *adj.* urbano ■ ~ **crier** pregonero; ~ **hall** ayuntamiento, municipalidad
town•ship [ˊshĭpˊ] *s.* municipio
towns•peo•ple [tounzˊpēˊpəl] *s. pl.* habitantes *mf* de una ciudad
tow•rope [tōˊrōpˊ] *s.* remolque *m*, sirga
tox•ic [tŏkˊsĭk] *s.* tóxico ■ ~ **waste** residuos tóxicos
tox•ic•i•ty [-sĭsˊĭ-tē] *s.* toxicidad *f*
tox•i•col•o•gist [ˊsĭ-kŏlˊə-jĭst] *s.* toxicólogo
tox•i•col•o•gy [:jē] *s.* toxicología
tox•in [tŏkˊsĭn] *s.* toxina
toy [toi] ◇ *s.* juguete *m*; [trifle] nadería; [bauble] chuchería, baratija ◇ *adj.* de juguete ■ ~ **poodle** perro de lanas enano; ~ **soldier** soldadito de plomo ◇ *intr.* jugar, juguetear ■ **to ~ with** [to play with] jugar con; [an idea] dar vueltas a
trace[1] [trās] ◇ *s.* [mark] pista; [footprint] huella, rastro; [sign] señal *f*, indicio; [bit] pizca ◇ *tr.* [to sketch] dibujar, trazar; [to follow a trail] seguir; [to locate] localizar
trace[2] *s.* [strap] tirante *m*, tiradera
trace•a•ble [trāˊsə-bəl] *adj.* fácil de seguir
trac•er [:sər] *s.* [investigator] investigador *m*; [instrument] tiralíneas *m*; COST patrón *m*; [bullet] bala trazadora; QUÍM indicador *m*
tra•che•a [trāˊkē-ə] *s.* (*pl* **s** OR **-ae**) tráquea
track [trăk] ◇ *s.* [path] camino, senda; [footprint] huella; [of a person] pista; [of things] vestigio, rastro; [of a tape recorder] pista; [of a bullet] trayectoria; [railway] vía (férrea); DEP [for running] pista; [sport] atletismo en pista ■ **in one's tracks** allí mismo; **to be off the ~** [train] estar descarillado; [person] estar despistado; **to be on the right ~** ir por buen camino; **to be on somebody's ~** estar sobre la pista de alguien; **to cover one's tracks** no dejar rastro; **to keep ~ of** [to stay informed about] seguir con atención, estar al día con; [to follow] vigilar de cerca; **to lose ~ of** [people] perder de vista; [time] perder la noción de; [thought, conversation] perder el hilo de; **to make tracks** *jer* irse, marcharse; ~ **meet** concurso de atletismo ◇ *tr.* [to trail] seguir, rastrear; [to observe] seguir ■ **to ~ down** localizar; (*intr.*) seguir una huella
track•er [ˊər] *s.* [person] perseguidor *m*; [dog] rastreador *m*
track•ing [:ĭng] *s.* localización *f* ■ ~ **station** estación de seguimiento
track•suit [:so͞otˊ] *s.* chandal *m*
tract[1] [trăkt] *s.* tracto; ANAT sistema
tract[2] *s.* [pamphlet] folleto, opúsculo
trac•ta•ble [trăkˊtə-bəl] *adj.* tratable, dócil; [malleable] maleable, dúctil
trac•tion [:shən] *s.* tracción *f*
trac•tor [:tər] *s.* tractor *m*
trade [trād] ◇ *s.* ocupación *f*; [commerce] comercio, negocio; [industry] industria; [transaction] transacción *f*; [exchange] cambio; [businessmen] comerciantes *m*; [customers] clientela ■ **by ~** de profesión; ~ **name** nombre *m* comercial; ~ **school** escuela vocacional; ~ **union** sindicato, gremio ◇ *intr.* comerciar, negociar; [to be a customer] ser cliente ■ **to ~ on** aprovecharse de; (*tr.*) cambiar, trocar ■ **to ~ in** dar un artículo usado como pago inicial por otro nuevo; **to ~ off** trocar
trade-in [ˊĭnˊ] *s.* artículo entregado como pago parcial de una compra
trade•mark [:märkˊ] *s.* marca registrada OR de fábrica; *fig* sello distintivo
trade•off, trade-off [:ôfˊ] *s.* trueque *m*
trad•er [trāˊdər] *s.* comerciante *mf*; [ship] buque *m* mercante; FIN bolsista *mf*
trades•man [trādzˊmən] *s.* (*pl* **-men**) comerciante *mf*
trad•ing [trāˊdĭng] ◇ *s.* comercio ◇ *adj.* comercial
tra•di•tion [trə-dĭshˊən] *s.* tradición *f*
tra•di•tion•al [:ə-nəl] *adj.* tradicional
tra•di•tion•al•ist [:nə-lĭst] *s.* & *adj.* tradicionalista *mf*
traf•fic [trăfˊĭk] ◇ *s.* tráfico; COM [trade] comercio, negocio; [exchange] cambio; [of ideas] intercambio ■ ~ **jam** embotellamiento ◇ *intr.* & *tr.* (**-ck-**) traficar (con)
traf•fick•er [:ĭ-kər] *s.* traficante *mf*
trag•e•dy [trăjˊĭ-dē] *s.* tragedia
trag•ic [ˊĭk] *adj.* trágico
trag•i•com•e•dy [ˊĭ-kŏmˊĭ-dē] *s.* tragicomedia
trag•i•com•ic [:ĭk] *adj.* tragicómico
trail [trāl] ◇ *tr.* [to drag] arrastrar; [to track] rastrear; [to follow] seguir; [to lag behind] ir a la zaga de; (*intr.*) arrastrarse; [a plant] trepar ■ **to ~ behind** quedarse a la zaga; **to ~ off** desvanecerse ◇ *s.* [trace] huella, rastro; [of a person] pista; [of smoke] estela; [path] camino, sendero; *fig* estela ■ **to be on the ~ of** seguir la

pista de; **to pick up/lose the ~** encontrar/perder la pista

trail•blaz•er [ˈblāˈzər] *s.* pionero

trail•er [trāˈlər] *s.* [person] rastreador *m*; [vehicle] remolque *m*; [furnished van] casa remolque *m* ▪ **~ truck** camión *m* de remolque

train [trān] ◇ *s.* tren *m*; [succession] sucesión *f*, serie *f*; [of people] séquito, cortejo; [of a dress] cola ▪ **to lose one's ~ of thought** perder el hilo ◇ *tr.* [a person] capacitar, formar; [an athlete] entrenar; [a child] educar; [an animal] domar, amaestrar; [a plant] guiar; (*intr.*) prepararse, formarse; [an athlete] entrenarse

trained [trānd] *adj.* [educated] calificado; [physically] preparado; [animals] amaestrado ▪ **to have a ~ eye** tener un ojo experto

train•ee [trā-nēˈ] *s.* aprendiz *mf*

train•er [ˈnər] *s.* DEP preparador físico; [of horses, athletes] entrenador *m*; [of animals] amaestrador *m*

train•ing [:nĭng] *s.* formación *f*, capacitación *f*; DEP entrenamiento; [apprenticeship] aprendizaje *m*; [of animals] amaestramiento

train•man [trānˈmən] *s.* (*pl* **-men**) ferroviario

traipse [trāps] *intr. fam* andar

trait [trāt] *s.* rasgo, característica

trai•tor [trāˈtər] *s.* traidor *m*

trai•tor•ous [:əs] *adj.* traidor, traicionero

tra•jec•to•ry [trə-jekˈtə-rē] *s.* trayectoria

tram [trăm] *s.* GB [streetcar] tranvía *m*; [tramway] rieles *mpl*, carriles *mpl*; [cable car] teleférico; [small wagon] vagoneta

tram•car [ˈkärˈ] *s.* GB [streetcar] tranvía *m*; [coal car] vagoneta

tram•mel [trămˈəl] ◇ *s.* traba ◇ *pl.* trabas *fpl*, obstáculos *mpl* ◇ *tr.* poner trabas a

tramp [trămp] ◇ *intr.* [to trudge] andar con pasos pesados; [to hike] caminar, ir a pie; [to wander] vagar, errar; (*tr.*) pisotear con fuerza ◇ *s.* [footfall] ruido; [hike] caminata, paseo largo; [vagrant] vagabundo; *jer* [prostitute] fulana, ramera

tram•ple [trămˈpəl] ◇ *tr.* pisotear ▪ **to ~ on** pisotear; (*intr.*) pisar rudamente ◇ *s.* pisoteo; [sound] (ruido de) pisadas

tram•po•line [trămˈpə-lēnˈ] *s.* cama elástica

trance [trăns] *s.* trance *m*

tran•quil [trăngˈkwəl] *adj.* tranquilo

tran•quil•(l)ize [:kwə-līzˈ] *tr.* & *intr.* tranquilizar(se)

tran•quil•(l)iz•er [:ər] *s.* tranquilizante *m*

tran•quil•(l)i•ty [trăng-kwĭlˈĭ-tē] *s.* tranquilidad *f*

trans•act [trăn-săktˈ] *tr.* llevar a cabo, ejecutar

trans•ac•tion [:săkˈshən] ◇ *s.* [act] negociación *f*; [deal] transacción *f* ◇ *pl.* actas *fpl*

trans•ac•tion•al [:shən-əl] *adj.* de transacción

trans•at•lan•tic [trănsˈət-lănˈtĭk] *adj.* transatlántico

trans•ceiv•er [trăn-sēˈvər] *s.* transceptor *m*

tran•scend [trăn-sendˈ] *tr.* trascender; [to surpass] sobrepasar; (*intr.*) trascender

tran•scen•dence/den•cy [trăn-senˈdəns] *s.* trascendencia

tran•scen•dent [:dənt] *adj.* trascendente

tran•scen•den•tal [ˈ-denˈtl] *adj.* trascendental

trans•con•ti•nen•tal [trănsˈkŏn-tə-nenˈtl] *adj.* transcontinental

tran•scribe [trăn-skrībˈ] *tr.* transcribir; MÚS adaptar, arreglar

tran•scrib•er [-skrīˈbər] *s.* transcriptor *m*

tran•script [trănˈskrĭptˈ] *s.* transcripción *f*

tran•scrip•tion [-skrĭpˈshən] *s.* transcripción *f*; [recording] grabación *f*; RAD & TELEV emisión diferida

trans•duc•er [trăns-dōōˈsər] *s.* transductor *m*

tran•sect [trăn-sektˈ] *tr.* cortar transversalmente

trans•fer [trăns-fûrˈ] ◇ *tr.* (**-rr-**) [to convey] trasladar; [to shift] transferir; (*intr.*) [to move] trasladarse; [to change carrier] transbordar ◇ *s.* [ˈfər] [ticket] boleto de transbordo; [of passengers] transbordo; [of person] traslado; [of money] transferencia; [of power] transmisión *f*

trans•fer•a•ble [:ə-bəl] *adj.* transferible

trans•fer•al [:əl] *s.* transferencia

trans•fer•ence [:əns] *s.* transferencia

trans•fig•ure [trăns-fĭgˈyər] *tr.* [to alter radically] transfigurar; [to exalt] exaltar, glorificar

trans•fix [trăns-fĭksˈ] *tr.* traspasar, atravesar; *fig* paralizar, inmovilizar

trans•form [trăns-fôrmˈ] *tr.* transformar

trans•for•ma•tion [ˈfər-māˈshən] *s.* transformación *f*

trans•form•er [-fôrˈmər] *s.* transformador *m*

trans•fuse [trăns-fyōōzˈ] *tr.* [to transfer] transvasar, trasegar; [to permeate] impregnar; MED hacer una transfusión de OR a

trans•fu•sion [:fyōōˈzhən] *s.* trasiego; MED transfusión *f*

trans•gress [trăns-gresˈ] *tr.* [a limit] traspasar; [the law] infringir; (*intr.*) [to sin] pecar; [to break the law] cometer una infracción

trans•gres•sion [:greshˈən] *s.* [of a law] infracción *f*; [of a rule] transgresión *f*; [of limits] traspaso; [sin] pecado

trans•gres•sor [:gresˈər] *s.* [offender] transgresor *m*; [sinner] pecador *m*

tran•sience [trănˈshəns] transitoriedad *f*

tran•sient [:shənt] ◇ *adj.* transitorio; [passing through] transeúnte ◇ *s.* transeúnte *mf*

tran•sis•tor [trăn-zĭsˈtər] *s.* transistor *m*

tran•sit [trănˈsĭt] *s.* tránsito; [transport] transporte *m*; [transition] transición *f*

tran•si•tion [trăn-zĭshˈən] *s.* transición *f*

tran•si•tion•al [:ə-nəl] *adj.* de transición

tran•si•tive [trănˈsĭ-tĭv] *adj.* transitivo

tran•si•to•ry [trănˈsĭ-tôrˈē] *adj.* transitorio

trans•late [trăns-lātˈ, ˈ] *tr.* traducir; [to explain] explicar; [to convert] convertir

trans•la•tion [-lāˈshən] *s.* traducción *f*

trans•la•tor [:lāˈtər] *s.* traductor *m*

trans•lu•cent [trăns-lōōˈsənt] *adj.* translúcido

trans•mi•grate [trăns-mīˈgrātˈ] *intr.* transmigrar

trans•mi•gra•tion [ˈ-grāˈshən] *s.* transmigración *f*

trans•mis•sion [trăns-mĭshˈən] *s.* transmisión *f* ▪ **automatic ~** AUTO cambio automático

trans•mit [trăns-mĭtˈ] *tr.* & *intr.* (**-tt-**) transmitir

trans•mit•tal [:l] *s.* transmisión *f*

trans•mit•ter [:ər] *s.* [apparatus] transmisor *m*; [station] emisora

trans•mute [trăns-myōōtˈ] *tr.* transmutar

trans•o•ce•an•ic [trănsˈō-shē-ănˈĭk] *adj.* transoceánico

tran•som [trănˈsəm] *s.* [window] montante *m*, listón *m*; [crosspiece] travesaño

trans•par•ence [trăns-pârˈəns] *s.* transparencia

trans•par•en•cy [:ən-sē] *s.* transparencia; [slide] diapositiva

trans•par•ent [:ənt] *adj.* transparente
tran•spi•ra•tion [trăn'spə-rā'shən] *adj.* transpiración *f*
tran•spire [trăn-spīr'] *tr.* transpirar; (*intr.*) [to exude] transpirar; [to reveal] revelarse; [to happen] acontecer
trans•plant ◇ *tr.* [trăns-plănt'] trasplantar ◇ *s.* ['] trasplante *m*
trans•port ◇ *tr.* [trăns-pôrt'] transportar; [to enrapture] embelesar ◇ *s.* ['] transporte *m*; [rapture] embeleso; [ship] buque *m* de transporte; [aircraft] avión *m* de transporte
trans•por•ta•tion [trăns'pər-tā'shən] *s.* transportación *f*; [state] transporte *m*
trans•pose [trăns-pōz'] *tr.* transponer; [to transform] transformar
trans•po•si•tion ['pə-zĭsh'ən] *s.* transposición *f*; MÚS transporte *m*
trans•ship [trăns-shĭp'] *tr.* (**-pp-**) transbordar
trans•ver•sal [trăns-vûr'səl] *adj.* & *s.* transversal *f*
trans•verse [:vûrs'] *adj.* & *s.* transversal *f*
trap [trăp] ◇ *s.* trampa; TEC sifón *m*, bombillo; DEP lanzaplatos; [in golf] hoyo de arena ■ **shut your ~!** *jer* ¡cierra el pico!; ~ **door** escotillón; ~ **rock** basalto ◇ *tr.* (**-pp-**) [to ensnare] coger en una trampa; [to catch] atrapar; [to seal off] retener; (*intr.*) poner trampas
tra•peze [tră-pēz'] *s.* trapecio ■ ~ **artist** trapecista *mf*
trap•per [trăp'ər] *s.* trampero
trap•pings [trăp'ĭngz] *s. pl.* adornos, atavíos; [for a horse] jaeces, arreos
trap•shoot•ing [trăp'shōō'tĭng] *s.* tiro al plato
trash [trăsh] ◇ *s.* basura; [people] gentuza ◇ *tr.* [to discard] tirar a la basura; *jer* [to smash] destrozar
trash•y ['ē] *adj.* (**-i-**) malo, de pacotilla
trau•ma [trô'mə] *s.* (*pl* **s** OR **-ata**) trauma *m*
trau•mat•ic [-măt'ĭk] *adj.* traumático
trau•ma•tize ['mə-tīz'] *tr.* traumatizar
tra•vail [trə-vāl'] *s.* [weariness] fatiga; [anguish] congoja; [childbirth] dolores *m* de parto
trav•el [trăv'əl] ◇ *intr.* viajar; [to be a salesman] ser viajante; [light, sound] propagarse; [to spread] extenderse; [vehicle] ir ■ **to ~ light** viajar con poco equipaje; **traveling salesman** viajante de comercio; (*tr.*) viajar por ◇ *s.* viajes *m* ■ ~ **agency** agencia de viajes; ~ **agent** agente de viajes; ~ **expenses** gastos de viaje; ~ **insurance** seguro de viaje ◇ *pl.* viajes
tra•vel(l)ed [:əld] *adj.* que ha viajado mucho; [frequented] frecuentado
trav•el•(l)er [:ə-lər] *s.* viajero; GB [salesman] viajante *m* ■ **~'s check** cheque de viajero
trav•e•log(ue) [:ə-lôg'] *s.* documental *m* OR conferencia ilustrada sobre un viaje
tra•vers•al [trə-vûr'səl] *s.* travesía
tra•verse [trə-vûrs'] ◇ *tr.* cruzar; [to move along] recorrer; (*intr.*) cruzar ◇ *s.* [trăv'ərs] travesía; [route] ruta sinuosa; [crosspiece] travesaño ◇ *adj.* [trăv'ərs, trə-vûrs'] transversal
trav•es•ty [trăv'ĭ-stē] ◇ *s.* parodia; [farce] farsa ◇ *tr.* parodiar
trawl [trôl] MARÍT ◇ *s.* red barredera ◇ *tr.* & *intr.* pescar con red barredera
trawl•er [trô'lər] *s.* [boat] jábega; [fisherman] jabeguero
tray [trā] *s.* bandeja
treach•er•ous [trech'ər-əs] *adj.* traicionero; [dangerous] peligroso
treach•er•y [:ə-rē] *s.* traición *f*
trea•cle [trē'kəl] *s.* melaza
tread [tred] ◇ *tr.* (**trod, trod(den)**) pisar; [to trample] pisotear; [to crush] aplastar ■ **to ~ water** pedalear en el agua; **well-trodden path** camino trillado; (*intr.*) pisar; [to walk] andar, caminar ■ **to ~ lightly** andar con tiento ◇ *s.* pisada; [horizontal step] huella (de un escalón); [of a tire] banda de rodadura
tread•le ['l] ◇ *s.* pedal *m* ◇ *intr.* pedalear
tread•mill [:mĭl'] *s.* rueda de andar; [routine] rutina; [in gym] tapiz *m* rodante
trea•son [trē'zən] *s.* traición *f*
trea•son•a•ble [:zə-nə-bəl] *adj.* traicionero
trea•son•ous [:nəs] *adj.* traicionero
treas•ure [trezh'ər] ◇ *s.* tesoro ◇ *tr.* [to accumulate] atesorar; [to appreciate] apreciar mucho
treas•ur•er [:ər] *s.* tesorero
treas•ure-trove [trōv'] *s.* tesoro hallado; [discovery] hallazgo
treas•ur•y [trezh'ə-rē] *s.* [office] tesorería; [public funds] erario público
treat [trēt] ◇ *tr.* tratar; [to invite] convidar, invitar; [to consider] tomar ■ **to ~ oneself to** darse el lujo de; (*intr.*) invitar, convidar ◇ *s.* [present] regalo; [invitation] invitación *f*; [delight] placer *m*
treat•a•ble [trē'tə-bəl] *adj.* tratable
trea•tise [trē'tĭs] *s.* tratado
treat•ment [trēt'mənt] *s.* tratamiento
trea•ty [trē'tē] *s.* tratado, convenio
treb•le [treb'əl] ◇ *adj.* MAT triple; MÚS de soprano, de tiple ◇ *s.* MÚS soprano, tiple *m* ◇ *tr.* & *intr.* triplicar(se)
tree [trē] ◇ *s.* árbol *m*; [for shoes] horma; [post] poste *m* ■ **to bark up the wrong ~** equivocarse; **to be up a ~** estar en un aprieto ◇ *tr.* [animal] hacer refugiarse en un árbol; *fig* poner en un aprieto
tree•top ['tŏp'] *s.* copa
tre•foil [trē'foil', tref'oil] *s.* trébol *m*
trek [trek] ◇ *s.* viaje largo y difícil ◇ *intr.* (**-kk-**) hacer un viaje largo
trek•king [tre'kĭng] *s.* senderismo
trel•lis [trel'ĭs] *s.* [frame] enrejado; [arbor] parra
trem•ble [trem'bəl] ◇ *intr.* temblar ◇ *s.* temblor *m*
tre•men•dous [trĭ-men'dəs] *adj.* [enormous] tremendo; [marvelous] fantástico
trem•or [trem'ər] *s.* temblor *m*
trem•u•lous [trem'yə-ləs] *adj.* trémulo, tembloroso; [timid] tímido
trench [trench] *s.* [furrow] zanja; [ditch] cuneta, foso; MIL trinchera ■ ~ **coat** impermeable *m*; ~ **mouth** inflamación *f* de las encías
trench•ant [tren'chənt] *adj.* vigoroso; [incisive] mordaz
trend [trend] ◇ *s.* [direction] dirección *f*; [tendency] tendencia; [fashion] moda ◇ *intr.* tender a, inclinarse a
trend•set•ter ['set'ər] *s.* persona que dicta una moda
trend•y [tren'dē] *adj.* (**-i-**) *fam* [thing] de moda; [person] moderno
trep•i•da•tion [trep'ĭ-dā'shən] *s.* aprensión *f*
tres•pass [tres'pəs, :păs'] ◇ *intr.* [to infringe upon] infringir; [to enter] entrar ilegalmente; RELIG pecar ◇ *s.* violación *f*; DER transgresión *f* ■ **no trespassing** prohibido el paso ◇ *pl.* RELIG pecados
tres•pass•er [tres'pə-sər] *s.* intruso; DER infractor *m*; RELIG pecador *m*

tress [tres] ◇ *s.* mechón *f* ◇ *pl.* cabellera
tres•tle [tres′əl] *s.* caballete *m*
tri•ad [trī′ăd′] *s.* tríada
tri•al [trī′əl] ◇ *s.* [testing] prueba, ensayo; [experiment] experimento; [attempt] tentativa; [hardship] dificultad *f*; [test] prueba; DER proceso, juicio ▪ **on** ~ [being judged] enjuiciado, procesado; [being tested] a título de prueba; **to bring to** ~ encausar, enjuiciar; **to do something by** ~ **and error** hacer algo por un método de tanteos; **to go on** ~ ser procesado ◇ *adj.* DER procesal; [testing] de prueba ▪ ~ **run** experimento
tri•an•gle [trī′ăng′gəl] *s.* triángulo
tri•an•gu•lar [-′gyə-lər] *adj.* triangular
tri•an•gu•late [:lāt′] ◇ *tr.* triangular ◇ *adj.* triangulado
trib•al [trī′bəl] *adj.* tribal
tribe [trīb] *s.* tribu *f*; *fam* familia numerosa
tribes•man [trībz′mən] *s.* (*pl* **-men**) miembro de una tribu
trib•u•la•tion [trĭb′yə-lā′shən] *s.* tribulación *f*
tri•bu•nal [trī-byo͞o′nəl] *s.* tribunal *m*
trib•une [trĭb′yo͞on′] *s.* HIST tribuno; [protector] defensor *m* de los derechos
trib•u•tar•y [trĭb′yə-ter′ē] ◇ *adj.* tributario ◇ *s.* [river] afluente *m*; [person] tributario
trib•ute [trĭb′yo͞ot] *s.* tributo; [gift] ofrenda
trice [trīs] *s.* instante *m* ▪ **in a** ~ en un abrir y cerrar de ojos
tri•cen•ten•ni•al [trī′sen-ten′ē-əl] ◇ *adj.* de trescientos años ◇ *s.* tricentenario
tri•ceps [trī′seps′] *s.* (*pl* **inv.** OR **es**) tríceps *m*
trick [trĭk] ◇ *s.* truco; [swindle] estafa; [prank] travesura; [special skill] maña; [of cards] baza ▪ **a dirty** ~ una trastada; **not to miss a** ~ no perder una; **to be up to one's old tricks** volver a las andadas; **to do the** ~ resolver el problema, surtir efecto ◇ *tr.* engañar, burlar; [to swindle] estafar ◇ *adj.* de truco ▪ ~ **photography** trucaje *m*; ~ **question** pregunta de pega
trick•er•y [′ə-rē] *s.* engaño
trick•le [trĭk′əl] ◇ *intr.* gotear ▪ **to** ~ **in** llegar en pequeñas cantidades ◇ *s.* goteo; [small amount] gota
trick•ster [trĭk′stər] *s.* burlador *m*
trick•y [:ē] *adj.* (**-i-**) [wily] astuto; [situation, problem] delicado
tri•col•or [trī′kŭl′ər] *s.* bandera tricolor
tri•corn(e) [:kôrn′] *s.* tricornio
tri•cot [trē′kō] *s.* tricot *m*
tri•cy•cle [trī′sĭ-kəl] *s.* triciclo
tri•dent [trīd′nt] *s.* tridente *m*
tried [trīd] ▻ **try** ◇ *adj.* probado
tried-and-true [′n-tro͞o′] *adj.* seguro
tri•fle [trī′fəl] ◇ *s.* nadería; [small amount] poquito; [dessert] bizcocho borracho ▪ **a** ~ un poquito, algo ◇ *intr.* [to jest] bromear; [to play] jugar (**with** con)
tri•fling [:flĭng] *adj.* insignificante, frívolo
trig•ger [trĭg′ər] ◇ *s.* [of a firearm] gatillo; [of a mechanism] disparador *m*; [provocation] provocación *f* ◇ *tr.* poner en funcionamiento
trig•ger-hap•py [:hăp′ē] *adj.* pronto a disparar; *jer* impulsivo
trig•o•nom•e•try [trĭg′ə-nŏm′ĭ-trē] *s.* trigonometría
trike [trīk] *s. fam* triciclo
tri•lat•er•al [trī-lăt′ər-əl] *s.* trilátero
trill [trĭl] *s.* gorjeo; MÚS trino
tril•lion [trĭl′yən] *s.* billón *m*; GB trillón *m*
tril•o•gy [trĭl′ə-jē] *s.* trilogía
trim [trĭm] ◇ *tr.* (**-mm-**) [to make tidy] ordenar; [hair, nails] recortar; [branches] podar; [to ornament] decorar; [to reduce] reducir; [sails] orientar; AVIA & MARÍT [to balance] equilibrar; (*intr.*) estar equilibrado ◇ *s.* condición *f*; [ornamentation] adorno; [cuttings] recorte *m*; [of a ship] asiento; [of sails] orientación *f*; AVIA equilibrio ▪ **in good** ~ en forma; **out of** ~ [person] en baja forma; [boat] mal estibado ◇ *adj.* (**-mm-**) [in good order] arreglado; [elegant] elegante; [looking well] bien parecido
tri•mes•ter [trī-mes′tər] *s.* trimestre *m*
trim•ming [trĭm′ĭng] ◇ *s.* adorno; *fam* [beating] paliza, zurra ◇ *pl.* [accessories] accesorios *mpl*; CUL guarnición *f*; [scraps] recortes *mpl*
trin•i•ty [trĭn′ĭ-tē] *s.* trío
trin•ket [trĭng′kĭt] *s.* [ornament] dije *m*; [trifle] chuchería
tri•o [trē′ō] *s.* trío
trip [trĭp] ◇ *s.* viaje *m*; [excursion] excursión *f*; [stumble] tropezón *m*, traspié *m*; [mistake] error *m* ▪ **round** ~ viaje de ida y vuelta ◇ *intr.* (**-pp-**) [to stumble] dar un traspié; [to move nimbly] andar con paso ligero; [to make a mistake] equivocarse; (*tr.*) [a person] hacer tropezar OR caer; [an alarm] hacer sonar; [a catch, spring] soltar, disparar ▪ **to** ~ **up** hacer confundir
tripe [trīp] *s.* CUL callos *mpl*; *fam* tonterías *fpl*
tri•ple [trĭp′əl] ◇ *adj.* & *s.* triple *m* ◇ *tr.* & *intr.* triplicar(se)
tri•ple-space [′-spās′] *tr.* & *intr.* escribir a máquina dejando dos líneas en blanco
tri•plet [trĭp′lĭt] *s.* trío; [baby] trillizo
tri•pod [trī′pŏd′] *s.* trípode *m*
trite [trīt] *adj.* trillado
tri•umph [trī′əmf] ◇ *intr.* triunfar; [to exult] regocijarse ◇ *s.* triunfo; [exultation] regocijo
tri•um•phal [-ŭm′fəl] *adj.* triunfal
tri•um•phant [:fənt] *adj.* triunfante
tri•um•vi•rate [trī-ŭm′vər-ĭt] *s.* triunvirato
triv•et [trĭv′ĭt] *s.* [for cooking] trébedes *m*; [for the table] salvamantel *m*
triv•i•a [trĭv′ē-ə] *s. pl.* trivialidades *f*
triv•i•al [:əl] *adj.* insignificante, trivial
triv•i•al•i•ty [′-ăl′ĭ-tē] *s.* trivialidad *f*
trod [trŏd], **trod•den** [trŏd′n] ▻ **tread**
Tro•jan horse [trō-jən′hôrs′] *s.* caballo de Troya
troll[1] [trōl] ◇ *tr.* [to fish] pescar con cebo de cuchara; [to sing] cantar en canon ◇ *s.* [lure] cebo de cuchara; MÚS canon *m*
troll[2] *s.* [creature] duende *m*, gnomo
trol•ley [trŏl′ē] *s.* tranvía *m*; [carriage] carretilla; [electric device] colector *m* de corriente
trol•lop [trŏl′əp] *s.* [slattern] mujer sucia; [prostitute] prostituta
trom•bone [trŏm-bōn′] *s.* trombón *m*
troop [tro͞op] ◇ *s.* [group] grupo; [of animals] manada; [of soldiers] escuadrón *m*; [scouts] grupo ◇ *pl.* tropas *fpl* ◇ *intr.* ir en grupo
troop•er [tro͞o′pər] *s.* [cavalryman] soldado de caballería; [horse] caballo; [policeman] policía montado; [state police] patrullero ▪ **to be a** ~ *fam* ser un profesional
tro•phy [trō′fē] *s.* trofeo
trop•ic [trŏp′ĭk] ◇ *s.* trópico ◇ *adj.* tropical
trop•i•cal [:ĭ-kəl] *adj.* tropical
trot [trŏt] ◇ *s.* [gait] trote *m*; [jog] paso corto; *fam*

[translation] traducción *f* literal ◇ *intr.* (**-tt-**) [to move] trotar; [to hurry] apurarse; (*tr.*) hacer trotar ▪ **to ~ out** *fam* [to bring out] sacar a relucir; [to show off] hacer alarde de
troth [trôth, trōth] *s.* [fidelity] fidelidad *f*; [betrothal] compromiso ▪ **to plight one's ~** dar palabra de matrimonio
trot•ter [trŏt′ər] *s.* trotón *m*
trou•ba•dour [tro͞o′bə-dôr′] *s.* trovador *m*
trou•ble [trŭb′əl] ◇ *s.* [affliction] pena; [misfortune] desgracia; [distress] apuro, aprieto; [worry] preocupación *f*; [annoyance] disgusto; [difficulty] dificultad *f*; [hindrance] estorbo; [bother] molestia; [effort] esfuerzo; [dispute] conflicto; [disturbance] disturbios *mpl* ▪ **no ~ at all** con mucho gusto; **to ask** OR **look for ~** *fam* buscarse líos; **to be in ~** estar en un aprieto; **to be worth the ~** valer la pena; **to get into ~** meterse en líos; **to start ~** dar problemas; **to stay out of ~** no meterse en líos; **to take the ~ to** tomarse la molestia de; **what's the ~?** ¿cuál es el problema? ◇ *tr.* [to disturb] agitar, turbar; [to affect] afligir; [to worry] preocupar; [to afflict] afligir; [to bother] molestar; (*intr.*) [to be worried] preocuparse; [to take pains] molestarse
trou•ble•mak•er [:mā′kər] *s.* alborotador *m*
trou•ble-shoot•er [:sho͞o′tər] *s.* mediador *m*
trou•ble•shoot•ing [:sho͞ot′ĭng] *s.* COMPUT resolución *f* de problemas
trou•ble•some [:səm] *adj.* [worrisome] inquietante; [difficult] dificultoso
trough [trôf] *s.* [for drinking] abrevadero; [for feeding] pesebre *m*; [gutter] canalón *m*; [depression] depresión *f*; [low point] mínimo; METEOROL zona de presiones bajas
trounce [trouns] *tr.* zurrar; [to defeat] derrotar rotundamente
troupe [tro͞op] *s.* TEAT compañía
troup•er [tro͞o′pər] *s.* TEAT actor *m*
trou•sers [trou′zərz] *s. pl.* pantalones *m*
trous•seau [tro͞o′sō] *s.* (*pl* **s** OR **x**) ajuar *m*
trout [trout] *s.* (*pl* **inv.** OR **s**) trucha
trove [trōv] *s.* hallazgo
trow•el [trou′əl] *s.* [for leveling] palustre *m*; [for digging] desplantador
tru•an•cy [tro͞o′ən-sē] *s.* ausentismo escolar
tru•ant [:ənt] *s.* & *adj.* (persona) que hace novillos ▪ **to play ~** faltar a clase
truce [tro͞os] *s.* tregua
truck[1] [trŭk] ◇ *s.* camión *m*; [barrow] carretilla; GB FC vagón *m* (de mercancías) ◇ *tr.* transportar en camión; (*intr.*) conducir un camión
truck[2] ◇ *tr.* [to barter] trocar; [to peddle] vender de puerta en puerta; (*intr.*) comerciar ◇ *s.* [garden produce] hortalizas; [exchange] trueque *m*; *fam* [business] comercio ▪ **~ farm** huerto, huerta
truck•age [′ĭj] *s.* transporte *m* por camión
truck•er [:ər] *s.* camionero
truck•ing [:ĭng] *s.* transporte *m* por camión
truc•u•lent [trŭk′yə-lənt] *adj.* [fierce] feroz; [pugnacious] belicoso
trudge [trŭj] ◇ *intr.* caminar con dificultad ◇ *s.* caminata larga y penosa
true [tro͞o] ◇ *adj.* cierto; [genuine, real] verdadero; [loyal] leal; [legitimate] legítimo; [accurate] exacto ▪ **it's ~** es verdad; **to come ~** realizarse, cumplirse; **~ to life** conforme a la realidad ◇ *adv.* verdaderamente; [exactly] exactamente ◇ *s.* verdad *f* ▪ **to be out of ~** estar desalineado ◇ *tr.* rectificar, corregir
true•blue [′blo͞o′] *s.* & *adj.* (persona) leal
true•love [:lŭv′] *s.* amor *m*
truf•fle [trŭf′əl] *s.* trufa
tru•ism [tro͞o′ĭz′əm] *s.* perogrullada
tru•ly [:lē] *adv.* verdaderamente; [sincerely] sinceramente; [properly] propiamente ▪ **yours ~** suyo atentamente, su seguro servidor
trump [trŭmp] ◇ *s.* triunfo ◇ *tr.* matar con un triunfo; (*intr.*) ▪ **to ~ up** inventar
trum•pet [trŭm′pĭt] ◇ *s.* MÚS trompeta; [sound] trompetilla ◇ *intr.* tocar la trompeta; (*tr.*) pregonar
trun•cate [trŭng′kāt′] *tr.* truncar
trun•cat•ed [:kā′tĭd] *adj.* truncado
trun•cheon [trŭn′chən] *s.* cachiporra, porra
trun•dle [trŭn′dl] ◇ *s.* carriola ◇ *intr.* rodar
trunk [trŭngk] ◇ *s.* tronco; [of an elephant] trompa; [luggage] baúl *m*; [of a car] portaequipaje *m*, maletera ◇ *pl.* pantalones cortos ▪ **swimming ~** traje de baño (de hombre)
truss [trŭs] ◇ *s.* MED braguero; [framework] armazón *mf* ◇ *tr.* [to tie up] atar; [to support] apuntalar
trust [trŭst] ◇ *s.* confianza; [charge] custodia; [duty] deber *m*; [hope] fe *f*, esperanza; [credit] crédito; DER fideicomiso; COM & FIN trust *m*, consorcio ▪ **in ~** DER en depósito; **to take on ~** creer a ojos cerrados; **~ fund** fondo fiduciario ◇ *intr.* [to rely] depender; [to hope] esperar, confiar; (*tr.*) tener confianza en, fiarse de; [to believe] creer; [to hope] esperar; [to entrust] confiar; COM & FIN dar crédito a
trus•tee [trŭs-tē′] *s.* [administrator] fideicomisario; [member of a board] síndico ▪ **board of trustees** consejo de administración
trus•tee•ship [:shĭp′] *s.* [position] cargo de síndico; [territory] fideicomiso
trust•ful [trŭst′fəl] *adj.* confiado
trust•ing [trŭs′tĭng] *adj.* confiado
trust•wor•thy [trŭst′wûr′*th*ē] *adj.* (**-i-**) de confianza
trust•y [trŭs′tē] *adj.* (**-i-**) de confianza
truth [tro͞oth] *s.* (*pl* **s**) verdad *f*; [exactitude] exactitud *f*; [reality] realidad *f*; [veracity] veracidad *f*; [sincerity] sinceridad *f*
truth•ful [′fəl] *adj.* [honest] sincero; [true] verídico
truth•ful•ness [:nĭs] *s.* veracidad *f*
try [trī] ◇ *tr.* [to test, taste] probar; [to make an effort at] tratar, intentar; **to ~ to ski** tratar de esquiar; DER [a case] someter a juicio; [a person] juzgar, procesar; [put to the test] poner a prueba ▪ **to ~ on** probarse; **to ~ one's best** hacer todo lo posible; **to ~ one's hand at** probar uno su habilidad en; **to ~ out** probar; (*intr.*) esforzarse ◇ *s.* tentativa, intento
try•ing [′ĭng] *adj.* irritante, molesto
try•out [:out′] *s.* prueba de aptitud; [audition] audición *f*
tryst [trĭst] *s.* [date] cita; [place] lugar *m* de encuentro
tsar [tsär] = **czar**
tset•se fly [tset′sē, tsēt′-] *s.* mosca tse-tsé
T-shirt [tē′shûrt′] *s.* camiseta
T-square [tē′skwâr′] *s.* escuadra en T, regla T
tub [tŭb] *s.* [vessel] tonel *m*; [bathtub] bañera; *fam* [bath] baño; [ship] carraca
tu•ba [to͞o′bə] *s.* tuba
tub•by [tŭb′ē] *adj.* (**-i-**) rechoncho

tube [to͞ob] *s.* tubo; ANAT trompa; *fam* [television] tele *f*; GB [subway] metro

tu•ber [to͞o'bər] *s.* tubérculo

tu•ber•cu•lo•sis [to͝o-bûr'kyə-lō'sĭs] *s.* tuberculosis *f*

tu•ber•cu•lous [to͝o-bûr'kyə-ləs] *adj.* tuberculoso

tu•ber•ous [to͞o'bər-əs] *adj.* tuberoso

tub•ing [to͞o'bĭng] *s.* tuberías *fpl*

tu•bu•lar [:byə-lər] *adj.* tubular

tu•bule [:byo͞ol] *s.* tubo pequeño

tuck [tŭk] ◇ *tr.* plegar ▪ **to ~ away** esconder; **to ~ in** [to put in] meter; [in bed] arropar; (*intr.*) hacer pliegues ◇ *s.* pliegue *m*

tuck•er [tŭk'ər] *tr. fam* agotar

Tues•day [to͞oz'dē] *s.* martes *m*

tuft [tŭft] *s.* mechón *m*; [crest] copete *m*

tug [tŭg] ◇ *tr.* (**-gg-**) [to pull] tirar de; [to drag] arrastrar; [to tow] remolcar; (*intr.*) tirar ◇ *s.* tirón *m*; [tugboat] remolcador *m* ▪ **~ of war** DEP juego de la cuerda; *fig* lucha

tug•boat ['bōt'] *s.* remolcador *m*

tu•i•tion [to͞o-ĭsh'ən] *s.* matrícula; [instruction] enseñanza

tu•lip [to͞o'lĭp] *s.* tulipán *m*

tulle [to͞ol] *s.* tul *m*

tum•ble [tŭm'bəl] ◇ *intr.* [to roll] rodar; [to fall] caerse; [to collapse] derrumbarse ▪ **to ~ down** derrumbarse; **to ~ out** salir a montones; (*tr.*) [to knock down] derribar; [a government] derrocar ▪ **to ~ on** dar con ◇ *s.* [fall] caída; [somersault] voltereta ▪ **to take a ~** caerse

tum•ble-down [:doun'] *adj.* destartalado

tum•bler [tŭm'blər] *s.* [acrobat] volatinero; [glass] vaso; [of a lock] seguro, guarda

tum•ble•weed [:bəl-wēd'] *s.* planta rodadora

tum•bling [:blĭng] *s.* acrobacia

tu•mes•cence [to͞o-mes'əns] *s.* tumescencia

tu•mid [to͞o'mĭd] *adj.* hinchado

tum•my [tŭm'ē] *s. fam* barriga

tum•my•ache [:āk'] *s. fam* dolor *m* de estómago

tu•mor [to͞o'mər] *s.* tumor *m*

tu•mult [to͞o'mŭlt'] *s.* [crowd] tumulto; [agitation] agitación *f*; [riot] motín *m*

tu•mul•tu•ous [-mŭl'cho͞o-əs] *adj.* tumultuoso

tu•na [to͞o'nə] *s.* (*pl* **inv.** OR **s**) atún *m*

tun•dra [tŭn'drə] *s.* tundra

tune [to͞on] ◇ *s.* [melody] melodía; [pitch] tono; *fig* armonía ▪ **in ~** afinado; **in ~ with** *fig* de acuerdo con; **out of ~** desafinado; **to carry a ~** cantar afinado; **to change one's ~** *fig* cambiar de opinión; **to the ~ of** *fig* por la cantidad de ◇ *tr.* MÚS afinar; MEC poner a punto ▪ **to ~ in** RAD & TELEV sintonizar; **to ~ out** *jer* [to ignore] no prestar atención a; **to ~ up** MÚS afinar; MEC poner a punto; (*intr.*) ▪ **to ~ up** afinar los instrumentos

tune•ful ['fəl] *adj.* melodioso

tun•er [to͞o'nər] *s.* [person] afinador *m*; [device] sintonizador *m*

tune-up [to͞on'ŭp'] *s.* puesta a punto

tung•sten [tŭng'stən] *s.* tungsteno

tu•nic [to͞o'nĭk] *s.* túnica

tun•nel [tŭn'əl] ◇ *s.* túnel *m* ◇ *tr.* construir un túnel en; [to dig] cavar; (*intr.*) hacer un túnel

tun•ny [tŭn'ē] *s.* (*pl* **inv.** OR **-ies**) atún *m*

tur•ban [tûr'bən] *s.* turbante *m*

tur•bid [tûr'bĭd] *adj.* [muddy] turbio; [dense] espeso; [confused] confuso

tur•bine [tûr'bĭn'] *s.* turbina

tur•bo•charg•er [tûr'bō-chär'jər] *s.* turbocompresor *m*, turbo

tur•bo•jet [:jet'] *s.* turborreactor *m*

tur•bo•prop [:prŏp'] *s.* turbopropulsor *m*

tur•bot [tûr'bət] *s.* (*pl* **inv.** OR **s**) rodaballo

tur•bu•lence [tûr'byə-ləns] *s.* turbulencia

tur•bu•lent [:lənt] *adj.* turbulento

tu•reen [to͝o-rēn'] *s.* sopera

turf [tûrf] *s.* [sod] césped *m*; [piece of earth] tepe *m*; [peat] turba; *jer* [territory] territorio; DEP [track] hipódromo; [sport] hipismo

tur•gid [tûr'jĭd] *adj.* MED hinchado; *fig* ampuloso

tur•key [tûr'kē] *s.* pavo; [failure] fracaso; [person] fracasado

tur•mer•ic [tûr'mər-ĭk] *s.* cúrcuma

tur•moil [tûr'moil'] *s.* confusión *f*

turn [tûrn] ◇ *tr.* [to rotate] girar; [to revolve] dar vueltas a; [to flip] pasar, volver; [corner] dar la vuelta a, doblar; [to shape] tornear; [a phrase] construir; [to twist] torcer; [stomach] revolver; [to deflect] desviar; [to direct] dirigir; [age] cumplir; [to change] volver; [to transform] convertir, transformar ▪ **to ~ against** volverse en contra de; **to ~ a profit** producir una ganancia; **to ~ around** [words] tergiversar, desvirtuar; [to turn over] dar la vuelta a; **to ~ aside** desviar; **to ~ away** [to send away] negar la entrada a; [to deflect] rechazar; [head] volver; [eyes] desviar; **to ~ back** hacer retroceder; [the clock] retrasar; **to ~ down** [to lower] bajar; [to reject] rechazar; [to fold] doblar, plegar; **to ~ in** [to give over] entregar; [to betray] entregar a la policía; [to produce] hacer; **to ~ inside out** poner al revés; **to ~ into** volverse; **to ~ something into something** transformar algo en algo; **to ~ loose** soltar; **to ~ off** [radio, light] apagar; [tap, gas] cerrar; [electricity, water] cortar; [an engine] parar; *jer* [to disgust] disgustar; **to ~ on** [water, gas] abrir la llave de; [radio] poner; [light] encender; [an engine] poner en marcha; [a tap] abrir; [stove, fire] encender, prender; [electrical current] conectar; [to become hostile towards] volverse en contra de; *jer* [to excite] excitar; **to ~ one's back on** volver la espalda a; **to ~ out** [light] apagar; [to shut off] cerrar; [to manufacture] producir; [to evict] expulsar; **to ~ over** [to reverse in position] invertir, volcar; [to think about] considerar; [to transfer] entregar; **to ~ over to** [to transfer] traspasar a; [to entrust] dejar a cargo de; **to ~ the tide of** cambiar el curso OR el rumbo de; **to ~ up** [to find] encontrar; [radio, television] subir, poner más fuerte; [one's collar] alzar; **to ~ upside down** poner patas arriba; (*intr.*) [to rotate] girar; [to change direction] dar la vuelta; [to change] cambiar; [to devote oneself] dedicarse; [to become transformed] transformarse, convertirse; [to change color] cambiar de color; [to become] ponerse, volverse; [to curdle] cortarse; [to ferment] avinagrarse; [to sour] ponerse rancio ▪ **to ~ around** darse vuelta; **to ~ aside** desviarse; **to ~ away** [to begin to leave] alejarse; [to turn one's back] volver la cara OR la espalda; **to ~ back** retroceder; **to ~ in** *fam* [to go to bed] acostarse; [to point inward] estar vuelto hacia adentro; **to ~ off** desviarse; **to ~ out** [to be found to be] resultar; [to point outward] estar vuelto hacia afuera; **to ~ over** [car, truck] volcar; [to shift position] voltearse; **to ~ to** recu-

rrir a; **who can I ~ to?** ¿a quién puedo recurrir?; [to begin] empezar; **to ~ up** aparecer ◇ *s.* vuelta; [rotation] rotación *f*; [change] cambio; [opportunity] oportunidad *f*; [adeptness] aptitud *f*; [inclination] inclinación *f*; [deed] proceder *m*; [advantage] provecho; [twist in shape] torcedura; [shock] susto, sobresalto ▪ **at every ~** a cada instante; **at the ~ of the century** al final del siglo pasado; **to take a ~ for the better/worse** mejorarse/empeorarse; **to take turns** turnarse
turn•a•bout [tûrn'ə-bout'] *s.* cambio radical
turn•a•round [:ə-round'] *s.* vuelta
turn•coat [:kōt'] *s.* traidor *m*
turn•down [:doun'] *s.* rechazo
turned-up [tûrnd'ŭp'] *adj.* [nose] respingada; [folded up] doblado hacia arriba; [collar] alto
turn•ing [tûr'nĭng] *s.* viraje *m*; [street] bocacalle *f* ▪ **~ point** momento crucial
tur•nip [tûr'nĭp] *s.* nabo
turn•key [tûrn'kē'] *s.* carcelero
turn•off [:ôf'] *s.* desvío; *jer* [disappointment] decepción *f*
turn•out [:out'] *s.* [attendance] concurrencia; [spectators] entrada; [outfit] atuendo
turn•o•ver [:ō'vər] *s.* [upset] vuelco; [reversal] cambio brusco; [pastry] empanada; COM [of stock] movimiento de mercancías; [of business] volumen *m* de negocios; [of sales] volumen de ventas; [of staff] cambio de personal
turn•pike [:pīk'] *s.* autopista de peaje
turn•stile [:stīl'] *s.* torniquete *m*
turn•ta•ble [:tā'bəl] *s.* [platform] plataforma giratoria; [of a phonograph] plato
tur•pen•tine [tûr'pən-tīn'] *s.* trementina
tur•quoise [tûr'kwoiz', :koiz'] *adj.* & *s.* turquesa
tur•ret [tûr'ĭt] *s.* torreón *m*; MIL torre blindada
tur•tle [tûr'tl] *s.* tortuga
tur•tle•dove [tûr'tl-dŭv'] *s.* tórtola
tur•tle•neck [tûr'tl-nek'] *s.* cuello vuelto OR alto; [sweater] suéter *m* con cuello vuelto
tusk [tŭsk] *s.* colmillo grande
tus•sle [tŭs'əl] ◇ *intr.* forcejear ◇ *s.* forcejeo
tut! [tŭt] *interj.* ¡vaya!, ¡basta!
tu•te•lage [to͞ot'l-ĭj] *s.* tutela
tu•tor [to͞o'tər] ◇ *s.* profesor *m* particular; [in a family] ayo; [in universities] tutor *m* ◇ *tr.* dar clases particulares a; (*intr.*) ser tutor
tu•to•ri•al [-tôr'ē-əl] ◇ *adj.* de tutor ◇ *s.* clase *f* particular
tu•tu [to͞o'to͞o] *s.* tutú *m*
tu•xe•do [tŭk-sē'dō] *s.* (*pl* **(e)s**) smoking *m*
TV [tē'vē'] *s.* (*pl* **(')s**) televisión *f*; [set] televisor *m*
twad•dle [twŏd'l] *s.* tonterías
twang [twăng] ◇ *intr.* [string] vibrar; [voice] ganguear; (*tr.*) hacer vibrar ◇ *s.* sonido vibrante; [of guitar] tañido; [voice] gangueo
twang•y ['ē] *adj.* gangoso
tweak [twēk] (*s.*) ◇ *tr.* pellizcar ◇ *s.* pellizco
tweed [twēd] ◇ *s.* tejido de lana ◇ *pl.* traje *m* de lana
tweed•y [twē'dē] *adj.* (**-i-**) parecido a la lana; [wearing tweeds] que viste con traje de lana
tweet [twēt] ◇ *intr.* piar ◇ *s.* pío pío
tweeze [twēz] *tr.* sacar con pinzas
tweez•ers [twē'zərz] *s. pl.* pinzas
twelfth [twelfth] ◇ *s.* doce *m*; [part] doceavo ◇ *adj.* [place] duodécimo; [part] doceava
twelve [twelv] *s.* & *adj.* doce *m* ▪ **~ o'clock** las doce
twen•ti•eth [twen'tē-ĭth] ◇ *s.* veinte *m*; [part] vigésimo ◇ *adj.* vigésimo
twen•ty [twen'tē] *adj.* & *s.* veinte *m*
twerp [twûrp] *s. jer* imbécil *mf*, idiota *mf*
twice [twīs] *adv.* dos veces, el doble
twid•dle [twĭd'l] *tr.* hacer girar; (*intr.*) ▪ **to ~ one's thumbs** matar el tiempo
twig [twĭg] *s.* ramita
twi•light [twī'līt'] ◇ *s.* [time] crepúsculo; [light] media luz; [decline] ocaso ◇ *adj.* crepuscular
twill [twĭl] *s.* tela asargada
twin [twĭn] ◇ *s.* gemelo; [counterpart] doble *m* ▪ **Siamese twins** hermanos siameses ◇ *adj.* gemelo ▪ **~ bed** cama separada OR gemela
twine [twīn] ◇ *s.* cordel *m*, bramante *m* ◇ *tr.* [to intertwine] trenzar; [to encircle] ceñir; (*intr.*) enroscarse
twinge [twĭnj] ◇ *s.* [pain] punzada; [remorse] remordimiento ◇ *tr.* & *intr.* dar punzadas
twin•kle [twĭng'kəl] ◇ *intr.* centellear, parpadear; [eyes] brillar ◇ *s.* centelleo, parpadeo; [of eyes] brillo
twin•kling [:klĭng] *s.* centelleo; *fig* instante *m*
twin-screw [twĭn'skro͞o'] *adj.* de dos hélices
twin-size [:sīz'] *adj.* de cama gemela
twirl [twûrl] *tr.* girar; (*intr.*) [to spin around] dar vueltas; [to whirl] girar en redondo
twist [twĭst] ◇ *tr.* torcer; [to twine] enrollar; [a cork, jar top] dar vueltas a; [meanings] tergiversar, desvirtuar ▪ **to ~ off** romper retorciendo; (*intr.*) torcerse, retorcerse; [to coil] enrollarse; [to meander] dar vueltas ▪ **to ~ and turn** [road] serpentear; [in bed] dar vueltas ◇ *s.* torcimiento; [of wire] vuelta; [of a road, river] vuelta, recodo; [of an ankle] torcedura; [unexpected change] giro imprevisto
twist•er [twĭs'tər] *s.* ciclón *m*, tornado
twit [twĭt] ◇ *tr.* (**-tt-**) burlarse de ◇ *s.* burla; *jer* imbécil *mf*
twitch [twĭch] ◇ *tr.* tirar bruscamente de; (*intr.*) crisparse ◇ *s.* tic *m*; [tug] tirón *m*
twit•ter [twĭt'ər] ◇ *intr.* [to chirp] gorjear; [to chatter] parlotear ◇ *s.* [chirp] gorjeo; [flutter] agitación *f*
two [to͞o] *s.* & *adj.* dos *m* ▪ **to be ~ of a kind** ser tal para cual; **to put ~ and ~ together** atar cabos; **~ cents' worth** *fam* opinión; **~ hundred** doscientos; **~ o'clock** las dos
two-bit ['bĭt'] *adj. jer* de poca monta
two-di•men•sion•al ['dĭ-men'shə-nəl, 'dī-] *adj.* de dos dimensiones
two-edged ['ejd'] *adj.* de doble filo
two-faced [:fāst'] *adj.* de dos caras; [false] falso
two-fist•ed [:fĭs'tĭd] *adj. fam* viril
two•fold [:fōld'] ◇ *adj.* doble ◇ *adv.* dos veces
two•pence [tŭp'əns] *s.* (*pl* **inv.** OR **s**) GB dos peniques *m*; *fig* comino
two•pen•ny [tŭp'ə-nē, to͞o'pen'ē] *adj.* de dos peniques; [cheap] barato
two-piece [to͞o'pēs'] *adj.* de dos piezas
two•some [:səm] *s.* pareja
two-time [:tīm'] *tr. jer* engañar
two-tim•er [:tīm'ər] *s. jer* traidor *m*
two-way [:wā'] *adj.* de doble dirección; TEL emisor y receptor
ty•coon [tī-ko͞on'] *s.* magnate *m*

T

tyke [tīk] *s. fam* chiquillo travieso; [dog] perro que no es de raza
type [tīp] <> *s.* tipo <> *tr.* [with a typewriter] escribir a máquina; [blood] determinar el grupo sanguíneo de; [to classify] clasificar; (*intr.*) escribir a máquina
type•cast [ˈkăstˈ] *tr.* (**-cast**) TEAT encasillar
type•face [:fāsˈ] *s.* tipografía
type•script [:skrĭptˈ] *s.* texto mecanografiado
type•set [:setˈ] *tr.* (**-set, -tting**) componer
type•set•ter [:setˈər] *s.* tipógrafo
type•set•ting [:setˈĭng] *s.* composición *f*
type•write [:rītˈ] *tr.* (**-wrote, -written**) mecanografiar; (*intr.*) escribir a máquina
type•writ•er [tīpˈrīˈtər] *s.* máquina de escribir
type•writ•ing [:tĭng] *s.* mecanografía
ty•phoid [tīˈfoidˈ] *adj.* tifoideo
ty•phoon [tī-fōōnˈ] *s.* tifón *m*
ty•phus [tīˈfəs] *s.* tifus *m*
typ•i•cal [tĭpˈĭ-kəl] *adj.* típico
typ•i•fy [:fīˈ] *tr.* [to embody] representar el tipo de; [to symbolize] simbolizar
typ•ing [tīˈpĭng] *s.* mecanografía
typ•ist [tīˈpĭst] *s.* mecanógrafo
ty•po [tīˈpō] *s. fam* error tipográfico
ty•pog•ra•pher [tī-pŏgˈrə-fər] *s.* tipógrafo
ty•pog•ra•phy [:fē] *s.* tipografía
ty•pol•o•gy [tī-pŏlˈə-jē] *s.* tipología
ty•ran•ni•cal [tĭ-rănˈĭ-kəl] *adj.* tiránico
tyr•an•nize [tĭrˈə-nīzˈ] *tr.* tiranizar
tyr•an•nous [:nəs] *adj.* tiránico
tyr•an•ny [:nē] *s.* tiranía
ty•rant [tīˈrənt] *s.* tirano
ty•ro [tīˈrō] *s.* aprendiz *m*, principiante *mf*
tzar [tsär] = **czar**
tza•ri•na [tsä-rēˈnə] = **czarina**

U

u, U [yōō] *s.* vigésima primera letra del alfabeto inglés
u•biq•ui•tous [yōō-bĭkˈwĭ-təs] *adj.* ubicuo
u•biq•ui•ty [:tē] *s.* ubicuidad *f*
U-boat [yōōˈbōtˈ] *s.* submarino alemán
ud•der [ŭdˈər] *s.* ubre *f*
UFO [yōōˈef-ōˈ] *s.* (*pl* **(')s**) AER ovni *m*
ugh! [ŭg, ŭk] *interj.* ¡uf!
ug•li•ness [ŭgˈlē-nĭs] *s.* fealdad *f*
ug•ly [ŭgˈlē] *adj.* (**-i-**) feo; [unpleasant] desagradable; [bad] malo; [sky] amenazante
uh-huh! [ə-hŭˈ] *interj. fam* sí, ajá
u•ku•le•le [yōōˈkə-lāˈlē] *s.* ukelele *m*
ul•cer [ŭlˈsər] *s.* úlcera; *fig* cáncer *m*
ul•cer•ous [ŭlˈsər-əs] *adj.* ulceroso
ul•na [ŭlˈnə] *s.* (*pl* **s** OR **-ae**) ANAT cúbito
ul•ster [ŭlˈstər] *s.* abrigo amplio y largo
ul•te•ri•or [ŭl-tîrˈē-ər] *adj.* ulterior ▪ ~ **motive** motivo oculto
ul•ti•mate [ŭlˈtə-mĭt] <> *adj.* último [final] final; [fundamental] fundamental; [maximum] máximo <> *s.* ▪ **the** ~ lo mejor
ul•ti•ma•tum [ˈ-māˈtəm] *s.* (*pl* **s** OR **-ta**) ultimátum *m*
ul•tra [ŭlˈtrə] *adj.* ultra
ul•tra•con•ser•va•tive [ˈ-kən-sûrˈvə-tĭv] *adj.* & *s.* ultraconservador *m*
ul•tra•ma•rine [:mə-rēnˈ] <> *s.* azul ultramarino <> *adj.* de color azul ultramarino; [beyond the sea] ultramarino
ul•tra•mod•ern [:mŏdˈərn] *adj.* ultramoderno
ul•tra•son•ic [:sŏnˈĭk] *adj.* ultrasónico
ul•tra•sound [ˈ-soundˈ] *s.* ultrasonido
ul•tra•vi•o•let [ˈ-vīˈə-lĭt] <> *adj.* ultravioleta <> *s.* luz *f* ultravioleta
um•bil•i•cal [ŭm-bĭlˈĭ-kəl] <> *adj.* umbilical ▪ ~ **cord** cordón umbilical <> *s.* ASTRONÁUT línea de abastecimiento
um•bil•i•cus [:kəs] *s.* (*pl* **-ci**) ombligo
um•brage [ŭmˈbrĭj] *s.* ofensa ▪ **to take** ~ **at** ofenderse por
um•brel•la [ŭm-brelˈə] *s.* paraguas *m* ▪ ~ **organization** POL cuerpo coordinador
um•pire [ŭmˈpīr] <> *s.* árbitro <> *tr.* arbitrar
ump•teen [ŭmpˈtēnˈ] *adj. fam* innumerables
ump•teenth [-tēnthˈ] *adj.* enésimo
un•a•bat•ed [ŭnˈə-bāˈtĭd] *adj.* sin disminuir
un•a•ble [ŭn-āˈbəl] *adj.* incapaz
un•a•bridged [ŭnˈə-brĭjdˈ] *adj.* íntegro
un•ac•cent•ed [ŭn-ăkˈsen-tĭd] *adj.* sin acento
un•ac•cept•a•ble [ŭnˈăk-sepˈtə-bəl] *adj.* inaceptable
un•ac•com•pa•nied [ŭnˈə-kŭmˈpə-nēd] *adj.* solo, no acompañado
un•ac•com•plished [ŭnˈə-kŏmˈplĭsht] *adj.* mediocre
un•ac•count•a•ble [ŭnˈə-kounˈtə-bəl] *adj.* inexplicable; [not responsible] no responsable
un•ac•count•ed [ŭnˈə-kounˈtĭd] *adj.* ▪ ~ **for** desaparecido; [unexplained] inexplicado
un•ac•cus•tomed [ŭnˈə-kŭsˈtəmd] *adj.* [unusual] insólito ▪ **to be** ~ **to** no estar acostumbrado a
un•ac•knowl•edged [ŭnˈăk-nŏlˈĭjd] *adj.* no reconocido; [unanswered] no contestado
un•ac•quaint•ed [ŭnˈə-kwānˈtĭd] *adj.* ▪ **to be** ~ **with** no conocer
un•a•dorned [ŭnˈə-dôrndˈ] *adj.* sin adorno
un•a•dul•ter•at•ed [ŭnˈə-dŭlˈtə-rāˈtĭd] *adj.* no adulterado
un•ad•vised [ŭnˈəd-vīzdˈ] *adj.* no informado; [imprudent] irreflexivo
un•af•fect•ed [ŭnˈə-fekˈtĭd] *adj.* no afectado; [natural] sin afectación
un•a•fraid [ŭnˈə-frādˈ] *adj.* sin temor
un•aid•ed [ŭn-āˈdĭd] *adj.* sin ayuda
un•al•loyed [ŭnˈə-loidˈ] *adj.* no mezclado
un•am•big•u•ous [ŭnˈăm-bĭgˈyōō-əs] *adj.* inequívoco
u•na•nim•i•ty [yōōˈnə-nĭmˈĭ-tē] *s.* unanimidad *f*
u•nan•i•mous [yōō-nănˈə-məs] *adj.* unánime
un•an•nounced [ŭnˈə-nounstˈ] *adj.* sin ser anunciado
un•an•swer•a•ble [ŭn-ănˈsər-ə-bəl] *adj.* incontestable
un•ap•pe•tiz•ing [ŭn-ăpˈĭ-tīˈzĭng] *adj.* poco apetitoso; [not interesting] poco apetecible
un•ap•proach•a•ble [ŭnˈə-prōˈchə-bəl] *adj.* inaccesible
un•armed [ŭn-ärmdˈ] *adj.* desarmado; [defenseless] indefenso
un•asked [ŭn-ăsktˈ] *adj.* no solicitado; [question] sin formular; [guest] no convidado

un•as•sail•a•ble [ŭn'ə-sā'lə-bəl] *adj.* inexpugnable
un•as•sist•ed [ŭn'ə-sĭs'tĭd] *adj.* sin ayuda
un•as•sum•ing [ŭn'ə-sōō'mĭng] *adj.* modesto
un•at•tached [ŭn'ə-tăcht'] *adj.* suelto; [not married] soltero
un•at•tain•a•ble [ŭn'ə-tā'nə-bəl] *adj.* inalcanzable
un•at•tend•ed [ŭn'ə-ten'dĭd] *adj.* desatendido
un•at•test•ed [ŭn'ə-tes'tĭd] *adj.* no atestiguado
un•at•trac•tive [ŭn'ə-trăk'tĭv] *adj.* poco atractivo
un•au•thor•ized [ŭn-ô'thə-rīzd'] *adj.* no autorizado, sin autorización
un•a•vail•a•ble [ŭn'ə-vā'lə-bəl] *adj.* [not available] no disponible; [busy] ocupado
un•a•vail•ing [ŭn'ə-vā'lĭng] *adj.* inútil, vano
un•a•void•a•ble [ŭn'ə-voi'də-bəl] *adj.* inevitable
un•a•ware [ŭn'ə-wâr'] ◇ *adj.* ignorante ▪ **to be ~ of** no ser consciente de; **to be ~ that** ignorar que ◇ *adv.* de improviso
un•a•wares [ŭn'ə-wârz'] *adv.* desprevenido
un•bal•anced [ŭn-băl'ənst] *adj.* desequilibrado
un•bar [ŭn-bär'] *tr.* (**-rr-**) desatrancar; *fig* abrir
un•bear•a•ble [ŭn-bâr'ə-bəl] *adj.* insoportable
un•beat•a•ble [ŭn-bē'tə-bəl] *adj.* invencible
un•beat•en [ŭn-bēt'n] *adj.* invicto
un•be•com•ing [ŭn'bĭ-kŭm'ĭng] *adj.* indecoroso
un•be•known(st) [ŭn'bĭ-nōn[st]'] *adj.* ▪ **~ to me** sin saberlo yo
un•be•lief [ŭn'bĭ-lēf'] *s.* descreimiento
un•be•liev•a•ble [:lē'və-bəl] *adj.* increíble
un•be•liev•er [:vər] *s.* no creyente *mf*
un•be•liev•ing [:vĭng] *adj.* incrédulo
un•bend [ŭn-bend'] *tr.* & *intr.* (**-bent**) desencorvar(se); [to relax] relajar(se)
un•bend•ing [ŭn-ben'dĭng] *adj.* inflexible
un•bi•as(s)ed [ŭn-bī'əst] *adj.* imparcial
un•bid(•den) [ŭn-bĭd'[n]] *adj.* espontáneo
un•bind [ŭn-bīnd'] *tr.* (**-bound**) desatar
un•blink•ing [ŭn-blĭng'kĭng] *adj.* sin pestañear; [unmoved] impasible; [rigorous] riguroso
un•blush•ing [ŭn-blŭsh'ĭng] *adj.* que no se ruboriza; [shameless] desvergonzado
un•bolt [ŭn-bōlt'] *tr.* desatrancar
un•born [ŭn-bôrn'] *adj.* no nacido aún; [future] venidero
un•bound•ed [ŭn-boun'dĭd] *adj.* ilimitado
un•bowed [ŭn-boud'] *adj.* recto; *fig* [not subdued] no sometido
un•break•a•ble [ŭn-brā'kə-bəl] *adj.* irrompible
un•breath•a•ble [ŭn-brē'*th*ə-bəl] *adj.* irrespirable
un•bri•dled [ŭn-brīd'ld] *adj.* desembridado; [unrestrained] desenfrenado
un•bro•ken [ŭn-brō'kən] *adj.* sin romper; [inviolate] inviolado; [uninterrupted] ininterrumpido; [untamed] no domado
un•buck•le [ŭn-bŭk'əl] *tr.* deshebillar
un•bur•den [ŭn-bûr'dn] *tr.* descargar; *fig* desahogar ▪ **to ~ oneself** desahogarse
un•but•ton [ŭn-bŭt'n] *tr.* & *intr.* desabotonar(se)
un•called-for [ŭn-kôld'fôr'] *adj.* [undeserved] inmerecido; [out of place] inapropiado
un•can•ny [ŭn-kăn'ē] *adj.* (**-i-**) inexplicable
un•cap [ŭn-kăp'] *tr.* (**-pp-**) destapar
un•ceas•ing [ŭn-sē'sĭng] *adj.* incesante
un•cer•e•mo•ni•ous [ŭn-ser'ə-mō'nē-əs] *adj.* informal; [abrupt] brusco
un•cer•tain [ŭn-sûr'tn] *adj.* incierto; [undecided] indeciso; [variable] cambiable ▪ **to be ~ about** no estar seguro de
un•cer•tain•ty [ŭn-sûr'tn-tē] *s.* incertidumbre *f*
un•chain [ŭn-chān'] *tr.* desencadenar
un•change•a•ble [ŭn-chān'jə-bəl] *adj.* invariable, inalterable
un•changed [ŭn-chānjd'] *adj.* inalterado
un•chang•ing [ŭn-chān'jĭng] *adj.* invariable
un•char•i•ta•ble [ŭn-chăr'ĭ-tə-bəl] *adj.* severo, mezquino
un•chart•ed [ŭn-chär'tĭd] *adj.* inexplorado; [unknown] desconocido
un•chaste [ŭn-chāst'] *adj.* impúdico
un•cir•cum•cised [ŭn-sûr'kəm-sīzd'] *adj.* no circuncidado
un•civ•il [ŭn-sĭv'əl] *adj.* descortés, incivil
un•civ•i•lized [ŭn-sĭv'ə-līzd'] *adj.* incivilizado
un•claimed [ŭn-klāmd'] *adj.* no reclamado
un•clasp [ŭn-klăsp'] *tr.* desabrochar; [hands, embrace] separar
un•clas•si•fied [ŭn-klăs'ə-fīd'] *adj.* sin clasificar
un•cle [ŭng'kəl] *s.* tío ▪ **cry ~!** ¡ríndete!
un•clean [ŭn-klēn'] *adj.* (**-er, -est**) sucio
un•clean•ly [ŭn-klen'lē] *adj.* (**-i-**) sucio
un•clear [ŭn-klîr'] *adj.* (**-er, -est**) confuso; [uncertain] incierto
un•clench [ŭn-klench'] *tr.* & *intr.* relajar(se)
un•cloak [ŭn-klōk'] *tr.* desencapotar; *fig* desenmascarar
un•clog [ŭn-klŏg'] *tr.* (**-gg-**) desatascar
un•close [ŭn-klōz'] *tr.* & *intr.* abrir(se)
un•clothe [ŭn-klō*th*'] *tr.* desvestir
un•coil [ŭn-koil'] *tr.* & *intr.* desenrollar(se)
un•col•lect•ed [ŭn'kə-lek'tĭd] *adj.* no cobrado
un•com•fort•a•ble [ŭn-kŭm'fər-tə-bəl] *adj.* incómodo; [disquieting] inquietante
un•com•mit•ted [ŭn'kə-mĭt'ĭd] *adj.* no comprometido
un•com•mon [ŭn-kŏm'ən] *adj.* (**-er, -est**) poco común, raro; [remarkable] excepcional
un•com•mu•ni•ca•tive [ŭn'kə-myōō'nĭkā'tĭv, :kə-tĭv] *adj.* taciturno, reservado
un•com•plain•ing [ŭn'kəm-plā'nĭng] *adj.* que no protesta, resignado
un•com•pli•cat•ed [ŭn-kŏm'plĭ-kā'tĭd] *adj.* sencillo, simple
un•com•pli•men•ta•ry [ŭn-kŏm'pləmen'tərē] *adj.* despectivo
un•com•pro•mis•ing [ŭn-kŏm'prə-mī'zĭng] *adj.* intransigente
un•con•cern [ŭn'kən-sûrn'] *s.* indiferencia; [lack of worry] despreocupación *f*
un•con•cerned [:sûrnd'] *adj.* despreocupado
un•con•di•tion•al [:kən-dĭsh'ə-nəl] *adj.* incondicional
un•con•di•tioned [:dĭsh'ənd] *adj.* incondicional; PSIC no condicionado
un•con•fined [ŭn'kən-fīnd'] *adj.* libre
un•con•firmed [:kən-fûrmd'] *adj.* no confirmado
un•con•nect•ed [ŭn'kə-nek'tĭd] *adj.* inconexo
un•con•quer•a•ble [ŭn-kŏng'kər-ə-bəl] *adj.* inconquistable
un•con•scion•a•ble [ŭn-kŏn'shə-nə-bəl] *adj.* sin consciencia; [unscrupulous] poco escrupuloso

un•con•scious [:shəs] ◇ *adj.* inconsciente; MED sin sentido ◇ *s.* inconsciente *m*
un•con•sid•ered [ŭn'kən-sĭd'ərd] *adj.* inconsiderado; [rash] irreflexivo
un•con•sti•tu•tion•al [ŭn-kŏn'stĭ-to͞o'shə-nəl] *adj.* inconstitucional
un•con•trol•la•ble [ŭn'kən-trō'lə-bəl] *adj.* incontrolable
un•con•trolled [:trōld'] *adj.* desenfrenado
un•con•ven•tion•al [:ven'shə-nəl] *adj.* poco convencional
un•con•vinc•ing [:vĭn'sĭng] *adj.* poco convincente
un•cooked [ŭn-ko͝okt'] *adj.* crudo
un•cork [ŭn-kôrk'] *tr.* descorchar; [to let out] dar rienda suelta a
un•cor•rupt•ed [ŭn'kə-rŭp'tĭd] *adj.* incorrupto
un•count•ed [ŭn-koun'tĭd] *adj.* innumerable
un•cou•ple [ŭn-kŭp'əl] *tr.* desacoplar
un•couth [ŭn-ko͞oth'] *adj.* tosco
un•cov•er [ŭn-kŭv'ər] *tr.* destapar; *fig* revelar
un•cov•ered [ŭn-kŭv'ərd] *adj.* destapado
un•cross [ŭn-krôs'] *tr.* descruzar
unc•tion [ŭngk'shən] *s.* unción *f*; [ointment] ungüento; [balm] bálsamo; *fig* untuosidad *f*
unc•tu•ous [ŭngk'cho͞o-əs] *adj.* [greasy] untuoso; [syrupy] meloso
un•cul•ti•vat•ed [ŭn-kŭl'tə-vā'tĭd] *adj.* [land] sin cultivar; [person] inculto
un•cut [ŭn-kŭt'] *adj.* sin cortar; [stones] en bruto; [pages] intonso; [unabridged] entero
un•dam•aged [ŭn-dăm'ĭjd] *adj.* intacto
un•daunt•ed [ŭn-dôn'tĭd] *adj.* impávido
un•de•cid•ed [ŭn'dĭ-sī'dĭd] *adj.* [not settled] no resuelto; [uncommitted] no comprometido
un•de•feat•ed [ŭn'dĭ-fē'tĭd] *adj.* invicto
un•de•mon•stra•tive [ŭn'dĭ-mŏn'strə-tĭv] *adj.* poco expresivo, reservado
un•de•ni•a•ble [ŭn'dĭ-nī'ə-bəl] *adj.* innegable
un•der [ŭn'dər] ◇ *prep.* (por) debajo (de); [beneath] bajo; [less than] menos de; [during the reign of] durante el reinado de; [with] con ■ ~ **repair** en reparación; ~ **the care of** al cuidado de; ~ **the circumstances** dadas las circunstancias ◇ *adv.* bajo, debajo; [less] menos ◇ *adj.* bajo; [subordinate] subalterno
un•der•a•chieve ['-ə-chēv'] *intr.* rendir OR lograr menos de lo que se espera de uno
un•der•age [:āj'] *adj.* menor de edad
un•der•arm ['-ärm'] *s.* axila
un•der•bel•ly [:bel'ē] *s.* bajo vientre; *fig* parte *f* vulnerable
un•der•bid ['-bĭd'] *tr.* (**-bid, -dding**) COM ofrecer menos que; (*intr.*) rebajar innecesariamente
un•der•brush ['-brŭsh'] *s.* maleza
un•der•car•riage [:kăr'ĭj] *s.* AUTO chasis *m*; AVIA tren *m* de aterrizaje
un•der•charge ['-chärj'] *tr.* COM cobrar de menos
un•der•class•man [:klăs'mən] *s.* (*pl* **-men**) estudiante *mf* de primer OR segundo año
un•der•clothes ['-klōthz'] *s. pl.* ropa interior
un•der•coat [:kōt'] ◇ *s.* [jacket] chaqueta interior; [paint] primera capa; AUTO capa anticorrosiva ◇ *tr.* aplicar una primera capa a
un•der•cov•er ['-kŭv'ər] *adj.* clandestino
un•der•cur•rent ['-kûr'ənt] *s.* corriente submarina; *fig* fondo
un•der•cut [ŭn'dər-kŭt'] *tr.* (**-cut, -tting**) socavar; [to sell] vender más barato que
un•der•de•vel•oped [:dĭ-vel'əpt] *adj.* insuficientemente desarrollado; ECON subdesarrollado
un•der•dog ['-dôg'] *s.* el que tiene menos posibilidades de ganar
un•der•done ['-dŭn'] *adj.* poco hecho
un•der•dressed [:drest'] *adj.* vestido sin la elegancia apropiada
un•der•em•ployed [:em-ploid'] *adj.* subempleado
un•der•es•ti•mate [:es'tə-māt'] ◇ *tr.* subestimar ◇ *s.* [-mĭt] subestimación *f*
un•der•ex•pose [:ĭk-spōz'] *tr.* subexponer
un•der•ex•po•sure [:ĭk-spō'zhər] *s.* subexposición *f*
un•der•foot [:fo͝ot'] *adv.* bajo los pies; [in the way] en el camino
un•der•gar•ment ['-gär'mənt] *s.* prenda interior
un•der•go ['-gō'] *tr.* (**-went, -gone**) [to experience] experimentar; [to endure] sufrir
un•der•grad•u•ate [:grăj'o͞o-ĭt] *s.* & *adj.* (de OR para) estudiante universitario no graduado
un•der•ground ['-ground'] ◇ *adj.* subterráneo; [clandestine] clandestino; [avant-garde] de vanguardia ◇ *s.* movimiento clandestino; [resistance] resistencia; GB [subway] subterráneo ◇ *adv.* bajo tierra
un•der•growth [:grōth'] *s.* maleza
un•der•hand•ed ['-hăn'dĭd] *adj.* solapado
un•der•lie [:lī'] *tr.* (**-lay, -lain, -lying**) estar OR extenderse debajo de; *fig* ser la base de
un•der•line ['-līn'] ◇ *tr.* subrayar ◇ *s.* raya
un•der•ling [:lĭng] *s.* subalterno
un•der•ly•ing [:lī'ĭng] *adj.* subyacente; [basic] fundamental
un•der•mine ['-mīn'] *tr.* socavar
un•der•most ['-mōst'] *adj.* más bajo, último
un•der•neath ['-nēth'] ◇ *adv.* (por) debajo; [on the lower part] en la parte inferior ◇ *prep.* bajo, debajo de ◇ *s.* parte *f* inferior
un•der•nour•ish [:nûr'ĭsh] *tr.* desnutrir
un•der•nour•ish•ment [:mĭnt] *s.* desnutrición *f*
un•der•paid [ŭn'dər-pād'] *s.* mal pagado
un•der•pants ['-pănts'] *s. pl.* calzoncillos
un•der•pass [:păs'] *s.* paso por debajo
un•der•pay ['-pā'] *tr.* (**-paid**) pagar poco
un•der•pin [:pĭn'] *tr.* (**-nn-**) apuntalar
un•der•pin•ning ['-pĭn'ĭng] ◇ *s.* apuntalamiento ◇ *pl.* base; *fam* [the legs] las piernas
un•der•play ['-plā'] *tr.* & *intr.* minimizar
un•der•priv•i•leged [:prĭv'ə-lĭjd] *adj.* desamparado
un•der•pro•duc•tion [:prə-dŭk'shən] *s.* producción baja OR insuficiente
un•der•rate [:rāt'] *tr.* subestimar
un•der•score ['-skôr'] *tr.* subrayar
un•der•sea [:sē'] ◇ *adj.* submarino ◇ *adv.* bajo la superficie del mar
un•der•sec•re•tar•y ['-sek'rĭ-ter'ē] *s.* subsecretario
un•der•sell [:sel'] *tr.* (**-sold**) vender más barato que
un•der•shirt ['-shûrt'] *s.* camiseta
un•der•shorts [:shôrts'] *s. pl.* calzoncillos *mpl*
un•der•side [:sīd'] *s.* parte *f* de abajo
un•der•signed [:sīnd'] *s. inv.* ■ **the** ~ el suscrito, el abajo firmante
un•der•size(d) ['-sīz[d]'] *adj.* [person] de talla baja; [small] pequeño

un•der•skirt ['-skûrt'] *s.* enagua
un•der•stand [:stănd'] *tr.* & *intr.* (**-stood**) entender, comprender; [to infer] sobreentender
un•der•stand•a•ble [:stăn'də-bəl] *adj.* comprensible
un•der•stand•ing [:dĭng] ◇ *s.* comprensión *f*; [intelligence] entendimiento; [opinion] opinión *f*; [agreement] acuerdo ◇ *adj.* comprensivo
un•der•state [ŭn'dər-stāt'] *tr.* subestimar
un•der•state•ment [:mənt] *s.* exposición exageradamente modesta
un•der•stood [ŭn'dər-stŏŏd'] ▷ **understand** ◇ *adj.* entendido; [implied] sobreentendido ▪ **to make oneself ~** hacerse comprender
un•der•stud•y ['-stŭd'ē] *s.* suplente *mf*
un•der•take ['-tāk'] *tr.* (**-took, -taken**) [task] emprender; [duty] encargarse de; [to promise] prometer
un•der•tak•er ['-tā'kər] *s.* agente funerario
un•der•tak•ing [:tā'kĭng] *s.* empresa; [promise] promesa; [trade] pompas fúnebres
un•der-the-count•er ['-*th*ə-koun'tər] *adj.* ilegal
un•der•tone ['-tōn'] *s.* voz baja; [color] color apagado de fondo; [underlying meaning] fondo
un•der•tow ['-tō'] *s.* resaca
un•der•val•ue ['-văl'yōō] *tr.* apreciar en menos; [to underrate] desapreciar
un•der•wa•ter ['-wô'tər] *adj.* subacuático
un•der•wear [:wâr'] *s.* ropa interior
un•der•weight [:wāt'] *adj.* de peso insuficiente OR menor que el normal
un•der•world ['-wûrld'] *s.* el otro mundo; [criminal world] hampa
un•der•write [:rīt'] *tr.* (**-wrote, -written**) subscribir; [to finance] financiar; [to insure] asegurar
un•der•writ•er [:rī'tər] *s.* asegurador *m*
un•de•served [ŭn'dĭ-zûrvd'] *adj.* inmerecido
un•de•sir•a•ble [ŭn'dĭ-zīr'ə-bəl] *adj.* & *s.* (persona) indeseable
un•dies [ŭn'dēz] *s. fam* ropa interior
un•dig•ni•fied [ŭn-dĭg'nə-fīd'] *adj.* indecoroso
un•di•rect•ed [ŭn'dĭ-rek'tĭd, :dī-] *adj.* no dirigido
un•dis•ci•plined [ŭn-dĭs'ə-plĭnd] *adj.* indisciplinado
un•dis•cov•ered [ŭn'dĭ-skŭv'ərd] *adj.* no descubierto; [unknown] desconocido
un•dis•guised [ŭn'dĭs-gīzd'] *adj.* sincero
un•dis•put•ed [ŭn'dĭ-spyōō'tĭd] *adj.* indisputable
un•dis•tin•guished [:gwĭsht] *adj.* ordinario
un•dis•turbed [ŭn'dĭ-stûrbd'] *adj.* tranquilo; [untouched] sin tocar
un•do [ŭn-dōō'] *tr.* (**-did, -done**) anular; [to untie] desatar; [to open] desenvolver; [to destroy] arruinar; [to unsettle] trastornar
un•do•ing [:ĭng] *s.* [of damage] reparación *f*; [loosening] aflojamiento; [downfall] ruina
un•done [ŭn-dŭn'] ▷ **undo** ◇ *adj.* no hecho; [untied] desatado; [emotionally] deshecho ▪ **to leave ~** dejar sin hacer
un•doubt•ed [ŭn-dou'tĭd] *adj.* indudable
un•dress [ŭn-dres'] ◇ *tr.* & *intr.* desvestir(se) ◇ *s.* desnudez *f*
un•dressed [ŭn-drest'] *adj.* desnudo
un•due [ŭn-dōō'] *adj.* indebido; [improper] impropio
un•du•late [ŭn'jə-lāt'] *intr.* ondular; [in form] ser ondulado
un•du•la•tion ['-lā'shən] *s.* ondulación *f*
un•du•ly [ŭn-dōō'lē] *adv.* indebidamente; [improperly] impropiamente
un•dy•ing [ŭn-dī'ĭng] *adj.* eterno
un•earned [ŭn-ûrnd'] *adj.* [undeserved] inmerecido; COM no devengado
un•earth [ŭn-ûrth'] *tr.* desenterrar; *fig* descubrir
un•earth•ly [:lē] *adj.* (**-i-**) extraterreno; [terrifying] aterrador; [absurd] absurdo
un•eas•i•ness [ŭn-ē'zē-nĭs] *s.* inquietud *f*
un•eas•y [:zē] *adj.* (**-i-**) inquieto; [worried] ansioso; [awkward] incómodo
un•ed•u•cat•ed [ŭn-ej'ə-kā'tĭd] *adj.* inculto
un•em•ployed [ŭn'em-ploid'] *adj.* desempleado; [idle] no usado
un•em•ploy•ment [:ploi'mənt] *s.* desempleo
un•en•cum•bered [ŭn'en-kŭm'bərd] *adj.* ▪ **~ by** sin las trabas de
un•end•ing [ŭn-en'dĭng] *adj.* sin fin
un•e•qual [ŭn-ē'kwəl] *adj.* desigual; [asymmetric] asimétrico; [fluctuating] fluctuante; [inadequate] inadecuado
un•e•qualed [ŭn-ē'kwəld] *adj.* sin igual
un•e•quiv•o•cal [ŭn'ĭ-kwĭv'ə-kəl] *adj.* inequívoco
un•err•ing [ŭn-ûr'ĭng] *adj.* infalible
un•es•sen•tial [ŭn'ĭ-sen'shəl] *adj.* no esencial
un•e•ven [ŭn-ē'vən] *adj.* (**-er, -est**) desigual
un•e•ven•ness [:nĭs] *s.* desigualdad *f*
un•e•vent•ful [ŭn'ĭ-vent'fəl] *adj.* sin novedad
un•ex•cep•tion•al [ŭn'ĭk-sep'shə-nəl] *adj.* usual
un•ex•pect•ed [ŭn'ĭk-spek'tĭd] *adj.* inesperado
un•ex•plored [ŭn'ĭk-splôrd'] *adj.* inexplorado
un•ex•posed [ŭn'ĭk-spōzd'] *adj.* no expuesto
un•ex•pres•sive [ŭn'ĭk-spres'ĭv] *adj.* inexpresivo
un•fail•ing [ŭn-fā'lĭng] *adj.* constante; [inexhaustible] inagotable; [infallible] infalible
un•fair [ŭn-fâr'] *adj.* (**-er, -est**) injusto
un•fair•ness [:nĭs] *s.* injusticia
un•faith•ful [ŭn-fāth'fəl] *adj.* infiel; [adulterous] adúltero; [inaccurate] inexacto
un•faith•ful•ness [:nĭs] *s.* infidelidad *f*
un•fa•mil•iar [ŭn'fə-mĭl'yər] *adj.* desconocido ▪ **~ with** no familiarizado con
un•fa•mil•iar•i•ty ['-yăr'ĭ-tē] *s.* falta de familiaridad
un•fash•ion•a•ble [ŭn-făsh'ə-nə-bəl] *adj.* fuera de moda; [not elegant] poco elegante
un•fas•ten [ŭn-făs'ən] *tr.* & *intr.* desatar(se)
un•fath•om•a•ble [ŭn-fă*th*'ə-mə-bəl] *adj.* insondable
un•fa•vor•a•ble [ŭn-fā'vər-ə-bəl] *adj.* desfavorable; [negative] negativo
un•feel•ing [ŭn-fē'lĭng] *adj.* [numb] insensible; [callous] duro de corazón
un•fet•ter [ŭn-fet'ər] *tr.* destrabar; *fig* libertar
un•fin•ished [ŭn-fĭn'ĭsht] *adj.* incompleto
un•fit [ŭn-fĭt'] *adj.* incapaz (**for, to** de); [unsuitable] inadecuado; [unqualified] incompetente
un•flag•ging [ŭn-flăg'ĭng] *adj.* incansable
un•flap•pa•ble [ŭn-flăp'ə-bəl] *adj.* impasible
un•flat•ter•ing [ŭn-flăt'ər-ĭng] *adj.* poco halagüeño
un•fledged [ŭn-flejd'] *adj.* ORNIT sin plumas; *fig* inmaduro
un•flinch•ing [ŭn-flĭn'chĭng] *adj.* resuelto
un•fo•cus(s)ed [ŭn-fō'kəst] *adj.* sin enfocar
un•fold [ŭn-fōld'] *tr.* & *intr.* desdoblar(se); [plot] desarrollar(se); [to open out] abrir(se)

un•fore•seen [ŭn'fər-sēn'] *adj.* imprevisto
un•for•get•ta•ble [ŭn'fər-get'ə-bəl] *adj.* inolvidable
un•for•giv•a•ble [ŭn'fər-gĭv'ə-bəl] *adj.* imperdonable
un•formed [ŭn-fôrmd'] *adj.* [shapeless] informe; [uncreated] no formado aún
un•for•tu•nate [ŭn-fôr'chə-nĭt] <> *adj.* desafortunado; [disastrous] desastroso; [regrettable] lamentable <> *s.* desgraciado
un•found•ed [ŭn-foun'dĭd] *adj.* infundado
un•friend•li•ness [ŭn-frend'lē-nĭs] *s.* hostilidad *f*
un•friend•ly [:lē] *adj.* (-i-) hostil
un•fruit•ful [ŭn-frōōt'fəl] *adj.* infructuoso
un•furl [ŭn-fûrl'] *tr.* & *intr.* desplegar(se)
un•fur•nished [ŭn-fûr'nĭsht] *adj.* desamueblado
un•gain•ly [ŭn-gān'lē] *adj.* (-i-) desmañado
un•god•ly [ŭn-gŏd'lē] *adj.* (-i-) impío; [wicked] perverso; *fam* [outrageous] atroz
un•gov•ern•a•ble [ŭn-gŭv'ər-nə-bəl] *adj.* ingobernable
un•gra•cious [ŭn-grā'shəs] *adj.* brusco
un•grate•ful [ŭn-grāt'fəl] *adj.* desagradecido
un•ground•ed [ŭn-groun'dĭd] *adj.* infundado
un•guard•ed [ŭn-gär'dĭd] *adj.* sin defensa; [incautious] incauto
un•hap•pi•ness [ŭn-hăp'ē-nĭs] *s.* desgracia
un•hap•py [ŭn-hăp'ē] *adj.* (-i-) infeliz; [unlucky] desafortunado; [inappropriate] impropio
un•health•y [ŭn-hel'thē] *adj.* (-i-) enfermizo; [unwholesome] insalubre; [corruptive] malsano
un•heard [ŭn-hûrd'] *adj.* no oído; [not considered] desatendido
un•heard-of [:ŭv', :ŏv'] *adj.* inaudito
un•hinge [ŭn-hĭnj'] *tr.* desgoznar; [the mind] desquiciar
un•hitch [ŭn-hĭch'] *tr.* desenganchar
un•ho•ly [ŭn-hō'lē] *adj.* profano; [wicked] impío; *fam* infernal
un•hook [ŭn-hŏŏk'] *tr.* desenganchar
u•ni•corn [yōō'nĭ-kôrn'] *s.* unicornio
u•ni•cy•cle [:sī'kəl] *s.* monociclo
un•i•den•ti•fied flying object [ŭn'ī-den'tə-fīd'] *s.* objeto volador no identificado (ovni)
u•ni•fi•ca•tion [yōō'nə-fĭ-kā'shən] *s.* unificación *f*
u•ni•form [yōō'nə-fôrm'] *adj.* & *s.* uniforme *m*
u•ni•for•mi•ty ['-fôr'mĭ-tē] *s.* uniformidad *f*
u•ni•fy ['-fī'] *tr.* & *intr.* unificar(se)
u•ni•lat•er•al ['-lăt'ər-əl] *adj.* unilateral
un•i•mag•i•na•ble [ŭn'ĭ-măj'ə-nə-bəl] *adj.* inimaginable
un•im•peach•a•ble [ŭn'ĭm-pē'chə-bəl] *adv.* irreprochable; [unquestionable] irrecusable
un•im•por•tant [ŭn'ĭm-pôr'tnt] *adj.* poco importante
un•in•form•a•tive [ŭn'ĭn-fôr'mə-tĭv] *adj.* nada informativo
un•in•formed [:fôrmd'] *adj.* mal informado
un•in•hab•it•a•ble [:hăb'ĭ-tə-bəl] *adj.* inhabitable
un•in•hab•it•ed [:tĭd] *adj.* inhabitado
un•in•hib•it•ed [ŭn'ĭn-hĭb'ĭ-tĭd] *adj.* sin inhibiciones
un•in•jured [ŭn-ĭn'jərd] *adj.* indemne
un•in•spired [ŭn'ĭn-spīrd'] *adj.* sin inspiración
un•in•stall [ŭn'ĭn-stôl'] *tr.* COMPUT desinstalar
un•in•sured [ŭn'ĭn-shŏŏrd'] *adj.* no asegurado
un•in•tel•li•gent [ŭn'ĭn-tel'ə-jənt] *adj.* poco inteligente
un•in•tel•li•gi•ble [:jə-bəl] *adj.* ininteligible
un•in•ter•est•ed [ŭn-ĭn'trĭs-tĭd] *adj.* desinteresado; [indifferent] apático
un•in•ter•est•ing [:trĭ-stĭng] *adj.* falto de interés
un•in•ter•rupt•ed [ŭn-ĭn'tə-rŭp'tĭd] *adj.* ininterrumpido ▪ ~ **power supply** COMPUT sistema *m* de alimentación ininterrumpida
un•ion [yōōn'yən] *s.* unión *f*; [labor] gremio, sindicato ▪ **student** ~ centro estudiantil; ~ **jack** bandera
un•ion•ist [:yə-nĭst] *s.* sindicalista *mf*
un•ion•ize [:nīz'] *tr.* & *intr.* sindicar(se)
u•nique [yōō-nēk'] *adj.* único en su género; [unparalleled] sin igual
u•ni•sex [yōō'nĭ-seks'] *adj.* unisexo
u•ni•son [yōō'nĭ-sən] *s.* unísono; [agreement] armonía ▪ **in** ~ al unísono
u•nit [yōō'nĭt] *s.* unidad *f*; [part] parte *f*; [device] aparato
u•ni•tar•y [:nĭ-ter'ē] *adj.* unitario; [whole] íntegro
u•nite [yōō-nīt'] *tr.* & *intr.* unir(se); [to combine] combinar(se)
u•ni•ty [yōō'nĭ-tē] *s.* unidad *f*; [unification] unificación *f*; [continuity] continuidad *f*
u•ni•ver•sal [yōō'nə-vûr'səl] *adj.* universal
u•ni•ver•sal•i•ty [:vər-săl'ĭ-tē] *s.* universalidad *f*
u•ni•verse ['-vûrs'] *s.* universo
u•ni•ver•si•ty ['-vûr'sĭ-tē] *s.* universidad *f*
un•just [ŭn-jŭst'] *adj.* injusto
un•jus•ti•fi•a•ble [ŭn-jŭs'tə-fī'ə-bəl] *adj.* injustificable
un•kempt [ŭn-kempt'] *adj.* despeinado; [messy] desarreglado
un•kind [ŭn-kīnd'] *adj.* (-er, -est) poco amable
un•know•ing [ŭn-nō'ĭng] *adj.* ignorante
un•known [ŭn-nōn'] <> *adj.* desconocido <> *s.* desconocido; MAT incógnita
un•lace [ŭn-lās'] *tr.* desenlazar
un•la•dy•like [ŭn'lā'dē-līk'] *adj.* impropio de una dama
un•lash [ŭn-lăsh'] *tr.* desamarrar
un•latch [ŭn-lăch'] *tr.* abrir levantando el picaporte
un•law•ful [ŭn-lô'fəl] *adj.* ilegal
un•lead•ed [ŭn-led'ĭd] *adj.* sin plomo
un•learn•ed [ŭn-lûr'nĭd] *adj.* inculto
un•leash [ŭn-lēsh'] *tr.* soltar; *fig* desencadenar
un•leav•ened [ŭn-lev'ənd] *adj.* ázimo
un•less [ŭn-les'] *conj.* a menos que
un•like [ŭn'līk'] <> *adj.* [not alike] nada parecido; [not equal] desigual <> *prep.* diferente de; [not typical of] no característico de
un•like•li•hood [-'lē-hŏŏd'] *s.* improbabilidad *f*
un•like•ly [ŭn-līk'lē] *adj.* (-i-) improbable; [likely to fail] poco prometedor
un•lim•ber [ŭn-lĭm'bər] *tr.* & *intr.* alistar(se) para la acción
un•list•ed [ŭn-lĭs'tĭd] *adj.* [not on a list] que no figura en la lista; FIN no cotizado
un•load [ŭn-lōd'] *tr.* descargar; *fig* desahogar; [to dispose of] deshacerse de; (*intr.*) descargar
un•lock [ŭn-lŏk'] <> *tr.* abrir; COMPUT desbloquear <> *intr.* abrirse
un•loos•en [ŭn-lōō'sən] *tr.* soltar
un•luck•y [ŭn-lŭk'ē] *adj.* (-i-) desgraciado; [inauspicious] aciago; [number] que trae mala suerte ▪ **to be** ~ tener mala suerte

un•make [ŭn-māk′] *tr.* (**-made**) deshacer

un•man•age•a•ble [ŭn-măn′ĭ-jə-bəl] *adj.* inmanejable

un•man•ly [ŭn-măn′lē] *adj.* (**-i-**) [cowardly] cobarde; [effeminate] afeminado

un•manned [ŭn-mănd′] *adj.* sin tripulación

un•man•nered [ŭn-măn′ərd] *adj.* descortés

un•marked [ŭn-märkt′] *adj.* sin marcar

un•mar•ket•a•ble [ŭn-mär′kĭ-tə-bəl] *adj.* no comerciable

un•mar•ried [ŭn-măr′ēd] *adj.* soltero ▪ ~ **couple** pareja de hecho

un•mask [ŭn-măsk′] *tr.* desenmascarar; [to expose] descubrir; (*intr.*) quitarse la máscara

un•matched [ŭn-mächt′] *adj.* sin par

un•meant [ŭn-ment′] *adj.* involuntario

un•men•tion•a•ble [ŭn-men′shə-nə-bəl] ◇ *adj.* que no debe mencionarse ◇ *s. pl. fam* ropa interior

un•mer•ci•ful [ŭn-mûr′sĭ-fəl] *adj.* despiadado; [excessive] excesivo

un•mind•ful [ŭn-mīnd′fəl] *adj.* olvidadizo ▪ **to be** ~ **of** hacer caso omiso de

un•mis•tak•a•ble [ŭn′mĭ-stā′kə-bəl] *adj.* inconfundible

un•mit•i•gat•ed [ŭn-mĭt′ĭ-gā′tĭd] *adj.* implacable; [absolute] absoluto

un•mor•al [ŭn-môr′əl] *adj.* amoral

un•named [ŭn-nāmd′] *adj.* anónimo

un•nat•u•ral [ŭn-năch′ər-əl] *adj.* poco natural; [abnormal] anormal

un•nec•es•sar•y [ŭn-nes′ĭ-ser′ē] *adj.* innecesario

un•nerve [ŭn-nûrv′] *tr.* desconcertar

un•no•tice•a•ble [ŭn-nō′tĭ-sə-bal] *adj.* imperceptible

un•no•ticed [:tĭst] *adj.* inadvertido

un•num•bered [ŭn-nŭm′bərd] *adj.* innumerable; [lacking a number] sin número

un•ob•served [ŭn′əb-zûrvd′] *adj.* desapercibido

un•ob•tain•a•ble [:tā′nə-bəl] *adj.* inasequible

un•ob•tru•sive [:trōō′sĭv] *adj.* discreto

un•oc•cu•pied [ŭn-ŏk′yə-pīd′] *adj.* [vacant] desocupado; [idle] desempleado

un•of•fi•cial [ŭn′ə-fĭsh′əl] *adj.* extraoficial

un•or•gan•ized [ŭn-ôr′gə-nīzd′] *adj.* desorganizado; [not unionized] sin sindicar

un•or•tho•dox [ŭn-ôr′thə-dŏks′] *adj.* poco ortodoxo

un•pack [ŭn-păk′] *tr.* desempacar; [to unload] descargar; (*intr.*) deshacer las maletas

un•paid [ŭn-pād′] *adj.* no remunerado

un•par•al•leled [ŭn-păr′ə-leld′] *adj.* sin igual

un•par•don•a•ble [ŭn-pär′dn-ə-bəl] *adj.* imperdonable

un•pa•tri•ot•ic [ŭn-pā′trē-ŏt′ĭk] *adj.* antipatriótico

un•pleas•ant [ŭn-plez′ənt] *adj.* desagradable

un•pleas•ant•ness [ŭn-plez′ənt-nĭs] *s.* desagrado, disgusto

un•plug [ŭn-plŭg′] *tr.* (**-gg-**) destapar; ELEC desenchufar

un•pol•ished [ŭn-pŏl′ĭsht] *adj. fig* rudo

un•pol•lut•ed [ŭn′pə-lōō′tĭd] *adj.* no contaminado

un•pop•u•lar [ŭn-pŏp′yə-lər] *adj.* impopular

un•pop•u•lar•i•ty [-′-lăr′ĭ-tē] *s.* impopularidad *f*

un•prac•ticed [ŭn-prăk′tĭst] *adj.* inexperto

un•prec•e•dent•ed [ŭn-pres′ĭ-den′tĭd] *adj.* sin precedente

un•pre•dict•a•ble [ŭn′prĭ-dĭk′tə-bəl] *adj.* imprevisible

un•prej•u•diced [ŭn-prej′ə-dĭst] *adj.* imparcial

un•pre•pared [ŭn′prĭ-pârd′] *adj.* desprevenido

un•pre•pos•sess•ing [ŭn-prē′pə-zes′ĭng] *adj.* poco atractivo

un•pre•ten•tious [ŭn′prĭ-ten′shəs] *adj.* sin pretenciones

un•prin•ci•pled [ŭn-prĭn′sə-pəld] *adj.* falto de principios, sin escrúpulos

un•print•a•ble [ŭn-prĭn′tə-bəl] *adj.* impublicable

un•pro•duc•tive [ŭn′prə-dŭk′tĭv] *adj.* improductivo; [attempt] infructuoso

un•pro•fes•sion•al [ŭn′prə-fesh′ə-nəl] *adj.* poco profesional

un•prof•it•a•ble [ŭn-prŏf′ĭ-tə-bəl] *adj.* no rentable; [useless] infructuoso

un•pro•voked [ŭn′prə-vōkt′] *adj.* no provocado

un•qual•i•fied [ŭn-kwŏl′ə-fīd′] *adj.* sin titulación; [without reservations] incondicional

un•ques•tion•a•ble [ŭn-kwes′chə-nə-bəl] *adj.* incuestionable

un•ques•tioned [ŭn-kwes′chənd] *adj.* incuestionable

un•quote [ŭn-kwōt′] *interj.* fin de la cita

un•rav•el [ŭn-răv′əl] *tr.* & *intr.* desenredar(se), desenmarañar(se)

un•read [ŭn-red′] *adj.* no leído; [ignorant] poco leído, inculto

un•read•a•ble [ŭn-rē′də-bəl] *adj.* ilegible

un•re•al [ŭn-rē′əl] *adj.* irreal

un•re•al•is•tic [ŭn-rē′ə-lĭs′tĭk] *adj.* poco realista

un•re•al•i•ty [ŭn′rē-ăl′ĭ-tē] *s.* irrealidad *f*

un•rea•son•a•ble [ŭn-rē′zə-nə-bəl] *adj.* irrazonable; [excessive] excesivo

un•rea•son•ing [ŭn-rē′zə-nĭng] *adj.* irracional

un•rec•og•niz•a•ble [ŭn-rek′əg-nī′zə-bəl] *adj.* irreconocible

un•re•gen•er•ate [ŭn′rĭ-jen′ər-ĭt] *adj.* incorregible

un•re•hearsed [ŭn′rĭ-hûrst′] *adj.* improvisado

un•re•lat•ed [ŭn′rĭ-lā′tĭd] *adj.* inconexo, no relacionado ▪ **to be** ~ [people] no ser de la misma familia

un•re•lent•ing [ŭn′rĭ-len′tĭng] *adj.* implacable

un•re•li•a•ble [ŭn′rĭ-lī′ə-bəl] *adj.* poco fiable; [person] informal

un•re•mark•a•ble [ŭn′rĭ-mär′kə-bəl] *adj.* ordinario

un•re•mit•ting [ŭn′rĭ-mĭt′ĭng] *adj.* incesante

un•re•served [ŭn′rĭ-zûrvd′] *adj.* [seat] libre; [unqualified] sin reservas; [candid] franco

un•re•spon•sive [ŭn′rĭ-spŏn′sĭv] *adj.* [to treatment] insensible; [indifferent] indiferente

un•rest [ŭn-rest′] *s.* desasosiego

un•re•strained [ŭn′rĭ-strănd′] *adj.* suelto

un•re•strict•ed [ŭn′rĭ-strĭk′tĭd] *adj.* libre

un•ripe [ŭn-rīp′] *adj.* inmaduro; BOT verde

un•ri•valed [ŭn-rī′vəld] *adj.* sin rival

un•roll [ŭn-rōl′] *tr.* & *intr.* desenrollar(se)

un•ruf•fled [ŭn-rŭf′əld] *adj.* tranquilo ▪ **to be** ~ **by** no ser afectado por

un•ru•ly [ŭn-rōō′lē] *adj.* (**-i-**) revoltoso, rebelde

un•sad•dle [ŭn-săd′l] *tr.* desensillar

un•safe [ŭn-sāf′] *adj.* peligroso

un•said [ŭn-sed′] *adj.* sin decir

un•sal(e)•a•ble [ŭn-sā′lə-bəl] *adj.* invendible

un•san•i•tar•y [ŭn-săn′ĭ-ter′ē] *adj.* antihigiénico

un•sat•is•fac•to•ry [ŭn-săt′ĭs-făk′tə-rē] *adj.* insatisfactorio

un•sat•u•rat•ed [ŭn-săch′ə-rā′tĭd] *adj.* insaturado
un•sa•vor•y [ŭn-sā′və-rē] *adj.* [insipid] soso; [distasteful] desabrido; [offensive] ofensivo
un•scathed [ŭn-skā*thd*′] *adj.* ileso
un•schooled [ŭn-skōōld′] *adj.* sin instrucción
un•sci•en•tif•ic [ŭn-sī′ən-tĭf′ĭk] *adj.* poco científico
un•scram•ble [ŭn-skrăm′bəl] *tr.* [to straighten out] arreglar; [to decipher] descifrar
un•screw [ŭn-skrōō′] *tr.* destornillar; [to loosen] desenroscar; (*intr.*) destornillarse
un•scru•pu•lous [ŭn-skrōō′pyə-ləs] *adj.* sin escrúpulos, inescrupuloso
un•seal [ŭn-sēl′] *tr.* romper el sello de
un•sea•son•a•ble [ŭn-sē′zə-nə-bəl] *adj.* fuera de temporada OR tiempo
un•seat [ŭn-sēt′] *tr.* [from horse] derribar; [from office] destituir
un•seem•ly [ŭn-sēm′lē] *adj.* (**-i-**) indecoroso
un•seen [ŭn-sēn′] *adj.* invisible
un•sel•fish [ŭn-sel′fĭsh] *adj.* generoso
un•set•tle [ŭn-set′l] *tr.* desasosegar; [stomach] sentar mal a
un•set•tled [ŭn-set′ld] *adj.* inestable; [not resolved] pendiente; [not paid] sin liquidar; [region] despoblado; [not fixed] inconstante
un•shack•le [ŭn-shăk′əl] *tr.* quitar los grillos
un•shak•a•ble [ŭn-shā′kə-bəl] *adj.* inquebrantable
un•shak•en [ŭn-shā′kən] *adj.* inconmovible
un•shape•ly [ŭn-shāp′lē] *adj.* (**-i-**) desproporcionado
un•shav•en [ŭn-shā′vən] *adj.* sin afeitar
un•sheathe [ŭn-shē*th*′] *tr.* desenvainar
un•sight•ly [ŭn-sīt′lē] *adj.* (**-i-**) feo
un•skilled [ŭn-skĭld′] *adj.* inexperto, sin entrenamiento; [work] no especializado; [worker] no calificado
un•snap [ŭn-snăp′] *tr.* (**-pp-**) desabrochar
un•so•cia•ble [ŭn-sō′shə-bəl] *adj.* insociable
un•sold [ŭn-sōld′] *adj.* sin vender
un•so•lic•it•ed [ŭn′sə-lĭs′ĭ-tĭd] *adj.* sin solicitar
un•solved [ŭn-sŏlvd′] *adj.* sin resolver
un•so•phis•ti•cat•ed [ŭn′sə-fĭs′tĭ-kā′tĭd] *adj.* ingenuo
un•sound [ŭn-sound′] *adj.* (**-er, -est**) poco firme; [defective] defectuoso; [unhealthy] enfermizo
un•spar•ing [ŭn-spâr′ĭng] *adj.* [cruel] despiadado ▪ **to be ~ of** no escatimar
un•speak•a•ble [ŭn-spē′kə-bəl] *adj.* indescriptible; [atrocious] abominable
un•spent [ŭn-spent′] *adj.* sin gastar
un•spo•ken [ŭn-spō′kən] *adj.* tácito
un•spot•ted [ŭn-spŏt′ĭd] *adj.* inmaculado
un•sta•ble [ŭn-stā′bəl] *adj.* inestable
un•stead•i•ness [ŭn-sted′ē-nĭs] *s.* inestabilidad *f*; [inconstancy] inconstancia
un•stead•y [ŭn-sted′ē] *adj.* (**-i-**) inestable; [hands] tembloroso; [variable] variable
un•stick [ŭn-stĭk′] *tr.* (**-stuck**) despegar
un•stint•ing [ŭn-stĭn′tĭng] *adj.* generoso
un•stop [ŭn-stŏp′] *tr.* (**-pp-**) destapar
un•stop•pa•ble [:ə-bəl] *adj.* irrefrenable
un•strap [ŭn-străp′] *tr.* (**-pp-**) aflojar las correas a
un•stressed [ŭn-strest′] *adj.* sin acento; [not emphasized] sin énfasis
un•struc•tured [ŭn-strŭk′chərd] *adj.* falto de estructura
un•strung [ŭn-strŭng′] *adj.* desatado; [unnerved] trastornado
un•stud•ied [ŭn-stŭd′ēd] *adj.* sin afectación
un•sub•stan•tial [ŭn′səb-stăn′shəl] *adj.* insubstancial; [flimsy] ligero
un•suc•cess•ful [ŭn′sək-ses′fəl] *adj.* fracasado; [futile] infructuoso ▪ **to be ~** no tener éxito
un•suit•a•ble [ŭn-sōō′tə-bəl] *adj.* inadecuado; [inconvenient] inconveniente; [unbecoming] inapropiado
un•sung [ŭn-sŭng′] *adj.* no cantado; [uncelebrated] no reconocido, olvidado
un•sus•pect•ed [ŭn′sə-spek′tĭd] *adj.* insospechado
un•sus•pect•ing [:tĭng] *adj.* confiado
un•sym•pa•thet•ic [ŭn-sĭm′pə-thet′ĭk] *adj.* indiferente; [hostile] hostil
un•sys•tem•at•ic [ŭn-sĭs′tə-măt′ĭk] *adj.* poco metódico
un•tamed [ŭn-tāmd′] *adj.* indomado
un•tan•gle [ŭn-tăng′gəl] *tr.* desenredar
un•tapped [ŭn-tăpt′] *adj.* sin explotar
un•taught [ŭn-tôt′] *adj.* sin instrucción; [natural] natural
un•ten•a•ble [ŭn-ten′ə-bəl] *adj.* indefensible
un•thank•ful [ŭn-thăngk′fəl] *adj.* ingrato
un•think•a•ble [ŭn-thĭng′kə-bəl] *adj.* impensable
un•think•ing [:kĭng] *adj.* irreflexivo
un•ti•di•ness [ŭn-tī′dē-nĭs] *s.* desorden *m*
un•ti•dy [ŭn-tī′dē] *adj.* (**-i-**) desordenado
un•tie [ŭn-tī′] *tr.* (**-tying**) desatar; [to free] soltar; (*intr.*) desatarse
un•til [ŭn-tĭl′] *prep.* & *conj.* hasta (que)
un•time•ly [ŭn-tīm′lē] *adj.* (**-i-**) inoportuno
un•tir•ing [ŭn-tīr′ĭng] *adj.* incansable
un•to [ŭn′tōō] *prep.* a
un•told [ŭn-tōld′] *adj.* nunca contado; [beyond measure] incalculable
un•touch•a•ble [ŭn-tŭch′ə-bəl] *adj.* & *s.* intocable *m*
un•to•ward [ŭn-tôrd′, ŭn′tə-wôrd′] *adj.* desfavorable; [unseemly] indecoroso
un•trav•eled [ŭn-trăv′əld] *adj.* poco frecuentado; [person] que no ha viajado
un•tried [ŭn-trīd′] *adj.* no probado
un•trod•den [ŭn-trŏd′n] *adj.* no hollado
un•true [ŭn-trōō′] *adj.* (**-er, -est**) falso; [inaccurate] inexacto; [unfaithful] desleal
un•trust•wor•thy [ŭn-trŭst′wûr′*th*ē] *adj.* (**-i-**) indigno de confianza
un•truth [ŭn-trōōth′] *s.* falsedad *f*
un•truth•ful [:fəl] *adj.* falso; [lying] mendaz
un•tu•tored [ŭn-tōō′tərd] *adj.* sin instrucción
un•twist [ŭn-twĭst′] *tr.* & *intr.* desenrollar(se)
un•used [ŭn-yōōzd′] *adj.* sin usar; [new] nuevo ▪ **~ to** [ŭn-yōōst′] no acostumbrado a
un•u•su•al [ŭn-yōō′zhōō-əl] *adj.* fuera de lo común; [exceptional] extraordinario
un•ut•ter•a•ble [ŭn-ŭt′ər-ə-bəl] *adj.* inexpresable
un•var•nished [ŭn-vär′nĭsht] *adj.* sin barnizar; *fig* puro
un•veil [ŭn-vāl′] *tr.* quitar el velo; [to reveal] revelar; (*intr.*) descubrirse
un•voiced [ŭn-voist′] *adj.* no expresado
un•want•ed [ŭn-wŏn′tĭd] *adj.* no deseado
un•war•rant•ed [ŭn-wôr′ən-tĭd] *adj.* injustificado
un•war•y [ŭn-wâr′ē] *adj.* (**-i-**) incauto
un•washed [ŭn-wŏsht′] *adj.* desaseado
un•wed [ŭn-wed] *adj.* soltero

un•wel•come [ŭn-wel′kəm] *adj.* inoportuno; [news] desagradable
un•well [ŭn-wel′] *adj.* enfermo, indispuesto
un•whole•some [ŭn-hōl′səm] *adj.* malsano; [harmful] nocivo
un•wield•y [ŭn-wēl′dē] *adj.* (**-i-**) difícil de manejar
un•will•ing [ŭn-wĭl′ĭng] *adj.* no dispuesto
un•will•ing•ness [:nĭs] *s.* desgana, desgano
un•wind [ŭn-wīnd′] *tr.* (**-wound**) desenrollar; (*intr.*) desenrollarse; [to relax] relajarse
un•wise [ŭn-wīz′] *adj.* (**-er, -est**) desaconsejable
un•wit•ting [ŭn-wĭt′ĭng] *adj.* [unaware] inconsciente; [unintentional] sin intención
un•wont•ed [ŭn-wôn′tĭd] *adj.* inusitado
un•world•ly [ŭn-wûrld′lē] *adj.* (**-i-**) espiritual; [naive] ingenuo
un•wor•thy [ŭn-wûr′*th*ē] *adj.* (**-i-**) despreciable ▪ **~ of** no digno de
un•wound•ed [ŭn-wo͞on′dĭd] *adj.* ileso
un•wrap [ŭn-răp′] *tr.* (**-pp-**) desenvolver
un•writ•ten [ŭn-rĭt′n] *adj.* no escrito; [agreement] tácito
un•yield•ing [ŭn-yēl′dĭng] *adj.* inflexible
un•zip [ŭn-zĭp′] *tr.* (**-pp-**) bajar la cremallera de
up [ŭp] ◇ *adv.* hacia arriba, en lo alto; arriba; **I put it up there** lo puse allí arriba; para arriba; **from ten dollars up** de diez dólares para arriba ▪ **close up** cerca; **high up** muy arriba; **to be up** haberse levantado (de la cama); [to be finished] estar terminado, acabarse; **to be up all night** no acostarse en toda la noche; **to come** OR **go up to** acercarse a; **to feel up to** sentirse capaz de; **to get up** levantarse; **up!** OR **get up!** ¡arriba!; **up above** arriba; **up against** junto a; **up and down** de arriba abajo; **up north** hacia OR en el norte; **up to** hasta; **up to date** al día ◇ *adj.* [moving upward] que va hacia arriba; [out of bed] levantado ▪ **it is up to you** decídelo tú; **to be up against** tener que hacer frente a; **to be up against it** estar en apuros; **to be up and around** estar de nuevo en pie; **to be up for** [office] ser candidato a; [to feel like] tener ganas de; **to be up on** estar bien enterado sobre; **to be up to standard** satisfacer los requisitos; **to be up to something** estar tramando algo; **up for trial** ante el tribunal; **up in arms** furioso; **up to** hasta; [capable of] capacitado para; **what are you up to?** ¿en qué andas?; **what's up?** ¿qué pasa? ◇ *prep.* arriba ◇ *s.* ▪ **on the up and up** honesto, legal; **to be on an up** *fam* estar eufórico; **to be on the up** COM estar en subida; **ups and downs** altibajos ◇ *tr.* (**-pp-**) [to increase] aumentar; [to raise] elevar; (*intr.*) levantarse
up-and-com•ing [ŭp′ən-kŭm′ĭng] *adj.* prometedor
up-and-down [:doun′] *adj.* variante; [vertical] vertical
up•beat [ŭp′bēt′] *adj. fam* optimista
up•braid [ŭp-brād′] *tr.* reprochar
up•bring•ing [ŭp′brĭng′ĭng] *s.* crianza
up•com•ing [ŭp′kŭm′ĭng] *adj.* futuro
up•coun•try [ŭp′kŭn′trē] ◇ *s.* interior *m* ◇ *adj.* del interior ◇ *adv.* hacia el interior
up•date [ŭp-dāt′] ◇ *tr.* poner al día ◇ *s.* [′] información actualizada
up•draft [ŭp′drăft′] *s.* corriente *f* ascendente
up•end [ŭp-end′] *tr.* poner de punta; [to overturn] derribar
up-front [ŭp′frŭnt′] *adj.* franco; [in advance] por adelantado
up•grade [ŭp′grād′] ◇ *tr.* mejorar la calidad de; [to promote] ascender; COMPUT actualizar ◇ *s.* cuesta; COMPUT actualización *m*
up•heav•al [ŭp-hē′vəl] *s.* levantamiento; [disruption] trastorno; GEOL solevantamiento
up•hill [ŭp′hĭl′] ◇ *adj.* ascendente; [difficult] arduo ◇ *s.* cuesta ◇ *adv.* cuesta arriba
up•hold [ŭp-hōld′] *tr.* (**-held**) levantar; [to support] sostener; [to sustain] defender
up•hol•ster [ŭp-hōl′stər] *tr.* tapizar
up•hol•ster•y [:stə-rē] *s.* tapicería
up•keep [ŭp′kēp′] *s.* mantenimiento; [cost] gastos de mantenimiento
up•land [ŭp′lənd] *s.* altiplanicie *f*
up•lift ◇ *tr.* [ŭp-lĭft′] alzar; [to elevate] elevar ◇ *s.* [′] alzamiento
up•most [ŭp′mōst′] *adj.* más alto
up•on [ə-pŏn′] *prep.* sobre
up•per [ŭp′ər] ◇ *adj.* superior ▪ **to have the ~ hand** llevar ventaja; **~ case** mayúsculas *fpl*; **the ~ crust** *fam* la flor y nata ◇ *s.* [of a shoe] pala; *jer* [drug] pepa (anfetamina)
up•per-case [′-kās′] *adj.* en mayúsculas
up•per-class [:klăs′] *adj.* de la clase alta
up•per•class•man [:′mən] *s.* (*pl* **-men**) estudiante *mf* del tercer OR cuarto año
up•per•cut [ŭp′ər-kŭt′] *s.* gancho (en boxeo)
up•per•most [:mōst′] ◇ *adj.* más alto ◇ *adv.* en primer lugar
up•pi•ty [ŭp′ĭtē] *adj. fam* presumido
up•raise [ŭp-rāz′] *tr.* levantar
up•right [ŭp′rīt′] ◇ *adj.* vertical; [honorable] recto ◇ *adv.* verticalmente ◇ *s.* montante *m*
up•ris•ing [ŭp′rī′zĭng] *s.* insurrección *f*
up•riv•er [ŭp′rĭv′ər] *adj.* & *adv.* río arriba
up•roar [ŭp′rôr′] *s.* alboroto
up•roar•i•ous [-′ē-əs] *adj.* tumultuoso; [boisterous] ruidoso; [hilarious] hilarante
up•root [ŭp-ro͞ot′] *tr.* arrancar; *fig* desarraigar
up•set [ŭp-set′] ◇ *tr.* (**-set, -tting**) [to tip over] volcar; [to throw into disorder] desordenar; [to trouble] afectar; [physically, mentally] perturbar; [the stomach] caer mal a; [an opponent] vencer inesperadamente ◇ *s.* [′] vuelco; [trouble] molestia; [defeat] derrota inesperada ◇ *adj.* [disordered] desordenado; [worried] preocupado ▪ **don't be ~** [worried] no te preocupes; [angry] no te enojes; **to have an ~ stomach** estar descompuesto del estómago
up•shot [ŭp′shŏt′] *s.* resultado
up•side-down [ŭp′sīd-doun′] *adv.* al revés; *fig* patas arriba ▪ **to turn ~** volcar(se); *fig* trastornar(se)
up•stage [ŭp′stāj′] ◇ *adv.* en OR hacia el fondo del escenario ◇ *tr.* TEAT robar la escena; *fam* eclipsar
up•stairs [ŭp′stârz′] ◇ *adv.* arriba; [on upper floor] en el piso superior ◇ *adj.* del piso superior ◇ *s. inv.* piso de arriba
up•stand•ing [ŭp-stăn′dĭng] *adj.* erguido; [honest] recto
up•start [ŭp′stärt′] *s.* advenedizo
up•state [ŭp′stāt′] *adv.* hacia la parte norte del estado
up•stream [ŭp′strēm′] *adv.* aguas arriba
up•surge [ŭp-sûrj′] ◇ *intr.* subir repentinamente ◇ *s.* [′] subida repentina
up•swing [ŭp′swĭng′] *s.* alza

up•take [ŭp′tāk′] *s.* canal *m* de salida de la chimenea ▪ **quick on the ~** que comprende muy rápidamente
up•tight [ŭp′tīt′] *adj. jer* tenso
up-to-date [ŭp′tə-dāt′] *adj.* al día; [keeping up] al tanto
up-to-the-min•ute [:*th*ə-mĭn′ĭt] *adj.* de última hora
up•town [ŭp′toun′] *adv.* & *s.* (hacia) la parte alta de una ciudad
up•turn [ŭp′tûrn′] *s.* alza
up•ward [ŭp′wərd] ◇ *adj.* ascendente ◇ *adv.* (OR **-wards**) hacia OR para arriba ▪ **~ of** en exceso de, más de
up•wind [ŭp′wĭnd′] *adj.* contra el viento
u•ra•ni•um [yŏŏ-rā′nē-əm] *s.* uranio
ur•ban [ûr′bən] *adj.* urbano ▪ **~ development plan** plan de urbanismo; **~ legend** leyenda popular
ur•bane [ûr-bān′] *adj.* urbano, cortés
ur•ban•i•ty [ûr-băn′ĭ-tē] *s.* finura
ur•ban•ize [ûr′bə-nīz′] *tr.* urbanizar
ur•chin [ûr′chĭn] *s.* golfillo
u•re•a [yŏŏ-rē′ə] *s.* urea
u•re•ter [yŏŏr′ĭ-tər] *s.* uréter *m*
u•re•thra [yŏŏ-rē′thrə] *s.* (*pl* **s** OR **-ae**) uretra
urge [ûrj] ◇ *tr.* [to impel] incitar; [to exhort] exhortar; [to advocate] propugnar ◇ *s.* impulso; [desire] deseo
ur•gen•cy [ûr′jən-sē] *s.* urgencia
ur•gent [ûr′jənt] *adj.* urgente
u•ri•nal [yŏŏr′ə-nəl] *s.* [fixture] urinal *m*, urinario; [receptacle] orinal *m*
u•ri•nar•y [′-ner′ē] *adj.* urinario
u•ri•nate [:nāt′] *intr.* orinar
u•rine [yŏŏr′ĭn] *s.* orina
urn [ûrn] *s.* urna; [for tea, coffee] recipiente *m* grande
u•ro•gen•i•tal [yŏŏr′ō-jen′ĭ-tl] *adj.* urogenital
u•rol•o•gy [yŏŏ-rŏl′ə-jē] *s.* urología
us [ŭs] *pron.* nos; **the movie impressed us** la película nos impresionó; nosotros, nosotras; **to us** a nosotros
us•a•ble [yōō′zə-bəl] *adj.* utilizable
us•age [yōō′sĭj] *s.* uso; [customary practice] usanza; [parlance] lenguaje *m*
use [yōōz] ◇ *tr.* usar; [to treat] tratar; [drugs] tomar ▪ **to be used as/for** servir de/para; **to ~ up** agotar; (*intr. solamente en la forma imperfecta* **used** [yōōst]) soler; **I used to go to Florida every winter** yo solía ir a la Florida todos los inviernos ▪ **to get used to** acostumbrarse a ◇ *s.* [yōōs] uso; [usefulness] utilidad *f* ▪ **it's no ~** es inútil; **to be of no ~** no servir para nada; **to have no ~ for** no necesitar; [to dislike] no gustarle a uno; **to have the ~ of** tener uno a su disposición; **to put to good ~** sacar partido de; **what's the ~!** ¡para qué!
used [yōōzd] *adj.* usado
use•ful [yōōs′fəl] *adj.* útil
use•ful•ness [:nĭs] *s.* utilidad *f*
use•less [yōōs′lĭs] *adj.* ineficaz; [futile] inútil
use•less•ness [:nĭs] *s.* inutilidad *f*
us•er [yōō′zər] *s.* usuario; [addict] adicto ▪ **~ ID** COMPUT nombre *m* de usuario; **~ interface** COMPUT interface de usuario; **~ name** COMPUT nombre *m* de usuario
ush•er [ŭsh′ər] ◇ *s.* acomodador *m*; [door-keeper] ujier *mf* ◇ *tr.* acomodar; [to escort] acompañar ▪ **to ~ in** anunciar
ush•er•ette [′ə-ret′] *s.* acomodadora
u•su•al [yōō′zhōō-əl] *adj.* usual; [customary] acostumbrado ▪ **as ~** como de costumbre; **the ~ thing** lo de siempre
u•su•rer [yōō′zhər-ər] *s.* usurero
u•surp [yōō-sûrp′] *tr.* & *intr.* usurpar
u•surp•er [-′pər] *s.* usurpador *m*
u•su•ry [yōō′zhə-rē] *s.* usura
u•ten•sil [yōō-ten′səl] *s.* utensilio
u•ter•us [:əs] *s.* útero
u•til•i•tar•i•an [yōō-tĭl′ĭ-târ′ē-ən] ◇ *adj.* utilitario; FILOS utilitarista ◇ *s.* utilitarista *mf*
u•til•i•ty [yōō-tĭl′ĭ-tē] *s.* utilidad *f*; [service] servicio público; COMPUT [program] utilidad *f*
u•til•iz•a•ble [yōōt′l-ī′zə-bəl] *adj.* utilizable
u•til•i•za•tion [′-ĭ-zā′shən] *s.* utilización *f*
u•til•ize [yōōt′l-īz′] *tr.* utilizar
ut•most [ŭt′mōst′] ◇ *adj.* máximo; [farthest] más lejano ◇ *s.* máximo ▪ **to do one's ~** hacer todo lo posible; **to the ~** hasta más no poder
u•to•pi•a [yōō-tō′pē-ə] *s.* utopía
u•to•pi•an [:ən] ◇ *adj.* utópico ◇ *s.* utopista *mf*
ut•ter[1] [ŭt′ər] *tr.* decir; [to pronounce] pronunciar; [sigh, cry] dar
ut•ter[2] *adj.* total, absoluto
ut•ter•a•ble [ŭt′ər-ə-bəl] *adj.* decible
ut•ter•ance [:əns] *s.* pronunciación *f*; [expression] expresión *f*; [of a sound] emisión *f*
ut•ter•ly [ŭt′ər-lē] *adv.* totalmente
ut•ter•most [:mōst′] *adj.* extremo
U-turn [yōō′tûrn′] *s.* AUTO media vuelta
ux•o•ri•ous [ŭk-sôr′ē-əs] *adj.* perdidamente enamorado de la esposa

V

v, V [vē] *s.* vigésima segunda letra del alfabeto inglés
va•can•cy [vā′kən-sē] *s.* vacío; [unfilled position] vacante *f*; [in a hotel] habitación *f* libre
va•cant [vā′kənt] *adj.* [empty] vacío; [not occupied] libre; [position] vacante; [look, stare] inexpresivo, vago
va•cate [vā′kāt′] *tr.* dejar vacante; [house] desocupar; DER anular; (*intr.*) irse, marcharse
va•ca•tion [vā-kā′shen] ◇ *s.* vacaciones *fpl*; **on ~** de vacaciones ◇ *intr.* tomar las vacaciones
vac•ci•nate [văk′sə-nāt′] *tr.* & *intr.* vacunar
vac•ci•na•tion [′-nā′shən] *s.* vacunación *f*
vac•cine [văk-sēn′, ′] *s.* vacuna
vac•il•late [văs′ə-lāt′] *intr.* vacilar
vac•u•ous [văk′yōō-əs] *adj.* [empty] vacío; [inane] vacuo; [look] vago, perdido
vac•u•um [văk′yōōm] ◇ *s.* (*pl* **s** OR **-ua**) vacío; [isolation] aislamiento ▪ **~ cleaner** aspiradora ◇ *tr.* & *intr.* pasar la aspiradora (por)
vac•u•um-packed [′-păkt′] *adj.* envasado al vacío
vag•a•bond [văg′ə-bŏnd′] *s.* & *adj.* vagabundo
va•ga•ry [vā′gə-rē] *s.* capricho
va•gi•na [və-jī′nə] *s.* (*pl* **s** OR **-ae**) vagina
vag•i•nal [văj′ə-nəl] *adj.* vaginal
va•gran•cy [vā′grən-sē] *s.* vagancia
va•grant [vā′grənt] ◇ *s.* [vagabond] vagabundo; [bum] vago ◇ *adj.* vagabundo

vague [vāg] *adj.* vago; [reply] ambiguo; [shape, idea] impreciso
vain [vān] *adj.* [fruitless] vano, inútil; [conceited] vanidoso ■ **in** ~ en vano, vanamente
vain•glo•ri•ous [-glôr'ē-əs] *adj.* vanaglorioso
val•ance [văl'əns] *s.* doselera
vale [vāl] *s.* valle *m*
val•e•dic•to•ri•an [văl'ĭ-dĭk-tôr'ē-ən] *s.* alumno que da el discurso de fin de curso
val•e•dic•to•ry ['-'tə-rē] *adj.* & *s.* (discurso de) despedida
va•lence/len•cy [vā'ləns] *s.* valencia
val•en•tine [văl'ən-tīn'] *s.* tarjeta del día de los enamorados; [sweetheart] novio, -a
val•et [văl'ĭt, vă-lā'] *s.* [servant] ayuda de cámara; [in hotel] mozo de hotel
val•iance [văl'yəns] *s.* valentía, bravura
val•iant [:yənt] *adj.* & *s.* valiente *mf*
val•id [văl'ĭd] *adj.* válido; DER [in effect] vigente ■ **to be no longer** ~ haber caducado
val•i•date [:ĭ-dāt'] *tr.* validar; [to verify] verificar
val•i•da•tion ['-dā'shən] *s.* validación *f*; [verification] verificación *f*
va•lid•i•ty [və-lĭd'ĭ-tē] *s.* validez *f*
va•lise [və-lēs'] *s.* maleta, valija
val•ley [văl'ē] *s.* valle *m*
val•or [văl'ər] *s.* valor *m*, valentía
val•or•ous [văl'ər-əs] *adj.* valeroso, valiente
val•u•a•ble [văl'yo͞o-ə-bəl] ◇ *adj.* valioso, de valor; [information, assistance] importante, de valor ■ **to be** ~ valer mucho ◇ *s.* ◇ *pl.* objetos de valor
val•u•ate [:āt'] *tr.* valorar, tasar
val•u•a•tion ['-ā'shən] *s.* valoración *f*, tasación *f*; [value] valor estimado
val•ue [văl'yo͞o] ◇ *s.* valor *m*; [importance] importancia ■ **market** OR **commercial** ~ valor comercial; **to attach little** ~ **to** dar poco valor a; **to be of (no)** ~ (no) ser valioso; **to lose** ~ desvalorizarse; **to set a** ~ **on** poner precio a ◇ *tr.* [to appraise] valorizar, tasar; [to rate] estimar, valorar; [to esteem] estimar, apreciar
val•ued [:yo͞od] *adj.* estimado, apreciado
valve [vălv] *s.* ANAT & TEC válvula; MÚS llave *f*
va•moose [vă-mo͞os'] *intr. jer* largarse
vamp[1] [vămp] *s.* [shoe part] empeine *m*; MÚS acompañamiento improvisado
vamp[2] *s.* vampiresa, seductora
vam•pire [văm'pīr'] *s.* vampiro
van[1] [văn] *s.* [truck] camioneta, furgoneta; GB FC vagón *m* de carga
van[2] *s.* vanguardia
van•dal [văn'dl] *s.* vándalo
van•dal•ism [văn'dl-ĭz'əm] *s.* vandalismo
van•dal•ize [:īz'] *tr.* destrozar, destruir
vane [vān] *s.* [weathercock] veleta; [of a propeller] paleta; [of a windmill] aspa; [of a rocket] estabilizador *m*
van•guard [văn'gärd'] *s.* vanguardia
va•nil•la [və-nĭl'ə] *s.* vainilla
van•ish [văn'ĭsh] *intr.* desaparecer; [to fade] desvanecerse ■ **to** ~ **into thin air** esfumarse
van•i•ty [văn'ĭ-tē] *s.* vanidad *f*; [conceit] presunción *f*; [table] tocador *m* ■ ~ **case** neceser
van•quish [văng'kwĭsh] *tr.* derrotar, vencer
van•tage [văn'tĭj] *s.* ventaja ■ ~ **point** posición de ventaja, lugar ventajoso
vap•id [văp'ĭd, vā'pĭd] *adj.* insípido, soso
va•por [vā'pər] *s.* vapor *m*; [mist] niebla, bruma; [fumes] humo, vapor
va•por•ize [vā'pə-rīz'] *tr.* & *intr.* vaporizar(se)
va•por•iz•er [:rī'zər] *s.* vaporizador *m*
va•por•ous [vā'pər-əs] *adj.* vaporoso
var•i•a•bil•i•ty [vâr'ē-ə-bĭl'ĭ-tē] *s.* variabilidad *f*
var•i•a•ble [vâr'ē-ə-bəl] ◇ *adj.* variable; [fickle] inconstante ◇ *s.* variable *f*
var•i•ance [:əns] *s.* [act] variación *f*; [deviation] desviación *f* ■ **at** ~ en desacuerdo
var•i•ant [:ənt] ◇ *adj.* [differing] variante, diferente; [variable] variable ◇ *s.* variante *f*
var•i•a•tion ['-ā'shən] *s.* variación *f*
var•i•cose [văr'ĭ-kōs'] *adj.* varicoso ■ ~ **veins** varices
var•ied [vâr'ēd] *adj.* variado
var•i•e•gat•ed [vâr'ē-ĭ-gā'tĭd] *adj.* [varicolored] abigarrado, jaspeado; [diversified] variado
va•ri•e•ty [və-rī'ĭ-tē] *s.* variedad *f*; [assortment] surtido ■ **in a** ~ **of** en varios; ~ **show** espectáculo de variedades
var•i•ous [vâr'ē-əs] *adj.* [several] varios; [different] diferentes
var•mint [vär'mĭnt] *s. fam* sabandija
var•nish [vär'nĭsh] ◇ *s.* barniz *m*; [coating] capa de barniz ■ ~ **remover** quitaesmalte *m* ◇ *tr.* barnizar; [the truth] embellecer
var•si•ty [vär'sĭ-tē] *s.* equipo universitario; GB universidad *f*
var•y [vâr'ē] *tr.* variar; (*intr.*) variar, cambiar; [to differ] diferir; [to deviate] desviarse
var•y•ing [:ĭng] *adj.* variante, variable
vas•cu•lar [văs'kyə-lər] *adj.* vascular
vase [vās, vāz, väz] *s.* jarrón *m*, florero
va•sec•to•my [və-sek'tə-mē] *s.* vasectomía
vas•sal [văs'əl] *s.* vasallo
vast [văst] *adj.* vasto, inmenso ■ **by a** ~ **majority** por una abrumadora mayoría
vast•ness [:nĭs] *s.* inmensidad *f*
vat [văt] *s.* cuba
vaude•ville [vôd'vĭl'] *s.* vodevil *m*
vault[1] [vôlt] ◇ *s.* ARQ bóveda; [cellar] sótano; [of a bank] cámara acorazada; [burial chamber] cripta ◇ *tr.* abovedar
vault[2] ◇ *tr.* & *intr.* saltar ◇ *s.* salto
vault•ing[1] [vôl'tĭng] *s.* ARQ bóveda
vault•ing[2] *adj.* saltador; [ambition, pride] desmesurado
vaunt [vônt] ◇ *tr.* & *intr.* jactarse (de) ◇ *s.* alarde *m*, jactancia
veal [vēl] *s.* (carne *f* de) ternera
vec•tor [vek'tər] *s.* vector *m*
veep [vēp] *s. fam* vicepresidente *m*
veer [vîr] ◇ *intr.* [to swerve] desviarse; [the wind] cambiar; [a boat] virar; (*tr.*) desviar; [a boat] virar ◇ *s.* desvío, viraje *m*
veg•e•ta•ble [vej'tə-bəl] ◇ *s.* hortaliza; [inactive person] vegetal *m* ◇ *s. pl.* verdura ◇ *adj.* vegetal ■ ~ **oil** aceite vegetal
veg•e•tar•i•an ['-târ'ē-ən] *s.* vegetariano
veg•e•tate ['-tāt'] *intr.* vegetar
veg•e•ta•tion ['-tā'shən] *s.* vegetación *f*
ve•he•mence [vē'ə-məns] *s.* vehemencia
ve•he•ment [:mənt] *adj.* vehemente
ve•hi•cle [vē'ĭ-kəl] *s.* vehículo

ve•hic•u•lar [vē-hĭk'yə-lər] *adj.* de OR para vehículos
veil [vāl] <> *s.* velo; *fig* velo, capa ▪ **under a ~ of secrecy** en secreto <> *tr.* velar
vein [vān] <> *s.* vena; BOT & ENTOM nervio; GEOL & MIN veta, filón *m*; [in wood, marble] vena, veta ▪ **in the same ~** del mismo estilo <> *tr.* vetear
veined [vānd] *adj.* venoso; [streaked] veteado
vel•lum [vel'əm] *s.* vitela, pergamino
ve•loc•i•ty [və-lŏs'ĭ-tē] *s.* velocidad *f*
ve•lour(s) [və-lo͝or'] *s.* veludillo
vel•vet [vel'vĭt] <> *s.* terciopelo; [on antlers] vello <> *adj.* de terciopelo; [velvety] aterciopelado
vel•vet•een ['-vĭ-tēn'] *s.* veludillo, velludo
vel•vet•y ['-tē] *adj.* aterciopelado
ve•nal [vē'nəl] *adj.* venal
ve•nal•i•ty [vē-năl'ĭ-tē] *s.* venalidad *f*
vend [vend] *tr.* vender ▪ **vending machine** distribuidor automático, máquina vendedora
vend•er [ven'dər] *s.* vendedor *m*
ven•det•ta [ven-det'ə] *s.* vendetta, venganza
vend•i•ble [ven'də-bəl] *s.* artículo vendible
ve•neer [və-nîr'] <> *s.* chapa, enchapado; *fig* apariencia, barniz *m* <> *tr.* chapear, enchapar
ven•er•a•ble [ven'ər-ə-bəl] *adj.* venerable
ven•er•ate [ven'ə-rāt'] *tr.* venerar
ven•er•a•tion ['-rā'shən] *s.* veneración *f*
ve•ne•re•al [və-nîr'ē-əl] *adj.* venéreo ▪ **~ disease** enfermedad venérea
Ve•ne•tian blind [və-nē'shən] *s.* persiana veneciana, celosías *fpl*
ven•geance [ven'jəns] *s.* venganza ▪ **to take ~ on** vengarse de; **with a ~** [furiously] con violencia; [excessively] con creces
venge•ful [venj'fəl] *adj.* vengativo
ve•ni•al [vē'nē-əl] *adj.* venial
ven•i•son [ven'ĭ-sən] *s.* (carne *f* de) venado
ven•om [ven'əm] *s.* veneno
ven•om•ous [:ə-məs] *adj.* venenoso
vent [vent] <> *s.* [for air] respiradero; [outlet] salida; [hole] agujero, abertura ▪ **to give ~ to** dar rienda suelta a <> *tr.* abrir un agujero en; [to discharge] dar salida a, descargar; [feelings, words] desahogar, dar rienda suelta a
ven•ti•late [ven'tl-āt'] *tr.* ventilar
ven•ti•la•tion ['-ā'shən] *s.* [system] ventilación *f*; [air circulation] aeración *f*
ven•ti•la•tor ['-ā'tər] *s.* ventilador *m*
ven•tri•cle [ven'trĭ-kəl] *s.* ventrículo
ven•tril•o•quism [ven-trĭl'ə-kwĭz'əm] *s.* ventriloquía
ven•tril•o•quist [:kwĭst] *s.* ventrílocuo
ven•ture [ven'chər] <> *s.* [undertaking] aventura; [stake] riesgo; COM empresa, operación *f* ▪ **at a ~** a la (buena) ventura; **~ capital** capital de riesgo <> *tr.* [money, opinion] aventurar; [to dare] atreverse a ▪ **nothing ventured nothing gained** el que no arriesga no gana; (*intr.*) [to dare] atreverse; [to go] ir ▪ **to ~ forth** ir, salir
ven•ture•some [:səm] *adj.* aventurado, arriesgado; [enterprising] emprendedor
ven•tur•ous [:əs] *adj.* valiente, arrojado
ven•ue [ven'yo͞o] *s.* lugar *m*; [theater, concert hall] local *m*; DER jurisdicción *f*
ve•ra•cious [və-rā'shəs] *adj.* veraz, verídico
ve•rac•i•ty [və-răs'ĭ-tē] *s.* veracidad *f*; [accuracy] exactitud *f*
ve•ran•da(h) [və-răn'də] *s.* terraza, veranda
verb [vûrb] *s.* verbo
ver•bal [vûr'bəl] *adj.* verbal
ver•bal•ize [:bə-līz'] *tr.* expresar con palabras
ver•ba•tim [vər-bā'tĭm] <> *adj.* literal <> *adv.* palabra por palabra, literalmente
ver•bi•age [vûr'bē-ĭj] *s.* palabrería, verborrea
ver•bose [vər-bōs'] *adj.* verboso
ver•bos•i•ty [-bŏs'ĭ-tē] *s.* verbosidad *f*
ver•dant [vûr'dnt] *adj.* verde
ver•dict [vûr'dĭkt] *s.* veredicto; [judgment] dictamen *m*
verge[1] [vûrj] <> *s.* [edge, rim] borde *m*, margen *m*; [boundary] límite *m*; [staff] cetro ▪ **to be on the ~ of** estar a punto de <> *intr.* ▪ **to ~ (up)on** [to come near] rayar en; [to tend towards] estar al borde de
verge[2] *intr.* ▪ **to ~ into** OR **on** [to pass into] rayar en, acercarse a
ver•i•fi•ca•tion [ver'ə-fĭ-kā'shən] *s.* verificación *f*
ver•i•fi•er ['-fī'ər] *s.* verificador *m*
ver•i•fy [ver'ə-fī'] *tr.* verificar
ver•i•ly [ver'ə-lē] *adv.* verdaderamente
ver•i•si•mil•i•tude [ver'ə-sĭ-mĭl'ĭ-to͞od'] *s.* verosimilitud *f*
ver•i•ta•ble [ver'ĭ-tə-bəl] *adj.* verdadero
ver•i•ty [ver'ĭ-tē] *s.* verdad *f*
ver•mi•cel•li [vûr'mə-chel'ē, :sel'ē] *s.* fideos delgados
ver•mil(l)•ion [vər-mĭl'yən] <> *s.* bermellón *m* <> *adj.* bermejo
ver•min [vûr'mĭn] *s. inv.* [pest] bicho(s), sabandija(s); [person] sabandija
ver•mouth [vər-mo͞oth'] *s.* vermut *m*
ver•nac•u•lar [vər-năk'yə-lər] <> *s.* [language] lengua vernácula; [popular speech] lenguaje *m* popular; [jargon] jerga ▪ **to put in the ~** expresar en lenguaje popular <> *adj.* vernáculo
ver•sa•tile [vûr'sə-tl] *adj.* [person] polifacético; [object] de muchos usos, polivalente
ver•sa•til•i•ty ['-tĭl'ĭ-tē] *s.* versatilidad *f*
verse[1] [vûrs] *s.* [poetry] verso; [stanza] estrofa; [of a song] cuplé *m*; BÍBL versículo
verse[2] *tr.* familiarizarse con ▪ **to be versed in** estar familiarizado con
versed [vûrst] *adj.* versado
ver•sion [vûr'zhən] *s.* versión *f*; [adaptation] adaptación *f*
ver•sus [vûr'səs] *prep.* contra; **conjecture ~ evidence** la conjetura contra la evidencia
ver•te•bra [vûr'tə-brə] *s.* (*pl* **s** OR **-ae**) vértebra
ver•te•brate [:brāt'] *adj.* & *s.* vertebrado
ver•tex [vûr'teks'] *s.* (*pl* **es** OR **-tices**) [apex] ápice *m*; ANAT & GEOM vértice *m*
ver•ti•cal [vûr'tĭ-kəl] *adj.* & *s.* vertical *f*
ver•ti•go [vûr'tĭ-gō'] *s.* (*pl* **(e)s**) vértigo
verve [vûrv] *s.* brío, ánimo
ver•y [ver'ē] <> *adv.* muy; [truly] de veras; **it's the ~ best** es de veras el mejor; [indeed] mucho; **are you tired? ~** ¿estás cansado? mucho; [precisely] precisamente, exactamente; **the ~ same one** exactamente el mismo; [as an intensifier] muy, tan; **he is so ~ poor** es tan pobre ▪ **at the ~ latest** a más tardar; **at the ~ least** como mínimo; **at the ~ most** a lo más, a lo sumo; **not ~** poco; **it was not ~ interesting** fue poco interesante; **the ~ best** el OR lo mejor; **~ much (so)** muchísimo <> *adj.* (-i-) absoluto, puro; **the ~ truth** la verdad absoluta; [selfsame, exact] mismo; **at that ~**

moment en ese mismo momento; [mere] mero, simple; **the ~ thought frightens us** el mero pensamiento nos espanta ▪ **at the ~ end** al final de todo; **the ~ idea!** ¡vaya idea!; **to be the ~ image of** ser el vivo retrato de; **to shudder at the ~ thought of it** temblar con sólo pensarlo

ves•pers [ves'pərz] *s. pl.* vísperas

ves•sel [ves'əl] *s.* [container] vaso, vasija; MARÍT nave *f*, embarcación *f*; ANAT & BOT vaso

vest [vest] <> *s.* chaleco; GB [undershirt] camiseta <> *tr.* ▪ **to ~ in** [rights, property] conceder, conferir; [authority, power] investir

vest•ed [ves'tĭd] *adj.* DER concedido, establecido ▪ **~ interest** intereses creados

ves•ti•bule [ves'tə-byo͞ol'] *s.* vestíbulo, zaguán *m*

ves•tige [ves'tĭj] *s.* vestigio

ves•tig•i•al [ve-stĭj'ē-əl] *adj.* rudimentario

vest•ment [vest'mənt] *s.* vestidura; [robe] toga; RELIG vestimenta

ves•try [ves'trē] *s.* sacristía, vestuario

vet [vet] *s. fam* [veterinarian] veterinario; [veteran] veterano

vet•er•an [vet'ər-ən] *adj.* & *s.* veterano

vet•er•i•nar•i•an [vet'ər-ə-nâr'ē-ən] *s.* veterinario

vet•er•i•nar•y ['-ner'ē] *adj.* & *s.* veterinario

ve•to [vē'tō] <> *s.* (*pl* **es**) veto <> *tr.* vetar; [to prohibit] prohibir

vex [veks] *tr.* [to bother] fastidiar, molestar; [to baffle] confundir

vex•a•tion [vek-sā'shən] *s.* fastidio, molestia

vex•a•tious [:shəs] *adj.* fastidioso, molesto

vexed [vekst] *adj.* [person] enfadado, irritado; [question, matter] controvertido

vi•a [vī'ə, vē'ə] *prep.* vía ▪ **~ airmail** por vía aérea

vi•a•bil•i•ty [vī'ə-bĭl'ĭ-tē] *s.* viabilidad *f*

vi•a•ble [vī'ə-bəl] *adj.* viable

vi•a•duct [vī'ə-dŭkt'] *s.* viaducto

vi•al [vī'əl] *s.* frasco

vibes [vībz] *s.* & *s. fam* [vibraphone] vibráfono; *jer* [vibrations] vibraciones *f*

vi•bran•cy [vī'brən-sē] *s.* viveza, animación *f*

vi•brant [vī'brənt] *adj.* vibrante; [energetic] enérgico, animado

vi•bra•phone [vī'brə-fōn'] *s.* vibráfono

vi•brate [vī'brāt'] *intr.* vibrar; [to resonate] resonar; [to thrill] estremecerse; (*tr.*) vibrar

vi•brat•ing alert [vī-brā'tĭng'ə-lûrt'] *s.* vibración *f* de llamada

vi•bra•tion [vī-brā'shən] <> *s.* vibración *f*; [quiver] temblor *m*, estremecimiento <> *pl. jer* vibraciones

vi•bra•tor ['-tər] *s.* vibrador *m*

vic•ar [vĭk'ər] *s.* vicario

vic•ar•age [:ĭj] *s.* vicaría

vi•car•i•ous [vī-kâr'ē-əs] *adj.* [punishment] sufrido por otro; [pleasure] indirecto

vice[1] [vīs] *s.* vicio ▪ **~ squad** dependencia policial que combate el vicio

vice[2] = **vise**

vice[3] <> *s.* [used as a prefix] vice ▪ **~ chancellor** vicecanciller *mf*; **~ president** vicepresidente *m* <> *prep.* en lugar de ▪ **~ versa** viceversa

vice•roy [vīs'roi'] *s.* virrey *m*

vi•cin•i•ty [vĭ-sĭn'ĭ-tē] *s.* proximidad *f*; [area] vecindad *f* ▪ **in the ~ of** aproximadamente

vi•cious [vĭsh'əs] *adj.* [addicted to vice] vicioso; [malicious] malicioso, rencoroso; [storm, attack] violento, fuerte; [animal, crime] salvaje, atroz ▪ **~ circle** círculo vicioso

vi•cis•si•tude [vĭ-sĭs'ĭ-to͞od'] *s.* vicisitud *f*

vic•tim [vĭk'tĭm] *s.* víctima ▪ **to fall (a) ~ to** sucumbir a

vic•tim•ize [:tə-mīz'] *tr.* hacer víctima; [to swindle] estafar, embaucar

vic•tor [vĭk'tər] *s.* vencedor *m*, triunfador *m*

Vic•to•ri•an [vĭk-tôr'ē-ən] *adj.* & *s.* victoriano

vic•to•ri•ous [vĭk-tôr'ē-əs] *adj.* triunfante, vencedor

vic•to•ry [vĭk'tə-rē] *s.* victoria, triunfo

vic•tuals [vĭt'lz] *s. pl.* vituallas

vid•e•o [vĭd'ē-ō'] *adj.* & *s.* vídeo, video ▪ **~ accelerator** COMPUT acelerador *m* de video; **~ camera** cámara de video

vid•e•o•cas•sette ['-kə-set'] *s.* videocasete *mf*

vid•e•o•con•fer•ence [:kŏn'fər-əns] *s.* videoconferencia

vid•e•o•disc/disk ['-dĭsk'] *s.* videodisco

vid•e•o•in•stal•la•tion [vĭd'ē-ō-ĭn'stə-lā'shən] *s.* videoinstalación *f*

vid•e•o-on-de•mand [vĭd'ē-ō-ŏn'dĭ-mănd'] *s.* video a la carta

vid•e•o•pro•jec•tor [vĭd'ē-ō'prə-jek'tər] *s.* cañón *m* de proyección, videoproyector *m*

vid•e•o•tape [:tāp'] <> *s.* cinta de video <> *tr.* grabar en videocinta

vie [vī] *intr.* (**vying**) competir, contender

view [vyo͞o] <> *s.* [sight, vista] vista; [examination] examinación *f*, inspección *f*; [systematic survey] panorama *m*; [opinion] opinión *f*; [approach] enfoque *m*; **our ~ of the problem** nuestro enfoque del problema; [intention] propósito; **with a ~ to doing something** con el propósito de hacer algo; [chance] posibilidad *f*, perspectiva ▪ **in ~ of** en vista de, considerando; **point of ~** punto de vista; **to be on ~** estar a la vista; **to come into ~** aparecer; **to have in ~** [a project] tener a la vista; [to keep in mind] tener presente; **to keep in ~** no perder de vista; **to take a dim ~ of** ver con malos ojos; **to take the ~ that** pensar que; **~ finder** visor *m* <> *tr.* ver, mirar; [to examine] examinar; [to consider] considerar, enfocar

view•er ['ər] *s.* espectador *m*; [television viewer] televidente *mf*; FOTOG visor *m*

view•point [:point'] *s.* punto de vista

vig•il [vĭj'əl] *s.* vigilia ▪ **to keep ~** velar

vig•i•lance [:ə-ləns] *s.* vigilancia

vig•i•lant [:lənt] *adj.* vigilante, alerto

vig•i•lan•te [vĭj'ə-lăn'tē] *s.* vigilante *mf*, miembro de una junta que actúa como policía

vi•gnette [vĭn-yet'] *s.* IMPR viñeta; FOTOG retrato con bordes esfumados; LIT bosquejo corto; CINEM escena corta

vig•or [vĭg'ər] *s.* vigor *m*

vig•or•ous [:əs] *adj.* [strong] vigoroso, fuerte; [energetic] enérgico

vig•our [vĭg'ər] GB = **vigor**

vile [vīl] *adj.* [despicable] vil, ruin; [loathsome] odioso; [food] desagradable; [weather] pésimo

vil•i•fy [vĭl'ə-fī'] *tr.* difamar, denigrar

vil•la [vĭl'ə] *s.* villa, quinta; GB [residence] chalet *m*

vil•lage [vĭl'ĭj] *s.* [hamlet] aldea; [town] pueblo; [inhabitants] población *f*

V

vil•lag•er [:ĭ-jər] *s.* aldeano
vil•lain [vĭl'ən] *s.* villano, canalla *m*; *fig* causa
vil•lain•ous [:ə-nəs] *adj.* [vile] vil; [wicked] villano, malvado
vil•lain•y [:ə-nē] *s.* villanía, vileza
vim [vĭm] *s.* energía, brío
vin•ai•grette [vĭn'ĭ-gret'] *s.* [container] vinagrera; [sauce] vinagreta
vin•di•cate [vĭn'dĭ-kāt'] *tr.* vindicar, exculpar; [to justify] justificar
vin•di•ca•tion ['-kā'shən] *s.* vindicación *f*
vin•dic•tive [vĭn-dĭk'tĭv] *adj.* vengativo
vine [vīn] *s.* enredadera; [grapevine] parra, vid *f* ■ **clinging ~** persona pegajosa
vin•e•gar [vĭn'ĭ-gər] *s.* vinagre *m*
vine•stock [vīn'stŏk'] *s.* cepa (de la vid)
vine•yard [vĭn'yərd] *s.* viñedo, viña
vin•tage [vĭn'tĭj] ◇ *s.* [season] vendimia; [crop, year] cosecha ◇ *adj.* [wine] añejo, de calidad; [classic] clásico; [of the best] excelente; **a ~ year for us** un año excelente para nosotros
vint•ner [vĭnt'nər] *s.* vinatero
vi•nyl [vī'nəl] *s.* vinilo
vi•o•la[1] [vē-ō'lə] *s.* MÚS viola
vi•o•la[2] [vī-ō'lə, vī'ə-lə] *s.* BOT viola, violeta
vi•o•late [vī'ə-lāt'] *tr.* violar
vi•o•la•tion ['-lā'shən] *s.* violación *f*
vi•o•la•tor ['-lā'tər] *s.* violador *m*
vi•o•lence [vī'ə-ləns] *s.* violencia ■ **to do ~ to** violar, ir en contra de
vi•o•lent [:lənt] *adj.* violento; [pain] intenso; [feeling] profundo ■ **to become ~** mostrarse violento
vi•o•let [vī'ə-lĭt] ◇ *s.* [plant] violeta; [color] violeta *m* ◇ *adj.* violado
vi•o•lin [vī'ə-lĭn'] *s.* violín *m*
vi•o•lin•ist [:ĭst] *s.* violinista *mf*
vi•o•lon•cel•lo [vē'ə-lən-chel'ō] *s.* violoncelo
VIP [vē'ī-pē'] *s. fam* personalidad *f* (importante)
vi•per [vī'pər] *s.* víbora
vi•ral [vī'rəl] *s.* causado por un virus, virulento
vir•gin [vûr'jĭn] ◇ *s.* virgen *f* ■ **The Virgin** la Virgen María ◇ *adj.* virgen; [initial] inicial, primero; [unsullied] puro, intacto
vir•gin•al [vûr'jə-nəl] *adj.* virginal
vir•gin•i•ty [vər-jĭn'ĭ-tē] *s.* virginidad *f*
vir•ile [vĭr'əl, :īl'] *adj.* viril, varonil
vi•ril•i•ty [və-rĭl'ĭ-tē] *s.* virilidad *f*
vi•rol•o•gy [vī-rŏl'ə-jē] *s.* virología
vir•tu•al [vûr'cho͞o-əl] *adj.* virtual ■ **~ reality** realidad *f* virtual
vir•tu•al•ly [:ə-lē] *adv.* prácticamente, casi ■ **it is ~ impossible** es casi imposible
vir•tue [vûr'cho͞o] *s.* virtud *f*; [chastity] castidad *f*, honra; [advantage] ventaja ■ **by** OR **in ~ of** en virtud de; **a woman of easy ~** una mujer fácil
vir•tu•os•i•ty [vûr'cho͞o-ŏs'ĭ-tē] *s.* virtuosismo
vir•tu•o•so [:ō'sō] *s.* (*pl* **-s** OR **-si**) virtuoso
vir•tu•ous [vûr'cho͞o-əs] *adj.* [righteous] virtuoso; [chaste] casto, puro
vir•u•lence [vĭr'yə-ləns] *s.* virulencia
vir•u•lent [:lənt] *adj.* virulento
vi•rus [vī'rəs] *s.* virus *m*
vi•sa [vē'zə] *s.* visa, visado
vis•age [vĭz'ĭj] *s.* cara, semblante *m*
vis-à-vis [vē'zə-vē'] ◇ *adv.* frente a frente, cara a car
◇ *prep.* [opposite to] frente a, enfrente de; [compare with] comparado con, con relación a
vis•cer•a [vĭs'ər-ə] *s. pl.* vísceras
vis•cer•al [:əl] *adj.* ANAT visceral; [profound] profundo íntimo; [instinctive] instintivo
vis•cos•i•ty [vĭ-skŏs'ĭ-tē] *s.* viscosidad *f*
vis•count [vī'kount'] *s.* vizconde *m*
vis•count•ess [vī'koun'tĭs] *s.* vizcondesa
vis•cous [vĭs'kəs] *adj.* viscoso
vise [vīs] *s.* tornillo de banco
vis•i•bil•i•ty [vĭz'ə-bĭl'ĭ-tē] *s.* visibilidad *f*
vis•i•ble ['-bəl] *adj.* visible; [apparent] manifiesto; [evident] evidente
vi•sion [vĭzh'ən] *s.* [sight] vista, visión *f*; [mental image] visión; [foresight] clarividencia, previsión *f* ■ **a person of ~** una persona clarividente
vi•sion•ar•y [:ə-ner'ē] ◇ *adj.* [foresighted] visionario [dreamy] de ensueño; [utopian] utópico ◇ *s.* visionario
vis•it [vĭz'ĭt] ◇ *tr.* visitar; [as a guest] pasar una temporada en; [punishment, misfortune] infligir, enviar (*intr.*) hacer una visita, ir de visita; *fam* [to chat] charlar ◇ *s.* visita; [stay] estadía (como invitado) ■ **to be on a ~ to** estar de visita en; **to pay a ~ to** visitar a
vis•i•ta•tion ['-tā'shən] *s.* visita; [calamity] desgracia calamidad *f* ■ **~ rights** derecho de visita (a hijos después de divorcio)
vis•it•ing ['-tĭng] *adj.* [card, hours] de visita; [person] visitante
vis•i•tor [vĭz'ĭ-tər] *s.* visitante *mf*, visita; [tourist] turista *mf*
vi•sor [vī'zər] *s.* visera
vis•ta [vĭs'tə] *s.* vista, panorama *m*
vi•su•al [vĭzh'o͞o-əl] *adj.* visual; [inspection, proof] ocular ■ **~ aids** medios visuales
vi•su•al•ize [:ə-līz'] *tr.* & *intr.* visualizar
vi•tal [vīt'l] *adj.* vital ■ **~ statistics** [of a woman] medidas
vi•tal•i•ty [vī-tăl'ĭ-tē] *s.* vitalidad *f*
vi•tal•ize [vīt'l-īz'] *tr.* vitalizar
vi•tals [vīt'lz] *s. pl.* órganos vitales; *fig* partes *fpl* esenciales
vi•ta•min [vī'tə-mĭn] *s.* vitamina ■ **~ complex** complejo vitamínico
vi•ti•ate [vĭsh'ē-āt'] *tr.* viciar
vit•i•cul•ture [vĭt'ĭ-kŭl'chər] *s.* viticultura
vit•re•ous [vĭt'rē-əs] *adj.* vítreo
vit•ri•ol [vĭt'rē-əl] *s.* vitriolo; *fig* virulencia, veneno
vit•ri•ol•ic ['-ŏl'ĭk] *adj.* vitriólico; *fig* mordaz
vi•tu•per•ate [vī-to͞o'pə-rāt'] *tr.* vituperar
vi•tu•per•a•tion [-'pə-rā'shən] *s.* vituperación *f*
vi•tu•per•a•tive [-'pər-ə-tĭv] *adj.* vituperante
vi•va•cious [vĭ-vā'shəs, vī-] *adj.* vivaz
vi•vac•i•ty [vĭ-văs'ĭ-tē, vī-] *s.* vivacidad *f*
viv•id [vĭv'ĭd] *adj.* vívido; [memory] vivo
viv•i•fy [vĭv'ə-fī'] *tr.* vivificar; *fig* animar
viv•i•sect [vĭv'ĭ-sekt'] *tr.* hacer la vivisección de
viv•i•sec•tion ['-sek'shən] *s.* vivisección *f*
vix•en [vĭk'sən] *s.* zorra; *fig* arpía
vo•cab•u•lar•y [vō-kăb'yə-ler'ē] *s.* vocabulario
vo•cal [vō'kəl] *adj.* vocal; [clamorous] ruidoso; [outspoken] vehemente ■ **~ cords** cuerdas vocales
vo•cal•ist [vō'kə-lĭst] *s.* vocalista *mf*

vo•cal•ize [:līz′] *tr.* articular; (*intr.*) vocalizar
vo•ca•tion [vō-kā′shən] *s.* vocación *f*
vo•ca•tion•al [:shə-nəl] *adj.* profesional ▪ ~ **training** formación profesional
vo•cif•er•ate [vō-sĭf′ə-rāt′] *tr.* & *intr.* vociferar
vo•cif•er•ous [:ər-əs] *adj.* vociferador
vogue [vōg] *s.* moda, boga ▪ **in** ~ en boga
voice [vois] <> *s.* voz *f*; [timbre] tono; **a gentle** ~ un tono dulce ▪ **at the top of one's** ~ a voz en cuello; **in a loud/low** ~ en voz alta/baja; **to give** ~ **to** expresar; **to have a** ~ **in** tener voz en; **to lose/raise one's** ~ perder/alzar la voz; ~ **box** laringe *f*; ~ **mail** correo de voz; ~ **mailbox** buzón *m* de voz; ~ **recognition** reconocimiento de voz <> *tr.* [to utter] expresar; FONÉT sonorizar
voice•less [′lĭs] *adj.* mudo; FONÉT sordo
voice-o•ver [:ō′vər] *s.* CINEM voz *f* en off
void [void] <> *adj.* [empty] vacío; [vacant] vacante; DER nulo, inválido ▪ ~ **of** desprovisto de <> *s.* vacío <> *tr.* [to invalidate] invalidar, anular; [to empty] vaciar; FISIOL evacuar
vol•a•tile [vŏl′ə-tl, :tīl′] *adj.* volátil; *fig* inestable, explosivo
vol•a•til•i•ty [′-tĭl′ĭ-tē] *s.* volatilidad *f*
vol•can•ic [vŏl-kăn′ĭk] *adj.* volcánico
vol•ca•no [vŏl-kā′nō] *s.* (*pl* **-(e)s**) volcán *m*
vo•li•tion [və-lĭsh′ən] *s.* volición *f*, voluntad *f*
vol•ley [vŏl′ē] <> *s.* [of missiles, bullets] descarga, andanada; [of stones] lluvia; [of oaths, insults] torrente *m*; [in tennis] volea <> *tr.* MIL lanzar; (*intr.*) DEP volear
vol•ley•ball [:bôl′] *s.* balonvolea *m*, voleibol *m*; [ball] balón *m* de balonvolea
volt[1] [vōlt] *s.* ELEC voltio
volt[2] *s.* EQUIT vuelta; ESGR esquiva
volt•age [vōl′tĭj] *s.* voltaje *m*, tensión *f*
vol•u•ble [vŏl′yə-bəl] *adj.* locuaz
vol•ume [vŏl′yōōm] <> *s.* volumen *m* ▪ ~ **control** botón *m* del volumen <> *pl.* montones *mpl*
vo•lu•mi•nous [və-lōō′mə-nəs] *adj.* voluminoso; [information, data] abundante
vol•un•tar•y [vŏl′ən-ter′ē] *adj.* voluntario; [spontaneous] espontáneo
vol•un•teer [′-tîr′] <> *s.* voluntario <> *adj.* voluntario; [police, army] de voluntarios <> *tr.* & *intr.* ofrecer(se) voluntariamente; MIL alistar(se) como voluntario
vo•lup•tu•ous [və-lŭp′chōō-əs] *adj.* voluptuoso, sensual
vom•it [vŏm′ĭt] <> *tr.* & *intr.* vomitar <> *s.* vómito
voo•doo [vōō′dōō] *s.* vudú *m*
vo•ra•cious [vô-rā′shəs] *adj.* voraz
vor•tex [vôr′teks′] *s.* (*pl* **es** OR **-tices**) vórtice *m*; *fig* vorágine *f*
vote [vōt] <> *s.* voto; [act, result] votación *f*; [right] derecho de voto; [bloc] votos; **the labor** ~ los votos de los obreros ▪ **by a majority** ~ por una mayoría de votos; **popular/secret** ~ votación popular/secreta; **to take a** ~ **on** poner OR someter a votación; **to put to the** ~ poner OR someter a votación; **unanimous** ~ votación por unanimidad; ~ **of confidence** voto de confianza <> *intr.* votar; (*tr.*) votar; [to select] elegir; *fam* [to suggest] sugerir, proponer ▪ **to** ~ **down** votar en contra de, rechazar; **to** ~ **in** elegir (por votación)
vot•er [vō′tər] *s.* votante *mf*, elector *m*
vot•ing [vō′tĭng] <> *s.* votación *f* <> *adj.* [person, public] votante; [campaign] electoral
vouch [vouch] *tr.* verificar, comprobar; (*intr.*) ▪ **to** ~ **for** avalar, responder por
vouch•er [vou′chər] *s.* [person] fiador *m*; [document] comprobante *m*, vale *m*
vouch•safe [vouch-sāf′] *tr.* dignarse a dar
vow [vou] <> *s.* promesa; RELIG voto ▪ **to take vows** hacer los votos (monásticos) <> *tr.* [to pledge] jurar; [to promise] prometer
vow•el [vou′əl] *s.* vocal *f*
voy•age [voi′ĭj] <> *s.* viaje *m*; [by sea] travesía <> *intr.* hacer un viaje, viajar
vul•ca•nize [vŭl′kə-nīz′] *tr.* vulcanizar
vul•gar [vŭl′gər] *adj.* vulgar; [joke, story] indecente, verde; [rude] grosero; [taste] cursi
vul•gar•ism [′gə-rĭz′əm] *s.* vulgarismo
vul•gar•i•ty [-găr′ĭ-tē] *s.* vulgaridad *f*, grosería
vul•gar•ize [′gə-rīz′] *tr.* vulgarizar
vul•ner•a•bil•i•ty [vŭl′nər-ə-bĭl′ĭ-tē] *s.* vulnerabilidad *f*
vul•ner•a•ble [′- -bəl] *adj.* vulnerable ▪ **to be** ~ **to** ser susceptible a
vul•ture [vŭl′chər] *s.* buitre *m*, gallinazo
vul•va [vŭl′və] *s.* (*pl* **-ae**) vulva

W

w, W [dŭb′əl-yōō] *s.* vigésima tercera letra del alfabeto inglés
wack•y [wăk′ē] *adj.* (**-i-**) *jer* loco, estrafalario
wad [wŏd] *s.* taco, fajo; [of papers] lío; *fam* dineral *m*
wad•ding [′ĭng] *s.* relleno
wad•dle [wŏd′l] <> *intr.* caminar como un pato <> *s.* andar *m* de pato
wade [wād] *intr.* caminar (en el agua); [to struggle] avanzar con dificultad; (*tr.*) vadear
wad•er [wā′dər] <> *s.* vadeador *m*; ORNIT ave zancuda <> *pl.* botas altas de vadeo
wa•fer [wā′fər] *s.* barquillo; RELIG hostia
waf•fle[1] [wŏf′əl] *s.* wafle *m*
waf•fle[2] *fam intr.* [to talk endlessly] enrollarse
waft [wăft, wäft] <> *tr.* llevar por el aire OR sobre el agua; (*intr.*) flotar <> *s.* soplo
wag[1] [wăg] <> *intr.* (**-gg-**) agitarse; (*tr.*) menear <> *s.* meneo; [of a tail] coleo
wag[2] *s.* [joker] bromista *mf*
wage [wāj] <> *s.* sueldo <> *pl.* [pay] salario; *fig* fruto <> *tr.* [war] hacer; [a campaign] emprender
wa•ger [wā′jər] <> *s.* apuesta <> *tr.* & *intr.* apostar
wag•gle [wăg′əl] *tr.* menear rápidamente; (*intr.*) agitarse
wag•on [wăg′ən] *s.* [vehicle] carro; [railway car] vagón *m*; [station wagon] furgoneta ▪ **to be** OR **to go on the** ~ *jer* no beber, dejar de beber
waif [wāf] *s.* [child] niño abandonado; [animal] animal abandonado
wail [wāl] <> *intr.* lamentarse; [to howl] aullar <> *s.* [cry] lamento; [howl] aullido

wain•scot [wān′skət, :skŏt′] ◇ *s.* revestimiento de madera ◇ *tr.* revestir con madera
wain•wright [wān′rīt′] *s.* carretero
waist [wāst] *s.* cintura; [of garment] talle *m*
waist•band [′bănd′] *s.* cinturón *m*
waist•coat [wes′kĭt, wāst′kōt′] *s.* GB chaleco
waist•line [wāst′līn′] *s.* cintura, talle *m*
wait [wāt] ◇ *intr.* esperar ▪ **to ~ up** esperar sin acostarse; **waiting list/room** lista/sala de espera; (*tr.*) esperar; [to delay] retrasar ▪ **to ~ for** esperar; **to ~ on** [tables] servir, atender ◇ *s.* espera ▪ **to lie in ~** estar al acecho
wait•er [wā′tər] *s.* camarero
wait•ress [wā′trĭs] *s.* camarera
waive [wāv] *tr.* [to relinquish] renunciar a; [to dispense with] suspender; [to put off] postergar
waiv•er [wā′vər] *s.* DER renuncia
wake[1] [wāk] ◇ *intr.* (**-ed** OR **woke, -ed** OR **woken**) despertarse; [to be awake] estar despierto; (*tr.*) despertar; [to alert] alertar; [to revive] resucitar ▪ **to ~ up** despertar(se) ◇ *s.* velatorio
wake[2] *s.* [track] huella; [of a ship] estela ▪ **in the ~ of** inmediatamente después de
wake•ful [′fəl] *adj.* desvelado; [alert] alerta
wak•en [wā′kən] *tr.* & *intr.* despertar(se)
wale [wāl] *s.* verdugón *m*
walk [wôk] ◇ *intr.* caminar, andar; [to go on foot] ir a pie; [to stroll] pasear ▪ **to ~ around** pasear(se); **to ~ away** OR **off** irse; **to ~ in** entrar; **to ~ out** [on strike] declararse en huelga; [to leave] irse; **walking papers** *fam* nota de despido; (*tr.*) caminar por; [a distance] caminar, andar; [a horse] llevar al paso; [to escort] acompañar ▪ **to ~ away from** alejarse de; [problems] lavarse las manos de; [accident] salir ileso de; **to ~ away** OR **off with** llevarse; **to ~ in on someone** aparecérsele a alguien inesperadamente; **to ~ into** entrar en; [wall] chocar contra; [trap] caer en; **to ~ out on** *fam* dejar, abandonar ◇ *s.* paseo; [hike] caminata; [pace] paso ▪ **people from all walks of life** todo tipo de gente; **to go for** OR **to take a ~** dar un paseo
walk•a•way [wô′kə-wā′] *s.* victoria fácil
walk•er [wô′kər] *s.* [pedestrian] peatón *m*; [stroller] paseante *mf*; [for infants] andador *m*
walk•ie-talk•ie [wô′kē-tô′kē] *s.* radioteléfono portátil
walk-in [wôk′ĭn′] *adj.* tan grande que uno puede entrar en él; [services] que no requiere cita previa
walk•out [:out′] *s.* [strike] huelga; [quitting] renuncia
walk•o•ver [:ō′vər] *s.* victoria fácil
walk•up, walk-up [:ŭp′] *s.* [building] edificio sin ascensor; [apartment] departamento en un edificio sin ascensor
walk•way [:wā′] *s.* pasillo
wall [wôl] ◇ *s.* pared *f*; [around a house] muro; [of city] muralla; [of garden] tapia; [obstacle] barrera ▪ **to drive up the ~** *fam* volver loco ◇ *tr.* poner un muro OR una pared a ▪ **to ~ in** OR **up** [house, town] amurallar; [garden] tapiar; **to ~ off** separar con una pared ◇ *adj.* de pared, mural
wal•let [wŏl′ĭt] *s.* billetera, cartera
wall•flow•er [:flou′ər] *s.* [flower] alhelí *m*; [person] persona que no participa
wal•lop [wŏl′əp] ◇ *tr.* pegar con fuerza ◇ *s.* [blow] golpe *m* fuerte; [force] fuerza, impacto
wal•lop•ing [:ə-pĭng] *fam* ◇ *adj.* enorme; [impressive] impresionante ◇ *s.* paliza
wal•low [wŏl′ō] ◇ *intr.* revolcarse ◇ *s.* [act] revuelco; [of animals] bañadero
wall•pa•per [wôl′pā′pər] ◇ *s.* papel *m* de empapelar; COMPUT papel tapiz ◇ *tr.* & *intr.* empapelar
wall-to-wall [:tə-wôl′] *adj.* de pared a pared; [all-inclusive] total
wal•nut [wôl′nŭt′] *s.* nuez *f*; [tree, wood] nogal *m*
wal•rus [wôl′rəs] *s.* (*pl* **inv.** OR **es**) morsa
waltz [wôlts] ◇ *s.* vals *m* ◇ *intr.* bailar el vals ▪ **to ~ through** *fam* pasar como si tal cosa
wan [wŏn] *adj.* (**-nn-**) pálido; [weary] pesaroso
wand [wŏnd] *s.* varita mágica; [rod] vara
wan•der [wŏn′dər] *intr.* [to roam] vagar; [to go astray] desviarse; (*tr.*) vagar por
wan•der•er [:ər] *s.* vagabundo
wan•der•ing [:ĭng] ◇ *adj.* nómada ◇ *s.* vagabundeo
wan•der•lust [:lŭst′] *s.* deseos de viajar
wane [wān] ◇ *intr.* disminuir; [to decline] declinar; ASTRON menguar ◇ *s.* disminución *f*; ASTRON cuarto menguante
wan•gle [wăng′gəl] *fam tr.* conseguir tramposamente; (*intr.*) hacer trampa
wan•ing [wā′nĭng] *s.* mengua, disminución *f*
want [wŏnt, wônt] ◇ *tr.* querer; [to desire] desear; [to lack] carecer de; [to need] necesitar ▪ **to ~ out** *fam* querer irse; **wanted** se busca; [by an employer] necesítase; (*intr.*) querer ▪ **to ~ for** carecer de ◇ *s.* [lack] falta; [poverty] pobreza; [wish] deseo
want•ing [wŏn′tĭng, wôn′-] ◇ *adj.* ausente; [deficient] deficiente ◇ *prep.* [without] sin; [minus] menos
wan•ton [wŏn′tən] *adj.* [lewd] sensual; [unjust] sin piedad; [unrestrained] desenfrenado; [excessive] excesivo; [playful] juguetón
war [wôr] ◇ *s.* guerra ◇ *adj.* de guerra ▪ **~ crime** crimen de guerra ◇ *intr.* (**-rr-**) guerrear
war•ble [wôr′bəl] ◇ *intr.* trinar ◇ *s.* trino
war•bler [:blər] *s.* sílvido; [European] curruca
ward [wôrd] ◇ *s.* distrito, barrio; [of hospital] sala; [of jail] pabellón *m*; [minor] pupilo; [custody] tutela ◇ *tr.* ▪ **to ~ off** prevenir
war•den [wôr′dn] *s.* [prison official] director *m*; [custodian] guardián *m*
ward•er [wôr′dər] *s.* guardia
ward•robe [wôr′drōb′] *s.* armario; [garments] vestuario
ward•room [wôrd′ro͞om′] *s.* MARÍT comedor *m* de oficiales
ware [wâr] ◇ *s.* [articles] artículos *mpl*; [ceramics] cerámica ◇ *pl.* mercancías *fpl*
ware•house [′hous′] ◇ *s.* almacén *m* ◇ *tr.* almacenar
war•fare [wôr′fâr′] *s.* guerra
war-horse [:hôrs′] *s.* caballo de guerra; *fam* veterano
war•like [:līk′] *adj.* belicoso; [of war] guerrero
war•lock [wôr′lŏk′] *s.* brujo
war•lord [wôr′lôrd′] *s.* jefe *m* militar
warm [wôrm] ◇ *adj.* tibio, caliente; [weather] cálido, caluroso; [clothing] que mantiene abrigado; [enthusiastic] entusiasta; [cordial] cordial; [loving] cariñoso; [fresh] fresco; *fam* [dangerous] peligroso ▪ **to be ~** [weather] hacer calor; [person] tener calor; [thing] estar

caliente ◇ *tr.* calentar; [to cheer] alegrar ▪ **to ~ up** [food] recalentar; [body] hacer entrar en calor; [debate] avivar; (*intr.*) calentarse

warm-blood•ed [:blŭd′ĭd] *adj.* de sangre caliente; *fig* ardiente

warm-heart•ed [:här′tĭd] *adj.* cariñoso

war•mon•ger [wôr′mŭng′gər] *s.* belicista *mf*

warmth [wôrmth] *s.* calor *m*; [affection] afecto; [ardor] ardor *m*

warm-up [wôrm′ŭp′] *s.* DEP calentamiento

warn [wôrn] *tr.* & *intr.* advertir

warn•ing [wôr′nĭng] ◇ *s.* advertencia; [signal] señal *f*; [advice] aviso ▪ **without ~** de repente ◇ *adj.* de advertencia; [device] de alarma ▪ **~ triangle** triángulo de peligro

warp [wôrp] ◇ *tr.* alabear, deformar; [to pervert] pervertir; [to twist] torcer; (*intr.*) deformarse, torcerse; [to deviate] pervertirse ◇ *s.* alabeo, deformación *f*; [perversion] perversión *f*; TEJ urdimbre *f*

war•path [wôr′păth′] *s.* ▪ **to be on the ~** estar propenso a pelear

war•plane [:plān′] *s.* avión *m* de guerra

war•rant [wôr′ənt] ◇ *s.* autorización *f*; [guarantee] garantía; [grounds] justificación *f*; [search, arrest] orden *f* judicial ◇ *tr.* garantizar; [to justify] justificar; [to authorize] autorizar

war•ran•ty [:tē] *s.* garantía; [grounds] justificación *f*; [authorization] autorización *f* ▪ **~ certificate** certificado de garantía

war•ren [wôr′ən] *s.* conejera

war•ri•or [wôr′ē-ər] *s.* guerrero

war•ship [wôr′shĭp′] *s.* buque *m* de guerra

wart [wôrt] *s.* verruga ▪ **~ hog** jabalí verrugoso

war•time [wôr′tīm′] *s.* época de guerra

war•y [wâr′ē] *adj.* (**-i-**) [guarded] cauteloso; [watchful] cuidadoso

was [wŏz, wŭz, wəz] ▻ **be**

wash [wŏsh] ◇ *tr.* lavar; [to moisten] mojar; [to lap] bañar; [wound, eyes] bañar; [to erode] erosionar ▪ **to ~ away** OR **out** [grease, stains] quitar; [to carry away] llevarse; **to ~ down** limpiar; [to gulp down] tragar; [with wine, beer] rociar; **to ~ off** quitar; (*intr.*) lavarse; [clothes] lavar ropa ▪ **to ~ away** derrumbarse; **to ~ off** salir en el lavado; **to ~ out** [colors] desteñirse; [to fail] fracasar; **to ~ up** lavarse; [the dishes] lavar los platos ◇ *s.* lavado; [clothes] ropa para lavar; [waste liquid] desperdicio; [coating] baño; [rush of water] golpe *m* de agua; [sound of water] rumor *m* ▪ **it will all come out in the ~** al final todo se arreglará

wash•a•ble [′ə-bəl] *adj.* lavable

wash-and-wear [:ən-wâr′] *adj.* que no se plancha

wash•ba•sin [:bā′sĭn] *s.* lavabo

wash•board [:bôrd′] *s.* tabla de lavar

wash•bowl [:bōl′] *s.* lavabo

wash•cloth [:klôth′] *s.* (*pl* **s**) toallita para lavarse

washed-out [wŏsht′out′] *adj.* descolorido; [exhausted] agotado

washed-up [:ŭp′] *adj.* acabado

wash•er [wŏsh′ər] *s.* lavador *m*; [disc] arandela; [machine] máquina de lavar

wash•er•wom•an [:wŏŏm′ən] *s.* (*pl* **-women**) lavandera

wash•ing [wŏsh′ĭng] *s.* lavado; [clothes to be done] ropa para lavar; [residue] residuo

wash•out [:out′] *s.* derrubio; [failure] fracaso

wash•room [:rōōm′] *s.* baño

wash•stand [:stănd′] *s.* lavabo

wash•tub [:tŭb′] *s.* tina de lavar

wasp [wŏsp] *s.* avispa

wasp•ish [wŏs′pĭsh] *adj.* irascible

wast•age [wā′stĭj] *s.* desperdicio

waste [wāst] ◇ *tr.* [money] despilfarrar; [time] perder; [talent] desperdiciar; [to exhaust] agotar; *jer* [to kill] matar; (*intr.*) [goods] desperdiciarse; [time] perderse; [strength, vigor] debilitarse ▪ **to ~ away** consumirse ◇ *s.* despilfarro; [wastage] desperdicios; [of time, energy] pérdida; [residue] residuos; [garbage] basura ▪ **to go to ~** desperdiciarse; **~ incinerator** incinerador *m* de residuos; **~ segregation** recogida selectiva; **~ treatment plant** planta de tratamiento de residuos ◇ *adj.* desperdiciado; [residual] residual

waste•bas•ket [′băs′kĭt] *s.* cesto de papeles

wast•ed [wā′stĭd] *adj.* desperdiciado; [superfluous] innecesario; *jer* [stoned] drogado; [drunk] borracho

waste•ful [wāst′fəl] *adj.* despilfarrador

waste•land [:lănd′] *s.* páramo; [uncultivated] erial *m*

wast•rel [wā′strəl] *s.* derrochador *m*; [idler] vagabundo

watch [wŏch] ◇ *intr.* mirar; [to keep vigil] vigilar ▪ **to ~ out** tener cuidado; (*tr.*) mirar; [television, film] ver; [to pay attention to] fijarse en; [to guard] vigilar; [to take care of] cuidar; [to stand vigil over] velar; [to be careful with] tener cuidado con ▪ **to ~ for** esperar; **to ~ one's step** tener cuidado; **to ~ over** vigilar ◇ *s.* [timepiece] reloj *m*; [act] vigilancia, vela; [group of persons] ronda, guardia; MIL centinela *m*; [lookout] vigía *m* ▪ **to keep ~** hacer guardia

watch•dog [′dôg′] *s.* perro guardián; *fig* guardián *m*

watch•ful [:fəl] *adj.* alerta, vigilante

watch•mak•er [:mā′kər] *s.* relojero

watch•man [:mən] *s.* (*pl* **-men**) sereno

watch•tow•er [:tou′ər] *s.* atalaya, garita

watch•word [:wûrd′] *s.* contraseña; [slogan] consigna

wa•ter [wô′tər] ◇ *s.* agua; [urine] orina; [of a fabric] aguas ▪ **like ~** en gran abundancia; **to be in deep** OR **hot ~** estar en un gran aprieto; **to hold ~** ser lógico; **to keep one's head above ~** mantenerse a flote; **to pass ~** orinar; **to throw cold ~ on** echar un jarro de agua fría sobre; **~ bed** cama con colchón de agua; **~ buffalo** búfalo de India; **~ closet** inodoro, wáter *m*; **~ color** acuarela; **~ cooler** refrigerador *m* de agua; **~ hole** charco; **~ lily** nenúfar *m* ◇ *tr.* [a garden] regar; [animals] abrevar; [to make wet] mojar; [to dilute] diluir ▪ **to ~ down** [a drink] aguar; *fig* suavizar, moderar; (*intr.*) [eyes] llorar; **it made my mouth ~** se me hizo agua la boca

wa•ter•borne [:bôrn′] *adj.* transmitido por el agua

wa•ter•col•or [:kŭl′ər] *adj.* & *s.* (de) acuarela

wa•ter•course [:kôrs′] *s.* vía navegable; [channel] canal *m*

wa•ter•cress [:kres′] *s.* berro, mastuerzo

wa•ter•fall [:fôl′] *s.* catarata, cascada

wa•ter•fowl [:foul′] *s.* (*pl* **inv.** OR **s**) ave(s) acuática(s)

wa•ter•front [:frŭnt′] *s.* [promenade] paseo marítimo; [dock zone] muelles *mpl*

wa•ter•ing [:ĭng] ◇ *s.* riego ◇ *adj.* de riego; [eyes] lloroso ▪ **~ can** regadera; **~ hole** [hole] charco; [bar] bar

wa•ter-logged [:lôgd′] *adj.* saturado de agua

W

wa•ter•loo [wô'tər-lo͞o'] *s.* ▪ **to meet one's ~** sufrir una derrota terminante
wa•ter•mark [wô'tər-märk'] *s.* marca de nivel de agua; [in paper] filigrana
wa•ter•mel•on [:mel'ən] *s.* sandía
wa•ter•park [wô'tər-pärk'] *s.* parque acuático
wa•ter•pow•er [:pou'ər] *s.* energía hidráulica
wa•ter•proof [:pro͞of'] ◇ *adj.* impermeable ◇ *tr.* impermeabilizar
wa•ter-re•pel•lent [:rĭ-pel'ənt] *adj.* hidrófugo
wa•ter-re•sis•tant [:rĭ-zĭs'tənt] *adj.* impermeable
wa•ter•shed [:shed'] *s.* línea divisoria; [area] cuenca; [critical point] momento crítico
wa•ter•side [:sīd'] *s.* costa, ribera
wa•ter-ski [:skē'] ◇ *intr.* hacer esquí acuático ◇ *s.* (*pl* **inv.** OR **s**) esquí acuático
wa•ter•spout [:spout'] *s.* [tornado] tromba marina; [pipe] boquilla (de surtidor)
wa•ter•tight [:tīt'] *adj.* a prueba de agua; [irrefutable] irrefutable
wa•ter•way [:wā'] *s.* vía fluvial
wa•ter•works [:wûrks'] *s. inv.* [plant] central *f* de abastecimiento de agua ▪ **to turn on the ~** echarse a llorar
wa•ter•y [wô'tə-rē] *adj.* (**-i-**) acuoso; [liquid] líquido; [diluted] aguado; [without force] sin fuerza
watt [wŏt] *s.* vatio, watt *m*
watt•age ['ĭj] *s.* potencia en vatios
wat•tle [wŏt'l] *s.* [branches] zarzo, estera; ZOOL carnosidad *f*
wave [wāv] ◇ *intr.* ondear; [with one's hand] agitar la mano; (*tr.*) agitar; [hair] ondular ▪ **to ~ goodbye** decir adiós con la mano ◇ *s.* ola; [on a surface, hair] ondulación *f*; [of a hand] saludo; [gesture] gesto, ademán *m*; [series] serie *f*; [of people] oleada; FÍS & RAD onda ▪ **~ energy** energía maremotriz
wave•length [:length'] *s.* longitud *f* de onda ▪ **to be on the same ~** estar en la misma onda
wa•ver [wā'vər] ◇ *intr.* oscilar; [to vacillate] vacilar ◇ *s.* oscilación *f*; [vacillation] vacilación *f*
wav•y [wā'vē] *adj.* (**-i-**) ondulante, onduloso; [curly] ondulado
wax¹ [wăks] ◇ *s.* cera ▪ **~ paper** papel encerado ◇ *tr.* encerar
wax² *intr.* [to increase] crecer
wax•en [wăk'sən] *adj.* céreo, ceroso
wax•work [wăks'wûrk'] ◇ *s.* figura de cera ◇ *pl.* museo de cera
wax•y [wăk'sē] *adj.* (**-i-**) ceroso; [made of wax] céreo
way [wā] ◇ *s.* [street] camino; [passage] pasaje *m*; [direction] dirección *f*; [method] manera, modo; [means] método; [mode] estilo; [aspect] aspecto; [talent] facilidad *f*; [condition] situación *f*; [behavior] manera de ser ▪ **all the ~** hasta el final; [completely] en todo; **by the ~** a propósito; **by ~ of** pasando por; [as a means of] a manera de; **in a big/small ~** en gran/pequeña escala; **in a ~** en cierto modo; **in every ~** en todos los aspectos; **in my own ~** a mi manera; **(in) no ~** de ninguna manera; **on the ~** en el camino; **out of the ~** lejano; **right of ~** derecho de paso; **that ~** por allí; [manner] así; **the other ~ around** al contrario; **this ~** por aquí; [thus] así; **to be in the ~** estar en medio; **to be set in one's ways** tener costumbres fijas; **to clear the ~** despejar el camino; **to come one's ~** *fam* caerle a uno; **to feel one's ~** tantear el camino; **to get one's ~** salirse con la suya; **to get out of the ~** quitar(se) de en medio; **to get under ~** [to start] comenzar; [to set out] ponerse en camino; [to weigh anchor] zarpar; **to give ~ to** [to be replaced by] ceder el paso a; [to give in to] ceder ante; [despair] entregarse a; **to go out of one's ~ to** tomarse la molestia de; **to have a ~ with** tener el don de; **to lead the ~** enseñar el camino; **to look the other ~** hacer la vista gorda; **to make one's ~** abrirse paso; **to mend one's ways** enmendarse; **to pave the ~ for** preparar el terreno para; **to stand in the ~ of** obstaculizar; **to take the easy ~ out** tomar el camino más fácil; **~ down** bajada; **~ in** entrada; **~ out** salida; [escape] escapatoria; **~ up** subida; **ways and means** medios; **which ~?** ¿por dónde? ◇ *adv.* allá
way•bill [wā'bĭl'] *s.* COM conocimiento de embarque, hoja de ruta
way•far•er [wā'fâr'ər] *s.* caminante *m*
way•lay [wā'lā'] *tr.* (**-laid**) [to lie in wait] acechar; [to accost] abordar; [to delay] demorar
way•side [wā'sīd'] *s.* borde *m* del camino
way•ward [wā'wərd] *adj.* [naughty] desobediente; [unpredictable] caprichoso
we [wē] *pron.* nosotros, nosotras
weak [wēk] *adj.* débil; [fragile] frágil; [lacking skill] flojo; [unconvincing] poco convincente
weak•en [wē'kən] *tr.* & *intr.* debilitar(se)
weak-kneed [wēk'nēd'] *adj.* pusilánime
weak•ling [:lĭng] *s.* enclenque *m*; *fig* tímido
weak•ly [:lē] *adj.* (**-i-**) enclenque
weak•ness [:nĭs] *s.* debilidad *f*
weal [wēl] *s.* [welt] cardenal *m*, roncha
wealth [welth] *s.* [riches] riqueza; [profusion] abundancia; ECON caudal *m*
wealth•y [wel'thē] *adj.* (**-i-**) rico
wean [wēn] *tr.* destetar ▪ **to ~ oneself off a habit** dejar una costumbre
weap•on [wep'ən] *s.* arma ▪ **weapons of mass destruction** armas de destrucción masiva
weap•on•ry [:rē] *s.* armamento, armas *fpl*
wear [wâr] ◇ *tr.* (**wore, worn**) llevar; [to damage] deteriorar; [to exhaust] agotar ▪ **to ~ away** desgastar; **to ~ down** [to damage] desgastar; [to exhaust] agotar; **to ~ off** gastar; **to ~ out** [to consume] consumir; [to tire] cansar; (*intr.*) [to last] durar; [to deteriorate] desgastarse ▪ **to ~ off** disiparse; **to ~ thin** disminuir; **to ~ out** gastarse ◇ *s.* uso; [clothing] ropa; [damage] desgaste *m*; [durability] durabilidad *f* ▪ **~ and tear** degaste
wea•ried [wîr'ēd] *adj.* fatigado
wea•ri•some [:ē-səm] *adj.* tedioso
wea•ry [wîr'ē] ◇ *adj.* (**-i-**) fatigado ◇ *tr.* & *intr.* fatigar(se); [to annoy] fastidiar(se)
wea•sel [wē'zəl] ◇ *s.* ZOOL comadreja; *jer* chivato ◇ *intr.* ser evasivo
weath•er [weth'ər] ◇ *s.* tiempo; [bad] mal tiempo ▪ **under the ~** *fam* indispuesto; [drunk] borracho ◇ *tr.* [to expose] exponer a la intemperie; [to outride] aguantar; (*intr.*) deteriorarse; [one's skin] curtirse; [wood] curarse; [to resist] resistir ◇ *adj.* meteorológico ▪ **~ forecast** pronóstico del tiempo; **~ stripping** burlete *m*; **~ vane** veleta
weath•er-beat•en [:bēt'n] *adj.* deteriorado por la intemperie
weath•ered [wĕth'ərd] *adj.* curtido por la intemperie

veath•er•man [:ər-măn′] *s.* (*pl* **-men**) *fam* hombre *m* del tiempo, meteorólogo
veath•er•proof [:pro͞of′] ◇ *adj.* impermeable ◇ *tr.* impermeabilizar
veave [wēv] ◇ *tr.* (**wove, woven**) tejer; [to interlace] entrelazar; (*intr.*) tejer; [to become interlaced] entrelazarse; [through traffic] zigzaguear ◇ *s.* tejido
veav•er [wē′vər] *s.* tejedor *m*
veb [web] *s.* tejido, tela; [of a spider] telaraña; [net] red *f*; [of lies] sarta; ANAT membrana; COMPUT web *f* ▪ ~ **address** dirección *f* web; ~ **designer** diseñador *m* de páginas web; ~ **page** página web; ~ **server** servidor *m* web
vebbed [webd], **web-foot•ed** [web′fo͝ot′ĭd] *adj.* palmeado
veb•cam [web′kăm′] *s.* COMPUT cámara web, webcam *f*
veb•mail [web′māl′] *s.* COMPUT correo en la web, webmail *m*
veb•master [web′măs′tər] *s.* COMPUT administrador *m* de sitio web
veb•site [web′sīt′] *s.* COMPUT sitio web
ved [wed] *tr.* (**-dded, wed(ded)**) casarse con; *fig* unir; (*intr.*) casarse
ved•ding [:ĭng] ◇ *s.* boda, casamiento; [anniversary] bodas; *fig* enlace *m*, unión *f* ◇ *adj.* de boda, nupcial
vedge [wej] ◇ *s.* cuña; [slice] trozo; [for securing] calce *m* ◇ *tr.* [to split] partir; [to fix in place] calzar; *fig* [to crowd] apretar
ved•lock [wed′lŏk′] *s.* matrimonio ▪ **out of** ~ ilegítimo
Vednes•day [wenz′dē] *s.* miércoles *m*
vee [wē] *adj.* pequeñito
veed [wēd] ◇ *s.* mala hierba, maleza ◇ *tr.* desherbar ▪ **to ~ out** extirpar, eliminar; (*intr.*) arrancar la maleza
veek [wēk] *s.* semana
veek•day [′dā′] *s.* día *m* de trabajo
veek•end [:end′] ◇ *s.* fin *m* de semana ◇ *intr.* pasar el fin de semana
veek•ly [:lē] ◇ *adj.* & *adv.* semanal(mente) ◇ *s.* semanario
veep [wēp] ◇ *tr.* (**wept**) llorar; [to lament] lamentar; (*intr.*) llorar; [to grieve] dolerse; [to drip] gotear ◇ *s. pl.* llanto
veep•ing [wē′pĭng] *adj.* lloroso ▪ ~ **willow** sauce llorón
vee•vil [wē′vəl] *s.* gorgojo, mordihui *m*
veft [weft] *s.* trama; [fabric] tela tejida
veigh [wā] *tr.* pesar; [anchor] levar ▪ **to ~ down** sobrecargar; [to oppress] abrumar; (*intr.*) pesar
veight [wāt] ◇ *s.* peso; [measured heaviness] pesa; [authority] autoridad *f* ▪ **to gain** OR **put on** ~ engordar; **to lose** ~ adelgazar; **to pull one's** ~ hacer su parte; **to throw one's ~ around** darse importancia ◇ *tr.* añadir peso a; [to hold down] sujetar con un peso; [to burden] cargar; [statistically] ponderar
veight•less [′lĭs] *adj.* sin peso, ingrávido
veight•lift•ing [:lĭf′tĭng] *s.* levantamiento de pesas
veight•y [wā′tē] *adj.* (**-i-**) [heavy] pesado; [burdensome] gravoso
veird [wîrd] *adj.* misterioso
veird•o [wîr′dō] *s.* (*pl* **es**) *jer* persona estrafalaria
vel•come [wel′kəm] ◇ *adj.* bienvenido; [agreeable] agradable ▪ **you're** ~! ¡no hay de qué!, ¡de nada!; **you are ~ to it** está a su disposición ◇ *s.* saludo de bienvenida ◇ *tr.* dar la bienvenida a; [to accept] aceptar con beneplácito ◇ *interj.* ¡bienvenido!
weld [weld] ◇ *tr.* soldar; *fig* unir, juntar; (*intr.*) soldarse ◇ *s.* soldadura
weld•er [wel′dər] *s.* soldador *m*
wel•fare [wel′fâr′] *s.* bienestar *m*; [benefits] asistencia social
well[1] [wel] ◇ *s.* pozo; [spring] fuente *f*; [for stairs] caja ◇ *intr.* manar; (*tr.*) verter
well[2] (**better, best**) ◇ *adv.* bien ▪ **as** ~ también; **as ~ as** además de; [just as] así como; **that is just as** ~ es mejor así; **to do** ~ prosperar; **to do ~ by** tratar bien; ~ **done!** ¡bien hecho! ◇ *adj.* bien ▪ **to get** ~ mejorar; ~ **and good** tanto mejor ◇ *interj.* ¡bueno!
well-ap•point•ed [′ə-poin′tĭd] *adj.* bien amueblado
well-bal•anced [:băl′ənst] *adj.* bien equilibrado
well-be•haved [:bĭ-hāvd′] *adj.* bien educado
well-be•ing [:bē′ĭng] *s.* bienestar *m*
well-born [′bôrn′] *adj.* bien nacido
well-bred [:bred′] *adj.* bien criado
well-de•fined [′dĭ-fīnd′] *adj.* bien definido
well-dis•posed [:dĭ-spōzd′] *adj.* bien dispuesto
well-done [′dŭn′] *adj.* bien hecho; [cooked] bien cocido
well-fixed [:fĭkst′] *adj. fam* acomodado
well-found•ed [:foun′dĭd] *adj.* bien fundado
well-groomed [:gro͞omd′] *adj.* bien arreglado
well-ground•ed [:groun′dĭd] *adj.* bien fundado
well•head [wel′hed′] *s.* manantial *m*
well-heeled [wel′hēld′] *adj. jer* rico
well-in•ten•tioned [′ĭn-ten′shənd] *adj.* bien intencionado
well-known [′nōn′] *adj.* bien conocido
well-man•nered [:măn′ərd] *adj.* de buenos modales
well-mean•ing [:mē′nĭng] *adj.* bien intencionado
well-meant [:ment′] *adj.* honesto
well-off [:ôf′] *adj.* acomodado
well-read [:red′] *adj.* leído, ilustrado
well-round•ed [:roun′dĭd] *adj.* acabado
well-spo•ken [:spō′kən] *adj.* bienhablado
well•spring [wel′sprĭng′] *s.* fuente *f*
well-thought-of [wel-thôt′ŭv′] *adj.* de buena reputación
well-timed [′tīmd′] *adj.* oportuno
well-to-do [′tə-do͞o′] *adj.* próspero
well-turned [′tûrnd′] *adj.* bien torneado; [sentence] bien construido
well-wish•er [:wĭsh′ər] *s.* persona que desea el bien de otra
well-worn [:wôrn′] *adj.* [worn-out] desgastado; [hackneyed] trillado
welt [welt] ◇ *s.* [of a shoe] vira; [cord] ribete *m*; [injury] verdugón *m*, roncha ◇ *tr.* levantar un verdugón en; COST ribetear
wel•ter [wel′tər] ◇ *intr.* revolcarse; [the sea] hincharse ◇ *s.* confusión *f*
wel•ter•weight [:wāt′] *s.* welter *m*
wench [wench] *s.* [girl] moza; [servant] criada; [prostitute] prostituta
wend [wend] *tr.* ▪ **to ~ one's way** dirigirse a
went [went] ▻ **go**
wept [wept] ▻ **weep**
were [wûr] ▻ **be**

W

were•wolf [wîr′-wo͝olf′] *s.* (*pl* **-ves**) hombre lobo
west [west] ◇ *s.* oeste *m*, occidente *m* ◇ *adj.* del oeste, occidental ◇ *adv.* al oeste
west•bound [′bound′] *adj.* con rumbo al oeste
west•ern [wes′tərn] ◇ *adj.* occidental, del oeste ◇ *s.* película del oeste
west•ern•er [:tər-nər] *s.* habitante *m* del oeste
west•ern•iza•tion [wes′tər-nĭ-zā′shən] *s.* occidentalización *f*
west•ern•ize [:nīz′] *tr.* occidentalizar
west•ward [west′wərd] *adv.* hacia el oeste
wet [wet] ◇ *adj.* (**-tt-**) mojado; [rainy] lluvioso; [paint] fresco ▪ **all** ~ *jer* totalmente equivocado; **soaking** ~ calado hasta los huesos; **to be** ~ **behind the ears** ser un imberbe; ~ **blanket** *fam* aguafiestas *mf*; ~ **nurse** nodriza ◇ *s.* mojadura ◇ *tr.* (**wet(ted), -tting**) mojar ▪ **to** ~ **one's whistle** *fam* beber un trago; (*intr.*) mojarse
wet•land [′lănd′] *s.* tierra húmeda
whack [hwăk] *fam* ◇ *tr.* pegar ◇ *s.* golpe *m* fuerte; [attempt] intento ▪ **out of** ~ averiado
whale [hwāl] *s.* ZOOL ballena
whale•boat [′bōt′] *s.* bote ballenero
whale•bone [:bōn′] *s.* barba de ballena
whal•er [hwā′lər] *s.* ballenero
wham [hwăm] ◇ *s.* [blow] golpe *m* fuerte; [thud] ruido sordo ◇ *tr.* (**-mm-**) golpear con fuerza resonante
wham•my [hwăm′ē] *s. fam* hechizo
wharf [hwôrf] *s.* (*pl* **s** OR **-ves**) muelle *m*
what [hwŏt, hwŭt, hwət] ◇ *pron. interrog.* qué; [which] cuál ▪ **so** ~? ¿y qué?; ~ **for?** ¿para qué?; ~ **of it?** ¿y eso qué importa? ◇ *pron. rel.* el que ▪ **to know what's** ~ estar bien enterado; ~ **is more** más aún; ~ **it takes** lo que es necesario ◇ *adj. interrog.* qué; [which] cuál ◇ *adj. rel.* que ◇ *adv.* cuánto, cómo ◇ *interj.* ¡cómo!
what•ev•er [-ev′ər] ◇ *pron.* [anything that] lo que; [all of what] todo lo que; [no matter what] cualquier cosa; *fam* qué; ~ **does he mean?** ¿qué quiere decir? ◇ *adj.* [any] cualquiera que; [of any kind at all] de ninguna clase
what•not [′nŏt′] *s.* cualquier cosa
what•so•ev•er [′sō-ev′ər] = **whatever**
wheat [hwēt] *s.* trigo
whee•dle [hwēd′l] *tr.* engatusar; (*intr.*) lisonjear
wheel [hwēl] ◇ *s.* rueda; [steering] volante *m*; [of ship] timón *m*; [of potter] torno; *fam* bicicleta; [act of turning] vuelta ▪ **fifth** ~ persona superflua; **to be behind** OR **at the** ~ manejar el coche; [in charge] dirigir; **to grease the wheels** *fam* dar coimas ◇ *pl.* TEC engranaje *m*; *jer* [car] automóvil *m*; [forces] mecanismos *mpl* ◇ *tr.* [to carry] llevar sobre ruedas; [to rotate] hacer rodar; (*intr.*) [to rotate] girar; [to roll] rodar; [to pivot] dar una vuelta
wheel•bar•row [′băr′ō] *s.* carretilla
wheel•chair [hwēl′châr′] *s.* silla de ruedas
wheeled [hwēld] *adj.* que tiene ruedas
wheel•er-deal•er [hwē′lər-dē′lər] *s. fam* persona que anda en tramoyas
wheeze [hwēz] ◇ *intr.* respirar con dificultad ◇ *s.* resuello ronco
wheez•y [hwē′zē] *adj.* (**-i-**) jadeante
whelp [hwelp] ◇ *s.* ZOOL cachorro; *fig* granuja ◇ *tr.* & *intr.* parir

when [hwen] ◇ *adv.* cuándo ◇ *conj.* cuando; [a… soon as] al, en cuanto; [if] si ◇ *pron.* cuándo ◇ *s…* fecha, momento
whence [hwens] ◇ *adv.* de dónde ◇ *conj.* de donde… de lo cual
when•ev•er [hwen-ev′ər] *adv.* & *conj.* cuando quier… (que); [when] cuando; [every time that] siempre que
where [hwâr] ◇ *adv.* dónde; [from where] de dónde… [to where] adónde ◇ *conj.* donde, en donde; [t… where] a donde ◇ *s.* lugar *m*
where•a•bouts [′ə-bouts′] ◇ *adv.* dónde, por dónd… ◇ *s.* paradero, ubicación *f*
where•as [-ăz′] *conj.* [since] visto que; [while] mientras (que)
where•at [:ăt′] *conj.* a lo cual, con lo cual
where•by [:bī′] *conj.* por OR según el cual
where•fore [′fôr′] ◇ *adv.* por qué ◇ *s.* porque *m*
where•in [-ĭn′] ◇ *adv.* en dónde ◇ *conj.* donde, en que
where•of [:ŏv′] *conj.* [of what] de que, de lo que; [o… which, whom] del que
where•to [′to͞o′] ◇ *adv.* adónde ◇ *conj.* a lo que
where•up•on [:ə-pŏn′] *conj.* con lo cual
wher•ev•er [-ev′ər] ◇ *adv.* dondequiera que; *fam* dónde diablos ◇ *conj.* dondequiera que
where•with [′wĭth′] *conj.* con que, con lo cual
where•with•al [:wĭth-ôl′] *s.* recursos
whet [hwet] *tr.* (**-tt-**) [to sharpen] afilar; [appetite] abrir [curiosity] estimular
wheth•er [hweth′ər] *conj.* [if] si; [for alternatives] sea … o ▪ ~ **or not** de todos modos
whet•stone [hwet′stōn′] *s.* piedra de afilar
whew! [hwo͞o, hyo͞o] *interj.* ¡vaya!
whey [hwā] *s.* suero de la leche
which [hwĭch] ◇ *pron. interrog.* cuál ◇ *pron. re…* que; **take those** ~ **are yours** toma aquellos que so… tuyos; el cual; **my house,** ~ **is small and old** mi casa… la cual es pequeña y vieja; lo cual, lo que; **he acte… very rudely,** ~ **did not surprise me** se portó mu… groseramente, lo que no me sorprendió; el que, e… cual; **the subject on** ~ **he spoke** el tema sobre e… cual él habló ◇ *adj. interrog.* qué, cuál ▪ ~ **one(s)** ¿cuál(es)?; ~ **way?** ¿por dónde? ◇ *adj. rel.* cuyo [any] cualquier
which•ev•er [′ev′ər] ◇ *pron.* cualquiera; [any one] e… que, lo que ◇ *adj.* cualquier, cualquiera que sea
whiff [hwĭf] ◇ *s.* soplo; [smell] olor *m*; [of smoke] bo… canada ◇ *intr.* soplar; (*tr.*) exhalar
while [hwīl] ◇ *s.* rato, tiempo ▪ **once in a** ~ de vez e… cuando; **to be worth (one's)** ~ valer la pena ◇ *con…* [as long as] mientras (que); [although] aunque, si bie… ◇ *tr.* ▪ **to** ~ **away the time** pasar el rato
whim [hwĭm] *s.* capricho, antojo
whim•per [hwĭm′pər] ◇ *intr.* lloriquear ◇ *s.* gemid… quejido
whim•si•cal [:zĭ-kəl] *adj.* [capricious] caprichoso; [fan… ciful] extravagante
whim•s(e)y [:zē] *s.* capricho
whine [hwīn] ◇ *intr.* gimotear; [to complain] quejars… ◇ *s.* gimoteo; [complaint] quejido
whin•ny [hwĭn′ē] ◇ *intr.* relinchar ◇ *s.* relincho
whip [hwĭp] ◇ *tr.* (**-t** OR **-pped, -pping**) azotar; [crea… eggs] batir; *fam* [to outdo] dar una paliza a ▪ **to** ~ **ou…** sacar de repente; **to** ~ **up** provocar; *fam* preparar r…

pidamente; (*intr.*) [to dart] precipitarse; [to snap about] restallar ◇ *s.* azote *m*; [dessert] batido

whip•lash [ˈlăshˈ] *s.* latigazo; [injury] esguince *m* cervical

whip•per•snap•per [hwĭpˈər-snăpˈər] *s.* mequetrefe *m*

whip•pet [hwĭpˈĭt] *s.* lebrel *m*

whir [hwûr] ◇ *intr.* (**-rr-**) zumbar ◇ *s.* zumbido

whirl [hwûrl] ◇ *intr.* [to spin] dar vueltas; [to turn] dar una vuelta; [dust, water] arremolinarse; (*tr.*) hacer girar ◇ *s.* giro; [of dust, water] remolino; [tumult] tumulto; [of events] torbellino; [dizziness] vértigo ■ **to give it a ~** *fam* intentar hacerlo

whirl•i•gig [ˈlĭ-gĭgˈ] *s.* [toy] molinete *m*; [carousel] tiovivo; [spinning thing] torbellino

whirl•pool [hwûrlˈpo͞olˈ] *s.* remolino ■ **~ bath** bañera de hidromasaje

whirl•wind [:wĭndˈ] ◇ *s.* torbellino ◇ *adj.* [romance] intenso y breve; [visit] relámpago

whisk [hwĭsk] ◇ *tr.* sacudir; CUL batir; (*intr.*) moverse rápidamente ■ **to ~ past** pasar a toda velocidad ◇ *s.* movimiento rápido; [whiskbroom] cepillo de ropa; CUL batidor *m*

whisk•broom [ˈbro͞omˈ] *s.* cepillo de ropa

whisk•er [hwĭsˈkər] ◇ *s.* pelo ◇ *pl.* [of man] barbas; [of animal] bigotes

whis•k(e)y [hwĭsˈkē] *s.* whisky *m*

whis•per [hwĭsˈpər] ◇ *s.* susurro ◇ *tr.* & *intr.* susurrar

whis•tle [hwĭsˈəl] ◇ *intr.* silbar; [with a device] pitar; [birds] piar ■ **to ~ in the dark** intentar cobrar ánimo; (*tr.*) silbar ◇ *s.* [instrument] pito, silbato; [act, sound] silbido, pitido

whit [hwĭt] *s.* pizca

white [hwīt] ◇ *s.* blanco; [of an egg] clara ◇ *adj.* blanco; [pale] pálido; [pure] puro ■ **as ~ as a sheet** OR **ghost** blanco como el papel; **~ lie** mentirilla; **~ water** agua espumosa; **~ water rafting** descenso de aguas bravas

white-col•lar [ˈkŏlˈər] *adj.* administrativo, de oficina

white•fish [:fĭshˈ] *s.* (*pl* **inv.** OR **es**) pescado blanco

white-hot [:hŏtˈ] *adj.* [fervid] candente; FÍS al rojo blanco

whit•en [:n] *tr.* & *intr.* blanquear(se)

white•wall tire [:wôlˈ] *s.* AUTO neumático de banda blanca

white•wash [:wŏshˈ] ◇ *s.* cal *f*; [concealing] encubrimiento ◇ *tr.* enjalbegar; *fig* encubrir

whith•er [hwĭthˈər] *adv.* [where] adónde; [to which] adonde; [wherever] dondequiera

whit•tle [hwĭtˈl] *tr.* [to carve] tallar; [to reduce] reducir; (*intr.*) tallar

whiz(z) [hwĭz] ◇ *intr.* (**-zz-**) zumbar ◇ *s.* (*pl* **-zes**) zumbido ■ **to be a ~ (kid)** *fam* ser un as

who [ho͞o] ◇ *pron. interrog.* quién ◇ *pron. rel.* quien; que; **the man ~ came to see you** el hombre que vino a verte; el cual; **my parents, ~ built this business** mis padres, los cuales establecieron este negocio

whoa! [hwō] *interj.* ¡jo!, ¡cho!

who•dun•it [ho͞o-dŭnˈĭt] *s. fam* novela OR película policial

who•ev•er [ho͞o-evˈər] *pron.* quienquiera que; [the one who] el que, quien; *fam* ¿quién diablos?

whole [hōl] ◇ *adj.* entero; [total] total; [healthy] sano; [undamaged] intacto ■ **a ~ lot of** muchísimo; **the ~ ...** todo el ...; **the ~ lot** todo; **~ note** redonda ◇ *s.* todo *m*, totalidad *f*; [complete entity] suma ■ **as a ~** en conjunto; **on the ~** en general ◇ *adv. fam* completamente

whole•heart•ed [ˈhärˈtĭd] *adj.* [unconditional] incondicional; [enthusiastic] entusiasta

whole•ness [:nĭs] *s.* integridad *f*

whole•sale [:sālˈ] ◇ *s.* venta al por mayor ◇ *adj.* al por mayor; [general] general ◇ *adv.* al por mayor; [extensively] en general ◇ *tr.* & *intr.* vender(se) al por mayor

whole•some [:səm] *adj.* sano

whole-wheat [:hwētˈ] *adj.* de trigo entero

whom [ho͞om] ◇ *pron. interrog.* a quién; **~ did you see?** ¿a quién viste?; de quién; **from ~ did you get it?** ¿de quién lo recibiste? ◇ *pron.* rel, que, quien

whom•ev•er [-evˈər] *pron.* a quienquiera

whom•so•ev•er [ˈsō-evˈər] = **whomever**

whoop [ho͞op, hwo͞op] ◇ *s.* [shout] grito; [bird's cry] graznido; [cough] estertor *m* de la tos ferina ■ **whooping cough** tos ferina; **whooping crane** grulla blanca ◇ *intr.* gritar; [bird] graznar; [to cough] toser ahogándose ■ **to ~ it up** armar jaleo

whoops! [hwo͝ops, hwo͞ops] *interj.* ¡epa!

whoosh [hwo͞osh, hwo͝osh] ◇ *intr.* pasar como un silbido ◇ *s.* silbido

whop [hwŏp] ◇ *tr.* (**-pp-**) derrotar ◇ *s.* golpe *m*

whop•per [ˈər] *s.* [lie] mentira colosal; [something big] cosa enorme ■ **it's a ~** es enorme

whop•ping [:ĭng] *adj. fam* enorme

whore [hôr] *s.* prostituta

whore•house [ˈhousˈ] *s.* prostíbulo

whorl [hwôrl, hwûrl] *s.* espiral *f*; BOT verticillo

whose [ho͞oz] ◇ *pron.* & *adj. interrog.* de quién ◇ *pron. rel.* cuyo

why [hwī] ◇ *adv.* por qué, para qué ◇ *conj.* por que, por lo que ◇ *s.* (*pl* **s**) (la) causa, (el) porqué ◇ *interj.* ¡vaya!, ¡toma!

wick [wĭk] *s.* mecha

wick•ed [wĭkˈĭd] *adj.* malvado; [mischievous] travieso; [offensive] desagradable

wick•ed•ness [:nĭs] *s.* maldad *f*

wick•er [wĭkˈər] ◇ *s.* mimbre *m*; [wickerwork] artículos de mimbre ◇ *adj.* de mimbre

wick•et [wĭkˈĭt] *s.* [small gate] portillo; [small window] ventanilla

wide [wīd] ◇ *adj.* ancho; [in width] de ancho; **it's 20 meters ~** tiene 20 metros de ancho; [extensive] extenso; [large] amplio; [eyes] muy abiertos ■ **~ of the mark** lejos del blanco ◇ *adv.* [completely] de par en par; [to the full extent] bien abierto ■ **far and ~** por todas partes; **~ open** abierto de par en par

wide-an•gle lens [ˈăngˈgəl] *s.* objetivo gran angular

wide-a•wake [ˈə-wākˈ] *adj.* despierto

wide-eyed [ˈīdˈ] *adj.* con los ojos muy abiertos; [innocent] inocente

wide•ly [:lē] *adv.* [very] muy; [much] mucho; [extensively] extensamente

wid•en [:n] *tr.* & *intr.* ensanchar(se)

wide-o•pen [:ōˈpən] *adj.* abierto de par en par

wide•screen TV [wīdˈskrēnˈtēˈvēˈ] *s.* televisor *m* de pantalla ancha, televisor panorámico

wide•spread [:spredˈ] *adj.* extendido; [prevalent] general

W

wid•ow [wĭd′ō] ◇ *s.* viuda ◇ *tr.* dejar viuda ▪ **to be widowed** quedar viuda
wid•ow•er [:ər] *s.* viudo
width [wĭdth] *s.* anchura, ancho
wield [wēld] *tr.* [weapon] blandir; [tool] manejar; [influence] ejercer
wie•ner [wē′nər] *s.* salchicha de Viena
wife [wīf] *s.* (*pl* **-ves**) mujer *f* esposa
wig [wĭg] *s.* peluca
wig•gle [wĭg′əl] ◇ *intr.* & *tr.* menear(se) ◇ *s.* meneo
wild [wīld] ◇ *adj.* salvaje; [plant] silvestre; [unruly] desordenado; [crazy] loco, extraviado; [frenzied] frenético; [extravagant] extravagante; [stormy] tormentoso; [guess] al azar ▪ **to be ~ about** *fam* estar loco por; **to run ~** propagarse desmesuradamente; **to sow one's ~ oats** correr sus mocedades; **wildgoose chase** búsqueda inútil ◇ *s.* región *f* salvaje ▪ **in the ~** en estado natural; **the wilds of** la parte remota de ◇ *adv.* alocadamente; [without being planted] sin cultivo
wild•card [wīld′kärd′] *s.* comodín
wild•cat [′kăt′] ◇ *s.* fiera; ZOOL gato montés; TEC sondeo de exploración ◇ *adj.* arriesgado ▪ **~ strike** huelga salvaje
wil•de•beest [wĭl′də-bēst′, vĭl′-] *s.* ñú *m*
wil•der•ness [wĭl′dər-nĭs] *s.* páramo, región *f* sin explorar
wild-eyed [wīld′īd′] *adj.* de mirada furiosa
wild•fire [:fīr′] *s.* incendio descontrolado ▪ **to spread like ~** extenderse como un reguero de pólvora
wild•flow•er [:flou′ər] *s.* flor *f* silvestre
wild•fowl [:foul′] *s.* (*pl* **inv.** OR **s**) ave(s) *f* silvestre(s)
wild•life [:līf′] *s.* fauna
wile [wīl] ◇ *s.* ardid *m*; [cunning] astucia ◇ *tr.* atraer ▪ **to ~ away the time** pasar el tiempo
will[1] [wĭl] ◇ *s.* voluntad *f*; DER testamento ▪ **good/ill ~** buena/mala voluntad; **last ~ and testament** última voluntad; **of one's own free ~** por voluntad propia; **~ power** fuerza de voluntad ◇ *tr.* desear; [to order] ordenar; DER legar
will[2] ◇ *aux.* (*pret.* **would**) [simple futurity]: **they ~ come later** vendrán más tarde; [likelihood, certainty] ir a; **you ~ regret it** lo vas a lamentar; [willingness] querer; [requirement, command] deber; [habitual action] soler; **she would spend hours in the kitchen** solía pasar horas en la cocina; [emphasis]: **I ~ do it!** ¡sí, lo haré! ◇ *tr.* & *intr.* querer
will•ful [wĭl′fəl] *adj.* [deliberate] deliberado; [obstinate] obstinado
wil•lies [wĭl′ēz] *s. pl.* ▪ **to give someone the ~** poner a alguien los pelos de punta
will•ing [wĭl′ĭng] *adj.* de buena voluntad ▪ **to be ~ to** estar dispuesto a
will•ing•ness [:nĭs] *s.* buena voluntad
will-o'-the-wisp [wĭl′ə-*thə*-wĭsp′] *s.* fuego fatuo; [delusive goal] quimera
wil•low [wĭl′ō] *s.* sauce *m*
wil•low•y [:ē] *adj.* (**-i-**) esbelto
wil•ly-nil•ly [wĭl′ē-nĭl′ē] *adv.* de grado o por fuerza
wilt [wĭlt] *intr.* & *tr.* marchitar(se); [to weaken] debilitar(se)
wil•y [wī′lē] *adj.* (**-i-**) astuto
wimp [wĭmp] *s. jer* debilucho
wim•ple [wĭm′pəl] *s.* griñón *m*
win [wĭn] ◇ *intr.* (**won, -nning**) ganar, triunfar ▪ **to ~ out** salir victorioso; (*tr.*) ganar; [to obtain] conseguir; [to gain] alcanzar; [affection, sympathy] conquistar ▪ **to ~ over** ganarse el apoyo de ◇ *s.* victoria, triunfo
wince [wĭns] ◇ *intr.* hacer un gesto de dolor ◇ *s.* gesto de dolor
winch [wĭnch] *s.* [hoist] torno, cabrestante *m*; [crank] manivela, cigüeña
wind[1] [wĭnd] ◇ *s.* viento; [air] aire *m*; [verbiage] palabrería; [breath] respiración *f*; [flatulence] gases *mpl* ▪ **~ energy** energía eólica; **~ farm** parque eólico ; **head ~** viento en contra; **~ power** energía eólica; **~ turbine** aerogenerador *m*; **there's something in the ~** algo flota en el aire; **to break ~** ventosear; **to get ~ of** enterarse de; **to have the ~ knocked out of one** quedar sin aliento ◇ *pl.* MÚS instrumentos *mpl* de viento ◇ *tr.* dejar sin aliento
wind[2] [wīnd] ◇ *tr.* (**wound**) envolver; [to entwine] enrollar; [wool, cotton] devanar; [to bend] torcer; [a watch] dar cuerda a; [to lift] levantar con cabrestante ▪ **to be wound up** estar muy nervioso; **to ~ down** disminuir; [to relax] relajarse; **to ~ up** enrollar; *fam* concluir, terminar; (*intr.*) [road] serpentear; [rope] enrollarse; [to twist] torcerse; [to bend] encorvarse ◇ *s.* vuelta
wind•bag [wĭnd′băg′] *s. jer* charlatán *m*
wind•break [:brāk′] *s.* protección *f* contra el viento
wind•ed [wĭn′dĭd] *adj.* jadeante
wind•fall [wĭnd′fôl′] *s.* suerte inesperada
wind•ing [wīn′dĭng] ◇ *s.* enrollamiento; ELEC bobinado ◇ *adj.* sinuoso; [spiral] en espiral
wind•mill [wĭnd′mĭl′] *s.* molino de viento
win•dow [wĭn′dō] *s.* ventana; [small] ventanilla; [pane of glass] cristal *m*; [of a shop] escaparate *m*
win•dow-pane [:pān′] *s.* cristal *m* de ventana
win•dow-shop [:shŏp′] *intr.* (**-pp-**) comprar con los ojos
win•dow•sill [:sĭl′] *s.* alféizar *m*
wind•pipe [wĭnd′pīp′] *s.* tráquea
wind•shield [:shēld′] *s.* parabrisas *m* ▪ **~ wiper** limpiaparabrisas *m*
wind•sock [:sŏk′] *s.* manga de aire
wind•storm [:stôrm′] *s.* vendaval *m*
wind•surf [wĭnd′sûrf] *intr.* hacer windsurf
wind•surf•ing [wĭnd′sûr′fĭng] *s.* windsurf *m* ▪ **~ board** tabla de windsurf
wind•swept [:swept′] *adj.* barrido por el viento
wind-up [wīnd′ŭp′] *s.* conclusión *f*, final *m*
wind•ward [wĭnd′wərd] *s.* & *adj.* (de) barlovento
wind•y [wĭn′dē] *adj.* (**-i-**) ventoso; [unsheltered] expuesto al viento; [verbose] verboso
wine [wīn] ◇ *s.* vino ▪ **~ list** carta de vinos ◇ *tr.* ▪ **to ~ and dine** agasajar
wine•glass [′glăs′] *s.* copa para vino
wine•grow•er [:grō′ər] *s.* vinicultor *m*
wine•press [:pres′] *s.* trujal *m*, lagar *m*
win•er•y [wī′nə-rē] *s.* vinería, lagar *m*
wine•skin [wīn′skĭn′] *s.* odre *m*, pellejo de vino
wing [wĭng] ◇ *s.* ala; [of a chair] oreja; *fam* [arm] brazo ▪ **on the ~** volando ◇ *pl.* TEAT bastidores ◇ *intr.* volar; (*tr.*) [to empower] dar alas a; [to speed along] atravesar volando; [to wound] herir ▪ **to ~ it** *fam* improvisar
wing•ding [wĭng′dĭng′] *s. fam* fiesta animada
winged [wĭngd, wĭng′ĭd] *adj.* alado; [flying] volador; [sublime] sublime
wing•span/spread [wĭng′spăn′/spred′] *s.* envergadura

wink [wĭngk] ◇ *intr.* pestañear; [lights] parpadear; [stars] centellear ▪ **to ~ at** guiñar el ojo a; *fig* hacerse de la vista gorda ◇ *s.* [blink] pestañeo; [hint] guiño; [of light] parpadeo ▪ **in a ~** en un abrir y cerrar de ojos; **not to sleep a ~** no pegar los ojos, pasar la noche en blanco; **to get forty winks** *fam* echarse un sueñecito

win•ner [wĭn'ər] *s.* ganador *m*; *irón* [loser] perdedor *m*

win•ning [:ĭng] ◇ *adj.* victorioso; [book, ticket] premiado; [charming] encantador ◇ *s.* victoria ◇ *pl.* ganancias

win•now [wĭn'ō] *tr.* [grain] aventar; *fig* [to separate] separar; [to select] seleccionar

win•some [wĭn'səm] *adj.* simpático

win•ter [wĭn'tər] ◇ *s.* invierno ▪ **~ sport** deporte *m* de invierno ◇ *intr.* invernar

win•ter•green [:grēn'] *s.* gaulteria

win•ter•ize [wĭn'tə-rīz'] *tr.* preparar para el invierno

win•ter•time [:tər-tīm'] *s.* invierno

win•try/te•ry [tə-rē] *adj.* (**-i-**) invernal; *fig* helado

wipe [wīp] ◇ *tr.* limpiar; [to dry] secar ▪ **to ~ away** OR **off** quitar; **to ~ the slate clean** hacer borrón y cuenta nueva; **to ~ out** destruir; [a debt] cancelar; *fam* asesinar ◇ *s.* limpieza

wire [wīr] ◇ *s.* alambre *m*, hilo; [finish line] línea de llegada; ELEC cable *m*; [telegraph] telegrafía; [telegram] telegrama *m* ▪ **under the ~** al último momento ◇ *tr.* alambrar; [a house] instalar el alambrado de; TEL telegrafiar; (*intr.*) poner un telegrama

wired [wīrd] *adj.* ELEC con instalación de alambres; *jer* nervioso

wire•less [wīr'lĭs] ◇ *adj.* sin alambres ▪ **~ mouse** COMPUT mouse inalámbrico ◇ *s.* radio *mf*

wire•tap [:tăp'] TEL ◇ *s.* dispositivo interceptor ◇ *tr.* & *intr.* (**-pp-**) interceptar

wir•ing [:ĭng] *s.* instalación eléctrica

wir•y [:ē] *adj.* (**-i-**) [kinky] ensortijado, crespo; [lean] enjuto y fuerte

wis•dom [wĭz'dəm] *s.* [knowledge] sabiduría; [common sense] cordura; [learning] erudición *f* ▪ **~ tooth** muela del juicio

wise[1] [wīz] ◇ *adj.* sabio; [judicious] juicioso; [sensible] sensato ▪ **to get ~** *jer* [to understand] caer en el chiste; [to become insolent] ponerse impertinente; **~ guy** *fam* sabelotodo *mf* ◇ *tr.* & *intr.* ▪ **to ~ up** *jer* poner(se) al tanto

wise[2] *s.* manera, modo

wise•crack [:krăk'] *s.* *jer* ocurrencia

wish [wĭsh] ◇ *s.* deseo ◇ *tr.* querer, desear; [to like to] gustar; [to bid] dar

wish•bone ['bōn'] *s.* espoleta

wish•ful [:fəl] *adj.* deseoso ▪ **~ thinking** ilusiones

wish•y-wash•y [wĭsh'ē-wŏsh'ē] *adj.* *fam* (**-i-**) ni fu ni fa

wisp [wĭsp] *s.* [small bunch] manojo, hacecillo; [hair] mechón *m*; [trace] vestigio

wis•ter•i•a/tar•i•a [wĭ-stîr'ē-ə/-stâr'-] *s.* glicina

wist•ful [wĭst'fəl] *adj.* nostálgico

wit[1] [wĭt] ◇ *s.* inteligencia; [good sense] juicio; [imagination] imaginación *f*; [cleverness] ingenio; [person] persona ingeniosa ▪ **to be at ~'s end** no saber qué hacer ◇ *pl.* juicio; [ingenuity] ingenio ▪ **to collect one's ~** serenarse; **to keep one's ~ about one** no perder la cabeza; **to live by one's ~** vivir uno de su ingenio

wit[2] *intr.* ▪ **to ~** es decir, a saber

witch [wĭch] *s.* bruja; *fam* [young woman] hechicera ▪ **~ hazel** agua de hamamelis

witch•craft ['krăft'] *s.* brujería

witch-hunt [:hunt'] *s.* persecución *f* de brujas; POL investigación falsa para sacar ventaja

with [wĭ*th*, wĭth] *prep.* con; [next to] junto a; [in the employ of] en, para; [according to] de acuerdo con, según; [in comparison] a; [against] contra; [because of] de; [added to] junto con; [among] entre ▪ **~ child** embarazada; **~ herself** OR **himself** consigo; **~ me** conmigo; **~ you** contigo, con usted(es)

with•draw [:drô'] *tr.* (**-drew, -n**) sacar, quitar; [to retract] retractar; (*intr.*) [to retreat] retraerse; [to draw away] apartarse

with•draw•al [:drô'əl] *s.* [retreat] retiro; [removal] retirada; [termination] abandono; FISIOL síntomas *mpl* de reajuste ▪ **~ symptoms** síndrome de abstinencia

with•drawn [:drôn'] *adj.* remoto; [shy] tímido

with•er [wĭ*th*'ər] *intr.* secarse; [to droop] marchitarse; (*tr.*) marchitar; [to stun] fulminar

with•hold [wĭth-hōld', wĭ*th*-] *tr.* (**-held**) [to restrain] retener, contener; [to refuse] rehusar ▪ **withholding tax** impuesto retenido

with•in [:ĭn'] ◇ *adv.* dentro; [indoors] adentro; [inwardly] internamente ◇ *prep.* dentro de; [distance] a menos de; [time] antes de; [not beyond] dentro de los límites de ◇ *s.* adentro

with-it [wĭ*th*'ĭt] *adj.* *fam* moderno, al día

with•out [-out'] ◇ *adv.* fuera ◇ *prep.* sin; [on the outside of] (a)fuera de ▪ **it goes ~ saying** se sobreentiende; **to do ~** pasar(se) sin

with•stand [wĭth-stănd', wĭ*th*-] *tr.* (**-stood**) resistir a; (*intr.*) resistirse

wit•less [wĭt'lĭs] *adj.* tonto

wit•ness [:nĭs] ◇ *s.* [person] testigo; [act] testimonio ▪ **to bear false ~** perjurarse; **to bear ~** atestiguar ◇ *tr.* atestiguar; [to provide evidence of] dar prueba de; (*intr.*) atestiguar

wit•ti•cism [:ĭ-sĭz'əm] *s.* salida graciosa

wit•ty [:ē] *adj.* (**-i-**) [clever] ingenioso; [humorous] gracioso

wiz•ard [wĭz'ərd] *s.* hechicero; *fig* as *m*

wiz•ard•ry [:ər-drē] *s.* magia, hechicería

wiz•ened [wĭz'ənd] *adj.* arrugado

wob•ble [wŏb'əl] *intr.* bambolearse; [to shake] temblar; [to waver] vacilar

wob•bly [:lē] *adj.* (**-i-**) [shaky] bamboleante; [unsteady] tembloroso; [uncertain] vacilante

woe [wō] ◇ *s.* pesar *m*; [misfortune] infortunio ◇ *interj.* ▪ **~ is me** ¡ay de mí!

woe•be•gone [wō'bĭ-gôn'] *adj.* triste

wo(e)•ful [wō'fəl] *adj.* [mournful] apenado; [pitiful] lamentable

woke [wōk], **wo•ken** [wō'kən] ▻ **wake[1]**

wolf [wo͝olf] ◇ *s.* (*pl* **-ves**) lobo; *fig* persona rapaz y feroz; *jer* don Juan *m* ▪ **lone ~** persona solitaria; **to cry ~** dar la alarma sin causa; **~ in sheep's clothing** hipócrita ◇ *tr.* ▪ **to ~ down** comer vorazmente

wolf•hound ['hound'] *s.* galgo ruso

wol•ver•ine [wo͝ol'və-rēn'] *s.* ZOOL glotón *m*

wom•an [wo͝om'ən] *s.* (*pl* **women**) mujer *f*; [servant] criada

wom•an•hood [:ho͝od'] *s.* femineidad *f*

W

wom•an•ish [wŏŏm′ə-nĭsh] *adj.* femenino; [effeminate] afeminado
wom•an•kind [:ən-kīnd′] *s.* las mujeres
wom•an•ly [:lē] *adj.* femenino
womb [wōōm] *s.* matriz *f*; *fig* cuna
wom•bat [wŏm′băt′] *s.* oso australiano
wom•en [wĭm′ĭn] ▷ **woman**
wom•en•folk(s) [:fōk[s]′] *s. pl.* las mujeres
won [wŭn] ▷ **win**
won•der [wŭn′dər] ◇ *s.* maravilla; [miracle] milagro; [astonishment] asombro ▪ **no** OR **small** ~ no es de extrañar; **to do** OR **to work wonders** hacer milagros; ~ **child** niño prodigio; ~ **drug** medicamento milagroso ◇ *intr.* [to ponder] pensar; [to be doubtful] dudar ▪ **to** ~ **at** asombrarse de; (*tr.*) preguntarse
won•der•ful [:fəl] *adj.* [astonishing] asombroso; [excellent] maravilloso
won•der•land [:lănd′] *s.* [imaginary] país *m* de las maravillas; [real] lugar bellísimo
won•der•ment [:mənt] *s.* [astonishment] asombro; [marvel] maravilla
won•drous [wŭn′drəs] *adj.* maravilloso
wont [wônt, wōnt] ◇ *adj.* acostumbrado; [apt] propenso ◇ *s.* costumbre *f*
wont•ed [wôn′tĭd, wōn′-] *adj.* habitual
woo [wōō] *tr.* cortejar, galantear; [to seek] buscar; [to solicit] solicitar; (*intr.*) cortejar
wood [wŏŏd] ◇ *s.* madera; [firewood] leña ◇ *pl.* bosque ◇ *tr.* [to fuel] alimentar con leña; [to forest] poblar con árboles
wood•block [′blŏk′] *s.* grabado en madera
wood•chuck [:chŭk′] *s.* marmota de Norteamérica
wood•cock [:kŏk′] *s.* (*pl* **inv.** OR **s**) chocha perdiz
wood•craft [:krăft′] *s.* artesanía en madera
wood•cut [:kŭt′] *s.* grabado en madera
wood•cut•ter [:kŭt′ər] *s.* leñador *m*
wood•ed [:ĭd] *adj.* arbolado, boscoso
wood•en [:n] *adj.* de madera; [leg] de palo; [stiff] tieso; [expressionless] acartonado, sin expresión
wood•land [:lənd, :lănd′] *s.* bosque *m*
wood•peck•er [:pek′ər] *s.* pájaro carpintero
wood•pile [:pīl′] *s.* montón *m* de leña
wood•shed [:shed′] *s.* leñera
woods•man [wŏŏdz′mən] *s.* (*pl* **-men**) habitante *m* de los bosques
woods•y [wŏŏd′zē] *adj.* (**-i-**) boscoso
wood•wind [wŏŏd′wĭnd′] *s.* ▪ **the** ~ los instrumentos de viento de madera
wood•work [:wûrk′] *s.* carpintería
wood•worm [:wûrm′] *s.* carcoma
wood•y [:ē] *adj.* (**-i-**) leñoso; [smell, taste] a madera; [land] arbolado
woof¹ [wŏŏf, wōōf] *s.* trama; [texture] tejido
woof² [wŏŏf] *s.* [bark] ladrido
wool [wŏŏl] *s.* lana ▪ **steel** ~ lana de acero
wool•en [′ən] ◇ *adj.* de lana ◇ *s. pl.* prendas de lana
wool•ly [:ē] *adj.* (**-i-**) de lana; [fleecy] lanoso, lanudo; [unclear] borroso
woo•zy [wōō′zē, wŏŏz′ē] *adj.* (**-i-**) [dazed] aturdido; [dizzy] mareado
word [wûrd] ◇ *s.* palabra; [order] orden *f*; [password] santo y seña; [news] información *f* ▪ **by** ~ **of mouth** verbalmente; **in other words** mejor dicho; **mark my words** tome nota de lo que digo; **my** ~! ¡válgame Dios!; **on my** ~ bajo mi palabra; **play on words** juego de palabras; **take my** ~ **for it** se lo aseguro; **to eat one's words** retractarse; **to have the last** ~ decir la última palabra; **to have** OR **exchange words with someone** discutir con alguien; **to keep one's** ~ cumplir la palabra; **to leave** ~ **that** dejar dicho que; **to put in a good** ~ **for** decir unas palabras en favor de; **to take the words out of someone's mouth** quitarle a alguien la palabra de la boca; ~ **processing** procesamiento de palabras; ~ **processor** procesador *m* de textos; ~ **wrap** COMPUT autorretorno ◇ *pl.* [speech] discurso [quarrel] disputa; MÚS letra
word•ing [wûr′dĭng] *s.* redacción *f*
word•y [:dē] *adj.* (**-i-**) verboso
wore [wôr] ▷ **wear**
work [wûrk] ◇ *s.* trabajo; [job] empleo; [result, deed] obra ▪ **let's get to** ~! ¡manos a la obra!; **the works** *jer* (de) todo; **to make short** ~ **of** terminar rápidamente; ~ **force** mano *f* de obra ◇ *pl.* [output, engineering] obras; [factory] fábrica; [mechanism] mecanismo ▪ ~ **council** comité *m* de empresa ◇ *intr.* trabajar; [to be employed] tener trabajo; [to operate] funcionar; [to be effectual] surtir efecto; [to contort] torcerse ▪ **to** ~ **out** [to go well] salir bien; [to do exercises] hacer gimnasia; (*tr.*) producir; [to handle] manejar; [metal] forjar; [to solve] resolver; [to cultivate] cultivar; [to drive] hacer trabajar; [to persuade] influir en ▪ **to** ~ **at** practicar; **to** ~ **in** introducir; **to** ~ **it so that** arreglárselas para que; **to** ~ **out** resolver, solucionar; **to** ~ **over** dar una paliza a; **to** ~ **up** [to upset] alterar; [to develop] desarrollar; **I've worked up an appetite** se me ha abierto el apetito
work•a•ble [wûr′kə-bəl] *adj.* factible
work•a•day [:kə-dā′] *adj.* laborable; [everyday] cotidiano
work•a•hol•ic [:hô′lĭk] *s.* trabajador compulsivo
work•bench [wûrk′bench′] *s.* mesa de trabajo
work•book [:bŏŏk′] *s.* cuaderno de ejercicios; [manual] manual *m* de instrucciones
work•day [:dā′] *s.* día *m* laborable
work•er [wûr′kər] *s.* trabajador *m*
work•horse [wûrk′hôrs′] *s.* caballo de tiro; [person] persona muy trabajadora
work•house [:hous′] *s.* correccional *m*
work•ing [wûr′kĭng] ◇ *adj.* que trabaja; [class] obrero; [hours] de trabajo; [expenses] de explotación; [day] laborable; [knowledge] básico; [model] operativo; MEC móvil ▪ **to be in** ~ **order** estar funcionando; ~ **capital** capital activo ◇ *s.* trabajo; [operation] funcionamiento; [of metals, land] labrado; [of a mine] explotación *f*
work•ing•man [:măn′] *s.* (*pl* **-men**) trabajador *m*, obrero
work•load [wûrk′lōd′] *s.* carga de trabajo
work•man [:mən] *s.* (*pl* **-men**) trabajador *m*
work•man•like [:līk] *adj.* competente
work•man•ship [:shĭp′] *s.* destreza
work•out [wûrk′out′] *s.* sesión *f* de ejercicio
work•room [:rōōm′] *s.* taller *m*
work•shop [:shŏp′] *s.* taller *m*
work•sta•tion [wûrk′stā′shən] *s.* COMPUT estación *f* de trabajo
work•ta•ble [:tā′bəl] *s.* mesa de trabajo
work•week [:wēk′] *s.* semana laboral
world [wûrld] *s.* mundo ▪ **a** ~ **of** la mar de; **for all the** ~ ni más ni menos; **he is not long for this** ~ le queda

ɔoco; **on top of the ~** *fam* en el séptimo cielo; **out of this ~** *fam* increíble; **to bring into the ~** traer al mundo; **to come down in the ~** venir a menos; **to come into the ~** venir al mundo; **to have the best of both worlds** tenerlo todo al mismo tiempo; **to move up in the ~** prosperar; **to see the ~** ver mundo; **to think the ~ of** querer muchísimo; **where/what in the ~?** ¿dónde/qué diablos?; **to be a ~ heritage site** ser patrimonio mundial de la humanidad; **~ war** guerra mundial; **World Wide Web** World Wide Web

vorld•ly ['lē] *adj.* (-i-) secular; [worldly-wise] sofisticado; [material] material

vorld•ly-wise [:wīz'] *adj.* sofisticado

vorld•wide [wûrld'wīd'] *adj.* mundial

vorm [wûrm] ◇ *s.* gusano; [parasite] helminto; [tormenting force] gusanillo; [vile person] canalla *m*; COMPUT gusano ◇ *pl.* MED helmintiasis *f* ◇ *tr.* [to make one's way] colarse; [to elicit] sacar; [to cure] librar de gusanos; (*intr.*) arrastrarse

vorm-eat•en ['ēt'n] *adj.* agusanado; [decayed] podrido; [antiquated] anticuado

vorm•wood [:wŏŏd'] *s.* amargura; BOT absintio, ajenjo

vorm•y [wûr'mē] *adj.* (-i-) agusanado; [worm-eaten] carcomido

vorn [wôrn] ▷ **wear** ◇ *adj.* [used] gastado; [exhausted] agotado; [trite] trillado

vorn-out ['out'] *adj.* [used] gastado; [exhausted] agotado

vor•ri•er [wûr'ē-ər] *s.* aprensivo

vor•ri•some [:səm] *adj.* inquietante

vor•ry [wûr'ē] ◇ *intr.* preocupar; (*tr.*) [to distress] preocupar; [to bother] molestar; [to toy with] jugar con ◇ *s.* preocupación *f*

vorse [wûrs] ◇ *adj.* (*comp. de* **bad, ill**) peor; [more severe] más fuerte ▪ **to get ~ and ~** ir de mal en peor; **to get ~** empeorar; **to make matters ~** para empeorar las cosas ◇ *s.* ▪ **and ~** y cosas peores; **to take a turn for the ~** empeorar; **so much the ~** tanto peor; **I'm none the ~ for it** no me ha perjudicado; **to think none the ~ of** no tener en menos ◇ *adv.* peor; [more severely] más ▪ **to be ~ off** estar peor

vors•en [wûr'sən] *tr.* & *intr.* empeorar(se)

vor•ship [wûr'shĭp] ◇ *s.* adoración *f*; [devotion] devoción *f* ◇ *tr.* RELIG venerar; *fig* adorar; (*intr.*) rezar

vor•ship•(p)er [:shĭ-pər] *s.* devoto, adorador *m*; RELIG fiel *mf*

vor•ship•ful [:shĭp-fəl] *adj.* reverente; [adoring] adorador

vorst [wûrst] ◇ *adj.* (*superl. de* **bad, ill**) peor; [most severe] más fuerte ▪ **in the ~ way** *fam* de mala manera ◇ *adv.* peor; [most severely] más ▪ **~ of all** peor aún ◇ *tr.* derrotar, vencer ◇ *s.* ▪ **at ~, if the ~ comes to the ~** en el peor de los casos

vor•sted [wŏŏs'tĭd, wûr'stĭd] *s.* [yarn] estambre *m*; [fabric] tela de estambre

vorth [wûrth] ◇ *s.* valor *m*; [wealth] fortuna; [merit] mérito ▪ **to get one's money's ~** sacar provecho de lo pagado ◇ *adj.* que vale ▪ **for what it is ~** por si sirve de algo; **to be ~** valer; [in value] tener un valor de; [to be the equivalent of] valer por; **to be ~ it** valer la pena

vorth•less ['lĭs] *adj.* sin valor; [contemptible] despreciable

vorth•while ['hwīl'] *adj.* que vale la pena

wor•thy [wûr'thē] ◇ *adj.* (-i-) meritorio; [useful] útil; [deserving] digno ◇ *s.* persona ilustre

would [wŏŏd] ▷ **will**[2]

would-be ['bē'] *adj.* aspirante

wound[1] [wōŏnd] ◇ *s.* herida ◇ *tr.* & *intr.* herir

wound[2] [wound] ▷ **wind**[2]

wove [wōv], **wo•ven** [wō'vən] ▷ **weave**

wow! [wou] *fam* ◇ *interj.* ¡increíble!, ¡cáspita! ◇ *s.* gran éxito ◇ *tr.* deslumbrar

wrack [răk] *s.* despojo, ruina ▪ **to go to ~ and ruin** echarse a perder

wraith [rāth] *s.* fantasma *m*, espectro

wran•gle [răng'gəl] ◇ *intr.* pelear; (*tr.*) obtener arguyendo ◇ *s.* pelea

wran•gler [:glər] *s.* [quarreler] pendenciero; [cowboy] vaquero

wrap [răp] ◇ *tr.* (-t OR **-pped, -pping**) envolver; [rope, chain] enrollar ▪ **to be wrapped up in** estar absorto en; **to ~ up** [a deal] cerrar; [to summarize] resumir; [put on warm clothes] abrigarse; (*intr.*) enrollarse ◇ *s.* [cloak] manto; [wrapper] envoltura ▪ **to keep under wraps** mantener en secreto

wrap•a•round ['ə-round'] *s.* falda cruzada

wrap•per [:ər] *s.* [person] empaquetador *m*; [wrap] envoltura; [robe] bata

wrap•ping [:ĭng] *s.* envoltura

wrap-up [:ŭp'] *s.* resumen *m*

wrath [răth, räth] *s.* [anger] ira; [fury] furia

wrath•ful ['fəl] *adj.* furioso

wreak [rēk] *tr.* infligir; [anger] descargar ▪ **to ~ havoc** hacer estragos

wreath [rēth] *s.* (*pl* **s**) guirnalda; [spiral] espiral *f*

wreathe [rē*th*] *tr.* hacer una guirnalda de; [to crown] coronar con guirnalda; [to surround] rodear; (*intr.*) [to curl] enroscarse

wreck [rek] ◇ *s.* destrucción *f*; [crash] choque *m*; [shipwreck] naufragio; [collision remains] restos; [heap] cascajo ▪ **to be a ~** estar hecho un cascajo ◇ *tr.* destrozar; [to tear down] derrumbar; [to ruin] arruinar; (*intr.*) destrozarse

wreck•age ['ĭj] *s.* restos

wreck•er [:ər] *s.* destructor *m*; [demolition expert] demoledor *m*; [truck] grúa

wren [ren] *s.* chochín *m*

wrench [rench] ◇ *s.* [injury] torcedura; MEC llave *f* ◇ *tr.* torcer; [to grieve] doler

wrest [rest] ◇ *tr.* arrebatar; [to extract] arrancar ◇ *s.* torción violenta

wres•tle [res'əl] *intr.* & *tr.* luchar (con OR contra)

wres•tler [:lər] *s.* luchador *m*

wres•tling [:lĭng] *s.* lucha

wretch [rech] *s.* [unhappy person] desgraciado; [base person] canalla *m*

wretch•ed ['ĭd] *adj.* desgraciado, miserable

wrig•gle [rĭg'əl] ◇ *intr.* [to squirm] menearse; [to proceed] culebrear; [to get out] escabullirse; [to get into] insinuarse ◇ *s.* meneo, culebreo

wring [rĭng] *tr.* (**wrung**) escurrir; [to wrench] torcer

wring•er ['ər] *s.* escurridor *m*

wrin•kle [rĭng'kəl] ◇ *s.* arruga; *fam* método nuevo ◇ *tr.* arrugar; [brown] fruncir; (*intr.*) arrugarse

wrist [rĭst] *s.* ANAT muñeca; [of clothing] puño ▪ **~ rest** reposamuñecas *m*; **~ watch** reloj *m* de pulsera

wrist•band ['bănd'] *s.* muñequera

W

writ [rĭt] *s.* DER mandato, orden *f*
writ•able [rī'tə-bəl] *adj.* COMPUT grabable ■ ~ **disk** disco grabable
write [rīt] *tr.* (**wrote** OR **written**) escribir; [a will, contract] redactar; [a check] extender, hacer; [insurance] preparar ■ **to** ~ **down** poner por escrito; [to make a note of] anotar; **to** ~ **off** [a person] dar por perdido; [to depreciate] amortizar; [a debt] cancelar; **to** ~ **out** poner por escrito; [in full] escribir (por completo); (*intr.*) escribir ■ **to be nothing to** ~ **home about** no ser nada del otro mundo
write-in ['ĭn'] *s.* candidato no oficial
writ•er [rī'tər] *s.* escritor *m*
write-up [rīt'ŭp'] *s.* crítica
writhe [rī*th*] *intr.* retorcerse
writ•ing [rī'tĭng] *s.* escritura; [inscription] inscripción *f*; [handwriting] letra; [written work] escrito ■ **in** ~ por escrito; **to see the** ~ **on the wall** vérsela venir
writ•ten [rĭt'n] ▻ **write**
wrong [rông] ◇ *adj.* malo; [unfair] injusto; [incorrect] erróneo; [mistaken] equivocado; [not suitable] inadecuado ■ **to be** ~ hacer mal; [to be mistaken] equivocarse; [to be amiss] andar mal; **to get up on the** ~ **side of the bed** levantarse con el pie izquierdo ◇ *adv.* mal ■ **to do someone** ~ ser injusto con alguien; **to do/get** ~ hacer/tener mal; **to go** ~ [morally] ir por mal camino; [to act mistakenly] fallar; [to go amiss] salir mal; **to have it all** ~ estar totalmente equivocado; **you can't go** ~ *fam* no hay forma de equivocarse ◇ *s.* mal *m*; [unjust act] injusticia; [bad deed] maldad *f*; [fault] error *m* ■ **to be in the** ~ no tener razón; **to right a** ~ deshacer un entuerto ◇ *tr.* ser injusto con; [to treat dishonorably] agraviar; [to malign] calumniar
wrong•do•er ['dōō'ər] *s.* maleante *mf*
wrong•do•ing [:dōō'ĭng] *s.* fechorías *fpl*
wrong•ful [:fəl] *adj.* injusto
wrong-head•ed [:hed'ĭd] *adj.* obstinado
wrote [rōt] ▻ **write**
wrought [rôt] *adj.* armado; [shaped] formado; [elaborate] labrado ■ ~ **iron** hierro forjado; ~ **up** agitado
wrung [rŭng] ▻ **wring**
wry [rī] *adj.* (**-er, -est**) (**-i-**)[crooked] torcido; [twisted] forzado; [ironical] irónico
wurst [wûrst, wŏŏrst] *s.* salchicha, embutido

X

x, X [eks] *s.* vigésima cuarta letra del alfabeto inglés; MAT incógnita ■ **x amount of** una cantidad equis de; **to x out** tachar
x-ax•is ['ăk'sĭs] *s.* (*pl* **-es**) eje *m* horizontal
X-chro•mo•some [:krō'mə-sōm'] *s.* cromosoma *m* X
xen•o•phobe ['-fōb'] *s.* xenófobo
xen•o•pho•bi•a ['-fō'bē-ə] *s.* xenofobia
xen•o•pho•bic [:bĭk] *adj.* xenófobo
Xe•rox® [zîr'ŏks'] ◇ *s.* marca registrada de un proceso rápido de reproducción; [copy] xerocopia ◇ *tr.* xerografiar
X•mas [krĭs'məs, eks'məs] *s. fam* Navidad *f*
X-rat•ed ['rā'tĭd] *adj.* no apto para menores de 16 año[s]
x-ray, X-ray [:rā'] radiografía; FÍS rayo X ◇ *tr.* exami[-]nar con rayos X; [to radiograph] radiografiar
xy•lo•phone [zī'lə-fōn'] *s.* xilófono

y, Y [wī] *s.* vigésima quinta letra del alfabeto inglés
yacht [yät] *s.* yate *m*
yacht•ing [yä'tĭng] *s.* navegación *f* (en yate)
ya•hoo [yä'hōō] *s. fam* bruto, bestia
yak[1] [yăk] *s.* ZOOL yac *m*
yak[2] *intr.* (**-kk-**) *jer* parlotear, cotorrear
yam [yăm] *s.* [root] ñame *f*; [sweet potato] batata
yam•mer [yăm'ər] *intr.* [to whimper] lloriquear; [to talk] parlotear
yank [yăngk] ◇ *tr.* & *intr.* tironear (de), dar un tiró[n] (a) ◇ *s.* tirón *m*
Yan•kee [yăng'kē] *adj.* & *s.* yanqui *mf*
yap [yăp] ◇ *intr.* (**-pp-**) ladrar; *jer* [to jabber] cotorrea[r] ◇ *s.* ladrido; *jer* [jabber] cháchara; [mouth] hocico
yard[1] [yärd] *s.* [measure] yarda; MARÍT verga ■ ~ **good[s]** tela vendida por yardas, géneros
yard[2] *s.* [enclosed grounds] patio; [surrounding grounds] jardín *m*; [work area] depósito, taller *m*; [corral] corra[l] *m*; FC estación *f* de depósito
yard•age [yär'dĭj] *s.* medida en yardas; [cloth] tela
yard•stick [yärd'stĭk'] *s.* vara de una yarda de largo [standard] patrón *m*, norma
yarn [yärn] *s.* hilo; *fam* [story] cuento, historia
yawn [yôn] ◇ *intr.* bostezar; [cave, chasm] abrirse ◇ *s.* bostezo
yawn•ing [yô'nĭng] *adj.* abierto, cavernoso
y-ax•is [wī'ăk'sĭs] *s.* (*pl* **-es**) eje *m* vertical
Y-chro•mo•some [wī'krō'mə-sōm'] *s.* cromosoma *m* Y
ye [yē] *pron. pers. ant* vosotros, ustedes
yea [yā] *adv.* & *s.* sí *m*
yeah [ye'ə, yă'ə] *adv. fam* sí
year [yîr] ◇ *s.* año ■ **a** ~ por año, anualmente; **finan[-]cial** OR **fiscal** ~ año económico; **from** ~ **to** ~ año tra[s] año; **once a** ~ una vez al año; **school** ~ año escolar ~ **in** ~ **out** año tras año ◇ *pl.* [age] edad; **she feel[s] her** ~ ya siente su edad; [long period] una eternidad
year•book ['bŏŏk'] *s.* anuario
year-end, year•end [:end'] *adj.* & *s.* (de) fin *m* de añ[o] económico
year•ling [:lĭng] *s.* animal *m* de un año de edad
year•long [:lông'] *adj.* de un año de duración
year•ly [:lē] ◇ *adj.* anual ◇ *adv.* anualmente ◇ *s.* anuario (revista, libro)
yearn [yûrn] *intr.* añorar; [to feel compassion] senti[r] compasión ■ **to** ~ **for** añorar
yearn•ing [yûr'nĭng] *s.* anhelo, añoranza
year-round [yîr'round'] *adj.* de todo el año
yeast [yēst] *s.* levadura; [froth] espuma; [ferment] fer[-]mento
yell [yel] ◇ *tr.* & *intr.* gritar ■ **to** ~ **for help** pedi[r] auxilio a gritos ◇ *s.* grito